全本全注全译丛书

中华经典名著

郭丹　程小青　李彬源　黄铭　曾亦　徐正英　邹皓◎译注

春秋三传 一

中华书局

图书在版编目（CIP）数据

春秋三传/郭丹等译注. —北京:中华书局,2025.5. —(中华
经典名著全本全注全译丛书). —ISBN 978-7-101-17159-4

Ⅰ. K225.04

中国国家版本馆 CIP 数据核字第 20255CB983 号

书　　名	春秋三传(全五册)
译 注 者	郭丹　程小青　李彬源　黄铭　曾亦　徐正英　邹皓
丛 书 名	中华经典名著全本全注全译丛书
责任编辑	周梓翔　刘胜利
装帧设计	毛　淳
责任印制	韩馨雨
出版发行	中华书局
	（北京市丰台区太平桥西里 38 号　100073）
	http://www.zhbc.com.cn
	E-mail:zhbc@zhbc.com.cn
印　　刷	北京盛通印刷股份有限公司
版　　次	2025 年 5 月第 1 版
	2025 年 5 月第 1 次印刷
规　　格	开本/880×1230 毫米　1/32
	印张 109⅞　字数 2420 千字
印　　数	1-8000 册
国际书号	ISBN 978-7-101-17159-4
定　　价	282.00 元

出版说明

　　《春秋》是我国最早的编年简史,相传是孔子以鲁国旧史为依据修订的,记载了从鲁隐公元年(前722)到鲁哀公十四年(前481)二百四十二年间的历史。

　　《春秋》文辞简略,又蕴含褒贬,作为一部史书,它无法让人们了解史事的全过程及其中的深刻含义,于是出现了各种为解释《春秋》而作的著作,称为"传"。在各传中,《春秋左氏传》《春秋公羊传》《春秋穀梁传》(简称《左传》《公羊传》《穀梁传》)流传下来,成为重要的儒家经典。《左传》对《春秋》的简略叙事进行了大量补充,不仅记鲁国一国的史事,还兼记周王室与各诸侯国,内容涉及政治、军事、外交、经济、文化等各个领域,大大充实了《春秋》的内容,为后人研究这段历史提供了丰富的资料。《左传》对历史事件的来龙去脉、人物的言行都有深入描绘,情节跌宕起伏,塑造了众多形象鲜明的人物,又善用修辞,具有很高的文学价值。《公羊传》《穀梁传》主要讲解《春秋》笔法与义理,以问答的形式详细阐释《春秋》所蕴含的"微言大义"。《公羊传》着重宣扬尊王思想与"大一统"观念,为古代中央集权服务;《穀梁传》则注重"尊尊亲亲"(尊重在上位者、亲属间相互亲爱),更强调保民,主张德治与善政。三传思想内容各有侧重,后世合称为"《春秋》三传"。

　　由于三传各自独立成书,想看到它们对同一条经文的解读,需要查阅三种书，十分不便。在古代，有人做过将《春秋》经文与三传传文合并的工作，《四库全书总目》卷三十著录有《春秋四传》，编者不详，本书"凡经文之下，皆分注《左氏》《公羊》《穀梁》三传，而胡（安国）传则别为标出"。但是，这毕竟是一部古书，今天的读者阅读起来有些困难。因此，出版一部"三传合一"的普及读本以满足广大读者的需求是十分必要的。

本次出版，我们以"中华经典名著全本全注全译丛书"（简称"三全本"）《左传》《春秋公羊传》《春秋穀梁传》为文本基础，以《春秋》经文为脉络，重新编排，以"一经＋三传"的基本形式，实现经文与传文的一一对应。读者再结合"三全本"注释与译文，把握了经、传意旨，更有助于真正读懂《春秋》这部古老的经典。这也是市面上第一部将《春秋》三传合为一书的普及读本。

本书遵循如下体例：

一、按照《春秋》十二个鲁国国君的顺序分为十二卷，每卷开头有题解，介绍本卷鲁国国君的生平及在位期间的重大历史事件，并简要介绍本卷重要的《春秋》义理。

二、正文中，先列《春秋》经文，再依次列本条经文对应的《左传》《公羊传》《穀梁传》传文（未出现某传，说明该传对本条经文没有解读）。经文统一用黑体字，段首加"【经】"，以区别于传文；传文前分别加"【左传】""【公羊传】""【穀梁传】"，以清眉目。

三、以《左传》所附《春秋》经文为准，不列《公羊传》《穀梁传》经文。《公羊传》《穀梁传》与《左传》文字不同的，在本句经文的注释中说明。

四、有些《春秋》经文没有对应的传文，有些《左传》传文没有对应的经文，这两种情况均用特殊符号加以区别：有经无传的在段首加"△"，有传无经的在第一段段首加"＊"。

本次出版的《春秋三传》，以清阮元刻本《十三经注疏》中的《春秋左传正义》《春秋公羊传注疏》《春秋穀梁传注疏》为底本，参考杨伯峻

《春秋左传注》等权威整理本,精校原文。经文、传文的对应以及部分条目的排序,参考明嘉靖吉澄刻本《春秋四传》。注释方面,因每条经文只出现一次,对《公羊传》《穀梁传》经文中同一个词的不同解释,原则上全部保留合并;同一个词解释基本相同的,出于体例统一、行文简洁的考虑,只保留其一。在此基础上,进一步精修注释和译文,以确保文本质量。

本书译注者的署名,我们按照《左传》《公羊传》《穀梁传》的顺序排列。在此,诚挚感谢各位作者为本书打下的良好的文本基础!

我们致力于为广大读者提供一部方便合并阅读的《春秋》三传普及读本,希望通过对《春秋》三传的再次开发,进一步提高广大读者对春秋历史及史学名著的关注度,在"三全本"相关图书已经深入读者内心的基础上,让经典再次焕发活力。作为一次新的尝试,我们在编辑过程中难免会出现一些处理不当的地方,在此敬请各位读者不吝赐教,以便进一步修订完善。

中华书局编辑部

2025 年 4 月

总目

目录

第一册

前言

左传

  中国史学的发轫期，根据现存的文献，当在西周、春秋时期。所谓"《三坟》《五典》《八索》《九丘》"，仅是传说，是否史籍，真伪难辨。只是到了西周、春秋时代，才有完整的史书，如周王朝有《周书》《周志》，郑国有《郑志》《郑书》，楚国有《楚书》《梼杌》，晋国有《乘》。墨子说："吾见百国《春秋》。"（《隋书·李德林传》及《史通·六家》篇引）说明《春秋》是当时各国史书的通称。只是这些史书绝大部分已亡佚，其体制与内容，当然也就无从知道了。流传至今的，只有《尚书》《春秋》等少数几部史书。

  《汉书·艺文志》有云："古之王者世有史官。君举必书，所以慎言行，昭法式也。左史记言，右史记事，事为《春秋》，言为《尚书》，帝王靡不同之。"记事的史书为《春秋》，相传为孔子所修订。这是中国第一部编年简史，也是最早的私家所著的历史著作。《春秋》的记事，从鲁隐公元年开始，就是隐、桓、庄、闵、僖、文、宣、成、襄、昭、定、哀十二公，按照这十二公的次序来记载历史大事，从鲁隐公元年（周平王四十九年，前722年）到鲁哀公十四年（周敬王三十九年，前481年），共记二百四十二年间的历史事件。《春秋》的内容以鲁国为主，兼及周王室和其他诸侯国。

作为一部以记事为主的编年体著作,《春秋》的首要特点是有了明确的时间顺序。作者"以事系日,以日系月,以月系时,以时系年"(杜预《春秋经传集解序》),按时序将历史事件排列起来,有所取舍,有详有略。这一点,比之《尚书》是一大进步。《尚书》没有时序,为后人从发展演变的角度认识历史带来许多不便。《春秋》编年的记史方法,不但是史学方法论上的创新,也是历史观的发展与进步。《春秋》的编年记事,为读者提供了一个宏观地审视历史流变的依据,客观上也反映出作者历史演变的史学观念。这是史学观的一大进步,对后世产生了深远的影响。

《春秋》的第二个特点就是记事"谨严"。(韩愈《进学解》说:"《春秋》谨严。")所谓"谨严",指的是遣词用字一丝不苟。这个风格,源自于《春秋》的"书法"。举例来说,《春秋》隐公元年记载:"郑伯克段于鄢。"《左传》中有一段解释《经》文的话:

> 书曰:"郑伯克段于鄢。"段不弟,故不言弟;如二君,故曰克;称郑伯,讥失教也;谓之郑志。不言出奔,难之也。

意为共叔段与兄国,不像个做弟弟的,所以《经》文不称之为"弟段"。郑庄公与叔段之战,宛如两国之君交战,郑庄公打败了对方,所以说"克"。《经》文称"郑伯"而不称"郑庄公",意在讥讽郑庄公有失教弟之责,有意养成其恶。叔段败后逃亡共地,《经》文不写"出奔",是因为郑庄公也有罪,史家又难以下笔,为尊者讳,所以不说"出奔"。可见《春秋》的用语是非常谨严的。这,也就是所谓的"春秋笔法""微言大义"。

《春秋》"约其文辞而指博"(《史记·孔子世家》),要以一字之褒贬来达到"惩恶劝善"的目的,因此特别重视遣词造句。这与孔子著《春秋》的目的是相统一的。《孟子·滕文公下》说:

> 世衰道微,邪说暴行有作,臣弑其君者有之,子弑其父者有之。孔子惧,作《春秋》。《春秋》,天子之事也,是故孔子曰:"知我者其惟《春秋》乎,罪我者其惟《春秋》乎!"

通过历史事件尤其是人事的记载，达到"劝"与"惩"的目的，自古以来就有这个传统。《春秋》中的"书法"，在孔子以前的史官中已成为一种约定俗成的惯例，只是到了孔子依鲁史记修《春秋》，把这种手法加以系统化和模式化，形成了所谓的"春秋笔法"，"惩恶劝善"也成为中国古代史学以至传统文化精神中的一个重要原则。

《春秋》谨严的特点，其弊在于记事过于简略。《春秋》所记之事，少者一事仅一字，最多者也不过四十余字。如此简略的记载，只类似于今天的标题新闻。作为一部史书，它无法使人们了解历史运动的全过程，更无法使人从中认识历史发展的内在规律。例如"郑伯克段于鄢"一事，乃是春秋初年发生于郑国的一件大事，但《春秋》隐公元年仅以上述六字记之。这样简略的记载，读者不但对于郑庄公兄弟阋墙、母子构怨的经过无法了解，更无从知道春秋初年的小霸郑庄公在暴兴于诸侯之前为巩固君位、肃清内部障碍而消灭共叔段势力所起的历史作用。从这一点上说，王安石讥之为"断烂朝报"，还是有一定道理的。

在对中国传统文化产生极大影响的先秦"六经"之中，《春秋》是非常重要的一部著作，成为儒家的经典之一。如前所述，孔子作《春秋》并非单纯为了记载历史事件，而是为了坚持西周制度，反对诸侯为政，目的在于匡救时弊，惩恶劝善。但是，《春秋》经文隐晦难晓，又蕴含褒贬，所以又有了"解经"的"《春秋》三传"，这就是《左传》《公羊传》《穀梁传》。儒家经典，到了东汉前期，"经"的范围已经扩大，连解"经"的"传""记""诂"等也引进"经"内，上升到"经"的地位。"三传"也成为经书。唐代正定"五经"，实际上包含了"九经"，就是《易》《书》《诗》、三《礼》和三《传》。宋代以后，"十三经"这一套儒家经典著作基本形成，《左传》成为"十三经"中重要的一部著作。

在西汉的今古文经学的分野之中，《左传》属于古文经学，《公羊传》《穀梁传》属于今文经学。汉代经学的今古文之争，很大程度上是围绕着《左传》进行的，特别是刘歆是否伪造《左传》之争。这一论争，不但在汉代掀起轩然大波，而且这桩公案一直延续到清末。尽管如此，经过汉代刘歆、贾逵、服虔、郑玄以及晋代杜预等学者的弘扬推崇，《左传》在"十三经"中已越来越被重视了。

关于《左传》，有几个问题需要谈谈。

一、《左传》书名

《左传》，西汉人称之为《左氏春秋》，或"《春秋》古文"。《史记·十二诸侯年表序》：

> 是以孔子明王道，干七十余君莫能用，故西观周室，论史记旧闻，兴于鲁而次《春秋》，上记隐，下至哀之获麟，约其辞文，去其烦重，以制义法，王道备，人事浃。七十子之徒口受其传指，为有所刺讥褒讳挹损之文辞不可以书见也。鲁君子左丘明，惧弟子人人异端，各安其意，失其真，故因孔子史记具论其语，成《左氏春秋》。

这恐怕是有关《左传》的最早的正式记载。《汉书·河间献王传》载河间献王刘德"立《毛氏诗》《左氏春秋》博士"，也称为"左氏春秋"。又因为《左传》为秦火前遗书，所以又有"《春秋》古文"之称。《史记·吴太伯世家》太史公曰："余读《春秋》古文，乃知中国之虞与荆蛮句吴兄弟也。"刘歆《移让太常博士书》称："及《春秋》左氏丘明所修，皆古文旧书，多者二十余通，藏于秘府，伏而未发。""《春秋》古文"即指《左传》。到了东汉，班固撰写《汉书》，称"及（刘）歆校秘书，见古文《春秋左氏传》，歆大好之"（《汉书·楚元王交传·附刘歆传》），又称："时丞相史尹咸以能治《左氏》，与歆共校经传。"又称："初，《左氏传》多古字古言，学者传训故而已，及歆治《左氏》，引传文以解经，转相发明，由是章句义理备焉。"（同前引）班固称之为《春秋左氏传》，时人又称为《左氏》《左氏传》。在《汉书》中有《左氏春秋》和《春秋左氏传》混用的情况。它如何变成《春秋左氏传》这一名称呢？沈玉成先生认为："经过一段时期，人们逐渐觉得《春秋左氏传》这一名称要比《左氏春秋》准确，于是就为学人所习惯使用,简称《左传》。"这样的推测是有一定道理的。

二、《左传》的作者

《左传》的作者,司马迁在《十二诸侯年表序》中说是左丘明(见前引)。班固基本上沿袭了司马迁的观点。《汉书·艺文志》说:

> 周室既微,载籍残缺,仲尼思存前圣之业……以鲁周公之国,礼文备物,史官有法,故与左丘明观其史记,据行事,仍人道,因兴以立功,就败以成罚,假日月以定历数,藉朝聘以正礼乐。有所褒讳贬损,不可书见,口授弟子,弟子退而异言。丘明恐弟子各安其意,以失其真,故论本事而作传,明夫子不以空言说经也。

班固此说并非盲目地附和史迁。大家知道,《汉书·艺文志》基本上来自于刘向、刘歆父子的《七略》,所以向、歆父子也是持此看法的。此外,两汉至魏晋的一些大儒硕彦如贾逵、郑玄、何休、桓谭、王充、许慎、范甯、杜预等人,皆无异辞。直到唐代以后才开始有人怀疑左丘明作《左传》。此后,持怀疑论者代不乏人。清代刘逢禄、康有为等人甚至认为是刘歆割袭《国语》伪造。但是,正如许多先秦典籍一样,由于时代变迁,聚散无常,加上古代转写流传印刷条件之限制,常有后人增损窜入,总会发现与原书抵牾矛盾之处。所以持怀疑论者虽然提出了一些证据,终觉文献不足征,难以使人信服。

三、《左传》的成书年代

《左传》的成书年代,大约在战国中前期。关于《左传》一书的成书年代,历来有不同的看法。有的学者认为应在春秋末期,有的认为应在战国中期,两说皆自古延续至今。实际上先秦史书与诸子著作一样,有一个口头传诵的授受过程。一门之内,往往学传数代之后才开始写定。把一部近二十万字、包融各诸侯国史实和史料的巨著划定于一个短时期内甚至若干年内编撰而成,是不符合古代的实际情况的。有的学者认为,最初传授《左传》的人应该是个史官,他不仅有条件看到大量史料,而且保留了史官传统的解说《春秋》的方式。而且《左传》的口头传诵,也经历了一个较长的时期。在传授过程中,随时加入一些解说《春秋》的书法、凡例。今天见到的那些属于战国时代的史事和其中一些文字上的战国文风,也是在传授过程中加入的。这种看法,不妨作为我们了解《左传》成书的时间和过程的参考。

四、《左传》与《春秋》的关系

《左传》与《春秋》的关系,集中到一点,即《左传》是否为《春秋》作"传"。古者释经为之"传"。司马迁、班固都认为《左传》是解经之作。东汉刘歆、陈元、韩歆、贾逵、郑众等古文经学家也都认定《左传》为解经之作。但是西汉末今文学家出于政治功利上和争立博士官的需要,否认《左传》为《春秋》作传。此后,传经与否的争论,久讼未决。虽然桓谭、杜预、孔颖达以及近代的章太炎、刘师培等人坚持传《经》之说。但是自两汉直至现当代,认定《左传》是一部独立的史书,与《春秋》不存在互相依附关系的学者仍然大有人在。对于这种学术上的分歧,本来不足为怪,也不必作出强制性的统一。这里应该提到的是,今人杨伯峻先生研究《左传》与《春秋》的关系时提出的意见,颇值得我们重视。

杨伯峻先生指出:《左传》解释《春秋》有几种不同的方式:一是引《春秋》原文作说明,如《春秋》隐公"元年春王正月"句,《左传》说"元年春王周正月,不书即位,摄也"。二是用事实补充甚至说明《春秋》,如鲁隐公被杀,《春秋》只写"公薨"二字。《左传》却详细记载了隐公被杀的经过。三是订正《春秋》的错讹。如襄公二十七年《春秋》载"十二月乙亥朔,日有食之",《左传》订为"十一月乙亥朔,日有食之"。四是《左传》有时把几条相关的经文,合并成一传。五是《春秋》不载的,《左传》也加以补充记载,等等(《春秋左传注前言》)。杨伯峻是主张《左传》解经说的,以上几点可以说明他立论的根据。由此也可以帮助我们了解《左传》与《春秋》之间实际存在的差异与内在的关系。可以说,《左传》与《春秋》的确是存在着密切的关系的。正因为如此,有的学者取折中之说,认为《左传》是一部以《春秋》为纲、并仿照它的体例编成的编年史。

其实,《左传》解经与否只是经学史上今文经学家与古文经学家之间的分歧,如果偏离了《春秋》与《左传》作为历史著作本身独立存在的价值而纠缠不休,意义并不大。《春秋经》作为编年史,只是略具雏形的开端,还未能建立起编年史的健全的体制;而《左传》在历史编纂学上却有了长足的发展。正如梁启超所指出的,《左传》的特色:

> 第一,不以一国为中心点,而将当时数个主要的文化国,平均叙述。第二,其叙述不局限于政治,常涉及全社会之各方面。对于一时之典章与大事,固多详叙;而所谓琐语之类,亦采择不遗。故能写出当时社会之活态,予吾侪以颇明了之印象。第三,其叙事有系统,有别裁,确成为一种组织体的著述,对于重大问题,时复溯源竟委,前后照应,能使读者相悦以解。(梁启超《中国历史研究法》)

这说明《左传》作者已经有意识地从某种历史联系的角度来统筹规划、取舍剪裁以编撰成书。所以,钱穆先生说:"《左传》是一部史学上更进一步的编年史,孔子《春秋》只是开拓者,《左传》才是编年史的正式完成。"(钱穆《中国史学名著·春秋三传》)

五、《左传》与《国语》的关系

司马迁在《报任安书》中有"左丘失明,厥有国语"之说,又《史记·五帝本纪》中说:"余观《春秋》《国语》。"《十二诸侯年表序》中说:"于是谱十二诸侯,自共和讫孔子,表见《春秋》《国语》。"于是后人有认为《左传》与《国语》同为左丘明所作,且都为解释《春秋》的。《汉书·艺文志》"春秋类"著录"《国语》二十一篇,左丘明著",大概即本之于司马迁。《左传》与《国语》又有"《春秋》内传、外传"之说。《汉书·律历志下》有"《春秋外传》曰:……"是为以《国语》为《春秋》外传之始。王充《论衡》

也认为《国语》为"左氏之外传"。至韦昭作《国语》解序，以《左传》为"内传"，《国语》为"外传"，又是本之于班、王二说。后世更有人发挥说，《国语》是左丘明作《春秋传》的稿本，"时人共传习之，号曰《国语》"（《文献通考·经籍考》引巽岩李氏说）。所以，《国语》长期被目录学家列入"经部春秋类"中，以"准经典"的身份流传后世。

之所以称《左》《国》为内外传，除了上述的原因，还因为二书中之史事有很多相同之处。《国语》记史时间始于西周穆王，终于鲁悼公（约前967—前453），在时间上与《左传》大体相同，而且有许多历史事件既见于《左传》，又见于《国语》。因此后人疑《左》《国》本为同一书。到了晚清康有为作《新学伪经考》，更认为《左传》《国语》本为一书，后经刘歆割裂《国语》，乃一分为二。

驳《左》《国》非一人所作，自晋代傅玄开始，至唐、宋以迄清代、近代，皆有说者。如隋代刘炫，唐代柳宗元，宋代叶梦得、陈振孙，清代崔述等，皆有论述。这里且以崔述之论为代表。崔述《洙泗考信录》论"《国语》非左氏作"云：

　　《左传》之文，年月井井，事多实录；而《国语》荒唐诬妄，自相矛盾者甚多。《左传》纪事简洁，措辞亦多体要；而《国语》文献支蔓，冗弱无骨，断不出于一人之手明甚。且《国语》，周鲁多平衍，晋楚多尖颖，吴越多恣放，即《国语》亦非一人之所为也。盖《左传》一书，采之各国之史，《师春》一篇，其明验也。《国语》则后人取古人之事而拟之为文者，是以事少而辞多；《左传》一言可毕者，《国语》累章而未足也，故名之曰《国语》。语也者，别于纪事而为言者也。黑白迥殊，云泥远隔，而世以为一人所作，亦已异矣。

崔述从事辞之风格、材料之来源及体裁之差异来论述《左》《国》作者非同一人，识见实为精邃。

崔述比较《左》《国》二书之差异，不但可以说明二书非一人所作，也可以说明二书本非同一书之分化。对于后一个问题，近代有许多学者已有详细论述。如杨向奎先生《论〈左传〉之性质及其与〈国语〉之关系》一文从《左》《国》体裁的差异,记事的分歧,以及在先秦典籍中名称的不同,证明二者不是同一书的分化。嗣后,孙次舟先生发表《〈左传〉〈国语〉原非一书证》之文,从刘向、歆父子校书的实际情况以及《左》《国》内容的比较,否定《左传》为刘歆割裂《国语》而成。刘节先生的《〈左传〉〈国语〉〈史记〉之比较研究》一文,则认为《左传》《国语》乃共同依据一种原始史料,然后按不同的目的加以改编,《国语》注重保存掌故制度,而《左传》注意政治和战争方面的史事,再次反驳割裂说。

争论虽然存在,但关于《左传》《国语》的关系,较多的研究者对比后的看法是:《左传》《国语》是在战国时就已存在的两部书,它们都参考过相同的原始史料,但各自独立成书。《左传》晚于《国语》,《左传》可能参考了《国语》中的史料,甚至改编了《国语》中的某些记载,但《左传》并不是割裂《国语》而成的。

在《春秋》三传之中,《公羊传》和《穀梁传》是以义理解说《春秋》的,而《左传》则是以史料阐述《春秋》的,所以《左传》又是一部历史著作。《左传》自成书之后,便受到人们的重视。作为历史著作,《春秋》的记事过于简洁,许多事件只有一句话甚至一个字。事与事之间只是机械地按年、月、日编排,很难从中了解事件的整个过程和具体内容。《左传》则不同。《左传》的记事内容、取材范围和描写的社会面都要比《春秋》丰富和广阔得多。它博采旧文简册,以及流传在口头上的历史传说,详细地反映了春秋时期各国政治、经济、军事、外交、文化、风俗的历史面貌和各方面代表人物的活动,描绘出一幅春秋时代的色彩斑斓的历史画卷。《左传》一书反映了当时的进步思想,如以"爱民"为内容的民本思想,以反抗强暴、爱护国家为内容的爱国思想;对那个时期为国家和历史的进步作过贡献的政治家进行了热情的赞扬,对暴君佞臣的恶品邪行进行了批判。而且《左传》对于后代历史著作体裁体例的形成,也具有开创之功。所以有的学者认为,《左传》可以说是"集古史之大成,留给后人以无尽的宝藏"。《左传》对后代的史学影响是巨大的,司马迁作《史记》,有关春秋时代的历史,就大量采用《左传》的内容。《史记》纪传体的创立,与《左传》也不无关系。司马迁以后的史学家,无不从《左传》中吸取营养。

《左传》又是一部杰出的文学巨著,具有很高的艺术成就。朱自清先生说:"《左传》是史学的权威,也是文学的权威。"《左传》的文章叙述完整,文笔严密,创造了许多精彩的篇章和富有魅力的文学语言。《左传》善于描写人物,善于将人物的动作和内心活动刻画得生动细致,以表现不同的人物性格,创造出一系列栩栩如生、呼之欲出的人物形象,如春秋五霸、子产、叔向、楚灵王、吴王阖闾、越王句践等。《左传》善于用委曲尽致、谨严而分明的笔调来叙述战争,把复杂的战争描绘得波澜起伏、跌宕多姿。《左传》的应对辞令之美,又是它的一大特色。《左传》的辞令,无不曲折缜密、委婉有力,许多记述辞令的篇章,成为脍炙人口的佳构。正因为如此,《左传》成为先秦时期最优秀的叙事散文著作。后代的古文家取法先秦,多模仿《左传》。所以,《左传》对于后代叙事散文的发展,有着不可低估的影响。

公羊传

案,《汉书·艺文志》云:"《春秋古经》十二篇,《经》十一卷。"则《春秋古经》与《经》不同。盖《经》即《公羊》《穀梁》所据之《春秋经》,记载鲁隐元年至哀十四年间之事,凡二百四十二年;至于《春秋古经》,疑为《左氏》学者所称之古文经,所载史事至哀十六年"孔丘卒"为止,凡二百四十四年事。

一、"春秋"之名

相传孔子作《春秋》。然孔子之前,旧有"春秋"之目。盖上古时,凡记事之书,俱可名为《春秋》也。

孔颖达《左传正义》云:

"春秋"之名,经无所见,唯传记有之。昭二年,韩起聘鲁,称"见《鲁春秋》"。《外传·晋语》司马侯对晋悼公云:"羊舌肸习于《春秋》。"《楚语》申叔时论傅太子之法云:"教之以《春秋》。"《礼·坊记》云:"《鲁春秋》记晋丧曰'杀其君之子奚齐'。"又《经解》曰:"属辞比事,《春秋》教也。"凡此诸文所说,皆在孔子之前,则知未修之时旧有"春秋"之目。其名起远,亦难得而详。

可见,迟至先秦时,诸国史书已颇名为"春秋"矣。

除孔氏所引书外,先秦古书已颇有言及"春秋"之书者。庄公七年《公羊传》云:"不修《春秋》曰:'雨星不及地尺而复。'"《礼记·坊记》云:"《鲁春秋》犹去夫人之姓,曰'吴',其死曰'孟子卒'。"此言鲁国有《春秋》也。又据《墨子·明鬼下》,周、燕、宋、齐俱有《春秋》。又,诸家多引《墨子》"吾见百国《春秋》"之说。可见,此时诸国俱有《春秋》。

此外,先秦时又颇有泛称《春秋》者。《管子·法法》云:"故《春秋》之记,臣有弑其君,子有弑其父者矣。"《管子·山权数》云:"《春秋》者,所以记成败也。"《韩非子·内储说上》云:"《春秋》之记曰'冬十二月霣霜不杀菽',何为记此?"《战国策·燕策》载苏代语云:"今臣逃而纷齐、赵,始可著于《春秋》。"载乐毅语云:"臣闻贤明之君,功立而不废,故著于《春秋》。"《国语·楚语上》载申叔时语云:"教之《春秋》,而为之耸善而抑恶焉,以戒劝其心。"《国语·晋语七》载司马侯语云:"羊舌肸习于《春秋》。"据此,当时凡言诸国史记者,俱名"春秋"矣。

盖"春秋"本国史之名,然其时私家著述,乃至后世史家,亦颇取"春秋"以名其书。先秦已有《虞氏春秋》《吕氏春秋》《晏子春秋》《李氏春秋》等,此后,又有西汉陆贾《楚汉春秋》、东汉赵晔《吴越春秋》、晋司马彪《九州春秋》、习凿齿《汉晋阳秋》、孙盛《晋阳秋》(阳秋即春秋,避晋简文帝皇后郑春讳而改)与《魏氏春秋》、檀道鸾《续晋阳秋》、魏崔鸿《十六国春秋》、清吴任臣《十国春秋》等,则后世学者犹以“春秋”名诸史也。

先秦时,诸国史记不独以“春秋”为通名,又别有专名者。《孟子·离娄下》云:“晋之《乘》,楚之《梼杌》,鲁之《春秋》,一也。”至于魏,则有《竹书纪年》。杜预《春秋经传集解》序云:“‘春秋’者,鲁史记之名也。”则“春秋”者,又似为鲁史之专名也。

孔颖达《左传正义》云:

> 案《外传》,申叔时、司马侯乃是晋、楚之人,其言皆云“春秋”,不言“乘”与“梼杌”。然则“春秋”是其大名,晋、楚私立别号,鲁无别号,故守其本名。

孔氏盖以“春秋”为通名耳。刘知幾亦曰:“然则《乘》与《纪年》《梼杌》,其皆《春秋》之别名者乎!”(《史通·六家》)据此,则诸国史记皆有《春秋》之大名,至于《梼杌》《乘》《纪年》之名,不过别号耳。

可见,先秦时“春秋”之名,实兼有二义,盖既为鲁史记之专名,又为诸国史记之通名也。

其一,鲁史记之名。孔子因鲁史以作《春秋》,其名或因其旧。《汉书·艺文志》云:“以鲁周公之国,礼文备物,史官有法,故与左丘明观其史记,据行事,仍人道,因兴以立功,就败以成罚,假日月以定历数,藉朝聘以正礼乐。有所褒讳贬损,不可书见,口授弟子,弟子退而异言。”《汉书·司马迁传》云:“孔子因鲁史记而作《春秋》,而左丘明论辑其本事以为之传。”俱谓孔子前本有《鲁春秋》,孔子盖因之而作《春秋》也。其后,赵岐、卢钦、《隋书·经籍志》、陆德明、颜师古、苏轼、吕大奎、家铉翁、邵宝、王阳明等,皆从此说。

其二,诸国史记之名。《公羊传》徐彦疏引闵因叙云:“昔孔子受端门之命，制《春秋》之义，使子夏等十四人求周史记，得百二十国宝书。九月经立。《感精符》《考异邮》《说题辞》具有其文。"盖自公羊家立场而言，孔子修《春秋》，乃祖述尧舜，宪章文武，损益四代，而为通天下万世之新制，故不当独据鲁史，亦据诸国之史也。是以《春秋》据一国之史，亦足以施于万国也；虽取于二百四十二年断代之事，犹足以通诸万世也。

　　然不论《春秋》为鲁史记，抑或为诸国史记，俱记事之书也。洎乎孔子据旧史记而成《春秋》，"春秋"遂成一专名矣。且孔子作《春秋》，因史事而加王心，大异于记事之史，故公羊家谓《春秋》为经，实以《春秋》非仅详于史事者，实别有微言大义存焉。

　　是以孔子所成《春秋》，固为专名也。然其得名为《春秋》，当有不同于史记之义者。后世论孔子《春秋》之得名，大致有如下数说：

　　其一，错举四时为名。杜预《春秋经传集解序》云：

　　　　"春秋"者，鲁史记之名也。记事者，以事系日，以日系月，以月系时，以时系年，所以纪远近、别同异也。故史之所记，必表年以首事，年有四时，故错举以为所记之名也。

孔颖达疏云：

　　　　年有四时，不可遍举四字以为书号，故交错互举，取"春秋"二字，以为所记之名也。春先于夏，秋先于冬，举先可以及后，言春足以兼夏，言秋足以见冬，故举二字以包四时也。"春秋"二字是此书之总名，虽举"春秋"二字，其实包冬夏四时之义。四时之内，一切万物生植孕育，尽在其中。《春秋》之书，无物不包，无事不记，与四时义同，故谓此书为《春秋》。

杜预虽张古学门户，然其"错举"说，则似平实近理，故皮锡瑞《春秋通论》亦谓"此说得之"。

　　其二，春生而秋成。《公羊传》徐彦疏云：

　　　　问曰：案《三统历》云："春为阳中，万物以生；秋为阴中，万物以成，故名《春秋》。"贾、服依此以解"春秋"之义，不审何氏何名《春秋》乎？答曰：《公羊》、何氏与贾、服不异，亦以为欲使人君动作不失中也。而《春秋说》云"始于春，终于秋，故曰《春秋》"者，道春为生物之始，而秋为成物之终，故云"始于春，终于秋，故曰《春秋》"也。案《左传》孔疏引贾逵语云："取法阴阳之中，春为阳中，万物以生，秋为阴中，万物以成，欲使人君动作不失中也。"此说本出于刘歆《三统历》。《汉书·律历志》云："歆究其微眇，作《三统历》及《谱》以说《春秋》，推法密要，故述焉。夫历春秋者，天时也，列人事而因以天时。传曰：民受天地之中以生，所谓命也。是故有礼谊动作威仪之则，以定命也。能者养以之福，不能者败以取祸。……故春为阳中，万物以生，秋为阴中，万物以成。"刘歆、贾逵、服虔之说，似与杜预不同。然徐彦以《公羊》、何氏之说与贾、服不异，而谓《春秋说》亦然。盖春生秋成，万物受中以生，而人君动作亦当不失中，此先民共有之世界经验，宜乎今古文家所同也。

若此二说，则孔子以"春秋"名其制作，取义殆同于诸国史记，似未见别有深义焉。故后世颇有学者别考"春秋"之深义者，有如下数说：

其一，以《春秋》当一王之法，其命名有赏刑、褒贬之义。董仲舒《春秋繁露·四时之副》云："庆为春，赏为夏，罚为秋，刑为冬。"郑樵则曰："取赏以春夏，刑以秋冬。"又曰："一褒一贬，若春若秋。"此义盖出于襄二十年《左传》与《周礼·春官》。

其二，与《春秋》成书时间有关，即春作而秋成。徐彦疏引《春秋说》云："哀公十四年，春，西狩获麟，作《春秋》。九月，书成。以其书春作秋成，故云《春秋》。"然徐彦本人不同意此说，庄七年疏云："旧解云'孔子修之，春作秋成，谓之《春秋》'者，失之远矣。"此说专以"春秋"得名系于孔子，然孔子前实有"春秋"之通名，则此说甚狭，尤未必合于旧史之义。此说虽出公羊家言，然与《公羊传》引"不修《春秋》"之文不合。

其三，"奉始养终"之说。此说出于《论衡·正说篇》，云："春者，岁之始；秋者，其终也。《春秋》之经可以奉始养终，故号为《春秋》。"

其四，"与日月并行而不息"义。此徐彦疏之另一说也。

哀十四年传：制《春秋》之义以俟后圣，以君子之为，亦有乐乎此也。

何注：待圣汉之王以为法，乐其贯于百王而不灭，名与日月并行而不息。

徐疏：制作《春秋》之义，谓制《春秋》之中赏善罚恶之义也。……《春秋》者，赏善罚恶之书，有国家者最所急务，是以贯通于百王而不灭绝矣，故孔子为后王作之。云"名与日月并行而不息"者，谓名之曰《春秋》，其合于天地之利，生成万物之义，凡为君者不得不尔，故曰"名与日月并行而不息"也。

盖《春秋》之义，圣王之法也。斯义斯法，虽因春秋三世之诸国史记旧文，历春至秋，三时而成，然其"赏善罚恶"之功，则流播于千秋万世，春去秋来，生生不息，故君子所乐在乎此也。此说既得"春秋"通名之义，又深探圣心，得孔子制作专名之义。是以诸说中，此说虽有扬高凿深之嫌，然亦属近理。

近人于省吾《岁时起源初考》别有一说，谓上古时仅春、秋二时，而无冬、夏二时，故古人以春秋总括一年。古史以"春秋"为名，良以此焉。

二、孔子与《春秋》

《春秋》本为旧史，不过记事之书而已，后经孔子之笔削，遂得为经矣。盖经虽承旧史，然非为记事而作，以其别有圣人之义例存焉。此说实为今、古文家所共许，自古皆然，非若今日治孔子者，专据《论语》，而不知有《春秋》，适自狭陋耳。

庄七年，夏四月，辛卯，夜，恒星不见。夜中，星霣如雨。《公羊传》云：

如雨者何？如雨者，非雨也。非雨，则曷为谓之如雨？不修《春秋》曰"雨星不及地尺而复"，君子修之曰"星霣如雨"。

可见，《公羊传》明谓《春秋》有"修"与"不修"之别。盖"不修"之《春秋》，即孔子所据旧史也；若今《春秋》所见"星霣如雨"一语，实出孔子所修也。

不修《春秋》有二。其一，鲁史记也。杜预《春秋经传集解序》云："仲尼因鲁史策书成文。"即此说也。且《春秋》上记隐，下至于哀之获麟，所记史事全以鲁为主，则《春秋》显与鲁史记最有关系。

其二，百二十国宝书。司马迁《十二诸侯年表序》云："是以孔子明王道，干七十余君，莫能用。故西观周室，论史记旧闻，兴于鲁而次《春秋》，上记隐，下至哀之获麟。"又，《公羊传》徐疏引闵因叙云："昔孔子受端门之命，制《春秋》之义，使子夏等十四人求周史记，得百二十国宝书。九月经立。"孔颖达《左传正义》引沈文阿语云："《严氏春秋》引《观周篇》云：孔子将修《春秋》，与左丘明乘，如周，观书于周史，归而修《春秋》之经，丘明为之传，共为表里。"此数说皆以孔子兼采诸国史记，至有百二十国书之多。

至于君子修《春秋》，亦有二说：

其一，孔子作《春秋》。此说最为普遍，无论今、古文家，俱无异辞。如《春秋繁露·俞序》云："仲尼之作《春秋》也，上探正天端。"《春秋纬·考异邮》云："孔子受端门之命，制《春秋》之义。"《握诚图》云："孔子作《春秋》，陈天人之际，记异考符。"《元命苞》云："孔子曰：丘作《春秋》，始于元，终于麟，王道成也。"《演孔图》云："丘作《春秋》，天授《演孔图》。"《说题辞》云："孔子作《春秋》，一万八千字，九月而书成。"《史记·孔子世家》云孔子"因史记作《春秋》"。《盐铁论·相刺》云："孔子曰：……东西南北七十说而不能用，然后退而修王道，作《春秋》，垂之万世之后，天下折中焉。"《说苑·贵德》云："于是退作《春秋》，明素王之道。"《至公》云："（夫子）退而修《春秋》，采毫毛之善，贬纤芥之恶，人事浃，王道备，精和圣制，上通于天而麟至。"扬雄《剧秦美新》云："仲尼不遭用，《春秋》因斯发。"《论衡·超奇》云："孔子得史记以作《春秋》。"又云："孔子作《春秋》，以示王意。"《定贤》云："孔子不王，作《春秋》以明意。"《书虚》云："使孔子得王，《春秋》不作。"《齐世》云："至周之时，人民久薄，故孔子作《春秋》。"《效力》云："孔子，周世多力之人也。作《春秋》，删五经，秘书微文，无所不定。"可见，汉人莫不视《春秋》出于孔子也。

今人尚信《孟子》，其中有谓"孔子作《春秋》"之语。至于《公羊传》，其中实有明文。如上引庄七年《公羊传》所言"君子"，汉人多以为指孔子。王充曰：

> 不修《春秋》者，未修《春秋》时鲁史记，曰"雨星不及地尺而复"。君子者，谓孔子也。孔子修之，"星霣如雨"。（《论衡·艺增》）

则《公羊传》尚未明言孔子修《春秋》，而王充乃申言之矣。

又，昭十二年，齐高偃师师纳北燕伯于阳。《公羊传》云：

> 伯于阳者何？公子阳生也。子曰："我乃知之矣。"在侧者曰："子苟知之，何以不革？"曰："如尔所不知何？《春秋》之信史也，其序则齐桓、晋文，其会则主会者为之，其词则丘有罪焉尔。"

前言孔子削旧史而成《春秋》，此则言孔子以《春秋》为信史而笔其旧也。据此，"孔子作《春秋》"，《公羊传》可谓言之确凿矣。近人熊十力亦云："是孔子自明述作之怀，为七十子之徒转相传授，《孟子》《公羊》并见称引，绝不容疑。"

又，哀十四年，西狩获麟。《公羊传》云：

> 西狩获麟，孔子曰："吾道穷矣！"……君子曷为为《春秋》？拨乱世，反诸正，莫近诸《春秋》。则未知其为是与？其诸君子乐道尧舜之道与？末不亦乐乎尧舜之知君子也？制《春秋》之义以俟后圣，以君子之为，亦有乐乎此也。

此谓孔子作《春秋》甚明，且谓孔子《春秋》，非详于记事，乃制义也。

其二，周公成《春秋》之书法。杜预《春秋经传集解》序云：

> 仲尼因鲁史策书成文，考其真伪，而志其典礼，上以遵周公之

遗制，下以明将来之法。……盖周公之志，仲尼从而明之。……其发凡以言例，皆经国之常制，周公之垂法，史书之旧章。仲尼从而修之，以成一经之通体。其微显阐幽，裁成义类者，皆据旧例而发义，指行事以正褒贬。

今文家尊孔子，以《春秋》义例悉出于孔子。然古文家欲尊《左氏》，乃有周公发凡之说，盖以义例之大端归于周公也，是以孔子虽修《春秋》，不过遵循"周公之垂法，史书之旧章"而已。

可见，三传唯《公羊传》有"孔子作《春秋》"之明文，又谓获麟为异，盖天示以周之将亡也，是以孔子因以伤"吾道穷矣"，遂作《春秋》。据此，孔子作《春秋》之时间，当在哀十四年。何休注云：

> 麟者，太平之符，圣人之类，时得麟而死，此亦天告夫子将没之征，故云尔。

盖麟本圣人之类，而孔子以麟自比，乃伤斯文将坠，此道不行，遂作《春秋》以垂法后世焉。故徐彦疏云：

> 《公羊》以为哀公十四年获麟之后，得端门之命，乃作《春秋》，至九月而止笔。

然公羊家尚有一说。晋孔衍（369—423）另有《公羊传》本，其中有云：

> 十有四年，春，西狩获麟。何以书？记异也。今麟非常之兽，其为非常之兽，奈何有王者则至，无王者则不至？然则孰为而至？为孔子之作《春秋》。（《左传正义》孔疏引）

显然，此传本与何休所据《公羊传》不同，其对"获麟"之解释，亦与何休不同。盖此本以孔子作《春秋》，成素王之功，故麟为瑞应而至也。据此，孔子实前于获麟而作《春秋》也。

范宁亦同此说。其《穀梁传》序谓"先王之道既弘，麟感化而来应。因事备而终篇，故绝笔于斯年"。杨士勋伸其说云："杜预解《左氏》，以为获麟而作《春秋》。今范氏以作《春秋》然后麟至者，以麟是神灵之物，非圣不臻。故《论语》云：'凤鸟不至，河不出图，吾已矣夫。'《礼器》

云：'升中于天，而凤皇降，龟龙假。'《公羊传》曰：'麟有王者则至。'《援神契》曰：'德至鸟兽则麒麟臻。'是非有明王，则五灵不至也。当孔子之世，周室陵迟，天下丧乱，岂有神灵之物无故而自来？明为仲尼修《春秋》，麟应而至也。然则仲尼并修六艺，何故不致诸瑞者？"

　　然此说与汉代《左氏》说同。案哀十四年孔疏云："贾逵、服虔、颍容等皆以为孔子自卫反鲁，考正礼乐，修《春秋》，约以周礼，三年文成致麟，麟感而至。"又，杜序孔疏云："服虔云：'夫子以哀十一年自卫反鲁而作《春秋》，约之以礼，故有麟应而至。'"徐彦疏亦云："《左氏》以为鲁哀十一年夫子自卫反鲁，十二年告老，遂作《春秋》，至十四年经成。"盖徐氏据《左传》推定孔子于哀十一年反鲁，十二年告老，遂作《春秋》，至十四年经成。故杨士勋云："先儒郑众、贾逵之徒，以为仲尼修《春秋》，约之以《周礼》，修母致子，故独得麟也。"可见，贾、服之徒，盖以孔子先作《春秋》而致麟也。（司马迁尚有一说，盖以孔子厄于陈、蔡时作《春秋》，则在哀六年，而与获麟绝无关系。）

　　对此，杜预颇不谓然，其《春秋经传集解》序云：

　　　　或曰：《春秋》之作，《左传》及《穀梁》无明文。说者以为仲尼自卫反鲁，修《春秋》，立素王，丘明为素臣。言《公羊》者，亦云黜周而王鲁，危行言孙，以辟当时之害，故微其文，隐其义。《公羊》经止获麟，而《左氏》经终孔丘卒，敢问所安？

　　　　答曰：异乎余所闻！仲尼曰："文王既没，文不在兹乎？"此制作之本意也。叹曰："凤鸟不至，河不出图。吾已矣夫！"盖伤时王之政也。麟凤五灵，王者之嘉瑞也。今麟出非其时，虚其应而失其归，此圣人所以为感也。绝笔于获麟之一句者，所感而起，固所以为终也。……子路欲使门人为臣，孔子以为欺天。而云仲尼素王，丘明素臣，又非通论也。先儒以为制作三年，文成致麟，既已妖妄。又引经以至仲尼卒，亦又近诬。据《公羊》经止获麟，而《左氏》小邾射不在三叛之数，故余以为感麟而作。作起获麟，则文止于所起，为得其实。至于"反袂拭面",称"吾道穷",亦无取焉。

盖汉魏人习于孔子素王之说,不独今文家,虽古文家亦然。贾逵《春秋序》云:"孔子览史记,就是非之说,立素王之法。"郑玄《六艺论》云:"孔子既西狩获麟,自号素王,为后世受命之君制明王之法。"(《春秋经传集解》序孔疏引)此诚杜预所讥也。今文家谓孔子伤麟死而作《春秋》,则孔子以麟自况也;而古文家谓孔子成《春秋》而麟来,麟为书成之瑞应。麟死,则周为新矣,故孔子作《春秋》;麟来,则《春秋》成,而为新王矣。二说实同,皆以孔子为素王也。

故杜预谓二说俱非。盖孔子伤周政之衰,"文王既没,文不在兹乎",其欲制作久矣;其后感麟之至,自叹圣人生非其时,道无所行,功无所济,与麟死相类,乃作《春秋》矣。是则杜预犹取《公羊》"感麟而作"之说,至于《左氏》之汉师旧说,则以为妖妄近诬矣。

《春秋》文辞简约,若不通以传,则不过流水账簿而已,别无深意可寻,焉能以经视之哉!至于释经之传,则有《公》《谷》《邹》《夹》等,其中以《公羊》陈义最高,且书法曲折,思辨入微,遂得先立于学官矣。观乎有汉一代之政治施设,虽颇仍秦旧,然其大纲,毕竟由《公羊》绎出。其后两千年间,《公羊》虽未尽为独尊,学者亦不尽为颛门之学,然上至朝廷之议论,至于政治之规摹,下及百姓之日用,概莫不见《公羊》施化之溥博矣。

三、口说与载籍

孔子据鲁史旧文作《春秋》,而其微言大义,则口授之,至汉乃著于竹帛,斯为《公羊传》也。徐彦疏云:

> 孔子至圣,却观无穷,知秦无道,将必燔书,故《春秋》之说口授子夏。度秦至汉,乃著竹帛。

盖孔门弟子中,传经最有功者,莫过于子夏。《孝经钩命决》谓孔子"以《春秋》属商",而此后传此经者,主要在公羊氏一门。故后儒将《公羊传》溯源于子夏,尚属近理。

至于孔子口传而不载籍者,徐疏犹据谶说,以为孔子避秦燔书之祸故也。然此说实出于何休《解诂》。隐二年,纪子伯、莒子盟于密。《公羊传》云:"纪子伯者何? 无闻焉尔。"《解诂》云:

> 言无闻者,《春秋》有改周受命之制,孔子畏时远害,又知秦将燔《诗》《书》,其说口授相传,至汉公羊氏及弟子胡毋生等,乃始记于竹帛,故有所失也。

又,定元年,春,王。《公羊传》云:"定、哀多微辞,主人习其读而问其传,则未知己之有罪焉尔。"《解诂》亦云:

> 此孔子畏时君,上以讳尊隆恩,下以辟害容身,慎之至也。

《公羊传》说甚明,而何邵公"辟害容身"之说,实可从中衍出。则自传、注、疏以下,皆以《公羊传》本于孔子口说,至于其中缘由,则因孔子避祸故也。即便揆诸今人之情,此说亦属近理也。

考《公羊传》一书,何休以为"齐人语"者,凡二十四处,唯"是月"一条为"鲁人语"。可见,汉人以《公羊传》为齐学,则未为诬也;且以口说故,乃杂有齐人之语。如隐五年注云:"登,读言得。得来之者,齐人语也。齐人名求得为得来,作登来者,其言大而急,由口授也。"庄二十八年注云:"伐人者为客,读伐长言之,齐人语也。见伐者为主,读伐短言之,齐人语也。"盖《公羊传》若早著于竹帛,当不若是杂有齐人语也。

又,《春秋经》多有阙文,而《公羊传》常以"无闻焉尔"释之,此亦口说之证。故襄二年疏云:"《公羊》之义,口授相传,五世以后方著竹帛,是以传家数云无闻焉尔。"盖《公羊传》文体采用问答形式,足为口说之确证,其有阙者,不过弟子无闻于师故也。

徐疏又引戴宏序云:

> 子夏传与公羊高,高传与其子平,平传与其子地,地传与其子敢,敢传与其子寿。至汉景帝时,寿乃共其弟子齐人胡毋子都著于竹帛。

戴序叙述《公羊传》传授次第,最为明白。公羊家颇乐引其说,盖以师徒授受之确,足以证《公羊传》之真也;至于《左氏》,则"则师徒相传,又无其人",故不得不尚文字也。

《汉书·艺文志》著录《公羊传》十一卷,班固自注曰:"公羊子,齐人。"颜师古注曰:"名高。"此说至宋罗璧始有异论。罗璧《拾遗》云:"公羊、穀梁自训高、赤作传外,更不见有此姓。万见春谓皆姜字切韵脚,疑为姜姓假托。"然《四库提要》驳其说云:"邾为邾娄,披为勃鞮,木为弥牟,殖为舌职,记载音讹,经典原有是事。至弟子记其先师,子孙述其祖父,必不至竟迷本字,别用合声。璧之所言,殊为好异。"又云:"程端学《春秋本义》竟指高为汉初人,则讲学家臆断之词,更不足与辨矣。"廖平因谓公、穀俱为卜之双声,羊、梁又商之迭韵,以为齐、鲁同音异字,实均子夏一人。

其实,《礼记·杂记》中即有"公羊贾"之人,或疑公羊贾即《论语》之公明贾,而公羊高即《孟子》之公明高也。公明高,盖曾子弟子也,亦从子夏受经。盖羊与明音近,此说或可通。《汉书·古今人表》有公羊、穀梁列四等,必实有其人可知。可见,旧说未可轻议也。

至于口说之载籍,徐疏据戴宏序,以为景帝时始著于竹帛。此说于《公羊传》文亦有证焉。哀三年,《公羊》之经作"季孙斯、叔孙州雠帅师城开阳",而《左氏》作"启阳",徐疏以为,"开者,为汉景帝讳也"。可见,《公羊》著于竹帛,当在景帝时,或在景帝后也。又,案《汉书·外戚传》,景帝六年,立太子荣母为皇后,大行奏疏引《公羊》云:"'子以母贵,母以子贵。'今太子母号宜为皇后。"段熙仲以为,大行非博士,无与于口授,其所称引必据载籍也。可见,《公羊》著于竹帛,当在景帝六年前。又,《韩诗外传》文字多有与《公羊》同者,而韩婴与董子同时,则知《公羊》著于竹帛当不晚于此时。

《四库提要》以为,《公羊传》不尽出于公羊高,至于著竹帛,则悉本注、疏之说,以为"《传》确为寿撰,而胡毋子都助成之"也。

四、授受源流

1.先秦

《春秋》诸传中，《公羊》最早行于世。其授受源流，最初盖出于子夏。《史记·孔子世家》云："至于为《春秋》，笔则笔，削则削，子夏之徒不能赞一辞。"《孝经钩命诀》云："以《春秋》属商。"商，子夏字也。董子《春秋繁露·俞序》载子夏语云："有国家者，不可不学《春秋》。"史迁《太史公自序》亦引子夏此语。徐彦谓孔子以《春秋》口授子夏，又引戴宏序云："子夏传与公羊高。"可见，子夏不独为《公羊》先师，实传《公羊》之初祖也。

子夏之后，善言《春秋》者莫过于孟子。孟子以后，荀子论六经要旨，亦及《春秋》。刘师培尝考二书同异，谓"何邵公所作《解诂》，亦多用《荀子》之文"。其后，董子《繁露》之文，颇有同于《荀子》者。如《循天之道》言古人"霜降而逆女，冰泮而杀内"，又言"新牡十日而一游于房"，与《荀子·大略》霜降逆女、冰泮杀内、十日一御之说合；《玉杯》言三年之丧二十五月，与《荀子·礼论》"三年之丧，二十五月而毕"之文同；又，《竹林》言"先王之制，有大丧者三年不呼其门，顺其志之不在事也"，亦与《荀子·大略》"父母之丧，三年不事"之义合。董子乃《公羊》先师，其说丧礼、昏礼与荀子俱合，而荀子之学出于子夏，则荀子抑或传《公羊》之先师欤？

徐彦引戴宏《春秋说》序云："子夏传与公羊高，高传与其子平，平传与其子地，地传与其子敢，敢传与其子寿。至汉景帝时，寿乃共其弟子齐人胡毋子都著于竹帛。"又，隐二年何休注云："《春秋》有改周受命之制，孔子畏时远害，又知秦将燔《诗》《书》，其说口授相传，至汉公羊氏及弟子胡毋生等，乃始记于竹帛。"皆以先秦传《公羊传》者，皆公羊氏一门。然《公羊传》中又颇记子沈子、子司马子、子女子、子北宫子、高子、鲁子之语。其中，沈子语见隐十一年、庄十一年及定元年传文；司马子语见庄三十年传文；子女子语见闵元年传文；子北宫子语见哀四年传文；高子语见文四年传文。而"鲁子"凡六见，即庄三年、二十三年、僖五年、十九年、二十四年、二十八年传文，远较其余先师为多，似不合常理。对此，黄开国以为，"鲁子"非指一人，实为"鲁地治《春秋》的学者的通称，应该主要是对《穀梁》学的先师的尊称"（参见黄开国：《公羊学发展史》，第47页）。可见，先秦传授《公羊》者，殆未必尽出于公羊氏也。

2.西汉

汉景时，《公羊传》由公羊寿与其弟子胡毋子都著于竹帛。《史记·儒林列传》云：

> 胡毋生，齐人也。孝景时为博士，以老归教授。齐之言《春秋》者多受胡毋生，公孙弘亦颇受焉。

胡毋生老归教授于齐地，受其学者必夥，然唯公孙弘以取汉相而显于世耳。

公孙弘，菑川薛人。武帝初，弘年已六十，以贤良征为博士，后病免归。元光五年，复以贤良文学征，以策对擢为第一，拜为博士。后位至丞相，爵平津侯。《汉书·儒林传》谓弘受胡毋生《公羊春秋》，本传则谓弘"年四十余，乃学《春秋杂说》"。《汉志》著录有《公羊杂记》八十三篇，不知即《杂说》否？

其时明《春秋》者，又有董仲舒。仲舒，赵人，少治《春秋》，景帝时为博士。《汉书·五行志》云："汉兴，承秦灭学之后，景、武之世，董仲舒治《公羊春秋》，始推阴阳，为儒者宗。"则胡毋生与董仲舒，俱以治《春秋》而为博士，而仲舒尤为儒者宗矣。

然董仲舒之学，授受不明。汉人以胡毋生、董仲舒平列，如《汉书·儒林传》谓二人"同业"，郑玄《六艺论》亦以胡、董并称。然至徐彦，乃以仲舒为胡毋生弟子，"胡毋生本虽以《公羊》经、传传授董氏，犹自别作《条例》"。胡毋生之书，既有《公羊章句》，又有《条例》，而仲舒受于子都者，盖《章句》耳，至于《条例》，至汉末何休乃远绍之。观乎董书，有"《春秋》无达辞"之说，殆疏于条例之学耳。

其后治《公羊》者，多出于仲舒之门。《汉书·儒林传》云：

> 胡母生，字子都，齐人也。治《公羊春秋》，为景帝博士。与董
> 仲舒同业，仲舒著书称其德。年老，归教于齐，齐之言《春秋》者宗
> 事之，公孙弘亦颇受焉。而董生为江都相，自有传。弟子遂之者，兰
> 陵褚大、东平嬴公、广川段仲、温吕步舒。大至梁相，步舒丞相长史，
> 唯嬴公守学不失师法，为昭帝谏大夫，授东海孟卿、鲁眭孟。

班固此说，极易致人误会。盖仅据此段文字，褚大、嬴公、段仲、吕步舒
等，既可视为胡母生弟子，亦可作董仲舒弟子。若如前说，整个两汉公羊
博士官学，悉为胡母生之传矣。范晔即持此说，曰：

> 齐胡母子都传《公羊春秋》，授东平嬴公，嬴公授东海孟卿，孟卿
> 授鲁人眭孟，眭孟授东海严彭祖、鲁人颜安乐。（《后汉书·儒林传》）

其后，《隋书·经籍志》亦祖范说。

案，《史记·儒林列传》云："仲舒弟子遂者：兰陵褚大、广川殷忠、温
吕步舒。"又云："董仲舒弟子吕步舒不知其师书，以为下愚。"可见，史公
明以吕步舒等为仲舒弟子也（《史记》之殷忠与《汉书》之段仲，当是一
人。《史记集解》引徐广曰："殷，一作段，又作瑕也。""殷"与"段"，殆字
形相近而误）。又，《汉书·眭弘传》云："先师董仲舒有言，虽有继体守
文之君，不害圣人之受命。"可见，《汉书·儒林传》所叙次诸弟子，当承
"董生为江都相，自有传"一语而来。又，郑玄《六艺论》云："治《公羊》
者胡母生、董仲舒。董仲舒弟子嬴公，嬴公弟子眭孟，眭孟弟子严彭祖及
颜安乐，安乐弟子阴丰、刘向、王彦。"陆德明《释文序录》云："兰陵褚大、
东平嬴公、广川段仲、温吕步舒，皆仲舒弟子。"皆直谓褚大、嬴公以下为
仲舒弟子，足见范晔误读班书也。

仲舒弟子颇众。据《汉书》本传，仲舒"下帷讲诵，弟子传以久次相
授业，或莫见其面"，可见其弟子之夥。弟子遂者，有兰陵褚大、东平嬴
公、广川段仲、温吕步舒，唯嬴公"守学不失师法"。嬴公传孟卿与眭弘。

（《史记》《汉书》以孟卿、眭弘俱为嬴公弟子，《后汉书》则以嬴公传孟卿，孟卿传眭弘，亦误。）

孟卿，东海人。从萧奋学礼，又从嬴公受《春秋》。弟子有后苍、疏广等，世传《后氏礼》《疏氏春秋》，皆出孟卿也。后苍说《礼》数万言，号曰《后苍曲台记》。疏广，字仲翁，东海兰陵人。《汉书》本传称其"少好学，明《春秋》，家居教授，学得自远方至。征为博士、太中大夫。"广授管路。孟卿子孟喜，从田王孙学《易》。

眭弘，字孟，鲁国薛人。据《汉书》本传，弘"少时好侠，斗鸡走马，长乃变节，从嬴公受《春秋》。以明经为议郎，至符节令"。昭帝时，弘推《春秋》之义，以为"汉家尧后，有传国之运。汉帝宜谁差天下，求索贤人，禅以帝位，而退自封百里，如殷、周二王后，以承顺帝命"，因受诛焉。其后，宣帝即位，以应弘"从匹夫为天子"之说，乃征弘子为郎。又据《儒林传》，弘有弟子百余人，唯严彭祖、颜安乐为明，然质问疑谊，各持所见。弘曰："《春秋》之意，在二子矣！"弘死，彭祖、安乐各颛门教授，由是《公羊》有严、颜之学，俱立于学官，而董学亦因分为二矣。

严彭祖，字公子，东海下邳人。宣帝时为博士，尝为河南、东郡太守，以高第入为左冯翊，迁太子太傅。《汉书·儒林传》称其"廉直不事权贵"。严氏之著述，《汉志》未见著录，《隋志》则著录有《春秋公羊传》十二卷，新、旧《唐志》犹著录有五卷。《隋志》又著录其《春秋左氏图》十卷，两《唐志》则作《春秋图》七卷。

颜安乐，字公孙，一字翁孙。鲁国薛人。眭弘姊子。安乐家贫，为学精力，官至齐郡太守，后为仇家所杀。《汉志》著录其《公羊颜氏记》十一篇，然未见于《隋志》，疑此时已佚矣。

彭祖以后，据《汉书·儒林传》，"授琅邪王中，为元帝少府，家世传业。中授同郡公孙文、东门云。云为荆州刺史，文东平太傅，徒众尤盛"，则彭祖传王中，而中授公孙文、东门云也。

至于安乐一系，据《汉书·儒林传》，"安乐授淮阳泠丰次君（泠丰，或作阴丰。据毕沅《传经表》：“《六艺论》‘泠’作‘阴’，诸书皆本之，未知谁误。”）、淄川任公。公为少府，丰淄川太守，由是颜家有泠、任之学。始贡禹事嬴公，成于眭孟，至御史大夫。疏广事孟卿，至太子太傅，皆自有传。广授琅邪管路，路为御史中丞。禹授颍川堂谿惠，惠授泰山冥都，都为丞相史。都与路又事颜安乐，故颜氏有管、冥之学。路授孙宝，为大司农，自有传。丰授马宫、琅邪左咸。咸为郡守九卿，徒众尤甚。宫至大司徒，自有传”。又据郑玄《六艺论》，安乐弟子尚有刘向与王彦。

马宫，字游卿，东海戚人，历官太守、大司徒、太师等职，与王莽相善。王莽篡汉，马宫为太子师。《汉书》本传称其“治《严氏春秋》”，然《儒林传》又称其为泠丰弟子，则属颜氏安乐一系也，二说未知孰是。

孙宝，字子严，颍川鄢陵人。据《汉书》本传，宝奏疏多用《礼》《论语》，用《春秋》者仅一处。

左咸，与王莽相友善。据《汉书·王莽传》，王莽立六经祭酒，而咸为《春秋》祭酒。

3.东汉

东汉建武初，立五经博士，各以家法教授，而《春秋》有严、颜二博士，然以严氏为盛。据范晔《后汉书·儒林传》，习《严氏春秋》者有丁恭、周泽、锺兴、樊鯈、张霸、甄宇、楼望、程曾、郅恽、徐稺等。

丁恭，字子然，山阳东缗人。习《公羊严氏春秋》。建武初，为谏议大夫、博士，封关内侯。诸生自远方至者，著录数千人，当世称为大儒。太常楼望、侍中承宫、长水校尉樊鯈等，皆受业于恭。

樊鯈（？—67），字长鱼，南阳湖阳人，以外戚封侯。父宏，为光武之舅，封长罗侯。《后汉书》本传谓鯈“就侍中丁恭受《公羊严氏春秋》”，又谓其“删定《公羊严氏春秋》章句，世号‘樊侯学’”。门徒前后有三千余人，其中，颍川李修、九江夏勤，皆位至三公。

张霸，字伯饶，蜀郡成都人。《后汉书·张霸传》谓其“七岁通《春秋》”，后师樊鯈，受《严氏春秋》，遂博览五经。又以樊氏所删《严氏春秋》犹多繁辞，更加删减，定为二十万言，更名为"张氏学"。年七十，以疾卒。其子楷，字公超，张霸中子。《张霸传》称其"通《严氏春秋》《古文尚书》，门徒常百人"，然"隐居弘农山中，学者随之，所居成市"。撰有《尚书注》。年七十，卒于家。（案前汉又有东莱张霸，据《汉书·儒林传》，世所传《百两篇》者，即出于张霸，盖霸析合《尚书》二十九篇以为数十，又采《左氏传》《书叙》为作首尾，凡百二篇。篇或数简，文意浅陋。成帝时求其古文者，霸以能为《百两》征，以天子所藏中书校之，非是。）

周泽，字稚都，北海安丘人。少习《严氏春秋》，隐居教授，门徒常数百人。建武末，征试博士。中元十年，拜太常。

锺兴，字次文，汝南汝阳人也，少从丁恭受《严氏春秋》。光武时，"诏令定《春秋》章句，去其复重，以授皇太子。又使宗室诸侯从兴受章句"。封关内侯，兴自以无功，固辞不受。

甄宇，字长文，北海安丘人。习《严氏春秋》，教授常数百人。建武中，征拜为博士。甄传业于子普，普传子承。承尤笃学，未尝视家事，讲授常数百人。诸儒以承三世传业，莫不归服。其后，子孙传学不绝。

楼望（20—100），字次子，陈留雍丘人。官至大司农。少习《严氏春秋》，教授不倦，世称儒宗，诸生著录九千余人。《儒林传》称其卒时"会葬者数千人，儒家以为荣"。

程曾，字秀升，豫章南昌人。受业长安，习《严氏春秋》，积十余年，还家讲授。著书百余篇，皆五经通难，又作《孟子章句》。

郅恽，字君章，汝南西平人。《后汉书》本传谓其"及长，理《韩诗》《严氏春秋》，明天文历数"。

徐稚，字孺子，南昌人，学《严氏春秋》《京氏易》《欧阳尚书》，兼综风角、《河图》《七纬》诸学，与陈蕃相友善，朝廷屡征不就，耕稼而食。

刘佑，字伯祖，中山安国人。学《严氏春秋》《小戴礼》《古文尚书》。

闻葵班，字宣高，处士，治《严氏春秋》。

祝睦（96—164），字符德，济阴己氏人，治《韩诗》《严氏春秋》，官山阳太守。

孔宙（102—163），字季将，为孔子十九世孙孔融之父，治《严氏春秋》。其子融，《隋志》著录有《春秋杂议难》五卷。

樊敏，字仲达，巴郡太守，治《严氏春秋》。

严䜣，字少通，东牟侯相，习《严氏春秋冯君章句》。《冯君章句》之名，仅见于《严䜣碑》及杜佑《通典》。杜佑《通典》云："冯君八万言章句。"（引自朱彝尊：《经义考》卷一七一。）

习《颜氏春秋》者较少，仅有张玄、唐檀数人而已。

张玄，字君夏，河内河阳人。《后汉书·儒林传》称其"少习《颜氏春秋》，兼通数家法。……清净无欲，专心经书，方其讲问，乃不食终日。及有难者，辄为张数家之说，令择从所安。诸儒皆伏其多通，著录千余人"。会《颜氏》博士缺，玄试策第一，拜为博士。后以兼说《严氏》《冥氏》，乃罢其《颜氏》博士。

唐檀，字子产，江西南昌人。《后汉书·方术传》谓其"少游太学，习《京氏易》《韩诗》《颜氏春秋》，尤好灾异星占。后还乡里，教授常百余人"，著有《唐子》二十八篇。

此外，东汉尚有一些公羊学者，师承不明，似不属严、颜二家。

李育，字符春，扶风漆人。《后汉书·儒林传》谓其"少习《公羊春秋》。沉思专精，博览书传，知名太学，深为同郡班固所重。……常避地教授，门徒数百"。李育虽为今文学者，然亦颇涉猎古文学，曾读《左传》，"虽乐文采，然谓不得圣人深意"。传惟称习《公羊春秋》，不名严、颜。《儒林传》谓其"以为前世陈元、范升之徒，更相非折，而多引图谶，不据理体，于是作《难左氏义》四十一事"。章帝建初元年，举为议郎，后拜为博士。四年，诏与诸儒论五经于白虎观，李育以《公羊》义难贾逵，往返皆有理证，最为通儒。汉末何休与其师博士羊弼追述李育意以难二传，作《公羊墨守》《左氏膏肓》与《穀梁废疾》。李育、羊弼既为博士，当不出严、颜二家之外，然邵公作《解诂》，乃追述胡毋生条例，而对严、颜深致不满,则何氏或别有所受焉。康南海则以为,"董子之学见于《繁露》,胡毋生之说传于何休"(张伯桢:《南海师承记》,见于《康有为全集》附录),亦以邵公宗胡毋生也。

班超(32—102),字仲升,扶风平陵人,班彪子。李贤注引《东观汉记》云:"超持《公羊春秋》,多所窥览。"而其兄班固汇辑《白虎通义》,其中《春秋》义多引《公羊》说,至其所撰《汉书》之《律历志》《五行志》亦十数次称引董仲舒之说。

杨终(? —100),字子山,蜀郡成都人。《后汉书》本传谓其"年十三,为郡小吏,太守奇其才,遣诣京师受业,习《春秋》"。当时唯《公羊春秋》立于学官,则杨终于京师所学,自当为《公羊春秋》也。杨终尝上书章帝,谓"宣帝博征群儒,论定五经于石渠阁。方今天下少事,学者得成其业,而章句之徒,破坏大体。宜如石渠阁故事,永为后世则"。其后白虎观会议,盖起于杨终之议也。其时终因事系狱,博士赵博、校书郎班固、贾逵等,乃谓终深晓《春秋》,学多异闻,终乃得与于白虎观会议。著有《春秋外传》十二篇,改定章句十五万言。其本传略载其论议,颇用公羊义。

王充(27—约97),字仲任,会稽上虞人。《后汉书》本传称其"受业太学,师事扶风班彪。好博览而不守章句"。班氏父子皆习《春秋》,充受业于太学,则亦受《公羊春秋》也。观其《论衡》,多用《公羊》义可知。不过,充亦颇用《左传》《穀梁》说,此盖其"好博览而不守章句"也。

冯绲,字鸿卿,巴郡宕渠人。《后汉书》本传谓其"少学《春秋》《司马兵法》",李贤注引《谢承书》云:"绲学《公羊春秋》。"唐晏《两汉三国学案》叙述《韩诗》派时,谓有冯绲碑云:"少耽学问,习父业,治《春秋》严氏、《韩诗》仓氏。"

公沙穆,字文义,北海胶东人。《后汉书·方术传》谓穆"长习《韩诗》《公羊春秋》,尤锐思河洛推步之术"。

第五元先,京兆人,通《京氏易》《公羊春秋》《三统历》《九章算术》。

郑玄尝师事之。

徐淑，字迫进，广陵海西人。习《孟氏易》《公羊春秋》《礼记》《周官》。

荀爽（128—190），字慈明，一名谞，颍州颍阴人。荀子十二代孙，荀淑子。幼而好学，年十二，能通《春秋》《论语》，耽思经书，至于庆吊不行，征命不应。延熹九年（166），拜郎中。《后汉书》本传谓其"后遭党锢，隐于海上，又南遁汉滨，积十余年，以著述为事，遂称为硕儒"。董卓时，为司空，与司徒王允等谋诛董卓。著《礼》《易传》《诗传》《尚书正经》《春秋条例》，又集汉事成败可鉴戒者，谓之《汉语》。又作《公羊问》及《辩谶》，并它所论叙，题为《新书》。凡百余篇，今多所亡缺。延熹九年对策，爽引《春秋》经传，多用《公羊》义，亦稍涉《左氏》，而《穀梁》则不用一条。其《公羊问》，阮孝绪《七录》及两《唐志》著录为《春秋公羊问答》五卷，《隋书·经籍志》云："《春秋公羊传问答》五卷，荀爽问，魏安平太守徐钦答。"故从其著述及对策来看，爽应为公羊学者。

李咸，字符章，汝南西平人，习《鲁诗》《春秋公羊传》《三礼》。

綦母君，东莞人，治《公羊春秋》。

赵昱，字符达，琅邪人。从綦母君学《公羊春秋》，至历年潜思，不窥园圃。

尹宙（115—177），字周南，《尹宙碑》谓其"治《公羊春秋经》，博通书传"。

戴宏，字符襄，济北刚县人。生于桓、灵之季，然不见于《后汉书·儒林传》，唯《吴祐传》有云："（佑）迁胶东侯相，时济北戴宏父为县丞，宏年十六，从在丞舍。祐每行园，尝闻讽诵之音，奇而厚之，亦与为友，卒成儒宗，知名东夏，官至酒泉太守。"案祐与梁冀、李固、马融同时，则宏亦当与陈蕃、何休同时也。徐彦疏引戴宏《春秋说》序，此为《公羊传》在先秦传承之最早记载。何休《公羊解诂》序云："恨先师观听不决，多随二创。"徐彦以为，"此先师，戴宏等也。……今戴宏作《解疑论》而难《左氏》，不得《左氏》之理，不能以正义决之，故云'观听不决'、'多随二创'者,上文云'至有背经、任意、反传违戾'者,与《公羊》为一创;又云'援引他经失其句读'者,又与《公羊》为一创。今戴宏作《解疑论》,多随此二事,故曰'多随二创'也。"由此可见,戴宏尝撰《解疑论》,以攻《左氏》,然不得《左氏》之理也。玉函山房辑有《解疑论》一卷,仅三条,一则述《公羊》源流,一则可略见其《春秋》学。

刘睦,袭封北海靖王,少好学,博通书传,光武爱之。著有《春秋旨义终始论》。

五、大义与微言

"微言"与"大义"之名,最初见于刘歆《移让太常博士书》。其言曰:

> 夫子没而微言绝,七十子终而大义乖。

其后,《汉书·艺文志》亦云:"昔仲尼没而微言绝,七十子丧而大义乖。"(微言者,《汉书》李奇注云:"隐微不显之言也。"颜师古注云:"精微要妙之言耳。"皆未达清人说"微言"之旨。)盖用刘歆之说也。可见,微言与大义二词,本出于古文家言。范甯《穀梁传》"序"云:"盖九流分而微言隐,异端作而大义乖。"其说稍不同,然俱以微言与大义不同也。

且据刘歆之说,唯孔子及身始有微言,至其没而微言遂绝;若七十子者,唯能传孔子大义而已,至七十子之后,则大义亦相乖离矣。可见,微言高于大义也。是以后世公羊家以微言、大义别三传高下,亦未始不出于刘歆之言也。

然"微言"与"大义"之内涵,至清人乃得明确界说。皮鹿门《春秋通论》云:

> 《春秋》有大义,有微言。所谓大义者,诛讨乱贼以戒后世是也;所谓微言者,改立法制以致太平是也。

自公羊家而言,《春秋》之义,既有大义,又有微言,二者不同。

皮氏又云:

> 惟《公羊》兼传大义、微言,《穀梁》不传微言,但传大义,《左

氏》并不传义，特以记事详赡，有可以证《春秋》之义者，故三传并行不废。

其先，班固有"汉初学《左氏》者，惟传训诂"之语，皮氏据此，乃谓《左氏》"初不传微言、大义可知"，以《左氏》本不过记事之书而已。至于《穀梁》，但传大义，不传微言。盖自公羊家视之，《公羊》优于《穀梁》《左氏》，而为《春秋》之传者，正在此也。

"微言"与"大义"此种内涵，或可溯源于孟子。《孟子·离娄下》云：

王者之迹熄而《诗》亡，《诗》亡，然后《春秋》作。晋之《乘》，楚之《梼杌》，鲁之《春秋》，一也。其事则齐桓、晋文，其文则史。孔子曰："其义则丘窃取之矣。"

则《春秋》不专记齐桓、晋文之事，又别有义焉，实出于孔子王心所加也。

又，《孟子·滕文公下》云：

世衰道微，邪说暴行有作，臣弑其君者有之，子弑其父者有之。孔子惧，作《春秋》。《春秋》，天子之事也。是故孔子曰："知我者其惟《春秋》乎！罪我者其惟《春秋》乎！"

按公羊家旧说，"罪我者"，以孔子无位，而托二百四十二年南面之权，行天子褒贬进退之事，此所谓微言也；"知我者"，《春秋》诛讨乱臣贼子，大义凛然，人所共见，此所谓大义也。

盖大义者，犹今人所谓"普世价值"也。天不变，道亦不变，君臣父子之纪纲，数千年以来，莫之能易，此即大义也。故孔子持之以褒贬进退当世大人，直陈其事，张大其义而已。唯以讳尊隆恩、避害容身之故，又不得不为此"微似之语"。此为微言一也。《春秋》据鲁而叙齐桓、晋文之事，然"隐公人臣而虚称以王，周天子见在上而黜公侯"，此"王鲁"之说，乃书法之尤可怪者。此为微言二也。孔子当晚周之衰敝，欲拨乱反正，遂损周文而用殷质，然以无位之故，不得不托《春秋》以明制作之本意，且垂法于后世也。是则"素王改制"者，为微言三也。何休"三科九旨"之说，独《公羊》能发之，而《穀梁》《左氏》唯明大义，不达斯旨，故

"三科九旨"者,亦微言之四也。

以上诸项,皆公羊家之旧说。此外,清孔广森尚有一说。

桓二年,三月,公会齐侯、陈侯、郑伯于稷,以成宋乱。《传》曰:"内大恶讳,此其目言之? 远也。所见异辞,所闻异辞,所传闻异辞。"孔氏《春秋公羊通义》释云:

> 复发传者,与益师义异。彼为详略例,近辞详,远辞略;此为讳例,近辞微,远辞显。各有所施也。

又,哀十四年,春,西狩获麟。《传》曰:"所见异辞,所闻异辞,所传闻异辞。"孔氏释云:

> 世疏者其恩杀。若桓之无王,庄之不复仇、纳鼎、归宝,文姜淫泆,皆得质言之以立其义。移于所见之世,则义有所尊,恩有所讳。定公受国于季氏,不敢明其篡;昭公取同姓,不忍斥其恶。是以《春秋》正名分、诛乱贼之大用,必托始于所传闻世而后可施也。近者微辞,远者目言,以义始之,以仁终之,别其世而不乱,斯异其辞而不糅。

孔氏盖以《春秋》之义为一,即正名分、诛乱贼也。然恩有隆杀,尊有远近,三世自当异辞。故此义得申于所传闻世,无所忌讳,斯为大义;而屈于所见之世,"不敢明其篡","不忍斥其恶",斯为微言。《春秋》当一王之法,虽常抑于所见世,然犹得伸于所传闻世也。

是以孔氏所谓微言者,即《传》所谓"微辞"也。定元年,春,王。《传》云:"定、哀多微辞,主人习其读而问其传,则未知己之有罪焉尔。"

至于司马迁言孔子著《春秋》,不切论当世而微其词也,"为其切当世之文而罔褒,忌讳之辞也"(《史记•匈奴传赞》)、"为有所刺讥褒讳挹损之文辞"(《十二诸侯年表序》),亦微辞也。又,《十二诸侯年表序》谓铎椒为《铎氏微》,司马贞《索隐》释云:"名《铎氏微》者,《春秋》有微婉之辞故也。"则微辞者,微婉之词也。董子《春秋繁露》有言"婉词"者,亦与此义同。

又,荀子谓"《春秋》之微也","《春秋》约而不速"(《荀子•劝学》),

《春秋》言是其微也"(《荀子·儒效》),皆以《春秋》之微在其言辞也。而史公《十二诸侯年表序》谓孔子作《春秋》,"约其辞文,去其烦重,以制义法",其义亦同。凡此,又以《春秋》"一字褒贬"之文为微言也。

苏舆《春秋繁露义证·玉杯篇》释"微"有二义:一为微言,如逐季氏言又雩、逢丑父宜诛、纪季可贤,及诡词移词之类,即史公所谓"忌讳之辞"也。另一为微旨,如劝忠则罪盾、劝孝则罪止之类,盖事别善恶之细,行防纤芥之萌,寓意微眇,使人湛思反道,比贯连类,以得其意,所以治人也。《荀子》杨倞注云:"微,谓儒之微旨。一字为褒贬,微其文,隐其义。"则微旨者,即"一字褒贬"之法也。苏氏颇嫉清季诸儒之说"微言",曰:"近人好侈微言,不知微言随圣人而徂,非亲炙传受,未易有闻,故曰'仲尼没而微言绝'。若微旨则固而推而得之,而一以进善绝恶为主,非必张皇幽渺,索之隐怪也。"则苏氏以为,后世治《春秋》者,只可推求微旨,不可妄道微言也。

穀梁传

一、关于《春秋》

春秋时期,"春秋"是各国史书的通称(个别国家的史书有自己的专称,如晋国的史书称作《乘》,楚国的称作《梼杌》),仅《墨子》一书中就出现了"周之春秋"、"燕之春秋"、"宋之春秋"、"齐之春秋"等在春秋之前冠以国名的说法,《左传》对于鲁昭公二年的记载也出现了"鲁春秋"的说法,可见"春秋"的确是当时各国史书的通称,其是一种标题新闻式、编年大事记式的史书。

为何以"春秋"二字作为史书的名称,历来说法甚多,有研究者认为以春、秋纪年并作为史书称呼是沿袭殷商时的说法,殷商时期人们只将一年分为春、秋二季,故以之纪年,周初仍沿用之,进而以之称呼史书。但为较多人所接受的是西晋杜预的说法,他说:"记事者,以事系日,以日系月,以月系时,以时系年,所以纪远近、别同异也。故史之所记必表年以首事。年有四时,故错举以为所记之名也。"也就是说于一年四季之中交错选择春、秋二季来代表一年,大概是因为"春为万物之始,秋为成物之终",进而"春秋"也就成了历史的代称了。据现有的研究,以"春秋"作为史书的称呼,应该是起于西周时期。

鲁国史书并不像晋、楚有自己的专称,大约是随着儒家势力的壮大,鲁春秋也为更多人所研习,逐渐地,"春秋"也就成为了鲁国史书的专名。

我们今日所见的《春秋》已不是鲁国史书原本的样子了,历来都认为孔子在鲁国史书或史料的基础上进行了修订或编纂工作,使之成为了我们今日所见的《春秋》。孟子认为《春秋》为孔子所作,他说:"世道衰微,邪说暴行有作,臣弑其君者有之,子弑其父者有之,孔子惧,作《春秋》"。司马迁也在《史记·孔子世家》中说孔子"乃因史记作《春秋》",这是说孔子依据原有的史书作了《春秋》,同时还说孔子作《春秋》的办法是"笔则笔,削则削,子夏之徒不能赞一辞",也就是对原有的史书有增补,有保留,有删改,如此形成的《春秋》尽善尽美到了一字不易的程度,即使高徒子夏也提不出一点意见。

春秋穀梁传前言对于孔子作《春秋》的时间也有颇多讨论,有认为孔子作《春秋》始于鲁哀公十一年(前484)自卫返鲁之后,这年他68岁。有认为孔子作《春秋》是在"西狩获麟"之后,即鲁哀公十四年(前481)孔子71岁时。当然,更有相反的说法,认为"西狩获麟"事件恰是孔子最后搁笔《春秋》的原因,今见《春秋》记事止于"西狩获麟"即是明证。不论取哪种说法,我们都可以认为《春秋》作于孔子晚年。

二、关于《穀梁传》与穀梁学

《春秋》记载了从鲁隐公元年（前722）至鲁哀公十四年（前481）二百四十二年间的历史事件，随着儒家政治地位的提升，《春秋》在汉武帝时被列为"五经"之一，成为必读经典。然而《春秋》文辞极其简略，加之流传过程中竹简的脱落和传抄错误，后人理解起来比较困难，于是春秋以降便出现了各种为解释《春秋》而作的著作，称作"传"。据《汉书·艺文志》著录，在西汉时至少有五种阐释《春秋》的著作流行，分别是《左传》《公羊传》《穀梁传》《邹氏传》《夹氏传》，其中后两种在西汉时即已失传，余下的《左传》《公羊传》《穀梁传》被合称为"春秋三传"，流传至今。

《穀梁传》共计二十一卷，是战国时人穀梁赤为阐释《春秋》所作。据唐人杨士勋的说法，穀梁赤是子夏的学生，从子夏学习《春秋》，并且为之作了传，故曰《穀梁传》。传成之后，传给孙卿（荀子），孙卿传申公，申公传江翁。后来鲁人荣广十分推崇《穀梁传》，传于蔡千秋，西汉宣帝喜好《穀梁传》，于是提拔蔡千秋为郎。甘露三年（前51）的石渠阁辩论之后，汉宣帝将《穀梁传》列为官学，由此穀梁学成为一时显学，从者如流。西汉中后期穀梁学达到了第一个高峰，后随着西汉的衰亡而逐渐式微。

穀梁学盛于西汉中后期，除穀梁学者自身的努力外，与时代变化所提供的机缘和统治者的政治需求也是密不可分的。《穀梁传》提倡的宽厚仁慈、尊尊亲亲思想，有利于纠正吏治苛酷之弊，与汉宣帝时代所提倡的"礼治"精神相契合。汉宣帝刘询是汉武帝刘彻曾孙，戾太子刘据之孙，皇太孙刘进之子，少年时因巫蛊事件曾被隐匿在民间生活过，了解民生疾苦，《汉书》称其"操行节俭，慈仁爱人"。他是被霍光拥立为帝的，即位后需要缓解复杂的社会矛盾和紧张的宗室关系，于是实行崇尚礼制、亲亲上恩的国策，而《穀梁传》的思想与汉宣帝的政治需求是一致的。同时,《穀梁传》也强调血缘正统,如《穀梁传》对鲁僖公二十四年经文"冬,天王出居于郑"的解释为:"天子无出,出,失天下也。居者,居其所也,虽失天下,莫敢有也。"也就是说周天子就算从国都出逃,天下也是他的,作为诸侯也不能占有。这也为汉宣帝即位的合理性和正义性提供了理论依据。由此我们可以看出,《穀梁传》在西汉中后期的盛行,确与当时的政治需求有密切联系。而西汉衰微,东汉政权的政治需求也发生了变化,穀梁学也随之式微,不再立于学官,东汉章帝时期曾下诏选拔优秀人才,令研习穀梁学,以避免其失传。

穀梁学的第二个高峰在魏晋南北朝和隋唐时期。这个时期的穀梁学以民间的研究和注疏(通常而言,"传"是对"经"的阐释,"注"是对"传"的阐释,"疏"是对"注"的阐释)为主,一则当时政权对学术的控制没有两汉严格,学风相对自由,学者可突破穀梁学已有的权威撰写新的注疏;二则局势混乱,学者多悠游山野,潜心于学术事业,也推动了经学研究的繁荣。仅见于《隋书·经籍志》的著作就有二十余部,其中东晋范宁的《春秋穀梁传集解》得以保留下来,后来唐人杨士勋在范宁《春秋穀梁传集解》的基础上作了"疏",后合为《春秋穀梁传注疏》一书,成为当时穀梁学的代表性著作,也就是我们今天通用的清阮元刊(勘)刻十三经注疏本。

穀梁学的第三个高峰期是在清代直至民国早期。清代整个学术风气是严谨、实证的,清人治经学也达到了经学史的最高峰,而其中治《穀梁传》的丰富程度和深入程度都远迈前代,比较有代表性的如:锺文烝(1818—1877)《春秋穀梁经传补注》、廖平(1852—1932)《穀梁古义疏》等,是从注疏的角度进行研究;许桂林(1779—1822)《春秋穀梁传时月日书法释例》、柳兴恩(1795—1880)《穀梁大义述》、侯康(1798—1837)《穀梁礼证》、江慎中(生卒年不详)《春秋穀梁传条例》《春秋穀梁传条指》等,则是从义理角度进行研究;齐召南(1703—1768)《春秋穀梁传注疏考证》、王引之(1766—1834)《经义述闻》、阮元(1764—1849)《春秋穀梁传注疏校勘记》，则更多的是从考辩、训诂、校勘方面来研究；马国翰（1794—1857）《玉函山房辑佚书》正续编，则是从辑佚春秋穀梁学佚文着力。清人对《穀梁传》的研究著述，不论从数量还是学术价值来说，都称得上是穀梁学二千年来的最高峰。

三、《穀梁传》的思想特点

三传之中，《穀梁传》和《公羊传》非常类似，都采取问答的形式来铺陈《春秋》大义，寄褒贬于其中，这种解经方式与《左传》大相径庭，故历来多有将公、穀进行对比，二者相似的同时也有着各自的特点，将二者比较而言，《穀梁传》在思想上主要有以下两个特点。

一、尊尊亲亲

《穀梁传》非常强调"尊尊亲亲"，"尊尊"就是在下位者要尊敬在上位者，"亲亲"就是亲人之间要相互亲爱。

鲁成公元年经记载"秋，王师败绩于贸戎"，《穀梁传》云："不言战，莫之敢敌也。为尊者讳敌不讳败。为亲者讳败不讳敌。尊尊亲亲之义也。然则孰败之？晋也。"提出了"尊尊亲亲"的说法。

"尊尊"在《穀梁传》中明确地体现为尊王、尊周、尊君，除了前一例为周王讳败，还有诸如鲁隐公三年"天王崩"，《穀梁传》曰："高曰崩，厚曰崩，尊曰崩。天子之崩，以尊也。其崩之，何也？以其在民上，故崩之。其不名，何也？大上，故不名也。""大（tài）上"是说周天子至高无上的意思。又如鲁庄公十六年，诸侯"同盟于幽"，《穀梁传》认为是："同者，有同也，同尊周也。"说诸侯结成同盟是因为共同尊奉周室。诸侯之间，肯定有共同的利益诉求才结盟，如此解释颇为牵强，却也反映出《穀梁传》强烈的尊王思想。

《左传》和《公羊传》也同样强调尊王思想，其中《公羊传》更是在开头就提出了"大一统"的观念，公羊学派在西汉时更是提出了"三世递进"说与"三统说"作为"大一统"思想的补充，察其所指，都是在反复地强调"王者无敌"、"王者无外",意在强调在大一统的社会里,天子是至高无上的,是唯一的中心。《穀梁传》的"尊尊"思想在对天子尊贵身份的强调上与公羊学非常类似,但在看待这种尊贵身份的来源上又有细微的区别,公羊学代表人物董仲舒在《春秋繁露》中说"天子"之所以为"天子",是因为"皇天右而子之,号称天子",赋予了"天子"这一身份神圣的光环,将"天子"与"庶民"区分开来,这与历史文献中记载圣人感天而生的思路是一致的,强调君权来自神圣的上天,他们生来就与普通人不一样,是神圣而光辉的。

　　而《穀梁传》在庄公三年对"天子"的诠释则是:"独阴不生,独阳不生,独天不生,三合然后生。故曰:母之子也可,天之子也可,尊者取尊称焉,卑者取卑称焉。其曰王者,民之所归往也。"强调了不论"天子"还是普通人,都是"三合"而生的,称谓的不同只是尊卑有别而已,《穀梁传》将天子和普通人都视作有同样来源的"人",而非受命于天的"神",在某种意义上消除了"天子"身上的神性。最后说出"王者,民之所归往也",也是指出天子之所以为天子,并非因为有上天的帮助,而是由于人们愿意追随,即君权来自人们的选择,而非上天的选择。而这又与孟子保民而王的思想非常类似。

　　《穀梁传》"尊尊"思想与《公羊传》的异同同时也反映出儒家思想在孕育发展初期的丰富和多样。

　　《穀梁传》"亲亲"思想在鲁隐公元年"郑伯克段于鄢"中有最明显的体现,指出:"缓追逸贼,亲亲之道也。"对于这段经文,《左传》详细叙述了共叔段叛乱的前因后果和过程,《公羊传》是逐字解释了经文,认为郑庄公杀死弟弟是恶事。《穀梁传》对这一事件的基本判断与《公羊传》类似,认为郑庄公对弟弟赶尽杀绝太过分。但不同之处在于,《穀梁传》对这一问题提出了"缓追逸贼"的解决方案。兄弟争位的情况自古便有,胜者如何处置败者是棘手的政治问题,《穀梁传》指出当弟弟叛乱了,哥哥可以攻打他,但当弟弟无法再造成威胁而逃跑的时候,哥哥不应该穷追不舍，应该给弟弟一个逃脱的机会，这就是把亲人当做亲人的对待方式。

同时，在文公二年"跻僖公"这件事上，三传基本保持一致，对此都持批判态度，《穀梁传》则更进一步地说出了"君子不以亲亲害尊尊，此《春秋》之义也"的原则，就是说在国家大事上，亲亲之道要服从尊君之义，这一论断在后世的关于庙次顺序的争论中屡被提及，影响深远。

二、保民善政

三传之中，保民在《穀梁传》和《左传》中多有体现，在《公羊传》中则少有提及。鲁隐公七年"城中丘"，《公羊传》和《左传》都认为是耽误农时，认为民力在此时应该用在耕种而不是筑城。《穀梁传》对此也持反对态度，但《穀梁传》的出发点则不在于如何使用民力效率更高，而在于"保民"要有方："城为保民为之也。民众城小则益城，益城无极。凡城之志，皆讥也。"意思是说城池是为保护百姓而修筑的，百姓多城池小就要扩建城池，扩建城池就没有穷尽。应当以德保民，国人众志成城，国无危殆，所以经文凡是对于修筑城池的记载，都有同样讥讽的意思。

鲁桓公十四年"宋人以齐人、蔡人、卫人、陈人伐郑"，《公羊传》对此仅仅解释了"以"的字面意思，而《穀梁传》则结合"民"对"以"的内涵进行了挖掘，说："以者，不以者也。民者，君之本也。使人以其死，非正也。"强调"民本"思想，并且以民本思想来作为判断统治者行为正与不正的标准，这一点是显著区别于围绕"大一统"这一思想阐释的《公羊传》的。

鲁庄公三十一年，庄公于春、夏、秋三季筑台于郎、薛、秦三地，《穀梁传》说："鲁外无诸侯之变，内无国事，一年罢民三时，虞山林薮泽之利，恶内也。"认为鲁庄公的疲民行为是恶政，保民善政的思想非常明显。而《公羊传》对于这三次事件的阐释均是认为三次选址不合适，并未从民生的角度出发考虑。

鲁僖公二年十月至三年正月、四月，经文三言"不雨"，《穀梁传》解释说"不雨者,勤雨也","一时言不雨者,闵雨也。闵雨者,有志乎民者也",将"勤雨"作为鲁僖公体恤民情心系民生的表现。僖公三年,六月"雨",《穀梁传》又说:"雨云者,喜雨也。喜雨者,有志乎民者也。"对于忧虑民生的国君赞赏有加。而《公羊传》这一系列与"雨"相关事件仅仅解释为"记异",即记载反常的自然现象而已。这两种阐释哪种更为准确,我们不方便判断,但是这两种迥异的解经思路背后是《公羊传》和《穀梁传》对"民"的不同看法,我们可以明显地感受到《穀梁传》的保民意识和倾向。

此外,《穀梁传》较《左传》不同的地方还在于非常注重"时日月例"。《穀梁传》认为《春秋》记载事件发生的时间格式的不同蕴含着不同的意义,比如鲁隐公元年"三月,公及邾仪父盟于眜",《穀梁传》认为:"不日,其盟渝也。"就是说结盟本来应该记载日期,这里只记载了月份而没有记载日期,是因为盟约后来没有被遵守,所以只记月不记日,以示批评和贬低。《左传》则没有对日期的记载有特别的阐释和重视。

关于《春秋穀梁传》大概的情况便如前所述,阅读与研习《穀梁传》对于我们更深刻地了解与思考中华民族的历史和文化,是大有裨益的,但由于作者学力有限,书中疏漏错误难免,唯祈博雅师友同行,有以教之。

隐公

【题解】

隐公（？—前712），名息姑，鲁惠公庶子，为声子所生。前723年鲁惠公死，惠公正妻仲子所生之子桓公年少，前722年遂由隐公摄政，在位十一年。前712年，羽父（即公子翚，鲁国宗室）向隐公建议杀掉公子允（即桓公），被拒绝，转而与公子允密谋杀害了隐公。《春秋》不记载安葬隐公，是因为隐公是摄政，桓公没有按国君规格正式为隐公举行丧礼。

《隐公》共记十一年之事，主要记载了春秋初年郑庄公强盛郑国并与周王朝的矛盾斗争。《左传》开篇即记载郑庄公之事，即"郑伯克段于鄢"。郑庄公即位在前743年，二十二年之后进入春秋，至鲁桓公十一年（前701）卒，共在位四十三年。"郑庄枭雄"，是春秋时期郑国历史上最有作为的一位国君，也是春秋早期最具影响力的诸侯之一。隐公在位期间，曾与宋、齐、郑等国会盟；与齐、郑伐宋、伐许，皆胜；与郑国交换土地，以许田交换郑祭祀泰山的祊邑，标志着土地归周天子所有的制度开始瓦解，实际掌握政治权力的人不再是周天子而是诸侯，所谓"政在诸侯"。

隐公篇重要的义理有：以"正五始"明"大一统"，见"元年春王正月"条。《春秋》"王鲁"，见元年"三月，公及邾仪父盟于蔑"、三年"宋公和卒"、七年"滕侯卒"诸条。"三世异辞"，见元年"公子益师卒"条。"夷夏之辨"，见七年"戎伐凡伯于楚丘以归"条。此外还有隐公之让国、讥世卿、疾始、立嗣之礼制、母以子贵等问题,都散见于经传之中。

*【左传】惠公元妃孟子①。孟子卒,继室以声子②,生隐公。

宋武公生仲子③。仲子生而有文在其手,曰为鲁夫人,故仲子归于我④。生桓公而惠公薨⑤,是以隐公立而奉之⑥。

【注释】

①惠公:《史记·鲁周公世家》谓其名为弗湟,《十二诸侯年表》作"弗湼",《世本》等又作"弗皇""弗生"。鲁孝公之子,隐公与桓公之父。元妃:诸侯原配正夫人。孟子:宋国国君之女。春秋时代,诸侯之女生下三月才起名。出嫁之后,便不再称名,其称谓,或由排行与母家姓组成,如"孟子",孟是排行,即老大(孟、仲、叔、季),宋国子姓,所以称"孟子";或以本国国名冠于姓上,如齐姜;或以丈夫国名冠于姓上,如秦姬;或以丈夫的谥号冠于姓上,如庄姜;或以夫家之氏冠于母家之姓上,如栾祁;或另加谥号于姓上,如声子、厉妫等。周王之女则称为王姬。

②继室:续娶。声子:《史记·鲁周公世家》谓声子为惠公妾,子姓。哀公二十四年传文云:"若以妾为夫人,则固无其礼也。"则声子虽生隐公,但并未被视为惠公正室夫人。

③宋武公:名司空。宋,诸侯国名,子姓。周武王灭商,封纣子武庚,武庚叛乱,为周公所败,改封纣的庶兄微子启为宋公,都城在今河南商丘。仲子:人名,是以排行加母家姓组成。

④"仲子生而有文在其手"三句:文,字。手,手掌。归,古代妇女出嫁称归。我,指鲁国。孔颖达疏:"《石经》古文'虞'作'氼','鲁'作'袤',手文容或似之。"据孔说,当是仲子手纹可能类似古

文"虞"字或"鲁"字,时人或后人因而附会,遂嫁与鲁惠公。

⑤薨(hōng):诸侯死称为薨。

⑥隐公立而奉之:指隐公摄政但仍奉戴桓公为君。据周礼,诸侯摄
　政亦可称"公"。之,此指鲁桓公。案此段本与后面"元年春王
　周正月。不书即位,摄也"相连接,后人将传与经相配,以"某年"
　另起,故将此段提前到元年经文前。

【译文】

鲁惠公的原配夫人是孟子。孟子死后,惠公续娶了声子,生了隐公。
宋武公生了仲子。仲子生下来就有字在手掌上,说"为鲁夫人",所
以仲子嫁到鲁国。生了鲁桓公不久鲁惠公就去世了,因此隐公摄政而奉
戴桓公。

元年

【经】元年春王正月①。

【注释】

①元年:古代帝王或国君即位之年称为元年。鲁隐公元年,当周平
　王四十九年,前722年。刘师培《春秋左氏传时月日古例考元年
　例》自注,摄政亦得纪年。案礼制,唯天子乃得改元立号,鲁隐公
　为诸侯,而得称元年者,《春秋》是借事明义之书,孔子假借评判
　春秋两百多年的历史来彰显王道,故而托王于鲁,假借鲁隐公为
　受命之王,故得称元年。春:《春秋》纪月,必于每季之初标出春、
　夏、秋、冬四时,此季虽无事可载,亦标明。周历以建子之月(今
　农历十一月)为正月,并以正月为春。但《春秋》之四时并不合
　于实际时令。周之春皆今之冬。《论语·卫灵公》:"行夏之时。"
　夏以建寅之月(今农历正月)为正月,则其春正今之春,考之以

《诗经》，民间之四时皆夏时。王正月：即王之正月。《春秋》以正月代表政教之始，故王者受命，必改正朔，表明政权受之于天，非受之于人，故而正月一直在变化。如夏以斗建寅之月为正，即现在农历正月；殷以斗建丑之月为正，即农历十二月；周以斗建子之月为正，即农历十一月。春秋时代各诸侯国所用历法不尽相同，夏历、殷历并存，故有"三正"之说。需要指出的是，王者改正月的范围仅限于农历的十一月、十二月、一月，循环往复，秦朝以农历十月为正，便被视为不合法。同时历法中四季的时间亦随之而改，这就是清人所说的"改正亦改时"。另一方面，依照改制的顺序，《春秋》应该"行夏之时"，然而孔子谦逊，不显改周正，仍沿用周代的历法。"行夏之时"的具体表述参见哀公十四年《公羊传》的注释。

【译文】

鲁隐公元年春周历正月。

【左传】元年春王周正月。不书即位，摄也①。

【注释】

①不书即位，摄也：依《春秋》书法，鲁国十二公，在其元年应书"元年春王正月公即位"。隐公因为是摄政，所以不书"即位"。书，记载。即位，开始做帝王或诸侯。摄，代理。

【译文】

元年春周历正月。《春秋》没有记载鲁隐公即位，因为他只是代理国政。

【公羊传】元年者何？君之始年也①。春者何？岁之始也。王者孰谓？谓文王也②。曷为先言王，而后言正月？王正月也。何言乎王正月？大一统也③。公何以不言即位④？成公意也⑤。何成乎公之意？公将平国而反之桓⑥。曷为反之桓？桓幼而贵，隐长而卑。其为尊卑也微⑦，国人莫知，隐长又贤，诸大夫扳隐而立之⑧。隐于是焉而辞立，则未知桓之将必得立也；且如桓立⑨，则恐诸大夫之不能相幼君也⑩。故凡隐之立，为桓立也。隐长又贤，何以不宜立？立適以长不以贤⑪，立子以贵不以长⑫。桓何以贵？母贵也。母贵则子何以贵？子以母贵⑬。母以子贵⑭。

【注释】

①君：谓鲁隐公。传文不言"王之始年"而言"君之始年"，是因为鲁隐公是诸侯，并非真正的王者；按照礼制，有地者皆可称君，故天子、诸侯皆为君。所以书"君之始年"，可以"通其义于王者"，表明假托鲁隐公为王者之意。

②文王：指周文王，周文王姓姬名昌，"文"是死后的谥号。《公羊传》认为经文中的"王"指的是周文王，因为"王"字在"春"字之下，"春"代表天地之端，"春"下之"王"应该是受天命、定制度之王，就周代而言，应该是周文王。另一方面，孔子作《春秋》，是为后世立定法度，故而《公羊传》只看重周文王受命改制的层面，并未将文王坐实为周文王，故而此文王亦是假托的，可以理解为文明之王。

③大一统："大"是动词，即张大之意。统，始，即开端之意。正月为王者政教的开端，张大这一开端，使得政教遍及天下。这里需要指出的是，《公羊传》是从"正五始"的角度讲"大一统"，较我们通常理解的"统一"有更深层次的含义。"五始"指的是：元年、春、王、正月、公即位。元年是天之始，春是岁之始，王是人道之

始,正月是政教之始,公即位是一国之始。何休云:"《春秋》以元之气正天之端,以天之端正王之政,以王之政正诸侯之即位,以诸侯之即位正竟内之治。诸侯不上奉王之政,则不得即位,故先言正月,而后言即位。政不由王出,则不得为政,故先言王,而后言正月也。王者不承天以制号令,则无法,故先言春,而后言王。天不深正其元,则不能成其化,故先言元,而后言春。五者同日并见,相须成体,乃天人之大本,万物之所系,不可不察也。"可见王者要合乎天道施政,且自上而下有效地推行,"五始"皆正,才能算是"大一统"。

④公何以不言即位:公指的是鲁隐公,姬姓,名息姑,鲁惠公之子,隐为谥号。按照上条所言"大一统"及"正五始"之义,"公即位"是一国政教之始,隐公秉政,应该书"公即位",此处不书,故而发问。

⑤成公意:成全鲁隐公要让国于鲁桓公的意愿。成,成全。

⑥平国而反之桓:将国家治理好,返还给桓公。平,治。反,通"返"。桓,指鲁桓公,名允,鲁惠公之子,桓为谥号。

⑦其为尊卑也微:隐、桓皆是鲁惠公媵妾所生,按照礼制,嫡夫人无子,先立右媵之子,右媵无子,立左媵之子。桓公之母为右媵,子以母贵,故桓公尊于隐公,然其尊卑差异不如嫡子与庶子之间的差异大,故云"其为尊卑也微"。

⑧扳:引。

⑨且如:假设之辞。

⑩相:辅佐。按照继位次序,桓公当立,诸大夫却欲立隐公,隐公据此认为,即便立桓公,诸大夫也未必能真心辅佐。

⑪立适(dí)以长不以贤:适,同"嫡"。嫡夫人之子尊卑相同,故以年齿为序,立长子为继承人。

⑫立子以贵不以长:这是在嫡夫人无子的情况下,依据媵妾地位的高低确定诸子之次序,不依诸子的年齿为序,因为有可能同时而

生。媵妾间的尊卑关系详见下条。

⑬子以母贵：诸子之尊卑依母亲的尊卑为序。按照礼制，诸侯一娶九女：嫡夫人及其姪（嫡夫人兄之子，即侄女）、娣（嫡夫人的妹妹）；右媵及其姪、娣，左媵及其姪、娣。具体的尊卑，何休云："嫡夫人无子，立右媵，右媵无子，立左媵，左媵无子，立嫡姪娣，嫡姪娣无子，立右媵姪娣，右媵姪娣无子，立左媵姪娣；质家亲亲先立娣，文家尊尊先立姪；嫡子有孙而死，质家亲亲先立弟，文家尊尊先立孙；其双生也，质家据见立先生，文家据本意立后生。"之所以定立如此详细的次序，是为了"防爱争"。

⑭母以子贵：此指妾子即位为君，可尊其母为夫人。然而妾母为夫人，地位还是低于嫡夫人，《五经异义》云："今《春秋公羊》说：妾子立为君，母得称夫人。故上堂称妾屈于適，下堂称夫人，尊行国家。"而且在宗庙中亦不得配夫，只能由其子单独立庙祭祀。

【译文】

元年是什么？是君主即位起始的年份。春是什么？一年的开始。王指的是谁？指的是周文王。为什么先说"王"，后说"正月"？这是王制定的正月。为什么说是王的正月？为张大王者政教的开端。为什么不说"公即位"？是为成全隐公的意愿。什么是成全隐公的意愿？隐公将在治理好国家后，把君位返还给桓公。为什么要返还给桓公？桓公年幼而尊贵，隐公年长而卑微。但是他们之间的尊卑差异很微小，国人不能明了，隐公年长又有贤德，大夫们都要拥立隐公为国君。在这个时候，隐公如果推辞，则不能确保桓公一定能立为国君；假设姑且立桓公为君，则唯恐大夫们不能真心辅佐幼君。所以考虑到以上两点，隐公即位，是为了桓公将来能即位。隐公年长又有贤德，为什么不宜立为国君？立嫡夫人之子为继承人，是依据年齿，而不是以贤德为标准；立妾的儿子为继承人，是依据妾的贵贱，而不是以年齿为标准。桓公为什么尊贵？因为他的母亲尊贵。母亲尊贵，为什么儿子也尊贵？是因为儿子因母亲而尊贵。儿子被立为国君之后，母亲就因儿子而尊贵。

【穀梁传】虽无事，必举正月，谨始也①。公何以不言即位？成公志也②。焉成之？言君之不取为公也。君之不取为公，何也？将以让桓也③。让桓正乎？曰：不正④。《春秋》成人之美，不成人之恶⑤。隐不正而成之，何也？将以恶桓也。其恶桓何也？隐将让而桓弑之⑥，则桓恶矣。桓弑而隐让，则隐善矣。善则其不正焉，何也？《春秋》贵义而不贵惠⑦，信道而不信邪⑧。孝子扬父之美，不扬父之恶。先君之欲与桓⑨，非正也，邪也。虽然，既胜其邪心以与隐矣。已探先君之邪志而遂以与桓，则是成父之恶也。兄弟，天伦也⑩。为子受之父，为诸侯受之君⑪。已废天伦而忘君父，以行小惠，曰小道也。若隐者，可谓轻千乘之国⑫，蹈道则未也⑬。

【注释】

①谨：慎重，郑重。

②成公志：成全鲁隐公的心愿。公，鲁隐公。志，志向，心愿。《春秋》有鲁君即位年正月必书"公即位"的记事原则，而隐公、庄公、闵公、僖公、定公五君元年未书"公即位"，均属特殊情况。《穀梁传》认为是隐公谦让，要把君位让给弟弟，所以史官不记"公即位"，是为了成全他的心愿。

③将以让桓也：据《史记·鲁周公世家》，惠公嫡夫人没有生儿子，惠公之妾声子生了隐公。后来，惠公夫人去世了，惠公又娶了宋武公的女儿仲子做夫人，仲子生了桓公。《穀梁传》认为声子和仲子都是后娶的夫人，隐长桓幼，让位给桓公是不对的。

④不正：不符合正道。

⑤《春秋》成人之美，不成人之恶（è）：成人之美，成全别人的好事。恶，在此作名词，坏事。下文"恶（wù）桓"之"恶"作动词，憎恨。《论语·颜渊》有"君子成人之美，不成人之恶"之言。

⑥弑：下杀上，特指臣杀君，子杀父母。隐公十一年冬，公子翚向隐公请求杀掉桓公，但隐公表示要让位给弟弟，公子翚听后感到害怕，便跑到桓公面前诬陷隐公，和桓公密谋杀死了隐公。

⑦惠：私施恩惠。

⑧信（shēn）：伸张。

⑨先君：指鲁惠公。

⑩天伦：兄先弟后，天之伦次。

⑪君：指周天子。

⑫乘（shèng）：一车四马叫乘，彼时一车四马配甲士三人，步卒七十二人。春秋后期，各诸侯国军备竞赛加剧，千乘之国已属于小国家。故《论语·先进》子路曰："千乘之国，摄乎大国之间。"

⑬蹈道：履行正道。

【译文】

虽然没有事，也一定记正月，是郑重地对待新君纪年的开始。对鲁隐公为什么不说"即位"呢？是为了成全隐公的心愿。如何成全隐公呢？说隐公不想当国君。隐公不想当国君，是为什么呢？他想把君位让给异母弟弟桓公。让给桓公合乎正道吗？回答说：是不合乎正道的。《春秋》经文都是成全别人的美德善行，不促成别人的恶行。隐公的做法不合乎正道却又成全他，为什么呢？是用来表现对桓公的贬斥。为什么要贬斥桓公呢？隐公将要让位给桓公，但桓公却杀了他，这就是桓公的恶行了。桓公弑君，隐公谦让，就是隐公的善行。认为隐公的行为是善行，却又不合乎正道，为什么呢？《春秋》经文是崇尚道义，而不崇尚小恩小惠的，伸张道义而不伸张邪恶。孝子显扬父亲的善行，不显扬父亲的恶行。鲁惠公想把君位传给桓公，是不合乎正道的，是邪僻的。虽然这样,最后还是克制了自己不正当的想法,将君位传给了隐公。隐公已经探测到父亲不正当的想法便要将君位让给桓公,那么这就是促成父亲的恶行了。兄弟,是有兄先弟后的天然伦次的。作为儿子是受命于父亲的,作为诸侯是受命于周天子的。隐公废弃了兄弟长幼的伦次,忘记了君王和父亲的任命,来行小恩小惠,这叫狭小的道义。像隐公这样的人,可以说是把诸侯国的君位都看得很轻的了,至于说履行正道,则并没有做到。

【经】三月,公及邾仪父盟于蔑①。

【注释】

①公及邾(zōu)仪父(fǔ)盟于蔑:鲁隐公与邾国国君仪父在蔑地会盟。公,指鲁隐公,案礼制,鲁国为侯爵,称"公"者,臣子欲尊荣其君。及,《春秋》记鲁人与其他诸侯国之人相会或共做某事都记作"鲁人及"或"鲁人会",以示符合鲁国国家需要和主体意识,只有昭公七年"春王正月,暨齐平"记作"暨"。邾,诸侯国名。据孔颖达疏,邾为颛顼之后,曹姓。周武王封邾侠为附庸,居邾,在今山东邹城一带。《国语·郑语》《晏子春秋·内篇》《孟子》并作"邹"。仪父,邾国国君的字,名克。邾仪父,《公羊传》作"邾娄仪父"。盟,会盟。古代诸侯为释疑取信而对神立誓缔约的一种仪礼,多杀牲歃血。盟会仪式为:先在地上挖一个坑,用牛、羊或马为牺牲,杀于其上,割牲左耳,盛在盘中,取其血,盛在敦中。读盟约告神,然后参加盟会者一一微饮血,古人称为"歃血"。歃血后,把盟约正本放在牲上掩埋,副本则参与盟会者各自保留收藏。蔑,鲁地名,即姑蔑,在今山东泗水东。《公羊传》《穀梁传》作"眜"。案时月日例,盟例书日,小信书月,大信书时。此处书"三月",为小信辞,因隐公推让以立,仪父慕义而来。

【译文】

三月,隐公与邾国国君仪父在蔑地会盟。

【左传】三月,公及邾仪父盟于蔑——邾子克也①。未王命,故不书爵②。曰"仪父",贵之也③。公摄位而欲求好于邾,故为蔑之盟。

【注释】

①子:周朝第四等爵位。周王朝将贵族爵位分为公、侯、伯、子、男五等,在王廷为卿大夫,在诸侯国为国君。在《春秋》经文中,凡偏远小国及周边部族,所谓蛮、夷、戎、狄,其国君均称之为"子"。

②未王命,故不书爵:这是解释《春秋》不称邾仪父为邾子的原因。作者认为仪父此时还未被周王封为子爵。《穀梁传》曰:"邾之上古微,未爵命于周也。"杜预注:"王未赐命以为诸侯,其后仪父服事齐桓以奖王室,王命以为邾子。"命,爵命,封爵受职。爵,爵位。

③曰"仪父",贵之也:杜预注:"附庸之君未王命,例称名。能自通于大国,继好息民,故书字贵之。"贵,尊重。

【译文】

三月,隐公和邾仪父在蔑地会盟——邾仪父就是邾子克。由于邾子还没有正式受周王室册封,所以《春秋》没有记载他的爵位。称他为"仪父",是尊重他。隐公代行国政而想要和邾国友好,所以在蔑地举行了盟会。

【公羊传】及者何?与也①。会、及、暨,皆与也。曷为或言会,或言及,或言暨?会犹最也②。及犹汲汲也③。暨犹暨暨也④。及,我欲之⑤。暨,不得已也。仪父者何?邾娄之君也。何以名⑥？字也⑦。曷为称字？褒之也⑧。曷为褒之？
为其与公盟也。与公盟者众矣，曷为独褒乎此？因其可褒
而褒之⑨。此其为可褒奈何？渐进也⑩。昧者何？地期也⑪。

【注释】

①与：和。

②最：聚，像平时的聚会，没有其他附加的意义。

③及：表明心情迫切，主动（结盟）。汲汲：急迫的样子。

④暨犹暨暨：《春秋》原心定罪，故分别主动与被动，主动为善则功
　大，被动为善则功小；主动为恶则恶重，被动为恶则恶轻。暨，表
　明不得已，被动（结盟）。

⑤我：指代鲁国。《春秋》托王于鲁，以鲁为内。

⑥名：此处作动词用，即称名。这是《公羊传》针对经文书"仪父"
　发问，问"仪父"是否是邾娄国君的名？按照礼制，诸侯生时称
　爵，失爵、遭到贬绝，或卒时才称名，如齐桓公生时称"齐侯"，卒
　时称"齐侯小白卒"。

⑦字：古人有名有字，名是出生三月时父亲所取，字是在冠礼时所
　取。古人的字有三个部分组成，一为排行，如伯仲叔季；一为与名
　相关的文字；一为"父"字。如孔子名丘，字仲尼父，亦可简称仲
　尼，或尼父。此处经文"仪父"二字，即为邾娄国君之字。孔广森
　认为，仪父即庄公十六年卒的邾娄子克，则克为仪父之名。

⑧褒之：《春秋》有"州、国、氏、人、名、字、子"七等进退之法，称州
　不如称国，国不如氏，氏不如人，人不如名，名不如字，字不如子
　（子即"公侯伯子男"之"子"，指代诸侯之爵位）。邾娄国在春秋
　前失爵，本应该称名，而经文称字，则是褒奖之辞。

⑨因其可褒而褒之：《春秋》托隐公为始受命王，邾娄仪父最先与隐
　公结盟，假借褒奖邾娄仪父，见王者褒赏之法。

⑩渐进：案七等进退之法，仪父因与隐公盟，由称"名"进为称"字"，并未一下子进为"子"，故为渐进。

⑪地期：地，地点。期，约会。地期即约会之地点。

【译文】

"及"是什么意思？是"与"的意思。会、及、暨都是与的意思。为什么有时候说会，有时候说及，有时候说暨？会，就像普通聚集一样。及，表明有迫切之意。暨，则有被迫之意。及，是我方主动欲求。暨，是不得已。仪父是谁？是邾娄国国君。为什么称他的名？那是他的字。为什么称他的字？是褒奖他。为什么褒奖他？因为他与隐公结盟。与隐公结盟的人很多，为什么独独在此处褒奖？因为他可以褒奖，所以褒奖他。说他可以褒奖是为何？因为他是进入春秋后第一个与鲁国结盟的，因有首善之功，由称名变为称字，是渐进。眛是什么？是结盟的地点。

【穀梁传】及者何？内为志焉尔①。仪，字也②。父犹傅也，男子之美称也。其不言邾子何也？邾之上古微，未爵命于周也。不日③，其盟渝也④。眛，地名也。

【注释】

①内：指鲁国，《春秋》以鲁史为本，记"内"多指鲁国。

②仪，字也：指"仪"是邾国国君的字。邾国是鲁附庸之国，国君没有得到周王分封爵位，按照《春秋》记事的惯例应该称呼其名，但此处为了表示对邾与鲁结盟的赞许，就尊称了他的字。

③日：记载日期。此处经文只记录了年、月而没有记日，是为了表示对后来盟约被违背的贬斥之意。

④渝：背弃。指隐公七年背盟伐邾。

【译文】

"及"是什么意思呢？表明这是鲁国的意愿。"仪"，是邾国国君的字。"父"相当于"傅",缀在男子名后,是男子的美称。为什么不称"邾子"呢?因为邾国在上古时地位卑微,没有受到周天子命封爵位。不记载日期,是因为盟约后来被违背了。昧,是个地名。

*【左传】夏四月,费伯帅师城郎①。不书②,非公命也③。

【注释】

① 费(bì)伯:鲁大夫,食邑在费。费,鲁地名,在今山东鱼台西南。帅:率领。师:军队。城:筑城。郎:鲁地名,在今山东鱼台东北。

② 不书:指《春秋》不记载。

③ 非公命也:指《左传》记此事,是由于"城郎"是费伯本人的擅自行事,不是鲁隐公的命令。

【译文】

夏四月,费伯率领军队在郎地筑城。《春秋》没有记载,这是因为不是奉鲁隐公的命令。

【经】夏五月,郑伯克段于鄢①。

【注释】

① 郑伯克段于鄢(yān):郑庄公在鄢打败了共叔段。本年《左传》详载此事。郑伯,指郑庄公。郑,诸侯国名,姬姓,始封君为周宣王母弟桓公友。初在今陕西华州东北,郑武公时迁至今河南新郑,战国时为韩所灭。克,战胜。段,共叔段,郑庄公同母弟,段为其名。鄢,旧国名,妘(yún)姓,在今河南鄢陵北偏西,为郑武公所灭。

【译文】

夏五月,郑庄公在鄢打败了共叔段。

【左传】初，郑武公娶于申①，曰武姜②，生庄公及共叔段③。庄公寤生④，惊姜氏，故名曰"寤生"，遂恶之⑤。爱共叔段，欲立之。亟请于武公⑥，公弗许。

【注释】

①郑武公：姬姓，名掘突。经文称郑"伯"，传文称"公"，是因为不分公、侯、伯、子、男，诸侯可通称"公"。申：申国，姜姓，故城在今河南南阳。后为楚所灭。

②武姜：武是武公之谥，姜为本人之姓。

③共（gōng）叔段：郑庄公弟，名段；兄弟间年岁小，故称"叔段"。段后出奔共地，故称"共叔段"。共，本为国名，后为卫邑，在今河南辉县。

④寤（wù）生：难产。寤，通"牾"，指胎儿出生时脚先出来。这样出生的孩子一般会难产。

⑤恶：厌恶。之：此指郑庄公。

⑥亟（qì）：屡次。

【译文】

当初，郑武公娶了申国的女子，后被称为武姜，武姜生了庄公和共叔段。庄公出生时难产，使姜氏受了惊吓，所以取名为"寤生"，姜氏因此讨厌他。姜氏喜欢共叔段，想立他为太子。她多次向武公请求，武公没答应。

及庄公即位，为之请制①。公曰："制，岩邑也②，虢叔死焉③。佗邑唯命④。"请京⑤，使居之，谓之京城大叔⑥。

【注释】

①制：地名，又名虎牢关，在今河南荥阳。

②岩邑：险要的城邑。

③虢（guó）叔死焉：《汉书·地理志》臣瓒注云：郑桓公寄帑与贿于虢、会之间，"幽王既败，二年而灭会，四年而灭虢"。周幽王死于前771年，其后四年为前767年，虢叔之死约在此年。虢，有东虢和西虢。此指东虢，韦昭以东虢为虢仲所封，则虢叔乃虢仲之后。

④佗：同"他"。唯命：唯命是从。

⑤京：地名，故城在今河南荥阳东南。

⑥谓之京城大叔：大，同"太"。《史记·郑世家》云："庄公元年，封弟段于京，号太叔。"杨伯峻曰："顾颉刚谓古人用'太'字，本指其位列之在前，叔段之称太叔以其为郑庄公之第一个弟弟也。"

【译文】

到了庄公即位，姜氏为共叔段请求制这个地方作为封地。庄公说："制，可是个险要的地方，虢叔就死在那里。其他的地方任他挑选吧。"姜氏就替他请求京地，并让共叔段住在那里，大家都称他"京城太叔"。

祭仲曰①："都，城过百雉，国之害也②。先王之制：大都，不过参国之一③；中，五之一；小，九之一。今京不度④，非制也，君将不堪⑤。"公曰："姜氏欲之，焉辟害⑥？"对曰："姜氏何厌之有⑦？不如早为之所⑧，无使滋蔓⑨。蔓，难图也。蔓草犹不可除，况君之宠弟乎？"公曰："多行不义，必自毙⑩，子姑待之。"

【注释】

①祭（zhài）仲：郑国大夫。姬姓，名仲，字仲足。一说名足，字仲。

　　郑公族。祭是其食邑,在今河南中牟祭亭。

②"都"三句:古制侯伯之城方五里,计每面长九百丈,即三百雉。
　　据后文大都不过其三分之一,故不能过百雉。都,都邑。城,指城
　　墙。过,超过。雉,古代城墙长三丈高一丈为一雉。

③参国之一:国都的三分之一。参,通"三"。国,国都。

④不度:不合法度。

⑤不堪:受不了。

⑥辟:逃避。

⑦何厌之有:有何厌。厌,满足。

⑧早为之所:犹言及早处置。所,处所,地方。

⑨滋蔓:滋生蔓延。比喻太叔段地益广,势益大。

⑩毙:倒仆,跌跂。此指失败。

【译文】

　　祭仲对庄公说:"都城的城墙周围超过三百丈,就会成为国家的危害。先王的制度:大的都城,不得超过国都的三分之一;中等的,不超过五分之一;小的,不超过九分之一。现在京地的城墙不合法度,不是祖制所允许的,国君将来会难以忍受。"庄公说:"姜氏要这样,又哪能避免祸害呢?"祭仲回答说:"姜氏什么时候会满足啊? 不如早点处置他,不要让他的贪欲蔓延滋长。一旦蔓延,就难以对付了。蔓延的野草尚且难以除掉,何况是国君您宠爱的弟弟呢?"庄公说:"多行不义之事,必定要失败,你且等着瞧吧。"

　　既而大叔命西鄙、北鄙贰于己①。公子吕曰②:"国不堪贰③,君将若之何④? 欲与大叔⑤,臣请事之;若弗与,则请除之。无生民心。"公曰:"无庸⑥,将自及⑦。"大叔又收贰以为己邑⑧,至于廪延⑨。子封曰:"可矣,厚将得众⑩。"公曰:

"不义不暱⑪,厚将崩⑫。"

【注释】

①既而:不久。鄙:边境之邑。贰:两属。

②公子吕:郑大夫,字子封。

③不堪贰:不能容忍两面听命的情况。

④若之何:怎么办。

⑤与:给予,指把君位让给太叔。

⑥无庸:不用,用不着。

⑦自及:自己遭祸。

⑧贰:指上述两属之邑,即西鄙、北鄙。《左传》凡数字皆用"二",不用"贰";"携贰""陪贰"之"贰"字皆用"贰",不用"二",分别极为明显。

⑨廪(lǐn)延:地名,在今河南延津。

⑩厚:势力雄厚。得众:得民心。

⑪不义不暱(nì):有失忠君之义,百姓不会拥戴他。不义,不义于君。暱,亲近。

⑫崩:崩溃。

【译文】

不久太叔命令西部和北部边境既听庄公的命令,又听自己的命令。公子吕说:"国家不能忍受这种两面听命的情况,您打算怎么办? 您要把君位让给太叔,下臣就去事奉他;如果不给,那就请除掉他。不要让老百姓产生其他想法。"庄公说:"用不着,他会自食其果的。"太叔又收取原来两属的地方作为自己的封邑,并扩大到廪延地方。子封说:"可以动手了,他势力一大将会争得民心。"庄公说:"所行不义就得不到百姓拥戴,势力大了反而会崩溃。"

大叔完、聚①，缮甲、兵②，具卒、乘③，将袭郑④，夫人将启之⑤。公闻其期⑥，曰："可矣！"命子封帅车二百乘以伐京⑦。京叛大叔段⑧。段入于鄢，公伐诸鄢。五月辛丑⑨，大叔出奔共。

【注释】

①完：修缮城郭。聚：收集粮草。

②缮：修补。甲、兵：指武器。甲，铠甲。兵，兵器。

③具：备足。卒、乘：指战士。卒，步兵。乘，车兵。

④袭：出其不意地进攻，偷袭。

⑤启：开。此指打开城门。

⑥期：此指太叔与武姜商定的袭郑时间。

⑦车二百乘：杨伯峻曰："春秋时多以车战，车一辆谓之一乘。杜预本《司马法》，谓车一乘有甲士三人，步卒七十二人。但《司马法》为战国时书，未必合于春秋制度。以《左传》考之，闵二年，齐侯使公子无亏帅车三百乘，甲兵三千人以戍曹，是一车用甲士十人。僖二十八年，晋文公献楚俘于王，驷介百乘，徒兵千，一车徒兵亦十人。"

⑧京：此指京邑人。

⑨五月辛丑：五月二十三日。

【译文】

太叔修缮城郭，储备粮草，补充武器装备，充实步兵车兵，准备袭击郑国都城，姜氏则打算作为内应打开城门。庄公听到太叔起兵的日期，说："可以了！"就命令子封率领二百辆战车进攻京城。京邑人叛离太叔段。太叔段逃到鄢地，庄公又赶到鄢地进攻他。五月二十三日，太叔逃到共国。

书曰:"郑伯克段于鄢。"段不弟,故不言弟①;如二君,故曰克②;称郑伯,讥失教也③:谓之郑志④。不言出奔,难之也⑤。

【注释】

①段不弟,故不言弟:指叔段不守弟道,所以《春秋》不称他为庄公之弟。不弟,不像兄弟,不守弟道。

②如二君,故曰克:指叔段与庄公的对立,如同两个国君。庄公取胜,所以说"克"。

③称郑伯,讥失教也:指兄于弟本有教诲之责,而庄公于叔段不加教诲,养成其恶,故书其爵以示讥。

④郑志:郑庄公的意志。志,这里有阴谋的意思。谓郑庄公不及早处置太叔,就是早有养成其恶而后彻底诛灭他的阴谋。《春秋》的书法是揭露他的本心。

⑤不言出奔,难之也:"出奔"是奔者有罪的说法。太叔段阴谋篡位,有罪;庄公有意养成权段之罪,也有罪。若书"出奔"则是专罪叔段,故不说"出奔"。这是史官下笔为难之处。案本段是说明经文何以这样记述,即所谓的"春秋笔法"。

【译文】

《春秋》说:"郑伯克段于鄢。"太叔段所作所为不像兄弟,所以不说"弟"字;兄弟相争,好像两个国君打仗一样,所以用个"克"字;把庄公称为"郑伯"是讥刺他没有尽教诲之责:《春秋》这样记载就表明了郑庄公的本来的意思。不说"出奔",是因为史官下笔有为难之处。

遂置姜氏于城颍①,而誓之曰:"不及黄泉,无相见也②。"既而悔之。颍考叔为颍谷封人③,闻之,有献于公。公赐之食,食舍肉④。公问之,对曰:"小人有母,皆尝小人之食矣,未尝君之羹⑤,请以遗之⑥。"公曰:"尔有母遗,繄我独无⑦!"颍考叔曰:"敢问何谓也⑧?"公语之故,且告之悔。对曰:"君何患焉⑨?若阙地及泉⑩,隧而相见⑪,其谁曰不然?"公从之。公入而赋⑫:"大隧之中,其乐也融融⑬!"姜出而赋:"大隧之外,其乐也泄泄⑭!"遂为母子如初。

【注释】

①城颍(yǐng):地名,在今河南临颍。

②不及黄泉,无相见也:这两句犹言终生不相见。黄泉,地下之泉。

③颍考叔:郑大夫。颍,颍谷,地名,在今河南登封。封人:管理、镇守边疆的地方官。

④食舍肉:颍考叔吃肉时留下肉不吃。舍,置,谓食肉时将肉另置一边。

⑤羹:肉汁。此指上文所舍之肉。

⑥遗(wèi):赠送。

⑦繄(yì):发声词,无义,可译为"唉"等语气词。

⑧敢问何谓也:敢,谦辞。何谓,为什么这么说。案上文既言颍考叔"闻之,有献于公",此又问何谓,是明知故问。

⑨患:忧虑。

⑩阙:通"掘"。

⑪隧:动词,挖成地道。

⑫赋:赋诗。

⑬融融:和乐相得的样子。

⑭泄泄(yì):和好欢乐的样子。

【译文】

郑庄公就把姜氏安置在城颍地方,发誓说:"不到黄泉,不再相见。"

不久以后又后悔起来。颍考叔是颍谷边境守卫长官，听到这件事，就去向庄公敬献东西。庄公赏赐他食物，在吃的时候，他把肉留下不吃。庄公问他为什么，他说："我有母亲，我孝敬她的食物她都已尝过了，就是没有尝过您赏赐的肉，请让我带给她吃。"庄公说："你有母亲可送，唉！我却没有！"颍考叔说："请问这是什么意思？"庄公就对他说明了原因，并且告诉他自己如今后悔了。颍考叔回答说："您有什么可忧虑的呢？如果挖地挖到见到了泉水，开一条隧道在里面相见，谁又会说不对呢？"郑庄公听从了颍考叔的意见。庄公进了隧道，赋诗说："在大隧中相见，多么快乐啊！"姜氏走出隧道，赋诗说："走出大隧外，多么舒畅啊。"于是母子关系恢复，和从前一样。

　　君子曰①："颍考叔，纯孝也②，爱其母，施及庄公③。《诗》曰：'孝子不匮，永锡尔类④。'其是之谓乎！"

【注释】

①君子曰："君子曰"云云，《国语》《战国策》及先秦诸子多有之，或为作者自己之议论，或为作者取他人之言论。

②纯孝：纯一专精之孝。

③施（yì）：延及，扩展到。

④孝子不匮（kuì），永锡尔类：见《诗经·大雅·既醉》。匮，竭尽。锡，赐予。类，同类的人。

【译文】

　　君子说："颍考叔可算是真正的孝子，爱他的母亲，扩大影响到庄公。《诗经》说：'孝子的孝心没有穷尽，永远可以影响到你的同类。'说的就是这样的事情吧！"

　　【公羊传】克之者何①？杀之也。杀之则曷为谓之克？

大郑伯之恶也。曷为大郑伯之恶？母欲立之，己杀之，如勿与而已矣②。段者何？郑伯之弟也。何以不称弟③？当国也④。其地何⑤？当国也。齐人杀无知何以不地⑥？在内也⑦。在内，虽当国不地也。不当国，虽在外亦不地也⑧。

【注释】

①克：案传文，克为杀之意，而且比杀更加恶劣。郑伯处心积虑，忍心亲自杀死同母弟，比单纯的杀更加恶劣，故经文用"克"字，张大郑伯之恶。

②如勿与：如，即不如。与，指给与段封地。《公羊传》认为，郑伯若不给与段封地，则不会养成其恶。

③何以不称弟：案《春秋》之义，同母的兄弟要亲于异母兄弟，反映在名例上，"母弟称弟，母兄称兄"。此条应如"天王杀其弟年夫"一样，称"其弟段"，但经文不称弟，《公羊传》据此发问。

④当国：当，掌管，主持。当国即主持、掌管国家，想要谋夺君位。当国之辞的具体书法是，去掉公子或公孙之氏，冠以国氏。如公子小白（即齐桓公）当国，则去掉"公子"之氏，冠以国氏"齐"，称"齐小白"。此处段欲篡位当国，本应去掉公子之氏，称"郑段"。现仅称"段"者，因为段不称"弟"，前面又有"郑伯"之文，此"郑"字即是段的氏，何休称为"氏上郑"。当国为篡辞，《春秋》借此谴责段的谋反行为。值得注意的是，只有公子、公孙这些依照血缘可以立为国君的人才可以当国，普通大夫不可以当国。

⑤地：地点，即经文之"鄢"，此处作动词用，即书写地点。

⑥齐人杀无知：无知，即齐国之公孙无知，在庄公八年当国弑齐襄公，庄公九年被杀，经书"齐人杀无知"，同是当国，却未书地点。

⑦内：孔广森以为指国都之内。

⑧外：在国都之外，国境之内。如经文中的"鄢"为郑国之邑，属于"在外"的情况，当国在外之所以书地，何休云："交连邻国，复为内难，故录其地，明当急诛之。"

【译文】

"克之"是什么意思？是"杀之"的意思。"杀之"为什么称为"克"？是张大郑伯的罪恶。为什么张大郑伯的罪恶？母亲想立段为国君，自己却杀了段，不如不给段封地就好了。段是什么人？是郑伯的同母弟。为什么不称弟？因为段想要把持国政。为什么记录地点？因为段想要把持国政。"齐人杀无知"为什么不记录地点？因为事情发生在国都之内。在国都之内，即使他把持了国政，也不记录地点。不把持国政，事情即使发生在国都之外，也不记录地点。

【榖梁传】克者何？能也①。何能也？能杀也。何以不言杀？见段之有徒众也②。段，郑伯弟也。何以知其为弟也？杀世子、母弟，目君③。以其目君，知其为弟也④。段，弟也，而弗谓弟；公子也⑤，而弗谓公子，贬之也。段失子弟之道矣⑥，贱段而甚郑伯也⑦。何甚乎郑伯？甚郑伯之处心积虑成于杀也。于鄢，远也。犹曰取之其母之怀中而杀之云尔，甚之也。然则为郑伯者宜奈何？缓追逸贼⑧，亲亲之道也。

【注释】

①能：有能力或有条件做某事，能够。此指郑庄公有能力打败段。

②见（xiàn）：显示。

③杀世子、母弟，目君：目君，称君。这里是直称"郑伯"，隐有对国君的批评之意，认为国君做得过分了。世子，诸侯的嫡亲长子，是

当时的君位传授制度下合法的国君继承人。母弟，有同一个母亲的弟弟。

④知其为弟也：如果是杀世子，会说"世子段"，此处只说"段"，于是知道段是弟弟。

⑤公子：诸侯之子，立为储君者称世子，其余称公子。

⑥失子弟之道：此处是对段的贬低之意，段作为母弟，带兵与哥哥兵戎相见，是违背了做弟弟的准则。

⑦甚：认为……过分。此处也认为庄公处事过分，没有做到亲亲之道。

⑧逸：释放，使……逃逸。

【译文】

"克"是什么意思？能够的意思。能够什么？能够杀人。为什么不说"杀"呢？是为了显示出段有众多军队。段是郑庄公的弟弟。怎么知道他是弟弟的呢？国君杀了世子或者同母弟弟，经文记载时会直称国君，因为此处经文直称了"郑伯"，所以知道段是弟弟。段是弟弟，却不称他为弟弟；是公子，却不称他为公子，这是在贬低他。段失去了作为公子和弟弟的道德准则，就贬低他，同时也认为郑庄公做得过分了。认为郑庄公哪里做得过分了呢？认为郑庄公处心积虑，最后杀掉自己的亲弟弟，做得过分了。"于鄢"，就是说已经很远了，这么远还去追杀，就好像从母亲怀里夺过婴儿杀掉一样，太过分了。既然这样，那么郑庄公怎么做比较合适呢？缓慢地追击让贼子逃掉，这就符合与亲人相亲相爱的道理了。

【经】秋七月，天王使宰咺来归惠公、仲子之赗①。

【注释】

①天王：周天子。此指周平王。之所以称"天王"，何休云："言天王者，时吴、楚上僭称王，王者不能正，而上自系于天也。"所以"天

王"是时王之正称,此外有称"天子""王"者,则有讥刺。使:派遣。宰:官名。咺(xuān):人名。归(kuì):通"馈",赠送。惠公、仲子:《左传》认为此处"惠公、仲子"为两人,即分别为鲁惠公及桓公的母亲仲子。《公羊传》亦认为此处仲子为桓公之母。《穀梁传》则认为仲子是鲁惠公的母亲,鲁孝公的妾,"惠公仲子"不断开,为一人。作为诸侯的妾死了,是没有资格接受周天子送助丧物品的,只有诸侯的母亲死了才有此资格。《穀梁传》此处称"惠公仲子"是因为母以子氏,在"仲子"前加"惠公"是表明仲子是以惠公母亲的身份来享受周王送助丧物品的待遇的。通常为死者送助丧物品是常规之事,常事不记,此处记此事是为了批评其馈赠"不及事",即惠公母亲仲子的葬事早已结束,此时再送丧礼太晚了。这里的仲子到底指谁,难以确认。赗(fèng):助丧用的车马等财物。士以束帛两马,大夫以上以束帛四马。赗可施于死者,亦可施于生者,即死者家属。

【译文】

秋七月,周天子派遣宰咺来馈送鲁惠公、仲子的丧礼。

【左传】秋七月,天王使宰咺来归惠公、仲子之赗。缓[1],且子氏未薨[2],故名[3]。天子七月而葬[4],同轨毕至[5];诸侯五月,同盟至[6];大夫三月,同位至[7];士逾月[8],外姻至[9]。赗死不及尸[10],吊生不及哀[11],豫凶事[12],非礼也。

【注释】

①缓:迟。正常情况下,老君主死的第二年新君始称元年。此时已是隐公元年七月,则惠公死已逾年。此时才来馈赠助丧之物,太迟缓了。

②子氏：惠公夫人，桓公之母仲子。仲子此时尚在，未死而助其丧，尤其荒诞。

③故名：依《春秋》体例，天子之卿大夫不直书其名，而此处径书"宰咺"，咺是其名，则是因天王之行事不合理，故书之。

④七月：从死之月数到葬之月，一共七个月。下文"五月""三月"同。

⑤同轨：指诸侯。

⑥同盟至：同盟诸侯派使者参加。

⑦同位至：官位相同者参加。

⑧逾月：士死后要满一个月，到第二个月才下葬，称为"逾月"之制。

⑨外姻：有婚姻关系的亲戚。案以上解释当时的丧礼制度。

⑩尸：未葬前的尸体。

⑪哀：指人死后主人所行的哀礼。包括自始死及殡（将葬停棺）、自启（将葬举棺）及反哭（古礼，葬后返庙而哭）。也指这一段时间。

⑫豫凶事：豫，事先致礼。此指仲子未死，而预赠以助丧之物。案隐公二年十二月乙卯，仲子去世，可能此时已病重，周室听说后借赗惠公之便并赗仲子。

【译文】

秋七月，周平王派遣宰咺来赠送鲁惠公和仲子的助丧之物。惠公已经下葬，这是迟了，而仲子还没有死，所以《春秋》直接写了宰咺的名字。天子死后历七个月下葬，诸侯全部参加葬礼；诸侯历五个月下葬，同盟的诸侯参加葬礼；大夫历三个月下葬，官位相同的参加葬礼；士一个月以后下葬，亲戚参加葬礼。向死者赠送东西没有赶上下葬，向生者吊丧没有赶上举哀的时间，人没有死而预先赠送有关丧事的东西，这都不合于礼。

【公羊传】宰者何？官也。咺者何？名也。曷为以官氏①？宰，士也②。惠公者何？隐之考也③。仲子者何④？桓之母也。何以不称夫人？桓未君也。赗者何？丧事有赗，赗者盖以马,以乘马、束帛⑤。车马曰赗,货财曰赙⑥,衣被曰襚⑦。桓未君,则诸侯曷为来赗之⑧? 隐为桓立,故以桓母之丧告于诸侯。然则何言尔? 成公意也⑨。其言"来"何? 不及事也⑩。其言惠公、仲子何? 兼之。兼之,非礼也⑪。何以不言"及"仲子⑫? 仲子微也。

【注释】

①官氏:即以官为氏。宰咺之"宰",是具体的官名,又以官名为氏。

②宰,士也:宰属于天子之士这一阶层。天子有上士、中士、下士。天子上士以名氏通,如石尚。中士以官录,即此处之宰咺。下士称王人。

③考:父亲死后之称。何休云:"生称父,死称考,入庙称祢。"

④仲子:鲁桓公之母。仲是字,子是姓,称仲子者,妇人以姓配字。按照礼制,若妾子立为国君,其母得称夫人,死后当有谥号,如僖公之母成风,成为谥号,风为姓。此处仲子不称谥号,则不为夫人,原因是当时桓公还没有即位。

⑤乘马:一车四马为一乘。礼,大夫以上皆乘四马,故赗用车马。束帛:五匹帛,其中玄色三匹,纁色二匹。

⑥赙(fù):以财货补助丧家。赙专施于生者。

⑦襚(suì):赠送死者衣被。襚专施于死者。

⑧之:指代仲子。

⑨成公意:成就隐公将欲返国于桓公之意。仲子虽然未为夫人,但隐公以仲子之丧赴告天子、诸侯,以此彰显桓公当立,表明自己有返国之意。

⑩不及事:未赶上葬礼,赗无所施用,故为不及事。经文书"来"字表明不及事,若去掉"来"字,则表明及事,如文公五年"王使荣

书归含且赗"。

⑪兼之,非礼也:何休云:"礼不赗妾,既善而赗之,当各使一使,所以异尊卑也。"

⑫及:和。《春秋》用"及"来区分尊卑相近者,故公与夫人言"及",上大夫与下大夫言"及"。但是,如果两者尊卑悬殊,则不能用"及"字。此处仲子是妾,与惠公尊卑悬绝,不能用"及"字。

【译文】

宰是什么? 是官名。咺是什么? 是宰咺的名。为什么以官名作为氏? 因为宰是中士。惠公是谁? 是隐公的父亲。仲子是谁? 是桓公的母亲。为什么不称其为夫人? 因为桓公还没有当国君。赗是什么? 丧事有致赗的礼仪,赗一般用马,大夫以上用四马一车和五匹帛。助葬的礼仪中,送车马的叫赗,送货财的叫赙,送衣被的叫襚。桓公未为国君,诸侯为什么来送仲子之赗? 因为隐公为了桓公而即位,所以将桓公母亲的丧事赴告诸侯。那么为什么要记录这件事呢? 为了成全隐公的意愿。经文为什么要用"来"字? 因为没有赶上葬礼。经文为何写"惠公、仲子"? 因为宰咺一人兼送惠公、仲子两人的赗。兼送是不合于礼的。经文为什么不说"及仲子"? 因为仲子地位卑微。

【穀梁传】母以子氏①,仲子者何? 惠公之母,孝公之妾也。礼,赗人之母则可,赗人之妾则不可。君子以其可辞受之。其志②,不及事也。赗者何也? 乘马曰赗,衣衾曰襚③,贝玉曰含④,钱财曰赙。

【注释】

①母以子氏:称"惠公仲子"是母以子氏。范甯注:"妾不得体君,故以子为氏。"仲子为鲁孝公之妾,地位卑贱,但其子惠公为国君,身份

高贵，称"惠公仲子"，以提高仲子的身份地位，符合"母以子贵"。

②志：记，记载。

③衾（qīn）：被子。此指尸体入殓时盖尸的包被。

④含（hàn）：放在死者口中的珠、玉、贝等物。

【译文】

称"惠公仲子"是母以子氏，仲子是谁？是鲁惠公的母亲，鲁孝公的妾。按照礼的规定，诸侯国国君的母亲死了，周天子送助丧物品是可以的，国君的妾死了，送助丧物品是不可以的。君子是可以依据礼的规定推辞或者接受的。经文记载这件事，是因为周平王送助丧物品没有赶上仲子下葬。什么是赗？车马一类的助丧物品叫赗，衣被一类的叫襚，贝壳珠玉一类的叫含，钱财一类的叫赙。

*【左传】八月，纪人伐夷①。夷不告，故不书②。

【注释】

①纪：诸侯国名，姜姓，故城在今山东寿光南。古器铭作"己"。山东寿光、莱阳、烟台等地皆有纪国青铜器出土，似纪国辖地甚广。夷：诸侯国名，妘姓，故城在今山东即墨西壮武故城。案此夷国为特指，并非是少数民族部族泛称。

②夷不告，故不书：指纪国人讨伐夷国，夷国没来报告，所以《春秋》不加记载。

【译文】

八月，纪国人讨伐夷国。夷国没有前来报告鲁国，所以《春秋》不加记载。

*【左传】有蜚①。不为灾，亦不书。

【注释】

①蜚（fěi）：即蜚盘虫，一种小飞虫，发恶臭，生于草中，会吃稻花。

【译文】

发现蜚盘虫。没有造成灾害，《春秋》也不加记载。

【经】九月，及宋人盟于宿①。

【注释】

①及宋人盟于宿：此谓鲁人与宋人盟于宿。案此次参与盟会者均未书姓名。杨伯峻曰："春秋初期，外大夫盟会侵伐，皆不书名。庄公二十二年经云'及齐高傒盟于防'，此盟会外卿书名之始；文公八年经云'公子遂会晋赵盾盟于衡雍'，此盟会内外大夫书名之始。"宋，诸侯国国名，子姓，殷商之后，公爵。宋人即宋国的士。宿，诸侯国国名，在今山东东平东南。男爵，庄公十年为宋所灭。此处指宿国的国都。盟于宿国国都，则宿国也参与了结盟。

【译文】

九月，鲁国和宋人在宿会盟。

【左传】惠公之季年①，败宋师于黄②。公立而求成焉③。九月，及宋人盟于宿④，始通也⑤。

【注释】

①季年：晚年，末年。

②黄：地名，宋邑，在今河南民权东。

③成：讲和，媾和。

④及：与。

⑤通：通好。

【译文】

鲁惠公的晚年,在黄地打败了宋国。鲁隐公即位,要求和宋人讲和。九月,和宋人在宿地结盟,两国开始通好。

【公羊传】孰及之^②? 内之微者也^③。

【注释】

①孰及之:经文"及"字之前没有主语,故《公羊传》发问。

②内之微者:内,指鲁国。微者,即士。诸侯之士称人,如宋人、齐人等。鲁国之士则不称人。经文"及"字之前的主语应是鲁国之士,因其不称人,故而省略。案时月日例,微者结盟例时,因为微者不能自主。此处结盟书月,是因为鲁隐公是贤君,虽然派微者结盟,也有可取之处,故为小信之辞,书月。

【译文】

谁和宋人结盟? 是我国地位低微的人。

【穀梁传】及者何? 内卑者也^①。宋人,外卑者也^②。卑者之盟不日。宿,邑名也。

【注释】

①卑:地位低的人,不是卿大夫这样地位高的人。通常公卿之盟要记录日期。

②外:《春秋》以鲁史为据,"内"指鲁国,"外"指鲁国以外的国家。

【译文】

是谁去和对方结盟的呢? 是鲁国地位不高的人。称"宋人",表明宋国来参加这次会盟的人也是地位不高的人。地位低的人缔结盟约,不记载日期。宿,是个小城的名字。

*【左传】冬十月庚申^①，改葬惠公。公弗临^②，故不书。惠公之薨也，有宋师^③，大子少^④，葬故有阙^⑤，是以改葬。

【注释】

①庚申：十四日。

②公弗临：临，到场哭吊亡者。隐公是摄位，不敢以丧主自居，故弗临。

③有宋师：即上文"败宋师于黄"之事。

④大子：即太子，指桓公。

⑤阙：不完备。

【译文】

冬十月十四日，改葬鲁惠公。隐公不敢以丧主的身份到场哭吊，所以《春秋》不加记载。惠公死的时候，正好遇上和宋国打仗，太子又年幼，葬礼不完备，所以改葬。

*【左传】卫侯来会葬^①，不见公，亦不书。

【注释】

①卫侯：指卫桓公。卫，国名，姬姓，文王之子康叔之后，此时建都朝歌，即今河南淇县。

【译文】

卫桓公来鲁国参加葬礼，没有见到隐公，《春秋》也不加记载。

*【左传】郑共叔之乱^①，公孙滑出奔卫^②。卫人为之伐郑，取廪延。郑人以王师、虢师伐卫南鄙^③，请师于邾。邾子使私于公子豫^④，豫请往，公弗许，遂行，及邾人、郑人盟于翼^⑤。不书，非公命也。

【注释】

①共叔：即共叔段。

②公孙滑：共叔段之子。

③郑人以王师、虢师伐卫南鄙：郑人能指挥周王之师及虢师，是因为
当时郑庄公为周王卿士，西虢公又与郑庄公同仕于周王朝。以，
率领。王师，周王的军队。虢师，西虢军队。虢，指西虢国，在今
河南陕州。

④邾子：指邾子克。公子豫：鲁大夫。

⑤翼：邾地名，在今山东费县西南。

【译文】

郑国共叔段叛乱，段的儿子公孙滑逃到卫国。卫国人替他进攻郑
国，占领了廪延。郑国人率领周天子的军队、虢国的军队进攻卫国南部
边境，同时又请求邾国出兵。邾子派人私下和公子豫商量，公子豫请求
出兵援救，隐公不允许，公子豫就自己去了，和邾人、郑人在翼地会盟。
《春秋》不加记载，因为不是出于隐公的命令。

　　*【左传】新作南门①。不书，亦非公命也。

【注释】

①作：建造。

【译文】

新建南门。《春秋》不加记载，也由于不是出于隐公的命令。

　　【经】冬十有二月，祭伯来①。

【注释】

①祭（zhài）伯来：《公羊传》认为祭伯是从周出奔鲁国。祭伯，周王

卿士之一，祭为其食邑，在今河南郑州祭城镇。伯，指排行第一，部分学者认为是爵位。

【译文】

冬十二月，祭伯来鲁国。

【左传】十二月，祭伯来，非王命也。

【译文】

十二月，祭伯来，并不是奉了周王的命令。

【公羊传】祭伯者何？天子之大夫也。何以不称使^①？奔也。奔则曷为不言奔？王者无外^②，言奔，则有外之辞也^③。

【注释】

①使：祭伯如果奉天子之命出使鲁国，则应书"天王使祭伯"，此处经文不称"使"，《公羊传》据此发问。

②王者无外：周天子是天下共主，普天之下莫非王土，无所不包，故曰"王者无外"。

③言奔，则有外之辞也：言出奔，则有离开国土的意味，故曰"有外之辞"。祭伯为天子之臣，王者无外，不能用"有外之辞"，故不言"奔"，而言"来"。奔例时，此处书月，针对的是下一条经文"公子益师卒"。何休云："一月二事，月当在上。"即一月发生两件事情，月份应该记在上一件事情上，这件事情是否蒙月，则需比较事情的轻重。徐彦云："一月有数事，重者皆蒙月也。若上事轻，下事重，轻者不蒙月，重者自蒙月。若上事重，下事轻，则亦重者蒙月，轻者不蒙月。"此处"祭伯来"轻于"公子益师卒"，故前者不蒙月，后者蒙月。

【译文】

祭伯是谁？是周天子的大夫。为什么不称周天子派遣他来？他是出奔。他出奔，那么经文为什么不书"奔"？因为王者没有境外，如果书"奔"，就有境外的意思了。

【穀梁传】来者，来朝也①。其弗谓朝何也？寰内诸侯②，非有天子之命，不得出会诸侯。不正其外交，故弗与朝也。聘弓镞矢不出竟场③，束脩之肉不行竟中④，有至尊者不贰之也⑤。

【注释】

①朝：访问。小国来访称作"朝"，大国来访称作"聘"。

②寰内诸侯：采邑在距离周天子京城千里以内的王畿之内的诸侯称作"寰内诸侯"。寰内，王都在中，诸侯四面绕之，故曰"寰内"。

③聘弓镞（hóu）矢不出竟场（yì）：这里的意思是说卿大夫不准私自用弓箭作为聘礼，出国境去聘问。聘弓镞矢，以弓箭作为出国聘问之礼。聘弓镞矢，古者以弓矢相聘问。聘，问，访问。镞，箭名，据《尔雅·释器》："金镞剪羽谓之镞。"竟场，边境。竟，本或作"境"，边界。场，疆界。因为"竟"是疆界之名，至此易主，故曰"竟场"。

④束脩（xiū）之肉不行竟中：这里的意思是说王畿之内的大夫，如果没有王命是不能私自进行社交活动的。束脩，十条干肉叫束脩，是当时士大夫相互馈赠的礼物。脩，脯，干肉。

⑤不贰：没有二心，不背离。

【译文】

"来"，是来访问的意思。经文中为什么不说"朝"呢？因为采邑在王畿之内的卿士，没有天子的命令，是不能外出朝见其他诸侯的。经文认为祭伯的外交行为是不正当的,所以不用"朝"字。用于礼聘的弓箭不能随便拿出边境,大夫之间不能将十条干肉作为礼物在国境内互相馈赠,有周天子在上就不能有背离之心。

【经】公子益师卒①。

【注释】

①公子益师:字众父。后为众氏,为众仲的祖先。鲁孝公之子,隐公叔父。公子,诸侯之子称公子。卒:大夫死称为卒。

【译文】

公子益师去世。

【左传】众父卒。公不与小敛①,故不书日。

【注释】

①公不与(yù)小敛(liǎn):杨伯峻曰:"襄公五年传云'季文子卒,大夫入敛,公在位',是卿大夫之丧,入敛公临之证。"与,参加。小敛,给死者穿衣。敛,通"殓"。

【译文】

众父去世。隐公没有参加小敛,所以《春秋》不记载死亡的日子。

【公羊传】何以不日①? 远也②。所见异辞,所闻异辞,所传闻异辞③。

【注释】

①不日:"公子益师卒"应该蒙上月,而未具体到哪一天。

②远也：时代久远，孔子所不见。

③"所见异辞"三句：这句话体现了《公羊传》"张三世"的思想。孔子作《春秋》，将鲁国十二公两百多年的历史分为三个阶段：传闻世（隐桓庄闵僖）、所闻世（文宣成襄）、所见世（昭定哀）。这个划分是根据孔子的经历，昭、定、哀时期是孔子及其父亲生活的年代，很多事情孔子亲眼所见，故为所见世。文、宣、成、襄时期是孔子祖父生活的年代，期间发生的事情，孔子能够听闻到，故为所闻世。隐、桓、庄、闵、僖时期是孔子高祖、曾祖生活的年代，期间发生的事情，是孔子辗转听闻到的，故为传闻世。三世中对于相似的事件，《春秋》的书法是不同的，此为"异辞"。具体来说，异辞体现在两个方面：第一，何休云："异辞者，见恩有厚薄，义有深浅。"时代越近，恩情越深，就本条经文而言，所传闻世，大夫卒，无论有罪无罪，皆不书日；所闻世，大夫卒，有罪者不书日，无罪者书日；所见世，大夫卒，有罪无罪皆书日。第二，以三世的分期，揭示王者治理天下的先后次序，何休云："于所传闻之世，见治起于衰乱之中，用心尚粗粗，故内其国而外诸夏，先详内而后治外，录大略小，内小恶书，外小恶不书。……于所闻之世，见治升平，内诸夏而外夷狄。……至所见之世，著治大平，夷狄进至于爵，天下远近小大若一。"

【译文】

为什么不记载具体的死亡日期？年代太久远了。孔子作《春秋》，对于自己亲身经历的时代、听闻的时代、辗转听闻的时代，用的文辞是不一样的。

【穀梁传】大夫日卒①，正也②。不日卒，恶也③。

【注释】

① 日：记载日期。隐公五年"冬十有二月辛巳，公子彄卒"，僖公十
六年"三月壬申，公子季友卒"，都记载了日期，而此处益师死亡
没有记载日期。

② 正：正常情况，常例。

③ 恶：有罪恶。《穀梁传》认为鲁国大夫去世而没有记载去世的日
期，就表明该大夫有罪恶。

【译文】

记载大夫去世的日期，这是常例。不记载去世的日期，是因为他有
罪恶。

二年

【经】二年春①，公会戎于潜②。

【注释】

① 二年：鲁隐公二年当周平王五十年，前721年。

② 会：会见，《礼记·曲礼下》云："诸侯相见于隙地曰会。"细分之，
三国以上相会称为"会"，两国相会称为"离会"，此条是鲁与戎两
国相会，故属于"离会"。按照礼制，诸侯平时不出国境，只有在
朝觐天子时，才在间隙之地相会。《春秋》认为，诸侯之私自出会，
是"虚内务，恃外好"，故书"会"以责之。同时，谴责也有先后之
别，先正己后正人，结合"三世异辞"的观点，在传闻世，仅书鲁国
的离会，不书诸夏的离会；至所闻世，方书诸夏的离会。又案时月
日例，会例时。戎：夷狄之国名，此为内夷杂处中国者，故得与鲁
交接。对于夷狄，《春秋》的态度是，来者勿拒，去者勿追。潜：鲁
地名，在今山东济宁西南。

【译文】

鲁隐公二年春,隐公在潜地会见戎人。

【左传】二年春,公会戎于潜,修惠公之好也①。戎请盟,公辞②。

【注释】

①公会戎于潜,修惠公之好也:戎人与鲁惠公本有友好关系,今隐公会见戎人,是重修过去的友好关系。

②辞:不同意。

【译文】

鲁隐公二年春,隐公在潜地与戎人会见,再一次加强惠公时期的友好关系。戎人请求结盟,隐公婉言拒绝了。

【穀梁传】会者,外为主焉尔①。知者虑②,义者行③,仁者守④,有此三者,然后可以出会。会戎,危公也⑤。

【注释】

①外为主:外国主动要求的。

②知者虑:智慧的人深谋远虑。知,同"智"。

③义者行:有道义的人行事果断。

④仁者守:有仁德的人能够守护国土。

⑤危公:以隐公为危,即替鲁隐公担心。危,担忧。

【译文】

"会",表明是外国主动要求会盟的。有智慧的人深谋远虑,有道义的人临事决断,有仁德的人固守国土,具备了这三种品质,之后国君才可以出境同诸侯会盟。说"会戎",是为隐公感到担忧。

【经】夏五月①,莒人入向②。

【注释】

①五月:《春秋》经文对于入侵的行为通常是表示贬低的,记录越详细表示贬低之意越重,所谓"书日既为大恶,则书月者次恶,书时有小恶"。这里记五月,乃视莒人入侵向国为次恶行为。

②莒(jǔ):诸侯国名,己姓,时都今山东胶州,后迁莒县。后为楚所灭。入:以兵侵入他国国都。向:诸侯国名,姜姓,在今山东莒县南。赵孟何曰:"莒虽小国,东夷之雄者也。其为患不减于荆、吴。自入春秋,未有入人之国者,而莒入向;未有取人之地者,而莒取杞牟娄,放恣无忌。"案莒与鲁为列国,差倔强,非若邾之附庸,能卑屈于鲁。故始而争向,继而争郓、争鄫,中间附于齐,更诉于晋、楚,致叔孙见执,意如为囚。兵端与春秋相终始,共公以后不复见。

【译文】

夏五月,莒国人攻入向国。

【左传】莒子娶于向,向姜不安莒而归①。夏,莒人入向,以姜氏还②。

【注释】

①向姜:向国国君之女。

②还:带回。

【译文】

莒子在向国娶了妻子,向姜在莒国不安心而回到向国。夏,莒子领兵进入向国,带着向姜回国。

【公羊传】入者何？得而不居也①。

【注释】

①得而不居：军队侵入他国国都，后撤出，不占为己有。案时月日
　例，入例时，伤害多则月，此条书月，见其伤害多。

【译文】

入是什么意思？是取得别国国都，但不占为己有的意思。

【穀梁传】入者，内弗受也①。向，我邑也。

【注释】

①内弗受：本国或当地人不愿接受。

【译文】

"入"，表明当地人不接受。向，是附属在鲁国境内的一座小城。

【经】无骇帅师入极①。

【注释】

①无骇：鲁国司空，展禽（柳下惠）之父。《穀梁传》作"无侅（hài）"。
　师：军队，此处可能指一个师的编制，依《周礼》，二千五百人曰师。
　极：鲁之附属国，在今山东金乡南。案极此后再未出现，可能自此
　为鲁所有。此条书"入极"，与上条"夏五月，莒人入向"不同，"入
　向"是得而不居，"入极"实为灭国，书"入"是为鲁国讳大恶。

【译文】

无骇领兵攻入极国。

【左传】司空无骇入极，费庢父胜之^①。

【注释】

①司空无骇入极，费庢父（qín fǔ）胜之：司空无骇率师侵入极国后，即行退走，而费庢父趁机灭了极国。费庢父即去年"城郎"之费伯。极、费、郎三地相近，皆在今山东鱼台、金乡之间。无骇撤走后，费伯即从郎城灭极。司空，官名，掌管工程。胜之，灭之。

【译文】

司空无骇带兵进入极国，派费庢父灭亡了极国。

【公羊传】无骇者何？展无骇也。何以不氏^①？贬^②。曷为贬？疾始灭也^③。始灭昉于此乎^④？前此矣^⑤。前此则曷为始乎此？托始焉尔^⑥。曷为托始焉尔？《春秋》之始也。此灭也，其言入何？内大恶讳也^⑦。

【注释】

①何以不氏：按照名例，大国大夫以名氏通。此处"无骇"为名，"展"为氏，本应书"展无骇"，而经文书"无骇"，故《公羊传》发问。

②贬：贬损。《春秋》贬损的方式有很多种，最常见的是通过"名例"来贬损。如大夫应书名氏，若不名或不氏，即是贬损大夫。诸侯应称爵，却书"人"，是贬损诸侯。孔广森以为，贬损即黜降，"大夫贬去氏者，言宜夺其卿位，诸侯贬称人，若曰宜降为小国"。

③疾：犹恶，痛恨之意。始灭：在《春秋》中，这是第一次灭国，故云始灭。灭国为大恶，故贬展无骇，不氏。同时因为这是"始灭"，罪恶更大，故无骇终身被贬，终身不氏，详见隐公八年传文。

④昉（fǎng）：适，开始之意。

⑤前：谓春秋之前，已有灭国行为，如宋灭郜国。

⑥托始：假托为开始。焉：于是。托始焉尔，即托始于是尔。《春秋》
为拨乱反正之书，孔子以《春秋》假托王者之赏罚。王者之赏罚，
不追求前事，但需定立一个开端，无骇灭极为《春秋》中第一起灭
国事件，故假托为灭国之始，表明灭国者当诛。托始有两方面的
含义：第一，见王者之赏罚之开端。第二，对于灭国，《春秋》仅疾
始，之后的灭国行为则可参照此条，不必一一贬斥，以此省文。

⑦内：指鲁国，《春秋》托王于鲁，故以鲁为内。大恶：灭国为大恶，
相比之下，"入"为小恶。无骇灭极，而书"入极"是为内讳大恶。
然而《春秋》的避讳，并非是完全掩盖事实，会在文辞留下线索，
从中探寻事实的真相，这个线索称为"起文"。以此条为例，内大
恶讳，故变"灭"为"入"，然入为小恶，不需要贬去无骇之氏，无
骇不氏，就表明"入极"实为灭极。同时，这又是"始灭"，故无骇
终其身不氏，参见隐公八年"无骇卒"条。又案时月日例，灭例
月，此条宜蒙上条之"五月"。

【译文】

无骇是谁？是展无骇。为什么不写他的氏？是贬损他。为什么贬
损？因为痛恨灭国的开端。灭国从这里开始吗？之前就有了。之前就
有，那么为什么说这是灭国的开端呢？这是假托的开端。为什么要假托
开端？这是《春秋》中灭国的开端。这是灭国，为什么说"入"？因为本
国的大恶，需要避讳。

【穀梁传】入者，内弗受也。极，国也。苟焉以入人为志
者，人亦入之矣。不称氏者，灭同姓，贬也。

【译文】

"入"，表示当地人不接受。极，是国家。如果像这样以入侵别国为

自己的目的，别的国家也会入侵它。不提无骇的氏，是因为他灭掉了与自己同姓的国家，就以不提姓氏这种方式来贬低他。

【经】秋八月庚辰^①，公及戎盟于唐^②。

【注释】

①庚辰：按今历法推算，八月无庚辰日，此记日当有误。案时月日例，盟例书日，小信书月，大信书时。唐之盟后，鲁国与戎未曾相犯，应是有信义之盟，然而《春秋》书日，为不信之辞，其原因是戎"背隐善桓"。鲁桓公弑隐公，而在桓公二年，戎与桓公结盟，则是背叛隐公的行为，故为不信之辞而书日。及：见元年三月"公及邾仪父盟于蔑"。大约《春秋》中记载若是参加符合鲁国国家利益的会盟，便书"及"。

②唐：鲁地名，在今山东鱼台。

【译文】

秋八月庚辰日，隐公和戎人在唐地会盟。

【左传】戎请盟。秋，盟于唐，复修戎好也。

【译文】

戎人请求结盟。秋季，在唐地结盟，这是为了再次加强和戎人的友好关系。

【经】九月，纪裂繻来逆女^①。

【注释】

①纪裂繻（xū）来逆女：纪君娶鲁惠公女，裂繻为之来迎亲。纪裂

繻，纪国大夫。《公羊传》《穀梁传》作"纪履緰（xū）"。纪，国名，姜姓，故城在今山东寿光南。逆，迎接。纪国国君娶鲁女为妻，使其大夫来迎亲，然依礼，本应由国君亲迎。又案时月日例，亲迎例时，不亲迎例月。

【译文】

九月，纪裂繻来我国迎亲。

【左传】九月，纪裂繻来逆女，卿为君逆也①。

【注释】

①卿为君逆：春秋时代，诸侯娶妇，必派本国之卿出境迎接。此处特点明纪裂繻是为纪君迎女，而不是为自己。

【译文】

九月，纪裂繻来迎接惠公的女儿，这是纪卿为了国君而来迎娶。

【公羊传】纪履緰者何？纪大夫也①。何以不称使②？婚礼不称主人③。然则曷称？称诸父兄师友④。宋公使公孙寿来纳币⑤，则其称主人何？辞穷也。辞穷者何？无母也。然则纪有母乎？曰有。有则何以不称母？母不通也。外逆女不书⑥，此何以书？讥。何讥尔？讥始不亲迎也⑦。始不亲迎昉于此乎？前此矣。前此，则曷为始乎此？托始焉尔⑧。曷为托始焉尔？《春秋》之始也。女曷为或称女，或称妇，或称夫人？女在其国称女，在涂称妇，入国称夫人⑨。

【注释】

①纪大夫：履緰为纪国大夫的名，此处未书其氏。按照三世异辞，在

传闻世,小国无大夫,略而称人,纪为小国,本应书"纪人",因其与鲁国交接,又《春秋》重视婚礼,故书其名。

②使:履緰并非为自己迎亲,而是为国君迎亲,按照常理,应书纪侯"使"履緰来逆女。此书无"使"文,故《公羊传》发问。

③婚礼不称主人:主人,即新郎本人。婚礼有六个仪节,纳采、问名、纳吉、纳征、请期、亲迎。亲迎之前的仪节,男方派遣使者与女方交接,使者在言辞中,要说明是受谁的指派。一般是称受新郎父亲的指派,而不是新郎本人。因为在古人看来,婚礼的基础是"合二姓之好",并非是个人的感情,如果称受新郎指派,则新郎有自专嫁娶之嫌,违背了"合二姓之好"的初衷。故而婚礼不称主人,以此"养廉远耻"。

④称诸父兄师友:这是在新郎之父去世之后,由母亲主婚,然则"妇人无外事",不能通于四方,故母先命诸父兄师友,诸父兄师友再命使者,使者在婚辞中说受诸父兄师友的指派。对于这种母命不通的情况,《春秋》在书法上,不书"纪侯之母使履緰来逆女",直接不称"使",而仅书"纪履緰来逆女"。值得注意的是,称诸父兄师友,仅限于有母母命不通的情况,若无母,则诸父兄师友不得主婚。

⑤宋公使公孙寿来纳币:见成公八年。宋公父母双亡,无人能替他主婚,辞穷,故而只能自命使者。

⑥外逆女:即鲁国之外的国家迎娶鲁女。按照《春秋》之例,内逆女常书,外逆女仅因"疾始"而书,即此处"纪履緰来逆女",因其为《春秋》不亲迎之始而书,其他外逆女则不书。之所以有内外的分别,也体现《春秋》先正己、后正人的精神。

⑦亲迎:婚礼六礼之一,新郎到女家去迎接新娘。据《白虎通·嫁娶》,亲迎的意义有两点:一为"以阳下阴也,欲得其欢心,示亲之也";一为"男率女,女从男,夫妇刚柔之义自此始",两者皆是为

了正夫妇之道,夫妇是人道之始,父子君臣之本,故而《春秋》重亲迎之礼。公羊家认为,自天子至于庶人,皆要亲迎,只不过大夫、诸侯、天子不能越境以逆女。

⑧托始:在春秋之前,已有不亲迎的行为,此条是《春秋》中不亲迎之始,故《春秋》假托为开始,对此进行讥刺。之后的不亲迎行为,都依此条,不另行讥刺,若有其他失礼行为,则另当别论。

⑨"女在其国称女"三句:此言女子在嫁为诸侯夫人的过程中名称的变化。女子在其国则称"女",是"未离父母之辞",如纪履𦈡来逆"女"。在前往夫家途中则称"妇","妇"相对"夫"而言,意味着有服从丈夫之意,如"公子结媵陈人之妇"。进入夫家之国,则见群臣,有君臣之义,故称"夫人",如"夫人姜氏入"。

【译文】

纪履𦈡是谁?是纪国的大夫。为什么不写国君派遣他来?因为婚礼不用新郎的名义派遣使者。那用谁的名义?用新郎叔伯兄弟师友的名义。"宋公使公孙寿来纳币",怎么就用了主人的名义?因为辞穷,只能这么说了。辞穷是为何?宋公的母亲已经过世了。那么纪君有母亲吗?有的。有母亲,为什么不以母亲的名义派遣使者?母亲不能与外国交接。鲁国之外的迎亲一般不记录,这里为什么记录?这是讥刺。讥刺什么呢?讥刺这是不亲迎的开端。不亲迎之事开始于此吗?之前就有了。之前就有,为什么说这里是开端?假托这里是开端。为什么假托于此?这是《春秋》中不亲迎的开始。为什么有时称新娘为"女",有时称为"妇",有时称为"夫人"?新娘在本国称"女",在去夫家的途中称"妇",进入夫家之国称"夫人"。

【榖梁传】逆女,亲者也^①。使大夫,非正也。以国氏者^②,为其来交接于我,故君子进之也^③。

【注释】

①亲：亲自。古代国君娶妻，礼应亲自迎娶。但从《春秋》记录的情况来看，大多数是由卿大夫代为国君迎娶。

②以国氏者：指在履缑的名字之前冠以国名。

③进：推崇、赞扬的意思。

【译文】

诸侯娶妻，应亲自迎娶。现在派大夫来，是不合正道的。在履缑名字前冠以国名，是因为他来到鲁国行交接之礼，所以君子认为还是应该赞扬这件事的。

【经】冬十月①**，伯姬归于纪**②**。**

【注释】

①十月：据时月日例，内女归例月。

②伯姬：鲁惠公长女。伯是女子的排行，姬是姓。上文纪国大夫所逆之女就是伯姬。

【译文】

冬十月，伯姬出嫁去纪国。

【公羊传】伯姬者何？内女也。其言归何？妇人谓嫁曰归①**。**

【注释】

①归：何休云："妇人生以父母为家，嫁以夫为家，故谓嫁曰归。"另外，女子有"二归之道"：一，女子谓嫁曰归；二，妇人虽出嫁，然总有被出之可能，故本宗必有可归之处，此为归宗。

【译文】

伯姬是谁？是我国国君的女儿。经文中"归"字是什么意思？女子嫁人称为"归"。

【穀梁传】礼：妇人谓嫁曰归，反曰来归，从人者也。妇人在家制于父①，既嫁制于夫，夫死从长子，妇人不专行②，必有从也。伯姬归于纪，此其如专行之辞，何也？曰：非专行也，吾伯姬归于纪，故志之也。其不言使，何也？逆之道微③，无足道焉尔④。

【注释】

①制于：受制于，被约束。制，约束，管束。

②专行：擅自行事。

③逆之道微：范甯注："言君不亲迎而大夫来逆，故曰微也。既失其大，不复稍明其细，故不言使履缑也。"按礼应国君亲自来迎娶，但实际是大夫来迎娶的，礼节有亏，而且过于简略。

④无足道焉尔：不值得记载。道，说，记载，记录。

【译文】

按照礼制：妇女出嫁叫"归"，回娘家叫"来归"，妇女应该是顺从别人的。妇女在娘家的时候要受父亲的约束，出嫁后受丈夫约束，丈夫死了便要听从长子的话，妇女是不能擅自行事的，一定要有所顺从。"伯姬归于纪"，这句话像是说伯姬独自决断、擅自行事的意思，为什么呢？回答说：不是说伯姬独断专行，我鲁国的伯姬嫁到纪国去了，所以记载这件事。不提纪国派来的人，为什么呢？因为纪国来迎娶的礼节有亏，不值得记载。

【经】纪子帛、莒子盟于密①。

【注释】

①纪子帛:《公羊传》《穀梁传》作"纪子伯"。此为何人不确。《左传》杜预注认为,子帛是上文提到的纪国大夫裂繻的字,纪子帛即纪国的子帛。然"纪子帛"为臣子,排序先于莒子,颠倒尊卑,不可为训。杜预据《左传》的"鲁故也"认为,纪国既然和鲁国联姻,那此处纪和莒会盟,是为了调解鲁、莒两国关系,所以《春秋》记载纪子帛的时候参考的是记载鲁国大夫的标准,即凡是鲁人与外国会盟,记鲁国大夫于前。《公羊传》已弄不清"纪子伯"的含义了。刘逢禄《公羊何氏解诂笺》以为"纪子伯"是纪国之君,以此表明纪国本为子爵,后嫁女于周天子,故被加封为侯爵。然而"伯"字是何意,仍不清楚,因为诸侯在世时不直称其名,不可能是纪君之名。《穀梁传》认为"纪子"是指纪国国君,"伯"作"年长"理解。然《春秋》别处经文中称纪国国君皆称"纪侯",没有称"纪子"的。莒子:莒国国君。密:莒地名,在今山东昌邑密乡。

【译文】

纪子帛、莒子在密地结盟。

【左传】冬,纪子帛、莒子盟于密,鲁故也①。

【注释】

①鲁故:鲁国和莒国之间不和睦。

【译文】

冬,纪子帛和莒子在密地结盟,这是为了调解鲁国和莒国间的不和睦。

【公羊传】纪子伯者何？无闻焉尔^①。

【注释】

①无闻焉尔：按照传统的说法，孔子作《春秋》，将《春秋》精义口授子夏，后世师徒口耳相传，到西汉时才写定，故内容有遗失之处，此处之"纪子伯"即是。同时公羊学有家法，在无师传之处，不妄加揣测，故而阙疑，云"无闻焉尔"。焉，于是。

【译文】

"纪子伯"是什么意思？没听老师说起过。

【穀梁传】或曰，纪子伯莒子而与之盟^①。或曰，年同爵同，故纪子以伯先也。

【注释】

①伯：年长，作动词，以……为年长。

【译文】

有人说，纪国国君认为莒国国君比自己年长而同他结盟。还有人说，纪国国君和莒国国君年龄一样，爵位也一样，但是纪国国君自以为年长而排在前面。

【经】十有二月乙卯^①，夫人子氏薨^②。

【注释】

①乙卯：十五日。案时月日例，公及夫人薨，例日。

②子氏：《左传》杜预注认为是桓公之母，即前文的"仲子"；《公羊传》认为是隐公之母，本为媵妾，因母以子贵之义，得称夫人；《穀

梁传》认为是隐公的夫人。薨：诸侯或诸侯的夫人、母夫人死都可以叫薨。杨伯峻曰："《春秋》记鲁公或鲁夫人之死，除隐三年'君氏卒'及哀十二年'孟子卒'等特殊情况外，皆用'薨'字；记其他诸侯之死，则用'卒'字。"

【译文】

十二月十五日，夫人仲子去世。

【公羊传】夫人子氏者何？隐公之母也。何以不书葬[1]？成公意也。何成乎公之意？子将不终为君[2]，故母亦不终为夫人也[3]。

【注释】

① 不书葬：案《春秋》之例，公与夫人，书薨又书葬，妾母为夫人亦如之。此处夫人子氏书薨，但不书葬，故而《公羊传》发问。

② 子将不终为君：隐公为桓公而立，有让国之志，故云"子将不终为君"。

③ 母亦不终为夫人：隐公代桓公而立，不以夫人之礼葬其母，以妾礼葬之，故云"母亦不终为夫人"，以此表明隐公的让国之志。《春秋》成全隐公之意，故不书其母之葬。

【译文】

夫人子氏是谁？是隐公的母亲。为什么不记录她的葬礼？成全隐公的心意。什么是成全隐公的心意？儿子不始终做国君，所以母亲也不始终为夫人。

【穀梁传】夫人薨，不地[1]。夫人者，隐之妻也。卒而不书葬，夫人之义，从君者也[2]。

【注释】

①地：记载地点。古时妇人不能轻易出门，有固定居所，因此不必记载死的处所。

②从君者也：随从君王的记法。隐公死没有记载葬礼，所以夫人死也不记载。

【译文】

夫人去世，不记载去世地点。经文中的"夫人"，是鲁隐公的妻子。去世了而不记载葬礼，是因为夫人应遵守的道义，要随从国君。

【经】郑人伐卫①。

【注释】

①伐：凡行军时有钟鼓，堂堂正正地攻打别国叫伐。卫，国名，姬姓，始封国君是周武王之弟康叔，先后建都于今河南淇县、滑县、濮阳、沁阳。此处郑人所伐之卫，国都在淇县。

【译文】

郑国人讨伐卫国。

【左传】郑人伐卫，讨公孙滑之乱也①。

【注释】

①郑人伐卫，讨公孙滑之乱也：去年卫人为公孙滑伐郑，所以郑国伐卫，以讨伐公孙滑。公孙滑是郑庄公之弟段之子，鄢地之战失败后，公孙滑逃到卫国，卫国助他攻郑，占领了廪延，所以郑国伐卫。

【译文】

郑国人进攻卫国，讨伐公孙滑的叛乱。

三年

【经】三年春王二月己巳，日有食之①。

【注释】

① 三年春王二月己巳，日有食之：此为前720年2月22日之日全食，是全世界最早的有确切日期的日食记录。三年，鲁隐公三年当周平王五十一年，前720年。王二月，按照《春秋》书法，正月、二月、三月均可以书"王"，若正月有事，则书"王正月"；若二月方有事，则书"王二月"；三月方有事，则书"王三月"；若春三月均无事，则仍书"王正月"。四月以下不书"王"。按照"大一统"之义，"王"是人道之始，"正月"是王者政教之始，如此则唯有正月方能书"王"，而《春秋》二月、三月均可以书"王"，是为了表示"通三统"之义。何休云："二月、三月皆有王者，二月，殷之正月也，三月，夏之正月也，王者存二王之后，使统其正朔，服其服色，行其礼乐，所以尊先圣，通三统，师法之义，恭让之礼，于是可得而观之。""通三统"有两个意思：首先表明"天命所受者博，非独一姓"。其次，前两朝与本朝，都是得天命者，王者封二王之后为大国，是其在境内保留原来的制度，以供取法。之所以仅取法前两代，因为"尊贤不过二代"。己巳，初一。日食必在初一。

【译文】

鲁隐公三年春周历二月己巳日，发生日食。

【公羊传】何以书？记异也①。日食则曷为或日或不日，或言朔或不言朔？曰：某月某日朔，日有食之者，食正朔也②。其或日或不日③，或失之前，或失之后④。失之前者，朔在前也。失之后者，朔在后也。

【注释】

①异：怪异之相，但未造成损害。古人有天人感应的观念，《春秋》
假借天相言政治，神道设教，以此警戒君王。"灾"与"异"不同，
何休云："灾者，有害于人物，随事而至者。……异者，非常可怪，
先事而至者。"

②食正朔：正，当。朔，每月的第一天。食正朔，即日食发生在初一日，
具体的书法是书日又书朔，即传文所云"某月某日朔，日有食之"。

③或日或不日：日，此处作动词，即书日。

④或失之前，或失之后：之，指代日食。失之前，即朔日在日食之前，
日食发生在初二日，二日食的书法是，"某月某日，日有食之"。
失之后，即朔日在日食之后，日食发生在晦日（上月最后一日），
晦日食的书法是"某月，日有食之"。古人认为，朔日食是日食
之正；二日食是"日行疾，月行迟，象君行暴急"；晦日食是"日行
迟，月行疾，象君行懦弱"。

【译文】

为什么要记录日食？是记录异常的事情。日食的记录，为什么有
的记录日期，有的不记录日期？有的说明是朔日，有的不说是朔日？说
"某月某日朔，日有食之"的，是朔日发生日食。那些只记录了日期的，
或没记录日期的，是朔日错在前面，或错在后面。错在前面的，是朔日在
日食之前。错在后面的，是朔日在日食之后。

【穀梁传】言日不言朔，食晦日也①。其日有食之何也？
吐者外壤②，食者内壤③。阙然不见其壤④，有食之者也。
有，内辞也；或，外辞也⑤。有食之者⑥，内于日也。其不言
食之者，何也？知其不可知，知也⑦。

【注释】

①晦：每月最后一天称晦日。

②壤：土地，东西。此处指太阳。

③内（nà）：通"纳"，纳入，吞食。

④阙然不见其壤：残缺不见完整的太阳。阙，残缺，亏损。

⑤"有"四句：此处意思即是说，如果是纳入，用"有"字，如果是排出，用"或"字。辞，言辞。

⑥有食之者：表示下文对经文中"有食之"这三个字的解释。

⑦知其不可知，知也：前两个"知"是知道的意思，第三个"知"通"智"，明智。

【译文】

　　只说在己巳这一天而不说是朔日，因为日食发生在月末那天。经文里"日有食之"是什么意思？吐是排出东西，食是吞入东西。太阳残缺了，看不见它的一部分，是因为有东西吃掉它了。"有"，是表示吞食的说法；"或"，是表示排出的说法。"有食之"，是有东西吞食掉了太阳。经文里不说明是什么吃掉太阳，为什么呢？因为知道那是搞不清楚的，所以不说，这是明智的做法。

【经】三月庚戌，天王崩①。

【注释】

①三月庚戌，天王崩：庚戌，十二日。天王，此指周平王。对于周天子，其正称为"天王"，经文中又有称"天子""王"者，则有贬损，非其正称。崩，天子死叫崩。

【译文】

　　三月十二日，周平王去世。

【左传】三年春王三月壬戌^①，平王崩。赴以庚戌，故书之^②。

【注释】

①壬戌：二十四日。

②赴以庚戌，故书之：周平王是壬戌日死的，而讣告上说是庚戌日，《春秋》就记为庚戌日。杜预注云因天子葬期有一定期限，想让诸侯早日临丧，所以提前十二日，说是庚戌日死。杨伯峻非之，曰：“恐是臆测之辞。襄二十八年经云：‘十有二月甲寅，天王崩。’传云：‘癸巳，天王崩，未来赴，亦未书，礼也。王人来告丧，问崩日，以甲寅告，故书之，以征过也。’与此可以互相发明。”赴，同“讣”，告丧。

【译文】

鲁隐公三年春周历的三月二十四日，周平王逝世。讣告上写的是十二日，所以《春秋》也记载死日为十二日。

【公羊传】何以不书葬？天子记崩不记葬，必其时也^①。诸侯记卒记葬，有天子存，不得必其时也^②。曷为或言崩，或言薨？天子曰崩，诸侯曰薨，大夫曰卒，士曰不禄^③。

【注释】

①必其时也：据礼制，天子七月而葬，因为天子至尊无敌，不受他人丧葬的影响，一定能按时下葬，故云“必其时也”。正因为如此，《春秋》对于天子，记崩不记葬。

②不得必其时：按照礼制，诸侯五月而葬，然而诸侯卑于天王，若遇到天王、王后之丧，嗣君必须去奔丧，故而诸侯不一定能够按时下

葬。正因"不得必其时",故而《春秋》对于诸侯,书卒又书葬。

③"天子曰崩"四句:礼制中,不同身份的人去世,有不同的文辞,天子称崩,崩是大毁坏之辞。诸侯称薨,薨是小毁坏之辞。大夫称卒,卒,终也。士称不禄,即不终其禄。值得注意的是,这是周代礼制的规定,并非是《春秋》的礼制。《春秋》中天子曰崩,鲁君曰薨,其他诸侯曰卒。这是因为《春秋》王鲁,鲁国虽为王者,但属于假托的王,不能完全等同于周天子,故不能称崩;同时又不能与其他诸侯一样,故而将其他诸侯降一等称卒,以此彰显鲁国的特殊地位。

【译文】

为什么不记录天子的下葬?对于天子,只记录驾崩,不记录下葬,因为天子至尊,一定能在礼制规定的时间下葬。对于诸侯,既书卒又书葬,是因为有天子在,不一定能够在礼制规定的时间下葬。同样是去世,为什么有的说崩,有的说薨?天子死称崩,诸侯死称薨,大夫死称卒,士死称不禄。

【穀梁传】高曰崩,厚曰崩,尊曰崩。天子之崩,以尊也。其崩之,何也?以其在民上,故崩之。其不名,何也?大上①,故不名也②。

【注释】

①大上:地位至高无上。大,同"太"。

②不名:不记载名。因为名是用来区别不同人的,而周天子的地位至高无上,旁人没有任何可以跟他区分不开的地方,所以不需要用名来区分周天子和其他人了。

【译文】

非常高的山倒了称作"崩",非常厚的地塌了称作"崩",最为尊贵的人去世了称作"崩"。周天子去世叫做"崩",因为他的地位尊贵。称天子的去世为"崩",为什么呢? 因为他的地位在百姓之上,所以称作"崩"。经文没有记载周天子的名,为什么呢? 因为周天子的地位至高无上,所以不写出他的名。

【经】夏四月辛卯,君氏卒①。

【注释】

①夏四月辛卯,君氏卒:辛卯,二十四日。君氏,隐公之母声子。《公羊传》和《穀梁传》记为"尹氏",认为是周天子的大夫。

【译文】

夏四月二十四日,隐公母声子去世。

【左传】夏,君氏卒,声子也。不赴于诸侯,不反哭于寝,不祔于姑,故不曰薨。不称夫人,故不言葬①,不书姓,为公故,曰"君氏"②。

【注释】

①"不赴于诸侯"几句:声子非惠公之正夫人,其子隐公虽当时在位,却自谓代桓公摄位,故此时声子去世不按夫人之礼治丧。杨伯峻曰:"所谓以夫人之礼治丧者,当其初死,讣告于同盟诸侯,一也;既葬返哭于祖庙,虞于殡(虞为葬后迎死者之魂,祭而安乐之之礼)——此从沈钦韩说——二也;卒哭(虞后三月,卒无时之哭——意谓以后哭死者有时),以死者之主祔(以后死者祔于祖庙曰祔)于祖姑,三也。若三礼皆备,则书曰'夫人某氏薨',又书曰'葬我小君某氏'。声子之死,既未向同盟诸侯讣告;葬后,隐

公又未反哭于寝（祖庙）；卒哭后，亦未祔于祖姑，三者皆不具备，则是不以夫人看待声子，故经书其死用'卒'字，而不用'薨'字；只云'某氏'，而不云'夫人某氏'；又不书其葬。"赴于诸侯，给同盟诸侯发讣告。反哭于寝，死者既葬后，亲属回到祖庙哭吊。寝，祖庙。姑，婆婆。此指婆婆的神主。祔（fù），以新亡者神主（牌位）附祭于宗庙。

②"不书姓"三句：声子姓子，依一般宫人死时记载惯例，应书"子氏卒"。但声子是隐公生母，为此依当时习惯"君夫人氏"之称而省"夫人"两字，称之为"君氏"。公，指隐公。

【译文】

夏，君氏去世，君氏就是声子。没有发讣告给诸侯，安葬后没有回到祖庙哭祭，没有把神主放在婆婆神主的旁边，所以《春秋》不称"薨"。又由于没有称她为"夫人"，所以不记载下葬的情况，也没有记载她的姓氏，只是因为她是隐公的生母的缘故，所以才称她为"君氏"。

　　【公羊传】尹氏者何？天子之大夫也。其称尹氏何？贬①。曷为贬？讥世卿②。世卿，非礼也。外大夫不卒③，此何以卒？天王崩，诸侯之主也④。

【注释】

①贬：案天子大夫之名例，上大夫氏采称字，中大夫氏采称且字，下大夫系官氏名且字，未有称某氏者。此处称"尹氏"而不书名或字，一是彰显尹氏世代为卿，二是贬抑尹氏。

②讥世卿：世卿，父死子继，世代为卿。《春秋》认为，卿、大夫、士之职，皆应选贤而用之，若世代为卿，一则阻塞贤者之路，一则剥夺君主之权威，容易造成以下犯上的恶果，如尹氏世，至昭公二十三年拥立王子朝作乱，齐国崔氏世，至襄公二十五年，崔杼弑君。

《春秋》讥世卿，就是要在根源上杜绝此类事情。

③外大夫不卒：《春秋》假托鲁国为王者，则鲁国之外的大夫皆为外大夫，天子大夫亦不例外。按照一般的书法，《春秋》只记录内大夫之卒，不记录外大夫之卒，此为外大夫不卒。若有记录，则别有用意。外大夫，指鲁国以外的大夫。不卒，不记载去世之事。

④诸侯之主：天子崩，诸侯奔丧，天子之卿充当傧相，辅佐诸侯行礼，此即是"天王崩，诸侯之主"。前周平王崩，鲁隐公奔丧，尹氏作为傧相，与隐公交接，则有恩于隐公。《春秋》假托鲁为王者，尹氏有恩于王者，尹氏卒，王者亦当恩痛之，故书其卒。另外，尹氏之卒，在周平王崩后一年之内，王者恩录之，故书日；若在一年之外，则不书日，参见文公三年，王子虎卒条。

【译文】

尹氏是谁？是周天子的大夫。称他为尹氏，是为什么？是贬损。为什么贬损他？是讥刺他家世代为卿。世代为卿，是不合礼的。鲁国之外的大夫死亡，按例不记录，这里为什么记录？是因为天王驾崩的时候，尹氏是接待诸侯的傧相。

【穀梁传】尹氏者何也？天子之大夫也。外大夫不卒，此何以卒之也？于天子之崩为鲁主，故隐而卒之^①。

【注释】

①隐：悲痛，痛惜。

【译文】

尹氏是谁呢？是周天子的大夫。鲁国以外的大夫是不记载其去世之事的，这里为什么记载了呢？因为周天子上月驾崩的时候是他赴鲁国诏讣并死在了鲁国的，所以痛惜他而记载了他的去世之事。

*【左传】郑武公、庄公为平王卿士①。王贰于虢②，郑伯怨王，王曰："无之。"故周、郑交质③。王子狐为质于郑④，郑公子忽为质于周⑤。王崩，周人将畀虢公政⑥。四月，郑祭足帅师取温之麦⑦。秋，又取成周之禾⑧。周、郑交恶⑨。

【注释】

①卿士：执政大臣。

②贰于虢：不专任郑伯，又同时将一些政事交给虢公处理。虢，此指西虢公。

③质：作抵押的人或物。此指人质。

④王子狐：周平王之子，后即位为周桓王。

⑤公子忽：郑庄公太子，后即位为郑昭公。

⑥王崩，周人将畀（bì）虢公政：此句指周平王一死，周人准备将执政权交给虢公。畀，给予。

⑦祭足：郑大夫祭仲。温：周王畿内的小国，在今河南温县南。

⑧成周：周的东都，遗址在今河南洛阳王城公园。禾：稷类谷物。

⑨周、郑交恶：指郑国用武力强取了王室温地的麦子和成周的谷子，以示对周王重用虢君的抗议。这样一来，周王室和郑国结下了怨仇。

【译文】

郑武公、郑庄公先后担任周平王的卿士。平王暗中又将朝政分托给虢公，郑庄公埋怨周平王，平王说："没有这回事。"所以周、郑交换人质。周王子狐在郑国作为人质，郑国的公子忽在周朝作为人质。平王死后，周王室的人想把政权交给虢公。四月，郑国的祭足带兵割取了温地的麦子。秋天，又割取了成周的谷子。周朝和郑国彼此怨恨。

君子曰："信不由中①，质无益也。明恕而行②，要之以礼③，虽无有质，谁能间之④？苟有明信⑤，涧、豀、沼、沚之毛⑥，蘋、蘩、蕰藻之菜⑦，筐、筥、锜、釜之器⑧，潢污、行潦之水⑨，可荐于鬼神⑩，可羞于王公⑪，而况君子结二国之信，行之以礼，又焉用质？《风》有《采蘩》《采蘋》⑫，《雅》有《行苇》《泂酌》⑬，昭忠信也⑭。"

【注释】

①信不由中：诺言不发自内心。信，指人的言语。中，同"衷"。

②明恕：即对于自己是发自诚心，对于别人则能谅解。

③要（yāo）：约束。

④间（jiàn）：离间。

⑤苟：假如。明信：明显的诚信。

⑥涧、豀：山沟。沼、沚（zhǐ）：池塘。毛：凡地上所生植物都叫毛。此指野草。

⑦蘋（pín）：浅水中所长的植物。蘩（fán）：白蒿，草本植物。蕰（wēn）：一种水草。

⑧筐、筥（jǔ）：均为竹木编的盛器，方的为筐，圆的为筥。锜（qí）、釜（fǔ）：均为烹饪用的器具，有脚的叫锜、无脚的叫釜。

⑨潢（huáng）污：此指不流动的死水。潢，积水池。污，池塘。行潦（háng lǎo）：道路上的流水。

⑩荐（jiàn）：进献。

⑪羞（xiū）：进献食品。

⑫《风》：指《诗经》中的《国风》。《采蘩》《采蘋》：《诗经·召南》中的两篇，均写妇女采集野菜以供祭祀。

⑬《雅》：指《诗经》中的《大雅》。《行苇》《泂酌（jiǒng zhuó）》：《诗

经·大雅》中的两篇,内容均有关宴享。

⑭昭:显示,表明。

【译文】

君子说:"诚意不发自内心,即使交换人质也没有益处。设身处地将心比心来办事,又用礼仪加以约束,即使没有人质,又有谁能离间他们?假如确有诚意,即使是山沟、池塘里生长的野草,蘋、蘩、蕰藻这一类的野菜,筐、筥一般的竹器和锜、釜一类的器皿,大小池塘的积水乃至道路上的流水,都可以献给鬼神,进给王公,何况君子建立两国的信约,按照礼仪办事,又哪里还用得着人质?《国风》有《采蘩》《采蘋》,《大雅》有《行苇》《泂酌》这些诗篇,就是为了表明忠信。"

【经】秋,武氏子来求赙^④。

【注释】

④武氏子来求赙(fù):周平王死,周王室使人来求助丧财物。案对此古人有讥鲁不供奉王丧、讥周求赙非礼,以及周、鲁交讥三种意见。杨伯峻曰:"考《周礼·宰夫》郑玄注云:'凡丧,始死,吊而含襚(送死者口中所含之珠玉及所着衣),葬而赗赠,其间加恩厚则有赙焉,《春秋》讥武氏子求赙。'推郑玄之意,则以为含襚赗赠是正礼,鲁已行之。赙以大量财币是加礼,鲁未如此,故使人求之,非礼。郑说可采。"武氏子,武氏之子,周王室的大夫。赙,助丧用的金帛财物。

【译文】

秋,周大夫武氏之子来求取助丧的财物。

【左传】武氏子来求赙,王未葬也。

【译文】

武氏的儿子来鲁国求取办丧事的财物,这是由于周平王还没有举行葬礼。

【公羊传】武氏子者何? 天子之大夫也。其称武氏子何? 讥。何讥尔? 父卒,子未命也①。何以不称使? 当丧未君也②。武氏子来求赙何以书? 讥。何讥尔? 丧事无求③,求赙非礼也,盖通于下④。

【注释】

①父卒,子未命也:父亲去世,儿子未被策命为大夫。当时周代虽然是世大夫(《春秋》是"讥世卿",与此不同),但是照顾到儿子思慕父亲,不忍马上就替代父亲,故而"先试一年",然后由周天子策命为大夫。当时武氏子之父新卒,周天子也在父丧之中,故未能策命。这里体现了两个意思,一是子不忍当父位,一是臣无自爵之义。

②当丧未君:这里指的是周天子。按照礼制,嗣君为先王守丧三年,三年期间,不称王,不发号施令。周平王于三月驾崩,嗣君此时尚在丧中,不得称王发号令。

③丧事无求:丧事所需财物,不应向外求取。何休云:"礼本为有者制,有则送之,无则致哀而已,不当求,求则皇皇伤孝子之心。"

④盖通于下:盖,皆。丧事无求,自天子以下皆同。

【译文】

武氏子是谁? 是天子的大夫。经文称他为"武氏子"是为什么? 是讥刺他。为何讥刺他? 他的父亲刚去世,他还未被任命为大夫。为什么不称天子派遣他? 因为此时周天子正在守丧,未能称君发号令。为什么要记录武氏子来求取助葬的财货？是讥刺。讥刺什么呢？办丧事是不能主动索取助葬之物的，主动索要是非礼的，对于这一点，自上而下都是如此。

【穀梁传】武氏子者何也？天子之大夫也。天子之大夫，其称武氏子，何也？未毕丧^①，孤未爵^②。未爵使之，非正也^③。其不言使，何也？无君也。归死者曰赗^④，归生者曰赙。曰归之者，正也；求之者，非正也。周虽不求，鲁不可以不归。鲁虽不归，周不可以求之。求之为言得不得未可知之辞也。交讥之^⑤。

【注释】

①未毕丧：周平王的丧事还没有办完。父亲丧事没有办完，儿子不能即位称天子，所以后文说"无君"。

②孤未爵：是说还没有即位的天子周桓王不能给武氏的儿子授予爵位。孤，没有父亲的孩子。此指周桓王。爵，授予爵位。

③非正也：不合乎正道，不符礼制。

④赗（fèng）：助丧的物品。

⑤交讥：一并讥讽。本传认为，赗、赙之类是馈赠之物，不能求取。经文用"求"字表述，是对鲁国不想馈赠和周室怕得不到馈赠而前来求取行为的一并讥讽。

【译文】

武氏之子是谁呢？是周天子的大夫。既然是周天子的大夫，为什么称作"武氏子"呢？因为周平王的丧事还没有结束，新的天子还没有即位，不能授予他爵位。没有授予爵位就派他出使，是不符合礼制的。经文为什么不说"使"呢？因为新的天子还没有即位。送给死人助葬的车马等物品叫"赗",送给活人治丧的钱财叫"赙"。是说馈赠这些物品,是符合礼制的;求取这些物品,就是不合礼制的了。周王室即使不求取,鲁国也不能不馈赠。鲁国即使不馈赠,周王室也不应该去求取。用"求"字表述,就是最后能不能得到馈赠还不知道的说法。这是对周王室和鲁国一并讥讽。

【经】八月庚辰,宋公和卒①。

【注释】

①八月庚辰,宋公和卒:庚辰,十五日。案时月日例,大国之君卒,例书日。宋公和,指宋穆公,名和,谥穆,武公司空之子,宣公力之弟,在位九年。宋为殷之后,在《春秋》中属于二王后,故爵称公。卒,死。凡人死皆可谓卒。诸侯卒,须赴告天子,故称其本爵与名。又《礼记·曲礼下》云"天子死曰崩,诸侯曰薨,大夫曰卒"。《春秋》凡鲁君死书"薨",其他诸侯死书"卒"。杨伯峻以为,似有意强调本国与他国的区别。

【译文】

八月十五日,宋穆公和去世。

【左传】宋穆公疾,召大司马孔父而属殇公焉①,曰:"先君舍与夷而立寡人②,寡人弗敢忘。若以大夫之灵③,得保首领以没④,先君若问与夷,其将何辞以对?请子奉之⑤,以主社稷⑥,寡人虽死,亦无悔焉。"对曰:"群臣愿奉冯也⑦。"公曰:"不可。先君以寡人为贤,使主社稷,若弃德不让⑧,是废先君之举也⑨,岂曰能贤⑩?光昭先君之令德⑪,可不务乎⑫?吾子其无废先君之功⑬!"使公子冯出居于郑。八月庚辰,宋穆公卒。殇公即位。

【注释】

①大司马:宋国官名,掌邦政。孔父:名嘉,又称孔父嘉,正考父之子,孔子的祖先。属:嘱咐。殇（shāng）公:宋宣公之子与夷,宋穆公的侄子。

②先君舍与夷而立寡人:指当年宋宣公舍弃太子与夷而立弟弟宋穆公。先君,指宋宣公。寡人,诸侯谦称,喻寡德之人。

③以大夫之灵:意即托大夫之福,仗大夫之力。灵,福气,福份。

④保首领以没:当时俗语,指善终。

⑤子:您,此是对孔父的尊称。奉:事奉,奉戴。

⑥主社稷:执政。土神叫社,谷神叫稷,社稷指代国家。

⑦冯:宋穆公之子,后为宋庄公。

⑧德:宋穆公以让国为德。让:让国。

⑨举:选拔。

⑩能贤:能够称为贤者。

⑪光昭:发扬光大。令德:美德。

⑫务:努力从事。

⑬吾子:表尊敬的代词,您或你们。

【译文】

宋穆公病重了,召见大司马孔父把殇公嘱托给他,说:"先君舍弃了他的儿子与夷而立我为国君,我不敢忘记。如果托大夫的福,我能得善终,先君如果问起与夷,将用什么话回答呢？请您事奉与夷来主持国家事务,我虽死也没什么后悔的了。"孔父回答说:"群臣愿意事奉您的儿子冯啊！"穆公说:"不行。先君认为我有德行,才让我主持国家事务,如果丢掉道德而不让位,这就是废弃了先君的提拔,哪里还能称为贤者？发扬先君的美德,难道能不努力吗？您不要废弃先君的功业！"于是命令公子冯到郑国去住。八月十五日，宋穆公去世。殇公即位。

　　君子曰："宋宣公可谓知人矣①。立穆公，其子飨之②，命以义夫③。《商颂》曰：'殷受命咸宜，百禄是荷④。'其是之谓乎！"

【注释】

①知人：能了解人。

②飨（xiǎng）：通"享"，享有。宋宣公立宋穆公，宋穆公卒，复立宋宣公子为君，所以说"其子飨之"。

③命：宣公的遗命。

④殷受命咸宜，百禄是荷：见《诗经·商颂·玄鸟》。意谓殷王受授天命皆合道义，因此承受天赐百福。殷王位多兄终弟及，宋国为殷后裔，宋宣公也不传位于子而传于弟，所以作者引《商颂》赞扬他。

【译文】

　　君子说："宋宣公可以说是能了解人了。立了弟弟宋穆公，他的儿子仍然享受了君位，这是因为他的遗命出于道义吧。《诗经·商颂》说：'殷王受授天命都合于道义，所以承受了各种福禄。'就是这种情况。"

　　【穀梁传】诸侯日卒，正也。

【译文】

诸侯死亡记载日期，表示他是嫡系正传。

　　【经】冬十有二月，齐侯、郑伯盟于石门⑥。

【注释】

⑥齐侯:此指齐僖公,姜姓,名禄父。齐,国名,姜太公之后,建都于营
　　丘,在今山东临淄。郑伯:郑庄公。石门:齐地名,在今山东长清。

【译文】

冬十二月,齐僖公、郑庄公在石门结盟。

【左传】冬,齐、郑盟于石门,寻卢之盟也①。庚戌②,郑伯之车偾于济③。

【注释】

①寻卢之盟:寻盟,重修旧好。寻,重温,重申。卢,地名,在今山东
　　长清。卢之盟发生在春秋之前。

②庚戌:十二月无庚戌日,当是记日有误。

③偾(fèn):翻车。济:济水,在山东齐河。

【译文】

冬,齐国和郑国在石门会盟,这是为了重温在卢地结盟的友好关系。
庚戌日,郑伯在济水翻了车。

【经】癸未①,葬宋穆公②。

【注释】

①癸未:十二月二十日。

②宋穆公:《公羊传》《穀梁传》作"宋缪公"。"缪""穆"通用。

【译文】

十二月二十日,安葬宋穆公。

【公羊传】葬者曷为或日，或不日①？不及时而日，渴葬也②。不及时而不日，慢葬也③。过时而日，隐之也④。过时而不日，谓之不能葬也⑤。当时而不日，正也⑥。当时而日，危不得葬也⑦。此当时，何危尔？宣公谓缪公曰⑧："以吾爱与夷⑨，则不若爱女。以为社稷宗庙主，则与夷不若女，盍终为君矣。"宣公死，缪公立，缪公逐其二子庄公冯与左师勃⑩，曰："尔为吾子，生毋相见，死毋相哭。"与夷复曰："先君之所为不与臣国，而纳国乎君者，以君可以为社稷宗庙主也。今君逐君之二子，而将致国乎与夷，此非先君之意也。且使子而可逐，则先君其逐臣矣。"缪公曰："先君之不尔逐，可知矣⑪。吾立乎此，摄也。"终致国乎与夷，庄公冯弑与夷。故君子大居正⑫，宋之祸，宣公为之也。

【注释】

①日：此处作动词，即书日。按照《春秋》之例，诸侯五月而葬，大国卒日葬月。然而现实中有很多异常的情况，《春秋》有不同的书法，详下。

②不及时而日，渴葬也：不及时，即不满五个月，五个月的计算，是连带诸侯去世之月的。渴葬，急急下葬，孔广森认为渴葬的原因是遭遇变故。

③不及时而不日，慢葬也：怠慢不依礼而葬，孔广森认为，慢葬是"无故不用葬时之正，不日者，从失礼略也"。

④过时而日，隐之也：过时，即超过五个月。隐，痛。何休以为过时而日，是"痛贤君不得以时葬，丁亥葬齐桓公是也"。此种情况，亦因突遭变故。详见僖公十八年。

⑤过时而不日,谓之不能葬也:不能葬,何休云:"解缓不能以时葬"。孔广森以为,不能葬亦属无故急慢。

⑥当时而不日,正也:大国卒日葬月,是礼之正法。

⑦当时而日,危不得葬也:有危难而险些不能下葬。孔广森云:"水火兵寇,危之小者也。適嗣不定,国有争祸,危之大者也。"此处宋国的情况,即属于危之大者,故当时而日。

⑧宣公:宋缪公之兄。

⑨与夷:宋宣公之子。即宋殇公。

⑩庄公冯与左师勃:二人皆为宋缪公之子,即公子冯、公子勃。后公子冯弑君自立,为庄公,此处"庄公冯"之称,是据后而言。孔广森以为左师勃之称,亦是如此。

⑪可知矣:缪公认为宣公不逐与夷,就是暗示缪公当传位给与夷,故云"可知矣"。

⑫君子大居正:君子,即作《春秋》之孔子。大,此处作动词,以之为大。正,即嫡长子即位之正。继嗣之法,有"兄终弟及"与"父死子继"两种。"父死子继",强调嫡长子继承,若嫡子死,更立嫡孙,次序明晰。"兄终弟及",则有很大的问题,传到最年幼之弟后,接下来兄之子与弟之子便会相争。为了从源头上避免这种情况,故而必须以嫡长子继承为正。

【译文】

　　下葬之事,为什么有的记录到日,有的不记录到日?不到五个月就下葬,且《春秋》记录到日的,是遭变故而急于下葬。不到五个月就下葬,且《春秋》未记录到日的,是无故而草率下葬。超过五个月才下葬,且《春秋》记录到日的,是伤痛贤君遭变故而不能按时下葬。超过五个月才下葬,且《春秋》不记录到日的,是无故懈怠不按时下葬。按期下葬而不记录到日,是正常的。按期下葬而书日的,是表明国家有危难,国君险些不能下葬。此处宋缪公正好是按时下葬,却书日,有什么危难呢?

当初宋宣公对缪公说:"我爱与夷,则不如爱你。作为社稷宗庙之主,则与夷不如你。你不如就做国君吧。"宣公死后,缪公立为国君。缪公驱逐了他的两个儿子,即之后的庄公冯与左师勃,并对他们说:"你们作为我的儿子,我在世的时候不再相见,我死后不要哭我。"与夷说:"先君之所以不把国家交给臣下,而交给国君您,是因为您可以作为社稷宗庙之主。现在您驱逐了两个儿子,是要把国家交给我,这不是先君的意思。况且假如可以驱逐儿子,先君早应该驱逐臣下了。"缪公说:"先君不驱逐你的意思,我是知道的。我立于君位,只是摄政而已。"最终将国家交给了与夷,而庄公冯杀了与夷。所以君子认为,国君之继嗣,应该遵守嫡长子即位的正法,宋国的祸患,是宋宣公造成的。

【穀梁传】日葬,故也①,危不得葬也②。

【注释】

①故:有变故。

②危:遇到危难。

【译文】

记载安葬的日期,是发生变故,遇到了危难没有及时安葬。

*【左传】卫庄公娶于齐东宫得臣之妹①,曰庄姜②。美而无子,卫人所为赋《硕人》也③。又娶于陈④,曰厉妫⑤,生孝伯,早死。其娣戴妫生桓公⑥,庄姜以为己子。

【注释】

①卫庄公:名扬,卫武公之子,在位二十三年。东宫:太子所居之地,后常称太子为东宫。得臣:齐庄公的太子,未即位便已死去。

②庄姜：齐庄公嫡女，齐僖公姊妹。庄是丈夫谥号，姜是娘家的姓。

③所为：为之。赋：作诗。《硕人》：《诗经·卫风》中的一篇，赞美庄
　姜之美貌。硕人，美人。硕，大。古人以硕大颀长为美。

④陈：诸侯国名，妫（guī）姓，虞舜之后，都于宛丘，在今河南淮阳。

⑤厉妫：人名，其中厉为谥号，妫为姓。

⑥娣（dì）：妹妹。古代诸侯嫁女，要以侄娣陪嫁，所以自嫡室以下诸
　妾都叫"娣"。戴妫：人名，谥号戴。桓公：卫庄公之子，名完。

【译文】

　　卫庄公娶了齐国东宫得臣的妹妹，称为庄姜。庄姜貌美却没有生孩
子，卫国人因此为她创作了《硕人》这首诗。卫庄公又娶了陈国的女子，
称为厉妫，生了孝伯，很早就死了。厉妫陪嫁来的妹妹戴妫生了卫桓公，
庄姜就把他作为自己的儿子。

　　公子州吁①，嬖人之子也②，有宠而好兵，公弗禁，庄姜
恶之。石碏谏曰③："臣闻爱子，教之以义方④，弗纳于邪。
骄、奢、淫、泆⑤，所自邪也⑥。四者之来，宠禄过也。将立州
吁，乃定之矣，若犹未也，阶之为祸⑦。夫宠而不骄，骄而能
降，降而不憾，憾而能眕者，鲜矣⑧。且夫贱妨贵，少陵长，
远间亲，新间旧，小加大，淫破义，所谓六逆也⑨。君义，臣
行，父慈，子孝，兄爱，弟敬，所谓六顺也⑩。去顺效逆，所以
速祸也⑪。君人者将祸是务去⑫，而速之，无乃不可乎⑬？"弗
听。其子厚与州吁游⑭，禁之，不可。桓公立，乃老⑮。

【注释】

①公子州吁（xū）：卫庄公之子。

②嬖（bì）人：指爱妾。嬖，宠幸。

③石碏（què）：卫大夫。

④义方：正确的礼仪规矩。

⑤泆（yì）：放荡恣肆。

⑥所自邪：邪恶由此而来。

⑦阶：阶梯。指以宠爱为阶梯作乱。

⑧"夫宠而不骄"五句：受宠爱则会骄傲，地位下降则会怨恨，怨恨则会想作乱而不能自安自重，一般人大都如此。石碏认为州吁也是这样。能降，安于地位下降。憾，恨。眕（zhěn），镇定自重的样子。鲜（xiǎn），少。

⑨"且夫贱妨贵"几句：州吁与公子完相比，从地位说，州吁庶出为贱，公子完是夫人嫡子为贵；从年龄说，州吁年少，公子完年长；从亲疏说，州吁疏远，公子完亲近；从历史关系说，州吁是新进之人，公子完是故旧之人；从情势说，州吁弱小，公子完强大；从道义说，州吁淫邪，公子完忠义。所以如果立州吁，是犯了"六逆"。妨，妨害。陵，凌驾。间，离间。加，侵凌。破，破坏。逆，悖理的行为。

⑩"君义"几句：国君行事得宜，臣下坚决服从，父亲慈爱儿女，儿女孝敬父母，兄长爱护弟妹，弟妹尊敬兄长，这就是大家所说的"六顺"。顺，顺理之事。

⑪速祸：加速祸患的到来。

⑫君人：为人之君。将祸是务去：即"将务去祸"，一定要把祸患去掉。

⑬无乃：恐怕，只怕。

⑭游：交游，往来密切。

⑮老：告老隐退。案此段本与下年传文"四年春，卫州吁弑桓公而立"相连接为一段，被后人割裂。

【译文】

公子州吁是庄公宠妾的儿子，受到庄公宠爱，喜好武事，庄公不加禁止，庄姜则讨厌州吁。大夫石碏劝庄公说："我听说疼爱孩子应当用正道去教导他,不能使他走上邪路。骄横、奢侈、淫乱、放纵是导致邪恶的原因。这四种恶习的产生,是给了他过分的宠爱和俸禄。如果想立州吁为太子,就确定下来;如果定不下来,就会酿成祸乱。受宠而不骄横,骄横而能安于下位,地位下降而不怨恨,怨恨而能克制的人,是很少的。况且低贱妨害高贵,年轻欺凌年长,疏远离间亲近,新人离间旧人,弱小压迫强大,淫乱破坏道义,这是六件背离道理的事。国君仁义,臣下恭行,为父慈爱,为子孝顺,为兄爱护,为弟恭敬,这是六件顺理的事。背离顺理的事而效法违理的事,这就是加速招致祸害的原因。作为统治民众的君主,应当尽力除掉祸害,而现在却加速祸害的到来,这恐怕不行吧?"卫庄公不听劝告。石碏的儿子石厚与州吁交往,石碏加以禁止,但禁止不住。到卫桓公即位做了国君,石碏就告老退休了。

四年

【经】四年春王二月①**,莒人伐杞**②**,取牟娄**③**。**

【注释】

①四年:鲁隐公四年当周桓王元年,前719年。二月:按照时月日例,取邑例时。此处之二月,按照徐彦的讲法,是为下文"戊申,卫州吁弒其君完"而书,故此条不蒙月。

②杞(qǐ):诸侯国名,姒姓。《史记》言武王克殷后,求禹后东楼公封于杞。本在今河南杞县一带,后东迁到今山东安丘。

③牟(móu)娄:地名,在今山东诸城。

【译文】

鲁隐公四年春周历二月,莒国人攻打杞国,占领牟娄。

【公羊传】牟娄者何?杞之邑也。外取邑不书①**,此何以**

书？疾始取邑也②。

【注释】

①外取邑不书：即不记录鲁国之外的取邑行为。取邑是贪利的行为，在《春秋》中属于小恶，在传闻世，内小恶书，外小恶不书，故外取邑不书。这是彰显王者先正己、后正人的精神。外取邑仅仅因"疾始"而书，之后便不常书。

②疾始取邑：疾，痛恨。这是《春秋》中第一次取邑行为，故而破例书外取邑。此处值得注意的是，在春秋之前，肯定有取邑行为，这里的"始取邑"，也属于"托始"的情况，而《公羊传》并未发托始之传文，原因是，之前灭国已经托始，不嫌之前没有取邑的行为，故而省文。

【译文】

牟娄是什么地方？是杞国的城邑。鲁国之外的国家夺取城邑，《春秋》不记录，此处为何记录？是痛恨开始攻取他国城邑。

【穀梁传】 传曰：言伐言取，所恶也。诸侯相伐取地于是始，故谨而志之也。

【译文】

《传》说：称"伐"称"取"，表示对所记行为的厌恶。诸侯之间相互攻伐来夺取领地从这时开始，所以慎重地记载下来。

【经】 戊申①，卫州吁弑其君完②。

【注释】

①戊申：三月十六日。二月无戊申。弑君例书日。

②卫州吁弑其君完：卫国的州吁杀了卫桓公完，自立为国君。《春
　秋》记载弑君从此开始。州吁，卫国大夫，卫庄公之子，卫桓公姬
　完之弟。《穀梁传》作"祝吁"。据《史记》，州吁乃卫庄公宠妾所
　生，卫庄公去世后卫桓公立，州吁骄奢，桓公绌之，州吁出奔，又聚
　集卫国逃亡之人袭击了卫桓公，自立为君。开春秋以来臣杀君、
　子杀父、弟杀兄篡夺君位的先例。弑，古代称臣杀君、子杀父母为
　弑。完，即卫桓公，姬姓，卫氏，名完，谥桓。

【译文】

三月十六日，卫国的州吁杀死了他的君主完。

【左传】四年春，卫州吁弑桓公而立①。

【注释】

①四年春，卫州吁弑桓公而立：此句本是紧接上年末传文。

【译文】

鲁隐公四年春，卫国的州吁杀死了卫桓公而自立为国君。

【公羊传】曷为以国氏①？ 当国也。

【注释】

①国氏：州吁，本应称"公子州吁"，此处去其"公子"之氏，冠以国氏
　"卫"，见其当国。当国之解释，详隐公元年"郑伯克段于鄢"条。

【译文】

为什么州吁以国号为氏？ 因为他把持国政。

【穀梁传】大夫弑其君，以国氏者，嫌也①，弑而代之也。

【注释】

①嫌：有篡夺君位的嫌疑。

【译文】

　　大夫杀国君，记载时在他的名字前冠以国名，表示有篡夺君位的嫌疑，杀了国君取而代之。

【经】夏，公及宋公遇于清①。

【注释】

①公及宋公遇于清：鲁隐公和宋殇公在清地非正式会晤。公，指鲁隐公。宋公，指宋殇公，子姓，名与夷。遇，非正式会见。杜预注："遇者，草次（犹言仓卒）之期，二国各简其礼，若道路相逢遇也。"一说指遇礼。按照礼制，诸侯朝觐天子，方出国门；朝罢天子，方朝诸侯，此称为"朝罢朝"。在朝天子或"朝罢朝"的途中，两君猝然相遇，则用遇礼，称先君以相接。遇礼详细的仪节仅见于昭公二十五年《公羊传》"齐侯唁公于野井"条传文。两君相遇，之所以要用遇礼，为的是"崇礼让，绝慢易"。到了春秋时，诸侯出入无度，途中多有不测，故《春秋》谨而书之。案时月日例，遇例时。《穀梁传》则说"遇者，志相得也"。后隐公八年《穀梁传》亦云"不期而会曰遇。遇者，志相得也"。清，卫邑，在今山东东阿南。

【译文】

　　夏，鲁隐公和宋殇公在清地非正式会晤。

　　【左传】公与宋公为会，将寻宿之盟①。未及期②，卫人来告乱。夏，公及宋公遇于清。

【注释】

①宿之盟：在鲁隐公元年。

②期：约定之日。

【译文】

隐公与宋殇公会面，打算重温在宿地盟会所建立的友好。还没有到约定之日，卫国人来报告说发生了叛乱。夏，隐公和宋殇公在清地非正式会见。

【公羊传】遇者何？不期也①，一君出，一君要之也②。

【注释】

①不期：即事先未约定时间地点。

②一君出，一君要之：要，邀请，此处为临时之邀请。遇礼虽是猝然相逢，施礼时亦有宾主之分，礼制上是“近者为主，远者为宾”，而《春秋》中的遇礼，多为一方邀请另一方，被邀请的一方恐有不虞之祸，故《春秋》在书写时，以被邀请者为主，明当戒慎之，如隐公八年“宋公、卫侯遇于垂”，是卫侯邀请宋公，以宋公为主。鲁国的情况则不同，若鲁君主动邀请，则言“公及某君”，因“及”有汲汲之义，此条即是；若鲁君被邀请，依照孔广森的说法，就书“某君会公于某地”，如“郑伯会公于棐”。

【译文】

遇是什么意思？是不事先约好时间地点的会面。一位国君外出，另一位国君临时邀请他。

【穀梁传】及者，内为志焉尔①。遇者，志相得也。

【注释】

①内：指鲁国，《春秋》以鲁史为据，故称鲁为内，它国为外。

【译文】

"及"，是说这次会面是出于鲁国的意愿。"遇"，就是说彼此的愿望十分投合。

【经】宋公、陈侯、蔡人、卫人伐郑①。

【注释】

①宋公、陈侯、蔡人、卫人伐郑：此次伐郑，宋、陈两国是国君亲自领兵，蔡、卫两国是大夫领兵，所以称为"蔡人""卫人"。陈侯，陈桓公，妫姓，名鲍。陈，国名，故城在今河南淮阳城关一带。周武王克商纣，求帝舜之后，得妫满封之于陈，以奉帝舜之祀。蔡，国名，姬姓，侯爵。周武王同母弟叔度所封。叔度（蔡叔）因与管叔挟武庚作乱，被周公旦承成王命讨伐，杀管叔，放逐叔度。后续封其子胡于蔡，以奉蔡叔之祀，是为蔡仲，子孙以国为氏。蔡国始建都上蔡（今河南上蔡），蔡平侯时徙新蔡（今河南新蔡），后蔡昭侯时又徙州来（今安徽凤台）。《春秋传说汇纂》云："此诸侯会伐之始，亦东诸侯分党之始。"

【译文】

宋殇公、陈桓公、蔡国人、卫国人攻打郑国。

　　【左传】宋殇公之即位也，公子冯出奔郑①，郑人欲纳之②。及卫州吁立，将修先君之怨于郑③，而求宠于诸侯④，以和其民⑤。使告于宋曰⑥："君若伐郑以除君害⑦，君为主，敝邑以赋与陈、蔡从⑧，则卫国之愿也⑨。"宋人许之。于是陈、蔡方睦于卫^⑩，故宋公、陈侯、蔡人、卫人伐郑，围其东门^⑪，五日而还。

【注释】

①公子冯出奔郑：公子冯，宋穆公之子，早年在郑国当人质。宋穆公传位于殇公，让他到郑国去，他即奔郑。

②纳之：即郑国打算送公子冯回国为君。

③修先君之怨于郑：郑、卫两国前代常有战争，隐公二年郑因公孙滑之乱又伐卫。修先君之怨，指报复前代君主结下的怨仇。先君，当包括庄公、桓公以上诸君。

④求宠：讨好。

⑤和其民：使君民关系和谐，即安定百姓。

⑥使：派使者。

⑦君害：指宋公子冯，他对宋殇公的君位是个威胁。

⑧敝邑：谦辞，卫国自称。赋：泛指战争所需的人力物力。

⑨卫国之愿：委婉的外交辞令。

⑩于是：这时。方：正，刚刚。睦：友好。

⑪东门：指郑国都城东门。案以上记叙宋、卫、陈、蔡四国伐郑的原因及经过。

【译文】

当宋殇公即位的时候，公子冯逃到了郑国，郑国人想送他回国。等到州吁立为国君，准备向郑国报复前代国君结下的怨恨，以此讨好诸侯，安定国内百姓。他派使者告诉宋国说："国君如果攻打郑国，以除去国君的祸害，以国君为主帅，敝邑出兵出物，和陈、蔡两国一起作为属军，这就是卫国的愿望。"宋国答应了。这时候陈国、蔡国正和卫国友好，所以宋殇公、陈桓公、蔡国人、卫国人联合攻打郑国，包围了郑国国都的东门，五天以后才回去。

公问于众仲曰①："卫州吁其成乎②?"对曰:"臣闻以德和民,不闻以乱③。以乱,犹治丝而棼之也④。夫州吁,阻兵而安忍⑤。阻兵,无众;安忍,无亲。众叛、亲离,难以济矣⑥。夫兵⑦,犹火也;弗戢⑧,将自焚也。夫州吁弑其君而虐用其民⑨,于是乎不务令德⑩,而欲以乱成⑪,必不免矣⑫。"

【注释】

①众仲:鲁国大夫。

②其成乎:能成功吗? 指能否坐稳君位。

③乱:此指用兵伐郑。

④棼(fén):纷乱。

⑤阻兵:凭借兵力。阻,依仗,凭借。安忍:安于残忍。

⑥济:成功。

⑦兵:此指战争。

⑧戢(jí):止息。

⑨虐用:暴虐地使用。

⑩不务令德:不致力于建立美德。

⑪以乱成:通过出兵乱行来达到成功。

⑫免:免祸。

【译文】

鲁隐公向众仲询问说:"卫国的州吁能成功吗?"众仲回答说:"我只听说用德行安定百姓,没有听说用战乱的。用战乱,如同要理出乱丝的头绪反而弄得更加纷乱。州吁这个人,仗恃武力而安于残忍。仗恃武力,就没有民众;安于残忍,就没有亲附的人。民众背叛,亲近离开,难以成功。战争,就像火一样;不去制止,将会焚烧自己。州吁杀了他的国君,又暴虐地使用百姓,不致力于建立美德,反而想通过兵乱来取得成功,就一定不能免于祸患了。"

【经】秋，翚帅师会宋公、陈侯、蔡人、卫人伐郑^①。

【注释】

①翚（huī）帅师会宋公、陈侯、蔡人、卫人伐郑：《春秋传说汇纂》曰：

"此大夫会伐之始。"翚，鲁大夫公子翚，字羽父。

【译文】

秋，鲁国公子翚领兵会合宋殇公、陈桓公、蔡国人、卫国人攻打郑国。

【左传】秋，诸侯复伐郑。宋公使来乞师^①，公辞之^②。羽父请以师会之^③，公弗许，固请而行^④。故书曰"翚帅师"^⑤，疾之也^⑥。诸侯之师败郑徒兵^⑦，取其禾而还。

【注释】

①宋公使来乞师：杨伯峻曰："考之《春秋经》，他国来鲁乞师，除晋国外，皆不书，故此宋来乞师，不见于《春秋》。"乞师，请求出兵。

②辞之：拒绝出兵。

③羽父：公子翚之字。会之：出兵与诸侯之师会合。

④固请：坚决请求。

⑤故书曰"翚帅师"：指隐公拒绝出兵，而羽父擅自出兵，所以《春秋》记作"翚帅师"，以贬斥他的专横。

⑥疾：憎恶。

⑦徒兵：在车下作战的步卒。

【译文】

秋，诸侯再次进攻郑国。宋殇公派人前来请求出兵相救，隐公拒绝了。羽父请求出兵相会合，隐公不同意，羽父坚决请求以后前去。所以《春秋》记载说"翚帅师"，这是表示憎恶他不听命令。诸侯的军队打败了郑国的步兵，割取了那里的谷子才回来。

【公羊传】翚者何？公子翚也①。何以不称公子？贬。曷为贬？与弑公也②。其与弑公奈何？公子翚谄乎隐公，谓隐公曰："百姓安子，诸侯说子，盍终为君矣。"隐曰："吾否。吾使修涂裘③，吾将老焉。"公子翚恐若其言闻乎桓，于是谓桓曰："吾为子口隐矣④，隐曰：吾不反也。"桓曰："然则奈何？"曰："请作难，弑隐公。"于钟巫之祭焉弑隐公也⑤。

【注释】

①公子翚：按照名例，鲁国之命大夫称名氏，未命大夫仅称名，而桓公三年有"公子翚如齐逆女"之文，此处仅称"翚"，故而发问。

②与：参与。公子翚参与弑杀隐公，故贬称"翚"。案弑君为大恶，《春秋》弑君之贼不复见，在诛绝之科。此处公子翚弑君，仅仅被贬，未遭诛绝，是有原因的。因为《春秋》内大恶讳，内不言弑君，如鲁隐公实被弑，而《春秋》书"公薨"，如此，则弑君之人亦不见诛绝，故而通过贬损以起翚之弑君。另外，公子翚在隐公十年亦被贬，至桓公篇方称公子，以"终隐之篇贬"，知其参与弑君。

③涂裘：鲁国之邑。鲁隐公打算让位之后，在涂裘终老，以避桓公。之所以如此，是因为"故南面之君，势不可复为臣"。

④口：叩，发动，此处是探口风之义。隐：即隐公。此处称"隐""桓"等谥号，均是作传者所加。

⑤钟巫：神名。

【译文】

翚是谁？是公子翚。为什么不称公子？是贬损他。为什么要贬损？他参与了弑杀隐公。他参与弑杀隐公是怎么回事？公子翚谄媚于隐公，对隐公说："百姓都爱戴您，诸侯都满意您，何不将国君做到底呢？"隐公说："我不这样。我使人去修葺涂裘，我将在那里终老。"公子翚害怕他的话会传到桓公那里，就对桓公说："我已经为您打探隐公的口风了。隐公说：'我不返还君位了。'"桓公说："那怎么办？"公子翚说："请起兵发难，弑杀隐公。"于是在钟巫之祭的时候杀了隐公。

【穀梁传】翚者何也？公子翚也。其不称公子，何也？贬之也。何为贬之也？与于弑公，故贬也。

【译文】

翚是谁？是公子翚。经文里不称他为公子，是为什么呢？是贬低他。为什么要贬低他呢？因为他参与了杀害隐公的事情，所以要贬低他。

【经】九月①，卫人杀州吁于濮②。

【注释】

①九月：按照时月日例，讨贼例时，此处书月，何休云："久也。"案二月，州吁弑卫桓公，至九月方讨贼，故为"久也"。然而杀州吁亦属不易，按照《左传》的讲法，卫大夫石碏不能讨贼，借陈侯之手方才成功，此处言"久也"，是责备贤者之义。

②州吁：《穀梁传》作"祝吁"。濮（pú）：陈国地名，在今安徽亳州东南。

【译文】

九月，卫国人在濮地杀死州吁。

【左传】州吁未能和其民，厚问定君于石子①。石子曰："王觐为可②。"曰："何以得觐？"曰："陈桓公方有宠于王，陈、卫方睦，若朝陈使请③，必可得也④。"厚从州吁如陈⑤。

石碏使告于陈曰："卫国褊小⑥，老夫耄矣⑦，无能为也。此二人者，实弑寡君，敢即图之⑧。"陈人执之⑨，而请莅于卫⑩。九月，卫人使右宰丑莅杀州吁于濮⑪，石碏使其宰獳羊肩莅杀石厚于陈⑫。

【注释】

①厚：石厚，州吁党羽。定君：安定君位。石子：石厚之父石碏。

②王觐（jìn）为可：意谓如能朝觐周天子，得到周天子的认可，就能取得合法地位。王觐，即觐王。觐，诸侯朝见天子叫觐。

③朝陈使请：指朝见陈桓公让他请命于周天子。

④必可得：一定能得到朝觐周天子的机会。

⑤从：跟随。如：前往。

⑥褊（biǎn）小：狭小。

⑦老夫：据《礼记·曲礼》，大夫七十岁以上出使他国时可以自称老夫。耄（mào）：八九十岁叫耄。此指昏乱，石碏自谦之词。

⑧即图之：就此机会擒拿他们。

⑨执：逮捕，捉住。

⑩请莅（lì）于卫：指请卫国来陈国处理此事。莅，来临。

⑪右宰：卫国官名，或因官名而为氏。丑：人名。

⑫宰：家臣之长叫宰。獳（nòu）羊肩：人名。

【译文】

州吁不能安定他的百姓，于是石厚向石碏询问安定君位的办法。石碏说："朝觐周天子就可以取得合法地位。"石厚说："如何才能去朝觐呢？"石碏说："陈桓公正受到天子的宠信，现在陈、卫两国正互相和睦，如果朝见陈公，让他代为请求，就一定可以成功。"于是石厚就跟随州吁到了陈国。石碏派人告诉陈国说："卫国地方狭小，我老头子年纪老迈，不能做什么事了。这两个人，确实杀死了我国君主，请您趁此机会除掉他们。"陈国人把这两人抓住，请卫国派人来陈国处理。九月，卫国人派右宰丑在陈国的濮地杀了州吁，石碏派他的家宰獳羊肩在陈国杀了石厚。

君子曰："石碏，纯臣也①。恶州吁而厚与焉②。'大义灭亲'，其是之谓乎！"

【注释】

①纯臣：忠臣，毫无私心之臣。《国语·晋语四》云"事君不贰是谓臣"。

②恶州吁而厚与焉：指石碏憎恶州吁，而石厚为其帮凶，所以连石厚一同处置。与，连及。

【译文】

君子说："石碏真是个忠臣。讨厌州吁，同时连儿子石厚一起处置。'大义灭亲'，说的就是这样的情况吧！"

【公羊传】其称人何？讨贼之辞也①。

【注释】

①讨贼之辞：《春秋》之义，弑君贼人人能讨，故经文书卫"人"杀州吁，是讨贼之辞。

【译文】

为什么经文称"人"？这是讨贼的文辞。

【穀梁传】称人以杀①，杀有罪也。祝吁之挈②，失嫌也③。其月，谨之也。于濮者，讥失贼也④。

【注释】

①称人：单书国名为称国，国名加一"人"字为称人。

②挈（jié）：指特用其名，称名不称族。这里是说提到祝吁的名。

③失嫌：范甯认为祝吁有"失当国之嫌"。就是说他篡位失败。

④失贼：是指卫国没有及时除掉祝吁，而让他逃离了卫国，在卫国之外的地方才除掉他。据《左传》，卫国杀祝吁于陈，其实是卫国大夫石碏计划好的，或许祝吁在卫国势力颇大，诱使其离开卫国更容易将之除掉。《穀梁传》认为记载地点是为了讥刺卫国让乱贼逃到了国外。

【译文】

经文称以"人"的名义来杀，表示被诛杀者是有罪的人。提到祝吁的名，是说他篡位失败而失去了主持国政的权力。经文记载月份，是郑重地对待这件事。说"于濮"，是讥讽卫国人失误，让杀害国君的贼子逃出了国境。

【经】冬十有二月，卫人立晋①。

【注释】

①晋：指公子晋，卫桓公之弟，此年被卫国人立为国君，即卫宣公。

【译文】

冬十二月，卫国人立公子晋为国君。

【左传】卫人逆公子晋于邢①。冬十二月，宣公即位②。书曰"卫人立晋"，众也③。

【注释】

①逆：迎接。邢（xíng）：国名，姬姓，周公之后。金文常作"井侯"

"井伯"。今河北邢台襄国故城,即古邢国。

②宣公:指公子晋。

③众:多数人之意。

【译文】

卫国人到邢国迎接公子晋。冬十二月,卫宣公即位。《春秋》记载说"卫人立晋",这是说出于大众的意志。

【公羊传】晋者何? 公子晋也。立者何? 立者不宜立也①。其称人何? 众立之之辞也。然则孰立之? 石碏立之②。石碏立之,则其称人何? 众之所欲立也。众虽欲立之,其立之非也③。

【注释】

①立者不宜立:《春秋》书"立""纳""入"都是篡辞,即名不正言不顺,故云"立者不宜立"。案时月日例,大国篡例月,小国例时。

②石碏立之:石碏诛杀州吁,并主张拥立公子晋,故传文云石碏立之。经文不言"石碏立晋"者,晋得众心,立晋非石碏一人之愿。

③立之非也:公子晋是卫桓公之弟,非卫桓公之子,非第一继承人,又无先君之命。虽得众人之心,在礼制上,亦属篡位。此处可见《春秋》对于国君合法性的认定,是依据礼制而言,并非是民众的认可,所谓"立君非以尚贤"。之所以这样,国君之继嗣,依礼制的次序,方能安定,若以贤德为标准,则易起争端,所造成的祸患远比不尚贤为重。另一方面,如果将"得众"作为君王的合法性依据,则是"下可立上,亦可废上",给后世权臣废立君王以口实。

【译文】

晋是谁? 是公子晋。经文书"立"是什么意思? 书"立"是表明不应当立的意思。经文为什么要称卫"人"？这是众人拥立晋的修辞。然而具体是谁拥立晋呢？是石碏拥立晋。石碏拥立晋，为什么还称"人"？因为晋是众人想要拥立的对象。即使是人人想要拥立晋，晋被拥立，仍是非法的。

【穀梁传】卫人者，众辞也。立者，不宜立者也。晋之名，恶也。其称人以立之，何也？得众也。得众，则是贤也。贤则其曰不宜立，何也？《春秋》之义，诸侯与正而不与贤也①。

【注释】

①正：嫡系正传。

【译文】

说"卫人"，是说人数众多的意思。说"立"，是表示不适合"立"的意思。称晋的名，是表示憎恶。经文中说"人"立他，为什么呢？说明他得到众人的拥护。得到众人的拥护，那么说明他是贤能的。既然贤能那经文又说不适合立为国君，为什么呢？因为《春秋》的大义，是诸侯的位置应该依据其是否嫡系正传而不应依据其是否贤能。

五年

【经】五年春①**，公矢鱼于棠**②**。**

【注释】

①五年：鲁隐公五年当周桓公二年，前718年。

②矢鱼：看渔人陈设渔具捕鱼，以此为乐。矢，陈设。《公羊传》《穀梁传》作"观鱼"。棠，鲁地名，在今山东鱼台。

【译文】

鲁隐公五年春,鲁隐公在棠地看渔人陈设渔具捕鱼。

【左传】五年春,公将如棠观鱼者①。臧僖伯谏曰②:"凡物不足以讲大事③,其材不足以备器用,则君不举焉④。君,将纳民于轨物者也。故讲事以度轨量谓之轨⑤,取材以章物采谓之物⑥,不轨不物,谓之乱政。乱政亟行⑦,所以败也。故春蒐、夏苗、秋狝、冬狩⑧,皆于农隙以讲事也。三年而治兵⑨,入而振旅⑩,归而饮至⑪,以数军实⑫。昭文章⑬,明贵贱,辨等列,顺少长,习威仪也。鸟兽之肉不登于俎⑭,皮革、齿牙、骨角、毛羽不登于器⑮,则公不射,古之制也。若夫山林川泽之实⑯,器用之资⑰,皂隶之事⑱,官司之守⑲,非君所及也。"公曰:"吾将略地焉⑳。"遂往,陈鱼而观之。僖伯称疾,不从。书曰"公矢鱼于棠",非礼也,且言远地也㉑。

【注释】

①观鱼者:即矢鱼。

②臧僖伯:公子驱。孔颖达疏:"诸侯之子称公子,公子之子称公孙。公孙之子不得祖诸侯,乃以王父之字为氏。计僖伯之孙始得以臧为氏,今于僖伯之上已加'臧'者,盖以僖伯是臧氏之祖,传家追言之也。"僖是其谥号。

③大事:春秋时,国之大事专指祭祀和战争。

④举:举动,行动。

⑤讲事:演习大事。度(duó):端正。轨量:法度。

⑥章:表明。物采:物色彩饰,即装饰车服旌旗之器。

⑦亟行：屡行。

⑧春蒐（sōu）、夏苗、秋狝（xiǎn）、冬狩（shòu）：四季打猎的名称，也指战斗演习。

⑨治兵：大演习。平常四时小演习，三年大演习。

⑩入而振旅：入国都整顿军队。一般演习是在郊外。

⑪饮至：国君外出归来，还告于宗庙，慰劳随从，叫做饮至。

⑫军实：俘获的战利品。

⑬昭文章：国君、大夫、士的车马、服饰、旌旗各有不同的花纹图案和色彩，要使它们文采鲜华。昭，表明。文章犹言文采，此指车服旌旗而言。

⑭俎（zǔ）：古代祭器，用来装已杀死的牺牲。

⑮皮革：用以作箭袋甲胄。齿牙：象牙，用以造弓。骨：用以饰弓的两端。角：用以造弓弩。毛羽：用以装饰旌旗。

⑯山林川泽之实：山林川泽中出产的所有不用于祭祀和制作礼器的物产。实，指产品。

⑰资：材料。

⑱皂隶：古代贱役。

⑲守：职分。

⑳吾将略地焉：略地，巡行视察边境。棠为鲁、宋两国交界之地，故隐公以略地为名。

㉑远地：棠距曲阜较远。

【译文】

鲁隐公五年春季，鲁隐公准备到棠地观看捕鱼。臧僖伯劝阻说："凡是一种东西不能用到讲习祭祀和兵戎的大事上，它的材料不能制作礼器和兵器，国君对它就不会采取行动。国君，是要把百姓引入正轨、善于取材的人。所以演习大事以端正法度叫做'轨'，选取材料以制作重要器物叫做'物'，事情不合于'轨''物'，叫做乱政。乱政屡次执行，国家将由此败亡。所以春蒐、夏苗、秋狝、冬狩这四种举动,都是在农业空闲时讲习。每三年举行一次大演习,进入国都整顿军队,回来祭祖告宗庙,宴请臣下,犒赏随员,以计算俘获的东西。要车服文采鲜明,贵贱有别,辨别等级,少长有序,这是讲习威仪。鸟兽的肉不摆进宗庙的祭器里,它的皮革、牙齿、骨角、毛羽不用到礼器上,国君就不去射它,这是古代的规定。至于山林河泽的产品,一般器物的材料,这是下等人关注的事情,有关官吏的职责,不是国君所应涉及的。”隐公说:“我是打算视察边境呀!”于是隐公就动身前往棠邑,让捕鱼者摆出捕鱼场面来观看。臧僖伯推说有病,没有跟随前去。《春秋》记载“公矢鱼于棠”,这是由于隐公的行为不合于礼制,而且暗示棠地离国都较远。

【公羊传】何以书?讥。何讥尔?远也。公曷为远而观鱼?登来之也①。百金之鱼②,公张之③。登来之者何④?美大之之辞也⑤。棠者何?济上之邑也⑥。

【注释】

①登来:即得来,齐地方言语急,读为登来。何休云:“登来读言得来,得来之者,齐人语也。齐人名求得为得来,作登来者,其言大而急,由口授也。”此言隐公是得鱼,并非是观鱼。

②百金之鱼:价值百金之鱼。金,青铜制的货币。

③张:张网。

④登来之者何:上文“得来”因语急而言“登来”,不知语急之由,故再次发问。

⑤美大之之辞:美大,即以……为美,此有夸耀之义。孔广森云:“公自美大其能得百金之鱼。”是鲁隐公以能得利为美。案礼制,尊者不为卑事,打渔图利是匹夫所为,隐公张鱼,与民争利,与匹夫无异,是大恶。《春秋》内大恶讳,故不直书隐公与民争利,而以

远观为讥。然而远观尚且讥刺，与民争利自不待言。又案时月日例，观例时，何休云："从行贱略之。"

⑥济上之邑：棠邑在济水边上，离国都较远。

【译文】

为什么记录这件事？是讥刺。讥刺什么呢？太远了。隐公为什么要远出观鱼？实际上鱼是隐公得来的。价值百金的鱼，隐公张网捕得。说"登来之者"是什么意思？这是隐公自己夸耀能得百金之鱼的言辞。棠是什么？是济水边的城邑。

【穀梁传】传曰：常事曰视[1]，非常曰观。礼：尊不亲小事，卑不尸大功[2]。鱼，卑者之事也，公观之，非正也[3]。

【注释】

①常：正常的，常规的。

②尸：居，享。

③正：合礼仪。

【译文】

《传》说：做符合常规的事情称作"视"，做非常规的事情称作"观"。按照礼制：地位尊贵的人不亲自做小事，身份卑微的人不能占有大的功劳。捕鱼，是卑微的人做的事，鲁隐公去观看这件事，是不合礼制的。

*【左传】曲沃庄伯以郑人、邢人伐翼[1]，王使尹氏、武氏助之[2]。翼侯奔随[3]。

【注释】

①曲沃庄伯以郑人、邢人伐翼：杨伯峻曰："晋国事始见于此，而《春

秋经》不书,盖以晋五世有内乱,不及来告之故。"曲沃,晋国旧都,在今山西闻喜。庄伯,曲沃桓叔之子。翼,又称绛,晋都,在今山西翼城。晋昭侯封叔父成师于曲沃,是为曲沃桓叔。曲沃邑大于翼,桓叔积蓄力量,觊觎晋侯之位,未成。其子庄伯继位后,继续谋取晋侯之位。

②王:指周桓王。尹氏、武氏:均为周世族大夫。

③翼侯:翼与绛是一地二名,故《史记·索隐》云:"翼本晋都,自孝侯以下,一号翼侯。"则翼侯即是晋侯。此翼侯是晋鄂侯,晋昭侯之子,晋孝侯之弟。随:晋地名,在今山西介休。

【译文】

曲沃庄伯带领郑军、邢军进攻晋都翼,周桓王派尹氏、武氏帮助他。晋鄂侯逃到随地。

【经】夏四月,葬卫桓公。

【译文】

夏四月,安葬卫桓公。

【左传】夏,葬卫桓公。卫乱,是以缓①。

【注释】

①卫乱,是以缓:卫国因发生州吁之乱,所以桓公自去年三月去世,到今年四月方才安葬。依礼,诸侯五月而葬,卫桓公下葬过于迟缓了。

【译文】

夏,安葬卫桓公。由于卫国发生动乱,所以迟缓了。

【穀梁传】月葬①，故也②。

【注释】

①月葬：记录安葬的月份。

②故也：有变故。卫桓公死于隐公四年三月，此时下葬已经过了十
　三个月。之所以拖延是有缘故的，在此期间，卫国发生了伐郑战
　争、除掉祝吁等重大历史事件。

【译文】

记载下葬的月份，是有变故。

　　*【左传】四月，郑人侵卫牧①，以报东门之役②。卫人以
燕师伐郑③。郑祭足、原繁、洩驾以三军军其前④，使曼伯与
子元潜军军其后⑤。燕人畏郑三军，而不虞制人⑥。六月，郑
二公子以制人败燕师于北制⑦。君子曰："不备不虞⑧，不可
以师⑨。"

【注释】

①牧：郊外。

②东门之役：即去年宋、卫、陈、蔡伐郑，围郑东门。

③燕：有北燕、南燕之分。此指南燕国，姞姓，相传为黄帝之后，其地
　在今河南延津东北。

④祭足、原繁、洩（xiè）驾：均为郑大夫。以三军军其前：前"军"为
　名词，作军队解；后"军"作动词，驻扎、布列之意。

⑤曼伯：郑昭公忽的字。杨伯峻认为是庄公十四年传文之子仪。子
　元：郑厉公的字。潜：偷偷地。

⑥虞：防备。制人：此即曼伯与子元所率军队。

⑦二公子：指曼伯、子元。北制：即虎牢关。

⑧不虞：意外之事。

⑨师：此指率军作战。

【译文】

四月，郑国人入侵卫国郊外，来报复去年东门那一战役。卫国人带领南燕军队进攻郑国。郑国的祭足、原繁、浅驾带领三军进攻燕军的前面，派曼伯和子元偷偷率领制地的军队袭击燕军的后面。燕国人害怕郑国的三军，而没有防备从制地来的军队。六月，郑国的两个公子曼伯和子元带领制人在虎牢关击败了燕军。君子说："不防备意外，就不可以带兵作战。"

*【左传】曲沃叛王①。秋，王命虢公伐曲沃，而立哀侯于翼②。

【注释】

①曲沃叛王：此前周桓王派尹氏、武氏帮助曲沃庄伯伐翼，此时双方关系已破裂，曲沃庄伯背叛周天子。

②立哀侯于翼：哀侯，即晋哀侯，名光，晋鄂侯之子。顾栋高曰："曲沃擅以郑人伐翼而王复助之，旋于是年叛王，王复命虢公伐曲沃，颠倒不常始此，而郑、虢之分左右袒亦于是始。"

【译文】

曲沃背叛周桓王。秋，周桓王命令虢公进攻曲沃，而在翼地立哀侯为晋君。

【经】秋，卫师入郕①。

【注释】

①郕（chéng）：《公羊传》作"盛"。诸侯国名，姬姓，据《史记·管蔡世家》，初受封者成叔武为文王之子，武王与周公之弟。故城在今河南范县。一说在今山东汶上西北。1975年于陕西岐山县董家村发现成伯孙父鬲，或疑郕本封于西周畿内，东迁后改封于山东。

【译文】

秋，卫国军队攻入郕国。

【左传】卫之乱也①，郕人侵卫，故卫师入郕。

【注释】

①卫之乱：指州吁之乱。

【译文】

当卫国动乱的时候，郕国人入侵卫国，所以卫国的军队攻入郕国。

【公羊传】曷为或言率师，或不言率师？将尊师众称某率师①，将尊师少称将②，将卑师众称师③，将卑师少称人④，君将不言率师⑤。书其重者也⑥。

【注释】

①将尊：即大夫为将。师众：二千五百人为一师，师众即超过此数。若将尊师众，《春秋》书"某率师"，如"无骇率师入极"。

②师少：即不满二千五百人。称将：即仅称大夫之名，如"卫孙良夫伐庸咎如"。

③将卑：即军队统帅为士。将卑士众称师，即此条。

④将卑师少称人：如"郑人伐卫"。

⑤君将：即国君亲自将兵，仅称国君，如"公伐邾娄"。

⑥书其重者：此条是归纳《春秋》书兵之例。大夫之重同于一师，士则轻于师，国君则重于师，故而在书兵之时，要突出所重。另外，战争就意味着死伤，《春秋》分别兵之轻重，是谨而书之。同时，亦可据此定功恶之大小，将尊师众则功小恶大，将卑师少则功大恶小。

【译文】

为什么经文中有的称"率师"，有的不称"率师"？将领地位尊贵，而且军队人数众多，就称"某率师"；将领尊贵，但军队人数少，就只称"将"；将领卑微，但军队人数多，就称"师"；将领卑微，且军队人数少，就称"人"；国君亲自带兵，就不称"率师"。以上都是据重者记录。

【穀梁传】入者，内弗受也。郕，国也。将卑师众曰师。

【译文】

"入"，表示郕国国内不愿意接受这样的行为。郕，是一个国家。将领地位卑微而军队人数众多便称作"师"。

【经】九月，考仲子之宫①。初献六羽②。

【注释】

①考：古代宫庙落成时始祭庙主的一种仪式，也叫"落"或者"成"。仲子之宫：指仲子之庙。仲子，《左传》和《公羊传》认为是鲁桓公的母亲。《穀梁传》认为是鲁孝公之妾，鲁惠公之母。参隐公元年"天王使宰咺来归惠公、仲子之赗"条注释。《春秋》的惯例，周公的庙称作太庙，其他人的庙都称作宫。

②初献六羽：仲子神主入庙时所献上的六羽乐舞。六羽，即六佾

（yì）。古代乐舞，以八人为一列，谓之一佾。舞时，文舞执野鸡羽而舞，故亦称羽。古礼制，天子八佾，诸侯六佾。鲁公虽为诸侯，但因天子命鲁公世世用天子之礼乐祭祀周公，因而相沿用八佾。今独于祭仲子时改用六佾，故云"初献六羽"。但杨伯峻曰："此与考仲子之宫虽相关，而是两事。……考仲子之宫是为庙成而举行落成之祭，所祭为门、户、井、灶、中霤之神。考宫之礼不用乐舞，故知初献六羽与上句不相蒙。"

【译文】

九月，仲子之庙举行落成典礼。初献六羽乐舞。

【左传】 九月，考仲子之宫，将万焉①。公问羽数于众仲②。对曰："天子用八，诸侯用六，大夫四，士二③。夫舞，所以节八音而行八风④，故自八以下。"公从之。于是初献六羽，始用六佾也⑤。

【注释】

①万：古代乐舞名，包括文舞与武舞。文舞用雉羽和一种叫籥（yuè）的乐器，又叫籥舞、羽舞，模拟翟雉的春情；武舞用干戚，又叫干舞，模拟战术。万舞常用于宗庙祭祀。

②羽数：执羽的人数。

③"天子用八"四句：按周朝礼制，羽数的多少，有森严的等级规定，天子用八佾、诸侯用六佾、大夫用四佾、士只能用二佾。佾，乐舞的行列，以八人为一列，叫做一佾。

④所以：用以……的方法，表工具、方法。节：调节。八音：金、石、丝、竹、匏、土、革、木八种不同材料制作的乐器发出的乐音。行：传播。八风：指八方之风，谓东方谷风，东南清明风，南方凯风，西

南凉风。西方阊阖风,西北不周风,北方广莫风,东北融风。《吕氏春秋·有始览》:"何谓八风? 东北曰炎风,东方曰滔风,东南曰熏风,南方曰巨风,西南曰凄风,西方曰飂风,西北曰厉风,北方曰寒风。"八风之名,亦见《淮南子·地形训》与《史记·律书》,大同小异。

⑤始用:才用。

【译文】

九月,祭仲子之庙,准备在庙里献演万舞。隐公向众仲询问执羽舞的人数。众仲回答说:"天子用八佾,诸侯用六佾,大夫四佾,士二佾。舞,用来调节八种材料所制乐器的乐音而传播八方之风,所以人数在八佾以下。"隐公听从了。从此以后献演六羽乐舞,开始使用六佾舞人。

【公羊传】考宫者何? 考犹入室也①,始祭仲子也②。桓未君,则曷为祭仲子③? 隐为桓立,故为桓祭其母也。然则何言尔? 成公意也。

【注释】

①考犹入室:无论是活人居住的宫室落成,还是鬼神居住的庙落成,都有一定的仪式。生人初入宫室,则有饮食之事。鬼神初入宫庙,则有衅礼。故云"考犹入室"。

②始祭仲子:按照礼制,诸侯嫡夫人方能配夫入庙,庶子为君,其母亦不能入诸侯之庙。然而"母以子贵",妾子能为其母单独立庙祭祀,仲子之庙,即为此种"特庙"。"特庙"之祭祀只有一代,妾子死,则废之。

③桓未君,则曷为祭仲子:妾母能立"特庙",是"母以子贵"之义,前提是其子成为国君。仲子是桓公之母,此时桓公并未成为国君,不能立"特庙"。隐公之所以为仲子立庙,是据此彰显桓公应

当为君，以此表明自己的让国之意。

【译文】

庙落成的祭典是什么？庙的落成，与初入宫室一样，都有祭典，从此开始祭祀仲子。桓公此时还没成为国君，为什么要祭祀仲子？因为隐公是为了桓公而暂时立为国君，所以为桓公祭祀他的母亲。那么为什么记录这件事呢？是为了成全隐公的意愿。

　　初者何？始也。六羽者何？舞也。初献六羽何以书？讥。何讥尔？讥始僭诸公也[1]。六羽之为僭奈何？天子八佾，诸公六[2]，诸侯四。诸公者何，诸侯者何？天子三公称公[3]，王者之后称公[4]，其余大国称侯[5]，小国称伯、子、男[6]。天子三公者何？天子之相也[7]。天子之相则何以三？自陕而东者[8]，周公主之[9]；自陕而西者，召公主之[10]；一相处乎内。始僭诸公昉于此乎？前此矣。前此则曷为始乎此[11]？僭诸公犹可言也，僭天子不可言也[12]。

【注释】

①僭：僭越，何休云："僭，齐也，下效上之辞。"

②诸公六：六，六佾，何休云："六人为列，六六三十六人。"按何休之意，下四佾为十六人。

③天子三公称公：三公，官爵之第一等，指的是太师、太傅、太保。案《春秋》之名例，天子三公氏采称公，如经中之"周公"，周为采邑，公为三公。

④王者之后称公：此处之公，指的是五等诸侯之第一等，为大国。王者之后，即前两朝王者之后裔。《春秋》中宋国为殷商之后，爵称公。值得注意的是，杞国为夏之后裔，对于周来说，亦属于二王

后，当为公爵，然而据"《春秋》当新王，黜杞"之义，杞国实为小
国，详庄公二十七年"杞伯来朝"条。

⑤大国称侯：大国，方百里之国。侯，五等诸侯之第二等，《春秋》
中，陈、蔡、卫、晋、齐、鲁为侯爵，连同称公之宋国，为大国。

⑥伯、子、男：五等诸侯最末之三等，其中伯为方七十里之国，子、男
方五十里。伯、子、男为小国，值得注意的是，郑虽为伯爵，亦属于
大国。

⑦相：助，三公为天子之助。三公各有分工，有两人为东西二伯，分治
陕东、陕西诸州，出巡黜陟诸侯；一人在中央。这就是下文所说的
"自陕而东者，周公主之；自陕而西者，召公主之；一相处乎内"。

⑧陕：地名，周成王时，周公与召公分治管辖地的分界处，在今河南
陕州。

⑨周公：周文王之子，武王之弟，名旦。武王死后，相成王，平定内
乱，制礼作乐，有大功劳于周，受封鲁国，因欲使"天下一于周"，
故未就封，由其子伯禽受封鲁国；另有一子在成周辅佐周天子。
主：主黜陟诸侯。此处所言周公、召公东西分治，为周成王时之
事，后定为"二伯"之制。

⑩召（shào）公：周文王之子，名奭。

⑪前此则曷为始乎此：《公羊传》之所以发问，是针对之前"始不亲
迎"、"始灭"都有"托始"之传文，此处也是"始僭诸侯"，却不
"托始"，故而发问。

⑫僭天子不可言：仲子为妾母，所用六羽，僭越了诸公；何休认为，之
前鲁惠公之庙已用八佾，僭越了天子。可见鲁国之僭越，不止于
"僭诸公"，如此则当托始者为"僭天子"，而非"僭诸公"。然而
《春秋》内大恶讳，僭天子之大恶不能明言，故此处不能托始。值
得注意的是，鲁国的情况比较复杂，周公有大功劳于周，故周天子
许之以王礼，故而祭周公可用天子礼，祭伯禽以下历代国君，则只

可用侯爵之礼。

【译文】

"初"是什么意思？是开始的意思。"六羽"是什么？是乐舞。初次进献六羽，为什么要记录？是讥刺。讥刺什么呢？讥刺开始僭越诸公。六羽为什么是僭越呢？天子用八佾，诸公用六佾，诸侯用四佾。诸公是什么人？诸侯是什么人？天子的三公称为"公"，王者的后裔称为"公"，其余大的诸侯国称为"侯"，小诸侯国称"伯""子""男"。天子的三公是什么人？是天子的相。天子的相，为什么有三个？陕以东的地方，由周公主管；陕以西的地方，由召公主管；剩余的一相留在朝廷中。开始僭越诸公，发端于此吗？之前就有了。之前就有，那么为什么以这里为开端？僭越诸公还是可以说的，僭越天子就不能说了。

【穀梁传】考者何也？考者成之也^①，成之为夫人也。礼：庶子为君^②，为其母筑宫，使公子主其祭也^③。于子祭，于孙止。仲子者，惠公之母。隐孙而修之，非隐也。

【注释】

①成：落成。

②庶子：妾所生的儿子。

③公子：诸侯之子称为公子，这里当是指庶君的弟弟。

【译文】

"考"是什么意思？"考"就是落成的意思，庙落成了就可以用夫人之礼来祭祀仲子了。按照礼制：庶子做了国君，为他的母亲修筑庙寝，可以派公子主持祭祀。作为儿子可以祭祀，作为孙子就该停止祭祀了。仲子，是鲁惠公的母亲。鲁隐公作为孙子却修建祭祀她的庙寝，经文这是在批评隐公。

初,始也。榖梁子曰:"舞《夏》^①,天子八佾,诸公六佾,诸侯四佾。初献六羽,始僭乐矣。"《尸子》曰^②:"舞《夏》,自天子至诸侯皆用八佾。初献六羽,始厉乐矣^③。"

【注释】

①《夏》:禹乐名,其乐颂扬禹能发扬尧舜之德。

②《尸子》:先秦杂家著作,原书佚,今有清人辑本。尸子名佼,战国鲁人或魏人。

③厉:省减,降格。此处尸子和榖梁子对于诸侯用乐舞的看法相反,但是都认为此处初献六羽是违反了礼乐制度的。所以都隐含了对隐公不遵守礼乐规格的批评之意。其实鲁隐公献六佾符合当时天子八佾、诸侯六佾、大夫四佾、士二佾的礼制。

【译文】

"初"是开始的意思。榖梁子说:"跳《夏》之舞,天子用八佾,诸公用六佾,诸侯用四佾。开始献上六佾的舞蹈,就是侯等爵位的鲁国开始僭越乐舞规格的意思。"《尸子》说:"跳《夏》之舞,从天子到诸侯都享用八佾。开始献上六佾的舞蹈,就是开始降低乐舞规格的意思。"

【经】邾人、郑人伐宋^①。

【注释】

①邾人、郑人伐宋:邾是小国,郑是大国,先言邾者,是伐宋由邾国发起。《春秋》恶战伐,邾序上者,主兵为首恶。邾人,《公羊传》作"邾娄人"。

【译文】

邾国人、郑国人攻打宋国。

【左传】宋人取邾田。邾人告于郑曰："请君释憾于宋①，敝邑为道②。"郑人以王师会之③，伐宋，入其郛④，以报东门之役。宋人使来告命⑤。公闻其入郛也，将救之，问于使者曰："师何及⑥？"对曰："未及国⑦。"公怒，乃止⑧，辞使者曰："君命寡人同恤社稷之难⑨，今问诸使者，曰'师未及国'，非寡人之所敢知也。"

【注释】

①释憾：泄愤而进行报复。犹今言"解恨"。

②道：同"导"，做向导。

③郑人以王师会之：指郑国人带领周天子的军队和邾军会合。郑庄公为周王卿士，以此能指挥周王军队伐宋。

④郛（fú）：郭，外城。

⑤告命：以君命告急求救。

⑥何及：到了哪里。

⑦国：指宋国国都。

⑧止：停止出兵，不与救援。

⑨恤（xù）：忧虑。难：灾难。

【译文】

宋国人掠取邾国的土地。邾国人告诉郑国说："请国君攻打宋国，报仇雪恨，敝邑愿意做向导。"郑国人带领周天子的军队和邾军会合，进攻宋国，进入了外城，以报复去年东门那一战役。宋国派人前来用国君的名义告急请救。隐公听说军队已经进入外城，打算出兵救援宋国，询问使者说："军队到了什么地方？"使者欺骗他说："还没有到国都。"隐公发怒，不去救援。他辞谢使者说："贵国国君命令我一起为宋国的危难分忧，现在询问使者，回答说'军队还没有到国都'，这就不是我所敢知道的了。"

【经】螟^①。

【注释】

①螟（míng）：螟蛾的幼虫，会蛀食稻苗。鲁国螟害成灾，所以《春秋》加以记载。

【译文】

有螟虫为害。

【公羊传】何以书？记灾也^①。

【注释】

①灾：灾害，何休云："灾者有害于人物，随事而至者。先是，隐公张百金之鱼，设苛令急法以禁民之所致。"

【译文】

为什么记录？是记录灾害。

【穀梁传】虫灾也。甚则月，不甚则时^①。

【注释】

①时：记载季节。

【译文】

是发生了虫灾。灾害很严重就记载月份，不很严重就记载季节。

【经】冬十有二月辛巳^①，公子彄卒^②。

【注释】

①辛巳：二十九日。

②公子彄（kōu）：臧僖伯，字子臧，鲁孝公之子，隐公叔父。

【译文】

冬十二月二十九日，公子彄去世。

【左传】冬十二月辛巳，臧僖伯卒。公曰："叔父有憾于寡人①，寡人弗敢忘。"葬之加一等②。

【注释】

①叔父：指臧僖伯，他为隐公父惠公之弟，是亲叔父。有憾于寡人：指臧僖伯谏往棠观鱼，隐公不听一事。憾，怨恨。

②葬之加一等：指鲁隐公对臧僖伯的葬礼在原等级上再加一级，以褒扬其贤。

【译文】

冬，十二月二十九日，臧僖伯死了。隐公说："叔父对我有怨恨，我不敢忘记他。"于是按照原等级加一级的葬仪安葬他。

【穀梁传】隐不爵命大夫①，其曰公子彄，何也？先君之大夫也②。

【注释】

①爵命：册封任命。

②先君：前代已故国君。这里指鲁惠公。

【译文】

隐公没有册封任命过大夫，经文里称"公子彄"，为什么呢？因为彄是前代国君的大夫。

【经】宋人伐郑,围长葛①。

【注释】

①长葛:郑地名,在今河南长葛东北。

【译文】

宋国人攻打郑国,包围长葛。

【左传】宋人伐郑,围长葛,以报入郛之役也。

【译文】

宋国进攻郑国,包围长葛,以报复攻进外城的战役。

【公羊传】邑不言围①,此其言围何? 强也②。

【注释】

①邑不言围:《春秋》之例,唯有国都被包围,方书"围",若城邑被围,
  则仅书"伐某国"。故长葛虽被围,依常例则仅书"伐郑"而已。

②强:强横无道义,必以得邑为目标。案"伐",仅有伐击之意,服则
  引兵而去,不以得邑为目的。此处宋欲必得长葛,书"伐"不足以
  见其强横,故书"围"以见之。

【译文】

包围城邑,《春秋》是不书"围"的,这里书"围"是为何? 表明宋国
强横不义。

【穀梁传】伐国不言围邑,此其言围,何也? 久之也①。
伐不逾时②,战不逐奔③,诛不填服④。苟人民、殴牛马曰侵⑤。

斩树木、坏宫室曰伐⑥。

【注释】

①久之：指此次围长葛的时间很长，直到六年冬天才攻下长葛。

②时：季度，即三个月。

③奔：逃兵。

④填服：杀戮降服的人。填，通"殄"，杀戮的意思。服，被降服的人。

⑤苞（fú）：同"俘"，俘获。殴：通"驱"，驱赶。

⑥伐：对于"侵"和"伐"的区别有多种说法。《左传》认为是"有钟鼓曰伐，无曰侵"，《公羊传》认为是"觕（cū）者曰侵，精者曰伐"，觕指骚扰边界，精指深入其国。

【译文】

攻打一国通常不说围攻灭邑，这里说了，为什么呢？因为围攻得太久了。攻打一国的时间不应超过一季，作战时不应该追赶逃兵，诛杀敌人不应该杀害已经降服的人。俘获百姓、驱赶牲畜叫做"侵"。砍倒树木、毁坏房屋叫做"伐"。

六年

【经】六年春①，郑人来渝平②。

【注释】

①六年：鲁隐公六年为庚桓王三年，前717年。

②郑人来渝平：隐公为公子时，与郑人战于狐壤，为郑人所获，赂尹氏而逃归，固与郑结仇。隐公四年，宋、陈、蔡、卫诸国伐郑，鲁公子翚率师会之伐郑。宋、郑世怨，而鲁、宋则屡结同盟，是鲁、郑亦仇怨之国。此盖郑庄公见上年鲁公拒绝宋使之求援，因而派使

来,约弃前嫌而修新好。渝平,弃旧怨而修新好,重立和约。渝,改变。平,和而不结盟。《公羊传》《穀梁传》作"输平"。《公羊传》认为,"平"当训为"成",是议和、讲和之义;"输"当训为堕,即破坏之意。郑人来输平,字面上的意思,即郑人来破坏之前的和议之约。依何休之意,鲁隐公与郑伯在狐壤打了一仗,鲁隐公被擒,而国君被擒是大恶,《春秋》内大恶讳,故以"郑人来输平"为辞。就时月日例而言,狐壤之战发生在正月,而经文仅书时,何休云:"见隐终无奉正月之意。"即以不书"正月",表明隐公让国之意,详参隐公十年"公薨"条传文。

【译文】

鲁隐公六年春,郑国来我国弃怨修好。

【左传】六年春,郑人来渝平,更成也①。

【注释】

①更成:即渝平,重新修好。

【译文】

鲁隐公六年春,郑国人来我国要求弃怨修好,这种情况叫做"更成"。

【公羊传】输平者何?输平犹堕成也①。何言乎堕成?败其成也②,曰:"吾成败矣③,吾与郑人末有成也④。"吾与郑人则曷为末有成?狐壤之战,隐公获焉。然则何以不言战?讳获也⑤。

【注释】

①堕:用同"隳(huī)",毁坏,破坏。

②成：隐公四年，翚帅师会宋公、陈侯、蔡人、卫人伐郑，之后翚与郑国讲和，此为鲁、郑先前之"成"。

③吾：指鲁国。

④末：无。又此处言"吾与郑人末有成"，而不言"吾与郑末有成"，何休以为称"人"是"共国辞"。即经文中的"人"既指"郑人"，也指"鲁人"。因为国君被俘与擅获诸侯都有罪，"称人共国辞"则表明《春秋》既谴责鲁君之被获，又谴责郑伯之擅获诸侯，二君均被贬称人。若不用"称人共国辞"，则嫌仅谴责郑擅获诸侯。

⑤讳获：既然"郑人来输平"的真相是鲁郑战于狐壤，且鲁隐公被获，依据事实，当书"战"。然而《春秋》不书"战"，是为鲁隐公避讳被获。具体来说，若书"战"，则需遵守两个法则：一，"内不言战，言战则败矣"，《春秋》王鲁，诸侯不配与王者"战"，一旦书"战"，就表明鲁国败了。二，"君获不言师败绩"，一般来说，两军交战，要书"某师败绩"，表明胜败，若国君被获，则书"君获"，而不书"师败绩"。所以狐壤之战，若仅是鲁国战败，则可书"战"，然国君被俘，就不得不书"君获"，故而只能以"输平"讳之。

【译文】

经文"输平"是什么意思？输平和堕成是一个意思。为什么是堕成？是毁坏之前的和约，也就是说："我们鲁国的和约毁坏了，我们与郑国已经没有和约了。"我们与郑人为什么会没有和约？这其实是因为狐壤之战，隐公被郑国俘虏了。那么为什么不说这是战？是为隐公被俘避讳。

【穀梁传】输者，堕也；平之为言以道成也①。来输平者，不果成也②。

【注释】

①以道成：按照道义讲和。道，道义。成，讲和。

②果:结果,结局。

【译文】

"输",就是破坏的意思;"平"是用来表示按照道义讲和的说法。那么"来输平"就是结果没有讲和成功。

*　**【左传】**翼九宗五正顷父之子嘉父逆晋侯于随①,纳诸鄂②。晋人谓之鄂侯③。

【注释】

①翼九宗五正顷父之子嘉父逆晋侯于随:嘉父迎晋侯于随。翼九宗五正顷父之子,说明嘉父的世系出身。九宗五正,官名,顷父的官职。顷父,与其子嘉父皆为晋大夫。杨伯峻以为顷父或系当时极著声望之人,故叙其子嘉父,冠以其名位。又曰:"此只叙一人耳,而详其地,详其族,详其官,详其父,于以见晋之有强宗耳。"晋侯,即晋鄂侯,上年传文中奔随的翼侯。

②纳:安置。鄂:故地在今山西乡宁。

③晋人谓之鄂侯:上年传文,晋人已立哀侯于翼,所以翼侯无法回翼,嘉父于是把他安置在鄂,成为鄂侯。此时晋有三君并存,即哀侯、鄂侯和曲沃庄伯。

【译文】

晋国翼都的九宗五正顷父的儿子嘉父到随邑迎接晋侯,让他居住在鄂地。晋国人称他为鄂侯。

【经】夏五月辛酉①,公会齐侯盟于艾②。

【注释】

①辛酉:十二日。案时月日例,盟例日,小信月,大信时。齐鲁两国

之后未相犯,而仍书日者,徐彦以为,八年两国有争邱之事,故不
予信辞。

②齐侯:此指齐僖公。艾:古地名,杨伯峻认为在今山东新泰西北。

【译文】

夏五月十二日,鲁隐公与齐僖公相会,在艾地结盟。

【左传】夏,盟于艾,始平于齐也①。

【注释】

①始平于齐:春秋前,鲁与齐两国不和,今弃恶结好,所以说"始
平"。平,讲和结好。

【译文】

夏季,在艾地结盟,开始和齐国结好。

***【左传】**五月庚申①,郑伯侵陈,大获②。

【注释】

①庚申:十一日。

②大获:俘获很多,大胜。

【译文】

五月十一日,郑庄公入侵陈国,得到全胜。

往岁,郑伯请成于陈①,陈侯不许②。五父谏曰③:"亲仁
善邻④,国之宝也。君其许郑⑤。"陈侯曰:"宋、卫实难⑥,郑
何能为?"遂不许。

【注释】

①请成:请求和解。

②陈侯:此指陈桓公。

③五父:即陈公子佗,陈文公之子,陈桓公之弟,桓公末年,杀太子免自立。

④亲仁善邻:亲近仁义而结交邻国。

⑤其:表祈请的副词。

⑥宋、卫实难:即"宋、卫是患"。实,是。难,患,祸害。

【译文】

　　往年,郑庄公请求与陈国讲和,陈桓公不答应。五父劝谏说:"亲近仁义而和邻国友好,这是国家可宝贵的措施。您还是答应郑国的请求吧。"陈侯说:"宋国和卫国才是真正的祸患,郑国能做什么?"于是就没有答应。

　　君子曰:"善不可失,恶不可长①,其陈桓公之谓乎！长恶不悛②,从自及也③。虽欲救之,其将能乎④?《商书》曰:'恶之易也,如火之燎于原,不可乡迩,其犹可扑灭⑤?'周任有言曰⑥:'为国家者,见恶如农夫之务去草焉,芟夷蕴崇之⑦,绝其本根,勿使能殖⑧,则善者信矣⑨。'"

【注释】

①长(zhǎng):作动词用,滋长。

②悛(quān):悔改。

③从:随即,跟着。自及:自取祸害。

④其:通"岂"。

⑤"恶之易也"四句:今本《尚书·商书·盘庚上》无"恶之易也"

句。意谓恶一蔓延,如星火燎原,难以自灭。易,蔓延。乡迩,接
近。乡,同"向"。

⑥周任:周大夫,古代的良史。江永《群经补义》云:"疑即《书·盘
庚》迟任。"

⑦芟(shān)夷:除草。蕰(yùn)崇:也作"蕴崇",把草堆积在苗根
发酵肥田。

⑧殖:生长。

⑨善者:既指庄稼之苗,也指善人、善政、善事。信:同"伸",伸张发扬。

【译文】

君子说:"善不可丢失,恶不可滋长,这说的就是陈桓公吧! 滋长了
恶而不悔改,马上就会自取祸害。即便想挽救,又怎么能办得到呢?《商
书》说:'恶的蔓延,就如同火在原野上蔓延,人不可以靠拢,难道还能扑
灭?'周任有句话说:'治理国和家的人,见到恶,就要像农夫急于除掉杂
草一样,锄掉它聚积起来肥田,挖掉它的老根,不要使它再生长,那么善
的就能发展了。'"

【经】秋七月①。

【注释】

①秋七月:《春秋》中某一季度虽无大事,但仍然记下四时与四季首
月,如隐公元年的"春王正月",这里的"秋七月",以及其他年里
的"夏四月""冬十月"等,四时具备,以此编年。

【译文】

秋七月。

【公羊传】此无事,何以书?《春秋》虽无事,首时过则书①。
首时过则何以书?《春秋》编年,四时具,然后为年。

【注释】

①首时：春夏秋冬为四时，四时第一个月为首时，即春之一月，夏之
　四月，秋之七月，冬之十月。孔子作《春秋》，例一时无事，则书首
　时，以天道正人事；若有事，则不必书首时。此是《春秋》编年之
　常法，经中亦有去时以见褒贬者，如桓公四年，无秋冬二时。

【译文】

这里没有事发生，为什么要记录时间呢？《春秋》中即使一个季度没
有事情，第一个月过去了，也要记录这第一个月。每个季度的第一个月
过去了，为什么要记录？《春秋》按年来记录，四季齐备，然后成为一年。

【经】冬，宋人取长葛。

【译文】

冬，宋国人攻下长葛。

【左传】秋①，宋人取长葛。

【注释】

①秋：此事经文记在冬季，而这里记作秋季，是因为经文用的是周
　历，而传文用的是夏历。

【译文】

秋，宋国人占取长葛。

【公羊传】外取邑不书①，此何以书？久也②。

【注释】

①外：鲁国以外。

②久也：古制，行役不得超过一个季度，以此重民之命，爱民之财。此处宋人上年十二月围长葛，至今年冬方取之，行役逾时，不仁之甚，故书之。知宋人经年围长葛者，若宋人去年罢兵，今年再度兴兵取长葛，则《春秋》应书"宋人伐郑，取长葛"，此处不书"伐郑"，见其间未罢兵。

【译文】

鲁国之外的取邑，《春秋》照例不记录，此处为何记录？因为围攻的时间太久了。

【穀梁传】外取邑不志，此其志，何也？久之也。

【译文】

按照惯例，攻占鲁国之外的城邑是不记载的，这里经文记载了，为什么呢？因为围攻得太久了。

*****【左传】**冬，京师来告饥①。公为之请籴于宋、卫、齐、郑②，礼也③。

【注释】

①京师：指周都城。饥：饥荒，谷不熟曰饥。

②籴（dí）：买谷。

③礼：合乎礼仪。

【译文】

冬，京城派人来报告饥荒。隐公就代周向宋、卫、齐、郑诸国请求购买谷物，这是合于礼仪的。

*【左传】郑伯如周,始朝桓王也①。王不礼焉②。周桓公言于王曰③:"我周之东迁,晋、郑焉依④。善郑以劝来者,犹惧不蓺⑤,况不礼焉?郑不来矣!"

【注释】

①郑伯如周,始朝桓王也:周桓王即位后,周郑交恶,如今桓王即位已三年,郑庄公才来朝见周王,所以曰"始朝"。何焯《义门读书记》云:"郑既结怨于陈,又惧王之将讨也,故朝周。"

②王不礼焉:因隐公三年,周郑交恶。郑庄公虽第一次朝见周桓王,但周桓王心怀旧怨,因此不以礼待之。

③周桓公:周执政大臣,又称周公黑肩。

④我周之东迁,晋、郑焉依:周幽王被犬戎所杀后,平王东迁,晋文侯、郑武公辅卫王室。晋、郑焉依,即晋、郑是依。焉,是。

⑤蓺(jì):同"墍",至,来。

【译文】

郑庄公去周都,第一次朝见周桓王。周桓王不加礼遇。周桓公对周桓王说:"我们周室东迁,依靠的就是晋国和郑国。友好地对待郑国,用以鼓励后来的人,还恐怕人家不来,何况不以礼接待呢?郑国不会来了。"

七年

【经】七年春王三月①,叔姬归于纪②。

【注释】

①七年:鲁隐公七年当周桓王四年,前716年。

②叔姬:即鲁伯姬之妹。隐公二年经文记载"伯姬归于纪",现在叔

姬作为陪嫁嫁于纪。古代诸侯娶嫁，以侄女与妹妹陪嫁，叫做媵。伯姬出嫁时，叔姬年纪尚幼，所以六年后才嫁于纪。案古制，"妇人八岁备数，十五从嫡，二十承事君子"，叔姬因不满十五岁，故待年于父母之国。媵妾地位卑下，归夫家时却见书于经，当是在纪受到重视。或谓其并非嫁与纪侯，而是嫁与纪侯之弟纪季。一说此处书媵，是因为之后伯姬去世，叔姬被立为嫡，又有贤行，故书之。可参考庄公二十九年"纪叔姬卒"条，以及庄公三十年"葬纪叔姬"条。

【译文】

鲁隐公七年春周历三月，叔姬出嫁到纪国。

【穀梁传】其不言逆[①]，何也？逆之道微[②]，无足道焉尔。

【注释】

①逆：迎娶。这里指经文没有像伯姬出嫁时那样专门用一条来记载纪国派人来迎娶。

②逆之道微：范甯注："逆者非卿。"指迎娶的规格太低，前来迎娶的人不是卿大夫。

【译文】

经文没有记载前来迎娶的事，为什么呢？是因为迎娶的规格太低，来迎娶的人不是卿大夫，不值得记载。

【经】滕侯卒[①]。

【注释】

①滕：国名，姬姓，侯爵，本为子爵，开国之君为文王之子错叔绣，封地在今山东滕州。

【译文】

滕侯去世。

【左传】七年春，滕侯卒。不书名，未同盟也。凡诸侯同盟，于是称名①，故薨则赴以名，告终、称嗣也②，以继好息民③，谓之礼经④。

【注释】

①称名：春秋时同盟国结盟时以名告于神灵。

②告终：向同盟国报告国君之死。称嗣：向同盟国报告继位者是什么人。

③继好息民：继续友好关系，安定人民。

④礼经：礼之大法。经，法则，原则。

【译文】

鲁隐公七年春季，滕侯去世。《春秋》没有记载滕侯的名字，是由于没有和鲁国同盟的缘故。凡是诸侯各国缔结过同盟，就彼此把国名向神明报告，所以当国君死后则在讣告上也写上名字，这是为了向同盟国报告国君逝世和继承的人，以便继续过去的友好关系，并以此安定人民，这是礼的大法。

【公羊传】何以不名①？微国也。微国则其称侯何②？不嫌也③。《春秋》贵贱不嫌同号④，美恶不嫌同辞⑤。

【注释】

①何以不名：大国之君卒时称名，如蔡侯考父卒，此处滕虽称侯，实为微国，故卒而不名。

②微国则其称侯何：滕本为子爵，因此条之滕侯之子于隐公十年朝隐公，《春秋》褒之，并依"使人子者必使子"之义，连带褒奖滕侯，故此处称侯而卒。"使人子者必使子"，参见襄公二十九年"吴子使札来聘"条传文。

③不嫌：没有嫌疑，即不嫌滕实为侯爵。案滕虽褒为侯爵，然此处卒不称名，又桓公二年后仍称子爵，故不嫌。

④贵贱不嫌同号：即若贵贱之间没有嫌疑，则可用相同之称号。如齐侯称侯，为其本爵，此条滕侯称侯，是因褒奖之故，齐大滕小，没有嫌疑，故可同称侯。

⑤美恶不嫌同辞：即若美恶之间没有嫌疑，则可用相同之文辞。如嗣子正常即位，则书"即位"，弑君上台者亦称"即位"。值得注意的是，"贵贱不嫌同号，美恶不嫌同辞"前提是"有起文"。如此处之滕侯，卒不称名，后恒称子，就是滕实为微国之"起文"；国君正常去世，书去世之地点，此为嗣君正常即位的"起文"；国君被弑，则不书地点，此为弑君上台者即位之"起文"，若无"起文"，"不嫌"无从谈起，"同号""同辞"亦无从谈起。

【译文】

为什么不记录滕侯的名字？因为滕是微小的国家。微小的国家为什么称侯爵？因为没有嫌疑。《春秋》之中，如果贵与贱没有嫌疑，则可用相同的称号；如果美与恶没有嫌疑，则可用相同的文辞。

【穀梁传】滕侯无名，少曰世子，长曰君，狄道也①。其不正者名也②。

【注释】

①狄道：此指北方少数民族的习俗。狄，古代对北方少数民族的泛称。

②不正：不是正妻所生。

【译文】

对滕侯不称名，少年时称"世子"，即位后称"君"，这是北方少数民族的习俗。不是正妻所生的儿子才称名。

【经】夏，城中丘①。

【注释】

①城：修筑城墙。中丘：地名，在今山东临沂东北。案时月日例，城邑例时。

【译文】

夏，修筑中丘城墙。

【左传】夏，城中丘。书，不时也①。

【注释】

①不时：不合时宜。此时在中丘筑城，既非国防所急，又妨碍农时。《春秋》加以记载，有批评之意。

【译文】

夏季，在中丘筑城。《春秋》加以记载，是因为不合时宜，妨碍了农时。

【公羊传】中丘者何？内之邑也。城中丘何以书？以重书也①。

【注释】

①以重书：古者重民力，不轻易大兴土木，若城有小毁坏，就需及时修缮。此处中丘城年久失修，至大崩坏，方发众城之，功重，与始

作城无异，故书"城中丘"。

【译文】

中丘是什么地方？是我们鲁国的城邑。修筑中丘城墙为什么要记录？因功重而记录。

【穀梁传】城为保民为之也。民众城小则益城，益城无极①。凡城之志，皆讥也②。

【注释】

①益：扩建。无极：没有穷尽。

②讥：讥讽的意思。范甯认为此处传文是"刺公不修勤德政，更造城以安民"，指应当以德保民，国人众志成城，国无危殆，如果只是一味恃城池以为固，则修城无终止，国家无宁日。所以讥之。

【译文】

城池是为保护百姓而修筑的。百姓多城池小就要扩建城池，扩建城池就没有穷尽。经文凡是对于修筑城池的记载，都有讥讽的意思。

【经】齐侯使其弟年来聘①。

【注释】

①齐侯：指齐僖公。弟年：指夷仲年，齐侯同母弟。《春秋》所称"弟"，皆指同母弟。聘：访问。《礼记·曲礼》云："诸侯使大夫问于诸侯曰聘。"天子使大夫问于诸侯亦曰聘。聘受之于太庙，故经文言"来聘"，不言"来聘公"，之所以如此，何休云："聘受之于太庙，孝子谦，不敢以己当之，归美于先君，且重宾也。"

【译文】

齐僖公派他的弟弟夷仲年来我国访问。

【左传】齐侯使夷仲年来聘①，结艾之盟也②。

【注释】

①夷仲年：即经文中的齐侯弟年，仲是排行，夷是谥号。

②结：巩固。艾之盟：事在去年。

【译文】

齐僖公派夷仲年前来访问，这是为了巩固艾地的盟约。

【公羊传】其称弟何①？母弟称弟，母兄称兄②。

【注释】

①其称弟何：案常例诸侯之子当称“公子”。

②母弟称弟，母兄称兄：母弟、母兄，即同母弟、同母兄。笼统来说，《春秋》之名例，天子、诸侯之同母兄弟称“兄”“弟”，其余兄弟则称“王子”“公子”（详细之名例，参见文公元年“天王使叔服来会葬”条）。突出同母兄弟，是《春秋》改制之内容。周代尚尊尊之义，及其末世，文胜则离，人莫知亲亲，《春秋》纠其偏，尚亲亲之情，而同母兄弟，是“人情所易亲者，而先示之亲”。

【译文】

经文称弟是为什么？同母之弟称弟，同母之兄称兄。

【穀梁传】诸侯之尊，弟兄不得以属通①。其弟云者，以其来接于我，举其贵者也②。

【注释】

①属：亲属关系。通：交往。此处意思是说，诸侯地位很尊贵，其他人跟他应该以君臣关系相称，这样才体现出上下高低的地位，而

“兄弟”这样的称呼，有暗含同等的意思，不合礼制。

②贵：弟是臣子中的亲贵者，所以称弟显示出他的尊贵身份。

【译文】

以诸侯地位的尊贵，兄弟之间也不能以亲属关系来交往。这里经文说“弟”，是因为他是来与鲁国接洽的，要举出使他显得尊贵的称呼。

【经】秋，公伐邾①。

【注释】

①邾：《公羊传》作“邾娄”。

【译文】

秋，鲁隐公攻打邾国。

【左传】秋，宋及郑平。七月庚申①，盟于宿②。公伐邾，为宋讨也③。

【注释】

①庚申：十七日。

②宿：在今山东东平东南。

③为宋讨：隐公五年，邾、郑会合伐宋，隐公曾拒绝宋国的求援；六年初，又与郑弃旧嫌而媾和，欲依郑为援；现在宋、郑结盟，隐公惧怕，所以伐邾以讨好宋国。胡安国《春秋传》：“宋先取邾田，故邾人入其郊。鲁与仪父则元年盟于蔑矣，邾何罪可声，特托为辞说以伐之尔。”顾栋高引张洽曰：“苟欲悦宋而忘蔑之盟。”

【译文】

秋季，宋国和郑国讲和。七月十七日，在宿地结盟。隐公进攻邾国，这是为宋国而去进攻的。

【经】冬,天王使凡伯来聘^①。戎伐凡伯于楚丘以归^②。

【注释】

① 天王:此处指周桓王,姬姓,名林。凡:国名,姬姓,周公之后,伯爵,食邑在今河南辉县西南。此时凡伯为周王室卿士。

② 戎伐凡伯:定公四年传文云"君行,师从;卿行,旅从",则凡伯之出使,人数一定不少,戎欲拦截袭击他们,也一定动用了相当兵力,所以叫"伐"。楚丘:古地名,在今山东成武西南。一说楚丘为卫国之邑。

【译文】

冬,周桓王派凡伯来我国访问。戎人在楚丘攻打凡伯,把他抓了回去。

【左传】初,戎朝于周,发币于公卿^①,凡伯弗宾^②。冬,王使凡伯来聘。还,戎伐之于楚丘以归。

【注释】

① 发币:致送礼物或财物。也叫致币。币,束帛。

② 弗宾:不以贵宾之礼相待。据《仪礼·聘礼》,贵宾致币于公卿,公卿应在祖庙接待并回礼。凡伯为周室世卿,戎人送礼于凡伯,凡伯竟不回报,所以说"弗宾"。

【译文】

当初,戎人朝觐周王,向公卿送了财币,唯有凡伯不以宾礼款待。冬季,周天子派凡伯来鲁国聘问。在回去的路上,戎人在楚丘对他加以截击,将他俘虏回去。

【公羊传】凡伯者何?天子之大夫也^①。此聘也,其言伐之何?执之也。执之则其言伐之何?大之也^②。曷为大之？不与夷狄之执中国也③。其地何④？大之也⑤。

【注释】

①天子之大夫：案《春秋》名例，天子上大夫氏采称字，此处"凡"是以采邑为氏，"伯"为字，故知凡伯为天子之大夫。

②大之：凡伯被俘虏，本应书"执"，而"伐"的对象是国家，经文变"执"为"伐"，将凡伯等同于一国，故传云"大之"。另外一方面，既然尊王命，将凡伯等同于一国，则凡伯应当死位。

③不与夷狄之执中国：与，许，即不许夷狄执中国。之所以如此，因为"执"有"治"之意，陈立云："《春秋》之例，诸侯有罪，执归京师，以京师治诸夏也。"则"执"有处置裁决之意，中国是有礼义者，夷狄是无礼义者，不可使夷狄治中国，故不书"执"而书"伐"。

④地：此处作动词，记录地点，即经文书"于楚丘"。

⑤大之：案楚丘是卫国之邑，按照常例，"伐"的对象是国，而邑不言伐，只有国君在邑中时，才"变邑为国"而言伐，详见庄公二年"公子庆父帅师伐於馀丘"条传文。此处将凡伯等同于国家，故变邑为国，故书地以"大之"。同时楚丘实为卫邑，书地，又谴责卫侯未能营救凡伯。虽然传文两言"大之"，将凡伯等同于一国，但是"以归"之文，则见凡伯实被"执"。

【译文】

凡伯是什么人？是天子的大夫。凡伯此行是聘问鲁国，经文说"伐"是怎么回事？是被俘虏了。既然是被俘，那经文说"伐"，是为何？是张大这件事情。为什么张大这件事？是不许夷狄执中国。经文写明地点是为什么？是张大这件事。

【穀梁传】凡伯者何也？天子之大夫也。国而曰伐，此一人而曰伐，何也？大天子之命也①。戎者，卫也。戎卫者，为其伐天子之使,贬而戎之也。楚丘,卫之邑也。以归,犹愈乎执也②。

【注释】

①大天子之命:以天子的命臣为大,表示对天子的尊重。大,意动用法,以之为大。命,命臣,指凡伯。

②以归,犹愈乎执也:指说"带回去"比说直接说"抓了"要委婉。愈,好过。执,抓获,擒获。

【译文】

凡伯是谁?是周天子的大夫。攻打国家才说"伐",这里对于一个人却说"伐",为什么呢?为了表示对天子的尊重。戎,是卫国。把卫国称作"戎",是因为他攻击天子的使者,要贬低他,因而称作"戎"。楚丘,是卫国的城邑。说"以归",比说"执"还要委婉一点。

***【左传】**陈及郑平①。十二月,陈五父如郑莅盟②。壬申③,及郑伯盟,歃如忘④。洩伯曰⑤:"五父必不免⑥,不赖盟矣⑦。"

【注释】

①陈及郑平:去年,郑侵陈大获,此时乃媾和。

②陈五父:指陈佗。莅:临,参加。

③壬申:初二。

④歃(shà)如忘:指陈佗歃血时心不在焉。歃,歃血。如,通"而"。

⑤洩伯:郑大夫洩驾。

⑥不免:不能免于祸害。

⑦不赖盟:不把结盟当做国家的利益。赖,善,利。

【译文】

陈国与郑国讲和。十二月,陈国的五父到郑国参与结盟。初二,和郑庄公盟誓,歃血的时候心不在焉。洩伯说:"五父一定不能免于祸,因为他不认为结盟是国家的利益。"

郑良佐如陈莅盟①,辛巳②,及陈侯盟,亦知陈之将乱也。

【注释】

①良佐:郑大夫。

②辛巳:十一日。

【译文】

郑国的良佐到陈国参加结盟,十一日,和陈侯结盟,也看出了陈国将要发生骚乱。

*【左传】郑公子忽在王所①,故陈侯请妻之②。郑伯许之,乃成昏③。

【注释】

①公子忽:郑庄公的太子。隐公三年周郑交质,他到周为质。王所:周王室所在地。

②妻(qì):以女嫁人。

③成昏:这里指举行订婚仪式。据《仪礼·士昏礼》,古代结婚有六礼:纳采、问名、纳吉、纳征、请期、亲迎。纳征之后,婚姻即订。此言"成昏",即男家已向女家纳征(《春秋》经传称为"纳币")。成,定。公子忽迎娶是在明年四月。古代娶妻必在黄昏,所以叫昏(婚)礼。

【译文】

郑国的公子忽在周桓王那里，所以陈桓公请求把女儿嫁给他。郑庄公同意了，于是就订了婚。

八年

【经】八年春①，宋公、卫侯遇于垂②。

【注释】

①八年：鲁隐公八年当周桓王五年，前715年。春：案时月日例，遇例时，故经文"春"下即书"宋公、卫侯遇于垂"。然根据"正五始"的理论，"春"为岁之始，"王"为人道之始，"月"为政教之始，每年当书"春王月"，表明王者承天以制号令。此处未书"王"，是因辞穷之故。具体说来，"王"字如果"置上"，即书"春王宋公卫侯遇于垂"，则嫌周天子与宋卫之君相遇；"王"字如果"置下"，即下条书"王三月郑伯使宛来归邴"，则"嫌无天法可以制月"，故不书"王"字。

②宋公：宋殇公。卫侯：卫宣公。遇：会面的意思。参隐公四年"夏，公及宋公遇于清"。垂：卫地名，在今山东曹县北的句阳店。一说在今山东鄄（juàn）城东南十五里。

【译文】

鲁隐公八年春，宋殇公、卫宣公在垂地非正式会面。

【左传】八年春，齐侯将平宋、卫①，有会期②。宋公以币请于卫③，请先相见，卫侯许之，故遇于犬丘④。

【注释】

①齐侯将平宋、卫：下文云"齐人卒平宋、卫于郑"，此处当指齐侯居中调停，使宋、卫两国与郑国和好。杨伯峻曰："《国语·郑语》云：'齐庄、僖于是乎小伯。'韦昭注云：'小伯，小主诸侯盟会。'此或者亦是齐僖公小伯之一事。"

②有会期：已经确定了结盟的日期，即下文四月"会于温，盟于瓦屋"之期。

③币：财币，礼物。

④犬丘：即垂，一地两名。

【译文】

鲁隐公八年春季，齐僖公准备调停宋、卫两国和郑国讲和，已经确定了结盟的日期。宋殇公用财币向卫国请求，希望先行见面，卫宣公同意了，所以在犬丘举行非正式会见。

【穀梁传】不期而会曰遇①。遇者，志相得也②。

【注释】

①不期：没有预先约定。

②相得：相合。

【译文】

没有预先约定而会面叫做"遇"。"遇"，就是双方的意愿相合的意思。

【经】三月，郑伯使宛来归祊①。

【注释】

①宛：郑国大夫。祊（bēng）：地名，在今山东费县东。《公羊传》《穀梁传》作"邴（bǐng）"。

【译文】

三月,郑庄公派大夫宛来归还祊地。

【左传】郑伯请释泰山之祀而祀周公,以泰山之祊易许田①。三月,郑伯使宛来归祊,不祀泰山也。

【注释】

①郑伯请释泰山之祀而祀周公,以泰山之祊易许田:泰山之祀,郑庄公的祖父郑桓公为周宣王同母弟,因此赐郑国以祊地,作为天子祭祀泰山时郑君助祭的汤沐邑(按周制,诸侯朝见天子,天子赐以王畿以内供住宿和斋戒沐浴的封邑)。周王曾赐周公许田,作为鲁公朝见周王时的朝宿之邑。春秋时天子不再祭祀泰山,因祊近鲁,许近郑,郑国于是提议以祊易许。因许地有周公之庙,郑伯恐鲁国以不愿废祀周公为由拒绝易地,所以申明愿放弃泰山之祀而祀周公,以祊地易许田。释,舍弃。许,地名,在今河南许昌。田,田地。

【译文】

郑庄公请求免除对泰山的祭祀而祭祀周公,用泰山旁边的祊地交换鲁国在许地的田地。三月,郑庄公派遣宛来致送祊地,表示不再祭祀泰山了。

【公羊传】宛者何?郑之微者也①。祊者何?郑汤沐之邑也②。天子有事于泰山③,诸侯皆从,泰山之下,诸侯皆有汤沐之邑焉。

【注释】

①郑之微者:即郑国之士,其名为"宛"。按照名例,士称人,此处称

名者,因重汤沐邑之故。若一般之地,则不名,如哀公八年"齐人
归讙及阐"。

②汤沐之邑:诸侯从天子祭祀泰山,在泰山之下有一块封地,以便住
宿沐浴斋戒,此为汤沐邑,此处邴即为郑国之汤沐邑。郑伯私自
将汤沐邑与人,则为大恶,鲁隐公受之,亦为大恶,故经书"郑伯
使宛来归邴",两责之。值得注意的是,郑鲁之交易,至桓公元年
方完成,据此而言,鲁隐公仅是接受了邴,鲁桓公则将许田与郑,
虽均为"专地"之大恶,然桓公之恶更甚。

③有事:即巡守祭天告至之礼。

【译文】

宛是什么人? 郑国地位卑微的人。邴是什么地方? 是郑国的汤沐
邑。天子巡守祭祀泰山,诸侯跟随助祭,在泰山脚下,诸侯都有汤沐邑。

【穀梁传】名宛,所以贬郑伯,恶与地也①。

【注释】

①恶与地:厌恶这种交换土地的行为。诸侯的土地,仍属周天子所
有,而郑庄公不通过天子,就把土地给别人,这是不合礼制的。

【译文】

直呼宛的名,是用来贬低郑国国君的,憎恶他私自把土地交换给别人。

【经】庚寅①,我入邴②。

【注释】

①庚寅:二十一日。

②邴:《公羊传》《穀梁传》作"邴"。

【译文】

二十一日，我国入驻祊地。

【公羊传】其言入何①？难也②。其日何③？难也。其言我何④？言我者，非独我也。齐亦欲之⑤。

【注释】

①其言入何：案常例，上条言"郑伯使宛来归祊"，则鲁国取邑已明，不需别言"入祊"，故而发问。

②难：困难，为难。

③其日何：案时月日例，取邑例时，故发问。此处书日，是为鲁国讳，好像三月郑归祊，鲁国为擅受天子之邑而感到为难，故至庚寅日方入祊，故《公羊传》云："难也。"

④其言我何：《公羊义疏》云："我者，对人之辞，故有他人，则言我以起之。"若仅有鲁一国，则只需言"入祊"即可。

⑤齐亦欲之：案祊在泰山之下，亦近齐，且齐国多次与郑、鲁聘会，故知齐亦欲之。之所以书"我"以明"齐亦欲之"，也是为鲁国避讳，好像是欲受天子之邑的国家不只是鲁国，此相较鲁国独受邑，性质要轻一些。

【译文】

经文书"入"，是为什么？因为很困难。经文书日，是为什么？因为很为难。经文书"我"，是为什么？书"我"就表明不单单是我鲁国，齐国也想要得到祊地。

【穀梁传】入者，内弗受也①。日入②，恶入者也。祊者，郑伯所受命于天子而祭泰山之邑也③。

【注释】

①内弗受：指郱地当地人不接受。

②日：记载日期。

③郑伯所受命：指郑国始封君郑桓公所受任命。命，册封任命。

【译文】

"入"，就是郱地的人不愿意鲁国进入的意思。记载进入的日期，是表示憎恶进入者。郱，是郑国国君受到周天子的任命来参与祭祀泰山沐浴暂居的地方。

*【左传】夏，虢公忌父始作卿士于周①。

【注释】

①虢公忌父始作卿士于周：隐公三年传文已记载周王有意让虢公做卿士（执政大臣），并引起郑庄公的猜忌。此年虢公才担任卿士，所以用一"始"字。顾栋高《春秋大事表》引程启生云："郑伯为左卿士，则虢公右卿士也。郑伯夺政之后，盖周公黑肩代之，故桓五年伐郑之役，虢公将右军，周公将左军。"

【译文】

夏季，虢公忌父开始在周王室做卿士。

*【左传】四月甲辰①，郑公子忽如陈逆妇妫②。辛亥③，以妫氏归。甲寅④，入于郑。陈鍼子送女⑤。先配而后祖⑥。鍼子曰："是不为夫妇，诬其祖矣⑦，非礼也，何以能育⑧？"

【注释】

①甲辰：初六。

②郑公子忽如陈逆妇妫：此句与上年传文末章"乃成昏"相衔接。

古人除天子外,都必须亲自前往女方迎娶。所以公子忽亲迎妫
妫。妇妫,即新娘陈妫,陈国妫姓,所以又称妇妫。

③辛亥:十三日。

④甲寅:十六日。

⑤铖(qián)子:陈国大夫。

⑥先配而后祖:按古礼,公子忽迎娶陈妫归来,应先祭祖庙,报告迎
娶之事,后同居。公子忽则先同居后祭祖,不合于礼法。配,同床
共寝。祖,返国时告祭于祖庙。

⑦诬:欺骗。

⑧何以能育:此指养育子孙而繁盛郑国。育,《说文》:"养子使作善
也。"杨伯峻曰:"郑公子忽果不终享郑国,则其纵有子孙,亦难以
存于郑。"

【译文】

  四月初六,郑公子忽到陈国迎娶妻子妫氏。十三日,带着妫氏回来。
十六日,进入郑国。陈铖子送妫氏到郑国。他们先结婚而后告祭祖庙。
铖子说:"这不能算夫妇,欺骗了他的祖先,这不合于礼,怎么能够使子孙
繁衍兴旺呢?"

【经】夏六月己亥①,蔡侯考父卒②。

【注释】

①己亥:初二。

②蔡侯考父:即蔡宣公,名考父,侯爵,谥宣,当时为周卿士。案时月
日例,大国卒日葬月。

【译文】

  夏,六月初二,蔡宣公考父去世。

【穀梁传】诸侯日卒,正也①。

【注释】

①正:表明该诸侯的身份是嫡系正传的意思。

【译文】

诸侯去世记载日期的,表示他是嫡系正传。

【经】辛亥①,宿男卒②。

【注释】

①辛亥:十四日。

②宿男:宿国国君,男爵。按照《春秋》之例,传闻世不书小国之卒葬,至所闻世方录之。此处书宿男之卒,是因为《春秋》托鲁隐公为始受命之王,宿国慕贤,与鲁国交接,故书其卒以褒之。交接之事指的是隐公元年,"九月,及宋人盟于宿",鲁、宋、宿三国的士在宿都结盟。由于士属于微者,与微者盟功小,故宿男不名、不书葬,亦不像滕国那样,由子爵褒为侯爵。

【译文】

十四日,宿国国君去世。

【穀梁传】宿,微国也。未能同盟,故男卒也①。

【注释】

①男卒也:只记载爵位"男"而不记载其名。

【译文】

宿,是个小国家。鲁国没有与它结盟,所以只记爵位"男"去世。

【经】秋七月庚午①,宋公、齐侯、卫侯盟于瓦屋②。

【注释】

①庚午:初三。

②宋公:宋殇公。齐侯:齐僖公。卫侯:卫宣公。瓦屋:周地名,在今河南温县西北。

【译文】

秋,七月初三,宋殇公、齐僖公、卫宣公在瓦屋会盟。

【左传】齐人卒平宋、卫于郑①。秋,会于温②,盟于瓦屋,以释东门之役③,礼也。

【注释】

①卒:终于。

②温:古地名,在今河南温县。

③以释东门之役:如果宋、卫仍因曾经围郑东门而唯恐郑会报复,则难于调停。齐僖公早与郑庄公达成协议,故可以代表郑国表示不计前嫌,因此郑国虽未出席此会仍可以达成盟约。释,捐弃,解开。

【译文】

齐国人终于让宋、卫两国和郑国讲和。秋季,在温地会见,在瓦屋结盟,捐弃东门这一役的旧怨,这是合于礼的。

【穀梁传】外盟不日①,此其日,何也? 诸侯之参盟于是始②,故谨而日之也。诰誓不及五帝③,盟诅不及三王④,交质子不及二伯⑤。

【注释】

①外盟：指鲁国之外的诸侯国之间的会盟。

②参（sān）：三。

③诰誓不及五帝：意思是五帝的时候不需要诰誓这种东西。诰誓，古代君王训诫勉励民众的文告或告诫军中将士的言辞。及，到。五帝，传说中的五位上古帝王，《史记》认为是黄帝、颛顼、帝喾、唐尧、虞舜。

④盟诅不及三王：意思是夏、商、周三代开国之君的时候，人人诚信，会盟不需要签署盟誓、誓约之类的东西。意谓春秋时期诸侯盟誓是因为人们互不信任，没有公认的领袖的缘故，是世风日下的表现。盟诅，即盟誓、誓约。大事曰盟，小事曰诅。三王，指夏、商、周三代的三位君王，大禹、商汤、周武王。

⑤交质子不及二伯：意思是齐桓公的召陵之盟，晋文公的践土之盟，都不需要以儿子作人质。交，交换。质，以……作为人质。子，儿子。春秋时诸侯缔结盟约，为表诚意，通常以各自的公室子弟送往对方作为人质。二伯，此指齐桓公和晋文公。

【译文】

鲁国之外的诸侯国之间的会盟是不记载日期的，这里经文记载了，为什么呢？三个国家的诸侯参与结盟是从这时开始的，所以慎重地记载了这件事的日期。发布诰誓这样的事追溯不到五帝治理天下的时候，盟誓之事追溯不到夏、商、周三代的开国之君，交换人质这样的事在齐桓公、晋文公引领诸侯的时候也用不上。

【经】八月，葬蔡宣公①。

【注释】

①蔡宣公：即上文之蔡侯考父。

【译文】

八月,安葬蔡宣公。

【公羊传】卒何以名,而葬不名？卒从正[1],而葬从主人[2]。卒何以日,而葬不日[3]？ 卒赴,而葬不告。

【注释】

①卒从正:卒时称名,是从君臣之正礼言之。因诸侯卒当赴告天子,依"君前臣名"之礼,则当称诸侯之名,并称其本爵。

②葬从主人:主人,即臣子。因葬为生者之事,故在诸侯下葬时,依臣子之意定称谓。案周代礼制,诸侯有公、侯、伯、子、男五等,然臣子之心,莫不欲尊荣其君父,故在葬时,五等诸侯都称"公",又称谥不名,此为"葬从主人"。

③卒何以日,而葬不日:案礼制,诸侯五月而葬,葬有常时,所以卒之日需赴告天子,葬之日不需赴告,故不日。值得注意的是,卒日葬月,为大国卒葬之常法;小国则到所闻世方录卒葬,且卒月葬时,至哀公时,小国方卒日葬月;传闻世记录的小国之卒,皆非常例。

【译文】

为什么在诸侯卒时书名,而葬时不书名？卒时遵从赴告天子时君前臣名的正法,而葬时则遵从臣子的意愿。为何卒时书日,而葬时不书日？诸侯卒,当赴告天子,下葬则不赴告天子。

【穀梁传】月葬,故也[1]。

【注释】

①故:有变故。具体为何变故不详。

【译文】

记载下葬的月份,表示有变故。

***【左传】**八月丙戌①,郑伯以齐人朝王,礼也②。

【注释】

①八月丙戌:八月无丙戌日,当是记日有误。

②郑伯以齐人朝王,礼也:郑庄公为周王卿士,率领齐僖公朝周王, 以示服从王室,这是合乎礼的。郑伯,指郑庄公。以,率领,引导。

【译文】

八月丙戌,郑庄公带着齐国人朝觐周桓王,这是合于礼的。

【经】九月辛卯①,公及莒人盟于浮来②。

【注释】

①辛卯:二十五日。

②浮来:莒国邑名。《公羊传》《穀梁传》作"包来"。在今山东沂源 东南,一说在莒县西浮来山,又说在蒙阴西北。

【译文】

九月二十五日,鲁隐公和莒国人在浮来会盟。

【左传】公及莒人盟于浮来,以成纪好也①。

【注释】

①成纪好:隐公二年传文云:"纪子帛、莒子盟于密,鲁故也。"纪国 为调解莒国与鲁国的矛盾而与莒国会盟,今鲁与莒盟,则是表明 纪国调解成功,亦是表示与纪友好,故云"成纪好"。

【译文】

隐公和莒子在浮来结盟,以达成对纪国的友好。

【公羊传】公曷为与微者盟^①?称人则从不疑也^②。

【注释】

①公曷为与微者盟:经文书"莒人",就字面上看,是莒国的士,属于卑微者。《春秋》之常例,国君不与臣下结盟,否则就是君臣无别。若鲁君与他国大夫结盟,需要避讳,如庄公二十二年,鲁庄公与齐国大夫高傒盟,《春秋》讳之曰:"及齐高傒盟。"此处隐公与莒国之士盟而不讳,故而发问。

②称人则从不疑:鲁君与"莒人"盟,而《春秋》不讳,则此"莒人"实为莒子。之所以称莒子为"莒人",是为鲁隐公避讳。包来之会,经文书"及",则表明隐公汲汲于会盟。但是隐公之前有恶行,六年狐壤之战,被俘不能死位,八年又擅受郑国之汤沐邑,不尊王,无廉耻。若书"公及莒子盟",则二君地位相等,嫌隐公汲汲于莒子,而莒子不肯盟。故书"公及莒人盟",则诸侯与士地位悬绝,不嫌莒人不肯,此为"称人则从不疑"。

【译文】

隐公为什么要和卑微的人结盟?称莒子为"人",则莒子听从隐公是没有疑问的。

【穀梁传】可言公及人,不可言公及大夫。

【译文】

可以说鲁国国君和某国的人,不可以说鲁国国君和某国的大夫。

△【经】螟。

【译文】

有螟虫为害。

*【左传】冬，齐侯使来告成三国[1]。公使众仲对曰："君释三国之图[2]，以鸠其民[3]，君之惠也[4]。寡君闻命矣，敢不承受君之明德[5]。"

【注释】

①告成三国：报告宋、卫、郑三国成功和解。

②三国之图：指三国互相侵伐报复的打算。图，打算，图谋。

③鸠（jiū）：安定。

④君之惠：国君所给予的恩惠。

⑤敢不承受君之明德：指齐僖公平三国之举，有如盟主之功，鲁隐公于是表示敬佩。

【译文】

冬，齐僖公派人来报告宋、卫、郑三国成功讲和的事。隐公派众仲回答说："国君使三国放弃相互侵伐报复的图谋，安定了他们的百姓，这都是国君的恩惠。寡君听到了，岂敢不承受国君的明德。"

【经】冬十有二月，无骇卒[1]。

【注释】

①冬十有二月，无骇卒：《左传》杜预注："公不与小敛，故不书日。卒而后赐族，故不书氏。"无骇，鲁国之卿，展禽（柳下惠）之父。《穀

梁传》作"无侅（hài）"。

【译文】

冬，十二月，无骇去世。

【左传】无骇卒。羽父请谥与族①。公问族于众仲。众仲对曰："天子建德，因生以赐姓，胙之土而命之氏②。诸侯以字为谥，因以为族③。官有世功，则有官族④，邑亦如之⑤。"公命以字为展氏⑥。

【注释】

①谥（shì）：古代帝王、诸侯及大夫等死后，朝廷根据其生平言行给予的表襃贬的称号。

②"天子建德"三句：大意为，天子建立有德之人以做诸侯，根据他的生地而赐姓，分封土地而又赐给他氏。建德，选用有德之人为诸侯。胙（zuò），赐予。

③诸侯以字为谥，因以为族：大意为，诸侯以字作为谥号，他的后人又以这作为族氏。古制，诸侯之子称为公子，公子之子称为公孙，公孙之子不可再称公孙，便以祖父之字为氏。

④官有世功，则有官族：以先世有功之官名为族氏。

⑤邑亦如之：以先世所食之采邑为族姓。

⑥展氏：无骇为公子展之孙，所以以其字为氏，称为展氏。

【译文】

无骇去世。羽父为他请求谥号和族氏。隐公向众仲询问关于族氏的事。众仲回答说："天子选用有德之人让他做诸侯，根据他的生地而赐姓，分封土地而又赐给他族氏。诸侯以字作为谥号，他的后人又以此作为族氏。世代做这种官职而有功绩，他的后人就以官名作为族氏，也有以封邑为族氏的。"隐公命令以无骇的字作为族氏，就是展氏。

【公羊传】此展无骇也,何以不氏①? 疾始灭也②,故终其身不氏③。

【注释】

①何以不氏:案《春秋》名例,鲁国命大夫称名氏,此处仅称"无骇",而不书"展"氏,故发问。

②疾始灭:见隐公二年,"无骇帅师入极"条。

③终其身不氏:隐公二年,无骇不氏,至其卒,亦不氏,则是终其身不氏。之所以如此,是"疾始灭"的缘故。上二年无骇灭极,因讳内大恶,故书"入极",则嫌无骇之不氏,仅是"起入为灭",而"始灭"之恶不见,故以"终其身不氏"见之。

【译文】

这是展无骇,为什么不称氏? 是痛恨无骇灭极是灭国的开端,故终其身不称氏。

【穀梁传】无侅之名①,未有闻焉②。或曰:隐不爵大夫也③。或说曰:故贬之也④。

【注释】

①名:直接记载名字而不记载爵位。

②未有闻:没有听说过。穀梁子说没有从自己的老师那儿听说过。

③隐不爵:鲁隐公没有册封任命过大夫。

④故:有缘故。

【译文】

为什么直接称呼无侅的名,没有从老师那儿听说过。有人说:是因为鲁隐公没有册封任命过大夫。也有解释说:是有其他缘故而贬低他。

九年

【经】九年春①，天子使南季来聘②。

【注释】

①九年：鲁隐公九年当周桓王六年，前714年。

②南季：周大夫。南是以采地为氏，季为字。案名例，氏采称字，为天子之上大夫。

【译文】

鲁隐公九年春，周天子派大夫南季来访问我国。

【穀梁传】南，氏姓也。季，字也。聘，问也。聘诸侯，非正也。

【译文】

南，是氏。季，是字。聘，是访问的意思。天子派使者来访问诸侯，不合礼制。

【经】三月癸酉①，大雨，震电②。

【注释】

①癸酉：初十。

②震电：大雷电，即霹雳。

【译文】

三月初十，下大雨，打霹雳。

【左传】九年春,王三月癸酉,大雨霖以震①,书始也②。

【注释】

①霖:久雨。以:与。震:雷电。

②书始:指癸酉日为霖雨雷电开始之日。

【译文】

鲁隐公九年春,周历三月初十,天久下大雨而且打雷闪电,《春秋》记载了开始的日期。

【公羊传】何以书? 记异也。何异尔? 不时也①。

【注释】

①不时:不合时令。周历之三月,相当于农历正月,不应该有雷电,故云不时。何休以为,雷电代表阳气,三月而有雷电,"此阳气大失其节,犹隐公久居位,不反于桓,失其宜也"。故天降异以警示之。

【译文】

为什么记录这事? 是记录奇异之象。有什么奇异之处? 不合时令。

【穀梁传】震,雷也。电,霆也①。

【注释】

①霆:疾雷,劈雷。

【译文】

震,是打雷。电,是闪电。

【经】庚辰①,大雨雪②。

【注释】

①庚辰：十七日。

②雨（yù）雪：下雪。雨，在此作动词用，下。

【译文】

十七日，下大雪。

【左传】庚辰，大雨雪，亦如之①。书，时失也②。凡雨，自三日以往为霖。平地尺为大雪③。

【注释】

①大雨雪，亦如之：指庚辰日也是大雪开始之日。

②书，时失也：杨伯峻曰："意谓经文所以书此者，当时误以王三月为夏正正月，不当有雷电；既有雷电，则不当有大雪。乃雷电之后八日复有大雪，皆节候不得其正，故言时失。"时失，天时不正常。

③平地尺：平地积雪一尺深。

【译文】

十七日，又久下大雪，《春秋》也只记开始的日期。之所以记载，是由于天时不正常的缘故。凡是下雨，连续下三天以上就叫"霖"。平地雪深一尺就叫"大雪"。

【公羊传】何以书？记异也。何异尔？俶甚也①。

【注释】

①俶（chù）：王引之训为厚。何休以为，有平地七尺之雪，是盛阴之气大怒，桓公将怒而杀隐公之象，天以异象警示隐公。

【译文】

为什么记录这事？是记录奇异之象。有什么奇异之处？雪太厚了。

【穀梁传】志疏数也①。八日之间②,再有大变③,阴阳错行④,故谨而日之也。雨月,志正也。

【注释】

①疏数(cù):稀疏与紧密。这里指两次气象相隔的日子的远近。

②八日:癸酉到庚辰日相隔八天。

③再:两次。

④阴阳错行:古人认为,雷电是阳,雪是阴。在这个季节不应该有雷电,却有了雷电,既然已经有了雷电,就不应该再有雪了,结果雷电之后八天却又下雪了。就认为是阴阳错行。

【译文】

这是记载不同气象相隔的远近。八天之间,气象两次有大的变化,阴阳错行,所以经文慎重地记载发生的日期。记录下雨的月份,是合乎常例的。

【经】挟卒①。

【注释】

①挟:人名,鲁国大夫。《公羊传》《穀梁传》作"侠"。

【译文】

挟去世。

【公羊传】侠者何? 吾大夫之未命者也①。

【注释】

①未命:命即策命,《礼记·王制》云:"大国三卿,皆命于天子。……次国三卿,二卿命于天子,一卿命于其君。小国二卿,皆命于其

君。"此处侠是未受天子策命,亦未受鲁君策命,然地位高于士,故为未命大夫。案《春秋》之例,未命大夫书名,不称氏;又未命大夫不书卒,此处书侠之卒,是因隐公为贤君,宜有恩礼于大夫。

【译文】

侠是什么人?是我国的未命大夫。

【穀梁传】侠者,所侠也。弗大夫者,隐不爵大夫也。隐之不爵大夫,何也?曰:不成为君也。

【译文】

侠,就是所侠。没有称他为大夫,是因为鲁隐公没有册封过大夫。隐公不册封大夫,是为什么呢?回答说:鲁隐公不想成为国君。

【经】夏,城郎①。

【注释】

①郎:鲁邑,在今山东曲阜一带,近于国都。与隐公元年费伯城郎之"郎"地为二地,后者在今山东鱼台东北。

【译文】

夏,修筑郎地的城墙。

【左传】夏,城郎。书,不时也①。

【注释】

①不时:妨碍农时。周历夏季,夏历正当春季,是农忙季节,筑城妨碍农时,所以说"不时"。

【译文】

夏,在郎地筑城。《春秋》记载这件事,是由于妨碍农时。

【经】秋七月①。

【注释】

①秋七月:记秋季的首月。

【译文】

秋七月。

【穀梁传】无事焉,何以书? 不遗时也①。

【注释】

①时:季节。范甯注:"四时不具,不成年也。"

【译文】

没有什么事情,为什么还要记录呢? 因为不能遗漏每一个季节。

【经】冬,公会齐侯于防①。

【注释】

①防:鲁地名,在今山东费县东北。世为臧氏食邑。鲁有二防,此
　　为靠近齐国的东防,此时西防尚未为鲁所有。《公羊传》作"郎"。
　　按《公羊传》,郎原为郑国之汤沐邑,隐公八年,郑伯以郎归鲁。
　　此处鲁隐公与齐僖公在郎邑相会,以及下十年,"公会齐侯、郑伯
　　于中丘",印证了八年"齐亦欲之"的传文。

【译文】

冬,隐公在防地和齐僖公相会。

【左传】宋公不王^①。郑伯为王左卿士^②，以王命讨之，伐宋^③。宋以入郛之役怨公，不告命^④。公怒，绝宋使^⑤。

【注释】

①不王：不朝，诸侯朝见天子叫王。

②左卿士：上年"虢公忌父始作卿士于周"，是虢公为右卿士，郑庄公为左卿士，共为执政大臣。

③以王命讨之，伐宋：杨伯峻曰："春秋之世，朝王者极少。以鲁而论，十二公二百四十余年，据《春秋》所载，惟僖公因晋文之霸，两朝王所；成公因伐秦之役，一至京师；隐、桓二十九年间，王使来者不绝，而两公未尝一朝王。则郑伯以宋之不王而讨宋者，亦犹齐桓伐楚，责其包茅不入，皆藉辞而已。"

④宋以入郛之役怨公，不告命：入郛之役在隐公五年。隐公曾于七年为宋伐邾，想以此取悦于宋，而宋仍不释然，故虽被伐，也不来报告。不告命，没来报告。

⑤绝宋使：断绝与宋国的往来。

【译文】

宋殇公不去朝见周桓王。这时郑庄公正担任周桓王的左卿士，于是用天子的名义讨伐他，进攻宋国。宋国由于被攻外城那次战役对隐公不满，不来报告。隐公发怒，就断绝与宋国的往来。

秋，郑人以王命来告伐宋^①。

【注释】

①郑人以王命来告伐宋：郑人来请求鲁出兵伐宋。杨伯峻曰："前此郑伐宋，恐未尝得志，故郑再谋伐宋，而以王命来告。"

【译文】

秋，郑国人用天子的名义前来报告进攻宋国。

冬，公会齐侯于防，谋伐宋也^①。

【注释】

①公会齐侯于防，谋伐宋也：杨伯峻曰：“郑伯未与会者，或以其国有
    北戎之役故。是以十年又有中丘之会。”

【译文】

冬，隐公和齐僖公在防地会面，策划进攻宋国。

【穀梁传】会者，外为主焉尔。

【译文】

会的意思，强调是外国主动提出的会见。

*【左传】北戎侵郑^①，郑伯御之。患戎师，曰：“彼徒我车^②，惧其侵轶我也^③。”公子突曰^④：“使勇而无刚者尝寇^⑤，而速去之^⑥。君为三覆以待之^⑦。戎轻而不整^⑧，贪而无亲^⑨，胜不相让，败不相救。先者见获必务进，进而遇覆必速奔，后者不救，则无继矣。乃可以逞^⑩。”从之。戎人之前遇覆者奔。祝聃逐之^⑪，衷戎师^⑫，前后击之，尽殪^⑬。戎师大奔。十一月甲寅^⑭，郑人大败戎师^⑮。

【注释】

①北戎：指今山西交城、平陆一带的戎人。戎狄本多为西北游牧部

落,随着周朝的衰弱而渐向东南入侵,春秋初期,常侵凌中原。

②徒:步兵。车:车兵。

③侵轶(yì):从后面突然袭击。轶,突袭、袭击。

④公子突:即后来的郑厉公。

⑤使勇而无刚者尝寇:派勇而无刚的人前去诱敌。勇则敢于冲锋。

　无刚,不坚毅,这样的人不耻于后退。尝,试探。

⑥去:离开。

⑦三覆:分三批设下伏兵。覆,伏兵。

⑧轻:轻率。不整:无秩序。

⑨无亲:不团结。

⑩逞:成功。

⑪祝聃:郑国大夫。

⑫衷戎师:将戎师截为数段。衷,中断,截断。

⑬尽殪(yì):全部歼灭。殪,死。

⑭十一月甲寅:十一月无甲寅日,记日不确。

⑮郑人大败戎师:戎军先行遇伏者被全歼,郑军又打败崩溃的后继

　部队,故总说"大败戎师"。

【译文】

北戎人侵略郑国,郑庄公率兵抵御他们。又忧心戎军力量强大,说:
"他们是步兵,我们用战车,我很担心他们从后边突然袭击我们。"公子
突说:"派遣一些勇敢而不刚毅的兵士,和敌人一接触就赶紧退走。国君
设下三批伏兵等待他们。戎人轻率而不整肃,贪婪而不团结,打赢了各
不相让,打败了各不相救。前面的见到有财物俘虏,必然一意前进,前进
而遭遇伏兵,必然赶快奔逃,后面的人不去救援,敌兵就没有后继者了。
这样,我们就可以得胜。"郑庄公听从了公子突的意见。戎人的前锋部
队遇到了伏兵果然奔逃。祝聃追逐他们,把戎军从中截断,前后夹攻,将
戎军先行遇伏的军队全部歼灭。戎军后继部队拼命奔逃。十一月甲寅,

郑人把戎军打得大败而逃。

十年

【经】十年春王二月①,公会齐侯、郑伯于中丘②。

【注释】

①十年:鲁隐公十年当周桓王七年,前713年。二月:案时月日例,会例时,此处书月,因鲁隐公于六年被郑国俘虏,如今始与郑伯相见,故"危录之"。

②齐侯:指齐僖公。郑伯:指郑庄公。中丘:在今山东临沂东北。

【译文】

鲁隐公十年春周历二月,鲁隐公与齐僖公、郑庄公在中丘相会。

【左传】十年春王正月,公会齐侯、郑伯于中丘。癸丑①,盟于邓②,为师期③。

【注释】

①癸丑:二十五日。

②邓:鲁地名,在今山东兖州。

③为师期:决定出兵伐宋的日期。

【译文】

鲁隐公十年春周历正月,鲁隐公在中丘会见齐僖公、郑庄公。二月二十五日,在邓地结盟,决定出兵日期。

【经】夏,翚帅师会齐人、郑人伐宋。

【译文】

夏,公子翚率领军队会合齐国人、郑国人攻打宋国。

【左传】夏五月,羽父先会齐侯、郑伯伐宋^①。

【注释】

①羽父:即公子翚。先会:先公而行以会师。

【译文】

夏季五月,羽父先行会合齐僖公、郑庄公进攻宋国。

【公羊传】此公子翚也,何以不称公子? 贬。曷为贬? 隐之罪人也^①,故终隐之篇贬也^②。

【注释】

①隐之罪人:即隐公之罪人。公子翚参与弑杀鲁隐公,故为隐之罪人,详见隐公四年传文。

②终隐之篇贬:隐公之篇,公子翚出现两次,一为四年“秋,翚帅师会宋公、陈侯、蔡人、卫人伐郑”,一即此条,均不称“公子翚”,而贬称“翚”,此为终隐之篇贬。至桓公三年,“秋,公子翚如齐逆女”,复称“公子”而不贬。之所以如此,原因有二:一,弑君为大恶,内大恶讳,故翚之弑君不可直书;二,翚虽是隐公之罪人,但非桓公之罪人,故不能贬于桓公之篇。如此,则必须以“终隐之篇贬”,见翚为隐公之罪人,起其弑君;至桓公篇不贬,见桓公与翚同罪。

【译文】

这是公子翚,为什么不称“公子”? 是贬损。为什么要贬损? 翚是隐公的罪人,所以终隐公之篇都要贬损他。

【经】六月壬戌，公败宋师于菅①。

【注释】

①六月壬戌，公败宋师于菅（guān）：案《春秋》之中，战争分为两类，一为偏战，一为诈战。偏战是两军各据一边，约定时间，堂堂正正厮杀；诈战则是偷袭。《春秋》对此有不同的书法，对于外诸侯，若偏战则书"某日，某及某战于某地，某师败绩"；若诈战则书"某败某师于某地"，不书日期。对于鲁国而言，《春秋》王鲁，"内不言战，言战则败矣"，若鲁国胜，偏战则书"某日，败某师于某地"；若诈战则书"败某师于某地"，不书日期。若鲁国战败，偏战则书"某日，及某师战于某地"；诈战则书"及某师战于某地"，不书日期。此条即鲁国偏战而胜之书法。壬戌，初七。败，战胜。菅，宋地名，在今山东单县北。

【译文】

六月初七，鲁隐公在菅地打败宋国军队。

【左传】六月戊申①**，公会齐侯、郑伯于老桃**②**。壬戌**③**，公败宋师于菅。**

【注释】

①戊申：六月无戊申日，当是记载有误。

②老桃：宋地名，今址不详。

③壬戌：初七。

【译文】

六月戊申日，隐公在老桃会见齐僖公、郑庄公。初七，隐公在菅地打败宋军。十五日，郑国军队开进郜地。

【穀梁传】内不言战,举其大者也①。

【注释】

①内不言战,举其大者也:意思是记载鲁国与别国作战,一般不用"战"字,而是举其重要的记载,即记载胜败结果。内,鲁国自指。

【译文】

记载鲁国的战事不说"战",只说重要的方面。

【经】辛未①,取郜②。辛巳③,取防④。

【注释】

①辛未:十六日。

②郜(gào):宋邑,在今山东成武东南。原为西周封国,封周文王之子于此,姬姓,《春秋》记事之前即为宋国所灭,此时已成宋地。

③辛巳:二十六日。

④防:指西防,在今山东金乡西南。

【译文】

十六日,攻取郜地。二十六日,攻取防地。

【左传】庚午①,郑师入郜。辛未②,归于我。庚辰③,郑师入防。辛巳④,归于我。

【注释】

①庚午:十五日。

②辛未:十六日。

③庚辰:二十五日。

④辛巳:二十六日。

【译文】

十六日,郑国把郜地归属于我国。二十五日,郑国军队又开进防地。二十六日,郑国把防地归属于我国。

　　君子谓郑庄公"于是乎可谓正矣①。以王命讨不庭②、不贪其土,以劳王爵③,正之体也④"。

【注释】

①正:行事合于正道。

②不庭:不朝。上年说"宋公不王",所以说"不庭"。

③以劳王爵:郑伯为王左卿士,以王命讨宋,不宜接受此土,鲁国爵尊,郑伯爵卑,所以将此土归于鲁,所以说"劳王爵"。劳,慰劳。王爵,指接受天子爵位之国。

④正之体:治理政事的主体。正,通"政"。

【译文】

君子说郑庄公"这样做,可以说合于正道了。用天子的命令讨伐不来朝觐的诸侯,自己不贪求土地,以犒赏接受天子爵位的鲁国,这是得到治理政事的主体了"。

　　【公羊传】取邑不日①,此何以日? 一月而再取也。何言乎一月而再取? 甚之也②。内大恶讳,此其言甚之何③?《春秋》录内而略外,于外大恶书,小恶不书,于内大恶讳,小恶书④。

【注释】

①取邑不日:案时月日例,取邑例时。

②甚之也：以之为甚。甚，过分。

③内大恶讳，此其言甚之何：一月而取宋国二邑，是贪利不足，故甚
　之。然直言"甚之"，不是避讳之辞，按照"内大恶讳"原则，不讳
　即非大恶，又取邑为小恶，故一月再取邑，是小恶中之甚者，非大
　恶也。

④"于外大恶书"四句：此为《春秋》内外之例，《春秋》托王于鲁，以
　内外之别彰显王者治世之次序。何休云："于内大恶讳，于外大恶
　书者，明王者起，当先自正，内无大恶，然后乃可治诸夏大恶；因见
　臣子之义，当先为君父讳大恶也。内小恶书，外小恶不书者，内有
　小恶，适可治诸夏大恶，未可治诸夏小恶，明当先自正，然后正人。"

【译文】

　　夺取城邑不记录到日，这里为什么书日？因为这是一月之内两次夺
取城邑。为什么要说明一月内两次取邑？是因为这太过分了。鲁国的
大恶是要避讳的，为什么这里直说太过分了？《春秋》详细记录鲁国之
事，简略记录外国之事，记录外国的大恶行，不记录外国的小恶行，避讳
鲁国的大恶行，记录鲁国的小恶行。

　　【穀梁传】取邑不日，此其日，何也？不正其乘败人而深
为利①，取二邑，故谨而日之也。

【注释】

①不正其乘败人而深为利：《穀梁传》认为鲁国趁宋国战败而进入
　宋国国境夺取利益是不合道义的。不正其，以其为不正，即认为
　鲁国这种行为不合正道。深为利，深入国内夺取利益。据《左
　传》，郜、防二地是郑国夺取，然后归于鲁国的。

【译文】

　　占领城池不记载日期，这里经文记载了日期，为什么呢？经文认为：

鲁国趁打败别国的时候极力谋取利益是不合道义的,夺取两座城池,所以慎重地记载这件事的日期。

【经】秋,宋人、卫人入郑。宋人、蔡人、卫人伐戴①。郑伯伐取之。

【注释】

①戴(zài):通"载",姬姓诸侯国,在今河南民权东稍北。《公羊传》《穀梁传》作"载"。

【译文】

秋,宋国人、卫国人攻入郑国。宋国人、蔡国人、卫国人攻打戴国。郑庄公攻下了戴国,取得了戴地。

【左传】秋七月庚寅①,郑师入郊,犹在郊②。宋人、卫人入郑,蔡人从之伐戴。八月壬戌③,郑伯围戴。癸亥④,克之,取三师焉⑤。宋、卫既入郑,而以伐戴召蔡人,蔡人怒,故不和而败。

【注释】

①庚寅:初五。

②犹在郊:指郑国军队从邿、防回师,还驻扎在远郊,未入国都。

③壬戌:初八。

④癸亥:初九。

⑤取三师:俘虏了宋、卫、蔡三国的军队。三国已入戴,郑伯围而克之,故能取三国之师。

【译文】

　　秋,七月初五,郑国的军队进入本国的远郊,仍然停留在那里。宋军、卫军趁此攻进郑国,蔡军跟在后面进攻戴地。八月初八,郑庄公包围戴地。初九,攻克戴地,俘虏了宋、卫、蔡三国军队。宋军、卫军已经攻入郑国,而又为了攻打戴地才联合蔡军,蔡国人发怒,所以因三国军队不合作而导致失败。

　　【公羊传】其言伐取之何①?易也。其易奈何?因其力也。因谁之力?因宋人、蔡人、卫人之力也②。

【注释】

　　①其言伐取之何:案《春秋》之例,国言灭,邑言取,此处实为郑灭戴国,却用"伐取"之文,故发问。

　　②因宋人、蔡人、卫人之力:宋、蔡、卫三国先伐戴,郑伯因其困而灭之,如取邑一般容易。"伐取之",即表明郑因三国伐戴之力,故能灭戴如取邑。案时月日例,灭例月,此处书时,何休云:"移恶上三国。"

【译文】

　　经文说"伐取之"是什么意思?表明灭国容易。怎么容易了?是借助了其他的力量。借助谁的力量?借助宋国人、蔡国人、卫国人的力量。

　　【穀梁传】不正其因人之力而易取之①,故主其事也②。

【注释】

　　①取:灭国的意思。说"取"不说"灭",表明很容易就灭掉戴国了,参见昭公二十五年"齐侯取郓"传文。

　　②主其事:以其为事主,即以郑庄公为这件事的罪魁。

【译文】

经文认为郑国国君借助别国的力量而攻取了载国不合道义，所以把郑庄公记成这件事的罪魁。

＊**【左传】**九月戊寅①，郑伯入宋。

【注释】

①戊寅：九月无戊寅日，当为记载之误。

【译文】

九月戊寅，郑庄公率军攻入宋国。

【经】冬十月壬午①，齐人、郑人入郕②。

【注释】

①壬午：二十九日。案时月日例，入例时，伤害多则月。此处书日，是因郕与鲁同姓，而郕国在隐公之篇中，两次被人攻入了国都：一为五年，卫师入郕；一即此条。书日，是因亲亲之义而忧录之。

②郕（chéng）：国名，故城在今河南范县。《公羊传》作"盛"。

【译文】

冬，十月二十九日，齐国人、郑国人攻入郕国。

【左传】蔡人、卫人、郕人不会王命①。冬，齐人、郑人入郕，讨违王命也②。

【注释】

①不会王命：去年郑伯以王命讨宋，三国不会同伐宋，所以说"不会王命"。

②违王命：郜人"不会王命"，所以以"违王命"讨伐它。顾栋高《春秋大事表》引王樵曰："是时已有霸之渐。"

【译文】

蔡国人、卫国人、郜国人没有按照天子的命令会师讨伐宋国。冬，齐军、郑军攻入郜国，这是讨伐郜国违背天子的命令。

【穀梁传】入者，内弗受也。日入，恶入者也。郜，国也。

【译文】

"入"，是郜国人不愿意接受的意思。记载"入"的日期，是表示对入侵者的厌恶。郜，是一个国家。

十一年

【经】十有一年春①，滕侯、薛侯来朝②。

【注释】

①十有一年：鲁隐公十一年当周桓王八年，前712年。

②滕：国名，姬姓，侯爵，在今山东滕州。此时国君名谥不详。薛：国名，任姓，侯爵，本居于薛城，在今山东滕州东南，春秋以后迁下邳，即今江苏邳州。此时国君名谥不详。阎若璩《四书释地》谓齐湣王三年，封田文于薛，即薛亡之岁。

【译文】

鲁隐公十一年春，滕侯、薛侯来我国朝见。

【左传】十一年春，滕侯、薛侯来朝，争长①。薛侯曰："我先封②。"滕侯曰："我，周之卜正也③。薛，庶姓也④，我不可以后之。"公使羽父请于薛侯曰:"君与滕君辱在寡人⑤。周谚有之曰⑥:'山有木,工则度之⑦;宾有礼,主则择之。'周之宗盟⑧,异姓为后⑨。寡人若朝于薛,不敢与诸任齿⑩。君若辱贶寡人⑪,则愿以滕君为请。"

【注释】

①争长(zhǎng):争居首位。居首者先行礼。

②先封:指薛国立国在滕国之先。薛之祖先奚仲,为夏朝车正之官,所以薛封于夏代,在滕国之先。

③卜正:官名,天子卜官之长。

④庶姓:指与周姓不同姓。滕国姬姓,薛国任姓。

⑤辱在:问候。辱表示谦敬,二国来朝隐公,所以这么说。寡人:少德之人,国君的谦称。

⑥周谚:周代俗语。

⑦度(duó):剖分,削治。

⑧宗盟:会盟。

⑨异姓为后:陶鸿庆《左传别疏》云:"《周礼·秋官·司仪职》云:'土揖庶姓,时揖异姓,天揖同姓。'郑注云:'庶姓,无亲者也;异姓,昏姻也。'……哀二十四年传,周公及武公娶于薛,薛于鲁固昏姻也,故滕侯言'庶姓',公言'异姓',庶有卑称,而异存敌体。滕侯意主指斥,公意主平亭。一语之殊,辞气宛然。左氏修词精当如此。"

⑩诸任:与薛国同姓诸国。齿:并列。

⑪贶(kuàng):赐予。

【译文】

　　鲁隐公十一年春,滕侯和薛侯前来朝见鲁君,争执行礼的先后。薛侯说:"我先受封。"滕侯说:"我是宗周的卜正。薛国是外姓,我不能落后于他。"鲁隐公派羽父向薛侯商量说:"承蒙国君和滕侯问候寡人。周的俗话说:'山上有树木,工匠就加以整治;宾客有礼貌,主人就加以选择。'宗周的会盟,异姓在后面。寡人如果到薛国朝见,就不敢和任姓诸国并列。如果承蒙国君加惠于我,那就希望国君同意滕侯的请求。"薛侯同意,就让滕侯先行朝礼。

薛侯许之,乃长滕侯①。

【注释】

①长滕侯:尊滕侯为先。

【译文】

薛侯同意,就让滕侯先行朝礼。

【公羊传】其言朝何①? 诸侯来曰朝,大夫来曰聘。其兼言之何②? 微国也③。

【注释】

①其言朝何:案常理,国与国之间的外交,诸侯来曰朝,大夫来曰聘,然《春秋》假托鲁国为王者,涉及鲁国的外交有内外之别:外诸侯、大夫来称朝聘,鲁君或大夫出访他国,一律言"如",因"王者无朝诸侯之义"。

②兼言之:即并言来朝,若分别言之,当书"滕侯来朝,薛侯来朝"。

③微国:案滕本子爵,薛本伯爵,《春秋》中伯、子、男为小国,故传称其为"微国"。经书"滕侯、薛侯",而不书其本爵,是因《春秋》假托鲁隐公为始受命王,滕、薛二君慕义先朝,故褒为侯爵;然"兼言之",见其实为微国。

【译文】

经文为什么称"朝"？诸侯来访称朝，大夫来访称聘。经文为何将两君来朝之事合起来说？因为都是微小之国。

【穀梁传】天子无事，诸侯相朝，正也。考礼修德^①，所以尊天子也。诸侯来朝，时，正也。犆言^②，同时也。累数^③，皆至也。

【注释】

①考：了解、学习、研究的意思。修：培养的意思。

②犆（tè）言：犆，单独，分别。如桓公七年"穀伯绥来朝，邓侯吾离来朝"，同一个季节来的，但不是同日到的。

③累数：笼统地说。如"滕侯、薛侯来朝"，同一个季节来，同日到。

【译文】

天子没事，诸侯间互相朝见，是合乎礼制的。了解礼制培养道德，是用来尊重周天子的。诸侯来鲁国访问，记载季节，是合于正道的。分别记载，是两个国君在同一季节先后到来。统一记载，就是两个国君同日到的。

【经】夏^①，公会郑伯于时来^②。

【注释】

①夏：《公羊传》《穀梁传》作"夏五月"。夏五月，案时月日例，会例时，此处书月，因鲁隐公曾被郑伯俘虏，不应再与之交接，故危录之。

②郑伯：指郑庄公。时来：古地名，在今河南郑州西北。《公羊传》作"祁黎"。

【译文】

夏,隐公在时来与郑庄公相会。

【左传】夏,公会郑伯于郲①,谋伐许也。

【注释】

①郲(lái):或作"时来",见经文。

【译文】

夏,隐公和郑庄公在郲地会见,策划进攻许国。

郑伯将伐许,五月甲辰①,授兵于大宫②。公孙阏与颍考叔争车③,颍考叔挟辀以走④,子都拔棘以逐之⑤。及大逵⑥,弗及,子都怒。

【注释】

①甲辰:二十四日。

②授兵:古者兵器藏于国家,有兵事则颁发;事毕,仍须缴还。大宫:即"太宫",诸侯之太祖庙多叫太宫。此指郑国祖庙。

③公孙阏(è):郑国大夫,即子都。

④颍考叔挟辀(zhōu)以走:在太庙内颁发兵车及兵器,车尚未驾马,故颍考叔为争夺此车,挟起车辕就跑。可见其力气之大。辀,车辕,车驾居中的弯曲车杠。

⑤棘:戟。

⑥大逵(kuí):大路,能同时行走九乘车马。杨伯峻曰:"盖国都必有其最宽阔而又四通之道路,皆可谓之逵。"

【译文】

郑庄公准备进攻许国时,五月二十四日,在太祖庙内颁发武器。公孙阏和颍考叔争夺兵车,颍考叔挟起车辕就跑,子都拔出戟追上去。追到大路上,没有追上,子都很愤怒。

【经】秋七月壬午①,公及齐侯、郑伯入许②。

【注释】

①壬午:初三。案时月日例,入例时,伤害多则月,此处书日,何休云:"日者,危录隐公也,为弟守国,不尚推让,数行不义,皇天降灾,谄臣进谋,终不觉悟,又复构怨入许,危亡之衅,外内并生,故危录之。"

②齐侯:此指齐僖公。许:国名,姜姓,周武王封文叔于许,故城在今河南许昌东,后多次迁徙。战国初灭于魏。

【译文】

秋,七月初三,隐公与齐僖公、郑庄公进入许国。

【左传】秋七月,公会齐侯、郑伯伐许。庚辰①,傅于许②,颍考叔取郑伯之旗蝥弧以先登③,子都自下射之,颠④。瑕叔盈又以蝥弧登⑤,周麾而呼曰⑥:"君登矣!"郑师毕登。壬午⑦,遂入许。许庄公奔卫。

【注释】

①庚辰:初一。

②傅:附着,围近。

③蝥弧(máo hú):郑伯旗名。

④颠：从城上坠下。

⑤瑕（xiá）叔盈：郑国大夫。

⑥周：遍。麾（huī）：同"挥"，挥动旗帜以招大军。

⑦壬午：初三。

【译文】

秋，七月，隐公会合齐僖公、郑庄公进攻许国。初一，军队汇合攻打许城，颍考叔拿着郑庄公的旗帜"蝥弧"争先登城，子都从下边用箭射他，颍考叔摔下来死了。瑕叔盈又举着"蝥弧"登城，向四周挥动旗帜，大喊说："国君登城了！"于是郑国的军队全部登上了城墙。初三，郑庄公就进入了许城。许庄公逃亡到卫国。

齐侯以许让公。公曰："君谓许不共①，故从君讨之。许既伏其罪矣，虽君有命，寡人弗敢与闻②。"乃与郑人。

【注释】

①不共：不恭，不服从。

②寡人弗敢与（yù）闻：杨伯峻曰："鲁隐公一则曰许既伏罪，二则曰我不敢与闻，其意盖欲保存许国而不私有之。"与闻，参与听闻，意即过问此事。

【译文】

齐僖公把许国让给隐公。隐公说："国君说许国不恭顺，所以寡人才跟随国君讨伐它。许国既然已经认罪了，虽然国君有这样的好意，我也不敢过问这件事。"于是就把许国领土送给了郑庄公。

郑伯使许大夫百里奉许叔以居许东偏①，曰："天祸许国，鬼神实不逞于许君②，而假手于我寡人③。寡人唯是一二父兄不能共亿④,其敢以许自为功乎? 寡人有弟,不能和协,而使糊其口于四方⑤,其况能久有许乎? 吾子其奉许叔以抚柔此民也⑥,吾将使获也佐吾子⑦。若寡人得没于地⑧,天其以礼悔祸于许⑨,无宁兹许公复奉其社稷⑩。唯我郑国之有请谒焉⑪,如旧昏媾⑫,其能降以相从也⑬。无滋他族实逼处此⑭,以与我郑国争此土也。吾子孙其覆亡之不暇⑮,而况能禋祀许乎⑯? 寡人之使吾子处此,不唯许国之为⑰,亦聊以固吾圉也⑱。"

【注释】

①奉:事奉。许叔:许庄公之弟,名郑,谥桓。许东偏:许国东部。

②不逞:不满。

③假手:借某人之手。

④唯是:就是这。一二父兄:指同姓群臣。共亿:相安无事。

⑤"寡人有弟"三句:指郑伯克段于鄢一事。和协,相安,和睦相处。口,寄食。

⑥吾子:尊称,相当于"您"。抚柔此民:安顿好这些百姓。抚柔,安抚。柔,和,安。

⑦获:郑国大夫公孙获。佐:协助。

⑧得没于地:指得以寿终。

⑨悔祸:撤除降予的祸害。

⑩无宁兹:愿使。无,发语词,无义。宁,宁可。兹,使。

⑪唯我郑国之有请谒:此句有省略,当为"唯我郑国之有请谒而是听"。请谒,请求。

⑫如旧昏媾:若旧通婚之国般相亲。昏媾,婚姻,姻亲。

⑬降以相从:屈己从人,即降格同意。

⑭无滋他族实逼处此：意为不要让旁人迫近这里。滋，同"兹"，使。

⑮吾子孙其覆亡之不暇：杨伯峻曰："此句承上文而来，谓若使他族逼近而居于此，以与郑国相争，则郑国将忙于救护败亡。"覆亡，挽救危亡。覆，救护。

⑯禋（yīn）祀许：主持许国的祭祀。禋，虔诚斋戒。

⑰不唯许国之为：即不仅为了许国。

⑱聊：姑且。圉（yǔ）：边境。

【译文】

郑庄公让许国大夫百里事奉许叔住在许都的东部，说："上天降祸于许国，鬼神确实对许君不满意，而借寡人我的手惩罚他。寡人连一两个父老兄弟都不能相安，难道敢把讨伐许国作为自己的功绩？寡人有个兄弟，不能和睦相处，而使他四方求食，我难道还能长久占有许国？您应当帮着许叔来安抚这里的百姓，我准备让公孙获来辅助您。假如寡人得以善终，上天可能又依礼而撤回加于许国的祸害，愿意许公再来治理他的国家。那时候只要我郑国对许国有所请求，许国可能还是会像对待老亲戚一样，降格而同意的。不要让别国逼近住在这里，来和我郑国争夺这块土地。我的子孙挽救危亡还来不及，难道还能替许国敬祭祖先吗？我让您留在这里，不仅为了许国，也是姑且巩固我的边疆。"

乃使公孙获处许西偏①，曰："凡而器用财贿②，无置于许③。我死，乃亟去之④。吾先君新邑于此⑤，王室而既卑矣⑥，周之子孙日失其序⑦。夫许，大岳之胤也⑧，天而既厌周德矣，吾其能与许争乎⑨？"

【注释】

①许西偏：许国西部。

②而：你。财贿：财产。

③无：不要。

④亟：急，赶紧。

⑤吾先君新邑于此：郑国初封于西周，国土在今陕西华州东北二十里。东迁后，郑武公伐虢、桧而有其土地，因立国于今河南新郑一带。

⑥卑：衰微。

⑦序：所承受的功业。

⑧大岳之胤（yìn）：太岳的后代。大岳，尧时的四岳。大，同"太"。胤，后代。

⑨其：通"岂"。

【译文】

　　于是就让公孙获住在许城的西部，对他说："凡是你的器用财货，不要放在许国。我死后就赶紧离开这里。我祖先在这里新建城邑，周王室已经逐渐衰微，我们这些周朝的子孙一天天丢掉自己的事业。而许国，是四岳的后代，上天既然已经厌弃了宗周，我哪里还能和许国争夺呢？"

　　君子谓郑庄公"于是乎有礼①。礼，经国家②，定社稷③，序民人④，利后嗣者也。许，无刑而伐之⑤，服而舍之⑥，度德而处之⑦，量力而行之，相时而动⑧，无累后人⑨，可谓知礼矣"。

【注释】

①于是：在这件事上。

②经：经营治理。

③定：安定。

④序民人：使百姓有秩序。

⑤无刑：不守法度。

⑥服：服从。

⑦度德：指郑国根据自己的威望。

⑧相（xiàng）时而动：选择有利时机而后行动。此指"我死乃亟去之"而言。

⑨无累后人：不给后人留下忧惧。累，恐，忧。

【译文】

君子说郑庄公"在这件事情上合乎礼。礼，是治理国家、安定社稷、使百姓有秩序、对后代有利的大法。许国违背法度而庄公讨伐他们，服罪了就宽恕他们，揣度自己的德行而决定事情，衡量自己的力量而办理事务，看准了时机而行动，不给后人留下忧惧，可以说是懂得礼了"。

郑伯使卒出豭①，行出犬鸡②，以诅射颍考叔者③。君子谓郑庄公"失政刑矣④。政以治民，刑以正邪，既无德政⑤，又无威刑⑥，是以及邪⑦。邪而诅之，将何益矣"。

【注释】

①卒：古代的军队编制，百人为卒。豭（jiā）：公猪。

②行（háng）：古代的军队编制，二十五人为行。出犬鸡：或出犬，或出鸡。《诗经·小雅·何人斯》"出此三物，以诅尔斯"，毛传云："三物，豕、犬、鸡也。君以豕，臣以犬，民以鸡。"古人祭神以诅人用豕、犬、鸡三物。

③以诅射颍考叔者：杨伯峻参石韫玉《读左卮言》曰："射颍考叔者明知为公孙阏，而郑庄公伴为不知，使军士诅咒之。窃疑公孙阏即《诗经·郑风·山有扶苏》中'不见子都，乃见狂且'之子都。其人貌美，得庄公之宠幸，故庄公不欲加之以刑，为平众怒计，乃出此策。"诅，诅咒，祭神使之加祸于某人。

④失政刑：失去正常的政令和刑罚。

⑤德政：有道德的政治。

⑥威刑：有威信的刑罚。

⑦及邪：发生邪恶。此指战斗中郑国大臣不和，自相残杀。

【译文】

郑庄公让一百名士兵拿出一头公猪，二十五人拿出一条狗和一只鸡，来诅咒射死颍考叔的凶手。君子说郑庄公"失掉了政令和刑罚。政令用来治理百姓，刑罚用来纠正邪恶。既缺乏有道德的政治，又没有威严的刑法，所以才发生邪恶。已经发生邪恶而加以诅咒，有什么好处呢"？

　　*【左传】王取邬、刘、芴、邘之田于郑①，而与郑人苏忿生之田②：温、原、絺、樊、隰郕、攒茅、向、盟、州、陉、隤、怀③。君子是以知桓王之失郑也。恕而行之④，德之则也，礼之经也。己弗能有而以与人，人之不至，不亦宜乎？

【注释】

①王：指周桓王。邬（wū）：在刘的西南。刘：在今河南偃师南。芴（wěi）：在今河南孟津东北。邘（yú）：在今河南沁阳西北邘台镇。

②苏忿生：周武王时为司寇，受封于温。

③温：即隐公三年"取温之麦"的温，故城在今河南温县西稍南。杨伯峻曰："此所谓温田者，亦王田之在温者耳，非以其全邑与郑，故温仍得为苏氏邑。"原：在今河南济源北。絺（chī）：在今河南沁阳西。樊：又叫阳樊，在今河南济源东南。隰（xí）郕：在今河南武陟西南。攒（zuàn）茅：在今河南修武。向：在今河南济源南。盟：在今河南孟州南。州：在今河南沁阳东。陉（xíng）：在今河南

沁阳西北。隤（tuí）：在今河南获嘉北。怀：在今河南武陟西南。

④恕：恕道。

【译文】

周天子在郑国取得邬、刘、芳、邗的田地，却给了郑国人原来属于苏忿生的田地：温、原、缔、樊、隰郕、欑茅、向、盟、州、陉、隤、怀。君子因此知道桓王会失去郑国了。按照恕道办事，是德的准则，礼的常规。自己不能保有，就拿来送给别人，别人不再来朝见，不也应该吗？

　　＊**【左传】**郑、息有违言①，息侯伐郑。郑伯与战于竟②，息师大败而还。君子是以知息之将亡也：不度德，不量力，不亲亲③，不征辞④，不察有罪⑤，犯五不韪⑥，而以伐人，其丧师也，不亦宜乎！

【注释】

①息：一作"郎"，姬姓国，在今河南息县。违言：指责之言。

②竟：通"境"。此指郑国境内。

③亲亲：亲近亲戚。郑、息同为姬姓，应该相亲。

④征辞：明察其言语。指郑、息两国言语不和，应明辨是非。征，明察。

⑤察有罪：知道罪过在哪里，分清曲直。

⑥不韪（wěi）：不是，错误。

【译文】

郑国和息国之间言语上有了冲突，息侯就进攻郑国。郑庄公和息侯在郑国境内作战，息国的军队大败而回。君子因此而知道息国将要灭亡了：不衡量德行，不考虑力量，不亲近亲邻，不分辨是非，不知道罪过在哪里，息国犯了这五种错误，还去讨伐别人，他的丧失军队，不也是应该的吗！

*【左传】冬十月,郑伯以虢师伐宋。壬戌[1],大败宋师,以报其入郑也[2]。

【注释】

①壬戌:十四日。

②报:报复。

【译文】

冬十月,郑庄公带着虢国的军队攻打宋国。十四日,把宋国的军队打得大败,以报复宋国攻入郑国的那次战役。

宋不告命[1],故不书。凡诸侯有命,告则书,不然则否。师出臧否[2],亦如之。虽及灭国,灭不告败,胜不告克,不书于策[3]。

【注释】

①命:指国家大事,政令。

②臧否(pǐ):善恶得失。古人常以臧否二字用于师旅。

③"虽及灭国"四句:春秋时战争中即使国被灭,被灭的一方不报告战败,胜利的一方不报告战胜,也不记在简册上,这是《春秋》记史的惯例。策,册。春秋时期书写于竹木之上。用木的叫方或牍,用竹的叫简或册。

【译文】

宋国没有前来报告这件事,所以《春秋》没有记载。凡是诸侯发生大事,前来报告就记载,不然就不记载。出兵顺利或者不顺利,也是一样。即使国家被灭亡,被灭的不报告战败,胜利的不报告战胜,也不记载在简册上。

【经】冬十有一月壬辰①,公薨②。

【注释】

①壬辰:十五日。

②公薨:指鲁隐公被羽父杀。

【译文】

冬,十一月十五日,隐公去世。

【左传】羽父请杀桓公①,将以求大宰②。公曰:"为其少故也③,吾将授之矣。使营菟裘④,吾将老焉⑤。"羽父惧,反谮公于桓公而请弑之⑥。

【注释】

①羽父:即公子翚。

②大宰:即太宰,官名。有二义,一指一般官职,一指冢宰、执政、卿相。各国情况不同,权位也不同。鲁国本无太宰之官,此指执政之官。羽父想杀掉桓公以求为执政。

③少:年少。

④营:营建。菟(tú)裘:古地名,在今山东泰安。《史记·秦本纪》云:"秦之先为嬴姓,其后分封,以国为姓,有菟裘氏。"则以前为嬴姓小国。

⑤老:告老退位。

⑥谮(zèn):进谗言,诬陷。

【译文】

鲁国大夫羽父请求杀掉桓公,想借此求得执政的官职。隐公说:"从前由于他年轻的缘故,所以我代为摄政,现在我打算把国君的位子交还给他。我已经派人在菟裘建筑房屋,打算退休养老了。"羽父害怕了,反而在鲁桓公那里诬陷鲁隐公而请求桓公杀死隐公。

　　公之为公子也,与郑人战于狐壤①,止焉②。郑人囚诸尹氏③。赂尹氏,而祷于其主钟巫④,遂与尹氏归,而立其主。十一月,公祭钟巫,齐于社圃⑤,馆于寪氏⑥。壬辰⑦,羽父使贼弑公于寪氏⑧,立桓公而讨寪氏,有死者⑨。不书葬,不成丧也⑩。

【注释】

①狐壤:郑地名,在今河南许昌北。

②止:俘获。此指隐公被俘获。

③尹氏:郑国大夫。

④主钟巫:钟巫神牌位。钟巫,神名,尹氏所立之祭神。

⑤齐:同"斋",斋戒,古人祭祀前须先斋戒。社圃:园名。

⑥馆:住宿。寪(wěi)氏:鲁国大夫。

⑦壬辰:十五日。

⑧贼:杀手。

⑨有死者:有被枉杀的。

⑩不书葬,不成丧也:意谓桓公没有按人君之礼安葬隐公。

【译文】

　　隐公还是公子的时候,曾率兵同郑国人在狐壤打仗,被俘获。郑国人把他囚禁在尹氏那里。隐公贿赂尹氏,并在尹氏所祭神主钟巫之前祷告,于是就和尹氏一起回国而在鲁国立了钟巫的神主。十一月,隐公将要祭祀钟巫,在社圃斋戒,住在寪氏那里。十五日,羽父让杀手在寪家刺杀隐公,立桓公为国君,并且讨伐寪氏,寪氏有人被杀害。《春秋》不记载安葬隐公,是因为桓公没有按国君的规格正式为隐公举行丧礼。

【公羊传】何以不书葬? 隐之也①。何隐尔? 弑也②。弑则何以不书葬?《春秋》君弑,贼不讨,不书葬,以为无臣子也。子沈子曰③:"君弑,臣不讨贼,非臣也,子不复仇④,非子也。葬,生者之事也。《春秋》君弑贼不讨不书葬,以为不系乎臣子也⑤。"公薨何以不地⑥? 不忍言也。隐何以无正月⑦? 隐将让乎桓,故不有其正月也。

【注释】

① 隐:痛。

② 弑:隐公为桓公所弑。

③ 子沈子:《公羊传》著于竹帛前的先师,加"子"冠于"沈"氏之上,一是为了与单称孔子为"子"区别开来;二是表明是著于竹帛者自己的老师,除此之外,还有子司马子、子公羊子、子女子,若非己师,则不冠子于氏上,如北官子。

④ 子不复仇:案"子"字原无,今据阮校补入。

⑤ 系:系属。若臣子不为君父报仇,则皆当绝,故云"不系乎臣子"。

⑥ 公薨何以不地:不地,即不书死亡的地点。案《春秋》之例,鲁君正常去世,皆书地点,一般是路寝,高寝、小寝亦可。若国君被弑,则不地。

⑦ 隐何以无正月:自此以下传文,不为经文"公薨"而发,是总论隐公之篇。隐无正月,即除了元年之外,二年至十一年均不书正月。案"建五始"之义,"正月"为王者政教之始,隐无正月,表明隐公不自正为君,终无有国之心。值得注意的是,二年至十一年皆无正月,并非是巧合,因六年"春,郑人来输平",为正月之事,且输

平例月,因"隐无正月",故不书月。

【译文】

为什么不记录隐公的葬礼? 因为痛惜他。为什么痛惜他? 因为他是被弑杀的。被弑杀,为什么不记录葬礼?《春秋》之例,国君被弑杀,如果弑君贼不受到诛讨,就不记录国君的葬礼,认为该国没有臣子。子沈子认为:"国君被弑杀,臣下不诛讨弑君贼,就不是臣下,儿子不为父亲复仇,就不是儿子。葬礼,是生者的事情。《春秋》之例,国君被弑杀,弑君贼不受诛讨,就不记录国君的葬礼,以为君与臣、父与子不相系属。"隐公去世,为何不记录去世的地点? 因为不忍心说地点。隐公之篇为什么没有记录"正月"? 因为隐公将让国于桓公,所以没有正月。

【穀梁传】公薨不地,故也。隐之,不忍地也。其不言葬,何也? 君弑,贼不讨,不书葬,以罪下也[1]。隐十年无正[2],隐不自正也[3]。元年有正,所以正隐也。

【注释】

[1]下:下臣,臣子。

[2]无正:指没有记载"王正月"。

[3]不自正:不为自己正名,指鲁隐公认为自己并不宜立,是摄政。

【译文】

鲁隐公去世而不记载去世的地方,是因为有变故。痛惜他的死,不忍心记载地点。经文不说安葬的事,为什么呢? 因为国君被杀,乱臣贼子没有被讨伐,不记载安葬的事,是用来谴责他的臣子的。经文中记载鲁隐公的历史中有十年都没有写"正月",是因为他不认为自己应该是国君。元年有"正月",就是用来为鲁隐公正名的。

桓公

【题解】

桓公（？—前694），鲁国第十五任君主。名允，一名轨，鲁惠公之子，鲁隐公之弟。惠公去世时，允年纪尚幼，由其兄公子息（即鲁隐公）摄政。鲁隐公被弑后，于前711年即位，娶齐襄公之妹姜氏（即文姜）为夫人，在位十八年。

桓公在位期间比较大的事件有：桓公二年（前710），宋华父督攻孔氏，杀孔父嘉而夺其妻，又杀宋殇公。宋殇公立，十年十一战，民不堪命。桓公十八年（前694），桓公与夫人姜氏赴齐，姜氏与其兄齐襄公私通，齐襄公指使公子彭生杀桓公，又归咎于彭生而杀之。在桓公时代，楚国初步登上中原争霸的政治舞台。

鲁桓公有四子：庶长子庆父，庶次子叔牙，嫡长子公子同，嫡次子季友。桓公死后，鲁立公子同，是为庄公。庆父、叔牙、季友三兄弟的后代演化成权分鲁国的"三桓"，即孟孙氏、叔孙氏、季孙氏。"三桓"久专鲁国政务，凌驾于鲁国国君之上。后来孔子曾经试图改变卿大于公的局面，但是在"三桓"强大的实力面前，未能成功，最终被赶出鲁国。

桓公篇重要的义理有：桓公弑君自立，而元年书"公即位"，如其意以著其恶。桓公藐视周天子，无王而行，见元年"郑伯以璧假许田"条。谨男女之防，诛绝外淫，见六年"蔡人杀陈佗"条。经权之义，见十一年

"宋人执郑祭仲""突归于郑""郑忽出奔卫"以及十五年"郑伯突出奔蔡""郑世子忽复归于郑""郑伯突入于栎"诸条。"三世异辞",复见于二年"公会齐侯、陈侯、郑伯于稷,以成宋乱"条。此外还有祭祀、阅兵、婚姻等礼制,散见于经传。

元年

【经】元年春王正月①**,公即位。**

【注释】

①元年:鲁桓公元年当周桓王九年,前711年。本条经文《穀梁传》作"元年春王",疑有脱误。《左传》《公羊传》均作"元年春王正月,公即位",此处缺少"正月,公即位"这几个字。在后面传文中有此数字,可能是最初将经文和传文合为一起的人出现失误,也可能是传抄过程中出现错误,将此数字位置抄错。今从底本不改,仅标明。

【译文】

鲁桓公元年春周历正月,鲁桓公即位。

【公羊传】继弑君不言即位①**,此其言即位何? 如其意也**②**。**

【注释】

①继弑君不言即位:即先君被弑,则于嗣君之元年不书"公即位"三字,此为《春秋》常例,庄公、闵公、僖公皆因此不书即位。其中之原因,《穀梁传》云:"先君不以其道终,则子弟不忍即位也。"

②如其意:顺遂桓公之心意。桓公弑君欲即位,故《春秋》书即位,有两层含义:第一,顺遂桓公欲即位之意,以彰显其弑君之恶;第

二,《春秋》内大恶讳,桓公弑君不直书,通过继弑君而书即位,表
　明桓公为弑君贼,此种书法,何休称为"直而不显,讳而不盈"。

【译文】

继承被弑杀的先君,就不记录嗣君的即位,这里记录桓公的即位,是
为什么? 是顺遂桓公的心意。

【穀梁传】 桓无王①,其曰王,何也? 谨始也。其曰无王,
何也? 桓弟弑兄,臣弑君,天子不能定,诸侯不能救,百姓
不能去②,以为无王之道,遂可以至焉尔③。元年有王,所以
治桓也④。正月,公即位。继故不言即位,正也。继故不言
即位之为正,何也? 曰先君不以其道终⑤,则子弟不忍即位
也⑥。继故而言即位,则是与闻乎弑也。继故而言即位,是
为与闻乎弑,何也? 曰:先君不以其道终,己正即位之道而
即位,是无恩于先君也。

【注释】

①桓无王:按照经文书写的惯例,记载鲁桓公的时候不书写"王"
　字。《穀梁传》认为此处"无王"内涵丰富,既表示鲁桓公目无王
　法之意,也表示当时王道已不行于天下。

②"天子不能定"三句:这三句话的意思是,周天子应当约束和禁止
　鲁桓公的行为,诸侯应当讨伐鲁桓公的这种行为,百姓应该离开
　鲁桓公。可是这些现象都没有发生,所以《穀梁传》认为当时王
　道已经不行于天下了。定,安,停止。救,制止。去,离开。

③遂可以至焉尔:意思是于是到了弑兄弑君的地步。遂,于是。至,
　到了。焉,代词,指前面的弑兄弑君。

④治:声讨的意思。经文中元年有王,是在大彰天下有王之义,以示

对桓公的声讨。

⑤不以其道终：指不是在正常的情况下去世（指被弑、死于外）。

⑥子弟：子指儿子，弟指弟弟。

【译文】

对鲁桓公不写"王"字，经文又说了"王"，为什么呢？是慎重地对待开始。这里说"无王"，是什么意思呢？鲁桓公是弟弟却杀了哥哥，是臣子却杀了国君，周天子不能约束他，各国诸侯不能制止他，百姓不能离他而去，因为鲁桓公做事不讲王道，于是到了弑兄弑君的地步。经文元年书写"王"字，是在声讨鲁桓公。正月，鲁桓公登上国君的位置。继承因故而亡的国君，对继承君位者不说"即位"，是符合惯例的。继承因故而亡的国君不说"即位"符合惯例，是为什么呢？回答说：因为先君不是在正常情况下去世的，子弟不忍心即位。继承因故而亡的国君而说"即位"，那么就是即位之君参与了弑君阴谋。继承因故而亡的国君君位而说"即位"，就是说参与了弑君阴谋，为什么呢？回答说：因为先君是非正常死亡的，继承者自己却按照常规方式举行即位大典，这就是对先君一点情义也没有了。

【经】三月①**，公会郑伯于垂**②**。**

【注释】

①三月：案时月日例，会例时，而鲁桓公之会皆书月，危之也。桓公与诸侯会，之所以有危，何休云："桓弑贤君，篡慈兄，专易朝宿之邑，无王而行，无仁义之心，与人交接，则有危也，故为臣子忧之。"此外，《春秋》书鲁君出会，至回国时，一般都要书"公至自某"，是为"致文"，表明"臣子喜其君父脱危而至"。然鲁桓公无"致文"，是《春秋》夺其"臣子辞"，原因有二：第一，鲁桓公弑君而立，又无王而行（见下条），宜受诛杀，今不致之，若其已受诛

杀。第二，鲁桓公之臣皆为鲁隐公之臣，桓公弑君，鲁臣子不能讨贼，反而以君事之，皆当绝，故桓公无臣子，既无臣子，则无"臣子辞"，故无"致文"。

②郑伯：指郑庄公。垂：卫地名，在今山东曹县北句阳店一带。

【译文】

三月，桓公在垂地与郑庄公相会。

【穀梁传】会者，外为主焉尔。

【译文】

之所以用"会"字，表明这次会见是外国主动要求的。

【经】郑伯以璧假许田①。

【注释】

①以璧假许田：指郑庄公以祊地加玉璧与鲁换许田。隐公八年，郑庄公曾派人请求用祊交换鲁国的许田。假，暂借，此意为交易。因诸侯不可私自交换城邑，故讳言之曰"假"。

【译文】

郑庄公用璧和祊地交换许田。

【左传】元年春，公即位，修好于郑。郑人请复祀周公，卒易祊田①。公许之。三月，郑伯以璧假许田，为周公、祊故也②。

【注释】

①郑人请复祀周公，卒易祊（bēng）田：隐公八年记郑"以祊易许"，

　　　　未说明鲁是否已送交许田,大概鲁接受祊地而不送许田,所以郑

　　　　人乘修好之机再请祭祀周公,以促成这桩交易。

　　②为周公、祊故:为了请求祭祀周公和以祊交换许田的缘故。

【译文】

　　鲁桓公元年春,鲁桓公即位,与郑国恢复友好。郑人请求重新祭祀

周公,完成祊田的交换。桓公答应了。三月,郑庄公又加上玉璧来做许

田的交易,这是为了请求祭祀周公和以祊交换许田的缘故。

　　【公羊传】其言以璧假之何①? 易之也②。易之则其言假

之何? 为恭也③。曷为为恭? 有天子存,则诸侯不得专地也④。

许田者何? 鲁朝宿之邑也⑤。诸侯时朝乎天子,天子之郊,

诸侯皆有朝宿之邑焉。此鲁朝宿之邑也,则曷为谓之许

田? 讳取周田也⑥。讳取周田,则曷为谓之许田? 系之许

也。曷为系之许? 近许也⑦。此邑也,其称田何? 田多邑少

称田,邑多田少称邑。

【注释】

　　①其言以璧假之何:若是真借,不当持璧,故传发问。

　　②易之:以璧交换许田。案鲁郑之间有领土交易,开始于隐公八年,

　　　　郑国将其汤沐邑邴送与鲁国,至此,郑国又加一璧,换取鲁国之朝

　　　　宿邑许田,方才完成。值得注意的是,这个交易实际上发生在上

　　　　条“垂之会”上,所以既书“会”又书“假”,是为了说明郑国假许

　　　　田的对象是鲁国。

　　③恭:恭敬之辞。“假”是暂时借去,“易”则是永久交易,“假”相对

　　　　于“易”而言,是对于周天子较为恭敬之辞。

　　④诸侯不得专地:专地,即随意处置领土。案诸侯之领地,皆为天子

所封,普天之下,莫非王土,故不得专地。

⑤朝宿之邑:即朝觐天子所舍止之邑。案诸侯要按时朝觐天子,在
京师远郊,天子划拨一块土地,供诸侯住宿之用。然而朝宿邑和
汤沐邑一样,都属于周天子之地,非诸侯之领地。

⑥讳取周田:朝宿邑属于周天子,故称周田。鲁桓公以朝宿邑与郑,
犯了专地大恶,《春秋》内大恶讳,故不言周田而言"许田"。

⑦近许:即靠近许国,孔广森则认为是靠近周天子之许邑。

【译文】

经文说用璧来借许田是怎么回事? 实际是交换许田。交换许田,为
什么说是暂借许田? 这样说,文辞比较恭顺。为什么要文辞恭顺? 有天
子在上,诸侯不能擅自处置土地。许田是什么? 是鲁国朝觐周天子时住
宿的城邑。诸侯按时朝觐天子,在京师郊外,诸侯都有朝宿之邑。这是
鲁国的朝宿之邑,为什么要称为许田? 是为了避讳擅取周天子之田。避
讳擅取周天子之田,为什么要称为许田? 因为把它系属于许。为什么系
属的是许? 因为靠近许。这是城邑,为什么称之为田? 田多邑少称田,
邑多田少称邑。

【穀梁传】假不言以[①],言以,非假也。非假而曰假,讳易
地也[②]。礼:天子在上,诸侯不得以地相与也[③]。无田则无
许可知矣,不言许[④],不与许也。许田者,鲁朝宿之邑也。邴
者,郑伯之所受命而祭泰山之邑也。用见鲁之不朝于周而
郑之不祭泰山也。

【注释】

①假不言以:意思是说,如果是借,就不需要说用什么来借,直接说
借就可以了。以,即经文里的"以璧"。关于这里鲁郑易地的事,

详见隐公八年"三月,郑伯使宛来归祊"条。

②易地:交换土地。

③与:给予。

④不言许:不说"许",意思是说经文里没有说"以璧假许"而说"以璧假许田",因此只是给了郑国许之田,而没有给许之邑。

【译文】

借不说"以",说"以",就不是借。不是借而说是借,是避讳说交换土地。按照礼制:天子高高在上,诸侯之间不能够把土地相互赠予。没有田地就不会有许,这是可想而知的,经文不说"许",是没有把许给郑国。许田,是鲁国朝觐周天子时休息的城邑。祊,是郑伯受封于周天子用作陪同祭祀泰山的城邑。可见鲁国不去朝觐周天子了,而郑国也不去祭祀泰山了。

【经】夏四月丁未①**,公及郑伯盟于越**②**。**

【注释】

①丁未:初二。案时月日例,盟例日,小信则月,大信则时。此条书日,为不信之辞,据桓公十年,齐侯、卫侯、郑伯来战于郎,是鲁郑相负之事。

②越:古地名,在今山东曹县一带。

【译文】

夏四月初二,鲁桓公与郑庄公在越地会盟。

【左传】夏四月丁未,公及郑伯盟于越,结祊成也①。盟曰:"渝盟②,无享国③。"

【注释】

①结祊成：指巩固祊地的交换。

②渝盟：背弃盟约。

③享国：享有其国。

【译文】

　　夏四月初二，鲁桓公和郑庄公在越地结盟，这是为祊田的交换表示友好。誓词说："如果违背盟约，就不能享有国家。"

　　【穀梁传】 及者，内为志焉尔①。越，盟地之名也。

【注释】

①内为志：为鲁国的想法。内，因经文以鲁国纪年，故"内"指鲁国，"外"则指鲁国之外的诸侯国。

【译文】

　　及，表明这次结盟是鲁国主动发起的。越，是结盟地的名字。

　　【经】 秋，大水①。

【注释】

①大水：大水成灾。

【译文】

　　秋，大水成灾。

　　【左传】 秋，大水。凡平原出水为大水。

【译文】

　　秋，发大水。凡是平原被水淹了叫做大水。

【公羊传】何以书？记灾也①。

【注释】

①记灾：何休云："灾伤二谷以上书灾也。"此处是大水导致无麦又
　　无苗，故而书灾。

【译文】

为什么记录？这是记录灾害。

【穀梁传】高下有水灾曰大水①。

【注释】

①高下：高地和低地。

【译文】

高地和低地都水泛成灾就称作"大水"。

【经】冬十月。

【译文】

冬十月。

【穀梁传】无事焉，何以书？不遗时也。《春秋》编年①，
四时具而后为年。

【注释】

①编年：按年月日顺序编写史书的体制，即编年体。

【译文】

没有事,为什么还记载呢? 是不遗漏每一个季节。《春秋》是编年体,一年四季都记录完了才是一年。

　　*【左传】冬,郑伯拜盟①。

【注释】

①拜盟:拜谢结盟。

【译文】

冬,郑庄公前来拜谢结盟。

　　*【左传】宋华父督见孔父之妻于路①,目逆而送之②,曰:"美而艳③。"

【注释】

①华父督:名督,字华父,宋戴公之孙。孔父:名嘉,宋大司马。是孔子的六世祖。

②目逆而送之:人从对面来,先眼看着她走来,等她走过后,又盯着她的背影看她走远。逆,迎。

③美而艳:美丽动人。美指容貌美丽,艳指光彩动人。案此条应与下年传文"二年春,宋督攻孔氏,杀孔父而取其妻"连读。

【译文】

宋国的华父督在路上见到孔父的妻子,他眼看她从对面走过来,又回过头从后面盯着她走过去,说:"既美丽,又动人。"

二年

【经】二年春①**，王正月戊申**②**，宋督弑其君与夷及其大夫孔父**③**。**

【注释】

①二年：鲁桓公二年当周桓王十年，前710年。

②正月戊申：正月无戊申日，当记日有误。

③宋督弑其君与夷及其大夫孔父：督，华父督。与夷，宋殇公，名与夷，谥殇。此条之史实，是宋国的公子冯（即后来之宋庄公）和大夫华督共同杀害了宋殇公以及大夫孔父。宋国这场内乱，是因宋宣公未能"大居正"，不传子而传位于弟穆公，穆公亦不传子而传位于兄之子与夷，后穆公之子冯弑与夷，参见隐公三年"葬宋穆公"条传文。此条经文如此书写，大有深意：第一，经书"宋督"，表明弑君者仅为华督，未见庄公冯，其原因是，冯之父穆公反国于兄子，有让国之善意，故因父之善而讳子之恶；另一方面，亦可见冯实弑君，因"宋督"为"当国之辞"（"当国"之解释，参见隐公元年"郑伯克段于鄢"条），然而唯有公子、公孙等"本有立道"之人方能当国，华督不能当国，故书"宋督"表明是庄公冯当国弑君。第二，案名例，大夫称名氏，而"孔父"是称字，《春秋》因孔父卫君而死，故称字以贤之。

【译文】

二年春，周历正月戊申日，宋华父督杀害他的君主与夷和大夫孔父。

【左传】二年春，宋督攻孔氏①**，杀孔父而取其妻。公怒，督惧，遂弑殇公**②**。**

【注释】

①孔氏：案孔父嘉此时尚未以孔为氏，"孔氏"是后人追书之辞。

②"公怒"三句：《公羊传》《穀梁传》二处记此事，以为华父督欲弑殇公而先杀孔父，与《左传》所叙有出入。

【译文】

二年春，宋卿华父督攻打孔氏，杀死了孔父而占有他的妻子。宋殇公发怒，华父督害怕了，就把殇公也杀死了。

君子以督为有无君之心而后动于恶①，故先书弑其君。

【注释】

①君子以督为有无君之心而后动于恶：此句解释经文。君子认为经文先写宋督杀宋殇公，后写杀孔父，是宋督心中已无国君，然后才有此恶行。据隐公三年记载，孔父为顾命大臣，宋督杀孔父，则心目中已是无君了。动于恶，指杀害大臣的罪恶行为。

【译文】

君子认为华父督心里早已没有国君，然后才产生这种罪恶行动，所以《春秋》先记载弑其君。

【公羊传】及者何①？累也②。弑君多矣，舍此无累者乎？曰：有。仇牧、荀息皆累也③。舍仇牧、荀息无累者乎？曰：有④。有则此何以书？贤也。何贤乎孔父？孔父可谓义形于色矣。其义形于色奈何？督将弑殇公，孔父生而存，则殇公不可得而弑也，故于是先攻孔父之家。殇公知孔父死，己必死，趋而救之，皆死焉。孔父正色而立于朝，则人莫敢过而致难于其君者，孔父可谓义形于色矣。

【注释】

①及者何：案《春秋》之中，若两者尊卑接近，则书"及"字区别尊卑，公、夫人书"及"，上、下大夫书"及"；若两者尊卑悬绝，则不书"及"。此条中，与夷是君，孔父是臣，君臣尊卑悬绝，经却书"及"，故发问。

②累：连累。经文书"及"，表明孔父受累从君而死。

③仇牧、荀息皆累也：仇牧之事，参见庄公十二年"宋万弑其君捷及其大夫仇牧"条。荀息之事，参见僖公十年"晋里克弑其君卓及其大夫荀息"条。两者皆受累从君而死，经亦书"及"。

④有：指代的是叔仲惠伯之事，参见成公十五年"仲婴齐卒"条传文。

【译文】

经文书"及"是什么意思？是连累的意思。弑君的事例很多，除此之外，还有连累而死的人吗？回答说：有的，仇牧、荀息都受连累而死。除了仇牧、荀息之外没有受连累的人了吗？回答说：有的。既然有，那么为什么这次还要记录？因为孔父有贤德。孔父有什么贤德？孔父可谓是义形于色。义形于色是怎么回事？华父督将要弑杀殇公，认为如果孔父还在，则弑杀殇公不能得逞，所以先攻打孔父之家。殇公知道，如果孔父死了，自己必然会死，于是赶去救孔父，结果都死了。孔父正色站在朝堂上，就没人敢过去杀害他的君主，孔父可谓是义形于色。

【穀梁传】桓无王，其曰王，何也？正与夷之卒也①。孔父先死，其曰及，何也？书尊及卑，《春秋》之义也。孔父之先死，何也？督欲弑君而恐不立②，于是乎先杀孔父，孔父闲也③。何以知其先杀孔父也？曰：子既死，父不忍称其名；臣既死，君不忍称其名④，以是知君之累之也⑤。孔，氏；父，字谥也。或曰，其不称名，盖为祖讳也。孔子故宋也。

【注释】

①正与夷之卒也：这里的意思是说这个"王"字是为宋殇公用的，因为他是得到了周天子册封的诸侯。也表明宋殇公是嫡长子，记载诸侯死亡并称"卒"是符合礼的。正，为"卒"正名。

②立：成功。

③闲：原指马厩中栅栏之类的遮挡物，这里引申为妨碍，即孔父是保护殇公的屏障，妨碍了华父督。

④"子既死"四句：意思是说子、臣活着的时候，父、君称呼他们的名，死了，就不忍心称呼他们的名而尊称他们的字。

⑤累：接连。

【译文】

在鲁桓公的记载中不用"王"字，这里经文说"王"，为什么呢？是为了按照合礼制的方式来记载宋殇公的去世。孔父先被杀死，经文却说"及"，为什么呢？因为书写顺序按照人物的由尊到卑，是《春秋》的义理。孔父先被杀害，为什么呢？华父督想杀害国君又怕不成功，所以就先杀害了孔父，因为孔父是他杀害国君的障碍。怎么知道孔父是先被杀害的呢？回答说：儿子已经死了，父亲不忍心称他的名；大臣已经死了，国君不忍心称他的名，凭借这点知道宋国国君是跟在孔父之后死的。孔，是氏；父，是字，也是谥号。有人说：经文不称孔父的名，大概是为先祖避讳。孔子的先祖是宋国人。

△**【经】滕子来朝**①。

【注释】

①滕子：滕国国君。滕本为子爵，隐公之篇称"滕侯"者，是因其先朝隐公而褒之，此处见其本爵。而据《穀梁传》范甯注，隐公时称"滕侯"，今称"滕子"，是被周天子降级。

【译文】

滕子来我国朝见。

【经】三月,公会齐侯、陈侯、郑伯于稷①,以成宋乱②。

【注释】

①齐侯:即齐僖公。陈侯:即陈桓公。郑伯:即郑庄公。稷:宋地名,在今河南商丘。

②以成宋乱:成,成就,促成。隐公三年,宋公子冯出居于郑。宋殇公与孔父多次与郑交战,华父督杀宋殇公而欲迎立公子冯,符合郑国的愿望。华父督又贿赂各国,因此鲁、齐、陈、郑会于稷,促成华父督之乱,树立华氏政权。

【译文】

三月,鲁桓公与齐僖公、陈桓公、郑庄公相会于稷地,是为了促成宋国之乱。

【左传】会于稷以成宋乱。为赂故,立华氏也。

【译文】

鲁桓公和齐僖公、陈桓公、郑庄公在稷地会见,商讨平定宋国的内乱。由于接受了贿赂的缘故,便建立华氏政权。

宋殇公立,十年十一战①,民不堪命②。孔父嘉为司马,督为大宰,故因民之不堪命③,先宣言曰④:"司马则然⑤。"已杀孔父而弑殇公,召庄公于郑而立之⑥,以亲郑⑦。以郜大鼎赂公,齐、陈、郑皆有赂,故遂相宋公。

【注释】

①十年十一战：宋殇公在隐公四年即位，到隐公十一年，共打了十一仗。孔颖达疏引服虔云："与夷，隐四年即位，一战伐郑，围其东门；再战取其禾，皆在隐四年。三战取郜田；四战郜、郑，入其郛；五战伐郑，围长葛，皆在隐五年。六战，郑伯以王命伐宋，在隐九年。七战，公败宋师于菅；八战，宋、卫入郑；九战，宋人、蔡人、卫人伐戴；十战，戊寅，郑伯入宋，皆在隐十年。十一战，郑伯以虢师大败宋师，在隐十一年。"其中除了隐公五年取郜田与郑无关外，其余皆宋、郑交战。

②不堪：不能忍受。

③故：有意。因：承。

④宣言：扬言。

⑤司马则然：大司马要这样做。司马掌管全国军队，且孔父嘉为宋执政大臣，所以宋督早就宣扬说，频繁战争，是大司马要这样做的。把责任推给孔父嘉。

⑥庄公：即公子冯，其时出居于郑。

⑦以亲郑：顾栋高曰："至立庄公以后，宋、郑已解仇释结。"

【译文】

宋殇公即位以后，十年之中发生了十一次战争，百姓不能忍受。孔父嘉做司马，华父督做太宰，华父督故意利用百姓的不能忍受，先宣扬说："这都是司马要这样干的。"在杀了孔父和殇公之后，他把庄公从郑国召回并立他为国君，以此来亲近郑国。同时又把郜国的大鼎送给鲁桓公，对齐、陈、郑诸国也都馈送财礼，所以华父督就当了宋公的宰相。

【公羊传】内大恶讳，此其目言之何①？远也。所见异辞，所闻异辞，所传闻异辞②。隐亦远矣，曷为为隐讳③？隐贤而桓贱也④。

【注释】

①目言之：目，见。之，指代"以成宋乱"之经文。目言之，即直书"以成宋乱"。案《春秋》之例，内大恶讳，鲁桓公受赂成宋乱为大恶，经文不讳，故传发问。

②"所见异辞"三句：此为《春秋》三世之例，详参隐公元年"公子益师卒"条传文。复发此传，是说明为鲁君避讳也有三世之异，时代越近，臣子对君王的恩情越深，为之避讳也深，反之时代越远，恩情越浅，为之避讳也浅。此处不为桓公避讳，其中一个原因是距离孔子作《春秋》之时年代太久远了。

③为隐讳：隐公与桓公，均为传闻世之君，然《春秋》为隐公避讳之处不少，如五年以"观鱼"避讳与民争利，六年以"输平"避讳被俘不死位等。

④隐贤而桓贱：隐公有让国之贤，桓公则是弑君而立，与宋庄公是同类人，故云隐贤而桓贱。

【译文】

鲁国的大恶是需要避讳的，经文直书"以成宋乱"是为什么？因为年代很久远了。孔子作《春秋》，对于自己亲身经历的时代、听闻的时代、辗转听闻的时代，用的文辞是不一样的。隐公年代也很久远，为什么为隐公避讳大恶？因为隐公贤良而桓公卑贱。

【穀梁传】以者，内为志焉尔。公为志乎成是乱也。此成矣，取不成事之辞而加之焉①。于内之恶，而君子无遗焉尔。

【注释】

①不成事之辞：没能完成事情的说法。本来鲁、齐、陈、郑四国是要去平定宋国内乱的，但是华父督对四国分别贿赂，于是四国立华父督为宋相，这是没能完成平乱任务。所以传文认为本应该用类

似"不成功"这样的言辞来记录这件事,但是这里用了"成"这样
的言辞,就隐含了讽刺之意。

【译文】

"以",表明这次会盟是鲁国主动的。鲁桓公有意促成这场内乱。这
里说的是"成",其实是用"不成事"这样的说法来用在桓公身上。对于
桓公干的坏事,君子的记录没有一点遗漏。

【经】夏四月,取郜大鼎于宋①。戊申②,纳于大庙③。

【注释】

①郜大鼎:鼎为郜国所铸,所以称为郜鼎。宋灭郜而取之,此处送与鲁
国,为"成宋乱"之贿赂。郜,在今山东成武东南,是年为宋所灭。

②戊申:初九。案时月日例,失礼鬼神例日。

③纳于大庙:大庙即太庙,鲁以周公庙为太庙,此是将郜大鼎送入太
庙之中。纳者,入辞,内弗受也,郜鼎为"成宋乱"之贿赂,将其送
入太庙,鬼神弗受,故经书"纳"。大,《穀梁传》作"太"。

【译文】

夏四月,从宋国取来郜国的大鼎。初九,把鼎放入太庙。

【左传】夏四月,取郜大鼎于宋。戊申,纳于大庙。非
礼也。

【译文】

夏四月,桓公从宋国取来了郜国的大鼎。初九,把大鼎安放在太庙
里。这件事不符合礼制。

臧哀伯谏曰①："君人者，将昭德塞违②，以临照百官③，犹惧或失之，故昭令德以示子孙。是以清庙茅屋④，大路越席⑤，大羹不致⑥，粢食不凿⑦，昭其俭也。衮、冕、黻、珽⑧，带、裳、幅、舄⑨，衡、纮、綖、綖⑩，昭其度也。藻、率、鞞、鞛⑪，鞶、厉、游、缨⑫，昭其数也⑬。火、龙、黼、黻⑭，昭其文也⑮。五色比象⑯，昭其物也。钖、鸾、和、铃⑰，昭其声也。三辰旂旗⑱，昭其明也⑲。夫德，俭而有度⑳，登降有数㉑。文、物以纪之㉒，声、明以发之㉓，以临照百官，百官于是乎戒惧，而不敢易纪律。

【注释】

①臧哀伯：鲁大夫，名达，僖伯之子。

②昭：显扬。塞：堵塞。违：邪，不合德义，违礼之事。

③临照：本谓天日之照耀。喻指君主的表率作用。

④清庙茅屋：以茅草盖屋作太庙。清庙，太庙。

⑤大路：也作"大辂"。一种车，此处用于祀天。其中木辂最朴素，玉辂最奢华。路，指君主所乘之车。越席：用蒲草结成的席，铺于大辂中作车垫。

⑥大羹：肉汁。祭祀用大羹。不致：仅煮而不用酸、苦、辛、咸、甘五味调和。

⑦粢食（zī sì）不凿：祭祀用的主食不舂。粢食，主食。《周礼·小宗伯》有六粢，即六种主食，黍、稷、稻、粱、麦、苽（gū，今谓之茭米）。祭祀以用黍、稷为常。凿，舂。

⑧衮（gǔn）：古代天子及上公的礼服。祭祀时穿用。冕：古代礼帽，大夫以上用。黻（fú）：祭服上用皮革做成以遮蔽腹膝之间的蔽膝。珽（tǐng）：天子所用笏，长三尺，一名大圭。古代天子以至

士,朝见皆执笏。

⑨带:指大带。礼服上用以束腰,其余下垂部分叫绅。等级不同,其带装饰不同。裳:下身的衣服,也叫裙。幅(bī):绑脚布,古人以布缠足背,上至于膝。与近代的绑腿相似。舃(xì):古代一种双底鞋,天子、诸侯有吉事时穿用。

⑩衡:衡笄,用来固定帽子。纮(dǎn):冠冕上用以系瑱玉(又叫充耳)的带子。纮(hóng):冠冕上的纽带,由颔下挽上而系在笄的两端。綖(yán):冠冕上的一种装饰,盖在冕上的一块布。

⑪藻:垫玉的木板,上以粉白画水藻文。率(lǜ):亦作"帨",佩巾。鞸(bǐng):刀鞘。琫(běng):佩刀刀把上的装饰物。

⑫鞶(pán):皮做的束衣带。厉:鞶带下垂作为装饰的部分。游(liú):同"旒",古代旌旗上悬垂的飘带。缨(yīng):也叫"鞅",套在马颈上的革带,驾车时用。

⑬昭其数:藻、率等八种物品各依地位之高低而数目不同。

⑭火、龙、黼(fǔ)、黻:皆衣裳上的花纹。火形是半环。龙即画成龙形。黼是黑白两色刺绣成一对斧头形。黻是用黑青两色刺绣成两个相背之弓形的花纹。

⑮昭其文:此四者均为文采,故云昭其文。

⑯五色:青、黄、赤、白、黑,古代以此为正色。比象:即用五色绘画山、龙、花、虫之象。

⑰钖(yáng):马额头上的金属装饰,走时发出声响。鸾:通"銮",古代的一种车铃。置于马嚼子或车衡上方。和:设在车轼(车前横木)上的小铃。铃:指设在旌旗上的小铃。

⑱三辰:日、月、星。旂(qí)旗:古代旗帜的总称。

⑲昭其明:旌旗用作标志,且画有日、月、星、辰,故曰昭明。

⑳有度:有一定的制度。

㉑登降:增减。有数:有一定数量。

㉒文：指上文之火、龙、黼、黻。物：指五色比象。

㉓声：指钖、鸾、和、铃。明：指三辰旂旗。

【译文】

臧哀伯劝阻说："作为百姓的君主，要发扬道德而阻塞邪恶，以为百官的表率，即使这样，仍然担心有所失误，所以显扬美德以示范于子孙。因此太庙用茅草盖屋顶，祭天之车用蒲草席铺垫，肉汁不加调料，主食不吃舂过的米，这是为了表示节俭。礼服、礼帽、蔽膝、大圭，腰带、裙子、绑腿、鞋子，横簪、填绳、冠系、冠布，都各有规定，用来表示衣冠制度。玉垫、佩巾、刀鞘、鞘饰、革带、带饰、飘带、马鞅，各级多少不同，用来表示各个等级规定的数量。画火、画龙、绣黼、绣黻，这都是为了表示文饰。五种颜色绘出各种形象，这都是为了表示色彩。钖铃、鸾铃、轼铃、旗铃，这都是为了表示声音。画有日、月、星的旌旗，这是为了表示标志。行为的准则应当节俭而有制度，增减也有一定的数量。用文饰、色彩来记录它，用声音、旗帜来发扬它，以此向文武百官作表率，百官才有警戒和畏惧，而不敢违反纪律。

"今灭德立违，而置其赂器于大庙①，以明示百官，百官象之②，其又何诛焉③？国家之败，由官邪也。官之失德，宠赂章也④。郜鼎在庙，章孰甚焉？武王克商，迁九鼎于雒邑⑤，义士犹或非之，而况将昭违乱之赂器于大庙，其若之何？"公不听。

【注释】

①赂器：郜鼎本受贿而得，所以称之为赂器。

②象之：以此为榜样。

③诛：惩罚。

④章：显示，表明。

⑤武王克商，迁九鼎于雒邑：武王与商纣王战于牧野，灭商，纣王自
　焚死。成王七年，营建雒邑。迁鼎之事，恐非武王所为，臧哀伯顺
　口说及。九鼎，古代传说夏禹铸九鼎，象征九州，三代时奉为传国
　之宝。雒邑，即王城，在今河南洛阳。

【译文】

　　"现在废除道德而树立邪恶，把人家贿赂的器物放在太庙里，公然展
示给百官看，百官也模仿这种行为，还能惩罚谁呢？国家的衰败，是由于
官吏的邪恶。官吏的失德，是由于受宠而贿赂公行。郜鼎放在太庙，还
有比这更明显的吗？周武王打败商朝，把九鼎迁到雒邑，当时的义士还
有人认为他不对，更何况把表明邪恶叛乱的贿赂器物放在太庙里，这又
该怎么办？"桓公不听。

　　周内史闻之曰①："臧孙达其有后于鲁乎②！君违不忘
谏之以德③。"

【注释】

①内史：周王室官名，掌策命诸侯及公卿大夫，凡四方之事书则读
　之。当时人们认为他们通晓神道与天道，能言吉凶。详见庄公三
　十二年传文。

②臧孙达其有后于鲁乎：有后，指臧哀伯之后代能长享禄位。杨伯
　峻曰："以鲁大夫言，臧氏享世禄为最久，哀二十四年犹有鲁侯伐
　齐，乞灵于臧氏，臧石帅师会之，取廪丘之记载。"

③违：违背礼制。

【译文】

　　周朝的内史听说了这件事，说："臧孙达的后代在鲁国恐怕能长享禄
位吧！国君违背礼制，他没有忘记以道德来劝阻。"

【公羊传】此取之宋，其谓之郜鼎何？器从名①，地从主人②。器何以从名，地何以从主人？器之与人，非有即尔③。宋始以不义取之，故谓之郜鼎。至乎地之与人则不然，俄而可以为其有矣④。然则为取可以为其有乎⑤？曰：否。何者？若楚王之妻媦⑥，无时焉可也。

何以书？讥。何讥尔？遂乱受赂，纳于大庙，非礼也。

【注释】

①器从名：即器物从其本主命名，此处大鼎之本主为郜国，故称郜大鼎，不称宋大鼎。

②地从主人：土地从其后所属之主人命名，如莒人取杞国之牟娄，牟娄即为莒国之邑，不称杞牟娄。

③器之与人，非有即尔：即，就。王引之《经义述闻》认为"非有即尔"当作"非即有尔"，意谓人占有器物，并非一定要到器物的所在地，事实上往往是拿回来占有的。正因为如此，若从后所属之主人命名，器物的来历就不清楚了，故须从其本主命名。

④俄而可以为其有：俄而，即顷刻之间。人对于地的占有，是到土地之上，顷刻之间就占有了。占有的人可以有变化，土地却一直在那里，故可以从其后所属之主人命名，如牟娄原为杞国之邑，后为莒国夺取，牟娄还在那里，可以称为"莒牟娄"。

⑤然则为取可以为其有乎：为取，恣意之辞。意谓，既然地从后主之名，是不是恣意取得土地，便能算合法占有了呢？

⑥楚王之妻媦（wèi）：媦，妹。以妹为妻，终究不可，以此比喻恣意取得土地，仍不能算合法占有，后有王者兴，必会返还侵地。

【译文】

这是从宋国取得的，经文称之为郜鼎是为什么？器物从其本主命名,土地从后属之主命名。器物为何要从本主命名？土地为何要从后属之主命名？器物对于人来说,并非一定要到器物的所在地才能占有。宋国当初占有此鼎是不道义的,所以仍称之为郜鼎。至于土地之于人就不一样了,顷刻间就可以被人占有。那么是不是恣意取得土地,便算是合法占有了呢？回答说:不是的。这好比楚王以妹妹为妻,无论什么时候都是不可以的。

为什么记录此事？是讥刺。讥刺什么？讥刺鲁桓公成就宋国之乱而接受贿赂,将其纳入太庙,是不合礼制的。

【穀梁传】桓内弑其君,外成人之乱,受赂而退①,以事其祖,非礼也。其道以周公为弗受也。郜鼎者,郜之所为也。曰宋,取之宋也,以是为讨之鼎也②。孔子曰:"名从主人,物从中国③。"故曰郜大鼎也。

【注释】

①受赂:指华父督以郜大鼎赂桓公。

②讨之鼎:即讨伐宋乱所得。

③名从主人,物从中国:对夷狄国家的人名、国名,要按照他们自己的叫法来记载;而器物、地名要依照中原国家的叫法来记载。称"郜"就是名从主人,称"大鼎"就是物从中国。

【译文】

鲁桓公在国内杀害了他的国君,在国外助成了别国的动乱,接受了贿赂然后回来了,用来供奉祖先,这是不合礼制的。他的做法是周公不能接受的。郜鼎,是郜国铸造的。说是宋国的,因为是从宋国得到的,把这个作为讨伐宋乱所得之鼎。孔子说:"对名称要按照他们自己的叫法来记载,对器物要遵从中原国家的叫法来记载。"所以叫做"郜大鼎"。

【经】秋七月，杞侯来朝①。

【注释】

①杞侯来朝：桓公即位，所以来朝。杞侯，《公羊传》《穀梁传》作
"纪侯"。何休云："称侯者，天子将娶于纪，与之奉宗庙，传之无
穷，重莫大焉，故封之百里。"纪为小国，自此以下恒称侯，是因为
将嫁女于天子，故天子封之为大国。古代婚姻讲究门当户对，夫
妻共奉宗庙之祭祀，妻子地位不能卑贱，故诸侯与诸侯通婚，天子
至尊无敌，则取于大国；同时天子有专封之权，妻族可封为大国，
故天子可取庶人女。此条封纪为大国，即是天子因婚姻而专封。

【译文】

秋七月，杞侯来我国朝见。

【左传】秋七月，杞侯来朝，不敬。杞侯归，乃谋伐之。

【译文】

秋七月，杞侯来鲁国朝见，态度不够恭敬。杞侯回国，桓公就策划讨
伐他。

【穀梁传】朝时，此其月，何也？桓内弑其君，外成人之
乱，于是为齐侯、陈侯、郑伯讨，数日以赂①。己即是事而朝
之②，恶之③，故谨而月之也。

【注释】

①数日：计着日期。

②己：即纪。

③恶之：指纪国国君在这种情况下还来朝见鲁桓公，是令人厌恶的。

【译文】

诸侯朝见只记载季节，这里记载了月份，为什么呢？桓公在国内杀害了他的国君，在国外助成了别国的动乱，因此被齐国国君、陈国国君、郑国国君声讨，计着日子要他交出受贿之物。纪国国君在这些事发生的时候却来朝见鲁桓公，令人厌恶，所以慎重地记录这件事的月份。

【经】蔡侯、郑伯会于邓①。

【注释】

①蔡侯：指蔡桓侯。邓：蔡国地名，其地在蔡之北、郑之南，在今河南郾城东南。

【译文】

蔡桓侯、郑庄公相会于邓地。

【左传】蔡侯、郑伯会于邓，始惧楚也①。

【注释】

①始惧楚：此年为楚武王之三十一年，中原诸国患楚自此始。楚，又叫荆，芈姓国，初都丹阳（今湖北秭归），后迁今湖北枝江（也叫丹阳）。楚武王时迁郢，即今湖北江陵北之纪南城。

【译文】

蔡桓侯、郑庄公在邓地会见，从这时起两国开始对楚国有所畏惧。

【公羊传】离不言会①，此其言会何？盖邓与会尔②。

【注释】

①离不言会：离,通"俪",两。离会即两国相会,何休云:"二国会曰离,二人议各是其所是,非其所非,所道不同,不能决事,定是非,立善恶,不足采取,故谓之离会。"若三国以上,则可定是非,立善恶。"离不言会",即经文对于离会,不书"会"字。如桓公五年,"齐侯、郑伯如纪",是齐、郑离会,经不书"会"而书"如",即是"离不言会"的书法。值得注意的是,"离不言会"仅针对传闻世之外诸侯的离会而言,鲁国之离会常书;至所闻世之后,外离会亦书。

②盖邓与会尔：与,参与。经书"会"字,表明此非离会,那么邓国作为地主,也在其中。

【译文】

两国相会经文不书"会",这里为什么书"会"? 大概邓国也参会了。

【经】九月①,入杞②。

【注释】

①九月：案时月日例,入例时,伤害多则月。

②入杞：指鲁国攻入杞国,经文不记名字,盖率兵者非卿。

【译文】

九月,攻入杞国。

【左传】九月,入杞,讨不敬也。

【译文】

九月,攻入杞国,这是由于讨伐杞侯的不恭敬。

【穀梁传】我入之也。

【译文】

是我国出兵攻入杞国。

【经】公及戎盟于唐[①]。

【注释】

①公及戎盟于唐：隐公二年，戎与隐公盟于唐，此处又与桓公盟。此
　条蒙上条之"九月"。案盟之时月日例，不信日，小信月，大信时。
　此条书月，为小信辞，何休云："戎怨隐不反国，善桓能自复，翕然
　相亲信。"唐，鲁国地名，在今山东鱼台东北。

【译文】

鲁桓公与戎国在唐地结盟。

【左传】公及戎盟于唐，修旧好也[①]。

【注释】

①旧好：指隐公二年秋八月曾与戎结盟。

【译文】

桓公和戎在唐地结盟，这是为了重修过去的友好邦交。

【经】冬，公至自唐[①]。

【注释】

①公至自唐：即鲁桓公从唐地回到鲁国，凡鲁君回国时，一般都要书
　"公至自某"，此是"致文"，何休云："凡致者，臣子喜其君父脱危
　而至。"鲁桓公的比较特殊，因其弑隐而立，又无王而行，《春秋》

不书致,夺其臣子辞(参见桓公元年"三月,公会郑伯于垂"条)。此处书致,是为了与隐公比较。隐公二年"秋八月庚辰,公及戎盟于唐",是书日而不致,表明隐公贤君,唐之盟虽不信,亦不危。桓公为唐之盟,书月而致,表明虽小信,亦有危。《春秋》以此深抑小人。

【译文】

冬,桓公从唐地回到鲁国。

【左传】冬,公至自唐,告于庙也。凡公行,告于宗庙;反行①,饮至②,舍爵③,策勋焉④,礼也。特相会⑤,往来称地⑥,让事也⑦。自参以上⑧,则往称地,来称会,成事也。

【注释】

①反:返回。

②饮至:诸侯朝天子、朝诸侯、参加盟会、征战,行前应亲自祭告祖庙,返回时,又应亲自祭告祖庙,祭后会群臣饮酒,叫饮至。

③舍(shè)爵:饮酒。舍,置。爵,酒杯。

④策勋:有功劳者书之于策,叫策勋,也叫书劳。

⑤特相会:指鲁公单独与另一国君相见。特,单独。

⑥往来称地:无论鲁公前往还是他国国君前来,都记载会见的地点。

⑦让事:二人单独相会,彼此谦让为主,叫让事。

⑧参:通"三"。

【译文】

冬季,桓公从唐地回来,《春秋》所以记载,是由于回来后祭告了宗庙。凡是国君出行之前,要祭告宗庙;回来,也要祭告宗庙,还要宴请臣下,互相劝酒,把功劳记载在档案里,这是合于礼的。两国国君单独会见,来回都只记载会见的地点,这是互相谦让谁为会首的会见。会见的国君在三个以上，那就在去他国时记载会见的地点，他国国君前来就不记载会见地点而仅仅记载会见，这是盟主已在会前决定的，只是完成会见手续罢了。

【穀梁传】桓无会①，而其致，何也？ 远之也②。

【注释】

①桓无会：意为在鲁桓公的记载中不书会盟后告祭祖庙，即取消其告祭祖庙的资格，本传认为鲁桓公有弑逆之罪，以"桓无会"予以谴责。

②远之也：是为了让他远离会盟之事。按旧注通常解作与戎会盟外出太远，疑误，唐为鲁邑，不远。

【译文】

鲁桓公的记载中不书写会盟后告祭祖庙，但是这里经文写了他会盟回来后举行告祭祖庙的致礼，为什么呢？ 为了让他以后远离会盟告庙之事。

*【左传】初①，晋穆侯之夫人姜氏以条之役生大子②，命之曰仇③。其弟以千亩之战生④，命之曰成师。师服曰⑤："异哉，君之名子也！ 夫名以制义⑥，义以出礼，礼以体政⑦，政以正民⑧。是以政成而民听，易则生乱⑨。嘉耦曰妃⑩，怨耦曰仇⑪，古之命也⑫。今君命大子曰仇，弟曰成师，始兆乱矣⑬，兄其替乎⑭？"

【注释】

①初：当初，此是追叙前事。

②姜氏:齐侯女。穆侯四年,娶齐女为夫人。条之役:据《史记·晋世家》,条之役在晋穆侯七年（前805），当周宣王二十三年,鲁孝公二年。《竹书纪年》载"王师及晋穆侯伐条戎、奔戎,王师败逋"。条,条戎,故地在今陕西安邑。大子:太子。大,同"太"。

③仇:晋文侯之名。条之役王师与晋师俱败逃,晋穆侯不悦,正在此时姜氏生太子,所以叫他仇。

④千亩之战:发生在晋穆侯十年（前802），当周宣王二十六年,晋攻千亩获胜。千亩,在今山西安泽北。

⑤师服:晋国大夫。

⑥名以制义:名字用来表示道义。

⑦礼以体政:礼为政治、政法之本体。体,本体。

⑧正民:端正百姓的行为。

⑨易:相反。

⑩嘉耦曰妃（pèi）:美好姻缘叫妃。

⑪怨耦曰仇:夫妻相恶叫仇。

⑫命:名。

⑬兆乱:预兆祸乱。

⑭兄:指太子仇。替:衰微。

【译文】

当初,晋穆侯的夫人姜氏在条之战的时候生了太子,此战晋国战败,所以取名叫仇。仇的兄弟是在千亩之战时生的,此战晋国获胜,因此取名叫成师。师服说:"奇怪呀,国君给儿子取这样的名字！取名表示一定的道义,道义产生礼仪,礼仪是政事的本体,政事端正百姓行为,所以政事没有失误百姓就服从,相反就发生动乱。相爱的夫妻叫妃,相怨的夫妻叫仇,这是古代人命名的方法。现在国君给太子取名叫仇,他的兄弟叫成师,这就开始预示祸乱了。做哥哥的恐怕要衰微了吧?"

惠之二十四年^①，晋始乱，故封桓叔于曲沃^②，靖侯之孙栾宾傅之^③。师服曰："吾闻国家之立也，本大而末小^④，是以能固。故天子建国^⑤，诸侯立家^⑥，卿置侧室^⑦，大夫有贰宗^⑧，士有隶子弟^⑨，庶人、工、商，各有分亲，皆有等衰^⑩。是以民服事其上而下无觊觎^⑪。今晋，甸侯也，而建国^⑫。本既弱矣，其能久乎？"

【注释】

①惠之二十四年：即前745年。惠，即鲁惠公。

②封桓叔于曲沃：《史记·晋世家》："文侯仇卒，子昭侯伯立。昭侯元年，封文侯弟成师于曲沃。曲沃邑大于翼。翼，晋君都邑也。成师封曲沃，号为桓叔。……桓叔是时年五十八矣，好德，晋国之众皆附焉。"

③靖侯：桓叔之高祖。栾宾：字宾父，为桓叔之叔祖。傅之：相之，辅佐他。

④本：根本。末：枝叶。

⑤天子建国：周天子分封诸侯，建立诸侯国。

⑥诸侯立家：诸侯分采邑与卿大夫，叫做立家。

⑦侧室：指庶子，亦为官名。

⑧贰宗：官名，以大夫宗室之弟担任。

⑨士有隶子弟：士自以其子弟为仆隶。

⑩等衰（cuī）：等差，等级。杨伯峻曰："庶民以及工商，其中不再分尊卑，而以亲疏为若干等级之分别。"

⑪服事：服从。觊觎（jì yú）：非分的企图。

⑫"今晋"三句：晋为甸侯，其地位原不甚高，不能封赐卿大夫立家，如今却另封桓叔，是不合礼的。甸侯，周王朝甸服的诸侯。甸服，

　　周有天下,规定天子王城外方圆千里以内的诸侯为甸服。

【译文】

　　鲁惠公二十四年,晋国开始发生动乱,所以把桓叔封在曲沃,靖侯的孙子栾宾做他的辅相。师服说:"我听说国家的建立,根本大而枝节小,这样才能稳固。所以天子封建诸侯国,诸侯建立卿大夫的采邑,卿设置同宗兄弟为侧室官,大夫又有宗室子弟为贰宗官,士有仆隶子弟,庶人、工、商,各有亲疏,都有大小不同的等级。所以百姓才肯事奉长上,身居下位的人也没有什么非分的念头。现在晋国是王畿之内的甸服侯国,而又另外封桓叔如侯国。它的根本既已衰弱,还能够长久吗?"

　　惠之三十年[①],晋潘父弑昭侯而纳桓叔[②],不克。晋人立孝侯[③]。惠之四十五年[④],曲沃庄伯伐翼[⑤],弑孝侯。翼人立其弟鄂侯[⑥]。鄂侯生哀侯[⑦]。哀侯侵陉庭之田[⑧]。陉庭南鄙启曲沃伐翼[⑨]。

【注释】

①惠之三十年:即前739年。

②纳:接纳。曲沃本晋都,穆侯时迁都到绛(即翼)。昭侯把桓叔封在曲沃。潘父要迎桓叔入晋都,所以说"纳"。

③晋人立孝侯:《史记·晋世家》:"昭侯七年,晋大臣潘父弑其君昭侯,而迎曲沃桓叔。桓叔欲入晋,晋人发兵攻桓叔。桓叔败,还归曲沃。晋人共立昭侯子平为君,是为孝侯。诛潘父。"孝侯,即晋孝侯,姓姬名平,晋昭侯之子,晋国第十三任君主。

④惠之四十五年:即前724年。

⑤庄伯:桓叔子鳝。晋孝侯八年,桓叔死,子鳝代之,称为曲沃庄伯。翼:即绛地,当时晋都,在今山西翼城东南。

⑥鄂侯：即晋鄂侯，姓姬名郄，晋孝侯之子，晋国第十四任君主，在位
　　六年。

⑦哀侯：即晋哀侯，姓姬名光，晋国第十五任君主，在位九年。

⑧陉（xíng）庭：翼南边境小城。

⑨南鄙：此指陉庭南部边境的人。启：引导。

【译文】

　　鲁惠公三十年，晋国的潘父弑昭侯而准备接纳桓叔，没有成功。晋
国人立了孝侯。鲁惠公四十五年，曲沃庄伯攻打翼城，弑孝侯。翼城人
立他的兄弟鄂侯。鄂侯生了哀侯。哀侯侵占陉庭地方的田土。陉庭南
部边境的人引导曲沃攻打翼城。

三年

　　*【左传】三年春①，曲沃武公伐翼②，次于陉庭③。韩万
御戎④，梁弘为右⑤，逐翼侯于汾隰⑥，骖䋏而止⑦。夜获之，
及栾共叔⑧。

【注释】

①三年：鲁桓公三年当周桓王十一年，前709年。

②曲沃武公：隐公七年，曲沃庄伯死，其子称继位，是为武公。

③次：军队停留两宿以上。古代军队在外，住一夜叫"舍"，两夜叫
　　"信"，两夜以上叫"次"。

④韩万：曲沃桓叔之子，武公的叔父，受封于韩，因以为姓。韩，国
　　名，本为姬姓诸侯国，在今山西河津东。据《竹书纪年》，春秋前
　　晋文侯二十一年灭之。御戎：驾驭兵车。

⑤梁弘：曲沃之臣。为右：即车右，拿着戈盾，以防备非常。古代兵

车,主将在中,御者在左,车右在右。

⑥逐翼侯于汾隰(xí):汾水源出山西宁武西南之管涔山,西南流经静乐西、东南流经太原,折而西南,经介休、灵石、霍、洪洞、临汾诸地之西,至新绛东南折而西流,至河津西南入黄河。此逐翼侯之地当在今襄汾、曲沃之间。翼侯,即晋哀侯。汾,汾水。隰,水边低地。

⑦骖(cān):古代兵车一车四马,中间两马叫服,两边二马叫骖。绁(guà):绊住,挂碍。

⑧栾共叔:即曲沃桓叔之傅栾宾之子,名成。《国语·晋语一》云:"武公伐翼,杀哀侯,止栾共子曰:'苟无死,吾以子见天子,令子为上卿,制晋国之政。'共子辞而死之。"《史记·晋世家》云:"(哀侯)九年,伐晋于汾旁,虏哀侯。"则哀侯与栾共叔俱死。

【译文】

鲁桓公三年春,曲沃武公进攻翼城,军队驻扎在陉庭。韩万为武公驾车,梁弘为车右,在汾水边的低洼地追赶晋哀侯,由于骖马被绊住才停下来。夜里,俘获了晋哀侯和栾共叔。

【经】三年春正月①,公会齐侯于赢②。

【注释】

①正月:按照《春秋》体例,每年之初必书"王",以明大一统之义。桓公"无王而行",擅易朝宿之邑,故而桓公之篇不书"王"。然"桓无王"之书法亦有例外,如元年、二年、十年、十八年有"王",何休云:"二年有王者,见始也。十年有王者,数之终也。十八年有王者,桓公之终也。明终始有王,桓公无之尔。不就元年见始者,未无王也。"

②赢:齐地名,在今山东莱芜西北。

【译文】

鲁桓公三年春正月,桓公与齐僖公在嬴地相会。

【左传】会于嬴,成昏于齐也。

【译文】

桓公和齐僖公在嬴地会见,这是由于和齐女订婚。

【经】夏,齐侯、卫侯胥命于蒲[①]。

【注释】

①卫侯:指卫宣公。胥命:互相申约,但不歃血设盟,泛指一般的会
　见。胥,相。蒲:卫地名,在今河南长垣。

【译文】

夏,齐僖公、卫宣公在蒲地会谈。

【左传】夏,齐侯、卫侯胥命于蒲,不盟也。

【译文】

夏季,齐僖公、卫宣公在蒲地只是会谈,没有结盟。

【公羊传】胥命者何? 相命也。何言乎相命? 近正也。
此其为近正奈何? 古者不盟,结言而退[①]。

【注释】

①结言:即口头达成协定。结言而退最讲信义,是正道,胥命则需以

命相誓,盟则更需歃血。相对盟而言,胥命更接近信义,故言"近正"。时诸侯多用盟誓,胥命仅此一例,《春秋》善而书之,以拨乱反正。

【译文】

胥命是什么? 是相命。为什么要说相命? 因为接近正道。这怎么就是接近正道呢? 古时候不结盟,订立口头约定后就回去了。

【穀梁传】胥之为言犹相也[①]。相命而信谕[②],谨言而退,以是为近古也[③]。是必一人先,其以相言之[④],何也? 不以齐侯命卫侯也。

【注释】

①之为言犹:训诂术语,用音同音近的同义词解释词义。"之为言"表声训,此处即"胥"与"相"读音相同,"犹"表意训,此处即"胥"就是"相"的意思。后来到清代,一些训诂学家也间或用"犹"表示声训。"之为言"与"犹"合用,其功能与"之为言"相同。相:相互。

②相:相互。信:诚。谕:使理解。

③近古:接近上古时代。

④以相言之:用"相互约定"来表述,即经文里说"胥命"而不说"命"。

【译文】

"胥"的读音和意思都和"相"一样。相互约定并且理解彼此的诚意,慎重地说定后就各自返回,这是接近上古时代的做法。这样做,一定有一人先提出建议,经文却说"相",为什么呢? 为了避免引起齐侯命令卫侯的歧义。

【经】六月,公会杞侯于郕①。

【注释】

①杞侯:《公羊传》作"纪侯"。郕:在今河南范县。《公羊传》作"盛"。

【译文】

六月,桓公与杞侯在郕地相会。

【左传】公会杞侯于郕,杞求成也①。

【注释】

①求成:要求讲和。上年鲁"入杞,讨不敬",所以此年杞侯要求讲和。

【译文】

桓公和杞侯在郕地会见,这是由于杞国要求议和。

【经】秋七月壬辰朔①,日有食之,既②。

【注释】

①朔:初一。此日为前709年7月17日。

②日有食之,既:即发生了日全食。既,尽,指日全食。《汉书·五行志》云:"京房《易传》以为桓三年日食,贯中央,上下竟而黄。"

【译文】

秋七月初一凌晨,发生日全食。

【公羊传】既者何? 尽也。

【译文】

"既"是何意? 尽。

【穀梁传】言日言朔①，食正朔也②。既者，尽也，有继之辞也③。

【注释】

①言日言朔：说了具体的日期"壬辰"，又说是"朔"日。

②正朔：每年的第一天正月初一，这里当指初一。

③有继：尽而复生的意思，即太阳在日食之后又重新出现了。

【译文】

说了七月十七日又说了是七月初一日，日食发生正当初一。"既"，是完全的意思，又有尽而复生的意思。

【经】公子翚如齐逆女①。

【注释】

①公子翚如齐逆女：杨伯峻曰："旧礼，除天子外，取妻皆必亲迎。但《春秋》无诸侯迎夫人之文，恐诸侯之亲迎，不出国境，出国境则使卿代迎。"女，齐僖公之女孟姜，即后来鲁桓公之夫人文姜。此处公子翚替鲁桓公去齐国迎接夫人。

【译文】

公子翚去齐国迎接齐女。

【左传】秋，公子翚如齐逆女。修先君之好，故曰"公子"①。

【注释】

①公子：公子翚此行是重修前代国君旧好，所以《春秋》称他为公子。

【译文】

秋，公子翚到齐国迎接齐女。因为是重修前代国君的友好关系，所以《春秋》称翚为"公子"。

【穀梁传】逆女,亲者也。使大夫,非正也。

【译文】

迎亲,应该国君亲自迎接。派大夫去,不合正礼。

【经】九月,齐侯送姜氏于讙^①。

【注释】

①姜氏:齐僖公的女儿文姜。杜预认为,因为离开齐国,所以不能
　称女,还没嫁到鲁国,不能称夫人,只能称娘家的姓姜氏。讙
　(huān):鲁地名,在今山东肥城。

【译文】

九月,齐僖公送姜氏到讙地。

【左传】齐侯送姜氏于讙,非礼也。凡公女^①,嫁于敌国^②,
姊妹,则上卿送之,以礼于先君;公子^③,则下卿送之。于大
国,虽公子,亦上卿送之。于天子,则诸卿皆行,公不自送。
于小国,则上大夫送之^④。

【注释】

①公女:公室女子。

②敌国:对等的国家。敌,匹敌,同等。

③公子:男女通用,此指女公子,即国君之女。

④则上大夫送之:案"凡公女"至此是解释为什么说齐侯"非礼"。

诸侯嫁女不自送，齐侯自送，所以说"非礼"。杨伯峻曰："《士昏礼》云：'舅飨送者以一献之礼，酬以束锦。'郑玄注云：'送者，女家有司也。'则纵大夫与士嫁女，主人亦不自送。"

【译文】

齐僖公护送姜氏出嫁，到了讙地，这是不合于礼的。凡是本国的公室女子出嫁到同等级国家，如果是国君的姐妹，就由上卿护送她，以表示对前代国君的尊敬；如果是国君的女儿，就由下卿护送她。出嫁到大国，即便是国君的女儿，也由上卿护送她。嫁给天子，各位大臣都要去护送她，国君不亲自护送。出嫁到小国，就由上大夫护送她。

【公羊传】何以书？讥。何讥尔？诸侯越竟送女，非礼也[1]。此入国矣，何以不称夫人[2]？自我言齐[3]，父母之于子，虽为邻国夫人，犹曰吾姜氏。

【注释】

①诸侯越竟送女，非礼也：按照礼制，送女，父母不下堂。齐侯越过国境送女，不合礼制。

②何以不称夫人：案他国女子嫁为鲁国夫人，其名称随地点而变化：第一，女子在本国，自夫家言之，则称"女"，如上条"公子翚如齐逆女"。第二，女子在途，则称"妇"。第三，进入鲁国境内，则称"夫人"。此处讙为鲁国之邑，已在鲁国境内，应称"夫人姜氏"，经不书"夫人"二字，故传发问。

③自我言齐：将齐国当成鲁国来看，即设身处地，从齐国的角度讲，何休言："恕己以及人也。"案鲁国之女嫁为诸侯夫人，仍以父母之辞称之，如"伯姬归于宋"，不称其为"夫人"。以此推至齐国，齐侯送女，则当以父母之辞称之为"孟姜"，然已在鲁国境内，改称"姜氏"，如下传所云"父母之于子，虽为邻国夫人，犹曰吾姜

氏"。之所以用父母之辞称之,是为了"崇父子之亲"。

【译文】

为什么记录此事? 是讥刺。讥刺什么? 诸侯越过国境送女儿出嫁,是不合于礼的。此处已进入鲁国境内了,为什么不称"夫人"? 自我国而言齐国,父母之于女儿,虽然是邻国的夫人,犹称之为"吾姜氏"。

【穀梁传】 礼:送女,父不下堂①,母不出祭门②,诸母兄弟不出阙门③。父戒之曰:"谨慎从尔舅之言④。"母戒之曰:"谨慎从尔姑之言⑤。"诸母般申之曰⑥:"谨慎从尔父母之言。"送女逾竟⑦,非礼也。

【注释】

①堂:住宅正中的厅堂,一般作为家族集体活动的场所。

②祭门:祭祀先祖的家庙的庙门。

③诸母:庶母。在一夫一妻多妾制的情况下,只有夫人为母,其余均为庶母,即使是生母,也只能作为庶母。阙门:指宫门,因宫门前两侧起观望高楼以示威仪,而中间缺门扇,故称。

④舅:公公。

⑤姑:婆婆。

⑥般:小袋子,通常给男子的是用皮革做的,给女子的多用丝织成。申之:一再说明。

⑦竟:同"境",边境。

【译文】

按照礼制:诸侯送女儿出嫁,父亲不走下厅堂,母亲不走出家庙庙门,庶母和兄弟不送出阙门。父亲告诫女儿说:"要谨小慎微,遵从你公公的话。"母亲告诫女儿说:"要谨小慎微,遵从你婆婆的话。"庶母拿着小丝囊一再地嘱咐："要谨小慎微,遵从你父母的话。"送女儿出了国境,这是不合礼制的。

【经】公会齐侯于谨①。

【注释】

①公会齐侯于谨:此事无传文说明,可能为桓公迎亲。

【译文】

桓公与齐僖公在谨地相会。

【穀梁传】无讥乎①? 曰:为礼也。齐侯来也,公之逆而会之可也。

【注释】

①讥:讥刺。

【译文】

经文这样写没有讥讽的意思吗? 回答说:这是履行礼节。齐国国君来到鲁国,鲁桓公去迎接并会见他是可以的。

【经】夫人姜氏至自齐①。

【注释】

①夫人姜氏至自齐:此时夫人已经进入鲁国都城,故书"夫人姜氏至自齐"。之所以如此,何休云:"妇人危重,故据都城乃致也。"夫人,指文姜,鲁桓公已经迎亲,所以称夫人了。至,新妇娶至国,要先告祭祖先,也称至。

【译文】

夫人姜氏从齐国来到我国。

【公羊传】翬何以不致^①？得见乎公矣^②。

【注释】

①翬何以不致：致，即表明从何处到鲁国。案常例，公子翬如齐逆
　女，其致文当书"翬以夫人姜氏至自齐"。今书"夫人姜氏至自
　齐"，而不致"翬"，故发问。

②得见乎公：即前齐侯与鲁桓公在讙地相会，则夫人已见公。案妇
　人危重，故须亲迎，大夫为君逆女，责任在大夫，故需致大夫。若
　夫人与公已相见，责任在君，故不需致大夫。

【译文】

公子翬为什么没有致文？因为夫人在讙地已经见到桓公了。

【穀梁传】其不言翬之以来，何也？公亲受之于齐侯
也。子贡曰："冕而亲迎^①，不已重乎？"孔子曰："合二姓之
好，以继万世之后，何谓已重乎？"

【注释】

①冕：穿着冕服。

【译文】

经文不说夫人是公子翬接来的，为什么呢？因为是鲁桓公亲自在讙
地齐国国君那里迎接到夫人的。子贡说："穿着冕服亲自去迎亲，不是太
隆重了吗？"孔子说："将两个不同姓氏的人合好成一家，来延续到子孙
万代，怎么能说是太隆重了呢？"

【经】冬,齐侯使其弟年来聘①。

【注释】

①其弟年:即前文提到的齐僖公弟弟夷仲年。他兄弟二人关系密切,隐公七年夷仲年就曾受齐僖公委派来鲁聘问。聘:外交访问。

【译文】

冬,齐僖公派他的弟弟夷仲年来我国聘问。

【左传】冬,齐仲年来聘①,致夫人也②。

【注释】

①齐仲年来聘:古时诸侯女子出嫁,又派大夫随后加以聘问。

②致:护送。此指对被护送者尽到责任。

【译文】

冬季,齐夷仲年前来聘问,这是为了把姜氏护送到鲁都。

【经】有年①。

【注释】

①有年:五谷皆熟叫有年,即丰年。

【译文】

五谷丰收。

【公羊传】有年何以书?以喜书也。大有年何以书?亦以喜书也。此其曰有年何?仅有年也①。彼其曰大有年何②?大丰年也。仅有年亦足以当喜乎?恃有年也③。

【注释】

①仅有年：仅，劣。五谷未大成熟，故曰"仅有年"，若大成熟，则曰
"大有年"。

②彼：指宣公十六年之事。

③恃有年：恃，赖，依赖之意。何休云："若桓公之行，诸侯所当诛，百
姓所当叛，而又元年大水，二年耗减，民人将去，国丧无日，赖得五
谷皆有，使百姓安土乐业，故喜而书之。"

【译文】

"有年"为什么记录？因为喜悦而记录。宣公十六年的"大有年"
为什么记录？也是因为喜悦而记录。这里说"有年"是什么意思？表明
还算是丰收。宣公十六年说"大有年"是什么意思？是大丰收。相比之
下，"仅有年"也值得喜悦吗？鲁国全倚仗着这次丰收。

【穀梁传】五谷皆熟，为有年也。

【译文】

五谷都丰收了，就是"有年"。

***【左传】**芮伯万之母芮姜恶芮伯之多宠人也①，故逐
之，出居于魏②。

【注释】

①芮（ruì）：诸侯国名，姬姓，在今陕西大荔东南。宠人：即宠姬。

②魏：此指古魏国，即《诗经·魏风》之魏，在今山西芮城东北。杨
伯峻曰："芮城县西三十里郑村有芮伯城，当为芮伯万被逐所居之
地。"此句为明年秦国侵芮一事张本。

【译文】

芮伯万的母亲芮姜嫌恶芮伯的宠姬太多,因此把他赶走,让他住到魏城。

四年

【经】四年春正月①,公狩于郎②。

【注释】

①四年:鲁桓公四年当周桓王十二年,前708年。正月:案时月日例,狩例时,此处书月者,何休云:"讥不时也。周之正月,夏之十一月,阳气始施,鸟兽怀任,草木萌牙,非所以养微。"当以周之十二月狩为正法。

②狩:冬猎叫狩。郎:在今山东鱼台东北。一说为鲁国都城近郊之郎,在今山东曲阜近郊。

【译文】

鲁桓公四年春周历正月,桓公在郎地狩猎。

【左传】四年春正月,公狩于郎。书,时,礼也①。

【注释】

①书,时,礼也:杨伯峻曰:"《周礼·大司马》:'中冬教大阅,遂以狩田。'周正之春正月,正夏正之仲冬十一月。但此年实是建丑,春正月为夏正之季冬十二月,亦农闲可以狩猎之时,故曰'时'。"

【译文】

鲁桓公四年春正月,鲁桓公在郎地打猎。《春秋》记载这件事,是由于这正是狩猎之时,合于礼。

【公羊传】狩者何？田狩也。春曰苗，秋曰蒐，冬曰狩^①。常事不书，此何以书？讥。何讥尔？远也^②。诸侯曷为必田狩？一曰干豆^③，二曰宾客^④，三曰充君之庖^⑤。

【注释】

①"春曰苗"三句：此是《春秋》之制，春天之田猎称"苗"，秋称"蒐（sōu）"，冬称"狩"。夏季不田猎，异于周礼之"四时田"。诸侯之所以要田猎，除下文所说三点外，还有因田猎而习武事及为田地除害的目的。

②远：案礼制，诸侯田狩不过郊。徐彦以为，郎邑在郊内，其属地有在郊外者，此处之"郎"，指郎邑之属地，故传以远为讥。

③一曰干豆：一，打猎所得禽兽中的第一等杀，自左膘射入，达于右髃，直接射中动物心脏，"死疾鲜洁"者。干豆，即制成干肉，置于豆（盛放食物的礼器，形似今日之高脚杯）中，以供祭祀。

④二曰宾客：二，第二等杀，即从左膘射入，达于右肋，未射中心脏者。宾客，即用以宴请宾客。

⑤三曰充君之庖：三，第三等杀，即射中肠胃，"污泡死迟"者，用以充国君之庖厨。庖，厨房。

【译文】

经文"狩"是什么意思？是田猎的意思。春天狩猎称"苗"，秋天称"蒐"，冬天称"狩"。狩猎是寻常之事，《春秋》不记载，此处为何记载？是讥刺。讥刺什么？因为太远了。诸侯为什么一定要田猎？第一等之猎物作成干肉置于豆中以供祭祀，第二等猎物用以宴请宾客，第三等猎物充实国君之庖厨。

【穀梁传】四时之田^①，皆为宗庙之事也。春曰田，夏曰

苗,秋曰蒐,冬曰狩。四时之田用三焉,唯其所先得,一为干
豆,二为宾客,三为充君之庖。

【注释】

①田:打猎。

【译文】

四个季节的打猎习惯,都是为了宗庙祭祀的事。春天打猎叫做
"田",夏天打猎叫做"苗",秋天打猎叫做"蒐",冬天打猎叫做"狩"。四
季打猎所得有三种用途,按照捕获的先后顺序来用,一是用作祭祀的贡
品,二是用来招待客人,三是用来充实国君的厨房。

【经】夏①,天王使宰渠伯纠来聘②。

【注释】

①夏:此年唯有春夏有记载,缺秋冬二时。案《春秋》编年之体例,
    一时无事,则书首时。若秋冬无事,则应书"秋七月""冬十月"。
    此处不书,何休云:"下去二时者,桓公无王而行,天子不能诛,反
    下聘之,故为贬,见其罪,明不宜。"

②天王:周天子,指周桓王姬林。宰:官名,掌管王室内外事务。渠
    伯纠:渠,地名,在今河南洛阳。此以封邑为氏。排行第一称伯。

【译文】

夏,周天子派宰渠伯纠来我国聘问。

【左传】夏,周宰渠伯纠来聘。父在,故名①。

【注释】

①父在,故名:因为渠伯纠与他的父亲同在周王室任职,所以《春

秋》记载他的名字。这是解释《春秋》书法。

【译文】

　　夏,周朝的宰官渠伯纠来鲁国聘问。由于他与他的父亲同在周王室任职,所以《春秋》写出他的名字。

　　【公羊传】宰渠伯纠者何? 天子之大夫也。其称宰渠伯纠何? 下大夫也①。

【注释】

　　①下大夫:案天子下大夫的名例是系官、氏、名、且字。以"宰渠伯纠"为例,宰是所系之官,渠为氏,纠为且字。所谓的"且字",即二十之后、五十之前的字,如孔子名丘,字仲尼父,尼父是二十岁之字,五十后方以伯仲称之,曰仲尼,故《礼记·檀弓上》云"幼名,冠字,五十以伯仲"。经书"宰渠伯纠","伯"字的位置本应书"名",然因"老臣不名"的制度,代之以"伯"字。故系官、氏、名、且字,是天子下大夫之通例,而"宰渠伯纠"是"老臣不名"之特例。

【译文】

　　宰渠伯纠是什么人? 是天子的大夫。为什么称其为"宰渠伯纠"? 因为是下大夫。

　　*__**【左传】**秋,秦师侵芮①,败焉,小之也②。

【注释】

　　①秦师侵芮:案这是《左传》首次记载秦国史事。秦,诸侯国名,嬴姓,相传周孝王封伯益之后非子于秦(今甘肃天水),作为附庸。后秦襄公护送周平王东迁有功,被分封为诸侯。秦宁公时迁都到

平阳（今陕西宝鸡），秦德公时又迁都于雍（今陕西凤翔），献公时
迁都栎阳（今陕西临潼），孝公迁都咸阳（今陕西咸阳）。

②小：轻敌。

【译文】

秋，秦国的军队袭击芮国，秦军战败，这是由于轻视了敌人。

*【左传】冬，王师、秦师围魏，执芮伯以归①。

【注释】

①芮伯：即芮伯万。

【译文】

冬，周桓王的军队和秦国军队联合包围魏国，俘虏了芮伯回来。

五年

【经】五年春正月①，甲戌、己丑②，陈侯鲍卒③。

【注释】

①五年：鲁桓公五年当周桓王十三年，前707年。

②甲戌：指上年十二月二十一日。己丑：指是年正月初六。两个不
同年份的时间放在一起记事，只能选一个年份。

③陈侯鲍：即陈桓公，姓妫名鲍，谥桓。

【译文】

鲁桓公五年春周历正月，去年十二月二十一日、今年正月初六，陈桓
公鲍去世。

【左传】五年春正月，甲戌、己丑，陈侯鲍卒。再赴也①。

于是陈乱，文公子佗杀大子免而代之②。公疾病而乱作，国人分散，故再赴③。

【注释】

①再赴也：指甲戌、己丑两次讣告。甲戌至己丑，相距十六日。赴，报丧。

②文公子佗：指陈佗，即五父，太子免的叔父。大子免：陈桓公太子。

③故再赴：这是说明“再赴”的缘故。《公羊传》云：“甲戌之日亡，己丑之日死而得，君子疑焉，故以二日卒之也。”《穀梁传》云：“《春秋》之义，信以传信，疑以传疑。陈侯以甲戌之日出，己丑之日得，不知死之日，故举二日以包也。”杨伯峻曰：“推二《传》之意，盖以陈桓公患精神病，甲戌之日一人出走，经十六日而后得其尸，不知其气绝之日，故《春秋》作者举二日以包之。左氏则以为再赴，较为可信，故《史记》从之。”

【译文】

鲁桓公五年春正月，去年十二月二十一日、今年正月初六，陈侯鲍逝世。《春秋》所以记载两个日子，是由于发了两次讣告而日期不同。当时陈国发生动乱，文公的儿子陈佗杀了太子免而取代他。陈侯病危的时候动乱发生，国内臣民纷纷离散，因此发了两次讣告。

【公羊传】曷为以二日卒之？怴也①。甲戌之日亡，己丑之日死而得，君子疑焉②，故以二日卒之也。

【注释】

①怴（xù）：狂。

②君子疑焉：君子，指作《春秋》之孔子。疑，阙疑。

【译文】

为什么用了两个日子记录他的死亡？他发疯了。甲戌日走失，己丑日被找到时已死了，君子阙疑，所以用两个日子记录他的死亡。

【穀梁传】鲍卒，何为以二日卒之？《春秋》之义，信以传信，疑以传疑。陈侯以甲戌之日出，己丑之日得，不知死之日，故举二日以包也。

【译文】

陈侯鲍去世，为什么要用两个日子来记录他的去世呢？因为《春秋》记事的原则是，确定的说法用来记载可信的事，怀疑的说法用来记载可疑的事。陈侯在桓公四年十二月二十一日这天出走，桓公五年正月六日这天被发现已经死了，不知道确切的死亡日期，所以两个日子都记下来，将其死亡日期包含在其中。

【经】夏，齐侯、郑伯如纪①。

【注释】

①齐侯：指齐僖公。郑伯：指郑庄公。纪：诸侯国名，在今山东寿
　光南。

【译文】

夏，齐僖公、郑庄公到纪国去。

【左传】夏，齐侯、郑伯朝于纪，欲以袭之。纪人知之①。

【注释】

①纪人知之：齐、郑都是大国，且齐僖公、郑庄公都是当时雄主，此时

一起来朝,可见别有用心,故纪人知之。

【译文】

夏,齐僖公、郑庄公去纪国访问,想要趁机袭击纪国。纪国人发觉了。

【公羊传】外相如不书,此何以书? 离不言会[1]。

【注释】

[1]离不言会:离会,即两国相会。"离不言会",指两国相会,经文不书"会"字,而书"如"字。原因是,两国相会,双方各执己见,不能定是非善恶。按照《春秋》三世之例,传闻世内离会书,外离会不书。内离会书,如隐公二年"公会戎于潜"。外离会不书,即此条。至所闻世,则书外离会,如宣公十一年"晋侯会狄于攒函"。值得注意的是:第一,"离不言会"与"外相如不书"是紧密联系在一起的,此条书"齐侯、郑伯如纪",因有"外相如不书"之例,故知此非"如",而是因离会而变"会"言"如"。第二,此条虽书"如纪",而纪国未与会,宜与桓公二年"蔡侯、郑伯会于邓"条参看。

【译文】

别国的往来,照例是不记录的,这里为何记录? 因为鲁国之外的离会,经不书"会"字,而书"如"字。

【经】天王使仍叔之子来聘[1]。

【注释】

[1]天王使仍叔之子来聘:仍叔年老,故使仍叔之子代其行事,因其本身在朝廷中没有爵位,所以不记其名。仍叔,世为周朝大夫。《穀梁传》作"任叔"。

【译文】

周天子派仍叔之子来我国聘问。

【左传】 仍叔之子来聘，弱也①。

【注释】

①弱：年幼，年少。

【译文】

仍叔的儿子前来聘问。《春秋》所以记为"仍叔之子"而不记他的名字，是由于他年轻。

【公羊传】 仍叔之子者何？天子之大夫也。其称仍叔之子何①？讥。何讥尔？讥父老子代从政也②。

【注释】

①其称仍叔之子何：案名例，天子上大夫氏采称字，如南季；中大夫氏采称且字，如家父；下大夫系官氏名且字，如宰渠伯纠。此处"仍叔之子"的称谓不合名例，故发问。

②讥父老子代从政：案礼制，大夫七十致仕，且不世袭。仍叔年老致仕，其子未得天子之命，便代父从政，故《春秋》书"仍叔之子"以讥之。此与《春秋》"讥世卿"之义同。

【译文】

"仍叔之子"是什么人？是天子的大夫。为什么称他为"仍叔之子"？是讥刺。讥刺什么？讥刺父老，子无天子之命便代父从政。

【穀梁传】 任叔之子者，录父以使子也。故微其君臣，而著其父子，不正父在子代仕之辞也①。

【注释】

①代仕：代为担任职务。

【译文】

"任叔之子"这个说法，是通过记载父亲来表明派的是他儿子。这里之所以隐藏君臣关系，显示父子关系，是认为父亲健在而由儿子代劳出使聘问的做法不合正道。

△**【经】葬陈桓公**①。

【注释】

①葬陈桓公：陈桓公，即此年正月去世之陈侯鲍。案时月日例，大国卒日葬月，而陈桓公之葬书时，是谴责陈国臣子知君父有疾，营卫不周，致使桓公走失去世。

【译文】

【经】安葬陈桓公。

△**【经】城祝丘**①。

【注释】

①祝丘：鲁地名，在今山东临沂。

【译文】

修筑祝丘的城墙。

【经】秋，蔡人、卫人、陈人从王伐郑①。

【注释】

①蔡人、卫人、陈人从王伐郑：此次战役即传文中的繻葛之战。春秋间，唯此役天子亲征。按照史实，此实为三国之君从王伐郑。这一点可以从下文"从王，正也"中看出，若周天子亲在阵中，诸侯仅派微者随从，并非正法。不书"蔡侯、卫侯、陈侯"而书"人"者，刺天子之微弱也，何休云："时天子微弱……仅能从微者，不能从诸侯。"此条宜与隐公八年"公及莒人盟于浮来"条参看。

【译文】

秋，蔡国人、卫国人、陈国人跟随周桓王讨伐郑国。

【左传】王夺郑伯政①，郑伯不朝。秋，王以诸侯伐郑②，郑伯御之。

【注释】

①王夺郑伯政：隐公三年，"王贰于虢"，周平王就想分郑庄公之政；隐公八年，"虢公忌父始作卿士于周"，周桓王始分郑庄公之政；隐公九年，"郑伯为王左卿士"，虢公为王右卿士，二人平起平坐；至此年，周桓王罢免了郑庄公卿士的官职，不让他参与周朝政。

②诸侯：此指蔡、卫、陈等国。

【译文】

周桓王不让郑庄公参与周朝政，郑庄公不再入周朝觐。秋，周桓王带领诸侯讨伐郑国，郑庄公出兵抵御他。

王为中军；虢公林父将右军①，蔡人、卫人属焉；周公黑肩将左军②，陈人属焉。

【注释】

①虢公林父：即虢仲，时为周王卿士。

②周公黑肩：指周桓公，名黑肩。杨伯峻以为此时代郑庄公为卿士。

【译文】

　　周桓王率领中军；虢公林父率领右军，蔡军、卫军隶属于右军；周公黑肩率左军，陈军隶属于左军。

　　郑子元请为左拒以当蔡人、卫人①，为右拒以当陈人，曰："陈乱②，民莫有斗心，若先犯之③，必奔。王卒顾之④，必乱。蔡、卫不枝⑤，固将先奔。既而萃于王卒⑥，可以集事⑦。"从之。曼伯为右拒⑧，祭仲足为左拒，原繁、高渠弥以中军奉公⑨，为鱼丽之陈⑩，先偏后伍，伍承弥缝⑪。

【注释】

①子元：郑庄公次子公子突。拒：或作"矩"，方形的阵势。当：抵敌，抵挡。

②陈乱：指陈桓公死，公子佗杀太子免，国人散乱之事。

③犯：攻击。

④王卒顾之：指王卒一边要与郑军作战，一边要顾及陈国被击溃的军队。顾，顾及，照顾。

⑤不枝：不能支持。枝，支持，支撑。

⑥萃：集中。

⑦集事：成功。

⑧曼伯：郑庄公长子公子忽。

⑨原繁：郑大夫。高渠弥：郑卿，亦称高伯。以上诸人俱已见隐公五年传文。公：指郑庄公。

⑩鱼丽之陈：古代的一种军阵。陈，同"阵"。

⑪先偏后伍，伍承弥缝：此两句解释鱼丽阵法。兵车一队分为若干偏，并用步卒来弥补偏之间的缝隙。偏，车战二十五乘为一偏。伍，五人为伍。

【译文】

郑国的子元建议用左方阵来对付蔡军和卫军，用右方阵来对付陈军，说："陈国动乱，百姓都缺乏战斗意志，如果先攻击陈军，他们必定奔逃。周天子的军队要照顾陈军，就一定会发生混乱。蔡国和卫国的军队支撑不住，也一定会争先奔逃。这时我们可集中兵力对付周天子的中军，我们就可以获得成功。"郑庄公听从了。曼伯担任右方阵的指挥，祭仲足担任左方阵的指挥，原繁、高渠弥带领中军护卫郑庄公，摆开了叫做鱼丽的阵势，兵车在前，步卒在后，步卒来弥补兵车的空隙。

　　战于繻葛①，命二拒曰："旝动而鼓②。"蔡、卫、陈皆奔，王卒乱，郑师合以攻之，王卒大败。祝聃射王中肩③，王亦能军④。祝聃请从之⑤。公曰："君子不欲多上人⑥，况敢陵天子乎⑦！苟自救也，社稷无陨⑧，多矣⑨。"

【注释】

①繻（xū）葛：即隐公五年之长葛。在今河南长葛东北。

②旝（kuài）：大将所用军旗，用为号令。

③祝聃：郑国大臣。

④军：指挥军队。

⑤从：追逐。

⑥上：凌驾。

⑦陵：侵侮。

⑧陨：国家危亡。

⑨多矣：满足。当时的习惯用语。

【译文】

双方在繻葛交战，郑庄公命令左右两边方阵说："看到大旗挥动，就击鼓进军。"郑国的军队发起进攻，蔡、卫、陈军一起奔逃，周军因此混乱，郑国的军队从两边合拢来进攻，周军大败。祝聃射中周桓王的肩膀，桓王还能指挥军队。祝聃请求前去追赶。郑庄公说："君子不希望欺人太甚，哪里敢欺凌天子呢？只要能挽救自己，国家免于危亡，这就足够了。"

夜，郑伯使祭足劳王①，且问左右②。

【注释】

①劳：慰问。

②问左右：慰问周王左右之臣。

【译文】

夜间，郑庄公派遣祭仲足去慰问周桓王，同时也问候他的左右随从。

【公羊传】其言从王伐郑何？从王，正也①。

【注释】

①从王，正也：即诸侯从王征伐是正法。另一方面，案礼制，天子不亲征下土。此处周天子亲在阵中，是非礼的，但是三国之君从王伐郑，则是正法。

【译文】

经文为什么说"从王伐郑"？随从王者，是正法。

【穀梁传】举从者之辞也。其举从者之辞,何也? 为天王讳伐郑也。郑,同姓之国也,在乎冀州^①,于是不服^②,为天子病矣^③。

【注释】

①冀州:古九州之一,据杨士勋疏:"冀州者,天下之中州,自唐虞及夏殷皆都焉。则冀州是天子之常居,以郑近王畿,则举之以为说。"当时郑国中心在新郑,地处豫州,与周王室所在的雒邑十分接近,故此处是以"冀州"代指王畿之地,并非是雒邑阳在冀州。

②于是:于,在。是,这里,代指前面的冀州。

③病:侮辱、羞辱的意思。

【译文】

这是突出跟随周天子伐郑的国家的写法。经文用突出跟随者的写法,为什么呢? 是为了避讳提到周天子伐郑的事。郑国,是和周王室同姓的诸侯国,就在王畿之地附近,在这里却不服从周天子的统治,因此使周天子感到耻辱。

【经】大雩^①。

【注释】

①雩(yú):为求雨而举行的祭祀。分为两种,一为"常雩",于每年四月行之;一为"大雩",遇大旱则行之。鲁国大雩在沂水之上举行,其仪式,何休云:"君亲之南郊,以六事谢过自责曰:政不一与? 民失职与? 宫室崇与? 妇谒盛与? 苞苴行与? 谗夫倡与? 使童男女各八人舞而呼雩。"

【译文】

举行求雨的祭祀。

【左传】秋，大雩。书，不时也。凡祀，启蛰而郊^①，龙见而雩^②，始杀而尝^③，闭蛰而烝^④。过则书^⑤。

【注释】

①启蛰：惊蛰。古之惊蛰在雨水前，为夏正正月之中气。《淮南子·天文训》改惊蛰在雨水后，为夏正二月节气。郊：夏历正月祈谷的祭礼。

②龙见：角、亢两宿于黄昏出现于东方。在夏正四月。龙，苍龙，是东方角、亢、氐、房、心、尾、箕七宿的总称。见，同"现"。

③始杀：指秋气来后，天气萧杀。在夏正七月。尝：秋祭名，《礼记·月令》所谓"孟秋之月，农乃登谷，天子尝新，先荐寝庙"。

④闭蛰：昆虫蛰伏。在夏正十月。烝（zhēng）：冬祭名，杜预注所谓"万物皆成，可荐者众，故烝祭宗庙"。

⑤过：非正常时节的祭祀。

【译文】

秋季，为求雨而举行大雩祭。《春秋》记载这件事，是由于这不是按时的祭祀。凡是祭祀，昆虫惊动举行郊祭，苍龙的角、亢二宿出现举行雩祭，秋天寒气降临举行尝祭，昆虫蛰伏举行烝祭。如果过了规定的时间举行祭礼，就要记载。

【公羊传】大雩者何？旱祭也。然则何以不言旱^①？言雩则旱见，言旱则雩不见。何以书？记灾也。

【注释】

①何以不言旱：即经何以不书"旱，大雩"。传文之问答是"言雩则旱见，言旱则雩不见"，即大雩之祭只针对大旱，不针对别的灾异，故省文可知。

【译文】

大雩祭是什么？是因干旱举行的求雨之祭。为什么不说干旱？说雩祭，则干旱已见；说干旱，则雩祭不见。为何记录此事？这是记录灾害。

【经】螽^①。

【注释】

①螽（zhōng）：飞蝗。此指飞蝗成灾。《公羊传》作"蟓（zhōng）"，蝗虫。这里指蝗灾。

【译文】

发生蝗灾。

【公羊传】何以书？记灾也。

【译文】

为什么记录？这是记录灾害。

【穀梁传】螽，虫灾也。甚则月，不甚则时。

【译文】

螽虫，是蝗虫成灾。灾害严重就记载发生的月份，不严重就记载发生的季节。

【经】冬，州公如曹^①。

【注释】

①州：诸侯国名，姜姓，地在今山东安丘东北。州公之本爵不可知，

然绝非公爵。案《春秋》之中，天子三公称"公"，二王后称"公"。此处州国之君称"公"者，因其在桓公六年再次经过鲁国时，傲慢不假途，自尊若公，故《春秋》如其意而书"州公"。曹：诸侯国名，姬姓，武王时封其弟叔振铎于曹，地在今山东定陶。后为宋所灭。

【译文】

冬，州公到曹国去。

【左传】冬，淳于公如曹①。度其国危，遂不复。

【注释】

①淳于公：即州公。州，国名，都于淳于，在今山东安丘东北。以都名代称国名，古时本有此例，如魏惠王迁都大梁，即可称梁惠王；韩迁都于郑，亦称郑国。

【译文】

冬季，淳于公到曹国。自己估计他的国家将发生危难，因此没有再回国了。

【公羊传】外相如不书，此何以书？过我也①。

【注释】

①过我也：即州公前往曹国，途径鲁国。此时之州公尚守假途之礼，未有傲慢之行，据"外相如不书"之例，不应书"州公如曹"。此处书之，是为下文张本。桓公六年正月，州公由曹归国，未假途于鲁国，《春秋》因其失礼而书"寔来"。若此不书"州公如曹"，则下年之"寔来"不知所指，故预先书之。

【译文】

外诸侯相互往来,照例不作记录,这次为什么记录? 因为经过我国。

【穀梁传】外相如不书,此其书,何也? 过我也。

【译文】

对外国相互来往不记载,这里经文记载了,为什么呢? 因为路过鲁国。

六年

【经】六年春正月,寔来①。

【注释】

①六年春正月,寔来:此句本应接上年经文,主语为"州公"。自分
　　经之年后,一事分属两年。六年,鲁桓公六年当周桓王十四年,前
　　706年。寔,同"实"。

【译文】

鲁桓公六年春周历正月,州公来我国。

【左传】六年春,自曹来朝。书曰"寔来",不复其国也①。

【注释】

①复:回。

【译文】

鲁桓公六年春,州公从曹国前来朝见。《春秋》记载作"寔来",是由
于他真正不再回国了。

【公羊传】寔来者何？犹曰是人来也①。孰谓？谓州公也②。曷为谓之寔来？慢之也③。曷为慢之？化我也④。

【注释】

①是人来：即这个人来了。不说具体是谁，故下传有"孰谓"之问。

②谓州公也：因上五年书"冬，州公如曹"，是为此处张本，故知是州公。

③慢之：慢，简慢。之，指代州公。此处仅言"寔来"，不录何人，是简慢州公之意。

④化我：何休云："行过无礼谓之化，齐人语也。"案礼制，诸侯经过他国，必先假道，若经过他国都城，必先要朝见其君。之所以如此，是为了"崇礼让，绝慢易，戒不虞"。州公上年如曹，途径鲁国，尚守假道之礼，此时归国，却傲慢不假道，《春秋》书"寔来"以恶之。

【译文】

"寔来"是什么意思？犹如说这个人来了。说的是谁？是州公。为什么说"寔来"呢？是简慢他。为什么简慢他？因为他经过我国时无礼，不假道朝见。

【穀梁传】寔来者，是来也①。何谓是来？谓州公也。其谓之是来何也？以其画我②，故简言之也。诸侯不以过相朝也③。

【注释】

①是：代词，这，代指前文的州公。

②画：路过的意思。《公羊传》作"化我"，"画"是"化"的同音通假。

③过：经过，路过。

【译文】

　　"寔来",是"是来"的意思。"是来"是说什么呢?是说州公。说他"是来"是为什么呢?因为他只是路过鲁国,所以简要地说一下。因为诸侯之间不能借路过的机会进行访问。

　　*【左传】楚武王侵随①,使薳章求成焉②。军于瑕以待之③。随人使少师董成④。

【注释】

　　①楚武王:名熊通。是年为楚武王三十五年。随:诸侯国名,姬姓,在今湖北随州。
　　②薳(wěi)章:也作"芳章"。《潜夫论·志氏姓》云:"蚡冒生章者,王子无钩也。"因食邑在薳,故名薳章。蚡冒亦作"蚡冒",是楚武王的父亲,则薳章为楚武王的兄弟。
　　③瑕:随地名,今地不详。
　　④少师:官名。董成:主持和谈。董,主持。

【译文】

　　楚武王入侵随国,先派薳章去谈判。把军队驻扎在瑕地以等待结果。随国人派少师主持和谈。

　　斗伯比言于楚子曰①:"吾不得志于汉东也②,我则使然。我张吾三军③,而被吾甲兵④,以武临之,彼则惧而协来谋我,故难间也⑤。汉东之国,随为大,随张⑥,必弃小国⑦。小国离,楚之利也。少师侈⑧,请羸师以张之⑨。"熊率且比曰⑩:"季梁在⑪,何益?"斗伯比曰:"以为后图,少师得其君。"王毁军而纳少师⑫。

【注释】

①斗伯比：即后来的令尹子文之父。斗氏为芈姓，楚先王若敖的后代。

②得志：指扩张国土。汉东：汉水以东，多姬姓小国。

③张：扩大。

④被吾甲兵：整顿装备。

⑤间：离间。

⑥张：自高自大。

⑦弃：轻视。

⑧侈：骄傲。

⑨羸（léi）师：此处指让军队故意表现出衰弱的样子。羸，衰弱。

⑩熊率且比：楚国大夫。

⑪季梁：随国贤臣。

⑫毁军：谓故作军容疲弱之状。纳：迎于军中。

【译文】

斗伯比对楚武王说："我国在汉水东边领土得不到扩张，是我们自己造成的。我们扩充军队，整顿装备，用武力逼迫别国，他们害怕因而共同来对付我们，所以就难于离间了。在汉水东边的国家中，随国最大，随国要是自高自大，就必然轻视小国。小国离心，对楚国有利。少师这个人很骄傲，请君王隐藏我军的精锐，而让他看到疲弱的士卒，助长他的骄傲。"熊率且比说："有季梁在，这样做有什么好处？"斗伯比说："这是为以后打算，因为少师可以得到他们国君的信任。"楚武王故意让军容显出疲弱之状来接待少师。

少师归，请追楚师，随侯将许之。季梁止之曰："天方授楚，楚之羸，其诱我也，君何急焉？臣闻小之能敌大也，小道大淫①。所谓道，忠于民而信于神也②。上思利民，忠也；祝史正辞③,信也。今民馁而君逞欲④,祝史矫举以祭⑤,臣不知其可也。"公曰:"吾牲牷肥腯⑥,粢盛丰备⑦,何则不信?"对曰:"夫民,神之主也。是以圣王先成民而后致力于神。故奉牲以告曰'博硕肥腯'⑧,谓民力之普存也,谓其畜之硕大蕃滋也⑨,谓其不疾瘯蠡也⑩,谓其备腯咸有也⑪。奉盛以告曰'洁粢丰盛'⑫,谓其三时不害而民和年丰也⑬。奉酒醴以告曰'嘉栗旨酒'⑭,谓其上下皆有嘉德而无违心也⑮。所谓馨香⑯,无谗慝也⑰。故务其三时,修其五教⑱,亲其九族⑲,以致其禋祀⑳。于是乎民和而神降之福,故动则有成。今民各有心,而鬼神乏主㉑,君虽独丰,其何福之有!君姑修政而亲兄弟之国㉒,庶免于难。"随侯惧而修政,楚不敢伐。

【注释】

①小道大淫:小国有道而大国无度。

②信:诚信。

③祝史:主持祭祀祈祷之官。正辞:言辞正实不欺。

④馁:饥饿。逞欲:力图满足自己的欲望。

⑤矫举:用诈伪之辞称述功德。

⑥牲牷(quán):祭祀用的牺牲。牷,毛色纯一的牛。肥腯(tú):肥壮。

⑦粢盛(chéng):祭祀用的粮食。粢,祭祀所用之黍稷等谷物。盛,盛在祭器中的祭品。

⑧博:广。硕:大。

⑨蕃滋:繁殖。

⑩不疾瘯蠡(cù luǒ):不病、不瘦弱。瘯蠡,指六畜疥癣之疾。

⑪备腯咸有:品种齐全。

⑫洁粢丰盛:指谷物洁净,盛满祭器。

⑬三时：春、夏、秋，是务农之时。不害：指不违农时。

⑭醴（lǐ）：酒。嘉栗旨酒：清冽而美的好酒。栗，杨伯峻引俞樾《茶香室经说》以为借为"洌"。

⑮无违心：无异心。

⑯馨香：芳香远闻。杨伯峻曰："馨香既指祭品言，古人亦以为祭品之馨香尤在祭者之德行有以副之。"

⑰谗：诬陷人的坏话。慝（tè）：邪恶。

⑱五教：指父义、母慈、兄友、弟恭、子孝。

⑲九族：从高祖、曾祖、祖父、父亲、自己，到子、孙、曾孙、玄孙共九代，称为九族。或说也包括异姓亲戚。

⑳禋（yīn）祀：祭祀鬼神。

㉑鬼神乏主：前云"民，神之主也"，如今民各有心则不和，则鬼神乏主。与前文照应。

㉒兄弟之国：指汉东诸姬姓国。

【译文】

少师回去，请求追逐楚军，随侯准备答应。季梁劝阻说："上天正在帮助楚国，楚国军队显出疲惫懈怠的样子，是引诱我们。国君何必急于从事？下臣听说小国之所以能够抵抗大国，是小国有道，而大国君主放纵无度。所谓道，就是忠于百姓而取信于神明。上边的人想到对百姓有利，这是忠；祝史真实不欺地祝祷，这是信。现在百姓饥饿而国君放纵个人享乐，祝史浮夸功德来祭祀，下臣不知怎样行得通。"随侯说："我祭祀用的牲口都既无杂色，又很肥大，黍稷也都丰盛完备，为什么不能取信于神明？"季梁回答说："百姓，是神明的主人。因此圣王先团结百姓，而后才致力于神明。所以在奉献牺牲的时候祝告说'牲口又大又肥'，这是说百姓的财力普遍富足，牲畜肥大而繁殖生长，并没有得病而瘦弱，又有各种优良品种。在奉献黍稷的时候祷告说'洁净的粮食盛得满满的'，这是说不在春、夏、秋三季做有违农时的事，百姓和睦而收成很好。在奉献甜酒的时候祝告说'美酒又好又清',这是说上上下下都有美德而没有坏心眼。所谓的祭品芳香,就是人心没有邪念。因为春、夏、秋三季都努力于农耕,修明五教,敦睦九族,用这些行为来致祭神明。这样百姓便和睦,神灵也降福,所以做任何事情都能成功。现在百姓各有各的想法,鬼神没有依靠,国君一个人祭祀丰富,又能求得什么福气呢?国君姑且修明政治,亲近兄弟国家,看能否免于祸难。"随侯害怕了,从而修明政治,楚国就没有敢来攻打。

【经】夏四月,公会纪侯于成②。

【注释】

②成:同"郕",《穀梁传》作"郜"。鲁地名,故城在今山东宁阳东北。

【译文】

夏四月,桓公与纪侯在成地相会。

【左传】夏,会于成,纪来诹谋齐难也①。

【注释】

①诹谋:商量。诹,同"咨"。

【译文】

夏,鲁桓公和纪侯在成地相会,这是由于纪侯前来商谈如何对付齐国灭纪的企图。

***【左传】**北戎伐齐①,齐使乞师于郑。郑大子忽帅师救齐②。六月,大败戎师,获其二帅大良、少良③,甲首三百④,以献于齐。于是,诸侯之大夫戍齐,齐人馈之饩⑤,使鲁为其班⑥。后郑。郑忽以其有功也,怒,故有郎之师⑦。

【注释】

①北戎:也叫山戎。

②郑大子忽帅师救齐:案太子忽于隐公三年在周王处做人质,至是因王夺郑伯政,遂归。

③大良、少良:杨伯峻以为是山戎之二帅之名。章炳麟以为即大君、少君,都是部落首领之称,犹匈奴之左贤王、右贤王。

④甲首:带甲兵士的首级。

⑤饩(xì):送人熟食叫饔(yōng),送人生食叫饩。饩有牛、羊、豕、黍、粱、稷、禾等。

⑥为其班:安排次序。

⑦郎之师:指桓公十年,郑合齐、卫伐鲁之役。郎,鲁地名,在今山东鱼台东北。

【译文】

北戎进攻齐国,齐国派人到郑国求援。郑国的太子忽率领军队救援齐国。六月,大败戎军,俘虏了它的两个主帅大良、少良,斩杀带甲戎军三百人,将其首级献给齐国。当时,诸侯的大夫在齐国防守边境,齐国人送给他们食物,让鲁国来确定致送各国军队的先后次序。鲁国因依照周王朝所定的次序,把郑国排在后面。郑太子忽认为自己有功劳,很恼怒,所以四年之后就有郎地的战役。

　　公之未昏于齐也①,齐侯欲以文姜妻郑大子忽。大子忽辞,人问其故,大子曰:"人各有耦②,齐大,非吾耦也。《诗》云:'自求多福③。'在我而已,大国何为?"君子曰:"善自为谋。"及其败戎师也,齐侯又请妻之,固辞。人问其故,大子曰:"无事于齐,吾犹不敢。今以君命奔齐之急^④,而受室以归^⑤,是以师昏也。民其谓我何?"遂辞诸郑伯。

【注释】

①公:指鲁桓公。昏:同"婚"。

②耦:配偶。

③自求多福:见《诗经·大雅·文王》。谓求福在己,非由人。故有下文"在我而已"的话。

④奔齐之急:奔救齐国的急难。

⑤受室:即娶妇。

【译文】

桓公在没有与齐国结亲以前,齐僖公想把文姜嫁给郑太子忽。太子忽辞谢,别人询问原因,太子忽说:"人人都有合适的配偶,齐国强大,他们的女子不适合作我的配偶。《诗》说:'求于自己,多受福德。'靠我自己就是了,要大国干什么?"君子说:"太子忽善于为自己打算。"等到他打败了戎军,齐僖公又请求把别的女子嫁给他,太子忽坚决辞谢。别人问为什么,太子忽说:"我没有为齐国做什么事情,尚且不敢娶他们的女子。现在因为国君的命令奔赴齐国解救危急,反而娶了妻子回国,这是利用战争而成婚。百姓将会怎么议论我呢?"于是就用郑庄公的名义辞绝了。

【经】秋八月壬午^③,大阅^④。

【注释】

③壬午:初八日。

④大阅:阅兵,即检阅兵车及驾车之马。

【译文】

秋八月初八,举行盛大的阅兵活动。

【左传】秋,大阅,简车马也。

【译文】

秋,举行盛大的阅兵仪式,这是检阅战车和马匹。

【公羊传】大阅者何[1]? 简车徒也[2]。何以书? 盖以罕书也[3]。

【注释】

①大阅:检阅兵车。

②简车徒:简,检阅。车,兵车。徒,士兵。案何休之意,阅兵分为三等:一为蒐,即两年一次,检阅士兵。二为大阅,即三年一次,检阅兵车。三为大蒐,即五年一次,检阅兵车与士兵。王引之《经义述闻》据此认为,传文之"徒"字衍。

③以罕书:罕,稀少。三年大阅是常事,《春秋》常事不书,此处书大阅,是因稀少而书,见桓公忽视武备。同样的,昭公八年之"蒐于红",昭公十一年之"大蒐于比蒲"皆是"以罕书"。又阅兵例时,此书日者,何休云:"桓既无文德,又忽忘武备,故尤危录。"

【译文】

"大阅"是什么? 是检阅兵车和士兵。为什么记录? 大概是因为罕见而记录。

【穀梁传】大阅者何? 阅兵车也。修教明谕[1],国道也。

平而修戎事②，非正也。其日，以为崇武，故谨而日之。盖以观妇人也③。

【注释】

①修教明谕：修治教化，让百姓知道。

②平：指和平时期。戎事：指习武练兵之事。戎，兵器。

③观妇人：给夫人观看。观，示的意思，给……看。妇人，夫人。

【译文】

"大阅"是什么？指检阅武器和战车。修治教化，让百姓知道礼义，是治国的正道。太平时期修治兵事，是不合常规的。经文中记载日期，是因为阅兵表示崇尚武力，所以郑重地记载日期。但大概这次检阅是用来给夫人观看的。

【经】蔡人杀陈佗①。

【注释】

①蔡人杀陈佗：此事本年无传文，据庄公二十二年传文，蔡国为立己国女子所生的公子跃为君，故杀陈佗。公子跃即陈厉公。是年即为陈厉公元年。陈佗，即上年之公子佗，陈桓公的异母弟弟，在陈桓公病重时杀害了陈桓公的儿子免，使自己成为君位继承人，在陈桓公死后成为陈国国君。

【译文】

蔡国人杀死陈佗。

【公羊传】陈佗者何？陈君也①。陈君，则曷为谓之陈佗？绝也②。曷为绝之？贱也。其贱奈何？外淫也③。恶乎淫？

淫于蔡,蔡人杀之④。

【注释】

①陈君:即陈佗实为陈国之君,陈为侯爵,"佗"是陈侯之名。本应称"陈侯佗",而经不书"侯"字,故下传发问。

②绝:诛绝,即被《春秋》所绝,何休云:"国当绝。"指陈佗及其后代不宜有陈国。

③外淫:在国外淫乱。陈佗作为一国之君,却至他国淫乱,与匹夫无异,故云"贱也"。

④蔡人杀之:陈佗被蔡人所杀。经称"蔡人杀陈佗",是赞成蔡人的做法。因为"称人而杀"与隐公四年之"卫人杀州吁"相同,是"讨贼之辞"。另外,依《春秋》之例,若国君在外国被杀,则应书"日",又书葬(参见鲁桓公之例)。然而陈佗被诛绝,且蔡人得杀之,那么这就不属于"弑君"的行为,故此条不书日,下文亦不书葬。

【译文】

陈佗是什么人?是陈国之君。陈国之君,则为什么称他为陈佗?是诛绝他。为什么要诛绝他?因为他有贱行。他有何贱行?在外国淫乱。在哪里淫乱?在蔡国淫乱,蔡人把他杀了。

【穀梁传】陈佗者,陈君也。其曰陈佗,何也?匹夫行,故匹夫称之也。其匹夫行奈何?陈侯憙猎①,淫猎于蔡②,与蔡人争禽。蔡人不知其是陈君也,而杀之。何以知其是陈君也?两下相杀③,不道④。其不地,于蔡也。

【注释】

①憙:同"喜"。

②淫:过分沉溺。

③下:地位低的人,此处指与国君比起来地位低的人。

④道:说,此处指记载。

【译文】

陈佗,是陈国国君。经文说"陈佗",为什么呢? 他的行为像没有教养的平民,所以用称呼平民的称呼称他。他平民那样的行为是什么呢? 他喜欢打猎,在蔡国恣意射猎,和蔡国人争夺猎获的飞鸟。蔡国人不知道他是陈国国君,就把他杀了。怎么知道他是陈国国君呢? 因为地位低的人两相厮杀,是不予记载的。经文没有记载他被杀的地点,说明那是在蔡国。

【经】九月丁卯①,子同生②。

【注释】

①丁卯:二十四日。

②子同:鲁桓公的嫡子,名同,后来的鲁庄公。

【译文】

九月二十四日,桓公之子同出生。

【左传】九月丁卯,子同生,以大子生之礼举之,接以大牢①,卜士负之②,士妻食之③。公与文姜、宗妇命之④。

【注释】

①接:父亲接见儿子。大牢:祭祀时牛、羊、猪三牲齐全叫太牢。只用一牲叫特,用羊和猪叫少牢。大,同"太"。

②卜士负之:《礼记·内则》云:"三日,卜士负之。吉者宿齐(同斋),朝服寝门外,诗(持、承)负之。射人以桑弧蓬矢六射天地四

方,保（保母）受乃负之。宰醴（礼）负子,赐之束帛。"卜,用占
卜来选择。负,抱。

③士妻食（sì）之:《礼记·内则》:"卜士之妻、大夫之妾使食子。"则
其母不自己哺乳,士之妻或大夫之妾之有乳汁者,卜其吉者使之
哺乳太子。食,喂养。此指哺乳。

④宗妇:同宗之妇。命之:取名。

【译文】

九月二十四日,桓公的儿子同出生,举行太子出生的礼仪:父亲接见
儿子时用牛、羊、豕各一的太牢,用占卜选择士人抱他,用占卜选择士人
的妻子给他喂奶。桓公和文姜、同宗妇人为他取名字。

公问名于申繻①。对曰:"名有五,有信,有义,有象,有
假,有类。以名生为信②,以德命为义③,以类命为象④,取于
物为假⑤,取于父为类⑥。不以国,不以官,不以山川⑦,不以
隐疾⑧,不以畜牲⑨,不以器币⑩。周人以讳事神⑪,名,终将
讳之。故以国则废名,以官则废职,以山川则废主⑫,以畜牲
则废祀⑬,以器币则废礼⑭。晋以僖侯废司徒⑮,宋以武公废
司空⑯,先君献、武废二山⑰,是以大物不可以命。"公曰:"是
其生也,与吾同物⑱,命之曰同。"

【注释】

①申繻（xū）:鲁大夫。

②以名生为信:用出生的某一种情况来命名是信。如唐叔虞初生,
手掌有字似"虞",所以叫"虞"。杨伯峻引沈钦韩《左传补注》
谓名生之子,包括很广,唐叔虞、公子友之事,属于偶然。殷代质
直,以生日为子命名,或者听其声,以音律定其名,此即"名生为

信"。

③以德命为义：用祥瑞的字眼来命名是义。如周文王叫"昌"，武王叫"发"，皆取其祥瑞。

④以类命为象：用相类似的事物来命名是象。据传孔子头顶像尼丘，因以类似的字眼"丘"命名之。

⑤取于物为假：假借某种事物的名称来命名是假。

⑥取于父为类：借用和父亲有关的字眼来命名是类。如鲁庄公与鲁桓公所生之日相同，所以叫"同"。

⑦"不以国"三句：国、官、山川皆指本国山川。春秋国君多有以他国国名为名者。

⑧隐疾：疾病。疾病，人所不免，口难以避讳，故不以为名。

⑨畜牲：马、牛、羊、豕、狗、鸡。养之则为畜，用之以祭祀则为牲。

⑩器币：器，指礼器，如俎、豆、罍、彝、钟、磬之类，下文"以器币则废礼"可证。币，古代以礼物馈赠人叫"币"。圭、璋、璧、琮、琥、璜、马、皮、帛、锦、绣、黼等都是。

⑪周人以讳事神：杨伯峻曰："明殷商无避讳之礼俗。以讳事神者，生时不讳，死然后讳之，《檀弓下》所谓'卒哭而讳'。故卫襄公名恶，而其臣有石恶，君臣同名，不以为嫌。周人虽避讳，远不如汉以后禁忌日甚，嫌名、二名皆避，生时亦避。"

⑫以官则废职，以山川则废主：以官名为人名，则改其官名；以山川名为人名，则改其山川之名，如此则废职、废主。极言其不可。

⑬以畜牲则废祀：以牛、羊、豕等为人名，则不可以再用之为牺牲，所以是废祀也。

⑭以器币则废礼：器币都为行礼仪之物，以之为人名，由于避讳而不用其物，是废礼仪。

⑮晋以僖侯废司徒：晋僖侯名司徒，改司徒为中军。

⑯宋以武公废司空：宋武公名司空，改司空为司城。

⑰先君献、武废二山：鲁献公名具，武公名敖，故废具山、敖山之名，改以其乡名为山名。

⑱同物：据昭公七年传，岁、时、日、月、星、辰为六物。此指同日。

【译文】

桓公向申繻询问取名字的事。申繻回答说："取名有五种方式，有信，有义，有象，有假，有类。用出生的某一种情况来命名是信，用祥瑞的字眼来命名是义，用相类似的事物来命名是象，假借某种事物的名称来命名是假，借用和父亲有关的字眼来命名是类。命名不用国名，不用官名，不用山川名，不用疾病名，不用牲畜名，不用器物礼品名。周朝人用避讳来奉事神明，名，在死了以后就要避讳。所以用国名命名，就会废除人名，用官名命名就会改变官称，用山川命名就会改变山川的名称，用牲畜命名就会废除祭祀，用器物礼品命名就会废除礼仪。晋国因为僖公而改了司徒的官名，宋国因为武公而改了司空的官名，我国因为先君献公、武公而改变了两座山的名，所以大的事物不可以用来命名。"桓公说："这孩子的出生，和我在同一日，把他命名叫做同。"

【公羊传】子同生者孰谓？谓庄公也①。何言乎子同生？喜有正也②。未有言喜有正者，此其言喜有正何？久无正也③。子公羊子曰④："其诸以病桓与⑤？"

【注释】

①谓庄公也：鲁庄公名同。

②正：正嗣。鲁庄公是鲁桓公与夫人姜氏所生，《公羊义疏》云："以嫡夫人长子得国，得夫妇父子之正。"

③久无正：此指鲁隐公、桓公之母皆非嫡。隐、桓之祸即生于此。

④子公羊子：《公羊传》著于竹帛前的先师。

⑤其诸以病桓与：其诸，推测之辞。病桓，即诟病鲁桓公。子公羊子

此说,是针对经文"子同"的书法而言的。按照《春秋》之例,嗣子"君存称世子,君薨称子某",此处桓公尚存,当称"世子同"。然"世子"有"世世子也"的意思,若称"世子同",就意味着桓公之得位是合法的。但是桓公弑君而立,得位不正,经文不称"世子同",而称"子同",正是诟病桓公之"不正"。

【译文】

子同出生,指的是谁?指的是鲁庄公。为什么要说子同生?喜有正嗣。按常例《春秋》不会因欣喜而记录有正嗣,此处为何记录喜有正嗣?因久无正嗣。子公羊子说:"大概是诟病桓公吧。"

【穀梁传】疑①,故志之,时曰同乎人也②。

【注释】

①疑:怀疑这不是桓公的儿子。

②同乎人:跟别人长得相同,指不像桓公。

【译文】

《春秋》对此怀疑,所以记录下来,当时人们说孩子长得像别人。

【经】冬,纪侯来朝。

【译文】

冬,纪侯来我国朝见。

【左传】冬,纪侯来朝,请王命以求成于齐①。公告不能。

【注释】

①请王命:指请桓公代纪国求得周天子的命令。

【译文】

冬，纪侯前来朝见，请求鲁国代纪国取得周天子的命令去向齐国求和。桓公告诉他说自己做不到。

七年

【经】七年春二月己亥[①]，焚咸丘[②]。

【注释】

①七年：鲁桓公七年当周桓王十五年，前705年。春二月：夏历为四月。己亥：二十八日。

②焚咸丘：《穀梁传》《公羊传》都解"焚咸丘"作火攻之法，杨伯峻《春秋左传注》认为"焚咸丘"是用火烧法田猎的意思。咸丘，鲁地名，一说为邾邑，在今山东巨野东南。

【译文】

鲁桓公七年春周历二月二十八日，放火焚烧咸丘。

【公羊传】焚之者何？樵之也[①]。樵之者何？以火攻也。何言乎以火攻[②]？疾始以火攻也[③]。咸丘者何？邾娄之邑也。曷为不系乎邾娄[④]？国之也[⑤]。曷为国之？君存焉尔[⑥]。

【注释】

①樵：柴薪。此处作动词中，即用柴薪烧。

②何言乎以火攻：案《春秋》之例，战伐不言所用之兵器，此处言火攻，故发问。

③疾始以火攻：疾，痛恨。疾始以火攻之原因，何休云："征伐之道，

不过用兵，服则可以退，不服则可以进。火之盛炎，水之盛冲，虽欲服罪，不可复禁，故疾其暴而不仁也。"以火攻人，始于鲁桓公，前此未有，《春秋》疾其暴虐，故此年去秋冬二时以贬之。

④系乎邾娄：系属于邾娄国，即书"邾娄咸丘"，表明咸丘是邾娄之邑。

⑤国之：即以咸丘为一国。

⑥君存焉尔：邾娄国君身在咸丘，故"国之"，明臣子当赴其难。

【译文】

"焚之"是什么意思？是用柴薪烧。用柴薪烧是什么意思？是以火攻咸丘。为什么要说以火攻？痛恨这是使用火攻的开端。咸丘是什么地方？是邾娄国的城邑。为什么不系属于邾娄？是将其比于一国。为什么将其比于一国？邾娄之君在那里。

【穀梁传】其不言邾咸丘，何也？疾其以火攻也。

【译文】

经文不说邾国的咸丘，为什么呢？是憎恶鲁国用火攻来攻击咸丘。

【经】夏，穀伯绥来朝①。邓侯吾离来朝②。

【注释】

①穀：诸侯国名，嬴姓，伯爵，在今湖北谷城西北。绥：穀伯之名。

②邓：诸侯国名，曼姓，侯爵，在今河南邓州。后为楚所灭。吾离：邓侯之名。

【译文】

夏，穀伯绥来我国朝见。邓侯吾离来我国朝见。

【左传】七年春①，穀伯、邓侯来朝。名，贱之也②。

【注释】

①七年春：经文作"夏"，传文作"春"，是因为传文用夏历。

②贱：轻视。

【译文】

鲁桓公七年春，穀伯绥、邓侯吾离来鲁国朝见。《春秋》记载他们的名字，是由于轻视他们。

【公羊传】皆何以名①？失地之君也②。其称侯朝何？贵者无后，待之以初也③。

【注释】

①何以名：案礼制，诸侯生时称爵，不称名。此处书穀伯、邓侯之名，故发问。

②失地之君：国被灭，其君称为失地之君。案礼制，诸侯失地则称名。

③贵者无后，待之以初：失地之君寄居他国，称为"寄公"。"贵者无后，待之以初"是主国对待寄公的方式。贵者，指的是寄公本人。无后，指寄公不能立后，其子孙不再具有寄公的身份。其原因是诸侯失地则被诛绝，故子孙不得世继。待之以初，指的是寄公本人因曾为诸侯，故主国仍以诸侯之礼待之，经书穀"伯"、邓"侯"，即是"待之以初"的体现。又，此年无秋冬二时，原因是鲁桓公始用火攻，《春秋》去二时以贬之。

【译文】

为什么都记录他们的名？因为他们都是失地之君。为什么在朝见时还要称他们的爵位呢？曾经尊贵的人，已经不能立后了，主国以之前的礼数对待他们本人。

【穀梁传】其名，何也？失国也①。失国则其以朝言之，何也？尝以诸侯与之接矣^②。虽失国，弗损吾异日也。

【注释】

①失国：指国家被灭。穀国被灭，不见记载，不知何时被哪国所灭。邓国被灭是在鲁庄公十六年，此时邓尚未灭国，这里对经文的解释恐怕有误。据《左传》："名，贱之也。"

②尝：曾经。

【译文】

经文称呼了名字，为什么呢？因为他们失去了国家。既然失去了国家，那么经文又用"朝见"来说他们来访，为什么呢？鲁国曾经用诸侯之礼对待他们。即使他们失去了国家，也不能降低鲁国接待他们的礼仪。

***【左传】**夏，盟、向求成于郑^①，既而背之。

【注释】

①盟、向求成于郑：盟、向，二邑名，隐公十一年，周天子以之与郑交换者。郑当时对二邑名义上有所有权，实际上并未得到。有学者推测二邑与郑国必有兵事，所以现在向郑求和。

【译文】

夏，盟邑、向邑向郑国求和，不久又背叛郑国。

***【左传】**秋，郑人、齐人、卫人伐盟、向。王迁盟、向之民于郏^①。

【注释】

①王迁盟、向之民于郏（jiá）：盟、向叛郑，周王无力抵抗郑、齐、卫三

国军队,只能迁两地之民,而将地给郑国。郏,地名,即郏鄏,又曰
王城,在今河南洛阳。

【译文】

秋,郑人、齐人、卫人攻打盟邑、向邑。周桓王把盟邑、向邑的百姓迁
到郏地。

＊**【左传】**冬,曲沃伯诱晋小子侯①,杀之②。

【注释】

①曲沃伯:即曲沃武公。晋小子侯:晋哀侯子。

②“冬”三句:案本条应与下年传文“八年春,灭翼”连读,被后人
　割裂。

【译文】

冬,曲沃武公诱骗晋国小子侯,把他杀死了。

八年

＊**【左传】**八年春①,灭翼。

【注释】

①八年:鲁桓公八年当周桓王十六年,前704年。

【译文】

鲁桓公八年春,曲沃武公灭了翼邑。

【经】八年春正月己卯①,烝②。

【注释】

①春正月：此春正月为夏历十二月。己卯：十四日。

②烝（zhēng）：冬祭。根据桓公五年传文，烝一般应在夏历十月，所以这是非正常之祭，即前所谓"过则书"。

【译文】

鲁桓公八年春周历正月十四日，举行烝祭。

【公羊传】烝者何？冬祭也①。春曰祠，夏曰礿，秋曰尝，冬曰烝②。常事不书③，此何以书？讥。何讥尔？讥亟也④。亟则黩，黩则不敬。君子之祭也，敬而不黩。疏则怠⑤，怠则忘。士不及兹四者⑥，则冬不裘，夏不葛⑦。

【注释】

①冬祭：祭，指的是宗庙四时之祭。孝子以四季新熟之物祭祀祖先，并用牲，此为四时之祭。

②"春曰祠"四句：此为宗庙四时祭之名。四时所荐之物不同，祭名含义亦不同，何休云："（春）荐尚韭卵。祠犹食也，犹继嗣也，春物始生，孝子思亲，继嗣而食之，故曰祠。（夏）荐尚麦鱼，麦始熟可礿（yuè），故曰礿。（秋）荐尚黍豚。尝者，先辞也，秋谷成者非一，黍先熟，可得荐，故曰尝。（冬）荐尚稻雁。烝，众也，气盛貌。冬万物毕成，所荐众多，芬芳备具，故曰烝。"

③常事不书：四时之祭为定制，若不违礼则不书。

④亟：屡次，多次。案去年十二月已行烝祭，只是"常事不书"而已，今年正月又举行烝祭，过于频繁了，故《春秋》讥之。

⑤疏：稀少，指四时之祭次数太少。

⑥士不及兹四者：四者，指四时之祭。士有公事，可能会错过四时之祭。

⑦冬不裘,夏不葛:裘,皮衣。葛,用葛之纤维制成的衣服。裘、葛为
　冬、夏之美服,士虽不及四时之祭,然念亲依旧,故不服美服。

【译文】

"烝"是什么? 是冬天的宗庙之祭。春天的宗庙之祭称为祠,夏天
称为礿,秋天称为尝,冬天称为烝。四时之祭是寻常之事,《春秋》不记
录,此处为何要记录? 是讥刺。讥刺什么? 讥刺烝祭太频繁了。祭祀过
于频繁就会轻慢,轻慢就会不敬。君子的祭祀,恭敬而不轻慢。祭祀次
数过少就会懈怠,懈怠就容易遗忘。士如果因公事未赶上四时之祭,则
冬天不穿裘衣,夏天不穿葛衣。

【穀梁传】烝,冬事也。春兴之,志不时也①。

【注释】

①志:记载。不时:不合时节。《穀梁传》认为,经文记载这件事是因
　为在春天举行烝祭是不对的,所以要记载下来。

【译文】

烝祭,是冬天的祭祀。但在春天举行了,这是记载祭祀不按时令
举行。

△**【经】天王使家父来聘**①。

【注释】

①家父:周天子大夫。"家"为采地之名,此处是以采地为氏。"父"
　是二十岁所称的且字。"家父"氏采称且字,则是天子中大夫。范
　甯认为姓家名父。

【译文】

周天子派大夫家父来我国聘问。

【经】夏五月丁丑^①,烝。

【注释】

①丁丑:十三日。

【译文】

夏五月十三日,举行烝祭。

【公羊传】何以书?讥亟也^①。

【注释】

①讥亟也:去年十二月已行烝祭,此处又烝,故《春秋》讥亟,与今年
　　正月之烝同。

【译文】

为何要记录?是讥刺祭祀过于频繁。

【穀梁传】烝,冬事也。春夏兴之,黩祀也^①,志不敬也。

【注释】

①黩(dú):亵渎。

【译文】

烝祭,是冬天的祭祀。在春天和夏天举行了,是对祭祀的亵渎,这是
记载不敬重祭祀的行为。

*　**【左传】**随少师有宠。楚斗伯比曰:"可矣。仇有衅^①,
不可失也。"

【注释】

①仇：指随国。衅（xìn）：缝隙。

【译文】

随国少师受到宠信。楚国的斗伯比说："可以了。敌国内部有隙可乘，不可以失掉机会。"

夏，楚子合诸侯于沈鹿①。黄、随不会②，使薳章让黄③。楚子伐随，军于汉、淮之间。

【注释】

①沈鹿：楚地名，在今湖北钟祥东。

②黄：诸侯国名，嬴姓，在今河南潢川西北。

③让：谴责。

【译文】

夏季，楚武王在沈鹿会合诸侯的军队。黄、随两国不参加会议，楚国派薳章去责备黄国。楚武王亲自讨伐随国，军队驻扎在汉水、淮水之间。

季梁请下之①："弗许而后战，所以怒我而怠寇也②。"少师谓随侯曰："必速战。不然，将失楚师。"随侯御之，望楚师。季梁曰："楚人上左③，君必左④，无与王遇⑤。且攻其右，右无良焉⑥，必败。偏败⑦，众乃携矣⑧。"少师曰："不当王，非敌也⑨。"弗从。战于速杞⑩，随师败绩。随侯逸⑪，斗丹获其戎车⑫，与其戎右少师⑬。

【注释】

①下之：表示屈服。

②怒我：激怒我军，振作士气。怠：松懈。

③楚人上左：楚国以左为尊。上，通"尚"，崇尚，看重。时诸侯多以右为尊。

④君：此指随君。

⑤王：此指楚武王。遇：对阵。

⑥无良：无良将。

⑦偏：偏师，非主力。

⑧携：离散。

⑨敌：匹敌。

⑩速杞：随地名，在今湖北应山西。

⑪逸：逃走。

⑫斗丹：楚大夫。戎车：此指随君所乘之兵车。

⑬戎右少师：少师有宠，所以为车右。戎右，车右。

【译文】

季梁建议向楚人表示屈服，说："等他们不肯接受我们的屈服，然后作战，这样就可以激怒我军而使敌军懈怠。"少师对随侯说："必须速战。不这样，就会失去战胜楚军的机会。"随侯率军抵御楚军，远望楚国的军队。季梁说："楚人以左为尊，国君一定在左军之中，不要和楚王正面作战。姑且攻击他的右军，右军没有好指挥官，必然失败。他们的偏军一败，大军就离散了。"少师说："不与楚王正面作战，这就表示我们和他不能对等。"随侯又没有听从季梁的话。两军在速杞交战，随军大败。随侯逃走，斗丹俘获了随侯的战车和车右少师。

秋，随及楚平。楚子将不许，斗伯比曰："天去其疾矣，随未可克也。"乃盟而还。

【译文】

秋季,随国要同楚国讲和。楚武王本打算不同意,斗伯比说:"上天已经铲除了他们的疾患,随国还不可能战胜。"于是订立了盟约回国。

△【经】秋,伐郳①。

【注释】

①郳:《公羊传》作"郳娄"。

【译文】

秋,进攻郳国。

【经】冬十月,雨雪①。

【注释】

①冬十月,雨雪:十月,夏历为九月,不应有雪而下雪,所以记载。雨雪,下雪。

【译文】

冬十月,下雪。

【公羊传】何以书?记异也。何异尔?不时也①。

【注释】

①不时也:不符合时令。案周历十月,不应下雪,故为异象。何休以为:"此阴气大盛,兵象也,是后有郎师,龙门之战,汧血尤深。"

【译文】

为何记录此事?是记录异象。有何怪异之处?不符合时令。

*【左传】冬，王命虢仲立晋哀侯之弟缗于晋^①。

【注释】

①王命虢仲立晋哀侯之弟缗（mín）于晋：《史记·晋世家》："周桓王使虢仲伐曲沃武公。武公入于曲沃。乃立晋哀侯弟缗为晋侯。"则周并非仅派虢仲立晋侯，还讨伐了曲沃武公。虢仲，即周王卿士虢公林父。

【译文】

冬，周桓王命令虢仲立了晋哀侯的兄弟缗为晋侯。

【经】祭公来，遂逆王后于纪^①。

【注释】

①祭公来，遂逆王后于纪：时周天子与纪国通婚，因纪国小，所以由鲁国代为主持，祭公因此先至鲁，后迎亲。古时通婚，男女双方必须地位相称。周是天子，与诸侯通婚，地位不同。周王娶后，由王室派遣公卿来鲁，然后迎王后直归京师，所以祭公迎接王后必须来鲁。祭公，周天子的三公。纪，国名，姜姓，都于纪，在今山东寿光南。

【译文】

祭公来我国，然后去纪国迎接王后。

【左传】祭公来，遂逆王后于纪，礼也。

【译文】

祭公到鲁国来，然后到纪国迎接王后，这是合于礼的。

【公羊传】祭公者何？天子之三公也①。何以不称使②？婚礼不称主人③。遂者何④？生事也。大夫无遂事⑤，此其言遂何？成使乎我也⑥。其成使乎我奈何？使我为媒，可则因用是往逆矣⑦。女在其国称女⑧，此其称王后何？王者无外，其辞成矣⑨。

【注释】

①天子之三公：案名例，天子三公氏采称公，故知祭公为天子三公。祭公此番来鲁国，是为周天子娶王后于纪国。

②何以不称使：使，即受天子之派遣。祭公非出奔至鲁国，而是奉王命前来，经无"使"文，故而发问。

③婚礼不称主人：详见隐公二年"九月，纪裂繻来逆女"条注释。

④遂：《春秋》书"遂"，表明一事完毕，又横生一事。

⑤大夫无遂事：大夫不能在君命之外擅自生事。此是《春秋》一般之原则，因大夫无自专之道。然遇特殊情况，若能救国家于危难，亦可自专。

⑥成使乎我：我，指鲁国。孔广森以为，"成使乎我"即待我而使事成。具体含义见下文。

⑦使我为媒，可则因用是往逆矣：意谓使鲁国为媒，一旦纪国应允，直接从鲁国出发迎接王后，不复回报周天子。案婚礼有六个步骤：纳采、问名、纳吉、纳征、请期、亲迎。周天子使鲁为媒，可则迎之的作法，是未备六礼，草率行事。何休云："疾王者不重妃匹，逆天下之母，若逆婢妾，将谓海内何哉？故讥之。"

⑧女在其国称女，此其称王后何：参见隐公二年"九月，纪裂繻来逆女"条注释。彼处女子嫁为诸侯夫人，在其国称"女"，是"未离父母之辞"。今嫁纪女仍在父母之国，不称"女"，而称"王后"，

故传发问。

⑨王者无外,其辞成矣:普天之下莫非王土,故云"王者无外"。辞,指"王后"之称。案女子嫁为诸侯夫人,在其国称"女",在途称"妇",进入夫家国内,方称"夫人"而"辞成"。嫁为王后则不同,父母之国亦是天子之土,故在其国便成"王后"之辞。

【译文】

祭公是什么人? 是天子三公之一。经文为何不书"使"字? 因为婚礼不称主人之名。"遂"是什么意思? 是擅自生事的意思。大夫不能有"遂事",这里为何书"遂"? 因为婚事之成在于我国。为什么婚事之成在于我国? 周天子使我国为媒,一旦纪国应允,祭公便去迎接王后。女子出嫁,在本国时称女,为何这里却称王后? 王者无外,王后之辞已成。

【穀梁传】其不言使焉,何也? 不正其以宗庙之大事即谋于我①,故弗与使也。遂,继事之辞也②。其曰遂逆王后,故略之也。或曰:天子无外,王命之则成矣。

【注释】

①以宗庙之大事即谋于我:将宗庙大事与鲁国商量。宗庙之大事,指天子迎娶王后。即,接近。即谋于我,范甯认为"天子命祭公就鲁共卜,择纪女可中后者便逆之,不复反命"。

②继事之辞:指后一件事接着前一件事的说法,表示顺承关系。

【译文】

经文不说"使",为什么呢? 因为经文认为把社稷大事拿来和鲁国商量是不合适的,所以不用"使"字。"遂",是表示后一件事接着前一件事的说法。经文说"遂逆王后",故意省略了"使"字。有人说:对天子来说,天下不分内外,天子命令的事就一定会成功。

九年

【经】九年春①，**纪季姜归于京师**②。

【注释】

①九年：鲁桓公九年当周桓王十七年，前703年。

②纪季姜：即上年祭公所迎之桓王后。纪为纪国，季为其姊妹排行，姜为其姓。归：嫁。京师：指周都洛邑。

【译文】

鲁桓公九年春，纪国季姜出嫁到京师。

【左传】九年春，纪季姜归于京师。凡诸侯之女行①，**唯王后书。**

【注释】

①行：出嫁。

【译文】

鲁桓公九年春，纪国的季姜出嫁到京师。凡是诸侯的女儿出嫁，只有出嫁做王后才加以记载。

【公羊传】其辞成矣，则其称纪季姜何①？**自我言纪**②，**父母之于子，虽为天王后，犹曰吾季姜**③。**京师者何？天子之居也**④。**京者何？大也。师者何？众也。天子之居，必以众大之辞言之。**

【注释】

①其称纪季姜何：即王后之辞已成，而经书"纪季姜"，以父母之辞
　　言之，故发问。

②自我言纪：即假设纪国为我国，用我国之辞言之。参见桓公三年
　　"九月，齐侯送姜氏于讙"条注释。

③虽为天王后，犹曰吾季姜：女儿虽嫁为王后，自父母言之，仍是我
　　国之"季姜"。此明子尊不加于父母之义。

④天子之居也：案礼制，天子所居之地为京师，此处指成周。

【译文】

　　王后之辞已成，那么此处为何称纪季姜？从纪国的角度来说，父母
之于子，虽为天王王后，但仍是我之季姜。京师是什么？是天子所居之
地。京是什么意思？广大。师是什么意思？众多。天子所居之地，一定
要用众大之辞言之。

　　【穀梁传】为之中者①，归之也。

【注释】

①中：主婚。当时天子从诸侯国娶妻，由同姓诸侯为之主婚，当中间人。

【译文】

鲁国是为婚事主婚的，将纪姜嫁到京城。

　　△**【经】**夏四月①。

【注释】

①夏四月：夏季首月。

【译文】

夏四月。

*【左传】巴子使韩服告于楚①，请与邓为好②。楚子使道朔将巴客以聘于邓③。邓南鄙鄾人攻而夺之币④，杀道朔及巴行人⑤。楚子使薳章让于邓⑥，邓人弗受⑦。

【注释】

①巴：诸侯国名，姬姓，子爵，约在今湖北襄樊。韩服：巴国行人。

②为好：缔结友好关系。

③道朔：楚大夫。将：率领。巴客：指韩服。

④鄾（yōu）：地名，在今湖北襄阳东北。币：聘问的礼品。

⑤行人：官名，掌管朝觐聘问之事。此指韩服。

⑥让：责备。

⑦弗受：指拒绝接受责备。

【译文】

巴子派遣韩服向楚国报告，请求和邓国缔结友好关系。楚武王派遣道朔带领巴国的使者韩服到邓国聘问。邓国南部边境的鄾地人攻击他们，并掠夺财礼，杀死了道朔和巴国的使者。楚武王派遣薳章责备邓国，邓国人拒不接受。

夏，楚使斗廉帅师及巴师围鄾①。邓养甥、聃甥帅师救鄾②。三逐巴师③，不克。斗廉衡陈其师于巴师之中以战④，而北⑤。邓人逐之，背巴师⑥。而夹攻之。邓师大败，鄾人宵溃。

【注释】

①斗廉：楚大夫。

②养甥、聃甥：邓大夫。

③逐：冲锋。

④衡:横。

⑤北:败逃。

⑥邓人逐之,背巴师:邓人不知楚军败退是计,追击楚军,于是巴军就到了邓人背后。

【译文】

夏季,楚国派遣斗廉率领楚军和巴军包围鄾地。邓国的养甥、聃甥率领邓军救援鄾地。邓军三次向巴军发起冲锋,不能得胜。斗廉率军在巴军之中列为横阵,交战时假装败逃。邓军追逐楚军,巴军就处于他们背后。楚、巴两军夹攻邓军。邓军大败,鄾地人黄昏后就溃散了。

△**【经】秋七月**①。

【注释】

①秋七月:秋季首月。

【译文】

秋七月。

***【左传】秋,虢仲、芮伯、梁伯、荀侯、贾伯伐曲沃**①。

【注释】

①虢仲、芮伯、梁伯、荀侯、贾伯伐曲沃:梁,诸侯国名,嬴姓,伯爵,在今陕西韩城南。僖公十九年秦穆公灭之。荀,诸侯国名,姬姓,侯爵,今山西新绛东北临汾故城即古荀国。晋武公灭之。贾,诸侯国名,姬姓,伯爵,在今山西襄汾东。后为晋所灭。以上与虢、芮二国皆小国。顾栋高曰:"是时王室犹能兴师,诸侯犹能举方伯连帅之职,辅嫡长以诛支庶,名不为不正;五国奉天子之命,兵不为不多,而卒无功。自是芮、梁为秦所灭,荀、贾、虢为晋所灭,秦筑王城

之险,晋阻桃林之塞,东西周咽喉隔绝,而王令益不行于天下矣。"

【译文】

秋,虢仲、芮伯、梁伯、荀侯、贾伯共同出兵讨伐曲沃。

【经】冬,曹伯使其世子射姑来朝①。

【注释】

①曹伯:即曹桓公,名终生。世子:即太子,射姑是其名。

【译文】

冬,曹伯派他的太子射姑来我国朝见。

【左传】冬,曹大子来朝。宾之以上卿,礼也。享曹大子,初献①,乐奏而叹。施父曰②:"曹大子其有忧乎? 非叹所也③。"

【注释】

①初献:享客时首次敬酒。

②施父:鲁国大夫。

③非叹所:杨伯峻引杨树达《读左传》云:"昭二十八年传云:'谚曰:"唯食亡忧。"'曹大子当食而叹,故云非叹所。"

【译文】

冬,曹国的太子来鲁国朝见。用上卿之礼接待他,这是合于礼的。设享礼招待曹太子,在行初献之礼时,曹太子在奏乐时叹气。施父说:"曹太子大概有什么忧心事吧? 因为这不是叹息的时候。"

【公羊传】诸侯来曰朝,此世子也,其言朝何①?《春秋》

有讥父老子代从政者,则未知其在齐与? 曹与^②?

【注释】

①此世子也,其言朝何:案《春秋》之例,诸侯来曰朝,大夫来曰聘。据"臣子一例"之义,则世子的身份仍为臣,当言"聘",不当言"朝"。

②未知其在齐与? 曹与:在齐,指的是齐世子光代父从政,见襄公九年、十一年。在曹,即此条曹世子射姑代父朝鲁。《春秋》以为,子代父从政,安于父位,不孝之甚,故书其"世子"之称以讥之。所以从表面上看,此条经文是讥刺曹世子,但为何传文却作不确定之辞? 这要与下年曹伯终生卒葬之文参看。曹伯年老病重,不能朝见鲁国,以为若使世子聘问,恐失礼于鲁国,故使世子代己行朝礼,第二年便去世。《春秋》以为,曹伯有尊鲁之心,故依大国之例详录卒葬以褒之。此处世子虽然失礼,考虑到曹伯有尊鲁之心,故传文作不确定之辞。

【译文】

诸侯来才称为"朝",这是世子,为什么称"朝"?《春秋》有讥刺父老、子代为从政的,则不知是在齐国,还是在曹国?

【穀梁传】朝不言使^①,言使非正也。使世子伉诸侯之礼而来朝^②,曹伯失正矣。诸侯相见曰朝。以待人父之道待人之子,以内为失正矣^③。内失正,曹伯失正,世子可以已矣^④。则是放命也^⑤。《尸子》曰:"夫已,多乎道^⑥。"

【注释】

①朝不言使:《穀梁传》认为只有诸侯来访用"朝",士大夫来访用

“使”和“聘”。

②仇：对等，匹配。

③内：指鲁国。

④已：停止。

⑤放命：违背命令。

⑥多乎道：合乎多方面的道义。

【译文】

说“朝”就不说“使”，说“使”表示不合礼制。派太子作使者，用诸侯之礼来访问，曹国国君的做法不合礼制。只有诸侯之间的相见才能说“朝”。用接待别国父亲的礼节来接待他的儿子，这样鲁国的做法也不合礼制了。鲁国做法不合礼，曹国国君的做法也不合礼，太子可以因此停止访问。那么这又是违背命令了。《尸子》说：“如果中止访问，就合乎多方面的礼制了。”

十年

【经】十年春王正月①，庚申②，曹伯终生卒③。

【注释】

①十年：鲁桓公十年当周桓王十八年，前702年。

②庚申：初六。

③曹伯终生：指曹桓公，名终生，谥桓。

【译文】

鲁桓公十年春周历正月，初六，曹桓公终生去世。

【左传】十年春，曹桓公卒。

【译文】

鲁桓公十年春,曹桓公去世。

【穀梁传】 桓无王,其曰王,何也? 正终生之卒也^①。

【注释】

①正终生之卒也:见桓公二年春,传文"正与夷之卒也"。

【译文】

在鲁桓公的记载中不用"王"字,这里经文说"王",为什么呢? 是为了按照合礼制的方式来记载曹桓公的去世。

△**【经】** 夏五月,葬曹桓公^①。

【注释】

①葬曹桓公:案《春秋》三世之例,传闻世不书小国之卒葬,所闻世始见小国卒葬,卒月葬时。此条曹为小国,传闻世不录卒葬,《春秋》于曹桓公,却用大国卒日葬月之例,是因曹桓公年老,使世子来朝,有恩于鲁,《春秋》敬老重恩,故录之。

【译文】

夏五月,安葬曹桓公。

***【左传】** 虢仲谮其大夫詹父于王^①。詹父有辞^②,以王师伐虢。夏,虢公出奔虞^③。

【注释】

①詹父:虢公大夫。

②有辞:有理。

③虞:诸侯国名,姬姓,在今山西平陆东北。

【译文】

虢仲在周桓王那里进谗言诬陷大夫詹父。詹父有理,带领周天子的军队进攻虢国。夏,虢公逃亡到虞国。

【经】秋,公会卫侯于桃丘^①,弗遇^②。

【注释】

①卫侯:卫宣公。桃丘:地名,在今山东东阿。

②弗遇:鲁桓公本来与卫侯相约在桃丘会晤,但卫侯既接受齐国请求伐鲁,故背约不来。

【译文】

秋,鲁桓公去桃丘与卫宣公会面,没有见到卫宣公。

【公羊传】会者何? 期辞也^①。其言弗遇何? 公不见要也^②。

【注释】

①期辞也:事先约定之辞。案《春秋》言"会",是事先约定好时间地点,又书"弗遇",两者矛盾,故传文问:"其言弗遇何?"

②公不见要:即桓公没有被邀请。事实上,此会是鲁桓公主动约见卫侯,卫侯不肯见,疑桓公亦未出会。然桓公被拒有耻,《春秋》为之避讳,好像卫侯同意了相会,桓公亦出会,但最后不知为何,没有遇到。传文言"公不见要"是顺着经文假设的"弗遇"讲的,指在具体的相遇过程中,桓公未受到邀请,信息不通,故而没有遇到卫侯。

【译文】

"会"是什么意思？是事先相约之辞。经文说没有遇到是什么意思？是桓公在相遇时未受到邀请。

【穀梁传】弗遇者，志不相得也。弗，内辞也①。

【注释】

①内辞：为本国国君讳饰之辞。鲁桓公本与卫宣公相约在桃丘会晤，但是卫侯背约不往，因而没有相见。范宁认为"倡会者卫，鲁至桃丘而卫不来，故书'弗遇'以杀耻"。

【译文】

"弗遇"，是双方心意不合的意思。"弗"，是为鲁桓公讳饰之辞。

***【左传】**秋，秦人纳芮伯万于芮①。

【注释】

①秦人纳芮伯万于芮：芮伯万在桓公四年被秦所擒，现将其送回。纳，送回芮国。

【译文】

秋，秦国人把芮伯万送回芮国。

***【左传】**初，虞叔有玉①，虞公求旃②。弗献。既而悔之，曰："周谚有之：'匹夫无罪③，怀璧其罪。'吾焉用此，其以贾害也④？"乃献。又求其宝剑。叔曰："是无厌也⑤。无厌，将及我⑥。"遂伐虞公，故虞公出奔共池⑦。

【注释】

①虞叔：虞公之弟。

②旃（zhān）："之焉"的合音，"之"是代词，"焉"是语气词。

③匹夫：平民百姓。

④贾（gǔ）害：买祸。贾，买。

⑤厌：满足。

⑥及：及于难，指有祸患。

⑦共池：在今山西平陆。

【译文】

当初，虞公的兄弟虞叔藏有宝玉，虞公向他索求。虞叔没有进献。不久又为此后悔，说："周的谚语说：'百姓没有罪，怀藏玉璧就有了罪。'我哪里用得着美玉，难道要用它买祸害吗？"于是就把玉璧献给了虞公。虞公又向虞叔索求宝剑。虞叔说："这是贪得无厌了。贪得无厌，祸害会连累到我。"于是就攻打虞公，所以虞公逃亡到共池。

【经】冬十有二月丙午①，齐侯、卫侯、郑伯来战于郎②。

【注释】

①十有二月丙午：十二月二十七日。

②齐侯、卫侯、郑伯：即齐僖公、卫宣公、郑庄公。来战于郎：此为齐、鲁交兵之始。郎，此为鲁都城曲阜近郊之郎。

【译文】

冬十二月二十七日，齐僖公、卫宣公、郑庄公来到郎地与我国交战。

【左传】冬，齐、卫、郑来战于郎，我有辞也。

【译文】

冬,齐国、卫国、郑国联军前来和我军在郎地作战,我国是有理的。

　　初,北戎病齐^①,诸侯救之,郑公子忽有功焉。齐人饩诸侯^②,使鲁次之。鲁以周班后郑^③。郑人怒,请师于齐。齐人以卫师助之^④。故不称侵伐。先书齐、卫,王爵也^⑤。

【注释】

①病齐:使齐困。指桓公六年北戎伐齐。病,困。

②饩(xì):赠送食物。

③鲁以周班后郑:郑是伯爵,且受封时间是在西周末宣王时,时间最晚,所以次序靠后。周班,周室封爵次序。

④齐人以卫师助之:顾栋高案:"隐公之始,鲁与齐、郑为一党,而桓公初立,以篡弑惧见讨,以赂结郑,以昏求齐,与二国尤亲,未尝相战伐也。至是齐欲图纪,而纪为鲁姻,其来战当以此故。左氏之说非也。齐为大国,岂以郑班饩小嫌而遽为兴师。"

⑤王爵:即"周班"。案此段叙事,详见桓公六年。

【译文】

当初,北戎骚扰齐国,使它困疲,诸侯救援齐国,郑国的公子忽有功劳。齐国人给诸侯的军队馈送食物,让鲁国确定馈送的次序。鲁国按周室封爵的次序把郑国排在后面。郑国人发怒,请求齐国出兵。齐国人率领卫国军队帮助郑国。所以《春秋》不称这次战争为"侵伐"。先记载齐国和卫国,是按照周室封爵的次序。

　　【公羊传】郎者何? 吾近邑也。吾近邑,则其言来战于郎何? 近也。恶乎近? 近乎围也^①。此偏战也^②,何以不言师败绩③？内不言战，言战乃败矣④。

【注释】

①近乎围也：围，即国都被围。因郎是近邑，鲁国与三国战于郎，接近于国都被围，故经不书"战于郎"，而书"来战于郎"以明此战"近乎围"。

②偏战：偏，一面。即双方各据一面，约定时间地点，鸣鼓而战，不欺诈。

③何以不言师败绩：《春秋》记录外诸侯间的偏战，则书：某日，某及某战于某，某师败绩。此处是鲁国之偏战，却未书"师败绩"，故而发问。

④内不言战，言战乃败矣：内，指鲁国，《春秋》托王于鲁，故以鲁为内。"战"是敌体之辞，鲁为王者，与诸侯非敌体，故一般不书"战"文。若鲁国战胜，则书"公败某师"，此为"内不言战"。若鲁国战败，则书"战"字以明之，而不言"师败绩"，此为"言战乃败"。

【译文】

郎是什么地方？是我国接近都城之邑。是我国的近邑，则经文为何书"来战于郎"？因为此战国都近乎被围。这是各据一面、不使诈术的战争，为什么不记录"某师败绩"？记录鲁国的战争，一般不用"战"字，言"战"就表明鲁国败了。

【穀梁传】来战者，前定之战也。内不言战，言战则败也。不言其人，以吾败也。不言及者①，为内讳也。

【注释】

①"不言其人"三句：不言其人，不说鲁国率兵的人。不言及者，不用"及"字。这两句的意思就是不言何人与敌军作战，即没有写作"公及某某战"而写作"某某来战"。

【译文】

"来战"的意思，是先前已商定了会战。记载鲁国不说"战"，说"战"就表明鲁国战败了。不说领兵之人，因为鲁国打了败仗。不用"及"字，是为鲁国避讳言败。

十一年

【经】十有一年春正月①，齐人、卫人、郑人盟于恶曹②。

【注释】

①十有一年：鲁桓公十一年当周桓王十九年，前701年。正月：经书"人"，表明是三国之士，属于微者。案时月日例，微者盟例时。此处书月者，何休云："桓公行恶，诸侯所当诛，属上三国来战于郎，今复使微者盟，故为鲁惧，危录之。"

②恶曹：地名，在今河南延津东南。

【译文】

鲁桓公十一年春周历正月，齐人、卫人、郑人在恶曹结盟。

【左传】十一年春，齐、卫、郑、宋盟于恶曹①。

【注释】

①宋：经文无宋，传文补上。

【译文】

鲁桓公十一年春，齐国、卫国、郑国、宋国在恶曹举行会盟。

* **【左传】**楚屈瑕将盟贰、轸①。郧人军于蒲骚②，将与随、绞、州、蓼伐楚师③。莫敖患之④。斗廉曰："郧人军其

郊,必不诫⑤,且日虞四邑之至也⑥。君次于郊郢⑦,以御四邑。我以锐师宵加于郧⑧,郧有虞心而恃其城⑨,莫有斗志。若败郧师,四邑必离⑩。"莫敖曰:"盍请济师于王⑪?"对曰:"师克在和⑫,不在众。商、周之不敌⑬,君之所闻也。成军以出⑭,又何济焉?"莫敖曰:"卜之?"对曰:"卜以决疑,不疑何卜?"遂败郧师于蒲骚,卒盟而还⑮。

【注释】

①屈瑕:楚国大夫。贰:诸侯国名,在今湖北广水。轸:诸侯国名,在今湖北应城西。两国后来都为楚所灭。

②郧(yún):诸侯国名,在今湖北安陆。蒲骚:郧地名,在今湖北应城西北。

③绞:诸侯国名,在今湖北郧阳。州:诸侯国名,在今湖北监利东。蓼(liǎo):诸侯国名,在今河南唐河南。

④莫敖:楚国官名,相当于大司马。主管军政。屈瑕时为莫敖。

⑤诫:警戒。

⑥虞:盼望。四邑:即四国,指随、绞、州、蓼。

⑦君:指屈瑕。君除指国君外,也可作一般敬称。次:止,驻扎。郊郢:地名,在今湖北钟祥。

⑧锐师:精锐部队。

⑨虞心:盼望四国救援之心。

⑩离:离散。

⑪盍:何不。济师:增派军队。济,增援,增加。

⑫克:取胜。和:团结。

⑬商、周之不敌:商指殷纣王。周指周武王。据《孟子·尽心下》,武王伐殷,革车三百辆,虎贲之士三千人。又据昭二十四年传文

引《大誓》，纣有亿兆夷人。则相传纣王之军多，武王之兵少，而
武王卒灭纣。

⑭成军：整顿军队，使之团结。

⑮卒盟而还：于此可见随与诸国之伐楚师是想破坏楚与两国之盟
会。卒，终于。

【译文】

楚国的屈瑕打算和贰、轸两国结盟。郧国人的军队驻扎在蒲骚，准
备和随、绞、州、蓼四国一起进攻楚国军队。莫敖为此忧心忡忡。斗廉
说："郧国的军队驻扎在他们的郊区，一定缺乏警戒，并且天天盼望四国
军队的来到。您驻在郊郢，来抵御这四个国家。我们用精锐部队夜里进
攻郧国，郧国一心盼望四国军队，而且又依仗城郭坚固，没有人再有战斗
意志。如果打败郧军，四国一定离散。"莫敖说："为什么不向君王请求
增兵？"斗廉回答说："军队能够获胜，在于团结一致，不在于人多。商朝
敌不过周朝，这是您所知道的。组织好军队出兵，又增什么兵呢？"莫敖
说："占卜一下？"斗廉回答说："占卜是为了决断疑惑，没有疑惑，还占卜
什么？"于是就在蒲骚打败郧国军队，终于和贰、轸两国订立了盟约回国。

　　***【左传】**郑昭公之败北戎也①，齐人将妻之，昭公辞。
祭仲曰："必取之。君多内宠②，子无大援，将不立。三公子
皆君也③。"弗从。

【注释】

①郑昭公：即原郑太子忽。

②内宠：指宠爱的妻妾。

③三公子皆君也：子突、子亹（wěi）、子仪，与子忽都非一母所生，且
其母都有宠，都可能继承君位。

【译文】

郑昭公打败北戎的时候,齐侯打算把女儿嫁给他,昭公辞谢了。祭仲说:"您一定要娶她。国君宠爱的姬妾很多,您如果没有有力的外援,将不能继承君位。其他三位公子都可能做国君的。"昭公不同意。

【经】夏五月癸未①,郑伯寤生卒②。

【注释】

①癸未:初七。

②郑伯寤生:即郑庄公,名寤生,谥庄。

【译文】

夏五月初七,郑庄公寤生去世。

【左传】夏,郑庄公卒。

【译文】

夏,郑庄公去世。

△**【经】**秋七月,葬郑庄公①。

【注释】

①葬郑庄公:案郑虽是伯爵,然亦属大国,故郑庄公卒日葬月。又案《春秋》之例,君若杀无罪之大夫,则不书君之葬。前郑庄公杀其弟段,因段图谋篡位,故不属于杀无罪大夫,故《春秋》书其葬。又诸侯五月而葬,此处未及五个月便下葬,属于"不及时而不日,慢葬也"。

【译文】

【经】秋七月,安葬郑庄公。

【经】九月①,**宋人执郑祭仲**②。**突归于郑**③。**郑忽出奔卫**④。

【注释】

①九月:案时月日例,执例时。此处书月,是针对下文"突归于郑"
　和"郑忽出奔卫"而言的。因《春秋》书月之例,一月有数事,则
　于第一事上书月,事重者蒙月,轻者不蒙月。

②祭仲:即祭足,也称祭仲足。仲是排行,足是名。

③突归于郑:郑庄公死后,祭仲本立世子忽为国君,后来在宋国的威
　胁下,改立因谋杀祭仲失败而在外流亡的公子突为国君,即郑厉
　公。突,郑国公子突,郑庄公次子。

④郑忽出奔卫:忽为郑庄公太子,即后来的郑昭公。

【译文】

九月,宋国人逮捕郑祭仲。公子突回到郑国。郑忽逃亡到卫国。

【左传】初,祭封人仲足有宠于庄公①,庄公使为卿。为
公娶邓曼②,生昭公,故祭仲立之。宋雍氏女于郑庄公③,
曰雍姞④,生厉公。雍氏宗⑤,有宠于宋庄公,故诱祭仲而执
之,曰:"不立突,将死。"亦执厉公而求赂焉。祭仲与宋人
盟,以厉公归而立之。秋九月丁亥⑥,昭公奔卫。己亥⑦,厉
公立。

【注释】

①祭:郑地名,在今河南郑州东北。仲足:即祭仲足,祭是氏,仲是排

行（第二），足是名。

②邓曼：邓国女。邓是国名，曼为邓国之姓。

③雍氏：宋国大夫。女（nù）：嫁女与人。

④姞（jí）：雍氏的姓。

⑤宗：为人所尊仰。

⑥丁亥：十三日。

⑦己亥：二十五日。

【译文】

　　当初，祭地封人仲足受到郑庄公的宠信，庄公任命他做卿。祭仲为庄公娶了邓曼，生了昭公，所以祭仲立他为国君。宋国的雍氏把女儿嫁给郑庄公，名叫雍姞，生了厉公。雍氏为人所尊重，受到宋庄公的宠爱，所以就诱骗祭仲把他抓起来，说："不立突（厉公）为国君，就杀死你。"雍氏还抓了厉公索取财货。祭仲和宋国人结盟，让厉公回国而立他为国君。秋，九月十三日，郑昭公逃亡到卫国。二十五日，郑厉公立为国君。

　　【公羊传】祭仲者何？郑相也。何以不名①？贤也。何贤乎祭仲？以为知权也。其为知权奈何？古者郑国处于留②，先郑伯有善于郐公者③，通乎夫人，以取其国，而迁郑焉，而野留④。庄公死，已葬，祭仲将往省于留，涂出于宋，宋人执之⑤，谓之曰："为我出忽而立突⑥。"祭仲不从其言，则君必死⑦，国必亡。从其言，则君可以生易死，国可以存易亡。少辽缓之，则突可故出，而忽可故反⑧，是不可得则病⑨。然后有郑国⑩。古人之有权者，祭仲之权是也。权者何？权者反于经，然后有善者也⑪。权之所设，舍死亡无所设⑫。行权有道，自贬损以行权⑬，不害人以行权，杀人以自生，亡人以自存，君子不为也。

【注释】

①何以不名：案经书"祭仲"，祭为氏，仲为排行。而《春秋》之例，诸侯大夫称名氏，此处称排行，故发问。

②古者郑国处于留：即先前郑国之都城为留。

③先郑伯：指郑武公。武公与郐国夫人私通，因而灭郐，并将郑国都城迁至郐。

④野留：野，鄙，古人称国都以外的城邑为鄙。此书为动词，以留为鄙。

⑤宋人执之：宋人，实为宋庄公。不称"宋公"者，《春秋》之例，称爵而执，表明被执者有罪；称人而执，则被执者无罪。祭仲无罪，宋庄公执之，故称"宋人"。

⑥出忽而立突：忽为郑庄公之长子公子忽。突为公子突，是公子忽之异母弟。突之母为宋国人，故宋庄公胁迫祭仲废忽立突。

⑦君必死：君指忽，时郑庄公卒，忽即位未逾年。忽为微弱之君，后之传文云"祭仲存则存，祭仲亡则亡"，故此处祭仲有"君必死，国必亡"之判断。

⑧突可故出，而忽可故反：故，固，依旧之意。祭仲认为，此时虽然"出忽立突"，但之后可以"出突立忽"。

⑨是不可得则病：是，指代"突可故出，忽可故反"。若祭仲不能做到这点，则病逐君之罪。即要有拼死成功的觉悟。

⑩然后有郑国：有，保有。指祭仲有了之前的一番觉悟后，才能保有郑国。

⑪权者反于经，然后有善者也：反，违反。经，指代一般意义上的君臣之礼。祭仲之"出忽立突"，表面上看，是违反了君臣之礼。然后有善，指最后"突可故出，忽可故反"的结果是善的。

⑫舍死亡无所设：死亡，指的是"君必死，国必亡"，非自己的性命。设，施用。

⑬自贬损：指"是不可得则病"。

【译文】

祭仲是什么人？是郑国的相。为什么不称名？因为他有贤德。祭仲有何贤德？《春秋》认为他通晓权变。他通晓权变是怎么回事？先前，郑国的都城在留，郑国先君中有一人和邻公关系很好，与邻公夫人私通，以此夺取了邻国，并迁都于邻，而留则成为鄙邑。郑庄公去世，已经下葬，祭仲将要前往留地省察，途径宋国，宋人拘押了他，对他说："为我驱逐忽，拥立突。"祭仲以为，如果不听从宋人的话，国君必死，郑国必亡。听从宋人的话，国君能以生易死，郑国则能以存易亡。稍微迁延一段时间，则依旧可以驱逐突，依旧可以迎回忽。如果不能实现这个计划，自己将蒙受逐君之罪。有了这番觉悟，然后才能保有郑国。古人所通晓的权变，也就是祭仲这样的权变。权变是什么？权变的施用，除了君死国亡外不能施用。施用权变有道义，只能自我贬损来施用权变，不能害人以施用权变。杀人以自生，亡人以自存，君子是不这样做的。

突何以名①？挈乎祭仲也②。其言归何③？顺祭仲也④。

【注释】

①突何以名：这是祭仲听从宋人之言，拥立公子突。然公子突实为篡位，应以当国之辞称"郑突"（"当国"参见隐公元年"郑伯克段于鄢"条注释）。此处经文仅书"突"，故传问"突何以名"。

②挈（qiè）乎祭仲：挈，提挈，突之得立，由祭仲之提挈。挈乎祭仲在书法上指的是，经文书"宋人执郑祭仲"，又书"突归于郑"，"突"在"祭仲"之下，以此见突"挈乎祭仲"。

③其言归何：案桓公十五年传文云："入者，出入恶。归者，出入无恶。"案常例，突篡位，当书"入"以见其恶，如齐桓公篡位，经书"齐小白入于齐"，此处经文却书"归"，作无恶之辞，故发问。

④顺祭仲：即顺着祭仲的意思。祭仲的计策是先"出忽立突"，再

"突可故出,而忽可故反"。此处拥立公子突,是行权的一个步骤,故而是无恶的。

【译文】

突为什么仅称名？见其受祭仲之提挈。经文为何书"归"？这是顺着祭仲的意思。

忽何以名①?《春秋》伯、子、男一也②,辞无所贬③。

【注释】

①忽何以名:案《春秋》嗣君之名例"君薨称子某,既葬称子,逾年即位,三年称公"。此处郑庄公卒于今年五月,葬于七月,忽为嗣君,当依"既葬称子"之例称为"郑子",而经文书名,故发问。

②《春秋》伯、子、男一也:按照周制,诸侯有公、侯、伯、子、男五等爵。《春秋》改制,用三等爵,将周制的伯、子、男合为一等。

③辞无所贬:贬,丧贬。案嗣君之名例,先君去世时称"子某",先君葬后称"子",一年之内皆不称本爵,此为丧贬。依此例,郑国为伯爵,此时郑庄公已葬,当称忽为"郑子"以见丧贬。然《春秋》伯、子、男一也,则称伯与称子是一样的,"郑子"之称,是看不出丧贬的,称名方能见丧贬,故经文书"郑忽"。值得注意的是,按常理,国君出奔是大恶,此处忽之出奔却无恶,这也是"顺祭仲"的书法。

【译文】

忽为何称名？《春秋》改制,伯、子、男合为一等,称"郑子"文辞不能体现出丧贬。

【穀梁传】宋人者,宋公也①。其曰人,何也？贬之也。

【注释】

①宋公：宋庄公，子姓，名冯。

【译文】

宋人，是宋国国君的意思。经文说"人"，为什么呢？为了贬斥他的行为。

曰突，贱之也。曰归，易辞也①。祭仲易其事，权在祭仲也。死君难，臣道也。今立恶而黜正②，恶祭仲也。

【注释】

①易：轻视、轻慢的意思。

②立恶而黜正：公子忽是长子，且人品正，公子突是次子，人品恶，按礼应当立公子忽。

【译文】

称"突"，是贬低他。说"归"，是轻视的说法。祭仲改变了国君更替的事，因为国家大权在他一人手中。国君有难的时候为国君而死，是做臣下应遵守的道义。现在祭仲立了不当立为国君的人，废除了应当立为国君的人，经文这样记载是为了表示对祭仲的厌恶。

郑忽者，世子忽也。其名，失国也。

【译文】

郑忽，就是郑国的太子姬忽。称呼他的名字，是因为他失去了国家。

【经】柔会宋公、陈侯、蔡叔盟于折①。

【注释】

①柔:鲁国大夫。宋公:即宋庄公。陈侯:即陈厉公。蔡叔:蔡国大
  夫,一云即蔡桓侯之弟。又云实为蔡国国君,不称"蔡侯"而称
  "蔡叔"者,何休云:"不能防正其姑姊妹,使淫于陈佗,故贬在字
  例。"折:地名,不详。

【译文】

柔与宋庄公、陈厉公、蔡叔在折地会盟。

【公羊传】柔者何? 吾大夫之未命者也①。

【注释】

①吾大夫之未命者:案《春秋》之例,鲁国之未命大夫书名,不称氏。
  (参见隐公九年"挟卒"条)

【译文】

柔是什么人? 是我们尚未任命的大夫。

【穀梁传】柔者何? 吾大夫之未命者也。

【译文】

柔是谁? 是我们鲁国尚未正式任命的大夫。

△**【经】公会宋公于夫锺**①。

【注释】

①夫(fú)锺:鲁地名,在今山东汶上东北。锺,《公羊传》作"童",
  "童""锺"两字可通假。

【译文】

桓公与宋庄公在夫锺相会。

△【经】冬十有二月，公会宋公于阚①。

【注释】

①阚（kàn）：鲁地名，在山东汶上西。

【译文】

冬十二月，桓公与宋庄公在阚地相会。

十二年

△【经】十有二年春正月①。

【注释】

①十有二年：鲁桓公十二年当周桓王二十年，前700年。

【译文】

鲁桓公十二年春周历正月。

【经】夏六月壬寅①，公会杞侯、莒子盟于曲池②。

【注释】

①壬寅：初二。

②杞侯：即杞靖侯。《公羊传》《穀梁传》作"纪侯"，指纪武侯。莒子：当指莒敖公。曲池：地名，在今山东宁阳东北。《公羊传》作"殴蛇"。

【译文】

夏六月初二,桓公与杞靖侯、莒子相会,在曲池结盟。

【左传】十二年夏,盟于曲池,平杞、莒也①。

【注释】

①平杞、莒:隐公四年,莒人伐杞,因此两国不和。鲁与两国相邻,桓
　　公与杞侯、莒子盟于曲池,是为了调解杞、莒两国的关系。

【译文】

鲁桓公十二年夏,鲁桓公和杞侯、莒子在曲池会盟,这是让杞国和莒
国讲和。

【经】秋七月丁亥①,公会宋公、燕人盟于榖丘②。

【注释】

①丁亥:十七日。

②宋公:指宋庄公。燕:指南燕。燕国有二,一为北燕国,即为大家
　　平常所熟知的燕国,建都于蓟(今北京),《史记》有《燕召公世
　　家》。一为南燕国,姞姓,小国无世家,不知其君号谥,其国都约
　　在今河南延津东北。榖丘:宋地名,在今河南商丘东南。

【译文】

秋七月十七日,桓公与宋庄公、燕国人相会,在榖丘结盟。

【左传】公欲平宋、郑①。秋,公及宋公盟于句渎之丘②。

【注释】

①公欲平宋、郑:宋国向郑国求取过多的财物,郑国无法负担,所以

两国不和。

②句（gōu）渎之丘：即榖丘。

【译文】

桓公想让宋国、郑国和睦相处。秋,桓公和宋庄公在句渎之丘会盟。

△【经】八月壬辰^①,陈侯跃卒^②。

【注释】

①壬辰：八月无壬辰日,当属误记。

②陈侯跃：陈厉公,名跃,谥厉。

【译文】

八月壬辰日,陈厉公跃去世。

【经】公会宋公于虚^①。

【注释】

①虚：宋地名,在今河南延津东。《公羊传》作"郯"。

【译文】

桓公与宋庄公在虚地相会。

【左传】宋成未可知也,故又会于虚。

【译文】

由于不知道宋国对议和有无诚意,所以又在虚地会见。

【经】冬十有一月,公会宋公于龟^①。

【注释】

①龟：宋地名，在今河南睢县。

【译文】

冬十一月，桓公与宋庄公在龟地相会。

【左传】冬，又会于龟。

【译文】

冬，又在龟地会见。

【经】丙戌①，公会郑伯②，盟于武父③。

【注释】

①丙戌：十八日。

②郑伯：指郑厉公。

③武父：郑地名，在今山东东明西南。

【译文】

十八日，桓公与郑厉公相会，在武父结盟。

【左传】宋公辞平，故与郑伯盟于武父。

【译文】

宋公拒绝议和，所以桓公和郑厉公在武父结盟。

【经】丙戌①，卫侯晋卒②。

【注释】

①丙戌：案《春秋》之例，若国君篡位而立，且无"篡文"（即"立"
　　"纳""入"），则于其卒不书日，以明其篡；若前有"篡文"，则卒
　　时仍书日。卫侯晋（卫宣公）是篡立，隐公四年经文书"卫人立
　　晋"，有"篡文"，故此处仍书"丙戌"。

②卫侯晋：指卫宣公，姓姬名晋，谥宣。

【译文】

十八日，卫宣公晋去世。

【穀梁传】再称日①，决日义也②。

【注释】

①再：两次。

②决日义：这里的意思是说，鲁桓公与郑厉公会盟和卫宣公去世这
　　两件事记载日期的含义有别，所以要分别记载。决，判断、区别的
　　意思。

【译文】

两次记载日期，是为了区别同一天发生两件大事的含义。

【经】十有二月，及郑师伐宋。丁未①，战于宋。

【注释】

①丁未：初十。

【译文】

十二月，我军与郑军攻打宋国。初十，与宋国交战。

【左传】遂帅师而伐宋，战焉，宋无信也①。

【注释】

①宋无信也：李廉曰：“宋庄本以赂鲁、郑得立，今责赂于郑，是以己之前日望郑。《春秋》书郜鼎之取，以见宋、鲁、郑之交以赂合。书宋之战，以见宋、鲁、郑之交以赂离。”顾栋高案：“是时宋、郑息兵已十年，至是以多责赂之故，郑突遂背恩而结鲁以伐宋，足见宋庄之无耻，而郑突之无恩也。”

【译文】

盟后就率领军队进攻宋国，发生这场战争，是因为宋国不讲信用。

君子曰：“苟信不继，盟无益也。《诗》云：‘君子屡盟，乱是用长①。’无信也。”

【注释】

①君子屡盟，乱是用长：见于《诗经·小雅·巧言》。意为君子多次结盟，反而使动乱滋长。是用，是以。

【译文】

君子说：“如果一再不讲信用，结盟也没有好处。《诗》说：‘君子多次结盟，反而使动乱滋长。’就是由于没有信用。”

【公羊传】战不言伐①，此其言伐何？辟嫌也。恶乎嫌？嫌与郑人战也②。此偏战也，何以不言师败绩？内不言战，言战乃败矣③。

【注释】

①战不言伐：案《春秋》之中，涉及战争的辞有"侵、伐、战、围、入、灭"，战斗之程度由浅及深，《春秋》对于某一次战争，仅书其重者（详见庄公十年"公侵宋"条传文）。此条之中，"战""伐"并举，依例应言"战"而不言"伐"。

②嫌与郑人战：即若依"战不言伐"之例，经文当书"及郑师战于宋"，则嫌鲁国之士率军与郑人交战。故必须先言"伐宋"，表明对手是宋国。

③"此偏战也"四句：参见桓公十年"齐侯、卫侯、郑伯来战于郎"条。

【译文】

按照《春秋》常例，书"战"就不书"伐"，此处为何言"伐"？是为了避嫌。有什么嫌疑？嫌我国与郑国交战。这是各据一面、不使诈术的战争，为什么不记录"某师败绩"？记录鲁国的战争，一般不用"战"字，言"战"就表明鲁国败了。

【穀梁传】非与所与伐战也①。不言与郑战②，耻不和也。于伐与战③，败也。内讳败，举其可道者也④。

【注释】

①非：责难，责备。与：就是"及"的意思。所与伐：跟鲁国一起攻打宋国的国家，即郑国。战：作战。这里指鲁、郑两国共同伐宋，结果内部不和，相互打了起来。

②不言与郑战：指经文直接说"战于宋"，没有提到郑国。

③于伐与战：在伐宋的时候与（郑）作战。

④举其可道者：即言战不言败。虽然与郑国内讧不是好事，但内讧后还打了败仗是更大的耻辱，所以经文写相对较小的耻辱。

【译文】

经文是在责备鲁国与共同伐宋的国家作战。不明说与郑国作战,是为内讧不和感到羞耻。在讨伐宋国的过程中鲁、郑内部又交战,鲁国打败了。经文避讳说打败仗,只说出一些可以说的话来。

*【左传】楚伐绞,军其南门①。莫敖屈瑕曰:"绞小而轻②,轻则寡谋。请无扞采樵者以诱之③。"从之。绞人获三十人。明日,绞人争出,驱楚役徒于山中④。楚人坐其北门⑤,而覆诸山下⑥,大败之,为城下之盟而还⑦。

【注释】

①军其南门:驻扎在绞国的南门。

②轻:此指轻浮。

③扞:同"捍",保卫。采樵者:军中砍柴的人。

④役徒:指被获之采樵者。

⑤坐:待。

⑥覆:埋伏。

⑦城下之盟:兵临城下时被迫接受的屈辱盟约。

【译文】

楚国进攻绞国,军队驻扎在绞国南门。莫敖屈瑕说:"绞国地小而人轻浮,轻浮就缺少智谋。请对砍柴的人不设保卫来引诱他们。"楚王听从了屈瑕的意见。绞军俘获了三十个砍柴人。第二天,绞军争着出城,把楚国的砍柴人赶到山里。楚军坐守在北门,同时在山下设伏兵,大败绞军,强迫绞国订立城下之盟才回国。

*【左传】伐绞之役,楚师分涉于彭①。罗人欲伐之②,使

伯嘉谍之③，三巡数之④。

【注释】

①分涉：分兵渡河。彭：彭水，今名南河，发源于湖北房县西南。

②罗：诸侯国名，熊姓，在今湖北宜城西。

③伯嘉：罗国大夫。谍：侦察。

④巡：遍。数之：数楚军人数。

【译文】

在进攻绞国的这次战役中，楚军分兵渡过彭水。罗国准备攻打楚军，派遣伯嘉去侦察，把楚军的人数数了三遍。

十三年

*【左传】十三年春①，楚屈瑕伐罗，斗伯比送之。还，谓其御曰②："莫敖必败。举趾高③，心不固矣④。"遂见楚子曰："必济师。"楚子辞焉，入告夫人邓曼。邓曼曰："大夫其非众之谓⑤，其谓君抚小民以信，训诸司以德⑥，而威莫敖以刑也⑦。莫敖狃于蒲骚之役⑧，将自用也⑨，必小罗⑩。君若不镇抚，其不设备乎？夫固谓君训众而好镇抚之⑪，召诸司而劝之以令德⑫，见莫敖而告诸天之不假易也⑬。不然，夫岂不知楚师之尽行也⑭？"楚子使赖人追之⑮，不及。

【注释】

①十三年：鲁桓公十三年当周桓王二十一年，前699年。

②御：驾车的人。

③举趾高：脚抬得高。指趾高气扬。

④心不固：心志浮动。

⑤大夫：指斗伯比。非众之谓：指不在人数多少。

⑥诸司：众官吏。

⑦刑：法令。

⑧狃（niǔ）：习以为常。

⑨自用：自以为是。

⑩镇抚：控制安抚。

⑪夫：那，指斗伯比。

⑫令德：美德。

⑬告诸：告之，即告诉莫敖。不假易：不宽恕。

⑭尽行：全部出发。

⑮赖：诸侯国名，在今湖北随州东北。

【译文】

鲁桓公十三年春季，楚国的屈瑕进攻罗国，斗伯比为他送行。回来时，对他的御者说："莫敖一定会失败。他趾高气扬，表明他的心志浮动。"于是进见楚武王，说："一定要增派军队！"楚武王拒绝了，回宫告诉夫人邓曼。邓曼说："斗大夫的意思不在人数的多少，而是说君王要以诚信来安抚百姓，以德义来训诫官员，而以刑法来使莫敖畏惧。莫敖已经满足于蒲骚这一次战功，他会自以为是，必然轻视罗国。君王如果不加控制，不是等于不设防范吗！斗大夫的本意是请君王训诫百姓好好地安抚他们，召集官员们以美德勉励他们，见到莫敖告诉他上天对他的过错是不会宽恕的。不是这样的话，斗大夫难道不知道楚国军队已经全部出发了吗？"楚王派赖国人追赶屈瑕，没有追上。

莫敖使徇于师曰①："谏者有刑。"及鄢②，乱次以济③。遂无次，且不设备。及罗，罗与卢戎两军之④，大败之。莫敖缢于荒谷⑤，群帅囚于冶父以听刑⑥。楚子曰："孤之罪也。"

皆免之。

【注释】

①徇（xùn）：号令。

②鄢：鄢水，发源于湖北保康西南。

③乱次：无次序，指军队混乱不成行列。济：渡河。

④卢戎：妩姓，南蛮之国，在今湖北南漳东北，后为楚国所灭，为庐邑。两军之：两面夹击。

⑤缢（yì）：上吊自杀。荒谷：楚地名，在今湖北江陵西。

⑥冶父：地名，在今湖北江陵西。听刑：听候处罚。

【译文】

莫敖派人在军中通告："敢于进谏的人要受刑罚！"到达鄢水，楚军由于渡河而次序大乱。于是全军乱七八糟毫无秩序，而且又不设防。到达罗国，罗国和卢戎的军队从两边夹攻楚军，把楚军打得大败。莫敖在荒谷上吊自杀，其他将领们被囚禁在冶父等待处罚。楚武王说："这是我的罪过。"把将领们都赦免了。

【经】十有三年春二月，公会纪侯、郑伯①。己巳②，及齐侯、宋公、卫侯、燕人战③。齐师、宋师、卫师、燕师败绩④。

【注释】

①纪侯：纪靖侯。一说为纪武侯。郑伯：郑厉公。

②己巳：初三。

③齐侯：齐僖公。宋公：宋庄公。卫侯：卫惠公。卫宣公已死，虽未下葬，但依《春秋》例，旧君死，新君立，当年称子，逾年即称爵。燕人：指南燕之君，因国小，不称君。

④齐师、宋师、卫师、燕师败绩：吕大圭曰："桓公既无所以固纪之道，

而徒挟郑以战,幸而胜齐,不知所以促纪之亡在此。迨夫纪惧亡不给,然后为黄之盟,求以安纪,亦晚矣。"吴澂曰:"昔郑庄助齐谋纪,今鲁桓数为郑会宋,继又同郑伐宋。郑厉德鲁,故助鲁救纪,而悉反其父之所为。"败绩,大溃败。

【译文】

鲁桓公十三年春周历二月,鲁桓公与纪靖侯、郑厉公相会。初三,与齐僖公、宋庄公、卫惠公、燕国人交战。齐、宋、卫、燕的军队大败。

【左传】宋多责赂于郑[1],郑不堪命,故以纪、鲁及齐与宋、卫、燕战[2]。不书所战[3],后也[4]。

【注释】

①责赂:即桓公十一年为立厉公而求财货于郑。责,索取。

②以:指挥。郑国是主战国,因此指挥纪、鲁之军。齐、宋、卫、燕联军,宋国是主战国。

③所战:指战于何处。

④后:迟到。

【译文】

宋国多次向郑国索取财货,郑国实在不能忍受,所以率领纪、鲁两国的军队和齐、宋、卫、燕四国的军队交战。《春秋》没有记载战争的地点,是由于桓公迟到了。

【公羊传】曷为后日[1]?恃外也[2]。其恃外奈何?得纪侯、郑伯然后能为日也[3]。内不言战,此其言战何?从外也[4]。曷为从外?恃外,故从外也。何以不地?近也。恶乎近?近乎围[5]。郎亦近矣,郎何以地?郎犹可以地也[6]。

【注释】

①后日：即经文中"己巳"在"公会纪侯、郑伯"之后。

②恃外：倚仗外国的力量。

③得纪侯、郑伯然后能为日：得到纪侯、郑伯相助，方能结日偏战，《春秋》以"后日"的书法表明这一点。若非倚仗外力，则应书"十三年春二月己巳，公会纪侯、郑伯及齐侯、宋公、卫侯、燕人战"。

④从外：即遵从外诸侯偏战之书法。外诸侯偏战之书法是"某日，某及某战于某，某师败绩"。内之偏战，因《春秋》王鲁，"内不言战，言战则败矣"，故鲁国若胜，则书"某日，公败某师于某"；鲁国若败，则书"某日，公及某战于某"，不言"师败绩"。

⑤近乎围：都城几乎被围，《春秋说》以为此即龙门之战。龙门为鲁国都城之郭门，故言"近乎围"。

⑥郎犹可以地也：地，即记录战争的地点。桓公十年"齐侯、卫侯、郑伯来战于郎"，近乎围而书地；此处龙门之战，近乎围而不地。其原因，何休云："郎虽近，犹尚可言其处，今亲战龙门，兵攻城池尤危，故耻之。"

【译文】

　　为什么交战之日记录在后面？因为此战鲁国倚仗了外国的力量。倚仗外国之力是怎么回事？得到纪侯、郑伯相助后，才能结日偏战。涉及鲁国的战争，不书"战"字，此处为何言"战"？这是遵从外诸侯偏战的书法。为什么要用外诸侯偏战的书法？倚仗外国之力，所以遵从外诸侯偏战的书法。为什么不记录地点？因为近于国都。近到何种程度？都城几乎被围。郎之战也接近包围都城，为何记录地点？郎之战还能记录地点，此战则更近更危险，有耻，故不能记录地点。

　　【穀梁传】其言及者，由内及之也①。其曰战者，由外言之也②。战称人，败称师，重众也。其不地，于纪也③。

【注释】

①由内及之：由鲁国说起，指说鲁国跟某国怎么样。

②由外言之：从外国说起，是强调与鲁国作战的另一方。

③纪：纪国，也有观点认为此处"纪"当是"己"，指鲁国。

【译文】

经文说"及"，因为是由鲁国说起。说"战"，因为是由外国说起。记载作战称"人"，战败称"师"，是重视人数众多的意思。经文不记载作战地点，因为战争就发生在纪国的土地上。

△**【经】**三月，葬卫宣公。

【译文】

三月，安葬卫宣公。

△**【经】**夏，大水。

【译文】

夏，发大水。

△**【经】**秋七月。

【译文】

秋七月。

△**【经】**冬十月。

【译文】

冬十月。

*【左传】郑人来请修好^①。

【注释】

①郑人来请修好:此当与十四年传"十四年春,会于曹"云云连接,被后人割裂。

【译文】

郑国派人来鲁国,请求重修旧好。

十四年

【经】十有四年春正月^①,公会郑伯于曹^②。

【注释】

①十有四年:鲁桓公十四年当周桓王二十二年,前698年。

②郑伯:郑厉公。

【译文】

鲁桓公十四年春周历正月,鲁桓公与郑厉公在曹国相会。

【左传】十四年春,会于曹。曹人致饩,礼也^①。

【注释】

①曹人致饩,礼也:哀公十二年传文述子服景伯之言曰:"夫诸侯之会,事既毕矣,侯伯致礼,地主归饩,以相辞也。"此会曹既为地主,亦于会毕致饩,故传文曰"礼也"。

【译文】

鲁桓公十四年春,鲁桓公和郑厉公在曹国会见。曹国人送来食物,这是合于礼的。

【经】无冰①。

【注释】

①无冰:不记载月份,可能是二月。二月应仍寒冷,此年却不结冰,说明天气不正常。杨伯峻以为根据昭公四年传文"日在北陆而藏冰"可知"藏冰"为古二月之礼。可此时天气温暖,无冰可藏,故史官书之。

【译文】

没有结冰。

【公羊传】何以书?记异也①。

【注释】

①记异也:周历正月,当为农历十一月,应有坚冰,无冰则是异象。

【译文】

为何要记录?是记录异象。

【穀梁传】无冰,时燠也①。

【注释】

①燠(yù):暖,热。

【译文】

没有冰,因为时令反常变暖了。

【经】夏五^①,郑伯使其弟语来盟^②。

【注释】

①夏五:"五"下当有阙文。

②语:郑庄公之子,郑厉公之弟。《榖梁传》作"御"。来盟:他国大
　夫至鲁国聘问而盟,称为来盟。反之,鲁国大夫聘问他国而盟,则
　称莅盟。来盟、莅盟皆例时。

【译文】

夏五,郑厉公派他的弟弟语来我国结盟。

【左传】夏,郑子人来寻盟^①,且修曹之会。

【注释】

①子人:郑厉公弟弟语的字,后人便以字为氏。寻盟:指重温鲁桓公
　十二年武父之盟。

【译文】

夏,郑国的子人前来重温过去盟会的友好,并且也是重温在曹国的
会见。

【公羊传】夏五者何^①? 无闻焉尔^②。

【注释】

①夏五者何:案经书"夏五"不辞。若"五"指的是"五月",则与来
　盟例时矛盾。若不是"五月",则不知何意。

②无闻焉尔:《公羊传》在著于竹帛之前,靠师徒口耳相传。此处
　"夏五"之意,未闻之于师,故云"无闻焉尔"。

【译文】

"夏五"是什么意思？没有听到老师的解说。

【穀梁传】诸侯之尊，弟兄不得以属通①。其弟云者，以其来我，举其贵者也②。来盟，前定也。不日，前定之盟不日。孔子曰："听远音者，闻其疾而不闻其舒。望远者，察其貌而不察其形。"立乎定、哀以指隐、桓，隐、桓之日远矣③。夏五，传疑也。

【注释】

①以属通：作为亲属交往。即是说诸侯的兄弟与诸侯之间应是君臣关系。

②举其贵者：弟弟和臣子两个身份中，弟弟的身份更加尊贵，所以称弟。

③隐、桓之日远矣：指孔子生活在鲁定公、鲁哀公的时期，写鲁隐公、鲁桓公时期的事情，相距时间太远了，可能有不清楚的地方。

【译文】

诸侯地位尊贵，他的兄弟也不能以亲属关系与之交往。经文里说"弟"，因为他来的是鲁国，所以要特别举出他尊贵的身份。来盟，就是说这次结盟事先已经约定过了。不记载日期，因为事前约定的结盟照例是不记载日期的。孔子说："听远处的声音，能听到激扬的而听不到舒缓的。看远处的事物，能看到大体形貌而看不到面色姿容。"生活在鲁定公、鲁哀公时期来记述鲁隐公、鲁桓公时代的事情，时代距今太远了。"夏五"，就是存疑的写法。

【经】秋八月壬申①，御廪灾②。

【注释】

①壬申:十五日。

②御廪(lǐn):天子诸侯储藏亲耕所获用以缴祀的粮食的仓库。灾:
　古人把"天火"叫灾。天火,可能是打雷起火,或自然之火。

【译文】

秋八月十五日,御廪发生天火火灾。

【左传】秋八月壬申,御廪灾。

【译文】

秋八月十五日,储藏祭祀谷物的仓库发生火灾。

【公羊传】御廪者何? 粢盛委之所藏也①。御廪灾何以书? 记灾也。

【注释】

①粢盛委之所藏:粢盛,指盛放在祭器内的谷类祭品。何休云:"黍稷
　曰粢,在器曰盛。"委,积,即仓廪所储存之米粟薪刍等物。

【译文】

御廪是什么? 是储藏堆放谷类祭品的地方。为什么记录御廪发生火灾? 是记录灾害。

【经】乙亥①,尝②。

【注释】

①乙亥:十八日。

②尝：秋祭。

【译文】

十八日，举行秋祭。

【左传】乙亥，尝。书，不害也①。

【注释】

①不害：指火灾扑救及时，没有烧毁谷物。杨伯峻认为"不害"意为"不惧"，因为古人迷信，常以天道与人事相联系，以为凡有灾害，乃上天示警，人主必惧而反省。如今十五日御廪灾，三日后仍举行尝祭，不以天灾为惧，故书之。

【译文】

十八日，举行尝祭。《春秋》所以记载这件事，是表示火灾尚不足为害。

【公羊传】常事不书，此何以书？讥。何讥尔？讥尝也。曰：犹尝乎？御廪灾，不如勿尝而已矣①。

【注释】

①不如勿尝：何休云："（御廪灾）当废一时祭，自责以奉天灾也。"

【译文】

正常的祭祀是不记录的，此处为何记录？是讥刺。讥刺什么？讥刺举行了尝祭。反诘道：还要举行尝祭吗？御廪发生了火灾，不如不举行尝祭了吧。

【穀梁传】御廪之灾不志，此其志，何也？以为唯未易灾之余而尝可也①，志不敬也。天子亲耕，以共粢盛，王后亲蚕,以共祭服^②。国非无良农工女也,以为人之所尽事其祖祢^③,不若以己所自亲者也。何用见其未易灾之余而尝也?曰:甸粟而内之三宫^④,三宫米而藏之御廪^⑤。夫尝,必有兼甸之事焉^⑥。壬申,御廪灾,乙亥,尝,以为未易灾之余而尝也^⑦。

【注释】

①未易:没有改换。用火灾之后剩余的粮食祭祀是不合礼制的,也就是传文说的"不敬"。

②祭服:祭祀时穿的礼服。

③祢(nǐ):父亲去世,牌位进入宗庙后就称作"祢","生称父,死称考,入庙称祢"。

④甸:甸师的省称,甸师是当时官名,掌管公田耕种等事。粟:指未去皮的稻谷,这里用作动词,指把粮食收上来。内:同"纳",收纳、保存的意思。三宫:诸侯夫人的代称。

⑤米:指去皮的稻谷,这里也用作动词,指春米。

⑥兼甸:即兼旬,二十日。"甸"当为"旬"字之误。兼旬是指三宫的夫人亲自将粟春成米,大约要二十日,所以用兼旬来指夫人亲自春米这一过程。

⑦以为未易灾之余:《穀梁传》认为壬申日受灾,乙亥日就举行尝祭,时间太近,不足兼旬,所以认为没有更换新的粮食就直接用火灾之后剩余的粮食举行了尝祭。

【译文】

储存祭祀所用谷物的仓库发生火灾是不用记载的,这里经文记载了,为什么呢? 因为使用了火灾之后剩余的粮食举行尝祭,所以要记载这种对神不敬的行为。天子亲自种田,来供给祭祀用的粮食,王后亲自养蚕,来供给祭祀穿的衣服。国中不是没有好的农夫和手巧的女子,因为用别人尽心尽力做的东西来侍奉祖先，不如自己亲自动手做的好。怎么看出来是用火灾之后剩余的粮食进行尝祭的呢？回答是：甸师把谷物收上来保存到三宫，三宫舂好的米储存到御廪。尝祭，一定要有三宫夫人舂米这二十日的工序。十五日，御廪火灾，十八日，就举行了尝祭，因此知道没有更换火灾之后剩余的粮食就举行了尝祭。

△【经】冬十有二月丁巳^①，齐侯禄父卒^②。

【注释】

①丁巳：初二。

②齐侯禄父：齐僖公，名禄父，谥僖。

【译文】

冬十二月初二，齐僖公禄父去世。

【经】宋人以齐人、蔡人、卫人、陈人伐郑^①。

【注释】

①以：率领。齐人、蔡人、卫人：《公羊传》作"齐人、卫人、蔡人"。

【译文】

宋国人率领齐国人、蔡国人、卫国人、陈国人攻打郑国。

【左传】冬，宋人以诸侯伐郑，报宋之战也。焚渠门^①，入，及大逵^②。伐东郊，取牛首^③。以大宫之椽归^④，为卢门之椽^⑤。

【注释】

①渠门：郑城门。

②大逵：城内四通八达的大街。

③牛首：郑郊，在今河南通许稍东北。

④大宫之椽（chuán）：太庙的梁上椽子。大宫，太庙，郑国祖庙。

⑤卢门：宋郊的城门。

【译文】

冬，宋国人联合诸侯进攻郑国，这是为了报复在宋国的那次战争。诸侯联军焚烧了郑国都城的渠门，进了城，到了大街上。攻打东郊，占取牛首。把郑国太庙的椽子拿回去，做宋国卢门的椽子。

【公羊传】以者何？行其意也①。

【注释】

①行其意也：何休云："以己从人曰行，言四国行宋意也。宋前纳突求赂，突背恩伐宋，故宋结四国伐之。"

【译文】

"以"是什么意思？是使他国实行自己的意愿。

【穀梁传】以者，不以者也①。民者，君之本也。使人以其死，非正也。

【注释】

①不以者：不该率领的意思，指四国不应该把本国军队交给宋国率领。《穀梁传》认为经文用"以"字有反讽的意思。

【译文】

经文用"以"字，是说不该率领的意思。百姓，是国君的根本。驱使百姓去作战送死，是不合正道的。

十五年

【经】十有五年春二月①**，天王使家父来求车**②**。**

【注释】

①十有五年：鲁桓公十五年当周桓王二十三年，前697年。

②家父：周大夫。见桓公八年"天子使家父来聘"。

【译文】

鲁桓公十五年春周历二月，周桓王派家父来我国求索车辆。

【左传】十五年春，天王使家父来求车，非礼也。诸侯不贡车、服①，天子不私求财。

【注释】

①诸侯不贡车、服：车、服是上赐下，所以诸侯不贡。车、服，车辆与戎服。

【译文】

鲁桓公十五年春，周桓王派大夫家父来鲁国索取车辆，这是不合于礼的。诸侯不进贡车辆、戎服，天子不求取个人财物。

【公羊传】何以书？讥。何讥尔？王者无求①，求车，非礼也。

【注释】

①王者无求：案礼制，周天子拥有王畿内之租税，又有四方的供给，这些已经足够用度了。当以廉洁化行天下，若有所求，则是以贪

利化行天下,故讥之。又案时月日例,求例时。此条书月,因鲁桓
公是无王而行之人,天子不能诛讨,反而有所求,故书月。

【译文】

为何记录此事? 是讥刺。为何讥刺? 因为王者没有索求的道理,求
车,是非礼的。

【穀梁传】古者诸侯时献于天子,以其国之所有,故有辞
让,而无征求。求车,非礼也。求金,甚矣。

【译文】

古时候诸侯按时向天子献上他的国家产出的物品,所以天子只有推
辞谦让的事,而没有征收索取的事。求取车辆,不合礼制。求取金钱,就
更过分了。

△【经】三月乙未^①,天王崩^②。

【注释】

①乙未:十一日。

②天王:周天子。这里是周桓王姬林。

【译文】

三月十一日,周桓王去世。

△【经】夏四月己巳^①,葬齐僖公。

【注释】

①夏四月己巳,葬齐僖公:齐僖公,即齐侯禄父,卒于桓公十四年十

二月,至此正好是五月而葬。齐是大国,本应卒日葬月,此处书
日,属于"当时而日,危不得葬"。原因是去年十二月"宋人以齐
人、卫人、蔡人、陈人伐郑",是嗣君被殡用师,故危之。己巳,十
五日。

【译文】

夏四月十五日,安葬齐僖公。

【经】五月,郑伯突出奔蔡①。

【注释】

①郑伯突:郑厉公。出奔蔡:逃到蔡国。郑厉公不满祭仲专权,欲除
　掉他,计谋败露,于是出逃到蔡国。

【译文】

五月,郑厉公突逃亡到蔡国。

【左传】祭仲专①,郑伯患之,使其婿雍纠杀之②。将享
诸郊③。雍姬知之④,谓其母曰:"父与夫孰亲?"其母曰:"人
尽夫也,父一而已,胡可比也?"遂告祭仲曰:"雍氏舍其室而
将享子于郊⑤,吾惑之,以告。"祭仲杀雍纠,尸诸周氏之汪⑥。
公载以出,曰:"谋及妇人⑦,宜其死也。"夏,厉公出奔蔡。

【注释】

①专:专权。

②雍纠:郑国大夫,祭仲女婿。

③将享诸郊:意谓准备在郊外宴请祭仲趁机杀掉他。诸,"之于"的
　合音。

④雍姬：雍纠的妻子，祭仲的女儿。

⑤舍其室：不在家里宴请。

⑥周氏之汪：周氏的池塘。周氏，郑国大夫。汪，池。

⑦谋及妇人：与妇人谋划。

【译文】

祭仲专权，郑厉公对此很担心，派祭仲的女婿雍纠去杀他。雍纠准备在郊外宴请祭仲趁机杀掉他。雍姬知道了，对她母亲说："父亲与丈夫哪一个更亲近？"她母亲说："一个女人的丈夫可以是任何一个男子，父亲却只有一个，怎么能够相比呢？"于是雍姬就告诉祭仲说："雍氏不在他家里而在郊外宴请您，我对此感到疑惑，所以告诉您。"祭仲就杀了雍纠，把尸体摆在周氏的池塘边。郑厉公装载了雍纠尸体逃离郑国，说："大事和妇女商量，他是该死。"夏，郑厉公逃亡到蔡国。

【公羊传】突何以名①？夺正也②。

【注释】

①突何以名：桓公十一年，"突归于郑"，已书突之名，此处又书名，故问之。

②夺正：夺取嫡嗣的正位。嫡嗣指忽，夺正之事为桓公十一年"突归于郑"。值得注意的是，案礼制，诸侯出奔书名，见其失众。此处突之出奔书名，非因失众，而是之前的夺正之罪。此条即是祭仲行权中的"突可故出"。

【译文】

突为何称名？因为他夺了嫡嗣的君位。

【穀梁传】讥夺正也①。

【注释】

①讥:讥讽。夺正:郑庄公死后,本来应该是身为世子的姬忽(郑昭公)即位,但是由于宋国的干涉,公子姬突即位为郑厉公。所以说公子姬突即位为夺正。

【译文】

这是讥讽姬突篡夺了郑昭公姬忽的君位。

【经】郑世子忽复归于郑①。

【注释】

①郑世子忽:即郑昭公。世子,嫡长子。复归:回来复位。桓公十二年郑庄公去世,昭公当年出奔卫,四年后返国,所以不称君,称为世子。

【译文】

郑世子忽回到郑国复位。

【左传】六月乙亥①,昭公入。

【注释】

①乙亥:二十二日。

【译文】

六月二十二日,郑昭公进入郑国。

【公羊传】其称世子何①? 复正也②。曷为或言归,或言复归? 复归者,出恶归无恶。复入者,出无恶入有恶。入者,出入恶。归者,出入无恶③。

【注释】

①其称世子何：案《春秋》之例，"君存称世子"，忽是郑庄公之子，庄公已卒，不应再称"世子"，故发问。

②复正：即恢复正位。《公羊传》认为，只有称"郑世子忽"，才能表明忽之"复正"。因为桓公十一年"郑忽出奔卫"，忽还是未逾年君，故此处不能称"郑伯忽"；若依桓公十一年而称"郑忽"，则此时在丧期之外，又有当国之嫌；故称"世子"以见其正。

③"复归者"几句：此讨论《春秋》书"复归""复入""入""归"的意义。四者针对的都是国君先出奔，后归国复为君的情况。书"复归"，表明出奔时有恶，回国时无恶。书"复入"，则出奔时无恶，归国有恶。书"入"，则出奔与归国皆有恶。书"归"，则出奔与归国皆无恶。此条书"复归"，见忽出奔有恶，回国无恶。回国无恶，因忽本为嗣君，理应继承君位。出奔有恶，则见其微弱不能自保。

【译文】

忽为何称"世子"？是恢复他嫡嗣的地位。为什么《春秋》有时书"归"，有时书"复归"？"复归"指的是出奔有恶，回国无恶。"复入"指的是出奔无恶，回国有恶。"入"指的是出奔与回国皆有恶。"归"指的是出奔与回国皆无恶。

【穀梁传】反正也①。

【注释】

①反正：指姬忽又重新得到本应由他继承的君位。

【译文】

这是姬忽重新得到了本应属于他的君位。

【经】许叔入于许①。

【注释】

①许叔入于许：隐公十一年，郑庄公使许大夫百里奉许叔居许东偏。
　今入许，即自许东偏入许都。许叔，即许穆公新臣，许庄公的弟
　弟。隐公十一年鲁、齐、郑三国入侵许国，许庄公姜弗逃到卫国，
　郑庄公就让许叔居住在许城东部。《春秋》中许国为男爵，此处称
　"许叔"，何休云："春秋前失爵在字例也。"此经书"入"，表明许
　叔出奔与回国皆有恶。

【译文】

许叔进入许国都城。

【左传】许叔入于许。

【译文】

许叔进入许国都城。

【穀梁传】许叔，许之贵者也，莫宜乎许叔①。其曰入②，
何也？其归之道，非所以归也③。

【注释】

①莫宜乎许叔：没有比许叔更合适的了。这里指没有人比许叔更适
　合作为许国复国的国君。
②其曰入：《穀梁传》认为经文里面对回归，用"入"字是恶辞，用
　"归"字是善辞。
③非所以归：范甯认为他"进无王命，退非父授"，所以不合礼制。

【译文】

许叔，是许国身份尊贵的人，没有比许叔更合适的了。经文说"入"，
为什么呢？因为他回国都的方式，不是应该有的方式。

【经】公会齐侯于艾①。

【注释】

①公会齐侯于艾:齐侯,齐襄公,齐僖公长子。艾,在今山东新泰西北。高阅曰:"鲁尝与齐绝矣。自僖公卒,襄公新立,至是复通好焉。彭生之祸兆于此。"艾,《公羊传》作"鄗",《穀梁传》作"蒿"。

【译文】

桓公与齐襄公在艾地相会。

【左传】公会齐侯于艾,谋定许也。

【译文】

桓公和齐襄公在艾地会见,目的是为了谋划安定许国。

【经】邾人、牟人、葛人来朝①。

【注释】

①邾人、牟人、葛人:三国均为小国,所以称为"某人",不称君。邾人,《公羊传》作"邾娄人"。牟,诸侯国名,在今山东莱芜东。葛,诸侯国名,嬴姓,大约在今山东枣庄。

【译文】

邾国、牟国、葛国国君来我国朝见。

【公羊传】皆何以称人①? 夷狄之也②。

【注释】

①何以称人:案《春秋》之例,诸侯来曰"朝",微者称"人"。此处

书"朝",明是诸侯,又书"人",故发问。

②夷狄之：三国本为诸夏,夷狄之,即将三国之君贬为夷狄,其中原
　因,何休云："桓公行恶,而三人俱朝事之,三人为众,众足责,故
　夷狄之。"值得注意的是,《春秋》中"夷狄之"的一般书法是单称
　国名,如"晋伐鲜虞"。此处书"人"以"夷狄之"比较特殊,《公
　羊义疏》对此的解释是"称人为夷狄之者,《礼记·曲礼》云：'庶
　方小侯,入天子之国,曰某人。'郑注'谓戎狄子男君也'。"据此,
　称人亦可夷狄之。

【译文】

为什么都称"人"？这是将他们贬为夷狄。

【经】秋九月,郑伯突入于栎①。

【注释】

①栎（lì）：郑国大都,即今河南禹州。

【译文】

秋九月,郑厉公突进入栎邑。

【左传】秋,郑伯因栎人杀檀伯①,而遂居栎。

【注释】

①檀伯：郑守栎大夫。

【译文】

秋,郑厉公凭借栎地的人杀了檀伯,因而就居住在栎地。

【公羊传】栎者何？郑之邑。曷为不言入于郑①？末言

尔②。曷为末言尔？祭仲亡矣。然则曷为不言忽之出奔？
言忽为君之微也③，祭仲存则存矣，祭仲亡则亡矣。

【注释】

①曷为不言入于郑：郑，指郑国都城。案《春秋》之例，回国篡位通
常书入于国都，如"齐小白入于齐"，此处书"入于栎"，故而发问。

②末言尔：末，浅。"入于栎"比"入于郑"程度要浅，故云"入于栎"
是浅言之。

③言忽为君之微也：忽为君微弱，不能自存，祭仲死后，即被突驱逐
出奔，如匹夫一般，故不书其出奔。传言此，证明桓公十一年"君
必死，国必亡"以及"权之所设，舍死亡无所设"是实情。

【译文】

栎是什么地方？是郑国的城邑。为何不言"入于郑国都"？这是浅
言之。为何要浅言之？祭仲已经死了。那么为什么不记录忽出奔？以
此说明忽作为国君太微弱了，祭仲在世，他能保有君位，祭仲一死，他就
出奔了。

【经】 冬十有一月，公会宋公、卫侯、陈侯于袲，伐郑①。

【注释】

①公会宋公、卫侯、陈侯于袲（chǐ），伐郑：宋公、卫侯、陈侯，分别为
宋庄公、卫惠公、陈庄公。袲，宋地名，在今安徽宿州西。顾栋高
案："十二年、十四年之交伐，宋与郑突（厉公）已成仇矣。今复
助突而伐忽（昭公），盖前日之伐突，为多责赂也，故反亲而为仇。
今日之助突，冀后之倾国以偿也，故复忘仇而尽力。然为之左右
纠合者，鲁桓一人而已。"《公羊传》"宋公"前有"齐侯"，"袲"作
"侈"。

【译文】

冬十一月,桓公与宋庄公、卫惠公、陈庄公在袤地相会,攻打郑国。

【左传】冬,会于袤,谋伐郑,将纳厉公也。弗克而还。

【译文】

冬,鲁桓公与宋庄公、卫惠公、陈庄公在袤地会见,策划进攻郑国,以便护送厉公回国。可是战争失败了,军队各自回国。

【穀梁传】地而后伐,疑辞也①,非其疑也。

【注释】

①疑辞:疑,迟疑的意思。此时郑国是昭公忽在位,据《左传》和《史记》的记载,这次诸侯国伐郑是为了助突伐忽,而《穀梁传》认为是伐突,故说不应迟疑。

【译文】

先记载地点再记载讨伐,是表示诸国有迟疑,经文是在批评这种迟疑态度。

十六年

【经】十有六年春正月①,公会宋公、蔡侯、卫侯于曹②。

【注释】

①十有六年:鲁桓公十六年当周庄王元年,前696年。

②宋公、蔡侯、卫侯:分别指宋庄公、蔡桓侯、卫惠公。

【译文】

鲁桓公十六年春周历正月,桓公与宋庄公、蔡桓侯、卫惠公在曹国相会。

【左传】十六年春正月,会于曹,谋伐郑也^①。

【注释】

①谋伐郑:去年冬谋划送郑厉公回国没有成功,所以再次商议。

【译文】

鲁桓公十六年春周历正月,鲁桓公和宋庄公、蔡桓侯、卫惠公在曹国会见,又策划进攻郑国。

【经】夏四月,公会宋公、卫侯、陈侯、蔡侯伐郑^①。

【注释】

①陈侯、蔡侯:杜预认为"蔡常在卫上,今序陈下,盖后至"。说明五国是先后出兵的。

【译文】

夏四月,桓公与宋庄公、卫惠公、陈庄公、蔡桓侯会合攻打郑国。

【左传】夏,伐郑。

【译文】

夏,进攻郑国。

【经】秋七月,公至自伐郑^①。

【注释】

①公至自伐郑：公自伐郑之役归来。至，国君外出回国告祭祖庙。案《春秋》之例，"公出于一国及独用兵，得意不致，不得意致伐"。"致伐"即"公至自伐"，此处伐郑而致伐，则见公伐郑不得意。又案时月日例，致例时，此处书月者，是善桓公能兴义兵伐郑。

【译文】

秋七月，桓公从攻打郑国的战役回国。

【左传】秋七月，公至自伐郑，以饮至之礼也①。

【注释】

①饮至之礼：凡国君出外，行时必告于宗庙，归来亦必告于宗庙。归来告庙时要慰劳从者，即为饮至。

【译文】

秋七月，桓公进攻郑国回到国内，举行了祭告宗庙、大宴臣下的礼仪。

【穀梁传】桓无会①，其致何也②？危之也③。

【注释】

①桓无会：意为在鲁桓公的记载中不会记载会盟后告祭祖庙。
②致：通"志"，记载。
③危：为……感到忧惧。

【译文】

在鲁桓公的记载中不会记载会盟后告祭祖庙，这里经文为什么记载了呢？是为他感到担忧。

【经】冬，城向①。

【注释】

①城向：向，诸侯小国名，姜姓，今山东莒县南有向城。赵鹏飞曰：
　　"向界莒、鲁之境上，本非莒邑，故莒、鲁交争，互以为己邑。而其
　　交争自今日之城向始。"

【译文】

冬，修筑向地的城墙。

【左传】冬，城向。书，时也。

【译文】

冬，修筑向地城墙。《春秋》所以记载这件事，是由于不妨碍农时。

【经】十有一月，卫侯朔出奔齐。

【译文】

十一月，卫惠公朔逃亡到齐国。

【左传】初，卫宣公烝于夷姜①，生急子②，属诸右公子③。
为之娶于齐，而美，公取之，生寿及朔，属寿于左公子。夷姜
缢。宣姜与公子朔构急子④。公使诸齐，使盗待诸莘⑤，将杀
之。寿子告之，使行⑥。不可，曰："弃父之命，恶用子矣⑦！
有无父之国则可也。"及行，饮以酒，寿子载其旌以先⑧，盗
杀之。急子至，曰："我之求也。此何罪？请杀我乎！"又杀
之。二公子故怨惠公⑨。十一月，左公子洩、右公子职立公
子黔牟⑩。惠公奔齐。

【注释】

①烝（zhēng）：古时指以下淫上，与母辈通奸。夷姜：卫宣公父亲卫
　庄公之妾，是卫宣公庶母。

②急子：也写作伋子，本立为太子。

③属：使傅之。右公子：官名。左公子、右公子之称，缘由不详，或云
　"左右媵之子，因以为号"。

④宣姜与公子朔构急子：此为本年事，时公子朔已长大。宣姜，即本
　为急子所娶而宣公自娶之齐女。构，挑拨离间，诬陷。

⑤盗：派人伪装成强盗。莘：卫、齐之边境，在今山东莘县北，其地狭窄。

⑥行：逃走。

⑦恶：何。

⑧载其旌：卫宣公曾暗嘱贼人，载有旌旗的是急子。《史记·卫康叔
　世家》："与太子白旄，而告界盗，见持白旄者杀之。"

⑨二公子：即左、右公子。惠公：卫惠公，即公子朔。

⑩公子黔牟：亦名留，为周庄王所支持。

【译文】

　　当初，卫宣公和父亲的姬妾夷姜私通，生了急子，卫宣公让右公子作
他的师傅。急子长大后为他到齐国娶妻，这个女人很美，卫宣公就自己
娶了她，生了寿和朔，让左公子作寿的师傅。夷姜上吊自杀了。宣姜和
公子朔诬陷急子。卫宣公派急子出使到齐国，派人伪装成强盗在莘地等
着，打算杀死他。寿子把这件事告诉急子，让他逃走。急子不同意，说：
"丢掉父亲的命令，哪里还用得着儿子！如果世界上有没有父亲的国家
就可以逃到那里去了。"等到临走，寿子用酒把急子灌醉，在车上插上急
子的旗帜先到了莘地，强盗就杀了寿子。急子赶到，说："要杀的是我。
他有什么罪？请杀死我吧！"强盗又杀了急子。左、右两公子因此怨恨
惠公。十一月，左公子洩、右公子职立公子黔牟为国君。卫惠公逃亡到
齐国。

【公羊传】卫侯朔何以名？绝。曷为绝之？得罪于天子也。其得罪于天子奈何？见使守卫朔①,而不能使卫小众,越在岱阴齐②,属负兹舍③,不即罪尔④。

【注释】

①卫朔:朔指一年之日历及政令。天子在岁末,向诸侯颁布来年之日历与政令,诸侯藏于祖庙。至每月朔日,朝于庙,告而受行之。此处云"守卫朔",指代主持卫国政事。

②越在岱阴齐:越,逃走。岱,泰山。阴,山之北称阴。即逃亡在泰山北面齐国之地。

③属负兹舍:属,假托。负兹,诸侯有疾称"负兹",意谓负事繁多,故致疾。舍,止。即假托有疾,停止不行。

④不即罪尔:即,就。即不向天子请罪。

【译文】

卫侯朔为何称名？是诛绝他。为何要诛绝？因为他得罪了天子。他因为什么得罪了天子？他受命主持卫国政事,却使天子不能征发卫国之小众,畏罪逃亡到泰山北面的齐国之地,假托有疾而停留,不向天子请罪。

【穀梁传】朔之名,恶也。天子召而不往也。

【译文】

直接称呼他的名字"朔",是憎恶他。周天子曾经召见他,他竟拒绝前往。

十七年

【经】十有七年春正月丙辰①，公会齐侯、纪侯盟于黄②。

【注释】

①十有七年：鲁桓公十七年当周庄王二年，前695年。丙辰：十三日。

②齐侯：齐襄公。纪侯：不详。黄：齐地名，在今山东淄川东北。

【译文】

鲁桓公十七年春周历正月十三日，桓公与齐襄公、纪侯在黄地结盟。

【左传】十七年春，盟于黄，平齐、纪①，且谋卫故也②。

【注释】

①平齐、纪：桓公五年，齐欲灭纪，十三年，纪又随鲁、郑败齐师，故鲁居间为之调停。

②谋卫：齐是卫惠公母舅之国，惠公奔齐，齐欲纳之。

【译文】

鲁桓公十七年春，鲁桓公和齐襄公、纪侯在黄地结盟，目的是为了促成齐、纪的和议，同时商量卫国的事情。

【经】二月丙午①，公会邾仪父②，盟于趡③。

【注释】

①二月丙午：二月无丙午日，当为误记。

②会：《公羊传》《穀梁传》作“及”。邾仪父：邾国国君，名克。《公羊传》作“邾娄仪父”。

③趡（cuǐ）：鲁地名，在今山东泗水与邹城之间。

【译文】

二月丙午日,桓公和邾仪父相会,在趡地结盟。

【左传】及邾仪父盟于趡,寻蔑之盟也^①。

【注释】

①蔑之盟:隐公元年鲁与邾在蔑结盟。家铉翁曰:"隐公立之始年即为蔑之盟,至桓公十有七年始复为此盟。盖篡国之君,仪父恶而远之。八年为鲁所伐,十五年乃与牟、葛俱朝,犹曰寻蔑之盟,仪父之不苟有所附可见。"

【译文】

桓公和邾仪父在趡地结盟,这是由于重申蔑地的盟约。

【经】夏五月丙午^①,及齐师战于奚^②。

【注释】

①夏五月丙午:《公羊传》无"夏"字。案《春秋》编年之例,当书"夏五月",此处不书"夏"者,何休云:"夏者,阳也。月者,阴也。去夏者,明夫人不系于公也。"丙午,初五。

②及齐师战于奚:奚,地名,在今山东滕州南。《穀梁传》作"郎"。案据《春秋大事表》,桓公之世,齐、鲁交兵凡三次,都为存纪之事。此是鲁国之士率军与齐师交战。又"内不言战,言战乃败矣",则是鲁国战败。

【译文】

夏五月初五,我军与齐国军队在奚地交战。

【左传】夏,及齐师战于奚,疆事也^①。于是齐人侵鲁疆^②,

疆吏来告，公曰："疆場之事③，慎守其一④，而备其不虞⑤。姑尽所备焉。事至而战⑥，又何谒焉⑦？"

【注释】

①疆事：边境冲突。

②于是：在这时。

③場（yì）：边境。

④其一：其一方，指本国边境。

⑤备其不虞：防备发生意外之事。不虞，意外之事。

⑥事至：指他国突然袭击。事，戎事。

⑦谒：请示报告。

【译文】

夏，鲁军与齐国军队在奚地发生战争，这是边境局部冲突。当时齐国人入侵鲁国的边境，边境官吏前来报告，桓公说："边境上的事情，谨慎地防守自己一边，而且防备发生意外。暂且尽力防备就是了。发生了战事就迎战，又何必先行请示报告呢？"

【穀梁传】内讳败，举其可道者也①。不言其人②，以吾败也。不言及之者③，为内讳也。

【注释】

①举其可道者也：即言战不言败。

②其人：率领鲁军的人。

③及之者：率领齐军的人。

【译文】

经文避讳说战败，只说可以说出来的话。不说率领鲁军的人，是因为鲁国打了败仗。不说与之交战的将帅，是为鲁国避讳。

【经】六月丁丑^①，蔡侯封人卒^②。

【注释】

①丁丑：初六。

②蔡侯封人：即蔡桓侯，姓姬，名封人，谥桓。隐公九年立，在位二十年。

【译文】

六月初六，蔡桓侯封人去世。

【左传】蔡桓侯卒。

【译文】

蔡桓侯去世了。

【经】秋八月，蔡季自陈归于蔡^①。

【注释】

①蔡季自陈归于蔡：据成公十八年传文"诸侯纳之曰归"，则蔡季之立，虽蔡召之，亦是由于陈国纳之。蔡季，即蔡哀侯，名献舞，一作"献武"，是蔡桓侯之弟。何休认为季与献舞是两个人：蔡季书"季"是称字。案名例，诸侯之大夫称名氏，此处蔡季称字，是贤之。蔡侯封人无子，蔡季以次当继位，然封人欲立献舞，而加害于季，季出奔至陈国。封人去世，献舞立为国君，季自陈归国奔丧（即此条所言"蔡季自陈归于蔡"），并服丧三年，无怨恨之心。故《春秋》贤之，称字而不名。又书"归"，见其出入无恶。

【译文】

秋八月，蔡季从陈国回到蔡国。

【左传】蔡人召蔡季于陈。秋,蔡季自陈归于蔡,蔡人嘉之也。

【译文】

蔡国人把蔡季从陈国召回来。秋,蔡季从陈国回到蔡国,被立为国君,因为蔡国人都拥护他。

【穀梁传】蔡季,蔡之贵者也。自陈,陈有奉焉尔[1]。

【注释】

[1]奉:帮助。指陈国帮助蔡季回国。

【译文】

蔡季,是蔡国身份尊贵的人。从陈国回来,因为陈国对此有帮助。

△**【经】癸巳,葬蔡桓侯[1]。**

【注释】

[1]癸巳,葬蔡桓侯:癸巳,八月二十三日。蔡桓侯,即蔡侯封人。案《春秋》之例“卒从正,葬从臣子辞”(参见隐公八年“葬蔡宣公”条),则应称“蔡桓公”。此处称“侯”者,何休以为,因封人有贤弟蔡季而不任用,反加害之,又立献舞为嗣,后献舞被楚国俘虏,蔡国险些被灭,故贬抑封人,葬时不称“公”。又封人六月卒,八月便葬,属于“不及时而日,渴葬也”。

【译文】

【经】二十三日,安葬蔡桓侯。

【经】及宋人、卫人伐邾①。

【注释】

①及宋人、卫人伐邾：《春秋大事表》引张洽曰："桓公春与齐、邾盟，既而皆背之，战奚伐邾，并见一年之内。盖其为人渎信而好乱，不仁而佳兵，宜其不逾年即见杀于齐也。"邾，《公羊传》作"邾娄"。

【译文】

我国与宋人、卫人攻打邾国。

【左传】伐邾，宋志也①。

【注释】

①伐邾，宋志也：鲁伐邾违背了当年与邾国的盟约，是屈从于宋国的要求，所以强调"宋志"。宋志，宋国的意愿。

【译文】

进攻邾国，这是宋国的意愿。

【经】冬十月朔①，日有食之。

【注释】

①朔：初一。案《春秋》日食之例，当书"某月某日朔，日有食之"，此条仅书"朔"，未书日，何休云："去日者，著桓行恶，故深为内惧其将见杀无日。"

【译文】

冬十月初一，发生日食。

【左传】冬十月朔，日有食之。不书日，官失之也①。天子有日官，诸侯有日御②。日官居卿以厎日③，礼也。日御不失日，以授百官于朝④。

【注释】

①官失之：这次日食是发生在前695年10月10日的日环食，《春秋》没记载具体日子，是史官漏记。

②天子有日官，诸侯有日御：日官、日御，都是掌管天文历数的官。

③日官居卿：天子日官即太史，非六卿而官位同六卿。厎（zhǐ）日：推算历象。

④日御不失日，以授百官于朝：天子之日官定历颁给诸侯，诸侯之日御在朝堂上向百官宣布。

【译文】

冬，十月初一，日食。《春秋》没有记载日子，这是史官的漏记。天子有日官，诸侯有日御。日官居于卿的地位以推算历象，这是合于礼的。日御详细记载每月大小和干支，无所遗漏，在朝廷上通告百官。

【穀梁传】言朔不言日①，食既朔也②。

【注释】

①言日：指记载干支日期。

②既朔：朔日后一天，即初二。

【译文】

说了朔日而不说日期，是因为日食发生在初二。

*【左传】初，郑伯将以高渠弥为卿，昭公恶之，固谏，不

听。昭公立,惧其杀己也。辛卯①,弑昭公,而立公子亹②。

【注释】

①辛卯:十月二十二日。

②弑昭公,而立公子亹(wěi):《史记·郑世家》:"冬十月辛卯,渠弥与昭公出猎,射杀昭公于野。祭仲与渠弥不敢入厉公,乃更立昭公弟子亹为君。"公子亹,郑昭公之弟,无谥号。

【译文】

当初,郑庄公准备任命高渠弥做卿,昭公讨厌他,坚决劝阻,庄公不听从。昭公即位后,高渠弥畏惧昭公会杀掉自己。在十月二十二日这天,杀死昭公,而立公子亹为国君。

君子谓昭公知所恶矣①。公子达曰②:"高伯其为戮乎③!复恶已甚矣④。"

【注释】

①君子谓昭公知所恶矣:《韩非子·难四》说此句云:"君子之举'知所恶',非甚之也,曰:知之若是其明也,而不行诛焉,以及于死,故曰'知所恶',以见其无权也。……今昭公见恶稽罪而不诛,使渠弥含憎惧死以徼幸,故不免于杀,是昭公之报恶不甚也。"所恶,所讨厌的人。

②公子达:鲁国大夫。

③高伯:即高渠弥,伯为其字。

④复恶:报怨。

【译文】

君子认为昭公了解他所讨厌的人。公子达说:"高伯恐怕要被诛杀的吧!因为他报仇报得太过分了。"

十八年

　　【经】十有八年春王正月①**，公会齐侯于泺**②**。公与夫人姜氏遂如齐**③**。**

【注释】

①十有八年：鲁桓公十八年当周庄王三年，前694年。

②齐侯：指齐襄公。泺（luò）：地名，在今山东济南西北。

③公与夫人姜氏：《公羊传》作"公、夫人姜氏"。姜氏，文姜。

【译文】

　　鲁桓公十八年春周历正月，桓公与齐襄公在泺地相会。桓公与夫人姜氏到齐国去。

　　【左传】十八年春，公将有行①**，遂与姜氏如齐。申繻曰**②**："女有家"**③**，男有室**④**，无相渎也**⑤**，谓之有礼。易此**⑥**，必败。"**

【注释】

①有行：打算出行。

②申繻（xū）：鲁大夫。

③家：丈夫。

④室：妻子。

⑤渎：轻慢。

⑥易：违反。

【译文】

　　鲁桓公十八年春，鲁桓公准备外出，便和姜氏到齐国去。申繻劝阻说："女人有夫家，男人有妻室，不可以互相轻慢，这就叫有礼。违反这一点，必然坏事。"

公会齐侯于泺，遂及文姜如齐。齐侯通焉①。公谪之②，以告。

【注释】

①通：通奸。

②谪（zhé）：责备。

【译文】

桓公和齐襄公在泺地会见，然后就和文姜到了齐国。齐襄公和文姜通奸。桓公责怪文姜，文姜把这件事告诉了齐襄公。

【公羊传】公何以不言"及"夫人①？夫人外也。夫人外者何？内辞也②。其实夫人外公也。

【注释】

①公何以不言"及"夫人：案《春秋》之例，尊卑相近者，书"及"以别之，公与夫人尊卑相近，故须书"公及夫人"。若尊卑悬绝，如公与媵妾，则不书"及"，如经书"惠公、仲子"。此处书"公、夫人"，表明夫人为公所绝外。

②内辞：即鲁国为桓公避讳之辞。夫人为公所绝外，实际上是公为夫人所绝外。夫人与齐襄公私通，并进谗言，使得齐襄公杀死鲁桓公，故云公为夫人所绝外。

【译文】

公为何不言"及"夫人？因为夫人已为公所绝外。夫人被绝外是什么意思？这是我国为桓公避讳之辞，其实是夫人绝外桓公。

【穀梁传】泺之会，不言及夫人，何也？以夫人之伉①，弗称数也。

【注释】

①伉：骄纵。

【译文】

在泺的会盟中，没有说到夫人，为什么呢？因为夫人骄纵，就没有算上她。

【经】夏四月丙子①，公薨于齐②。

【注释】

①丙子：初十。

②公薨于齐：案鲁桓公实被齐国诱杀，详见庄公元年"三月，夫人孙于齐"条传文。经不书齐诱杀公，是因鲁君被弑，属于"内大恶讳"的范围，例所不书。

【译文】

夏，四月初十，桓公在齐国去世。

【左传】夏四月丙子，享公①。使公子彭生乘公②，公薨于车③。

【注释】

①享：宴请。

②乘：扶持桓公上车。

③公薨于车：庄公元年《公羊传》言齐襄公派彭生抱桓公上车时，故意摧折其躯干，所以桓公死在车上。

【译文】

夏四月初十,齐襄公设宴招待桓公。宴后齐襄公派公子彭生帮助桓公登车,桓公死在车中。

鲁人告于齐曰:"寡君畏君之威,不敢宁居^①,来修旧好,礼成而不反^②。无所归咎^③,恶于诸侯^④。请以彭生除之。"齐人杀彭生。

【注释】

①宁居:安居。

②反:返回。

③咎:罪责。

④恶于诸侯:在诸侯中产生不良影响。

【译文】

鲁国人告诉齐襄公说:"我们国君畏惧您的威严,不敢苟安,来到贵国重修旧好,礼仪完成后却没有回国。我国不知道该归罪于谁,在诸侯中造成了恶劣影响。请求用彭生来清除这种影响。"齐国人杀死了彭生。

【穀梁传】其地,于外也。薨称公,举上也^①。

【注释】

①举上:称"公"以表示尊贵,公是五等爵位中最高的了。

【译文】

经文记载地点,因为是在外国。鲁桓公去世称"公",是用最上等的爵位表示尊重。

△【经】丁酉①,公之丧至自齐②。

【注释】

①丁酉:五月初一。

②丧:已入柩的尸体。

【译文】

五月初一,桓公之灵柩从齐国运回鲁国。

△【经】秋七月。

【译文】

秋七月。

*【左传】秋,齐侯师于首止①,子亹会之,高渠弥相②。七月戊戌③,齐人杀子亹而辕高渠弥④。祭仲逆郑子于陈而立之⑤。是行也,祭仲知之,故称疾不往。人曰:"祭仲以知免⑥。"仲曰:"信也⑦。"

【注释】

①师:驻军。首止:地名,在今河南睢县东南。

②相(xiàng):助手。古代盟会等仪式,必备有助手,其人叫相,其行事叫相礼。

③戊戌:初三。

④辕(huàn):车裂。

⑤郑子:郑昭公之弟子仪。

⑥知:同"智"。此指有预见。

⑦信：确实。

【译文】

秋，齐襄公率领军队驻扎在首止，子亹前去会见，高渠弥作为相礼随从。七月初三，齐国人杀死了子亹而把高渠弥车裂。祭仲到陈国迎接子仪而立他为国君。这次会见，祭仲事先预料到情况不妙，所以假称有病而没有去。有人说："祭仲由于有先见之明，所以才免祸。"祭仲说："确实是。"

*【左传】周公欲弑庄王而立王子克①。辛伯告王②，遂与王杀周公黑肩。王子克奔燕③。初，子仪有宠于桓王，桓王属诸周公。辛伯谏曰："并后、匹嫡、两政、耦国④，乱之本也。"周公弗从，故及⑤。

【注释】

①周公：周公黑肩。王子克：周庄王之弟子仪。

②辛伯：周大夫。

③燕：此指南燕。

④并后：把妾媵等同于王后。匹嫡：把庶子等同于嫡子。两政：让权臣权力等同于正卿。政，正卿。耦国：城邑可以与国都抗衡。耦，匹敌，相对。

⑤及：及于难，被杀。

【译文】

周公黑肩打算杀死周庄王而立王子克。辛伯报告庄王，就帮着庄王杀了周公黑肩。王子克逃亡到燕国。当初，子仪受到桓王的宠爱，桓王把他嘱托给周公黑肩。辛伯曾劝谏周公黑肩说："妾媵并同于王后、庶子等同于嫡子、权臣和卿士互争权力、大城和国都一样，这都是祸乱的根本。"周公黑肩不听，所以招致杀身之祸。

【经】冬十有二月己丑①，葬我君桓公。

【注释】

①己丑：二十七日。

【译文】

冬十二月二十七日，安葬我国国君桓公。

【公羊传】贼未讨，何以书葬①？仇在外也。仇在外，则何以书葬？君子辞也②。

【注释】

①贼未讨，何以书葬：案《春秋》之例，君弑，贼未讨，则不书君之葬，以为无臣子也。鲁桓公被齐襄公所杀，鲁臣子并未讨贼，而经书葬，故发问。

②君子辞：君子宽恕之辞。何休云："时齐强鲁弱，不可立得报，故君子量力，且假使书葬。"

【译文】

弑君之贼未被诛讨，为何书桓公之葬？因为仇人在国外。仇人在国外，为什么能书葬？这是君子宽恕之辞。

【穀梁传】葬我君，接上下也①。君弑，贼不讨，不书葬②，此其言葬，何也？不责逾国而讨于是也③。桓公葬而后举谥，谥所以成德也，于卒事乎加之矣④。知者虑，义者行，仁者守，有此三者备，然后可以会矣。

【注释】

①接上下：全国上下。就是说"我君"是对全国上下的人而言的。

②"君弑"三句：国君被杀，弑君的人没有被讨伐，就不能记载安葬
的事。这是《春秋》记事的原则，也是表明当时臣子有为君父报
仇的责任和义务。鲁桓公是被夫人姜氏和齐襄公合谋害死的，所
以传文有此一说。

③不责：不要求。逾国而讨：越过国境去讨伐凶手。于是：于此时。
齐国比鲁国强大，去找齐国为鲁桓公报仇不现实。

④卒事：死后。

【译文】

经文说安葬我们的国君，是就全国上下而说的。国君被杀害，凶手
还没有被讨伐，是不能记载安葬的，这里记载安葬，是为什么呢？在这种
时候是不能要求越过国境去讨伐凶手的。桓公安葬了之后确定他的谥
号，定谥号是用来表彰君主生前的功业美德的，只有在他死后才能加赠。
有智慧的人深谋远虑，讲道义的人行事果断，有仁德的人能守护国家，有
了这三种品质，这样之后才可以外出会盟。

庄公

【题解】

庄公（前706—前662），鲁国第十六任君主。名同，为鲁桓公嫡长子，文姜所生，前693年承袭鲁桓公国君之位，即位时仅十二岁，终年四十四岁，在位三十二年。

庄公十五年（前679），亦即齐桓公七年，会宋、陈、卫、郑于鄄，桓公始称霸。齐桓公称霸时期，鲁国与齐国发生了三次战争：一是庄公九年（前685），齐国与鲁国战于乾时，鲁国战败，只好杀了与齐桓公争位的公子纠，把管仲归还齐国；此时桓公（公子小白）已先入齐即位。二是庄公十年（前684）的长勺之战，鲁庄公采用曹刿（即曹沫）的建议，以弱胜强，获得了胜利。三是庄公十三年（前681），庄公会齐桓公于柯，曹沫劫持齐桓公，逼齐桓公退还了齐侵占鲁的土地。齐桓公在位时，曾一再与鲁国修好，即使称霸后，也能善待鲁国。

庄公的夫人姜氏（即哀姜）是齐国人，无子。庄公临死前欲立庶子般为嗣君，庄公弟叔牙建议立长弟庆父，另一弟季友则支持立般，季友以庄公之名逼叔牙饮毒酒自杀。鲁庄公三十二年（前662）八月，庄公病逝，季友立子般为君，十月庆父杀子般，立庄公另一庶子启为鲁君（即闵公）。庆父专权，制造多起内乱。成语"庆父不死，鲁难未已"即源于此。

鲁桓公被齐襄公杀死，文姜参与其中，然而鲁庄公忘却了父仇，与齐国交好，又想念弑父之母，遭到了《春秋》的否定，见元年"夫人孙于齐"、四年"公及齐人狩于禚"、九年"及齐师战于乾时，我师败绩"诸条。与此相反，齐襄公却复了九世之仇，见三年"纪季以酅入于齐"、四年"纪侯大去其国""齐侯葬纪伯姬"条。庆父、叔牙与庄公夫人哀姜私通，欲立庆父为君，引发了鲁国的内乱，季友起而平乱，见二十七年"公子友如陈，葬原仲"、三十二年"公子牙卒""子般卒"诸条，其中对于"亲亲相隐"与"君臣之义"的义理冲突有精彩的论述。

元年

【经】元年春王正月①。

【注释】

①元年：鲁庄公元年当周庄王四年，前693年。

【译文】

鲁庄公元年春周历正月。

【左传】元年春，不称即位，文姜出故也。

【译文】

　　鲁庄公元年春，《春秋》没有记载鲁庄公即位，这是由于文姜外出没有回国的缘故。

【公羊传】公何以不言即位①？**《春秋》君弑，子不言即位**②。**君弑则子何以不言即位？隐之也。孰隐？隐子也**③。

【注释】

①公何以不言即位：案"正五始"之义，当书"元年春王正月，公即
　位"，此处不书"公即位"，故而发问。

②《春秋》君弑，子不言即位：君指先君，子指嗣君。先君被弑，则嗣
　君不言即位，此是《春秋》通例。

③隐子也：隐，痛。隐痛嗣君遭遇先君被弑之祸，故不忍言其即位。

【译文】

为何不言庄公之即位？《春秋》通例，先君被弑杀，嗣君不言即位。
先君被杀嗣君为何不言即位？是隐痛他。隐痛谁？隐痛嗣君。

【穀梁传】继弑君①，不言即位②，正也。继弑君不言即
位之为正，何也？曰：先君不以其道终③，则子不忍即位也。

【注释】

①继弑君：继承被杀的国君，指鲁桓公。

②不言即位：即经文没有说"元年春王正月，公即位"。

③不以其道终：指国君不是寿终正寝，而是非正常死亡。

【译文】

继承被杀害的国君的君位，不说"即位"，是符合礼制的。继承被杀
害的国君不说"即位"符合礼制，为什么呢？回答说：前代国君不是正常
死亡的，儿子就不忍心即位。

【经】三月，夫人孙于齐①。

【注释】

①三月，夫人孙（xùn）于齐：鲁人责备文姜，文姜出奔齐国。桓公之
　丧至自齐，文姜未随丧回鲁国；及庄公即位，文姜犹未归。她在庄

公即位后回过鲁国,三月出奔齐国。夫人,指文姜,庄公母。孙,
逃遁,流亡。言"孙",不言"出奔",是讳言。

【译文】

三月,夫人避逃到齐国。

【左传】三月,夫人孙于齐。不称姜氏,绝不为亲,礼也①。

【注释】

①绝不为亲,礼也:因文姜有杀夫之罪,庄公不认其为母,是合乎礼
的。绝不为亲,断绝母子关系。

【译文】

三月,鲁桓公夫人逃避到了齐国。《春秋》不称姜氏而称夫人,是由
于断绝了母子关系,这是合于礼的。

【公羊传】孙者何? 孙犹孙也。内讳奔谓之孙①。夫人
固在齐矣②,其言孙于齐何? 念母也。正月以存君,念母以
首事③。夫人何以不称姜氏④? 贬。曷为贬? 与弑公也⑤。
其与弑公奈何? 夫人谮公于齐侯:"公曰:'同非吾子⑥,齐
侯之子也。'"齐侯怒,与之饮酒,于其出焉,使公子彭生送
之,于其乘焉,搚干而杀之⑦。念母者,所善也,则曷为于其
念母焉贬? 不与念母也⑧。

【注释】

①内讳奔谓之孙:孙,同"逊",逊遁自去之辞。奔则是被迫出奔。
内,指鲁国,《春秋》托王于鲁,故以鲁为内。既然托王于鲁,则王
者无外,无"出"奔之义,若鲁君或夫人出奔,则避讳言"孙"。

②夫人固在齐矣：桓公十八年"公、夫人姜氏遂如齐"，后鲁桓公被弑杀，夫人姜氏至今未回鲁国，故云"夫人固在齐矣"。而经书"三月，夫人孙于齐"，表明庄公元年三月，夫人才从鲁国出奔至齐国。两者矛盾，故下传发问。

③正月以存君，念母以首事：事，指鲁桓公之练祭。桓公薨于去年四月，至今年三月满周年，将要举行练祭。案礼制，公之练祭当由夫人营办，此为"首事"。庄公念及母亲在外，不能营祭事，故云"念母以首事"。正月以存君，是臣子正月执贽见君，以此喜其君父与岁终而复始。此处非是正月，言"正月以存君"是在练祭时取法"存君"之义，因桓公于去年此时薨，今年此时祭之，如正月存君之礼。

④夫人何以不称姜氏：案鲁国夫人之名例，当称"夫人某氏"，若四字不具，皆为贬称。

⑤与弑公：参与弑杀鲁桓公。

⑥同：指鲁庄公。

⑦撝（lā）干：摧折躯干。

⑧不与念母：即《春秋》不赞同庄公想念母亲并意图迎回母亲的行为。因夫人姜氏参与弑杀桓公，若念母则是忘父，背本之道也。故《春秋》在庄公念母并意图迎回之时，反书"孙"，表明庄公不可念母，又贬夫人姜氏，表明夫人当为王法所诛。值得注意的是，面对母杀父这种极端的伦理冲突时，《春秋》书"孙"有两个意思，一方面是不与子之念母，另一方面表明子不得杀母，只能逐去而已。

【译文】

"孙"是什么意思？"孙"相当于逊遁之意。鲁国避讳国君、夫人的出奔，谓之"孙"。夫人先前就在齐国，为何说夫人此时"孙于齐"？是因庄公想念母亲。当时要举行桓公的练祭，当由夫人营办，而祭祀桓公好比是臣子正月时执贽存君。夫人为何不称"姜氏"？是贬损她。为什么贬损？因为她参与弑杀桓公。她参与弑杀桓公是怎么回事？夫人向齐侯诬告道："鲁公说：'同不是我的儿子，而是齐侯的儿子。'"齐侯发怒了，与桓公饮酒，在桓公离去时，让公子彭生送他，在上车时，彭生摧折了桓公的躯干，将其杀害。念母是《春秋》赞许之事，那么为何在庄公念母时贬损夫人？因为《春秋》不赞许庄公念母。

【穀梁传】孙之为言犹孙也，讳奔也。接练时①，录母之变，始人之也②。不言氏姓，贬之也。人之于天也，以道受命；于人也，以言受命③。不若于道者④，天绝之也；不若于言者，人绝之也。臣子大受命⑤。

【注释】

①接：在……的时候。练：本义是指提纯丝帛使它们成为洁白柔软的熟丝。这里是祭祀名，指父母去世第十一个月祭于家庙，可穿练过的布帛，故以为名。

②始：开始。人：通"仁"，仁义，仁爱。

③"人之于天也"四句：意为人对于上天，是通过道义来承受天命的；对于君王、父母，是通过教诲来接受约束的。

④若：顺从。

⑤大受命：同时受教于天的道义和人的言论。

【译文】

"孙"的意思就相当于"逊"，是忌讳说"奔"。在举行练祭的时候，记载母亲的变故，是开始以仁义对待她。不说她的姓氏，是贬低她。人对于上天，是通过道义来承受天命的；对于君王、父母，是通过教诲来接受约束的。不顺从天道的人，上天会灭绝他；不顺从教诲的人，众人会弃绝他。作为臣子要同时受教于天的道义和人的言论。

【经】夏，单伯送王姬①。

【注释】

①单（shàn）伯送王姬：周天子准备嫁女于齐，请鲁公主婚，因此派单伯送女儿到鲁国，等待出嫁。因天子与诸侯尊卑不对等，所以天子嫁女与诸侯，天子不主婚，而是让同姓诸侯为之主婚。单伯，《公羊传》《穀梁传》认为是由周天子命封的鲁国大夫，而据杨伯峻等，单伯是天子之卿，封地在单，是周天子的大夫而非鲁大夫。送，《公羊传》《穀梁传》作"逆"，是"迎"的意思。王姬，周王之女的通称。

【译文】

夏，单伯送王姬来我国。

【公羊传】单伯者何？吾大夫之命乎天子者也①。何以不称使②？天子召而使之也③。逆之者何？使我主之也④。曷为使我主之？天子嫁女乎诸侯，必使诸侯同姓者主之⑤。诸侯嫁女于大夫，必使大夫同姓者主之。

【注释】

①吾大夫之命乎天子者：吾，指鲁国。案礼制，"诸侯三年一贡士于天子，天子命与诸侯，辅助为政"，此类先由诸侯贡于天子，再由天子命为鲁国大夫者，即"吾大夫之命乎天子者"。案名例，命乎天子之大夫，称氏与字，经中"单伯"即是。一般之大夫则命于国君，称氏与名。若未命于国君，则属于未命大夫，仅书其名。

②何以不称使：案大夫奉命出使，经文当书"使"字，如"齐侯使国佐来聘"。鲁国的情况则不同，书"如"便是称使之文，如"公子

遂如京师"。此处单伯奉鲁君之命逆王姬,经未书"如",故发问。

③天子召而使之:天子嫁女于齐,命鲁主婚,故鲁君受天子之召而派遣单伯,故经无称使之文。

④使我主之:即让鲁国为王姬主婚。案礼制,天子嫁女于诸侯,必使同姓诸侯主婚,诸侯嫁女于大夫,必使同姓大夫主婚。因为此类婚姻,双方地位不等,而婚姻是"合二姓之好",行礼时两家的地位是平等的,若无上述同姓主婚之制,则婚礼遭遇两难:若依君臣行礼,则废婚姻之好;若行婚姻敌体之礼,则伤君臣之义。使同姓之臣主婚,则可两全。此处周天子使鲁主婚,则王姬视同鲁国之女,经书"逆王姬",表明鲁国得自行迎之。

⑤天子嫁女乎诸侯,必使诸侯同姓者主之:案鲁国为周公之后,与周天子同为姬姓。案同姓诸侯主婚为定制,应属于"常事不书"的范围。此处书者,是谴责周天子,姬姓之国非一,却使鲁国主婚。不念及鲁桓公被齐襄公所杀,仇雠不交婚姻;又鲁庄公尚在父丧之中,吉凶不相干,不能主婚。

【译文】

单伯是什么人?是鲁国受天子赐命的大夫。为何没有派遣之文?因为是鲁国受了天子之召才派遣大夫的。为何要迎接王姬?因为是周天子使鲁国主婚。为何要让鲁国主婚?天子嫁女于诸侯,必定要使同姓的诸侯主婚。诸侯嫁女于大夫,必定要使同姓的大夫主婚。

【穀梁传】单伯者何?吾大夫之命乎天子者也。命大夫,故不名也。其不言如①,何也?其义不可受于京师也。其义不可受于京师,何也?曰:躬君弑于齐②,使之主婚姻,与齐为礼③,其义固不可受也。

【注释】

①如：去，往。这里的意思是说经文没有说"如某地逆王姬"。

②躬君：我们的国君。躬，自己，自身。

③为：践行，施行。

【译文】

单伯是谁？是由周天子任命的鲁国大夫。因为是周天子任命的大夫，所以就不写名字了。经文里不说"如"，为什么呢？因为按照道义，鲁国不能从周天子那儿接受这样的命令。按照道义，鲁国不能从周天子那儿接受这样的命令，为什么呢？回答说：我们的国君在齐国被杀害，让我们来主婚，跟齐国按礼制交往，按照道义当然是不可以接受这样的命令的。

【经】秋，筑王姬之馆于外①。

【注释】

①秋，筑王姬之馆于外：周天子使鲁主婚，则王姬由鲁国嫁出，需有舍止之处，然鲁国考虑到将嫁女于仇国，故在都城外修筑王姬之馆。又案时月日例，筑例时。馆，专供王姬住的房舍。

【译文】

秋，在城外修筑王姬的馆舍。

【左传】秋，筑王姬之馆于外。为外，礼也①。

【注释】

①为外，礼也：王姬非鲁国之女，在城外建行馆，合于礼，显示了区别。外，非鲁国之女。

【译文】

秋，在城外建造王姬的行馆。因为王姬不是鲁国的女子，而是周天子的女儿，这是合于礼的。

【公羊传】何以书？讥。何讥尔？筑之，礼也。于外，非礼也①。于外何以非礼？筑于外，非礼也。其筑之何以礼？主王姬者，必为之改筑。主王姬者，则曷为必为之改筑？于路寝则不可②；小寝则嫌③；群公子之舍，则以卑矣④。其道必为之改筑者也⑤。

【注释】

①于外，非礼也：筑王姬之馆于城外，则恐营卫不固，故云"非礼也"。《春秋》认为，当初鲁国应拒绝主婚，今已受命，而筑馆于外，故以非礼讥之。

②于路寝则不可：路寝，正寝，古代国君处理政事的宫室。因路寝是国君听政之所，王姬不可舍止于此。

③小寝则嫌：小寝是国君舍止之处，男女有别，故有嫌疑。

④群公子之舍，则以卑矣：公子，女公子，即鲁国公主。以卑，太卑。王姬虽由鲁国主婚，地位实高于鲁国公主，若舍止于此，则太卑。

⑤其道必为之改筑：路寝、小寝、群公子之舍均不可，故必为王姬改筑，改筑之规格是在夫人之下，群公子之上，地点须在城内。

【译文】

为何记录此事？是讥刺。讥刺什么？修筑，是合礼的，在城外，是非礼的。在城外为何是非礼的？修筑在城外，恐营卫不固，是非礼的。为王姬修筑馆舍为什么是合礼的？因为为王姬主婚之国，一定要为其改筑馆舍。主婚之国为何要为王姬改筑馆舍？因为王姬不可舍止在路寝，舍止在小寝则有嫌疑，舍止在鲁国公主的馆舍则规格太低。正确的方式得必然要为之改筑馆舍。

【穀梁传】筑，礼也。于外，非礼也。筑之为礼，何也？主王姬者，必自公门出①。于庙则已尊，于寝则已卑②，为之筑，节矣③。筑之外，变之正也。筑之外，变之为正，何也？仇雠之人④，非所以接婚姻也⑤。衰麻⑥，非所以接弁冕也⑦。其不言齐侯之来逆，何也？不使齐侯得与吾为礼也。

【注释】

①公门：指朝廷的外门。

②于庙则已尊，于寝则已卑：这两句的意思是将公主安置在这两个地方都不合适，单修一处行馆最合适。庙指朝堂，是诸侯听政公干的地方。寝指寝宫，是诸侯休息的地方。已，太。

③节：适合。

④仇雠（chóu）：仇敌。

⑤接：接合。这里的意思就是说，齐国是鲁国的仇敌，两国不能举办婚姻之事。

⑥衰（cuī）麻：丧服。古人丧服胸前缀有麻布，头上围麻绳，腰间缠麻绳。

⑦接：迎接。弁（biàn）冕：弁和冕都是冠名。通常礼服用弁，而吉礼之服用冕。

【译文】

建造馆舍，是符合礼制的。在城外建造，则是不合礼制的。建造馆舍是合礼制的，为什么呢？因为主持周天子女儿婚事的人，一定是从公门出来。将公主安置在朝堂内就显得太尊贵了，安置在鲁君寝宫又显得太轻慢,为她修建一座馆舍,是合适的。修在城外,是符合礼制的变通。修在了城外,这样的变通是符合礼制的,为什么呢? 因为相互是仇敌的人,是不能结婚的。穿着丧服的人,也不能去迎接穿着礼服的人。经文不说齐国国君来迎亲,为什么呢? 是不让齐国有机会与我国进行礼节上的交往。

【经】冬十月乙亥^①,陈侯林卒^②。

【注释】

①乙亥:十七日。

②陈侯林:陈庄公,姓妫名林,谥庄。

【译文】

冬,十月十七日,陈庄公林去世。

【榖梁传】诸侯日卒,正也。

【译文】

记载诸侯去世的日期,是符合礼制的。

【经】王使荣叔来锡桓公命^①。

【注释】

①王使荣叔来锡桓公命:王,指周天子。案《春秋》名例,"天王"为时王之正称,此处称"王",是贬天子。因鲁桓公无王而行,天子不能讨,反追赐之,尤悖天道,故贬称"王"。荣叔,是天子之上大夫,因其氏采称字,故知之。锡桓公命,这里指周天子追命桓公,褒扬他的德行。锡命,天子赐予诸侯爵服等赏命,是赏赐诸侯的

一种荣宠。锡,通"赐"。

【译文】

周庄王派遣荣叔来我国赐桓公爵服等赏命。

【公羊传】锡者何? 赐也。命者何? 加我服也①。其言桓公何? 追命也②。

【注释】

①加我服也:服,衣服。此指死者所穿之衣。案礼制,诸侯有善行,则天子赐以衣服,以彰其德。

②追命:时桓公已薨,故言追命。然案礼制,追赐死者是非礼的,何休云:"生有善行,死当加善谥,不当复加锡。"

【译文】

经文"锡"是什么意思? 是颁赐的意思。颁赐什么诏命? 加赐桓公衣服的诏命。经文为何言"桓公"? 这是追赐恩命。

【穀梁传】礼有受命①,无来锡命。锡命,非正也。生服之,死行之②,礼也。生不服,死追锡之,不正甚矣。

【注释】

①受命:主动去接受命封。

②死行之:指去世后按照爵位对应的规格举行葬礼。

【译文】

按照礼制有诸侯主动去接受册命和赏赐的,没有周天子派人来册命和赏赐的。周天子派人来赏赐,不合礼制。国君活着的时候应该服从周天子,去世后按照爵位举行对应规格的葬礼,这是礼制的规定。活着的时候没有服侍天子,去世了却又来追赐他,太不合礼制了。

【经】王姬归于齐①。

【注释】

①归于齐:嫁于齐。

【译文】

王姬出嫁到齐国。

【公羊传】何以书? 我主之也①。

【注释】

①我主之也:我国为其主婚。案《春秋》内外之例,鲁国女子嫁为诸
　　侯夫人则书"归",鲁国之外的婚嫁则不书。此处王姬因是鲁国
　　为之主婚,视同鲁女,故书其"归"。

【译文】

为什么记录此事? 因为是鲁国主婚的。

【穀梁传】为之中者归之也①。

【注释】

①为之中者:作为中间人的,指鲁国,在这则婚事中是主婚的诸侯。

【译文】

是鲁国把周天子的女儿嫁到齐国的。

【经】齐师迁纪郱、鄑、郚①。

【注释】

①郱（píng）、鄑（zī）、郚（wú）：皆为纪国邑名。齐国打算灭纪，所以派军队强行迁走这三个地方的百姓，并夺其土地。郱，故城当在今山东安丘西。鄑，故城当在今山东昌邑西北。郚，故城当在今山东安丘西南。《穀梁传》认为纪、郱、鄑、郚为四国。

【译文】

齐国军队迁徙纪国郱、鄑、郚三邑的居民。

【公羊传】迁之者何？取之也。取之，则曷为不言取之也？为襄公讳也①。外取邑不书，此何以书？大之也。何大尔？自是始灭也②。

【注释】

①为襄公讳：襄公即齐襄公。此处是夺取城邑，经文却书"迁"，因齐纪有九世之仇，《春秋》赞许齐襄公复仇，故为之避讳。

②自是始灭也：齐襄公灭纪国，在庄公四年，此处为灭纪之始。

【译文】

迁徙城邑是什么意思？是夺取城邑的意思。既然是夺取，那为何不说是夺取城邑？这是为齐襄公避讳。鲁国之外夺取城邑的行为，都不记录，这处为何记录？这是张大其事。为何要张大其事？齐灭纪国自此开始。

【穀梁传】纪，国也。郱、鄑、郚，国也。或曰，迁纪于郱、鄑、郚。

【译文】

纪,是国家。郱、鄑、郚,也是国家。有人说:是把纪国迁到郱、鄑、郚。

二年

△**【经】二年春王二月**①**,葬陈庄公。**

【注释】

①二年:鲁庄公二年当周庄王五年,前692年。

【译文】

鲁庄公二年春周历二月,安葬陈庄公。

【经】夏,公子庆父帅师伐於馀丘①**。**

【注释】

①庆父:鲁桓公二子,鲁庄公弟。庄公有三弟,即庆父、叔牙、季友,后世称为"三桓"。於馀丘:近鲁小国,在今山东临沂。《公羊传》《穀梁传》认为是邾(邾娄)邑。

【译文】

夏,公子庆父率领军队攻打於馀丘。

【公羊传】於馀丘者何?邾娄之邑也。曷为不系乎邾娄①**?国之也。曷为国之?君存焉尔。**

【注释】

①曷为不系乎邾娄：自此以下，参见桓公七年"焚咸丘"条注释。

【译文】

"於馀丘"是什么？是邾娄国的城邑。为什么不系属于邾娄？是将其比于一国。为什么将其比于一国？因为邾娄之君在那里。

【穀梁传】国而曰伐。於馀丘，邾之邑也。其曰伐，何也？公子贵矣，师重矣，而敌人之邑①，公子病矣②。病公子，所以讥乎公也。其一曰：君在而重之也。

【注释】

①敌：对抗。

②病：耻辱。

【译文】

对国家才称"伐"。於馀丘，是邾国的小城。经文里说"伐"，为什么呢？因为公子身份尊贵，军队人数众多，却同别国的一个小城对抗，是公子的耻辱。说是公子的耻辱，是以此来讥讽鲁庄公的。有另一种说法说：因为邾国的国君在这里，所以用"伐"来表示对此事的重视。

【经】秋七月，齐王姬卒①。

【注释】

①齐王姬：即元年冬嫁往齐国的周王之女，齐襄公夫人。案《春秋》内外例，内女嫁为诸侯夫人，则书其卒；其余诸侯夫人之卒则不书。齐王姬由鲁国主婚，视为内女，故书其卒。又案时月日例，内女嫁为诸侯夫人，卒书日。此处齐王姬书月，明其实不如内女。

【译文】

秋七月,齐王姬去世。

【公羊传】外夫人不卒,此何以卒? 录焉尔。曷为录焉尔? 我主之也。

【译文】

《春秋》不书外诸侯夫人之卒,此处为何书卒? 是记录此事。为何要记录此事? 因为是我国主婚的。

【穀梁传】为之主者,卒之也。

【译文】

是鲁国为她主婚的,所以要记载她的去世。

【经】冬十有二月,夫人姜氏会齐侯于禚①。

【注释】

①夫人姜氏会齐侯于禚(zhuó):夫人姜氏,指文姜。齐侯,齐襄公,文姜的同父异母兄长。二人私通,曾合谋杀死文姜的丈夫鲁桓公。禚,齐地名,在今山东长清。《公羊传》作"郜"。案礼制,妇人无外事,外则近淫。而夫人姜氏与齐襄公私通,襄公又杀了鲁桓公,此时两人又相会,对于鲁国来说,是奇耻大辱,故凡会必书,如四年之"夫人姜氏享齐侯于祝丘"、五年之"夫人姜氏如齐师"。

【译文】

冬十二月,夫人姜氏与齐襄公在禚地相会。

【左传】二年冬，夫人姜氏会齐侯于禚。书，奸也①。

【注释】

①书，奸也：杜预认为这是文姜的意思。

【译文】

二年冬季，夫人姜氏和齐襄公在禚地相会。《春秋》记载这件事，是为了揭露他们的奸情。

【穀梁传】妇人既嫁不逾竟，逾竟，非正也。妇人不言会，言会，非正也。飨，甚矣。

【译文】

女子已经出嫁就不能再走出国境，走出国境，是不合礼制的。对于女子不能说"会"，说"会"，是不合礼制的。设宴款待，就更过分了。

△【经】乙酉①，宋公冯卒②。

【注释】

①乙酉：十二月初四。

②宋公冯：即宋庄公，子姓，名冯，谥庄。在位十九年，死后子闵公捷立。

【译文】

十二月初四，宋庄公冯去世。

三年

【经】三年春王正月①**,溺会齐师伐卫**②**。**

【注释】

①三年:鲁庄公三年当周庄王六年,前691年。王正月:案时月日例,伐例时。此处书月,因齐鲁所伐的对象是卫公子留。前卫侯朔犯天子之命,畏罪出奔,天子立公子留。齐鲁两国欲扶植朔,故伐卫,是无忌惮天子之心,恶重于伐,故书月。

②溺:鲁国大夫。

【译文】

鲁庄公三年春周历正月,公子溺会合齐国军队攻打卫国。

【左传】三年春,溺会齐师伐卫,疾之也①**。**

【注释】

①疾:厌恶。隐公四年公子翚违背君命帅师出征,传曰:"故书曰'翚帅师,疾之也'。"此同例,意即溺此次会齐伐卫亦是未奉君命而行。

【译文】

鲁庄公三年春,公子溺会合齐国军队攻打卫国,《春秋》单称他的名字溺,不称公子,是表示对他的厌恶。

【公羊传】溺者何？吾大夫之未命者也①**。**

【注释】

①吾大夫之未命者:即鲁国之未命大夫,参见隐公九年"挟卒"条。

【译文】

溺是什么人？是我国的未命大夫。

【穀梁传】溺者何也？公子溺也。其不称公子，何也？恶其会仇雠而伐同姓[1]，故贬而名之也。

【注释】

①同姓：卫国和鲁国都是姬姓。

【译文】

溺是谁呢？是鲁国公子姬溺。经文不称公子，为什么呢？是厌恶他会同仇敌而去攻打同姓的国家，所以要贬低他而称他的名字。

【经】夏四月，葬宋庄公[1]。

【注释】

①葬宋庄公：宋庄公，即上年十二月去世之宋公冯。冯弑宋殇公而立，属于篡位之君。《春秋》之例，若国君篡位而立，且无"篡文"（即"立""纳""入"），则不书其葬，以明其篡；若前有"篡文"，则仍书其葬。冯弑殇公在桓公二年，经书"宋督弑其君与夷"，则冯之篡不明，理应不书葬。此处书葬者，是因冯之父宋穆公有让国之功（参见隐公三年"葬宋穆公"条传文），父亲之功劳能抵消儿子之罪行，故书庄公之葬。值得注意的是，这一点亦可适用于冯之卒。上年十二月，经书"乙酉，宋公冯卒"，《春秋》之例，国君篡不明，则卒不书日；篡明则书日（参见桓公十二年"卫侯晋卒"条）。冯篡不明而卒书日，亦因其父有让国之功。

【译文】

【经】夏四月，安葬宋庄公。

【榖梁传】月葬，故也①。

【注释】

①故：变故。

【译文】

记载下葬的月份，是有变故。

【经】五月，葬桓王。

【译文】

五月，安葬周桓王。

【左传】夏五月，葬桓王。缓也①。

【注释】

①缓：迟缓。周桓王死了七年才下葬，所以说缓。

【译文】

夏，五月，安葬周桓王。这在丧礼的时间上太迟缓了。

【公羊传】此未有言崩者，何以书葬①？盖改葬也②。

【注释】

①何以书葬：案礼制，天子七月而葬，必其时也，故《春秋》于周天
子，只书崩，不书葬。若不及时或过时而葬，则书之。若鲁君派遣
大夫会葬，则书之。周桓王崩于桓公十五年，业已下葬，而此经书
葬桓王，故发问。

②改葬：指坟墓遭遇变故，尸柩暴露，故须改葬。案时月日例，天子崩
　　书日，葬书月，改葬书时。此处书月，是因为改葬之礼过于荣奢。

【译文】

经文此处没有天王驾崩之文，为何书葬？这大概是改葬。

【穀梁传】传曰：改葬也。改葬之礼缌①，举下②，缅也③。
或曰：却尸以求诸侯④。天子志崩不志葬，必其时也。何必
焉？举天下而葬一人，其义不疑也⑤。志葬，故也⑥，危不得
葬也。曰：近不失崩⑦，不志崩，失天下也。独阴不生，独阳不
生，独天不生，三合然后生。故曰：母之子也可，天之子也可，
尊者取尊称焉，卑者取卑称焉。其曰王者，民之所归往也。

【注释】

①缌（sī）：细麻布，当时多用来制作丧服。

②举下：使用等级较低的。这里是指缌服是丧服中最末一等。

③缅：缅怀。

④却：停、退的意思，就是推迟下葬。尸：柩，装着尸体的棺材。尸和
　　柩对举的时候有区别，不对举的时候则通用。求诸侯：等各国诸
　　侯来参加葬礼。

⑤义：道理。

⑥故：有缘故，有变故。

⑦近不失崩：指鲁国离周天子所在的雒邑近，不会不知道天子驾崩
　　的消息。

【译文】

《传》说：这是改葬。改葬时候的礼仪要求穿缌质丧服，用最末一等
的，是缅怀的意思。又有另一种说法：这是停尸缓葬以等待诸侯们来参

加葬礼。对天子只记载去世时间而不记载安葬时间,是因为一定会在规定的时间安葬。为什么一定呢?因为全天下都要为天子举行葬礼,这道理是不容置疑的。记载安葬,是有缘故的,有危难之事不能及时安葬。再说:鲁国距周天子近,不会不知道天子去世的消息,如果不记载天子去世,就是天子失去天下了。只有阴万物不能诞生,只有阳万物不能诞生,只有天万物不能诞生,三者合在一起了万物才能诞生。所以说,可以说是母亲的儿子,可以说是上天的儿子,尊贵的人就采用尊贵的称呼,卑微的人就采用卑微的称呼。称为"王"的,因为他是万民都归顺向往的人。

【经】秋,纪季以酅入于齐[1]。

【注释】

[1]纪季以酅(xī)入于齐:《穀梁传》作"纪季以酅入于齐也"。纪季,纪侯之弟。诸侯之弟常以排行仲、叔、季称呼。酅,纪邑名,在今山东淄博东。其性质属于采邑,惠士奇云:"古者诸侯受封必有采地……其后子孙虽有罪而绌,使子孙贤者守其地,世世以祠始封之君,是为采。"当时齐襄公欲灭纪国,纪季以为齐、纪实力悬殊,故先以酅邑投奔齐国,作为附庸,以此保存先祖之祭。

【译文】

秋,纪季带着酅地归入齐国。

【左传】秋,纪季以酅入于齐,纪于是乎始判[1]。

【注释】

[1]纪于是乎始判:纪分为二,纪侯居纪,纪季以酅入齐而为附庸。判,分,一分为二。

【译文】

秋,纪季带着酅地做了齐国的附庸,纪国从这时候开始分裂。

【公羊传】纪季者何? 纪侯之弟也。何以不名①? 贤也。何贤乎纪季? 服罪也。其服罪奈何? 鲁子曰②:"请后五庙以存姑姊妹③。"

【注释】

①何以不名:纪季,季为字。《春秋》之例,诸侯大夫书名氏,纪季称字,故发问。

②鲁子:《公羊传》著于竹帛前的先师。

③请后五庙以存姑姊妹:后,保留。案礼制,诸侯得立五庙,始祖一庙,高祖、曾祖、祖父、父为"四亲庙"。言姑姊妹者,古代女子有归宗之道,若被夫家所出,其神主存于本国宗庙之中。纪季真实之目的,是保存先祖之祭祀,而言"五庙以存姑姊妹",则是谦辞,因齐、纪有九世之仇,不敢直言存先祖。又,纪季之所以称字而贤之者,是以存先祖之功,除出奔之罪。

【译文】

纪季是什么人? 是纪侯的弟弟。为何不书其名? 因为他有贤德。纪季有什么贤德? 因为他向齐国服罪。他服罪是怎么回事? 鲁子说:"请求保留五庙使得姑姊妹能够归宗。"

【穀梁传】酅,纪之邑也。入于齐者,以酅事齐也。入者,内弗受也。

【译文】

鄑,是纪国的小城。"入于齐"的意思,就是把鄑归入齐国侍奉齐侯了。"入"的意思,表示齐不应该接受。

【经】冬,公次于滑①。

【注释】

①次:驻扎。滑:郑地名,在今河南睢县西北。《公羊传》《穀梁传》作"郎",鲁国近郊之邑。

【译文】

冬,鲁庄公驻扎在滑地。

【左传】冬,公次于滑,将会郑伯①,谋纪故也②。郑伯辞以难③。凡师,一宿为舍,再宿为信,过信为次。

【注释】

①郑伯:郑子仪。

②谋纪故也:纪国与齐国相邻,周夷王时纪侯曾进谗言害死齐哀公,两国为世仇。齐国必要灭纪,所以纪侯多次向鲁求助,鲁也多方为之谋划,十余年间屡见于经、传。此时纪形势更为危急,于是鲁求助于郑。

③难(nàn):指国家有祸难。时厉公居于栎,谋欲入郑,子仪自顾不暇,不能与大国齐为敌。

【译文】

冬,鲁庄公带领护卫军屯驻在滑地,打算会见郑子仪,策划纪国的事务。郑伯用国内不安定为理由加以推脱。凡是军队在外,住一夜叫做舍,两夜叫做信,两夜以上叫做次。

【公羊传】其言次于郎何^①？刺欲救纪而后不能也^②。

【注释】

①其言次于郎何：案《春秋》之例，封内兵不书，此处郎为鲁国之邑，行军而驻扎于郎，属于封内兵，故发问。

②刺欲救纪而后不能也：当时齐欲灭纪，情况已经十分危急（灭纪就在明年）。鲁庄公本欲救援纪国，中途畏难而回，故《春秋》书"次"以讥刺之。

【译文】

经文说"次于郎"是什么意思？是讥刺鲁庄公想要救援纪国，终究畏难而回。

【穀梁传】次，止也。有畏也^①，欲救纪而不能也^②。

【注释】

①有畏也：指害怕齐国。

②欲救纪而不能也：本来鲁庄公是要与郑子仪会面商量救纪国的事的，但郑子仪拒绝了。

【译文】

次，是停留的意思。有所畏惧，想救纪国却又不能够。

四年

【经】四年春王二月^①，夫人姜氏享齐侯于祝丘^②。

【注释】

①四年：鲁庄公四年当周庄王七年，前690年。

②享:宴请。《公羊传》《穀梁传》作"飨（xiǎng）",设宴款待。何休云:"牛酒曰犒,加饭羹曰飨。"齐侯:指齐襄公。祝丘:鲁地名,在今山东临沂。

【译文】

鲁庄公四年春周历二月,夫人文姜在祝丘宴请齐襄公。

【穀梁传】飨,甚矣。飨齐侯,所以病齐侯也。

【译文】

设宴款待,太过分了。经文说设宴款待齐襄公,是用来讥讽齐襄公的。

【经】三月,纪伯姬卒①。

【注释】

①纪伯姬:鲁惠公长女。隐公二年嫁于纪。案礼制,天子、诸侯不为旁期以下尊卑不等之亲服丧,若尊卑相等则服之。此处诸侯嫁女于诸侯,两者地位相等,故为出嫁之女子仍服大功,有服故书其卒。

【译文】

三月,纪伯姬去世。

【穀梁传】外夫人不卒,此其言卒,何也? 吾女也①。适诸侯则尊同②,以吾为之变③,卒之也。

【注释】

①吾女:指纪伯姬是鲁国国君的女儿。

②适:嫁。尊同:尊贵的地位相同。

③变：变更书写体例。

【译文】

外国的夫人去世不记载，这里经文记载了，为什么呢？因为伯姬是我们鲁国国君的女儿。嫁给了诸侯那么地位就和诸侯一样尊贵了，因为是我国国君的女儿，所以变更书写体例，记载她的去世。

***【左传】**四年春，王三月，楚武王荆尸①，授师孑焉②，以伐随。将齐③，入告夫人邓曼曰："余心荡④。"邓曼叹曰："王禄尽矣⑤。盈而荡⑥，天之道也⑦。先君其知之矣⑧，故临武事，将发大命⑨，而荡王心焉。若师徒无亏⑩，王薨于行，国之福也。"王遂行，卒于樠木之下⑪。令尹斗祁、莫敖屈重除道、梁溠⑫，营军临随⑬。随人惧，行成⑭。莫敖以王命入盟随侯，且请为会于汉汭而还⑮。济汉而后发丧。

【注释】

①荆尸：楚武王所创的一种阵法。

②孑（jié）：戟，一种兵器。

③齐（zhāi）：同"斋"。在太庙授以兵器，要先斋戒。

④心荡：心里不安。荡，动摇。

⑤王禄：王的寿命。

⑥盈：饱满。

⑦天之道：上天的启示。

⑧先君：指已逝的国君。

⑨大命：征伐之命。

⑩师徒：指军队。无亏：没有损失，不打败仗。

⑪樠（mán）木：武陵山别名，在今湖北钟祥东。一说为一种叫松心

木的树。

⑫令尹:楚国官名,相当于宰相。除道:开路。梁:架设桥梁。溠(zhā):河名,今名扶恭河,发源于湖北随州西北鸡鸣山,南流注于涢水。

⑬营军临随:杨伯峻曰:"楚武王新薨,军欲速退,而秘不发丧,开道筑桥,建筑营垒,佯示敌人以久战之计,促使敌人不战而降,此应变之方。"营军,为军队筑营垒。临随,兵临随国都下。

⑭行成:求和。

⑮汉:汉水。汭(ruì):河流会合的地方或河流弯曲的地方。

【译文】

鲁庄公四年春周历三月,楚武王运用荆尸阵法,把戟发给士兵,要去攻打随国。准备斋戒时,武王入宫告诉夫人邓曼说:"我的心神动荡不安。"邓曼叹气说:"君王的福禄尽了。该精神饱满却心神散乱,这是上天的启示啊。我国去世的先君大概也知道了,所以在作战前,将要发布征伐命令时而使王的心不安。如果军队没有什么损失,而君王死在行军途中,这就是国家的福分了。"楚武王于是出征,死在横木山下。令尹斗祁、莫敖屈重秘不发丧,开通新路,并在溠水筑桥,在随国都城外建筑营垒。随国人恐惧,向楚军求和。莫敖屈重以楚王的名义进入随国,和随侯结盟,而且邀请随侯在汉水汇合处会见,然后退兵。渡过了汉水以后才公布武王已薨的消息。

△**【经】** 夏,齐侯、陈侯、郑伯遇于垂①。

【注释】

①陈侯:指陈宣公。郑伯:指郑子仪。遇:《穀梁传》认为"不期而会曰遇""遇者,志相得也"。垂:卫地名,在今山东曹县。

【译文】

夏,齐襄公、陈宣公、郑子仪在垂地会面。

【经】纪侯大去其国①。

【注释】

①大去:永远离开不再回国。去,离开。

【译文】

纪侯永久离开他的国家。

【左传】纪侯不能下齐①,以与纪季。夏,纪侯大去其国,违齐难也②。

【注释】

①下齐:屈降从齐。

②违:躲避。齐难:《史记·十二诸侯年表》记齐襄公八年"伐纪,去其都邑",则纪侯之离国,由齐伐之。

【译文】

纪侯不能屈从齐国,把国家政权让给了纪季。夏,纪侯永远离开了他的国家,以躲避齐国的祸害。

【公羊传】大去者何①? 灭也。孰灭之? 齐灭之。曷为不言齐灭之? 为襄公讳也。《春秋》为贤者讳,何贤乎襄公②? 复仇也。何仇尔? 远祖也。哀公亨乎周,纪侯谮之③。以襄公之为于此焉者,事祖祢之心尽矣。尽者何? 襄公将复仇乎纪,卜之曰:"师丧分焉④。""寡人死之,不为不吉也"⑤。

远祖者几世乎？九世矣。九世犹可以复仇乎？虽百世可也。家亦可乎⑥？曰：不可。国何以可？国君一体也⑦。先君之耻，犹今君之耻也。今君之耻，犹先君之耻也。国君何以为一体？国君以国为体，诸侯世，故国君为一体也。今纪无罪，此非怒与⑧？曰：非也。古者有明天子，则纪侯必诛，必无纪者。纪侯之不诛，至今有纪者，犹无明天子也。古者诸侯必有会聚之事，相朝聘之道，号辞必称先君以相接⑨。然则齐、纪无说焉，不可以并立乎天下。故将去纪侯者，不得不去纪也。有明天子，则襄公得为若行乎？曰：不得也。不得则襄公曷为为之？上无天子，下无方伯，缘恩疾者可也⑩。

【注释】

①大去：大去者，不返之辞。即纪侯永远离开了纪国。

②何贤乎襄公：齐襄公与妹妹通奸，又杀死鲁桓公，非贤德之君，传据此发问。

③哀公亨乎周，纪侯谮之：亨，通"烹"，煮而杀之。齐哀公受纪侯之诬陷，被周天子煮杀。

④分：半。

⑤寡人死之，不为不吉也：寡人，齐襄公自称，此二句为襄公答卜者之辞。以为即使自己战死，也是吉利的，因为复仇以死败为荣。

⑥家亦可乎：家，大夫之家。《春秋》讥世卿，大夫之位不世袭，故大夫不可复百世之仇。

⑦国君一体：古人以首足喻父子，盖一体之亲也。至于"国君一体"，则以诸侯世袭，以国为体，则先祖与子孙皆称为"齐侯"，故虽非父子，皆是一体。

⑧此非怒与：怒，迁怒。传问当今之纪侯无罪，而灭纪国，是否属于

迁怒于人？

⑨号辞必称先君以相接：指两国外交辞令称"先君"，如"寡人有不
腆先君之服"、"有不腆先君之器"等。

⑩缘恩疾者可也：缘，顺应。恩疾，恩惠与疾恨，此处专指疾恨。即
顺应疾恨而复仇，是许可的。此处经文书"纪侯大去其国"，而不
书"齐侯诸儿灭纪"，是因齐侯复仇之功，可除灭同姓国之恶。另
一方面，齐侯之灭纪，虽是复仇，亦有贪利之心，故而吞并了纪国，
《春秋》书"大去"也为齐侯明义，只能迁徙去之，不当取而有之。
《公羊义疏》以为，齐襄公灭纪之后，土地当献于周天子，诸侯不
得盗有土地。

【译文】

"大去"是什么意思？是纪国灭亡的意思。谁灭了纪国？齐国灭了
它。为什么不说是齐国灭了它？是为齐襄公避讳。《春秋》为贤者避讳，
齐襄公有何贤行？他能复仇。是谁的仇？是远祖的仇。齐哀公被周天
子烹杀，是受纪侯的诬陷。以襄公在此事上的作为，表明他竭尽所能侍
奉父祖。怎样竭尽所能？襄公将要向纪国复仇，先占卜，卜辞上说："军
队将丧失一半。"襄公说："即使我战死了，也不算不吉利。"所谓远祖，
是几世之祖？九世。九世还可以复仇吗？即使百世也能复仇。大夫之
家也可以复百世之仇吗？答曰：不可以。国君为何可以？历代国君都是
一体的。先君的耻辱，犹如今君的耻辱。今君的耻辱，犹如先君的耻辱。
国君之间为何是一体？国君以国为体，诸侯是世袭的，所以国君之间是
一体的。当今之纪侯没有罪过，这不是迁怒于他吗？答曰：不是的。当
初如果有贤明的天子，那么纪侯一定会被诛杀，必然就没有纪国了。纪
侯未被诛杀，至今都还有纪国，是因为没有贤明天子的缘故。古代诸侯
一定有会聚之事，相朝聘之道，外交辞令必称先君来交接往来。但是齐、
纪之间无欢悦可言，不能并立于天下。所以将要除去纪侯的话，不得不
除去纪国。如果有贤明的天子，那么襄公能这么做吗？答曰：不能这么

做。不能这么做,那么现在襄公为何这么做?上无贤明天子,下无方伯,循着恩怨去复仇是可以的。

【穀梁传】大去者,不遗一人之辞也。言民之从者,四年而后毕也。纪侯贤而齐侯灭之,不言灭而曰大去其国者,不使小人加乎君子。

【译文】

大去的意思,就是没有留下一个人的意思。就是说愿意追随纪国国君的民众,四年之后已经全部离开了。纪国国君贤明,但是齐国却灭亡了纪国,不说灭国而说彻底地离开他的国家,是为了不让道德败坏的人凌驾在道德高尚的人之上。

【经】六月乙丑①,齐侯葬纪伯姬②。

【注释】

①乙丑:二十三日。

②齐侯葬纪伯姬:去年纪季以酅入齐,今年纪侯亦大去其国,故齐侯为之葬伯姬。

【译文】

六月二十三日,齐襄公安葬纪伯姬。

【公羊传】外夫人不书葬①,此何以书?隐之也。何隐尔?其国亡矣,徒葬于齐尔②。此复仇也,曷为葬之?灭其可灭,葬其可葬③。此其为可葬奈何?复仇者,非将杀之,逐之也。以为虽遇纪侯之殡,亦将葬之也。

【注释】

①外夫人不书葬：外夫人，指鲁女嫁为诸侯夫人者。《春秋》之例，外夫人书卒，不书葬。

②徒葬于齐：徒，空。葬是生者之事，书国君、夫人之葬，是有臣子之辞。今纪国被灭，纪伯姬已无臣子可言，故云"徒葬于齐"。

③灭其可灭，葬其可葬：此见《春秋》对于复仇，也有人道主义的要求，即便是仇人尸首，也要依礼安葬。

【译文】

外夫人之葬，照例不记录，此处为何记录？是隐痛纪伯姬。为何隐痛她？她的国家被灭了，只好被齐国安葬了。这里齐襄公是向纪国复仇，为何还要安葬纪伯姬？灭掉可被灭的，安葬可被葬的。为什么她可以被安葬？因为复仇不一定要杀掉对方，驱逐也可以。假设碰到纪侯殡尸在棺，也一定要安葬他。

【穀梁传】外夫人不书葬，此其书葬，何也？吾女也。失国，故隐而葬之。

【译文】

外夫人下葬是不记载的，这里经文记载了下葬，为什么呢？因为伯姬是我国国君的女儿。又失去了国家，所以感到悲伤而记载了。

△**【经】**秋七月。

【译文】

秋七月。

【经】冬，公及齐人狩于禚^①。

【注释】

①齐人：指齐襄公。禚：《公羊传》《穀梁传》作"郜"。

【译文】

冬，庄公与齐襄公在禚地打猎。

【公羊传】公曷为与微者狩？齐侯也^①。齐侯则其称人何？讳与仇狩也^②。前此者有事矣^③，后此者有事矣^④，则曷为独于此焉讥？于仇者，将壹讥而已，故择其重者而讥焉，莫重乎其与仇狩也^⑤。于仇者，则曷为将壹讥而已？仇者无时焉可与通，通则为大讥，不可胜讥，故将壹讥而已，其余从同同^⑥。

【注释】

①齐侯也：案《春秋》之例，大夫不敌君，鲁君与大夫会盟则需避讳，不言"公"字，如"及齐高傒盟"，即是避讳庄公与大夫盟之书法。此经书"公及齐人狩"而不书"及齐人狩"，则"齐人"与"公"身份对等，故知是齐侯，非齐国之士。

②讳与仇狩：齐襄公是鲁庄公之杀父仇人，父之仇不共戴天，今鲁庄与之狩猎，是忘父之仇，为内大恶，需避讳。

③前此者有事：事，指与齐国交接之事。此指庄公三年"溺会齐师伐卫"之事。

④后此者有事：指庄公八年"师及齐师围成"之事。

⑤莫重乎其与仇狩：《春秋》中狩猎的目的，一是获取猎物祭祀宗庙，一是练习兵事。国君有杀父之仇，当注重武备，意在复仇。而

庄公与仇人狩猎，则与上述目的背道而驰，故性质极为严重。

⑥其余从同同："同"有二意：一是与仇国交接，性质较轻的事情，与此处相同，在道义上当被讥刺。一是与仇国交接，已于此处有"壹讥"之文，其余交接之事与无讥之文相同。故言"同同"。之所以有"壹讥"的书法，有两点考虑，第一，若事事皆讥，则不可胜讥；第二，一事可能含有众多义理，若事事皆讥，其他义理很难在书法上体现出来。

【译文】

庄公为何与卑微者狩猎而不避讳？卑微者是齐侯。是齐侯，那么为何要称"人"？是为庄公避讳与仇人狩猎。在这之前有与齐国交接之事，在此之后也有与齐国交接之事，那么为何单独在此处讥刺庄公？与仇人交接的行为，只讥刺一回而已，所以选性质严重的事情讥刺，没有比和仇人一起狩猎更严重的事了。与仇人交接，为何只讥刺一回？因为对于仇人，没有一时一刻可以与之交接，与之交接就要受到大大的讥刺，若事事讥刺，就不可胜讥，所以只讥刺一回，其余之事在道义上与这里一样，都应受讥刺，在文辞上，则与无讥之文一样。

【穀梁传】齐人者，齐侯也。其曰人，何也？卑公之敌，所以卑公也。何为卑公也？不复仇而怨不释，刺释怨也。

【译文】

齐人，就是指齐襄公。经文说"人"，为什么呢？是贬低庄公的敌人，以此来贬低庄公。为什么贬低庄公呢？没有报先君的仇，对齐国的怨恨就不能消除，这样写是讽刺他消除了怨恨。

五年

△【经】五年春王正月^①。

【注释】

①五年：鲁庄公五年当周庄王八年，前689年。

【译文】

鲁庄公五年春周历正月。

【经】夏，夫人姜氏如齐师。

【译文】

夏，夫人文姜去齐国军队中。

【穀梁传】师而曰如，众也。妇人既嫁不逾竟，逾竟非礼也。

【译文】

到军队中去却用了"如"，说明人数众多。女子已经出嫁就不能越过国境，越过国境是不合礼制的。

【经】秋，郳犁来来朝^①。

【注释】

①郳（ní）：鲁国的附庸国，在今山东滕州。开国君主是邾文公之子肥（一说名友），肥封于郳。其后附从齐桓公以尊周室，周室命

之为小邾子（小邾，《公羊传》作"小邾娄"）。郳与小邾一地二名。
郳，《公羊传》作"倪"。犁来：肥的曾孙。《公羊传》《穀梁传》作
"黎来"。

【译文】

秋，郳国的犁来来我国朝见。

【左传】 五年秋，郳犁来来朝。名，未王命也①。

【注释】

①未王命：未受周王封爵。

【译文】

五年秋，郳国的犁来来我国朝见。《春秋》只记载他的名字，是因为
他还没有得到周天子的封爵。

【公羊传】 倪者何？ 小邾娄也。小邾娄，则曷为谓之倪？
未能以其名通也①。黎来者何？ 名也。其名何？ 微国也②。

【注释】

①未能以其名通：名，指国名"小邾娄"。案礼制，附庸之国"不达
于天子"，故不能用其国名与外交接。

②其名何？ 微国也：名，指国君之名，即黎来。案礼制，诸侯称爵；附
庸之国，方三十里，则称字，方二十里则称名。此处黎来称名，则
小邾娄为方二十里之小国。

【译文】

"倪"是什么？ 是小邾娄国。是小邾娄国，那么为何称之为"倪"？
附庸之国未能以其国名与外交通。"黎来"是什么？ 是小邾娄国君的名。
为何称名？ 因为是小国。

【穀梁传】郳，国也。黎来，微国之君，未爵命者也。

【译文】

郳，是一个国家。黎来，是这个小国的国君，没有得到周天子授予的爵位。

【经】冬，公会齐人、宋人、陈人、蔡人伐卫。

【译文】

冬，鲁庄公会合齐国人、宋国人、陈国人、蔡国人攻打卫国。

【左传】冬，伐卫，纳惠公也[1]。

【注释】

[1]纳惠公：卫惠公朔于鲁桓公十六年奔齐，故齐襄公会合诸侯伐卫以送其回国。纳，护送回国。案此应与下年传文"六年春，王人救卫"连读，被后人割裂。

【译文】

冬，攻打卫国，是为了护送卫惠公回国。

【公羊传】此伐卫何？纳朔也[1]。曷为不言"纳卫侯朔"[2]？辟王也[3]。

【注释】

[1]纳朔也：朔，即卫侯朔。桓公十六年，卫侯朔得罪天子，出奔齐国，天子立卫公子留。而此处五国伐卫，欲纳卫侯朔。

②曷为不言"纳卫侯朔":此战之目的是纳卫侯朔,按例当书"公及齐人、宋人、陈人、蔡人伐卫,纳卫侯朔于卫",而经不书"纳卫侯朔",故发问。

③辟王:辟,同"避"。王,此处指王者之兵,即下六年之"王人子突救卫"。此处不书"纳卫侯朔",好像五国伐卫另有目的,且今年伐卫之后即离去,未与王人子突交战,故云"辟王"。

【译文】

此次伐卫是为何?为了送卫侯朔回国。经文为何不言"纳卫侯朔"?是为了避王者之兵。

【穀梁传】是齐侯、宋公也,其曰人,何也?人诸侯,所以人公也。其人公,何也?逆天王之命也①。

【注释】

①逆天王之命:指周王不愿意立朔为卫国国君,于是在庄公六年派兵救卫。

【译文】

这是齐国国君、宋国国君,经文说"人",为什么呢?用"人"称呼诸侯,就是用"人"来称呼鲁庄公。经文用"人"来称呼鲁庄公,为什么呢?因为他违背周天子的命令。

六年

【经】六年春王正月①,王人子突救卫②。

【注释】

①六年:鲁庄公六年当周庄王九年,前688年。正月:《公羊传》《穀

梁传》作"三月"。

②王人子突救卫:因上年冬,鲁、齐、宋、陈、蔡五国伐卫,天子所立
之卫公子留有危,故派遣王子突率兵救卫。王人,周王室之属官。
案《春秋》名例,天子下士称"王人",故王人属于微者。

【译文】

鲁庄公六年春周历正月,周王室属官子突救援卫国。

【左传】 六年春,王人救卫①。

【注释】

①六年春,王人救卫:当与上年传文"冬,伐卫,纳惠公也"连读。

【译文】

鲁庄公六年春,周庄王的属官救援卫国。

【公羊传】 王人者何?微者也。子突者何①?贵也。贵
则其称人何②?系诸人也③。曷为系诸人?王人耳④。

【注释】

①子突:实为"王子突","突"为名(从孔广森之说)。称"子"则表
明是天王之子,是贵称。

②贵则其称人何:"子突"是贵称,"王人"是微者,两者矛盾,又同指
一人,故而发问。

③系诸人:即以"子突"系属于"王人"之后。

④王人耳:意谓使"王人子突"从表面上看,就是"王人"一般,是微
者。之所以如此,有两方面的考虑:第一,为天子杀耻,因为遣微
者而不能救卫,其耻轻于遣贵者。第二为鲁国杀恶,犯微者之命,
其恶轻于犯贵者。

【译文】

"王人"是什么意思？是王臣卑微者的称号。"子突"是什么意思？是天王贵子的称号。既然是贵者，为何称"人"？是系属于"人"。为何要系属于"人"？为了表明王子突就像王之微者一样。

【穀梁传】王人，卑者也。称名，贵之也①，善救卫也。救者善，则伐者不正矣。

【注释】

①贵：以……为贵，就是尊重的意思。

【译文】

王人的意思，就是地位卑微的官员。称呼他的名字，是尊重他，是赞许他救援卫国的行为。救援卫国的人值得赞许，那么攻打卫国的人就是不正义的了。

【经】夏六月，卫侯朔入于卫①。

【注释】

①卫侯朔：即卫惠公。卫惠公在桓公十六年出奔，至此已八年。

【译文】

夏六月，卫惠公朔回到卫国。

【左传】夏，卫侯入①，放公子黔牟于周②，放甯跪于秦③，杀左公子洩、右公子职，乃即位。

君子以二公子之立黔牟为不度矣④。夫能固位者⑤，必度于本末⑥，而后立衷焉⑦。不知其本，不谋⑧。知本之不枝⑨，弗强⑩。《诗》云："本枝百世⑪。"

【注释】

①卫侯入：王人救卫不成，鲁、齐、宋、陈、蔡等国送卫惠公入卫。

②放：放逐。公子黔牟：名留，受周庄王支持。

③甯（nìng）跪：卫大夫。

④度：权衡、考虑，指权衡本末始终。

⑤固位：巩固君位。

⑥度于本末：孔颖达疏："度其本者，谓其人才德贤善，根本牢固；度其末者，谓其久终能保有邦国，蕃育子孙，知其堪能自固。"

⑦立衷：用适当的方式立为君。衷，中，中庸，指兼顾本末的主意。

⑧不谋：不立他。

⑨本之不枝：有本根无枝叶。即其人虽当立，然而孤立无助，不能安国家，固后世。

⑩弗强：不勉强立君。

⑪本枝百世：见《诗经·大雅·文王》。全句为："文王孙子，本支百世。"这里借以说明有本有枝，百代相传。杨伯峻曰："《左传》盖断章取义。古人引《诗》多如此，襄公二十八年传所谓'赋《诗》断章，余取所求焉'者也。"

【译文】

　　夏，卫惠公回国，放逐公子黔牟到周，放逐甯跪到秦，杀了左公子洩、右公子职，然后即国君位。

　　君子认为左、右二公子扶立黔牟为国君，缺乏周到的考虑。凡对能够巩固自己地位的人，必须权衡他的各个方面，然后采取不偏不倚的适当主张。不了解他的根本，就不要考虑拥立他。了解他虽有根本却没有枝叶，也不要勉强拥立他。《诗》说："有本有枝，繁衍百世。"

【公羊传】卫侯朔何以名①？绝。曷为绝之？犯命也②。其言入何③？篡辞也④。

【注释】

①卫侯朔何以名：案礼制，诸侯不称名。

②犯命：犯天子之命，即桓公十六年传文所云："见使守卫朔，而不能使卫小众。"犯命诛绝，故书名。

③其言入何：朔之得位，实因上年鲁、齐、宋、陈、蔡五国伐卫，依照常例，当于上年书"公会齐人、宋人、陈人、蔡人伐卫，纳卫侯朔于卫"，此处不应再书"卫侯朔入于卫"，故而发问。此因上年"辟王"而不书"纳"，故此处宜书"入"。

④篡辞：篡位之辞。《春秋》中的篡辞有"立""纳""入"。何休云："国人立之曰立，他国立之曰纳，从外曰入。"卫侯朔先前犯命出奔，已被诛绝，此时入卫，则是盗国，故书"入"以明其篡。朔是篡卫侯留之位，朔入则留奔，而经未书留之出奔，何休云："不书公子留出奔者，天子本当绝卫，不当复立公子留，因为天子讳微弱。"

【译文】

卫侯朔为何称名？是诛绝他。为何要诛绝他？因为他犯了天子之命。经文书"入"是什么意思？这是篡位之辞。

【穀梁传】其不言伐卫纳朔，何也？不逆天王之命也①。入者，内弗受也。何用弗受也？为以王命绝之也。朔之名，恶也②。朔入逆，则出顺矣。朔出入名③，以王命绝之也。

【注释】

①逆：违背。

②恶：厌恶，憎恶。

③出入：指出国和回国。

【译文】

经文不说诸国攻打卫国而使卫惠公朔回国，为什么呢？是因为不能违背周天子的命令。入，就是卫国人不愿意接受的意思。为什么不接受呢？是按照周天子的命令废弃他。直接称呼他的名字"朔"，是厌恶他。朔进入卫国是违背天子之命的，那么离开卫国就是顺从天子了。朔出入卫国都直呼他的名字，是按照天子的命令废弃他。

【经】秋，公至自伐卫①。

【注释】

①至：诸侯出国归来之后举行的告庙之礼，告诉祖先自己平安回来了。下文"致"也是这个意思。

【译文】

秋，鲁庄公从攻打卫国的前线回国。

【公羊传】曷为或言致会，或言致伐①？得意致会，不得意致伐②。卫侯朔入于卫。何以致伐③？不敢胜天子也④。

【注释】

①或言致会，或言致伐：致会，指"公至自会"之文。致伐，指"公至自伐"之文。公外出用兵，归国时，经文有时致会，有时致伐，故传发问。

②得意致会，不得意致伐：此指公会同两国以上出兵，如得意（即所伐之国服）则致会，表明兵不复用；如不得意（即所伐之国不服）则致伐，表明兵将复用。案《春秋》之中，凡公出会或外出用

兵,皆在致文中区别得意与否。如公独自出兵,或与一国出兵,得
意不致,不得意致伐。公外出,与两国以上会盟,得意致会,不得
意不致。公外出与一国会盟,得意致地(即会盟之地,因《春秋》
"离不言会"故不致会),不得意不致。案时月日例,致例时,公外
出满二时则月。

③何以致伐:伐卫之目的是纳卫侯朔,今打败了天子的救兵,卫侯朔
入于卫,是目的达成,应是得意致会,经却致伐,故发问。

④不敢胜天子:不得意,即表明不敢胜天子。案礼制,诸侯不得立王
之所废,鲁国伐卫纳朔,是大恶,必须为之避讳,故虽胜天子,犹作
不得意之文。

【译文】

为何有时言"公至自会",有时言"公至自伐"? 得意则言"至自
会",不得意则言"至自伐"。卫侯朔已入于卫,此处为何言"至自伐"?
因为不敢胜天子之兵。

【穀梁传】恶事不致,此其致,何也? 不致,则无用见公
之恶事之成也。

【译文】

做了坏事回来是不记载其告庙活动的,这里记载了,为什么呢? 不
记载的话,就无法用来表现庄公做成了坏事。

△**【经】**螟①。

【注释】

①螟(míng):一种蛀食稻苗的害虫。此指螟灾。

【译文】

发生螟灾。

【经】冬,齐人来归卫俘[1]。

【注释】

[1]归卫俘:《公羊传》《穀梁传》皆作"归卫宝"。段玉裁等谓古人用兵所获,不论是人是物皆可曰"俘"。杨伯峻曰:"其实俘、保、宝古音皆近,得相通假。"归,通"馈",赠送。

【译文】

冬,齐国人来向我国赠送伐卫之战的战利品。

【左传】冬,齐人来归卫宝[1],文姜请之也。

【注释】

[1]归卫宝:赠送卫国祭器。即经文所言"卫俘"。

【译文】

冬,齐国人前来赠送卫国的宝器,这是由于文姜的请求。

【公羊传】此卫宝也,则齐人曷为来归之?卫人归之也[1]。卫人归之,则其称齐人何?让乎我也[2]。其让乎我奈何?齐侯曰:"此非寡人之力,鲁侯之力也。"

【注释】

[1]卫人归之:卫侯朔得国之后,派使者以宝物答谢齐侯,齐侯推功于鲁,故使卫人持宝而来,故经虽书"齐人",然实为卫人前来,故传

云"卫人归之"。

②让乎我也：卫侯朔以宝贿赂齐侯，此为不义之赂，齐侯让与鲁侯，
　则鲁侯蒙受赂之罪，而齐侯无罪。经书"齐人"即表明齐侯之无
　罪，又恶鲁庄公犯命又贪利。值得注意的是，《春秋》内大恶讳，
　此并未避讳，是因为鲁庄公之纳朔，非为受赂，此处之卫宝，仅是
　事后之答谢，故受之为小恶，不需避讳。

【译文】

这是卫国的宝物，为何是齐人送来？实际上是卫人送来的。卫人送来，那么经文为何称是齐人送来？是推让给我国的。推让给我们是怎么回事？齐侯说："卫侯朔得国不是倚仗我的力量，是鲁侯的力量。"

【穀梁传】以齐首之，分恶于齐也。使之如下齐而来我然①，恶战则杀矣②。

【注释】

①下：在下位。

②恶战：罪恶的战事。杀：减轻。

【译文】

因为齐国是伐卫的首领，所以将罪恶分给齐国。让这件事看起来好像齐国处在下位而来我国的样子，那这罪恶战事的罪责就减轻了。

***【左传】**楚文王伐申①，过邓②。邓祁侯曰③："吾甥也④。"止而享之。骓甥、聃甥、养甥请杀楚子⑤，邓侯弗许。三甥曰："亡邓国者，必此人也。若不早图，后君噬齐⑥。其及图之乎⑦？图之，此为时矣。"邓侯曰："人将不食吾余⑧。"对曰："若不从三臣，抑社稷实不血食⑨，而君焉取余？"弗

从。还年⑩，楚子伐邓。十六年，楚复伐邓，灭之。

【注释】

①楚文王：楚武王之子。申：姜姓诸侯国，其地在今河南南阳。

②邓：曼姓诸侯国，其地在今河南祁县。

③邓祁侯：祁为邓侯谥号。

④吾甥也：据此，楚文王当是武王夫人邓曼之子。

⑤骓（zhuī）甥、聃（dān）甥、养甥：皆为邓国大夫，也都是邓侯外甥。

⑥噬齐：人不能咬到自己的肚脐，比喻后悔莫及，今有成语"噬脐莫及"。噬，咬。齐，通"脐"，肚脐。

⑦及："及时"的省略。

⑧不食吾余：古代俗语，贱视唾弃之意。余，指祭神后剩余的东西。

⑨不血食：不祭祀，意味着亡国。血食，祭祀时必杀牲畜，称血食。

⑩还年：伐申回国的那一年。

【译文】

楚文王进攻申国，路过邓国。邓祁侯说："他是我的外甥。"把他留下设宴招待他。骓甥、聃甥、养甥请求杀掉楚文王，邓侯不允许。这三甥都说："灭亡邓国的，必定是这个人。如果不早打主意，以后您后悔都来不及。能不及时下手吗？下手吧，现在正是时候！"邓侯说："如果这样做，人们会唾弃我而不吃我祭神剩下的东西。"三位外甥回答说："如果不听我们三个人的话，或许土地和五谷的神明就得不到祭享了，国君到哪里去取得祭神的剩余？"邓祁侯还是不答应。攻打申国回国的那一年，楚王进攻邓国。庄公十六年，楚国再次攻打邓国，灭亡了邓国。

七年

【经】七年春①**,夫人姜氏会齐侯于防**②**。**

【注释】

①七年:鲁庄公七年当周庄王十年,前687年。

②齐侯:指齐襄公。防:鲁地名,在今山东费县东北。

【译文】

鲁庄公七年春,夫人姜氏与齐襄公在防地相会。

【左传】七年春,文姜会齐侯于防,齐志也①**。**

【注释】

①齐志:齐国的意愿。防是鲁地,齐襄公入鲁与文姜相会,这是出于齐襄公的意愿。志,意志,意愿。

【译文】

鲁庄公七年春,文姜和齐襄公在防地相会,这是出于齐襄公的意愿。

【穀梁传】妇人不会,会,非正也。

【译文】

女子不能会见,会见,是不合礼制的。

【经】夏四月辛卯①**,夜**②**,恒星不见**③**。夜中,星陨如雨**④**。**

【注释】

①辛卯：初五。

②夜：《穀梁传》作"昔"，日暮。

③恒星不见：日常所见的星不现。恒星，常见之星。见，同"现"。

④星陨如雨：星星陨落的同时天又下雨。《左传》曰"与雨偕"，《穀梁传》《公羊传》皆云星陨似雨。据推算，这是前687年3月16日发生的流星雨，是世界上最早的天琴座流星雨记录。陨，坠落。《公羊传》作"霣（yǔn）"。如，而。

【译文】

夏四月初五，夜间，日常所见的星星都没有出现。半夜，星星陨落，天又下大雨。

【左传】夏，恒星不见，夜明也。星陨如雨，与雨偕也①。

【注释】

①星陨如雨，与雨偕也：杜预解"偕"为"俱"，读"如"为"而"，意为流星雨和雨一起落下。

【译文】

夏，看不到常见的星星，这是由于夜空明亮的缘故。流星坠落而且带着雨点，这是和雨一起落下来的。

【公羊传】恒星者何①？列星也②。列星不见，则何以知夜之中？星反也③。如雨者何？如雨者，非雨也。非雨则曷为谓之如雨？不修《春秋》曰④："雨星不及地尺而复。"君子修之曰⑤："星霣如雨。"何以书？记异也⑥。

【注释】

①恒星：徐彦云："恒，常也，天之常宿，故经谓之恒星。"

②列星：徐彦云："（恒星）以时列见于天，故传谓之列星。"

③星反：星，指之前不见之恒星。反，返。以恒星反位，故能判断时间为夜中。

④不修《春秋》：指未经孔子修订过的鲁国史书。案鲁国史书本名"春秋"，为了区别于孔子所作的《春秋》，故称其为"不修《春秋》"。

⑤君子：指孔子。

⑥记异也：古人以流星雨为怪异之事。

【译文】

恒星是什么？是在固定的时间和方位出现的星星。列星没有出现，怎么知道星星坠落时是半夜时分？恒星又出现了。"如雨"是什么意思？如雨，不是真的下雨。不是真的下雨，那么为什么说是"如雨"？未修订过的《春秋》上说："雨星不及地尺而复。"孔子改为"星霣如雨"。为何记录此事？是记录怪异之象。

　　【穀梁传】恒星者，经星也①。日入至于星出，谓之昔。不见者，可以见也。

【注释】

①经：常的意思。

【译文】

恒星，就是经常可以看见的星星。日落之后星星出来之前这段时间，就叫做昔。不见的意思，是说本来可以看见的。

　　其陨也如雨，是夜中与？《春秋》著以传著，疑以传疑①。中之几也②，而曰夜中，著焉尔。何用见其中也？失变而录其时③,则夜中矣。其不曰恒星之陨,何也? 我知恒星之不见,而不知其陨也。我见其陨而接于地者,则是雨说也④。著于上,见于下⑤,谓之雨;著于下,不见于上,谓之陨,岂雨说哉?

【注释】

①著以传著,疑以传疑:对于明显的事情便用确实的说法,对于可疑的事情便传用疑惑的说法。

②几:微,指夜中这样的时刻微约难以辨察。

③录其时:记录时刻。指星象有变的时候就检录漏刻,以此为起点推算夜半。

④雨(yù):表示落下来的意思。

⑤著于上,见于下:显现于天上,被看见在地上。就是说看得见落下来的过程,就叫做"雨",只看见落在了地上这个结果,而没见到它从天上落下来的过程,就叫做"陨"。

【译文】

星星落下来像下雨,是在半夜吗?《春秋》对于明显的事情便用确实的说法,对于可疑的事情便传用疑惑的说法。半夜是一个难以辨察的时刻,却说了是半夜,就是很明确的。是根据什么知道是在半夜的呢?星象有了变化的时候就检录漏刻,就知道是半夜了。经文不说恒星陨落了,为什么呢? 因为记录的人只知道恒星看不见了,而不知道它是否坠落了。记录的人看见它落下来然后掉到地上,那么就用"雨"来说。显现于天上,在地上被看见,称作"雨";显现于地上,在天上没有被看见的,就称作"陨",怎么可以用"雨"来称说呢?

【经】秋,大水。无麦、苗①。

【注释】

①无麦、苗：周历秋相当于夏历的夏季，成熟的麦子遭雨而没有收成，黍、稷的苗也被水冲没。

【译文】

秋，发大水。麦子没有收成，禾苗冲没。

【左传】秋，无麦、苗，不害嘉谷也①。

【注释】

①不害嘉谷：此时黍稷之苗还小，水淹之后还可重种，尚不影响收成，所以说不害嘉谷。嘉谷，指黍稷，用于祭祀，故称嘉谷。

【译文】

秋，麦子没有收成，禾苗冲没，但没有影响黍稷的收成。

【公羊传】无苗则曷为先言无麦，而后言无苗？一灾不书①，待无麦，然后书无苗。何以书？记灾也。

【注释】

①一灾不书：一灾，即灾伤一谷。《春秋》中，水旱虫灾，伤及二谷方书，明君子不以一过责人。值得注意的是，灾及二谷，《春秋》仅书致灾之由，不书伤及何谷，依此例，经文书"大水"即可，不必复书"无麦、苗"，书者，因小麦与粟是民食最重者，故复出谷名。

【译文】

无苗，为什么要先言无麦，后言无苗？灾害伤一谷，《春秋》不书，等到无麦，然后书无苗。为何记录此事？是记录灾害。

【穀梁传】高下有水灾，曰大水。麦、苗同时也。

【译文】

高地和低地都有涨水成灾就称作"大水"。麦子和禾苗同时受灾。

【经】冬,夫人姜氏会齐侯于穀①。

【注释】

①穀:齐地名,在今山东东阿。

【译文】

冬,夫人姜氏与齐襄公在穀地相会。

【穀梁传】妇人不会,会,非正也。

【译文】

女子不能会见,会见,是不合礼制的。

八年

【经】八年春王正月①**,师次于郎**②**,以俟陈人、蔡人**③**。**

【注释】

①八年:鲁庄公八年当周庄王十一年,前686年。

②师次于郎:次,驻扎。鲁国为灭亡郕国(郕,《公羊传》作"盛",又作"成")而兴师,灭郕之事在今年夏天,出兵则在正月十三日(详见下条),此时早早驻扎在郎邑,是为了等候齐国之师。郎,即隐公元年传文中之郎,在今山东鱼台东北。

③以俟陈人、蔡人:俟,等候。《公羊传》认为这是假托之辞,并无此事。而鲁师等候的对象实为齐师。若真是等候陈人、蔡人,经当

书"俟陈人、蔡人",无"以"字。之所以选择假托陈、蔡者,二国先前与鲁共伐卫,是同心之人,离鲁国又远,故须"俟"。

【译文】

鲁庄公八年春周历正月,我军驻扎于郎地,等待陈国人、蔡国人。

【公羊传】次不言俟[①],此其言俟何? 托不得已也[②]。

【注释】

①次不言俟:即只书军队之驻扎,不书等候之对象,此为《春秋》常例。按照此例,即便真是等候陈人、蔡人,也只需书"师次于郎"即可,不必有俟文。

②托不得已:即假托有其他不得已的事(非灭盛),故需等候陈人、蔡人。此是为鲁避讳之辞。案盛国与鲁同为姬姓之国,而灭同姓为大恶。灭盛之事在今年夏天,鲁国正月便兴师。《春秋》为鲁避讳急于灭盛之情,故假托此时之驻军是为他事。

【译文】

《春秋》只记录军队之驻扎,不记录等候之对象,这里为何记录等候之对象? 这是假托另有不得已之事,故须等候。

【穀梁传】次,止也。俟,待也。

【译文】

次,是驻扎。俟,是等待。

【经】甲午[①],治兵[②]。

【注释】

①甲午:正月十三日。据包慎言《公羊历谱》,此为二月十四日。

②治兵:向军队分发武器。一说指操练军队。《公羊传》作"祠兵"。

【译文】

正月十三日,发给兵士兵器。

【左传】八年春,治兵于庙,礼也。

【译文】

鲁庄公八年春,鲁庄公在太庙把武器发给军队,这是合于礼的。

【公羊传】祠兵者何? 出曰祠兵,入曰振旅①,其礼一也,皆习战也。何言乎祠兵? 为久也②。曷为为久? 吾将以甲午之日,然后祠兵于是。

【注释】

①出曰祠兵,入曰振旅:案礼制,出师前,在近郊陈兵习战,杀牲飨士卒,此为祠兵。至回师时,亦有相似之礼,称为振旅。两者亦有不同之处,出师赴兵难,故祠兵时壮者居前;振旅时则长者居前,恢复长幼之序。

②为久也:案礼制,出师时方行祠兵之礼,且属于"常事不书"的范围。此经书"甲午,祠兵",表面上看,好像鲁国一再拖延出兵,至甲午日方行祠兵之礼,故云"为久也"。这也是为鲁国避讳之辞。因为此次出兵,是为灭盛,鲁师正月已经驻扎在郎邑,是汲汲于灭盛。《春秋》为鲁避讳,故上条言"次于郎"是"俟陈人、蔡人",此条之"祠兵"是故意迁延时日,好像无汲汲灭同姓之国的意思。

值得注意的是，此条虽是避讳，也留下了灭盛之"起文"。因祠兵意味着出国打仗，则下条"夏，师及齐师围成"之"成"，并非鲁国之成邑，而是盛国。

【译文】

祠兵是什么？出兵之礼称为祠兵，还师之礼称为振旅，两者的仪式是相同的，都是演习战阵。此处为何记录祠兵？因为祠兵的日期迁延了很久。什么是迁延了很久？我军要等到甲午日，然后才在这里举行祠兵之礼。

【穀梁传】出曰治兵①，习战也②。入曰振旅③，习战也。治兵而陈、蔡不至矣。兵事以严终，故曰善陈者不战④，此之谓也。善为国者不师，善师者不陈，善陈者不战，善战者不死，善死者不亡。

【注释】

①出：出到郊野。

②习战：练习作战。

③入：指进入国都。振旅：整顿军队。

④陈：布设军阵。

【译文】

出到郊野叫操练军队，这是练习作战。进入国都叫整顿军队，这也是练习作战。操练了军队，陈国、蔡国就不来了。军事上从始至终都要严整，所以说善于布阵的人不必作战，就是说的这个。善于治理国家的人不必依靠军队，善于指挥军队的人不必布阵，善于布阵的人不必作战，善于作战的人不必担心伤亡，善于为国而死的人可以使他的国家不亡。

【经】夏,师及齐师围郕①,郕降于齐师。

【注释】

①围郕:案据杨伯峻《春秋左传注》,《春秋》书围国者二十五次,始于此。郕,《公羊传》作"成",下文"郕"亦作"成"。西周封国。姬姓,始封之君为周文王之子叔武。在今河南范县,一说在今山东汶上西北。

【译文】

夏,我军和齐军包围郕国,郕国向齐军投降。

【左传】夏,师及齐师围郕。郕降于齐师。仲庆父请伐齐师①。公曰:"不可。我实不德,齐师何罪?罪我之由②。《夏书》曰:'皋陶迈种德,德,乃降③。'姑务修德④,以待时乎。"

【注释】

①仲庆父:庆父,鲁庄公之弟。请伐齐师:因鲁与齐共同伐郕,而齐单独受降。

②罪我之由:即"罪由我"。

③"皋陶迈种德"三句:意思是皋陶勉力培育德行,具备了德行,别人自然降服。所引《尚书》已佚,《古文尚书》将此文入《大禹谟》篇。皋陶,东夷族首领,舜命之掌刑狱事。迈,通"劢(mài)",勤勉,勉力。

④务:致力于。

【译文】

夏,鲁军和齐军包围郕国。郕国单独向齐军投降。仲庆父请求进攻齐军。庄公说:"不行,我实在缺乏德行,齐军有什么罪?罪是由我引起的。《夏书》说：'皋陶勉力培育德行，德行具备，别人就会降服。'我们姑且致力于修养德行，以等待时机吧！"

【公羊传】成者何？盛也[①]。盛则曷为谓之成？讳灭同姓也[②]。曷为不言降吾师？辟之也[③]。

【注释】

①成者何？盛也：案成为鲁国之邑，盛为姬姓之国。知经文中之"成"，实为盛国者，因上条"甲午，祠兵"，表明出国打仗，非围内邑；又文公十二年"盛伯来奔"，传云："盛伯者何？失地之君也。"表明盛国已灭；而"成""盛"同声相似，故云"成者何？盛也"。

②讳灭同姓：案灭同姓之国为大恶，《春秋》内大恶讳，故经文变"盛"为"成"。

③辟之也：之，指代灭同姓之国。案经文书"师及齐师围成（盛）"，则是齐鲁两国共同灭盛；又书"成（盛）降于齐师"，未言及降于鲁国之事。这是为鲁国避讳灭同姓之恶，好像鲁国撤退了，盛降于齐国。

【译文】

"成"指什么？是指盛国。盛国为何要称之为"成"？这是为鲁避讳灭同姓之国。为何不说"降吾师"？为了避讳灭同姓之国。

【穀梁传】其曰降于齐师何？不使齐师加威于郕也。

【译文】

经文为什么说向齐国投降呢？为了不让齐军向郕国施加武力。

【经】秋,师还。

【译文】

秋,我军回国。

【左传】秋,师还。君子是以善鲁庄公①。

【注释】

①善:赞美。

【译文】

秋,军队回国。君子因此而赞美鲁庄公。

【公羊传】还者何? 善辞也①。此灭同姓,何善尔? 病之也②,曰师病矣。曷为病之? 非师之罪也③。

【注释】

①善辞也:案孔广森的说法,军队班师,"以善反曰还,以不善反曰复"。

②病:疲病。"病之也",何休以为是"慰劳其罢病"的意思。

③非师之罪:即灭盛非鲁国师众之罪,以此归罪于鲁庄公。

【译文】

"还"是什么意思? 是军队班师之善辞。此次出兵是灭同姓之国,何善之有? 这是慰劳军队的疲病,以为军队太疲病了。为何要慰劳疲病? 因为灭盛不是军队的罪过。

【穀梁传】还者,事未毕也,遁也。

【译文】

还，是战事还没有结束，就退却了。

【经】冬十有一月癸未^①，齐无知弑其君诸儿^②。

【注释】

①癸未：初七。

②齐无知弑其君诸儿：无知，即公孙无知，是齐公子夷仲年之子，齐襄公之从父昆弟。诸儿，即齐襄公。公孙无知当国弑君，故去其"公孙"之氏，而冠以国氏。

【译文】

冬，十一月初七，齐无知杀死他的国君齐襄公诸儿。

【左传】齐侯使连称、管至父戍葵丘^①。瓜时而往^②，曰："及瓜而代^③。"期戍^④，公问不至^⑤。请代，弗许。故谋作乱。

【注释】

①连称、管至父：皆齐国大夫。戍：守卫。葵丘：在今山东淄博临淄西。

②瓜时：瓜熟时节，即夏历七月。《诗经·豳风·七月》"七月食瓜"。

③及瓜而代：到第二年瓜熟时换防。

④期（jī）：一周年。

⑤问：指换防的通知。

【译文】

齐襄公派连称、管至父驻守葵丘。瓜熟的时节前去，说："到明年瓜熟的时候派人替代你们。"驻守了一周年，齐襄公的命令并没有下来。连称、管至父请求派人替代，齐襄公不同意。因此两人就策划叛乱。

僖公之母弟曰夷仲年①，生公孙无知，有宠于僖公，衣服礼秩如适②。襄公绌之③。二人因之以作乱④。连称有从妹在公宫⑤，无宠，使间公⑥，曰："捷⑦，吾以女为夫人⑧。"

【注释】

①母弟：同母弟。夷仲年：夷是其字或谥号，仲是排行，年是名。

②衣服礼秩如适：指服饰、章旗、待遇等级与嫡子相同。适，同"嫡"，嫡子。案古代嫡子的衣服、章旗、待遇等都高于众子、庶子，以示地位更为尊贵。

③绌（chù）：通"黜"，贬低。

④二人：指连称、管至父。因：依靠。

⑤从妹：堂妹。

⑥间（jiàn）：窥视，侦察。

⑦捷：事情成功。

⑧女：通"汝"。夫人：指国君正夫人。

【译文】

齐僖公的同母兄弟叫夷仲年，生了公孙无知，受到僖公的宠信，服饰礼仪等种种待遇都和嫡子一样。齐襄公降低了公孙无知的待遇。连称、管至父两个人就利用公孙无知发动叛变。连称有个堂妹在齐襄公的后宫，不得宠，就让她去侦察襄公的情况，公孙无知说："事情成功，我把你立为君夫人。"

冬十二月，齐侯游于姑棼①，遂田于贝丘②。见大豕③，从者曰："公子彭生也④。"公怒曰："彭生敢见⑤！"射之，豕人立而啼⑥。公惧，队于车⑦，伤足，丧屦⑧。反，诛屦于徒人费⑨。弗得，鞭之，见血。走出，遇贼于门⑩，劫而束之⑪。费曰："我奚御哉⑫!"袒而示之背⑬,信之。费请先入,伏公而出⑭,斗,死于门中。石之纷如死于阶下⑮。遂入,杀孟阳于床⑯,曰:"非君也,不类⑰。"见公之足于户下⑱,遂弑之,而立无知。

【注释】

①姑棼(fén):即薄姑,齐地名,在今山东博兴。

②田:打猎。贝丘:齐地名,在今山东博兴。

③豕(shǐ):猪。

④公子彭生:即桓公十八年杀死鲁桓公的彭生。

⑤见:同"现"。

⑥人立:猪后脚站立,前脚悬空,如人站立。

⑦队:同"坠"。

⑧屦(jù):单底鞋。

⑨诛屦:责令其寻找屦。诛,责令。徒人:应为寺人,相当于后世的宦官。费:人名。

⑩贼:叛贼。此指公孙无知的党徒。

⑪束:捆。

⑫御:抵抗。

⑬袒(tǎn):裸露。

⑭伏:藏匿。公:指齐襄公。

⑮石之纷如:人名,也是寺人。之,用来助音节的,如介之推、宫之奇等。

⑯杀孟阳于床:孟阳也应是寺人,为保护襄公而伪装成襄公睡在床上,遂被杀。

⑰不类:不像。

⑱户下:门背下面。

【译文】

冬十二月,齐襄公到姑棼游玩,接着在贝丘打猎。看到一头大野猪,随从说:"这是公子彭生啊!"齐襄公发怒说:"彭生胆敢出现!"就用箭射它,野猪像人一样站起身啼叫。齐襄公害怕,从车上摔下来,伤了脚,丢了鞋。回去以后,责令徒人费去找鞋。费找不着,齐襄公就鞭打他,打得皮开血出。费跑出去,在宫门口遇到叛贼,叛贼把他劫走并捆起来。费说:"我怎么会抵抗你们呢?"解开衣服让他们看自己受鞭刑的背,叛贼相信了。费请求为叛贼先进宫去刺探,他进去之后把齐襄公隐藏起来,然后和叛贼格斗,死在宫门里。石之纷如斗死在台阶下。叛贼于是入内,在床上杀了孟阳,说:"这不是国君,样子不像。"见到齐襄公的脚从门下边露出来,于是把他杀死了,拥立无知为国君。

初,襄公立,无常①。鲍叔牙曰②:"君使民慢③,乱将作矣。"奉公子小白出奔莒④。乱作,管夷吾、召忽奉公子纠来奔⑤。

【注释】

①无常:言言行变化不定,谓政令不守信用。《史记·齐太公世家》云:"初襄公之醉杀鲁桓公,通其夫人,杀诛数不当,淫于妇人,数欺大臣。"

②鲍叔牙:齐国大夫,公子小白之傅。

③君使民慢:言君主政令无常,使人民生出怠慢之心。慢,松弛,放纵。

④公子小白:齐僖公之子,齐襄公之弟,无知死后入为桓公,春秋五霸之首。

⑤管夷吾:即管仲,齐国大夫,公子纠之傅。召忽:齐国大夫,亦公子纠之傅。公子纠:公子小白的庶兄,其母为鲁公族之女。

【译文】

当初,齐襄公即位,施政没有准则,使人不知所措。鲍叔牙说:"国君放纵,百姓懈怠,祸乱将要发生了。"就侍奉公子小白避乱到莒国。叛乱发生,管夷吾、召忽侍奉公子纠逃到鲁国来。

【穀梁传】大夫弑其君,以国氏者,嫌也^①,弑而代之也。

【注释】

①嫌:有篡夺君位的嫌疑。

【译文】

大夫杀国君,记载时在他的名字前冠以国名,表示有篡夺君位的嫌疑,杀了国君取而代之。

＊【左传】初,公孙无知虐于雍廪^①。

【注释】

①公孙无知虐于雍廪:案此当与九年传文"雍廪杀无知"相连,是以年分传者之妄分。虐,虐待。雍廪,齐地葵丘大夫。

【译文】

当初,公孙无知虐待雍廪。

九年

【经】九年春^①,齐人杀无知^②。

【注释】

①九年:鲁庄公九年当周庄王十二年,前685年。

②齐人：指雍廪。

【译文】

鲁庄公九年春，齐国人杀死公孙无知。

【左传】九年春，雍廪杀无知。

【译文】

鲁庄公九年春，雍廪杀死公孙无知。

【穀梁传】无知之挈①，失嫌也②。称人以杀大夫③，杀有罪也。

【注释】

①挈（qiè）：提，指特用其名，称名不称族。这里是说提到无知的名字。可与隐公四年卫人杀州吁互相参考。

②失嫌：失去主政的权力。

③称人：指经文书写"齐人"。

【译文】

提到无知的名字，是说他失去了主政的权力。经文称"人"诛杀，表示被诛杀者是有罪的人。

【经】公及齐大夫盟于蔇①。

【注释】

①蔇（xì）：鲁地名，在今山东枣庄。《公羊传》《穀梁传》作"暨"。案齐国遭无知之难，齐襄公被弑，公子纠出奔鲁，公子小白出奔莒。

此时无知已被诛讨，齐大夫欲迎立公子纠，鲁国不与，而与齐大夫盟于暨。案时月日例，盟例日，小信月，大信时。此条蒙上条之"春"字，故是大信之辞。然此盟实为不信，后齐谋立公子小白，鲁国又欲纳公子纠而伐齐，不能纳，最后被齐国胁迫而杀死了公子纠，《春秋》为鲁国讳耻，故于此处作大信之辞。

【译文】

鲁庄公及齐国大夫在蔇地会盟。

【左传】公及齐大夫盟于蔇，齐无君也。

【译文】

鲁庄公和齐国的大夫在蔇地结盟，这是因为当时齐国没有国君的缘故。

【公羊传】公曷为与大夫盟^①？齐无君也。然则何以不名^②？为其讳与大夫盟也，使若众然^③。

【注释】

①公曷为与大夫盟：案礼制，国君与大夫地位不等，盟则表示双方平等，故公与大夫盟需避讳，不出"公"字，如"及齐高傒盟于防"。此处有"公"字，又书"与齐大夫盟"，故而发问。

②不名：即不书齐国大夫之名。

③使若众然：即如同鲁庄公尽得齐国大夫而盟。案庄公与一二大夫盟则有耻，若尽得齐大夫而盟，则耻辱小一些，以此为庄公避讳。

【译文】

庄公为何与大夫结盟？因为齐国此时没有国君。那么为何不书齐国大夫之名？是为庄公避讳与大夫结盟，好像尽得齐国大夫而盟，这样耻辱小些。

【穀梁传】公不及大夫①。大夫不名，无君也。盟，纳子纠也②。不日，其盟渝也。当齐无君，制在公矣③。当可纳而不纳④，故恶内也⑤。

【注释】

①公不及大夫：意为鲁国国君不与别国大夫结盟。范甯注："《春秋》之义，内大夫可以会诸侯，公不可以盟外大夫，所以明尊卑，定内外也。"

②纳子纠也：送公子纠回国。庄公九年主要涉及齐国的公子纠和公子小白争夺君位之事。齐襄公即位后，管仲和召忽保公子纠逃到母舅鲁国避难，鲍叔牙保公子小白到莒国避难。齐襄公去世，公孙无知被杀之后，二位公子争夺君位，鲁国欲送公子纠回国即位，遣管仲在公子小白回国路上截击，公子小白诈死后偷偷回国，而鲁国以为小白已死便缓缓送公子纠回国，晚于公子小白，公子小白即位为齐桓公，发兵在乾时击败鲁军，后又杀死公子纠，详见《史记·齐太公世家》。

③制：裁决，裁断。

④当可纳而不纳：指鲁国送公子纠回国晚了，让公子小白当上了齐君。

⑤内：指鲁国。

【译文】

鲁国国君不与别国大夫结盟。经文没有说大夫的名字，因为齐国没有国君。约定的内容，是送公子纠回国。不记载日期，是因为盟约变了。在齐国没有国君时，决定权在鲁庄公手里。在可以送回国的时候而没有送回国，所以贬低鲁国。

【经】夏，公伐齐，纳子纠①。

【注释】

①纳子纠：送子纠回国。《公羊传》《穀梁传》作"纳纠"。

【译文】

夏，鲁庄公攻打齐国，送子纠回国。

【左传】夏，公伐齐，纳子纠。

【译文】

夏，庄公进攻齐国，护送公子纠回国即位。

【公羊传】纳者何？入辞也①。其言伐之何②？伐而言纳者，犹不能纳也。纠者何？公子纠也③。何以不称公子？君前臣名也④。

【注释】

①入辞：即入国（都）之辞。《春秋》书"纳"，表明凭借外国的力量入国得位，故为入国之辞。

②其言伐之何：伐，是以兵推入国境伐击之意，并未进入国都。而纳是入国都之辞，两者矛盾，故而发问。后文云"伐而言纳者，犹不能纳也"，则经文书"伐"而"纳"，表明鲁不能纳纠。若纳纠成功，宜书"纳纠于齐"，不必书"伐齐"。

③公子纠：案公子纠之身份有两说，《史记》《管子》以公子纠、公子小白（齐桓公）为齐襄公之庶弟，且纠年长。《白虎通》则以公子纠为齐襄公贵妾之子。但无论怎样，齐襄公死后，公子纠是第一

继承人。又案时月日例，大国篡例月，此处书时，表明公子纠宜立为君，不为篡。

④君前臣名：案礼制，在君王面前，只称臣子之名。经中之君，指的是鲁庄公。臣，指的是公子纠。公子纠虽理应继承齐国君位，然出奔而臣于鲁，则是鲁国之臣，故依"君前臣名"之制，称之为"纠"，而不称"公子纠"。另一方面，"公子"之称，表明是先君之子，按照礼制，公子无去国之道，公子纠出奔臣于鲁，故去其"公子"之氏。

【译文】

"纳"是什么意思？是入国之辞。经文为何言"伐"？伐而言纳，就表示不能纳。纠是什么人？是公子纠。为何不称"公子"？因为在国君面前要称臣下的名。

【穀梁传】当可纳而不纳，齐变而后伐，故乾时之战不讳败，恶内也。

【译文】

在可以送回国的时候而没有送回国，齐国发生了变故之后去讨伐，所以记录乾时之战时不避讳说战败，是为了贬低鲁国。

【经】齐小白入于齐。

【译文】

齐国公子小白进入齐国。

【左传】桓公自莒先入①。

【注释】

①桓公自莒先入：据《史记·齐太公世家》："及雍林人杀无知，议立君，高、国先阴召小白于莒。鲁闻无知死，亦发兵送公子纠，而使管仲别将兵遮莒道，射中小白带钩。小白佯死，管仲使人驰报鲁。鲁送纠者行益迟，六日至齐，则小白已入，高傒立之，是为桓公。"

【译文】

齐桓公从莒国抢先回到齐国。

【公羊传】曷为以国氏①？当国也。其言入何？篡辞也②。

【注释】

①国氏：以国为氏，经书"齐小白"即是。案"齐小白"实为公子小白，因其篡公子纠之君位，故以国为氏，此是当国之辞。

②篡辞：即表明篡位之辞，案《春秋》中"立""纳""入"皆为篡辞。齐襄公去世后，公子纠以次当立，小白入于齐则为篡位。值得注意的是，据时月日例，大国篡例月，此条则书时，是移恶于鲁国。因小白成篡，由鲁不早送公子纠之故。

【译文】

为何以国为氏？因小白把持国政篡夺君位。言"入"是什么意思？是表明篡位之辞。

【穀梁传】大夫出奔反，以好曰归，以恶曰入。齐公孙无知弑襄公，公子纠、公子小白不能存，出亡。齐人杀无知，而迎公子纠于鲁。公子小白不让公子纠，先入，又杀之于鲁，故曰齐小白入于齐，恶之也。

【译文】

大夫出逃回来,认为他好就记"归",认为他不好就记"入"。齐国的公孙无知杀了齐襄公,公子纠、公子小白不能待下去,出逃国外。齐国人杀了公孙无知,到鲁国迎接公子纠。公子小白不相让于公子纠,先进入齐国,又在鲁国杀害他,所以经文说"齐小白入于齐",是厌恶他。

△**【经】**秋七月丁酉①,葬齐襄公。

【注释】

①丁酉,葬齐襄公:去年十一月,公孙无知弑齐襄公,今年春,齐人杀无知,则弑君之贼已讨,故书齐襄公之葬。又此时距襄公被弑,已有九个月,经文书日,属于"过时而日","痛贤君不得以时葬"。丁酉,二十四日。

【译文】

秋,七月二十四日,安葬齐襄公。

【经】八月庚申①,及齐师战于乾时②,我师败绩③。

【注释】

①庚申:十八日。

②乾(gān)时:地名,在今山东临淄。

③我师败绩:顾栋高曰:"庄公可谓无人心者矣,父亲被弑,不闻有一旅之师问罪。元年而即为齐主昏,二年而纵母姜氏会齐侯于禚,三年而会齐师伐卫,四年而亲与齐侯为狩,五年复会齐伐卫纳朔,抗天王之命,六年而纳齐人来归卫宝,纳篡弑之赂,七年而姜氏会齐侯于防于穀,八年而治兵围郕,郕降齐师,至襄公之见弑而后已。其于弑父之仇,奔走惟命,不啻前子之于假父,孱弱极矣。至

齐君弑国乱,反纳其亡公子以为德,躬御戎旅,战于乾时……兵败不悔,何怯于复仇而勇于助乱若是哉!"

【译文】

八月十八日,我军与齐军在乾时交战,我军大败。

【左传】秋,师及齐师战于乾时,我师败绩。公丧戎路①,传乘而归②。秦子、梁子以公旗辟于下道③,是以皆止④。

【注释】

①丧戎路:放弃战车。戎路,兵车。

②传乘:转乘他车。或曰此专指战场上一种两匹马驾的快车。《晋书·舆服志》:"追锋车,去小平盖,加通幰,如轺车,驾二。追锋之名,盖取其迅速也,施于戎阵之间,是为传乘。"

③秦子、梁子以公旗辟于下道:秦子、梁子,庄公的车御与车右。辟,守御。下道,小道。案此欲诱惑齐军使鲁庄公得以逃脱。

④止:被俘。

【译文】

秋,我军和齐军在乾时作战,我军大败。庄公丧失战车,乘坐轻车逃了回来。秦子、梁子打着庄公的旗号守卫在小道上作掩护,都被齐军俘虏了。

【公羊传】内不言败①,此其言败何?伐败也②。曷为伐败?复仇也③。此复仇乎大国,曷为使微者④?公也。公则曷为不言公?不与公复仇也。曷为不与公复仇?复仇者在下也⑤。

【注释】

①内不言败：内指鲁国。按照《春秋》之例，鲁国若战败，则书"战"以明之，不需再书"我师败绩"（参见桓公十年"齐侯、卫侯、郑伯来战于郎"条注释）。此战却书"我师败绩"，故而发问。

②伐败：伐，夸。经书"我师败绩"，是为了夸耀战败。

③复仇：复仇以死败为荣，故有伐败之说。此战实为鲁庄公纳公子纠不成，齐国复立公子小白，鲁国大夫建议，打着替鲁桓公复仇的旗号伐齐。此虽非诚心复仇，《春秋》借此表明复仇本当以死败为荣，故伐败。

④曷为使微者：案《春秋》之例，经书"及齐师"，不出主名，则表明乾时之战鲁国方面是由士领兵的，故言"微者"。然事实上复仇于大国，是鲁庄公亲自领兵，经本当书"公及齐师"，今书"及齐师"，故而发问。

⑤复仇者在下也：鲁庄公本为公子纠之事伐齐，而诸大夫以为不如以复仇为旗号，则庄公无复仇之心，故云"复仇者在下也"。《春秋》借此表明，复仇当诚信至意，若以复仇谋他事，则"不与复仇"。

【译文】

涉及鲁国的战争依例不言"我师败绩"，此处言败是为何？是夸耀战败。为何夸耀战败？因为是复仇之战，以死败为荣。这是向大国复仇，为何只派微者将兵？实际是鲁庄公将兵。鲁庄公将兵，那么为何不言"公"？因为鲁庄公此次复仇，《春秋》并不赞许。为什么不赞许鲁庄公复仇？因为想要复仇之人是臣下。

【经】九月，齐人取子纠杀之。

【译文】

九月，齐国人索取子纠，把他杀了。

【左传】鲍叔帅师来言曰："子纠，亲也[1]，请君讨之。管、召，仇也[2]，请受而甘心焉。"乃杀子纠于生窦[3]，召忽死之[4]。管仲请囚，鲍叔受之，及堂阜而税之[5]。归而以告曰："管夷吾治于高傒[6]，使相可也。"公从之。

【注释】

①亲：指亲兄弟。

②仇：仇敌。

③生窦：在今山东菏泽北。

④死之：为之死，指自杀。之，指公子纠。

⑤堂阜：齐地名，齐鲁交界处，在今山东蒙阴。税：通"脱"，释放。

⑥治于高傒：指政治才能超过高傒。高傒，齐国执政大臣。

【译文】

鲍叔率领军队代表齐桓公来鲁国说："子纠，是我齐君的亲人，请国君代我齐国诛杀。管仲、召忽，是我齐君的仇人，请交给我们让我们称心快意地处置。"于是就在生窦杀死公子纠，召忽自杀。管仲请求把他押送回齐国，鲍叔接受请求，到了堂阜就把他释放了。回国后，鲍叔报告齐桓公说："管仲治国的才能超过高傒，可以让他辅助国君。"齐桓公接纳了这个意见。

【公羊传】其取之何[1]？内辞也[2]。胁我，使我杀之也[3]。其称子纠何[4]？贵也。其贵奈何？宜为君者也[5]。

【注释】

①其取之何：唐石经作"其言取之何"，当从之。案《春秋》之例，"取"是"易辞"，有轻而易举之意。然于异国杀人，并非易事，如

"楚人杀陈夏徵舒",言"杀"不言"取";"楚子伐吴,执齐庆封杀
之",言"执"不言"取",故而发问。

②内辞:内指鲁国,即为鲁国避讳之辞。

③胁我,使我杀之也:公子小白得国之后,威胁鲁国杀掉公子纠,故
纠实为鲁国所杀。而经书"齐人取子纠杀之",是为鲁国避讳。
然事实亦有迹可循,不言"齐侯取子纠杀之"而言"齐人",则是
"称人共国辞",一个"人"字,齐鲁共有,知是齐国使鲁杀之。

④其称子纠何:案名例,经文当书"齐人取公子纠杀之",不应书"子
纠"。又案嗣君之名例"君薨称子某",则"子纠"为嗣君之称,然
纠未立为君,不应有此称谓,故而发问。

⑤宜为君者:公子纠本应继承齐国君位,是"宜为君者",经书"子纠",
以嗣君之号称之,即为表明这一点。如此则子纠等同于未逾年君,
而齐鲁均有弑君之恶。又据时月日例,外未逾年君被弑书月。

【译文】

经文书"取"是为何? 是为我国避讳之辞。齐国胁迫我国,使我国
杀了他。经文称"子纠"是为何? 因为他尊贵。尊贵是为何? 因他本宜
为君。

【穀梁传】外不言取,言取,病内也①。取,易辞也,犹曰
取其子纠而杀之云尔。十室之邑,可以逃难,百室之邑,可
以隐死。以千乘之鲁而不能存子纠,以公为病矣。

【注释】

①病:指责,责备。

【译文】

对外国是不用"取"字的,用"取"字,是责备鲁国。取,是表示很容
易的说辞,就相当于"很容易地得到公子纠而后把他杀害了"的说法。有

十户人家的小城，可以逃避危难，有百户人家的小城，可以隐藏不死。凭借有千乘战车的鲁国却不能保住公子纠，经文认为这是鲁庄公的耻辱。

【经】冬，浚洙①。

【注释】

①浚（jùn）：疏浚，挖掘。《公羊传》认为，鲁国杀死子纠后，仍心存畏惧，故挖深洙水，防备齐国。洙：洙水，源出今山东泰安，后入泗水。

【译文】

冬，疏通洙水的河道。

【公羊传】洙者何？水也。浚之者何？深之也。曷为深之？畏齐也。曷为畏齐也？辞杀子纠也①。

【注释】

①辞杀子纠：推辞杀子纠，以此为浚洙的缘由。此是为鲁国避讳畏齐之耻。上条"齐人取子纠杀之"，实为鲁国受胁迫而杀子纠，经书齐人杀之，是为鲁避讳。此条顺着讳文，好像上条真的是鲁国不肯杀子纠，齐人取而杀之，鲁畏齐怒，故浚洙设防。如此则比鲁国杀子纠后，仍畏惧齐国，耻辱来得小。

【译文】

"洙"是什么？是河流。"浚"之是什么意思？是挖深之。为何要挖深洙水？是畏惧齐国。因何畏惧齐国？是推辞杀子纠的缘故。

【穀梁传】浚洙者，深洙也。著力不足也①。

【注释】

①著:显现。

【译文】

浚洙,就是挖深洙水的河道。显现出鲁国的兵力不足。

十年

【经】十年春王正月①**,公败齐师于长勺**②**。**

【注释】

①十年:鲁庄公十年当周庄王十三年,前684年。

②公败齐师于长勺:长勺,在今山东莱芜东北。《春秋大事表》引金贤曰:"观长勺之胜,则鲁与齐战,鲁岂尽出齐下。使庄公移乾时之战于鲁桓遇弑之时,移长勺之战于齐襄未死之日,则胜败俱荣。乃不用之复仇,而用之以纳仇人之子,可胜叹哉!"

【译文】

鲁庄公十年春周历正月,鲁庄公在长勺打败齐军。

【左传】十年春,齐师伐我①**。公将战,曹刿请见**②**。其乡人曰:"肉食者谋之**③**,又何间焉**④**。"刿曰:"肉食者鄙**⑤**,未能远谋。"乃入见。问何以战。公曰:"衣食所安,弗敢专也**⑥**,必以分人。"对曰:"小惠未遍**⑦**,民弗从也。"公曰:"牺牲玉帛**⑧**,弗敢加也**⑨**,必以信**⑩**。"对曰:"小信未孚**⑪**,神弗福也。"公曰:"小大之狱,虽不能察,必以情**⑫**。"对曰:"忠之属也**⑬**,可以一战,战则请从。"**

【注释】

①齐师伐我：齐师伐鲁，是为了去年鲁欲送公子纠入齐即位的事。

②曹刿（guì）：又叫曹沫，生卒年不详，春秋时鲁国大夫。事迹见《史记·刺客列传》。

③肉食者：当时习惯语，指当官的贵族，大夫以上。

④间（jiàn）：参与。

⑤鄙：鄙陋，无远见。

⑥弗敢专：不敢专有享用，必分给群臣。

⑦未遍：不能周遍，人人皆有。

⑧牺牲：祭祀用的猪、牛、羊。

⑨加：增加。此指虚报。

⑩信：诚信。

⑪未孚：未取得信任。孚，信任。

⑫必以情：指处理得合情合理。

⑬忠：忠诚无私，尽心竭力。

【译文】

鲁庄公十年春，齐国的军队来攻打我国。庄公准备迎战，曹刿请求接见。他的同乡人说："那些每天都吃肉的人在那里谋划，你又去参与什么？"曹刿说："吃肉的人鄙陋无远见，不能作长远考虑。"于是入宫进见庄公。曹刿问庄公："凭什么来作战？"庄公说："有吃有穿，不敢独自享受，一定分给别人。"曹刿回答说："小恩小惠不能周遍，百姓不会服从的。"庄公说："祭祀用的牛羊玉帛，不敢擅自增加，祝史的祷告一定反映真实情况。"曹刿回答说："一点点诚心不会取得神明的信任，神明不会降福的。"庄公说："大大小小的案件，虽然不能完全探明底细，但必定合情合理去办。"曹刿回答说："这是为百姓尽力的一种表现，凭这个可以打一下。打起来，请让我跟着去。"

公与之乘，战于长勺。公将鼓之①。刿曰："未可。"齐人三鼓，刿曰："可矣。"齐师败绩。公将驰之②。刿曰："未可。"下视其辙③，登轼而望之④，曰："可矣。"遂逐齐师。

【注释】

①鼓：擂鼓进军。

②驰之：驱动战车追击齐军。

③辙：车轮走过的痕迹。

④轼：车前扶手横木，全车最高点。

【译文】

庄公和曹刿同乘一辆兵车，与齐军在长勺展开战斗。庄公准备击鼓进军。曹刿说："还不行。"齐国人打了三通鼓，曹刿说："可以了。"齐军大败。庄公准备追上去。曹刿说："还不行。"下车，细看齐军的车辙，然后登上车前横木远望，说："行了。"这才追击齐军。

既克，公问其故。对曰："夫战，勇气也。一鼓作气，再而衰，三而竭。彼竭我盈，故克之。夫大国难测也，惧有伏焉。吾视其辙乱，望其旗靡①，故逐之。"

【注释】

①视其辙乱，望其旗靡：辙乱说明行列不整，旗倒则师失耳目，说明失去指挥，所以知其为真败。靡，倒下。

【译文】

战胜以后，庄公问曹刿取胜的缘故。曹刿回答说："作战全凭勇气。第一通鼓振奋勇气，第二通鼓勇气就少了一些，第三通鼓勇气就没有了。他们的勇气没有了，而我们的勇气刚刚振奋，所以战胜了他们。大国的情况难于捉摸,还恐怕有埋伏。我细看他们的车辙已经乱了,远望他们的旗子已经倒下,所以才追逐他们。"

【穀梁传】不日,疑战也①。疑战而曰败,胜内也。

【注释】
①疑战:指突然袭击。

【译文】
不记载日期,因为是突然袭击。突袭而又说击败,因为是鲁国取得胜利。

【经】二月,公侵宋①。

【注释】
①侵:古时出兵,有钟鼓之声叫伐,没有就叫侵。

【译文】
二月,鲁庄公攻打宋国。

【公羊传】曷为或言侵,或言伐? 粗者曰侵①,精者曰伐②。战不言伐③,围不言战④,入不言围⑤,灭不言入⑥,书其重者也。

【注释】
①粗者曰侵:粗,指用兵之意粗浅。侵,侵责。何休云:"将兵至竟,以过侵责之,服则引兵而去,用意尚粗。"案时月日例,侵例时,此处书月,是庄公连年构怨于大国,故危之。

②精者曰伐：精，指用兵之意精密。伐，伐击。何休云："侵责之不服，推兵入竟，伐击之益深，用意稍精密。"

③战不言伐：战，合兵血刃曰战。伐仅是推兵入境，战则是短兵相接，用兵之意更重，若战伐兼有，则仅书战，不书伐。

④围不言战：围，即包围都城，与"战"相较，用兵之意更重，故云"围不言战"。

⑤入不言围：攻入都城，得而不居，重于"围"，故云"入不言围"。

⑥灭不言入：取其国曰灭，灭重于"入"，故云"灭不言入"。

【译文】

经文为何有时书"侵"，有时书"伐"？用兵之意，粗浅者称侵，稍稍精密者称伐。有战则不书伐，有围则不书战，有入则不书围，灭国则不书入，都只记录程度重的。

【穀梁传】侵时，此其月，何也？乃深其怨于齐，又退侵宋以众其敌，恶之，故谨而月之。

【译文】

入侵一般记载季节，这里经文记载月份，为什么呢？已经加深了和齐国的怨仇，又退兵入侵宋国来增加自己的敌人，贬低这种做法，所以慎重地记载了这件事的月份。

【经】三月，宋人迁宿①。

【注释】

①迁：迁走百姓，占有其土地。宿：国名，风姓，约在今山东东平东南。

【译文】

三月，宋国人迁走宿地的百姓。

【公羊传】迁之者何①？不通也，以地还之也②。子沈子曰："不通者，盖因而臣之也③。"

【注释】

①迁之者何：案《春秋》之例，若真是迁，须言"迁于某地"，今未言"于某"，故而发问。

②以地还之：还，绕。即宋国绕取宿国周边之地，使其不得与外界交通，迫使宿君迁去。何休云："宋本欲迁宿君取其国，不知宿之不肯邪？宋逆诈邪？先绕取其地，使不得通四方，宿穷，从宋求迁。"并非是真的迁宿于某地。

③因而臣之：宋国使宿国不与外部交通，迫使宿君迁去，因而臣有宿国。《春秋》书此，一是谴责宋国迁取天子之封国，与灭国同罪；一是谴责宿君不能死社稷。

【译文】

迁徙宿国是什么意思？是使宿国不能与外界交通，绕取了周边之地。子沈子说："使宿国不能与外界交通，大概是因此而臣有宿国。"

【穀梁传】迁，亡辞也。其不地①，宿不复见也。迁者，犹未失其国家以往者也。

【注释】

①不地：不记载迁往何处。

【译文】

迁，是灭亡的说辞。经文没有记载迁往何处，宿国也没有在经文中再出现了。用"迁"字，就好像没有失去国家而离开了一样。

【经】夏六月,齐师、宋师次于郎①。公败宋师于乘丘②。

【注释】

①次:停军驻扎。郎:鲁国国都之近邑。

②公败宋师于乘丘:乘丘,在今山东兖州西南。案庄公继位之初,齐、鲁共四次交兵,都是为了纳子纠一事。

【译文】

夏六月,齐军、宋军驻扎在郎地。鲁庄公在乘丘打败宋军。

【左传】夏六月,齐师、宋师次于郎。公子偃曰①:"宋师不整②,可败也。宋败,齐必还,请击之。"公弗许。自雩门窃出③,蒙皋比而先犯之④,公从之,大败宋师于乘丘。齐师乃还。

【注释】

①公子偃:鲁国大夫。

②不整:军纪混乱。

③雩门:鲁南城西门。窃出:私自出击。

④蒙皋比:以虎皮蒙马。皋比,虎皮。

【译文】

夏六月,齐国和宋国的军队驻扎在郎地。公子偃说:"宋军的军容不整齐,可以打败他们。宋军败了,齐军必然回国,请您攻击宋军。"庄公不同意。公子偃从雩门私自出击,把马蒙上老虎皮先攻宋军,庄公领兵跟着进击,在乘丘把宋军打得大败。齐军也就回国了。

【公羊传】其言次于郎何?伐也①。伐则其言次何?齐与伐而不与战^②，故言伐也。我能败之，故言次也^③。

【注释】

①伐：事实上齐、宋二师伐鲁，经文不书"伐"，而书"次"，理由见下
面传文。

②齐与伐而不与战：与，参与。即齐师参与了伐击鲁国，却并未与鲁
国交战，故言"伐"（经文用"次"代替"伐"）以明之。若交战，则
当依"战不言伐"之例，仅书"战"。

③我能败之，故言次也：即齐、宋二师仅止次于郎，鲁国就击败了宋
师，齐师亦退兵，故不书"伐"而书"次"，表明未成于伐。《春秋》
书此，何休云："明国君当强，折冲当远，鲁微弱深见犯，至于近
邑，赖能速胜之，故云尔。"

【译文】

经文言驻扎在郎邑，是为何？实际是伐击鲁国。"伐"则为何要言"次"？
因为齐国参与了伐击，未参与交战，故需言"伐"。我国能击败宋师，故言
"次"。

【穀梁传】次，止也。畏我也。不日，疑战也。疑战而
曰败，胜内也。

【译文】

次，是驻扎的意思。畏惧我国。不记载日期，因为是突然袭击。突
袭而又说击败，因为是鲁国取得胜利。

【经】秋九月，荆败蔡师于莘^①，以蔡侯献舞归^②。

【注释】

①荆：即楚国。楚先王熊绎僻处荆山，后来常称楚为荆。莘：蔡地名，在今河南汝南。

②以：俘获。蔡侯献舞：即蔡哀侯，名献舞。《穀梁传》作"献武"。

【译文】

秋九月，楚国在莘地打败蔡军，俘获了蔡哀侯献舞回国。

【左传】蔡哀侯娶于陈，息侯亦娶焉。息妫将归①，过蔡②。蔡侯曰："吾姨也③。"止而见之，弗宾④。息侯闻之，怒，使谓楚文王曰："伐我，吾求救于蔡而伐之。"楚子从之。秋九月，楚败蔡师于莘，以蔡侯献舞归。

【注释】

①归：出嫁。

②过蔡：陈都宛丘在今河南淮阳，蔡都在今河南上蔡西南，息在今河南息县。息妫由陈至息必过蔡。

③姨：妻子的姐妹。

④弗宾：不礼貌。据十四年传，息妫甚美，则此所谓弗宾，盖有轻佻之行。

【译文】

蔡哀侯在陈国娶妻，息侯也在陈国娶妻。息妫出嫁时路过蔡国。蔡侯说："她是我妻子的姐妹。"留下来见面，很不礼貌。息侯听到这件事，发怒，派人对楚文王说："请您假装进攻我国，我向蔡国求援，您就可以攻打它。"楚文王同意。秋九月，楚国在莘地击败蔡军，俘虏了蔡侯献舞回国。

【公羊传】荆者何？州名也①。州不若国，国不若氏，氏不若人，人不若名，名不若字，字不若子②。蔡侯献舞何以名③？绝。曷为绝之？获也④。曷为不言其获？不与夷狄之获中国也⑤。

【注释】

①州名：州谓九州，即冀、兖、青、徐、扬、荆、豫、梁、雍。此处经书"荆"，即是以州名指称楚国。

②"州不若国"几句：州、国、氏、人、名、字、子，为《春秋》七等进退之法。《春秋》中，诸夏之国称爵，即公、侯、伯、子、男。夷狄进为中国则称"子"，若未进为中国，则以"州、国、氏、人、名、字"六等称之。其中称州名为最低一等，如此条之"荆"；若行稍进，则称"国"，如经有单称"楚"者；行再进则称"氏"，如经中有"潞氏"；再进则称"人"，如"楚人""吴人"；行又进则称"名"，如经中有"介葛庐"；再进则称"字"，如经中有"邾娄仪父"；纯同于中国则称"子"，如"楚子"。反之，若有夷狄之行，则依七等退之。值得注意的是，之所以进退有七等之多，是因当时夷狄反复无常，同时像楚国这样的夷狄非常强大，不能猝然暴责之，故从最低的称号开始，"进之以渐"，容有余地。

③蔡侯献舞何以名：案礼制，诸侯不生名，故发问。

④获：得，战而为敌所得。国君当死位，若被获则是大恶，《春秋》绝之。

⑤不与夷狄之获中国：不与，即不允许。夷狄，指楚国。中国，诸夏之国，此处指蔡国。因获有"治"之意，夷狄不能"治"中国，故不书"获蔡侯"，而书"以蔡侯献舞归"。可参看隐公七年"戎伐凡伯于楚丘以归"条。

【译文】

荆是什么？是州名。《春秋》对于夷狄的称号，称州不如称国，称国不如称氏,称氏不如称人,称人不如称名,称名不如称字,称字不如称子。蔡侯献舞为何称名?是被诛绝了。为什么被诛绝?因为被俘获了。为何不言他被俘获了?因为不允许夷狄俘获诸夏之国。

【穀梁传】荆者楚也。何为谓之荆?狄之也。何为狄之?圣人立,必后至,天子弱,必先叛,故曰荆,狄之也。蔡侯何以名也?绝之也。何为绝之?获也。中国不言败[1],此其言败,何也?中国不言败,蔡侯其见获乎?其言败,何也?释蔡侯之获也。以归,犹愈乎执也。

【注释】

①中国:指中原各国。

【译文】

荆就是楚国。为什么称呼它为荆?是把它看做蛮族。为什么把它看做蛮族?天子即位,它一定最后来朝见,天子柔弱,它一定最先背叛,所以称为荆,把它看做蛮族。为什么称呼蔡哀侯的名字?是弃绝他。为什么弃绝他?因为他被俘虏了。中原各国不用"败"字,这里经文说了"败",为什么呢?中原各国不用"败"字,大概是因为蔡哀侯被俘虏了吧?经文说"败",为什么呢?是为了说明蔡哀侯被俘虏了。说"以归",尚且比说"执"要委婉一些。

【经】冬十月,齐师灭谭[1],谭子奔莒。

【注释】

①谭:诸侯国名,在今山东济南。

【译文】

冬十月,齐军灭亡了谭国,谭子逃到莒国。

【左传】齐侯之出也①,过谭,谭不礼焉②。及其入也③,诸侯皆贺,谭又不至。冬,齐师灭谭,谭无礼也。谭子奔莒,同盟故也。

【注释】

①齐侯:指齐桓公。出:指齐桓公外出逃亡。

②不礼:不加礼遇。

③入:指齐桓公回国登位。

【译文】

齐侯逃亡在外的时候,经过谭国,谭国人对他很不礼貌。等到他回国,诸侯都去祝贺,谭国又没有人去。冬,齐军就灭亡了谭国,这是由于谭国没有礼貌。谭子逃亡到莒国,这是因为两国同盟的缘故。

【公羊传】何以不言出①? 国已灭矣,无所出也。

【注释】

①何以不言出:即经何以不言"谭子出奔",而仅书"奔"。案《春秋》书"出奔",表明国存而奔;书"奔",则是国灭而奔。

【译文】

何以不言"出"字? 国已经被灭了,无国可出了。

十一年

△【经】十有一年春王正月①。

【注释】

①十有一年:鲁庄公十一年当周庄王十四年,前683年。

【译文】

鲁庄公十一年春周历正月。

【经】夏五月戊寅①**,公败宋师于鄑**②**。**

【注释】

①戊寅:十七日。

②鄑(zī):鲁地名,与庄公元年之"鄑"不同地。具体所在不详。

【译文】

夏五月十七日,庄公在鄑地打败宋军。

【左传】十一年夏,宋为乘丘之役故侵我。公御之。宋师未陈而薄之①,败诸鄑②。凡师,敌未陈曰败某师,皆陈曰战,大崩曰败绩③,得俊曰克④,覆而败之曰取某师⑤,京师败曰王师败绩于某⑥。

【注释】

①陈:同"阵"。薄:逼近。

②诸:之于。

③大崩:全军崩溃。

④得俊:俘虏对方勇将。

⑤覆:设伏兵。

⑥京师:周天子的军队。

【译文】

鲁庄公十一年夏,宋国为了乘丘那次战役的缘故而入侵我国。庄公出兵迎战。宋国的军队还没有摆开阵势,我军就逼近压过去,在鄑地打败宋军。凡是作战，敌方没有摆开阵势叫做"败某师"，都摆开了阵势叫做"战"，大崩溃叫做"败绩"，俘虏敌方的勇士叫做"克"，伏兵而击败敌军叫做"取某师"，周天子的军队被打败叫做"王师败绩于某"。

　　【穀梁传】内事不言战①，举其大者。其日，成败之也②。宋万之获也③。

【注释】

　　①内事不言战：对有鲁国参与的战争不用"战"字，只记载战争结果。如果用"战"字，那就是鲁国战败的讳饰之辞。

　　②成：范甯认为是"结日列陈，不以诈相袭，得败师之道，故曰成也"。结日是占卜用语，《说文解字》中解释"成"为"成，就也"。《广韵》中解释"成"为"凡功卒业就谓之成"。

　　③宋万：宋国大夫，南宫长万，南宫是其氏，长是其字，万是其名。

【译文】

　　鲁国参与的战争不说"战"，只说出重要的。经文记载日期，是为了表明正大光明地打败宋国。宋万被俘虏了。

　　【经】秋，宋大水。

【译文】

　　秋，宋国发大水。

　　【左传】秋，宋大水。公使吊焉①，曰："天作淫雨②，害于粢盛③，若之何不吊④？"对曰："孤实不敬⑤，天降之灾，又以为君忧，拜命之辱。"臧文仲曰⑥："宋其兴乎。禹、汤罪己，其兴也悖焉⑦；桀、纣罪人，其亡也忽焉⑧。且列国有凶⑨，称孤，礼也。言惧而名礼⑩，其庶乎⑪。"既而闻之曰公子御说之辞也⑫，臧孙达曰⑬："是宜为君，有恤民之心⑭。"

【注释】

①吊：慰问。

②淫雨：久雨。

③粢盛（zī chéng）：指百谷。

④若之何：如何。

⑤孤：君主自己的谦称。此指宋闵公。

⑥臧文仲：鲁国大夫。即臧孙辰。

⑦悖：通"勃"，勃然兴起。

⑧忽：迅速。

⑨列国：诸侯国。凶：灾荒。

⑩言惧：言语惶恐。指前面宋公说的不敬天而降灾，这是罪己。名礼：指称孤。

⑪庶：庶几，有希望。

⑫既而：不久。公子御说（yuè）：宋桓公，宋庄公之子，宋闵公弟。

⑬臧孙达：臧哀伯。臧文仲的祖父。

⑭恤民：体恤、爱护百姓。

【译文】

秋，宋国发大水。庄公派使者去慰问，说："上天降下大雨，危害了庄稼，怎么能不慰问呢？"宋闵公回答说："孤对于上天不诚敬，上天降灾，还使贵国国君担忧，承蒙关注，实不敢当。"臧文仲说："宋国恐怕要兴盛了吧！禹、汤责罚自己，他们勃然兴起；桀、纣责罚别人，他们马上灭亡。而且诸侯国发生灾荒，国君称孤，这是合于礼的。言语有所戒惧而称名合于礼制，这就差不多了吧！"不久，又听说上面那番话是公子御说所说的,臧孙达说:"这个人适合当国君,因为他有体恤百姓的心思。"

【公羊传】何以书? 记灾也。外灾不书^①,此何以书? 及我也^②。

【注释】

①外灾不书:外灾,指鲁国以外的灾害。《春秋》常例,仅记录鲁国的灾害,故云"外灾不书"。

②及我也:及,波及。鲁宋为邻国,宋之水灾波及鲁国,若仅书鲁灾,则宋灾不见;二灾俱书,则文烦;故以书外灾的方式,表明鲁亦有灾。值得注意的是,外灾不书是《春秋》常例,然有例外情况:第一,外灾"及我"则书,如此条及庄公二十年"齐大灾",传亦云"及我也"。第二,为二王后记灾,如襄公九年"春,宋火",传云"外灾不书,此何以书? 为王者之后记灾"(宋火灾未波及鲁国,故依为二王后记灾之例)。

【译文】

为何记录此事? 是记录灾害。鲁国之外的灾害,例所不书,此处为何书? 因为波及到了我国。

【穀梁传】外灾不书,此何以书? 王者之后也^①。高下有水灾曰大水。

【注释】

①王者之后:宋国是殷商王室之后,其初代国君微子启是商纣王的异母哥哥。

【译文】

外国的灾祸不记载,这里为什么记载了呢? 因为宋国是殷商王室的后代。高地和低地都有水灾就称作"大水"。

【经】冬,王姬归于齐①。

【注释】

①王姬归于齐:即周天子嫁女于齐国,途经鲁国。案名例,"女在其国称女,在途称妇,入国称夫人"。此处应称"妇",而"王姬"为在国之称。此因"王者无外",故无"在国"与"在途"之别。

【译文】

冬,王姬出嫁到齐国。

【左传】冬,齐侯来逆共姬①。

【注释】

①齐侯:指齐桓公。共姬:王姬。

【译文】

冬,齐桓公来鲁国迎娶共姬。

【公羊传】何以书?过我也①。

【注释】

①过我:即途经鲁国。王者嫁女过境,鲁国当有迎送之礼,故书以记之。

【译文】

为何记录此事?是因为途经我国。

【穀梁传】其志,过我也。

【译文】

经文记载,是因为她路过了鲁国。

*【左传】乘丘之役,公之金仆姑射南宫长万①,公右歂孙生搏之②。宋人请之③,宋公靳之④,曰:"始吾敬子。今子,鲁囚也。吾弗敬子矣。"病之。

【注释】

①仆姑:箭名。南宫长万:宋万,宋大夫,力士。南宫是氏,万是名,长是字。

②右:车右。歂(chuán)孙:人名。生搏:活捉。

③请之:请鲁国释放宋万回国。

④靳(jìn):嘲笑。

【译文】

在乘丘战役中,庄公用叫金仆姑的箭射中南宫长万,庄公的车右歂孙活捉了他。宋国人请求把南宫长万释放回国。宋闵公开玩笑说:"原来我尊敬你,如今你成了鲁国的囚犯,所以我便不敬重你了。"南宫长万因此而怀恨他。

十二年

【经】十有二年春王三月①,纪叔姬归于酅②。

【注释】

①十有二年:鲁庄公十二年当周庄王十五年,前682年。

②纪叔姬归于酅（xī）：纪叔姬为鲁女，隐公七年，作为伯姬之媵嫁到
　纪国，后为嫡。庄公四年，纪为齐所灭，叔姬回到鲁国。在齐灭纪
　之前，纪季以酅邑投奔齐国，延续了纪国的宗庙祭祀。叔姬有守
　节之志，故此时回到了酅邑。酅，纪地名，在今山东益都。

【译文】

鲁庄公十二年春周历三月，纪叔姬从酅地归国。

【公羊传】其言归于酅何？隐之也。何隐尔？其国亡矣，
徒归于叔尔也①。

【注释】

①徒归于叔：女子称夫之昆弟为叔，纪季为纪侯之弟，故叔姬称之为叔。
　徒，空也。纪国已灭，无国可归，而酅为齐国附庸，故言“徒归”。

【译文】

经文为何言“归于酅”？是隐痛她。隐痛什么？她的夫国灭亡了，
只能回到小叔那里。

【穀梁传】国而曰归，此邑也，其曰归，何也？吾女也，失
国，喜得其所，故言归焉尔。

【译文】

只有对国家才说“归”，酅是小城，经文说“归”，为什么呢？因为叔
姬是鲁国国君的女儿，失去了国家，高兴她又有了去处，所以说“归”。

△【经】夏四月。

【译文】

夏四月。

【经】秋八月甲午①**，宋万弑其君捷及其大夫仇牧**②**。**

【注释】

①甲午：初十。

②宋万弑其君捷及其大夫仇牧：《穀梁传》无"及其大夫仇牧"，在传
　文中多此六字。宋万，为宋国大夫南宫万。段熙仲先生以为，称
　"宋万"而不称氏者，是因弑君而贬。捷，即宋闵公。《公羊传》作
　"接"。仇牧，宋国大夫。

【译文】

秋八月初十，宋南宫长万杀死他的国君捷及其大夫仇牧。

【左传】十二年秋，宋万弑闵公于蒙泽①。遇仇牧于门，
批而杀之②。遇大宰督于东宫之西③，又杀之。立子游④。
群公子奔萧⑤。公子御说奔亳⑥。南宫牛、猛获帅师围亳⑦。

【注释】

①蒙泽：宋地名，在今河南商丘。

②遇仇牧于门，批而杀之：《公羊传》曰："仇牧闻君弑，趋而至，遇
　之于门，手剑而叱之。万臂仇牧，碎其首。齿著乎门阖。"《史
　记·宋微子世家》云："大夫仇牧闻之，以兵造公门。万搏牧，牧
　齿著门阖死。"批，反手击。

③大宰督：指华父督。东宫：诸侯小寝。

④子游：宋公子。

⑤萧：诸侯国名，本为宋邑，后为附庸国，在今安徽萧县西北。

⑥亳（bó）：宋地名，在今河南商丘北。

⑦南宫牛：南宫长万之子。猛获：南宫万同党。

【译文】

鲁庄公十二年秋，宋国的南宫长万在蒙泽杀死了宋闵公。他在城门口遇到仇牧，反手便打死了他。在东宫的西面遇到太宰华督，又杀了他。拥立子游为国君。公子们都逃亡到萧邑，而公子御说逃亡到亳地。南宫牛、猛获率领军队包围了亳地。

【公羊传】及者何？累也。弑君多矣，舍此无累者乎？孔父、荀息皆累也。舍孔父、荀息无累者乎？曰有①。有则此何以书？贤也。何贤乎仇牧？仇牧可谓不畏强御矣②。其不畏强御奈何？万尝与庄公战③，获乎庄公。庄公归，散舍诸宫中，数月然后归之。归反为大夫于宋。与闵公博④，妇人皆在侧，万曰："甚矣，鲁侯之淑，鲁侯之美也。天下诸侯宜为君者，唯鲁侯尔。"闵公矜此妇人⑤，妒其言，顾曰："此虏也。""尔虏焉故，鲁侯之美恶乎至？"万怒，搏闵公，绝其脰⑥。仇牧闻君弑，趋而至，遇之于门，手剑而叱之。万臂摋仇牧⑦，碎其首，齿著乎门阖⑧。仇牧可谓不畏强御矣。

【注释】

①曰有：自此以上之传文，参见桓公二年"宋督弑其君与夷"条注释。

②强御：《经义述闻》以为，"御"与"强"意同。万力大，故为强御。

③万尝与庄公战：庄公，指鲁庄公。战，指十年鲁宋乘丘之战，万被俘。经未书者，因当时万为士，故不见名氏。

④博：博戏。

⑤闵公矜此妇人：矜，骄矜。宋闵公在妇人面前骄矜。

⑥脰（dòu）：颈，齐人语。

⑦搣（sà）：侧手击。

⑧门阖：门扇。万力大，侧手击打仇牧头部，仇牧头被撞碎，牙齿嵌
　　在门扇上。此足见万为强御之人。

【译文】

经文书"及"是什么意思？是连累的意思。弑君的事例很多，除此
之外，还有连累而死的人吗？孔父、荀息都受累而死。除了孔父、荀息之
外，没有受累的人了吗？回答说：有的。既然有，那么为什么这次还要记
录？因为仇牧有贤德。为什么认为仇牧贤德？仇牧可谓是不畏惧强暴
之人。他怎样不畏惧强暴？万曾经与鲁庄公交战，被庄公俘获。庄公归
国，将其安置在宫中，并不加约束，数月后就让他回去了。万归国后，做
了宋国的大夫。万与宋闵公博戏，闵公姬妾都在旁边，万说："太了不起
了，鲁侯之善，鲁侯之美。天下诸侯宜为国君的，只有鲁侯了。"闵公在
妇人面前很骄矜，妒忌万的言语，回头对妇人说："这人原是俘虏。"对万
说："你因为被鲁侯俘虏了，才称赞鲁侯，鲁侯之美何以至此？"万大怒，
打了闵公，扭断了他的脖子。仇牧听闻国君被弑，快步赶来，在门前与万
相遇。仇牧手持利剑斥骂万。万挥臂侧手击杀了仇牧，撞碎他的头颅，
仇牧的牙齿嵌在了门扇上。仇牧可谓是不畏强暴之人啊。

　　【穀梁传】宋万，宋之卑者也。卑者以国氏。及其大夫
仇牧①。以尊及卑也②。仇牧，闲也③。

【注释】

①及其大夫仇牧：此句疑为经文，应当接在"宋万弑其君捷"之后，
　　今遵照阮本原样抄录。

②以尊及卑：指先写到宋闵公，再写到仇牧。

③闲：栏杆一类的遮拦物，此处是守护的意思。据《公羊传》《史记》

等,仇牧听说宋闵公被杀,便前往救援,在宫门被宋万杀害。

【译文】

宋万,是宋国地位卑微的人。卑微的人却冠以国名。和他的大夫仇牧。是从地位尊贵的写到地位卑微的。仇牧,守护了宋闵公。

【经】冬十月,宋万出奔陈[①]。

【注释】

①宋万出奔陈:案《春秋》之例,弑君贼不复见,明其为《春秋》诛绝。万弑君而复见,是为了表明万为强御之人,国中无人能禁,当急诛之。

【译文】

冬十月,宋南宫长万逃亡到陈国。

【左传】冬十月,萧叔大心及戴、武、宣、穆、庄之族以曹师伐之[①]。**杀南宫牛于师,杀子游于宋,立桓公**[②]。**猛获奔卫。南宫万奔陈,以乘车辇其母**[③]**,一日而至**[④]。

【注释】

①萧叔大心:萧国长官,大心是其名。萧叔讨南宫长万有功,所以萧被宋封为附庸国。戴、武、宣、穆、庄之族:指宋戴公、武公、宣公、穆公、庄公的族人。戴公之族有华氏、乐氏、老氏、皇氏,庄公之族有仲氏,其他则无所闻。

②桓公:指公子御说。

③乘车:非兵车,通常载人之车。辇(niǎn):用人挽车。

④一日而至:据杜预注,宋离陈二百六十里,"一日而至",言南宫万之多力。

【译文】

冬十月，萧叔大心和宋戴公、武公、宣公、穆公、庄公的族人率领曹国的军队讨伐南宫牛和猛获。在阵前杀死了南宫牛，在宋国都城杀死了子游，拥立宋桓公为国君。猛获逃亡到卫国。南宫长万逃亡到陈国，长万自己拉车载着他母亲，一天就到达了。

　　宋人请猛获于卫，卫人欲勿与。石祁子曰①："不可。天下之恶一也，恶于宋而保于我，保之何补？得一夫而失一国，与恶而弃好②，非谋也。"卫人归之。亦请南宫万于陈，以赂③。陈人使妇人饮之酒，而以犀革裹之。比及宋，手足皆见④。宋人皆醢之⑤。

【注释】

①石祁子：卫国大夫，石碏族人。

②与恶：袒护坏人。好：宋与卫本同盟，故曰好。

③赂：指送礼于陈国。

④手足皆见：此言南宫万力气大，能破犀牛之革。

⑤醢（hǎi）：古代酷刑，把人剁成肉酱。

【译文】

宋国人到卫国请求归还猛获，卫国人想不给他们。石祁子说："不行。普天下的邪恶都是一样可恶的，在宋国作恶而在我国受到保护，保护了他有什么好处？得到一个人而失去一个国家，结交邪恶的人而丢掉友好的邦国，这不是好主意。"卫国人把猛获归还给了宋国。宋国又到陈国请求归还南宫长万，并且送上财礼。陈国人派女人把南宫长万灌醉后，用犀牛皮把他捆裹了起来。等到达宋国时，南宫长万的手脚都露出来了。宋国人把两人都剁成了肉酱。

十三年

【经】十有三年春^①，齐侯、宋人、陈人、蔡人、邾人会于北杏^②。

【注释】

①十有三年：鲁庄公十三年当周僖王元年，前681年。

②齐侯、宋人、陈人、蔡人、邾人会于北杏：齐侯、宋人、陈人、蔡人、邾人，指齐桓公和宋、陈、蔡、邾诸国的国君。齐侯，《穀梁传》作"齐人"。邾人，《公羊传》作"邾娄人"。北杏，齐地名，在今山东东阿。案这是齐桓公寻求称霸之始。当时桓公之信未著，故诸侯仅遣士与会，桓公不辞微者，遂成霸功。杨时曰："春秋之世，以诸侯而主会盟之政，由北杏始。"

【译文】

鲁庄公十三年春，齐桓公和宋、陈、蔡、邾诸国国君在北杏相会。

【左传】十三年春，会于北杏，以平宋乱。遂人不至。

【译文】

鲁庄公十三年春，齐、宋、陈、蔡、邾等各国国君在北杏会见，这是为了平定宋国的动乱。遂国人没有来。

【穀梁传】是齐侯、宋公也。其曰人，何也？始疑之。何疑焉？桓非受命之伯也^①，将以事授之者也。曰：可矣乎？未乎？举人，众之辞也^②。

【注释】

①伯：指方伯，一方诸侯之长。

②众之辞：人数众多的说法，也就是说大家都同意。

【译文】

这是齐桓公和宋桓公。经文里称"人"，为什么呢？是因为一开始时有疑惑。为什么疑惑呢？因为齐桓公不是由天子任命的方伯，将要把事委任给他。说：可以给他吗？不可以吗？经文用"人"字，是表示人数众多的说法。

【经】夏六月，齐人灭遂①。

【注释】

①齐人灭遂：遂国因未参与北杏之会，故齐灭之。案灭国为大恶，此时齐桓公功业未著，又不尚文德，故《春秋》不为之讳。遂，妫姓小国，在今山东宁阳西北。

【译文】

夏六月，齐国人灭亡了遂国。

【左传】夏，齐人灭遂而戍之①。

【注释】

①戍：戍守。

【译文】

夏，齐国人灭亡遂国并派人戍守。

【穀梁传】遂，国也。其不日，微国也。

【译文】

遂,是一个国家。经文不记载日期,因为它是小国。

△**【经】秋七月。**

【译文】

秋七月。

【经】冬,公会齐侯,盟于柯①。

【注释】

①柯:齐地名,在今山东阳谷东北。

【译文】

冬,庄公与齐桓公相会,在柯地会盟。

【左传】冬,盟于柯,始及齐平也①。

【注释】

①盟于柯,始及齐平也:自庄公十年,鲁、齐两国发生了两次战争,至此讲和。盟于柯,《史记·齐太公世家》云:"(桓公)五年,伐鲁,鲁将师败。鲁庄公请献遂邑以平,桓公许,与鲁会柯而盟。鲁将盟,曹沫以匕首劫桓公于坛上,曰:'反鲁之侵地!'桓公许之。于是遂与曹沫三败所亡地于鲁。"《左传》此年既无齐伐鲁之事,且长勺之役,鲁胜齐败,更无曹沫之三败。然《史记》所述,颇流行于战国。顾栋高曰:"案:自柯盟之后,齐桓倡伯,鲁无役不从,兵争息矣。"

【译文】

冬，鲁庄公和齐桓公在柯地结盟，开始和齐国讲和。

【公羊传】何以不日①？易也②。其易奈何？桓之盟不日，其会不致③，信之也。其不日何以始乎此？庄公将会乎桓，曹子进曰④："君之意何如？"庄公曰："寡人之生，则不若死矣⑤。"曹子曰："然则君请当其君⑥，臣请当其臣。"庄公曰："诺。"于是会乎桓。庄公升坛⑦，曹子手剑而从之。管子进曰："君何求乎？"曹子曰："城坏压竟，君不图与！"管子曰："然则君将何求？"曹子曰："愿请汶阳之田⑧。"管子顾曰："君许诺⑨。"桓公曰："诺。"曹子请盟，桓公下与之盟。已盟，曹子摽剑而去之⑩。要盟可犯⑪，而桓公不欺；曹子可仇，而桓公不怨。桓公之信著乎天下，自柯之盟始焉。

【注释】

①何以不日：案时月日例，盟例日，恶其不信也。柯之盟书时，故而发问。

②易：何休云："易犹佼易也，相亲信无后患之辞。"

③其会不致：即庄公参加齐桓公主持的会盟，归国时不书"公至自会"。因书致文，是臣子喜其君父脱危而至，齐桓公有信义，其会无危，故不致。

④曹子：即曹刿（guì）。

⑤寡人之生，则不若死矣：此为鲁庄公自伤之语。庄公之父为齐所杀，不能复仇，伐齐纳公子纠，又不成功，反受胁迫而杀纠，故有此语。

⑥当：敌，对付之意，将要劫持齐国君臣。

⑦坛：土筑之台。何休云："土基三尺，土阶三等曰坛。会必有坛者，

为升降揖让,称先君以相接,所以长其敬。"

⑧汶阳之田:汶水以北原来属于鲁国的领地,此时已被齐国侵夺。

⑨君许诺:何休云:"诸侯死国不死邑,故可许诺。"

⑩摽(pāo):抛。

⑪要盟:受要挟而订立之盟约。

【译文】

为何不书日? 因为此会佼易平安。佼易平安是怎么回事? 齐桓公之盟不书日,会不书致文,是信任他。齐桓公之盟为何自此开始不书日? 鲁庄公将与齐桓公相会,曹子进前言道:"国君之意何如?"庄公说:"我真是生不如死。"曹子言道:"那么请国君对付齐君,臣对付齐臣。"庄公说:"好。"于是与齐桓公相会。庄公登坛,曹子持剑跟随着上去,闯到桓公前面,将其劫持。管子上前言道:"鲁君有何要求?"曹子说:"齐国数次侵略鲁国,使得鲁国城池崩坏,又抑压鲁国边境,齐侯难道不是想图谋鲁国吗!"管子言道:"那么鲁君有什么请求?"曹子言道:"愿请归还汶水北面鲁国的故土。"管子转向齐桓公,说:"国君许诺吧。"桓公说:"许诺。"曹子请与桓公结盟,桓公下坛与之结盟。结盟已毕,曹子抛剑置地而去。受要挟订立的盟约是可以违背的,而桓公不欺;曹子以臣劫君,其罪可仇,而桓公不怨。齐桓公之信义著于天下,从柯之盟开始。

【穀梁传】曹刿之盟也[①],信齐侯也。桓盟虽内与[②],不日,信也[③]。

【注释】

①曹刿:鲁国大夫。之:去,往。

②内:指鲁庄公。

③信:守信用。

【译文】

曹刿参加了会盟,齐桓公守信用。虽然鲁庄公也参加了与齐桓公的会盟,却没有记载日期,是因为齐桓公守信用。

***【左传】**宋人背北杏之会[1]。

【注释】

[1]宋人背北杏之会:此当与下年传"十四年春,诸侯伐宋"云云相连,被后人割裂。

【译文】

宋国人违背了北杏的盟约。

十四年

【经】十有四年春[1],齐人、陈人、曹人伐宋。

【注释】

[1]十有四年:鲁庄公十四年当周僖王二年,前680年。

【译文】

鲁庄公十四年春,齐国人、陈国人、曹国人进攻宋国。

【左传】十四年春,诸侯伐宋,齐请师于周[1]。

【注释】

[1]齐请师于周:杜预注:"齐欲崇天子,故请师,假王命以示大顺。"

【译文】

鲁庄公十四年春,诸侯进攻宋国,齐国请求宗周出兵。

【经】夏,单伯会伐宋^①。

【注释】

①单伯:周天子卿士。会伐宋:诸侯已伐宋国,单伯才到,故言"会伐宋"。

【译文】

夏,单伯领兵会合诸侯进攻宋国。

【左传】夏,单伯会之,取成于宋而还^①。

【注释】

①取成:讲和。

【译文】

夏,单伯带兵同诸侯相会,与宋国讲和后回国。

【公羊传】其言会伐宋何? 后会也^①。

【注释】

①后会:鲁国本与齐、陈、曹三国会同伐宋,鲁后期而至,故为后会。若当期而至,应书"单伯会齐人、陈人、曹人伐宋",今既书三国伐宋,又书"单伯会伐宋",此为后会之书法。书后会者,讥刺鲁国不守信。

【译文】

经文言会同伐宋是为何? 是后期而会。

【穀梁传】会,事之成也^①。

【注释】

①成：指伐宋已经结束了。

【译文】

"会"的意思，就是伐宋已经结束了。

*【左传】郑厉公自栎侵郑①，及大陵②，获傅瑕③。傅瑕曰："苟舍我，吾请纳君。"与之盟而赦之。六月甲子④，傅瑕杀郑子及其二子⑤，而纳厉公。

【注释】

①栎：地名，在今河南禹州。

②大陵：地名，约在今河南新密与新郑之间。

③傅瑕：郑国大臣。

④甲子：二十日。

⑤郑子：即子仪。

【译文】

郑厉公从栎地带兵进攻郑国国都，到达大陵时，俘虏了傅瑕。傅瑕说："如果放了我，我设法使你归国为君。"郑厉公和他盟誓后，便把他释放了。六月二十日，傅瑕杀死郑子仪和他的两个儿子，接纳厉公回国。

初，内蛇与外蛇斗于郑南门中，内蛇死①。六年而厉公入。公闻之，问于申繻曰②："犹有妖乎③？"对曰："人之所忌④，其气焰以取之，妖由人兴也。人无衅焉⑤，妖不自作。人弃常，则妖兴，故有妖⑥。"

【注释】

①内蛇与外蛇斗于郑南门中，内蛇死：郑南门，据《水经注》，名时
　门。案所谓内蛇与外蛇争斗，自是迷信传说。

②申𬙋：鲁国大夫。

③妖：妖孽。

④所忌：指忌遇妖。

⑤无衅：无瑕疵、缺点。

⑥"人弃常"三句：申𬙋实际怀疑妖怪之客观存在。认为妖异不会
　凭空自己出现，只有当人不行正道有了缺欠时才会出现。

【译文】

当初，在郑国国都的南门下面，一条在城里的蛇和一条在城外的蛇
相斗，城里的蛇被咬死。过了六年，郑厉公回国。鲁庄公听说这件事，问
申𬙋说："这事与妖孽有关吗？"申𬙋回答说："一个人是否会遇到他所忌
讳的事，是由于他自己的气焰所招致的，妖孽是由于人而兴起。人如果
没有缺点，妖孽不会自己发生。人丢弃正道，妖孽就会兴起，所以才有妖
孽。"

厉公入，遂杀傅瑕。使谓原繁曰①："傅瑕贰②，周有常
刑③，既伏其罪矣。纳我而无二心者，吾皆许之上大夫之
事④，吾愿与伯父图之⑤。且寡人出，伯父无里言⑥；入，又
不念寡人⑦，寡人憾焉。"对曰："先君桓公命我先人典司宗
祏⑧。社稷有主而外其心，其何贰如之？苟主社稷，国内之
民其谁不为臣？臣无二心，天之制也。子仪在位十四年矣，
而谋召君者，庸非贰乎。庄公之子犹有八人，若皆以官爵行
赂劝贰而可以济事⑨，君其若之何？臣闻命矣。"乃缢而死。

【注释】

①原繁：郑国大夫，郑厉公的伯父。

②贰：贰心，不忠心。

③周有常刑：周王朝规定的刑法。

④上大夫：即卿。

⑤伯父：诸侯对同姓大夫的泛称。

⑥无里言：没有报告国内情况。

⑦不念：不积极拥戴。

⑧典司宗祏（shí）：管理宗庙石室。宗祏，宗庙中藏神主的石室。

⑨济事：指夺取君位成功。

【译文】

　　郑厉公回国，就杀死了傅瑕。派人对原繁说："傅瑕对国君有贰心，对此周王朝有规定的刑法，现在傅瑕已经得到惩处了。帮助我回国而没有贰心的人，我都答应给他上大夫的职位，我愿意跟伯父一起商量一下。再说我离开国家在外时，伯父没有向我通报国内的情况；回国以后，又并不亲附我，我对此感到遗憾。"原繁回答说："先君桓公命令我的先人管理宗庙的石室，国家有君主而自己的心却在国外，还有比这更大的贰心吗？如果主持国家，国内的百姓谁不是他的臣下？做臣下的不应该有贰心，这是上天的规定。子仪居于君位已经有十四年了，现在策划请国君回国的人，难道不是贰心吗？庄公的儿子还有八人在世，如果都以封官爵为贿赂来劝说别人反叛而又能取得成功，国君又怎么办呢？下臣知道国君的意思了。"于是上吊而死。

【经】秋七月，荆入蔡。

【译文】

秋七月，楚国攻入蔡国。

【左传】蔡哀侯为莘故①,绳息妫以语楚子②。楚子如息,以食入享③,遂灭息④。以息妫归,生堵敖及成王焉。未言⑤。楚子问之,对曰:"吾一妇人而事二夫,纵弗能死,其又奚言?"楚子以蔡侯灭息,遂伐蔡。秋七月,楚入蔡⑥。

【注释】

①为莘故:指庄公十年战于莘,蔡哀侯被俘之事。

②绳:赞美。楚子:楚文王。

③以食入享:设享礼招待息侯。

④遂灭息:此与下文"以息妫归"当为数年前之事。

⑤未言:指息妫从不主动开口说话。

⑥楚入蔡:顾栋高曰:"是时齐桓之力未盛,方得鲁而旋失宋,是以委蔡于不问,而蔡遂一折而入于楚,不复与齐之会盟矣。其后凡二十六年始侵蔡伐楚,为召陵之师,而卒不能革蔡从楚之心,终齐桓之世不能得蔡。"

【译文】

蔡哀侯由于莘地战役被俘的缘故,在楚文王面前赞美息妫。楚文王到息国,假装设享礼招待息侯,趁机攻打息国,灭亡了息国。他把息妫带回楚国,生了堵敖和成王。息妫从不主动开口,楚文王询问原因,她回答说:"我一个妇人却嫁了两个丈夫,既然不能以死守志,又能说什么呢?"楚文王由于蔡哀侯的挑拨而灭息国,为取悦息妫,于是进攻蔡国。秋七月,楚军攻入蔡国。

君子曰:"《商书》所谓'恶之易也①,如火之燎于原,不可乡迩②,其犹可扑灭'者,其如蔡哀侯乎。"

【注释】

①易：蔓延。

②乡迩：接近。乡，通"向"。

【译文】

君子说："《商书》所说'恶蔓延时，就像大火在草原上燃烧，不能接近面对它，怎么能够扑灭呢？'恐怕就是指蔡哀侯这样的人吧！"

【穀梁传】荆者，楚也。其曰荆，何也？州举之也①。州不如国，国不如名，名不如字。

【注释】

①州举之：指把楚国称作"荆"，称它的州名。

【译文】

荆，就是楚国。经文说"荆"，为什么呢？是称它的州名。称州名比不上称国名，称国名比不上称人名，称人名比不上称人的字。

【经】冬，单伯会齐侯、宋公、卫侯、郑伯于鄄①。

【注释】

①齐侯、宋公、卫侯、郑伯：即齐桓公、宋桓公、卫惠公、郑厉公。鄄（juàn）：卫地名，在今山东鄄城。

【译文】

冬，单伯与齐桓公、宋桓公、卫惠公、郑厉公在鄄地相会。

【左传】冬，会于鄄，宋服故也。

【译文】

冬,单伯和诸侯在鄄地会见,这是由于宋国顺服的缘故。

【穀梁传】复同会也。

【译文】

再一次共同会面。

十五年

【经】十有五年春①,齐侯、宋公、陈侯、卫侯、郑伯会于鄄②。

【注释】

①十有五年:鲁庄公十五年当周僖王三年,前679年。

②齐侯、宋公、陈侯、卫侯、郑伯:分别指齐桓公、宋桓公、陈宣公、卫惠公、郑厉公。

【译文】

鲁庄公十五年春,齐桓公、宋桓公、陈宣公、卫惠公、郑厉公在鄄地相会。

【左传】十五年春,复会焉,齐始霸也。

【译文】

鲁庄公十五年春季,众诸侯再次相会,齐国开始称霸。

【穀梁传】复同会也。

【译文】

再一次共同会面。

【经】夏，夫人姜氏如齐①。

【注释】

①夫人姜氏：指文姜，齐僖公女，鲁桓公夫人。

【译文】

夏，夫人姜氏去齐国。

【穀梁传】妇人既嫁不逾竟，逾竟，非礼也。

【译文】

妇女已经出嫁了就不应该越过国境，越过国境，是不合礼制的。

【经】秋，宋人、齐人、邾人伐郳①。

【注释】

①邾人：《公羊传》作"邾娄人"。郳（ní）：宋国的附属国，在今山东
枣庄，或云在今山东滕州。《公羊传》作"儿"。

【译文】

秋，宋国人、齐国人、邾国人进攻郳国。

【左传】秋，诸侯为宋伐郳。

【译文】

秋，各诸侯为宋国攻打郳国。

【经】郑人侵宋。

【译文】

郑国人侵袭宋国。

【左传】郑人间之而侵宋①。

【注释】

①间（jiàn）：趁机。

【译文】

郑国人便趁机入侵宋国。

△**【经】冬十月。**

【译文】

冬十月。

十六年

△**【经】十有六年春王正月①。**

【注释】

①十有六年：鲁庄公十六年当周僖王四年，前678年。

【译文】

鲁庄公十六年春周历正月。

【经】夏，宋人、齐人、卫人伐郑[1]。

【注释】

[1]宋人、齐人：案《春秋》列国之排序，会盟以国之大小为序，征伐则主兵者为先。齐大于宋，而此处宋人序上者，因宋主兵之故。

【译文】

夏，宋国人、齐国人、卫国人攻打郑国。

【左传】十六年夏，诸侯伐郑，宋故也[1]。

【注释】

[1]诸侯伐郑，宋故也：许翰曰："中国诸侯宋为大，既为之伐郯，又为之报郑，宋自是与齐为一，宋亲而中国诸侯定矣。"顾栋高案："齐桓为宋伐郑，盖欲得宋之心，而弭郑之骄也。故郑厉虽倔强，亦听命。"

【译文】

鲁庄公十六年夏，诸侯进攻郑国，这是由于郑国侵袭宋国的缘故。

【经】秋，荆伐郑。

【译文】

秋，楚国攻打郑国。

【左传】郑伯自栎入，缓告于楚。秋，楚伐郑①，及栎，为不礼故也。

【注释】

①楚伐郑：王葆曰："齐方图伯，楚亦浸强，北伐不已，陈、蔡、郑、许适当其冲，郑之要害，尤在所先，中国得郑则可以拒楚，楚得郑则可以窥中国。故郑者，齐、楚必争之地也。"

【译文】

郑厉公从栎地回到国都为君，没有及时通知楚国。秋，楚国进攻郑国，打到栎地，这是为了郑国对楚国无礼的缘故。

*【左传】郑伯治与于雍纠之乱者①。九月，杀公子阏②，刖强钽③。公父定叔出奔卫④。三年而复之，曰："不可使共叔无后于郑。"使以十月入⑤，曰："良月也，就盈数焉。"

【注释】

①郑伯：指郑厉公。治：惩治。与：参与。雍纠之乱：在桓公十五年。厉公欲使雍纠杀祭仲，消息走漏，雍纠反被祭仲所杀，厉公被迫出逃。

②公子阏：应为公孙阏，与强钽（chú）同是祭仲党羽。

③刖（yuè）：砍掉脚的酷刑。

④公父定叔：共叔段之孙。

⑤使以十月入：古人忌讳奇数之月，以偶数之月为吉利，且十为满数，因此让公父定叔十月回国。

【译文】

郑厉公惩罚参与雍纠之乱的人。九月，杀死公子阏，砍去强钽的脚。

公父定叔逃亡到卫国。三年后,郑厉公让他回国,说:"不能让共叔在郑国没有后代。"让他在十月回到国内,说:"这是好月份,十月是个满数呢。"

君子谓:"强钼不能卫其足。"

【译文】

君子说:"强钼不能保住他的两脚。"

【经】冬十有二月,会齐侯、宋公、陈侯、卫侯、郑伯、许男、滑伯、滕子同盟于幽①。

【注释】

①会:《公羊传》"会"前有"公"字。许男:即许穆公。《公羊传》《穀梁传》"许男""滑伯"之间有"曹伯"。滑:姬姓诸侯国,在今河南偃师。幽:宋地名,在今河南兰考。同盟:《春秋》书同盟,表明同心欲盟,与单书"盟"不同。何休云:"同心为善,善必成;同心为恶,恶必成,故重而言同心也。"

【译文】

冬十二月,鲁庄公会同齐桓公、宋桓公、陈宣公、卫惠公、郑厉公、许穆公、滑伯、滕子在幽地建立同盟关系。

【左传】冬,同盟于幽,郑成也①。

【注释】

①成:讲和。

【译文】

冬,诸侯在幽地一起结盟,这是为了对郑国讲和。

【公羊传】同盟者何？同欲也。

【译文】

同盟是什么意思？是同心欲盟之意。

【穀梁传】同者，有同也，同尊周也。不言公^①，外内寮一^②，疑之也^③。

【注释】

①不言公：指没有提到鲁庄公，没有用"公会某某"这样的格式。

②外内寮：指远近诸侯。寮，通"僚"。这里指诸侯。

③疑之：怀疑他。指诸侯们都怀疑鲁国是否愿意奉齐为诸侯盟主。

【译文】

同，就是有共同的地方，是共同尊奉周王室。不提鲁庄公，是因为远近的诸侯一致都怀疑他是否愿意拥戴齐桓公为盟主。

＊【左传】王使虢公命曲沃伯以一军为晋侯^①。

【注释】

①王使虢公命曲沃伯以一军为晋侯：桓公七年传称"曲沃伯诱晋小子侯杀之"，八年传称"灭翼"，又称"王命虢仲立晋哀侯之弟缗于晋"。《史记·晋世家》云："晋侯（缗）二十八年……曲沃武公伐晋侯缗，灭之，尽以其宝器赂献于周釐王。釐王命曲沃武公为晋君，列为诸侯，于是尽并晋地而有之。"至此曲沃伯完全取代了翼都的晋国大宗，被周天子封为晋侯。王，指周僖王。曲沃伯，即曲沃武公、晋武公。一军，《周礼·夏官·叙官》云："凡制军，万有二千五百人为军。王六军，大国三军，次国二军，小国一军。"

【译文】

周僖王派虢公命令曲沃伯建立一军，担任晋国国君。

【经】郳子克卒①。

【注释】

①郳子克卒：孔广森以为，"克"即隐公元年之"仪父"。案《春秋》
三世之例，传闻世不录小国卒葬，此处书郳子克之卒，因其有慕霸
者、尊天子之心，遣人参与了齐桓公北杏之会，故行进而书卒。郳
子克，即郳仪父，名克。《公羊传》作"郳娄子克"。

【译文】

郳子克去世。

【穀梁传】其曰子，进之也。

【译文】

经文称"子"，是因为周王已经赐给他爵位了。

* **【左传】**初，晋武公伐夷①，执夷诡诸②。芮国请而免
之③。既而弗报，故子国作乱④，谓晋人曰："与我伐夷而取
其地。"遂以晋师伐夷，杀夷诡诸。周公忌父出奔虢⑤。惠
王立而复之⑥。

【注释】

①晋武公：即曲沃武公。夷：采地名。
②夷诡诸：周王室大夫，夷为其采地。

③芮国：周王室大夫，王子颓之师。

④子国：即芮国。

⑤周公忌父：周王室卿士。

⑥惠王：即周惠王，于庄公十八年即位。

【译文】

当初，晋武公进攻夷地，俘虏了夷诡诸。芮国为他求情而赦免了他。后来夷诡诸不加报答，所以芮国作乱，对晋国人说："和我一起进攻夷地并占领它的土地。"于是领着晋军攻打夷地，杀死夷诡诸。周公忌父逃亡到虢国。周惠王立为君后让他回国复职。

十七年

【经】十有七年春①，齐人执郑詹②。

【注释】

①十有七年：鲁庄公十七年当周僖王五年，前677年。

②郑詹：郑国执政大臣。《公羊传》《穀梁传》认为是郑国地位卑微之人。《公羊传》作"郑瞻"。

【译文】

鲁庄公十七年春，齐国人拘捕了郑詹。

【左传】十七年春，齐人执郑詹，郑不朝也。

【译文】

鲁庄公十七年春，齐国人拘捕了郑詹，是由于郑国不去朝见齐国。

【公羊传】郑瞻者何？郑之微者也①。此郑之微者，何言乎齐人执之②？书甚佞也③。

【注释】

①郑之微者：案《春秋》名例，大国大夫称名氏，郑为大国，瞻仅书名，故知是微者。然微者当称"郑人"，此处却书"郑瞻"者，见注释。

②何言乎齐人执之：案《春秋》之中，执大夫以上则书，执微者则不书，如宋万为士之时，被鲁庄公俘获，而经不书。此郑瞻为微者，依例不应书齐人执之，故发问。

③书甚佞（nìng）也：郑瞻为佞人，故书"齐人执郑瞻"以著其佞，故不依执微者不书之例。同时，案《春秋》之例，称爵而执者，伯讨也，表明被执者有罪当执；称人而执者，非伯讨也。此处书"齐人"，则非伯讨，此因郑瞻佞行未彰，罪未成，霸者当远之而已，不当执之。

【译文】

郑瞻是什么人？是郑国地位卑微者。这是郑国地位卑微者，为何言"齐人执之"？是为表明他是十分奸佞之人。

【穀梁传】人者，众辞也。以人执，与之辞也①。郑詹，郑之卑者。卑者不志，此其志，何也？以其逃来志之也。逃来则何志焉②？将有其末，不得不录其本也。郑詹，郑之佞人也③。

【注释】

①与之辞：表示赞同的写法。"与"是赞同的意思。

②逃来则何志焉：这句也是紧接前一问的，不是问为什么记载逃来，

而是问为什么要记逃来就要先记载他被抓,不能只记载逃来吗?

③佞人:善以巧言献媚的人。

【译文】

"人",是表示人数众多的说法。用"人"去抓获,是表示赞同的说法。郑詹,是郑国的地位卑微的人,地位卑微的人不应记载,这里记载了,为什么呢? 因为记载了他逃到鲁国来。逃到鲁国来为什么就要记载呢? 因为将要有一个结果,就不能不记载它的开始。郑詹,是郑国巧言献媚的人。

【经】夏,齐人歼于遂①。

【注释】

①歼:歼灭。《公羊传》作"瀸(jiān)"。

【译文】

夏,齐国人歼灭了遂国。

【左传】夏,遂因氏、颌氏、工娄氏、须遂氏飨齐戍①,醉而杀之。齐人歼焉。

【注释】

①因氏、颌氏、工娄氏、须遂氏:均为遂国强族。飨:用酒食宴请。齐戍:庄公十三年齐国灭遂后留下的戍守部队。

【译文】

夏,遂国的因氏、颌氏、工娄氏、须遂氏宴请在遂国戍守的齐军,把齐军灌醉后杀死。齐国人把遂国人全部杀尽。

【公羊传】瀸者何？瀸，积也①，众杀戍者也②。

【注释】

①瀸，积也：积死非一之辞。即齐人积众而死之意。

②众杀戍者：何休云："齐人灭遂，遂民不安欲去，齐强戍之，遂人共以药投其所饮食水中，多杀之。"齐国不当强留遂人，故《春秋》书"瀸"，好像齐人为自积死之文，不怪罪遂人。

【译文】

"瀸"是什么意思？瀸，是积众而死的意思。实际上是遂人杀死了驻守的齐国人。

【穀梁传】歼者，尽也。然则何为不言遂人尽齐人也？无遂之辞也①。无遂则何为言遂？其犹存遂也②。存遂奈何？曰：齐人灭遂，使人戍之。遂之因氏饮戍者酒而杀之③，齐人歼焉。此谓狎敌也④。

【注释】

①无遂之辞：表示遂国已经不存在了的说法。

②其犹存遂：如同遂国还存在。就是说经文这么写是为了让遂国看起来还存在一样。

③因氏：遂国的大家族之一。

④狎敌：轻敌。

【译文】

歼，是全部消灭的意思。既然这样为什么不说遂国人全歼了齐国人呢？这是表示遂国已经不存在了的说法。遂国不存在了那又为什么说"遂"呢？就如同遂国还存在一样。怎么遂国还存在呢？回答说：齐国人灭亡了遂国，派军队驻守。遂国的因氏请守军喝酒然后杀了他们，齐国人被全歼。这就叫做轻敌。

【经】秋,郑詹自齐逃来①**。**

【注释】

①郑詹:《公羊传》作"郑瞻"。

【译文】

秋,郑詹从齐国逃来我国。

【公羊传】何以书? 书甚佞也。曰:佞人来矣,佞人来矣①**。**

【注释】

①佞人来矣,佞人来矣:重复此言者,痛惜鲁国知其佞而受之。之后
　庄公听信其言,取齐哀姜为夫人(后哀姜淫于二叔,杀二嗣子,鲁
　国几乎亡国),又于桓公庙丹楹刻桷,失礼鬼神。

【译文】

为何记录此事? 因为他是个十分奸佞之人,故而记录。说:奸佞之
人来了,奸佞之人来了。

【穀梁传】逃义曰逃①**。**

【注释】

①义:正义。因为前文说"齐人"抓了他,说明他有过错,所以在这
　件事当中齐国是正义的。

【译文】

逃避正义叫逃。

【经】冬,多麋^①。

【注释】

①麋:麋鹿。何休云:"麋之为言犹迷也,象鲁为郑瞻所迷惑也。"

【译文】

冬,多麋鹿。

【公羊传】何以书? 记异也。

【译文】

何以记录此事? 是记录异象。

十八年

【经】十有八年春王三月^①,日有食之^②。

【注释】

①十有八年:鲁庄公十八年当周惠王元年,前676年。

②日有食之:此当为前676年4月15日之日全食。

【译文】

鲁庄公十八年春周历三月,发生日食。

【穀梁传】不言日,不言朔^①,夜食也。何以知其夜食也? 曰:王者朝日^②。故虽为天子,必有尊也,贵为诸侯,必有长也。故天子朝日,诸侯朝朔^③。

【注释】

①朔:每月第一天。

②王者朝日:指天子朝日的礼仪。天子每天在刚出太阳时,服玄冕在东门外朝日。这里承上文而言,是说天子朝日的时候日食还未完全结束,见太阳有缺损,所以知道是夜里发生日食。

③诸侯朝朔:指诸侯每月朔日在太庙举行仪式,听受天子发布的月历及政令。

【译文】

不说具体日期,不说是朔日,是夜里发生日食。怎么知道是夜里发生的日食呢? 回答说:天子在日出的时候举行朝日之礼。所以即使作为天子,也一定有所尊崇,身份尊贵的诸侯,也一定有比他还大的。所以天子有朝日之礼,诸侯有朝朔之礼。

*【左传】十八年春,虢公、晋侯朝王①。王飨醴②,命之宥③,皆赐玉五瑴④,马三匹⑤。非礼也。王命诸侯,名位不同,礼亦异数,不以礼假人⑥。

【注释】

①虢公:虢公丑。晋侯:晋献公诡诸,晋武公上年已死。王:指周惠王。

②飨:设盛礼宴请宾客。醴(lǐ):甜酒。

③命之宥(yòu):指虢公、晋侯在周王敬酒之后回敬周王。宥,劝人饮食。

④瑴(jué):白玉一双叫瑴。

⑤马三匹:当作马四匹,四古作亖,因脱一划而误。

⑥"王命诸侯"四句:虢公与晋侯名位不同,而所赐一样,所以左氏以此为"以礼假人",认为是非礼。

【译文】

鲁庄公十八年春,虢公、晋献公朝觐周惠王。周惠王用甜酒招待,又允许他们回敬自己,都赐给他们五对玉,三匹马。这是不合于礼的。周天子策命诸侯,封爵地位不同,礼仪的等级也相应不同,不能随意将礼仪违例给人。

*【左传】虢公、晋侯、郑伯使原庄公逆王后于陈①。陈妫归于京师,实惠后。

【注释】

①虢公、晋侯、郑伯使原庄公逆王后于陈:顾栋高案:"此系晋献公之元年,适当惠王之元初列,诸侯恭行即位入觐之礼,又与虢、郑同主逆后,谄事王朝,依附列国,晋献真奸雄矣。而王不能行诛黜之典,反于丧中宴乐婚娶,越干大礼,以自取戾,何以令万国、威诸侯乎!"郑伯,郑厉公。晋侯,晋献公。原庄公,周王室卿士。原,即隐公十一年传文中苏忿生十二田中的原。

【译文】

虢公、晋献公、郑厉公派原庄公去陈国迎接周王后陈妫。陈妫嫁到京城,就是惠王后。

【经】夏,公追戎于济西①。

【注释】

①公追戎于济西:何休云:"以兵逐之曰追。"戎,此戎即己氏之戎。故城在今山东曹县。济西,济水以西之地。此指鲁国境内之济西地。案时月日例,追例时。

【译文】

夏，庄公在济水之西追击戎人。

【左传】夏，公追戎于济西。不言其来，讳之也①。

【注释】

①讳之也：杜预注以为戎来而鲁不知，沈钦韩以为戎狄为中国之患，
　故讳言其来；但鲁国捍御有素，故书追之。

【译文】

夏，庄公在济水的西边追逐戎人。《春秋》没有记载戎人来攻，是由
于避讳。

【公羊传】此未有言伐者，其言追何？大其为中国追也①。
此未有伐中国者，则其言为中国追何？大其未至而豫御之
也。其言于济西何？大之也②。

【注释】

①大其为中国追：大，张大，推崇。中国，指诸夏之国。张大鲁庄公
　为中国追击，故经书"于济西"；若仅为鲁国追击，则宜书追至某
　地，如僖公二十六年"齐人侵我西鄙。公追齐师至巂，弗及"。
②大之也：张大鲁庄公之功劳。案济西之地，非全为鲁境，鲁庄公虽
　在境内之济西地追戎，然《春秋》张大其功，书"于济西"，表明恩
　及济西。

【译文】

此处没有戎伐我国之文，言"追"是为何？是推崇鲁庄公为中国追
击戎。此处没有戎伐中国之文，那么为什么说是为中国追击？是推崇戎
未至而庄公预先抵御他们。经文言"于济西"是为何？是张大庄公之除

害恩及济西。

【穀梁传】其不言戎之伐我，何也？以公之追之。不使戎迩于我也①。于济西者，大之也②。何大焉？为公之追之也。

【注释】

①迩：近。

②大之也：意思是说济西是一个很大的范围，而不是说具体追到某个地点。这是因为鲁庄公亲自去追击，所以用了这样一种褒扬的写法。

【译文】

经文不说戎人攻打鲁国，为什么呢？因为是鲁庄公追击他们。没有让戎人接近我国。"于济西"，是夸大的说法。为什么夸大呢？因为是鲁庄公在追击他们。

【经】秋，有蜮①。

【注释】

①蜮（yù）：一种食禾苗的害虫。一说是一种能含沙射人，使人发病的动物，亦称"短狐"。何休以为，鲁受郑瞻之毒，将为大乱，故有蜮。

【译文】

秋，有蜮虫。

【左传】秋，有蜮，为灾也。

【译文】

秋，有蜮虫，《春秋》所以记载，是由于造成了灾害。

【公羊传】何以书？记异也。

【译文】

为何记录此事？是记录异象。

【穀梁传】一有一亡曰有①。蜮，射人者也。

【注释】

①亡：同"无"，没有。

【译文】

时有时无就叫做"有"。蜮，是一种能射人的动物。

△【经】冬十月。

【译文】

冬十月。

＊【左传】初，楚武王克权①，使斗缗尹之②。以叛，围而杀之。迁权于那处③，使阎敖尹之④。及文王即位⑤，与巴人伐申而惊其师。巴人叛楚而伐那处，取之，遂门于楚⑥。阎敖游涌而逸⑦。楚子杀之，其族为乱。冬，巴人因之以伐楚⑧。

【注释】

①权：子姓诸侯国，在今湖北当阳东南。

②斗缗（mín）：楚国大夫。尹之：把权地作为楚县，派斗缗为县尹。楚称县宰为县尹，亦称县公。《淮南子·览冥训》高诱注云"楚僭

　　　　号称王,其守县大夫皆称公"。

　③那处:楚地名,在今湖北荆门东南那口城。

　④阎敖:楚国大夫。

　⑤文王:指楚文王,楚武王之子。鲁庄公五年为楚文王元年。

　⑥门于楚:攻打楚国都城的城门。当时楚文王已迁都于郢,郢在今
　　　湖北江陵北之纪南城,那处即在其北。

　⑦涌:湖名,即今湖北监利的乾港湖。逸:逃走。

　⑧巴人因之以伐楚:案此与下年传文"十九年春,楚子御之,大败于
　　　津"云云本为一事,被后人割裂而分开。

【译文】

　　当初,楚武王攻克权国,派斗缗为权地的县尹。斗缗占据权地叛变
楚国,楚国包围权地杀死了斗缗。把权地的百姓迁到那处,改派阎敖治
理这个地方。等到文王即位,楚军和巴国人一起攻打申国而惊扰巴军。
巴国人背叛楚国,进攻那处,将之占领,接着攻打楚国都城的城门。阎敖
游过涌湖逃走。楚文王把他杀死,他的族人起而作乱。冬,巴国人乘乱
攻打楚国。

十九年

　△**【经】十有九年春王正月**①。

【注释】

①十有九年:鲁庄公十九年当周惠王二年,前675年。

【译文】

鲁庄公十九年春周历正月。

　　***【左传】十九年春,楚子御之,大败于津**①。还,鬻拳弗

纳②,遂伐黄③。败黄师于踖陵④。还,及湫⑤,有疾。夏六月庚申⑥,卒。鬻拳葬诸夕室⑦,亦自杀也,而葬于绖皇⑧。

【注释】

①津:地名,在今湖北江陵。

②鬻(yù)拳:楚国主管城门的大臣。

③黄:嬴姓诸侯国,在今河南潢川西。

④踖(què)陵:黄地名,在今河南潢川。

⑤湫(jiǎo):楚地名,在今湖北宜城东南。

⑥庚申:十五日。

⑦夕室:楚文王陵墓所在地。

⑧绖(dié)皇:墓前甬道的门。一说指殿前之庭。此指楚文王陵墓地宫殿前之庭。鬻拳之尸葬于此,表示生前为楚文王守门,死后愿继续为其守门。章炳麟《左传读》谓绖皇为墓门内庭中的甬道。

【译文】

鲁庄公十九年春,楚文王发兵抵御巴军,在津地被巴军打得大败。回国,鬻拳不开城门接纳,楚文王就转而进攻黄国,在踖陵打败了黄国的军队。楚文王回国,到达湫地时得了病。夏六月十五日,楚文王去世。鬻拳把他安葬在夕室,然后自己也自杀身亡,安葬在文王地宫的前庭。

初,鬻拳强谏楚子,楚子弗从,临之以兵,惧而从之。鬻拳曰:"吾惧君以兵,罪莫大焉。"遂自刖也。楚人以为大阍①,谓之大伯②,使其后掌之。君子曰:"鬻拳可谓爱君矣,谏以自纳于刑,刑犹不忘纳君于善。"

【注释】

①大阍(hūn):为典守城门之官。古人常以刖者守门。

②大伯：同"太伯"。

【译文】

当初，鬻拳坚决劝阻楚文王，楚文王不听从。鬻拳拿起武器对准楚文王，楚文王害怕只好听从。鬻拳说："我用武器威胁国君，没有比这再大的罪过了。"于是就自己砍去双脚。楚国人让他担任大阍，称之为太伯，并且让他的后代执掌此职。君子说："鬻拳可以说是爱护国君了，由于谏阻而对自己施刑，受了刑仍不忘使自己的国君归于正道。"

△**【经】夏四月。**

【译文】

夏四月。

【经】秋，公子结媵陈人之妇于鄄①，遂及齐侯、宋公盟②。

【注释】

①公子结：鲁国大夫。媵（yìng）：古时指随嫁。古代诸侯娶于某国，另一国以庶出女儿作陪嫁，叫媵。此处作动词，派出媵妾。卫嫁女于陈，鲁作为同姓之国，故媵之，由公子结护送。陈人之妇：陈侯夫人。因其尚未嫁入陈国，还没成为夫人，故称。

②遂及齐侯、宋公盟：公子结本应将鲁国陪嫁之女送到卫都，与卫女一起前往陈国，但他到了鄄地，听说齐、宋会盟，就派别人送女，自己代表鲁国参加盟会。齐侯、宋公，指齐桓公、宋桓公。遂，生事之辞。

【译文】

秋，公子结送卫国出嫁到陈国的女子之陪嫁鲁女到达鄄地，因此与齐桓公、宋桓公结盟。

【公羊传】媵者何？诸侯娶一国，则二国往媵之^①，以姪娣从。姪者何？兄之子也^②。娣者何？弟也^③。诸侯壹聘九女^④，诸侯不再娶^⑤。媵不书，此何以书？为其有遂事书^⑥。大夫无遂事^⑦，此其言遂何？聘礼，大夫受命不受辞^⑧，出竟有可以安社稷、利国家者，则专之可也^⑨。

【注释】

①二国往媵之：一国嫁女为夫人，则有两个同姓之国主动派出一个媵妾，再加上媵妾之姪女、妹妹，一共六人。又，媵妾自往，夫国不求，故言"往"媵之。

②兄之子：即兄长之女，于己为姪女，故称"姪"。

③弟：指女弟，即妹妹。

④诸侯壹聘九女：九女指夫人及其姪娣，二媵妾及各自之姪娣，故有九人。

⑤诸侯不再娶：诸侯只娶一次，一次九女，不再续娶。之所以不再娶者，一娶九女，九女之尊卑分明，（详见隐公元年"元年春王正月"条注释）。若再娶，则使诸女之间尊卑混乱，导致继嗣不明，又长国君好色之性，故《春秋》规定诸侯不再娶。

⑥为其有遂事书：遂，生事之辞，此处指公子结与齐、宋结盟之事。案《春秋》常例，媵妾低贱，故不书媵。此处书者，是为说明遂事所本之事。

⑦大夫无遂事：案《春秋》常例，大夫当奉行君命，不得横生事端，故无遂事。

⑧大夫受命不受辞：大夫出国行聘礼，只接受国君之使命，不预先接受应对之辞令，当灵活应对。

⑨"出竟有可以安社稷"三句：此指大夫出境，遇到危机之事，可以

专断,此为"大夫无遂事"之变例。

【译文】

　　滕是什么?诸侯娶于一国,那么与之同姓的两国派遣媵妾,并以侄、娣随从。侄是什么?是兄长的女儿。娣是什么?是妹妹。诸侯一次聘娶九女,此后诸侯不再娶。《春秋》例不书媵,此处为何书?是为之后有遂事张本而书。大夫不可有遂事,此处言遂是为何?聘礼中,大夫只接受使命,不接受预定的辞令,出境遇到可以安定社稷、有利于国家的事情,则可以专断。

　　【穀梁传】媵,浅事也,不志。此其志,何也?辟要盟也①。何以见其辟要盟也?媵,礼之轻者也。盟,国之重也。以轻事遂乎国重,无说②。其曰陈人之妇③,略之也。其不日,数渝,恶之也。

【注释】

①辟:通"避",回避。要:通"邀",邀请。

②说:解释。意为盟会是国家的重大事件,应当郑重其事地书之于经,如果轻描淡写地提及,就必有原因,否则解释不通。经文把小事写在大事前面,就是为了使这次会盟看起来像是不期而遇的。

③陈人之妇:指卫国嫁与陈宣公为夫人的女子。这里是略称。范宁认为这是因为本条经文的重点是会盟,只是为了掩饰鲁国主动邀请齐、宋会盟才记了一下送女之事,所以简略。

【译文】

　　护送陪嫁女子,是小事,不应记载。这里经文记载了,为什么呢?是回避邀请齐、宋会盟。怎么看出来经文在回避邀请齐、宋会盟呢?送陪嫁女子,是礼节中很轻微的事情。会盟,是国家重大的事情。把轻微的事情放在国家大事前面,没法解释。经文说"陈人之妇",是省略的说法。经文不记载会盟的日期,是因为盟约多次改变,对此表示憎恶。

【经】夫人姜氏如莒^①。

【注释】

①夫人姜氏:指文姜。

【译文】

夫人姜氏到莒国去。

【穀梁传】妇人既嫁不逾竟,逾竟,非正也。

【译文】

女子已经出嫁就不能再走出国境,走出国境,是不合礼制的。

*【左传】初,王姚嬖于庄王^①,生子颓。子颓有宠,蒍国为之师。及惠王即位^②,取蒍国之圃以为囿^③。边伯之宫近于王宫^④,王取之。王夺子禽祝跪与詹父田^⑤,而收膳夫之秩^⑥。故蒍国、边伯、石速、詹父、子禽祝跪作乱,因苏氏^⑦。秋,五大夫奉子颓以伐王,不克,出奔温^⑧。苏子奉子颓以奔卫^⑨。卫师、燕师伐周^⑩。冬,立子颓。

【注释】

①王姚:周庄王之妾。嬖(bì):宠爱。

②惠王:即周惠王,周庄王之孙,周僖王之子,于上年即位。

③圃:种蔬菜、花果的园子。囿(yòu):帝王蓄养禽兽的园林。

④边伯：周王室大夫。宫：古代对房屋、居室的通称。

⑤子禽祝跪与詹父：皆为周王室大夫。

⑥膳夫：掌管王室饮食的官，即下文的石速。秩：俸禄。

⑦因苏氏：桓王夺苏忿生十二邑之田以与郑，苏氏或因此不满王室。因，依靠。

⑧温：苏氏领地。

⑨苏子：即苏忿生。

⑩卫师、燕师伐周：《史记·卫康叔世家》云"二十五年，惠公怨周之容舍黔牟，与燕伐周"，则卫伐周，是为了泄助黔牟之忿。此燕，《史记》认为是姬姓北燕，现在普遍认为是姞姓的南燕。

【译文】

当初，王姚受宠于周庄王，生下了子颓。子颓也受到宠爱，蒍国做他的师傅。到周惠王继承王位，夺取了蒍国的菜园作为自己养牲畜的园囿。边伯的房子靠近王宫，周惠王也占取了。惠王又强取了子禽祝跪和詹父的田地，收回了膳夫石速的俸禄。因此蒍国、边伯、石速、詹父、子禽祝跪发动叛乱，依靠苏氏。秋，五位大夫拥戴子颓攻打惠王，没有取胜，逃亡到温地。苏子拥奉子颓逃亡到卫国。卫国、燕国的军队进攻宗周。冬，立王子颓为天子。

【经】冬，齐人、宋人、陈人伐我西鄙①。

【注释】

①齐人、宋人、陈人伐我西鄙：《春秋大事表》引吴澂曰："鲁之臣送己女为滕，而遂与伯主大国盟，不恭也，是以声其罪而伐之。陈亦以结滕其国人之妇，而轻慢伯主，故与齐、宋同兴问罪之师。"鄙，边境。案上条公子结与齐侯、宋公盟于鄄，此处齐、宋伐鲁，则非公子结所能保。

【译文】

冬,齐国人、宋国人、陈国人攻打我国西部边境。

【穀梁传】 其曰鄙,远之也。其远之,何也? 不以难迩我国也①。

【注释】

①迩:近。国:国都。

【译文】

经文说"鄙",表示那是很远的地方。经文表示那是很远的地方,为什么呢? 不使战事接近我们的国都。

二十年

【经】 二十年春王二月①,夫人姜氏如莒。

【注释】

①二十年:鲁庄公二十年当周惠王三年,前674年。

【译文】

鲁庄公二十年春周历二月,夫人姜氏去莒国。

【穀梁传】 妇人既嫁不逾竟,逾竟非正也。

【译文】

女子已经出嫁就不能再走出国境,走出国境,是不合礼制的。

*【左传】二十年春,郑伯和王室①,不克②。执燕仲父③。夏,郑伯遂以王归,王处于栎。秋,王及郑伯入于邬④。遂入成周⑤,取其宝器而还。

【注释】

①郑伯:即郑厉公。和:调解。

②不克:调解无结果。克,能。

③燕仲父:南燕国君仲父。

④邬:即隐公十一年周桓王用苏忿生之田所换取的郑邑之一。地在今河南偃师西南。

⑤成周:在京师王城之东,今河南洛阳东郊。此时王子颓在王城。

【译文】

鲁庄公二十年春,郑厉公调解周惠王和子颓之间的纠纷,没有结果。拘捕了燕仲父。夏,郑厉公就带了周惠王回国,周惠王住在栎地。秋,惠王和郑厉公到了邬地。接着进入成周,取得成周的宝器后回国。

冬,王子颓享五大夫,乐及遍舞①。郑伯闻之,见虢叔,曰:“寡人闻之,哀乐失时,殃咎必至。今王子颓歌舞不倦,乐祸也。夫司寇行戮②,君为之不举③,而况敢乐祸乎!奸王之位④,祸孰大焉?临祸忘忧,忧必及之。盍纳王乎⑤?”虢公曰:“寡人之愿也。”

【注释】

①乐及遍舞:指奏舞六代之乐。六代之乐,黄帝之《云门》《大卷》,尧之《大咸》,舜之《大韶》,禹之《大夏》,汤之《大濩》,周武王之《大武》。

②司寇:掌管刑狱的官。

③不举:撤除丰盛的食品,并且不奏乐。

④奸王之位:此指篡夺王位。

⑤盍:何不。

【译文】

冬,王子颓宴享五位大夫,演奏音乐并遍舞六代舞蹈。郑厉公听到这件事,见到虢叔,对他说:"我听说,悲哀或者快乐的不是时候,灾祸一定会降临。现在王子颓观赏歌舞而不知疲倦,是以祸患为快乐啊。司寇行刑杀人,国君为此而减膳撤乐,何况敢以祸患而快乐呢?篡夺王位,还有比这更大的祸患吗?面临祸患而忘记忧患,忧患一定会到来。为什么不让惠王复位呢?"虢公说:"这正是我的愿望。"

【经】夏,齐大灾。

【译文】

夏,齐国发生大火灾。

【公羊传】大灾者何?大瘠也①。大瘠者何?疠也。何以书?记灾也。外灾不书,此何以书?及我也。

【注释】

①瘠:疾疫,与下"疠(lì)"字意同。

【译文】

大灾害是什么?是大瘠。大瘠是什么?是疠疫。为什么记录此事?是记录灾害。鲁国之外的灾害,例所不书,此处为何书?因为波及到了我国。

【榖梁传】其志，以甚也。

【译文】

经文记载这件事，因为太严重了。

△**【经】秋七月。**

【译文】

秋七月。

△**【经】冬，齐人伐戎**①。

【注释】

①齐人伐戎：《榖梁传》作"齐人伐我"。

【译文】

冬，齐国人攻打戎国。

二十一年

△**【经】二十有一年春王正月**①。

【注释】

①二十有一年：鲁庄公二十一年当周惠王四年，前673年。

【译文】

鲁庄公二十一年春周历正月。

【经】夏五月辛酉①**，郑伯突卒**②。

【注释】

①辛酉:二十七日。

②郑伯突:即郑厉公,姓姬,名突,谥厉。

【译文】

夏五月二十七日,郑厉公突去世。

【左传】二十一年春,胥命于弭①。夏,同伐王城②。郑伯将王自圉门入③。虢叔自北门入,杀王子颓及五大夫。

【注释】

①二十一年春,胥命于弭:此当与上年传相连接。胥命,诸侯相见,只会谈不歃血。弭,郑地名,在今河南新密。

②王城:在今河南洛阳。平王东迁至景王,周王都居住于此。

③将:事奉。圉门:王城南门。

【译文】

鲁庄公二十一年春,郑厉公和虢公在弭地会谈。夏,一起进攻王城。郑厉公事奉惠王从圉门入城。虢叔从北门入城,杀了王子颓和五个大夫。

郑伯享王于阙西辟①,乐备②。王与之武公之略③,自虎牢以东④。原伯曰⑤:"郑伯效尤⑥,其亦将有咎⑦。"五月,郑厉公卒。

【注释】

①阙西辟:即西阙。阙,古代宫殿前的高建筑物,犹如现在的门楼,左右各一,称为双阙。辟,侧,边。

②乐备：六代之乐皆齐备。

③略：疆界。

④虎牢：即隐公元年的"制"。

⑤原伯：即原庄公。

⑥郑伯效尤：指乐备而言。郑伯既以王子颓"乐备"为非，而自己在享王时也"乐备"，即所谓"效尤"。尤，罪过。

⑦咎：灾殃。

【译文】

郑厉公在宫门外西阙设享礼招待周惠王，全套乐舞齐备。周惠王赐给他虎牢以东原郑武公的土地。原伯说："郑伯学坏样，他也将会遭殃。"五月，郑厉公去世。

【经】秋七月戊戌①**，夫人姜氏薨。**

【注释】

①戊戌：初五。

【译文】

秋七月初五，夫人姜氏去世。

【穀梁传】妇人弗目也①**。**

【注释】

①弗目：不记载死亡的地点。

【译文】

妇人不记载去世的地点。

***【左传】王巡虢守**①**。虢公为王宫于玤**②**，王与之酒泉**③**。

【注释】

①巡虢守：天子巡视虢公防守的土地。

②宫：行宫。珤（bàng）：地名，在今河南渑池。

③酒泉：周地名，具体所在不详。

【译文】

　　周惠王巡视虢公防守的土地。虢公为惠王在珤地建造了行宫，惠王就把酒泉赐给他。

　　郑伯之享王也，王以后之鞶鉴予之①。虢公请器，王予之爵②。郑伯由是始恶于王③。

【注释】

①鞶（pán）鉴：饰有镜子的大带。鞶，大带。鉴，镜子。

②爵：青铜酒杯。比鞶鉴贵重。

③郑伯：指郑文公。郑厉公死，其子捷即位，是为文公。

【译文】

　　郑厉公设享礼招待惠王时，惠王赐给他王后的鞶鉴。虢公也请求赏赐器物，惠王赐给他爵。郑文公因此开始怀恨周惠王。

　　冬，王归自虢。

【译文】

　　冬，周惠王从虢国回到王城。

　　△**【经】**冬十有二月，葬郑厉公①。

【注释】

①葬郑厉公:郑厉公,即郑伯突。案《春秋》之例,篡明者书葬。桓
　公十五年有"郑伯突入于栎"之文,则其篡明,故书其葬。

【译文】

【经】冬十二月,安葬郑厉公。

二十二年

【经】二十有二年春王正月①,肆大眚②。

【注释】

①二十有二年:鲁庄公二十二年当周惠王五年,前672年。

②肆大眚(shěng):赦有罪。眚,过失。《公羊传》作"省"。省,通
　"眚"。

【译文】

鲁庄公二十二年春周历正月,大赦罪犯。

**【公羊传】肆者何? 跌也①。大省者何? 灾省也②。肆大
省何以书? 讥。何讥尔? 讥始忌省也③。**

【注释】

①跌:过度。

②灾省:省,减省,谓遇子、卯两日当减省吉事,即不举行祭祀。因为
　夏于卯日亡,殷于子日亡,故先王于此二日反思自身是否有亡国
　之行,故减省吉事。称之为"灾省"者,据礼制,若遇灾异,则废一
　时之祭,子卯日之减省吉事,如同闻灾废祭一般,故称"灾省"。

③讥始忌省:忌省,即顾忌到"灾省"而不敢哭文姜。案鲁庄公之

母文姜去年七月去世,此时尚在丧中,当有朝夕之哭,庄公因"忌
省"而不敢哭。《春秋》讥之者,子卯日仅减省吉事,凶事不当减
省,故《仪礼·士丧礼》云:"朝夕哭,不辟子卯。"以专孝子之思。
值得注意的是,文姜与齐襄公杀死了鲁桓公,其罪宜绝,故《春
秋》不与庄公"念母"(参见庄公元年"三月,夫人孙于齐"条)。
然而事实上庄公并未绝母,《春秋》以为,既然庄公不绝母,就应
该尽子道,不应"忌省"而不哭。

【译文】

肆是什么意思?是过度的意思。"大省"是什么?是子卯日减省吉
事,如遇到灾害一般。为何记录"肆大省"?是讥刺。讥刺什么?讥刺
开始顾忌大省,而不敢哭文姜。

【穀梁传】肆,失也[1]。眚,灾也[2]。灾纪也[3],失故也。为
嫌天子之葬也[4]。

【注释】

①失:赦免。

②灾:罪恶,错误。

③纪:惩治。

④嫌:接近,迫于。指进行大赦是鲁庄公为了使自己想做的事情符
　合礼制,也就是迫于礼制,不得不进行大赦。天子之葬:指周天子
　制定的丧葬制度。《穀梁传》认为文姜有弑君之罪,按礼不该记载
　其安葬,于是庄公进行大赦,就是为了使安葬文姜符合礼制。

【译文】

肆,是赦免的意思。眚,是罪过的意思。有罪过是要惩治的,赦免了
是有原因的。是为了符合天子制定的丧葬制度。

【经】癸丑①,葬我小君文姜②。

【注释】

①癸丑:二十三日。

②小君:臣子称诸侯夫人为小君。言"小"者,比于国君为小。文姜:姜为姓,文为谥号。夫人葬时之称,以姓配谥。关于夫人谥号之问题,孔广森云:"春秋之初,下成、康未远,诸侯夫人犹从君之谥,卫有庄姜、宣姜,郑有武姜是也。非正嫡则无谥,仲子是也。鲁自文姜以后,不别適庶,皆各自为谥,定公之妾姒氏,不当体君,乃反称定姒,此末世黩乱作之,不应礼法。"

【译文】

二十三日,安葬我国先君桓公的夫人文姜。

【公羊传】文姜者何? 庄公之母也。

【译文】

文姜是什么人? 是鲁庄公的母亲。

【穀梁传】小君,非君也。其曰君,何也? 以其为公配①,可以言小君也。

【注释】

①公:指鲁桓公。

【译文】

小君,不是国君。经文说"君",为什么呢? 因为她是鲁桓公的配偶,可以称小君。

【经】陈人杀其公子御寇①。

【注释】

①陈人杀其公子御寇:案《春秋》之例,若大夫相杀,则应书"陈人杀其大夫公子御寇",今不书"其大夫",表明公子御寇为陈君之子,杀君之子罪重于杀大夫。公子御寇,陈国太子。

【译文】

陈国人杀死他们的公子御寇。

【左传】二十二年春,陈人杀其大子御寇,陈公子完与颛孙奔齐①。颛孙自齐来奔。

【注释】

①陈公子完:陈厉公之子,后仕齐,卒谥敬仲,五代后昌大。颛孙:陈公子,与完均为太子党,到鲁后,为颛孙氏。

【译文】

鲁庄公二十二年春,陈国人杀了他们的太子御寇,陈公子完和颛孙逃亡到齐国。颛孙又从齐国逃来我国。

齐侯使敬仲为卿①。辞曰:"羁旅之臣幸若获宥②,及于宽政③,赦其不闲于教训④,而免于罪戾,弛于负担⑤,君之惠也,所获多矣。敢辱高位以速官谤⑥?请以死告。《诗》云:'翘翘车乘⑦,招我以弓⑧,岂不欲往,畏我友朋⑨。'"使为工正⑩。

【注释】

①敬仲:即陈公子完。

②羁（jī）旅：做客他乡。羁，同"羁"。宥（yòu）：宽宥，宽恕。

③宽政：指齐桓公的优待。

④闲：通"娴"，熟悉。

⑤弛于负担：指不再背负罪责。意同"免于罪戾"。弛，解除。

⑥速：招致。官谤：指因不称职引来大臣们的指责。

⑦翘翘：车高大的样子。

⑧招我以弓：古代聘士用弓。敬仲此时为逃亡之人，原有禄位已失，
　　故说自己尚不是士。

⑨畏我友朋：按：所引《诗》为逸《诗》，不在今《诗经》中。

⑩工正：管理工匠的官。

【译文】

　　齐桓公让敬仲做卿。敬仲辞谢说："寄居在外的臣子，有幸得到陈国宽恕，深受齐国宽大的政令，赦免我的不熟谙教训，才得以免除罪过，放下负担，这是国君的恩惠。我所得的已经很多了，哪里敢接受这样高的职位，而招致不称职的指责？谨昧死以告。《诗》说：'高高的车子，带着招聘我的弓。我难道不想去？怕的是我友朋的责讽。'"齐桓公于是让他做工正。

　　饮桓公酒①，乐。公曰："以火继之②。"辞曰："臣卜其昼，未卜其夜，不敢。"君子曰："酒以成礼，不继以淫③，义也；以君成礼，弗纳于淫，仁也。"

【注释】

①饮：使饮，让……喝。

②火：灯火。继之：以继昼饮。

③淫：过度，无节制。

【译文】

敬仲请齐桓公宴饮，桓公很高兴。天晚了，桓公说："点上灯火继续喝酒。"敬仲辞谢说："我只占卜白天招待您，没占卜晚上陪饮。不敢遵命。"君子说："酒用来完成礼仪，不能没有节制，这是义；与君主饮酒完成了礼仪，不使君主过度，这是仁。"

初，懿氏卜妻敬仲①，其妻占之，曰："吉，是谓'凤皇于飞②，和鸣锵锵③。有妫之后④，将育于姜⑤。五世其昌，并于正卿⑥。八世之后，莫之与京⑦。'"

【注释】

①懿氏：陈国大夫。卜妻：因要嫁女给陈完，占卜吉凶。

②凤皇：即凤凰，古代相传为神鸟，雄为凤，雌为凰。

③锵锵：凤凰和鸣声。

④有：语助词。妫：陈国妫姓。

⑤育：繁育。姜：齐国姜姓。

⑥五世其昌，并于正卿：据《史记·田敬仲完世家》，敬仲生穉孟夷，穉孟夷生湣孟庄，湣孟庄生文子须无，文子生桓子无宇。则五世即陈无宇。正卿，卿之当权者。

⑦八世之后，莫之与京：据《史记·田敬仲完世家》，陈无宇生武子开与釐子乞，乞生成子常，成子常即杀齐简公之陈桓。陈桓于敬仲为七世，据其相代在位则八世。京，大。

【译文】

当初，懿氏要把女儿嫁给敬仲，占卜吉凶。他的妻子占卜，说："吉利。这叫做'凤凰飞翔，唱和的声音嘹亮。有妫的后人，养育于姜。五代要繁荣昌盛，与正卿并列朝班。八代以后，地位没有人能与他争强。'"

陈厉公，蔡出也①。故蔡人杀五父而立之②。生敬仲。其少也，周史有以《周易》见陈侯者③，陈侯使筮之④，遇《观》☷☴之《否》☷☰⑤。曰："是谓'观国之光，利用宾于王⑥'。此其代陈有国乎？不在此，其在异国；非此其身⑦，在其子孙。光，远而自他有耀者也。坤，土也。巽，风也。乾，天也。风为天，于土上，山也⑧。有山之材而照之以天光，于是乎居土上，故曰：'观国之光，利用宾于王。'庭实旅百⑨，奉之以玉帛⑩，天地之美具焉，故曰：'利用宾于王。'犹有观焉，故曰其在后乎⑪。风行而著于土，故曰其在异国乎⑫。若在异国，必姜姓也⑬。姜，大岳之后也⑭。山岳则配天，物莫能两大。陈衰，此其昌乎。"

【注释】

①蔡出：蔡女所生。

②蔡人杀五父：见桓公六年。五父，陈佗。

③周史：周太史。

④筮（shì）：用龟甲占卜叫卜，用蓍草占卜叫筮。

⑤遇《观》☷☴之《否》☷☰：《观（guān）》《否（pǐ）》，俱为《周易》六十四卦中的卦名。《观》卦为坤下巽上两卦组成。《否》卦由坤下乾上两卦组成。《观》之六四爻为阴爻，一变而为阳则《观》卦变为《否》卦，当时术语谓之"《观》之《否》"。

⑥观（guān）国之光，利用宾于王：杨伯峻曰："《左传》《国语》引用《周易》爻辞，本无'初六''上九''九四''六三'诸词，本卦所变之爻，变为何卦，即用其卦名以指其爻。如此占，本卦为《观》，变在第四爻，则变为《否》卦，于是《观》之《否》，即指《观·六四》爻辞。……《仪礼·聘礼》有请观之举，谓使者聘于他国，亦

欲请观其国之光也。"用,于。宾于王,为王上宾。

⑦此其身:指其本人。

⑧"风为天"三句:杜预以为巽变为乾即风变为天,故曰风为天。但坤未变,代表土地。而自《否》卦之第二爻至第四爻,古所谓互体,为艮卦,艮为山,故云"山也"。

⑨庭实:诸侯朝见天子或相互聘问,将礼物陈列于庭内,叫庭实。艮有门庭之象,故云庭实。庭实多为车马等物。旅:陈。百:言其多。

⑩玉帛:乾为金玉,坤为布帛,故云。

⑪犹有观焉,故曰其在后乎:就《观》卦而言观,观者,看他人所作所为,而不是自己亲为,所以说"在其后"。

⑫风行而著于土,故曰其在异国乎:巽为风,坤为土,《观》卦巽在坤上,故云"风行而著于土"。风行,则起于此处而落于他处,所以说"其在异国"。

⑬姜姓:指齐国。

⑭大岳:即太岳,见隐公十一年。

【译文】

　　陈厉公是蔡女所生,所以蔡国人杀了五父而立他为君,生了敬仲。在敬仲年少时,有一个周太史拿了《周易》去见陈厉公,陈厉公让他占筮,占得了《观》卦变为《否》卦。周太史说:"这就叫做'观看到国家的盛大光辉,有利于成为国君的上宾'。这是说他要代替陈氏拥有国家吧?或许不是在陈国,而是在别的国家;不是应验在这个孩子身上,而是应验在他的子孙身上。光,是从另外地方照耀而来的。《坤》是土,《巽》是风,《乾》是天。风起于天而行于土上,这就是山。有了山上的物产,又有天光照射,这就居于土上,所以说'出聘观光,利于作国君的上宾'。庭中陈列的礼物上百,另外奉有美玉绸帛,天上地下美好的东西都齐备了,所以说'利于作国君的上宾'。还有等着观仰,所以说他的昌盛在于后代。风吹行而落在土上,所以说他的昌盛在于别国。如果在别国,必定是姜姓之国。姜,是太岳的后代。山岳高大可以与天相配,但事物不可能两者同时强大。日后陈国衰亡时,就是他后代昌盛时吧!"

及陈之初亡也①,陈桓子始大于齐②。其后亡也③,成子得政④。

【注释】

①初亡:指昭公八年楚国灭陈。

②陈桓子:敬仲五世孙陈无宇。

③后亡:指哀公十七年楚国再次灭陈。

④成子:陈常,又叫田常,谥成子,敬仲八世孙,专齐国政。

【译文】

等到陈国第一次灭亡,陈桓子开始在齐国昌大。后来楚国再次灭亡陈国,陈成子执掌了齐国的政权。

【穀梁传】言公子而不言大夫,公子未命为大夫也①。其曰公子,何也? 公子之重视大夫②,命以执公子③。

【注释】

①命:任命,被任命。

②重:重要的。视:比照。

③执:执行。公子:这里指公子之礼,是说受过命的大夫可以享受公子等级的礼遇。

【译文】

称公子而不称大夫,是因为公子没有被任命为大夫。经文称公子,为什么呢? 因为公子地位的重要性如同大夫一样,大夫受到任命之后可以享受公子般的礼遇。

△【经】夏五月①。

【注释】

①夏五月：本年夏季季首应为四月。此"五"字恐为"四"之误。一说书"五月"者，是讥刺庄公谋娶齐女，然齐为仇国，仇女不可以事先祖，犹五月不宜为首时。

【译文】

夏五月。

【经】秋七月丙申①，及齐高傒盟于防②。

【注释】

①丙申：初九。

②高傒：齐国大夫。防：鲁地名，在今山东费县东北。

【译文】

秋七月初九，庄公与齐高傒在防地结盟。

【公羊传】齐高傒者何？贵大夫也。曷为就吾微者而盟①？公也②。公则曷为不言公？讳与大夫盟也③。

【注释】

①曷为就吾微者而盟：案《春秋》名例，士为微者，称人；鲁国之士则不称"鲁人"，而是省缺主语，以明内之微者。此处书"及齐高傒盟"，就好像是高傒与鲁之微者结盟，故而发问。

②公也：即与高傒盟者，不是鲁国之士，而是鲁庄公。这从时月日例
　　中可以看出，案微者盟例时，以其不能专正也。此处书日，则非微
　　者与盟，若是鲁国大夫，则当书其名氏，故知是庄公与盟。

③讳与大夫盟：案礼制，国君与大夫地位不等，盟则表示双方平等，
　　故庄公与大夫盟需避讳。此处不出"公"字，即是讳文。

【译文】

　　齐高傒是什么人？是尊贵的大夫。为何屈就与我国地位卑微者结
盟？因为与他结盟的是庄公。结盟者是庄公，那为何不说是庄公？是避
讳庄公与大夫结盟。

【穀梁传】不言公，高傒伉也①。

【注释】

①伉：匹敌，对等。鲁庄公是诸侯，高傒是大夫，如果写成"公及高
　　傒……"就是高傒和庄公平等了，所以不写。

【译文】

　　不说"公"，因为那样就与高傒对等了。

【经】冬，公如齐纳币①。

【注释】

①纳币：又称"纳征"，古婚礼六礼之一。男女双方缔婚之后，男方
　　把聘礼送往女家。纳币不自往，所以《穀梁传》说"非礼也"。

【译文】

　　冬，庄公到齐国去送聘礼。

【公羊传】纳币不书①，此何以书？讥。何讥尔？亲纳币，

非礼也^②。

【注释】

①纳币不书：案纳币属于常事，《春秋》常事不书。

②亲纳币，非礼也：案礼制，纳币由男方派遣使者行之，据"婚礼不
称主人"之义，若婿亲自纳币，则是自专婚嫁，无廉耻之心。故云
"亲纳币，非礼也"。值得注意的是，鲁庄公如齐，实为淫佚，非为
纳币。而国君外淫是大恶，故以亲纳币为讳。

【译文】

《春秋》依例不书纳币，此处为何书？是讥刺。讥刺什么？讥刺庄
公亲自纳币，是不合礼制的。

【穀梁传】纳币，大夫之事也。礼有纳采^①，有问名^②，有
纳征^③，有告期^④，四者备，而后娶，礼也。公之亲纳币，非礼
也，故讥之。

【注释】

①纳采：采择女子，就是选择挑选女子的意思。

②问名：问女之姓氏归以卜其吉凶。

③纳征：即纳币。

④告期：告知婚期。

【译文】

送聘礼，是大夫的事情。根据婚嫁礼节，娶亲有挑选女子，有问清姓
氏，有馈赠聘礼，有告知婚期，四件事完备，然后迎娶，才合乎礼制。鲁庄
公亲自去送聘礼，不合礼制，所以讥讽他。

二十三年

【经】二十有三年春①,公至自齐。

【注释】

①二十有三年:鲁庄公二十三年当周惠王六年,前671年。

【译文】

鲁庄公二十三年春,庄公从齐国回来。

【公羊传】桓之盟不日,其会不致,信之也①。此之桓国,何以致? 危之也②。何危尔? 公一陈佗也③。

【注释】

①"桓之盟不日"三句:参见庄公十三年"公会齐侯,盟于柯"条注释。

②危之也:《春秋》之中,凡书"公至自某",皆表明公脱危而至,故云"危之也"。

③公一陈佗:陈佗为陈国之君,因外淫而被《春秋》诛绝,参见桓公六年"蔡人杀陈佗"条。一,同一。鲁庄公如齐淫佚,与陈佗之行相同。

【译文】

齐桓公之盟不书日,会不书致文,是信任他。这是去齐桓公之国,为何书致? 是担忧鲁庄公。为何要担忧? 因为鲁庄公与陈佗一样,有外淫之行。

【经】祭叔来聘①。

【注释】

①祭叔：周王室大夫。祭为氏，叔为字，案名例，天子上大夫称字。同时，祭叔是受天子派遣而聘问鲁国的，理应书"天王使祭叔来聘"。不书"使"者，《春秋》之例，大夫不敌君，若被聘之国无君，则不称"使"。此处鲁有君而不称"使"，表明鲁庄公外淫当绝，天子不应聘之。

【译文】

祭叔来我国聘问。

【穀梁传】其不言使，何也？天子之内臣也①。不正其外交，故不与使也。

【注释】

①内臣：宫廷内的臣僚。

【译文】

经文不说使臣，为什么呢？因为祭叔是天子的内臣。他的外交不合正道，所以不给他使臣的身份。

【经】夏，公如齐观社。

【译文】

夏，庄公到齐国观看祭祀社神。

【左传】二十三年夏，公如齐观社①，非礼也。曹刿谏曰："不可。夫礼，所以整民也。故会以训上下之则，制财用之节；朝以正班爵之义②，帅长幼之序③；征伐以讨其不然④。

诸侯有王^⑤，王有巡守^⑥，以大习之^⑦。非是，君不举矣^⑧。君举必书，书而不法，后嗣何观？"

【注释】

①社：祭祀社神。《墨子·明鬼下》云："燕之有祖，当齐之社稷、宋之有桑林、楚之有云梦也，此男女之所属而观也。"则齐祭祀社神时男女相聚游观。

②义：同"仪"。

③帅长幼之序：诸侯之序，按爵位高低，不按年龄长幼，此云"帅长幼之序"，意为爵位相同者，则按年龄长幼为序。帅，遵循。

④不然：不敬。然，通"戁（nǎn）"，恭敬。

⑤诸侯有王：指诸侯朝觐天子。

⑥王有巡守：指天子巡视四方。

⑦大习之：熟悉会见和朝觐制度。

⑧举：出行。

【译文】

鲁庄公二十三年夏，鲁庄公到齐国去观看祭祀社神，这是不合于礼的。曹刿劝谏说："您不能去。礼，是用来整饬百姓的。所以会见是用以训示上下之间的法则，制订节用财赋的标准；朝觐是用来申明排列爵位的仪式，遵循老少的次序；征伐是用以攻打对上的不尊敬。诸侯朝觐天子，天子视察四方，以熟悉会见和朝觐的制度。不是以上五种情况，国君是不出行的。国君出行史官一定要加以记载，记载而不合于法度，子孙后代如何作鉴戒？"

【公羊传】何以书？讥。何讥尔？诸侯越竟观社，非礼也^①。

【注释】

①诸侯越竟观社,非礼也:据礼制,诸侯非朝聘会盟之事,不得出境,
故越境观社为非礼。此是为鲁庄公避讳,庄公之如齐,实为淫佚,
内大恶讳,故以越境观社为讥。

【译文】

为何记录此事? 是讥刺。讥刺什么? 诸侯越过国境去观社,是非
礼的。

【穀梁传】 常事曰视,非常曰观。观,无事之辞也,以是
为尸女也①。无事不出竟。

【注释】

①尸:主持。

【译文】

符合惯例的事情就说"视",不合惯例的就说"观"。观,是表示没
有要事的说法,认为这是为了去看主持仪式的女子。没有重要的事情是
不应该离开国境的。

*【左传】 晋桓、庄之族逼①,献公患之。士蒍曰②:"去
富子③,则群公子可谋也已。"公曰:"尔试其事。"士蒍与群
公子谋,谮富子而去之④。

【注释】

①桓、庄之族:晋国大族。桓,曲沃桓叔。庄,曲沃庄伯。逼:逼迫,
威胁。此指威胁到公族。

②士蒍:晋国大夫,字子舆,又称士舆。

③富子：桓、庄之族中多谋足智者。

④谮（zèn）：说人坏话。

【译文】

晋国桓叔、庄伯的家族势力强盛而威逼公族，晋献公对此忧患不安。士蒍说："去掉富子，那么群公子就有办法可以对付了。"晋献公说："你试着办这件事。"士蒍与群公子谋议，趁机讲富子坏话而赶走了他。

【经】公至自齐①。

【注释】

①公至自齐：庄公虽去齐桓公之国，然淫佚有危，故书"公至自齐"，表明脱危而至。

【译文】

庄公从齐国回来。

【穀梁传】公如①，往时，正也。致月，故也。如，往月、致月，有惧焉尔。

【注释】

①如：去，往。

【译文】

鲁庄公出行，去的时候记载季节，是符合常例的。归来告祭祖庙的时候记载月份，是表示有变故。出行，去的时候记载月份，归来告祭祖庙也记载月份，是表示有所担忧。

【经】荆人来聘①。

【注释】

①荆人来聘：自此楚始通鲁。荆人，楚国人。

【译文】

楚国人来我国聘问。

【公羊传】荆何以称人①？ 始能聘也②。

【注释】

①荆何以称人：案《春秋》对于夷狄，有七等进退之法，即"州、国、氏、人、名、字、子"，详见庄公十年"荆败蔡师于莘，以蔡侯献舞归"条。楚国之前称"荆"，而此处称"荆人"，故传文发问。

②始能聘也：《春秋》王鲁，楚国能聘问鲁国，故褒进之，不称"荆"（州），而称"荆人"。然而根据七等进退之法，此处"荆人"的书法比较奇怪，若将楚国由"州"褒进至"人"，则当书"楚人"，今书"荆人"者，是"许夷狄不一而足"，即不骤然褒进之。

【译文】

荆为何称人？ 因为自此开始能聘问鲁国。

【穀梁传】善累而后进之①。 其曰人，何也？ 举道不待再②。

【注释】

①善：善行。累：积累。进之：指褒扬。

②举：奉行。这句话指对于夷狄来说，只要奉行正道就要表彰，不必等待第二次。

【译文】

善行有所积累然后褒奖他。经文说"人"，为什么呢？ 因为奉行正道不必等待第二次。

【经】公及齐侯遇于穀①。

【注释】

①齐侯：即齐桓公。穀：齐地名，在今山东东阿。

【译文】

鲁庄公和齐桓公在穀地相见。

【穀梁传】及者，内为志焉尔。遇者，志相得也。

【译文】

"及"，是说这次会面是出于鲁国的意愿。"遇"，就是说彼此的愿望十分投合。

【经】萧叔朝公①。

【注释】

①萧叔：孔广森以为，萧为附庸之国，叔是国君之字。称"字"之附庸国，方三十里。萧，宋的附属国。庄公十二年有萧叔大心。

【译文】

萧叔朝见庄公。

【公羊传】其言朝公何①？公在外也②。

【注释】

①其言朝公何：案《春秋》之例，萧叔朝鲁，当书"萧叔来朝"，不当书"萧叔朝公"。故而发问。

②公在外也：时鲁庄公与齐侯遇于榖，萧叔朝公，故云"公在外也"。
　案礼制，朝礼当受于太庙，表示孝子不敢自专，归美于先君，且尊
　重宾客，故例书"来朝"。此处书"朝公"，一则谴责鲁庄公之骄
　侈，一则谴责萧叔之简慢。

【译文】

经文书"朝公"是为何？因为庄公在外面。

【榖梁传】 微国之君，未爵命者。其不言来，于外也。朝
于庙，正也，于外，非正也①。

【注释】

①"朝于庙"四句：在庙堂朝见，是符合礼制的。在国外朝见，是不
　合礼制的。

【译文】

小国的国君，没有得到周天子册封的爵位。经文不说"来"，因为是
在国外会面。在庙堂朝见，是符合礼制的。在国外朝见，是不合礼制的。

【经】 秋，丹桓宫楹①。

【注释】

①丹桓宫楹：丹，朱色，此处名词用作动词。桓宫，桓公之庙。楹，厅堂
　前的柱子。案丹楹为天子宗庙之制，鲁国丹桓宫楹，是僭越了天
　子之制，故《春秋》讥之。

【译文】

秋，用朱漆漆桓公之庙的柱子。

【左传】 秋，丹桓宫之楹。

【译文】

秋,在桓公庙的梁柱上涂上红漆。

【公羊传】何以书? 讥。何讥尔? 丹桓宫楹,非礼也。

【译文】

为何记录此事? 是讥刺。讥刺什么? 用赤漆装饰桓公庙的楹柱,是非礼的。

【穀梁传】礼:天子、诸侯黝垩①,大夫仓②,士黈③。丹楹,非礼也。

【注释】

①黝(yǒu):黑色,指把柱子涂成黑色。垩(è):白土,指把墙壁涂成白色。

②仓:涂为青色。

③黈(tǒu):涂为黄色。

【译文】

按礼,天子和诸侯用黑柱白墙,大夫的涂为青色,士涂为黄色。将柱子涂为朱色,不合礼制。

△**【经】**冬十有一月,曹伯射姑卒①。

【注释】

①曹伯射姑卒:射姑,即曹庄公,姓姬,名射姑,谥庄,为曹桓公之子。案时月日例,大国卒日葬月,小国卒月葬时。曹为小国,然《春

秋》敬老重恩,曹桓公卒日葬月(参见桓公十年、十一年),《春秋》
嫌其同于大国,故曹庄公仍卒月葬时。

【译文】

冬十一月,曹庄公射姑去世。

【经】十有二月甲寅①,公会齐侯盟于扈②。

【注释】

①甲寅:初五。

②扈:齐地名,在今山东聊城莘县观城镇。

【译文】

十二月初五,庄公与齐桓公相会在扈地结盟。

【公羊传】桓之盟不日①,此何以日? 危之也。何危尔?
我贰也②。鲁子曰③:"我贰者,非彼然,我然也④。"

【注释】

①桓之盟不日:即齐桓公之盟不书日。

②我贰也:何休云:"庄公有淫泆污贰之行。"

③鲁子:《公羊传》著于竹帛前的先师。

④非彼然,我然也:即非齐桓公恶鲁庄公有污贰之行,相疑而盟,故
　书日危之;而是庄公自身污贰,行动有危。

【译文】

齐桓公之盟不书日,此处为何书日? 是担忧鲁庄公。为何要担忧?
因为我君有污贰之行。鲁子说:"我君有污贰之行,并非是齐桓公因此相
疑,而是鲁君自身有危。"

二十四年

【经】二十有四年春王三月^①**,刻桓宫桷**^②**。**

【注释】

①二十有四年:鲁庄公二十四年当周惠王七年,前670年。

②刻桓宫桷(jué):刻,雕镂。桷,方形的椽子。案礼制,刻椽为天子之制,此处却用于鲁桓公之庙,故《春秋》讥之。

【译文】

鲁庄公二十四年春周历三月,雕镂桓公庙的椽子。

【左传】二十四年春,刻其桷,皆非礼也^①**。御孙谏曰**^②**:"臣闻之:'俭,德之共也**^③**;侈,恶之大也。'先君有共德而君纳诸大恶,无乃不可乎!"**

【注释】

①刻其桷,皆非礼也:此句应接上年传之"丹桓宫之楹"。自天子以至大夫、士,皆不红漆柱,亦不雕刻桷,则此丹楹、刻桷皆不合礼制。庄公之所以丹楹、刻桷,历来注家均以为新从齐国迎娶的夫人哀姜将至,即将庙见,故修饰宫庙来炫耀。

②御孙:鲁国掌管工匠的大夫。

③共(hóng):大。

【译文】

鲁庄公二十四年春,雕镂桓公庙的椽子,这件事与去年用红漆漆庙柱,都是不合礼制的。御孙劝阻说:"下臣听说:'节俭,是善行中的大德;奢侈,是邪恶中的大恶。'先君具有大德,而国君却把它放到大恶里去,恐怕不可以吧!"

【公羊传】何以书？讥。何讥尔？刻桓宫桷，非礼也。

【译文】

为何记录此事？是讥刺。讥刺什么？雕刻桓公庙的椽子，是非礼的。

【穀梁传】礼：天子之桷，斫之砻之[1]，加密石焉[2]。诸侯之桷，斫之砻之。大夫斫之。士斫本。刻桷，非正也。夫人[3]，所以崇宗庙也，取非礼与非正[4]，而加之于宗庙，以饰夫人，非正也。刻桓宫桷，丹桓宫楹，斥言桓宫以恶庄也[5]。

【注释】

①斫（zhuó）：砍，削。砻（lóng）：磨。

②加密石：用细密的石头磨。

③夫人：这里用作动词，迎娶夫人。

④取：同"娶"。非礼与非正：范甯注："非礼谓娶仇女，非正谓刻桷丹楹也。"

⑤斥言：指称。

【译文】

按礼：天子庙的方形椽子，削砍后要磨，然后还要用细石磨。诸侯庙的方形椽子，削砍后要磨。大夫庙的方形椽子，只要削砍。士的只要砍去树根就可以了。雕刻方形椽子，是不合正道的。迎娶夫人，是用来尊重祖先的。娶妻不合礼制不合正道，又对宗庙施加不合礼制的做法，来向夫人夸耀，是不合正道的。雕刻鲁桓公寝庙的方形椽子，涂红桓公寝庙厅堂前部的柱子，经文直接指称"桓宫"来表示对庄公的厌恶。

△【经】葬曹庄公[1]。

【注释】

①葬曹庄公：曹庄公于上年冬十一月死。

【译文】

安葬曹庄公。

【经】夏，公如齐逆女^①。

【注释】

①公如齐逆女：逆，迎。女，指齐女嫁为鲁庄公夫人者，即后之哀姜。此处书"公如齐逆女"，表明庄公亲自去齐国迎接哀姜。

【译文】

夏，庄公去齐国迎亲。

【公羊传】何以书？ 亲迎，礼也^①。

【注释】

①亲迎，礼也：事实上，庄公去齐国，非是亲迎，而为淫佚。外淫为大恶，《春秋》为之避讳，好像庄公是为亲迎才去了齐国，故云"亲迎，礼也"。然讳不没实，案《春秋》礼制，国君不越境逆女，当遣大夫迎接，至境内方逆女。由此可见，庄公如齐，实非逆女。

【译文】

为何记录此事？ 亲迎，是符合礼节的。

【穀梁传】亲迎，恒事也^①，不志。此其志，何也？ 不正其亲迎于齐也^②。

【注释】

①恒：平常的，普通的。

②不正其亲迎于齐：认为亲自到齐国迎娶不合正道，因为齐国与鲁国有弑君之仇。

【译文】

亲自迎亲，是普通事，不记载。这里经文记载了，为什么呢？因为经文认为鲁庄公到齐国亲自迎娶是不合正道的。

【经】秋，公至自齐①。

【注释】

①公至自齐：庄公如齐淫佚，有危，故书"至"，表明庄公脱危而至。

【译文】

秋，庄公从齐国回来。

【穀梁传】迎者，行见诸①**，舍见诸**②**。先至，非正也。**

【注释】

①行：行走。诸：代词。这里指夫人。

②舍：住宿。

【译文】

迎亲时，应该在行走的时候看着夫人，在住宿的时候也看着夫人。先回国告祭祖庙，是不合正道的。

【经】八月丁丑①**，夫人姜氏入**②**。**

【注释】

①丁丑:初二。

②夫人姜氏:指哀姜。

【译文】

八月初二,夫人哀姜到达我国。

【左传】秋,哀姜至。

【译文】

秋,哀姜来到鲁国。

【公羊传】其言入何^①? 难也^②。其言日何^③? 难也。其难奈何? 夫人不偻^④,不可使入,与公有所约,然后入。

【注释】

①其言入何:案常例,夫人至鲁国,当书"夫人姜氏至自齐",此处书 "入",故发问。

②难:为难。案鲁庄公娶亲之前,有一媵妾,名为孟任。故夫人不肯 入,待庄公定立了疏远媵妾之约,方入鲁国,故作为难之辞。

③其言日何:案时月日例,夫人至例月。此处书日,是夫人初不肯 入,与公定约之后,至丁丑乃入。故书日亦是为难之辞。

④夫人不偻:偻,疾,迅速之意。何休云:"夫人稽留,不肯疾顺公,不 可使即入。"何氏又以为,夫人要挟庄公,并非大恶,因"妻事夫有 四义:鸡鸣缝笄而朝,君臣之礼也;三年恻隐,父子之恩也;图安危 可否,兄弟之义也;枢机之内,寝席之上,朋友之道,不可纯以君臣 之义责之。"

【译文】

经文言"入"是为何？是为难之辞。书日是为何？是为难之辞。因何为难？夫人不肯立即顺从庄公，无法使其进城，直到与庄公定立了疏远滕妾之约后，才进城。

【穀梁传】入者，内弗受也。日入，恶入者也。何用不受也①？以宗庙弗受也。其以宗庙弗受，何也？娶仇人子弟②，以荐舍于前③，其义不可受也。

【注释】

①用：由。

②娶仇人子弟：可知鲁庄公迎娶的夫人姜氏当是齐襄公姜诸儿的女儿，齐襄公是鲁庄公的舅父，因与鲁庄公的母亲文姜通奸而合谋杀害了庄公的父亲鲁桓公，故此处说迎娶仇人的女儿。

③荐：进献，祭奠供奉。舍：置放。

【译文】

入，表示鲁国不愿意接受。记载进入的日期，是厌恶进入的人。为什么不接受呢？因为祖先不接受她。因为祖先不接受她，为什么呢？娶仇人的女儿，让她祭奠供奉，将供品放置在宗庙，按照道义是不能接受的。

【经】戊寅①，大夫宗妇觌②，用币③。

【注释】

①戊寅：初三。

②大夫宗妇：何休以为，宗子之妇称宗妇。凌曙以为，此处书"大夫宗妇"者，表明其夫既是宗子，又是大夫。故《公羊传》直云："宗妇者何？大夫之妻也。"觌（dí）：相见。

③用币：用玉帛作为进见的礼物。

【译文】

初三，大夫、宗妇进见夫人，用玉帛作礼物。

【左传】公使宗妇觌，用币，非礼也。御孙曰："男贽①，大者玉帛，小者禽鸟，以章物也②。女贽，不过榛栗枣脩③，以告虔也④。今男女同贽，是无别也。男女之别，国之大节也。而由夫人乱之，无乃不可乎！"

【注释】

①贽（zhì）：古人相见时手执的礼物。公、侯、伯、子、男五等诸侯执玉，诸侯之太子及附庸国君与诸侯之孤卿执帛，卿执羔，大夫执雁，士执雉，庶人执鹜，工、商执鸡。

②以章物：以各人所执物之不同来显示其贵贱等差。

③榛（zhēn）：落叶灌木，果实叫榛子，可食。脩：干肉。

④告虔：表示诚敬。

【译文】

庄公令宗妇进见，用玉帛作礼物，这是不合于礼的。御孙说："男人进见的礼物，大的用玉帛，小的用禽鸟，以所执物表明身份等级。女人进见的礼物，不超过榛、栗、枣、干肉，以表示诚敬而已。现在男女礼物相同，这是男女没有差别了。男女有别，是国家的大法。而由于夫人使之混乱，恐怕不可以吧！"

【公羊传】宗妇者何？大夫之妻也。觌者何？见也。用者何？用者不宜用也①。见用币非礼也②。然则曷用？枣栗云乎，腶脩云乎③。

【注释】

①用者不宜用也：此为《春秋》辞例，书"用"，表明"不宜用"。如此处大夫宗妇不宜用币为贽，故经书"用币"。

②见用币非礼也：古人相见需要执贽，宗妇见夫人，当以枣栗、腶脩为贽，今用币（馈赠之帛），故为非礼。

③腶（duàn）脩：用姜桂捶制而成的干肉，此为儿媳见婆婆之贽。宗妇见夫人，则兼用枣栗、腶脩。

【译文】

宗妇是什么人？是大夫的妻子。"觌"是什么意思？是见的意思。"用"是什么意思？书"用"表明不宜用。见夫人用币为贽，是非礼的。那么该用何物为贽？大概是枣栗和腶脩吧。

【穀梁传】觌，见也。礼：大夫不见夫人，不言及，不正其行妇道，故列数之也①。男子之贽，羔、雁、雉、腒②。妇人之贽，枣、栗、锻脩③。用币，非礼也。用者，不宜用者也。大夫，国体也④，而行妇道，恶之，故谨而日之也。

【注释】

①列：并列。数：数说，称说。这里指把"大夫""宗妇"并列称说，而不说"大夫及宗妇"。

②羔、雁、雉、腒（jū）：小羊、大雁、野鸡、干鸟肉。

③枣、栗、锻脩：枣子、栗子、干肉。

④国体：国家的主体。指大夫是国家的辅佐之臣。

【译文】

"觌"，是见面的意思。按照礼制：大夫不能见国君的夫人，不说"及"，是认为他实行妇女的做事准则不合正道，所以并列称说他们。男子间的见面礼,有小羊、大雁、野鸡、干鸟肉。女子间的见面礼,有枣子、栗子、干肉。使用玉帛之类的礼品,不合礼制。"用"的意思,就是说不适合用。大夫,是国家的辅佐之臣,却按照妇女的准则来做事,厌恶这样做,所以慎重地记载这件事的日期。

*【左传】晋士芳又与群公子谋,使杀游氏之二子①。士芳告晋侯曰②:"可矣。不过二年,君必无患。"

【注释】

①游氏之二子:也是桓、庄之族人。

②晋侯:即晋献公。

【译文】

晋国的士芳又与群公子谋划,让他们杀死了游氏的两个儿子。士芳告诉晋献公说:"行了。不出两年,国君就必定没有忧患了。"

△【经】大水。

【译文】

发大水。

【经】冬,戎侵曹。曹羁出奔陈①。

【注释】

①曹羁(jī):据《公羊传》,曹羁是曹国大夫。据贾逵,是曹国国君。据杜预,是曹国世子。阙疑。

【译文】

冬,戎国攻打曹国。曹羁逃亡到陈国。

【公羊传】曹羁者何？曹大夫也。曹无大夫①，此何以书？贤也。何贤乎曹羁？戎将侵曹，曹羁谏曰："戎众以无义，君请勿自敌也。"曹伯曰："不可。"三谏不从，遂去之，故君子以为得君臣之义也②。

【注释】

①曹无大夫：案名例，大夫称名氏，士则略称人。据《春秋》三世之例，传闻世小国无大夫，即小国之大夫不称名氏，而略称人。此处"曹羁"却是单称名，是因"羁"有贤德而许其为大夫。值得注意的是，经文未书"羁"之氏，故小国虽有大夫，亦仅书名，区别于大国大夫。

②得君臣之义：孔子曰："所谓大臣者，以道事君，不可则止。"故三谏不从而去之，得君臣之义。值得注意的是，此条是强调三谏不从，方可去之，若非如此，则当遵守"君子不避外难"之义。

【译文】

曹羁是什么人？是曹国的大夫。据三世例，曹国没有大夫，此处为何书曹羁？因为他有贤德。曹羁有何贤德？戎人将入侵曹国，曹羁进谏："戎师众多，又无道义，国君请不要亲自应敌。"曹伯说："不可。"曹羁劝谏了三次，曹伯都不听从，于是曹羁离开了。君子以为曹羁此举符合君臣的道义。

【经】赤归于曹①。郭公②。

【注释】

①赤归于曹：贾逵认为赤为嫁到曹国的戎女所生，故戎侵曹逐羁而立赤。赤，即曹僖公。

②郭公:《左传》杜预注认为此处经文有缺误,意不详。《公羊传》
《穀梁传》认为"郭公"就是"赤"。

【译文】

曹僖公赤回到曹国。郭公。

【公羊传】赤者何?曹无赤者,盖郭公也①。郭公者何?
失地之君也②。

【注释】

①曹无赤者,盖郭公也:此句以为,曹国无有名"赤"者,"赤"为郭公
之名。如此则经文"赤归于曹郭公"是倒文,本应作"郭公赤归于
曹",即郭公赤投奔了曹国。之所以作"曹郭公"者,好像"郭公"
为曹伯之谥号,以此表明曹伯已战死。不直书之者,是为曹羁讳。
而经文表面的意思是,有个微者"赤",回到了曹郭公那里。

②失地之君也:郭公赤出奔,为失地之君,故书其名。

【译文】

赤是什么人?曹国没有名赤的人,大概是郭公之名。郭公是什么
人?是失地之君。

【穀梁传】赤盖郭公也①,何为名也?礼:诸侯无外归之
义,外归,非正也。

【注释】

①赤:按照本传的解释,赤是郭公的名。

【译文】

赤是郭国国君,为什么称呼他的名字?按照礼制:诸侯没有归附他
国的道理,归附他国,是不合正道的。

二十五年

【经】二十有五年春^①，陈侯使女叔来聘^②。

【注释】

①二十有五年：鲁庄公二十五年当周惠王八年，前669年。

②陈侯：即陈宣公。女叔：陈国之卿，女为氏，叔为排行。"女"为氏（音汝），"叔"为字。案名例，大夫称名氏。此处称字者，因女叔年老，依"老臣不名"之制而称字。

【译文】

鲁庄公二十五年春，陈宣公派女叔来我国聘问。

【左传】二十五年春，陈女叔来聘，始结陈好也。嘉之，故不名。

【译文】

鲁庄公二十五年春，陈国的女叔来我国聘问，这是开始和陈国结好。《春秋》赞美这件事，所以不记载女叔的名字。

【穀梁传】其不名，何也？天子之命大夫也。

【译文】

经文不说名字，为什么呢？因为他是天子任命的大夫。

△**【经】**夏五月癸丑^①，卫侯朔卒^②。

【注释】

①癸丑：十二日。

②卫侯朔：卫惠公，姓姬，名朔，谥惠。经文未书朔之葬。然案《春
　秋》之例，篡明者书葬，庄公六年经书"卫侯朔入于卫"，则篡明，
　理应书葬。若如此，则表明朔之罪仅为篡位，朔及其子孙不当享
　有卫国。然而朔又犯天子之命（即桓公十六年《公羊传》所云
　"得罪于天子，见使守卫朔，而不能使卫小众"），卫国当被除去，
　故不书其葬以明之。

【译文】

夏，五月十二日，卫惠公朔去世。

【经】六月辛未朔，日有食之①**。鼓，用牲于社**②**。**

【注释】

①六月辛未朔，日有食之：此当是前669年5月27日之日环食。

②鼓，用牲于社：社为土地神，是阴气所本。古人认为日食是阴侵阳
　所至，故于社神处擂鼓以责求之，又用牲以接之。何休以为，擂
　鼓是以尊者（阳）之命责之，用牲则是以臣子之道接之（因社亦
　尊）。值得注意的是，日食而鼓用牲于社，是合礼的行为，故此处
　书"用"，非"不宜用"之义。

【译文】

六月初一清晨，发生日食。击鼓，用牺牲祭祀社神。

【左传】夏六月辛未朔，日有食之。鼓，用牲于社，非常
也①。唯正月之朔②，慝未作③，日有食之，于是乎用币于社，
伐鼓于朝。

【注释】

①非常：指不合礼仪。据下文，此次日食，鲁于社只能用币，伐鼓只能于朝；则此伐鼓、用牲于社，是僭用天子之礼。

②正月：正阳之月，即夏历四月，周历六月。

③慝（tè）：阴气。

【译文】

夏六月初一，发生日食。击鼓，用牺牲祭祀社神，不合于常礼。只有夏历四月的初一，阴气没有发作，出现了日食，才用玉帛祭祀社神，在朝廷之上击鼓。

【公羊传】日食，则曷为鼓用牲于社？求乎阴之道也。以朱丝营社①，或曰胁之②；或曰为暗，恐人犯之，故营之③。

【注释】

①以朱丝营社：朱丝，代表阳气。营，缠绕。以朱丝营社，亦是以阳责阴之义。

②胁：责求。

③"或曰为暗"三句：这是对于"以朱丝营社"的另外一种解释，认为日食之时，光线昏暗，恐有人侵犯社主，故以朱丝萦绕之。然而何休认为此种解释不通，非是以阳责阴之义。

【译文】

发生了日食，为何要于社坛擂鼓用牲？这是责求阴气之道。用红丝萦绕社主，有人说是责求之；有人说是因为光线昏暗，唯恐有人侵犯社主，所以用红丝萦绕。

【穀梁传】言日言朔，食正朔也。

【译文】

说了"日"又说"朔",日食发生在初一是符合规律的。

鼓,礼也。用牲,非礼也。天子救日,置五麾^①,陈五兵、五鼓^②,诸侯置三麾,陈三鼓、三兵。大夫击门,士击柝^③。言充其阳也^④。

【注释】

①五麾(huī):五种颜色的旗帜,置于东西南北中五个方位,旗帜颜色为青、赤、白、黄、黑。

②五兵:五种兵器,矛、戟、钺、楯、弓矢。五鼓:不知是五种不同的鼓还是同一种鼓涂不同颜色,阙疑。

③柝(tuò):木梆子。

④阳:阳气。

【译文】

击鼓,符合礼制。使用牲畜,不合礼制。天子举行救日仪式,树立五色的旗帜,陈列五种兵器、五门鼓,诸侯树立三色的旗帜,陈列三门鼓、三种兵器。大夫敲击门,士敲打木梆。说这样可以充实阳气。

【经】伯姬归于杞^①。

【注释】

①伯姬:鲁庄公长女。嫁为杞成公夫人。

【译文】

伯姬出嫁到杞国。

【榖梁传】其不言逆,何也? 逆之道微,无足道焉尔。

【译文】

经文不说迎娶的事,为什么呢? 因为来迎娶的礼节太过简略,不值得说。

【经】秋,大水。鼓,用牲于社、于门①。

【注释】

①门:指城门。

【译文】

秋,发大水。击鼓,用牺牲祭祀社神、城门门神。

【左传】秋,大水。鼓,用牲于社、于门,亦非常也。凡天灾,有币,无牲①。非日月之眚不鼓②。

【注释】

①"凡天灾"三句:此为诸侯之礼,天子可以用牲。

②日月之眚(shěng):指日食、月食。

【译文】

秋,发大水。击鼓,用牺牲祭祀社神和城门门神,也不合于常礼。凡是天灾,祭祀时用玉帛,不用牺牲。不是日食、月食,不击鼓。

【公羊传】其言于社于门何? 于社,礼也①。于门,非礼也②。

【注释】

①于社,礼也:古人认为,大水亦是阴气所生,故"鼓用牲于社",以
　阳责阴,参见上条。

②于门,非礼也:若"于门"得礼,经文当另书"鼓用牲于门"。

【译文】

经书"于社、于门"是为何? 于社坛击鼓用牲是合于礼的。于都门击鼓用牲是不合于礼的。

【穀梁传】高下有水灾,曰大水。既戒鼓而骇众[①],用牲可以已矣。救日以鼓兵,救水以鼓众。

【注释】

①戒鼓:击鼓使大家警觉。

【译文】

高处和低处都水灾泛滥,叫做大水。已经击鼓报警而惊起了众人,杀牲畜就不必了。救日需要击鼓、陈列兵器,救水需要击鼓、惊动众人。

*　**【左传】**晋士芳使群公子尽杀游氏之族,乃城聚而处之[①]。冬,晋侯围聚[②],尽杀群公子。

【注释】

①聚:晋国邑名,在今山西绛县东南。

②晋侯:指晋献公。

【译文】

晋国士芳让群公子杀尽了游氏家族,于是在聚地筑城让公子们住进去。冬,晋献公包围聚城,把群公子全部杀掉。

△【经】冬，公子友如陈①。

【注释】

①公子友：鲁庄公幼弟，桓公幼子，又称季友。

【译文】

冬，公子友去陈国。

二十六年

△【经】二十有六年春①，公伐戎。

【注释】

①二十有六年春：《公羊传》无"春"字。二十有六年，鲁庄公二十六年当周惠王九年，前668年。

【译文】

鲁庄公二十六年春，鲁庄公攻打戎国。

*【左传】二十六年春，晋士蒍为大司空①。

【注释】

①大司空：官名，掌管工程，属卿一级。

【译文】

鲁庄公二十六年春，晋国的士蒍做了大司空。

*【左传】夏，士蒍城绛①，以深其宫②。

【注释】

①绛:晋地名,在今山西翼城,本晋国都城。

②深其宫:加高宫墙。深,高。

【译文】

夏,士㧑加固绛都的城墙,同时加高宫墙。

△**【经】夏,公至自伐戎。**

【译文】

夏,鲁庄公从伐戎的前线回国。

【经】曹杀其大夫①。

【注释】

①大夫:是何人不详,可能没有告知鲁国。《穀梁传》认为是曹羁。

【译文】

曹国人杀死他们的大夫。

【公羊传】何以不名①? 众也。曷为众杀之? 不死于曹君者也②。君死乎位曰灭③,曷为不言其灭④? 为曹羁讳也⑤。此盖战也,何以不言战? 为曹羁讳也。

【注释】

①何以不名:不名,即不书所杀大夫之名。

②不死于曹君者也:即上文戎侵曹,曹伯战死,而诸大夫不伏节死义,独退求生。后嗣君即位,尽杀之。《春秋》以为当诛之。

③君死乎位曰灭：案《春秋》之中，灭国有两种：一为国被敌人入而有之，君虽存，而国家丧灭。一为本国虽存，国君战死，因君国一体，故亦称灭。

④曷为不言其灭：此言上文"戎侵曹"，曹伯战死，为何未书"曹伯某灭"？

⑤为曹羁讳：案上文，曹羁让曹伯不要亲自应敌，当守城。如此则与戎交战，以及曹伯战死，皆是曹羁不愿见到的，故《春秋》不书"灭"，不书"战"，皆为曹羁避讳。

【译文】

为何不书所杀大夫之名？因为杀了很多。为何要杀众多大夫？因为他们不为曹国国君伏节死义。国君死在位上称"灭"，为什么之前的经文不书"灭"？是为曹羁避讳，这是他不愿见到的。之前的戎侵曹，应该是短兵相接的战斗，为何不书"战"？是为曹羁避讳，这是他不愿见到的。

【穀梁传】言大夫而不称名姓，无命大夫也①。无命大夫而曰大夫，贤也，为曹羁崇也。

【注释】

①无命大夫：指没有受到周王册封的大夫。

【译文】

说是大夫却不称呼他的名字和姓氏，因为是没有受到周王册封的大夫。没有受到册封的大夫而称他为大夫，因为他是贤明的，这是在推崇曹羁。

△【经】秋，公会宋人、齐人伐徐①。

【注释】

①徐:嬴姓诸侯国,在今安徽泗县西北。

【译文】

秋,鲁庄公会合宋国人、齐国人一起攻打徐国。

*　**【左传】**秋,虢人侵晋。冬,虢人又侵晋①。

【注释】

①虢人又侵晋:顾栋高曰:"此晋献灭虢之由也。"

【译文】

秋,虢国人侵袭晋国。冬,虢国人再次侵袭晋国。

△　**【经】**冬十有二月癸亥朔,日有食之①。

【注释】

①冬十有二月癸亥朔,日有食之:此当为前668年11月10日之日环食。

【译文】

冬十二月初一,发生日食。

二十七年

【经】二十有七年春①,公会杞伯姬于洮②。

【注释】

①二十有七年:鲁庄公二十七年当周惠王十年,前667年。

②杞伯姬:庄公之女。即二十五年嫁到杞国的伯姬。据徐彦之说,
　　是鲁桓公之女,庄公之妹嫁于杞国大夫者,非庄公二十五年嫁于杞

君之伯姬。洮（táo）：鲁地名，在今山东泗水县东南。案礼制，妇人无外事。鲁庄公会杞伯姬于洮，是教内女以非礼，故书而恶之。

【译文】

鲁庄公二十七年春，鲁庄公与杞伯姬在洮地相会。

【左传】二十七年春，公会杞伯姬于洮，非事也[1]。天子非展义不巡守[2]，诸侯非民事不举，卿非君命不越竟[3]。

【注释】

[1]非事：与民事无关。

[2]展义：宣扬德义。

[3]竟：通"境"。

【译文】

鲁庄公二十七年春，鲁庄公和女儿杞伯姬在洮地会见，与民事无关。天子不是为了宣扬德义不出去巡察，诸侯不是为了百姓的事情不出行，卿不是国君命令不出国。

【经】夏六月，公会齐侯、宋公、陈侯、郑伯[1]，同盟于幽[2]。

【注释】

[1]齐侯、宋公、陈侯、郑伯：指齐桓公、宋桓公、陈宣公、郑文公。

[2]幽：宋地名，在今河南兰考。

【译文】

夏六月，鲁庄公会合齐桓公、宋桓公、陈宣公、郑文公，在幽地结盟。

【左传】夏，同盟于幽，陈、郑服也[1]。

【注释】

①陈、郑服也：二十二年陈人杀其太子御寇，陈完奔齐，此时陈可能
　不服于齐。鲁文公十七年传文载郑子家与赵宣子书有云"文公
　四年二月壬戌，为齐侵蔡，亦获成于楚"，郑文公四年，当鲁庄公二
　十五年，郑与楚交好，可见也曾不服于齐。

【译文】

夏，鲁庄公和齐桓公、宋桓公、陈宣公、郑文公在幽地结盟，是由于陈
国和郑国顺服。

　　【穀梁传】同者，有同也，同尊周也。于是而后授之诸侯
也。其授之诸侯，何也？齐侯得众也。桓会不致①，安之也②。
桓盟不日，信之也③。信其信④，仁其仁⑤。衣裳之会十有
一⑥，未尝有歃血之盟也⑦，信厚也。兵车之会四⑧，未尝有
大战也，爱民也。

【注释】

①桓会不致：指与齐桓公会面归来不记载告祭祖庙的仪式。

②安之也：认为与齐桓公会面是安全的。襄公二十九年传文说："致
　君者，殆其往而喜其返。"

③信：认为守信用。

④信：前一个"信"作动词，"相信、信任"的意思。后一个"信"作
　名词，"信义"的意思。

⑤仁：前一个"仁"作动词，以……为仁。后一个"仁"作名词，指仁
　义，泛指仁爱、正义、宽厚等道德规范。

⑥衣裳之会：指国与国之间以礼交好的盟会。

⑦歃血之盟：诸侯会盟，盟者微饮牲血，或以牲血涂口旁，表示信誓。

举行过此类仪式的会盟叫歃血之盟。若互相信任,则不必举行此
类仪式。

⑧兵车之会:谓诸侯带领军队来协商战事的盟会。

【译文】

同,就是有共同之处的意思,是共同尊奉周王室。在这之后就授予
齐桓公领导诸侯的权力。授予他领导诸侯的权力,为什么呢? 因为齐桓
公得到众诸侯拥护。与齐桓公会盟归来不记载告祭祖庙的仪式,因为对
与齐桓公会盟感到安心。与齐桓公会盟不记载日期,因为认为齐桓公是
守信用的。相信齐桓公的信义,认为他的仁义行为是符合道德标准的。
齐桓公主持的衣裳之会十一次,没有出现过歃血为盟的情况,因为他的
信义深厚。齐桓公主持兵车之会四次,没有发生过大的战斗,是爱惜百
姓啊。

【经】秋,公子友如陈,葬原仲①。

【注释】

①公子友如陈,葬原仲:此是鲁国的公子庆父、公子牙欲弑嗣君作
乱,公子友未有实权,不能治之,又不忍坐视,故以葬原仲为名,请
命出使陈国。《春秋》书之,以恶庄公不能早用公子友。原仲,陈
国大夫。"原"为氏,"仲"为字。案《春秋》名例,大夫以名氏通,
原仲称字者,是葬从主人之辞(即《春秋》缘孝子之心,皆欲褒扬
其父,故大夫葬时称字)。

【译文】

秋,公子友去陈国,参加原仲的葬礼。

**【左传】秋,公子友如陈,葬原仲,非礼也①。原仲,季友
之旧也②。**

【注释】

①"公子友如陈"三句：据后文，原仲是季友旧交，其如陈会葬非出于君命。"卿非君命不越竟"，故云"非礼"。

②季友：即公子友。

【译文】

秋，公子友去陈国参加原仲的葬礼，这是不合于礼的。原仲，是公子友的朋友。

【公羊传】原仲者何？陈大夫也。大夫不书葬①，此何以书？通乎季子之私行也②。何通乎季子之私行？辟内难也。君子辟内难，而不辟外难。内难者何？公子庆父、公子牙、公子友，皆庄公之母弟也。公子庆父、公子牙通乎夫人③，以胁公④。季子起而治之，则不得与于国政；坐而视之，则亲亲⑤，因不忍见也。故于是复请至于陈，而葬原仲也。

【注释】

①大夫不书葬：《春秋》通例，内大夫记卒不记葬，外大夫不记卒葬。

②通乎季子之私行：季子，即公子友。不以公事行曰私行。通，相通。公子友此行，若纯是公事，经当书"公子友如陈"；若纯是私行，当书"公子友葬原仲于陈"；今在"如陈"之下，又书"葬原仲"，是为了与季子私行之书法相通，故云"通乎季子之私行"。季子此行，表面上是国事，实为私行，故有如此书法。

③通乎夫人：即与夫人（哀姜）私通。

④胁公：即胁迫庄公立公子庆父为君。

⑤亲亲：此处指亲亲之乱，即亲属间的杀戮。

【译文】

原仲是什么人？是陈国的大夫。《春秋》不记录大夫之葬，此处为何书"葬原仲"？是与季子私行之文相通。为何要与季子私行之文相通？季子是想躲避内难。君子躲避内难，不躲避外难。内难指什么？公子庆父、公子牙、公子友都是鲁庄公的同母弟。公子庆父、公子牙与夫人私通，又胁迫庄公立庆父为君。季子起来整饬此事，自己又无权干预国政；如果坐视事态的发展，又不忍见亲属间的杀戮。所以再次请求出使陈国，为了安葬原仲。

【穀梁传】言葬不言卒，不葬者也。不葬而曰葬，讳出奔也①。

【注释】

①讳出奔：据《公羊传》，公子庆父、公子牙、公子友都是鲁庄公的同母弟弟，庆父、子牙与庄公夫人私通，友欲治其罪而无权，坐视不理又不忍与庄公的同胞之情，于是向庄公请求去陈国参加原仲的葬礼。外国大夫去世本来不记载下葬的，这里用作公子友前往陈国的借口记载了，表明公子友前往陈国实际是有其他原因的。

【译文】

说安葬不说去世，因为通常不记载外国大夫的安葬。不记载安葬而又说了安葬，是为公子季友出逃避讳。

【经】冬，杞伯姬来①。

【注释】

①来：即归宁，返回娘家向父母问安。

【译文】

冬，杞伯姬回娘家探亲。

【左传】冬,杞伯姬来,归宁也①。凡诸侯之女,归宁曰来②,出曰来归③。夫人归宁曰如某,出曰归于某。

【注释】

①归宁:出嫁后的女子返回娘家向父母问安。

②来:说明仍将返回夫家。

③出:被夫家所弃。来归:说明其归来之后,不再返回。

【译文】

冬,杞伯姬来,是说她回娘家。凡是诸侯的女儿,回娘家叫做"来",被夫家休弃叫做"来归"。本国国君夫人回娘家叫做"如某",被丈夫休弃叫做"归于某"。

【公羊传】其言来何? 直来曰来①,大归曰来归②。

【注释】

①直来曰来:无事而来曰直来。经文书"来",未言所来何事,故知其无事而来。案礼制,诸侯夫人非大故(奔父母丧),不得反,故直来为非礼。

②大归曰来归:大归,即女子被出,返回夫家。经文书"来归"。何休云:"妇人有七弃、五不娶、三不去:尝更三年丧不去,不忘恩也;贱取贵不去,不背德也;有所受无所归不去,不穷穷也。丧父长女不娶,无教戒也;世有恶疾不娶,弃于天也;世有刑人不娶,弃于人也;乱家女不娶,类不正也;逆家女不娶,废人伦也。无子弃,绝世也;淫泆弃,乱类也;不事舅姑弃,悖德也;口舌弃,离亲也;盗窃弃,反义也;嫉妒弃,乱家也;恶疾弃,不可奉宗庙也。"

【译文】

其言"来"是为何? 无事而来称"来",被出返家称"来归"。

*【左传】晋侯将伐虢,士蒍曰:"不可。虢公骄,若骤得胜于我①,必弃其民。无众而后伐之,欲御我,谁与②? 夫礼、乐、慈、爱,战所畜也③。夫民,让事、乐和、爱亲、哀丧④,而后可用也。虢弗畜也,亟战⑤,将饥⑥。"

【注释】

①骤得胜:一下子取胜。骤,突然。

②与:跟从。

③畜:具备。

④让事:谦让。此谓礼。乐和:和睦。此谓乐。爱亲:爱亲属。此谓慈。哀丧:对丧事哀痛。此谓爱。

⑤亟:屡次。

⑥饥:指失去民心、士气。

【译文】

晋献公准备进攻虢国,士蒍说:"不行。虢公骄横,如果一下子与我国交战而得胜,必然会抛弃他的百姓。他没有百姓支持后我们再去攻打他,即使要抗拒,有谁会跟他呢? 礼、乐、慈、爱,这是战争所应当具备的条件。百姓谦让、和睦、对亲属爱护、对丧事哀痛,这然后可以使用。现在虢国不具备这些,屡次对外作战,百姓会缺乏士气的。"

【经】莒庆来逆叔姬①。

【注释】

①莒庆来逆叔姬:莒庆,莒国大夫。叔姬,鲁庄公之女。案在隐公、桓公、庄公时期,莒国为强国,曾入向、取杞牟娄、纳公子庆父,莒与鲁亦算匹敌,然莒庆以一大夫娶鲁庄公之女亦属骄纵。

【译文】

莒庆来我国迎娶叔姬。

【公羊传】莒庆者何？莒大夫也。莒无大夫①，此何以书？讥。何讥尔？大夫越竟逆女，非礼也②。

【注释】

①莒无大夫：参见庄公二十四年"戎侵曹，曹羁出奔陈"条注释。

②大夫越竟逆女，非礼也：何休云："礼，大夫任重，为越竟逆女，于政事有所捐旷，故竟内乃得亲迎，所以屈私赴公也。"

【译文】

莒庆是什么人？是莒国的大夫。案三世例，莒国没有大夫，此处为何书莒庆？是讥刺。讥刺什么？大夫越过国境迎娶新娘，是非礼的。

【穀梁传】诸侯之嫁子于大夫，主大夫以与之①。来者，接内也②。不正其接内，故不与夫妇之称也③。

【注释】

①主大夫以与之：指由主婚的大夫将诸侯之女嫁给莒庆。因为这里莒庆是大夫，不当由庄公亲自与之行婚嫁之礼。

②接内：指与庄公行婚嫁之礼，大夫与诸侯直接行礼，不合礼制，所以不正。

③不与夫妇之称：指不称莒庆与叔姬为夫妇。

【译文】

诸侯嫁女给大夫，由主婚的大夫把女子嫁给他。来，是与鲁庄公直接接触。经文认为莒庆与庄公直接接触是不合正道的，所以不以夫妇称呼。

△【经】杞伯来朝①。

【注释】

①杞伯:即杞惠公。案通三统之例,杞为夏之后,于周属于二王后,故本应称"杞公"。此处称"杞伯",是由于《春秋》当新王的缘故。《春秋》既为新王,则周、宋为二王后,杞国不再是二王后,故黜为伯爵。故《春秋》中,杞国本爵为伯,若再有贬抑,则称子。

【译文】

杞惠公来我国朝见。

*【左传】王使召伯廖赐齐侯命①,且请伐卫,以其立子颓也。

【注释】

①召伯廖（liáo）:周王室卿士。

【译文】

周惠王派遣召伯廖赐命齐桓公,并请求他进攻卫国,因为卫国拥立子颓为天子。

△【经】公会齐侯于城濮①。

【注释】

①城濮:卫地名,在今山东鄄城临濮集。

【译文】

鲁庄公和齐桓公在城濮相会。

二十八年

【经】二十有八年春①**,王三月甲寅**②**,齐人伐卫**③**。卫人及齐人战,卫人败绩。**

【注释】

①二十有八年:鲁庄公二十八年当周惠王十一年,前666年。

②甲寅:三月无甲寅日,记日有误。

③齐人伐卫:庄公十九年子颓作乱,攻打周惠王,失败之后逃往卫国,卫国为其提供庇护,此时齐国讨伐卫国即是为此。又何休认为,是因去年幽之会,卫嗣君在丧中,未如会,故齐人伐之。

【译文】

鲁庄公二十八年春周历三月甲寅日,齐国人攻打卫国。卫国人与齐国人作战,卫国人大败。

【左传】二十八年春,齐侯伐卫。战,败卫师。数之以王命①**,取赂而还。**

【注释】

①数:责备。

【译文】

鲁庄公二十八年春,齐桓公讨伐卫国。与卫国人作战,打败了卫国军队。用周天子的名义责备卫国,收取了财货后回国。

【公羊传】伐不日①**,此何以日? 至之日也**②**。战不言伐**③**,此其言伐何? 至之日也。《春秋》伐者为客,伐者为主**④**。

故使卫主之也⑤。曷为使卫主之？卫未有罪尔⑥。败者称师⑦，卫何以不称师？未得乎师也⑧。

【注释】

①伐不日：案时月日例，伐例时，故云伐不日。

②至之日也：即至之日便伐。何休以为，用兵之道，当先在国境侵责，不服方推兵入境伐击之。此处齐人至之日便伐，故书日以见其暴虐。下文"战不言伐"而书"伐"，亦因至之日便伐也。

③战不言伐：参见庄公十年"二月，公侵宋"条注释。

④《春秋》伐者为客，伐者为主：此言"伐"之主客，主动伐人者为客，被伐者为主。此条中，齐人伐卫，则齐为客，卫为主。何休以为，两"伐"字读音不同，前者长言之，后者短言之。

⑤故使卫主之也：此言"战"之主客，卫人及齐人战，在"及"字前者为主，后者为客，则卫为主，齐为客。

⑥卫未有罪尔：齐人伐卫，只因卫君没有参与幽之会，然当时卫君在丧中，不应罪之。如卫人有罪，齐人伐之，经当书"齐人伐卫，齐人及卫人战"。

⑦败者称师：即在"战"之文辞中，书"某师败绩"。

⑧未得乎师：师，众。齐人至之日便伐，卫国仓促应战，"未得成列为师"，故不书"卫师败绩"而书"卫人败绩"。值得注意的是，既然"未得乎师"，则是诈战，应书"齐人败卫人"，而经作偏战之辞书"卫人及齐人战"，这是因为，如作诈战之辞，则不能使卫为战之主，不能说明"卫未有罪"。

【译文】

伐不书日，此处为何书日？以此说明至之日便伐。书"战"则不书"伐"，此处言"伐"是为何？以此说明至之日便伐。《春秋》书"伐"之文辞，伐人者为客，被伐者为主。所以使卫国在"战"之文辞中为主。为何使卫国为"战"之主？因为卫国没有罪过。战败者当书"师败绩"，卫国为何不称"师"？因为没有成列为师。

【穀梁传】于伐与战，安战也①？战卫②，战则是师也。其曰人，何也？微之也。何为微之也？今授之诸侯，而后有侵伐之事，故微之也。其人卫，何也？以其人齐，不可不人卫也。卫小齐大，其以卫及之③，何也？以其微之，可以言及也。其称人以败，何也？不以师败于人也。

【注释】

①安：哪里。

②卫：指卫国都城朝歌，在今河南淇县。

③以卫及之：指把卫放在"及"前面。通常放前面的都是尊者或大者。

【译文】

在讨伐时与卫国战斗，在哪里战斗呢？在卫国都城战斗，既然是战斗，那么这就是军队了。经文说"人"，为什么呢？为了表示轻视齐国。为什么要轻视它呢？因为现在给了它领导诸侯的权力，而后就发生了侵略攻打的事情，所以轻视它。经文称卫也用"人"，为什么呢？因为经文用"人"称了齐，不能不用"人"称卫了。卫国是小国齐国是大国，经文把卫放在"及"之前，为什么呢？因为经文轻视齐国，所以可以说卫及齐。经文说"卫人"打败了，为什么呢？因为不能说"师"被别人打败了。

*【左传】晋献公娶于贾①，无子。烝于齐姜②，生秦穆夫人及大子申生③。又娶二女于戎④，大戎狐姬生重耳⑤，小戎子生夷吾⑥。晋伐骊戎⑦，骊戎男女以骊姬⑧。归，生奚齐，其娣生卓子。

【注释】

①贾：姬姓诸侯国，在今山西襄汾。

②烝：与母辈通奸。齐姜：此为晋武公之妾。

③秦穆夫人：申生姐，后嫁于秦穆公。大：同"太"。

④戎：地在今山西交城。

⑤大戎：唐叔后代，姬姓，以狐为氏。

⑥小戎：允姓之戎。子：女子。

⑦骊戎：姬姓诸侯国，地在今山西析城、王屋两山之间。

⑧骊戎男：骊戎国君，男爵。女：纳女于人。

【译文】

晋献公娶了贾国女子，没有生儿子。他和齐姜私通，生了秦穆夫人和太子申生。又娶了戎人的两个女子，大戎狐姬生了重耳，小戎子生了夷吾。晋国攻打骊戎，骊戎国君把骊姬献给晋献公。骊姬嫁来后生了奚齐，她的妹妹生了卓子。

骊姬嬖，欲立其子，赂外嬖梁五与东关嬖五①，使言于公曰："曲沃，君之宗也②。蒲与二屈③，君之疆也④，不可以无主。宗邑无主，则民不威⑤；疆埸无主⑥，则启戎心⑦。戎之生心，民慢其政⑧，国之患也。若使大子主曲沃，而重耳、夷吾主蒲与屈，则可以威民而惧戎，且旌君伐⑨。"使俱曰："狄之广莫⑩，于晋为都。晋之启土，不亦宜乎？"晋侯说之。夏，使大子居曲沃，重耳居蒲城，夷吾居屈。群公子皆鄙⑪，唯二姬之子在绛。二五卒与骊姬谮群公子而立奚齐，晋人谓之"二五耦"⑫。

【注释】

①外嬖：也叫外宠，国君宠幸的臣子。梁五、东关嬖五：均为晋献公近臣。

②宗：宗邑。曲沃为晋献公始祖桓叔的封地，晋国宗庙所在。

③蒲：晋国邑名，在今山西隰县西北。与秦国交界。二屈：南屈、北屈二地。二屈毗邻，北屈在今山西吉县东北，与狄交界。

④疆：边境。

⑤不威：无所畏惧。

⑥疆埸（yì）：边境。

⑦启戎心：开启戎狄侵犯之心。

⑧慢其政：无视政令，即"不威"。

⑨旌（jīng）：表彰。伐：功劳。

⑩广莫：广大无边。

⑪皆鄙：都居于边境之地。

⑫二五耦：指梁五与东关嬖五二人狼狈为奸。耦，二人并肩而耕。引申为二人一组。

【译文】

骊姬受到宠爱，想立自己的儿子为太子，贿赂男宠梁五和东关嬖五，让他们对晋献公说："曲沃是国君的宗邑，蒲地和二屈是国君的边疆，不可以没有人主管。宗邑没人主管，百姓就无所畏惧；边疆没人主管，就会导致戎狄生起侵犯之心。戎狄有侵犯之心，百姓轻视政令，这是国家的祸患。如果让太子主管曲沃，又让重耳、夷吾主管蒲地和二屈，就可以使百姓畏惧、戎狄害怕，而且可以宣扬国君您的功绩。"又让两人一起进言："狄人广大无边的土地，晋国可以在那里建立都邑。晋国能开辟疆土，不是很好的事情吗？"晋献公听了很高兴。夏，派遣太子居住曲沃，重耳居住蒲地，夷吾居住屈地。群公子都住在边境上，只有骊姬和她妹妹的儿子住在绛城。梁五与东关嬖五最终和骊姬诬陷了群公子，而立了奚齐为太子,晋国人称他们为"两个叫五的人朋比为奸"。

△【经】夏四月丁未①,邾子琐卒②。

【注释】

①丁未:二十三日。案庄公十六年冬十二月,邾子克卒,未书日。此
　处书日者,何休云:"附从霸者朝天子,行进。"

②邾子琐:邾国国君。《公羊传》作"邾娄子琐"。

【译文】

夏四月二十三日,邾子琐去世。

【经】秋,荆伐郑,公会齐人、宋人救郑①。

【注释】

①公会齐人、宋人救郑:《公羊传》作"公会齐人、宋人、邾娄人救郑"。

【译文】

秋,楚国攻打郑国,鲁庄公会合齐国人、宋国人救援郑国。

【左传】楚令尹子元欲蛊文夫人①,为馆于其宫侧,而振
万焉②。夫人闻之,泣曰:"先君以是舞也,习戎备也。今令
尹不寻诸仇雠③,而于未亡人之侧④,不亦异乎!"御人以告
子元⑤。子元曰:"妇人不忘袭仇,我反忘之!"

【注释】

①令尹:楚国官名,为楚国最高官职,掌军政大权。子元:楚文王之
　弟。蛊:引诱。文夫人:指文王夫人息妫。

②振万：指万舞中的武舞，舞时摇铃铎以和节奏，所以叫"振万"。
　万，万舞。

③寻：用。

④未亡人：古代寡妇自称。

⑤御人：息妫身边的侍者。

【译文】

楚国令尹子元想诱惑楚文王夫人，在她的宫殿旁建造馆舍，在里边摇铃铎跳万舞。夫人听见后，哭着说："先君让人跳这个舞，是用来演习战备的。现在令尹不用于对付仇敌而用于我一个未亡人旁边，不是太不正常了吗？"侍者告诉了子元。子元说："妇人都不忘记攻袭仇敌，我反倒忘了。"

秋，子元以车六百乘伐郑①，入于桔柣之门②。子元、斗御彊、斗梧、耿之不比为旆③，斗班、王孙游、王孙喜殿④。众车入自纯门⑤，及逵市⑥。县门不发⑦，楚言而出⑧。子元曰："郑有人焉。"诸侯救郑，楚师夜遁。郑人将奔桐丘⑨，谍告曰⑩："楚幕有乌⑪。"乃止。

【注释】

①六百乘（shèng）：六百辆兵车。一乘兵车甲士十人。

②桔柣（dié）之门：郑国远郊之门。

③斗御彊：又叫斗彊，若敖之子。旆（pèi）：前军，以兵车前驱。

④斗班：斗彊之子。殿：后军。

⑤纯门：郑外郭门。

⑥逵市：郑城外大路上的市场。

⑦县门不发：内城闸门没有放下。案，此为郑诱敌之空城计。县门，

　　郑内城的闸门。襄公十年传文孔疏云："县门者,编版,广长如门,
　　施关机以县门上,有寇则发机而下之。"

⑧楚言:说楚语,也就是子元所说的话。

⑨桐丘:在今河南扶沟西。

⑩谍:间谍,侦察兵。

⑪楚幕有乌:乌鸦栖止在楚军帐幕上,说明楚幕已空,楚军已经撤退。

【译文】

　　秋,子元带领六百辆战车进攻郑国,进入桔柣之门。子元、斗御彊、
斗梧、耿之不比为前军,斗班、王孙游、王孙喜为后队。车队从纯门进去,
到达内城外大路上的市场。内城的闸门没有放下,楚军怀疑有埋伏,用
楚国话商议了一阵就退了出来。子元说:"郑国有能人在。"诸侯救援郑
国,楚军就夜里悄悄退走了。郑国人准备逃往桐丘,间谍报告说:"楚国
的帐篷上有乌鸦。"于是就停止不逃。

【穀梁传】荆者,楚也。其曰荆,州举之也。善救郑也。

【译文】

荆,是楚国。经文说"荆",是用州名称呼它。经文赞许去救援郑国。

【经】冬,筑郿①。

【注释】

①郿:鲁国邑名,在今山东阳谷南寿张镇。《公羊传》《穀梁传》作"微"。

【译文】

冬,修筑郿邑的城墙。

【左传】筑郿,非都也。凡邑有宗庙先君之主曰都,无

曰邑。邑曰筑，都曰城。

【译文】

修筑郿邑的城墙，称"筑"是因为郿不是都城。凡是城邑，有宗庙和先君神主的称"都"，没有的称"邑"。修筑邑的城墙称"筑"，修筑都的城墙称"城"。

【穀梁传】山林薮泽之利[①]，所以与民共也。虞之[②]，非正也。

【注释】

①薮（sǒu）：表示草多水少的湿地。利：资源。

②虞：官名，帝舜曾命伯益为虞，掌管山泽的草木鸟兽。这里作动词，意为设置虞官控制它。

【译文】

山野森林草地湖泊的资源，是用来与百姓共享的。设置虞官控制它，是不合正道的。

【经】大无麦、禾[①]。

【注释】

①大无麦、禾：指五谷严重歉收，即闹灾荒。禾，指黍、稷、稻一类的庄稼。

【译文】

麦、禾严重歉收。

【公羊传】冬既见无麦、禾矣[①]，曷为先言筑微，而后言无麦、禾？讳以凶年造邑也^②。

【注释】

①冬既见无麦、禾矣：麦、禾为秋水所伤，故冬天已见无麦、禾。

②讳以凶年造邑：大无麦、禾，则为凶年，鲁庄公又滥用民力造邑，为大恶。《春秋》为之避讳，先书"筑微"，后书"无麦、禾"，则好像造邑在灾荒之前。

【译文】

冬天已经知道无麦、禾了，为何先言修筑微城，后言无麦、禾？这是避讳凶年还要修造城邑。

【穀梁传】大者，有顾之辞也^①，于无禾及无麦也^②。

【注释】

①顾：等待。意思是说之前麦子没有收获，后来稻子也没有收获，就将两件灾害记在一起。

②于无禾及无麦：这里的先后顺序有误，当是无麦在前，无禾在后。

【译文】

大，是表示等待的说法，从稻子没有收成到麦子没有收成。

【经】臧孙辰告籴于齐^①。

【注释】

①臧孙辰：即庄公十一年传的鲁国臧文仲。告：请。籴（dí）：买进粮食。

【译文】

臧孙辰向齐国请求购买粮食。

【左传】冬,饥。臧孙辰告籴于齐,礼也①。

【注释】

①臧孙辰告籴于齐,礼也:《周书·籴匡》云:"大荒,卿参告籴。"

【译文】

冬,发生饥荒。臧孙辰向齐国请求购买粮食,这是合于礼的。

【公羊传】告籴者何? 请籴也。何以不称使①? 以为臧孙辰之私行也②。曷为以臧孙辰之私行? 君子之为国也,必有三年之委③,一年不熟告籴,讥也④。

【注释】

①何以不称使:案上文言"大无麦、禾",则臧孙辰买谷当是国事,应有"使"文,当书"臧孙辰如齐告籴"。

②以为臧孙辰之私行也:不书"如齐",则非国事,而是臧孙辰之私行。此是为庄公避讳之辞。

③委:仓廪所储存之米粟薪刍等物。

④讥也:何休云:"古者三年耕,必余一年之储,九年耕,必有三年之积,虽遇凶灾,民不饥乏。庄公享国二十八年,而无一年之畜,危亡切近,故讳使若国家不匮,大夫自私行籴也。"

【译文】

告籴是什么意思? 是请籴的意思。为何不说是受国君派遣? 这被看作是臧孙辰的私行。为何看成是臧孙辰的私行? 君子治理国家,一定有三年的余粮,一年没有收成就去求购粮食,是要讥刺的。

【穀梁传】国无三年之畜①,曰国非其国也。一年不升②,

告籴诸侯。告，请也。籴，籴也。不正，故举臧孙辰以为私行也③。国无九年之畜曰不足。无六年之畜曰急。无三年之畜曰国非其国也。诸侯无粟，诸侯相归粟，正也。臧孙辰告籴于齐，告然后与之，言内之无外交也。古者税什一，丰年补败，不外求而上下皆足也。虽累凶年④，民弗病也⑤。一年不艾而百姓饥⑥，君子非之。不言如，为内讳也。

【注释】

①畜：通"蓄"，指粮食积蓄。

②升：成，指收成。

③举臧孙辰：意思是只说"臧孙辰"而不说"使"，这是为庄公避讳。

④累：连续。凶年：荒年，指收成不好。

⑤病：困乏，行而无资谓之乏，居而无食谓之困。

⑥艾（yì）：同"刈"，收获。

【译文】

国家没有三年的粮食积蓄，可以说这个国家算不上国家了。一年没有收成，就向诸侯请求购粮。告，是请求。籴，是买粮。不合正道，所以只是说了臧孙辰，把这当做他的私人行为。国家没有九年的粮食积蓄就可以说不足了。没有六年的粮食积蓄就可以说紧急了。没有三年的粮食积蓄就可以说国家算不上国家了。诸侯没有粮食，别的诸侯就给他粮食，这是合于正道的。臧孙辰到齐国请求购买粮食，请求之后才给他，这是说鲁国没有搞好外交。古时候抽收成的十分之一为税，用丰年弥补荒年，不向外国求助而全国粮食都足够。即使连续荒年，百姓也不困乏。一年没有收获而百姓就挨饿，君子批评这样的现象。不说"如"，是为庄公避讳。

二十九年

【经】二十有九年春①,新延厩②。

【注释】

①二十有九年:鲁庄公二十九年当周惠王十二年,前665年。

②新:新造。据《公羊传》,"新"指"翻新"。延厩:马棚。延,马厩
之名。

【译文】

鲁庄公二十九年春,新造延厩。

**【左传】二十九年春,新作延厩。书,不时也。凡马,日
中而出,日中而入①。**

【注释】

①日中而出,日中而入:春分时百草开始茂盛,牧马于郊野;秋分农
事基本结束,野外水变寒草枯萎,马回厩中。日中,古时春分秋
分都叫日中,因昼夜中分。杨伯峻曰:"据《周礼·夏官·圉师》
及《牧师》,知马四季所居不同,春仲居牧,夏日居庌(yǎ,凉棚),
秋仲居厩。《圉师》又云'春除蓐衅厩始牧',则必于始牧之时而
后衅厩,其时为夏正之二月,周正之夏矣。今实于殷正之春(丑、
寅、卯三月)新厩,故云不时。"

【译文】

鲁庄公二十九年春,新造延厩。《春秋》记载,是因为不合时令。凡
是马,春分时放牧,秋分时入厩。

【公羊传】新延厩者何？修旧也。修旧不书，此何以书？讥。何讥尔？凶年不修。

【译文】

新延厩是什么意思？是修旧见新。修旧见新例所不书，此处何以书？是讥刺。讥刺什么？凶荒之年不应有翻修之事。

【榖梁传】延厩者，法厩也[1]。其言新，有故也[2]。有故则何为书也？古之君人者，必时视民之所勤[3]。民勤于力[4]，则功筑罕[5]。民勤于财，则贡赋少[6]。民勤于食，则百事废矣。冬筑微，春新延厩，以其用民力为已悉矣[7]。

【注释】

①法厩：按照礼制修建的马圈。

②故：旧。

③时：按时，时时。勤：苦，劳累。

④力：劳役。

⑤功筑：土木工程。

⑥贡赋：赋税。

⑦悉：尽。

【译文】

延厩，是按照礼制修建的马厩。经文说"新"，因为有旧的。有旧的那为什么要记载呢？古时候统治百姓的人，一定要时时查看百姓所劳累的事情。百姓苦于劳役，那么土木工程就减少。百姓苦于无钱，那么赋税就减少。百姓苦于无粮，那所有的事情都停止。冬天修筑微邑，春天修缮延厩，所以记载是因为鲁国使用民力已经用尽了。

【经】夏,郑人侵许。

【译文】

夏,郑国人侵袭许国。

【左传】夏,郑人侵许。凡师有钟鼓曰伐,无曰侵,轻曰袭[①]。

【注释】

①轻:轻装部队。袭:袭其不备。

【译文】

夏,郑国人侵袭许国。凡是出兵,有钟鼓之声称"伐",没有称"侵",轻装部队快速突击称"袭"。

【经】秋,有蜚[①]。

【注释】

①蜚(fěi):蜚盘虫,一种小飞虫,发恶臭,会吃稻花。

【译文】

秋,出现蜚虫。

【左传】秋,有蜚,为灾也。凡物不为灾不书。

【译文】

秋,出现蜚虫,造成了灾害。凡是事物不造成灾害,《春秋》就不加记载。

【公羊传】何以书？记异也。

【译文】
为何记录此事？是记录异象。

【穀梁传】一有一亡曰有。

【译文】
时有时无的叫做"有"。

△【经】冬十有二月，纪叔姬卒①。

【注释】
①纪叔姬卒：纪叔姬参见庄公十二年"纪叔姬归于酅"条注释。案《春秋》之例，鲁女嫁为诸侯夫人，方书其卒，此处纪国已灭，而书纪叔姬之卒，是仍以夫人之礼待之。
【译文】
【经】冬十二月，纪叔姬去世了。

【经】城诸及防①。

【注释】
①城诸及防：诸，鲁地名，在今山东诸城西南。防，鲁地名，在今山东费县。诸为鲁君之邑，防为臧氏之私邑，君邑臣邑不同，不可并列，故书"及"以别之。
【译文】
修筑诸及防地的城墙。

【左传】冬十二月，城诸及防。书，时也。凡土功①，龙见而毕务②，戒事也③，火见而致用④，水昏正而栽⑤，日至而毕⑥。

【注释】

①土功：土木工程。

②龙见：指夏正九月、周正十一月，苍龙角、亢二宿早晨出现于东方。龙，苍龙，东方七宿总称。见，同"现"。毕务：夏收秋收完毕。

③戒事：告诫百姓做好土木工程的准备工作。

④火见：心宿夏正十月初，早晨出现在东方。火，心宿，也叫大火星，也是东方七宿之一。致用：建筑工具放到工场，准备开工。

⑤水：也叫大水，即北方玄武七宿中的营室，又称室宿、定星，今飞马座 α、β 二星，十月黄昏正见于南方。栽：筑墙立板打夯。

⑥日至：冬至。冬至以后不再施工。

【译文】

冬十二月，修筑诸地和防地的城墙。《春秋》记载，是因为合于时令。凡是土木工程，苍龙星出现而农事结束，就要做好准备工作，大火星出现，就要把用具放到工场上，大水星黄昏在南方出现就要夯土筑墙，冬至以后不再施工。

【榖梁传】可城也①。以大及小也②。

【注释】

①可城：似指冬季无农事，可以筑城。

②以大及小：指先说诸再说防，因为诸比防大。

【译文】

可以修筑城墙。从大邑说到小邑。

*【左传】樊皮叛王^①。

【注释】

①樊皮叛王:此本应与下年传"王命虢公讨樊皮"云云为一体,为后
　人割裂。樊皮,周王室大夫。

【译文】

樊皮背叛周惠王。

三十年

△【经】三十年春王正月^①。

【注释】

①三十年:鲁庄公三十年当周惠王十三年,前664年。

【译文】

鲁庄公三十年春周历正月。

*【左传】三十年春,王命虢公讨樊皮。夏四月丙辰^①,
虢公入樊,执樊仲皮^②,归于京师。

【注释】

①丙辰:十四日。

②樊仲皮:即樊皮,仲为其排行(第二)。

【译文】

　　鲁庄公三十年春,周惠王命令虢公讨伐樊皮。夏,四月十四日,虢公
进入樊国,擒获了樊皮,带回京城。

【经】夏，次于成①。

【注释】

①夏，次于成：《公羊传》《穀梁传》作"夏，师次于成"。成，即隐公
　五年之郕，故城在今河南范县。

【译文】

夏，我军驻扎在成地。

【穀梁传】次，止也，有畏也。欲救鄣而不能也①。不言
公，耻不能救鄣也。

【注释】

①鄣（zhāng）：据杨伯峻，鄣地乃纪国的远邑，纪亡已二十七年，纪
　季仍兼保鄣邑，此年齐桓公始降鄣而有之。当在今江苏赣榆一带。

【译文】

次，是停留的意思，因为有所畏惧。想要救鄣地但是又做不到。不
提鲁庄公，是因为对他不能救鄣地而感到耻辱。

　***【左传】**楚公子元归自伐郑①，而处王宫。斗射师谏②，
则执而梏之③。秋，申公斗班杀子元④。斗穀於菟为令尹⑤，
自毁其家以纾楚国之难⑥。

【注释】

①公子元：即令尹子元。

②斗射师：或谓即斗廉，或谓为斗班（一作"斗般"）。

③梏：铐上手铐。

④申公斗班：斗班为申县之长，称为申公。申，本为姜姓诸侯国，楚
　　文王时灭之，为楚县。

⑤斗縠於菟（wū tú）：即令尹子文。斗班之父。

⑥自毁其家以纾楚国之难：毁其家，拿出家中的财物。毁，减少。
　　纾，缓和。顾栋高曰："楚杀子元而令尹子文为政，得贤臣，而楚益
　　强，猾夏益甚，齐虽有召陵之师，不能大创矣。"

【译文】

楚国公子元从攻打郑国的战役回国，住在王宫里。斗射师劝阻他，子元就把他抓起来戴上手铐。秋，申公斗班杀死子元。斗縠於菟做了令尹，拿出自己的家财来缓和楚国的危难。

【经】秋七月，齐人降鄣。

【译文】

秋七月，齐国人使鄣地降附。

【公羊传】鄣者何？纪之遗邑也①。降之者何？取之也。取之则曷为不言取之？为桓公讳也②。外取邑不书，此何以书？尽也③。

【注释】

①纪之遗邑也：齐襄公灭纪，鄣邑并未屈服，至此方被齐桓公夺取。

②为桓公讳也：事实是"取"，《春秋》书"降"，是为齐桓公避讳。因
　　"取"是用兵夺取，"降"则是对方自来降服。此事齐桓公有霸功，
　　故为之避讳。

③尽也：即纪国之邑被齐国夺取殆尽。灭人之国，又尽取其邑，不仁。

【译文】

郱是什么？是纪国残存的城邑。降之是什么意思？实际上是用兵夺取之。用兵夺取之，那么为何不言"取"之？是为齐桓公避讳。鲁国之外的取邑例所不书，此处为何书？因为纪国之邑已被夺取殆尽。

【穀梁传】降犹下也①。郱，纪之遗邑也。

【注释】

①下：攻陷。

【译文】

降相当于攻陷。郱，是纪国遗留下来的小城。

【经】八月癸亥①，葬纪叔姬。

【注释】

①癸亥：二十三日。

【译文】

八月二十三日，安葬纪叔姬。

【公羊传】外夫人不书葬，此何以书？隐之也。何隐尔？其国亡矣，徒葬乎叔尔①。

【注释】

①叔：女子谓夫之弟为叔，此处指纪季。

【译文】

鲁女嫁为诸侯夫人，《春秋》例不书葬，此处书葬是为何？是隐痛她。为何隐痛她？她的夫国被灭了，只得被小叔安葬。

【穀梁传】不日卒而日葬，闵纪之亡也①。

【注释】

①闵（mǐn）：怜悯，哀伤。

【译文】

不记载去世的日期而记载下葬的日期，是怜悯纪国的灭亡。

△【经】九月庚午朔，日有食之①。鼓，用牲于社。

【注释】

①九月庚午朔，日有食之：此当为前664年8月28日之日全食。

【译文】

九月初一，发生日食。击鼓，用牺牲祭祀社神。

【经】冬，公及齐侯遇于鲁济①。

【注释】

①齐侯：指齐桓公。鲁济：春秋时济水流经曹、卫、齐、鲁等国，在齐
　境内叫齐济，在鲁境内叫鲁济。

【译文】

冬，鲁庄公和齐桓公在鲁国境内的济水边非正式会见。

【左传】冬，遇于鲁济，谋山戎也，以其病燕故也①。

【注释】

①谋山戎也,以其病燕故也:《史记·齐太公世家》云:"桓公二十三年,山戎伐燕,燕告急于齐。齐桓公救燕,遂伐山戎,至于孤竹而还。燕庄公遂送桓公入齐境。桓公曰:'非天子,诸侯相送不出境,吾不可以无礼于燕。'于是分沟割燕君所至与燕,命燕君复修召公之政,纳贡于周,如成、康之时。诸侯闻之,皆从齐。"病燕,指山戎攻打燕国。此燕为姬姓北燕,召公奭之后。

【译文】

冬,鲁庄公和齐桓公在鲁国济水非正式会见,是策划攻打山戎,因为山戎危害燕国的缘故。

【穀梁传】及者,内为志焉尔。遇者,志相得也。

【译文】

及,表示是鲁国主动的。遇,表示双方意见是一致的。

【经】齐人伐山戎①。

【注释】

①山戎:即北戎,地在今河北北部迁安、滦州一带。

【译文】

齐国人攻打山戎。

【公羊传】此齐侯也①,其称人何?贬。曷为贬?子司马子曰②:"盖以操之为已蹙矣③。"此盖战也,何以不言战?《春秋》敌者言战,桓公之与戎狄,驱之尔。

【注释】

①此齐侯也：知"齐人"实为齐侯者，三十一年有"齐侯来献戎捷"之文。

②子司马子：《公羊传》著于竹帛前的先师。

③操之为已蹙（cù）矣：操，迫。已，甚。蹙，痛。即迫杀之甚痛。《春秋》以为，戎狄亦是天地所生，但可驱逐之，不应迫杀得过于惨痛，故贬齐桓公。

【译文】

这是齐侯，为何称之为"齐人"？是贬抑。为何贬抑。子司马子说："大概是因为迫杀山戎过于惨痛的缘故。"这是短兵相接的战斗，为何不书"战"？《春秋》地位平等的人才言战，桓公对待戎狄，只能说是驱逐罢了。

【穀梁传】齐人者，齐侯也。其曰人，何也？爱齐侯乎山戎也①。其爱之何也？桓内无因国②，外无从诸侯③，而越千里之险，北伐山戎，危之也。则非之乎？善之也。何善乎尔？燕，周之分子也④，贡职不至⑤，山戎为之伐矣⑥。

【注释】

①爱：爱护，顾惜。这里是指不把"齐侯"和"山戎"并称。

②内无因国：指没有山戎周边国家作为内应。

③外无从诸侯：指没有其他诸侯国跟随讨伐。

④分子：支庶的子孙。燕国的第一代君主是周初担任太保的召公，姬姓。

⑤贡职：诸侯向朝廷缴纳的税赋。

⑥山戎为之伐：意思是说山戎常年攻打燕国，使燕国与朝廷隔绝，齐桓公就是为此去讨伐山戎的。

【译文】

　　齐人,就是齐桓公。经文说"人"为什么呢? 因为爱惜齐侯,不让"山戎"与"齐侯"并称。经文为什么爱惜齐桓公呢? 因为桓公既没有山戎周边的国家作为内应,也没有其他诸侯国跟随,而翻越几千里的险地,向北去讨伐山戎,因此为他感到担忧。那么是批评他吗? 是褒扬他。为什么褒扬他呢? 燕国,是周朝的分支子孙,给朝廷的税赋不能缴纳,讨伐山戎就是为了这件事。

三十一年

【经】三十有一年春^①,筑台于郎^②。

【注释】

①三十有一年:鲁庄公三十一年当周惠王十四年,前663年。

②郎:鲁近郊之邑,在今山东曲阜一带。隐公九年有"城郎"之事。

【译文】

鲁庄公三十一年春,在郎地筑台。

【公羊传】何以书? 讥。何讥尔? 临民之所漱浣也^①。

【注释】

①临民之所漱浣:漱浣,即洗涤,用手曰漱,用脚曰浣。郎台靠近泉水,故可临民之漱浣。《春秋》讥之者,筑台本以候四时,然郎台之筑,仅为登高望远,又临民之漱浣,有亵慢之意,故讥刺之。

【译文】

为何记录此事? 是讥刺。讥刺什么? 讥刺下临民众之洗漱之处。

△【经】夏四月,薛伯卒①。

【注释】

①薛伯卒:薛伯,薛国国君。案《春秋》三世之例,传闻世不记录小国之卒。薛为小国,书其卒者,因薛伯慕义来朝隐公,又未朝鲁桓公,故褒而卒之。另一方面,卒而不书名,见其为小国。

【译文】

夏四月,薛国国君去世。

【经】筑台于薛①。

【注释】

①薛:此薛为鲁国的城邑,具体所在不详,非指薛国。

【译文】

在薛地筑台。

【公羊传】何以书?讥。何讥尔?远也①。

【注释】

①远也:案礼制,诸侯之观不过郊,前筑台于郎,郎为近郊之邑,故不以远为讥,今薛非近邑,故以远为讥。

【译文】

为何记录此事?是讥刺。讥刺什么?太远了。

【经】六月,齐侯来献戎捷①。

【注释】

①齐侯：指齐桓公。献戎捷：献上俘获的戎人。古代打胜仗后，进献
　所获的俘虏及战利品叫献捷。献，致物于人。捷，此指俘虏。

【译文】

六月，齐桓公来我国献上俘获的戎人。

【左传】三十一年夏六月，齐侯来献戎捷，非礼也。凡
诸侯有四夷之功①，则献于王，王以警于夷；中国则否。诸侯
不相遗俘②。

【注释】

①夷：古代中原国家对四边少数民族的称呼。

②遗（wèi）：赠送。

【译文】

鲁庄公三十一年夏六月，齐桓公来我国奉献俘获的戎人，这是不合
于礼的。凡是诸侯讨伐四方夷狄取得胜利，要把俘获的人或物奉献给周
天子，周天子用之来警诫四方夷狄；在中原作战便不献。诸侯之间不能
互相赠送俘虏。

【公羊传】齐大国也，曷为亲来献戎捷①？威我也②。其
威我奈何？旗获而过我也③。

【注释】

①曷为亲来献戎捷：齐桓公未曾朝鲁，此处亲自来献捷不太合理，故
　有此问。

②威我也：即威吓鲁国。《说苑·权谋》载，齐桓公将伐山戎，请助于

鲁,鲁因路远险阻,许助之而不行。此为威鲁之缘由。经书"献戎
捷"者,是避讳鲁国之微弱,被齐轻辱,缘《春秋》王鲁之义,诸侯
有献捷于王者之事,故以献捷为辞。同时亦是谴责齐桓公之骄慢。

③旗获:用旗杆悬挂所获之物。

【译文】

齐是大国,为何齐桓公亲自来进献伐戎之战利品? 实际是威吓我
国。威吓我国是怎么回事? 是用旗杆悬挂战利品,经过我国。

【穀梁传】齐侯来献捷者,内齐侯也[①]。不言使,内与同,
不言使也。献戎捷,军得曰捷。戎菽也[②]。

【注释】

①内:以……为自国人。范泰曰:"齐桓内救中国,外攘夷狄,亲倚之
情,不以齐为异国,故不称使,若同一国也。"

②戎菽:胡豆,以其产于山戎而得名。

【译文】

说"齐侯来献捷",是把齐桓公当成自己国家的人。不说"使",是因
为当做同一国家的人,就不说"使"了。献上伐戎所得战利品,通过军事
行动得到的叫做战利品。送来的是胡豆。

【经】秋,筑台于秦[①]。

【注释】

①秦:鲁地名,在今河南范县。

【译文】

秋,在秦地筑台。

【公羊传】何以书？讥。何讥尔？临国也①。

【注释】

①临国：社稷、宗庙、朝廷皆为国。筑台于秦，从高处临国，则不敬宗庙，怠慢朝廷，故讥之。

【译文】

为何记录此事？是讥刺。讥刺什么？讥刺从高处临国。

【穀梁传】不正罢民三时①，虞山林薮泽之利。且财尽则怨，力尽则怼②。君子危之，故谨而志之也。或曰，倚诸桓也③。桓外无诸侯之变，内无国事④，越千里之险，北伐山戎，为燕辟地。鲁外无诸侯之变，内无国事，一年罢民三时，虞山林薮泽之利，恶内也。

【注释】

①罢：用同"疲"，使……疲劳。三时：这里指春、夏、秋三季农忙时节都耗费民力营建高台。

②怼（duì）：怨恨。

③倚：靠近，意思是说庄公是将自己的行为向齐桓公靠拢。

④国事：国家大事，指祭祀、征讨等。

【译文】

认为在春、夏、秋三季农忙时节都驱使百姓服劳役疲劳不堪，又设置虞官控制山野森林草地湖泊的资源，是不合正道的。况且民众财物穷尽，就会产生怨恨，民力又竭尽，民众就会愤怒。君子为此感到担忧，所以慎重地记载下来。有人说："这是依附齐桓公。"齐桓公在外没有诸侯侵扰，在内没有国家大事，跨越千里的险境，向北讨伐山戎，为燕国开疆辟地。鲁庄公在外没有诸侯侵扰,在内没有国家大事,一年之中使百姓三个季节都很疲劳,又设虞官控制山野森林草地湖泊的资源,厌恶鲁庄公的这些做法。

【经】冬,不雨。

【译文】

冬,没有下雨。

【公羊传】何以书? 记异也①。

【注释】

①记异也:此久旱而不伤于物,故为异象。

【译文】

为何记录此事? 是记录异象。

三十二年

【经】三十有二年春①,城小穀②。

【注释】

①三十有二年:鲁庄公三十二年当周惠王十五年,前662年。

②小穀:鲁地名,在今山东曲阜西北。但是《左传》认为此处小穀是齐邑,齐桓公修筑小穀,把它作为管仲的采邑。

【译文】

鲁庄公三十二年春,修筑小穀的城墙。

【左传】三十二年春,城小穀,为管仲也。

【译文】

鲁庄公三十二年春,修筑小穀的城墙,这是为管仲而筑的。

【经】夏,宋公、齐侯遇于梁丘[①]。

【注释】

①宋公、齐侯:即宋桓公、齐桓公。梁丘:鲁地名,在今山东成武东北。

【译文】

夏,宋桓公、齐桓公在梁丘非正式会见。

【左传】齐侯为楚伐郑之故,请会于诸侯[①]。宋公请先见于齐侯。夏,遇于梁丘。

【注释】

①请会:指会合诸侯商量为郑报仇之事。

【译文】

齐桓公由于楚国进攻郑国的缘故,请求与诸侯会见。宋桓公请求与齐桓公先行会见。夏,二人在梁丘非正式会见。

【穀梁传】遇者,志相得也。梁丘在曹、邾之间,去齐八百里。非不能从诸侯而往也,辞所遇[①],遇所不遇[②],大齐桓也。

【注释】

①辞所遇:这里指齐桓公没有会见去梁丘沿途的诸侯。

②遇所不遇：指遇到宋桓公。这里的意思是宋、齐正常交往是不会
经过梁丘的，二人在此相会，足见齐桓公是专门赴会。

【译文】

遇，表示双方的志趣相同。梁丘在曹地、邾地之间，距离齐地八百
里。不是不能让诸侯跟从而前往，推辞了沿路的诸侯，专门会见宋桓公，
这是褒扬齐桓公。

*【左传】秋七月，有神降于莘①。惠王问诸内史过曰②：
"是何故也③？"对曰："国之将兴，明神降之，监其德也④；将
亡，神又降之，观其恶也。故有得神以兴，亦有以亡，虞、夏、
商、周皆有之。"王曰："若之何？"对曰："以其物享焉⑤，其
至之日，亦其物也。"王从之。内史过往，闻虢请命⑥，反曰：
"虢必亡矣，虐而听于神⑦。"

【注释】

①神：神灵。莘：虢地名，在今河南三门峡市西。

②内史过：周王室大夫。内史之官，代表周王室到诸侯行聘问庆吊
之礼，也代表周王行策命之礼，时人认为他们通晓神道与天道，能
预知吉凶。

③是：代词，这。

④监：与下句"观"俱有察看之意。

⑤物：指祭品、祭服。享：祭祀。

⑥请命：虢公请求神灵赐以土地。

⑦虐：暴虐。

【译文】

秋七月，有神明在莘地降临。周惠王向内史过询问说："这是什么原

因?"内史过回答说:"国家将要兴起,神明下降,观察它的德行;将要灭亡,神明也会下降,观察它的邪恶。所以有的得到神明而兴起,也有的得到神明而灭亡,虞、夏、商、周都有过这种情况。"周惠王说:"那应该怎么办?"内史过回答说:"用相应的物品来祭祀,依他来到的日子,就取那天的祭品祭祀他。"周惠王听从了。内史过前去祭祀,听到虢国请求神明赐予土地,回来说:"虢国必定要灭亡了,暴虐而听命于神明。"

神居莘六月。虢公使祝应、宗区、史嚚享焉^①。神赐之土田。史嚚曰:"虢其亡乎! 吾闻之:国将兴,听于民;将亡,听于神。神,聪明正直而壹者也,依人而行。虢多凉德^②,其何土之能得!"

【注释】

①祝:太祝,掌祝辞祈祷之事。宗:宗人,掌祭祀之礼。史:太史,起草文书,记载史事。应、区、嚚(yín):均为人名。

②凉德:薄德,缺少仁义。

【译文】

神明在莘地住了六个月。虢公派遣祝应、宗区、史嚚去祭祀。神明答应赐给他疆土田地。史嚚说:"虢国恐怕要灭亡了吧! 我听说:国家将要兴起,听百姓的;将要灭亡,听神明的。神明,是聪明正直而一心一意的,按照各人的不同而赐福降祸。虢国多行恶德坏事,又怎么能够得到土地?"

【经】秋七月癸巳^①,公子牙卒^②。

【注释】

①癸巳：初四。

②公子牙：僖叔，即叔牙。鲁庄公有三个弟弟，由长至幼分别是庆父、叔牙、季友。庄公就君位继承人的人选征求叔牙和季友的意见，叔牙推荐庆父，季友支持庄公的儿子子般。后来季友知道叔牙支持庆父后派人毒死了叔牙。

【译文】

秋七月初四，公子牙去世。

【左传】初，公筑台临党氏，见孟任①，从之。闷②。而以夫人言，许之，割臂盟公，生子般焉。雩③，讲于梁氏④，女公子观之⑤。圉人荦自墙外与之戏⑥。子般怒，使鞭之。公曰："不如杀之，是不可鞭。荦有力焉，能投盖于稷门⑦。"

【注释】

①孟任：党氏女儿。

②闷(bì)：关闭，闭门拒绝。

③雩(yú)：求雨的祭祀。

④讲：演习。预先演习雩祭。梁氏：鲁国大夫。

⑤女公子：鲁庄公女儿。观之：观看雩祭。

⑥圉(yǔ)人：掌管养马、放牧之事的官。荦(luò)：人名。

⑦盖：指稷门的门扇。稷门：鲁城正南之门。

【译文】

当初，庄公建造高台，可以看到党家，在台上望见党氏的女儿孟任，就跟着她走。孟任闭门拒绝。庄公答应立她为夫人，她答应了，割破手臂和庄公盟誓，后来就生了子般。一次正当雩祭，事先在梁家演习，庄公的女公子观看演习，围人荦从墙外对她进行调戏。子般发怒，派人鞭打围人荦。庄公说："不如杀掉他，这个人不能鞭打。他很有力气，能够投掷稷门的城门门扇。"

　　公疾，问后于叔牙①。对曰："庆父材②。"问于季友，对曰："臣以死奉般。"公曰："乡者牙曰'庆父材'③。"成季使以君命命僖叔④，待于鍼巫氏⑤，使鍼季鸩之⑥，曰："饮此，则有后于鲁国⑦；不然，死且无后。"饮之，归，及逵泉而卒⑧。立叔孙氏⑨。

【注释】

①后：后事。此指继承人。叔牙：与后面的庆父、季友都是庄公的弟弟。

②材：有才能。

③乡者：刚才。

④成季：即季友。僖叔：叔牙。

⑤鍼（qián）巫氏：即鍼季，鲁国大夫。巫为职或名，季为字。

⑥鸩（zhèn）：一种鸟，羽毛有毒，古人用它浸酒以毒杀人。也指以鸩酒杀人。

⑦有后于鲁国：指后代在鲁国仍可享有禄位。

⑧逵泉：水名，在山东曲阜东南。

⑨叔孙氏：叔牙死，鲁国立他的儿子继承禄位，称为叔孙氏。

【译文】

　　庄公得了重病，向叔牙询问继承人的事。叔牙回答说："庆父有才能。"向季友询问，季友回答说："臣尽死力事奉子般。"庄公说："刚才叔牙说'庆父有才能'。"季友就派人用国君的名义让僖叔等待在鍼巫家里，派鍼巫用毒酒毒死叔牙，说："喝了这个，你的后代在鲁国还可以享有禄位;不这样,你死了,后代还没有禄位。"叔牙喝了毒酒,回家时走到逵泉就死去了。鲁国立他的后人为叔孙氏。

【公羊传】何以不称弟①? 杀也。杀则曷为不言刺之②? 为季子讳杀也。曷为为季子讳杀? 季子之遏恶也,不以为国狱③,缘季子之心而为之讳④。季子之遏恶奈何? 庄公病将死,以病召季子⑤。季子至,而授之以国政,曰:"寡人即不起此病,吾将焉致乎鲁国?"季子曰:"般也存⑥,君何忧焉?"公曰:"庸得若是乎! 牙谓我曰:'鲁一生一及⑦,君已知之矣。'庆父也存。"季子曰:"夫何敢! 是将为乱乎? 夫何敢!"俄而牙弒械成⑧,季子和药而饮之,曰:"公子从吾言而饮此,则必可以无为天下戮笑,必有后乎鲁国⑨;不从吾言而不饮此,则必为天下戮笑,必无后乎鲁国。"于是从其言而饮之。饮之无傫氏⑩,至乎王堤而死⑪。公子牙今将尔⑫,辞曷为与亲弒者同? 君亲无将,将而诛焉⑬。然则善之与⑭? 曰然。杀世子母弟直称君者,甚之也⑮,季子杀母兄,何善尔? 诛不得辟兄,君臣之义也。然则曷为不直诛而鸩之? 行诛乎兄,隐而逃之⑯,使托若以疾死然,亲亲之道也。

【注释】

①何以不称弟:公子牙为鲁庄公同母弟。案《春秋》名例,母弟称弟,本应书"公弟牙卒",此处却书"公子牙卒",故发问。

②刺之:《春秋》常例,内讳言杀大夫,而称"刺",如僖公二十八年"公子买戍卫,不卒戍,刺之"。此处公子牙被杀,本应书"刺公子牙",今书"公子牙卒",故发问。

③不以为国狱：何休云："不就狱致其刑。"即私下处罚，详下传。正
　因如此，故经书"卒"，不书"刺"。

④缘季子之心而为之讳：季子不欲发扬兄之罪，故《春秋》顺其意，
　故不言"刺公子牙"。

⑤召季子：季子于庄公二十七年"如陈葬原仲"，此时召之于陈。

⑥般：鲁庄公之子，依次当继位者。

⑦鲁一生一及：父死子继曰生，兄死弟继曰及。追溯鲁国之历史，隐
　公生，桓公及，庄公生，则当传位于弟。然案礼制，父死子继方为
　正法，一生一及非礼也，此是公子牙欲立庆父之说辞。

⑧弑械：即图谋弑杀子般之兵械。

⑨必有后乎鲁国：即公子牙虽死，其家不亡，其子仍有大夫之位。若
　依国狱，公子牙谋反，当灭其家。

⑩无倦氏：徐彦云："或是大夫家，或是地名。"

⑪王堤：地名。

⑫将：将要。即将要弑子般。公子牙弑械成，则有弑子般之动机，然
　未实施。

⑬君亲无将，将而诛焉：亲，指父母。而，则也。即对于君王与父母，
　不可有弑杀的动机，一旦有此动机，即可诛杀。

⑭之：指季子杀兄之事。

⑮杀世子母弟直称君者，甚之也：案《春秋》之例，君杀大夫，称国而
　杀，如"郑杀其大夫申侯"；杀世子、母弟，则称君而杀，如"晋侯
　杀其世子申生""天王杀其弟年夫"。因为世子、母弟与君是一体
　之亲，而忍心杀害，不仁之甚，故称君而杀。

⑯隐而逃之：即隐匿其罪，使逃其罪。案此处季子鸠杀公子牙，而
　不以国狱，即是隐匿其罪，使逃其罪。公子牙有弑君动机，必须
　诛杀，此是季子作为臣子应守之义，故云"诛不得辟兄，君臣之义
　也"；同时又不以国狱，隐匿其罪，是尽兄弟之情，故云"亲亲之

道也"。

【译文】

为何不称公子牙为弟弟？因为他是被处死的。为什么不说"刺公子牙"？是为季子隐讳杀公子牙。为什么要为季子隐讳杀公子牙？季子阻止公子牙弑君之恶行，不就国狱致其刑，《春秋》顺着季子的心意而为之避讳。季子阻止恶行是怎么回事？鲁庄公病重，即将去世，以国君病重之由召回季子。季子返回后，庄公就将国政交给了他，说："我这病如果好不了了，我将把鲁国交给谁呢？"季子说："有般在，国君有何忧？"庄公说："哪里能这样啊！牙对我说：'鲁国的历史是父死子继与兄终弟及轮换的，这您是知道的。'如今有庆父在。"季子说："怎么敢这样！这是要作乱吗？怎么敢这样！"不久，公子牙图谋弑杀嗣君的兵械已成，季子调好毒药逼他喝下，说："公子听从我的话而喝了此药，就可以不被天下人诛讨耻笑，一定能在鲁国有后；不听从我的话而不喝此药，就一定会被天下人诛讨耻笑，必定在鲁国绝后。"于是公子牙听从他的话而喝下了药。在无儽氏那里喝了毒药，走至王堤时死了。公子牙是将要弑君，为什么传文之辞与亲手弑君的人相同？对于君王、父母，不可有弑杀的动机，一旦有动机，即可诛杀。那么《春秋》赞成季子杀兄吗？赞成。经文对于杀世子、母弟的行为，是称君而杀的，以为太过分了，季子杀母兄，有何善处？诛杀叛贼不回避兄长，符合君臣之义。那么为何不直接以国狱诛杀，却私下毒死？对兄长实行诛杀，隐匿其罪，使逃其罪，使他假托因病而死，是符合亲亲之道的。

【经】八月癸亥[①]**，公薨于路寝**[②]**。**

【注释】

①癸亥：初五。

②公薨于路寝：当时之礼，以诸侯死于路寝为正。路寝，正寝。古代

国君处理政事的宫室。

【译文】

八月初五,鲁庄公在路寝去世。

【左传】八月癸亥,公薨于路寝。子般即位,次于党氏^①。

【注释】

①次:住。党氏:子般外婆家。

【译文】

八月初五,鲁庄公在路寝去世。子般即位,住在党氏家里。

【公羊传】路寝者何? 正寝也^①。

【注释】

①正寝:即正居。何休以为,天子、诸侯有三寝:高寝、路寝、小寝。
　路寝以治事,小寝以燕息,高寝则是父所居。故路寝为正寝。又
　案《春秋》之例,鲁君薨书地,薨于高寝、正寝、小寝皆合礼制。

【译文】

路寝是什么? 是正寝。

【穀梁传】路寝,正寝也。寝疾居正寝,正也。男子不
绝于妇人之手,以齐终也^①。

【注释】

①齐:通"斋",指清心洁身。

【译文】

路寝,是正寝。卧病居住在正寝,是合乎礼制的。男子不能死于女

色,要清心洁身而死。

【经】冬十月己未①,子般卒②。

【注释】

①己未:初二。《公羊传》《穀梁传》作"乙未",十月无乙未日,当是
记日有误。

②子般:鲁庄公太子,依次宜继位者。案子般实被弑杀,详见闵公元
年"元年春王正月"条传文,此处仅言"子般卒"者,《春秋》内大
恶讳,不书君弑。

【译文】

冬十月初二,子般去世。

【左传】冬十月己未,共仲使圉人荦贼子般于党氏①。成
季奔陈。立闵公②。

【注释】

①共仲:即庆父。贼:刺死。

②立闵公:《史记·鲁周公世家》云:"八月癸亥,庄公卒,季友竟立子
斑为君,如庄公命。侍丧,舍于党氏。先时,庆父与哀姜私通,欲
立哀姜娣子开。及庄公卒而季友立斑。十月己未,庆父使圉人荦
杀鲁公子斑于党氏。季友奔陈。庆父竟立庄公子开,是为湣公。"
闵公,哀姜妹叔姜之子,名开(也叫启)。其时最大不过八岁。

【译文】

冬十月初二,共仲派圉人荦在党家刺死了子般。季友逃亡到陈国。
立闵公为国君。

【公羊传】子卒云子卒^①，此其称子般卒何？君存称世子，君薨称子某，既葬称子，逾年称公^②。子般卒，何以不书葬？未逾年之君也，有子则庙^③，庙则书葬；无子不庙^④，不庙则不书葬。

【注释】

①子卒云子卒：此指文公十八年"冬十月，子卒"之文，实为"子赤卒"而经不书其名，故传云"子卒云子卒"。不书其名的原因，是文公已葬，详见下传。

②"君存称世子"四句：此言嗣君之名例。先君存时，嗣君称世子，表明当世父位为君，如"曹世子射姑""齐世子光"。先君薨逝，且未下葬，则尸柩尚存，依"君前臣名"之制，称子某，某为嗣君之名，如"子般"。先君下葬，则不屈于尸柩，因"一年不二君"之义，故不称爵而称子，如"宋子"。逾年，指到了新的一年，先君之年已过，国不可一日无君，故臣子称嗣君为"公"。值得注意的是，逾年称"公"，只是臣子对于嗣君的称谓，而嗣君则于封内三年称"子"。

③有子则庙：庙，立庙。此指未逾年君之子，以儿子的身份，为其父立庙。得立庙，则有子恩，故能书葬。

④无子不庙：依礼制"一年不二君"，则臣不为未逾年君服丧，故未逾年君"无臣"，若再无子，则无臣子之恩，故不能为之立庙，不书其葬。

【译文】

子赤卒，《春秋》书"子卒"，此处称"子般卒"是为何？嗣君之称谓，先君在时称"世子"，先君去世后称"子某"，先君已葬称"子"，到了第二年臣下称之为"公"。子般去世，为何不书葬？未过先君去世当年的嗣君,有儿子,则为其立庙,立庙则书葬;没有儿子,则不为之立庙,不立庙则不书葬。

【穀梁传】子卒日,正也。不日,故也。有所见则日^①。

【注释】

①见（xiàn）:显现。

【译文】

公子去世记载日期,合正道。不记载日期,是有变故。如果想有所显现那么就要记载日期。

【经】公子庆父如齐^①。

【注释】

①公子庆父如齐:公子庆父,庄公之弟。据《公羊传》闵公元年传文,公子庆父唆使邓扈乐（《左传》作"圉人荦"）弑杀子般,后将罪责推到邓扈乐身上,季子缘亲亲之情,未追究庆父之罪,但庆父仍为弑君贼,此处如齐,实为畏罪出奔。经不书"奔齐"者,是为了说明季子未追究庆父之罪,顺着季子的意思而言"如齐"。

【译文】

公子庆父去了齐国。

【穀梁传】此奔也,其曰如,何也?讳莫如深^①,深则隐^②。苟有所见,莫如深也^③。

【注释】

①讳:为国隐讳。

②深:重大,意思是说为国隐讳没有比弑君、贼奔更深重的事了。

隐:隐讳。

③莫如深也:没有像这么重大的了。意思是说如果有人看到这件

事,就知道没有什么比这个更重大的了。

【译文】

这是出逃,经文说"如",为什么呢? 为国隐讳,没有什么比这更深重的事了,事情重大就要隐讳。如果要显示什么,没有比这更重大的了。

△**【经】狄伐邢**①。

【注释】

①邢:姬姓诸侯国,在今河北邢台。

【译文】

狄人攻打邢国。

闵公

【题解】

　　闵公（？ 前670—前660），或作"愍公""湣公"，是鲁国第十七任君主。名启，鲁庄公庶子，母亲叔姜（庄公夫人哀姜之妹）。前662年，庄公卒，季友按照庄公的命令，立子般为君。即位两个月，庆父使圉人荦杀子般于党氏，立闵公。时闵公年幼（至多八岁），大权为庆父把持。闵公在位仅两年，为春秋十二公中寿命最短者。前660年，庆父派卜齮袭杀闵公于武闱。庆父为国人所不容，出奔莒。季友回国立僖公，向莒索取庆父，庆父惧罪自杀，方平定鲁国之乱。在这场内乱中，最大的义理仍是"亲亲相隐"与"君臣之义"间的张力。

元年

【经】元年春王正月[①]。

【注释】

①元年：鲁闵公元年当周惠王十六年，前661年。

【译文】

鲁闵公元年春周历正月。

【左传】元年春,不书即位,乱故也①。

【注释】

①乱:指上年庆父之乱。子般被杀,季友奔陈。

【译文】

鲁闵公元年春,《春秋》没有记载闵公即位,是由于国内动乱的缘故。

【公羊传】公何以不言即位?继弑君,不言即位①。孰继?继子般也。孰弑子般?庆父也。杀公子牙今将尔,季子不免,庆父弑君,何以不诛?将而不免,遏恶也。既而不可及②,因狱有所归③,不探其情而诛焉④,亲亲之道也。恶乎归狱?归狱仆人邓扈乐。曷为归狱仆人邓扈乐?庄公存之时,乐曾淫于宫中,子般执而鞭之。庄公死,庆父谓乐曰:"般之辱尔,国人莫不知,盍弑之矣?"使弑子般,然后诛邓扈乐,而归狱焉。季子至而不变也⑤。

【注释】

①继弑君,不言即位:即先君被弑,嗣君不言即位,参见庄公"元年春王正月"条传文。此处被弑之人为"子般",属于未逾年君,《春秋》以为,未逾年君被弑,嗣君当隐痛之,同于成君被弑,故不书闵公之即位。

②既而不可及:指弑君之事已成,无可挽救。

③狱有所归:即罪有所归。后文之"归狱"亦是归罪之意。

④情:实情。

⑤季子至而不变:季子闻子般被弑,从家至朝。"变"同"辨"。庆父归罪于邓扈乐,季子不辨其真伪。《公羊传》认为,弑君已是既成

事实,且罪有所归,季子不追究庆父的弑君之罪,是符合亲亲之道的。(然而这一点后世多有争论。)

【译文】

闵公为何不言"即位"? 继承被弑杀的先君,嗣君不言即位。继承谁? 继承子般。谁弑杀了子般? 是庆父。先前杀公子牙,仅因其有弑君的动机,而季子不免其罪,庆父是真弑君,为何不诛杀庆父? 仅有动机而不免其罪,是阻止恶行。弑君既成,不可挽回,因为罪有所归,不探寻实情而诛杀替罪者,是符合亲亲之道的。是怎么归罪的? 归罪于车夫邓扈乐。为何归罪于车夫邓扈乐? 鲁庄公在世时,邓扈乐曾在宫中淫乱,子般捉住并鞭打了他。庄公去世了,庆父对邓扈乐说:"子般侮辱过你,国人没有不知道的,何不弑杀他?"庆父唆使其弑杀子般,然后诛杀邓扈乐,而归罪于他。季子赶到后,心中明白,不辨其真伪。

【穀梁传】继弑君,不言即位,正也。亲之非父也[1],尊之非君也[2],继之如君父也者,受国焉尔。

【注释】

①亲之非父也:以亲属关系论不是父亲。这里指闵公继承的是子般的君位,子般是他的异母哥哥。

②尊之非君也:以尊卑关系论不是国君。指子般还没有正式称国君就被杀害。

【译文】

继承被杀的君主,不说即位,是合于正道的。以亲属关系论不是父亲,以尊卑关系论不是国君,继承子般就像继承国君和父亲一样,因为是从他那里接受了国家。

【经】齐人救邢[1]。

【注释】

①救邢：庄公三十二年狄人伐邢，管仲建议齐桓公救援邢国，于是桓
公发兵救邢。

【译文】

齐国人救援邢国。

【左传】狄人伐邢。管敬仲言于齐侯曰①："戎狄豺狼，不可厌也②。诸夏亲昵，不可弃也。宴安鸩毒③，不可怀也。《诗》云：'岂不怀归，畏此简书④。'简书，同恶相恤之谓也⑤，请救邢以从简书。"齐人救邢。

【注释】

①管敬仲：即管仲。

②厌：满足。

③宴安：安乐。

④岂不怀归，畏此简书：引《诗》见《诗经·小雅·出车》。简书，用
于告诫、策命、盟誓、征召等事的文书。此指盟约。或曰指告急文
书。沈钦韩《左传补注》云："国有急难，不暇连简为策，单执简往
告，犹今之羽檄矣。"

⑤同恶相恤：犹同仇敌忾，忧患与共。恤，救。

【译文】

狄人进攻邢国。管仲对齐桓公说："戎狄好像豺狼，难以得到满
足。中原各国互相亲近，不能够抛弃。安乐就像鸩酒毒药，不能够怀恋。
《诗》说：'难道不想回家乡，邻邦盟约不敢忘。'盟约，就是同仇敌忾、忧
患与共的意思，请求您遵从盟约救援邢国。"于是齐国人出兵救援邢国。

【榖梁传】善救邢也。

【译文】

这是褒扬救援邢国。

【经】夏六月辛酉①,葬我君庄公。

【注释】

①辛酉:初七。

【译文】

夏六月初七,安葬我国国君鲁庄公。

【左传】夏六月,葬庄公。乱故,是以缓①。

【注释】

①是以缓:依古礼,诸侯去世五个月下葬,《春秋》所载则多为三个
　　月即葬。而鲁庄公死于去年八月,至此时已经十一个月。

【译文】

夏六月,安葬庄公。由于发生动乱的缘故,所以推迟了。

【榖梁传】庄公葬而后举谥①,谥所以成德也,于卒事乎
加之矣。

【注释】

①举:称引,提出。

【译文】

鲁庄公安葬后才称谥号,起谥号是用来成就他的德行的,在丧事后加封于他。

【经】秋八月,公及齐侯盟于落姑①。

【注释】

①公及齐侯盟于落姑:案庆父弑子般后,畏罪出奔齐国。季子为安定社稷,将闵公托付于齐桓公,故有落姑之盟。齐侯,齐桓公。落姑,齐地名,在今山东平阴。《公羊传》《穀梁传》作"洛姑"。

【译文】

秋八月,闵公与齐桓公在落姑结盟。

【左传】秋八月,公及齐侯盟于落姑,请复季友也①。齐侯许之,使召诸陈,公次于郎以待之。

【注释】

①复:回国。

【译文】

秋八月,闵公和齐桓公在落姑结盟,请求齐桓公帮助季友回国。齐桓公同意了闵公的请求,派人从陈国召回季友,闵公驻扎在郎地等候他。

【穀梁传】盟纳季子也。

【译文】

会盟是要接纳季子回国。

【经】季子来归[1]。

【注释】

[1]季子:即季友,鲁庄公的弟弟,庄公去世后扶持子般即位,据《左传》,子般被杀之后他逃往陈国。此时从陈国回到鲁国。

【译文】

季友回到国内。

【左传】"季子来归",嘉之也[1]。

【注释】

[1]"季子来归",嘉之也:《春秋经》多直书人名,此称行次而不书名,所以有褒意。

【译文】

《春秋》记载说"季子回到国内",称"季子",这是赞美他。

【公羊传】其称季子何[1]? 贤也[2]。其言来归何[3]? 喜之也[4]。

【注释】

[1]其称季子何:案《春秋》名例,当称"公子友",如前之"公子友如陈",今书"季子",故发问。

[2]贤也:公子友为洛姑之盟,有托君安国之贤。又案《春秋》名例,称字足以贤之,此处不称"公子季友"而称"季子"者,因之后齐国的"高子"有定鲁之功(参见闵公二年"冬,齐高子来盟"条),此处公子友与高子同称"子",以明高子定鲁,本于季子洛姑之盟。

③其言来归何：案洛姑之盟，虽是季子之功，毕竟是闵公参与的，应
　　以君为重，案例当书"公至自洛姑"。此处不书"公至"，反书"季
　　子来归"，故而发问。

④喜之也：季子来归则君安国定，故喜之而书其"来归"。

【译文】

称公子友为季子是为何？因为他有贤德。经书"来归"是为何？是
因喜而书。

【穀梁传】其曰季子，贵之也①。其曰来归，喜之也。

【注释】

①其曰季子，贵之也：季子名友，经文没有直接称季友而称季子，是
　　尊称。贵，尊重，以之为贵。

【译文】

经文说"季子"，是尊重他。经文说"来归"，是为他回国感到高兴。

【经】冬，齐仲孙来①。

【注释】

①仲孙：《左传》认为指仲孙湫，齐国大夫。《公羊传》《穀梁传》认为
　　指鲁国的庆父。庆父于庄公三十二年奔齐，今自齐还鲁，后又弑
　　闵公。此处称之为"齐仲孙"者，"仲"为庆父之字，案"孙以王父
　　字为氏"之制，庆父后人方以"仲孙"为氏，此处称"齐仲孙"，是
　　从后言之，以孙辈之氏指代庆父。

【译文】

冬，齐仲孙来我国。

【左传】冬,齐仲孙湫来省难①。书曰"仲孙",亦嘉之也。仲孙归曰:"不去庆父,鲁难未已②。"公曰:"若之何而去之?"对曰:"难不已,将自毙,君其待之。"公曰:"鲁可取乎?"对曰:"不可,犹秉周礼③。周礼,所以本也。臣闻之:'国将亡,本必先颠④,而后枝叶从之。'鲁不弃周礼,未可动也。君其务宁鲁难而亲之。亲有礼,因重固⑤,间携贰⑥,覆昏乱,霸王之器也⑦。"

【注释】

①省(xǐng):慰问。

②不去庆父,鲁难未已:庆父杀子般,后来又杀闵公,是鲁国内乱的祸首。成语"庆父不死,鲁难未已",就是由这件事而来。

③秉:持,执。

④颠:颠仆。

⑤因:依。重固:稳定坚固。

⑥携贰:内部不和。

⑦器:策略,方法。

【译文】

冬,齐国仲孙湫来我国慰问祸难。《春秋》称之为"仲孙",也是对他表示赞美。仲孙回国说:"不除掉庆父,鲁国的祸难没完没了。"齐桓公说:"怎么样才能除掉他?"仲孙回答说:"祸难不止,将会自取灭亡,您就等着瞧吧!"齐桓公说:"鲁国可以攻取吗?"仲孙说:"不行,它们还遵行周礼。周礼,是立国的根本。下臣听说:'国家将要灭亡,如同大树,躯干必然先行仆倒,然后枝叶随着落下。'鲁国不抛弃周礼,是不能动它的。您应当从事于安定鲁国的祸难并且亲近它。亲近有礼仪的国家,依靠坚定稳固的国家,离间内部不和的国家,灭亡昏暗动乱的国家,这是称霸称王的策略。"

【公羊传】齐仲孙者何？公子庆父也。公子庆父，则曷为谓之齐仲孙？系之齐也①。曷为系之齐？外之也②。曷为外之？《春秋》为尊者讳③，为亲者讳④，为贤者讳⑤。子女子曰⑥："以春秋为《春秋》⑦，齐无仲孙⑧，其诸吾仲孙与？"

【注释】

①系：系属。

②外之：即绝庆父公族之氏，将其视为外国人。案庆父弑子般，出奔当绝，不该再回鲁国，鲁国亦不当受之，故绝外之。

③《春秋》为尊者讳：尊者，指鲁闵公。闵公后被庆父所弑，则此处不该接受庆父，故为闵公避讳之。

④亲者：指季子。季子为庆父母弟，是亲者。

⑤贤者：亦指季子，因其有阻止公子牙弑君，定国安邦之贤。

⑥子女子：《公羊传》著于竹帛前的先师。

⑦以春秋为《春秋》：前一春秋，泛指列国史书。后一《春秋》指孔子据列国史记所著之《春秋》。

⑧齐无仲孙：此言孔子据列国史记作《春秋》，此间无有言齐国有仲孙氏者，只有鲁国有仲孙氏，由此推断"齐仲孙"指的是公子庆父。

【译文】

齐仲孙是谁？是公子庆父。是公子庆父，那么为何要称之为齐仲孙？是将他系属于齐国。为何要系属于齐国？是绝外他。为何要绝外他？是因《春秋》为尊者避讳，为亲者避讳，为贤者避讳。子女子说："孔子以列国史书作《春秋》，其中齐国没有仲孙氏，大概是我国的仲孙氏吧。"

【穀梁传】其曰齐仲孙，外之也。其不目而曰仲孙①，疏之也。其言齐，以累桓也②。

【注释】

①不目：不称名，指不称公子庆父。

②累：牵涉，指齐桓公收留公子庆父。

【译文】

经文说"齐仲孙"，是把他当外人。不称名而说"仲孙"，是疏远他。经文说"齐"，是表示牵涉到齐桓公。

*【左传】晋侯作二军①，公将上军，大子申生将下军。赵夙御戎②，毕万为右③，以灭耿、灭霍、灭魏④。还，为大子城曲沃。赐赵夙耿，赐毕万魏，以为大夫。

【注释】

①晋侯：晋献公。作二军：晋本有一军。

②赵夙：晋国大夫，赵衰的父亲。

③毕万：晋国大夫，周文王之子毕公高的后裔，姬姓。为后来晋国魏氏的先祖。

④耿：姬姓诸侯国，地在今山西河津东南。灭霍：《国语·晋语一》云："（献公）十六年，公作二军。公将上军，太子申生将下军，以伐霍。太子遂行，克霍而反。"则灭霍者是太子之下军。霍，姬姓诸侯国，地在今山西霍县西南。魏：即桓公三年传的古魏国，姬姓诸侯国，地在今山西芮城。

【译文】

晋献公建立两个军，自己率领上军，太子申生率领下军。以赵夙为国君战车的驭手，以毕万作为车右，出兵灭掉耿国、霍国、魏国。回国后，为太子在曲沃建造城墙。把耿地赐给赵夙，把魏地赐给毕万，派他们做大夫。

　　士蒍曰："大子不得立矣，分之都城而位以卿^①，先为之极^②，又焉得立。不如逃之，无使罪至。为吴大伯^③，不亦可乎？犹有令名，与其及也^④。且谚曰：'心苟无瑕，何恤乎无家^⑤。'天若祚大子，其无晋乎^⑥。"

【注释】

①都城：指曲沃。建有宗庙的城邑。庄公二十八年传："凡邑，有宗庙先君之主曰都，无曰邑。"位以卿：言申生将下军，位同卿。

②先为之极：言申生身为储君而位于卿，已经到了极点。

③吴大伯：即吴太伯，周太王嫡长子。太王准备立幼子季历，他与弟仲雍自动离开，一说逃至江南，断发文身，后立为吴太伯。

④与其及也：指与其留下来最终获罪被废。

⑤恤：忧虑。

⑥天若祚（zuò）大子，其无晋乎：祚，赐福。无晋，离开晋国。案此句仍是劝太子逃亡之意。

【译文】

　　士蒍说："太子不能继续做储君了，分给他都城，并让他处在卿位，先让他做到了极点，又怎么能够继续做储君呢？不如逃走他地，不要等罪降临。像吴太伯那样，不也是很好吗？这样还能有好的名声，胜过留下获罪。而且俗话说：'心里如果没有瑕疵，何必为无家而忧患呢？'上天如果赐福太子，他就一定会离开晋国。"

卜偃曰①："毕万之后必大。万，盈数也②；魏③，大名也；以是始赏，天启之矣。天子曰兆民，诸侯曰万民。今名之大，以从盈数，其必有众④。"

【注释】

①卜偃：晋国大夫，掌占卜的官。杨伯峻曰："以其职曰卜偃，以其姓氏则曰郭偃……参以《墨子》《吕览》，则卜偃之于晋文公，实变法称霸之功臣。"

②盈数：满数。

③魏：同"巍"，高大。

④必有众：一定能得到百姓。

【译文】

卜偃说："毕万的后代必定昌大。万，是满数；魏，是高大的名号。用这地方作起始封赏地，上天已启示预兆了。天子主天下称'兆民'，诸侯主一国称'万民'。现在名号高大，又随着满数，他一定会得到民众。"

初，毕万筮仕于晋①，遇《屯》☷之《比》☷②。辛廖占之③，曰："吉。《屯》固、《比》入④，吉孰大焉？其必蕃昌⑤。震为土⑥，车从马⑦，足居之⑧，兄长之⑨，母覆之⑩，众归之⑪，六体不易⑫，合而能固⑬，安而能杀⑭。公侯之卦也。公侯之子孙，必复其始⑮。"

【注释】

①筮仕：占卜做官的吉凶。

②《屯》☷之《比》☷：《屯》卦变易为《比》卦，第一爻由阳爻变为阴爻。《屯》，六十四卦之一，震下坎上。《比》，六十四卦之一，坤

下坎上。

③辛廖：周王室大夫。

④《屯》固、《比》入：《屯》，艰险之象，所以坚固；《比》，亲密之象，所以能入。

⑤蕃昌：繁衍昌盛。

⑥震为土：《屯》下卦震变为《比》下卦坤，坤为地，故言"为土"。

⑦车从马：按《周易》，震为车，坤为马，震变为坤，故言"从马"。

⑧足居之：《周易》震为足，震变为坤，安静之象，故言"足居之"。

⑨兄长之：《周易》震为长男，初爻变，为最长之意，故云。

⑩母覆之：《周易》坤为母，故云。

⑪众归之：《屯》上卦为坎，坎为众。

⑫六体不易：尚秉和《周易尚氏学附录》谓"《坎》数六，遇卦、之卦皆有《坎》。不易者，《坎》卦不变也"。一云，六体指土、车、马、足、母、众六象。

⑬合而能固：《比》卦有合众之义，《屯》卦有固守之义，故云。

⑭安而能杀：《比》卦有坤，坤为土安之象；《屯》卦有震，震为雷杀之象。以坤承震之变，故云。

⑮公侯之子孙，必复其始：毕万的祖先毕公高为诸侯，他的后代一定可以恢复公侯的地位。始，指公侯之位。

【译文】

　　当初，毕万为在晋国做官而占卜吉凶，得到《屯》卦变成《比》卦。辛廖预测说："吉利。《屯》坚固而《比》进入，还有比这更大的吉利吗？所以他必定繁衍昌盛。《震》卦变成了土，车跟随着马，脚踏实地，兄长抚育，母亲爱护，大众归附，这六条不变，能合又能固，安定又能杀戮。这是公侯的卦象。公侯的子孙，必定能恢复到他开始时公侯的地位。"

二年

△【经】二年春王正月①，齐人迁阳②。

【注释】

①二年：鲁闵公二年当周惠王十七年，前660年。

②齐人迁阳：阳，姬姓诸侯国，地在今山东沂水西南。此盖齐人逼迫阳人迁走取其地。迁之实为灭之，齐有迁取王封之罪。参考庄公十年"三月，宋人迁宿"条。

【译文】

鲁闵公二年春周历正月，齐国人迁移阳国的百姓。

*【左传】二年春，虢公败犬戎于渭汭①。舟之侨曰②："无德而禄③，殃也。殃将至矣。"遂奔晋。

【注释】

①犬戎：战国以后称为匈奴。渭汭：渭水注入黄河处，在今陕西华阴。

②舟之侨：虢国大夫。

③禄：福运，气运。

【译文】

鲁闵公二年春，虢公在渭水流入黄河的地方打败犬戎。舟之侨说："没有德行而获得福运，这是灾殃。灾殃将要来临了。"于是逃亡到晋国。

【经】夏五月乙酉①，吉禘于庄公②。

【注释】

①乙酉：初六。

②吉禘（dì）：古代诸侯死后，三年（实为二十五个月）丧期结束，将其神主送入太庙，合诸祖的神主举行的大祭叫禘。因为三年丧满，凶事已毕，故称吉禘。案何休之意，禘为宗庙大祭，毁庙、未毁庙之主，以及功臣皆祭于太祖庙，五年举行一次，若遇国君之丧，则废之。此时鲁有庄公之丧，本不应举行禘祭，闵公"心惧于难，务自尊大，以厌其祸"，故提早举行禘祭。又考虑到庄公之丧未除，其主不可以入太庙，又单独在庄公庙祭之，故经书"吉禘于庄公"。值得注意的是，《公羊传》及何休所言的"禘祭"，与《礼》《左传》及郑玄的说法不同，不可以彼例此。

【译文】

夏五月初六，为鲁庄公举行大祭。

【左传】夏，吉禘于庄公。速也①。

【注释】

①速：鲁庄公卒于三十二年八月，按二十五月丧毕，本应于八月吉禘，今五月就提前举行了，所以称"速"。

【译文】

夏，为庄公举行大祭。时间提前了。

【公羊传】其言吉何①？言吉者，未可以吉也②。曷为未可以吉？未三年也。三年矣③，曷为谓之未三年？三年之丧，实以二十五月④。其言于庄公何？未可以称宫庙也⑤。曷为未可以称宫庙？在三年之中矣。吉禘于庄公何以书？

讥。何讥尔？讥始不三年也^⑥。

【注释】

①其言吉何：案"禘"为祭名，不需别言"吉禘"，故发问。

②未可以吉：案祭礼属于吉礼，丧礼属于凶礼，礼制中有"吉凶不相干"的原则，丧中不应行禘祭，故云"未可以吉"。值得注意的是，"未可以吉"包括太庙中的禘祭，以及庄公庙中的禘祭。何休以为，若仅是庄公庙不得禘祭，书"禘于庄公"即可，而经书"吉禘于庄公"，则是举重的书法，表明两处皆不得行禘祭。

③三年矣：此指鲁庄公于三十二年薨，此时为闵公二年，已经跨入第三年了。

④三年之丧，实以二十五月：此为礼制中对于三年丧期限之规定。二十五月，则是整整两年，再加一个月，进入第三年，故为三年之丧。庄公三十二年八月，公薨，至此只有二十二个月，故云"未三年也"。

⑤未可以称宫庙也：宫庙，指庄公之庙。案礼制，三年丧毕，方入庙。此时庄公之丧未满，不可以鬼神事之，不能入庙，故经不书"庄宫"而书"庄公"。

⑥不三年：即不行满三年丧。

【译文】

经为何言"吉"？言"吉"，是表明太庙与庄公庙都不可以进行吉祭。为什么不可以进行吉祭？因为三年丧期未满。现在已经是鲁庄公去世后的第三年，为何说未满三年？三年之丧，实际上是二十五个月。经言"于庄公"，是为什么？因为此时还不能称之为"庄宫"。为什么不能称为"庄宫"？因为还在三年丧期之中。为何记录为庄公行吉禘礼？是讥刺。讥刺什么？讥刺这是不行满三年丧的开端。

【穀梁传】吉禘者,不吉者也。丧事未毕而举吉祭,故非之也。

【译文】

吉禘,是不吉祥的。丧事还没有完就举行吉祭,所以认为这样是不对的。

【经】秋八月辛丑①,公薨②。

【注释】

①辛丑:二十四日。

②公薨:闵公的师傅夺取了卜齮的田,闵公没有制止,后来庆父指使卜齮杀害了闵公。诸侯死称薨。

【译文】

秋八月二十四日,鲁闵公去世。

【左传】初,公傅夺卜齮田①,公不禁。秋八月辛丑,共仲使卜齮贼公于武闱②。

【注释】

①公傅:闵公的保傅。当时诸侯贵族子弟皆有师有傅。卜齮(qí):鲁国大夫。

②共仲:即庆父。武闱:路寝的旁门。路寝是古代天子、诸侯的正厅。

【译文】

当初,闵公的保傅夺取大夫卜齮的田地,闵公没有禁止。秋八月二十四日,庆父指使卜齮在武闱杀死了闵公。

【公羊传】公薨何以不地？隐之也。何隐尔？弑也。孰弑之？庆父也。杀公子牙，今将尔，季子不免，庆父弑二君，何以不诛？将而不免，遏恶也。既而不可及，缓追逸贼①，亲亲之道也。

【注释】

①缓追逸贼：缓慢追赶弑君贼，使其逃逸。《公羊传》以为，庆父为季子母兄，在弑君已为既定事实的情况下，季子缓追逸贼，是符合亲亲之恩的。然而弑君贼未讨，故闵公不书葬。

【译文】

为何不书闵公薨没之地？是隐痛闵公。隐痛什么？他是被弑杀的。谁弑杀了闵公？是庆父。先前季子杀死公子牙，是因其有弑君的动机，季子不赦免他，庆父连弑二君，为何不诛杀他？有弑君动机而不赦免他，是阻止恶行。弑君已成，不可追及，缓慢追赶弑君贼，使之逃逸，是符合亲亲之道的。

【穀梁传】不地，故也。其不书葬，不以讨母葬子也①。

【注释】

①讨：讨伐，声讨。母：这里是指鲁庄公的夫人哀姜也参与了庆父谋乱。鲁闵公虽然是叔姜所生，但从名义上来说也是夫人哀姜之子。

【译文】

不记载地点，因为是死于变故。经文不说安葬的事，是因为不能一边声讨母亲一边安葬儿子。

【经】九月，夫人姜氏孙于邾①。

【注释】

①夫人姜氏孙于邾：夫人姜氏指哀姜，即鲁庄公夫人。内讳奔言孙。
　哀姜与公子庆父、公子牙私通，并参与了弑杀子般、闵公，此处是
　畏罪出奔至邾国。孙，奔逃。邾，《公羊传》作"邾娄"。

【译文】

九月，夫人姜氏逃亡到邾国。

【穀梁传】孙之为言犹逊也，讳奔也。

【译文】

"孙"这样的说法相当于"逊"，是避讳说"奔"。

【经】公子庆父出奔莒①。

【注释】

①公子庆父出奔莒：案《春秋》之例，君弑贼不讨，则弑君贼不复见。
　庆父为弑君贼，此处复见者，是为了说明季子的"缓追逸贼"。

【译文】

【经】公子庆父逃亡到了莒国。

【左传】成季以僖公适邾①。共仲奔莒，乃入，立之②。以赂求共仲于莒，莒人归之。及密③，使公子鱼请④。不许，哭而往。共仲曰："奚斯之声也。"乃缢。

【注释】

①僖公：闵公之弟。

②"共仲奔莒"三句：庆父奔莒，季友与僖公进入鲁国，立僖公为君。

③密：鲁地名，在今山东费县北。

④公子鱼：鲁国贤臣，字奚斯。请：指请求恕罪。

【译文】

　　成季带着僖公去邾国。庆父逃亡到莒国，成季和僖公才回鲁国，立僖公为国君。用财货向莒国求取庆父，莒国人把他送回鲁国。到达密地，庆父派公子鱼入朝请求赦免。没有得到同意，公子鱼哭着回去。庆父听见了，说："这是公子鱼的哭声啊！"于是上吊死了。

　　闵公，哀姜之娣叔姜之子也，故齐人立之。共仲通于哀姜，哀姜欲立之。闵公之死也，哀姜与知之，故孙于邾。齐人取而杀之于夷①，以其尸归。僖公请而葬之。

【注释】

①齐人取而杀之于夷：《列女传·孽嬖传》云："齐桓公立僖公，闻哀姜与庆父通以危鲁。乃召哀姜酖而杀之。"夷，地名，具体所在不详。

【译文】

　　闵公是哀姜妹妹叔姜的儿子，所以齐人立他为国君。庆父和哀姜私通，哀姜想立他为国君。闵公的被害，哀姜事先知道内情，所以她逃亡到邾国。齐国人向邾国索取了哀姜，在夷地杀了她，把她的尸首带回国。鲁僖公请求归还她的尸首，把她安葬了。

　　【穀梁传】其曰出，绝之也。庆父不复见矣。

【译文】

经文说"出",是永绝之义。庆父再也没有出现在经文中了。

*【左传】成季之将生也,桓公使卜楚丘之父卜之①。曰:"男也。其名曰友,在公之右②。间于两社③,为公室辅④。季氏亡,则鲁不昌。"又筮之⑤,遇《大有》☰之《乾》☰⑥,曰:"同复于父,敬如君所⑦。"及生,有文在其手曰"友",遂以命之。

【注释】

①卜楚丘之父:鲁国大夫,专掌占卜。

②在公之右:指当权用事。

③间于两社:指为鲁执政大臣。鲁有两社,即周社、亳社,两社之间即朝廷之所在和执政大臣治事之所在。

④辅:辅弼。

⑤又筮之:古代卜用龟,筮用蓍草,以动物灵于植物,故先卜后筮。

⑥《大有》☰:卦名,乾下离上。《乾》☰:卦名,乾下乾上。

⑦同复于父,敬如君所:同其父亲一样尊贵,国人敬重他如国君一样。案这是筮者解释之言,不是卦爻辞。高亨《左传国语的周易说通解》云:《大有》卦是上离下乾,《乾》卦是上乾下乾。乾为父,离为子,《大有》上卦的离变为乾,是象征子与其父同德,'无改于父之道',所以说'同复于父'。乾又为君,离又为臣,《大有》上卦的离变为乾,又象征臣与其君同心,常在君的左右,所以又说'敬如君所'。"

【译文】

成季将要出生时,鲁桓公让卜楚丘之父占卜。他说:"生的是男孩。

他的名叫友,在公侯身边当权用事。他处于两社之间,为公室的辅弼。季氏灭亡,则鲁国不能昌盛。"又用筮草占,得到《大有》变为《乾》,卜楚丘之父说:"尊贵如同父亲,受到敬重如同国君。"等到他生下来,他的手上有纹像个"友"字,就以友命名。

【经】冬,齐高子来盟①。

【注释】

①高子:齐国的高傒。子,尊称。来盟:指齐桓公派高傒来慰问鲁国庆父之难。

【译文】

冬,齐国高子来我国结盟。

【公羊传】高子者何①? 齐大夫也。何以不称使? 我无君也②。然则何以不名? 喜之也。何喜尔? 正我也。其正我奈何? 庄公死,子般弑,闵公弑,比三君死,旷年无君③,设以齐取鲁,曾不兴师徒,以言而已矣。桓公使高子将南阳之甲④,立僖公而城鲁。或曰自鹿门至于争门者是也⑤,或曰自争门至于吏门者是也⑥。鲁人至今以为美谈,曰犹望高子也。

【注释】

①高子者何:案《春秋》名例,大夫称名氏,未有称氏而言"子"者,故而发问。

②我无君也:当时鲁闵公被弑,僖公未立,故言我无君也。又案《春秋》之义,君不使乎大夫,鲁无君,故不书"齐侯使高子来盟",否则身份不等。

③旷年无君：整年无国君。此是夸张的书法，庄公、子般同一年死，闵公则享国两年，之后僖公便立，非是旷年无君。此是表明三君接连死去，无异于"旷年无君"。

④南阳：齐国之邑。

⑤鹿门：鲁南城东门。争门：据《说文解字》当作"净门"，为鲁城北门。

⑥吏门：《春秋大事表》以为当是"史门"，为鲁城西门。

【译文】

高子是什么人？是齐国的大夫。为何不说他是受齐侯的派遣？因为我国此时没有君主。那么为何不书高子之名？是欢喜他的到来。为何欢喜？他来是整饬我国的政治局面的。整饬我国的政治局面是怎么回事？庄公去世，子般被弑，闵公被弑，三个国君死后，我国多年无君，假设以齐国之力，想要夺取鲁国，则可不用兴兵，凭言语就行了。齐桓公派高子率领南阳的甲兵，拥立僖公而修葺鲁城。有人说，从鹿门至于争门是高子所修，有人说是从争门到吏门是高子所修。鲁国人至今以此为美谈，说仍然想念高子。

【穀梁传】 其曰来，喜之也。其曰高子，贵之也。盟立僖公也。不言使，何也？不以齐侯使高子也。

【译文】

经文说"来"，是为此感到高兴。经文说"高子"，是尊重他。来会盟是商定立僖公的事。不说"使"，为什么呢？为了显得不是齐桓公派他来的。

【经】 十有二月，狄入卫①。

【注释】

①狄入卫：卫懿公喜欢鹤，以致于玩物丧志，狄人入侵，国人都不愿
抵抗，懿公率亲信抵御，战败身死，卫公子申（即戴公）带领卫人
逃跑，国都沦陷。卫国被狄人灭国，后来在齐国的帮助下复国，但
从此沦为小国。

【译文】

十二月，狄人攻入卫国。

【左传】冬十二月，狄人伐卫。卫懿公好鹤，鹤有乘轩者①。
将战，国人受甲者皆曰②："使鹤，鹤实有禄位，余焉能战！"
公与石祁子玦③，与甯庄子矢④，使守，曰："以此赞国⑤，择
利而为之。"与夫人绣衣，曰："听于二子⑥。"渠孔御戎，子
伯为右，黄夷前驱，孔婴齐殿⑦。及狄人战于荥泽⑧，卫师败
绩，遂灭卫。卫侯不去其旗，是以甚败。狄人囚史华龙滑与
礼孔，以逐卫人。二人曰："我，大史也，实掌其祭。不先，国
不可得也⑨。"乃先之。至则告守曰："不可待也⑩。"夜与国
人出。狄入卫，遂从之⑪，又败诸河⑫。

【注释】

①鹤有乘轩者：汪中《述学》云："谓以卿之秩宠之，以卿之禄食之
也。"未必一定载以轩车。轩，四面有遮蔽的车，大夫以上所乘。

②国人：指当时的城市自由民。受甲：授兵，临战前在祖庙领取甲胄
武器。

③石祁子：卫国大夫。玦（jué）：有缺的环形玉佩，标志裁决之权。

④甯（nìng）庄子：名速，甯跪之孙，卫国大夫。矢：即箭，标志发布军
令之权。

⑤赞：辅佐，帮助。

⑥二子：指石祁子和甯庄子。

⑦殿：殿后。

⑧荧泽：在黄河之北，今河南淇县。

⑨"我"五句：古人极重视祭祀与祭器，所以太史这样说来骗狄人。

⑩待：抵御。

⑪从之：指追击卫人。

⑫河：指黄河。

【译文】

　　冬十二月，狄人攻打卫国。卫懿公喜欢鹤，有的鹤享受大夫待遇。卫国将要与狄人作战，国内接受甲胄的人都说："派鹤去吧！鹤享有官禄职位，我们怎么能作战！"卫懿公把玉玦交给石祁子，把令箭交给了甯庄子，派他们守御，说："用这个来辅助国家，选择有利的事去做。"把绣衣交给了夫人，说："听从祁、甯二位。"派渠孔驾驭战车，子伯为车右，黄夷为前锋，孔婴齐殿后。与狄人在荧泽交战，卫国军队大败，狄人于是灭亡了卫国。卫懿公不肯去掉自己的旗帜，所以惨败。狄人囚禁了太史华龙滑和礼孔，带着二人追逐卫军。二人说："我们是太史，是执掌卫国祭祀的人。如果我们不先回国，你们是不可能得到卫国的。"狄人于是让他们先回国都。二人到了国都，告诉守御的人说："没法抵御了。"夜里和国都的人一起撤离。狄人进入卫都，跟着追击卫国人，又在黄河边上打败了卫国人。

　　初，惠公之即位也少①，齐人使昭伯烝于宣姜②，不可，强之。生齐子、戴公、文公、宋桓夫人、许穆夫人③。文公为卫之多患也，先适齐。及败，宋桓公逆诸河，宵济④。卫之遗民男女七百有三十人⑤，益之以共、滕之民为五千人⑥，立戴公以庐于曹⑦。许穆夫人赋《载驰》⑧。齐侯使公子无亏帅车三百乘、甲士三千人以戍曹⑨。归公乘马⑩，祭服五称⑪，牛羊豕鸡狗皆三百，与门材⑫。归夫人鱼轩⑬，重锦三十两⑭。

【注释】

①惠公之即位也少：惠公即位时不过十五六岁。惠公，卫懿公父亲。

②昭伯：卫宣公之子公子顽，卫惠公庶兄。烝：以下犯上之意，或指通奸，此处指臣子娶君夫人之意。宣姜：齐女，惠公之母。

③齐子：或云即齐桓公宠姬之一的长卫姬。戴公：卫戴公，名申。文公：卫文公，名燬。宋桓夫人：宋桓公之夫人，宋襄公之母。

④宵济：乘夜渡河。盖因畏狄师。

⑤遗民：逃出来的卫人。

⑥共、滕：均为卫地名。共，在今河南辉县。滕，所在不详。

⑦立戴公以庐于曹：戴公于本年十二月立为卫君，很快就去世了。卫人随即立了卫文公。次年文公改元。庐，临时寄居。曹，卫地名，在今河南滑县西南之白马故城。

⑧《载驰》：《诗经·鄘风》篇名。是许穆夫人闻知卫国败亡，星夜兼程赶赴曹邑吊唁祖国的危亡时面对赶来阻止她回去的许国大夫的悲愤之作。

⑨齐侯：指齐桓公。公子无亏：即公子武孟，母亲是卫姬。

⑩归（kuì）：通"馈"，赠送。乘马：指驾车之马。

⑪称：单衣复衣配套曰"称"。

⑫门材：建房做门用的木材。

⑬鱼轩：装饰着鱼皮的车子。

⑭重（chóng）锦：指精美的丝织品。三十两：三十四。两，犹匹。用于帛、锦。每两四丈。古代将一匹帛或锦分为两段，两两合卷，故谓之两，亦谓之匹。

【译文】

当初，卫惠公即位时年龄很小，齐国人让昭伯和宣姜成亲，昭伯不同意，齐国人就强迫他。生下齐子、戴公、文公、宋桓公夫人、许穆公夫人。文公由于卫国祸患太多，在与狄人交战前就去了齐国。等到卫国打败，宋桓公在黄河边迎接卫国败兵，夜间渡过了黄河。卫国的遗民男女共计七百三十人，加上共地、滕地的百姓共五千人，立戴公为国君，暂时寄居在曹邑。许穆夫人因此作《载驰》这首诗。齐桓公派遣公子无亏率领战车三百辆、甲士三千人守卫曹邑。赠送给戴公驾车的马，五套祭服，牛、羊、猪、鸡、狗各三百头，还有做门户的木材。赠送给夫人用鱼皮装饰的车子，厚实细锦三十四。

【经】郑弃其师[①]**。**

【注释】

①弃其师：指郑高克的军队溃败。

【译文】

郑国抛弃了它的军队。

【左传】郑人恶高克[①]**，使帅师次于河上**[②]**，久而弗召。师溃而归，高克奔陈。郑人为之赋《清人》**[③]**。**

【注释】

①郑人：指郑文公。高克：郑国大夫。

②帅师次于河上：据《诗经·郑风·清人》疏，卫在河北，郑在河南，因狄侵卫，郑因此派高克帅师防备。

③《清人》：《诗经·郑风》篇名。此诗讽刺高克率领部队在边界上无所事事，浪荡闲逛，终致部队溃散而归，自己也逃亡陈国，同时

更是斥责郑文公在抵御外敌之时,因讨厌高克而派他带领士兵去河边驻防的决策是完全错误的,是自弃其师的昏庸行为。清,清邑。在今河南中牟。

【译文】

郑文公厌恶高克,派他领兵驻扎在黄河边,很久不召他回来。军队溃散逃回,高克逃亡到陈国。郑国人为他作《清人》诗。

【公羊传】郑弃其师者何? 恶其将也。郑伯恶高克,使之将,逐而不纳,弃师之道也①。

【注释】

①弃师之道也:郑伯厌恶高克,又无驱逐的借口,故使之将兵,却不召回,后军士逃亡,逼迫高克出奔。虽然目的是为了逐高克,结果造成军队逃亡,故书"弃师",以此谴责郑伯之弃众。

【译文】

郑国为何要遗弃自己的军队? 是厌恶其将领。郑伯厌恶高克,使其将兵,将其驱赶出境而不让归国,这是遗弃军队的做法。

【榖梁传】恶其长也①。兼不反其众②,则是弃其师也。

【注释】

①长:尊长,长官。这里指高克。

②兼:连接分句,表示递进关系。众:兵士,士卒。

【译文】

郑国厌恶军队的统帅高克。加上不让军队的士兵返回,这就是抛弃军队。

*【左传】晋侯使大子申生伐东山皋落氏①。里克谏曰②："大子奉冢祀③,社稷之粢盛④,以朝夕视君膳者也⑤,故曰冢子⑥。君行则守,有守则从。从曰抚军,守曰监国,古之制也。夫帅师,专行谋⑦,誓军旅⑧,君与国政之所图也⑨,非大子之事也。师在制命而已⑩。禀命则不威,专命则不孝,故君之嗣适不可以帅师⑪。君失其官,帅师不威,将焉用之?且臣闻皋落氏将战,君其舍之。"公曰:"寡人有子,未知其谁立焉。"不对而退。见大子,大子曰:"吾其废乎?"对曰:"告之以临民⑫,教之以军旅⑬,不共是惧⑭,何故废乎?且子惧不孝,无惧弗得立,修己而不责人,则免于难。"

【注释】

①东山皋落氏:赤狄的一支。杨伯峻认为故地在今山西垣曲东南皋落镇。一云在今山西昔阳东南皋落镇。

②里克:晋国大夫里季。

③冢祀:在宗庙里举行的大祭礼。

④粢盛:祭祀用的粮食。

⑤视君膳:古代礼制,太子须早晚照看国君的饮食。《礼记·文王世子》:"文王之为世子,朝于王季日三。……食上,必在,视寒暖之节;食下,问所膳,命膳宰。"

⑥冢子:太子。冢,大。

⑦行谋:对策略做出决断。

⑧誓军旅:号令军队。誓,军中发布有关告诫、约束将士的号令。

⑨国政:国家的正卿。

⑩制命:拟订命令。古代出兵主帅制命,不必听君命。《孙子兵法·九变》:"将受命于君,合军聚众……君命有所不受。"

⑪嗣適：嫡嗣。適，同"嫡"。

⑫告之以临民：指命令太子居曲沃而治其民，是以治理百姓之道训太子。临民，治理百姓。

⑬教之以军旅：指派太子将下军，是以军旅之事教导太子。

⑭共：通"恭"。

【译文】

晋献公派太子申生攻打东山皋落氏。里克进谏说："太子是奉事宗庙祭祀、社稷大祭，以及早晚照看国君饮食的人，所以叫做冢子。国君出行就守国，如国家已有人留守就跟随国君。跟随国君称抚军，守护国家称监国，这是古代的制度。领兵作战，专谋断略，号令将士，这是国君和正卿所应该策谋的，不是太子的事情。领兵作战的要点在于专制号令。太子领兵，如果遇事要向上请示就失去威严，擅自发号施令就是不孝，所以国君的嫡子不能统率军队。国君失去了任命职官的准则，太子统率军队也没有威严，将怎么用兵打仗呢？再说下臣听说皋落氏准备出兵迎战，国君还是收回命令为好。"晋献公说："我有好几个儿子，还不知立谁为嗣君呢。"里克不回答，退了下去。进见太子，太子说："我恐怕要被废黜了吧！"里克回答说："国君命令您在曲沃治理百姓，教导您熟悉军事，您应害怕的是自己不恭敬，有什么缘故会废黜您呢？而且做儿子的应该害怕自己不孝，不应该害怕不能做嗣君，自己修身而不责备别人，就能够免于祸难。"

大子帅师，公衣之偏衣①，佩之金玦②。狐突御戎，先友为右③，梁馀子养御罕夷④，先丹木为右⑤。羊舌大夫为尉⑥。先友曰："衣身之偏⑦，握兵之要⑧，在此行也，子其勉之。偏躬无慝⑨，兵要远灾⑩，亲以无灾，又何患焉⑪！"狐突叹曰："时，事之征也⑫；衣，身之章也⑬；佩，衷之旗也⑭。故敬其事,则命以始⑮;服其身,则衣之纯⑯;用其衷,则佩之度⑰。今命以时卒⑱,闷其事也⑲;衣之厖服⑳,远其躬也㉑;佩以金玦,弃其衷也。服以远之,时以闷之;厖,凉㉒;冬,杀;金,寒㉓;玦,离,胡可恃也? 虽欲勉之,狄可尽乎?"梁馀子养曰:"帅师者受命于庙,受脤于社㉔,有常服矣㉕。不获而厖,命可知也㉖。死而不孝,不如逃之。"罕夷曰:"厖奇无常㉗,金玦不复,虽复何为,君有心矣。"先丹木曰:"是服也㉘,狂夫阻之㉙。曰'尽敌而反'㉚,敌可尽乎! 虽尽敌,犹有内谗㉛,不如违之㉜。"狐突欲行。羊舌大夫曰:"不可。违命不孝,弃事不忠。虽知其寒㉝,恶不可取㉞,子其死之。"

【注释】

①偏衣:左右异色的衣服,一半颜色与国君之服相同。偏,半。

②金玦:青铜做成的玦。

③狐突御戎,先友为右:此处表明太子是代晋侯将上军。狐突,晋国大夫,字伯行,狐偃的父亲,晋文公重耳的外祖父。先友,晋国大夫。

④梁馀子养御罕夷:太子本将下军,此时既将上军,则罕夷将下军。梁馀子养,晋国大夫,梁是姓,馀子为其字,养其名。罕夷,晋国下卿。

⑤先丹木:晋国大夫。

⑥羊舌大夫:叔向祖父,其名不详。尉:军尉。在军帅之下,众官之上。晋国各军都设尉,主管发众使民之事。

⑦衣身之偏:指太子所穿偏衣有一半是国君之服的颜色。

⑧握兵之要:指太子佩金玦,将上军,下军从行。

⑨慝(tè):恶意。

⑩兵要远灾:兵权在手,可以远离灾祸。

⑪又何患焉:案先友将之视为好事,或已心知非常,故意这样说来慰

勉太子。

⑫时，事之征也：意谓献公以冬季举兵征伐，冬主杀，则献公心存杀意。时，指征伐的时间。时为冬季。征，征象。

⑬衣，身之章也：古代的服色表明各人的身份。章，标记。

⑭佩，衷之旗也：佩饰表明心意。佩，佩饰。衷之旗，心意的标志。衷，内心。旗，犹表明，标志。

⑮命以始：在春夏发布命令。始，四时之始，指春夏。

⑯衣之纯：纯，指纯色衣服。古代戎服，尤贵纯色，故谓之均服。

⑰佩之度：佩饰要合乎礼度。古人佩饰以玉为常度。

⑱时卒：四时之卒，指年终。

⑲闷（bì）其事：使事情难以成功。闷，关门。亦泛指关闭。

⑳尨（máng）服：杂色服，指偏衣。

㉑远其躬：疏远太子。

㉒尨，凉：凉，《说文》引作"惊"，亦杂色之义。

㉓金，寒：古人谓金之德寒。

㉔受脤（shèn）于社：出师前祭社稷，接受祭肉。脤，祭肉。

㉕常服：指规定的服饰。

㉖命可知也：指献公之命用意不善。

㉗尨奇无常：《国语·晋语一》引仆人赞之语曰："太子殆哉！君赐之奇，奇生怪，怪生无常，无常不立。"无常，非常，不正常。

㉘是服：指偏衣。

㉙阻：疑。

㉚尽敌而反：这是献公命太子之辞。

㉛内谗：指骊姬。

㉜违：离开。指逃亡。

㉝寒：指国君的心意不善。

㉞恶：指不忠不孝。

【译文】

太子申生带领军队，晋献公让他穿左右异色的偏衣，佩戴青铜玦为饰。狐突驾驭战车，先友作为车右。梁馀子养为罕夷驾驭战车，先丹木为车右。羊舌大夫任军尉。先友说："穿着一半与国君衣服相同的偏衣，掌握着军队大权，成败全在此一行，您要好好勉励自己。分出一半衣服给你是没有恶意，兵权在手可以远离灾祸，既得国君亲近又远离灾祸，又担心什么呢！"狐突叹息说："时令，是事物的征象；衣服，是身份的标识；佩饰，是心志的表露。因此如果看重这件事，就应该在春、夏时发布命令；赐予衣服，就不要用杂色；内心想要为他好，就要让他佩带合于礼度的佩饰。如今在年终发布命令，是要让事情不能顺利进行；赐给他穿杂色衣服，是有意要疏远他；让他佩带青铜玦，是表示内心对他的决绝。现在是用衣服疏远他，用时令使他行事不顺；杂色，意味着凉薄；冬天，意味着肃杀；金，意味着寒冷；玦，意味着决绝，这怎么可以依靠呢？即使想勉力而为，狄人怎么能消灭干净呢？"梁馀子养说："领兵的人，在太庙里接受命令，在土地神庙里接受祭肉，有规定的服饰。如今没得到规定的服饰而得到杂色衣服，命令的不怀好意可想而知了。死了以后还要落个不孝的罪名，不如逃走。"罕夷说："杂色的奇装异服不合规定，青铜玦为佩表示决绝不归。这样，即使是回来又有什么意思？国君已经不怀好意了。"先丹木说："这样的衣服，狂人也会对它产生疑惑。国君说'将敌人消灭干净再回来'，敌人难道可以消灭得完吗？即使把敌人消灭干净了，还有内部的谗言，不如离开这里。"狐突想走，羊舌大夫说："不行。违背君命是不孝，抛弃责任是不忠。虽然已经感到了国君心中寒薄，不孝不忠这样的邪恶也是不可取的，您还是为此而死吧！"

大子将战，狐突谏曰："不可，昔辛伯谂周桓公云[1]：'内宠并后[2]，外宠二政[3]，嬖子配適[4]，大都耦国，乱之本也。'周公弗从，故及于难。今乱本成矣，立可必乎？孝而安民[5]，子其图之，与其危身以速罪也。"

【注释】

①辛伯谂（shěn）周桓公：指桓公十八年子仪有宠于周桓王，桓王属之周公，辛伯谏周公之事。谂，规谏。

②内宠：暗指骊姬。

③外宠：暗指梁五与东关嬖五。

④嬖子：指奚齐、卓子。

⑤孝而安民：杜预注："奉身为孝，不战为安民。"

【译文】

太子准备作战，狐突劝阻说："不行。从前辛伯劝阻周桓公说：'妾媵并同于王后，宠臣相等于正卿，庶子和嫡子地位一样，大城和国都规模相同，这就是祸乱的根本。'周桓公没有听从，所以遭到祸难。现在祸乱的根本已经形成，您难道还能肯定会被立为嗣君吗？与其危害自身而加快罪过的到来，还不如奉身为孝、不战而安定百姓，您好好想想吧。"

　　*【左传】成风闻成季之繇①，乃事之②，而属僖公焉③，故成季立之。

【注释】

①成风：鲁庄公之妾，僖公的母亲。繇（zhòu）：卜兆的占辞。

②事：结交。

③属：托付。

【译文】

成风听说了成季出生时占卜的卦辞，便与他结好，并且把僖公托付给他，所以成季立僖公为国君。

*【左传】僖之元年,齐桓公迁邢于夷仪①。二年,封卫于楚丘②。邢迁如归,卫国忘亡。

【注释】

①夷仪:在今山东聊城。

②楚丘:在今河南滑县。

【译文】

僖公元年,齐桓公把邢国迁移到夷仪。二年,把卫国封在楚丘。邢国迁居后十分安定,好像回到原来的国土;卫国重建也安居乐业,忘记了自己的亡国之痛。

*【左传】卫文公大布之衣①,大帛之冠②,务材训农③,通商惠工,敬教劝学,授方任能④。元年,革车三十乘⑤;季年⑥,乃三百乘。

【注释】

①大布:粗布。

②大帛:粗丝织成的厚帛。

③务材:努力从事生产。训农:教民务农。

④方:为官之道。

⑤革车:兵车。

⑥季年:末年。卫文公之末年在鲁僖公二十五年。

【译文】

卫文公穿着粗布衣服,戴着粗帛帽子,努力生产,教导农耕,便利商贩,加惠百工,重视教化,奖励求学,训导百官为官之道,举贤授能。元年时,战车只有三十辆;到末年,已有了三百辆。

全本全注全译丛书

中华经典名著

郭丹　程小青　李彬源　黄铭　曾亦　徐正英　邹皓◎译注

春秋三传 二

中华书局

目录

第二册

僖公

【题解】

僖公（？—627），或作"釐公"，鲁国第十八任国君。名申，庄公少子，闵公弟，鲁庄公之妾成风所生。前660年鲁庆父杀闵公，季友立申，是为僖公。在位三十三年，前627年去世，子文公兴立。

僖公在位的三十多年旦，晋文公重耳经过十九年的流亡，重新回到晋国当上国君，振兴晋国，并在僖公二十八年（前632）城濮之战中打败楚国，成为霸主，建立了继齐桓公之后又一强大的霸业。僖公在位期间，诸侯国之间还发生了几次重要的战争，主要有：僖公四年（前656）齐桓公会鲁、宋等国之师攻蔡，与楚屈完盟于召陵；僖公十五年（前645）秦晋韩原之战，秦穆公大破晋军，擒晋惠公，秦尽得晋河西之地；僖公二十二年（前638）宋楚泓之战，楚攻宋，战于泓水，宋襄公"不鼓不成列"，大败，受伤，次年去世；僖公三十三年（前627）秦晋崤之战，郑弦高犒秦师，晋败秦师于崤山，获秦三帅。这些都是春秋中期争霸斗争中的标志性事件。

鲁僖公时期先后经历齐桓、晋文称霸，同时又面对宋襄、楚成等强敌环伺的局面，鲁国先依附于齐，晋文公称霸后，则长期依附最强大的晋国。在这期间，随着叱咤一时的齐桓、宋襄、晋文先后去世，春秋的形势也进入了一个新的时期。

僖公一篇重要的义理，首先是鲁国内乱的终结，哀姜被齐桓公所杀，庆父自裁,见元年"夫人姜氏薨于夷,齐人以归"和"公子友帅师败莒师于郦,获莒挐"等条。其次是齐桓、晋文相继而起,尊王攘夷,其中最大的义理是对齐桓、晋文的赞扬与否定。例如,齐桓之功,一为服楚,见四年"楚屈完来盟于师,盟于召陵";一为帮助邢、卫、杞复国,虽然这是存亡继绝的善举,但毕竟僭越了天子之权,故有"实与而文不与"的评价,见元年"齐师、宋师、曹师次于聂北,救邢"条。晋文公则在僖公二十八年的城濮之战中打败楚国,继而为践土之盟、温之会,虽有尊王之心,然毕竟以臣招君,僭越礼制,《春秋》亦为之避讳。

元年

【经】元年春王正月①。

【注释】

①元年:鲁僖公元年当周惠王十八年,前659年。

【译文】

鲁僖公元年春周历正月。

【左传】元年春,不称即位,公出故也①。公出复入,不书,讳之也。讳国恶②,礼也。

【注释】

①出:上年八月闵公死,僖公出奔邾。

②国恶:国家之乱。指上年鲁国庆父之乱。九月,庆父逃亡莒国,僖公才回鲁国即位。

【译文】

鲁僖公元年春,《春秋》不记载僖公即位,是因为僖公出奔在外的缘故。僖公因内乱出奔而回国,《春秋》不记载,是出于隐讳。隐讳国家的乱事,这符合礼法。

【公羊传】公何以不言即位？继弑君,子不言即位。此非子也①,其称子何？臣子一例也②。

【注释】

①此非子也:案僖公为闵公庶兄,实非闵公之子。

②臣子一例:此言臣下继承君位,先要过继为先君之子,故以臣继君,犹以子继父,此为臣子一例。

【译文】

僖公为何不言"即位"？继承被弑的君王,子不言"即位"。这里僖公非闵公之子,称"子"是为何？以臣继君与以子继父是一样的。

【穀梁传】继弑君不言即位,正也。

【译文】

继承被杀害的君主的君位不说"即位",是合于正道的。

【经】齐师、宋师、曹师次于聂北①,救邢②。

【注释】

①聂北:在今山东博平。

②救邢:庄公三十二年狄伐邢,此年诸侯救之。邢,姬姓国,在今河北邢台西南。

【译文】

齐国、宋国、曹国的军队驻扎在聂北,准备救邢国。

【左传】诸侯救邢。邢人溃,出奔师①。师遂逐狄人,具邢器用而迁之②,师无私焉③。

【注释】

①出奔师:奔逃到诸侯军队中。

②器用:指财货物品。

③私:指私下拿走邢国器用财物。

【译文】

齐、宋、曹三国军队救邢国。邢国的军队败溃,都逃到诸侯军中。诸侯军于是赶走了狄人,收拾了邢人的全部财货器用让他们迁走,军队没有私自占取邢人的财物。

【公羊传】救不言次①,此其言次何? 不及事也。不及事者何? 邢已亡矣。孰亡之? 盖狄灭之②。曷为不言狄灭之? 为桓公讳也③。曷为为桓公讳? 上无天子,下无方伯④,天下诸侯有相灭亡者,桓公不能救,则桓公耻之。曷为先言次,而后言救⑤? 君也。君则其称师何⑥? 不与诸侯专封也⑦。曷为不与? 实与而文不与⑧。文曷为不与? 诸侯之义,不得专封也。诸侯之义不得专封,则其曰实与之何? 上无天子,下无方伯,天下诸侯有相灭亡者,力能救之,则救之可也。

【注释】

①救不言次:救援为十万火急之事,而次则是停军驻扎,两者矛盾,故云"救不言次"。

②盖狄灭之:庄公三十二年有"狄伐邢"之文,据此推测,邢国为狄所灭。

③为桓公讳：齐桓公救邢而舒缓止次，致邢灭亡，《春秋》为之避讳，不言"狄灭邢"。

④上无天子，下无方伯：此指代礼崩乐坏，天子、方伯已无力控制，与无天子、方伯无异。

⑤先言次，而后言救：此处是相对襄公二十三年"叔孙豹帅师救晋，次于雍榆"而言的。彼处先言"救"，后言"次"，表明君命是救晋，叔孙豹却私自止次。此处先言"次"，后言"救"，表明"次"是君命，如此则是诸侯亲自救邢，故下传云"君也"。

⑥君则其称师何：案《春秋》之例，"君将不言率师"，应书"齐侯、宋公、曹伯次于聂北，救邢"。详见隐公五年"卫师入郕"条传文。

⑦不与诸侯专封：与，赞同。诸侯专封，此指下文"邢迁于夷（陈）仪""齐师、宋师、曹师城邢"。案邢为狄所灭，齐桓公等诸侯在夷仪筑城，使其复国。然诸侯之国，皆为天子所封，邢之复国，宜有周天子之命，齐桓公迁邢，是专天子封国之权，故《春秋》不与。

⑧实与而文不与：实与，即在现实中认可齐桓公迁邢的行为，因为天子、方伯均无此能力。文不与，即在文辞上不赞同，因为桓公此举毕竟是专天子之权，故将"齐侯、宋公、曹伯"贬称"师"。

【译文】

救援是急事，不应言驻扎止次，此处言止次是为何？是没来得及救援。没来得及救援是怎么回事？邢国已经灭亡了。谁灭亡的？大概是狄灭的。为何不言狄灭邢国？是为齐桓公避讳。为何为齐桓公避讳？上无天子，下无方伯，天下诸侯有相灭亡的，桓公不能救援，则桓公以之为耻。为何先言止次，后言救援？这实际是国君亲自率军。国君亲自率军，那为何称"师"？是不赞成诸侯私自封国。为何不赞成？实际上赞成，但文辞上不赞成。文辞上为何不赞成？诸侯之义，不得私自封国。诸侯之义不得私自封国，那么为何说实际上赞成？上无天子，下无方伯，天下诸侯有相灭亡的，有能力救援，则救援是可以的。

【穀梁传】救不言次,言次非救也。非救而曰救,何也?遂齐侯之意也①。是齐侯与②?齐侯也。何用见其是齐侯也?曹无师③,曹师者,曹伯也。其不言曹伯,何也?以其不言齐侯,不可言曹伯也。其不言齐侯,何也?以其不足乎扬④,不言齐侯也。

【注释】

①遂:成就,成全。

②是:代词,这。

③曹无师:曹国没有军队。《穀梁传》认为曹国这样的小国家是没有军队的。

④扬:称扬,称说。

【译文】

救援就不应说驻扎,说驻扎就不是救援了。不是救援却又说救援,为什么呢?是为了成全齐桓公的心意。这是齐桓公吗?是齐桓公。从哪里看出来他是齐桓公呢?曹国没有军队,曹军,就是曹昭公。经文不说曹昭公,为什么呢?因为经文没有说齐桓公,就不可以说曹昭公。经文不说齐桓公,为什么呢?因为这件事不值得赞扬,就不说齐桓公了。

【经】夏六月,邢迁于夷仪①。

【注释】

①夏六月,邢迁于夷仪:案时月日例,大国迁例月,小国迁例时。此处书月,表明实际上是齐、宋、曹助邢迁。值得注意的是,经书"邢迁于夷仪",亦是上传"实与文不与"的体现。不书"邢侯归于邢"是"实与";实为大国助迁,却作邢国自迁之文,是"文不

与"。夷仪,在今山东聊城。《公羊传》作"陈仪"。

【译文】

夏六月,邢人迁都到夷仪。

【左传】夏,邢迁于夷仪。

【译文】

夏,邢国迁到夷仪。

【公羊传】迁者何? 其意也①。迁之者何? 非其意也②。

【注释】

①其意也:即自己的意愿。经文书"邢迁于夷仪",是自迁之文,故云"其意也"。

②非其意也:即非自己的意愿,为他人所迁。如经文之"宋人迁宿",非宿人之意。

【译文】

"迁"是什么意思? 是自己的意愿。"迁之"是什么意思? 表明不是自己的意愿。

【穀梁传】迁者,犹得其国家以往者也①。其地,邢复见也。

【注释】

①犹得其国家以往者也:见庄公十年"犹未失其国家以往者也"。

【译文】

迁,就好像是他们的国家还在而离开了一样。经文记载地点,是因为邢国又出现了。

【经】齐师、宋师、曹师城邢。

【译文】

齐国、宋国、曹国的军队在夷仪为邢筑城。

【左传】诸侯城之①,救患也。凡侯伯②,救患、分灾、讨罪③,礼也。

【注释】

①城之:为邢国筑城。《国语·齐语》云:"狄人攻邢,桓公筑夷仪以封之。男女不淫,牛马选具。"《管子·大匡》云:"狄人伐邢,邢君出,致于齐,桓公筑夷仪以封之,予车百乘,卒千人。"

②侯伯:诸侯之伯,即霸主。此指齐桓公。

③分灾:诸侯之国遭受天灾,用谷物布帛去救济。讨罪:率诸侯军讨伐有罪。

【译文】

诸侯为邢修筑城墙,这是为它解救祸患。大凡作为霸主,解救祸患、分担灾难、讨伐有罪,这是符合礼法的。

【公羊传】此一事也①,曷为复言齐师、宋师、曹师?不复言师,则无以知其为一事也②。

【注释】

①此一事也:即上文之"齐师、宋师、曹师次于聂北,救邢""邢迁于夷(陈)仪"与此条是同一批人、一时所为之事。案《春秋》行文之例,一事而再见者,则"前目而后凡",即上文已书"齐师、宋

师、曹师次于聂北，救邢"，此处应省略而书"诸师城邢"。

②不复言师，则无以知其为一事也：言师，指再次书"齐师、宋师、曹师"，而不省略书"诸师"。案上传所言，救邢者实为三国之君，若此处书"诸师"，则嫌救邢、城邢者，实为三国之师。另一方面，因救邢者实为三国之君，若此处书"诸侯"，则嫌上文三师先归国，之后三国之君再来城邢。"诸师""诸侯"皆不可，则需重出三师之文。

【译文】

这与之前的救邢、迁陈仪为同一批人一时所为之事，为何再次说"齐师、宋师、曹师"而不省略？若不再次详言三师，则不能知道这些是同一批人一时所为之事。

【穀梁传】是向之师也，使之如改事然①，美齐侯之功也。

【注释】

①改事：换了一件事。因为是之前救刑的军队，按照惯例应该说"遂"，而不必再说一遍"齐师、宋师、曹师"，再重复一遍就显得像是另一件事情了，《穀梁传》认为这是为了赞美齐桓公所采用的写法。

【译文】

这是之前的军队，经文重写使它像换了一件事一样，是为了赞美齐桓公的功绩。

【经】秋七月戊辰①，夫人姜氏薨于夷，齐人以归②。

【注释】

①戊辰：二十六日。

②夫人姜氏薨于夷,齐人以归:夫人姜氏,指鲁庄公之妻哀姜。此条
　之史实为,哀姜与公子庆父、公子牙私通,又参与弑杀子般、闵公,
　后畏罪出奔邾国。齐桓公将其召回齐国,在夷地缢杀之。

【译文】

秋七月二十六日,夫人姜氏死于夷,齐人送回她的灵枢。

【公羊传】夷者何?齐地也。齐地则其言齐人以归何①?夫人薨于夷,则齐人以归②。夫人薨于夷,则齐人曷为以归?桓公召而缢杀之。

【注释】

①齐地则其言齐人以归何:以归,指带回了齐国。而夷是齐地,则已
　在齐国,不应再言"以归",故而发问。

②夫人薨于夷,则齐人以归:案何休之意,夫人之所以薨于夷,是因
　齐人将其带回的缘故。故下传云:"桓公召而缢杀之。"经文颠倒
　顺序,书"夫人薨于夷,齐人以归",好像是夫人在夷地自然死亡,
　齐人再将其带回到夷。如此书者,是为鲁国讳耻,哀姜虽然有罪,
　也是鲁国夫人,却被齐国所杀。

【译文】

夷是什么地方?是齐国之地。是齐国之地,那么为何说齐人将其带回?夫人之所以在夷地薨没,是因为齐人将其带回。夫人在夷地薨没,那么齐人为何要将其带回?是齐桓公将她召回而缢杀了她。

【穀梁传】夫人薨不地。地,故也。不言以丧归①,非以丧归也。加丧焉②,讳以夫人归也③,其以归,薨之也④。

【注释】

①丧：名词，遗体。

②加丧：指哀姜是被杀死的。丧，动词，死亡。焉：语气助词，表示肯定语气。

③讳以夫人归也：意思是说因为哀姜是被杀死的，所以也避讳说"以夫人归"，直接说"以归"。

④薨：作动词，使……死亡，也就是杀害的意思。

【译文】

夫人去世是不记载地点的。记载地点，说明有变故。不说把遗体带回国，是因为没有带遗体回国。哀姜是被杀死的，避讳说齐人带着夫人回国，齐人把她带回国，杀了她。

【经】楚人伐郑①。

【注释】

①楚人：《春秋》经文此前均称"楚"为"荆"，自此改称"楚"。

【译文】

楚国人攻打郑国。

【左传】秋，楚人伐郑，郑即齐故也①。

【注释】

①即：亲近。

【译文】

秋天，楚国人攻打郑国，是因为郑国人与齐国亲近。

【经】八月，公会齐侯、宋公、郑伯、曹伯、邾人于柽①。

【注释】

①郑人:《公羊传》作"郑娄人"。柽（chēng）:宋地名,在今河南淮
　阳西北。《公羊传》作"杓"。

【译文】

八月,僖公和齐桓公、宋襄公、郑文公、曹昭公、郑君在柽地会盟。

【左传】盟于荦①,谋救郑也。

【注释】

①荦（luò）:即经文的柽。鲁、齐、宋、郑、曹、郑等国在荦会盟。

【译文】

诸侯在荦地结盟,商量救郑之事。

【经】九月,公败郑师于偃①。

【注释】

①公败郑师于偃:郑师,《公羊传》作"郑娄师"。偃,郑地名,在今
　山东费县南。《公羊传》作"缨"。顾栋高案:"隐、桓之世,郑、鲁
　有怨,背盟在鲁。由庄讫闵三十余年,继好息民,旧怨释矣。僖
　甫即位,乃以郑受姜氏之故,诈败其师,背大国之盟,结小国之
　怨,终僖之世,兵连祸结,升陉之败（在僖公二十二年）,僖公其
　自取哉！"

【译文】

九月,僖公在偃地打败郑国军队。

【左传】九月,公败郑师于偃,虚丘之戍将归者也①。

【注释】

①虚丘:在今山东费县。上年哀姜逃到邾,邾人送还哀姜。邾国派
　　兵戍守虚丘,准备侵犯鲁国。齐人送回哀姜之丧,邾人害怕,撤回
　　虚丘之兵,被鲁国拦击。

【译文】

九月,僖公在偃地打败邾国军队,这是戍守虚丘将撤回的军队。

【穀梁传】不日,疑战也①。疑战而曰败,胜内也。

【注释】

①疑战:设假象搞突袭。

【译文】

不记载日期,因为是突然袭击。突袭而又说击败,因为是鲁国取得
胜利。

【经】冬十月壬午①,公子友帅师败莒师于郦②。获莒挐③。

【注释】

①壬午:十二日。

②公子友帅师败莒师于郦(lí):公子友,季友。郦,鲁地名,在今河
　　南内乡东北。《公羊传》作"犁",《穀梁传》作"丽"。顾栋高曰:
　　"前此鲁尝媚莒,至此乃一交兵。"陈傅良曰:"鲁之内难始定。"

③获:大夫被俘虏,不管生死都叫获。莒挐(ná):莒君的弟弟,莒国
　　大夫。

【译文】

冬十月十二日,公子友率军队在郦地打败莒国的军队。抓获莒君的
弟弟挐。

【左传】冬，莒人来求赂^①。公子友败诸郦，获莒子之弟挐。非卿也，嘉获之也^②。公赐季友汶阳之田及费^③。

【注释】

①赂：财货。上年鲁国以财货向莒国求取庆父，现在莒国又以此为由向鲁国求取财货。

②非卿也，嘉获之也：莒挐不是卿，本不应予记载，但经文予以记载，是嘉奖季友擒获莒挐的功劳。

③公赐季友汶阳之田及费：汶阳之田，汶水之北的田地。阳，山南水北叫阳。费，故城在山东费县西北。李廉曰："季之有费始此。"顾栋高认为：季友此举，自是有功；鲁之病患在世卿使专执政，赵与权等谓季友"窃靖难之名，遂攘鲁国之权而专主其师，败莒有功，季氏专制始兆"，执论太过苛刻。

【译文】

冬，莒国人来求取财货。公子友在郦地打败他们，擒获莒君之弟挐。莒挐不是卿，《春秋》加以记载，是为了嘉奖季友的功劳。僖公将汶阳的田地和费地奖赏给季友。

【公羊传】莒挐者何？莒大夫也。莒无大夫^①，此何以书？大季子之获也。何大乎季子之获？季子治内难以正^②，御外难以正。其御外难以正奈何？公子庆父弑闵公，走而之莒，莒人逐之，将由乎齐^③，齐人不纳，却反舍于汶水之上，使公子奚斯入请。季子曰："公子不可以入，入则杀矣。"奚斯不忍反命于庆父，自南涘^④，北面而哭。庆父闻之，曰："嘻！此奚斯之声也。诺已^⑤。"曰："吾不得入矣。"于是抗辀经而死^⑥。莒人闻之，曰："吾已得子之贼矣。"以求赂乎鲁^⑦，鲁人不与,为是兴师而伐鲁。季子待之以偏战⑧。

【注释】

①莒无大夫:案《春秋》三世之例,传闻世不书小国大夫,莒为小国,其大夫略而称人,故云"莒无大夫"。然莒挐书名,则是小国有大夫,故传发问。

②季子治内难以正:此指季子拒绝庆父入鲁,即下传之"公子不可以入,入则杀矣"。

③由:顺从,归属。

④自南涘(sì):涘,水边。庆父在汶水之北,公子奚斯在南岸。

⑤诺已:诺、已,皆为自毕之辞,犹云"休矣"。

⑥抗:举起,抬起。辀(zhōu):车辕。经:自缢。

⑦求赂乎鲁:季子虽缓追逸贼,仍向国外购求庆父,故莒国得知庆父自杀,有求赂于鲁之事。

⑧季子待之以偏战:偏战,约定好时间、地点,各据一边,堂堂正正地战斗。案时月日例,偏战例日,此处经书"壬午",表明是内之偏战。

【译文】

莒挐是什么人?是莒国的大夫。案三世之例,莒国不书大夫,此处为何书莒挐?是张大季子的俘获。为何要张大季子的俘获?季子以正法处理内难,以正法抵御外难。他以正法抵御外难是怎么回事?公子庆父弑杀闵公,奔逃莒国,莒人将其驱逐,想要归属齐国,齐国不接纳他,退回舍止在汶水边上,派公子奚斯请求进入鲁国。季子说:"公子不可以进入鲁国,进来就要被杀。"奚斯不忍心向庆父复命,从汶水南岸,朝北而哭。庆父听到了,说:"哎!这是奚斯的哭声。休矣。"说:"我不得进入鲁国了。"于是抬起车辕,自缢而死。莒人得知消息,说:"我们已经得到你们的弑君贼了。"向鲁国求贿赂,鲁人不给,莒国为此兴师讨伐鲁国。季子用偏战对待莒师。

【穀梁传】莒无大夫,其曰莒挐,何也? 以吾获之,目之也[1]。内不言获,此其言获,何也? 恶公子之绐[2]。绐者奈何? 公子友谓莒挐曰:"吾二人不相说,士卒何罪?"屏左右而相搏,公子友处下。左右曰:"孟劳!"孟劳者,鲁之宝刀也。公子友以杀之。然则何以恶乎绐也? 曰:弃师之道也[3]。

【注释】

[1] 目:称说。

[2] 绐(dài):欺骗。

[3] 弃师之道:抛弃军队的做法。《穀梁传》认为公子季友身为将领而只身独斗,忘记了自己的职责,置军队安危于不顾,是抛弃军队的做法。虽侥幸获胜,但这种做法不足取。

【译文】

莒国没有天子任命的大夫,经文说莒挐,为什么呢? 因为我们俘获了他,所以称他的名字。鲁国是不说俘获的,这里经文说俘获,为什么呢? 是因为憎恶鲁公子季友使诈。使诈是怎么回事? 公子季友对莒挐说:"我们二人之间不愉快,可士兵们有什么罪过呢?"让左右退下两人徒手相互搏斗,公子季友处于下风。左右喊:"孟劳!"孟劳,是鲁国的宝刀。公子季友用孟劳杀了莒挐。既然这样,那么为什么憎恶使诈呢? 回答说:这是抛弃军队的做法。

【经】十有二月丁巳[1],夫人氏之丧至自齐[2]。

【注释】

[1] 丁巳:十八日。

[2] 夫人氏之丧至自齐:夫人氏,指哀姜。丧,入殓的尸体。哀姜缢

死在夷,如今其尸柩自夷归鲁。经不书"至自夷"而书"至自齐"
者,是顺着上文七月之经文"夫人姜氏薨于夷,齐人以归"讲的。

【译文】

十二月十八日,姜氏的灵柩从齐国送回。

　　【左传】夫人氏之丧至自齐。君子以齐人杀哀姜也为
已甚矣①。女子,从人者也②。

【注释】

①已甚:太过分。已,太。

②从人者:古代礼制,女子未嫁从父,既嫁从夫,夫死从子。哀姜既
　　已嫁鲁国,虽对鲁国有罪,也不应由娘家的齐国来处置。

【译文】

　　夫人姜氏的灵柩从齐国送回。君子认为齐国人杀哀姜是太过分了。
女子,是跟从夫家的。

　　【公羊传】夫人何以不称姜氏?贬。曷为贬?与弑公也。
然则曷为不于弑焉贬?贬必于重者,莫重乎其以丧至也①。

【注释】

①莫重乎其以丧至也:案名例,当书"夫人姜氏",此是尊尊有臣子
　　之称,今在哀姜之丧归鲁,臣子集迎时贬哀姜,明其宜诛,臣子不
　　得以夫人之礼治其丧,故而于此时贬抑是最重的。

【译文】

　　夫人为何不称"姜"氏?是贬抑。为何要贬抑?因为她参与弑杀了
闵公。然而为什么不在弑君的时候贬抑她?贬抑一定要在最重的时候,

没有比在尸枢归来时贬抑更重的了。

【穀梁传】其不言姜，以其杀二子[1]，贬之也。或曰：为齐桓讳杀同姓也。

【注释】

[1]杀二子：指哀姜与庆父合谋杀死了子般和鲁闵公，这两人从名义上都是她的儿子。

【译文】

经文不说"哀姜"，是因为她杀死了自己的两个孩子，是在贬斥她。有人说：这是为齐桓公避讳说他杀了同姓的族人。

二年

【经】二年春王正月[1]，城楚丘[2]。

【注释】

[1]二年：鲁僖公二年当周惠王十九年，前658年。

[2]城楚丘：此时卫尚庐于曹，先筑城而后迁徙，故云"城楚丘"。楚丘，在今河南滑县东。

【译文】

鲁僖公二年春周历正月，在楚丘筑城。

【左传】二年春，诸侯城楚丘而封卫焉[1]。不书所会[2]，后也[3]。

【注释】

①封：封国，建国。卫国因狄人入侵而君死国灭，重新恢复，所以称
　为"封"。

②不书所会：指经文仅书"城楚丘"而未言诸侯。实则此次城楚丘
　是以齐为首，各诸侯国皆有参与。会，会见。

③后：迟到。指鲁僖公迟到。

【译文】

二年春，诸侯在楚丘筑城并把卫国封在那里。因鲁僖公迟到，所以
《春秋》没记载诸侯会见。

【公羊传】孰城①？城卫也。曷为不言城卫②？
灭也。孰灭之？盖狄灭之③。曷为不言狄灭之？为桓公讳也。曷为
为桓公讳？上无天子，下无方伯，天下诸侯有相灭亡者，桓
公不能救，则桓公耻之也。然则孰城之？桓公城之。曷为
不言桓公城之？不与诸侯专封也④。曷为不与？实与而文
不与。文曷为不与？诸侯之义，不得专封。诸侯之义不得
专封，则其曰实与之何？上无天子，下无方伯，天下诸侯有
相灭亡者，力能救之，则救之可也。

【注释】

①孰城：案《春秋》书法，鲁国在国内筑城（即内城），单书"城某
　地"，如"城中丘""城西郛"之类，内城例书时。此处"城楚丘"
　书月，则非内城，故有"孰城"之问。

②曷为不言城卫：案卫国已灭，楚丘为新迁之都城，依例当书"城
　卫"，故而发问。

③盖狄灭之：闵公二年有"狄入卫"之文，故知是狄灭之。自此以下

传文之解释,参见僖公元年"齐师、宋师、曹师次于聂北,救邢"条相应的注释。

④专:表示专独,擅自、独自。齐桓公带领诸侯"城楚丘",实际就是重新分封卫国于楚丘。《春秋》只记载"城楚丘"就是不赞同齐桓公擅自分封诸侯。

【译文】

是为谁修筑城池?是为卫国修筑都城。为何不言"城卫"?因为卫国被灭了。谁灭了卫国?大概是狄灭了卫国。为何不言狄灭卫?是为齐桓公避讳。为何为齐桓公避讳?上无天子,下无方伯,天下诸侯有相灭亡的,桓公不能救援,则桓公以之为耻。那么是谁修筑的城池?是齐桓公修筑的。为何不言齐桓公修筑?是不赞成诸侯私自封国。为何不赞成?实际上赞成,而文辞上不赞成。文辞上为何不赞成?诸侯之义,不得私自封国。诸侯之义不得私自封国,那么为何说实际上赞成?上无天子,下无方伯,天下诸侯有相灭亡的,有能力救援,则救援是可以的。

【穀梁传】楚丘者何?卫邑也。国而曰城①,此邑也,其曰城,何也?封卫也。则其不言城卫,何也?卫未迁也②。其不言卫之迁焉,何也?不与齐侯专封也。其言城之者,专辞也③。故非天子不得专封诸侯。诸侯不得专封诸侯,虽通其仁④,以义而不与也。故曰:仁不胜道。

【注释】

①国:国都。

②卫未迁:此时卫国人尚在曹国避难,还没有迁到楚丘。

③专辞:指专限鲁国使用的说辞,这里本是诸侯共同帮助卫国筑城,《春秋》这样记载显得只有鲁国在筑城。

④通:通达,明了。

【译文】

楚丘是哪里? 是卫国的小城。只有国都才说"城",这里是小城,经文说"城",为什么呢? 这是在分封卫国。那么经文不说修筑卫国国都,为什么呢? 因为卫国还没有迁徙到这里。经文不说卫国迁徙,为什么呢? 因为不赞同齐桓公擅自分封诸侯。经文说"城"某个地方,是专门的说法。所以不是天子不能分封诸侯。诸侯不能擅自分封诸侯,即使明了他的仁义,但是按照道义却不赞同。所以说:仁义不能胜过道义。

【经】夏五月辛巳①**,葬我小君哀姜**②**。**

【注释】

①辛巳:十四日。

②葬我小君哀姜:案哀姜于僖公元年七月被齐桓公所杀。哀姜与公子庆父、公子牙私通,又参与弒君,已被《春秋》诛绝(参僖公元年"十有二月丁巳,夫人氏之丧至自齐"条),则依例不当书其葬。此处书葬者,因《春秋》有"君弒,贼不讨不书葬"之例,若不书其葬,则有责鲁国臣子不讨齐桓之嫌。而齐桓诛哀姜,合于王法,鲁不得仇之,故书哀姜之葬以明之。小君,诸侯之妻。去年冬哀姜灵柩回来,此时才下葬。

【译文】

夏五月十四日,我国小君哀姜下葬。

【公羊传】哀姜者何? 庄公之夫人也。

【译文】

哀姜是谁? 是鲁庄公的夫人。

【经】虞师、晋师灭下阳[①]。

【注释】

①下阳：在今山西平陆北。《公羊传》《穀梁传》作"夏阳"。

【译文】

虞国、晋国的军队攻灭下阳。

【左传】晋荀息请以屈产之乘与垂棘之璧[①]，假道于虞以伐虢[②]。公曰："是吾宝也[③]。"对曰："若得道于虞，犹外府也[④]。"公曰："宫之奇存焉[⑤]。"对曰："宫之奇之为人也，懦而不能强谏，且少长于君[⑥]，君昵之[⑦]，虽谏，将不听。"乃使荀息假道于虞，曰："冀为不道[⑧]，入自颠轹[⑨]，伐鄍三门[⑩]。冀之既病，则亦唯君故[⑪]。今虢为不道，保于逆旅[⑫]，以侵敝邑之南鄙。敢请假道以请罪于虢[⑬]。"虞公许之，且请先伐虢。宫之奇谏，不听，遂起师。夏，晋里克、荀息帅师会虞师伐虢，灭下阳[⑭]。先书虞，贿故也。

【注释】

①荀息：晋大夫，名黯，字息，也叫荀叔。屈产之乘：北屈所产的马。北屈，在今山西吉县东北，与狄交界。垂棘：晋地名，在山西潞城北。

②假道于虞以伐虢：虞，在今山西平陆东北。虢，此指北虢，其故都下阳据王夫之《稗疏》，在平陆大阳之南，滨河之北。虞在晋国南边，虢又在虞南边，所以晋伐虢要向虞借道。

③是：指屈产之乘与垂棘之璧。

④外府：外库。与王室的仓库称内府相对。

⑤宫之奇：虞国的贤臣。

⑥少长于君：自小和虞君一起在宫中长大。

⑦昵：亲近。

⑧冀：国名，在今山西河津东北。不道：残暴。

⑨颠轹（líng）：也叫虞坂，虞国境内要道，即晋国想借之路。

⑩郹（míng）：虞地名，在今山西平陆东北。

⑪亦唯君故：晋国曾为虞伐冀，因此说晋伐冀使冀受到损伤，完全是为了虞君。

⑫保：同"堡"，堡垒。逆旅：客舍，似后来的旅馆。

⑬请罪：问罪，此乃委婉之说法。

⑭下阳：虢国要塞，也是虢国宗庙所在。

【译文】

晋国的荀息请求用北屈出产的马和垂棘的玉璧作礼物，借路虞国以讨伐虢国。晋献公说："这两项东西是我的宝贝啊。"荀息回答说："如果能借得虞国的道路，那就等于把东西放在自己的外库里。"晋献公又说："宫之奇在那里。"荀息回答说："宫之奇的为人，懦弱又不能坚决进谏，而且从小和虞君一起在宫中长大，虞君很亲近他，即使进谏，虞君也不会听。"于是让荀息向虞国借路，说："冀国残暴，从颠轹攻打虞国，从三面城门进攻郹地。晋国攻打冀国使冀国受到重创，完全是为了虞君啊。现在虢国无道，在客舍里筑碉堡，攻打晋国南部边境。所以请让我们借路，以向虢国问罪。"虞君答应了，并且请求作为前导先攻打虢国。宫之奇劝阻虞君，虞君不听，虞国于是发兵。夏，晋国的里克、荀息率领军队和虞军会师，攻打虢国，灭了下阳。《春秋》先写虞国，因为虞国接受了贿赂。

【公羊传】虞，微国也，曷为序乎大国之上？使虞首恶也。曷为使虞首恶？虞受赂，假灭国者道，以取亡焉。其受赂奈何？献公朝诸大夫而问焉，曰："寡人夜者，寝而不寐，其意也何？"诸大夫有进对者曰："寝不安与？其诸侍御有不在侧者与？"献公不应。荀息进曰："虞、郭见与^①？"献公揖而进之，遂与之入而谋曰："吾欲攻郭，则虞救之，攻虞则郭救之，如之何？愿与子虑之。"荀息对曰："君若用臣之谋，则今日取郭，而明日取虞尔，君何忧焉？"献公曰："然则奈何？"荀息曰："请以屈产之乘^②，与垂棘之白璧往，必可得也。则宝出之内藏，藏之外府；马出之内厩，系之外厩尔。君何丧焉？"献公曰："诺。虽然，宫之奇存焉，如之何？"荀息曰："宫之奇，知则知矣，虽然，虞公贪而好宝，见宝必不从其言。请终以往。"于是终以往。虞公见宝，许诺。宫之奇果谏："《记》曰：'唇亡则齿寒。'虞、郭之相救，非相为赐，则晋今日取郭，而明日虞从而亡尔。君请勿许也。"虞公不从其言，终假之道以取郭，还。四年，反取虞^③。虞公抱宝牵马而至。荀息见曰："臣之谋何如？"献公曰："子之谋则已行矣，宝则吾宝也，虽然，吾马之齿亦已长矣。"盖戏之也。夏阳者何？郭之邑也。曷为不系于郭^④？国之也^⑤。曷为国之？君存焉尔^⑥。

【注释】

① 虞、郭见与：晋献公素欲灭此二国，"虞、郭见与"，犹云"虞、郭岂见于君之心乎"。

② 屈产：案何休注，"屈产"为地名，出名马之地。

③ 取虞：案晋灭虞国在僖公五年。

④ 曷为不系于郭：案《春秋》书邑，必系属于国，本应书"郭夏阳"，此仅书"夏阳"，故发问。

⑤国之：即将夏阳视为一个国家。

⑥君存焉尔：即晋灭郭时，郭君在夏阳邑，故"国之"，明臣子当赴其难。

【译文】

虞是微小的国家，为何排序在大国之上？是让虞国成为灭国的恶首。为何使虞国为恶首？因为虞国接受贿赂，借道给灭人国者，从而自取灭亡。虞国接受贿赂是怎么回事？晋献公在朝上召见众大夫并问他们："寡人夜不能寐，其中的原因是什么？"众大夫中有人上前回答道："是睡不安稳吗？是不是侍御者有不在身边的？"献公不应答。荀息上前说："是虞国、郭国萦绕心怀吧？"献公拱手作揖，召他近前，于是和荀息入内谋划，献公说："我想要攻郭国，则虞国会救援，攻虞国，则郭国会救援，怎么办？愿与你谋划这件事。"荀息回答道："国君如果用臣下的计谋，则今日取郭，明日取虞，国君何必担忧？"献公说："那么怎么做呢？"荀息说："请用屈产的乘马和垂棘的白璧前往贿赂虞国，必能如愿。之后再灭虞国，只不过是将内府的宝玉取出，藏于外府；将马从内厩牵出，拴在外厩罢了。国君有什么损失呢？"献公说："是这样。即便如此，虞国有宫之奇在，怎么办呢？"荀息说："宫之奇的确有智谋，即便如此，虞公贪婪而好宝物，见到宝物，必定不听从宫之奇之言。请一定带着宝物去。"于是终究带着宝物去了。虞公见到宝物，许诺了。宫之奇果然进谏说："《记》曰'唇亡则齿寒'，虞、郭有互相救援的关系，如果不是互相关照的话，则晋国今日取郭国，而明日虞国随之而亡。国君请不要许诺。"虞公不听从他的话，最终借道给晋国以取郭国而还。四年后，晋国反取虞国。虞公怀抱宝玉、牵着马来投降。荀息看到了说："臣下的计谋如何？"晋献公说："你的计谋已经实现了，宝玉还是我的宝玉，虽然如此，我的马岁数长了。"这是戏谑之语。夏阳是什么？是郭国之邑。为何不系属于郭国？是将其视为一国。为何将其视为一国？因为国君在里面。

【穀梁传】非国而曰灭，重夏阳也。虞无师，其曰师，何也？以其先晋，不可以不言师也。其先晋，何也？为主乎灭夏阳也①。夏阳者，虞、虢之塞邑也②。灭夏阳，而虞、虢举矣③。虞之为主乎灭夏阳，何也？晋献公欲伐虢，荀息曰："君何不以屈产之乘、垂棘之璧而借道乎虞也④？"公曰："此晋国之宝也，如受吾币而不借吾道⑤，则如之何？"荀息曰："此小国之所以事大国也。彼不借吾道，必不敢受吾币。如受吾币而借吾道，则是我取之中府，而藏之外府，取之中厩而置之外厩也。"公曰："宫之奇存焉，必不使受之也。"荀息曰："宫之奇之为人也，达心而懦⑥，又少长于君。达心则其言略，懦则不能强谏，少长于君，则君轻之。且夫玩好在耳目之前，而患在一国之后，此中知以上乃能虑之，臣料虞君，中知以下也。"公遂借道而伐虢。宫之奇谏曰："晋国之使者，其辞卑而币重，必不便于虞⑦。"虞公弗听，遂受其币而借之道。宫之奇谏曰："语曰：'唇亡则齿寒。'其斯之谓与！"挈其妻子以奔曹。献公亡虢，五年而后举虞。荀息牵马操璧而前曰⑧："璧则犹是也，而马齿加长矣。"

【注释】

①主：主要作用。

②塞：关塞、边界险要之处。

③举：被攻克，被占领。

④屈：屈邑，晋地名，产良马。

⑤币：玉帛之类的礼品。这里指晋国要送给虞国的礼品。

⑥达心：心智通达，明白事理。懦：懦弱。

⑦便：有利。

⑧操：持。

【译文】

不是国家而说灭亡，是重视夏阳。虞国没有军队，经文说"师"，为什么呢？因为把它放在晋国之前说，不可以不说"师"。经文把它放在晋国之前，为什么呢？因为它在灭亡夏阳这件事中起主要作用。夏阳，是虞、虢之间险要的关塞。灭亡了夏阳，那虞、虢就要被攻克了。虞国在灭夏阳这件事中起主要作用，为什么呢？晋献公想要攻打虢国，荀息说："国君您为什么不用屈地出产的骏马、垂棘出产的玉璧向虞国借道呢？"晋献公说："这是晋国的宝物，如果他们接受了我们的礼物却不借道给我们，那怎么办呢？"荀息说："这些礼品是小国用来供奉给大国的东西。他们不借道给我们，一定不敢接受我们的礼物。如果接受了我们的礼物之后借道给我们，那就是我们把玉从内部的库房取出来，而放到外部的库房，把马从内部的马厩牵出来，而放到外部的马厩。"晋献公说："虞国大夫宫之奇还在，一定不会让虞国国君接受礼物的。"荀息说："宫之奇为人处世，心智通达但是懦弱，小时候又和国君一起长大。心智通达就说话简略，懦弱就不会极力劝谏，与国君一起长大，国君就会轻视他的意见。况且供玩赏的奇珍异宝就在眼前，而祸患还在另一个国家后面，这是中等智慧以上的人才能考虑到的，我估计虞国国君，是中等智慧以下的人。"晋献公于是借道来讨伐虢国。宫之奇劝说道："晋国的使者，言辞谦卑但是礼物贵重，一定不利于我虞国。"虞国国君不听，于是接受了晋国的礼物然后借道给他们。宫之奇劝说道："常言道：'嘴唇没了牙齿就寒冷。'说的就是这样的事啊！"带上他的妻子和孩子逃到曹国。晋献公灭亡了虢国，五年之后攻克了虞国。荀息牵着骏马拿着玉璧来到晋献公面前说："玉璧还是那个样子，而骏马长了岁数而已。"

【经】秋九月，齐侯、宋公、江人、黄人盟于贯①。

【注释】

①江：嬴姓国，在今河南息县。黄：嬴姓国，在今河南潢川。贯：宋地名，在今山东曹县南。《公羊传》作"贯泽"。

【译文】

秋九月，齐桓公、宋襄公、江国、黄国的国君在贯地结盟。

【左传】秋，盟于贯，服江、黄也①。

【注释】

①服江、黄：江、黄本是楚国的属国，现在来亲附齐国，所以诸侯会盟。

【译文】

秋，在贯地结盟，因为江、黄两国归附于齐国。

【公羊传】江人、黄人者何？远国之辞也①。远国至矣，则中国曷为独言齐、宋至尔？大国言齐、宋，远国言江、黄，则以其余为莫敢不至也。

【注释】

①远国之辞：案江、黄是小国，近楚，故为远国。齐桓公为贯泽之会，江、黄之君亦至。案名例，当称江、黄之君的爵位，此处却书"江人、黄人"，是以"远国之辞"称之。表明桓公德盛，远近之国皆至，以齐、宋代表大国，江人、黄人代表远国。若不用远国之辞，而仅称江、黄二君之爵，则嫌与会者仅有齐、宋、江、黄。

【译文】

为何称"江人、黄人"？这是指代远国之君的文辞。远国之君至会了，那么中原之国为独言齐、宋至会？大国举齐、宋，远国举江、黄，则表示其余国家没有敢不来的。

【穀梁传】贯之盟，不期而至者，江人、黄人也。江人、黄人者，远国之辞也。中国称齐、宋，远国称江、黄，以为诸侯皆来至也。

【译文】
　　贯地的会盟，没有事先约定而到来的，是江国国君、黄国国君。"江人、黄人"，是表示遥远的国家的说法。中原的国家说了齐国、宋国，遥远的国家说了江国、黄国，用来表示诸侯们都来会盟了。

　　＊【左传】齐寺人貂始漏师于多鱼①。

【注释】
　　①寺人貂：即竖貂。寺人，宦官。漏师：泄露军事机密。多鱼：地名，大概在今河南虞城。
【译文】
齐国的宦官貂开始在多鱼泄露军事机密。

　　＊【左传】虢公败戎于桑田①。晋卜偃曰②："虢必亡矣。亡下阳不惧，而又有功③，是天夺之鉴④，而益其疾也⑤。必易晋而不抚其民矣⑥，不可以五稔⑦。"

【注释】
　　①桑田：地名，在今河南灵宝。
　　②卜偃：晋国的占卜官，名偃。

③有功：指打败戎人。

④鉴：镜子。古人常在镜子上刻上铭文用以自戒。

⑤疾：病，此借指罪恶。

⑥易晋：以晋为易，即轻视晋国。

⑦稔（rěn）：庄稼成熟叫稔。谷物一年一熟，所以"稔"又借为"年"。

【译文】

虢公在桑田打败戎人。晋国的卜偃说："虢国必定要亡国了。下阳被灭了不害怕，反而又有了武功，这是上天夺走了它用以自戒的镜子，而加重了它的罪恶。它必然轻视晋国而不安抚其百姓，不会超过五年了。"

【经】冬十月，不雨①。

【注释】

①不雨：不下雨，但没有发生旱灾。

【译文】

冬十月，不下雨。

【公羊传】何以书？记异也。

【译文】

为何记录此事？是记录异象。

【穀梁传】不雨者，勤雨也①。

【注释】

①勤：殷切盼望。

【译文】

说"没有下雨",就是殷切盼望下雨的意思。

【经】楚人侵郑①。

【注释】

①楚人侵郑:《春秋大事表》引张洽曰:"是时楚颇已长,用子文为令尹,兵势浸强,故比年侵伐郑。"

【译文】

楚国人再次侵犯郑国。

【左传】冬,楚人伐郑,斗章囚郑聃伯①。

【注释】

①斗章:楚国大夫。聃伯:郑国大夫。

【译文】

冬,楚国人攻打郑国,楚国大夫斗章囚禁了郑国的聃伯。

三年

【经】三年春王正月①**,不雨。**

【注释】

①三年:鲁僖公三年当周惠王二十年,前657年。

【译文】

鲁僖公三年春周历正月,不下雨。

【左传】三年春，不雨。

【译文】

鲁僖公三年春，不下雨。

【穀梁传】不雨者，勤雨也。

【译文】

说"没有下雨"，就是殷切盼望下雨的意思。

【经】夏四月，不雨。

【译文】

夏四月，不下雨。

【公羊传】何以书？记异也。

【译文】

为何记录此事？是记录异象。

【穀梁传】一时言不雨者①，闵雨也②。闵雨者，有志乎民者也。

【注释】

①时：季节。

②闵（mǐn）：忧虑，担心。

【译文】

一个季节都说"没有下雨",是为不下雨感到忧虑。为不下雨感到忧虑,是心系百姓。

【经】徐人取舒^①。

【注释】

①徐人取舒:徐,国名,嬴姓,在今安徽泗县西北。舒,偃姓国,在今安徽舒城一带。支系旁多,称为"群舒",《春秋》中有"舒蓼""舒庸""舒鸠"等。《春秋大事表》引林氏曰:"舒者,楚之党。徐人取舒,为齐桓通伐楚之境也。"

【译文】

徐国人攻取了舒国。

【公羊传】其言取之何?易也^①。

【注释】

①易:容易。案国曰灭,邑曰取。徐灭舒国,如取邑一样容易,见舒国无守备。

【译文】

经言"取"舒是为何?表明灭舒如取邑一般容易。

【经】六月雨。

【译文】

六月下雨。

【左传】夏六月雨。自十月不雨至于五月。不曰旱，不为灾也。

【译文】

夏六月下雨。自上年十月一直到今年五月一直没有下雨。没有成灾，所以《春秋》的记载不说旱。

【公羊传】其言六月雨何？上雨而不甚也[1]。

【注释】

[1]上雨而不甚也：上，之前，指代僖公二年之十一月、十二月，三年之二月、三月，五月。案何休之意，鲁僖公喜得位，不恤庶众，故有旱灾，致二年十月、三年正月、四月皆无雨，其余月份则零星有雨，此为"上雨"。然小雨不能缓解灾害，故云"上雨而不甚"。之后僖公恐惧，"饬过求己"，至六月而有大雨。

【译文】

经文记录六月下雨是为何？因为之前的雨水未缓解旱灾。

【穀梁传】雨云者，喜雨也[1]。喜雨者，有志乎民者也。

【注释】

[1]喜：为……感到高兴。

【译文】

说"下雨了"，是为下雨感到高兴。为下雨感到高兴，是心系百姓。

【经】秋，齐侯、宋公、江人、黄人会于阳穀[1]。

【注释】

①阳穀：齐地名，在今山东阳穀北。

【译文】

秋，齐桓公、宋襄公、江人、黄人在阳穀相会。

【左传】秋，会于阳穀，谋伐楚也。

【译文】

秋，诸侯在阳穀会见，商量讨伐楚国之事。

【公羊传】此大会也①，曷为末言尔②？桓公曰："无障谷，无贮粟，无易树子，无以妾为妻③。"

【注释】

①大会：案经书"齐侯、宋公、江人、黄人"是远近皆至之辞（参僖公二年"盟于贯"条），故知是大会。

②末言：末，浅。末言，指的是经文"会"字。案阳穀之会，实有盟约，即下文之"无障谷，无贮粟，无易树子，无以妾为妻"，故当书"盟"。经仅书"会"，而"会"比"盟"的程度要浅，故传问："曷为末言尔？"

③"无障谷"四句：障谷，即障断川谷，专水利。贮粟，即囤积粮食，阻碍流通。树子，即本正当立之子。何休云："此四者，皆时人所患，时桓公功德隆盛，诸侯咸曰：'无言不从，曷为用盟哉。'故告誓而已。"故经不书"盟"而书"会"，以彰显桓公之德。

【译文】

这是大盟会，为何浅言"会"而不言"盟"？齐桓公说："不要障断川谷，不要囤积粮食，不要废易当立之子，不要以妾为妻。"

【穀梁传】阳穀之会,桓公委、端、搢笏而朝诸侯[1],诸侯皆谕乎桓公之志。

【注释】

①委:戴着委貌之冠。委,即委貌,国君在隆重仪式上所带的一种黑色丝织品制成的礼帽。夏朝时叫母追,商朝时叫章甫,周朝时叫委貌。端:穿着礼服。搢(jìn):插。笏(hù):君臣朝会时所执的手板。将所议之事书写于上,以备遗忘。这里"委、端、搢笏"就是所谓的衣裳之会。朝:专指诸侯相见或朝拜天子。

【译文】

阳穀的会盟,齐桓公戴着礼帽、穿着礼服、插着笏板来和诸侯会面,诸侯们都明白齐桓公的想法了。

【经】冬,公子友如齐莅盟[1]。

【注释】

①公子友:《穀梁传》作"公子季友"。莅盟:参加盟会。莅,临。《春秋》托鲁国为王者,鲁国前往他国结盟,称为莅盟,好像是"王者遣使临诸侯盟,饬以法度"。

【译文】

冬,公子友到齐国参加会盟。

【左传】齐侯为阳穀之会,来寻盟。冬,公子友如齐莅盟。

【译文】

齐桓公为了阳穀的会见,派人来重续旧好。冬,鲁国派公子友到齐国参加盟会。

【公羊传】莅盟者何？往盟乎彼也。其言来盟者何[①]？来盟于我也。

【注释】

①来盟：他国前来鲁国结盟，称为来盟，好像是他国来京师结盟，此亦因《春秋》王鲁之故。

【译文】

"莅盟"是什么意思？是到彼处结盟。"来盟"是什么意思？是前来与我结盟。

【穀梁传】莅者，位也[①]。其不日，前定也。不言及者，以国与之也[②]。不言其人，亦以国与之也。

【注释】

①位（lì）：到……位置去。

②与：参与，参加。

【译文】

莅，就是到某地去的意思。经文不记载日期，因为是之前约定的。不说"及"，因为是以国家的名义参与的。不说和谁，因为也是以国家的名义参加的。

【经】楚人伐郑。

【译文】

楚国人攻打郑国。

【左传】 楚人伐郑，郑伯欲成①。孔叔不可②，曰："齐方勤我③，弃德不祥。"

【注释】

①成：讲和。

②孔叔：郑国大夫。

③勤我：为我而勤，即指来救我。勤，劳。

【译文】

楚国人攻打郑国，郑文公想讲和。孔叔不同意，说："齐国正要来救我，抛弃这种恩德不祥。"

*【左传】 齐侯与蔡姬乘舟于囿①，荡公②。公惧，变色。禁之，不可。公怒，归之，未之绝也。蔡人嫁之③。

【注释】

①蔡姬：蔡穆侯的妹妹，齐桓公夫人。囿：君主的园林。

②荡：摇晃。

③蔡人嫁之：此本与下年侵蔡事连为一体，为后人割裂在此。

【译文】

齐桓公和蔡姬在花园里乘船玩，蔡姬摇晃着船逗桓公。桓公害怕，变了脸色。要蔡姬停下来，她却不停。桓公发怒了，把蔡姬送回娘家，但没有完全休弃她。蔡国人却把她嫁给别国。

四年

【经】四年春王正月①**，公会齐侯、宋公、陈侯、卫侯、郑伯、许男、曹伯侵蔡**②**。蔡溃。遂伐楚，次于陉**③**。**

【注释】

①四年：鲁僖公四年当周惠王二十一年，前656年。

②侵蔡：上年蔡国把齐桓公夫人蔡姬嫁给别国，又亲楚，齐遂以此为借口率诸侯侵蔡，且为伐楚做准备。顾栋高案："齐桓之图楚已经二十年，即遇梁丘至此亦已五年矣。会柽、盟贯、会阳穀，用全力以图之，岂亦为蔡姬之故乎！"

③遂伐楚，次于陉（xíng）：案齐桓公欲伐楚，然楚国强大，不可猝然征之，而蔡为楚之与国，故先溃蔡，兵精威行，遂伐楚。又恐多伤士众，故驻扎在陉地，欲使楚国主动求和，修臣子之职。《春秋》美齐桓公生事有渐，重爱民命，故详录其止次。次，驻扎。陉，《史记·楚世家》作"陉山"。楚北部边塞，一说在今河南郾城南，一说在今河南新郑西南。

【译文】

鲁僖公四年春周历正月，鲁僖公会合齐桓公、宋襄公、陈宣公、卫文公、郑文公、许穆公、曹昭公入侵蔡国。蔡国溃败，于是攻打楚国，军队驻扎在陉地。

【左传】四年春，齐侯以诸侯之师侵蔡。蔡溃，遂伐楚。

【译文】

鲁僖公四年春，齐桓公率领宋、鲁、陈、卫、郑、许、曹等国的军队去攻打蔡国。蔡国军队被打败，诸侯的军队于是讨伐楚国。

楚子使与师言曰："君处北海，寡人处南海，唯是风马牛不相及也^①，不虞君之涉吾地也，何故？"

【注释】

①风马牛不相及：孔颖达疏引服虔曰："牝牡相诱谓之风……此言'风马牛'，谓马牛风逸，牝牡相诱，盖是末界之微事，言此事不相及，故以取喻不相干也。"一说：风，放逸，走失。谓齐楚两地相离甚远，马牛不会走失至对方地界。后用以比喻事物之间毫不相干。风，谓兽类雌雄相诱。

【译文】

楚成王派使者去军中质问齐桓公说："贵国在北方，楚国在南方，两国相隔很远，就是牛马发情，也不能跑到一起呀，没想到您却侵入到我国来了，这是为什么呀？"

管仲对曰："昔召康公命我先君大公曰^①：'五侯九伯^②，女实征之^③，以夹辅周室^④。'赐我先君履^⑤：东至于海^⑥，西至于河^⑦，南至于穆陵^⑧，北至于无棣^⑨。尔贡包茅不入^⑩，王祭不共^⑪，无以缩酒^⑫，寡人是征^⑬；昭王南征而不复^⑭，寡人是问。"

【注释】

①召康公：周武王时太保召公奭。大公：即太公姜尚，齐国始封君。

②五侯九伯：五侯，指公、侯、伯、子、男五等爵位。九伯，指九州之长。

③女：通"汝"。

④夹（xié）：通"挟"。

⑤赐我先君履：赐履，指征伐的足迹所到的范围。

⑥东至于海：《国语·齐语》"东至于纪酅（xī）"，故地在今山东青州

西北,临海。

⑦西至于河:河,黄河。

⑧穆陵:楚地名,一作"木陵关"。大约在今湖北麻城西北一带,接河南光山县界。

⑨无棣:地名,在今山东、河北交界处,今属山东。

⑩尔:指楚王。包茅:古代祭祀时用以滤酒的菁茅。因以裹束菁茅置匣中,故称。

⑪共:同"供"。

⑫缩酒:用菁茅滤去酒糟。

⑬是征:即征是。征,问罪。

⑭昭王南征而不复:周昭王晚年不理国事,人民怨恨,当他巡狩南方渡过汉水时,当地人民故意让他乘一只用胶黏的船,行至中流,船解体下沉,昭王与臣子都淹死了。昭王,即周昭王,成王之孙。

【译文】

管仲回答楚国使者说:"从前,召康公为周天子命令我们齐国的先君太公说:'天下的诸侯,不论谁犯了罪,你都可以征伐,以便辅佐王室。'并赐予我们先君讨伐的范围:东到大海,西到黄河,南到穆陵,北到无棣。你们楚国,该进贡裹束的菁茅却没有进贡,以致天子祭祀时供应不上,没有东西可以滤酒祭神,寡人特意为此来问罪;昭王南巡到汉水而没有回去,寡人因此责问你们。"

对曰:"贡之不入,寡君之罪也,敢不共给?昭王之不复,君其问诸水滨①。"师进,次于陉。

【注释】

①"贡之不入"五句:不入包茅之贡,是小罪,故楚人承认并承诺改正;昭王之不复,涉嫌弑君,是大罪,故楚人不承认,推给汉水边的

人。诸，"之于"的合音。水滨，此指汉水边。

【译文】

楚国使者回答说："贡品没有送上去，这是我们国君的罪过，我们岂敢不供给？昭王南巡而不返，您去汉水边打听打听吧！"诸侯军队前进，驻扎在陉地。

【公羊传】溃者何①？下叛上也。国曰溃，邑曰叛②。其言次于陉何？有俟也。孰俟？俟屈完也③。

【注释】

①溃者何：案战伐之例，书"侵"表明用兵之心浅，仅在国境线上侵责，未推兵入境。溃，有崩溃、溃散之意。"侵"与"溃"深浅悬绝，故发问。下文云"下叛上"，为答辞。

②邑曰叛：此指大夫据邑谋反，则《春秋》书"叛"，如襄公二十六年"卫孙林父入于戚以叛"。

③俟屈完也：俟，等候。屈完，楚国大夫。等候屈完来结盟，即下文"楚屈完来盟于师，盟于召陵"。

【译文】

溃是什么意思？是在下者反叛在上者。国称溃，邑称叛。经言止次在陉地是为何？是有所等待。等待谁？等待屈完来结盟。

【穀梁传】溃之为言上下不相得也①。侵，浅事也②。侵蔡而蔡溃，以桓公为知所侵也。不土其地③，不分其民④，明正也⑤。遂，继事也。次，止也。

【注释】

①之为言：相当于"之言"，训诂术语。得：契合，和谐，合适。

②浅事：小规模军事行动。

③土：占领土地。

④分：分割。

⑤明：表明。

【译文】

"溃"是君臣心意不合的意思。入侵，是小规模军事行动。入侵蔡国然后蔡国溃败了，因为齐桓公了解他所入侵的对象。不占领蔡国的土地，不分割蔡国的百姓，表明这是合于正道的。遂，表示后一件事接着前一件事。次，停止的意思。

【经】夏，许男新臣卒①**。**

【注释】

①许男新臣卒：许男新臣，即许穆公，男爵，名新臣，谥穆。时许男新臣在齐桓公军中，案《春秋》之例，诸侯卒于师旅，当书"卒于师"，见其有危。此处仅书"许男新臣卒"，与卒于国内文辞相同，以此表示齐桓公之师"无危"。

【译文】

夏，许穆公新臣死于军中。

【穀梁传】诸侯死于国，不地。死于外，地。死于师，何为不地？内桓师也①**。**

【注释】

①内桓师：以齐桓公的军队为自己国家的。

【译文】

　　诸侯在国内去世,不记载地点。在国外去世,记载地点。在军队里去世,为什么不记载地点呢? 是以齐桓公的军队为自己国家的。

【经】楚屈完来盟于师①,盟于召陵②。

【注释】

　　①屈完:楚大夫。

　　②召陵:地名,在今河南郾城东。

【译文】

　　楚大夫屈完到诸侯军中会盟,在召陵结盟。

【左传】夏,楚子使屈完如师,师退,次于召陵。

【译文】

　　到了夏天,楚王派大夫屈完到诸侯联军那里,联军后撤,驻扎在离陉地不远的召陵。

　　齐侯陈诸侯之师,与屈完乘而观之。齐侯曰:"岂不穀是为①,先君之好是继。与不穀同好,如何?"对曰:"君惠徼福于敝邑之社稷②,辱收寡君③,寡君之愿也。"齐侯曰:"以此众战,谁能御之? 以此攻城,何城不克?"对曰:"君若以德绥诸侯④,谁敢不服? 君若以力,楚国方城以为城⑤,汉水以为池,虽众,无所用之!"屈完及诸侯盟⑥。

【注释】

①不穀：国君自谦的称呼。

②君惠徼（yāo）福于敝邑之社稷：此句意为您为敝国的社稷求福。惠，表谦敬的副词。徼，求。

③辱：客气语。收：接纳。

④绥（suí）：安抚。

⑤方城：山名，今河南叶县南有方城山。

⑥屈完及诸侯盟：顾栋高案："先儒多称召陵之功，然自受盟之后，灭弦、围许、灭黄、败徐，桀骜如故，而桓不能禁者，以楚未大创故也。"

【译文】

　　齐桓公让诸侯的军队全部列好阵势，然后自己和屈完一起同乘一辆车去检阅军队。齐桓公说："列国这样做难道是为了我吗？这是在继承我先君的友好精神呀！贵国和我们友好吧，怎么样？"屈完回答说："您为敝国求福谋利，愿接受我楚君做盟友，这本是我楚君最大的愿望啊！"齐桓公又说："用这样的军队去打仗，谁能抵挡得了？用这样的军队去攻城，什么样的城池不能攻下？"屈完回答说："您如果以道德安定诸侯，哪个敢不服？您如果要用武力，那我们楚国将把方城山作为城墙，汉水作为护城河，您的军队虽然众多，恐怕也用不上啊！"于是屈完代表楚国和诸侯签订了盟约。

　　【公羊传】屈完者何？楚大夫也。何以不称使①？尊屈完也。曷为尊屈完？以当桓公也②。其言盟于师，盟于召陵何？师在召陵也③。师在召陵，则曷为再言盟④？喜服楚也。何言乎喜服楚？楚有王者则后服，无王者则先叛⑤，夷狄也，而亟病中国。南夷与北夷交⑥，中国不绝若线。桓公救中国，而攘夷狄，卒怗荆⑦，以此为王者之事也。其言来何？与桓为主也⑧。前此者有事矣⑨，后此者有事矣⑩，则曷为独于此焉与桓公为主？序绩也⑪。

【注释】

①何以不称使：屈完是奉国君之命前来结盟，依例当书"楚子使屈完来盟于师"，今无称使之文，故发问。

②以当桓公：当，对等，匹配。经无称"使"之文，是尊屈完，将其拔高到楚君的位置，而与齐桓公对等。以此张大齐桓公的功业，好像是楚君亲自来结盟一样。

③师在召陵：师本次于陉，今喜得屈完来盟，故退次于召陵。屈完随从至召陵而结盟，故云"师在召陵"。

④曷为再言盟：再言盟，两次书"盟"，即"盟于师，盟于召陵"。案结盟之地实在召陵，案例当书"楚屈完如师，盟于召陵"，不应再言盟，故发问。

⑤楚有王者则后服，无王者则先叛：齐桓公行霸，至此方服楚，故言"后服"。同年，桓公班师，未能严肃军纪，楚即叛盟，故言"先叛"。

⑥南夷与北夷交：南夷指楚。"北夷"，原作"北狄"，今按阮校改。北夷指狄。交，交乱中国。

⑦怗（tiē）：服。荆：即楚国。

⑧与桓为主也：与，赞同。桓，齐桓公。主，霸主。赞许齐桓公为天下霸主，故可书"来盟"。案《春秋》王鲁，故"来盟"是鲁国专有之辞例（参见僖公三年"冬，公子友如齐莅盟"条），今齐桓公服楚，是王者之事，故能用之。

⑨前此者有事矣：指僖公元年齐桓公城邢、僖公二年城卫之事。

⑩后此者有事矣：指僖公十四年城缘陵之事。

⑪序绩：序，次。绩，功。序绩，指排列齐桓公之功绩，以服楚为最大。

【译文】

屈完是什么人？是楚国的大夫。为何没有称"使"之文？是尊重屈完。为何要尊重屈完？是将其抬高到楚君的地位，与齐桓公对等。经言"盟于师，盟于召陵"是为何？因结盟之时联军在召陵。联军在召陵，为何两次言"盟"？是欣喜能使楚国屈服。为何说欣喜能使楚国屈服？楚国在中原有王者的时候，最后归服，无王者的时候，率先反叛，是夷狄，而且屡次危害中原国家。南夷与北夷交替扰乱，使中原国家如将断的细线一般。齐桓公救援中原国家，而抵御夷狄，最终能使楚国屈服，这属于王者所做的事情。经言"来"是为何？是赞许齐桓公为霸主。在此之前有霸者之事，在此之后有霸者之事，那么为何在此处赞许桓公为霸主？排列桓公的功绩，以服楚为最大。

【穀梁传】楚无大夫，其曰屈完，何也？以其来会桓，成之为大夫也①。其不言使，权在屈完也②。则是正乎？曰：非正也。以其来会诸侯，重之也。来者何？内桓师也。于师，前定也。于召陵，得志乎桓公也。得志者，不得志也，以桓公得志为仅矣③。屈完曰："大国之以兵向楚，何也？"桓公曰："昭王南征不反④，菁茅之贡不至⑤，故周室不祭。"屈完曰："菁茅之贡不至，则诺⑥。昭王南征不反，我将问诸江。"

【注释】

①成：成全，成就。

②权在屈完：决定权在屈完手里。

③仅：少。

④昭王南征不反：指西周前期周昭王姬瑕到楚国南巡被淹死之事。

周昭王荒淫不理朝政，他到楚国视察，百姓给他一艘用胶粘在一

起的船,行至江中船毁人亡。此事已过去几百年,这是齐桓公为
讨伐楚国找借口。

⑤菁茅之贡不至:菁茅是一种香草,楚地特产。将其捆成捆,祭祀
时,将酒倒到其上渗下去,象征神喝了酒,叫做缩酒。楚国不上贡
菁茅,周王室无缩酒之物。

⑥诺:答应,应允。这是承认过错并答应送去。

【译文】

楚国没有大夫,经文称屈完,为什么呢? 因为他来和齐桓公会盟,所
以让他具有大夫的身份。经文不说"使",因为决定权在屈完手里。那
么这样合于正道吗? 回答说:不合正道。因为他来和诸侯会盟,所以尊
重他。为什么说"来"呢? 因为把齐桓公的军队当做自己国家的。说
在军队里,表明是提前约定的。说在召陵,表明他在齐桓公这里达到了
目的。屈完达到了目的,就是齐桓公没有达到目的,因为桓公只是达到
了很少的目的。屈完说:"各大国对楚使用武力,为什么呢?"齐桓公说:
"周昭王到南方巡视而没有回去,菁茅草的进献没有送到,所以周王室不
能祭祀了。"屈完说:"菁茅草的进献没有送到,那么我们答应进献。周
昭王到南方巡视没有返回,我只能去问问江水了。"

【经】齐人执陈辕涛涂①。

【注释】

①辕涛涂:陈国大夫。《公羊传》《穀梁传》作"袁涛涂"。诸侯联军
与楚国定下盟约之后准备退兵,会途经陈、郑,辕涛涂为了避免陈
国供给军队粮食,建议齐桓公取道东边,触怒了桓公。

【译文】

齐国人抓住陈国大夫辕涛涂。

【左传】陈辕涛涂谓郑申侯曰①：“师出于陈、郑之间，国必甚病②。若出于东方，观兵于东夷③，循海而归，其可也。”申侯曰：“善。”涛涂以告齐侯，许之。申侯见曰：“师老矣④，若出于东方而遇敌，惧不可用也⑤。若出于陈、郑之间，共其资粮屝屦⑥，其可也。”齐侯说，与之虎牢⑦。执辕涛涂。

【注释】

①申侯：郑国大夫。

②病：困乏。

③观兵：显示兵威。东夷：指郯、莒、徐夷诸国。

④老：军队出兵久，疲惫不堪。

⑤不可用：不能对付敌人。

⑥资：也是粮。屝（fèi）屦：草鞋。常泛指行旅用品。

⑦虎牢：郑地名，即制邑。在今河南荥阳汜水镇。

【译文】

陈国的辕涛涂对郑国的申侯说：“齐军经过陈国、郑国之间，陈、郑两国负担沉重，必十分困乏。如果出兵东方，向东夷诸国陈兵示威，再沿海路回国，这就好了。”申侯说：“对呀。”辕涛涂就把这个意见告诉齐桓公，齐桓公同意了。申侯去见齐桓公说：“军队出兵已久，疲惫不堪，如果从东方走，遇到敌人，恐怕不能抵御敌人啊。如果取道陈国、郑国之间，由他们供应粮食和草鞋，该更好。”齐桓公很高兴，把虎牢奖给申侯。把辕涛涂抓了起来。

【公羊传】涛涂之罪何？辟军之道也①。其辟军之道奈何？涛涂谓桓公曰：“君既服南夷矣，何不还师滨海而东，服东夷且归②。”桓公曰：“诺。”于是还师滨海而东，大陷于沛泽之中。顾而执涛涂。执者曷为或称侯，或称人？称侯而执者，伯讨也③。称人而执者，非伯讨也④。此执有罪，何以不得为伯讨？古者周公东征则西国怨，西征则东国怨。桓公假涂于陈，而伐楚，则陈人不欲其反由己者，师不正故也。不修其师而执涛涂，古人之讨，则不然也。

【注释】

①辟军之道：辟，同"避"。这里引申指偏离。即改变了齐桓公回师时取道陈国的路线。

②东夷：指吴国。

③称侯而执者，伯讨也：伯讨，即方伯奉天子之命讨伐不道之臣。具体的书法是"称侯而执"，如成公十五年"晋侯执曹伯，归之于京师"。

④称人而执者，非伯讨也：若诸侯私自拘捕他国国君或大夫，未有天子之命，则非伯讨，具体的书法是"称人而执"，如此条。

【译文】

涛涂有什么罪过？他改变了齐师取道陈国的路线。他改变了齐师取道陈国的路线是怎么回事？涛涂对齐桓公说："您已经征服了南夷，何不回师，沿着海边向东，征服东夷而归？"桓公说："好。"于是回师，沿海边向东，军队陷入了棘草丛生的沼泽之中。桓公回头就拘捕了涛涂。拘捕他人，为何有时称侯，有时称人？称侯而拘捕人，是方伯的讨伐。称人而拘捕人，不是方伯的讨伐。此处是拘捕有罪之人，为何不得为方伯的讨伐？古时候，周公东征则西国抱怨，西征则东国抱怨。齐桓公假道陈国讨伐楚国，而陈国人不愿意回师时再经过本国，这是齐师未严肃军纪的缘故。不整顿军队而拘捕涛涂，古时方伯讨罪，不是这样的。

【穀梁传】齐人者,齐侯也。其人之,何也? 于是哆然外齐侯也①,不正其逾国而执也。

【注释】

①哆(chǐ)然:众人指责的样子。外:排斥。

【译文】

"齐人",就是齐桓公。经文用"人"称呼他,为什么呢? 因为在这件事上众人纷纷指责和排斥齐桓公,认为他越过别国而抓人是不合正道的。

【经】秋,及江人、黄人伐陈。

【译文】

秋,齐国军队和江、黄二国攻打陈国。

【左传】秋,伐陈①,讨不忠也②。

【注释】

①伐陈:指齐国和江、黄一起伐陈。

②不忠:指辕涛涂引诱齐军出东道。

【译文】

秋,齐国和江、黄等国一起讨伐陈国,是为惩罚它的不忠。

【穀梁传】不言其人及之者何? 内师也。

【译文】

不说是谁和江人、黄人一起,为什么呢? 因为是鲁国的军队。

【经】八月,公至自伐楚①。

【注释】

①八月,公至自伐楚:案时月日例,至例时,公出满二时则书月。鲁僖公春去秋还,故书月,危公久出。

【译文】

八月,鲁僖公从伐楚的军中回国。

【公羊传】楚已服矣,何以致伐①? 楚叛盟也②。

【注释】

①何以致伐:案《春秋》之例,公与二国以上用兵,得意致会,不得意致伐。此处鲁僖公随齐桓公伐楚,楚国已服,则是得意,却致伐,故发问。

②楚叛盟:叛盟的原因,是桓公不修其师,而执陈袁涛涂。

【译文】

楚国已经归服,为何致伐? 因为楚国背叛了盟约。

【穀梁传】有二事偶①,则以后事致。后事小,则以先事致。其以伐楚致,大伐楚也。

【注释】

①偶:对等,等同。这里指伐楚和伐陈两件事。

【译文】

有两件事对等,那么用后面那件事告祭祖庙。后一件事小,那么用前一件事告祭祖庙。鲁僖公用伐楚这件事告祭,是认为伐楚是大事。

【经】葬许穆公^①。

【注释】

①许穆公：《公羊传》作"许缪公"。

【译文】

安葬许穆公。

【左传】许穆公卒于师，葬之以侯^①，礼也。凡诸侯薨于朝、会，加一等^②；死王事^③，加二等。于是有以衮敛^④。

【注释】

①葬之以侯：许穆公是男爵，而以侯爵之礼葬之。

②加一等：葬礼加一等级。

③王事：指征伐。许男死于为周王伐楚，亦属王事。

④衮（gǔn）：衮衣，天子及上公的礼服。敛：通"殓"，给死者穿衣，入棺。

【译文】

许穆公死于军中，用侯爵的礼节安葬他，这是合乎礼的。凡是诸侯死于朝觐、会盟，葬礼加一等；死于征战，加二等。因此用衮衣入殓。

【经】冬十有二月，公孙兹帅师会齐人、宋人、卫人、郑人、许人、曹人侵陈^①。

【注释】

①公孙兹帅师会齐人、宋人、卫人、郑人、许人、曹人侵陈：顾栋高曰："陈，小国，何烦大众，而乃以三国伐之，旋合七国之兵临其境，而乃行成，且历二时之久，此必有不得已者。盖楚怒齐之携其与国，

受盟之后，旋即诱陈使贰于己，以为齐得江、黄，而我得陈足以相当。且陈以小国而受齐师自秋及冬，必恃楚为之应援，特左氏不之载耳。故齐合七国之力侵之，俾知诸侯兵力强盛，不敢南向即楚，塞楚北出之路，而后召陵之盟庶几稍固。”公孙兹，鲁叔牙之子叔孙戴伯。其后人为叔孙氏。陈氏傅良曰：“公子牙与弑子般，公子庆父亲弑闵公，而其子皆世为将，是故谨志之。公子友帅师败莒师于郦，公孙兹师会侵陈，公孙敖帅师救徐，见三家所自始。”《公羊传》作“公孙慈”。

【译文】

冬十二月，公孙兹率领军队和齐国、宋国、卫国、郑国、许国、曹国的军队会合入侵陈国。

【左传】冬，叔孙戴伯帅师会诸侯之师侵陈①。陈成②，归辕涛涂。

【注释】

①诸侯之师：即鲁、齐、宋、卫、郑、许、曹联军。

②成：求和。

【译文】

冬，叔孙戴伯率领军队和诸侯联军攻打陈国。陈国服罪求和，齐人因此放回辕涛涂。

****【左传】**初，晋献公欲以骊姬为夫人，卜之①，不吉；筮之②，吉。公曰：“从筮。”卜人曰③：“筮短龟长④，不如从长。且其繇曰⑤：‘专之渝⑥，攘公之羭⑦。一薰一莸⑧，十年尚犹有臭⑨。’必不可。”弗听，立之。生奚齐，其娣生卓子⑩。

【注释】

①卜：用龟甲占卜。

②筮：用蓍草占卜。

③卜人：主占卜的官。

④筮短龟长：古人认为卜较筮为灵验，所以说筮短龟长。

⑤繇（zhòu）：占卜所得的兆辞。

⑥专：专宠。渝：变。

⑦攘（rǎng）：窃取，偷。羭（yú）：公羊。此暗指申生。

⑧薰：香草，暗指申生。莸（yóu）：臭草，暗指骊姬。

⑨臭（xiù）：气味。凡气味不论香臭，都可称臭。此指臭气。

⑩娣：妹妹。案以上追述前事，参见庄公二十八年传。

【译文】

当初，晋献公想立骊姬为夫人，用龟甲占卜，不吉利；用蓍草筮占，吉利。献公说："就依从筮占的结果吧。"主管占卜的官员说："筮占不如占卜灵验，不如依从占卜结果。况且其繇辞说：'专宠引起变化，偷走你的公羊。香草臭草放在一起，十年之后还会有臭气。'一定不行。"晋献公不听，立了骊姬。骊姬生奚齐，她妹妹生了卓子。

及将立奚齐，既与中大夫成谋①，姬谓大子曰："君梦齐姜，必速祭之②。"大子祭于曲沃③，归胙于公④。公田⑤，姬置诸宫六日。公至，毒而献之。公祭之地，地坟⑥。与犬，犬毙。与小臣⑦，小臣亦毙。姬泣曰："贼由大子⑧。"大子奔新城⑨。公杀其傅杜原款。

【注释】

①中大夫：支持骊姬的宫中大夫。成谋：定下计谋。

②君梦齐姜,必速祭之:古人梦见去世的人,需要用食品加以祭祀。
　齐姜,申生的生母。

③曲沃:晋献公祖庙所在,齐姜死后祔于祖姑,其庙也在曲沃。

④胙(zuò):祭祀的酒肉。

⑤田:打猎。

⑥公祭之地,地坟:《史记·晋世家》曰:“献公从猎来还,宰人上胙
　献公,献公欲飨之。骊姬从旁止之,曰:‘胙所从来远,宜试之。’
　祭地,地坟……”祭之地,指饮前先酹酒,即将酒浇于地而祭。
　坟,地面隆起。

⑦小臣:献公身边太监。

⑧贼由大子:案《史记·晋世家》记此语曰:“骊姬泣曰:‘太子何忍
　也! 其父而欲弑代之,况他人乎? 且君老矣,旦暮之人,曾不能
　待而欲弑之!’谓献公曰:‘太子所以然者,不过以妾及奚齐之故。
　妾愿子母辟之他国,若早自杀,毋徒使母子为太子所鱼肉也。始
　君欲废之,妾犹恨之;至于今,妾殊自失于此。’”更为阴险恶毒。
　贼,加害,干坏事。

⑨新城:即曲沃。

【译文】

　　到了晋献公准备立奚齐为太子时,骊姬已经和宫中大夫有了预谋。
骊姬对太子申生说:“献公梦见你母亲齐姜,你要赶快去祭祀她。”太子
就到曲沃去祭祀齐姜,回来把祭祀的酒肉献给献公。献公去打猎,骊姬
把酒肉在宫中放了六天。献公回来,骊姬在酒肉中放了毒,然后献给献
公。献公用酒来祭地,地上隆起一个土包来。拿肉去喂狗,狗吃了死了。
给身边的太监吃,太监也死了。骊姬哭着说:“这是太子要加害于你。”
太子申生逃亡到新城。献公杀了他的师父杜原款。

　　或谓大子:“子辞①,君必辩焉②。”大子曰:“君非姬氏,

居不安,食不饱。我辞,姬必有罪。君老矣,吾又不乐。"曰:"子其行乎③!"大子曰:"君实不察其罪④,被此名也以出⑤,人谁纳我⑥?"

【注释】

①辞:申辩。

②辩:通"辨",辨明是非。

③行:出逃。

④不察其罪:没辨明我的罪过。

⑤被(pī)此名:带着弑君弑父的恶名。被,后作"披",比喻精神上的担负。

⑥人谁纳我:《国语·晋语二》云:"人谓申生曰:'非子之悲,何不去乎?'申生曰:'不可。去而罪释,必归于君,是怨君也。章父之恶,取笑诸侯,吾谁乡而入?内困于父母,外困于诸侯,是重困也。弃君、去罪,是逃死也。吾闻之:仁不怨君,智不重困,勇不逃死。若罪不释,去而必重。去而罪重,不智;逃死而怨君,不仁;有罪不死,无勇。去而厚怨,恶不可重,死不可避,吾将伏以俟命。'"

【译文】

有人对太子说:"你应该申辩,国君是能够明辨是非的。"太子说:"国君没有骊姬,睡也不安,吃也不饱。我去辩解,骊姬必定有罪。国君老了,如果失去骊姬,一定不快乐,我也不快乐。"那人说:"那你将要逃亡吗?"太子说:"国君没查清我有没有罪过,背负着弑君弑父的罪名出逃,谁会收留我呢?"

十二月戊申①,缢于新城。姬遂谮二公子曰②:"皆知之。"重耳奔蒲,夷吾奔屈③。

【注释】

①戊申：二十七日。

②谮（zèn）：诬陷。

③重耳奔蒲，夷吾奔屈：蒲与屈是二人的采邑。

【译文】

十二月二十七日，太子在新城上吊自杀。骊姬于是诬陷两位公子说：“他们都参与了这件事情。”于是重耳逃到蒲地，夷吾逃到屈地。

五年

*【左传】五年春王正月辛亥朔①，日南至②。公既视朔③，遂登观台以望④。而书，礼也。凡分、至、启、闭⑤，必书云物⑥，为备故也。

【注释】

①五年：鲁僖公五年当周惠王二十二年，前655年。

②日南至：即今之冬至。周历正月初一为冬至。

③视朔：诸侯在每月初一以一只羊告祭于太庙叫告朔，也叫告月。告朔后，听取和处理一个月的政事叫视朔，也叫听朔。

④观（guàn）台：天子、诸侯的宫门都筑台，台上有屋，叫台门，台门两旁格外高出的屋子，叫观台。望：望云气。望云气之后要加以记载。

⑤分：春分、秋分。至：夏至、冬至。启：立春、立夏。闭：立秋、立冬。

⑥必书云物：古礼，国君于二分二至及四立之日，必登台以望天象或日旁云气之色，占其吉凶而书之。云物，气色灾变。

【译文】

鲁僖公五年春周历正月初一，冬至。僖公在太庙听政和处理政事后，就登上观台遥望云气。对此加以记载，是合于礼的。凡是春分秋分、夏至冬至、立春立夏、立秋立冬，必定要记载云气变化吉凶，这是为各种变故做准备的缘故。

【经】五年春，晋侯杀其世子申生①。

【注释】

①晋侯杀其世子申生：申生自杀于上年十二月戊申，所用为夏历，以周历推算，正是今年春二月二十七日。申生，晋献公夫人齐姜之子，立为太子。后齐姜去世，献公立骊姬为夫人，生奚齐，骊姬欲以奚齐为太子，遂设计陷害申生，申生自杀，公子夷吾和公子重耳分别出奔。世子，天子、诸侯的嫡长子，太子。

【译文】

鲁僖公五年春周历正月，晋献公杀了他的太子申生。

【左传】晋侯使以杀大子申生之故来告。

【译文】

晋献公使者来报告杀太子申生的原因。

初，晋侯使士蒍为二公子筑蒲与屈，不慎，置薪焉①。夷吾诉之②，公使让之。士蒍稽首而对曰③："臣闻之：'无丧而戚④，忧必雠焉⑤。无戎而城，仇必保焉⑥。'寇仇之保，又何慎焉！守官废命⑦，不敬；固仇之保，不忠。失忠与敬，何以事君？《诗》云⑧：'怀德惟宁⑨，宗子惟城⑩。'君其修德而固宗子，何城如之？三年将寻师焉⑪，焉用慎？"退而赋曰：

"狐裘龙茸⑫,一国三公,吾谁適从⑬?"

【注释】

①置薪焉:把柴草放进城墙里。

②诉之:向献公告状。

③稽首:叩头到地。古代最恭敬之礼。

④戚:悲哀。

⑤雠:应,指忧与戚相应。

⑥仇:此指仇敌。保:据守。

⑦废命:不执行命令。

⑧《诗》云:引《诗》见《诗经·大雅·板》。

⑨怀德惟宁:怀德是修德,修德是为了安宁。

⑩宗子惟城:意为团结好宗子,就等于修了城墙,何必再修泥土的城
　墙呢。宗子,同宗公子。此指献公之子重耳、夷吾。

⑪寻师:用兵。

⑫龙茸(méng róng):亦作"蒙戎",皮裘蓬松散乱的样子。

⑬谁適(dí)从:服从谁。適,主,以谁为主。

【译文】

　　当初,晋献公派士蒍为重耳、夷吾二位公子加固蒲城和屈城的城墙,
士蒍不认真,把柴草放进城墙里。夷吾报告给晋献公,献公责备士蒍。
士蒍极为恭敬地叩头行礼回答说:"臣听说:'没有丧事而悲伤,忧愁就跟
着来了。没有兵患而筑城,就是为仇敌凭借据守。'敌人可以此据守,
又何必谨慎?守着官位而不执行命令,是对君不敬;为仇敌修筑坚固的
城墙,是对国不忠。失去了忠与敬,如何侍奉国君?《诗》中说:'修德才
能安民,众公子就是你的城墙。'国君如果修养德行而使众公子地位巩
固,又何必修城?三年之后将要用兵,哪里用得着认真?"士蒍退下后作
诗说:"狐皮大衣散乱蓬松,一国有三公,我该服从哪个公?"

及难①，公使寺人披伐蒲②。重耳曰："君父之命不校③。"
乃徇曰④："校者，吾仇也。"逾垣而走。披斩其祛⑤，遂出奔翟⑥。

【注释】

①难：指骊姬之难。

②寺人披：太监披。披，人名。

③校（jiào）：抵抗。

④徇：向众人宣布。

⑤祛（qū）：袖口。

⑥翟：同"狄"。

【译文】

等到发生骊姬之难，献公派寺人披攻打蒲城。重耳说："他奉了国君
和父亲的命令前来，不能抵抗。"于是向众人宣布："抵抗者，就是我的仇
敌。"重耳翻墙而逃。寺人披只砍掉了他的袖口，重耳于是逃奔到翟国。

【公羊传】曷为直称晋侯以杀①？杀世子、母弟直称君者，
甚之也②。

【注释】

①曷为直称晋侯以杀：案《春秋》之例，君杀大夫，称国以杀，如僖公
　　七年"郑杀其大夫申侯"。此处杀世子，未"称国以杀"，故而发问。

②杀世子、母弟直称君者，甚之也：世子，同母弟，为亲近之人。若忍
　　心杀害，则太过分了，故以亲亲之道责之，称君以杀，经书"晋侯"
　　即是。

【译文】

为何直接以晋侯的名义杀？杀世子、同母弟，直接以国君的名义，是

认为做得太过分了。

【榖梁传】目晋侯①，斥杀，恶晋侯也。

【注释】

①目：称。

【译文】

称"晋侯"，是贬斥杀太子，是憎恶晋献公。

【经】杞伯姬来朝其子①。

【注释】

①伯姬：杞国君杞成公夫人。朝其子：派其子来朝于鲁。伯姬在庄
　公二十五年出嫁，其子此时最多不过十四岁。

【译文】

杞伯姬派她的儿子来鲁国朝觐。

【公羊传】其言来朝其子何？内辞也①，与其子俱来朝也。

【注释】

①内辞：为内（即鲁国）避讳之辞。案礼制，妇人既嫁不逾境，若无
　事而归父母之国，则经书"来"，讥鲁国"失教戒"。杞伯姬携幼
　子至鲁，属无事而来，故需避讳，不可直书"杞伯姬来"。因外孙
　行冠礼之后，有朝见外祖父之礼，故以"来朝其子"为讳文。然若
　真是外孙初冠朝外祖，当有君命，应书"杞伯使其世子来朝"，不
　必言及杞伯姬"来"，故知此处实非外孙朝外祖，而是杞伯姬无事
　而来。

【译文】

经言"来朝其子"是什么意思？是为鲁国避讳之辞,好像她携子一同来朝。

【穀梁传】妇人既嫁不逾竟,逾竟,非正也。诸侯相见曰朝,伯姬为志乎朝其子也①。伯姬为志乎朝其子,则是杞伯失夫之道矣。诸侯相见曰朝,以待人父之道待人之子,非正也。故曰杞伯姬来朝其子,参讥也②。

【注释】

①为:有。志:心愿,愿望。

②参(sān):指被讥刺的三件事,一是杞伯姬越境回鲁,二是杞伯失夫之道,三是鲁僖公以待杞伯的礼仪接待其子。

【译文】

女子已经出嫁就不能越过国界了,越过国界,不合正道。诸侯之间见面才说"朝",伯姬是希望让她的儿子来朝见。伯姬想要让她的儿子来朝见,那么就是杞伯没有尽到丈夫应尽的职责。诸侯相互见面才说"朝",用接待他父亲的礼仪接待他的儿子,不合正道。所以说经文记"杞伯姬来朝其子",是同时讥讽了三件事。

【经】夏,公孙兹如牟①。

【注释】

①公孙兹:《公羊传》作"公孙慈"。牟:鲁的邻国。在今山东莱芜东。

【译文】

夏,公孙兹前往牟国。

【左传】夏，公孙兹如牟，娶焉。

【译文】

夏，公孙兹到牟国娶亲。

【经】公及齐侯、宋公、陈侯、卫侯、郑伯、许男、曹伯会王世子于首止[①]。

【注释】

①公及齐侯、宋公、陈侯、卫侯、郑伯、许男、曹伯会王世子于首止：王世子，周惠王太子郑。太子郑即后来的周襄王。首止，在今河南睢县东南。《公羊传》《穀梁传》作"首戴"。《春秋大事表》引高阆曰："王将废郑而立带。齐桓以为议之于朝觐，贡之以谏词，从则世子安，不从则废，是从违未可知也。莫若为会以尊之，使天下晓然皆知世子之为郑，则其位终不可易矣，是齐桓之志也。"

【译文】

鲁僖公和齐桓公、宋襄公、陈穆公、卫文公、郑文公、许僖公、曹昭公在首止会见周王太子。

【左传】会于首止，会王大子郑，谋宁周也[①]。

【注释】

①宁周：安定周王室。周惠王宠爱少子带，有废太子郑之意，诸侯与太子郑相会，是表示对太子郑的支持。

【译文】

诸侯在首止相会，会见周太子郑，商量如何安定周王室。

【公羊传】曷为殊会王世子①？世子贵也。世子,犹世世子也②。

【注释】

①殊会王世子：王世子,即周天子之世子。殊会,即单独列出"会王世子"。若不殊会王世子,当书"公及王世子、齐侯、宋公、陈侯、卫侯、郑伯、许男、曹伯会于首戴。"

②世子,犹世世子也：此言王世子尊贵之由,以其当世父位,于诸侯有君臣之义。

【译文】

为何在会上单独列出"会王世子"？因为王世子尊贵。世子,就是世世代代继承父位之子。

【穀梁传】及以会,尊之也。何尊焉？王世子云者,唯王之贰也①。云可以重之存焉②,尊之也。何重焉？天子世子,世天下也③。

【注释】

①唯：表示强调、肯定的语气。贰：第二个,指继承者。

②云：说。

③世：继承。

【译文】

先说"及"再说"会",表示尊重他。为什么尊重呢？所谓周天子的太子,是天子的继承人。所以说可以根据他的重要地位,对他表示特殊尊重。他的地位为什么重要呢？因为周天子的太子,是要继承天下的。

*【左传】陈辕宣仲怨郑申侯之反己于召陵①,故劝之城其赐邑②,曰:"美城之,大名也③,子孙不忘。吾助子请。"乃为之请于诸侯而城之,美。遂谮诸郑伯,曰:"美城其赐邑,将以叛也。"申侯由是得罪④。

【注释】

①辕宣仲:即辕涛涂。反己于召陵:郑大夫申侯出卖了辕涛涂,使他被齐人拘捕。见上年传文。

②赐邑:即上年传文中齐桓公赐给申侯的虎牢。

③大名:名声更大。

④申侯由是得罪:申侯于鲁僖公七年被杀。

【译文】

陈国的辕宣仲怨恨郑国的申侯在召陵的时候出卖了他,所以故意劝他修筑封邑的城墙,说:"把城筑得美观一些,这样名声更大,子孙也不会忘记你。我可以帮你向诸侯请求。"于是帮助申侯向诸侯请求筑城,城修筑得很美观。于是在郑文公面前说申侯的坏话,说:"把赐邑修筑得那么美观,是准备反叛了。"申侯因此得罪于郑文公。

【经】秋八月,诸侯盟于首止①。

【注释】

①诸侯:即上条之诸侯。首止:《公羊传》《穀梁传》作"首戴"。

【译文】

秋八月,诸侯在首止结盟。

【左传】秋,诸侯盟。

【译文】

秋，诸侯会盟。

【公羊传】诸侯何以不序①？一事而再见者，前目而后凡也②。

【注释】

①序：即列序上文之诸侯。

②一事而再见者，前目而后凡也：此为《春秋》通例。一事而再见，案首戴之会，实为结盟，故会、盟为一事而再见。目，列序细目，即列举诸侯。凡，总括言"诸侯"，不列序之。

【译文】

为何不列序诸侯？一件事情两次出现，前面列序细目，后面可以概括。

【穀梁传】无中事而复举诸侯①，何也？尊王世子而不敢与盟也②。尊则其不敢与盟，何也？盟者，不相信也，故谨信也③，不敢以所不信而加之尊者。桓，诸侯也，不能朝天子，是不臣也。王世子，子也，块然受诸侯之尊己而立乎其位④，是不子也。桓不臣，王世子不子，则其所善焉何也？是则变之正也⑤。天子微，诸侯不享觐⑥，桓控大国，扶小国，统诸侯，不能以朝天子，亦不敢致天王⑦，尊王世子于首戴，乃所以尊天王之命也。世子含王命会齐桓⑧，亦所以尊天王之命也。世子受之可乎？是亦变之正也。天子微，诸侯不享觐，世子受诸侯之尊己，而天王尊矣，世子受之可也。

【注释】

①中事：指某时期重要的事情。这里指先会见、后结盟，这中间没有
记载其他事。复举诸侯：指又称了"诸侯"，《穀梁传》认为先会
见、后结盟，如果中间没有记载重要的事，则不举"诸侯"，直接记
载"盟于首戴"即可。

②不敢与盟：不敢与太子结盟约，指上一条经文记载会见提到了王
世子，如果此条经文不提"诸侯"直接说"盟于首戴"，会让人觉
得是诸侯与王世子缔结盟约。

③"盟者"三句：意为结盟是因为相互不信任，所以通过这种方式来
使各方谨守信义。

④块然：安然自得的样子。

⑤变之正：变通常规礼仪，使其合乎正道。《穀梁传》认为特殊情况
下不必拘泥礼仪规定，可以有所变通。

⑥享：进献，把东西献给天子。觐（jìn）：诸侯在秋季朝见天子。

⑦致：招致。

⑧含：奉，领受。

【译文】

中间没有重要的事情但又称了"诸侯"，为什么呢？是尊重周天子
的太子而不敢跟他缔结盟约。尊重他就不敢与他缔结盟约，为什么呢？
结盟，是因为互相不信任，所以通过这种方式来使各方谨守信义，不敢用
不信任的态度对待尊贵的人。齐桓公，是诸侯，不去朝见天子，这是不合
人臣之道的。周天子的太子，是儿子，安然自得地接受诸侯尊奉自己而
处在尊位，这是不合人子之道的。齐桓公不合人臣之道，周天子的太子
也不合人子之道，那么经文为什么称赞呢？这是因为他们变通常规礼仪
使其合乎正道。周天子衰微，诸侯不进献不朝见，齐桓公控制大国，扶助
小国，统领诸侯，不能带领他们去朝见周天子，也不敢请周天子来相见，
在首戴尊奉周天子的太子，是用这样的方式来尊重周天子的命令。太子

领受了天子的命令与齐桓公会面,也是用这样的方式来尊重周天子的命令。太子接受尊奉可以吗?这也是变通常礼使其合于正道。天子式微,诸侯不进献不朝见,太子接受诸侯尊奉自己,那么天子就受到尊重了,太子接受尊奉是可以的。

【经】郑伯逃归不盟^①。

【注释】

①郑伯:郑文公。郑伯逃归不盟:首止之会不合周惠王之意,于是他挑拨郑文公使其不参与会盟。

【译文】

郑文公逃回不参加盟会。

【左传】王使周公召郑伯^①,曰:"吾抚女以从楚,辅之以晋,可以少安^②。"郑伯喜于王命而惧其不朝于齐也,故逃归不盟。孔叔止之曰^③:"国君不可以轻^④,轻则失亲^⑤;失亲患必至。病而乞盟^⑥,所丧多矣,君必悔之。"弗听,逃其师而归^⑦。

【注释】

①周公:名宰孔。

②"吾抚女以从楚"三句:楚、晋未与齐结盟,周惠王想郑投靠楚、晋而不与齐结盟。首止之盟是为了确定王世子之位,并非周惠王的意思,所以惠王召郑伯让其叛齐。

③孔叔:郑国大夫。

④轻:轻举妄动。

⑤亲：援助。

⑥病：疲病。

⑦逃其师：诸侯赴盟，有军队随从，郑伯只身逃走，所以说"逃其师"。

【译文】

周王派周公召见郑文公，说："我支持你跟随楚国，以晋国作为辅助，可以稍稍得到安定。"郑文公喜得王命，又惧怕不朝见齐国的威胁，所以只身逃回不参见盟会。孔叔阻止他说："国君不可轻举妄动，轻举妄动就会失去援助；失去援助，祸患一定来到。等国家疲病困难了再去乞求结盟，失去的将更多，国君你必定后悔。"郑文公不听，丢下军队自己逃回国内。

【公羊传】 其言逃归不盟者何？不可使盟也①。不可使盟，则其言逃归何？鲁子曰②："盖不以寡犯众也③。"

【注释】

①不可使盟也：何休云："时郑伯内欲与楚，外依古不盟为解，安居会上，不肯从桓公盟。"

②鲁子：《公羊传》著于竹帛前的先师。

③盖不以寡犯众也：寡，指郑伯。众，指与盟的诸侯。当时郑伯安居会上，不肯结盟，并非是"逃归不盟"，若实逃归，当书"不盟逃归"。《春秋》因其有贰心，贬抑一人，申众人之善，故云"逃归不盟"。

【译文】

经言郑伯逃归不盟，是为何？是不可使郑伯结盟。郑伯安处会上，不可使之结盟，那么经言逃归是为何？鲁子说："大概是为了不使一人之恶冒犯众人之善。"

【穀梁传】 以其去诸侯①，故逃之也。

【注释】

①去：离开。

【译文】

因为他离开诸侯，所以说他逃跑。

【经】楚人灭弦^①，弦子奔黄^②。

【注释】

①弦：姬姓国，在今河南潢川西北。

②弦子奔黄：弦子，弦国国君。黄，古国名，嬴姓，在今河南潢川西北隆古集附近。顾栋高案："召陵盟甫逾年而楚即灭弦，桓不能兴师责楚叛盟之罪而复弦之国，黄之亡亦不旋踵矣。是前日之合江、黄，适所以祸之也。"

【译文】

楚成王灭了弦国，弦子逃奔黄地。

【左传】楚斗穀於菟灭弦^①，弦子奔黄。于是江、黄、道、柏方睦于齐^②，皆弦姻也^③。弦子恃之而不事楚^④，又不设备，故亡。

【注释】

①斗穀於菟（wū tú）：楚令尹子文。

②道：国名，在今河南确山北。柏：国名，在今河南舞阳东南。方睦于齐：僖公二年经记载，齐、宋、江、黄盟于贯。

③皆弦姻：此指这些国家与弦都有婚姻关系。

④恃之：依恃齐国。

【译文】

楚国的斗穀於菟灭了弦国，弦子逃奔到黄国。此时江、黄、道、柏等国都与齐国友好，都与弦国有姻亲关系。弦子依仗这点而不亲近楚国，又不设防，所以被楚所灭。

【穀梁传】弦，国也。其不日，微国也。

【译文】

弦，是国家。经文不记载日期，因为它是一个小国家。

△**【经】九月戊申朔，日有食之**①。

【注释】

①九月戊申朔，日有食之：当为前655年8月19日之日全食。

【译文】

九月初一，日全食。

【经】冬，晋人执虞公。

【译文】

冬，晋国人俘虏了虞国国君。

【左传】晋侯复假道于虞以伐虢①。宫之奇谏曰："虢，虞之表也②。虢亡，虞必从之。晋不可启③，寇不可玩④，一之谓甚，其可再乎？谚所谓'辅车相依⑤，唇亡齿寒'者，其虞、虢之谓也。"公曰："晋，吾宗也⑥，岂害我哉？"对曰："大伯、虞仲,大王之昭也⑦。大伯不从,是以不嗣⑧。虢仲、虢叔,王季之穆也⑨,为文王卿士,勋在王室⑩,藏于盟府⑪。将虢是灭,何爱于虞?且虞能亲于桓、庄乎⑫?其爱之也,桓、庄之族何罪?而以为戮⑬,不唯逼乎?亲以宠逼⑭,犹尚害之,况以国乎?"公曰:"吾享祀丰洁,神必据我⑮。"对曰:"臣闻之,鬼神非人实亲⑯,惟德是依。故《周书》曰:'皇天无亲,惟德是辅⑰。'又曰:'黍稷非馨,明德惟馨⑱。'又曰:'民不易物,惟德繄物⑲。'如是,则非德,民不和,神不享矣。神所冯依⑳,将在德矣。若晋取虞,而明德以荐馨香㉑,神其吐之乎?"弗听,许晋使。宫之奇以其族行,曰:"虞不腊矣㉒,在此行也,晋不更举矣㉓。"

【注释】

①晋侯复假道于虞以伐虢:晋献公第一次借道在僖公二年,灭下阳。

②表:指外围。

③启:开,指让晋扩张其野心。

④玩:轻慢,忽略。

⑤辅:车厢两旁的板。车载物必须用辅支持。

⑥宗:指同宗。晋、虞、虢都是姬姓诸侯国。

⑦大伯、虞仲,大王之昭也:意即太伯和虞仲是太王的儿子。大伯、虞仲,太王的长子和次子。"大"同"太"。大伯,即太伯,又作"泰伯"。大王,即太王,古公亶父。昭,古代宗庙之制,始祖神位居中,子在左,叫昭;子之子在右,叫穆。

⑧大伯不从,是以不嗣:太伯知道大王想传位给小儿子王季,就和虞仲出走吴国,不继承王位。不从,不跟随在侧。不嗣,没继承王位。

⑨虢仲、虢叔,王季之穆也:虢仲、虢叔,虢国的开国祖先,王季的次子

和三子。王季为昭，二人为穆。虢叔为东虢，此被伐之虢为西虢，盖虢仲后代。其分支为北虢，僖公二年晋初次借道已取其下阳。

⑩勋：功勋。

⑪盟府：主管盟誓的官署。策勋之时，必有誓词。策勋之策兼其盟誓之辞，并藏于盟府。

⑫桓、庄：桓叔和庄伯。桓叔，晋献公曾祖。庄伯，晋献公祖父。

⑬而以为戮：桓、庄之族人多势大，晋献公行士苏阴谋，尽杀群公子。详见庄公二十三、二十四、二十五年传文。

⑭亲以宠逼：至亲恃宠，威胁君位。

⑮据：依靠。

⑯鬼神非人实亲：即"鬼神非亲人"。

⑰皇天无亲，惟德是辅：此句见于《古文尚书·周书·蔡仲之命》。

⑱黍稷非馨，明德惟馨：此句见于《古文尚书·周书·君陈》。黍稷，古代祭祀所用谷物。馨，香气。明德，光明之德，美德。

⑲民不易物，惟德繄（yī）物：此句见于《古文尚书·周书·旅獒》。易，变换。物，指祭品。繄，是。

⑳冯：同"凭"。

㉑荐：贡献。

㉒不腊：过不了腊祭。腊，年终祭祖先的大祭。通常在夏正之十月，周正之十二月。《左传》之腊是夏正十月。

㉓不更举：不用再举兵。

【译文】

　　晋献公又向虞国借路去攻打虢国。宫之奇劝告虞公说："虢国，是虞国的外围。虢如果亡国了，虞国必然跟着被灭。切不可启发晋国的野心，不可忽视晋国这支军队。上一次借路已经是很严重的错误了，怎么可以再来第二次呢？谚语说的'辅和车相互依存，没了嘴唇牙齿就感到寒冷'，就是说的虞和虢的关系啊！"虞公说："晋国和我们是同宗，难道他会害我不成？”宫之奇答道：“太伯、虞仲，都是太王的儿子，太伯不在身旁，所以没有继承君位。虢仲、虢叔，都是王季的儿子，做过文王的卿士，对于王室有大功，受封的典册还藏在盟府里面。现在，晋国将要灭虢国了，对于虞国又有什么舍不得呢？再说，虞国能比桓叔和庄伯更亲近晋侯吗？晋侯与桓叔、庄伯两族关系那么亲密，桓叔、庄伯两族有什么罪过，晋侯却把他们杀掉，不就是因为晋侯感觉到他们的威胁吗？亲近而且受宠，一旦威胁到晋侯，都会被杀害，更何况一个国家呢？”虞公说：“我祭祀的祭品丰盛而且清洁，神灵一定会保佑我的。”宫之奇回答说：“我听说，神鬼不会随便亲近哪一个人，只是依从有德行的人。所以《周书》上说：‘上天不亲近哪个人，只帮助有德行的。’又说：‘祭祀的黍稷并不算芳香远扬，光明的美德才能芳香远播。’又说：‘人们不必改变自己的祭品，只有德行才可以充当祭品。’像这样，那么，不是有德之人，则百姓不知，祭品再丰洁，神也不会享用的。神所依靠的，是有德行的人。如果晋国占领了虞国，再发扬美德，给神灵献上芳香的祭品，神灵难道会吐出来吗？”虞公不听，答应了晋国使者的要求。宫之奇带领全族人离开虞国，说：“虞国过不了今年的腊祭了。晋在这一次就会灭掉虞国，不需要再发兵了。”

八月甲午①，晋侯围上阳②，问于卜偃曰：“吾其济乎③”？对曰：“克之。”公曰：“何时？”对曰：“童谣云：‘丙之晨④，龙尾伏辰⑤，均服振振⑥，取虢之旂⑦。鹑之贲贲⑧，天策焞焞⑨，火中成军⑩，虢公其奔。’其九月、十月之交乎⑪。丙子旦，日在尾，月在策⑫，鹑火中，必是时也。”

【注释】

①八月甲午：夏历是八月，周历十月十七日。

②上阳：在今河南陕州南。

③济：成功。

④丙：丙子日。

⑤龙尾：星宿名，东方苍龙七宿中的尾星。伏辰：日月会于尾星，故尾星伏而不见。辰，日月相会叫"辰"。

⑥均服：戎服，色黑。振振：威武美好的样子。

⑦旐（qí）：同"旗"。取旐意味获胜。

⑧鹑（chún）：鹑火星。柳宿亦名鹑火，为朱鸟七宿之第三宿。贲贲（bēn）：形容鹑火星的样子。

⑨天策：星名，也叫傅说星，靠近太阳。焞焞（tūn）：无光的样子。

⑩火中：鹑火星出现在南方。火，鹑火星。中，某星出现在南方。成军：整顿军队。

⑪交：晦朔交会之时。

⑫日在尾，月在策：此夜日月合朔于尾星，而月行较快，故旦而过在天策。

【译文】

八月甲午日，晋献公围攻上阳，问卜偃说："我会成功吗？"卜偃回答说："能攻克。"献公问："在什么时候？"卜偃回答说："童谣说：'丙子日的清晨，龙尾星暗伏不见，军服威武，必取虢国的旗帜。鹑火星形如大鸟，天策星暗淡无光，鹑火星在南方时整顿军队，虢公将逃亡。'恐怕就在九月末十月初。丙子日清晨，日在尾星，月在天策星，鹑火星在正南，正是虢国被灭时。"

　　冬十二月丙子朔①，晋灭虢，虢公丑奔京师②。师还，馆于虞③，遂袭虞，灭之④，执虞公及其大夫井伯⑤，以媵秦穆姬⑥。而修虞祀⑦，且归其职贡于王⑧。故书曰："晋人执虞公。"罪虞,且言易也。

【注释】

①丙子朔:按夏历为十月初一。

②丑:虢公名。

③馆:驻扎。

④遂袭虞,灭之:《韩非子·十过》云:"荀息牵马操璧而报献公。献公说曰:'璧则犹是也,虽然,马齿亦益长矣。'"

⑤井伯:虞国大夫。姜姓,为姜子牙之后。一说即秦名大夫百里奚。

⑥以媵(yìng)秦穆姬:指晋献公嫁女儿给秦穆公,把井伯等人作为陪嫁。媵,陪嫁的男女,此作动词。

⑦虞祀:指晋代为祭祀虞国境内的山川之神。

⑧职贡:赋税。

【译文】

冬十二月初一,晋国灭掉了虢国,虢公丑逃亡到京师。晋国军队回国的时候,驻扎在虞国,于是偷袭虞国,灭了它,逮捕了虞公和大夫井伯,把井伯作为秦穆姬的陪嫁。晋国不废虞国的祭祀,而且把虞国的赋税归于周王。所以《春秋》记载"晋人执虞公。"这是怪罪虞国,并且表明晋国取虞很容易。

【公羊传】虞已灭矣①,其言执之何?不与灭也②。曷为不与灭?灭者,亡国之善辞也。灭者,上下之同力者也。

【注释】

①虞已灭矣:僖公二年"虞师、晋师灭下阳"条,传文云:"四年,反取虞。"故知虞国在此时灭亡。彼传又云:"虞公抱宝牵马而至。"则

虞公被晋人所执。

②不与灭也：即虞之亡国，不可以用"灭"字来描述。因"灭"是"亡国之善辞"，表明上下一心拒敌，然不幸被灭，如有王者兴，当复其国。而虞公贪利，借道晋国灭郭，是自取灭亡，当被诛绝，故"不与灭也"，而书"执"。另外一方面，虞是微国，本爵虽不可考，然非公爵。此处称"虞公"，是以国君下葬时的"臣子辞"称之，以此表明虞国已亡。

【译文】

虞国已经灭亡了，经言拘捕虞公，是为何？是不赞成用"灭"字描述虞之亡国。为什么不赞同用"灭"字？"灭"是亡国的善辞。"灭"，表示上下同心抵抗而亡。

【穀梁传】执不言所于地，缊于晋也①。其曰公，何也？犹曰其下执之之辞也。其犹下执之之辞，何也？晋命行乎虞民矣。虞虢之相救，非相为赐也②。今日亡虢，而明日亡虞矣。

【注释】

①缊（yùn）：包含。这里指虞国已经被包含在晋国国土以内了。

②赐：给予恩惠、好处。

【译文】

抓获了却不说抓获的地点，是因为虞国国土已经被晋国包含在内了。经文称公，为什么呢？就相当于是说他的下臣抓住了他的说法。这就相当于是他的下臣把他抓住的说法，是为什么呢？因为是晋国命令虞人抓的。虞国和虢国之间是相互救助的关系，不是相互利用来获得好处的关系。今天灭亡了虢国，接下来第二天就灭亡了虞国。

六年

△【经】六年春王正月①。

【注释】

①六年:鲁僖公六年当周惠王二十三年,前654年。

【译文】

鲁僖公六年春周历正月。

*【左传】六年春,晋侯使贾华伐屈①。夷吾不能守,盟而行②。将奔狄,郤芮曰③:"后出同走,罪也④。不如之梁⑤。梁近秦而幸焉⑥。"乃之梁。

【注释】

①贾华:晋国大夫。伐屈:骊姬之乱,夷吾逃奔到屈,因此伐屈。

②盟:与屈人立盟约,要求不背叛自己。

③郤芮(xì ruì):也叫冀芮,晋国大夫。

④后出同走,罪也:重耳已奔狄,夷吾也奔狄,好像证实了骊姬的诬辞。

⑤梁:诸侯国名,嬴姓,在今陕西韩城南。

⑥幸:亲近。

【译文】

六年春,晋献公派贾华攻打屈地。夷吾守不住了,与屈人订立盟约后出逃。准备逃亡到狄国,郤芮说:"后出逃的和先出逃的一同逃奔狄,是有罪的。不如去梁国。梁国靠近秦又与它亲近。"于是夷吾逃到梁国。

【经】夏,公会齐侯、宋公、陈侯、卫侯、曹伯伐郑,围新城①。

【注释】

①新城：即传文中的新密，在今河南新密东南。以其为新筑之城，故称。

【译文】

夏，鲁僖公会合齐桓公、宋桓公、陈宣公、卫文公、曹昭公攻打郑国，包围新城。

【左传】夏，诸侯伐郑，以其逃首止之盟故也①。围新密，郑所以不时城也②。

【注释】

①诸侯伐郑，以其逃首止之盟故也：顾栋高曰："齐积谋攘楚数十年，始终皆为郑，其勤亦至矣。而郑以齐之强不如楚，齐远而楚近，首叛齐侯。"

②不时城：郑文公从首止逃回，为防备诸侯讨伐，在农忙时节急忙筑城。

【译文】

夏，诸侯攻打郑国，因为在首止之盟时他先跑回去的缘故。包围新密，即郑国在农忙时节急忙所筑之城。

【公羊传】邑不言围，此其言围何？强也①。

【注释】

①"邑不言围"三句：参见隐公五年"宋人伐郑，围长葛"条。案郑国背盟，因齐桓公不修其师而执陈袁涛涂，齐桓公不修文德，欲用武力服郑，是强而无义。

【译文】

包围城邑，《春秋》是不书"围"的，这里书"围"是为何？表明齐桓公强横不义。

【穀梁传】伐国不言围邑，此其言围，何也？病郑也^①，著郑伯之罪也^②。

【注释】

①病：指责。

②著：使……显现。

【译文】

讨伐国家不说包围城邑，这里说了包围，为什么呢？是指责郑国，彰显郑文公逃离首戴结盟的罪过。

【经】秋，楚人围许^①，诸侯遂救许^②。

【注释】

①楚人：指楚成王。

②诸侯：指上条伐郑之诸侯。

【译文】

秋，楚人包围许国，诸侯于是救许国。

【左传】秋，楚子围许以救郑^①，诸侯救许，乃还^②。

【注释】

①楚子围许以救郑：上年传文中周王召郑伯曰"吾抚女以从楚"，故楚救之。

②乃还：郑国解围，楚王目的达到，撤兵。

【译文】

秋，楚人围攻许国以救援郑国，诸侯去救援许国，楚人于是回国。

冬,蔡穆侯将许僖公以见楚子于武城^①。许男面缚^②,衔璧^③,大夫衰绖^④,士舆榇^⑤。楚子问诸逢伯^⑥,对曰:"昔武王克殷,微子启如是^⑦。武王亲释其缚,受其璧而祓之^⑧。焚其榇,礼而命之^⑨,使复其所^⑩。"楚子从之。

【注释】

①武城:在今河南南阳北。

②面缚:双手反绑于背而面向前。用以表示投降。

③衔璧:古人死后口中含玉,这里表示不准备生还。

④衰绖(dié):丧服,用粗麻布制成。

⑤舆榇(chèn):抬着棺材。榇,棺材。

⑥逢伯:楚大夫。

⑦微子启:商纣的庶兄,周代宋国的始祖。武王克商后,微子曾面缚向周乞降。

⑧祓(fú):为除灾去邪而举行的祭礼。

⑨礼:指给予礼遇。

⑩复其所:恢复微子之国。

【译文】

冬,蔡穆侯陪许僖公在武城面见楚成王。许僖公双手反绑,口中含玉,大夫穿着丧服,士抬着棺材。楚王询问逢伯,逢伯回答说:"从前周武王攻克了商朝,微子启就是这样。武王亲自松开他的捆绑,接受他的玉璧而为他举行祓礼。烧了他的棺材,依礼任命他,恢复他的封国。"楚王听从了逢伯的意见。

【榖梁传】善救许也。

【译文】

这是褒扬救援许国的行为。

【经】冬,公至自伐郑。

【译文】

冬,鲁僖公伐郑回国。

【榖梁传】其不以救许致,何也? 大伐郑也。

【译文】

鲁僖公不用救援许国的事来告祭祖庙,为什么呢? 因为他认为讨伐郑国的事情更重大。

七年

【经】七年春①,齐人伐郑②。

【注释】

①七年:鲁僖公七年当周惠王二十四年,前653年。

②齐人伐郑:上次伐郑因救许未成,此时齐桓公再次伐郑。

【译文】

鲁僖公七年春,齐国人攻打郑国。

【左传】七年春,齐人伐郑。孔叔言于郑伯曰①:"谚有之曰:'心则不竞②,何惮于病③。'既不能强,又不能弱,所以毙也^④。国危矣，请下齐以救国^⑤。"公曰："吾知其所由来矣^⑥。姑少待我。"对曰："朝不及夕^⑦，何以待君？"

【注释】

①孔叔：郑大夫。

②则：如果。竞：强。

③病：屈辱。

④毙：指国家败亡。

⑤下齐：向齐屈服。

⑥知其所由来：知道齐人来的目的。

⑦朝不及夕：指郑国之危朝不保夕。

【译文】

鲁僖公七年春，齐国人攻打郑国。孔叔对郑文公说："有谚语这样说：'心志如果不强大，又为什么怕屈辱？'既不能强，又不能弱，所以会灭亡。国家危险了，还是向齐国屈服以挽救郑国吧。"郑文公说："我知道齐人来的目的。姑且稍等一下吧。"孔叔说："郑国朝不保夕了，还怎么等待国君您呢？"

△**【经】**夏，小邾子来朝^①。

【注释】

①小邾子：即庄公五年经文中的"郳犁来"。原为附庸之国，此时附从霸者，齐桓公白天子，进之为子爵，故称"小邾子"。《公羊传》作"小邾娄子"。

【译文】

夏，小邾子来鲁国朝觐。

【经】郑杀其大夫申侯[1]。

【注释】

①申侯:郑国大夫,僖公四年陈国大夫辕涂涛触怒齐桓公即是因为申侯的出卖,后辕涂涛也在郑伯面前诋毁他。此时齐国伐郑,郑文公杀申侯,一方面是为了取悦齐国,另一方面也是因为辕涂涛的诋毁。

【译文】

郑国杀了他们的大夫申侯。

【左传】夏,郑杀申侯以说于齐[1],且用陈辕涂涛之谮也[2]。

【注释】

①说:同"悦",取悦,讨好。

②陈辕涛涂之谮:僖公五年,辕涛涂为报复而诬陷申侯欲据虎牢而叛,申侯由是得罪郑文公。

【译文】

夏,郑国杀了申侯以讨好齐国,且因为辕涛涂的诬陷。

初,申侯,申出也[1],有宠于楚文王。文王将死[2],与之璧,使行[3],曰:"唯我知女[4],女专利而不厌[5],予取予求[6],不女疵瑕也[7]。后之人将求多于女[8],女必不免[9]。我死,女必速行。无适小国,将不女容焉[10]。"既葬,出奔郑,又有宠于厉公[11]。子文闻其死也[12],曰:"古人有言曰:'知臣莫若君。'弗可改也已。"

【注释】

①申出：申国女子所生。所谓某出，即某国女子所生。

②文王将死：楚文王死于鲁庄公十九年。

③使行：让他离开楚国。

④女：通"汝"，你。

⑤专利：垄断财货。

⑥予取予求：即取于我，求于我。

⑦不女疵瑕：不以女为疵瑕，不怪罪你。疵瑕，缺点或过失。

⑧后之人：指继位的楚君。求多于女：向你大量求取财物。

⑨不免：不免于刑罚。

⑩将不女容：将不会收留你。

⑪有宠于厉公：申侯逃奔到郑国，时郑厉公在位。

⑫子文：即斗穀於菟。

【译文】

当初，申侯，为申国女子所生，受宠于楚文王。楚文王临死的时候，给了申侯一块玉璧，让他离开楚国，说："只有我了解你。你垄断财货而且不知满足，你可以从我这里取，从我这里求，我也不怪罪你。后继的国君向你大量索取财物，你必然不免于获罪。我死后，你速离开楚国。不要去小国那里，小国不会收留你。"楚文王下葬后，申侯逃奔郑国，又受宠于郑厉公。子文听到他的死讯，说："古人的话说：'了解臣子的莫过于国君了。'此话不可改变啊。"

【公羊传】 其称国以杀何？称国以杀者，君杀大夫之辞也①。

【注释】

①君杀大夫之辞：何休云："诸侯国体，以大夫为股肱。"诸侯不得专

杀大夫,故不称君以杀,而是称国以杀。

【译文】

经文说以国家的名义是为何? 以国家的名义杀,是国君杀大夫的辞例。

【穀梁传】称国以杀大夫,杀无罪也。

【译文】

以国家的名义杀害大夫,是杀害无罪的人。

【经】秋七月,公会齐侯、宋公、陈世子款、郑世子华盟于甯母①。

【注释】

①公会齐侯、宋公、陈世子款、郑世子华盟于甯母:案此会陈、郑皆只遣世子与会,盖因二国皆新被侵伐,陈欲背叛盟约而不敢,姑且勉强与盟,郑欲与盟而犹未得,趑趄不前,故君皆不行。甯母,鲁地名,在今山东鱼台。《公羊传》作"甯母",《穀梁传》作"宁母"。

【译文】

秋七月,鲁僖公和齐桓公、宋桓公、陈国太子款、郑国太子华在甯母会盟。

【左传】秋,盟于甯母,谋郑故也。管仲言于齐侯曰:"臣闻之,招携以礼①,怀远以德②。德礼不易,无人不怀。"齐侯修礼于诸侯③,诸侯官受方物④。

【注释】

①招携：招抚离心之国。携，离，离心。

②怀远：使疏远之国归附。怀，思念，怀归，归附。

③修礼：此指按礼节对待。

④诸侯官受方物：齐国派有关官员接受诸侯贡献的土产献给天子。方物，本地产物，土产。

【译文】

秋，在宁母会盟，商量攻打郑国之事。管仲对齐桓公说："臣下听说：以礼招抚有二心的国家，以德来安抚疏远的国家。不违背礼和德，无人不归附。"齐桓公依礼对待诸侯，派有关官员接受诸侯贡献的土产献给天子。

郑伯使大子华听命于会①，言于齐侯曰："洩氏、孔氏、子人氏三族②，实违君命③。君若去之以为成，我以郑为内臣④，君亦无所不利焉。"齐侯将许之。管仲曰："君以礼与信属诸侯⑤，而以奸终之⑥，无乃不可乎？子父不奸之谓礼⑦，守命共时之谓信⑧。违此二者，奸莫大焉。"公曰："诸侯有讨于郑，未捷。今苟有衅⑨，从之，不亦可乎？"对曰："君若绥之以德，加之以训⑩，辞⑪，而帅诸侯以讨郑，郑将覆亡之不暇⑫，岂敢不惧？若揔其罪人以临之⑬，郑有辞矣⑭，何惧？且夫合诸侯以崇德也⑮，会而列奸⑯，何以示后嗣？夫诸侯之会，其德刑礼义，无国不记。记奸之位⑰，君盟替矣⑱。作而不记，非盛德也。君其勿许，郑必受盟。夫子华既为大子，而求介于大国⑲，以弱其国，亦必不免。郑有叔詹、堵叔、师叔三良为政⑳，未可间也。"齐侯辞焉。子华由是得罪于郑㉑。

【注释】

①听命于会：在盟会上接受命令。

②泄氏、孔氏、子人氏三族：都是郑国大夫。

③实违君命：意指僖公五年逃首止之盟是三族的主意。这是太子华想谗害三族，故如此说。

④为内臣：指郑国侍奉齐国，如国内臣民。

⑤属：会合。

⑥奸：邪恶。

⑦子父不奸：不违抗父命。奸，违反。

⑧守命共时：承受君命完成使命。守命，承命。共时，完成使命。共，通"恭"。

⑨衅：空隙，可乘之机。杜预注："子华犯父命，是其衅隙。"

⑩训：以礼教训它。

⑪辞：指郑国不接受。

⑫覆亡：救亡。

⑬揔（zǒng）：同"总"，率领。罪人：指违犯父命的太子华。临：征伐。

⑭有辞：有说辞，有理。

⑮崇德：尊崇德行。

⑯会：会合诸侯。列奸：使奸人列于君位。列，位，多指君位。奸，奸人，指太子华。

⑰记奸之位：记载奸人列于君位。

⑱替：废弃。

⑲求介：求助。介，借助。

⑳叔詹、堵叔、师叔：三人皆郑国贤臣。

㉑得罪于郑：僖公十六年，郑文公杀太子华。

【译文】

郑文公派太子华在盟会上接受命令，太子华对齐桓公说："洩氏、孔氏、子人氏三族，实在是违背了您的命令。如果除掉他们以言和，我们郑国将如国内臣民那样侍奉齐国，这对于您也没什么不利。"齐桓公准备答应他。管仲说："国君您以礼义和信用来会合诸侯，而以邪恶来结束它，恐怕不可以吧？儿子不违抗父命叫礼，承受君命完成使命叫信。违背这两项，没有比这更大的邪恶了。"齐桓公说："诸侯讨伐郑国，还没有胜利。现在如果有机可乘，利用它，不是也很好吗？"管仲回答说："国君您如果以德安抚它，再以理教训它，郑国仍不接受，就率领诸侯讨伐它。郑国救亡都来不及，哪里敢不怕？如果率领罪人来征讨，郑国就有理了，还怕什么？再说，会合诸侯应尊崇德行，会合诸侯却使奸人列于国君之位，将如何昭示后代？诸侯会盟，他们的德行、刑罚、礼仪、道义，没有哪国不记载的。如果记载了奸人之位，那盟约就等于废了。事情做了却不记载，不是崇高的道德。国君您一定不要答应！郑国一定会接受盟约的。太子华既然是太子，却求助于大国来削弱自己的国家，必定不免于祸患。郑国有叔詹、堵叔、师叔三位贤臣执政，不会受到离间。"齐桓公于是辞谢了太子华的请求。子华因此得罪于郑国。

冬，郑伯使请盟于齐。

【译文】

冬，郑文公派使者来齐国请求订立盟约。

【穀梁传】衣裳之会也[①]。

【注释】

①衣裳之会：指国与国之间以礼交好的盟会。

【译文】

这是国与国之间以礼交好的盟会。

△**【经】曹伯班卒**①。

【注释】

①曹伯班：即曹昭公，姓姬，名班，谥昭。班，《公羊传》作"般"。

【译文】

曹昭公班去世。

△**【经】公子友如齐。**

【译文】

公子友到齐国修好。

△**【经】冬，葬曹昭公。**

【译文】

冬，安葬曹昭公。

***【左传】闰月**①，**惠王崩。襄王恶大叔带之难**②，**惧不立，不发丧而告难于齐**③。

【注释】

①闰月：指闰十二月。

②襄王：即周王太子郑，周襄王。恶：怕，担心。大叔带之难：太子郑

怕王子带争位。大叔带,即王子带,襄王弟弟。

③不发丧而告难于齐:僖公五年齐桓公为首止之会,即为定襄王之
　　位,故此时他告难于齐。此节本与八年春洮之盟为一体,后人割
　　裂分为两段。

【译文】

闰月,周惠王去世。襄王担心王子带争位,害怕不能立为天子,因此
秘不发丧,而先向齐国报告灾难。

八年

【经】八年春王正月①,公会王人、齐侯、宋公、卫侯、许
男、曹伯、陈世子款盟于洮②。郑伯乞盟③。

【注释】

①八年:鲁僖公八年当周襄王元年,前652年。

②王人:周王室的使者。洮(táo):地名,北边属鲁、南边属曹,在今
　　山东鄄城西南。案《公羊传》本句"陈世子款"后有"郑世子华",
　　阮校以为是衍文。

③郑伯乞盟:郑伯初未参加会盟,后才请求加入。高闶曰:"郑自此
　　年从齐,至十七年小白卒,楚人绝迹于郑,桓之伯功盛矣。"

【译文】

鲁僖公八年春周历正月,鲁僖公和周王室使者、齐桓公、宋桓公、卫
文公、许僖公、曹共公、陈国世子款在洮地结盟。郑文公请求加盟。

【左传】八年春,盟于洮,谋王室也①。郑伯乞盟,请服
也。襄王定位而后发丧②。

【注释】

①"八年春"三句：此句应连接上年传"惠王崩"一事。

②襄王定位而后发丧：洮之盟，拥立太子郑为周王，是为周襄王。襄王定位后才公布惠王死讯。

【译文】

鲁僖公八年春，诸侯在洮会盟，商量如何安定王室。郑文公请求参加盟会，表示归服。襄王即位后才公布惠王死讯，举行丧礼。

【公羊传】王人者何？微者也①。曷为序乎诸侯之上，先王命也②。乞盟者何？处其所而请与也③。其处其所而请与奈何？盖酌之也④。

【注释】

①微者：案名例，天子下士称"王人"，故知是微者。

②先王命：案礼制，王人衔王命以会诸侯，诸侯当北面受之，故王人序于诸侯之上。事实上，洮之会是齐桓公德衰，假借王人之重以会诸侯。

③处其所而请与也：处其所，即郑伯在国内。与，参与结盟。

④酌：挹取。郑伯倾向楚国，故身处国内，不亲自与盟，派遣使者挹取结盟之血，而请与之约束。《春秋》以其无慕中国之心，故不书遣使，而书"郑伯乞盟"以抑之。

【译文】

王人是什么人？是地位卑微者。为何序列在诸侯之上？是尊重王命。乞求结盟是什么意思？是身处国内而请求参与结盟。身处国内而请求参与结盟是怎么回事？大概是挹取结盟之血。

【穀梁传】王人之先诸侯,何也? 贵王命也。朝服虽敝,必加于上;弁冕虽旧^①,必加于首;周室虽衰,必先诸侯。兵车之会也^②。

【注释】

①弁(biàn)冕:弁冕都是冠名,通常礼服用弁,而吉礼之服用冕。

②兵车之会:谓诸侯带领军队来协商战事的盟会。据《左传》,僖公七年末,周惠王驾崩,太子郑担忧姬叔带争位,秘不发丧,先向齐国告难,此时诸侯会盟,是为了谋定周室,立太子郑,是为周襄王。

【译文】

把周王室的小官放在诸侯前面,为什么呢? 是尊重周天子的命令。朝服虽然破旧,一定要穿在外面;弁冕虽然陈旧,一定要戴在头上;周王室虽然衰微,一定要放在诸侯之前。这次是兵车之会。

以向之逃归乞之也。乞者,重辞也^①,重是盟也^②。乞者,处其所而请与也^③,盖汋之也^④。

【注释】

①重:分量重。

②重:看重,重视。

③处其所:待在他的处所。指郑文公没有亲自前来请求,而是派人前来,先试探一下齐桓公的态度。

④汋:通"酌",斟酌求取,此处指试探。

【译文】

因为之前逃跑回国所以用了"乞"字。乞,是分量很重的说法,表明看重这次盟会。乞,是待在自己的处所而派人前往请求允许,大概是为了试探一下。

【经】夏,狄伐晋^①。

【注释】

①狄伐晋:去年这个时候晋军在采桑打败狄人,此时狄人前来报复。

【译文】

夏,狄人攻打晋国。

【左传】晋里克帅师,梁由靡御,虢射为右^①,以败狄于采桑^②。梁由靡曰:"狄无耻^③,从之必大克。"里克曰:"惧之而已,无速众狄^④。"虢射曰:"期年^⑤,狄必至,示之弱矣^⑥。"夏,狄伐晋,报采桑之役也。复期月^⑦。

【注释】

①梁由靡御,虢射为右:梁由靡、虢射,皆晋大夫。

②采桑:地名,在今山西乡宁西。

③无耻:不以逃走为耻。

④速:招致。

⑤期(jī)年:一年。

⑥示之弱:显示晋军的懦弱。据下文"报采桑之役也",此句以上是补叙去年之事。

⑦复:应验。期月:即期年。

【译文】

晋国的里克率领军队,梁由靡驾战车,虢射为车右,在采桑打败了狄人。梁由靡说:"狄人无羞耻之心,追击他们,必定大胜。"里克说:"吓吓他们而已，不要招致其他的狄人来。"虢射说："一年之后，狄人必来报复，因为我们显示我军懦弱。"夏，狄人进攻晋国，报复采桑之战，应验了一年后来报复的预言。

【经】秋七月，禘于大庙①，用致夫人②。

【注释】

①禘（dì）：天子诸侯的庙祭。此指三年终丧后的大祭。案何休之意，禘为宗庙大祭，毁庙、未毁庙之主，以及功臣皆祭于太祖庙，五年举行一次。夫人当助祭。大庙：即太庙，鲁国始祖周公之庙。《公羊传》作"太庙"。

②用：因。致：指把夫人的神主送于太庙而列于昭穆之位。夫人：指哀姜。案礼制，若先君（对于夫人而言是夫之父，即"舅"）已没，则夫人当在三月之后，单独奠菜于先君之庙，此为告致夫人之礼。此条之"夫人"，本为齐国之媵女，初至鲁国时，非为嫡，故未行告致之礼。后齐桓公胁迫鲁国，以齐女为嫡，故需补行告致之礼。于是在禘祭的时候朝见祖宗，省去了单独祭祀舅庙的礼节。这种告致夫人的方式是非礼的，故《公羊传》云"用者不宜用""禘用致夫人，非礼也"。

【译文】

秋七月，在太庙举行禘祭，因为要把夫人的牌位送入太庙。

【左传】秋，禘而致哀姜焉，非礼也。凡夫人，不薨于寝①，不殡于庙②，不赴于同③，不祔于姑④，则弗致也。

【注释】

①不薨于寝:哀姜参与庆父之乱,被齐人杀于夷,见鲁闵公二年和僖公元年传。寝,正寝,指夫人的卧室。

②殡于庙:周代礼制,人死入棺,要停棺于祖庙。殡,停棺待葬。

③赴:讣告。同:同盟之国。

④祔(fù)于姑:祔祭于祖姑(丈夫的祖母)。《礼记·丧服小记》:"妇祔于祖姑。"祔,后死者附祭于先祖的活动。

【译文】

秋,禘祭后把哀姜的神主送进太庙,不符合礼制。凡是夫人,不死在自己的寝宫里,不在祖庙停棺,不讣告同盟国,不附祭于祖姑,就不能把神主送进太庙。

【公羊传】用者何?用者不宜用也。致者何?致者不宜致也。禘用致夫人,非礼也。夫人何以不称姜氏①?贬。曷为贬?讥以妾为妻也②。其言以妾为妻奈何?盖胁于齐媵女之先至者也。

【注释】

①夫人何以不称姜氏:案名例,当称"夫人姜氏",此处单称夫人,是贬抑齐女。

②讥以妾为妻也:鲁僖公本娶楚女为嫡,齐女为媵,然齐国先致其女,胁迫僖公立为嫡,此是以妾为妻。齐女有篡嫡之罪,故讥之。

【译文】

"用"是什么意思?用是不宜用的意思。"致"是什么意思?致是不宜致的意思。禘祭用以告致夫人,是非礼的。夫人为何不称"姜氏"?是贬抑她。为何贬抑?讥刺以媵妾为妻。以媵妾为妻是怎么回事?大概是齐国先送女到鲁国,胁迫僖公立为夫人。

【穀梁传】用者,不宜用者也;致者,不宜致者也。言夫人,必以其氏姓。言夫人而不以氏姓,非夫人也,立妾之辞也,非正也。夫人之①,我可以不夫人之乎?夫人卒葬之,我可以不卒葬之乎?一则以宗庙临之而后贬焉②,一则以外之弗夫人而见正焉。

【注释】

①夫人:这里用作动词,指僖公将其立为夫人。

②临:置,加于其上。这里指将宗庙在夫人之前说,并且之后不称她的姓氏,以此来表明经文对她的批判态度。

【译文】

“用”,是不该用的意思;“致”,是不该致的意思。说到夫人,一定用她的姓氏。说到夫人而没有用她的姓氏,就不是夫人,是立妾为夫人的说辞,不合正道。国君将其立为夫人,我可以不称夫人吗?她去世了以夫人之礼安葬她,我可以不按夫人之礼记载她的丧事吗?一方面是把祖庙写在她的前面然后贬低她,一方面是用外国不把她看做夫人来表明正道。

【经】冬十有二月丁未①,天王崩②。

【注释】

①丁未:十八日。

②天王:指周惠王。周惠王本上年闰十二月死,以今年十二月十八日告。

【译文】

冬十二月十八日,周惠王去世。

【左传】冬,王人来告丧[①],难故也[②],是以缓。

【注释】

①王人:周王室的使者。

②难故:因王室有难。

【译文】

冬,周王室的人来报告周惠王之丧,因王室有难,所以报告晚了。

***【左传】**宋公疾[①],大子兹父固请曰[②]:"目夷长且仁[③],君其立之。"公命子鱼[④],子鱼辞,曰:"能以国让,仁孰大焉?臣不及也,且又不顺[⑤]。"遂走而退[⑥]。

【注释】

①宋公:此即宋桓公。

②兹父:即后来的宋襄公。

③目夷:兹父庶兄,字子鱼。

④命子鱼:命令立子鱼。

⑤不顺:指舍嫡立庶。

⑥遂走而退:本当与下年"春,宋桓公卒"云云为一体,后人割裂为两段。

【译文】

宋桓公生病,太子兹父再三地请求说:"目夷年长而又仁厚,您还是立他为国君吧。"桓公下令立子鱼为国君,子鱼辞让说:"能以国家相让

的人,还有比这更仁厚的吗？臣下不如他啊,再说也不符合礼制。"于是
跑着退出去。

九年

【经】九年春王三月丁丑①,宋公御说卒②。

【注释】

①九年:鲁僖公九年当周襄王二年,前651年。丁丑:十九日。

②御说(yuè):即宋桓公,姓子,名御说,谥桓。

【译文】

鲁僖公九年春周历三月十九日,宋桓公御说去世。

【左传】九年春,宋桓公卒。未葬而襄公会诸侯①,故曰
子。凡在丧,王曰小童,公侯曰子②。

【注释】

①会诸侯:指参加葵丘之会。

②公侯曰子:《春秋》之例,旧君死,新君立,不论已葬未葬,当年称
　　子,逾年称爵。公侯,包括公、侯、伯、子、男五等爵。

【译文】

鲁僖公九年春,宋桓公去世。还没有下葬宋襄公就会见诸侯,所以
《春秋》称他为"子"。凡在丧期,天子称为"小童",公侯称"子"。

【公羊传】何以不书葬？为襄公讳也①。

【注释】

①为襄公讳：襄公，即宋襄公。依礼制，诸侯五月而葬。夏，宋襄公参与了葵丘之会，当时宋桓公尚未下葬，则襄公有不子之恶。《春秋》因宋襄公之后有征齐、忧中国、尊周室之功，故为之避讳背殡出会之恶，而不书宋桓公之葬。

【译文】

为何不为他书葬？是为宋襄公避讳。

【经】夏，公会宰周公、齐侯、宋子、卫侯、郑伯、许男、曹伯于葵丘①。

【注释】

①宰周公：宰孔，周王太宰，食邑在周，所以叫宰周公。宋子：宋襄公，因宋桓公未葬，所以称"子"。案名例，君薨称子某，既葬称子。时宋桓公未葬，应称子某，然宋襄公以王事出会诸侯，未在尸柩之前，故称"宋子"。葵丘：在今河南兰考东。

【译文】

夏，鲁僖公和宰周公、齐桓公、宋襄公、卫文公、郑文公、许僖公、曹共公在葵丘会见。

【左传】夏，会于葵丘，寻盟①，且修好②，礼也。

【注释】

①寻盟：重温过去的盟约，以巩固过去的盟约。

②修好：继续友好关系。

【译文】

夏，诸侯在葵丘会见，重温原先的盟约，且继续原来的友好关系，这是合乎礼的。

　　王使宰孔赐齐侯胙①，曰："天子有事于文武②，使孔赐伯舅胙③。"齐侯将下拜④。孔曰："且有后命⑤。天子使孔曰：'以伯舅耋老⑥，加劳⑦，赐一级，无下拜。'"对曰："天威不违颜咫尺⑧，小白余敢贪天子之命无下拜⑨？恐陨越于下⑩，以遗天子羞。敢不下拜？"下，拜；登，受⑪。

【注释】

①王使宰孔赐齐侯胙：致胙于齐桓公，乃因其强大足以令诸侯。王，指周襄王。胙，祭肉。此指周王祭祀祖庙的祭肉。

②天子有事于文武：即周王祭祀祖庙。有事，指祭祀之事。文武，周文王、周武王。

③伯舅：天子对同姓诸侯称伯父或叔父，对异姓诸侯称为伯舅。

④下拜：下阶行再拜稽首礼。此为当时臣对君之礼。

⑤有后命：指天子还有命令。

⑥耋（dié）老：指年纪大。耋，年七十叫耋。

⑦加劳：加上功劳。

⑧违：离。颜：颜面。咫尺：极言其近。咫，八尺为咫。

⑨小白：齐桓公名。贪：受。

⑩陨越：颠坠。

⑪下，拜；登，受：先降于两阶之间，再拜稽首；然后升堂，又再拜稽首，然后受赐。下，下到两阶之间。登，登堂。

【译文】

　　周襄王派宰孔给齐桓公赠送祭肉，说："天子祭祀文王、武王，派宰孔把祭肉赐给伯舅。"齐桓公将下阶行跪拜礼接受，宰孔说："天子还有命令。天子派宰孔时说：'因为伯舅年纪大，加上有功劳，加赐一等，不要下阶拜赐。'"齐桓公回答说："天子的威严就在面前不过咫尺，小白我哪敢领受天子之命而不下拜？不下拜只怕会失败，给天子带来羞耻。哪敢不下阶拜赐？"齐桓公下台阶，跪拜；再登堂，接受祭肉。

【公羊传】宰周公者何？天子之为政者也。

【译文】

宰周公是什么人？是天子身边执掌政事的人。

【穀梁传】天子之宰，通于四海①。宋其称子，何也？未葬之辞也。礼：柩在堂上②，孤无外事③。今背殡而出会④，以宋子为无哀矣。

【注释】

①通：往来。

②柩（jiù）：已装殓尸体的棺材。

③孤：丧父未葬的新即位的国君。

④背：离弃。

【译文】

周天子的宰官，可以和天下诸侯交往。称宋国国君为子，为什么呢？是表示前代国君还没有安葬的说法。按礼：灵柩还放在堂上，遗孤就没有外交上的事情。现在离开殡葬之事而出国会盟，是认为宋国新国君没有哀痛。

【经】秋七月乙酉①，伯姬卒②。

【注释】

① 乙酉：二十九日。

② 伯姬卒：按《公羊传》《穀梁传》的说法，伯姬已订婚，虽未出嫁，死时仍以成人之礼治丧，所以经文记作"伯姬卒"。

【译文】

秋七月二十九日，伯姬去世。

【公羊传】此未适人，何以卒？许嫁矣。妇人许嫁，字而笄之①，死则以成人之丧治之②。

【注释】

① 妇人许嫁，字而笄（jī）之：女子许嫁即为成年，取字以代替名，并行笄礼。钱玄先生云："女子未成年时，头发在两侧作鬐。成年之后，盘发作髻，插上簪笄。"

② 死则以成人之丧治之：与成人之丧相对的是殇礼，要降于成人之丧。女子许嫁即为成年，虽未至夫家而卒，仍以成人之丧治之。

【译文】

伯姬并未出嫁，为何书卒？已经许嫁了。妇人许嫁，称字行笄礼，去世则以成人的丧礼治丧。

【穀梁传】内女也，未适人，不卒，此何以卒也？许嫁，笄而字之，死则以成人之丧治之。

【译文】

是鲁国国君的女儿，还没有嫁人，不应记载去世，这里为什么记载了去世呢？因为已经订婚了，举行了笄礼就称她的字了，去世了就按成年人的丧礼来治丧。

【经】九月戊辰^①，诸侯盟于葵丘^②。

【注释】

①戊辰：十三日。

②诸侯盟于葵丘：诸侯，指的是此年"夏，公会宰周公、齐侯、宋子、卫侯、郑伯、许男、曹伯于葵丘"中的诸侯。由于宰周公与会不与盟，故此处书"诸侯盟于葵丘"。

【译文】

九月十三日，诸侯在葵丘会盟。

【左传】秋，齐侯盟诸侯于葵丘，曰："凡我同盟之人，既盟之后，言归于好^①。"宰孔先归，遇晋侯曰："可无会也^②。齐侯不务德而勤远略^③，故北伐山戎^④，南伐楚^⑤，西为此会也。东略之不知^⑥，西则否矣，其在乱乎^⑦。君务靖乱^⑧，无勤于行^⑨。"晋侯乃还。

【注释】

①言归于好：言，语助词。案关于葵丘之盟的誓词，《孟子·告子下》云："葵丘之会诸侯，束牲载书而不歃血。初命曰：'诛不孝，无易树子，无以妾为妻。'再命曰：'尊贤育才，以彰有德。'三命曰：'敬老慈幼，无忘宾旅。'四命曰：'士无世官，官事无摄；取士必得，无专杀大夫。'五命曰：'无曲防，无遏籴，无有封而不告。'曰：'凡我同盟之人，既盟之后，言归于好。'"《穀梁传》云："葵丘之会，陈牲而不杀，读书加于牲上，壹明天子之禁，曰：'毋雍泉，

毋讫籴，毋易树子，毋以妾为妻，毋使妇人与国事。'”

②无会：不参加盟会。此会晋献公迟到，宰孔在回去的路上遇见晋
　　献公。

③勤远略：指忙于远征。略，征伐。

④北伐山戎：伐山戎在鲁庄公三十一年。

⑤南伐楚：伐楚在鲁僖公四年。

⑥东略：伐东方诸侯。

⑦其在乱乎：《水经注》引作“其有乱乎”，或说指晋国之后发生的内
　　乱，或说指齐国此后发生的五公子争立的内乱。

⑧靖乱：平定内乱。晋国太子申生已死，奚齐立为太子，国人不服，
　　内乱将要萌发。

⑨无勤于行：行，指去参加盟会。关于葵丘之会，《史记·齐太公世
　　家》云：“秋，复会诸侯于葵丘，益有骄色。周使宰孔会。诸侯颇
　　有叛者。晋侯病，后，遇宰孔。宰孔曰：‘齐侯骄矣，第无行！’从
　　之。”《公羊传》云：“贯泽之会，桓公有忧中国之心，不召而至者，
　　江人、黄人也。葵丘之会，桓公震而矜之，叛者九国。”

【译文】

秋，齐桓公在葵丘盟会诸侯，说：“凡是我们一同结盟的国家，结盟
之后，大家归于友好。”宰孔先回去，遇见晋献公，说：“可以不参加盟会。
齐桓公不致力于修养德行而忙于远征，所以北边攻打山戎，南边攻打楚
国，西边就在葵丘举行盟会。是否伐东方诸侯还未可知，西边则不可能，
恐怕将要有内乱了。您应该先安定内乱，不要忙于参加盟会。”晋献公
于是也回去了。

【公羊传】桓之盟不日①，此何以日？危之也。何危尔？
贯泽之会②，桓公有忧中国之心，不召而至者，江人、黄人
也。葵丘之会，桓公震而矜之③，叛者九国④。震之者何？犹

曰振振然。矜之者何？犹曰莫若我也。

【注释】

①桓之盟不日：案时月日例，盟例日，恶其不信也；小信书月；大信书
　时。齐桓公信义著于天下，故其盟不书日。

②贯泽之会：即僖公二年"齐侯、宋公、江人、黄人盟于贯"。

③震：威势震慑。矜：骄矜。

④叛者九国：叛，指之后背叛葵丘之盟。九国，指厉国以下九国，故
　僖公十五年"秋七月，齐师、曹师伐厉"。此处未书九国之名。

【译文】

　　齐桓公的盟约例不书日，此处为何书日？因为桓公有危。有何危？
贯泽之会，桓公有忧虑中国之心，不召自来的诸侯，有江人、黄人。葵丘
之会，桓公恃威震慑骄矜诸侯，叛盟者有九国。"震"是什么意思？如同说
"盛气凌人的样子"。"矜"是什么意思？如同说"没有人能比得了我"。

　　【穀梁传】桓盟不日，此何以日？美之也①，为见天子之
禁②，故备之也③。葵丘之会，陈牲而不杀，读书加于牲上④，
壹明天子之禁⑤，曰："毋雍泉⑥，毋讫籴⑦，毋易树子⑧，毋以
妾为妻，毋使妇人与国事。"

【注释】

①美：褒扬，赞美。

②为：表示原因。见：显示，体现。天子之禁：周天子的禁令。

③备：详细记载，使完备。

④书：指盟书。

⑤壹：表示范围，完全。

⑥雍泉：堵塞水源。

⑦讫（qì）籴（dí）：就是不卖粮食给别国。讫，阻止，制止。

⑧树子：已立为世子的嫡长子。据何休，树立本正辞，无易本正当立之子。

【译文】

齐桓公的盟会不记载日期，这里为什么记载了呢？是为了褒扬他，因为他宣布了周天子的禁令，所以要详细地记载。葵丘的会盟，只陈设牺牲而不杀，宣读了盟书放在牺牲身上，完全表明了天子的禁令，说："不要堵塞水源，不要阻碍购买粮食，不要更换太子，不要把妾立为妻，不要让妇女参与国事。"

【经】甲子①，晋侯佹诸卒②。

【注释】

①甲子：依夏历在九月，按周历为十一月十日。《公羊传》作"甲戌"。《公羊义疏》以为是九月二十。

②晋侯佹（guǐ）诸：即晋献公，姓姬，名佹诸，谥献。《公羊传》《穀梁传》作"诡诸"。献公因有杀世子之恶，即僖公五年"晋侯杀其世子申生"，故《春秋》不书其葬以绝之。

【译文】

十一月初十，晋献公去世。

【左传】九月，晋献公卒。里克、丕郑欲纳文公①，故以三公子之徒作乱②。

【注释】

①丕郑：晋国大夫。文公：即晋文公重耳。

②三公子之徒：申生、重耳、夷吾的党羽。

【译文】

九月，晋献公去世。里克、丕郑准备接纳重耳回国，所以率三位公子的党羽作乱。

初，献公使荀息傅奚齐①。公疾，召之，曰："以是藐诸孤辱在大夫②，其若之何？"稽首而对曰："臣竭其股肱之力③，加之以忠贞。其济④，君之灵也；不济，则以死继之。"公曰："何谓忠贞？"对曰："公家之利⑤，知无不为，忠也；送往事居⑥，耦俱无猜⑦，贞也。"及里克将杀奚齐，先告荀息曰："三怨将作⑧，秦、晋辅之⑨，子将何如？"荀息曰："将死之。"里克曰："无益也。"荀叔曰⑩："吾与先君言矣，不可以贰⑪。能欲复言而爱身乎⑫？虽无益也，将焉辟之⑬？且人之欲善，谁不如我？我欲无贰，而能谓人已乎⑭？"

【注释】

①傅：辅佐。

②以是藐诸孤辱在大夫：意谓将此弱小孤儿托付给你。藐，小，弱，指奚齐。孤，无父叫孤。辱在，当时习语。

③竭其股肱（gōng）之力：竭尽全力。股肱，大腿和手臂。

④济：成功。

⑤公家之利：指有利于公室。

⑥往：指死者。居：指新君。

⑦耦：指死者新君双方。猜：猜疑。

⑧三怨：指三公子之徒。

⑨晋：指三怨之外的晋人。暗指反对者甚众。

⑩荀叔：即荀息。

⑪贰：违背，背叛。

⑫复言：实现诺言。爱身：爱惜己身，指贪生怕死。

⑬辟：躲避。

⑭能谓人已乎：其意亦不阻止里克之效忠于重耳等人。已，止。

【译文】

　　当初，晋献公让荀息辅佐奚齐。献公生病，召见荀息，说："把这个弱小的孤儿托付给你，你将怎么办？"荀息叩头回答说："臣下将竭尽全力，并加上忠贞。如果成功，那是国君在天之灵；不成功，我将一死谢罪。"献公问："什么是忠贞？"回答说："公家的利益，知道了没有不去做的，这是忠；送走死去的侍奉新即位的，两边都不会猜疑，这是贞。"等到里克将要杀掉奚齐时，事先告诉荀息说："三方的怨恨将要发作，秦国、晋国的人都支持他，你将怎么办？"荀息说："我将为之死。"里克说："死无益啊！"荀息说："我和先君有言在先，不可以违背。哪能想要实践诺言又贪生怕死呢？即使无益，我又能躲到哪里去？再说人们要行善，哪个不像我一样？我不想有二心，哪能叫别人不要这样做？"

【经】冬，晋里克杀其君之子奚齐①。

【注释】

①杀其君之子奚齐：奚齐，晋献公之子，骊姬所生。献公杀世子申生而立奚齐。奚齐未正式即位，所以称"其君之子"，称"杀"不称"弑"。《公羊传》"杀"作"弑"。

【译文】

　　冬，晋大夫里克杀死国君之子奚齐。

【左传】冬十月，里克杀奚齐于次①。书曰："杀其君之子。"未葬也②。荀息将死之,人曰:"不如立卓子而辅之③。"荀息立公子卓以葬。十一月,里克杀公子卓于朝④。荀息死之。君子曰:"《诗》所谓'白圭之玷,尚可磨也;斯言之玷,不可为也⑤。'荀息有焉。"

【注释】

①次:居丧的茅屋。

②未葬:献公未下葬。

③卓子:献公之子,骊姬之娣所生。参见僖公四年传。

④朝:朝廷。

⑤"白圭之玷"四句:引《诗》见《诗经·大雅·抑》。圭,玉。玷,玉上的瑕疵。

【译文】

冬十月,里克在居丧的茅屋里杀了奚齐。《春秋》记载说:"杀其君之子。"是因为献公还未下葬。荀息准备为之死,有人说:"不如立卓子辅佐他。"荀息立了卓子并安葬了晋献公。十一月,里克在朝廷上杀了公子卓。荀息自杀了。君子说:"《诗》所说的'白玉上的瑕疵,还可以磨掉;言语有了斑点,就无法改变了。'荀息就是如此啊!"

【公羊传】此未逾年之君①,其言弑其君之子奚齐何?弑未逾年君之号也②。

【注释】

①未逾年之君:案晋献公卒于九月,今未至第二年,故奚齐为未逾年之君。

②弑未逾年君之号也:案若是逾年之君被弑,经书"某弑其君某"。

若未逾年之君被弑,则书"某弑其君之子某",此为《春秋》通例。又案时月日例,弑成君例日,弑未逾年君例月。今书时者,表明奚齐被弑,因其得位不正。

【译文】

这是尚未逾年的嗣君,经言"弑其君之子奚齐"是为何? 这是被弑杀的未逾年之嗣君的称号。

【穀梁传】其君之子云者,国人不子也[①]。国人不子,何也? 不正其杀世子申生而立之也。

【注释】

①子:在丧期间,国君称子。

【译文】

经文说奚齐是国君的儿子,因为晋国人不把他当做国君。晋国人不把他当做国君,为什么呢? 认为晋献公杀害了太子申生而立他为君是不合正道的。

*****【左传】**齐侯以诸侯之师伐晋,及高梁而还[①],讨晋乱也。令不及鲁[②],故不书。

【注释】

①高梁:晋地名,在今山西临汾东北。

②令不及鲁:命令没有发到鲁国。

【译文】

齐桓公率诸侯军队攻打晋国,到高梁就回国了,此次是为了讨伐晋国之乱。命令没有发到鲁国,所以《春秋》没有记载。

*【左传】晋郤芮使夷吾重赂秦以求入①,曰:"人实有国②,我何爱焉③? 入而能民④,土于何有⑤。"从之。齐隰朋帅师会秦师,纳晋惠公。秦伯谓郤芮曰⑥:"公子谁恃⑦?"对曰:"臣闻亡人无党⑧,有党必有仇。夷吾弱不好弄⑨,能斗不过⑩,长亦不改,不识其他⑪。"公谓公孙枝曰⑫:"夷吾其定乎⑬?"对曰:"臣闻之,唯则定国⑭。《诗》曰:'不识不知,顺帝之则⑮。'文王之谓也。又曰:'不僭不贼,鲜不为则⑯。'无好无恶,不忌不克之谓也⑰。今其言多忌克,难哉!"公曰:"忌则多怨,又焉能克? 是吾利也⑱。"

【注释】

①郤芮:晋大夫。夷吾:即晋惠公。重赂秦:指送重礼给秦,此实为割地,以助其回国。

②人实有国:别人占有了国家。

③爱:爱惜,舍不得。

④能民:得民。

⑤土于何有:土地不足惜。

⑥秦伯:秦穆公。

⑦谁恃:依靠谁。

⑧亡人:指夷吾也逃亡在外。无党:没有党羽。

⑨弱不好弄:指幼小时不好侮弄人。

⑩能斗不过:能与人争斗,但不过分。

⑪不识其他:以上郤芮的答言,意谓夷吾在晋国无党无仇,无恩无怨,不会有人反对他。

⑫公孙枝:字子桑,秦大夫。

⑬其定乎:能否定国。

⑭则：准则，法则。

⑮不识不知，顺帝之则：引《诗》见《诗经·大雅·皇矣》。意为好
　　像不知不识，却顺着上帝的法则。

⑯不僭（jiàn）不贼，鲜不为则：引《诗》见《诗经·大雅·抑》。僭，
　　假，不信。贼，伤害。

⑰不忌：不猜忌。不克：不好胜。

⑱吾利：秦国之利。

【译文】

　　晋国大夫郤芮让夷吾给秦国送重礼以请求回国，说："人家占有了国家，我们还有什么舍不得呢？回国而得到百姓，土地何足惜？"夷吾听从了郤芮的话。齐国的隰朋率领军队和秦军会合护送晋惠公回国。秦穆公问郤芮："公子依靠谁？"郤芮回答说："臣下听说逃亡之人没有党羽，有党羽则必有仇人。夷吾自小不好侮弄人，能与人争斗，但不过分。长大了也是这样，其他的就不知道了。"秦穆公对公孙枝说："夷吾能安定国家吗？"公孙枝说："臣下听说：只有符合准则才能安定国家。《诗》里说：'不识不知，却顺应上帝的法则。'文王治国，就是如此。又说：'不造假，不害人，少有不成为楷模的。'无爱好、无厌恶，就是说不猜忌也不好胜。现在他的话既猜忌又好胜，要回去定国，难啊！"秦穆公说："忌刻就多怨恨，又怎么能成功？这正是对秦有利啊。"

　　*【左传】宋襄公即位①，以公子目夷为仁，使为左师以听政②，于是宋治。故鱼氏世为左师③。

【注释】

①宋襄公：即太子兹父，见上年传。

②左师：宋国六卿之一。

③鱼氏：公子目夷，字子鱼，后代为鱼氏。世为左师：鲁文公七年，目

夷之子公孙友继任左师。

【译文】

宋襄公即位,因为公子目夷仁厚,让他担任左师以主持政事,于是宋国大治。所以鱼氏世代做左师的官。

十年

△**【经】**十年春王正月①,公如齐。

【注释】

①十年:鲁僖公十年当周襄王三年,前650年。王正月:案时月日例,朝聘例时。此处书月者,何休云:"僖公本齐所立,桓公德衰见叛,独能念恩朝事之,故善录之。"

【译文】

鲁僖公十年春周历正月,鲁僖公前往齐国。

【经】狄灭温①,温子奔卫。

【注释】

①温:周王畿内小国,在今河南温县。

【译文】

狄人灭了温,温国君逃奔到卫国。

【左传】十年春,狄灭温,苏子无信也①。苏子叛王即狄②,又不能于狄③,狄人伐之,王不救,故灭④。苏子奔卫。

【注释】

①苏子：即经之温子，温国本苏忿生之田，所以又称苏子。

②叛王即狄：鲁庄公十九年，周室五大夫之乱，苏子叛王，先逃于卫，大概后来又逃到狄。

③不能：不和。

④故灭：狄虽灭温，但不能占有其地，温仍为周所有，二十五年赐予晋。

【译文】

鲁僖公十年春，狄人灭了温，原因是苏子无信用。苏子背叛周王投奔狄人，又与狄人不和，狄人讨伐他，周王不救他，所以被灭。苏子逃奔到卫。

【经】晋里克弑其君卓及其大夫荀息①。

【注释】

①晋里克弑其君卓及其大夫荀息：卓，《公羊传》作"卓子"。奚齐、卓子，皆为晋献公与骊姬所生之子，奚齐年长。僖公九年，献公卒，奚齐立，同年里克弑奚齐，而卓子立。此处，里克又弑卓子。卓子已逾年，同于成君，故经书"晋里克弑其君卓"，不云"君之子"。杀卓子和荀息《左传》载于去年，而经书于今年，杨伯峻认为盖因传文仍晋史用夏正，卓子被杀于夏正之十一月；但此时各国历法俱不精确，鲁太史不知何据列于此年。或云当是鲁国此时方收到讣告。用"弑"，因献公死逾年，卓子已为君。

【译文】

晋国大夫里克杀了他的国君卓和大夫荀息。

【公羊传】及者何？累也。弑君多矣，舍此无累者乎？曰有。孔父、仇牧皆累也①。舍孔父、仇牧无累者乎？曰有②。

有则此何以书？贤也。何贤乎荀息？荀息可谓不食其言矣。其不食其言奈何？奚齐、卓子者，骊姬之子也，荀息傅焉。骊姬者，国色也，献公爱之甚，欲立其子，于是杀世子申生。申生者，里克傅之。献公病将死，谓荀息曰："士何如，则可谓之信矣？"荀息对曰："使死者反生，生者不愧乎其言，则可谓信矣。"献公死，奚齐立。里克谓荀息曰："君杀正而立不正③，废长而立幼④，如之何？愿与子虑之。"荀息曰："君尝讯臣矣⑤，臣对曰：'使死者反生，生者不愧乎其言，则可谓信矣。'"里克知其不可与谋，退弑奚齐。荀息立卓子。里克弑卓子，荀息死之。荀息可谓不食其言矣。

【注释】

①孔父、仇牧皆累也：累，连累而死。孔父之事，参见桓公二年"宋督弑其君与夷及其大夫孔父"条。仇牧之事，参见庄公十二年"宋万弑其君捷及其大夫仇牧"条。

②曰有：此指叔术仲隐伯之事，参见成公十五年"仲婴齐卒"条传文。

③君杀正而立不正：正，指代世子申生。不正，指代奚齐。

④废长而立幼：长，指代公子重耳。时世子申生被杀，重耳年长，以次当立。幼，指代奚齐。

⑤讯：上问下曰讯。

【译文】

"及"是什么意思？是连累的意思。弑君的事例很多，除此之外，还有受连累而死的人吗？回答说：有的。孔父、仇牧都受累而死。除了孔父、仇牧之外没有受累而死的人了吗？回答说：有的。既然有，那么为什么这次还要记录？因为荀息有贤德。荀息有何贤德？荀息可谓是不食其言的人。荀息不食其言是怎么回事？奚齐、卓子，是骊姬之子，荀息教导辅佐他们。骊姬的容貌冠绝一国,献公非常喜爱她,想要立她的儿子为嗣,于是杀了世子申生。申生是由里克教导辅佐的。献公患病,即将死去,对荀息说:"士如何才能称为有诚信?"荀息回答说:"假设死者复活,生者无愧于之前所说的话,那么可以称为有诚信。"献公去世,奚齐被立为国君。里克对荀息说:"先君杀正嗣而立不正之子,废黜年长的公子而立年幼者,该怎么办? 愿与您商量此事。"荀息说:"先君曾询问过臣了。臣回答说:'假设死者复活,生者无愧于之前所说的话,那么可以称为有诚信。'"里克知道不可与之谋划,回去弑杀了奚齐。荀息拥立卓子为国君。里克又弑杀了卓子,荀息也死了。荀息可谓是不食其言的人。

【穀梁传】以尊及卑也,荀息闲也①。

【注释】

①闲:护卫,保护。

【译文】

从地位尊的写到地位卑的,荀息是保护卓子的。

△【经】夏,齐侯、许男伐北戎①。

【注释】

①北戎:山戎。

【译文】

夏,齐桓公和许僖公攻打北戎。

【经】晋杀其大夫里克。

【译文】

晋国杀了他们的大夫里克。

【左传】夏四月,周公忌父、王子党会齐隰朋立晋侯^①。晋侯杀里克以说^②。将杀里克,公使谓之曰:"微子则不及此^③。虽然,子弑二君与一大夫^④,为子君者,不亦难乎?"对曰:"不有废也,君何以兴? 欲加之罪,其无辞乎? 臣闻命矣^⑤。"伏剑而死。于是丕郑聘于秦,且谢缓赂^⑥,故不及。

【注释】

①周公忌父:周王卿士。王子党:周大夫。晋侯:晋惠公。

②说:数说里克之罪。

③微子:如果没有你。微,无。

④二君:奚齐、卓子。一大夫:荀息。

⑤闻命:接受命令。

⑥谢缓赂:为推迟割地而致歉。

【译文】

夏四月,周公忌父、王子党会合齐国的隰朋立了晋惠公。晋惠公杀死里克并数说他的罪状。要杀里克之前,惠公派人对他说:"如果没有你,我没有今天。尽管如此,你杀了两个国君和一个大夫,做你的国君,不是也很难吗?"里克回答说:"没有被废的人,哪有你的兴起呢? 要加给我罪名,还怕没有借口吗? 臣下领命了。"里克伏剑自杀。此时丕郑正聘问于秦,是为了推迟割地而去秦国致歉,所以躲过了这场祸患。

【公羊传】里克弑二君,则曷为不以讨贼之辞言之^①? 惠公之大夫也^②。然则孰立惠公? 里克也。里克弑奚齐、卓子,逆惠公而入。里克立惠公,则惠公曷为杀之？惠公曰：
"尔既杀夫二孺子矣,又将图寡人。为尔君者,不亦病乎。"
于是杀之。然则曷为不言惠公之入③？晋之不言出入者④,
踊为文公讳也⑤。齐小白入于齐,则曷为不为桓公讳？桓公
之享国也长,美见乎天下,故不为之讳本恶也⑥。文公之享
国也短,美未见乎天下,故为之讳本恶也。

【注释】

①曷为不以讨贼之辞言之：案《春秋》之例,弑君贼人人得而诛之,
　故称"人"以杀,为讨贼之辞。此处里克弑奚齐、卓子,当书"晋
　人杀里克"。而经书"晋杀其大夫里克",为一般的国君杀大夫之
　辞,故而发问。

②惠公之大夫：惠公,指晋惠公。里克弑卓子,而拥立出奔在外的晋
　惠公为君,则里克为惠公之大夫,君臣合为一体。里克当讨,而惠
　公非讨贼之人。

③曷为不言惠公之入：案晋献公杀世子申生,惠公、文公恐见及,故
　出奔。然据礼制,公子无去国之义,则惠公、文公出奔当绝。既
　被诛绝,则之后返国为君,属于篡位,当书"入"。今不书惠公之
　"入",故发问。

④晋之不言出入者：案里克弑卓子,而惠公入。惠公卒,其子怀公
　立。秦纳文公,而怀公出奔。此为晋之"出入",而《春秋》未书。

⑤踊为文公讳也：踊,预先之意,为齐地方言。案晋文公出奔当绝,
　后入国则是篡位,然文公有大功德,故《春秋》为其避讳篡位之
　恶,连带文公之前的惠公、怀公的"出入",也一并避讳。此为"踊
　为文公讳"。

⑥本恶：指篡位之恶。齐桓公篡公子纠之君位,《春秋》书"齐小白

入于齐",不为桓公避讳本恶。

【译文】

里克弑杀了两位国君,那么为何不以讨贼之辞记录此事?因为里克是惠公的大夫。那么是谁拥立的惠公?是里克。里克弑杀了奚齐、卓子,迎惠公入国。里克拥立了惠公,那么惠公为何要杀里克?惠公说:"你已经杀了两个小孩子了,以后也会算计我。做你的君主,怎能不担惊受怕?"于是杀了里克。那么为何不言惠公之入国?这期间晋国的出入,《春秋》均不记录,是预先为晋文公避讳。《春秋》书"齐小白入于齐",为何不为齐桓公避讳?因为桓公享国的时间长,美德显现于天下,所以不必为他避讳篡位之恶。晋文公享国时间短,美德未显现于天下,所以为他避讳篡位之恶。

【穀梁传】称国以杀,罪累上也①。里克弑二君与一大夫,其以累上之辞言之,何也?其杀之不以其罪也。其杀之不以其罪奈何?里克所为杀者,为重耳也。夷吾曰:"是又将杀我乎?"故杀之不以其罪也。其为重耳弑奈何?晋献公伐虢,得丽姬,献公私之②。有二子,长曰奚齐,稚曰卓子③。丽姬欲为乱,故谓君曰:"吾夜者梦夫人趋而来曰④:'吾苦畏⑤。'胡不使大夫将卫士而卫冢乎?"公曰:"孰可使?"曰:"臣莫尊于世子,则世子可。"故君谓世子曰:"丽姬梦夫人趋而来曰:'吾苦畏。'女其将卫士而往卫冢乎。"世子曰:"敬诺⑥。"筑宫⑦,宫成。丽姬又曰:"吾夜者梦夫人趋而来曰:'吾苦饥。'世子之宫已成,则何为不使祠也⑧?"故献公谓世子曰:"其祠。"世子祠。已祠,致福于君⑨。君田而不在。丽姬以鸩为酒⑩,药脯以毒⑪。献公田来,丽姬曰:"世子已祠,故致福于君。"君将食,丽姬跪曰:"食自外来者,不可不试也。"覆酒于地而地贲⑫。以脯与犬,犬死。丽姬下堂而啼呼曰:"天乎! 天乎! 国,子之国也,子何迟于为君?"君喟然叹曰:"吾与女未有过切,是何与我之深也⑬?"使人谓世子曰:"尔其图之。"世子之傅里克谓世子曰:"入自明。入自明则可以生,不入自明则不可以生。"世子曰:"吾君已老矣,已昏矣。吾若此而入自明,则丽姬必死。丽姬死,则吾君不安。所以使吾君不安者,吾不若自死,吾宁自杀以安吾君,以重耳为寄矣⑭。"刎脰而死⑮。故里克所为弑者,为重耳也。夷吾曰:"是又将杀我也。"

【注释】

①罪:罪行,恶行。累:连累,牵涉。上:国君,此时晋国在位的为晋惠公夷吾。

②私:个人占有。

③稚曰卓子:据《左传》是丽姬的妹妹生的卓子,阙疑。

④夫人:指晋献公已去世的夫人齐姜,为太子申生的生母。

⑤苦畏:以畏为苦。畏是害怕的意思。

⑥敬诺:恭敬应答之辞,犹言遵命。

⑦宫:指太子守墓住的宫室。

⑧祠:祭祀,祈祷。

⑨致福于君:福是祭祀用的酒肉,意为奉献祭祀用的酒肉。祭祀后的酒肉献给国君,以示为君主添福。

⑩鸩:毒酒。

⑪药:下毒药。

⑫贲(fèn):隆起。

⑬深：狠毒，过分。

⑭寄：托付。

⑮脰（dòu）：颈项。

【译文】

　　以国家的名义杀害，是罪行牵涉到国君。里克杀了两位国君与一位大夫，经文用牵涉到国君的言辞说这件事，为什么呢？因为国君杀里克不是因为里克的罪行。为什么国君杀里克不是因为里克的罪行？里克之所以被杀，是因为重耳。夷吾说："这个人又将要杀死我吗？"所以不是因为他的罪过杀死他。他为什么因为重耳被杀呢？晋献公讨伐虢国的时候，得到了丽姬，献公私下娶为妾。生了两个儿子，大的叫奚齐，小的叫卓子。丽姬想要作乱，因此对献公说："我晚上梦见夫人快步走来说：'我很害怕。'为什么不派大夫率领卫士去守卫陵墓呢？"献公说："可以派遣谁呢？"丽姬说："没有比太子更尊贵的大臣，可以派太子去。"因此献公对太子说："丽姬梦到夫人快步走来说：'我很害怕。'你带领卫士去守卫陵墓吧。"太子说："遵命。"修筑守墓住的宫室，修好了。丽姬又说："我晚上梦到夫人快步走来说：'我很饥饿。'太子守墓的宫室已经修好，那为什么不祭祀呢？"因此献公对太子说："祭祀吧。"太子于是祭祀。祭祀后，奉献祭祀用的酒肉给献公。献公外出打猎不在。丽姬往酒里下毒，往肉里加毒药。献公打猎归来，丽姬说："太子已经祭祀过了，所以献祭用的酒肉给您。"献公将要吃，丽姬下跪说："食物是从外边来的，不可以不试毒。"把酒倒在地上，地就隆起。把肉给狗吃，狗就死了。丽姬走下厅堂大哭道："天啊！天啊！国家，迟早是你的国家，你为什么还觉得做国君太晚了呢？"献公长叹道："我对你没有过失，你为什么对我这么狠毒呢？"派人对太子说："你自己考虑吧。"太子的老师里克对太子说："进宫去自己说明白。进宫自己说明白了就可以活，不进宫自己说明白就不可以活。"太子说："我的国君已经老了，已经糊涂了。我如果像这样进宫自己说明白，那么丽姬就一定会死。丽姬死了，那么我的国君就不能安宁。假如要让我的国君不得安宁,我不如自己死去,我宁愿自杀来让我的国君安宁,重耳就托付给你了。"于是自刎而死。所以里克杀害新国君,为的是重耳。夷吾说:"这个人又将要杀我了。"

△【经】秋七月。

【译文】

秋七月。

*【左传】晋侯改葬共大子①。秋,狐突适下国②,遇大子③。大子使登,仆④,而告之曰:"夷吾无礼⑤,余得请于帝矣⑥。将以晋畀秦⑦,秦将祀余。"对曰:"臣闻之:'神不歆非类⑧,民不祀非族⑨。'君祀无乃殄乎⑩?且民何罪?失刑乏祀⑪,君其图之。"君曰:"诺。吾将复请。七日,新城西偏,将有巫者而见我焉⑫。"许之,遂不见。及期而往,告之曰⑬:"帝许我罚有罪矣⑭,敝于韩⑮。"

【注释】

①改葬共大子:申生自杀后,因国内乱,草草安葬,现重新安葬。共大子,即太子申生。共,通"恭"。

②下国:此指陪都曲沃新城。

③大子:太子。此指申生鬼魂。

④仆:驾车。狐突原本就是申生的驭手。

⑤夷吾无礼:疑指惠公私通于申生夫人贾君。

⑥得请于帝:请求天帝并得到同意。

⑦畀(bì):给予。

⑧神不歆非类:神不享用异族的祭祀。歆,嗅闻。谓祭祀时神灵享
　用祭品的香气。

⑨民不祀非族:人不祭祀异族的鬼神。

⑩殄(tiǎn):灭绝。

⑪失刑:处罚不当。晋民无罪而亡其国,则太子之请失其刑。

⑫巫者而见(xiàn)我:指自己将附在巫者身上来传话。见我,指巫
　者现其身说话。

⑬告之:巫者告诉狐突。

⑭有罪:有罪之人,指夷吾。

⑮敝:失败。韩:韩原。

【译文】

晋惠公改葬太子申生。秋,狐突到新城曲沃去,遇见太子。太子让
他登上车,让他驾车。并告诉他说:“夷吾无礼,我请求天帝并得到同意,
将把晋国送给秦国,秦国将会祭祀我。”狐突回答说:“臣下听说:‘神不
享用异族人的祭祀,人也不祭祀不同族的鬼神。’您的祭祀恐怕要灭绝
了吧?再说百姓有什么罪?刑罚不当,断绝祭祀,您要考虑考虑啊!”申
生说:“好的。我将重新请求天帝。七日之后,新城的西边,将有一个巫
人传达我的话。”狐突答应了,申生就不见了。到了时候,狐突前去,巫
人告诉他:“天帝允许我惩罚有罪之人,他将在韩原大败。”

　　丕郑之如秦也,言于秦伯曰:“吕甥、郤称、冀芮实为不
从①,若重问以召之②,臣出晋君③,君纳重耳,蔑不济矣④。”

【注释】

①吕甥:又叫瑕甥、瑕吕饴甥、阴饴甥。盖吕、瑕、阴皆其采邑,饴为
　其名;为晋侯之外甥,故配名而称之甥。郤称:晋大夫。冀芮:即
　郤芮。不从:指不给秦贿赂。

②重问：重礼。古人问好必有礼品。

③出晋君：赶走晋惠公。

④蔑：无。

【译文】

　　丕郑去秦国的时候，对秦穆公说："吕甥、郤称、冀芮确实不同意贿赂秦国土地，如果用重礼慰问并把他们召来，臣下赶走晋君，国君您再送重耳回国，事情没有不成功的。"

　　冬，秦伯使泠至报问①，且召三子②。郤芮曰："币重而言甘，诱我也。"遂杀丕郑、祁举及七舆大夫③：左行共华、右行贾华、叔坚、雅歂、累虎、特宫、山祁，皆里、丕之党也。丕豹奔秦④，言于秦伯曰："晋侯背大主而忌小怨⑤，民弗与也⑥。伐之必出。"公曰："失众⑦，焉能杀？违祸⑧，谁能出君？"

【注释】

①泠（líng）至：秦国大夫。报问：回拜丕郑的聘问。

②三子：即吕甥等三人。

③七舆大夫：官名，掌管侯伯乘舆的大夫。春秋战国时侯伯之礼七命，冕服七章，故其乘舆亦为七。即下面的七人。

④丕豹：丕郑的儿子。

⑤大主：指秦国。小怨：指里克、丕郑一党。

⑥弗与：不会拥护。

⑦失众：失去众人支持。

⑧违祸：避祸逃亡。

【译文】

　　冬，秦穆公派泠至回拜丕郑的聘问，并且把吕甥等三人召来。郤芮说:"礼物厚重而且话语甜美,这是诱骗我啊。"于是杀了丕郑、祁举和七个军中大夫:左行共华、右行贾华、叔坚、骓歂、累虎、特宫、山祁,都是里克、丕郑的同党。丕豹逃奔到秦国,对秦穆公说:"晋君背叛大的主子而忌恨小的怨仇,百姓是不会拥护他的。如果攻打晋国,百姓必定会赶走晋君。"秦穆公说:"失去众人的支持,哪里还能杀大臣呢? 大臣都避祸逃亡了,还有谁能赶走国君?"

【经】冬,大雨雪①**。**

【注释】

①雨(yù):作动词,雨雪,下雪。雪:《公羊传》作"雹"。

【译文】

冬,下了场大雪。

【公羊传】何以书? 记异也。

【译文】

为何记录此事? 是记录异象。

十一年

【经】十有一年春①**,晋杀其大夫丕郑父**②**。**

【注释】

①十有一年:鲁僖公十一年当周襄王四年,前649年。

②丕郑父:即丕郑。

【译文】

鲁僖公十一年春,晋国杀了它的大夫丕郑。

【左传】十一年春,晋侯使以丕郑之乱来告①。

【注释】

①十一年春,晋侯使以丕郑之乱来告:今年晋国才派人来鲁国报告杀丕郑,因此经文记在今年春。

【译文】

鲁僖公十一年春,晋惠公派使者来报告丕郑之乱。

【穀梁传】称国以杀,罪累上也。

【译文】

以国家的名义杀害,表明罪行牵涉到国君。

*__【左传】__天王使召武公、内史过赐晋侯命①。受玉惰②。过归,告王曰:"晋侯其无后乎! 王赐之命而惰于受瑞③,先自弃也已,其何继之有④? 礼,国之干也⑤;敬,礼之舆也⑥。不敬,则礼不行,礼不行,则上下昏,何以长世?"

【注释】

①召(shào)武公:周王卿士。内史过:周大夫,内史,官名,过,人名。赐晋侯命:晋惠公即位,周天子给予册封,表示一种荣宠。

②受玉:接受赐玉。赐策命时必赐玉以为信。惰:懒洋洋的样子。《国语·周语上》作"执玉卑,拜不稽首",即其意。

③瑞：玉的通称。

④何继之有：指无后继之人。晋惠公之子怀公在鲁僖公二十四年被
　杀，未闻其有子，即有子，亦无位于晋。

⑤干：主干，根本。

⑥舆：载礼的车子，此用比喻。

【译文】

　　周天子派召武公、内史过来为晋惠公册封并赐予荣宠。晋惠公接受
玉时懒洋洋的。内史过回去，告诉周天子说："晋侯恐怕不会有后代继承
禄位了。天子赐予荣宠，而他接受时无精打采，这是先自暴自弃啊，哪还
会有继位的？礼仪，是国家的根本；恭敬，是载礼的车子。不恭敬则礼仪
不能施行，礼仪不施行则上下昏乱，又怎么能够长世不衰？"

△【经】夏，公及夫人姜氏会齐侯于阳穀①。

【注释】

①姜氏：声姜，鲁僖公夫人，齐桓公之女。阳穀：在今山东阳谷北。

【译文】

夏，鲁僖公和夫人姜氏在阳穀和齐桓公相会。

　　*【左传】夏，扬、拒、泉、皋、伊、雒之戎同伐京师①，入王
城②，焚东门，王子带召之也③。秦、晋伐戎以救周。秋，晋
侯平戎于王④。

【注释】

①扬、拒、泉、皋：四处皆戎人城邑，都在今河南洛阳西南。伊、雒之
　戎：居于今伊河、洛河之间的戎人。

②王城:今在河南洛阳西北隅。

③王子带召之:王子带企图叛乱篡位,因此招来戎人并作为内应。

　王子带,周惠王之子,襄王叔父。

④平:讲和。

【译文】

夏,扬、拒、泉、皋、伊、雒等地的戎人一同攻打京城,进入到王城,烧了东门,这是王子带招来的。秦、晋攻打戎人以救周王。秋,晋惠公让戎人和周天子讲和。

【经】秋八月,大雩①。

【注释】

①雩(yú):求雨之祭。

【译文】

秋八月,举行大规模的求雨雩祭。

【穀梁传】雩月,正也。雩得雨曰雩,不得雨曰旱。

【译文】

举行求雨仪式要记载月份,是符合正道的。求雨而下雨了称作雩,不下雨称作旱。

【经】冬,楚人伐黄①。

【注释】

①黄:国名,嬴姓。在今河南潢川西北。

【译文】

冬,楚国人攻打黄国。

【左传】黄人不归楚贡①。冬,楚人伐黄。

【注释】

①不归楚贡:不给楚国贡品。黄本是楚国盟国,后又亲齐,大概恃齐而不给楚国进贡。

【译文】

黄国人不给楚人进贡。冬,楚人攻打黄。

十二年

△**【经】**十有二年春王三月庚午①,日有食之②。

【注释】

①十有二年:鲁僖公十二年当周襄王五年,前648年。三月:《穀梁传》作“正月”。

②日有食之:日食。此为前648年4月6日之日全食。

【译文】

鲁僖公十二年春周历三月初一,日食。

***【左传】**十二年春,诸侯城卫楚丘之郛①,惧狄难也②。

【注释】

①卫楚丘之郛(fú):卫在鲁僖公二年迁到楚丘。楚丘,在今河南滑

县东。郭,郭,外城。

②惧狄难:防备狄人再次入侵。

【译文】

鲁僖公十二年春,诸侯一起为卫国的楚丘修筑外城,是惧怕狄人再次入侵。

【经】夏,楚人灭黄^①。

【注释】

①楚人灭黄:《穀梁传》曰:“贯之盟,管仲曰:‘江、黄远齐而近楚。楚,为利之国也。若伐而不能救,则无以宗诸侯矣。’桓公不听,遂与之盟。管仲死,楚伐江灭黄,桓公不能救,故君子闵之也。”顾栋高曰:“齐之于江、黄,所谓力弗能庇者也……乃合江、黄为召陵之师,未几次第就灭,而齐不敢问,则如管仲之言信矣。”

【译文】

夏,楚人灭了黄国。

【左传】黄人恃诸侯之睦于齐也,不共楚职^①,曰:“自郢及我九百里^②,焉能害我?”夏,楚灭黄。

【注释】

①共:通“供”。职:贡。

②自郢及我九百里:楚都郢在今湖北江陵,黄国在今河南潢川。以古代里数,相距约九百里。

【译文】

黄人依恃着诸侯都和齐国和睦,不再给楚国进贡,说:“从郢都到我国有九百里远,楚人哪能危害我?”夏,楚人灭了黄国。

【穀梁传】贯之盟^①，管仲曰："江、黄远齐而近楚。楚，为利之国也。若伐而不能救，则无以宗诸侯矣^②。"桓公不听，遂与之盟。管仲死^③，楚伐江灭黄，桓公不能救，故君子闵之也^④。

【注释】

①贯之盟：见僖公二年，以齐国为首的多个诸侯国在贯地订立了盟约，当时远离齐国的小国江国和黄国都参加了。"贯"是宋地名，在今山东曹县南。

②宗：成为宗主国，作宗主国。

③管仲死：《穀梁传》认为管仲是死在楚灭黄之前。据《史记》，管仲去世当在僖公十五年，是在灭黄之后。

④闵：怜悯，哀伤。

【译文】

在贯地结盟时，管仲说："江国、黄国距离齐国遥远但是与楚国接近，楚国，是贪利的国家。如果楚国讨伐江、黄而我们不能救援，那么就没有办法让诸侯以我们为宗主国。"齐桓公不听从他的意见，接着就与江、黄结盟。管仲死后，楚国讨伐江国灭亡黄国，齐桓公不能去救援，所以君子为此感到哀伤。

△【经】秋七月。

【译文】

秋七月。

*【左传】王以戎难故^①，讨王子带。秋，王子带奔齐。

【注释】

①戎难：即上年王子带召戎人入侵京师。

【译文】

周王因为戎人攻打京师的缘故，讨伐王子带。秋，王子带逃亡齐国。

*【左传】冬，齐侯使管夷吾平戎于王，使隰朋平戎于晋①。

【注释】

①齐侯使管夷吾平戎于王，使隰朋平戎于晋：上年晋侯曾"平戎于王"，未成功，所以齐桓公又派管仲和隰朋去调解。管夷吾，管仲。

【译文】

冬，齐桓公派管仲去让戎人和周天子讲和，派隰朋去让戎人和晋人讲和。

王以上卿之礼飨管仲，管仲辞曰："臣，贱有司也①。有天子之二守国、高在②，若节春秋来承王命③，何以礼焉？陪臣敢辞④。"王曰："舅氏⑤！余嘉乃勋⑥，应乃懿德⑦，谓督不忘⑧。往践乃职⑨，无逆朕命⑩。"管仲受下卿之礼而还。君子曰："管氏之世祀也宜哉⑪！让不忘其上⑫。《诗》曰：'恺悌君子，神所劳矣⑬。'"

【注释】

①贱有司：指低级的官员。管仲是下卿，齐桓公所任命。

②国、高：国氏、高氏世代为齐国上卿，是天子所任命。

③节：依时节。春秋来承王命：指诸侯春秋时节至周行朝聘之礼，接受周王之命。

④陪臣：诸侯的大夫，对天子自称陪臣。

⑤舅氏：舅父。齐国与周王异姓，所以称舅父。

⑥乃：你。

⑦应：接受。懿德：美德。

⑧督：通"笃"，深厚。

⑨往践乃职：去履行你的职务。管仲虽为下卿，但在齐执政，故仍劝
　其受上卿之礼。践，履行。

⑩逆：违背。

⑪管氏之世祀也宜哉：《史记·管晏列传》之《索隐》引《世本》曰：
　"（管）庄仲山产敬仲夷吾，夷吾产武子鸣，鸣产桓子启方，启方产
　成子孺，孺产庄子卢，卢产悼子其夷，其夷产襄子武，武产景子耐
　涉，耐涉产微，凡十代。"宜，应当。

⑫让：谦让。其上：指高、国二氏。

⑬恺悌君子，神所劳矣：引《诗》见《诗经·大雅·旱麓》。意思是
　和乐平易的君子，神灵一定会保佑他。恺悌，和乐平易。劳，郑玄
　笺云："犹言佑助。"

【译文】

　　周王用上卿的礼仪设宴招待管仲，管仲辞让说："我，只是个低级的
官员。有天子任命的国氏、高氏在，如果他们按时节在春秋两季来接受
天子之命，那将用什么礼节呢？下臣谨辞谢。"周天子说："舅父！我赞
美你的勋劳，接受你的美德，这是深厚而难以忘记的。去履行你的职责
吧，不要违背我的命令！"管仲还是坚持接受下卿的礼节后回国。君子
说："管氏世世代代受到祭祀是应该的啊！谦让而不忘他的上卿。《诗》
里说：'和乐平易的君子，神灵会保佑他的！'"

　　　　△【经】冬十有二月丁丑①，陈侯杵臼卒②。

【注释】

①丁丑：十一日。

②陈侯杵臼：即陈宣公，姓妫，名杵臼，谥宣。《公羊传》作"处臼"。

【译文】

冬十二月十一日，陈宣公杵臼去世。

十三年

△**【经】十有三年春**①**，狄侵卫。**

【注释】

①十有三年：鲁僖公十三年当周襄王六年，前647年。

【译文】

鲁僖公十三年春，狄人入侵卫国。

　　***【左传】**十三年春，齐侯使仲孙湫聘于周①，且言王子带②。事毕，不与王言③。归，复命曰："未可。王怒未怠④，其十年乎？不十年，王弗召也⑤。"

【注释】

①仲孙湫：齐大夫。王子成父之孙。

②言王子带：去年王子带逃到齐国，此时齐桓公想让仲孙湫替他求情，请周襄王召他回去。顾栋高曰："夫子带以臣伐君，擅召外裔，几危王室，此天下之大变，在带则属籍当绝，在戎则必诛不赦，乃齐桓不闻有一旅之问，反受子带之奔，不执以归于京师，且于戎则为之请平，子带则为之请复，若晏然无事者，是助叛臣，党外夷也，

岂管仲之智而出此。然召戎之事,不见于经,疑《左传》未可信。"

③不与王言:不提王子带之事。

④未息:未息,未缓和。息,松弛,缓和。

⑤不十年,王弗召也:案僖公二十二年传文云:"王子带自齐复归于京师,王召之也。"距此正好十年。

【译文】

鲁僖公十三年春,齐桓公派仲孙湫到周朝廷聘问,并要谈王子带之事。聘问事情结束,仲孙湫却不提王子带之事。回到齐国,他向齐桓公回复说:"不可以提。天子怒气未消,恐怕要十年以后吧? 不到十年,天子是不会召他回去的。"

△【经】夏四月,葬陈宣公。

【译文】

夏四月,安葬陈宣公。

【经】公会齐侯、宋公、陈侯、卫侯、郑伯、许男、曹伯于咸①。

【注释】

①陈侯:陈穆公。咸:卫地名,在今河南濮阳东南。

【译文】

鲁僖公在咸地与齐桓公、宋襄公、陈穆公、卫文公、郑文公、许僖公、曹共公等会见。

【左传】夏,会于咸,淮夷病杞故①,且谋王室也②。

【注释】

①淮夷病杞:淮夷觊觎杞国,让杞国感到威胁。淮夷,古代居于淮河流域的部族。

②谋王室:商量如何安定王室。

【译文】

夏,诸侯在咸地会见,是因为淮夷使杞国感到威胁,并且为了商量如何安定周王室。

秋,为戎难故,诸侯戍周。齐仲孙湫致之①。

【注释】

①致:送。送戍周的军队。

【译文】

秋,为了防备戎人入侵,诸侯军戍守周城。齐国的仲孙湫率军前往。

【穀梁传】兵车之会也①。

【注释】

①兵车之会:指诸侯带领军队来协商战事的盟会。

【译文】

这次是兵车之会。

△**【经】**秋九月,大雩。

【译文】

秋九月,举行盛大的求雨雩祭。

△【经】冬,公子友如齐。

【译文】

冬,公子友到齐。

*【左传】冬,晋荐饥①,使乞籴于秦②。秦伯谓子桑③:"与诸乎?"对曰:"重施而报④,君将何求? 重施而不报,其民必携⑤,携而讨焉,无众必败⑥。"谓百里⑦:"与诸乎?"对曰:"天灾流行,国家代有⑧,救灾恤邻,道也。行道有福。"丕郑之子豹在秦,请伐晋。秦伯曰:"其君是恶,其民何罪?"秦于是乎输粟于晋,自雍及绛相继⑨,命之曰"泛舟之役"⑩。

【注释】

①荐饥:连年灾荒。荐,通"洊(jiàn)",一次又一次,再次。

②乞籴(dí):请求购买粮食。籴,买进谷物。

③子桑:公孙枝,字子桑。

④重(chóng)施:指既护送夷吾回国,又支援其粮食。

⑤携:离,离心。

⑥无众:没有众人支持。

⑦百里:即百里奚,秦大夫。原为虞大夫,虞亡时为晋所俘,作为陪嫁之臣入秦。后出走入楚,秦以五张牡羊皮(羖)赎回,用为大夫,称五羖大夫。

⑧代有:轮流发生。代,更替。

⑨雍:秦国都城,在今陕西凤翔南。绛:晋国都城,在今山西翼城东南。

⑩泛舟之役:用船运粮,所以叫"泛舟之役"。雍在"汧渭之会",绛临汾河支流浍水。自雍及绛,大约是沿渭河而东,至华阴转黄河,

又东入汾河转浍河。泛,浮。

【译文】

冬,晋国再次发生饥荒,派人到秦国请求购买粮食。秦穆公问子桑:"给他吗?"子桑回答说:"多次给予恩惠而后报答我们,国君还有什么祈求的呢? 多次施恩而不报答,其百姓必然离心。离心之后再去讨伐它,失去众人支持,必败无疑。"问百里奚:"给他吗?"百里奚回答说:"天灾到处流行,各国都会有。救济灾荒,施援邻国,本是正道。实行正道,国家有福。"丕郑的儿子丕豹正在秦国,请求乘此机会攻打晋国。秦穆公说:"我们厌恶他的国君,他的百姓有什么罪呢?"秦国于是把粮食送到晋国去,运粮的船队从雍城到绛城接连不断,所以把它叫做"泛舟之役"。

十四年

【经】十有四年春①,诸侯城缘陵②。

【注释】

①十有四年:鲁僖公十四年当周襄王七年,前646年。

②诸侯城缘陵:缘陵,地名,在今山东昌乐东南。杞被徐、莒所灭,齐桓公率领诸侯修筑缘陵以存杞。书"诸侯"者,时齐桓公德衰,待诸侯然后乃能存杞,故诸侯不序。以下《公羊传》之解释,参见僖公元年"齐师、宋师、曹师次于聂北,救邢"条注释。

【译文】

鲁僖公十四年春,诸侯在缘陵筑城。

【左传】十四年春,诸侯城缘陵而迁杞焉①。不书其人,有阙也②。

【注释】

①迁杞：淮夷侵伐杞国，因此诸侯修筑缘陵城并把杞国迁过去。

②有阙：指经文文字有缺漏。

【译文】

鲁僖公十四年春，诸侯修筑缘陵城并把杞国迁过去。《春秋》不记载具体的人，是因为文字有缺漏。

【公羊传】孰城之？城杞也。曷为城杞？灭也。孰灭之？盖徐、莒胁之。曷为不言徐、莒胁之？为桓公讳也。曷为为桓公讳？上无天子，下无方伯，天下诸侯有相灭亡者，桓公不能救，则桓公耻之也。然则孰城之？桓公城之。曷为不言桓公城之？不与诸侯专封也。曷为不与？实与而文不与。文曷为不与？诸侯之义，不得专封也。诸侯之义不得专封，则其曰实与之何？上无天子，下无方伯，天下诸侯有相灭亡者，力能救之，则救之可也。

【译文】

为谁筑城？是为杞国修筑都城。为什么要为杞修筑都城？因为杞国被灭了。谁灭的杞国？大概是徐、莒胁迫灭了杞国。为何不言"徐、莒胁之"？是为齐桓公避讳。为何为齐桓公避讳？上无天子，下无方伯，天下诸侯有相灭亡的，桓公不能救援，则桓公以之为耻。那么为何不言齐桓公修筑杞国都城？是不赞成诸侯私自封国。为何不赞成？实际上赞成，而文辞上不赞成。文辞上为何不赞成？诸侯之义，不得私自封国。诸侯之义不得私自封国，那么为何说实际上赞成？上无天子，下无方伯，天下诸侯有相灭亡的，有能力救援，那么救援是可以的。

【穀梁传】其曰诸侯，散辞也①。聚而曰散，何也？诸侯城，有散辞也，桓德衰矣。

【注释】

①散：涣散，分散。

【译文】

经文说诸侯，是表示涣散的言辞。聚集在一起却说涣散，为什么呢？诸侯修筑城墙，出现涣散的言辞，表明齐桓公的德行衰微了。

【经】夏六月，季姬及鄫子遇于防①。使鄫子来朝。

【注释】

①季姬：鄫子夫人，鲁僖公之女。何休以为，季姬本许嫁于邾娄国（邾国）。孔广森以为，鲁女伯姬，本许嫁于邾娄国，然卒于僖公九年。季姬为伯姬之媵。伯姬虽未嫁而死，媵犹当往。而季姬在前往邾娄国途中，与鄫子相遇于防，两情相悦，故使鄫子至鲁，请己为夫人。鄫（zēng）：姒姓国，在今山东枣庄东。《穀梁传》作"缯"，下文"鄫"亦作"缯"。

【译文】

夏六月，季姬和鄫子在防地见面。派鄫子来朝见。

【左传】鄫季姬来宁①，公怒，止之②，以鄫子之不朝也。夏，遇于防，而使来朝。

【注释】

①宁：归宁，回娘家。

②止之：留住她。

【译文】

郳国的季姬来鲁国回娘家，鲁僖公发怒，留住季姬不让她回去，因为郳子不来朝见。夏，在防地让他们相见，并使郳子来朝见。

【公羊传】郳子曷为使乎季姬来朝①？内辞也②。非使来朝，使来请己也。

【注释】

①郳子曷为使乎季姬来朝：案"使"某"来朝"，是君主派遣臣子之文，而郳子是君，不应被季姬所使，故而发问。又案礼制，男不亲求，女不亲许，郳子与季姬自专嫁娶，与禽兽无异，故《春秋》书季姬"使郳子来朝"，以此绝贱郳子。

②内辞：为鲁国避讳之辞。内女淫佚，有失教戒，此为大恶，故《春秋》不书"使来请己"，而书"来朝"，为鲁国避讳。

【译文】

郳子为何受季姬的指派来朝鲁国？这是为鲁国避讳之辞。不是使郳子来朝见，而是使郳子来请求娶自己为夫人。

【穀梁传】遇者，同谋也。来朝者，来请己也①。朝不言使②，言使，非正也。以病缯子也。

【注释】

①请己：请僖公让自己回家。

②朝不言使：朝见不能称派遣。

【译文】

遇，就是共同策划的意思。来访问，是来请僖公让自己回家。访问不能称派遣,称派遣,不合正道。用这种方法来指责缯国国君。

【经】秋八月辛卯①,沙鹿崩②。

【注释】

①辛卯:初五。

②沙鹿:山名,在今河北大名东。一说为黄河边上的城邑,顾栋高《春秋大事表》以为属于卫国,后入晋。

【译文】

秋八月初五,沙鹿山崩塌。

【左传】秋八月辛卯,沙鹿崩。晋卜偃曰①:"期年将有大咎②,几亡国。"

【注释】

①卜偃:晋国史官。

②期(jī)年:一周年。大咎:大难。

【译文】

秋八月初五,沙鹿山崩塌。晋国的卜偃说:"一年内晋国将有大难,几乎亡国。"

【公羊传】沙鹿者何?河上之邑也。此邑也,其言崩何?袭邑也①。沙鹿崩何以书?记异也。外异不书,此何以书?为天下记异也②。

【注释】

①袭邑：何休云："袭者，嘿陷入于地中。"整个城邑塌陷，故言"崩"。

②为天下记异也：沙鹿非鲁邑，经文又不系于国，故知是为天下记异。何休云："土地者，民之主，霸者之象也。河者，阴之精。为下所袭者，此象天下异，齐桓将卒，霸道毁，夷狄动，宋襄承其业，为楚所败之应。"

【译文】

沙鹿是什么地方？是黄河边上的城邑。这是城邑，为何言"崩"？是整个城邑塌陷地中。沙鹿崩陷，为何记录？是记录异象。鲁国之外的异象，例所不书，此处为何记录？是为天下记录异象。

【穀梁传】林属于山为鹿①。沙，山名也。无崩道而崩，故志之也。其日，重其变也。

【注释】

①属：连接。鹿：通"麓"，山脚。

【译文】

树林和山连接的地方是山脚。沙，是山的名字。没有崩塌的道理却崩塌了，所以记载这件事。经文记载日期，是表示重视这种变故。

△**【经】**狄侵郑。

【译文】

狄人入侵郑国。

【经】冬，蔡侯肸卒①。

【注释】

①蔡侯肸（xī）：蔡穆侯，姓姬，名肸，侯爵，谥穆。蔡侯献舞之子。庄公十年，献舞被楚人俘获，后卒于楚。其子肸忘父仇而依附楚国，故僖公四年齐桓公帅诸侯侵蔡，蔡溃。国溃则其君当绝，故此处不书肸之葬。又案时月日例，大国卒书日，此处书时者，因肸背中国而附父仇。

【译文】

冬，蔡穆侯肸去世。

【穀梁传】 诸侯时卒，恶之也。

【译文】

诸侯记载去世的季节，是厌恶他。

*　**【左传】** 冬，秦饥，使乞籴于晋，晋人弗与。庆郑曰①："背施②，无亲；幸灾，不仁；贪爱③，不祥；怒邻④，不义。四德皆失，何以守国？"虢射曰⑤："皮之不存，毛将安傅⑥？"庆郑曰："弃信，背邻，患孰恤之？无信患作，失援必毙⑦。是则然矣。"虢射曰："无损于怨⑧，而厚于寇⑨，不如勿与。"庆郑曰："背施、幸灾，民所弃也。近犹仇之⑩，况怨敌乎？"弗听。退曰："君其悔是哉！"

【注释】

①庆郑：晋大夫。

②背施：背弃施恩者。

③贪爱：贪图所爱惜的东西。

④邻:指秦国。

⑤虢射:晋大夫。惠公舅父。

⑥皮之不存,毛将安傅:皮比喻曾答应割给秦国的城池,毛比喻借给秦国粮食。意谓已背弃秦国的施恩而不与其城,结怨已深,如今即使给秦国粮食,犹毛之无皮,无所附着。傅,通"附"。

⑦毙:失败。

⑧无损于怨:意为即使给粮食,也不会减少秦国的怨恨。

⑨厚于寇:增加秦国力量。

⑩近:指国内人。

【译文】

冬,秦国闹饥荒,派人到晋国希望购买粮食,晋国不同意。庆郑说:"背弃恩惠,就会失去亲人;幸灾乐祸,就是不仁;贪图所爱,就是不祥;激怒邻国,就是不义。四种德行都失去了,你凭什么守卫国家?"虢射说:"皮已经不存在了,毛还附着在哪里?"庆郑说:"丢弃信义,背弃邻国,有祸患时谁来支援你? 无信用,祸患就会来;失去援助,必定失败。这是必然的结果啊。"虢射说:"就是给粮食,也不会减少秦国的怨恨,反而增加了它的力量,不如不给。"庆郑说:"背弃恩惠,幸灾乐祸,百姓也会抛弃你。国内百姓把你当仇敌,更何况怨恨你的敌人呢?"晋惠公不听。庆郑退出去时说:"国君对此一定会后悔的!"

十五年

△**【经】**十有五年春王正月①,公如齐。

【注释】

①十有五年:鲁僖公十五年当周襄王八年,前645年。

【译文】

鲁僖公十五年春周历正月,鲁僖公到齐国去。

【经】楚人伐徐[1]。

【注释】

[1]徐:徐国,在今安徽泗县西北。

【译文】

楚人讨伐徐国。

【左传】十五年春,楚人伐徐,徐即诸夏故也[1]。

【注释】

[1]诸夏:中原诸国,这里指以齐国为首的中原诸侯联盟。

【译文】

鲁僖公十五年春,楚人攻打徐国,因为徐国亲近中原诸国。

【经】三月,公会齐侯、宋公、陈侯、卫侯、郑伯、许男、曹伯盟于牡丘[1]。

【注释】

[1]牡丘:在今山东聊城东北。

【译文】

三月,鲁僖公会见齐桓公、宋襄公、陈穆公、卫文公、郑文公、许僖公、曹共公,并在牡丘结盟。

【左传】三月,盟于牡丘,寻葵丘之盟,且救徐也。

【译文】

三月,诸侯在牡丘会盟,重温葵丘的盟约,同时商量救援徐国。

【穀梁传】兵车之会也①。

【注释】

①兵车之会:谓诸侯带领军队来协商战事的盟会。

【译文】

这次是兵车之会。

【经】遂次于匡①。

【注释】

①遂次于匡:遂,生事之辞。诸侯因谋救徐,而盟于牡丘,却生事止次于匡,仅派遣大夫救徐,卒不能救。故《春秋》书“次”以刺诸侯缓于人恩。次,驻扎。匡,宋地名,在今河南睢县西。

【译文】

诸侯军驻扎在匡地。

【穀梁传】遂,继事也。次,止也,有畏也。

【译文】

遂,表示后一件事接着前一件事。次,是停止的意思,表示有所畏惧。

【经】公孙敖帅师及诸侯之大夫救徐^①。

【注释】

①公孙敖帅师及诸侯之大夫救徐：公孙敖，鲁国庆父的儿子孟穆伯。顾栋高曰："（徐）去楚远而去齐近，楚之兵威及徐，而齐之救患顾不力。葵丘听命之诸侯不即驱之讨楚，而再盟于牡丘；不晨夕赴难，而次于匡；列国之君俱在行，而使大夫将；于以见列国之解体，伯威之不行，直书其事而义自见者也。"汪克宽曰："桓公倡伯四十余年，未尝命大夫为主将，大夫主将始此。"帅，《公羊传》作"率"。诸侯之大夫，即上文齐、宋、陈、卫、郑、许、曹国之大夫。而公孙敖则是鲁国之大夫，独出公孙敖名氏者，亦是王鲁之故。

【译文】

公孙敖率领军队和诸侯军一起救徐国。

【左传】孟穆伯帅师及诸侯之师救徐^①，诸侯次于匡以待之^②。

【注释】

①孟穆伯：即公孙敖。

②待之：等候孟穆伯。

【译文】

孟穆伯率军和诸侯军一起救徐，诸侯军驻扎在匡地以等待孟穆伯。

【穀梁传】善救徐也。

【译文】

褒扬救援徐国的行为。

【经】夏五月，日有食之。

【译文】

夏五月，日食。

【左传】夏五月，日有食之。不书朔与日^①，官失之也^②。

【注释】

①朔：初一。

②官失之：史官记日食月食，按例当注明日期与朔望，此是史官漏记。

【译文】

夏五月，日食。《春秋》不记朔日和日期，是史官漏记了。

【经】秋七月，齐师、曹师伐厉^①。

【注释】

①齐师、曹师伐厉：案僖公九年，齐桓公为葵丘之盟，而厉等九国叛盟，故伐之。又案时月日例，伐例时，此处书月者，因齐、曹之师为义兵。厉，国名，在今河南鹿邑东。

【译文】

秋七月，齐国、曹国军队攻打厉国。

【左传】秋，伐厉，以救徐也^①。

【注释】

①以救徐也：《春秋大事表》引张洽曰："厉在徐、楚之间，齐盖攻楚之必救以解徐也。然楚卒败徐于娄林，则此役为无用。况宋乘虚

而捣曹,同盟之内自相攻击,欲以抗方张之楚得乎!"

【译文】

秋,攻打厉国,是为了救援徐国。

【经】八月,螽①。

【注释】

①螽（zhōng）：蝗灾。《公羊传》作"蝝"。

【译文】

八月,发生蝗灾。

【穀梁传】螽,虫灾也。甚则月,不甚则时。

【译文】

螽,是害虫泛滥成灾。严重就记载月份,不是很严重就记载季节。

【经】九月,公至自会①。

【注释】

①至自会：由牡丘会盟后回国。

【译文】

九月,僖公从牡丘会盟后回国。

【公羊传】桓公之会不致①,此何以致？久也②。

【注释】

①桓公之会不致：即僖公参加齐桓公主持的会盟,归国时不书"公

至自会”。因书致文,是臣子喜其君父脱危而至,齐桓公有信义,
其会无危,故不致。

②久也:古者师出不逾时,僖公此年春便在外,至此方回,已逾三时,
故云“久也”。

【译文】

齐桓公的会盟,《春秋》例不书致文,此处为何书致文? 是因僖公久
在国外的缘故。

△【经】季姬归于鄫①。

【注释】

①鄫:《穀梁传》作“缯”。

【译文】

季姬回到鄫国。

【经】己卯晦①,震夷伯之庙②。

【注释】

①己卯:九月三十日。晦:阴历每月的最后一天。《公羊传》《穀梁
传》认为指昏暗。

②震:雷击。夷伯:《穀梁传》认为是鲁国大夫,然未指明是谁;《左
传》认为是鲁国大夫展氏的祖父;《公羊传》认为是季氏的家臣。

【译文】

九月三十日晦日,雷击了夷伯之庙。

【左传】震夷伯之庙,罪之也,于是展氏有隐慝焉①。

【注释】

①隐慝:隐恶。

【译文】

雷击夷伯庙,是降罪于他,从这里可以知道展氏有隐匿的罪恶。

【公羊传】晦者何?冥也。震之者何?雷电击夷伯之庙者也。夷伯者曷为者也?季氏之孚也①。季氏之孚则微者,其称夷伯何?大之也②。曷为大之?天戒之③,故大之也。何以书?记异也。

【注释】

①季氏之孚:孚,信。即夷伯是季氏之信臣。

②大之也:即尊大之,夸大之。案名例,大夫称名氏。夷伯是季氏之臣,于鲁君属于陪臣。阳虎亦是陪臣,经不书其名氏,而书"盗"。此处夷伯却书字(即"伯"),尊过于大夫,故曰"大之"。

③天戒之:何休云:"僖公蔽于季氏,季氏蔽于陪臣,陪臣见信得权,僭立大夫庙,天意若曰:'蔽公室者是人也,当去之。'"

【译文】

"晦"是什么意思?是昏暗的意思。震夷伯之庙是什么意思?是雷电击毁了夷伯之庙。夷伯是什么人?是季氏的信臣。季氏的信臣,应该是微者,称其为夷伯,是为何?是夸大他。为何要夸大他?天用他来警戒世人,所以夸大他。为何记录此事,是记录异象。

【穀梁传】晦,冥也①。震,雷也。夷伯,鲁大夫也。因此以见天子至于士皆有庙。天子七庙,诸侯五,大夫三,士二②。故德厚者流光③,德薄者流卑④。是以贵始,德之本也⑤。始封必为祖^⑥。

【注释】

①冥:昏暗。

②"天子七庙"四句:指天子有七庙,祭祀父、祖父、曾祖、高祖、高祖
的父和祖父、始祖七人。诸侯五庙,祭祀父、祖父、曾祖、高祖、始
祖五人。大夫三庙,祭祀父、祖父、曾祖。士二庙,祭祀父、祖父。

③流:流传。光:远。

④卑:近。

⑤德:这里指德的恩泽。

⑥祖:祖庙,宗庙。指始祖的宗庙要永远祭祀。

【译文】

晦,是昏暗的意思。震,是打雷的意思。夷伯,是鲁国的大夫。由此
可以见得从天子到士都有宗庙。天子有七代先人的庙,诸侯有五代先人
的庙,大夫有三代先人的庙,士有两代先人的庙。所以德行深厚的人恩
泽流传久远,德行浅薄的人恩泽流传短暂。因此尊重始祖,因为他是恩
泽的根本。第一个受封的一定有宗庙。

【经】冬,宋人伐曹。

【译文】

冬,宋国人攻打曹国。

【左传】冬,宋人伐曹,讨旧怨也^①。

【注释】

①旧怨:指鲁庄公十四年曹与齐、陈伐宋,此乃旧怨。顾栋高曰:"曹方

从齐伐厉,而宋即伐曹,宋襄此时已争伯,显与齐贰矣。宜救徐之不力,而卒为楚败也。自桓公之伯,三十年诸侯无敢有擅相侵伐者。至是宋人内叛挠齐成功,而桓公不问,年垂老,而伯图亦尽矣。"

【译文】

冬,宋国人攻打曹,是要讨伐过去的怨恨。

【经】楚人败徐于娄林①。

【注释】

①楚人败徐于娄林:此是楚国使诈而击败徐国,案诈战之例当书"某月,楚人败徐师于娄林"。此处不称"徐师"而但称"徐"者,因徐灭亡了杞国(夏朝之后),蔑视先圣法度,故夷狄之。如此,则娄林之战,为夷狄间的战争,故《春秋》不书月,略两夷也。娄林,在今安徽泗县东北。

【译文】

楚人在娄林打败徐国。

【左传】楚败徐于娄林,徐恃救也①。

【注释】

①恃救:等待齐国等诸侯国去救援。

【译文】

楚人在娄林打败徐国,因为徐国在等待救援。

【穀梁传】夷狄相败,志也。

【译文】

蛮族之间相互击败，记载下来了。

【经】十有一月壬戌①**，晋侯及秦伯战于韩**②**，获晋侯**③**。**

【注释】

①壬戌：十四日。

②韩：韩原，在今山西河津、万泉之间。

③获：生擒。据《公羊传》，"君生得曰获，大夫生死皆曰获"。

【译文】

十一月十四日，晋惠公和秦穆公在韩原交战，秦生擒了晋惠公。

【左传】晋侯之入也，秦穆姬属贾君焉①，且曰："尽纳群公子②。"晋侯烝于贾君③，又不纳群公子，是以穆姬怨之。晋侯许赂中大夫④，既而皆背之。赂秦伯以河外列城五⑤，东尽虢略⑥，南及华山⑦，内及解梁城⑧，既而不与。晋饥，秦输之粟；秦饥，晋闭之籴。故秦伯伐晋。

【注释】

①秦穆姬：秦穆公夫人，晋献公之女。贾君：太子申生的妃子。晋惠公的嫂子。

②群公子：指因骊姬之乱逃亡在外的众公子。

③烝于贾君：指与贾君通奸。

④晋侯：晋惠公。中大夫：指晋国内执政大臣。如里克、丕郑等。

⑤河外：指黄河以西以南。黄河自龙门至华阴，自北而南，晋都于绛，在黄河以东以北，故以黄河以西以南为外。

⑥虢略：虢国的边界。约在今河南西部灵宝一带。略，边界。

⑦华山：山名，在今陕西华阴境内。

⑧解梁城：在今山西临猗西南，解、临晋、虞乡三县之地。

【译文】

晋惠公从秦国回晋国时，秦穆夫人曾将贾君托付给晋惠公，并且对他说："应该让公子们都回国。"晋惠公回国后，竟和贾君通奸，又不肯接纳众公子，因此秦穆夫人怨恨晋惠公。晋惠公答应给中大夫财礼，后来又背弃了诺言。答应将黄河以西以南的五座城割给秦国，东边到虢国的边界，南到华山，还包括河内的解梁城，后来也都反悔不给了。晋国闹饥荒，秦国送给晋国粮食；秦国闹饥荒，晋惠公却拒绝卖粮食给秦国。所以秦穆公发兵攻打晋国。

卜徒父筮之①，吉："涉河，侯车败②。"诘之，对曰："乃大吉也。三败，必获晋君。其卦遇《蛊》䷑③，曰：'千乘三去，三去之余，获其雄狐④。'夫狐《蛊》⑤，必其君也。《蛊》之贞，风也；其悔，山也⑥。岁云秋矣⑦，我落其实而取其材⑧，所以克也。实落材亡，不败何待？"

【注释】

①卜徒父：秦国卜官，名徒父。

②涉河，侯车败：这是筮辞。侯车，晋侯之车。

③《蛊》䷑：《周易》卦名，巽下艮上。

④千乘（shèng）三去，三去之余，获其雄狐：此三句是繇辞。案此不见于今本《周易》。杜预注："于《周易》，'利涉大川，往有事也'，亦秦胜晋之卦也。今此所言。盖卜筮书杂辞。"千乘，一千辆兵车，作为大国诸侯的代称。三去，石韫玉《读左卮言》之说："三去

即三驱，其词应于下文之‘三败及韩’，盖晋人三败，则秦人三驱之矣。”雄狐，指晋侯。《蛊》外卦为艮，《九家易》，艮为狐，是其象为狐。主五爻，五为君位，则其象为雄狐。古人喜以雄狐喻君。

⑤狐《蛊》：《蛊》卦中的雄狐。

⑥"《蛊》之贞"四句：下卦为贞，内卦，代表己方；上卦为悔，外卦，代表对方。《蛊》卦巽下艮上，贞为巽为风，是秦的象征；悔为艮为山，是晋的象征。

⑦岁云秋矣：下文云"九月"，是夏正九月。"云"为语中助词，无义。

⑧我落其实而取其材：巽为风象秦，艮为山象晋，风经山上，故附会为落实取材之象。

【译文】

卜徒父占筮，得到吉卦，占辞上说："渡过黄河，晋侯的车子将败。"秦穆公追问他，卜徒父回答说："这是大吉大利啊！连败他们三次，一定能抓住晋国的国君。占筮得到《蛊》卦，卦辞说：‘千乘之国三次进军，三次进军之后，能逮住那只雄狐。’《蛊》卦中的雄狐，指的就是他们的国君。《蛊》的内卦是风，外卦是山。时节已到了秋天，树上的果实都让风吹落了，山上的木材也可为我所用，所以一定能打胜仗。果实落地，木材也丧失了，此时不败，还等何时？"

三败及韩①，晋侯谓庆郑曰："寇深矣，若之何？"对曰："君实深之，可若何！"公曰："不孙②。"卜右③，庆郑吉，弗使。步扬御戎④，家仆徒为右⑤。乘小驷⑥，郑入也⑦。庆郑曰："古者大事⑧，必乘其产，生其水土而知其人心，安其教训而服习其道⑨。唯所纳之⑩，无不如志⑪。今乘异产，以从戎事，及惧而变，将与人易⑫。乱气狡愤⑬，阴血周作，张脉偾兴⑭，外强中干，进退不可，周旋不能。君必悔之。"弗听。

【注释】

①及韩：指晋军退到韩原。

②孙：通"逊"，指出言无礼。

③卜右：占卜担任车右的人。

④步扬：晋国公族大夫。郤氏之后。御戎：为晋侯驾驭兵车。

⑤家仆徒：晋大夫。

⑥小驷：马的名称，比较矮小。

⑦郑入：郑人进贡的。

⑧大事：此指战争。成公十三年传云："国之大事，在祀与戎。"

⑨服习：熟悉，习惯。

⑩纳之：使之。

⑪志：意愿。

⑫易：相反。指马与人的意图相反。

⑬乱气狡愤：指马体内之气逆乱而愤怒恐惧。乱气，体中逆乱之气。
　狡愤，谓狡戾愤懑。方苞《辕马说》："狡愤者，易惧而变。"

⑭脉：血管。偾（fèn）兴：紧张突起。

【译文】

　　晋国战败了三次，一直退到韩地。晋惠公对庆郑说："敌人深入国境，怎么办？"庆郑说："是您让敌人深入的，又能怎么办？"晋惠公说："放肆！"晋国占卜车右的人选，庆郑得吉卦，但晋惠公不用他。惠公让步扬驾驭战车，家仆徒为车右。用郑国所献的马小驷拉车。庆郑说："古代战争，必定要用本国产的马驾车。本国产的马熟悉水土，知人心意，听从教训，任凭怎样使用它，无不如意。现在用别国产的马来驾车打仗，一旦遇到意外情况，将因恐惧而改变常态，必然违反人的意图。那时它因受刺激体内之气逆乱而愤怒恐惧，血液在全身急促奔流，血管膨胀，外似强壮而内里已气虚力竭，进退不能，旋转不便。那时国君一定要后悔的。"晋惠公不听。

　　九月，晋侯逆秦师。使韩简视师[①]，复曰[②]："师少于我，斗士倍我[③]。"公曰："何故？"对曰："出因其资[④]，入用其宠[⑤]，饥食其粟，三施而无报，是以来也。今又击之，我怠秦奋，倍犹未也[⑥]。"公曰："一夫不可狃[⑦]，况国乎？"遂使请战，曰："寡人不佞，能合其众而不能离也[⑧]。君若不还，无所逃命。"秦伯使公孙枝对曰："君之未入，寡人惧之；入而未定列[⑨]，犹吾忧也。苟列定矣，敢不承命！"韩简退曰："吾幸而得囚[⑩]。"

【注释】

①韩简：晋大夫。视师：探视秦国兵力。

②复：复命。

③斗士：拼死敢斗之士。

④出因其资：夷吾出奔，曾依靠秦国的资助。

⑤入用其宠：回国也靠秦国帮助。

⑥倍：相差一倍。

⑦一夫不可狃（niǔ），况国乎：一个普通人尚且不可轻慢，何况是一个国家。意谓秦曾三次施惠而我皆不报，是对秦的轻慢。一夫，普通人。狃，轻慢。

⑧能合其众而不能离也：意谓既已把军队集合起来，就无法解散他们。言外之意非得较量一下不可。

⑨未定列：君位未安定。

⑩幸而得囚：做俘虏已是幸运了。言外之意此战晋国必败。

【译文】

　　九月，晋惠公迎战秦军。晋方派韩简去探视秦兵的虚实。韩简回来说："军队比我们少，拼死敢斗之士却比我们多一倍。"晋惠公说："此话怎讲?"韩简回答说:"国君您逃离晋国时得到过秦国的资助,返国即位也是得到秦国的帮助,有饥荒时吃了他们送的粟米,三次的恩惠都没有报答,秦国正是由于这样才来讨伐我们的。现在您又迎击他们,我军懈怠,秦军振奋,斗志相差一倍还不止呢。"晋惠公说:"一介匹夫还不可让人轻辱,何况一个国家?"于是派韩简向秦军约战,说:"我实不才,既已把军队集合起来,就无法解散他们。秦军如果不撤兵,我们实在无法回避进兵的命令了。"秦穆公派公孙枝回答说:"当初国君未能回国,我替他担忧;回国后君位未巩固,我仍然替他担忧。现在君位如果安定了,我岂敢不接受贵君作战的命令呢?"韩简回去的时候说:"我如果能做俘虏,免死于战场,已经是非常幸运的了。"

　　壬戌①,战于韩原。晋戎马还泞而止②。公号庆郑,庆郑曰:"愎谏违卜③,固败是求④,又何逃焉?"遂去之。梁由靡御韩简,虢射为右,辂秦伯,将止之,郑以救公误之⑤,遂失秦伯。秦获晋侯以归⑥。

【注释】

①壬戌:十四日。

②戎马:指小驷。还(xuán)泞而止:马陷于泥潭之中,回旋不得出来。还,盘旋。

③愎谏:不接受劝谏。违卜:违反卜辞。指不用庆郑为车右。

④固败是求:即"固求败",本来是自找失败。

⑤辂(yà):通"迓",迎上前去。

⑤"辂(yà)秦伯"三句:意谓韩简遇到秦穆公,正要俘获,庆郑招呼他去救惠公,因此失去了俘获秦穆公的机会。

⑥秦获晋侯以归:《史记·晋世家》《吕氏春秋·爱士》《韩诗外传》

《淮南子·泛论训》《说苑·复恩》及《金楼子·说蕃》等都有秦伯尝赦食乘马肉之壮士三百人，韩之战危急时，此三百人救护秦伯，击退秦军，并俘获晋侯之事。

【译文】

九月十四日，秦、晋在韩原开战。晋惠公所乘兵车的马陷进泥潭之中，回旋不得出来。晋惠公向庆郑呼救，庆郑说："不接受劝谏，又违反卜辞，实在是自找失败，还要逃走干什么？"于是离开晋惠公。梁由靡给韩简驾车，虢射为车右，迎战秦穆公，准备抓获秦穆公，因庆郑招呼他们去搭救晋惠公，于是耽误了抓秦穆公的时机。秦军反而抓获晋惠公回国了。

晋大夫反首拔舍从之①，秦伯使辞焉，曰："二三子何其戚也②！寡人之从晋君而西也③，亦晋之妖梦是践④，岂敢以至⑤？"晋大夫三拜稽首⑥，曰："君履后土而戴皇天⑦，皇天后土，实闻君之言。群臣敢在下风⑧。"

【注释】

①反首：头发披散，向下垂着。拔舍：拔起帐篷，露宿于野。从之：跟随被俘的晋惠公。

②戚：忧伤。

③从晋君而西：指俘虏晋惠公西归秦国。此为委婉说法。

④晋之妖梦：指僖公十年，晋大夫狐突遇到太子申生的鬼魂，申生斥责惠公无道，必败于韩，晋人称此事为妖梦。

⑤以：太。至：过分。

⑥三拜稽首：长跪后两手相拱至地，俯首至手为拜。重复三次，谓之三拜。古人以再拜为常礼，唯遇特殊情况乃三拜，以示情切。一说此是将亡或已亡国之人所行之礼。

⑦后土：对大地的尊称。皇天：对天的尊称。

⑧群臣敢在下风：意即我们也听到了您"岂敢以至"的话。下风，比喻处于下位，卑位。

【译文】

　　晋国的大夫们都披头散发，拆除帐篷，露宿于野，跟随着晋惠公。秦穆公派人安慰他们说："你们这些人何必那么忧伤呢？我跟随着晋侯西去，只是应验了晋国的妖梦罢了，哪里敢把事情做得太过分呢！"晋国大夫们三拜叩头说："国君脚下有地，头上有天，皇天后土，都听到您的话了，下臣们都在下面听候吩咐。"

　　穆姬闻晋侯将至，以太子罃、弘与女简璧登台而履薪焉①。使以免服、衰绖逆②，且告曰："上天降灾，使我两君匪以玉帛相见③，而以兴戎。若晋君朝以入，则婢子夕以死；夕以入，则朝以死。唯君裁之！"乃舍诸灵台④。

【注释】

①太子罃（yīng）：即后来的秦康公。登台而履薪：撤掉上台的木梯，积薪其下，人站于薪上，表示要自焚而死。

②免（wèn）服、衰绖（cuī dié）：都是丧服。初死则有免，服成则衰绖。免，去冠括发，以布缠头。衰绖，古人丧服胸前当心处缀有长六寸、广四寸的麻布，名衰，因名此衣为衰；围在头上的散麻绳为首绖，缠在腰间的为腰绖。衰、绖两者是丧服的主要部分。

③匪：同"非"。

④灵台：秦国的灵台，在秦都郊外。

【译文】

　　秦穆夫人听说晋惠公被抓来了，领着太子罃、儿子弘和女儿简璧登上堆着柴草的高台。她派使者拿着丧服去迎接秦穆公,并且说:"老天降下灾祸,让我们两国国君不是用玉帛以礼相见,而是大动干戈。如果晋君早晨进入国都,那么贱妾就晚上死;晚上进入国都,就早上死。请国君考虑!"于是,秦穆公只好把晋惠公安置在郊外的灵台。

大夫请以入①。公曰:"获晋侯,以厚归也②。既而丧归③,焉用之? 大夫其何有焉④? 且晋人感忧以重我⑤,天地以要我⑥。不图晋忧,重其怒也⑦;我食吾言⑧,背天地也。重怒难任,背天不祥,必归晋君。"公子絷曰⑨:"不如杀之,无聚慝焉⑩。"子桑曰:"归之而质其大子,必得大成。晋未可灭而杀其君,只以成恶⑪。且史佚有言曰⑫:'无始祸,无怙乱⑬,无重怒。'重怒难任,陵人不祥⑭。"乃许晋平。

【注释】

①请以入:请把惠公带回秦国都。

②以厚归:俘获晋君,是重大胜利,是"厚"。

③丧归:穆姬要自杀,是"丧"。

④何有:有何益处。

⑤感忧以重我:指晋大夫反首拔舍,以忧愁来感动我。

⑥要:约束。

⑦重其怒:加重他们的怨恨。

⑧食吾言:指前已答应"岂敢以至",所以不敢食言。

⑨公子絷:秦大夫,秦公子子显。

⑩聚慝(tè):指晋惠公回国后仍将与秦为敌。慝,邪恶。

⑪成恶:造成更大的怨恨。

⑫史佚:西周初年的史官。

⑬怙乱：等于说乘人之危。怙，依靠。

⑭陵人：欺凌别人。

【译文】

秦国大夫都请求把晋侯带进国都。秦穆公说："俘获晋君，本是大胜而归。如果闹出丧事，那有什么用？大臣们又有什么好处呢？再说晋大夫们用忧愁来感动我，指着天地和我相约。不考虑晋人的忧虑，会加重对我的怨恨；我如果说话不算数，就违背了天地。增加愤怒则难以承当，违背天意将不吉利，所以一定要放回晋君。"公子絷说："不如杀掉他，免得聚积邪恶。"子桑说："把晋君送回国，让他的太子留下作人质，必定更有好处。晋国还不会被灭亡，如果杀掉他们的国君，只能增加互相的仇恨。况且史佚说过：'不要先发动祸患，不要乘人之危，不要加重愤怒。'加重愤怒，使人难以承受；欺凌别人，不吉利。"于是秦国同意晋国讲和。

晋侯使郤乞告瑕吕饴甥①，且召之。子金教之言，曰："朝国人而以君命赏②。且告之曰：'孤虽归，辱社稷矣。其卜贰圉也③。'"众皆哭。晋于是乎作爰田④。吕甥曰："君亡之不恤⑤，而群臣是忧，惠之至也。将若君何？"众曰："何为而可？"对曰："征缮以辅孺子⑥。诸侯闻之，丧君有君，群臣辑睦⑦，甲兵益多，好我者劝⑧，恶我者惧，庶有益乎。"众说⑨，晋于是乎作州兵⑩。

【注释】

①郤乞：晋大夫。瑕吕饴甥：晋大夫，姓吕，字子金，又称吕甥，食邑于瑕、阴二地，又称阴饴甥。

②朝国人：使国人朝。

③卜贰圉（yǔ）：意即立太子圉为君。卜，占卜。贰，指太子。《国

语·晋语一》云：“夫太子，君之贰也。”《礼记·坊记》云："卜之日称贰君。”圉，惠公太子，即晋怀公。

④作爰田：谓变更旧日田土所有制，以公田赏赐众人。也称辕田。杨伯峻曰：“盖晋惠既以大量田土分赏众人，自必变更旧日田土所有制，一也；所赏者众，所得必分别疆界，又不能不开阡陌以益之，二也。商鞅‘制辕田，开阡陌’，然后秦孝公得以‘东雄诸侯’，则晋此之作爰田，其作用亦可知矣。”

⑤恤：忧。

⑥征：征收赋税。缮：修整军备。孺子：即太子圉。

⑦辑睦：和睦。

⑧劝：勉励。

⑨说：同“悦”。

⑩作州兵：改革兵制，训练地方武装。

【译文】

晋惠公派郤乞回国告诉瑕吕饴甥，并召他来进行谈判。瑕吕饴甥教郤乞说：“你接见国人并以晋君的名义赏赐东西给他们。并且告诉他们说：‘我虽然将回国，但已经给国家带来耻辱了，还是占卜一下立圉继承君位吧！’”众人听了郤乞的话，都感动得哭了。晋国从此时开始改易田制作爰田。吕甥说：“国君被俘流亡在外不忧愁自己，而担心着国内群臣，这是最大的恩惠啊。我们将怎样对待国君呢？”众人问道：“怎么办才好呢？”吕甥对大家说：“征收赋税，修整军备，辅助新君圉。诸侯知道我们虽失去了国君，又有了新君，群臣和睦，武器装备更多，与晋国友好的国家会勉励我们，憎恶晋国的会害怕我们，这也许更有好处。”众人很高兴。晋国从此开始改革兵制作州兵。

初，晋献公筮嫁伯姬于秦①，遇《归妹》☰☳之《睽》☰☱②。史苏占之曰③：“不吉。其繇曰④：‘士刲羊⑤，亦无衁也⑥。

女承筐，亦无贶也⑦'。西邻责言⑧，不可偿也。《归妹》之
《睽》，犹无相也⑨。震之离，亦离之震⑩。'为雷为火，为嬴败
姬⑪。车说其輹⑫，火焚其旗，不利行师，败于宗丘⑬。《归妹》
《睽》孤⑭，寇张之弧⑮，侄其从姑，六年其逋⑯，逃归其国，而
弃其家⑰，明年其死于高梁之虚⑱。'"及惠公在秦，曰："先君
若从史苏之占，吾不及此夫。"韩简侍，曰："龟，象也⑲；筮，
数也⑳。物生而后有象，象而后有滋㉑，滋而后有数。先君之
败德，及可数乎㉒？史苏是占，勿从何益㉓？《诗》曰：'下民
之孽，匪降自天。僔沓背憎，职竞由人㉔。'"

【注释】

① 筮嫁：出嫁时进行占筮。

② 《归妹》☳：卦名，兑下震上。之：变为。《睽（kuí）》☲：卦名，兑下
　离上。

③ 史苏：晋献公之时的占卜官。

④ 繇：占辞。

⑤ 刲（kuī）：刺。

⑥ 盍（huāng）：血。

⑦ 无贶（kuàng）：无实，无所得。贶，赐予。

⑧ 西邻：指秦国。责言：指责的话。

⑨ 《归妹》之《睽》，犹无相也：此二句从卦名来讲，"归妹"是嫁女之
　意，"睽"是隔绝之意，所以《归妹》变为《睽》，是婚姻走向绝交，
　是没有帮助的。相，助。

⑩ 震之离，亦离之震：《归妹》卦是兑下震上；《睽》卦是兑下离上。
　《归妹》之《睽》就等于震变离，而震变离和离变震是一样的。

⑪ 为雷为火，为嬴败姬：震代表雷，离代表火，是晋国的象征，也是火

气太盛的象征。火盛是女子嫁后反害其娘家的预兆，所以说"为赢败姬"。赢，秦国姓。姬，晋国姓。

⑫车说其辐（fù）：《说卦》云，震为车，兑为毁折，故谓"车脱其辐"。说，通"脱"。辐，车厢下面钩住车轴的木头。

⑬宗丘：即韩原。

⑭孤：孤绝。

⑮弧：弓。

⑯侄其从姑，六年其逋（bū）：意为太子圉是伯姬侄子，二年后即鲁僖公十七年，太子圉入秦为人质，因此说"侄其从姑"；僖公二十二年圉逃归本国，所以是"六年其逋"。逋，逃亡。

⑰弃其家：弃其家犹言弃其妻。圉在秦娶秦穆公女儿怀嬴，逃回时怀嬴留在秦没有回晋国，因此说"弃其家"。

⑱明年其死于高梁之虚：以上几句是卜筮之辞，是预言，其实是事后追记的。高梁，晋地名，在今山西临汾东北。

⑲龟，象也：用龟甲来占卜，吉凶表现在形象上。象，指火灼龟甲之后裂纹的形象。

⑳筮，数也：用蓍草占筮，吉凶表现在数目上。数，筮草成卦所得的数目。

㉑滋：滋生，长。

㉒及可数：倒装句，即"数可及"。

㉓勿：语首助词，无义。

㉔"下民之孽"四句：引《诗》见《诗经·小雅·十月之交》。孽，妖孽。傶沓（zǔn tà），指在一起热烈谈论。傶，聚语。沓，杂沓。背憎，背地里互相憎恨。职，语助词。竞，通"竟"，终究。

【译文】

当初，晋献公为了嫁伯姬给秦国曾经占筮过，得到《归妹》卦变成《睽》卦。史苏占卜说："不吉利啊！爻辞说：'男人刺羊而没有血，女子提着筐而没东西装，这是做事而无所得。'西边的邻国责备下来，晋国无法应付。《归妹》变成《睽》，说明没有人帮忙。震变成离，也就是离变成震。'震是雷，离是火。又是雷又是火，姓嬴的将打败姓姬的。战车将脱落车辐，大火将烧掉军旗，不利于出师，必将败于宗丘。《归妹》嫁女，《睽》卦孤单，敌人将张弓向自己进攻。侄儿跟随着姑姑，六年之后才会逃回自己的国家，但是将抛弃自己的妻室，第二年将死在高梁的废墟上。'"到了晋惠公被俘在秦国时，说："先君当初如果听从了史苏的占卜，我也不会落到这个地步了。"韩简随侍在旁，说："龟甲，是用形象来占卜的；筮草，是凭数目来占筮的。事物要先生成，才有形象，有形象之后才能演变，演变以后才有数目。先君所做败德之事太多了，难道数得完吗？史苏的占卜，就是听从了又有什么好处？《诗》里面说：'下民的罪孽，不是自天而降的。当面谈笑奉承，背后相互憎恨，这终究是人为的啊。'"

十月，晋阴饴甥会秦伯，盟于王城。秦伯曰："晋国和乎①？"对曰："不和。小人耻失其君而悼丧其亲②，不惮征缮以立圉也③，曰：'必报仇，宁事戎狄。'君子爱其君而知其罪④，不惮征缮以待秦命⑤，曰：'必报德，有死无二⑥。'以此不和。"秦伯曰："国谓君何？"对曰："小人戚，谓之不免⑦；君子恕⑧，以为必归。小人曰：'我毒秦⑨，秦岂归君？'君子曰：'我知罪矣，秦必归君。贰而执之⑩，服而舍之，德莫厚焉，刑莫威焉⑪！服者怀德，贰者畏刑，此一役也，秦可以霸。纳而不定⑫，废而不立，以德为怨，秦不其然！'"秦伯曰："是吾心也。"改馆晋侯，馈七牢焉⑬。

【注释】

①和：团结一致。

②失其君：指惠公被俘。丧其亲：指将士战死。

③不惮：不怕。

④知其罪：了解惠公的错误。

⑤待秦命：等待秦国送惠公回国的命令。

⑥有死无二：死无二心。

⑦不免：指秦君不肯赦免惠公。

⑧恕：推己及人，仁爱待物。

⑨毒秦：害苦了秦。

⑩贰而执之：心怀二心，就俘虏他。

⑪威：威严。

⑫纳而不定：既送惠公回国，又不能使他安定君位。

⑬馈七牢：即待之以诸侯之礼，准备送他回国。馈，赠送。牢，牛、羊、猪各一头为一牢。

【译文】

十月，晋国的阴饴甥会见秦穆公，并在王城订立盟约。秦穆公问："晋国内和睦吗？"阴饴甥回答说："不和睦。小人因失去国君而感到耻辱，又哀悼亲人的战死，不怕征税和整顿武备之劳以立太子圉，说：'宁可事奉戎狄，也一定要报仇。'君子爱他的国君了解他的错误，不辞征税和整顿武备的劳苦以等待秦国送回国君的命令，说：'一定要报答秦国的恩德，死也不敢有二心。'所以说不和睦。"秦穆公又问："晋人会认为秦国将如何处置晋君呢？"阴饴甥回答说："小人忧愁，认为秦国不会赦免国君；君子仁恕，认为国君必定会回来。小人说：'我们害苦了秦国，秦国岂能让国君回来？'君子说：'我们知罪了，秦国必定会让国君回来。心怀二心，便俘虏他；既已服罪，便放了他。德行没有比这个更宽厚的，刑罚也没有比这更威严的了。这样，服罪的怀念秦国的恩德，有二心的害怕受刑罚，这一仗，秦国可以成为诸侯霸主。当初贵国送国君回国，又不能使他安于君位，或者废了他又不立新君，使当初的恩德反变成怨恨，秦国必不会这样做的吧！"秦穆公又说："这可是说到我的心坎上了。"于是改变态度，将晋惠公安置到宾馆里，并赠送了牛、羊、猪各七头。

　　蛾析谓庆郑曰："盍行乎①？"对曰："陷君于败②，败而不死，又使失刑③，非人臣也。臣而不臣，行将焉入？"十一月，晋侯归。丁丑④，杀庆郑而后入。

【注释】

①行：逃走。

②陷君于败：谓惠公呼救而不救，又因使韩简救惠公而失秦伯。

③失刑：当受刑罚而逃走，使晋不得罚之。

④丁丑：二十九日。

【译文】

　　蛾析对庆郑说："你何不逃走呢？"庆郑回答说："是我使国君陷于失败，失败了自己又没有殉国，如果再逃走，使国君无法施行刑罚，那就更失人臣之道了。做人臣子而有失人臣之道，即使逃走，又能逃到哪里去？"十一月，晋惠公回国。二十九日，惠公杀了庆郑然后才进入国都。

　　是岁，晋又饥，秦伯又饩之粟①，曰："吾怨其君，而矜其民②。且吾闻唐叔之封也③，箕子曰④：'其后必大。'晋其庸可冀乎⑤？姑树德焉，以待能者⑥！"

【注释】

①饩（xì）：赠送。

②矜:哀怜。

③唐叔:武王之子,成王时始封于晋,为晋始祖。

④箕子:殷纣王的叔父。

⑤其庸:难道。冀:希望得到,图谋它。

⑥能者:有才能的人。

【译文】

这一年,晋国又发生饥荒,秦穆公又送给他们粮食,说:"我怨恨他们的国君,但哀怜他的百姓。再说我听说唐叔受封的时候,箕子曾说过:'唐叔的后代必定会强大。'晋国难道是可以随便得到的吗?我姑且多树立德行,以等待有才能的人。"

于是秦始征晋河东①,置官司焉②。

【注释】

①征:赋税,此作动词,征收赋税。河东:黄河之东,即"东尽虢略,南及华山,内及解梁城"者。

②置官司:设置官吏,负责管理。

【译文】

从这时候起,秦国开始在黄河以东征收赋税,设置官吏,负责管理。

【公羊传】此偏战也,何以不言师败绩①?君获不言师败绩也②。

【注释】

①何以不言师败绩:案偏战为约定时间地点,双方各据一边,堂堂正正的厮杀,其书法是"某日,某及某战于某地,某师败绩"。则此

处当书"晋师败绩",故而发问。

②君获不言师败绩：案礼制,国君重于师众,若国君被俘,则不言师
败绩。此处晋侯被获,未能死位,当绝之。秦伯擅获诸侯,亦当
绝之。

【译文】

这是各据一边,堂堂正正的战斗,为何不言"师败绩"? 国君被俘
了,就不言"师败绩"。

【穀梁传】韩之战,晋侯失民矣①,以其民未败,而君获也。

【注释】

①失民:失去民心。

【译文】

韩原的战斗,表明晋惠公失去民心了,因为晋国的人民没有被击败,
但是国君却被生擒了。

十六年

【经】十有六年春王正月戊申朔①,陨石于宋五②。

【注释】

①十有六年:鲁僖公十六年当周襄王九年,前644年。

②陨石:《公羊传》作"霣（yǔn）石"。

【译文】

鲁僖公十六年春周历正月初一,在宋国有五颗陨石从天上坠落。

【左传】十六年春,陨石于宋五,陨星也①。

【注释】

①陨星:坠落之星。

【译文】

鲁僖公十六年春,在宋国有五颗陨石从天上坠落,那是坠落的星星。

【公羊传】曷为先言霣而后言石? 霣石记闻,闻其磌然,视之则石,察之则五。

【译文】

为何先言"霣"后言"石"? 关于陨石的见闻,先听见坠落时的轰隆声,过去看后发现是石头,再详细察看,有五颗。

【穀梁传】先陨而后石,何也? 陨而后石也。于宋四竟之内曰宋。后数,散辞也①。耳治也②。

【注释】

①散辞:分散。

②耳治:听说,听到。治,通"志",记载。

【译文】

先说落下再说是石头,为什么呢? 因为落下来之后才知道是石头。在宋国的边境之内就叫做宋国。后说数目,是表示散落各地的意思。也表示是根据听闻记载的。

【经】是月①,六鹢退飞②,过宋都③。

【注释】

①是月：据阮校之意，或读作"是月"，或读作"提月"。提，零日。
　　提月即晦日之意。

②鹢（yì）：鸟名。

③宋都：宋国的都城为商丘，在今河南商丘睢阳区西南。

【译文】

这个月，六只鹢鸟后倒退着飞过宋国的国都。

【左传】六鹢退飞过宋都，风也①。周内史叔兴聘于宋②，宋襄公问焉，曰："是何祥也③？吉凶焉在④？"对曰："今兹鲁多大丧⑤，明年齐有乱⑥，君将得诸侯而不终⑦。"退而告人曰："君失问⑧。是阴阳之事，非吉凶所生也⑨。吉凶由人，吾不敢逆君故也。"

【注释】

①风也：此解释鹢鸟"退飞"是因为风太大。

②内史叔兴：史官，名叔兴。

③祥：吉凶的征兆。

④焉在：将发生在哪里。

⑤今兹：今年。鲁多大丧：鲁国有重要人物去世。案今年鲁国有季
　　友、公孙兹之死。

⑥明年齐有乱：明年齐桓公死，孝公奔宋。

⑦君将得诸侯而不终：意指宋襄公图霸，最终不能成功。

⑧失问：问得不恰当，不得体。

⑨是阴阳之事，非吉凶所生也：指陨石与六鹢退飞之事是宇宙阴阳
　　之气所产生的，非关人事吉凶。

【译文】

六只鹢鸟倒退着飞过宋国的都城，是风太大的缘故。周朝内史叔兴到宋国聘问，宋襄公问此事，说："这是什么样的预兆啊？吉凶将出现在哪里？"叔兴回答说："今年鲁国多大的丧事，明年齐国有内乱，国君你将得到诸侯支持却不能成功。"叔兴退出去后告诉别人说："宋君问得不得体。这是阴阳的事情，非与人事吉凶有关。吉凶是由人事来定的，我只是不好违背国君之意才这样回答。"

【公羊传】是月者何？仅逮是月也①。何以不日？晦日也。晦则何以不言晦？《春秋》不书晦也②。朔有事则书，晦虽有事不书。曷为先言六，而后言鹢？六鹢退飞，记见也，视之则六，察之则鹢，徐而察之则退飞。五石、六鹢何以书？记异也。外异不书，此何以书？为王者之后记异也③。

【注释】

①仅逮是月也：仅及此月之边，即晦日。

②《春秋》不书晦也：案《春秋》以干支记日。不书晦，即晦日若有事，仅以干支记日，不另行说明是晦日；涉及灾异之事，则连带干支亦不书。朔日则不一样：若朔日发生重大卓佹之事，则书日，亦书"朔"，如此条之"戊申，朔，霣石于宋五"；平常之事，则仅书日，不书"朔"。

③为王者之后记异也：宋为商之后，故为之记灾异。何休云："石者，阴德之专者也；鹢者，鸟中之耿介者，皆有似宋襄公之行。襄欲行霸事，不纳公子目夷之谋，事事耿介自用，卒以五年见执，六年终败，如五石、六鹢之数，天之与人，昭昭著明，甚可畏也。"

【译文】

"是月"是什么意思？是仅及此月之边。为何不书日？因为是晦日。是晦日，为何不书"晦"？《春秋》例不书"晦"。朔日有重大异常之事则书"朔"，晦日即使有事也不书"晦"。为何先言"六"而后言"鹢"？"六鹢退飞"，是根据见闻记录的，首先看到的是六只，察看得知是鹢鸟，再慢慢察看，得知是倒退着飞。为何记录"五石""六鹢"？是记录异象。鲁国之外的异象，例所不书，此处为何记录？是为王者之后记录异象。

【穀梁传】是月也，决不日而月也①。六鹢退飞②，过宋都，先数，聚辞也，目治也③。子曰：石，无知之物；鹢，微有知之物。石无知，故日之；鹢微有知之物，故月之。君子之于物，无所苟而已④。石、鹢且犹尽其辞，而况于人乎。故五石六鹢之辞不设⑤，则王道不亢矣⑥。民所聚曰都。

【注释】

①决：区分，确定。指鹢鸟飞过的时间和陨石的时间不是同一天，只是在这个月而已。

②鹢（yì）：鸟名。

③目治：用眼记下。治，通"志"。

④苟：马虎，草率。

⑤设：指记载。

⑥亢：高亢，指弘扬。

【译文】

这个月的意思，是确定与陨石不是同一天而只是同一月。六只鹢鸟倒退着飞，经过宋国的都城，先说数目，表示是聚集在一起的，是凭目视记下的。老师说：石头，是没有知觉的事物；鹢鸟，是有一点知觉的事物。

石头没有知觉,所以记载日期;鹢鸟是有一点知觉的事物,所以记载月份。君子对于事物,没有草率的。石头、鹢鸟尚且有详尽的文辞,何况对于人呢? 所以五块石头六只鹢鸟的记载不出现,那么天子治理天下的大道就不能弘扬了。百姓聚集的地方叫做都城。

【经】三月壬申①,公子季友卒②。

【注释】

①壬申:二十五日。

②公子季友:鲁国大臣,又称季子,成季,执鲁国之政十六年。参见
    闵公元年经、传。

【译文】

三月二十五日,公子季友去世。

【公羊传】其称季友何①? 贤也②。

【注释】

①其称季友何:案名例,大夫称名氏,本应书"公子友卒"。此处书
    "季友","季"是公子友的字,故而发问。

②贤也:案公子友有平定公子牙、公子庆父之乱,拥立鲁僖公,安定
    鲁国的功劳,故称字以贤之。

【译文】

经称"季友"是为何? 因为他有贤德。

【穀梁传】大夫日卒,正也。称公弟叔、仲,贤也。大夫不言公子、公孙,疏之也。

【译文】

大夫记载去世的日期,是合于正道的。以"叔""仲"称鲁公的弟弟,是表示此人是贤能的。对大夫如果不称"公子""公孙",就表示疏远他。

　△**【经】**夏四月丙申①,鄫季姬卒②。

【注释】

①丙申:二十日。

②鄫季姬卒:鄫季姬,鲁女,僖公十四年使鄫子请己为夫人,十五年归于鄫,至此而卒。孔广森云:"弃正作淫,神弗福也。"鄫,《穀梁传》作"缯"。

【译文】

夏四月二十日,鄫国季姬去世。

　***【左传】**夏,齐伐厉不克,救徐而还①。

【注释】

①齐伐厉不克,救徐而还:上年秋齐伐厉国以救徐,此再伐厉以救援徐国。

【译文】

夏,齐国攻打厉国,没有攻下,救援徐国后班师回国。

　【经】秋七月甲子①,公孙兹卒②。

【注释】

①甲子:十九日。

②公孙兹:即鲁国叔牙之子叔孙戴伯。其后为叔孙氏。《公羊传》作

"公孙慈"。

【译文】

秋七月十九日,公孙兹去世。

【穀梁传】大夫日卒,正也。

【译文】

大夫记载去世的日期,合于正道。

***【左传】**秋,狄侵晋,取狐、厨、受铎①,涉汾,及昆都②,因晋败也③。

【注释】

①狐、厨、受铎:三地都在今山西汾水西的襄汾一带。

②昆都:在今山西临汾南。

③晋败:指晋国韩原之败。

【译文】

秋,狄人入侵晋国,攻入狐、厨、受铎三地,渡过汾水,到达昆都,这是因为晋国在韩原战败的缘故。

***【左传】**王以戎难告于齐①,齐征诸侯而戍周②。

【注释】

①王以戎难告于齐:僖公十一年夏,诸戎攻打京师,此后戎人常来骚扰。

②征:此指调集。

【译文】

周王把戎人入侵的灾难告诉齐国，齐国征集诸侯军队戍守京城。

***【左传】**冬，十一月乙卯①，郑杀子华②。

【注释】

①乙卯：十二日。

②子华：太子华。甯母之盟，子华请齐国杀洩氏、孔氏、子人氏三族，子华因此得罪于郑。事见僖公七年传。

【译文】

冬，十一月十二日，郑国杀了太子华。

【经】冬十有二月①，公会齐侯、宋公、陈侯、卫侯、郑伯、许男、邢侯、曹伯于淮②。

【注释】

①十有二月：案时月日例，盟会例日，恶其不信也，小信书月，大信书时。齐桓公信义著天下，故桓公之会例书时。此处书月者，桓公德衰，任用竖刁、易牙，淮之会谋灭项国，霸功之堕自此始。

②淮：地名，在今江苏淮安盱眙。

【译文】

冬十二月，僖公在淮地与齐桓公、宋襄公、陈穆公、卫文公、郑文公、许僖公、邢侯、曹共公相会。

【左传】十二月会于淮，谋鄫①，且东略也②。城鄫，役人病③。有夜登丘而呼曰④："齐有乱。"不果城而还⑤。

【注释】

①谋鄫：淮夷侵凌鄫国，因此齐国与诸侯会于淮，商量救鄫国。

②东略：攻打东方。

③病：疲困。

④有：或，有人。

⑤不果城：未筑完城。役人不堪劳苦，对筑城不满，一哄而散。

【译文】

十二月诸侯在淮会合，商量救鄫国之事，并准备攻打东方。在鄫国筑城，服劳役的人困苦不堪。夜里有人登上小山高呼说："齐国有动乱！"没有筑完城就都回国了。

【穀梁传】兵车之会也。

【译文】

这次是兵车之会。

十七年

【经】十有七年春①，齐人、徐人伐英氏②。

【注释】

①十有七年：鲁僖公十七年当周襄王十年，前643年。

②英氏：偃姓国，在今安徽金寨东南。英氏为楚之附庸国，称"氏"者，周代诸侯有"公侯伯子男"五等，又有夺绝称国、氏、人、名、字之科。英在春秋前被黜爵，贬在称"氏"一科中。又，徐之前被贬为夷狄，今从霸者伐击英氏，故得称"人"。

【译文】

鲁僖公十七年春,齐国、徐国人攻打英氏国。

【左传】十七年春,齐人为徐伐英氏,以报娄林之役也①。

【注释】

①报娄林之役:僖公十五年,楚败徐于娄林。英氏是楚的盟国,可能
　参加了娄林之役。

【译文】

鲁僖公十七年春,齐国因为徐国的缘故攻打英氏,以报复娄林的战役。

***【左传】**夏,晋大子圉为质于秦,秦归河东而妻之①。

【注释】

①秦归河东而妻之:僖公十五年,秦征河东且置官司,现将河东之地还
　晋,并嫁女给太子圉。顾栋高曰:"秦征晋河东,不二年而即归晋,
　盖秦知晋兵力尚强,河东之民不心服,故借质子为名以归之耳。"

【译文】

夏,晋太子圉到秦国作人质,秦国归还河东之地并嫁女给太子圉。

惠公之在梁也①,梁伯妻之。梁嬴孕②,过期③,卜招父
与其子卜之④。其子曰:"将生一男一女。"招曰:"然。男为
人臣,女为人妾⑤。"故名男曰圉,女曰妾⑥。及子圉西质⑦,
妾为宦女焉⑧。

【注释】

①惠公之在梁:惠公奔梁在僖公六年,这里补叙前事。

②梁嬴:惠公所娶梁伯女儿。

③过期:超过十个月还未生。

④卜招父:梁国太卜。

⑤男为人臣,女为人妾:臣、妾本义为奴婢。

⑥名男曰圉,女曰妾:圉指养马奴隶。惠公给男孩取名叫圉,女孩取名叫妾,是想借此来消除不祥。案据此,圉质于秦时不过十一岁。

⑦西质:即质于秦。

⑧宦女:妾媵。

【译文】

晋惠公在梁国的时候,梁伯把女儿嫁给他。梁嬴怀孕,过了分娩期还未生。卜招父和他的儿子占卜。他的儿子说:"梁嬴将生一儿一女。"招父说:"是的。儿子将做人家的奴仆,女儿将做人家的奴婢。"所以把儿子叫做圉,女儿叫做妾。后来子圉去秦国做人质,妾在秦国做了侍女。

【经】夏,灭项①。

【注释】

①项:国名,在今河南项城。

【译文】

夏,灭了项国。

【左传】师灭项。淮之会①,公有诸侯之事,未归,而取项②。齐人以为讨③,而止公④。

【注释】

①淮之会:在去年冬十二月。

②"公有诸侯之事"三句:僖公参加淮之会,未归,鲁军就灭了项国。

③以为讨：以为是僖公下命令进攻。

④止：留，扣留。杜预注曰："内讳执，皆言止。"

【译文】

　　鲁国军队灭了项国。淮地会盟时，僖公因参加诸侯会盟，未回来，而鲁军就占领了项国。齐人认为是僖公下令灭项，因此扣留了僖公。

　　【公羊传】孰灭之？齐灭之①。曷为不言齐灭之？为桓公讳也。《春秋》为贤者讳，此灭人之国，何贤尔？君子之恶恶也疾始，善善也乐终。桓公尝有继绝、存亡之功②，故君子为之讳也。

【注释】

①齐灭之：案经书"灭项"，不言何人所灭，知是齐灭之者：首先，就文辞"灭项"而言，不出主语，好像是鲁国所为，然灭国是大恶，内大恶讳，此处不避讳"灭"字，故非鲁国所为。其次，《春秋》不避讳一般诸侯之灭国，仅为贤者避讳，齐桓公为大贤，故知是齐灭之。

②继绝、存亡之功：继绝，指拥立鲁僖公。存亡，指存邢国、卫国、杞国。案《春秋》有功过相抵的法则。齐桓公之功有二，一为存亡继绝，一为服楚。桓公之过亦有二：一为灭谭、遂、项国，杀公子纠；一为篡公子纠之君位。《春秋》以为，桓公服楚之功甚大，足以抵消篡位之恶。桓公存亡继绝之功，可以覆盖灭国、杀纠之恶，故此处为桓公讳灭项。

【译文】

　　谁灭亡了项国？是齐国灭了项。为何不言齐国灭项？是为齐桓公避讳。《春秋》为贤者避讳，这是灭人之国，有何贤行？君子对于恶行的憎恶，憎恶恶之开端；对于善行的褒扬，乐其有始有终。桓公曾有继绝存亡之功，所以君子为之避讳。

【穀梁传】孰灭之？桓公也。何以不言桓公也？为贤者讳也。项，国也，不可灭而灭之乎？桓公知项之可灭也，而不知己之不可以灭也。既灭人之国矣，何贤乎？君子恶恶，疾其始；善善，乐其终。桓公尝有存亡继绝之功，故君子为之讳也。

【译文】

谁灭亡了项国？是齐桓公。为什么不说出齐桓公呢？是为贤明的人避讳。项，是国家，是不应该灭亡却灭亡了它吗？齐桓公知道项是可以灭亡的，但是不知道自己不可以灭亡它。已经灭亡了别人的国家，哪里还称得上贤能呢？君子憎恨罪恶，从一开始就憎恶；褒扬善行，直到最后也乐于褒扬。齐桓公曾经有保存灭亡的国家、延续断绝的世系的功劳，所以君子为他避讳。

【经】秋，夫人姜氏会齐侯于卞①。

【注释】

①卞：鲁地名，在今山东泗水县东南。

【译文】

秋，鲁国夫人姜氏在卞地会见齐桓公。

【左传】秋，声姜以公故①，会齐侯于卞。

【注释】

①声姜：僖公夫人，齐侯女。

【译文】

秋，声姜因为僖公的缘故，在下地会见齐桓公。

【经】九月，公至自会①**。**

【注释】

①至自会：因鲁军灭项，僖公被齐扣留，后才放回。

【译文】

九月，僖公从淮地的会见返回。

【左传】九月，公至。书曰："至自会。"犹有诸侯之事焉①**，且讳之也**②**。**

【注释】

①犹有：尚有，指事情未完。

②讳之：讳言僖公被扣留，所以《春秋》记作"至自会"。

【译文】

九月，僖公回国。《春秋》记作"至自会"。这是因为淮之会还没结束，且讳言被扣留。

【经】冬十有二月乙亥①**，齐侯小白卒**②**。**

【注释】

①乙亥：初八。

②齐侯小白：即齐桓公，姓姜，名小白，谥桓。

【译文】

冬十二月初八，齐桓公小白去世。

【左传】齐侯之夫人三：王姬，徐嬴，蔡姬，皆无子。齐侯好内①，多内宠②，内嬖如夫人者六人③：长卫姬，生武孟④；少卫姬，生惠公⑤；郑姬，生孝公⑥；葛嬴，生昭公⑦；密姬，生懿公⑧；宋华子⑨，生公子雍。公与管仲属孝公于宋襄公⑩，以为大子。雍巫有宠于卫共姬⑪，因寺人貂以荐羞于公⑫，亦有宠⑬，公许之立武孟⑭。管仲卒，五公子皆求立⑮。冬十月乙亥⑯，齐桓公卒。易牙入，与寺人貂因内宠以杀群吏⑰，而立公子无亏。孝公奔宋。十二月乙亥⑱，赴⑲。辛巳⑳，夜殡㉑。

【注释】

①内：指妇女，女色。

②内宠：国君宠爱的人。

③内嬖：同"内宠"。如夫人：如同夫人，后用以称妾。

④长卫姬，生武孟：长卫姬，卫姬有二，所以分长少。武孟，公子无亏，武孟是其字。

⑤惠公：公子元。

⑥孝公：公子昭。

⑦昭公：公子潘。

⑧懿公：公子商人。

⑨宋华子：宋国华氏之女。

⑩公与管仲属孝公于宋襄公：属，托付。案古人对此说有不同意见，如黄仲炎曰："当国家未有事变之际而早立嗣子，以君父命足矣，何待属于邻国之君？管仲虽不能以王道正君，然非甚愚者，何至若是。此盖宋襄诬死而诳生者之辞耳。宋襄自僖十五年伐曹，齐桓在时已有争伯之志。幸而桓公死，诸子争乱，无亏立，而孝公奔宋，得之不啻如获奇货至宝，……以孝公为先君所命，则其名正；

以己为齐侯所属,则其辞顺,虽齐通国之人亦有不可致诘者。……不知宋襄实欲立威攘伯,借孝公以挫齐耳。……而左氏乃受其诬,可谓惑矣。"聊备一说。

⑪雍巫:即易牙。雍,通"饔",古代掌烹饪之官。卫共姬:长卫姬。

⑫因:通过。寺人貂:竖刁。荐:进献。羞:精美的食品。

⑬亦有宠:指易牙、寺人貂等也受宠。《史记·齐太公世家》云:"管仲病,桓公问曰:'群臣谁可相者?'管仲曰:'知臣莫如君。'公曰:'易牙如何?'对曰:'杀子以适君,非人情,不可。'公曰:'开方如何?'对曰:'倍亲以适君,非人情,难近。'公曰:'竖刁如何?'对曰:'自宫以事君,非人情,难亲。'管仲死,而桓公不用管仲言,卒近用三子,三子专权。"

⑭公许之立武孟:武孟为长卫姬所生,因此长卫姬和雍巫等请求立其为太子。

⑮五公子皆求立:孝公已立为太子,但非嫡长子,所以五人都求立。

⑯乙亥:初七。

⑰内宠:指六位如夫人。群吏:诸大夫。

⑱乙亥:初八。

⑲赴:同"讣",发讣告。

⑳辛巳:十四日。

㉑夜殡:夜间入殓。沈钦韩《春秋左氏传补注》曰:"按礼,殡于日出时,言夜殡,明其非常。"案自卒至殡已过了六十七日。《史记·齐太公世家》云:"及桓公卒,遂相攻,以故宫中空,莫敢棺。桓公尸在床上六十七日,尸虫出于户。……辛巳夜,敛殡。"

【译文】

　　齐桓公的三个夫人:王姬、徐嬴、蔡姬,都没有儿子。齐桓公喜欢女色,有很多内宠,宫内被宠爱如同夫人的有六人:长卫姬,生了武孟;少卫姬,生了惠公;郑姬,生了孝公;葛嬴,生了昭公;密姬,生了懿公;宋华子,生了公子雍。齐桓公和管仲把孝公托付给宋襄公，立为太子。雍巫（易牙）受长卫姬的宠信，通过寺人貂进献了精美的食品给齐桓公，因此也受到宠信。齐桓公答应立武孟为太子。管仲死后，五个公子都求立为太子。冬十月初七，齐桓公死去。易牙进入宫中，和寺人貂依靠那些内宠杀了诸大夫，而立了公子无亏。孝公逃奔到宋国。十二月初八，发出讣告。十四日，夜里将齐桓公入殓。

【穀梁传】此不正①，其日之，何也？其不正前见矣②。其不正之前见何也？以不正入虚国③，故称嫌焉尔。

【注释】

①不正：指齐桓公继承君位的方式不合礼制。《穀梁传》认为齐桓公是通过不合法的方式继承君位的。

②前见：指庄公九年称"齐小白"而不称"公子小白"。

③虚国：指没有君主的国家。

【译文】

齐桓公继承君位不合礼制，经文记载了去世的日期，为什么呢？他的不合礼制前文已经显现了。为什么他不合礼制的地方之前已经显现了呢？因为他以不合礼制的方式进入没有君主的国家，所以说是不正当的即位。

十八年

【经】十有八年春王正月①，宋公、曹伯、卫人、邾人伐齐②。

【注释】

①十有八年：鲁僖公十八年当周襄王十一年，前642年。王正月：案

时月日例,伐例时。此处书月者,因宋襄公伐齐,属于义兵,详见
《公羊传》。

②宋公、曹伯、卫人、邾人伐齐:宋襄公为护送齐孝公回国,因此召集
　诸侯伐齐。《公羊传》作"宋公会曹伯、卫人、邾娄人伐齐"。齐桓
　公死后,齐太子姜昭出奔宋国,易牙、寺人貂立公子无亏,此时宋
　襄公集合诸侯伐齐是为了立太子昭,后来齐人杀无亏,公子昭得
　立,为齐孝公。

【译文】

鲁僖公十八年春周历正月,宋襄公、曹共公、卫国人、邾国人一起攻
打齐国。

【左传】十八年春,宋襄公以诸侯伐齐①。三月,齐人杀
无亏②。

【注释】

①以:率领。

②齐人杀无亏:宋襄公以兵护送齐太子昭(孝公)回国,齐人恐惧,
　杀无亏。

【译文】

鲁僖公十八年春,宋襄公率诸侯攻打齐国。三月,齐国人杀了无亏。

【穀梁传】非伐丧也①。

【注释】

①非:责备。

【译文】

这是责备讨伐正在办理丧事的国家。

*【左传】郑伯始朝于楚^①，楚子赐之金^②，既而悔之，与之盟曰："无以铸兵^③。"故以铸三钟。

【注释】

①郑伯始朝于楚：齐桓公一死，郑国就亲附楚国。

②楚子：楚成王。金：铜。

③铸兵：铸造兵器。

【译文】

郑文公初次到楚国朝见，楚成王赐给他很多铜，不久又后悔了，于是和郑国人盟誓说："不要用它来铸造兵器！"所以郑国人就铸造了三座钟。

【经】夏，师救齐^①。

【注释】

①师：鲁师。

【译文】

夏，鲁国的军队救援齐国。

【穀梁传】善救齐也。

【译文】

这是褒扬鲁国救援齐国的行为。

【经】五月戊寅^①，宋师及齐师战于甗^②，齐师败绩。

【注释】

①戊寅:十四日。

②甗(yǎn):齐地名,在今山东济南附近。齐人杀无亏之后,齐国其他公子的势力不愿公子昭即位,于是与诸侯军队作战,被打败,公子昭入国即位。

【译文】

五月十四日,宋军和齐军在甗地开战,齐军打败了。

【左传】齐人将立孝公,不胜①,四公子之徒遂与宋人战②。夏五月,宋败齐师于甗,立孝公而还③。

【注释】

①不胜:指齐人不能阻止公子元、公子潘、公子商人、公子雍的徒党的反对。

②遂与宋人战:孝公逃到宋国,四公子一伙便与宋军作战。

③宋败齐师于甗,立孝公而还:齐师,此齐师实际上是四公子的徒党。顾栋高曰:"齐桓果不欲立无亏,不应于闵元年卫灭之时令无亏掌兵权,以树功于卫矣。孝公为郑姬所生,不向母家求援,而独奔宋,知郑无争伯之志,而宋于乃父在时已伐曹,与齐抗衡,故以身予宋为奇货也。宋亦知无亏居长,且素习兵事,若一立则不可动摇,必不肯让宋以伯。而孝公行次居幼,立之,四子皆觊觎,孝公内怯,不得不俯首听命于我,是两相市也。"

【译文】

齐国人准备立孝公,但不能阻止四公子的徒党的反对,四公子的徒党与宋军作战。夏五月,宋军在甗地打败齐师,立了孝公回国。

【公羊传】战不言伐①,此其言伐何? 宋公与伐而不与战②,故言伐。《春秋》伐者为客,伐者为主③,曷为不使齐主之④? 与襄公之征齐也⑤。曷为与襄公之征齐? 桓公死,竖刁、易牙争权不葬,为是故伐之也。

【注释】

①战不言伐:伐,指率军推入国境,伐击之。战,指合刃血战,程度较伐为重。《春秋》书其重者,故言"战不言伐"。此处伐、战俱有,依例书战即可,不必书伐,故而发问。

②宋公与伐而不与战:宋公,指宋襄公。与,参与。襄公只参与了伐击,未参与合战,故伐言"宋公",战言"宋师",当分别书之。

③《春秋》伐者为客,伐者为主:此言"伐"之主客,主动伐人者为客,被伐者为主。何休以为,两"伐"字读音不同,前者长言之,后者短言之。此条中,宋伐齐,则宋为客,齐为主。

④曷为不使齐主之:此言"战"之主客。《春秋》谴责挑起战争者,在战斗中,使被伐者居先为主,伐人者居后为客。此条中,宋伐齐,理应书"齐师及宋师战",使齐为主。经却书"宋师及齐师战",使宋为主,故而发问。

⑤与:赞同。

【译文】

《春秋》有战则不书伐,此处为何言伐? 宋襄公参与了伐击,未参与合战,故言伐。《春秋》以伐人者为客,被伐者为主。为何不使齐国在合战中为主? 是因为赞同宋襄公征伐齐国。为何赞同宋襄公征伐齐国? 齐桓公死后,竖刁与易牙等只顾争权,不安葬齐桓公,因此征伐他们。

【穀梁传】战不言伐,客不言及。言及,恶宋也。

【译文】

说了交战就不说讨伐,对外军不说"及"。说了"及",表示憎恶宋国。

【经】狄救齐。

【译文】

狄人救援齐军。

【穀梁传】善救齐也。

【译文】

褒扬狄救援齐国的行为。

【经】秋八月丁亥①**,葬齐桓公。**

【注释】

①丁亥:八月无丁亥日,恐经文记日有误。案礼制,诸侯五月而葬,
　　大国之君卒日葬月。齐桓公于僖公十七年十二月卒,至此已超过
　　五月,而葬书日,属于"过时而日,隐之也。痛贤君不得以时葬"。

【译文】

秋八月丁亥日,安葬齐桓公。

【左传】秋八月,葬齐桓公。

【译文】

秋八月,安葬齐桓公。

【经】冬,邢人、狄人伐卫。

【译文】

冬,邢国人、狄人攻打卫国。

【左传】冬,邢人、狄人伐卫,围菟圃①。卫侯以国让父兄子弟及朝众②,曰:"苟能治之,燬请从焉③。"众不可,而后师于訾娄④。狄师还。

【注释】

①菟圃:卫地名,在今河南长垣。

②卫侯:卫文公。让:让位。朝众:指朝廷上的人。

③燬(huǐ):卫文公名。

④师:摆开阵势,准备迎战。訾(zī)娄:在今河南滑县西南。

【译文】

冬,邢人、狄人一起攻打卫国,包围了菟圃。卫文公想把君位让给父兄子弟和其他人,说:"谁如果能治理好国家,我就让位并服从他。"大家不同意,于是就在訾娄摆开阵势。狄人的军队于是退回去了。

【穀梁传】狄,其称人,何也? 善累而后进之。伐卫,所以救齐也,功近而德远矣。

【译文】

狄,经文用"人"称呼它,为什么呢? 善行有所积累然后褒奖他。讨伐卫国,是为了救援齐国,功绩近在眼前而美德却流传久远。

*【左传】梁伯益其国而不能实也[1]，命曰新里[2]，秦取之[3]。

【注释】

①益其国：开拓了疆土。不能实：不能把百姓迁入充实其地。

②新里：在今陕西澄县东北。

③秦取之：此与下"十九年春遂城而居之"本为一体，为后人割裂分

　　为二。

【译文】

梁国国君开拓了疆土却不能把百姓迁进去，他把新的国土命名为

"新里"，但被秦国占领了。

十九年

*【左传】十九年春[1]，遂城而居之。

【注释】

①十九年：鲁僖公十九年当周襄王十二年，前641年。

【译文】

鲁僖公十九年春，秦国人在新里筑了城并居住在那里。

【经】十有九年春王三月，宋人执滕子婴齐[1]。

【注释】

①宋人执滕子婴齐：案《春秋》之例，称爵而执者，伯讨也；称人而执

　　者，非伯讨也。滕子婴齐背叛葵丘之盟，即僖公九年《公羊传》所

　　云"桓公震而矜之，叛者九国"。然宋襄公不以其罪执之，故《春

　　秋》书"宋人"，明其非伯讨也。然宋襄公有善志，欲继承齐桓公

之霸业，故《春秋》书"婴齐"之名，见其有罪，以此为襄公杀耻。

滕子婴齐，即滕宣公，滕国国君，名婴齐。

【译文】

鲁僖公十九年春周历三月，宋国人抓走了滕国国君婴齐。

【左传】 宋人执滕宣公。

【译文】

宋国人拘捕了滕国国君滕宣公。

【经】 夏六月，宋公、曹人、邾人盟于曹南①。鄫子会盟于邾②。己酉③，邾人执鄫子，用之④。

【注释】

①宋公、曹人、邾人盟于曹南：宋公，《公羊传》作"宋人"。曹南，曹国南部边境。邾，《公羊传》作"邾娄"，下文"邾"亦作"邾娄"。案邾国与鄫国因季姬之事而结仇（详见僖公十四年"夏六月，季姬及鄫子遇于防，使鄫子来朝"条），宋襄公欲以盟约和解之。然襄公德行未著，不能服诸侯，反被邾国所欺，致使鄫子被残忍杀害。按《公羊传》"宋公"作"宋人"，则《春秋》记载此事，处处为襄公避讳。首先，结盟之人实为诸侯，经却书"宋人、曹人、邾娄人"，好像并非是襄公亲自结盟，而是派遣微者，以此为襄公杀耻。其次，诸侯先会于曹南，然后前往邾国结盟，此处却书"盟于曹南"，好像是诸侯在曹南结盟之后，鄫子方自行前往邾国会盟，则鄫子之被害，与曹南之盟无关，此亦为襄公杀耻。

②鄫子会盟于邾：鄫子未赶上曹南之盟，因此会盟于邾。鄫子，《穀梁传》作"缯子"，下文亦作"缯子"。

③己酉：二十一日。

④用之：杀了他用以祭祀。据《左传》，此为宋襄公指使。又据礼制，无有用人祭祀社主者，故不言"用之于社"。又案时月日例，执例时，此处书日者，是谴责鲁国不能防正其女，致使有此祸难。

【译文】

　　夏六月，宋襄公、曹国人、邾国人在曹南会盟。鄫子在邾国结盟。二十一日，邾国人抓住鄫子，杀了他用以祭祀。

　　【左传】夏，宋公使邾文公用鄫子于次睢之社①，欲以属东夷②。司马子鱼曰③："古者六畜不相为用④，小事不用大牲，而况敢用人乎？祭祀以为人也。民，神之主也。用人，其谁飨之⑤？齐桓公存三亡国以属诸侯⑥，义士犹曰薄德。今一会而虐二国之君⑦，又用诸淫昏之鬼⑧，将以求霸，不亦难乎？得死为幸⑨。"

【注释】

①邾文公：即邾子。名蘧蒢。次睢：地名，在今江苏徐州铜山区附近。社：土地神。此指社祭。

②以属东夷：以此使东夷诸国来归属。

③司马子鱼：公子目夷。

④六畜不相为用：如祭马神则不用马作牺牲。此意指社祭不应用人。六畜，马、牛、羊、豕、犬、鸡。

⑤飨：通"享"。

⑥齐桓公存三亡国以属诸侯：鲁、卫、邢三国，皆因内乱或外患而靠齐桓公援助才得以转危为安，亡而复存。《国语·齐语》云："桓公忧天下诸侯，鲁有夫人、庆父之乱，二君弑死，国绝无嗣。桓公

闻之,使高子存之。狄人攻邢,桓公筑夷仪以封之。狄人攻卫,卫
人出庐于曹,桓公城楚丘以封之。天下诸侯称仁焉,是故诸侯归
之。"三亡国,指鲁、卫、邢三国。

⑦一会:指曹南之会。虐二国之君:指执滕宣公和用鄫子于次睢之社。

⑧淫昏之鬼:指次睢之社。

⑨得死:善终。子鱼预言宋襄公能善终就不错了。顾栋高曰:"宋襄
以威求伯,起于前年伐曹,而曹即从宋伐齐,以为诸侯可以力服,
于是一会虐二国之君,使诸侯不敢不听命……宋乃欲专恃威力,
宜其败不旋踵也。"

【译文】

夏,宋襄公让邾文公杀死鄫子用来祭祀次睢的土地神,想以此使东
夷各国来归附。司马子鱼说:"古人祭祀六种牲畜神时都不用相应的牲
畜来祭祀,小祭祀不用大牺牲,何况用人呢?祭祀本来是为了人的。百
姓,是神的主人。用人祭祀,有谁来享用啊?齐桓公保存了三个已灭亡
的国家来使诸侯归附,义士还说他是德薄。现在一次会盟就伤害了两国
的国君,又杀人祭昏邪的鬼神,这样想称霸诸侯,不是很困难吗?能善终
就算幸运了。"

【公羊传】其言会盟何?后会也[1]。恶乎用之?用之社
也。其用之社奈何?盖叩其鼻以血社也[2]。

【注释】

①后会:即鄫子在盟期之后方到会。案后会书法之例,当书"宋人、
曹人、邾人盟于曹南。鄫子会盟。"不应再书地点。此处却书"鄫
子会盟于邾",则表明结盟之地,实非曹南,而在邾国。

②叩:敲击。这里是指打破鄫子的鼻子,用他的鼻血来祭祀。

【译文】

经言"会盟"是什么意思？是后至而盟。用于哪里的祭祀？用于祭祀社神。怎样用来祭祀？大概是打破鼻子，把血涂在社主上。

【穀梁传】微国之君，因邾以求与之盟。人因己以求与之盟，己迎而执之①。恶之，故谨而日之也。用之者，叩其鼻以衈社也②。

【注释】

①迎：迎击。

②衈（èr）：指祭礼中取血涂祭社器。

【译文】

小国的国君，想通过邾国来请求参与这次盟会。别人想依靠自己来请求参与这个盟会，自己却迎击而且抓捕了他。憎恶这种行为，所以慎重地记载这件事的日期。用他祭祀社神，就是打破他的鼻子用他的血来祭祀土地神。

【经】秋，宋人围曹①。

【注释】

①宋人围曹：曹南之盟，曹人未尽地主之谊，宋襄公怒而伐曹。

【译文】

秋，宋国围攻曹国。

【左传】宋人围曹，讨不服也①。子鱼言于宋公曰："文王闻崇德乱而伐之②，军三旬而不降③。退修教而复伐之④，因垒而降⑤。《诗》曰：'刑于寡妻，至于兄弟，以御于家邦⑥。'今君德无乃犹有所阙⑦，而以伐人，若之何？盍姑内省德乎⑧？无阙而后动。"

【注释】

①不服：曹不服宋国。

②崇：古国名，在今陕西西安鄠邑区东，到崇侯虎为君时，被周文王所灭。

③军三旬：军队攻了三十天。

④退：退兵。修教：修明教化。

⑤因垒而降：与上"军三旬不降"为对比。因垒，靠着原来的工事，指文王未增修工事。垒，指工事。

⑥"刑于寡妻"三句：引《诗》见《诗经·大雅·思齐》。刑，通"型"，典范，此作动词。寡妻，嫡妻。至于兄弟，推及到兄弟。御，治理。

⑦无乃：恐怕。阙：缺误，疏失。

⑧盍：何不。省（xǐng）德：反思一下自己的德行。

【译文】

宋国人围攻曹国，是因曹国不服宋国。子鱼对宋襄公说："文王听说崇国德行混乱于是讨伐它，军队攻了三十天而崇国不投降。文王就退兵回去，修明教化然后再攻打，靠着原来的工事进攻，崇国人就投降了。《诗》里说：'先给嫡妻作典范，再推及到兄弟，以此来治理一家一国。'现在国君您的德行恐怕还有所欠缺，就要攻打别人，怎么可能呢？您何不姑且退兵，反思一下自己的德行，没有欠缺再动兵吧。"

【经】 卫人伐邢①。

【注释】

①伐邢：卫人报复上年菟圃之围。

【译文】

卫国人攻打邢国。

　　【左传】秋，卫人伐邢，以报菟圃之役。于是卫大旱①，卜有事于山川②，不吉。甯庄子曰③："昔周饥，克殷而年丰④。今邢方无道，诸侯无伯⑤，天其或者欲使卫讨邢乎？"从之，师兴而雨⑥。

【注释】

①于是：此时。

②卜有事于山川：占卜祭祀山川。

③甯庄子：名速，卫大夫。

④年丰：年成好，收成丰足。

⑤无伯：此时齐桓公已死，无霸主。伯，通"霸"。

⑥师兴而雨：军队刚集结就下雨。兴，征聚。

【译文】

　　秋，卫国人攻打邢国，以报复菟圃之役。此时卫国大旱，为祭祀山川进行占卜时，卦象显示不吉利。甯庄子说："过去周发生饥荒，打败了殷商后就丰收了。现在邢国无道，诸侯无霸主，老天或许是要让卫国讨伐邢国吧？"卫人听从了他的话，军队刚集结就下雨了。

　　【经】冬，会陈人、蔡人、楚人、郑人盟于齐①。

【注释】

①会：《公羊传》"会"前有"公"字。

【译文】

冬，僖公与陈国、蔡国、楚国、郑国的使者会见，并在齐国结盟。

【左传】陈穆公请修好于诸侯①，以无忘齐桓之德。冬，盟于齐，修桓公之好也②。

【注释】

①修好：重修友好关系。

②修桓公之好：案此次盟会，由陈国建议，实为想结成一个与宋对抗的联盟。顾栋高曰：“宋襄公全恃诈力，诸侯不服，是时天下无伯，陈乃借不忘桓德之说招楚入盟，并齐、鲁俱与会为六国，……然陈止欲挠宋之伯，而非以求伯。楚亦喜得与中国之会盟，而暂居陈、蔡之下。齐、鲁俱忘向日之攘楚而俯首就列，是南北之合成，陈已为向戌开先矣。”

【译文】

陈穆公请在诸侯中间重修友好关系，以不忘记齐桓公的德行。冬，鲁、陈、楚、蔡、郑等国诸侯盟会于齐国，以重修齐桓公建立的友好关系。

【经】梁亡①。

【注释】

①梁：国名，嬴姓，国土在今陕西韩城南。

【译文】

梁国灭亡。

【左传】梁亡，不书其主①，自取之也。初，梁伯好土功②，亟城而弗处③。民罢而弗堪④，则曰："某寇将至。"乃沟公宫⑤，曰："秦将袭我⑥。"民惧而溃，秦遂取梁。

【注释】

①不书其主：《春秋》不记载灭亡梁国的人。

②梁伯：梁国国君。好土功：喜欢大兴土木。

③亟城而弗处：多次兴建，又无人居住。亟，屡次。

④罢：疲惫。

⑤沟公宫：在国君所住的宫室外挖深沟。

⑥秦将袭我：此句呼应上面"某寇将至"。

【译文】

梁国灭亡，《春秋》不记载灭梁的人，是因为梁国乃自取灭亡。当初，梁国国君喜欢大兴土木，多次建城建好后又没人居住。百姓疲惫不堪，于是说："某某敌寇就要来了。"于是在国君住的宫室外挖深沟，说："秦国将来偷袭我国。"百姓害怕而溃逃，秦国于是占领了梁国。

【公羊传】此未有伐者，其言梁亡何？自亡也。其自亡奈何？鱼烂而亡也①。

【注释】

①鱼烂而亡：鱼烂从内发，梁国之亡，亦自内发。何休云："梁君隆刑峻法，一家犯罪，四家坐之，一国之中，无不被刑者，百姓一旦相率俱去。"梁亡，则梁君当被诛绝。

【译文】

此处未有他国讨伐，经言梁亡是为何？是自我灭亡。梁国自我灭亡是怎么回事？好像鱼从内部腐烂而亡。

【穀梁传】自亡也。湎于酒①,淫于色②,心昏,耳目塞③。上无正长之治④,大臣背叛,民为寇盗⑤。梁亡,自亡也。如加力役焉⑥,湎不足道也。梁亡,郑弃其师,我无加损焉⑦,正名而已矣⑧。梁亡,出恶正也⑨。郑弃其师,恶其长也。

【注释】

①湎:沉迷。

②淫:放纵,沉湎。

③耳目塞:耳目闭塞,指听不进意见。

④正:指合乎春秋之义。长:尊长,长官。这里"正长"就是指行为处事或治理方式合乎正道的统治者。

⑤寇盗:寇匪,盗贼。

⑥力役:指武力征伐。这里是说如果指明了梁国是由于外国武力入侵才灭亡的,那梁国自取灭亡的行为就得不到揭露了。

⑦加损:添加或减少,指在这两件事的叙述上是没有增删,如实记载的。

⑧正:辨正,确定。

⑨出:出于,来源于。正:政权,政治。

【译文】

梁国是自取灭亡的。国君沉迷于宴饮,放纵于女色,头脑昏聩,耳目闭塞。在高位的没有合乎正道的尊长应有的治理方式,大臣们背叛他,百姓称他为寇匪、盗贼。梁国灭亡,是自取灭亡。如果加上武力征伐,那么国君的沉湎荒淫就不值得说了。梁国灭亡,郑国抛弃他们的军队,我们都没有增删,只是辨别清楚了它们的责任罢了。梁国灭亡,是源于不好的政权。郑国抛弃他们的军队,是因为厌恶军队的统帅。

二十年

【经】二十年春^①,新作南门^②。

【注释】

①二十年:鲁僖公二十年当周襄王十三年,前640年。

②南门:鲁国都城南门,本名稷门。

【译文】

鲁僖公二十年春,重新建造鲁国南门。

【左传】二十年春,新作南门。书,不时也^①。凡启塞^②,从时^③。

【注释】

①不时:违反农时。据庄公二十九年传文,冬至之后不再进行土木工程。此次作南门是已过冬至,所以说"不时"。

②启塞:启,门户。塞,门闩。此"启、塞"都作动词,指修造门户和门闩。

③从时:符合农时。

【译文】

鲁僖公二十年春,重新修造南门。《春秋》记载此事,是因违反农时。凡是修造城门和门闩,应不违农时。

【公羊传】何以书? 讥。何讥尔? 门有古常也^①。

【注释】

①门有古常:古常,即古制常法。今新造之南门过于奢泰,不合古制

常法,故讥之。值得注意的是,此处仅是奢泰,并未僭越天子之制,因为"僭天子不可言"。

【译文】

为何记录此事?是讥刺。讥刺什么?城门应依古制常法。

【榖梁传】作,为也,有加其度也①。言新,有故也,非作也。南门者,法门也②。

【注释】

①度:规模。

②法门:范甯注:"法门,谓天子诸侯皆南面而治,法令之所出入,故谓之法门。"

【译文】

作,是修建的意思,是增加它的规模。说新建,因为有旧的,是指责这次修建。南门,是发布法令的门。

【经】夏,郜子来朝①。

【注释】

①郜子:郜国国君。郜国早已灭亡,此处何以出现郜子,众说纷纭,阙疑。

【译文】

夏,郜国国君来朝见。

【公羊传】郜子者何?失地之君也①。何以不名?兄弟辞也②。

【注释】

①失地之君也：郜国被宋所灭，在春秋之前，故郜子为失地之君。

②兄弟辞：郜与鲁，同为姬姓，故为兄弟之国，当优待之。案礼制，诸
侯不生名，失地之君应被绝贱，故书其名。《春秋》因亲亲而为郜
子避讳失地，故不书其名。此为兄弟辞。

【译文】

郜子是什么人？是失地之君。为何不书其名？这是为兄弟避讳之辞。

【经】五月乙巳①，西宫灾②。

【注释】

①乙巳：二十三日。《穀梁传》作"己巳"。

②西宫：《公羊传》认为即小寝之西宫。案礼制，诸侯有正寝，有小
寝。正寝为听政之处，小寝则日常所居。小寝之中，分为三宫，夫
人居中宫，右媵居西宫，左媵居东宫。时西宫为楚女所居。鲁僖
公本取楚女为夫人，后齐国送女先至，胁迫僖公立为嫡，故楚女
被废在西宫悲愁怨旷，故天降火灾。《春秋》书"西宫灾"，然依例
当书"小寝西宫灾"，不系属于"小寝"者，何休云："小寝，夫人所
统，妾之所系也，天意若曰：'楚女本当为夫人，不当系于齐女。'"
《穀梁传》则认为西宫指供奉鲁闵公牌位的庙寝。

【译文】

五月二十三日，西宫发生火灾。

【公羊传】西宫者何？小寝也。小寝则曷为谓之西宫？
有西宫，则有东宫矣。鲁子曰①："以有西宫，亦知诸侯之有
三宫也。"西宫灾何以书？记异也。

【注释】

①鲁子:《公羊传》著于竹帛前的先师。

【译文】

西宫是什么地方？是小寝。是小寝那么为什么称之为西宫？小寝有西宫那么就有东宫。鲁子说:"因为有西宫,也知道诸侯小寝有三宫。"西宫发生火灾,为何记录？是为了记录异常的事。

【榖梁传】谓之新宫,则近为祢宫①。以谥言之,则如疏之然,以是为闵宫也。

【注释】

①近:似乎,好像。祢(nǐ)宫:父庙。

【译文】

如果称作新宫,就好像是在说父亲的庙寝。如果用谥号来称呼它,就好像是在疏远它的样子,因此这是闵公的庙寝。

【经】郑人入滑①。

【注释】

①滑:国名,姬姓国,在今河南偃师。

【译文】

郑国入侵滑国。

【左传】滑人叛郑而服于卫。夏,郑公子士、洩堵寇帅师入滑①。

【注释】

①郑公子士、洩堵寇帅师入滑：滑地近郑，郑在所必争。公子士，郑
　　文公之子。洩堵寇，郑国大夫。

【译文】

滑国背叛郑国而归附卫国。夏，郑国的公子士、洩堵寇率领军队入
侵滑国。

【经】秋，齐人、狄人盟于邢。

【译文】

秋，齐国和狄人在邢结盟。

**【左传】秋，齐、狄盟于邢，为邢谋卫难也①。于是卫方
病邢②。**

【注释】

①为邢谋卫难：上一年卫伐邢。齐、狄会盟谋划救援邢国。
②病：担心，防备。案明年狄为邢伐卫。

【译文】

秋，齐国、狄人在邢国结盟，是为邢国谋划如何对付卫国的入侵。从
这时起卫国开始担心邢国的威胁。

**【穀梁传】邢为主焉尔。邢小，其为主何也？其为主乎
救齐①。**

【注释】

①救齐：齐桓公死后，宋襄公想称霸，联合卫国与齐国为敌，狄、邢、

齐则想削弱宋国势力,故与之为敌,数年间两方争斗不断。

【译文】

邢国是这次会盟的主持国。邢国是小国,它来主持是为什么呢?因为它在救援齐国的行动中起主要作用。

【经】冬,楚人伐随①。

【注释】

①随:姬姓诸侯国,侯爵,封随,故城在今湖北随州。

【译文】

冬,楚国攻打随国。

【左传】随以汉东诸侯叛楚。冬,楚斗穀於菟帅师伐随,取成而还。君子曰:“随之见伐,不量力也。量力而动,其过鲜矣①。善败由己②,而由人乎哉?《诗》曰:‘岂不夙夜,谓行多露③。’”

【注释】

①鲜(xiǎn):少。

②善败:成败。

③岂不夙夜,谓行多露:引《诗》见《诗经·召南·行露》。君子引此诗是比喻有所畏惧则不行动,要量力而行。夙夜,早夜,夜未尽天未明的时候。谓,通“畏”,害怕。行,路。

【译文】

随国率领汉水以东的诸侯国背叛楚国。冬,楚国的斗穀於菟率领军队讨伐随国,与随国缔结和约后回师。君子说:“随国被讨伐,是自己不自量力啊。揣量自己的力量后再行动,它的过失就少了。成败是由自己,难道是由别人吗?《诗》里说:'哪里是不早点赶路,我是怕路上露水太多。'"

【穀梁传】随,国也。

【译文】

随,是一个国家。

*【左传】宋襄公欲合诸侯①,臧文仲闻之,曰:"以欲从人,则可;以人从欲,鲜济②。"

【注释】

①欲合诸侯:想会合诸侯,其实是想当霸主。

②济:成功。

【译文】

宋襄公准备会合诸侯,臧文仲听到了,说:"以自己的欲望去服从别人,可以;强迫别人服从自己的意愿,很少能成功。"

二十一年

△【经】二十有一年春①,狄侵卫②。

【注释】

①二十有一年:鲁僖公二十一年当周襄王十四年,前639年。

②狄侵卫:僖公十九年,卫伐邢,狄人为邢报复卫国。参见上年传文。

【译文】

鲁僖公二十一年春,狄人入侵卫国。

【经】宋人、齐人、楚人盟于鹿上①**。**

【注释】

①鹿上：宋地名，在今山东巨野西南。

【译文】

宋国人、齐国人、楚国人在鹿上结盟。

【左传】二十一年春，宋人为鹿上之盟，以求诸侯于楚①。楚人许之。公子目夷曰："小国争盟，祸也。宋其亡乎，幸而后败②。"

【注释】

①求诸侯于楚：僖公十七年，齐桓公卒；十八年，郑始朝楚；十九年，楚又与陈、蔡、郑盟于齐，则此时部分中原诸侯已归附楚国。宋襄公要想称霸，需请求楚国支持，要求归附楚国的中原诸侯奉己为盟主。

②幸而后败：战败不亡算是幸运了。顾栋高曰："宋襄一生所附者惟齐，齐桓死，宋窃喜，以为天下惟吾独尊，楚，蛮夷，可以名市也，齐为吾所立，必不叛我，其余小国可折箠驱之耳。于是虐二国之君，以示威于陈、蔡，求为鹿上之盟，以饵楚人，而己偃然列其上，是不特楚憾，而齐亦憾，并诸小国亦俱憾。"

【译文】

鲁僖公二十一年春，宋国人和诸侯举行鹿上之盟，向楚国要求归附楚国的诸侯奉自己为盟主。楚人答应了。公子目夷说："小国争当盟主，是灾祸啊。宋恐怕会亡国！如果战败了而不亡，那就是幸运了。"

【经】夏,大旱。

【译文】

夏,大旱。

【左传】夏,大旱。公欲焚巫尪①。臧文仲曰:"非旱备也②。修城郭、贬食、省用、务穑、劝分③,此其务也。巫尪何为? 天欲杀之,则如勿生④;若能为旱,焚之滋甚⑤。"公从之。是岁也,饥而不害⑥。

【注释】

①公欲焚巫尪(wāng):僖公要烧死巫尪来求雨。这种习俗起源很早。巫,女巫,主持祈祷求雨。尪,指患骨骼弯曲症而面朝天的人。

②非旱备也:这不是防备旱灾的办法。

③贬食:节约饮食。省用:节省开支。务穑:致力于农业以救荒。劝分:劝有积蓄的人分施给别人。

④如:不如。

⑤滋甚:更加厉害。

⑥不害:不伤害民众。

【译文】

夏,大旱。僖公准备烧死巫尪来求雨。臧文仲说:"这不是防备大旱的办法。修好城郭、节约饮食、节省开支、致力农业、劝人施舍,这才是当务之急啊。巫尪能做什么? 天如果要杀他们,则不如不要生他们;如果他们能造成旱灾,烧死他们旱灾更厉害。"僖公听从了他的话。这年,有饥荒而不伤害人。

【公羊传】何以书？记灾也。

【译文】

为何记录此事？是记录灾害。

【穀梁传】旱时，正也。

【译文】

记载发生旱灾的季节，是合乎义理的。

【经】秋，宋公、楚子、陈侯、蔡侯、郑伯、许男、曹伯会于盂①。执宋公以伐宋。

【注释】

①盂：宋地名，在今河南睢县。《公羊传》作"霍"，《穀梁传》作"雩"。

【译文】

秋，宋襄公、楚成王、陈穆公、蔡庄公、郑文公、许僖公、曹共公在盂地会盟。抓了宋襄公并且攻打宋国。

【左传】秋，诸侯会宋公于盂。子鱼曰："祸其在此乎！君欲已甚，其何以堪之？"于是楚执宋公以伐宋①。

【注释】

①于是楚执宋公以伐宋：《史记·楚世家》云："宋襄公欲为盟会，召楚。楚王怒曰：'召我，我将好往袭辱之。'遂行，至盂，遂执辱宋公，已而归之。"顾栋高曰："鹿上之盟，楚初喜先代之后之见与，

勉强列其下,盂之盟而即辱之缧绁矣。"又曰:"役齐、鲁俱不与,耻为楚下,而亦耻为宋下也。盖亦袖手旁观,听宋人之自败尔。"

【译文】

秋,诸侯和宋襄公在盂会盟。子鱼说:"祸患恐怕就在这里吧! 国君的欲望太过分了,别人怎么受得了?"在这次盟会上,楚国抓住宋襄公并攻打宋国。

【公羊传】 孰执之? 楚子执之。曷为不言楚子执之? 不与夷狄之执中国也①。

【注释】

①不与夷狄之执中国也:与,许,即不许夷狄执中国。之所以如此,因为"执"有"治"之意,陈立云:"《春秋》之例,诸侯有罪,执归京师,以京师治诸夏也。"则"执"有处置裁决之意,中国是有礼义者,夷狄是无礼义者,不可使夷狄治中国。故此处不书"楚子"执宋公以伐宋。事情经过详见下"楚人使宜申来献捷"条传文。

【译文】

是谁拘捕了宋公? 是楚国国君。为何不言楚子拘捕了宋公? 因为不许夷狄执中国。

【榖梁传】 以,重辞也①。

【注释】

①重辞:份量很重的说法。表明经文对这件事的重视。

【译文】

以,是份量很重的说法。

△【经】冬,公伐邾①。

【注释】

①邾:《公羊传》作"邾娄"。

【译文】

冬,鲁僖公攻打邾国。

【经】楚人使宜申来献捷①。

【注释】

①宜申:楚大夫斗宜申。献捷:进献战利品。

【译文】

楚人派斗宜申来鲁国进献攻打宋国的战利品。

【公羊传】此楚子也①,其称人何? 贬。曷为贬? 为执宋公贬。曷为为执宋公贬? 宋公与楚子期以乘车之会②,公子目夷谏曰:"楚,夷国也,强而无义,请君以兵车之会往。"宋公曰:"不可。吾与之约以乘车之会,自我为之,自我堕之,曰不可。"终以乘车之会往。楚人果伏兵车,执宋公以伐宋。宋公谓公子目夷曰:"子归守国矣。国,子之国也。吾不从子之言,以至乎此。"公子目夷复曰:"君虽不言国,国固臣之国也③。"于是归,设守械而守国。楚人谓宋人曰:"子不与我国,吾将杀子君矣。"宋人应之曰:"吾赖社稷之神灵,吾国已有君矣。"楚人知虽杀宋公,犹不得宋国,于是释宋公④。宋公释乎执,走之卫。公子目夷复曰:"国为君守

之,君曷为不入。"然后逆襄公归。恶乎捷? 捷乎宋。曷为
不言捷乎宋? 为襄公讳也。此围辞也,曷为不言其围? 为
公子目夷讳也⑤。

【注释】

①此楚子也:案"使"是君主派遣大夫之辞,故知经文之"楚人"实
　为楚子。

②乘车之会:不以兵车前往的普通外交会盟。此指上文"鹿上之
　盟"。

③国固臣之国也:公子目夷为宋襄公之弟,可以为宋国之君,国重而
　君轻,故言此以坚襄公之心,绝楚人之望。若非先君子孙,则不可。

④释宋公:案释放宋襄公之事,实在十二月。

⑤为公子目夷讳:公子目夷有设权存国救君之功,故《春秋》为之避
　讳。案上文目夷"设守械而守国",则知宋都被楚军包围,然这种
　情况是目夷不愿见到的,故传文不书"围宋",是为目夷避讳。

【译文】

　　这是楚国国君,为何称其为"楚人"? 是贬抑他。为何贬抑? 因他
拘捕宋襄公而贬。因其拘捕宋襄公而贬,是怎么回事? 宋襄公与楚国国
君相约为乘车之会,公子目夷劝谏道:"楚,是夷狄之国,强大而无信义,
请您以兵车赴会。"宋襄公说:"不可。我与楚相约以乘车之会,我自己
约定的,我自己违反,是不可以的。"最终以乘车之会前往。楚人果然埋
伏了兵车,拘捕宋襄公而伐击宋国。宋襄公对公子目夷说:"你回去守
国吧。宋国,是你的国家了。我不听从你的劝谏,以至于这样。"公子目
夷说:"您即使不提及宋国,如今宋国也固然是臣的国家了。"于是回国,
布置守城的器械并护卫国都。楚人对宋人说:"你们不交出宋国,我将杀
了你们的国君。"宋人回答道:"我国依靠社稷神灵保佑,我们已经有国
君了。"楚人知道,即使杀了宋襄公,也得不到宋国,于是释放了宋襄公。

宋襄公被释放后,去了卫国。公子目夷说:"国家是为您守护的,您为何不入国?"然后将宋襄公迎回。是从哪国得来的战利品?是从宋国得来的。为何不说是"宋捷"?是为宋襄公避讳。这里有宋都被围的文辞,为何不言"围宋"?是为公子目夷避讳。

【穀梁传】捷,军得也。其不曰宋捷,何也?不与楚捷于宋也。

【译文】
战利品,是军事行动中获得的。经文不说这是来自宋国的战利品,为什么呢?因为不赞同楚国从宋国获得战利品。

【经】十有二月癸丑①,公会诸侯盟于薄②。释宋公。

【注释】
①癸丑:初十。
②公会诸侯盟于薄:诸侯,指上文参加盂之盟的诸侯。薄,即亳,宋邑,在今河南商丘北。鲁僖公并未参加盂之盟,从别处而来,故云"公会诸侯盟于薄"。

【译文】
十二月初十,鲁僖公在薄地与诸侯会盟。释放了宋襄公。

【左传】冬,会于薄以释之①。子鱼曰:"祸犹未也②,未足以惩君。"

【注释】
①会于薄以释之:据经文,是鲁国从中调停,楚国才释放宋襄公。卓

尔康曰:"鲁为望国,楚欲借以号召天下。盂之盟,僖公与齐不与,故使宜申献捷,胁而诱之。僖公畏楚,不得不来,楚既得盟鲁,即慨然释宋公以见德,盖示己之有礼,而坚鲁之服从也。"

②犹未:还未完。

【译文】

冬,诸侯在薄地相会并释放了宋襄公。子鱼说:"祸患还没有完结啊,还不足以惩罚国君。"

【公羊传】执未有言释之者,此其言释之何? 公与为尔也。公与为尔奈何? 公与议尔也①。

【注释】

①公与议尔也:薄之盟,鲁僖公商议释放宋襄公。《春秋》善鲁僖公能议释贤者,故书"释宋公"。不书"公释宋公"者,诸侯亦多助力。

【译文】

被执而释,《春秋》例所不书,此处书"释宋公"是为何? 是鲁僖公参与其事。鲁僖公参与释放宋襄公,是怎么回事? 鲁僖公参与了商议释放宋襄公。

【穀梁传】会者,外为主焉尔。外释不志,此其志何也? 以公之与之盟目之也。不言楚,不与楚专释也。

【译文】

"会"的意思,是外国主持的这次会盟。外国释放囚禁之人是不记载的,这里为什么记载了呢? 因为鲁僖公参与了会盟所以记载了。不说楚国,是不赞同楚国独占释放宋襄公的权力。

*【左传】任、宿、须句、颛臾①，风姓也。实司大皞与有济之祀②，以服事诸夏③。邾人灭须句，须句子来奔，因成风也④。成风为之言于公曰："崇明祀⑤，保小寡⑥，周礼也；蛮夷猾夏⑦，周祸也。若封须句，是崇皞、济而修祀⑧，纾祸也⑨。"

【注释】

① 任：国名，在今山东济宁。宿：国名，在今山东东平。须句：亦作"须朐（qú）"，国名，在山东东平。颛臾（zhuān yú）：在山东费县。以上几国都是风姓国。

② 司：主持。大皞：亦作"太皞""太昊"，传说中古代东夷族首领。一说太皞即帝喾。上述四国都是太皞后代。有济：济水。

③ 诸夏：周王室所分封的诸国。

④ 因成风：成风是庄公之妾，僖公之母。须句是成风娘家，所以须句子奔逃到鲁国。

⑤ 崇：尊崇。明祀：即指太皞与济水之祀。

⑥ 保小寡：保护弱小国家，指须句。小寡，谓国土小，百姓少，指弱小之国。

⑦ 蛮夷：此指邾。邾国地近诸戎，故称其为蛮夷，有蔑视之意。猾：扰乱，侵犯。

⑧ 修祀：祭祀。

⑨ 纾祸：解除祸患。

【译文】

任、宿、须句、颛臾，都是风姓国。他们主持太皞和济水的祭祀，并服从侍奉中原诸国。邾国灭了须句，须句君逃奔到鲁国，因为须句是成风的娘家。成风为此对鲁僖公说："尊崇对太皞和济水的祭祀，保护小国，这是周朝的礼仪；蛮夷侵犯诸夏，是周朝的祸患。如果封须句，就是尊崇对太皞和济水的祭祀，纾解祸患啊。"

二十二年

【经】二十有二年春[①]**,公伐邾**[②]**,取须句**[③]**。**

【注释】

①二十有二年:鲁僖公二十二年当周襄王十五年,前638年。

②邾:《公羊传》作"邾娄"。

③须句:《公羊传》作"须朐"。

【译文】

鲁僖公二十二年春,僖公攻打邾国,夺取了须句。

【左传】二十二年春,伐邾,取须句,反其君焉[①]**,礼也。**

【注释】

①反其君:让其君返回须句。

【译文】

鲁僖公二十二年春,鲁国攻打邾国,夺取了须句,让须句国君返回须句,这是合于礼的。

【经】夏,宋公、卫侯、许男、滕子伐郑[①]**。**

【注释】

①伐郑:郑国亲附楚国,所以宋襄公率诸侯攻打郑国。

【译文】

夏,宋襄公、卫文公、许僖公、滕国君一起攻打郑国。

【左传】三月,郑伯如楚。夏,宋公伐郑。子鱼曰:"所谓祸在此矣①。"

【注释】

①所谓祸在此矣:郑自齐桓公死后即归附楚国,今年又朝楚。宋公刚脱楚囚,即纠合三小国伐郑,已是自不量力;伐郑而启楚衅,是与楚争霸,所以说"祸在此"。

【译文】

三月,郑文公到楚国去。夏,宋襄公攻打郑国。子鱼说:"所说的祸患就在这里了。"

*【左传】初,平王之东迁也①,辛有适伊川②,见被发而祭于野者③,曰:"不及百年,此其戎乎④! 其礼先亡矣。"秋,秦、晋迁陆浑之戎于伊川⑤。

【注释】

①平王之东迁:周平王东迁洛邑,在前770年,是为东周。

②辛有:周大夫。伊川:伊河所经之地,在今河南嵩县及伊川一带。

③被发而祭于野:此为夷狄之俗。被,同"披"。

④此其戎乎:指这里将成为戎人居住的地方。

⑤陆浑之戎:原居于陆浑的允姓戎人。陆浑也称瓜州,原指今甘肃敦煌一带。

【译文】

当初,平王东迁的时候,辛有到伊川去,见到披散头发在野外祭祀的人,说:"等不到百年,这里将是戎人居住的地方了! 因为它的礼仪已经先消亡了。"秋,秦国、晋国将陆浑的戎人迁到伊川。

*【左传】晋大子圉为质于秦，将逃归^①，谓嬴氏曰^②："与子归乎？"对曰："子，晋大子，而辱于秦^③，子之欲归，不亦宜乎？寡君之使婢子侍执巾栉^④，以固子也^⑤。从子而归，弃君命也。不敢从，亦不敢言^⑥。"遂逃归。

【注释】

①将逃归：晋惠公病重，太子圉欲回国继位。太子圉于僖公十七年出质于秦，至此五年，时年十六岁。

②嬴氏：怀嬴。太子圉不质时秦国将怀嬴嫁给了他。

③辱：屈居，指为质于秦。

④婢子：妇人自己的卑称。侍执巾栉（zhì）：意谓侍候你。是作妻子的谦辞。巾，手巾。栉，梳子。

⑤固子：使子固，使你安心。

⑥不敢言：意为不敢泄密。

【译文】

晋太子圉在秦国做人质，准备逃回晋国，对怀嬴说："和你一起回去吧？"怀嬴回答说："你，是晋太子，而屈居于秦，你要回去，不是应该的吗？我们国君让贱妾来侍候你，是为了使你安心。我跟随你回去，是背弃了我们国君的命令。我不敢随你回去，也不敢泄露你的秘密。"太子圉于是逃归晋国。

*【左传】富辰言于王曰^①："请召大叔^②。《诗》曰：'协比其邻，昏姻孔云^③。'吾兄弟之不协，焉能怨诸侯之不睦^④？"王说^⑤。王子带自齐复归于京师，王召之也^⑥。

【注释】

①富辰：周大夫。

②大叔：王子带。王子带于僖公十二年逃奔齐国。

③协比其邻，昏姻孔云：引《诗》见《诗经·小雅·正月》。协，和谐。比，亲近。孔，很，甚。云，友好。

④不睦：指不服于周。

⑤说：同"悦"。

⑥王召之也：案僖公十三年，仲叔湫曾说："不十年，王弗召也。"至此应验。

【译文】

富辰对周襄王说："请把太叔带召回来。《诗》里说：'与邻居亲近团结，婚姻亲戚也甚为友好。'我们兄弟都不和谐，哪能埋怨诸侯不服宗周呢？"周襄王听了很高兴。王子带从齐国回到京师，是周襄王把他召回来的。

【经】秋八月丁未①，及邾人战于升陉②。

【注释】

①丁未：初八。

②邾人：《公羊传》作"邾娄人"。升陉（xíng）：鲁地名，今地不详。

【译文】

秋八月初八，鲁国和邾人在升陉作战。

【左传】 邾人以须句故出师。公卑邾①，不设备而御之。臧文仲曰："国无小，不可易也②。无备，虽众，不可恃也。《诗》曰：'战战兢兢，如临深渊，如履薄冰③。'又曰：'敬之敬之，天惟显思，命不易哉④。'先王之明德，犹无不难也，无不惧也⑤，况我小国乎！君其无谓邾小。蜂虿有毒⑥，而况国乎?"弗听。八月丁未,公及邾师战于升陉,我师败绩。邾人获公胄[7],县诸鱼门[8]。

【注释】

①卑:轻视。

②易:轻视。

③"战战兢兢"三句:引《诗》见《诗经·小雅·小旻》。

④"敬之敬之"三句:引《诗》见《诗经·周颂·敬之》。意谓做事必须认真严肃,天监临在上而无所不照,获得与保守天命极不容易。敬,戒慎。显,明。思,语气词,无义。不易,即"难"。

⑤惧:戒惧。

⑥虿(chài):蝎子类的毒虫。

⑦胄:头盔。

⑧县:悬挂。鱼门:邾国城门。

【译文】

邾国人因为须句的缘故而出兵攻鲁。鲁僖公轻视邾国,不设防就抵御邾国军队。臧文仲说:"国家无所谓小,不能轻视它。不设防,虽是人多,也不可靠。《诗》里说:'战战兢兢,如同面对着深渊,如同行走在薄冰上。'又说:'戒慎啊戒慎,上天光明普照,得天命不易啊!'以先王那样的美德,尚且会碰到困难,没有不戒惧的,何况我们小国呢。国君不要以为邾国小,蜂、虿虽小却有毒,而何况国家呢?"僖公不听。八月初八,僖公和邾国军队在升陉作战,鲁军大败。邾国人缴获僖公的头盔,把它悬挂在鱼门上。

【穀梁传】内讳败,举其可道者也。不言其人,以吾败也。不言及之者,为内讳也。

【译文】

为鲁国避讳战败的事,只说可以说的事。不说对方统帅,是因为我们战败了。不说是谁与对方交战,是为鲁国隐讳。

【经】冬十有一月己巳朔,宋公及楚人战于泓[1],宋师败绩。

【注释】

①泓:水名,在今河南柘城北。

【译文】

冬十一月初一,宋襄公和楚国人在泓水作战,宋国军队大败。

【左传】楚人伐宋以救郑。宋公将战,大司马固谏曰[1]:"天之弃商久矣[2],君将兴之,弗可赦也已[3]。"弗听。

【注释】

①大司马固谏:据《史记·宋微子世家》,此大司马即下文的子鱼,宋公子目夷,时为大司马,掌管军队;"固"为坚决之意。而杜预注则曰:"大司马固,庄公之孙公孙固也。"则固为人名,即公孙固。

②商:此指宋。宋本是商的后裔,商为周所灭。

③弗可赦:违天之罪是不可赦免的。

【译文】

楚国派兵进攻宋国以救援郑国。宋襄公准备应战。大司马坚决劝阻道:"上天抛弃我们已经很久了,您想复兴它,违背天意,恐怕不可赦免啊。"宋襄公不听。

冬十一月己巳朔,宋公及楚人战于泓[1]。宋人既成列[1],

楚人未既济^②。司马曰^③:"彼众我寡,及其未既济也,请击之。"公曰:"不可。"既济而未成列^④,又以告。公曰:"未可。"既陈而后击之^⑤,宋师败绩。公伤股^⑥,门官歼焉^⑦。

【注释】

①既成列:已经摆好阵势。

②既济:全部渡过泓水。

③司马:大司马的属官,参谋军政,掌管军法。

④成列:形成队列,排成行列。

⑤陈:同"阵",军阵。此为动词,列好阵势。

⑥公伤股:《史记·楚世家》云:"射伤宋襄公。"股,大腿。

⑦门官:国君的亲兵。

【译文】

　　冬十一月初一,宋襄公和楚军在泓水边交战。宋国的军队已经列好了阵势,楚国的军队还没有完全渡过泓水。司马劝宋襄公说:"楚军人多,我军人少,趁他们还没有全部渡过河,赶紧下令进攻。"宋襄公说:"不可以。"楚军渡过河还未摆成阵势,司马又劝宋襄公进攻,宋襄公说:"还是不可以。"等到楚人摆好阵势,宋襄公才下令进攻,结果宋军大败,宋襄公自己也大腿受了伤,亲兵全部被杀死。

　　国人皆咎公^①。公曰:"君子不重伤^②,不禽二毛^③。古之为军也,不以阻隘也^④。寡人虽亡国之余,不鼓不成列^⑤。"子鱼曰:"君未知战。勍敌之人^⑥,隘而不列^⑦,天赞我也。阻而鼓之^⑧,不亦可乎?犹有惧焉。且今之勍者,皆吾敌也。虽及胡耇^⑨,获则取之,何有于二毛^⑩?明耻教战^⑪,求杀敌也。伤未及死,如何勿重?若爱重伤,则如勿伤;爱其二毛，则如服焉⑫。三军以利用也⑬，金鼓以声气也⑭。利而用之，阻隘可也；声盛致志⑮，鼓儳可也⑯。"

【注释】

①咎：归罪。

②重（chóng）伤：对已受伤的敌人再加以伤害。

③禽：同"擒"。二毛：头发两种颜色，指头发花白的老人。

④不以阻隘：不把敌人逼到险要地方以取胜。

⑤鼓：作动词，击鼓进军。

⑥勍（qíng）敌：强敌。勍，强。

⑦隘而不列：处于险隘之地还未列阵。

⑧阻而鼓之：凭险而进攻。

⑨胡耇（gǒu）：老年人。

⑩何有：有何可怜惜呢？有何舍不得呢？

⑪明耻：明白国耻之心。教战：教以战术。

⑫服：投降。

⑬以利用：抓住有利时机用兵。

⑭金鼓以声气：金鼓是用来鼓舞士气的。

⑮声盛：金鼓洪亮。致志：鼓舞士气。

⑯儳（chán）：队列参差不齐。

【译文】

宋国国内人都怪罪宋襄公。宋襄公说："有德之人是不忍心伤害已经受了伤的敌人的，不停虏头发花白的老年人。古人行军打仗，不凭险要地方来求得胜利。我虽是殷商亡国的后代，也不进攻还没摆好阵势的敌人。"子鱼说："您还不知道怎样打仗。强大的敌人，在险要的地方来不及摆开阵势，这是上天在帮助我们呀。凭着险阻进攻敌人，怎么不可以呢？我还怕打不赢呢！再说如今这些强大的士兵，都是我们的敌人。

即使是老年的，抓到了就是俘虏，管他什么头发花白？训练士兵，先让他们明白国耻，然后教他们战术，就是为了杀死敌人。敌人受了伤，还没有死，怎么就不可以再杀伤他呢？您如果舍不得再伤害他，还不如一开始就不杀伤；如果怜悯他头发花白，就不如向他投降。军队打仗，就应抓住有利时机作战，鸣金、击鼓，是用来鼓舞士气的。敌人在险隘之处，正是可利用的时机；鼓声大作，激发士气，进攻未成列的敌人，完全是应该的啊！"

【公羊传】偏战者曰尔，此其言朔何①？《春秋》辞繁而不杀者，正也②。何正尔？宋公与楚人期战于泓之阳③，楚人济泓而来，有司复曰："请迨其未毕济而击之。"宋公曰："不可。吾闻之也，君子不厄人。吾虽丧国之余④，寡人不忍行也。"既济未毕陈，有司复曰："请迨其未毕陈而击之。"宋公曰："不可。吾闻之也，君子不鼓不成列⑤。"已陈，然后襄公鼓之。宋师大败。故君子大其不鼓不成列，临大事而不忘大礼，有君而无臣⑥，以为虽文王之战，亦不过此也。

【注释】

①此其言朔何：案《春秋》之例，偏战书日；又，朔日若有事发生，一般只书干支，不另书"朔"。此处书日又书朔，于例不合，故发问。

②《春秋》辞繁而不杀者，正也：繁，多。杀，减省。正，正道。泓之战，宋襄公所作所为符合正道，故《春秋》详录之，书日又书朔，辞繁而不杀。

③泓之阳：泓，水名。水北曰阳。

④丧国之余：何休云："（宋国）前几为楚所丧，所以得其余民以为国，喻褊弱。"

⑤君子不鼓不成列：军法，擂鼓而战，此处鼓表示进攻。不成列，即
军队未成阵列。君子守礼，不进攻未成列之师，故云"不鼓不成
列"。

⑥有君而无臣：君指宋襄公，襄公不鼓不成列，有王者之德。宋臣劝
襄公偷袭楚人，非王者之臣。《春秋》以为，宋襄公的失败，在于没
有王者之臣，又未能纯粹守礼（如之前的执滕子婴齐，不以其罪
等等）；而不是以胜败论英雄。值得注意的是，此处褒扬襄公，亦
是借事明义，说明后世若有王者起，当有襄公之德，杀一不辜而得
天下，不为也。

【译文】

《春秋》记录偏战书日，此处又书"朔"，是为何？《春秋》记录事情，
用辞繁多而不减杀，是因为符合正道的缘故。怎样符合正道？宋公与楚
人约定，在泓水北岸合战。楚人正渡泓水而来，有司禀告说："请趁楚人
没有全部渡河时就攻击他们。"宋襄公说："不可。我听闻，君子不使人
困厄。我虽然之前被楚国所败，险些亡国，仅能以余民为国，但我也不忍
心如此。"楚人全部渡过了泓水，尚未排好阵列，有司禀告说："请趁楚人
没有排好阵列，就攻击他们吧。"宋襄公说："不可。我听闻，君子不擂鼓
攻击未成列之师。"楚人已排好阵列，然后襄公擂鼓。宋师大败。所以
君子赞赏襄公不擂鼓攻击未成列之师，面临大事而不忘大礼。有王者之
君，而无王者之臣，以为即使是周文王的战斗，也不过如此。

【穀梁传】日事遇朔曰朔。《春秋》三十有四战，未有以
尊败乎卑，以师败乎人者也。以尊败乎卑，以师败乎人，则
骄其敌①。襄公以师败乎人，而不骄其敌，何也？责之也。
泓之战，以为复雩之耻也②。雩之耻，宋襄公有以自取之。
伐齐之丧、执滕子、围曹、为雩之会，不顾其力之不足，而致

楚成王③，成王怒而执之。故曰：礼人而不答，则反其敬④。爱人而不亲，则反其仁。治人而不治，则反其知。过而不改，又之，是谓之过。襄公之谓也。古者被甲婴胄⑤，非以兴国也，则以征无道也，岂曰以报其耻哉！宋公与楚人战于泓水之上。司马子反曰⑥："楚众我少，鼓险而击之⑦，胜无幸焉⑧。"襄公曰："君子不推人危，不攻人厄。须其出⑨。"既出，旌乱于上，陈乱于下⑩。子反曰："楚众我少，击之，胜无幸焉。"襄公曰："不鼓不成列。"须其成列而后击之，则众败而身伤焉。七月而死。倍则攻，敌则战⑪，少则守。人之所以为人者，言也。人而不能言，何以为人？言之所以为言者，信也。言而不信，何以为言？信之所以为信者，道也。信而不道，何以为道？道之贵者时，其行势也。

【注释】

①骄：轻视。

②雩（yú）之耻：指上年楚联合几国在宋的雩地盟会上抓捕宋襄公并讨伐宋国一事。

③致：招致。

④反：反省。

⑤被甲婴胄：穿上铠甲戴上头盔。

⑥司马子反：宋国司马，名子反。

⑦鼓：鸣鼓攻击。

⑧幸：侥幸。

⑨须：等待。

⑩陈：用同"阵"，阵势，行阵。

⑪敌：匹配，对等。

【译文】

记载事件逢初一就称"朔"。《春秋》记载了三十四次战事,没有称呼尊贵的败给称呼卑微的,没有称"师"的败给称"人"的。称呼尊贵的败给称呼卑微的,称"师"的败给称"人"的,是因为战败者轻视他的敌人。宋襄公以称"师"败给称"人"的,但不是因为轻视他的敌人,为什么呢?是责备他。泓水之战,是为了报复盂之会的耻辱。盂之会的耻辱,是宋襄公咎由自取。讨伐丧事中的齐国、抓滕国国君、围攻曹国、举行盂地的会盟,不考虑他自己的实力不够,去招楚成王来,楚成王发怒就拘押了他。所以说:以礼待人,别人却不回应,就要反思自身的恭敬。关爱别人,别人却不与自己亲近,就要反思自己的仁爱。治理民众而民众得不到治理,就要反思自己的智慧。有过错却不改,再次犯错,这就叫做过错。说的就是宋襄公。古时候的人穿上铠甲带上头盔,不是为了振兴国家,就是为了征讨不讲道义的,岂是说为了洗刷自己的耻辱呢!宋襄公与楚国人在泓水边上作战,司马子反说:"楚军人多我军人少,去鼓攻击处在险境的敌人,一定能够获胜。"宋襄公说:"道德高尚的人不把别人推向危难,不攻击处在困境的人。等他们爬上岸来。"楚军已经上岸了,旌旗凌乱,阵势散乱。子反说:"楚军人多我军人少,攻击他们,一定能够获胜。"宋襄公说:"不击鼓攻击没有列好阵势的军队。"等到楚军列好阵势之后攻击宋军,结果宋军溃败而襄公自己也受伤了。过了七个月就去世了。两军交战,兵力双倍于敌人就发起攻势,兵力对等就可以交战,兵力偏少就采取守势。人之所以是人,在于可以说话。作为人却不能说话,还怎么称为人呢?话之所以成为话,在于守信用。说话却不守信用,还怎么说话呢?信用所以成为信用,是因为讲道义。讲信用却不讲道义,还怎么讲道义呢?讲道义的可贵之处在于合乎时宜,就是顺应形势而行动。

　　*【左传】丙子晨[①],郑文夫人芈氏、姜氏劳楚子于柯泽[②]。

楚子使师缙示之俘馘③。君子曰：“非礼也。妇人送迎不出门④，见兄弟不逾阈⑤，戎事不迩女器⑥。”

【注释】

①丙子：初八。

②芈（mǐ）氏：楚女。芈，楚国姓。姜氏：齐女。劳：慰问。柯泽：郑国之地。又称阿泽，在今山东阳谷东北。

③师缙：楚国乐师。示之俘馘（guó）：这是为了显示战绩。俘，生擒的俘虏。馘，战时割取的所杀敌人的左耳，用以计功。

④送迎不出门：指送迎不出房门。

⑤不逾阈（yù）：不越过门槛。阈，门槛。

⑥不迩女器：不接近妇女的用具。迩，近。

【译文】

十一月初八早晨，郑文公夫人芈氏、姜氏到柯泽慰劳楚成王。楚成王派师缙将俘虏与杀死的敌人的左耳给她们看。君子说：“这是不合礼法的。妇人迎送客人不出房门，见兄弟不跨越门槛，有战事时不接近妇女的用具。”

丁丑①，楚子入飨于郑②，九献③，庭实旅百④，加笾豆六品⑤。飨毕，夜出，文芈送于军⑥，取郑二姬以归⑦。叔詹曰⑧：“楚王其不没乎⑨！为礼卒于无别⑩！无别不可谓礼，将何以没？”诸侯是以知其不遂霸也⑪。

【注释】

①丁丑：初九。

②入飨于郑：楚成王入郑都，郑文公宴请他。

③九献：九次向宾客敬酒。为国君飨燕之礼。

④庭实旅百：陈列于庭中的礼品有百种。此亦为国君飨燕之礼。庭实，陈列于朝堂的贡献物品。旅，陈列。

⑤加：在正礼之外又增添其他。笾（biān）豆：古代礼器，用以装礼品。六品：六件。

⑥文芈：即郑文夫人芈氏。

⑦取郑二姬：指楚成王带走了郑国两位姬姓女子做侍妾。

⑧叔詹：郑大夫。

⑨不没：不得善终。没，善终。鲁文公元年，楚成王为其子商臣所杀。

⑩无别：男女无别。古人讲男女大防。郑文公夫人劳军，夜间送楚王回楚军，楚王取走二姬，因此说是男女无别，不合于礼。

⑪不遂霸：不能完成霸业。僖公二十八年，楚为晋败于城濮。

【译文】

初九，楚王入郑国都，郑文公宴享他，在朝堂上陈列礼品有百种，另加六件用笾豆装的食品。宴享结束，到夜里才出来，文芈一直送他到军营中。楚王还带了郑国的二位侍妾回去。叔詹说："楚王恐怕要不得善终了！施行礼仪最后连男女都无区别！男女无别不可以认为是有礼，楚王怎么能善终呢？"诸侯因此知道楚成王不会成就霸业。

二十三年

【经】二十有三年春①，齐侯伐宋，围缗②。

【注释】

①二十有三年：鲁僖公二十三当周襄王十六年，前637年。

②缗（mín）：国名，在今山东金乡东北。《穀梁传》作"闵"。

【译文】

鲁僖公二十三春,齐孝公攻打宋国,包围了缗。

【左传】二十三年春,齐侯伐宋,围缗,以讨其不与盟于齐也^①。

【注释】

①讨其不与盟于齐也:顾栋高曰:"宋襄之心,齐亦已知之矣,特已受其援立之恩,姑听命焉,而实不心服。……迨至盂会而见执,泓战而受伤,乃晓然知宋为不足恃,乃更责宋以不与齐盟,所谓欲加之罪也。"

【译文】

鲁僖公二十三年春,齐孝公攻打宋国,包围缗地,是为讨伐它不参加齐国的会盟。

【公羊传】邑不言围^①,此其言围何? 疾重故也^②。

【注释】

①邑不言围:案《春秋》书"围",通常指国都被围,邑虽被围,当书伐。此条中,仅书"伐宋"即可,不必再书"围缗"。

②疾重故也:疾,痛恨。故,指故创,即宋国在泓之战中遭受的创伤。重故,即使故创加重。何休云:"襄公欲行霸,守正履信,属为楚所败,诸夏之君宜杂然助之,反因其困而伐之,痛与重故创无异,故言围,以恶其不仁也。"

【译文】

《春秋》不书城邑被包围,此处书围缗,是为何? 是痛恨加重宋国的创伤。

【穀梁传】伐国不言围邑,此其言围,何也? 不正其以恶报恶也。

【译文】

讨伐国家不说围攻城邑,这里经文说了围攻,为什么呢? 因为认为齐以恶行报复恶行是不合正道的。

【经】夏五月庚寅①,宋公兹父卒②。

【注释】

①庚寅:二十五日。

②宋公兹父:即宋襄公,姓子,名兹父,一作"兹甫",谥襄。兹父,《公羊传》作"慈父"。顾栋高案:"宋襄一生全用诈力,诬死诳生,奉少夺长,虐邻国之君,以祭淫昏之鬼,无复人理。乃于盂之会信楚而不肯以兵车往,泓之战则曰不禽二毛,是以诈力待平人,而以忠厚至诚待虎狼也。……以虺蜮之心而外节为迂腐谨厚之行者……得以寿终,幸矣。"

【译文】

夏五月二十五日,宋襄公去世。

【左传】夏五月,宋襄公卒,伤于泓故也。

【译文】

夏五月,宋襄公去世,是因为在泓之战中受伤的缘故。

【公羊传】何以不书葬? 盈乎讳也①。

【注释】

①盈乎讳也：盈，满。盈乎讳，即将避讳之文说圆满。僖公九年，宋襄公之父宋桓公卒，襄公背殡出会，有不子之恶，故《春秋》为之避讳，而不书桓公之葬。此处又不书襄公之葬，好像是宋国国君例不书葬一样，使得之前的讳文更加圆满。如不盈乎讳，则嫌襄公之功业，仅能覆盖背殡出会之恶。

【译文】

为何不书葬？是为了将避讳之文说圆满。

【穀梁传】兹父之不葬，何也？失民也。其失民何也？以其不教民战①，则是弃其师也。为人君而弃其师，其民孰以为君哉②？

【注释】

①教：训练。

②孰：代词，谁。

【译文】

不记载兹父的下葬，为什么呢？因为他失去了民心。他为什么失去了民心呢？因为他不训练民众作战，那是抛弃他的军队。作为国君却抛弃了他的军队，民众谁还把他当做国君呢？

【经】秋，楚人伐陈。

【译文】

秋，楚国攻打陈国。

【左传】秋,楚成得臣帅师伐陈①,讨其贰于宋也②。遂取焦、夷③,城顿而还④。子文以为之功⑤,使为令尹。叔伯曰⑥:"子若国何⑦?"对曰:"吾以靖国也⑧。夫有大功而无贵仕⑨,其人能靖者与有几⑩?"

【注释】

①成得臣:楚臣,字子玉。

②贰于宋:对楚国二心而亲近宋国。顾栋高曰:"案:陈首招楚为齐之盟以间宋,而楚反讨其贰于宋,所谓招虎入室,自遗患也。楚亦知宋襄已死,不足患,此盖慑后来者,使陈不敢他向耳,陈自是坚从楚矣。"

③焦、夷:二地都属陈国。焦当今安徽亳州,夷在亳州东南。

④顿:国名,姬姓,在今河南项城西。

⑤子文:楚国令尹。即斗縠於菟,字子文。之:代词,其,指成得臣子玉。

⑥叔伯:楚大夫蒍吕臣。

⑦若国何:拿国家怎么办。叔伯认为子玉不能胜任令尹之职。

⑧靖国:安定国家。靖,安定。

⑨贵仕:高位。

⑩与:语气词。

【译文】

秋,楚国的成得臣率领军队攻打陈国,讨伐它背叛楚国亲近宋国。于是攻入焦、夷二地,并在顿修筑城墙后回国。子文认为这是成得臣的功劳,就让他做令尹。叔伯说:"你将拿国家怎么办啊?"子文回答说:"我将以此安定国家。有大功而无高位,这样的人能安定国家的有几个?"

*【左传】九月，晋惠公卒①。怀公立②，命无从亡人③。期④，期而不至，无赦。狐突之子毛及偃从重耳在秦，弗召。冬⑤，怀公执狐突曰："子来则免。"对曰："子之能仕，父教之忠，古之制也。策名、委质⑥，贰乃辟也⑦。今臣之子，名在重耳⑧，有年数矣。若又召之，教之贰也。父教子贰，何以事君？刑之不滥，君之明也，臣之愿也。淫刑以逞⑨，谁则无罪？臣闻命矣⑩。"乃杀之。

【注释】

①晋惠公卒：《春秋》记载晋惠公死在明年冬，可能经文记载有误。

②怀公：晋太子圉。

③无从：不要跟随。亡人：逃亡之人，指重耳，因其逃亡在外。

④期：对跟随重耳逃亡的人规定了返回的期限。

⑤冬：据上下文，当指冬十月。

⑥策名：把名字写在简策上。古时出仕之初，必须先把名字写在简策上。委质：出仕时需要送上见面的礼物。无质就不能为人臣。质，通"贽"，见面礼。

⑦贰：二心。辟：罪过。

⑧名在重耳：指做重耳的臣子。

⑨淫刑以逞：滥用刑罚以图快意。

⑩闻命：听到命令了。

【译文】

九月，晋惠公去世。晋怀公即位，命令不得跟随逃亡在外的重耳。并限定了返回的期限，到了期限不回来，绝不赦罪。狐突的儿子狐毛和狐偃跟随重耳在秦国，狐突不肯召他们回来。冬十月，怀公抓住狐突，对他说："叫儿子回来就赦免你。"狐突回答说："儿子能做官，父亲要教育他做到忠诚,这是自古的制度。把名字写在简策上、给主人送上见面礼,如果有二心,就是罪过。现在臣下的儿子,名字列在重耳那边已经有好几年了。如果又召他们回来,那是教他们有二心啊。父亲教儿子三心二意,他怎么事奉国君呢?刑罚不滥用,是国君的圣明,下臣的希望。滥用刑罚以逞快意,谁能无罪呢?下臣听你的命令就是了。"晋怀公于是杀了狐突。

卜偃称疾不出,曰:"《周书》有之①:'乃大明服②。'己则不明③,而杀人以逞,不亦难乎?民不见德④,而唯戮是闻⑤,其何后之有⑥?"

【注释】

①《周书》:指《尚书·康诰》篇。

②大明:指君主贤明。服:百姓顺服。

③则:如果。

④不见德:看不到德行,指君主不明。

⑤唯戮是闻:即"唯闻戮",指滥用刑罚,杀人以逞。

⑥其何后之有:杜预注:"言怀公必无后于晋,为二十四年杀怀公张本。"

【译文】

卜偃称病不出门,说:"《周书》里说:'君主贤明,臣民顺服。'如果自己不贤明,而杀人以图快意,不也是很难得到百姓顺服吗?百姓看不到君主的恩德,只听到杀戮,其后代还能长享有君位吗?"

【经】冬十有一月,杞子卒①。

【注释】

①杞子卒：杞子,杞国国君杞成公。案此条宜与庄公二十七年"杞
伯来朝"条参看。案杞国为夏朝之后,属于周朝的"二王后",当
为公爵。然而孔子作《春秋》,供后世王者取法,故公羊学以《春
秋》当新王。如此则宋、周为《春秋》之"二王后",而杞国由公爵
被黜为伯爵,故庄二十七年称"杞伯"。此处称"杞子"者,因其
微弱被徐、莒胁迫,故《春秋》贬之为"子"。值得注意的是,一般
诸侯贬称"人",杞国则贬为子,表明圣人子孙,贬而不失爵。同
时,《春秋》不书杞子之名,不书日,不书葬,表明杞实为小国。

【译文】

冬十一月,杞成公去世。

【左传】十一月,杞成公卒。书曰"子",杞,夷也①。不
书名,未同盟也②。凡诸侯同盟,死则赴以名③,礼也。赴以
名,则亦书之,不然则否,辟不敏也④。

【注释】

①杞,夷也：指杞国用夷人之礼仪。襄公二十九年传文云:"杞,夏余
也,而即东夷。"则杞本非夷,因其用夷礼,因而将其视为夷。

②未同盟：指未和鲁国结为同盟国。以上解释经文为何记为"杞子"。

③赴以名：在讣告上写上名字。赴,同"讣"。

④辟：避免。敏：通"审",明悉。

【译文】

十一月,杞成公去世。《春秋》记载为"子",是因为杞国用夷礼。不
记载杞成公的名字,是因为没有和鲁国结盟。凡结盟的诸侯国,死后在
讣告上写上名字,是合乎礼的。讣告上写名字,《春秋》就加以记载,否
则就不记载,避免弄不清楚而误记。

　　*【左传】晋公子重耳之及于难也①,晋人伐诸蒲城②。蒲城人欲战。重耳不可,曰:"保君父之命而享其生禄③,于是乎得人④。有人而校⑤,罪莫大焉。吾其奔也。"遂奔狄⑥。从者狐偃、赵衰、颠颉、魏武子、司空季子⑦。狄人伐廧咎如⑧,获其二女:叔隗、季隗,纳诸公子。公子取季隗,生伯儵、叔刘,以叔隗妻赵衰,生盾⑨。将适齐,谓季隗曰:"待我二十五年,不来而后嫁。"对曰:"我二十五年矣,又如是而嫁,则就木焉⑩。请待子。"处狄十二年而行⑪。

【注释】

①及于难:指太子申生之难。僖公四年,晋献公听信宠姬骊姬的谗言,逼死太子申生,公子重耳、夷吾同时出逃。

②蒲城:今山西隰县,重耳的封邑。

③保:依靠。生禄:禄邑,犹食邑。古代君主分封给臣下的城邑。受封者在封地有收取赋税的权利。

④得人:得到众人拥护。

⑤有人:即"得人"。校:同"较",较量,对抗。

⑥狄:古代北方的少数民族。长期活动于齐、鲁、晋、卫、宋、邢等国之间,与诸国有频繁的接触。

⑦狐偃:重耳的舅父,字子犯。赵衰(cuī):字子馀。颠颉(xié):晋大夫。魏武子:名犨(chōu)。司空季子:一名胥臣。食邑于白,又称白季。

⑧廧咎(qiáng gāo)如:狄族的别种,隗姓。在今河南安阳西南。

⑨盾:即赵盾。

⑩就木:进棺材。木,棺材。

⑪处狄十二年而行:重耳自僖公四年奔狄,十二年而行,则是年为僖

公十六年。

【译文】

晋公子重耳在骊姬之乱的时候,晋献公派人攻打蒲城。蒲城人要迎战。重耳不同意,说:"我是靠了国君的命令才有了养生的禄邑,因此才得到众人的拥护。有了百姓的拥护就要与国君对抗,没有比这更大的罪过了。我还是逃亡吧。"于是逃奔到狄国。狐偃、赵衰、颠颉、魏武子、司空季子等人都跟随他出逃。狄国人攻打廧咎如,抓获了他们的两个女儿叔隗和季隗,把她们送给公子重耳。重耳娶了季隗,生了伯儵、叔刘,他把叔隗给了赵衰为妻,生了赵盾。重耳准备到齐国去,对季隗说:"等我二十五年,我如果不回来,你再出嫁。"季隗回答说:"我已经二十五岁了,再过二十五年出嫁,我都要进棺材了。我还是等您吧!"重耳在狄地住了十二年才离开。

过卫,卫文公不礼焉①。出于五鹿②,乞食于野人③,野人与之块④。公子怒,欲鞭之。子犯曰:"天赐也⑤。"稽首,受而载之。

【注释】

①不礼:不以礼待之。焉:之,代词,指重耳。

②五鹿:卫地名,在今河南濮阳东北莎鹿城。

③野人:乡下人。

④块:土块。

⑤天赐:上天的赐予。子犯认为土块是土地的象征,表示上天将赐予重耳土地,即能回国当国君。

【译文】

重耳过卫国的时候,卫文公没有以礼接待他。经过五鹿这个地方,重耳一行人向乡下人要饭吃,乡下人给了他一块泥土。重耳发怒了,要鞭打乡下人。子犯忙说："这是上天赐予我们的啊！"行了稽首之礼后，把土块接过来放在了车上。

及齐，齐桓公妻之，有马二十乘①，公子安之②。从者以为不可③。将行，谋于桑下④。蚕妾在其上⑤，以告姜氏⑥。姜氏杀之，而谓公子曰："子有四方之志⑦，其闻之者吾杀之矣。"公子曰："无之⑧。"姜曰："行也。怀与安⑨，实败名⑩。"公子不可。姜与子犯谋，醉而遣之⑪。醒，以戈逐子犯。

【注释】

①二十乘（shèng）：八十匹马。一乘四匹马，古时一车四马为一乘。

②安之：安居于齐，不想走了。

③从者：即跟随重耳逃亡的狐偃等人。

④桑下：桑树下。

⑤蚕妾：养蚕的女奴。

⑥姜氏：齐桓公嫁给重耳的齐女。

⑦四方之志：指远大的志向。

⑧无之：重耳想安于齐国，因此不承认。

⑨怀与安：眷恋享受，安于现状。怀，留恋。

⑩败名：败坏名声。

⑪遣之：把重耳送出齐国。

【译文】

到了齐国，齐桓公将宗室女儿嫁给重耳，又赠马八十四，重耳便安于齐国的生活不想再走了。跟随出逃的人都认为这样不行。他们准备让重耳离开齐国，并在桑树下商量。养蚕的女奴在桑树上听到了，便报告给姜氏。姜氏把女奴杀了，然后对公子重耳说："您有远大的志向，那些听到秘密的人，我已经杀了。"重耳说："没有这回事。"姜氏说："您走吧！眷恋享受，安于现状，只能败坏功名。"公子不愿走。姜氏与子犯商量，把重耳灌醉，然后把他送走。重耳醒来之后，生气地拿起戈来追赶子犯。

及曹，曹共公闻其骈胁①，欲观其裸。浴，薄而观之②。僖负羁之妻曰③："吾观晋公子之从者，皆足以相国④。若以相，夫子必反其国⑤。反其国，必得志于诸侯⑥。得志于诸侯，而诛无礼，曹其首也。子盍蚤自贰焉⑦。"乃馈盘飧，置璧焉⑧。公子受飧反璧⑨。

【注释】

①骈胁：腋下肋骨连成一片。

②薄：迫近。

③僖负羁：曹国大夫。

④相国：做国家的辅佐之臣。

⑤夫子：那个人，指重耳。

⑥得志于诸侯：指称霸诸侯。

⑦蚤自贰：早一点表示自己与曹共公不同。蚤，通"早"。贰，别，分别。

⑧乃馈盘飧（sūn），置璧焉：意即以璧为贽，向重耳示好。因臣不能与外人结交，所以把璧藏在饭里，不让外人知道。飧，晚饭。

⑨受飧：表示明白他的心意。反璧：表示不贪财。

【译文】

到了曹国，曹共公听说重耳腋下肋骨连成一片，便想要在重耳裸露身体的时候看一看。重耳洗澡的时候，他便迫近前去观看。曹大夫僖负羁的妻子说："我看晋公子的随从，都是足以做国家辅臣的人才。如果用他们做辅政大臣，公子必定会返回晋国即位。返国之后，一定会称霸诸侯。称霸之后而惩罚对他无礼的国家,曹国必首当其冲。你何不早一点表示自己与曹君不同呢?"于是僖负羁就赠送给重耳一盘晚餐,把一块玉璧放置在食物中。重耳接受了他的晚餐而送还了玉璧。

及宋,宋襄公赠之以马二十乘。

【译文】

到了宋国,宋襄公赠送给重耳八十匹马。

及郑,郑文公亦不礼焉。叔詹谏曰①:"臣闻天之所启②,人弗及也。晋公子有三焉③,天其或者将建诸④,君其礼焉。男女同姓,其生不蕃⑤。晋公子,姬出也⑥,而至于今,一也。离外之患⑦,而天不靖晋国⑧,殆将启之,二也。有三士足以上人而从之⑨,三也。晋、郑同侪⑩,其过子弟⑪,固将礼焉,况天之所启乎?"弗听。

【注释】

①叔詹:郑大夫郑詹。

②启:开,赞助,指天所帮助的人。

③三焉:三项与众不同的地方。

④其或者:其、或者,都是揣测副词。建诸:指天有意立他为君。诸,代词"之"和疑问语气词"乎"的合音。

⑤蕃:繁盛。

⑥姬出:姬姓女所生。重耳之母为大戎狐姬。

⑦离:同"罹",遭受。外:指逃亡国外。

⑧不靖晋国:重耳逃亡国外,晋国内一直不能安定。

⑨三士：指狐偃、赵衰和贾佗。上人：超过一般人。

⑩同侪（chái）：同等地位。

⑪其过子弟：那些来往经过郑国的晋国子弟。

【译文】

重耳到了郑国，郑文公对他也不加礼遇。叔詹劝告郑文公说："我听说上天所要帮助的人，一般人是比不上的。晋公子重耳有三件特殊的事非他人所能比。上天或者将要立他为君，您还是以礼相待的好。男女同姓通婚，他们的子孙不能繁盛。姬姓的晋公子重耳，又是姬姓女所生，但他至今仍健康地活着，这是第一件特殊的事。他遭受了逃亡在外的忧患，而晋国国内却不能安定，上天替重耳创造有利条件，这是第二件特殊的事。有三个超出一般人的人跟着他，这是第三件。晋国和郑国是同等地位的国家，平时他们的子弟来往，本该以礼相待，更何况是天要帮助的人！"郑文公不听。

及楚，楚子飨之①，曰："公子若反晋国，则何以报不穀②？"对曰："子、女、玉、帛③，则君有之，羽、毛、齿、革则君地生焉④。其波及晋国者⑤，君之余也，其何以报君？"曰："虽然，何以报我？"对曰："若以君之灵，得反晋国，晋、楚治兵⑥，遇于中原⑦，其辟君三舍⑧。若不获命⑨，其左执鞭、弭⑩，右属櫜、鞬⑪，以与君周旋⑫。"子玉请杀之。楚子曰："晋公子广而俭⑬，文而有礼⑭。其从者肃而宽⑮，忠而能力⑯。晋侯无亲⑰，外内恶之。吾闻姬姓，唐叔之后⑱，其后衰者也⑲，其将由晋公子乎⑳。天将兴之，谁能废之？违天必有大咎。"乃送诸秦。

【注释】

①楚子:楚成王。

②不穀:君王自称之词。

③子、女:指男女奴隶。

④羽:鸟羽,翡翠、孔雀之类。毛:旄牛。齿:象牙。革:犀牛皮。

⑤波及:流散到。

⑥治兵:交战。

⑦中原:即原中,原野之中,指战场。

⑧辟:躲避。三舍:一舍三十里,共九十里。

⑨不获命:不能得到退兵的命令。意谓两军只得开战。获命,获得允许。

⑩鞭:马鞭。弨(mǐ):不加装饰的弓。

⑪属:手摸着。櫜(gāo):箭袋。鞬(jiān):弓套。

⑫周旋:应酬,此引申作交战。

⑬广:志向远大。俭:检束,指严于律己。

⑭文:说话有文采。

⑮肃:态度严肃。宽:待人宽厚。

⑯能力:能为重耳效力。

⑰晋侯:指晋惠公。

⑱唐叔:晋国始祖,周成王弟弟。

⑲其后衰者也:指晋国德泽久长,不会马上衰落。

⑳将由晋公子乎:指将由重耳振兴晋国。

【译文】

到了楚国,楚成王设宴招待他,说:"公子如果返回晋国即位,那么将如何报答我呢?"重耳回答说:"男女奴仆,宝玉丝帛,君王已经有了;鸟羽、兽毛、象牙、犀牛皮,是贵国的土产。晋国的这些东西,不过是贵国流散到晋国的剩余罢了。我拿什么报答您好呢?"楚王说:"虽说是这样,您究竟用什么来报答我?"重耳回答说:"如果托您的福,能够返回晋国,一旦晋、楚两国交战,在战场上相遇,那我将把军队后撤九十里。如果还得不到君王退兵的命令,那只好左手拿着马鞭、弓箭,右手抚着箭袋、弓套与君王较量一番了。"令尹子玉请求楚王杀掉重耳。楚王说:"晋公子重耳志向广大严于律己,文辞华美而有礼节。他的随从态度严肃、待人宽厚,忠诚而能为主人效力。现在的晋国国君没有亲近的人,国内外均不得人心。我听说唐叔的后代,是姬姓中最后衰亡的,这大概要由重耳来重振国势吧! 上天要振兴他,谁又能够废掉他呢? 违背天意,必定会有大灾难。"于是就把重耳送到秦国。

秦伯纳女五人,怀嬴与焉①。奉匜沃盥②,既而挥之③。怒曰④:"秦、晋匹也⑤,何以卑我⑥!"公子惧,降服而囚⑦。

【注释】

①怀嬴:秦穆公之女,原嫁给晋怀公,怀公逃归后,又嫁给晋文公重耳,后又称辰嬴。

②奉匜(yí)沃盥(guàn):怀嬴执洗手的盘子注水其中,重耳洗手。奉,捧着。匜,盛水的盘子。沃,注水。盥,洗。

③挥之:挥手甩干水。按礼仪,洗手后应用手巾擦干手,重耳此举是失礼的行为。怀嬴本为重耳侄媳,现在又嫁重耳,重耳心中不快,故有此下意识的动作。

④怒曰:案此主语为怀嬴。

⑤匹:匹敌,相等。

⑥卑我:以我为卑。卑我即是卑秦。

⑦降(jiàng)服而囚:脱去上衣,自囚以谢罪。降服,谓脱去上服以示谢罪。

【译文】

秦穆公送给重耳五个女子，怀嬴也在其中。怀嬴捧着水盘倒水给重耳洗手，洗完之后，重耳挥手甩干。怀嬴生气地说："秦国和晋国地位相等，您为何蔑视我？"公子重耳害怕了，脱去上衣，把自己拘禁起来向怀嬴谢罪。

他日，公享之①。子犯曰："吾不如衰之文也②，请使衰从。"公子赋《河水》③，公赋《六月》④。赵衰曰："重耳拜赐⑤。"公子降⑥，拜，稽首。公降一级而辞焉⑦。衰曰："君称所以佐天子者命重耳⑧，重耳敢不拜？"

【注释】

①公：秦穆公。

②文：有文辞，善外交辞令。

③赋：宴会上宾主都可以指定诗篇，让乐工演奏，称赋诗。《河水》：杜预以为逸《诗》篇名。表示对秦穆公尊敬。《国语·晋语四》韦昭注云："河当作沔，字相似误也。其诗曰：'沔彼流水，朝宗于海。'言己反国，当朝事秦。"江永《群经补义》曰："此说是也。余谓'嗟我兄弟，邦人诸友，莫肯念乱，谁无父母'，亦欲以此感动秦伯，望其念乱而送己归也。"案《左传》记赋《诗》始于此，终于定公四年秦哀公赋《无衣》。杨伯峻曰："始于此，非前此无赋《诗》者，盖不足记也。终于定四年者，盖其时赋《诗》之风渐衰，后竟成绝响矣。"

④《六月》：《诗经·小雅》篇名。《国语·晋语四》韦昭注云："《小雅·六月》道尹吉甫佐宣王征伐，复文、武之业。其诗云：'王于出征，以匡王国。'其二章曰：'以佐天子。'三章曰：'共武之服，

以定王国。'此言重耳为君,必霸诸侯,以匡佐天子。"

⑤拜赐:拜谢秦穆公的好意。

⑥降:下阶退到堂下。

⑦降一级而辞:秦穆公下阶一级,表示不敢接受降拜的大礼。

⑧佐天子者:《六月》是歌颂尹吉甫辅佐周宣王北伐的诗,所以称"佐天子者"。

【译文】

有一天,秦穆公宴享重耳。子犯说:"我不如赵衰善于文辞,请让赵衰跟您去。"在宴会上,重耳教乐工奏《河水》这首诗以表示对秦穆公的尊敬,秦穆公叫人奏了《六月》这首诗作为回谢。赵衰忙说:"重耳快拜谢君王的美意!"重耳退到阶下,拜谢,叩头。秦穆公下阶一级表示辞让。赵衰说:"君主用辅佐天子的诗来命令重耳,重耳岂敢不拜?"

二十四年

△**【经】二十有四年春王正月**①。

【注释】

①二十有四年:鲁僖公二十四年当周襄王十七年,前636年。

【译文】

鲁僖公二十四年周历正月。

***【左传】二十四年春王正月,秦伯纳之**①。**不书,不告入也。**

【注释】

①秦伯纳之:此与上年重耳事本为一体,被后人割裂置此。纳之,派

兵护送重耳回国。

【译文】

鲁僖公二十四年春周历正月，秦穆公派兵护送重耳回国。《春秋》没有记载这件事，因为重耳回国之事没有向鲁国报告。

及河①，子犯以璧授公子，曰："臣负羁绁从君巡于天下②，臣之罪甚多矣，臣犹知之，而况君乎？请由此亡③。"公子曰："所不与舅氏同心者④，有如白水⑤。"投其璧于河⑥。

【注释】

①河：黄河。

②负羁绁（xiè）：指任仆役随从奔走。羁，马络头。绁，马缰绳。巡于天下：逃亡的委婉说法。

③亡：奔逃，指离开重耳。

④所：假设连词，如果。舅氏：舅父。

⑤有如白水：指河水发誓。《史记·晋世家》作"河伯视之"，意谓有河伯作证。有如，誓词中的常用语。

⑥投其璧于河：表示取信于河神。

【译文】

到了黄河，子犯把一块玉璧交给重耳说："臣下任仆役跟随着您奔走巡行天下，臣下的罪过很多，臣下自己都知道，何况您呢？请允许我从此离开您吧！"重耳说："我如果不与舅父一条心，可以指着黄河水发誓。"就把那块玉璧扔进黄河。

济河，围令狐①，入桑泉②，取臼衰③。二月甲午④，晋师军于庐柳⑤。秦伯使公子絷如晋师⑥。师退，军于郇⑦。辛丑⑧，狐偃及秦、晋之大夫盟于郇。壬寅⑨，公子入于晋师⑩。丙午⑪，入于曲沃⑫。丁未⑬，朝于武宫⑭。戊申⑮，使杀怀公于高梁⑯。不书，亦不告也。

【注释】

①令狐：在今山西临猗西。

②桑泉：在临猗东北。

③臼衰（cuī）：在今山西解县西北。

④甲午：二月无甲午日，恐记日有错。

⑤晋师：指晋怀公的军队。庐柳：在临猗。

⑥公子絷：秦公子。如：前往。

⑦郇（xún）：在今山西临猗西南。

⑧辛丑：甲午后第七天。

⑨壬寅：辛丑第二天。

⑩公子入于晋师：晋军转向重耳，所以重耳能进入晋军，掌握军队。

⑪丙午：壬寅后第四天。

⑫曲沃：在今山西闻喜东北。曲沃是晋国祖宗庙所在地。

⑬丁未：丙午第二天。

⑭武宫：晋曲沃武公之庙。晋侯每即位，必朝之。

⑮戊申：丁未第二天。

⑯使杀怀公于高梁：案怀公时年十八岁。高梁，在今山西临汾。

【译文】

渡过黄河，重耳一行包围了令狐，进入桑泉，攻取了臼衰。二月甲午日，晋怀公的军队驻扎在庐柳。秦穆公派公子絷到怀公军队中传达秦国的命令。晋军退，驻扎在郇地。辛丑日，狐偃和秦、晋怀公的大夫在郇地结盟。壬寅日，重耳进入晋国军队。丙午日，进入曲沃。丁未日，朝拜祖庙武宫。戊申日，派人在高梁杀了晋怀公。《春秋》没有记载这些事，也是因为晋人没来鲁国报告。

吕、郤畏逼①，将焚公宫而弑晋侯②。寺人披请见，公使让之，且辞焉，曰："蒲城之役③，君命一宿④，女即至⑤。其后余从狄君以田渭滨⑥，女为惠公来求杀余，命女三宿，女中宿至⑦。虽有君命，何其速也。夫袪犹在⑧，女其行乎。"对曰："臣谓君之入也，其知之矣⑨。若犹未也，又将及难⑩。君命无二⑪，古之制也。除君之恶，唯力是视⑫。蒲人、狄人，余何有焉⑬？今君即位，其无蒲、狄乎？齐桓公置射钩而使管仲相⑭，君若易之⑮，何辱命焉⑯？行者甚众，岂唯刑臣⑰。"公见之，以难告⑱。三月，晋侯潜会秦伯于王城⑲。己丑晦⑳，公宫火，瑕甥、郤芮不获公，乃如河上，秦伯诱而杀之。晋侯逆夫人嬴氏以归㉑。秦伯送卫于晋三千人，实纪纲之仆㉒。

【注释】

①吕、郤：吕，吕甥，即瑕甥。郤，郤芮。二人是晋惠公旧臣。

②公宫：晋侯的宫庭。晋侯：指重耳，此时已即君位，后又称晋文公。

③蒲城之役：指僖公五年，寺人披曾奉晋献公之命至蒲城追杀重耳之事。

④一宿：一夜。此指住一夜后到蒲城。

⑤女：通"汝"，你。即至：指当天就到了。

⑥田：打猎。渭滨：渭水之滨。

⑦中宿：第二宿后第三日。

⑧袪（qū）：袖管。寺人披伐蒲城，重耳越墙逃走，寺人披斩得重耳一只袖口。详见僖公五年传。

⑨知之：知道为君之道。

⑩及难：赶上灾难。及，赶上，指遭受。

⑪无二：无二心。

⑫唯力是视：尽自己能力之所及。

⑬余何有：对我有什么关系呢？

⑭齐桓公置射钩而使管仲相：齐桓公和公子纠争位时，管仲是公子纠之臣，为使公子纠继位，与桓公在回齐路上相遇时欲射杀桓公，误中衣带钩。后因鲍叔牙推荐，齐桓公又重用管仲。

⑮易之：改变齐桓公的做法。

⑯何辱命焉：何须你下命令。

⑰刑臣：受过宫刑之臣，寺人披自称。

⑱难：指吕、郤焚烧公宫的阴谋。

⑲潜会：秘密地会见。王城：秦地名，在今陕西大荔东。

⑳晦：月终之日。

㉑嬴氏：指怀嬴。

㉒纪纲之仆：统领仆隶之人。杜预注："诸门户仆隶之事，皆秦卒共之，为之纪纲。"

【译文】

吕甥、郤芮害怕受到重耳的迫害，准备焚烧公宫并杀死晋君重耳。寺人披请求进见重耳，重耳派人去责备他，拒绝接见他，说："蒲城之战，献公命令你一夜之后到达蒲城，你当天就到了。后来我跟狄君一起在渭水之滨打猎，你奉惠公之命来追杀我。命令你三个晚上以后赶到，你过了两个晚上就到了。虽然有国君的命令，可是追杀我你却那么快！当初被你砍掉的那只袖子还在呢，你还是走吧！"寺人披回答说："我以为您回国为君，应该懂得为君之道了。如果还不懂，又将会有灾难啊。执行国君的命令不能三心二意，这是自古以来的制度。铲除国君所厌恶的人，我是尽力而为。杀一个蒲人或狄人，于我有什么关系呢？现在您当了国君,难道就没有像当年在蒲城和在狄那样的反对者吗? 齐桓公能不计射钩之仇而重用管仲为相,您如果没有齐桓公的度量,改变他那样的做法,那我自然会走开,不必劳烦您下命令。那样的话要走的人很多,岂止我一个?"重耳于是接见了他。寺人披把吕、郤将作乱的事报告了重耳。三月,重耳秘密地到王城会见秦穆公。三月三十日,公宫被烧,瑕甥、郤芮没有抓到重耳,就追赶到黄河边上,秦穆公把二人诱骗过去杀掉。重耳把怀嬴接回国内,秦穆公送给晋国三千名卫士,统领各种仆隶。

　　初,晋侯之竖头须①,守藏者也②。其出也,窃藏以逃,尽用以求纳之③。及入④,求见。公辞焉以沐⑤。谓仆人曰:"沐则心覆⑥,心覆则图反⑦,宜吾不得见也。居者为社稷之守⑧,行者为羁绁之仆,其亦可也⑨,何必罪居者? 国君而仇匹夫,惧者甚众矣。"仆人以告,公遽见之⑩。

【注释】

①竖:古代地位低微的小吏。头须:人名。

②藏(zàng):库藏。

③纳:接纳重耳回国。

④入:指重耳回国。

⑤辞焉以沐:以洗头为借口辞谢不接见。沐,洗头。

⑥沐则心覆:洗头时低头向下,心也向下,所以说心覆。

⑦图反:考虑问题颠倒。

⑧居者:留在国内的人。社稷之守:看守社稷。

⑨其:指居者和行者。

⑩遽:立即,马上。

【译文】

当初，晋君有个小臣名叫头须，是个监守府库的人。当重耳逃亡时，头须偷走府库中的财物，全部用在接纳重耳回国这件事上。等到重耳回国了，头须请求晋见。重耳借口正在洗头而不愿见他。头须对重耳的仆人说："洗头的时候心是向下倒过来的，心倒过来，考虑问题就颠倒了，我不能够见他也是应该的。在国内居留的人为您看守国家，跟您逃亡的人替您奔走服役，这两种人都是一样的。何必认为留守的人是有罪的呢？做国君的仇视普通人，害怕的人可就多了。"仆人把这些话告诉给重耳，重耳马上接见了他。

狄人归季隗于晋，而请其二子①。文公妻赵衰，生原同、屏括、楼婴②。赵姬请逆盾与其母③，子馀辞④。姬曰："得宠而忘旧，何以使人？必逆之！"固请，许之。来，以盾为才⑤，固请于公，以为嫡子，而使其三子下之⑥，以叔隗为内子⑦，而己下之。

【注释】

①请：请求留下。二子：指伯儵、叔刘。

②生原同、屏括、楼婴：赵同、赵括、赵婴齐各食邑于原、屏、楼三地，故谓之原同、屏括、楼婴。原，在今河南济源西北。屏地未详。楼，在今山西永和南。

③赵姬：重耳女，即妻赵衰者。盾与其母：即赵衰在狄所娶的狄女叔隗与其子赵盾。

④子馀：赵衰字。

⑤才：有才干。

⑥下之：居于赵盾之下。

⑦内子：嫡妻。

【译文】

狄国人将季隗送回晋国，而请求留下伯儵、叔刘二人。晋文公把女儿嫁给赵衰，生了原同、屏括、楼婴。赵姬请求接回赵盾和他的母亲叔隗，赵衰辞谢不同意。赵姬说："得到了宠爱而忘记了旧人，还如何使唤别人？一定要接他们回来。"坚决向赵衰请求，赵衰同意了。叔隗和赵盾来后，赵姬认为赵盾有才干，坚决向晋文公请求，把赵盾立为嫡子，而使亲生的三个儿子居于赵盾之下；又让叔隗为正妻，自己居于叔隗之下。

晋侯赏从亡者，介之推不言禄①，禄亦弗及。推曰："献公之子九人，唯君在矣。惠、怀无亲，外内弃之。天未绝晋，必将有主。主晋祀者②，非君而谁？天实置之，而二三子以为己力③，不亦诬乎④？窃人之财，犹谓之盗，况贪天之功以为己力乎？下义其罪⑤，上赏其奸，上下相蒙⑥，难与处矣！"其母曰："盍亦求之？以死，谁怼⑦？"对曰："尤而效之⑧，罪又甚焉。且出怨言，不食其食。"其母曰："亦使知之，若何？"对曰："言，身之文也⑨。身将隐⑩，焉用文之？是求显也。"其母曰："能如是乎？与女偕隐⑪。"遂隐而死。晋侯求之，不获，以绵上为之田⑫，曰："以志吾过，且旌善人⑬。"

【注释】

①介之推：晋大夫，姓介，名推。又作"介子推"。之，为语助。

②主晋祀者：主持晋国宗庙祭祀的人。指继位为国君。

③二三子：那些人，指从亡者。

④诬：歪曲。

⑤义其罪：把罪行当作道义。《史记·晋世家》作"冒其罪"，意谓掩

饰他们的罪过。

⑥相蒙：相互欺骗蒙蔽。

⑦怼（duì）：怨恨。

⑧尤：过失，罪过。

⑨文：文饰。

⑩隐：隐居。

⑪偕隐：一起隐居。

⑫"晋侯求之"三句：《史记·晋世家》云："介子推从者怜之，乃悬书宫门曰：'龙欲上天，五蛇为辅，龙已升云，四蛇各入其宇。一蛇独怨，终不见处所。'文公出，见其书，曰：'此介子推也。吾方忧王室，未图其功。'使人召之，则亡。遂求所在，闻其入绵上山中，于是文公环绵上山中而封之，以为介推田。号曰介山。"《新序》在介之推躲入绵山后，且谓"文公待之，不肯出；求之不能得，以谓焚其山宜出。及焚其山，遂不出而焚死"。绵上，地名，在今山西介休东南。田，祭田。

⑬旌：表扬。

【译文】

晋文公奖赏跟随他逃亡的臣子，介之推没有提出要求赏赐，赏赐也没加给介之推。介之推说："献公有九个儿子，现今只有国君在了。惠公、怀公没亲近之人，国内外的人都抛弃他。上天不愿灭绝晋国，必定会有新君。主持晋国宗庙祭祀的人，不是国君还有谁呢？上天一定要立国君为君，而他们几位随从逃亡的人却贪天之功以为己力，这不是欺蒙上天吗？偷人家的财物，尚且叫他盗贼，何况贪天之功以为自己的力量呢？在下的人把罪行当做道义，在上的又对他们所做的坏事加以奖赏，上下互相欺诈蒙骗，这就难以和他们相处了。"介之推的母亲说："你何不也去求得封赏？否则就这样死去，又怨谁呢？"介之推回答说："谴责他们又去效仿他们，罪过就更大了。再说我已口出怨言，不能再接受他的俸禄。"他的母亲说:"要不然也让他知道一下,怎么样?"介之推回答说:"言辞,是身体上的装饰。身体将要隐藏起来,还要装饰干什么? 这反而是去求显达了。"他母亲说:"你能做到这样吗? 那么我和你一起隐居吧!"于是母子俩一起隐居到死。重耳派人寻找他们,没找到,就把绵上作为介之推的祭田,说:"就用这来记载我的过错,并表扬好人吧!"

【经】夏,狄伐郑①。

【注释】

①狄伐郑:此次狄人攻打郑国,是周襄王所引。

【译文】

夏,狄人攻打郑国。

【左传】郑之入滑也,滑人听命①。师还,又即卫②。郑公子士、洩堵俞弥帅师伐滑③。王使伯服、游孙伯如郑请滑④。郑伯怨惠王之入而不与厉公爵也⑤,又怨襄王之与卫、滑也⑥,故不听王命而执二子⑦。王怒,将以狄伐郑。富辰谏曰:"不可。臣闻之:大上以德抚民⑧,其次亲亲⑨,以相及也⑩。昔周公吊二叔之不咸⑪,故封建亲戚以蕃屏周⑫。管、蔡、郕、霍、鲁、卫、毛、聃、郜、雍、曹、滕、毕、原、酆、郇⑬,文之昭也⑭。邗、晋、应、韩⑮,武之穆也⑯。凡、蒋、邢、茅、胙、祭⑰,周公之胤也⑱。召穆公思周德之不类⑲,故纠合宗族于成周而作诗⑳,曰:'常棣之华,鄂不韡韡㉑。凡今之人,莫如兄弟。'其四章曰:'兄弟阋于墙,外御其侮㉒。'如是,则兄弟虽有小忿㉓,不废懿亲㉔。今天子不忍小忿以弃郑亲,其若之何？庸勋、亲亲、昵近、尊贤^㉕，德之大者也。即聋、从昧、与顽、用嚚^㉖，奸之大者也。弃德崇奸，祸之大者也。郑有平、惠之勋^㉗，又有厉、宣之亲^㉘，弃嬖宠而用三良^㉙，于诸姬为近^㉚，四德具矣^㉛。耳不听五声之和为聋^㉜，目不别五色之章为昧^㉝，心不则德义之经为顽^㉞，口不道忠信之言为嚚。狄皆则之，四奸具矣^㉟。周之有懿德也，犹曰'莫如兄弟'，故封建之。其怀柔天下也^㊱，犹惧有外侮。扞御侮者^㊲，莫如亲亲，故以亲屏周^㊳。召穆公亦云。今周德既衰，于是乎又渝周、召^㊴，以从诸奸^㊵，无乃不可乎？民未忘祸^㊶，王又兴之，其若文、武何^㊷？"王弗听，使颓叔、桃子出狄师^㊸。

【注释】

①郑之入滑也，滑人听命：僖公二十年滑人叛郑，郑军入滑。听命，听从命令。此指服从郑国。

②即卫：滑人又亲卫。

③公子士、洩堵俞弥：郑国大夫。洩堵俞弥，即洩堵寇。

④王：周襄王。伯服、游孙伯：周大夫。请滑：请求不要讨伐滑。

⑤惠王之入而不与厉公爵：此事见庄公二十一年传。厉公，指郑厉公。

⑥与卫、滑：偏袒卫、滑二国。

⑦二子：伯服、游孙伯二人。

⑧大上：即"太上"，最上等。

⑨亲亲：亲近自己的亲属。

⑩相及：及于他人。

⑪吊：伤悼。二叔之不咸：指管叔、蔡叔联合商纣之子武庚叛乱被周公平定，管叔被杀，蔡叔被流放而死。二叔，指管叔、蔡叔，二人都是周武王弟弟。不咸，不得善终。

⑫封建：分封土地，建立国家。蕃屏周：为周室作藩篱、屏障。

⑬管、蔡、郕、霍、鲁、卫、毛、聃、郜、雍、曹、滕、毕、原、酆、郇：都是周初封国名。管，在今河南郑州，始封君为武王之弟叔鲜。毛，西周时在扶风，东迁后在洛阳附近，始封君为毛公。聃，当在今河南开封，始封君为季载。雍，在今河南修武西，沁阳东北，始封君为文王第十三子雍伯。毕，在今陕西西安与咸阳西北，横跨渭水南北。酆，在今陕西西安鄠邑区东，咸阳南。郇，今山西临猗西南。

⑭文之昭：文王的儿子。

⑮邘（yú）、晋、应、韩：也是封国国名。邘，在今河南沁阳西北，始封君为周武王第二子邘叔。一说当在大、小盂鼎出土地陕西眉县。应，在今河南鲁山东，始封君为武王第四子。韩，其封本当在今河北固安东南韩寨营，后迁陕西韩城。

⑯武之穆：武王的儿子。

⑰凡、蒋、邢、茅、胙、祭：也是封国国名。蒋，在今河南固始东北，始封君为周公第三子伯龄。茅，在今山东金乡茅乡，始封君为茅伯，后属邾。胙，在今河南延津北故胙城东。祭，在今河南郑州东北，始封君为周公第五子。

⑱胤（yìn）：后代。

⑲召（shào）穆公：又称召伯虎，周厉王、宣王时大臣。不类：指周德衰微。类，善。

⑳纠合：集合。诗：据后文，是《诗经·小雅·常棣》。

㉑常棣之华，鄂不韡韡：常棣，又作"棠棣"。花名，又叫郁李。鄂，通"萼"，花萼，花蒂。不，萼足。韡韡，光明貌。

㉒兄弟阋（xì）于墙，外御其侮：意即兄弟内部虽然不和，犹同心抵御外侮。阋，争吵，争斗。

㉓忿：怨恨。

㉔懿亲：好亲戚。

㉕庸勋:酬劳有功。庸,酬劳。

㉖即聋:接近耳背的人。从昧:跟从昏暗的人。与顽:赞成固陋的人。用嚚（yín）:使用奸诈的人。

㉗平、惠之勋:周平王东迁,曾依靠郑国帮助。周惠王因王子颓之乱出奔,也靠郑国帮助返国。事见庄公二十年、二十一年传文。

㉘厉、宣之亲:郑国始封君桓公友是周厉王儿子,周宣王弟弟。厉、宣,指周厉王、宣王。

㉙弃嬖宠:指僖公七年郑文公杀嬖臣申侯及十六年杀太子华。用三良:信任叔詹、堵叔、师叔等贤臣。

㉚于诸姬为近:郑国出自周厉王,在姬姓诸国中与王室血缘最近。

㉛四德:即庸勋、亲亲、暱近、尊贤。

㉜五声:宫、商、角、徵（zhǐ）、羽五音。和:唱和。

㉝五色:青、赤、黄、白、黑五色。章:文采。

㉞则:法则。

㉟四奸:聋、昧、顽、嚚。

㊱怀柔:笼络。

㊲扞御:抵御。

㊳以亲屏周:以亲属来作为周室的屏障。

㊴渝:改变。

㊵从诸奸:指用狄军。

㊶民未忘祸:周室前有王子颓之乱,僖公十一年王子带又勾结狄人入侵,人们尚未忘记。

㊷若文、武何:意指必将废弃文、武二王建立的功业。

㊸颓叔、桃子:二人皆周大夫。出狄师:出动狄军伐郑。

【译文】

郑军攻入滑国的时候,滑人听从命令服了郑。郑军回去,滑国又亲附了卫国。郑国的公子士、洩堵俞弥又率军队讨伐滑国。周王派伯服、游孙伯到郑国去请求不要打滑国。郑文公怨恨当年周惠王回到王城时不给郑厉公酒爵，又埋怨周襄王偏袒卫、滑二国，所以不听周王之命而抓了伯服和游孙伯。周襄王大怒，准备率领狄人攻打郑国。富辰劝阻说："不可以。臣下听说：上等的策略是用德行来安抚百姓，其次是亲近自己的亲属，然后推及到别人。过去周公伤悼管叔、蔡叔不得善终，所以为亲属分封土地，建立国家，以保卫周室。管、蔡、郕、霍、鲁、卫、毛、聃、郜、雍、曹、滕、毕、原、酆、郇各国，都是文王的儿子。邘、晋、应、韩四国，都是武王的儿子。凡、蒋、邢、茅、胙、祭各国，是周公的后代。召穆公担忧周德衰微，所以召集宗族在成周作诗，说：'常棣的花儿，花蒂都有光彩。现在的人们，总不能像兄弟一样亲近。'诗的第四章又说：'兄弟在家争吵，遇到外侮共同抵抗。'像这样，那么，兄弟即使有小小的怨恨，也不能废弃友好亲戚。今天你不能忍耐小小的怨恨而要抛弃郑国这个亲戚，那又能怎么样呢？酬劳有功、亲爱亲戚、亲近近亲、尊敬贤者，这是最大的德行啊。接近聋子、跟从昏昧的人、支持固陋的人、重用奸诈的人，是最大的邪恶。抛弃大德，崇尚邪恶，是最大的祸患！郑国有辅佐平王、惠王的功劳，又是厉王、宣王的亲属，郑国能抛弃那奸佞的宠臣而重用三良，在姬姓诸国中属于近亲，它四种德行都具备了。耳朵听不到和谐的五音是聋子，眼睛分不清五色的文采是昏昧，心不以德义为准则是顽固，口不说忠信之言是奸诈。狄人都效法这些，四种奸邪都具备了。周室有美德的时候，尚且说'不如兄弟亲近'，所以要分封建国。在它能笼络天下的时候，还担心有外来的侵略。抵御外来的侵犯，没有比近亲更好的了，所以以近亲来保卫周室。召穆公也是这样说的。现在周室德行已经衰败，在此时又要改变周公、召公的做法，而跟从邪恶用狄人，恐怕不可以吧？百姓不会忘记当年的祸乱，君王又要把它挑起来，怎么向文王、武王交代呢？"周襄王不听，仍派颓叔、桃子出动狄军攻打郑国。

夏，狄伐郑，取栎①。王德狄人②，将以其女为后。富辰谏曰:"不可。臣闻之曰:'报者倦矣^③,施者未厌^④。'狄固贪惏^⑤,王又启之。女德无极^⑥,妇怨无终^⑦,狄必为患。"王又弗听。

【注释】

①栎:郑地名,在今河南禹县。

②德:感谢。

③报者:报德者,指周襄王。

④施者:施德者,指狄人。厌:满足。

⑤贪惏(lán):同"贪婪"。

⑥女德无极:指妇女受恩不知止境。

⑦妇怨无终:妇人的怨恨永无终了。

【译文】

夏,狄人攻打郑国,夺取了栎。周襄王感谢狄人,准备让狄人的女儿作王后。富辰劝阻说:"不可以。臣下听说:'报答的人已经疲倦了,施恩的人还未满足。'狄人本来就贪婪,君王又开启了他们的贪心。女人受恩不知止境,她的怨恨也就不会终了,狄人必定会成为祸患。"周襄王还是不听。

初,甘昭公有宠于惠后^①,惠后将立之,未及而卒^②。昭公奔齐,王复之^③。又通于隗氏^④。王替隗氏^⑤。颓叔、桃子曰:"我实使狄^⑥,狄其怨我。"遂奉大叔以狄师攻王。王御士将御之^⑦,王曰:"先后其谓我何^⑧?宁使诸侯图之。"王遂出。及坎欿^⑨,国人纳之。

【注释】

①甘昭公：王子带，周襄王弟弟，即下文的大叔。甘，在今河南洛阳南。

②卒：指惠后死。

③昭公奔齐：事见僖公十二年传。

④隗氏：指周襄王所立狄后。

⑤替：废弃。

⑥我实使狄：指狄人之所以如此，实是由我们造成。

⑦御士：侍卫之士。

⑧先后：指死去的惠后。

⑨坎欿（kǎn）：地名，在今河南巩义东南。

【译文】

当初，甘昭公被惠后宠爱，惠后想立他为太子，没来得及实现惠后就死了。甘昭公逃奔到齐国，周天子让他回来了。他又和狄后隗氏私通。周襄王废掉隗氏。颓叔、桃子说："狄人之所以这样，实在是我们造成的，狄人恐怕要怨恨我们的。"于是就拥戴王子带率狄军攻打周襄王。周襄王的侍卫要抵抗，周襄王说："如果杀死太叔，惠后将会怎么说呢？宁可让诸侯国来想办法解决。"周襄王于是出逃，到了坎欿，国都的人又把他接回去。

秋，颓叔、桃子奉大叔以狄师伐周，大败周师，获周公忌父、原伯、毛伯、富辰①。王出适郑，处于氾②。大叔以隗氏居于温③。

【注释】

①获周公忌父、原伯、毛伯、富辰：《国语·周语中》云："王黜狄后。狄人来，诛杀谭伯。富辰曰：'昔吾骤谏王，王弗从，以及此难。若我不出，王其以我为怼乎？'乃以其属死之。"则此四人皆当被杀。

②汜（fàn）：地名，在今河南襄城南。

③温：今河南温县西南。

【译文】

秋，颓叔、桃子拥戴太叔率狄军攻打周王，大败周王军队，杀了周公忌父、原伯、毛伯、富辰。周王逃奔到郑国，居住在汜地。太叔带着隗氏居住在温地。

△**【经】秋七月。**

【译文】

秋七月。

***【左传】**郑子华之弟子臧出奔宋①，好聚鹬冠②。郑伯闻而恶之，使盗诱之。八月，盗杀之于陈、宋之间。君子曰："服之不衷，身之灾也③。《诗》曰：'彼己之子，不称其服④。'子臧之服，不称也夫。《诗》曰：'自诒伊戚⑤。'其子臧之谓矣。《夏书》曰'地平天成'⑥，称也。"

【注释】

①郑子华之弟子臧出奔宋：僖公十六年郑杀太子华，大概其时子臧也逃亡。

②鹬（yù）冠：以鹬羽为饰的冠。古时亦为知天文者之冠。杜预以为"非法之服"。鹬，一种候鸟，天将雨即鸣。

③服之不衷，身之灾也：服饰不合适，是身体的灾祸。意谓与身份不相称的服饰会危及生命。不衷，不合适。

④彼己之子，不称其服：引《诗》见《诗经·曹风·候人》。子臧不

知天文而鹬冠,故以为不相称。彼己之子,那个人。

⑤自诒(yí)伊戚:引《诗》见《诗经·小雅·小明》。意为给自己留
下忧伤。诒,留下。伊,此。戚,忧伤。

⑥地平天成:此句所引的《夏书》是逸书。意为大地平静,上天成全。

【译文】

郑子华的弟弟弟臧逃奔到宋国,他喜欢收集鹬冠。郑文公听说了非
常厌恶,就派盗贼把子臧骗出来。八月,盗贼在陈国和宋国交界处把子
臧杀了。君子说:"服饰与身份不称,会危及生命。《诗》里说:'那个人
哪,他的服饰不相称。'子臧的服饰,就是不相称。《诗》里说:'自己给自
己找忧愁。'说的不就是子臧吗?《夏书》说'大地平静,上天成全',就是
说要上下相称。"

＊【左传】宋及楚平①。宋成公如楚,还,入于郑。郑伯
将享之,问礼于皇武子②。对曰:"宋,先代之后也③,于周为
客④。天子有事⑤,膰焉⑥;有丧,拜焉⑦。丰厚可也。"郑伯从
之,享宋公,有加⑧,礼也。

【注释】

①宋及楚平:顾栋高曰:"春秋列国,陈、蔡、郑、许以地近而从楚,鲁
以周公之后而从楚,宋以先代之后,至此不得不从楚,后(楚)又
结曹而昏于卫,诸侯俱拱手南向。未服楚者,齐与晋耳,而齐方为
楚所逼,天下之势岌岌矣。"

②皇武子:郑卿。

③先代之后:宋为殷商之后。先代,指殷商。

④于周为客:郑国是姬姓国,周室宗亲,而宋相对于郑来说是客人。

⑤有事:指祭祀。

⑥膰(fán):祭肉,此作动词,送上祭肉。

⑦拜焉：答拜。

⑧有加：在正礼之外又有所增加。

【译文】

宋国和楚国讲和。宋成公到楚国去，回国时，进入郑国。郑文公准备宴享他，向皇武子问礼节。皇武子回答说："宋国，是先朝的后代，对于周室来说，是客人。天子祭祀，要分给他祭肉；有丧事，宋国来吊唁，天子要答拜。可以丰厚地招待他。"郑文公听从了，宴享宋成公，礼节有所增加，这是合于礼的。

【经】冬，天王出居于郑①。

【注释】

①天王出居于郑：周襄王因王子带之乱逃奔到郑国。周襄王有一异母弟名子带，当初与周襄王争王位失败逃到齐国，襄王即位后念兄弟之情将其召回。后襄王娶狄人女子隗氏为后，子带与隗氏私通，襄王废隗氏。子带引狄人兵攻襄王，襄王不敌，出奔郑国，求救于鲁、秦、晋。天王，天子。此指周襄王。

【译文】

冬，周襄王出奔到郑国。

【左传】冬，王使来告难①，曰："不穀不德②，得罪于母弟之宠子带③，鄙在郑地氾④，敢告叔父。"臧文仲对曰："天子蒙尘于外⑤，敢不奔问官守⑥。"王使简师父告于晋⑦，使左鄢父告于秦⑧。天子无出⑨，书曰"天王出居于郑"，辟母弟之难也。天子凶服、降名⑩，礼也。

【注释】

① 告难:告王子带之乱。

② 不榖:不善,诸侯自称的谦辞。

③ 母弟:王子带是周襄王的弟弟,但并非同母弟。母弟,应为"母氏"。

④ 鄙:野居。天子离开王都叫野居。

⑤ 蒙尘:古代多指帝王失位逃亡在外,蒙受风尘。

⑥ 奔问:赶去慰问。官守:本指天子左右群臣,此代指天子以表恭敬。

⑦ 简师父:周大夫。

⑧ 左鄢父:周大夫。

⑨ 无出:溥天之下,莫非王土,天子没有出国一说。

⑩ 凶服:穿着凶服。降名:周王使者称"不榖",是以诸侯自称天子,
　是自降身份,因此是降名。

【译文】

　　冬,周王派使者来报告王子带之乱,说:"不榖没有德行,得罪了母氏宠弟王子带,野居在郑国的氾地,谨以报告叔父。"臧文仲回答说:"天子逃亡在外受难,哪敢不赶去慰问呢?"周王还派简师父去晋国报告,派左鄢父到秦国报告。天子是没有出国一说的,《春秋》记载说"天王出居于郑",是说因为躲避兄弟的祸难。天子穿着凶服,以诸侯之名自称,这合乎礼制。

　　郑伯与孔将钼、石甲父、侯宣多省视官具于氾①,而后听其私政②,礼也。

【注释】

① 孔将钼、石甲父、侯宣多:此三人都是郑国大夫。官:官司,指天子
　的工作人员。具:器用。

② 私政:指属于郑国的政事。天子出居郑国,郑文公与大夫们巡视

官、具后,方谈郑国的政事。

【译文】

郑文公和孔将钽、石甲父、侯宣多三人一起到氾地去慰问天子的随行人员并巡视供天子用的器物,然后听取郑国的政事,这合乎礼。

【公羊传】王者无外①,此其言出何? 不能乎母也②。鲁子曰:“是王也,不能乎母者,其诸此之谓与?”

【注释】

①王者无外:普天之下,莫非王土,诸侯之地,亦为天子所封,天子虽居诸侯之地,亦不可言“出”。

②不能乎母:即不能事母。罪莫大于不孝,襄王因母亲宠爱幼弟,遂不复供养,出居于郑,是其自绝于母,故《春秋》因其自绝,而书“出”以绝之。

【译文】

王者没有境外,此处言“出”是为何? 因为天王不能侍奉母亲。鲁子说:“《春秋》之中,有不能侍奉母亲的天王,大概说的就是这个天王吧。”

【穀梁传】天子无出。出,失天下也。居者,居其所也。虽失天下,莫敢有也。

【译文】

天子不存在“出”的说法。说“出”,就是失去了天下。“居”,就是居住在他的处所。即使失去了天下,也没有人敢占有天下。

△**【经】**晋侯夷吾卒①。

【注释】

①晋侯夷吾卒:夷吾,即晋惠公,姓姬,名夷吾,谥惠。实死于上年九月。见上年《左传》。惠公为里克所立,本为篡位,然《春秋》"踊为文公讳",故惠公无篡辞(详见僖公十年"晋杀其大夫里克"条《公羊传》)。《春秋》之例,篡不明者不书葬,故不书惠公之葬。又案时月日例,大国卒书日,此处书时者,因其曾被秦国俘虏(僖公十五年),又立不肖子为后,被文公篡位,故略之。

【译文】

晋侯夷吾去世。

*【左传】卫人将伐邢,礼至曰①:"不得其守②,国不可得也。我请昆弟仕焉③。"乃往,得仕④。

【注释】

①礼至:卫大夫。

②不得其守:实指不杀掉其正卿。守,官,指邢国正卿国子。

③昆弟:兄弟。

④得仕:此与下年"春卫人伐邢"本为一体,为后人割裂为二。

【译文】

卫国人准备攻打邢国,礼至说:"不杀掉他们的正卿,邢国不可能得到。我让我的兄弟先去做官。"于是他们去了邢国,做了官。

二十五年

【经】二十有五年春王正月①,丙午②,卫侯燬灭邢③。

【注释】

①二十有五年：鲁僖公二十五年当周襄王十八年，前635。

②丙午：二十日。

③卫侯燬（huǐ）：卫文公，名燬。

【译文】

鲁僖公二十五年周历正月，二十日，卫国国君燬灭了邢国。

【左传】 二十五年春，卫人伐邢①。二礼从国子巡城②，掖以赴外③，杀之④。正月丙午，卫侯燬灭邢，同姓也，故名⑤。礼至为铭曰⑥："余掖杀国子，莫余敢止⑦。"

【注释】

①二十五年春，卫人伐邢：此事与上年传文末"卫人将伐邢"同为
　　一事。

②二礼：指卫大夫礼至及其弟弟。

③掖以赴外：架起他扔到城墙外。掖，挟持，抓住人的手臂。

④杀之：上年传文礼至说灭邢必先杀国子，因此先杀了他。

⑤同姓也，故名：邢国与卫国同姓且无罪，而卫国却灭了邢国，所以
　　经文直接记载卫侯的名。有批评之意。

⑥为铭：在铜器上作铭文。

⑦止，阻止。

【译文】

鲁僖公二十五年春，卫国人攻打邢国。礼至兄弟跟随国子巡城，架起他把他扔到城墙外，杀了他。正月二十日，卫侯燬灭了邢国，卫国和邢国同姓，《春秋》所以记载卫侯之名。礼至还在铜器上作铭文说："我挟持杀了国子，没有人敢阻止我。"

【公羊传】卫侯燬何以名①？绝。曷为绝之？灭同姓也②。

【注释】

①卫侯燬何以名：案礼制，诸侯不生名，灭人之国，亦不书名，故发问。

②灭同姓也：邢、卫均是姬姓之国，邢国始封君为周公旦之子，卫国始封君为周武王和周公旦之弟。灭同姓之国，是灭先祖支体，其恶尤重，书名以绝之。又案时月日例，灭例月，此处书日，因鲁国亦是姬姓，为鲁忧录之。

【译文】

卫侯燬为何书名？是诛绝他。为何诛绝他？因为他灭亡了同姓之国。

【穀梁传】燬之名，何也？不正其伐本而灭同姓也①。

【注释】

①本：有血缘关系的宗族。

【译文】

称了燬的名字，为什么呢？因为认为他讨伐同宗灭亡同姓的行为不合正道。

***【左传】**秦伯师于河上，将纳王①。狐偃言于晋侯曰②："求诸侯，莫如勤王③。诸侯信之，且大义也④。继文之业⑤，而信宣于诸侯⑥，今为可矣。"

【注释】

①将纳王：上年王子带之乱，周襄王逃亡到氾地，秦穆公准备以武力护送襄王回朝。案秦欲纳王，盖有东出图霸之意。

②晋侯：晋文公。

③勤王：谓尽力于王事。多指君主的统治受到威胁而动摇时，臣子
　　起兵救援王朝。此指护送襄三回朝。

④诸侯信之，且大义也：勤王可以得到诸侯信任，且合乎大义。

⑤继文之业：文，指晋文侯，曾辅佐周平王东迁。

⑥信宣于诸侯：在诸侯中宣扬信用。

【译文】

　　秦穆公的军队驻扎在黄河边，准备以武力护送周襄王回朝。狐偃对
晋文公说："求霸于诸侯，没有比起兵救援天子更好的事了。这样可以得
到诸侯的信任，而且合乎大义。既继承了文侯的事业，而且在诸侯中宣
扬了信用，现在可以做这件事了。"

　　使卜偃卜之①，曰："吉。遇黄帝战于阪泉之兆②。"公曰：
"吾不堪也③。"对曰："周礼未改，今之王，古之帝也④。"公
曰："筮之⑤。"筮之，遇《大有》☰☰之《睽》☰☱⑥，曰："吉。遇
'公用享于天子'之卦也⑦。战克而王飨，吉孰大焉⑧？且是
卦也，天为泽以当日⑨，天子降心以逆公⑩，不亦可乎？《大
有》去《睽》而复，亦其所也⑪。"

【注释】

①卜偃：占卜之官。此句主语是晋文公。

②黄帝战于阪泉：传说黄帝与赤帝战于阪泉之野，三战获胜。阪泉，
　　在今河北逐鹿。

③不堪：不敢当。黄帝战于阪泉，是天子征伐之事，晋为诸侯，所以
　　说不敢当。

④"周礼未改"三句：卜偃的意思是说黄帝战于阪泉之兆是指襄王

与王子带之争,周德虽衰,其命未改,典章制度也未改,因此战争名义上由周王领衔,周王和黄帝地位相当。

⑤筮之:古代先卜后筮。

⑥《大有》☲:卦名,乾下离上。《睽》☲:卦名,兑下离上。

⑦公用享于天子:《周易·大有·九三》的爻辞。《大有》之《睽》,第三爻由阳爻变为阴爻,所以用这一爻的爻辞。享,今《易》作"亨"。

⑧战克而王飨,吉孰大焉:卜偃根据《大有》的爻辞说明这是战胜狄兵,周王请公赴宴,大吉。

⑨天为泽以当日:此句是解释卦象。《大有》的下乾(天)变为《睽》的下兑(泽),就是天为泽迎着太阳。

⑩天子降心以逆公:《乾》为天,《离》为火,《乾》在《离》下,这是天子屈心下意来接待公侯。

⑪《大有》去《睽》而复,亦其所也:本卦转为之卦,终要回到本卦。《大有》变为《睽》;《睽》终将回到《大有》,象征天子离开王朝,终要回到王朝。这是理所当然的。

【译文】

晋文公让卜偃占卜,卜偃说:"吉利。得到的是黄帝战于阪泉的征兆。"文公说:"我不敢当啊!"卜偃回答说:"周朝的礼制没有改变,现在的王,就是古代的帝啊。"文公说:"占筮看看。"占筮结果得到《大有》卦变为《睽》卦,卜偃说:"吉利。得到'公被天子招待'这样的卦,象征战胜之后天子设宴席招待,还有比这更大的吉利吗?再说这卦,天为水泽迎着太阳,象征天子屈心下意来接待公侯,这不也是很好吗?《大有》变为《睽》,终将回到《大有》,也是理所当然的。"

晋侯辞秦师而下①。三月甲辰②,次于阳樊③。右师围温④,左师逆王。夏四月丁巳⑤,王入于王城,取大叔于温⑥,

杀之于隰城^⑦。

【注释】

①辞秦师而下：辞退秦军，晋军顺流而下。案晋辞秦师独下，不欲秦
　分其功也。晋甫赖秦之力，即抑秦不使东向。

②甲辰：十九日。

③阳樊：即"樊"，在今河南济源。

④围温：王子带及狄后居住在温地。

⑤丁巳：初三。

⑥大叔：王子带。

⑦隰城：即隰郕，在今河南武涉。

【译文】

晋文公辞退秦军，顺流而下。三月十九日，晋军驻扎在阳樊。右军
包围温，左军迎接周襄王。夏四月初三，周襄王进入王城，在温地抓获大
叔王子带，在隰城把他杀了。

戊午^①，晋侯朝王，王飨醴，命之宥^②。请隧^③，弗许，曰：
"王章也^④。未有代德^⑤，而有二王^⑥，亦叔父之所恶也^⑦。"与
之阳樊、温、原、攒茅之田^⑧。晋于是始启南阳^⑨。

【注释】

①戊午：初四。

②王飨醴，命之宥：飨醴、命宥，设宴招待。醴，甜酒。命之宥，敬酒
　后再回敬。宥，劝人饮食。

③请隧：晋文公请求周王允许他死后以天子之礼下葬。隧，隧道，全
　在地下的地道，天子葬以隧道。诸侯葬以露出地面的羡道。

④王章：周王所用的典章制度。

⑤代德：指新王朝成立。

⑥二王：诸侯而用天子之礼，等于是有二王。

⑦叔父：晋国为武王子唐叔虞之后，故周王称叔父。恶：厌恶。

⑧田：即地。

⑨晋于是始启南阳：启，开辟。南阳，在今河南新乡一带。即阳樊诸
邑所在地。案此著晋自是日强，周日削矣。

【译文】

初四，晋文公朝见周王，周王用甜酒设宴招待，晋文公回敬周王酒。晋文公请求死后用隧道之礼下葬，周王不允许，说："这是周王的礼制。还没有取代周朝，而有两个天子，这是叔父所厌恶的。"周王赐给晋文公阳樊、温、原、欑茅等地。晋国在此时开始开辟南阳。

阳樊不服，围之①。苍葛呼曰②："德以柔中国，刑以威四夷，宜吾不敢服也。此，谁非王之亲姻，其俘之也。"乃出其民③。

【注释】

①围之：晋军围阳樊。

②苍葛：阳樊人。

③出其民：阳樊人不愿归属晋国，晋人只好听任其民迁走。

【译文】

阳樊不归服，晋军包围阳樊。阳樊人苍葛高呼说："用德来安抚中原国家，用刑罚威震四方夷狄，我们不敢归服是应该的啊。在这里，谁不是周王亲戚，岂能做俘虏呢？"晋人只好让阳樊人迁出城去。

△**【经】夏四月癸酉①，卫侯燬卒②。**

【注释】

①癸酉:十九日。

②卫侯燬:卫文公,姓姬,名燬,谥文。

【译文】

夏四月十九日,卫文公燬去世。

【经】宋荡伯姬来逆妇①。

【注释】

①宋荡伯姬来逆妇:荡氏为宋国世袭之大夫,宋荡伯姬,是鲁女嫁于
　　荡氏者。荡伯姬之子娶鲁女为妻,为其子来迎接鲁女。儿媳妇称
　　妇,婆婆称姑。

【译文】

宋国的荡伯姬来迎娶媳妇。

**【公羊传】宋荡伯姬者何? 荡氏之母也。其言来逆妇
何? 兄弟辞也**①**。其称妇何? 有姑之辞也。**

【注释】

①兄弟辞:何休云:“宋、鲁之间,名结婚姻为兄弟。”兄弟辞,即为外
　　姻避讳之辞。案礼,妇人无出境之事,然母为子逆妇属于变礼,故
　　《春秋》书“来逆妇”,表明非无事而出境。

【译文】

宋荡伯姬是什么人? 是荡氏的母亲。经言“来逆妇”是为何? 是为外
姻避讳之辞。经言“妇”是什么意思?“妇”是儿媳妇相对于婆婆的称谓。

【穀梁传】妇人既嫁不逾竟,宋荡伯姬来逆妇,非正也。其曰妇,何也? 缘姑言之之辞也①。

【注释】

①姑:婆婆。

【译文】

妇女已经出嫁就不能越过国境,宋国的荡伯姬来迎娶儿媳妇,不合正道。经文称"妇",为什么呢? 因为是从婆婆的身份来说的话。

【经】宋杀其大夫。

【译文】

宋国杀了他们的大夫。

【公羊传】何以不名①? 宋三世无大夫,三世内娶也②。

【注释】

①不名:即不书所杀大夫之名。案《春秋》之例,大夫书名氏,故而发问。

②三世内娶:三世,指宋公慈父、王臣、处臼三代君主。内娶,即娶国内大夫之女为妻。案礼,不臣妻之父母,国内大夫皆为臣下,故不得娶。今宋三世内娶,权归外戚,卒生篡弑之祸。《春秋》正其本,故绝去大夫之名,以为宋国三世无大夫。

【译文】

为何不书大夫之名? 宋国三世没有大夫,因为三世皆娶大夫女为妻。

【穀梁传】其不称名姓,以其在祖之位^①,尊之也。

【注释】

①祖:祖先,祖宗。位:位次,辈份。这里《穀梁传》认为宋国杀的是
　　孔子的祖辈,所以孔子不称其名。

【译文】

经文不称被杀大夫的名字和姓氏,因为他是孔子的祖辈,要尊重他。

【经】秋,楚人围陈,纳顿子于顿^①。

【注释】

①楚人围陈,纳顿子于顿:僖公二十三年,陈国威胁顿国,顿子逃亡
　　到楚国,因此楚围攻陈,并护送顿子回国。顿子先前失众出奔,
　　被《春秋》所绝,此番欲依靠楚人之力,重返顿国,则属于篡位,故
　　《春秋》书"纳"。"纳"为篡辞,楚人纳顿子,与之同罪。

【译文】

秋,楚人包围陈国,并把顿子护送回国。

【左传】秋,秦、晋伐鄀^①。楚斗克、屈御寇以申、息之师
戍商密^②。秦人过析^③,隈入而系舆人^④,以围商密,昏而傅
焉^⑤。宵,坎血加书^⑥,伪与子仪、子边盟者。商密人惧,曰:
"秦取析矣! 戍人反矣^⑦。"乃降秦师^⑧。秦师囚申公子仪、
息公子边以归。楚令尹子玉追秦师,弗及,遂围陈,纳顿子
于顿。

【注释】

①鄀(ruò)：秦、楚边界上的小国，允姓。受楚国保护，都商密，在今河南淅川西南。顾栋高曰："鄀近武关，为楚之与国。穆公之意以为不得于晋，犹可偕晋以南向图楚，经营武关，为南出之门户耳。其后于晋无役不从，虽与晋结仇以后，文五年犹与楚争鄀而灭之，不遽与楚合，秦之处心积虑盖如此。"

②斗克：字子仪，楚申地的地方长官，称申公。屈御寇：字子边，楚息地的长官，称息公。楚国地方官称"公"，如申公、息公。商密：鄀的国都。

③析：鄀国的城邑。包括今河南内乡、淅川西北。

④隈(wēi)：河流弯曲处。此指丹水河。秦师绕道丹水，是为了避开楚军。系舆人：捆绑着自己的士兵假装成析地的俘虏。舆人，众人。此指秦军士兵。

⑤昏：黄昏。傅：逼近城下。

⑥坎血加书：在地上掘坎，杀牲其上，歃血而盟，并把盟书放在上面。

⑦戍人：指楚军。

⑧乃降秦师：案杜预注："不复言晋者，秦为兵主。"

【译文】

秋，秦国、晋国攻打鄀国。楚斗克、屈御寇率申地、息地的军队戍守鄀都商密。秦人经过析地，绕道丹水河弯道，并捆绑着自己的士兵假扮成俘虏，包围了商密，黄昏时逼近到城下。夜里，秦人挖地掘坎，杀牲歃血，并把盟书放在上面，假装与楚国的子仪、子边盟誓。商密人害怕了，说："秦人占领析地了！戍守的楚人反叛了！"于是就投降了秦军。秦军囚禁了申公子仪、息公子边回国。楚国令尹子玉追赶秦军，没赶上，于是包围陈国，把顿子送回顿国。

【公羊传】 何以不言遂①？两之也②。

【注释】

①何以不言遂：遂为生事之辞，即完成一事后，又擅自生出一事。此
　　处楚人围陈、纳顿子于顿，为接连之两事，却未书"遂纳顿子于
　　顿"，故而发问。

②两之也：即分别为两件事。案楚人出兵，本为围陈与纳顿子，并非
　　是围陈后，方另生一事，故不书"遂"。分别两事者，何休云："恶
　　国家不重民命，一出兵为两事也。"

【译文】

为何不言"遂"？ 因为这是彼此分别的两件事，出兵本为此二事。

【穀梁传】纳者，内弗受也。围，一事也；纳，一事也，而
遂言之。盖纳顿子者陈也。

【译文】

纳，就是顿国人不接受的意思。包围，是一件事；送回国，是一件事，
却前后相连地说。原来送顿国国君回国的是陈国。

△**【经】葬卫文公**①。

【注释】

①葬卫文公：案时月日例，大国之君卒日葬月。此处书时者，因卫文
　　公（即燬）有灭同姓之恶，故略之。

【译文】

安葬卫文公。

***【左传】**冬，晋侯围原，命三日之粮①。原不降，命去

之②。谍出,曰:"原将降矣。"军吏曰:"请待之。"公曰:
"信,国之宝也,民之所庇也。得原失信,何以庇之?所亡滋
多③。"退一舍而原降④。迁原伯贯于冀⑤。赵衰为原大夫,
狐溱为温大夫⑥。

【注释】

①命三日粮:下令准备三天的军粮。即准备三天内攻下。

②去之:撤军。

③所亡滋多:得原与失信相比,失去的东西更多。

④一舍:三十里。

⑤原伯贯:原邑长官。冀:在今山西河津东北。

⑥狐溱(zhēn):狐毛之子。

【译文】

冬,晋文公围攻原邑,下令准备三天的军粮。三天后,原邑不降,晋
文公下令撤军。晋军间谍从城里出来说:"原邑准备投降了。"晋国的军
官说:"请再等等看。"文公说:"信用,是国家的珍宝,百姓从中获得庇
护。得到原邑却失去信用,用什么庇护百姓?失去的东西将更多!"晋
军后退三十里而原邑投降。晋人把原伯贯迁到冀地。命赵衰为原大夫,
狐溱为温大夫。

【经】冬十有二月癸亥①,公会卫子、莒庆盟于洮②。

【注释】

①癸亥:十二日。

②卫子:卫国新君卫成公郑。因卫文公死去未满一年,所以称卫子。

　　莒庆:莒国大夫。案《春秋》三世之例,传闻世小国无大夫(参见

庄公二十四年"冬,戎侵曹,曹羁出奔陈"条注释),此处称莒庆
者,因其娶鲁女为妻(参见庄公二十七年"莒庆来逆叔姬"条),出
于尊婿之义,故书其名。洮:鲁地名,在今山东泗水东南。

【译文】

冬十二月十二日,僖公在洮地和卫君、莒庆会盟。

【左传】卫人平莒于我^①,十二月,盟于洮,修卫文公之
好,且及莒平也。

【注释】

①卫人平莒于我:僖公元年,鲁国打败莒国,获莒拏。此后鲁、莒结
　　怨。卫国从中调停,使两国言归于好。

【译文】

卫国人调停莒国和我国的关系,十二月,在洮地结盟,重修与卫文公
的旧好,并且和莒国讲和。

【穀梁传】莒无大夫,其曰莒庆,何也? 以公之会目之也^①。

【注释】

①之:前一个"之"是"去、往"的意思。后一个"之"是代词,指莒
　　庆,因为鲁僖公亲自去会盟,所以对莒庆也采用高规格的称呼方
　　式,以表示对僖公的尊重。

【译文】

莒国没有周天子册封的大夫,经文说莒庆,为什么呢? 因为鲁僖公
参加了会盟,所以称庆的名字。

*【左传】晋侯问原守于寺人勃鞮①,对曰:"昔赵衰以壶飧从②,径,馁而弗食③。"故使处原④。

【注释】

①寺人勃鞮(dī):寺人披。

②壶飧(sūn):壶盛的汤饭熟食。

③径,馁而弗食:杜预注:"言其廉且仁不忘君也。"径,走小路。馁,饿。

④故使处原:以上补叙任命赵衰为原大夫的原因。

【译文】

晋文公就镇守原邑的人选询问寺人勃鞮,勃鞮回答说:"当年赵衰带着用壶装的食物跟着您,一个人走在小路上,饿了也不吃带的食物。"所以就任命赵衰为原大夫。

二十六年

【经】二十有六年春王正月①,己未②,公会莒子、卫甯速盟于向③。

【注释】

①二十有六年:鲁僖公二十六年当周襄王十九年,前634年。

②己未:初九。

③甯速:卫大夫甯庄子。《公羊传》作"甯遬(sù)"。向:莒地名,在今山东莒县南。

【译文】

鲁僖公二十六年周历正月初九,鲁僖公在向地会见莒子、卫国的甯速并结盟。

【左传】二十六年春王正月,公会莒兹丕公、卫庄子盟于向①,寻洮之盟也②。

【注释】

①莒兹丕公:莒子。

②寻洮之盟:重温洮之盟。洮之盟在去年。

【译文】

鲁僖公二十六年周历正月,僖公和莒兹丕公、卫国的卫庄子在向地结盟,重温洮地之盟。

【穀梁传】公不会大夫,其曰宁速,何也? 以其随莒子,可以言会也。

【译文】

诸侯不与大夫会面,经文说到了卫速,为什么呢? 因为他是和莒国国君一起参加会面的,所以可以说他参与会面。

【经】齐人侵我西鄙,公追齐师,至酅①,弗及。

【注释】

①酅(xī):齐地名,在今山东东阿南。《公羊传》《穀梁传》作"巂"。

【译文】

齐国人入侵我西部边境,僖公追逐齐国军队,到达酅地,没追上。

【左传】齐师侵我西鄙,讨是二盟也①。

【注释】

①二盟：指洮之盟和向之盟。齐孝公仍以霸主自居，不许鲁与他国盟会。

【译文】

齐国军队入侵我西部边境，这是因二次结盟而加以讨伐。

【公羊传】 其言至巂弗及何？侈也①。

【注释】

①侈：大。齐人欲侵犯鲁国，鲁僖公率军抵抗，齐人见僖公士卒精猛，引师而去。案例，封内兵不书，而《春秋》推崇僖公能早却齐兵，又有节制，不冒进，故详录僖公追及至巂地，未及齐师，以此张大僖公之功劳。

【译文】

经书"至巂弗及"是为何？是张大僖公之功劳。

【穀梁传】 人，微者也①。侵，浅事也。公之追之，非正也。至巂，急辞也。弗及者，弗与也，可以及而不敢及也。其侵也曰人，其追也曰师，以公之弗及，大之也②。弗及，内辞也。

【注释】

①微：地位低。
②大之：使齐军显得强大。因为鲁国可以追上而不敢追上，所以经文称"师"，夸大齐的力量。

【译文】

称"人"，是地位低的人。说"侵"，是小事。僖公追击齐军，不合正道。到了巂地，是表示急促的说法。没有追上，是表明没有交战，可以追上但是不敢追上。经文对于入侵的时候称"人",对于追击的时候称"师",因为僖公没有追上,所以这样说显得齐军强大。没有追上,是为鲁国避讳的说法。

【经】夏,齐人伐我北鄙①。卫人伐齐。

【注释】

①齐人伐我北鄙:齐侵西鄙未得逞,因此再入侵北鄙。

【译文】

夏,齐国人攻打我北部边境。卫国攻打齐国。

【左传】夏,齐孝公伐我北鄙。卫人伐齐,洮之盟故也①。

【注释】

①卫人伐齐,洮之盟故也:鲁、卫结盟,齐人伐鲁,卫于是伐齐以救鲁。

【译文】

夏,齐孝公出兵侵犯我国北部边境。卫国出兵攻打齐国,这是因为鲁、卫两国有洮地之盟的缘故。

公使展喜犒师①,使受命于展禽②。齐侯未入竟,展喜从之③,曰:"寡君闻君亲举玉趾④,将辱于敝邑⑤,使下臣犒执事⑥。"齐侯曰:"鲁人恐乎?"对曰:"小人恐矣,君子则否。"齐侯曰:"室如县罄⑦,野无青草,何恃而不恐?"对曰:"恃先王之命。昔周公、大公股肱周室⑧,夹辅成王。成王劳之,而赐之盟,曰:'世世子孙,无相害也。'载在盟府⑨,大师职之⑩。桓公是以纠合诸侯,而谋其不协,弥缝其阙⑪,而匡救其灾,昭旧职也。及君即位,诸侯之望曰:'其率桓之功[12]。'我敝邑用不敢保聚[13],曰:'岂其嗣世九年[14],而弃命废职[15]?其若先君何?君必不然。'恃此以不恐。"齐侯乃还。

【注释】

①展喜:鲁大夫。犒(kào):慰劳。

②展禽:鲁大夫,名获,食邑于柳下,谥为"惠",故又称柳下惠。

③展喜从之:展喜出境出会齐侯。

④玉趾:对人脚步的敬称。

⑤将辱于敝邑:屈辱你莅临我国。委婉之辞。

⑥执事:不敢直接称呼齐侯而托辞左右办事的人,实指齐侯。

⑦室如县罄(qìng):指室内空洞无物。罄,通"磬"。

⑧周公:名旦,鲁国始祖。大公:姜尚,齐国的始祖。股肱(gōng):大腿和胳膊,比喻辅助之臣。

⑨载:载书,指盟约。盟府:管理盟约、文书档案的官府。

⑩大师:司盟之官,周初太公为太师,兼主司盟。大,同"太"。职:主。

⑪弥缝:补救。阙:过失。

⑫其率桓之功:指齐孝公一定会继承齐桓公的功业。率,遵循。

⑬用:因,因此。保聚:聚众防守。

⑭嗣世九年:齐孝公继桓公之位已九年。嗣世,嗣位。

⑮弃命废职:抛弃先王之命,废太公之职。

【译文】

鲁僖公派展喜去犒劳齐国军队,并让他向展禽请教犒劳齐军的辞令。齐孝公的军队还没有进入鲁国境内,展喜先出境迎接齐孝公,然后跟随着他,说:"我们国君听说您亲自迈着尊贵的脚步前来,将屈尊驾临我国,所以派下臣来犒劳您的军队。"齐孝公问:"鲁国人害怕吗?"展喜回答说:"小人害怕,君子则不是这样。"齐孝公说:"你们屋内空空,连粮

食都没有,田野里连草都不长,你们依靠什么而不害怕?"展喜回答说:
"靠的是先王的命令。从前,我们的始祖周公,贵国的太公,都是周天子
有力的助手,他们共同辅佐成王,成王慰劳他们,给他们订立盟约,说:
'你们的子孙,世世代代不要互相侵害。'这些盟辞,仍藏在盟府之中,由
太师保管着。贵国的先君齐桓公所以联合诸侯会盟,对不团结的进行调
解,纠正诸侯的错误,救助他们的灾难,以此显扬贵国太公的职责。等到
您当上国君之后,各国都盼望说:'他一定会遵循桓公的功业的。'我们
鲁国因此不敢聚众防守,都说:'难道齐侯继位才九年,就背弃先王之命
而废除太公之职了吗? 否则,怎么对得起太公和桓公呢? 齐侯一定不会
这样做的。'靠着这一点,所以他们不怕。"齐孝公于是撤兵回国。

【经】公子遂如楚乞师①。

【注释】

①公子遂:也叫东门遂,鲁庄公之子。传称东门襄仲。

【译文】

公子遂到楚国请求出兵。

【左传】东门襄仲、臧文仲如楚乞师①。臧孙见子玉而道之伐齐、宋②,以其不臣也③。

【注释】

①东门襄仲:公子遂。臧文仲:臧孙辰。

②子玉:楚国令尹成得臣。道:引导。

③不臣:不臣事周室。不臣是借口,实因齐、宋不侍奉楚国。

【译文】

东门襄仲、臧孙辰到楚国请求出兵。臧孙辰会见子玉并且引导他们

攻打齐、宋两国，因为两国不侍奉楚国。

【公羊传】乞者何？卑辞也。曷为以外内同若辞^①？重师也。曷为重师？师出不正反，战不正胜也^②。

【注释】

①曷为以外内同若辞：若，这个。若辞，指代经文中的"乞"字。案《春秋》假托鲁国为王者，以鲁为内，而文辞有内外之别。如鲁君去世称"薨"，其他诸侯称"卒"；诸侯之外交称"朝聘"，鲁国之外交称"如"等等，皆是尊待鲁国。而请求出兵皆用"乞"字，则通乎内外，如成公十六年"晋侯使栾黡来乞师"，故而发问。

②师出不正反，战不正胜也：正，定。兵者为凶事，师众出征，不一定都能返回，战斗不一定都能胜利，故不得已而用之，故云"重师"。师重，则不可以借人，故皆言"乞"，无内外之别。

【译文】

"乞"是什么意思？是卑下的文辞。为何内外请求出兵都用这个文辞？是因为很看重用兵。为什么很看重用兵？因为师众出征，不一定都能返回，战斗不一定都能胜利。

【穀梁传】乞，重辞也^①。何重焉？重人之死也，非所乞也。师出不必反，战不必胜，故重之也。

【注释】

①重：看重，重视。

【译文】

乞，是表示很重视的说法。重视什么呢？重视人的死亡，批评去乞求出兵。军队派出去不一定能返回，交战不一定能获胜，所以重视死亡。

【经】秋,楚人灭夔,以夔子归^①。

【注释】

①楚人灭夔,以夔子归:案礼制,国君当死社稷,夔子被楚人俘虏,不能死位,故《春秋》书"以夔子归"以绝之。夔,楚同姓国,在今湖北秭归。《公羊传》作"隗",下文"夔子"作"隗子"。

【译文】

秋,楚人灭了夔国,抓获了夔子回国。

【左传】夔子不祀祝融与鬻熊^①,楚人让之。对曰:"我先王熊挚有疾^②,鬼神弗赦^③,而自窜于夔。吾是以失楚^④,又何祀焉?"秋,楚成得臣、斗宜申帅师灭夔^⑤,以夔子归。

【注释】

①夔子不祀祝融与鬻(yù)熊:《史记·楚世家》:"楚之先祖出自帝颛顼高阳。高阳生称,称生卷章,卷章生重黎。重黎为帝喾高辛居火正,甚有功,能光融天下,帝喾命曰祝融。帝诛重黎,而以其弟吴回为重黎后,复居火正,为祝融。吴回生陆终。陆终生子六人,六曰季连,芈姓,楚其后也。周文王之时,季连之苗裔曰鬻熊。"祝融与鬻熊都是楚国的先祖,夔与楚同姓,礼应祭祀二祖。

②熊挚:楚始祖熊绎的后人。

③鬼神弗赦:祈祷于鬼神,病不见好,所以说"弗赦"。

④失楚:失去楚国的援助。

⑤斗宜申:司马子西。

【译文】

夔子不祭祀祝融与鬻熊,楚国人责怪他。夔子回答说:"我们的先王熊挚有病，鬼神不赦免他，所以自己跑到夔。我们因此失去楚国的援助，又祭祀什么呢？"秋，楚成得臣、斗宜申率军队灭夔，俘虏了夔子回国。

【穀梁传】夔，国也。不日，微国也。以归，犹愈乎执也。

【译文】

夔，是国家。不记载日期，因为它是小国。说"以归"，尚且比说"执"要委婉一些。

【经】冬，楚人伐宋，围缗①。

【注释】

①缗（mín）：宋邑，在今山东金乡。《穀梁传》作"闵"。

【译文】

冬，楚国人攻打宋国，包围缗地。

【左传】宋以其善于晋侯也①，叛楚即晋。冬，楚令尹子玉、司马子西帅师伐宋，围缗。

【注释】

①善于晋侯：僖公二十三年传文载，重耳出亡过宋，宋襄公赠马二十乘，即指此事。

【译文】

宋国因为曾对晋侯表示友善，背叛楚国亲近晋国。冬，楚国命令尹子玉、司马子西率领军队讨伐宋国，包围了缗地。

【公羊传】邑不言围，此其言围何？刺道用师也[1]。

【注释】

[1]刺道用师也：楚国借师于鲁，已属不仁，又在前往鲁国途中，对宋国用兵，视百姓之命如草木，故讥刺之。

【译文】

城邑不言"围"，此处言"围缗"是为何？是讥刺楚军在前往鲁国途中用兵。

【穀梁传】伐国不言围邑，此其言围，何也？以吾用其师，目其事也，非道用师也[1]。

【注释】

[1]道：道路，指鲁借楚军，楚军中途去伐了宋。

【译文】

讨伐国家不说围攻城邑，这里说了围攻，为什么呢？因为我国要借用楚国的军队，所以要记载这件事，批评楚国军队中途动用武力围攻宋邑。

【经】公以楚师伐齐，取穀[1]。

【注释】

[1]公以楚师伐齐，取穀：穀，齐地名，在今山东东阿。顾栋高曰："宋，先代之后，齐，伯国之余，而鲁亦周公之后也。今鲁与楚比而道之伐齐、宋，使无晋文之兴，几无中夏矣。"李廉曰："齐、鲁之争，自盟柯以来未之有也。于是再见者，天下无伯也。……然桓公卒能屈己于柯盟，而孝公不知自反，搆怨连兵，遂使楚人得乘间而肆其

毒,孝公之坠先业宜哉!"

【译文】

僖公率领楚军攻打齐国,攻取了穀地。

【左传】公以楚师伐齐,取穀。凡师,能左右之曰以^①。置桓公子雍于穀,易牙奉之以为鲁援^②。楚申公叔侯戍之^③。桓公之子七人,为七大夫于楚。

【注释】

①左右之:指随意指挥别国军队。

②易牙:即雍巫。

③申公叔侯:申公名叔侯。

【译文】

鲁僖公率楚国军队攻打齐国,占领了穀地。凡是出兵,能随意指挥别国军队的叫做"以"。把齐桓公的儿子公子雍安置在穀地,易牙侍奉他并作为鲁国的后援。楚国申公叔侯戍守穀地。齐桓公有七个儿子,都在楚国做大夫。

【穀梁传】以者,不以者也。民者,君之本也。使民以其死,非其正也。

【译文】

借用,就是不应该借用的意思。民众,是作为国君的根本。驱使民众让他们死亡,不是做国君的正道。

【经】公至自伐齐。

【译文】

僖公由伐齐回国。

【公羊传】此已取穀矣,何以致伐①? 未得乎取穀也。曷为未得乎取穀? 曰患之起,必自此始也②。

【注释】

①何以致伐:案《春秋》之例,公与一国用兵,得意不致,不得意致伐。今伐齐,攻取穀邑,得意明矣,却致伐,故发问。

②患之起,必自此始也:何休云:"鲁内虚而外乞师,以犯强齐,会齐侯昭卒,晋文行霸,幸而得免,……故虽得意,犹致伐也。"

【译文】

这里已经攻取穀地了,为何致伐? 未能得意于取穀。未能得意于取穀,是为何? 说:祸患之兴起,必从此处开始。

【穀梁传】恶事不致①,此其致之,何也? 危之也②。

【注释】

①致:通"志",记载。

②危:忧惧,担心。

【译文】

不好的事情不记载告祭祖庙,这里经文记载了告祭祖庙,为什么呢? 是为鲁僖公感到担忧。

二十七年

【经】二十有七年春①，杞子来朝②。

【注释】

①二十有七年：鲁僖公二十七年当周襄王二十年，前633年。《公羊
传》作"二十七年"。

②杞子来朝：案杞本为公爵，《春秋》当新王，故黜杞为伯爵（详庄公
二十七年"杞伯来朝"条），此处称子者，因其朝鲁而失礼，故贬之。

【译文】

鲁僖公二十七年春，杞子来朝见。

**【左传】二十七年春，杞桓公来朝，用夷礼①，故曰子。
公卑杞，杞不共也②。**

【注释】

①用夷礼：用夷狄的礼节。

②不共：不恭敬。共，通"恭"。

【译文】

鲁僖公二十七年春，杞桓公来鲁国朝见，用夷狄的礼节，所以《春
秋》称他为"子"。鲁僖公瞧不起他，认为杞桓公不恭敬。

【经】夏六月庚寅①，齐侯昭卒②。

【注释】

①庚寅：十八日。

②齐侯昭：即齐孝公，姓姜，名昭，谥孝。

【译文】

夏六月十八日，齐孝公昭去世。

【左传】夏，齐孝公卒。有齐怨①，不废丧纪②，礼也。

【注释】

①有齐怨：去年齐两次伐鲁。

②丧纪：丧事的礼数。

【译文】

夏，齐孝公去世。鲁国对齐国虽有怨恨，仍然不废弃丧礼的礼数，这是符合礼的。

△**【经】**秋八月乙未①，葬齐孝公。

【注释】

①乙未：二十四日。案礼制，诸侯五月而葬。又案时月日例，大国之君卒日葬月。齐孝公未及五月而葬，又书日，属于不及时而日，渴葬也，是因有变故而急急下葬。

【译文】

【经】秋八月二十四日，安葬齐孝公。

【经】乙巳①，公子遂帅师入杞②。

【注释】

①乙巳：九月初四。案时月日例，入例时，伤害多则书月。此处书日

者,何休云:"杞属修礼朝鲁,虽无礼,君子躬自厚而薄责于人,不当乃入之,故录责之。"

②公子遂帅师入杞:据传文,杞子朝鲁时不敬,鲁国因此派兵讨伐。赵鹏飞曰:"僖公自季友卒而用公子遂,数年之间,内不自修,而结怨四邻,伐齐入杞,与前善恶判矣。"

【译文】

九月初四,公子遂率军队入侵杞国。

【左传】秋,入杞,责无礼也。

【译文】

秋,鲁国公子遂攻入杞国,以责备其无礼。

【经】冬,楚人、陈侯、蔡侯、郑伯、许男围宋。

【译文】

冬,楚国人、陈穆公、蔡庄公、郑文公、许僖公包围宋国。

【左传】楚子将围宋①,使子文治兵于睽②。终朝而毕,不戮一人③。子玉复治兵于蒍④,终日而毕,鞭七人,贯三人耳⑤。国老皆贺子文⑥,子文饮之酒。蒍贾尚幼⑦,后至,不贺。子文问之,对曰:"不知所贺。子之传政于子玉⑧,曰:'以靖国也⑨。'靖诸内而败诸外,所获几何?子玉之败,子之举也。举以败国,将何贺焉?子玉刚而无礼,不可以治民⑩。过三百乘⑪,其不能以入矣⑫。苟入而贺,何后之有?"

【注释】

①楚子：楚成王。围宋：是因为宋叛楚。

②子文：名斗縠於菟，曾为楚国令尹。睽（kuí）：楚地名。

③终朝而毕，不戮一人：此言子文之宽简。终朝，一个上午。自旦至食时。戮，惩罚。

④子玉：名得臣，此时已代子文任楚国令尹。蒍（wěi）：楚地名。

⑤贯三人耳：贯耳，军中刑罚，用箭穿耳，比鞭刑重。

⑥国老皆贺子文：古礼，举拔得人，乃为之庆贺。国老，国中退职老臣。

⑦蒍贾：一名伯嬴，楚名相孙叔敖之父。

⑧传政：指将令尹之职传给子玉。

⑨以靖国也：僖公二十三年，子玉伐陈有功，子文使为令尹。叔伯曰："子若国何？"子文答"吾以靖国也"。靖，安定。

⑩治民：此指治军。

⑪过三百乘（shèng）：兵车超过三百乘。一车四马为一乘。按每乘七十五人计，共二万二千五百人。

⑫不能以入：不能全师回国。

【译文】

楚成王准备攻打宋国，派子文在睽地练兵。子文一个上午就完事了，没惩罚一个人。令尹子玉又在蒍地练兵，演练了一整天才结束，鞭打了七个军士，三个人被施以用箭穿耳之刑。楚国的老臣们都来向子文祝贺，子文便招待他们喝酒。蒍贾当时还年幼，后到，却不祝贺。子文问他为什么，蒍贾回答说："我不知道有什么可祝贺的。您把政权传给了子玉，说是'为了安定国家'。这样国内虽可获得暂时的安定，但对外却可能要失败，岂非得不偿失？子玉的作战失败，是由于您的推荐。推荐人却导致国家失败，我有什么可祝贺呢？子玉其人刚强无礼，不可以让他治理军队。他统帅军队如果兵车超过三百乘，恐怕就不能胜利回国了。如果凯旋了，再来祝贺也不迟呀。"

冬，楚子及诸侯围宋①。宋公孙固如晋告急②。先轸曰③："报施、救患④，取威、定霸，于是乎在矣⑤。"狐偃曰："楚始得曹，而新昏于卫⑥，若伐曹、卫，楚必救之，则齐、宋免矣⑦。"于是乎蒐于被庐⑧，作三军⑨，谋元帅⑩。赵衰曰："郤縠可⑪。臣亟闻其言矣，说礼、乐而敦《诗》《书》⑫。《诗》《书》，义之府也⑬；礼、乐，德之则也；德、义，利之本也。《夏书》曰：'赋纳以言，明试以功，车服以庸⑭。'君其试之。"乃使郤縠将中军，郤溱佐之⑮；使狐偃将上军，让于狐毛⑯，而佐之。命赵衰为卿，让于栾枝、先轸⑰。使栾枝将下军，先轸佐之。荀林父御戎⑱，魏犨为右⑲。

【注释】

①及诸侯：据经文记载，随楚成王一起围宋的诸侯还有陈、蔡、郑、许等国。

②宋公孙固：宋庄公的孙子，曾为大司马。

③先轸：晋国将领，又称原轸。

④报施：指晋文公重耳流亡于宋国，当时宋襄公赠马八十四，现应报恩。救患：救宋被围之患。

⑤于是乎在：在此一举。

⑥昏：同"婚"。

⑦齐、宋免矣：去年楚伐齐，侵占穀地，狐偃估计晋伐曹、卫，即可使齐、宋免于楚国的侵略，又可用以激怒楚国。

⑧蒐（sōu）：检阅军队，亦指演习。被庐：晋地名。

⑨作三军：闵公元年晋献公作二军，文公乘此机会建立三军，即中军、上军、下军。

⑩谋元帅：商量元帅的人选。晋国三军各置将、佐，称为六卿。中军

　　主将为元帅、正卿。

⑪郤縠（hú）：晋大夫。

⑫说：同"悦"。敦：崇尚。

⑬义之府：道义的府库，指道义集中的著作。

⑭"赋纳以言"三句：引文见《尚书·益稷》。赋纳，听取。赋，通"敷"，遍。试，尝试。功，事，具体任务。庸，功绩。

⑮佐之：为副手。

⑯狐毛：狐偃的哥哥。

⑰栾枝：又称栾贞子。姬姓，栾氏，名枝。晋公族。栾宾之孙，栾成之子。

⑱荀林父：僖公二十八年传称荀林父将中行，故又以中行为氏，谥桓，又称中行桓子。

⑲魏犨（chōu）：即僖公二十三年传中的魏武子。

【译文】

　　这年冬天，楚成王和诸侯包围宋国。宋国的公孙固到晋国告急。先轸说："报答宋国的施恩，救援宋国的患难，在诸侯中取得威望，奠定霸业，就在这一仗了。"狐偃说："楚国刚得到曹国的同盟，新近又与卫国结为婚姻。如果攻打曹、卫两国，楚国必定救援，那么，齐国和宋国就可免于被攻了。"晋国因此在被庐阅兵，建立上、中、下三军，并商量中军元帅的人选。赵衰说："郤縠可以胜任。我屡次听他谈论，他喜爱礼、乐而熟悉《诗》《书》这些典籍。《诗》《书》这两部典籍，道义都蕴藏其中；礼、乐，又是道德修养的准则。德与义，是利益的根本。《夏书》上说：'使用一个人，应全面听取他的意见，把具体的任务交给他，使他受到明白的考验，如果成功，就赏赐给他车马服饰。'您不妨试用一下吧。"于是晋文公就派郤縠统帅中军，郤溱辅佐他；派狐偃率领上军，狐偃让给狐毛而自己为副。任命赵衰为卿，赵衰让给栾枝、先轸。派栾枝率领下军，先轸辅佐他。荀林父为晋文公驾驭战车，魏犨担任车右。

晋侯始入而教其民①,二年,欲用之。子犯曰:"民未知义②,未安其居。"于是乎出定襄王③,入务利民④,民怀生矣⑤。将用之。子犯曰:"民未知信,未宣其用⑥。"于是乎伐原以示之信⑦。民易资者⑧,不求丰焉⑨,明征其辞⑩。公曰:"可矣乎?"子犯曰:"民未知礼,未生其共⑪。"于是乎大蒐以示之礼⑫,作执秩以正其官⑬。民听不惑⑭,而后用之。出穀戍⑮,释宋围,一战而霸⑯,文之教也。

【注释】

①教其民:训练百姓作战。

②未知义:不懂得道义。

③出定襄王:事见僖公二十五年传。当时周王朝发生王子带之乱,晋文公平定其乱。

④入务利民:《国语·晋语四》:"弃责(债)薄敛,施舍分寡,救乏振滞,匡困资无,轻关易道,通商宽农,懋穑劝分,省用足财,利器明德,以厚民性(生)。"

⑤怀生:即指安居乐业。怀,眷恋。生,产业。

⑥宣:明白。明白信义的作用。

⑦伐原以示之信:案伐原在僖公二十五年。

⑧易资:交换商品,即做买卖。

⑨不求丰:不过分的求利。

⑩明征其辞:明码实价。

⑪共:通"恭",恭敬之心。

⑫大蒐(sōu):指在被庐军事演习。

⑬执秩:负责管理爵禄秩位的官。

⑭民听不惑:百姓听从指挥,明辨是非。

⑮出穀戍：赶走楚在穀地的驻军。事见下年传文。

⑯一战而霸：指明年的城濮之战。此段文字综述晋文公经城濮之战
成为霸主。

【译文】

晋文公一回国即位，就训练百姓作战。过了两年，就想用他们。子犯说："百姓还不懂道义，还没能安守自己的本位。"于是在外，晋文公为周襄王平定王子带之乱；在内，则注重为百姓谋福利。百姓于是都安于他们的生计。晋文公又准备用他们作战。子犯说："百姓还不知道信用，还不明白信义的作用。"于是文公就去攻打原邑来让百姓明白信义的作用。百姓们做买卖不求多获利益，讲究明码实价，以示信义。晋文公问："现在可以用百姓作战了吧？"子犯说："百姓还不知道礼义，未养成恭敬尊上的习惯。"因此举行盛大的演习来让百姓知道礼义，设立管理爵禄佚位之官来规定官员的职责。等到百姓听从指挥，明辨是非，服从命令而不疑惑，然后才用他们作战。于是，使楚国撤去戍守穀地的军队，解除宋国的包围，一战而成就霸业，这都是文公的教化所致。

【公羊传】此楚子也①，其称人何？贬。曷为贬？为执宋公贬②，故终僖之篇贬也③。

【注释】

①此楚子也：案经文中，"楚人"序于陈侯之前，故知实为楚子。

②为执宋公贬：楚子执宋襄公，详见僖公二十一年秋"执宋公以伐宋"条。后鲁僖公从中斡旋调解，同年十二月，释放了宋襄公。此处是和解后，楚子又犯宋国，故贬之。

③终僖之篇贬：即在之后鲁僖公之篇中，楚子均贬为楚人。之所以如此，是说明"君子和平人，当终身保也"。

【译文】

这是楚成王,称其为"楚人"是为何? 是贬抑他。为何贬抑? 因为他曾经拘捕了宋襄公,经鲁僖公和解后,今又犯宋国,而贬抑他,所以终僖公之篇都贬抑他。

【穀梁传】楚人者,楚子也。其曰人,何也? 人楚子,所以人诸侯也。其人诸侯,何也? 不正其信夷狄而伐中国也。

【译文】

楚国人,是楚成王。经文称"人",为什么呢? 用"人"称楚成王,是为了贬低其他几国国君听从楚成王的调遣。贬低其他几国国君听从楚成王调遣,是为什么呢? 因为认为他们相信属蛮夷的楚国而讨伐中原国家不合正道。

△**【经】十有二月甲戌①,公会诸侯,盟于宋②。**

【注释】

①甲戌:初五。

②公会诸侯,盟于宋:诸侯,指楚子、陈穆公、蔡庄公、郑文公、许僖公。案楚帅四国围宋而鲁复会之,曹、卫又结于楚,天下大势,楚盖十居其八九矣。

【译文】

十二月初五,鲁僖公会见诸侯,在宋国结盟。

二十八年

【经】二十有八年春^①,晋侯侵曹,晋侯伐卫^②。

【注释】

①二十有八年:鲁僖公二十八年当周襄王二十一年,前632年。

②晋侯侵曹,晋侯伐卫:据《左传》,二十七年冬,楚围宋,此时晋伐
　曹、卫为解宋围,同时晋文公重耳在流亡时期,卫国和曹国没有以
　礼待之,故此时伐之。先是与卫国借道伐曹,卫国不予,于是伐曹
　之后直接伐卫。

【译文】

鲁僖公二十八年春,晋文公入侵曹国,攻打卫国。

【左传】二十八年春,晋侯将伐曹,假道于卫^①,卫人弗
许。还,自南河济^②。侵曹伐卫^③。正月戊申^④,取五鹿^⑤。
二月,晋郤縠卒。原轸将中军^⑥,胥臣佐下军^⑦,上德也^⑧。
晋侯、齐侯盟于敛盂^⑨。卫侯请盟,晋人弗许。卫侯欲与楚,
国人不欲,故出其君以说于晋。卫侯出居于襄牛^⑩。

【注释】

①假道于卫:曹国在今山东境内,卫在河南境内,晋伐曹向卫借道路
　最近。

②自南河济:卫不肯借道,晋军只得南下渡过黄河,绕道去攻打曹
　国。南河,即南津,也称棘津、济津、石济津,在河南淇县之南,延
　津之北,河道今已湮。

③侵曹伐卫:家铉翁曰:“去年书围宋,盟于宋,著宋之急也。今年继

书侵曹、伐卫,攻楚之必救,以救宋也。

④戊申:初九。

⑤取五鹿:僖公二十三年传,重耳"出于五鹿,乞食于野人,野人与之块",子犯认为土块是土地的象征,表示上天将赐予重耳土地,今故取之以应其兆。

⑥原轸将中军:起用先轸为中军元帅。《国语·晋语四》:"取五鹿,先轸之谋也。郤縠卒,使先轸之代。"原轸,即先轸。

⑦胥臣佐下军:胥臣接替先轸原先职务。

⑧上德:先轸以下军佐跃为中军帅,故云尚德。上,通"尚",崇尚。

⑨敛盂:卫地名,在今河南濮阳东南。

⑩襄牛:卫国东部边境,在今河南范县。

【译文】

鲁僖公二十八年春,晋文公准备攻打曹国,向卫国借道路。卫国不同意。晋军回师,南下渡过黄河,绕道去入侵曹国、攻打卫国。正月初九,攻占了五鹿。二月,晋中军将郤縠死了,由先轸率中军,胥臣为下军佐,这是崇尚德行。晋文公、齐昭公在敛盂结盟。卫成公请求参加结盟,晋人不答应。卫成公想转而结好楚国,国内人不愿意,所以赶走了卫成公,以此取悦于晋国。卫成公逃离国都住到襄牛去了。

【公羊传】曷为再言晋侯?非两之也①。然则何以不言遂②?未侵曹也。未侵曹,则其言侵曹何?致其意也。其意侵曹,则曷为伐卫?晋侯将侵曹,假涂于卫,卫曰不可得,则固将伐之也。

【注释】

①非两之也:两之,即出兵之目的本有两事,如僖公二十五年"秋,楚人围陈。纳顿子于顿"。"两之"的书法,省略第二事的主语。

此处书"晋侯侵曹。晋侯伐卫"则知"非两之也"。

②何以不言遂：遂，是生事之辞，出兵本为一事，其事已毕，横生一
　事。此处晋侯本为侵曹而假途于卫，卫国不肯，故而伐之，则尚未
　侵曹，故不得言"晋侯侵曹，遂伐卫"。

【译文】

为何两次言"晋侯"？表明出兵本不为此二事。然则为何不言
"遂"？因为实际上未侵曹。未侵曹，则经书"侵曹"是为何？是表明晋
侯本来的意图。晋侯意在侵曹，则为何伐卫？晋侯将要侵曹，向卫国借
道，卫国说不可以。那么必然就伐击卫国了。

【穀梁传】再称晋侯，忌也①。

【注释】

①忌：憎恶。

【译文】

称两次晋侯，是憎恶他。

【经】公子买戍卫①，不卒戍②，刺之③。

【注释】

①公子买：鲁大夫，字子丛。

②不卒戍：驻守期未满就离开。卒，完成。

③刺：杀。

【译文】

公子买戍守卫国，驻守期限未到就离开，鲁国杀了他。

【左传】公子买戍卫，楚人救卫，不克。公惧于晋①，杀

子丛以说焉^②。谓楚人曰:"不卒戍也。"

【注释】

①公惧于晋:鲁、卫本是楚国的盟国,晋国强大了,鲁国害怕。

②杀子丛以说焉:杀公子买以讨好晋国。子丛,公子买。

【译文】

公子买戍守卫国,楚人救援卫国,没有成功。鲁僖公害怕晋国,于是杀了他以讨好晋国。对楚人则说:"戍守期限未到就撤走,所以杀了他。"

【公羊传】不卒戍者何? 不卒戍者,内辞也,不可使往也^①。不可使往,则其言戍卫何? 遂公意也^②。刺之者何? 杀之也。杀之则曷为谓之刺之? 内讳杀大夫,谓之刺之也^③。

【注释】

①不可使往也:即鲁僖公使公子买戍卫,而公子买不肯前往。若真是去了卫国而为完成任务,当书"公子买戍卫,不卒"。

②遂公意也:顺遂鲁僖公的旨意。案礼制,臣子不得壅塞君命,僖公使臣子而不可使,则耻辱深,《春秋》为僖公避讳,故言"戍卫"以顺遂公意,又正君臣之分。

③内讳杀大夫,谓之刺之也:案礼制,大夫为国之股肱,是天子命与诸侯辅政者,故君不得专杀大夫。外诸侯之杀大夫,则称国以杀,如"郑杀其大夫申侯"。鲁国之杀大夫,则讳杀言刺,如成公十六年"刺公子偃"。又案时月日例,内杀无罪大夫书日,杀有罪大夫则不书日;外杀大夫例时。

【译文】

"不卒戍"是什么意思? 不卒戍,是为鲁国避讳的文辞,事实是不能指使公子买去戍守卫国。不能使公子买前往戍守卫国,则经言公子买戍守卫国,是为何? 是顺遂僖公的旨意。"刺之"是什么意思? 是"杀之"的意思。杀之,则为何称为"刺之"?《春秋》讳言鲁国杀大夫,而称之为"刺之"。

【穀梁传】先名后刺,杀有罪也。公子启曰[①]:"不卒戍者,可以卒也。可以卒而不卒,讥在公子也,刺之可也。"

【注释】

①公子启:芈(mǐ)启,字子间,楚平王之子,楚昭王之兄。

【译文】

先说名字再说杀,是杀有罪的人。楚公子启说:"未完成守卫任务的意思,是本来可以完成的。可以完成而未完成,是在谴责公子买,杀了他是可以的。"

△**【经】楚人救卫[①]。**

【注释】

①楚人救卫:鲁、卫都是楚国的盟国,晋要伐卫,于是楚人救援卫。

【译文】

楚人救援卫国。

【经】三月丙午[①],晋侯入曹,执曹伯[②]。畀宋人[③]。

【注释】

①丙午:初八。

②曹伯：曹共公。

③畀（bì）宋人：把曹国祭田给予宋人。畀，给予。《公羊传》《穀梁传》认为是抓住了曹伯并将他交给宋国人，即"执曹伯畀宋人"，似误解经旨。

【译文】

三月初八，晋文公攻入曹国，抓住曹共公，并把曹国的祭田送给宋国。

【左传】晋侯围曹，门焉①，多死。曹人尸诸城上②，晋侯患之。听舆人之谋曰③："称舍于墓④。"师迁焉。曹人凶惧⑤，为其所得者，棺而出之⑥。因其凶也而攻之⑦。三月丙午，入曹。数之以其不用僖负羁⑧，而乘轩者三百人也⑨。且曰："献状⑩。"令无入僖负羁之宫而免其族⑪，报施也⑫。魏犨、颠颉怒曰："劳之不图⑬，报于何有！"爇僖负羁氏⑭。魏犨伤于胸。公欲杀之，而爱其材。使问⑮，且视之。病⑯，将杀之。魏犨束胸见使者，曰："以君之灵，不有宁也⑰。"距跃三百，曲踊三百⑱。乃舍之。杀颠颉以徇于师⑲，立舟之侨以为戎右⑳。

【注释】

①门：做动词，攻打城门。

②尸诸城上：将晋军尸体堆列城上。

③舆人：役卒。

④舍于墓：将军队驻扎在曹人墓地上。意谓要挖曹人的祖坟。

⑤凶惧：恐惧。曹人恐晋师掘其墓地，故恐惧。

⑥棺而出之：将晋军尸体装入棺材中送出来。

⑦因其凶：乘着他们恐惧时。

⑧数之：列数曹共公的罪状。

⑨乘轩者三百人：乘轩者，指被封官爵的贵族。郝敬《读左传日钞》谓："曹蕞尔国，举群臣不能三百人，而况大夫？言三百者，极道其滥耳。"

⑩献状：晋文公流亡于曹国，曹共公曾乘文公洗澡时偷看文公骈胁。现责其当初无礼罪状。详见僖公二十三年传。

⑪宫：住宅。免其族：赦免僖负羁同族的人。

⑫报施：报"盘飧置璧"之恩。

⑬劳之不图：即不图劳。劳，功劳。图，考虑。杨伯峻曰："二人各有从亡之劳，见僖二十三年传；而作三军时，除狐毛、狐偃、赵衰外，若郤縠、郤溱、栾枝、先轸皆非从亡者，魏犨仅为戎右，颠颉不言其官，则位又在其下矣。二人有不平之怨，因有劳之不图语。"

⑭爇（ruò）：烧。

⑮问：慰劳。

⑯病：伤重。

⑰不有宁：意为很安宁，安康。

⑱距跃三百（mò），曲踊三百（mò）：魏犨以此表示自己伤并不重。距跃，直跃向前。或曰向上跳。百，勉励。杜预注："百，犹励也。"孔颖达疏："言每跳皆勉力为之。"曲踊，回身耸跳。或曰向前跳。

⑲徇：示众。

⑳舟之侨：本虢国旧臣，鲁闵公二年奔晋，为晋大夫。

【译文】

晋文公包围了曹国，攻击城门，很多晋军战死。曹军把晋军的尸体都堆列在城上，晋文公很担心。他听到士兵们在议论说："把军队驻扎在他们的墓地上。"晋文公就把军队迁往曹人墓地。曹国人十分恐惧，就把他们所得到的晋军尸体用棺材装好送出来。趁着曹国人恐惧的时候，晋军发起进攻。三月初八,晋军攻入曹国都城。晋人列举曹共公的罪状,责备他不任用大臣僖负羁,而乘车的佞臣反而有三百人,并责令说:"要供认当年偷看晋侯洗澡的罪状。"晋文公下令不得进入僖负羁的家宅,同时赦免他的族人,以此来报答僖负羁当年的恩惠。魏犨、颠颉发怒说:"我们这些有功劳的不考虑奖赏,还谈什么报答僖负羁?"于是放火烧了僖负羁的房屋。魏犨胸部受了伤,晋文公想杀他,但又爱惜他的才能,因此派使者去慰劳他,并察看他的病情。如果伤得厉害,就杀了他。魏犨把胸部捆得紧紧的出来见使者,说:"托国君的福,我不是好好的吗?"说完就奋力向前跳三次,又奋力向上跳三次。于是晋文公饶恕他,把颠颉杀了在军中示众,立舟之侨为车右。

宋人使门尹般如晋师告急①。公曰:"宋人告急,舍之则绝②,告楚不许③。我欲战矣,齐、秦未可,若之何?"先轸曰:"使宋舍我而赂齐、秦,藉之告楚④。我执曹君,而分曹、卫之田以赐宋人。楚爱曹、卫,必不许也。喜赂、怒顽⑤,能无战乎?"公说,执曹伯,分曹、卫之田以畀宋人。

【注释】

①门尹般:宋大夫。门尹,相当于楚之大阍,为宋重臣。

②舍之则绝:不救宋,宋将与晋绝交。

③告楚不许:请楚退兵,楚必不许。

④藉之告楚:让齐、秦两国替宋向楚请求退兵。

⑤喜赂、怒顽:齐、秦两国喜得宋国的财物,又恼怒楚国的顽抗。

【译文】

宋国派门尹般向晋军求救。晋文公说:"宋国来告急,不救他,就断绝了交往;要求楚国撤兵,楚人一定不答应。我们要同楚国作战,齐国和秦国又不同意,怎么办呢?"先轸说:"让宋国不要来向我们求救,而去给齐、秦赠送财礼,假手他们两国去请楚国退兵。我们则拘留曹君,而把曹、卫两国的田地分赐给宋人。楚国与曹、卫亲善,必定不会答应齐、秦两国的请求。齐、秦两国既高兴得了宋国的贿赂,又恼怒楚人的顽抗,这样,他们能不参战吗?"晋文公听了很高兴,就扣住曹君,把曹、卫两国的田地分给了宋人。

【公羊传】畀者何? 与也。其言畀宋人何①? 与使听之也②。曹伯之罪何? 甚恶也。其甚恶奈何? 不可以一罪言也③。

【注释】

①其言畀宋人何:案礼制,诸侯有罪,则方伯执之,归于京师,由天子治其罪。不应由宋人治其罪,故发问。

②与使听之也:与,赞成。听,治罪。当时天子出居郑国(即僖公二十四年天王出居郑),不在京师。而宋为王者之后,法度所存,故《春秋》赞同由宋人治曹伯之罪。

③不可以一罪言也:曹伯屡次侵犯邻国,取地自广大,故"不可以一罪言也"。晋文公执曹伯,则是伯讨,故经称侯以执。入书日,亦是善晋文公之义兵。

【译文】

"畀"是什么意思? 是交与的意思。经言交与宋人是为何? 是赞成由宋人治其罪。曹伯有何罪过? 罪过非常恶劣。他罪过极端恶劣是怎样的? 不能用一条罪状来言说。

【穀梁传】入者,内弗受也。日入,恶入者也。以晋侯而斥执曹伯,恶晋侯也。畀,与也。其曰人,何也? 不以晋侯畀宋公也①。

【注释】

①不以晋侯畀宋公：不让晋侯给宋公。因为"畀"有上给予下的意思，而宋公与晋侯是同级的，所以不能说晋侯畀宋公。

【译文】

进入的意思，就是当地人不接受。记载进入的日期，是厌恶进入的人。称"晋文公"来斥责俘虏曹共公，是厌恶晋文公。畀，是给予的意思。经文说"人"，为什么呢？是因为不能说晋侯给宋公。

【经】 夏四月己巳①，晋侯、齐师、宋师、秦师及楚人战于城濮②，楚师败绩。

【注释】

①己巳：初二。

②晋侯、齐师、宋师、秦师及楚人战于城濮：城濮之战，缘起于鲁僖公二十七年楚围宋，此时晋伐曹、卫以解宋围，楚王退回申地。楚将子玉不遵王命撤退，反而请战，楚王又予之少量援兵，加上其原有围攻宋国的军队与晋作战。一开始晋退避三舍，子玉则冒进追击。后来交战之时，晋国将领胥臣以虎皮蒙马，率先击溃由陈、蔡组成的楚国右军。之后栾枝让战车拖着柴草佯装逃跑，诱楚军追击，晋中军拦腰截击楚国追兵，与晋上军夹击击溃楚国左军，楚军仅子玉所率中军免于溃败。至此晋国大获城濮之战全胜，不久之后晋文公即称霸于诸侯。城濮，卫地名，在今山东鄄城临濮集。顾栋高曰："秦自入春秋来，未尝与中国会盟征伐，此年首从晋攘楚，文公之力有以致之也。是故非合秦不能胜楚，而非文公亦不能用秦。"

【译文】

夏四月初二，晋文公和齐国、宋国、秦国的军队在城濮与楚国人作战,楚军大败。

【左传】楚子入居于申①,使申叔去穀②,使子玉去宋,曰:"无从晋师③。晋侯在外十九年矣,而果得晋国。险阻艰难,备尝之矣;民之情伪,尽知之矣。天假之年④,而除其害⑤。天之所置,其可废乎?《军志》曰⑥:'允当则归⑦。'又曰:'知难而退。'又曰:'有德不可敌。'此三志者⑧,晋之谓矣。"子玉使伯棼请战⑨,曰:"非敢必有功也,愿以间执谗慝之口⑩。"王怒,少与之师,唯西广、东宫与若敖之六卒实从之⑪。

【注释】

①申:本姜姓小国,后为楚所吞并,在今河南南阳。

②申叔:即申公叔侯,楚大夫。去穀:两年前,楚伐齐,占领齐国穀地,命申叔驻防那里。现在命其撤兵,以消除齐国的怨恨。

③无从晋师:避免与晋军交战。

④天假之年:文公入国时已六十二岁。假,给予。之,指晋文公。

⑤除其害:指与文公对立的惠公、怀公、吕甥、郤芮等都被除掉。

⑥《军志》:古代兵书。

⑦允当则归:适可而止。允当,恰如其分。

⑧三志:三条记载。

⑨伯棼:楚大夫,即斗椒,一字子越。斗伯比之孙。

⑩间执:防止,杜塞。谗慝(tè)之口:播弄是非的话,指前面蒍贾批评子玉会失败的话。

⑪西广、东宫与若敖之六卒:楚军队名称。西广,右军。东宫,太子属下的部队。若敖之六卒,即若敖氏的亲兵六百人。若敖,子玉

的祖父。六卒,杜预注:"子玉宗人之兵六百人。"

【译文】

楚成王驻兵于申,下令叫申叔撤离榖地,叫子玉撤离宋国,说:"不要去追逐晋军。晋侯流亡在外十九年,居然得到了晋国,当了国君。艰难险阻,他都经历过;民情真伪,他都明白。上天给他这样长的寿命,又帮他把政敌都剪除了,这是上天要树立他,能够废得了吗?兵书《军志》上说:'适可而止。'又说:'知难而退。'又说:'有德的人不可为敌。'这三条,都适用于晋国。"子玉派伯棼去向楚成王请战,说:"不敢说一定能立功,只是想以此堵住播弄是非说闲话的人的嘴。"楚成王很不高兴,就给他少量的军队,只有右军西广、东宫太子属下和若敖氏的亲兵六百人跟着去。

子玉使宛春告于晋师曰①:"请复卫侯而封曹②,臣亦释宋之围。"子犯曰:"子玉无礼哉!君取一③,臣取二④,不可失矣。"先轸曰:"子与之!定人之谓礼⑤,楚一言而定三国,我一言而亡之。我则无礼,何以战乎?不许楚言,是弃宋也。救而弃之⑥,谓诸侯何?楚有三施,我有三怨⑦,怨仇已多⑧,将何以战?不如私许复曹、卫以携之⑨,执宛春以怒楚,既战而后图之⑩。"公说,乃拘宛春于卫,且私许复曹、卫。曹、卫告绝于楚⑪。

【注释】

①宛春:楚大夫。

②复卫侯:恢复卫侯君位。封曹:恢复曹国之地。

③君:指晋文公。取一:只得到释宋围一桩好处。

④臣:指子玉。取二:可得复卫封曹两桩好处。

⑤定人：使人定，安定别人的国家。

⑥救而弃之：本为救宋而来，结果反弃之不顾。

⑦楚有三施，我有三怨：三施，对宋、曹、卫三国都有恩惠。三怨，不答应子玉，三国都对晋有怨恨。

⑧已：太。

⑨携：离间。离间曹、卫与楚的同盟。

⑩既战而后图之：打完仗后再说。

⑪曹、卫告绝于楚：晋用先轸之计，拆散了楚、曹、卫联盟。

【译文】

　　子玉于是派宛春通知晋军说："请你们让卫侯复位，把土地退还曹国，我也就解除对宋国的包围。"子犯说："子玉好无礼！我们国君只得宋国解围这一样好处；他为人臣，倒得恢复曹、卫两样好处。不要失掉这样的作战机会。"先轸说："国君应该答应他！能安定别人的国家就是有礼。楚国一句话安定了三国，我们一句话送掉了三国。那是我们无礼，还靠什么作战呢？不答应楚国的请求，就是抛弃宋国；来救宋国，结果又抛弃了它，怎么向诸侯交代呢？楚国一句话给三国带来恩惠，我方一句话使三国都埋怨我们，怨仇太多，将凭什么作战？不如私下答应恢复曹、卫来离间他们，再扣留宛春以激怒楚国，其余的等打完仗再说吧。"晋文公赞成。于是就把宛春囚在卫国，并且私下答应恢复曹国、卫国。曹、卫两国于是宣告与楚国断绝关系。

　　子玉怒，从晋师。晋师退。军吏曰："以君辟臣①，辱也。且楚师老矣②，何故退？"子犯曰："师直为壮，曲为老③。岂在久乎？微楚之惠不及此④，退三舍辟之，所以报也⑤。背惠食言，以亢其仇⑥，我曲楚直。其众素饱⑦，不可谓老。我退而楚还，我将何求？若其不还，君退臣犯，曲在彼矣。"退三舍。楚众欲止，子玉不可。

【注释】

①辟：躲避。

②老：指军队疲弊已极，士气衰落不振。楚师去年冬围宋，至此已五六月，故言"老"。

③师直为壮，曲为老：直、曲，指是否占理，有理为直，无理为曲。

④微：如果没有。

⑤退三舍辟之，所以报也：晋文公流亡于楚时，曾许诺交战时退让三舍。见僖公二十三年传文。三舍，九十里。

⑥亢：捍御，庇护。其仇：指宋国。

⑦素：向来。饱：士气饱满。

【译文】

　　子玉大怒，追逐晋军。晋军向后撤退。军官们说："我们国君倒要躲避他们臣子，这是耻辱啊！况且楚军士气已经衰疲不振，我们为什么要撤退？"子犯说："出兵打仗，理直者就气壮，理曲者就气衰，哪在时间的长短呢？如果没有楚国的恩惠，我们没有今天，后退九十里避让，就是为了报答楚王的恩惠。如果忘恩失信，又去保护他们的仇敌，那么，我们理亏，他们理直。他们的士气一向很旺盛，不能算是衰疲。我们退兵之后，楚国如果也撤回去，那我们还苛求什么？如果他们不撤兵，那么，为君的已经退了，为臣的还要进犯，这就是他们理亏了。"晋军退了九十里。楚国将士要求就此罢休，子玉不同意。

　　夏四月戊辰①，晋侯、宋公、齐国归父、崔夭、秦小子慭次于城濮②。楚师背酄而舍③，晋侯患之，听舆人之诵④，曰："原田每每⑤，舍其旧而新是谋⑥。"公疑焉。子犯曰："战也。

战而捷，必得诸侯。若其不捷，表里山河⑦，必无害也。"公曰："若楚惠何？"栾贞子曰："汉阳诸姬，楚实尽之⑧，思小惠而忘大耻⑨，不如战也。"晋侯梦与楚子搏，楚子伏己而盬其脑⑩，是以惧。子犯曰："吉。我得天⑪，楚伏其罪⑫，吾且柔之矣⑬。"

【注释】

①戊辰：初一。

②宋公：宋成公。国归父、崔夭：都是齐大夫。秦小子憖（yìn）：秦穆公的儿子。

③背鄼（xī）而舍：背靠险要的丘陵驻扎。鄼，险要的丘陵。

④诵：宜于诵读的韵文，如诗歌、顺口溜之类。

⑤原田：即休耕地。每每：草盛的样子。

⑥舍其旧而新是谋：去年已耕种的，今年即不再用，而用休耕地，故曰"舍其旧而新是谋"。新是谋，谋新。

⑦表里山河：表是外，里是内，指晋外有黄河，内有太行之险。

⑧汉阳诸姬，楚实尽之：《史记·楚世家》载楚武王三十五年伐随，始开濮地而有之；文王六年伐蔡；楚强，陵江、汉间小国，皆畏之；成王时楚地千里云云；则汉水之北的姬姓小国多为楚吞并。汉阳诸姬，汉水之北、大巴山与大别山之间的许多姬姓小国。阳，水北为阳。

⑨思小惠而忘大耻：楚当年厚待重耳，是小惠；楚灭汉阳诸姬姓国，为王室之大耻。

⑩盬（gǔ）其脑：吮吸他的脑髓。盬，咬，吮吸。

⑪得天：晋文公被压在下面，面朝天，所以说得天帮助。

⑫伏其罪：楚王面向地，是伏罪。

⑬柔：柔服之意。脑髓为柔软之物，或曰脑髓性属阴柔。

【译文】

夏四月初一，晋文公、宋成公、齐国大夫国归父和崔夭以及秦国的小子慭一起驻军城濮。楚军背靠险要丘陵扎营。晋文公很是担心楚人凭险进攻。他听到众人唱道："休耕之地绿油油，舍掉旧的不再用，多为新的做打算。"晋文公仍然犹豫不决。子犯说："打吧！战而得胜，必定获得诸侯拥戴。万一不胜，我们外有黄河，内有大山，一定不妨事的。"文公说："那楚国的恩惠怎么办？"栾贞子说："汉水以北的姬姓小国都被楚国灭了，何必还记着他那点小恩惠而忘记大的耻辱，不如就交战吧。"晋文公梦见和楚王搏斗，楚王伏在他的身上吮吸他的脑髓，所以有些害怕。子犯说："这是吉兆。我在下面脸朝天，是我得天助；他在上面脸朝地，是他伏罪，我们将要以柔制服他们了。"

子玉使斗勃请战①，曰："请与君之士戏②，君冯轼而观之③，得臣与寓目焉④。"晋侯使栾枝对曰："寡君闻命矣。楚君之惠，未之敢忘，是以在此⑤。为大夫退⑥，其敢当君乎⑦？既不获命矣，敢烦大夫，谓二三子⑧：'戒尔车乘⑨，敬尔君事，诘朝将见⑩。'"

【注释】

①斗勃：楚大夫。

②戏：游戏。此是轻视晋军的话。

③冯轼：靠着车前的横木。冯，同"凭"。

④得臣：即子玉。寓目：看。

⑤是以在此：指退避三舍，撤退到这里。

⑥为大夫退：以为楚军也已退。为，通"谓"，以为。大夫，指子玉。

⑦其：通"岂"。君：指晋文公。

⑧二三子：等于说"你们将领"，指楚国诸将士。

⑨戒：准备。

⑩诘朝：明天早晨。

【译文】

子玉派斗勃来要求交战，说："我军愿与晋君的士兵游戏一番，请晋君靠着车轼看看，得臣也将陪同观看。"晋文公派栾枝答复他说："我们的国君听到贵国的命令了。楚君的恩惠，我们是不敢忘记的，所以才撤到这里。我们以为得臣已经退兵了，难道还敢抵挡国君吗？既然不退兵，那么，只好麻烦您转告你们将领：'准备好你们的战车，忠于你们的国事，明天早上见面。'"

晋车七百乘①，韅、靷、鞅、靽②。晋侯登有莘之虚以观师③，曰："少长有礼④，其可用也。"遂伐其木，以益其兵。己巳⑤，晋师陈于莘北⑥，胥臣以下军之佐当陈、蔡⑦。子玉以若敖之六卒将中军，曰："今日必无晋矣⑧。"子西将左⑨，子上将右⑩。胥臣蒙马以虎皮，先犯陈、蔡⑪。陈、蔡奔，楚右师溃。狐毛设二旆而退之⑫。栾枝使舆曳柴而伪遁⑬，楚师驰之⑭。原轸、郤溱以中军公族横击之⑮。狐毛、狐偃以上军夹攻子西⑯，楚左师溃。楚师败绩⑰。子玉收其卒而止⑱，故不败。

【注释】

①晋车七百乘：晋军战车七百乘，共有军士五万二千五百人。

②韅（xiǎn）、靷（yǐn）、鞅（yāng）、靽（bàn）：指马身上的缰绳络头之类，形容车马装备齐全。韅，系在马背部分的皮带。一说，指马腹

带。靷,引车前行的皮带。骖马的外辔穿过服马的游环,系于车轴,以引车前进。鞅,套在牛马颈上的皮带。一说在马腹上。鞧,驾车时套在牲口后股的皮带。

③有莘:古国名,在今河南陈留东北。虚:同"墟",旧城废址。

④少长有礼:指晋军壮者在前,年长者在后,说明已懂得礼让。

⑤己巳:初二。

⑥莘北:即城濮。

⑦陈、蔡:陈国、蔡国是楚国的同盟国,两国军队为楚方右翼。

⑧无晋:指消灭晋军。

⑨子西:楚司马斗宜申。

⑩子上:即斗勃。

⑪胥臣蒙马以虎皮,先犯陈、蔡:胥臣为晋下军佐,引一支部队攻击楚右师。

⑫狐毛设二旆(pèi)而退之:古代行军,只有中军主帅才树立二旆,狐毛是上军主将,故意设二旆且战且退以迷惑楚军。旆,军中大旗。

⑬栾枝使舆曳柴而伪遁:晋下军用战车拖着树枝,扬起灰尘,假装败逃,以诱楚中军。舆,战车。曳柴,拖着树枝。

⑭楚师:楚之中军。

⑮中军公族:由晋国贵族子弟所组成的中军。晋军的精锐部队。

⑯夹攻子西:狐毛本伪装撤退,此时也回头分两路夹攻子西率领的左师。

⑰楚师败绩:赵鹏飞曰:"桓、文之服楚一也。晋文以五年之间突起而攻之,一战而霸,可谓一时之伟绩矣。"张洽曰:"齐桓之伐楚,致屈完于召陵,楚未大创也。故次年即灭弦救郑,楚患终不能弭。文公欲伯天下,以为楚不大创,不足以定伯,故一战胜楚,而后伯业定。"

⑱子玉收其卒:子玉所收当为若敖之六卒。

【译文】

晋军兵车七百辆，装备非常齐全。晋文公登上莘国的旧城检阅全军，说："少壮的在前，年长的在后，军队已知道礼让，可以使用了。"于是命令士兵砍下山上的树木，补充兵器。初二这一天，晋军在莘北摆开阵势，下军副帅胥臣率部队抵御陈、蔡两国军队。子玉以若敖的亲兵作为中军，说："今天一定会消灭晋军。"楚子西统帅左军，子上统帅右军。晋军胥臣用虎皮蒙在战马身上，先攻陈、蔡两国军队。陈、蔡两军败逃，楚方右翼部队溃散。狐毛树起两面大旗，冒充晋中军撤退，栾枝则让兵车拖着树枝假装逃走，楚兵狂奔追上去。先轸、郤溱率中军的亲兵从中间拦腰攻击楚军，狐毛、狐偃率上军夹攻子西，楚国的左翼部队也溃败。子玉收兵不动，所以没有败。

晋师三日馆、谷①，及癸酉而还②。甲午③，至于衡雍④，作王宫于践土⑤。

【注释】

①三日馆：歇兵三日。谷：做动词，吃楚军的粮食。
②癸酉：初六。
③甲午：二十七日。
④衡雍：郑地名，在今河南原阳西北。
⑤践土：郑地名，在今河南原阳西南。

【译文】

晋军进驻楚人军营休整三天，吃楚军留下的粮食，到初六才起程回国。四月二十七日，晋军到达衡雍，晋文公在践土为天子建了一座行宫。

【公羊传】此大战也，曷为使微者①？子玉得臣也②。子玉得臣，则其称人何？贬。曷为贬？大夫不敌君也③。

【注释】

①曷为使微者：微者，指经文中之"楚人"。案《春秋》之例，将卑师
　少称人。城濮之役，楚与四国交战，则是大战，不应仅派微者，故
　而发问。

②子玉得臣：楚国之大夫，徐彦疏以为"子玉"为氏，"得臣"为名。

③大夫不敌君：敌，对等。案书"战"，则表明双方的地位是对等的。
　子玉得臣是大夫，晋文公是君，地位不相等，故将子玉得臣贬称
　人，以正君臣之义。

【译文】

这次是大战，楚国为何派遣微者？实际是子玉得臣。是子玉得臣，那
么为何称其为"楚人"？是贬抑他。为何贬抑他？因为大夫与国君不对等。

【经】楚杀其大夫得臣①。

【注释】

①楚杀其大夫得臣：子玉自杀。得臣，即子玉。案楚国至文公九年
　方有大夫（详见"楚子使椒来聘"条）。此处书"得臣"者，是为
　了说明上条之"楚人"，非是微者，而是大夫，以此张大晋文公之
　霸功。不书"子玉得臣"者，因其是楚国骄蹇臣，数导其君侵中
　国，故贬去其氏。

【译文】

楚国杀了大夫子玉。

【左传】初，楚子玉自为琼弁、玉缨①，未之服也。先战，
梦河神谓己曰："畀余，余赐女孟诸之麋②。"弗致也。大心

与子西使荣黄谏③，弗听。荣季曰："死而利国④，犹或为之，况琼玉乎？是粪土也⑤，而可以济师⑥，将何爱焉？"弗听。出，告二子曰："非神败令尹，令尹其不勤民⑦，实自败也。"既败，王使谓之曰："大夫若入⑧，其若申、息之老何⑨？"子西、孙伯曰："得臣将死，二臣止之曰：'君其将以为戮。'"及连穀而死⑩。晋侯闻之而后喜可知也，曰："莫余毒也已⑪！蔿吕臣实为令尹⑫，奉己而已⑬，不在民矣。"

【注释】

①琼弁：饰以琼玉的皮弁。玉缨：以玉为饰的冠带。

②孟诸：宋国的沼泽地。麋：通"湄"，水边之地。

③大心：子玉的儿子，即下文的孙伯。荣黄：楚臣，即下文的荣季。

④而：如果。

⑤是：此，指琼弁、玉缨。

⑥济师：帮助军队打胜仗。

⑦不勤民：不以民事为重。

⑧大夫：指子玉。

⑨其若申、息之老何：申、息二邑子弟皆从子玉出征而死，子玉将如何面对其父兄。与项羽无面目对江东父老义有相似处。

⑩及连穀而死：子玉在连穀自杀。案文公十年传云："城濮之役，王思之，故使止子玉曰：'毋死！'不及，止子西，子西缢而县绝，王使适至，遂止之。"则成王两次下命令，前命子玉自杀，后命子玉不要自杀，但子玉在后命到达前就自杀了。子西本也要自杀，但自缢的绳子断了，正值后命到达，遂未死。连穀，楚地名，今地不详。

⑪莫余毒：再也没有危害我的人。毒，害。

⑫蔿吕臣：楚大夫叔伯，继子玉为令尹。

⑬奉己而已：只知保全自己罢了。

【译文】

　　当初，子玉曾为自己制作了饰有琼玉的皮弁和冠带，但还不曾用过。在战斗之前，子玉梦见河神对他说："把琼弁玉缨送给我，我赐给你孟诸沼泽地。"子玉不肯送。子玉之子大心和子西让荣黄去劝他，子玉不听。荣黄说："如果有利于国家，牺牲性命也要去做，何况是琼玉呢？这些东西不过是粪土而已。如果能帮助军队打胜仗，还有什么舍不得呢？"子玉仍然不肯。荣黄出来告诉大心、子西说："不是神灵要让令尹失败，而是令尹不肯为百姓办事，实在是自讨失败啊。"子玉战败后，楚成王派人对他说："申、息的子弟大多战死了，大夫如果回来，怎么向申、息两地的父老交代呢？"子西、孙伯对使者说："子玉打算自杀的，是我们二人阻止了他，说：'君王将会处罚你的。'"走到连穀，子玉就自杀了。晋文公得到这个消息，喜形于色，说："子玉一死，再没有人能害我了。蒍吕臣接任楚国的令尹，不过是保全自己而已，他是不会为老百姓的事用心的。"

【经】卫侯出奔楚①。

【注释】

　　①卫侯：卫成公。

【译文】

　　卫成公逃奔楚国。

【左传】卫侯闻楚师败，惧，出奔楚①，遂适陈，使元咺奉叔武以受盟②。

【注释】

　　①出奔楚：从襄牛逃往楚国。

②使元咺（xuǎn）奉叔武以受盟：即使叔武摄政。元咺，卫国大夫。叔武，卫成公的兄弟。

【译文】

卫成公听说楚国兵败，非常害怕，从襄牛逃往楚国，又逃到陈国，并派元咺事奉着叔武去接受诸侯的盟约。

【经】五月癸丑①，公会晋侯、齐侯、宋公、蔡侯、郑伯、卫子、莒子盟于践土②。

【注释】

①癸丑：十六日。

②公会晋侯、齐侯、宋公、蔡侯、郑伯、卫子、莒子盟于践土：卫子，卫成公出奔，其弟叔武代理参加会盟，所以称卫子。践土，郑地名，在今河南原阳西南。案以往鲁、蔡、郑、卫皆从楚，今俱从晋，所谓"一战而霸"。

【译文】

五月十六日，鲁僖公和晋文公、齐昭公、宋成公、蔡庄公、郑文公、卫叔武、莒子会见，在践土结盟。

【左传】乡役之三月①，郑伯如楚致其师②。为楚师既败而惧，使子人九行成于晋③。晋栾枝入盟郑伯。五月丙午④，晋侯及郑伯盟于衡雍。

【注释】

①乡役：指这次城濮之战。乡，通"向"。

②致其师：把军队交给楚国指挥，一起对晋国作战。

③子人九：郑国大夫。行成：求和。

④丙午：初九。

【译文】

这一战役之前的三个月，郑文公到楚国把军队交给楚国指挥。楚军失败后郑文公害怕，就派遣子人九去向晋国求和。晋国的栾枝进入郑国和郑文公订立盟约。五月初九，晋文公和郑文公在衡雍结盟。

丁未①，献楚俘于王，驷介百乘②，徒兵千③。郑伯傅王④，用平礼也⑤。己酉⑥，王享醴，命晋侯宥⑦。王命尹氏及王子虎、内史叔兴父策命晋侯为侯伯⑧，赐之大辂之服⑨，戎辂之服⑩，彤弓一、彤矢百⑪，玈弓矢千⑫，秬鬯一卣⑬，虎贲三百人⑭，曰："王谓叔父，敬服王命，以绥四国，纠逖王慝⑮。"晋侯三辞，从命，曰："重耳敢再拜稽首，奉扬天子之丕显休命⑯。"受策以出。出入三觐⑰。

【注释】

①丁未：初十。

②驷介：四匹披甲的马驾的战车。

③徒兵：步兵。

④傅王：给周王担任赞礼的职务。傅，相，负责赞礼的人。

⑤用平礼：按周平王接待晋文侯的礼仪来接待晋文公。

⑥己酉：十二日。

⑦王享醴，命晋侯宥：周王设盛礼宴请宾客，晋侯在周王敬酒之后回敬周王。

⑧尹氏、王子虎：周王卿士。内史叔兴父：周大夫，任内史之职。策命：书面任命。侯伯：诸侯的领袖，即霸主。

⑨大辂（lù）之服：玉辂，衮冕。大辂，古时天子所乘之车。《尚书·顾命》："大辂在宾阶面。"孔传："大辂，玉。"孔颖达疏："《周礼》巾车掌王之五辂：玉辂、金辂、象辂、革辂、木辂，是为五辂也……大辂，辂之最大，故知大辂玉辂也。"杨伯峻据《周礼·春官·巾车》金路以封同姓，认为赐同姓诸侯或亦以金路，则此大辂，当为金辂。服，指乘大辂时相配的冕服。

⑩戎辂之服：革路，韦弁服。戎辂，兵车。服，指乘戎辂时相配的韦弁，即熟皮所制的冠。

⑪彤弓、彤矢：红色的弓箭。

⑫旅（lú）弓矢：黑色的弓箭。

⑬秬鬯（chàng）：古代宗庙祭祀用的香酒。以郁金合黑黍酿成。秬，黑黍。卣（yǒu）：酒器。

⑭虎贲：勇士，指天子的侍卫。

⑮纠逖（tì）：督察惩治。纠，劾责。逖，剔除。慝（tè）：恶。

⑯丕显休命：此形容天子的命令伟大、光明、美好。丕，大。显，明。休，美。

⑰出入三觐：一共朝见了三次。觐，进见。

【译文】

五月初十，晋文公把楚俘献给周天子，有四匹披甲的马拉的兵车一百辆，步卒一千人。郑文公担任相礼，用的是从前周平王接待晋文侯的礼节。五月十二日，周天子设享宴，用甜酒招待晋文公，允许晋文公回敬周天子的敬酒。周天子还命令卿士尹氏、王子虎和内史叔兴父以书面命令晋文公为诸侯的领袖，赐给晋文公大辂和相应服饰、戎辂和相应服饰，红色的弓一张，红色的箭一百枝，黑色的弓十张，黑色的弓箭一千副，宗庙祭祀用的香酒一卣，勇士三百人，说："天子对叔父说：请恭敬地服从天子的命令，好好地安抚四方诸侯，惩治那些邪恶的坏人吧。"晋文公辞让了几次，才接受命令，说："重耳谨再拜叩头，接受并发扬天子重大而美好的赐命。"于是晋文公接受了策书离开王宫。晋文公前后一共朝见周天子三次。

　　癸亥^①，王子虎盟诸侯于王庭，要言曰^②："皆奖王室^③，无相害也。有渝此盟^④，明神殛之^⑤，俾队其师^⑥，无克祚国^⑦，及而玄孙，无有老幼。"君子谓是盟也信^⑧，谓晋于是役也，能以德攻。

【注释】

①癸亥：二十六日。

②要言：约言，立誓言。

③奖：扶助。

④渝：变，背叛。

⑤殛（jí）：诛，惩罚。

⑥俾：使。队：同"坠"，丧失。

⑦无克：不能够。祚国：享有国家。

⑧信：讲信义。

【译文】

　　五月二十六日，王子虎在周王的住处与诸侯订立盟约，立下誓言说："大家都应扶助王室，不能互相残害。谁要违背盟约，神灵就要严惩他，使他的军队败亡，不能享有国家，而且一直殃及到子孙，不论老幼都是一样。"君子认为这次盟约是守信用的，并认为在这次战役中晋国能够做到用道德的力量来讨伐楚国。

　　【穀梁传】讳会天王也。

【译文】

避讳说与周天子会面。

【经】陈侯如会①。

【注释】

①陈侯如会：陈国本是和楚国关系紧密，楚败之后想与晋国搞好关系，遂来践土参会。

【译文】

陈穆公前往参加会盟。

【公羊传】其言如会何？后会也①。

【注释】

①后会也：后期而至。陈侯不慕霸者，歧意于楚，故后会。

【译文】

经文书"陈侯如会"是什么意思？是陈侯后期而至。

【穀梁传】如会，外乎会也①，于会受命也。

【注释】

①外：排斥，疏远。

【译文】

说"如会"，是将他排斥在会盟之外，只是在会盟上接受命令而已。

【经】公朝于王所①。

【注释】

①公朝于王所:周襄王参加践土之盟,鲁僖公借此机会朝见周天子。
事实上,是诸侯结盟之后,共同朝见天子。仅书"公朝于王所",
不言其他诸侯者,案礼,诸侯当至京师朝见天子,在践土朝见天
子,属于失礼之小恶。又案《春秋》三世之例,传闻世不书外小
恶,书内小恶,故仅录鲁僖公之失礼。

【译文】

鲁僖公到周天子行宫朝见。

【公羊传】 曷为不言公如京师? 天子在是也。天子在
是,则曷为不言天子在是? 不与致天子也①。

【注释】

①不与致天子:不与,不赞同。致,招而使致。晋文公使天子居践
土,虽有尊王之意,但毕竟属于以臣招君,不可为训,故《春秋》不
言天子之所在(即践土),以严正君臣之义。

【译文】

为何不言僖公去京师朝见天子? 因为天子就在此处。天子在此处,
那么为何不说天子在此? 因为不赞同以臣招天子的行为。

【榖梁传】 朝不言所,言所者,非其所也①。

【注释】

①"朝不言所"三句:诸侯朝见周天子都是在宗庙里,因此在说到诸
侯朝见周天子时不必说在什么地方,如果说出朝见的地点,那就
违反常规了。

【译文】

朝见周天子不说"所"字，说了"所"，就表明那原本不是天子的处所。

【经】六月，卫侯郑自楚复归于卫①。卫元咺出奔晋②。

【注释】

①卫侯郑自楚复归于卫：卫侯郑，卫成公。晋文公逐卫侯郑，而立叔武。叔武在践土之会上请归卫侯郑，后天子命卫侯郑归国。卫侯郑归国后却杀害叔武，卫国大夫元咺为叔武争之，而出奔晋国（详见下"晋人执卫侯，归之于京师"条传文）。案《春秋》之例，书"复归"者，出有恶，归无恶。卫侯郑出奔当绝，归国得无恶者，因有天子之命。书卫侯郑之名，是刺天子归有罪，赏罚不明。书"自楚"者，是为周天子避讳，好像卫侯郑得楚国之力，方能归国。

②元咺（xuān）：卫大夫。其先采邑在元，因以为氏。元，在今河北元氏。元咺受卫成公之命帮叔武守国，后卫成公疑心他欲拥立叔武为君，先杀了他的儿子角，后来又杀了叔武，元咺被迫出奔晋国。

【译文】

六月，卫侯郑从楚国又回到卫国。卫元咺逃奔到晋国。

【左传】或诉元咺于卫侯曰①："立叔武矣②。"其子角从公③，公使杀之。咺不废命④，奉夷叔以入守⑤。

【注释】

①或：有人。诉：谮，说人坏话。

②立叔武矣：诬告元咺要立叔武。

③角：元咺之子元角。

④废命：废弃卫成公之命。

⑤奉夷叔以入守：仍侍奉叔武回国摄政。夷叔，即叔武，夷为其谥号。

【译文】

有人在卫成公面前诬告元咺说："他要立叔武做国君。"元咺的儿子角跟随着卫成公，卫成公派人杀了他。元咺并没有因此废弃卫成公之命，仍然侍奉叔武回国摄政。

六月，晋人复卫侯①。宁武子与卫人盟于宛濮②，曰："天祸卫国，君臣不协③，以及此忧也。今天诱其衷④，使皆降心以相从也⑤。不有居者，谁守社稷？不有行者，谁扞牧圉⑥？不协之故，用昭乞盟于尔大神以诱天衷⑦。自今日以往，既盟之后，行者无保其力⑧，居者无惧其罪。有渝此盟，以相及也⑨。明神先君，是纠是殛⑩。"国人闻此盟也，而后不罚。

【注释】

①复卫侯：让卫成公返回。

②宁武子：卫大夫。宁姓，名俞，谥武子。宛濮：在今河南长垣西南。

③不协：指"卫侯欲与楚，国人不欲"。

④天诱其衷：当时习惯语，意指天保佑我。

⑤降心：放弃成见。

⑥扞：保卫，捍卫。牧圉：牛马。借指逃亡在外的君王车驾。牧，养牛。圉，养马。

⑦昭：彰明。以诱天衷：乞求天心佑护我。天衷，天心。

⑧保：依恃。力：功劳。

⑨相及：灾祸将降临到他头上。

⑩是纠是殛：即"纠是殛是"，指将加以惩罚、诛杀。

【译文】

六月，晋人让卫成公回国。甯武子和卫国人在宛濮盟誓，说："上天降祸卫国，君臣不和谐，因此才有这样的忧虑。现在上天保佑我们，让大家放弃成见互相听从。没有留守的人，谁来守卫国家？没有跟随国君出去的人，谁来保卫国君的车驾？因为不和谐，所以大家在大神面前明白地盟誓，以求天保佑。从今日盟誓以后，跟随国君出去的人不要依恃自己的功劳，留守的人不必害怕有罪。如果有谁违背此盟，灾祸将降临到他头上。神灵和先君有灵，将加以惩罚、诛杀。"国内的人听到这个盟约，就不再三心二意了。

卫侯先期入①，甯子先②，长牂守门③，以为使也，与之乘而入④。公子歂犬、华仲前驱⑤。叔孙将沐⑥，闻君至，喜，捉发走出⑦，前驱射而杀之⑧。公知其无罪也，枕之股而哭之⑨。歂犬走出，公使杀之。元咺出奔晋。

【注释】

①先期入：卫成公本与卫人约定回国日期，但不到期先入，是因为不放心叔武。

②甯子先：甯武子又先于卫成公回国，为卫成公疏通。

③长牂（zāng）：卫守城门者。

④与之乘而入：长牂与甯武子一起乘车进城。案长牂没守在城门，所以卫成公能直入而杀叔武。

⑤公子歂犬、华仲前驱：二人为卫侯之前驱。

⑥叔孙：即叔武。

⑦捉：握住。

⑧前驱射而杀之：据下文，射杀叔武的应是歂犬。案《公羊传》曰："卫侯得反，曰：'叔武篡我。'元咺争之曰：'叔武无罪。'终杀叔

武。"则杀叔武者是卫成公。

⑨枕之股:把头枕在叔武尸体的大腿上。之,其,他的。

【译文】

卫成公比约定的时间先回到国内。宁武子又比卫成公先回国。长牂守城门,以为他是卫成公的使者,就和他一同乘车进入。公子歂犬、华仲作为前驱。叔武正要洗头,听说国君回来了,非常高兴,握住头发跑出去迎接,前驱一箭把他射死了。卫成公知道他是无辜的,枕着他的大腿哭他。歂犬逃跑了,卫成公派人杀了他。元咺逃奔到晋国。

【穀梁传】自楚,楚有奉焉尔①。复者,复中国也②。归者,归其所也。郑之名,失国也。

【注释】

①奉:给予,帮助。

②中国:范甯注:"中国,犹国中也。"

【译文】

说"从楚国",表明楚国对卫成公有帮助。"复",就是回到国中的意思。"归",就是回到他的处所。称他的名字"郑",是因为他曾失去国家。

△**【经】陈侯款卒**①。

【注释】

①陈侯款卒:陈侯款,即陈穆公,姓妫,名款,谥穆。不书其葬者,是为晋文公避讳。下文温之会,陈侯款未下葬,而文公强会陈国嗣君。今不书其葬,为文公杀耻。

【译文】

陈穆公款去世。

△【经】秋,杞伯姬来①。

【注释】

①杞伯姬:鲁庄公女,杞成公夫人、桓公母亲。

【译文】

秋,杞伯姬来鲁国归宁。

△【经】公子遂如齐①。

【注释】

①公子遂如齐:张洽曰:"公子遂如齐而取穀之憾解。"顾栋高案:
"自践土之后,晋文倡伯,齐、鲁俱受盟约,兵争复息矣。"

【译文】

公子遂到齐国。

*【左传】城濮之战,晋中军风于泽①,亡大旆之左旃②。
祁瞒奸命③,司马杀之④,以徇于诸侯,使茅筏代之⑤。师还。
壬午⑥,济河。舟之侨先归,士会摄右⑦。秋七月丙申⑧,振
旅⑨,恺以入于晋⑩。献俘、授馘⑪,饮至、大赏⑫,征会讨贰⑬。
杀舟之侨以徇于国⑭,民于是大服。

【注释】

①风于泽:行军于大泽中遇大风。

②大旆之左旃(zhān):前军之左族。旃,赤色无饰的旗。

③奸命:违犯军令。奸,犯。

④司马:官名,掌管军法。

⑤茅茷：晋大夫。

⑥壬午：十六日。

⑦摄：代理。舟之侨本为戎右，因先行回国，士会代替他。

⑧七月丙申：实应为六月三十日。

⑨振旅：军队胜利归来。

⑩恺：奏凯歌。

⑪俘：指活的俘虏。馘（guó）：割取所杀敌人的左耳，用以记功。

⑫饮至：国君从外归来，在宗庙告祭，慰劳随从。大赏：赏赐全体有功人员。

⑬征会：征召诸侯会盟，指冬天会于温。讨贰：讨伐有二心的诸侯。

⑭杀舟之侨：舟之侨自行先回国，违反军令，故被杀。

【译文】

城濮之战，晋军中军在大泽中遇到了大风，丢失了前军中左边的大旗。祁瞒违犯军令，司马把他杀了，并通告诸侯，由茅茷代替他。晋军回国。六月十六日，渡过黄河。舟之侨自行先回国，士会代理戎右。秋七月丙申日（六月三十日），军队胜利归来，奏凯歌进入晋国都，在太庙献上俘虏和杀死敌人的左耳，慰劳全体随从，犒赏有功将士，征召诸侯，讨伐有二心的诸侯。杀了舟之侨并通告全国，百姓因此大为顺服。

　　君子谓："文公其能刑矣①，三罪而民服②。《诗》云：'惠此中国，以绥四方③。'不失赏刑之谓也。"

【注释】

①能刑：刑罚严明。

②三罪：三罪人，指颠颉、祁瞒、舟之侨。

③惠此中国，以绥四方：引《诗》见《诗经·大雅·民劳》。中国，中原国家。

【译文】

君子认为："晋文公赏罚严明,杀三个罪人而百姓顺服。《诗》里说:'施惠于中原国家,以安定四方诸侯。'正是不失赏罚分明啊。"

【经】冬,公会晋侯、齐侯、宋公、蔡侯、郑伯、陈子、莒子、邾子、秦人于温①。

【注释】

①齐侯:《穀梁传》无"齐侯"二字。陈子:指刚即位的陈共公。邾子:《公羊传》作"邾娄子"。

【译文】

冬,鲁僖公在温地和晋文公、齐昭公、宋成公、蔡庄公、郑文公、陈共公、莒子、邾子、秦人会见。

【左传】冬,会于温,讨不服也。

【译文】

冬,诸侯在温地会合,讨伐不服的诸侯国。

【穀梁传】讳会天王也。

【译文】

避讳说与周天子会面。

【经】天王狩于河阳①。

【注释】

①狩:冬猎。《穀梁传》作"守"。守,同"狩"。这里是为周天子避讳,据《左传》,温之会,"晋侯召王,以诸侯见,且使王狩"。据《史记·晋世家》:"冬,晋侯会诸侯于文,欲率之朝周,力未能,恐其有畔者,乃使人言周襄王狩于河阳。"河阳:在今河南孟州西。

【译文】

周天子在河阳狩猎。

【左传】是会也①,晋侯召王,以诸侯见,且使王狩②。仲尼曰:"以臣召君,不可以训③。"故书曰:"天王狩于河阳。"言非其地也,且明德也④。

【注释】

①是会:指温之会。

②"晋侯召王"三句:晋文公带领诸侯朝见,并让天子打猎,有"挟天子以令诸侯"之势。

③以臣召君,不可以训:召只可用于上对下,晋文公召天子,是无礼。

④言非其地也,且明德也:解释经文,说明河阳非周天子狩猎之地,隐去晋文公以臣召君之失,同时表明晋国勤王的功德。

【译文】

这次盟会,晋文公召周王前来,率领诸侯朝见,并且让周王狩猎。孔子说:"以臣的身份召王,不足为训。"所以《春秋》记为:"天王在河阳狩猎。"说明河阳并非天子狩猎之地,且表明晋国的功德。

【公羊传】狩不书①,此何以书? 不与再致天子也②。鲁子曰:"温近而践土远也③。"

【注释】

①狩不书：狩为常事，故《春秋》例所不书。

②不与再致天子也：不赞同第二次招致天子。案天王狩于河阳，实是晋文公招天子至河阳，令诸侯朝之。先前召天子至践土，为第一次"致天子"，此处河阳为第二次，故云"再致天子"。以臣招君，不可为训，避讳第一次失礼，则不言王之所在；此处又是第二次失礼，罪重而讳深，故书"天王狩于河阳"，好像是天王自狩，非致之。

③温近而践土远也：温靠近天子狩猎之地，故可以言"天王狩于河阳"，践土离狩地远，故不可言。这是鲁子对于经书"天王狩于河阳"的另外一种解释。何休以为，当以第一种解释（即"不与再致天子"）为正。

【译文】

狩猎为常事，例所不书，此处何以书？是因不赞同再次招致天子而书。鲁子说："温靠近狩猎之地，可以书'天王狩于河阳'来避讳，践土离狩猎之地远，故不可以狩猎避讳。"

【穀梁传】全天王之行也①，为若将守而遇诸侯之朝也，为天王讳也。水北为阳，山南为阳。温，河阳也。

【注释】

①全：保全，指保全周襄王此次出行的名誉。

【译文】

这是为周天子此次出行保全面子，看起来就好像是将要打猎而遇到诸侯来朝见，这是为周天子避讳。河的北边称作阳，山的南边称作阳。温地，在黄河的北边。

【经】壬申①,公朝于王所②。

【注释】

①壬申:十月初七。此处仅书日,未书所在之月份。何休云:"不月
　　而日者,自是诸侯不系天子,若日不系于月。"
②公朝于王所:僖公再次朝见周天子。

【译文】

十月初七,僖公再次到周天子行宫朝见。

【左传】壬申,公朝于王所。

【译文】

十月初七,鲁僖公到周天子的行宫朝觐。

【公羊传】其日何? 录乎内也①。

【注释】

①录乎内也:何休云:"危录内再失礼,将为有义者所恶。"

【译文】

为何书日? 是记录鲁国第二次失礼。

【穀梁传】朝于庙,礼也。于外,非礼也。独公朝与? 诸
侯尽朝也。其日,以其再致天子①,故谨而日之。主善以内,
目恶以外②。言曰公朝,逆辞也③,而尊天子。会于温,言小
诸侯。温,河北地,以河阳言之,大天子也。日系于月,月系
于时。壬申,公朝于王所,其不月,失其所系也。以为晋文

公之行事,为已偾矣^④。

【注释】

①致:招致。这是晋文公第二次召天子前来参加会盟了,前一次是
 践土之会。

②主善以内,目恶以外:记载善行以鲁国为主,记载恶事以其他诸侯
 国为主。这里的善指鲁僖公朝天子,因为主善以内,所以只说鲁
 僖公朝见。恶则是指诸侯再见天子。

③逆辞:违反常规的说法。这里是指虽然这种记载表明已经违反常
 规了,但是说了鲁僖公去朝见天子,仍是表示了他对天子的尊重。

④偾:同"颠",颠倒。

【译文】

 在庙堂之上朝见,是符合礼制的。在庙堂之外,是不合礼制的。只
有鲁僖公去朝见了吗? 诸侯们都去朝见了。经文记载日期,是因为第二
次召天子来,所以慎重地记载日期。记载善行以鲁国为主,记载恶事以
其他诸侯国为主。说鲁僖公去朝拜,是违反常规的说法,但仍是尊重了
周天子。说在温地会面,是以诸侯为小。温地,在黄河北岸,所以用黄河
以北来称呼它,是以天子为大。日期系于月份之下,月份系于季节之下。
"壬申,公朝于王所。"经文不记载月份,是使日期失去了应在的月份。
这是经文认为晋文公的所作所为,已经上下颠倒了。

【经】晋人执卫侯^①,归之于京师。

【注释】

①卫侯:卫成公。

【译文】

 晋国人抓住卫成公,送到京师交周天子处置。

【左传】卫侯与元咺讼①,宁武子为辅②,铖庄子为坐③,士荣为大士④。卫侯不胜。杀士荣,刖铖庄子⑤,谓宁俞忠而免之⑥。执卫侯,归之于京师,置诸深室⑦。宁子职纳橐馈焉⑧。

【注释】

①讼:争讼。为杀叔武之事到晋国告状。

②辅:宁武子做卫成公的诉讼人。

③坐:诉讼代理人。

④大士:辩护人。

⑤刖(yuè):砍断脚。

⑥宁俞:宁武子。

⑦深室:囚室。

⑧职:职务。橐(tuó):袋子,用来装衣服。馈(zhān):稠的粥。此指食物。

【译文】

卫成公和元咺打官司,叫宁武子做诉讼人,铖庄子做代理人,士荣为辩护人。卫成公没有胜诉。晋国于是杀了士荣,砍了铖庄子的脚,认为宁武子忠心而赦免了他。晋国逮捕了卫成公,并把他押解到京师,关在深牢里。宁子负责给他送衣服和吃的。

【公羊传】归之于者何?归于者何?归之于者,罪已定矣①。归于者,罪未定也。罪未定,则何以得为伯讨②?归之于者,执之于天子之侧者也,罪定不定,已可知矣。归于者,非执之于天子之侧者也,罪定不定,未可知也。卫侯之罪何?杀叔武也。何以不书?为叔武讳也③。《春秋》为贤者讳,何贤乎叔武? 让国也。其让国奈何? 文公逐卫侯,而立叔武。叔武辞立,而他人立,则恐卫侯之不得反也,故于是己立,然后为践土之会,治反卫侯。卫侯得反,曰:"叔武篡我。"元咺争之曰:"叔武无罪。"终杀叔武,元咺走而出。此晋侯也,其称人何④? 贬⑤。曷为贬? 卫之祸,文公为之也。文公为之奈何? 文公逐卫侯,而立叔武,使人兄弟相疑⑥,放乎杀母弟者⑦,文公为之也。

【注释】

①归之于者,罪已定矣:案诸侯之罪,当由天子定之。案下文书"归之于",表明是执之于天子之侧,则已告天子,故云"归之于者,罪已定矣"。如此则凡经书"归之于京师"者,得伯讨之义。

②罪未定,则何以得为伯讨:此条针对的是成公十五年"晋侯执曹伯归于京师"条。书"归于京师",则罪未定;书"晋侯",则表明是伯讨。两者其实不矛盾,诸侯不得专治诸侯,须由天子定罪;晋侯执曹伯,非在天子之侧,未由天子定罪,然晋侯执之当其罪,故仍为伯讨。

③为叔武讳也:何休云:"叔武让国见杀,而为叔武讳杀者,明叔武治反卫侯,欲兄飨国,故为去杀己之罪,所以起其功,而重卫侯之无道。"

④其称人何:案卫侯郑有罪,晋侯执之,属于伯讨。然案《春秋》之例,称爵而执者,伯讨也;称人而执者,非伯讨也。两者矛盾,故而发问。

⑤贬:案上书"归之于京师",则晋文公执卫侯,肯定属于伯讨。然不称"晋侯"而称"晋人"者,是因其他事情而贬抑晋侯,与伯讨本身无关。

⑥使人兄弟相疑：何休云："《春秋》许人臣者必使臣，许人子者必使子。文公恶卫侯大深，爱叔武大甚，故使兄弟相疑。"

⑦放：至也。

【译文】

"归之于"是什么意思？"归于"又是什么意思？书"归之于"表明罪责已定。书"归于"，表明罪责未定。罪责未定，为何能算是伯讨呢？书"归之于"，表明在天子之侧拘捕，罪责定不定，是知道的。书"归于"，表明非在天子之侧拘捕，罪责定不定，是不知道的。卫侯的罪责是什么？是杀了叔武。为何不记录此事？是为叔武避讳。《春秋》为贤者避讳，叔武有何贤德？让国。叔武让国是怎么回事？晋文公驱逐了卫侯，而拥立叔武为君。叔武如果推辞，而他人被拥立，叔武又会怕卫侯不能返国复位。所以叔武当了国君。然后在践土之会上诉讼申辩，力图使卫侯归国。卫侯得以归国，说："叔武篡夺了我的君位。"元咺争辩道："叔武无罪。"最终卫侯杀了叔武，元咺逃亡出国。此处是晋侯，为何称其为"晋人"？是贬抑他。为何贬抑？卫国的祸乱，是晋文公造成的。为何是文公造成的？文公驱逐卫侯而拥立叔武，使得别人兄弟间产生猜疑，以至于卫侯杀死同母弟，都是文公造成的。

【穀梁传】此入而执，其不言入，何也？不外王命于卫也。归之于京师，缓辞也①，断在京师也②。

【注释】

①缓：缓慢。《穀梁传》认为一个"之"字表明了将卫侯送往京师太缓慢了，因为要由周天子做决断，所以应该尽快送往京师，故此处隐有责备之意。另可见成公十五年"晋侯执曹伯归于京师"，《穀梁传》释为"不言之，急辞也，断在晋侯也"。

②断：决断，判断。

【译文】

这是进入卫国去抓捕,经文不说进入,为什么呢? 因为这次进入卫国是奉周天子之命进行的。说"归之于京师",是表示缓慢的说法,因为是在京师由周天子做决断的。

【经】卫元咺自晋复归于卫。

【译文】

卫国的元咺从晋国又回到卫国。

【左传】元咺归于卫,立公子瑕①。

【注释】

①公子瑕:卫公子適。

【译文】

元咺回到卫国,立公子瑕为君。

【公羊传】自者何? 有力焉者也①。此执其君,其言自何②? 为叔武争也③。

【注释】

①有力焉者也:《春秋》之例,书自某国归,表明是得某国之力,方能归国。

②执其君,其言自何:执其君,指上文"晋人执卫侯,归之于京师"。晋文公执卫侯,是由于元咺之诉君。案《春秋》之义,君虽有罪,臣不可以诉君。则元咺为诉君之恶人(僖公三十年传文云"元咺

之事君也,君出则己入,君入则己出"),晋文公作为霸者,不当支
持恶人,此处却书"自晋",故而发问。

③为叔武争也:元咺虽是诉君之恶人,然是为叔武而诉君。此处元
咺无恶文(即经文书"复归",表明出有恶而归无恶),有得晋文公
之力,孔广森以为是"直元咺,以直叔武"。

【译文】

书"自"是什么意思? 表明得晋国之力。此处因元咺而拘捕了卫
君,经书"自"是为何? 因为元咺是为叔武争讼的。

【穀梁传】自晋,晋有奉焉尔。复者,复中国也。归者,
归其所也。

【译文】

从晋国,表明晋国对他有帮助。"复"的意思,是回到国中。"归"的
意思,是回到他的处所。

【经】诸侯遂围许①。

【注释】

①诸侯遂围许:许国亲楚,又不参加践土之盟,因此包围许国加以
讨伐。

【译文】

诸侯围攻许国。

【左传】丁丑①,诸侯围许②。

【注释】

①丁丑：十二日。

②诸侯围许：据经文，围许者为晋、齐、秦、鲁、宋、蔡、郑、陈、莒、邾
　　十国。吴澂曰："陈、蔡、郑、许俱从楚围宋，楚既败，蔡、郑、陈即
　　从晋。许最小弱而犹不改图，故合诸侯以讨许也。践土无邾、秦，
　　至此则小国畏威，大国闻风而至，可见晋伯之盛矣。"

【译文】

十一月十二日，诸侯包围许国。

【穀梁传】遂，继事也。

【译文】

遂，表示后一件事接着前一件事。

【经】曹伯襄复归于曹①，遂会诸侯围许。

【注释】

①曹伯襄复归于曹：曹伯襄，曹共公。据《左传》，晋文公生病，曹共
　　公的侍从贿赂了晋国的筮史，让他为曹共公说好话，使晋文公放
　　了曹共公。《穀梁传》则认为晋文公是在执行周天子的命令。又
　　此处书"复归"，表明"归无恶"，是因天子归之。然经文又书曹伯
　　之名，是刺天子归恶人，赏罚不明。

【译文】

曹共公回归曹国，未回国就参加诸侯围攻许国。

【左传】晋侯有疾，曹伯之竖侯獳货筮史①，使曰以曹为
解②："齐桓公为会而封异姓③，今君为会而灭同姓④。曹叔

振铎⑤，文之昭也。先君唐叔⑥，武之穆也。且合诸侯而灭兄弟⑦，非礼也。与卫偕命，而不与偕复，非信也⑧。同罪异罚，非刑也。礼以行义，信以守礼，刑以正邪，舍此三者，君将若之何？"公说，复曹伯，遂会诸侯于许⑨。

【注释】

①竖侯獳（nòu）：名叫侯獳的小臣。竖，小臣。货：贿赂。筮史：晋国掌卜筮的官。

②以曹为解：意谓把晋侯生病的原因说成是灭了曹国。为解，为辞。

③齐桓公为会而封异姓：指封邢、卫。邢、卫于齐为异姓。

④灭同姓：晋与曹同为姬姓。

⑤叔振铎：曹国始封君，文王儿子。

⑥唐叔：晋国始封君唐叔虞是武王儿子。

⑦兄弟：晋、曹同为姬姓，所以说兄弟之国。

⑧"与卫偕命"三句：意为晋已许诺复曹、卫，现只复卫而不复曹，是不讲信用。

⑨会诸侯于许：曹共公未回国，先到许国会诸侯。

【译文】

晋文公有病，曹共公的小臣侯獳贿赂卜筮之官，让卜筮官把文公得病的原因说成是由于灭了曹国，说："齐桓公召集盟会而封异姓诸侯，现在国君主持盟会而灭同姓之国。曹叔振铎，是文王的儿子。先君唐叔虞，是武王的儿子。再说你会合诸侯而灭掉兄弟之国，这是不符合礼义的。曹和卫都得到国君的许诺，却不能一样的复国，这不符合信用。相同的罪过而惩罚不同，不是正当的刑罚。礼是用来施行道义的，信用要恪守礼义，刑罚是用来纠正邪恶的，舍弃了礼、信、刑这三项，国君将怎么办啊？"晋文公听了很高兴，恢复了曹共公的君位，曹共公未回国，先到许国会诸侯。

【穀梁传】复者，复中国也。天子免之，因与之会。其曰复，通王命也①。遂，继事也。

【注释】

①通：显示。

【译文】

"复"，是回到国中。周天子赦免了他，于是参与会面。经文说"复"，是显示这是周天子的命令。遂，是表示后一件事接着前一件事。

*【左传】晋侯作三行以御狄①，荀林父将中行，屠击将右行，先蔑将左行②。

【注释】

①作三行：晋国原有步兵两行，晋文公又建一行，为三行。行，步兵。

②"荀林父将中行"三句：《史记·晋世家》云："于是晋始作三行，荀林父将中行，先縠将右行，先蔑将左行。"屠击作先縠，与传不同。荀林父、屠击、先蔑，皆晋大夫。荀林父在城濮之战中为晋文公御戎，后又称"中行伯"。

【译文】

晋文公建立三个步兵军来抵御狄人，荀林父率中军，屠击率右军，先蔑率左军。

二十九年

【经】二十有九年春①，介葛卢来②。

【注释】

①二十有九年：鲁僖公二十九年当周襄王二十二年，前631年。

②介：鲁国南部的东夷小国。葛卢：介国国君名。案《春秋》对于夷狄，有七等进退之法，即"州、国、氏、人、名、字、子"。介本应称"人"，如僖公三十年有"介人侵萧"之文。此处称名者，因其有尊鲁之心，而褒进之。

【译文】

鲁僖公二十九年春，介国国君葛卢来鲁朝见。

【左传】二十九年春，介葛卢来朝，舍于昌衍之上①。公在会②，馈之刍、米③，礼也。

【注释】

①昌衍：昌平山，在今山东曲阜东南。

②在会：会诸侯围许。

③刍：干草。

【译文】

鲁僖公二十九年春，介国君葛卢来朝见，住在昌平山上。僖公参加诸侯围许国的会见，赠送给他干草和大米，这是合于礼的。

【公羊传】介葛卢者何？夷狄之君也。何以不言朝①？不能乎朝也②。

【注释】

①何以不言朝：案《春秋》之例，诸侯来鲁国朝见，均书"来朝"，故而发问。

②不能乎朝也：此处有两层意思。第一，此时鲁僖公不在国内，故
"不能乎朝"。第二，是针对经文仅书"来"而言，以为介葛卢是
夷狄之君，不能升降揖让，不能行朝礼，故言"不能乎朝"。此年
冬，介葛卢因此处僖公不在，故又来，然其不能行朝礼，故经又书
"介葛卢来"。

【译文】

介葛卢是什么人？是夷狄之君。为何不言"来朝"？因为他不能行
朝礼。

【穀梁传】 介，国。葛卢，微国之君未爵者也。其曰来，
卑也。

【译文】

介，是一个国家。葛卢，小国的国君没有被授予爵位的。经文说
"来"，因为他的地位低。

△**【经】公至自围许。**

【译文】

鲁僖公从围许国那里回国。

【经】夏六月，会王人、晋人、宋人、齐人、陈人、蔡人、秦
人盟于翟泉①。

【注释】

①会：《公羊传》《穀梁传》"会"前有"公"字。翟泉：在今河南洛

阳内。《公羊传》作"狄泉"。翟泉之盟,何休以为:"文公围许不能服,自知威信不行,故复上假王人以会诸侯,年老志衰,不能自致,故诸侯亦使微者会之。"据此则各国之士结盟,故刘逢禄以为"公"为衍文。

【译文】

夏六月,僖公在翟泉与周王使者以及晋国、宋国、齐国、陈国、蔡国、秦国使者会盟。

【左传】夏,公会王子虎、晋狐偃、宋公孙固、齐国归父、陈辕涛涂、秦小子慭盟于翟泉,寻践土之盟,且谋伐郑也①。卿不书,罪之也②。在礼,卿不会公、侯③,会伯、子、男可也。

【注释】

①谋伐郑:此时郑国又亲楚,因此诸侯谋伐郑。

②卿不书,罪之也:参加会盟的是各国的卿大夫,经文只记为某人,有谴责之意。会盟曰"卿不书"始于此。践土之会以前,卿书或不书,无所谓褒贬;以后,卿称人,始为贬。

③不会公、侯:按礼,卿不能参加公、侯的会见。此盟会王子虎是周卿士,鲁僖公是公侯。

【译文】

夏,僖公在翟泉和王子虎、晋狐偃、宋公孙固、齐国归父、陈辕涛涂、秦小子慭会盟,重温践土之盟的旧好,并且商量讨伐郑国之事。《春秋》不记载参加会盟的卿的名字,有谴责之意。按照礼制,卿不能参加公、侯的会见,参加伯、子、男的会见是可以的。

【经】秋,大雨雹①。

【注释】

①雨（yù）雹：下冰雹。

【译文】

秋，下大冰雹。

【左传】秋，大雨雹，为灾也。

【译文】

秋，下大冰雹，且冰雹成灾。

【经】冬，介葛卢来①。

【注释】

①介葛卢来：葛卢年初来时未能见到鲁僖公，于是年末再来。

【译文】

冬，介国国君葛卢再来鲁国朝见。

【左传】冬，介葛卢来，以未见公故，复来朝。礼之，加燕好①。介葛卢闻牛鸣，曰："是生三牺②，皆用之矣③。其音云④。"问之而信⑤。

【注释】

①加燕好：飨宴时更盛于常礼。用宴礼并赠送上等礼品。

②牺：用于宗庙祭祀的小牛。

③用：杀了用以祭祀。

④云：如此，指牛叫的声音就是这样。

⑤信：果真如此。

【译文】

冬，介国君葛卢来朝见，因为上次未见到僖公，所以再来朝见。鲁国以礼接待，用宴礼并送给上等礼品。介君葛卢听到牛叫，说："这头牛生了三头小牛，都杀了用来祭祀。它的叫声是这样。"问外面的人，果真如此。

三十年

△**【经】**三十年春王正月①。

【注释】

①三十年：鲁僖公三十年当周襄王二十三年，前630年。

【译文】

鲁僖公三十年周历正月。

【经】夏，狄侵齐。

【译文】

夏，狄人入侵齐国。

【左传】三十年春，晋人侵郑，以观其可攻与否。狄间晋之有郑虞也①，夏，狄侵齐②。

【注释】

①间：乘隙，趁机，钻空子。虞：忧虑。

②狄侵齐：齐、晋是盟国，晋侵郑，便无暇救齐。

【译文】

鲁僖公三十年春,晋人入侵郑国,试探一下郑国是否可以攻打。狄人乘着晋国忧虑郑国的这个空子,夏,入侵齐国。

【经】秋,卫杀其大夫元咺及公子瑕①。

【注释】

①卫杀其大夫元咺及公子瑕:卫成公被囚于京师之后买通各种关系,教唆卫国大臣杀死了元咺、公子瑕、公子瑕的弟弟。

【译文】

秋,卫国杀了大夫元咺和公子瑕。

【左传】晋侯使医衍鸩卫侯①。宁俞货医②,使薄其鸩,不死。公为之请③,纳玉于王与晋侯,皆十瑴④。王许之。秋,乃释卫侯。卫侯使赂周歂、冶廑⑤,曰:"苟能纳我,吾使尔为卿。"周、冶杀元咺及子适、子仪⑥。

【注释】

①衍:医生名。鸩(zhèn):毒酒。此指用毒酒害人。

②货:贿赂。

③公为之请:鲁僖公为卫成公向周王请求。公,指鲁僖公。

④瑴(jué):白玉一双。

⑤周歂(chuán)、冶廑(jǐn):二人皆卫国大夫。

⑥子适:公子瑕。子仪:子适弟。

【译文】

晋文公派医生衍用毒酒毒死卫成公。宁俞贿赂医生,让他冲淡了毒酒,卫成公没死。鲁僖公为卫成公向周王求情,把白玉献给周王和晋文公,都是十对。周王答应了。秋,就释放了卫成公。卫成公派人贿赂周歂和冶廑,说:"如果能接纳我回国,我让你们当卿。"周歂、冶廑二人于是杀了元咺和子适、子仪。

【公羊传】卫侯未至①,其称国以杀何? 道杀也②。

【注释】

①卫侯未至:下条才是"卫侯郑归于卫",故此时未至卫国。

②道杀也:卫侯郑在归国途中,与元咺、公子瑕(下大夫)相遇于路,杀之,故云"道杀"。

【译文】

卫侯此时尚未至卫国,而以国家的名义杀害,是为何? 是在归国路上杀的。

【穀梁传】称国以杀,罪累上也,以是为讼君也①。卫侯在外,其以累上之辞言之,何也? 待其杀而后入也。公子瑕,累也,以尊及卑也。

【注释】

①讼:状告,控告。

【译文】

以国家的名义杀害,表明罪行涉及国君,是用这样的说法来控诉国君。卫国国君在国外,经文用涉及国君的说法来说这件事,为什么呢? 因为他在等待杀害元咺之后再进入卫国。公子瑕,是受连累的,从身份尊贵的说到身份低的。

【经】卫侯郑归于卫^②。

【注释】

①卫侯郑：卫成公。

【译文】

卫成公回到卫国。

【左传】公入，祀先君。周、冶既服^①，将命^②，周歂先入，及门，遇疾而死^③。冶廑辞卿^④。

【注释】

①既服：穿好礼服。

②将命：准备接受卿位的任命。

③遇疾：突然发病。

④冶廑辞卿：冶廑见周歂暴死，害怕，因此辞卿。

【译文】

卫成公进入国都，在太庙祭祀先君。周、冶二人穿好礼服，准备接受卿位的任命，周歂先进入太庙，到了门口，突然发病而死。冶廑赶紧辞去了卿位。

【公羊传】此杀其大夫，其言归何^①？归恶乎元咺也^②。曷为归恶乎元咺？元咺之事君也，君出则己入，君入则己出，以为不臣也。

【注释】

①此杀其大夫，其言归何：案《春秋》之例，书"归"，表明出入无恶。

　　此处卫侯郑杀元咺及公子瑕，有专杀之恶，而此处作无恶之辞，故
　　而发问。
②归恶乎元咺也：卫侯郑专杀元咺，而无恶文，则说明元咺有恶。值
　　得注意的是，经书"卫侯郑归于卫"有两层意思。首先，卫侯郑书
　　名，见其有杀叔武之罪，而天子归之，则是赏罚不明。其次，诸侯
　　被执，后为天子所归，当书"复归"，见其出有恶而归无恶。此处
　　却书"归"，表明卫侯郑出入无恶，之所以如此，是为了归恶乎元
　　咺。元咺以臣诉君，君出己入，君入己出，违背了事君之义，故卫
　　侯得杀之。《春秋》在此处，从不同角度谴责了卫侯与元咺。

【译文】

　　此处卫侯有专杀大夫之罪，经言"归"是为何？是以此归恶于元咺。
为何归恶于元咺？元咺事奉国君，国君出奔，他就进入国内，国君进入国
内，他就出奔，不像个臣子。

【经】晋人、秦人围郑。

【译文】

晋人、秦人围攻郑国。

【左传】九月甲午①，晋侯、秦伯围郑，以其无礼于晋②，
且贰于楚也③。晋军函陵④，秦军氾南⑤。

【注释】

①甲午：初十。
②无礼于晋：僖公二十三年晋文公重耳出亡经过郑国，郑文公不接
　　待他。
③贰于楚：亲近楚国。指城濮之战时，郑国把军队交给楚国攻打晋

国，且不与翟泉之盟。

④军：驻扎。函陵：在今河南新郑北。

⑤氾南：与函陵相近。氾，水名，在今河南中牟南。

【译文】

九月初十，晋文公和秦穆公率领军队包围郑国，因为郑国当年对晋文公无礼，而且又亲附楚国。晋国的军队驻扎在函陵，秦国军队驻扎在氾南。

佚之狐言于郑伯曰①："国危矣，若使烛之武见秦君②，师必退。"公从之。辞曰："臣之壮也，犹不如人，今老矣，无能为也已。"公曰："吾不能早用子，今急而求子，是寡人之过也。然郑亡，子亦有不利焉。"许之，夜缒而出③，见秦伯，曰："秦、晋围郑，郑既知亡矣。若亡郑而有益于君，敢以烦执事④。越国以鄙远⑤，君知其难也，焉用亡郑以陪邻⑥？邻之厚，君之薄也⑦。若舍郑以为东道主⑧，行李之往来⑨，共其乏困⑩，君亦无所害⑪。且君尝为晋君赐矣⑫，许君焦、瑕⑬，朝济而夕设版焉⑭，君之所知也。夫晋，何厌之有？既东封郑⑮，又欲肆其西封⑯，若不阙秦⑰，将焉取之？阙秦以利晋，唯君图之。"秦伯说，与郑人盟，使杞子、逢孙、扬孙戍之⑱，乃还⑲。

【注释】

①佚（yì）之狐：郑国大夫。郑伯：郑文公。

②烛之武：郑国大夫。

③缒（zhuì）：用绳子绑住身子，从城墙下吊下去。

④执事：办事的人。此为敬辞，实指秦穆公。

⑤越国以鄙远：秦如要得郑以为鄙邑，必须越过晋国。鄙远，以远方
　之国为边境。鄙，边境。

⑥陪：通"倍"，增益。邻：邻国。此指晋国。

⑦邻之厚，君之薄也：案以上说亡郑于秦无利有害。

⑧东道主：东方道路上的主人。秦如要参与中原诸侯事务，必须向
　东行，多须经过郑国国境，郑可担任招待。

⑨行李：外交使节。

⑩共：通"供"。

⑪君亦无所害：案此段又劝秦穆公以利。

⑫君尝为晋君赐：指纳晋惠公夷吾事。晋君，指晋惠公。

⑬许君焦、瑕：晋惠公曾答应割"河外列城五"给秦国作为报答，焦、
　瑕是其中两地。焦，在今河南三门峡西。瑕，在今山西芮城南。

⑭朝济而夕设版焉：早晨渡河归国，晚上即筑城以备秦。言晋人背
　约之速。设版，指筑城抵御秦国。版，打土墙用的夹板。

⑮东封郑：向东收服郑国以拓展东部边界。封，疆界。

⑯肆：伸张，扩展。一说，放恣。

⑰阙：损害。

⑱杞子、逢孙、扬孙：三人都是秦国大夫。

⑲乃还：顾栋高曰："秦穆释韩之憾而从晋于城濮，嗣后盟于温、于翟
　泉，无役不从。至此忽然背晋改图，虽因烛之武说，实挟前日辞秦
　师独下之憾，以为异日潜师东出，可藉郑为接应耳。是故东道主
　一语适中其心曲。此时虽未有图郑之心，而已萌图晋之志矣。"

【译文】

　　大夫佚之狐对郑文公说："国家非常危险了。如果派烛之武去会见
秦君，秦、晋两国一定会退兵。"郑文公听从了佚之狐的建议。烛之武推
辞说："我在壮年的时候，还赶不上别人；现在老了，还能做什么呢？"郑

文公说:"我不能早重用您,现在事情危急了才来求您,这是我的过错。但是郑国被灭亡了,对您也不利啊。"于是烛之武答应了。夜里,郑人用绳子绑住烛之武的身体,把他从城上吊下去。烛之武见到秦穆公,说:"秦军、晋军包围郑国,郑国自知必定要亡国了。如果灭亡了郑国对您有利,那就麻烦你们进攻吧。秦国要越过邻国到郑国来占领土地,使郑国成为你们的边境,您知道这是很困难的。那么,又何必灭亡了郑国去增加您的邻国的土地呢?邻国的实力雄厚了,你们可就要削弱了!如果不灭亡郑国,让郑国做东方大路上的主人,贵国的使节往来,郑国还可以提供所缺乏的物资,这样,对您也没有害处。再说,国君曾经给晋惠公以恩惠,他答应把焦和瑕两地送给您作为报答。可是,他早晨刚渡过黄河回国,晚上就筑城以防备秦国,这可是您知道的啊!晋国,它何时能满足呢?如果灭了郑国,晋国把郑国作为它东边的疆界,就必定要扩张它西边的疆界。扩张西边的疆界,不侵占秦国的领土,又到哪里去占有土地?这样,削弱秦国而使晋国得到好处,请国君好好考虑考虑吧。"秦穆公听了很高兴,就和郑国人订立了盟约,留下杞子、逢孙、扬孙三位将领帮助郑国防守,自己撤兵回去了。

子犯请击之,公曰:"不可。微夫人之力不及此①。因人之力而敝之②,不仁;失其所与③,不知④;以乱易整⑤,不武⑥。吾其还也。"亦去之⑦。

【注释】

①微:非。夫人:那人,指秦穆公。

②因:依凭。敝:损害。

③所与:同盟国。秦、晋是同盟国。

④知:同"智",明智。

⑤乱:指秦、晋发生冲突。整:指秦、晋和睦一致。

⑥武：指使用武力所应遵守的道义准则。

⑦亦去之：顾栋高曰："至此而秦、晋之嫌隙搆矣。晋之所以不振,楚之所以日强,实萌芽于此。皆由烛之武一言阶之祸也。……愚尝谓烛之武一言启春秋二百年战争之祸,而郑亦受其弊者,良以此也。"

【译文】

子犯请求晋文公攻击秦军,晋文公说："不行,没有那个人的帮助,我们不能有今天。依靠了别人的力量,又反过来伤害他,这是不仁义的做法;失掉了自己的同盟国,这是不明智的;用秦、晋内部的冲突动乱代替原来的和睦一致,这是不威武。我们还是回去吧。"也撤兵离开了郑国。

初,郑公子兰出奔晋①,从于晋侯伐郑,请无与围郑②。许之,使待命于东③。郑石甲父、侯宣多逆以为大子④,以求成于晋,晋人许之。

【注释】

①公子兰：郑文公子,后继位为郑穆公。

②请无与围郑：公子兰请求不参加围攻郑国。

③东：晋国东部边境。

④石甲父、侯宣多：二人皆郑国大夫。石甲父,名癸,字甲父。

【译文】

当初,郑公子兰逃奔到晋国,跟随着晋文公讨伐郑国,他请求不参加围攻郑国。晋文公答应了,并让公子兰在东部边境等候命令。郑国的石甲父、侯宣多迎立公子兰为太子,以请求和晋国讲和,晋人答应了。

△**【经】介人侵萧**①。

【注释】

①萧：宋地名，在今安徽萧县西北。

【译文】

介人入侵萧地。

【经】冬，天王使宰周公来聘①。

【注释】

①宰周公：即《左传》的周公阅。天子三公称公，加"宰"者，表明周公是执政之三公，位高任重。如今却下聘鲁国，恶其不胜任。

【译文】

冬，周天子派周公阅来鲁国聘问。

【左传】冬，王使周公阅来聘，飨有昌歜、白、黑、形盐①。辞曰："国君，文足昭也②，武可畏也，则有备物之飨③，以象其德④。荐五味，羞嘉谷⑤，盐虎形，以献其功⑥。吾何以堪之？"

【注释】

①飨：用酒食招待人。昌歜（zàn）：也叫昌菹（zū），用昌蒲根做的腌菜。昌，通"菖"。古以飨他国之来使，以示优礼。白：白米糕。黑：黑黍糕。形盐：虎形盐块。这些都是僖公招待周公阅的食物。

②文足昭：文治足以显扬四方。

③备物：指仪卫、祭祀等所用的器物。此指高等级、有特殊意义的食物。

④以象其德：宴请时所备物品须象征他的德行。

⑤荐五味，羞嘉谷：荐、羞，都指进献。五味，指昌歜，是五味和合之物。嘉谷，指白、黑，它们由稻、黍制成。

⑥献（yí）：通"仪"，效法，模拟。

【译文】

冬,周天子派周公阅来聘问,招待他的食物有昌歜、白米糕、黑黍糕和虎形盐块。周公阅辞谢说:"君主,文治要足以显扬四方,武功要足以使人畏惧,才备有特殊的食物来宴享他,以象征他的德行。进献五味、嘉谷,虎形盐块,来象征他的功业。而我怎么担当得起呢?"

【穀梁传】 天子之宰,通于四海①。

【注释】

①通:交往,往来。

【译文】

天子之宰,可以与天下的诸侯往来。

【经】 公子遂如京师,遂如晋。

【译文】

公子遂要去京师,于是到了晋国。

【左传】 东门襄仲将聘于周①,遂初聘于晋②。

【注释】

①东门襄仲:公子遂。聘于周:公子遂聘问于周,是回报宰周公之聘。

②遂初聘于晋:同时顺便到晋国作首次聘问。

【译文】

东门襄仲将到周朝廷聘问,乘此机会到晋国作首次聘问。

【公羊传】大夫无遂事^①，此其言遂何？公不得为政尔^②。

【注释】

①大夫无遂事：遂，为擅自生事之辞。大夫当秉君命而行，不得擅自
　生事，否则则夺国君之权威。此为《春秋》一般之原则。

②公不得为政尔：公子遂骄蹇自专，则说明僖公不得执国政。

【译文】

大夫不得擅自生事，此处言"遂"是为何？说明公子遂自专，僖公不
能执国政。

【穀梁传】以尊遂乎卑，此言不敢叛京师也^①。

【注释】

①叛：背叛，反叛。

【译文】

从尊贵的到地位低的，这是说鲁国不敢反叛周王朝。

三十一年

【经】三十有一年春^①，取济西田^②。

【注释】

①三十有一年：鲁僖公三十一年当周襄王二十四年，前629年。

②济西田：济水以西的田地。据《左传》，是僖公二十八年晋伐曹分
　其地，现在分给诸侯。据《公羊传》，则是此田本属鲁，曹侵之，此
　时晋将其归于鲁。济，济水，发源于河南济源。

【译文】

鲁僖公三十一年春,鲁国取得济水以西的田地。

【左传】三十一年春,取济西田,分曹地也^①。使臧文仲往,宿于重馆^②。重馆人告曰:"晋新得诸侯,必亲其共^③。不速行,将无及也^④。"从之,分曹地,自洮以南^⑤,东傅于济^⑥,尽曹地也。

【注释】

①分曹地:僖公二十八年晋国讨伐曹、卫,分曹、卫之田给诸侯,当时未分,现在才分。

②重:鲁地名,在今山东鱼台西。馆:候馆,驿馆。

③共:通"恭"。

④无及:赶不上。

⑤洮:在今山东鄄城西南。原本北边属鲁、南边属曹。

⑥傅:接近。

【译文】

鲁僖公三十一年春,取得了济水以西的田地,这是瓜分曹国的土地。鲁国派臧文仲前去,住在重地的驿馆里。重地驿馆的人告诉他说:"晋国新近得到诸侯支持,必定亲近恭顺它的国家。不快点去,恐怕赶不上了。"臧文仲听从了那人的话,分得了曹国的土地,自洮地以南,东边接近济水,都是曹国的土地。

【公羊传】恶乎取之?取之曹也。曷为不言取之曹?讳取同姓之田也^①。此未有伐曹者,则其言取之曹何?晋侯执曹伯,班其所取侵地于诸侯也^②。晋侯执曹伯,班其所取侵地于诸侯，则何讳乎取同姓之田？久也③。

【注释】

①讳取同姓之田也：鲁与曹，均为姬姓之国，故言"同姓"。同姓间贪利，恶重耻深，故需避讳，不言取之于曹国。

②晋侯执曹伯，班其所取侵地于诸侯：此指僖公二十八年"晋侯入曹，执曹伯。畀宋人"之事。班，通"颁"，将曹伯侵占诸侯的领地悉数还给诸侯。济西地，便是曹伯侵占鲁国之领地。

③久也：晋侯将曹伯所侵之地还于诸侯时，未取济西地，此时后悔，又因前言而取之，《春秋》以为，前既不取，此时不应得，故有取邑之恶。

【译文】

从哪个国家夺取济西田？取之于曹国。为何不言取之于曹国？是避讳夺取同姓国的土地。此处未有伐击曹国之文，则言取之于曹，是为何？先前晋侯拘捕曹伯，将其侵占诸侯的领地都还给诸侯。晋侯拘捕曹伯，将其侵占诸侯的领地都还给诸侯，那么为何为鲁国避讳夺取同姓国的土地？应为时间久了。

【经】公子遂如晋。

【译文】

公子遂到晋国。

【左传】襄仲如晋，拜曹田也。

【译文】

公子遂到晋国去，拜谢分得曹国的田地。

【经】夏四月，四卜郊①，不从，乃免牲②。犹三望③。

【注释】

①四卜郊：四次占卜是否适宜郊祭。郊，祭祀名。一说"郊"指对天之祭祀。案礼制，唯有天子，方能郊天；且郊天为常事，在周历三月上辛日举行，不需占卜。此处之卜郊，即占卜是否可以行郊祭，是鲁国特有的制度。鲁国是诸侯，本不得郊天，因周公有大德，故周天子特许鲁国郊天。然鲁国毕竟不同于天子，故需占卜，以定郊天之可否。具体来说，是占卜周历之正月、二月、三月，若三次占卜皆不吉，则不郊。此为鲁国卜郊之缘由。另一说"郊"是在春天祈求一年农事顺利的仪式。祭祀之后开始一年的耕种劳作，时间约在每年正月的辛日，取"新"的谐音，每月有三个辛日，称上辛日、次辛日、下辛日，需占卜在哪个辛日进行农事之郊祭比较吉利。若三卜都不吉利，则可以四卜，但郊祭的日期不能晚于春分。通常三卜不从，剩下的日期就过了时限了，那么今年就不能再举行郊祭了。郊祭之前要先占卜某头牛用作祭品是否吉利，若是吉利，则将其善养以备郊祭，且改称为"牲"。若不吉利，则更换一头牛再占卜，此为卜牛。然后要占卜在哪一天举行郊祭。

②免牲：占卜不吉，因此不杀牲。

③三望：所祭之事有三，故称"三望"。鲁国三望为祭东海、泰山和淮水。一说为东海、泰山、黄河。望，谓不能亲诣所在，遥望而祭。

【译文】

夏四月，四次占卜郊祭，不吉利，于是不杀牲。仍然举行三望祭祀。

【左传】夏四月，四卜郊，不从，乃免牲，非礼也。犹三望，亦非礼也。礼不卜常祀①，而卜其牲、日②。牛卜日曰牲③。牲成而卜郊，上怠慢也④。望，郊之细也⑤。不郊，亦无望可也。

【注释】

①常祀：常规的祭祀。

②卜其牲、日：占卜使用的牺牲和日期。

③牛卜日曰牲：意为牛在占卜定日子以后就改称为"牲"。

④牲成而卜郊，上怠慢也：意为牛已经成为牲了还要占卜郊祭的吉凶，这是在上者怠慢了大典，亵渎了龟甲。

⑤细：细节，指望祭只是郊祭中的一个细节，一小部分。

【译文】

夏四月，四次占卜郊祭的吉凶，都不吉利，于是不杀牲牛，这是不合于礼的。但仍举行三次望祭，这也是不合于礼的。依照礼制，常规的祭祀不用占卜吉凶，只须占卜使用的牺牲和日期。牛在占卜定下日期以后就改称为牲。已经成为牲了还占卜郊祭的吉凶，这是在上者怠慢了大典了。望祭，不过是郊祭的细节罢了。不举行郊祭，也不必举行望祭。

【公羊传】曷为或言三卜，或言四卜？三卜，礼也①。四卜，非礼也。三卜何以礼，四卜何以非礼？求吉之道三②。禘、尝不卜③，郊何以卜？卜郊，非礼也④。卜郊何以非礼？鲁郊非礼也。鲁郊何以非礼？天子祭天，诸侯祭土⑤。天子有方望之事⑥，无所不通。诸侯山川有不在其封内者，则不祭也。曷为或言免牲，或言免牛？免牲，礼也⑦。免牛，非礼也⑧。免牛何以非礼？伤者曰牛。三望者何？望祭也。然则曷祭？祭泰山、河、海。曷为祭泰山、河、海？山川有能润于百里者，天子秩而祭之⑨。触石而出，肤寸而合⑩，不崇朝而遍雨乎天下者⑪，唯泰山尔。河、海润于千里。犹者何？

通可以已也⑫。何以书？讥不郊而望祭也⑬。

【注释】

① 三卜，礼也：鲁国是诸侯，故需占卜郊天之可否。三卜，即占卜周历的正月、二月、三月。在十二月下辛卜来年正月上辛；若不吉，则以正月下辛卜二月上辛；若不吉，则以二月下辛卜三月上辛；三月不吉，则不郊。故云："三卜，礼也。"若超过三卜，则是非礼。

② 求吉之道三：案一般之卜筮，需有三人，三为奇数，故可定吉凶，故云"求吉之道三"。此处"三卜礼也""四卜非礼也"，是取法"求吉之道三"。

③ 禘、尝不卜：禘、尝皆为宗庙之祭。禘是大祭，祭祀历代先君及功臣。尝属于四时之祭，秋祭为尝。案礼，禘、尝皆不需要占卜。

④ 卜郊，非礼也：此指郊祭非诸侯之礼，故需占卜。

⑤ 土：社也。土地之神，诸侯所重。

⑥ 方望：何休云："方望，谓郊时所望祭四方群神、日月星辰、风伯雨师、五岳四渎及余山川凡三十六所。"

⑦ 免牲，礼也：天牲是专为天准备的，不可亵渎之，故不郊便免牲。

⑧ 免牛，非礼也：牛，指天牲有灾伤，则天神不飨，故称其本名"牛"，而不称"牲"。既然已非天牲，则免牛为非礼。

⑨ 秩：次。即祭祀不同的方望之神，有不同的规格。何休云："礼：祭天牲角茧栗，社稷、宗庙角握，六宗、五岳、四渎角尺，其余山川视卿大夫。天燔，地瘗，日月星辰布，山县，水沉，风磔，雨升。"

⑩ 触石而出，肤寸而合：肤、寸均为长度单位，一指曰寸，四指曰肤。触石而出，肤寸而合，刘尚慈先生云："空气中的水分接触泰山石形成云气，云气逐渐一点点聚合，进而形成雨的过程。"

⑪ 不崇朝：崇，重。不崇朝，即一朝。

⑫ 已：停止。

⑬讥不郊而望祭也：案礼制，天为大，方望之神为小。不郊天，则亦
不望祭群神。此处不郊天而三望，是尊者不食，而卑者独食，故
《春秋》讥之。

【译文】

为何《春秋》有时书"三卜"，有时书"四卜"？三卜是合礼的。四卜
是非礼的。三卜为何合礼，四卜为何非礼？因为占卜求吉，以三为准，三
卜于此。禘祭、尝祭是不占卜的，郊祭为何要占卜？卜郊，因郊祭非诸侯
之礼。卜郊何以是非礼的？因为鲁国举行郊祭是非礼的，故需要占卜。
鲁国举行郊祭为何是非礼的？天子祭天，诸侯祭土。天子祭天之后，有
祭祀方望群神之事，群神无所不通。对诸侯来说凡是不在自己封疆内的
山川，就不能祭祀。为何《春秋》有时书"免牲"，有时书"免牛"？免牲
是合礼的。免牛是非礼的。免牛为何是非礼的？只有伤病不能用于祭
祀的牛，才称之为牛。"三望"是什么意思？是望祭的意思。那么祭祀什
么？祭祀泰山、黄河、东海。为何祭祀泰山、黄河、东海？凡是能够润泽
百里之地的山川，天子都依次祭祀它们。云气触石而腾，一点点逐渐聚
合起来，一个早晨就能形成大雨普降天下的，只有泰山。黄河、东海能润
泽千里之地。"犹"是什么意思？就是与神灵的沟通可以停止了。为何
记录此事？是讥刺不郊天却举行望祭。

【穀梁传】夏四月，不时也。四卜，非礼也。免牲者，为
之缁衣熏裳①，有司玄端②，奉送至于南郊。免牛亦然③。乃
者，亡乎人之辞也④。犹者，可以已之辞也。

【注释】

①缁（zī）：黑色。熏：浅红色。

②有司：有关部门的官员。这里指负责养牛的官员。玄端：黑色礼
服，祭祀时穿。

③牛：没有被定为祭品的牛便还是称作"牛"。

④亡乎人：与人无关，就是说这不是人力能及的。

【译文】

夏四月，不是合适的季节。四次占卜，不合礼制。所谓"免牲"，就是要为用作祭祀的牛穿上黑色上衣，浅红色的下裙，饲牛人穿上黑色的礼服，把它送到南郊去。所谓"免牛"也是这样。"乃"，就是表示与人无关的说法。"犹"，是可以停止了的意思。

△**【经】秋七月。**

【译文】

秋七月。

***【左传】秋，晋蒐于清原**①**，作五军以御狄**②**。赵衰为卿**③**。**

【注释】

①蒐（sōu）：阅兵。清原：在今山西稷山东南。

②五军：僖公二十八年晋"作三行"，现在又把三行改为上、下新军（步兵改为车兵），与原三军合为五军。

③赵衰为卿：任命赵衰为卿，率领新上军。《国语·晋语四》："以赵衰之故，蒐于清原，作五军。使赵衰将新上军，箕郑佐之；胥婴将新下军，先都佐之。"

【译文】

秋，晋国在清原阅兵，并建立五军来抵御狄人。任命赵衰为卿。

【经】冬，杞伯姬来求妇①**。**

【注释】

①杞伯姬来求妇：杞伯姬为鲁女嫁于杞国者。此次来鲁国，是为其子求娶鲁女为妻。然案礼制，妇人无外事。《春秋》为外姻避讳，故明言杞伯姬来鲁之目的，非是无事而来。《公羊传》之解释，参见僖公二十五年"宋荡伯姬来逆妇"条。

【译文】

冬，杞伯姬来求娶媳妇。

【公羊传】其言来求妇何？兄弟辞也。其称妇何？有姑之辞也。

【译文】

经文书"来求妇"是为何？这是为外姻避讳的文辞。经言"妇"是什么意思？"妇"是儿媳妇相对于婆婆的称谓。

【穀梁传】妇人既嫁不逾竟，杞伯姬来求妇，非正也。

【译文】

妇女已经出嫁就不能越过国境回娘家，嫁到杞国的伯姬来为杞国国君求娶妻子，不合正道。

【经】狄围卫。十有二月，卫迁于帝丘①。

【注释】

①帝丘：在今河南濮阳西南。

【译文】

狄人围攻卫国。十二月，卫国迁到帝丘。

【左传】冬,狄围卫,卫迁于帝丘。卜曰三百年。

【译文】

冬,狄人围攻卫国,卫国迁到帝丘。占卜结果说可以立国三百年。

卫成公梦康叔曰①:"相夺予享②。"公命祀相。甯武子不可,曰:"鬼神非其族类,不歆其祀③。杞、鄫何事④?相之不享于此久矣,非卫之罪也,不可以间成王、周公之命祀⑤。请改祀命⑥。"

【注释】

①康叔:卫国的始祖。

②相:夏后帝启之孙,原居于帝丘。享:祭献的供品。

③不歆其祀:不享用其祭品。

④杞、鄫何事:杞、鄫本是夏的后代,本该祭祀相,为何不祭。

⑤不可以间成王、周公之命祀:卫国所祭祀的,由成王、周公所规定,祭相不合规定。间,借为"干",违犯。

⑥改祀命:更改祭相的命令。

【译文】

卫成公梦见康叔对他说:"相夺走了我的祭祀供品。"卫成公于是命令祭祀相。甯武子不同意,说:"鬼神与祭祀者如果不是同族,就不会享用他的供品。杞国和鄫国为什么不祭祀相呢?相没有得到祭祀已经很久了,这不是卫国的罪过。我们不能违犯成王、周公定下的祭祀规矩,请你改变祭祀相的命令吧。"

*****【左传】**郑洩驾恶公子瑕①,郑伯亦恶之,故公子瑕出

奔楚。

【注释】

①洩驾：郑国大夫。

【译文】

郑国的洩驾讨厌公子瑕，郑文公也讨厌他，所以公子瑕逃奔到楚国。

三十二年

△**【经】三十有二年春王正月**①。

【注释】

①三十有二年：鲁僖公三十二年当周襄王二十五年，前628年。

【译文】

鲁僖公三十二年春周历正月。

***【左传】三十二年春，**楚斗章请平于晋①，晋阳处父报之②。晋、楚始通。

【注释】

①斗章：楚大夫。请平：求和。

②阳处父：晋大夫。报：回聘。

【译文】

鲁僖公三十二年春，楚国派斗章到晋国求和，晋国派阳处父到楚国回聘。晋国、楚国开始正式通好。

△【经】夏四月己丑①,郑伯捷卒②。

【注释】

①己丑:十五日。

②郑伯捷卒:郑伯捷杀无罪之大夫申侯,故《春秋》不书其葬。案《春秋》之例,外诸侯杀无罪大夫,则不书国君之葬;若杀有罪大夫,则书葬。鲁君杀无罪大夫,则在杀之时书日;若杀有罪大夫,则不书日;因内无贬公之道,不可去其葬。郑伯捷,即郑文公,姓姬,名捷,谥文。《公羊传》作"郑伯接"。

【译文】

夏四月十五日,郑文公捷去世。

【经】卫人侵狄。秋,卫人及狄盟。

【译文】

卫国人侵入狄国。秋,卫人和狄人结盟。

【左传】夏,狄有乱。卫人侵狄,狄请平焉。秋,卫人及狄盟。

【译文】

夏,狄国发生内乱。卫国趁机入侵狄,狄人请求讲和。秋,卫人和狄人结盟。

【经】冬十有二月己卯①,晋侯重耳卒②。

【注释】

①己卯：初九。

②晋侯重耳：即晋文公，姓姬，名重耳，谥文。晋文公在位九年。

【译文】

冬十二月初九，晋文公重耳去世。

【左传】冬，晋文公卒。庚辰①，将殡于曲沃②，出绛③，柩有声如牛④。卜偃使大夫拜⑤，曰："君命大事⑥，将有西师过轶我⑦，击之，必大捷焉。"

【注释】

①庚辰：初十。

②殡：停棺待葬。曲沃：晋君祖坟宗庙所在地，在今山西闻喜。

③绛：晋国都，在今山西翼城东。

④柩：棺材。

⑤卜偃：晋国卜筮之官。

⑥大事：指军事。

⑦西师：指秦军。过轶：谓车辆通过。

【译文】

冬天，晋文公去世。十二月初十，晋文公的灵柩将送往曲沃停放。离开绛城的时候，棺材里发出像牛叫的声音。卜偃让晋大夫们都跪地而拜，说："文公在发布军事命令，西边的军队将越过我国境内，如果我们攻击他们，必定大胜。"

杞子自郑使告于秦曰①："郑人使我掌其北门之管②，若潜师以来③，国可得也。"穆公访诸蹇叔④，蹇叔曰："劳师以袭远⑤,非所闻也。师劳力竭,远主备之,无乃不可乎!师之所为,郑必知之。勤而无所⑥,必有悖心⑦。且行千里,其谁不知?”公辞焉。召孟明、西乞、白乙⑧,使出师于东门之外。蹇叔哭之,曰:“孟子⑨,吾见师之出而不见其入也。”公使谓之曰:“尔何知?中寿,尔墓之木拱矣⑩。”蹇叔之子与师⑪,哭而送之,曰:“晋人御师必于殽⑫。殽有二陵焉⑬。其南陵,夏后皋之墓也⑭;其北陵,文王之所辟风雨也。必死是间,余收尔骨焉。”秦师遂东⑮。

【注释】

①杞子:秦将领,鲁僖公三十年时与扬孙、逢孙戍郑。

②北门:都城北门。管:钥匙。

③潜师:偷偷地派军队。

④蹇(jiǎn)叔:秦国老臣。与百里奚友善,居于宋。由奚的推荐,秦穆公使人厚币迎之于宋,以为上大夫。

⑤袭远:袭击远方之国。

⑥无所:无所得。

⑦悖心:怨恨之心。

⑧孟明、西乞、白乙:即秦将百里孟明视、西乞术、白乙丙。

⑨孟子:即孟明。

⑩中寿,尔墓之木拱矣:意谓假如你仅得中寿,你墓上之树木早已成抱了。言其老而不死,昏悖而不可用。中寿,中等寿命,指六七十岁。拱,两手合抱。

⑪与师:在军队之中。

⑫殽(xiáo):同“崤”,崤山,在河南洛宁西北,西接陕州界,东接渑池界。

⑬二陵：二山，指东崤山与西崤山。

⑭夏后皋：夏代的天子皋，夏桀的祖父。

⑮秦师遂东：案此当与下年传连读。

【译文】

秦将杞子从郑国派人向秦穆公报告说："郑国人让我掌管都城北门的钥匙，如果秘密派军队前来，郑国一定可以攻下。"秦穆公为此咨询蹇叔，蹇叔说："辛辛苦苦调动军队去袭击远方的国家，我还没听说过。军队疲劳，战斗力衰竭，远方的国家又有了防备，这恐怕不行吧！军队的行动，郑国必定会知道。辛辛苦苦而无所得，军队将产生懊丧怨恨的心情，再说军队远行千里，又有谁会不知道？"秦穆公不听蹇叔的劝告，召见孟明、西乞、白乙，派他们率军从东门外出兵。蹇叔哭着送他们说："孟明啊，我只看到军队出国而去，却看不到他们回来啊。"秦穆公派人去对蹇叔说："你知道什么！如果你只活到六七十岁就死去的话，那么现在你墓上的树可以长到一抱粗了。"蹇叔的儿子也在这次出征的队伍之中，蹇叔哭着送他说："晋国人必定会在崤山伏击你们。崤山有两座山陵，它的南山，是夏后皋的坟墓；它的北山，是周文王躲避风雨的地方。你们一定会死在这两座山之间，我只好到那里去收你们的尸骨了。"秦国的军队于是向东进发。

三十三年

【经】三十有三年春王二月①，秦人入滑②。

【注释】

①三十有三年：鲁僖公三十三年当周襄王二十六年，前627年。

②滑：国名，在今河南偃师。秦国本欲伐郑，行军途中得知泄露了消息，遂班师回国，在回国途中顺道灭滑。

【译文】

鲁僖公三十三年春周历二月,秦人侵入滑国。

【左传】三十三年春,秦师过周北门①,左右免胄而下②,超乘者三百乘③。王孙满尚幼④,观之,言于王曰:"秦师轻而无礼⑤,必败。轻则寡谋,无礼则脱⑥。入险而脱,又不能谋,能无败乎?"

【注释】

①周北门:周朝都城洛邑的北门,在今洛阳。

②左右:古代的兵车,若非将帅之车,则御者居中,射者在左,持戈盾勇力之士在右。免胄:脱下头盔。胄,头盔。《吕氏春秋·悔过》载王孙满之曰:"过天子之城,宜橐甲(装起铠甲)束兵(收起兵器),左右皆下,以为天子礼。"免胄,则仅脱去头盔,并不去甲,也未必束其兵,不合于当时之礼。

③超乘:一跃而登车。指刚一下车又跳上车,以示其勇。此是无礼的行为。

④王孙满:周共王儿子圉的曾孙。

⑤轻:轻狂放肆。指其超乘。无礼:指其仅免胄而不卷甲束兵。

⑥脱:粗疏,粗心大意。

【译文】

鲁僖公三十三年春天,秦国的军队经过周朝都城的北门,车左车右都把头盔脱下,下车步行;有三百辆战车的将士,刚下车又轻率地一跃登车而去。王孙满年纪还小,观看秦国的军队经过,对周襄王说:"秦军轻狂放肆而无礼节,必定会打败仗。轻狂就缺少谋略,无礼节就粗疏大意。进入险要之地而粗疏大意,又没有谋略,能不打败仗吗?"

及滑，郑商人弦高将市于周^①，遇之，以乘韦先^②，牛十二犒师，曰："寡君闻吾子将步师出于敝邑^③，敢犒从者^④。不腆敝邑^⑤，为从者之淹^⑥，居则具一日之积^⑦，行则备一夕之卫。"且使遽告于郑^⑧。

【注释】

①市于周：到周王京城去做生意。

②乘韦：四张熟牛皮。乘，四。古代兵车四马驾车为一乘，故以乘代称四。先：致意。

③步师出于敝邑：行军路过敝国。步师，行军。

④从者：指部下。

⑤不腆（tiǎn）敝邑：即敝邑不腆。不腆，当时客套之习语。腆，丰厚。

⑥为从者之淹：为了秦军的停留。淹，留，逗留，耽搁。

⑦积：指每天食用的米、菜、薪、刍（马吃的草料）等物品。

⑧遽：驿车。古代传递紧急公文，每隔若干里设驿站，接力换马，以求迅速。

【译文】

秦军到达滑国，郑国的商人弦高正要到周王京城去做生意，恰巧遇到秦军。弦高先拿出四张熟牛皮致意，又带着十二头牛犒劳秦军，对秦军说："我们国君听说贵军行军将经过敝国，谨派我来慰劳您的部下。敝国虽不富裕，不过为了贵军的居留，住下我们就准备一天的给养，离开我们就准备一晚的守卫。"弦高又马上派驿车紧急向郑国国内报告。

郑穆公使视客馆^①，则束载、厉兵、秣马矣^②。使皇武子辞焉^③，曰："吾子淹久于敝邑，唯是脯资饩牵竭矣^④。为吾子之将行也，郑之有原圃^⑤，犹秦之有具囿也^⑥，吾子取其麋

鹿,以闲敝邑,若何?"杞子奔齐,逢孙、扬孙奔宋。孟明曰:
"郑有备矣,不可冀也。攻之不克,围之不继^⑦,吾其还也。"
灭滑而还。

【注释】

①客馆:即秦将杞子、逢孙、扬孙所住的住所。

②束载:捆好行装。厉兵:磨砺好兵器。秣马:喂饱马。

③皇武子:郑国大夫。辞:遣去,辞退。

④脯:干肉。资:食粮。饩(xì):已宰杀的牲畜的肉。牵:活的牲口。

⑤原圃:郑国的猎场,在今河南中牟西北。

⑥具囿:又作"具圃"。秦国的猎场,在今陕西凤翔境。

⑦不继:没有后援。

【译文】

　　郑穆公派人去探视秦将杞子等人的馆舍,发现他们已经捆束好行装,磨好了兵器,喂饱了马匹。郑穆公派皇武子去辞退他们,说:"诸位在敝国耽搁得太久了,只是敝国的干肉、粮食、肉食、牲口都没有了。现在你们要回去了,郑国原圃,同秦国具圃都是一样的;请诸位去那里猎取麇鹿,以便让敝国得到休息,诸位认为怎样?"于是杞子逃奔到齐国,逢孙、扬孙逃奔到宋国。孟明说:"郑国已有防备了,袭击郑国已无指望。攻打它不能取胜,围困它又没有后援,我们还是回去吧。"于是灭掉了滑国回师。

　　【穀梁传】 滑,国也。

【译文】

滑,是一个国家。

【经】齐侯使国归父来聘①。

【注释】

①国归父：齐昭公时任太宰。曾率师助晋参加城濮之战。传世有
《齐大宰》盘，据郭沫若《两周金文辞大系考释》考证大宰即此人。
谥庄子。

【译文】

齐昭公派国归父来聘问。

【左传】齐国庄子来聘①，自郊劳至于赠贿②，礼成而加
之以敏③。臧文仲言于公曰："国子为政，齐犹有礼，君其朝
焉。臣闻之，服于有礼，社稷之卫也④。"

【注释】

①国庄子：齐大夫国归父。

②自郊劳至于赠贿：聘问之礼的全过程。郊劳，使者到别国聘问，受
聘之国派卿士到郊外迎接、慰劳。赠贿，聘问结束，使者要走，赠
以礼物。

③礼成而加之以敏：指国庄子自始至终都有礼仪而且处事又谨慎恰
当。敏，审慎庄敬。

④社稷之卫：社稷的保障。

【译文】

齐国的国庄子来聘问，从郊劳一直到赠贿，礼仪周全而又谨慎庄敬。
臧文仲对僖公说："国子执政，齐国仍有礼，国君还是去朝见吧。下臣听
说：顺服于有礼之国，是国家的保障啊。"

【经】夏四月辛巳^①,晋人及姜戎败秦师于殽^②。

【注释】

①辛巳:十三日。

②晋人及姜戎败秦师于殽:姜戎,姜姓之戎人,居住在晋国南部边境。
秦师,《公羊传》无"师"字。李氏廉曰:"晋、楚之事,乃关中夏之
盛衰,非系一国之得失。"顾栋高曰:"秦、晋兵争始此,嗣后报复
无已,秦之伐晋八,晋之伐秦七,直至襄十四年十三国之伐然后
止,首尾历七十年。"

【译文】

夏四月十三日,晋国人和姜戎一起在殽地打败秦军。

【左传】晋原轸曰:"秦违蹇叔,而以贪勤民^①,天奉我也^②。
奉不可失,敌不可纵。纵敌患生,违天不祥。必伐秦师。"
栾枝曰:"未报秦施而伐其师,其为死君乎^③?"先轸曰:"秦
不哀吾丧而伐吾同姓^④,秦则无礼,何施之为? 吾闻之,一日
纵敌,数世之患也。谋及子孙,可谓死君乎^⑤?"遂发命,遽
兴姜戎^⑥。子墨衰绖^⑦,梁弘御戎,莱驹为右^⑧。

【注释】

①以贪勤民:因为贪婪而使百姓劳苦。

②奉:助。

③其为死君乎:心里还有先君吗? 为,有。死君,指死去的晋文公。

④吾丧:晋文公死去不久,晋国还在丧期。同姓:指郑国和滑国,晋、
郑、滑皆姬姓。

⑤谋及子孙,可谓死君乎:意为伐秦是替后世子孙打算,可以对先君

有所交代了吧？

⑥遽：马上。姜戎：居于秦、晋两国间的戎人部族，与晋国友好。

⑦子墨衰绖：晋襄公穿着染成黑色的丧服出征。子，指晋文公子晋襄公，文公未葬，所以称子。墨，作动词，染成黑色。衰绖，丧服。衰，麻衣。绖，麻腰带。

⑧梁弘御戎，莱驹为右：梁弘、莱驹，二人皆晋大夫。右，做襄公的车右。

【译文】

晋国的先轸说："秦君违背了蹇叔的忠告，因为他的贪婪劳苦百姓，这是天助我也。天助我，机不可失；敌人不可随便放走。放走敌人，必生祸患；违背天意，是不吉利。一定要进攻秦国军队。"栾枝说："还没报答秦国的恩惠反而去攻打它的军队，心中还有死去的国君吗？"先轸说："秦国不为我们的丧事哀伤，反而攻打我们的同姓之国，秦国实在无礼。还讲什么恩惠？我听说：一天放走了敌人，会带来几辈子的祸患。我们为子孙后代打算，可以对先君有所交代了吧？"于是下达了出击秦军的命令，并且紧急发动姜戎的军队参战。晋襄公穿着染成黑色的丧服出征，梁弘为他驾驭战车，莱驹作车右。

夏四月辛巳①，败秦师于殽，获百里孟明视、西乞术、白乙丙以归②。遂墨以葬文公③。晋于是始墨④。

【注释】

①辛巳：十三日。

②获百里孟明视、西乞术、白乙丙以归：三帅被俘，《公羊传》《穀梁传》俱云："匹马只轮无反者。"

③遂墨以葬：穿着黑色孝服安葬文公。家氏铉翁曰："论者必责其忘亲背惠，是使晋襄不为忘亲事楚之齐孝，则为束手就执之宋襄矣。论者又以墨衰从戎为非礼，然使晋襄身不亲，则师必败，楚攻其

南,秦挠其西,晋之衰可立而待,岂小小利害之比哉!"《汇纂》曰:
"自败殽之后,秦不敢越境而图东诸侯,是殽师之烈亚于城濮,而
顾重訾之,必欲晋襄牵已绝之好,守居庐之节,坐视秦师驰骋四境
之近,尽诸姬而不恤,然后为孝乎?"

④始墨:开始以黑色丧服为习俗。

【译文】

夏四月十三日,晋军在殽山打败了秦军,抓获了秦将百里孟明视、西
乞术、白乙丙三人。于是穿上黑色孝服安葬晋文公。晋国从此开始以黑
色丧服为俗。

文嬴请三帅①,曰:"彼实构吾二君②,寡君若得而食之③,
不厌④,君何辱讨焉⑤! 使归就戮于秦⑥,以逞寡君之志⑦,若
何?"公许之。先轸朝,问秦囚。公曰:"夫人请之,吾舍之
矣。"先轸怒曰:"武夫力而拘诸原⑧,妇人暂而免诸国⑨。堕
军实而长寇仇⑩,亡无日矣。"不顾而唾⑪。公使阳处父追
之⑫,及诸河,则在舟中矣。释左骖⑬,以公命赠孟明⑭。孟明
稽首曰:"君之惠,不以累臣衅鼓⑮,使归就戮于秦,寡君之
以为戮,死且不朽。若从君惠而免之⑯,三年将拜君赐⑰。"

【注释】

①文嬴:晋文公夫人。秦穆公之女,襄公嫡母。三帅:孟明等三人。

②构:挑拨,离间。

③寡君:指秦穆公。

④不厌:不满足,指不解恨。

⑤讨:指惩罚孟明三人。

⑥就戮于秦:回到秦国受刑罚。

⑦逞：满足。

⑧力：拼力，努力。原：原野，指战场。

⑨暂：通"渐"，欺诈。免：放走。

⑩堕：毁弃。军实：战斗成果。

⑪不顾而唾：不回头就吐唾沫。这是极怒而失礼的举动。

⑫阳处父：晋大夫。

⑬左骖：驾车时最左边的那匹马。

⑭以公命赠孟明：杜预注："欲使还拜谢，因而执之。"以公命，以晋襄公的名义。

⑮累臣：囚臣，俘虏之臣。衅鼓：以血涂鼓，祭鼓。古代有以俘囚祭鼓者。此处指处死。

⑯从君惠：托晋君之福。免：赦免，不用被杀。

⑰拜君赐：拜领晋君的礼物。意为再来报仇。

【译文】

　　文嬴请求释放孟明等三人，对晋襄公说："实在是他们三人挑拨离间秦、晋两国国君的关系，我们秦君如果得到他们，就是吃了他们的肉也不会解恨，您何必屈尊惩罚他们呢？让他们回秦国去接受刑罚，以满足秦君的意愿，怎么样？"晋襄公同意了。先轸朝见襄公的时候，问起秦国的俘虏，襄公说："夫人代他们求情，我已经放掉他们了。"先轸大怒，说："勇士们花了大力气才在战场上抓获他们，一个女人几句谎话就在国都里把他们放了。这是毁弃自己的战果而长敌人的志气，这样下去，离亡国的日子不远了。"说完对着襄公不回头就啐了一口唾沫。襄公派了阳处父去追赶孟明等三人，赶到黄河边上，孟明等人已登上船离岸了。阳处父解下左边的骖马，以襄公的名义要赠送给孟明。孟明叩头拜谢说："承蒙贵国国君的恩惠，不杀我们这些被囚之臣去祭鼓，而让我们回秦国去受刑，我们国君如果杀了我们，我们死也是不朽的。如果托贵君的福不杀我们，三年之后我们再来拜谢贵君的恩赐。"

　　秦伯素服郊次^①，乡师而哭^②，曰："孤违蹇叔，以辱二三子，孤之罪也。"不替孟明^③，曰："孤之过也，大夫何罪？且吾不以一眚掩大德^④。"

【注释】

①素服：凶服。据《周礼·大宗伯》及注，古代凶礼以哀邦国之忧者有五，死亡、凶札（谓五谷歉收，疾疫流行）、祸灾、围败、寇乱是也。郊次：在郊外等待。

②乡：通"向"。

③替：废，撤换。

④眚（shěng）：眼病，引申为过失。

【译文】

　　秦穆公穿着白色凶服在郊外等待孟明他们，并对着回来的将士哭着说："我违背了蹇叔的忠告，而使你们几位都蒙受了耻辱，这是我的罪过啊！"秦穆公没有撤换孟明的职务，说："是我的罪过，大夫们有什么罪啊？再说我也不能因一次过错来掩盖你们的大德啊。"

　　【公羊传】其谓之秦何？夷狄之也^①。曷为夷狄之？秦伯将袭郑，百里子与蹇叔子谏曰："千里而袭人，未有不亡者也。"秦伯怒曰："若尔之年者，宰上之木拱矣^②。尔曷知。"师出，百里子与蹇叔子送其子，而戒之曰："尔即死，必于殽之嵚岩，是文王之所辟风雨者也^③。吾将尸尔焉。"子揖师而行。百里子与蹇叔子从其子而哭之。秦伯怒曰："尔曷为哭吾师。"对曰："臣非敢哭君师，哭臣之子也。"弦高者，郑商也。遇之殽，矫以郑伯之命而犒师焉。或曰往矣，或曰反矣。然而晋人与姜戎要之殽而击之，匹马只轮无反者。其言及姜

戎何？姜戎微也。称人，亦微者也，何言乎姜戎之微^④？先
轸也。或曰襄公亲之。襄公亲之，则其称人何？贬。曷为
贬？君在乎殡而用师，危不得葬也。诈战不日^⑤，此何以
日？尽也^⑥。

【注释】

①夷狄之也：《春秋》之例，夷狄单称国号。此处书"秦"而未书"秦
　伯"、"秦师"，是将秦国当成夷狄看待。上年郑伯接卒，秦偷袭郑
　国，属于伐丧的行为，故夷狄之。

②宰上之木拱矣：宰，冢。拱，两手合握。即冢上之树木，已有两手
　合握那么粗。

③是文王之所辟风雨者也：文王，周文王。或认为此句意指崤地险
　隘，文王如躲避风雨一般疾驰而过。

④何言乎姜戎之微：案《春秋》书法，尊卑不等者，以"及"字区别之，
　如公与夫人言"及"，上大夫与下大夫言"及"。此处书"晋人及
　姜戎"，则晋人之地位要高于姜戎。然案《春秋》之例，书"晋人"，
　字面意思是晋国之士，属于微者，因而问"何言乎姜戎之微？"

⑤诈战不日：诈战，即偷袭之战，并非约定时间地点，各据一边，堂堂
　正正的厮杀。此处晋人偷袭秦师，属于诈战。《春秋》之例，偏战
　书日，诈战不书日。

⑥尽也：即秦人被消灭殆尽。故诈战而书日，恶晋襄公之不仁。

【译文】

　　经称"秦"是为何？是将其等同于夷狄。为何将其等同于夷狄？
秦伯将要偷袭郑国，百里奚与蹇叔进谏道："跨越千里而偷袭别人，没有
不败亡的。"秦伯发怒道："像你们这样的年纪，坟墓上的树木都已经有
一握粗了，你们知道什么！"军队出征，百里奚和蹇叔送他们的儿子，并

告诫说："你们将要赴死，一定是在崤山险峻的山崖间，这是文王像躲避风雨一般疾驰而过的地方。我将在那里为你们收尸。"儿子在军中作揖而去。百里奚和蹇叔跟在儿子后面哭他们。秦伯发怒道："你们胆敢哭我的师众？"他们回答道："臣不敢哭您的师众，是哭臣的儿子。"弦高是郑国的商人。在崤地与秦军相遇，诈称郑伯的命令而犒劳秦师。军中有人说继续前往郑国，有人说不如回师。然而晋人与姜戎将秦军半路拦截，袭击了他们，秦军连一匹马、一个车轮都没有回到秦国。经言"及姜戎"是为何？因为姜戎身份低微，故以"及"区别之。晋称"人"，也是微者，为何说姜戎低微？晋人实际上是指大夫先轸。有人说实际上是晋襄公亲征，襄公亲征，则为何经书"晋人"？是贬抑他。为何贬抑？先君尸枢未下葬而用兵，使得先君有危不能下葬。诈战例不书日，此书为何书日？是为了说明秦军被消灭殆尽。

【穀梁传】不言战而言败，何也？狄秦也。其狄之何也？秦越千里之险，入虚国，进不能守，退败其师，徒乱人子女之教，无男女之别。秦之为狄，自殽之战始也①。秦伯将袭郑，百里子与蹇叔子谏曰："千里而袭人，未有不亡者也。"秦伯曰："子之冢木已拱矣②，何知！"师行，百里子与蹇叔子送其子而戒之，曰："女死③，必于殽之岩唫之下④。我将尸女于是⑤。"师行，百里子与蹇叔子随其子而哭之，秦伯怒曰："何为哭吾师也？"二子曰："非敢哭师也，哭吾子也。我老矣。彼不死则我死矣。"晋人与姜戎要而击之殽，匹马倚轮无反者⑥。晋人者，晋子也⑦。其曰人，何也？微之也。何为微之？不正其释殡而主乎战也。

【注释】

①自殽之战始也：《穀梁传》认为，秦本非夷狄，但在殽之战中，越千里之险，攻入无备之滑国，灭滑不能守之，退兵又被晋军打败。入滑之时，放纵暴乱，"乱人子女之教，无男女之别"，因而自此被视为夷狄。

②拱：双手合抱。

③女：同"汝"，你。

④岩唫（yín）：指高峻险要的山崖。

⑤尸女：为你收尸。

⑥倚：同"奇"，单个。

⑦晋子：指新即位的晋襄公姬欢，晋文公重耳之子，因此时距晋文公去世不满一年，故称晋襄公为晋子而不称晋侯。

【译文】

不说"战"而说"败"，为什么呢？是把秦国看做夷狄。为什么把秦国看做夷狄呢？因为秦国跨越千里的险地，入侵没有防备的国家，进入了滑国又不能守卫它，退兵了又被打败，只扰乱了滑国的教化，放纵荒淫没有男女的区别。把秦视作夷狄，就是从殽之战开始的。秦穆公将要偷袭郑国，百里奚与蹇叔劝谏说："跨越千里去偷袭别人，没有不失败的。"秦穆公说："你们墓上的树已经有合抱之粗了，你们知道什么？"军队出发，百里奚和蹇叔送他们的儿子并且告诫他们，说："你一定会死在殽山险要的山崖之下。我将要到那儿去替你收尸。"军队出发，百里奚和蹇叔跟随他们的儿子而哭泣，秦穆公生气地说："为什么哭我们的军队？"他俩说："不敢哭军队，是为儿子哭泣。我们老了，他们不死我们也要死了。"晋国人与姜戎在殽截击了秦军，没有一匹马一个车轮回到秦国。"晋人"，是指晋襄公。经文说"人"是为什么呢？是轻视他。为什么轻视晋襄公呢？因为认为他不顾父丧而领兵出战是不合正道的。

【经】癸巳^①,葬晋文公。

【注释】

①癸巳:四月二十五日。诸侯五月而葬,又案时月日例,大国之君卒
　日葬月。晋文公卒于上年十二月,至此刚好五月。经书日,是当
　时而日,危不得葬也。

【译文】

四月二十五日,安葬晋文公。

【穀梁传】日葬,危不得葬也^①。

【注释】

①危:有危难。

【译文】

记载下葬的日期,是因为有危难没有及时下葬。

【经】狄侵齐。

【译文】

狄人入侵齐国。

【左传】狄侵齐,因晋丧也。

【译文】

狄人侵犯齐国,是乘着晋国有丧事。

【经】公伐邾①，取訾娄②。

【注释】

①邾：《公羊传》作"邾娄"。

②訾娄：邾国之地，与僖公十八年传文的卫邑訾娄非同一地。《公羊传》作"丛"。《穀梁传》作"訾楼"。

【译文】

鲁僖公攻打邾国，夺得訾娄。

【左传】公伐邾，取訾娄，以报升陉之役①。邾人不设备。

【注释】

①报升陉之役：僖公二十二年，鲁僖公与邾人战于升陉，鲁国败。

【译文】

鲁僖公攻打邾国，夺取訾娄，这是为报复升陉那次的败仗。邾国人不设防备。

【经】秋，公子遂帅师伐邾①。

【注释】

①秋，公子遂帅师伐邾：家铉翁曰："齐桓之没，宋、楚争霸，鲁乘之以伐邾，岁至于再。今晋文方没，秦、晋交兵，鲁又乘之而伐邾，岁至于再。每乘伯国之多事而侵陵小国。"帅，《公羊传》作"率"。邾，《公羊传》作"邾娄"。

【译文】

秋，公子遂率领军队攻打邾国。

【左传】秋,襄仲复伐邾①。

【注释】

①襄仲:公子遂。

【译文】

秋,襄仲再一次攻打邾国。

【经】晋人败狄于箕①。

【注释】

①箕:地名,在今山西蒲县东北。

【译文】

晋人在箕地打败狄人。

【左传】狄伐晋,及箕。八月戊子①,晋侯败狄于箕。郤缺获白狄子②。先轸曰:“匹夫逞志于君③,而无讨④,敢不自讨乎?”免胄入狄师,死焉。狄人归其元⑤,面如生。

【注释】

①戊子:二十二日。

②郤缺:郤芮之子。随其父芮食邑于冀,故亦称“冀缺”。谥成子。白狄子:白狄的首领。白狄是狄人的一族,在今陕西延安、安塞一带。

③匹夫:本指平民男子。此先轸相对于君而言,有自我责备之意。逞志于君:指前面自己因襄公释放秦囚不顾而唾之事。

④无讨:没受到惩罚。

⑤元:头颅。

【译文】

狄人攻打晋国,一直打到箕地。八月二十二日,晋襄公在箕地打败狄人。郤缺俘虏了白狄人的首领。先轸说:"我一介匹夫在国君面前发泄自己的愤怒,而没有受到惩罚,我敢不自己惩罚自己吗?"不戴头盔冲入狄人军阵,战死沙场。狄人送回他的头颅,面色像活着一样。

初,臼季使^①,过冀^②,见冀缺耨^③,其妻馌之^④。敬,相待如宾。与之归,言诸文公曰:"敬,德之聚也^⑤。能敬必有德。德以治民,君请用之。臣闻之:出门如宾,承事如祭,仁之则也。"公曰:"其父有罪^⑥,可乎?"对曰:"舜之罪也殛鲧^⑦,其举也兴禹^⑧。管敬仲,桓之贼也^⑨,实相以济^⑩。《康诰》曰^⑪:'父不慈,子不祗,兄不友,弟不共,不相及也^⑫。'《诗》曰:'采葑采菲,无以下体^⑬。'君取节焉可也^⑭。"文公以为下军大夫。反自箕,襄公以三命命先且居将中军^⑮,以再命命先茅之县赏胥臣^⑯,曰:"举郤缺,子之功也。"以一命命郤缺为卿,复与之冀^⑰,亦未有军行^⑱。

【注释】

①臼季:晋大夫胥臣。臼是其食邑,季是其字。使:出使。

②冀:在今山西平陆。

③耨(nòu):除草。

④馌(yè):向田间送饭。

⑤敬,德之聚也:聚德成敬。

⑥其父有罪:郤缺父亲郤芮乃晋惠公之党,曾想烧死文公,为秦穆公所诱杀。事见僖公二十四年传文。

⑦罪:作动词,惩办罪人。殛:流放。鲧(gǔn):相传是禹的父亲,因

治水无功，被舜流放而死。

⑧举：选拔人才。兴：起用。

⑨管敬仲，桓之贼也：指管仲曾射齐桓公。管敬仲，管仲。桓，齐桓公。

⑩相（xiàng）：作动词，任命他为相。济：成功。

⑪《康诰》：《尚书·康诰》篇。

⑫"父不慈"五句：《康诰》篇无此文，恐是脱文。祗（zhī），敬。

⑬采葑（fēng）采菲，无以下体：引《诗》见《诗经·邶风·谷风》。葑，类似大头菜的植物。菲，萝卜。无以下体，不要只采叶子不要根。

⑭取节焉：节取其长处。

⑮三命：诸侯任命卿，有一命、再命、三命之分。三命是最高等级的命令，表示尊贵。先且（jū）居：先轸之子。

⑯命先茅之县赏胥臣：因先茅已无后人，所以将先茅的县赏给胥臣。先茅，晋大夫。

⑰复与之冀：把冀地重新给郤缺。

⑱未有军行：虽任命为卿，但还未担任军职。

【译文】

当初，臼季出使的时候，路过冀地，看见郤缺在除草，他的妻子到田里给他送饭。二人相敬如宾。臼季和郤缺一起回来，对晋文公说："好德行集中在一起，便成为恭敬。能恭敬，必定有德行。有德的人可以治理百姓，国君可以任用他！下臣听说，出门好像会见宾客，承担事情好像参加祭祀一样，这是仁的准则啊。"晋文公说："他父亲有罪，可以任用吗？"臼季回答说："舜惩办罪人流放了鲧，选拔人才却起用鲧的儿子禹。管仲是齐桓公的敌人，桓公任命他为相得到了成功。《康诰》说：'父亲不慈爱，儿子不诚敬，兄长不友爱，弟弟不恭敬，不要牵涉到别人。'《诗》里说：'采食葑和菲，不要只采叶子不要根。'您取他的长处就可以了。"晋文公于是让他担任下军大夫。从箕地返回后，晋襄公以三命命令先且居率中军，以再命命令把先茅的县赏给胥臣，说："推举郤缺，是你的功劳啊！"用一命命令郤缺担任卿，并把冀地重新给他，只是还未担任军职。

【经】冬十月，公如齐①。

【注释】

①公如齐：僖公到齐国，回报国归父来聘，并慰问齐受狄人入侵。

【译文】

冬十月，鲁僖公到齐国去。

【左传】冬，公如齐朝，且吊有狄师也。

【译文】

冬，鲁僖公到齐国朝见，同时慰问齐国遭到狄人的进攻。

△【经】十有二月，公至自齐。

【译文】

十二月，鲁僖公从齐国回国。

【经】乙巳①，公薨于小寝②。

【注释】

①乙巳：十一日。

②小寝：天子、诸侯所居住的宫室名。古代天子有六寝，正寝一，小寝五；诸侯有三寝，正寝一，燕寝二。正寝又叫路寝、大寝，燕寝叫小寝、内寝。其中正寝居中，以听政治事，燕寝在东西两旁，以时

燕息。《穀梁传》认为薨于小寝为不正,讥其近女色。当时以为诸
侯或夫人死于路寝为得其正。

【译文】

十一日,鲁僖公在燕寝去世。

【左传】反,薨于小寝,即安也①。

【注释】

①薨于小寝,即安也:疾病当居路寝。鲁僖公病,未尝移居路寝,就
　在小寝中死去,故传文云"即安"。杜预注:"讥公就所安,不终于
　路寝。"

【译文】

返回后,在小寝中死去,是贪图安适未移居路寝的缘故。

【穀梁传】小寝,非正也。

【译文】

在小寝去世,不合正道。

【经】陨霜不杀草①。李、梅实②。

【注释】

①陨:《公羊传》作"霣"。不杀草:周历十二月是夏历十月,虽降霜,
　但草木不枯黄。

②李、梅实:李、梅结果。此和草木不黄都说明时令反常。

【译文】

下霜但草木不枯黄,李和梅结果。

【公羊传】何以书？记异也。何异尔？不时也。

【译文】

为何记录此事？是记录异象。有何怪异之处？不符合时令。

【穀梁传】未可杀而杀，举重也①。可杀而不杀，举轻也②。实之为言，犹实也。

【注释】

①重：重要的。参见定公元年"冬十月，陨霜杀菽"条。

②轻：次要的。

【译文】

可以不伤害而伤害了的，就列举重要的事物。可以伤害而没有伤害到，就列举次要的事物。"实"的意思，就是果实的意思。

【经】晋人、陈人、郑人伐许。

【译文】

晋人、陈人、郑人讨伐许国。

【左传】晋、陈、郑伐许，讨其贰于楚也。

【译文】

晋国、陈国、郑国攻打许国，因其亲附楚国，所以攻打它。

*【左传】楚令尹子上侵陈、蔡。陈、蔡成①，遂伐郑，将

纳公子瑕②。门于桔柣之门③。瑕覆于周氏之汪④,外仆髡屯禽之以献⑤。文夫人敛而葬之郐城之下⑥。

【注释】

①陈、蔡成:陈、蔡两国求和附楚。

②将纳公子瑕:僖公三十一年,公子瑕逃奔楚国。

③门:攻城。桔柣(dié)之门:郑国远郊之门。

④覆:战车翻倒。汪:污水池。

⑤外仆髡屯:名叫髡屯的外仆。外仆,古代官名,掌管国君和大臣临时止宿、停留处所等事务。禽之以献:据下文,是杀了公子瑕献给郑穆公。

⑥文夫人:郑文公夫人,公子瑕的母亲。郐(kuài):地名,在今河南密县东南。

【译文】

楚国的令尹子上入侵陈、蔡二国。陈、蔡二国求和,于是攻打郑国,准备将公子瑕送回郑国。攻打桔柣之门的城门。公子瑕的战车翻倒在周氏的污水池里,外仆髡屯杀了公子瑕献给郑穆公。文公夫人把他殡殓了安葬在郐城之下。

*【左传】晋阳处父侵蔡,楚子上救之,与晋师夹泜而军①。阳子患之,使谓子上曰:"吾闻之:'文不犯顺②,武不违敌③。'子若欲战,则吾退舍,子济而陈④,迟速唯命⑤。不然,纾我⑥。老师费财⑦,亦无益也。"乃驾以待⑧。子上欲涉,大孙伯曰⑨:"不可。晋人无信,半涉而薄我⑩,悔败何及⑪?不如纾之。"乃退舍。阳子宣言曰:"楚师遁矣⑫。"遂归。楚师亦归。大子商臣谮子上曰:"受晋赂而辟之⑬,楚之耻也,罪

莫大焉。"王杀子上⑭。

【注释】

①夹泚（zhì）而军：隔泚水对峙。泚，水名，今叫沙河，源出于河南
　　鲁山县。

②文不犯顺：此为当时人习语，意为我文辞顺理，当从我言。

③违：避。

④济：渡河。陈：同"阵"，布阵。

⑤迟速：迟打早打。

⑥不然，纾我：如果楚不进兵开战，就退一舍之地而让我渡河布阵。
　　纾，缓。

⑦老师：军队在外面日久疲劳。

⑧驾以待：驾上战车等着。

⑨大孙伯：大心，子玉之子。

⑩薄：迫，迫近。

⑪悔败：失败以后再来后悔。

⑫遁：逃。

⑬辟：躲避。

⑭王杀子上：楚成王欲立商臣为太子，令尹子上尝反对劝阻，所以商
　　臣因此怀恨而诬陷他。王，楚成王。

【译文】

晋国的阳处父入侵蔡国，楚国的子上去救援它，和晋军隔着泚水对
峙。阳处父担心，派人对子上说："我听说：'靠文辞不能触犯顺理之人，
靠武力不能躲避寇仇之敌。'你如果想打，那么我退让三十里，你可以渡
过河来布阵，迟打早打都由你决定。不然的话，就退三十里让我渡河布
阵。军队在外日久疲劳，耗费钱财，也没什么好处。"于是驾上战车等待
他。子上要渡河，大孙伯说："不行。晋国人不讲信用，如果我们渡过一

半它逼近进攻我们,失败了再后悔,还来得及吗? 不如我们后退让他们渡河。"于是退三十里让晋军渡河。阳处父宣告说:"楚军败逃了。"于是班师回国。楚军也回国去了。太子商臣诬告子上说:"子上接受了晋国的贿赂而退兵,这是楚国的耻辱。没有比这更大的罪过了。"楚成王就杀了子上。

*【左传】葬僖公,缓作主^①,非礼也。凡君薨,卒哭而祔^②,祔而作主^③,特祀于主^④,烝、尝、禘于庙^⑤。

【注释】

①缓:迟,不及时。主:也称神主,即灵牌,用木制成,上写死者名字,作为祭祀的对象。

②卒哭:死者灵柩在家,孝子早晚要哭,安葬之后就不再哭。孝子送葬归来举行祭祀,名叫虞祭,虞祭之后就要罢哭,叫卒哭。祔:即附,将死者神位附置于祖庙,附庙时有祭祀,叫祔祭。

③祔而作主:作神主是为了祔祭用,所以说"祔而作主"。

④特祀于主:单独向新死者的神主祭祀。

⑤烝:冬祭。尝:秋祭。禘(dì):五年一次的大祭。

【译文】

安葬鲁僖公,没有及时做僖公的神主,这不合于礼。凡国君死去,安葬之后卒哭,然后举行祔祭,祔祭时就要制作神主,这时单独对新死者的神主进行祭祀,还在冬祭、秋祭和五年一次的大祭时在祖庙里和其他祖先一同祭祀。

文公

【题解】

文公(？—前609),鲁国第十九任国君。名兴,僖公之子,声姜所生,前626年即位,在位十八年,前609年去世,庶子俀(tuǐ)立,是为宣公。

文公三年(前624),秦穆公任用孟明伐西戎,开地千里,称霸西戎。文公六年(前621),晋国罢新军,恢复三军之制,赵盾将中军,执政。也是在这一年,在位三十九年的秦穆公去世,用一百七十七人殉葬,贤臣子车氏三子在内。总的来看,秦穆公是一位精明能干、知人善任、图治有方且能迁善改过的国君。文公十六年(前611),楚与秦、巴一起灭庸,平定了西南蛮夷。文公十八年(前609),鲁襄仲(公子遂)杀嫡立庶,此后鲁国公族衰微,"三桓"逐渐强大,政治权力进一步下移,开始进入"政在大夫"的时期。综观鲁文公在位的十八年中,晋国的霸业仍在继续,鲁国附晋抗齐,诸侯间也没有太大的争斗,而在各诸侯国内,如鲁国、宋国,已经发生了一些势力的变化。

文公篇主要的义理,是文公不能守礼导致鲁国君道开始崩坏,权力下移。具体来说,二年"作僖公主"条,见文公欲久丧而不能;"大事于大庙,跻僖公"条,见其乱宗庙之序;又"公子遂如齐纳币"条,见其居丧娶妻;四年"逆妇姜于齐"条,见其娶于大夫,失婚姻之制;六年闰月而朝庙,失礼宗庙。文公之不孝失德,导致诸侯不肯与之结盟,见七年"扈之会"条。又不能制臣下,见八年"公孙敖如京师,不至而复,丙戌,奔莒"条。此外,"子叔姬""毁泉台"诸条中体现的亲属间的容隐,"晋人纳捷菑"条中的"大夫不得专废置君"等也都是重要的义理。

元年

【经】元年春王正月[①]**,公即位。**

【注释】

①元年:鲁文公元年当周襄王二十七年,前626年。

【译文】

鲁文公元年春周历正月,文公即位。

【穀梁传】继正即位[①]**,正也。**

【注释】

①继正即位:继承正常死亡的国君的君位。从隐公自此五位鲁君均是继故,文公始继正。

【译文】

继承正常死亡的国君的君位,合于正道。

△**【经】二月癸亥**[①]**,日有食之。**

【注释】

①癸亥:此日实为三月初一。《公羊传》"癸亥"后有"朔"字。

【译文】

二月癸亥日,有日食。

【经】天王使叔服来会葬①。

【注释】

①叔服:周内史。

【译文】

周天子派叔服来参加鲁僖公的葬礼。

【左传】元年春,王使内史叔服来会葬①。公孙敖闻其能相人也,见其二子焉。叔服曰:"穀也食子②,难也收子③。穀也丰下④,必有后于鲁国⑤。"

【注释】

①内史:官名,掌管著作简册等事宜。

②穀:公孙敖之子文伯名。食子:使子食,指能祭祀供养你。

③难:公孙敖之子惠叔名。收子:安葬你。

④丰下:下颌丰满。

⑤有后于鲁国:指后嗣将在鲁国昌盛。

【译文】

鲁文公元年春,周王派内史叔服来鲁国参加葬礼。公孙敖听说他能相面,就让他的两个儿子与叔服相见。叔服说:"穀啊,可以供养祭祀你;难呢,可以安葬你。穀下颌丰满,其后代在鲁国必定昌盛。"

【公羊传】其言来会葬何?会葬,礼也①。

【注释】

①会葬,礼也:此处指参加鲁僖公之葬礼。案会葬,属于常事不书之

范围,此处书者,因鲁文公不肖,诸侯莫肯会葬,天子独使叔服来会葬,故特录天子之恩,责诸侯之薄。

【译文】

经文为何言"来会葬"? 会葬,是合礼的。

【穀梁传】葬曰会,其志,重天子之礼也。

【译文】

用"会"来称参加葬礼,经文这样记载,是重视天子的礼节。

***【左传】**于是闰三月,非礼也①。先王之正时也②,履端于始③,举正于中④,归余于终⑤。履端于始,序则不愆⑥。举正于中,民则不惑。归余于终,事则不悖。

【注释】

①闰三月,非礼也:《左传》认为置闰应在年终,此年在三月置闰,不合礼制。

②正时:安排时令。

③履端于始:年历的推算以冬至作为开始。始,冬至。

④举正于中:以春分、秋分、夏至、冬至的月份作为四时的中月。

⑤归余于终:把剩余的日子归总在年终,即年终置闰月。

⑥序则不愆(qiān):四时的次序就不会错乱。愆,错乱。

【译文】

在这时闰三月,不符合礼制。先王安排时令时,年历以冬至作为开始,把春分、秋分、夏至、冬至的月份作为四时的中月,剩余的日子归到年终。以冬至作为开始,四时的次序就不会错乱。以分、至作为四时的中月,百姓就不会糊涂。把剩余的日子归到年终,做事情就不会有误差。

【经】夏四月丁巳①,葬我君僖公。

【注释】

①丁巳:二十六日。

【译文】

夏四月二十六日,葬我国君僖公。

【左传】夏四月丁巳,葬僖公。

【译文】

夏四月二十六日,安葬鲁僖公。

【穀梁传】薨称公,举上也。葬我君,接上下也。僖公葬而后举谥,谥所以成德也,于卒事乎加之矣。

【译文】

去世了称"公",是列举最高等爵位。说"葬我君",是将举国上下连结为一体。僖公下葬了才称谥号,确定谥号是为了成全他的功业德行,在丧事后才能给他议定。

【经】天王使毛伯来锡公命①。

【注释】

①毛伯:周大夫,据《左传》,名卫。锡公命:天子赐予诸侯爵服等赏

命，是赏赐诸侯的一种荣宠。按周礼，诸侯新君即位，须朝见周天
子，天子赐给衣冠，称"受命"。此时新君即位却不朝见天子，周
天子也只好派人将册命送去，即称"锡命"。锡，通"赐"。

【译文】

周天子派毛伯来鲁国赐予文公策命荣宠。

【左传】王使毛伯卫来锡公命。

【译文】

周王派毛伯卫来赐予文公策命荣宠。

【公羊传】锡者何？赐也。命者何？加我服也[①]。

【注释】

①加我服也：服，指朝祭之服。案礼制，诸侯有善行，则天子赐以衣
　服，以彰其德。然文公刚即位，未有功德，天子赐服，属于赏罚不明。

【译文】

"锡"是什么意思？是颁赐的意思。颁赐什么诏命？加赐我君朝祭
之服的诏命。

【穀梁传】礼：有受命，无来锡命，锡命非正也。

【译文】

按照礼制：只有诸侯"受命"，没有天子"锡命"，锡命不合正道。

【经】晋侯伐卫。

【注释】

①伐卫：晋文公晚年，卫国不朝，且伐郑，晋襄公此时遂伐卫。

【译文】

晋襄公攻打卫国。

【左传】晋文公之季年①，诸侯朝晋。卫成公不朝，使孔达侵郑②，伐绵、訾及匡③。晋襄公既祥④，使告于诸侯而伐卫，及南阳⑤。先且居曰："效尤⑥，祸也。请君朝王，臣从师⑦。"晋侯朝王于温，先且居、胥臣伐卫。五月辛酉朔⑧，晋师围戚。六月戊戌⑨，取之，获孙昭子⑩。

【注释】

①季年：晚年。

②孔达：卫大夫。

③绵、訾及匡：三地本卫地，后属郑，此时卫又夺回。绵，今地不详。当与匡邑相近。訾，疑即訾娄。匡，在今河南长垣西南。

④既祥：古代丧礼，合葬之后十三个月举行的祭礼叫小祥，二十五个月之祭叫大祥。既祥，举行小祥祭祀之后。

⑤南阳：在今河南新乡。

⑥效尤：效法错误。尤，错误。指像卫成公那样不朝。

⑦从师：率师伐卫。

⑧辛酉朔：初一。

⑨戊戌：初八。

⑩孙昭子：卫大夫。

【译文】

晋文公的晚年，诸侯朝见晋国。独卫成公不去朝见，反而派了孔达入侵郑国，攻打绵、訾和匡三地。晋襄公在结束小祥祭礼之后，派使者昭告诸侯然后攻打卫国，到达南阳。先且居说："效法错误，这是取祸之道。请国君去朝见周王，由下臣率师伐卫。"晋襄公就到温地去朝见周王。先且居、胥臣攻打卫国。五月初一，晋军包围戚地。六月初八，打下戚地，俘获卫大夫孙昭子。

【经】叔孙得臣如京师①。

【注释】

①叔孙得臣：鲁桓公之子叔牙之孙。如京师：到京师去。是去答谢周王赐命。

【译文】

叔孙得臣到京师。

【左传】叔孙得臣如周拜。

【译文】

叔孙得臣到周拜谢赐命。

【经】卫人伐晋。

【译文】

卫国人攻打晋国。

【左传】卫人使告于陈。陈共公曰："更伐之，我辞之①。"卫孔达帅师伐晋。君子以为古②。古者，越国而谋③。

【注释】

①更伐之,我辞之:陈共公劝卫国转过去攻晋,然后由他向晋请和。

②古:通"沽",简略。此指粗心忽略。

③越国而谋:让别国给自己出主意。

【译文】

卫国派人向陈国报告。陈共公说:"你转过去进攻晋国,然后我向晋国请和。"卫孔达于是率军攻打晋国。君子认为这是"古"。"古"的意思,指的是粗心忽略,让别国给自己出主意。

【经】秋,公孙敖会晋侯于戚①。

【注释】

①公孙敖:鲁桓公之子庆父之子。戚:卫地名,在今河南濮阳北。

【译文】

秋,公孙敖在戚地会见晋襄公。

【左传】秋,晋侯疆戚田①,故公孙敖会之②。

【注释】

①疆戚田:划定戚地田地的疆界。

②公孙敖会之:戚地接近鲁国,所以公孙敖去会见晋襄公,为鲁文公表示敬意。

【译文】

秋,晋襄公划定戚地田地的疆界,所以公孙敖去会见他。

【经】冬十月丁未①,楚世子商臣弑其君頵②。

【注释】

①丁未：十八日。

②商臣：成王太子，此处弑君自立，是为楚穆王。頵（yūn）：熊頵，楚成王。頵，《公羊传》《穀梁传》作"髡"。国君对于世子而言，有父之亲，有君之尊。有世子弑君，则为之痛心疾首。故经书"世子"明父子之亲，书"其君"明君臣之义，又责臣子当讨贼。案时月日例，弑君例日，世子弑君，大违纲常，若发生在诸夏之国，则《春秋》不忍书日。此处是夷狄子弑父，故忍书日。

【译文】

冬十月十八日，楚国太子商臣杀了楚成王熊頵。

【左传】 初，楚子将以商臣为大子①，访诸令尹子上。子上曰："君之齿未也②，而又多爱③，黜乃乱也④。楚国之举⑤，恒在少者⑥。且是人也，蜂目而豺声，忍人也⑦，不可立也。"弗听。既，又欲立王子职而黜大子商臣⑧。商臣闻之而未察⑨，告其师潘崇曰："若之何而察之？"潘崇曰："享江芈而勿敬也⑩。"从之。江芈怒曰："呼，役夫⑪！宜君王之欲杀女而立职也⑫。"告潘崇曰："信矣。"潘崇曰："能事诸乎⑬？"曰："不能。""能行乎⑭？"曰："不能。""能行大事乎⑮？"曰："能。"

【注释】

①楚子：楚成王。

②齿未：还年轻。

③多爱：多内宠。

④黜：指立了商臣又废黜他。

⑤举：立国君。

⑥恒在少者：指以立少子为常。

⑦忍人：残忍之人。

⑧王子职：楚成王的庶子，商君的异母弟。

⑨闻之而未察：只听说但未核实。

⑩江芈(mǐ)：楚成王之妹。芈为姓，因其嫁与江国，故称"江芈"。

⑪役夫：贱骨头。骂人的俗语。

⑫杀女：案楚成王只是想废掉商臣，江芈所谓"杀"，或者是因为发怒而故意夸大其辞。

⑬事诸：侍奉王子职。

⑭行：逃亡。

⑮大事：此指弑君夺位。

【译文】

起初，楚成王准备立商臣为太子，他去咨询令尹子上。子上说："君王的年纪还不大，又有众多的宠妃，要是立了之后又废黜太子，就会招致内乱。楚国立太子，常立年少的。况且商臣这个人，眼睛像胡蜂，声音如豺狼，是残忍之人，不能立他为太子。"成王不听。立了商臣之后，成王又想立王子职而废黜太子商臣。商臣听到了这一消息，但尚未核实，他告诉老师潘崇，并问道："用什么办法加以核实？"潘崇说："宴请江芈却对她无礼。"商臣按他的话去做。江芈愤怒地骂道："呕，贱骨头！难怪君王要杀你立王子职。"商臣把这话告诉潘崇，说："消息属实。"潘崇问："你能事奉王子职吗？"商臣答道："不能。""你能逃亡出国吗？"答道："不能。""能干大事吗？"答道："能。"

冬十月，以宫甲围成王①。王请食熊蹯而死②，弗听。丁未③，王缢。谥之曰"灵"，不瞑④；曰"成"，乃瞑⑤。

【注释】

① 官甲：太子宫中的卫队。

② 王请食熊蹯（fán）而死：熊掌难熟，成王想借此拖延时间，等待外援。熊蹯，熊掌。

③ 丁未：十八日。

④ 谥之曰"灵"，不瞑："灵"为恶谥，意为"乱而不损"，故"不瞑"，即不闭眼。

⑤ 曰"成"，乃瞑："成"为美谥，意为"安民立政"，故"乃瞑"，即闭上眼。

【译文】

冬十月，商臣带领着太子宫中甲士包围了成王。成王请求吃了熊掌再死，商臣不答应。十八日，成王自缢而死。给他的谥号为"灵"，尸体的眼睛不闭上；换成谥号"成"，才闭上眼睛。

穆王立①，以其为大子之室与潘崇②，使为大师，且掌环列之尹③。

【注释】

① 穆王立：商臣即位在明年，此提前叙述。

② 大子之室：做太子时的宫室及宫室内的财物、男女奴仆。

③ 环列之尹：掌管宫中禁卫军的长官。环列，指环列于王宫的兵卒。

【译文】

商臣即位，是为穆王，他将做太子时的宫室、财物、奴仆赠予潘崇，任命他为太师，并担任王宫禁卫军的长官。

【穀梁传】日髡之卒，所以谨商臣之弑也。夷狄不言正不正。

【译文】

记载熊髠去世的日期,是慎重地对待商臣杀害国君的行为。对于夷狄之国不说合不合正道。

【经】公孙敖如齐^①。

【注释】

①如齐:鲁文公新即位,派公孙敖到齐国聘问。赵鹏飞曰:"三家之子孙虽自僖公始,而僖之世莫见其横,盖僖所不容也。及文公之初,则已专盟会矣。孟氏自敖而专,叔孙氏自得臣、彭生而横,季孙氏自行父而侈。"一说公孙敖如齐,是为文公娶于齐,行纳采之礼。

【译文】

公孙敖到齐国去。

【左传】穆伯如齐^①,始聘焉,礼也。凡君即位,卿出并聘^②,践修旧好^③,要结外援,好事邻国^④,以卫社稷,忠、信、卑让之道也^⑤。忠,德之正也;信,德之固也;卑让,德之基也。

【注释】

①穆伯:公孙敖。

②并聘:遍聘诸侯。古代礼节,新君即位,应与各国聘问通好。

③践(zuǎn):通"缵",继续。

④好事邻国:善待邻国。

⑤卑让:谦让。

【译文】

穆伯到齐国去,开始聘问诸侯,这是合乎礼制的。凡是新君即位,派卿出去聘问各国诸侯,继续巩固过去的友好关系,团结外援,善待邻国,以保卫国家,这是忠、信、谦让之道。忠,显示德行的纯正;信,表示德行的巩固;谦让,更是德行的基础。

*【左传】殽之役,晋人既归秦帅[1],秦大夫及左右皆言于秦伯曰[2]:"是败也,孟明之罪也,必杀之。"秦伯曰:"是孤之罪也。周芮良夫之诗曰[3]:'大风有隧,贪人败类。听言则对,诵言如醉。匪用其良,覆俾我悖[4]。'是贪故也,孤之谓矣。孤实贪以祸夫子[5],夫子何罪?"复使为政[6]。

【注释】

①秦帅:指孟明视、西乞术、白乙丙三帅。

②秦伯:秦穆公。

③芮良夫:周厉王时卿士。

④"大风有隧"几句:引《诗》见于《诗经·大雅·桑柔》。是芮良夫为讽刺周厉王而作。有隧,形容风之迅疾。贪人,贪婪之人。类,善。诵言,劝谏之言。覆,反而。俾,使。悖,违背道义。

⑤夫子:指孟明。

⑥复使为政:此段当与明年传文"二年春,秦孟明视帅师伐晋以报殽之役"连读。其实僖公三十三年秦伯已复孟明之位,非此年事。

【译文】

殽之战,晋国人放回了秦国主帅,秦大夫以及秦穆公左右的人都对秦穆公说:"这次战役的失败,是孟明的罪过,一定要杀了他。"秦穆公说:"这是我的罪过。周人芮良夫的诗说:'大风迅猛把一切摧毁,贪婪的人把善良屏退。听到不相干的话就答对,听到劝阻之言就昏昏如醉。不能任用有才能的人,反而使我违背了道义。'这是由于我的贪婪,说的就是我。实因为我的贪婪害了孟明,孟明有何罪过?"重新任用孟明执政。

二年

【经】二年春王二月甲子①，晋侯及秦师战于彭衙②，秦师败绩③。

【注释】

①二年：鲁文公二年当周襄王二十八年，前625年。甲子：初七。

②彭衙：秦地名，在今陕西白水东北。

③秦师败绩：彭衙之战本是秦为报三年前殽之战失利之仇，不料此
　　次又败。

【译文】

鲁文公二年春周历二月初七，晋襄公和秦军在彭衙交战，秦军被打败。

【左传】二年春，秦孟明视帅师伐晋，以报殽之役①。二月，晋侯御之。先且居将中军，赵衰佐之。王官无地御戎②，狐鞫居为右③。甲子④，及秦师战于彭衙，秦师败绩。晋人谓秦"拜赐之师"⑤。

【注释】

①以报殽之役：僖公三十三年，孟明视曾说"三年将拜君赐"。

②王官无地：晋大夫。王官为地名，可能此人以采邑为氏。

③狐鞫（jú）居：晋大夫，即下文的续简伯。

④甲子：初七。

⑤晋人谓秦"拜赐之师"：此句是晋人讥笑孟明"三年将拜君赐"的话。

【译文】

鲁文公二年春，秦孟明视率军攻打晋国，以报复殽之战。二月，晋襄

公亲率军抵抗秦军。先且居率中军，赵衰辅佐他。王官无地为他驾驭战车，狐鞠居为车右。初七，和秦军在彭衙交战，秦军大败。晋人讥笑说秦人是"来拜谢恩赐的军队"。

战于殽也①，晋梁弘御戎，莱驹为右。战之明日，晋襄公缚秦囚，使莱驹以戈斩之。囚呼，莱驹失戈②，狼瞫取戈以斩囚③，禽之以从公乘④，遂以为右。箕之役⑤，先轸黜之，而立续简伯。狼瞫怒。其友曰："盍死之⑥？"瞫曰："吾未获死所⑦。"其友曰："吾与女为难⑧。"瞫曰："《周志》有之⑨：'勇则害上，不登于明堂⑩。'死而不义⑪，非勇也。共用之谓勇⑫。吾以勇求右，无勇而黜，亦其所也⑬。谓上不我知⑭，黜而宜，乃知我矣。子姑待之。"及彭衙，既陈，以其属驰秦师⑮，死焉。晋师从之，大败秦师⑯。君子谓："狼瞫于是乎君子。《诗》曰：'君子如怒，乱庶遄沮⑰。'又曰：'王赫斯怒，爰整其旅⑱。'怒不作乱，而以从师，可谓君子矣。"

【注释】

①战于殽也：此处追述殽之战时的事情。

②失戈：因俘虏大叫，莱驹受惊，戈掉地上。

③狼瞫（shěn）：晋大夫。

④禽：同"擒"。之：指莱驹。

⑤箕之役：在僖公三十三年。

⑥盍：何不。

⑦死所：死的地方。意为还没有死的机会。

⑧与：为。为难（nàn）：发难。指先杀掉先轸。

⑨《周志》：即《周书》。

⑩勇则害上，不登于明堂：引言今见《逸周书·大匡》，作"勇如害上，则不登于明堂"。登明堂，国君享祀先祖，以功臣配食。

⑪死而不义：杀先轸，自己也必死，这是不义之死。

⑫共用：为国家所用。

⑬亦其所：也是恰当的。

⑭上不我知：即"上不知我"。上，指先轸。

⑮属：部下。

⑯大败秦师：以上补叙彭衙之役晋国取胜的原因。

⑰君子如怒，乱庶遄（chuán）沮：引《诗》见《诗经·小雅·巧言》。遄，迅疾。沮，阻止。

⑱王赫斯怒，爰整其旅：引《诗》见《诗经·大雅·皇矣》。赫斯，赫然，发怒的样子。爰，于是。

【译文】

　　崤之战的时候，晋国梁弘为晋襄公驾驭战车，莱驹为车右。交战的第二天，晋襄公捆绑了秦国的俘虏，让莱驹用戈杀掉俘虏。俘虏突然大声喊叫，莱驹受惊，戈掉在地上，狼瞫拾起戈，斩了俘虏，并抓起莱驹追上晋襄公的战车，晋襄公于是任命他为车右。箕之役的时候，先轸罢黜了狼瞫，让续简伯代为车右。狼瞫发怒了。他的朋友对他说："何不去死呢？"狼瞫说："我还没有找到死的地方。"他的朋友说："我为你发难吧。"狼瞫说："《周书》里说：'因勇敢而杀害上面的长官，死后不能进入明堂。'不义而死，不是真勇敢。为国家所用而死，才叫勇敢。我因为勇敢担任车右，没有勇敢而被废黜，也是理所当然的。说上面的人不了解我，如果废黜恰当，那也就是了解我了。你且等着吧。"到了彭衙之战，布好战阵之后，狼瞫率领他的部下冲入秦军，战死在那里。晋军紧跟着冲上去，把秦军打得大败。君子认为："狼瞫这算得上是君子。《诗》里说：'君子如果发怒，战乱差不多很快就可以阻止。'又说：'文王勃然发怒，于是就整顿军队。'狼瞫发怒不作乱,而冲进秦军战死,可算得上是君子了。"

秦伯犹用孟明。孟明增修国政,重施于民①。赵成子言于诸大夫曰②:"秦师又至,将必辟之。惧而增德③,不可当也。《诗》曰:'毋念尔祖,聿修厥德④。'孟明念之矣⑤。念德不怠,其可敌乎?"

【注释】

①重施:给予优厚的好处。

②赵成子:赵衰。

③惧而增德:孟明因失败而畏惧,进一步修明德行。

④毋念尔祖,聿修厥德:引《诗》见《诗经·大雅·文王》。毋念,念。毋、聿,都是语助词。

⑤念之:知道这个道理。

【译文】

秦穆公仍然重用孟明。孟明进一步修明政事,对百姓给予优厚的恩惠。赵衰对晋国的大夫们说:"秦军如果再来,一定要避开它。孟明因失败而警惧,因而增进了德行,不可抵抗了。《诗》里说:'怀念你的祖先,修明你的德行。'孟明知道这个道理啊。记住这个道理而努力不懈,难道是可以抵御的吗?"

【经】丁丑,作僖公主①。

【注释】

①丁丑:二十日。作僖公主:为鲁僖公作神主。主,死者牌位。案古人之观念,人死后,灵魂尚存于世,然需要有一寄托之物,此即为

神主。神主之形制,何休云:"主状正方,穿中央,达四方,天子长尺二寸,诸侯长一尺。"具体来说,分为两种,一为虞主,用桑木制成;一为练主,用栗木制成。虞指虞祭,是亲人下葬之后举行的安神祭,此时所用的神主即为虞主。练,指亲人去世一周年所举行的小祥祭,此时埋虞主于两阶之间,而用练主。练主又称吉主,刻而谥之,藏于庙室,后人当供奉之。

【译文】

二十日,制作僖公的神主。

【左传】丁丑,作僖公主。书,不时也①。

【注释】

①书,不时也:古礼"卒哭而祔,祔而作主",则僖公葬后之第十四日当作主。今过葬十月始作主,故僖公三十三年传文云"缓作主",此传文又云"书,不时也"。

【译文】

二十日,制作僖公神主。《春秋》记载此事,是因为其不及时。

【公羊传】作僖公主者何? 为僖公作主也。主者曷用? 虞主用桑,练主用栗。用栗者,藏主也。作僖公主何以书? 讥。何讥尔? 不时也①。其不时奈何? 欲久丧而后不能也②。

【注释】

①不时也:即不合时宜。案礼,练祭当在第十三个月,僖公卒于僖公三十三年十二月,此是文公二年二月,已逾期,故云"不时也"。

②欲久丧而后不能也:案礼制,三年之丧,实际上是二十五个月。鲁

文公想要服丧三十六个月,至第十九个月练祭,此为"欲久丧"。
后不能坚持久丧,故此时实为第十五个月,就作练主,后仍依二十
五个月的标准服丧,此为"后不能也"。鲁文公如此变乱礼制,属
于失礼鬼神,案时月日例,失礼鬼神例日。

【译文】

"作僖公主"是什么意思? 是为僖公作神主。用什么制作神主? 虞
主用桑木,练主用栗木。用栗木制作的神主,是藏到宗庙中的神主。制
作僖公的神主,为何记录? 是讥刺。讥刺什么? 不合时宜。怎么不合时
宜? 文公想要延长丧期,后来又不能坚持到底。

【榖梁传】作,为也。为僖公主也。立主,丧主于虞①,吉
主于练②。作僖公主,讥其后也。作主、坏庙有时日③,于练
焉坏庙。坏庙之道,易檐可也,改涂可也。

【注释】

①丧主:指虞祭时用的牌位,范甯认为是用桑木制成。

②吉主:指练祭时用的牌位,范甯认为是用栗木制成。

③坏庙:古代宗庙制度之一,亲过高祖者,撤除神主,移于太庙之中,
　　称为毁庙,又称坏庙。

【译文】

作,是制作的意思。制作僖公的牌位。设立牌位,在虞祭时用丧主,
在练祭时用吉主。经文说"作僖公主",是讽刺立得晚了。立牌位、毁祖
庙是要按照规定的时间来的,在练祭的时候毁祖庙。毁祖庙的办法,可
以更换屋檐,也可以重新粉刷墙壁。

【经】三月乙巳①,及晋处父盟②。

【注释】

①乙巳：十九日。

②及晋处父盟：晋人派阳处父与鲁文公结盟。处父，阳处父。

【译文】

三月十九日，和晋国的阳处父结盟。

　　【左传】晋人以公不朝来讨，公如晋。夏四月己巳①，晋人使阳处父盟公以耻之②。书曰："及晋处父盟。"以厌之也③。适晋不书，讳之也。

【注释】

①己巳：十三日。

②晋人使阳处父盟公以耻之：阳处父是大夫，晋国有意降低使者级别来羞辱鲁文公。

③厌：憎恶。

【译文】

　　晋人因为鲁文公不来朝见而来讨伐，鲁文公于是去了晋国。夏四月十三日，晋国派大夫阳处父与文公结盟以此羞辱他。《春秋》记载说："和晋处父结盟。"是表示憎恶。文公到晋国去，《春秋》不加以记载，是出于隐讳。

　　【公羊传】此晋阳处父也，何以不氏①？讳与大夫盟也②。

【注释】

①何以不氏：与鲁文公结盟者，是晋国大夫阳处父，阳为氏，处父为名。案名例，大夫书名氏，此处仅书"处父"，故而发问。

②讳与大夫盟也：结盟双方地位必须平等，故鲁君与大夫结盟则有耻，需要避讳，通常是不书"公"字，如庄公二十二年"及齐高傒盟于防"。此处是鲁文公亲自前往晋国，欲与晋侯结盟，晋侯不与之盟，而使阳处父与之结盟，则耻深，《春秋》讳之亦深。故书"晋处父"者，好像"处父"即是晋侯之名，属于失爵而称名，如同"邾娄仪父"失爵称字一般。值得注意的是，《春秋》讳文而不没实，仍能看出是鲁文公与大夫结盟。首先，若真得晋君而盟，则不需去掉"公"字。其次，若真是鲁国微者之盟，应当书时，此条书日，则仍是鲁文公与晋国大夫结盟之辞。此外，不书在结盟地点，不书文公之归国，亦是深为文公讳耻。

【译文】

这是晋国的阳处父，为何不书其氏？是为鲁文公避讳与大夫结盟。

【穀梁传】不言公，处父伉也①，为公讳也。何以知其与公盟？以其日也。何以不言公之如晋？所耻也。出不书，反不致也。

【注释】

①伉：匹敌，对等。意思是说晋国派来的是大夫，不言"公及晋处父盟"是为了不让大夫与鲁文公对等，也是为鲁文公避讳耻辱的事情。

【译文】

不说"公"，因为是与处父对等，替鲁文公避讳。为什么知道处父是与鲁文公盟会呢？因为经文记载了日期。为什么不说鲁文公去了晋国呢？因为为此感到耻辱。出国不记载，回国也不记载其告祭祖庙。

【经】夏六月，公孙敖会宋公、陈侯、郑伯、晋士縠盟于垂陇^①。

【注释】

①公孙敖会宋公、陈侯、郑伯、晋士縠（hú）盟于垂陇：士縠，士芳之子。士芳原为晋国大司空，士縠承袭父职。《穀梁传》作"士縠"。垂陇，郑地名，在今河南荥阳东北。《公羊传》《穀梁传》作"垂敛"。吴澄曰："晋以士縠主盟，鲁以公孙敖伉三国之君，皆非礼也。桓、文殁，大夫擅专诸侯之会盟，自公孙敖、士縠始。"

【译文】

夏六月，公孙敖在垂陇和宋成公、陈共公、郑穆公、晋国的士縠盟会。

【左传】公未至，六月，穆伯会诸侯及晋司空士縠盟于垂陇，晋讨卫故也^①。书士縠，堪其事也^②。

【注释】

①讨卫故：上年卫派孔达伐晋，因此晋准备报复。
②堪其事：能胜任其事。

【译文】

文公还未回到鲁国，六月，穆伯和诸侯以及晋国的司空士縠等在垂陇结盟，这是因为晋国要攻打卫国的缘故。《春秋》记载直称"士縠"，是认为他能胜任此事。

陈侯为卫请成于晋，执孔达以说^①。

【注释】

①说：解说，解释。

【译文】

陈共公为了替卫国向晋国求情讲和,抓住孔达以向晋国解释。

【穀梁传】内大夫可以会外诸侯。

【译文】

鲁国的大夫可以和外国的诸侯会面。

【经】自十有二月不雨,至于秋七月。

【译文】

自从十二月不下雨,一直到秋七月。

【公羊传】何以书？记异也。大旱以灾书,此亦旱也,曷为以异书？大旱之日短而云灾,故以灾书。此不雨之日长而无灾,故以异书也。

【译文】

为何记录此事？是记录异象。大旱是作为灾害记录的,此处也是干旱,为何以异象记录？大旱持续时间短,但害物,所以书"灾"。此处不下雨的时间长却没有害物,所以以异象记录。

【穀梁传】历时而言不雨①,文不忧雨也②。不忧雨者,无志乎民也。

【注释】

①历:越过。时:季节。

②文:指鲁文公。

【译文】

过了几个季节才说没有下过雨,表明文公不担忧不下雨。不担忧雨水,是不关心百姓。

【经】八月丁卯①,大事于大庙②,跻僖公③。

【注释】

①丁卯:十三日。

②大事于大庙:在太庙举行吉禘。即将其神主送入太庙,合诸祖的神主举行的大祭。大庙,周公之庙。

③跻僖公:把僖公的神主升到闵公之上。跻,升。案文公为僖公之子,因僖公为闵公庶兄,故升僖公于闵公之上。

【译文】

八月十三日,在太庙举行吉禘祭祀,把僖公的神主升到闵公之上。

【左传】秋八月丁卯,大事于大庙,跻僖公,逆祀也①。于是夏父弗忌为宗伯②,尊僖公,且明见曰③:"吾见新鬼大④,故鬼小⑤。先大后小,顺也。跻圣贤⑥,明也。明、顺,礼也。"

【注释】

①逆祀:不按顺序的祭祀。

②夏父弗忌:鲁大夫。宗伯:古代掌礼之官。

③明见:宣布他所见到的。

④新鬼：新死之鬼，指僖公。

⑤故鬼：死去已久的鬼，指闵公。

⑥圣贤：指僖公。齐召南《春秋左氏传注疏考证》云："鲁人甚重僖公，《鲁颂》之文铺张扬厉，赞不容口，宜乎夏父弗忌之以为圣贤也。"

【译文】

秋八月十三日，在太庙举行吉禘的祭祀，把僖公的神主升到闵公之上，这是不按顺序的祭祀。此时夏父弗忌担任宗伯，他尊崇僖公，而且宣布说："我看到新鬼大，旧鬼小。先大后小，这是顺序。让圣贤升到前面，这是明智。明智、和顺，合乎礼制。"

君子以为失礼："礼无不顺①。祀，国之大事也，而逆之，可谓礼乎？子虽齐圣②，不先父食久矣③。故禹不先鲧④，汤不先契⑤，文、武不先不窋⑥。宋祖帝乙⑦，郑祖厉王⑧，犹上祖也⑨。是以《鲁颂》曰：'春秋匪解，享祀不忒。皇皇后帝，皇祖后稷⑩。'君子曰'礼'，谓其后稷亲而先帝也⑪。《诗》曰：'问我诸姑，遂及伯姊⑫。'君子曰'礼'，谓其姊亲而先姑也。"

【注释】

①不顺：不合顺序。

②齐（jì）圣：当时习语，聪明圣哲。齐，通"斋"，明智。

③不先父食：不能在父亲之前享受祭品。意即后立之君不能在先立之君前享受祭祀。

④鲧：禹的父亲。

⑤契（xiè）：商汤的先祖。

⑥不窋（zhú）：周始祖后稷的儿子。

⑦帝乙：宋始祖微子的父亲。

⑧厉王：周厉王，郑国始封君桓公的父亲。

⑨上：同"尚"，崇尚。

⑩"春秋匪解"四句：引《诗》见《诗经·鲁颂·閟宫》。春秋，四时。解，同"懈"。忒（tè），差错。皇皇后帝，指天。皇皇，称美的形容词。

⑪后稷亲而先帝：后稷虽然亲近，然而仍先称天帝。

⑫问我诸姑，遂及伯姊：引《诗》见《诗经·邶风·泉水》。姑，父亲的姊妹叫姑。

【译文】

君子认为这是失礼："礼是没有不符合顺序的。祭祀，是国家的大事，而不按照顺序，这是合于礼吗？儿子即使聪明圣哲，也不能在父亲之前享受祭品，历来如此。所以禹不能先于鲧，汤不能先于契，文王、武王不能先于不窋。宋以帝乙为祖宗，郑以厉王为祖宗，这是尊崇祖先。所以《鲁颂》说：'四时祭祀不懈怠，享祀不变没差错。伟大的天啊，伟大的先祖后稷。'君子说这是合于礼，因为后稷虽是亲近而仍然先称天帝。《诗》里说：'先问候我的姑母，再问及各位姐姐。'君子说这合于礼，因为其姐虽亲然而仍先称姑母。"

仲尼曰："臧文仲①，其不仁者三，不知者三。下展禽②，废六关③，妾织蒲④，三不仁也。作虚器⑤，纵逆祀⑥，祀爰居⑦，三不知也。"

【注释】

①臧文仲：鲁大夫臧孙辰。臧文仲自庄公立于鲁之朝廷，历闵公、僖公以至文公，已为四朝老臣，其言行足以左右当时。

②下展禽：使展禽居下位。展禽，柳下惠。《论语·卫灵公》云："臧

文仲其窃位者与,知柳下惠之贤而不与立也。"

③废:设立。六关:关卡名,用以收税。

④妾织蒲:让妾织蒲席贩卖,这是与民争利。

⑤作虚器:臧文仲曾私藏大蔡之龟(古人把大乌龟叫蔡),并为它盖了一间非常漂亮的屋子,让它住在里面。

⑥纵逆祀:上面夏父弗忌的主张,大概得到臧文仲的允许和纵容。

⑦祀爰居:据传,有一只名叫爰居的海鸟,歇于鲁东门外三日,臧文仲让人祭祀它。《国语·鲁语上》:"海鸟曰爰居,止于鲁东门之外三日,臧文仲使国人祭之。展禽曰:'今海鸟至,己不知而祀之,以为国典,难以为仁且知矣。'"

【译文】

孔子说:"臧文仲,有三件不仁的事情,有三件不明智的事情。使展禽屈居下位,设立六关收税,让妾织蒲席与民争利,这是三项不仁之事。做房屋以藏大龟,纵容不合顺序的祭祀,祭祀海鸟爰居,这是三项不明智的事情。"

【公羊传】大事者何? 大祫也①。大祫者何? 合祭也。其合祭奈何? 毁庙之主,陈于大祖②,未毁庙之主,皆升合食于大祖③。五年而再殷祭④。跻者何? 升也。何言乎升僖公? 讥。何讥尔? 逆祀也。其逆祀奈何? 先祢而后祖也⑤。

【注释】

①大祫(xiá)也:祫为宗庙之大祭,将历代先君之神主,分别昭穆,供奉在太祖庙中祭祀。太祖之主东向,昭南向,穆北向。案礼制,丧中不行禘、祫之祭,故闵公二年经书"吉禘于庄公"以讥之。此处不讥吉祫者,从闵公二年之例而省文。

②毁庙之主，陈于大祖：案礼制，诸侯五庙，太祖庙不毁，其余四庙，亲过高祖则毁其庙，藏其主于太祖庙中。毁庙之主本藏于太祖庙中，至袷祭时取出，陈列于太祖庙，接受供奉，故曰“陈”。

③未毁庙之主，皆升合食于大祖：未毁庙之主，即高祖、曾祖、祖父、父之神主。四亲各自有庙，今陈于太庙，是从外而来，故曰“升”。

④五年而再殷祭：殷，盛。殷祭，指禘祭与袷祭。因禘、袷比四时之祭盛大，故称为“殷祭”。禘、袷皆每隔五年举行一次，故云“五年而再殷祭”。

⑤先祢（nǐ）而后祖也：祢，父。文公将僖公升于闵公之上，是先父而后祖，故属于“逆祀”。传文以父祖比喻僖公与闵公的关系，因僖公是继承闵公之君位，按照“为人后者为之子”的原则，僖公算是闵公之子。如此则《公羊传》以为闵公与僖公是异昭穆，文公逆祀是颠倒昭穆。何休则认为，文公逆祀，非昭穆之逆，闵公与僖公是兄弟，昭穆相同，文公逆祀，是在同一昭穆的前提下，将僖公之主升于闵公之上。二说不同。

【译文】

大事指什么？是大袷。大袷是什么？是合祭。合祭是怎么样的？将毁庙之神主陈列在太祖庙中，未毁庙的神主也移入，在太祖庙中共享祭祀。是每隔五年举行一次的大祭祀。“跻”是什么意思？是升的意思。升僖公之神主于闵公之上，为何记录？是讥刺。讥刺什么？讥刺逆祀。为何是逆祀？将祢置于祖之前了。

【穀梁传】大事者何？大是事也，著袷、尝①。袷祭者，毁庙之主，陈于大祖；未毁庙之主，皆升，合祭于大祖。跻，升也，先亲而后祖也②，逆祀也。逆祀，则是无昭穆也③。无昭穆，则是无祖也。无祖，则无天也。故曰：文无天。无天者，是无天而行也。君子不以亲亲害尊尊,此《春秋》之义也。

【注释】

①著:完成。尝:秋祭名。

②亲:父亲。这里指鲁僖公。祖:祖父。这里指鲁闵公,以君位继承顺序论,闵公是文公祖父辈的。

③昭穆:宗庙或墓地的辈次排列,以始祖居中,二世、四世、六世位于始祖的左方,称为昭;三世、五世、七世位于右方,称为穆。而诸侯五庙,供奉五人,始祖居中,两旁各二,以鲁文公言,其五庙供奉五人当为周公居中,桓公为昭、庄公为穆,闵公为昭、僖公为穆。

【译文】

大事是什么?是认为这件事重大,完成了祫祭和尝祭。祫祭,已经毁掉庙寝的牌位,放到太庙去;没有毁掉庙寝的牌位,都提升位置,一起在太庙祭祀。跻,就是提升,把父亲辈放到前面,把祖父辈放到后面,是颠倒顺序祭祀。颠倒顺序祭祀,那就是不讲昭穆顺序。没有昭穆顺序,也就没有祖宗了。没有祖宗,也就没有天道了。所以说:鲁文公没有天道。没有天道,就是不顾天道而做事。君子不因为热爱亲人妨害崇敬尊长,这是《春秋》大的道义。

【经】 冬,晋人、宋人、陈人、郑人伐秦①。

【注释】

①伐秦:晋等伐秦是报复秦挑起彭衙之战。

【译文】

冬,晋人、宋人、陈人、郑人攻打秦国。

【左传】 冬,晋先且居、宋公子成、陈辕选、郑公子归生伐秦^①,取汪及彭衙而还^②,以报彭衙之役。卿不书,为穆公故^③,尊秦也,谓之崇德。

【注释】

①公子成:宋庄公之子。辕选:陈国辕涛涂的后裔。公子归生:郑灵公之弟。

②汪:地名,接近彭衙。在今陕西境内。

③卿不书,为穆公故:先且居为晋中军帅,公子成等亦皆各国之卿,而经书"晋人、宋人、陈人、郑人",故云"卿不书"。自践土以来,晋元帅率诸侯之卿伐国,以此役为始。而明年阳处父伐楚,经书其名,则此役先且居等亦宜书名。因为尊崇秦穆公,所以不书。

【译文】

冬,晋先且居、宋公子成、陈辕选、郑公子归生攻打秦国,夺取汪地和彭衙后回国,这是报复彭衙之战。《春秋》不记载卿的名字,是因为秦穆公的缘故,尊重秦国,叫作尊崇德行。

【经】公子遂如齐纳币^①。

【注释】

①如齐纳币:鲁文公准备娶齐女,公子遂为之送聘礼。

【译文】

公子遂到齐国送聘礼。

【左传】襄仲如齐纳币,礼也。凡君即位,好舅甥^①,修昏姻,娶元妃以奉粢盛^②,孝也。孝,礼之始也。

【注释】

①好舅甥：齐、鲁世为婚姻之国，是舅甥关系，襄仲如齐，是巩固舅甥国家的友好关系。

②元妃：文公是初娶，所以说元妃。奉粢盛：古人认为娶妻以助祭祀，因此说奉粢盛。粢，祭祀所用的黍稷等。盛，把粢盛于器皿中。此指祭祀。

【译文】

襄仲到齐国去送聘礼，这是合乎礼的。凡国君即位，巩固舅甥国之间的友好关系，商量婚姻之事，娶元妃一起主持祭祀，这是孝道。孝道，这是礼的开始。

【公羊传】 纳币不书①，此何以书？讥。何讥尔？讥丧娶也。娶在三年之外②，则何讥乎丧娶？三年之内不图婚③。吉禘于庄公讥④，然则曷为不于祭焉讥⑤？三年之恩疾矣，非虚加之也。以人心为皆有之。以人心为皆有之，则曷为独于娶焉讥？娶者，大吉也，非常吉也。其为吉者主于己⑥，以为有人心焉者，则宜于此焉变矣⑦。

【注释】

①纳币不书：纳币是婚礼之常，属于常事不书的范围。

②娶在三年之外：正式迎娶在文公四年"逆妇姜于齐"，是在三年丧外。

③三年之内不图婚：案婚礼有六个步骤，纳采、问名、纳吉、纳征、请期、亲迎。亲迎为正式之迎娶，之前皆为图婚。三年之丧，属于凶礼，娶亲属于吉事，吉凶不相干，故三年不图婚。

④吉禘于庄公讥：此指闵公二年"吉禘于庄公"，丧中不当举行禘礼，故《春秋》书"吉"以讥之。

⑤然则阍为不于祭焉讥:此指上条"大事于大庙"是丧中举行祫祭,为何不书"吉"以讥之。

⑥其为吉者主于己:此指婚娶是自身之吉事,祭祀犹有念及先人之意。

⑦宜于此焉变矣:变,变恸哭泣。何休云:"有人心念亲者,闻有欲为己图婚,则当变恸哭泣矣,况乃至于纳币成婚哉?"

【译文】

纳币例所不书,此处为何书?是讥刺。讥刺什么?讥刺居丧期间娶亲。迎娶之事在三年丧期之外,为何还要讥刺丧中娶妻?三年之内,不能图计婚娶。闵公吉祫于庄公,《春秋》讥刺之,那么为何不在文公行祫祭时讥刺?孝子服丧三年以报答父母之恩,心情沉痛,这不是虚加的,而是人人心中都有这种感情。人人都有这种感情,那么为何单独讥刺丧中娶亲?娶亲是大吉之事,还不是一般的吉事。娶亲之为吉事,吉在己身,如果是有良知的人,在他人为自己图计婚事时,就应该悲恸哭泣,何况是纳币成婚。

三年

【经】三年春王正月①,叔孙得臣会晋人、宋人、陈人、卫人、郑人伐沈②。沈溃。

【注释】

①三年:鲁文公三年当周襄王二十九年,前624年。

②叔孙得臣:即传文的庄叔。沈:国名,在今安徽阜阳西北。为周公后裔的封国。

【译文】

鲁文公三年春周历正月,叔孙得臣和晋人、宋人、陈人、卫人、郑人会合攻打沈国。沈国百姓溃散逃亡。

【左传】三年春,庄叔会诸侯之师伐沈,以其服于楚也^①。沈溃。凡民逃其上曰溃^②,在上曰逃^③。

【注释】

①服于楚:归服楚国。

②逃其上:背叛他们的统帅。

③在上:统帅或将领。

【译文】

鲁文公三年春,庄叔会合诸侯的军队攻打沈国,因为它亲服于楚国。沈国百姓溃逃。凡是百姓背叛他们的统帅而逃散的叫溃,统帅或将领逃走叫逃。

*【左传】卫侯如陈,拜晋成也。

【译文】

卫成公到陈国去,拜谢他替卫国向晋国求和。

【经】夏五月^①,王子虎卒^②。

【注释】

①夏五月:《左传》作"夏四月",恐经文有误。

②王子虎:周王卿士。《左传》作"王叔文公"。

【译文】

夏五月,王子虎去世。

【左传】夏四月乙亥^①,王叔文公卒^②,来赴,吊如同盟^③,

礼也。

【注释】

①乙亥：二十四日。

②王叔文公：王子虎。文乃其谥号。

③如同盟：如同同盟诸侯国。王子虎乃周室卿士，非诸侯，故曰"如"。

【译文】

夏四月二十四日，王子虎去世，发来讣告，鲁国以同盟国诸侯之礼加以吊唁，这合乎礼制。

【公羊传】王子虎者何？天子之大夫也。外大夫不卒，此何以卒？新使乎我也①。

【注释】

①新使乎我也：王子虎，会葬称"叔服"，此处称"王子虎"，参见文公元年"天王使叔服来会葬"。叔服来会葬，则有恩于鲁，又在僖公葬后三年内去世，《春秋》为报恩，故书其卒。

【译文】

王子虎是什么人？是天子的大夫。鲁国之外的大夫，《春秋》例不书卒，此处为何书卒？因为新近天子派他来参加了僖公的葬礼。

【穀梁传】叔服也。此不卒者也，何以卒之？以其来会葬，我卒之也。或曰：以其尝执重以守也①。

【注释】

①执重以守：指僖公二十四年天王出居郑的时候，叔服守卫京师。

执,承担,担当。

【译文】

是叔服。这是不应该记载去世的人,为什么记载了他的去世呢? 因为他来参加过我国的葬礼,所以我国记载他的去世。有人说:是因为他曾经承担了守卫京师的重任。

【经】秦人伐晋①。

【注释】

①伐晋:此次秦伐晋,渡过黄河之后焚毁船只,占领了王官和郊两个地方,晋军不敢出来与之交战,于是秦军到了崤之战故地,祭拜当年阵亡的将士之后回国。自此秦国称霸西戎。

【译文】

秦人攻打晋国。

【左传】秦伯伐晋,济河焚舟①**,取王官及郊**②**。晋人不出。遂自茅津济**③**,封殽尸而还**④**。遂霸西戎**⑤**,用孟明也。**

【注释】

①济河焚舟:示必死之决心。后项羽巨鹿之战破釜沉舟亦如此。

②王官:在今山西闻喜西。郊:在王官附近。

③茅津:今山西平陆的茅津渡。对岸不远就是崤山。

④封殽尸:为在崤山战死的将士遗骨埋葬堆土树立标记。《史记·秦本纪》:"(秦穆公)三十六年,……晋人皆城守不敢出。于是缪公(即穆公)乃自茅津渡河,封殽中尸,为发丧,哭之三日。"

⑤遂霸西戎:《史记·秦本纪》:"(秦穆公)三十七年,秦用由余谋,伐戎王,益国十二,开地千里,遂霸西戎。"西戎,对当时活动在今

陕、甘一带的各兄弟民族的通称。

【译文】

秦穆公攻打晋国,渡过黄河后就把船烧掉,攻取了王官和郊地。晋国人不出战。秦军于是从茅津渡河,到崤山把战死的将士遗骨埋葬并堆土树立了标志,然后回国。秦穆公于是称霸了西戎,这都是任用了孟明的缘故。

君子是以知"秦穆公之为君也,举人之周也①,与人之壹也②;孟明之臣也③,其不解也④,能惧思也⑤;子桑之忠也⑥,其知人也,能举善也⑦。《诗》曰:'于以采蘩?于沼于沚,于以用之?公侯之事⑧。'秦穆有焉。'夙夜匪解,以事一人'⑨,孟明有焉。'诒阙孙谋,以燕翼子'⑩,子桑有焉"。

【注释】

①周:备,全面衡量。

②与人:任用人才。壹:专一,用人不疑。指孟明数败仍用之。

③臣:作动词,为臣尽心。

④解:通"懈",懈怠。

⑤惧思:因败而惧,因惧而思修德,指从失败中汲取教训。

⑥子桑:公孙枝。

⑦举善:子桑举荐孟明,所以说能举善。

⑧"于以采蘩"四句:引《诗》见《诗经·召南·采蘩》。隐公三年传文云:"《风》有《采蘩》《采蘋》,《雅》有《行苇》《泂酌》,昭忠信也。"此处引诗谓秦穆公能以忠信待人,故人能为其所用。于以,于何,在何处。蘩,一种野菜。沼,沼泽。沚,小洲。事,祭祀。

⑨夙夜匪解,以事一人:引《诗》见《诗经·大雅·烝民》。一人,指

秦穆公。

⑩诒（yí）厥孙谋，以燕翼子：引《诗》见《诗经·大雅·文王有声》。

诒，给予，赠送。燕，安。翼，辅佐。

【译文】

君子因此知道“秦穆公作为一个国君，选拔人才能全面考量，任用人才能深信不疑；孟明作为一个臣子，能努力不懈怠，能因畏惧而深思；子桑忠诚，能了解别人，举荐善人。《诗》里说：‘哪里采野菜？在沼泽在沙洲。用它做什么？用在公侯的祭祀上。’秦穆公就是这样的。‘早晚努力不懈，忠心事奉一人’，孟明就是这样啊。‘把他的谋略留给子孙，辅佐并使他们安定’，子桑就是这样”。

【经】秋，楚人围江①。

【注释】

①楚人围江：江，国名，嬴姓，在今河南息县。高闶曰：“江近楚，前已服从于齐桓，而楚自城濮之后，亦不敢侵伐。今复围者，盖晋文既殁，襄公不能讨弑逆之恶，故楚复有窥诸侯之意，而先围江以试之也。”

【译文】

秋，楚人围攻江国。

【左传】楚师围江，晋先仆伐楚以救江①。

【注释】

①先仆：晋大夫。

【译文】

楚国军队围攻江国，晋大夫先仆攻打楚国以救江。

【经】雨螽于宋①。

【注释】

①螽（zhōng）：螽斯，像蚱蜢一样的昆虫。

【译文】

螽斯虫像雨一样落到宋国。

【左传】秋，雨螽于宋，队而死也①。

【注释】

①队而死：指大批螽斯虫如雨般落下，落地而死。这是怪异现象，《春秋》特加以记载。队，同"坠"。

【译文】

秋，螽斯虫如雨般落下，落下地就死了。

【公羊传】雨螽者何？死而坠也。何以书？记异也。外异不书，此何以书？为王者之后记异也①。

【注释】

①为王者之后记异也：何休以为，蝗虫死而坠地，是宋国内娶，妃党争强，群臣相残贼之象。宋国为王者之后，故为其记异。

【译文】

像下雨一般落蝗虫是什么意思？是蝗虫死了坠落下来。为何记录此事？是记录异象。鲁国之外的异象，例所不书，此处为何记录？是为王者之后记录异象。

【穀梁传】外灾不志,此何以志也?曰:灾甚也。其甚奈何?茅茨尽矣①。著于上见于下谓之雨。

【注释】

①茅:茅草。茨:蒺藜。

【译文】

外国的灾害不记载,这里为什么记载了呢?回答说:灾害太重了。是怎样太重了呢?茅草和蒺藜都被吃光了。在天上显现在地上被看见就叫做"雨"。

【经】冬,公如晋。十有二月己巳①,公及晋侯盟。

【注释】

①己巳:二十二日。

【译文】

冬,文公到晋国去。十二月二十二日,文公与晋襄公结盟。

【左传】晋人惧其无礼于公也,请改盟①。公如晋,及晋侯盟。晋侯飨公,赋《菁菁者莪》②。庄叔以公降、拜③,曰:"小国受命于大国,敢不慎仪④?君贶之以大礼⑤,何乐如之?抑小国之乐⑥,大国之惠也。"晋侯降、辞⑦。登,成拜⑧。公赋《嘉乐》⑨。

【注释】

①晋人惧其无礼于公也,请改盟:去年阳处父与鲁文公结盟,有意羞辱文公,是无礼,因此晋国请求改订盟约。

②《菁菁者莪（é）》：《诗经·小雅》中的一篇。诗中有"既见君子，
　　乐且有仪"之句，晋侯以此诗称赞文公是君子。

③降、拜：降阶下拜。

④慎仪：对礼仪谨慎。

⑤贶（kuàng）：赐予。大礼：享礼。

⑥抑：发语词，无义。

⑦降、辞：降阶辞让。

⑧登，成拜：两人皆升阶至堂上，然后完成拜礼。

⑨《嘉乐》：《诗经·大雅》中的一篇。诗中有"显显令德，宜民宜
　　人，受禄于天"之句，文公以此回敬晋侯，称颂晋侯美德。

【译文】

　　晋人担心当初对文公无礼，请求改订盟约。文公就到晋国去，和
晋襄公结盟。晋襄公宴请文公，赋《菁菁者莪》这首诗。庄叔让文公降
阶下拜，说："小国在大国接受命令，哪敢对礼仪不谨慎？晋君把这样重
大的享礼赐予我们，还有比这更快乐的吗？小国的快乐，是大国的恩赐
啊。"晋襄公降阶辞让。两人一起登上台阶，到堂上，完成拜礼。文公赋
《嘉乐》这首诗。

【经】晋阳处父帅师伐楚以救江①。

【注释】

①晋阳处父帅师伐楚以救江：杨伯峻曰："《春秋》书帅师者百三十
　　次，而僖公以前仅九次，且皆为内大夫。文公、宣公以后，外大夫
　　亦多书帅师，定公、哀公之间所书尤多，可见诸侯大夫之权日益增
　　重，而史书体例因之有变。"《公羊传》《穀梁传》无"以"字。

【译文】

晋国的阳处父率领军队攻打楚国以救援江国。

【左传】冬，晋以江故告于周。王叔桓公、晋阳处父伐楚以救江①。门于方城②，遇息公子朱而还③。

【注释】

①王叔桓公：周王卿士，王叔文公之子。

②方城：山名，今河南叶县南有方城山。

③息公：息县尹，名子朱。杜预注以为即楚伐江主帅。

【译文】

冬，晋国把江国的战事报告周王。王叔桓公和晋阳处父攻打楚国以救援江国。攻打方城城门，碰到楚国的息公子朱，于是回师。

【公羊传】此伐楚也，其言救江何①？为谖也②。其为谖奈何？伐楚为救江也。

【注释】

①此伐楚也，其言救江何：此年秋，楚人围江，故晋国救之。然非直接救援江国，而是伐击楚国，迫使楚人退兵，并未前往江国救援。此处"伐楚救江"的书法甚为奇怪，如出兵本为救江与伐楚前后两事，当书"晋阳处父帅师救江，伐楚"；若出兵是为了救江，却不得已先伐楚（好比是先取道楚国，楚国不肯，故伐之），当先言"救江"以"致其意"，书"晋阳处父帅师救江。晋阳处父帅师伐楚"；如果出兵本为伐楚，后生事救江，当书"晋阳处父帅师伐楚，遂救江"。此处与上述三种书法都不同，故而发问。

②为谖（xuān）也：谖，诈。即不直接救援江国，却伐击楚国，迫使楚人退兵，这不算真正救援江国，而是使诈。

【译文】

这里实际上只伐击了楚国，经为何书救援江国？因为这是使诈。使诈是怎么回事？伐击楚国,是为了救援江国,应当直接救援江国。

【穀梁传】此伐楚,其言救江,何也？ 江远楚近,伐楚所以救江也。

【译文】

这是讨伐楚国,经文说救援江国,为什么呢？ 江国遥远而楚国相近,讨伐楚国是为了救援江国。

四年

△**【经】**四年春[①],公至自晋。

【注释】

①四年:鲁文公四年当周襄王三十年,前623年。

【译文】

鲁文公四年春,鲁文公从晋国回鲁国。

****【左传】**四年春,晋人归孔达于卫[①],以为卫之良也[②],故免之。

【注释】

①归孔达于卫:文公二年,陈侯为卫国向晋求和,抓住孔达交给晋。
②卫之良:卫国的突出人才。

【译文】

鲁文公四年春,晋国人把孔达送还给卫国,认为孔达是卫国的人才,所以赦免了他。

*【左传】夏，卫侯如晋拜。

【译文】

夏，卫成公到晋国去拜谢对方释放了孔达。

*【左传】曹伯如晋会正①。

【注释】

①会正：当时小国诸侯有向霸主缴纳贡赋的义务，"会正"即商谈纳贡的事情。正，通"政"，贡赋之额。

【译文】

曹共公到晋国去商谈纳贡之事。

【经】夏，逆妇姜于齐①。

【注释】

①逆妇姜于齐：鲁国为文公到齐国迎娶姜氏。妇，妻子。

【译文】

夏，鲁国为文公到齐国迎娶姜氏。

【左传】逆妇姜于齐，卿不行①，非礼也。君子是以知出姜之不允于鲁也②，曰："贵聘而贱逆之③，君而卑之④，立而废之⑤，弃信而坏其主⑥，在国必乱，在家必亡⑦。不允宜哉？《诗》曰：'畏天之威，于时保之⑧。'敬主之谓也。"

【注释】

①卿不行：指鲁国不派卿而只派地位较低的大夫去迎接。

②出姜：即姜氏。不允于鲁：不终于鲁。文公十八年出姜之子被杀，
　　自己归于齐。允，借为"遂"，终。

③贵聘：文公二年公子遂到齐国送聘礼，是贵聘。贱逆：现在派一般
　　的大夫去迎娶，是贱逆。

④君：指小君，国君之妻叫小君。卑之：不以国君夫人之礼迎接她，
　　是"卑之"。

⑤立而废之：不以其礼迎接，等于是立为夫人又废弃她。

⑥弃信：指贵聘贱逆。主：内主，夫人是官内之主，所以称内主。

⑦家：指卿大夫。古代卿大夫有采邑，称为家。

⑧畏天之威，于时保之：引《诗》见《诗经·周颂·我将》。于时，因
　　此。之，内主。

【译文】

到齐国去迎接姜氏，卿大夫不去，不符合礼制。君子因此知道出姜
不会终老于鲁国，说："以尊贵的级别送聘礼而用低贱的级别去迎娶，身
份是小君却又轻视她，这等于是立了她又废了她，抛弃了信用且损害了
内主的身份，此事如发生在国内，必定引发动乱；在卿大夫家，必定会亡
家。不终老于鲁，也是必然的了。《诗》里说：'敬畏上天的威灵，因此才
能保有福禄。'说的是内主也要敬重。"

【公羊传】其谓之逆妇姜于齐何？略之也①。高子曰②：
"娶乎大夫者③，略之也。"

【注释】

①略之也：案《春秋》之中，鲁国迎娶夫人，有"逆女"与"夫人至"
　　两个步骤。如宣公元年"公子遂如齐逆女"，三月"遂以夫人妇

姜氏至自齐"。此处因文公娶女于齐国大夫,故省略文辞,将"逆
女"与"夫人至"共文,书"逆妇姜于齐"。

②高子:《公羊传》著于竹帛前的先师。

③娶乎大夫者:诸侯以下之婚姻,应门当户对。大夫之女卑贱,不可
以奉宗庙,故略之。

【译文】

经文书"逆妇姜于齐"是为何? 是简略文辞。高子说:"文公娶大夫
之女,所以简略文辞。"

【穀梁传】其曰妇姜,为其礼成乎齐也。其逆者谁也?
亲逆而称妇,或者公与? 何其速妇之也①? 曰:公也②。其不
言公,何也? 非成礼于齐也。曰妇,有姑之辞也。其不言氏
何也③? 贬之也。何为贬之也? 夫人与有贬也。

【注释】

①妇:使……成为妻子。

②曰,公也:这是回答"其逆者谁"这个问题的。

③不言氏:指不说"姜氏"而只说"姜"。

【译文】

经文说"妇姜",是因为婚礼在齐国就举行了。是谁去迎娶的
呢? 亲自去迎娶才称"妇",或许就是鲁文公? 为什么这么快就称她为
"妇"? 回答说:因为是鲁文公去迎娶的。经文不称"公",为什么呢? 是
指责在齐国完成婚礼。称"妇",是表明有婆婆的言辞。经文为什么只
说"姜"不说"氏"呢? 是为了贬低她。为什么贬低她呢? 作为夫人要
与国君一起被贬低。

△【经】狄侵齐。

【译文】

狄人入侵齐国。

【经】秋，楚人灭江①。

【注释】

①楚人灭江：顾栋高曰："自城濮至此仅十年，楚已灭江者，以晋方与秦为敌，无暇图楚故也。"

【译文】

秋，楚国灭了江国。

【左传】楚人灭江，秦伯为之降服、出次、不举①，过数②。大夫谏，公曰："同盟灭③，虽不能救，敢不矜乎④！吾自惧也。"君子曰："《诗》云：'惟彼二国，其政不获。惟此四国，爰究爰度⑤。'其秦穆之谓矣。"

【注释】

①降服：穿上素服。出次：不住在正寝。不举：减膳撤乐。

②过数：哀悼他国被灭，有一定的礼数，秦穆公已超过应有的礼数。

③同盟：秦、江是同盟国。

④矜：哀怜。

⑤"惟彼二国"四句：引《诗》见《诗经·大雅·皇矣》。二国，指殷、夏。不获，不得人心。四国，四方之国。爰，于是。究，推寻。度，谋划。

【译文】

楚人灭了江国,秦穆公为它穿上素服,离开正寝居住,减膳撤乐,已超过了应有的礼数。秦国大夫劝阻他,秦穆公说:"同盟国被灭了,即使不能救援它,哪敢不哀怜它呢? 我要自己警惕啊。"君子说:"《诗》里说:'想到夏政、殷政,不得人心。想到四方之国,如何谋划安身。'这说的就是秦穆公吧。"

【经】晋侯伐秦①**。**

【注释】

①伐秦:为报复王官之役。

【译文】

晋襄公攻打秦国。

【左传】秋,晋侯伐秦,围邧、新城①**,以报王官之役**②**。**

【注释】

①邧(yuán):秦地名,在今陕西澄城。新城:在澄城东北。

②以报王官之役:李廉曰:"秦穆、晋襄五年之间交兵者五,止此。"顾栋高曰:"殽之报复于文四年晋侯伐秦已是结案。"

【译文】

秋,晋襄公攻打秦国,围攻邧和新城,为报复王官之役。

【经】卫侯使甯俞来聘①**。**

【注释】

①甯俞:甯武子,卫国贤大夫,曾被孔子推崇为"其智可及也,其愚

不可及也"。

【译文】

卫成公派宁俞来聘问。

【左传】卫宁武子来聘，公与之宴，为赋《湛露》及《彤弓》①。不辞，又不答赋②。使行人私焉③。对曰："臣以为肄业及之也④。昔诸侯朝正于王⑤，王宴乐之，于是乎赋《湛露》⑥，则天子当阳⑦，诸侯用命也⑧。诸侯敌王所忾⑨，而献其功⑩，王于是乎赐之彤弓一，彤矢百，玈弓矢千，以觉报宴⑪。今陪臣来继旧好，君辱贶之⑫，其敢干大礼以自取戾⑬？"

【注释】

①赋：让乐工演奏。《湛露》及《彤弓》：《诗经·小雅》中的两篇。

②不辞，又不答赋：这是失礼行为。不辞，没有言辞表示。或曰不辞谢。不答赋，不赋诗回答。

③私焉：以私人身份探问宁武子。文公认为宁武子的失礼很奇怪，其中或有缘故。

④臣以为肄业及之也：宁武子假装不知道这是为自己赋诗，而说是乐工为练习而演奏，是因为此二诗是天子宴享诸侯之诗，文公赋此，不合于礼，宁武子不便明说。肄业，练习。

⑤朝正于王：正月时去京师向天子朝贺。

⑥于是乎赋《湛露》：《湛露·序》："天子燕诸侯也。"

⑦天子当阳：《湛露》首章有云："湛湛露斯，匪阳不晞。"当阳，对着太阳而坐，即面向南方。宁武子解此诗，又以阳喻天子，当阳谓天子向明而治。

⑧用命：效劳听命。

⑨敌王所忾：与王同仇敌忾。忾，愤恨。

⑩献其功：献四夷之功。

⑪觉报宴：指计算诸侯之功而报答以相应的宴乐。觉，借为"校"，计算。案《彤弓·序》云："天子赐有功诸侯也。"以上盖言赋《彤弓》之礼。

⑫贶：赐。此指赐宴。

⑬干：犯。大礼：指天子飨诸侯之礼。戾：罪过。

【译文】

卫国的宁武子来聘问，文公设宴招待他，并让乐工为他演奏《湛露》与《彤弓》。宁武子不辞谢，也不赋诗回答。文公派人私下去探问原因，他回答说："下臣以为是乐工在练习。从前诸侯在正月时去京师朝贺天子，天子设宴招待并奏乐，这时就赋《湛露》这首诗，表示天子对着太阳南面而坐，诸侯效劳听命于天子。诸侯和天子同仇敌忾，向天子献上讨伐四方夷狄的俘虏，天子因此赐给红色的弓一张，红色的箭一百支，黑色的弓十张和箭一千支，以计算诸侯的功劳而报以相应的宴乐。现在下臣前来继续过去的友好，承国君赐宴，岂敢犯大礼而自取罪过呢？"

【经】冬十有一月壬寅①，夫人风氏薨②。

【注释】

①壬寅：初一。

②夫人风氏：成风，鲁庄公妾，僖公母。

【译文】

冬十一月初一，夫人成风去世。

【左传】冬，成风薨。

【译文】

冬,成风去世。

五年

【经】五年春王正月①,王使荣叔归含②,且赗③。

【注释】

①五年:鲁文公五年当襄王三十一年,前622年。

②归:通"馈",馈赠。含:把珠玉等物放入死者口中。故放入的珠玉也叫"含"。赠送死者的含玉,不必真置于死者口中。

③赗(fèng):送给丧家的送葬之物,如助丧的车马。此作动词,赠送赗物。此为助成风之丧。

【译文】

鲁文公五年春周历正月,周王派荣叔来赠送含玉,并且赠送其他陪葬物。

【左传】五年春,王使荣叔来含,且赗。

【译文】

鲁文公五年春,周王派荣叔来赠送含玉,还有其他丧葬品。

【公羊传】含者何?口实也①。其言归含且赗何?兼之。兼之,非礼也②。

【注释】

①口实也:口中填实之物。何休云:"孝子所以实亲口也,缘生以事

死,不忍虚其口。"

②兼之,非礼也:含,是臣子之职。成风之丧,周天子只需归赗即可,归含,则是至尊者行至卑之事,故此处不称"天王",而贬称"王",以见其非礼。

【译文】

含是什么? 是死者口中填实之物。经言"归含且赗"是为何? 是表明含与赗兼而有之。兼有,是非礼的,因为归含是非礼的。

【穀梁传】 含,一事也。赗,一事也。兼归之,非正也。其曰且,志兼也。其不言来,不周事之用也①。赗以早②,而含以晚③。

【注释】

①周:适合,合适。

②赗以早:范甯认为"成风未葬,故书早"。

③含以晚:范甯认为"已殡,故言晚"。

【译文】

赠送含,是一件事。赠送赗,是一件事。一起送来,不合正道。经文说"且",是记载一起送来的。经文不说"来",是因为不合事情的应用。赗送来得早了,而含送来得晚了。

【经】三月辛亥①,葬我小君成风。

【注释】

①辛亥:十二日。

【译文】

三月十二日,安葬小君成风。

【公羊传】成风者何？僖公之母也。

【译文】

成风是什么人？是僖公的母亲。

【经】王使召伯来会葬①。

【注释】

①王使召（shào）伯来会葬：召伯，即传文的召昭公。召氏世为周王卿士。《穀梁传》作"毛伯"。会葬，即参加葬礼。此时成风已经下葬，故此处属于会葬不及时，失礼，故不称"天王"而称"王"。

【译文】

周王派召伯来参加成风的葬礼。

【左传】召昭公来会葬，礼也①。

【注释】

①礼也：孔颖达疏引郑玄《箴膏肓》云，天子于诸侯及夫人之丧："于诸侯，含之，赗之；小君亦如之。"使卿来会葬，亦是当时之礼，故曰"礼也"。

【译文】

召昭公来参加葬礼，这是合于礼的。

【穀梁传】会葬之礼于鄙上①。

【注释】

①会葬之礼于鄙上：范甯认为，参加葬礼的使者一到达鲁国边境就

要直奔墓地,这样显示出是专为葬礼而来。鄙,边境。

【译文】

参加葬礼的礼节从进入该国边境就开始。

△【经】夏,公孙敖如晋。

【译文】

夏,公孙敖到晋国去。

【经】秦人入鄀①。

【注释】

①鄀（ruò）：秦、楚边界上的小国,受楚国保护,都商密,在今河南淅
　川西南。

【译文】

秦人入侵鄀国。

【左传】初,鄀叛楚即秦,又贰于楚①。夏,秦人入鄀②。

【注释】

①贰于楚：与秦有二心而亲楚。

②秦人入鄀：秦军进入鄀的国都。案鄀未亡,迁都到今湖北宜城。

【译文】

当初,鄀国背叛楚国亲近秦国,后又亲附楚国。夏,秦人攻入鄀国。

【经】秋,楚人灭六①。

【注释】

①六：国名，皋陶后代，地在今安徽六安。

【译文】

秋，楚人灭了六国。

【左传】六人叛楚即东夷①。秋，楚成大心、仲归帅师灭六②。

【注释】

①东夷：指东方郯、莒、徐夷诸国。

②成大心：楚大夫。仲归：楚大夫，字子家。

【译文】

六国人背叛楚国亲近东夷。秋，楚国成大心、仲归率军队灭了六国。

冬，楚公子燮灭蓼①。臧文仲闻六与蓼灭，曰："皋陶、庭坚不祀忽诸②。德之不建③，民之无援，哀哉！"

【注释】

①楚公子燮灭蓼（liǎo）：蓼，国名，相传为庭坚后裔，在今河南固始东北。顾栋高曰："楚至此已不可遏矣。……晋襄所以无暇及楚者，以秦之故。秦之所以搆难于晋者，则以郑之故。"

②皋陶：传说中东夷族的首领，曾被舜任为掌管刑法的官。庭坚：传说为高阳氏颛顼的后代。不祀忽诸：即"忽焉不祀"，一下子就没人祭祀了。

③德之不建：即"不建德"。

【译文】

冬，楚国公子燮灭了蓼国。臧文仲听说了六国和蓼国被灭，说："皋陶、庭坚一下子就没人祭祀了。不建立自己的德行,百姓没有救援,可悲啊。"

△【经】冬十月甲申①,许男业卒②。

【注释】

①甲申:十八日。

②许男业:即许僖公,男爵,姓姜,名业,谥僖。

【译文】

冬十月十八日,许僖公业去世。

*【左传】晋阳处父聘于卫,反过甯①,甯嬴从之②,及温而还。其妻问之,嬴曰:"以刚③。《商书》曰:'沈渐刚克,高明柔克④。'夫子壹之⑤,其不没乎⑥! 天为刚德,犹不干时⑦,况在人乎? 且华而不实,怨之所聚也,犯而聚怨⑧,不可以定身。余惧不获其利而离其难⑨,是以去之。"

【注释】

①反:返回。甯:晋地名,在今河南获嘉西北。

②甯嬴:人名,掌管宾馆的大夫。

③以刚:太刚强。以,甚。

④沈渐刚克,高明柔克:《商书》二句见《尚书·洪范》。沈渐,指性格迟缓软弱。高明,指性格爽朗。柔,柔弱。克,克制,克服。

⑤壹之:只有一点,指阳处父本性爽朗,又太刚。

⑥不没:不得善终。

⑦天为刚德,犹不干时:意为天乃纯阳,属于刚强之德,尚且有不违

犯四时运行次序的柔德。

⑧犯：触犯别人。

⑨离其难：指同阳处父一起受难。明年，阳处父被杀。离，同"罹"，遭受。

【译文】

晋阳处父到卫国聘问，返回时经过宁邑，宁嬴跟随他，但到温地就回来了。他的妻子问他，宁嬴回答说："阳处父太刚强。《商书》说：'软弱的人用刚强来克服，爽朗的人用柔弱来克服。'阳处父只有一面的性格，恐怕不得善终！上天是刚强之德，尚且不违背时令，更何况人呢？而且阳处父华而不实，怨恨就会聚集到身上。触犯别人又聚集怨恨，不可以安身自保。我怕没有得到他的好处反而和他一起遭受祸害，所以离开了他。"

晋赵成子、栾贞子、霍伯、臼季皆卒①。

【注释】

①赵成子：赵衰。栾贞子：栾枝。霍伯：先且居，先轸的儿子。臼季：胥臣。此句应与下年传"六年春"一节连读。

【译文】

晋国的赵衰、栾枝、先且居、胥臣都去世了。

六年

△**【经】六年春**①**，葬许僖公。**

【注释】

①六年：鲁文公六年当周襄王三十二年，前621年。

【译文】

鲁文公六年春,安葬许僖公。

*【左传】六年春,晋蒐于夷①,舍二军②。使狐射姑将中军,赵盾佐之③。阳处父至自温④,改蒐于董⑤,易中军⑥。阳子,成季之属也⑦,故党于赵氏⑧,且谓赵盾能,曰:"使能,国之利也。"是以上之。宣子于是乎始为国政⑨。制事典⑩,正法罪⑪,辟刑狱⑫,董逋逃⑬,由质要⑭,治旧洿⑮,本秩礼⑯,续常职⑰,出滞淹⑱。既成,以授大傅阳子与大师贾佗⑲,使行诸晋国,以为常法。

【注释】

①蒐:检阅、检查。夷:采邑名,未知今地何处。

②舍二军:僖公三十一年,晋蒐于清原,作五军以御狄。今则废新上军、新下军,恢复晋文公四年三军之旧制。舍,撤销。

③赵盾:赵宣子,赵衰之子。

④至自温:温为阳处父采邑。上年阳处父聘卫,回国时在温停留。

⑤董:地名,在今山西万荣。

⑥易中军:处父时为太傅,故能以国老之身份为此。

⑦阳子,成季之属也:洪亮吉《春秋左传诂》引《说苑》:"师旷对晋平公曰:'阳处父欲臣文公,因咎犯,三年不达;因赵衰,三日而达。'"认为阳处父因赵衰而进用,故"尝为赵衰属大夫"。成季,赵衰,成是谥号,季是字。

⑧党:偏私。

⑨为国政:为执政。晋国以中军将为执政。

⑩制事典:制定章程。

⑪正法罪：修订刑罚律令。

⑫辟刑狱：清理诉讼积案。

⑬董：督查。逋逃：追捕逃亡之人。

⑭由质要：使用契约。由，用。

⑮治旧洿（wū）：清除政事上的污垢。

⑯本秩礼：恢复被破坏的等级制度。

⑰续常职：重建被废弃的官职。

⑱出滞淹：选用屈居下位的贤人。

⑲大傅：太傅，位卿。晋太傅主管礼刑之事。大师：太师，也是三公之
　　一。贾佗：晋公族，文公旧臣，尝从重耳出亡，年幼于狐偃、赵衰。

【译文】

六年春，晋国在夷地检阅军队，撤销二军。让狐射姑率领中军，赵盾辅佐他。阳处父从温地回来，把阅兵改在董地，并撤换中军主将。阳处父曾是赵衰的下属，所以对赵氏有偏私，而且认为赵盾有才干，说："任用有才干的人，这是国家的利益。"所以让赵盾居上位。赵盾从此开始执掌晋国的政权。他制定国家章程，修订刑罚律令，清理诉讼积案，督查和追捕逃犯，办事使用契约，清除政治上的污垢，恢复被破坏的等级制度，重建被废弃的官职，选用屈居下位的贤人。政令法规制定之后，就交给太傅阳处父和太师贾佗，由他们在晋国内施行，成为国家的常用法规。

【经】夏，季孙行父如陈①。

【注释】

①季孙行父：季文子。季友之孙。

【译文】

夏，季孙行父到陈国去。

【左传】臧文仲以陈、卫之睦也，欲求好于陈。夏，季文子聘于陈，且娶焉。

【译文】

臧文仲因为陈国和卫国和睦友好，也想和陈国结好。夏，季文子到陈国聘问，并乘此机会娶陈国女子为妻。

*【左传】秦伯任好卒①，以子车氏之三子奄息、仲行、铖虎为殉②，皆秦之良也。国人哀之，为之赋《黄鸟》③。

【注释】

①任好：秦穆公之名。

②奄息、仲行、铖（qián）虎：三人皆为勇士。据《史记·秦本纪》，秦穆公死时以一百七十七人殉葬，子车氏三子也在其中。

③《黄鸟》：《诗经·秦风》篇名。其《序》曰："《黄鸟》，哀三良也。国人刺穆公以人从死而作是诗也。"

【译文】

秦穆公任好去世，用子车氏的三个儿子奄息、仲行、铖虎殉葬，他们都是秦国的善人。国人哀伤，为此作《黄鸟》诗以示哀悼。

君子曰："秦穆之不为盟主也宜哉。死而弃民。先王违世①，犹诒之法②，而况夺之善人乎③？"《诗》曰：'人之云亡，邦国殄瘁④。'无善人之谓。若之何夺之？古之王者知命之不长，是以并建圣哲⑤，树之风声⑥，分之采物⑦，著之话言⑧，为之律度⑨，陈之艺极⑩，引之表仪⑪，予之法制，告之训典⑫，教之防利⑬，委之常秩⑭，道之礼则⑮，使毋失其土宜⑯，众隶赖之^⑰，而后即命^⑱。圣王同之。今纵无法以遗后嗣，而又收其良以死，难以在上矣。"君子是以知秦之不复东征也^⑲。

【注释】

①违世：离世，去世。

②诒（yí）：遗，留下。

③夺之善人：夺去善人的生命。

④人之云亡，邦国殄瘁：引《诗》见《诗经·大雅·瞻卬》。殄瘁，同义词连用，困苦。

⑤并：遍，普遍。圣哲：贤能。

⑥风声：教化风气。

⑦采物：即物采，指旗帜服饰等物品。

⑧话言：指有益的话语。

⑨律度：法度。

⑩艺极：准则。

⑪表仪：表率。

⑫训典：指先王遗训。

⑬防利：防止谋求私利。

⑭委：委任。常秩：常设的官职。

⑮道：教导。礼则：礼仪。

⑯土宜：因地制宜。

⑰众隶：指众人。赖：信赖。

⑱即命：就命，死去。

⑲不复东征：不能再向东征伐。秦国此后相当一个时期内没有再强盛，不能东进一步。

【译文】

君子说："秦穆公没有当上盟主也是理所当然的了。死了还抛弃百姓!先王去世,还要留下法则,怎么能夺走善人的生命呢?《诗》里说:'贤人死亡,国家就要衰弱了。'说的就是没有善人。只怕没有善人,怎么还去夺走他们的生命呢?古代身居王位的人知道寿命不会长久,所以到处选贤任能,树立好的教化风气,分给大家旗帜服饰等各种物品,把有益的话语著于典册留给后人,并为他们制定法度,把各种准则颁布出去,树立表率以引导他们,教他们使用法规,告诉他们先王的遗训,教导他们如何防止谋求私利,委任他们一定的官职,教导他们各种礼仪,让他们不要失去因地制宜的规律,众人都能信赖他们,然后才离世死去。圣人和先王都是这样做的。现在不仅没有法则留给后人,还用那些善人来殉葬,就难以成为一个国君了。"君子因此知道秦国不可能再向东征伐了。

【经】秋,季孙行父如晋。

【译文】

秋,季孙行父到晋国去。

【左传】秋,季文子将聘于晋,使求遭丧之礼以行①。其人曰②:"将焉用之?"文子曰:"备豫不虞③,古之善教也。求而无之,实难④。过求⑤,何害?"

【注释】

①遭丧之礼:碰到丧事应备的礼仪物品。

②其人:指随行人员。

③备、豫:同义词,防备。不虞:意外。

④实难:将处于困境。

⑤过求:有准备而一时用不着。

【译文】

秋,季文子准备到晋国去聘问,派人准备一些丧事需用的礼仪物品然后才动身。他的随行人员问:"准备这些做什么用?"文子说:"防备意外,这是古人的好教训。临时需要却没有,那将处于尴尬的境地。有准备虽一时用不上,有什么害处?"

【经】八月乙亥①,晋侯骦卒②。

【注释】

①乙亥:十四日。

②晋侯骦(huān)卒:晋侯骦,即晋襄公,姓姬,名骦,谥襄。骦,《公羊传》作"谨"。案晋襄公在位仅七年,即位之初,夏战崤以却秦,秋败箕以蹶狄,冬伐许以离楚,三强悉退,可谓有霸者之略。

【译文】

八月十四日,晋襄公骦去世。

【左传】八月乙亥,晋襄公卒。灵公少①,晋人以难故,欲立长君②。赵孟曰③:"立公子雍④。好善而长,先君爱之⑤,且近于秦⑥。秦,旧好也。置善则固⑦,事长则顺,立爱则孝,结旧则安。为难故,故欲立长君。有此四德者⑧,难必抒矣⑨。"贾季曰⑩:"不如立公子乐⑪。辰嬴嬖于二君⑫,立其子,民必安之。"赵孟曰:"辰嬴贱,班在九人⑬,其子何震之有⑭?且为二君嬖,淫也。为先君子,不能求大,而出在小国⑮,辟也⑯。母淫子辟,无威;陈小而远,无援。将何安焉?杜祁以君故⑰,让偪姞而上之⑱;以狄故,让季隗而己次之⑲,故班在四⑳。先君是以爱其子,而仕诸秦,为亚卿焉㉑。

秦大而近，足以为援，母义子爱，足以威民。立之，不亦可乎？"使先蔑、士会如秦，逆公子雍。贾季亦使召公子乐于陈。赵孟使杀诸郫㉒。

【注释】

①灵公少：晋灵公此时还在襁褓之中。

②立长君：立年长的为国君。如此则要废太子。

③赵孟：赵盾。自赵盾以后，赵氏世称孟。

④公子雍：晋文公儿子，襄公庶弟。

⑤先君：指晋文公。

⑥近于秦：公子雍当时仕于秦。

⑦置善：前说公子雍是"好善而长"，因此立他为君便是置善。固：国家巩固。

⑧四德：指固、顺、孝、安。

⑨抒：缓解。

⑩贾季：狐射（yè）姑，狐偃之子。

⑪公子乐：公子雍庶弟，怀嬴儿子。

⑫辰嬴：即怀嬴，先嫁怀公，又嫁文公，死后谥"辰"。嬖：宠爱。二君：指怀公、文公。

⑬班在九人：文公妃妾中，怀嬴位在第九。班，位次。

⑭震：威，威望。

⑮出在小国：指公子乐出居在陈国。

⑯辟：鄙陋。

⑰杜祁：公子雍的母亲。杜，祁姓国，在今陕西西安。

⑱让偪姞（fù jí）而上之：襄公立为太子后，杜祁让位给偪姞，使她在上位。偪姞，襄公的母亲。偪，姞姓国，今地不详。

⑲以狄故，让季隗而己次之：狄人是晋国强邻，杜祁让季隗居于己

上,是为了结好狄人。季隗,晋文公重耳流亡狄时所娶的夫人。

⑳班在四:杜祁本位居第二,让位后才居于第四。

㉑亚卿:位仅次于卿。

㉒郫(pí):又叫郫邵,晋地名,在今河南济源西。

【译文】

八月十四日,晋襄公去世。晋灵公还小,晋国人因为国难的缘故,准备立年长的为国君。赵孟说:"立公子雍。他生性善良而且年长,先君喜欢他,而且与秦国亲近。秦国,是我们的老朋友。立善良之人国家就巩固,事奉年长的为君名正言顺,立先君所喜欢的人符合孝道,结交老朋友就能安定。国家有难,所以要立年长者为君。有这四项德行,国难就可以缓解了。"贾季说:"不如立公子乐。辰嬴受到二位国君的宠爱,立她的儿子,百姓必能安定。"赵孟说:"辰嬴低贱,文公妃妾中位次第九。她的儿子有何威望?而且她受两位国君宠爱,那是淫荡。作为先君的儿子,不能求得大国保护而出居在小国,这是鄙陋。母亲淫荡,儿子鄙陋,没有威望;陈国小而且鄙远,有事无法救援,将如何安定呢?杜祁由于国君的缘故,让偪姞居于上位;因为狄人的缘故,让季隗居于自己之上,所以位次在第四。先君因此喜欢她的儿子,让他在秦国做官,位居亚卿。秦国大而且近,有事可以救援;母亲有义儿子有爱,足以君临百姓。立他,不是可以吗?"赵孟派先蔑、士会到秦国去迎接公子雍。贾季也派人到陈国去召回公子乐。赵孟派人在郫地把他们杀了。

【经】冬十月,公子遂如晋①**。葬晋襄公。**

【注释】

①公子遂如晋:公子遂到晋国参加晋襄公葬礼。案礼,他国诸侯去世,当使大夫吊丧,诸侯亲往会葬。晋襄公生时,文公数次如晋,此时却不自往会葬,非礼也。

【译文】

冬十月,公子遂到晋国去。安葬晋襄公。

【左传】冬十月,襄仲如晋葬襄公。

【译文】

冬十月,襄仲到晋国去参加晋襄公的葬礼。

【经】晋杀其大夫阳处父。

【译文】

晋国杀了他们的大夫阳处父。

【左传】贾季怨阳子之易其班也[①],而知其无援于晋也。九月,贾季使续鞫居杀阳处父[②]。书曰:"晋杀其大夫。"侵官也[③]。

【注释】

①易其班:指贾季本为中军帅,后被阳处父贬为中军佐一事。

②续鞫居:即狐鞫居。

③侵官:侵夺了官职。贾季已任命为中军帅,阳处父又改换了他,是侵官。

【译文】

贾季怨恨阳处父贬了他的官职,又知道他在晋国孤立无援。九月,贾季派续鞫居杀了阳处父。《春秋》记载说:"晋国杀其大夫。"是因为剥夺官职的缘故。

【穀梁传】称国以杀，罪累上也。襄公已葬，其以累上之辞言之何也？君漏言也①。上泄则下暗，下暗则上聋。且暗且聋，无以相通。夜姑杀者也②。夜姑之杀奈何？曰：晋将与狄战，使狐夜姑为将军，赵盾佐之。阳处父曰："不可，古者君之使臣也，使仁者佐贤者，不使贤者佐仁者。今赵盾贤，夜姑仁，其不可乎？"襄公曰："诺。"谓夜姑曰："吾始使盾佐女，今女佐盾矣。"夜姑曰："敬诺。"襄公死，处父主竟上事③，夜姑使人杀之。君漏言也。故士造辟而言④，诡辞而出⑤，曰：用我则可，不用我则无乱其德⑥。

【注释】

①漏：泄漏。

②夜姑：即狐夜姑，也作"狐射姑"。因食邑于贾，又叫贾季。

③主竟上事：就是指在边境接待前来参加襄公葬礼的诸侯使节。
　　竟，边境。

④造：去，往。辟：国君，君主。

⑤诡辞：不实之言辞。

⑥无乱其德：指要求国君不要对别人泄漏话，要替臣下保密。

【译文】

以国家的名义来杀他，是表明罪行连累到国君。晋襄公已经下葬，经文为什么用连累到国君的言辞来说呢？因为国君泄漏了臣下的话。国君泄漏了臣下的话，臣下就会闭口不言；臣下闭口不言，国君就成聋子了。一边闭口不言，一边成了聋子，君臣上下就无法相互沟通。是夜姑杀的阳处父。夜姑为什么要杀他呢？回答说：晋国将与狄人作战，派狐夜姑为将军，派赵盾为副手。阳处父说："不可以，古时国君任用大臣，是让有仁德的人为贤能的人当副手，不让贤能的人为有仁德的人当副手。

现在赵盾贤能,夜姑有仁德,这样大概不行吧?"晋襄公说:"好的。"便对夜姑说:"我一开始让赵盾给你当副手,现在你给赵盾当副手吧。"夜姑说:"遵命。"晋襄公去世,阳处父主持边境上的接待事务,夜姑派人杀了他。这是因为晋襄公泄露了阳处父的话。所以士人去国君那里进言,不一定要说实话,可以说:如果用我的建议则可以,若不用我的言辞,也不要扰乱自己的德行。

【经】晋狐射姑出奔狄[①]。

【注释】

①狐射姑:《穀梁传》作"狐夜姑"。

【译文】

晋国的狐射姑逃亡狄国。

【左传】十一月丙寅[①],晋杀续简伯[②]。贾季奔狄。宣子使臾骈送其帑[③]。夷之蒐,贾季戮臾骈[④],臾骈之人欲尽杀贾氏以报焉。臾骈曰:"不可。吾闻《前志》有之曰:'敌惠敌怨[⑤],不在后嗣,忠之道也。'夫子礼于贾季[⑥],我以其宠报私怨[⑦],无乃不可乎? 介人之宠[⑧],非勇也。损怨益仇[⑨],非知也。以私害公,非忠也。释此三者[⑩],何以事夫子?"尽具其帑,与其器用财贿[⑪],亲帅扞之[⑫],送致诸竟[⑬]。

【注释】

①丙寅:十一月无丙寅日,恐记日有误。

②续简伯:即续鞫居。

③宣子:赵盾。臾(yú)骈:赵盾家臣。帑:通"孥",妻子儿女。

④戮：侮辱。

⑤敌惠敌怨：有惠于人，有怨于人。敌，对。

⑥夫子：指赵盾。

⑦以其宠：因受到赵盾的宠信。

⑧介：因，依赖。

⑨损怨益仇：减少自己的怨气，增加他人对我的仇恨。

⑩三者：指勇、智、忠。

⑪器用财贿：器用财物。

⑫扞：同"捍"，保卫。

⑬竟：通"境"。

【译文】

十一月丙寅日，晋国杀了续简伯。贾季逃奔到狄国。赵宣子派史骈把他的家小送到狄国去。在夷地阅兵时，贾季侮辱了史骈，史骈的随从准备把贾季的家小全部杀死以报仇。史骈说："不可以。我听说《前志》这部书里说过：'有惠于人，有怨于人，都与他的后代无关。这才合于忠恕之道啊。'夫子待贾季以礼，我却因为受到宠信而报私怨，恐怕不可以吧？依赖别人的宠信来报仇，不算勇敢。虽消除了自己的怨气，却增加他人对我的仇恨，是不明智。以私仇损害公事，不是忠诚。抛弃了勇敢、明智和忠诚这三样，拿什么去事奉夫子呢？"于是把贾季的全部家小和器用财物集中好，亲自率领着卫队保护，送到边境上。

【公羊传】晋杀其大夫阳处父，则狐射姑曷为出奔①？射姑杀也。射姑杀，则其称国以杀何②？君漏言也。其漏言奈何？君将使射姑将③，阳处父谏曰："射姑，民众不说，不可使将。"于是废将。阳处父出，射姑入，君谓射姑曰："阳处父言曰：'射姑，民众不说，不可使将。'"射姑怒，出刺阳处父于朝而走。

【注释】

①晋杀其大夫阳处父,则狐射姑曷为出奔:案《春秋》之中,记录一
　大夫被杀,另一大夫出奔,表明两人有亲,恐被殃及,故而出奔。
　此处阳处父与狐射姑非同姓,故而发问。

②射姑杀,则其称国以杀何:案《春秋》之例,称国以杀,是君杀大夫
　之辞;大夫相杀,则称人以杀,如文公九年"晋人杀其大夫先都"。
　此处是大夫相杀,却称国而杀,故而发问。据下文,国君漏言,致
　使大夫被杀,罪责在国君,故经文称国以杀。

③将:何休云:"谓作中军大夫。"

【译文】

晋国杀了大夫阳处父,那么狐射姑为何要出奔? 是射姑杀的阳处
父。射姑杀的,那么为何是以国家的名义杀他? 因为国君泄漏言语了。
国君泄漏言语是怎么回事? 国君将要使射姑为中军将,阳处父进谏道:
"射姑,民众不喜欢他,不可用他为将。"于是未任用他。阳处父出,射姑
入。国君对射姑说:"阳处父说:'射姑,民众不喜欢他,不可用他为将。'"
射姑大怒,出去在朝中刺杀了阳处父就逃走了。

【经】闰月不告月①,犹朝于庙②。

【注释】

①告月:即告朔,每年秋冬之际,天子把来年的历书颁给诸侯。历书
　包括有无闰月、每月初一为哪天等。诸侯藏历书于祖庙,逢每月
　初一杀羊祭庙,告而受行之。然而闰月非常月,无告月之礼,因而
　也就没有朝庙之礼。此处文公于闰月朝庙,则是非礼。

②朝于庙:告朔之后应视朔(在太庙听政),然后朝祭宗庙。

【译文】

闰月不举行告朔的祭礼，但还朝祭宗庙。

【左传】闰月不告朔①，非礼也。闰以正时②，时以作事③，事以厚生④，生民之道，于是乎在矣。不告闰朔，弃时政也⑤，何以为民⑥？

【注释】

①不告朔：文公因闰月便不举行告朔的仪式。

②闰以正时：闰月是用来补正四时的。

③时以作事：根据四时来安排农事。事，指农事。

④厚生：使百姓富裕。

⑤弃时政：违背了施政的时令。

⑥为民：即治民。

【译文】

闰月不举行告朔的祭礼，不合于礼。闰月是用来补正四时的，四时是用来安排农事的，农事不失时，可使百姓富足，养活百姓的方法，就在于此。闰月不告朔，是丢弃了施政的时令，如何能治理好百姓？

【公羊传】不告月者何？不告朔也。曷为不告朔？天无是月也。闰月矣，何以谓之天无是月？非常月也。犹者何？通可以已也。

【译文】

"不告月"是什么意思？是不行告朔之礼。为何不告朔？因为时令没有这个月。这个月是闰月，为何说时令没有这个月？因为这个月不是常月。"犹"是什么意思？与可以停止的意思相通。

【穀梁传】不告月者何也？不告朔也。不告朔则何为不言朔也？闰月者，附月之余日也，积分而成于月者也。天子不以告朔，而丧事不数也。犹之为言，可以已也。

【译文】

"不告月"是什么？就是不举行告朔仪式。不举行告朔仪式为什么也不说"朔日"呢？因为闰月，是依附于以往月份剩余下来的日子，积攒分散的日子而凑成一个月的。天子不在闰月举行告朔仪式，而且丧葬之事也不计算闰月。"犹"的意思，是可以停止了的意思。

七年

【经】七年春①，公伐邾②。

【注释】

①七年：鲁文公七年当周襄王三十三年，前620年。
②邾：《公羊传》作"邾娄"。

【译文】

鲁文公七年春，文公攻打邾国。

【左传】七年春，公伐邾，间晋难也①。

【注释】

①间（jiàn）晋难：晋国内因争立新君发生祸难，无法救援邾，鲁国利

用这个机会伐邾。

【译文】

鲁文公七年春,文公攻打邾国,是利用晋国内部有难的机会。

【经】三月甲戌①**,取须句**②**。**

【注释】

①甲戌:十七日。

②须句:在今山东东平。《公羊传》作"须朐"。僖公二十一年,须句灭于邾,须句子奔鲁,二十二年鲁伐邾,取须句,返其君。此时须句又为邾所占,所以文公伐邾取须句。

【译文】

三月十七日,夺取须句。

【左传】三月甲戌,取须句,置文公子焉①**,非礼也。**

【注释】

①文公子:指邾文公儿子。其时叛在鲁国,鲁国让他做须句的守官,以抵御邾国。

【译文】

三月十七日,攻取须句,把邾文公儿子安置在那里,这不符合礼。

【公羊传】取邑不日①**,此何以日? 内辞也,使若他人然**②**。**

【注释】

①取邑不日:案时月日例,取邑例时,一月而再取邑,则书日。此处仅取一邑,故而发问。

②使若他人然：即好像是公伐邾娄，后退兵归国；三月甲戌，他人攻
取了须朐邑。案《春秋》之中，取邑为小恶，不需要避讳，此处为
文公避讳者，下文扈之盟，文公不见序，缘此取邑之故。盟不见
序，为大恶，故此处为之深讳。

【译文】

功取城邑例不书日，此处为何书日？是为鲁国避讳的文辞，好像取
须朐是他人所为。

【穀梁传】取邑不日，此其日何也？不正其再取，故谨
而日之也。

【译文】

攻取城邑不记载日期，这里经文记载了日期是为什么呢？是认为第
二次攻取须句不合正道，所以慎重地记载这件事的日期。

【经】遂城郚①。

【注释】

①郚（wú）：鲁邑，在今山东泗水东南。非鲁庄公元年之郚地。

【译文】

于是在郚地筑城。

【穀梁传】遂，继事也。

【译文】

遂，是表示后一件事接着前一件事。

【经】夏四月，宋公王臣卒^①。

【注释】

①宋公王臣卒：宋公王臣，即宋成公，姓子，名王臣，谥成。王臣，《穀梁传》作"壬臣"。王臣杀无罪大夫（即僖公二十五年"宋杀其大夫"），故不书葬。又案时月日例，大国之君卒书日，此处书月者，因其内娶之故。

【译文】

夏四月，宋成公王臣去世。

【左传】夏四月，宋成公卒。于是公子成为右师^①，公孙友为左师^②，乐豫为司马^③，鳞瓘为司徒^④，公子荡为司城^⑤，华御事为司寇^⑥。

【注释】

①公子成：宋庄公之子。

②公孙友：宋桓公之孙，公子目夷之子。

③乐豫：宋戴公玄孙。

④鳞瓘（guàn）：宋桓公之孙。

⑤公子荡：宋桓公之子。司城：即司空。宋武公名司空，宋故改司空之官为司城。

⑥华御事：华督之孙，华元之父。

【译文】

夏四月，宋成公去世。此时公子成担任右师，公孙友任左师，乐豫任司马，鳞瓘任司徒，公子荡任司城，华御事任司寇。

【经】宋人杀其大夫①。

【注释】

①宋人杀其大夫：据《左传》，宋成公去世时，宋国重要职务都由公
族诸公子担任，新即位的宋昭公欲削弱诸公子势力，结果宋穆公、
宋襄公的族人与昭公交战，其时公孙固、公孙郑在王宫中，被杀。

【译文】

宋人杀了他们的大夫。

【左传】昭公将去群公子①，乐豫曰："不可。公族②，公
室之枝叶也，若去之，则本根无所庇阴矣。葛藟犹能庇其本
根③，故君子以为比④，况国君乎？此谚所谓'庇焉而纵寻斧
焉'者也⑤。必不可，君其图之！亲之以德，皆股肱也，谁敢
携贰⑥？若之何去之？"不听。穆、襄之族率国人以攻公⑦，
杀公孙固、公孙郑于公宫⑧。六卿和公室⑨，乐豫舍司马以
让公子卬⑩，昭公即位而葬⑪。书曰："宋人杀其大夫。"不称
名，众也，且言非其罪也。

【注释】

①昭公：宋成公之子，名杵臼。群公子：公族中之一部分。

②公族：诸侯的同族。

③葛藟（lěi）：一种藤类植物。

④君子以为比：《诗经·王风·葛藟·序》云："《葛藟》，王族刺平王
也。周室道衰，弃其九族焉。"

⑤纵、寻：都是"用"的意思。

⑥携贰：三心二意。

⑦穆、襄之族：指宋穆公、襄公的子孙，即昭公欲去之群公子。

⑧公孙固、公孙郑：皆昭公亲信。

⑨六卿：宋以右师、左师、司马、司徒、司城、司寇为六卿。随时代不同，六卿之位次也不同。和：调和。

⑩公子卬：昭公弟。

⑪葬：葬宋成公。

【译文】

宋昭公准备杀掉众公子，乐豫说："不行。国君的同族，是公室的枝叶，如果剪除它，那么树干和树根就无所庇护了。葛藟尚且能庇护它的干和根，所以君子拿它来打比方，更何况国君呢？这就是谚语所说的'树可以遮阴，你偏偏要用斧头去砍掉它'。一定不可以，国君您要好好考虑一下。应该用德行去亲近他们，他们都是左右辅弼之臣，谁敢三心二意？为什么要除掉他们呢？"昭公不听劝。穆公、襄公的族人率领国人进攻昭公，在宫内杀了公孙固、公孙郑。六卿出面进行调和，乐豫放弃司马的职位让给公子卬，昭公即位，安葬宋成公。《春秋》记载说："宋人杀了他们的大夫。"不记载被杀大夫的名字，因为人太多了，而且他们是无罪的。

【公羊传】何以不名①？宋三世无大夫，三世内娶也②。

【注释】

①何以不名：不名，即不书被杀大夫之名。案名例，大夫称名氏。又案大夫相杀之例，亦书被杀大夫之名氏，故而发问。

②宋三世无大夫，三世内娶也：参见僖公二十五年"宋杀其大夫"条。

【译文】

为何不书被杀大夫之名？宋国三世没有大夫，因为三世皆娶大夫女为妻。

【穀梁传】称人以杀，诛有罪也。

【译文】

用"人"来称杀，是诛杀有罪的人。

【经】戊子^①，晋人及秦人战于令狐^②。晋先蔑奔秦^③。

【注释】

①戊子：四月初一。

②令狐：在今山西临猗西。

③晋先蔑奔秦：《公羊传》作"晋先眛以师奔秦"。

【译文】

四月初一，晋国人和秦国人在令狐作战。晋国的先蔑逃奔到秦国。

【左传】秦康公送公子雍于晋^①，曰："文公之入也无卫，故有吕、郤之难^②。"乃多与之徒卫^③。

【注释】

①秦康公：秦穆公太子䓨，其母为秦穆姬，晋文公异母姊。

②吕、郤之难：文公回国，吕甥、郤芮欲杀之。事见僖公二十四年传。

③徒卫：步兵。用为护卫。

【译文】

秦康公把公子雍送回晋国，说："文公回国时没有护卫，所以发生了吕、郤之难。"于是就多给予了他步兵卫队。

穆嬴日抱大子以啼于朝^①，曰："先君何罪？其嗣亦何罪？舍適嗣不立②，而外求君③，将焉置此④？"出朝，则抱以适赵氏，顿首于宣子⑤，曰："先君奉此子也而属诸子⑥，曰：'此子也才，吾受子之赐；不才，吾唯子之怨⑦。'今君虽终，言犹在耳，而弃之，若何？"宣子与诸大夫皆患穆嬴，且畏逼⑧，乃背先蔑而立灵公⑨，以御秦师。箕郑居守。赵盾将中军，先克佐之⑩；荀林父佐上军；先蔑将下军，先都佐之。步招御戎，戎津为右。及堇阴⑪。宣子曰："我若受秦⑫，秦则宾也；不受，寇也。既不受矣，而复缓师⑬，秦将生心⑭。先人有夺人之心⑮，军之善谋也。逐寇如追逃⑯，军之善政也。"训卒，利兵，秣马，蓐食⑰，潜师夜起。戊子，败秦师于令狐，至于刳首⑱。

【注释】

①穆嬴：晋襄公夫人，晋灵公母亲。

②適嗣：指太子夷皋，后继位为灵公。適，同"嫡"。

③外求君：指迎接公子雍。

④此：指太子。

⑤顿首：叩头。

⑥属：托付。

⑦"此子也才"四句：襄公嘱赵盾训导太子夷皋。唯子之怨，即唯怨子，将埋怨你。

⑧畏逼：怕穆嬴党徒威逼。

⑨背先蔑而立灵公：上年赵盾已派先蔑等去秦国迎接公子雍，此时先蔑已回国。

⑩先克：先且居之子。

⑪堇（jǐn）阴：晋地名，在今山西临猗东，与令狐相近。

⑫受秦：指接受秦国护送的公子雍。

⑬缓师：慢腾腾地出兵。

⑭生心：产生其他的念头，指以武力送公子雍回国为君。

⑮先人：先发制人，争取主动。夺人之心：破坏对方作战信心，动摇对方军心。

⑯追逃：追赶逃犯。

⑰蓐（rù）食：厚食，战前让士卒饱餐。

⑱败秦师于令狐，至于刳（kū）首：刳首，在今山西临猗。顾栋高曰："殽之战，襄公以国故不得不然，此则出于赵盾强臣之私意，置君如弈棋之不定，以大国之约，立储之重，视同儿戏，出尔反尔，起于一朝。衅开自晋，于秦无罪。七十年之兵连祸结，皆赵盾一人尸之也。"又曰："据此，则殽战之怨已终，至此欲解仇结好，忽然中变，……宜日后之报复无已也。"

【译文】

　　穆嬴每天抱着太子在朝廷中哭，说："先王有什么罪？他的后代继承人有什么罪？抛弃嫡子不立，反而到国外去迎接国君，那么太子将怎么安置啊？"出了朝廷，她就抱着太子到赵盾家去，向赵盾叩头，说："先君把这孩子托付给你，说：'这孩子如果成才，这就是您赐予我的恩惠；如果不成才，我将要怨你了。'今日先君虽然去世，话还在耳边响着，你要抛弃他，怎么办？"赵盾和众大夫都怕穆嬴，且怕穆嬴的党徒威逼，于是就违背了先蔑而立了灵公，并发兵抵御秦国军队。箕郑留守。赵盾率领中军，先克辅佐他；荀林父辅佐上军；先蔑率领下军，先都辅佐他。步招驾驭战车，戎津为车右。一直到达堇阴。赵宣子说："我如果接受秦国护送的公子雍，就应把他当做客人；不接受，就是敌人。现在已经不接受了，又慢腾腾地出兵，秦国必将产生别的念头。先发制人，可以夺取敌人的军心，这是用兵的好计谋。追逐敌人好比追逐逃犯，这是打仗的好办法。"于是训练士兵，磨砺兵器，喂饱战马，部队吃饱，秘密发兵，夜里出动。四月初一,在令狐把秦军打败,而且追逐秦军到刳首。

　　己丑^①,先蔑奔秦,士会从之。

【注释】

①己丑:四月初二。

【译文】

四月初二,先蔑逃亡到秦国,士会跟随他逃亡。

　　先蔑之使也^①,荀林父止之,曰:"夫人、大子犹在,而外求君,此必不行。子以疾辞^②,若何? 不然,将及^③。摄卿以往^④,可也,何必子? 同官为寮^⑤,吾尝同寮^⑥,敢不尽心乎?"弗听。为赋《板》之三章^⑦。又弗听。及亡,荀伯尽送其帑及其器用财贿于秦,曰:"为同寮故也。"

【注释】

①先蔑之使:指先蔑、士会到秦国迎接公子雍。

②以疾辞:借口生病不去。

③将及:将及祸,将赶上灾祸。

④摄卿以往:派一个大夫代理卿职前往。摄,代理。

⑤寮:同在一个部门做官叫同僚。

⑥吾尝同寮:僖公二十八年荀林父将中行,先蔑将左行,因此说"同僚"。

⑦《板》之三章:《诗经·大雅·板》第三章有"我虽异事,及尔同僚。我及尔谋,听我嚣嚣"等句。荀林父取其"同僚为你考虑,你应听从"之意来劝阻先蔑。

【译文】

先蔑出使秦国迎接公子雍的时候，荀林父曾阻止他，说："夫人、太子都在，而你到国外去迎接国君，这一定是行不通的。你以生病借口不去，怎么样？不然，将遭受灾祸了。派一个代理卿的职位的大夫前去就可以了，为何一定要你去呢？一起做官叫作同僚，我们曾是同僚，哪敢对你不尽心呢？"先蔑不听。荀林父为他赋诵了《板》这首诗的第三章，还是不听。等到他逃亡时，荀林父把他的家小和器用财物全部送到秦国，说："因为我们是同僚。"

士会在秦三年，不见士伯①。其人曰②："能亡人于国③，不能见于此，焉用之？"士季曰④："吾与之同罪⑤，非义之也，将何见焉？"及归⑥，遂不见。

【注释】

①士伯：即先蔑。

②其人：士会随从。

③能亡人于国：意为和别人一起逃亡到这个国家。

④士季：即士会。

⑤同罪：指同去迎接公子雍。

⑥及归：士会在文公十三年才回晋国，而先蔑终老于秦。此是提前
　　叙述。

【译文】

士会在秦国三年，都不和先蔑相见。他的随从说："你和别人一起逃亡到这个国家，又不愿在此见面，何必这样呢？"士会说："我和他一同去迎接公子雍，这是不义的事，怎么见？"士会一直到回国，都不见先蔑。

【公羊传】此偏战也，何以不言师败绩？敌也^①。此晋先眛也，其称人何^②？贬。曷为贬？外也。其外奈何？以师外也^③。何以不言出^④？遂在外也^⑤。

【注释】

①敌也：敌，匹敌，此处指代未分出胜负。案偏战之例，当书"某日，某及某战于某地，某师败绩"。此处秦人、晋人未分胜负，故不书"师败绩"。

②其称人何：案《春秋》之例"将尊师众称某率师，将尊师少称将，将卑师少称人"。先眛是晋国大夫，属于"将尊"，本当书"晋先眛帅师"或"晋先眛"，此处却书"晋人"，故而发问。

③以师外也：即率领军队外逃。何休以为，晋侯要以无功当诛，故先眛出兵时就怀有二心，有功则还，无功则持师出奔。令狐之战，未分胜负，先眛便以师奔秦。

④何以不言出：即经书"奔"，未书"出奔"。

⑤遂在外也：遂，生事之辞，此处指代以师奔秦。先眛在境外生事，故不言"出"字。

【译文】

这是偏战，为何不言"师败绩"？因为双方未分胜负。这里是晋国的先眛，经书"晋人"是为何？是贬抑他。为何贬抑？因为他外逃。外逃是怎么回事？是率领军队外逃。经文为何不言"出"字？因为先眛在境外生事。

【穀梁传】不言出，在外也。辍战而奔秦^①，以是为逃军也。

【注释】

①辍：停止。

【译文】

不说"出"，因为是在外国。停止作战而逃到秦国，认为这是从军队逃离的。

【经】狄侵我西鄙。

【译文】

狄人入侵我国西部边境。

【左传】 狄侵我西鄙，公使告于晋①。赵宣子使因贾季问酆舒②，且让之③。酆舒问于贾季曰："赵衰、赵盾孰贤？"对曰："赵衰，冬日之日也。赵盾，夏日之日也④。"

【注释】

①告于晋：鲁国是想向晋国求援。

②因：通过。酆（fēng）舒：狄人的执政者。

③让：责备。责备狄人入侵鲁国。

④"赵衰"四句：冬日、夏日是比喻，冬日太阳可爱，夏日太阳可畏。

【译文】

狄人侵犯我鲁国西部边境，文公派人向晋国报告。赵宣子派人通过贾季问酆舒，并且责备酆舒。酆舒问贾季说："赵衰、赵盾谁贤明？"贾季回答说："赵衰，好比冬天的太阳；赵盾，好比夏天的太阳。"

【经】秋八月，公会诸侯、晋大夫盟于扈①。

【注释】

①公会诸侯、晋大夫盟于扈：晋国新君即位，诸侯会盟祝贺。晋大夫，指赵盾。扈，郑地名，在今河南原阳西。

【译文】

秋八月，文公和诸侯、晋国大夫在扈地会盟。

【左传】秋八月，齐侯、宋公、卫侯、陈伯、郑伯、许男、曹伯会晋赵盾盟于扈，晋侯立故也。公后至，故不书所会①。凡会诸侯，不书所会，后也。后至，不书其国，辟不敏也②。

【注释】

①不书所会：鲁文公晚到，所以《春秋》不具列与会的国家及卿大夫名。程子曰："文公事多废缓，既约晋盟，而复后至，故书往会而隐其不及，不序诸侯以见其不在，故明年公子遂再往与晋盟也。"

②辟不敏：避免由于弄不清楚而误记。

【译文】

秋八月，齐昭公、宋昭公、卫成公、陈共公、郑穆公、许昭公、曹共公在扈地和晋国的赵盾会盟，是因为晋侯新即位。鲁文公后到，所以《春秋》不记载与会的国家和卿大夫的名。凡诸侯盟会，不记载会盟的国家，就是因为有人晚到。晚到，不记载国家，是为了避免弄不清楚而误记。

【公羊传】诸侯何以不序①？大夫何以不名？公失序也②。公失序奈何？诸侯不可使与公盟，眣晋大夫③，使与公盟也。

【注释】

①诸侯何以不序：案《春秋》之例，会盟需按照国之大小序列诸侯，

此处仅书"诸侯",未详细序列,故而发问。

②公失序也:鲁文公失去了序列的资格,即诸侯不肯与文公结盟。此因文公有恶行,如前之欲久丧而不能,跻僖公逆祀,攻取邾娄国之须朐邑等。

③眜(méi)晋大夫:眜,使眼色。诸侯不肯与文公结盟,故使晋国大夫与之结盟。此为奇耻大辱,故《春秋》为鲁国避讳,不列序诸侯,不书大夫之名,好像是扈之盟的详情已不得而知。

【译文】

为何不序列诸侯? 大夫为何不书名? 因为鲁文公失去了序列的资格。鲁文公失去序列的资格是怎么回事? 诸侯不肯与鲁文公结盟,给晋国大夫使了眼色,使之与鲁文公结盟。

【穀梁传】 其曰诸侯,略之也①。

【注释】

①略:简省地记载。

【译文】

经文说"诸侯",是简省的记载。

【经】 冬,徐伐莒①。公孙敖如莒莅盟②。

【注释】

①徐伐莒:案徐、莒两国共同灭亡了杞国(夏之后),蔑视先圣法度。故《春秋》于僖公十五年将徐国视为夷狄(参见"楚人败徐于娄林"条)。莒国为同恶,故此处再次狄徐,以此来狄莒。

②公孙敖如莒莅盟:徐国攻打莒国,莒人来请求结盟,公孙敖到莒国参加盟会。公孙敖,穆伯。

【译文】

冬,徐国攻打莒国。公孙敖到莒国参加盟会。

【左传】穆伯娶于莒①,曰戴己,生文伯②,其娣声己生惠叔③。戴己卒,又聘于莒,莒人以声己辞④,则为襄仲聘焉⑤。

【注释】

①穆伯:公孙敖。

②曰戴己,生文伯:戴,谥号。文伯,与下文惠叔即公孙敖请叔服相面的二子。

③娣:女弟,妹妹。

④以声己辞:认为声己可作继室,不必再聘娶。声,谥号。

⑤襄仲:公子遂。公孙敖之从父弟。

【译文】

穆伯从莒国娶了女子,叫作戴己,生了文伯;她的妹妹声己生了惠叔。戴己死了,穆伯又要到莒国聘娶,莒人辞谢,认为已有声己,于是为襄仲行聘。

冬,徐伐莒。莒人来请盟①。穆伯如莒莅盟,且为仲逆②。及鄢陵③,登城见之④,美,自为娶之。仲请攻之,公将许之。叔仲惠伯谏曰⑤:"臣闻之:'兵作于内为乱,于外为寇。寇犹及人⑥,乱自及也。'今臣作乱而君不禁,以启寇仇⑦,若之何?"公止之,惠伯成之⑧:使仲舍之⑨,公孙敖反之⑩,复为兄弟如初。从之⑪。

【注释】

①莒人来请盟：莒人来鲁结盟，想求得鲁国救援。

②为仲逆：为襄仲迎接莒女。

③鄢陵：此为莒邑，在今山东临沭。

④见之：见到莒女。

⑤叔仲惠伯：叔牙之孙。

⑥及人：伤及外人。

⑦以启寇仇：国有内乱，外部敌人必趁机进攻。

⑧成：调解。

⑨舍之：不娶莒女。舍，放弃。

⑩反之：送莒女回国。

⑪从之：案二人因惠伯的面子，听从了劝告，但并未真正和好。

【译文】

冬，徐国攻打莒国，莒人来鲁国请求结盟。穆伯到莒国参加盟会，同时为襄仲迎接莒女。穆伯到了鄢陵，登上城楼见到莒女，认为很美，就把莒女占为己有。襄仲请求攻打穆伯，文公准备答应。叔仲惠伯劝阻说："臣下听说：'战争发生于内部叫作乱，起于外部叫作寇。寇来了必伤人，乱来了就是自己伤自己。'现在臣子作乱而国君不制止，必引来外部敌人趁机进攻，那将怎么办？"文公阻止了襄仲。惠伯为他们调解：要襄仲不娶莒女，穆伯也把莒女送回国，二人像兄弟一样和好如初。二人都听从了。

【穀梁传】莅，位也[①]。其曰位，何也？前定也。其不日，前定之盟不日也。

【注释】

①位：用同"莅"，到……位置去。

【译文】

莅，就是到某某位置去的意思。说到某某位置去，是为什么呢？因为会盟是之前定好的。经文不记载日期，是因为之前定好的盟会不记载日期。

*【左传】晋郤缺言于赵宣子曰："日卫不睦①，故取其地②。今已睦矣，可以归之。叛而不讨，何以示威？服而不柔③，何以示怀④？非威非怀⑤，何以示德？无德，何以主盟⑥？子为正卿，以主诸侯⑦，而不务德⑧，将若之何？《夏书》曰：'戒之用休，董之用威，劝之以《九歌》，勿使坏⑨。'九功之德皆可歌也，谓之《九歌》。六府、三事，谓之九功。水、火、金、木、土、谷，谓之六府；正德、利用、厚生⑩，谓之三事。义而行之⑪，谓之德、礼。无礼不乐，所由叛也⑫。若吾子之德，莫可歌也⑬，其谁来之？盍使睦者歌吾子乎⑭？"宣子说之。

【注释】

①日：往日。不睦：指不服于晋国。

②故取其地：文公元年，卫不朝晋，晋攻取卫戚地。

③柔：怀柔，笼络。

④示怀：安抚它以示施恩。

⑤非：不。

⑥主盟：主持盟会，亦即当霸主。

⑦主诸侯：赵盾是中军帅，主晋国之政，晋国又是霸主，所以说主诸侯。

⑧不务德：不致力于德行修养。

⑨"戒之用休"四句：语见《古文尚书·大禹谟》。戒，告诉。休，

　　美,指喜庆事。董,督察。《九歌》,相传为夏后启之歌。

⑩正德:端正德行。利用:利于使用。厚生:富裕民生。

⑪行之:推行六府三事之九功。

⑫无礼不乐,所由叛也:意为无礼则无德,无礼无德则不快乐,由是
　　发生叛变。

⑬莫可歌:无德,便没有可歌颂的。

⑭使睦者歌吾子:意为施德于卫,让它归服并歌颂你。

【译文】

　　晋国的郤缺对赵宣子说:"往日卫国不服于晋,所以占领它的土地。现在已经归服了,可以归还所占之地。背叛你而不讨伐,怎么显示你的声威? 归服了而不怀柔它,又怎么显示你的恩惠? 不威不怀,怎么显示你的德行? 没有德行,怎么主持盟会? 你是晋国的正卿,主持诸侯盟会之事,如果不致力于德行修养,那将怎么办?《夏书》说:'把喜事告诉他,用威刑督察他,拿《九歌》勉励他,不让他学坏。'九功的德行都可以歌颂,叫作《九歌》。六府三事叫作九功。水、火、金、木、土、谷,叫作六府;端正德行,利于使用,富裕民生,叫作三事。合乎道义就推行它,就叫作德和礼。无礼则不快乐,背叛之心由此产生。如果你的德行,没有一点儿可以歌颂的,那又有谁来归服你呢? 为何不让归服你的人来歌颂你呢?"赵宣子听了很高兴。

八年

△**【经】**八年春王正月①。

【注释】

①八年:鲁文公八年当周襄王三十四年,前619年。

【译文】

鲁文公八年春周历正月。

*****【左传】**八年春,晋侯使解扬归匡、戚之田于卫①,且复致公壻池之封②,自申至于虎牢之竟③。

【注释】

①解扬:晋大夫,食邑在解,今山西运城。匡、戚之田:匡、戚本卫地,匡被郑占领,戚被晋攻取,现全部归还卫国。

②公壻池:晋大夫。封:疆界。

③申:在今河南巩义。虎牢:在今河南荥阳。

【译文】

鲁文公八年春,晋灵公派解扬将匡和戚的田地归还给卫国,而且重新承认公壻池所划定的疆界,从申地一直到虎牢边境。

△**【经】**夏四月。

【译文】

夏四月。

*****【左传】**夏,秦人伐晋,取武城①,以报令狐之役②。

【注释】

①武城:晋邑,在今陕西华县东北。

②令狐之役:去年秦送公子雍,晋败之于令狐。

【译文】

夏,秦人攻打晋国,攻取武城,此为报复令狐之役。

【经】秋八月戊申①,天王崩②。

【注释】

①秋八月戊申:八月二十八日。

②天王:周襄王。周襄王死,儿子顷王壬臣即位。

【译文】

秋八月二十八日,周襄王去世。

【左传】秋,襄王崩。

【译文】

秋,周襄王去世。

【经】冬十月壬午①,公子遂会晋赵盾盟于衡雍②。

【注释】

①十月壬午:十月初三。

②公子遂会晋赵盾盟于衡雍:衡雍,郑地名,在今河南原阳西北。汪克宽曰:"大夫专盟始此。"顾栋高曰:"文公事事废弛,十年之间,三次会盟不与,屡受伯主之讨,而公子遂为之弥缝,使列国知有遂,不知有公,政权旁落于此始。"

【译文】

冬十月初三,公子遂会见晋国的赵盾并在衡雍结盟。

【左传】晋人以扈之盟来讨①。冬,襄仲会晋赵孟,盟于衡雍,报扈之盟也②。

【注释】

①晋人以扈之盟来讨:去年扈之盟,鲁文公晚到。

②报:补偿。

【译文】

晋人因为扈之盟会来讨伐。冬,襄仲和晋国的赵盾在衡雍会盟,以补偿扈之盟的晚到。

【经】乙酉①,公子遂会雒戎盟于暴②。

【注释】

①乙酉:十月初六。

②雒戎:即传文的伊雒之戎。居于伊水、雒水之间。《公羊传》作"伊雒戎"。暴:又称暴隧,在今河南原阳。

【译文】

十月初六,公子遂会见雒戎并在暴地结盟。

【左传】遂会伊雒之戎①。书曰"公子遂",珍之也②。

【注释】

①会伊雒之戎:杜预注以为伊雒之戎将伐鲁,襄仲来不及回鲁报告,就在暴地与戎会盟。

②珍之:襄仲阻止了戎人伐鲁的企图,因此经文称他为"公子遂",以示尊敬。

【译文】

乘此机会又和伊雒的戎人会盟。《春秋》称他为"公子遂",是表示尊敬。

【经】公孙敖如京师,不至而复①。丙戌②,奔莒。

【注释】

①不至而复:未到京师而返回。《公羊传》作"不至复"。

②丙戌:十月初七。

【译文】

公孙敖前往京师,未到京师又返回。十月初七,逃奔到莒国。

【左传】穆伯如周吊丧,不至①,以币奔莒②,从己氏焉③。

【注释】

①不至:未到京师。

②币:所带的吊丧礼物。

③从己氏焉:己氏,即上年穆伯为襄仲行聘后又自娶之的莒女。案公孙敖(穆伯)于僖公十五年帅师,应已成年,至此又二十七年,当已过中年。

【译文】

穆伯到周去吊周王之丧,没到京师,就带着吊丧的礼物跑到莒国,跟随莒女去了。

【公羊传】不至复者何? 不至复者,内辞也,不可使往也。不可使往,则其言如京师何? 遂公意也①。何以不言出? 遂在外也②。

【注释】

①遂公意也:顺遂鲁文公的旨意。君不可使臣,为大恶,故为文公避

讳，顺遂文公之意，书"公孙敖如京师"，不使君命壅塞，以此正君
臣之义。

②遂在外也：即生事（指奔莒）在境外。案公孙敖安居国内，并未出
使，实则从鲁国出奔莒国。经文不书"出"，传文言"遂在外者"，
是深为文公避讳，好像公孙敖真的出使去了京师，中途奔莒，故生
事得在境外。

【译文】

"不至复"是为何？不至复，是为鲁国避讳之辞，实际是鲁文公不能
派遣公孙敖出使京师。不能派遣出使，那么经书"如京师"是为何？是
顺遂鲁文公的旨意。为何不言"出"？因为公孙敖奔莒前已在境外。

【穀梁传】不言所至，未如也。未如则未复也。未如而
曰如，不废君命也。未复而曰复，不专君命也。其如非如
也，其复非复也。唯奔莒之为信，故谨而日之也。

【译文】

不说他所到的地方，是因为没有去。没有去也就没有返回。没有去
而说去了，是不能废弃国君的命令。没有返回而说返回了，是不能擅自
改变国君的命令。说去了并不是真的去了，说返回不是真的返回了。只
有逃往莒国是真的，所以慎重地记载这件事的日期。

△**【经】**螽①。

【注释】

①螽：螽斯虫成灾。《公羊传》作"蝝"。

【译文】

螽斯虫成灾。

【经】宋人杀其大夫司马①。宋司城来奔②。

【注释】

①司马：指公子卬。

②宋司城来奔：司城荡意诸逃奔鲁国。司城，即"司空"，因宋武公名司空，所以宋国的司空改称司城，掌管工程制造等事。

【译文】

宋人杀了大夫司马公子卬。宋国司城逃奔鲁国。

【左传】宋襄夫人，襄王之姊也①，昭公不礼焉②。夫人因戴氏之族③，以杀襄公之孙孔叔、公孙锺离及大司马公子卬，皆昭公之党也。司马握节以死④，故书以官⑤。司城荡意诸来奔⑥，效节于府人而出⑦。公以其官逆之⑧，皆复之⑨。亦书以官，皆贵之也⑩。

【注释】

①襄王：周襄王。

②昭公不礼：宋襄公是昭公祖父，因此宋襄公夫人是他祖母。

③因：依靠。戴氏之族：戴公之后，华、乐、皇三族。

④司马握节以死：以表示自己死都不废弃君命。节，符节。

⑤书以官：记下他的官职。

⑥荡意诸：公子荡之孙。

⑦效节于府人而出：荡意诸送还符节，表示自免其官，然后出奔，以免辱没国体。效，送还。府人，管理府库的人。

⑧以其官逆：以迎接司城官职的礼仪接待他。

⑨皆复之：随从也以原官职之礼接待。

⑩贵之:表示尊重。

【译文】

宋襄公夫人,是周襄王的姐姐,宋昭公不以礼对待她。夫人依靠戴公的族人,杀了襄公的孙子孔叔、公孙锺离及大司马公子卬,他们都是昭公的党羽。大司马手握着符节而死,所以《春秋》记下他的官职。司城荡意诸逃奔到鲁国来,他把符节交还给管府库的人,然后出奔。文公仍然以迎接司城的礼仪接待他,他的随从文公也按照原官职的礼仪接待。《春秋》都记载官名,表示尊重。

【公羊传】司马者何?司城者何?皆官举也①。曷为皆官举?宋三世无大夫,三世内娶也。

【注释】

①官举:即举官名言之。何休云:"天子有大司徒、大司马、大司空,皆三公官名也。诸侯有司徒、司马、司空,皆卿官也。宋变司空为司城者,辟先君武公名也。"

【译文】

司马是什么人?司城是什么人?都是举官名而言的大夫。为何举官名?因为宋国三世没有大夫,三代国君皆娶于大夫。

【穀梁传】司马,官也。其以官称,无君之辞也①。司城,官也。其以官称,无君之辞也。来奔者不言出,举其接我也②。

【注释】

①无君之辞:没有国君的说法。指宋国政治混乱,大夫接连被杀,好

　　像没有国君一样。

②接：交往，交接。这里突出他是投奔我们国家的。

【译文】

　　司马，是官职名。经文用官职来称呼，是国家混乱好像没有国君一样的表述。司城，是官职名。经文用官职来称呼，是国家混乱好像没有国君一样的表述。逃来鲁国的人不说"出逃"，突显出他是投奔我国的。

　　*【左传】夷之蒐①，晋侯将登箕郑父、先都②，而使士縠、梁益耳将中军③。先克曰："狐、赵之勋④，不可废也。"从之⑤。先克夺蒯得田于堇阴⑥。故箕郑父、先都、士縠、梁益耳、蒯得作乱。

【注释】

①夷之蒐：在文公六年。

②登：提升，提拔。箕郑父：即箕郑。

③梁益耳：晋大夫。

④狐、赵之勋：指当年狐偃、赵衰跟随重耳流亡的功勋。

⑤从之：晋襄公本想任命士縠、梁益耳将中军，因先克之言而改为由狐射姑（贾季）将中军，赵盾佐之。以上是追叙前事。

⑥蒯（kuǎi）得：晋大夫。

【译文】

　　在夷地阅兵的时候，晋襄公准备提拔箕郑父和先都，而让士縠、梁益耳率领中军。先克说："狐偃、赵衰二人的功勋不可没。"晋襄公听从了他的话。先克夺取蒯得在堇阴的田地。所以箕郑父、先都、士縠、梁益耳、蒯得发动叛乱。

九年

【经】九年春①,毛伯来求金②。

【注释】

①九年:鲁文公九年当周顷王元年,前618年。

②毛伯:毛伯卫,周王卿士。求金:即求赙。赙,助丧的财物。

【译文】

鲁文公九年春,毛伯来求取助丧的财物。

【左传】毛伯卫来求金,非礼也。不书王命,未葬也。

【译文】

毛伯卫来求取助丧的财物,这不符合礼法。《春秋》不说是天子的命令,因周襄王未安葬。

【公羊传】毛伯者何? 天子之大夫也①。何以不称使? 当丧未君也②。逾年矣,何以谓之未君? 即位矣,而未称王也。未称王,何以知其即位? 以诸侯之逾年即位③,亦知天子之逾年即位也。以天子三年然后称王④,亦知诸侯于其封内三年称子也。逾年称公矣,则曷为于其封内三年称子? 缘民臣之心,不可一日无君;缘终始之义,一年不二君⑤,不可旷年无君⑥;缘孝子之心,则三年不忍当也⑦。毛伯来求金,何以书? 讥。何讥尔? 王者无求⑧,求金,非礼也。然则是王者与⑨? 曰:非也。非王者,则曷为谓之王者王者无求⑩? 曰:是子也,继文王之体⑪,守文王之法度,文王之法无求，而求，故讥之也。

【注释】

①天子之大夫：毛为氏，伯为字。案名例，天子上大氏采称字，故知毛伯是天子之大夫。

②当丧未君也：上年八月，周襄王驾崩，此时嗣君尚在丧中，未称王，故云"当丧未君"。案嗣君之名例，"君薨称子某，既葬称子，逾年即位，三年称公"（参见参见庄公三十二年"子般卒"条），下文则是探讨此名例之根据。

③诸侯之逾年即位：诸侯嗣君在先君去世后的第二年即位，臣子称之为"公"。此处以诸侯之例推天子之例，则知天子嗣君亦逾年即位。

④天子三年然后称王：此处之称王，为天子自称王，非臣子称之为"王"。嗣君逾年即位，臣子即称之为"王"，而嗣君则自称为"子"，待三年丧毕，方自称"王"。此例亦可类推之诸侯。

⑤一年不二君：先君去世之年，仍属于先君之年，故称嗣君为"子"。

⑥不可旷年无君：先君去世后第二年，属于嗣君之年，不可使臣子旷年无君，故嗣君逾年即位，臣子称之为"公"（王）。

⑦三年不忍当：孝子之情，三年不忍当父位，故嗣君虽逾年即位，仍以"子"自称。

⑧王者无求：参见桓公十五年"天王使家父来求车"条。

⑨然则是王者与：据此时嗣君未自称王，故而发问。

⑩曷为谓之王者王者无求：俞樾以为"王者"二字不应叠。意谓既然此时嗣君未自称王，为何以"王者无求"来要求他？

⑪继文王之体：文王，指周文王，为周受命之王。嗣子继承的，不仅是父位，更是受命之王的王位，故云"继文王之体"。

【译文】

毛伯是什么人？是天子的大夫。为何没有使文？因为当时嗣君正在居丧，还未称君。嗣君已经逾年，为何说没有称君？已经即位，但尚未称王。未称王，何以知道嗣君已经即位？根据诸侯逾年就即位的礼仪，也就知道天子逾年就即位。根据天子三年然后称王的礼仪，也就知道诸侯在自己封地内三年就称"子"。逾年，臣子已称嗣君为"公"，那么为何嗣君在自己封地内仍自称为"子"？因为从臣民的心意来说，国不可一日无君；从君位交接的道理来说，一年之中，不能有两个国君，也不可以使臣子长年无君；但从孝子的心意来说，三年丧期内是不忍心替代君父之位的。毛伯来求取钱财，为何记录？是讥刺。为何讥刺？王者没有索求的道理，求取钱财，是非礼的。那么真是王者吗？回答说：不是。此时未自称王。不是王者，为何说是"王者无求"？说：这里是称"子"，他虽未称王，但继承文王之体，遵守文王的法度，文王法度无索求之道，此处却索求，所以讥刺他。

【穀梁传】 求车犹可，求金甚矣。

【译文】

求取车辆尚且可以，求取钱财就过分了。

△**【经】** 夫人姜氏如齐①。

【注释】

① 夫人姜氏如齐：文公夫人姜氏归宁齐国。一说此时夫人奔父母之丧，故去了齐国。案礼制，妇人无外事，然得奔父母之丧。又案《春秋》之例，夫人违礼而出会者，不致之。而下文书"夫人姜氏至自齐"，则奔丧为得礼也。

【译文】

文公夫人姜氏到齐国归宁。

【经】二月，叔孙得臣如京师①。辛丑②，葬襄王。

【注释】

①叔孙得臣：即庄叔。如京师：参加周襄王的葬礼。

②辛丑：二月二十四日。

【译文】

二月，叔孙得臣到京师去。二十四日，安葬周襄王。

【左传】二月，庄叔如周葬襄王。

【译文】

二月，庄叔到周参加周襄王的葬礼。

【公羊传】王者不书葬①，此何以书？不及时书，过时书，我有往者则书②。

【注释】

①王者不书葬：案礼制，天子七月而葬，必其时也，故《春秋》不书其葬；相对而言，诸侯五月而葬，若遇天子、王后之丧，则不得按时下葬，故《春秋》记录诸侯之葬。

②我有往者则书：我有往，指鲁国派大去会葬。案礼制，天王崩，诸侯当自往会葬，派遣大夫会葬，则是失礼，故书之。又案时月日例，天子之卒葬比照大国，卒日葬月。此处葬书日者，鲁国有僖公、成风之丧，天子遣使会葬、归含且赗，是有恩礼于鲁国；然天王

之葬,鲁文公不亲往,故《春秋》书日以责鲁。

【译文】

王者之葬必其时,《春秋》例所不书,此处为何书葬? 未至七月而葬则书,超过七月而葬则书,鲁国派遣大夫会葬则书。

【穀梁传】京,大也。师,众也。言周必以众与大言之也。天子志崩不志葬。举天下而葬一人,其道不疑也。志葬,危不得葬也。日之,甚矣,其不葬之辞也①。

【注释】

①不葬之辞:指没有依礼而葬,即没有"举天下而葬一人"。

【译文】

京,是大的意思。师,是众多的意思。说到周就一定要用表示多和大的话来说它。对于天子只记载去世不记载安葬。全天下来为天子举行葬礼,这个道理是不用质疑的。记载安葬,是担忧不能安葬。记载日期,就更严重了,是没有依礼而葬的说法。

【经】晋人杀其大夫先都①**。**

【注释】

①先都:晋国大夫。

【译文】

晋人杀了他们的大夫先都。

【左传】九年春王正月己酉①,使贼杀先克②。乙丑③,晋人杀先都、梁益耳。

【注释】

①己酉:初二。

②使贼杀先克:此事接上年传文"故箕郑父……作乱"。主语为箕郑父等人。

③乙丑:十八日。此事经文记作二月,是经文用周历,传依晋国用夏历。

【译文】

鲁文公九年春周历正月初二,箕郑父派杀手杀了先克。十八日,晋人杀先都、梁益耳。

【经】三月,夫人姜氏至自齐。

【译文】

三月,夫人姜氏从齐国返回。

【穀梁传】卑以尊致①,病文公也。

【注释】

①卑以尊致:夫人出行归来是不举行致礼的,因为这是国君的规格待遇。

【译文】

身份低微的用了尊贵的致礼,是在指责鲁文公。

【经】晋人杀其大夫士穀及箕郑父。

【译文】

晋人杀了他们的大夫士穀和箕郑父。

【左传】三月甲戌①,晋人杀箕郑父、士縠、蒯得②。

【注释】

①甲戌:二十八日。

②晋人杀箕郑父、士縠、蒯得:箕郑父等五人作乱,先后被杀。

【译文】

三月二十八日,晋人杀了箕郑父、士縠、蒯得。

【穀梁传】称人以杀,诛有罪也。郑父,累也。

【译文】

以"人"的名义杀,是诛杀有罪的人。郑父,是被连累的。

【经】楚人伐郑。

【译文】

楚人攻打郑国。

【左传】范山言于楚子曰①:"晋君少,不在诸侯②,北方可图也。"楚子师于狼渊以伐郑③。囚公子坚、公子龙及乐耳④。郑及楚平。

【注释】

①范山:楚大夫。

②不在诸侯:心志不在称霸诸侯。

③狼渊:地名,在今河南许昌西。

④公子坚、公子龙及乐耳：三人都是郑国大夫。

【译文】

范山对楚王说："晋国君年少，心志还不在于称霸诸侯，我们可以打北方的主意。"楚王出兵狼渊攻打郑国。楚人囚禁了郑国的公子坚、公子龙和乐耳。郑国和楚国讲和。

【经】公子遂会晋人、宋人、卫人、许人救郑。

【译文】

公子遂会同晋人、宋人、卫人、许人救援郑国。

【左传】公子遂会晋赵盾、宋华耦、卫孔达、许大夫救郑①，不及楚师②。卿不书③，缓也④，以惩不恪⑤。

【注释】

①公子遂会晋赵盾、宋华耦、卫孔达、许大夫救郑：华耦，华御事之子。顾栋高曰："是时晋灵年少，赵盾专政，而鲁文怠于政事，仲遂执国柄已二十七年，彼此俱有无君之心。故衡雍之盟，救郑之举，两人必相要结。盖将养成羽翼，以为篡弑之谋也。而二君亦偃然听之，是以晋有桃园之刃，而鲁成储嗣之祸。"

②不及：没赶上，没碰上楚军。

③卿不书：赵盾、华耦、孔达都是卿，经不书，仅书"晋人、宋人、卫人"。

④缓：迟缓，指出兵太慢，以致来不及救郑。

⑤以惩不恪：惩戒他们办事不严肃认真，出兵迟缓。恪，恭敬。

【译文】

公子遂会合晋赵盾、宋华耦、卫孔达、许国大夫一起救郑国，没碰上楚军。《春秋》不记载卿的名字，是因为他们出兵迟缓，来不及救郑，以此惩戒他们的办事不认真。

△【经】夏,狄侵齐。

【译文】

夏,狄人入侵齐国。

*【左传】夏,楚侵陈,克壶丘①,以其服于晋也。

【注释】

①壶丘:陈邑,在今河南新蔡东南。

【译文】

夏,楚国入侵陈国,攻克壶丘,因为陈国归服晋国。

*【左传】秋,楚公子朱自东夷伐陈①,陈人败之,获公子茷②。陈惧③,乃及楚平。

【注释】

①公子朱:即文公三年传的息公子朱。

②公子茷:楚国公子。

③陈惧:陈是小国,虽胜楚,怕楚国报复。

【译文】

秋,楚公子朱从东夷那里攻打陈国,陈人打败了他,抓获了公子茷。陈人害怕了,又和楚国讲和。

△【经】秋八月,曹伯襄卒①。

【注释】

①曹伯襄：即曹共公，姓姬，名襄，谥共。

【译文】

秋八月，曹共公襄去世。

【经】九月癸酉①**，地震。**

【注释】

①九月癸酉：九月无癸酉日，记日有误。

【译文】

九月癸酉，地震。

【公羊传】地震者何？动地也。何以书？记异也。

【译文】

地震是什么？震动大地。为何记录此事？是记录异象。

【穀梁传】震，动也。地，不震者也。震，故谨而日之也。

【译文】

震，是摇动。地，是不摇动的。摇动了，所以慎重地记载它的日期。

【经】冬，楚子使椒来聘①**。**

【注释】

①椒：子越椒，也叫斗椒，楚大夫。《穀梁传》作"茭（jiāo）"。

【译文】

冬,楚王派斗椒来鲁国聘问。

【左传】冬,楚子越椒来聘,执币傲。叔仲惠伯曰:"是必灭若敖氏之宗①。傲其先君,神弗福也②。"

【注释】

①是必灭若敖氏之宗:此预言若敖氏将被灭。宗,宗族。子越椒是若敖氏斗伯比的孙子。

②神弗福也:案宣公四年,楚灭若敖氏。此为伏笔。

【译文】

冬,楚国的子越椒来鲁国聘问,手持礼物时态度傲慢。叔仲惠伯说:"这个人必定会使若敖氏的宗族灭亡。对他的先君如此傲慢,神不会保佑他。"

【公羊传】椒者何? 楚大夫也。楚无大夫①,此何以书? 始有大夫也②。始有大夫,则何以不氏③? 许夷狄者,不一而足也④。

【注释】

①楚无大夫:案《春秋》三世之例,所闻世,内其国而外诸夏,故大国有大夫(称名氏),小国无大夫(略称人);所闻世,见治升平,内诸夏而外夷狄,故小国有大夫,而夷狄无大夫。楚国属于夷狄,故本应无大夫,而略称"楚人",此处书"椒"之名,是作有大夫之辞,故而发问。

②始有大夫也:案三世之例,所闻世内诸夏而外夷狄。然楚国至所

闻世,卓然有君子之行(如楚庄王),故《春秋》未将其完全视为夷狄,此处修礼聘问鲁国,则不得殊外之,故许其有大夫。值得注意的是,之前的屈完、得臣,《春秋》书其名氏,非因楚有大夫,而是为了张大齐桓、晋文之功,非常例。

③何以不氏:既然未将楚国视为夷狄,则楚为大国,当书大夫名氏,此处仅书椒之名,故而发问。

④许夷狄者,不一而足也:足,指具书楚国大夫之名氏。此处仅书名,是不一而足,不一下子到位。

【译文】

椒是什么人? 是楚国的大夫。楚国没有大夫,此处为何书椒? 楚国自此始有大夫。始有大夫,为何不书大夫之氏? 赞许夷狄,不可一下子到位。

【穀梁传】楚无大夫,其曰获何也? 以其来,我褒之也。

【译文】

楚国没有大夫,经文称"获"的名字是为什么呢? 因为他来我们鲁国,所以我们要褒扬他。

【经】秦人来归僖公、成风之襚①**。**

【注释】

①秦人来归僖公、成风之襚(suì):成风死于文公四年,僖公已死十年,但古人有死后馈襚之例。归,同"馈",赠送。襚,送死人的衣被。

【译文】

秦人来赠送僖公、成风死后的衣被。

【左传】秦人来归僖公、成风之襚,礼也。诸侯相吊贺也,虽不当事①,苟有礼焉,书也,以无忘旧好。

【注释】

①不当事:不及时。

【译文】

秦人来赠送僖公、成风的丧葬衣衾,合于礼制。诸侯间互相吊丧或是贺喜,虽不及时,如果合于礼节,《春秋》必加以记载,以表示不忘记过去的友好。

【公羊传】其言僖公、成风何? 兼之。兼之,非礼也①。曷为不言及成风? 成风尊也②。

【注释】

①兼之,非礼也:案礼制,赠送僖公、成风之襚,当各遣一使,今一使兼二襚,非礼也。

②成风尊也:成风为僖公之母,故云"成风尊也"。案《春秋》辞例,书"及"是为了区别尊卑,成风尊于僖公,故不可书"僖公及成风"。又案礼制,妇人夫死从子,故不可书"成风及僖公",故而经书"僖公、成风",不言"及"。

【译文】

经文书"僖公、成风"是为何? 是说明秦人一使兼送二襚。兼二襚,是非礼的。经文为何不言"及成风"? 因为成风尊贵。

【穀梁传】秦人弗夫人也,即外之弗夫人而见正焉。

【译文】

秦国人不把成风当做夫人,通过外国不把她当做夫人而体现正道。

△**【经】葬曹共公。**

【译文】

安葬曹共公。

十年

△**【经】十年春王三月辛卯①,臧孙辰卒②。**

【注释】

①十年:鲁文公十年当周顷王二年,前617年。辛卯:二十一日。

②臧孙辰:臧文仲。庄公二十八年即为卿,至今五十年。

【译文】

鲁文公十年春周历三月二十一日,臧孙辰去世。

【经】夏,秦伐晋①。

【注释】

①秦伐晋:案《春秋》之例,诸夏之国单称国号,是"夷狄之"的书法。此处狄秦者,何休云:"令狐之战,敌均不败,晋先眜以师奔秦,可以足矣,而犹不知止,故夷狄之。"

【译文】

夏,秦国攻打晋国。

【左传】十年春，晋人伐秦，取少梁①。夏，秦伯伐晋，取北徵②。

【注释】

①少梁：梁国，嬴姓国，在今陕西韩城。僖公十九年亡于秦。

②北徵：晋地名，在今陕西澄城。

【译文】

鲁文公十年春，晋人攻打秦国，攻取少梁。夏，秦康公攻打晋国，攻取北徵。

【经】楚杀其大夫宜申①。

【注释】

①宜申：斗宜申，字子西。城濮之战战败欲自缢，被楚成王遣使制止，封为商公，又改任工尹。后成王遭太子商臣杀害，商臣为楚穆王，宜申密谋杀害穆王，泄密被害。

【译文】

楚国杀了他们的大夫斗宜申。

【左传】初，楚范巫矞似谓成王与子玉、子西曰①："三君皆将强死②。"城濮之役，王思之③，故使止子玉曰："毋死。"不及④。止子西，子西缢而县绝⑤，王使适至，遂止之⑥，使为商公⑦。沿汉溯江⑧，将入郢⑨。王在渚宫⑩，下，见之。惧，而辞曰⑪："臣免于死，又有谗言，谓臣将逃，臣归死于司败也⑫。"王使为工尹⑬，又与子家谋弑穆王⑭。穆王闻之，五月杀斗宜申及仲归。

【注释】

①范巫矞（yù）似：范邑的巫人名叫矞似。范，楚邑。

②三君：指成王、子玉、子西。强死：无病而死。意即被杀。强，健。

③思之：想起矞似的话。

④不及：未赶上。

⑤县：挂。绝：断。

⑥遂止之：阻止了子西自杀。

⑦商：商密，在今河南淅川西南。

⑧沿：顺流。

⑨郢：楚都，在今湖北江陵北的纪南城。子西入郢，乃图谋叛乱。

⑩渚宫：楚王别宫，在今湖北江陵。

⑪辞：找借口解说。子西以下说辞，表示自己是入郢请死。

⑫归死于司败：等于说让司败判自己死罪。司败，楚人称司寇为司败。

⑬工尹：工正，掌百工之官。

⑭子家：仲归。

【译文】

　　当初，楚国范巫矞似对成王与子玉、子西说：“你们三位都将横死。”城濮之战的时候，楚成王想起矞似的话，所以派人阻止子玉说：“你不要自杀。”但没来得及。去阻止子西，子西上吊时绳子断了，成王的使者刚到，于是阻止了子西自杀，并让他做了商公。子西沿汉水顺流而下，然后溯长江逆流而上，准备进入郢都。成王在渚宫，下来见子西。子西害怕了，就找借口说：“下臣免于一死，又有人进谗言，说下臣准备逃亡，那么现在下臣愿意去司败那里领死。”成王又让他做了工尹，如今子西又与子家谋杀楚穆王。穆王知道了，五月杀了斗宜申子西和仲归。

【经】自正月不雨，至于秋七月。

【译文】

从正月不下雨,一直到秋七月。

【穀梁传】 历时而言不雨,文不闵雨也①。不闵雨者,无志乎民也。

【注释】

①闵:通"悯",惦记,怜念。

【译文】

经过了几个季节才说不下雨,说明鲁文公不惦记下雨的事。不惦记下雨的事,是心里没有百姓。

【经】 及苏子盟于女栗①。

【注释】

①苏子:周王卿士。僖公十年狄灭温,苏子奔卫。此又有苏子,当是狄灭其采邑而苏氏未亡。或周王复立苏氏旁支。女栗:地名,今地不详。

【译文】

鲁文公与苏子在女栗结盟。

【左传】 秋七月,及苏子盟于女栗,顷王立故也。

【译文】

秋七月,文公和苏子在女栗结盟,因为周顷王新即位的缘故。

△【经】冬,狄侵宋。

【译文】

冬,狄人入侵宋国。

【经】楚子、蔡侯次于厥貉①。

【注释】

①厥貉:地名,在今河南项城。《公羊传》作"屈貉"。

【译文】

楚穆王、蔡庄公帅军队驻扎在厥貉。

【左传】陈侯、郑伯会楚子于息。冬,遂及蔡侯次于厥貉,将以伐宋。宋华御事曰①:"楚欲弱我也②,先为之弱乎③? 何必使诱我④? 我实不能,民何罪?"乃逆楚子,劳且听命⑤。遂道以田孟诸⑥。宋公为右盂⑦,郑伯为左盂。期思公复遂为右司马⑧,子朱及文之无畏为左司马⑨。命夙驾载燧⑩,宋公违命,无畏抶其仆以徇⑪。

【注释】

①华御事:其时为司寇。

②弱我:使我归服。

③先为之弱:先主动归服。

④何必使诱我:指何必摆出这种架势来逼迫人?

⑤劳且听命:慰劳楚王,表示归服。

⑥道:引导。孟诸:宋地名,在今河南商丘。

⑦盂：田猎时的阵名，为圆形，分左右阵。

⑧期思：楚县名，在今河南固始西北。复遂：期思公之名。

⑨子朱：息公子朱。文之无畏：楚大夫，食邑于申，字舟，故又名申舟。

⑩夙驾：早点驾车。载燧：准备烧山打猎。燧，取火工具，如钻燧取火。

⑪挟（chì）：笞打。徇：在全军示众。古代打猎，相当于军事演习。

【译文】

　　陈共公、郑穆公在息和楚穆王会见。冬，他们和蔡庄公一起将军队驻扎在厥貉，准备进攻宋国。宋华御事说："楚国是想让我们归服，不如先主动归服它吧？楚国何必摆出这种架势来逼迫人呢？我等无能，但百姓有何罪啊？"于是亲自去厥貉迎接楚王，慰劳楚军并表示归服听命。于是引导楚王在盂诸打猎。宋昭公亲自为右阵，郑穆公为左阵。期思公复遂为右司马，子朱和文之无畏做左司马。命令下属一早驾车并装上取火工具出发准备烧山打猎，宋昭公违反了命令，文之无畏鞭打他的仆人并在全军示众。

　　或谓子舟曰："国君不可戮也①。"子舟曰："当官而行②，何强之有③？《诗》曰：'刚亦不吐，柔亦不茹④。''毋纵诡随，以谨罔极⑤。'是亦非辟强也⑥，敢爱死以乱官乎⑦！"

【注释】

①国君不可戮：意为鞭打仆人等于侮辱国君。戮，辱。

②当官：当其官守。行：行使职责。

③强：强横。

④刚亦不吐，柔亦不茹：引《诗》见《诗经·大雅·烝民》。原作："柔亦不茹，刚亦不吐。"茹，吃。柔物不吞，刚物不吐，意即"不侮矜寡，不畏强御"。

⑤毋纵诡随，以谨罔极：引《诗》见《诗经·大雅·民劳》。诡随，狡

诈的人。罔极,无准则。

⑥非辟强:不避强横。

⑦爱死:爱惜生命。乱官:放弃职责。

【译文】

有人对子舟说:"国君是不能随便侮辱的。"子舟说:"我当这个官,按职责办事,有什么强横的呢?《诗》里说:'硬的不吐出来,软的也吞不下去。''不要放任狡诈的人,谨防行事无准则。'说的就是要不避强横,我岂敢爱惜自己的生命而乱了职责呢?"

厥貉之会,麇子逃归①。

【注释】

①厥貉之会,麇(jūn)子逃归:此二句应与下年传文"春,楚子伐麇"连读。麇,国名,在今湖北郧阳。麇子,麇国君。

【译文】

厥貉会见时,麇国君逃回国去。

十一年

【经】十有一年春①,楚子伐麇。

【注释】

①十有一年:鲁文公十一年当周顷王三年,前616年。

②麇:《公羊传》作"圈"。

【译文】

鲁文公十一年春,楚穆王攻打麇国。

【左传】十一年春,楚子伐麇,成大心败麇师于防渚^①。潘崇复伐麇^②,至于锡穴^③。

【注释】

①成大心:楚成得臣儿子,字孙伯。防渚:麇地名,在今湖北房县。
②潘崇:楚穆王为太子时师傅。曾助穆王弑成王继王。后为楚太师。
③锡(yáng)穴:在今陕西白河东。

【译文】

鲁文公十一年春,楚穆王攻打麇国,成大心在防渚打败麇国军队。潘崇再次攻打麇国,一直到达锡穴。

【经】夏,叔仲彭生会晋郤缺于承匡^①。

【注释】

①叔仲彭生会晋郤缺于承匡:叔仲彭生,《公羊传》《穀梁传》作“叔彭生”,即鲁大夫叔仲惠伯,叔牙之孙。承匡,宋地名,在今河南睢县西。汪克宽曰:“晋欲谋贰国,而使次卿为会,鲁亦不遣执政,而使惠伯往,其不足却远人方张之势审矣。”

【译文】

夏,叔仲彭生在承匡和晋国的郤缺会见。

【左传】夏,叔仲惠伯会晋郤缺于承匡,谋诸侯之从于楚者。

【译文】

夏,叔仲惠伯在承匡会见晋国的郤缺,商量对付亲近楚国的国家。

【经】秋，曹伯来朝。

【译文】

秋，曹文公来朝见。

【左传】秋，曹文公来朝，即位而来见也①。

【注释】

①即位而来见：曹共公九年去世，文公当于去年即位。

【译文】

秋，曹文公来鲁国朝见，因其即位不久而来朝见。

【经】公子遂如宋。

【译文】

公子遂到宋国去。

【左传】襄仲聘于宋，且言司城荡意诸而复之①。因贺楚师之不害也②。

【注释】

①言司城荡意诸而复之：文公八年，荡意诸因宋襄夫人之乱逃鲁。襄仲聘宋，请宋接纳荡意诸回国。

②楚师之不害：上年楚伐宋，宋先顺服，因此未曾受害。

【译文】

襄仲到宋国聘问，并且向宋国进言请宋接纳荡意诸回国。襄仲是去祝贺宋国未曾受到楚军侵害的缘故。

【经】狄侵齐①。冬十月甲午②,叔孙得臣败狄于咸③。

【注释】

①侵齐:这是狄人的鄋瞒部侵齐,随后侵鲁,鲁叔孙得臣败之。

②甲午:初三。

③咸:鲁地名,在今山东巨野南。

【译文】

【经】狄人入侵齐国。冬十月初三,叔孙得臣在咸打败狄人。

【左传】鄋瞒侵齐①,遂伐我。公卜使叔孙得臣追之,吉②。侯叔夏御庄叔③,绵房甥为右,富父终甥驷乘④。冬十月甲午,败狄于咸,获长狄侨如⑤。富父终甥摏其喉以戈⑥,杀之,埋其首于子驹之门⑦。以命宣伯⑧。

【注释】

①鄋(sōu)瞒:长狄的一支,或说在今山东境内。长狄为狄人的一支。

②吉:指占卜叔孙得臣追击狄人的结果。

③庄叔:即得臣。

④驷乘:古代兵车一车三人,此四人共乘,第四人叫驷乘,作为车右的副手。

⑤侨如:长狄的首领。

⑥摏(chōng):撞击。

⑦子驹之门:鲁北郭西门。

⑧命:命名。宣伯:叔孙得臣之子叔孙侨如。

【译文】

郕瞞入侵齐国,并因此攻打我国。文公占卜派叔孙得臣追击狄人的结果,得吉卦。侯叔夏驾驭得臣的战车,绵房甥为车右,富父终甥为驷乘。冬十月初三,在咸地打败狄人,俘虏了长狄首领侨如。富父终甥用戈抵住他的喉咙,杀死他,并把他的头颅埋在子驹之门下边。叔孙得臣将宣伯命名为叔孙侨如。

初,宋武公之世,鄋瞒伐宋。司徒皇父帅师御之。耏班御皇父充石①,公子縠甥为右,司寇牛父驷乘,以败狄于长丘②,获长狄缘斯③。皇父之二子死焉④。宋公于是以门赏耏班⑤,使食其征⑥,谓之耏门。

【注释】

①耏(ér)班:宋大夫。皇父充石:名充石,宋戴公儿子。

②长丘:宋地名,在今河南封丘南。

③缘斯:侨如祖先。

④之:与。二子:指縠甥和牛父。

⑤门:指城门。

⑥食其征:征收城门税,此作为对耏班的奖赏。

【译文】

当初,宋武公在世时,鄋瞒攻打宋国。司徒皇父率领军队抵抗。耏班给皇父充石驾战车,公子縠甥为车右,司寇牛父为驷乘,在长丘打败了狄人,俘虏了长狄缘斯。皇父和縠甥、牛父皆战死。宋武公因此把城门奖赏给耏班,让耏班征收城门税,把城门叫作耏门。

晋之灭潞也①,获侨如之弟焚如。齐襄公之二年②,

鄋瞒伐齐。齐王子成父获其弟荣如③,埋其首于周首之北门④。卫人获其季弟简如⑤,鄋瞒由是遂亡。

【注释】

①晋之灭潞:据传文,晋灭潞在鲁宣公十五年。

②齐襄公之二年:即鲁桓公十六年。另据《史记·鲁周公世家》,此事在齐惠公二年,即鲁宣公二年。

③王子成父:齐大夫。其弟:侨如之弟。

④周首:齐邑,在今山东东阿东。

⑤季弟:小弟弟。

【译文】

晋国灭潞国的时候,俘虏了侨如的弟弟焚如。齐襄公二年,鄋瞒攻打齐国。齐国的王子成父抓获侨如的弟弟荣如,把他的头颅埋在周首的北门。卫国人抓获他的小弟弟简如,鄋瞒从此灭亡。

【公羊传】狄者何? 长狄也①。兄弟三人,一者之齐,一者之鲁,一者之晋。其之齐者,王子成父杀之;其之鲁者,叔孙得臣杀之;则未知其之晋者也。其言败何? 大之也②。其日何? 大之也。其地何? 大之也。何以书? 记异也。

【注释】

①长狄也:何休云:"盖长百尺。"

②大之也:即张大此事。案经文书"甲午,叔孙得臣败狄于咸",此为鲁国偏战之辞(参见隐公十年"六月壬戌,公败宋师于菅"条注释)。偏战为两军之交战,此处长狄仅为一人,却用两军交战之辞书之,是张大此事。经文书"败",书日,书地,是偏战之辞的

组成部分，故传文三云"大之也"。

【译文】

狄是指谁？是长狄。兄弟三人，一人去了齐国，一人去了鲁国，一人去了晋国。去齐国的，被王子成父杀了；去鲁国的，被叔孙得臣杀了；去晋国的，就不知道了。仅是杀一人，经书"败"是为何？是张大此事。经书日是为何？是张大此事。经书地点是为何？是张大此事。为何记录此事？是记录异象。

【穀梁传】不言帅师而言败，何也？直败一人之辞也。一人而曰败，何也^①？以众焉言之也^②。传曰：长狄也^③，弟兄三人^④，佚宕中国^⑤，瓦石不能害。叔孙得臣，最善射者也。射其目，身横九亩，断其首而载之，眉见于轼^⑥。然则何为不言获也？曰：古者不重创^⑦，不禽二毛^⑧，故不言获^⑨，为内讳也。其之齐者^⑩，王子成父杀之。则未知其之晋者也。

【注释】

①"不言帅师而言败"五句：这两个问句的意思是说"帅师"和"败"都是表示击败人数众多的军队的说辞，这里为什么用在击败一个人身上。

②以众焉言之：以众人的说法说的，意思是这个人可以以一敌众。

③长狄：狄族的一支，传说其人身材较高，故称。

④弟兄三人：据《左传》，侨如有三个弟弟曰焚如、荣如、简如。其中焚如被晋国杀死，荣如死于齐人王子成父之手，简如死于卫国。

⑤佚宕（dié dàng）：表示交替发生、更替、轮流、更迭为害的意思。

⑥轼：车厢前面的横木。

⑦重（chóng）创：两次创伤敌人。重，两次。

⑧二毛：人老头发斑白，故以此称老人。

⑨不言获：不说擒获。《穀梁传》认为不重创、不禽二毛是仁爱的表现，不言获亦是仁爱的表现。

⑩之：去，往。

【译文】

不说"帅师"却说了"败"，为什么呢？这只是打败了一个人的说法。打败一个人却说"败"，为什么呢？因为要以众人的说法来说。《传》说：长狄部，有弟兄三人，轮流危害中原各国，瓦片石头都不能伤害到他们。叔孙得臣，是最善于射箭的人。射中了他的眼睛，倒下来身子横占了九亩地，割下他的头载在车上，眉毛从车前横木露了出来。那么为什么不说"获"呢？回答说：古时候战场上不两次创伤敌人，不擒获年老的人，所以不说俘获，是为鲁国避讳。长狄兄弟中去了齐国的那个，王子成父杀了他。不知道去晋国的是什么情况。

*【左传】郕大子朱儒自安于夫锺①，国人弗徇②。

【注释】

①郕：国名，故城在今河南范县。安：安居。夫锺：郕邑，在今山东汶上。

②国人弗徇：此章当与下年传文"春，郕伯卒"连读，或本为一体。徇，顺，顺服。

【译文】

郕太子朱儒自己安居在夫锺，国内人对他不顺服。

十二年

【经】十有二年春王正月^①,郕伯来奔^②。

【注释】

①十有二年:鲁文公十二年当周顷王四年,前615年。

②郕伯:指郕太子朱儒。郕,《公羊传》作"盛"。

【译文】

鲁文公十二年春周历正月,郕伯逃亡来鲁国。

【左传】十二年春,郕伯卒,郕人立君^①。大子以夫锺与郕邽来奔^②。公以诸侯逆之,非礼也^③。故书曰:"郕伯来奔。"不书地,尊诸侯也。

【注释】

①郕人立君:郕太子朱儒安居于夫锺,国人不拥护,因此郕伯死后,国人另立新君。

②以:带着。邽:即圭,指郕国的宝玉。

③非礼:郕太子非君,不宜用诸侯之礼迎接。

【译文】

鲁文公十二年春,郕伯去世,郕人另立新君。太子朱儒带着夫锺之地和郕国的宝圭逃奔到鲁国来。文公用诸侯之礼迎接他,这不合于礼。所以《春秋》记载说:"郕伯逃奔到鲁。"不记载他所献之地,是为了讳言文公失礼而把朱儒作为诸侯来尊重。

【公羊传】盛伯者何? 失地之君也^①。何以不名^②? 兄弟辞也③。

【注释】

①失地之君也：案庄公八年，盛国被齐鲁两国所灭，故此时盛伯属于
　失地之君。

②何以不名：案《春秋》之例，诸侯不生名，失地则书名，以绝贱之。
　此处盛伯失地，却未书其名，故而发问。

③兄弟辞也：盛与鲁同为姬姓之国。此处是为兄弟之国避讳，故不
　书其名，不忍绝贱之。

【译文】

盛伯是什么人？是失地之君。为何不书其名？这是为兄弟之国避
讳的文辞。

【经】杞伯来朝①。

【注释】

①杞伯：杞桓公。

【译文】

杞桓公来鲁国朝见。

【左传】杞桓公来朝，始朝公也①。且请绝叔姬而无绝
昏②，公许之。

【注释】

①始朝：指文公即位后第一次来朝见。

②绝叔姬：休弃叔姬。无绝昏：叔姬嫁与杞桓公，本有女弟（妹妹）
　陪嫁，今杞桓公请休弃叔姬，女弟本应一同被休弃返回娘家，杞桓

公希望女弟留下,请求同意。即"无绝昏"。

【译文】

杞桓公来鲁国朝见,这是第一次来朝见鲁文公。并且请求休弃叔姬,但不要断绝婚姻,鲁文公答应了。

【经】二月庚子①**,子叔姬卒**②**。**

【注释】

①庚子:十一日。

②子叔姬:杞桓公夫人。

【译文】

二月十一日,子叔姬去世。

【左传】二月,叔姬卒。不言杞,绝也①**。书叔姬,言非女也**②**。**

【注释】

①绝也:和杞桓公断绝了关系。

②非女:指已不是未嫁的女子。

【译文】

二月,叔姬去世。《春秋》不称"杞叔姬",是由于已经和杞桓公断绝了夫妻关系。记载称"叔姬",说明她已经不是未出嫁的女子。

【公羊传】此未适人,何以卒?许嫁矣。妇人许嫁,字而笄之,死则以成人之丧治之①**。其称子何**②**?贵也。其贵奈何?母弟也**③**。**

【注释】

①"此未适人"几句：参见僖公九年"秋七月己酉，伯姬卒"条。

②其称子何：先前之鲁女嫁为诸侯夫人者，如伯姬、叔姬等，均未有"子"字，故而发问。

③母弟也：母弟，即同母之弟，此处指同母之妹。案《春秋》尚质，对于同母之兄弟特别亲厚，反映在名例上，就是"母兄称兄，母弟称弟"，而同母之姊妹，则加"子"以明其贵。此处之"子叔姬"即为文公同母之妹。

【译文】

此处子叔姬尚未出嫁，为何书其卒？已经许嫁了。妇人许嫁，称字行笄礼，去世则以成人的丧礼治丧。经称"子"是为何？因为她尊贵。为何尊贵？因为她是国君同母之妹。

【穀梁传】其曰子叔姬，贵也，公之母姊妹也。其一传曰：许嫁以卒之也。男子二十而冠，冠而列丈夫，三十而娶。女子十五而许嫁，二十而嫁。

【译文】

经文说"子叔姬"，表明她身份尊贵，是鲁文公同母的姊妹。另一种说法说：已经许嫁给别人了所以记载她的去世。男子二十岁举行冠礼，举行了冠礼就算成人了，三十岁就娶妻。女子十五岁就可以许嫁，二十岁嫁过去。

【经】夏，楚人围巢①。

【注释】

①巢：国名，偃姓，今安徽巢县东北有居巢古城址，即古巢国。

【译文】

夏,楚国人围攻巢国。

【左传】楚令尹大孙伯卒①,成嘉为令尹②。群舒叛楚③。夏,子孔执舒子平及宗子④,遂围巢⑤。

【注释】

①大孙伯:成大心。

②成嘉:也是子玉的儿子,孙伯之弟。

③舒:偃姓国,因有舒庸、舒蓼、舒鸠、舒龙、舒鲍、舒龚等小国,故称群舒。

④子孔:即成嘉。舒子平:舒国君名平。宗子:宗国之君。宗国之地在今安徽舒城一带。

⑤围巢:巢与群舒之地相近,故趁机围巢。

【译文】

楚令尹大孙伯去世,成嘉接任令尹。众舒国背叛楚国。夏,成嘉抓住舒君平和宗国国君,于是趁机包围巢地。

【经】秋,滕子来朝①。

【注释】

①滕子:滕昭公。

【译文】

秋,滕昭公来鲁国朝见。

【左传】秋,滕昭公来朝,亦始朝公也。

【译文】

秋,滕昭公来鲁朝见,也是第一次来鲁国朝见。

【经】秦伯使术来聘①。

【注释】

①术:秦将西乞术。《公羊传》作"遂"。

【译文】

秦康公派西乞术来鲁国聘问。

【左传】秦伯使西乞术来聘,且言将伐晋。襄仲辞玉①,曰:"君不忘先君之好,照临鲁国②,镇抚其社稷③,重之以大器④,寡君敢辞玉⑤。"对曰:"不腆敝器⑥,不足辞也。"主人三辞。宾答曰:"寡君愿徼福于周公、鲁公以事君⑦,不腆先君之敝器⑧,使下臣致诸执事,以为瑞节⑨,要结好命⑩,所以藉寡君之命⑪,结二国之好,是以敢致之。"襄仲曰:"不有君子,其能国乎?国无陋矣⑫。"厚贿之。

【注释】

①玉:行聘使者所带来的圭、璋一类的聘礼,一般为国宝。

②照临:犹言光临。

③镇抚:安定,安抚。

④重:作动词,厚厚地赠予。大器:指圭、璋等宝器。

⑤敢辞玉:襄仲表示鲁不敢接受宝玉以助秦伐晋。

⑥不腆:当时谦辞习语。腆,厚。

⑦徼(yāo)福:祈福,求福。徼,通"邀"。招致,求福。周公:周公

旦。鲁公：周公之子伯禽。

⑧先君之敝器：古代出聘前都要告祭于祖庙，所以说先君之敝器。

⑨瑞节：祥瑞的信物。节，信物。

⑩要（yāo）：约，引申为"缔结"，与"结"同义。好命：友好关系。

⑪所以藉寡君之命：意谓送玉是借以表达国君的命令。藉，以草类物衬垫。送玉时必有衬垫之物。

⑫无陋：并不鄙陋。

【译文】

秦康公派西乞术来朝聘，并且报告说秦将攻打晋国。襄仲辞谢西乞术带来的圭玉，说："您不忘和先君的友好，光临鲁国，安抚我们国家，厚重地赠给我们贵重宝器，寡君不敢接受圭玉。"西乞术回答说："菲薄的一块圭玉，不值得你辞谢。"襄仲辞让了几次。来宾回答说："寡君愿意在周公、鲁公面前求得福禄来事奉贵国国君，一点菲薄的先君的玉器，让下臣送达执事面前，作为祥瑞的信物，以此来缔结友好关系，借此表达寡君的命令，缔结两国的友好关系，所以敢献上它。"襄仲说："没有君子，哪能治理好国家？秦国并不鄙陋。"送了重礼给西乞术。

【公羊传】遂者何？秦大夫也。秦无大夫①，此何以书？贤缪公也。何贤乎缪公？以为能变也。其为能变奈何？惟诶诶善谍言②，俾君子易怠③，而况乎我多有之④。惟一介断断焉无他技⑤，其心休休⑥，能有容⑦，是难也。

【注释】

①秦无大夫：文公十年书"秦伐晋"，则将秦国视为夷狄，故云"秦无大夫"。

②惟诶诶（jiàn）善谍（jìng）言：以下是《公羊传》引《秦誓》（秦穆公在崤之战后所作）之文，以证穆公之"能变"。诶诶，浅薄之貌。

睁，撰。意谓，浅薄之人凭空撰言以动人，如秦穆公听信杞子之言而千里袭郑。值得注意的是，《春秋》贤穆公之能变，是借事明义，崤之战后，穆公虽作《秦誓》以悔过，然之后又数次与晋国交兵，未能真正悔悟，《春秋》因其有悔过之心而褒之，欲使后人知悔过之美而已。

③俾君子易怠：俾，使。易怠，轻堕。意谓，谗谗善睁言之人，能使君子轻堕。

④而况乎我多有之：意谓，而况我多有此谗谗善睁言之人。

⑤惟一介断断焉无他技：一介，一概。断断，专一。他技，奇巧异端。

⑥休休：美大貌。

⑦能有容：此指能容贤者逆耳之言。

【译文】

遂是什么人？是秦国的大夫。秦国没有大夫，此处为何书遂之名？因为秦穆公有贤德。秦穆公有何贤德？《春秋》以为他能够悔悟。他能够悔悟是怎么回事？《秦誓》中穆公说道：浅薄之人凭空撰言，能使君子轻堕，何况我多有此浅薄撰言之人。一概专一而无奇巧异端，心地宽厚，能含容逆耳之言，是难能可贵的。

【经】冬十有二月戊午①，晋人、秦人战于河曲②。

【注释】

①戊午：初四。

②河曲：晋地名，在今山西永济南。黄河自此折向东，所以叫河曲。

【译文】

冬十二月初四，晋人、秦人在河曲交战。

【左传】秦为令狐之役故①，冬，秦伯伐晋，取羁马②。晋人御之。赵盾将中军，荀林父佐之；郤缺将上军，臾骈佐之；栾盾将下军③，胥甲佐之④。范无恤御戎⑤，以从秦师于河曲⑥。臾骈曰："秦不能久，请深垒固军以待之⑦。"从之。

【注释】

①令狐之役：文公七年，晋军在令狐袭击了秦国护送晋公子雍回国的人。

②羁马：晋邑，在今山西永济南。

③栾盾：栾枝之子。

④胥甲：胥臣之子。

⑤范无恤：代替步招。

⑥以从秦师：迎战秦军。

⑦深垒固军：高筑营垒巩固军营。

【译文】

秦国为令狐之役的缘故，冬，秦康公攻打晋国，夺取羁马。晋国人发兵抵抗。赵盾率领中军，荀林父辅佐他；郤缺率领上军，臾骈辅佐他；栾盾率领下军，胥甲辅佐他。范无恤驾驭战车，在河曲迎战秦军。臾骈说："秦军不能久战，请用深垒固军之计等待他们。"赵盾听从了。

秦人欲战，秦伯谓士会曰①："若何而战②？"对曰："赵氏新出其属曰臾骈③，必实为此谋，将以老我师也。赵有侧室曰穿④，晋君之婿也⑤，有宠而弱⑥，不在军事⑦，好勇而狂，且恶臾骈之佐上军也，若使轻者肆焉⑧，其可。"秦伯以璧祈战于河⑨。

【注释】

①秦伯谓士会：晋士会于文公七年逃奔秦，此时为秦军谋士。

②若何而战：意谓采取什么措施可打破"深垒固军"的局面，诱使晋
　军出战。

③赵氏新出其属曰臾骈：由此可知臾骈是赵盾家臣。

④侧室：旁支子弟。

⑤晋君之婿：当是晋襄公的女婿。

⑥弱：年少。

⑦不在军事：不懂作战。在，善于，擅长。

⑧轻者：勇敢而不刚强的人。肆：突然袭击。

⑨祈战：祈求胜利。

【译文】

秦人准备出战，秦康公对士会说："用什么办法对付晋军？"士会回答说："赵盾新启用他的家臣叫臾骈，必定是他出的主意，准备拖住我军使其疲劳。赵盾有个旁系子弟赵穿，是晋国国君的女婿，受赵盾宠爱而且年少，不懂作战，喜欢逞勇而又狂妄，而且讨厌臾骈辅佐上军。如果派一些勇敢而又不刚强的人去突然袭击，也许可以取胜。"秦康公把玉璧投到黄河中，以此祈求胜利。

十二月戊午，秦军掩晋上军①，赵穿追之②，不及。反，怒曰："裹粮坐甲③，固敌是求。敌至不击，将何俟焉④？"军吏曰："将有待也。"穿曰："我不知谋，将独出⑤。"乃以其属出⑥。宣子曰："秦获穿也，获一卿矣⑦。秦以胜归，我何以报⑧？"乃皆出战，交绥⑨。

【注释】

①掩：肆，突然袭击。

②赵穿追之：上军不动，赵穿独自率军追赶。

③裹粮坐甲：装好粮食，披着甲胄，即准备战斗。

④俟：等待。

⑤独出：独自出击。

⑥以其属：带领自己的部属。

⑦秦获穿也，获一卿矣：赵穿不在六卿之列，杜预注："晋自有散位从卿者。"

⑧报：回报国人。

⑨交绥（suí）：刚一接触就退兵。绥，退军。

【译文】

十二月初四，秦军突然袭击晋国的上军，赵穿追赶秦军，没赶上。返回时，发怒说："装好了粮食，披上了甲胄，本为寻求敌人决战。敌人来了却不出击，还等什么呢？"军吏说："将要有所等待。"赵穿说："我不懂得你们的计谋，我准备独自出击。"于是带领他的部属出击。赵宣子说："秦军如果俘虏了赵穿，就是抓获了一个卿了。秦军获大胜而归，我将何以回报国人？"于是全军出战，双方刚一接触就都退兵。

秦行人夜戒晋师曰①："两君之士皆未慭也②，明日请相见也。"臾骈曰："使者目动而言肆③，惧我也，将遁矣。薄诸河④，必败之。"胥甲、赵穿当军门呼曰⑤："死伤未收而弃之，不惠也⑥。不待期而薄人于险⑦，无勇也。"乃止。秦师夜遁。复侵晋，入瑕⑧。

【注释】

①行人：使者。戒：告请，约请。

②慭（yìn）：损伤。

③目动：眼珠转动，表明心中不安。言肆：声音失常，说明心中恐惧。

④薄：逼近。

⑤当军门：挡在军门，此为阻止晋军"薄诸河"。军门，营门。

⑥不惠：不仁慈。

⑦不待期：秦使者约明日再战，而晋军夜出，是不等到约定的时间，所以说不待期。

⑧入瑕：瑕，在今山西芮城南。即晋惠公曾答应割给秦国的"河外列城五"中的一城。案至此秦、晋自令狐之战结怨以来的互相报复告一段落。

【译文】

秦军使者夜里告请晋军说："两国军队都未损伤，明日请再决战。"臾骈说："使者眼珠转动而声音失常，是害怕我们了，他们打算逃跑了。把他们逼到黄河边上去，一定能打败他们。"胥甲、赵穿却挡住军营大门高喊："战死的人还没有收尸而抛弃他们，不仁慈啊。不等到约定的时间就出击而把人逼到险处，这不算勇气。"于是晋军停止出击。秦军连夜逃跑。后来又攻打晋国，攻入瑕地。

【公羊传】此偏战也，何以不言师败绩？敌也①。曷为以水地②？河曲流矣③，河千里而一曲也。

【注释】

①敌也：即双方未分胜负，故不云"师败绩"。

②以水地：即以河流记录合战之地点。

③河曲流矣：即黄河转弯之处。案此处"曲"字有二意，一指河水之曲，一指秦晋两国数次兴兵相伐，战斗已无曲直可言。这一点也反映在书法上，案偏战之例，书"某及某战于某地"，则前者为主，是正义的一方。今两国无曲直可言，故不书"及"字。

【译文】

这是偏战，为何不书"师败绩"？因为未分胜负。为何用河流记录作战地点？因为黄河在此转弯，黄河千里才有一个弯。

【穀梁传】不言及，秦、晋之战已亟①，故略之也。

【注释】

①亟（jí）：多次。

【译文】

不说"及"，因为秦、晋之战已经很多次了，所以简略记载了。

【经】季孙行父帅师城诸及郓①。

【注释】

①季孙行父帅师城诸及郓：诸，鲁地名，在今山东诸城西南。郓，鲁地名，鲁有东西二郓，此为东郓，在今山东沂水东。西郓在山东郓城东。黄震曰："二邑近费而介于莒，他年（季孙）宿伐莒取郓，叔弓疆其田，费于是始大。"顾栋高曰："鲁自隐、桓、庄三世，皆屈体于莒，至僖之元年一交兵，旋即比年两会，以弭其隙，鲁人待莒可为至矣。而季孙忽以封殖费邑之故，造衅于莒，遂终鲁之世。"又曰："行父自六年以后始复见经，此时已渐有营私之意矣。"郓，《公羊传》作"运"。又，诸为鲁君之邑，郓为臣下之私邑，故而经书"及"字，以区别尊卑。案《春秋》之例，鲁国之修筑城池，仅书"城某"，如"城中丘"之类，未有言"帅师"者，何休云："言帅师者，刺鲁微弱，臣下不可使，邑久不修，不敢徒行，兴师厉众，然后敢城之。"

【译文】

季孙行父率兵在诸和郓筑城。

【左传】城诸及郓，书，时也。

【译文】

在诸地和郓地筑城，《春秋》加以记载，因为合乎时令。

【穀梁传】称帅师，言有难也。

【译文】

说率军，是说鲁国有危难了。

十三年

△**【经】**十有三年春王正月①。

【注释】

①十有三年：鲁文公十三年当周顷王五年，前614年。

【译文】

鲁文公十三年春周历正月。

***【左传】**十三年春，晋侯使詹嘉处瑕①，以守桃林之塞②。

【注释】

①晋侯使詹嘉处瑕：意即将瑕赐予詹嘉。故詹嘉又称瑕嘉。詹嘉，
　晋大夫。

②桃林之塞：在今河南灵宝以西，与瑕隔河相对。处瑕可以守住桃
　　林，以遏制秦师东侵。

【译文】

鲁文公十三年春，晋灵公派詹嘉住在瑕地，以便防守桃林要塞。

△【经】夏五月壬午①，陈侯朔卒②。

【注释】

①壬午：五月无壬午日，或记日有误。

②陈侯朔卒：陈侯朔，即陈共公，姓妫，名朔，谥共。陈侯朔未书葬，
　　何休以为，这是为晋文公盈满讳文。案朔之父陈侯款卒于僖公二
　　十八年六月，同年冬，朔尚在丧中，晋文强令朔参加温之会。故
　　《春秋》不书陈侯款之葬，为晋文避讳。此处又不书陈侯朔之葬，
　　好像陈国之君例不书葬一般，以此来为晋文公盈满讳文。何休
　　云："晋文虽霸会人孤，以尊天子，自补有余，故复盈为讳。"

【译文】

夏五月壬午，陈共公朔去世。

*【左传】晋人患秦之用士会也①，夏，六卿相见于诸浮②，
赵宣子曰："随会在秦③，贾季在狄④，难日至矣，若之何？"
中行桓子曰⑤："请复贾季⑥，能外事⑦，且由旧勋⑧。"郤成子
曰⑨："贾季乱⑩，且罪大⑪，不如随会。能贱而有耻⑫，柔而不
犯⑬，其知足使也，且无罪。"

【注释】

①用士会：上年秦、晋河曲之役，士会为秦国出主意。

②六卿相见于诸浮：孔颖达疏："特云'相见于诸浮者'，将欲密谋，虑其漏泄，故出就外野，屏人私议。"六卿，晋三军将佐。诸浮，晋国都城外近郊之地。

③随会：即士会。

④贾季在狄：文公六年，贾季派续鞫居杀了阳处父，晋杀续鞫居，贾季逃奔狄国。

⑤中行桓子：荀林父。

⑥复：让其回国。

⑦能外事：了解国外之事。

⑧由：因为。旧勋：指其父狐偃有大功。

⑨郤成子：郤缺。

⑩贾季乱：指其文公六年自作主张召公子乐回国欲立之之事。

⑪罪大：指文公六年杀阳处父事。

⑫贱而有耻：卑贱而有羞耻之心。

⑬柔而不犯：柔弱而不受侵犯。以上二句指士会。

【译文】

晋人担心秦国任用士会，夏，晋六卿在诸浮相见，赵宣子说："随会在秦国，贾季在狄国，灾难每天都可能到来，怎么办？"中行桓子说："请让贾季回国，他了解国外的事务，而且还有父辈的功劳。"郤成子说："贾季好作乱，而且罪更大，不如让随会回来。能做到卑贱而有羞耻之心，柔弱而不受到侵犯，他的智谋足可使用，而且没有罪。"

乃使魏寿馀伪以魏叛者①，以诱士会。执其帑于晋②，使夜逸。请自归于秦③，秦伯许之。履士会之足于朝④。秦伯师于河西，魏人在东⑤。寿馀曰："请东人之能与夫二三有司言者⑥，吾与之先⑦。"使士会。士会辞，曰："晋人，虎狼也。若背其言⑧,臣死,妻子为戮,无益于君,不可悔也⑨。"秦伯曰:"若背其言,所不归尔帑者,有如河。"乃行。绕朝赠之以策⑩,曰:"子无谓秦无人,吾谋适不用也。"既济,魏人噪而还⑪。秦人归其帑。其处者为刘氏⑫。

【注释】

①魏寿馀:即闵公元年传文中毕万的后代。魏犨的近亲。

②执其帑:抓走魏寿馀的家小。

③请自归于秦:请求把魏地并魏地臣民归入秦国。

④履士会之足于朝:魏寿馀在朝廷上见到士会,悄悄踩一下士会的脚作暗示。

⑤东:黄河东。

⑥东人:指晋人。因晋国在黄河东,此暗指士会。晋人在秦而能与魏地官员说话者,只有士会。二三有司:指魏地的官吏。

⑦先:先渡河到魏地。此为以过河接收降邑为由让士会与自己先走。

⑧背其言:指晋食言不放回士会。

⑨"妻子为戮"三句:士会已知魏寿馀之意,但怕归晋后妻室被秦杀掉,故有此言。

⑩绕朝:秦大夫。策:马鞭。

⑪魏人:指魏寿馀等人。噪:因为计策成功而群呼乱叫。

⑫处者:指留在秦国者。

【译文】

　　于是派魏寿馀假装带领魏地的人叛变,以引诱士会。晋人在晋国抓走魏寿馀的妻室家小,让他连夜逃往秦国。魏寿馀请求把魏地献给秦国,秦康公同意了。魏寿馀在朝廷上暗暗踩了一下士会的脚作暗示。秦康公驻军在黄河之西,魏地人在黄河东。寿馀说:"请派一位东边的人能与魏地官员们说话的,我和他先到魏地去。"秦国果然派士会一起去。士会却谢绝,说:"晋人,就像是老虎豺狼。如果他们背信食言,臣下被杀死了,我的妻子儿女也将被杀,这于国君没什么好处,那将后悔莫及。"秦康公说:"如果背信食言,而不送还你的妻子家小,我指河为证。"士会准备出发。绕朝把马鞭送给他,说:"你不要以为秦国无人,我的计谋他们不用罢了。"等渡过黄河后,魏地人群呼乱叫着回去。秦人还是送还士会的妻室。士会有留在秦国的亲属,后以刘为氏。

【经】邾子蘧蒢卒①。

【注释】

①邾子:《公羊传》作"邾娄子"。蘧蒢(qú chú):即邾文公,姓曹,名蘧蒢,谥文。《公羊传》作"蘧蒢",《穀梁传》作"籧篨"。

【译文】

邾子蘧蒢去世。

【左传】邾文公卜迁于绎①。史曰:"利于民而不利于君。"邾子曰:"苟利于民,孤之利也。天生民而树之君②,以利之也。民既利矣,孤必与焉③。"左右曰:"命可长也④,君何弗为?"邾子曰:"命在养民⑤。死之短长,时也⑥。民苟利矣,迁也,吉莫如之!"遂迁于绎。五月,邾文公卒⑦。君子曰:"知命。"

【注释】

①卜迁:为迁都而占卜。绎:邾邑,在今山东邹城东。
②树:立,设立。

③与：参与其中。

④命：指寿命。意为寿命是可以延长的。

⑤命：此"命"指活着的职责。

⑥死之短长，时也：指死或迟或早，是由于命运。

⑦邾文公卒：案邾文公即位至此已五十一年。

【译文】

邾文公为迁都到绎地而占卜吉凶。史官说："有利于百姓而不利于国君。"邾文公说："如果有利于百姓，也就是对我有利。上天生了百姓而设立国君，就是要有利于他们。百姓有利了，我也在其中了。"左右的人说："寿命是可以延长的，国君为何不这样做呢？"邾文公说："活着就要长养百姓。死或早或晚，那是由于命运。百姓如果有利，那就迁都吧，没有比这更吉利的了。"于是迁都于绎。五月，邾文公去世。君子说："邾文公知天命。"

△**【经】自正月不雨，至于秋七月。**

【译文】

从正月不下雨，一直到秋七月。

【经】大室屋坏①。

【注释】

①大室：《左传》杜预注认为指鲁太庙（周公庙）之室。《公羊传》《穀梁传》认为指鲁公伯禽之庙。大室，《公羊传》作"世室"。屋：屋顶。

【译文】

鲁太庙屋顶损坏。

【左传】秋七月,大室之屋坏。书,不共也。

【译文】

秋七月,鲁太庙屋顶毁坏。《春秋》加以记载,是批评文公不恭敬。

【公羊传】世室者何?鲁公之庙也^①。周公称大庙,鲁公称世室,群公称宫^②。此鲁公之庙也,曷为谓之世室?世室犹世室也,世世不毁也^③。周公何以称大庙于鲁?封鲁公以为周公也。周公拜乎前,鲁公拜乎后^④,曰:"生以养周公,死以为周公主^⑤。"然则周公之鲁乎?曰:不之鲁也。封鲁公以为周公主,然则周公曷为不之鲁?欲天下之一乎周也^⑥。鲁祭周公,何以为牲?周公用白牡^⑦,鲁公用骍犅^⑧,群公不毛^⑨。鲁祭周公,何以为盛^⑩?周公盛^⑪,鲁公焘^⑫,群公廪^⑬。世室屋坏何以书?讥。何讥尔?久不修也。

【注释】

①鲁公:即周公之子伯禽,为鲁国始封之君,故称鲁公。

②群公:指伯禽之下,鲁国历代先君。

③世世不毁也:毁,毁庙。案礼制,亲过高祖,则毁其庙。伯禽为始封君,故不毁其庙,而群公之庙,则亲过高祖而毁。

④周公拜乎前,鲁公拜乎后:此指当初受封鲁国之时,在文王庙中,周公拜乎前,鲁公拜乎后,以此表明因周公之故,而封鲁公。

⑤死以为周公主:主,祭祀之主。"生以养周公,死以为周公主",此为成王册命之辞。

⑥欲天下之一乎周也:何休云:"周公圣人,德至重,功至大,东征则西国怨,西征则东国怨,嫌之鲁,恐天下回心趣乡之,故封伯禽,命

使遥供养，死则奔丧为主，所以一天下之心于周室。”

⑦周公用白牡：此指祭祀周公，用白色的公牛。案礼制，夏尚黑，殷尚白，周尚赤。周公得用王礼，然不敢同于周天子，故用白牡。不用黑牡者，按照改制理论，继周而立的王朝当尚黑色，如周公用黑牡，则有改制之嫌。

⑧骍犅（xīng gāng）：赤脊之公牛。案周天子之牲纯赤。鲁公为诸侯，降天子一等，故用骍犅。

⑨不毛：不纯色。即群公用杂色之牲，降始封君一等。

⑩盛：粢盛。即将黍稷等谷物装在器中，用以祭祀。

⑪周公盛：祭祀周公之粢盛，全用新谷。

⑫鲁公焘：焘，冒。即新谷覆盖在旧谷之上，各占一半。

⑬群公廪：廪，全部用旧谷，只在上面洒一些新谷，使得新旧之谷相连而已。

【译文】

世室是什么？是鲁公伯禽的庙。周公之庙称太庙，鲁公之庙称世室，其他国君之庙称宫。这是鲁公之庙，为何称为世室？世室，是世代供奉的宗庙，世世代代不毁庙。鲁国为何以周公之庙为太庙？是因为周公而册封鲁公的。册命之时周公拜受在前，鲁公拜受在后。周成王册命之辞说道：“周公生时，以鲁国奉养周公。周公死后，作为周公的祭祀之主。”那么周公去鲁国就封了吗？回答道：没有去鲁国就封。那么周公为何不去鲁国就封？是想要天下一心向周。鲁国祭祀周公，用什么牺牲？祭祀周公用纯白的公牛，鲁公用赤脊的公牛，其他国君用不纯色的公牛。鲁国祭祀周公，用什么粢盛？周公全用新谷；鲁公则新谷在上，新旧各半；其他国君全用旧谷，仅在表面洒些新谷。世室的房屋毁坏，为何记录此事？是讥刺。讥刺什么？讥刺年久失修。

【穀梁传】大室屋坏者，有坏道也①，讥不修也。大室犹世室也^②。周公曰大庙。伯禽曰大室^③。群公曰宫。礼：宗庙之事，君亲割，夫人亲舂^④，敬之至也。为社稷之主，而先君之庙坏，极称之，志不敬也。

【注释】

①有坏道也：指房屋损坏有自己规律，但是这里专门记载了，就表明长期未修缮。

②世室：即"明堂"。天子或诸侯宣明政教的地方，凡朝会、祭祀、庆赏、选士、养老、教学等大典，均在此举行。

③伯禽：姬伯禽，周公长子。周公旦被封到鲁，但是他要留在京师辅佐周成王，于是派伯禽代替自己赴鲁。

④"宗庙之事"三句：指天子诸侯祭祀祖先之事，这是一国的大事。据本传载，一年四季田猎所获，主要为了祭祀之用。按照礼的要求，为准备祭品诸侯要亲自割牲，夫人亲自舂米，以示敬重。

【译文】

大室的屋顶坏了，它的损坏有自己的规律，这里记载是讥讽不修缮。大室就是世室。周公的庙叫做大庙。伯禽的庙叫做大室。其他国君的庙叫做宫。按礼：天子诸侯祭祀祖先之事，国君要亲自分割祭祀用的肉，夫人要亲自舂好祭祀用的米，是对祖先尊重到了极点。作为国家的君主，却让先君的庙寝损坏了，极力地说这件事，是记载对先君的不敬。

【经】冬，公如晋。卫侯会公于沓^①。

【注释】

①卫侯会公于沓：《公羊传》作"卫侯会于沓"，此处脱一"公"字。沓，卫地名，今地不详。郑、卫在鲁、晋之间，故鲁文公访晋要经过郑、卫，所以先后与郑、卫国君会面。

【译文】

冬,文公到晋国朝聘。卫成公和文公在沓地会见。

【左传】冬,公如晋朝,且寻盟①。卫侯会公于沓,请平于晋②。

【注释】

①寻盟:重温文公八年衡雍之盟。

②请平于晋:向晋求和。卫成公是在半路上会见文公,请文公代向晋求和。

【译文】

冬,文公到晋国朝觐,并且重温衡雍之盟。卫成公在沓地会见文公,请文公代卫向晋求和。

△**【经】**狄侵卫。

【译文】

狄人入侵卫国。

△**【经】**十有二月己丑①,公及晋侯盟。

【注释】

①己丑:当为"乙丑"之误。乙丑,十六日。

【译文】

十二月十六日,文公和晋灵公会盟。

【经】公还自晋①,郑伯会公于棐②。

【注释】

①公还自晋:《公羊传》《穀梁传》作"还自晋"。

②棐(fěi):郑地名,在今河南新郑东。《公羊传》作"斐"。

【译文】

文公从晋国返国,郑穆公和文公在棐地会见。

【左传】公还,郑伯会公于棐,亦请平于晋。公皆成之①。

【注释】

①成之:帮助他们与晋达成和议。

【译文】

文公回国时,在棐地和郑穆公会见,郑也请文公向晋求和。文公都帮助他们与晋达成和议。

郑伯与公宴于棐①。子家赋《鸿雁》②。季文子曰:"寡君未免于此③。"文子赋《四月》④。子家赋《载驰》之四章⑤。文子赋《采薇》之四章⑥。郑伯拜⑦。公答拜。

【注释】

①郑伯与公宴于棐:此段为补叙会于棐之事。郑穆公是在文公返回鲁国的路上与文公相会。

②子家赋《鸿雁》:《鸿雁》之首章云:"鸿雁于飞,肃肃其羽。之子于征,劬劳于野。爰及矜人,哀此鳏寡。"子家赋《鸿雁》首章,以鳏寡自比郑国,请文公怜惜,返晋为郑向晋求和。子家,郑大夫公子

归生的字。《鸿雁》，《诗经·小雅》篇名。《左传》记赋诗某篇，不说某章，通指首章。

③未免于此：此本推诿之词。

④文子赋《四月》：《四月》之首章云："四月维夏，六月徂暑。先祖匪人，胡宁忍予？"文子取首章之意，说明思归祭祀，不愿再返晋。《四月》，《诗经·小雅》篇名。

⑤子家赋《载驰》之四章：诗中有"控于大邦，谁因谁极"之句。寓意小国有急，请鲁国偏劳。《载驰》，《诗经·鄘风》篇名。

⑥文子赋《采薇》之四章：诗中有"戎车既驾，四牡业业。岂敢定居？一月三捷"之句。义取不敢定居，愿为郑国再往晋国求和。《采薇》，《诗经·小雅》篇名。

⑦郑伯拜：郑穆公因为鲁文公答应再回晋国为之请成而拜。

【译文】

郑穆公和文公在棐地宴饮。子家赋《鸿雁》诗。季文子说："我们国君也未能免于鳏寡啊。"文子赋了《四月》。子家又赋《载驰》的第四章。文子又赋了《采薇》的第四章。郑穆公拜谢文公。文公回应了拜谢。

【公羊传】还者何？善辞也。何善尔？往党①，卫侯会公于沓，至得与晋侯盟；反党，郑伯会公于斐，故善之也②。

【注释】

①往党：党，犹所，所犹时。往党，即往时，指文公自鲁至晋之时。下文"反党"，即返时，指文公自晋归国之时。

②故善之也：何休云："文公前扈之盟不见序，后能救郑之难，不逆王者之求，上得尊尊之义，下得解患之恩，一出三为诸侯所荣，故加录于其还时，皆深善之。"

【译文】

"还"是什么意思？是善辞。文公有何善？去晋国之时，卫侯与文公相会于沓，到了晋国，能与晋侯结盟。归国时，郑伯与文公相会于斐，所以褒扬文公。

【穀梁传】还者，事未毕也①。自晋，事毕也②。

【注释】

①事未毕：指尚未回到国内告祭祖庙。

②事毕：指已经结盟。

【译文】

"还"，是事情还没有做完的意思。"自晋"，是事情已经做完了的意思。

十四年

△**【经】**十有四年春王正月①，公至自晋。

【注释】

①十有四年：鲁文公十四年当周顷王六年，前613年。

【译文】

鲁文公十四年春周历正月，鲁文公从晋国回国。

***【左传】**十四年春，顷王崩①。周公阅与王孙苏争政②，故不赴③。凡崩、薨，不赴，则不书。祸、福，不告，亦不书。惩不敬也④。

【注释】

①崩：天子死。周顷王在位六年，死后儿子匡王班即位。

②周公阅：周太宰。争政：争夺执政权。

③赴：同"讣"。

④"凡崩、薨"几句：以上解释《春秋》惯例。

【译文】

鲁文公十四年春，周顷王去世。周公阅和王孙苏争夺执政权，所以没有发送讣告。凡是天子死、诸侯死，不发送讣告，《春秋》就不记载。灾祸、喜庆之事，不报告，也不记载。这是为了惩罚不恭敬。

【经】 邾人伐我南鄙①，叔彭生帅师伐邾②。

【注释】

①邾：《公羊传》作"邾娄"。下文"邾"亦作"邾娄"。

②叔彭生：鲁叔仲惠伯。赵鹏飞曰："僖公之世，疾于邾也深矣。文公复修旧怨，……然十三年薳陈卒而邾复来赴，邾之弱不敢为憾也。至是公如晋，逾年而反，邾盖伺鲁之隙而伐我南鄙，不知公之既至也，兵未返而叔彭生帅师伐之，其报怨速哉。"

【译文】

邾人攻打我国南部边境，叔彭生率领军队攻打邾国。

【左传】 邾文公之卒也①，公使吊焉，不敬②。邾人来讨，伐我南鄙，故惠伯伐邾。

【注释】

①邾文公之卒：邾文公去年死。

②不敬：指吊丧时礼仪不完备。

【译文】

邾文公去世时,文公派人去吊丧,礼仪不完备。因此邾人来讨伐,攻打我国南部边境,所以惠伯攻打邾国。

【经】夏五月乙亥,齐侯潘卒①。

【注释】

①夏五月乙亥,齐侯潘卒:乙亥,五月无乙亥,恐为"己亥"之误。己亥,五月二十三日。齐侯潘,即齐昭公,姓姜,名潘,谥昭。齐昭公在位二十年。《春秋》不书齐侯潘之葬,因其立嗣不明,乍欲立舍,乍欲立商人,后来导致商人弑舍。

【译文】

夏五月二十三日,齐侯潘去世。

【左传】子叔姬妃齐昭公①,**生舍**②。**叔姬无宠,舍无威**③。**公子商人骤施于国**④,**而多聚士**⑤,**尽其家,贷于公有司以继之**⑥。**夏五月,昭公卒,舍即位**⑦。

【注释】

①妃:同"配"。

②舍:太子舍。

③无威:无威信。

④公子商人:齐桓公夫人密姬所生。参见僖公十七年传文。

⑤多聚士:此指养了许多门客。

⑥贷:借。公有司:掌管公室财物的官员。此指商人自己家财用尽之后,又借公室之财以继续施舍。

⑦舍即位：此段应与下面"齐商人杀舍"一段连读。

【译文】

　　子叔姬嫁给齐昭公，生太子舍。叔姬不受宠爱，太子舍也就无威信。公子商人多次在国内施舍财物，而且养了许多门客，把家财都用尽，又借公室的财物继续施舍。夏五月，齐昭公去世，太子舍即位。

　　*【左传】邾文公元妃齐姜，生定公，二妃晋姬①，生捷菑。文公卒，邾人立定公，捷菑奔晋②。

【注释】

①二妃：次妃。

②捷菑奔晋：晋为捷菑母舅之国，所以逃奔晋。

【译文】

　　邾文公原配齐姜，生定公；次妃晋姬，生捷菑。邾文公去世，邾人立了定公，捷菑逃奔到晋国。

　　【经】六月，公会宋公、陈侯、卫侯、郑伯、许男、曹伯、晋赵盾①。癸酉，同盟于新城②。

【注释】

①许男：《穀梁传》作"许伯"。

②癸酉，同盟于新城：案《春秋》之例，当书"六月癸酉，公会宋公、陈侯、卫侯、郑伯、许男、曹伯、晋赵盾，同盟于新城"。此处"癸酉"置于"赵盾"之后，"同盟"之前，表明结盟之日，由赵盾所定，是信在赵盾，以刺诸侯之微弱。癸酉，二十七日。新城，宋地名，在今河南商丘西南。顾栋高曰："前宋、陈、郑皆从楚，至是诸侯之

散者复合，故特书同盟。"

【译文】

六月，文公会见宋昭公、陈灵公、卫成公、郑穆公、许昭公、曹文公和晋国的赵盾。二十七日，在新城结盟。

【左传】六月，同盟于新城，从于楚者服①，且谋郳也②。

【注释】

①从于楚者：原来服楚的陈、郑、宋等国。高闶曰："去冬卫、郑皆因公而请平于晋，至是诸侯之从楚者复附晋也。"

②谋郳：商量护送捷菑回国。

【译文】

六月，文公和诸侯在新城会盟，这是因为原先服楚的国家现在顺服了，并且商量护送捷菑回国之事。

【穀梁传】同者，有同也，同外楚也①。

【注释】

①外楚：排斥楚国。

【译文】

同，就是有共同之处的意思，是共同排斥楚国。

*　**【左传】**秋七月乙卯①，夜，齐商人杀舍②，而让元③。元曰："尔求之久矣④。我能事尔，尔不可使多蓄憾⑤，将免我乎⑥？尔为之⑦！"

【注释】

①乙卯:七月无乙卯日,当是记日有误。

②齐商人杀舍:《史记·齐太公世家》云:"及昭公卒,子舍立,孤弱,即与众十月即墓上弑齐君舍。"

③元:齐惠公,商人兄,齐桓公少卫姬所生。

④求之:想要君位。之,指君位。

⑤蓄憾:积下怨恨。

⑥免我:不杀我。元之意,如果我接受君位,必将积怨于你而成为太子舍第二被杀。

⑦尔为之:此段应与下面"齐人定懿公"一段连读。

【译文】

秋七月乙卯日,夜里,齐商人杀了太子舍,并且准备让位给元。元说:"你想得到这个君位已经很久了。我能事奉你,我不能让你积怨太多,否则你能赦免我吗?你做国君吧。"

【经】秋七月,有星孛入于北斗①。

【注释】

①孛（bèi）:彗星。芒气四出曰孛。此是世界上最早的关于哈雷彗星的记载,比西方早六百七十多年。入于北斗:《穀梁传》作"入北斗"。

【译文】

秋七月,有彗星进入北斗。

【左传】有星孛入于北斗,周内史叔服曰:"不出七年,宋、齐、晋之君皆将死乱。"

【译文】

有彗星冲入北斗,周内史叔服说:"不出七年,宋国、齐国、晋国的国君都将死于动乱。"

【公羊传】孛者何？彗星也。其言入于北斗何？北斗有中也①。何以书？记异也。

【注释】

①北斗有中也:中,魁中,即北斗星勺斗之中。

【译文】

"孛"是什么？是彗星。经书"入于北斗"是为何？北斗有魁中,进入北斗,就是进入北斗魁中。为何记录此事？是记录异象。

【穀梁传】孛之为言犹茀也①。其曰入北斗,斗有环域也②。

【注释】

①茀（fú）:也指彗星。

②环域:北斗的界域,指北斗有四颗星星围起来一片区域。

【译文】

"孛"就相当于"茀"。经文说"入北斗",因为北斗星有界域。

△**【经】**公至自会。

【译文】

文公从新城之会回国。

【经】晋人纳捷菑于邾①。弗克纳②。

【注释】

①捷菑（zī）：邾文公次妃所生儿子。《公羊传》作"接菑"。邾：《公羊传》作"邾娄"。

②弗克纳：晋送捷菑回邾是想立其为君，没有成功。

【译文】

晋人想把捷菑送回邾国。没有成功。

【左传】晋赵盾以诸侯之师八百乘纳捷菑于邾。邾人辞曰："齐出貜且长①。"宣子曰："辞顺②，而弗从，不祥。"乃还。

【注释】

①齐出貜且（jué jū）：齐女所生的貜且。长：年长。

②辞顺：指邾人立长为君，合乎情理。

【译文】

晋赵盾率诸侯的军队八百乘战车送捷菑回邾国。邾国人辞谢说："齐女所生的貜且年长。"赵宣子说："他们的话说得合情合理，如果不顺从他们，不吉祥。"于是撤兵回去。

【公羊传】纳者何？入辞也。其言弗克纳何①？大其弗克纳也。何大乎其弗克纳？晋郤缺帅师革车八百乘，以纳接菑于邾娄，力沛若有余，而纳之。邾娄人言曰："接菑，晋出也②。貜且，齐出也。子以其指③，则接菑也四，貜且也六④。子以大国压之，则未知齐、晋孰有之也？贵则皆贵矣，虽然，貜且也长。"郤缺曰："非吾力不能纳也，义实不尔克也⑤。"

引师而去之。故君子大其弗克纳也。此晋郤缺也，其称人何⑥？贬。曷为贬？不与大夫专废置君也⑦。曷为不与？实与，而文不与⑧。文曷为不与？大夫之义，不得专废置君也。

【注释】

①其言弗克纳何：弗克纳，即不能纳。案《春秋》之例，书"晋人纳接菑于邾娄"，表明接菑入国得立之辞。此处又书"弗克纳"，则接菑未得立，两者矛盾，故而发问。

②晋出也：出，外孙。即接菑是晋国的外孙。

③子以其指：即用手指打比方。正常情况一只手有五个手指。

④接菑也四，貜且也六：以手指打比方，则接菑只有四个手指，貜且有六个手指，皆不得天性之正。以此比喻两人皆非嫡子。当时邾娄之君娶了两次，接菑与貜且的母亲尊卑相同。徐彦以为二人或皆是右媵之子，或皆是左媵之子。

⑤克：胜。

⑥其称人何：案名例，大国大夫当称名氏。

⑦不与大夫专废置君也：不与，不赞同。专，擅自。废置君，即废黜国君、树立新君。案郤缺纳接菑于邾娄，又弗克纳，从性质上说，是以大夫废立诸侯，虽是外国之君，也属于以下犯上，故不与。

⑧实与，而文不与：即实际上赞同郤缺的行为，而在文辞上则不赞许。具体来说，经书"弗克纳"是"实与"；贬郤缺为"晋人"，则是"文不与"。

【译文】

"纳"是什么意思？是入国得位的文辞。经书"弗克纳"是为何？是褒扬晋人的"弗克纳"。为何褒扬晋人的"弗克纳"？晋国的郤缺率领军队，兵车有八百乘，要将接菑送回邾娄国为君，力量是足够的。邾娄人说："接菑，是晋国的外孙。貜且，是齐国的外孙。您用手指打比方，那么接菑只有四指，玃且则有六指，都不是天性之正。您以大国压服我们，那么不知道齐、晋两国谁能如意。接菑与玃且，地位一样尊贵，即便这样，玃且年长。"郤缺说："不是我的力量不能护送接菑回国为君，是在道义上实在不能这样做。"于是率军队离去。所以君子褒扬他的"弗克纳"。这里是晋国大夫郤缺，经称"晋人"是为何？是贬抑他。为何贬抑？是不赞同大夫擅自废立君主。为何不赞同郤缺？实际上赞同，而文辞上不赞同。文辞上为何不赞同？大夫的道义，不能擅自废立君主。

【穀梁传】是郤克也[1]。其曰人，何也？微之也。何为微之也？长毂五百乘[2]，绵地千里，过宋、郑、滕、薛，夐入千乘之国[3]，欲变人之主。至城下，然后知，何知之晚也。弗克纳，未伐而曰弗克，何也？弗克其义也[4]。捷菑，晋出也。玃且，齐出也。玃且，正也。捷菑，不正也。

【注释】

①郤克：晋国大夫。《左传》说是赵盾领兵，《公羊传》说是郤缺领兵，阙疑。

②长毂（gǔ）：指兵车。毂，车轮中心，有洞可以插轴的部分。

③夐（xiòng）：远。千乘之国：这里指邾国，邾国是小国，这里称它为千乘之国是夸张的说法，是为了表明晋国行为的不正当。

④弗克其义也：指不是军事力量不够，而是道义上理亏。

【译文】

这是郤克去的。经文说"人"，为什么呢？是贬低他。为什么贬低他呢？率领五百乘战车，绵延占地千里，经过宋国、郑国、滕国、薛国，进入遥远的邾国，想要更换别人的君主。到了国都城下，才知道理亏，知道得太晚了。"弗克纳"，没有攻打却说"弗克"，为什么呢？是道义上做不到。捷菑,是晋国女子生的。雝且,是齐国女子生的。雝且,是嫡长子。捷菑,是庶子。

*【左传】周公将与王孙苏讼于晋①,王叛王孙苏②,而使尹氏与聃启讼周公于晋③。赵宣子平王室而复之④。

【注释】

①讼:争讼,打官司。

②王叛王孙苏:匡王本答应帮助王孙苏,后来又改助周公阅。王,周匡王。叛,违背诺言。

③尹氏:周卿士。聃启:周大夫。讼周公:为周公诉冤求理。

④平王室:调解周公与王孙苏的纠纷。平,调解。

【译文】

周公阅准备和王孙苏到晋国去争讼,周匡王违背了帮助王孙苏的诺言,而派尹氏和聃启到晋国帮周公阅打官司。赵宣子调解了他们的纠纷并恢复了各人的职位。

*【左传】楚庄王立①,子孔、潘崇将袭群舒②,使公子燮与子仪守③,而伐舒蓼。二子作乱④,城郢⑤,而使贼杀子孔,不克而还。八月,二子以楚子出⑥,将如商密⑦。庐戢梨及叔麋诱之⑧,遂杀斗克及公子燮。

【注释】

①楚庄王:名旅。楚穆王去年死,庄王今年立。

②子孔:成嘉,时为令尹。群舒:大致宗国在今安徽舒城,而散居于舒城、庐江至巢湖一带。

③子仪：即斗克。守：留守。其时楚庄王年幼，以子仪为师，公子燮
　为傅，因此让二人留守。

④二子：指公子燮与子仪。

⑤城郢：加筑郢都的城墙，以抵抗子孔回师入郢。城，作动词，常指
　加筑城墙。

⑥以楚子出：二人估计敌不过子孔，因此挟持楚王离开郢都。

⑦商密：在今河南淅川西。

⑧庐：楚邑，在今湖北南漳东。戢梨：庐大夫。叔麇：戢梨副手。

【译文】

　　楚庄王即位，子孔、潘崇准备袭击各个舒氏部落，让公子燮和子仪留
守，而进攻舒蓼。公子燮和子仪趁机作乱，二人加筑郢都城墙，而派杀手
去刺杀子孔，刺客没有成功而返回。八月，二人挟持楚庄王出走，准备到
商密去。庐戢梨和叔麇设计引诱他们，于是杀了斗克和公子燮。

　　初，斗克囚于秦①，秦有殽之败，而使归求成②。成而不
得志③，公子燮求令尹而不得，故二子作乱④。

【注释】

①斗克囚于秦：僖公二十五年，秦、晋伐鄀，斗克等戍商密，秦用计取
　商密，囚斗克等归秦。

②使归求成：秦国殽之战失败后，放回斗克，请他向楚求和，联楚抗晋。

③不得志：秦楚结盟后，斗克自以为有功，却没得到封赏。

④故二子作乱：案此段补叙二人作乱的原因。

【译文】

　　当初，斗克被囚禁在秦国，秦国刚好有殽之战的失败，于是秦国放回
斗克请他向楚求和。求和成功后斗克却没有得到封赏，公子燮想当令尹
也没有当上，所以二人作乱。

【经】九月甲申①,公孙敖卒于齐②。

【注释】

①甲申:初十。

②公孙敖:穆伯,文公八年逃奔莒国。案公孙敖出奔莒国,已被诛绝,则此处不当书其卒。而书者,因下文公十五年"齐人归公孙敖之丧",故在此处张本。何休云:"已绝,卒之者,为后齐胁鲁归其丧有耻,故为内讳,使若尚为大夫。"

【译文】

九月初十,公孙敖在齐国去世。

【左传】穆伯之从己氏也①,鲁人立文伯②。穆伯生二子于莒③,而求复④,文伯以为请⑤。襄仲使无朝⑥。听命⑦,复而不出⑧。三年而尽室以复适莒⑨。文伯疾,而请曰:"穀之子弱⑩,请立难也⑪。"许之。文伯卒,立惠叔。穆伯请重赂以求复,惠叔以为请,许之。将来,九月,卒于齐。告丧⑫,请葬⑬,弗许。

【注释】

①穆伯之从己氏:文公七年,穆伯为襄仲如莒聘女,莒女己氏美,穆伯自娶之,遂与襄仲有隙。后经调停,送己氏归莒。文公八年,穆伯后借如周吊丧之机奔莒从己氏。

②文伯:穆伯之子穀。

③二子:为己氏所生。

④复:返回鲁国。

⑤以为请:在朝廷上代父请求。

⑥使无朝：让他不得上朝参与政事。襄仲与穆伯有旧怨，虽同意穆

　　伯返回，但不让参与朝政。

⑦听命：穆伯听从这个命令。

⑧复而不出：虽返国，但始终未出仕。

⑨尽室：带走全部家财。

⑩穀之子：指孟献子仲孙蔑，当时尚年幼。

⑪难：文伯之弟。即惠叔。

⑫告丧：向鲁国讣告丧事。

⑬请葬：请求归葬鲁国。

【译文】

　　穆伯跟随己氏走后，鲁国人立了文伯。穆伯在莒国和己氏生了两个儿子，他请求返回鲁国。文伯为父亲向朝廷请求。襄仲让他不得参与朝廷政事。穆伯听从了，回来后不再出仕。三年后又把全部家财带走返回莒国。文伯生病，于是请求说："穀的儿子尚年幼，请立难吧。"朝廷同意了。文伯死，立惠叔。穆伯拿出丰厚的贿赂再次要求回国，惠叔为他请求，同意了。穆伯准备回国，九月，死在齐国。向鲁国告丧，请求归葬鲁国，没有得到允许。

　　【穀梁传】奔大夫不言卒，而言卒何也？为受其丧，不可不卒也。其地，于外也。

【译文】

　　对出逃的大夫不记载他的去世，但是为什么记载了公孙敖去世呢？因为接受了他的遗体回来安葬，不能不记载他的去世。记载地点，因为是在外国。

　　【经】齐公子商人弒其君舍①。

【注释】

①齐公子商人弑其君舍：齐昭公死，太子舍即位，公子商人弑之而自立，是为懿公。案公子商人与太子舍，皆为齐侯潘之子，案礼制次序，则商人当立。然齐侯潘立嗣不明，乍欲立舍，乍欲立商人，而商人恐其父欲立舍而害己，故先立舍为君，然后弑杀之。

【译文】

齐公子商人杀了他的国君舍。

【左传】齐人定懿公①，使来告难②，故书以"九月"③。齐公子元不顺懿公之为政也④，终不曰"公"，曰"夫己氏"⑤。

【注释】

①定懿公：稳定懿公君位。此段应与上文"齐商人杀舍"一段连读。

②告难：报告太子舍被杀之难。

③故书以"九月"：杀舍本在七月，因政局未定，齐人九月才承认商人的君位，才来告难，因此《春秋》记在九月。

④不顺：不服。

⑤夫己氏：等于说"那个人"。或曰己在十天干中为第六位，商人在桓公诸子中行六，故称"夫己氏"。

【译文】

齐人稳定了齐懿公的君位，才派人来报告齐国的祸难，所以《春秋》记载说"九月"。齐公子元不服齐懿公执政，始终不称他为"公"，只称"那个人"。

【公羊传】此未逾年之君也，其言弑其君舍何①？己立之，己杀之，成死者而贱生者也②。

【注释】

①此未逾年之君也，其言弑其君舍何：齐侯潘卒于此年夏，则舍属于
未逾年之君。案僖公九年"晋里克杀其君之子奚齐"条，则未逾
年之君被弑，当称"君之子某"。此处却书"君"，故而发问。

②成死者而贱生者也：死者，指舍。生者，指商人。经不书"弑其君
之子舍"，而书"弑其君舍"，是将舍等同于成君，此为"成死者"。
然舍本得位不正，成就其为成君的目的，不在于舍本身，而是为了
绝贱商人之所为。值得注意的是，案时月日例，弑成君例日，此处
不书日，是为了表明舍之得位不正。

【译文】

这是未逾年的国君，经言"弑其君舍"是为何？自己拥立了国君，自
己又把国君杀了，是成就死者，以此来绝贱生者。

【穀梁传】舍未逾年，其曰君何也？成舍之为君，所以
重商人之弑也。商人其不以国氏何也？不以嫌代嫌也①。
舍之不日，何也？未成为君也。

【注释】

①以嫌代嫌：《穀梁传》认为商人和舍都不是合适的君位继承人，故
有此说。

【译文】

舍即位不到一年，经文称他为君是为什么呢？把他看做国君，是用
来加重商人弑君的罪过。商人前面不用国号作为他的氏是为什么呢？
是为了不让一个有嫌疑的人取代另一个有嫌疑的人。不记载姜舍被弑
的日期，为什么呢？因为他没有成为国君。

【经】宋子哀来奔①。

【注释】

①子哀：宋大夫高哀。子哀是其字。因不满宋昭公不义，出奔鲁国。

【译文】

宋大夫子哀逃奔来鲁。

【左传】宋高哀为萧封人①，以为卿，不义宋公而出②，遂来奔。书曰："宋子哀来奔。"贵之也③。

【注释】

①萧：宋邑，在今安徽萧县。封人：镇守边疆的地方官。

②不义宋公：以为宋公不义。指宋昭公多行不义。

③贵之：表示尊重。诸侯大夫来奔，《春秋》一般称名，这里称字，表示尊重。

【译文】

宋高哀担任萧地的封人，宋昭公任用他为卿，高哀认为宋昭公多行不义因而出走，于是逃奔来鲁国。《春秋》记载说："宋子哀来奔。"这是表示尊重。

【公羊传】宋子哀者何？无闻焉尔。

【译文】

宋子哀是什么人？没听老师说起过。

【穀梁传】其曰子哀，失之也。

【译文】

经文说"子哀"，没有说氏族。

【经】冬,单伯如齐^①。齐人执单伯。齐人执子叔姬^②。

【注释】

①单伯:周王卿士。

②子叔姬:鲁女,齐太子舍母亲,与文公十二年的子叔姬非同一人。

【译文】

冬,单伯到齐国。齐人扣留了单伯。齐人扣留了子叔姬。

【左传】襄仲使告于王,请以王宠求昭姬于齐^①,曰:"杀其子,焉用其母^②? 请受而罪之^③。"冬,单伯如齐,请子叔姬,齐人执之^④。又执子叔姬^⑤。

【注释】

①以王宠求昭姬:以天王的荣宠请求让叔姬回鲁国。昭姬,齐昭公妃叔姬。

②杀其子,焉用其母:太子舍为叔姬所生。

③受:指让她回鲁国。

④齐人执之:齐人恨鲁国恃王宠来求叔姬,因此扣留单伯以抗王命。

⑤又执子叔姬:扣留叔姬以侮辱鲁国。

【译文】

襄仲派人报告周王,请求以天子的荣宠请求齐国让叔姬回鲁国,说:"既然杀了她的儿子,还留着母亲干什么? 请让她回国并让鲁国惩办她。"冬,单伯到齐国,请求送回子叔姬,齐人把他抓了起来。又把子叔姬抓了起来。

【公羊传】执者曷为或称行人^①,或不称行人? 称行人而执者,以其事执也。不称行人而执者,以己执也^②。单伯之罪何？道淫也。恶乎淫？淫乎子叔姬。然则曷为不言齐人执单伯及子叔姬？内辞也，使若异罪然③。

【注释】

①行人：使者的通称。

②以己执也：因自身之罪而被执，非因出使之事而被执。

③内辞也，使若异罪然：内辞，为鲁国避讳之辞。异罪，即不同的罪过。经若书"齐人执单伯及子叔姬"，表示两人因一事被执，则很容易想到二人有淫佚之罪。今书"齐人执单伯""齐人执子叔姬"，则表示二人因不同的事情被执，此为"使若异罪然"。值得注意的是，案伯讨之例，称爵而执者，伯讨也；称人而执者，非伯讨也。此处单伯与子叔姬淫佚，其罪当执，应为伯讨，而经不书"齐侯"而书"齐人"者，是为鲁国深讳之辞。又不书"子叔姬归于齐"，亦是深讳。

【译文】

拘捕人，为何有时称"行人"，有时不称"行人"？称"行人"而执，是因其出使之事而被执。不称"行人"而执，是因其自身之罪而被执。单伯有什么罪行？在途中淫佚。与谁淫佚？与子叔姬淫佚。那么经文为何不书"齐人执单伯及子叔姬"？这是为鲁国避讳之辞，好像二人是因不同的罪行而被执的。

【穀梁传】私罪也。单伯淫于齐，齐人执之。叔姬同罪也。

【译文】

是私通之罪。单伯在齐国淫乱，所以齐国人抓捕了他。叔姬和单伯犯了同样的罪行。

十五年

【经】十有五年春①**,季孙行父如晋**②**。**

【注释】

①十有五年:鲁文公十五年当周匡王元年,前612年。

②季孙行父如晋:上年齐扣留单伯与叔姬,季文子请晋去向齐国请求。

【译文】

鲁文公十五年春,季孙行父到晋国去。

【左传】十五年春,季文子如晋,为单伯与子叔姬故也。

【译文】

鲁文公十五年春,季文子到晋国去,是为了单伯和子叔姬的事情去的。

【经】三月,宋司马华孙来盟①**。**

【注释】

①华孙:名耦。案经书"宋司马华孙来盟",是非常奇怪的书法:首先,未书"宋公使司马华孙来盟"。第二,依"宋无大夫"之例,仅书"宋司马来盟"即可,不需书"华孙"。何休以为,《春秋》如此书法,是说明宋有乱政,罪在宋国,不在华孙本人。

【译文】

三月,宋国司马华孙来鲁会盟。

【左传】三月,宋华耦来盟,其官皆从之①。书曰"宋司马华孙",贵之也。公与之宴,辞曰:"君之先臣督②,得罪于宋殇公,名在诸侯之策③。臣承其祀,其敢辱君④?请承命于亚旅⑤。"鲁人以为敏⑥。

【注释】

①其官:指华耦的部属。

②先臣督:指华耦的曾祖华督。华督在桓公二年杀其君宋殇公。

③名在诸侯之策:桓公二年经文有"宋督弑其君与夷"的记载,即"名在诸侯之策"。策,简册。

④其敢辱君:华耦自以为罪人之孙,不敢屈辱文公与之共宴。故如此说。

⑤亚旅:上大夫。指请改用上大夫之礼。

⑥敏:对答敏捷。

【译文】

三月,宋国的华耦来,他的属官都跟随前来。《春秋》记载"宋司马华孙",是表示尊重他。文公要宴请他,华耦辞谢说:"国君的先臣督开罪了宋殇公,名字记在诸侯的简册上。下臣继承他的祭祀,哪里敢使国君蒙羞?请用上大夫之礼吧。"鲁人认为他对答很敏捷。

【穀梁传】司马,官也。其以官称,无君之辞也①。来盟者何?前定也。不言及者,以国与之也。

【注释】

①无君之辞:目无国君的称呼。《穀梁传》认为此处司马华孙是擅权专国,并无君命就来访问,所以说他目无国君。

【译文】

司马,是官名。经文用官名来称呼他,是对目无国君的称呼。为什么说"来盟"呢? 因为是之前定好的。不说是谁去与他结盟,因为是以国家的名义结盟的。

【经】夏,曹伯来朝①。

【注释】

①曹伯:曹文公。

【译文】

夏,曹文公来鲁朝见。

【左传】夏,曹伯来朝,礼也。诸侯五年再相朝①,以修王命,古之制也②。

【注释】

①五年:文公十一年曹文公来朝,今又来,前后已五年。

②古之制:古代制度,诸侯每五年互相朝见一次,以重温天子的命令。

【译文】

夏,曹文公来鲁朝见,合乎礼制。诸侯间五年再互相朝见一次,以重温天子的命令,这是自古以来的制度。

【经】齐人归公孙敖之丧①。

【注释】

①齐人归公孙敖之丧:公孙敖上年死于齐,今归葬鲁国。何休认为,齐因子叔姬淫佚,连带厌恶鲁国之人,故胁迫鲁国接受公孙敖之

尸体。

【译文】

齐人送回公孙敖的灵柩。

【左传】齐人或为孟氏谋①,曰:"鲁,尔亲也,饰棺置诸堂阜②,鲁必取之。"从之。卞人以告③。惠叔犹毁以为请④,立于朝以待命⑤。许之,取而殡之。齐人送之⑥。书曰:"齐人归公孙敖之丧。"为孟氏,且国故也⑦。葬视共仲⑧。声己不视⑨,帷堂而哭⑩。襄仲欲勿哭⑪,惠伯曰⑫:"丧,亲之终也⑬。虽不能始⑭,善终可也⑮。史佚有言曰⑯:'兄弟致美⑰。救乏、贺善、吊灾、祭敬、丧哀⑱,情虽不同,毋绝其爱,亲之道也⑲。'子无失道,何怨于人?"襄仲说,帅兄弟以哭之。

【注释】

①孟氏:穆伯公孙敖为庆父之子,其家族称为孟孙氏,或叫孟氏。

②饰棺:古代死人的棺木及其载柩之车,根据死者身份等级不同而有不同的装饰,叫饰棺。此指公孙敖的饰棺。堂阜:齐地名,齐鲁交界处,在今山东蒙阴。

③卞人:卞邑大夫。邑大夫后称为县宰。

④毁:因居丧悲哀得面容消瘦。请:请归葬公孙敖。

⑤立于朝:表示不得允许不退。

⑥送之:送公孙敖之丧。

⑦为孟氏,且国故也:此二句解释《春秋》记载"齐人归公孙敖之丧"的原因。为孟氏,孟氏世代为鲁卿,公孙敖又为孟氏之祖。国故,指孟氏为鲁国公族。

⑧视:比,比照。共仲:庆父。

⑨声己：公孙敖次妻，惠叔母亲。不视：不去看灵柩。

⑩帷堂而哭：声己在帷堂外哭，是怨恨公孙敖从莒女。帷堂，古人初
　　死，置于堂中，四周以帷幕围上，叫帷堂。

⑪襄仲欲勿哭：襄仲与公孙敖为堂兄弟，礼应哭，因仍怀旧怨，所以
　　也不哭。

⑫惠伯：叔彭生。

⑬亲之终：最后一次对待亲人。

⑭虽不能始：指当初二人争莒女。始，善始。

⑮善终：指丧礼应好好对待。

⑯史佚：西周初年史官。

⑰致美：尽力做到完美。

⑱救乏：救济困乏。贺善：祝贺喜庆。吊灾：慰问灾祸。祭敬：祭祀
　　恭敬。丧哀：丧事悲哀。

⑲亲之道：对待亲人之道。

【译文】

　　齐国有人为孟孙氏出谋划策，说："鲁国，是你的宗亲，把公孙敖的饰
棺放在堂阜，鲁国一定会去取回的。"孟孙氏听从了。卞邑大夫把此事
报告给鲁国。惠叔仍因居丧悲哀而面容消瘦，向朝廷请求归葬公孙敖，
并站立在朝廷上等待允许。鲁国同意了。取回公孙敖的饰棺停放。齐
人送他的饰棺。《春秋》记载说："齐人归公孙敖之丧。"是为了孟氏，也
是为了鲁国的缘故。鲁国对公孙敖的葬礼等同于共仲。声己不肯去看
灵柩，只在帷堂外哭泣。襄仲也不想哭泣，惠伯说："丧事，是最后一次对
待死者了。即使不能善始，也应该善终啊。史佚曾说过：'兄弟之间应尽
力做到完美。救济困乏、祝贺喜庆、慰问灾祸、祭祀恭敬、丧事悲哀，感情
虽然不一样，也不要断绝了他们的友爱，这是对待亲人的道理。'你不要
失去为人之道，埋怨别人什么呢？"襄仲听了很高兴，带领众兄弟一起去
哭灵。

　　他年①,其二子来②,孟献子爱之③,闻于国④。或谮之⑤,曰:"将杀子。"献子以告季文子。二子曰:"夫子以爱我闻⑥,我以将杀子闻,不亦远于礼乎? 远礼不如死⑦。"一人门于句鼆,一人门于戾丘,皆死⑧。

【注释】

①他年:此后若干年。

②二子:穆伯生于莒之二子。

③孟献子:文伯之子仲孙蔑,当时年少。

④闻于国:指国内人都知道他爱二子。闻,闻名。

⑤谮(zèn)之:向孟献子诬告二子。

⑥夫子:指孟献子。孟献子论辈分是二子之侄,但为孟氏嫡嗣,且继承卿位,可能其年龄也长于二子,故二子称之为"夫子"。

⑦远礼不如死:二子宁可受屈而死。

⑧"一人门于句鼆(gōu měng)"三句:句鼆、戾丘,均鲁邑。二子一人在句鼆守门,一人在戾丘守门,都战死。以上都是后事。

【译文】

　　过了几年,穆伯的两个儿子回来了,孟献子很喜欢他们,国内人都知道。有人就向孟献子诬告他们,说:"二人将杀你。"孟献子把这话告诉季文子。这二人说:"孟孙他老人家以喜欢我们而闻名,而我们以打算杀死他而出名,这不是远离礼义了吗? 离开了礼义之道还不如去死。"后来一人在句鼆守门,一人在戾丘守门,都战死。

　　【公羊传】何以不言来? 内辞也①。胁我而归之,筍将而来也②。

【注释】

①内辞也：即为鲁国避讳之辞。案鲁受齐国胁迫，有大耻辱，需避讳。故不书"来归"，则表明齐人仅是归公孙敖之丧，未言归至何国，以此为鲁国杀耻。

②笸（xùn）将而来也：笸，竹箦，一名编舆。将，送。即取公孙敖之尸体，置于编舆中，传送而来，胁鲁令受之。

【译文】

为何不书"来"字？是为鲁国避讳之辞。因为齐国威胁我国而送回公孙敖的尸体，装在编舆中送过来。

【经】六月辛丑朔，日有食之①。鼓，用牲于社②。

【注释】

①六月辛丑朔，日有食之：此当是前612年4月21日之日食。辛丑朔，初一。

②社：土地神庙。

【译文】

六月初一，有日食。击鼓，并在土地神庙用牺牲祭祀。

【左传】六月辛丑朔，日有食之，鼓，用牲于社，非礼也。日有食之，天子不举①，伐鼓于社②；诸侯用币于社③，伐鼓于朝，以昭事神、训民、事君④，示有等威⑤，古之道也⑥。

【注释】

①不举：撤除丰盛的食品，且不奏乐。

②伐鼓：击鼓。

③币：玉帛。用玉帛祭祀土地神。

④昭：表明。训：教训。

⑤等威：威仪有一定的等级。

⑥古之道也：以上解释"非礼"。"鼓、用牲于社"，乃用天子之礼，故曰"非礼"。

【译文】

六月初一，发生日食，击鼓，在土地神庙用牺牲祭祀，这不合于礼制。发生日食，天子减膳撤乐，在土地神庙击鼓；诸侯在土地神庙用玉帛祭祀，在朝廷上击鼓，以表明敬奉神灵、教导百姓、事奉国君，表示威仪有不同的等级，这是自古以来的制度。

【经】单伯至自齐①。

【注释】

①单伯至自齐：齐国释放单伯，单伯从齐国回到鲁国。何休云："大夫不致，此致者，喜患祸解也。不省去氏者，淫当绝，使若他单伯至也。"

【译文】

单伯从齐国回来。

【左传】齐人许单伯请而赦之①，**使来致命**②。**书曰："单伯至自齐。"贵之也。**

【注释】

①齐人许单伯请而赦之：上年传文"单伯如齐请子叔姬"，齐人执之。

②使来致命：齐释放了单伯，让他来鲁国传达愿意送回子叔姬的命令。

【译文】

齐人答应了单伯的请求而释放了他,并让他到鲁国传达命令。《春秋》记载"单伯至自齐",是表示尊重他。

【榖梁传】大夫执,则致,致则名,此其不名何也? 天子之命大夫也。

【译文】

鲁国大夫被抓了,回来就要告祭祖庙,告祭祖庙就要称名,这里经文不称名是为什么呢? 因为他是天子任命的大夫。

【经】晋郤缺帅师伐蔡。戊申①,入蔡。

【注释】

①戊申:初八。

【译文】

晋郤缺率领军队攻打蔡国。六月初八,晋军进入蔡国。

【左传】新城之盟,蔡人不与①。晋郤缺以上军、下军伐蔡,曰:"君弱②,不可以怠③。"戊申,入蔡,以城下之盟而还。凡胜国,曰灭之④;获大城焉,曰入之⑤。

【注释】

①不与:不参与会盟,亦即表示不服。去年新城之盟,原从楚的陈、
郑、宋诸国都参加。

②君弱:指晋灵公尚年少。

③怠：懈怠。

④凡胜国，曰灭之：战胜一个国家，断绝其社稷祭祀，占有其土地，就叫灭。胜国，战胜一个国家。

⑤获大城焉，曰入之：得到大城邑，入可占有其地，也可不占有其地。郤缺入蔡，不占有其地。

【译文】

新城的盟会，蔡国不参加。晋国郤缺就率领上军和下军攻打蔡国，说："不要因为国君年少，就懈怠了。"六月初八，进入蔡国，订立了城下之盟然后返回。凡是战胜一个国家，叫作"灭"；得到大城市，叫作"入"。

【公羊传】入不言伐①，此其言伐何？至之日也②。其日何③？至之日也。

【注释】

①入不言伐：伐，指推兵入境伐击之。入，指攻入都城，得而不居。就用兵之意而言，入深而伐浅，《春秋》之例，举重者书之，故云"入不言伐"。

②至之日也：即至之日，便攻入都城。案用兵当有节制，应先至国境侵责之，不服，方推兵入境伐击之。而此处郤缺至之日便攻入蔡国都城，残暴至极，故《春秋》"伐""入"并举。

③其日何：案时月日例，入例时，伤害多则月。此处书日，故而发问。下文云"至之日也"，即此处之书日，是为了表明郤缺至之日便入人国，见其暴虐也。

【译文】

《春秋》书"入"则不书"伐"，此处书"伐"是为何？是表明到之日便攻入都城。经书日，是为何？是表明郤缺到之日便攻入都城。

【经】秋,齐人侵我西鄙。季孙行父如晋①。

【注释】

①季孙行父如晋:向晋报告齐入侵之事。

【译文】

秋,齐人侵入我国西部边境。季孙行父到晋国去。

【左传】秋,齐人侵我西鄙,故季文子告于晋。

【译文】

秋,齐人侵入我国西部边境,所以季文子去向晋国报告。

【穀梁传】其曰鄙,远之也,其远之何也? 不以难介我国也①。

【注释】

①介:接近,逼近。国:国都。

【译文】

经文说"鄙",是表示在远处,为什么要表示在远处呢? 不让危难接近我们的国都。

【经】冬十有一月,诸侯盟于扈①。

【注释】

①诸侯盟于扈:扈,郑地名,在今河南原阳西。本次盟会诸侯本欲伐齐救鲁,齐国向晋国行贿,遂半道而止,后来齐国又侵鲁。案文公

七年，亦有扈之盟，因当时鲁文公失序，故不序列与会之诸侯；此处扈之盟亦不序列诸侯，是顺遂文公七年之讳文，好像凡是在扈地的结盟，详情皆不可得知，以此为文公减耻。

【译文】

冬十一月，诸侯在扈地会盟。

【左传】冬十一月，晋侯、宋公、卫侯、蔡侯、陈侯、郑伯、许男、曹伯盟于扈①，寻新城之盟，且谋伐齐也②。齐人赂晋侯，故不克而还。于是有齐难③，是以公不会④。书曰"诸侯盟于扈"⑤，无能为故也。凡诸侯会，公不与，不书，讳君恶也⑥。与而不书，后也。

【注释】

①晋侯、宋公、卫侯、蔡侯、陈侯、郑伯、许男、曹伯盟于扈：案阮刻本无"陈侯"二字，陈侯参加了盟会，应补上。

②谋伐齐：因齐侵鲁，且曾执王使单伯，所以诸侯商量伐齐。

③有齐难：即下文"侵我西鄙"。

④公不会：因齐国入侵，文公未能参加扈之盟。

⑤书曰"诸侯盟于扈"：因晋侯受贿，不克而还，所以经文只记"诸侯"二字，而不列各国。

⑥讳君恶：隐瞒国君的过失。

【译文】

冬十一月，晋灵公、宋昭公、卫成公、蔡庄公、陈灵公、郑穆公、许昭公、曹文公在扈地会盟，重温新城之盟，并且商量攻打齐国之事。齐人赂晋灵公，所以没有开战就撤兵回去了。此时鲁国有齐人之难，所以文公没有参加会盟。《春秋》只记载"诸侯盟于扈"，是因为没能伐成齐国的缘故。凡诸侯盟会,鲁公不参加,就不加以记载,是为了隐瞒国君的过失。参加了而不加以记载,是由于晚到了。

【经】十有二月,齐人来归子叔姬①**。**

【注释】

①齐人来归子叔姬:上年鲁国向齐请求召回子叔姬,齐不肯,今送叔
　姬回鲁。

【译文】

十二月,齐人送子叔姬回鲁。

【左传】齐人来归子叔姬,王故也。

【译文】

齐人送子叔姬回来,是因为有天子的命令。

【公羊传】其言来何①**? 闵之也**②**。此有罪,何闵尔? 父母之于子,虽有罪,犹若其不欲服罪然**③**。**

【注释】

①其言来何:对比上文"齐人归公孙敖之丧"不言"来"字,故而发问。
②闵之也:闵,闵伤。子叔姬因淫佚,故被齐侯所出,《春秋》从鲁国
　的角度闵伤其弃绝来归,故书"来"字。
③"父母之于子"三句:父母,子叔姬为文公同母之妹,此处言"父
　母"者,何休以为,当时文公之母尚在,孝子当伸母恩。《春秋》之
　中,恩义并施,如就王法而言,子叔姬确实有罪;但从亲恩而言,

对于有罪之子女,当怜悯之,为之避讳罪过,亲亲相隐,直在其中。故此处不书"子叔姬来归"(此为弃归之辞)。

【译文】

经文书"来"是为何?是闵伤子叔姬被弃绝来归。子叔姬有罪,为何闵伤她?父母对于子女,即使子女有罪,也好像不想让子女服罪的样子。

【穀梁传】其曰子叔姬,贵之也。其言来归,何也?父母之于子,虽有罪,犹欲其免也。

【译文】

经文说"子叔姬",是认为她很尊贵。经文说"来归",为什么呢?做父母的对于自己的孩子,虽然孩子有罪过,父母仍然希望能够免除处罚。

【经】齐侯侵我西鄙,遂伐曹,入其郛①。

【注释】

①郛(fú):郭,外城。

【译文】

齐人入侵我国西部边境,并且攻打曹国,进入其都城的外城。

【左传】齐侯侵我西鄙,谓诸侯不能也①。遂伐曹,入其郛,讨其来朝也②。季文子曰:"齐侯其不免乎③?己则无礼④,而讨于有礼者,曰:'女何故行礼⑤!'礼以顺天,天之道也。己则反天⑥,而又以讨人,难以免矣。《诗》曰:'胡不相畏?不畏于天⑦。'君子之不虐幼贱,畏于天也。在《周颂》曰:

'畏天之威,于时保之⑧。'不畏于天,将何能保? 以乱取国⑨,奉礼以守,犹惧不终。多行无礼,弗能在矣⑩!"

【注释】

①不能:指诸侯不能伐齐救鲁。

②讨其来朝:讨伐曹国夏天朝见鲁国。

③不免:不免于难。文公十八年齐懿公被杀,此为预言。

④无礼:指齐扣留单伯,又侵鲁、曹。

⑤女何故行礼:此句是模拟齐侯的口吻。曹国朝鲁是行礼。

⑥反天:反礼。

⑦胡不相畏? 不畏于天:引《诗》见《诗经·小雅·雨无正》。意谓为何不互相畏惧? 因为不畏惧上天。

⑧畏天之威,于时保之:引《诗》见《诗经·周颂·我将》。意谓敬畏上天的威命,就能保有福禄。

⑨以乱取国:齐懿公本是杀太子舍自立的,是乱。

⑩在:指善终。

【译文】

齐懿公入侵我国西部边境,认为诸侯不能救援。于是攻打曹国,进入它的外城,以讨伐它夏天曾来我国朝见。季文子说:"齐侯将不免于灾难了吧? 自己本来无礼,而要讨伐有礼之人,还说:'你为何要遵循礼啊?'行礼顺从上天,这是上天的常道。自己已经违反上天之礼了,而又要讨伐别人,灾难是免不了的了。《诗》中说:'为何不互相畏惧呢? 因为不畏惧上天!'君子不虐待幼小和卑贱之人,就是由于敬畏上天。在《周颂》里说:'敬畏上天的威命,就能保有福禄。'上天都不敬畏,有什么能保住? 凭着动乱夺取了君位,就要尊奉礼来守住君位,如此还怕不得善终呢。多做非礼的事情,必不得善终了。"

【公羊传】郭者何？恢郭也①。入郭书乎？曰不书②。入郭不书，此何以书？动我也③。动我者何？内辞也，其实我动焉尔④。

【注释】

①恢郭也：恢，大。郭，城外大郭，即外城。

②曰不书：案战伐之例，攻入都城之外城，也仅书"围"；若书"入"，则表明都城被攻破，敌人得而不居。

③动我也：惊动我国。意谓齐国想要通过攻入曹国（鲁同姓之国）外城的行为，来惊动鲁国。

④其实我动焉尔：我动，即鲁国自身恐惧。鲁国因子叔姬之事，畏惧齐国，见齐国攻入曹国之郭，而心怀恐惧。如直书"我动"，则鲁国微弱甚，有耻，故《春秋》为之避讳，不言鲁国恐惧，而言齐国想要恐吓鲁国，以此杀耻。

【译文】

郭是什么？是广大的外城。《春秋》常例，记录外城被攻入吗？回答道：不记录。攻入外城不记录，那么此处为何记录？是齐国想要以此来恐吓我国。恐吓我国是什么意思？是为鲁国避讳之辞，实际是我国恐惧了。

十六年

【经】十有六年春①，季孙行父会齐侯于阳穀②，齐侯弗及盟③。

【注释】

①十有六年：鲁文公十六年当周匡王二年，前611年。

②阳穀：齐地名，在今山东阳谷北。

③弗及盟：指季文子会齐懿公，是欲与齐讲和，但齐懿公不肯结盟。

【译文】

鲁文公十六年春，季孙行父在阳穀与齐懿公会见，齐懿公不肯结盟。

【左传】十六年春王正月，及齐平①。公有疾，使季文子会齐侯于阳穀，请盟。齐侯不肯，曰："请俟君间②。"

【注释】

①及齐平：和齐国讲和。

②请俟君间：齐懿公认为与大夫盟有失体统，因此推辞说等文公病好后再结盟。俟，等待。间，病愈。

【译文】

十六年春周历正月，和齐国讲和。文公有病，派季文子和齐懿公在阳穀会见，并请求结盟。齐懿公不愿意，回答说："请等贵君病好吧。"

【公羊传】其言弗及盟何？不见与盟也①。

【注释】

①不见与盟也：鲁因子叔姬之事，想与齐国结盟，而齐侯不愿意。如此则鲁国受辱有耻，故《春秋》为之避讳，言"齐侯不及盟"。

【译文】

经书齐侯"弗及盟"，是什么意思？实际上是齐侯不肯结盟。

【穀梁传】弗及者，内辞也①。行父失命矣，齐得内辞也。

【注释】

①内辞：为本国讳饰之辞。

【译文】

"不及"，是为鲁讳饰之辞。是季孙行父未完成使命，齐国得以找到借口。

【经】夏五月，公四不视朔①。

【注释】

①视朔：诸侯每月初一以一只羊祭告太庙，叫告朔；告朔后，处理一
　　个月的政事叫视朔。参见文公六年"闰月不告月"条。

【译文】

夏五月，鲁文公四次在初一不理朝政。

【左传】夏五月，公四不视朔，疾也。

【译文】

夏五月，文公四次不视朔理朝政，是因为生病。

**【公羊传】公曷为四不视朔？公有疾也。何言乎公有疾
不视朔①？自是公无疾不视朔也。然则曷为不言公无疾不
视朔？有疾犹可言也，无疾不可言也②。**

【注释】

①何言乎公有疾不视朔：案有疾而不视朔，无恶，不当书，故而发问。
②无疾不可言也：无疾而不视朔，失奉天之道，为大恶，需避讳，故云

"无疾不可言也"。

【译文】

文公为何四次不视朔？因为文公有疾病在身。为何书文公有疾而不视朔？从此文公没有疾病，也不视朔。那么为何不说文公无疾而不视朔？有疾不视朔，还可以说。无疾不视朔，就不能说了。

【穀梁传】天子告朔于诸侯，诸侯受乎祢庙①，礼也。公四不视朔，公不臣也，以公为厌政以甚矣。

【注释】

①祢（nǐ）庙：父庙，这里代指祖庙。

【译文】

天子颁布朔政给诸侯，诸侯在祖庙接受，这是礼制。鲁文公四个月不视朔了，文公不行人臣之道，认为文公厌倦政事太过分了。

【经】六月戊辰①，公子遂及齐侯盟于郪丘②。

【注释】

①戊辰：初四。

②郪（qī）丘：齐地名，在今山东东阿。或曰在今山东临淄附近。《公羊传》作"犀丘"，《穀梁传》作"师丘"。

【译文】

六月初四，公子遂和齐懿公在郪丘结盟。

【左传】公使襄仲纳赂于齐侯①，故盟于郪丘。

【注释】

①纳赂于齐侯:正月齐懿公不肯与季文子结盟,文公派襄仲送财礼
　　后才肯结盟。

【译文】

文公派襄仲送财礼给齐懿公,所以才在郪丘结盟。

【穀梁传】复行父之盟也①。

【注释】

①复:恢复。

【译文】

恢复季孙行父与齐侯的盟约。

△**【经】**秋八月辛未①,夫人姜氏薨②。

【注释】

①辛未:初八。

②姜氏:声姜,鲁僖公夫人,文公母亲。

【译文】

秋八月初八,夫人姜氏去世。

【经】毁泉台①。

【注释】

①泉台:即郎台。郎为鲁国南郊之邑。庄公三十一年经文有"筑台
　　于郎"的记载。

【译文】

拆毁泉台。

【左传】有蛇自泉宫出①，入于国②，如先君之数③。秋八月辛未，声姜薨，毁泉台④。

【注释】

①泉宫：即泉台。

②入于国：进入国都曲阜。

③如先君之数：据《史记·鲁周公世家》记载，鲁国自伯禽至僖公共十七君，进入国都的蛇有十七条，因此说"如先君之数"。

④毁泉台：鲁人认为蛇妖从泉宫出来，声姜就死了，因此要拆毁泉台。

【译文】

有蛇从泉宫里出来，又进入国都，正和鲁国去世的先君数一样。秋八月初八，声姜去世，鲁人拆毁了泉台。

【公羊传】泉台者何？郎台也①，郎台则曷为谓之泉台？未成为郎台，既成为泉台。毁泉台何以书？讥。何讥尔？筑之讥，毁之讥，先祖为之，己毁之，不如勿居而已矣②。

【注释】

①郎台：鲁庄公在郎地所筑之台，因其在泉水边上，故称为"泉台"。

②"先祖为之"三句：庄公筑泉台是为了游乐，若毁之，则暴扬先人之恶，不如勿居，令其自行毁坏。

【译文】

泉台是什么？是郎台。是郎台，为何称之为泉台？未建成时，以所在之地命名,称为郎台;建成之后,称为泉台。为何记录毁坏泉台? 是讥刺。讥刺什么? 筑造时讥刺,毁坏时也讥刺,先祖建造郎台,自己毁坏郎台,不如不用它就是了。

【穀梁传】丧不贰事①,贰事,缓丧也。以文为多失道矣。自古为之,今毁之,不如勿处而已矣。

【注释】

①贰事:两件事,指又办丧事又毁泉台。

【译文】

治丧期间不应该做第二件事,同时做两件事,治丧就要延缓了。认为鲁文公做了很多不合道义的事情。在古时修筑了泉台,现在拆毁它,不如不让人住在里面就行了。

【经】楚人、秦人、巴人灭庸①。

【注释】

①楚人、秦人、巴人灭庸:巴人,《穀梁传》作“巴”。巴,姬姓国,在今湖北襄樊附近。庸,属楚的小国,在湖北竹山东。顾栋高曰:“前城濮之役,秦助晋以攘楚,今助楚以灭庸,自灭庸之后,楚遂不可制,晋益孤而楚益炽矣。此皆毂之役为之也。而所以致毂之师者,由烛之武之一言。此实关夷夏之大机。”

【译文】

楚人、秦人、巴人联合灭了庸。

【左传】楚大饥,戎伐其西南①,至于阜山②,师于大林③。

又伐其东南，至于阳丘④，以侵訾枝⑤。庸人帅群蛮以叛楚⑥。麇人率百濮聚于选⑦，将伐楚。于是申、息之北门不启⑧。

【注释】

①戎：散处于楚国山区的戎人。

②阜山：楚邑，在今湖北房县南。

③师：驻军。大林：楚邑，在今湖北荆门西北。

④阳丘：亦楚邑，今地不详。

⑤訾枝：楚邑，在今湖北枝江。

⑥群蛮：当时散处在楚国西南的少数民族。

⑦麇：国名，在今湖北郧阳。百濮：散居在楚西南的濮人。濮人部族多，散居各处，因称百濮。选：楚地名，在今湖北枝江。

⑧申、息之北门不启：申、息，二地均在今河南南阳，为楚北境防备中原诸国的重镇。西南诸少数民族叛乱，楚抽调军队南防，因此北门不敢开启，以防中原诸侯。

【译文】

楚国闹大饥荒，戎人攻打它的西南部，一直到达阜山，军队驻扎在大林。又攻打它的东南，到达阳丘，以便进攻訾枝。庸国人率领蛮人各部背叛楚国。麇国人率百濮人聚集在选地，准备攻打楚国。这时，楚国申、息两地的北门都不敢开启。

楚人谋徙于阪高①。蒍贾曰②："不可。我能往，寇亦能往。不如伐庸。夫麇与百濮，谓我饥不能师③，故伐我也。若我出师，必惧而归。百濮离居④，将各走其邑，谁暇谋人⑤？"乃出师。旬有五日，百濮乃罢。

【注释】

①徙于阪高：楚人商量迁都到阪高。阪高，在今湖北当阳东北之长阪。

②芳贾：字伯嬴，孙叔敖的父亲。

③饥不能师：因饥荒不能出兵。

④离居：即散居。

⑤谁暇谋人：芳贾认为，楚如果伐庸，百濮各自逃散，不再会想去攻
　　打别人。

【译文】

　　楚国人商量着要把国都迁徙到阪高去。芳贾说："不可以。我能去，
敌人也能去，不如去攻打庸国。那麇国和百濮，以为我们闹饥荒不能出
兵，所以敢于攻打我们。如果我们出兵，他们必定害怕而撤兵回去。百
濮族分散居住，必将各自跑回自己的地方，谁还有时间去算计别人呢？"
楚国于是出兵。十五日之后，百濮果然罢兵回去。

　　自庐以往，振廪同食①。次于句澨②。使庐戢黎侵庸，
及庸方城③。庸人逐之，囚子扬窗④。三宿而逸⑤，曰："庸师
众，群蛮聚焉，不如复大师⑥，且起王卒⑦，合而后进。"师叔
曰⑧："不可。姑又与之遇以骄之⑨。彼骄我怒⑩，而后可克，
先君蚡冒所以服陉隰也⑪。"又与之遇，七遇皆北⑫，唯裨、
鯈、鱼人实逐之⑬。庸人曰："楚不足与战矣。"遂不设备⑭。
楚子乘驲⑮，会师于临品⑯，分为二队，子越自石溪，子贝自
仞以伐庸⑰。秦人、巴人从楚师，群蛮从楚子盟⑱。遂灭庸。

【注释】

①自庐以往，振廪同食：楚军从郢都出发伐庸，必经过庐。到庐之
　　前，尚自带军粮，到庐之后，便打开当地粮仓让将士一起食用。

庐,楚邑,在今湖北南漳东。振,散发。廪,粮仓。

②句澨(shì):在今湖北均县西。

③方城:此为庸方城,在今湖北竹山东,与楚之方城不是同一地。

④子扬窗:庐戢梨的部属。字子扬,名窗。

⑤逸:子扬窗逃回。

⑥复大师:再发大兵。

⑦王卒:楚王的直属部队。

⑧师叔:楚大夫潘尫。

⑨姑又与之遇以骄之:意为以原先的部队再接战,以麻痹敌人。

⑩怒:士气奋发。

⑪蚡(fén)冒:楚武王之兄,楚国第十六君。谥为"厉王"。陉隰:顾栋高《春秋大事表》云:"荆州府以东多山溪之险,因名。"

⑫七遇皆北:楚军伪装败走。北,败。

⑬唯裨(pí)、鯈、鱼人实逐之:意为庸人轻敌,只用少数部队追击楚军。裨、鯈、鱼,皆群蛮部落。

⑭遂不设备:楚军佯败,庸人轻敌,果然中计,不再设防。

⑮驲(rì):驿站用的专车。

⑯临品:在今湖北均县。

⑰子越:斗椒。子贝:楚大夫。石溪、仞:二地都在均县。

⑱群蛮从楚子盟:群蛮见楚军强大,脱离庸人与楚结盟。

【译文】

楚军从庐地出兵后,每到一地便打开粮仓让将士一起食用。楚军驻扎在句澨。派庐戢梨入侵庸,到达庸的方城。庸人追逐楚军,囚禁了子扬窗。过了三个晚上,子扬窗逃回来,说:"庸人军队众多,蛮人各部族都聚集在那里,不如再发动大部队,同时出动君王的直属部队,会合以后再进攻。"师叔说:"不可以。姑且用原先的军队再接战,以麻痹敌人使他们骄傲。敌人骄傲我军士气奋发,才可以战胜敌人。先王蚡冒曾经用此计战胜险隘之敌。"楚军又和庸蛮接战,交战七次,楚军都佯装败走,庸蛮人中只有裨、鯈、鱼人追击楚军。庸人说:"楚人不足以一战了。"于是不设防备。楚庄王乘驿站的专车,和其他楚军在临品会师,并将军队分为二支,子越从石溪,子贝从仞地同时进攻庸人。秦军、巴军跟随着楚军,蛮人各部都和楚王结盟。楚人于是灭了庸。

【经】冬十有一月,宋人弑其君杵臼①。

【注释】

①杵臼:宋昭公。《公羊传》作"处臼"。宋昭公不得人心,而其庶弟公子鲍颇得人心,宋襄公夫人亦支持公子鲍,后来襄公夫人派人在宋昭公打猎时杀死了他。

【译文】

冬十一月,宋人杀了它的国君杵臼。

【左传】宋公子鲍礼于国人①,宋饥,竭其粟而贷之②。年自七十以上,无不馈诒也③,时加羞珍异④。无日不数于六卿之门⑤。国之材人⑥,无不事也;亲自桓以下,无不恤也⑦。公子鲍美而艳,襄夫人欲通之⑧,而不可,乃助之施⑨。昭公无道,国人奉公子鲍以因夫人⑩。

【注释】

①公子鲍:宋昭公庶弟。

②贷:施舍。

③馈诒(yí):赠送。

④羞:进送。珍异:珍贵食品。

⑤无日不数（shuò）于六卿之门：指频繁进出于六卿之门。数，屡次。

⑥材人：有才干的人。

⑦亲自桓以下，无不恤也：亲，亲属。桓，宋桓公。恤，体恤，周济。

⑧襄夫人：宋襄公夫人，周襄王姊。

⑨乃助之施：阮刻本作"夫人助之施"。

⑩因：依附。

【译文】

宋国的公子鲍礼遇国人，宋国有饥荒，他竭尽自己的全部粮食施舍给国人。年纪在七十以上的人，没有不赠送的，还不时地进送珍贵食品。他没有一天不奔走于六卿之门。国内有才能的人，他没有不事奉的；亲属中自桓公子孙以下，他都加以周济。公子鲍英俊而且明艳，襄夫人想和他私通，公子鲍不肯，襄夫人就帮他施舍。宋昭公无道，国人尊奉公子鲍以依附襄夫人。

于是华元为右师①，公孙友为左师，华耦为司马，鳞鳢为司徒，荡意诸为司城②，公子朝为司寇。初，司城荡卒③，公孙寿辞司城④，请使意诸为之⑤。既而告人曰："君无道，吾官近⑥，惧及焉⑦。弃官，则族无所庇。子，身之贰也⑧，姑纾死焉⑨。虽亡子，犹不亡族。"

【注释】

①华元：华督曾孙。

②荡意诸：荡意诸于文公八年逃奔鲁国，十一年回国复位。

③司城荡：文公七年，公子荡为司城，称司城荡。

④公孙寿辞司城：公孙寿，荡之子。父死，本子承其位，但公孙寿辞去司城之职。

⑤意诸：即荡意诸，公孙寿之子。

⑥官近：官位接近国君。

⑦及：祸患加身。

⑧身：我，自己。

⑨纾死：缓死。儿子继官位，有罪也是处死儿子，自己则可缓死。

【译文】

此时华元任右师，公孙友任左师，华耦任司马，鳞鳠为司徒，荡意诸为司城，公子朝为司寇。当初，司城荡死了，公孙寿辞去司城之职，请让荡意诸担任。后来他告诉人说："国君无道，我的官职接近国君，害怕灾祸加身。如果弃官不干，那么族人就没有庇护的人了。儿子，是我的代表，有罪有他顶替，我则可缓点死去。即使失去了儿子，也不至于家族灭亡。"

既，夫人将使公田孟诸而杀之①。公知之，尽以宝行。荡意诸曰："盍适诸侯②？"公曰："不能其大夫至于君祖母以及国人③，诸侯谁纳我？且既为人君，而又为人臣④，不如死。"尽以其宝赐左右以使行⑤。夫人使谓司城去公⑥，对曰："臣之而逃其难，若后君何⑦？"

【注释】

①夫人将使公田孟诸而杀之：昭公对襄夫人无礼，文公八年，襄夫人已使人杀昭公之党数人。此时又欲杀昭公。夫人，即襄公夫人。公，宋昭公。孟诸，宋国的沼泽地。

②盍适诸侯：荡意诸劝昭公逃奔其他诸侯国。盍，何不。

③不能：不得，得不到支持。君祖母：昭公是襄公之孙，称襄公夫人为君祖母。

④又为人臣：逃亡诸侯，是做别人的臣子。

⑤使行：让左右离开。

⑥去公：劝荡意诸离开昭公。

⑦若后君何：怎么侍奉以后的国君？其实荡意诸本昭公之党，不愿意背叛昭公。

【译文】

不久，襄夫人准备让昭公去孟诸打猎并趁机杀他。昭公知道了，带着全部珍宝出走。荡意诸说：“为何不逃奔其他诸侯国呢？”昭公说：“我不能得到国内大夫以至君祖母和国人的信任，诸侯谁愿意接纳我啊？而且，既然做了国君，又去做人家的臣子，还不如死。”昭公把他所带的全部珍宝分赐给左右随从，让他们离开。襄夫人派人去告诉司城要他离开昭公，司城回答说：“我做了他的臣子又在有灾难的时候离开他，怎么侍奉以后的国君？”

冬十一月甲寅①，宋昭公将田孟诸，未至，夫人王姬使帅甸攻而杀之②。荡意诸死之③。书曰：“宋人弑其君杵臼。”君无道也④。文公即位⑤，使母弟须为司城⑥。华耦卒，而使荡虺为司马⑦。

【注释】

①甲寅：二十二日。

②王姬：即宋襄夫人，其为周王姊，故称王姬。帅甸：官名，甸地之帅，即公邑大夫。

③死之：为之而死，为宋昭公而死。

④君无道：宋昭公无道，所以《春秋》直称其为“君”。

⑤文公：即宋公子鲍。

⑥使母弟须为司城：代荡意诸。母弟须，公子鲍同母弟公子须。

⑦荡虺（huī）：荡意诸之弟。

【译文】

　　冬十一月二十二日，宋昭公将去孟诸打猎，还没到，夫人王姬就派帅甸进攻昭公并杀了他。荡意诸为此也死了。《春秋》记载说："宋人弑其君杵臼。"是因为昭公无道。宋文公即位，派同母弟须任司城。华耦死了，而派荡虺做司马。

　　【公羊传】弑君者曷为或称名氏，或不称名氏？大夫弑君称名氏①，贱者穷诸人②；大夫相杀称人③，贱者穷诸盗④。

【注释】

①大夫弑君称名氏：如"晋里克弑其君卓子"，书"里克"之名氏。

②贱者穷诸人：贱者，指士。案名例，士称"人"，弑君亦称人，故云"穷诸人"。如此条，即是宋国之士弑杀了国君，故书"宋人"。

③大夫相杀称人：如文公九年"晋人杀其大夫先都"，为大夫互相杀害。

④贱者穷诸盗：贱者，指士。即士杀大夫，称"盗"，如襄公十年"盗杀郑公子斐、公子发、公子辄"。

【译文】

　　弑君为何有的称名氏，有的不称名氏？大夫弑君，称大夫之名氏，贱者士弑君，则书人。大夫互相杀害称人，贱者士杀大夫，则称盗。

十七年

　　【经】十有七年春①，晋人、卫人、陈人、郑人伐宋。

【注释】

①十有七年：鲁文公十七年当周匡王三年，前610年。

【译文】

鲁文公十七年春，晋人、卫人、陈人、郑人攻打宋国。

【左传】十七年春，晋荀林父、卫孔达、陈公孙宁、郑石楚伐宋，讨曰："何故弑君①！"犹立文公而还②。卿不书，失其所也③。

【注释】

①何故弑君：诸侯是以弑君之罪讨伐宋国，故有此问。

②犹立文公：说"犹立"，其实诸侯之师到宋，文公君位已定，无法改变了，诸侯只好退师。

③失其所：处置失当。所，处所。诸侯之师本以弑君罪讨宋，却无功而返，是失其所。因此《春秋》只记某人，不记卿的名字。

【译文】

文公十七年春，晋荀林父、卫孔达、陈公孙宁、郑石楚攻打宋国，讨伐它说："为什么杀了你们的国君！"还是立了文公然后回国。《春秋》不记载卿的名字，是因为认为他们处置失当。

【经】夏四月癸亥①，葬我小君声姜②。

【注释】

①癸亥：初四。

②小君：诸侯之妻。声姜上年死去。声姜：《公羊传》作"圣姜"。

【译文】

夏四月初四，安葬小君声姜。

【左传】夏四月癸亥,葬声姜。有齐难,是以缓^①。

【注释】

①是以缓:依礼,诸侯五月而葬。声姜死于上年八月,已有九个月
　　了。因为齐国入侵,是以推迟。

【译文】

夏四月初四,安葬声姜。因为有齐国入侵之难,所以推迟了。

【公羊传】圣姜者何? 文公之母也。

【译文】

圣姜是什么人? 是文公的母亲。

【经】齐侯伐我西鄙。六月癸未^①,公及齐侯盟于穀^②。

【注释】

①癸未:二十五日。
②穀:齐地名,在今山东东阿。

【译文】

齐懿公攻打我国西部边境。六月二十五日,文公和齐懿公在穀地
会盟。

【左传】齐侯伐我北鄙^①,襄仲请盟。六月,盟于穀^②。

【注释】

①北鄙:经文说“伐我西鄙”,此说北鄙。应该是此年齐国有二次侵

鲁,一在西鄙,一在北鄙。经、传各记一次。

②盟于穀:鲁先派襄仲往齐国求和,然后齐、鲁二君在穀结盟。顾栋高曰:"鲁至此孱弱甚矣,当讨商人执子叔姬之罪,乃嗫不敢发,坐受其侮。三年之中,三受伐而再乞盟。请盟不可,而至纳赂。使其臣盟不可,而终至亲盟。明年商人复戒师期,使无申池之祸,则兵又至鲁。皆由文公内宠敬嬴,外任襄仲,置国事于不问,所以至此。鲁之弱,文公为之也。"

【译文】

齐懿公攻打我国北部边境,襄仲请求结盟。六月,在穀地结盟。

【经】诸侯会于扈①。

【注释】

①扈:郑地名,在今河南原阳西。案此处不序列诸侯,亦是顺遂文公七年扈之盟不序列诸侯之讳文。

【译文】

诸侯在扈地会见。

【左传】晋侯蒐于黄父①,遂复合诸侯于扈,平宋也②。公不与会③,齐难故也。书曰"诸侯",无功也④。

【注释】

①黄父:地名,一名黑壤,在今山西翼城东北。

②平宋:晋灵公趁在黄父阅兵的机会会合诸侯,准备与宋国和解。

③公:鲁文公。

④无功:平宋没有成功,因此经文只记下"诸侯"二字,不记国名,有讥讽其办事无成效之意。顾栋高曰:"此时晋灵幼弱,赵盾专政,

贪赂而立宋文，致郑穆公以晋为不足与而从楚，则此举实为祸首，由是宋、郑之兵争复起。”

【译文】

晋灵公在黄父阅兵，因此再次在扈地会合诸侯，准备与宋国和解。鲁文公没有参加诸侯的会合，是因为有齐国入侵之难。《春秋》记载为"诸侯"二字，因为平宋没有成功。

于是晋侯不见郑伯，以为贰于楚也。郑子家使执讯而与之书①，以告赵宣子，曰：

【注释】

①子家：郑国同姓公族，即公子归生，字子家，时为大夫。执讯：官名，掌与各国通讯、问候之事。

【译文】

当时晋灵公在扈地与宋、卫等诸侯国君会盟时，不肯会见郑穆公，认为他亲附于楚国。郑国子家派执讯之官去晋国，并给他一封信，以向赵宣子解释，信中说：

"寡君即位三年①，召蔡侯而与之事君②。九月，蔡侯入于敝邑以行③。敝邑以侯宣多之难④，寡君是以不得与蔡侯偕。十一月，克减侯宣多⑤，而随蔡侯以朝于执事。十二年六月⑥，归生佐寡君之嫡夷⑦，以请陈侯于楚⑧，而朝诸君。十四年七月，寡君又朝以蒇陈事⑨。十五年五月，陈侯自敝邑往朝于君⑩。往年正月，烛之武往，朝夷也⑪。八月，寡君又往朝。以陈、蔡之密迩于楚⑫，而不敢贰焉，则敝邑之故也。虽敝邑之事君，何以不免⑬？在位之中，一朝于襄⑭，而再见于君^⑮。夷与孤之二三臣相及于绛^⑯。虽我小国，则蔑以过之矣^⑰。今大国曰：'尔未逞吾志^⑱。'敝邑有亡，无以加焉^⑲。古人有言曰：'畏首畏尾，身其余几。'又曰：'鹿死不择音^⑳。'小国之事大国也，德，则其人也；不德，则其鹿也^㉑，铤而走险^㉒，急何能择？命之罔极^㉓，亦知亡矣。将悉敝赋以待于鯈^㉔。唯执事命之。文公二年六月壬申^㉕，朝于齐。四年二月壬戌^㉖，为齐侵蔡，亦获成于楚^㉗。居大国之间，而从于强令^㉘，岂其罪也？大国若弗图，无所逃命^㉙。"

【注释】

①寡君即位三年：郑穆公在鲁僖公三十三年即位，第三年当在鲁文公二年。寡君，指郑穆公。

②蔡侯：此指蔡庄公。君：此指晋襄公，晋文公之子。

③行：朝晋。

④侯宣多之难：侯宣多为郑大夫，曾拥立郑穆公为君，后恃功专权而作乱。

⑤克：平。减：绝，灭。

⑥十二年：指郑穆公十二年，即鲁文公十一年。

⑦嫡：嫡子，正妻所生之子。此指太子。夷：郑穆公太子灵公，名夷。

⑧请陈侯于楚：陈侯欲见晋君，又怕引起楚王的憎恨，故归生和太子夷替他向楚国请求。陈侯，此指陈共公。

⑨蒇（chǎn）陈事：完成陈国归服晋国之事。蒇，完成。

⑩陈侯：此指陈灵公，陈共公之子。

⑪烛之武往，朝夷也：烛之武去晋国，是为了让太子夷朝晋。朝夷，使夷朝。

⑫密迩：紧挨着。

⑬不免：不免有罪，指受晋国责难。

⑭一朝于襄：指上文所说郑穆公即位第三年的十一月朝晋襄公。

⑮再见于君：两次朝见晋灵公。

⑯孤：郑穆公。二三臣：指子家及烛之武等人。绛：晋都，在今山西曲沃西南。

⑰虽我小国，则蔑以过之矣：以郑之小国，这样事晋，已达到顶点了。虽，唯。蔑，无。

⑱未逞吾志：未能满足我的愿望。

⑲敝邑有亡，无以加焉：此二句意为郑国已竭尽全力了，晋国还要有所诛求，只有等待灭亡，无法再做什么了。

⑳音：通“荫”，庇护地。

㉑“德”四句：意为大国如以德相待，则小国将像人一样恭顺；否则，就会像鹿一样，“死不择音”，铤而走险。

㉒铤：疾走的样子。

㉓罔极：无准则。极，准则。

㉔悉敝赋以待于鯈（chóu）：意即在晋郑边境集结军队准备与晋一战。赋，兵赋，指军队。古时按田赋（田亩税）出兵卒车马，故军队亦称“赋”。鯈，地名，在晋郑交界处。

㉕文公二年：指郑文公二年，当鲁庄公二十三年。文公，此指郑文公。六月壬申：六月二十日。

㉖四年：郑文公四年，当鲁庄公二十五年。二月壬戌：此年二月无壬戌，此为二月某日。

㉗为齐侵蔡，亦获成于楚：蔡为楚之属国，郑侵蔡，楚却与郑和解，子家引此事，意在说明楚之胸怀宽广，以见晋之心胸狭窄，对郑屡加猜疑。获成，讲和。

㉘强令：大国以压力施加的命令。

㉙无所逃命：无处可逃。言外之意是郑国只好严阵以待了。

【译文】

"寡君即位三年,就召请蔡侯约他一同事奉贵国国君。九月,蔡侯来到敝国,并且前往贵国。敝国因为侯宣多作乱,故而敝国国君无法与蔡侯同行。十一月,灭掉侯宣多后,就紧随蔡侯之后向贵国方面朝觐。十二年六月,公子归生辅佐敝国国君的嫡太子夷,为陈侯朝晋一事向楚国请求。十四年七月,敝国国君又朝见贵国国君,以促成陈侯朝晋一事。十五年五月,陈侯自敝国前往朝见贵国国君。去年正月,烛之武为太子夷朝晋一事而前往贵国。八月,敝国国君又前去朝见。陈、蔡邻近于楚却不敢分心倾向于楚,这都是敝国影响的缘故。虽然敝国如此事奉贵国君,可为何还是不能免于灾祸呢?敝国国君在位期间,一次朝见贵国先君襄公,两次朝见贵国当今国君。太子夷和敝国国君的一些臣子都相继到过绛都。虽然我们是小国,但事晋之诚心没有一国能超过。现在大国说:'你们还没有满足我们的意愿。'这样,敝国只有等待灭亡了,无法再增加什么来事奉贵国了。古人曾说:'畏首畏尾,身上还剩多少是不怕的?'又说:'鹿将死时是不会选择庇护地的好坏的。'小国事奉大国,大国待之以德,小国就会像人一样恭顺;不以德待之,小国就会像鹿一样,狂奔赴险,情况危急,还谈什么选择。贵国的命令没有准则,我们也知道就要亡国了。我们将出动敝国的所有军队,在儵地等待,就等贵国的办事人员下命令。文公于二年六月二十日,到齐国朝见齐国国君。四年二月壬戌日,为齐国攻打蔡国,但也和楚国达成和解。小国夹于大国之间,要屈从于强国的命令,难道这是小国的罪过吗?大国若不考虑小国的处境,那么小国也就无法逃避大国的命令了。"

晋巩朔行成于郑①,赵穿、公壻池为质焉②。

【注释】

①巩朔:晋大夫,又叫士庄伯,巩伯。行成:求和。

②公壻池：人名，复姓公壻，名池。

【译文】

晋国的巩朔前往郑国讲和，赵穿、公壻池留在郑国做人质。

△**【经】秋，公至自榖**①**。**

【注释】

①公至自榖：鲁文公与齐结盟后回国。

【译文】

秋，文公从榖地回国。

***【左传】秋，周甘歜败戎于邡垂**①**，乘其饮酒也。**

【注释】

①甘歜（chù）：周王子带的后裔。邡（shěn）垂：地名，在今河南洛
　阳南。

【译文】

秋，周的甘歜在邡垂打败戎人，是乘他们喝酒不设防而打败的。

***【左传】冬十月，郑大子夷、石楚为质于晋**①**。**

【注释】

①郑大子夷、石楚为质于晋：郑、晋二国交换人质。

【译文】

冬十月，郑国的太子夷、石楚到晋国做人质。

【经】冬,公子遂如齐①。

【注释】

①公子遂如齐:公子遂到齐国拜谢穀之盟。

【译文】

冬,公子遂到齐国去。

【左传】襄仲如齐,拜穀之盟。复曰①:"臣闻齐人将食鲁之麦②。以臣观之,将不能③。齐君之语偷④。臧文仲有言曰⑤:'民主偷,必死⑥。'"

【注释】

①复曰:回报鲁文公。

②食鲁之麦:指将伐鲁。

③将:殆,恐怕。

④语偷:指说话草率。偷,苟且。

⑤文仲:臧孙辰的谥号。

⑥民主偷,必死:案明年五月,齐懿公被杀。

【译文】

襄仲到齐国去,拜谢穀地之盟。他回报鲁文公说:"臣下听说齐国人打算来鲁国吃鲁国的麦子。但在臣下看来,恐怕不能。齐国国君说话草率。臧文仲说过:'百姓的主人草率而无远虑,必死无疑。'"

十八年

【经】十有八年春王二月丁丑①,公薨于台下②。

【注释】

①十有八年：鲁文公十八年当周匡王四年，前609年。丁丑：二十三日。

②公薨于台下：案何休之意，公薨于正寝、高寝、小寝为得礼，薨于台下则为非礼。台，鲁宫中之台。

【译文】

鲁文公十八年春周历二月二十三日，鲁文公死于宫中台下。

【左传】十八年春，齐侯戒师期①，而有疾。医曰："不及秋，将死。"公闻之，卜，曰："尚无及期②！"惠伯令龟③，卜楚丘占之④，曰："齐侯不及期，非疾也。君亦不闻⑤。令龟有咎⑥。"二月丁丑，公薨。

【注释】

①戒师期：发布出兵伐鲁日期的命令。戒，敕令，发布命令。

②尚无及期：希望齐侯未到伐鲁的日期便死去。

③令龟：命龟，占卜前把所占之事致告龟甲，其实是将所卜之事刻于龟甲上，等待烧灼结果以断吉凶。

④卜楚丘：名叫楚丘的占卜官。

⑤君亦不闻：您也听不到齐侯的死讯。暗指文公将死在齐侯之前。

⑥有咎：指令龟的人也有灾祸。暗指惠伯亦将被杀。

【译文】

十八年春，齐懿公发布了出兵攻打鲁国的日期的命令，而后就病了。医生说："不到秋天，齐侯将死去。"鲁文公听到这个消息，就占卜，说："希望他未到秋天伐鲁的时候就死。"惠伯叫人把要占卜的事情刻于龟甲。卜楚丘占卜，说："齐侯将未到出兵日期就死，但不是因为病。国君也听不到齐侯的死讯。致告龟甲的人也有灾祸。"二月二十三日，鲁文公死。

【穀梁传】台下，非正也。

【译文】

死于台下，不合正道。

△【经】秦伯罃卒①。

【注释】

①秦伯罃（yīng）：即秦康公，姓嬴，名罃，谥康。

【译文】

秦伯罃死。

△【经】夏五月戊戌①，齐人弑其君商人②。

【注释】

①戊戌：十五日。

②齐人弑其君商人：商人，即齐懿公，姓姜，名商人，谥懿。案文公十四年"齐公子商人弑其君舍"，则商人为弑君之贼，此处被杀，宜用讨贼之辞，书"齐人杀商人"。此处却用士弑君之辞言之，何休云："齐人已君事之，杀之宜当坐弑君。"

【译文】

夏五月十五日，齐人杀了他的国君商人。

【左传】齐懿公之为公子也，与邴歜之父争田①，弗胜。及即位，乃掘而刖之②，而使歜仆③。纳阎职之妻④，而使职骖乘⑤。夏五月，公游于申池⑥。二人浴于池⑦，歜以扑抶职⑧。职怒。歜曰："人夺女妻而不怒⑨,一抶女,庸何伤⑩!"职曰："与刖其父而弗能病者何如⑪?"乃谋弑懿公,纳诸竹中⑫。归,舍爵而行⑬。齐人立公子元⑭。

【注释】

①邴歜:齐国大夫。

②掘而刖(yuè):齐懿公即位,邴歜之父已死,齐懿公便掘出其尸体并砍去他的脚。刖,断足。

③仆:即"御",驾车。

④阎职:齐大夫。

⑤骖乘:亦即车右,乘车时站于车右边陪乘的人。

⑥申池:齐都南城西门名申门,申池即此门外的护城河。当在今山东淄博西。

⑦二人:指邴歜和阎职。

⑧扑:马鞭。抶(chì):鞭打。

⑨女:通"汝"。

⑩庸何伤:庸,何。庸、何,同义连用。庸何伤即"何伤"。

⑪弗能病:不敢怨恨。

⑫纳诸竹中:将齐懿公的尸体藏在竹林中。竹中,竹林中。

⑬舍爵:告祭于宗庙。

⑭公子元:商人兄,齐桓公少卫姬所生。

【译文】

齐懿公还是公子的时候,和邴歜的父亲争夺田地,没有得胜。到了即位后,就把邴歜父亲的尸体挖出来并砍断他的脚,同时又让邴歜为他驾车。抢夺了阎职的妻子,而让阎职任骖乘。夏五月的一天,懿公在申池游玩,邴歜、阎职在池里洗澡。邴歜用马鞭鞭打阎职。阎职发怒了。邴歜说:"人家抢夺你的妻子你不发怒,我打了你一下,又有什么妨碍?"

阎职反唇相讥说："那与那个被人家砍了父亲的脚而不敢发怒的人相比又怎样？"于是二人商量杀了懿公，并把尸体扔在竹林里。回去后，二人告祭了宗庙然后逃走。齐人立了公子元。

【经】六月癸酉①**，葬我君文公。**

【注释】
①癸酉：二十一日。

【译文】
六月二十一日，葬我国君文公。

【左传】六月，葬文公。

【译文】
六月，安葬鲁文公。

【经】秋，公子遂、叔孙得臣如齐①**。**

【注释】
①公子遂、叔孙得臣如齐：公子遂，襄仲。叔孙得臣，庄叔。孔广森
　　以为，鲁国二卿如齐，是为弑子赤而请于齐，又见弑子赤，是公子
　　遂立谋，而叔孙得臣与闻弑君。

【译文】
秋，公子遂、叔孙得臣到齐国去。

【左传】秋，襄仲、庄叔如齐，惠公立故，且拜葬也①**。**

【注释】

①拜葬：拜谢齐国来会葬鲁文公。

【译文】

秋，襄仲、庄叔到齐国去，一是为祝贺齐惠公即位，一是为拜谢齐国来会葬鲁文公。

文公二妃①，敬嬴生宣公。敬嬴嬖②，而私事襄仲③。宣公长，而属诸襄仲④，襄仲欲立之，叔仲不可⑤。仲见于齐侯而请之⑥。齐侯新立，而欲亲鲁，许之⑦。

【注释】

①二妃：长妃出姜，生太子恶和视；次妃敬嬴。

②嬖：宠幸。

③私事：私自与襄仲勾结。

④属：托付。

⑤叔仲不可：宣公非嫡子，所以叔仲不同意。叔仲，惠伯，叔彭生。

⑥请之：请齐国支持立宣公。

⑦许之：太子恶本齐国外甥，但齐惠公为了得到鲁国援助，同意襄仲废太子恶而立宣公。

【译文】

鲁文公有两个妃子，敬嬴生了宣公。敬嬴受宠爱，而且私下与襄仲勾结。宣公长大了，文公把宣公托付给襄仲。襄仲要立宣公为国君，叔仲不同意。襄仲见到齐懿公趁机请齐国支持立宣公。齐惠公新即位，且希望与鲁国亲近，就同意了。

【穀梁传】使，举上客而不称介①，不正其同伦而相介②，故列而数之也。

【注释】

①上客:指主事之人,主使。介:副手,副使。

②同伦:指二者同为鲁卿。

【译文】

出使的人,称主使而不称副使,认为他们同等地位而一个做另一个的副手不合正道,所以并列举出来。

【经】冬十月,子卒①。

【注释】

①子:文公太子恶。鲁文公夫人出姜生二子,长子名恶(一作"子赤"),次子名视。次夫人敬嬴生一子,名倭(tuǐ),敬嬴与公子遂暗中勾结,在文公死后杀死了恶和视,立倭为君,是为鲁宣公。

【译文】

冬十月,太子恶被杀死。

【左传】冬十月,仲杀恶及视,而立宣公。书曰"子卒",讳之也①。

【注释】

①书曰"子卒",讳之也:《春秋》只记"子卒"二字,是为了隐讳事情真相。

【译文】

冬十月,襄仲杀了太子恶和视,立宣公为国君。《春秋》记为"子卒",是为了隐讳事情真相。

　　仲以君命召惠伯①。其宰公冉务人止之②,曰:"入必死。"叔仲曰:"死君命可也。"公冉务人曰:"若君命,可死;非君命,何听③?"弗听,乃入,杀而埋之马矢之中④。公冉务人奉其帑以奔蔡⑤,既而复叔仲氏⑥。

【注释】

　　①以君命:本应太子恶即位,此乃借恶之命。

　　②宰:卿大夫家臣之长。公冉务人:公冉是姓,务人是名。

　　③非君命,何听:务人知道非君命,因此阻止惠伯前往。

　　④马矢:马粪。矢,通"屎"。

　　⑤帑:家室。

　　⑥复叔仲氏:不久之后又立了惠伯之子,是为叔仲氏。

【译文】

　　襄仲以国君之命召见惠伯,惠伯的家臣之长公冉务人劝阻惠伯,说:"你进去必定死。"叔仲惠伯说:"死于国君的命令,是应该的。"公冉务人说:"如果是国君之命,可以死;如果不是,为什么要听从呢?"惠伯不听,于是进去,襄仲杀了惠伯并把尸体埋在马粪中。公冉务人侍奉着惠伯的家室逃奔到蔡国,不久鲁国又立了叔仲氏。

　　【公羊传】子卒者孰谓?谓子赤也①。何以不日?隐之也。何隐尔?弑也②。弑则何以不日③?不忍言也④。

【注释】

　　①子赤:是鲁文公与夫人姜氏之子。文公薨后,被弑杀。案嗣君之

名例，君薨称子某，既葬称子，此处文公已葬，故经书"子"，而不书"子赤"。

②弑也：未逾年君被弑，此为大恶，《春秋》内大恶讳，故不言"弑"，而言"卒"。子赤被公子遂所弑，详见成公十五年"三月乙巳，仲婴齐卒"条传文。

③弑则何以不日：据庄公三十二年，子般被弑书日。

④不忍言也：何休云："所闻世，臣子恩痛王父深厚，故不忍言其日，与子般异。"

【译文】

子卒指的是谁？是子赤。为何不书日？是隐痛他。为何隐痛？因为他是被弑杀的。被弑杀，为何不书日？因为在所闻世不忍心书日。

【穀梁传】子卒不日，故也。

【译文】

太子去世不记载日期，是因变故而亡。

【经】夫人姜氏归于齐①。

【注释】

①姜氏：即文公四年的出姜，文公夫人，太子恶母亲。归于齐：夫人哀姜因太子被杀，于是回齐国去，再也不返回鲁国。

【译文】

夫人姜氏回齐国。

【左传】夫人姜氏归于齐，大归也①。将行，哭而过市，曰：

"天乎！仲为不道②，杀適立庶③。"市人皆哭，鲁人谓之哀姜④。

【注释】

①大归：回娘家之后不再返回。恶与视都被杀，出姜不得不大归。

②仲为不道：即"襄仲无道"。

③杀適立庶：太子恶是嫡子，宣公是庶子。

④鲁人谓之哀姜：案襄仲杀適立庶，此后鲁国公室衰微，三桓（仲孙、叔孙、季孙，皆桓公之族）逐渐强大。

【译文】

夫人姜氏返回齐国，回到娘家后不再回来了。将要离开鲁国的时候，她哭着经过街市，说："天哪！襄仲无道，杀死嫡子立了庶子！"街上的人都跟着她哭，鲁国人称她为哀姜。

【穀梁传】恶宣公也，有不待贬绝而罪恶见者①，有待贬绝而恶从之者。侄娣者②，不孤子之意也③，一人有子，三人缓带④。一曰就贤也⑤。

【注释】

①见：显现。

②侄娣：诸侯之女出嫁，侄女和妹妹中陪同她一起出嫁的人。

③不孤子：指一人有子，三人共养。

④缓带：衣带宽缓，悠游之态，指一人得子，三人共乐。

⑤就贤：指诸侯之子，若太子死了，太子有母弟则立母弟，没有母弟，则立其余公子，其余公子年龄相似，则立贤者。这里鲁文公夫人二子均死，以"不孤子"和"就贤"而论，宣公都当立，这是在讽刺鲁宣公即位的正当性是靠弑君而获得的。

【译文】

这是厌恶鲁宣公,有的罪恶不用等到贬低就显现出来,有的罪恶要等到贬低才显现出来。所谓伥娣,就是不独自抚养孩子的意思,一个人有了孩子,三个人都感到宽慰。另一种说法是培养贤能的孩子。

△**【经】季孙行父如齐。**

【译文】

季孙行父前往齐国。

【经】莒弑其君庶其①。

【注释】

①庶其:莒纪公名。

【译文】

莒人杀了他的国君庶其。

【左传】莒纪公生大子仆,又生季佗①,爱季佗而黜仆②,且多行无礼于国。仆因国人以弑纪公,以其宝玉来奔,纳诸宣公③。公命与之邑,曰:"今日必授!"季文子使司寇出诸竟④,曰:"今日必达⑤!"公问其故。季文子使大史克对曰⑥:

【注释】

①季佗:莒渠丘公。

②黜:废弃。

③纳诸宣公:指宣公收留了他。

④出诸竟：把太子仆赶出鲁国国境。竟，通"境"。

⑤必达：彻底执行。达，实现。

⑥大史克：鲁太史，名克。

【译文】

莒纪公生太子仆，又生了季佗。他喜欢季佗而废黜了太子仆，在国内又干了许多不合礼义的事情。太子仆依靠莒国人杀了莒纪公，并带着他的宝玉逃奔来鲁国，鲁宣公收留了他。宣公还命令送给他食邑，说："今天就得给他！"季文子派司寇把太子仆赶出国境，说："今天一定要执行赶走他！"宣公问他什么缘故，季文子派太史克回答说：

"先大夫臧文仲教行父事君之礼，行父奉以周旋①，弗敢失队②。曰：'见有礼于其君者，事之，如孝子之养父母也。见无礼于其君者，诛之，如鹰鹯之逐鸟雀也③。'先君周公制《周礼》曰④：'则以观德⑤，德以处事，事以度功⑥，功以食民⑦。'作《誓命》曰⑧：'毁则为贼，掩贼为藏⑨，窃贿为盗，盗器为奸⑩。主藏之名⑪，赖奸之用⑫，为大凶德，有常无赦⑬。在《九刑》不忘⑭。'行父还观莒仆⑮，莫可则也⑯。孝敬、忠信为吉德，盗贼、藏奸为凶德。夫莒仆，则其孝敬，则弑君父矣；则其忠信，则窃宝玉矣。其人，则盗贼也；其器，则奸兆也⑰。保而利之，则主藏也。以训则昏⑱，民无则焉。不度于善⑲，而皆在于凶德，是以去之。

【注释】

①周旋：应对宾客。

②失队：失礼。队，同"坠"。

③如鹰鹯（zhān）之逐鸟雀：像鹰鹯追逐鸟雀一样诛灭它。鹯，像鹞

　　一样凶猛的鸟。

④《周礼》：指周公旦所著书名或篇名，今已亡佚。非今之所传之
　　《周礼》。

⑤则以观德：以礼仪观人之德。则，礼仪。

⑥事以度功：事情用来衡量功劳。

⑦功以食民：功劳用以养育百姓。

⑧《誓命》：亦周公旦所作篇名，已亡佚。

⑨掩贼为藏：窝藏盗贼就是窝藏罪人。

⑩窃贿为盗，盗器为奸：偷一般的财物叫盗，偷盗宝器叫奸。贿，财
　　物。器，宝器。

⑪主藏：窝赃。

⑫赖奸之用：利用奸人的宝器。赖，利，用。

⑬常：常刑。

⑭《九刑》：古刑书，已亡佚。

⑮还观：仔细察看。

⑯则：效法。

⑰奸兆：奸人的赃证。

⑱以训：以此训，以此教育百姓。训，教育。

⑲不度于善：不属于善。度，居，属于。

【译文】

　　"先大夫臧文仲教导行父我侍奉国君的礼仪，行父我尊奉它以应对
宾客，不敢失礼。说：'看到对他的国君有礼的，侍奉他，如同孝子奉养
父母一样；见到对国君无礼的，就像鹰鹯追逐鸟雀一样诛灭他。'先君周
公制定《周礼》说：'礼仪用来观察一个人的德行，德行用来处理事情，
事情用来衡量功劳，功劳用来养育百姓。'又作《誓命》说：'毁弃礼仪就
是贼，窝藏贼就是窝藏罪人，偷一般的财物叫盗，偷宝器叫奸。有窝藏之
名，又利用奸人的宝器，这是最大的凶德，按照国家规定的刑罚，必不赦

免。对于凶德之人的刑罚，都记在《九刑》之中，不能忘记。'行父仔细观察莒太子仆，没有什么可以效法的地方。孝敬、忠信，这是吉祥的德行；盗贼、藏奸，这是凶德。这个莒太子仆，要效法他的孝敬，可他是杀君杀父之人；要效法他的忠信，那么他偷窃宝玉来鲁。这个人，他是盗贼；他的宝器，就是赃物。如果保护这个人并且用他的宝器，那就是窝赃。用这个来教育百姓，百姓将迷乱而失去准则。以上这些，都不属于善的行为，反而属于凶德，因此要赶走他。

"昔高阳氏有才子八人①，苍舒、隤敳、梼戭、大临、尨降、庭坚、仲容、叔达②，齐、圣、广、渊③，明、允、笃、诚④，天下之民谓之八恺⑤。高辛氏有才子八人⑥，伯奋、仲堪、叔献、季仲、伯虎、仲熊、叔豹、季狸⑦，忠、肃、共、懿⑧，宣、慈、惠、和⑨，天下之民谓之八元⑩。此十六族也⑪，世济其美⑫，不陨其名。以至于尧，尧不能举⑬。舜臣尧，举八恺，使主后土⑭，以揆百事⑮，莫不时序⑯，地平天成⑰。举八元，使布五教于四方⑱，父义、母慈、兄友、弟共、子孝，内平外成⑲。

【注释】

①高阳氏：颛顼，传说中的古代部族首领。

②苍舒、隤敳（tuí ái）、梼戭（táo yǎn）、大临、尨（páng）降、庭坚、仲容、叔达：此八人乃传说中的人物，事迹已不可考。

③齐：中正。圣：通达。广：宽宏。渊：深远。

④允：守信。笃：厚道。

⑤恺：和乐。

⑥高辛氏：帝喾，据传是黄帝的曾孙。

⑦伯奋、仲堪、叔献、季仲、伯虎、仲熊、叔豹、季狸：伯奋等八人也是

传说中人物,事迹不可考。

⑧肃:恭敬。共:勤谨。懿:端美。

⑨宣:周密。惠:仁爱。和:宽和。

⑩元:善。

⑪十六族:此十六人各因有功,赐予氏族,因此称"族"。

⑫济:继承。

⑬不能举:未能举用他们。

⑭主后土:主持管理土地的官职。

⑮揆(kuí):掌管。

⑯时序:处事顺当。

⑰平、成:平静无事。

⑱布:颁布,宣扬。五教:五种教化,即下文的父义、母慈、兄友、弟共、子孝等五个方面。

⑲内:指中原诸国。外:指夷狄等少数民族。

【译文】

"过去高阳氏有才子八个人,叫苍舒、隤敳、梼戬、大临、尨降、庭坚、仲容、叔达,他们中正、通达、宽宏、深远,明亮、守信、厚道、诚实,天下的百姓称他们为'八恺'。高辛氏有才子八人,叫伯奋、仲堪、叔献、季仲、伯虎、仲熊、叔豹、季狸,他们忠诚、恭敬、勤谨、端美,周密、慈祥、仁爱、宽和,天下百姓叫他们'八元'。这十六个部族,世世代代继承他们的美德,没有丧失前世的好名声。一直到尧的时候,尧未能举荐他们。舜做尧的臣子的时候,举荐了八恺,让他们担任主持管理土地的官员,以掌管和处理各种事务,他们处理事情没有不顺当的,使得大地和上天都平静无事。举荐了八元,让他们到四方各国宣扬五种教化,让父亲重道义,母亲有慈爱,兄长知友爱,弟弟懂恭敬,儿子懂孝顺,里里外外都平安无事。

"昔帝鸿氏有不才子①,掩义隐贼②,好行凶德,丑类恶物③,顽嚚不友④,是与比周⑤,天下之民谓之浑敦⑥。少皞氏有不才子⑦,毁信废忠,崇饰恶言⑧,靖谮庸回⑨,服谗蒐慝⑩,以诬盛德,天下之民谓之穷奇。颛顼有不才子⑪,不可教训,不知话言⑫,告之则顽⑬,舍之则嚚⑭,傲很明德⑮,以乱天常,天下之民谓之梼杌⑯。此三族也,世济其凶,增其恶名,以至于尧,尧不能去。缙云氏有不才子⑰,贪于饮食,冒于货贿⑱,侵欲崇侈⑲,不可盈厌⑳,聚敛积实,不知纪极㉑,不分孤寡,不恤穷匮㉒,天下之民以比三凶㉓,谓之饕餮㉔。舜臣尧,宾于四门㉕,流四凶族,浑敦、穷奇、梼杌、饕餮,投诸四裔㉖,以御魑魅㉗。是以尧崩而天下如一,同心戴舜,以为天子,以其举十六相㉘,去四凶也。故《虞书》数舜之功,曰'慎徽五典,五典克从'㉙,无违教也。曰'纳于百揆,百揆时序'㉚,无废事也。曰'宾于四门,四门穆穆'㉛,无凶人也。

【注释】

①帝鸿氏:黄帝。

②隐贼:包庇奸贼。

③丑类恶物:把恶物引为同类。丑,类。

④顽嚚(yín):愚顽奸诈。

⑤比周:互相勾结。

⑥浑敦:也作"浑沌"。

⑦少皞氏:又作"少昊",名挚,传说中古代东夷族首领。

⑧崇:饰。

⑨靖谮庸回:据杜预注与孔颖达疏,靖谮,安于谗谮;庸回,信用回邪。

⑩服谗:施行谗言。蒐慝(sōu tè):与"掩义藏贼"同,隐瞒为恶之人。

⑪颛顼：高阳氏。

⑫话言：善言。

⑬告：开导。

⑭嚚：奸诈。

⑮很：《说文》："不听从。"

⑯梼杌（táo wù）：《五帝本纪》集解引贾逵："梼杌，凶顽无畴匹之貌。"《神异经》解作怪兽。

⑰缙云氏：本黄帝时官名，后以官为氏。

⑱冒：贪。

⑲侵欲崇侈：任性奢侈。

⑳盈厌：满足。

㉑纪极：限度。

㉒穷匮：穷困之人。

㉓三凶：即前所说浑敦、穷奇、梼杌。

㉔饕餮（tāo tiè）：贪婪凶狠之人。贪财为饕，贪食为餮。《吕氏春秋》以为是一种贪食之兽。

㉕宾：依《尚书·舜典》，宾，迎接宾客之意。或谓"宾"同"摈"。

㉖裔：荒远之地。

㉗魑魅（chī mèi）：传说中山泽中的鬼怪。

㉘十六相：即八恺八元。

㉙慎徽五典，五典克从：引文见《尚书·舜典》。徽，美，善，此意为做好。五典，即上文的"五教"。

㉚纳于百揆，百揆时序：引文见《尚书·舜典》。百揆，百事。

㉛宾于四门，四门穆穆：引文见《尚书·舜典》。穆穆，恭敬肃穆。

【译文】

"过去帝鸿氏有不才之子，遮蔽仁义，包庇奸贼，总喜欢干凶德之事，把恶人恶事引为同类，愚顽奸诈，和愚昧奸诈的人勾结在一起，天下百姓叫他浑敦。少皞氏有不才之子，毁坏信用，废弃忠诚，专说花言巧语，而且听信谗言，任用奸邪，造谣中伤，掩盖罪恶，诬陷有美德的人，天下百姓称之为穷奇。颛顼氏有不才之子，没法教育好他，不懂什么是善言，开导他又愚顽不化，随他去不管他，则奸诈习恶，傲视美德，搅乱了上天的常道，天下百姓叫他梼杌。这三个部族，世世代代继承他们的凶恶，增加了他们的坏名声。一直到尧的时候，尧没能赶走他们。缙云氏有不才之子，贪图吃喝，贪求财货，任性奢侈，不知满足，他聚敛财物和粮食，没有限度，也不分给鳏寡孤独的人，不周济穷困的人，天下百姓拿他和三凶相比，叫他饕餮。舜做尧的臣子之后，开辟四方的城门，以礼接待宾客，把四凶部族流放出去，把浑敦、穷奇、梼杌、饕餮驱逐到四方边远的地方，让他们去抵御魑魅这些妖怪。所以尧死后而天下团结如一，同心拥戴舜，让舜做天子，因为他举荐了十六相，驱逐了四凶。所以《虞书》历数舜的功劳，说：'谨慎地做好五教，五教就能服从他。'说的是舜没有错误的教导。说：'放之于各种事务之中，各种事务都能顺顺当当。'说的是他没有荒废的事务。说：'开放四方的城门，从四门而来的宾客都恭敬肃穆。'就是说再也没有凶顽的人了。

"舜有大功二十而为天子①，今行父虽未获一吉人，去一凶矣。于舜之功，二十之一也，庶几免于戾乎②！"

【注释】

①大功二十：即举十六相和去四凶。

②戾：罪戾，罪过。

【译文】

"舜有二十件大功劳因而当上了天子，现在行父我虽然没有得到一个好人，却除去了一个凶顽之人。相对于舜的功劳来说，二十分之一了，差不多可以免于罪过了。"

【公羊传】称国以弑何^①？ 称国以弑者，众弑君之辞^②。

【注释】

① 称国以弑何：案《春秋》之例，大夫弑君称名氏，士弑君则称"人"，故而发问。

② 称国以弑者，众弑君之辞：何休云："一人弑君，国中人人尽喜，故举国以明失众，当坐绝也。"

【译文】

为何是以国家的名义弑杀？ 以国家的名义弑杀，是众人弑君的文辞。

*【左传】宋武氏之族道昭公子^①，将奉司城须以作乱^②。十二月，宋公杀母弟须及昭公子，使戴、庄、桓之族攻武氏于司马子伯之馆^③。遂出武、穆之族^④。使公孙师为司城^⑤。公子朝卒，使乐吕为司寇^⑥，以靖国人。

【注释】

① 武氏之族：宋武公子孙。道：引导。

② 司城须：宋文公同母弟。司城为六卿之一。

③ 戴、庄、桓之族：宋戴公、庄公、桓公的族人。司马子伯：华耦。据十六年传，此时华耦已卒。馆：客馆。

④ 遂出武、穆之族：穆公之族也参与叛乱，所以也被逐出。

⑤ 公孙师：庄公之孙。

⑥ 乐吕：戴公曾孙。

【译文】

宋国武公一族引领着昭公的儿子，准备事奉司城须发动叛乱。十二月，宋文公杀了同母弟须和昭公的儿子，让戴公、庄公、桓公的族人在司马子伯的客馆攻打武氏等叛乱者,武氏、穆公族人参与叛乱的,一同被赶出国外。派公孙师去任司城。公子朝死了,派乐吕担任司寇,国内的人们终于得到安定。

全本全注全译丛书

中华经典名著

郭丹　程小青　李彬源　黄铭　曾亦　徐正英　邹皓◎译注

春秋三传 三

中华书局

目录

第三册

宣公

【题解】

　　宣公（？—前591），鲁国第二十任国君。名俀，一作"倭"，文公之庶子。公元前609年文公去世，鲁襄仲（公子遂）杀嫡子恶而立庶子俀，于次年即位，在位十八年，公元前591年去世，子黑肱立，是为成公。

　　宣公年间，晋、楚两国对郑、陈的争夺更加激烈，不断攻伐郑国、陈国，郑、陈两国只好采取"与其来者可也"的策略，即谁来攻打就归服谁。宣公八年（前601），楚国灭舒蓼（鄝）后疆界扩大，与吴、越接壤。此年《左传》第一次记载吴、越二国："楚子……盟吴、越而还。"宣公十二年（前597），晋、楚发生邲之战，晋国因内部不和而战败，楚庄王因此称霸。晋国追究战败责任，杀其大夫先縠。宣公十五年（前594），楚国多次攻打宋国后，宋人与楚国讲和，鲁国也派公孙归父与楚国言和。此时楚庄王的势力达到顶峰。

　　在鲁国内部，政治上，宣公前期由襄仲执政，后期则有季孙行父擅权，公室愈加衰落。宣公十五年，鲁国"初税亩"，即不问有田者所耕田地面积的大小，也不问有田者为何人，一律按亩向耕作者征收实物税。"初税亩"表明鲁国正式宣布废除井田制，承认土地私有权，这是经济制度的重大改革。

　　宣公篇主要的义理，涉及君臣之义者，有赵盾不讨贼而被认定为弑君,见二年"晋赵盾弑其君夷皋"、六年"晋赵盾、卫孙免侵陈"条;元年"晋放其大夫胥甲父于卫"条,见大夫去君,有三年待放之礼;八年"万入,去籥"条,见大夫卒,君为之废一时之祭。涉及夷夏之辨者,见十二年"邲之战"条、十八年"楚子旅卒"条。涉及"通三统"者,如十六年"成周宣榭火"条,见周不复兴,《春秋》当新王之义。此外十一年"楚人杀陈夏徵舒"条,又发"实与而文不与"之传,一方面肯定楚庄王之讨贼,另一方面指出其僭越天子之处。十五年"宋人及楚人平"条,则涉及人道主义精神与君臣之义上的取舍。

元年

【经】元年春王正月①,公即位②。

【注释】

①元年:鲁宣公元年当周匡王五年,前608年。

②公即位:即位者为鲁宣公。何休以为,鲁宣公为鲁僖公之妾子。

【译文】

鲁宣公元年春周历正月,宣公即位。

【公羊传】继弑君不言即位①,此其言即位何? 其意也②。

【注释】

①继弑君不言即位:先君被弑,则于嗣君之元年不书"公即位"三字,此为《春秋》常例,其中之原因,是隐痛嗣君遭遇先君篡弑之祸。另一方面,无论是成君被弑,还是未逾年君被弑,《春秋》隐痛如一,故继未逾年之君,亦不书即位。

②其意也:即"如其意也"。文公薨,本应由子赤继位,公子遂欲立

宣公,故而弑杀子赤,则宣公与公子遂为一党,故《春秋》顺遂宣
公欲即位之意,书"公即位"以著其恶。

【译文】

继承被弑杀的国君,依例不书嗣君之即位,此处为何书即位？是顺
遂宣公的心意。

【穀梁传】继故而言即位,与闻乎故也^①。

【注释】

①与(yù):参与。闻:知情。按照惯例,记载因故而亡的国君是不
　称"即位"的,这里称了"即位",表明宣公对于去年公子遂杀害
　文公太子之事是知情的。

【译文】

继承因故死亡的国君而说"即位",表明宣公参与了变故。

【经】公子遂如齐逆女^①。三月,遂以夫人妇姜至自齐^②。

【注释】

①公子遂如齐逆女:此是公子遂为宣公迎娶齐女为夫人。然文公
　薨于上一年二月,则宣公有丧在身,故此处属于丧娶。案《春秋》
　之例,丧娶则当贬去逆女大夫之氏,书"遂如齐逆女",此处因公
　子遂有弑子赤之恶,《春秋》之例,内大夫弑君,亦贬去氏,两者有
　嫌,故不去氏。
②遂:即公子遂。此处是省去"公子"之氏。妇姜:宣公夫人姜氏。

【译文】

公子遂到齐国迎娶齐女。三月,公子遂带着夫人姜氏从齐国回来。

【左传】元年春王正月，公子遂如齐逆女。尊君命也①。三月，遂以夫人妇姜至自齐。尊夫人也②。

【注释】

①尊君命：此句解释经文为何称"公子遂"，是由于尊重国君的命令。

②尊夫人：此仍是解释经文之意。如果仍称"公子遂"，则公子、夫人并称，显不出二者何人为尊。因此经文为表示尊敬夫人，对公子遂就单称"遂"。

【译文】

鲁宣公元年春周历正月，公子遂到齐国迎接齐女。是尊重国君的命令。三月，公子遂带着夫人姜氏从齐国回国。《春秋》是表示尊敬夫人。

【公羊传】遂何以不称"公子"？一事而再见者，卒名也①。夫人何以不称"姜氏"？贬。曷为贬？讥丧娶也。丧娶者公也，则曷为贬夫人？内无贬于公之道也②。内无贬于公之道，则曷为贬夫人？夫人与公一体也③。其称妇何？有姑之辞也④。

【注释】

①卒名也：卒，竟也。卒名，即竟举其名，省去其氏。因公子遂如齐逆女，与护送夫人至鲁国，属于一件事，故而省文。

②内无贬于公之道也：《春秋》以鲁为内，不可将"公"贬称"人"，之所以如此，何休云："明下无贬上之义。"

③夫人与公一体也：案礼制，夫妻一体也，荣辱共之。

④有姑之辞也：媳妇称"妇"，婆婆称"姑"。案《春秋》之例，姑若存，则夫人以妇礼至，书"夫人妇姜氏"；若姑已没，则以夫人之礼

至，书"夫人姜氏"。经书"夫人妇姜"，无"氏"字，即是贬夫人之辞。

【译文】

公子遂为何不称"公子"之氏？一件事而第二次出现时，竟书其名。夫人为何不称"姜氏"？是贬抑她。为何贬抑？为了讥刺丧中娶妻。丧中娶妻的是公，那么为何要贬抑夫人？因为对鲁国来说，没有贬抑国君的道理。鲁国没有贬抑国君的道理，那么为何贬抑夫人？因为夫人与公夫妻一体，荣辱与共。经书称"妇"是为何？"妇"是儿媳妇相对于婆婆的称谓。

【穀梁传】其不言"氏"，丧未毕，故略之也。其曰"妇"，缘姑言之之辞也。遂之挈①，由上致之也。

【注释】

①挈（jiá）：特用其名，称名不称族。这里是指提到公子遂的名字。

【译文】

经文不说"氏"，因为文公之丧没有结束，所以省略了。经文说"妇"，是从有婆婆的角度来说的说法。称遂的名，因为是由宣公来告祭祖庙的。

【经】夏，季孙行父如齐①。

【注释】

①如齐：到齐国去。季孙行父此次到齐国去是为了向齐国赠送财物，请求结盟。所赠送的即是下文提到的"济西田"。

【译文】

夏，季孙行父到齐国去。

【左传】夏,季文子如齐,纳赂以请会①。

【注释】

①纳赂:即下文的送给齐国济西之田,请求让鲁宣公与齐侯会见。

【译文】

夏,季文子到齐国去,送礼物以请求会见齐侯。

【经】晋放其大夫胥甲父于卫①。

【注释】

①放:放逐。胥甲父:晋国大夫。文公十二年河曲之役,因为赵穿和
  胥甲父的阻碍使晋军错失击败秦军的战机。此时才追究其责任。

【译文】

晋国把本国大夫胥甲父放逐到卫国去。

【左传】晋人讨不用命者①,放胥甲父于卫,而立胥克②。
先辛奔齐③。

【注释】

①讨:惩罚。不用命:不肯奉命。指文公十二年河曲之役,晋臾骈提
  议薄秦师于河,赵穿、胥甲父当军门阻止出师,使秦军夜遁。

②立胥克:以继承其宗族。胥克,胥甲父的儿子。

③先辛:胥甲父的下属。

【译文】

晋人惩罚作战不肯服从命令的人,就把胥甲父驱逐到卫国,然后立
了胥克。先辛逃亡到齐国去了。

　　【公羊传】放之者何？犹曰无去是云尔。然则何言尔？近正也^①。此其为近正奈何？古者大夫已去，三年待放^②。君放之，非也；大夫待放，正也^③。古者臣有大丧，则君三年不呼其门^④。已练可以弁冕^⑤，服金革之事^⑥。君使之，非也；臣行之，礼也。闵子要绖而服事^⑦，既而曰："若此乎，古之道不即人心^⑧。"退而致仕。孔子盖善之也^⑨。

【注释】

①近正也：接近正法。正法指古代大夫去君，三年待放之礼。

②古者大夫已去，三年待放：案古代礼制，臣以道事君，不可则止，若三谏不从，则可去之，此谓"大夫已去"。然非骤然离去，而是在郊外自我流放三年，等待国君用其言；国君则在此三年之中，不绝其禄，若欲其还，则赐之以环，若不欲其还，则赐之以玦，听其所去，不得阻拦。此为三年待放之礼。

③"君放之"四句：待放为大夫自重的体现，故晋侯命令胥甲父不可离开卫国，是非礼的。而胥甲父听从国君之命，是符合正道的。

④君三年不呼其门：此指臣下有父母之丧，则君王三年不使之服事，顾全人子之情。以下所论，非三年待放之礼，而是就上文"君放之，非也；大夫待放，正也"而申论丧礼夺情中的君臣之义。

⑤已练可以弁（biàn）冕：练，亲人去世一周年时举行的小祥之祭。弁冕，指代吉服从政。即练祭之后，国君可夺情使臣下从政。何休以为，此是衰世之礼，故下文云"君使之，非也"。

⑥金革之事：兵事。

⑦闵子要绖（dié）而服事：闵子，闵子骞，孔子弟子，以孝闻。要绖，系于腰间的丧带。案礼制，练祭之后，男子仍系要绖。此处指闵子骞在丧中，而国君夺情，故系着要绖，服金革之事。

⑧古之道不即人心：古之道，此处指代国君金革夺情，实则此非古

　　制，因不敢直言国君，故以"古之道"为辞。即，近也。

⑨孔子盖善之也：孔子善之有三点：第一，闵子要绖服事，得事君之

　　义。第二，退而服丧，不失亲亲之恩。第三，称言"古之道"，不讪

　　谤其君。

【译文】

　　"放之"是什么意思？相当于说不准离开的意思。为何记录此事？这种做法接近正道。接近正道是怎么回事？古代大夫离开国君，三年待放。晋君命令胥甲父不准离开卫国，是非礼的；胥甲父待放，不离开卫国，是符合正道的。古代臣下有父母之丧，则国君三年不上门招唤。衰世之礼，练祭过后，可以服弁冕，从事军政。国君夺情，是非礼的；臣子听从国君夺情之命，是合礼的。闵子骞带着要绖而从事军政，事毕之后，说："像这个样子，古代的制度不近人情。"退身致仕。孔子对此是赞赏的。

【穀梁传】放，犹屏也①。称国以放，放无罪也。

【注释】

①屏（bìng）：摒弃，摒除。

【译文】

　　"放"，相当于摒弃的意思。以国家的名义放逐，是放逐没有罪过的人。

【经】公会齐侯于平州①。

【注释】

①平州：在今山东莱芜西。此次鲁宣公与齐惠公会面，是为了得到

　　诸侯的承认。

【译文】

鲁宣公在平州会见齐惠公。

【左传】会于平州，以定公位。

【译文】

鲁宣公和齐惠公在平州相会，以稳定自己的君位。

【经】公子遂如齐①。

【注释】

①公子遂如齐：此次到齐国是拜谢平州之会。

【译文】

公子遂到齐国去。

【左传】东门襄仲如齐拜成。

【译文】

东门襄仲到齐国去拜谢让鲁宣公参加盟会。

【经】六月，齐人取济西田①。

【注释】

①济西：济水之西。济水发源于今河南济源。鲁国以济西之田赠送
　给齐国以表谢意。

【译文】

六月，齐人得到了鲁国赠送的济西的田地。

【左传】六月,齐人取济西之田,为立公故,以赂齐也①。

【注释】

①以赂齐:鲁宣公本是以庶子篡立,曾得到齐国的支持,因此迎娶姜
氏,请为平州之会,送齐国济西之田,都是为了结好齐国,以巩固
君位。

【译文】

六月,齐人得到了济西的田地,是因为鲁宣公能顺利即位的缘故,以
此作为送给齐国的礼物。

【公羊传】外取邑不书,此何以书? 所以赂齐也。曷为
赂齐? 为弑子赤之赂也①。

【注释】

①为弑子赤之赂也:案子赤之母,是齐国大夫之女。鲁宣公篡子赤
之位,恐为齐所诛,故以济西田赂齐国。值得注意的是,此处虽
书"齐人取济西田",齐国只是口头答应,并未取之。虽则如此,
齐国仍坐受赂之罪。

【译文】

鲁国之外的取邑,例所不书,此处为何书? 济西田是鲁国贿赂齐国
的。为何贿赂齐国? 是为弑杀子赤而贿赂。

【穀梁传】内不言取①,言取,授之也,以是为赂齐也。

【注释】

①内不言取:意思是说别国占领了鲁国的地方,一般不用"取"字。

因为"取"是表示轻而易举的说法。如果用"取",必有特殊原因。内,同"纳"。

【译文】

对获得鲁国的土地不应该说"取",经文说了"取",表示是鲁国给人的,因为这给齐国土地是鲁国在贿赂齐国。

△**【经】**秋,邾子来朝①。

【注释】

①邾子来朝:邾子,此为邾定公貜(jué)且。鲁宣公新立,邾子来朝见。

【译文】

秋,邾国国君来朝见。

【经】楚子、郑人侵陈①,遂侵宋。

【注释】

①楚子:为楚庄王芈(mǐ)侣(又作"吕""旅"),春秋五霸之一。侵陈:入侵陈国。晋国屡次兴兵讨伐不义之国均受赂而返,于是郑国叛晋,与楚结盟。陈共公去世的时候,楚国没有会丧、会葬,于是陈国叛楚,与晋国结盟。楚国遂联合郑国出兵侵陈。

【译文】

楚庄王、郑穆公入侵陈国,于是侵入宋国。

【左传】宋人之弑昭公也①,晋荀林父以诸侯之师伐宋,宋及晋平,宋文公受盟于晋②。又会诸侯于扈,将为鲁讨齐③,皆取赂而还。郑穆公曰:"晋不足与也④。"遂受盟于楚。陈共公之卒⑤，楚人不礼焉⑥。陈灵公受盟于晋⑦。秋，楚子侵陈⑧，遂侵宋。

【注释】

①宋人之弑昭公：事见文公十六年传文。

②宋文公受盟于晋：事见文公十七年传文。

③又会诸侯于扈，将为鲁讨齐：事见文公十五年传文。

④与：亲附。晋国兴师伐宋，讨宋文公杀宋昭公之罪，结果收受宋文公之赂而还。为鲁国伐齐，又收受齐赂而还，所以郑穆公说"晋不足与也"。

⑤陈共公之卒：陈共公死在文公十三年。

⑥不礼：指楚国不参加陈国的吊丧仪式。

⑦陈灵公受盟于晋：陈国叛楚亲晋。

⑧楚子侵陈：侵陈即为讨其叛楚之罪。

【译文】

宋人杀死宋昭公的时候，晋荀林父率诸侯军队攻打宋国，宋国和晋国讲和，文公在晋国接受了盟约。又在扈地会合诸侯，准备为鲁国去讨伐齐国，结果都因得到了贿赂而撤兵。郑穆公说："晋国不值得亲近和归附它。"于是接受了楚国的盟约。陈共公死的时候，楚国人不参加吊丧仪式。陈灵公因此和晋国结了盟。秋，楚庄王侵入陈国，趁机攻打宋国。

【穀梁传】遂，继事也。

【译文】

遂，是后一件事接着前一件事。

【经】晋赵盾帅师救陈①。宋公、陈侯、卫侯、曹伯会晋师于棐林②,伐郑。

【注释】

①晋赵盾帅师救陈:赵盾救陈、宋,楚国撤兵回去。

②棐(fěi)林:在今河南新郑东。《公羊传》作"斐林"。楚国撤兵,四国在棐林与晋军会师,伐郑问罪。

【译文】

晋赵盾率领军队救陈。宋文公、陈灵公、卫成公、曹文公在棐林与晋军会师,讨伐郑国。

【左传】晋赵盾帅师救陈、宋。会于棐林,以伐郑也。楚芳贾救郑,遇于北林①,囚晋解扬②。晋人乃还③。

【注释】

①北林:郑地名,在今河南郑州东南。

②解扬:晋国大夫。

③晋人乃还:晋军失利,解扬被抓,只好罢兵回国。

【译文】

晋赵盾率军救陈、宋。晋军和诸侯军在棐林会师,以攻打郑国。楚国的芳贾救援郑国,和晋军在北林遭遇,楚军俘虏了解扬。晋军于是罢兵回国。

【公羊传】此晋赵盾之师也,曷为不言赵盾之师? 君不会大夫之辞也①。

【注释】

①君不会大夫之辞也：案斐林之会，宋公、陈侯、卫侯、曹伯实被赵
盾所召，故经别言"会晋师于棐（斐）林"，若非赵盾所召，则当书
"宋公、陈侯、卫侯、曹伯、晋赵盾会于棐（斐）林"。既然赵盾为
会主，当书"晋赵盾、宋公、陈侯、卫侯、曹伯会于棐（斐）林"，然
而赵盾是臣，以臣召君，干犯名义，故《春秋》不书"晋赵盾"而书
"晋师"，此为君不会大夫之辞。

【译文】

这是晋国赵盾的师旅，为何不言是赵盾之师？这是国君不能被大夫
所会的文辞。

【穀梁传】善救陈也。列数诸侯而会晋赵盾，大赵盾之
事也。其曰师，何也？以其大之也。于棐林，地而后伐郑，
疑辞也。此其地何？则著其美也。

【译文】

是赞扬救援陈国的行为。列出各个诸侯来会见晋国的赵盾，是让赵
盾这件事显得重大。经文说"师"，为什么呢？因为它要让这件事显得
重大。在棐林，记载地点而后说"伐郑"，是表示军队有迟疑的说法。这
里经文为什么记载地点呢？那就是彰显这件事所体现的美德。

【经】冬,晋赵穿帅师侵崇①。

【注释】

①赵穿：晋国大夫，赵盾昆弟。崇：国名，为秦国的附属，今在何处不
详，当在陕西渭河以北至黄河岸边一带，地处秦、晋两国之间。晋

国想与秦国讲和,赵穿遂建议攻打崇国,逼迫秦讲和,但是秦国还
是没有与晋国讲和。《公羊传》作"柳"。见传文。

【译文】

冬,晋国赵穿率军攻打崇国。

【左传】晋欲求成于秦,赵穿曰:"我侵崇,秦急崇[1],必救
之[2]。吾以求成焉。"冬,赵穿侵崇。秦弗与成[3]。

【注释】

①急崇:为崇国被侵而急。

②必救之:崇与秦是盟国,所以必救崇。

③秦弗与成:赵穿本想以侵崇要挟秦国,但秦国不肯就范。顾栋高
曰:"秦、晋自河曲之战兵争已息七年,令狐之怨又已结局了。此
年侵崇以挑之,又起一重公案,……此又出于赵氏之意,欲弑君
而先谋夺兵权。衅仍开自晋,不在秦也。"

【译文】

晋人希望和秦国讲和,赵穿说:"我侵入崇国,秦国必为此而着急,必
定会救崇。我们就此提出讲和。"冬,赵穿入侵崇。但秦人并不与之讲和。

【公羊传】柳者何? 天子之邑也[1]。曷为不系乎周[2]? 不
与伐天子也[3]。

【注释】

①天子之邑也:案柳为天子之邑,有大夫守之,当时晋国与柳邑大夫
有纷争,故而侵之。

②系乎周:案《春秋》之例,邑皆系属于国。此处柳为天子之邑,本

　　当系属于周。

③不与伐天子也：不赞同伐击天子。案《春秋》之例，侵的对象是国
　　家，柳不系属于周，好像柳是一个诸侯国，此处则是两国相伐，非
　　是伐天子。以此为周天子避讳。

【译文】

柳是什么地方？是天子的城邑。为何不系属于周？是不赞同伐击
周天子。

【经】晋人、宋人伐郑①。

【注释】

①晋人、宋人伐郑：秋季四国伐郑没有成功，因此再伐郑。

【译文】

晋人、宋人再次攻打郑国。

【左传】晋人伐郑，以报北林之役①。于是晋侯侈②，赵
宣子为政，骤谏而不入③，故不竞于楚④。

【注释】

①以报北林之役：北林之役解扬被抓。

②侈：骄狂。

③骤谏：屡次劝谏。不入：不听，听不进去。

④不竞于楚：不能与楚争强。竞，强。

【译文】

晋人攻打郑国，以报复北林之战。此时晋灵公骄狂，赵宣子执政，多
次劝谏晋灵公不听，所以晋国不能与楚国争强。

【穀梁传】伐郑，所以救宋也。

【译文】

讨伐郑国，是为了救援宋国。

二年

【经】二年春王二月壬子①，**宋华元帅师及郑公子归生帅师**②，**战于大棘**③。**宋师败绩，获宋华元**④。

【注释】

①二年：鲁宣公二年当周匡王六年，前607年。壬子：二月无壬子，此为二月某日。

②公子归生：郑国同姓公族，字子家。时楚郑联盟，故归生受楚之命而伐宋。

③大棘：宋地名，在今河南睢（suī）县南。

④获宋华元：案《春秋》之义，国君死社稷，大夫死众，华元未能死众而被俘，当绝贱之。经不书"获华元"，而书"获宋华元"者，明耻辱及宋国。

【译文】

鲁宣公二年春周历二月壬子，宋国的华元率军和郑国的公子归生，在大棘交战。宋军战败，华元被俘。

【左传】二年春，郑公子归生受命于楚，伐宋。宋华元、乐吕御之①。**二月壬子，战于大棘，宋师败绩。囚华元，获乐吕**②，**及甲车四百六十乘**③，**俘二百五十人，馘百人**④。

【注释】

①华元：自文公十六年为右师，前后执政达四十余年。乐吕：宋大夫，时为司寇。

②囚华元，获乐吕：获，不论是"擒获"（活捉）还是"斩获"（杀死）都称"获"，此与"囚"对举，指"斩获"，即杀了乐吕。顾栋高曰："自伯统既兴以后，宋、郑交兵，俱从晋、楚，无两国自合战者，或迫于强令而非其意，或不得已而乞师大国，以免灭亡。今宋、郑为敌国，乃公然受楚命伐宋，两军对垒，至蹶其王将。"

③甲车：兵车，因其战马披有盔甲，故称。

④馘（guó）百人：或本作"馘百"。馘，杀敌并割其左耳以献功。

【译文】

鲁宣公二年春，郑国公子归生受楚国之命兴兵伐宋。宋国的华元、乐吕率军抵抗。二月壬子日，双方战于大棘，宋军大败。郑国擒得并囚禁了华元，杀死乐吕，还缴获战车四百六十辆，俘虏宋军二百五十人，割下被杀宋军一百人的左耳以献功。

狂狡辂郑人①，郑人入于井，倒戟而出之，获狂狡②。君子曰："失礼违命③，宜其为禽也。戎，昭果毅以听之之谓礼④。杀敌为果，致果为毅⑤。易之⑥，戮也。"

【注释】

①狂狡：宋大夫。辂（yà）：通"迓"。此处指迎战。

②获狂狡：狂狡倒拿着戟救郑人，等于授之戟柄，故郑人出来后反将狂狡擒获。

③失礼违命：军法以杀敌为上，狂狡竟以戟救敌，故云"失礼违命"。

④昭：明白，发扬。果：勇敢。毅：刚毅，毅力。听之：听之于耳，记之于心。

⑤致果：达到或养成果敢的精神。

⑥易之：反其道而行。

【译文】

战斗中宋大夫狂狡迎战郑军时，见郑军一士兵掉入井中，他倒拿着戟将这个士兵救出，但这个士兵被救出井后反将狂狡俘虏了。君子说："不遵从战争的法则，违背命令，狂狡当然要被擒获。凡用兵之道，应该发扬果毅精神，并使之牢记于心，这叫作'礼'。敢于杀敌叫'果'，养成这种果敢精神叫'毅'。若有违背，就要自取灭亡。"

将战，华元杀羊食士①，其御羊斟不与②。及战，曰："畴昔之羊③，子为政④；今日之事⑤，我为政。"与入郑师⑥，故败。君子谓："羊斟非人也，以其私憾，败国殄民⑦，于是刑孰大焉？《诗》所谓'人之无良'者⑧，其羊斟之谓乎？残民以逞⑨。"

【注释】

①食（sì）：把食物给人吃。

②羊斟：华元的车御。不与（yù）：不在其中。指没分到羊肉。

③畴昔：前日。

④子为政：由你做主。

⑤今日之事：指打仗驾车。

⑥与入郑师：把战车赶到郑军中。

⑦殄（tiǎn）：残害。

⑧人之无良：引《诗》见《诗经·鄘风·鹑之奔奔》。《诗经·小雅·角弓》作"民之无良"。

⑨以逞：以满足自己的欲望。

【译文】

战斗即将开始前，华元宰羊犒劳将士，他的战车御者羊斟没能吃上。

到开战时,羊斟说:"日前分羊肉吃由你做主,今天打仗驾车,由我做主。"说完驾车驰入郑军,因而宋军大败。君子说:"羊斟真不是人,因个人怨恨而使国家失败、人民遭殃。还有什么罪过比这更大呢?《诗》上所说的'心地不良的人',也许指的就是羊斟这种人吧?他不惜以残害人民来满足自己的欲望。"

宋人以兵车百乘、文马百驷以赎华元于郑①。半入②,华元逃归,立于门外,告而入③。见叔牂④,曰:"子之马然也⑤。"对曰:"非马也,其人也。"既合而来奔⑥。

【注释】

①文马:毛色有文采的马。百驷:即四百匹马。古代一车由四匹马拉,称"驷"。

②半入:赎华元的车马只有一半送入郑国。

③告而入:指讲明情况、报明身份。案"告而入"是华元行事一丝不苟的表现。

④叔牂(zāng):即羊斟。阮芝生《左传杜注拾遗》云:"疑其陷元于敌,即脱身而逃,不与元同获。"

⑤子之马然也:意为我之被俘,是你的马不听指挥吧。案这是华元不计前嫌、安慰羊斟的话。

⑥合:答话。羊斟怕华元治罪,故逃往鲁国。

【译文】

宋国用百辆兵车、四百匹毛色有文采的马,向郑国赎取华元。这些东西刚送去一半,华元就逃回来了,他站在城门外,向守城士兵讲明情况后才进去。他见到羊斟说:"上次被俘是因你的马不听指挥才那样的。"羊斟回答说:"不是因为马,而是因为人。"羊斟回答完就逃到了鲁国。

宋城，华元为植①，巡功②。城者讴曰："睅其目③，皤其腹④，弃甲而复⑤。于思于思⑥，弃甲复来⑦。"使其骖乘谓之曰⑧："牛则有皮，犀兕尚多⑨，弃甲则那⑩？"役人曰："从其有皮⑪，丹漆若何⑫？"华元曰："去之！夫其口众我寡。"

【注释】

①植：主持者。指监督工事的将领。

②巡功：巡视检查。

③睅（hàn）：大目。此作动词，鼓出大眼睛。

④皤（pó）：大腹。此作动词，腆着大肚子。

⑤复：逃归。言外之意指打了败仗逃回来。

⑥于：语助词。思（sāi）：同"偲"，多须貌，大胡子。

⑦复来：指又来巡城。

⑧骖（cān）乘：在车上担任侍卫、陪乘的随从人员。

⑨兕（sì）：类似犀牛的野牛，独角，青色。牛和犀、兕的皮都可以用来制甲。

⑩那（nuó）：奈何，怎样。案以上答歌是华元强作解嘲。

⑪从：同"纵"。

⑫丹漆：红漆。

【译文】

宋国筑城，华元为总监工，巡视筑城的工程。筑城的人唱道："鼓着大眼珠，腆着大肚子，丢盔弃甲忙逃离。络腮胡子一大把，弃甲丢盔逃回家。"华元派车上的随从人员以歌答道："有牛就有皮，犀牛和兕还很多，弃甲丢盔怕什么？"筑城的人又唱道："纵然皮革多又多，丹漆难得可奈何？"华元说："回去吧！他们人多嘴多，我们人少嘴少。"

【穀梁传】获者,不与之辞也①。言尽其众以救其将也,以三军敌华元②,华元虽获,不病矣③。

【注释】

①与:赞同。

②三军:指上、中、下三军。

③病:以为耻辱。

【译文】

"获"的意思,是不赞同的说法。是说宋军竭尽了他们的军队来营救他们的将领,郑国用三军来和华元对抗,华元虽然被俘虏,但不是耻辱的事。

【经】秦师伐晋①。

【注释】

①秦师伐晋:秦伐晋是为了报复晋国此前伐崇,晋赵盾率军抵挡,之后汇合诸侯之师,入侵郑国,报复大棘之战。

【译文】

秦军攻打晋国。

【左传】秦师伐晋,以报崇也,遂围焦①。

【注释】

①焦:在今河南陕县南。

【译文】

秦军攻打晋国,以报复崇之战,于是包围焦地。

【经】夏,晋人、宋人、卫人、陈人侵郑^①。

【注释】

①晋人、宋人、卫人、陈人侵郑:报复大棘之役,晋国召集诸侯攻郑。

【译文】

夏,晋人、宋人、卫人、陈人入侵郑国。

【左传】夏,晋赵盾救焦,遂自阴地^①,及诸侯之师侵郑,以报大棘之役^②。楚斗椒救郑,曰:"能欲诸侯^③,而恶其难乎?"遂次于郑,以待晋师。赵盾曰:"彼宗竞于楚^④,殆将毙矣^⑤。姑益其疾^⑥。"乃去之^⑦。

【注释】

①阴地:在今河南卢氏东北。

②以报大棘之役:大棘之役,郑败宋。赵盾率师救焦之后,又从阴地会同宋、卫、陈诸侯军袭击郑国。

③欲诸侯:欲得诸侯拥护。

④彼宗:他的宗族。指斗椒若敖氏之族。竞于楚:若敖氏自子文以来,世为令尹,是楚国强族。竞,强。

⑤将毙:快完蛋了。

⑥益其疾:加重他的疾病。指让斗椒更加骄横。

⑦乃去之:赵盾不敢与楚争锋,借口益其疾而撤兵。顾栋高曰:"赵盾实畏楚,特为大言以自宽且欺众耳。此时盾外与秦为仇,内谋弑灵公,植党树权之不暇,何暇求诸侯为宋侵郑,特为具文以塞责。谋国如此,何以当楚庄方兴之敌哉!"

【译文】

夏,晋赵盾救焦,于是从阴地会合诸侯军入侵郑国,以报复大棘之役。楚国的斗椒救援郑国,说:"要得到诸侯的拥护,还怕困难吗?"于是驻军在郑国,以等待晋军。赵盾说:"斗椒的宗族在楚国太强了,恐怕要完蛋了。我们姑且加重他的弊病吧。"因此撤离郑国。

【经】秋九月乙丑^①,晋赵盾弑其君夷皋^②。

【注释】

①乙丑:二十六日。

②夷皋(gāo):晋灵公。弑君者本是赵穿,经文记作"赵盾",有讥其失职之意。顾栋高曰:"晋灵在位凡十四年,伯局凡三变。始以灵公幼小,楚商臣图北方,陈、郑俱从楚,最后宋亦从楚而诸侯散。文十四年,赵盾为新城之盟,郑、卫皆因鲁而请平。至明年冬,盟于扈,宋、卫、陈皆与盟,而蔡亦与盟,而诸侯复合,终以受齐赂,郑首叛盟,楚庄勃起,天下大势集于楚矣。"《公羊传》作"夷獋(gāo)"。

【译文】

秋九月二十六日,晋国赵盾杀了他的国君夷皋。

【左传】晋灵公不君^①:厚敛以雕墙^②;从台上弹人,而观其辟丸也^③;宰夫胹熊蹯不熟^④,杀之,置诸畚^⑤,使妇人载以过朝。赵盾、士季见其手^⑥,问其故,而患之^⑦。将谏,士季曰:"谏而不入,则莫之继也。会请先^⑧,不入则子继之。"三进,及溜^⑨,而后视之^⑩,曰:"吾知所过矣,将改之^⑪。"稽首而对曰:"人谁无过?过而能改,善莫大焉。《诗》曰:'靡不有初,鲜克有终^⑫。'夫如是,则能补过者鲜矣。君能有终,则社稷之固也⑬,岂唯群臣赖之。又曰:'衮职有阙,惟仲山甫补之⑭。'能补过也。君能补过,衮不废矣。"

【注释】

①不君:无道,不合为君之道。

②厚敛:厚赋,指大肆搜刮百姓。雕:绘饰。

③辟(bì)丸:躲避弹丸。

④宰夫:诸侯国君的厨工。胹(ér):炖,煮。熊蹯(fán):熊掌,味美难熟。

⑤畚(běn):用植物枝条编成的筐子一类的器具。

⑥士季:范武子,名会,字季。

⑦患之:为晋灵公的无道担心。

⑧会:士会。

⑨溜:房顶瓦垅滴水处。此指屋檐下。

⑩而后视之:古代臣朝君,在升堂见君前,每走一小段,就要行礼一次,每行一次礼,坐在堂上的国君都会看得见,文中晋灵公知道士季要来进谏,不想理他,直到士季往前走了三次,行了三次礼后,才不得不见他。

⑪吾知所过矣,将改之:此句主语是晋灵公。晋灵公抢先开口,以免士会进谏。

⑫靡不有初,鲜(xiǎn)克有终:引《诗》见《诗经·大雅·荡》。靡,无。鲜,少。克,能够。终,好结果。

⑬固:保障。

⑭衮(gǔn)职有阙(quē),惟仲山甫补之:引《诗》见《诗经·大雅·烝民》。衮,天子之服。此指周宣王。职,职责。仲山甫,周宣王时的卿士,辅佐周宣王中兴。士季引用这两句诗,意在劝勉晋灵公,改过迁善。

【译文】

晋灵公不行为君之道:加重征收赋税来绘饰宫室垣墙;从台上用弹弓射人,以观看群臣躲避弹九取乐;厨师炖熊掌没有熟透,就把他杀掉,将尸体放在畚箕中,令宫女背着走过朝廷。赵盾、士季见到畚箕中露出的手,问明缘由后,很为此事担忧。他们准备进谏,士季说:"如果同时进谏而不被采纳,就没人继续再谏。请让我士季先行入谏,不成功你再继续进谏。"士季向前走了三次,行了三次礼,到了殿堂的屋檐下,晋灵公才不得不见他,说:"我知道自己的过错了,我准备改掉它。"士季叩头回答说:"谁能没有过错! 错而能改,就没有比这再好的了。《诗》上说:'事情无不有好的开头,却很少有好的结果。'正因为这样,所以能补过的人就显得很少。国君能有好的结果,那我们的国家就有了保障,岂止是群臣有了依赖。《诗》里又说:'周宣王有了过错,仲山甫都能及时弥补。'这说的是能补过的事。国君能补过迁善,就不会荒废国君的职事。"

犹不改。宣子骤谏,公患之,使鉏麑贼之①。晨往,寝门辟矣②,盛服将朝③,尚早,坐而假寐④。麑退,叹而言曰:"不忘恭敬⑤,民之主也⑥。贼民之主,不忠;弃君之命,不信。有一于此,不如死也。"触槐而死。

【注释】

①鉏麑(chú ní):晋之大力士。贼:戕害。此指杀害。

②寝门:古礼天子五门,诸侯三门,大夫二门。最内之门曰寝门,即路门。后泛指内室之门。辟:开。

③盛服:朝衣朝冠皆已穿戴好。

④假寐:不解衣冠而睡。此指闭目养神。

⑤不忘恭敬:指早起盛服将朝。

⑥民之主：百姓的依靠。

【译文】

晋灵公依然不改。赵盾屡次进谏，晋灵公对他很是讨厌，就派钼麑去刺杀他。钼麑凌晨潜入赵家，见赵盾寝室的门开着，赵盾穿着整齐的朝服，准备上朝，时间尚早，坐在那里闭目养神。钼麑退到一旁，暗自叹道："不忘对国君的恭敬，这是百姓的依靠。暗杀百姓的依靠，这是不忠；丢弃国君的命令，这是不信。不忠与不信，我总占有一样，我不如死去。"钼麑于是一头撞在槐树上自杀了。

秋九月，晋侯饮赵盾酒，伏甲①，将攻之。其右提弥明知之②，趋登③，曰："臣侍君宴，过三爵，非礼也④。"遂扶以下，公嗾夫獒焉⑤，明搏而杀之。盾曰："弃人用犬，虽猛何为！"斗且出，提弥明死之⑥。

【注释】

①伏甲：埋伏了甲士。

②右：车右，又称"骖乘"，与主人同乘一车、担任侍卫的兵士，车右一般由勇力过人者担任。提弥明：车右名。

③趋登：快步登上殿堂。

④"臣侍君宴"三句：古代君宴臣，除正燕礼，还有小燕礼，即小饮酒礼。小饮酒礼不过三爵。此盖小饮酒之礼，所宴者惟赵盾一人。过三爵，超过了三杯酒。

⑤公嗾（sǒu）夫獒（áo）焉：当时赵盾被提弥明扶下殿堂，匆忙之中，晋灵公来不及向武士发布攻杀之令，就临时呼出猛犬，企图咬死赵盾。嗾，唤犬声，此作动词。獒，身长四尺的猛犬。

⑥死之：为之而死。

【译文】

秋九月,晋灵公请赵盾喝酒,预先埋伏下甲士,准备攻杀赵盾。赵盾的车右提弥明发觉了,他快步登上殿堂,说:"臣子陪侍国君饮酒,超过三杯,就是违背礼节。"说完便扶着赵盾下了殿堂,晋灵公急忙唤出猛犬,提弥明徒手与猛犬搏斗,并打死了它。赵盾说:"废弃忠良之人而用猛犬,犬虽猛又有何用!"一路且斗且退,提弥明为掩护赵盾而被杀。

初,宣子田于首山①,舍于翳桑②,见灵辄饿③,问其病。曰:"不食三日矣。"食之,舍其半。问之,曰:"宦三年矣④,未知母之存否,今近焉⑤,请以遗之。"使尽之,而为之箪食与肉⑥,置诸橐以与之⑦。既而与为公介⑧,倒戟以御公徒⑨,而免之。问何故,对曰:"翳桑之饿人也。"问其名居⑩,不告而退,遂自亡也。

【注释】

①田:打猎。首山:又名"首阳山",在今山西永济东南。

②翳(yì)桑:地名,在首阳山间。

③灵辄:人名。饿:非常饥饿。

④宦:贵族的仆隶,此作动词。

⑤近焉:离家不远了。

⑥箪(dān):盛饭菜用的圆形小竹筐。

⑦诸:之于。橐(tuó):口袋。

⑧与:参与。此作担任解。公介:晋灵公的甲士。

⑨倒戟:倒戈。

⑩名居:姓名和居所。

【译文】

从前,赵盾曾到首山打猎,在翳桑休息时,见到一个叫灵辄的人饿得厉害,赵盾问他得了什么病。他说:"已经三天没吃饭了。"赵盾拿了食物给他吃,他把食物留下一半。赵盾问他为何这样,他说:"出来当贵族的仆隶已经三年了,不知老母是否还健在,现在离家不远了,请让我把这些食物留给老母吃。"赵盾让他全都吃掉,另外又为他准备了一小筐的饭和肉,将它放在布袋里交给灵辄。灵辄后来做了晋灵公的甲士,他将戟掉过头来以抵御晋灵公手下的伏兵,使赵盾终免于大难。赵盾问为何这样,他回答说:"我是翳桑那个饿倒的人。"赵盾又问他的姓名、住处,他没有回答就退出去了,并自己逃亡他处。

乙丑,赵穿攻灵公于桃园①。宣子未出山而复②。大史书曰③:"赵盾弑其君④。"以示于朝。宣子曰:"不然。"对曰:"子为正卿,亡不越竟,反不讨贼⑤,非子而谁?"宣子曰:"呜呼!《诗》曰:'我之怀矣,自诒伊戚⑥。'其我之谓矣!"孔子曰:"董狐,古之良史也,书法不隐⑦。赵宣子,古之良大夫也,为法受恶。惜也!越竟乃免⑧。"

【注释】

①攻:当为"杀"之误,一本作"煞",即"杀"。桃园:晋灵公的园囿名。

②未出山而复:未走出晋国国境,听说晋灵公被杀死,就又返回。

③大史:太史,朝廷史官。此指晋太史董狐。

④赵盾弑其君:董狐认为晋君被杀,赵盾负有主要责任,故作如此记载。

⑤贼:指赵穿。

⑥我之怀矣,自诒(yí)伊戚:《诗经·邶风·雄雉》云:"我之怀矣,自诒伊阻",与此仅一字之差,或以为此即引《雄雉》诗,或以为乃

先秦逸诗。怀，此指怀念祖国。诒，给。一本此二句前无"诗曰"二字。

⑦书法：记史的原则，下文的"法"即"书法"之省略。

⑧越竟乃免：孔子认为，赵盾如果出境，则君臣之义绝，可以不负弑君的责任，返回后，也不必讨伐逆贼，故云"越境乃免"。

【译文】

这月二十六日，赵穿在桃园杀了晋灵公。此时赵盾出奔，他还未走出晋国山界就又返回朝廷。史官董狐记道："赵盾弑其君。"并将史书出示于朝廷给群臣看。赵盾说："事实不是这样。"董狐说："你身为执政大臣，出奔却没走出国境，回来也不讨伐逆贼，不是你弑君又是谁？"赵盾说："哎呀，《诗》里说：'我太怀念故国，反而给自己带来悲戚。'这说的大概就是我吧！"孔子说："董狐，是古代的好史官，他以不曲意隐讳作为记史的原则。赵盾是古代的好大夫，为了坚持记史的原则而蒙受弑君的恶名。太可惜了！他如果走出国境，就可以免去这个恶名。"

　　宣子使赵穿逆公子黑臀于周而立之①。壬申②，朝于武宫③。

【注释】

①公子黑臀（tún）：晋文公少子，即晋成公，在位七年。《史记·晋世家》谓其母为周女，故久居于周。

②壬申：十月初三。

③朝于武宫：晋国新君即位，必先朝祭于武宫。武宫，晋武公的神庙，在曲沃。

【译文】

赵盾派赵穿去周接回公子黑臀并立他为君。十月初三，公子黑臀朝祭于武宫，即位为君。

【穀梁传】穿弑也，盾不弑，而曰盾弑，何也？以罪盾也^①。其以罪盾何也？曰：灵公朝诸大夫而暴弹之^②，观其辟丸也。赵盾入谏，不听。出亡，至于郊^③。赵穿弑公，而后反赵盾，史狐书贼曰^④："赵盾弑公。"盾曰："天乎天乎！予无罪。孰为盾而忍弑其君者乎^⑤？"史狐曰："子为正卿，入谏不听，出亡不远，君弑，反不讨贼，则志同，志同则书重^⑥，非子而谁？"故书之曰"晋赵盾弑其君夷皋"者，过在下也^⑦。曰：于盾也，见忠臣之至；于许世子止，见孝子之至^⑧。

【注释】

①罪：责备。

②暴：突然。

③郊：距都城或百里、或五十里、或三十里为"郊"。这里泛指野外。

④史狐：史官，名狐。

⑤为：同"谓"，认为。

⑥重：身份重要的人。

⑦过在下：成公十八年"晋弑其君州蒲"，传文曰："称国以弑其君，君恶甚矣。"故此处称臣弑其君，则是表明罪过在臣下。

⑧"于盾也"四句：这里举这两例都是反例。赵盾没有弑君而受弑君名，是因为忠诚不到极致。许世子止之事见昭公十九年，许悼公生病，世子止送去药，其父喝了之后死亡，止出逃于晋，经文记载"许世子止弑其君"，《穀梁传》称"许世子不知尝药"，是认为他没有做到孝子的极致。

【译文】

是赵穿杀害了晋灵公，不是赵盾杀害的，却说是赵盾杀害的，为什么呢？是责备赵盾。经文责备赵盾是为什么呢？回答说：晋灵公让诸位大

夫来朝见而后突然用弹丸弹他们,观看他们躲避弹丸。赵盾入朝劝谏,
晋灵公不听。赵盾出逃,到了野外。赵穿杀害了晋灵公,而后赵盾返回。
史官狐记载凶手称:"赵盾杀害了灵公。"赵盾说:"天啊天啊! 我没有
罪。谁会认为我是忍心杀害国君的人呢?"史官狐说:"你是正卿,入朝
劝谏,国君不听,出奔逃亡,路途不远,国君被杀,回来却不讨伐凶手,那
就是和凶手的想法一致,你们想法一致那么就要记载身份重要的人,不
是你是谁呢?"所以记载说"晋国的赵盾杀害了他的国君夷皋",表明罪
过在臣下。说:在赵盾身上,可以看出一个忠臣的极致;在许国世子止的
身上,可以看出一个孝子的极致。

　　*【左传】初,丽姬之乱①,诅无畜群公子②,自是晋无公
族③。及成公即位,乃宦卿之适子而为之田④,以为公族。又
宦其余子⑤,亦为余子⑥。其庶子为公行⑦。晋于是有公族、
余子、公行⑧。

【注释】

①丽姬之乱:见僖公四年传文。丽,同"骊"。

②诅(zǔ):神前盟誓。无畜群公子:骊姬之乱时,晋献公骊姬不让
　　太子以外的诸公子留在国内,以免争夺君位。自献公、骊姬以至
　　惠、怀、文、襄、灵诸公,晋国一直实行此令。畜,收留。群公子,《国
　　语·晋语二》韦昭注云:"群公子,献公之庶孽及先君之支庶也。"

③公族:官名,公族大夫。周初时已有,职责为教训公室子弟。

④宦:授予官职。适(dí)同"嫡",嫡子。为:给予。

⑤余子:指嫡子的同母弟弟。

⑥余子:此为官名,专管上句"余子"之事。

⑦庶子:妾生儿子。公行(háng):官名,掌管诸侯的兵车。

⑧晋于是有公族、余子、公行：晋成公为增强公室，重新设置这三种
官职。

【译文】

当初，骊姬之乱的时候，曾在神前盟誓，要求不要收留诸公子，从此
晋国就没有公族这一官职。到了成公即位，就把官职授予卿的嫡子，并
分给祭田，且任用他们为公族大夫。又把官职授予卿的其他儿子，让他
们担任余子的官职。其他妾生的儿子担任公行之职。晋国从此有了公
族、余子、公行三种官职。

赵盾请以括为公族①，曰："君姬氏之爱子也②。微君姬
氏③，则臣狄人也④。"公许之。冬，赵盾为旄车之族⑤，使屏
季以其故族为公族大夫⑥。

【注释】

①括：赵盾的异母弟，即僖公二十四年的屏括。

②君姬氏：指赵姬，晋文公之女，嫁给赵衰，生赵括。

③微：非，如果没有。

④臣狄人：赵盾生母叔隗为狄女，幼时随母居于狄，后赵姬坚持，才
接赵盾、叔隗回晋，并以赵盾为嫡子，因此赵盾说如果没有赵姬，
我将终老于狄。参见僖公二十四年传文。

⑤赵盾为旄（máo）车之族：赵盾本为嫡子，应任公族大夫，现让与
赵括，自己便任余子而以正卿兼掌旄车之族，平日教训卿之余子，
战时则率之掌君之戎车。旄车之族，官名，即余子。旄车，诸侯所
乘兵车。

⑥屏季：赵括。其：指赵盾。故族：赵夙以来的族属。

【译文】

赵盾请求让赵括担任公族大夫，说："他是君姬氏的爱子。如果没有

君姬氏,那么下臣将始终是狄人了。"晋成公同意了。冬,赵盾自任余子而掌管旄车之族,让赵括统率赵盾过去统率的赵氏宗族作为公族大夫。

△【经】冬十月乙亥①,天王崩②。

【注释】

①乙亥:初六。

②天王:周匡王姬班。周匡王死,其弟瑜立,是为周定王。

【译文】

冬十月初六,周匡王去世。

三年

【经】三年春王正月①,郊牛之口伤②,改卜牛③。牛死④,乃不郊。犹三望⑤。

【注释】

①三年:鲁宣公三年当周定王元年,前606年。

②郊牛之口伤:郊祭前先要占卜选择牛,吉利就养起来作为牺牲。现在选择的牛口受了伤。郊牛,天帝享用的牺牲,即传文之"帝牲"。郊,郊祭,夏历正月祈谷的祭礼。

③改卜牛:选择其他的牛再占卜。卜牛,鲁国郊天,以周之始祖后稷配食,卜牛为后稷享用的牺牲,即传文中之"稷牲"。

④牛死:郊牛若有所损伤,则用卜牛替代,若牛再死,则不郊天。

⑤望:望祭,祭祀山川。鲁之三望为东海、泰山、淮水。

【译文】

鲁宣公三年春周历正月,郊祭前所占卜选择的牛嘴巴受了伤,再占卜选择其他的牛。改卜的牛又死了,于是不举行郊祭。但仍举行三次望祭。

【左传】三年春,不郊,而望,皆非礼也①。望,郊之属也②。不郊亦无望,可也。

【注释】

①非礼:牛受伤、死了,就不举行郊祭,是非礼;而举行望祭,也是非礼。杜预注曰:"言牛虽伤、死,当更改卜取其吉者,郊不可废也。"

②郊之属:望祭是郊祭中的一种。

【译文】

宣公三年春,不举行郊祭,而举行望祭,都是不合礼制的。望祭,本是郊祭的一种。不举行郊祭,也不举行望祭,这是可以的。

【公羊传】其言之何?缓也。曷为不复卜?养牲养二卜①,帝牲不吉,则扳稷牲而卜之。帝牲在于涤三月②。于稷者,唯具是视③。郊则曷为必祭稷?王者必以其祖配④。王者则曷为必以其祖配?自内出者,无匹不行。自外至者,无主不止⑤。

【注释】

①二卜:第一卜,选牛以为帝牲、稷牲,需要占卜。第二卜,帝牲若有毁伤,以稷牲充当帝牲时,需要占卜,若不吉,或牛再死,则不郊。

②帝牲在于涤三月:涤,涤宫,为养帝牲之处,言涤者,取荡涤清洁之意。涤有三牢,外牢、中牢、明牢,每牢养一个月。案鲁之郊祭,一般在周历之正月(若占卜得吉),则于上年之十月、十一月、十二

月,养天牲于涤宫。

③于稷者,唯具是视:稷牛不单独养在涤宫,只要求完好无损。

④配:配食天帝。

⑤"自内出者"四句:此为礼之通例,指自内而出,无所会合则不行;客自外来,若无主人,则无所依止。运用于祭祀之礼,自内出者,无主不止,孔广森云:"若祔祭新鬼,必以昭穆之类。"自外至者,无主不止,即指以后稷配食,充当主人,使天帝有所依止。

【译文】

经书"之"字是为何? 表明养郊牛缓懈不谨敬。牛又死为何不再次占卜替代之牛? 养牺牲只占卜两次,帝牲若有灾伤,则扳引稷牲,占卜是否可以替代帝牲。帝牲在涤宫中养三个月。稷牲则不养于涤宫,只看是否完好无损。郊天为何一定要祭祀后稷? 因为王者尊本重始,一定要以始祖配食天帝。王者为何一定要以始祖配食天帝? 好比自内而出,无所会合则不出行。自外而来,没有主人,则客人无所依止。

【穀梁传】之口,缓辞也①。伤自牛作也②。事之变也③。乃者,亡乎人之辞也④。

【注释】

①缓:宽缓。因为受伤是由牛自身造成的,所以并不责备人,故用"牛之口"而不用"牛口",以"之"表示宽缓的语气。

②自:从,由。作:造成。

③事:事情,多指天子、诸侯的国家大事,如祭祀、战争。这里的"事之变"就是指废止了郊祭。

④亡乎人:人力所不及的。

【译文】

之口,是表示宽缓意思的说法。受伤是由牛自身造成的。这是大事发生了变化。"乃",就是与人无关的说法。

△【经】葬匡王^①。

【注释】

①葬匡王:案礼制,天子七月而葬,又据《春秋》之例,天子记崩不记
　葬,必其时也。上年十月,周匡王崩,至此未满七月,属于不及时
　而葬,故书之。

【译文】

安葬周匡王。

*【左传】晋侯伐郑,及郔^①。郑及晋平,士会入盟。

【注释】

①郔(yán):即隐公元年传文中的廪延,在今河南滑县。

【译文】

晋成公攻打郑国,一直打到郔地。郑国和晋人讲和,晋士会到郑国
去缔结盟约。

【经】楚子伐陆浑之戎^①。

【注释】

①楚子伐陆浑之戎:楚子,楚庄王。陆浑之戎,允姓之戎人,原居于
　陆浑,今甘肃敦煌西,僖公二十二年迁于伊川,今河南嵩县及伊川
　一带。赵鹏飞曰:"陆浑逼近王城,楚于陆浑无丝发之憾,盖将撼周
　鼎焉。"陆浑之戎,《公羊传》作"贲浑戎",《穀梁传》作"陆浑戎"。

【译文】

楚庄王攻打陆浑的戎人。

【左传】楚子伐陆浑之戎，遂至于雒①，观兵于周疆②。定王使王孙满劳楚子③。楚子问鼎之大小、轻重焉④。对曰："在德不在鼎。昔夏之方有德也，远方图物⑤，贡金九牧⑥，铸鼎象物⑦，百物而为之备⑧，使民知神、奸⑨。故民入川泽山林，不逢不若⑩。螭魅罔两⑪，莫能逢之。用能协于上下⑫，以承天休⑬。桀有昏德⑭，鼎迁于商，载祀六百⑮。商纣暴虐，鼎迁于周。德之休明⑯，虽小，重也。其奸回昏乱⑰，虽大，轻也。天祚明德⑱，有所底止⑲。成王定鼎于郏鄏⑳，卜世三十，卜年七百㉑，天所命也。周德虽衰，天命未改。鼎之轻重，未可问也。"

【注释】

①雒（luò）：雒水，今作"洛水"，发源于陕西洛南。楚军到伊川后稍北行，即可到达洛阳南之洛水旁。

②观兵：陈兵示威。

③王孙满：周共王儿子围的曾孙，时为周大夫。

④楚子问鼎之大小、轻重：鼎，指九鼎，相传为夏禹时所铸。夏、商、周三代以九鼎作为王权的象征，楚庄王问九鼎之大小轻重，有取代周王朝之意。

⑤图物：描绘各地奇异的事物。

⑥贡金九牧：即"九牧贡金"，意谓天下贡金。金，铜。九牧，古将中国分成九州，九牧即九州的长官。

⑦象物：把奇物形象铸在鼎上。

⑧百物：亦即万物。

⑨奸：恶物，坏东西。

⑩不若：不顺，不吉利。指不顺利的事，不吉利的怪物。

⑪螭魅（chī mèi）：又作"魑魅"，山之鬼怪。罔（wǎng）两：又作"蝄
　　蜽""魍魉"，木石之怪。

⑫用：因。协于上下：上下团结。

⑬休：保佑。

⑭桀：夏桀。昏德：指无道。

⑮载、祀：皆纪年之称。《尔雅·释天》谓："夏曰岁，商曰祀，周曰年，
　　唐、虞曰载。"此泛称。六百：商享国约六百四十年，此举整数。

⑯休明：美善光明。

⑰奸回：奸邪。

⑱祚（zuò）：福。此作动词，赐福。

⑲厎（zhǐ）止：终止。指最终的年限。

⑳成王定鼎于郏鄏（jiá rǔ）：周成王在郏鄏营建东都洛阳，名王城，
　　并迁九鼎于此。郏，山名。鄏，地名。郏、鄏均在今河南洛阳境
　　内，此指洛阳。

㉑卜世三十，卜年七百：案王孙满是周大夫，似不应自云国家灭亡时间。

【译文】

　　楚庄王征伐陆浑之戎，因而来到洛水，在周都城郊陈兵炫耀。周定
王派王孙满慰劳楚庄王。楚庄王问鼎的大小与轻重。王孙满回答说：
"鼎的大小轻重，在于持鼎者的德行，而不在鼎本身。从前夏朝，当它有
德的时候，将远方的山川物产，都画成图，又用九州长官进贡的铜铸成
鼎，并把图画也铸在鼎上，天下百物鼎上均已具备，这样人们就知道什么
是神，什么是奸。因而人们入山林，涉川泽时，就不会遇到不顺心不吉利
的事。魑魅魍魉等鬼怪，也不会再碰上。因而能上下协调，以接受上天
的福佑。夏桀道德昏昧，九鼎被迁到商朝，商朝享国六百年。商纣王暴

虐,九鼎又被搬迁到周朝。如果道德美善光明,鼎虽小,也是重的。如果奸邪昏乱,鼎再大,也是轻的。上天赐福给有光明品德的人,也是有时间的期限的。周成王把九鼎安放在郏鄏,占卜问得传世三十,又占卜问得传年七百,这些都是上天的旨意。周王朝的德行虽然已衰弱,但上天的旨意并未改变。鼎的轻重,是不能问的。"

【经】夏,楚人侵郑①。

【注释】

①楚人侵郑:郑国与晋国讲和,楚国因此进攻郑。

【译文】

夏,楚人入侵郑国。

【左传】夏,楚人侵郑,郑即晋故也。

【译文】

夏,楚人入侵郑国,因为郑国亲近晋国的缘故。

△【经】秋,赤狄侵齐①。

【注释】

①赤狄:狄有赤狄、白狄之分,赤狄分布在今山西长治一带,白狄在陕西北部。

【译文】

秋,赤狄人入侵齐国。

【经】宋师围曹^①。

【注释】

①围曹：宋国发生内乱，曹国出兵帮助作乱的家族，故宋国平乱之后围曹。

【译文】

宋军围攻曹国。

【左传】宋文公即位三年^①，杀母弟须及昭公子，武氏之谋也。使戴、桓之族攻武氏于司马子伯之馆，尽逐武、穆之族^②。武、穆之族以曹师伐宋。秋，宋师围曹，报武氏之乱也。

【注释】

①即位三年：即宋文公二年，头年即位，第二年改元。

②尽逐武、穆之族：以上事见文公十八年传文。

【译文】

宋文公即位的第三年，杀了同母弟须和宋昭公之子，这都是武氏策划的。宋人让戴、桓的族人在司马子伯的客馆攻打武氏，把武、穆之族全部驱逐出去。武、穆之族带领曹军来攻打宋国。秋，宋军围攻曹国，以报复武氏之乱。

【经】冬十月丙戌^①，郑伯兰卒^②。

【注释】

①丙戌：二十三日。

②郑伯兰：郑穆公。姬姓，名兰，谥穆。

【译文】

冬十月二十三日，郑穆公兰去世。

【左传】冬，郑穆公卒。初，郑文公有贱妾曰燕姞①，梦天使与己兰，曰："余为伯鯈②。余，而祖也③。以是为而子。以兰有国香④，人服媚之如是⑤。"既而文公见之，与之兰而御之⑥。辞曰⑦："妾不才，幸而有子⑧。将不信⑨，敢征兰乎⑩！"公曰："诺。"生穆公，名之曰兰。

【注释】

①燕姞（jí）：南燕国之女，姞姓。

②伯鯈（tiáo）：南燕国之祖先。

③而：你。

④国香：其香全国第一。

⑤服：佩戴。媚：爱，喜欢。

⑥御之：让她侍寝。

⑦辞：陈辞，陈说。

⑧幸而有子：指怀有身孕。

⑨将：假如。

⑩征兰：以兰作为信物。

【译文】

冬，郑穆公去世。当初，郑文公有一个地位很低的妃子叫燕姞，燕姞梦见上天的使者送给自己一支兰草，对她说："我是伯鯈。我是你的祖先。你拿这个作为你的儿子吧。因为兰的香味全国第一，人们佩戴它，也会像爱它一样的爱你。"不久，郑文公见到燕姞，给她一支兰草并要她侍寝。燕姞对郑文公说："贱妾低贱不才，受恩宠而怀了孩子。假如不信，可以拿兰草作为信物！"郑文公说："好啊。"后来生了郑穆公，取名就叫兰。

　　文公报郑子之妃曰陈妫①，生子华、子臧。子臧得罪而出②。诱子华而杀之南里③，使盗杀子臧于陈、宋之间。又娶于江④，生公子士。朝于楚，楚人鸩之，及叶而死⑤。又娶于苏⑥，生子瑕、子俞弥。俞弥早卒。洩驾恶瑕，文公亦恶之，故不立也⑦。公逐群公子，公子兰奔晋，从晋文公伐郑⑧。石癸曰⑨："吾闻姬、姞耦⑩，其子孙必蕃⑪。姞，吉人也⑫，后稷之元妃也⑬。今公子兰，姞甥也。天或启之，必将为君，其后必蕃。先纳之，可以亢宠⑭。"与孔将锄、侯宣多纳之，盟于大宫而立之⑮。以与晋平⑯。

【注释】

①报：奸污亲属之妻叫"报"。郑子：子仪，郑文公叔父。陈妫（guī）：子仪娶陈女为妻，妫为陈姓。

②子臧得罪而出：僖公十六年郑杀太子华，子臧也同时逃亡。僖公二十四年八月，郑伯恶其好聚鹬冠，使盗杀之。

③诱子华而杀之南里：僖公七年甯母之盟，子华请齐国杀洩氏等三族，齐国拒绝。子华因此得罪于郑。僖公十六年子华被杀。南里，郑地，在今河南新郑南。

④娶于江：又娶江国之女。

⑤叶：楚地名，在今河南叶县南。

⑥苏：即隐公十一年传文中的温地。

⑦不立：不立子瑕为太子。僖公三十一年公子瑕出奔楚。

⑧从晋文公伐郑：伐郑事见僖公三十年传文，"以其无礼于晋，且贰

于楚也"。

⑨石癸：即郑大夫石甲父。

⑩姬、姞耦（ǒu）：指姬姓与姞姓宜结为配偶。郑国姬姓。

⑪蕃（fán）：繁盛。

⑫姞，吉人也：姞，从吉得声，石癸便从读音上来解释。

⑬后稷之元妃也：后稷的元妃也是姞姓，周人由后稷开始兴盛，由此
　　断定姬、姞通婚，子孙必繁。

⑭亢宠：指可让公子兰长久保持宠信。亢，杜预注："亢，极也。"极
　　宠，极受宠信。

⑮大宫：郑国祖庙。

⑯与晋平：此事同见于僖公三十年传文。以上集中郑文公多年事加
　　以总叙。

【译文】

郑文公奸污了郑子仪的叫陈妫的妃子，生了子华、子臧。子臧获罪
逃离了郑国。郑文公把子华诱骗出来杀死在南里，又让杀手在陈国、宋
国之间把子臧杀死。郑文公又娶了江国之女，生了公子士。公子士去楚
国朝见，楚人让他喝了毒酒，到了叶地就死了。郑文公又在苏地娶了个
妻子，生了子瑕、子俞弥。子俞弥早死。洩驾讨厌子瑕，郑文公也讨厌
他，所以不立子瑕为太子。郑文公驱逐众公子，公子兰逃奔到晋国，曾跟
随晋文公攻打郑国。石癸说："我听说姬姓、姞姓宜于通婚，他的后代子
孙必定繁盛。姞，就是吉祥之人，是后稷的原配嫡妻啊。现在这个公子
兰，是姞姓的外甥。上天恐怕是要开启光大他吧，他必定会成为国君，他
的后代也一定会繁盛。先接纳他回来，让他成为国君，可以长久保有宠
信。"因此就和孔将鉏、侯宣多接他回国，在郑国祖庙盟誓而立他为国君。
以此和晋国讲和了。

穆公有疾，曰："兰死，吾其死乎！吾所以生也。"刈兰

而卒①。

【注释】

①刈（yì）：割。

【译文】

郑穆公生病了，说："兰草死了，我也恐怕要死了吧！我是因为兰草而出生的啊！"割了兰草，郑穆公就死了。

△**【经】葬郑穆公**①。

【注释】

①葬郑穆公：案时月日例，大国之君卒日葬月，此处郑穆（缪）公葬书时，何休云："葬不月者，子未三年而弑，故略之也。"穆，《公羊传》作"缪（mù）"。

【译文】

安葬郑穆公。

四年

【经】四年春王正月①**，公及齐侯平莒及郯**②。**莒人不肯。公伐莒，取向**③。

【注释】

①四年：鲁宣公四年当周定王二年，前605年。

②公及齐侯平莒及郯（tán）：齐侯，齐惠公姜元，齐桓公之子，齐懿公之弟。莒（jǔ）：国名，故址在今山东莒县县城。郯，国名，己姓

少暤氏的后裔,故城在今山东郯城西南。莒与郯不和,鲁宣公和
齐惠公出面调停。

③取向:向本为小国,在今山东莒县南。隐公二年有"莒人入向"的
记载,因此鲁从莒人手里夺取向。

【译文】

鲁宣公四年春周历正月,鲁宣公和齐惠公调停莒和郯两国讲和。莒
人不肯。鲁宣公攻打莒国,夺取了向。

【左传】四年春,公及齐侯平莒及郯,莒人不肯。公伐莒,
取向,非礼也。平国以礼①,不以乱②。伐而不治③,乱也。
以乱平乱,何治之有? 无治,何以行礼④?

【注释】

①平国:平定国与国之间的纠纷。

②乱:指用兵。

③伐而不治:攻打别国就不能太平,就是乱。

④何以行礼:家铉翁曰:"鲁之与莒积不相下,徒挟齐人之威力而要
莒以必从,其不肯宜矣。遽以兵加莒而取其邑,无道甚矣。"

【译文】

鲁宣公四年春,鲁宣公和齐惠公调停莒国和郯国的纠纷,莒人不肯
讲和。鲁宣公攻打莒国,夺取向地,这不符合礼。调停诸侯间的不和应
该用礼,而不是用乱。攻打别国就不能太平,就是乱。以乱来解决乱,怎
么可能太平? 不能太平,怎么施行礼义?

【公羊传】此平莒也,其言不肯何? 辞取向也①。

【注释】

①辞取向也：为取向避讳之文辞。案鲁宣公本欲和解莒、郯二国，最
终却夺取了向邑，是以义始而以利终。故《春秋》耻其行义为利，
故为之避讳，好像是莒国不接受调解，而鲁宣公伐取其邑，以削弱
莒国，如此则恶轻。值得注意的是，经书"平莒及郯"，表明是莒
国汲汲要与郯国和解，非莒国不肯平。

【译文】

此处是为莒国调解，经书"不肯"是为何？是为取向避讳之文辞。

【榖梁传】及者，内为志焉尔。平者，成也。不肯者，可
以肯也。伐犹可。取向，甚矣。莒人辞不受治也①。伐莒，
义兵也。取向，非也，乘义而为利也。

【注释】

①治：惩处。指前文鲁、齐的调和。

【译文】

"及"，表示鲁国希望这样。"平"，就是讲和的意思。"不肯"，就是原
本可以答应的意思。讨伐尚且可以。夺取向地，过分了。莒国人可以拒
绝而不接受调和。讨伐莒国，是正义之师。夺取向地，不合道义，是凭借
维护道义的名义在牟取利益。

△**【经】秦伯稻卒**①。

【注释】

①秦伯稻：秦共公，姓嬴，名稻，又作"和""猳"，谥共。

【译文】

秦共公稻去世。

【经】夏六月乙酉^①,郑公子归生弑其君夷^②。

【注释】

①乙酉:二十六日。

②郑公子归生弑其君夷:上年郑穆公死,儿子夷立,是为郑灵公。此时为郑灵公元年,又为归生与公子宋所杀。据《左传》,郑灵公和公子宋有矛盾,郑灵公欲杀公子宋,公子宋决定先下手,公子归生知道了这件事却没有阻止,于是郑灵公被公子宋所弑。《左传》认为是公子归生"权不足",然对比宣公二年"赵盾弑其君"的记载来看,归生在郑国的权势当在公子宋之上。

【译文】

夏六月二十六日,郑国的公子归生杀了他的国君夷。

【左传】楚人献鼋于郑灵公^①。公子宋与子家将见^②。子公之食指动,以示子家,曰:"他日我如此^③,必尝异味^④。"及入,宰夫将解鼋^⑤,相视而笑^⑥。公问之,子家以告。及食大夫鼋,召子公而弗与也^⑦。子公怒,染指于鼎^⑧,尝之而出。公怒,欲杀子公。子公与子家谋先^⑨。子家曰:"畜老,犹惮杀之,而况君乎?"反谮子家^⑩,子家惧而从之。夏,弑灵公。书曰"郑公子归生弑其君夷",权不足也^⑪。君子曰:"仁而不武,无能达也^⑫。"凡弑君,称君,君无道也;称臣,臣之罪也^⑬。

【注释】

①鼋(yuán):大鳖。

②公子宋:子公。子家:公子归生。将见:将进见郑灵公。

③如此：指食指动。

④异味：指新奇的美味。

⑤解鼋：鼋已煮熟，准备切成块。

⑥相视而笑：二人为子公的预言准确而笑起来。

⑦召子公而弗与：把子公叫来又偏不给他吃，以使子公预言失灵。

⑧染指于鼎：把指头蘸在鼎里。

⑨子公与子家谋先：子公和子家商量准备先于郑灵公发难。

⑩反谮（zèn）子家：子家不同意杀郑灵公，子公反过来在郑灵公面
　　前诬陷子家。

⑪权不足：此句解释经文意思：子公之位高于子家，子家权力不足，
　　在子公胁迫下一起弑君，因此经文把子家归为祸首。

⑫仁而不武，无能达也：子家本不愿意弑君，是仁；知道子公的阴谋
　　而不加以讨伐反而参与其罪，是不勇武。因此说仁爱而不勇武，
　　总是行不通的。达，通。

⑬"凡弑君"五句：解释经文体例。凡弑君，称君，君无道也，杜预注
　　曰："称君，谓唯书君名，而称国以弑，言众所共绝也。"称臣，臣之
　　罪也，孔疏引杜预《释例》曰："称臣者，谓书弑者之名，以垂来世，
　　终为不义，而不可赦也。"

【译文】

　　楚人献给郑灵公一只大鼋。公子宋和子家准备去进见郑灵公。子
公的食指突然动了起来，他给子家看，说："往日我这样，一定要吃到新鲜
美味了。"到了朝廷，厨师正将大鼋切成块，二人相视笑了起来。郑灵公
问笑什么，子家把刚才的事告诉了郑灵公。到了郑灵公把大鼋分给大家
时，把子公叫来而偏不给他吃。子公受了侮辱发怒了，自己上前把手指
头蘸在鼎里，尝了味道走出去。郑灵公也发怒了，要杀子公。子公与子
家先商量要杀郑灵公。子家说："牲口老了，要杀它尚且还有顾虑，更何
况国君？"子公反过来在郑灵公面前诬陷子家。子家害怕了，只好跟着子

公干。夏,杀了郑灵公。《春秋》记载说"郑公子归生杀了他的国君夷",这是子家权位不足的缘故。君子说:"仁爱而不勇武,是行不通的。"凡是杀死国君,《春秋》记载国君名字,是国君无道;记下臣子的名字,说明臣下有罪过。

郑人立子良①,辞曰:"以贤②,则去疾不足;以顺③,则公子坚长。"乃立襄公④。

【注释】

①子良:公子去疾,郑穆公庶子。

②以贤:以贤而论。

③以顺:按年龄长幼。

④襄公:公子坚。

【译文】

郑国人要立子良为国君,子良推辞说:"以贤而论,那么去疾不够格;按年龄长幼论,那么公子坚更年长。"于是立了公子坚为襄公。

襄公将去穆氏①,而舍子良②。子良不可,曰:"穆氏宜存,则固愿也③。若将亡之,则亦皆亡,去疾何为④?"乃舍之,皆为大夫⑤。

【注释】

①穆氏:郑穆公诸子,即襄公的兄弟们。

②舍子良:不驱逐子良。因子良让位。

③固愿:本来的愿望,即希望郑穆公诸子都留下。

④何为:意为留下来干什么。

⑤皆为大夫：郑穆公之子十三人，后以罕、驷、丰、游、印、国、良七族
　著，谓之"七穆"。

【译文】

　　郑襄公准备驱逐郑穆公的其他儿子，而让子良留下。子良不同意，说："穆公的儿子应该留下来，这也是我本来的愿望。如果要驱逐，就都驱逐，我留下来干什么呢？"于是郑穆公的儿子们都留下来，都被封为大夫。

　△**【经】赤狄侵齐**。

【译文】

赤狄人入侵齐国。

　△**【经】秋，公如齐**①。**公至自齐**。

【注释】

①公如齐：鲁宣公去齐国，对齐表示友好和顺服。

【译文】

秋，鲁宣公到齐国去。鲁宣公从齐国返回。

　　***【左传】**初，楚司马子良生子越椒①，子文曰："必杀之！是子也，熊虎之状而豺狼之声，弗杀，必灭若敖氏矣②。谚曰：'狼子野心。'是乃狼也，其可畜乎③？"子良不可。子文以为大戚④。及将死，聚其族，曰："椒也知政⑤，乃速行矣，无及于难。"且泣曰："鬼犹求食⑥，若敖氏之鬼不其馁而⑦！"

【注释】

①司马子良：斗伯比之子，令尹子文的弟弟，司马乃其官职。子越椒：即斗椒。

②若敖：楚武王之祖，其后人以若敖为氏。

③其：犹岂，难道。畜：养。

④大戚：非常忧虑。

⑤知政：执政。

⑥犹：如果。

⑦若敖氏之鬼：指其祖先。不其馁（něi）：指因子孙灭绝，无人祭祀而挨饿。馁，饿。

【译文】

当初，楚司马子良生了子越椒，子文说："一定要杀了他！这个孩子，熊虎的模样豺狼的声音；不杀，必定灭绝若敖氏。俗话说：'狼子野心。'这人是只狼，难道能够养他吗？"子良不同意。子文因此非常担心。等到子文将死的时候，召集他的族人，说："如果斗椒执政，你们一定要快点离开，不要遭遇到祸难。"并且哭着说："鬼如果要求食，若敖氏的鬼不是要挨饿吗？"

及令尹子文卒，斗般为令尹①，子越为司马②。芳贾为工正③，谮子扬而杀之④。子越为令尹，己为司马。子越又恶之，乃以若敖氏之族圉伯嬴于辕阳而杀之⑤，遂处烝野⑥，将攻王。王以三王之子为质焉⑦，弗受。师于漳澨⑧。秋七月戊戌⑨，楚子与若敖氏战于皋浒⑩。伯棼射王⑪，汰辀⑫，及鼓跗⑬，著于丁宁⑭。又射，汰辀，以贯笠毂⑮。师惧，退⑯。王使巡师曰⑰："吾先君文王克息⑱，获三矢焉，伯棼窃其二，尽于是矣⑲。"鼓而进之，遂灭若敖氏。

【注释】

①斗般为令尹：斗般即下文的子扬，子文之子，与庄公二十八年、三十年传文中的斗般不是同一人。文公十二年，成嘉为令尹，斗般是接替成嘉担任令尹。子文之后的令尹依次是子玉、吕臣、子上、成大心、成嘉、斗般。

②子越：即子越椒，斗椒。

③蒍（wěi）贾：孙叔敖的父亲。

④谮子扬：蒍贾为子越椒在楚庄王面前诬陷子扬，子扬因此被杀。

⑤圉（yǔ）伯嬴于辕（liáo）阳而杀之：子越椒又杀了蒍贾。圉，囚禁。伯嬴，蒍贾的字。辕阳，楚地名，在今河南南阳。

⑥烝野：在今河南新野。

⑦王以三王之子为质焉：楚庄王以此作为讲和的条件。三王之子，楚文王、成王、穆王的子孙。

⑧漳澨（shì）：漳水边。漳水发源于湖北南漳西南，东南流入长江。此漳澨在湖北荆门西，漳水东岸。

⑨戊戌：初九。

⑩皋浒：在今湖北襄阳西。

⑪伯棼（fén）：斗椒的字。

⑫汰（tài）：掠过。此指箭力量很强地飞过去。辀（zhōu）：车辕。

⑬鼓跗（fū）：鼓架。古代元帅亲自掌旗鼓。楚庄王亲自领兵，亲自掌鼓。

⑭丁宁：即"钲"，形似钟而狭长，行军中传令收兵的乐器。

⑮笠毂（gǔ）：车盖柄。笠，车盖。

⑯退：子越椒两箭都几乎射中楚庄王，楚庄王因此退兵。

⑰巡师：循师，遍告军队。

⑱文王克息：庄公十年，楚俘蔡哀侯，蔡哀侯因向楚文王赞美息妫美貌，楚文王遂灭息。见庄公十四年传文。

⑲尽于是：子越椒已射过两箭，楚庄王告诉部下子越椒神箭已用完，不必惧怕，以鼓舞士气。

【译文】

等到令尹子文死去，斗般做令尹，子越为司马。蒍贾做工正，他在楚庄王面前诬陷子扬，子扬因此被杀。子越做了令尹，蒍贾自己做司马。子越又厌恶蒍贾，于是率若敖氏的族人把蒍贾囚禁在轑阳而后又杀了他，于是就驻扎在烝野，准备攻打楚庄王。楚庄王用三代楚君的子孙作为人质，子越不接受。楚庄王发兵驻扎在漳澨。秋七月初九，楚庄王和若敖氏在皋浒交战。子越用箭射楚庄王，箭力量很大，飞过车辕，越过鼓架，射在了铜钲上。再射一箭，又飞过车辕，射中车盖柄。楚庄王的军队害怕了，就退兵。楚庄王派人到军中宣扬说："我们的先君文王攻克息国的时候，缴获了三支神箭，伯棼偷去了两支，已全部用完了。"于是击鼓进军，就此灭了若敖氏。

初，若敖娶于䢵①，生斗伯比②。若敖卒，从其母畜于䢵，淫于䢵子之女③，生子文焉。䢵夫人使弃诸梦中④。虎乳之⑤。䢵子田，见之，惧而归。夫人以告，遂使收之⑥。楚人谓乳穀，谓虎於菟，故命之曰斗穀於菟⑦。以其女妻伯比⑧，实为令尹子文。

【注释】

①䢵：即"郧"，在今湖北安陆。

②斗伯比：斗椒的祖父。

③淫于䢵子之女：斗伯比与䢵国国君女儿私通。

④䢵夫人：䢵女母亲。梦：云梦泽。古时云梦泽横跨长江南北，此指江北云梦泽。

⑤乳:喂奶。

⑥以告,遂使收之:邙夫人把女儿私生子的事告诉邙子,邙子让人收留了子文。

⑦斗縠於菟:楚方言把乳叫做"縠(gòu)",把虎叫做"於菟(wū tú)"。子文吃过老虎的奶,因此按照楚方言把他叫做"斗縠於菟"。

⑧以其女妻伯比:原是私通,现在正式嫁给伯比。

【译文】

当年,若敖在邙国娶妻,生了斗伯比。若敖死,斗伯比跟着他母亲在邙国长大,后来和邙国国君的女儿私通,生了子文。邙夫人把子文丢弃在云梦泽中。有老虎来给他喂奶。邙君打猎时,见到老虎和子文,害怕而返回。邙夫人把女儿私生子的事告诉邙君,邙君就让人收养了子文。楚人把奶叫做"縠",把虎叫做"於菟",所以就把这个小孩叫作"斗縠於菟"。邙君就把女儿正式嫁给斗伯比。斗縠於菟就是令尹子文。

其孙箴尹克黄使于齐①,还,及宋,闻乱②。其人曰③:"不可以入矣④。"箴尹曰:"弃君之命,独谁受之⑤?君,天也,天可逃乎⑥?"遂归,复命,而自拘于司败⑦。王思子文之治楚国也,曰:"子文无后,何以劝善⑧?"使复其所⑨,改命曰生。

【注释】

①其孙:指子文之孙,斗般之子,名叫克黄。箴尹:又作"铖尹",楚官名。

②乱:斗椒(子越椒)之乱。

③其人:克黄的随从。

④不可以入:楚庄王灭若敖氏,克黄为若敖后代,回去也可能被杀。

⑤独:语气词,无实际意义。

⑥天可逃乎：君命如天命，不可违背，就是逃亡了也无人收留。

⑦司败：楚国主管司法的官。

⑧子文无后，何以劝善：子文为令尹，治理楚国有功，不杀克黄，用以表彰子文，鼓励人们向善。

⑨复其所：恢复克黄箴尹之官。

【译文】

　　子文的孙子箴尹克黄出使齐国，返回时到宋国，就听说国内发生斗椒之乱。他的随从说："不能回国内去了。"箴尹说："抛弃了国君的命令，谁还能接纳你呢？国君，就是上天，天命难道可以违背吗？"于是仍然回到国内报告使命，并且自动请司败把他拘禁起来。楚庄王想到子文治理楚国有功劳，说："如果子文没了后代，那么还用什么来劝人们行善呢？"因此恢复了克黄的官职，并让他改名叫"生"。

【经】冬，楚子伐郑①。

【注释】

①楚子：楚庄王。伐郑："楚子伐郑"，是因为"郑未服也"。

【译文】

　　冬，楚庄王攻打郑国。

【左传】冬，楚子伐郑，郑未服也。

【译文】

　　冬，楚庄王攻打郑国，因为郑国还是不肯归服。

五年

【经】五年春①,公如齐。夏,公至自齐。

【注释】

①五年春:鲁宣公五年当周定王三年,前604年。

【译文】

鲁宣公五年春,宣公到齐国去。夏,宣公从齐国回国。

【左传】五年春,公如齐。高固使齐侯止公①,请叔姬焉②。夏,公至自齐,书,过也③。

【注释】

①止:扣留。

②请叔姬:强迫鲁宣公将叔姬嫁给高固。

③过也:鲁宣公答应高固的婚事,有失国君的身份。

【译文】

鲁宣公五年春,宣公到齐国行聘。高固让齐惠公扣留宣公,强迫宣公将鲁叔姬嫁与高固。夏,宣公从齐国回国,《春秋》记载此事,表示宣公有过错。

【经】秋九月,齐高固来逆叔姬①。

【注释】

①齐高固来逆子叔姬:高固,齐国大夫。亦称"高宣子"。叔姬,鲁宣公的同母妹妹。案礼制,大夫不外娶,则高固娶子叔姬,且越境

亲迎为非礼。《公羊传》《穀梁传》作"子叔姬"。叔姬已出嫁,故
称"子"。

【译文】

秋九月,齐国的高固来迎娶叔姬。

【左传】秋九月,齐高固来逆女,自为也[①]。故书曰:"逆
叔姬。"卿自逆也[②]。

【注释】

①自为也:指高固为自己来鲁国迎接叔姬。

②卿自逆:诸侯娶妻,派卿大夫出国迎接。卿大夫以下娶妻,必须亲
自去迎接,经文是点明高固是为自己迎娶。

【译文】

秋九月,齐高固来迎娶叔姬,是为自己迎娶。所以《春秋》记载说:
"迎娶叔姬。"是点明卿大夫为自己迎娶。

【穀梁传】诸侯之嫁子于大夫,主大夫以与之。来者,
接内也[①]。不正其接内,故不与夫妇之称也。

【注释】

①内:指鲁君。

【译文】

诸侯嫁女给大夫,由本国大夫主持婚礼。"来",就是与国君接婚姻
之礼。认为他与国君接婚姻之礼不合礼制,所以没有用夫妇的称呼来称
呼他们。

△【经】叔孙得臣卒①。

【注释】

①叔孙得臣卒:案《春秋》三世之例,所闻世,大夫无罪,则卒书日;有罪则不书日。此处叔孙得臣卒不书日者,何休云:"知公子遂欲弑君,为人臣知贼而不言,明当诛。"

【译文】

叔孙得臣去世。

【经】冬,齐高固及子叔姬来①。

【注释】

①齐高固及子叔姬来:此为子叔姬归宁,高固与之俱来。案《公羊义疏》之意,大夫娶于国内,则其妻一岁一归宁,大夫无境外之交,大夫不外娶。今高固外娶,则子叔姬不得归宁,高固亦不可与之俱来。书其俱来者,妇人既嫁从夫,则子叔姬归宁失礼,是高固失于教戒,非鲁国失于教戒,以此为鲁国杀耻。

【译文】

冬,齐国的高固和子叔姬来鲁国。

【左传】冬,来,反马也①。

【注释】

①反马:女子嫁给大夫以上身份的,乘娘家之车,驾娘家之马。婚后三个月,夫家留下车而送还马,叫"反马之礼"。郑玄云"留车,妻之道也",谓做妻子的不敢自认为必能长久居于夫家,恐一旦被出,将乘此车回娘家;又云"反马,婿之义也",谓夫家表示以后不

会发生出妇之事。

【译文】

冬,高固和子叔姬来鲁国,是来行反马之礼。

【公羊传】何言乎高固之来?言叔姬之来,而不言高固之来,则不可。子公羊子曰^①:"其诸为其双双而俱至者与^②。"

【注释】

①子公羊子:《公羊传》著于竹帛前的先师。

②其诸为其双双而俱至者与:何休云:"言其双行匹至,似于鸟兽。"

　其诸,推测之辞。

【译文】

为何书高固之来?书子叔姬之来,不书高固之来,则不可。子公羊子说:"大概是因为他们双双一起到来,近于鸟兽之故。"

【穀梁传】及者,及吾子叔姬也。为使来者^①,不使得归之意也^②。

【注释】

①为使来者:作为使者来访。杨士勋疏:"叔姬归宁,当以独来为文,高固奉命,宜云来聘。"即是说高固本来是奉命出使鲁国的,不应该和子叔姬一起回来。若是新婚后夫妇归宁,只需要书"子叔姬来"即可。这里都记载了,是表明高固这样做不合礼制。

②归:出嫁之女回家探亲,又称"归宁"。

【译文】

"及",就是和鲁国的女儿子叔姬一起。高固是作为使臣来访的,不让他显得是带着子叔姬回来探望父母。

【经】楚人伐郑。

【译文】

楚人攻打郑国。

【左传】楚子伐郑。陈及楚平。晋荀林父救郑，伐陈。

【译文】

楚庄王攻打郑国。陈国和楚国讲和。晋国荀林父救援郑国，并攻打陈国。

六年

【经】六年春①，晋赵盾、卫孙免侵陈②。

【注释】

①六年：鲁宣公六年当周定王四年，前603年。

②孙免：卫国大夫。

【译文】

鲁宣公六年春，晋国赵盾、卫国孙免联合讨伐陈国。

【左传】六年春，晋、卫侵陈，陈即楚故也。

【译文】

鲁宣公六年春，晋国、卫国联合入侵陈国，因为陈国又亲近楚国。

【公羊传】赵盾弑君，此其复见何①？亲弑君者，赵穿也。亲弑君者赵穿，则曷为加之赵盾？不讨贼也。何以谓之不讨贼？晋史书贼曰："晋赵盾弑其君夷獔。"赵盾曰："天乎，无辜②！吾不弑君，谁谓吾弑君者乎？"史曰："尔为仁为义，人弑尔君，而复国不讨贼，此非弑君如何？"赵盾之复国奈何？灵公为无道，使诸大夫皆内朝③，然后处乎台上，引弹而弹之，己趋而辟丸④，是乐而已矣。赵盾已朝而出，与诸大夫立于朝，有人荷畚，自闺而出者⑤。赵盾曰："彼何也？夫畚曷为出乎闺？"呼之不至，曰："子，大夫也，欲视之，则就而视之。"赵盾就而视之，则赫然死人也⑥。赵盾曰："是何也？"曰："膳宰也。熊蹯不熟⑦，公怒以斗擎而杀之⑧。支解，将使我弃之。"赵盾曰："嘻！"趋而入。灵公望见赵盾，愬而再拜⑨。赵盾逡巡，北面再拜稽首，趋而出⑩。灵公心怍焉，欲杀之，于是使勇士某者往杀之。勇士入其大门，则无人门焉者；入其闺，则无人闺焉者；上其堂则无人焉。俯而窥其户，方食鱼飧⑪。勇士曰："嘻。子诚仁人也。吾入子之大门，则无人焉；入子之闺，则无人焉；上子之堂，则无人焉，是子之易也⑫。子为晋国重卿，而食鱼飧，是子之俭也。君将使我杀子，吾不忍杀子也。虽然，吾亦不可复见吾君矣。"遂刎颈而死。灵公闻之怒，滋欲杀之甚，众莫可使往者，于是伏甲于宫中，召赵盾而食之。赵盾之车右祁弥明者，国之力士也，仡然从乎赵盾而入⑬，放乎堂下而立⑭。赵盾已食，灵公谓盾曰："吾闻子之剑，盖利剑也。子以示我⑮，吾将观焉。"赵盾起，将进剑，祁弥明自下呼之曰："盾⑯！食饱则出,何故拔剑于君所?"赵盾知之,躇阶而走^⑰。灵公有周狗,谓之獒,呼獒而属之,獒亦躇阶而从之。祁弥明逆而踆之^⑱,绝其颔。赵盾顾曰:"君之獒,不若臣之獒也。"然而宫中甲鼓而起,有起于甲中者,抱赵盾而乘。赵盾顾曰:"吾何以得此于子?"曰:"子某时所食活我于暴桑下者也^⑲。"赵盾曰:"子名为谁?"曰:"吾君孰为介^⑳? 子之乘矣,何问吾名!"赵盾驱而出,众无留之者。赵穿缘民众不说,起弑灵公,然后迎赵盾而入,与之立于朝,而立成公黑臀。

【注释】

① 赵盾弑君,此其复见何:案《春秋》之例,弑君之贼不复见,为《春秋》所诛绝。宣公二年,经书"晋赵盾弑其君夷皋",此处复见,故而发问。

② 辜:罪也。

③ 内朝:路寝之廷,路寝门外为外朝。

④ 己:何休云:"己诸大夫也。"辟(bì):躲避。

⑤ 自闺而出者:宫中之小门谓之"闺"。内朝在闺门之内,赵盾立于外朝,故见人从闺门而出。

⑥ 赫然:已肢解之貌。赫,分裂也。

⑦ 熊蹯(fán):熊掌。

⑧ 斗:酌酒之器,有柄。撃(áo):旁击头项。

⑨ 愬(sè)而再拜:愬,惊貌。再拜,拜了两拜。案礼制,臣当先拜君,在堂下再拜稽首,君答再拜。此处晋灵公先拜者,何休云:"知其欲谏,欲以敬拒之,使不复言也。"

⑩ "赵盾逡(qūn)巡"三句:逡巡,退却。稽(qǐ)首,拜头至地。赵盾见晋灵公先拜,则晋灵公已知己意,故趋而出。

⑪飧（sūn）：水泡饭。古人一日两餐，重早餐，晚餐则食早上之剩饭。

⑫易：省也。

⑬仡（yì）然：壮勇之貌。

⑭放：至也。

⑮子以示我：案礼制，当以剑柄授君，剑锋向己。晋灵公想届时推剑杀死赵盾，故命赵盾示剑。

⑯盾：案祁弥明是赵盾的家臣，此书直呼盾名，因在晋灵公之前，所谓"君前臣名"也。

⑰踱（chuò）阶：下台阶时，超越，不暇以次。案礼制，升降台阶，或是连步（即前脚升一阶，后脚与前脚并拢），或是越等（即前脚升一阶，后脚过前脚而再升一阶）。此处紧急，故踱阶而走。

⑱踆（cún）：踢。

⑲暴桑：蒲苏桑，枝叶茂盛的大桑树。

⑳吾君孰为介：何休云："介，甲也。犹曰：我晋君谁为兴此甲兵？岂不为盾乎？"

【译文】

赵盾先前弒君，此处为何再次出现？亲手弒杀国君的人是赵穿。亲手弒杀国君的人是赵穿，那么为何将弒君之文加于赵盾？因为赵盾不诛讨弒君之贼。为何不讨贼就被加弒君之文？晋国史官记录弒君之贼云："晋赵盾弒杀了他的国君夷獳。"赵盾说："天呐，无罪！我没有弒君，谁说我是弒君之贼？"史官说："你为仁为义，有人弒杀了你的国君，而你回国后不讨贼，这不是弒君是什么？"赵盾回国是怎么回事？晋灵公所行无道，使诸大夫在内朝朝见，然后自己登台，用弹弓弹射他们，他的大夫们为了躲避而四处逃散，晋灵公以此为乐。赵盾朝罢而出，与诸大夫一起立于外朝，有人扛着飧从内朝小门出来。赵盾问道："那是什么？飧为何从闱门出来？"呼叫那人，却不过来，说："您是大夫，想看的话，过来看就是了。"赵盾走进一看，则是被肢解的死人。赵盾问："这是为何？"那人回答道："这是膳宰。因为熊掌没有烧熟,公怒,用斗击打致死。肢解了,命我丢弃。"赵盾说："哎!"小步急走入内廷。晋灵公望见赵盾,惊慌失措,朝赵盾拜了两拜。赵盾退却,朝北再拜稽首,小步快走而出。晋灵公恼羞成怒,欲杀赵盾,于是派了一个勇士去行刺。勇士进入大门,大门处没有人;进入小门,小门处没有人;上到厅堂,堂上也没有人。俯首从门缝中窥望,见赵盾正在吃鱼和水泡饭。勇士说："哎。您真是仁义之人。我进入您家大门,没人在那里;进入您家小门,也没有人;登上您家厅堂,也没有人,这表明您很俭易。您作为晋国重卿,而吃鱼和水泡饭,这表明您很俭朴。国君派我来杀您,我不忍心加害。虽然如此,我也不可以再见国君了。"于是刎颈而死。晋灵公听说此事,大怒,愈加想要杀害赵盾,但无人可使,于是在宫中埋伏甲兵,召赵盾进宫赴宴。赵盾的卫士有叫祁弥明的,是国中的大力士,勇武地跟随赵盾进宫,走至堂下侍立。赵盾食毕,晋灵公对赵盾说："我听说你的佩剑,是把利剑。你给我展示一下,我想看看。"赵盾起身,将要进剑,祁弥明从堂下高呼："赵盾!吃饱了就出来,为何在国君面前拔剑?"赵盾醒悟,匆忙走下台阶。晋灵公有忠心之狗,被称为"獒",晋灵公呼獒追赶赵盾,獒也快速下阶而去。祁弥明迎着踢了上去,踢断了獒的面颔。赵盾回头说："国君的獒,不如臣下的獒啊。"然而宫中埋伏的甲士擂鼓而起,有人从甲士中冲出来,将赵盾抱到车上。赵盾回头说："我凭什么能得您的救命之恩?"那人回答说:"您某时的施舍,在暴桑之下将我救活。"赵盾说:"您叫什么名字?"那人回答说:"我们国君是为谁埋伏的甲士?您乘车就是了,问我名字做什么!"赵盾驱驰而出,宫中没人阻拦。赵穿顺着民众不满的情绪,起来弑杀了晋灵公,然后将赵盾迎回,使之立于朝堂之上恢复大夫之位,而拥立成公黑臀为君。

【穀梁传】此帅师也,其不言帅师,何也?不正其败前事①,故不与帅师也。

【注释】

①败：败坏，毁坏。前事：指宣公元年"晋赵盾帅师救陈"之事。

【译文】

这里是率领了军队的，经文不说率军，为什么呢？因为认为他败坏之前的事情不合正道，所以就不说他们率军了。

△**【经】夏四月。**

【译文】

夏四月。

***【左传】**夏，定王使子服求后于齐①。

【注释】

①子服：周王室大夫。

【译文】

夏，周定王派子服到齐国求娶齐女为王后。

***【左传】**秋，赤狄伐晋，围怀及邢丘①。晋侯欲伐之。中行桓子曰②："使疾其民③，以盈其贯④，将可殪也⑤。《周书》曰：'殪戎殷⑥。'此类之谓也。"

【注释】

①怀：在今河南武陟西南。邢丘：在河南温县东。两地相近。

②中行桓子：荀林父。

③疾其民：意为让他肆虐为害百姓。疾，病，作"虐待"解。

④盈其贯：钱穿满了绳索，表示积累到极点。此指恶贯满盈。盈，

满。贯,古代穿钱的绳索,即钱串。

⑤殪(yì):一举歼灭。

⑥殪戎殷:此句见《尚书·康诰》。意为灭绝大国殷。周人称殷商为大国殷。戎,大。

【译文】

秋,赤狄攻打晋国,包围怀地和邢丘。晋成公准备攻打它。中行桓子说:"先让他肆虐为害百姓吧,等到恶贯满盈,可以一举歼灭他。《周书》里面说:'一举歼灭大国殷。'说的就是这个意思。"

△**【经】**秋八月,螽①。

【注释】

①螽(zhōng):螽斯虫。《公羊传》作"蝩(zhōng)"。

【译文】

秋八月,螽斯虫成灾。

△**【经】**冬十月。

【译文】

冬十月。

***【左传】**冬,召桓公逆王后于齐①。

【注释】

①召(shào)桓公:周定王卿士。

【译文】

冬,召桓公到齐国为周定王迎娶王后。

*【左传】楚人伐郑，取成而还^①。

【注释】

①楚人伐郑，取成而还：顾栋高曰："宣九年《传》：'楚子为厉之役故，伐郑。'杜注：'六年楚伐郑，取成于厉，郑伯逃归。'盖即指此年。"

【译文】

楚国人攻打郑国，郑国与楚讲和，楚国撤兵。

*【左传】郑公子曼满与王子伯廖语^①，欲为卿。伯廖告人曰："无德而贪^②，其在《周易》《丰》☲之《离》☲，弗过之矣^③。"间一岁^④，郑人杀之。

【注释】

①公子曼满、王子伯廖：二人都是郑国大夫。

②无德而贪：此指曼满。

③其在《周易》《丰》☲之《离》☲，弗过之矣：《周易》之《丰》卦上爻由阴变阳，则成为《离》卦。杜预注："《丰》上六曰：'丰其屋，蔀其家，窥其户，阒其无人，三岁不觌，凶。'义取无德而大其屋，不过三岁，必灭亡。"即王子伯廖引《丰》卦上六的爻辞，论定公子曼满不出三年，必然遭祸。

④间一岁：中间隔一年。

【译文】

郑公子曼满告诉王子伯廖说，自己想做卿。伯廖和别人说："他无德行而又贪婪，就是应了《周易》之《丰》卦变为《离》卦的兆象了，不出三年，必然灭亡。"只隔一年，郑国人就把他杀了。

七年

【经】七年春^①,卫侯使孙良夫来盟^②。

【注释】

①七年:鲁宣公七年当周定王五年,前602年。

②孙良夫:孙桓子,卫国大夫。

【译文】

鲁宣公七年春,卫成公派孙良夫来鲁国结盟。

【左传】七年春,卫孙桓子来盟,始通^①,且谋会晋也^②。

【注释】

①始通:鲁宣公即位已经七年,卫国才来结盟,所以说"始通"。

②谋会晋:商量黑壤之会。

【译文】

鲁宣公七年春,卫国孙桓子来结盟,才开始和鲁国通好,并且商量和晋君的会见。

【穀梁传】来盟,前定也。不言及者,以国与之。不言其人,亦以国与之。不日,前定之盟不日。

【译文】

"来盟",表示结盟是之前定好的。不说"及",因为是以国家的名义参与的。不说和谁,因为也是以国家的名义参加的。不记载日期,因为提前约定的结盟是不记载日期的。

【经】夏,公会齐侯伐莱①。

【注释】

①齐侯:齐惠公姜元。莱:国名,在今山东昌乐东南。

【译文】

夏,鲁宣公会合齐惠公攻打莱国。

【左传】夏,公会齐侯伐莱,不与谋也①。凡师出,与谋曰及,不与谋曰会。

【注释】

①公会齐侯伐莱,不与谋也:指齐国伐莱,鲁国只是派兵相助,不是主要策划者。顾栋高曰:"四年,公偕齐侯平莒及郯,莒人不肯,公伐莒,取向,而齐无所得,故此年会齐伐莱以偿之。莱去鲁远,盖彼此各图取其近地以为利。传曰'不与谋',言非公之本意也。襄六年,齐遂灭莱。"

【译文】

夏,鲁宣公会合齐惠公攻打莱国,鲁国并未事先参与策划。凡是出兵,事先参与策划的叫作"及",不参与策划的叫作"会"。

△**【经】**秋,公至自伐莱。

【译文】

秋,鲁宣公从伐莱回国。

*＊**【左传】**赤狄侵晋,取向阴之禾①。

【注释】

①向阴：即隐公十一年的向，在今河南济源南。

【译文】

赤狄入侵晋国，割取向阴的禾稻。

△**【经】**大旱。

【译文】

鲁国大旱。

【经】冬，公会晋侯、宋公、卫侯、郑伯、曹伯于黑壤①。

【注释】

①黑壤：晋地名，又称"黄父"，在今山西翼城东北。此次黑壤之会实际是诸侯结盟，但是由于晋成公即位之后鲁宣公不礼，被扣留在晋，没有参与结盟，后来鲁国以财物送晋，方才赎回鲁宣公。故经文只记载会于黑壤而不记载盟于黑壤，是为鲁宣公避讳。

【译文】

冬，鲁宣公和晋成公、宋文公、卫成公、郑襄公、曹文公在黑壤会见。

【左传】郑及晋平，公子宋之谋也①，故相郑伯以会②。冬，盟于黑壤。王叔桓公临之③，以谋不睦④。

【注释】

①公子宋：子公。

②相郑伯：担任郑襄公的相礼。

③王叔桓公临之：王叔不参与会盟，奉天子之命只到会监临。王叔
　　桓公，周王卿士。

④谋不睦：商量对付不服从晋国的国家。

【译文】

　　郑国和晋国讲和，这是公子宋的谋略，所以公子宋担任郑襄公的相
礼参加诸侯之会。冬，诸侯在黑壤结盟。王叔桓公到会监临，以商量对
付不服从晋国的国家。

　　晋侯之立也①，公不朝焉，又不使大夫聘，晋人止公于
会②。盟于黄父，公不与盟③。以赂免④。故黑壤之盟不书，
讳之也⑤。

【注释】

①晋侯之立：晋成公即位在鲁宣公二年。

②止公于会：盖因鲁宣公一意事齐而不事晋，故晋成公即位，鲁宣公
　　自己不去朝见，也不派大夫聘问，对盟主失于礼敬。所以晋国扣
　　留了鲁宣公。

③公不与盟：诸侯会盟，先会后盟。鲁宣公因被晋国囚禁，会后没有
　　参加结盟。

④以赂免：鲁贿赂晋国，鲁宣公才得以被释放。

⑤讳之：鲁宣公被晋国扣留，没有参加结盟，《春秋》为隐讳这个耻
　　辱，所以只记会见，不记结盟。

【译文】

　　晋成公即位的时候，鲁宣公不去朝见，也不派大夫去聘问，晋人于是
在黑壤之会上拘留了鲁宣公。在黄父结盟，鲁宣公没有参加结盟。因贿
赂了晋国，鲁宣公才得以被释放回国。所以黑壤之盟《春秋》不记载，是
隐讳了鲁宣公被拘留这件事。

八年

△【经】八年春①,公至自会。

【注释】

①八年:鲁宣公八年当周定王六年,前601年。

【译文】

鲁宣公八年春,宣公从黑壤之会回国。

【经】夏六月,公子遂如齐,至黄乃复①。

【注释】

①至黄乃复:黄,齐邑,在今山东淄博。与隐公元年和桓公八年的
　“黄”不是同一地。乃,难辞也,公子遂确实有疾,故书“乃”。
　复,回国。据《公羊传》,公子遂奉命出使齐国,因有疾,故至黄地
　而折返回国。

【译文】

夏六月,公子遂到齐国去,走到黄地便返回来了。

【公羊传】其言“至黄乃复”何? 有疾也。何言乎有疾
乃复? 讥。何讥尔? 大夫以君命出,闻丧徐行而不反①。

【注释】

①大夫以君命出,闻丧徐行而不反:丧,指父母之丧。大夫奉命出
　使,听闻有父母之丧,不忍疾行,君当使人代之,然大夫不得私自
　回国。引此者,表明闻父母之丧,尚且不能私自归国,何况有疾。
　如此则公子遂废君之命,当绝其身。

【译文】

经文为何书"至黄乃复"？因为公子遂有疾。说有疾才折返回国是为何？是讥刺他。为何讥刺？大夫奉君命出使,听闻父母之丧,尚且缓慢前行而不敢折返,何况有疾却私自折返。

【穀梁传】乃者,亡乎人之辞也①。复者,事毕也②,不专公命也。

【注释】

① 亡乎人：与人无关,是人力所不能及的意思。但其实按照礼制,大夫奉命出使,若是国君没有召回则不能返回,就算在出使途中染病,死于途中,也当由副使带着他的灵柩完成使命,所以这里其实隐含有讽刺的意思。讽刺鲁国用人不当,派出了一个不守礼制的人,难道是因为鲁国没有人可派了吗？

② 事毕也：事情完成了。实际上公子遂并没有完成使命,经文之所以这么说,是为了不赋予他擅自改变国君命令的权力。

【译文】

"乃",表示没有人为的说法。"复",表示事情办完了,是不给他擅自改变国君命令的权力。

【经】辛巳,有事于大庙①,仲遂卒于垂②。

【注释】

① 辛巳,有事于大庙：辛巳,十六日。有事,指禘祭,即三年终丧后举行一次的大祭。又案时月日例,失礼宗庙例日。此处书日者,因公子遂卒,当废绎祭（正祭第二日傧尸之祭）,而鲁宣公不废,是失礼鬼神。

②仲遂卒于垂：仲遂，公子遂。垂，齐邑。顾栋高曰："仲遂自僖十六
　年季友卒即执国政，历僖、文、宣三世，前后共三十八年，弑储君，
　逐国母，穷凶极恶，较（季孙）意如更甚，彼季氏其效尤者耳。"

【译文】

十六日，在太庙举行祮祭，仲遂死于垂地。

　　【公羊传】仲遂者何？公子遂也。何以不称公子？贬。
曷为贬？为弑子赤贬①。然则曷为不于其弑焉贬？于文则
无罪，于子则无年②。

【注释】

①为弑子赤贬：《春秋》之例，鲁国大夫如有弑君之罪，则贬去其氏。
　如公子翬弑隐公，故终隐公之篇贬称"翬"，明其为隐公之罪人。
　公子遂弑子赤，在文公十八年，详细情况见成公十五年"仲婴齐
　卒"条传文。

②于文则无罪，于子则无年：文，指文公。子，指子赤。据《春秋》终
　始之义，一年不二君，先君去世之年，仍属于先君，故嗣君逾年即
　位。公子遂弑子赤，在文公十八年，若于弑时贬之，则嫌公子遂为
　文公之罪人，故云"于文则无罪"。子赤未逾年即被弑杀，无年可
　贬，故云"于子则无年"。故至其卒时方贬。另一方面，此处不贬
　称"遂"，而书"仲遂"者，是为成公十五年"仲婴齐卒"条张本，
　表明婴齐以公子遂之字为氏。

【译文】

　　仲遂是什么人？是公子遂。为何不称"公子"之氏？是贬抑他。为
何贬抑？为弑杀子赤而贬抑他。然则为何不在弑子赤之时贬抑？因为
公子遂非文公之罪人，子赤又无年可贬。

【穀梁传】为若反命而后卒也①。此公子也，其曰仲，何也？疏之也。何为疏之也？是不卒者也②。不疏，则无用见其不卒也。则其卒之何也？以讥乎宣也。其讥乎宣何也？闻大夫之丧，则去乐、卒事③。

【注释】

①反命而后卒：返回复命之后去世。指经文先说公子遂返回，再说公子遂去世，使得他看起来是先返回复命，再去世的，虽然没有完成使命，毕竟还是有个交待。这是在为鲁避讳。

②不卒：不记载去世。指公子遂和鲁宣公都参与了杀害鲁文公太子之事，有弑君之罪，则不应记载其去世。

③去乐、卒事：去除舞乐，停止祭祀。指国君在听到大夫去世的消息之后，应当停止祭祀活动，以示哀痛。而鲁宣公在壬午日还继续祭祀。

【译文】

经文这样记为了显得好像公子遂是在复命之后才去世的。这是公子，经文说"仲"，为什么呢？是为了疏远他。为什么疏远他呢？因为他是不应被记载去世的人。不疏远他，就没有用来显示他是不应被记载去世的人的了。那么经文为什么记载他的去世呢？为了讥刺鲁宣公。经文为什么讥刺鲁宣公呢？因为听到大夫去世的消息，应该除去舞乐、停止祭祀活动。

【经】壬午①，犹绎②。万入③，去籥④。

【注释】

①壬午：十七日。

②绎:祭祀的次日又祭。鲁宣公接连两天举行祭祀。

③万:万舞。

④籥(yuè):籥舞。籥是乐器,吹奏以和舞蹈。《穀梁传》作"钥"。

【译文】

十七日,又举行祭祀。举行了万舞,免去了籥舞。

【左传】有事于大庙,襄仲卒而绎,非礼也①。

【注释】

①非礼:鲁宣公大祭于太庙时,公子遂的死讯传来了,鲁宣公仍于第二天举行绎祭,而不为公子遂致哀,所以说非礼。《礼记·檀弓下》:"仲遂卒于垂,壬午犹绎,万入去籥。仲尼曰:'非礼也。卿卒不绎。'"

【译文】

在太庙举行祭祀,襄仲去世仍举行绎祭,这是不合礼制的。

【公羊传】绎者何? 祭之明日也①。万者何? 干舞也②。籥者何? 籥舞也③。其言万入去籥何? 去其有声者④,废其无声者⑤,存其心焉尔⑥。存其心焉尔者何? 知其不可而为之也。犹者何? 通可以已也⑦。

【注释】

①祭之明日也:祭,指宗庙正祭。诸侯宗庙正祭,以大夫为尸(代死者受祭之人),灌地降神。至第二日,因前日尸代祖受祭劳乏,故傧礼之,此为绎祭。绎祭为尸而设,故不灌地降神。

②干舞:干,盾牌。干舞,即持盾牌而舞,无乐,属于武舞。"万"为干

舞的篇名，周武王以万人取天下，故以"万"为名。

③籥（yuè）舞：籥，一种乐器，如笛，三孔。籥舞，即持羽毛，吹籥而舞，属于文舞，有乐。

④去其有声者：有声者，指籥舞。

⑤废其无声者：废，置也，不去也。无声者，指《万》舞。

⑥存其心焉尔：即心犹存于乐舞。案大夫去世，本不应该举行绎祭；即便正祭之时听闻大夫去世，也要去掉乐舞，何况是绎祭；今宣公仍行绎祭，又不去《万》舞，是其心犹存于乐舞，是一再失礼，无恩于大夫。

⑦通可以已也：与可以停止之意相通。

【译文】

绎祭是什么意思？是正祭第二天所行的傧尸之祭。万舞是什么？是持盾牌的武舞。籥舞是什么？是持羽吹籥的文舞。经书"万入，去籥"是为何？是去掉了有声之舞，保留了无声之舞，心仍存于乐舞。心存于乐舞是什么意思？是明知不可而仍行之。"犹"是什么意思？与可以停止之意相通。

【穀梁传】犹者，可以已之辞也。绎者，祭之旦日之享宾也①。以其为之变，讥之也。

【注释】

①享：用同"飨"，宴请。特指祭礼完毕次日以宾礼宴请"尸"（代表鬼神受祭的人）。宾：宾客，陪祭之人。

【译文】

"犹"，就是可以停止的说法。"绎"，就是在祭祀的第二天宴请宾客。因为鲁宣公做出了变换，所以要讥刺他。

△【经】戊子^①,夫人嬴氏薨^②。

【注释】

①戊子:二十三日。

②嬴氏:鲁宣公母亲敬嬴。《穀梁传》作"熊氏",古文"嬴"与"熊"
　字形相近。

【译文】

二十三日,夫人嬴氏去世。

【经】晋师、白狄伐秦^①。

【注释】

①白狄:狄人中的一支,在今陕西延安、安塞一带。

【译文】

晋军和白狄一同攻打秦国。

【左传】八年春,白狄及晋平。夏,会晋伐秦^①。晋人获
秦谍^②,杀诸绛市^③,六日而苏^④。

【注释】

①会晋伐秦:指白狄会合晋国攻打秦国。李廉曰:"秦自(晋)侵崇
　起衅,七年未已。晋昏狄而结以伐秦,其罪大矣。故自此至成十
　三年吕相绝秦,秦康、共,晋襄、灵之后,晋成、秦桓之交兵又始于
　此。"

②谍:间谍。

③诸:之于。

④苏:复生,复活。

【译文】

鲁宣公八年春,白狄和晋国讲和。夏,白狄会合晋国攻打秦国。晋人抓获了秦国的间谍,把他杀死在绛城的街市上,六天之后他又复活了。

【经】楚人灭舒蓼①。

【注释】

①舒蓼(liǎo):群舒中的一国。文公十四年楚庄王曾伐舒蓼,今年灭了它。《穀梁传》作"舒鄝(liǎo)"。

【译文】

楚人灭了舒蓼国。

【左传】楚为众舒叛①,故伐舒蓼,灭之。楚子疆之②,及滑汭③。盟吴、越而还④。

【注释】

①众舒:即文公十二年所谓"群舒"。

②疆之:为之划定疆界。

③滑:河水名,在今安徽合肥东。汭(ruì):河水的弯曲处。

④盟吴、越而还:楚灭舒蓼后,疆域与吴、越接壤。在《左传》中这是吴、越两国的第一次记载。吴,姬姓国,据说是周太王之子泰伯、仲雍的后代,据有今江苏、上海大部及安徽、浙江的一部分,建都于吴,即今江苏苏州。越,姒姓国,相传始祖是夏代少康的庶子无馀,有浙江杭州以南东至海之地。建都会稽,即今浙江绍兴。顾栋高曰:"是时吴、越俱听命于楚,楚之所以横行不可制也。"又曰:"楚庄欲争伯中国,首先灭庸,庸灭而楚西北之患息矣。次盟

吴、越,吴、越就盟而楚东南之隙弥矣。根本既固,然后与强晋争
锋,此孙叔敖之谋也。"

【译文】

楚国因为舒姓诸国的背叛,所以攻打舒蓼,并灭了它。楚庄王于是
划定疆界,一直到达滑水的弯曲处。和吴国、越国结盟后回去。

△**【经】秋七月甲子,日有食之,既**①**。**

【注释】

①"七月甲子"三句:甲子,指当年七月的最后一天,晦日。既,日全
　食。七月无日食,十月甲子朔有全食,"七"为"十"之误。

【译文】

秋七月三十日,有日食,是日全食。

***【左传】晋胥克有蛊疾**①**,郤缺为政**②**。秋,废胥克,使
赵朔佐下军**③**。**

【注释】

①蛊(gǔ)疾:神经错乱的病。

②郤(xì)缺为政:此时赵盾已死,郤缺代替赵盾为执政。

③赵朔:赵盾的儿子。代替胥克。

【译文】

晋胥克患了神经错乱的毛病,郤缺为执政。秋,罢免了胥克,让赵朔
任下军佐。

【经】冬十月己丑①**,葬我小君敬嬴**②**。雨,不克葬**③**。庚

寅^④,日中而克葬。

【注释】

①己丑:二十六日。

②小君敬嬴(yíng):鲁文公夫人姜氏已经大归于齐,于是鲁宣公立
　自己的生母为夫人,以夫人之礼葬之。虽然这样不合礼制,但是史
　官也只能称其为"小君"。敬嬴,《公羊传》《穀梁传》作"顷熊"。

③克:能。

④庚寅:二十七日。

【译文】

　　冬十月二十六日,安葬鲁宣公的母亲小君敬嬴。下雨,不能够下葬。
二十七日,中午才能够下葬。

　　【左传】冬,葬敬嬴。旱,无麻^①,始用葛茀^②。雨,不克
葬,礼也。礼,卜葬^③,先远日^④,辟不怀也^⑤。

【注释】

①麻:大麻,皮可织布或搓绳子,可作引柩入穴的绳索,亦即"绋(fú)"。

②葛:藤本植物。茀(fú):通"绋"。

③卜葬:占卜选择下葬日。

④先远日:占卜葬日时,先占卜较远的日子,由远及近,以此表示不
　急于下葬,有孝心。

⑤辟不怀:避免孝子不怀念其亲。古人尽量迟葬,以表示孝心。下
　雨推迟葬敬嬴,也是有孝心的表现。

【译文】

　　冬,安葬敬嬴。天旱,没有麻做茀,开始改用葛做茀。天下雨,不能

够下葬,这合于礼。依照礼,占卜葬日,先占卜较远的日子,以避免认为孝子不怀念其亲。

【公羊传】顷熊者何? 宣公之母也。而者何? 难也^①。乃者何? 难也^②。曷为或言而,或言乃? 乃难乎而也^③。

【注释】

①而者何? 难也:难,为难之辞。经书"而"字,见鲁国臣子之为难。小君顷熊因下雨不能下葬,至第二日中午方下葬,则臣子有大不忍,故而为难。

②乃者何? 难也:《春秋》书"乃"字,亦是为难之辞。此处指定公十五年九月"丁巳,葬我君定公,雨,不克葬。戊午,日下昃,乃克葬"。

③乃难乎而也:同为难辞,书"乃"要比书"而"更加为难。

【译文】

顷熊是谁? 是鲁宣公的母亲。为何书"而"? 是为难之辞。"乃"是什么意思? 是为难之辞。《春秋》为何有时书"而",有时书"乃"? "乃"比"而"更要为难。

【穀梁传】葬既有日,不为雨止,礼也。雨,不克葬,丧不以制也。而,缓辞也。足乎日之辞也^①。

【注释】

①足乎日:用了一整天。

【译文】

下葬已经是定了日期的,不能因为下雨而停止,这是礼制的规定。下雨,没有完成葬礼,丧礼就没有遵守礼制。"而",是表示缓慢的说法。

是表示用了一整天的说法。

【经】城平阳[①]。

【注释】

①平阳：鲁邑，在今山东新泰西北。

【译文】

在平阳筑城。

【左传】城平阳，书，时也。

【译文】

在平阳筑城，《春秋》加以记载，因为合于时令。

【经】楚师伐陈[①]。

【注释】

①楚师伐陈：陈与晋讲和，楚即进攻陈国。

【译文】

楚军攻打陈国。

【左传】陈及晋平。楚师伐陈，取成而还。

【译文】

陈国和晋国讲和。楚军又攻打陈国，因陈国又来讲和而撤兵。

九年

△【经】九年春王正月^①,公如齐。公至自齐。

【注释】

①九年:鲁宣公九年当周定王七年,前600年。

【译文】

鲁宣公九年春周历正月,宣公到齐国去。宣公从齐国返回。

*【左传】九年春,王使来征聘^①。

【注释】

①王使:周定王使者。征聘:示意鲁国派使者往周聘问。征,召。

【译文】

鲁宣公九年春,周王使者来鲁示意鲁国派人去周聘问。

【经】夏,仲孙蔑如京师^①。

【注释】

①仲孙蔑:孟献子,亦称"孟孙",公孙敖之孙,文伯穀之子。

【译文】

夏,仲孙蔑到京师。

【左传】夏,孟献子聘于周^①。王以为有礼,厚贿之。

【注释】

①周:即京师。

【注释】

夏,孟献子到周聘问。周王认为有礼,赠予厚礼。

△**【经】齐侯伐莱。**

【译文】

齐惠公攻打莱国。

【经】秋,取根牟①。

【注释】

①根牟:国名,在今山东沂水南。

【译文】

秋,夺取根牟。

【左传】秋,取根牟,言易也。

【译文】

秋,夺取根牟,《春秋》说"取",表示很容易。

【公羊传】根牟者何?邾娄之邑也。曷为不系乎邾娄?讳亟也①。

【注释】

①讳亟(jí)也:亟,疾也。上年鲁有小君之丧,邾娄子使人来加礼,因其为常事,故《春秋》未书。此时距加礼尚不足一年,便攻取邾

娄之邑，故为鲁国避讳。

【译文】

根牟是什么地方？是邾娄国的城邑。为何不系属于邾娄国？是为鲁国避讳过于急切。

【经】八月，滕子卒①。

【注释】

①滕子：滕昭公。据《左传》，为滕昭公姬元（一作"姬寿"）。

【译文】

八月，滕昭公去世。

【左传】滕昭公卒。

【译文】

滕昭公去世。

【经】九月，晋侯、宋公、卫侯、郑伯、曹伯会于扈①。

【注释】

①扈（hù）：郑地名，在今河南原阳西。这次会盟是为了"讨不睦"，此时晋、楚争霸，此次会盟即是为了讨伐与楚国一边的诸侯。

【译文】

九月，晋成公、宋文公、卫成公、郑襄公、曹文公在扈地相会。

【左传】会于扈，讨不睦也①。

【注释】

①讨不睦：晋、楚相争，亲楚国者，就是不睦于晋。

【译文】

晋国与诸侯在扈地会见，准备攻打不服从晋的国家。

【经】晋荀林父帅师伐陈①。

【注释】

①荀林父：晋国大夫。伐陈：讨伐陈国。据《左传》，是因为陈国与
　楚国讲和，没有参加扈地会盟。

【译文】

晋荀林父率军攻打陈国。

【左传】陈侯不会①。晋荀林父以诸侯之师伐陈。

【注释】

①陈侯不会：陈国上年又与楚国讲和，所以不参加扈之会。

【译文】

陈灵公不参加。晋荀林父率诸侯军队攻打陈国。

【经】辛酉①，晋侯黑臀卒于扈②。

【注释】

①辛酉：此年九月无辛酉日，经文记日有误。

②晋侯黑臀卒于扈：诸侯会见后，晋成公死在扈地。黑臀，即晋成
　公。为晋文公之子，晋襄公异母弟。宣公二年，晋赵盾弑晋灵公，
　而拥立晋成公黑臀。则黑臀属于篡位，然之前无篡文，故此处不书

其葬,以明其篡。

【译文】

九月辛酉,晋成公黑臀在扈地去世。

【左传】晋侯卒于扈,乃还。

【译文】

因晋成公在扈地去世,于是罢兵回去。

【公羊传】扈者何? 晋之邑也。诸侯卒其封内不地,此何以地? 卒于会①,故地也。未出其地,故不言会也②。

【注释】

①卒于会:上文"九月,晋侯、宋公、卫侯、郑伯、曹伯会于扈",晋侯黑臀卒于会上。当时多有伐丧之举,故诸侯卒于会上有危。

②未出其地,故不言会也:扈为晋国之邑,故言"未出其地"。不言会,即不书"晋侯黑臀卒于扈"。诸侯去世于不同的地方,危险程度不一样,何休以为,死于出师用兵最危险,死于会盟(地点在他国)次之,死于别国又次之,死于本国危险罪轻,因为左右皆是臣民。

【译文】

扈是什么地方? 是晋国的城邑。诸侯在境内去世,《春秋》不书具体的地点,此处为何记录地点? 因为在扈之会上去世,故而记录地点。由于未出境,所以不书"卒于会"。

【穀梁传】其地,于外也①。其日,未逾竟也。

【注释】

①外:国都之外,《穀梁传》认为此时扈已属晋。

【译文】

经文记载地点,是因为在国都之外。经文记载日期,是因为没有越过国境。

△**【经】冬十月癸酉**①**,卫侯郑卒**②**。**

【注释】

①癸酉:十五日。

②卫侯郑卒:卫侯,即卫成公。此处不书其葬,因其在僖公三十年,杀无罪之大夫公子瑕。《春秋》之例,外诸侯杀无罪大夫,则去其葬。

【译文】

冬十月十五日,卫成公去世。

【经】宋人围滕。

【译文】

宋人围攻滕国。

【左传】冬,宋人围滕,因其丧也。

【译文】

冬,宋人围攻滕国,因为滕国有丧事。

【经】楚子伐郑①**。晋郤缺帅师救郑。**

【注释】

①伐郑：楚国伐郑是因为"厉之役"。

【译文】

楚庄王攻打郑国。晋郤缺率军队救郑国。

【左传】楚子为厉之役故①，伐郑。晋郤缺救郑。郑伯败楚师于柳棼②。国人皆喜，唯子良忧曰③："是国之灾也，吾死无日矣④。"

【注释】

①厉之役：指宣公六年楚人伐郑之事。

②柳棼（fén）：郑地名，今地不详。

③子良：公子去疾。

④是国之灾也，吾死无日矣：楚国伐郑，主要原因是郑国参加了宣公七年的黑壤之盟，归服了晋国。现郑虽打败了楚军，但子良担心楚必报复，更大的灾祸将临头。

【译文】

楚庄王因为厉之战的缘故，攻打郑国。晋国的郤缺救援郑国。郑军在柳棼打败了楚军。国内人都很高兴，唯独子良担心地说："这是国家的灾难啊，我们离死没有多少日子了。"

【经】陈杀其大夫泄冶①。

【注释】

①陈杀其大夫泄（xiè）冶：泄冶因劝阻陈灵公与夏姬通奸而被杀。泄冶，《公羊传》《穀梁传》作"泄冶"。

【译文】

陈国杀了他们的大夫泄冶。

【左传】陈灵公与孔宁、仪行父通于夏姬^①，皆衷其衵服^②，以戏于朝。泄冶谏曰："公卿宣淫^③，民无效焉^④，且闻不令^⑤。君其纳之^⑥！"公曰："吾能改矣。"公告二子^⑦，二子请杀之，公弗禁，遂杀泄冶。孔子曰："《诗》云：'民之多辟，无自立辟^⑧。'其泄冶之谓乎。"

【注释】

①孔宁、仪行父：陈国之卿。孔宁，即公孙宁。夏姬：郑穆公之女，陈大夫御叔之妻，夏徵舒的母亲。夏姬为春秋时期有名的淫乱之女。

②衷：贴身的内衣。此作动词，指穿在里面。衵（rì）服：内衣，贴身衣服。

③宣淫：宣扬淫乱。

④无效：无所效法。

⑤闻：名声，声誉。不令：不善，不美。

⑥纳之：指把衵衣收藏起来。

⑦二子：即孔宁、仪行父。

⑧民之多辟，无自立辟：见《诗经·大雅·板》。辟，邪，邪恶。自立辟，自立法度而危及自身。辟，法度。

【译文】

陈灵公和卿大夫孔宁、仪行父三人都与夏姬通奸，三人都把夏姬的贴身内衣穿在自己身上，还要在朝廷上互相开玩笑。泄冶劝他们说："国君和卿大夫宣扬淫乱，百姓就无所效法了，而且不会有好名声。国君您赶快把夏姬的内衣收藏起来吧！"陈灵公说："我能改过啊。"陈灵公把此事告诉了孔宁和仪行父，二人请求杀了泄冶，陈灵公没有禁止，于是二人杀了洩冶。孔子说："《诗》里说：'百姓多行邪恶，就不要再去自立法度了。'说的就是洩冶了。"

【穀梁传】称国以杀其大夫，杀无罪也。洩冶之无罪如何？陈灵公通于夏徵舒之家①，公孙宁、仪行父亦通其家。或衣其衣，或衷其襦②，以相戏于朝。洩冶闻之，入谏，曰："使国人闻之，则犹可，使仁人闻之，则不可。"君愧于洩冶，不能用其言，而杀之。

【注释】

①陈灵公通于夏徵舒之家：陈灵公荒淫无道，和大夫公孙宁、仪行父一起与夏徵舒的母亲夏姬通奸。三人在夏徵舒家饮酒戏弄时互相说夏徵舒长得像对方，激怒夏徵舒，被夏徵舒设伏射杀。通，通奸。夏徵舒之家，指夏徵舒之母夏姬，夏姬是郑穆公之女，陈国大夫御叔之妻。

②襦（rú）：短衣。

【译文】

以国家的名义杀害他们的大夫，是杀害无罪的人。洩冶为什么无罪呢？陈灵公和夏徵舒的母亲夏姬通奸，公孙宁、仪行父也和夏徵舒母亲通奸。有的穿着夏姬的外衣，有的贴身穿着她的短衣，在朝中相互戏弄。洩冶听说了，入朝进谏，说："让老百姓听见了，尚且可以，让仁爱的人听见了，就不可以了。"国君在洩冶面前感到羞愧，但不听他的劝谏，还杀了他。

十年

△【经】**十年春**①**,公如齐。公至自齐。**

【注释】

①十年:鲁宣公十年当周定王八年,前599年。

【译文】

鲁宣公十年春,宣公到齐国去。宣公从齐国返回。

【经】**齐人归我济西田**①**。**

【注释】

①齐人归我济西田:宣公元年,鲁为报答齐国支持立宣公,赠齐以济西之田,现齐人归还。

【译文】

齐人归还我济西的田地。

【左传】**十年春,公如齐。齐侯以我服故**①**,归济西之田。**

【注释】

①以我服故:齐国支持立鲁宣公,因此鲁宣公年年朝齐表示顺服。

【注释】

鲁宣公十年春,宣公到齐国去。齐惠公因为鲁国表示顺服,所以归还济西的田地。

【公羊传】**齐已取之矣**①**,其言我何?言我者,未绝于我**

也。曷为未绝于我? 齐已言取之矣②,其实未之齐也。

【注释】

①齐已取之矣:此指宣公元年"六月,齐人取济西田",鲁宣公弑子
赤,故以济西田贿赂齐国。

②齐已言取之矣:即宣公六年,齐人只是口头答应取济西田,人民贡
赋尚属于鲁国,故下文云"其实未之齐也"。此处齐侯见鲁宣公
事齐有礼,故归还之。因其未之齐,故不言"取济西田"而书"齐
人归我济西田",则鲁国无取邑之恶。已,同"以"。

【译文】

齐国已经取得了济西田,经书"我"是为何? 书"我",表明济西田没
有与我国断绝。没有与我国断绝是怎么回事? 齐国仅是口头答应取济
西田,其实没有真正归属齐国。

【穀梁传】公娶齐,齐由以为兄弟反之①。不言来②,公
如齐受之也。

【注释】

①由:由于,因为。以为:即"以鲁为兄弟"。反:归还。

②不言来:即经文没有说"来归"而说"归"。

【译文】

鲁宣公从齐国娶亲,齐国因为把鲁国当做兄弟而归还土地。不说
"来",因为是鲁宣公到齐国去接受的。

△**【经】**夏四月丙辰,日有食之①。

【注释】

①夏四月丙辰,日有食之:此当为前599年3月6日的日环食。丙辰,
　初一。

【译文】

夏四月初一,发生日食。

【经】己巳①**,齐侯元卒**②**。**

【注释】

①己巳:十四日。

②齐侯元:齐惠公姜元。惠公死,儿子顷公即位。

【译文】

十四日,齐惠公去世。

【左传】夏,齐惠公卒。

【译文】

夏,齐惠公去世。

【经】齐崔氏出奔卫①**。**

【注释】

①崔氏:齐大夫崔杼。崔杼有宠于齐惠公,齐惠公去世后,齐国的高
　氏和国氏将其逐出齐国。《左传》和《公羊传》都认为称氏称名蕴
　含了褒贬在其中,《穀梁传》认为是指举家出逃。

【译文】

齐国崔氏逃奔卫国。

【左传】崔杼有宠于惠公^①，高、国畏其逼也^②，公卒而逐之，奔卫。书曰"崔氏"，非其罪也，且告以族，不以名^③。凡诸侯之大夫违^④，告于诸侯曰："某氏之守臣某，失守宗庙^⑤，敢告。"所有玉帛之使者则告，不然，则否^⑥。

【注释】

①崔杼：即经文中的"崔氏"。此时虽年少，但受宠而专权。

②高、国：指齐国的高氏、国氏两大族，世为上卿。

③不以名：指齐国使者来报告只说崔氏，未指名。"书曰"几句解释经文之意。

④违：离开本国。

⑤失守宗庙：离开本国的委婉说法。依惯例，某人离开本国，应向诸侯报告，说明是"某氏之守臣某"，如崔氏，则应说"崔氏之守臣杼"，但齐国没有这样做。

⑥"所有玉帛之使者则告"三句：友好往来的国家就发给通告，否则，就不通告。此为解释诸侯大夫离国赴告的原则。玉帛之使者，指友好关系的国家。

【译文】

崔杼很受齐惠公的宠爱，高氏、国氏害怕崔氏的威逼，齐惠公死后就驱逐了崔杼，崔杼逃奔到卫国。《春秋》记载说"崔氏"，因为并非崔杼的罪过，而且报告此事时只报告族氏未报告名。凡诸侯大夫离开本国，通告诸侯时应说："某氏的守臣某，失守宗庙，谨此报告。"凡是有友好关系的国家就相通告，否则，就不通告。

【公羊传】崔氏者何？齐大夫也。其称崔氏何^①？贬。曷为贬？讥世卿^②。世卿，非礼也。

【注释】

①其称崔氏何：案名例，大国大夫称名氏，此处书氏而未书名，故而发问。

②讥世卿：参见隐公三年"夏，四月，辛卯，君氏卒"条。

【译文】

崔氏是什么人？是齐国的大夫。经称之为"崔氏"是为何？是贬抑他。为何贬抑？是讥刺他家世代为卿。世代为卿，是不合礼的。

【穀梁传】氏者，举族而出之之辞也。

【译文】

"氏"，就是整个家族都出逃的说法。

【经】公如齐。

【译文】

鲁宣公到齐国去。

【左传】公如齐奔丧。

【译文】

鲁宣公到齐国奔丧。

△**【经】**五月，公至自齐。

【译文】

五月，鲁宣公从齐国返回。

【经】癸巳^①，陈夏徵舒弑其君平国^②。

【注释】

①癸巳：初八。

②夏徵舒：陈国大夫，夏姬的儿子。平国：即陈灵公。

【译文】

八日，陈国夏徵舒杀了他的国君平国。

【左传】陈灵公与孔宁、仪行父饮酒于夏氏^①。公谓行父曰："徵舒似女。"对曰："亦似君^②。"徵舒病之^③。公出，自其厩射而杀之^④。二子奔楚^⑤。

【注释】

①夏氏：即夏徵舒家。

②"公谓行父"四句：并非指夏徵舒真的像他们二人，而是二人以此取乐，等于说是对方的私生子。

③病：恨。

④之：指陈灵公。

⑤二子奔楚：《史记·陈杞世家》："孔宁、仪行父皆奔楚，灵公太子午奔晋。徵舒自立为陈侯。"

【译文】

陈灵公与孔宁、仪行父一起在夏家喝酒取乐。陈灵公对仪行父说："夏徵舒长得像你。"仪行父回答说："也像国君你啊。"夏徵舒很愤恨。陈灵公走出去的时候，夏徵舒在马厩射死陈灵公。孔宁、仪行父二人逃奔楚国。

【经】六月,宋师伐滕①。

【注释】

①六月,宋师伐滕:上年冬,宋国包围滕国,此时攻打。

【译文】

六月,宋军攻打滕国。

【左传】滕人恃晋而不事宋,六月,宋师伐滕。

【译文】

滕国人依恃着晋国而不侍奉宋国,六月,宋军攻打滕国。

△**【经】**公孙归父如齐①。葬齐惠公。

【注释】

①公孙归父:鲁国公子遂之子,字子家。

【译文】

公孙归父到齐国。安葬齐惠公。

【经】晋人、宋人、卫人、曹人伐郑①。

【注释】

①晋人、宋人、卫人、曹人伐郑:郑国又归顺楚国,晋再伐郑。

【译文】

晋人、宋人、卫人、曹人攻打郑国。

【左传】郑及楚平。诸侯之师伐郑，取成而还。

【译文】

郑国和楚国讲和。诸侯的军队攻打郑国，因郑国讲和而罢兵。

【经】秋，天王使王季子来聘①。

【注释】

①天王：周天子，指周定王姬瑜。王季子：周王室大夫。《左传》认
　　为是刘康公，周王同母弟。刘是采邑，康是谥号。《公羊传》认为
　　是周王的弟弟，也就是先王的儿子，故称王，称子，是尊称。《穀梁
　　传》则认为是周王的儿子。

【译文】

秋，周王派王季子来鲁国聘问。

【左传】秋，刘康公来报聘。

【译文】

秋，刘康公来鲁国回报上年孟献子对周王的聘问。

【公羊传】王季子者何？天子之大夫也①。其称王季子
何？贵也。其贵奈何？母弟也②。

【注释】

①天子之大夫也：案名例，天子上大夫称字。经书"王季子"，"季"
　　为其字，故知是天子之大夫。

②母弟也：即是当今天子之同母弟，故地位尊贵。又案名例，"王季
　　子"之称谓，即知是天子母弟。"王子"，表明是先王之子，称字则
　　表明是母弟。非母弟之王子，庶长则称且字，如"王札子"，其余
　　王子则称名，如"王子虎（叔服）"。详参文公元年"天王使叔服
　　来会葬"条。

【译文】

王季子是什么人？是天子的大夫。称之为"王季子"是为何？因为
他尊贵。因何尊贵？他是天子的同母弟。

【穀梁传】其曰王季，王子也。其曰子，尊之也。聘，问也。

【译文】

经文称"王季"，因为他是周王的儿子。经文称"子"，是对他表示尊
重。聘，是访问的意思。

【经】公孙归父帅师伐邾①，取绎②。

【注释】

①邾：《公羊传》作"邾娄"。

②取绎：文公十三年，邾文公迁都于绎。此外又另设绎邑。归父所
　　攻取的绎邑，即另设的绎邑。绎，《公羊传》作"蘱（lèi）"。

【译文】

公孙归父率军攻打邾国，攻取绎。

【左传】师伐邾，取绎。

【译文】

鲁军攻打邾国,攻取了绎地。

△**【经】大水。**

【译文】

鲁国发大水。

【经】季孙行父如齐①。

【注释】

①季孙行父如齐:季孙行父,即季文子,季友之孙。齐顷公即位,行
　父前往祝贺。

【译文】

季孙行父到齐国。

【左传】季文子初聘于齐①。

【注释】

①初聘:齐顷公即位,季文子就去聘问,所以说初聘。

【译文】

季文子初次聘问于齐。

【经】冬,公孙归父如齐①。

【注释】

①公孙归父如齐:如齐,到齐国去。公孙归父访齐是为了向齐国解

释伐邾之事。因为鲁伐邾是以大欺小,担心齐国声讨。

【译文】

冬,公孙归父到齐国。

【左传】冬,子家如齐①,伐邾故也。

【注释】

①子家:公孙归父。鲁国以大国侵凌小国,怕齐国怪罪,因此派子家
　前往解释。

【译文】

冬,子家到齐国去,是因为攻打邾国的缘故。

【经】齐侯使国佐来聘①。

【注释】

①齐侯:指齐国新即位的国君齐顷公姜无野,齐桓公之孙,齐惠公之
　子。国佐:人名,齐国大夫,国归父之子。这次访鲁是为了对之前
　季孙行父访齐表示回访感谢。

【译文】

齐顷公派国佐来聘问。

【左传】国武子来报聘。

【译文】

国武子来回报季文子的聘问。

△**【经】**饥①。

【注释】

①饥:饥荒。水灾之后出现饥荒。

【译文】

鲁国发生饥荒。

【公羊传】何以书？以重书也①。

【注释】

①以重书也:民食不足,百姓不可复兴,危亡将至,故重而书之,明当自省减,开仓廪,赡振乏。

【译文】

为何记录此事？因性质严重而记录。

【经】楚子伐郑①。

【注释】

①楚子伐郑:楚伐郑是因为郑国与晋国讲和。此次晋国出兵救郑,诸侯也帮助保卫郑国。

【译文】

楚庄王攻打郑国。

【左传】楚子伐郑。晋士会救郑,逐楚师于颍北①。诸侯之师戍郑②。

【注释】

①颍:颍水,发源于河南登封西,东南流向,经禹州等地。颍北,当在今禹州北。

②诸侯之师戍郑：诸侯军留下一部分戍守郑国。

【译文】

楚庄王攻打郑国。晋士会救援郑国，在颍水北边赶走了楚军。诸侯部分军队留下戍守郑国。

*【左传】郑子家卒①。郑人讨幽公之乱②，斫子家之棺而逐其族③。改葬幽公，谥之曰灵④。

【注释】

①子家：郑大夫公子归生。

②幽公之乱：指宣公四年，子家与公子宋杀郑灵公。幽公，郑灵公。

③斫（zhuó）子家之棺：郑人撬开子家的棺材，以暴露他的尸体。斫，砍。

④谥之曰灵：郑灵公初谥"幽"，后改为"灵"。

【译文】

郑国子家去世。郑人清算杀害幽公的动乱，把子家的棺木撬开并驱逐他的家族。改葬幽公，并改谥为"灵"。

十一年

△**【经】十有一年春王正月**①。

【注释】

①十有一年：鲁宣公十一年当周定王九年，前598年。

【译文】

鲁宣公十一年春周历正月。

【经】夏^①,楚子、陈侯、郑伯盟于辰陵^②。

【注释】

①夏:案时月日例,盟例日,恶其不信也,小信书月,大信书时。此处书时者,陈夏徵舒弑君,楚庄王为讨伐夏徵舒,为辰陵之盟,故书大信之辞。

②陈侯:陈灵公被杀不久,此陈侯可能是夏徵舒。郑伯:郑襄公姬坚。辰陵:陈地名,在今河南淮阳西。《穀梁传》作"夷陵"。

【译文】

夏,楚庄王、陈侯、郑襄公在辰陵结盟。

【左传】十一年春,楚子伐郑,及栎^①。子良曰^②:"晋、楚不务德而兵争,与其来者可也^③。晋、楚无信,我焉得有信?"乃从楚^④。夏,楚盟于辰陵,陈、郑服也。

【注释】

①栎:郑地名,在今河南禹州。

②子良:郑大夫公子去疾。

③与其来者:谁来攻打就归顺谁。

④乃从楚:从宣公元年至今,晋国五次伐郑,楚国七次加兵,有时郑国一年中受到晋、楚的交相攻击,所以子良主张采取顺风倒的策略。

【译文】

鲁宣公十一年春,楚庄王进攻郑国,到达栎地。子良说:"晋国和楚国不致力于建立仁德而只知道争用武力,我们只好谁来攻打就归顺谁好了。晋国和楚国都不讲信用,我们还能够讲信用吗?"于是又归顺楚国。夏,楚庄王在辰陵结盟,因为陈、郑又归顺楚国了。

　　*【左传】*楚左尹子重侵宋①，王待诸郔②。令尹艻艾猎城沂③，使封人虑事④，以授司徒⑤。量功命日⑥，分财用⑦，平板干⑧，称畚筑⑨，程土物⑩，议远迩⑪，略基趾⑫，具糇粮⑬，度有司⑭。事三旬而成，不愆于素⑮。

【注释】

①左尹：楚官名。子重：楚庄王之弟，公子婴齐。

②郔（yán）：在今河南项城南。

③艻艾猎：孙叔敖。沂：楚邑，在今河南正阳。楚庄王以沂作为向北进攻的起点。

④封人：管理、镇守边疆的地方官，兼掌建筑城郭之事。虑事：考虑工程计划。

⑤以授司徒：封人是司徒的属官，虑事完备，要向司徒报告。

⑥量功命日：计量工程，规定日期。

⑦分财用：分配材料和用具。财，通"材"。

⑧平板干：取平夹板和支柱。板，筑墙的夹板。干，筑墙时树在两头的支柱。

⑨称畚（běn）筑：运土和筑土速度相等，不使窝工。称，相称。畚，装土的畚箕。筑，筑土杵。

⑩程土物：土方与材木皆先计算出来，预先准备好不致停工待料。程，计量。土，土方量。物，材木。

⑪议远迩（ěr）：研究远近，好就近取材。迩，近。

⑫略：巡视。基趾：城郭的边界。

⑬具糇（hóu）粮：预先准备好夫役的干粮。糇粮，干粮。

⑭度：审察选拔。有司：此指工程各方面的负责人。

⑮愆（qiān）：超出。素：原定计划。

【译文】

楚国派左尹子重入侵宋国,楚庄王自己在郔地等待消息。令尹芳艾猎在沂地筑城,派封人考虑工程计划,再向司徒报告。他们计量工程,规定日期,分配材料和用具,取平夹板和支柱,规划好运土和筑土的速度,计算好土方量和木料,研究取材的远近,巡视城郭的边界,准备好干粮,选拔工程负责人。工程三十天完成,没有超出预定计划。

△**【经】公孙归父会齐人伐莒。**

【译文】

鲁国公孙归父会同齐人攻打莒国。

【经】秋,晋侯会狄于欑函①。

【注释】

①晋侯会狄于欑(cuán)函:晋侯,指晋国新即位的国君晋景公姬周,又名姬獳(nòu)。晋文公之孙,晋成公之子。欑函,狄地名,今不详所在。赤狄压迫众狄,于是晋国拉拢众狄,孤立赤狄,后来一举灭亡了赤狄。两国相会,称为离会。案《春秋》三世之例,传闻世仅书鲁国之离会,如隐公二年"公会戎于潜",不书外诸侯之离会;至所闻世,书外诸侯之离会,此条即是。

【译文】

秋,晋景公前往欑函与狄人相会。

【左传】晋郤成子求成于众狄①。众狄疾赤狄之役②,遂服于晋。秋,会于欑函,众狄服也。是行也,诸大夫欲召狄③。

郤成子曰："吾闻之，非德，莫如勤④，非勤，何以求人？ 能勤，有继⑤。其从之也⑥。《诗》曰：'文王既勤止⑦。'文王犹勤，况寡德乎⑧？"

【注释】

①郤成子：郤缺。求成：和好。

②疾：憎恨。赤狄之役：被赤狄奴役。

③召狄：指召狄人前来会见，因为晋大夫认为晋侯前去，有失身份。

④非德，莫如勤：指不能以德服人，就必须自己勤谨。

⑤有继：事情能成功。

⑥其：祈使语气词，还是。从：就，前往。

⑦文王既勤止：引诗见《诗经·周颂·赉》。

⑧寡德：少德行，寡德之人。

【译文】

晋郤成子与狄人各部族谋求和好。狄人各部族憎恨赤狄对他们的奴役，因此顺服晋国。秋，相会于欑函，因为狄人各部族归服了。在这次会见前，晋国大夫们要召狄人前来会见。郤成子说："我听说，不能以德服人，就不如自己勤劳，自己不勤劳，怎么要求别人服我？ 能勤劳，事情便能成功。还是我们去吧。《诗》里说：'文王已经勤劳了。'文王尚且勤劳了，更何况寡德之人呢？"

【穀梁传】不言及，外狄也①。

【注释】

①外狄：把狄人排斥在中原诸侯国之外。

【译文】

不说"及"，是把狄人排斥在中原诸侯之外。

【经】冬十月,楚人杀陈夏徵舒^①。丁亥,楚子入陈^②。

【注释】

①冬十月,楚人杀陈夏徵舒:楚庄王以讨乱之名派兵进入陈国,杀了
　夏徵舒之后灭了陈国,将其作为楚国的一个邑,后在大臣的劝谏
　下又将陈国复国。

②丁亥,楚子入陈:丁亥,十一日。楚庄王杀夏徵舒后,生贪利之
　心,占领了陈国,后幡然悔悟,不取其国而存陈。案时月日例,入
　例时,伤害多则月。此处书日者,是恶楚庄王有贪利之心。仍书
　"楚子"而不贬抑者,因其幡然悔悟,保存陈国。

【译文】

冬十月,楚人杀了陈国夏徵舒。十一日,楚庄王进入陈国国都。

【左传】冬,楚子为陈夏氏乱故,伐陈。谓陈人无动^①,
将讨于少西氏^②。遂入陈,杀夏徵舒,辕诸栗门^③。因县陈^④。
陈侯在晋^⑤。

【注释】

①动:惊恐。

②少西氏:指夏徵舒家族。少西,夏徵舒祖父名。

③辕(huàn):车裂。栗门:陈城门。

④县:作动词,灭掉陈国,以其地设为楚县。

⑤陈侯在晋:陈侯,指陈灵公太子午,当时避乱在晋国。楚盖借讨夏
　徵舒为名,实乘其无君而谋其国。

【译文】

冬,楚庄王为了陈国夏氏动乱的缘故,攻打陈国。楚人告诉陈人不

要惊慌,楚将讨伐少西氏。于是攻进陈国,杀了夏徵舒,在陈国的栗门车裂。于是把陈国设为楚国的一个县。陈侯当时在晋国。

申叔时使于齐①,反,复命而退②。王使让之,曰:"夏徵舒为不道,弑其君,寡人以诸侯讨而戮之③,诸侯、县公皆庆寡人④,女独不庆寡人,何故?"对曰:"犹可辞乎⑤?"王曰:"可哉!"曰:"夏徵舒弑其君,其罪大矣;讨而戮之,君之义也。抑人亦有言曰⑥:'牵牛以蹊人之田⑦,而夺之牛。'牵牛以蹊者,信有罪矣;而夺之牛,罚已重矣⑧。诸侯之从也⑨,曰讨有罪也。今县陈,贪其富也。以讨召诸侯,而以贪归之⑩,无乃不可乎?"王曰:"善哉! 吾未之闻也。反之⑪,可乎?"对曰:"吾侪小人所谓取诸其怀而与之也⑫。"乃复封陈⑬。乡取一人焉以归,谓之夏州⑭。故书曰:"楚子入陈,纳公孙宁、仪行父于陈。"书有礼也⑮。

【注释】

①申叔时:楚大夫。

②复命而退:指申叔时复命后就退下,不祝贺灭陈的胜利。

③以诸侯:率领诸侯军。伐陈时有属国诸侯参加。

④县公:县令。

⑤辞:作动词,陈辞,陈说。

⑥抑:转折连词,不过。

⑦蹊(xī):小路。此作动词,指践踏别人的田。

⑧已:太。

⑨从:从楚伐陈。

⑩归:结束。

⑪反之:恢复陈国。

⑫吾侪(chái)小人:当时习惯用语。吾侪,我辈。

⑬复封陈:恢复陈国,立陈成公。

⑭乡取一人焉以归,谓之夏州:意为取陈国每乡一人归楚,聚居一地,取名夏州,以彰扬楚国伐陈的武功。

⑮书有礼也:《史记·陈杞世家》亦载此事,末云:"孔子读史记至楚复陈,曰:'贤哉楚庄王!轻千乘之国而重一言。'"

【译文】

申叔时出使齐国,返回到国内,回复命令后就退下了。楚王派人责备他,说:"夏徵舒行无道之事,杀死他的国君,寡人率领诸侯讨伐他并且诛杀了他,诸侯、县令都向寡人庆贺,唯独你不向寡人庆贺,什么缘故啊?"申叔时回答说:"我还可以陈述理由吗?"楚王说:"可以啊!"申叔时回答说:"夏徵舒杀了他的国君,他的罪够大了;您讨伐他并诛杀他,您是在行仁义啊。不过人们也说:'牵着牛以践踏别人的田,就夺走他的牛。'牵牛践踏别人,确实是有错的;但夺走他的牛,惩罚就太重了。诸侯跟随楚国攻打陈国,说是讨伐有罪。现在把陈国设为楚国的一个县,那是贪图它的财富了。以讨伐有罪召集诸侯,而以贪婪结束,恐怕不可以吧?"楚庄王说:"好啊! 我还没听说过这样的道理呢。恢复陈国,可以吗?"申叔时回答说:"这就是我们这些小人所说的'从别人怀里夺过来再还给他'呀。"于是就恢复陈国并立了国君。取陈国每乡一个人归楚,聚于一地,取名夏州。所以《春秋》记载说:"楚王入陈。护送公孙宁、仪行父回陈。"这样记载,是认为楚庄王贤明有礼。

【公羊传】此楚子也,其称人何? 贬。曷为贬? 不与外讨也①。不与外讨者,因其讨乎外而不与也。虽内讨,亦不与也②。曷为不与? 实与,而文不与③。文曷为不与? 诸侯之义，不得专讨也。诸侯之义不得专讨，则其曰实与之何？上无天子，下无方伯，天下诸侯有为无道者，臣弑君，子弑父，力能讨之，则讨之可也。

【注释】

①不与外讨也：不与，不赞同。外讨，即至外国诛讨该国弑君之贼。案礼制，弑君之贼，国内人人能讨，方伯奉天子之命，亦能诛讨之。此处陈国之弑君，与楚国无涉，而楚庄王杀夏徵舒，又无天子之命，是专天子之权，故不与也。且楚庄王为贤君，以贤君讨重罪，若不贬抑楚庄王，则不知其有非礼之处。

②虽内讨，亦不与也：内讨，即专杀大夫。案礼制，大夫是国之股肱，是天子命与诸侯治国者，故诸侯不得专杀大夫。

③实与，而文不与：实际上赞同，而文辞上不赞同。反映在书法上，经书"楚人杀陈夏徵舒"与讨贼之辞（陈人杀夏徵舒）相似，此为实与；同时贬"楚子"为"楚人"，则是文不与。

【译文】

这是楚子，为何称之为"楚人"？是贬抑他。为何贬抑？因为不赞成外讨。不赞成外讨，是因诛讨的是外国的弑君贼，所以不赞同。即是在国内专杀大夫，也是不赞同的。为何不赞同？实际上赞同，而文辞上不赞同。文辞上为何不赞同？诸侯之义，不得擅自征讨。诸侯之义不得擅自征讨，那么说实际上赞同是为何？上无天子，下无方伯，天下诸侯有无道之行的，臣弑杀君王，儿子弑杀父亲，有能力征讨的，征讨是可以的。

【穀梁传】此入而杀也。其不言入，何也？外徵舒于陈也。其外徵舒于陈，何也？明楚之讨有罪也。入者，内弗受也。日入，恶入者也。何用弗受也？不使夷狄为中国也①。

【注释】

①夷狄:是当时对华夏以外少数部族的统称,含有鄙意,以"夷"称
　东方少数部族,以"狄"称北方少数部族,楚国被以夷狄之国视
　之。为:治理,统治。

【译文】

这是进入陈国杀的。经文不说"入",为什么呢? 是把夏徵舒排除
在陈国之外。经文把夏徵舒排除在陈国之外,为什么呢? 表明楚国是讨
伐有罪的人。"入"的意思,就是陈国人不接受。记载进入的日期,是厌
恶进入的人。为什么不接受呢? 是不让夷狄之国统治中原国家。

【经】纳公孙宁、仪行父于陈①。

【注释】

①纳公孙宁、仪行父于陈:上年二人逃亡楚国。公孙宁,即孔宁。
　宁,《公羊传》作"甯"。

【译文】

护送公孙宁、仪行父回陈国。

【公羊传】此皆大夫也,其言纳何? 纳公党与也①。

【注释】

①纳公党与也:公,指陈灵公。党与,指公孙宁、仪行父。何休云:
　"徵舒弑君,宁、仪行父如楚诉徵舒,徵舒之党从后绝其位,楚为讨
　徵舒而纳之。本以助公见绝,故言纳公党与。"楚庄王纳公党与
　于陈,则见其终无取陈之心。

【译文】

此二人都是大夫,经书"纳"是为何? 是送入陈灵公的党羽。

【穀梁传】纳者，内弗受也。辅人之不能民而讨犹可^①。入人之国，制人之上下^②，使不得其君臣之道，不可。

【注释】

①辅：帮助。民：治理百姓。

②上下：君臣。

【译文】

"纳"的意思，就是陈国人不接受。帮助不能治理好百姓的国君讨伐乱臣尚且可以。进入别人的国家，控制别人的君臣，让他们不能行君臣之道，不可以。

　　*【左传】厉之役^①，郑伯逃归，自是楚未得志焉^②。郑既受盟于辰陵，又徼事于晋^③。

【注释】

①厉之役：指宣公六年楚人伐郑之役。

②未得志：指郑国的策略是"与其来者"，所以虽多次与楚讲和，并未真正服楚。

③郑既受盟于辰陵，又徼（yāo）事于晋：本年夏，郑国在辰陵与楚结盟后，并没有断绝同晋国的来往。此段本与下年"十二年春，楚子围郑"相连，今被分裂置此。徼事，请求侍奉。徼，求。

【译文】

厉地那次战役，郑襄公逃回，从此以后楚国并未能得志。郑国在辰陵虽然接受了盟约，又请求侍奉晋国。

十二年

【经】 十有二年春①,葬陈灵公。

【注释】

①十有二年:鲁宣公十二年当周定王十年,前597年。

【译文】

鲁宣公十二年春,安葬陈灵公。

【公羊传】 讨此贼者,非臣子也,何以书葬? 君子辞也①。楚已讨之矣,臣子虽欲讨之,而无所讨也。

【注释】

①君子辞也:君子宽恕之辞。案《春秋》之例,君弑,臣子不讨贼,则不书国君之葬。此处楚国已为陈国讨贼,则臣子无贼可讨,《春秋》宽恕之,故书陈灵公之葬。

【译文】

此处诛讨弑君贼之人,不是陈国臣子,为何书葬? 这是君子宽恕之辞。楚国已经诛讨弑君贼了,陈国臣子即使想要讨贼,也无贼可讨了。

【经】 楚子围郑①。

【注释】

①围郑:楚围郑三月而破城,郑襄公姬坚袒肉牵羊而见楚庄王,表示愿到楚国做俘虏。楚庄王以其能屈居人下,退兵三十里,派潘尪与郑讲和。郑国的子良到楚国做人质。

【译文】

楚庄王围攻郑国。

【左传】十二年春，楚子围郑，旬有七日。郑人卜行成，不吉；卜临于大宫①，且巷出车②，吉。国人大临③，守陴者皆哭④。楚子退师，郑人修城。进复围之，三月，克之。入自皇门⑤，至于逵路⑥。郑伯肉袒牵羊以逆⑦，曰："孤不天⑧，不能事君，使君怀怒以及敝邑，孤之罪也，敢不唯命是听？其俘诸江南⑨，以实海滨，亦唯命；其翦以赐诸侯⑩，使臣妾之⑪，亦唯命。若惠顾前好⑫，徼福于厉、宣、桓、武⑬，不泯其社稷⑭，使改事君，夷于九县⑮，君之惠也，孤之愿也，非所敢望也。敢布腹心⑯，君实图之。"左右曰："不可许也，得国无赦。"王曰："其君能下人⑰，必能信用其民矣，庸可几乎⑱？"退三十里而许之平。潘尪入盟⑲，子良出质⑳。

【注释】

①临于大宫：哭于祖庙。临，哭。大宫，诸侯国太祖之庙。此指郑国的祖庙。

②巷出车：把兵车陈于里巷之间，准备巷战。案"临于大宫"及"巷出车"，表明郑人有死战到底的决心。

③国人大临：城中之人皆哭于大宫。

④守陴（pí）者皆哭：守城将士不得哭于大宫，故哭于陴上。守陴者，即守城者。陴，城上的女墙。

⑤皇门：郑都城门名。

⑥逵路：大路。

⑦郑伯：郑襄公姬坚。肉袒牵羊：表示愿意服罪受刑。肉袒，脱去上衣，赤裸肩背。

⑧不天：不能秉承天意。

⑨俘诸江南：指被放逐于江南。

⑩翦：消灭。

⑪臣妾之：做诸侯的奴仆。

⑫前好：楚、郑二国世有盟誓之好。

⑬徼（yāo）福：求福。厉、宣：周厉王、周宣王。郑桓公是周厉王的少子，周宣王的庶弟，周宣王时始封于郑。桓、武：郑桓公、郑武公。郑武公是郑桓公之子。桓公、武公皆郑开国贤君。

⑭泯：灭。

⑮夷于九县：意即愿为楚之属国，而保留其社稷，如当时的陈、蔡等国。楚国曾将吞灭的小国置为县，如上年县陈；郑国土地较大，非仅一县，故云"九县"。夷，等同。九，虚数，非实指。

⑯布腹心：披露心里的话。

⑰能下人：能屈居于他人之下。

⑱庸：难道，哪里。几：通"冀"，希望。

⑲潘尪（wāng）：楚大夫，一称"师叔"。

⑳子良：即公子去疾，郑襄公之弟。以仁让忠良闻名于当时。

【译文】

鲁宣公十二年春天，楚庄王发兵包围郑国都城，有十七天。郑君臣以占卜问与楚求和之事，结果不吉利；又以占卜问哭于郑祖庙，然后陈车于巷准备巷战之事，结果大吉。都城里的人大哭于祖庙，守城的士兵也全都哭了。楚庄王命令退兵，郑人趁机修复了城墙。不久楚军又向前推进，又包围了郑都，三个月后，将其攻克。从皇门攻入，一直打到通衢大道。郑襄公脱去上衣袒露肩背，牵着羊以迎接楚庄王进城，说："孤得不到天的佑助，没能事奉好君王，使君王生气，来到敝城，这是孤的罪过,我岂敢不唯命是从?要是把我俘虏到江南,充实楚国海滨无人之地,我也将唯命是从;如果灭亡郑,将其赐给诸侯国,让郑国人做他们的臣妾,我也依然唯命是从。如果君王施予恩惠,顾念过去两国的友好,向周厉王、周宣王、郑桓公、郑武公求福,不灭掉这个国家,让它改而事奉君王,等同于楚国的诸县,那可真是君王的恩德、我的愿望,但这并非我所敢于希望的。我大胆地向君王坦露我的心事,唯请君王考虑。"楚庄王左右的人都说:"不能答应郑君的要求,既已得人之国,就不宜再赦免它。"楚庄王说:"郑国之君能屈居于他人之下,就一定能凭诚信使用他的人民,这样的国家,我们岂可希望得到?"命令全军后退三十里,并答应郑国的求和。楚派潘尪入城结盟,郑派子良入楚为质。

【经】夏六月乙卯[①],晋荀林父帅师及楚子战于邲[②],晋师败绩[③]。

【注释】

①乙卯:六月无乙卯,此为六月某日。

②荀林父:晋国大夫,又称"桓子""荀伯""中行氏"。邲(bì):郑地名,在今河南郑州西北、荥阳东北。

③晋师败绩:楚围郑,晋前来救援。晋军赶到之时,楚已和郑讲和,晋军内部将领主战、主和意见不一,被楚国抓住战机,一举击溃。案是年秋,郑伯、许男如楚;冬,楚灭萧。吕大圭曰:"邲之一战,晋、楚胜负之一决也。自(晋)邲之败,而楚横行莫制。"

【译文】

夏六月乙卯日,晋国荀林父率军和楚庄王在邲地交战,晋军失败。

【左传】夏六月,晋师救郑。荀林父将中军[①],先縠佐之[②];

士会将上军③，郤克佐之④；赵朔将下军⑤，栾书佐之⑥。赵括、赵婴齐为中军大夫⑦，巩朔、韩穿为上军大夫⑧，荀首、赵同为下军大夫⑨，韩厥为司马⑩。

【注释】

①中军：晋三军以中军为首，中军将即三军的统帅。

②先縠（hú）：先轸的后裔，又名原縠，本人采食于彘，又称"彘子"。邲之役，因刚愎自用而为楚所败，后又招狄攻晋，终为晋人所杀。

③士会：字季，名会，亦称"士季""随季""随会""随武子""范武子""范会"。

④郤克：晋国大夫，亦称"郤献子""郤伯"。

⑤赵朔：赵盾之子，晋成公的女婿，亦称"赵庄子"。

⑥栾书：晋国名将，亦称"栾武子""栾伯"。

⑦赵括：赵盾的异母弟，亦称"屏括""屏季"。赵婴齐：赵括的同母弟，亦称"赵婴""楼婴"。中军大夫：指中军将佐之外的官，三军皆置有"大夫"。

⑧巩朔：晋国大夫，亦称"巩伯""士庄伯"。韩穿：晋大夫韩简的同族。

⑨荀首：荀林父之弟，亦称"知（zhì）庄子""知氏"。赵同：赵括的同母兄，亦称"原同""原叔"。

⑩韩厥：韩简之孙，晋之名臣，亦称"韩献子"。司马：掌军政、军赋的官。

【译文】

夏六月，晋出兵救郑。荀林父率中军，先縠辅助他；士会率上军，郤克辅助他；赵朔率下军，栾书辅助他。赵括、赵婴齐为中军大夫，巩朔、韩穿为上军大夫，荀首、赵同为下军大夫，韩厥为司马。

及河，闻郑既及楚平，桓子欲还①，曰："无及于郑而剿民②，焉用之？楚归而动③，不后。"随武子曰④："善。会闻用师，观衅而动⑤。德、刑、政、事、典、礼不易⑥，不可敌也，不为是征⑦。楚军讨郑⑧，怒其贰而哀其卑⑨。叛而伐之，服而舍之，德、刑成矣。伐叛，刑也；柔服⑩，德也。二者立矣。昔岁入陈⑪，今兹入郑，民不罢劳⑫，君无怨讟⑬，政有经矣⑭。荆尸而举⑮，商、农、工、贾不败其业，而卒乘辑睦⑯，事不奸矣⑰。荆敖为宰⑱，择楚国之令典⑲，军行，右辕，左追蓐，前茅虑无，中权，后劲⑳。百官象物而动㉑，军政不戒而备㉒，能用典矣㉓。其君之举也㉔，内姓选于亲㉕，外姓选于旧㉖；举不失德，赏不失劳；老有加惠，旅有施舍。君子小人，物有服章㉗。贵有常尊，贱有等威㉘，礼不逆矣。德立、刑行、政成、事时、典从、礼顺㉙，若之何敌之？见可而进，知难而退，军之善政也。兼弱攻昧㉚，武之善经也㉛。子姑整军而经武乎㉜！犹有弱而昧者，何必楚？仲虺有言曰㉝：'取乱侮亡。'兼弱也。《汋》曰：'於铄王师，遵养时晦㉞。'耆昧也㉟。《武》曰：'无竞惟烈㊱。'抚弱耆昧，以务烈所㊲，可也。"彘子曰㊳："不可。晋所以霸，师武、臣力也。今失诸侯㊴，不可谓力；有敌而不从，不可谓武。由我失霸，不如死㊵。且成师以出㊶，闻敌强而退，非夫也㊷。命为军帅，而卒以非夫，唯群子能㊸，我弗为也。"以中军佐济㊴。

【注释】

①桓子：荀林父的谥号。

②无及于郑：郑已降楚，救郑已来不及。剿（jiǎo）：劳苦。

③楚归而动：意谓等楚兵返回后再动兵伐郑，责其降楚。

④随武子：士会。

⑤衅：间隙，机会。

⑥不易：不违背常规。

⑦不为是征：即"不征是"，不贸然进攻。

⑧军：或本作"君"。

⑨贰：贰于楚而亲晋。卑：指郑襄公卑辞以求服楚。

⑩柔服：用怀柔之道对待服罪的国家。

⑪昔岁入陈：即上年入陈杀夏徵舒事。

⑫罢（pí）：疲劳，衰弱。

⑬讟（dú）：怨言，怨谤。

⑭有经：符合常法。

⑮荆尸：是楚武王创造的一种作战阵法。举：举兵。

⑯卒：步兵。乘：战车上的甲士。辑睦：和睦。

⑰奸：犯，干扰，抵触。

⑱蒍敖：即宣公十一年传文中的蒍艾猎，即孙叔敖。宰：楚之令尹。

⑲令典：好的政令和法典。令，善。

⑳"右辕"五句：右、左、前、中、后都指军队。右辕，右军夹辕（即夹车），保护兵车前进。辕，此指将军之战车。左追蓐（rù），左军搜寻粮食刍薪。蓐，草，用以喂军马及人睡卧时铺地。茅，通"旄（máo）"，指"旄旌"，即饰以旄牛尾巴的旌旗。古代军制，前军探道时，以旌为标志告诉后军。虑无，侦查有无敌人的踪迹。后劲，以精兵作为殿后。

㉑象物而动：古代行军，以各种不同的旗帜做行动的标志，如，举日章（绘有太阳的旗帜，下仿此）则昼行，举月章则夜行，举龙章则行水，举虎章则行林，举鸟章则行陂，举蛇章则行泽，举鹊章则行

陆,举狼章则行山等(见《管子·兵法》)。物,指绘有各种鸟兽图案的旗帜。

㉒戒:下令戒备。

㉓用典:运用法典。

㉔举:举用人才。

㉕内姓:同姓。亲:王室支系中亲近的人。

㉖外姓:异姓。旧:指贵族世家。

㉗物有服章:衣饰器物各有标志和文采。

㉘贱有等威:竹添光鸿云:"威、畏通,言贱者有等之可畏,而不苟犯尊也。"

㉙事时:办事合于时宜。典从:法典人人服从。

㉚兼弱:兼并弱小国家。攻昧:攻取政治上昏昧的国家。

㉛善经:指治军的好方法,好原则。

㉜经武:加强武备。

㉝仲虺(huǐ):商汤的左相,姓任。

㉞於(wū)铄王师,遵养时晦:引《诗》见《诗经·周颂·酌》。沩,亦作"酌"。於,感叹词,有赞美之意。铄,盛大。遵,顺着。养,取。时,通"是",此。晦,昏昧之人。

㉟耆(qí)昧:攻昧。耆,致。此指攻伐。

㊱无竞惟烈:引《诗》见《诗经·周颂·武》。无竞,无止境。烈,功业。

㊲务:致力于,寻求。烈所:功业之所在。

㊳彘(zhì)子:先縠。

㊴诸侯:指郑国。

㊵不如死:晋国从文公以来,称霸已久,先縠认为不与楚会战将丢掉霸主地位。

㊶成师:整顿军队。

㊷夫:大丈夫。

㊸群子：你们这些人。

㊹以中军佐济：指挥中军佐所部渡河。济，渡河。

【译文】

晋军来到黄河边，听说郑国已经跟楚国讲和，荀林父想撤军回去，说："救郑国既然已经来不及，又让士卒非常劳苦，再进军又有何用？等楚军撤走后再兴师伐郑，为时也不晚。"士会说："对。士会听说凡用兵，必须见有机可乘，然后才可发动进攻。凡德行、刑罚、政令、事务、典则、礼仪不违背常道的国家，都是不可抵挡的，这样的国家是不能征讨的。楚军讨伐郑国，恼怒它的三心二意，哀怜它的谦卑。郑国反叛就讨伐它，服罪就赦免它，楚国的德行、刑罚都已具备。讨伐反叛者，这是用刑罚；怀柔服罪者，这是施德行。这二者楚国都已树立起来了。去年伐陈国，今年又征讨郑国，人民不觉得疲劳，国君也不被人所怨恨诽谤，这说明楚之政令合乎常道。楚举兵出征，摆开阵势，国内的商贩、农夫、工匠、店主并没废弃他们的本职，步卒、甲士和睦相处，这说明楚国的事务是互不抵触的。苈敖为楚之宰相，能斟酌选择适于楚国的好法典，行军打仗时，右军随将军战车之所向而进退，左军负责寻找草蓐，前军以旄旌为标志，探查有无敌人的踪迹，中军负责权衡一切，后军以劲旅殿后。军中百官根据不同的旗帜，采取不同的行动，军中政令不待主帅下令警戒，士卒就已有所防备，这说明楚国善于运用典则。楚君录用人才，同姓的从亲族中选拔，异姓的从旧臣中选拔；选拔而不遗漏有德者，赏赐而不遗漏有功者；老者受优待，旅客得馈赠。君子小人，其衣饰器物都各有标志和章纹，以别尊卑。高贵者有不变的尊位，卑贱者有威仪之等差，这说明楚之礼仪不悖有序。德行树立，刑罚施行，政令完备，事务适时，典则人人服从，礼仪和谐顺畅，我们怎能与之为敌？见到有利就前进，知道艰难就撤退，这是治军的良好准则。兼并弱小之国，攻讨昏昧之国，这是用兵的良好韬略。你姑且先整顿军队，经营武备吧！诸侯中尚有弱小或昏昧的国家，何必非伐楚不可？仲虺说过：'攻取内乱之国，凌辱衰亡之国。'说的就是兼并弱者。《汋》说：'伟大而强盛的王师，它顺从民意，攻取昏昧之王。'说的就是攻取昏昧者。《武》说：'武王功业强盛无比。'说明安抚弱者、攻取昏昧，以求功业之所在，是可以的。"先縠说："不行。晋国之所以称霸诸侯，是因为军队勇武，群臣尽力。现在失去了郑国，不能说尽到了力；遇到敌人，却不敢与之周旋，不能说勇武。因为我失去霸主的地位，还不如死去。况且整顿军队出征，听说敌人强大就撤退，这不是大丈夫。受命为军中主帅，而最终却不能像个大丈夫，唯有诸位能做到，我不做这样的人。"他带领自己中军副帅的部属渡过了黄河。

知庄子曰[1]："此师殆哉[2]！《周易》有之，在《师》䷆之《临》䷒[3]，曰：'师出以律，否臧，凶[4]。'执事顺成为臧[5]，逆为否。众散为弱，川壅为泽[6]，有律以如己也[7]，故曰律。否臧[8]，且律竭也。盈而以竭，夭且不整[9]，所以凶也。不行之谓《临》[10]，有帅而不从，临孰甚焉[11]！此之谓矣。果遇[12]，必败，彘子尸之[13]，虽免而归[14]，必有大咎。"韩献子谓桓子曰[15]："彘子以偏师陷[16]，子罪大矣。子为元帅，师不用命，谁之罪也？失属亡师[17]，为罪已重，不如进也。事之不捷，恶有所分[18]。与其专罪[19]，六人同之，不犹愈乎[20]？"师遂济。

【注释】

①知庄子：荀首。

②殆（dài）：危险。

③在《师》䷆之《临》䷒：《师》卦卦形为《坎》下《坤》上。《临》卦卦形为《兑》下《坤》上。从《师》变成《临》，即由《坎》变为《兑》，其卦形唯初爻不同，故下文即《师·初六》爻辞。

④师出以律，否（pǐ）臧，凶：《师·初六》爻辞。师出以律，出师必须

以法制号令指挥军队。否,不。臧,善。

⑤执事:行事。

⑥众散为弱,川壅为泽:此二句解释卦象。《师》变为《临》,是由于《坎》变为《兑》。"坎"象征众,"兑"象征柔弱,因此"坎"变为"兑"是众变为弱之象。"坎"代表大川,"兑"代表泽;"坎"变为"兑"又象征流动的川水因壅塞而变成沼泽。

⑦有律:指有纪律,即听从法制号令。如己:顺从自己,指就像自己指挥自己一样。

⑧否臧:指将佐不服从主帅,军纪实施不顺利。暗指先縠不服从主帅指挥,自己先渡河。

⑨盈而以竭,夭且不整:此是承上面"众散"两句卦象而言。盈而以竭,《坎》为川,川水盈满,川壅为泽,泽水易竭;又师出不以律,则律竭,两"竭"字相应,故曰"盈而以竭"。川壅为泽,是水被阻塞。众散,是不整。夭,塞。

⑩不行之谓《临》:从《师》卦变成《临》卦,唯下卦从《坎》变成《兑》,坎为水,兑为泽,说明水因堵塞不通畅而积聚成沼泽,故云"不行之谓《临》"。

⑪临孰甚焉:军中号令不行,这是最严重的"临"。

⑫遇:遇敌。

⑬尸:主,承受。

⑭免:免于战死。

⑮韩献子:韩厥。

⑯偏师:此指先縠所率领的中军佐的军队。

⑰属:属国。此指郑国。

⑱恶:罪责。

⑲专罪:指元帅一人承担罪责。

⑳愈:好过,胜过。

【译文】

知庄子说:"先縠的这支队伍危险呀!《周易》有这样的情况,从《师》卦变成《临》卦,爻辞说:'行军出征,须有法度纪律,若纪律不好,则凶。'办事顺从主帅、完成使命,这叫'善',反之则为'否'。众心涣散,力量就削弱,江河堵塞,就会变成沼泽地,行军有纪律,进退一如己意,这叫'律'。军纪实施得不好,说明军队已经败坏穷竭了。水由充盈而枯竭,堵塞而不通畅,这是凶险之兆。水流不通畅变成《临》卦,有主帅却不听从,还有什么比这种《临》更严重的? 这里讲的就是先縠这样的人。要是他带兵与敌人相遇,必败无疑,他遭遇此祸,即使能免于一死而回来,也一定有大难。"韩厥对荀林父说:"先縠带领部分军队陷于敌阵,您的罪过可大了。您身为元帅,而军队却不听从命令,这是谁的罪过? 失去属国,丧失军队,罪过是很重的,不如进军更好。要是战事不胜,罪过可由大家共同分担。与其由你一人独担罪责,不如我们六人共同承担,这不是更好吗?"于是全军渡过黄河。

　　楚子北师次于郔①。沈尹将中军②,子重将左③,子反将右④,将饮马于河而归。闻晋师既济,王欲还,嬖人伍参欲战⑤。令尹孙叔敖弗欲,曰:"昔岁入陈,今兹入郑,不无事矣⑥。战而不捷,参之肉其足食乎⑦?"参曰:"若事之捷,孙叔为无谋矣⑧。不捷,参之肉将在晋军,可得食乎?"令尹南辕、反旆⑨,伍参言于王曰:"晋之从政者新⑩,未能行令。其佐先縠刚愎不仁,未肯用命。其三帅者,专行不获⑪,听而无上,众谁适从? 此行也,晋师必败。且君而逃臣,若社稷何⑫?"王病之⑬,告令尹改乘辕而北之⑭,次于管以待之⑮。

【注释】

①邲（yán）：地名，在今河南郑州北，靠近黄河。

②沈尹：楚大夫，余不详。

③子重：公子婴齐的字，楚庄王之弟，楚之正卿，亦称"左尹子重"。

④子反：公子侧的字，原为宋国公子，仕楚为正卿，后为大司马，亦称"大司马侧"。

⑤嬖（bì）人：受宠之人。伍参：伍子胥的曾祖父。

⑥不无事：非无战事。

⑦参之肉其足食乎：言外之意即，若战而不胜，虽杀伍参不足以谢国人。

⑧孙叔：孙叔敖。

⑨令尹南辕、反旆（pèi）：意指准备撤退回国。敌人在北，车当北辕，今南辕，是回车。反旆，军旗也掉过头来。反，返回，掉头。

⑩从政者新：荀林父于邲之战前数月才任中军之将，故云。从政者，指荀林父。

⑪专行不获：在主帅的统率下，不能专行己意。

⑫君而逃臣，若社稷何：以君逃臣，有辱国家。僖公二十八年传文云："以君辟臣，辱也。"君，指楚王。臣，指晋臣，荀林父等。

⑬病之：对伍参君逃臣的话感到不舒服。

⑭改乘辕而北之：改变车辕的方向向北。意为准备迎战。

⑮管：地名，在今河南郑州北二里。

【译文】

　　楚庄王率军北上，驻扎于邲地。沈尹率中军，子重率左军，子反率右军，准备饮马于黄河然后回师。听说晋军已经渡过黄河，楚庄王想撤军，其宠幸小臣伍参想交战。令尹孙叔敖不想打，说："去年伐陈，今年征郑，不是没有战争之事。战而不胜，伍参的肉够全国人吃吗？"伍参说："如果作战胜利了，孙叔敖就是无谋之人了。如果不胜，伍参的肉将在晋军之中，能吃得到吗？"令尹把车辕转而向南，把军旗也掉转方向，伍参对楚庄王说:"晋国的执政者新任不久,无法推行军令。副将先縠倔强固执,缺乏仁心,不肯听令。三军之帅想自主行事也无法办到,士卒即使想听令也不知谁是主帅,不知该听谁的。此一仗,晋军必败。况且国君逃避臣子,这对国家的社稷之神如何交代?"楚庄王对"君逃臣"很是忌讳,传令令尹,让他将战车再转而北上,驻扎在管地等待晋军。

晋师在敖、鄗之间①。郑皇戌使如晋师②,曰:"郑之从楚,社稷之故也,未有贰心。楚师骤胜而骄③,其师老矣④,而不设备,子击之,郑师为承⑤,楚师必败。"郤子曰:"败楚服郑,于此在矣,必许之。"栾武子曰⑥:"楚自克庸以来⑦,其君无日不讨国人而训之于民生之不易、祸至之无日、戒惧之不可以怠⑧。在军,无日不讨军实而申儆之于胜之不可保、纣之百克而卒无后⑨,训之以若敖、蚡冒筚路蓝缕以启山林⑩。箴之曰⑪:'民生在勤,勤则不匮⑫。'不可谓骄。先大夫子犯有言曰:'师直为壮,曲为老⑬。'我则不德,而徼怨于楚⑭,我曲楚直,不可谓老。其君之戎分为二广,广有一卒,卒偏之两⑮。右广初驾⑯,数及日中⑰,左则受之,以至于昏。内官序当其夜⑱,以待不虞,不可谓无备。子良,郑之良也;师叔⑲,楚之崇也。师叔入盟,子良在楚,楚、郑亲矣。来劝我战,我克则来,不克遂往,以我卜也⑳!郑不可从。"赵括、赵同曰:"率师以来,唯敌是求。克敌、得属㉑,又何俟?必从郤子!"知季曰㉒:"原、屏,咎之徒也㉓。"赵庄子曰㉔:"栾伯善哉㉕!实其言㉖,必长晋国。"

【注释】

①敖、鄗（qiāo）：二山名，在今河南荥泽境内。

②皇戌：郑卿。

③骤胜：屡胜。楚庄王自灭庸以后，屡伐陈、宋，又伐陆浑戎而观兵于周疆，又灭舒，去年又伐陈，今年又伐郑，屡次取胜。

④老：士气衰竭。

⑤承：后继。

⑥栾武子：栾书。

⑦克庸：楚克庸在文公十六年。

⑧其君：指楚庄王。讨：治。训：教导。于：以。

⑨军实：指军中将士。申儆（jǐng）：再三告诫。

⑩若敖、蚡（fén）冒：均为楚国的远祖。若敖，名熊仪。当周幽王之世。蚡冒，楚武王之兄。谥为"厉王"。筚（bì）路：用竹木编成的车。筚，以荆柴编物。路，通"辂"，大车。蓝缕：同"褴褛"，破旧的衣服。启山林：指开辟山林，垦拓荒野。

⑪箴：规劝。

⑫匮（kuì）：缺乏，不足。

⑬师直为壮，曲为老：子犯之言见僖公二十八年传文城濮之战时。

⑭徼（yāo）：求。

⑮"其君之戎"四句：广、卒、偏、两均楚国军队中的编制。楚王亲兵分为左右两部，每部叫"广"。楚以十五乘兵车为一偏，一卒有两偏，两偏为三十乘。一广就是一卒。之，与。

⑯初驾：先驾。

⑰数：数其时刻。

⑱内官：王左右亲近之臣。序：依照次序。

⑲师叔：潘尪。

⑳以我卜也：意为以我方之胜负决定其从晋或从楚。

㉑得属：指郑可从属晋国。

㉒知季：知（智）庄子荀首。

㉓原、屏，咎之徒也：意谓按赵括、赵同之言行事是自取殃咎之道。原，赵同。屏，赵括。徒，通"途"，道路。

㉔赵庄子：赵朔。

㉕栾伯：栾书。

㉖实：实践，履行。

【译文】

晋军驻扎在敖、鄗两山之间。郑国派卿大夫皇戌出使晋军，说："郑国跟从楚国，是为了国家社稷的缘故，对晋国并无二心。楚军因屡胜而骄傲，士卒疲劳，又不设防，你们攻击他，郑军为后继，楚军必败。"先縠说："打败楚国，降服郑国，就在这一战，一定要答应郑国要求。"栾书说："楚国自攻克庸国以来，其君没有一天不在治理楚民，并教导他们注意：人生之艰难不易，灾祸没几天就会到来，警戒、畏惧之心不可懈怠。在军中，没有一天不在治理将士，并一再告诫他们注意：胜利无法长保，殷纣王虽然百战百胜，但最终亡国绝后，又用若敖、蚡冒乘着简朴柴车、穿着破旧衣服开辟山林的事迹来教导楚人。还用良言规劝道：'人之生计在于勤，勤则不匮乏。'故而不能说楚军已经骄傲了。先大夫子犯曾经说过：'军队理直则士气盛壮，理曲则士气衰老。'这次是我们做事不符合道德，跟楚结下怨恨，我们理曲，楚国理直，不能说楚军士气衰老。楚君亲兵的战车分为左、右二广，每广有兵车一'卒'，一卒有兵车两偏。右广在鸡鸣时即驾车巡视，时至中午而止，然后由左广接替，直到黄昏。近臣依次值夜班，以防不测，故不能说楚军无备。子良，是郑国的贤良；师叔，是楚人所崇敬的大夫。师叔入郑结盟，子良在楚为质，楚、郑亲密极了。郑国来劝我们与楚交战，我们胜了他们就来归附，不胜就倒向楚国，这是以战之胜负做占卜来决定是否归服我！郑国的要求不能答应。"赵括、赵同说："率军而来，所求的就是与敌交战。战胜敌人，得到属国，还等什么？一定得听先縠的话。"荀首说："按照赵同、赵括的话，那是取祸之道。"赵朔说："栾书说得太好了，按栾书的话去做，必能使晋国长治久安。"

　　楚少宰如晋师①，曰："寡君少遭闵凶②，不能文③。闻二先君之出入此行也④，将郑是训定⑤，岂敢求罪于晋？二三子无淹久⑥！"随季对曰⑦："昔平王命我先君文侯曰⑧：'与郑夹辅周室⑨，毋废王命。'今郑不率⑩，寡君使群臣问诸郑，岂敢辱候人⑪？敢拜君命之辱⑫。"彘子以为谄⑬，使赵括从而更之，曰："行人失辞⑭。寡君使群臣迁大国之迹于郑⑮，曰：'无辟敌⑯！'群臣无所逃命⑰。"

【注释】

①少宰：官名，其人不详。

②闵凶：忧患。

③文：辞令。

④二先君：指楚成王、楚穆王。出入此行：楚成王、楚穆王都曾征讨过郑国。

⑤将郑是训定：此为倒装句，即"将训定郑"。

⑥淹：久。

⑦随季：随武子士会。

⑧文侯：晋文侯，名仇，周平王时曾与郑武公共定周室。

⑨夹辅：共同辅佐。

⑩率：遵从。

⑪岂敢辱候人：士会言外之意是，我们不想与楚军交战，因而也不敢劳驾楚军的候人。候人，斥候，军中侦伺敌情者。或曰指古代掌

管整治道路稽查奸盗，或迎送宾客的官员。

⑫辱：指"二三子无淹久"。

⑬谄：奉承。

⑭行人：使者。此行人指随季。

⑮迁大国之迹于郑：此句为委婉的外交辞令，指把楚国赶出郑国。

　　大国，指楚。迹，足迹。

⑯辟（bì）：躲避。

⑰无所逃命：指非与楚军决战不可。

【译文】

　　楚国少宰来到晋军，说："寡君年少时就遭受忧患困苦，不善于文辞。听说我们二先君也曾来往于这条路上，那是为了教导、平定郑国的，岂敢得罪晋国？你们诸位无须久留此地。"士会回答说："从前周平王命令我先君文侯说：'与郑国一同辅佐周王室，不得废弃我周王的命令。'现在郑国不遵从，寡君派群臣向郑国问罪，岂敢劳驾你们侦查的士兵？我谨拜谢贵国君王的命令。"先縠认为这是在讨好楚王，立即叫赵括去更正，说："外交官讲错了话。寡君派群臣把大国的足迹移出郑国，说：'不要躲避敌人。'下臣们无法逃避命令。"

　　楚子又使求成于晋，晋人许之，盟有日矣①。楚许伯御乐伯，摄叔为右，以致晋师②。许伯曰："吾闻致师者，御靡旌摩垒而还③。"乐伯曰："吾闻致师者，左射以菆④，代御执辔，御下⑤，两马、掉鞅而还⑥。"摄叔曰："吾闻致师者，右入垒⑦，折馘、执俘而还⑧。"皆行其所闻而复。晋人逐之，左右角之⑨。乐伯左射马而右射人，角不能进，矢一而已⑩。麋兴于前，射麋丽龟⑪。晋鲍癸当其后，使摄叔奉麋献焉，曰："以岁之非时⑫，献禽之未至⑬，敢膳诸从者⑭。"鲍癸止之⑮，曰："其左善射，其右有辞⑯，君子也。"既免。

【注释】

①盟有日：已约定结盟日期。

②致晋师：向晋军挑战。案楚王既与晋军讲和，又令人挑战，表示不欲讲和，使晋军将帅相疑。

③靡旌：指疾驰。车疾驰时，军旗会倾斜在一边。靡，倾斜。摩：迫近。垒：军垒，古代在作战的阵地外围都筑有营垒，如近代的碉堡。

④左：车左，古代兵车，若非元帅，则御者居中，射者居左，执戈、盾者居右。故此"左"即乐伯自称。戴（zōu）：一种质地坚硬的箭。

⑤下：下车。

⑥两马：古代战车由四匹马拉，两马在中为"服"，两马在边为"骖"，两马，即排比其马，使之两两整齐。时车右入垒挑战，车在垒外等待，故御者以"两马"示其从容不迫。两，作动词，排比。掉：整理。鞅（yāng）：古代用马拉车时安在马脖子上的皮套子。

⑦右：车右。

⑧折馘（guó）：杀敌割取左耳。执俘：生擒敌人。

⑨左右角之：张开左右翼从旁夹攻。

⑩矢一：只剩一支箭。

⑪射麋丽龟：此为古代善射的表现。丽，附着。龟，动物背脊中央耸起的部分。

⑫非时：指不是献禽兽的季节。西周、春秋时，每年夏中，各地都有专门负责猎取禽兽的人（即下文的"兽人"）来献禽兽，邲之役在初夏，故云"非时"。

⑬禽：走兽的总称。

⑭膳：进献。

⑮止之：阻止部下，不再追赶。

⑯有辞：善辞令。

【译文】

楚庄王又派使者与晋国求和，晋人答应了，结盟之事指日可待。楚国的许伯为乐伯驾战车，摄叔为车右，向晋军挑战。许伯说："我听说挑战时，御者须快速驾车，使车上旌旗倾斜，擦过敌方营垒然后回还。"乐伯说："我听说挑战时，车左射以羽矢，代御者执缰绳，让御者下车，将驾车的马两两排列整齐，调整马颈上的皮带，然后回还。"摄叔说："我听说挑战时，车右冲入敌垒，杀敌割下左耳，抓获敌人然后回来。"三人全都按他们所听说的去做，然后回来。晋人追击他们，张开左右翼以夹击。乐伯向左射马向右射人，夹击者无法前进，他的箭只剩下一支。突然一只麋鹿出现在面前，他箭射麋鹿正中脊背。晋将鲍癸在后面追赶，乐伯叫摄叔将麋鹿献给他，说："现在还不是献禽兽的季节，奉禽兽的人还没到，我冒昧地将它作为食物进献给你们的随从。"鲍癸停止追击，说："楚军的车左善射，车右很有口才，他们都是君子啊。"乐伯等三人都因此而免于被俘。

晋魏锜求公族未得①，而怒，欲败晋师。请致师，弗许。请使②，许之。遂往，请战而还。楚潘党逐之③，及荥泽④，见六麋，射一麋以顾献⑤，曰："子有军事，兽人无乃不给于鲜⑥？敢献于从者。"叔党命去之⑦。赵旃求卿未得⑧，且怒于失楚之致师者⑨，请挑战，弗许。请召盟⑩，许之。与魏锜皆命而往。郤献子曰⑪："二憾往矣⑫，弗备，必败。"彘子曰："郑人劝战，弗敢从也。楚人求成，弗能好也。师无成命⑬，多备何为？"士季曰："备之善。若二子怒楚，楚人乘我⑭，丧师无日矣。不如备之。楚之无恶，除备而盟，何损于好？若以恶来，有备，不败。且虽诸侯相见，军卫不彻⑮，警也。"彘子不可。士季使巩朔、韩穿帅七覆于敖前^⑯，故上军不败^⑰。赵婴齐使其徒先具舟于河^⑱，故败而先济。

【注释】

①魏锜(qí)：亦称"厨武子""吕锜"。公族：公族大夫。

②使：作为使者前往楚军。

③潘党：潘尪之子，亦称"叔党"。

④荥泽：地名，荥泽。时为泽薮，东汉时堙塞为平地，在今河南荥阳东。

⑤顾献：回过头来献给追赶的潘党。

⑥兽人：主管田猎的官。鲜：新鲜禽兽。

⑦去之：命部下离去不追赶。

⑧赵旃(zhān)：赵穿之子。

⑨失楚之致师者：指上文乐伯等致晋师，鲍癸放走了他们。

⑩召盟：召楚人来结盟。

⑪郤献子：郤克。

⑫二憾：两个挟有私怨的人。指魏锜与赵旃。

⑬成命：一成不变的命令。

⑭乘我：趁机袭击我方。

⑮彻：撤除。

⑯七覆：伏兵七处。敖：敖山。

⑰上军不败：士会为上军将，做了应变措施，故不败。

⑱先具舟于河：事先在黄河边预备了船只。

【译文】

晋国的魏锜想做公族大夫，未得满足，心甚恼怒，他想让晋军失败。他请求去挑战，没有允许。请求出使楚军，得到了允许。他前往楚军，竟向楚军请战才回去。楚军潘党去追赶他，追到荥泽，见到六只麋鹿，魏锜射中一只，回过头献给潘党说："你有军事在身，负责猎取禽兽的人恐怕来不及供应时鲜吧？我冒昧地将这献给你的随从人员。”潘党下令撤回，不再追击。晋国的赵旃想做卿而没成功，而且气愤放走楚军的挑战者，他请求挑战，未得允许。请求去楚军营中召楚人结盟，得到了允许。他与魏锜一同受命前往楚军。郤克说：“两个挟有私怨的人去了，我们如不防备，必然会失败。”先縠说：“郑人劝我们作战，我们不敢听从。楚人要讲和，我们又不能表示友好。作战却没有始终如一的策略，多做防备又有何用？”士会说：“还是防备的好。如果那两个人激怒了楚人，楚人趁机袭击我方，我军的败亡是没几天的事。不如加以防备。楚人要是没有恶意，我们撤除戒备而结盟，对于和好又有何损害？要是怀着恶意来，有备就不败。再说就是两国诸侯相见，军中的卫士也并不撤去，这也是有所警戒呀。”先縠不同意设防。士会跟巩朔、韩穿率兵埋伏于敖山前的七个地方，所以上军未被打败。赵婴齐派他的部属预先在黄河边准备舟船，所以战败后能先渡过黄河。

潘党既逐魏锜，赵旃夜至于楚军，席于军门之外①，使其徒入之。楚子为乘广三十乘，分为左右。右广鸡鸣而驾，日中而说②；左则受之，日入而说。许偃御右广，养由基为右③；彭名御左广，屈荡为右④。乙卯，王乘左广以逐赵旃。赵旃弃车而走林，屈荡搏之⑤，得其甲裳⑥。晋人惧二子之怒楚师也，使軘车逆之⑦。潘党望其尘⑧，使骋而告曰：“晋师至矣。”楚人亦惧王之入晋军也，遂出陈⑨。孙叔曰：“进之。宁我薄人，无人薄我。《诗》云：‘元戎十乘，以先启行⑩。’先人也⑪。《军志》曰：‘先人有夺人之心。’薄之也。”遂疾进师，车驰卒奔，乘晋军。桓子不知所为，鼓于军中曰：“先济者有赏。”中军、下军争舟⑫，舟中之指可掬也⑬。

【注释】

①席：席地而坐。

②说（shuì）：解驾，休止。

③许偃御右广，养由基为右：许偃、养由基皆楚臣。养由基，春秋时著名的神箭手，亦称"养叔"。

④彭名御左广，屈荡为右：彭名、屈荡亦皆楚臣。杜预注曰："楚王更迭载之，故各有御、右。"

⑤屈荡搏之：屈荡为车右，下车与赵旃搏斗。

⑥甲裳：古人之甲革制，分上身甲衣与下身甲裳。

⑦轒（tún）车：防守用的兵车。

⑧潘党望其尘：潘党因逐魏锜而还在道中。

⑨陈：同"阵"。

⑩元戎十乘，以先启行（háng）：引《诗》见《诗经·小雅·六月》。元戎，大兵车。用以冲击敌方军阵。启行，开道。行，道路。

⑪先人也：抢在敌人之先，取得主动。

⑫中军、下军争舟：赵婴齐为中军大夫，预先准备了渡船，但先渡河者仅为其所率领之部，中军之其他部分则仍未济，故与下军互争舟。

⑬舟中之指可掬：晋之中军、下军为了争船，竞相用手攀附船舷，船上的人恐人多船沉，便用刀乱砍争船者的手，致使"舟中之指可掬"。掬，双手合捧。

【译文】

潘党赶走魏锜之后，赵旃于夜里来到楚军阵前，在军门外席地而坐，派他的部下冲进楚军。楚王有广车三十乘，分为左、右两部。右广鸡鸣时驾车，中午时卸车；左广接替右广，到太阳下山后卸车。许偃为右广主车的御者，养由基为车右；彭名为左广主车的御者，屈荡为车右。六月乙卯日，楚庄王乘左广之车追击赵旃。赵旃弃车逃入林中，屈荡和他搏斗，缴获他的下身甲裳。晋人怕魏锜、赵旃二人激怒楚军，就派防卫用的战车去迎接他们。潘党望见飞扬的尘土，就派人驰车报告楚军说："晋军来了。"楚人也怕楚庄王深入晋军，于是就出兵列阵。孙叔敖说："前进，宁可我们逼近敌人，也不能让敌人逼近我们。《诗》上说：'大兵车十辆，在前面开路。'这是说要抢在敌人之先。《军志》说：'先发制人，就能夺敌人的士气。'这是说要主动逼近敌人。"于是急速进军，战车飞驰，士卒奔跑，掩杀晋军。荀林父不知所措，在军中击鼓喊道："先渡过黄河的有赏。"中军、下军争着上船，船中被砍下的手指多到都可以用双手捧了。

　　晋师右移①，上军未动。工尹齐将右拒卒以逐下军②。楚子使唐狡与蔡鸠居告唐惠侯曰③："不榖不德而贪，以遇大敌，不榖之罪也。然楚不克，君之羞也。敢藉君灵④，以济楚师。"使潘党率游阙四十乘⑤，从唐侯以为左拒⑥，以从上军。驹伯曰⑦："待诸乎⑧？"随季曰："楚师方壮⑨，若萃于我⑩，吾师必尽。不如收而去之，分谤生民⑪，不亦可乎？"殿其卒而退⑫，不败。

【注释】

①右移：黄河在晋军右方，晋军退过河去，所以说右移。

②工尹齐：楚国大夫。工尹，官名。齐，人名。拒：方形战阵。

③唐狡、蔡鸠居：皆楚国大夫。唐惠侯：唐国国君。唐，小国名，春秋时为楚之属国，在今湖北随州西北。

④藉君灵：借国君您的福。

⑤游阙：兵车的一种，可以在战场巡游，何处需要，即投入补充。

⑥以为左拒：做左方阵。

⑦驹伯：郤克之子，名锜。时与其父同在军中。

⑧待诸：御之，抵御楚军。

⑨壮：气盛，斗志昂扬。

⑩萃：兵力集中。

⑪分谤：指上军也退兵不战，以此分担战败的罪名。

⑫殿其卒：士会以上军帅亲自为其军殿后。

【译文】

晋军向右转移，上军没有动。楚将工尹齐率领右方阵士卒追击晋之下军。楚庄王派唐狡和蔡鸠居告诉唐惠侯说："我无德而贪功，遇到了强敌，这是我的罪过。然而楚军不能取胜，您也将蒙受耻辱。我冒昧地想借助您的威灵以帮助楚军。"楚庄王派潘党率流动补阙战车四十乘，跟从唐侯作为左方阵，以追击晋之上军。驹伯说："要抵御楚军吗？"士会说："楚军士气正盛，若集中兵力攻我上军，我军必然全军覆灭。不如收兵撤离，共同分担失败的恶名，使士卒得以生还，这不是也可以吗？"士会亲自为其士卒殿后以撤退，故上军得以不败。

王见右广，将从之乘。屈荡户之①，曰："君以此始，亦必以终②。"自是楚之乘广先左③。

【注释】

①户：同"扈"，阻止。

②君以此始，亦必以终：指楚庄王开始时乘左广追逐赵旃，屈荡认为必须坚持乘左广到结束。

③先左：原先楚之广车，由右广鸡鸣时先驾，日中后由左广接替，自此役后，改由左广先驾，右广日中接替，故云"先左"。

【译文】

楚庄王见到右广的战车，准备改乘右广。屈荡阻止，说："君王从乘左广开始出战，也应当乘左广结束。"从此楚国的广车改为左广先驾。

晋人或以广队不能进①,楚人惎之脱扃②,少进,马还③,又惎之拔斾投衡④,乃出。顾曰:"吾不如大国之数奔也⑤。"

【注释】

①广:此泛指战车。队:同"坠",指陷入。

②惎(jì):教。扃(jiōng):兵车前面的横板,用以遮拦兵器,防其掉落。

③还(xuán):盘旋不进。

④拔斾(pèi)投衡:拔掉军旗放在车前横木上,此举为减少风的阻力。一说将军旗与衡都拔下扔掉,这样车轻马便,容易操控。

⑤吾不如大国之数奔也:这是晋人解嘲的话,言外之意即:你们经常打败仗,很有逃跑的经验。数奔,多次逃跑。

【译文】

晋国人有的兵车陷入泥坑不能前进,楚人教他们把车前的拦板卸掉,车稍微前进了一段,马又盘旋不进,楚人又教他们拔掉军旗,放在车辕端的横木上,这些兵车最终才得以逃脱。晋军却回过头对楚人说:"我们不像你们大国经常败逃啊。"

赵旃以其良马二济其兄与叔父①,以他马反。遇敌不能去,弃车而走林。逢大夫与其二子乘②,谓其二子无顾③。顾曰:"赵傁在后④。"怒之,使下,指木曰:"尸女于是⑤。"授赵旃绥⑥,以免。明日以表尸之⑦,皆重获在木下⑧。

【注释】

①济:救助。

②逢大夫:晋人,逢是氏。

③无顾:不要回头看。

④赵傻（sǒu）：此指赵旃。傻，对老人的敬称。

⑤尸女：收你的尸骨。女，通"汝"。

⑥绥（suí）：用手挽以登车的绳索。逢大夫的车不能容多人，故使其二子下车，让赵旃上车。

⑦表：标记，依标记去找两个儿子的尸体。

⑧重获：两具尸体重叠而卧。获，被杀。

【译文】

赵旃用他的好马二匹帮助其兄与叔父逃脱，而自己则用其他的马驾车返回。遇到敌人无法逃脱，只好弃车跑入林中。晋逢大夫和他的两个儿子乘着战车，他交代两个儿子不要回头看。儿子却回头看，说："赵老在后面。"逢大夫发怒了，叫儿子下车，指着一棵树说："就在这里收你们的尸体。"将登车用的绳子交给赵旃，让他上车，使他得以免去大难。第二天，逢大夫按标记去找尸体，儿子全被杀，尸体重叠在树下。

　　楚熊负羁囚知罃①。知庄子以其族反之②，厨武子御③，下军之士多从之。每射，抽矢，菆④，纳诸厨子之房⑤。厨子怒曰："非子之求⑥，而蒲之爱⑦，董泽之蒲⑧，可胜既乎⑨？"知季曰："不以人子，吾子其可得乎⑩？吾不可以苟射故也⑪。"射连尹襄老⑫，获之，遂载其尸。射公子谷臣⑬，囚之。以二者还⑭。

【注释】

①熊负羁：楚国大夫。知罃（yīng）：荀首的儿子，字子羽。

②族：部属，也指家兵。反之：重新回来寻找儿子。

③厨武子：魏锜。

④菆（zōu）：好箭。

⑤纳诸厨子之房：御者魏锜在车的前部，荀首在他的身后，如果抽出的是好箭，就不射，顺手装进魏锜的箭袋。房，箭袋。

⑥非子之求：不求子。

⑦蒲之爱：即爱蒲。蒲，蒲柳，又名"赤杨"，其干坚直，可以制箭。爱，舍不得。

⑧董泽：晋地名，即今山西闻喜东北之董氏陂，盛产蒲柳。

⑨胜：尽。既：通"摡（xì）"，取。

⑩其：犹岂，难道。

⑪吾不可以苟射故也：荀首言外之意即：他并非舍不得好的箭矢，而是要选一个能换回儿子的楚人来射。苟射，随便射。

⑫连尹：楚官名。襄老：人名。

⑬公子榖臣：楚庄王之子。

⑭二者：指襄老和公子榖臣。

【译文】

楚大夫熊负羁把知罃囚禁起来。荀首带着他的部属返回战场，魏锜为他驾车，下军的很多士卒都跟他回来了。荀首每次射箭，抽到坚硬的蒲矢时，都把它放到魏锜的箭袋里。魏锜愤怒地说："你不是在心疼儿子，而是在心疼蒲柳之矢，董泽的蒲柳，能用得完吗？"荀首说："不用他人之子交换，我的儿子难道可以得到吗？这是我不随便射箭的缘故啊。"射中连尹襄老，将他射死，用车载回他的尸体。射中公子榖臣，将他囚禁起来。带着这两个人回去。

及昏，楚师军于邲。晋之余师不能军，宵济，亦终夜有声①。

【注释】

①有声：呼喊声不断。

【译文】

到了黄昏，楚军进驻于邲。晋之残余军队溃不成军，连夜渡河，通宵都是渡河的呼喊声。

丙辰①，楚重至于邲②，遂次于衡雍③。潘党曰："君盍筑武军④，而收晋尸以为京观⑤？臣闻克敌必示子孙，以无忘武功。"楚子曰："非尔所知也。夫文⑥，止戈为武⑦。武王克商，作《颂》曰：'载戢干戈，载櫜弓矢。我求懿德，肆于时夏，允王保之⑧。'又作《武》⑨，其卒章曰：'耆定尔功⑩。'其三曰：'铺时绎思，我徂维求定⑪。'其六曰：'绥万邦，屡丰年⑫。'夫武，禁暴、戢兵、保大、定功、安民、和众、丰财者也⑬，故使子孙无忘其章⑭。今我使二国暴骨⑮，暴矣；观兵以威诸侯，兵不戢矣；暴而不戢，安能保大？犹有晋在，焉得定功？所违民欲犹多⑯，民何安焉？无德而强争诸侯，何以和众⑰？利人之几⑱，而安人之乱，以为己荣，何以丰财？武有七德，我无一焉，何以示子孙？其为先君宫⑲，告成事而已⑳。武非吾功也。古者明王伐不敬，取其鲸鲵而封之㉑，以为大戮，于是乎有京观，以惩淫慝㉒。今罪无所㉓，而民皆尽忠以死君命，又何以为京观乎？"祀于河，作先君宫，告成事而还。

【注释】

①丙辰：六月无乙卯，亦无丙辰，大约是在七月十三、七月十四日。

②重：辎重。

③衡雍：郑地名，在今河南原武西北。

④武军：显示军功的军垒。

⑤京观（guàn）：积尸封土其上叫"京观"。京，高丘。观，古建筑名，形似城阙，取其可观示四方。

⑥文：文字。

⑦止戈为武："武"字的甲骨文像人持戈而行，时人因此借以解释为有力量能控制战争，令干戈止息，这才是真正的武。但这本非"武"字的本义。

⑧"载戢（jí）干戈"五句：引《诗》见《诗经·周颂·时迈》。载，助词。戢，收藏。櫜（gāo），放弓箭的囊鞘，弓袋。此作动词。时，通"是"，这个。允，信，确实。

⑨《武》：即《诗经·周颂·武》。一说指周初的《大武》乐章。

⑩耆（zhǐ）定：达成。耆，致，使之得到。

⑪铺时绎思，我徂（cú）维求定：语出《诗经·周颂·赉》，并非《武》篇第三章。楚庄王所引，与今本《诗经》篇次不同。铺，颁布。时，通"是"。此指代先王的功业、美德。绎，推演，发扬光大。思，助词。徂，往。指往征纣王。

⑫绥万邦，屡丰年：语出《诗经·周颂·桓》，亦非《武》篇第六章。绥，安定。

⑬禁暴：止戈为武是禁暴。戢兵：戢干戈、櫜弓矢是戢兵。保大：允王保之是保大。定功：耆定尔功是定功。安民：我徂求定是安民。和众：绥万邦是和众。丰财：屡丰年是丰财。

⑭章：功勋卓著叫"章"。

⑮暴骨：暴露尸骨。

⑯违民欲：违背百姓的意愿。

⑰和众：调和众人。

⑱几：危。

⑲为先君宫：为诸先王修建神庙。

⑳告成事：报告战事的胜利。

㉑鲸鲵：大鱼名。比喻吞灭小国的首恶之人。

㉒淫慝（tè）：指不敬之国。

㉓所：处所，此指罪之所在。

【译文】

七月十四日，楚军的辎重运抵邲地，军队便驻扎在衡雍。潘党说："君王何不修筑一座显耀武功的军垒，收聚晋人尸体造一座城阙似的坟丘呢？下臣听说战胜敌人后，一定要将这件事昭告后代子孙，以此让他们不忘武功。"楚庄王说："这不是你所知道的。从文字的结构看，'止'和'戈'组合而成为'武'字。周武王灭掉商朝，作《颂》诗云：'收藏起干戈，将弓矢放进囊鞬。我求的是美德，并将此心公布于华夏，这样才能成就王业，保有天下。'又作《武》篇，最后一章云：'获得并巩固你的功业。'第三章云：'铺陈先王的功德，并加以发扬光大，我出师征讨，求的是天下安定。'第六章云：'安定万邦，屡获丰年。'所谓'武'，就是禁止暴力、消弭战争、保有强大、巩固功业、安定人民、使民众和谐、财物丰厚，目的是使后代子孙无忘其显赫功德。现在我使二国将士暴露尸骨，这是暴；夸示兵力，以威势压服诸侯，使战争无法消弭；强暴而不消弭战争，怎能保住强大？晋国还在，怎能说功业已经巩固？违背人民愿望的事还很多，人民怎能安定？无德又与诸侯强争，怎能使人民和谐？以他人之危来利己，以他人之乱来安己，以败晋来作为自己的荣誉，这怎能使自己的财货丰厚呢？武有七种品德，我一种也没有，用什么来昭示子孙？给先王建造神庙，不过是将成功之事告诉先王罢了。用武不是我所要做的事。古代明主讨伐不敬之国，杀其首恶，埋其尸骸，以土封之，把这当做大杀戮，于是才有宫阙似的坟丘，这是为了惩处邪恶。现在无法确指晋人罪在何处，而晋人又全都尽忠于国君，愿为国君的命令而死，我们怎能去建造宫阙似的坟丘呢？"楚人祭祀了黄河，建造了先王的神庙，向先王报告了战事的成功然后回国。

是役也,郑石制实入楚师①,将以分郑②,而立公子鱼臣③。辛未④,郑杀仆叔及子服。君子曰:"史佚所谓'毋怙乱'者⑤,谓是类也。《诗》曰:'乱离瘼矣,爰其适归⑥?'归于怙乱者也夫⑦。"

【注释】

①石制:郑国大夫,字子服。

②分郑:案石制欲分裂郑国,准备将其一半送给楚国,另一半立鱼臣为君,而自己则意欲专宠得权,故将楚军引入郑都城。

③公子鱼臣:字仆叔,郑国同姓公族。

④辛未:七月二十九日。

⑤毋怙(hù)乱:案史佚此言常为人所引。

⑥乱离瘼(mò)矣,爰其适归:引《诗》见《诗经·小雅·四月》。第二句的原意是"何处是我们的归宿",君子引此诗时,将其做另一种解释。瘼,病,作状语,形容乱离之甚。爰,何。

⑦归于怙乱者也夫:此变用原诗之意,指祸患归罪于恃人之乱以为己利者也。

【译文】

这次战役,事实上是郑国的石制把楚军引入了都城,他想分裂郑国而立公子鱼臣为君。七月二十九日,郑国杀了鱼臣和石制。君子说:"史佚所说的'不要倚仗动乱',说的就是这种人。《诗》里说:'人们陷于乱离的痛苦之中,这要归罪于何人呢?'归罪于倚仗乱离而谋私利的人吧!"

【公羊传】大夫不敌君①,此其称名氏以敌楚子何?不与晋而与楚子为礼也②。曷为不与晋而与楚子为礼也?庄王伐郑,胜乎皇门,放乎路衢③。郑伯肉袒④,左执茅旌,右执鸾刀⑤，以逆庄王，曰："寡人无良边垂之臣⑥，以干天祸，是以使君王沛焉，辱到敝邑。君如矜此丧人⑦，锡之不毛之地，使帅一二耋老而绥焉⑧，请唯君王之命。"庄王曰："君之不令臣交易为言⑨，是以使寡人得见君之玉面，而微至乎此。"庄王亲自手旌，左右抎军⑩，退舍七里。将军子重谏曰："南郢之与郑⑪，相去数千里。诸大夫死者数人，厮、役、扈、养死者数百人⑫。今君胜郑而不有，无乃失民臣之力乎？"庄王曰："古者杅不穿，皮不蠹，则不出于四方⑬。是以君子笃于礼，而薄于利，要其人，而不要其土。告从不赦，不祥。吾以不祥道民，灾及吾身，何日之有。"既则晋师之救郑者至，曰"请战"。庄王许诺。将军子重谏曰："晋，大国也，王师淹病矣⑭。君请勿许也。"庄王曰："弱者吾威之，强者吾辟之，是以使寡人无以立乎天下。"令之还师而逆晋寇。庄王鼓之，晋师大败。晋众之走者，舟中之指可掬矣⑮。庄王曰："嘻。吾两君不相好，百姓何罪。"令之还师而佚晋寇。

【注释】

①大夫不敌君：敌，对等。案书战，则表明双方的地位是对等的。若大夫与君交战，则将大夫贬称"人"，以明君臣之分。如僖公二十八年，楚国大夫子玉得臣与晋文公战于城濮，《春秋》将其贬称"楚人"。此处楚子是君，荀林父是臣，未将荀林父贬称"晋人"，故下传发问。

②不与晋而与楚子为礼也：与，赞许。礼，知礼。案下文，楚庄王胜郑而不有，有君子之行，是为知礼。荀林父无善善之心，在郑围已解的情况下，还挑起战争，是为不知礼。

③胜乎皇门，放乎路衢：胜，攻克。皇门，郑国都城之郭门。放，至于。路衢，郭内的大道。

④肉袒：此为受刑右袒，即脱去内外衣之右袖而露臂。

⑤左执茅旌，右执鸾刀：何休云："茅旌，祀宗庙所用迎道神，指护祭者。……鸾刀，宗庙割切之刀，环有和，锋有鸾。执宗庙器者，示以宗庙不血食自归首。"

⑥寡人无良边垂之臣：寡人，郑伯自称。良，善也。边垂之臣，此指楚国边境之臣。郑伯以为自己得罪了楚国边垂之臣，使得两国交兵。言边垂之臣者，是谦辞，不敢直言楚庄王。

⑦丧人：丧亡之人，郑伯自称。

⑧使帅一二耋（dié）老而绥焉：何休云："六十称耋，七十称老。绥，安也。谦不敢多索丁夫，愿得主帅一二老夫以自安。"

⑨君之不令臣交易为言：令，善也。交易，往来也。楚庄王以为，因郑伯不善之臣往来有恶言，故而两国交兵。不指称郑伯，亦是楚庄王之谦辞。

⑩扨（huī）：指挥。

⑪南郢（yǐng）：楚国都城。

⑫厮、役、扈、养：何休云："艾草为防者曰厮。汲水浆者曰役。养马者曰扈。炊烹者曰养。"

⑬"古者杅（yú）不穿"三句：杅，饮水器。穿，败也。皮，裘也。蠹（dù），坏也。孔广森云："杅积而穿，器有余也。皮藏而蠹，币有余也。……言师出则废财，故国必余富，然后敢从四方之事。以明今伐郑致有损丧，固其所也。"

⑭淹：久。

⑮舟中之指可掬矣：何休云："时晋乘舟渡郲水战，兵败反走，欲急去，先入舟者斩后扳舟者指，指堕舟中，身堕郲水中而死。"掬，双手捧取。

【译文】

　　大夫与国君不对等，经书荀林父之名，使之与楚子对等，是为何？是不赞许晋而赞许楚子为知礼。不赞许晋而赞许楚子为知礼，是为何？楚庄王讨伐郑国，攻克了郑国的皇门，至于郭内的大道。郑伯袒露右臂，左手持茅旌，右手持鸾刀，迎接楚庄王，说："我得罪了贵国的边陲之臣，招致了天祸，使得您怒不可遏，屈辱到敝邑。您如果哀矜我这个丧国之人，赐予我不毛之地，使我领着一两个老臣而自安，我将唯命是听。"楚庄王说："是您有不善之臣往来为恶言，使我见到了您的玉面，还不至于到这个地步。"楚庄王亲自手持旌旗，左右指挥军队，后退了七里。将军子重进谏道："南郢与郑国，相距数千里。好几个大夫战死了，各类杂役死伤不计其数。现在国君您战胜了郑国，却不占有，岂不是白白损失了民臣之力吗？"楚庄王说："古时候，杅不积压而穿，皮裘不累积而毁坏，则不出兵征战。所以君子笃厚礼义，而薄贱利益，降服其人，而不强占他们的土地。郑国已经宣告服从，不赦免，则居心不善。我用不善的居心来引导人民，灾祸逮及我自己，就用不了多少时间了。"之后晋国救援郑国的军队到了，说"请战"。楚庄王许诺。将军子重进谏道："晋，是大国。我军已经困顿很久了。君王请不要许诺。"楚庄王说："弱小的人我就威慑他们，强大的人我就躲避他们，这样会使我无法在天下立足。"命令军队调转迎战晋国敌军。楚庄王擂鼓进攻，晋师大败。晋国逃亡的士兵争抢扒船，船中被砍断的手指可以用双手捧起。楚庄王说："哎。我们两个国君不相好，百姓有何罪过。"下令回师，放晋军逃亡。

【穀梁传】绩，功也。功，事也。日，其事败也。

【译文】

　　绩，是功绩的意思。功，是大事的意思。记载日期，因为晋国在这件事情上失败了。

△【经】秋七月。

【译文】

秋七月。

＊【左传】郑伯、许男如楚。

【译文】

郑襄公、许昭公到楚国。

＊【左传】秋，晋师归，桓子请死，晋侯欲许之。士贞子谏曰^①："不可。城濮之役，晋师三日谷，文公犹有忧色。左右曰：'有喜而忧，如有忧而喜乎？'公曰：'得臣犹在^②，忧未歇也。困兽犹斗，况国相乎^③！'及楚杀子玉，公喜而后可知也^④，曰：'莫余毒也已。'是晋再克而楚再败也^⑤。楚是以再世不竞^⑥。今天或者大警晋也^⑦，而又杀林父以重楚胜^⑧，其无乃久不竞乎^⑨？林父之事君也，进思尽忠，退思补过，社稷之卫也，若之何杀之？夫其败也，如日月之食焉^⑩，何损于明？"晋侯使复其位。

【注释】

①士贞子：士会的庶子，名渥浊，亦称"士贞伯""士伯"。

②得臣：字子玉，楚令尹，城濮之战中楚军主帅。

③国相：指子玉。

④知：见。

⑤晋再克而楚再败：城濮之战，楚败晋胜，子玉又战败自杀，等于是

晋二次胜仗,楚二次败仗。

⑥再世:指楚成王、楚穆王两世。不竞:不强。

⑦大警晋:对晋国严厉的警告。

⑧杀林父以重楚胜:再杀荀林父,等于是楚得两次胜利。

⑨久不竞:长此将一蹶不振。

⑩如日月之食:指暂时现象。

【译文】

秋天,晋军回到国内,荀林父请求处死自己,晋景公想答应他的请求。士贞子劝谏说:"不行。城濮之战,晋军连着三天吃缴获来的楚军的粮食,国君文公仍面有忧色。左右说:'有了喜事还在忧虑,如果有忧虑那反倒高兴吗?'文公说:'得臣还在,忧虑还无法消除。被困的野兽还想搏斗一番,何况一国的宰相!'到楚王杀了得臣,文公才喜形于色,说:'没有谁能害我了。'这是晋国两次胜利而楚国两次失败,所以楚国一连两代都无法振兴。这次失败,大概上天想要严厉警告晋国,但我们又要杀掉荀林父来增加楚国的胜利,这样做晋国恐怕也会长久无法振兴起来。荀林父事奉国君,进,想着如何竭尽忠诚;退,想着如何弥补过失,这是国家的卫士,怎能杀掉他? 他这次战败,如同日食月食,何损于日月的光明?"晋景公让荀林父官复原职。

【经】冬十有二月戊寅①,楚子灭萧②。

【注释】

①戊寅:初八。

②萧:诸侯国名,本为宋邑,后为附庸国,在安徽萧县西北。

【译文】

冬十二月初八,楚庄王灭了萧国。

【左传】冬，楚子伐萧，宋华椒以蔡人救萧①。萧人囚熊相宜僚及公子丙②。王曰："勿杀，吾退。"萧人杀之。王怒，遂围萧。萧溃。申公巫臣曰③："师人多寒。"王巡三军，拊而勉之④，三军之士，皆如挟纩⑤。遂傅于萧⑥。

【注释】

①宋华椒以蔡人救萧：萧为宋的附属国，所以宋派华椒救萧。

②熊相宜僚、公子丙：皆楚国大夫。

③申公巫臣：字子灵，申县县尹。

④拊：抚慰。

⑤纩（kuàng）：丝绵。

⑥傅：逼近。

【译文】

冬天，楚庄王攻打萧国，宋华椒率领蔡人救援萧国。萧人囚禁了熊相宜僚和公子丙。楚庄王说："不要杀他们，我退兵。"萧人杀了二人。楚庄王大怒，于是围攻萧。萧国溃败。申公巫臣说："军队士兵都很寒冷。"楚庄王巡视三军，抚慰并勉励士兵们，三军士兵都心里热乎乎得如同披上了丝绵。军队于是逼近了萧国。

还无社与司马卯言①，号申叔展②。叔展曰："有麦曲乎③？"曰："无。""有山鞠穷乎④？"曰："无⑤。""河鱼腹疾奈何⑥？"曰："目于眢井而拯之⑦。""若为茅绖⑧，哭井则己⑨。"明日，萧溃。申叔视其井，则茅绖存焉，号而出之⑩。

【注释】

①还无社：萧国大夫。司马卯：楚国大夫。

②号（háo）：呼喊。申叔展：楚大夫。

③麦曲：酿酒用的酵母。

④山鞠穷：即芎䓖，产于四川的叫"川芎"，一种中药。可治头风头痛、风湿痹痛等症。

⑤无：申叔展与还无社的对话是暗语。申叔展问此两样东西，暗示还无社逃于泥泽中躲避，还无社不解其意，因此回答说"无"。

⑥河鱼腹疾：当时习语，喻因水湿而得的风湿病。暗示还无社逃到低下处。

⑦目于眢（yuān）井而拯之：还无社已理解申叔展之意，回答将藏于枯井中。眢井，无水枯井。

⑧茅绖（dié）：茅草绳子。申叔展要还无社在井上放一草绳作为标志。

⑨哭井则己：听到井上哭声就是自己。

⑩号：哭有声无泪叫"号"。

【译文】

还无社对司马卯说，把申叔展喊出来。申叔展问："有麦曲吗？"还无社说："没有啊。""有山鞠穷吗？"回答说："没有。""潮湿得了风湿病怎么办呢？"回答说："看看枯井上就能救我。""你在井上放一根绳子，在井上哭的人就是我。"第二天，萧人溃败。申叔展看见井上的绳子在那儿，就大声号哭，把还无社救出来了。

【经】晋人、宋人、卫人、曹人同盟于清丘①。

【注释】

①清丘：在今河南濮阳东南。

【译文】

晋人、宋人、卫人、曹人在清丘结盟。

【左传】晋原縠、宋华椒、卫孔达、曹人同盟于清丘①，曰："恤病，讨贰②。"于是卿不书，不实其言也③。

【注释】

①晋原縠（hú）、宋华椒、卫孔达、曹人同盟于清丘：原縠，即先縠。顾栋高曰："是时陈、蔡、郑、许俱从楚，晋所得者宋、卫、曹三国及鲁而已，而楚复灭萧以逼宋。"

②恤病，讨贰：邲之战败后，晋国怕诸侯背叛自己，因此为清丘之盟，订立恤病讨贰之盟。恤病，周济有困难的国家。讨贰，讨伐有二心的国家。

③不实其言：虽有盟约，但未实行。杜预注曰："宋伐陈，卫救之，不讨贰也。楚伐宋，晋不救，不恤病也。"实，实行。

【译文】

晋原縠、宋华椒、卫孔达、曹人一起在清丘结盟，说："要周济有困难的国家，讨伐有二心的国家。"此次盟会《春秋》没有记载卿的名字，是因为没有实践盟约。

【经】宋师伐陈。卫人救陈。

【译文】

宋军攻打陈国。卫人救援陈国。

【左传】宋为盟故，伐陈①。卫人救之②。孔达曰："先君有约言焉③，若大国讨④，我则死之。"

【注释】

①伐陈：陈归服楚，宋实践清丘之盟而伐陈。

②卫人救之：卫国背清丘之盟。

③先君有约言焉：此为孔达救陈的托词，意为卫成公与陈共公有旧好。先君，指卫成公。

④大国：指晋国。

【译文】

宋因为盟约的原因，攻打陈国。卫人救援陈国。孔达说："先君与陈人有言在先，如果晋国来讨罪，我就为此而死。"

十三年

【经】十有三年春①**，齐师伐莒**②**。**

【注释】

①十有三年：鲁宣公十三年当周定王十一年，前596年。

②伐莒：《公羊传》作"伐卫"。

【译文】

鲁宣公十三年春，齐军攻打莒国。

【左传】十三年春，齐师伐莒，莒恃晋而不事齐故也。

【译文】

鲁宣公十三年春，齐军攻打莒国，因为莒国依附晋国，不事奉齐国的缘故。

【经】夏，楚子伐宋。

【译文】

夏,楚庄王攻打宋国。

【左传】 夏,楚子伐宋,以其救萧也^①。君子曰:"清丘之盟,唯宋可以免焉^②。"

【注释】

①楚子伐宋,以其救萧也:去年宋华椒救萧。案楚于宋势在必得。卓尔康曰:"陈、郑、许皆在河南为要枢,郑处其西,宋处其东,陈其介乎郑、宋之间。得郑则可以致西诸侯,得宋则可以致东诸侯,得陈则可以致郑、宋。陈、郑既皆归楚,若复得宋,河南之地尽为楚有矣。"

②宋可以免:清丘之盟约定恤病讨贰,只有宋没有背约,可以免于被人讥议。

【译文】

夏,楚庄王攻打宋国,因为宋国救助萧国。君子说:"清丘之盟,只有宋国可以免于被批评。"

△**【经】** 秋,螽^①。

【注释】

①螽(zhōng):《公羊传》作"蝝"。

【译文】

秋,螽斯虫成灾。

【经】 冬,晋杀其大夫先縠^①。

【注释】

①晋杀其大夫先縠（hú）：晋杀先縠并灭其族。

【译文】

冬，晋国杀了他的大夫先縠。

【左传】秋，赤狄伐晋，及清①，先縠召之也②。冬，晋人讨邲之败与清之师，归罪于先縠而杀之，尽灭其族。君子曰："恶之来也①，己则取之，其先縠之谓乎！"

【注释】

①清：即清原，在今山西稷山东南。

②先縠召之：邲之战，先縠不服从命令而导致失败，恐惧，故召狄。縠，《縠梁传》作"縠"。

③恶：指刑戮。

【译文】

秋，赤狄攻打晋国，一直打到清地，是先縠招引来的。冬天，晋国人清算邲之战的失败和清地战败的责任，归罪于先縠因而把他杀了，并且把他全族也灭了。君子说："刑戮加身，是咎由自取，这说的就是先縠啊！"

*　**【左传】**清丘之盟，晋以卫之救陈也，讨焉①。使人弗去②，曰："罪无所归③，将加而师。"孔达曰："苟利社稷，请以我说④，罪我之由。我则为政，而亢大国之讨⑤，将以谁任？我则死之。"

【注释】

①讨：派人上门责问。

②弗去：不肯离开。

③罪无所归：指找不出罪魁祸首。

④请以我说：就解释说是我的主谋。说，解释，说明。

⑤亢：当，面对。

【译文】

清丘的盟会上，晋人因为卫国救援陈国，派人来问罪。使者不肯离开，说："如果找不出祸首，将加兵于你们卫国。"孔达说："如果对国家社稷有利，请拿我作为祸首对晋人解释吧，罪过由于我啊。我是执政大臣，面对大国的责罚，难道能诿罪于他人？我愿意为此而死。"

十四年

【经】十有四年春①**，卫杀其大夫孔达**②**。**

【注释】

①十有四年：鲁宣公十四年当周定王十二年，前595年。

②孔达：卫国执政大夫。宣公十二年，宋伐陈，因为陈、卫两国先君有旧好，所以孔达率卫违反清丘之盟救援了陈国，为了使卫国免遭晋国讨伐，孔达自缢以使卫可以给晋一个交代。

【译文】

鲁宣公十四年春，卫国杀了他的大夫孔达。

【左传】十四年春，孔达缢而死①**。卫人以说于晋而免。遂告于诸侯曰："寡君有不令之臣达**②**，构我敝邑于大国**③**，既伏其罪矣，敢告。"卫人以为成劳**④**，复室其子**⑤**，使复其位**⑥**。**

【注释】

①孔达缢而死：此事承接上年传文末。孔达自缢而死以承担责任。

②不令：不善。

③构：构怨，制造仇怨。

④成劳：旧勋。当时习惯语。此指孔达助卫成公复国。

⑤室：动词，娶妻。

⑥复其位：承袭父亲禄位。

【译文】

　　鲁宣公十四年春，孔达自缢而死。卫国人以此向晋国解释而免于被讨伐。卫国于是向诸侯各国通告说："我们国君有不良之臣孔达，在敝国和大国之间制造仇怨，已经服罪被杀了，谨此通告。"卫人认为孔达有功劳，让孔达的儿子娶妻，并让他承袭父亲的禄位。

　　△**【经】**夏五月壬申，曹伯寿卒①。

【注释】

①夏五月壬申，曹伯寿卒：壬申，十一日。曹伯寿，即曹文公，为公子
　　喜时之父。案时月日例，小国之君卒月葬时，此处书日者，因公子
　　喜时有让国之功（参见昭公二十年"夏，曹公孙会自鄸出奔宋"
　　条传文），故襃扬其父。而下文之"葬曹文公"，也当蒙"九月"。

【译文】

夏五月十一日，曹文公寿去世。

【经】晋侯伐郑①。

【注释】

①晋侯伐郑：晋侯，指晋景公周姬据，又名"姬獳（nòu）"。晋国伐

郑是因为邲之战后，郑国背晋亲楚。晋国在郑国面前阅兵示威之后返回，希望以此威胁郑国，使其重新与晋交好。

【译文】

晋景公攻打郑国。

【左传】夏，晋侯伐郑，为邲故也[①]。告于诸侯，蒐焉而还[②]。中行桓子之谋也。曰："示之以整[③]，使谋而来[④]。"郑人惧，使子张代子良于楚[⑤]。郑伯如楚，谋晋故也[⑥]。郑以子良为有礼，故召之。

【注释】

①为邲故：邲之战晋败，郑背晋亲楚，晋因此讨伐。

②蒐（sōu）焉而还：晋军并未入郑，只是阅兵以炫耀一下兵力，以示晋虽败于邲，兵力并不受损伤，由此向郑施加压力。蒐，阅兵。

③整：指队伍整齐，军纪严明。

④使谋而来：指让郑国好好考虑重新归服晋。

⑤子张：又叫"伯张""公孙黑肱"，郑穆公之孙。代子良：子良宣公十二年为质于楚。

⑥谋晋故：晋威吓郑国，郑反而求救于楚。赵孟何曰："楚入陈得陈，围郑得郑，且将围宋，楚之得志未有甚于此时者。"

【译文】

夏，晋景公攻打郑国，因为邲之战的缘故。晋国昭告诸侯，阅兵结束后就回国。这是中行桓子的计谋。他说："向他们显示一下我军的整肃，让郑国好好考虑要不要重新归服我晋国。"郑人害怕了，派子张代替子良到楚国去。郑襄公到楚国去，商量如何对付晋国。郑国认为子良知礼节，所以召他回来。

【经】秋九月，楚子围宋①。

【注释】

①九月，楚子围宋：楚子，楚庄王。楚庄王派大夫申舟访齐，命其路过宋国之时不要向宋国借道，径直路过即可。后申舟经过宋国时被杀，楚庄王借机包围宋国。案时月日例，围例时。此处书月者，何休云："恶久围宋，使易子而食之。"

【译文】

秋九月，楚庄王围攻宋国。

【左传】楚子使申舟聘于齐①，曰："无假道于宋②。"亦使公子冯聘于晋③，不假道于郑。申舟以孟诸之役恶宋④，曰："郑昭宋聋⑤，晋使不害，我则必死。"王曰："杀女，我伐之⑥。"见犀而行⑦。及宋，宋人止之⑧。华元曰："过我而不假道，鄙我也⑨。鄙我，亡也⑩。杀其使者必伐我，伐我亦亡也。亡一也。"乃杀之。楚子闻之，投袂而起⑪，屦及于窒皇⑫，剑及于寝门之外⑬，车及于蒲胥之市⑭。秋九月，楚子围宋⑮。

【注释】

①申舟：楚国大夫，名无畏，一作"毋畏"，亦称"文之无畏"，字子舟。

②无假道于宋：楚使聘于齐，须经过宋国，按规定须向宋国公开借道，楚庄王说"无假道于宋"，是对宋国的藐视，含有挑衅之意。

③公子冯（píng）：楚之同姓公族。

④申舟以孟诸之役恶宋：文公十年，宋昭公陪同楚穆王在孟诸打猎，因宋昭公违背楚王之命，申舟遂以执法官的身份，责打宋昭公的

御者,以示惩罚。孟诸,泽名,在今河南商丘东北。

⑤郑昭宋聋:意指郑国明白,宋国昏聩。昭,眼明。聋,耳聋。

⑥杀女,我伐之:楚庄王知宋必杀申舟,为了攻宋服宋,正要以此为
借口。

⑦犀:申舟儿子。

⑧止之:扣留申舟。

⑨鄙我:以我为鄙。鄙,边邑,此作动词。古代凡过他国之境,本应
公开要求借道,否则,就是视他国为本国边境之地。

⑩亡也:不向我借道,是将宋国当做楚边境,等于亡国。

⑪投袂(mèi):一甩袖子。投,挥。袂,袖子。

⑫屦(jù)及于窒皇:古代脱鞋入室,席地而坐,楚庄王怒而出,忘了
穿鞋,到了寝宫门外,送鞋的人才赶上。屦,鞋。窒皇,即经皇,正
殿前的庭院。

⑬剑及于寝门之外:剑也是到官门外才送上。

⑭车及于蒲胥之市:车驾到蒲胥之市才追上。蒲胥,楚郢都内的街
市名。

⑮楚子围宋:赵鹏飞曰:"楚横行列国,次及于宋。宋,列国之门户
也,得宋则齐、鲁以之。"王樵曰:"宋既去,则楚威震及齐、鲁,岂
但失郑而已。"

【译文】

楚庄王派申舟到齐国去聘问,说:"不要向宋国借道。"又派公子冯
到晋国聘问,也不向郑国借道。申舟因为孟诸的事情得罪宋国,说:"郑
国明白,宋国昏聩,聘晋的使者不会被害,我则必死无疑。"楚庄王说:
"宋国要是杀了你,我就征讨它。"申舟让自己的儿子申犀进见楚庄王,
然后才出发。到了宋国,宋人拦住了他。宋华元说:"经过我国而不借
道,这是把我国当作他们的边邑。把我国当作边邑,就是亡国。杀了他
们的使者,楚国一定讨伐我,伐我也是亡国。反正是一样的亡国。"于是

杀了申舟。楚庄王听到这消息，拂袖而起，随从一直追到寝宫门外庭院里才给他穿上鞋子，追到寝宫的殿门外才给他送上佩剑，车驾追到蒲胥街市才赶上他。秋九月，楚庄王围攻宋国。

△【经】葬曹文公。

【译文】

（九月，）安葬曹文公。

【经】冬，公孙归父会齐侯于榖①。

【注释】

①公孙归父：鲁国的子家。齐侯：齐顷公姜无野，齐桓公之孙。榖：齐地名，在今山东东阿。

【译文】

冬，公孙归父在榖地会见齐顷公。

【左传】冬，公孙归父会齐侯于榖①。见晏桓子②，与之言鲁，乐③。桓子告高宣子曰④："子家其亡乎⑤！怀于鲁矣⑥。怀必贪，贪必谋人⑦。谋人，人亦谋己。一国谋之，何以不亡⑧？"

【注释】

①公孙归父会齐侯于榖：归父会见齐侯，是商量如何与楚言和。

②晏桓子：晏婴父亲。晏，晏邑，以邑为氏。

③乐：很得意。公孙归父受宠于鲁宣公，因此得意。

④高宣子:高固。

⑤亡:逃离鲁国。

⑥怀:留恋其宠。

⑦谋人:算计别人。

⑧何以不亡:宣公十八年,公孙归父逃奔齐国。

【译文】

冬,公孙归父在穀地会见齐顷公。见到晏桓子,和他谈到鲁国时,很是得意。桓子告诉高宣子说:"子家恐怕要逃离鲁国了! 他留恋于鲁国的宠信了。怀宠必贪婪,贪婪必定算计别人。算计别人,别人也算计自己。一国之人都算计他,他能不逃亡吗?"

*【左传】孟献子言于公曰①:"臣闻小国之免于大国也,聘而献物②,于是有庭实旅百③,朝而献功④,于是有容貌采章⑤,嘉淑而有加货⑥,谋其不免也。诛而荐贿⑦,则无及也。今楚在宋,君其图之。"公说⑧。

【注释】

①孟献子:即仲孙蔑。

②聘而献物:派人去聘问,并进献财物。

③庭实旅百:诸侯朝见天子或相互聘问,将许多礼物陈列于庭内。

④朝:国君亲自到大国朝觐。献功:进献治国或征伐之功。

⑤容貌采章:各色珠玉绶带、羽毛齿革等装饰品,用以进献。

⑥嘉淑:美善之物。加货:额外所加的礼物。

⑦荐贿:进献财物。荐,进献。

⑧说:同"悦"。

【译文】

孟献子对鲁宣公说:"臣下听说小国要想免于大国的征讨,就要派人去聘问，并进献财物。因此就有进献的百件礼品摆在庭中，国君亲自去朝见并进献功劳，于是就有珠玉齿革等各色装饰品，在这些美好的礼物外再加额外的财礼，以此来谋求不免的罪过。如果等到大国来责罚了再进献财物，那就来不及了。现在楚军还在宋国，国君应该好好考虑一下！"鲁宣公听了很高兴。

十五年

【经】十有五年春①，公孙归父会楚子于宋②。

【注释】

①十有五年：鲁宣公十五年当周定王十三年，前594年。

②公孙归父会楚子于宋：许翰曰："楚围宋之威震及鲁矣。"公孙归父会楚是为了向楚示好，以求自保。

【译文】

鲁宣公十五年春，公孙归父在宋国和楚庄王会见。

【左传】十五年春，公孙归父会楚子于宋。

【译文】

鲁宣公十五年春，公孙归父在宋国会见楚庄王。

【经】夏五月，宋人及楚人平①。

【注释】

①宋人及楚人平：楚国从去年九月围宋，前后达九个月之久，宋才与楚讲和。陈傅良曰："外平不书，必关于天下之故而后书。……盖

　　此时天下将有南北之势，故《春秋》特致意焉。”

【译文】

夏五月，宋人和楚人讲和。

　　【左传】宋人使乐婴齐告急于晋①，晋侯欲救之②。伯宗曰③：“不可。古人有言曰：‘虽鞭之长，不及马腹④。’天方授楚⑤，未可与争。虽晋之强，能违天乎？谚曰：‘高下在心⑥。’川泽纳污，山薮藏疾⑦，瑾瑜匿瑕⑧，国君含垢⑨，天之道也，君其待之。”乃止。

【注释】

①乐婴齐：宋公族，华元的族弟。

②晋侯欲救之：依清丘之盟，晋应救宋。

③伯宗：晋国大夫。

④虽鞭之长，不及马腹：意指楚国不是晋国所宜攻击的对象。鞭长，比喻晋之强大。马腹，喻所击非宜。

⑤天方授楚：指楚正得天命而强大。

⑥高下在心：遇事能屈伸，必须心中有数。高下，犹言屈伸。

⑦薮（sǒu）：草野。疾：毒害之物。指蛇蝎等毒虫。

⑧瑾瑜：美玉。瑕：玉上的疵点。

⑨国君含垢：喻指国君也可忍受一时之辱，不必以不救宋为耻。

【译文】

宋人派乐婴齐到晋国告急求援，晋景公想救宋。大夫伯宗说：“不能救。古人有过这样的话：‘马鞭虽长，也打不到马腹。’上天正把强盛授予楚国，我们不可与之争锋。晋国虽然强大，可是能违背天的旨意吗？俗话说：‘或高或低，或屈或伸，一切全由我心来裁度。’江河湖泽可以容纳污泥浊水，山林草莽可以藏毒害之物，美玉也隐藏着瑕疵，国君忍受耻辱，这也是天的常道。国君还是再等等吧。"晋景公于是停止发兵。

使解扬如宋①，使无降楚，曰："晋师悉起，将至矣②。"郑人囚而献诸楚。楚子厚赂之，使反其言③。不许。三而许之④。登诸楼车⑤，使呼宋人而告之。遂致其君命⑥。楚子将杀之，使与之言曰："尔既许不穀，而反之，何故？非我无信，女则弃之⑦。速即尔刑⑧。"对曰："臣闻之，君能制命为义⑨，臣能承命为信⑩，信载义而行之为利。谋不失利，以卫社稷，民之主也。义无二信⑪，信无二命⑫。君之赂臣，不知命也⑬。受命以出，有死无霣⑭，又可赂乎？臣之许君，以成命也⑮。死而成命，臣之禄也⑯。寡君有信臣，下臣获考死⑰，又何求？"楚子舍之以归⑱。

【注释】

①解扬：晋国大夫。宣公元年曾被楚俘获，不知何时已归晋。

②晋师悉起，将至矣：晋已决定不救宋，却叫解扬去诈称晋将发兵，要宋坚守。

③反其言：说相反的话。即让解扬告诉宋人晋不肯出兵相救。

④三：多次。指威逼再三。

⑤楼车：兵车的一种，较高，用于望敌。

⑥遂致其君命：解扬登上楼车后，并未按楚庄王的意思办，而是把晋君的命令如实地传达给宋国。致，送达，传达。

⑦女则弃之：指解扬自己先丢弃了信用。

⑧即尔刑：去接受死刑。即，就。

⑨制命：制定正确的命令。

⑩承命：奉行命令。

⑪义无二信：言外之意，即下臣不能既承担晋君的命令，又承担楚君的命令。

⑫信无二命：讲信用就不能接受两种命令。意为既受晋君之命，就不受楚王之命。

⑬不知命：不知"信无二命"。

⑭殒（yǔn）：此指废弃。

⑮臣之许君，以成命也：解释之所以答应楚庄王，是为了完成晋君的使命。

⑯禄：福。

⑰考死：死得其所。考，终极。

⑱舍：赦免。

【译文】

晋派解扬到宋国去，叫宋人不要投降楚国，说："晋军已经全部出发了，就要到达了。"解扬路经郑国时，郑人将他抓获，并献给楚军。楚庄王给他大量财物，要他对宋人说相反的话，解扬不答应，威逼再三他才答应。解扬登上楼车，楚人要他呼叫宋人并把情况告诉他们。解扬却趁机传达了晋君的命令。楚庄王要杀掉他，派人对他说："你既然已答应我，却又反悔，这是何故？不是我们不讲信义，是你违背了诺言。你赶快去接受死刑吧。"解扬回答说："下臣听说，国君能制定正确的命令叫'义'，臣子能承担命令叫'信'，以臣子的信去贯彻君主的义并加以推广叫'利'。谋划而不失去利，并以此来捍卫社稷，这是百姓的领袖。贯彻义不能有两种相互矛盾的信，守信的臣子也不能同时接受两种相互矛盾的命令。君王赠给臣下财物，说明君王不懂得命令的含义。臣下接受寡君的命令出使于外，宁死也不废弃寡君的命令，又怎么可以因财物而改变呢？臣下之所以应许君王，是为了完成寡君的命令。身虽死但能完成命令，这是臣下的福气。寡君有守信的臣子，下臣得以善终，我还求什么呢?"楚庄王于是赦免了解扬,让他回国去了。

　　夏五月,楚师将去宋①,申犀稽首于王之马前②,曰:"毋畏知死而不敢废王命③,王弃言焉④。"王不能答。申叔时仆⑤,曰:"筑室反耕者⑥,宋必听命。"从之。宋人惧,使华元夜入楚师,登子反之床⑦,起之,曰:"寡君使元以病告⑧,曰:'敝邑易子而食,析骸以爨⑨。虽然,城下之盟,有以国毙⑩,不能从也⑪。去我三十里,唯命是听。'"子反惧,与之盟,而告王。退三十里。宋及楚平,华元为质⑫。盟曰:"我无尔诈,尔无我虞⑬。"

【注释】

①夏五月,楚师将去宋:楚围宋已九月,《公羊传》及《史记·宋微子世家》俱谓楚军粮尽,故欲离开。

②申犀:申舟儿子犀。

③毋畏:申舟。

④王弃言:上年楚庄王许诺宋杀申舟,必伐宋,今要撤兵,是食言。

⑤仆:为王驾车。

⑥筑室反耕者:筑室,是在城外盖起房子。反耕者,是让因楚军到来而逃亡的农民回来种田。这是楚军的策略,造成不想撤离的假象,以逼迫宋国屈服。

⑦子反:即公子侧,时为楚军主帅。

⑧病:此指严重的困难。

⑨析骸以爨(cuàn):拆了尸骨当柴烧。析,破。骸,人之骨。爨,烧火煮饭。

⑩以国毙:指全国牺牲。

⑪从：从命。指与楚订立城下之盟。

⑫华元为质：华元为质于楚，后宋以公子围龟换回。

⑬"盟曰"三句：虞，欺骗。顾栋高曰："是时陈、蔡、郑、许而外，鲁复从楚，宋力屈而与楚平，楚之猖獗几甚于（楚）成王之世。"

【译文】

夏五月，楚军准备撤离宋国，申犀在楚庄王马前叩头说："毋畏明知要死但也不敢废弃君王的命令，可君王却抛弃了自己的诺言。"楚庄王无法回答。申叔时正好为楚庄王驾车，他说："建好房子，让耕田的人回来，宋国就一定听命于楚国。"楚庄王采纳了他的计策。宋人害怕了，派华元深夜潜入楚军阵营，登上子反之床，把子反拉起来，说："寡君让华元将严重的困难都告诉你们，说：'敝国城内已经是交换儿子杀了吃，劈碎骸骨当柴烧。即使这样，兵临城下而被迫结盟，我们宁可让国家灭亡，也不能从命。你们撤离我城三十里，我们就唯命是听。'"子反害怕了，与华元私下订立盟约，然后报告楚庄王。楚庄王命令大军后退三十里。宋与楚讲和结盟，华元入楚做人质。盟誓说："我不骗你，你也不欺我。"

【公羊传】外平不书，此何以书？大其平乎己也①。何大乎其平乎己？庄王围宋，军有七日之粮尔，尽此不胜，将去而归尔，于是使司马子反乘堙而窥宋城②。宋华元亦乘堙而出，见之。司马子反曰："子之国何如？"华元曰："惫矣。"曰："何如？"曰："易子而食之，析骸而炊之。"司马子反曰："嘻！甚矣惫。虽然，吾闻之也，围者柑马而秣之③，使肥者应客，是何子之情也④？"华元曰："吾闻之，君子见人之厄则矜之，小人见人之厄则幸之。吾见子之君子也，是以告情于子也。"司马子反曰："诺。勉之矣。吾军亦有七日之粮尔，尽此不胜，将去而归尔。"揖而去之。反于庄王，庄王曰：

"何如?"司马子反曰:"惫矣。"曰:"何如?"曰:"易子而食之,析骸而炊之。"庄王曰:"嘻! 甚矣惫。虽然,吾今取此,然后而归尔。"司马子反曰:"不可。臣已告之矣,军有七日之粮尔。"庄王怒曰:"吾使子往视之,子曷为告之?"司马子反曰:"以区区之宋,犹有不欺人之臣,可以楚而无乎? 是以告之也。"庄王曰:"诺。舍而止。虽然,吾犹取此,然后归尔。"司马子反曰:"然则君请处于此,臣请归尔。"庄王曰:"子去我而归,吾孰与处于此? 吾亦从子而归尔。"引师而去之。故君子大其平乎己也。此皆大夫也,其称人何? 贬。曷为贬? 平者在下也⑤。

【注释】

①大其平乎己也:己,自己。此处指楚国的司马子反与宋国的华元。此处两国之和解是二大夫擅自订立的,故云"平乎己"。《春秋》因二大夫有仁心,故褒扬之。具体的书法,是鲁国之外的和解,例所不书,此处书楚、宋之平,即为褒扬之文。

②堙(yīn):为攻城而堆积的土山。

③拑马而秣(mò)之:何休云:"秣者,以粟置马口中。拑者,以木衔其口,不欲令食粟。示有畜积。"

④情:此处为透漏实情。

⑤平者在下也:下,指大夫。司马子反与华元私下和解,虽然发自仁心,然而毕竟伤害了君臣之义,故贬抑之,不书名氏而称"人"。

【译文】

鲁国之外的和解,例所不书,此处为何书? 是褒扬大夫私下和解。为何褒扬大夫私下和解? 楚庄王包围宋国都城,军队只有七天的粮草了,如果七天内不胜,就要撤兵归国了,于是派司马子反登上攻城的土山去窥望宋城。宋国的华元也登上土山来见他。司马子反问道："你们国中现在怎么样了？"华元说："极其困乏了。"问："到什么程度？"说："交换孩子食以充饥，劈裂人骨当柴烧。"司马子反说："哎！的确困乏极了。但是我听说，被包围的人，在马口中放置木衔，然后喂马，派肥胖的人来接待客人表示粮草充裕，您为何透露实情？"华元说："我听闻，君子见人困厄则怜悯，小人见人困厄则庆幸。我见您是君子，所以以实情相告。"司马子反说："好。努力吧。我军也只有七天的粮草了，七天不胜，就要退兵归国了。"作揖而去，回报给楚庄王。楚庄王说："宋国怎么样了？"司马子反说："已经极度困乏了。"说："具体怎样？"说："交换孩子食以充饥，劈裂人骨当柴烧。"楚庄王说："哎！的确困乏极了。即使这样，我要夺取宋国，然后再回国。"司马子反说："不行。臣已经告诉他们，我军只有七天的粮草了。"楚庄王发怒道："我是派你去刺探宋国，为什么告诉他们？"司马子反说："以小小的宋国，犹有不欺骗人的臣子，楚国可以没有吗？所以告诉他了。"楚庄王说："好吧。筑舍驻扎下来。即使宋国知道我军粮少，我也要攻取宋国，然后回去。"司马子反说："那么请国君留在此处，臣请求归国。"楚庄王说："你离开我而归国，我和谁留处此地？我也和你一起回去吧。"率领军队离开了。所以君子褒扬二大夫私下和解。这里司马子反和华元是大夫，为何称之为"人"？是贬抑他们。为何贬抑？毕竟和解未禀告国君，有失君臣之义。

【穀梁传】平者，成也，善其量力而反义也[①]。人者，众辞也。平称众，上下欲之也。外平不道，以吾人之存焉道之也[②]。

【注释】

①量力而反义：估量自己的力量不足以制伏对方，就回到讲和的方面来。

②吾人：指公孙归父。《穀梁传》认为公孙归父在宋、楚讲和中发挥

了作用,据《左传》则并非如此。

【译文】

"平",是讲和,这是褒扬他们估量自己的力量而回到讲和之道上。"人",是表示人数众多的说法。讲和而说人多,是表示君臣都想讲和。外国讲和不记载,因为我们鲁国的人参与其中了所以记载了。

【经】六月癸卯①**,晋师灭赤狄潞氏**②**,以潞子婴儿归**③**。**

【注释】

①癸卯:十八日。

②潞:赤狄的一支,其国在今山西潞城东北。案名例,《春秋》对于夷狄有"州、国、氏、人、名、字、子"七等进退之法。此处称"氏",即是夷狄之号。

③潞子婴儿:潞国君,名婴儿。潞子娶晋景公之姊为夫人。其臣酆舒杀夫人,又伤潞子之目。晋趁机派荀林父出兵,在曲梁打败赤狄,俘获潞子婴儿,潞氏灭亡。然此处不称"氏",而称"子",是因其有向中国之心,而褒进之。

【译文】

六月十八日,晋军灭了赤狄潞氏,俘房了潞君婴儿回国。

【左传】潞子婴儿之夫人,晋景公之姊也。酆舒为政而杀之,又伤潞子之目。晋侯将伐之,诸大夫皆曰:"不可。酆舒有三俊才①,不如待后之人②。"伯宗曰:"必伐之。狄有五罪,俊才虽多,何补焉?不祀③,一也;耆酒④,二也;弃仲章而夺黎氏地⑤,三也;虐我伯姬⑥,四也;伤其君目,五也。怙其俊才,而不以茂德⑦,兹益罪也。后之人或者将敬奉德义以事神人,而申固其命^⑧,若之何待之^⑨? 不讨有罪,曰'将待后',后有辞而讨焉^⑩,毋乃不可乎? 夫恃才与众^⑪,亡之道也。商纣由之,故灭。天反时为灾^⑫,地反物为妖^⑬,民反德为乱^⑭。乱则妖灾生。故文,反正为乏^⑮。尽在狄矣^⑯。"晋侯从之。六月癸卯^⑰,晋荀林父败赤狄于曲梁^⑱。辛亥^⑲,灭潞。酆舒奔卫,卫人归诸晋,晋人杀之^⑳。

【注释】

①俊才:突出的才能。

②待后之人:等待潞国无俊才然后攻伐。

③不祀:不祭祀其祖先。

④耆:同"嗜(shì)"。古人认为嗜酒亡国。

⑤弃仲章而夺黎氏地:仲章曾劝阻酆舒夺黎氏地,酆舒废黜仲章。仲章,潞国的贤人。黎,小国名,原在山西长治西南,后迁于黎城。

⑥虐:杀。伯姬:潞子夫人,晋景公之姊。

⑦茂德:美德。

⑧申固其命:巩固国家命运。

⑨若之何待之:意指酆舒的后人若能奉行德义,敬祀鬼神,则国运巩固,不好讨伐了。

⑩后有辞:指酆舒的后人有了理由。

⑪众:人多。

⑫天反时为灾:天应寒而暑,应暑而寒,时令反常,则成灾害。

⑬地反物为妖:地上的事物反其常性,则谓之妖怪。

⑭反德:行事违反准则。

⑮故文,反正为乏:文,字。小篆"正"与"乏"二字字形似相反。伯宗这里是望文生义,借以说明酆舒反其道而行,必走向困境。

⑯尽在狄：指上面所说的灾、妖、乱、乏，狄人都齐备。

⑰癸卯：十八日。

⑱曲梁：在今山西潞城北。

⑲辛亥：二十六日。

⑳晋人杀之：晋人杀酆舒。

【译文】

　　潞国国君婴儿的夫人，是晋景公的姐姐。酆舒在潞国当政时，杀了潞子夫人，又伤了潞子的眼睛。晋景公准备攻打酆舒，诸大夫都说："不行。酆舒有三项突出的才能，不如等待他的后任时再去攻打。"伯宗却说："一定要攻打他。狄人有五大罪状，即使俊才再多，于国何补呢？他不祭祀祖先，这是第一项罪；嗜酒，是第二项罪；废黜仲章而夺取黎氏的土地，是第三项罪；杀了我伯姬，是第四项罪；伤了他国君的眼睛，是第五项罪。倚仗着他的俊才，而不是美德，此乃增加他的罪恶。潞国后任的人或者可能将会敬畏和奉行德义而侍奉神人，因而巩固国家的命运，怎么能等到后任的人呢？今天不讨伐有罪之人，说什么'等待他们的后任'，以后的后任者有了理由我们再去讨伐，那恐怕就不可以了。如果依恃着所谓的才能和人多，那是亡国之道啊。商纣就是由此而行，所以灭亡。天违反时令就是灾害，地违反物性成为妖异，百姓行事违反准则就是乱。百姓乱了天灾地妖就都来了。所以从字形上看，'正'字反过来就是'乏'字。这些毛病，狄人都具备了。"晋景公听从了伯宗的话。六月十八日，晋荀林父在曲梁打败了赤狄。二十六日，灭了潞国。酆舒逃奔到卫，卫人把他押送到晋国，晋人杀了他。

　　【公羊传】潞何以称子？潞子之为善也躬①，足以亡尔。虽然，君子不可不记也。离于夷狄，而未能合于中国。晋师伐之，中国不救，狄人不有，是以亡也。

【注释】

①潞子之为善也躬：为善，即去夷狄之俗而向中国。躬，王引之《经
义述闻》以为："古'躬'与'穷'通。潞子去俗归义，而无党援，
遂至于穷困。下文云'离于夷狄，而未能合于中国。晋师伐之，
中国不能救，狄人不有'，是其穷于为善之事也。"

【译文】

潞为何称"子"？潞子为善道，穷困孤立，导致了灭亡。即使这样，
君子不可以不记录。离弃夷狄之俗，却未能与中国合同礼义。晋师讨伐
他，中国不救援，夷狄不护佑，所以灭亡了。

【穀梁传】灭国有三术①，中国谨日，卑国月②，夷狄不日。
其曰"潞子婴儿"，贤也。

【注释】

①术：方式，方法。指记载灭国的方法。
②卑国：附庸小国。

【译文】

记载灭亡国家有三种方法，对中原国家要慎重地记载日期，对附庸
小国要记载月份，对夷狄之国不记载日期。经文说"潞子婴儿"，因为他
是贤能的人。

【经】秦人伐晋。

【译文】

秦人攻打晋国。

【左传】秋七月,秦桓公伐晋,次于辅氏①。壬午②,晋侯治兵于稷③,以略狄土④,立黎侯而还⑤。及雒⑥,魏颗败秦师于辅氏⑦,获杜回,秦之力人也⑧。

【注释】

①辅氏:晋地名,在今陕西大荔。晋伐赤狄,秦趁机攻晋。

②壬午:二十七日。

③治兵:演习,检阅军队。稷(jì):晋地名,在今山西稷山南。

④略:强取。晋虽灭了潞国,其余狄人未服,因此继续攻取狄人土地。

⑤立黎侯:潞国夺取黎氏地,晋恢复黎国,立黎侯。

⑥雒(luò):晋地名,在今陕西大荔东南。

⑦魏颗:晋国大夫。

⑧力人:大力士。

【译文】

秋七月,秦桓公攻打晋国,驻扎在辅氏。二十七日,晋景公在稷地检阅军队,并攻取狄人的土地,立了黎国国君后才回国。到雒地时,晋大夫魏颗在辅氏打败秦军,俘虏了秦国的大力士杜回。

初,魏武子有嬖妾①,无子。武子疾,命颗曰:“必嫁是。”疾病②,则曰:“必以为殉③!”及卒,颗嫁之,曰:“疾病则乱④,吾从其治也⑤。”及辅氏之役,颗见老人结草以亢杜回⑥,杜回踬而颠⑦,故获之。夜梦之曰:“余,而所嫁妇人之父也⑧。尔用先人之治命,余是以报。”

【注释】

①魏武子:魏犨,魏颗父亲。

②疾病：病重，病危。病，指病重。

③殉：以活人殉葬。古代有以妻妾殉葬的习俗。

④乱：神志不清。

⑤治：相对于"乱"而言，指神志清楚。

⑥亢：遮拦。此指结草绳遮拦杜回。

⑦踬（zhì）：被绊倒。颠：仆倒在地。

⑧而：你。

【译文】

当初，魏武子有一个宠爱的小妾，没有儿子。魏武子病了，命令魏颗说："我死了，一定要把她嫁出去。"到了病重时，却说："一定要让她殉葬！"魏武子死后，魏颗把她嫁出去了，说："人病重时神志不清，我依照他神志清楚时的话做。"到了辅氏之役，魏颗看见一个老人用草绳拦住杜回，杜回被绊倒在地，所以魏颗抓住了杜回。夜里魏颗梦见老人对他说："我，就是你所嫁出去的女子的父亲。你依照你先父神志清楚时的命令行事，我以此来报答你。"

【经】王札子杀召伯、毛伯①。

【注释】

①王札子：周定王之子。《左传》认为王札子是王子捷，因王孙苏与召伯、毛伯争政，使王札子杀召伯、毛伯。《公羊传》认为王札子是长庶子。召伯、毛伯：鲁国大臣。

【译文】

王札子杀了召伯、毛伯。

【左传】 王孙苏与召氏、毛氏争政①，使王子捷杀召戴公及毛伯卫，卒立召襄②。

【注释】

①王孙苏与召氏、毛氏争政：三人都是周王卿士，争夺执政权。

②卒立召襄：召襄，召戴公之子。许翰曰："拓跋魏世，高欢睹张彝之变而生乱心。定王在上，而子弟敢以私怨专杀，王不能禁，无惑乎周之无以令天下矣。"

【译文】

王孙苏和召氏、毛氏争夺执政权，派了王子捷杀了召戴公和毛伯卫，最终立了召襄。

【公羊传】 王札子者何？长庶之号也①。

【注释】

①长庶之号也：即是当今周天子之庶长兄。案名例，天子庶长兄不称名，称且字，此处之"札"，即为且字。详参文公元年"天王使叔服来会葬"条注释。

【译文】

王札子是什么人？是天子庶长兄的称号。

【穀梁传】 王札子者，当上之辞也①。杀召伯、毛伯，不言其②，何也？两下相杀也。两下相杀，不志乎《春秋》，此其志，何也？矫王命以杀之③，非忿怒相杀也④，故曰以王命杀也。以王命杀，则何志焉？为天下主者，天也；继天者，君也；君之所存者，命也。为人臣而侵其君之命而用之，是不臣也；为人君而失其命，是不君也。君不君，臣不臣，此天下所以倾也。

【注释】

①当：当作。

②不言其：不说"其"，也就是不说"王札子杀其大夫召伯、毛伯"，这
　样显示出王札子是"矫王命以杀之"。

③矫（jiǎo）：假托，诈称。

④忿怒：愤怒，怨恨。

【译文】

　　说"王札子"，是因为他把自己当作了天子。杀害了臣子召伯、毛
伯，不说"其"，为什么呢？因为是两边的臣下相互杀害。臣下相互杀
害，本来是不应记载入《春秋》的，这里记载了，为什么呢？因为是假托
天子的命令来杀了他们，而不是因为私愤杀的，所以说是以周王的命令
杀的。以周王的命令杀的，那为什么要记载呢？作为天下的主宰的，是
上天；继承了上天的旨意的，是国君；国君所赖以存在的，是他可以发布
命令。作为臣下却侵犯自己国君发布命令的权力而使用，是不行人臣之
道；作为国君却失去了发布命令的权力，是不行人君之道。君王不像君
王，臣下不像臣下，这就是天下倾覆的原因。

　　*【左传】晋侯赏桓子狄臣千室①，亦赏士伯以瓜衍之
县②，曰："吾获狄土，子之功也。微子，吾丧伯氏矣③。"羊舌
职说是赏也④，曰："《周书》所谓'庸庸祗祗'者⑤，谓此物也
夫⑥。士伯庸中行伯⑦，君信之，亦庸士伯，此之谓明德矣。
文王所以造周，不是过也。故《诗》曰：'陈锡哉周⑧。'能施
也⑨。率是道也⑩，其何不济？"

【注释】

①狄臣：狄人奴隶。案此亦包括奴隶耕种的土地。千室：千家。

②士伯：士贞子。瓜衍之县：即今山西孝义北的瓜城。

③伯氏：荀林父。宣公十二年，士伯劝阻杀掉荀林父，因此赏士伯。

④羊舌职：叔向的父亲。说：悦。指对这样的赏赐感到高兴。

⑤庸庸祇祇（zhī）：语出《尚书·周书·康诰》。意为周文王能重用可用之人，尊敬可尊敬之人。庸，用。祇，敬。

⑥此物：此类。此以晋景公比周文王。

⑦士伯庸中行伯：士伯认为中行桓子可用。庸，用。这里是意动用法，认为可用。

⑧陈锡哉周：引《诗》见《诗经·大雅·文王》。意为把利益布施天下，创立周朝。陈，布施。锡，赐予。哉周，造周。

⑨能施：能施恩于人。

⑩率：遵循。

【译文】

晋景公奖赏桓子狄人奴隶上千家，同时把瓜衍之县赏给士伯，说："我能收获狄人的土地，是你的功劳。没有你，我就失去伯氏了。"羊舌职对这样的赏赐感到高兴，说："《周书》上说'用可用之人、敬可敬之人'，说的就是这类的事情啊。士伯能用中行伯，国君信任他，也重用士伯，这就叫作明德啊。周文王之所以能建立周朝，也不过如此。所以《诗》里说：'利益布施天下而创立周朝。'就是说能施恩于人。遵循此道而行，还有什么不能成功？"

*【左传】晋侯使赵同献狄俘于周①，不敬。刘康公曰②："不及十年，原叔必有大咎③，天夺之魄矣④。"

【注释】

①献狄俘于周：晋献狄俘于周王，既是报捷，又是尊王。

②刘康公：王季子。

③原叔必有大咎:鲁成公八年,晋杀赵同。原叔,赵同。

④魄:魂魄。

【译文】

晋景公派赵同到周朝去进献狄人俘虏,赵同进献时不恭敬。刘康公说:"不到十年,原叔必定有大祸,上天要夺走他的魂魄了。"

△**【经】秋,螽**①**。**

【注释】

①螽:《公羊传》作"蝝"。

【译文】

秋,螽斯虫成灾。

△**【经】仲孙蔑会齐高固于无娄**①**。**

【注释】

①无娄:杞国之地,今地不详。《公羊传》作"牟娄"。

【译文】

仲孙蔑在无娄会见齐国高固。

【经】初税亩①**。**

【注释】

①初税亩:鲁国开始按亩征税。周代诸侯实行贡法井田制,一井八家,共九百亩,其中一百亩为公田,每家私田一百亩。八家共耕公田,以劳役为地租,即传文所说的"藉"。此处鲁宣公打破贡法井田制,不再设公田,而收取私田收入的十分之一作为地租,并且以

收成最好的一块私田作为标准。即不问有田者所耕田面积的大小，也不问有田者为何人，一律按亩向耕作者征收实物税。此为初税亩。实行初税亩，表明鲁国正式宣布废除井田制，承认土地私有权。初，开始。

【译文】

开始按亩征税。

【左传】初税亩，非礼也。谷出不过藉①，以丰财也②。

【注释】

①藉：借，借民力以耕田。井田制有私田，也有公田，农奴对于公田有进行无偿劳动的义务，即所谓藉法。

②丰财：《左传》作者认为，过去的征税方法是所征的稻谷不超过"藉法"的规定，这是用以丰富财货的办法，比初税亩好。

【译文】

鲁国从此开始按田亩多少征税，这不合于礼制。过去的征税方法是所征稻谷不超过"藉法"的规定，这可以因此丰富财货。

【公羊传】初者何？始也。税亩者何？履亩而税也①。初税亩何以书？讥。何讥尔？讥始履亩而税也。何讥乎始履亩而税？古者什一而藉②，古者曷为什一而藉？什一者，天下之中正也。多乎什一，大桀小桀③；寡乎什一，大貉小貉④。什一者，天下之中正也。什一行而颂声作矣。

【注释】

①履亩：就是实地踏勘，丈量田亩。履，踏。这里是勘测、丈量的意思。

②古者什一而藉：案《公羊义疏》的讲法，井田制中，一井九百亩，私田为八百亩，公田一百亩，其中二十亩作为八家之庐舍，则八家实耕公田八十亩，如此则是十一而税。今鲁宣公以私田收成最好的一块为标准，收取十一税，则超过了井田制中十一而税的标准，故为《春秋》所讥。

③多乎什一，大桀小桀：桀，夏桀。税收超过井田制中的十一税，则是奢泰比于夏桀，故称"大桀小桀"。

④寡乎什一，大貉小貉：貉，蛮貉。何休云："蛮貉无社稷、宗庙、百官制度之费，税薄。"故低于十一税，则是蛮貉之行。

【译文】

"初"是什么意思？是开始的意思。"税亩"是什么意思？是履亩收税。初次实行税亩的制度，为何记录？是讥刺。讥刺什么？讥刺开始履亩收税。为何讥刺开始履亩收税？古时候借民力耕田，十中取一，古时候为何要十一而藉？十一而税，是天下最合理的制度。超出十一，好比是大桀小桀；不足十一，好比是大貉小貉。十一税，是天下的中正之法。推行十一税法，天下的赞颂之声鹊起。

【穀梁传】初者，始也。古者什一①，藉而不税②。初税亩，非正也。古者三百步为里，名曰井田③。井田者，九百亩，公田居一。私田稼不善④，则非吏⑤。公田稼不善，则非民。初税亩者，非公之去公田而履亩，十取一也，以公之与民为已悉矣⑥。古者公田为居⑦，井灶葱韭尽取焉。

【注释】

①什一：十分之一。范甯注："古者五口之家受田百亩，为官田十亩，是为私得其什而官税其一，故曰'什一'。"

②藉（jiè）：征用民力耕种公田。

③井田：将每方里的农田按"井"字形划为九区，每区一百亩，共九百亩。周围八区为私田，分授八家农户耕种，中间一区为公田，由八家助耕。先种公田，后种私田，公田所收，作为八家农民上缴官府的田赋。

④稼：庄稼。

⑤非吏：责备官吏。

⑥已：程度副词，太、甚。悉：尽，完。

⑦居：共同占有。

【译文】

"初"，就是开始的意思。古代的时候公田占十分之一，征用民力耕种公田而不收税。开始按地亩征税，不合正道。古代的时候三百步为一里，称作"井田"。井田，有九百亩，公田占一份。私人田里的庄稼不好，就责备官吏。公家田里的庄稼不好，就责备百姓。记载"初税亩"，是责备鲁宣公取消了公田而实地丈量田亩，按十分之一收税，认为鲁宣公使百姓要倾尽全部了。古代的时候公田是被大家共同占有，挖井、修灶、种植葱、韭菜等这样的日常给用都从公田获得。

【经】 冬，蝝生①。饥。

【注释】

①蝝（yuán）：未生翅膀的蝗虫，能吃谷子。《穀梁传》云："其曰蝝，非税亩之灾也。"《左传》则认为鲁蝝虫成灾，又饥荒，是天降罪的结果。

【译文】

冬，蝝虫成灾。发生饥荒。

【左传】冬,螽生,饥。幸之也①。

【注释】

①幸之:即夲(niè)之,罪之。

【译文】

冬,螽虫成灾,发生大饥荒。天降罪啊。

【公羊传】未有言螽生者,此其言螽生何? 螽生不书,此何以书? 幸之也①。幸之者何? 犹曰受之云尔②。受之云尔者何? 上变古易常③,应是而有天灾,其诸则宜于此焉变矣。

【注释】

①幸:侥幸,庆幸。

②受之云尔:即庆幸接受这个天灾。此处涉及《公羊》学对于灾异的态度。案天人感应的思想,国家有失,则天先降灾以谴告之;谴告而不变,则降怪异之象以惊骇之,灾异的目的是期望人君改过自新,是天意之仁。故此处虽有天灾,当庆幸天意之仁,而接受之。

③上:指鲁宣公。变古易常:指上文之"初税亩"。

【译文】

《春秋》中没有记录未生翅的蝗虫的,此处记录是为何? 出现未生翅的蝗虫是不记录的,此处为何记录? 是庆幸有天灾。为何庆幸? 好比是说应该接受天灾。接受天灾是什么意思? 国君变乱古制常法,当有天灾,大概应该就此机缘而有所改变。

【穀梁传】螽非灾也。其曰螽,非税亩之灾也。

【译文】

螟虫不是灾害。经文说"螽",是责备按照地亩收税带来灾害。

十六年

【经】十有六年春王正月^①,晋人灭赤狄甲氏及留吁^②。

【注释】

①十有六年:鲁宣公十六年当周定王十四年,前593年。

②甲氏、留吁:赤狄的两支,甲氏在今山西屯留北,留吁在屯留南。

【译文】

鲁宣公十六年春周历正月,晋人灭了赤狄的甲氏和留吁。

【左传】十六年春,晋士会帅师灭赤狄甲氏及留吁、铎辰^①。

【注释】

①铎(duó)辰:也是赤狄的一支,在今山西潞城、屯留附近。

【译文】

鲁宣公十六年春,晋士会率军灭了赤狄的甲氏和留吁、铎辰。

三月,献狄俘^①。晋侯请于王。戊申^②,以黻冕命士会将中军^③,且为大傅^④。于是晋国之盗逃奔于秦^⑤。羊舌职曰:"吾闻之,'禹称善人^⑥,不善人远',此之谓也夫。《诗》曰:'战战兢兢,如临深渊,如履薄冰^⑦。'善人在上也^⑧。善人在上,则国无幸民^⑨。谚曰:'民之多幸,国之不幸也。'是无善人之谓也。”

【注释】

①献狄俘：向周王献俘。

②戊申：二十七日。

③黻（fú）冕：指当时卿大夫礼服。黻，古代礼服上黑青相间的花纹。此指上衣。冕，礼帽。

④大傅：太傅，晋主礼刑之近官。士会灭狄有功，被任命为中军帅并兼太傅，以为褒奖。

⑤晋国之盗逃奔于秦：指士会治国有方，晋国的盗贼都逃跑到秦国去了。

⑥称：举荐，任用。

⑦“战战兢兢”三句：引《诗》见《诗经·小雅·小旻》。形容恐惧戒慎的样子。

⑧善人在上：指善人执政。

⑨无幸民：百姓心中不存侥幸之想。

【译文】

三月，向周王进献狄人俘虏。晋景公向周王请求。二十七日，把黻冕等礼服赐给士会并任命他为中军帅，并且加太傅之号。此后，晋国的盗贼都逃到秦国去了。羊舌职说：“我听说，‘禹任用了好人，坏人都远远地离开了’，说的就是这个情况。《诗》里说：‘战战兢兢，如同面临深渊，如同踩着薄冰。’是有好人在上啊。好人执政，那么国内百姓就不会心存侥幸。谚语说：‘百姓多存侥幸，国家就不幸了。’这是说没有善人呀。”

【经】夏，成周宣榭火①。

【注释】

①成周：周之东都，在河南洛阳东。宣榭：《公羊传》认为是宣公之榭，且是存放乐器的地方。《穀梁传》基本沿袭《公羊传》的解释。《左传》对此没有解释。据范宁注引《尔雅》："室有东西厢曰庙，无东西厢有室曰寝，无室曰榭。"据杨伯峻，榭，"本作'射'，其后加偏旁作'榭'，指土台上之厅堂式建筑，用以习射讲武者"。而对于"宣"字，孔颖达引服虔云"宣扬威武"之意，恐非"宣公"之意。详可参见杨伯峻《春秋左传注》。榭，《公羊传》作"谢"。火：《左传》此处为"火"字，认为天火称"灾"，人为纵火称"火"。《公羊传》《穀梁传》皆作"灾"。

【译文】

夏，成周城里的宣榭发生火灾。

【左传】夏，成周宣榭火，人火之也①。凡火，人火曰火，天火曰灾②。

【注释】

①人火之：是人把它烧着的。

②天火：天降的火。此句解释经文书火之例。

【译文】

夏，成周城里的宣榭着火，是人把它烧着的。凡是火灾，人烧着的叫作"火"，天降的火叫作"灾"。

【公羊传】成周者何？东周也①。宣谢者何？宣宫之谢也②。何言乎成周宣谢灾？乐器藏焉尔。成周宣谢灾，何以书？记灾也。外灾不书，此何以书？新周也③。

【注释】

①东周：案何休之意，昭公二十二年，周景王驾崩，周敬王即位，而王子猛与之争立。王子猛入居王城，自号西周，因而天下之人称成周为东周。《公羊传》称"东周"，是据后世之称谓。

②宣宫之谢也：宣宫，即周宣王之庙。周宣王有中兴之功，故不毁其庙。谢，通"榭"，屋之无室者。

③新周也：即把周当成新的"二王后"。《春秋》当新王，则周为《春秋》之二王后，故依为二王后记灾之例，记录周的灾异。

【译文】

成周是什么地方？是东周。宣榭是什么？是周宣王庙的榭。成周宣榭发生了火灾，为何记录？因为周宣王所作的乐器藏在里面。成周宣榭发生了火灾，为何记录？是记录灾害。鲁国之外的灾害，例所不书，此处为何记录？是将周朝视为新的二王后。

【穀梁传】周灾不志也，其曰宣榭，何也？以乐器之所藏目之也。

【译文】

周王室的灾祸不应记载的，经文说了宣榭，为什么呢？是把它当作储藏乐器的地方看待的。

【经】秋，郯伯姬来归①。

【注释】

①郯伯姬来归：郯伯姬，即鲁女嫁于郯国者。案郯伯姬起初是作为媵妾嫁去的，故《春秋》未书其嫁，后被立为嫡。妇人被弃称"来归"。案时月日例，有罪被弃书时，无罪则书月。

【译文】

秋,郯伯姬回到鲁国。

【左传】秋,郯伯姬来归,出也。

【译文】

秋,郯伯姬回到鲁国,是被遗弃回来。

【经】冬,大有年①。

【注释】

①大有年:五谷大熟。

【译文】

冬,五谷大丰收。

【穀梁传】五谷大熟为大有年①。

【注释】

①五谷:指五种谷物。具体所指各不相同,主要有两种说法:一种指稻、黍、稷、麦、菽,一种指麻、黍、稷、麦、菽。泛称粮食。

【译文】

五谷都大量成熟就是大丰收。

*【左传】为毛、召之难故①,王室复乱。王孙苏奔晋。晋人复之②。冬,晋侯使士会平王室③,定王享之,原襄公相礼④。殽烝⑤。武子私问其故⑥。王闻之,召武子曰:"季氏⑦,

而弗闻乎？王享有体荐，宴有折俎⑧。公当享⑨，卿当宴⑩。王室之礼也⑪。"武子归而讲求典礼，以修晋国之法⑫。

【注释】

①毛、召之难：毛、召之难在去年。

②晋人复之：晋将王孙苏送回去。顾栋高曰："王孙苏于文十四年与周公阅争政，致顷王之丧不赴。讼于晋而王不直王孙苏，宜即加斥逐，何待于晋。乃因赵盾复之之故，复使为政，首尾共二十年，经匡、定两朝。复以争政故杀召伯、毛伯，其专肆无上亦甚矣。不即诛戮，复使奔晋，而晋人复之。以天朝之贵不能处置一上卿，听命大国如属吏，典刑安在哉！"

③平王室：调和王室的纠纷。平，调和。

④原襄公：周大夫。相礼：盟会或祭祀的助手，叫"相"，或"相礼"。

⑤殽（yáo）烝：古代祭祀、宴会，杀牲放在俎上叫"烝"。将整牲放于俎，不煮熟，叫"全烝"，祭天所用。将半牲放于俎，叫"房烝"，也叫"体荐"。把肉切成大块放于俎，叫"殽烝"，也叫"折俎"。殽烝宾主可吃，全烝、房烝只是虚设，不能吃。殽，通"肴"，荤菜。

⑥武子：士会，字季，谥武。私问其故：周定王既设享礼，依下文，应用体荐；现用殽烝，士会因此偷偷问原襄公。

⑦季氏：士会。周王以字称之。

⑧享有体荐，宴有折俎（zǔ）：享、宴在此意义有别，享有体荐，是设宴杀牲，只具形式，宾主并不饮食；宴有折俎，则一起食用。体荐，即房烝。折俎，即殽烝。

⑨公当享：天子对诸侯用享礼。公，指诸侯。

⑩卿当宴：对诸侯之卿，则设宴礼。卿，诸侯之卿。

⑪王室之礼：诸侯之卿来，虽为之设享礼，仍用宴礼之法，进献殽烝。享礼用来教导恭敬节俭，宴礼用来表示慈爱恩惠，此是王室待宾

之礼。

⑫武子归而讲求典礼，以修晋国之法：此指士会回国后，讲求典礼修明法度，这是尊王的表示。

【译文】

因为毛、召之难的缘故，周王室又发生内乱。王孙苏逃亡到晋国。晋国把他送回去让他复位。冬，晋景公让士会调和王室的纠纷，周定王用享礼招待他，原襄公担任相礼。设了殽烝。士会偷偷地问原襄公这是为什么。周王听到了，召士会说："季氏，你没有听说过吗？天子设享礼有体荐，设宴礼有折俎。天子对诸侯用享礼，诸侯对卿用宴礼。这是王室的礼仪啊。"士会回国后，讲求典礼，并修明晋国的法度。

十七年

△**【经】**十有七年春王正月庚子①，许男锡我卒②。

【注释】

①十有七年：鲁宣公十七年当周定王十五年，前592年。庚子：二十四日。

②许男锡我：许昭公，姓姜，名锡我，男爵，谥昭。许昭公死，其子许灵公立。

【译文】

鲁宣公十七年春周历正月二十四日，许昭公锡我去世。

△**【经】**丁未①，蔡侯申卒②。

【注释】

①丁未：二月初二。

②蔡侯申：蔡文公，姓姬，名申，侯爵，谥文。蔡文公死，子景侯固立。

【译文】

二月二日，蔡文公申去世。

△**【经】**夏，葬许昭公。

【译文】

夏，安葬许昭公。

△**【经】**葬蔡文公①。

【注释】

①葬蔡文公：案时月日例，大国之君卒日葬月。此处蔡文公之葬不
　书月者，何休云："齐桓、晋文没后，先背中国与楚，故略之。"

【译文】

安葬蔡文公。

△**【经】**六月癸卯，日有食之①。

【注释】

①六月癸卯，日有食之：六月无日食，且朔日为六月乙巳。史家认为是
　宣公七年六月癸卯有日食，误记为此年。或认为是经文错简。

【译文】

六月癸卯日，有日食。

【经】己未①，公会晋侯、卫侯、曹伯、邾子同盟于断道②。

【注释】

①己未：六月十五日。

②邾子：《公羊传》作"邾娄子"。断道：晋地名，在今山西济源西南。

【译文】

六月十五日，鲁宣公和晋景公、卫穆公、曹宣公、邾国国君在断道结盟。

【左传】十七年春，晋侯使郤克征会于齐①。齐顷公帷妇人使观之②。郤子登，妇人笑于房③。献子怒④，出而誓曰："所不此报，无能涉河⑤！"献子先归，使栾京庐待命于齐⑥，曰："不得齐事，无复命矣⑦。"郤子至，请伐齐，晋侯弗许。请以其私属⑧，又弗许。

【注释】

①征会于齐：召齐顷公赴断道之会。征，召。

②帷：以布帛围起来作为帐幕，有如后来的屏风。妇人：指齐顷公母亲萧同叔子。

③郤子登，妇人笑于房：据传郤克是跛子，萧同叔子（萧同姪子）见他登台阶，笑出声来。郤克使齐，齐顷公让妇人围观，本是不敬，妇人讥笑他，更是不敬。登，上台阶。房，东西厢房。

④献子：即郤克。

⑤所不此报，无能涉河：所，假设连词，如果。无能涉河，指河为誓，不报此仇就不再渡黄河而东。案此事成为成公二年齐、晋鞌之战的导火线。又据《穀梁传》成公元年记载："季孙行父秃，晋郤克眇，卫孙良夫跛，曹公子手偻，同时而聘于齐。齐使秃者御秃者，使眇者御眇者，使跛者御跛者，使偻者御偻者。萧同姪子处台上

而笑之。闻于客。"可参考。

⑥栾京庐：郤克使齐的副手。待命于齐：留在齐国，必使齐顷公赴
　　会，才能回国。

⑦不得齐事，无复命矣：郤克受辱先归，未完成使命，因此要栾京庐
　　完成。不得齐事，不能完成使齐赴会的使命。

⑧私属：家族之兵。

【译文】

　　鲁宣公十七年春，晋景公派郤克到齐国去请齐顷公参加盟会。齐顷公接见郤克时用帷帐做屏风让妇人观看。郤克登台阶上朝，妇人在厢房看到他那样子笑了出来。郤克发怒了，出来时发誓说："如果不报此仇，就再也不渡河而东！"郤克就先回国去了，让栾京庐在齐国待命，说："不能完成使齐赴会的使命，就不要回来复命。"郤克回到晋国，请求攻打齐国，晋景公不同意。请求用他的宗族之兵伐齐，晋景公也不答应。

　　齐侯使高固、晏弱、蔡朝、南郭偃会①。及敛盂②，高固逃归③。夏，会于断道，讨贰也④。盟于卷楚⑤，辞齐人⑥。晋人执晏弱于野王⑦，执蔡朝于原⑧，执南郭偃于温⑨。苗贲皇使⑩，见晏桓子⑪。归，言于晋侯曰："夫晏子何罪？昔者诸侯事吾先君，皆如不逮⑫，举言群臣不信，诸侯皆有贰志⑬。齐君恐不得礼⑭，故不出，而使四子来。左右或沮之⑮，曰：'君不出，必执吾使。'故高子及敛盂而逃。夫三子者曰：'若绝君好，宁归死焉⑯。'为是犯难而来⑰。吾若善逆彼以怀来者⑱，吾又执之，以信齐沮⑲，吾不既过矣乎⑳？过而不改，而又久之㉑，以成其悔，何利之有焉？使反者得辞㉒，而害来者，以惧诸侯，将焉用之㉓？"晋人缓之，逸㉔。秋八月，晋师还㉕。

【注释】

①高固:高宣子,齐卿。晏弱:晏桓子。蔡朝、南郭偃:皆齐国大夫。

②敛盂:卫地名,在今河南濮阳东南。

③高固逃归:高固听说郤克受辱怨齐,怕此去有祸,中途逃回。

④讨贰:此时宋已与楚讲和,郑、陈、蔡已附楚,"贰"泛指这些背晋亲楚之国。

⑤卷楚:即断道。或曰卷楚与断道不是一地,但相距不远。

⑥辞齐人:齐顷公不亲自参加,只派四位大臣去,因此晋拒绝齐国参加盟会。

⑦野王:卫地名,在今河南沁阳。

⑧原:在今河南济源北。

⑨温:在今河南温县西稍南。

⑩苗贲(bēn)皇:楚斗椒之子,宣公四年楚灭若敖氏,逃奔晋国,晋以苗邑赐之,因以为氏。苗,在今河南济源西南。

⑪见晏桓子:苗贲皇出使经过野王,见到晏桓子。

⑫不逮(dài):不及。

⑬举言群臣不信,诸侯皆有贰志:指诸侯有二心,是因为晋群臣不讲信用。苗贲皇本意指晋君,不敢直指,托言群臣。举,皆。

⑭不得礼:不被礼待。

⑮左右:指齐君近臣。沮(jǔ):阻止。

⑯若绝君好,宁归死焉:意谓与其因为我们不去而断绝友好关系,不如去了之后回去被处死。

⑰犯难:冒险。

⑱若善逆彼以怀来者:应盛情款待他们,使来晋国的人怀恋思念。若,应该。

⑲以信齐沮:使齐人阻止前来的预言得到证实。

⑳既过:已经做错。过,错误。

㉑久之：久扣齐使不放。

㉒反者：指高固。得辞：得逃归之理由。指有了借口。

㉓将焉用之：苗贲皇之意，是要晋景公以信用折服诸侯。

㉔缓之，逸：有意放松了看管，晏桓子先逃回。

㉕晋师还：诸侯参加盟会，有军队随从。晋盟会之师回国。

【译文】

　　齐顷公派高固、晏弱、蔡朝、南郭偃四人参加盟会。到了敛盂这个地方，高固先逃回齐国。夏，诸侯在断道会见，准备讨伐背晋亲楚的国家。同时在卷楚订立盟约，而拒绝齐人参加。晋人在野王抓住了晏弱，在原地抓住蔡朝，在温地抓住南郭偃。苗贲皇出使，途中见到晏桓子。回到晋国，对晋景公说："晏子有什么罪呢？从前诸侯们事奉我们的先君，都唯恐赶不上，都是因为晋国群臣不讲信用，所以诸侯有二心。齐君是担心不能得到礼遇，所以不出来，而派四个臣子来。齐君的左右有人劝阻他，说：'国君不去，晋人一定会抓走我们的使者。'所以高固到达敛盂就跑回去了。其他三个人说：'如果因我们不来而断绝了国君间的友好，宁可来了之后回去被处死。'因此他们冒险而来。我们应该好好地迎接款待他们以使来者留恋，可我们却又逮捕了他们，这样就证实了齐人的劝阻是对的，我们不是已经做错了吗？错了而不改，还扣住齐使者久久不放，以造成他们的后悔，这有什么好处呢？这样让先逃回去的人有了理由，又伤害了来参加会见的人，以使诸侯害怕，这还有什么用呢？"于是晋人有意放松了看守，晏桓子逃回。秋八月，晋军回国。

【穀梁传】同者，有同也，同外楚也。

【译文】

　　"同"，就是有共同之处，是共同排斥楚国。

　　*【左传】范武子将老①,召文子曰②:"燮乎! 吾闻之,喜怒以类者鲜③,易者实多④。《诗》曰:'君子如怒,乱庶遄沮。君子如祉,乱庶遄已⑤。'君子之喜怒,以已乱也。弗已者,必益之⑥。郤子其或者欲已乱于齐乎? 不然,余惧其益之也⑦。余将老,使郤子逞其志⑧,庶有豸乎⑨。尔从二三子唯敬⑩。"乃请老,郤献子为政⑪。

【注释】

①范武子:士会,初封随,称"随武子",后改封范,称"范武子",其后子孙皆称范。老:告老退休。

②文子:士会之子士燮。

③以类:合乎礼法。类,法。

④易者:反其道而行。指迁怒。易,反。

⑤"君子如怒"四句:引《诗》见《诗经·小雅·巧言》。沮、已,止歇。庶,庶几,也许,也许可以。遄(chuán),速。祉(zhǐ),喜。

⑥弗已者,必益之:不能止其乱,必增加其乱。

⑦惧其益之:郤克使齐受辱发怒,或许能阻止齐国之乱,否则也可能增加祸乱。

⑧逞其志:满足心愿。逞,快,满足。

⑨庶有豸(zhì):祸乱庶几可以解除。豸,解决。

⑩二三子:指晋国诸大夫。

⑪郤献子为政:郤克代士会为中军帅。

【译文】

　　范武子准备告老退休,把文子叫来说:"燮啊! 我听说,一个人的喜怒合乎礼法的是很少的,反其道而行的却很多。《诗》里说:'君子如果发怒,祸乱或许可以很快阻止。君子如果喜悦,祸乱或许很快可以停歇。'

君子的喜怒,应是用来阻止祸乱的。不能止其乱,必定反增加其乱。郤克或许是想在齐国阻止祸乱吧? 否则的话,我担心他会增加祸乱呢。我要告老了,就让郤克满足他的心愿吧,祸乱或许可以解除。你跟随着诸位大夫,一定要恭敬从事。"于是请求告老退休,郤克执政。

△【经】秋,公至自会。

【译文】

秋,鲁宣公从断道之盟回国。

【经】冬十有一月壬午^①,公弟叔肸卒^②。

【注释】

①壬午:十一日。

②公弟叔肸(xī)卒:叔肸,为鲁宣公同母弟公子肸,"叔"为其字。何休云:"宣公篡立,叔肸不仕其朝,不食其禄,终身于贫贱。……《春秋》公子不为大夫者不卒,卒而字者,起其宜为天子上大夫也。"

【译文】

冬十一月十一日,宣公弟叔肸去世。

【左传】冬,公弟叔肸卒,公母弟也。凡大子之母弟,公在曰公子,不在曰弟。凡称弟,皆母弟也^①。

【注释】

①"凡大子之母弟"五句:按通例,庶出便不得称公子称弟。此几句

解释经文称公子、称弟的通例。

【译文】

冬,鲁宣公的弟弟叔肸去世,他是鲁宣公的同母兄弟。凡太子的同母兄弟,国君在世就叫公子,不在就称弟。凡称为弟,都是同母兄弟。

【穀梁传】其曰公弟叔肸,贤之也。其贤之何也? 宣弑而非之也。非之,则胡为不去也①? 曰:兄弟也,何去而之? 与之财,则曰我足矣。织屦而食②,终身不食宣公之食。君子以是为通恩也③,以取贵乎《春秋》④。

【注释】

①去:离开。

②屦(jù):鞋子。食:取得食物。指叔肸以编织鞋子贩卖为生。

③通:通达,明了。恩:情义。

④取贵:得到好评。

【译文】

经文说"公弟叔肸",是认为他贤明。经文为什么认为他贤明呢? 因为宣公杀害太子而他指责了宣公。指责宣公,那为什么不离开呢? 他说:我们是兄弟,离开了鲁国又去哪里呢? 宣公给他财物,他就说我自己的足够了。编织鞋子换取食物,终身没有吃宣公给的食物。君子认为这是通晓兄弟情义的,所以在《春秋》中得到好评。

十八年

【经】十有八年春①,晋侯、卫世子臧伐齐②。

【注释】

①十有八年：鲁宣公十八年当周定王十六年，前591年。

②晋侯、卫世子臧伐齐：世子，嫡长子。案自晋文公去世后，齐国不再从晋盟。齐为东方大国，晋不得齐则诸侯不附，晋景公为断道之盟，齐侯不至，乃自将伐齐，是仍欲争霸为盟主。

【译文】

鲁宣公十八年春，晋景公、卫国世子臧攻打齐国。

【左传】十八年春，晋侯、卫大子臧伐齐，至于阳穀①。齐侯会晋侯盟于缯②，以公子彊为质于晋。晋师还③。蔡朝、南郭偃逃归④。

【注释】

①阳穀：齐地名，在今山东阳谷北。

②缯（zēng）：地名，在阳穀附近。

③晋师还：齐国求和，晋国撤兵。

④蔡朝、南郭偃逃归：齐与晋结盟，看守松懈，故二人得以逃归。

【译文】

鲁宣公十八年春，晋景公、卫太子臧攻打齐国，到达阳穀。齐顷公在缯地会见晋景公，让公子彊到晋国做人质。晋军撤回国。蔡朝、南郭偃逃回。

△**【经】**公伐杞。

【译文】

鲁宣公攻打杞国。

△【经】夏四月。

【译文】

夏四月。

*【左传】夏，公使如楚乞师，欲以伐齐。

【译文】

夏，鲁宣公派人到楚国请求军队，准备以此攻打齐国。

【经】秋七月，邾人戕鄫子于鄫^①。

【注释】

①邾人：《公羊传》作"邾娄人"。鄫：姒姓国，在今山东枣庄东。《穀梁传》作"缯"。

【译文】

秋七月，邾人到鄫国杀死了鄫子。

【左传】秋，邾人戕鄫子于鄫。凡自内虐其君曰弑^①，自外曰戕^②。

【注释】

①自内虐其君曰弑：国内杀死国君叫"弑"。

②戕（qiāng）：他国国君派人来杀死国君叫"戕"。此解释经文惯例。

【译文】

秋，邾人在鄫国杀害鄫子。凡是由国内人杀死国君叫"弑"，自外来杀害国君叫"戕"。

【公羊传】戕鄫子于鄫者何？残贼而杀之也。

【译文】

在鄫国戕害了鄫子，是什么意思？是残贼杀害之。

【穀梁传】戕犹残也，捝杀也①。

【注释】

①捝（tuō）：捶打。

【译文】

戕就是残杀，是捶杀的。

【经】甲戌①，楚子旅卒②。

【注释】

①甲戌：初七。

②楚子旅：楚庄王芈（mǐ）旅。旅，《穀梁传》作"吕"。楚庄王在位
　　二十三年。楚国国君之死从此开始被《春秋》记载。

【译文】

初七，楚庄王旅去世。

【左传】楚庄王卒，楚师不出①。既而用晋师②，楚于是
乎有蜀之役③。

【注释】

①楚庄王卒,楚师不出:此应接上文"夏,公使如楚乞师"。鲁本请
　楚发兵,因楚庄王去世而作罢。

②既而用晋师:此即成公二年的鞌之战。此处疑有错简。楚师不
　出,鲁便求助晋师伐齐。

③蜀之役:在成公二年冬,鲁用晋师,楚认为鲁国背楚亲晋,因此攻
　袭鲁军。蜀,鲁地名,在今山东泰安附近。

【译文】

楚庄王去世,楚军不出动。后来就用晋军伐齐,楚国因此有蜀地之战。

【公羊传】何以不书葬? 吴、楚之君不书葬,辟其号也①。

【注释】

①吴、楚之君不书葬,辟其号也:号,王号。时吴、楚之君僭称王。案
　《春秋》之例,卒从正,葬从臣子辞(详参隐公八年"八月,葬蔡宣
　公"条),此处若书葬,当书"葬楚庄王",则是书其僭号。《春秋》
　为避其僭号,故不书其葬。

【译文】

为何不书葬?《春秋》不书吴、楚之君的葬礼,是为了规避他们僭越
的王号。

【穀梁传】夷狄不卒,卒,少进也①。卒而不日,日,少进
也。日而不言正不正,简之也②。

【注释】

①少进:稍稍提升。指楚国的地位有提升。少,稍。

②简:简略。范宁认为,对于中原国家诸侯去世的记载要遵循"诸

侯日卒,正也"这样的准则,对于"不正"的诸侯去世不记载日期。
而对于楚国这样的夷狄大国,不用讲究这些准则,不论正与不正,
均记载日期。

【译文】

夷狄之君不记载去世,记载了去世,是地位稍稍提升一点。可以只
记载去世不记载日期的,记载了日期,是地位又稍稍提升一点。记载日
期而不说正与不正,是简略的做法。

【经】公孙归父如晋①。

【注释】

①公孙归父如晋:公孙归父,鲁国大夫,字子家,公子遂之子。公孙
　归父因为他父亲拥立了鲁宣公,受到鲁宣公宠信。他想铲除专权
　已久的三桓(季孙氏、孟孙氏和叔孙氏),以扩大公室权力,便和
　鲁宣公谋划,前往晋国,想借晋国人的力量铲除三桓。

【译文】

公孙归父到晋国去。

**【左传】公孙归父以襄仲之立公也①,有宠②,欲去三桓③,
以张公室。与公谋,而聘于晋,欲以晋人去之。**

【注释】

①襄仲之立公:文公十八年,襄仲杀太子恶及视而立宣公。

②有宠:公孙归父为襄仲之子,因此有宠。

③三桓:鲁国的孟孙、叔孙、季孙三个家族,皆出于桓公,故称"三
　桓"。此时三桓势力已大,掌握鲁国政权,凌驾于鲁君之上。

【译文】

公孙归父因为其父襄仲当年立宣公，因此有宠，他准备驱逐三桓，以张大鲁公室的势力。他与宣公谋划，然后到晋国聘问，准备借晋人的力量除去三桓。

【经】冬十月壬戌^①，公薨于路寝。

【注释】

①壬戌：二十六日。

【译文】

冬十月二十六日，鲁宣公在路寝去世。

【左传】冬，公薨。

【译文】

冬，鲁宣公去世。

【穀梁传】正寝也。

【译文】

是死得其所。

【经】归父还自晋^①，至笙^②。遂奔齐。

【注释】

①还自晋：公孙归父出使途中鲁宣公去世，季文子在国内对公孙归

父发起责难，驱逐了他的族人。据《左传》，公孙归父从晋国回国，走到笙地时，听说鲁宣公去世和家族被逐的消息后，就筑了一座祭坛，用帐帷围住，将他的副手当做鲁宣公，向他复命。然后脱去上衣，用麻束起头发，在自己的位子上哭悼鲁宣公。之后，逃到齐国去了。

②笙：鲁国边境之地，今地不详。《公羊传》《穀梁传》作"柽（chēng）"。

【译文】

归父从晋国回国，到达笙地。于是逃奔到齐国去了。

【左传】季文子言于朝曰："使我杀适立庶以失大援者①，仲也夫②。"臧宣叔怒曰③："当其时不能治也，后之人何罪？子欲去之，许请去之④。"遂逐东门氏⑤。子家还⑥，及笙，坛帷⑦，复命于介⑧。既复命，袒、括发⑨，即位哭⑩，三踊而出⑪。遂奔齐⑫。书曰："归父还自晋。"善之也⑬。

【注释】

①适（dí）：同"嫡"。失大援：失去大国的援助。

②仲也夫：案季文子知公孙归父之谋，鲁宣公一死，便欲以"杀嫡立庶"之罪驱逐东门氏。仲，襄仲。

③臧宣叔：臧孙许，臧文仲辰之子。

④许请去之：臧孙许时为鲁司寇，主行刑，因此请求除去公孙归父。许，臧孙许。

⑤遂逐东门氏：东门氏，襄仲的族号。顾栋高曰："臧、季俱系旧臣，而归父以少年新进，席父之宠，横被宠任，二家侧目久矣。当季文子扬言于朝，臧必先与约结，佯怒季孙以示公道，而随即曰：'许请去之。'其狡伪之情可见。不然，彼世为司寇，岂不能正色力争。

故公羊直以为臧宣叔逐之者,或有所受之也。"

⑥子家还:鲁驱逐东门氏时,子家使晋未回国。子家,公孙归父字。

⑦坛:筑土为坛。帷:用帷幕围住土坛。

⑧复命于介:古代礼制,使者出使,得知其君死讯,如果已入所聘之国国境,则仍须完成使命。返国后,在死君灵前复命。公孙归父此时已闻知君死,家被逐,因此在途中为坛帷,让副手坐其中以代宣公,向他报告完成使命的情况。介,归父的副手。使者有上介、众介,上介为副手,众介为助手,此指上介。

⑨袒(tǎn):左袒,解去左边外衣,露出内衣。括发:以麻束发。古人加冠时,先用锦束发,叫"纚(xǐ)";再加安发簪,叫"笄(jī)"。初遭丧,先去冠,二日后去纚笄,于是以麻束发。此则不能返国,归父亦依其仪行之。

⑩即位哭:公孙归父就自己之位而哭。

⑪三踊:三顿足。古代遭丧,有擗踊之仪。"擗(pǐ)"犹椎胸,"踊"犹顿足。男踊女擗,表示哀痛之至。

⑫遂奔齐:顾栋高曰:"此事三传及诸儒皆善归父。以余观之,归父亦不能无罪。盖不量力,不度势,轻以其君为孤注,而与巨室为难,鲜有不祸及公室者。"又曰:"归父柄政十年,其行事概可见矣。擅兵权,专盟会。果若去之,是去一三桓,增一三桓也,庸知愈乎!"

⑬善之:赞许他,赞许公孙归父仍不失礼仪。

【译文】

　　季文子在朝廷上说:"让我们杀了嫡子而立庶子以致失去大国的援助的,就是襄仲啊!"臧宣叔发怒说:"当时不能治襄仲的罪,他的后人又有何罪呢? 你如果要除掉他,我臧孙许请求去除掉他。"于是把东门氏全族驱逐出鲁国。公孙归父返回鲁国,到达笙地,筑了土坛并用帷幕围起来,向副手行复命的礼仪。复命仪式结束后,他解去左边的外衣、以麻束发，并按照礼节到规定的位置上哭奠，顿足三次然后才出去。于是逃亡到齐国。《春秋》记载说："归父还自晋。"是赞许他仍不失礼仪。

【公羊传】还者何？善辞也。何善尔？归父使于晋，还自晋，至柽，闻君薨家遣①，墠帷②，哭君成踊③，反命乎介④，自是走之齐⑤。

【注释】

①君薨家遣：君薨，指鲁宣公薨没。遣，放逐。公孙归父为公子遂之子，公子遂有弑杀子赤之恶，罪及归父，故全家被放逐。

②墠（shàn）帷：扫地曰"墠"。帷，张帷幕。因要哭君，故扫地张帷幕。

③哭君成踊：踊，擗踊，即男子跺脚，女子捶胸，表示哀痛至极。成踊，成三日五哭踊之礼。案此为奔丧之礼，初闻丧之日、第二日皆朝夕二哭踊，第三日朝哭踊。公孙归父因家遣，不得归鲁，故行奔丧之礼，得礼之变。

④介：出聘时的副使。

⑤自是走之齐：哭君成踊后，出奔到了齐国。书此者，见公孙归父临难，仍能守君臣之礼。值得注意的是，案时月日例，内大夫奔，有罪者不书日，无罪者书日。此处公孙归父出奔，不书日者，因公子遂弑君，依王法，当被诛绝，则公孙归父本不当立为大夫，故此处虽有小善，仍从有罪之例。

【译文】

"还"是什么意思？是归国之善辞。归父有何善行？归父出使聘问晋国，正从晋国归来，行至柽地，听闻国君薨没，全家被放逐，就扫地张帷幕，哀哭国君，行三日五擗踊之礼，让副使回国复命，然后才逃至齐国。

【穀梁传】还者，事未毕也。自晋，事毕也。与人之子守其父之殡①，捐殡而奔其父之使者②，是以奔父也。遂，继事也。

【注释】

①人之子：指公孙归父之子。其父：指鲁宣公。这几句话的主语是鲁成公，鲁宣公之子。这里是说鲁成公与公孙归父的儿子一起为鲁宣公守灵。殡：灵柩。

②奔：使动用法，使……出奔，即放逐、驱逐。

【译文】

"还"，就是事情没有办完。"自晋"，就是事情办完了。和别人的儿子为自己的父亲守灵，抛弃了守灵而放逐自己父亲的使者，这也是放逐自己的父亲。遂，表示后一件事接着前一件事。

成公

【题解】

成公（？—前573），鲁国第二十一任君主。名黑肱，一作"黑股"，鲁宣公之子，母穆姜。前590年即位，时年尚幼。在位十八年间，执政者为季孙行父、仲孙蔑、叔孙侨如，"三桓"继续把持国政。前573年去世，子襄公姬午立。

鲁成公在位期间，诸侯争霸继续，发生了几次大战，但晋国的霸业仍然稳固。成公二年（前589），因齐顷公对晋使郤克的不敬，引发了鞌（在今山东济南）之战。此役齐国大败，齐顷公险些被俘。成公十六年（前575），晋、楚发生鄢陵之战。楚共王亲自参战，晋将吕锜射楚王中目，然双方血战一日并未分出胜负，但当夜楚主将子反醉酒，共王不得已撤退，结果楚国大败，子反自杀。成公六年（前585），吴寿梦称王。吴国开始崛起。成公七年（前584），吴始攻楚，吴入州来，楚子重、子反疲于奔命。此后，楚国不断受到吴国骚扰，不胜其烦，国势大受影响。成公十五年（前576），晋三郤（郤锜、郤至、郤犨）杀大夫伯宗，成公十七年（前574），晋厉公使大夫胥童等杀三郤，晋国内乱。成公十八年（前573），晋栾书、中行偃杀晋厉公。这一时期，争霸斗争仍然激烈，各国内部的纷争也不断加剧。

本篇主要的义理有：元年"王师败绩于茅戎"条，实为晋败王师，而不言晋,是为了彰显"王者无敌"义。二年鞌之战"齐侯使国佐如师"条,见大夫不敌君之义,亦表明齐顷公被获逃遁,不能死位,为《春秋》所诛绝。十五年"仲婴齐卒"条,见为人后者为之子之义,亦见大夫以下兄弟不可相后。十五年"锺离之会",见"夷夏之辩"与"大一统"的关系,即是"从近者始"。

元年

△【经】元年春王正月①,公即位②。

【注释】

①元年:鲁成公元年当周定王十七年,前590年。

②公:即鲁成公姬黑肱,其时年尚幼。

【译文】

鲁成公元年春周历正月,成公即位。

△【经】二月辛酉①,葬我君宣公。

【注释】

①辛酉:二十七日。

【译文】

二月二十七日,安葬我国国君鲁宣公。

【经】无冰①。

【注释】

①无冰:古代有在周正二月取冰、藏冰之礼。若天气暖和,不能结

冰,则无法行此礼。

【译文】

没有结冰。

【穀梁传】终时无冰则志,此未终时而言无冰,何也? 终无冰矣,加之寒之辞也①。

【注释】

①加之寒之辞:施加于最寒冷的时候的说法。鲁用周历,周历的二
　月相当于今天农历的十二月,是一年中最寒冷的时候,此时未结
　冰,则这一季节就不会结冰了。

【译文】

整个季节没有结冰才记载,这时这个季节还没有结束却说没有结
冰,为什么呢? 到这一季节的最后也不会结冰了,因为这是用在最寒冷
的时候的说法了。

【经】三月,作丘甲①。

【注释】

①丘甲:周制,九夫为井,四井为邑,四邑为丘,四丘为甸。每甸出
　车一乘,戎马四匹,牛二十头,甲士三人,步卒七十二人。今鲁国
　每甸所赋令每丘出之,是为重敛。范文澜《中国通史简编》则云
　"就是一丘出一定数量的军赋,丘中人各按所耕田数分摊,不同于
　公田制农夫出同等的军赋",视之为军赋改革,且与宣公十五年
　"初税亩"联系。丘,地方基层组织之名。甲,甲有二义,铠甲或
　甲士,《穀梁传》认为是"铠甲"之义。"作丘甲"即"丘作甲",所
　谓丘甲制度即驱使一丘的民众来制作铠甲。案古制,兵器、铠甲

皆由国家制造,归国家所有,出兵时颁兵甲,还师则收兵甲。且制作铠甲需要有专门的人才,古有四民,士、农、工、商,工负责制作铠甲。此处使丘民作甲,一则加重民众负担,一则使得"四民相兼",故《春秋》讥之。

【译文】

三月,制定丘甲制。

【左传】为齐难故①,作丘甲。

【注释】

①齐难:宣公十七年断道之盟,鲁、晋诸国联盟,以齐为敌。宣公十八年,鲁又向楚国乞师,欲伐齐;楚未出师,故须防齐国之侵。

【译文】

鲁国为了防备齐国入侵,定出丘甲的制度。

【公羊传】何以书?讥。何讥尔?讥始丘使也。

【译文】

为何记录此事?是讥刺。讥刺什么?讥刺开始命令丘民作甲。

【穀梁传】作,为也。丘为甲也。丘甲,国之事也。丘作甲,非正也。丘作甲之为非正,何也?古者立国家,百官具,农工皆有职以事上。古者有四民:有士民①,有商民②,有农民③,有工民④。夫甲,非人人之所能为也。丘作甲,非正也。

【注释】

①士民：学道习艺的人。

②商民：经商者。

③农民：耕种者。

④工民：工匠。

【译文】

作，是制造的意思。以丘为单位让民众制造铠甲。建立丘甲制度，是涉及整个国家的事。以丘为单位让民众制造铠甲，不合正道。以丘为单位让民众制造铠甲不合正道，为什么呢？古时建立国家，各种官职都具备，农民工匠都有所从事的职业来事奉国君。古时有四种群体：有士民，有商民，有农民，有工民。铠甲，不是人人都能制造的。以丘为单位让民众制造铠甲，不合正道。

【经】夏，臧孙许及晋侯盟于赤棘①**。**

【注释】

①臧孙许：鲁国大夫，复姓臧孙，名许，字宣叔，臧孙辰之子。晋侯：晋景公。赤棘：晋地名，今在何处不详。这次结盟是因为鲁国听说齐国打算与楚国一同来犯。

【译文】

夏，臧孙许和晋景公在赤棘结盟。

【左传】闻齐将出楚师，夏，盟于赤棘。

【译文】

鲁国听说齐国准备邀楚军前来进攻，夏，和晋国在赤棘结盟。

【经】秋，王师败绩于茅戎①。

【注释】

①王：指周定王姬瑜。茅戎：戎人的一支，其地在今河南修武。《公羊传》《穀梁传》作"贸戎"。据《左传》，晋国曾为周王室和戎人调停，讲和之后，刘康公趁戎人不备突袭戎人希望侥幸取胜，结果打了败仗。此时来通报战败的情况。

【译文】

秋，周王室的军队被茅戎打得大败。

【左传】元年春，晋侯使瑕嘉平戎于王①，单襄公如晋拜成②。刘康公徼戎③，将遂伐之。叔服曰④："背盟而欺大国⑤，此必败。背盟，不祥；欺大国，不义；神人弗助，将何以胜？"不听，遂伐茅戎。三月癸未⑥，败绩于徐吾氏⑦。秋，王人来告败。

【注释】

①瑕嘉：即文公十三年传文中的"詹嘉"。平戎于王：杜预以为此乃调停文公十三年周、戎之间因邧（shěn）垂之役引起的仇怨。

②单襄公：周王卿士。

③刘康公：王季子，谥号康公。食采邑于刘，在今河南偃师。徼戎：乘讲和时戎人不防备之际进行袭击，侥幸败之。

④叔服：周王室内史。

⑤大国：此指晋国。

⑥癸未：十九日。

⑦徐吾氏：茅戎一支。此指其所在地。

【译文】

鲁成公元年春,晋景公派遣瑕嘉调解周天子和戎人的冲突,单襄公去晋国拜谢调解成功。刘康公打算乘戎人不备以侥幸攻伐取胜。叔服说:"背弃盟约而又欺骗大国,这一定会失败。背弃盟约就是不祥,欺骗大国就是不义;神明、百姓都不会帮助我们,将要如何去取胜?"刘康公没有听从,于是就去进攻茅戎。三月十九日,在徐吾氏这个地方被打得大败。秋,周定王的使者来我国报告战败的情况。

【公羊传】孰败之?盖晋败之。或曰贸戎败之。然则曷为不言晋败之?王者无敌,莫敢当也①。

【注释】

①王者无敌,莫敢当也:敌,对等。案《春秋》之例,书"战"则表示双方的地位平等。此处交战的双方,周天子是君,晋是臣,两者不对等,故《春秋》不书"战",以此正君臣之义。

【译文】

谁击败了王师?大概是晋国,有人说是贸戎。为何不说是晋国击败了王师?没人能与王者匹敌,没人配与王者交手。

【穀梁传】不言战,莫之敢敌也①。为尊者讳敌不讳败,为亲者讳败不讳敌,尊尊亲亲之义也。然则孰败之?晋也。

【注释】

①敌:匹敌,对等。

【译文】

不说"战",是因为不敢将戎人与周王对等。为身份尊贵的人避讳说与之对等不避讳说打败仗,为关系亲密的人避讳说打败仗不避讳说与之对等,是尊重尊贵的人亲近亲密的人的道理。然而是谁打败了他呢? 是晋国。

【经】冬十月。

【译文】
冬十月。

【穀梁传】季孙行父秃,晋郤克眇①,卫孙良夫跛,曹公子手偻②,同时而聘于齐。齐使秃者御秃者,使眇者御眇者③,使跛者御跛者,使偻者御偻者。萧同姪子处台上而笑之④,闻于客⑤,客不说而去,相与立胥闾而语⑥,移日不解⑦。齐人有知之者,曰:“齐之患,必自此始矣!”

【注释】
①郤(xì)克:晋国大夫,名将。眇(miǎo):一只眼失明。
②公子手:曹国大夫,名手。
③御:用同“迓”,迎接。
④萧同姪子:按《穀梁传》注,姓同,字姪子。本萧国人,其母改嫁齐惠公,生齐顷公。与齐顷公是同母异父,是齐顷公姐姐的可能性大。《左传》说处台上而笑的是萧同叔子,为齐顷公的母亲。《公羊传》则认为萧同姪子为齐顷公的母亲。或认为萧同叔子、萧同姪子同指一人。
⑤客:客人。指前来访问的这四个人。
⑥胥闾:门名。
⑦移日:太阳移动,指不短的一段时间。解:散开,离去。

【译文】

鲁大夫季孙行父头秃,晋国大夫郤克一只眼失明,卫国大夫孙良夫跛脚,曹国公子手驼背,同时到齐国访问。齐国派头秃的人迎接头秃的人,派一只眼失明的人去迎接一只眼失明的人,派腿跛的人去迎接腿跛的人,派驼背的人去迎接驼背的人。萧同姪子在台上笑他们,被客人听见了,客人不高兴地离开,一起立在臀间下面说话,过了好一段时间都没有散开。齐国有知道了这件事的人,说:"齐国的祸患,一定从此开始了!"

　　*【左传】冬,臧宣叔令修赋、缮完、具守备①,曰:"齐、楚结好,我新与晋盟,晋、楚争盟②,齐师必至。虽晋人伐齐,楚必救之,是齐、楚同我也。知难而有备③,乃可以逞④。"

【注释】

①修赋:整顿军赋,即实施"作丘甲"的政令。缮完:修治城郭。

②争盟:争当盟主。

③难:祸难。

④逞:解除祸难。

【译文】

冬,臧宣叔命令整顿军赋、修治城郭、完成防御设施,说:"齐国和楚国结成友好,我国最近和晋国订了盟约,晋国和楚国争夺盟主,齐国的军队一定会来攻打我国。虽然晋国进攻齐国,楚国必然去救它,这就是齐、楚两国一起与我为敌。预计到祸难而有所防备,祸难就能得以解除。"

二年

【经】二年春①,齐侯伐我北鄙②。

【注释】

①二年：鲁成公二年当周定王十八年，前589年。

②齐侯：指齐顷公姜无野，齐桓公之孙。

【译文】

鲁成公二年春，齐顷公攻打我国北部边境。

【左传】 二年春，齐侯伐我北鄙，围龙①。顷公之嬖人卢蒲就魁门焉②，龙人囚之。齐侯曰："勿杀！吾与而盟③，无入而封④。"弗听，杀而膊诸城上⑤。齐侯亲鼓，士陵城⑥。三日，取龙，遂南侵，及巢丘⑦。

【注释】

①龙：古地名，在今山东泰安东南。

②门：攻城。

③而：你。

④封：边境。

⑤膊（pò）：暴露，陈尸于城上。

⑥陵城：登上城墙。

⑦巢丘：古地名，在今山东泰安。

【译文】

鲁成公二年春，齐顷公进攻我国北部边境，包围了龙地。齐顷公的宠臣卢蒲就魁攻打城门，龙人把他擒获。齐顷公说："不要杀他！我和你们盟誓，不进入你们的境内。"龙人不听，杀了卢蒲就魁，暴尸城上。齐顷公亲自击鼓，兵士爬上城墙。三天，占领了龙地，就此向南侵袭，到达巢丘。

【经】夏四月丙戌①,卫孙良夫帅师及齐师战于新筑②,卫师败绩。

【注释】

①丙戌:二十九日。

②孙良夫:卫国大夫,孙林父之父。新筑:卫地名,在今河北魏县南。卫本欲趁齐伐鲁之时侵齐,不期与回国途中的齐军遭遇,两军在新筑交战,卫军战败。

【译文】

夏四月二十九日,卫国的孙良夫率军与齐军在新筑交战,卫军大败。

【左传】卫侯使孙良夫、石稷、甯相、向禽将侵齐①,与齐师遇。石子欲还,孙子曰:“不可。以师伐人,遇其师而还,将谓君何? 若知不能②,则如无出③。今既遇矣,不如战也。”

【注释】

①石稷:即石成子,石碏四世孙。甯相:甯俞子。向禽将:名禽将。侵齐:《史记·卫康叔世家》:“穆公十一年,孙良夫救鲁伐齐。”则司马迁认为卫侵齐为救鲁。

②不能:指不能战。

③如:应当。

【译文】

卫穆公派遣孙良夫、石稷、甯相、向禽将率兵侵袭齐国,和齐军相遇。石稷打算撤回,孙良夫说:“不行。带领军队攻打人家,遇上敌人就回去,怎么对国君交代呢? 如果知道打不过,就应当不出兵。如今既然和敌军相遇,不如一战。”

夏,有……①

【注释】

①此处原文阙脱,所缺或为叙述新筑战事。

【译文】

夏,有……

石成子曰:"师败矣。子不少须①,众惧尽。子丧师徒,何以复命?"皆不对。又曰:"子,国卿也。陨子②,辱矣。子以众退,我此乃止③。"且告车来甚众④。齐师乃止,次于鞠居⑤。新筑人仲叔于奚救孙桓子⑥,桓子是以免。

【注释】

①少须:指坚持一阵顶住敌军。须,等待。

②陨:损失。

③子以众退,我此乃止:石稷见其他人不愿继续抵抗,就让大军先撤退,自己留下抵挡。

④且告车来甚众:此为石稷通告军中以安定军心。且,同时。车来甚众,指从新筑来的援军战车。

⑤鞠(jū)居:古地名,不知其详。或曰在今河南封丘。

⑥新筑人:指新筑大夫。孙桓子:指孙良夫。

【译文】

石稷说:"军队战败了。您如不坚持顶一阵,恐怕会全军覆灭。您丧失了军队,如何回报君命?"大家都不回答。石稷又说:"您,是国家的卿。损失了您,对国家是一种耻辱。您带着众人撤退,我留下来抵挡。"同时向全军通告大批援军的战车已来到。齐军于是停止前进,驻扎在鞠居。新筑大夫仲叔于奚救援孙良夫,孙良夫因此得免于难。

　　既①,卫人赏之以邑。辞,请曲县、繁缨以朝②,许之。仲尼闻之曰:"惜也,不如多与之邑。唯器与名③,不可以假人,君之所司也。名以出信④,信以守器⑤,器以藏礼⑥,礼以行义,义以生利,利以平民⑦,政之大节也。若以假人,与人政也。政亡,则国家从之,弗可止也已。"

【注释】

①既:事过之后。

②曲县(xuán):周礼,诸侯之乐,室内三面悬乐器,形曲,谓之"曲县"。也叫"轩县""曲悬"。大夫仅左右两面悬挂,曰"判县"。县,指悬挂着的钟、磬等乐器。繁(pán)缨:古代天子、诸侯所用辂马的带饰。繁,马腹带。缨,马颈革。仲叔于奚请"曲县""繁缨",是以大夫而僭越用诸侯之礼。

③器:指车马服饰乐器等物件。名:爵位名号。二者是人君用以明等级、指挥、统治臣民的工具。

④名以出信:有某种爵号,即赋予某种威信。

⑤信以守器:有某种威信,即能保持其所得器物。

⑥器以藏礼:制定各种器物,以示尊卑贵贱,体现当时之礼。藏,体现。

⑦平:治理。

【译文】

　　战后,卫国人把城邑赏给仲叔于奚。仲叔于奚辞谢,而请求得到诸侯用的曲县、用繁缨饰马朝见,卫穆公同意了。孔子听说了这件事,说:"可惜啊,还不如多给他几个城邑。只有器物和名号不能假借给别人,这是国君所掌管的。名号用来赋予威信,威信用来保持器物,器物用来体现礼制,礼制用来推行道义,道义用来产生利益,利益用来治理百姓,这是政事的大纲。如果把名位、礼器假借给别人,就是授予人政权。政权丢失,国家也会跟着灭亡,这是无法阻止的。"

【经】六月癸酉①,季孙行父、臧孙许、叔孙侨如、公孙婴齐帅师会晋郤克、卫孙良夫、曹公子首及齐侯战于鞌②,齐师败绩。

【注释】

①癸酉:十七日。

②季孙行父、臧孙许、叔孙侨如、公孙婴齐帅师会晋郤克、卫孙良夫、曹公子首及齐侯战于鞌:季孙行父,鲁国大夫,公子季友之孙。臧孙许,鲁国大夫,复姓臧孙,名许,字宣叔,臧孙辰之子。叔孙侨如,鲁国大夫,叔孙得臣之子,又称"宣伯"。文公十一年,叔孙得臣伐鄋瞒获长狄侨如,因以名己子。公孙婴齐,又称"仲婴齐",谥声伯,叔肸之子。公子首,《公羊传》《穀梁传》作"公子手"。鞌,齐地名,在今山东济南附近。方苞曰:"此大夫会伐以名见之始也。……是时军帅正佐皆卿,许,行父之佐也,婴齐,侨如之佐也。盖是时鲁止二军,故其后三军称作。四卿并将,空国以出,非独逞忿,以归父在齐,而三桓同恶焉耳。"卫国新筑战败后,向晋国乞师,晋君派郤克帅八百乘出战,与以齐顷公为统帅的齐军战于此地,齐军大败,这就是历史上有名的鞌之战。《左传》对于此次战役有详细记载,可参见。

【译文】

六月十七日,季孙行父、臧孙许、叔孙侨如、公孙婴齐率领军队会合晋国的郤克、卫国的孙良夫、曹国的公子首与齐顷公在鞌地交战,齐军大败。

　　【左传】孙桓子还于新筑，不入①，遂如晋乞师。臧宣叔亦如晋乞师。皆主郤献子②。晋侯许之七百乘。郤子曰："此城濮之赋也③。有先君之明与先大夫之肃④，故捷。克于先大夫，无能为役⑤，请八百乘。"许之。郤克将中军，士燮佐上军，栾书将下军，韩厥为司马，以救鲁、卫。臧宣叔逆晋师，且道之⑥。季文子帅师会之⑦。

【注释】

①不入：指不入国都。

②主郤献子：以郤克为主人。郤克为中军帅、执政大臣，皆曾为齐顷公母所笑，与齐有怨，发誓报仇，因此二人通过他的关系请求出兵。

③赋：兵员数量。

④先君：指晋文公。先大夫：指先轸、狐偃等先辈大夫。肃：敏捷。

⑤役：仆役。

⑥道（dǎo）：做向导。

⑦季文子帅师会之：顾栋高曰："齐自懿公受盟之后，旋复被弑，而鲁宣亦以弑立之，故求援于齐，终宣公之世，曲事齐惠，至顷公初年而未绝也。至成公改事晋，而齐、鲁兵端复起。……计文十七年至此凡历二十二年。"

【译文】

　　孙桓子回到新筑，不进国都，就到晋国请求出兵。臧宣叔也到晋国请求出兵。两人都通过郤克向晋景公请求。晋景公答应派兵车七百辆。郤克说："这是城濮之战我军的兵车数。因为有先君的明察和先大夫们的敏捷才能，所以得胜。我郤克和先大夫们相比，连做他们的仆役都嫌无能，请派八百乘兵车。"晋景公同意了。郤克率领中军，士燮辅佐上军，栾书率领下军，韩厥做司马，出兵救援鲁国和卫国。臧宣叔迎接晋军，并作为向导开路。季文子率领军队和他们会合。

及卫地，韩献子将斩人，郤献子驰，将救之，至则既斩之矣。郤子使速以徇①，告其仆曰："吾以分谤也②。"

【注释】

①徇（xùn）：陈尸示众。

②分谤：分担责任。

【译文】

到达卫国境内，韩厥将要杀人，郤克飞车赶去，准备救下那个人，等赶到时，已经杀了。郤克让人赶快把死者尸体在军中示众，告诉自己的御者说："我用这样的做法来分担人们对韩厥的非议。"

师从齐师于莘①。六月壬申②，师至于靡笄之下③。齐侯使请战，曰："子以君师，辱于敝邑，不腆敝赋④，诘朝请见⑤。"对曰："晋与鲁、卫，兄弟也⑥。来告曰：'大国朝夕释憾于敝邑之地⑦。'寡君不忍，使群臣请于大国，无令舆师淹于君地⑧。能进不能退，君无所辱命。"齐侯曰："大夫之许，寡人之愿也；若其不许，亦将见也。"齐高固入晋师，桀石以投人⑨，禽之而乘其车⑩，系桑本焉⑪，以徇齐垒，曰："欲勇者贾余余勇⑫。"

【注释】

①莘（shēn）：卫地名，在今山东莘县北。为从卫至齐之要道。

②壬申：十六日。

③靡笄（má jī）：山名，即今山东济南千佛山。

④不腆：不厚。

⑤诘（jié）朝：次日早晨。

⑥晋与鲁、卫，兄弟也：晋、鲁、卫皆是姬姓诸侯国，故云。

⑦大国：指齐国。释憾：发泄愤恨。敝邑：鲁、卫自称。

⑧舆师：众多军队。

⑨桀：通"揭"，举起。

⑩禽：同"擒"。

⑪桑本：连根的桑树。本，根。

⑫贾（gǔ）：买。

【译文】

　　晋、鲁、卫联军在莘地追上齐军。六月十六日，军队到达靡笄山下。齐顷公派人请战，说："您带领贵国国君的军队光临敝邑，敝国将以不强大的军队，请求和你们在第二天早晨相见决战。"郤克回答说："晋和鲁、卫是兄弟国家。鲁、卫前来告诉我们说：'大国不分日夜到敝邑土地上发泄气愤。'寡君于心不忍，派我们这些下臣们来向大国请求，不要使我们的军队过久地停留在贵国。我们只能前进不能后退，用不着再劳动您的命令。"齐顷公说："大夫允许决战，正是寡人的愿望；如果您不允许，也要兵戎相见的。"齐国的高固冲入晋军中，举起石头投掷晋军，抓获晋兵而抢坐上他的战车，把桑树根系在车上，遍行齐军中，说："需要勇气的人可以来买我多余的勇气。"

　　癸酉①，师陈于鞌。邴夏御齐侯②，逢丑父为右③。晋解张御郤克④，郑丘缓为右⑤。齐侯曰："余姑翦灭此而朝食⑥。"不介马而驰之⑦。郤克伤于矢，流血及屦，未绝鼓音，曰："余病矣⑧！"张侯曰⑨："自始合⑩，而矢贯余手及肘⑪，余折以御，左轮朱殷⑫，岂敢言病⑬！吾子忍之！"缓曰："自始合，苟有险,余必下推车,子岂识之⑭? 然子病矣!"张侯曰:"师之耳目,在吾旗鼓,进退从之⑮。此车一人殿之⑯,可以集事⑰,若之何其以病败君之大事也? 擐甲执兵⑱,固即死也。病未及死,吾子勉之!"左并辔,右援枹而鼓⑲,马逸不能止,师从之。齐师败绩,逐之,三周华不注⑳。

【注释】

①癸酉:十七日。

②邴(bǐng)夏:齐国大夫。

③逢丑父:齐国大夫。

④解张:晋国大夫。

⑤郑丘缓:晋国大夫,郑丘为复姓。

⑥翦灭:消灭。朝食:早饭。

⑦不介马:马不披甲。介,甲。

⑧病:身负重伤。意指不能再坚持。

⑨张侯:指解张。张是其字,侯是其名。

⑩合:交战。

⑪矢贯余手及肘:意谓张侯中两箭,一箭贯手,一箭贯肘。贯,穿。

⑫殷(yān):赤黑色。

⑬岂敢言病:《荀子·议兵》:"将死鼓,御死辔。"意谓各尽力于职责,故解张不敢言病。

⑭子岂识之:你哪里知道呢? 杨伯峻云:"虽同在一车中,主将不知车右下推车,足见主将受伤甚重而又专心于击鼓。"

⑮"师之耳目"三句:《孙子·军争》篇引《军政》曰:"言不相闻,故为金鼓;视不相见,故为旌旗。夫金鼓、旌旗者,所以一人之耳目也。人既专一,则勇者不得独进,怯者不得独退,此用众之法也。"

⑯殿：镇守。

⑰集：完成。

⑱摄（huàn）：穿。

⑲右援枹（fú）而鼓：右手拿鼓槌代郤克击鼓。援，引。枹，鼓槌。

⑳华（huà）不注：山名，在今山东济南。

【译文】

　　十七日，齐、晋两军在鞌地摆开阵势。邴夏为齐顷公驾车，逢丑父为车右。晋国的解张为郤克驾车，郑丘缓为车右。齐顷公说："我们姑且消灭了这些人后再吃早饭。"马不披甲，飞驰而出。郤克受了箭伤，血流到鞋子上，但是鼓声没有停歇过，说："我受了重伤了！"解张说："从一开始交战，箭就射穿了我的手和肘，我折断了箭杆继续驾车，左边的车轮都染成深红色，哪里敢说受伤！您还是忍着点吧！"郑丘缓说："从一开始交战，只要遇到险阻，我必定下车推车，您哪里知道呢？不过您真是受了重伤了！"解张说："军队的耳目，在于我们的旌旗和鼓声，前进后退都要听从旗鼓的指挥。这辆战车有一个人镇守着，就可以完成战斗任务。怎能因为受伤而败坏国君的大事呢？身披盔甲，拿起武器，本来就是抱定必死的决心。现在受伤还没到死的程度，你还是尽力而为吧！"于是，用左手总揽马缰，右手拿起鼓槌击鼓，马失去控制一直向前不能停止，军队也就跟着冲上去。齐军大败，晋国追赶齐军，绕华不注山跑了三圈。

　　韩厥梦子舆谓己曰①："且辟左右②。"故中御而从齐侯③。邴夏曰："射其御者，君子也④。"公曰："谓之君子而射之⑤，非礼也。"射其左，越于车下⑥。射其右，毙于车中⑦，綦毋张丧车⑦，从韩厥，曰："请寓乘⑧。"从左右，皆肘之⑨，使立于后。韩厥俛⑩，定其右。逢丑父与公易位⑪。将及华泉⑫，骖絓于木而止⑬。丑父寝于辒中⑭，蛇出于其下，以肱击之^⑮,伤而匿之,故不能推车而及。韩厥执絷马前^⑯,再拜稽首,奉觞加璧以进^⑰,曰:"寡君使群臣为鲁、卫请,曰:'无令舆师陷入君地。'下臣不幸,属当戎行^⑱,无所逃隐。且惧奔辟,而忝两君^⑲,臣辱戎士,敢告不敏^⑳,摄官承乏^㉑。"丑父使公下,如华泉取饮^㉒。郑周父御佐车^㉓,宛茷为右^㉔,载齐侯以免。韩厥献丑父,郤献子将戮之。呼曰:"自今无有代其君任患者^㉕,有一于此,将为戮乎!"郤子曰:"人不难以死免其君。我戮之不祥。赦之以劝事君者。"乃免之。

【注释】

①子舆:韩厥之父。

②且辟(bì)左右:古代军制,天子、诸侯亲为元帅,或其他人为元帅,立于兵车之中,在鼓之下。若非元帅,则御者在中,本人在左。韩厥为司马,应在车左,主射。辟,躲避。

③中御:站在车中央,代替御者。

④射其御者,君子也:邴夏所谓"君子"指身份较高者。

⑤谓之君子而射之:齐顷公所谓"君子"指道德高尚者。

⑥越:坠。

⑦綦毋(qí wú)张:晋国大夫,姓綦毋名张。

⑧寓乘:搭乘。寓,寄。

⑨肘之:用肘将綦毋张向后推,不让他立于左右,以免被杀。

⑩俛(fǔ):同"俯"。

⑪逢丑父与公易位:韩厥未曾见过逢丑父和齐侯,不能分辨其面貌。古代兵服,国君与将佐相同,故易位即足以欺骗敌人。

⑫华泉:华不注山下之泉。

⑬骖(cān):左右两旁的马。絓(guà):绊住。

⑭辏（zhàn）：栈车。用竹木制成的车子。

⑮肱（gōng）：小臂。

⑯韩厥执絷（zhí）马前：执絷为当时军帅见敌国君主之礼。絷，绊
　　马索。

⑰奉觞（shāng）加璧：敬酒献玉。

⑱属（zhǔ）：适合，恰当。戎行：兵车的行列。

⑲忝（tiǎn）：羞辱。

⑳不敏：当时惯用谦辞，不才。

㉑摄官承乏：此为当时辞令，实际意为将执行任务，俘虏齐侯。摄，
　　代理。承乏，谦辞，表示某事由于缺乏人手，只能由自己承当。
　　乏，缺乏人手。

㉒丑父使公下，如华泉取饮：意即让齐顷公就此逃走。

㉓郑周父：齐国大夫。佐车：诸侯的副车。

㉔宛茷（fá）：齐国大夫。

㉕任患：担当祸患。

【译文】

　　韩厥梦见父亲子舆对他说："明天交战不要站在战车左右两侧。"因
此韩厥就在中间驾车追赶齐顷公。邴夏说："射那个驾车人，他是个君
子。"齐顷公说："认为他是君子而射他，这不合于礼。"射车左，车左死在
车下。射车右，车右死在车里。綦毋张丢了战车，跟上韩厥说："请让我
搭乘您的战车。"上车后准备站在车左或车右，韩厥用肘推他，使他站在
自己身后。韩厥弯下身子，放稳车右的尸体。逢丑父和齐顷公趁机互换
位置。快到华泉时，骖马被树木绊住了，车停了下来不能前进。前几天，
逢丑父睡在栈车里，有一条蛇爬到他身边，他用手臂去打蛇，被蛇咬伤，
没有声张，因此这时不能用臂推车，被韩厥赶上。韩厥握着马缰走到马
前，下拜叩头，捧着酒杯加上璧献上，说："寡君派遣臣下们为鲁、卫两国
请命，说：'不要让军队久留齐国的土地。'下臣不幸，正好在军中服役，

不能逃避责任。而且也怕奔走逃避会成为两国国君的耻辱，下臣勉强充当一名战士，谨向国君禀告我的无能，但由于人手缺乏，不得不承当这个职位。"逢丑父让齐顷公下车，去华泉取水。郑周父驾驭副车，宛茷为车右，载上齐顷公使之免于被俘。韩厥献上逢丑父，郤克准备杀死他。逢丑父喊叫说："到现在为止还没有能代替他的国君受难的人，有一个这样的人在这里，还要被杀死吗！"郤克说："一个人不怕牺牲自己来使自己的国君免于祸患，我杀了他是不吉利的。赦免他用来勉励事奉国君的人吧。"于是赦免了逢丑父。

齐侯免，求丑父，三入三出①。每出，齐师以帅退②。入于狄卒③，狄卒皆抽戈楯冒之④。以入于卫师，卫师免之⑤。遂自徐关入⑥。齐侯见保者⑦，曰："勉之！齐师败矣。"辟女子⑧，女子曰："君免乎？"曰："免矣。"曰："锐司徒免乎⑨？"曰："免矣。"曰："苟君与吾父免矣，可若何⑩？"乃奔。齐侯以为有礼，既而问之，辟司徒之妻也⑪。予之石窌⑫。

【注释】

①三入三出：指齐顷公三次出入晋军，企图救出逢丑父。杨伯峻曰："第一次入、出晋师，第二次入、出狄卒，第三次入、出卫师。狄卒、卫师皆晋之友军。"

②齐师以帅退：齐顷公每自敌军出，齐军均拥护之后退。

③狄卒：指参加晋军的狄人步卒。

④狄卒皆抽戈楯（dùn）冒之：狄卒皆抽戈与盾以护卫齐顷公。楯，同"盾"。冒，遮拦，庇护。

⑤免：不加伤害。

⑥徐关：地名，在今山东临淄。

⑦保者：守卫城邑的人。

⑧辟（bì）：使行人避开。

⑨锐司徒：官名，主管锋利军械。锐司徒为女子之父。

⑩可若何：还要怎样。意谓不必再担心了。

⑪辟司徒：官名，主管军中营垒之事。辟，同"壁"。

⑫石窌（liù）：齐地名，在今山东长清东南。

【译文】

　　齐顷公免于被俘以后，寻找逢丑父，在晋军中三进三出。每次出来的时候，齐军都簇拥着护卫他后退。冲入狄人的军队中，狄人士兵都拿起戈和盾护卫他。冲入卫军中，卫军也不让他受伤害。于是，齐顷公就从徐关进入齐都。齐顷公见到守城军队，说："你们努力吧！齐军战败了！"齐顷公的前卫让一女子让路，这个女子问："国君免于祸难了吗？"说："免了。"又问："锐司徒免于祸难了吗？"说："免了。"女子说："如果国君和我父亲都免于祸难了，还要怎么样？"便跑开了。齐顷公认为她知礼，不久后查问，才知道她是辟司徒的妻子。便赐给她石窌作为封邑。

　　晋师从齐师，入自丘舆①，击马陉②。

【注释】

①丘舆：在今山东益都西南。

②马陉（xíng）：在丘舆之北。

【译文】

　　晋军追赶齐军，从丘舆进入齐国，攻打马陉。

　　【公羊传】曹无大夫，公子手何以书①？忧内也②。

【注释】

①曹无大夫,公子手何以书:案《春秋》之例,传闻世,小国无大夫,略而称人;至所闻世,小国有大夫。然小国有大夫,仅书大夫之名,不书氏,以此区别与大国大夫之称名氏。此处曹为小国,而公子手称名氏,故而发问。

②忧内也:内,指鲁国。担忧鲁国,故随同鲁国出战。何休云:"《春秋》托王于鲁,因假以见王法,明诸侯有能从王者,征伐不义,克胜有功,当褒之,故与大夫。"

【译文】

曹国没有大夫,此处为何书公子手之名氏? 因为他担忧鲁国。

【榖梁传】其日,或曰日其战也,或曰日其悉也①。曹无大夫,其曰公子,何也? 以吾之四大夫在焉,举其贵者也。

【注释】

①悉:全。指鲁国的四位大夫都参加了这次战斗。

【译文】

经文记载了日期,有人说是因为交战所以记载日期,有人说是因为四大夫全都参战。曹国没有周王命封的大夫,经文说"公子",为什么呢? 因为我们的四位大夫都被记载了,所以用尊贵的称呼称他。

【经】秋七月,齐侯使国佐如师①。己酉②,及国佐盟于袁娄③。

【注释】

①如师:到军队中来。指到晋、鲁、卫、曹联军中来求和。

②己酉：二十三日。

③袁娄：即爰娄，在今山东淄博。《左传》《穀梁传》作"爰娄"。

【译文】

秋七月，齐顷公派国佐到诸侯军中。二十三日，各国与国佐在袁娄结盟。

【左传】齐侯使宾媚人赂以纪甗、玉磬与地①。"不可，则听客之所为②。"宾媚人致赂，晋人不可，曰："必以萧同叔子为质，而使齐之封内尽东其亩③。"对曰："萧同叔子非他④，寡君之母也。若以匹敌，则亦晋君之母也。吾子布大命于诸侯，而曰：'必质其母以为信。'其若王命何？且是以不孝令也。《诗》曰：'孝子不匮，永锡尔类⑤。'若以不孝令于诸侯，其无乃非德类也乎⑥？先王疆理天下⑦，物土之宜⑧，而布其利⑨。故《诗》曰：'我疆我理，南东其亩⑩。'今吾子疆理诸侯，而曰'尽东其亩'而已，唯吾子戎车是利，无顾土宜，其无乃非先王之命也乎？反先王则不义，何以为盟主？其晋实有阙⑪。四王之王也⑫，树德而济同欲焉⑬。五伯之霸也⑭，勤而抚之⑮，以役王命⑯。今吾子求合诸侯，以逞无疆之欲⑰。《诗》曰：'布政优优，百禄是遒⑱。'子实不优⑲，而弃百禄，诸侯何害焉！不然，寡君之命使臣则有辞矣，曰：'子以君师辱于敝邑，不腆敝赋，以犒从者。畏君之震⑳，师徒桡败㉑，吾子惠徼齐国之福，不泯其社稷，使继旧好，唯是先君之敝器、土地不敢爱。子又不许，请收合余烬㉒，背城借一㉓。敝邑之幸，亦云从也。况其不幸，敢不唯命是听。'"

【注释】

①宾媚人：即国佐，齐国大夫，国归父之子。纪甗（yǎn）、玉磬：二者均为齐灭纪国时获得的珍宝。甗，一种炊具，上下两层，中间有箅（bì）子，陶制或青铜制。纪侯之甗为青铜制作，或是齐灭纪时所得。又《公羊传》采何休之说，以为是齐襄公灭纪时所得之邑。磬，乐器。

②客：指晋国。

③封内：境内。东其亩：古代多南亩，若田垄改为东西向，道路也随之东西向，晋在齐之西，日后兵车入齐境时易于通行。亩，此指田垄。

④萧同叔子：见前注。

⑤孝子不匮，永锡尔类：引《诗》见《诗经·大雅·既醉》。匮，竭尽。锡，赏赐。类，同类的人。

⑥非德类：不符合道德法则。

⑦疆：定疆界。理：分地理。

⑧物：考察。

⑨布其利：做有利于生产的布置。布，布置。

⑩我疆我理，南东其亩：引《诗》见《诗经·小雅·信南山》。意谓我划定疆界，分别地理，南向东向开辟田亩。

⑪阙（quē）：过失。

⑫四王之王（wàng）：指舜、禹、汤、武统一天下。四王，指舜、禹、汤、武。

⑬树德：树立德政。济：满足。同欲：诸侯共同的愿望。

⑭五伯：指夏之昆吾，商之大彭、豕韦，周之齐桓公、晋文公。

⑮勤：勤劳。抚之：安抚其他诸侯。

⑯役王命：服役于天子之命。

⑰无疆：无止境。

⑱布政优优，百禄是遒：引《诗》见《诗经·商颂·长发》。意谓推

行宽仁之政,百种的幸福都将聚集在他身上。布,施行。优优,和
缓宽大的样子。道,聚集。

⑲不优:即"不优优"。

⑳震:威严。

㉑桡(náo)败:失败。

㉒余烬:烧残的灰,比喻残余的军队。

㉓背城借一:在自己的城下决一死战。

【译文】

齐顷公派遣宾媚人把纪甗、玉磬和土地送给战胜诸国以求和,指示
他:"如果对方不同意讲和,就听任他们怎么办。"国佐献上财礼,晋国人
不同意,说:"一定要以萧同叔子作为人质,而且把齐国境内的田垄全都
改成东西走向。"国佐回答说:"萧同叔子不是别人,是寡君的母亲。如
果从对等地位来说,也就是晋国国君的母亲。您在诸侯中发布重大命
令,反而说:'一定要把他的母亲作为人质才能取信。'将怎样对待周天
子的命令呢? 而且这样做,就是用不孝来号令诸侯。《诗》说:'孝子的
孝心没有穷尽,他永远把自己的孝思分给同类的人。'如果以不孝来号
令诸侯,那恐怕不符合道德准则吧! 先王把天下的土地划分疆界、区分
地理,因地制宜,以获取应得的利益。所以《诗》说:'我划定疆界、分别
地理,南向东向开辟田亩。'如今您让诸侯定疆界、分地理,却说'把田垄
全部改成东西向'而已,只考虑方便自己兵车通行,不顾土地是否适宜,
恐怕不符合先王的政令吧? 违反先王的遗命就是不合道义,怎么能做诸
侯的盟主呢? 晋国在这点上确实是有过失的。四王之所以能统一天下,
是因为他们能树立德行,满足诸侯的共同愿望。五伯之所以能成就霸
业,是因为他们勤劳而安抚诸侯,共同为天子效命。如今您要求会合诸
侯,来满足自己没有止境的欲望。《诗》说:'政事的推行宽大和缓,各种
福禄都将积聚到你身上。'您如果不肯宽和施政,而丢弃一切福禄,这
对诸侯又有什么害处呢! 如果您不肯答应讲和,寡君命令我使臣,还有

一番话要说：'您带领贵国国君的军队光临敝邑，敝邑只能以自己微薄的力量来犒劳您的随从。畏惧贵国国君的威严，我们的军队战败了，承蒙您惠临为齐国求福，如果不灭亡我们的国家，让齐、晋两国继续过去的友好关系，那么先君留下的破旧器物和土地，我们是不敢爱惜的。您如果又不允许，我们就只能请求收拾残兵败将，背靠自己的城墙决一死战。如果敝邑侥幸取胜，也还是会依从贵国的。如果不幸而败，岂敢不唯命是从？'"

　　鲁、卫谏曰："齐疾我矣！其死亡者，皆亲昵也。子若不许，仇我必甚。唯子则又何求？子得其国宝，我亦得地，而纾于难[①]，其荣多矣！齐、晋亦唯天所授，岂必晋？"晋人许之，对曰："群臣帅赋舆[②]，以为鲁、卫请。若苟有以藉口[③]，而复于寡君，君之惠也。敢不唯命是听！"

【注释】

①纾（shū）于难：解除祸患。纾，缓。

②赋舆：指兵车。

③若苟有以藉口：意谓若稍有所得。若苟，同义词连用，如果。

【译文】

鲁、卫两国劝谏郤克说："齐国痛恨我们了！他们死去和溃散的，都是宗族亲戚。您如果不肯答应，他们必然更加仇恨我们。即使是您，还有什么可希求的？如果您得到齐国的宝器，我们得到土地，又解除了祸患，这荣耀也就很多了！齐国和晋国都是上天眷顾的国家，难道一定只有晋国永久胜利吗？"晋国人同意了鲁、卫的意见，回答说："下臣们率领兵车，来为鲁、卫两国请命。如果有所交代能让我们可以向国君复命，就是国君的恩惠了。岂敢不唯命是从！"

禽郑自师逆公①。

【注释】

①禽郑自师逆公：禽郑，鲁国大夫。鲁成公从鲁国来与晋军相会，禽
　郑从军中出迎。

【译文】

禽郑从军中去迎接鲁成公。

秋七月，晋师及齐国佐盟于爰娄①，使齐人归我汶阳
之田②。

【注释】

①晋师及齐国佐盟于爰娄：爰娄，地名，在今山东临淄。《汇纂》曰：
　“是时楚氛孔炽，齐以东方大国亦与楚通，……及爰娄既盟，而齐
　不背晋者二十年，楚亦少敛其锋，晋人世伯之业赖以不坠，则鞌之
　战亦安可少哉！”

②汶阳之田：汶水之北的田地。僖公元年，鲁已将汶阳之田归于季
　氏。齐后又取之，今又归鲁。

【译文】

秋七月，晋军和齐国国佐在爰娄结盟，让齐国归还我国汶阳的田地。

【公羊传】君不使乎大夫①，此其行使乎大夫何？佚获
也②。其佚获奈何？师还齐侯③，晋郤克投戟，逡巡，再拜稽
首马前。逢丑父者，顷公之车右也④，面目与顷公相似，衣
服与顷公相似，代顷公当左⑤，使顷公取饮。顷公操饮而至，
曰：“革取清者⑥。”顷公用是佚而不反。逢丑父曰：“吾赖社

稷之神灵,吾君已免矣。"郤克曰:"欺三军者,其法奈何?"曰:"法斫⑦。"于是斫逢丑父。己酉,及齐国佐盟于袁娄。曷为不盟于师,而盟于袁娄?前此者,晋郤克与臧孙许同时而聘于齐。萧同姪子者,齐君之母也。踊于棓而窥客⑧,则客或跛或眇,于是使跛者逆跛者⑨,使眇者逆眇者。二大夫出,相与踦闾而语⑩,移日然后相去。齐人皆曰:"患之起,必自此始。"二大夫归,相与率师为鞌之战,齐师大败。齐侯使国佐如师。郤克曰:"与我纪侯之甗⑪,反鲁卫之侵地,使耕者东亩,且以萧同姪子为质,则吾舍子矣。"国佐曰:"'与我纪侯之甗',请诺。'反鲁卫之侵地',请诺。使耕者东亩,是则土齐也;萧同姪子者,齐君之母也,齐君之母,犹晋君之母也,不可。请战。壹战不胜,请再。再战不胜,请三。三战不胜,则齐国尽子之有也,何必以萧同姪子为质。"揖而去之。郤克眣鲁、卫之使⑫,使以其辞而为之请⑬,然后许之。逮于袁娄而与之盟。

【注释】

①君不使乎大夫:案国君与大夫地位不平等,故不向大夫派遣使者,即便有外交行为,也不书"使"文。如闵公二年,鲁国无君,齐侯派遣高子来结盟,不书"齐侯使高子来盟",而是书"齐高子来盟"。此处书"齐侯使国佐如师",使得齐顷公与大夫对等,以此诛绝齐顷公。

②佚获也:被俘而逃亡。此指鞌之战时。

③还:绕也。

④车右:古代国君战车上有三人,御者居中,国君居左,卫士居右,称

为"车右"。

⑤代顷公当左：即齐顷公与逢丑父身份互换。

⑥革取清者：何休云："革，更也。军中人多，水泉浊，欲使远取清者，因亡去。"

⑦法斫（zhuó）：依军法当斩。

⑧踊：上也。棓（pǒu）：铺于不平处的跳板。

⑨迓（yà）：迎。

⑩相与踦闾而语：何休云："闾，当道门。闭一扇，开一扇，一人在外，一人在内，曰踦闾。将别，恨为齐所侮戏，谋伐之，而不欲使人听之。"

⑪纪侯之甗：何休云："齐襄公灭纪所得甗邑，其土肥饶，欲得之。"

⑫眣（shùn）：同"瞬"，使眼色。

⑬使以其辞而为之请：其，国佐。国佐揖而去，则有伤郤克之威，故郤克给鲁、卫大夫使眼色，让他们为国佐求情，郤克方能再与国佐结盟，而不伤军威。

【译文】

国君不向大夫派遣使者，此处为何向晋国大夫派遣使者？因为齐顷公被俘逃逸是被轻贱。他被俘逃逸是怎么回事？鞌之战时，军队包围了齐顷公，晋郤克扔去戟，向后退却，在马前再拜稽首。逢丑父，是齐顷公的车右，面目与齐顷公相似，衣服与齐顷公相似，替代齐顷公居于车左，令齐顷公取水。齐顷公取水而至，又说："换干净点的水来。"齐顷公于是逃逸不回来了。逢丑父说："我们依靠着社稷的神灵，我们国君已经脱离危难了。"郤克说："欺骗三军，军法如何处置？"回答说："依军法当斩。"于是斩杀逢丑父。己酉，与齐国佐在袁娄结盟。为何不在军中结盟，而在袁娄结盟？鞌之战以前，晋郤克与我国的臧孙许一起去齐国聘问。萧同姪子，是齐顷公的母亲。登上跳板窥视来客，来客有人跛脚有人偏盲，于是派遣跛脚之人去迎接跛脚之客，派遣偏盲之人去迎接偏盲之客。二大夫出来，偏倚在闱门内外谈话，过了很长时间才离去。齐人都说："祸患必从今日而起。"二大夫归国，相约率领师众打了鞌之战，齐师大败。齐侯派遣国佐前往联军处求和。郤克说："割让原来纪侯的甗邑给我国，归还之前侵夺的鲁、卫二国的土地，耕地都变为东西走向，并且以萧同姪子作为人质，那么我们就饶过你们。"国佐说："'割让原来纪侯的甗邑给晋国'，答应你。'归还之前侵夺的鲁、卫二国的土地'，答应你。使齐国耕地变为东西向，则是以齐土为晋地；萧同姪子，是我君之母，齐君之母，也就是晋君之母，这两点不能答应。请开战。一战不胜，请再战。两战不胜，请三战。三站不胜，则齐国全归你们所有了，何必要以萧同姪子作为人质。"作揖而去。郤克向鲁、卫大夫使眼色，让他们为国佐求情，然后郤克许诺。追到袁娄才与国佐结盟。

　　【穀梁传】鞌，去国五百里①；爰娄，去国五十里。壹战绵地五百里，焚雍门之茨②，侵车东至海③。君子闻之曰："夫甚甚之辞焉④，齐有以取之也。"齐之有以取之，何也？败卫师于新筑，侵我北鄙，敖郤献子⑤，齐有以取之也。爰娄在师之外⑥。郤克曰："反鲁、卫之侵地，以纪侯之甗来，以萧同姪子之母为质，使耕者皆东其亩⑦，然后与子盟。"国佐曰："反鲁、卫之侵地，以纪侯之甗来，则诺。以萧同姪子之母为质，则是齐侯之母也⑧，齐侯之母犹晋君之母也，晋君之母犹齐侯之母也。使耕者尽东其亩，则是终土齐也⑨。不可。请壹战，壹战不克，请再。再不克，请三。三不克，请四。四不克，请五。五不克，举国而授。"于是而与之盟。

【注释】

①国：国都。这里指齐国国都。

②雍门：齐国国都的城门。茨（cí）：茅屋的顶盖。

③侵车：入侵他国的战车。

④甚甚之辞：严重又严重的说法。指诸国趁齐国战败穷追不舍，乃至于东海，十分过分。

⑤敖：嘲笑，戏弄。郤（xì）献子：即郤克。

⑥在师之外：师，指晋师。意思是说晋军已经逼近到齐国国都了。

⑦亩：农田间高畦，即田垄、田埂。古人种田，依地势水势使田间道路为南北向或东西向，修建的沟渠与道路亦随此方向，大约齐人之田垄、道路多南北向，于晋向东进军齐国有所不利，故郤克要求改变方向为东西向。

⑧齐侯之母：萧同姪子与齐顷公为同母异父，所以萧同姪子之母即齐侯之母。

⑨终：表示统括，皆，尽。土：占领。

【译文】

鞏，距离齐国国都五百里；爰娄，距离齐国国都五十里。一次作战绵延了五百里的土地，烧毁了雍门的顶盖，入侵的战车往东到了海边。君子听说了之后说："这是非常严重的说法，但齐国是咎由自取。"齐国是咎由自取，为什么呢？因为齐国在新筑打败了卫国，入侵我鲁国的北部边境，嘲笑郤献子，所以说齐国是咎由自取。爰娄已在晋军的外面了。晋国统帅郤克说："归还鲁、卫被侵占的土地，将纪侯之甗送来，把萧同姪子的母亲送来当人质，让耕田的人将田垄全都改为东西走向，这样之后与你缔结盟约。"齐大夫国佐说："归还鲁、卫被侵占的土地，将纪侯之甗送来，可以。让萧同姪子的母亲当人质，这是齐国国君的母亲，齐国国君的母亲就如同晋国国君的母亲一样，晋国国君的母亲也如同齐国国君的母亲一样。让耕田的人将田垄全都改成东西走向，那这是要全部占领齐国。不能答应。请让我们再交战一次，一次不胜，请交战第二次。第二次不胜，请交战第三次。第三次不胜，请交战第四次。第四次不胜，请交战第五次。第五次不胜,把整个国家都给你们。"因此联军便与国佐缔结盟约。

*【左传】公会晋师于上鄍①,赐三帅先路三命之服②,司马、司空、舆帅、候正、亚旅③,皆受一命之服。

【注释】

①上鄍（míng）：齐、卫二国交界之地,在今山东阳谷。

②三帅：指郤克、士燮与栾书。先路：天子、诸侯乘车叫"路",卿大夫接受天子、诸侯所赐之车也叫"路"。三命之服：卿大夫所受的最高等级的礼服。三命,诸侯任命卿,有一命、再命、三命之分。三命是最高等级的命令,表示尊贵。

③司马：指韩厥。司空：主管军事工程之官。舆帅：主管兵车之官。候正：主管侦察谍报之官。亚旅：上大夫的别称。

【译文】

鲁成公在上鄍会见晋军,赐给晋军三位主将先路和三命的车服,司马、司空、舆帅、候正、亚旅,都接受了一命的车服。

【经】八月壬午①,宋公鲍卒②。

【注释】

①壬午：二十七日。

②宋公鲍：宋文公,子姓,名鲍,谥文。

【译文】

八月二十七日,宋文公鲍去世。

【左传】八月,宋文公卒。始厚葬:用蜃炭^①,益车马^②,始用殉^③,重器备^④。椁有四阿^⑤,棺有翰桧^⑥。

【注释】

①蜃炭:用蜃烧成灰。蜃,大蚌蛤。或曰,蜃指用蜃烧成的灰。炭,指木炭,在棺椁外置炭是当时贵族丧葬习惯。此二物用以吸湿。

②益车马:增加车马的数量。古代天子、诸侯用车马随葬。益,增加。

③殉:用人殉葬。

④重(chóng)器备:增加随葬用品。重,增加。器备,指用品。

⑤椁(guǒ):棺外套棺。四阿:本古代天子宫室宗庙建筑形式,墓穴仿此,用于椁上。

⑥翰:棺木旁的装饰。桧(guì):棺木上的装饰。两种装饰皆天子所用。

【译文】

八月,宋文公去世。开始厚葬:使用蜃炭,增加陪葬的车马,开始用活人殉葬,用很多器物陪葬。椁有四阿,棺有翰、桧等装饰。

君子谓:"华元、乐举^①,于是乎不臣。臣,治烦去惑者也^②,是以伏死而争^③。今二子者,君生则纵其惑^④,死又益其侈^⑤,是弃君于恶也。何臣之为^⑥?"

【注释】

①华元、乐举:皆为宋国执政大臣。

②烦:乱。去惑:解除惑乱。

③伏死而争:冒死谏诤。

④纵其惑:任其作恶。

⑤益其侈:指为其厚葬。

⑥何臣之为:即"为何臣"。

【译文】

君子说:"华元、乐举,在这件事上有失为臣之道。作为臣子,是为国君去烦乱解迷惑的,因此要冒死谏诤。现在这两个人,国君活着时放纵他去作恶,死了又增加他的奢侈,这是把国君置于邪恶中,算是什么臣子?"

【经】庚寅①**,卫侯速卒**②**。**

【注释】

①庚寅:当为该年的九月五日,此处系于八月下,疑误。

②卫侯速:即卫穆公,姓姬,名速,谥穆。速,《公羊传》作"遬"。

【译文】

九月初五,卫穆公速去世。

【左传】九月,卫穆公卒,晋三子自役吊焉①**,哭于大门之外**②**。卫人逆之,妇人哭于门内,送亦如之。遂常以葬。**

【注释】

①三子:指郤克、士燮与栾书。

②哭于大门之外:邻国官员奉命来吊,吊者应进门升堂哭吊。但郤克等三人未奉晋君之命,于率军队返国复命途中,顺便吊唁,因而不能依常礼,只在大门之外哭吊。

【译文】

九月,卫穆公去世,晋国三位主将从战地率兵返国途中前往吊唁,在大门之外哭吊。卫国人迎接他们,女人们在门内哭,送行时也是如此。以后别国官员来吊唁就依此例直到下葬。

【经】取汶阳田①。

【注释】

①汶阳：汶水北岸。这是依照爰娄之盟归还的鲁国土地。

【译文】

收取汶水以北的田地。

【公羊传】汶阳田者何？鞌之赂也①。

【注释】

①鞌之赂也：鞌之战的贿赂，取之于齐，即上文所云"反鲁、卫之侵地"。依《春秋》之例，当书"取齐汶阳田"，不系属于齐国者，何休云："耻内乘胜胁齐，求赂得邑，故讳使若非齐邑。"

【译文】

汶阳田是什么？是鞌之战的贿赂。

*　**【左传】**楚之讨陈夏氏也①，庄王欲纳夏姬②。申公巫臣曰："不可。君召诸侯，以讨罪也③；今纳夏姬，贪其色也。贪色为淫，淫为大罚。《周书》曰：'明德慎罚④。'文王所以造周也。明德，务崇之之谓也；慎罚，务去之之谓也。若兴诸侯，以取大罚，非慎之也。君其图之！"王乃止。子反欲取之⑤，巫臣曰："是不祥人也⑥。是夭子蛮⑦，杀御叔⑧，弑灵侯⑨，戮夏南⑩，出孔、仪⑪，丧陈国⑫，何不祥如是？人生实难，其有不获死乎？天下多美妇人，何必是？"子反乃止。王以予连尹襄老。襄老死于邲⑬，不获其尸，其子黑要烝焉⑭。巫臣使道焉，曰："归！吾聘女。"⑮又使自郑召之，

曰："尸可得也，必来逆之。"⑯姬以告王，王问诸屈巫。对曰："其信！知罃之父⑰，成公之嬖也，而中行伯之季弟也⑱，新佐中军，而善郑皇戌，甚爱此子⑲。其必因郑而归王子与襄老之尸以求之⑳。郑人惧于邲之役而欲求媚于晋，其必许之。"王遣夏姬归。将行，谓送者曰："不得尸，吾不反矣。"巫臣聘诸郑，郑伯许之。

【注释】

①楚之讨陈夏氏：楚庄王因夏徵舒弑陈灵公而讨之。事在宣公十一年。

②夏姬：夏徵舒的母亲。

③讨罪：指讨伐夏徵舒弑君之罪。

④明德慎罚：引文见《尚书·康诰》。意谓周文王能宣扬道德，小心惩罚，因此创立周王朝。

⑤子反：指公子侧。

⑥是：此。指夏姬。

⑦夭子蛮：使子蛮早死。昭公二十八年传文说夏姬杀三夫，子蛮或是其第一个丈夫。夭，早死。

⑧御叔：夏姬第二个丈夫，夏徵舒之父。

⑨灵侯：指陈灵公，因与夏姬通奸而被夏徵舒所杀。

⑩夏南：即夏徵舒。

⑪出孔、仪：孔宁、仪行父亦与夏姬通奸，夏徵舒弑陈灵公，二人因此逃奔楚国。

⑫丧陈国：楚讨伐夏徵舒，因而灭陈，后又复陈。以上事见宣公十一、十二年传文。

⑬襄老死于邲（bì）：襄老在宣公十二年邲之战中被知庄子荀首射死。

⑭黑要（yāo）：襄老之子。

⑮"巫臣使道（dǎo）焉"四句：意谓巫臣派人示意夏姬，让她先设法回其娘家郑国，然后巫臣聘她为妻。道，导。

⑯"又使自郑召之"四句：巫臣又让郑国召夏姬回国，对她说回国可以得到襄老尸体。

⑰知罃之父：即知庄子荀首。邲之战，知罃被楚人俘获。

⑱中行伯之季弟：荀首是中行伯荀林父的小弟弟。

⑲此子：指知罃。

⑳王子：指楚公子穀臣，为荀首俘虏，见宣公十二年传文。

【译文】

　　楚国攻打陈国夏氏时，楚庄王想收纳夏姬。申公巫臣说："不行。君王召集诸侯，是为了讨伐有罪；如今收纳夏姬，是贪恋她的美色。贪恋美色叫做淫，淫便要受到重大处罚。《周书》说：'宣扬道德，谨慎惩罚。'文王因此而创立周朝。宣扬道德，是说要致力于提倡它；谨慎惩罚，是说要致力于避免它。如果出动诸侯的军队，反而得到重大处罚，就不是谨慎避免了。君王还是考虑一下吧！"楚庄王便打消了收纳夏姬的想法。子反想要娶夏姬，巫臣说："这是个不吉利的人啊！她使子蛮早死，使御叔被杀，灵侯被弑，夏南遭戮，孔宁、仪行父逃亡在外，陈国因此被灭亡，有什么不吉利的能与她相比？人生在世实在很不容易，如果娶了夏姬，恐怕也将不得好死吧？天下美貌的女人很多，为何一定要娶她？"子反也打消了娶夏姬的想法。楚庄王把夏姬给了连尹襄老。襄老在邲之战中被杀死，没有要回尸首。他的儿子黑要和夏姬私通。巫臣派人向夏姬示意，说："你回到郑国去！我娶你为妻。"又派人从郑国召她，说："襄老的尸首可以得到，但一定要亲自来迎接。"夏姬把这话报告楚庄王。楚庄王询问巫臣的意见。巫臣回答说："这话应该可信。知罃的父亲，是晋成公的宠臣，又是荀林父的弟弟，新近做了中军佐，和郑国的皇戍交情很好，非常喜爱这个儿子。他一定会通过郑国归还王子和襄老的尸首而要求交换知䓨。郑国人担心邲之战得罪了晋国,必然要讨好于晋国,他们一定会答应。"楚庄王就打发夏姬回郑国。将要动身时,夏姬对送行的人说:"得不到襄老的尸首,我就不回来了。"巫臣在郑国聘她为妻,郑襄公同意了。

　　及共王即位,将为阳桥之役①,使屈巫聘于齐,且告师期。巫臣尽室以行②。申叔跪从其父③,将适郢,遇之,曰:"异哉! 夫子有三军之惧④,而又有《桑中》之喜⑤,宜将窃妻以逃者也⑥!"及郑,使介反币⑦,而以夏姬行。将奔齐,齐师新败⑧,曰:"吾不处不胜之国。"遂奔晋,而因郤至⑨,以臣于晋。晋人使为邢大夫⑩。子反请以重币锢之⑪,王曰:"止! 其自为谋也则过矣⑫。其为吾先君谋也则忠⑬。忠,社稷之固也,所盖多矣⑭。且彼若能利国家,虽重币,晋将可乎? 若无益于晋,晋将弃之,何劳锢焉。"

【注释】
①阳桥之役:见下文。阳桥,鲁地名,在今山东泰安西北。
②尽室:带走全部家室和财产。
③申叔跪:申叔时之子。
④夫子:指巫臣。有三军之惧:巫臣因军事使命去齐国,应慎戒从事,所以说"三军之惧"。
⑤《桑中》之喜:暗指巫臣与夏姬的私约。桑中,本卫地名,在今河南淇县。《诗经·鄘风》有《桑中》篇,为民间男女幽会的恋歌。
⑥宜:殆,大概,恐怕。
⑦介:副使。
⑧齐师新败:此指鞌之战,齐败于晋。

⑨郤至:郤克的族侄。

⑩邢:晋邑名,在今河南温县东北。

⑪锢:禁锢,等于说永不录用。

⑫自为谋:为自己打算。指娶夏姬而逃。

⑬为吾先君谋:指劝楚庄王不娶夏姬。

⑭盖:覆盖。在此意为保护。

【译文】

　　到了楚共王即位,将要发动阳桥战役,派巫臣去齐国聘问,同时把出兵的日期告诉齐国。巫臣带上全家及一切家财前往。申叔跪跟着他的父亲将要到郢都去,碰上巫臣,说:"奇怪呀! 这个人有肩负军事重任的戒惧之心,却又有《桑中》幽会的喜悦之色,大概是要带别人的妻子私奔吧!"到了郑国,巫臣派副使带回财礼,就带着夏姬走了。他原准备逃亡到齐国,齐国新近战败,巫臣说:"我不住在不打胜仗的国家。"于是逃亡到晋国,通过郤至的关系,做了晋国的臣子。晋国人让他做邢地的大夫。子反请求送重礼要求晋国不要录用巫臣,楚共王说:"别那样做! 他为自己打算是有罪过的。他为我的先君打算则是忠诚的。忠诚,便使国家巩固,所能保护的东西就多了。而且他如果能有利于晋国,即使送去重礼,晋国会同意永不录用吗? 如果对晋国没有好处,晋国将会丢弃他,哪用得着我们求他永不录用呢?"

　　*【左传】晋师归,范文子后入①。武子曰②:"无为吾望尔也乎③?"对曰:"师有功,国人喜以逆之。先入,必属耳目焉④,是代帅受名也,故不敢。"武子曰:"吾知免矣。"

【注释】

①范文子:指士燮。

②武子:士会,士燮父亲。

③望：盼望。

④属耳目：众人耳目都集中于我一个人。属，专注。

【译文】

晋军回到国内，范文子最后进城。他的父亲范武子说："你不知道我也在盼望你吗？"范文子回答说："军队打了胜仗，国内的人们高兴地迎接他们。先进城的人，一定格外受到人们的注意，这是代替统帅接受荣誉，所以我不敢走在前面。"武子说："你这样谦让，我认为可以免于祸害了。"

邰伯见①，公曰："子之力也夫！"对曰："君之训也，二三子之力也，臣何力之有焉！"范叔见②，劳之如邰伯③。对曰："庚所命也④，克之制也⑤，燮何力之有焉！"栾伯见⑥，公亦如之，对曰："燮之诏也⑦，士用命也，书何力之有焉！"

【注释】

①邰伯：指邰克。

②范叔：范文子。

③劳：慰劳。

④庚所命：荀庚将上军，未出战，士燮为上军佐，应受命于上军将。庚，指荀庚，荀林父之子。

⑤克之制：邰克为中军帅，节制上军。

⑥栾伯：指栾书。下军帅。

⑦燮之诏：《国语·晋语五》作："书也受命于上军，以命下军之士。"燮，士燮。诏，指示。

【译文】

邰克进见，晋景公说："这是您的功劳啊！"邰克回答说："这是国君的教导,诸位将帅的功劳,下臣有什么功劳呢?"范文子进见,晋景公像对郤伯一样慰劳他。范文子回答说:"这是荀庚的命令,郤克的节制,我士燮有什么功劳呢?"栾书进见,晋景公也这样慰劳他。栾书回答说:"这是士燮的指示,将士们效命,我栾书有什么功劳呢!"

【经】冬,楚师、郑师侵卫。

【译文】

冬,楚军、郑军侵袭卫国。

【左传】宣公使求好于楚①。庄王卒,宣公薨,不克作好。公即位,受盟于晋②,会晋伐齐③。卫人不行使于楚,而亦受盟于晋,从于伐齐。故楚令尹子重为阳桥之役以救齐。将起师,子重曰:"君弱④,群臣不如先大夫,师众而后可。《诗》曰:'济济多士,文王以宁⑤。'夫文王犹用众,况吾侪乎?且先君庄王属之曰⑥:'无德以及远方,莫如惠恤其民⑦,而善用之。'"乃大户⑧,已责⑨,逮鳏⑩,救乏⑪,赦罪,悉师⑫,王卒尽行。彭名御戎,蔡景公为左,许灵公为右。二君弱⑬,皆强冠之⑭。

【注释】

①宣公使求好于楚:宣公十八年鲁曾派使者去楚国乞师伐齐。
②受盟于晋:指去年与晋盟于赤棘。
③会晋伐齐:即本年之鞌之战。
④君弱:时楚共王年仅十二三岁。
⑤济济多士,文王以宁:引《诗》见《诗经·大雅·文王》。意谓有

了众多的人才，周文王才得以安宁。

⑥属（zhǔ）：嘱托。

⑦惠恤其民：体恤百姓。

⑧大户：清理户口。

⑨已责（zhài）：免除积欠的赋税。已，止。责，同"债"。

⑩逮鳏（guān）：施舍及于鳏夫。鳏，丧偶的男人。

⑪乏：生活困难者。

⑫悉师：出动全部军队。

⑬二君弱：指蔡景公、许灵公二人年少。

⑭强冠之：不到成年，却勉强举行冠礼。为车左、车右，一定要在行冠礼以后。

【译文】

鲁宣公曾派遣使者到楚国要求建立友好关系。由于楚庄王去世，鲁宣公也去世，没能建立友好关系。鲁成公即位，接受了晋国的盟约，会同晋国攻打齐国。卫国人不派使者去楚国聘问，也接受了晋国的盟约，随晋国攻打齐国。因此楚国的令尹子重发动阳桥战役来救齐国。将要发兵时，子重说："国君年幼，臣下们又比不上先大夫，军队人数众多然后才可以取胜。《诗》说：'有众多的人才，文王才借以得到安宁。'文王尚且使用众多人才，何况是我们这些人呢？再说先君庄王把国君嘱托给我们说：'如果没有德行播及远方，不如加恩体恤百姓，而好好地使用他们。'"于是楚国就清查户口，免除拖欠的赋税，施舍鳏夫，救济困乏，赦免罪人，动员全部军队，楚王的亲军也全部出动。彭名驾驭战车，蔡景公作为车左，许灵公作为车右。两国国君还没有成年，都勉强为他们举行冠礼。

冬，楚师侵卫，遂侵我师于蜀①。使臧孙往，辞曰："楚远而久，固将退矣。无功而受名，臣不敢。"楚侵及阳桥，孟孙请往②，赂之以执斫、执针、织纴③，皆百人。公衡为质④，以请盟,楚人许平。

【注释】

①蜀:鲁地名,在今山东泰安附近。

②孟孙:即孟献子仲孙蔑。

③执斫(zhuó):木工。执针:裁缝。织纴(rèn):织布工。

④公衡:鲁成公之子。

【译文】

冬,楚军侵袭卫国,接着从蜀地进攻我国。鲁成公派臧孙到楚军中求和,臧孙辞谢说:"楚军远离本国为时已久,本来就要撤退了。没有退兵的功劳而得到这份荣誉,下臣不敢。"楚军进攻到达阳桥,孟孙请求前往,送给楚军木工、缝工、织工各一百人。以公衡作为人质,请求结盟,楚国人答应讲和。

【经】十有一月,公会楚公子婴齐于蜀①。丙申②,公及楚人、秦人、宋人、陈人、卫人、郑人、齐人、曹人、邾人、薛人、鄫人盟于蜀③。

【注释】

①公会楚公子婴齐于蜀:案《春秋》之例,君不会大夫,此处不避讳公与婴齐相会者(依例当书"及楚公子婴齐会于蜀"),是为下文贬婴齐张本。公子婴齐,即子重,楚庄王之弟,楚国令尹。蜀,鲁地名,在今山东泰安附近。

②丙申:十二日。

③邾人:《公羊传》作"邾娄人"。

【译文】

十一月,鲁成公与楚国公子婴齐在蜀地相会。十二日,鲁成公及楚

人、秦人、宋人、陈人、卫人、郑人、齐人、曹人、邾人、薛人、鄫人在蜀地
会盟。

【左传】十一月，公及楚公子婴齐、蔡侯、许男、秦右大
夫说、宋华元、陈公孙宁、卫孙良夫、郑公子去疾及齐国之大
夫盟于蜀^①。卿不书，匮盟也^②。于是乎畏晋而窃与楚盟，故
曰匮盟。蔡侯、许男不书，乘楚车也，谓之失位。君子曰：
"位其不可不慎也乎！蔡、许之君，一失其位，不得列于诸
侯，况其下乎！《诗》曰：'不解于位，民之攸塈^③。'其是之
谓矣。"

【注释】

①右大夫：秦国官名。说（yuè）：人名。盟于蜀：顾栋高曰："是役天
下尽属楚矣，南方诸侯则有陈、蔡、郑、许，北方诸侯则有鲁、宋、
曹、卫，大国则有齐、秦，小国则有鄫、邾。幸楚庄既死，而晋新立
威于鞌，得稍留中夏之一线。不然，其不胥而为楚者几希。"

②匮盟：缺乏诚意的会盟。

③不解（xiè）于位，民之攸塈（jì）：引《诗》见《诗经·大雅·假乐》。
意谓在高位的人不懈怠，百姓才能得到休息。解，通"懈"。攸，
语助词，无义。塈，休息。

【译文】

十一月，鲁成公和楚国公子婴齐、蔡景侯、许灵公、秦国右大夫说、宋
国华元、陈国公孙宁、卫国孙良夫、郑国公子去疾以及齐国的大夫在蜀地
结盟。《春秋》没有记载卿的名字，这是因为这次结盟缺乏诚意。在这种
情况下他们害怕晋国而偷偷和楚国结盟，所以说"结盟缺乏诚意"。《春
秋》没有记载蔡景侯、许灵公，是因为他们乘坐楚国的战车，这叫做失去

身份。君子说："身份是不可以不谨慎对待的啊！蔡、许两国国君，一旦失去身份，就不能排列在诸侯之中，何况在他们之下的人呢！《诗》说：'在高位的人不懈怠，百姓才能得到休息。'说的就是这种情况了。"

【公羊传】此楚公子婴齐也①，其称人何？得壹贬焉尔②。

【注释】

①此楚公子婴齐也：因上文"公会楚公子婴齐于蜀"，此处蜀之盟又有"楚人"，则知楚人实为公子婴齐。

②得壹贬焉尔：壹贬，专一于贬楚公子婴齐。依《春秋》之例，若鲁君与外诸侯大夫结盟，则避讳不书"公"。此处书"公"，则《春秋》之意不在公，而在于与会之人。联系上文书"楚公子婴齐"。此处却书"楚人"，则知此条是专一于贬婴齐。之所以贬者，何休云："婴齐，楚专政骄蹇臣也，数道其君率诸侯侵中国，故独先举于上，乃贬之，明本在婴齐，当先诛其本，乃及其末。"

【译文】

这里是楚公子婴齐，称之为"楚人"是为何？是专一于贬抑他。

【穀梁传】楚无大夫，其曰公子，何也？婴齐亢也①。楚其称人，何也？于是而后公得其所也②。会与盟同月，则地会，不地盟；不同月，则地会、地盟。此其地会、地盟，何也？以公得其所，申其事也③。今之屈④，向之骄也。

【注释】

①亢：傲慢。

②得其所：得到了他的位置。指鲁成公得到了应有的尊严。这是与

前一条经文对比而言的,前面将婴齐与成公对举,表明成公很没
有尊严。

③申:重复申说。

④屈:屈辱。指楚国被称"人"的屈辱是由于之前婴齐的傲慢。

【译文】

楚国没有天子册封的大夫,经文称公子,为什么呢? 因为公子婴齐
太傲慢。称"楚人",为什么呢? 从这之后鲁成公才得到尊严。会面与
缔结盟约在同一个月,那就记载会面的地点,不记载结盟的地点;不在同
一个月,那就既记载会面的地点,又记载结盟的地点。这里经文既记载
会面的地点,又记载结盟的地点,为什么呢? 因为鲁成公得到了尊严,所
以重复申说这件事。现在的屈辱,是因为之前的傲慢。

　　*【左传】楚师及宋,公衡逃归。臧宣叔曰:"衡父不忍
数年之不宴^①,以弃鲁国,国将若之何? 谁居^②? 后之人必有
任是夫! 国弃矣。"

【注释】

①衡父:即公衡。宴:安宁。

②居:语末助词,表疑问。

【译文】

楚军到达宋国,公衡逃了回来。臧孙许说:"公衡不肯忍耐几年的不
安宁,因此抛弃鲁国,国家将怎么办? 谁来承担祸患? 他的后代一定会
有人承担祸患的! 他抛弃了国家。"

　　是行也^①,晋辟楚^②,畏其众也。君子曰:"众之不可以
已也^③。大夫为政,犹以众克,况明君而善用其众乎?《大

誓》所谓商兆民离,周十人同者④,众也。"

【注释】

①是行:指阳桥之役。

②辟:避开。

③已:止。

④《大誓》所谓商兆民离,周十人同者:昭公二十四年传文亦引《大誓》,作"纣有亿兆夷人,亦有离德;余有乱臣十人,同心同德"。《大誓》,即《泰誓》,《尚书》篇名,今存者为伪书。

【译文】

在这次军事行动中,晋军避开楚军,是因为畏惧楚军人数众多。君子说:"大众是不可以不重视的。楚国大夫执政,尚且可以利用大众来战胜敌人,何况是贤明的国君而善于使用大众的呢?《大誓》所说商朝亿万人离心离德,周朝十个人同心同德,就是说使用大众的重要性。"

　　*【左传】晋侯使巩朔献齐捷于周,王弗见,使单襄公辞焉,曰:"蛮夷戎狄,不式王命①,淫湎毁常②,王命伐之,则有献捷,王亲受而劳之,所以惩不敬,劝有功也。兄弟甥舅③,侵败王略④,王命伐之,告事而已⑤,不献其功,所以敬亲昵、禁淫慝也⑥。今叔父克遂⑦,有功于齐,而不使命卿镇抚王室⑧,所使来抚余一人⑨,而巩伯实来,未有职司于王室,又奸先王之礼⑩。余虽欲于巩伯⑪,其敢废旧典以忝叔父⑫?夫齐,甥舅之国也⑬,而大师之后也⑭,宁不亦淫从其欲以怒叔父⑮,抑岂不可谏诲⑯?"士庄伯不能对⑰。王使委于三吏⑱,礼之如侯伯克敌使大夫告庆之礼,降于卿礼一等。王

以巩伯宴⑲,而私贿之⑳,使相告之曰㉑:"非礼也,勿籍。"

【注释】

①式:用。

②淫:淫于女色。湎:沉湎于酒。毁常:败坏常规制度。

③兄弟:指同姓诸侯。甥舅:指异姓诸侯。

④略:法度。

⑤告事:报告讨伐情况。

⑥淫慝:凶恶奸邪。

⑦克:能够。遂:成功。

⑧命卿:经天子任命的卿。

⑨余一人:周王专用的自称。

⑩奸:违反。

⑪欲:好,喜欢。

⑫其:犹"岂",难道。忝(tiǎn):辱。叔父:指晋侯。

⑬夫齐,甥舅之国也:当时王后是齐女。

⑭大师:即太师。此指齐国始祖吕尚,也就是姜太公。

⑮宁:岂。不:语助词,无义。从:同"纵"。

⑯抑岂不可谏诲:不可谏诲,不可救药。顾栋高曰:"定王在位二十一年,王孙苏擅杀命卿而不能讨,刘康公生事丧师而不加罚,徒以论毂烝,却齐捷,以口舌取胜,诸侯何畏哉!"

⑰士庄伯:即巩朔。

⑱使委于三吏:让三吏接待巩朔。三吏,指三公,即司徒、司马、司空。

⑲以:与。

⑳私贿:告庆之礼本无赠礼,现赠以礼品,故曰私贿。

㉑相(xiàng):相礼者,司仪。

【译文】

晋景公派遣巩朔到周进献齐国的俘虏，周定王不肯接见他，派单襄公辞谢，说："蛮夷戎狄，不遵奉天子的命令，沉湎酒色，败坏纲常，天子命令讨伐他们，就有了进献俘虏的礼仪，天子亲自接受并加以慰劳，这是用来惩罚不敬、勉励有功。如果兄弟甥舅之国侵犯败坏天子的法度，天子命令讨伐他，只要向天子报告一下情况就行了，不用进献俘虏，这是用来尊敬亲近、禁止邪恶。如今叔父能成功，在齐国建立功勋，却不派遣曾受天子任命的卿来安抚王室，所派来安抚我的使者，却只是巩伯，他在王室中又没有担任职务，这事违背了先王的礼制。我虽然喜爱巩伯，但又岂敢废除旧典来羞辱叔父？齐国和周室是甥舅之国，而且是姜太公的后代，叔父攻打齐国，难道是齐国放纵了私欲以激怒了叔父？或是齐国已经不可谏诤和教诲了呢？"巩朔不能回答。周定王把接待的事情交给三公，让他们按照诸侯战胜敌人派大夫来朝告庆的礼仪接待他，比接待卿的礼节低一等。周定王和巩伯饮宴，私下送给他财礼，让相礼者告诉他说："这是不合于礼制的，不要记载在史册上。"

三年

【经】三年春王正月①，公会晋侯、宋公、卫侯、曹伯伐郑②。

【注释】

①三年：鲁成公三年当周定王十九年，前588年。

②公会晋侯、宋公、卫侯、曹伯伐郑：诸侯伐郑是因为在邲之战中，郑国与晋国为敌。

【译文】

鲁成公三年春周历正月，鲁成公会合晋景公、宋共公、卫定公、曹宣公攻打郑国。

【左传】三年春,诸侯伐郑①,次于伯牛②,讨邲之役也,遂东侵郑。郑公子偃帅师御之③,使东鄙覆诸鄤④,败诸丘舆⑤。皇戌如楚献捷。

【注释】

①诸侯:即晋与鲁、宋、卫、曹等国。

②伯牛:郑地名,在郑国西部,今地不详。

③公子偃:郑穆公儿子子游。

④覆:埋伏。鄤(màn):郑地名,在郑国东部,今地不详。

⑤丘舆:郑地名,在郑国东部,今地不详。

【译文】

鲁成公三年春,诸侯联军进攻郑国,驻扎在伯牛,这是讨伐邲之战郑国欺骗晋国之罪,于是就从东边侵袭郑国。郑国的公子偃率军抵御,命令东部边境的军队在鄤地设下埋伏,在丘舆击败了敌军。皇戌去楚国进献俘虏。

△【经】辛亥①,葬卫穆公②。

【注释】

①辛亥:二十八日。

②卫穆公:《公羊传》作"卫缪(mù)公"。

【译文】

二十八日,安葬卫穆公。

△【经】二月,公至自伐郑。

【译文】

二月,鲁成公从伐郑的战役中回国。

【经】甲子①,新宫灾②。三日哭③。

【注释】

①甲子:十二日。

②新宫:文公十三年传文"周公称大庙,鲁公称世室,群公称宫",此指鲁宣公庙。新死之君的牌位迁入庙寝之前要将庙寝粉饰一新,故谓之"新庙",亦称"新宫"。灾:遭天火。

③三日哭:依礼,先君庙遭火焚,须哭三日。君臣服素缟哭三日,痛伤鬼神无所依归。《礼记·檀弓下》云:"有焚其先人之室,则三日哭。"

【译文】

十二日,鲁宣公庙遭天火。哭泣三日。

【公羊传】新宫者何? 宣公之宫也。宣宫则曷为谓之新宫? 不忍言也①。其言三日哭何? 庙灾三日哭,礼也。新宫灾,何以书? 记灾也。

【注释】

①不忍言也:案宗庙是先君精神所依之地,而发生火灾,则伤痛鬼神无所依归。且宣公为成公之父,祢庙有灾,孝子不忍直言"宣宫",因其属于新立之庙,故变言"新宫"。

【译文】

新宫是什么? 是宣公庙。宣公庙为何称之为新宫? 因为不忍正言。

经书哀哭三日是为何？宗庙发生火灾，哀哭三日，是合礼的。新宫发生火灾，为何记录？是记录灾害。

【穀梁传】新宫者，祢宫也①。三日哭，哀也。其哀，礼也②。迫近不敢称谥③，恭也。其辞恭且哀，以成公为无讥矣。

【注释】

①祢（nǐ）宫：父庙。

②礼：符合礼制。

③迫近不敢称谥：指鲁宣公和鲁成公相去不远，不能称谥号，对于远祖如鲁隐公、鲁桓公等则可以称谥。

【译文】

新宫，就是父庙。痛哭三日，是表达哀痛。这样表达哀痛，是符合礼制的。隔得太近不敢称呼他的谥号，是恭敬。经文的言辞恭敬并且哀痛，表明鲁成公是没有什么可以指责的。

△【经】乙亥①，葬宋文公②。

【注释】

①乙亥：二十三日。

②葬宋文公：去年八月宋文公去世，今年二月始葬，相距七月，天子七月而葬，诸侯五月。可见宋文公僭用天子之礼。

【译文】

二十三日，安葬宋文公。

【经】夏，公如晋①。

【注释】

①如晋：鲁成公到晋国去是为了答谢晋国让齐国归还了土地。

【译文】

夏，鲁成公去晋国。

【左传】夏，公如晋，拜汶阳之田。

【译文】

夏，鲁成公去晋国，拜谢晋国让齐国退还汶阳的田地之事。

【经】郑公子去疾帅师伐许①。

【注释】

①公子去疾：即子良。

【译文】

郑公子去疾率军攻打许国。

【左传】许恃楚而不事郑，郑子良伐许。

【译文】

许国倚仗与楚国友好而不事奉郑国，郑国的子良攻打许国。

△**【经】**公至自晋。

【译文】

鲁成公从晋国回来。

*【左传】晋人归公子榖臣与连尹襄老之尸于楚，以求知䓨。于是荀首佐中军矣，故楚人许之。王送知䓨，曰："子其怨我乎？"对曰："二国治戎①，臣不才，不胜其任，以为俘馘。执事不以衅鼓②，使归即戮③，君之惠也。臣实不才，又谁敢怨？"王曰："然则德我乎？"对曰："二国图其社稷，而求纾其民④，各惩其忿⑤，以相宥也⑥，两释累囚以成其好。二国有好，臣不与及⑦，其谁敢德？"王曰："子归，何以报我？"对曰："臣不任受怨，君亦不任受德，无怨无德，不知所报。"王曰："虽然，必告不榖。"对曰："以君之灵，累臣得归骨于晋，寡君之以为戮，死且不朽。若从君之惠而免之，以赐君之外臣首⑧；首其请于寡君，而以戮于宗⑨，亦死且不朽。若不获命，而使嗣宗职⑩，次及于事，而帅偏师，以修封疆⑪。虽遇执事⑫，其弗敢违⑬，其竭力致死，无有二心，以尽臣礼，所以报也。"王曰："晋未可与争。"重为之礼而归之。

【注释】

①治戎：交战。

②衅鼓：以血涂鼓，祭鼓。古代有以俘囚祭鼓者，此处指处死。

③即戮：回去就被诛戮。

④纾（shū）：缓解。指得到平安。

⑤惩：抑止。忿：愤怒。

⑥宥（yòu）：赦免。

⑦不与及：指两国都为社稷，并非为己。

⑧外臣：卿大夫对异国国君自称外臣。首：荀首，知䓨的父亲。

⑨首其请于寡君，而以戮于宗：荀首不但是知䓨之父，且是荀氏小宗

　　　　宗子,于本族成员有杀戮之权,然先须得国君同意。宗,宗庙。

⑩宗职:家族世袭的官职。

⑪以修封疆:参与边境的战事。

⑫执事:指楚王。

⑬其:将,作副词。违:逃避。

【译文】

　　晋国人把公子榖臣和连尹襄老尸首归还给楚国,要求换回知罃。当时荀首已经任中军佐,所以楚国人答应了。楚共王为知罃送别,说:"你怨恨我吗?"知罃回答说:"两国交战,下臣没有才能,不能胜任职务,所以做了俘虏。君王的左右没有用我的血来祭鼓,而让我回国受死,这是君王对我的恩惠。下臣实在没有才能,又敢怨恨谁呢?"楚共王说:"那么你感激我吗?"知罃回答说:"两国为自己的国家利益打算,希望让百姓得到安宁,各自抑止自己的愤怒,求得互相原谅,两边都释放俘虏,建立友好关系。两国友好,下臣不曾与谋,又敢感激谁呢?"楚共王说:"你回去,用什么报答我?"知罃回答说:"下臣既没有什么可怨恨的,君王也不值得感恩,没有怨恨没有恩德,就不知道该报答什么。"楚共王说:"尽管这样,你一定要告诉我你的想法。"知罃说:"承君王的福佑,我这被囚的下臣能够回到晋国,寡君如果加以诛戮,死且不朽。如果由于君王的恩惠而受到赦免,把下臣赐给君王的外臣荀首;荀首向我君请求而把下臣杀戮在自己的宗庙中,也死得其所。如果得不到我君诛戮的命令,而让下臣继承宗子的职位,按次序承担晋国的政事,率领部分军队保卫边疆。即使碰到君王,我也不敢违背礼义回避,竭尽全力以至于死,没有二心,以尽到为臣的职责,这就是所报答于君王的。"楚共王说:"晋国是不能够与它相争的呀!"于是就对知罃重加礼遇后放他回晋国去。

　　　　【经】秋,叔孙侨如帅师围棘①。

【注释】

①棘：鲁地名，在今山东肥城东南。叔孙侨如占取汶阳之田，原已为

　齐所有的棘地不服，因此率军包围棘地。

【译文】

秋，叔孙侨如率军围攻棘邑。

【左传】秋，叔孙侨如围棘，取汶阳之田。棘不服，故围之。

【译文】

　秋，叔孙侨如包围棘邑，占取了汶阳的田地。由于棘人不服从，所以

包围了棘邑。

【公羊传】棘者何？ 汶阳之不服邑也①。其言围之何②？

不听也③。

【注释】

①汶阳之不服邑也：案去年，鲁国取齐汶阳之田，而棘是其中的一个

　小邑，不服于鲁国。

②其言围之何：案《春秋》之例，封内兵不书，鲁国已取汶阳之田，则

　此处属于封内之兵，本不应书，故而发问。

③不听也：何休云：“不听者，叛也。不言叛者，为内讳。……不先以

　文德来之，而便以兵围之，当与围外邑同罪，故言围也。”

【译文】

　棘是什么地方？ 是汶阳不臣服鲁国的城邑。经书围是为何？ 表明

棘邑不听顺。

△【经】大雩①。

【注释】

①大雩（yú）：是大旱求大雨的祭祀。国君亲临国都南郊，谢过自责，使童男童女各八人边舞边呼雨。

【译文】

举行求雨的祭祀。

【经】晋郤克、卫孙良夫伐廧咎如①。

【注释】

①廧（qiáng）咎如：赤狄的一支，隗（wěi）姓，在今河南安阳西南。《公羊传》作"将咎如"，《穀梁传》作"墙咎如"。这次讨伐是"讨赤狄之余焉"。

【译文】

晋郤克、卫孙良夫攻打廧咎如。

【左传】晋郤克、卫孙良夫伐廧咎如，讨赤狄之余焉。廧咎如溃，上失民也①。

【注释】

①上失民：指廧咎如首领失去百姓的拥护。

【译文】

晋国的郤克、卫国的孙良夫进攻廧咎如，讨伐赤狄人的残余。廧咎如溃败，这是由于他们的首领失去百姓的拥护。

【经】冬十有一月,晋侯使荀庚来聘。卫侯使孙良夫来聘。丙午①,及荀庚盟。丁未②,及孙良夫盟。

【注释】

①丙午:二十八日。

②丁未:二十九日。

【译文】

冬十一月,晋景公派荀庚来我国聘问。卫定公派孙良夫来我国聘问。二十八日,与荀庚订立盟约。二十九日,与孙良夫订立盟约。

【左传】冬十一月,晋侯使荀庚来聘①,且寻盟。卫侯使孙良夫来聘,且寻盟。公问诸臧宣叔曰:"中行伯之于晋也②,其位在三③,孙子之于卫也,位为上卿,将谁先④?"对曰:"次国之上卿,当大国之中⑤,中当其下,下当其上大夫。小国之上卿当大国之下卿,中当其上大夫,下当其下大夫。上下如是,古之制也。卫在晋,不得为次国。晋为盟主,其将先之。"丙午,盟晋。丁未,盟卫,礼也。

【注释】

①荀庚:晋国大夫,荀林父之子。

②中行伯:即荀庚,荀林父之子。

③其位在三:指荀庚为上军帅,为第三,列于中军帅郤克、中军佐荀首之后。

④先:指先接待而结盟。

⑤中:中卿。

【译文】

冬十一月,晋景公派遣荀庚前来我国聘问,并重温过去的盟约。卫定公也派遣孙良夫前来我国聘问,并重温过去的盟约。鲁成公向臧宣叔询问说:"中行伯在晋国,位次排列第三,孙良夫在卫国,位次是上卿,应该让谁在前?"臧宣叔回答说:"次等国家的上卿,相当于大国的中卿,中卿相当于大国的下卿,下卿相当于大国的上大夫。小国的上卿,相当于大国的下卿,中卿相当于大国的上大夫,下卿相当于大国的下大夫。位次的上下如此,这是古代的制度。卫国对晋国来说,称不上是次等国家。晋国为盟主,应该让它先行礼。"二十八日,和晋国结盟。二十九日,和卫国结盟。这是合于礼的。

【公羊传】此聘也,其言盟何[1]? 聘而言盟者,寻旧盟也[2]。

【注释】

①此聘也,其言盟何:案《春秋》之中,"盟"重于"聘",若因聘问而结盟,则仅书"盟"。此处盟而书聘,故而发问。

②寻旧盟也:寻绎旧盟。书寻绎旧盟者,是恶其不信也。何休云:"二国既修礼相聘,不能相亲信,反复相疑,故举聘以非之。"

【译文】

这里是聘问鲁国,经书盟是为何? 聘问而言盟的,是寻绎先前的盟约。

【穀梁传】其日,公也。来聘而求盟[1],不言及者[2],以国与之也。不言其人,亦以国与之也。不言求,两欲之也。

【注释】

①来聘而求盟:来访问而请求结盟。表明不是前定之盟。

②不言及者:不说"公及……盟"。

【译文】

　　经文记载日期，因为鲁成公是主持盟会的人。来访问而请求结盟，不说是谁主持盟会，因为是以鲁国的名义与他们结盟。不说是谁订立的盟约，也是因为是以鲁国的名义与他们结盟的。不说"求"，因为双方都想结盟。

　　△**【经】**郑伐许①。

【注释】

①郑伐许：案《春秋》之例，诸夏之国称爵，夷狄则单称国号。此处单称郑，是将郑国视为夷狄。何休云："谓之郑者，恶郑襄公与楚同心，数侵伐诸夏，自此之后，中国盟会无已，兵革数起，夷狄比周为党，故夷狄之。"

【译文】

郑国攻打许国。

　　***【左传】**十二月甲戌①，晋作六军②。韩厥、赵括、巩朔、韩穿、荀骓、赵旃皆为卿③，赏鞌之功也。

【注释】

①甲戌：二十六日。

②作六军：僖公二十七年，晋作三军，此时增设新中、上、下三军，扩大为六军。

③韩厥、赵括、巩朔、韩穿、荀骓、赵旃：六人在鞌之战中有功，提升为新三军的将、佐。上、中、下三军原各有将、佐，计六卿；今增置新三军，亦各有将、佐，增六人为卿。

【译文】

十二月二十六日,晋国编成六个军。韩厥、赵括、巩朔、韩穿、荀骓、赵旃都做了卿,这是为了犒赏他们在鞌之战中的功劳。

*【左传】齐侯朝于晋,将授玉①。郤克趋进曰②:"此行也,君为妇人之笑辱也③,寡君未之敢任④。"晋侯享齐侯。齐侯视韩厥⑤,韩厥曰:"君知厥也乎⑥?"齐侯曰:"服改矣。"韩厥登⑦,举爵曰:"臣之不敢爱死,为两君之在此堂也⑧。"

【注释】

①将授玉:古代诸侯相见,有授玉受玉之礼,此时正要举行授玉仪式。

②趋进:快步进入。

③妇人之笑:即宣公十七年郤克为齐顷公母萧同叔子(萧同姪子)所笑之事。

④寡君未之敢任:案郤克此语犹在发泄其被笑之怨。任,担当。

⑤视:仔细看。

⑥知:认识。

⑦登:上堂。

⑧臣之不敢爱死,为两君之在此堂也:意谓两君如今在堂上宴会和好,正是我在作战中奋勇追逐之目的。爱,惜。

【译文】

齐顷公到晋国去朝见,将要举行授玉仪式。郤克快步走上前说:"这一次,国君是因为妇人的嬉笑而受辱,寡君不敢受礼。"晋景公设宴招待齐顷公。齐顷公注视着韩厥,韩厥说:"国君认识我韩厥吗?"齐顷公说:"服装换过了。"韩厥登上台阶,举起酒杯说:"下臣在战斗中不惜一死,为的就是两位国君现在在这个堂上和睦共处啊。"

　　*【左传】荀罃之在楚也①,郑贾人有将置诸褚中以出②。既谋之,未行,而楚人归之。贾人如晋,荀罃善视之③,如实出己,贾人曰:"吾无其功,敢有其实乎? 吾小人,不可以厚诬君子④。"遂适齐。

【注释】

①荀罃:即知罃。

②褚(zhǔ):装衣物的大口袋。

③视:看待。

④诬:骗。

【译文】

　　荀罃在楚国时,有个郑国商人准备把他藏在装衣物的大口袋里带出楚国。已经商量好了,还没有实施,楚国人就把他放回来了。这个商人到晋国去,荀罃待他很好,好像他真的救了自己一样。商人说:"我没有那样的功劳,岂敢接受这样的实惠? 我是小人,不能这样来欺骗君子。"于是就到齐国去了。

四年

【经】四年春①,宋公使华元来聘②。

【注释】

①四年:鲁成公四年当周定王二十年,前587年。

②宋公:即宋共公。华元:宋国大夫。来聘:来访问。华元来访是因为宋国新君即位,遣使来访以示友好。

【译文】

鲁成公四年春,宋共公派华元来我国聘问。

【左传】四年春,宋华元来聘,通嗣君也①。

【注释】

①嗣君:指宋共公。

【译文】

鲁成公四年春,宋国的华元来我国聘问,是为他们新继位的国君通好。

△**【经】**三月壬申①,郑伯坚卒②。

【注释】

①壬申:此日应为二月二十五日,经文日月有误。

②郑伯坚:即郑襄公,姓姬,名坚,谥襄。

【译文】

三月壬申日,郑襄公坚去世。

【经】杞伯来朝①。

【注释】

①杞伯来朝:杞国国君想休掉鲁国嫁到杞国为夫人的叔姬,所以先来朝。杞伯,似当为杞桓公姒姑容。

【译文】

杞桓公来我国朝见。

【左传】杞伯来朝,归叔姬故也①。

【注释】

①归叔姬故:杞伯要休弃叔姬,先来朝鲁,说明原因。

【译文】

杞伯来我国朝见,是为了要休弃叔姬回鲁国的缘故。

△【经】夏四月甲寅①,臧孙许卒②。

【注释】

①甲寅:初八。

②臧孙许:鲁国大夫,复姓臧孙,名许,字宣叔,臧孙辰之子。

【译文】

夏四月初八,臧孙许去世。

【经】公如晋。

【译文】

鲁成公去晋国。

【左传】夏,公如晋,晋侯见公,不敬。季文子曰:“晋侯必不免。《诗》曰:‘敬之敬之! 天惟显思,命不易哉①!’夫晋侯之命在诸侯矣,可不敬乎?”

【注释】

①“敬之敬之”三句:引《诗》见《诗经·周颂·敬之》。意谓做事

必须认真严肃，天监临在上而无所不照，获得与保守天命极不容易。敬，戒慎。显，明。思，语气词，无义。不易，即"难"。

【译文】

夏，鲁成公去晋国，晋景公会见鲁成公，不恭敬。季文子说："晋景公一定难以免除祸患。《诗》说：'处事谨慎又谨慎！天理昭彰不可欺，保全国运实在不容易！'晋景公的命运决定于诸侯，怎么可以不恭敬呢？"

△**【经】葬郑襄公。**

【译文】

安葬郑襄公。

【经】秋，公至自晋。

【译文】

秋，鲁成公从晋国回国。

【左传】秋，公至自晋，欲求成于楚而叛晋，季文子曰："不可。晋虽无道，未可叛也。国大臣睦，而迩于我，诸侯听焉，未可以贰。《史佚之志》有之①，曰：'非我族类②，其心必异。'楚虽大，非吾族也，其肯字我乎③？"公乃止。

【注释】

①史佚：西周初年的史官。

②族类：种族。

③其：犹"岂"，难道。字：爱。

【译文】

秋,鲁成公从晋国回到鲁国,想要向楚国请求和好而背叛晋国,季文子说:"不行。晋国虽然无道,但尚不能背叛。晋国国家广大、群臣和睦,而且靠近我国,诸侯听他的命令,不能有二心。《史佚之志》有这样的话:'不是我相同的种族,他的心意必然不同。'楚国虽然土地广大,但不是我们的同族,他难道肯爱护我们吗?"鲁成公就打消了这个念头。

△**【经】冬,城郓**①。

【注释】

①郓:鲁地名,在今山东郓城东。郓有东郓、西郓,此为西郓。《公羊传》作"运"。

【译文】

冬,修筑郓地城墙。

【经】郑伯伐许①。

【注释】

①郑伯伐许:郑伯,即郑悼公姬费,为郑襄公之子。郑襄公卒于三月,此时郑伯费是未逾年君。以嗣君名例,君薨称子某,既葬称子,逾年即位,三年称公。则本当书"郑子",此处书"郑伯"者,因其在丧中用兵,全无思慕之心,乐成君位,故《春秋》书"郑伯",如其意以著其恶。

【译文】

郑悼公攻打许国。

【左传】冬十一月,郑公孙申帅师疆许田①,许人败诸展陂②。郑伯伐许，取钮任、泠敦之田③。

【注释】

①公孙申：即叔申。疆：划定界限。

②展陂（pí）：地名，在今河南许昌西北。

③钮任（rén）、泠（líng）敦：皆为地名，在今河南许昌。

【译文】

冬十一月，郑国的公孙申率军划定所占许国田地的疆界，许国人在展陂打败了他。郑悼公攻打许国，占领了钮任、泠敦的田地。

晋栾书将中军，荀首佐之，士燮佐上军，以救许伐郑，取汜、祭①。

【注释】

①汜（fán）：应作"汜（sì）"，郑地名，在今河南荥阳西北。祭：郑地名，在今河南郑州北。

【译文】

晋将栾书率领中军，荀首作为副帅，士燮为上军副帅，去救援许国，攻打郑国，占领了汜地、祭地。

楚子反救郑，郑伯与许男讼焉①，皇戌摄郑伯之辞②。子反不能决也，曰："君若辱在寡君③，寡君与其二三臣共听两君之所欲，成其可知也④。不然，侧不足以知二国之成⑤。"

【注释】

①讼：两人争是非曲直。

②摄：代。

③辱在寡君：屈驾去问候寡君。在，问候。

④成：平息争讼。

⑤侧：即公子反之名。

【译文】

楚国的子反率军救援郑国，郑悼公和许灵公在子反面前互相指责对方，皇戌代表郑悼公发言。子反无法判定谁是谁非，说：“二位国君如果肯屈驾去问候寡君，寡君和他几个臣子共同听取两国国君的意见，是非曲直就可以判明了。否则，我不足以确定哪一国有理。”

*【左传】晋赵婴通于赵庄姬①。

【注释】

①晋赵婴通于赵庄姬：赵婴，又名楼婴，赵婴齐。赵衰之子，赵盾之异母弟。赵庄姬，晋成公之女，赵盾之子赵朔之妻。赵朔谥号“庄”，因此称“庄姬”。案此句应与下年传文“五年春，原、屏放诸齐”云云连读。

【译文】

晋国的赵婴和赵庄姬私通。

五年

*【左传】五年春，原、屏放诸齐①。婴曰：“我在，故栾氏不作②。我亡，吾二昆其忧哉③！且人各有能有不能④，舍我何害？”弗听。婴梦天使谓己：“祭余，余福女。”使问诸士贞伯⑤，贞伯曰：“不识也。”既而告其人曰⑥：“神福仁而祸淫，淫而无罚,福也。祭,其得亡乎⑦?"祭之,之明日而亡。

【注释】

①五年春,原、屏放诸齐:此句接上年传文末句"晋赵婴通于赵庄姬"。五年,鲁成公五年当周定王二十一年,前586年。原,赵同,亦称"原同""原叔"。屏,赵括,亦称"屏括""屏季"。原、屏为同母兄弟,与赵婴、赵盾是异母兄弟。

②栾氏不作:指栾书等人不会作乱。栾氏,指栾书等人。此时栾书将中军,为晋国执政。作,作乱。

③吾二昆:指赵同、赵括二人,均为赵婴之兄。昆,兄。

④人各有能有不能:此句意谓我虽乱伦,但能保护赵氏,而原、屏却不能。

⑤士贞伯:又称"士贞子""士渥浊""贞伯"。

⑥既而告其人:于礼,士贞子不当告赵婴,但于私可以己意告其使者。其人,指赵婴派去询问的人。

⑦亡(wú):无。指免于受罚。或曰,"亡"即逃亡、放逐之意。

【译文】

鲁成公五年春,赵同、赵括把赵婴放逐到齐国。赵婴说:"有我在,所以栾氏不敢作乱。我走后,我的两位兄长恐怕就有忧患了!再说人各有所能,也有所不能,赦免我又有什么坏处?"赵同、赵括不听。赵婴做梦梦见天使对他说:"祭祀我,我保佑你。"他派人去向士贞伯请教。士贞伯说:"我不知道。"不久士贞伯又告诉别人说:"神灵保佑仁爱的人,而降祸给淫邪的人。淫邪而没有受到惩罚,这就是福了。祭祀了难道就能免除祸患?"赵婴祭祀了神,第二天就被放逐。

【经】五年春王正月,杞叔姬来归①。

【注释】

①杞叔姬：嫁与杞国国君为妻的鲁君之女。去年传文云"杞伯来朝，归叔姬故也"，故今年叔姬返鲁。

【译文】

鲁成公五年春周历正月，杞叔姬被休回国。

【穀梁传】妇人之义^①，嫁曰归，反曰来归。

【注释】

①妇人之义：《春秋》记载妇人的义例。

【译文】

《春秋》记载妇人的义例，出嫁称作"归"，被遣返称作"来归"。

【经】仲孙蔑如宋^①。

【注释】

①仲孙蔑：鲁国大夫，为公孙敖之孙，文伯谷之子，亦称"孟献子"。仲孙蔑这是去答谢去年华元来访。

【译文】

仲孙蔑去宋国。

【左传】孟献子如宋，报华元也。

【译文】

孟献子去宋国，是回报华元对鲁国的聘问。

【经】夏,叔孙侨如会晋荀首于穀①。

【注释】

①荀首:晋国大夫,荀林父之弟。《公羊传》作"荀秀"。穀:齐地名,
　在今山东东阿。荀首前往齐国为晋景公迎娶齐女,叔孙侨如在穀
　地为他们送去食物。

【译文】

夏,叔孙侨如在穀地与晋荀首相会。

【左传】夏,晋荀首如齐逆女,故宣伯馈诸穀①。

【注释】

①宣伯:叔孙侨如。馈(yùn):给在野外的行人赠送粮食。诸:之于。

【译文】

夏,晋国的荀首去齐国迎亲,所以宣伯在穀地馈送食物给他。

【经】梁山崩①。

【注释】

①梁山:在今陕西韩城,离黄河不远。梁山崩塌,黄河因之壅塞。此
　时崩塌,阻断黄河,三日不流。

【译文】

梁山发生山崩。

【左传】梁山崩,晋侯以传召伯宗①。伯宗辟重②,曰:
"辟传!"重人曰③:"待我,不如捷之速也④。"问其所,曰:"绛

人也。"问绛事焉,曰:"梁山崩,将召伯宗谋之。"问:"将若之何?"曰:"山有朽壤而崩,可若何? 国主山川,故山崩川竭,君为之不举⑤,降服⑥,乘缦⑦,彻乐⑧,出次⑨,祝币⑩,史辞以礼焉⑪。其如此而已,虽伯宗若之何?"伯宗请见之,不可。遂以告而从之。

【注释】

①传(zhuàn):传车,古代驿站专用的车辆。每到一中途站换车换马,御者继续前进,速度极快。伯宗:晋国大夫。

②重:重车,装载货物的车。以人力拉行。

③重人:押送重车之人。

④捷:走捷径。

⑤不举:饮食不杀牲,菜肴简单,不奏乐。

⑥降服:不着华丽衣服,穿白衣、戴白绢帽。

⑦缦(màn):无彩饰的车。

⑧彻乐:不奏音乐。

⑨出次:离开寝宫,住于郊外。

⑩祝币:太祝陈列献神的礼物。祝,太祝,祭祀时司告鬼神的人。

⑪史辞:太史读祭神文辞。

【译文】

梁山发生山崩,晋景公用传车召见伯宗。伯宗在路上叫装载货物的重车让道,说:"为传车让路!"押送重车的人说:"与其等我让道,不如走捷径来得快。"伯宗问他是哪里人,他回答说:"绛城人。"伯宗问起绛城的事情,押车人说:"梁山发生山崩,打算召见伯宗商量。"伯宗问:"应该怎么办?"押车人回答说:"山因为有了腐朽的土壤而崩塌,又能怎么办? 山川是国家的根本,所以遇到山崩川竭,国君就要为此减膳撤乐、穿素服、乘坐没有彩饰的车子、不奏音乐、离开寝宫住到郊区、太祝陈列献神的礼物,太史宣读祭文,以礼祭祀山川之神。这样做就可以了,即使是伯宗来还能怎么样?"伯宗邀请押车人一起去见晋景公,他不同意。于是伯宗就把押车人的话告诉了晋景公,晋景公照着做了。

【公羊传】梁山者何?河上之山也。梁山崩,何以书?记异也。何异尔?大也。何大尔?梁山崩,雍河,三日不沃①。外异不书②,此何以书?为天下记异也③。

【注释】

①沃(liú):"流"之古字。

②外异不书:《春秋》之例,仅为鲁国与二王后记录灾异,梁山在晋国境内,晋又非二王后,本在外异不书之例。

③为天下记异也:何休以为,山是君之象,黄河为正道之象。梁山崩,雍塞黄河,象诸侯失势,王道绝,大夫专政。因其象征着礼乐征伐自大夫出,天下皆如此,故为天下记异。

【译文】

梁山是什么?是黄河边上的山。梁山崩塌,为何记录?是记录异象。有何异象?崩塌严重。严重到什么地步?梁山崩塌,雍塞黄河,三日河水不流。鲁国之外的异象,例所不书,此处为何记录?是为天下记录异象。

【穀梁传】不日,何也?高者有崩道也①。有崩道,则何以书也?曰:梁山崩,雍遏河三日不流②。晋君召伯尊而问焉③。伯尊来,遇辇者④,辇者不辟⑤,使车右下而鞭之。辇者曰:"所以鞭我者,其取道远矣⑥。"伯尊下车而问焉,曰:

"子有闻乎？"对曰："梁山崩，壅遏河三日不流。"伯尊曰："君为此召我也，为之奈何？"辇者曰："天有山，天崩之；天有河，天壅之。虽召伯尊，如之何？"伯尊由忠问焉⑦，辇者曰："君亲素缟，帅群臣而哭之，既而祠焉，斯流矣。"伯尊至，君问之曰："梁山崩，壅遏河三日不流，为之奈何？"伯尊曰："君亲素缟，帅群臣而哭之，既而祠焉，斯流矣。"孔子闻之，曰："伯尊其无绩乎⑧！攘善也⑨。"

【注释】

①道：事理，规律。

②壅遏：阻塞，阻止。河：黄河。

③伯尊：晋国大臣。

④辇者：挽拉辎重车的人。

⑤辟（bì）：躲避，回避。

⑥所以鞭我者，其取道远矣：这句话的意思是把鞭打我的时间用在赶路上，可以走很远的路了。取道，所走的路程。

⑦由忠：即由衷，发自内心。

⑧绩：功绩。

⑨攘（rǎng）：窃取。

【译文】

　　不记载日期，为什么呢？因为高山有崩塌的规律。有崩塌的规律，那为什么还要记载呢？回答说：梁山崩塌，阻塞了黄河，三天不能流动。晋景公召见伯尊来询问。伯尊前来朝见，遇到一个拉车的人，车夫没有躲避，让车右的武士下车去鞭打他。车夫说："所用来鞭打我的时间，大概可以走很远的路程了。"伯尊下车来问他，说："你听说什么了吗？"车夫说："梁山崩塌，阻塞了黄河，三天不能流动。"伯尊说："国君就是为了这件事召见我的,该怎么办呢?"车夫说:"上天创造了高山,上天又让它崩塌;上天创造了黄河,上天又堵塞了它。即使召见了伯尊,又有什么办法呢?"伯尊发自内心地询问他,车夫说:"国君亲自穿白色丧服,率领群臣哭泣,哭完之后祭祀它,就会流动了。"伯尊到了,晋景公询问他说:"梁山崩塌,阻塞了黄河,三日没有流动,怎么办呢?"伯尊说:"国君亲自穿白色丧服,率领群臣哭泣,哭完之后祭祀它,就会流动了。"孔子听说了这件事,说:"伯尊没有功绩啊! 偷窃别人的善言。"

*【左传】许灵公诉郑伯于楚①。六月,郑悼公如楚,讼,不胜。楚人执皇戌及子国②。故郑伯归,使公子偃请成于晋。秋八月,郑伯及晋赵同盟于垂棘③。

【注释】

①许灵公诉郑伯于楚:此去年事。诉,控告。

②楚人执皇戌及子国:子国,郑穆公之子公子发。皇戌代郑伯申诉,不胜,故楚人执之。

③垂棘:晋地名,在今山西潞城北。

【译文】

许灵公向楚国控告郑悼公。六月,郑悼公去楚国争讼,没有获胜,楚国人拘留了皇戌和子国。所以郑悼公回国后,派遣公子偃到晋国要求讲和。秋八月,郑悼公和晋国的赵同在垂棘结盟。

*【左传】宋公子围龟为质于楚而归①,华元享之。请鼓噪以出,鼓噪以复入,曰:"习攻华氏。"宋公杀之。

【注释】

①公子围龟：字子灵，宋文公之子。杜预以为他是代华元在楚为质者。

【译文】

宋国的公子围龟在楚国当人质后回到宋国，华元设享礼招待他。围龟请求打鼓呼叫着出了华元的大门，又打鼓呼叫着进去，说："我这是演习进攻华氏。"宋共公把他杀了。

△**【经】**秋，大水。

【译文】

秋，发大水。

【经】冬十有一月己酉①，天王崩②。

【注释】

①己酉：十二日。

②天王：周天子，这里是周定王姬瑜。

【译文】

冬十一月十二日，周定王去世。

【左传】十一月己酉，定王崩。

【译文】

十一月十二日，周定王去世。

【经】十有二月己丑①，公会晋侯、齐侯、宋公、卫侯、郑伯、曹伯、邾子、杞伯同盟于虫牢②。

【注释】

①己丑：二十三日。

②邾子：《公羊传》作"邾娄子"。虫牢：郑地名，在今河南封丘北。

【译文】

十二月二十三日，鲁成公会同晋景公、齐顷公、宋共公、卫定公、郑悼公、曹宣公、邾定公、杞桓公一起在虫牢结盟。

【左传】冬，同盟于虫牢，郑服也①。诸侯谋复会，宋公使向为人辞以子灵之难②。

【注释】

①同盟于虫牢，郑服也：李廉曰："郑自邲战后从楚，至此十有二年，始复从晋。"

②向为人：卫国大夫，宋桓公后人。

【译文】

冬，鲁成公和诸侯们在虫牢结盟，是因为郑国顺服晋国。诸侯商议再次聚会，宋共公派向为人以发生子灵事件为由辞谢了。

六年

△**【经】**六年春王正月①，公至自会②。

【注释】

①六年：鲁成公六年当周简王元年，前585年。王正月：案时月日

例,公致例时,此处书月者,因之前鞌之战,鲁国大夫俘虏过齐侯,则此处公与齐侯见面有危。

②会:指虫牢之会。

【译文】

鲁成公六年春周历正月,成公从虫牢之会回国。

*【左传】六年春,郑伯如晋拜成,子游相①,授玉于东楹之东②。士贞伯曰:"郑伯其死乎? 自弃也已③! 视流而行速④,不安其位,宜不能久⑤。"

【注释】

①子游:公子偃的字。相:相礼。

②授玉:古代诸侯相见,有授玉受玉之礼。东楹(yíng):古代堂上有东、西两大柱,叫"东楹""西楹",两楹之中叫"中堂"。

③自弃:不尊重自己。行授玉礼,如宾主身份相当,授受玉应在两楹之间。如宾身份低于主人,授受玉在中堂与东楹之间,即在东楹之西。晋景公与郑悼公皆一国之君,依当时常礼,应授受玉于两楹之间。郑悼公纵以为晋景公为霸主,不敢行平等身份之礼,亦当在中堂与东楹之间。今晋景公安详缓步,而郑悼公则快步又过谦,竟至东楹之东授玉,尤见自卑。

④视流:谓其东张西望。流,如流水。

⑤宜:殆,大概。

【译文】

鲁成公六年春,郑悼公去晋国拜谢晋同意讲和之事,子游任相礼,在东楹的东边行授玉之礼。士贞伯说:"郑悼公恐怕要死了吧? 自己太不尊重自己! 目光流动不停而走路又快,很不安地坐在自己的位子上,大概不能活多久了。"

【经】二月辛巳①,立武宫②。

【注释】

①辛巳:十六日。

②立武宫:据《左传》,此为纪念武功的建筑物,为纪念鞌之战的胜利而立。鞌之战在成公二年。据《公羊传》,武宫,即鲁武公之庙。此处立武宫者,鞌之战前,臧孙许曾向鲁武公祈祷,后得胜,故立武公之庙。然案礼制,诸侯立五庙,太祖庙不毁,其余四庙,则亲过高祖而毁。鲁武公属于毁庙之君,为之立庙为非礼。又据时月日例,失礼宗庙例日。

【译文】

二月十六日,建立武宫。

【左传】二月,季文子以鞌之功立武宫,非礼也。听于人以救其难①,不可以立武。立武由己,非由人也。

【注释】

①听于人以救其难:鞌之战是鲁向晋请求出兵,故军事行动均听命于晋人。

【译文】

二月,季文子由于鞌之战的功勋建立武宫,这是不合于礼的。听从别人的指挥来解救本国的灾难,不能标榜武功。建立武宫要靠自己取胜才行,不是靠别人的功劳。

【公羊传】武宫者何?武公之宫也。立者何?立者不宜立也,立武宫,非礼也。

【译文】

武宫是什么？是鲁武公之庙。"立"是什么意思？书"立"，表明不宜立，立武公之庙，是非礼的。

【穀梁传】立者，不宜立也。

【译文】

立，就是不应该建立的意思。

【经】取鄟①。

【注释】

①鄟（zhuān）：鲁国的附庸国，在今山东郯城东北。

【译文】

占领鄟国。

【左传】取鄟，言易也。

【译文】

占领鄟国，《春秋》用"取"字，是说事情完成得很容易。

【公羊传】鄟者何？邾娄之邑也。曷为不系于邾娄？讳亟也①。

【注释】

①讳亟（jí）也：亟，疾也。案去年十二月，鲁侯与邾娄子都参加了虫

牢之盟，此时便取其城邑，则鲁国之背信弃义，何其速也。《春秋》
为鲁国避讳，故不将邿邑系属于邾娄国。

【译文】

邿邑是什么地方？是邾娄国的城邑。为何不系属于邾娄国？是为
鲁国取邑之速。

【穀梁传】邿，国也。

【译文】

邿，是一个国家。

【经】卫孙良夫帅师侵宋①。

【注释】

①卫孙良夫帅师侵宋：此次侵宋的是晋、卫、郑以及戎人的联军，原
　　因是宋国没有参加去年的虫牢之盟。

【译文】

卫孙良夫率领军队侵袭宋国。

【左传】三月，晋伯宗、夏阳说①，卫孙良夫、宁相，郑人，
伊、雒之戎②，陆浑③，蛮氏侵宋④，以其辞会也。师于鍼⑤，卫
人不保⑥。说欲袭卫，曰："虽不可入，多俘而归，有罪不及
死。"伯宗曰："不可。卫唯信晋，故师在其郊而不设备。若
袭之，是弃信也。虽多卫俘，而晋无信，何以求诸侯？"乃
止。师还，卫人登陴⑦。

【注释】

①夏阳说（yuè）：晋国大夫。

②伊、雒（luò）之戎：居于今伊河、洛河之间的戎人。

③陆浑：即传文中的陆浑之戎。允姓之戎人，原居于陆浑，在今甘肃敦煌西。僖公二十二年秦、晋迁之于伊川。

④蛮氏：即昭公十六年的戎蛮。今指居于河南临汝一带的少数民族。

⑤铖（qián）：卫邑名，离卫都帝丘不远，在今河南濮阳附近。

⑥不保：不设防。卫有孙良夫、甯相率师参加联军，故联军驻扎在其郊外，卫不加守备。

⑦师还，卫人登陴（pí）：此侵宋回国之师疑仅晋师及卫师，其余郑师等不必再经卫回国。此时卫人登城设防。陴，城上的女墙。

【译文】

三月，晋国伯宗、夏阳说，卫国孙良夫、甯相，郑国人，伊、雒的戎人，陆浑，蛮氏侵袭宋国，是因为宋国拒绝参加盟会。军队驻扎在铖地，卫国人不设防。夏阳说想袭击卫国，说：“虽然未必能攻入都城，多抓一些俘虏回去，国君即使怪罪也不至于死。”伯宗说：“不行。卫国因为相信晋国，所以军队驻扎在郊外而不加防守。如果袭击他，是背信弃义。虽然能多抓些卫国俘虏，但晋国因此失去了信义，用什么去获得诸侯的拥戴？”于是就停止了行动。军队回国，卫国人登上了城墙守卫。

*【左传】晋人谋去故绛①，诸大夫皆曰：“必居郇、瑕氏之地②，沃饶而近盬③，国利君乐，不可失也。”韩献子将新中军，且为仆大夫④。公揖而入⑤，献子从。公立于寝庭⑥，谓献子曰：“何如？”对曰：“不可。郇、瑕氏土薄水浅，其恶易觏⑦。易觏则民愁，民愁则垫隘⑧，于是乎有沉溺重腿之疾⑨。不如新田，土厚水深，居之不疾，有汾、浍以流其恶，

且民从教，十世之利也。夫山、泽、林、鹽，国之宝也。国饶，则民骄佚。近宝，公室乃贫⑩，不可谓乐。"公说，从之。夏四月丁丑⑪，晋迁于新田⑫。

【注释】

①故绛（jiàng）：指以前的晋都绛，即翼，在今山西翼城。

②郇（xún）：在今山西临猗西南。瑕（xiá）：在今山西芮城南。

③鹽（gǔ）：古盐池名，今叫"解池"。

④仆大夫：官名，掌管宫中之事。

⑤揖而入：案当时礼，朝毕，国君遍揖群臣后退入路门内。

⑥寝：即路寝，也叫"正寝"，是君主处理政事的宫室。

⑦恶：污秽脏物。覯（gòu）：通"构"，成，积聚。

⑧垫隘：羸弱。

⑨沉溺：湿气。指风湿病。重：通"肿"。膇（zhuì）：脚肿。

⑩近宝，公室乃贫：孔颖达认为国都近宝，百姓都将弃农就商，贫富兼并悬殊。贫者无以供官府，富者又不能多征，国家赋税将因之减少。近宝，指上文的"近鹽"。

⑪丁丑：十三日。

⑫新田：晋国新都绛（旧都称"故绛"），在今山西侯马。

【译文】

晋国人计划离开故都绛城，大夫们都说："一定要住在郇、瑕氏的地方，那里肥沃富饶且靠近盐池，国家有利，国君快乐，不可以失掉那地方。"此时韩献子正为新中军将，且兼任仆大夫。晋景公朝罢向群臣作揖而后退入路门，韩献子跟着。晋景公站在正寝外边的庭院里，对韩献子说："怎么样？"韩献子回答说："不行。郇、瑕氏土薄水浅，污秽肮脏的东西容易积聚。污秽的东西容易积聚，百姓就愁苦，百姓愁苦便身体羸弱，在这种情况下就会生风湿脚肿的疾病。不如迁到新田去，那里土厚水深，住在那里不会生病，有汾水、浍水带走产生的污秽物，而且百姓顺从教导，子孙十代可以安享其利。深山、大泽、森林、盐池，是国家的宝藏。国家富饶，百姓就容易骄傲放荡。靠近宝藏，大家争利，国家财富就少，不能说是快乐。"晋景公听了很满意，依从了他的话。夏四月十三日，晋国迁都到新田。

△【经】夏六月，邾子来朝①。

【注释】

①邾子：即邾定公。《公羊传》作"邾娄子"。

【译文】

夏六月，邾定公来我国朝见。

【经】公孙婴齐如晋①。

【注释】

①公孙婴齐：鲁国大夫，叔肸（xī）之子。

【译文】

公孙婴齐去晋国。

【左传】子叔声伯如晋①。命伐宋。

【注释】

①子叔声伯：指公孙婴齐。

【译文】

子叔声伯去晋国。晋国命令鲁国攻打宋国。

【经】壬申①,郑伯费卒②。

【注释】

①壬申:初九。

②郑伯费:即郑悼公,姓姬,名费,谥悼。《春秋》不书其葬者,郑国作为虫牢之盟的与会国,下文楚公子婴齐伐郑之丧,中国不能救援,之后晋国又伐其丧(晋栾书率师侵郑),则中国有大恶。此处《春秋》为中国避讳,不书郑伯费之葬,就好像晋栾书率师侵郑,不是伐丧一般。

【译文】

初九,郑悼公费去世。

【左传】六月,郑悼公卒。

【译文】

六月,郑悼公去世。

【经】秋,仲孙蔑、叔孙侨如帅师侵宋。

【译文】

秋,仲孙蔑、叔孙侨如率领军队侵袭宋国。

【左传】秋,孟献子、叔孙宣伯侵宋,晋命也。

【译文】

秋,孟献子、叔孙宣伯侵袭宋国,是奉了晋国的命令。

【经】楚公子婴齐帅师伐郑[①]。

【注释】

①楚公子婴齐帅师伐郑：楚伐郑是因为郑又归顺晋国。

【译文】

楚公子婴齐率领军队攻打郑国。

【左传】楚子重伐郑，郑从晋故也。

【译文】

楚国的子重攻打郑国，是因为郑国顺服晋国的缘故。

【经】冬，季孙行父如晋[①]。

【注释】

①季孙行父如晋：晋国决定迁都到新田，季孙行父访晋表示祝贺。

【译文】

冬，季孙行父去晋国。

【左传】冬，季文子如晋，贺迁也[①]。

【注释】

①贺迁：指祝贺晋国迁都新田。

【译文】

冬，季文子去晋国，是为了祝贺晋国迁都。

【经】晋栾书帅师救郑[①]。

【注释】

①栾书：晋国大夫。此时为中军帅。救：《公羊传》作"侵"。

【译文】

晋国的栾书率领军队救援郑国。

【左传】晋栾书救郑，与楚师遇于绕角[①]。楚师还，晋师遂侵蔡。楚公子申、公子成以申、息之师救蔡[②]，御诸桑隧[③]。赵同、赵括欲战，请于武子[④]，武子将许之。知庄子、范文子、韩献子谏曰[⑤]："不可。吾来救郑，楚师去我，吾遂至于此[⑥]，是迁戮也[⑦]。戮而不已，又怒楚师，战必不克。虽克，不令[⑧]。成师以出[⑨]，而败楚之二县[⑩]，何荣之有焉？若不能败，为辱已甚[⑪]，不如还也。"乃遂还。

【注释】

①绕角：在今河南鲁山东南。

②申、息之师：楚国的两支强劲部队。申、息，指楚国的申县和息县。

③桑隧：在今河南确山东。

④武子：指栾书。

⑤知庄子、范文子：即荀首和士燮。

⑥此：指蔡地。

⑦迁戮：把杀戮移到别人身上。此指侵蔡。

⑧令：善。

⑨成师：整顿军队。

⑩楚之二县：指申、息二县之师。

⑪已：太。

【译文】

晋国的栾书救援郑国，和楚军在绕角相遇。楚军撤退，晋军于是侵袭蔡国。楚国公子申、公子成带领申、息二县的军队去救援蔡国，在桑隧抵抗晋军。赵同、赵括想要出战，向栾武子请求，栾武子打算答应。知庄子、范文子、韩献子劝谏说："不行。我们来救援郑国，楚军不与我们交战，我们于是到了这里，这是把杀戮转移到别人头上。不停止杀戮，又激怒楚军，战争一定不能得胜。即便战胜，也不是好事。整顿军队出国，仅仅打败楚国两个县的军队，有什么光荣呢？如果不能打败他们，那耻辱就太大了，还不如撤回去。"于是晋军就回国去了。

于是军帅之欲战者众，或谓栾武子曰："圣人与众同欲，是以济事。子盍从众？子为大政①，将酌于民者也②。子之佐十一人，其不欲战者，三人而已。欲战者可谓众矣。《商书》曰：'三人占，从二人③。'众故也。"武子曰："善钧从众④。夫善，众之主也。三卿为主，可谓众矣。从之，不亦可乎？"

【注释】

①大政：执政大臣。

②酌于民：斟酌百姓的意见行事。

③三人占，从二人：语见《尚书·洪范》。意谓三人占卜，各人的判断未必相同，听从两个相同的。

④钧：通"均"，平均，相当。

【译文】

此时，军中将领想出战的占多数，有人对栾武子说："圣人的愿望和大众相同，所以能成功。您何不听从大家的意见？您是执政大臣，应当斟酌百姓的意见。您的辅佐十一人，不想出战的，不过三个人。想出战的人可以说是多数。《商书》说：'三个人占卜，听从相同的两个人。'因为是多数的缘故。"栾武子说："各人的美德相同，才服从多数。美德，是大众服从的主导。现在有三位卿这样认为，可以说是多数了。依从他们，不也是可以的吗？"

七年

【经】七年春王正月①，鼹鼠食郊牛角②，改卜牛。鼹鼠又食其角，乃免牛。

【注释】

①七年：鲁成公七年当周简王二年，前584年。

②鼹（xī）鼠：鼠类最小的一种，古人以为有毒，啮人畜至死不觉痛，又称"甘口鼠"。据《本草纲目》（集解）引陈藏器曰："鼹鼠极细，卒不可见，食人皮牛马等皮肤成疮，至死不觉。"食：咬食。郊牛：准备用于郊祭的牛。

【译文】

鲁成公七年春周历正月，鼹鼠咬坏郊祭用牛的角，占卜另外选定用牛。鼹鼠又咬坏那只牛的角，于是不用牛祭祀。

【穀梁传】不言日，急辞也①，过有司也②。郊牛日展斛角而知伤③，展道尽矣，其所以备灾之道不尽也。又，有继之辞也。其，缓辞也，曰亡乎人矣，非人之所能也，所以免有司之过也。乃者，亡乎人之辞也。免牲者，为之缁衣纁裳④，有司玄端，奉送至于南郊。免牛亦然。免牲不曰不郊⑤，免牛亦然。

【注释】

①急辞：急促、急迫的说法。

②过：责备。有司：有关部门。这里是指负责饲养郊牛的官员。

③展：查看，审视。觓（qiú）角：弯曲的牛角。

④缁（zī）衣：黑色上衣。纁（xūn）裳：浅红色的下裙。

⑤免牲不曰不郊：免牲了就不说不郊了。因为郊祭一定要用到牲，若免牲，则郊祭也不会举行了。

【译文】

没有说日期，是语气急促的言辞，是在责备养牛的官吏。对于郊祭所用之牛每天查看它的牛角因而知道受伤了，检查的职责是尽到了的，但是他防备灾害的职责没有尽到。"又"，是表示接着又发生了的说法。"其"，是表示宽缓的说法，意思是说这是与人无关的，不是人力所能及的，是用来免除饲牛官吏过错的。"乃"，是与人无关的说法。所谓"免牲"，就是要为用作祭祀的牛穿上黑色上衣，浅红色的下裙，饲牛人穿上黑色的礼服，把它送到南郊去。所谓"免牛"也是这样。免牲了就不用说不举行郊祭了，免牛了也一样。

【经】吴伐郯①。

【注释】

①吴伐郯：吴，姬姓诸侯国。建都于吴，即今江苏苏州。此时吴国君主是寿梦。郯，国名，己姓少皞氏的后裔，故城在今山东郯城西南。案吴见于经文始此。李廉曰："盖自成公二年，楚申公巫臣奔晋，求通吴以罢楚，于是吴兵始及上国矣。"黄仲炎曰："吴、郯相去本隔江、淮二水，而伐之者，吴始大也。"

【译文】

吴国攻打郯国。

【左传】七年春，吴伐郯，郯成。季文子曰："中国不振旅^①，蛮夷入伐^②，而莫之或恤^③，无弔者也夫^④！《诗》曰：'不弔昊天，乱靡有定^⑤。'其此之谓乎！有上不弔^⑥，其谁不受乱？吾亡无日矣！"君子曰："知惧如是，斯不亡矣。"

【注释】

①中国：当时华夏各国的总称。振旅：军队胜利归来称"振旅"。

②蛮夷：指吴国。

③恤：忧虑。

④弔（dì）者：善君。此指霸主。弔，善。

⑤不弔昊（hào）天，乱靡有定：引《诗》见《诗经·小雅·节南山》。

　　意谓上天不仁，动乱频仍没有安定的时候。

⑥上：霸主。

【译文】

鲁成公七年春，吴国进攻郯国，郯国和吴国讲和。季文子说："中原诸国不能震慑蛮夷，蛮夷打了进来，却没有人对此感到担忧，这是因为没有霸主的缘故吧！《诗》说：'上天不仁，祸乱频仍没有安定的时候。'说的就是这种情况吧！有在诸侯之上的霸主却不善，还有谁不受到祸乱？我们离灭亡不远了。"君子说："像这样知道戒惧，就不会灭亡了。"

***【左传】**郑子良相成公以如晋，见，且拜师。

【译文】

郑国的子良相礼郑成公一起去晋国，朝见晋景公，同时拜谢去年晋国出兵救郑的事。

【经】夏五月,曹伯来朝①**。**

【注释】

①曹伯:曹宣公姬庐(庐),一作"姬强"。死于麻隧之战军中。

【译文】

夏五月,曹宣公来我国朝见。

【左传】夏,曹宣公来朝。

【译文】

夏,曹宣公前来我国朝见。

△**【经】不郊,犹三望。**

【译文】

不举行郊祭,仍然望祭三处。

【经】秋,楚公子婴齐帅师伐郑。

【译文】

秋,楚公子婴齐率领军队攻打郑国。

【左传】秋,楚子重伐郑,师于汜①。

【注释】

①汜（fán）:指南汜,在今河南襄城。

【译文】

秋,楚国的子重攻打郑国,军队驻扎在汜地。

【经】公会晋侯、齐侯、宋公、卫侯、曹伯、莒子、邾子、杞伯救郑①。八月戊辰②,同盟于马陵③。

【注释】

①邾子:《公羊传》作"邾娄子"。

②戊辰:十一日。

③马陵:卫地名,在今河北大名东南。马陵之盟一是为了重申虫牢之盟,一是因为莒国加入了晋国阵营。

【译文】

鲁成公会合晋景公、齐顷公、宋共公、卫定公、曹宣公、莒子、邾子、杞桓公救援郑国。八月十一日,一起在马陵结盟。

【左传】诸侯救郑。郑共仲、侯羽军楚师①,囚郧公锺仪②,献诸晋。八月,同盟于马陵,寻虫牢之盟,且莒服故也③。晋人以锺仪归,囚诸军府④。

【注释】

①军:包围。

②郧公锺仪:郧县县尹名锺仪。郧,诸侯国名,在今湖北安陆。此时

当已被楚所灭,故有县尹。

③莒服:莒本属齐,齐服晋,莒也服晋。

④军府:军用储藏库,用以囚禁战俘。

【译文】

诸侯救援郑国。郑国的共仲、侯羽包围楚军,囚禁郧公锺仪,把他献给晋国。八月,鲁成公和众诸侯一起在马陵结盟,重温在虫牢的盟约,同时是因为莒国顺服的缘故。晋国人把锺仪带回国,囚禁在军府。

△**【经】公至自会。**

【译文】

鲁成公从马陵之会回国。

【经】吴入州来①。

【注释】

①吴入州来:州来,国名,在今安徽凤台。严启隆曰:"州来迤北则鲁,迤南而西则楚,吴得州来可以窥楚,楚控州来可以御吴。州来,吴、楚之扼吭也。"据《左传》,晋国与吴国通好,帮助吴国发展军事并教唆吴国背叛楚国,以牵制楚国,使不能北上争霸。

【译文】

吴国人攻入州来。

【左传】楚围宋之役①,师还,子重请取于申、吕以为赏田②,王许之。申公巫臣曰:"不可。此申、吕所以邑也,是以为赋③,以御北方④。若取之,是无申、吕也。晋、郑必至于汉。"王乃止。子重是以怨巫臣。子反欲取夏姬⑤，巫臣止之，遂取以行，子反亦怨之。及共王即位，子重、子反杀巫臣之族子阎、子荡及清尹弗忌及襄老之子黑要⑥，而分其室⑦。子重取子阎之室，使沈尹与王子罢分子荡之室⑧，子反取黑要与清尹之室。巫臣自晋遗二子书⑨，曰："尔以谗慝贪惏事君⑩，而多杀不辜。余必使尔罢于奔命以死⑪。"

【注释】

①楚围宋之役：宣公十四年九月至十五年五月，楚围宋九个月，因华元夜登子反之床告以宋情而与宋平。

②吕：古国名，姜姓，故城在今河南南阳西。此时则早灭于楚。

③是以为赋：申、吕就靠这些田地供给军赋。

④以御北方：申、吕二县在楚国北边，申、吕不存，不能抵御北方诸侯，晋、郑必南侵。

⑤取：同"娶"。

⑥子阎、子荡及清尹弗忌：皆巫臣族人。清尹，楚国官名。

⑦室：家族的财产，包括土地、人口、房屋、器具等。

⑧沈尹：楚沈县尹。王子罢（pí）：可能是楚共王的兄弟。

⑨二子：子重、子反。

⑩贪惏（lán）：贪婪。谗慝（tè）：奸邪。

⑪罢（pí）：疲劳，衰弱。

【译文】

楚国包围宋国那一次战役，楚军回国，子重请求取得申邑、吕邑田地作为赏田，楚庄王答应了。申公巫臣说："不行。申、吕两地之所以为城邑，就是靠这些田地供给军赋，以抵御北方。如果让私人占有这些田地，这就不能成为申邑和吕邑。晋国和郑国一定会进逼到汉水。"楚庄王便撤回了命令。子重因此而怨恨巫臣。子反想娶夏姬，巫臣阻止他，结果自己反而娶了夏姬逃到晋国，子反因此也怨恨巫臣。到了楚共王即位，子重、子反杀了巫臣的族人子阎、子荡和清尹弗忌以及襄老的儿子黑要，并且瓜分他们的家产。子重取得了子阎的家产，让沈尹和王子罢瓜分子荡的家产，子反取得黑要和清尹弗忌的家产。巫臣从晋国写信给子反、子重两人，说："你们用邪恶贪婪事奉国君，杀了许多无罪的人，我一定要让你们疲于奔命而死。"

巫臣请使于吴，晋侯许之。吴子寿梦说之[1]。乃通吴于晋。以两之一卒适吴[2]，舍偏两之一焉[3]。与其射御，教吴乘车，教之战陈，教之叛楚[4]。置其子狐庸焉，使为行人于吴[5]。吴始伐楚、伐巢、伐徐[6]。子重奔命。马陵之会，吴入州来，子重自郑奔命。子重、子反于是乎一岁七奔命。蛮夷属于楚者，吴尽取之，是以始大，通吴于上国[7]。

【注释】

①寿梦：据《史记·吴太伯世家》，是吴国自太伯以来的第十九位国君。季札的父亲。

②两之一卒：合两偏成一卒之车，即兵车三十辆。

③舍偏两之一：留其卒之一偏，即留下十五辆给吴。

④"与其射御"四句：意谓巫臣帮吴国训练军队，教吴军车战，使其成为楚国东部最危险的敌人。

⑤行人：使者，外交官。

⑥巢：国名，偃姓，今安徽巢湖东北有居巢古城址，即古巢国。徐：嬴姓诸侯国，在今安徽泗县西北。

⑦上国：中原诸国。高闳曰："吴、楚争强，始见于此。州来属楚，吴

以兵入之,著楚虽悖强,而吴敢与之抗也。"

【译文】

巫臣请求出使吴国,晋景公同意了。吴王寿梦很喜欢他。于是巫臣就使吴国和晋国通好。带领了晋国的三十辆兵车去吴国,留下十五辆给吴国。送给吴国射手和御者,教吴国人使用兵车,教他们安排战阵,教他们背叛楚国。巫臣又把自己的儿子狐庸留在吴国,让他担任吴国的行人。吴国开始进攻楚国、进攻巢国、进攻徐国,子重奉命奔驰救援。马陵盟会时,吴军攻入州来,子重从郑国奉命赶去救援。就这样,子重、子反一年之中七次奉命奔驰以抵御吴军。那些从属于楚国的蛮夷,吴国全部加以攻取,因此开始强大起来,得以和中原诸国通问往来。

【经】冬,大雩。

【译文】

冬,举行盛大的求雨雩祭。

【穀梁传】雩,不月而时,非之也。冬无为雩也。

【译文】

举行雩祭,不记载月份而只记载季节,是指责这件事。冬天不需要举行雩祭。

【经】卫孙林父出奔晋①。

【注释】

①孙林父:卫国大夫,孙良父之子,谥文,又称"孙文子"。因卫定公恶之,遂出奔晋,其采邑戚也同时归晋,同年卫定公如晋,晋反戚

　　于卫,但孙林父仍留晋。

【译文】

　　卫国孙林父逃亡到晋国。

　　【左传】卫定公恶孙林父。冬,孙林父出奔晋。卫侯如晋,晋反戚焉[①]。

【注释】

①戚:卫地名,在今河南濮阳北。

【译文】

　　卫定公厌恶孙林父。冬,孙林父离开卫国逃亡到晋国。卫定公去晋国,晋国把戚地还给卫国。

八年

　　【经】八年春[①],晋侯使韩穿来言汶阳之田[②],归之于齐。

【注释】

①八年:鲁成公八年当周简王三年,前583年。

②晋侯:晋景公姬獳(nòu)。韩穿:晋国大夫。汶阳之田:汶水之北的田地。原为鲁地,被齐霸占,成公二年,晋景公主导的多国联军战胜了齐国,迫使齐国将汶阳之田归还给了鲁国。这次晋又游说鲁国重新归还给齐国。

【译文】

　　鲁成公八年春,晋景公派遣韩穿来我国通知有关汶阳之田的事,叫我国把田地归还给齐国。

【左传】八年春,晋侯使韩穿来言汶阳之田,归之于齐。季文子饯之①,私焉,曰:"大国制义以为盟主②,是以诸侯怀德畏讨,无有贰心。谓汶阳之田,敝邑之旧也,而用师于齐,使归诸敝邑③。今有二命④,曰:'归诸齐。'信以行义,义以成命,小国所望而怀也。信不可知,义无所立,四方诸侯,其谁不解体⑤?《诗》曰:'女也不爽,士贰其行。士也罔极,二三其德⑥。'七年之中⑦,一与一夺,二三孰甚焉!士之二三,犹丧妃耦⑧,而况霸主?霸主将德是以⑨,而二三之,其何以长有诸侯乎?《诗》曰:'犹之未远,是用大简⑩。'行父惧晋之不远犹而失诸侯也⑪,是以敢私言之。"

【注释】

①饯:设酒食送行。

②制义:处理事务合乎道义。

③而用师于齐,使归诸敝邑:鞌之战后,晋逼齐把汶阳之田归还鲁国。用师于齐,指鞌之战。

④二命:不同的命令。

⑤解体:涣散,瓦解。

⑥"女也不爽"四句:引《诗》见《诗经·卫风·氓》,是一首弃妇诗。意谓女方毫无过失,始终如一;男方行为有过错,行事没有定准,行为前后不一致。罔极,无准则。二三,前后不一致。

⑦七年之中:鞌之战在成公二年,距今七年。

⑧妃耦:配偶。

⑨以:用。

⑩犹之未远,是用大简:引《诗》见《诗经·大雅·板》。意谓谋略没有远见,我因此竭力规劝。犹,同"猷",谋划。简,仅作"谏"。

⑪行父：季文子之名。

【译文】

鲁成公八年春,晋景公派遣韩穿来鲁国通知关于汶阳之田的事,要求我国把田地归还给齐国。季文子设宴为韩穿饯行,和他私下交谈,说:"大国处理事务合乎道义因而成为诸侯盟主,因此诸侯感怀德行害怕受到讨伐,没有产生叛离的异心。大国说汶阳之田,是敝国原来的领土,因而对齐国用兵,让齐国把田地还给敝邑。现在又有不同的命令,说:'把田地归还给齐国。'信用用来推行道义,道义用来完成命令,这是小国所盼望而感怀的。信用不能得知,道义无所树立,四方的诸侯,怎能不离心涣散?《诗》说:'我做妻子没有过失,是你男子太无情。是是非非没有标准,前后不一败坏德行。'七年当中,忽而给予忽而夺走,还有比这更前后不一的吗!一个男人前后不一,尚且要失去配偶,何况是霸主?霸主应该唯德是用,却前后不一,他怎么能长久得到诸侯的拥护呢?《诗》说:'谋略缺乏远见,因此极力劝谏。'行父我害怕晋国没有深谋远虑而失去诸侯,所以大胆私下和您说这番话。"

【公羊传】来言者何?内辞也。胁我,使我归之也①。曷为使我归之?鞌之战,齐师大败,齐侯归,吊死视疾,七年不饮酒,不食肉。晋侯闻之曰:"嘻。奈何使人之君七年不饮酒,不食肉②?请皆反其所取侵地。"

【注释】

①胁我,使我归之也:事实上,是晋国胁迫鲁国将汶阳之田归还齐国,然鲁国受胁迫则有耻,故避讳。经书"来言",好像是晋国派使者来与鲁国商量归还之事,未见胁迫,而鲁国因佩服齐侯之义,而归还汶阳之田。另一方面,如果真是鲁国闻义自归,当书"归

于齐",而经书"归之于齐",则见鲁国实受胁迫。

②奈何使人之君七年不饮酒,不食肉:齐侯吊死问疾,是劝死士;不饮酒食肉,则志在复仇,故晋侯高其义,畏其德,故返还齐之侵地。

【译文】

"来言"是什么意思? 是为鲁国避讳之辞。实际是胁迫我国,使我国归还汶阳之田。为何胁迫我国归还汶阳之田? 鞌之战,齐师大败,齐侯归国,吊死问伤,七年不饮酒,不食肉。晋侯听闻此事,说:"哎,怎么能让一国之君七年不饮酒,不食肉呢? 请诸侯都返还齐国之前侵夺的土地。"

【穀梁传】于齐,缓辞也,不使尽我也①。

【注释】

①尽:完全占有。

【译文】

说"于齐",是表示宽缓的说法,不让齐国完全占有我鲁国的土地。

【经】晋栾书帅师侵蔡。

【译文】

晋国的栾书率领军队侵袭蔡国。

【左传】晋栾书侵蔡①,遂侵楚,获申骊②。楚师之还也,晋侵沈③,获沈子揖初④,从知、范、韩也⑤。君子曰:"从善如流,宜哉!《诗》曰:'恺悌君子,遐不作人⑥?'求善也夫! 作人,斯有功绩矣。"是行也,郑伯将会晋师,门于许东门,大获焉。

【注释】

① 晋栾书侵蔡:事见成公六年传文:"晋栾书救郑,与楚师遇于绕角。楚师还,晋师遂侵蔡。"

② 申骊:楚国大夫。

③ 沈:国名,在今河南平舆。

④ 沈子揖初:指沈国国君,名揖初。

⑤ 从知、范、韩:栾书听从荀首等三人的建议。知、范、韩,指知庄子荀首、范文子士燮、韩献子韩厥。

⑥ 恺悌(kǎi tì)君子,遐不作人:引《诗》见《诗经·大雅·旱麓》。意谓恭敬随和的君子,为什么不起用人才。遐不,何不。作人,起用人才。

【译文】

晋国栾书率军侵袭蔡国,接着又侵袭楚国,俘虏了申骊。楚军回国时,晋军又侵袭沈国,俘虏了沈国国君揖初,这是听从了荀首、士燮、韩厥等人意见的结果。君子说:"从善如流,这是多么恰当啊!《诗》说:'恭敬随和的君子,为什么不起用人才?'这就是求取善人啊! 起用人才,这就有功绩了。"这次行动,郑成公准备会合晋军,经过许国,攻打许国国都的东门,俘获很多。

【经】公孙婴齐如莒①。

【注释】

① 公孙婴齐如莒(jǔ):鲁大夫公孙婴齐到莒国是去娶妻。

【译文】

公孙婴齐去莒国。

【左传】声伯如莒,逆也。

【译文】

声伯去莒国,是为自己迎亲。

【经】宋公使华元来聘^①。

【注释】

①宋公:宋共公子瑕,一作"子固"。华元:宋国执政大臣。宋戴公

　　五世孙,华督曾孙。宋国大夫,六卿之一,历任昭、文、共、平四

　　君。来聘:来访问。据《左传》,这是为宋共公聘定共姬为夫人。

【译文】

宋共公派华元来我国聘问。

【左传】宋华元来聘,聘共姬也^①。

【注释】

①共姬:鲁成公姊妹,穆姜所生,嫁与宋共公,称"共姬"。

【译文】

宋国华元来我国聘问,为宋共公聘共姬为夫人。

【经】夏,宋公使公孙寿来纳币^①。

【注释】

①公孙寿:宋国大夫。纳币:下聘礼,订婚之后,男方将聘礼送往女

　　方家中。

【译文】

夏,宋共公派公孙寿来我国送聘礼。

【左传】夏,宋公使公孙寿来纳币^①,礼也。

【注释】

①公孙寿:宋司城荡之子,让司城一职于子荡意诸。

【译文】

夏,宋共公派公孙寿来我国送聘礼,这是合乎礼的。

【公羊传】纳币不书^①,此何以书? 录伯姬也^②。

【注释】

①纳币不书:纳币,参见隐公二年"纪裂繻来逆女"条注。纳币属于
　常事,《春秋》常事不书。

②录伯姬也:伯姬,鲁女嫁为宋国夫人者,后守礼而死(详见襄公三
　十年夏"五月甲午,宋灾,伯姬卒"条)。《春秋》褒扬伯姬守节,
　故详录其嫁娶之礼。

【译文】

纳币是常事,例所不书,此处为何记录? 是详录伯姬嫁娶之礼。

【经】晋杀其大夫赵同、赵括^①。

①赵同、赵括:赵衰之子。晋文公重耳流亡回国之后,将自己的女儿
　嫁给赵衰,是为赵姬,生赵同、赵括、赵婴。赵姬让赵衰将其流亡
　狄国时所取之妻叔隗和其所生之子赵盾接回国,并坚持让叔隗为
　嫡妻,赵盾为嫡子,而自己为庶妻,赵同、赵括、赵婴为庶子。后来
　赵盾生赵朔,赵朔娶晋成公之女为妻,赵朔早逝,谥庄,故称其妻
　为赵庄姬。晋景公时,赵婴与赵庄姬通奸,此时赵同为赵家族长,
　将赵婴驱逐到齐国。赵庄姬遂向晋景公诬陷赵同、赵括要谋反,

加上栾氏、郤氏作证，晋景公将赵氏灭族，仅有赵朔与赵庄姬之子赵武幸存。

【译文】

晋国杀死他们的大夫赵同、赵括。

【左传】晋赵庄姬为赵婴之亡故，谮之于晋侯，曰："原、屏将为乱。"栾、郤为征[1]。六月，晋讨赵同、赵括。武从姬氏畜于公宫[2]。以其田与祁奚[3]。韩厥言于晋侯曰："成季之勋[4]，宣孟之忠[5]，而无后，为善者其惧矣。三代之令王皆数百年保天之禄[6]。夫岂无辟王[7]？赖前哲以免也。《周书》曰：'不敢侮鳏寡[8]。'所以明德也。"乃立武，而反其田焉[9]。

【注释】

①栾、郤为征：栾氏、郤氏为赵庄姬之谮作证。征，通"证"。

②武：赵武，赵朔与赵庄姬所生。从：跟随。畜：养。公宫：晋景公之宫。

③以其田与祁奚：田为氏族之主要财产，赵氏被灭，故晋侯收其田赏于他人。祁奚，晋国大夫，字黄羊。

④成季：赵衰。

⑤宣孟：赵盾。

⑥令王：贤明的君王。

⑦辟王：指昏君。辟，邪僻。

⑧不敢侮鳏（guān）寡：语见《尚书·康诰》。

⑨乃立武，而反其田焉：案《史记·赵世家》记载赵氏被灭与赵武复立相当曲折精彩，与此不同，即后来各种戏剧影视《赵氏孤儿》之底本。然全采战国传说，不是信史。

【译文】

晋国的赵庄姬为了赵婴被放逐的缘故,在晋景公面前诬陷赵同与赵括,说:"赵同、赵括将要作乱。"栾氏、郤氏为她作证。六月,晋国讨伐赵同、赵括。赵武跟随赵庄姬寄住在晋景公宫中,免于被杀。晋景公把赵氏的田地赐给祁奚。韩厥对晋景公说:"以赵衰的功勋,赵盾的忠诚,却没有继承他们爵位的后代,做好事的人就要害怕了。三代时的贤明君王,都能够几百年保持上天赐予的禄位。这几百年中间难道就没有邪僻的人?但都靠着他祖先的贤明得以免除祸难。《周书》说:'不敢欺侮鳏夫寡妇。'就是用这样的做法来发扬道德。"于是晋景公立赵武为赵氏继承人,归还他赵氏的田地。

【经】秋七月,天子使召伯来赐公命①。

【注释】

①天子:周简王姬夷,周定王姬瑜之子。召伯:召桓公,周王室卿士。
赐:《公羊传》《榖梁传》作"锡"。

【译文】

秋七月,周简王派召伯来我国赐给成公仪物命服。

【左传】秋,召桓公来赐公命①。

【注释】

①赐命:天子赐予诸侯爵服等赏命,是赏赐诸侯的一种荣宠。

【译文】

秋,召桓公来我国向鲁成公颁赐仪物命服。

【公羊传】其称天子何? 元年春王正月,正也,其余皆

通矣^①。

【注释】

①"元年春王正月"三句：案礼制，当称天子为"王"，故经文"元
　年春王正月"中的"王"字（即"春"下之"王"），为天子之正
　称。其余，指《春秋》中有称"天王""天子""王"（非"春"下
　之"王"，如"王使荣叔来锡桓公命"之类）者，皆为通称。称天
　王，因当时吴楚之君僭称王，故周天子上系于"天"，称"天王"以
　正其义。天子，是爵称，表明是天之子。值得注意的是，礼制上，
　以"王"为正称；而时王之称，则以"天王"为正，若称"天子"或
　"王"（非"春"下之"王"），皆有讥刺，如此条。何休云："此锡命
　称天子者，为王者长爱幼少之义，欲进勉幼君，当劳来与贤师良
　傅，如父教子，不当赐也。"

【译文】

经称"天子"是为何？"元年春王正月"中的"王"，是礼制上的正
称，其余天王、天子、非"春"下之"王"都是通称。

【穀梁传】礼有受命，无来锡命^①，锡命，非正也。曰天子，
何也？曰见一称也^②。

【注释】

①锡命：天子赐命职位、爵禄的文书或礼品。案周礼，诸侯新君即
　位，须朝见周天子，天子赐给衣冠，称"受命"。但当时礼乐崩溃，
　新君即位而不朝见天子，周天子也只好派人将册命送去，即称
　"锡命"。锡，赐予。

②一：另一，另外。这是《春秋》中首见"天子"的称呼。

【译文】

按照礼制只有受命,没有赐命,赐命,是不合正道的。称"天子",为什么呢? 回答说是周王的另一个称呼。

*　**【左传】**晋侯使申公巫臣如吴,假道于莒。与渠丘公立于池上①,曰:"城已恶②!"莒子曰:"辟陋在夷,其孰以我为虞③?"对曰:"夫狡焉思启封疆以利社稷者,何国蔑有④? 唯然⑤,故多大国矣,唯或思或纵也⑥。勇夫重闭⑦,况国乎?"

【注释】

①渠丘公:即成公十四年经文中的莒子朱。莒为夷国,国君无谥号,以地名为号。渠丘,莒地名,在今山东莒县北。池:护城河。

②恶:坏。

③虞:企望。此指觊觎。

④蔑有:无有。

⑤唯然:正因为这样。

⑥或思或纵:有的小国考虑预防故得存,有的小国放纵不备故亡国。

⑦重闭:重重关闭门户。

【译文】

晋景公派遣申公巫臣去吴国,向莒国借路。巫臣和渠丘公站在护城河边,说:"城墙坏得太厉害了!"渠丘公说:"敝国偏僻简陋,处在蛮夷之地,有谁会把敝国作为觊觎的目标呢?"巫臣说:"想开辟疆土以利于自己国家的狡诈之人,哪个国家没有? 正因为如此,所以有了这么多大国,不过受觊觎的小国有的警惕防备而得存,有的放纵不备而灭亡。勇敢的人尚且要层层关闭好内外门户,何况国家?"

【经】冬十月癸卯^①，杞叔姬卒^②。

【注释】

①癸卯：二十三日。

②杞叔姬卒：杞叔姬，为鲁国嫁为杞国夫人者，成公五年被弃绝，回到鲁国；此时去世，至下年春，鲁国胁迫杞国迎回叔姬的灵柩，可谓穷凶极恶。案《春秋》之例，内女嫁为诸侯夫人，则书其卒；若弃绝而归，则不书其卒。今书杞叔姬之卒者，是避讳下一年鲁国胁迫杞国之事，好像杞伯姬尚为杞国夫人，故使杞国迎回其灵柩。

【译文】

冬十月二十三日，杞叔姬去世。

【左传】冬，杞叔姬卒。来归自杞，故书。

【译文】

冬，杞叔姬去世。由于她被杞君休弃回国，所以《春秋》加以记载。

【经】晋侯使士燮来聘^①。叔孙侨如会晋士燮、齐人、邾人伐郯^②。

【注释】

①士燮（xiè）：晋国大夫，士会之子，谥文子，又称"士文子""范文子"。来聘：来访问。据《左传》，士燮来访是要鲁国一起伐郯。

②邾人：《公羊传》作"邾娄人"。

【译文】

晋景公派士燮来我国聘问。叔孙侨如会同晋国的士燮、齐国人、邾国人攻打郯国。

【左传】晋士燮来聘,言伐郯也,以其事吴故①。公赂之,请缓师。文子不可②,曰:"君命无贰,失信不立③。礼无加货④,事无二成⑤。君后诸侯⑥,是寡君不得事君也⑦。燮将复之⑧。"季孙惧,使宣伯帅师会伐郯。

【注释】

①"晋士燮来聘"三句:顾栋高曰:"此时吴、晋未通,故郯与吴成而晋伐之。此为争盟之始。明年,即谋会吴。十五年,锺离遂率诸侯往会之,吴、晋为一家,不复争郯矣。……此时微吴,晋亦不能伯。"

②文子:即士燮。

③失信不立:不能完成使命为失信,失信则难以自立。

④礼无加货:除规定的礼物外,不得再有所馈赠。

⑤二成:两头都满意。意谓出师与缓师,二者只取其一。言外之意拒绝缓师。

⑥后:鲁不出兵,是后。

⑦不得事君:意谓将与鲁绝交。

⑧复之:以此向晋侯复命。

【译文】

晋国的士燮来我国聘问,告知要进攻郯国,因为郯国奉事吴国。鲁成公送给他财礼,请求迟些时候再出兵。士燮不答应,说:"国君的命令不能违背,失去信义就难以自立。除规定的礼物外,不应该增加财币,出师与缓师不能两全其美。国君后于诸侯出兵,这样寡君就不能事奉国君了。我将如此向寡君回报。"季孙听了这话很害怕,派宣伯率军会合晋军攻打郯国。

【经】卫人来媵①。

【注释】

①来媵（yìng）：据礼，一国国君之女嫁与另一国国君，其他同姓国
应送女子陪嫁。此指鲁共姬嫁与宋共公，卫国来送女陪嫁。媵，
送陪嫁之女。案《春秋》之例，媵为常事，例所不书，此处伯姬有
贤德，故详录之。

【译文】

卫国人送来陪嫁之女。

【左传】卫人来媵共姬，礼也。凡诸侯嫁女，同姓媵之，
异姓则否。

【译文】

卫国人送女来鲁国作为共姬的陪嫁，这是合乎礼的。凡是诸侯女儿
出嫁，同姓诸侯送女作为陪嫁，异姓的不送。

【公羊传】媵不书，此何以书？录伯姬也。

【译文】

送媵妾，例所不书，此处为何记录？是详录伯姬嫁娶之礼。

【穀梁传】媵浅事也，不志。此其志何也？以伯姬之不
得其所①，故尽其事也②。

【注释】

①不得其所：指不得善终。襄公三十年，伯姬死于火灾。
②尽：详尽记述。

【译文】

迎送陪嫁女子是小事，不记载。这里经文为什么记载了呢？因为伯姬最后没有得到好的归宿，所以详尽地记述她的事情。

九年

【经】九年春王正月①**，杞伯来逆叔姬之丧以归**②**。**

【注释】

①九年：鲁成公九年当周简王四年，前582年。

②杞伯：杞桓公姒姑容。丧（sāng）：遗体，灵柩。

【译文】

鲁成公九年春周历正月，杞桓公来我国迎接叔姬的尸体回国。

【左传】九年春，杞桓公来逆叔姬之丧①**，请之也**②**。杞叔姬卒，为杞故也**③**。逆叔姬，为我也**④**。**

【注释】

①丧：已入棺的尸体。

②请之：因鲁国的请求，杞桓公来迎丧。

③为杞故：叔姬之死，是由于为杞所弃绝。

④为我：即鲁请之。

【译文】

鲁成公九年春，杞桓公来鲁国接回叔姬的灵柩，这是应我国的请求而来。杞叔姬去世，是由于被杞国遗弃的缘故。杞桓公来接回叔姬的灵柩，是为了我国的颜面。

【公羊传】杞伯曷为来逆叔姬之丧以归？内辞也，胁而归之也[1]。

【注释】

①内辞也，胁而归之也：案杞叔姬被弃，则与夫家已绝，夫无逆出妻之丧而葬者。则鲁国胁迫杞国迎回灵柩，是穷凶极恶的表现。故《春秋》为之避讳，书"杞伯来逆叔姬之丧"，好像是杞伯自己要来，非受胁迫。另一方面书"以归"，与"执"而"以归"（表明被执者是受胁迫而去别的国家的）文辞相同，则表明事实上杞伯是被胁迫的。《春秋》讳文而不没实。

【译文】

杞伯为何来迎叔姬的灵柩回国？这是为鲁国避讳的文辞，实际上是胁迫杞国迎回叔姬的灵柩。

【穀梁传】传曰：夫无逆出妻之丧而为之也[1]。

【注释】

①夫无逆出妻之丧而为之也：丈夫是没有接回已休弃的妻子的灵柩来为她治办丧事的。据《左传》，杞桓公来接回叔姬的灵柩是鲁国要求的，同时也是为了和鲁保持良好的关系。

【译文】

传文说：是没有丈夫接回已休弃的妻子的灵柩来为她治办丧事的。

【经】公会晋侯、齐侯、宋公、卫侯、郑伯、曹伯、莒子、杞伯，同盟于蒲[1]。

【注释】

①蒲：卫地名，在今河南长垣。

【译文】

　　鲁成公会合晋景公、齐顷公、宋共公、卫定公、郑成公、曹宣公、莒渠丘公、杞桓公，一起在蒲地结盟。鲁成公从蒲之会回国。

　　【左传】为归汶阳之田故，诸侯贰于晋。晋人惧，会于蒲，以寻马陵之盟①。季文子谓范文子曰：“德则不竞②，寻盟何为？”范文子曰：“勤以抚之，宽以待之，坚强以御之，明神以要之，柔服而伐贰③，德之次也④。”是行也，将始会吴，吴人不至⑤。

【注释】

①马陵之盟：在成公七年。

②竞：强。

③柔服：笼络顺服者。

④德之次：晋国不能修德而强争诸侯，比德等而下之。

⑤吴人不至：顾栋高曰：“此晋谋通吴之始。案去年晋与吴争郯，此年即谋会吴，盖晋知楚患之方棘，不欲更仇吴以益其敌也，而吴更骄蹇不至。”

【译文】

　　由于晋国让鲁国把汶水以北的田地归还齐国的缘故，诸侯对晋国产生了叛离之心。晋国人畏惧，在蒲地和诸侯相会，以重温在马陵的盟约。季文子对范文子说：“晋国德行已经衰弱，重温旧盟做什么？”范文子说：“用勤勉来安抚诸侯，用宽厚来对待诸侯，用坚强来驾驭诸侯，用盟誓来约束诸侯，笼络顺服的而讨伐有二心的，这也是次一等的德行。”这一次会议,晋国准备开始与吴国会见,吴国人没有来。

　　△【经】公至自会。

【译文】

鲁成公从蒲之会回国。

【经】二月,伯姬归于宋①。

【注释】

①伯姬:嫁于宋后称"共姬"。

【译文】

二月,伯姬出嫁到宋国。

【左传】二月,伯姬归于宋。

【译文】

二月,伯姬出嫁到宋国。

　　*【左传】楚人以重赂求郑,郑伯会楚公子成于邓①。

【注释】

①邓:诸侯国名,曼姓,其地在今河南祁县。庄公十六年为楚文王
　　所灭。

【译文】

楚国人送重礼要求郑国归服他们,郑成公和楚国公子成在邓地相会。

【经】夏,季孙行父如宋致女^①。

【注释】

①致女:何休云:"古者,妇人三月而后庙见称妇,择日而祭于祢,成妇之义也。父母使大夫操礼而致之。必三月者,取一时足以别贞信,贞信著,然后成妇礼。"女子出嫁之后,又派遣大夫随加聘问,所谓"存谦敬,序殷勤"。从鲁国出去访问他国称"致",他国嫁女给鲁国之后来访问称"聘"。《穀梁传》则认为是伯姬不满于嫁到宋国,故鲁国派大夫前往说服,不合经文之意。

【译文】

夏,季孙行父去宋国慰问伯姬。

【左传】夏,季文子如宋致女,复命,公享之。赋《韩奕》之五章^①,穆姜出于房^②,再拜,曰:"大夫勤辱^③,不忘先君^④,以及嗣君^⑤,施及未亡人^⑥。先君犹有望也! 敢拜大夫之重勤。"又赋《绿衣》之卒章而入^⑦。

【注释】

①《韩奕(yì)》之五章:《韩奕》为《诗经·大雅》篇名,第五章写韩姞嫁与韩侯,生活安乐快活。季文子以此说明伯姬在宋快乐。

②穆姜:鲁宣公夫人,伯姬之母。房:古代宫室,路寝之北中间叫"室",东西两房叫"房"。

③勤辱:辛劳。

④先君:指鲁宣公。

⑤嗣君:指鲁成公。

⑥施(yì):延及。未亡人:古代寡妇自称之辞。

⑦《绿衣》之卒章:《绿衣》为《诗经·邶风》中的一篇,其最后一章
　有"我思古人,实获我心"两句。意谓想念我的故人,正合我的心
　意,借此表示对伯姬的思念以及表明季文子所赋正合心意。

【译文】

　　夏,季文子去宋国慰问伯姬,回国复命,鲁成公设宴招待他。季文子
赋《韩奕》第五章,穆姜从房里出来,两次下拜,说:"大夫辛勤,不忘记先
君以及嗣君,延及我这个未亡人,先君也是如此期望你的! 谨拜谢大夫
加倍的辛勤。"又赋《绿衣》的最后一章后才进去。

【公羊传】 未有言致女者,此其言致女何? 录伯姬也。

【译文】

　　经文没有记录"致女"的,这里为什么说"致女"? 是为了详细记录
伯姬嫁娶之礼。

【穀梁传】 致者,不致者也。妇人在家制于父,既嫁制于
夫。如宋致女,是以我尽之也①。不正,故不与内称也②。逆
者微,故致女。详其事,贤伯姬也。

【注释】

①尽:完全占有。这里引申为管教的意思,就是说仍然是由鲁国在
　约束她,不合妇人之道。
②内称:指称季孙行父为使。

【译文】

　　说"致",就是不该"致"。妇女在家的时候要接受父亲的约束,出
嫁之后就要接受丈夫的约束。到宋国去劝说伯姬,这仍然是父亲在管教

她。不合正道，所以不称他为使者。来迎亲的人身份低下，所以去劝说伯姬。详细地记载这件事，是认为伯姬很贤惠。

【经】晋人来媵。

【译文】

晋国人送女来做陪嫁。

【左传】晋人来媵，礼也。

【译文】

晋国人送女来做陪嫁，这是合乎礼的。

【公羊传】媵不书，此何以书？录伯姬也。

【译文】

送媵妾，例所不书，此处为何记录？是详录伯姬嫁娶之礼。

【穀梁传】媵，浅事也，不志，此其志何也？以伯姬之不得其所，故尽其事也。

【译文】

送还陪嫁女子是小事，不记载，这里经文为什么记载了呢？因为伯姬最后没有得到好的归宿，所以详尽地记述她的事情。

△**【经】秋七月丙子**①，**齐侯无野卒**②。

【注释】

①丙子：七月无丙子，此为七月中某一日。

②齐侯无野：即齐顷公，姓姜，无野是其名，谥顷。

【译文】

秋七月丙子日，齐顷公无野去世。

【经】晋人执郑伯①**。晋栾书帅师伐郑。**

【注释】

①晋人执郑伯：郑伯，郑成公姬睔（gùn）。本年春天，郑与楚讲和，晋国不满，于是在郑成公到晋国的时候将他囚禁。

【译文】

晋国人拘禁郑成公。晋国的栾书率领军队攻打郑国。

【左传】秋，郑伯如晋。晋人讨其贰于楚也，执诸铜鞮①**。**

【注释】

①铜鞮（tí）：在今山西沁县南，此地有晋国别宫。

【译文】

秋，郑成公去晋国。晋国人讨伐他叛晋顺服楚国，在铜鞮拘捕了他。

栾书伐郑，郑人使伯蠲行成①，晋人杀之，非礼也。兵交，使在其间可也②。

【注释】

①伯蠲（juān）：郑国大夫。

②使在其间：使者可来往于两国之间。

【译文】

晋国栾书攻打郑国，郑国人派遣伯蠲求和，晋国人把他杀了，这是不合乎礼的。两国交兵，使者可以在其间往来。

楚子重侵陈以救郑①。

【注释】

①侵陈以救郑：此前陈国已弃楚从晋，因此子重侵陈。

【译文】

楚国的子重侵袭陈国以救援郑国。

【穀梁传】不言战，以郑伯也。为尊者讳耻，为贤者讳过，为亲者讳疾①。

【注释】

①疾：缺点。

【译文】

不说"战"，因为栾书是押着郑国国君郑成公去的。要为身份尊贵的人讳言羞耻之事，为贤能的人讳言过错的事，为亲近的人讳言缺点。

***【左传】**晋侯观于军府，见锺仪。问之曰："南冠而絷者①，谁也？"有司对曰："郑人所献楚囚也。"使税之②。召而吊之③。再拜稽首。问其族④，对曰："泠人也⑤。"公曰："能乐乎？"对曰："先父之职官也，敢有二事？"使与之琴，操南音⑥。公曰："君王何如？"对曰："非小人之所得知也。"

固问之⑦,对曰:"其为大子也,师、保奉之⑧,以朝于婴齐而夕于侧也⑨。不知其他。"公语范文子,文子曰:"楚囚,君子也。言称先职,不背本也;乐操土风⑩,不忘旧也;称大子,抑无私也⑪;名其二卿⑫,尊君也。不背本,仁也;不忘旧,信也;无私,忠也;尊君,敏也⑬。仁以接事,信以守之,忠以成之,敏以行之。事虽大,必济。君盍归之⑭,使合晋、楚之成?"公从之,重为之礼,使归求成。

【注释】

①南冠:楚式帽子。絷(zhí):拘囚,拘捕。

②税:通"脱",解开刑具。

③吊:慰问。

④族:此指世官。

⑤泠(líng)人:亦作"伶人",乐官。

⑥南音:南方各地乐调。此指楚乐。

⑦固:再三。

⑧奉:事奉。

⑨婴齐:令尹子重。侧:司马子反。

⑩土风:本乡本土的乐调。此指南音。

⑪抑:发语词,无义。无私:晋景公问楚君,锺仪答以楚君为太子时之事,表明楚君自幼而贤,以此表示其称赞楚君非出阿谀之私。

⑫名其二卿:依时礼,下对上才称名。锺仪在晋景公前直呼子重、子反之名,是尊敬晋景公的表现。

⑬敏:通达事理。

⑭盍(hé):何不。

【译文】

晋景公视察军用仓库，见到锺仪。问看管的人说："戴着南方人的帽子而被囚禁的人是谁？"主管官吏回答说："是郑国人所献的楚国俘虏。"晋景公让人把他释放出来，召见他，并表示慰问。锺仪再拜叩头。晋景公问他世系职业，他回答说："是乐官。"晋景公说："能够奏乐吗？"锺仪回答说："这是我先人所掌管的职务，我岂敢从事其他工作呢？"晋景公让人给锺仪琴，他弹奏的是南方的乐调。晋景公说："你们的君王怎么样？"锺仪回答说："这不是小人所能知道的。"晋景公再三问他，他回答说："他做太子时，师保奉事他，每天早晨向婴齐请教，晚上向侧请教。我不知道别的事。"晋景公把这件事告诉范文子。范文子说："这个楚囚是个君子。言辞中举出先人的职官，这是不忘根本；奏乐奏家乡的乐调，这是不忘故旧；列举楚君做太子时之事，这是没有私心；对二卿直呼其名，这是尊崇国君。不忘根本，是仁；不忘故旧，是守信；没有私心，是忠诚；尊崇国君，是敏达。用仁来处理事情，用信来坚持，用忠来完成，用敏来执行。哪怕再大的事情，也一定能成功。国君何不放他回去，让他结成晋、楚之间的友好？"晋景公听从了范文子的话，对锺仪重加礼遇，让他回国去替晋国求和。

△**【经】**冬十有一月，葬齐顷公。

【译文】

冬十一月，安葬齐顷公。

【经】楚公子婴齐帅师伐莒。庚申[1]，莒溃[2]。

【注释】

①庚申：十七日。案时月日例，溃例月。此处书日者，何休云："责中

国无信,同盟不能相救,至为夷狄所溃。"

②莒溃:莒国溃败。楚国从陈国发兵攻莒,攻下渠丘,但莒国俘虏了楚国公子平,楚国要求莒国不要杀公子平,愿意归还莒国俘虏,莒国还是杀了公子平。于是楚国攻打莒国国都,接着又攻打了莒国的郓城。溃,败乱。

【译文】

楚公子婴齐率领军队攻打莒国。十七日,莒国溃散。

【左传】 冬十一月,楚子重自陈伐莒,围渠丘。渠丘城恶①,众溃,奔莒。戊申②,楚入渠丘。莒人囚楚公子平,楚人曰:"勿杀! 吾归而俘③。"莒人杀之。楚师围莒。莒城亦恶,庚申④,莒溃。

【注释】

①渠丘城恶:见成公八年传文。

②戊申:初五。

③而:你,你们。

④庚申:十七日。

【译文】

冬十一月,楚国子重从陈国出发攻打莒国,包围了渠丘。渠丘城池破败,大众溃散,逃亡到莒城。初五,楚军攻入渠丘。莒国人俘虏了楚公子平,楚国人说:"不要杀他! 我们放回你们的俘虏。"莒国人把公子平杀了。楚军包围了莒城。莒城的城墙也破败,十七日,莒国溃败。

君子曰:"恃陋而不备,罪之大者也;备豫不虞①,善之大者也。莒恃其陋,而不修城郭,浃辰之间②,而楚克其三都③,

无备也夫!《诗》曰:'虽有丝、麻,无弃菅、蒯;虽有姬、姜,无弃蕉萃。凡百君子,莫不代匮④。'言备之不可以已也。"

【注释】

①备豫不虞:防备意外。

②浃(jiā)辰:由戊申到庚申,恰经历地支一遍,即十二日。浃,遍。辰,指从子到亥十二辰。

③三都:指渠丘、莒与郓。

④"虽有丝、麻"六句:引《诗》不见今《诗经》。杜预认为是逸诗。菅(jiān)、蒯(kuǎi),皆草本植物,丝、麻、菅、蒯都可以用来编织鞋子绳索,但有上等、下等之分。姬、姜,指美女。蕉萃,即"憔悴",面容枯槁。代匮,更替着缺乏,或缺此,或缺彼。匮,缺乏。

【译文】

君子说:"凭借地处偏僻而不设防备,这是罪中的大罪;防备意外,这是善中的大善。莒国凭借地处偏僻而不修治城郭,十二天之间,楚军攻克了它的三个城邑,这是由于没有防备的缘故啊!《诗》里说:'虽然有了丝和麻,不要丢弃菅和蒯;虽然有了美人,不要丢掉憔悴人。凡是君子,没有不碰上缺此少彼的时候。'说的就是防备不可以停止。"

【穀梁传】其日,莒虽夷狄,犹中国也。大夫溃莒而之楚,是以知其上为事也①。恶之,故谨而日之也。

【注释】

①知:据锺文烝,此处的"知"当为"判"之误字。

【译文】

经文记载日期,因为莒国虽然是夷狄之邦,仍然相当于中原国家。

大夫让莒国败乱而逃到楚国,这是把背叛自己的国君作为常事。厌恶这种行为,所以慎重地记载它的日期。

【经】楚人入郓①。

【注释】

①楚人入郓:郓长年为鲁、莒争夺,此时属莒,故楚人破莒之后又入郓。孔广森云:"文十二年,行父城运,则运本内邑,是时盖已叛属莒。内邑不言叛,故经无明文。"郓,此为东郓,在今山东沂水东北。郓,《公羊传》作"运"。

【译文】

【经】楚国人进入莒地郓城。

【左传】楚遂入郓,莒无备故也。

【译文】

楚军就进入郓城,这是由于莒国没有设防的缘故。

【经】秦人、白狄伐晋①。

【注释】

①秦人、白狄伐晋:秦人、白狄伐晋是因为诸侯们对晋国不在一心,于是趁机伐晋。白狄,狄人中的一部,主要分布在今陕北一带。

【译文】

秦国人、白狄攻打晋国。

【左传】秦人、白狄伐晋，诸侯贰故也①。

【注释】

①贰：二心。晋国失盟主之德，尤其是逼鲁国返汶阳之田于齐国，莒国受楚国侵伐而不救，使诸侯对晋国产生二心，于是秦国与白狄趁机伐晋。

【译文】

秦国人、白狄攻打晋国，是由于诸侯对晋国产生了叛离之心的缘故。

【经】郑人围许①。

【注释】

①郑人围许：郑围许是为了让晋国误以为他们并不想急着救出郑成公。许国是男爵姜姓国，其国都在今河南许昌市区偏东一带。

【译文】

郑国人包围许国。

【左传】郑人围许，示晋不急君也。是则公孙申谋之①，曰："我出师以围许，伪将改立君者，而纾晋使，晋必归君。"

【注释】

①公孙申：即叔申，郑国大夫。

【译文】

郑国人包围许国，这是向晋国表示他们并不急于救出郑成公。这是公孙申出的计谋，他说："我们出兵包围许国，假装打算另立国君的样子，而暂时不派使者去晋国，晋国一定会放我们国君回来。"

【经】城中城^①。

【注释】

①中城：指鲁都曲阜的内城。

【译文】

修筑鲁都内城城墙。

【左传】城中城，书，时也。

【译文】

修筑内城城墙，《春秋》记载这件事，是因为合乎时令。

【穀梁传】城中城者，非外民也。

【译文】

记载修筑内城的城墙，是指责将民众排斥在外。

　　*****【左传】**十二月，楚子使公子辰如晋^①，报锺仪之使，请修好结成^②。

【注释】

①公子辰：据下年传文，字子商，官太宰。

②结成：缔结和约。

【译文】

　　十二月，楚共王派公子辰到晋国，回报锺仪的使命，请求恢复友好关系，缔结和约。

十年

*【左传】十年春①,晋侯使籴茷如楚②,报大宰子商之使也③。

【注释】

①十年:鲁成公十年当周简王五年,前581年。

②籴茷(dí fá):晋国大夫。

③子商:公子辰。

【译文】

鲁成公十年春,晋景公派遣籴茷去楚国,这是回报太宰子商出使晋国。

【经】十年春,卫侯之弟黑背帅师侵郑①。

【注释】

①黑背:即《左传》中的子叔黑背,卫穆公子,卫定公弟,以子叔为氏。侵郑:据《左传》,是晋国要求卫国入侵郑国的。

【译文】

鲁成公十年春,卫定公的弟弟黑背率领军队侵袭郑国。

【左传】卫子叔黑背侵郑,晋命也。

【译文】

卫国的子叔黑背侵袭郑国,是执行晋国的命令。

【经】夏四月,五卜郊,不从,乃不郊。

【译文】

夏四月，五次占卜定郊祀的日期，都不吉利，于是不举行郊祀。

【公羊传】其言乃不郊何①？不免牲②，故言乃不郊也。

【注释】

①其言乃不郊何：案《春秋》之例，"乃"是为难之辞。若郊祭占卜不吉而废郊，仅书"不郊"即可，不需云"乃不郊"，故而发问。

②不免牲：牲，指郊天所用之牛。若卜郊不吉，则免去天牲。何休云："卜郊不吉，则为牲作玄衣纁裳，使有司玄端放之于南郊，明本为天，不敢留天牲。"此处鲁成公数次占卜皆不吉，心有怨恨，故不免牲。如此则属于盗天牲，有大恶，需要避讳，故经文不明云"不免牲"，而云"乃不郊"，好像有什么为难之事，故而不行郊祭。另一方面，鲁国占卜郊祭之可否，当三卜，此处五卜亦是非礼；而郊祭当行于一二三月，此处四月行郊祭，亦为非礼。

【译文】

为什么说"乃不郊"呢？因为虽然占卜不吉，仍然不免牲，所以说"乃不郊"。

【穀梁传】夏四月，不时也。五卜，强也①。乃者，亡乎人之辞也②。

【注释】

①强：勉强。

②亡乎人：与人无关。指人力所不能及。

【译文】

夏四月，不是郊祭的季节。五次占卜，太勉强了。"乃"，是与人无关的说法。

【经】五月，公会晋侯、齐侯、宋公、卫侯、曹伯伐郑①**。**

【注释】

①晋侯：据《左传》，晋景公生病不起，晋人立太子州蒲为君，是为晋厉公，与诸侯会合伐郑。齐侯：齐国新即位的国君齐灵公姜环，齐顷公之子。伐郑：据《左传》，郑国的公子班听了叔申的计谋后于三月便更立公子繻（nòu）为国君。四月，郑国人杀了公子繻，另立髡（kūn）顽为国君。晋国的栾书认为既然郑国人立了新国君，晋囚禁郑成公就没有用了，不如攻打郑国，把郑成公送回去，以使郑国求和。于是诸侯伐郑，郑国的子罕为了求和，把郑襄公庙里的钟贿赂给了晋国。子然在脩泽与晋国和诸侯们会盟，子驷到晋国做人质。成公伐郑，下未有致文（即"公至自伐"，或"公至自会"之文），何休以为，上文成公因数次卜郊不吉，而不免天牲，有大恶，此处不书致文，夺其臣子之辞，以见其恶。

【译文】

五月，鲁成公会合晋厉公、齐灵公、宋共公、卫定公、曹宣公攻打郑国。

【左传】郑公子班闻叔申之谋①。三月，子如立公子繻②。夏四月，郑人杀繻，立髡顽③。子如奔许。栾武子曰："郑人立君，我执一人焉，何益？不如伐郑而归其君，以求成焉。"晋侯有疾。五月，晋立大子州蒲以为君，而会诸侯伐郑。郑子罕赂以襄钟④，子然盟于脩泽⑤，子驷为质⑥。辛巳⑦，郑伯归。

【注释】

①叔申之谋：即上年传文所谓"我出师以围许，为将改立君者，而纾晋使，晋必归君"。

②子如：即公子班。

③髡（kūn）顽：据襄公七年经文、传文，为郑成公太子郑傝公。

④子罕：郑穆公之子公子喜。襄钟：郑襄公庙的钟。

⑤子然：郑穆公之子。脩泽：郑地名，在今河南原阳西南。

⑥子驷：郑穆公之子公子騑。

⑦辛巳：十一日。

【译文】

郑国的公子班听了叔申的计谋。三月，公子班立公子繻为国君。夏四月，郑国人杀死公子繻，立髡顽为国君。公子班逃亡到许国。栾武子说："郑国人立了国君，我们抓的就是一个普通人，有什么好处？不如攻打郑国，把他们的国君送回去，以此求和。"这时晋景公生了病。五月，晋国立太子州蒲为国君，会合诸侯进攻郑国。郑国的子罕把郑襄公宗庙中的钟献给晋国，子然和诸侯在脩泽结盟，子驷作为人质。十一日，郑成公回到国内。

【经】齐人来滕。

【译文】

齐国人送女来做陪嫁。

【公羊传】滕不书，此何以书？录伯姬也。三国来滕，非礼也①。曷为皆以录伯姬之辞言之？妇人以众多为侈也②。

【注释】

①三国来媵，非礼也：案礼制，诸侯娶于一国，而二国往媵之，今三国来媵（卫晋齐），故为非礼。

②妇人以众多为侈也：何休云："侈，大也。朝廷侈于炉上，妇人侈于炉下，伯姬以至贤，为三国所争媵，故侈大其能容之。"

【译文】

送媵妾，例所不书，此书为何记录？是详录伯姬嫁娶之礼。三国送来媵妾，是非礼的。为何仍旧以详录伯姬的文辞言之？是张大伯姬能容众多妇人的贤德。

【经】丙午^①，晋侯獳卒^②。

【注释】

①丙午：当为该年的六月初六日，此处或误系五月条下，或漏记"六月"二字。

②晋侯獳（nòu）：晋景公，姓姬，名獳，谥景。顾栋高曰："景公初年，当楚庄方炽，败邲以后，诸侯尽去，然犹能发愤自强。自战鞌立威，得齐，复得郑。郑虽屡叛屡服，伯业得赖以不坠焉。"《春秋》之例，外诸侯杀无罪之大夫，则不书葬。成公八年，晋侯杀无罪大夫赵同、赵括，故不书其葬。

【译文】

六月初六，晋景公獳去世。

【左传】晋侯梦大厉^①，被发及地^②，搏膺而踊^③，曰："杀余孙^④，不义。余得请于帝矣^⑤！"坏大门及寝门而入。公惧，入于室。又坏户。公觉，召桑田巫^⑥。巫言如梦。公曰：

"何如？曰："不食新矣⑦。"公疾病⑧，求医于秦。秦伯使医缓为之⑨。未至，公梦疾为二竖子⑩，曰："彼⑪，良医也。惧伤我，焉逃之？"其一曰："居肓之上⑫，膏之下⑬，若我何？"医至，曰："疾不可为也。在肓之上，膏之下，攻之不可⑭，达之不及⑮，药不至焉，不可为也。"公曰："良医也。"厚为之礼而归之。六月丙午，晋侯欲麦⑯，使甸人献麦⑰，馈人为之⑱。召桑田巫，示而杀之⑲。将食，张⑳，如厕，陷而卒。小臣有晨梦负公以登天㉑，及日中，负晋侯出诸厕，遂以为殉。

【注释】

①晋侯：指晋景公。厉：恶鬼，厉鬼。

②被（pī）：同"披"。

③搏膺：捶胸。踊：跳跃。

④杀余孙：当指成公八年晋侯杀赵同、赵括事。孙，后代。据此，则大厉是赵氏祖先的幻影。

⑤得请于帝：指鬼已诉于上帝，上帝允许他为子孙报仇。

⑥桑田：地名，在今河南灵宝。桑田本虢邑，晋灭虢后并入晋。

⑦不食新：意谓晋景公将死在尝新麦之前。新，新麦。

⑧疾病：病重。

⑨医缓：秦国名医，名缓。为：诊治。

⑩疾为二竖子：疾病变为两个小孩。竖子，小孩。

⑪彼：指秦医缓。

⑫肓（huāng）：胸腹之间的横膈膜。

⑬膏：心脏下方有脂肪处。

⑭攻：指灸。

⑮达：指针。

⑯欲麦：即想食新麦。

⑰甸人：主管藉田，并供给野物。

⑱馈人：为诸侯主持饮食之官。为之：煮好新麦。

⑲示而杀之：示以新麦，见其预言不准。

⑳张：通"胀"，肚子发胀。

㉑小臣：宦官。

【译文】

晋景公梦见一个大恶鬼，长发拖到地上，捶胸跳跃，说："你杀了我的子孙，这是不义。我请求为子孙复仇，已经得到上帝的允许了！"鬼毁坏了宫门及寝门走进来。晋景公害怕，躲进内室。厉鬼又毁掉了内室的门。晋景公醒来，召见桑田的巫人问吉凶。巫人叙述的情况与晋景公的梦境一样。晋景公问："怎么样？"巫人说："国君吃不到新收的麦子了。"晋景公病重，向秦国请求良医。秦桓公派医缓去晋国为他诊治。医缓还没有到达，晋景公又梦见疾病变成两个小孩，一个说："他是个良医，我们恐怕会受到他的伤害，往哪儿逃好呢？"另一个说："我们待在肓之上，膏之下，他能拿我们怎么样？"医缓来了，说："病已不能治了，在肓之上，膏之下，艾灸不能用，针刺够不着，药力也达不到，不能治了。"晋景公说："真是好医生啊。"于是赠送给他丰厚的礼物让他回去。六月初六，晋景公想吃麦饭，让甸人献上新麦，馈人烹煮。做好后召桑田巫人来，让他看了看煮好的新麦饭，然后把他杀了。晋景公将要进食，突然肚子发胀，便上厕所，跌进厕坑里死了。有个宦官早晨梦见背着晋景公登天，到了中午，他把晋景公从厕坑里背出来，于是就以他作为殉葬。

*【左传】郑伯讨立君者，戊申①，杀叔申、叔禽②。君子曰："忠为令德，非其人犹不可，况不令乎③？"

【注释】

①戊申：初八。

②叔禽：叔申之弟。

③"忠为令德"三句：意谓忠诚本是美德，但所忠之人不合适。其人，指郑成公。

【译文】

郑成公讨伐拥立新君的人，六月初八，杀了叔申、叔禽。君子说："忠诚是美德，但所忠的对象不合适，反害己身，何况本人又不善呢？"

【经】秋七月，公如晋。

【译文】

秋七月，鲁成公去晋国。

【左传】秋，公如晋。晋人止公，使送葬。于是杂茷未反。冬，葬晋景公。公送葬，诸侯莫在。鲁人辱之①，故不书，讳之也。

【注释】

①辱之：以此为辱。

【译文】

秋，鲁成公去晋国。晋国人把鲁成公留住，让他给晋景公送葬。当时杂茷还没有回来。冬，安葬晋景公。鲁成公送葬，诸侯没有一个到场的。鲁国人以此为辱，所以《春秋》不加记载，这是有意隐讳。

△**【经】冬十月**①。

【注释】

①冬十月:《公羊传》无此三字。

【译文】

冬十月。

十一年

【经】十有一年春王三月①**,公至自晋。**

【注释】

①十有一年:鲁成公十一年当周简王六年,前580年。

【译文】

鲁成公十一年春周历三月,成公从晋国回来。

【左传】十一年春,王三月,公至自晋。晋人以公为贰于楚,故止公。公请受盟,而后使归。

【译文】

　　鲁成公十一年春,周历三月,鲁成公从晋国回来。晋国人认为鲁成公与楚国通好,所以扣留了他。鲁成公请求接受盟约,晋国才让他回国。

【经】晋侯使郤犫来聘①**,己丑**②**,及郤犫盟。**

【注释】

①晋侯:指晋厉公寿曼,《左传》作“姬州蒲”,晋景公之子。郤犫(chōu):
　　郤克从兄弟。《公羊传》作“郤州”。案《春秋》之例,聘而书盟,
　　是寻绎旧盟。

②己丑：二十四日。

【译文】

晋厉公派郤犨来我国聘问，二十四日，与郤犨订立盟约。

【左传】 郤犨来聘，且莅盟。

【译文】

郤犨来我国聘问，同时参加结盟。

*　**【左传】** 声伯之母不聘①，穆姜曰："吾不以妾为姒②。"生声伯而出之③，嫁于齐管于奚。生二子而寡，以归声伯。声伯以其外弟为大夫④，而嫁其外妹于施孝叔⑤。郤犨来聘，求妇于声伯。声伯夺施氏妇以与之。妇人曰："鸟兽犹不失俪⑥，子将若何？"曰："吾不能死亡。"妇人遂行，生二子于郤氏。郤氏亡⑦，晋人归之施氏，施氏逆诸河，沉其二子。妇人怒曰："己不能庇其伉俪而亡之⑧，又不能字人之孤而杀之⑨，将何以终？"遂誓施氏⑩。

【注释】

①声伯：公孙婴齐。不聘：没有举行媒聘之礼就和叔肸同居。《礼记·内则》云"聘则为妻"，不聘则为妾。

②姒（sì）：妯娌，古代妯娌之间年长者为姒，年幼者为娣。穆姜为鲁宣公夫人，声伯之父叔肸与鲁宣公为同胞兄弟，则穆姜与声伯之母为妯娌。穆姜认为声伯之母非明媒正娶，因此不当她为嫂嫂。

③出：被遗弃。

④外弟：指其母与管于奚所生儿子。下句外妹指其母与管于奚所生

之女。

⑤施孝叔：鲁惠公五世孙。

⑥俪：配偶。

⑦郤氏亡：成公十七年，郤氏被灭。

⑧己：自己。伉俪（kàng lì）：夫妻，配偶。

⑨字：养育。人：他人。指郤氏。

⑩誓施氏：发誓再不与施氏为夫妻。

【译文】

　　声伯的母亲嫁过来时没有举行媒聘之礼，穆姜说："我不能称一个小妾为嫂嫂。"声伯的母亲生了声伯后，就被遗弃，嫁给了齐国的管于奚。她生了两个孩子后又守寡，便靠声伯过日子。声伯让外弟担任大夫，而把外妹嫁给施孝叔。郤犨前来聘问，向声伯求鲁女为妻。声伯把他外妹从施孝叔那儿夺走，嫁给郤犨。他外妹对丈夫说："鸟兽尚且不肯丢失配偶，你打算怎么办？"施孝叔说："我不能为你而死去或逃亡。"声伯的外妹就跟着郤犨走了，在郤家生了两个孩子。郤氏被灭，晋国人又把她送还给施孝叔，施孝叔在黄河边迎接她，把她的两个孩子丢进河里。她发怒说："自己不能保护配偶而让她离开，又不能够养育别人的孤儿而杀死他们，这样的人怎么会有好结果？"于是就发誓再也不做施氏的妻子。

【经】夏，季孙行父如晋。

【译文】

夏，季孙行父去晋国。

【左传】夏，季文子如晋报聘，且莅盟也。

【译文】

夏,季文子去晋国回报聘问,并参加结盟。

*【左传】周公楚恶惠、襄之逼也[1],且与伯舆争政[2],不胜,怒而出。及阳樊[3],王使刘子复之[4],盟于鄄而入[5]。三日,复出奔晋。

【注释】

①周公楚:周公阅的后代。惠、襄:指周惠王、周襄王的后裔族人。

②伯舆:周王室卿士。

③阳樊:即隐公十一年传文中的樊地,在今河南济源东南。此时为晋邑。

④刘子:刘康公。

⑤鄄(juàn):周邑,今地不详。

【译文】

周公楚讨厌周惠王、周襄王族人的逼迫,同时又和伯舆争夺政权,没有取胜,发怒而离开。到达阳樊,周简王派刘康公去请他回来,在鄄地订立盟约后入进国都。三天后,周公楚再次离开逃亡到晋国。

【经】秋,叔孙侨如如齐[1]。

【注释】

①叔孙侨如:宣伯。

【译文】

秋,叔孙侨如去齐国。

【左传】秋,宣伯聘于齐,以修前好[1]。

【注释】

①以修前好：鞌之战以前之友好关系。赵鹏飞曰："鲁前日以憾齐之

　故，不得不事晋。今鲁与宋婚，而齐且来媵，已释怨修好。晋既以

　鲁为贰己而止公，九月郤犨来聘，又抗公而盟之，鲁安能复忍辱事

　晋，故以侨如如齐通旧好也。"

【译文】

秋，宣伯到齐国聘问，以重修以往的友好关系。

△**【经】**冬十月。

【译文】

冬十月。

***【左传】**晋郤至与周争鄇田①，王命刘康公、单襄公讼

诸晋。郤至曰："温，吾故也，故不敢失。"刘子、单子曰："昔

周克商，使诸侯抚封②，苏忿生以温为司寇③，与檀伯达封于

河④。苏氏即狄，又不能于狄而奔卫⑤。襄王劳文公而赐之

温⑥，狐氏、阳氏先处之⑦，而后及子。若治其故，则王官之

邑也，子安得之？"晋侯使郤至勿敢争。

【注释】

①鄇（hóu）：温的别邑，在今河南武陟西南。

②抚：有。

③苏忿生：周武王时为司寇。

④檀伯达：檀为周邑，在今河南济源。伯达封于此，因此叫檀伯达。

　封于河，檀与温都在黄河北，且近于河，所以说封于河。

⑤苏氏即狄，又不能于狄而奔卫：庄公十九年周室五大夫之乱，苏子叛王，先逃于卫，大概后来又逃到狄，又与狄不和。僖公十年，狄人伐灭之，苏子奔卫。

⑥襄王劳文公而赐之温：此事见僖公二十五年。王子带之乱，周襄王逃至氾，晋文公护送其入于王城，周襄王与之阳樊、温、原、攒茅之田。

⑦狐氏：狐溱，僖公二十五年晋使之为温大夫。阳氏：指阳处父，温曾为阳处父采邑。

【译文】

晋国的郤至和周王室争夺鄩的田地，周简王命令刘康公、单襄公到晋国争讼。郤至说："温地，过去就是我的封邑，所以我不敢丢失。"刘康公、单襄公说："以前周朝战胜商朝，让诸侯拥有封地，苏忿生拥有温地担任司寇，和檀伯达被封在黄河边。苏氏投奔狄人，又与狄人不和而逃到卫国。襄王为了慰劳文公而赐给他温地，狐氏、阳氏先住在这里，后来才轮到你。如果要追溯过去，那么它是周天子属官的封邑，您怎么能得到它？"晋厉公下令使郤至不敢再争。

***【左传】**宋华元善于令尹子重，又善于栾武子。闻楚人既许晋籴茷成①，而使归复命矣。冬，华元如楚，遂如晋，合晋、楚之成。

【注释】

①闻楚人既许晋籴茷成：事在前一年春。

【译文】

宋国华元和楚令尹子重友好，又和晋国栾武子相善。他听说楚国人已经同意晋国籴茷求和，而让他回国复命。冬，华元去楚国，接着去晋国，安排晋、楚两国和好的事情。

*【左传】秦、晋为成,将会于令狐①。晋侯先至焉,秦伯不肯涉河,次于王城②,使史颗盟晋侯于河东③。晋郤犨盟秦伯于河西。范文子曰:"是盟也何益? 齐盟④,所以质信也⑤。会所⑥,信之始也。始之不从,其何质乎?"秦伯归而背晋成⑦。

【注释】

①令狐:在今山西临猗西。在黄河东。

②王城:秦地名,在今陕西大荔东。在黄河之西。

③史颗:秦国大夫。

④齐:同"斋"。盟誓前须斋戒,以表示诚信。

⑤质信:以保证信用。

⑥会所:约定盟会的地点。

⑦秦伯归而背晋成:顾栋高曰:"九年,秦人与白狄伐晋,晋不之报,而更与秦为成。晋侯先至,则前侵崇之怨又已结局了。至此秦伯不肯涉河,归而背晋成,又起一重公案。是衅开自秦,不在晋也。"

【译文】

秦、晋两国和好,准备在令狐相会。晋厉公先到,秦桓公不肯渡过黄河,驻扎在王城,派史颗与晋厉公在河东订立盟约。晋国的郤犨则和秦桓公在河西订立盟约。范文子说:"这样的结盟有什么好处? 斋戒盟誓,是为了保证信用。约定会见地点,是信用的开始。连开始都不遵从,盟约可以相信吗?"秦桓公回去就背弃了和晋国的友好盟约。

十二年

【经】十有二年春①,周公出奔晋②。

【注释】

①十有二年：鲁成公十二年当周简王七年，前579年。

②周公：即周公楚。

【译文】

鲁成公十二年春，周公离开周都逃亡到晋国。

【左传】十二年春，王使以周公之难来告①。书曰："周公出奔晋。"凡自周无出，周公自出故也。

【注释】

①王使以周公之难来告：周公楚奔晋在去年夏，经文记在今年，因周于今年春才来报告。

【译文】

鲁成公十二年春，周简王的使者来我国通告周公楚的祸难。《春秋》记载说："周公离开周都出逃到晋国。"凡是从周朝外逃的不能称为"出"，这是周公楚自己要出逃，所以才用"出"字。

【公羊传】周公者何？天子之三公也。王者无外，此其言出何①？自其私土而出也②。

【注释】

①王者无外，此其言出何：周天子是天下共主，普天之下莫非王土，无所不包，故曰"王者无外"。此处书"出"奔，则是有外之辞，故而发问。

②私土：即周公之封国。何休云："周公骄蹇，不事天子，出居私土，不听京师之政，天子召之而出走，明当并绝其国，故以出国录也。"

【译文】

周公是什么人？是天子的三公。王者没有境外，此处言"出"是为何？因为周公是从自己的封国出奔的。

【穀梁传】周有入无出[①]。其曰出，上下一见之也[②]。言其上下之道无以存也。上虽失之，下孰敢有之[③]？今上下皆失之矣。

【注释】

①周有入无出：周可以言"入"，不可以言"出"。由于"溥天之下，莫非王土"，"王者无外"，所以不言"出"。

②一：全，都。

③上虽失之，下孰敢有之：天子即使有失君道，臣下谁敢仿效而不尽臣道。

【译文】

对于周可以说"入"不可以说"出"。经文说"出"，君臣都表现出来了。是说君臣之道都不存在了。天子即使有失君道，臣下谁敢效仿而不尽臣道呢？现在君臣都有失其道了。

【经】夏，公会晋侯、卫侯于琐泽[①]。

【注释】

①晋侯、卫侯：晋厉公姬寿曼、卫定公姬臧。琐泽：晋地名，在今河北涉县。《公羊传》作"沙泽"。

【译文】

夏，鲁成公与晋厉公、卫定公在琐泽相会。

【左传】宋华元克合晋、楚之成。夏五月,晋士燮会楚公子罢、许偃①。癸亥②,盟于宋西门之外③,曰:"凡晋、楚无相加戎,好恶同之,同恤灾危,备救凶患。若有害楚,则晋伐之。在晋,楚亦如之。交贽往来④,道路无壅⑤,谋其不协,而讨不庭⑥。有渝此盟,明神殛之⑦,俾队其师⑧,无克胙国⑨。"郑伯如晋听成⑩,会于琐泽,成故也。

【注释】

①公子罢(pí)、许偃:皆为楚国大夫。

②癸亥:初四。

③盟于宋西门之外:家铉翁曰:"晋、楚为成,关系不细,《春秋》略而不书,何也?晋苟求安佚,而楚实怙其强,大略无息肩之意。后三年渝盟伐郑,无所恤也。其后向戌复持弭兵之说为盟而长楚,使列国诸侯仆仆楚庭,其端实兆于此。"

④交贽(zhì):指使者往来。贽,使者聘问所带的礼物。

⑤壅:堵塞。

⑥不庭:不朝。此指不服晋、楚的诸侯。

⑦殛(jí):惩罚。

⑧俾(bǐ):使。队:同"坠"。

⑨胙国:保佑国家。

⑩郑伯如晋听成:晋、楚和好,郑作为楚的盟国,去晋受命。听,受。

【译文】

宋国华元成功使晋、楚两国和好。夏五月,晋国的士燮会见楚国的公子罢、许偃。初四,在宋国西门之外结盟,誓词说:"凡是晋、楚两国,不以兵戎相见,要好恶相同,一起救济灾难危困,无保留地救援饥荒祸患。如果有危害楚国的,晋国就攻打它。对晋国,楚国也是这样做。两国使者往来聘问,道路没有阻隔,共同协商对付不顺服的国家,讨伐背叛的诸侯。谁要是违背盟约,神灵就要惩罚他,使他的军队颠覆,不能享有国家。"郑成公去晋国听受和约,和诸侯在琐泽相会,这是由于晋、楚和好的缘故。

【经】秋,晋人败狄于交刚①。

【注释】

①晋人败狄于交刚:据《左传》,夏天的时候,狄人趁晋、楚讲和偷袭晋国,自己却不设防,秋天的时候晋国将狄人打败。狄,指白狄,此时赤狄已灭。交刚,今地所在不详。

【译文】

秋,晋国人在交刚打败狄人。

【左传】狄人间宋之盟以侵晋,而不设备。秋,晋人败狄于交刚。

【译文】

狄人乘晋国人在宋国与楚国结盟的机会侵袭晋国,自己却又不加防备。秋,晋国人在交刚打败了狄人。

【穀梁传】中国与夷狄不言战,皆曰败之。夷狄不日。

【译文】

中原国家与夷狄不说"战",都说打败了他们。对于夷狄不记载日期。

△【经】冬十月。

【译文】

冬十月。

*【左传】晋郤至如楚聘，且莅盟。楚子享之，子反相，为地室而县焉①。郤至将登②，金奏作于下③，惊而走出。子反曰："日云莫矣④，寡君须矣⑤，吾子其入也！"宾曰⑥："君不忘先君之好，施及下臣，贶之以大礼⑦，重之以备乐⑧。如天之福，两君相见，何以代此？下臣不敢。"子反曰："如天之福，两君相见，无亦唯是一矢以相加遗⑨，焉用乐？寡君须矣，吾子其入也！"宾曰："若让之以一矢⑩，祸之大者，其何福之为？世之治也，诸侯间于天子之事⑪，则相朝也，于是乎有享、宴之礼。享以训共俭，宴以示慈惠⑫。共俭以行礼，而慈惠以布政。政以礼成，民是以息。百官承事，朝而不夕⑬，此公侯之所以扞城其民也⑭。故《诗》曰：'赳赳武夫，公侯干城⑮。'及其乱也，诸侯贪冒⑯，侵欲不忌，争寻常以尽其民⑰，略其武夫，以为己腹心、股肱、爪牙⑱。故《诗》曰：'赳赳武夫，公侯腹心⑲。'天下有道，则公侯能为民干城，而制其腹心。乱则反之。今吾子之言，乱之道也，不可以为法。然吾子，主也，至敢不从？"遂入，卒事⑳。归，以语范文子。文子曰："无礼必食言，吾死无日矣夫！"

【注释】

①县（xuán）：悬挂钟鼓。

②登：登堂。

③金奏：奏九种《夏》乐，先击钟镈，后击鼓磬，叫做"金奏"。金，指钟镈乐器。杨伯峻以为"此金奏，应是奏《九夏》之一之《肆夏》。据襄四年《传》，《肆夏》本是天子享元侯乐曲，春秋时诸侯相见亦用此乐曲。稍后，诸侯卿大夫亦有用此乐曲者"。

④日云莫：意谓时间已经不早。云，语助词，无义。莫，同"暮"。

⑤须：等待。

⑥宾：指郤至。

⑦贶（kuàng）：赐予。

⑧备乐：指金奏。

⑨无亦唯是一矢以相加遗：意谓晋、楚两君只有战争才相见。无，语首助词，无义。加遗，同义词连用，加、遗，赠与。

⑩让：借为"饷"，用酒食招待。此指用箭来款待。

⑪间：闲暇。

⑫享以训共俭，宴以示慈惠：享礼设有酒食，但并不吃喝，只是用来教导恭敬节俭。宴礼则宾主一起吃喝，以表示慈爱恩惠。

⑬朝：白天谒见叫"朝"。夕：晚上谒见叫"夕"。

⑭扞（hàn）城：捍卫。

⑮赳赳武夫，公侯干城：引《诗》见《诗经·周南·兔罝（jū）》。意谓赳赳武士，是公侯的卫士。

⑯贪冒：同义词连用，贪、冒，贪婪。

⑰寻常：八尺曰"寻"，一丈六尺曰"常"。指尺寸之地。尽其民：驱使人民从事战争而死亡。

⑱腹心、股肱（gōng）、爪牙：皆同义词，得力的助手。

⑲赳赳武夫，公侯腹心：引《诗》见《诗经·周南·兔罝》。意谓赳赳武士，是公侯的得力助手。郤至将"公侯干城"与"公侯腹心"相对，此古人"断章取义"，不必与《诗经》原意相合。

⑳卒事：完成会盟之事。

【译文】

晋国的郤至去楚国聘问，同时参加盟会。楚共王设享礼招待他，子反担任相礼，在地下室悬挂钟鼓等乐器。郤至将要登堂，下面击起了钟镈鼓磬，郤至惊慌地退了出来。子反说："时间不早了，寡君在等着，请您还是进去吧！"郤至说："贵国君王不忘记我们先君之间的友好关系，推爱及于下臣，赐我以盛大的礼仪，再加上成套的音乐。如果上天降福，让我们两国国君相见，还能增加什么礼节呢？下臣不敢接受。"子反说："如果上天降福，让我们两国国君相见，也只能用一支箭彼此相赠，哪里用得着奏乐？寡君在等着，请您还是进去吧！"郤至说："如果用一支箭来款待，这是祸患中的大祸患，还说什么降福？当天下大治的时候，诸侯在完成天子使命的闲暇之时，就互相朝见，在这种情况下就有了享、宴的礼仪。享礼用来教导恭敬俭约，宴礼用来表示慈爱恩惠。恭敬俭约用来推行礼仪，慈爱恩惠用来施行政教。政教凭借礼仪来完成，百姓因此得以休养生息。百官承担政事，白天朝见，不在晚上相会，这是公侯所用以捍卫他们百姓的措施，所以《诗》说：'赳赳武士，是公侯的卫士。'等到动乱的时世，诸侯贪图私利，侵夺的欲望无所顾忌，为了争夺尺寸之地而致百姓于死亡之地，网罗他的武士，作为自己的心腹、股肱、爪牙。所以《诗》说：'赳赳武士，是公侯的得力助手。'天下有道，那么公侯就能做百姓的捍卫者，制约好他的心腹。天下动乱就出现相反情况。现在您的话，是动乱之道，不能用来作为行动的准则。然而您是主人，我郤至岂敢不服从？"于是就进去，把事情办完。郤至回去把情况告诉了范文子。范文子说："无礼的人，必然说话不算数，我们离死的日子不远了！"

冬，楚公子罢如晋聘，且莅盟。十二月，晋侯及楚公子罢盟于赤棘①。

【注释】

①赤棘:晋地名,今地不详。

【译文】

冬,楚国公子罢去晋国聘问,同时参加盟会。十二月,晋厉公和楚公子罢在赤棘结盟。

十三年

【经】十有三年春①**,晋侯使郤锜来乞师**②**。**

【注释】

①十有三年:鲁成公十三年当周简王八年,前578年。

②晋侯:晋厉公寿曼。郤锜(qí):又称"驹伯",晋国大夫,郤克之子。

【译文】

鲁成公十三年春,晋厉公派郤锜来我国请求出兵。

【左传】十三年春,晋侯使郤锜来乞师,将事不敬①。孟献子曰:"郤氏其亡乎! 礼,身之干也;敬,身之基也。郤子无基。且先君之嗣卿也②,受命以求师,将社稷是卫,而惰③,弃君命也。不亡何为?"

【注释】

①将事:处理事务。

②嗣卿:郤锜父郤克为晋景公上卿,郤锜为晋厉公卿,故云。

③惰:即"将事不敬"。

【译文】

鲁成公十三年春,晋厉公派郤锜来我国请求出兵,处理事务时态度不恭敬。孟献子说:"郤氏恐怕要灭亡了吧! 礼仪,是身体的躯干;恭敬,是身体的基础。郤子却没有基础。而且他的父亲是先君的卿,他又是国君的卿,接受命令来请求出兵,打算以此保卫国家,却急惰,这是抛弃国君的命令。他不灭亡还能怎样?"

【穀梁传】乞,重辞也。古之人重师,故以乞言之也。

【译文】

乞求,是表示重视的说法。古时候的人重视军队,所以用乞求来说这件事。

【经】三月,公如京师①。

①如京师:到京城去。此处"如京师"是因为要"伐秦"而路过京师,并非专门前去朝见周王。

【译文】

三月,鲁成公去京师。

【穀梁传】公如京师不月,月,非如也。非如而曰如,不叛京师也。

【译文】

鲁成公到京师去是不应记载月份的,记载了月份,就不是专门去的。不是专门去的却说"如",表示不敢反叛周王。

【经】夏五月,公自京师,遂会晋侯、齐侯、宋公、卫侯、郑伯、曹伯、邾人、滕人伐秦①。

【注释】

①齐侯:《穀梁传》无。邾人:《公羊传》作"邾娄人"。

【译文】

夏五月,鲁成公从京师离开,于是会合晋厉公、齐灵公、宋共公、卫定公、郑成公、曹宣公、邾国人、滕国人攻打秦国。

【左传】三月,公如京师。宣伯欲赐①,请先使②。王以行人之礼礼焉③。孟献子从。王以为介而重贿之④。

【注释】

①宣伯:叔孙侨如。欲赐:想要得到周王的赏赐。

②先使:先出使去通报。

③王以行人之礼礼焉:按普通使节的礼节接待他,不加赏赐。

④介:成公的副使。

【译文】

三月,鲁成公去京师。宣伯想要得到周王的赏赐,请求先去通报。周简王以对待行人的礼仪来接待他。孟献子跟着鲁成公。周简王把他作为鲁成公的副使,重重地赏赐他。

公及诸侯朝王,遂从刘康公、成肃公会晋侯伐秦。成子受脤于社①,不敬。刘子曰:"吾闻之,民受天地之中以生②,所谓命也③。是以有动作礼义威仪之则,以定命也④。能者养以之福⑤,不能者败以取祸。是故君子勤礼⑥,小人尽力,勤礼莫如致敬,尽力莫如敦笃⑦。敬在养神⑧,笃在守业⑨。国之大事,在祀与戎。祀有执膰⑩,戎有受脤,神之大节也。今成子惰,弃其命矣,其不反乎?"

【注释】

①成子:成肃公。受脤(shèn)于社:古代出兵祭社,祭毕,以社肉颁赐诸人,谓之"受脤"。

②民受天地之中以生:古人以为人是得天地中和之气而生的。中,中和之气。

③命:生命。

④定命:固定、福佑生命。

⑤之福:致福。之,作动词用。

⑥勤礼:勤于礼法。

⑦敦笃:敦厚笃实。

⑧养神:供奉鬼神。

⑨守业:各安本分。

⑩执膰(fán):祭祀宗庙后把祭肉分发给有关人员。

【译文】

鲁成公和诸侯朝觐周简王,接着跟着刘康公、成肃公会合晋厉公攻打秦国。成肃公在社神庙接受祭肉的时候不恭敬。刘康公说:"我听说,百姓得到天地的中和之气而降生,这就是所谓的生命。因此就有了动作、礼义、威仪的准则,用来福佑天命。有能力的人保持这些准则可以得到福分,没有能力的人败坏这些准则就足以取祸。所以君子勤于礼法,小人竭尽能力。勤于礼法莫过于恭敬,竭尽能力莫过于敦厚笃实。恭敬在于供奉神灵,笃实在于各安本分。国家的大事,在于祭祀与战争。祭祀有分配祭肉之礼,战争有接受祭肉之礼,这是侍奉神灵的关键所在。

现在成子在接受祭肉时懒惰不恭,这是丢弃他的生命了,他恐怕回不来了吧?"

夏四月戊午,晋侯使吕相绝秦^①,曰:"昔逮我献公,及穆公相好,戮力同心,申之以盟誓,重之以昏姻^②。天祸晋国,文公如齐,惠公如秦^③。无禄,献公即世,穆公不忘旧德,俾我惠公用能奉祀于晋^④。又不能成大勋,而为韩之师^⑤。亦悔于厥心,用集我文公^⑥,是穆之成也。文公躬擐甲胄,跋履山川,逾越险阻,征东之诸侯,虞、夏、商、周之胤而朝诸秦^⑦,则亦既报旧德矣。郑人怒君之疆埸,我文公帅诸侯及秦围郑^⑧。秦大夫不询于我寡君,擅及郑盟^⑨。诸侯疾之,将致命于秦。文公恐惧,绥静诸侯,秦师克还无害,则是我有大造于西也^⑩。无禄,文公即世。穆为不弔^⑪,蔑死我君^⑫,寡我襄公,迭我殽地^⑬,奸绝我好^⑭,伐我保城,殄灭我费滑^⑮,散离我兄弟,挠乱我同盟^⑯,倾覆我国家。我襄公未忘君之旧勋,而惧社稷之陨,是以有殽之师。犹愿赦罪于穆公,穆公弗听,而即楚谋我^⑰。天诱其衷^⑱,成王陨命,穆公是以不克逞志于我^⑲。穆、襄即世,康、灵即位。康公,我之自出^⑳,又欲阙翦我公室,倾覆我社稷,帅我蝥贼,以来荡摇我边疆,我是以有令狐之役^㉑。康犹不悛,入我河曲,伐我涑川,俘我王官,翦我羁马,我是以有河曲之战^㉒。东道之不通^㉓,则是康公绝我好也。

【注释】

①戊午:初五。吕相:晋大夫魏锜之子,亦称"魏相",因食邑为吕,

故又称"吕相"。成公十一年，秦、晋二国在令狐结盟，至期，晋厉公先到，而秦桓公却临时变卦，不欲前往，后秦又挑唆白狄和楚国伐晋。晋得知此事，便派吕相使秦，数秦之罪，与之绝交。

② 昏姻：婚姻。指晋献公将女儿嫁给秦穆公。

③ "天祸晋国"三句：指晋骊姬之乱。晋献公的夫人骊姬为了立自己的儿子为太子，遂设计陷害太子申生及其他公子，致使公子重耳逃奔狄、齐等国，公子夷吾逃奔梁、秦等国。

④ "献公即世"三句：晋献公去世后不久，秦国即护送夷吾回晋国即位，是为晋惠公。古代唯有国君才有资格主持国家祭祀，故"奉祀于晋"即"为晋之国君"。

⑤ 又不能成大勋，而为韩之师：晋惠公回国即位后，背信弃义，没有兑现他当初对秦许下的诺言，秦穆公兴兵伐晋，战于韩原，晋大败，晋惠公被俘。事见僖公十五年。案韩之战是晋咎由自取，非秦之错。这是晋人强词夺理。

⑥ 亦悔于厥心，用集我文公：晋惠公死后，其子晋怀公即位，这时秦穆公又护送公子重耳回国夺取君位，是为晋文公。集，成就。

⑦ "文公躬擐（huàn）甲胄"五句：此事《春秋》三传都不见记载。

⑧ 郑人怒君之疆埸（yì），我文公帅诸侯及秦围郑：围郑事见僖公三十年。晋文公当年流亡到郑国时，郑文公没有给他应有的礼遇，城濮之战，郑与楚联盟，晋文公即位后，遂邀秦穆公兴师问罪。郑并未侵犯秦之边境，吕相所言，实为诬枉之词。又，当时围郑的只有晋、秦二国军队，所谓"帅诸侯"，亦为不实之词。怒，此作"侵犯"解。埸，边界。

⑨ 秦大夫不询于我寡君，擅及郑盟：郑烛之武说秦王，秦与郑盟而独自退兵。

⑩ "诸侯疾之"六句：欲攻秦军的是狐偃，无所谓"诸侯"。此亦晋国的夸大之词。绥静，安抚，说服。克，能够。大造，大功。

⑪不弔（dì）：不祥，不善。

⑫蔑死我君：一本作"蔑我死君"，文义较通顺。

⑬迭我殽地：僖公三十二年，秦过晋而伐郑，并未侵犯晋之殽山，相反，倒是晋军于殽山伏击了秦师，故"迭我殽地"亦为诬枉之辞。迭，通"軼"，突然进犯。

⑭奸绝：断绝，拒绝。奸，通"扞"，排斥。

⑮殄灭我费（bì）滑：秦袭郑不成，回师时遂把滑国灭掉。费滑，滑国。费，滑国都城，在今河南偃师附近。

⑯散离我兄弟，挠乱我同盟：指郑、滑二国，二国与晋同为姬姓，又是同盟关系。

⑰即楚谋我：楚臣斗克本因于秦，秦在殽山败于晋侯，遂释斗克，以求与楚结盟。即，接近。

⑱天诱其衷：当时习惯语，意指天保佑我。诱，本义是诱导、开导，此作"开"解。衷，内心。

⑲成王陨命，穆公是以不克逞志于我：因楚成王为其子所杀，遂使秦、楚结盟不成。

⑳康公，我之自出：这里指秦康公乃晋之外甥。秦康公之母穆姬乃晋献公女儿。

㉑"帅我蟊（máo）贼"三句：令狐之役在文公七年。晋襄公死后，群臣因太子夷皋年幼，欲立晋文公之子、晋襄公庶弟公子雍为君。时公子雍客居于秦，晋遂派人往迎，秦康公亦派兵护送。后襄公夫人极力要立太子夷皋（即晋灵公），群臣只好依从，并派兵在令狐抵拒秦军和公子雍，史称"令狐之役"。吕相这里说"荡摇我边疆"乃片面之词。蟊贼，本指两种食禾苗的害虫，此指晋之公子雍。令狐，晋地名，在今山西临猗。

㉒"入我河曲"五句：河曲之战在文公十二年。秦人欲报令狐之役，而有此战。河曲，晋地名，在今山西永济。涑（sù）川，河名，流经

山西西南部，最后注入黄河。王官，晋地名，在今山西闻喜。羁
马，晋地名，在今山西永济。

㉓东道之不通：此指秦、晋两国断绝邦交关系。晋在秦的东边，故云。

【译文】

夏四月初五，晋厉公派吕相与秦断绝交往，说："自从我国献公与秦穆公相互友好以来，二国协力同心，又用盟誓加以明确，用婚姻加深关系。后来上天降灾祸给晋国，文公逃亡齐国，惠公逃亡秦国。不幸，献公去世，但秦穆公仍不忘旧日恩德，使我国惠公能回到晋国主持祭祀。但没能将这一大功业完成好，于是导致了韩原之战。秦穆公对俘获惠公一事心中颇为后悔，因而又促成我国文公回国即位，这些都是秦穆公的功劳成就。我国文公亲自披甲戴胄，跋涉山川，穿越险阻，征伐东方的诸侯，让虞、夏、商、周的后代，都到秦国朝见，这样我们也可以算是报答了秦国往日的恩德了。郑国人侵犯国君的边境，我国文公率领诸侯与秦国一起包围郑国。可是秦国大夫不征询我国寡君的意见，擅自和郑国订了盟约。诸侯对这事都很憎恨，都准备与秦国拼死一战。文公担心，赶紧说服诸侯，使秦军得以安然回国，这说明我晋国是大有功于秦国的。不幸，文公去世。秦穆公不肯来吊唁，蔑视我已故的国君，欺负我们襄公，突袭我国崤地，断绝与我国和好，攻打我国边境城堡，灭掉我国的盟友滑国，离间我们兄弟之邦，扰乱我们同盟之国，妄图颠覆我国家。我襄公没有忘记秦君旧日的恩德，但又惧怕国家遭到灭亡，因而才有崤之战。我国国君仍然希望向秦穆公解释我们的罪过，但秦穆公不答应，而勾结楚国算计我国。幸亏老天开眼，楚成王丧命，使秦穆公对我晋国的算计没能得逞。穆公、襄公去世，康公、灵公即位。秦康公是我晋国的外甥，却又想削弱我晋国公室，颠覆我国家，率领我晋国的败类，前来骚扰我国边疆，所以我国才发动了令狐之役。秦康公仍不悔悟，又侵入我河曲，攻打我涑川，掳掠我王官，损害我羁马，我晋国所以又发动了河曲之战。秦国往东的道路不通畅，就是由于秦康公与我们断绝友好关系而造成的。

"及君之嗣也^①，我君景公引领西望曰：'庶抚我乎！'君亦不惠称盟^②，利吾有狄难^③，入我河县，焚我箕、郜^④，芟夷我农功^⑤，虔刘我边陲^⑥，我是以有辅氏之聚^⑦。君亦悔祸之延，而欲徼福于先君献、穆，使伯车来^⑧，命我景公曰：'吾与女同好弃恶，复修旧德，以追念前勋。'言誓未就，景公即世，我寡君是以有令狐之会^⑨。君又不祥，背弃盟誓。白狄及君同州^⑩，君之仇雠，而我之昏姻也。君来赐命曰：'吾与女伐狄。'寡君不敢顾昏姻，畏君之威，而受命于吏。君有二心于狄，曰：'晋将伐女。'狄应且憎^⑪，是用告我。楚人恶君之二三其德也，亦来告我曰：'秦背令狐之盟，而来求盟于我，昭告昊天上帝、秦三公、楚三王曰^⑫："余虽与晋出入^⑬，余唯利是视。"不穀恶其无成德，是用宣之，以惩不壹^⑭。'诸侯备闻此言，斯是用痛心疾首，昵就寡人。寡人帅以听命，唯好是求。君若惠顾诸侯，矜哀寡人，而赐之盟，则寡人之愿也。其承宁诸侯以退^⑮，岂敢徼乱。君若不施大惠，寡人不佞^⑯，其不能以诸侯退矣。敢尽布之执事，俾执事实图利之！"

【注释】

①君：此指秦桓公。

②不惠称盟：不肯举行盟会。称，举。

③有狄难：指宣公十五年，晋灭赤狄潞氏国事。案把"灭狄"说成"有难"，这也是吕相故意歪曲事实。

④箕：晋城邑，在今山西蒲县东北的箕城。郜（gào）：晋城邑，在今山西祁县西。

⑤芟（shān）夷：本义是"除草"，这里作割除、抢割解。

⑥虔刘我边陲：屠杀我国边界人民。虔刘，劫掠，杀戮。陲，边疆、
　　边地。

⑦辅氏之聚：宣公十五年，秦桓公伐晋，晋败秦军于辅氏。辅氏，晋
　　地名，在今陕西大荔东。

⑧伯车：秦桓公之子。名铖，又称"后子"。

⑨我寡君：此指晋厉公。令狐之会：在成公十一年。

⑩白狄：狄族的一支，居住在今陕西北部一带。州：此指雍州，古九
　　州之一。包括今陕西、甘肃二省及青海的一部分。

⑪狄应且憎：狄人一方面接受秦人警告，一方面憎恶秦人这种行为。

⑫秦三公：指秦穆公、康公、共公。楚三王：指楚成王、穆王、庄王。

⑬与晋出入：指与晋来往。

⑭以惩不壹：案此时晋、楚已经和解，所以楚将秦之谋告晋。

⑮承宁：止息，安定。

⑯不佞（nìng）：当时习语，不才，不敏。

【译文】

"等到国君继位后，我国君景公伸长脖子西望说：'秦国大概会安抚
我们吧！'可是国君仍不肯加恩结盟，反而利用我国有赤狄作乱的机会，
侵入我黄河沿岸的县邑，焚烧我箕、郜两城，抢割、毁坏我国的庄稼，杀戮
我边境的人民，所以我国将兵卒聚于辅氏，以抵御秦军。国君对两国灾
祸的漫延也感到后悔，求福于先君献公、穆公，派伯车来我国，命令我景
公说：'我和你共同和好，抛弃怨恨，重新恢复旧日的恩德，以追念前人的
功业。'盟约尚未达成，景公就去世了，所以寡君又有与贵国国君的令狐
的盟会。可是贵国国君又萌不良之心，背弃了盟誓。白狄与贵国国君同
住在雍州之内，他们是贵国国君的仇敌，但却是我晋国的婚姻亲属之国。
贵国国君传来命令说：'我与你晋国共同征讨狄。'寡君不敢顾念婚姻的
关系，畏惧贵国国君的威灵，因而接受你的使臣传来的命令。但贵国国
君又分心倾向于狄，对狄人说：'晋国准备征伐你们。'狄人表面应和但

心中却很憎恨，因而将这话告诉我们。楚人也憎恨贵国国君的前后不一，也来告诉我们说："秦人违背令狐的盟会，却来要求和我们结盟，并对着皇天上帝、秦三公、楚三王明白宣誓道："我虽然与晋国往来，但我是唯利是从。"我厌恶秦国无专一道德，因而将他的话揭露出来，以惩治他的言行不一。'诸侯全都听到这些话，因而对秦国感到痛心疾首，都来亲近我寡君。寡君率领诸侯以听从贵国国君的命令，所要求的仅仅是友好。贵国国君如果友好仁慈地顾念诸侯，哀怜我寡君，赐予我们以盟约，那可真是我寡君的愿望。我们将接受贵国国君的命令，使诸侯安宁并让其退走，哪里还敢谋求战乱。贵国国君若不愿施予恩惠，寡人不才，也就无法叫诸侯退兵了。我大胆地将我们的意见全都陈述于贵国国君的办事人员，以便让办事人员予以认真考虑！"

秦桓公既与晋厉公为令狐之盟，而又召狄与楚，欲道以伐晋①，诸侯是以睦于晋。晋栾书将中军，荀庚佐之；士燮将上军，郤锜佐之；韩厥将下军，荀罃佐之；赵旃将新军，郤至佐之。郤毅御戎②，栾铖为右③。孟献子曰："晋帅乘和④，师必有大功。"五月丁亥⑤，晋师以诸侯之师及秦师战于麻隧⑥。秦师败绩，获秦成差及不更女父⑦。曹宣公卒于师。师遂济泾⑧，及侯丽而还⑨。迓晋侯于新楚⑩。

【注释】

①道（dǎo）：引导。

②郤毅：郤至之弟，又称"步毅"。

③栾铖（qián）：栾书之子。

④晋帅乘和：指晋军上下团结一致。帅，军帅。乘，车上的甲士。

⑤丁亥：初四。

⑥麻隧:秦地名,在今陕西泾阳北。

⑦成差:秦国大夫。不更女父:不更为秦国爵名,女父为其名,也为大夫。刘劭《爵制》云"不更者为车右",此不更或即车右。

⑧师遂济泾:据《国语·鲁语下》,当时诸侯军队俱不肯渡泾水,晋叔向见鲁叔孙豹,鲁军始先渡河,各国军队乃随之渡河。泾,泾水。

⑨侯丽:秦地名,在泾水南岸,今陕西泾阳,或曰在今陕西礼泉。

⑩迓(yà):迎。新楚:秦地名,在今陕西大荔。

【译文】

秦桓公和晋厉公在令狐结盟后,又召来狄人和楚人,想引导他们进攻晋国,诸侯因此与晋国和睦。晋国的栾书率领中军,荀庚作为辅佐;士燮率领上军,郤锜作为辅佐;韩厥率领下军,荀䓣作为辅佐;赵旃率领新军,郤至作为辅佐。郤毅驾驭战车,栾𫇭作为车右。孟献子说:"晋国的将领和甲士上下团结一致,军队必然能建立大功。"五月初四,晋军率领诸侯的军队和秦军在麻隧交战。秦军大败,俘虏了秦国的成差和不更女父。曹宣公在军中去世。军队于是渡过泾水,到达侯丽然后回去,在新楚迎接晋厉公。

成肃公卒于瑕①。

【注释】

①瑕:晋地名,在今山西芮城南。

【译文】

成肃公在瑕地去世。

【公羊传】其言自京师何?公凿行也①。公凿行奈何?不敢过天子也。

【注释】

① 公凿行也：凿，更造。孔广森以为，凿行是趁着间隙行他事。此处公本欲伐击秦国，途经京师，不敢过天子而不朝，复生事修朝礼而后行。《春秋》书公之凿行，善其有尊待天子之心。

【译文】

经言"自京师"是为何？因为公乘伐秦的间隙，更造朝见了天子。公为何在伐秦的间隙去京师朝见？因为公不敢途经京师，而不朝见天子。

【穀梁传】言受命不敢叛周也①。

【注释】

① 受命不敢叛周也：指上句说了"自京师"，显得是得到了周王的命令而去伐秦。

【译文】

是说接受了周王的命令而不敢背叛周王。

***【左传】**六月丁卯夜①，郑公子班自訾求入于大宫②，不能③，杀子印、子羽④，反军于市。己巳⑤，子驷帅国人盟于大宫⑥，遂从而尽焚之，杀子如、子駹、孙叔、孙知⑦。

【注释】

① 丁卯：十五日。

② 郑公子班自訾（zī）求入于大宫：郑公子班奔许已十年，此时入郑。訾，郑地名，当在郑国南部，今地不详。大宫，郑国祖庙。

③ 不能：不得入太宫。

④ 子印、子羽：皆郑穆公子。

⑤己巳：十七日。

⑥子驷：即公子骓，郑穆公之子。

⑦子如：即公子班。子駹（máng）：子如之弟。孙叔：子如之子。孙
　知：子駹之子。

【译文】

六月十五夜，郑国的公子班从訾地请求进入祖庙，没有获得同意，就
杀了子印、子羽，回来驻扎在市上。十七日，子驷率领国内的人们在祖庙
结盟，人们于是跟着子驷把公子班的军营全部烧毁，杀了公子班及子駹、
孙叔、孙知。

【经】曹伯卢卒于师①。

【注释】

①曹伯卢：即曹宣公，姓姬，名卢，谥宣。《公羊传》《穀梁传》作“曹
　伯庐”。

【译文】

曹宣公卢在军中去世。

【左传】曹人使公子负刍守①，使公子欣时逆曹伯之丧②。
秋，负刍杀其大子而自立也，诸侯乃请讨之。晋人以其役之
劳③，请俟他年④。

【注释】

①负刍：曹宣公庶子。

②欣时：也是曹宣公庶子。

③其役：伐秦之役。

④俟（sì）：等。

【译文】

　　曹国人派公子负刍守国，派公子欣时去迎接曹宣公的灵柩。秋，公子负刍杀了曹宣公的太子而自立为国君，诸侯就请求讨伐他。晋国人因为伐秦战役疲劳，请求等以后再说。

【穀梁传】传曰：闵之也①。公、大夫在师曰师，在会曰会②。

【注释】

①闵：哀伤。

②在师曰师，在会曰会：指说"于师"或者"于会"。

【译文】

　　传文说：是为他感到哀伤。诸侯、大夫在军队去世就说在军队中，在会盟的时候去世就说在盟会上。

△**【经】**秋七月①，公至自伐秦。

【注释】

①七月：案时月日例，致例时。此处书月者，何休云："危公幼而远用兵。"

【译文】

　　秋七月，鲁成公从伐秦的前线回国。

【经】冬，葬曹宣公。

【译文】

　　冬，安葬曹宣公。

【左传】冬,葬曹宣公。既葬,子臧将亡①,国人皆将从之。成公乃惧②,告罪,且请焉。乃反,而致其邑③。

【注释】

①子臧:公子欣时字。

②成公:曹成公,即负刍。

③致其邑:把采邑还给曹成公。

【译文】

冬,安葬曹宣公。安葬以后,子臧准备离开曹国,国人都要跟着他逃亡。曹成公负刍才感到恐惧,承认罪过,而且请求子臧留下来不要出走。子臧这才返回来,却把采邑还给了曹成公。

【穀梁传】葬时,正也。

【译文】

记载安葬的季节,符合礼制。

十四年

△【经】十有四年春王正月①,莒子朱卒②。

【注释】

①十有四年:鲁成公十四年当周简王九年,前577年。

②莒子朱:即成公八年传文中的莒渠丘公,名季佗。莒子朱在位三十二年,死后子密州即位,称黎比公。

【译文】

鲁成公十四年春周历正月,莒渠丘公朱去世。

【经】 夏，卫孙林父自晋归于卫。

【译文】

夏，卫国孙林父从晋国回到卫国。

【左传】 十四年春，卫侯如晋，晋侯强见孙林父焉[①]，定公不可。

【注释】

①晋侯强见孙林父：成公七年，孙林父因卫定公讨厌他而逃亡到晋国，晋厉公有意让卫国君臣二人相见，是想让卫定公接纳孙林父回国。

【译文】

鲁成公十四年春，卫定公去晋国，晋厉公坚持要卫定公接见孙林父，卫定公不答应。

夏，卫侯既归，晋侯使郤犫送孙林父而见之。卫侯欲辞，定姜曰[①]："不可。是先君宗卿之嗣也[②]，大国又以为请，不许，将亡。虽恶之，不犹愈于亡乎[③]？君其忍之！安民而宥宗卿[④]，不亦可乎？"卫侯见而复之。

【注释】

①定姜：卫定公夫人。

②先君宗卿：孙氏出于卫武公，与卫君同宗，孙良夫又是当时的卫国执政大臣，所以说"先君宗卿"。先君，指卫定公之父卫穆公。宗卿，此指孙林父之父孙良夫。

③愈:胜过。

④宗卿:此指孙林父。因曾承袭孙良夫执卫国之政。

【译文】

夏,卫定公回国后,晋厉公派郤犨送孙林父去见他。卫定公想要推辞,定姜说:"不行。孙林父是先君宗卿的后人,大国又为他求情,如果不答应,国家将会灭亡。虽然讨厌他,总比亡国强些吧?国君还是忍耐一下吧! 安定百姓而赦免宗卿,不也是可行吗?"卫定公便接见了孙林父,并且恢复了他的官职和采邑。

卫侯飨苦成叔^①,甯惠子相^②。苦成叔傲。甯子曰:"苦成叔家其亡乎! 古之为享食也,以观威仪、省祸福也^③。故《诗》曰:'兕觥其觫,旨酒思柔。彼交匪傲,万福来求^④。'今夫子傲,取祸之道也^⑤。"

【注释】

①苦成叔:郤犨。苦成,地名,在今山西运城东,是郤犨采邑。

②甯惠子:卫国大夫甯殖。

③省:省察,检查。

④"兕(sì)觥(gōng)其觫(qiú)"四句:引《诗》见《诗经·小雅·桑扈》。意谓兕觥交错的享宴中,只有不骄不傲,才能聚集万福。兕觥,犀牛角制成的酒杯。觫,兽角弯曲貌。旨酒,甜酒。思,语助词,无义。彼,通"匪"。交,骄傲。求,聚集。

⑤取祸之道:案此为成公十七年晋杀三郤伏笔。

【译文】

卫定公设享礼招待苦成叔,甯惠子任相礼。苦成叔表现出傲慢的神色。甯惠子说:"苦成叔恐怕要被灭亡了吧! 古代举行享礼,是用来观察威仪、省察祸福的，所以《诗》说：'弯弯角杯，柔和甜酒。不骄不傲，聚集万福。'现在这个人态度傲慢，是取祸之道。"

【经】秋，叔孙侨如如齐逆女。

【译文】

秋，叔孙侨如去齐国迎亲。

【左传】秋，宣伯如齐逆女。称族，尊君命也①。

【注释】

①称族，尊君命也：此解释经文称"叔孙侨如"之意：尊重国君的命令，所以称他的族名"叔孙"。

【译文】

秋，宣伯到齐国迎亲。《春秋》称他的族名"叔孙"，是因为尊重国君的命令。

【经】郑公子喜帅师伐许①。

【注释】

①公子喜：郑穆公子，字子罕。

【译文】

郑国公子喜率领军队攻打许国。

【左传】八月，郑子罕伐许①，败焉。戊戌②，郑伯复伐许。庚子③，入其郛④。许人平以叔申之封⑤。

【注释】

①子罕：即公子喜。

②戊戌：二十三日。

③庚子：二十五日。

④郭（fú）：外城。

⑤叔申之封：即成公四年叔申划定的许国疆界。

【译文】

八月，郑国子罕攻打许国，战败。二十三日，郑成公再次攻打许国。二十五日，攻入许国外城。许国人以承认叔申划定的许国疆界为条件与郑国讲和。

【经】九月，侨如以夫人妇姜氏至自齐①。

【注释】

①侨如：叔孙侨如。据《左传》，前文称呼他加上了族名"叔孙"是为了尊重国君的命令，这里去掉了族名"叔孙"是为了表示对夫人的尊重。妇姜氏：姜氏即齐女。时宣公夫人尚在，于姜氏为婆婆，所以称为"妇"。

【译文】

九月，侨如带着成公夫人姜氏从齐国回来。

【左传】九月，侨如以夫人妇姜氏至自齐。舍族①，尊夫人也。故君子曰："《春秋》之称②，微而显③，志而晦④，婉而成章⑤，尽而不污⑥，惩恶而劝善。非圣人，谁能修之？"

【注释】

①舍族：指经文不称"叔孙"。

②称：说，记述。指其遣词造句。

③微而显：指用词细密而意义显明。

④志而晦：指记载史实而意义深远。

⑤婉而成章：指表达婉转曲折而顺理成章。

⑥尽而不污：指记事穷尽而无所歪曲。

【译文】

九月，侨如带着夫人姜氏从齐国而来。《春秋》不称他族名，是由于尊重夫人。所以君子说："《春秋》的记载，言辞细密而意义显明，记载史实而意义深远，表达婉转而顺理成章，记事穷尽而无所歪曲，警戒邪恶而奖励善良。如果不是圣人，谁能编撰？"

【榖梁传】 大夫不以夫人①，以夫人非正也。刺不亲迎也。侨如之挈②，由上致之也。

【注释】

①以：《榖梁传》认为这里"以"隐含有上对下的意思，所以不能说大夫带着夫人回来。

②挈（jiá）：指特用其名，称名不称族。

【译文】

不能说大夫"以"夫人，说"以"夫人不合正道。讽刺鲁成公不亲自迎娶。专称侨如的名，因为是由鲁成公来告祭祖庙的。

【经】 冬十月庚寅①，卫侯臧卒②。

【注释】

①庚寅：十六日。

②卫侯臧：即卫定公，姓姬，名臧，谥定。

【译文】

冬,十月十六日,卫定公臧去世。

【左传】 卫侯有疾,使孔成子、宁惠子立敬姒之子衎以为大子①。冬十月,卫定公卒。夫人姜氏既哭而息,见大子之不哀也,不内酌饮②,叹曰:"是夫也,将不唯卫国之败,其必始于未亡人! 乌呼! 天祸卫国也夫! 吾不获鱄也使主社稷③。"大夫闻之,无不耸惧④。孙文子自是不敢舍其重器于卫⑤,尽置诸戚⑥,而甚善晋大夫⑦。

【注释】

①孔成子:卫国孔达之子孔烝钼。敬姒:卫定公妾。衎(kàn):卫献公名。

②内:同"纳"。酌饮:依古礼,死者殡后,妻妾皆应粗食饮水。此处指饮水。

③鱄(zhuān):衎的同母弟。

④耸:通"悚",惧。

⑤舍:放置。重器:贵重之器。通常指祭祀之器。卫:卫国都城。

⑥戚:本孙氏采邑,孙林父逃亡到晋国,晋国将戚归还卫国。孙林父返国,卫侯又将戚还给他。

⑦而甚善晋大夫:此为襄公十四年孙林父、宁殖逐卫献公伏笔。

【译文】

卫定公有病,让孔成子、宁惠子立敬姒的儿子衎作为太子。冬十月,卫定公去世。夫人姜氏哭丧后休息,看到太子并不哀伤,就连水也喝不下去,叹息说:"这个人啊,不仅将要败坏卫国,而且必然从我这个未亡人身上开始动手! 天啊! 这是上天降祸给卫国吧! 让我不能得到鱄来主持国家的机会。"大夫们听到以后,无不感到恐惧。孙文子从此不敢把他的宝器放在都城,而都放在戚邑,同时尽量和晋国的大夫们交好。

△【经】秦伯卒①。

【注释】

①秦伯:即秦桓公嬴荣。案此处不书秦伯之名者,因秦国隐匿嫡子之名,择勇力者而立之,故不知其名。详参昭公五年"秦伯卒"条。

【译文】

秦桓公去世。

十五年

△【经】十有五年春王二月①,葬卫定公。

【注释】

①十有五年:鲁成公十五年当周简王十年,前576年。

【译文】

鲁成公十五年春周历二月,安葬卫定公。

【经】三月乙巳①,仲婴齐卒②。

【注释】

①乙巳:初三。

②仲婴齐:鲁国大夫,鲁仲遂之子,公孙归父之弟,为鲁庄公之孙。

【译文】

三月初三,仲婴齐去世。

　　【公羊传】仲婴齐者何? 公孙婴齐也。公孙婴齐,则曷为谓之仲婴齐? 为兄后也。为兄后,则曷为谓之仲婴齐? 为人后者为之子也①。为人后者为其子,则其称仲何? 孙以王父字为氏也②。然则婴齐孰后? 后归父也。归父使于晋而未反③,何以后之? 叔仲惠伯④,傅子赤者也。文公死,子幼。公子遂谓叔仲惠伯曰:“君幼,如之何? 愿与子虑之。”叔仲惠伯曰:“吾子相之,老夫抱之,何幼君之有?”公子遂知其不可与谋,退而杀叔仲惠伯,弑子赤而立宣公。宣公死,成公幼,臧宣叔者⑤,相也。君死不哭,聚诸大夫而问焉曰:“昔者叔仲惠伯之事,孰为之?”诸大夫皆杂然曰:“仲氏也,其然乎?”于是遣归父之家,然后哭君。归父使乎晋,还自晋,至柽,闻君薨家遣,墠帷,哭君成踊,反命于介,自是走之齐。鲁人徐伤归父之无后也⑥,于是使婴齐后之也⑦。

　　【注释】

　　①为人后者为之子也:过继给某人,就要成为某人的儿子。此处公孙婴齐与公孙归父均为公子遂之子,婴齐后归父,则视为归父之子,故案孙以王父字为氏之例,称公孙婴齐为仲婴齐。

　　②孙以王父字为氏也:王父,即祖父。此是诸侯子孙得氏的法则,诸侯之子氏“公子”,诸侯之孙氏“公孙”,公孙之子则以祖父的字为氏。此处“仲”为公子遂之字,公孙婴齐为归父之后,则为公子遂之孙,故以“仲”为氏。

③归父使于晋而未反：宣公十八年"公孙归父如晋"。"归父还自晋，至笙，遂奔齐"。

④叔仲惠伯：即叔彭生。"叔"为氏，称"叔仲"者，因"仲"为其父武仲之字，故连言之，犹言叔氏之仲也，此为私称。"惠"为谥号，"伯"为字。

⑤臧宣叔：即臧孙许，"宣"为谥号，"叔"为字。

⑥鲁人徐伤归父之无后也：何休云："徐者，皆共之辞也，关东语。"弑子赤者为公子遂，归父本人无罪，又归父虽全家被放逐，仍然哭君成礼，然后出奔，故鲁人皆伤之。

⑦于是使婴齐后之也：婴齐后归父，属于兄弟相后，大夫以下兄弟相后，是非礼的。何休云："弟无后兄之义，为乱昭穆之序，失父子之亲，故不言仲孙（如臧孙、季孙之类），明不与子为父孙。"

【译文】

仲婴齐是什么人？是公孙婴齐。公孙婴齐，那么为何称之为仲婴齐？因为被立为兄长的后嗣。成为兄长的后嗣，那么为何称之为仲婴齐？立为别人的后嗣，就成为别人的儿子。立为别人的后嗣，就成为别人的儿子，那么为何称"仲"？孙子以祖父的字为氏。那么婴齐继承谁？继承归父。归父出使去晋国却没有归国，为什么继承归父？叔仲惠伯，是子赤的师傅。鲁文公死，子赤年幼。公子遂对叔仲惠伯说："国君年幼，怎么办？愿与你一起谋划。"叔仲惠伯说："你辅佐国君，老夫抱着国君，哪有什么幼君？"公子遂知道他不可能参加谋划，回去就杀了叔仲惠伯，弑杀了子赤，而拥立宣公。鲁宣公死，鲁成公年幼，臧宣叔为辅佐大臣。国君去世后不哭，聚集众大夫而问道："以前叔仲惠伯之事，是谁所为？"众大夫纷纷说："是仲氏所为，难道不是吗？"于是放逐归父全家，然后哀哭国君。归父出使去了晋国，正从晋国归来，途经笙地，听闻国君薨没，全家被放逐，就扫地张帷幕，哀哭国君，行三日五擗踊之礼，让介回国复命，然后才逃至齐国。鲁国人都闵伤归父绝后，于是使婴齐继嗣归父。

【穀梁传】此公孙也,其曰仲,何也? 子由父疏之也^①。

【注释】

①由父疏之:指仲婴齐之父公子遂弑君而立鲁宣公的事。

【译文】

这是国君的孙子,经文称"仲",为什么呢? 儿子因为父亲弑君之事而被疏远。

【经】癸丑^①,公会晋侯、卫侯、郑伯、曹伯、宋世子成、齐国佐、邾人同盟于戚^②。晋侯执曹伯归于京师^③。

【注释】

①癸丑:十一日。

②晋侯、卫侯、郑伯、曹伯、宋世子成、齐国佐:晋侯,晋厉公姬寿曼,一作"姬州蒲"。卫侯,为新即位的卫献公姬衎(kàn),卫定公之子。此年其父去世尚不满一年,不能改君号,故下年方正式算即位年号。郑伯,郑成公。曹伯,新君曹成公姬负刍,《左传》称是曹宣公庶子。宋世子成,宋共公的太子子成,当时宋共公染病不起,由太子代为赴会。齐国佐,齐国大夫。邾人:《公羊传》作"邾娄人"。戚:卫地名,在今河南濮阳市区内。

③晋侯执曹伯归于京师:曹伯,即曹成公负刍。此处执之者,曹伯卢(庐)去世,负刍篡公子喜时之君位(详见昭公二十年,"夏,曹公孙会自鄸出奔宋"条传文),故晋侯执之,为伯讨。归于京师,《公羊传》作"归之于京师"。

【译文】

十一日,鲁成公会合晋厉公、卫献公、郑成公、曹成公、宋世子成、齐国佐、邾国人,一起在戚地结盟。晋厉公把曹成公抓起来送往京师。

【左传】十五年春，会于戚，讨曹成公也①。执而归诸京师。书曰："晋侯执曹伯。"不及其民也。凡君不道于其民，诸侯讨而执之，则曰某人执某侯。不然，则否②。

【注释】

①讨曹成公：曹成公之罪是杀曹宣公太子而自立为君。

②"凡君不道于其民"五句：此为解释经文"晋侯执曹伯"之意，说明经文记载诸侯被逮捕的义例。这就是所谓《春秋》的"微言大义"。

【译文】

鲁成公十五年春，诸侯们在戚地会盟，是为了讨伐曹成公。把曹成公抓起来送到京师。《春秋》记载说："晋侯执曹伯。"这是因为曹成公没有危害他的百姓。凡是国君对百姓无道，诸侯讨伐且逮捕了他，就说"某人执某侯"。否则就不这样记载。

诸侯将见子臧于王而立之①，子臧辞曰："《前志》有之②，曰：'圣达节，次守节，下失节③。'为君，非吾节也。虽不能圣，敢失守乎？"遂逃，奔宋。

【注释】

①子臧：曹公子欣时。

②《前志》：古书名。

③"圣达节"三句：意谓圣人能进能退，能上能下，通达节操；其次者只能保守节操；下等的唯名利是图，无节操可言。

【译文】

诸侯准备让子臧进见周王而立他为曹国国君，子臧辞谢说："《前志》

有这样的话,说:'圣人通达节义,其次者保守节义,最下者失去节义。'做国君,不合乎我的节义。我虽然比不上圣人,又岂敢失去节义呢?"于是逃亡到宋国。

【穀梁传】以晋侯而斥执曹伯,恶晋侯也。不言"之"①,急辞也,断在晋侯也。

【注释】

①不言"之":指不说"归之于京师"。

【译文】

用称"晋侯"来斥责抓了曹成公,是厌恶晋厉公。不说"之",是表示行动迅速的说法,因为是晋厉公做的决断。

△**【经】公至自会。**

【译文】

鲁成公从盟会回国。

【经】夏六月①,宋公固卒②。

【注释】

①六月:案时月日例,大国之君卒书日。此处书月者,何休云:"多取三国媵,非礼,故略之。"

②宋公固:即宋共公,姓子,名固,《史记》《汉书》作名"瑕",古代"固""瑕"通用,谥共。

【译文】

夏六月,宋共公固去世。

【左传】夏六月，宋共公卒。

【译文】

夏六月，宋共公去世。

【经】楚子伐郑①。

【注释】

①楚子：指楚共王芈（mǐ）审，一作"熊审"，出土文献作"楚龚王"。

【译文】

楚共王攻打郑国。

【左传】楚将北师①，子囊曰②："新与晋盟而背之，无乃不可乎？"子反曰："敌利则进，何盟之有？"申叔时老矣，在申，闻之，曰："子反必不免。信以守礼，礼以庇身，信礼之亡，欲免得乎？"

【注释】

①北师：指侵袭郑、卫。

②子囊：楚庄王之子，楚共王弟公子贞。

【译文】

楚国准备向北方出兵，子囊说："刚刚与晋国结盟而背弃盟约，恐怕不可以吧？"子反说："敌情有利于我们就前进，管它什么盟约？"申叔时已经年老，住在采邑申地，听说这件事后说："子反一定难以免于祸难。信用是用来保持礼义的，礼义是用来庇护自身的，信用、礼义都没有了，还想免于祸难吗？"

楚子侵郑，及暴隧①，遂侵卫，及首止②。郑子罕侵楚，取新石③。

【注释】

①暴隧：即暴，在今河南原阳。

②首止：卫地名，在今河南睢县东南。

③新石：楚国邑名，在今河南叶县。

【译文】

楚共王侵袭郑国，到达暴隧，于是又入侵卫国，到达首止。郑国的子罕侵袭楚国，攻取了新石。

栾武子欲报楚，韩献子曰："无庸①，使重其罪，民将叛之。无民，孰战？"

【注释】

①庸：用。

【译文】

晋国的栾武子想要报复楚国，韩献子说："不用，让他们加重自己的罪过，百姓就会背叛他们。失去了民心，谁为他们打仗？"

【经】秋八月庚辰①，葬宋共公。

【注释】

①庚辰：初十。

【译文】

秋八月初十，安葬宋共公。

【穀梁传】月卒日葬,非葬者也。此其言葬,何也? 以其葬共姬①,不可不葬共公也。葬共姬,则其不可不葬共公,何也? 夫人之义不逾君也,为贤者崇也②。

【注释】

①共姬:前文提到的嫁给宋共公为夫人,以夫的谥号加在父姓之前,故称"共姬"。后文说的"葬共姬"指襄公三十年的记载。

②为贤者崇:推崇贤惠的人。《穀梁传》认为伯姬是有贤德的夫人,所以不能在记载安葬这件事上让她不守道义。

【译文】

记载去世的月份和安葬的日期,表明是不该记载他的安葬的。这里记载了安葬,为什么呢? 因为经文记载共姬的安葬,不可以不记载共公的安葬。记载共姬的安葬,就不可以不记载共公的安葬,为什么呢? 夫人的道义是不能超过国君的,这是在推崇贤惠的人。

【经】宋华元出奔晋①。宋华元自晋归于宋②。宋杀其大夫山③。

【注释】

①华元:宋国大夫。据《左传》,华元为宋国右师,因司马荡泽杀了公子肥而出奔。后被左师鱼石劝回,杀荡泽。其后鱼石搬出国都至睢水边住,华元劝其回国都未果,便回城决开睢水堤坝,鱼石遂出奔到楚。

②宋华元自晋归于宋:《春秋》之例,书"归"者,出入无恶。案宋共公卒,华元为大夫山所谮,出奔晋国。后晋人理其罪,而宋人迎回华元,诛杀山。《春秋》书"归",表明华元出入无恶。

③山：即荡泽，其名为山，官司马，公孙寿之孙。此处不书氏者，是为
　了说明宋君是为了华元之事而杀山的。若书其氏，则是平常君杀
　大夫之辞。

【译文】

宋国的华元出逃到晋国。宋国的华元从晋国回到宋国。宋国杀了
他们的大夫山。

【左传】秋八月，葬宋共公。于是华元为右师，鱼石为
左师，荡泽为司马，华喜为司徒①，公孙师为司城②，向为人
为大司寇③，鳞朱为少司寇④，向带为大宰⑤，鱼府为少宰⑥。
荡泽弱公室，杀公子肥。华元曰："我为右师，君臣之训，师
所司也。今公室卑而不能正，吾罪大矣。不能治官⑦，敢赖
宠乎⑧？"乃出奔晋。

【注释】

①华喜：华父督的玄孙。

②公孙师：宋庄公孙。

③向为人：宋桓公后代。

④鳞朱：鳞瓘孙。

⑤向带：宋桓公之后。

⑥鱼府：宋桓公之后。

⑦不能治官：指不能尽职。

⑧赖宠：以得到宠信为利。赖，利。

【译文】

秋八月，安葬宋共公。在这时，华元任右师，鱼石任左师，荡泽任司
马，华喜任司徒，公孙师任司城，向为人任大司寇，鳞朱任少司寇，向带任

太宰,鱼府任少宰。荡泽要削弱公室的力量,杀了公子肥。华元说:"我担任右师,国君与臣下的教导,这是师所执掌的。现在公室衰落我却不能拨正,我的罪过大了。做官不能尽到职责,岂敢以倚仗得到宠信而取利呢?"于是出逃到晋国。

二华,戴族也①;司城,庄族也②;六官者,皆桓族也③。鱼石将止华元,鱼府曰:"右师反,必讨,是无桓氏也。"鱼石曰:"右师苟获反,虽许之讨,必不敢。且多大功④,国人与之⑤,不反,惧桓氏之无祀于宋也⑥。右师讨,犹有戌在⑦,桓氏虽亡,必偏⑧。"鱼石自止华元于河上⑨。请讨,许之,乃反。使华喜、公孙师帅国人攻荡氏,杀子山。书曰:"宋杀其大夫山。"言背其族也⑩。

【注释】

①戴族:指宋戴公之后。族,氏族。

②庄族:指宋庄公之后。

③六官者,皆桓族也:六官,指鱼石、荡泽、向为人、鳞朱、向带、鱼府。桓族,指宋桓公之后。

④多大功:华元自文公十六年为右师执政以来,已三十余年,就《左传》所记大功主要有宣公十五年之劫子反以解宋围,以及成公十二年谋求晋、楚之成等。

⑤与:拥戴。

⑥不反,惧桓氏之无祀于宋也:不让华元回国,恐怕国人会群起而攻,桓族可能会被全部消灭。

⑦戌:向戌,即合左师,也是桓族。

⑧偏:一部分。

⑨河：黄河。

⑩言背其族：此说明经文不称子山族名的缘故：荡氏本宋公族，反欲削弱、危害公室，故书其名，不书其氏，以示其罪。族，宗族。

【译文】

华元、华喜，是戴公的族人；司城公孙师，是庄公的族人；其他六大臣都是桓公的族人。鱼石准备阻止华元逃亡，鱼府说："右师如果回来，一定会讨伐荡泽，这样就会没有我们桓氏一族了。"鱼石说："右师如果能回来，即使允许他讨伐，他也一定不敢。而且他建立了许多功勋，国人拥护他，他不回来，我担心我们桓氏一族在宋国无立身之地了。右师如果讨伐，还有向戌能免，桓氏一族即使灭亡，也必然只是灭亡掉一部分。"鱼石亲自在黄河边上劝阻华元别走。华元请求讨伐荡泽，鱼石答应了，华元这才回来。派遣华喜、公孙师率领国内的人们进攻荡氏，杀了荡泽。《春秋》记载说"宋杀其大夫山"，称名而不称族，是说荡泽背弃了自己的宗族。

【经】宋鱼石出奔楚①。

【注释】

①鱼石：公孙目夷之曾孙，官左师。鱼石与山有亲，恐被殃及，故而出奔。

【译文】

宋国的鱼石出逃到楚国。

【左传】鱼石、向为人、鳞朱、向带、鱼府出舍于睢上①。华元使止之，不可。冬十月，华元自止之，不可，乃反。鱼府曰："今不从，不得入矣。右师视速而言疾，有异志焉②。若不我纳，今将驰矣。"登丘而望之，则驰。骋而从之③，则决睢澨④，闭门登陴矣⑤。左师、二司寇、二宰遂出奔楚。华元使向戍为左师，老佐为司马⑥，乐裔为司寇，以靖国人。

【注释】

①睢上：离宋都不远的睢水（今濉河）边。

②右师视速而言疾，有异志焉：指从华元的眼神和说话中，知其并非真心挽留他们。

③骋而从之：五人驱车跟随华元。

④睢澨（shì）：睢河的堤防。

⑤陴（pí）：墙。

⑥老佐：宋戴公五世孙。

【译文】

鱼石、向为人、鳞朱、向带、鱼府离开都城居住在睢水边。华元派人劝阻他们，不听。冬十月，华元亲自去劝阻他们，他们还是不同意，华元就回来了。鱼府说："现在不听从华元的话，以后就不能进入国都了。右师眼睛转动很快而且说话很急，他已另有打算了。如果不接纳我们，现在就要疾驰而去了。"他们登上山头一看，就看到华元疾驰而去。众人驱车跟着他，他已经掘开睢水堤防，关闭城门，登城设防了。左师、二司寇、二宰就逃亡到楚国。华元任命向戍为左师、老佐为司马、乐裔为司寇，以安定国人。

*【左传】晋三郤害伯宗①，谮而杀之，及栾弗忌②。伯州犁奔楚③。韩献子曰："郤氏其不免乎！善人，天地之纪也，而骤绝之④，不亡，何待？"

【注释】

①三郤：郤锜、郤犨、郤至。伯宗：晋国大夫，孙伯纠之子。

②栾弗忌：晋国大夫，伯宗党羽。

③伯州犁：伯宗之子。

④骤：屡次。先后杀害两人，故曰"骤"。

【译文】

晋国的三郤陷害伯宗，诬陷他使他被杀，连带杀了栾弗忌。伯州犁逃亡到楚国。韩献子说："郤氏恐怕难以免除祸难吧！善人，是天地的纲纪，却先后加以杀害，不灭亡，还等什么？"

初，伯宗每朝，其妻必戒之曰："'盗憎主人，民恶其上①。'子好直言，必及于难。"

【注释】

①盗憎主人，民恶其上：为当时俗语，言主人未得罪盗贼，而盗贼憎
　恨主人；统治者未得罪百姓，而百姓常厌恶统治者。

【译文】

当初，伯宗每次朝见，他的妻子一定会劝诫他说："'盗贼无缘故地憎恨主人，百姓无缘故地讨厌统治者。'您喜欢直言不讳，一定会蒙受祸难。"

【经】 冬十有一月，叔孙侨如会晋士燮、齐高无咎、宋华元、卫孙林父、郑公子鳅、邾人①，会吴于锺离②。

【注释】

①鳅（qiū）：人名。邾人：《公羊传》作"邾娄人"。

②锺离：诸侯国名，地在今安徽凤阳东北。时在吴、楚交界处，或已

　　灭。此锺离当是属于吴国的一部分。

【译文】

　　冬十一月，叔孙侨如会合晋国士燮、齐国高无咎、宋国华元、卫国孙林父、郑国公子鳅、邾国人，与吴国人相会于锺离。

【左传】十一月，会吴于锺离，始通吴也①。

【注释】

①会吴于锺离，始通吴也：赵鹏飞曰："于时吴、楚两炽，晋既抗楚，则

　　不得不与吴以夺楚援。"李廉曰："吴之见《经》始于郯之伐，盛于

　　州来之入。晋之通吴始于蒲之欲会，成于锺离之往会。"

【译文】

　　十一月，诸侯与吴国在锺离相会，这是开始和吴国往来。

【公羊传】曷为殊会吴①？外吴也。曷为外也？《春秋》内其国而外诸夏，内诸夏而外夷狄②。王者欲一乎天下③，曷为以外内之辞言之？言自近者始也。

【注释】

①殊会吴：殊，分别也。即用"会"字分别诸夏与吴。若不殊会，当

　　书"叔孙侨如会晋士燮、齐高无咎、宋华元、卫孙林父、郑公子鳅、

　　邾人、吴于锺离"。

②《春秋》内其国而外诸夏，内诸夏而外夷狄：此为《春秋》异内外

　　的思想，《春秋》假托鲁国为王者，彰显王者治理天下的次序。在

　　传闻世，治起于衰乱之中，则先治其国，故以鲁国为内，以诸夏为

外。至所闻世,见治升平,则治诸夏,故以诸夏为内,以夷狄为
外。此处"殊会吴",即是内诸夏而外夷狄的体现。至所见世,则
天下大同,故远近大小若一。下文所言之"自近者始",也就是这
个意思。

③王者欲一乎天下:此据大一统而言,《春秋》以元之气正天之端,
以天之端正王之政,以王之政正诸侯之即位,以诸侯之即位正境
内之治。王者之泽遍乎四海,此处却分别鲁国、诸夏与夷狄,故而
发问。

【译文】

为何单独列出"会吴"? 是以吴为外。为何以吴为外?《春秋》以鲁
国为内,而以诸夏为外;以诸夏为内,而以夷狄为外。王者欲一统于天
下,为何要用内外之辞来记录呢? 意思是王者治理天下从近者开始。

【穀梁传】会又会,外之也。

【译文】

说了两次会面,是疏远吴国。

【经】许迁于叶①。

【注释】

①许迁于叶:许灵公害怕郑国的欺凌,请求迁到楚国。后来楚国的
公子羋(mǐ)申把许国迁到了楚国的叶邑,成为楚国附庸之国。
叶,楚邑,在今河南叶县南。

【译文】

许国迁移到叶邑。

【左传】许灵公畏逼于郑，请迁于楚。辛丑①，楚公子申迁许于叶②。

【注释】

①辛丑：初三。

②楚公子申迁许于叶：许迁之后，其本土被郑占有，郑人称之为"旧许"。此后许成为楚的附庸国。

【译文】

许灵公害怕郑国的逼迫，请求把国家迁到楚国去。十一月初三，楚国公子申把许国迁到叶邑。

【穀梁传】迁者，犹得其国家以往者也。其地，许复见也。

【译文】

迁，就是为了保存国家而迁往那里的。记载地点，因为许国还会出现在经文中。

十六年

【经】十有六年春王正月①，雨，木冰②。

【注释】

①十有六年：鲁成公十六年当周简王十一年，前575年。

②木冰：气象学之雾凇，今北方人又称"树挂"，冷却的雨滴或云雾滴在树木上结成冰。经文作者认为是异常现象，因此加以记载。

【译文】

鲁成公十六年春周历正月，下雨，沾附在树上凝结成冰。

【公羊传】雨木冰者何？雨而木冰也。何以书？记异也[1]。

【注释】

①记异也：何休云："木者，少阳，幼君、大臣之象。冰者，疑阴，兵之
类也。冰胁木者，君臣将执于兵之征也。"

【译文】

"雨木冰"是什么意思？是下雨而树枝上结冰。为何记录此事？是
记录异象。

【穀梁传】雨而木冰也。志异也。传曰：根枝折。

【译文】

下雨然后树木结冰了。是记载奇异的现象。传文说：树根和树枝都
折断了。

***【左传】**十六年春，楚子自武城使公子成以汝阴之田
求成于郑[1]。郑叛晋，子驷从楚子盟于武城。

【注释】

①武城：在今河南南阳北。汝阴：汝水之南，在河南郏县与叶县之间。

【译文】

鲁成公十六年春，楚共王从武城派公子成以割让汝水以南的田地为
条件向郑国求和。郑国背叛晋国，子驷前往武城与楚共王结盟。

【经】夏四月辛未[1]，滕子卒[2]。

【注释】

①辛未:初五。

②滕子:滕文公。

【译文】

夏四月初五,滕文公去世。

【左传】夏四月,滕文公卒。

【译文】

夏四月,滕文公去世。

【经】郑公子喜帅师侵宋①。

【注释】

①公子喜:《左传》《公羊传》皆作"公子喜",《穀梁传》作"公孙喜",
　误。公子喜,郑穆公之子,郑国大夫,字子罕。侵宋:据《左传》,
　郑国此时又与楚国结盟,故攻宋。

【译文】

郑国公子喜率领军队侵袭宋国。

【左传】郑子罕伐宋,宋将钼、乐惧败诸汋陂①。退,舍于夫渠②,不儆③,郑人覆之④,败诸汋陵⑤,获将钼、乐惧。宋恃胜也。

【注释】

①将钼、乐惧:皆宋国大夫。汋(zhuó)陂:宋地名,在今河南商丘。

②夫渠：离汋陂不远。

③儆：警戒。

④覆：伏兵袭击。

⑤汋陵：地名，在今河南宁陵南。

【译文】

郑国的子军进攻宋国，宋国的将钼、乐惧在汋陵打败了他。宋军退兵，驻扎在夫渠，不加警备，郑军设伏兵袭击，在汋陵打败宋军，俘虏了将钼、乐惧。宋国败在仗恃打了胜仗而不加戒备。

＊**【左传】**卫侯伐郑，至于鸣雁①，为晋故也。

【注释】

①鸣雁：地名，在今河南杞县北。

【译文】

卫献公攻打郑国，到达鸣雁，是为了晋国而出兵。

△**【经】**六月丙寅朔，日有食之①。

【注释】

①六月丙寅朔，日有食之：依历法推算，此为前575年5月9日的日全食。丙寅朔，初一。

【译文】

六月初一，天亮时分，发生日食。

【经】晋侯使栾黡来乞师①。

【注释】

①栾黡(yǎn)：晋国大夫，栾书之子，一称"栾桓子""桓主"。来乞师：这是晋国准备出兵攻打郑国。

【译文】

晋厉公派栾黡来我国请求出兵。

【左传】晋侯将伐郑，范文子曰①："若逞吾愿②，诸侯皆叛，晋可以逞③。若唯郑叛，晋国之忧，可立俟也④。"栾武子曰⑤："不可以当吾世而失诸侯，必伐郑。"乃兴师。栾书将中军，士燮佐之。郤锜将上军，荀偃佐之⑥。韩厥将下军，郤至佐新军，荀罃居守⑦。郤犨如卫，遂如齐，皆乞师焉。栾黡来乞师，孟献子曰⑧："晋有胜矣。"

【注释】

①范文子：即士燮，亦称"范叔"。

②逞吾愿：满足我使晋国政治安定、国家强盛的愿望。逞，意为满足。

③逞：作"行""做"解释。

④立俟(sì)：站着就能等得到、看得见。

⑤栾武子：即栾书。

⑥荀偃：字伯游，即中行献子，一称"中行偃"，荀林父之孙，荀庚之子。

⑦荀罃(yīng)：即知罃，一称"知武子"，知庄子荀首之子。居守：留守国内。

⑧孟献子：仲孙蔑。

【译文】

晋厉公准备征讨郑国，范文子说："如果满足我的愿望，那么只有当诸侯全都背叛我们时，我们才能出兵征讨。如果只有郑国背叛而我们也同样出兵,那么晋国的忧患马上就会到来。"栾书说:"不能在我们这一代失去诸侯的拥护,一定得征伐郑国。"于是出兵伐郑。栾书率中军,士燮辅佐他。郤锜率上军,荀偃辅佐他。韩厥率下军,郤至辅佐新军,荀罃留守晋都。郤犨前往卫国,接着去齐国,都是为了请求出兵援助。栾黡也前来我国请求出兵,孟献子说:"晋国胜算在握了。"

【经】甲午晦①,晋侯及楚子、郑伯战于鄢陵②。楚子、郑师败绩。

【注释】

①甲午晦:六月二十九日。晦,昼晦,白天昏暗。

②晋侯、楚子、郑伯:晋厉公姬寿曼、楚共王芈(mǐ)审、郑成公姬睔(gùn)。鄢陵:即隐公元年传文中的鄢,在今河南鄢陵北。

【译文】

六月二十九日,晋厉公与楚共王、郑成公在鄢陵交战。楚共王、郑国军队战败。

【左传】戊寅①,晋师起。郑人闻有晋师,使告于楚,姚句耳与往②。楚子救郑,司马将中军③,令尹将左④,右尹子辛将右⑤。过申⑥,子反入见申叔时,曰:"师其何如?"对曰:"德、刑、详、义、礼、信⑦,战之器也⑧。德以施惠,刑以正邪,详以事神,义以建利,礼以顺时,信以守物。民生厚而德正,用利而事节,时顺而物成。上下和睦,周旋不逆⑨,求无不具,各知其极⑩。故《诗》曰:'立我烝民,莫匪尔极⑪。'是以神降之福,时无灾害,民生敦庬⑫,和同以听,莫不尽力以从上命,致死以补其阙。此战之所由克也。今楚内弃其民,而外绝其好，渎齐盟⑬，而食话言，奸时以动⑭，而疲民以逞。民不知信，进退罪也。人恤所厎⑮，其谁致死？子其勉之！吾不复见子矣。"姚句耳先归，子驷问焉，对曰："其行速，过险而不整。速则失志⑯，不整丧列。志失列丧，将何以战？楚惧不可用也。"

【注释】

①戊寅：此指四月十二日。

②姚句（gōu）耳：郑国大夫。

③司马：楚官名。此司马为公子侧，字子反。

④令尹：楚官名。此令尹为公子婴齐，字子重。

⑤右尹：楚官名。子辛：即公子壬夫，字子辛。

⑥申：地名，在今河南南阳北。

⑦详：通"祥"，指用心精诚专一。

⑧器：器用，手段。

⑨周旋：举动。逆：悖逆。

⑩极：标准，原则。

⑪立我烝民，莫匪尔极：引《诗》见《诗经·周颂·思文》。意谓周祖先后稷安置众民，无不合乎准则。烝，众。

⑫敦：富厚。厖（máng）：大，富足。

⑬齐：同"斋"，斋戒。古代盟誓前须斋戒沐浴。

⑭奸时以动：鄢陵之战在周历四月（夏历二月），正是春耕季节，故云"奸时以动"。

⑮恤：忧虑。厎（zhǐ）：往。

⑯志：心志。此指思虑。

【译文】

四月十二日,晋军出发。郑国人听说有晋军进犯,就派人向楚国报告,大夫姚句耳也一同前往。楚共王率兵救郑,由司马子反率中军,令尹子重率左军,右尹子辛率右军。经过申地时,子反拜见了申叔时,问:"这次交战,结果会怎样?"申叔时回答说:"道德、刑罚、赤诚、义理、礼法、信用,都是战争取胜的必备条件。道德用来施予恩惠,刑罚用来纠正邪恶,赤诚用来事奉神灵,义理用来获取利益,礼法用来顺应时势,信用用来保有万物。人民生活富裕,道德就自然纯正;使用人民若于国有利,则办事就会有节制;顺应时势,事情就会成功。上下和睦,行为处事就不会受阻,凡是有所求的都无不具备,各人都懂得行事的准则。所以《诗》上说:'先王治理我民众,让他们无不懂得行为的准则。'因而神灵降下幸福,一年四季都没灾害,人民生活富足,同心协力,听从指挥,无不尽心尽力,服从上面的命令,甘愿牺牲生命以弥补国家的损失。这就是战争之所以取胜的原因。现在楚国,对内抛弃他的人民,对外弃绝友好国家,亵渎斋戒盟誓之事,说过的话不兑现,违背农时而兴师动武,以百姓的疲劳来满足自己的欲望。人民不懂得什么是信义,进退都可能获罪。士卒对奔赴前线心感忧虑,还有谁肯卖命送死?你努力自勉吧,我不会再见到您了。"姚句耳先回到郑国,子驷问他,他回答说:"楚师行军甚速,经过险要地段时也不加整饬。行军过速,就会考虑不周,不加整饬,就会失去应有的队形队列。考虑不周,队列丧失,凭什么作战?我怕楚军靠不住。"

五月,晋师济河。闻楚师将至,范文子欲反,曰:"我伪逃楚,可以纾忧。夫合诸侯,非吾所能也,以遗能者。我若群臣辑睦以事君,多矣[①]。"武子曰:"不可。"

【注释】

①多:足够。

【译文】

五月，晋军渡过黄河。听说楚军就要到达，士燮想撤军回去，说："我们假装逃避楚军，这样可以缓解国内的忧患。会合诸侯，不是我们所能办到的，把这留给有能力的人吧。如果我们群臣能和衷共济事奉国君，那也就足够了。"栾书说："不行。"

六月，晋、楚遇于鄢陵。范文子不欲战，郤至曰："韩之战①，惠公不振旅②；箕之役③，先轸不反命④；邲之师⑤，荀伯不复从⑥。皆晋之耻也。子亦见先君之事矣。今我辟楚，又益耻也。"文子曰："吾先君之亟战也⑦，有故。秦、狄、齐、楚皆强，不尽力，子孙将弱。今三强服矣，敌楚而已。唯圣人能外内无患，自非圣人⑧，外宁必有内忧。盍释楚以为外惧乎？"

【注释】

①韩之战：指僖公十五年的秦、晋韩之战，晋国战败，晋惠公被俘。韩，晋地名，在今陕西韩城南。

②不振旅：失败。振旅，治兵而归，胜利而归。

③箕之役：指僖公三十三年的晋、狄箕之战，晋军主帅先轸战死。箕，地名，在今山西太谷东。

④不反命：没有活着回来。

⑤邲（bì）之师：指宣公十二年的晋、楚邲之战，晋国战败。邲，郑地名，在今河南郑州。

⑥不复从：也指失败。从，周旋。

⑦亟（qì）：屡次。

⑧自非：若非。

【译文】

六月,晋、楚两军在鄢陵相遇。士燮不想交战,郤至说:"韩之战,惠公不能凯旋而归;箕之战,先轸未能回军复命;邲之战,荀伯战败,不能再与楚军周旋。这些都是晋国的耻辱。以上先君的事情您也见过吧。现在我们如果躲避楚军,这是又给晋国增添耻辱。"士燮说:"我们先君之所以屡次征战,这是有原因的。秦、狄、齐、楚,都是强国,如果不尽力征战,子孙恐怕将被削弱。现在秦、狄、齐三强国已经归服了,敌手只有一个楚国。唯有圣人才能做到国内外均无忧患,我们不是圣人,国外安宁必然出现国内的忧患。何不放过楚国,把它当成引起戒惧的外部国家呢?"

甲午晦,楚晨压晋军而陈。军吏患之。范匄趋进①,曰:"塞井夷灶,陈于军中②,而疏行首③。晋、楚唯天所授,何患焉?"文子执戈逐之,曰:"国之存亡,天也。童子何知焉?"栾书曰:"楚师轻窕,固垒而待之,三日必退。退而击之,必获胜焉。"郤至曰:"楚有六间④,不可失也:其二卿相恶⑤;王卒以旧⑥;郑陈而不整;蛮军而不陈⑦;陈不违晦⑧;在陈而嚣,合而加嚣,各顾其后,莫有斗心。旧不必良,以犯天忌,我必克之。"

【注释】

①范匄(gài):士燮之子,一称"范宣子"。时年尚幼,故其父称之为"童子"。

②塞井夷灶,陈于军中:古代军中须凿井垒灶以取水炊饭,由于楚军逼近,晋军阵地变小,故范匄建议塞井夷灶,列阵于军中。陈,同"阵"。

③疏行首:将行列间道路隔宽。古人作战,行列欲其疏阔,如《司马

法·定爵》"凡陈行惟疏",《淮南子·道应训》"疏队而击之"。
行首,行道。

④间:间隙,空子。

⑤二卿相恶:二卿指子反和子重。二人不和,故战败后子重逼子反自杀。

⑥旧:旧家子弟。

⑦蛮:指楚王带来的楚国南方的蛮族军队。

⑧陈不违晦:古代迷信,晦日不宜布阵作战,但楚军却不回避,故郤至说这也是楚军的一间。

【译文】

六月二十九日,这是六月的最后一天,楚军在清晨逼近晋军并摆开阵势。晋军吏为此担心。范匄跑进营帐,说:"填掉井铲平灶,在军中摆开阵势,并使行列间道路疏阔。晋、楚都是上天所眷顾的国家,怕什么?"士燮拿起戈赶走他,说:"国家的存亡是由天决定的,小孩懂得什么?"栾书说:"楚军轻浮急躁,我们只要固守营垒以等待,三天后楚军必退。等其退时再出击,必获全胜。"郤至说:"楚军有六处弱点,这次的机会不可丢失:两位卿相互仇视;楚王的亲兵都是旧家子弟;郑军虽摆开阵势,但军容不整;虽有南蛮军队,但并未摆开阵势;布阵而不避开晦日;士卒在军阵中喧哗说话,两军相遇后喧哗更甚,各自想着逃脱的后路,全无斗志。旧家子弟未必都是精兵,晦日布阵犯了天忌,我军必定能打败楚军。"

楚子登巢车以望晋军①,子重使大宰伯州犁侍于王后②。王曰:"骋而左右③,何也?"曰:"召军吏也。""皆聚于中军矣!"曰:"合谋也。""张幕矣!"曰:"虔卜于先君也④。""彻幕矣!"曰:"将发命也。""甚嚣,且尘上矣!"曰:"将塞井夷灶而为行也。""皆乘矣,左右执兵而下矣⑤!"曰:"听誓也。”“战乎？”曰：“未可知也。”“乘而左右皆下矣！”曰：
“战祷也。”伯州犁以公卒告王。苗贲皇在晋侯之侧⑥，亦以
王卒告。皆曰：“国士在，且厚，不可当也。”苗贲皇言于晋
侯曰：“楚之良，在其中军王族而已⑦。请分良以击其左右，
而三军萃于王卒⑧，必大败之。”公筮之，史曰：“吉。其卦遇
《复》䷗⑨，曰：‘南国蹙，射其元王中厥目⑩。’国蹙王伤，不
败何待？”公从之。

【注释】

①巢车：一种高大的兵车，如树上的鸟巢，可以登之而瞭望敌人。宣
　公十五年传文又谓之“楼车”。

②大宰：官名，掌王族事务。大，同“太”。伯州犁：晋大夫伯宗之
　子，因其父被杀而奔楚。

③骋而左右：晋国兵车向左右两方驰骋。这句是楚王的话。案以下
　这段凡不加“曰”的，皆楚王所说，凡加“曰”的，皆伯州犁回答的话。

④虔卜于先君：古代行军，必将前代国君主位载在车上同行。此乃
　在先君主位前诚心问卜。

⑤左右：春秋时，一般的兵车，将领居左，车右居右。

⑥苗贲皇：原为楚臣，斗椒之子，宣公四年奔晋。

⑦王族：与下文的“王卒”，均指楚王的亲兵。

⑧萃：聚集。

⑨《复》䷗：复卦，《震》卦在下，《坤》卦在上。

⑩南国蹙（cù），射其元王中厥目：这两句是史官根据《复》卦的卦
　象、卦爻辞而做的归纳。蹙，窘迫。元王，最高之王。

【译文】

楚共王登上巢车瞭望晋军，子重叫太宰伯州犁侍立于楚共王后面。

楚共王问："战车时左时右地奔驰,这是何故?"伯州犁回答说:"这是在召集军吏。""全都聚集于军帐之中!"说:"这是在一同谋划军务。""帐幕拉开了!"说:"这是在虔诚地向先君问卜。""帐幕又撤去了!"说:"就要发布命令了。""喧哗得很,连尘土都飞扬起来了!"说:"即将填井平灶布列行阵。""全都登上战车,但将领和车右又都拿着兵器下来了!"说:"要去听取主帅的誓师号令。""要出战了吗?"说:"还不知道。""上了战车,可是将领和车右又全都下车了!"说:"要作战前的祈祷。"伯州犁将晋厉公亲兵的情况禀报给楚共王。苗贲皇站在晋厉公旁边,也将楚共王亲兵的情况禀报给晋厉公。晋厉公左右的人都说:"楚国的杰出人才,全在军中,而且人数众多,这是不可抵挡的。"苗贲皇对晋厉公说:"楚国的精兵,仅仅是中军的亲兵而已。请将我们的精兵分成两部分,分别攻击他们的左右军,再集中三军攻其亲兵,必能大败楚军。"晋厉公进行占筮,史官说:"吉利。得到《复》卦,该卦意思说:'南国艰难窘迫,射他的元首,中其一目。'国君窘迫,国王受伤,楚国此时不败还要拖到何时?"晋厉公遵从占筮结果出战。

　　有淖于前,乃皆左右相违于淖①。步毅御晋厉公②,栾铖为右③。彭名御楚共王,潘党为右。石首御郑成公,唐苟为右。栾、范以其族夹公行。陷于淖,栾书将载晋侯,铖曰:"书退④,国有大任,焉得专之。且侵官,冒也;失官⑤,慢也;离局⑥,奸也。有三罪焉,不可犯也。"乃掀公以出于淖。

【注释】

①违:避开。

②步毅:即郤毅,郤至之弟,郤克的同族。

③栾铖:栾书之子,栾黡之弟。

④书退:《礼记·曲礼》上"君前臣名",古代在国君前群臣之间皆直
　呼其名,故栾鍼于其父栾书也直呼其名。

⑤失官:若元帅载国君于己车,必将抛弃自己作为元帅的职责。

⑥离局:离开自己的部属。

【译文】

　　晋军的前面有一个泥坑,晋军全都左右绕行,避开泥坑。步毅为晋厉公驾车,栾鍼为车右。彭名为楚共王驾车,潘党为车右。石首为郑成公驾车,唐苟为车右。栾氏、范氏带领着他们的家族士兵左右夹护着晋厉公前进。战车陷入泥坑之中,栾书准备让晋厉公乘坐自己的战车,栾鍼说:"栾书你走开,国家有许多重大任务,哪能由你一人独占。而且侵夺他人职责,这是冒犯;丢弃本人职守,这是怠慢;离开自己的部属,这是错误的。这三条罪过,都是不可触犯的。"于是他托起晋厉公的坐车,将它推出泥坑。

　　癸巳①,潘尪之党与养由基蹲甲而射之②,彻七札焉③。以示王,曰:"君有二臣如此,何忧于战?"王怒曰:"大辱国④。诘朝尔射⑤,死艺⑥。"吕锜梦射月⑦,中之,退入于泥。占之,曰:"姬姓,日也;异姓,月也,必楚王也⑧。射而中之,退入于泥,亦必死矣。"及战,射共王中目。王召养由基,与之两矢,使射吕锜,中项,伏弢⑨。以一矢复命。

【注释】

①癸巳:这是上文"甲午晦"的前一天,即六月二十八日。以下补叙癸巳日的事情。

②潘尪(wāng)之党:即潘尪之子潘党。养由基:楚国名将,善射。蹲甲:把甲积叠起来。

③彻：穿透。七札：革甲内外厚薄复叠七层。札，编织甲的皮革。

④大辱国：楚共王认为为将应有勇有谋，而潘、养二人仅以"彻七札"的匹夫之勇就说"何忧于战"，显然是"不尚智谋"的表现，因而楚共王发怒，骂他们是"大辱国"。

⑤诘朝：第二天早晨。

⑥死艺：只凭射艺，恐怕要死在这武艺上。

⑦吕锜：即晋国的魏锜。

⑧"姬姓"五句：古代以日比天子，以月比臣、诸侯，周天子与晋侯均姬姓，故云"日也"，楚王芈姓，为异姓诸侯，故云"月也"。

⑨弢（tāo）：弓衣，盛弓的套子。

【译文】

六月二十八日，楚大夫潘尫的儿子潘党与楚大夫养由基堆叠起皮甲衣比赛射箭，二人都射透七层皮甲。他们拿着这些皮甲给楚共王看，说："君王有两位如此能耐的臣子，还担忧什么与晋交战？"楚共王发怒道："太羞辱国家了。明天早上，你们要是射箭，就会死在这射技上面。"这天晚上，晋将吕锜做梦朝月亮射箭，射中了，但后退时又掉入泥坑里。他为这个梦进行占卜，占梦的人说："姬姓，是太阳。异姓，是月亮，必定是楚王。你射中他，但后退时又掉入泥坑里，你也必死无疑。"到第二天交战时，吕锜射中楚共王眼睛。楚共王召来养由基，给他两支箭，要他去射吕锜，他一箭射中吕锜的脖子，吕锜伏在弓套上死去。养由基拿着剩下的一支箭去复命。

郤至三遇楚子之卒，见楚子必下，免胄而趋风①。楚子使工尹襄问之以弓②，曰："方事之殷也，有韎韦之跗注③，君子也。识见不穀而趋④。无乃伤乎？"郤至见客，免胄承命，曰："君之外臣至⑤，从寡君之戎事，以君之灵，间蒙甲胄⑥，不敢拜命。敢告不宁⑦，君命之辱，为事之故，敢肃使者⑧。"
三肃使者而退。

【注释】

①免胄（zhòu）而趋风：脱下头盔快步走。这是臣见君时的恭敬表现。

②工尹：官名。襄：人名。问：春秋时，向某人问候时，一般须送上礼
　　物以表示情意。

③韎（mèi）：赤黄色。韦：熟牛皮。跗（fū）注：当时的军服，衣裤相
　　连，裤脚系在踝跗之上。

④不穀：不善。这是春秋时诸侯国君的谦称。

⑤君：此指楚共王。外臣：古代臣子在他国国君之前自称"外臣"。
　　文中工尹襄代表楚共王，故郤至亦自称"外臣"。

⑥间：参与。蒙：披着，穿着。

⑦宁：通"愁（yìn）"，受伤。

⑧肃：肃拜。古代的一种行礼方式，身略俯折，与今之作揖相似。本
　　古代妇女所行礼节，男子则以拜或顿首等以示恭敬。无论拜与顿
　　首，都必须折腰。而古礼，甲胄之士不拜，故只行肃拜之礼。

【译文】

郤至三次遇到楚共王的亲兵，每次见到楚共王时都要下车，脱去头
盔，疾走如风。楚共王派工尹襄送给他一张弓，说："正当战事激烈之时，
有个身穿金黄色皮军装的人，他真是个君子。见到我就快步走。他莫非
受伤了？"郤至接见楚军来客，脱下头盔并接受楚共王的问候，说："君王
的外臣郤至，跟随寡君来作战，托楚君的威灵，参与披戴铠甲和头盔，所
以无法拜受君王慰劳的旨意。我冒昧地告诉您，我并没受伤，对于君王
的问候，我感到惭愧，因为战事的缘故，我冒昧地向您作揖行礼。"他向
使者作了三次揖后才退去。

晋韩厥从郑伯，其御杜溷罗曰："速从之！其御屡顾，不在马，可及也。"韩厥曰："不可以再辱国君^①。"乃止。郤至从郑伯，其右茀翰胡曰："谍辂之^②，余从之乘而俘以下。"郤至曰："伤国君有刑。"亦止。石首曰："卫懿公唯不去其旗，是以败于荧^③。"乃内旌于弢中。唐苟谓石首曰："子在君侧，败者壹大^④。我不如子，子以君免，我请止。"乃死。

【注释】

①不可以再辱国君：吕锜已射中楚共王一目，羞辱过一个国君；若追及郑成公，是羞辱第二个国君，故韩厥说："不可以再辱国君。"

②谍：侦察兵。此指轻兵。辂（yà）：通"迓"，迎战。此指拦击。

③卫懿（yì）公唯不去其旗，是以败于荧：卫懿公，春秋初年卫国国君，名赤。荧，荧泽，地名，在黄河之北，今河南淇县。闵公二年，卫与狄战于荧泽，卫军大败，卫懿公因不去其旗，被狄人认出而被杀。

④败者壹大：指战败者应专心一意保护国君。壹，专心一意。大，此指国君。

【译文】

晋韩厥追赶郑成公，他的御者杜溷罗说："赶快追赶！他的御者屡屡回顾，心不在驭马，可以赶上。"韩厥说："不能再羞辱国君了。"因而停止了追击。郤至追赶郑成公，他的车右茀翰胡说："派遣轻兵拦击，我从后面登上他的车将他俘获抓下。"郤至说："伤害国君是要受处罚的。"也停止了追击。郑成公的御者石首说："卫懿公就是因为不拿掉车上的旗帜，所以才在荧泽打了败仗。"他们于是把旗帜放进弓套里。车右唐苟对石首说："您在国君的旁边，战败者应一心保护国君。这方面我不如您，您带着国君逃走，我请留下。"唐苟因此而战死。

楚师薄于险，叔山冉谓养由基曰^①："虽君有命^②，为国故，子必射！"乃射。再发，尽殪。叔山冉搏人以投，中车折轼。晋师乃止。囚楚公子茷。

【注释】

①叔山冉：楚之勇士，复姓叔山，名冉。

②君有命：楚共王曾责潘党、养由基二人"尔射，死艺"，言外之意即禁止其射箭。

【译文】

楚军在一险要地段受到晋军的逼迫，叔山冉对养由基说："虽然有国君的禁令，但为了国家，你也一定要射箭！"养由基便箭射晋军。他连发二箭，所射尽死。叔山冉捉住晋人，又将他向晋军投去，投中战车，折断车前横木。晋军这才停止追击。晋军俘获、囚禁了楚国的公子茷。

栾铖见子重之旌，请曰："楚人谓：'夫旌，子重之麾也^①。'彼其子重也。日臣之使于楚也，子重问晋国之勇，臣对曰：'好以众整^②。'曰：'又何如？'臣对曰：'好以暇^③。'今两国治戎，行人不使，不可谓整；临事而食言，不可谓暇。请摄饮焉^④。"公许之。使行人执榼承饮^⑤，造于子重，曰："寡君乏使，使铖御持矛^⑥，是以不得犒从者，使某摄饮。"子重曰："夫子尝与吾言于楚，必是故也，不亦识乎^⑦！"受而饮之。免使者而复鼓。

【注释】

①夫旌，子重之麾也：栾铖识子重之旗帜，盖由楚军被俘者所供。旗帜上书姓氏，是战国以后制度。

②整：整齐，严整。

③暇：从容。

④摄饮：栾鍼为晋厉公车右，不能离开，故请求派人代为献酒。摄，代。

⑤榼（kē）：装食物的器具。承：奉。

⑥御持矛：侍于侧而持矛。指为晋厉公的车右。御，侍。

⑦识（zhì）：记。此指记忆力强。

【译文】

　　栾鍼看见子重的旗帜，向晋厉公请求道："楚人说：'那面旗帜是子重的旗帜。'那个人大概就是子重。从前下臣出使楚国时，子重问晋人勇武的表现，下臣回答说：'喜欢部队整饬周密。'又问：'还有什么？'下臣回答说：'喜欢从容不迫。'现在两国交战，不派使者，不能说是整饬周密；遇到战事就自食其言，不能说是从容不迫。请派人代下臣向子重进酒。"晋厉公答应了。派使者拿着食盒和酒，到子重那里，说："寡君缺乏人才，让栾鍼持矛侍立于寡君之侧，所以无法来犒劳你的随从人员，派我来代为进酒。"子重说："那位先生曾跟我在楚国交谈过，必定是为了那次交谈的缘故，他的记忆力真是太好了！"收下酒并喝下。送走使者后又重新擂鼓。

　　旦而战，见星未已。子反命军吏察夷伤①，补卒乘，缮甲兵，展车马②，鸡鸣而食，唯命是听。晋人患之。苗贲皇徇曰："蒐乘补卒，秣马利兵，修陈固列，蓐食申祷③，明日复战。"乃逸楚囚④。王闻之，召子反谋。榖阳竖献饮于子反，子反醉而不能见。王曰："天败楚也夫！余不可以待。"乃宵遁⑤。

【注释】

①夷：创伤。

②展：排列。

③蓐（rù）食：厚食，战前让士卒饱餐。一说，黎明清晨，尚未起床，就在寝席被蓐上吃早饭，极言进食之早。申祷：再次祈祷求胜。

④乃逸楚囚：故意放松警惕，让楚军俘虏逃走。案晋军"逸楚囚"的目的，是想借楚囚的口告诉楚王：晋军亦早有准备。

⑤乃宵遁：案鄢陵之战是晋、楚间又一次争霸战，晋军险胜。

【译文】

这天，从清晨开始交战，到晚上星星出来了还没结束。子反命令军吏去查点伤员，补充士卒战车，修理甲胄和兵器，排列好兵车战马，天亮鸡鸣时就进食，要绝对服从命令。晋人很担心。苗贲皇向军中传令说："检阅战车，补充士卒，喂饱战马，磨快兵器，整顿军阵，巩固行列，早早地进食，再三地祈祷，明日再战。"晋人故意放走楚军俘虏。楚共王听了这些俘虏的报告后，忙召子反商量。子反的小臣穀阳竖献酒给子反，子反喝醉了，不能去见楚共王。楚共王说："天败楚国啊！我不能坐以待毙。"因而连夜逃走。

晋入楚军，三日谷。范文子立于戎马之前①，曰："君幼，诸臣不佞，何以及此？君其戒之！《周书》曰：'唯命不于常②。'有德之谓。"

【注释】

①戎马：晋厉公的车马。

②唯命不于常：语出《尚书·周书·康诰》。意谓天命之所在并非一成不变的。常，不变的规律。

【译文】

晋军攻入楚军营垒,一连三天吃缴获来的楚军粮食。士燮站在晋厉公兵车的马前,说:"国君年幼,诸臣无才,凭什么取得这种战果? 国君要警惕啊!《周书》说:'天命之所在并非一成不变的。'说的是有德者才能享有天命。"

【公羊传】晦者何? 冥也。何以书? 记异也。败者称师[1],楚何以不称师? 王痍也[2]。王痍者何? 伤乎矢也。然则何以不言师败绩? 末言尔[3]。

【注释】

①败者称师:案偏战之例,若有胜负,当书某日,某及某战于某地,某师败绩。

②痍(yí):受伤,创伤。

③末言尔:末,无也。案《春秋》之例,国君重于师众,此处楚王为流矢所伤,重于师败绩,既然王痍,就不需要再言"师败绩"。

【译文】

"晦"是什么意思? 是白天冥晦昏暗。为何记录此事? 是记录异象。战败者称"师",楚国为何不称"楚师败绩"? 因为楚王受伤了。楚王怎么受伤的? 被箭射伤。然则为何不言"楚师败绩"? 国君受伤,就不用再言"楚师败绩"。

【穀梁传】日事,遇晦曰晦。四体偏断曰败[1],此其败则目也[2]。楚不言师,君重于师也。

【注释】

①四体偏断：四肢都折断。

②此其败则目也：据《左传》，晋大夫魏锜射中了楚共王的眼睛，楚共王给养由基两支箭让他射魏锜，养由基一箭射死魏锜，将另一箭归还楚共王复命。目，眼睛。

【译文】

记载事情，遇到晦日就要说"晦"。四肢都折断叫"败"，这里的"败"是指眼睛。对楚国没有说"楚师"，因为国君比军队更重要。

【经】楚杀其大夫公子侧①。

【注释】

①公子侧：楚国司马，字子反。鄢陵之战中为楚国中军主将，战败之后，楚共王表示由自己承担战败的责任，免除子反之死。然其时担任楚令尹的子重，以先大夫子玉在城濮之战后自杀的例子相逼，子反自杀。

【译文】

楚国杀了他们的大夫公子侧。

【左传】楚师还及瑕①。王使谓子反曰："先大夫之覆师徒者②，君不在③。子无以为过，不毂之罪也。"子反再拜稽首曰："君赐臣死，死且不朽。臣之卒实奔，臣之罪也。"子重使谓子反曰："初陨师徒者④，而亦闻之矣！盍图之⑤？"对曰："虽微先大夫有之，大夫命侧，侧敢不义？侧亡君师，敢忘其死？"王使止之，弗及而卒。

【注释】

①瑕：随地名，随为楚之附庸国，故楚军得以在瑕地歇息。

②先大夫：指子玉，子反的父亲。

③君不在：子玉在城濮之战中为令尹、中军之帅，败于晋军，时楚成
　　王不在军中，故失败的责任应由子玉承担，而这次楚共王在军中，
　　故下文楚共王说"不穀之罪也"。

④初陨师徒者：此指子玉。陨，损失。

⑤盍图之：案子重要子反考虑一下子玉的下场，其用意是逼其自杀。

【译文】

　　楚军撤回到瑕地。楚共王派人对子反说："先大夫使楚军覆败，当时
国君不在军中。您不要认为自己这次有过错，这是我的罪过。"子反对
来人拜了两拜，叩头说："国君赐臣以死，臣虽死而不朽。臣的士卒确实
有溃败逃奔的，这是臣的罪过。"子重派人对子反说："当初那位使楚军
受挫的人，你大概也听说过了吧！你何不考虑考虑？"子反回答说："即
使没有先大夫那件事，大夫命令侧考虑，侧岂敢不义而偷生？侧损失了
君王的军队，岂敢忘记先大夫的自杀？"楚共王派人去制止，但还没赶到，
子反就自杀了。

【经】 秋，公会晋侯、齐侯、卫侯、宋华元、邾人于沙随①，
不见公②。

【注释】

①晋侯、齐侯、卫侯：晋厉公、齐灵公、卫献公。邾人：《公羊传》作
　　"邾娄人"。沙随：宋地名，在今河南宁陵北。据《左传》，诸侯在
　　此相会商议伐郑之事，因郑未服。

②不见公：诸侯们不接见鲁成公。据《左传》，鲁大夫叔孙侨如与鲁
　　成公之母穆姜通奸，侨如想赶走季文子季孙行父和孟献子仲孙

蒇,故穆姜在成公出发之前向鲁成公要求放逐二人,鲁成公不从,
于是留在鲁国处理好这件事之后才出发赴会,故迟到很久。叔孙
侨如使人贿赂晋大夫郤犨,在晋厉公面前说鲁成公迟到是因为在
观望晋、楚的胜负,于是诸侯们不见鲁成公。

【译文】

秋,鲁成公与晋厉公、齐灵公、卫献公、宋国华元、邾国人在沙随相
会,晋厉公不肯接见成公。

【左传】战之日,齐国佐、高无咎至于师①。卫侯出于卫,
公出于坏隤②。宣伯通于穆姜③,欲去季、孟④,而取其室。
将行,穆姜送公,而使逐二子。公以晋难告⑤,曰:“请反而
听命。”姜怒,公子偃、公子鉏趋过⑥,指之曰:“女不可,是皆
君也。”公待于坏隤,申宫儆备⑦,设守而后行,是以后。使
孟献子守于公宫⑧。

【注释】

①高无咎:高固之子。

②坏隤(tuí):鲁地名,在今山东曲阜。

③宣伯:叔孙侨如。穆姜:鲁成公之母。

④季、孟:指季文子和孟献子。

⑤晋难:即晋国让鲁国出兵会同伐郑。

⑥公子偃、公子鉏:二人皆为鲁成公庶弟。

⑦申宫:即司宫,即守宫。申,司。儆备:即加强戒备。

⑧使孟献子守于公宫:案季文子随从鲁成公率兵去会晋伐郑,孟献
子留守公宫,可见鲁成公无意于去此二人。前言“请反而听命”
托词而已。

【译文】

作战的时候,齐国国佐、高无咎到达军中。卫献公从卫国出来,鲁成公从坏隤出来。宣伯和穆姜私通,想要去掉季、孟二人而占取他们的家财。鲁成公将要出行,穆姜送他,让他驱逐季文子和孟献子。鲁成公以要应晋国要求出兵的事敷衍她,说:"请等我回来后再听取您的命令。"穆姜很生气,公子偃、公子鉏快步走过,穆姜指着他们说:"你不同意,这两个人都可以是国君。"鲁成公便在坏隤等待,防护宫室,加强戒备,设置守卫后出行,所以迟到了。他让孟献子在公宫留守。

秋,会于沙随,谋伐郑也。宣伯使告郤犨曰:"鲁侯待于坏隤以待胜者。"郤犨将新军,且为公族大夫,以主东诸侯[①]。取货于宣伯而诉公于晋侯[②],晋侯不见公。

【注释】

①主东诸侯:主持东部诸侯如齐、鲁等的招待事宜。

②诉:诽谤。

【译文】

秋,诸侯在沙随相会,商议进攻郑国。宣伯派人告诉郤犨说:"鲁侯在坏隤等着,以观望谁是胜利者。"郤犨率领新军,并且担任公族大夫,主持对东方诸侯的接待联络事务。他从宣伯那里收取贿赂而在晋厉公面前毁谤鲁成公,晋厉公因此不肯接见鲁成公。

【公羊传】不见公者何? 公不见见也[①]。

【注释】

①公不见见也:即公不被会见。原因是"晋侯使栾黡来乞师",鲁国并未答应,故而晋侯怨怼,欲执公。

【译文】

"不见公"是什么意思？是公不被诸侯会见。

【穀梁传】不见公者，可以见公也。可以见公而不见公，讥在诸侯也。

【译文】

不与鲁成公见面，意思是说可以与鲁成公见面。可以见鲁成公而不见鲁成公，是在讥讽诸侯们。

【经】公至自会。

【译文】

鲁成公从沙随之会回国。

【公羊传】公不见见，大夫执，何以致会[①]？不耻也。曷为不耻？公幼也[②]。

【注释】

① "公不见见"三句：大夫执，即季孙行父代公被晋人所执。经不书"执季孙行父"者，以"公不见见"为重。案《春秋》之例，公与二国以上出会盟，得意致会，不得意不致。此处"公不见见，大夫执"，是不得意，却致会，故而发问。

② 公幼也：案礼制，有不与童子为礼的规定。《白虎通·爵》云："童子当受爵命者，使大夫就其国而命之，明王者不与童子为礼也。"此处鲁成公年少，不被诸侯会见，正合"不与童子为礼"的规定，故而可以杀耻。

【译文】

公不被诸侯会见，鲁国大夫被拘捕，为何致会？因为没有耻辱。为何没有耻辱？因为公年幼。

　　*【左传】曹人请于晋曰："自我先君宣公即世^①，国人曰：'若之何？忧犹未弭^②。'而又讨我寡君，以亡曹国社稷之镇公子^③，是大泯曹也^④。先君无乃有罪乎？若有罪，则君列诸会矣^⑤。君唯不遗德刑，以伯诸侯。岂独遗诸敝邑^⑥？敢私布之。"

【注释】

①即世：去世。曹宣公死于成公十三年。

②忧：指曹宣公死，太子为负刍所杀。弭（mǐ）：止息。

③亡曹国社稷之镇公子：指成公十五年子臧因曹成公被执而奔宋。镇，重。

④泯：灭。

⑤列诸会：即"列之于会"。之，指先君曹宣公。会，指宣公十七年断道会盟等。

⑥遗：失。

【译文】

曹国人向晋国请求说："自从我国先君宣公去世，国内的人们说：'怎么办？忧患还没有消除。'而贵国又讨伐我国寡君，因而使主持我们曹国国政的公子臧逃亡，这是在大举削灭我们曹国。莫非是由于先君有罪？可是如果有罪，那么国君又让他参加会盟了。国君正因为不丢失德行和刑罚，所以才能称霸诸侯。难道唯独丢弃敝邑？谨在此私下向国君表达真情。"

【经】公会尹子①**,晋侯、齐国佐、邾人伐郑**②**。**

【注释】

①尹子:尹武公,周王卿士。案名例,诸侯入为天子大夫,称"子"。

②邾人:《公羊传》作"邾娄人"。

【译文】

鲁成公会同尹武公、晋厉公、齐国国佐、邾国人攻打郑国。

【左传】七月,公会尹武公及诸侯伐郑①。将行,姜又命公如初。公又申守而行②。诸侯之师次于郑西,我师次于督扬③,不敢过郑。子叔声伯使叔孙豹请逆于晋师④,为食于郑郊。师逆以至。声伯四日不食以待之,食使者而后食。

【注释】

①尹武公:即经文中的尹子。

②申守:即前文"申宫儆备"。

③督扬:郑地名,在郑国东部。

④子叔声伯:鲁国的公孙婴齐。叔孙豹:叔孙侨如之弟。

【译文】

七月,鲁成公会合尹武公和诸侯进攻郑国。鲁成公将要出行,穆姜又像以前一样命令鲁成公。鲁成公又在宫中设了防备以后才出行。诸侯的军队驻扎在郑国西部,我国的军队驻扎在督扬,不敢经过郑国。子叔声伯派叔孙豹请求晋军前来迎接我军,又在郑国郊外为晋军准备饭食。晋军为迎接我军而来到。子叔声伯等着他们四天没有吃饭,直到让晋国的使者吃了饭以后自己才吃。

诸侯迁于制田①。知武子佐下军②,以诸侯之师侵陈,至

于鸣鹿③。遂侵蔡。未反，诸侯迁于颍上④。戊午⑤，郑子罕
宵军之⑥，宋、齐、卫皆失军⑦。

【注释】

①制田：郑地名，在今河南新郑东北。

②知武子：即荀罃。鄢陵之役留守晋国，此次出军。

③鸣鹿：地名，在今河南鹿邑西。

④颍上：颍水之旁，在今河南禹州。

⑤戊午：二十四日。

⑥宵军：夜间出兵。

⑦失军：溃不成军。

【译文】

诸侯的军队迁移到制田。知武子作为下军副帅，率领诸侯的军队入
侵陈国，到达鸣鹿。于是就侵袭蔡国。还没有回兵，诸侯又迁移到颍上。
七月二十四日，郑国的子罕发动夜袭，宋国、齐国、卫国都溃不成军。

【经】曹伯归自京师①。

【注释】

①曹伯：曹成公姬负刍，去年即位，参加戚地会盟时晋厉公将其拘
　　押，送至周王京师，此记他被放回。

【译文】

曹成公从京师回国。

【左传】曹人复请于晋，晋侯谓子臧：“反，吾归而君。”子
臧反，曹伯归。子臧尽致其邑与卿而不出①。

【注释】

①致：交出。卿：指所任卿职。不出：不出仕。

【译文】

曹国人再次请求晋国，晋厉公对子臧说："你回去吧，我让你们国君回国。"子臧回国，曹成公也回来了。子臧把他的封邑和卿的职位全部交出去而不再做官。

【公羊传】执而归者名，曹伯何以不名？而不言复归于曹何①？易也②。其易奈何？公子喜时在内也。公子喜时在内，则何以易？公子喜时者，仁人也，内平其国而待之，外治诸京师而免之。其言自京师何？言甚易也③，舍是无难矣。

【注释】

①"执而归者名"三句：案《春秋》之例，诸侯有罪被执，而天子释放之，则书诸侯之名，又书复归，如僖公二十八年"曹伯襄复归于曹"。书诸侯之名，表明天子释放有罪之人，赏罚不明。书复归，则表示"出有恶，归无恶"，即之前被执，是执当其罪，归国则有天子之命，故无恶。此处曹伯负刍因篡公子喜时之位而被执，是执当其罪，却不书名，又不书"复归于曹"，故而发问。

②易：容易。

③其言自京师何？言甚易也：依《春秋》之例，有罪诸侯被释放，本当书"曹伯负刍复归于曹"，此处书"归自京师"，与"公至自京师"一般，像平常自京师归国，非是被释之辞，故言甚易也。值得注意的是，经文言"易也""甚易也"，是从公子喜时的角度讲的，公子喜时不愿意看到曹伯有罪，故《春秋》缘公子喜时之心而书之，并非曹伯真的无罪。

【译文】

诸侯有罪被执,释放时书名,曹伯为何不书名？为何不书"复归于曹"？因为被释放很容易。为何容易？因为公子喜时在国内。公子喜时在国内,那么为何容易？公子喜时,是仁义之人,对内,治理好国家,而等候曹伯归来;对外,治讼于京师而免除曹伯之罪。经书"自京师"是为何？表明释放曹伯非常容易,除了从京师回来之外,没有其他困难了。

【穀梁传】不言所归,归之善者也。出入不名,以为不失其国也。归为善,自某归次之。

【译文】

不说回到哪里去,是对于"归"的好的说法。出国回国都不说他的名字,是认为他没有失去他的国家。说"归"是最好的,说"自某归"稍差一点儿。

【经】九月,晋人执季孙行父,舍之于苕丘[①]。

【注释】

① 晋人执季孙行父,舍之于苕(tiáo)丘:据《左传》,鲁大夫叔孙侨如使人在郤犨面前诋毁季孙行父,故晋拘押季孙行父,鲁成公派声伯去晋国请求放人,晋大夫士燮也在栾书面前替季孙行父说话,故晋释放了季孙行父。苕丘,晋地名,今在何处不详。《公羊传》作"招丘"。

【译文】

九月,晋国人拘捕了季孙行父,安置在苕丘。

【左传】宣伯使告郤犨曰:"鲁之有季、孟,犹晋之有栾、范也,政令于是乎成。今其谋曰:'晋政多门,不可从也。宁事齐、楚,有亡而已,蔑从晋矣①。'若欲得志于鲁,请止行父而杀之,我毙蔑也②,而事晋,蔑有贰矣③。鲁不贰,小国必睦。不然,归必叛矣④。"

【注释】

①蔑从晋:意谓即令亡国,不从晋国。蔑,不。

②蔑:仲孙蔑,即孟献子,当时留守公宫。

③蔑:无。

④归必叛:指季孙行父归鲁必叛晋。

【译文】

叔孙侨如派人告诉郤犨说:"鲁国有季氏、孟氏,就好像晋国有栾氏、范氏,政令就是由这些宗族制定的。如今他们商议说:'晋国的政令出自多门,不能服从。宁可事奉齐国和楚国,哪怕亡国,也不要跟从晋国了。'晋国如果要在鲁国行使自己的意志,请拘留季孙行父并把他杀了,我杀了仲孙蔑事奉晋国,这样就没有背叛晋国的人了。鲁国不背叛晋国,其他小国必然亲附晋国。不这样,季孙行父回国后就必然背叛晋国。"

九月,晋人执季文子于苕丘。公还,待于郓①,使子叔声伯请季孙于晋。郤犨曰:"苟去仲孙蔑而止季孙行父,吾与子国,亲于公室②。"对曰:"侨如之情③,子必闻之矣。若去蔑与行父,是大弃鲁国而罪寡君也。若犹不弃,而惠徼周公之福,使寡君得事晋君,则夫二人者,鲁国社稷之臣也。若朝亡之④,鲁必夕亡。以鲁之密迩仇雠⑤,亡而为仇,治之何及?"郤犨曰:"吾为子请邑⑥。"对曰:"婴齐,鲁之常隶也⑦,敢介大国以求厚焉⑧! 承寡君之命以请,若得所请,吾子之赐多矣。又何求?"范文子谓栾武子曰:"季孙于鲁,相二君矣⑨。妾不衣帛,马不食粟,可不谓忠乎? 信谗慝而弃忠良,若诸侯何? 子叔婴齐奉君命无私,谋国家不贰,图其身不忘其君。若虚其请⑩,是弃善人也。子其图之!"乃许鲁平,赦季孙。

【注释】

①郓:鲁地名,在今山东郓城东。鲁有二郓,此为西郓。

②吾与子国,亲于公室:即让你持鲁国之政,且亲声伯甚于鲁公室。国,国政。

③侨如之情:指叔孙侨如与穆姜通奸及欲夺季、孟财产的事。

④之:指季、孟二人。

⑤密迩:紧靠,靠近。仇雠(chóu):指齐、楚诸国。

⑥请邑:请求封邑。

⑦常隶:指地位低下的小臣。此为声伯谦辞。

⑧介:倚仗。厚:厚禄。指封邑。

⑨二君:指鲁宣公和鲁成公。

⑩虚其请:意谓拒绝他的请求。

【译文】

九月,晋国人在苕丘拘捕了季孙行父。鲁成公回国,停留在郓地,派子叔声伯向晋国请求放回季孙行父。郤犨说:"如果除掉仲孙蔑而留下季孙行父,我让你任鲁国执政,对你比对公室还亲。"声伯回答说:"侨如的情况,您一定听到了。如果去掉仲孙蔑和季孙行父,是大大削弱鲁国而加罪寡君。如果还不弃鲁国,而承蒙您向周公求福,让寡君能够事奉晋君，那么这二人就是鲁国的社稷之臣。早晨如果除掉他们，鲁国晚上一定灭亡。鲁国靠近晋国的仇敌，灭亡鲁国便帮助了仇敌，那时还来得及补救吗？"邰犫说："我为您请求封邑。"声伯回答说："婴齐我是鲁国的小臣，岂敢仗恃大国以求取厚禄？我奉寡君的命令前来请求，如果所请得到应允，您对我的恩赐就很多了。我还求什么？"范文子对栾武子说："季孙在鲁国，辅助过两个国君。妾不穿丝绸，马不吃粮食，难道他不是个忠臣吗？听信奸邪而丢弃忠良，怎么向诸侯交代？子叔婴齐接受国君的命令而没有私心，为国家谋划也忠心不二，为自己打算而不忘国君。如果拒绝他的请求，这是丢弃善人啊！您还是考虑一下吧！"于是就允许鲁国讲和，赦免了季孙行父。

【公羊传】执未可言舍之者，此其言舍之何？仁之也①，曰：在招丘，悕矣②。执未有言仁之者，此其言仁之何？代公执也。其代公执奈何？前此者，晋人来乞师而不与。公会晋侯③，将执公，季孙行父曰："此臣之罪也。"于是执季孙行父。成公将会晋厉公④，会不当期，将执公。季孙行父曰："臣有罪，执其君，子有罪，执其父，此听失之大者也⑤。今此臣之罪也⑥，舍臣之身，而执臣之君，吾恐听失之为宗庙羞也。"于是执季孙行父。

【注释】

①仁之也：凌曙以为，"仁"与"人"通，《方言》"凡相怜哀，……九疑湘潭之间谓之人兮"。

②悕（xī）：悲悯。

③公会晋侯：此指上文沙随之会。

④成公将会晋厉公：此指上文"公会尹子、晋侯、齐国佐、邾（娄）人

　伐郑"。

⑤听:听狱。

⑥今此臣之罪也:何休云:"过则称己,美则称君。"

【译文】

　　被拘捕不可言及释放的,此处言及释放是为何? 哀怜季孙行父。说:季孙行父在招丘,可悲啊。被拘捕没有言及哀怜他的,此处言及哀怜他是为何? 因为他代替公被拘捕。他代替公被拘捕是怎么回事? 先前,晋人来乞求援军,鲁国没有答应。公在沙随与晋厉公相会,晋厉公将要拘捕公,季孙行父说:"这是微臣的罪责。"于是拘捕了季孙行父。鲁成公将要会同晋厉公伐郑,鲁成公延误了会期,将要拘捕公。季孙行父说:"臣下有罪,却拘捕国君;儿子有罪,却拘捕父亲,这是听狱中的大失误。如今,这是微臣的罪过,舍去微臣,而拘捕微臣的国君,我恐怕听狱的失误,会使宗庙蒙羞。"于是拘捕了季孙行父。

　　【穀梁传】执者不舍,而舍,公所也①。执者致,而不致,公在也。何其执而辞也? 犹存公也。存意,公亦存也? 公存也。

【注释】

①公所也:指鲁成公在苕丘。后文"公在也"也是指鲁成公在苕丘。季孙行父被释放之后与鲁成公一起回国,所以后面说了"公至自会"就足够了。

【译文】

　　被抓的人不说释放他的地方,这里却说了季孙行父被释放的地方,因为鲁成公也在那里。被抓的人回来应说告祭祖庙,这里却没有说告祭祖庙,因为鲁成公在。为什么要说"执"呢? 还是要表明鲁成公在苕丘。表明了这个意思,鲁成公就在那里吗? 鲁成公在那里。

【经】冬十月乙亥①,叔孙侨如出奔齐②。十有二月乙丑③,季孙行父及晋郤犨盟于扈④。

【注释】

①乙亥:十二日。

②出奔齐:鲁成公回国后就驱逐了叔孙侨如,立其弟叔孙豹为叔孙氏继承人。

③乙丑:初三。

④郤犨(chōu):《公羊传》作"郤州"。扈:郑地名,在今河南原阳西。

【译文】

冬十月十二日,叔孙侨如出逃到齐国。十二月初三,季孙行父与晋国郤犨在扈地结盟。

【左传】冬十月,出叔孙侨如而盟之①,侨如奔齐。十二月,季孙及郤犨盟于扈。

【注释】

①出:放逐。盟之:与诸大夫盟。

【译文】

冬十月,放逐叔孙侨如,并和大夫们设立盟誓,叔孙侨如逃亡到齐国。十二月,季孙和郤犨在扈地结盟。

【经】公至自会。乙酉①,刺公子偃②。

【注释】

①乙酉:二十三日。案《春秋》之例,内讳杀大夫,而书"刺之"。又

案时月日例,内杀大夫,有罪者不日,无罪者日。则此处公子偃为

无罪。

②公子偃:鲁成公庶弟。据《左传》,鲁成公母亲穆姜要求成公放逐

孟献子与季文子时,曾威胁成公说可废成公而立公子偃或公子

钮。此独杀公子偃,或是因为公子偃参与了叔孙侨如的谋划。

【译文】

鲁成公从盟会回国。二十三日,杀死公子偃。

【左传】归,刺公子偃,召叔孙豹于齐而立之①。

【注释】

①召叔孙豹于齐而立之:立叔孙豹为叔孙氏之后。家铉翁曰:"季孙

之执、侨如之奔、邲鞸之盟、公子偃之刺,《春秋》备书之,为鲁国

隐忧也。季孙之释也,栾、范私之。行父外交有素,始与襄仲共谋

弑君,陷叔仲惠伯于死。今自晋归,逞执辱之憾,幽君母,杀公子,

鲁之政一出季氏矣。"

【译文】

回到国内,杀死了公子偃,把叔孙豹从齐国召回,让他继承叔孙氏

官职。

【穀梁传】大夫日卒,正也。先刺后名,杀无罪也。

【译文】

大夫记载去世的日期,符合正道。先说刺杀再说名字,表明杀害的

是无罪的人。

*【左传】齐声孟子通侨如^①，使立于高、国之间^②。侨如曰：“不可以再罪。”奔卫，亦间于卿。

【注释】

①声孟子：齐灵公之母，宋国女。

②高、国：指高氏、国氏，为齐国世袭上卿。

【译文】

齐国的声孟子和叔孙侨如私通，让他位于高氏、国氏之间。叔孙侨如说：“不能再犯罪了。”便逃亡到卫国，也位于各卿之间。

*【左传】晋侯使郤至献楚捷于周，与单襄公语，骤称其伐^①。单子语诸大夫曰：“温季其亡乎^②！位于七人之下^③，而求掩其上^④。怨之所聚，乱之本也。多怨而阶乱^⑤，何以在位？《夏书》曰：‘怨岂在明？不见是图^⑥。’将慎其细也。今而明之，其可乎？”

【注释】

①伐：功劳。

②温季：即郤至。温为其采邑。

③位于七人之下：郤至时仅是新军佐，其上尚有栾书、士燮、郤锜、荀偃、韩厥、荀䓨、郤犨等七人。

④掩：盖过。

⑤阶：阶梯。

⑥怨岂在明？不见是图：此两句本逸书，后人编入《古文尚书》之《五子之歌》。意谓怨恨不只在明处，尚须注意不易见的细微怨恨，要谨慎其细微处。

【译文】

晋厉公派遣郤至去宗周进献对楚国作战的战利品,郤至和单襄公说话,屡次夸耀自己的功劳。单襄公对大夫们说:"郤至恐怕要被杀吧!他的官位在七人之下,而想要盖过他的上级。聚集怨仇,是祸乱的根本。多招怨恨而自造祸乱的阶梯,怎么还能据有官位?《夏书》说:'怨恨难道只是在看得到的地方?看不到的倒更要防备。'这是说在细微之处也要谨慎从事。如今郤至把看不到的怨恨公开化了,难道可以吗?"

十七年

【经】十有七年春①,卫北宫括帅师侵郑②。

【注释】

①十有七年:鲁成公十七年当周简王十二年,前574年。

②卫北宫括帅师侵郑:郑侵晋,于是卫侵郑以救晋。北宫括,卫国大夫,复姓北宫,名括。《公羊传》作"北宫结"。

【译文】

鲁成公十七年春,卫国北宫括率领军队侵袭郑国。

【左传】十七年春,王正月,郑子驷侵晋虚、滑①。卫北宫括救晋,侵郑,至于高氏②。

【注释】

①虚:晋邑名,在今河南偃师。滑:费滑,姬姓国,在今河南偃师。后被秦灭,又归于晋。

②高氏:地名,在今河南禹州西南。

【译文】

鲁成公十七年春,周历正月,郑国子驷侵袭晋国的虚、滑两地。卫国的北宫括救援晋国,侵袭郑国,到达高氏。

【经】夏,公会尹子、单子、晋侯、齐侯、宋公、卫侯、曹伯、邾人伐郑^①。

【注释】

①尹子:尹国国君尹武公,尹国为姞(jī)姓诸侯国,建国者为尹吉甫。尹武公情况不详。单子:单襄公,"单"当系王畿内封国,在今河南洛阳。宋公:宋国国君宋平公子成,宋共公之子。邾人:《公羊传》作"邾娄人"。

【译文】

夏,鲁成公会合尹武公、单襄公、晋厉公、齐灵公、宋平公、卫献公、曹成公、邾国人攻打郑国。

【左传】夏五月,郑大子髡顽、侯獳为质于楚^①,楚公子成、公子寅成郑。公会尹武公、单襄公及诸侯伐郑,自戏童至于曲洧^②。

【注释】

①侯獳(nòu):郑国大夫,与僖公二十八年传文中的曹国大夫侯獳不是同一人。

②戏童:地名,又称"戏",在今河南巩义、登封一带。曲洧(wěi):即今河南洧川。

【译文】

夏五月,郑国太子髡顽和侯獳到楚国做人质,楚国公子成、公子寅成守郑国。鲁成公会合尹武公、单襄公以及诸侯攻打郑国,从戏童打到曲洧。

*【左传】晋范文子反自鄢陵,使其祝宗祈死①,曰:"君骄侈而克敌,是天益其疾也。难将作矣! 爱我者惟祝我②,使我速死,无及于难,范氏之福也。"六月戊辰③,士燮卒。

【注释】

①祝宗:卿大夫之家有祝史,主持宗庙祷祝,祝宗为祝史之长。

②祝:诅咒。

③戊辰:初九。

【译文】

晋国的范文子从鄢陵战役回国后,让他的祝宗祈求让他早点死去,说:"国君骄侈而战胜了敌人,这是上天加重他的毛病。祸难将要到来了! 爱我的人只有诅咒我,让我快点死去,不要遭受祸难,这是范氏的福气。"六月初九,范文子去世。

【经】六月乙酉①,同盟于柯陵②。

【注释】

①乙酉:二十六日。

②柯(kē)陵:郑地名,在郑国西部,今河南临颍北。

【译文】

六月二十六日,一起在柯陵结盟。

【左传】乙酉,同盟于柯陵,寻戚之盟也①。

【注释】

①戚之盟：在成公十五年。

【译文】

六月二十六日，诸侯一起在柯陵结盟，是重温戚地的盟约。

【穀梁传】柯陵之盟，谋复伐郑也①。

【注释】

①复：又，再。

【译文】

柯陵之盟，是商量再次讨伐郑国。

【经】秋，公至自会。

【译文】

秋，鲁成公从盟会回国。

【穀梁传】不曰至自伐郑也，公不周乎伐郑也①。何以知公之不周乎伐郑？以其以会致也。何以知其盟复伐郑也？以其后会之人尽盟者也。不周乎伐郑，则何为日也？言公之不背柯陵之盟也。

【注释】

①周：坚定。

【译文】

不说从讨伐郑国之地回来，鲁成公在讨伐郑国这件事上不够坚定。

怎么知道鲁成公在讨伐郑国这件事上不坚定呢？因为经文说从会盟地回国。怎么知道柯陵之盟要再次讨伐郑国呢？因为后来又会盟的国家都是柯陵之盟的国家。在讨伐郑国的事情上不坚定，那为什么要记载日期呢？是为了说鲁成公没有背叛柯陵之盟。

*【左传】楚子重救郑，师于首止^①。诸侯还。

【注释】

①首止：地名，在今河南睢县东南。

【译文】

楚国子重援救郑国，军队驻扎在首止。诸侯退兵回国。

【经】齐高无咎出奔莒^①。

【注释】

①齐高无咎出奔莒（jǔ）：据《左传》，齐国的庆克和齐灵公之母声孟子通奸，被大夫国佐得知，声孟子向齐灵公诬告高无咎和国佐欲谋反，于是高无咎被齐灵公驱逐。高无咎之子率领其封地卢邑的人叛乱，齐灵公派庆克平乱，其时国佐正与诸侯围郑，知道国内动乱之后回国杀了庆克，与齐灵公讲和。后来被齐灵公所杀。高无咎，齐国大夫。

【译文】

齐国高无咎出逃到莒国。

【左传】齐庆克通于声孟子^①，与妇人蒙衣乘辇而入于闳^②。鲍牵见之^③，以告国武子^④。武子召庆克而谓之^⑤。庆克久不出，而告夫人曰："国子谪我^⑥！"夫人怒。国子相灵公以会,高、鲍处守。及还,将至,闭门而索客⑦。孟子诉之曰:"高、鲍将不纳君,而立公子角⑧。国子知之⑨。"秋七月壬寅⑩,刖鲍牵而逐高无咎⑪。无咎奔莒。高弱以卢叛⑫。齐人来召鲍国而立之⑬。

【注释】

①庆克:齐国大夫,庆封之父。

②蒙衣:为当时妇女外出的习俗。庆克当时是男扮女装。辇:人力推挽的车。闳(hóng):宫中夹道之门,巷门。

③鲍牵:鲍叔牙曾孙。

④国武子:国佐。

⑤谓:告诉。

⑥谪:责备。

⑦闭门而索客:齐灵公将返,关闭城门,检查旅客,本警戒预防措施。

⑧公子角:齐顷公之子。

⑨知之:参与其事。

⑩壬寅:十三日。

⑪刖(yuè):砍足,古代的一种酷刑。

⑫高弱:高无咎之子。卢:高氏采邑,在今山东长清西南。

⑬鲍国:鲍牵之弟,谥文子。此时在鲁国。

【译文】

齐国的庆克和声孟子私通,与一妇人同穿女衣一起坐辇进入宫中的巷门。鲍牵见到了,报告了国武子。国武子把庆克召来,告诉他这件事。庆克躲在家里很久不出门,而报告声孟子说:"国子责备我!"声孟子发怒。国武子作为齐灵公的相礼参加会盟,高无咎、鲍牵留守。等到齐灵公回国,将要到达都城时,高、鲍关闭城门,检查旅客。声孟子诬陷说:"高、鲍二人打算不接纳国君进城,立公子角为君,国佐参与了这件事。"

秋七月十三日,齐灵公砍去鲍牵的双脚,放逐了高无咎。高无咎逃亡到莒国。高弱带领卢地百姓发动叛乱。齐国人来我国召回鲍国,让他继承鲍氏的职位。

　　初,鲍国去鲍氏而来为施孝叔臣①。施氏卜宰②,匡句须吉③。施氏之宰有百室之邑。与匡句须邑,使为宰,以让鲍国,而致邑焉。施孝叔曰:"子实吉④。"对曰:"能与忠良,吉孰大焉?"鲍国相施氏忠,故齐人取以为鲍氏后。仲尼曰:"鲍庄子之知不如葵⑤,葵犹能卫其足。"

【注释】

①施孝叔:鲁惠公五世孙。

②卜宰:占卜选择家臣之长。

③匡:鲁邑名。句须:匡邑宰,因以匡为氏。

④子:指匡句须。

⑤鲍庄子:鲍牵。知:同"智"。葵:古代人常吃的一种蔬菜,往往不等叶老便摘下来食用,让它再长嫩叶而不伤其根。

【译文】

　　当初,鲍国离开鲍氏而来我国做施孝叔的家臣。施氏占卜决定家宰人选,匡句须吉利。施氏的家宰有一百家的采邑。施氏给了匡句须采邑,让他担任家宰,他却把这职位让给鲍国,并把采邑也给了鲍国。施孝叔说:"占卜确定你是吉利的。"匡句须回答说:"能够给忠良,还有比这再大的吉利吗?"鲍国辅助施氏很忠诚,所以齐国人让他回国作为鲍氏的继承人。孔子说:"鲍牵的智慧还不如葵菜,葵菜尚且能保护自己的脚。"

【经】九月辛丑①,用郊。

【注释】

①辛丑:十三日。

【译文】

九月十三日,举行郊祭。

【公羊传】用者何? 用者不宜用也。九月,非所用郊也①。然则郊曷用? 郊用正月上辛②。或曰:用,然后郊③。

【注释】

①九月,非所用郊也:案鲁国郊祭之制,占卜周历一月、二月、三月郊祭,其他时间则是非礼。详见僖公三十一年"夏四月,四卜郊,不从,乃免牲,犹三望"条注。

②郊用正月上辛:古人用天干地支记日,正月上辛,指周历正月上旬之辛日。案周天子郊天,用夏历正月(周历三月)上辛。鲁国是诸侯,因周公之德,而能郊祭,然下周天子一等,则需占卜周历一、二、三月上辛之日,得吉,方能郊祭。此处言"郊用(周历)正月上辛"者,是《春秋》规定的后世百王之法。

③或曰:用,然后郊:这是对经文"用郊"的另外一种解释,以"用"为祭祀后稷的名称,即先祭祀后稷,再举行郊祭。此处当以第一种解释"用者不宜用"为正。

【译文】

"用"是什么意思? 书"用",就表示不宜用。九月,不是举行郊祭的时间。那么郊祭在何时举行? 郊祭用正月上辛日。另有一种说法:祭祀了后稷,方举行郊祭。

【穀梁传】夏之始可以承春①。以秋之末承春之始,盖不可矣。九月用郊,用者,不宜用也。宫室不设,不可以祭。

衣服不修,不可以祭。车马器械不备,不可以祭。有司一人不备其职,不可以祭。祭者,荐其时也,荐其敬也,荐其美也^②,非享味也。

【注释】

①夏之始可以承春:这里的意思是夏之始接着春天,尚可举行本应在春天举行的祭祀,但是在秋天举行就不合适了。承,接续,承接。

②"荐其时也"三句:进献季节的时鲜,进献虔敬的心意,进献丰美的礼物。

【译文】

夏天的开始还可以承接着春天。用秋天的末尾承接初春,大概就不可以了。九月举行郊祭,说举行,就是不应该举行的意思。宗庙没有布置好,不可以举行祭祀。衣服没有整理好,不可以举行祭祀。车马器具没有准备好,不可以举行祭祀。负责祭祀的官吏有一人没有就位,不可以举行祭祀。祭祀,是要进献季节的时鲜,进献虔诚的心意,进献丰美的礼物,而不是只让神灵享受美味。

△**【经】**晋侯使荀罃来乞师^①。

【注释】

①晋侯:晋厉公姬寿曼。荀罃:晋国大夫,荀首之子。

【译文】

晋厉公派荀罃来我国请求出兵。

【经】冬,公会单子、晋侯、宋公、卫侯、曹伯、齐人、邾人伐郑。

【译文】

　　冬,鲁成公会合单襄公、晋厉公、宋平公、卫献公、曹成公、齐国人、邾国人攻打郑国。

　　【左传】冬,诸侯伐郑。十月庚午[①],围郑。楚公子申救郑,师于汝上[②]。十一月,诸侯还[③]。

【注释】

①庚午:十二日。

②汝:汝水,当时为楚、郑两国交界线。

③诸侯还:案此年晋、楚对郑的争夺尤为频繁激烈。姚舜牧曰:"晋三假王命伐郑,《春秋》屡书辞繁而不杀,何也? 楚势甚强,且挟郑为援,睥睨列国,若不有晋厉假王灵以薄伐,不知其凭陵当何如者。虽伐郑不服,不犹愈纵彼肆行而莫之忌耶?"

【译文】

　　冬,诸侯进攻郑国。十月十二日,包围郑国都城。楚国公子申救援郑国,军队驻扎在汝水边上。十一月,诸侯退兵回国。

　　【穀梁传】言公不背柯陵之盟也。

【译文】

　　这是说鲁成公没有违背柯陵之盟。

　　△**【经】**十有一月[①],公至自伐郑。

【注释】

①十有一月:案时月日例,公致例时,此处书月,是为了下条"壬申,

公孙婴齐卒于狸脤"而出。

【译文】

十一月，鲁成公从伐郑的前线回国。

【经】壬申①，**公孙婴齐卒于狸脤**②。

【注释】

①壬申：十一月无壬申，恐记日有误。

②狸脤（lí shèn）：地名，今地不详。《公羊传》作"狸轸"，《穀梁传》作"狸蜃"。

【译文】

壬申日，公孙婴齐在狸脤去世。

【左传】初，声伯梦涉洹①，或与己琼瑰②，食之，泣而为琼瑰，盈其怀。从而歌之曰："济洹之水，赠我以琼瑰。归乎！归乎！琼瑰盈吾怀乎！"惧不敢占也③。还自郑，壬申，至于狸脤而占之，曰："余恐死，故不敢占也。今众繁而从余三年矣，无伤也④。"言之，之莫而卒⑤。

【注释】

①声伯：子叔声伯，即公孙婴齐。洹：洹水，即今安阳河，在河南境内。

②琼瑰：似玉的美石制的珠子。

③惧不敢占：古人死后，口含石珠。声伯疑为凶梦，故不敢卜问。

④今众繁而从余三年矣，无伤也：声伯最初以为是凶梦，如今从属既多，且相随三年，故认为琼瑰满怀，可能应验在此，认为是吉梦，因敢于占卜而又云无伤。众，从属。

⑤之莫：即"至暮"。

【译文】

当初，声伯梦见自己趟过洹水，有人给自己琼瑰，他吃下去，哭出来的眼泪都成了琼瑰，落满了怀抱。他接着唱道："渡过了洹水，赠给我琼瑰。回去吧！回去吧！琼瑰装满我怀内！"声伯醒来后心中害怕，不敢占梦。这次从郑国回来，十一月壬申日，到达狸脤而占此梦，说："我害怕会死，所以不敢卜。如今这么多人跟随我已经三年了，没有妨碍了。"说了这件事，到晚上就死了。

【公羊传】 非此月日也①，曷为以此月日卒之？待君命，然后卒大夫②。曷为待君命，然后卒大夫？前此者，婴齐走之晋③。公会晋侯④，将执公。婴齐为公请，公许之反为大夫，归至于狸轸而卒。无君命，不敢卒大夫。公至，曰："吾固许之反为大夫。"然后卒之。

【注释】

①非此月日也：即公孙婴齐之卒，非在十一月之壬申日。案下条，丁巳为十二月之朔日，逆推之，则壬申为十月十六日，故云"非此月日也"。

②待君命，然后卒大夫：等待君命达到，方书大夫之卒。案《春秋》之例，只记录内大夫之卒。公孙婴齐先前出奔，被绝，不为大夫；因沙随之会，为鲁成公请命，故鲁成公许诺他复为鲁国大夫；然公孙婴齐卒于十月十六日，鲁成公归国在十一月，君命未达鲁国，故不敢在"十一月，公至自伐郑"之前，书公孙婴齐之卒。故颠倒时间顺序，在公致之后，方书"壬申，公孙婴齐卒于狸脤（轸）"。之所以"待君命，然后卒大夫"，是因大夫无自爵之义。

③婴齐走之晋：先前公孙婴齐出奔晋国，然《春秋》未记录此事，因公孙婴齐为公请命有功，抵消了出奔之罪。

④公会晋侯：此指上年的沙随之会。

【译文】

十一月没有壬申日，为何以十一月之壬申日记录公孙婴齐之卒？等待君命到达之后，才记录大夫之卒。等待君命到达之后，才记录大夫之卒，是为何？先前，婴齐出奔至晋国。公与晋侯在沙随相会，将要拘捕公。婴齐为公请命，公许诺让他回国后复为大夫，婴齐归国，十月十六日行至狸轸就去世了。当时没有君命，不敢以大夫之例记录婴齐之卒。十一月公归国，说："我是答应他归国后复为大夫的。"于是以大夫之例书婴齐之卒。

【穀梁传】十一月无壬申，壬申，乃十月也。致公而后录，臣子之义也。其地，未逾竟也。

【译文】

十一月没有壬申日，壬申日，是十月的。说成公告祭祖庙之后再记录，是作为臣子应守的道义。记载地点，因为没有越出边境。

***【左传】**齐侯使崔杼为大夫，使庆克佐之，帅师围卢。国佐从诸侯围郑，以难请而归。遂如卢师，杀庆克，以穀叛①。齐侯与之盟于徐关而复之②。十二月，卢降。使国胜告难于晋③，待命于清④。

【注释】

①穀：齐地名，在今山东东阿。

②徐关：地名，在今山东临淄。

③国胜：国佐之子。

④清：齐邑名，在今山东聊城西。

【译文】

齐灵公任命崔杼为大夫，派庆克辅佐他，率领军队包围卢地。国佐跟随诸侯包围郑国，以齐国发生祸难为由请求回国。于是就去包围卢地的军队中杀死庆克，率领穀地百姓发动叛乱。齐灵公与国佐在徐关订立盟约后恢复了他的官职。十二月，卢地投降。齐灵公派遣国胜去晋国报告发生的祸难，让他在清地等候命令。

△**【经】十有二月丁巳朔，日有食之**①。

【注释】

①十有二月丁巳朔，日有食之：此为前574年10月22日之日全食。

【译文】

十二月初一，发生日食。

△**【经】邾子貜且卒**①。

【注释】

①邾子貜且（jué jū）：邾定公，姓曹名貜且。邾子，《公羊传》作"邾娄子"。

【译文】

邾定公貜且去世。

【经】晋杀其大夫郤锜、郤犨、郤至①。

①晋杀其大夫郤锜、郤犨、郤至：晋厉公欲废群臣而立自己的宠臣，胥童是晋厉公的宠臣之一，因其父胥克被前大夫郤缺所罢免，对

郤氏怀恨在心，此时报复郤氏，于是设计杀了"三郤"（郤锜、郤犫、郤至）。

【译文】

晋国杀了他们的大夫郤锜、郤犫、郤至。

【左传】晋厉公侈，多外嬖①。反自鄢陵②，欲尽去群大夫，而立其左右。胥童以胥克之废也③，怨郤氏，而嬖于厉公。郤锜夺夷阳五田④，五亦嬖于厉公。郤犫与长鱼矫争田⑤，执而梏之，与其父母妻子同一辕，既，矫亦嬖于厉公。栾书怨郤至⑥，以其不从己而败楚师也⑦，欲废之。使楚公子茷告公曰⑧："此战也，郤至实召寡君⑨。以东师之未至也⑩，与军帅之不具也⑪，曰：'此必败！吾因奉孙周以事君⑫。'"公告栾书，书曰："其有焉！不然，岂其死之不恤，而受敌使乎⑬？君盍尝使诸周而察之⑭！"郤至聘于周，栾书使孙周见之。公使觇之⑮。信。遂怨郤至。

【注释】

①外嬖（bì）：此指下文的胥童、夷阳五、长鱼矫等人。

②反自鄢（yān）陵：指上一年晋与楚战于鄢陵之后返回晋国。

③胥童：胥克之子。胥克之废：宣公八年，郤缺因胥克有蛊疾而废其下军佐。胥克，晋文公时大臣胥臣之孙。

④夷阳五：又作"夷羊五"，复姓夷羊，名五。

⑤长鱼矫：复姓长鱼，名矫。

⑥栾书：亦称"栾武子""栾伯"。

⑦不从己而败楚师：案晋、楚鄢陵之战中，晋军主帅栾书主张先固守而后再出击，时为新军之帅的郤至则主张速战，晋厉公用郤至之

谋而败楚,故栾书对郤至颇为不满。

⑧公子茷:晋、楚鄢陵之战中,晋俘楚公子茷以归。

⑨寡君:此指楚共王。

⑩东师:此指齐、鲁、卫等东方诸侯国军队,他们与晋均为同盟关系。

⑪军帅之不具:晋师有上、中、下、新,共四军,本应有八位将佐。但当时荀罃以下军佐留守晋都,郤犨以新军将往各国求援,因而参战的将佐实际上只有六位。

⑫孙周:晋襄公的曾孙,名周,即后来的晋悼公。

⑬受敌使:指鄢陵之战中,楚共王派使者问候郤至,并送给他一把弓。

⑭使诸周而察之:时孙周在周侍奉单襄公。案晋自献公之后,群公子一律居外,而不留在国内,故孙周在周而不在晋。

⑮觇(chān):伺察。

【译文】

晋厉公很骄纵,有许多宠幸的臣子。从鄢陵回来后,想罢免所有的大夫,然后立自己左右的宠臣。胥童因为父亲胥克被罢免,因而怨恨郤氏,他自己则颇得晋厉公的宠幸。郤锜夺去了夷阳五的田地,夷阳五后来也得宠于晋厉公。郤犨与长鱼矫争夺田地,郤犨将长鱼矫抓起来戴上镣铐,把他和他的父母一同绑在一根车辕上,事后不久,长鱼矫也得到了晋厉公的宠爱。栾书怨恨郤至,因为他不赞同自己的谋略竟然打败了楚军,因而想撤郤至的职。他让楚公子茷跟晋厉公说:"那次鄢陵之战,是郤至把寡君召来的。因为当时东方诸侯国军队还没到,晋军将佐也未到齐,因而郤至说:'此战晋必败!我借此机会立孙周为君来侍奉国君。'"晋厉公把这话告诉栾书,栾书说:"也许有这回事!不然的话,他难道会不考虑一下死的危险,而接受敌方使者的礼物?国君何不试着派他出使周王室而观察他一下。"郤至到周王室聘问,栾书叫孙周去见郤至。晋厉公派人侦察。果然有郤至和孙周会面的事。晋厉公于是很恨郤至。

厉公田,与妇人先杀而饮酒①,后使大夫杀。郤至奉豕,寺人孟张夺之,郤至射而杀之。公曰:"季子欺余。"

【注释】

①与妇人先杀而饮酒:案当时之礼,国君与大夫射猎时,妇人不得参与。

【译文】

晋厉公有一次打猎时,和女人一道先射杀禽兽并饮酒助兴,然后才叫众大夫去射杀。郤至奉献上射死的一头野猪,宦官孟张要夺他的野猪,郤至将他射死了。晋厉公说:"郤至在欺负我。"

厉公将作难,胥童曰:"必先三郤,族大,多怨。去大族,不逼,敌多怨,有庸①。"公曰:"然。"郤氏闻之,郤锜欲攻公,曰:"虽死,君必危。"郤至曰:"人所以立,信、知、勇也。信不叛君,知不害民,勇不作乱。失兹三者,其谁与我?死而多怨,将安用之?君实有臣而杀之,其谓君何?我之有罪,吾死后矣!若杀不辜,将失其民,欲安得乎?待命而已!受君之禄,是以聚党,有党而争命,罪孰大焉!"壬午②,胥童、夷羊五帅甲八百,将攻郤氏。长鱼矫请无用众,公使清沸鱿助之③,抽戈结衽④,而伪讼者。三郤将谋于榭⑤。矫以戈杀驹伯、苦成叔于其位⑥。温季曰:"逃威也⑦!"遂趋。矫及诸其车,以戈杀之。皆尸诸朝。

【注释】

①庸:功劳,成功。

②壬午:二十六日。

③清沸魋（tuí）：晋厉公的宠臣。

④抽戈结衽（rèn）：长鱼矫与清沸魋两人各抽戈，衣襟相结。

⑤榭：建于台上的房子。

⑥驹伯：郤锜。苦成叔：郤犨。

⑦逃威也：上文郤至说"待命而已"，言愿受君命而死，而此时长鱼矫、清沸魋以戈相威胁，乃出于私恨，而非君命，他不愿这样死去，故曰"逃威也"。威，威胁。

【译文】

晋厉公准备发难，胥童说："一定要先除掉三郤，三郤家族大，仇家多。除掉大家族，国君就不会受逼迫；讨伐仇多恨大之人，容易成功。"晋厉公说："对。"郤氏家族听到这消息，郤锜想攻打晋厉公，说："我们即使死了，国君也必定危险。"郤至说："人之所以能立身于世，靠的是信义、明智、勇敢。信义使人不会背叛国君，明智使人不会残害人民，勇敢使人不会发动祸乱。失去这三者，谁还会拥护我们？因叛乱而死只会招来更多的怨恨，这对我们有什么用处？国君拥有臣子，他杀了臣子，你能说国君什么？我如果有罪，那么我现在死已经晚了！国君如果杀害无罪之臣，那么他将失去他的人民，他想平安无事，办得到吗？我们还是听候处置的命令吧！接受国君赐予的禄位，才能集聚成郤氏族党，有了族党却与国君的命令相抗争，没有什么罪过会比这更大！"十二月二十六日，胥童、夷羊五率领甲兵八百名，准备攻打郤氏家族。长鱼矫请求不要动用这么多人，晋厉公就派清沸魋帮助他。长鱼矫和清沸魋各自抽戈在手，系起衣襟，装出吵架争斗的样子。三郤准备在榭里和他们二人商谈。到商谈时，长鱼矫用戈将郤锜、郤犨杀死在座位上。郤至说："这是用武力威胁，我快逃吧。"于是快步跑出。长鱼矫追到他的坐车，就用戈杀了他。三人的尸体全都陈列于朝廷殿堂上。

胥童以甲劫栾书、中行偃于朝①。矫曰："不杀二子，忧必及君。"公曰:"一朝而尸三卿,余不忍益也。"对曰②:"人将忍君。臣闻乱在外为奸,在内为轨③。御奸以德,御轨以刑。不施而杀,不可谓德;臣逼而不讨,不可谓刑④。德刑不立,奸轨并至。臣请行。"遂出奔狄。公使辞于二子,曰:"寡人有讨于郤氏,郤氏既伏其辜矣。大夫无辱⑤,其复职位。"皆再拜稽首曰:"君讨有罪,而免臣于死,君之惠也。二臣虽死,敢忘君德!"乃皆归。公使胥童为卿。

【注释】

①中行偃:即荀偃,字伯游,又称"中行献子"。

②对曰:主语应当是栾书和中行偃。

③轨:通"宄(guǐ)",犯法作乱。

④"不施而杀"四句:意为对朝廷外的平民动乱,应先施恩惠;对朝廷内的臣子威逼国君,则应立即以武力讨伐。

⑤辱:指胥童劫持栾书、中行偃之事。

【译文】

胥童带着甲兵在朝廷殿堂上劫持了栾书、中行偃。长鱼矫说:"不杀掉这两个人,忧患一定会延及到国君身上。"晋厉公说:"一天之内把三位卿的尸体陈列于朝堂上,我不忍心再增加了。"长鱼矫回答说:"可是他人会对国君忍心的。下臣听说动乱发生在朝廷之外的叫'奸',发生在朝廷之内的叫'轨'。用德行来对付奸,用刑罚来对付轨。对百姓不先施恩惠就加以杀戮,不能说是有德行;臣子威逼国君却不加以讨伐,不能说是用了刑罚。德行与刑罚如不能建立,奸和轨就会一同出现。请让下臣出走吧。"他们于是投奔到狄人那里。晋厉公派人向栾书、荀偃二人说:"寡人讨伐郤氏,郤氏已经伏罪了。二位大夫不会再有可羞辱之事了,请二位还是恢复原来的职位吧。"二人拜了又拜,叩头说:"国君讨伐有罪之人，又免去下臣的死罪，这是国君的恩惠啊。我们二位臣子就是死了，哪敢忘记国君的恩德！"二人于是全都回去了。晋厉公任胥童为卿。

公游于匠丽氏^①，栾书、中行偃遂执公焉。召士匄^②，士匄辞。召韩厥，韩厥辞，曰："昔吾畜于赵氏，孟姬之谗^③，吾能违兵^④。古人有言曰'杀老牛莫之敢尸'^⑤，而况君乎？二三子不能事君，焉用厥也？"

【注释】

①匠丽氏：晋厉公的宠臣。

②士匄（gài）：晋大臣。士燮之子，又称"范匄""范宣子"。

③孟姬之谗：成公八年，孟姬谗杀赵同、赵括，栾氏、郤氏也趁机诬陷赵氏。孟姬，又称"赵庄姬"，晋成公之女，赵盾之子赵朔之妻。

④吾能违兵：在孟姬之谗时，韩厥极力为赵氏说话，使晋君终于立赵武（赵盾之孙）为赵氏继承人。违兵，不肯用兵。言外之意即：我对赵氏尚不肯用兵，何况对国君。

⑤杀老牛莫之敢尸：古人认为牛有功于人，因而当牛衰老无用之时，也没人敢主张将其宰杀掉。尸，主。

【译文】

晋厉公到匠丽氏那里游玩，栾书、中行偃趁机把他抓了起来。二人去请士匄，士匄推辞不来。又去请韩厥，韩厥也推辞不来，说："过去我由赵氏抚养长大，孟姬谗害赵氏时，我都能做到不参与用兵。古人有过这样的话'即使是宰杀老牛，也没人敢做主'，何况是国君？你们几个人连国君都不能事奉，又哪能用得上我呢？"

【穀梁传】自祸于是起矣^①。

【注释】

①自祸：指明年被杀。

【译文】

自己的灾祸从这里开始了。

【经】楚人灭舒庸①。

【注释】

①舒庸：古国名，舒人的一支，偃姓国，故地在今安徽舒城、庐江一
　　带。舒庸乘楚军战败，领着吴国人包围了巢地，攻打驾地，接着又
　　包围了釐、虺二地。倚仗吴国而不加强防备。楚国的公子橐（tuó）
　　师率军偷袭而灭舒庸。

【译文】

楚国人灭亡舒庸。

【左传】舒庸人以楚师之败也，道吴人围巢①，伐驾②，围
釐、虺③，遂恃吴而不设备。楚公子橐师袭舒庸，灭之。

【注释】

①道（dǎo）：引导。巢：国名，偃姓，今安徽巢湖东北有居巢古城址，即
　　古巢国。

②驾：地名，在今安徽无为。

③釐（lí）：地名，在今安徽无为。虺（huǐ）：地名，在今安徽庐江。

【译文】

　　舒庸人由于楚军的战败，引导吴国人包围巢地，进攻驾地，包围釐地
和虺地，因此就倚仗着吴国而不设防。楚国公子橐师入侵舒庸，灭亡了
舒庸。

【左传】闰月乙卯晦①,栾书、中行偃杀胥童。民不与郤氏,胥童道君为乱,故皆书曰:"晋杀其大夫②。"

【注释】

①闰月乙卯晦:闰十二月二十九日。晦,古称每月的最后一天为"晦"。

②故皆书曰:"晋杀其大夫":称晋,表明杀三郤与胥童符合晋国人民的意愿。这是《左传》作者解释《春秋》的微言大义。案此条为下年经文"晋杀其大夫胥童"的传文。

【译文】

闰十二月二十九日,这天是月底最后一天,栾书、中行偃杀掉胥童。人民不拥护郤氏,胥童引诱晋厉公作乱,故而《春秋》一并写作:"晋杀其大夫。"

十八年

【经】十有八年春王正月①,晋杀其大夫胥童②。

【注释】

①十有八年:鲁成公十八年当周简王十三年,前573年。

②晋杀其大夫胥童:晋厉公杀三郤之后使胥童为卿,不久之后胥童被将军栾书和荀偃杀了。杀胥童是成公去年年末的事,《春秋》记载于今年年初是以收到晋国的讣告的时间记载的。此条经文的传文在去年。

【译文】

鲁成公十八年春周历正月,晋国杀了他们的大夫胥童。

【经】庚申^①,晋弑其君州蒲^②。

【注释】

①庚申:初五。庚申,为二月之日。经不书"二月,庚申"而使上系于正月者,何休以为,以此说明州蒲正月被幽禁,二月被弑杀。又案时月日例,弑君例时,此处书日者,亦为表明正月被幽禁,二月被弑杀。

②州蒲:即晋厉公。栾书、荀偃将晋厉公抓了之后让程滑杀了他,埋葬在翼地的东门之外。派荀罃、士鲂到京师迎接周子回国,立为国君,为晋悼公。案《春秋》之例,大夫弑君称名氏,士弑君则称人;称国以弑,众弑君之辞,表明一人弑君,国中人人欢喜,见国君之失众。晋厉公连杀四大夫,臣下人人恐被殃及,故称国以弑。又案时月日例,弑君例时,此处书日者,为了表明晋厉公滥杀大夫,故致此祸。

【译文】

初五,晋国杀死了他们的君主晋厉公州蒲。

【左传】十八年春王正月庚申,晋栾书、中行偃使程滑弑厉公^①,葬之于翼东门之外,以车一乘^②。使荀罃、士鲂逆周子于京师而立之^③,生十四年矣。大夫逆于清原^④。周子曰:"孤始愿不及此。虽及此,岂非天乎^⑤!抑人之求君,使出命也,立而不从,将安用君?二三子用我今日,否亦今日^⑥,共而从君^⑦,神之所福也。"对曰:"群臣之愿也,敢不唯命是听。"庚午^⑧,盟而入,馆于伯子同氏^⑨。辛巳^⑩,朝于武宫,逐不臣者七人^⑪。周子有兄而无慧^⑫,不能辨菽麦^⑬,故不可立。

【注释】

①程滑：晋国大夫。

②葬之于翼东门之外，以车一乘：晋厉公在匠丽氏被捉，即在此被
　杀。依古代礼制，被杀之君不葬于先君墓址内，匠丽氏在翼地，因
　此葬晋厉公于晋国旧都翼。又依礼，诸侯死，随葬之车七乘，今只
　有一乘，是不以国君之礼对待，只简单草率埋葬了晋厉公。

③士鲂（fǎng）：士会之子，食邑于彘，又称"彘季"。周子：姬周，晋
　悼公。

④清原：晋地名，在今山西稷山东南。

⑤岂非天乎：案归之于天，表示并非群臣推戴之力。

⑥二三子用我今日，否亦今日：成公十六年传文云"晋政多门"，晋悼
　公未即位，即表示将收回政权。

⑦共：通"恭"，恭敬。

⑧庚午：十五日。

⑨伯子同：晋国大夫。

⑩辛巳：二十六日。

⑪不臣者：指晋厉公死党如夷羊五之属以及不尽臣责的人。

⑫无慧：即白痴。

⑬菽（shū）麦：豆与麦。比喻极易识别的事物。

【译文】

鲁成公十八年春周历正月初五，晋国的栾书、中行偃派程滑杀死晋
厉公，葬在翼地的东门外，只用了一辆车随葬。派遣荀罃、士鲂去京师迎
接周子回国立为国君，这时周子才十四岁。大夫们在清原迎接他。周子
说："我开始的愿望并没有想要这样。现在虽然到这地步，难道不是上天
的意志吗！不过人们要求有国君，是为了让他发布命令。立了国君后又
不服从，要国君有什么用？各位要我做国君是在今天，不要我做国君也
在今天说清楚，恭敬而服从国君，这是神灵所保佑的。"大夫们回答说：

"这是下臣们的愿望,岂敢不唯命是听。"十五日,周子与大夫们订立盟约后才进入国都,住在伯子同氏家里。二十六日,周子在武宫朝见,放逐了不合臣道的大夫七人。周子有个哥哥是白痴,分不清豆类和麦子,所以不能立为国君。

【穀梁传】称国以弑其君,君恶甚矣。

【译文】

以国家的名义杀了他们的国君,表明国君罪过太大了。

【经】齐杀其大夫国佐①。

【注释】

①国佐:即国武子。

【译文】

齐国杀了本国的大夫国佐。

【左传】齐为庆氏之难故,甲申晦①,齐侯使士华免以戈杀国佐于内宫之朝②,师逃于夫人之宫③。书曰:"齐杀其大夫国佐。"弃命④,专杀⑤,以穀叛故也。使清人杀国胜。国弱来奔⑥,王湫奔莱⑦。庆封为大夫⑧,庆佐为司寇。既,齐侯反国弱,使嗣国氏,礼也。

【注释】

①甲申晦:正月二十九日。

②士:掌刑之官。华免:人名。内宫之朝:齐侯休息、安寝之宫的前

堂。朝,内宫前堂。

③师:指在内宫之朝的众人。

④弃命:指抛弃会师伐郑之命而先归。

⑤专杀:专权杀人。指杀庆克。

⑥国弱:国胜之弟。

⑦王湫:国佐党羽。

⑧庆封:与下句之庆佐皆为庆克之子。大夫:齐国的大夫相当于诸
　侯之卿。

【译文】

　　齐国由于庆氏祸难的缘故,正月二十九日,齐灵公派士华免用戈在
内宫的前堂把国佐杀死,众人逃进了夫人的宫里。《春秋》记载说:"齐杀
其大夫国佐。"这是由于国佐废弃国君的命令,专权杀人,带领榖地百姓
叛乱的缘故。齐灵公让清地的人杀死国胜。国弱逃亡到我国,王湫逃亡
到莱地。齐灵公任命庆封为大夫,庆佐为司寇。后来,齐灵公让国弱回
国,要他继承国氏宗嗣,这是合于礼的。

　　*【左传】二月乙酉朔①,晋悼公即位于朝。始命百官,施
舍、已责②,逮鳏寡,振废滞③,匡乏困,救灾患,禁淫慝,薄赋
敛,宥罪戾,节器用,时用民,欲无犯时。使魏相、士鲂、魏
颉、赵武为卿④。荀家、荀会、栾黡、韩无忌为公族大夫⑤,使
训卿之子弟共俭孝弟。使士渥浊为大傅,使修范武子之法。
右行辛为司空⑥,使修士蒍之法⑦。弁纠御戎⑧,校正属焉⑨,
使训诸御知义⑩。荀宾为右,司士属焉⑪,使训勇力之士时
使⑫。卿无共御,立军尉以摄之⑬。祁奚为中军尉⑭,羊舌职
佐之,魏绛为司马⑮,张老为候奄⑯。铎遏寇为上军尉⑰,籍
偃为之司马⑱,使训卒乘亲以听命⑲。程郑为乘马御⑳,六驺

属焉㉑,使训群驺知礼。凡六官之长,皆民誉也。举不失职,官不易方㉒,爵不逾德,师不陵正,旅不逼师㉓,民无谤言,所以复霸也。

【注释】

①二月乙酉朔:二月初一。

②施舍:赐予财物。已责:免除百姓对国家拖欠的债务。责,同"债"。

③振废滞:起用被免职和长期没有升迁的贤良。

④魏相:吕相,魏锜之子。魏颉(xié):魏颗之子。

⑤韩无忌:韩厥长子。

⑥右行辛:或曰为晋文公时贾华之后,又称"贾辛"。

⑦士渥之法:士渥曾为晋献公司空。

⑧弁纠:栾纠。

⑨校正:掌马之官。

⑩诸御:驾驭一般兵车的御者。相对于驾驭国君兵车的御戎而言。

⑪司士:主管车右之官。

⑫勇力之士:此指车右的预备队。车右一般选勇力之士充任。时使:至战时选用为车右。

⑬卿无共御,立军尉以摄之:以前各军将佐之御者都有定员定人,此时则取消此定员定人,而立军尉兼代。卿,指各军将佐。共,通"供",配备。

⑭祁奚:祁黄羊。

⑮魏绛:魏犨之子,谥为庄子。

⑯候奄:即成公二年传文中的候正,主掌侦察之官。

⑰铎(duó)遏寇:复姓铎遏,寇为其名。

⑱籍偃:籍谈之父。

⑲亲：和睦亲近。

⑳乘马御：国君乘车的仆御。

㉑六驺（zōu）：六闲之驺。闲，即马厩，每闲有马二百一十六匹。驺，官名，主管驾车与卸车。"六闲之驺"有一百零八人，由程郑率领。

㉒方：常规。

㉓师不陵正，旅不逼师：旅、师、正，皆为军职。正大于师，师大于旅，为各军各部门之长。

【译文】

二月初一，晋悼公在朝廷上即位。开始任命百官，赏赐众人，免除百姓对国家的欠债，施惠遍及鳏夫、寡妇，起用被废黜和长居下位的贤良，救济贫困，援救灾难，禁止邪恶，减轻赋税，宽恕罪过，节约器用，按时用民，个人的欲望不与农时相冲突。派魏相、士鲂、魏颉、赵武为卿。荀家、荀会、栾黡、韩无忌为公族大夫，让他们教育卿的子弟恭敬、节俭、孝顺、友爱。任命士渥浊为太傅，让他学习范武子治国的法度。任命右行辛为司空，让他学习士蒍建都城宫室的法度。任命弁纠驾驭战车，主管马的校正归他管辖，让他训练御者们明白道义。任命荀宾作为车右，司士官归他管辖，让他训练勇士们待时而用。规定卿不用固定的御者，设立军尉兼管这些事。任命祁奚为中军尉，羊舌职辅佐他，魏绛为中军司马，张老为中军候奄。铎遏寇为上军尉，籍偃为上军司马，让他训练步兵车兵和睦亲近，听从命令。任命程郑为乘马御，国君的六驺归他管辖，让他训练马匹知道礼仪进退。凡是各部门的长官，都是百姓赞誉的人。举拔的人不失职，做官的人不改变常规，任命的爵位不超过德行，师不凌驾于正之上，旅不逼迫师，百姓没有怨言，所以晋国又成为诸侯的领袖。

【经】公如晋①。

【注释】

①公如晋：指晋悼公新即位，鲁成公前往朝贺。

【译文】

鲁成公去晋国。

【左传】公如晋，朝嗣君也①。

【注释】

①嗣君：此指新君晋悼公。

【译文】

鲁成公去晋国，是去朝见新国君晋悼公。

【经】夏，楚子、郑伯伐宋①。宋鱼石复入于彭城②。

【注释】

①楚子、郑伯伐宋：这次楚、郑伐宋是为了将出奔到楚的五位宋国大
　夫送回国。

②宋鱼石复入于彭城：鱼石，宋国大夫。成公十五年，宋杀其大夫
　山，鱼石与山有亲，故畏惧出奔。彭城，宋邑，今江苏徐州。案史
　实，是楚子、郑伯伐击宋国，取彭城，使鱼石居之。然按《春秋》之
　义，诸侯不得专封，不能直书楚子封鱼石于彭城。故《春秋》书
　"复入"，仍将彭城视为宋国之邑，好像鱼石仅是据邑背叛国君，并
　未接受楚国的专封。另一方面，若真是据邑叛国，当书"宋鱼石
　入于彭城以叛"，经无"以叛"二字，上又有楚子伐宋之文，可见实
　为鱼石受楚之专封。

【译文】

夏，楚共王、郑成公攻打宋国。宋国的鱼石复回国进入彭城。

【左传】夏六月，郑伯侵宋，及曹门外①。遂会楚子伐宋，取朝郏②。楚子辛、郑皇辰侵城郜③，取幽丘④，同伐彭城，纳宋鱼石、向为人、鳞朱、向带、鱼府焉，以三百乘戍之而还。书曰"复入"，凡去其国，国逆而立之，曰"入"；复其位，曰"复归"；诸侯纳之，曰"归"；以恶曰"复入"。宋人患之。西鉏吾曰："何也？若楚人与吾同恶⑤，以德于我，吾固事之也，不敢贰矣。大国无厌，鄙我犹憾⑥。不然，而收吾憎⑦，使赞其政，以间吾衅，亦吾患也。今将崇诸侯之奸而披其地⑧，以塞夷庚⑨，逞奸而携服⑩，毒诸侯而惧吴、晋，吾庸多矣⑪，非吾忧也。且事晋何为？晋必恤之。"

【注释】

①曹门：宋国都城西北门。

②朝郏（jiá）：地名，在今河南夏邑。

③子辛：公子壬夫，曾任楚国右尹、令尹。皇辰：郑国大夫。城郜：在今安徽萧县。

④幽丘：亦在今安徽萧县。

⑤同恶：指同恶鱼石等人。

⑥鄙我：以我为其边鄙。

⑦吾憎：指宋所憎恶的鱼石等人。

⑧崇诸侯之奸：指尊崇鱼石等人。披其地：指楚国夺取彭城封给鱼石。披，分。

⑨塞夷庚：夷，平。庚，道路。彭城为各国间往来之要道，今由楚国派兵驻扎，故云塞其通道。

⑩逞奸：使鱼石等乱臣得快其意。携服：使本来服楚之国渐生离心。携，叛离。

⑪庸:功。此指利益。

【译文】

夏六月,郑成公侵袭宋国,到达宋国曹门外。接着就会合楚共王攻打宋国,占领了朝郏。楚国子辛、郑国的皇辰入侵城郜,占取了幽丘,一起进攻彭城,把宋国的鱼石、向为人、鳞朱、向带、鱼府送回宋国,用三百辆战车留守后回国。《春秋》记载说"复入",凡是离开自己的国家,本国人迎接他回国而拥立他,称为"入";让他恢复原来的职位,称为"复归";诸侯送他回国的,称为"归";用不正当手段回国的,称为"复入"。宋国人担心这件事。西鉏吾说:"有什么可担心的? 如果楚国人和我们同仇敌忾,施恩德给我们,我们本来是会事奉他们的,不敢有三心二意。现在这个大国的欲望没有个止境,即使把我国作为他们的边邑还会觉得不满足。否则,收留我们所讨厌的人,让他们辅助政事,等候机会打击我们,也是我们的祸害。如今他们却尊崇诸侯的乱臣,而且分给他们土地,阻塞了各国之间的通道,使乱臣得以快意而使服从他们的国家离心,触犯诸侯而威胁吴国、晋国,我们的利益就多啦,这不是我们的忧患。而且事奉晋国是为了什么? 晋国必然会来救助我们。"

【经】公至自晋。晋侯使士匄来聘①**。**

【注释】

①晋侯:晋厉公前已被杀,此为晋侯姬周,亦称"姬周子",即晋悼公。案礼制,此时晋悼公属于未逾年之君,本应称"子",然居丧期间,派遣使者聘鲁,下文又有派遣大夫乞师,亲自出会同盟于虚杕,故《春秋》如其意,书"晋侯"。士匄(gài):晋国大夫。士燮(xiè)之子,谥宣子,称"士宣子",又因士氏采邑在范,故以范为氏,又称"范宣子"。据《左传》,这是对鲁成公如晋的回访,以表示感谢。

【译文】

鲁成公从晋国回来。晋悼公派士匄来我国聘问。

【左传】公至自晋。晋范宣子来聘[1]，且拜朝也。君子谓："晋于是乎有礼。"

【注释】

[1]范宣子：范匄，士匄。

【译文】

鲁成公从晋国回国。晋国的范宣子来我国聘问，同时答拜鲁成公对晋君的朝见。君子说："晋国在这件事情上合乎礼。"

【经】秋，杞伯来朝[1]。

【注释】

[1]杞伯：据《左传》，为杞桓公姒姑容，在位时间长达七十年。

【译文】

秋，杞桓公来我国朝见。

【左传】秋，杞桓公来朝，劳公，且问晋故。公以晋君语之。杞伯于是骤朝于晋而请为昏[1]。

【注释】

[1]骤：疾速。

【译文】

秋，杞桓公前来我国朝见，慰劳鲁成公，同时询问晋国的消息。鲁成公把晋君贤明的情况告诉他。杞桓公因此很快朝见晋国并请求通婚。

*【左传】七月,宋老佐、华喜围彭城,老佐卒焉。

【译文】
七月,宋国的老佐、华喜包围彭城,老佐死于这次战役中。

【经】八月,邾子来朝①。

【注释】
①邾子:据《左传》,为新即位的邾宣公曹牼(kēng)。依周礼,旧君死后新君便即位,但登基仪式和纪年必从下年算起,邾定公前573年去世,故这年来鲁国朝见的当是尚未正式举行登基仪式和君位纪年的新军邾宣公无疑。《公羊传》作"邾娄子"。

【译文】
八月,邾宣公来我国朝见。

【左传】八月,邾宣公来朝,即位而来见也。

【译文】
八月,邾宣公前来我国朝见,这是由于他新即位而来进见。

【经】筑鹿囿①。

【注释】
①鹿囿:鲁地名,今所在不详。国君饲养动物之所距首都当不会太

远,应在今山东济宁一带。圃,饲养动物的园子。

【译文】

修筑鹿囿的围墙。

【左传】筑鹿囿,书,不时也。

【译文】

鲁国建造鹿囿的围墙,《春秋》记载,是因为不合时令。

【公羊传】何以书? 讥。何讥尔? 有囿矣,又为也①。

【注释】

①有囿矣,又为也:何休云:"刺奢泰妨民。"

【译文】

为何记录此事? 是讥刺。为何讥刺? 已经有园囿了,却又建造新的。

【穀梁传】筑不志,此其志何也? 山林薮泽之利①,所以与民共也,虞之②,非正也。

【注释】

①薮(sǒu):湖泽的通称。

②虞:官名,管理山林湖泽的官。这里用作动词。

【译文】

修建东西不记载,这里为什么记载了呢? 山野森林草地湖泊的资源,是用来与民众共享的,设置虞官管理它,不合正道。

【经】己丑^①,公薨于路寝。

【注释】

①己丑:初七。

【译文】

初七,鲁成公在路寝去世。

【左传】己丑,公薨于路寝,言道也^①。

【注释】

①言道:指合于正常情况。

【译文】

初七,鲁成公在路寝中去世,这是说属于正常情况。

【穀梁传】路寝,正也。男子不绝妇人之手,以齐终也^②。

【注释】

①齐:通"斋"。此指清心洁身。

【译文】

路寝,是正寝。男子不能死于女色,要清心洁身而死。

【经】冬,楚人、郑人侵宋。

【译文】

冬,楚国人、郑国人侵袭宋国。

【左传】冬十一月,楚子重救彭城,伐宋,宋华元如晋告急。韩献子为政,曰:"欲求得人①,必先勤之②。成霸、安强③,自宋始矣。"晋侯师于台谷以救宋④,遇楚师于靡角之谷⑤,楚师还⑥。

【注释】

①得人:得到诸侯拥护。

②勤:劳。

③安强:抑制强楚。

④台谷:地名,今地不详。

⑤靡角之谷:地名,在彭城附近。

⑥楚师还:李廉曰:"齐桓伯业始于平宋乱,晋文伯业始于释宋围,悼公伯业又始于彭城之救宋,此时晋之势渐盛,而楚之势渐衰矣。"

【译文】

冬十一月,楚国的子重救援彭城,攻打宋国,宋国的华元去晋国告急。这时韩献子执政,说:"想要得到诸侯的拥护,一定要先为他们付出勤劳。成就霸业,抑制强楚,从宋国开始。"晋悼公率军从台谷出发以救援宋国,与楚军在靡角之谷相遇,楚军退回国内。

【经】晋侯使士鲂来乞师①。

【注释】

①士鲂(fáng):晋国大夫,士会之子,食邑于彘,又称"彘季"。《公羊传》作"士彭"。

【译文】

晋悼公派士鲂来我国请求出兵。

【左传】晋士鲂来乞师。季文子问师数于臧武仲①,对曰:"伐郑之役,知伯实来②,下军之佐也。今彘季亦佐下军③,如伐郑可也。事大国,无失班爵而加敬焉④,礼也。"从之。

【注释】

①问师数:问出多少军队。臧武仲:臧孙纥,臧宣叔之子。

②知伯:荀罃。

③彘(zhì)季:士鲂。

④班爵:爵位次序。

【译文】

晋国的士鲂前来我国请求出兵。季文子向臧武仲询问出兵的数量,臧武仲回答说:"攻打郑国的战役,是知伯来请求出兵的,他是下军佐。如今士鲂也是下军佐,出兵数与攻打郑国时相同就可以了。事奉大国,不要弄乱来使的爵位次序,同时加等对待,这是合于礼的。"季文子听从了他的建议。

【经】十有二月,仲孙蔑会晋侯、宋公、卫侯、邾子、齐崔杼同盟于虚打①。

【注释】

①仲孙蔑(miè):即孟孙蔑,谥号孟献子,后多以谥号称之,三桓之一,鲁国执政大臣,实际掌权人。晋侯:晋悼公姬周子。宋公:宋平公子成。卫侯:卫献公姬衎(kàn)。邾子:《公羊传》作"邾娄子"。虚打(chēng):又名"虚",宋地名,在今河南延津东。

【译文】

十二月,仲孙蔑会合晋悼公、宋平公、卫献公、邾宣公、齐国的崔杼在虚杅结盟。

【左传】十二月，孟献子会于虚杅，谋救宋也。宋人辞诸侯而请师以围彭城。孟献子请于诸侯，而先归会葬。

【译文】

十二月，孟献子和诸侯在虚杅相会，策划救援宋国。宋国人辞谢诸侯，而请求出兵包围彭城。孟献子向诸侯请求，先回国参加鲁成公的葬礼。

【经】丁未^①，葬我君成公。

【注释】

①丁未：二十六日。

【译文】

二十六日，安葬我国国君鲁成公。

【左传】丁未，葬我君成公，书，顺也。

【译文】

十二月二十六日，安葬我国国君鲁成公，《春秋》这样记载，是表示诸事顺当。

襄公

【题解】

襄公（？—前542），鲁国第二十二任君主，名午，成公之子。前572年即位，即位时年仅四岁，在位三十一年。前542年去世，子昭公稠立。

襄公即位时年幼，但朝廷中有季孙氏、叔孙氏、孟孙氏辅佐，虽然也存在大族专权的情况，但国内局势相对平稳。外交上，鲁国较好地处理了与晋国及其他诸侯国的关系。襄公十一年（前562），鲁国季武子（季孙宿）作三军（鲁原有上、下二军），由"三桓"分掌，公室权力被进一步瓜分。襄公十二年（前561），吴王寿梦去世，子诸樊立。襄公二十二年（前551），孔子出生。

襄公时期，晋、楚争霸，晋国较有优势，是有力的盟主。襄公十一年（前562），晋国已九合诸侯，诸侯国大都归顺，晋国基本稳定了霸主地位。但是，齐、秦等国仍然不服，继续发生冲突，终于在襄公十八年（前555）爆发平阴之战。在这次战役中，晋国率领诸侯共同讨伐齐国，齐国败北。此后几年，齐国对晋国的态度时有反复。襄公二十七年（前546），应宋国向戌之倡，各诸侯在宋国召开弭兵大会，以调解诸侯关系。向戌深谙外交礼仪和为政之道，两次召集晋、楚二国会盟，颇为列国诸侯所重。襄公二十七年的弭兵大会，约定各国间停止战争，奉晋、楚两国为共同霸主，平分霸权，除齐、秦外，各国须向晋、楚同样纳贡，谁破坏协议，各国共讨之。会盟时,晋、楚争当盟主。晋叔向劝赵武让楚,因此楚人居先。弭兵大会后,各国内部的争权斗争愈加尖锐。

在晋、楚争霸的斗争中,晋国在晋悼公时期政治清明,上下团结,楚国无法与之抗衡。晋平公时期国君生活淫逸,政治不如晋悼公时期,但朝廷多国家栋梁,因此仍然保持盟主地位。至鲁襄公后期,晋国公室卑弱,已出现"政在大夫"的端倪。

郑国作为小国处于晋、楚两大国间,由于重要的战略位置,一直是两国争夺的焦点。这种情况下,郑国周旋于大国之间,艰难地争取生存空间。襄公十一年(前562)萧鱼之会,郑国归服晋国。襄公三十年(前543),子产执政,终于安定郑国。

襄公篇重要的义理有:诸侯权力下移到大夫手中,如十二年"季孙宿帅师救台,遂入郓"条,见襄公不得为政;十六年"溴(jú)梁之盟",遍刺天下之大夫,君若赘旒然;三十年"澶(chán)渊之会"发"卿不得忧诸侯"之传。此外,五年"叔孙豹、鄫世子巫如晋"条、六年"莒人灭鄫"条,见异姓不得为后。十一年"作三军"条,讥刺鲁国变乱古制。十九年"晋士匄帅师侵齐,至穀,闻齐侯卒,乃还"条,见不伐丧之义。二十九年"吴子使札来聘",见吴季子让国之贤,与亲亲相隐之义,又见"夷夏之辩"中,"许夷狄者,不壹而足"的义理。三十年"叔弓如宋,葬宋共姬"条,见共姬守礼之贞。此外还有诸多义理,散见于经传之中。

元年

【经】元年春王正月①**,公即位**②**。**

【注释】

①元年:鲁襄公元年当周简王十四年,前572年。

②公即位:公,指鲁襄公,名午,为鲁成公之妾子,母亲为莒女定姒

（弋）。鲁襄公即位时年仅四岁。

【译文】

鲁襄公元年春周历正月，襄公即位。

【穀梁传】继正即位，正也。

【译文】

继承寿终正寝的国君的君位，合于正道。

【经】仲孙蔑会晋栾黡、宋华元、卫甯殖、曹人、莒人、邾人、滕人、薛人围宋彭城①。

【注释】

①仲孙蔑会晋栾黡（yǎn）、宋华元、卫甯殖、曹人、莒人、邾人、滕人、薛人围宋彭城：诸侯应宋之请，围宋彭城。事见成公十八年经文、传文。仲孙蔑，即孟献子，执政大臣。栾黡，晋国大臣，将军。以下数人皆本国同样身份。邾人，《公羊传》作"邾娄人"。

【译文】

仲孙蔑会同晋栾黡、宋华元、卫甯殖、曹国人、莒国人、邾国人、滕国人、薛国人率领的军队围困宋国彭城。

【左传】元年春己亥①，围宋彭城。非宋地，追书也②。于是为宋讨鱼石，故称宋，且不登叛人也③，谓之宋志。彭城降晋④，晋人以宋五大夫在彭城者归，置诸瓠丘⑤。齐人不会彭城，晋人以为讨。二月，齐大子光为质于晋。

【注释】

①己亥：正月无己亥，"己亥"当为"乙亥"之误。乙亥即正月二十
　　五日。

②"围宋彭城"三句：此时彭城已为鱼石所据，彭城后又归宋，经文
　　书"宋彭城"，是后来追记。

③故称宋，且不登叛人也：彭城此时虽为鱼石所据，但不承认它属于
　　鱼石，故仍将其列于宋国名下。不登，不记载。叛人，指鱼石等人。

④彭城降晋：彭城投降晋国，晋国后来又将彭城归还宋国，事见襄公
　　二十六年声子之言。

⑤瓠（hù）丘：壶丘，在今山西垣曲东南。

【译文】

　　鲁襄公元年春正月二十五日，诸侯包围宋国彭城。此时彭城已不是
宋国的地盘，但彭城后来又归宋，《春秋》这是后来的追记。当时是为宋
国收复彭城而讨伐鱼石，所以说"宋彭城"，而且不记载叛人的名字，这
是宋人的意愿。彭城投降晋国，晋人将占据彭城的原宋五大夫鱼石等人
带回去，把他们安置在瓠丘。齐人不参加彭城之役，晋人因此要讨伐它。
二月，齐太子光到晋国当人质。

　　【公羊传】宋华元曷为与诸侯围宋彭城？为宋诛也。其
为宋诛奈何？鱼石走之楚，楚为之伐宋，取彭城，以封鱼石①。
鱼石之罪奈何？以入是为罪也②。楚已取之矣，曷为系之
宋③？不与诸侯专封也④。

【注释】

①"楚为之伐宋"三句：参见成公十八年"夏，楚子、郑伯伐宋。宋
　　鱼石复入于彭城"条。

②以入是为罪也：是，指彭城。即鱼石之罪在入于彭城。案成公十八年，书"宋鱼石复入于彭城"。《春秋》之例，复入者，出无恶而入有恶。鱼石先前出奔，因宋公杀大夫山，鱼石与山有亲，恐被殃及，故出奔为无恶。后入彭城，则既背叛宋君，又受楚之专封，故云"以入是为罪也"。

③楚已取之矣，曷为系之宋：案《春秋》常例，"地从主人"，即从后属之主人命名。此处楚已取彭城，当云"楚彭城"，经却书"宋彭城"，故而发问。

④不与诸侯专封也：案《春秋》之义，诸侯不得专封，即使是齐桓公之存亡继绝，亦是"实与而文不与"。何况此处楚国夺取宋国彭城，封给鱼石，以此离间宋国。故仍将彭城系属于宋国。

【译文】

宋华元为何与诸侯包围宋国的彭城邑？因为诸侯是为宋国诛讨叛贼。诸侯为宋国诛讨叛贼是怎么回事？鱼石出奔到楚国，楚国为他伐击宋国，夺取了彭城邑，封给了鱼石。鱼石的罪恶是什么？以进入彭城邑就有罪。楚国已经夺取了彭城，为何还将彭城系属于宋国？因为不赞成诸侯擅自分封。

【穀梁传】 系彭城于宋者①，不与鱼石②，正也。

【注释】

①系：依附。

②不与鱼石：指去年楚国夺取了彭城，重新封予鱼石。

【译文】

把彭城依附于宋国，不将彭城给予宋之叛臣鱼石，是符合正道的。

【经】 夏，晋韩厥帅师伐郑①，仲孙蔑会齐崔杼、曹人、邾

人、杞人次于鄫^②。

【注释】

①韩厥：即韩献子，晋国卿大夫，晋悼公时执政大臣兼中军元帅。《公
　羊传》作"韩屈"。

②次：止次，军队驻扎。鄫（zēng）：郑地名，在今河南睢县东南。《公
　羊传》作"合"。

【译文】

夏，晋国韩厥率领军队攻打郑国，仲孙蔑会同齐国崔杼、曹国人、邾
国人、杞国人率领的军队驻扎在鄫地。

【左传】夏五月，晋韩厥、荀偃帅诸侯之师伐郑^①，入其
郛^②，败其徒兵于洧上^③。于是东诸侯之师次于鄫^④，以待晋
师。晋师自郑以鄫之师侵楚焦、夷及陈^⑤。晋侯、卫侯次于
戚，以为之援^⑥。

【注释】

①晋韩厥、荀偃帅诸侯之师伐郑：韩厥为中军帅，荀偃为副帅，故经
　文仅记韩厥一人。

②郛（fú）：郭，外城。

③徒兵：步兵。洧（wěi）：洧水。今曰"双洎河"。源出河南登封，东
　流入贾鲁河。

④东诸侯：即鲁、齐、曹、邾、杞等国。

⑤晋师自郑以鄫之师侵楚焦、夷及陈：陈为楚盟国，故连及侵陈。
　焦、夷，二地本为陈地，焦当今安徽亳州，夷在亳州东南。

⑥晋侯、卫侯次于戚，以为之援：戚，卫地名，在今河南濮阳北。赵鹏

飞曰:"晋以韩厥独攻其前,以五国之兵援其后。楚兵不出,则一韩厥足以当郑而有余,楚兵出,则五国之兵足以斗楚而不慑,皆所以谨用诸侯而不忍轻斗其民也。"

【译文】

夏五月,晋国韩厥、荀偃率领诸侯国的军队攻打郑国,攻入它的外城,在洧水边击败了郑国步兵。当时东诸侯的军队驻扎在鄫地,等待晋师的到来。晋军从郑国率领驻扎于鄫的诸侯之师入侵楚国的焦、夷以及楚之盟国陈国。晋悼公、卫献公驻扎在戚地,作为后援。

【经】秋,楚公子壬夫帅师侵宋①。

【注释】

①楚公子壬夫帅师侵宋:楚侵宋是为了救郑。公子壬夫,即成公十八年传文中的子辛,子反之弟。

【译文】

秋,楚公子壬夫率领军队入侵宋国。

【左传】秋,楚子辛救郑①,**侵宋吕、留**②。**郑子然侵宋**③,**取犬丘**④。

【注释】

①子辛:即公子壬夫。

②侵宋吕、留:侵宋以救郑。吕、留,皆宋邑名。吕,在今江苏徐州东南。留,在今江苏沛县东南、徐州北。

③子然:郑穆公子。

④犬丘:在今河南永城西北。

【译文】

秋，楚国子辛出兵救郑，入侵宋国吕、留二地。郑国子然也侵入宋国，占领了犬丘。

△【经】九月辛酉①，天王崩②。

【注释】

①辛酉：十五日。

②天王崩：周简王去世。天王，周天子，这里指周简王姬夷。

【译文】

九月十五日，周简王去世。

【经】邾子来朝①。

【注释】

①邾子来朝：来朝，来访问。邾宣公朝鲁。邾子来朝与后文卫、晋大夫来聘，都是因为鲁襄公即位而来，对鲁国而言，相对小的国家来访称"朝"，相对大的国家来访称"聘"。

【译文】

邾宣公前来朝见。

【左传】九月，邾子来朝，礼也①。

【注释】

①"九月"三句：邾宣公因鲁襄公即位来朝。此时周天子崩，依礼诸侯当守丧，应暂停朝聘之礼。因天子新丧，讣告未到，诸侯不知而仍行朝聘之礼，故仍书之曰"礼也"。

【译文】

九月，邾宣公前来朝见，这是履行礼仪。

【经】冬，卫侯使公孙剽来聘①**。晋侯使荀罃来聘**②**。**

【注释】

①卫侯：卫献公姬衎（kàn），侯爵，故称。公孙剽（piào）：卫定公弟子叔黑背之子。

②晋侯：指晋悼公姬周子，侯爵，故称。荀罃（yīng）：晋国大夫。迎立晋悼公为国君的心腹大臣。

【译文】

冬，卫献公派公孙剽前来聘问。晋悼公也派荀罃前来聘问。

【左传】冬，卫子叔、晋知武子来聘①**，礼也。凡诸侯即位，小国朝之，大国聘焉，以继好、结信、谋事、补阙**②**，礼之大者也。**

【注释】

①子叔：公孙剽。知武子：荀罃。

②阙：过失。

【译文】

冬，卫国子叔、晋国知武子前来聘问，也是符合礼仪的。凡是诸侯新君即位，小国要来朝见，大国要来聘问，从而得以继续以往的友好关系，取得彼此相互信任，以及商议国事和弥补过失，这是礼仪中的大事。

二年

△【经】二年春王正月^①,葬简王^②。

【注释】

①二年:鲁襄公二年当周灵王元年,前571年。

②葬简王:案《春秋》之例,天子记崩不记葬,必其时也。不及时而葬则书,过时而葬则书,我有往则书。此处周简王于上年九月崩,至此不足七个月,属于不及时而葬,故书之。

【译文】

鲁襄公二年春周历正月,安葬周简王。

【经】郑师伐宋。

【译文】

郑军攻打宋国。

【左传】二年春,郑师侵宋,楚令也^①。

【注释】

①郑师侵宋,楚令也:杨伯峻注:"彭城本宋地,楚取之以纳鱼石等。"去年彭城降晋,因此楚命令郑国攻宋。

【译文】

鲁襄公二年春,郑军侵袭宋国,这是楚国的命令。

*【左传】齐侯伐莱^①,莱人使正舆子赂夙沙卫以索马

牛^②,皆百匹,齐师乃还。君子是以知齐灵公之为"灵"也^③。

【注释】

①莱:国名,在今山东昌乐东南。

②正舆子:莱国贤大夫。夙沙卫:齐灵公幸臣,曾任齐国少傅。索马牛:精选的牛马。索,选择。

③君子是以知齐灵公之为"灵"也:伐莱之事,可见齐灵公贪鄙。后来齐灵公废太子光而立牙,并使夙沙卫为少傅,终乱齐国。事见襄公十九年传文。灵,谥号。《谥法》,不勤成名曰"灵",任本性,不见贤思齐。属于恶谥。

【译文】

齐灵公攻打莱国,莱国人派正舆子贿赂夙沙卫精选的马、牛各一百匹,于是齐军撤兵。君子由此知道齐灵公之所以谥为"灵"的缘故。

【经】夏五月庚寅^①,夫人姜氏薨^②。

【注释】

①庚寅:十八日。

②夫人姜氏:指鲁成公夫人,即后文所说的齐姜,谥齐。薨(hōng):周代诸侯死亡的称呼。诸侯夫人称"小君",故与诸侯死亡同称。

【译文】

夏五月十八日,夫人姜氏去世。

【左传】夏,齐姜薨。初,穆姜使择美槚^①,以自为椟与颂琴^②,季文子取以葬^③。

【注释】

①穆姜：鲁宣公夫人，鲁成公之母。槚（jiǎ）：即楸（qiū），木材细密，
　可制器具及棺木。

②椟（chèn）：内棺。这里泛指棺材。颂琴：一种古琴。穆姜制以殉葬。

③季文子取以葬：季文子将穆姜的梓棺及颂琴拿来安葬齐姜，有报
　仇之意。成公十六年，穆姜与叔孙侨如私通，欲去季、孟，因鲁成
　公不许而未遂。穆姜此时已无权势，被软禁于东宫。

【译文】

　　夏，齐姜去世。当初，穆姜派人选择质地上乘的槚木，用它们为自己
做了一副棺材和颂琴，季文子把它们拿来安葬齐姜。

　　君子曰："非礼也。礼无所逆。妇，养姑者也①。亏姑
以成妇，逆莫大焉②。《诗》曰：'其惟哲人，告之话言，顺德
之行③。'季孙于是为不哲矣。且姜氏，君之妣也④。《诗》
曰：'为酒为醴，烝畀祖妣。以洽百礼，降福孔偕⑤。'"

【注释】

①姑：婆婆。古代称丈夫的父母为"舅姑"，即公婆。

②亏姑以成妇，逆莫大焉：齐姜为鲁成公夫人，穆姜是齐姜的婆婆，
　将穆姜的棺木与颂琴给齐姜下葬，作者认为此举于礼不顺。

③"其惟哲人"三句：引《诗》见《诗经·大雅·抑》。哲，明智，有
　智慧。

④且姜氏，君之妣（bǐ）也：姜氏，指穆姜。君，指鲁襄公。妣，祖母，
　穆姜为鲁襄公祖母。后文"祖妣"并列指祖父、祖母。

⑤"为酒为醴"四句：引《诗》见《诗经·周颂·丰年》。作者引此
　诗，意在说明后人本应向祖妣献礼才是，今季文子亏姑以成妇，于
　礼不合。烝（zhēng），进。畀（bì），给予。洽，协和。孔，很。偕，

普遍。

【译文】

君子指出："这是不符合礼的。礼不能有所不顺。媳妇是奉养婆婆的，亏损婆婆以成就媳妇，没有比这更大的不顺了。《诗》说：'只有明哲的人，才可以把好话告诉他，让他顺德而行。'季孙在这件事上是不明智的。况且穆姜还是国君襄公的祖母啊。《诗》说：'酿造美酒与甜醪，献给祖父母。用以谐和各种礼仪，祖父母将会普降福气。'"

【经】六月庚辰①，郑伯睔卒②。晋师、宋师、卫甯殖侵郑③。

【注释】

①庚辰：应为七月初九。案杨伯峻注："庚寅距庚辰五十日。杜注，'庚辰，七月九日'，是也。"

②郑伯睔（gùn）卒：郑成公去世。郑成公名睔，谥成。《春秋》未书郑伯睔之葬，是避讳诸侯伐郑之丧（即下文"冬，仲孙蔑会晋荀罃、齐崔杼、宋华元、卫孙林父、曹人、邾人、滕人、薛人、小邾人于戚，遂城虎牢"）。

③晋师、宋师、卫甯殖侵郑：三国之晋、宋率师者名位不高，唯甯殖为卫卿，因此特举出甯殖名。诸侯趁郑丧期进攻郑国。一说谓鲁成公二年，"卫侯速卒"，而当年楚师郑师即侵卫。此次郑丧，卫亦率师侵之，以牙还牙，故书其主帅名。

【译文】

七月初九，郑成公睔去世。晋军、宋军、卫国甯殖率领军队侵袭郑国。

【左传】郑成公疾，子驷请息肩于晋①。公曰："楚君以郑故，亲集矢于其目②，非异人任，寡人也③。若背之，是弃力与言④，其谁昵我？免寡人，唯二三子！"

【注释】

①子驷请息肩于晋:郑此时服从楚国,楚国对郑国要求甚多,郑不堪
重负,所以子驷请求顺服晋国以解除对楚国的负担。子驷,公子
骓(fēi)。

②楚君以郑故,亲集矢于其目:指成公十六年晋、楚鄢陵之战,楚共
王为晋吕锜射中眼睛事。

③非异人任,寡人也:即非任异人,指楚共王伤目不是为别人,而是
为了郑成公自己。

④力:功劳。言:自己的誓言。

【译文】

郑成公生病,子驷请求顺服晋国以解除对楚国的负担。郑成公说:
"楚君由于郑国的缘故,他的眼睛都被箭射中,承受这样的灾祸不是为了
别人,正是为了寡人我啊。如果背弃楚国,这是丢弃楚国的功劳和自己
的誓言,还会有谁亲近我们? 能让我免于犯错的,就全在于各位了!"

　　秋七月庚辰①,郑伯睔卒。于是子罕当国②,子驷为政,
子国为司马③。

【注释】

①庚辰:初九。

②子罕:公子喜,郑穆公之子。当国:主持国事。

③子国:公子发,郑穆公之子。

【译文】

秋七月初九,郑成公睔去世。当时子罕主持国事,子驷处理政务,子
国为司马。

　　晋师侵郑,诸大夫欲从晋。子驷曰:"官命未改①。"

【注释】

①官命未改：指郑成公不愿弃楚之言。官命，指郑成公之令。春秋
　时，旧君死，新君第二年改元。此时郑成公虽死，但没下葬，新君
　不得发布新命令，因此说"官命未改"。

【译文】

晋军侵犯郑国，大夫们想要顺从晋国。子驷说："国君的命令还没有
改变。"

【穀梁传】 其曰卫甯殖，如是而称于前事也①。

【注释】

①称于前事：指成公二年，卫侯去世时，郑国曾伐丧，此时卫国报复。
　此说或不妥。从成公二年至此，成公四年郑襄公姬坚卒、成公六
　年郑悼公姬费卒，都没有伐丧，此时专门伐丧，于理不合，此处对
　晋、宋称师，对卫称甯殖大约是因为晋、宋帅师者名位不高，而甯
　殖是卫卿。称，适合，对等。

【译文】

经文说"卫甯殖"，像这样就对应于之前的事情了。

【经】 秋七月，仲孙蔑会晋荀罃、宋华元、卫孙林父、曹
人、邾人于戚①。

【注释】

①仲孙蔑会晋荀罃、宋华元、卫孙林父、曹人、邾人于戚：这次会盟，
　齐国及其属国滕、薛、小邾都未与会，晋国不满，仲孙蔑提出了筑
　虎牢的办法，一则可以逼郑国服晋，一则可以考验齐国是否背盟。
　邾人，《公羊传》作"邾娄人"。戚，卫地名，在今河南濮阳市区。

【译文】

秋七月，仲孙蔑同晋荀罃、宋华元、卫孙林父、曹国人、邾国人在戚相会。

【左传】

会于戚，谋郑故也。孟献子曰[1]："请城虎牢以逼郑[2]。"知武子曰[3]："善。鄬之会，吾子闻崔子之言，今不来矣[4]。滕、薛、小邾之不至，皆齐故也[5]。寡君之忧不唯郑[6]。罃将复于寡君，而请于齐[7]。得请而告[8]，吾子之功也。若不得请，事将在齐[9]。吾子之请，诸侯之福也[10]，岂唯寡君赖之。"

【注释】

①孟献子：即鲁卿仲孙蔑。

②虎牢：本属郑国西北边境的险要之地，此时为晋所占。

③知武子：即知罃，又名荀罃。

④"鄬之会"三句：鄬之会在去年，孟献子曾参加。知罃虽未与会，而晋有韩厥、荀偃，故知罃可知会议情况。会上齐崔杼可能有于晋不满之言。

⑤滕、薛、小邾之不至，皆齐故也：滕、薛、小邾皆近齐小国，听命于齐。

⑥寡君之忧不唯郑：意谓忧郑之外更忧齐。若齐、郑、楚联盟，晋则难以称霸。

⑦罃将复于寡君，而请于齐：以此报告晋君，并请齐相会，以考验齐国。

⑧得请而告：得齐允许，便告诉诸侯共同在虎牢筑城。

⑨事将在齐：将伐齐。事，指战事。

⑩诸侯之福：意谓能够在虎牢筑城，足以使郑降服，楚不能争，可免于战争。

【译文】

诸侯在戚相会,是为了讨论对付郑国的办法。孟献子说:"请在虎牢筑城来逼迫郑国。"知武子说:"好主意。鄫地的盟会,您是听齐国崔杼的话的,现在他果然不来了。滕、薛、小邾也都不到会,这都是由于齐国的缘故。我们国君的忧患不仅仅是郑国。我将向我的国君汇报,同时向齐国发出会见的请求。如果请求得到同意,便告知诸侯共同在虎牢筑城,这是您的功劳。如果不被同意,战事就将在齐国发生。您的请求,是诸侯的福气,岂独我国国君依靠它。"

【经】己丑^①,葬我小君齐姜。

【注释】

①己丑:十八日。

【译文】

七月十八日,安葬我国夫人齐姜。

【左传】齐侯使诸姜、宗妇来送葬^①。召莱子,莱子不会^②,故晏弱城东阳以逼之^③。

【注释】

①齐侯使诸姜、宗妇来送葬:杨伯峻注:"《礼记·檀弓下》云,'妇人不越疆而吊人'。出国境吊丧尚且不可,出国境送丧更不合当时之礼。"诸姜,与齐同姓嫁给齐大夫者。宗妇,同姓大夫的妻子。

②召莱子,莱子不会:莱为齐毗邻小国,齐召莱君,让他与诸姜、宗妇一同去鲁国送葬,此有意凌蔑莱国,莱君因此不来。

③晏弱:即晏桓子。东阳:齐边境城邑。

【译文】

齐灵公派遣嫁给大夫的宗女和同姓大夫的妻子前来送葬。召莱子同去，莱子不来，所以晏弱在东阳筑城以胁迫他。

【公羊传】齐姜者何？齐姜与缪姜，则未知其为宣夫人与？成夫人与①？

【注释】

①"齐姜与缪（mù）姜"三句：齐姜，为鲁成公夫人，齐为谥号。缪姜，一作"穆姜"，为鲁宣公夫人，"缪（穆）"为谥号。此处《公羊传》云："齐姜与缪姜，则未知其为宣夫人与？成夫人与？"并非是弄不清两者的身份，而是为鲁襄公避讳在嫡母丧中用兵，详襄公九年"冬，公会晋侯、宋公、卫侯、曹伯、莒子、邾子、滕子、薛伯、杞伯、小邾子、齐世子光伐郑"条。

【译文】

齐姜是什么人？齐姜与缪姜，不知道谁是鲁宣公的夫人？谁是鲁成公的夫人？

【经】叔孙豹如宋①。

【注释】

①叔孙豹：穆叔。鲁国大夫叔孙得臣之子，叔孙侨如之弟，叔孙侨如出奔之后被立为家族继承人。叔孙豹此次到宋国去是通报鲁襄公即位的消息。杨伯峻注，"叔孙豹于是始参与鲁政"。

【译文】

叔孙豹到宋国。

【左传】穆叔聘于宋,通嗣君也^①。

【注释】

①穆叔聘于宋,通嗣君也:鲁襄公新立,使叔孙豹聘于宋,以示通好
　之意。

【译文】

穆叔到宋国聘问,向他们通报新君即位。

【经】冬,仲孙蔑会晋荀罃、齐崔杼、宋华元、卫孙林父、曹人、邾人、滕人、薛人、小邾人于戚^①,遂城虎牢^②。

【注释】

①邾人、小邾人:《公羊传》作"邾娄人""小邾娄人"。

②遂城虎牢:指诸侯在虎牢筑城以逼郑。虎牢,即隐公元年的"制"
　地,在今河南荥阳。

【译文】

冬,仲孙蔑和晋荀罃、齐崔杼、宋华元、卫孙林父、曹国人、邾国人、滕国人、薛国人、小邾国人在戚相会,于是在虎牢筑城。

【左传】冬,复会于戚,齐崔武子及滕、薛、小邾之大夫皆会,知武子之言故也^①。遂城虎牢,郑人乃成^②。

【注释】

①齐崔武子及滕、薛、小邾之大夫皆会,知武子之言故也:因知罃说
　"事将在齐",齐人害怕,所以率滕、薛、小邾参加会见。崔武子,
　崔杼。

②遂城虎牢，郑人乃成：赵鹏飞曰："晋、楚争郑五十年，乍叛乍服，惟强是视。郑入楚，则楚兵将横行于宋、卫之郊。晋悼谋所以得郑之策，而城虎牢以逼之，兵出则直指郑郊，非特郑无所恃，楚失之盖亦恐矣。"《春秋传说汇纂》曰："郑方坚于从楚，孟献子请城虎牢以逼之，所以扼郑之吭，使之不得南向也。攘楚服郑，实关天下之大计。"顾栋高曰："此争地势而不争野战，此悼公最得要领处。"

【译文】

冬，再次在戚地相会，齐国崔武子以及滕、薛、小邾等国的大夫都与会了，这是由于知武子那一番话的缘故。于是在虎牢筑城，郑国人于是与晋媾和。

【公羊传】虎牢者何？郑之邑也①。其言城之何？取之也。取之则曷为不言取之？为中国讳也。曷为为中国讳？讳伐丧也②。曷为不系乎郑？为中国讳也。大夫无遂事③，此其言遂何？归恶乎大夫也④。

【注释】

①郑之邑也：案襄公十年有"戍郑虎牢"之文，则知虎牢为郑国之邑。

②讳伐丧也：案郑伯睔卒于六月，则此时郑国尚在丧中，诸国大夫夺取郑国虎牢邑，属于伐丧。《春秋》为诸夏避讳伐丧，故不书郑伯睔之葬，不将虎牢系属于郑国，不书"取虎牢"而书"城虎牢"。

③大夫无遂事：遂为生事之辞。大夫当秉君命而行，不得擅自生事。

④归恶乎大夫也：经文书"遂城虎牢"，好像这是大夫擅自生事，与诸侯无关。如此则将伐丧之恶归在大夫身上。值得注意的是，事实上夺取虎牢邑，并非是大夫擅自生事，若真是生事，可直言"遂取郑虎牢"以谴责之，不需避讳。

【译文】

虎牢是什么地方？是郑国的城邑。经书"城虎牢"是为何？实际是夺取了虎牢。夺取了虎牢，为何不书"取虎牢"？是为中国避讳。为什么为中国避讳？避讳中国伐郑之丧。为何不将虎牢系属于郑国？是为中国避讳伐郑之丧。大夫不能擅自生事，此处书大夫擅自生事是为何？是归罪于大夫，为诸侯避讳。

【穀梁传】若言中国焉①，内郑也②。

【注释】

①中国：国中。

②内郑：接纳郑国。诸侯城虎牢之后，郑国求和，说"内政"就是表示晋国将郑国当作自己阵营的国家。

【译文】

就像说在国中筑城一样，这是把郑国当做自己的国家。

【经】楚杀其大夫公子申①。

【注释】

①公子申：楚国大夫。时任右司马。多受小国贿赂，威逼子重、子辛，遂为楚人所杀。

【译文】

楚国杀了他们的大夫公子申。

【左传】楚公子申为右司马，多受小国之赂，以逼子重、子辛①，楚人杀之。故书曰："楚杀其大夫公子申。"

【注释】

①以逼子重、子辛：逼迫子重、子辛，欲夺其权势。

【译文】

楚公子申为右司马，大量收受小国的贿赂，以威逼子重、子辛，楚国人便把他杀了。所以《春秋》记载说："楚国杀了他们的大夫公子申。"

三年

【经】三年春①**，楚公子婴齐帅师伐吴**②**。**

【注释】

①三年：鲁襄公三年当周灵王二年，前570年。

②楚公子婴齐帅师伐吴：公子婴齐，字子重。时任楚国令尹。案吴、楚争强自此开始。

【译文】

鲁襄公三年春，楚国公子婴齐率师攻打吴国。

【左传】三年春，楚子重伐吴，为简之师①，克鸠兹②，至于衡山③。使邓廖帅组甲三百、被练三千以侵吴④。吴人要而击之，获邓廖。其能免者，组甲八十、被练三百而已。

【注释】

①简之师：经过挑选的军队。

②克鸠兹：鸠兹，吴邑，在今安徽芜湖东南。顾栋高曰："此楚从水道胜吴也。"

③衡山：吴地名，即横山，今安徽当涂东北。

④组甲:用丝带子联缀的铠甲,车兵服用。被练:用帛联缀的铠甲,
　步卒服用。

【译文】

　　鲁襄公三年春,楚国子重攻吴,组织起一支经过挑选的军队,攻下鸠
兹,到达衡山。派邓廖率领穿组甲的车兵三百人、穿被练的步兵三千人
侵袭吴国。吴人拦腰攻击楚军,俘获邓廖。逃脱的不过组甲八十人、被
练三百人。

　　子重归,既饮至三日^①,吴人伐楚,取驾^②。驾,良邑也。
邓廖,亦楚之良也。君子谓:“子重于是役也,所获不如所
亡^③。”楚人以是咎子重。子重病之,遂遇心疾而卒^④。

【注释】

①饮至:出征奏凯,至宗庙祭祀宴饮庆功之礼。
②取驾:驾,楚邑,在今安徽无为。顾栋高认为这是吴从陆路反击楚
　国,曰:“前此巫臣未通吴以前,吴不谙乘车之法,不能陆战,故入
　春秋以来逾百年常役属于楚,至此乃得射御长技,与楚角逐于中
　原平地。”
③子重于是役也,所获不如所亡:子重伐吴,吴反攻子重,两相比较,
　楚损失更惨重。
④心疾:指精神病。

【译文】

　　子重回国,举行凯旋饮至之礼三天后,吴国攻打楚国,夺取了驾。驾
是上等城邑,邓廖也是楚国良将。君子认为:“子重在这次战役中所得到
的不如所失去的。”楚国人由此怪罪子重。子重对此很恼恨,便得了精
神错乱症而死去。

【经】公如晋[①]。

【注释】

①公如晋：鲁襄公即位后第一次朝晋。

【译文】

鲁襄公前往晋国。

【左传】公如晋，始朝也[①]。

【注释】

①公如晋，始朝也：鲁襄公始朝霸主。

【译文】

鲁襄公前往晋国，这是初次去朝见。

【经】夏四月壬戌[①]，**公及晋侯盟于长樗**[②]。

【注释】

①壬戌：二十五日。

②盟：当时鲁襄公年仅六岁，其与晋悼公所订盟约当权臣所为。长
　樗（chū）：晋地名，今在何处不详。或在晋国国都郊外。

【译文】

夏四月二十五日，鲁襄公和晋悼公在长樗结盟。

【左传】夏，盟于长樗。孟献子相，公稽首[①]。**知武子曰：
"天子在，而君辱稽首，寡君惧矣**[②]。**"孟献子曰："以敝邑介
在东表，密迩仇雠，寡君将君是望，敢不稽首？"**

【注释】

①孟献子相，公稽首：鲁襄公此时仅六七岁，所以需由孟献子作为相礼者。

②"天子在"三句：鲁君只有对周王才行稽首礼，知武子表示晋悼公不敢当。

【译文】

夏，在长樗结盟。孟献子作为相礼者，鲁襄公行稽首大礼。知武子说："有天子在那里，而有辱贵君行稽首大礼，我的国君感到害怕。"孟献子说："由于敝国地处东海边，紧挨着仇国，敝国国君唯有希望贵君支持，岂敢不行稽首之礼？"

△**【经】公至自晋**①。

【注释】

①公至自晋：案《春秋》之例，公与一国出会盟，得意致文，不得意不致。此处书"公至自晋"，表明公得意于晋。

【译文】

鲁襄公从晋回国。

***【左传】**祁奚请老①，晋侯问嗣焉②。称解狐，其仇也③，将立之而卒；又问焉，对曰："午也可④。"于是羊舌职死矣⑤，晋侯曰："孰可以代之？"对曰："赤也可⑥。"于是使祁午为中军尉，羊舌赤佐之。

【注释】

①祁奚：祁黄羊，又称"祁大夫"。祁奚此时为中军尉。

②嗣：接替者。

③称解（xiè）狐，其仇也：解狐与祁奚有私仇。称，举荐。仇，仇家。

④午：祁午，祁奚的儿子。

⑤羊舌职：叔向父亲。此时为佐中军尉。

⑥赤：羊舌赤，字伯华，羊舌职之子。

【译文】

祁奚请求告老退休，晋悼公询问接替的人。举荐解狐，这是他的仇家，将要任命时解狐死了；又问谁可胜任，回答说："祁午可以。"这时羊舌职死了，晋悼公问："谁可以代替他？"回答说："羊舌赤可以。"于是任命祁午为中军尉，羊舌赤为副职。

君子谓："祁奚于是能举善矣。称其仇，不为谄；立其子，不为比；举其偏，不为党。《商书》曰：'无偏无党，王道荡荡①。'其祁奚之谓矣！解狐得举，祁午得位，伯华得官，建一官而三物成②，能举善也夫！唯善，故能举其类。《诗》云：'惟其有之，是以似之③。'祁奚有焉。"

【注释】

①无偏无党，王道荡荡：引文出自《尚书·洪范》。

②一官：指中军尉。三物：指得举、得位、得官。

③惟其有之，是以似之：引《诗》见《诗经·小雅·裳裳者华》。意谓祁奚有这样的善德，故其所举荐的人也有类似的善德。杜预注曰："唯有德之人能举似己者。"

【译文】

君子认为："祁奚在这件事上可以算能举荐贤才了。推荐自己的私仇，不是谄媚；安排儿子，不是偏私；推举副手，不为结党。《商书》说：'不偏私不结党,先王正道浩浩荡荡。'这说的就是祁奚啊!解狐得到推举,祁午得到任命,伯华获得官位,设立一个官位而成就三件事,这是由于能够举荐贤人的缘故啊!因为他贤明,所以能够举荐他的同类。《诗》说:'正因为有这美德,因而所举荐的人也像他那样。'祁奚就是如此。"

【经】六月,公会单子、晋侯、宋公、卫侯、郑伯、莒子、邾子、齐世子光①。己未②,同盟于鸡泽③。

【注释】

①单子:单国(王畿内姬姓封国)国君单顷公,惯称"单伯",此时改称"单子"。晋侯:晋国国君晋悼公姬周子,时为霸主。宋公:宋国国君宋平公子成。卫侯:卫国国君卫献公姬衎(kàn)。郑伯:新即位的郑国国君郑僖公姬髡(kūn)顽。莒(jǔ)子:莒国国君莒犁比公己密州。邾子:邾国国君邾宣公曹牼(kēng)。《公羊传》作"邾娄子"。齐世子光:齐国国君齐灵公姜环之子,即后来的齐庄公。此次是代父出国结盟。

②己未:二十三日。案此处"己未"二字置于"齐世子光"之下,"同盟"之上,好像是盟日之定否全在齐世子光。参见文公十四年"六月,公会宋公、陈侯、卫侯、郑伯、许男、曹伯、晋赵盾。癸酉,同盟于新城"条。

③同盟于鸡泽:鸡泽,古地名,在今河北邯郸东北。案此年为晋悼公即位的第三年,始谋通吴以制楚。

【译文】

六月,鲁襄公和单顷公以及晋悼公、宋平公、卫献公、郑僖公、莒犁比公、邾宣公并齐国太子光相会。二十三日,在鸡泽结盟。

【左传】晋为郑服故,且欲修吴好①,将合诸侯。使士匄告于齐曰②:"寡君使匄,以岁之不易③,不虞之不戒,寡君愿与一二兄弟相见,以谋不协④,请君临之,使匄乞盟。"齐侯欲勿许,而难为不协,乃盟于耏外⑤。

【注释】

①欲修吴好:晋见吴逐渐强大,足以困楚,故欲与吴国修好。

②士匄:范匄,范宣子。

③不易:这里指诸侯间的纠纷。易,平安。

④不协:实暗指齐国多有异志。见去年七月戚之会传文及注可知。

⑤耏(ér)外:在齐都临淄西北郊近耏水处。耏,耏水,即时水。

【译文】

晋国因为郑国顺服了,而且想要和吴国修好,准备会合诸侯。派士匄告知齐国说:"敝国君派我前来,是由于近来诸侯间纠纷不少,对意外变故又没有戒备,敝国君愿意和几位兄弟相见,共同商量解决彼此间的不和睦,请国君您光临,派我先来请求结盟。"齐国君本想不答应,又不敢表示心怀异志,就在耏水边结盟。

六月,公会单顷公及诸侯①。己未②,同盟于鸡泽。

【注释】

①单顷公:即经文中的单子,周王卿士。

②己未:二十三日。

【译文】

六月,鲁襄公会见单顷公与诸侯。二十三日,一起在鸡泽结盟。

晋侯使荀会逆吴子于淮上①,吴子不至②。

【注释】

①晋侯使荀会逆吴子于淮上：要由此会与吴国结好，因此派人迎接吴子。吴子，吴王寿梦。淮上，淮水北，约在今安徽凤台境内。

②吴子不至：吴国因路远未能赴会。

【译文】

晋悼公派荀会在淮河边迎接吴王寿梦，吴王寿梦没来。

【穀梁传】同者，有同也，同外楚也。

【译文】

同，是有相同之处的意思，共同排斥楚国。

【经】陈侯使袁侨如会①。

【注释】

①陈侯使袁侨如会：陈侯，陈成公妫（guī）午。袁侨，陈国大夫，袁涛涂四世孙。如会，到会而未参加会盟。陈国想背楚投晋，所以派袁侨参加鸡泽之会。

【译文】

陈成公派袁侨到会。

【左传】楚子辛为令尹，侵欲于小国①。**陈成公使袁侨如会求成**②，**晋侯使和组父告于诸侯**③。

【注释】

①楚子辛为令尹，侵欲于小国：侵害勒索小国，贪鄙无厌，因此小国

厌楚。侵欲,侵吞贪求。

②陈成公使袁侨如会求成:陈国亦背楚投晋,因此请求加盟。

③和组父:晋大夫。

【译文】

楚国子辛任令尹,不断侵害勒索小国。陈成公为此派袁侨到会请求加盟,晋悼公派和组父把这事向诸侯通告。

【公羊传】 其言如会何? 后会也①。

【注释】

①后会也:即袁侨错过了盟期。案后会之书法,若诸侯与袁侨结盟,当书"陈侯使袁侨会盟",此处书"如会"者,表明诸侯未与之结盟,故下有诸侯大夫与袁侨结盟之文。

【译文】

经言"如会"是为何? 因为袁侨后期而至。

【穀梁传】 如会,外乎会也。于会受命也。

【译文】

"如会",就是在会盟之外。只是在会上接受盟约。

【经】 戊寅①,叔孙豹及诸侯之大夫及陈袁侨盟。

【注释】

①戊寅:六月无戊寅,应为七月十三日。

【译文】

七月十三日,叔孙豹和各国大夫以及陈国袁侨结盟。

【左传】秋,叔孙豹及诸侯之大夫及陈袁侨盟,陈请服也①。

【注释】

①叔孙豹及诸侯之大夫及陈袁侨盟,陈请服也:鸡泽之盟本已结束,因陈国请盟,因此诸侯与陈国再次结盟。赵鹏飞曰:"陈、郑即楚久矣,厉公之威有所不能服。今一会而得二叛国,则虎牢之功伟矣。"

【译文】

秋,叔孙豹和诸侯的大夫以及陈国的袁侨再次结盟,这是由于陈国请求顺服的缘故。

【公羊传】曷为殊及陈袁侨①? 为其与袁侨盟也③。

【注释】

①殊及陈袁侨:殊,分别也。即经书用"及"字,将袁侨与诸侯大夫分别开来。

②为其与袁侨盟也:即诸侯大夫之结盟,本为袁侨之故。书此者,陈为楚之与国,陈侯有慕中国之心,然有疾不能前来,故使袁侨如会,诸侯喜得陈国,因国君与大夫身份不对等,故使大夫与之结盟。

【译文】

为何用"及"字单独列出陈袁侨? 因为此次就是为了与袁侨结盟。

【穀梁传】及以及①,与之也。诸侯以为可与则与之,不可与则释之②。诸侯盟,又大夫相与私盟,是大夫张也③。故鸡泽之会,诸侯始失正矣④,大夫执国权。曰袁侨,异之也⑤。

【注释】

①以：表示并列关系，并且，和。这里表示说了两个"及"。

②释：放下，抛开。

③张：骄傲自大。

④失正：失去国政。

⑤曰袁侨，异之也：指把袁侨单独列出来而不是并入诸侯之大夫，是
　　因为他和别的大夫不一样，别的大夫是随诸侯一起与会的，袁侨
　　是代表陈成公来与会的。

【译文】

"及"和"及"，是和的意思。诸侯认为可以和谁结盟就和谁结盟，不
可以和谁结盟就抛开谁。诸侯结盟，大夫又互相私下结盟，这是大夫骄
傲自大。所以鸡泽之会，标志着诸侯开始失去国政，大夫掌握国家大权。
说袁侨，表明袁侨跟别国大夫不一样。

*【左传】晋侯之弟扬干乱行于曲梁①，魏绛戮其仆②。晋
侯怒，谓羊舌赤曰："合诸侯，以为荣也。扬干为戮，何辱如
之？必杀魏绛，无失也③！"对曰："绛无贰志，事君不辟难④，
有罪不逃刑，其将来辞⑤，何辱命焉？"言终，魏绛至，授仆人
书⑥，将伏剑。士鲂、张老止之。公读其书，曰："日君乏使，
使臣斯司马⑦。臣闻师众以顺为武，军事有死无犯为敬。君
合诸侯，臣敢不敬？君师不武，执事不敬，罪莫大焉。臣惧其
死，以及扬干，无所逃罪。不能致训⑧，至于用钺⑨。臣之罪
重，敢有不从以怒君心？请归死于司寇⑩。"公跣而出⑪，曰：
"寡人之言，亲爱也。吾子之讨，军礼也。寡人有弟，弗能教
训，使干大命，寡人之过也。子无重寡人之过⑫，敢以为请！"

【注释】

①晋侯之弟扬干乱行于曲梁：此指在鸡泽之会上扬干乱行。乱行，扰乱军队行列。曲梁，在鸡泽附近。

②魏绛戮其仆：魏绛时为中军司马，主管晋军军法，故能行戮。不能戮扬干，故戮其仆。仆，车夫。

③必杀魏绛，无失也：羊舌赤时为中军尉佐，职位高于司马，故晋侯可以命其杀魏绛。

④辟（bì）：逃避。

⑤来辞：自己前来供状解释。

⑥仆人：接受官员紧急奏事之官。

⑦斯：同“司”，担任的意思。

⑧致训：事前不能教导众人。

⑨钺（yuè）：大斧。这里指大刑。

⑩司寇：国家的司法官。

⑪公跣（xiǎn）而出：古人入室脱履，出室要穿上。晋悼公恐魏绛自杀，来不及穿履，故赤脚而出。跣，赤足。

⑫重（chóng）：再。

【译文】

　　晋悼公弟弟扬干在曲梁扰乱军队的行列，魏绛杀了他的车夫。晋悼公发怒，对羊舌赤说：“会合诸侯是引以为荣的事，现在扬干受到羞辱，还有什么比这更大的侮辱？一定要杀掉魏绛，不要耽误了！”羊舌赤回答：“魏绛并没有二心异志，事奉君主不避危难，有了罪不逃避惩罚，他会来供状解释的，何必劳驾您下命令呢？”话音刚落，魏绛就来了，把一封信交给传事官后，就要拔剑自杀。士鲂、张老劝阻了他。晋悼公读信，信上说：“以前君主缺少使唤的人，派我担任司马。我听说军旅以服从命令为武，军中之事以宁死不犯军纪为敬。您会合诸侯，下臣岂敢不敬？君主的军队有不服从军令的，办事的人有不严肃执行军法的，罪过没有比这更大的了。我害怕自己因不严肃执行军法而犯死罪，所以处理了扬干，这罪过无可逃避。我没能事先进行教导，以至于要动用大刑。我的罪很重，哪里敢不服从刑罚，而使君主发怒？请求回去死在司寇那里。"晋悼公光着脚跑出来，说道："我的话，是出于对兄弟的亲爱。你杀死扬干的车夫，是执行军法。我有弟弟，却没有教育好，使他犯了军令，这是我的过错。请别让我错上加错，拜托你了！"

　　晋侯以魏绛为能以刑佐民矣，反役^①，与之礼食^②，使佐新军^③。张老为中军司马^④，士富为候奄^⑤。

【注释】

①反役：从鸡泽之役归来。

②礼食：国君在太庙宴请臣子称"礼食"。

③佐新军：司马位为大夫，佐新军则位列于卿。

④张老为中军司马：张老本是候奄，此是提升。

⑤士富：士会的别族。候奄：古代军队中负责侦察敌情的官员。

【译文】

　　晋悼公由此认为魏绛能够用刑罚来治理人民，从盟会回国，就在太庙设宴款待他，并提拔他为新军副帅。张老任中军司马，士富当候奄。

　　*【左传】楚司马公子何忌侵陈，陈叛故也。

【译文】

　　楚国司马公子何忌侵袭陈国，是因为陈国背叛楚国的缘故。

　　△【经】秋，公至自会。

【译文】

秋,鲁襄公自盟会回国。

【经】冬,晋荀罃帅师伐许。

【译文】

冬,晋荀罃率军攻打许国。

【左传】许灵公事楚,不会于鸡泽。冬,晋知武子帅师伐许。

【译文】

许灵公事奉楚国,不参加鸡泽会盟。冬,晋国知武子率领军队攻打许国。

四年

【经】四年春王三月己酉①,陈侯午卒②。

【注释】

①四年:鲁襄公四年当周灵王三年,前569年。己酉:三月无己酉,此处记载当有误。

②陈侯午卒:陈成公去世。陈侯午,陈成公,名午,谥成。

【译文】

鲁襄公四年春周历三月己酉,陈成公午去世。

【左传】四年春，楚师为陈叛故，犹在繁阳①。韩献子患之②，言于朝曰："文王帅殷之叛国以事纣，唯知时也③。今我易之，难哉④！"

【注释】

①楚师为陈叛故，犹在繁阳：去年楚公子何忌率师侵陈，陈不服，因此楚师仍驻扎在繁阳。繁阳，蔡地名，在今河南新蔡北。

②韩献子：即韩厥，时为中军帅，当政。

③文王帅殷之叛国以事纣，唯知时也：相传当时天下分为九州，周文王得其六州，仍率领背叛商朝的国家去事奉商纣王，是因时机未到。

④今我易之，难哉：认为晋未能服楚，此时接受楚的叛国陈不是时候。

【译文】

鲁襄公四年春，楚军因为陈国背叛的缘故，还驻扎在繁阳。韩献子为此感到担忧，在朝廷上说："文王率领背叛商朝的国家去事奉纣王，是因为他知道时机未到。现在我们改变文王的做法，未能服楚而接受楚的叛国陈，想要成功称霸难哪！"

三月，陈成公卒。楚人将伐陈，闻丧乃止①。陈人不听命。臧武仲闻之，曰："陈不服于楚，必亡。大国行礼焉，而不服，在大犹有咎，而况小乎②？"夏，楚彭名侵陈③，陈无礼故也。

【注释】

①闻丧乃止：当时人以为乘丧期伐人，是为无道。

②"大国行礼焉"四句：楚不伐陈丧是知礼，陈不因此而归服楚是无礼。咎，灾祸。

③彭名：楚国大夫。

【译文】

三月，陈成公去世。楚国准备攻打陈国，听到陈国有丧事便停止了军事行动。陈国不听从楚国的命令。臧武仲听说了这种情况，说道："陈国不肯顺服楚国，一定灭亡。大国按礼行事，小国却不顺服，这么做对大国来说尚且有灾祸，何况小国呢？"夏，楚国彭名攻打陈国，这是由于陈国无礼的缘故。

【经】夏，叔孙豹如晋①。

【注释】

①叔孙豹如晋：鲁大夫叔孙豹到晋国去是"报知武子之聘也"。

【译文】

夏，叔孙豹前往晋国聘问。

【左传】穆叔如晋，报知武子之聘也①。晋侯享之，金奏《肆夏》之三②，不拜。工歌《文王》之三③，又不拜。歌《鹿鸣》之三④，三拜⑤。韩献子使行人子员问之⑥，曰："子以君命，辱于敝邑。先君之礼，藉之以乐⑦，以辱吾子。吾子舍其大⑧，而重拜其细⑨，敢问何礼也？"对曰："三《夏》⑩，天子所以享元侯也⑪，使臣弗敢与闻。《文王》，两君相见之乐也，使臣不敢及⑫。《鹿鸣》，君所以嘉寡君也，敢不拜嘉⑬？《四牡》，君所以劳使臣也⑭，敢不重拜？《皇皇者华》，君教使臣曰：'必咨于周⑮。'臣闻之：'访问于善为咨，咨亲为询，咨礼为度，咨事为诹⑯，咨难为谋。'臣获五善⑰，敢不重拜？"

【注释】

①穆叔如晋,报知武子之聘也:荀䓤聘鲁在襄公元年。穆叔,即叔
　孙豹。知武子,即荀䓤。

②金奏:奏九种《夏》乐,先击钟镈,后击鼓磬,叫做"金奏"。《肆夏》
　之三:乐章名。其辞今亡。三,三章。据《国语·鲁语》记载这三
　章为《肆夏》《樊遏》《渠》。

③工:乐工。《文王》之三:指《诗经·大雅》中的《文王》《大明》
　《绵》三曲。

④《鹿鸣》之三:指《诗经·小雅》中的《鹿鸣》《四牡》《皇皇者华》
　三曲。

⑤三拜:每奏完一曲,穆叔一拜谢,共三拜谢。

⑥行人:外交官。

⑦藉:进献。

⑧大:指《肆夏》之三和《文王》之三。

⑨重(chóng)拜:一、再、三拜。细:指《鹿鸣》之三。

⑩三《夏》:即《肆夏》之三曲。

⑪元侯:诸侯之长。

⑫及:参与,与闻。

⑬"《鹿鸣》"三句:《鹿鸣》中有"我有嘉宾"等句,穆叔认为这是晋
　侯用来嘉奖鲁君的,因此拜谢。

⑭《四牡》,君所以劳使臣也:《四牡》中有"岂不怀归,王事靡盬"等
　句,是慰劳使臣的诗。

⑮咨:询问。周:忠信之人。

⑯事:政事。诹(zōu):咨询。

⑰五善:指咨、询、度、诹、谋五种善道,都指询问。

【译文】

穆叔去往晋国,是为了回报知武子的聘问。晋悼公设享礼招待他,

钟镈奏《肆夏》等三章,穆叔不拜谢。乐工歌唱《大雅》中《文王》等三篇,穆叔又没拜谢。歌唱《小雅》中《鹿鸣》等三篇,穆叔三次拜谢。韩献子派行人子员去问他,说:"您奉国君的命令,光临敝国。我国按先王的礼仪,用音乐来招待您。您舍弃重大的音乐而再三拜谢细小的乐歌,敢问这是什么礼仪?"穆叔回答道:"《肆夏》三曲是天子用来招待诸侯领袖的,使臣不敢听赏。《文王》是两国国君相见的音乐,使臣不敢参与。《鹿鸣》是贵国国君用来嘉奖我国国君的,岂敢不拜谢这嘉奖?《四牡》是贵国国君用来慰劳使臣的,哪敢不再拜?《皇皇者华》,是贵国国君借以教导使臣说:'一定要向忠信的人咨询。'下臣听说:'向善人访求询问就是咨,咨询亲戚就是询,咨询礼仪就是度,咨询事情就是诹,咨询困难就是谋。'下臣得到这五种善道,岂敢不再拜?"

【经】秋七月戊子①,夫人姒氏薨②。

【注释】

①戊子:二十八日。

②姒(sì)氏:鲁成公妾,鲁襄公母。即下文"小君定姒","定"为谥号。薨(hōng):诸侯死亡之称,诸侯夫人可同称。此处姒氏虽为鲁成公之妾,不应称"薨"而宜称"卒",疑因其是现任国君鲁襄公生母而破例。姒氏,《公羊传》作"弋氏"。

【译文】

秋七月二十八日,夫人姒氏去世。

【左传】秋,定姒薨。不殡于庙①,无椁②,不虞③。匠庆谓季文子曰④:"子为正卿,而小君之丧不成⑤,不终君也⑥。君长,谁受其咎?"

【注释】

①殡：停棺待葬。

②榇（chèn）：内棺。

③虞：祭礼，也叫"反哭"。死者葬后，送殡者返回祭祀并安死者之灵。虞祭时必哭，故称"反哭"。此时鲁襄公年幼，权在季文子手中，季文子于是不以夫人之礼葬定姒。

④匠庆：名庆的木匠。或即鲁大匠，掌管官室土木建造的官员。

⑤不成：不以夫人之礼安葬。

⑥不终君：使国君不能为其生母送终而尽其情。

【译文】

秋，定姒去世。不把棺木停放在祖庙，没有内棺，没举行虞祭。匠庆对季文子说："您是正卿，而夫人的丧事不完备，这使国君不能为他母亲送终。国君长大后，谁将受到责罚？"

　　初，季孙为己树六槚于蒲圃东门之外①。匠庆请木，季孙曰："略②。"匠庆用蒲圃之槚，季孙不御③。君子曰："《志》所谓'多行无礼，必自及也'④，其是之谓乎！"

【注释】

①蒲圃：鲁国场圃名。

②略：简略。指不必选良木，季文子不愿献出槚木，故如此说。

③御：阻止。

④《志》：古书名。

【译文】

当初，季文子在蒲圃东门外为自己种了六棵槚树。匠庆请示用来给定姒做棺木的木料，季文子说："简单点吧。"匠庆使用了蒲圃的槚树，季孙未加阻止。君子说："《志》所说的'多做不合礼仪的事，祸患一定会发生在自己身上’,说的就是这种情况吧!”

△【经】葬陈成公。

【译文】

安葬陈成公。

【经】八月辛亥^①,葬我小君定姒^②。

【注释】

①辛亥:二十二日。

②定姒:《公羊传》作“定弋”。

【译文】

八月二十二日,安葬我国夫人定姒。

【公羊传】定弋者,襄公之母也。

【译文】

定弋,是鲁襄公的母亲。

【经】冬,公如晋。

【译文】

冬,襄公前往晋国。

**【左传】冬,公如晋听政^①,晋侯享公。公请属鄫^②,晋侯不许。孟献子曰："以寡君之密迩于仇雠，而愿固事君，无失官命③。郜无赋于司马，为执事朝夕之命敝邑，敝邑褊小④，阙而为罪⑤，寡君是以愿借助焉！"晋侯许之。

【注释】

①听政：听取晋国对给晋贡赋数额的要求。

②请属鄫：请求晋侯同意以鄫国为鲁之附庸。鄫，姒姓国，在今山东枣庄东。

③官命：指晋君之令。

④褊（biǎn）：狭小。

⑤阙（quē）：指贡赋不足。

【译文】

冬，鲁襄公到晋国听取晋国的贡赋要求，晋悼公设享礼款待。鲁襄公请求把鄫国作为鲁国的属国，晋悼公没答应。孟献子说："敝国君紧挨着仇国，却愿意一心一意事奉晋国，没有耽误您的命令。鄫国没有向贵国司马交纳贡赋，而您的左右执事却不断向敝国索求，敝国狭小，不能满足需求便是罪过，我国国君因此想得到鄫国作为帮助！"晋悼公答应了。

【经】陈人围顿①。

【注释】

①顿：靠近陈的小国，姬姓，在今河南项城西。

【译文】

陈国军队包围顿国。

【左传】楚人使顿间陈而侵伐之①，故陈人围顿。

【注释】

①间陈：钻陈国的空子。

【译文】

楚国让顿国乘陈不备而侵袭陈国，所以陈国人包围顿国。

*【左传】无终子嘉父使孟乐如晋①，因魏庄子纳虎豹之皮，以请和诸戎②。晋侯曰："戎狄无亲而贪，不如伐之。"魏绛曰："诸侯新服，陈新来和，将观于我。我德，则睦；否，则携贰。劳师于戎，而楚伐陈，必弗能救，是弃陈也。诸华必叛③。戎，禽兽也。获戎失华，无乃不可乎！《夏训》有之曰④：'有穷后羿……'⑤"公曰："后羿何如？"对曰："昔有夏之方衰也，后羿自钼迁于穷石⑥，因夏民以代夏政⑦。恃其射也，不修民事，而淫于原兽⑧。弃武罗、伯因、熊髡、龙圉⑨，而用寒浞⑩。寒浞，伯明氏之谗子弟也⑪。伯明后寒弃之⑫，夷羿收之⑬，信而使之，以为己相。浞行媚于内⑭，而施赂于外。愚弄其民，而虞羿于田⑮。树之诈慝⑯，以取其国家，外内咸服。羿犹不悛⑰，将归自田，家众杀而亨之⑱，以食其子。其子不忍食诸，死于穷门⑲。靡奔有鬲氏⑳。浞因羿室㉑，生浇及豷㉒，恃其谗慝诈伪，而不德于民。使浇用师，灭斟灌及斟寻氏㉓。处浇于过㉔，处豷于戈㉕。靡自有鬲氏，收二国之烬㉖，以灭浞而立少康㉗。少康灭浇于过，后杼灭豷于戈㉘，有穷由是遂亡，失人故也。昔周辛甲之为大史也㉙，命百官，官箴王阙㉚。于《虞人之箴》曰㉛：'芒芒禹迹㉜，画为九州㉝，经启九道㉞。民有寝庙，兽有茂草，各有攸

处⑤，德用不扰⑥。在帝夷羿，冒于原兽⑦，忘其国恤⑧，而思其麀牡⑨。武不可重⑩，用不恢于夏家⑪。兽臣司原⑫，敢告仆夫⑬。'《虞箴》如是，可不惩乎⑭？"于是晋侯好田，故魏绛及之。

【注释】

①无终：国名，在今山西太原一带。嘉父：无终国君名。《春秋》对蛮夷或小国之国君常称"子"。孟乐：无终使臣。

②因魏庄子纳虎豹之皮，以请和诸戎：晋国此时国力强盛，声威大振，戎人因此也来请和。魏庄子，即魏绛。

③诸华：指中原诸国。

④《夏训》：夏书。

⑤有穷后羿（yì）：这里是魏绛的话还没讲完，晋悼公突然插问。有穷，夏代国名。后，君主。羿，国君名。

⑥钼（xú）：古地名，在今河南滑县东。穷石：即穷谷，在今河南洛阳南。

⑦因夏民以代夏政：相传禹之孙太康荒淫失国，夏人立其弟仲康。仲康死，儿子相立，后羿遂推翻相而夺取王位。因，依靠。

⑧原兽：田兽，田猎。

⑨武罗、伯因、熊髡（kūn）、龙圉（máng yǔ）：四人都是后羿的贤臣。

⑩寒浞（zhuó）：后羿相。寒，本为部落名，在今山东潍坊。寒浞以部落名为氏。

⑪伯明：寒国国君。谗：奸诈。

⑫伯明后寒：即寒后伯明，寒国国君伯明。后，君王。

⑬夷羿：后羿。

⑭行媚于内：指浞与后羿妻妾通奸。

⑮虞：同"娱"。

⑯慝（tè）：邪恶。

⑰悛（quān）：悔改。

⑱亨：同"烹"，煮。

⑲穷门：穷国城门。或曰穷门即穷石。

⑳靡：夏朝人，曾事奉羿。有鬲（gé）氏：部落名，地在今山东德州东南。

㉑室：妻妾。

㉒浇（ào）及豷（yì）：泯和后羿妻妾通奸所生两个儿子。

㉓斟灌：部落名，在今河南范县北。斟寻氏：也是部落名，在今河南偃师东北。

㉔过：部落名，在今山东莱州西北，近海。

㉕戈：部落名，在宋、郑之间。

㉖烬：遗民。

㉗少康：夏后相之子，相传他在有鬲氏的帮助下，攻杀寒浇，恢复了夏朝统治。

㉘后杼：少康子。

㉙辛甲：本为殷商大臣，后为周太史。大史：即太史。

㉚箴（zhēn）：规诫。阙（quē）：过失。

㉛虞人：掌管田猎之官。

㉜芒芒：邈远的样子。禹迹：大禹治水的痕迹，指中国国土。

㉝画：分。

㉞九：泛指多数。

㉟攸（yōu）处：所处。

㊱德：指人与兽的本质而言。用：因。

㊲冒：贪恋。

㊳国恤：国家的忧患。

㊴麀（yōu）牡：泛指各种禽兽。麀，雌鹿。牡，雄兽。

㊵武：田猎。重：多次，意即过度。

㊶用不恢于夏家：意谓因此使国家灭亡。用，因。恢，扩大。

㊷兽臣：虞人自称。司：主管。原：原兽，田猎。

㊸仆夫：这里不敢直言告诉君主，以仆夫代称。

㊹惩：引以为戒。

【译文】

无终国国君嘉父派孟乐到晋国去，通过魏绛献上虎豹皮，请求晋国和各部落戎人媾和。晋悼公说："戎狄不认亲情而贪婪，不如攻打他们。"魏绛说："诸侯才归顺，陈国刚来讲和，都在观察我们的行动。我们有德，他们就亲近我们；否则就将背叛我们。劳动军队去打戎人，一旦楚国进攻陈国，我们肯定无法救援，这就是丢弃陈国。这样中原诸国一定会背叛我们。戎人，犹如禽兽。得到戎而失去中原，恐怕不合适吧！《夏训》有这样的话：'有穷后羿……'"晋悼公说："后羿怎么样呢？"魏绛回答说："从前正当有夏衰落的时候，后羿从鉏迁徙到穷石，借用夏朝民众的力量夺取了夏朝政权。倚仗自己精于射箭，他不致力于治理百姓，而沉湎于打猎。废弃武罗、伯因、熊髡、龙圉而任用寒浞。寒浞本是伯明氏的奸诈子弟。寒君伯明抛弃了他，却被后羿所接纳，信任并重用他，作为自己的辅相。寒浞在内宫对女人献媚，在外广布恩惠以收买人心。愚弄民众，而且引诱后羿沉迷于田猎。扶植奸诈邪恶者，由此夺取了后羿的家和国，朝廷内外都顺从归附。后羿还不知悔改，当他准备从狩猎处回家时，手下人把他杀死并煮了他，强迫他的儿子吃。后羿的儿子不忍心吃，又被杀死在有穷国的城门。在这种局面下，靡逃亡到了有鬲氏部落。寒浞霸占了后羿的妻妾，与她们生了浇和豷，仗着他的奸邪诈伪而不对百姓施德。派浇出兵，消灭了斟灌氏、斟寻氏。把浇安置在过，让豷住在戈。靡从有鬲氏那里收容两国遗民，用他们消灭了寒浞而拥立少康。少康在过灭掉了浇，后杼在戈灭掉了豷，有穷氏因此而灭亡，这都是因为失去民众的缘故啊。当初辛甲任周太史时，命令百官都来劝诫天子的过失。《虞人之箴》中就说：'大禹走过的邈远辽阔的大地，划分为九州，开辟了众多的道路。民众有住处有宗庙，野兽有丰盛茂密的青草，人兽各有所处,互不干扰。后羿身居帝位,却一心贪恋打猎,忘记国家的忧患,想的只是飞禽走兽。田猎之事不能太频繁,那样做不利于扩大夏朝国力,其后果是导致国家的灭亡。我主管的是田猎之事,谨以此规劝君主的左右。'《虞箴》都这样说,能不引以为戒吗?"当时晋悼公爱好打猎,所以魏绛委婉地说了这件事。

　　公曰:"然则莫如和戎乎?"对曰:"和戎有五利焉:戎狄荐居①,贵货易土②,土可贾焉,一也。边鄙不耸③,民狎其野④,穑人成功⑤,二也。戎狄事晋,四邻振动,诸侯威怀,三也。以德绥戎,师徒不勤⑥,甲兵不顿⑦,四也。鉴于后羿,而用德度⑧,远至迩安,五也。君其图之!"公说⑨,使魏绛盟诸戎,修民事,田以时。

【注释】

①荐居:逐水草而居。荐,草。

②易土:轻视土地。

③耸:恐惧。

④民狎其野:习居其边野而心安。狎,习。

⑤穑(sè)人:疑为当时管理边鄙农田之人。

⑥师徒:指将士。勤:劳。

⑦顿:疲劳。

⑧德度:道德法度。

⑨说:同"悦"。

【译文】

　　晋悼公说:"那么就没有比跟戎人修好更好的对策吗?"魏绛回答:"与戎人讲和有五个好处:戎狄逐水草而居,重财宝而轻土地,可以向他们收买土地,这是其一。边境不再恐惧,民众安心于农事,农夫可获收成,这是其二。戎狄事奉晋国,四边邻国都受到震动,诸侯们慑服于我们的威严,这是其三。用德行安抚戎人,将士免去辛劳,武器不被损坏,这是其四。有鉴于后羿失国的教训,而使用道德法度,远方国家来朝,近邻国家安定,这是其五。请国君您好好考虑考虑吧!"晋悼公很满意魏绛这一番话,就派他与各部戎人媾和,又致力于治理民事,打猎合乎时令。

　　*【左传】冬十月,邾人、莒人伐鄫。臧纥救鄫①,侵邾,败于狐骀②。国人逆丧者皆髽③。鲁于是乎始髽,国人诵之曰④:"臧之狐裘,败我于狐骀。我君小子⑤,朱儒是使⑥。朱儒!朱儒!使我败于邾。"

【注释】

①臧纥(hé):鲁国臧孙纥。晋国已同意以鄫为鲁的附属国,鲁因此救鄫。

②败于狐骀(tāi):狐骀,古地名,在今山东滕州东南。顾栋高曰:"是年冬,公如晋听政,请属鄫,故邾、莒伐鄫而臧纥救之,遂致败衄也。"

③逆:迎接。髽(zhuā):古代妇女丧服的露髻,用麻束发。

④诵:讽刺。

⑤小子:指鲁襄公,当时他有生母定姒之丧,故称。

⑥朱儒:即"侏儒",矮人。这里指臧孙纥,他身材矮小。

【译文】

　　冬十月,邾国、莒国攻打鄫国。臧孙纥出兵救鄫,侵袭邾国,在狐骀被打败。鲁国人去迎接死亡将士以麻系发。鲁国从此有了以麻系发的丧葬习俗,民众编了首歌谣讽刺说:"穿狐裘的臧孙纥,让我国败在狐骀。我们国君小孩子,派个侏儒去打仗。侏儒啊侏儒!使我们败给了邾。"

五年

【经】五年春①**,公至自晋。**

【注释】

①五年:鲁襄公五年当周灵王四年,前568年。

【译文】

鲁襄公五年春,襄公从晋国回国。

【左传】五年春,公至自晋。

【译文】

鲁襄公五年春,襄公从晋国回国。

***【左传】**王使王叔陈生诉戎于晋①,晋人执之。士鲂如京师,言王叔之贰于戎也。

【注释】

①王叔陈生:周王卿士。诉:控告。

【译文】

周灵王派王叔陈生到晋国控告戎人侵凌周王室,晋国人拘禁了他。士鲂到京师,向周灵王说明王叔与戎人相勾结。

【经】夏,郑伯使公子发来聘①**。**

【注释】

①郑伯使公子发来聘:郑伯,这里是郑僖公姬髡(kūn)顽。公子发, 郑国大夫,郑穆公之子。这是郑国新君即位后首次遣使来访,以 示友好。

【译文】

夏,郑僖公派公子发来鲁国聘问。

【左传】夏,郑子国来聘①,通嗣君也。

【注释】

①子国:公子发。

【译文】

夏,郑国子国前来聘问,通报郑僖公即位之事。

【经】叔孙豹、鄫世子巫如晋①。

【注释】

①叔孙豹、鄫(zēng)世子巫如晋:鄫,《穀梁传》作"缯",国名,姒 姓,传为禹后裔,故城在今山东枣庄东。之前鲁襄公访晋时向晋 请求让晋的属国鄫国成为鲁的属国,晋君答应,此时两国派人前往 晋国正式完成属国关系的更改。

【译文】

叔孙豹、鄫世子巫去晋国。

【左传】穆叔觌鄫大子于晋①,以成属鄫。书曰:"叔孙 豹、鄫大子巫如晋。"言比诸鲁大夫也②。

【注释】

①觌（dí）：相见。

②比诸鲁大夫：鄫已为鲁的附属国，所以其国的太子就等同于鲁国
　大夫。

【译文】

穆叔在晋国和鄫国太子会晤，以完成鄫附属于鲁国的手续。《春秋》
记载说："叔孙豹、鄫国太子巫到晋国去。"这样说是由于鄫国已是鲁国
附属国，鄫国太子的身份和鲁国大夫相当。

【公羊传】外相如不书①，此何以书？为叔孙豹率而与之
俱也②。叔孙豹则曷为率而与之俱？盖舅出也③。莒将灭之，
故相与往殆乎晋也④。莒将灭之，则曷为相与往殆乎晋？取
后乎莒也。其取后乎莒奈何？莒女有为鄫夫人者⑤，盖欲立
其出也⑥。

【注释】

①外相如不书：外诸侯之间的互相往来，例所不书。此处鄫世子巫
　如晋，属于外相如，本在不书之例。

②为叔孙豹率而与之俱也：即鄫世子巫被鲁国大夫叔孙豹领着一起
　去晋国。这一点可以从书法上看出，若叔孙豹与鄫世子巫都去晋
　国，途中偶然相会，当书"叔孙豹及鄫世子巫如晋"，以"及"字区
　别内外。今不书"及"字，则是不外鄫世子，可见鄫世子是被叔孙
　豹领着去晋国的。

③盖舅出也：舅出，一舅之甥。案何休之意，鄫子娶了两次亲，世子巫
　是前夫人所生。鄫前夫人与鲁襄公之母定弋（姒）为姊妹，则鲁
　襄公与鄫世子巫为从母昆弟，是同一舅舅的外甥，故云"舅出也"。

④殆：通"治"，讼理也。

⑤莒女有为鄩夫人者：依何休之意，莒女为鄩子后娶之夫人。

⑥盖欲立其出也：出，外孙。鄩后夫人有女无男，将其女还嫁于莒子，生一外孙。鄩子宠幸后夫人，欲立其外孙为后。案礼制，立异姓为后，实同灭国，故鄩世子巫前往晋国诉讼。值得注意的是，鄩世子巫前往晋国诉讼，虽是暴扬父亲之恶，然而灭国的性质更加严重，故《春秋》赞许之。

【译文】

鲁国之外的国家相互往来，例所不书，此处为何记录？因为是叔孙豹领着鄩世子巫一起去晋国的。叔孙豹为何领着鄩世子巫一起去晋国？大概鄩世子巫和鲁襄公是一舅之甥。莒国将灭亡鄩国，所以一起去晋国诉讼。莒国将要灭亡鄩国，那么为何一起去晋国诉讼？是鄩子欲立莒国人为嗣，并非是莒国兴兵灭鄩。鄩子欲立莒国人为后是怎么回事？莒国一女子嫁于鄩子为后夫人，大概是想要立自己的外孙为嗣。

【穀梁传】外不言如①，而言如，为我事往也。

【注释】

①外不言如：即外国人到其他国家去，不说"如"。

【译文】

外国人不说"如"，但是说了"如"，因为是为了我鲁国的事情去的。

【经】仲孙蔑、卫孙林父会吴于善道①。

【注释】

①仲孙蔑、卫孙林父会吴于善道：据《左传》，吴国没有参加鸡泽之会，这时派人前来解释没有参会的原因，且表示愿意与诸侯友好，

准备为此而再召集诸侯,于是晋侯先派遣鲁、卫两国与吴国通好。故此次并非鲁国自主的外交行为。又案《春秋》假托鲁国为王者,故文辞有内外之别,鲁国国君或大夫与他国国君或大夫并列时,则用"及"字区别内外,以此尊鲁。此处仲孙蔑与卫孙林父之间未书"及"字,是为了说明鲁国作为王者却被晋国指使,有耻辱,故不分别内外。善道,古地名,在今江苏盱眙北。《公羊传》《穀梁传》作"善稻"。

【译文】

仲孙蔑、卫孙林父和吴国人在善道会晤。

【左传】吴子使寿越如晋①,辞不会于鸡泽之故②,且请听诸侯之好③。晋人将为之合诸侯,使鲁、卫先会吴,且告会期④。故孟献子、孙文子会吴于善道。

【注释】

①吴子:名乘,字寿梦。寿越:吴国大夫。

②辞:解释并表示歉意。

③听:听从。

④且告会期:许翰曰:"晋、楚争衡,权之在吴,故晋急吴如此。"

【译文】

吴国君派寿越去晋国,就未参加鸡泽盟会一事加以解释并表示歉意。同时请求听从命令与诸侯交好。晋国准备为此会合诸侯,使鲁、卫二国先与吴国会面,并告知盟会时间。因此孟献子、孙文子和吴国人在善道相会。

【穀梁传】吴谓善伊,谓稻缓①。号从中国,名从主人。

【注释】

①吴谓善伊,谓稻缓:指吴国口音里"善"的音发作"伊","稻"的音
　　发作"缓",即吴国人称"善稻"为"伊缓"。

【译文】

吴国说"善"为"伊",说"稻"为"缓"。凡属称号的按中原地区的
称谓记载;凡属名称的按所属地区或民族的方言记载。

【经】秋,大雩^①。

【注释】

①雩(yú):祭礼名。为求雨举行的祭礼。

【译文】

秋,举行了盛大的求雨祭礼。

【左传】秋,大雩,旱也。

【译文】

秋,举行盛大的求雨祭礼,是因为天旱。

【经】楚杀其大夫公子壬夫^①。

【注释】

①楚杀其大夫公子壬夫:公子壬夫因其贪婪引起陈国叛楚而被杀。
　　公子壬夫,楚国大夫,字子辛。此时担任楚国令尹。

【译文】

楚国杀了他们的大夫公子壬夫。

【左传】楚人讨陈叛故,曰:"由令尹子辛实侵欲焉。"乃杀之。书曰:"楚杀其大夫公子壬夫。"贪也。

【译文】

楚国人质问陈国背叛自己的缘故,陈国说道:"是由于令尹子辛侵害小国以满足私欲。"便杀了子辛。《春秋》记载:"楚国杀了其国大夫公子壬夫。"是由于他贪婪。

君子谓:"楚共王于是不刑①。《诗》曰:'周道挺挺,我心扃扃;讲事不令,集人来定②。'己则无信,而杀人以逞,不亦难乎?《夏书》曰:'成允成功③。'"

【注释】

①于是:对于此事。不刑:惩处不当。

②"周道挺挺"四句:所引《诗》已佚失,今本《诗经》未收。周道,大路。挺挺,笔直的样子。扃扃(jiǒng),明察的意思。讲事,谋事。集人,聚集贤人。

③成允成功:做好信用才能完成功业。案此为逸书,后来被收入《古文尚书·大禹谟》。

【译文】

君子说:"楚共王在这件事上用刑不当。有《诗》说:'大路笔直,我心明察;遇事处理不当,应聚集贤人共同商定。'自己不讲信用,却用杀人来立威,不是很成问题吗?《夏书》说:'做好信用才能完成功业。'"

【经】公会晋侯、宋公、陈侯、卫侯、郑伯、曹伯、莒子、邾子、滕子、薛伯、齐世子光、吴人、鄫人于戚①。

【注释】

①公会晋侯、宋公、陈侯、卫侯、郑伯、曹伯、莒子、邾子、滕子、薛伯、齐世子光、吴人、鄫人于戚：顾栋高曰："晋合十四国为此会，吴以强大而居于末座，仅先属鲁之鄫人耳。且受戍陈之命如属吏。然晋悼具有降龙伏虎手段，故日后会于向，吴告败于晋，范宣子数吴之不德以退吴人，盖能用吴而不为吴用也。"邾子，《公羊传》作"邾娄子"。戚，卫地名，在今河南濮阳市区。

【译文】

鲁襄公在戚与晋悼公、宋平公、陈哀公、卫献公、郑僖公、曹成公、莒犁比公、邾宣公、滕悼公、薛伯、齐太子光、吴国人、鄫国人相会。

【左传】九月丙午①，盟于戚，会吴，且命戍陈也②。穆叔以属鄫为不利③，使鄫大夫听命于会。

【注释】

①丙午：二十三日。

②"盟于戚"三句：顾栋高曰："吴至此（指鸡泽）不会，蹶然不安，先期解释，至秋即躬来赴会，且受奔走戍陈之役，非吴之前倨后恭，以晋悼能自强故耳。"

③穆叔以属鄫为不利：鄫为鲁附属国，鲁需保卫鄫，负担加重。

【译文】

九月二十三日，诸侯在戚地会盟，是为了和吴国相会，并且要求诸侯戍守陈国。穆叔认为把鄫国作为属国对鲁不利，就让鄫国大夫以独立国家身份出席会议听取盟主命令。

【公羊传】吴何以称人①？吴鄫人云，则不辞②。

【注释】

①吴何以称人:案《春秋》对于夷狄,有七等进退之法,即"州、国、氏、人、名、字、子"依次褒进。上文善道(稻)之会书"吴",则是称国,此处书"吴人",则是称人,故而发问。

②吴鄫人云,则不辞:吴若还是称国,经文就会出现"吴鄫人"的文辞,"国"列在"人"之上,不顺,是为不辞。为了避免这种情况,就褒进吴国而称人。此处之所以要将吴国置于鄫国之上,是贬抑鄫国。鄫子立外孙为后,违反了父死子继的礼制,连夷狄都不如。

【译文】

吴为何称人? 吴若仍称国,就会有"吴鄫人"这种不顺的文辞。

△**【经】公至自会。**

【译文】

鲁襄公从盟会回国。

【经】冬,戍陈①。

【注释】

①戍(shù)陈:诸侯各国都派兵戍守陈国,以防楚国进攻。经文特别记载了鲁国。

【译文】

冬,派兵到陈国防守。

【左传】楚子囊为令尹。范宣子曰:"我丧陈矣! 楚人讨贰而立子囊,必改行,而疾讨陈。陈近于楚,民朝夕急,能无往乎^①？有陈，非吾事也，无之而后可。"冬，诸侯戍陈。

【注释】

①往：归于楚。

【译文】

楚国子囊任令尹。范宣子说："我国将要失去陈国了！楚国人讨伐有二心的人而立子囊，必定会改变以往的做法而很快攻打陈国。陈国与楚国邻近，民众终日惶急，能不归附楚国吗？保有陈国，对我国没什么意义，放弃陈国反而更好。"冬，诸侯戍守陈国。

【公羊传】孰戍之？诸侯戍之。曷为不言诸侯戍之？离至不可得而序^①，故言我也^②。

【注释】

①离至不可得而序：何休云："离至，离别前后至也。陈坐欲与中国，被强楚之害，中国宜杂然同心救之，乃解怠前后至，故不序，以刺中国之无信。"

②故言我也：我，指鲁国，即用鲁国的书法记录此事。第一，以鲁国至陈之时书之。第二，书"戍陈"，未出主语，与鲁国微者的书法相同。然而鲁国的微者不可能独自驻守陈国，故知是因诸侯离至不可序列，故而姑且用鲁国的书法记录之。

【译文】

是谁驻守陈国？是诸侯驻守陈国。为何不说是诸侯驻守陈国？因为诸侯前后离散到来，没办法序列，所以姑且按鲁国的书法记录此事。

【穀梁传】内辞也。

【译文】

是记载鲁国行事的言辞。

【经】楚公子贞帅师伐陈[①]**。**

【注释】

①公子贞：楚庄王之子子囊。此时为楚国令尹。

【译文】

楚国公子贞带兵攻打陈国。

【左传】子囊伐陈。

【译文】

子囊攻打陈国。

【经】公会晋侯、宋公、卫侯、郑伯、曹伯、莒子、邾子、滕子、薛伯、齐世子光救陈。

【译文】

鲁襄公和晋悼公、宋平公、卫献公、郑僖公、曹成公、莒犁比公、邾宣公、滕悼公、薛伯、齐太子光救援陈国。

【左传】十一月甲午[②]**，会于城棣以救之**[③]**。**

【注释】

①甲午：十二日。

②城棣（dì）：古地名，在今河南原阳北。

【译文】

十一月十二日，诸侯在城棣相会以援救陈国。

【经】十有二月，公至自救陈。

【译文】

十二月，鲁襄公从救陈战地回国。

【穀梁传】善救陈也。

【译文】

是赞许救援陈国。

【经】辛未①**，季孙行父卒**②**。**

【注释】

①辛未：二十日。

②季孙行父：季文子。公子季友之孙，谥文。鲁国执政大臣，执政三
　十三年。

【译文】

二十日，季文子去世。

【左传】季文子卒①。大夫入敛，公在位。宰庀家器为葬
备②，无衣帛之妾，无食粟之马，无藏金玉，无重器备③。君
子是以知季文子之忠于公室也。相三君矣，而无私积，可不
谓忠乎？

【注释】

①季文子卒：季文子久执鲁国之政，历宣、成、襄三世。

②宰：家臣之长。庀（pǐ）：备具。

③无重：无双份。器备：一切用具。

【译文】

季文子去世。按大夫礼仪入殓，鲁襄公亲自前来看视。家宰收集家中器皿作为葬器，家中没有穿丝绸的妾，没有以粮食饲养的马，没有收藏金器玉器，没有双份的用具。君子由此而知道季文子对公室的忠心。他辅佐了三代君主，却没有私人积蓄，能不说是忠心吗？

六年

【经】六年春王三月壬午①，杞伯姑容卒②。

【注释】

①六年：鲁襄公六年当周灵王五年，前567年。壬午：初二。

②杞伯姑容：杞桓公，姓姒，名姑容，在位七十年，为春秋诸侯在位最长久者。

【译文】

鲁襄公六年春周历三月初二，杞桓公姑容去世。

【左传】六年春，杞桓公卒，始赴以名，同盟故也。

【译文】

鲁襄公六年春天，杞桓公去世，开始在讣告上写他的名字，是因为同盟国的缘故。

【经】夏,宋华弱来奔^①。

【注释】

①华弱来奔:华弱与乐辔(pèi)从小要好,长大后常互相戏谑,有一
　　次乐辔发怒,在朝廷上用弓套住华弱的脖子。宋平公看见了,说:
　　"统领军事的司马却被人在朝廷上套住了脖子,打仗一定难以取
　　胜。"于是把华弱驱逐出国。夏天,华弱逃亡到鲁国。华弱,宋国
　　大夫,华椒之子。当时为司马。《公羊传》作"华溺"。

【译文】

夏,宋国华弱被逐,逃奔鲁国。

【左传】宋华弱与乐辔少相狎^①,长相优^②,又相谤也。
子荡怒^③,以弓梏华弱于朝^④。平公见之,曰:"司武而梏于
朝^⑤,难以胜矣!"遂逐之。夏,宋华弱来奔。

【注释】

①狎:亲昵。

②优:调戏。

③子荡:即乐辔。

④梏(gù):用弓套住脖子,像戴枷似的。

⑤司武:司马。指华弱。成公十八年,宋司马老佐死于围彭城之役,
　　华弱应是之后代之。

【译文】

　　宋国华弱与乐辔从小关系亲密,长大互相嘲戏又相互诽谤。乐辔发
怒,在朝堂上用弓套住华弱的脖子。宋平公见了,说道:"官居司马却在
朝堂上被套着脖子,难以在征战中取胜了!"就驱逐了他。夏,宋国华弱
逃奔鲁国。

司城子罕曰①：“同罪异罚，非刑也。专戮于朝②，罪孰大焉！”亦逐子荡。子荡射子罕之门，曰：“几日而不我从！”子罕善之如初③。

【注释】

①司城：司空。

②专：专横。戮：羞辱。

③子罕善之如初：意谓子罕虽心有是非，而终不敢触怒恶人。

【译文】

司空子罕说：“同罪而不同罚，这是不合刑法的。专横地在朝廷上侮辱人，还有比这更大的罪过吗！”也把乐辔逐出国。乐辔一箭射在子罕的门上，说道：“用不着几天你也会落到和我一样的下场！”子罕于是善待乐辔如初。

△**【经】**秋，葬杞桓公。

【译文】

秋，杞国安葬杞桓公。

【经】滕子来朝。

【译文】

滕成公朝鲁。

【左传】秋，滕成公来朝，始朝公也。

【译文】

秋,滕成公来鲁国朝见,这是他首次朝见鲁襄公。

【经】莒人灭鄫①。

【注释】

①莒人灭鄫:莒人,即莒国之公子,鄫子之外孙。此处鄫子舍弃世子
　　巫,立莒国之外孙为嗣,违反了父死子继的礼制,同于灭国。《晋
　　书·秦秀传》:"圣人岂不知外孙亲邪,但以义理推之,则无父子
　　尔。"又案时月日例,灭国例月,此处书时者,表明是以异姓为后,
　　同于灭国,非兵灭也。鄫,《穀梁传》作"缯"。

【译文】

莒国人灭亡鄫国。

【左传】莒人灭鄫,鄫恃赂也①。

【注释】

①莒人灭鄫,鄫恃赂也:鄫为鲁附属国,必送财物与鲁,因此倚仗鲁而
　　不防备。其实上年戚之会,鲁已让鄫独立,因此鲁未能救援鄫国。

【译文】

莒国灭了鄫国,这是由于鄫国仗着已经给鲁送过财物而没加防备的
缘故。

【穀梁传】非灭也①。中国日,卑国月,夷狄时。缯,中国
也,而时,非灭也。家有既亡②,国有既灭。灭而不自知,由
别之而不别也③。莒人灭缯④,非灭也,非立异姓以莅祭祀⑤,

灭亡之道也。

【注释】

①非灭：不是灭亡，指缯（鄫）国并没有消失。《穀梁传》认为莒国灭
　缯（鄫）并非如同其他灭国一样夺取其土地和百姓，而是为缯（鄫）
　国另立一异姓国君，所以说缯国看似没有灭亡，实际已经灭亡。

②既亡：已经灭亡。指名存实亡。

③由别之而不别：指对同姓、异姓应该区别对待。

④灭缯：据《左传》，缯国自恃与鲁、晋关系密切，不事莒国，遂为莒
　国所灭。

⑤莅（lì）：主持。

【译文】

不是灭亡。中原国家被灭亡要记载日期，附庸小国被灭亡要记载月
份，夷狄之国被灭亡要记载季节。缯国，是中原国家，但是却记载季节，
表明不是灭亡。家族有名存实亡的，国家有名存实亡的。实际上灭亡了
还不自知，因为对有区别的却不区别对待。说莒人灭缯，不是灭亡，是指
责他们立了异姓的人来主持缯国的祭祀，这是他们灭亡之道。

【经】冬，叔孙豹如邾①。

【注释】

①叔孙豹如邾：鲁与邾讲和。邾，《公羊传》作"邾娄"。

【译文】

冬，叔孙豹前往邾国。

【左传】冬，穆叔如邾，聘，且修平①。

【注释】

① 且修平：襄公四年，鲁曾为救鄫而与邾战，败于狐骀，如今鄫已亡于莒，故鲁与邾修好。顾栋高曰：“此年襄公甫十岁，季孙行父卒，而仲孙蔑为政，专务睦邻，故多通使列国，不独一邾也。盖前日之搆怨，行父主之。此日之修平，蔑主之。孟孙贤者，以解仇释怨，继好息民为事。惜乎其为政不久，甫三年而即及叔孙豹，豹三年而即及季孙宿，至襄十二年而遂有入郓之役矣。使献子常执政，何至与邾、莒交兵无已哉！”

【译文】

冬，穆叔到邾国，聘问，并且讲和。

【经】季孙宿如晋①。

【注释】

① 季孙宿如晋：晋国对鄫（缯）国被灭很不满，质问鲁国，季孙宿往晋国听候晋国命令。季孙宿，季文子（季孙行父）之子，继承父职为卿。

【译文】

季孙宿去往晋国。

【左传】晋人以鄫故来讨，曰：“何故亡鄫？”季武子如晋见，且听命。

【译文】

晋国人以鄫国被灭一事来问责我国，说：“为什么让鄫亡国？”季武子到晋国觐见，并表示愿听凭处置。

【经】十有二月,齐侯灭莱①。

【注释】

①齐侯:这里是齐灵公姜环。莱:国名,又称"莱子国""莱夷",属于
　商周时期东夷古国。妘(yún)姓,子爵。故城在今山东龙口东南。

【译文】

十二月,齐灵公灭了莱国。

【左传】十一月,齐侯灭莱,莱恃谋也①。

【注释】

①莱恃谋:指襄公二年"莱人使正舆子赂夙沙卫以索马牛"。

【译文】

十一月,齐灵公灭莱国,这是由于莱国倚仗着用了谋略而未加以防
备的缘故。

于郑子国之来聘也①,四月,晏弱城东阳,而遂围莱。
甲寅②,堙之环城③,傅于堞④。及杞桓公卒之月⑤,乙未⑥,
王湫帅师及正舆子、棠人军齐师⑦,齐师大败之。丁未⑧,入
莱。莱共公浮柔奔棠。正舆子、王湫奔莒,莒人杀之。四
月,陈无宇献莱宗器于襄宫⑨。晏弱围棠,十一月丙辰⑩,而
灭之。迁莱于郳。高厚、崔杼定其田⑪。

【注释】

①于郑子国之来聘也:指子国聘鲁的那一年,即去年。
②甲寅:去年四月无甲寅,恐记日有误。

③堙（yīn）：堆土成山。

④堞：陴，女墙。

⑤杞桓公卒之月：杞桓公卒在今年三月，则围城达一年之久。

⑥乙未：十五日。

⑦王湫：齐国佐党羽，成公十八年，齐杀国佐时逃奔莱国。棠：莱国城邑，在今山东平度东南。

⑧丁未：二十七日。

⑨陈无宇：陈桓子，陈敬仲玄孙。襄宫：齐襄公庙。杨伯峻曰："襄公至灵公已八代，依旧礼，襄公庙应早已不存。且何故不献于他庙而独献于襄公之庙？疑'襄'当作'惠'……惠公曾于鲁宣七年及九年伐莱，故献莱宗器于其庙。"

⑩十一月丙辰：按照经文，应为十二月初十。

⑪高厚：高固儿子。定其田：勘察划定莱国土地。齐既灭莱，当将其土地分与齐人，先由高厚、崔杼勘定其疆界。

【译文】

在郑国子国前来聘问的那一年，四月，晏弱在东阳再次筑城，接着包围了莱国。四月甲寅，沿着莱国都城堆土为山，紧紧挨着女墙。在杞桓公去世那一月的十五日，王湫领兵和正舆子以及棠邑军队迎战齐军，被齐师打得大败。二十七日，攻入莱国。莱共公浮柔逃往棠邑。正舆子、王湫逃奔莒国，莒国人杀了他们。四月，陈无宇把莱国宗庙里的宝器献到襄公庙。晏弱包围棠邑，十二月初十，攻灭棠邑。把莱国民众迁往郳地。高厚、崔杼去勘察划定莱国土地，以便分配。

【公羊传】曷为不言莱君出奔？国灭君死之，正也①。

【注释】

①国灭君死之，正也：案礼制，国君当死社稷，若不死社稷，则《春

秋》书其出奔而诛绝之。此处莱国被灭,莱君被杀,是符合礼制
的,若后有王者兴起,当复其国。

【译文】

为何不书莱君出奔? 国家被灭,国君死社稷,是符合正道的。

七年

【经】七年春①**,郯子来朝**②**。**

【注释】

①七年:鲁襄公七年当周灵王六年,前566年。

②郯(tán):国名,己姓,或云嬴姓,在今山东郯城。

【译文】

鲁襄公七年春,郯国国君前来朝见。

【左传】七年春,郯子来朝,始朝公也。

【译文】

鲁襄公七年春,郯国国君来鲁朝见,这是他首次朝见鲁襄公。

【经】夏四月,三卜郊,不从,乃免牲①**。**

【注释】

①免牲:卜郊以及免牲之制,参见僖公三十一年"夏四月,四卜郊,
不从,乃免牲,犹三望"条。

【译文】

夏四月,三次为郊祭占卜都不吉利,于是不用牺牲。

【左传】夏四月,三卜郊,不从,乃免牲。孟献子曰:"吾乃今而后知有卜、筮。夫郊祀后稷,以祈农事也。是故启蛰而郊①,郊而后耕。今既耕而卜郊②,宜其不从也。"

【注释】

①启蛰(zhé):古代节气名。在雨水前,为夏正正月之中气。

②今既耕而卜郊:据《夏小正》"正月农及雪泽",则古代耕田似乎在今农历正月。鲁国用周正,四月相当于农历二月,已经耕过田了。

【译文】

夏四月,三次为郊祭占卜都不吉利,于是不用牺牲。孟献子说:"我从今而后才知道卜和筮的灵验。郊祭祭祀后稷,是为了祈求农业丰收。因此一到启蛰节气就举行郊祭,然后开始耕作。现在已经耕作才为郊祭举行占卜,难怪神明不同意了。"

【穀梁传】夏四月,不时也。三卜,礼也。乃者,亡乎人之辞也。

【译文】

夏四月,不是郊祭的时候。三次占卜,符合礼制。乃,是与人无关的说法。

【经】小邾子来朝①。

【注释】

①小邾子:小邾国国君,颜姓,子爵,故称。该国故城在今山东枣庄山亭区东江村。《公羊传》作"小邾娄子"。

【译文】

小邾穆公前来朝见。

【左传】小邾穆公来朝，亦始朝公也。

【译文】

小邾国穆公前来朝见，也是首次朝见鲁襄公。

【经】城费①。

【注释】

①费：地名，季氏私邑，在今山东鱼台西南。

【译文】

在费筑城。

【左传】南遗为费宰①。叔仲昭伯为隧正②，欲善季氏，而求媚于南遗，谓遗：“请城费，吾多与而役③。”故季氏城费④。

【注释】

①南遗：季氏家臣。宰：县宰。

②叔仲昭伯：名带，惠伯之孙。隧正：掌徒役之官。

③而：你。

④季氏城费：家铉翁曰：“宿首城赐邑，将以抗君而专国。《春秋》书，以著犯上作乱之渐。”

【译文】

南遗担任费邑县宰。叔仲昭伯任隧正，想讨好季氏，因而向南遗献殷勤,对南遗说:"您去提出在费邑筑城的要求,我多派给你劳役。"因此季氏在费筑城。

【经】秋,季孙宿如卫^①。

【注释】

①季孙宿:即季武子。时为鲁国执政大臣。

【译文】

秋,季孙宿前往卫国。

【左传】秋,季武子如卫,报子叔之聘^①,且辞缓报,非贰也。

【注释】

①报子叔之聘:回报子叔在襄公元年的聘鲁。子叔,卫国大夫公孙剽。

【译文】

秋,季武子到卫国去,回报子叔的聘问,并解释所以晚来回报的原委,说明不是出于对卫国有二心。

△**【经】**八月,螽。

【注释】

①螽(zhōng):《公羊传》作"蝬(zhōng)"。

【译文】

八月,蝗虫成灾。

*__**【左传】**冬十月,晋韩献子告老^①。公族穆子有废疾^②,

将立之。辞曰："《诗》曰：'岂不夙夜，谓行多露③。'又曰：
'弗躬弗亲，庶民弗信④。'无忌不才，让，其可乎？请立起
也⑤！与田苏游⑥，而曰好仁。《诗》曰：'靖共尔位，好是正
直。神之听之，介尔景福⑦。'恤民为德，正直为正⑧，正曲为
直⑨，参和为仁⑩。如是，则神听之，介福降之⑪。立之，不亦
可乎？"庚戌⑫，使宣子朝，遂老。晋侯谓韩无忌仁，使掌公
族大夫⑫。

【注释】

①告老：退休。

②穆子：即下文的无忌，韩厥长子。此时为公族大夫。废疾：久治不
　愈的疾病或残废。

③岂不夙夜，谓行多露：引《诗》见《诗经·召南·行露》。《行露》
　本为男女婚姻诉讼之诗，这里仅取其中二句借以说明自己有病，
　不能早晚跟随国君。谓，奈何。行，道路。

④弗躬弗亲，庶民弗信：引《诗》见《诗经·小雅·节南山》。表明
　自己有病，不能躬亲办事，因此不能取信于众。

⑤起：无忌弟，谥宣子。

⑥田苏：晋国贤人。

⑦"靖共尔位"四句：引《诗》见《诗经·小雅·小明》。意思是谦
　恭谨慎于职守，喜爱那正直的人，神灵将会听到，赐给你大福。
　靖，谦恭。共，通"恭"。介，帮助。景，大。

⑧正直：正己心。

⑨正曲：正他人之曲。

⑩参和：德、正、直三者合而为一。

⑪介：大。

⑫庚戌：初九。

⑫公族大夫：公族大夫不止一人，这里是指担任首席公族大夫。

【译文】

冬十月，晋国韩献子告老退休。公族大夫穆子无忌患有残疾，准备让他继任为卿。无忌推辞说："《诗》上说：'难道不想早晚赶着前来，无奈路上露水太大。'又说：'有事不能亲临，就不能取信于众。'我不具备这方面的才干，让给别人，这样可以吧？请任命起吧！他和田苏交往，田苏称道他'好仁'。《诗》说：'谦恭谨慎地做好本职之事，喜爱正直之人，神明将会听到这一切，赐给你大福。'体恤人民是德，校正己心是正，纠正他人之曲是直，德、正、直三者合而为一是仁。这样做，神明将会听到这一切，赐给你大福。任命起，不是很合适的吗？"初九，让韩起朝见，韩献子于是退休。晋悼公认为韩无忌有仁德，便让他担任首席公族大夫。

【经】 冬十月，卫侯使孙林父来聘①。壬戌②，及孙林父盟③。

【注释】

①卫侯：卫献公姬衎（kàn）。

②壬戌：二十一日。

③及孙林父盟：案《春秋》之例，聘而言盟，是寻绎旧盟。孙林父，即传文中的孙文子。

【译文】

冬十月，卫献公派孙林父来鲁国聘问。二十一日，与孙林父订立盟约。

【左传】 卫孙文子来聘，且拜武子之言，而寻孙桓子之盟①。公登亦登②。叔孙穆子相，趋进，曰："诸侯之会，寡君未尝后卫君。今吾子不后寡君,寡君未知所过。吾子其少安③!"孙子无辞,亦无悛容④。穆叔曰:"孙子必亡。为臣而君,过而不悛,亡之本也。《诗》曰:'退食自公,委蛇委蛇⑤。'谓从者也。衡而委蛇必折⑥。"

【注释】

①孙桓子:即孙良夫,孙文子之父,成公三年聘鲁并结盟。

②公登亦登:案礼仪规矩,国君和贵宾登阶上殿,国君先登二级,然后贵宾登一级。现在鲁襄公登阶,孙林父随之同登,是无礼的行为。

③安:止,使脚步稍停。

④悛(quān):改悔。

⑤退食自公,委蛇委蛇(wēi yí):引《诗》见《诗经·召南·羔羊》。原意为退朝回家吃饭,从容自得,这里是说只有顺从于君主的人才会从容自得。委蛇,从容自得的样子。

⑥衡:专横。

【译文】

卫国孙文子前来聘问,同时答谢季武子的解释,并重温孙桓子和我国结盟的友好关系。鲁襄公登上台阶,孙文子也并肩而登。叔孙穆子相礼,快步上前说:"诸侯间相会,我国国君的地位不比卫君低,从来没有走在卫君后面。现在您不走在我国国君后面,我国国君不知道犯了什么过错而受此轻蔑。您还是稍停一下吧!"孙文子没有解释,也没有愧悔的样子。穆叔说道:"孙文子必会逃亡。作为臣子却自以为可以和国君并肩,有过错而不思悔改,这是逃亡的根本原因。《诗》说:'从朝堂回家吃饭,从容又自得。'说的是小心顺从的人。这样专横而且满不在乎,必定要遭受挫折。"

【经】楚公子贞帅师围陈①。十有二月，公会晋侯、宋公、陈侯、卫侯、曹伯、莒子、邾子于郏②。

【注释】

①公子贞：即子囊。

②公会晋侯、宋公、陈侯、卫侯、曹伯、莒子、邾子于郏（wéi）：据《左传》，诸侯会面是救援陈国。邾子，《公羊传》作"邾娄子"。

【译文】

楚国公子贞带兵包围陈国。十二月，鲁襄公在郏地和晋悼公、宋平公、陈哀公、卫献公、曹成公、莒犁比公、邾宣公相会。

【左传】楚子囊围陈，会于郏以救之①。

【注释】

①郏（wéi）：郑地名，约在今河南鲁山。

【译文】

楚国子囊包围陈国，诸侯在郏地会面准备救援陈国。

【经】郑伯髡顽如会①，未见诸侯，丙戌②，卒于鄵③。

【注释】

①髡（kūn）顽：郑僖公名。据《左传》，郑僖公为太子时，曾先后对子罕、子丰无礼，此次同子驷出国，对子驷不礼，子驷派人将他杀了。《公羊传》《穀梁传》作"髡原"。

②丙戌：十六日。

③卒于鄵（cào）：郑僖公中途被杀，没能参加郏之会，经文不言"弑"

而说"卒"。这里未用"薨"称诸侯之死,可能是被杀而非正常死亡之故。鄬,郑地名。《公羊传》《榖梁传》作"操"。

【译文】

郑僖公髡顽赴会,没有和诸侯相见,十六日,在鄬去世。

【左传】郑僖公之为大子也,于成之十六年,与子罕适晋,不礼焉[1]。又与子丰适楚,亦不礼焉。及其元年,朝于晋。子丰欲诉诸晋而废之,子罕止之。及将会于鄬,子驷相,又不礼焉。侍者谏,不听,又谏,杀之。及鄬,子驷使贼夜弑僖公,而以疟疾赴于诸侯。简公生五年[2],奉而立之。

【注释】

①焉:指子罕。子罕及下文子丰都是郑穆公儿子,是郑僖公长辈。

②简公:郑僖公之子姬嘉。

【译文】

郑僖公当太子的时候,在鲁成公十六年,和子罕前往晋国,对子罕无礼。又和子丰去楚国,同样也无礼。在他即位元年,到晋国朝见。子丰准备向晋国控告并废黜他,子罕阻止了他。等到将要去鄬地与诸侯相会时,子驷相礼,又对子驷无礼。侍者劝谏,郑僖公不听,侍者又劝谏,郑僖公就杀了侍者。到了鄬地,子驷派人在夜间杀死郑僖公,而以生疟疾而死讣告诸侯。郑简公当时五岁,被立为郑国国君。

【公羊传】操者何?郑之邑也。诸侯卒其封内不地[1],此何以地?隐之也。何隐尔?弑也。孰弑之?其大夫弑之。曷为不言其大夫弑之?为中国讳也。曷为为中国讳?郑伯将会诸侯于鄬,其大夫谏曰:"中国不足归也,则不若与楚。"

郑伯曰："不可。"其大夫曰："以中国为义，则伐我丧②。以中国为强，则不若楚。"于是弑之。郑伯髡原何以名③? 伤而反，未至乎舍而卒也④。未见诸侯，其言如会何? 致其意也⑤。

【注释】

①诸侯卒其封内不地：案《春秋》之例，外诸侯卒于国内，则不记录死亡的地点，此处本应书"郑伯髡原卒"即可。

②伐我丧：此指襄公二年，冬，"城虎牢"之事。当年六月郑伯睔卒，冬，诸夏之国便夺取郑国虎牢邑。

③郑伯髡原何以名：案礼制，诸侯不生名，卒则名，失地名。

④伤而反，未至乎舍而卒也：案史实，郑伯髡原在赴会途中，被臣子所伤，中途折返，未到达昨日舍止之地，便卒于操邑。如会时书名者，是表明弑君之行为发生在赴会途中，只是伤而未死，后折返至操邑，才死亡。

⑤致其意也：经书"公会晋侯……于邾。郑伯髡顽（原）如会"，是郑伯后期而至的书法。郑伯实未到会，书"如会"者，是顺遂郑伯欲如会之心。另一方面，郑伯之被弑，因中国伐郑之丧之无德，则中国有大耻辱，故讳弑言卒。

【译文】

操是什么地方? 是郑国的城邑。诸侯死于国内，依例不书死亡的地点，此处为何记录地点? 是隐痛他。为何隐痛? 是被弑杀的。谁弑杀的郑伯? 是他的大夫弑杀的。为何不言郑国大夫弑杀国君? 是为中国避讳。为什么为中国避讳? 郑伯将要在邾地会见诸侯，他的大夫进谏道："中国不足以归附，不如顺从楚国。"郑伯说："不可。"他的大夫说："如果认为中国有仁义，却在我有国丧时进攻我国。如果认为中国强大，那还不如楚国。"于是弑杀了郑伯。郑伯髡原为何书名? 因为在途中被弑受伤，折返回国，未至昨日舍止之地，便去世了。郑伯髡原实未见到诸侯，经书"如会"是为何？是顺遂郑伯依附中国的心意。

【穀梁传】未见诸侯，其曰如会，何也？致其志也①。礼：诸侯不生名②。此其生名，何也？卒之名也。卒之名，则何为加之如会之上？见以如会卒也。其见以如会卒，何也？郑伯将会中国，其臣欲从楚，不胜其臣，弑而死。其不言弑，何也？不使夷狄之民加乎中国之君也。其地，于外也。其日，未逾竟也。日卒时葬，正也。

【注释】

①致：表达。指表达郑僖公有会见诸侯的想法。

②生名：活着的时候称名。

【译文】

没有见到诸侯，经文说"如会"，为什么呢？是表达他的意愿。按照礼制：诸侯活着的时候不称他的名字。这里经文在他活着的时候就称他的名字，为什么呢？是因为他去世了而记载名字。因为他去世了而记载名字，那为什么放在"如会"的前面呢？显示是因为前来参加会盟而去世的。经文表示是因为前来参加会盟而去世，为什么呢？郑僖公将和中原国家会盟，他的臣下想要跟随楚国，不能战胜他的臣下，被杀害而死。经文没有说"弑"，为什么呢？不让夷狄的人加害中原国家的国君。记载地点，是因为在国都之外。记载日期，是因为没有越出郑国国境。记载去世的日期和安葬的季节，符合正道。

【经】陈侯逃归①。

【注释】

①陈侯逃归：陈侯，陈哀公妫溺。何休云："郑伯欲与中国，卒逢其祸，诸侯莫有恩痛自疾之心，于是惧，然后逃归。故书以刺中国之无义。加逃者，抑陈侯也。孔子曰：'夷狄之有君，不如诸夏之亡。'不当背也。"

【译文】

陈哀公逃回国。

【左传】陈人患楚①。庆虎、庆寅谓楚人曰②："吾使公子黄往而执之③。"楚人从之。二庆使告陈侯于会，曰："楚人执公子黄矣！君若不来，群臣不忍社稷宗庙，惧有二图④。"陈侯逃归⑤。

【注释】

①陈人患楚：楚国围陈。

②庆虎、庆寅：陈国执政大夫。

③公子黄：陈哀公弟。

④二图：将改立国君。

⑤陈侯逃归：汪克宽曰："自是凡会同无陈矣。"

【译文】

陈国人忧虑楚国的围攻。庆虎、庆寅对楚国人说："我们让公子黄到你们那儿，请拘捕他。"楚国人听从了。庆虎、庆寅让人到会上报告陈哀公说："楚国人抓了公子黄！国君如果不回来，群臣不忍心国家被楚国灭亡，恐怕会有别的图谋。"陈哀公逃回国了。

【穀梁传】以其去诸侯，故逃之也。

【译文】

因为他离诸侯而去,所以说他是"逃"。

八年

【经】八年春王正月^①,公如晋。

【注释】

①八年:鲁襄公八年当周灵王七年,前565年。王正月:案时月日例,朝聘例时,此处书月者,何休云:"起郏之会,郑伯以弑,陈侯逃归,公独修礼于大国,得自安之道,故善录之。"

【译文】

鲁襄公八年春周历正月,襄公到晋国。

【左传】八年春,公如晋,朝,且听朝聘之数。

【译文】

鲁襄公八年春,襄公到晋国朝聘,同时听取晋国要求朝贡礼物的数目。

【经】夏,葬郑僖公。

【译文】

夏,安葬郑僖公。

【公羊传】贼未讨,何以书葬? 为中国讳也^①。

【注释】

①为中国讳也：郑僖公，即郑伯髡顽（原）。案《春秋》之例，君弑，贼不讨不书葬。郑僖公欲从中国，而被大夫弑杀，究其原因是中国之无德，故上文为中国避讳，书"郑伯髡顽（原）卒"，此处是顺遂讳文，故书其葬。值得注意的是，案时月日例，大国之君葬书月，此处书时，可见郑僖公本不应书葬。

【译文】

弑君贼未被诛讨，为何书葬？是为中国避讳。

*　**【左传】**郑群公子以僖公之死也，谋子驷。子驷先之。夏四月庚辰①，辟杀子狐、子熙、子侯、子丁②。孙击、孙恶出奔卫③。

【注释】

①庚辰：十二日。

②辟（pì）：罪。借口有罪。

③孙击、孙恶：二人是子狐之子。

【译文】

郑国公子们由于僖公之死，谋划杀死子驷。子驷抢先下手。夏四月十二日，借口某个罪名杀掉子狐、子熙、子侯、子丁。孙击、孙恶出逃到卫国。

【经】郑人侵蔡，获蔡公子燮①。

【注释】

①公子燮（xiè）：蔡国大夫，蔡庄公之子。当时为蔡国司马。《穀梁传》作"公子湿"。

【译文】

郑国军队侵袭蔡国,俘获蔡国公子燮。

【左传】庚寅①,郑子国、子耳侵蔡②,获蔡司马公子燮。郑人皆喜,唯子产不顺③,曰:"小国无文德,而有武功,祸莫大焉。楚人来讨④,能勿从乎?从之,晋师必至。晋、楚伐郑,自今郑国不四五年,弗得宁矣⑤。"子国怒之曰:"尔何知?国有大命⑥,而有正卿⑦。童子言焉⑧,将为戮矣⑨。"

【注释】

①庚寅:二十二日。

②子耳:子良之子。

③子产:公孙侨,子国之子。不顺:不随从附和。

④楚人来讨:蔡、楚为盟国,侵蔡必引起楚人讨伐。

⑤"晋、楚伐郑"三句:子产认为郑国介于晋、楚二大国之间,无论从谁,皆不得安宁。

⑥大命:发兵兴师的命令。

⑦正卿:指子驷。当时他专国政。

⑧童子:此时子产年纪尚幼,父亲可称其子为"童子"。

⑨将为戮矣:《荀子·臣道》引逸诗云:"国有大命,不可以告人,妨其躬身。"亦明哲保身之意。

【译文】

二十二日,郑国子国、子耳攻打蔡国,掳获蔡国司马公子燮。郑国人都很高兴,唯独子产不随声附和,说:"小国没有文治德行,却有武功,再没有比这更大的祸患了。楚国人前来讨伐,我们能够不顺从吗?听从楚国,晋国的军队又必然来攻。晋、楚两国都来攻打郑国,从今以后郑国至少在四五年内不得安宁了。"子国对他发怒道:"你知道什么？国家有发兵的重大命令,自有正卿做主。小孩子谈论这些,将会有杀身之祸。"

【公羊传】此侵也,其言获何①？ 侵而言获者,适得之也②。

【注释】

①此侵也,其言获何:案《春秋》之例,书"侵"仅是在边境侵责之,用兵之意浅;"获"则是两军合战后,方能俘获大夫,用兵之意深。此处既书"侵",又书"获",深浅悬绝,故而发问。

②适得之也:即在边境侵责之时,刚好碰到公子燮,"值其不备,获得之"。适,正好。

【译文】

这是侵责蔡国,经言"获"是为何？ 侵责而言"获",是正好碰到公子燮,将其擒获。

【穀梁传】人,微者也。侵,浅事也。而获公子,公子病矣①。

【注释】

①病:以为耻辱。

【译文】

说"人",表示是身份低微的人。侵,是小规模军事行动。但是俘虏了公子,公子要以此为耻辱了。

【经】季孙宿会晋侯、郑伯、齐人、宋人、卫人、邾人于邢丘①。

【注释】

①郑伯:新即位的郑国国君郑简公姬嘉,郑僖公之子。邾人:《公羊传》作"邾娄人"。邢丘:晋地名,在今河南温县东北。

【译文】

季孙宿和晋悼公、郑简公、齐国人、宋国人、卫国人、邾国人在邢丘相会。

【左传】五月甲辰①,会于邢丘,以命朝聘之数,使诸侯之大夫听命。季孙宿、齐高厚、宋向戌、卫甯殖、邾大夫会之。郑伯献捷于会,故亲听命②。大夫不书,尊晋侯也。

【注释】

①甲辰:初七。

②郑伯献捷于会,故亲听命:此会一般由各国大夫参加,郑简公要到会献伐蔡的俘虏,因此亲自听命。

【译文】

五月初七,在邢丘相会,晋国颁布朝聘财物的数目,要诸侯的大夫们到会听取命令。季孙宿、齐国高厚、宋国向戌、卫国甯殖、邾国大夫参加会见。郑简公要在会上奉献俘虏,所以亲自前来听取命令。《春秋》没有记载各国大夫的名字,是出于对晋悼公的尊重。

【穀梁传】见鲁之失正也①,公在而大夫会也。

【注释】

①失正:失去国政。指国君失政。

【译文】

显示鲁国失去国政,鲁襄公在晋国却由大夫去参与会面。

△【经】公至自晋。

【译文】

鲁襄公从晋国回来。

【经】莒人伐我东鄙。

【译文】

莒国军队攻打我国东部边境。

【左传】莒人伐我东鄙,以疆鄫田^①。

【注释】

①疆鄫田:莒人已灭鄫,鲁国入侵其西境,所以莒国攻打鲁国东境,
　　以划定鄫地疆界。

【译文】

莒国侵犯我国东境,以划定鄫地疆界。

【经】秋九月,大雩。

【译文】

秋九月,举行祈雨的盛大祭祀。

【左传】秋九月,大雩,旱也。

【译文】

秋九月,举行盛大求雨祭礼,是因为天旱。

【经】冬,楚公子贞帅师伐郑①**。**

【注释】

①伐郑:楚伐郑是"讨其侵蔡也"。

【译文】

冬,楚国公子贞领兵攻打郑国。

【左传】冬,楚子囊伐郑,讨其侵蔡也。子驷、子国、子耳欲从楚①,子孔、子蟜、子展欲待晋②。子驷曰:"《周诗》有之曰:'俟河之清,人寿几何?兆云询多,职竞作罗③。'谋之多族,民之多违,事滋无成④。民急矣,姑从楚以纾吾民⑤。晋师至,吾又从之。敬共币帛⑥,以待来者,小国之道也。牺牲玉帛,待于二竟⑦,以待强者而庇民焉。寇不为害,民不罢病⑧,不亦可乎?"

【注释】

①子驷、子国、子耳欲从楚:据襄公二十二年传文,子驷曾随襄公朝晋,晋悼公不以礼待,所以子驷欲从楚。

②子孔:鲁穆公之子。子蟜(jiǎo):公孙虿(chài),谥桓子,子游之子。子展:公孙舍之,谥桓子,子罕之子。

③"俟(sì)河之清"四句:这是逸诗。"俟河之清,人寿几何",意为黄河自古浑浊,传说五百年才清一次,因此说人生短暂,难待河清。"兆云询多,职竞作罗",意为占卜实在太多,等于为自己编织

罗网。兆，占卜。云，语助词。询，信，实在。职，当。竟，语助词。

④"谋之多族"三句：子驷想要一个人专断，所以这样说。滋，益，更加。

⑤纾（shū）：缓和。

⑥共：通"供"。

⑦二竟：郑楚、郑晋边境。竟，通"境"。

⑧罢（pí）：疲乏。

【译文】

冬，楚国子囊攻打郑国，讨伐他侵袭蔡国。子驷、子国、子耳意欲顺从楚国，子孔、子蟜、子展想要等待晋国的救援。子驷说："《周诗》这样说：'等待黄河清澈，人生能有多长寿命？占卜实在太多，等于为自己编织罗网。'主意太多，百姓则多数不能跟从，事情更不可能成功。百姓现在处于危急之中，暂且顺从楚国以缓解我国百姓的苦难。晋国军队到了，我们再顺从晋国。恭恭敬敬地献上财物，等待他人的到来，这是小国的求生之道。把牺牲玉帛，放在二国边境上，以等待强有力者来庇护百姓吧。这样一来敌寇不造成祸害，百姓不疲乏劳困，不也是可行的吗？"

子展曰："小所以事大，信也。小国无信，兵乱日至，亡无日矣。五会之信①，今将背之，虽楚救我，将安用之？亲我无成②，鄙我是欲③，不可从也。不如待晋。晋君方明，四军无阙④，八卿和睦⑤，必不弃郑。楚师辽远，粮食将尽，必将速归，何患焉？舍之闻之⑥：'杖莫如信⑦。'完守以老楚⑧，杖信以待晋，不亦可乎？"

【注释】

①五会：指襄公三年会于鸡泽，五年会于戚，又会于城棣，七年会于

郑,八年会于邢丘。

②无成:无终,无好结果。

③鄙我是欲:意谓楚国想要将我国变成其边邑。鄙,边鄙之地。

④四军:中、上、下、新四军。无阙:兵员配备完整。

⑤八卿:四军将佐。据襄公九年传文,八卿为荀罃、士匄、荀偃、韩

　　起、栾黡、士鲂、赵武、魏绛。

⑥舍之:子展名。

⑦杖莫如信:没有比信用更值得倚仗的了。杖,凭恃,依靠。

⑧完守:整治守备。老楚:使楚军疲惫无士气。

【译文】

　　子展说:"小国用以事奉大国的,是靠讲信用。小国不讲信用,兵祸战乱将时时到来,离亡国的日子就不远了。五次盟会树立的信用,现在打算背弃掉,即便楚国会来救援,又有什么用呢? 楚国的亲近对我国不会有好结果,它是要把我国纳入其边界,决不可顺从。不如等待晋国。晋国国君正当贤明,四军兵员配备完整,八卿和睦相处,一定不会丢弃郑国。楚军大老远前来,粮食很快就将吃完,必定很快撤兵回国,怕什么呢? 我听说:'没有比信用更值得倚仗的了。'整治守备以使楚军疲惫无士气,坚守信用以等待晋国,不也是可行的吗?"

　　子驷曰:"《诗》云:'谋夫孔多,是用不集。发言盈庭,谁敢执其咎? 如匪行迈谋,是用不得于道①。'请从楚,騑也受其咎②。"

【注释】

①"谋夫孔多"六句:引《诗》见《诗经·小雅·小旻》。意思是出主意的人很多,所以不能有所成。发言的人挤满庭院,谁敢承担过错? 一边走路一边和人商量,因此无所得。孔,很。集,成就。

匪，彼。行迈，走路，行、迈为同义词连用。道，道路。

②骓（fēi）：子驷名。

【译文】

子驷说："《诗》说：'出主意的人很多，所以不能有所成。发言的人挤满庭院，谁敢承担过错？就如一边走一边和路人商量，当然是无所得。'请顺从楚国吧，我来承担责任。"

乃及楚平，使王子伯骈告于晋①，曰："君命敝邑：'修而车赋②，儆而师徒③，以讨乱略④。'蔡人不从，敝邑之人，不敢宁处，悉索敝赋⑤，以讨于蔡，获司马燮，献于邢丘。今楚来讨曰：'女何故称兵于蔡⑥？'焚我郊保⑦，冯陵我城郭⑧。敝邑之众，夫妇男女⑨，不遑启处⑩，以相救也。翦焉倾覆⑪，无所控告。民死亡者，非其父兄，即其子弟。夫人愁痛⑫，不知所庇。民知穷困，而受盟于楚，孤也与其二三臣不能禁止⑬。不敢不告。"

【注释】

①王子伯骈（pián）：郑国大夫。

②车赋：车乘。

③儆（jǐng）：戒备。

④乱略：叛乱侵夺。略，乱。

⑤赋：军赋，指兵力。

⑥称兵：举兵。

⑦郊保：郊外的城堡。保，同"堡"。

⑧冯陵：攻犯，侵略。冯、陵，同义词。

⑨夫妇男女：指全部居民。夫妇，已嫁娶者。男女，未嫁娶者或鳏夫

寡妇。

⑩遑：闲暇。启处：安居休息。启，小跪。处，安坐。

⑪蕰焉：将要倾覆的样子。

⑫夫人：人人。

⑬孤：郑简公自指。

【译文】

于是和楚国媾和，派王子伯骈向晋国报告，说："贵国国君命令敝国：'整备你们的战车，让你们军队保持戒备，去讨伐动乱。'蔡国人不顺从，敝国人不敢安居，集中了全部兵力，去攻打蔡国，擒获其司马公子燮，奉献给了邢丘的盟会。现在楚国前来讨伐，说：'你们为什么对蔡国用兵？'楚毁了敝国郊外的城堡，侵犯我们的城郭。敝国民众，无论男女老少，无暇休息片刻，互相救援。国家即将倾覆，无处控告求助。民众死亡逃难的，不是父兄，就是子弟。人人哀愁悲痛，不知道在哪里可以得到庇护。民众意识到已经山穷水尽，只好接受楚国的盟约，寡人和几位臣子无法禁止，不敢不向贵国报告。"

知武子使行人子员对之曰①："君有楚命，亦不使一介行李告于寡君②，而即安于楚。君之所欲也，谁敢违君？寡君将帅诸侯以见于城下，唯君图之！"

【注释】

①知武子：即荀䓨。时任晋国中军帅。

②行李：即行人，使者。

【译文】

知武子派外交使节子员回答说："贵国君主受到楚国的讨伐，也不派一名使节告诉敝国国君，却马上向楚国顺服。这是你们所希望的，谁敢反对？敝国君主将要带领诸侯和你们在城下相见，请你们国君好好准备吧!"

【经】晋侯使士匄来聘①。

【注释】

①士匄（gài）：世称"士宣子""范宣子"，晋国大夫。来聘：士匄来鲁
　访问是为了答谢鲁襄公在春天对晋国的朝见，同时通报准备对郑
　国用兵。

【译文】

晋悼公派士匄来我国聘问。

【左传】晋范宣子来聘①，且拜公之辱，告将用师于郑。
公享之，宣子赋《摽有梅》②。季武子曰③："谁敢哉！今譬
于草木④，寡君在君，君之臭味也⑤。欢以承命，何时之有？"
武子赋《角弓》⑥。宾将出，武子赋《彤弓》⑦。宣子曰："城
濮之役，我先君文公献功于衡雍，受彤弓于襄王⑧，以为子孙
藏。匄也，先君守官之嗣也⑨，敢不承命？"君子以为知礼。

【注释】

①范宣子：即士匄。时任中军佐。

②《摽（biào）有梅》：《诗经·召南》篇名。本意是说求婚男子应及
　时行事，士匄借此希望鲁国及时出兵讨郑。摽，落。

③季武子：当时鲁襄公年幼，享宴中季武子相礼。

④譬于草木：因赋《摽有梅》，所以季武子说以草木为喻。

⑤寡君在君，君之臭（xiù）味也：意思是晋国君是花木，鲁国君只是
　其所发出的气味，比喻两国形同一体。臭味，气味。

⑥《角弓》:《诗经·小雅》篇名。季武子取其中兄弟婚姻,互相不要疏远之意。

⑦《彤弓》:《诗经·小雅》篇名。本意为天子赐给有功诸侯的诗歌,这里借以希望晋悼公继承晋文公的霸业。

⑧我先君文公献功于衡雍,受彤弓于襄王:僖公二十八年城濮之战后,周王策命晋侯为侯伯,并赐之彤弓等。

⑨匄也,先君守官之嗣也:士匄曾祖郤缺在晋文公时任卿,士匄自己继承士会、士燮为卿。

【译文】

晋国范宣子前来聘问,并拜谢鲁襄公的朝见,报告准备向郑国用兵。鲁襄公设享礼款待,范宣子即席赋《摽有梅》诗句。季武子说:"谁敢不及时呢!现在用草木作比喻,对于贵国国君来说,敝国国君只是其气味罢了。高高兴兴地接受命令,哪儿会拖延时间呢?"季武子赋《角弓》诗句。宾客将要退席,季武子又赋《彤弓》诗句。范宣子说:"城濮一战,敝国先君文公在衡雍奉献战功,在周襄王那里接受了彤弓,作为子孙的宝藏。我是先君官员的后嗣,岂敢不接受您的命令?"君子认为范匄懂得礼仪。

九年

【经】九年春①,宋灾②。

【注释】

①九年:鲁襄公九年当周灵王八年,前564年。

②灾:天火叫"灾",即不知起因的火。《公羊传》作"火"。

【译文】

鲁襄公九年春,宋国发生火灾。

【左传】九年春，宋灾。乐喜为司城以为政①。使伯氏司里②，火所未至，彻小屋，涂大屋③；陈畚挶④，具绠缶⑤，备水器；量轻重⑥，蓄水潦⑦，积土涂⑧，巡丈城⑨，缮守备⑩，表火道⑪。使华臣具正徒⑫，令隧正纳郊保⑬，奔火所。使华阅讨右官⑭，官庀其司⑮。向戌讨左⑯，亦如之。使乐遄庀刑器⑰，亦如之。使皇郧命校正出马⑱，工正出车⑲，备甲兵，庀武守。使西鉏吾庀府守⑳。令司宫、巷伯儆宫㉑。二师令四乡正敬享㉒，祝宗用马于四墉㉓，祀盘庚于西门之外㉔。

【注释】

①乐喜：即子罕。为司城以为政：以司城之职主持国政。

②伯氏：宋国大夫。司里：管辖城内街巷。里，里巷。

③彻小屋，涂大屋：拆除小屋，留出空地以隔火；大屋以泥涂上，使不易烧着。

④陈：陈列。挶（jū）：抬土的器具。

⑤绠（gěng）：汲水绳索。缶（fǒu）：汲水器。

⑥量轻重：按各人力量大小分配任务。

⑦蓄水潦：在水塘里蓄上水以备汲取。水潦，水塘。

⑧涂：泥土。

⑨丈城：城郭四周。

⑩缮守备：修理防守之具，戒备因火灾发生内患外寇。

⑪表火道：标记火道，使人知趋避。火道，起火时焚烧的方向。

⑫华臣：华元之子。时为司徒。具正徒：调集常备的徒卒。

⑬隧正：一隧之长。隧，五县为"隧"。纳郊保：调集远郊城堡的徒卒。

⑭华阅：华元之子，继承华元为右师。讨：治，管理。右官：右师所管属官。

⑮圮（pǐ）：治理。

⑯向戌：时为左师。

⑰乐遄：为司寇，主管刑法。

⑱皇郧：文公十一年传文中皇父充石的后人，为宋国司马。校正：主
　　管马匹。

⑲工正：掌管战车。

⑳西钼吾：为太宰。圮：同"庇"，保护。府守：国库。

㉑司宫：宫内宦官之长。巷伯：主管宫中巷、寝门户的宦官。儆：戒备。

㉒二师：右师与左师。乡正：宋都有四乡，每乡一乡正，即乡大父。
　　敬享：祭祀群神。

㉓祝宗：祝史之长。用马于四墉：杀马以祭四城神灵。墉，城。

㉔祀盘庚于西门之外：盘庚是殷商十世之君，宋人为远祖。他曾迁
　　都于今河南安阳安阳河两岸之殷墟，宋都今商丘，殷墟在其西北，
　　故祀于西门之外。

【译文】

　　鲁襄公九年春，宋国发生火灾。乐喜以司城之职主持国政。他派伯
氏管辖城中所有街巷，凡是火没烧到的地方，统统把小屋拆掉，大屋涂上
泥巴；预备运土器具，备好打水的绳、罐，备齐贮水器；根据各项工作的轻
重安排人力，把水塘蓄满水，堆积灭火的沙土；巡视城防，修缮守卫工具，
标明火势发展的趋向。派华臣调集常备的徒卒，命令隧正调集郊外各城
堡士兵，奔赴火灾现场。派华阅主管右师属官，令他们恪尽职守。向戌
主管左师属官，同样要恪尽职守。派乐遄管好刑器，属官也各守其职。
派皇郧命令校正牵出马匹，工正推出战车，准备好衣甲兵器，守卫好武器
库。派西钼吾保护好府库守备。命司宫、巷伯加强宫内警戒。左、右师命
令四乡的乡正祭祀群神，祝宗在四城用马祭祀神灵，在西门外祭祀盘庚。

　　晋侯问于士弱曰①："吾闻之，宋灾于是乎知有天道②，

何故?"对曰:"古之火正③,或食于心④,或食于咮⑤,以出内火⑥。是故咮为鹑火,心为大火⑦。陶唐氏之火正阏伯居商丘⑧,祀大火,而火纪时焉⑨。相土因之⑩,故商主大火。商人阅其祸败之衅⑪,必始于火,是以日知其有天道也⑫。"公曰:"可必乎⑬?"对曰:"在道⑭。国乱无象⑮,不可知也。"

【注释】

①士弱:士渥浊之子,谥庄子。

②宋灾于是乎知有天道:宋因火灾而知天道。

③火正:上古火官名,职掌祭火星,为五行官之一。火正为祝融。

④食:配食,祔祭。心:星名,二十八宿之一,东方苍龙七宿的第五宿,有星三颗。

⑤咮(zhòu):星宿名,柳宿的别名。

⑥出内火:杨伯峻曰:"有二义,一谓心宿二见与伏;一谓心宿二见,陶冶用火。"

⑦咮为鹑火,心为大火:柳宿即鹑火星,心宿为大火星。

⑧阏(è)伯:相传为高辛氏苗裔。

⑨火纪时:根据大火星的移动轨迹而定时节。

⑩相土:殷商先祖。

⑪阅:观察。衅:征兆。

⑫日:往日。

⑬必:肯定。

⑭在道:意思是上述经验不一定,在于国家治乱之道。

⑮国乱无象:国家动乱,上天不给预兆。

【译文】

晋悼公向士弱询问说:"我听说,宋国因发生了火灾,从而知天道,这是什么缘故呢？"士弱回答说："古时候火正祭火星时，有的用心宿配祭，有的用柳宿配祭，因为火星运行于这两个星宿之间。因此柳宿又称'鹑火'，心宿又称'大火'。陶唐氏的火正阏伯居住在商丘，祭祀大火，并用火星来确定时节。相土继承了他的做法，所以商朝祭祀的主星是大火。商人考察他们祸乱败亡的预兆，一定从火灾开始，所以过去自以为掌握了天道。"晋悼公说："可以肯定吗？"士弱回答说："不，还得看有道还是无道。国家动乱而上天不显示相应的预兆，那是无法预知的。"

【公羊传】曷为或言灾，或言火？大者曰灾，小者曰火①。然则内何以不言火②？内不言火者，甚之也③。何以书？记灾也。外灾不书，此何以书？为王者之后记灾也。

【注释】

①大者曰灾，小者曰火：正寝、社稷、宗庙、朝廷有火灾称为"灾"。除此之外的地方有火灾则称"火"。

②然则内何以不言火：内，指鲁国。如僖公二十年夏"五月乙巳，西宫灾"，"西宫"属于小寝，本应书"火"，经却书"灾"，故而发问。

③内不言火者，甚之也：鲁国的火灾，不分别大小，一律书"灾"，此为"甚之"。何休云："《春秋》以内为天下法，动作当先自克责，故小有火，如大有灾。"

【译文】

《春秋》为什么有时记录"灾"，有时记录"火"？正寝、社稷、宗庙、朝廷等大处发生火灾，称为"灾"；小处发生火灾，称为"火"。然则鲁国的火灾为何不言"火"而都言"灾"？鲁国的火灾不言"火"，是把火灾看得很严重。为何记录此事？是记录灾害。鲁国之外的灾害，例所不书，此处为何记录？是为王者之后记录灾害。

【穀梁传】外灾不志，此其志，何也？ 故宋也^①。

【注释】

①故宋：是指孔子的祖先是宋国人。故，故人，祖先。

【译文】

外国发生火灾不记载，这里记载了，为什么呢？ 因为孔子的祖先是宋国人。

【经】夏，季孙宿如晋。

【译文】

夏，季孙宿到晋国去。

【左传】夏，季武子如晋，报宣子之聘也^①。

【注释】

①宣子之聘：范宣子聘鲁在去年。

【译文】

夏天，季武子去晋国，这是为了回报范宣子的聘问。

【经】五月辛酉^①，夫人姜氏薨^②。

【注释】

①辛酉：二十九日。

②姜氏：穆姜，鲁宣公夫人，鲁成公母亲。下文称"小君"。

【译文】

五月二十九日，夫人穆姜去世。

【左传】穆姜薨于东宫①。始往而筮之,遇《艮》之八䷳②。史曰:"是谓《艮》之《随》䷐。《随》,其出也③。君必速出④。"姜曰:"亡⑤。是于《周易》曰:'《随》,元、亨、利、贞,无咎⑥。'元,体之长也⑦;亨,嘉之会也⑧;利,义之和也⑨;贞,事之干也⑩。体仁足以长人⑪,嘉德足以合礼⑫,利物足以和义⑬,贞固足以干事⑭。然,故不可诬也⑮,是以虽《随》无咎⑯。今我妇人,而与于乱⑰,固在下位,而有不仁⑱,不可谓元。不靖国家⑲,不可谓亨。作而害身⑳,不可谓利。弃位而姣㉑,不可谓贞。有四德者,《随》而无咎。我皆无之,岂《随》也哉㉒?我则取恶,能无咎乎?必死于此㉓,弗得出矣。"

【注释】

①穆姜薨于东宫:穆姜是鲁襄公祖母,与叔孙侨如私通,曾逼鲁成公去季孙、孟孙,不果,后被迫迁于东宫即被打入冷宫。参见成公十六年传文。

②《艮》之八䷳:《艮》之八即《艮》卦变为《随》卦,除第二爻不变外,其余五爻都变了。

③《随》,其出也:史官根据卦名的含义做解释,认为《随》卦是随人而行,有出走之象。

④君:指穆姜。

⑤亡(wú):无,不。

⑥"《随》"三句:这是《随》卦卦辞。

⑦元,体之长也:元,首,它处于身体最高处。

⑧亨,嘉之会也:亨是享宴中主宾相会。亨,享。

⑨利,义之和也:利是道义的总和。

⑩贞,事之干也:诚信坚强是办好事情的根本。贞,信。干,本体。

⑪体仁足以长人:体现了仁就足以领导别人,才够得上"元"。

⑫嘉德足以合礼:有嘉德足以协调礼仪,才够得上"亨"。合,通"洽",协调。

⑬利物足以和义:利物足以总括道义,才够得上"利"。利物,利人。

⑭贞固足以干事:诚信坚强足以办好事情,才够得上"贞"。案以上是穆姜根据《随》卦卦辞指出元、亨、利、贞的意蕴。

⑮然,故不可诬也:这样,本不可以欺骗。然,这样。故,通"固"。诬,欺骗。

⑯是以虽《随》无咎:只有具备元、亨、利、贞四德,即便得到《随》卦也不会有灾祸。

⑰与于乱:指想要除去季氏、孟氏及欲废掉鲁成公。

⑱固在下位,而有不仁:处在下位而参与作乱。下位,古代男尊女卑,妇女处下位。不仁,指参与作乱。

⑲不靖国家:乱鲁而让国家不得安定。靖,安定。

⑳作而害身:如此作为,终被囚于东宫,是害了自身。

㉑弃位而姣:穆姜本应在夫死后守未亡人之道,当守太后之仪,反而修饰美色,私通叔孙侨如,是"弃位而姣"。姣,美,好。

㉒我皆无之,岂《随》也哉:穆姜自己也意识到四德均无,不能"无咎",不可能离开东宫。

㉓必死于此:穆姜自料必死于东宫。

【译文】

穆姜在东宫去世。当初住进去的时候,曾占筮预测吉凶,得到《艮》卦变为八。太史说:"这叫做《艮》卦变为《随》卦。随,是出走的意思。您一定能很快出去。"穆姜说:"不。这卦象在《周易》里说:'《随》,元、亨、利、贞,没有灾祸。'元,是躯体的最高处;亨,是嘉礼中的宾主相会;利,是道义的总和;贞,是诚信为事情的主体。体现了仁就足以领导别人,有嘉德足以协调礼仪,有利于众人就足以总括道义,本体坚固足可办好事情。这些本来都是不能欺骗的,因此虽然得到《随》卦而没有灾祸。现在我身为妇人而参与作乱,处在低下的地位而有没有仁德,不能说是元。使国家不安定,不能说是亨。作乱而自害身,不能说是利。不守本分而打扮得娇艳招摇,不能说是贞。有上面所说这四种德行的,即便得到《随》卦而可以没有灾祸。我四德俱无,难道能合于《随》卦的卦义吗?我自取邪恶,能够没有灾祸吗?肯定要死在这里,不可能出去了。”

△【经】秋八月癸未①,葬我小君穆姜②。

【注释】

①癸未:二十三日。

②穆姜:穆姜为鲁成公母亲,是鲁襄公的祖母。依礼,为祖母服齐衰不杖期,鲁襄公却在丧中亲自伐郑,有不子之恶。故《春秋》在鲁襄公伐郑之后,不书致文(“公至自会”或“公至自伐郑”),夺鲁襄公臣子之辞。另一方面,《春秋》亦为鲁襄公避讳大恶。《公羊传》故意弄不清齐姜与缪姜的身份,就是为鲁襄公居重丧而用兵避讳。穆姜,《公羊传》作“缪姜”。

【译文】

秋八月二十三日,安葬我国夫人穆姜。

*【左传】秦景公使士雅乞师于楚①,将以伐晋,楚子许之。子囊曰:“不可。当今吾不能与晋争。晋君类能而使之②,举不失选③,官不易方④。其卿让于善,其大夫不失守⑤,其士竞于教⑥,其庶人力于农穑⑦。商工皂隶,不知迁业⑧。韩厥老矣,知罃禀焉以为政⑨。范匄少于中行偃而上之⑩,使

佐中军。韩起少于栾黡,而栾黡、士鲂上之,使佐上军^⑪。魏绛多功,以赵武为贤,而为之佐^⑫。君明臣忠,上让下竞^⑬。当是时也,晋不可敌^⑭,事之而后可。君其图之!"王曰:"吾既许之矣^⑮。虽不及晋^⑯,必将出师。"秋,楚子师于武城^⑰,以为秦援。秦人侵晋,晋饥,弗能报也^⑱。

【注释】

①士雅(qiān):秦国大夫。

②类能而使之:按人的能力区别使用。

③举不失选:举拔人才,得其所选。

④官不易方:任用官员不改变政策。方,法术。这里指政策、政令。

⑤不失守:不失职守。

⑥其士竞于教:士都努力于教训。

⑦庶人力于农穑:庶人致力于农事。

⑧迁业:改变职业。

⑨禀:继承。这里指韩厥退休后知䓕接替他担任中军将。

⑩范匄少于中行偃而上之:范匄虽然年少,但中行偃让他高于自己。

⑪"韩起少于栾黡"三句:中行偃让范匄佐中军,自己将上军。栾黡宜任上军佐,但他让于士鲂,士鲂又让于韩起。

⑫"魏绛多功"三句:魏绛本应将新军,但他让给了赵武,自己为新军佐。

⑬下:指士、庶人、工商、皂隶。竞:努力。

⑭晋不可敌:晋国国内安定,上下团结,无法与之对抗。

⑮吾既许之:我已经答应秦国出兵。

⑯虽不及晋:虽然不如晋国强大。

⑰武城:楚地名,今河南南阳北。

⑱晋饥，弗能报也：晋国因饥荒不能还击。但明年还是伐秦。

【译文】

秦景公派士雅向楚国请求出兵，准备攻打晋国，楚共王答应了。子囊曰："不行。目前我国不能和晋国对抗。晋国君主根据各人的能力加以使用，举荐人才没有不恰当的，任命官员没有改变政策法令。卿能把职位让给善人，大夫不失职守，士努力教育民众，百姓致力于农事。各行各业安心本职不想改变职业。韩厥已经退休，知䓨继承其职当政。范匄比中行偃年轻，但中行偃让他地位在自己之上，让他辅佐中军。韩起比栾黡年轻，而栾黡、士鲂使他排位在自己之上，让他辅佐上军。魏绛功劳很多，却认为赵武贤能而甘愿做他的辅佐。国君贤明臣下忠诚，在上者谦让在下者努力。在目前这个时候，晋国是不可战胜的，只能事奉他为妙。请您认真考虑！"楚共王说："我已经答应秦国了，我国虽然比不上晋国，但也一定要出兵。"秋天，楚共王驻军于武城，充当秦国的后援。秦国侵袭晋国，晋国正遭受饥荒，无力还击。

【经】冬，公会晋侯、宋公、卫侯、曹伯、莒子、邾子、滕子、薛伯、杞伯、小邾子、齐世子光伐郑①。十有二月己亥②，同盟于戏③。

【注释】

①邾子、小邾子：《公羊传》作"邾娄子""小邾娄子"。《穀梁传》"薛伯"后有"杞伯"。

②己亥：十二月无己亥，此应为十一月初十。

③戏：即戏童，在今河南巩义、登封一带。

【译文】

冬，鲁襄公会合晋悼公、宋平公、卫献公、曹成公、莒犁比公、邾宣公、滕成公、薛伯、杞孝公、小邾穆公、齐太子光讨伐郑国。十一月初十，诸侯在戏地结盟。

【左传】冬十月，诸侯伐郑①。庚午②，季武子、齐崔杼、宋皇郧从荀罃、士匄门于鄟门③。卫北宫括、曹人、邾人从荀偃、韩起门于师之梁④。滕人、薛人从栾黡、士鲂门于北门⑤。杞人、郳人从赵武、魏绛斩行栗⑥。甲戌⑦，师于氾⑧，令于诸侯曰："修器备⑨，盛糇粮⑩，归老幼，居疾于虎牢，肆眚⑪，围郑。"

【注释】

①诸侯伐郑：去年郑与楚讲和，又据襄公二十二年传文子产之言得知，这年六月郑国曾朝楚，因此晋国讨伐郑国。

②庚午：十一日。

③季武子、齐崔杼、宋皇郧从荀罃、士匄门于鄟（zhuān）门：这里指鲁、齐、宋军队跟随晋中军攻东门。鄟门，郑都城的东门。

④卫北宫括、曹人、邾人从荀偃、韩起门于师之梁：卫、曹、邾军随晋上军攻郑西门。荀偃、韩起将上军。梁，郑都城的西门。

⑤滕人、薛人从栾黡、士鲂门于北门：滕、薛军随晋下军攻郑北门。

⑥杞人、郳（ní）人从赵武、魏绛斩行栗：杞、郳军随晋新军砍伐道路两旁的栗树。郳，即经文中的小邾。行栗，道路两旁的栗树。斩行栗，或开路，或用来做器材。

⑦甲戌：十五日。

⑧氾（fán）：东氾水，在今河南中牟西南。

⑨器备：攻守之器。

⑩糇（hóu）粮：干粮。

⑪肆眚（shěng）：宽赦有罪的人。肆，宽免。眚，过错，罪。

【译文】

冬十月,诸侯攻打郑国。二十一日,季武子、齐国崔杼、宋国皇郧随从荀罃、士匄进攻邿门。卫国北宫括、曹国和邾国人马随从荀偃、韩起攻打梁门。滕国和薛国军队跟从栾黡、士鲂进攻北门。杞国、小邾国人马随同赵武、魏绛砍伐路边的栗树。十五日,军队驻扎在氾水边上,晋悼公命令诸侯道:"整修好作战器械,备足干粮,把老人小孩送回去,把有病的人留在虎牢,赦免有罪的人,包围郑国。"

郑人恐,乃行成。中行献子曰①:"遂围之,以待楚人之救也,而与之战②。不然,无成。"知武子曰③:"许之盟而还师,以敝楚人④。吾三分四军⑤,与诸侯之锐,以逆来者,于我未病,楚不能矣。犹愈于战⑥。暴骨以逞,不可以争⑦。大劳未艾⑧。君子劳心,小人劳力,先王之制也。"诸侯皆不欲战,乃许郑成。十一月己亥⑨,同盟于戏,郑服也。

【注释】

①中行献子:即荀偃。

②以待楚人之救也,而与之战:荀偃主张待楚军援郑时与楚决战,败楚而使郑国最终服晋。

③知武子:即知罃。

④许之盟而还师,以敝楚人:同意郑求和的请求,楚国一定会因讨伐郑国而疲惫。敝,疲惫。

⑤三分四军:晋有中、上、下、新四军,而分为三部,轮番作战。

⑥犹愈于战:胜过围郑等待楚军决战的做法。

⑦暴骨以逞,不可以争:暴骨以逞,决战必有死亡,以白骨暴露于野求得一时的快意。汪克宽曰:"数伐郑而不与楚战,使楚疲于奔

命,而莫能争郑,既有以挫其暴狠之锋,又有以摧其凭陵之志,桓、
文以降,于斯为盛。"

⑧大劳未艾:更大的疲劳还没有完结。艾,止息。

⑨己亥:初十。

【译文】

郑国人害怕了,便求和。荀偃说:"完成对郑国的包围,等待楚国人
来救郑的时候再和他交战。不然的话,就没有真正的顺服。"知䓨说:"应
同意他们结盟的请求然后退兵,让楚国攻打郑国而困乏。我们把四军
分为三部分,会同诸侯精锐部队共同迎击前来的楚军,对我们来说不疲
乏,楚国人却承受不了。这比与楚国决战来得好。暴露骸骨以求一时的
快意,不能用这样的方法与楚军争强。更大的疲劳还没有结束。君子用
智,小人用力,这是先王的规制。"诸侯也都不想作战,于是就答应郑国
媾和。十一月初十,诸侯在戏地结成同盟,因为郑国已经顺服了。

　　将盟,郑六卿,公子騑、公子发、公子嘉、公孙辄、公孙
虿、公孙舍之及其大夫、门子①,皆从郑伯。晋士庄子为载
书②,曰:"自今日既盟之后,郑国而不唯晋命是听③,而或有
异志者,有如此盟④。"公子騑趋进曰:"天祸郑国,使介居二
大国之间⑤。大国不加德音,而乱以要之⑥,使其鬼神不获
歆其禋祀⑦,其民人不获享其土利,夫妇辛苦垫隘⑧,无所厎
告⑨。自今日既盟之后,郑国而不唯有礼与强可以庇民者是
从⑩,而敢有异志者,亦如之。"荀偃曰:"改载书⑪。"公孙舍
之曰:"昭大神要言焉⑫。若可改也,大国亦可叛也。"知武
子谓献子曰:"我实不德,而要人以盟,岂礼也哉! 非礼,何
以主盟? 姑盟而退,修德息师而来⑬,终必获郑,何必今日?

我之不德，民将弃我，岂唯郑？若能休和^⑭，远人将至，何恃于郑？"乃盟而还。

【注释】

①公子骓（fēi）：即子驷。公子发：即子国。公子嘉：即子孔。公孙辄（zhé）：即子耳。公孙虿（chài）：即子蟜。公孙舍之：即子展。门子：卿的嫡子。

②士庄子：即士弱。载书：盟书。

③而：如果。

④有如此盟：依照盟书所记处罚。

⑤介居：夹处。

⑥乱：战乱。要（yāo）：要挟。

⑦歆（xīn）：祭祀时神灵先享受其气。禋（yīn）祀：祭祀。

⑧垫隘：困顿，赢（léi）弱。

⑨无所厎（zhǐ）告：无处诉说。厎告，转达话语。子驷对晋以兵相逼表示不满。

⑩郑国而不唯有礼与强可以庇民者是从：意思是谁有礼而且强大，可以保护郑国，郑国就服从他。

⑪改载书：荀偃反对子驷的话，所以提出修改盟辞。

⑫昭大神要言：盟约已经报告神灵了。要言，指盟约。

⑬息师：休整军队。

⑭休和：安逸和睦。

【译文】

　　将要结盟时，郑国的六卿公子骓、公子发、公子嘉、公孙辄、公孙虿、公孙舍之和大夫、卿的嫡子都跟随郑简公。晋国士庄子制作盟书，说："从今天盟誓以后，郑国如果不对晋国唯命是听，或者有别的想法，就将同这份盟书所说的那样。"公子骓快步上前说："上天降祸郑国，让我国夹处两个大国之间。大国不对我们友好,反而以战乱逼迫我国结盟,使我们的鬼神不能得到祭祀,我们的人民不能享受土地出产之物,不分男女夫妇都那么辛苦羸弱,无处哭诉。从今日结盟以后,郑国要是不完全服从对我们有礼以及强大可以保护我们的国家,反而敢有别的打算的话,也如同这份盟书所记的一样。"荀偃说:"修改这盟书。"公孙舍之说:"已经把盟誓清楚报告给神明了。要是可以改动,大国也就可以背叛了。"知䓤对荀偃说道:"实在是我们没有德行,反而用盟约来要挟别人,岂是合乎礼的! 不合礼,凭什么主持盟会? 暂且结盟而退,修养德行、休整军队后再来,一定能得到郑国,何必非要在今天不可呢? 如果我们没有德行,人民将会抛弃我们,岂止是郑国? 如果能够安逸和睦,远方的人将会归附,还要凭借郑国干什么?"于是结盟后回国了。

【穀梁传】不异言郑[1],善得郑也[2]。不致,耻不能据郑也[3]。

【注释】

[1]异:特别。这里诸侯是与郑国讲和,但是没有特别说和郑国同盟于戏。

[2]得郑:指晋国阵营得到郑国。

[3]据:占据,指接着楚国就来攻打郑国,郑国又与楚国讲和。

【译文】

不特别说郑国,是褒扬得到郑国。不记载告祭祖庙,是以不能占据郑国为耻辱。

*【左传】晋人不得志于郑[1],以诸侯复伐之。十二月癸亥[2],门其三门[3]。闰月戊寅[4],济于阴阪[5],侵郑。次于阴口

而还⑥。子孔曰:"晋师可击也,师老而劳,且有归志⑦,必大克之。"子展曰:"不可。"

【注释】

①晋人不得志于郑:由上面子驷、子展的话,可以看出郑国并不完全服晋,因此说不得志于郑。

②癸亥:初五。

③门其三门:再进攻东、西、北门,独留下南门不攻,显然是用以待楚兵的到来。

④闰月:杜预认为应是"门五日"之误,应可信从。戊寅:二十日。

⑤阴阪:洧水渡口,在今河南新郑西稍北。

⑥阴口:在阴阪北面,阴阪对岸。

⑦师老而劳,且有归志:晋军连续作战已疲惫,萌生了撤回的念头无心再战。

【译文】

晋国没有能使郑国完全顺服,所以带领诸侯再次进攻郑国。十二月初五,攻打郑国都的三面城门,攻了五天。十二月二十日,在阴阪渡河,侵袭郑国。驻扎在阴口然后班师。子孔说:"晋军可以攻击,他们长期在外很疲劳了,而且萌生了撤回的念头,一定能大败他们。"子展曰:"不行。"

*【左传】公送晋侯,晋侯以公宴于河上,问公年①。季武子对曰:"会于沙随之岁②,寡君以生。"晋侯曰:"十二年矣! 是谓一终,一星终也③。国君十五而生子。冠而生子,礼也④。君可以冠矣! 大夫盍为冠具⑤?"武子对曰:"君冠,必以裸享之礼行之⑥,以金石之乐节之⑦,以先君之祧处之⑧。今寡君在行⑨,未可具也⑩。请及兄弟之国而假备焉。"晋侯

曰："诺。"公还，及卫，冠于成公之庙^⑪，假钟磬焉，礼也。

【注释】

①问公年：问鲁襄公年龄。

②会于沙随之岁：在成公十六年。

③是谓一终，一星终也：一终，一星终，即十二年。星，指木星，即岁星。岁星十二年行一周天。

④冠而生子，礼也：冠，古代由童子变为成人所举行的礼节，冠礼之后才能结婚生子。

⑤盍：何不。冠具：行冠礼的用具。

⑥祼（guàn）享之礼：有祼之仪式的享礼。祼，以配上香料煮成的酒倒于地，使受祭者闻到香气。

⑦节之：表示有节度。

⑧以先君之祧（tiāo）处之：冠礼必须在祖庙举行。祧，祖庙。

⑨行：道路。

⑩未可具：不能具备冠礼之具。

⑪成公：卫成公。

【译文】

鲁襄公送晋悼公，晋悼公为鲁襄公在黄河边设宴，打听鲁襄公的年龄。季武子回答说："在沙随相会那年，我们国君出生。"晋悼公说："那就是十二年了！这叫做一终，就是岁星运行了一周天。国君十五岁即可生孩子。行冠礼后生子，是合乎礼仪的。贵国国君可以举行冠礼了！大夫何不准备好行冠礼的用品？"季武子回答说："国君行冠礼，一定要用祼享这种礼仪，用钟磬的音乐来节度，还要在前代君主的宗庙中举行。现在敝国君正在行途中，无法具备行冠礼的器具。请在到达兄弟国家以后向他们借吧。"晋悼公说："可以。"鲁襄公回国途中，到达卫国，在卫成公庙里举行冠礼，借用了钟磬，这是符合礼仪的。

【经】楚子伐郑①。

【注释】

①楚子：指楚国国君楚共王（出土文献写作"龔王"），芈姓，熊氏，故又可称"熊审"。

【译文】

楚共王攻打郑国。

【左传】楚子伐郑，子驷将及楚平。子孔、子蟜曰："与大国盟①，口血未干而背之②，可乎？"子驷、子展曰："吾盟固云：'唯强是从。'今楚师至，晋不我救，则楚强矣。盟誓之言，岂敢背之？且要盟无质③，神弗临也④。所临唯信⑤。信者，言之瑞也⑥，善之主也，是故临之。明神不蠲要盟⑦，背之可也。"乃及楚平。公子罢戎入盟⑧，同盟于中分⑨。楚庄夫人卒⑩，王未能定郑而归⑪。

【注释】

①大国：指晋国。

②口血未干：指刚结盟不久，因为结盟必歃（shà）血。

③要（yāo）盟：要挟之盟。质：诚信。

④临：降临。

⑤所临唯信：诚信之盟，神才降临。

⑥瑞：符信，凭证。

⑦明神不蠲（juān）要盟：明神认为要盟不清洁。蠲，清洁。

⑧罢戎入盟：罢戎入郑国都城结盟。罢戎，楚国大夫。

⑨中分：郑国都城中里名。

⑩楚庄夫人：楚共王之母。

⑪王未能定郑而归：楚共王因母亲去世，未能安定郑国便匆忙回国。

【译文】

楚共王攻打郑国，子驷准备和楚国讲和。子孔、子蟜说："和大国结盟，口血还没干就背弃它，行吗?"子驷、子展说："我们的盟约本来就说：'只服从强国。'如今楚国军队打来了，晋国不救援我们，那么楚国就是强大的了。盟誓的话，岂敢背弃？况且在强力要挟下形成的盟誓没有诚信，神灵不会降临。神灵只降临有诚信的盟会。信用是言语的凭证，善良的主体，所以神灵会降临。明察一切的神认为在受要挟的情况下举行的盟会不干净，背弃它是完全可以的。"于是和楚国媾和。楚国派公子罢戎进入郑国结盟，双方在中分盟誓。楚庄王夫人去世，楚共王没能安定郑国就匆匆回国了。

*【左传】晋侯归，谋所以息民①。魏绛请施舍②，输积聚以贷③。自公以下，苟有积者，尽出之。国无滞积④，亦无困人⑤，公无禁利⑥，亦无贪民⑦。祈以币更⑧，宾以特牲⑨，器用不作⑩，车服从给⑪。行之期年⑫，国乃有节⑬。三驾而楚不能与争⑭。

【注释】

①谋所以息民：谋求让百姓休养生息的办法。

②施舍：赐予恩惠。

③输积聚以贷：把积聚的财物运出来借给百姓。输，转运。

④国无滞积：财货流通，都散给了百姓。

⑤亦无困人：百姓也没有困乏者。

⑥公无禁利：不禁止百姓牟利。

⑦亦无贪民：也没有贪心的百姓。

⑧祈以币更：祈祷以币代替牺牲。币，指皮、裘、缯、帛等物。

⑨宾以特牲：招待宾客只用一种牲畜。特，牲一头。

⑩器用不作：不做新器，只用旧物。

⑪从给：够用即可。

⑫期年：一周年。

⑬有节：有法度，走上正轨。

⑭三驾：三次兴师，指襄公十年师于牛首，十一年夏师于向，秋观兵
　　于郑国东门。驾，驾兵车。

【译文】

晋悼公回国后，谋求让百姓休养生息的对策。魏绛请求施予恩惠，把积聚的财物拿出来借给百姓。从晋悼公以下，有积蓄的，全都拿了出来。国内不再有不流通的财物，也没了困乏的民众，公家不禁止百姓牟利，也没有贪婪的百姓。祈祷时用财币代替牺牲，待客只用一种牲畜，新的器物不再制作，车马服饰只求够用。这样实行了一年，国家便有了法度。三次出兵楚国都不能和晋国抗衡。

十年

【经】十年春①，公会晋侯、宋公、卫侯、曹伯、莒子、邾子、滕子、薛伯、杞伯、小邾子、齐世子光会吴于柤②。

【注释】

①十年：鲁襄公十年当周灵王九年，前563年。

②邾子、小邾子：《公羊传》作"邾娄子""小邾娄子"。会吴于柤（zhā）：柤，楚地名，在今江苏邳（pī）州北稍西的泇口。卓尔康曰："合十二国以会寿梦，而于楚界，示楚以得吴也。晋得吴则楚

之右臂断,不敢议郑,议郑则恐吴之据其后。是后萧鱼之会卒得郑不叛者二十年,吴之力也。"

【译文】

鲁襄公十年春,鲁襄公会同晋悼公、宋平公、卫献公、曹成公、莒犁比公、邾宣公、滕成公、薛伯、杞孝公、小邾穆公、齐太子光在柤地与吴国人相会。

【左传】十年春,会于柤,会吴子寿梦也①。

【注释】

①会吴子寿梦:晋约诸侯会吴,意在联吴制楚。

【译文】

鲁襄公十年春,诸侯在柤相会,这是为了会见吴王寿梦。

三月癸丑①,齐高厚相大子光,以先会诸侯于锺离②,不敬。士庄子曰:"高子相大子以会诸侯,将社稷是卫,而皆不敬,弃社稷也,其将不免乎③!"

【注释】

①癸丑:二十六日。

②锺离:古地名,在今安徽凤阳东稍北。

③不免:不免于祸。这是在为襄公十九年齐杀高厚、二十五年太子光(后为齐庄公)被崔杼所杀埋伏笔。

【译文】

三月二十六日,齐国高厚作为太子光的相礼,与诸侯先期在锺离会见,表现得不恭敬。士庄子说:"高厚相礼太子来和诸侯会面,是为了保卫自己的国家,二人却都表现出不恭敬,这是丢弃国家,恐怕将不免于祸!"

夏四月戊午①,会于柤。

【注释】

①戊午:初一。

【译文】

夏四月初一,在柤相会。

【穀梁传】会又会,外之也①。

【注释】

①外:疏远。

【译文】

说了两次会面,是疏远吴国。

【经】夏五月甲午①,遂灭偪阳②。

【注释】

①甲午:初八。案时月日例,灭例月。此处书日者,何休云:"甚恶诸
侯不崇礼义以相安,反遂为不仁,开道强夷(吴国)灭中国,中国
之祸连蔓日及,故疾录之。"

②偪(fù)阳:妘姓小国,在邳州。《穀梁传》作"傅阳"。

【译文】

夏五月初八,灭了偪阳。

【左传】晋荀偃、士匄请伐偪阳,而封宋向戍焉①。荀莹曰:"城小而固,胜之不武,弗胜为笑。"固请②。丙寅③,围之,弗克。孟氏之臣秦堇父辇重如役④。偪阳人启门,诸侯之士门焉⑤。县门发⑥,郰人纥抉之以出门者⑦。狄虒弥建大车之轮⑧,而蒙之以甲,以为橹⑨。左执之,右拔戟,以成一队⑩。孟献子曰:"《诗》所谓'有力如虎'者也⑪。"主人县布⑫,堇父登之,及堞而绝之⑬。队⑭,则又县之,苏而复上者三⑮。主人辞焉,乃退⑯。带其断以徇于军三日⑰。

【注释】

①封宋向戍:宋一向事晋,而向戍为宋国贤臣,因此请将偪阳送给向戍作为封邑。

②固请:荀偃等坚决要求。

③丙寅:初九。

④秦堇(jǐn)父:鲁国孟孙氏家奴。辇:用人拉车。重:辎重车。如役:到达战地。

⑤诸侯之士门:因城门开启,诸侯军队趁机进攻。

⑥县(xuán)门:内城闸门。发:放下。

⑦郰(zōu)人纥(hé)抉之以出门者:郰人纥高举城门让攻入城里的士卒出来。郰,在今山东曲阜一带。纥,叔梁纥,鲁国郰邑大夫,孔子之父。抉之,高举内城闸门。

⑧狄虒(sī)弥:鲁国人。建大车之轮:把大车轮子立起来。大车,平地载重之车,其轮高古尺九尺,轮周则过二丈八尺。

⑨橹:大盾。

⑩队:百人为队。这是冲锋陷阵的步兵。

⑪《诗》所谓"有力如虎"者也:郰人纥、秦堇父与狄虒弥都是勇武之

士，所以这样称赞他们。引《诗》见《诗经·邶风·简兮》。

⑫主人：指偪阳守将。县（xuán）布：把长布从城上垂下来。

⑬堞：女墙。绝：割断。

⑭队：同"坠"。

⑮苏而复上者三：秦堇父苏醒后再缘布登城，反复三次。

⑯主人辞焉，乃退：偪阳人赞赏其勇，不再悬布。

⑰带其断以徇于军：秦堇父以断布为带在军中显示其勇。

【译文】

　　晋国荀偃、士匄请求攻打偪阳，再把它作为宋国向戌的封邑。荀罃说："这座城很小但很坚固，即便攻下也算不上勇武，而攻不下可就要被人耻笑。"荀偃、士匄一再请求。初九，包围偪阳，攻不下来。孟氏的家臣秦堇父用人力拉了辎重车来到战场。偪阳人打开城门，诸侯的军队趁机冲进去。内城闸门放下，耶邑大夫叔梁纥双手托着闸门让攻进城的人马撤出。狄虒弥把大车轮子拆下立起，蒙上皮甲，作为大盾牌。他左手持盾，右手执戟，领一队步兵进攻敌人。孟献子说："这就是《诗》上所说的'有力如虎'的人啊。"偪阳里的人把布从城上垂下来引诱对方，秦堇父拉着布登城，爬到接近城堞时，守城者把布割断。秦堇父跌落城下，守城人又把布垂下来，秦堇父苏醒又往上爬，前后重复了三次。守城人表示钦佩，便不再垂布，退下城去。秦堇父把断布作为带子，在军营夸示了三天。

　　诸侯之师久于偪阳，荀偃、士匄请于荀罃曰："水潦将降①，惧不能归，请班师②。"知伯怒③，投之以机④，出于其间⑤，曰："女成二事⑥，而后告余。余恐乱命⑦，以不女违。女既勤君而兴诸侯，牵帅老夫以至于此⑧，既无武守，而又欲易余罪⑨，曰：'是实班师，不然克矣⑩。'余赢老也，可重任乎⑪？七日不克，必尔乎取之⑫！"五月庚寅⑬，荀偃、士匄帅卒攻偪阳，亲受矢石⑭。甲午⑮，灭之。书曰"遂灭偪阳"，言自会也⑯。

【注释】

①水潦：雨季。

②班师：退兵。班，还。

③知伯：即荀䓨。这时为中军帅。

④机：发箭的弩机。

⑤出于其间：从二人中间飞过。

⑥女：通"汝"。二事：指攻占偪阳、封赐向戌。

⑦乱命：将帅各执己见。

⑧老夫：荀䓨自称。宣公十二年晋、楚邲之战，荀䓨曾经参战，其时必已成年。至此又历三十四年，计其年当在五十以上，故自称"老夫"。

⑨易余罪：归罪于我。易，施，延及。

⑩是实班师，不然克矣：是荀䓨要退兵，不然已经攻克了。案这是荀䓨假设荀偃、士匄二人归罪自己的设辞。

⑪重（chóng）任：再次承担罪责，因为在邲（bì）之战中荀䓨曾被俘，这次任主帅再不攻克，就是"重任"了。

⑫必尔乎取之：一定要在限期内攻下，不然以你们抵罪。尔乎，于尔。

⑬庚寅：初四。

⑭亲受矢石：亲自出马冲锋攻城。矢，箭。石，也是守城武器。

⑮甲午：初八。

⑯书曰"遂灭偪阳"，言自会也：意思是自柤之会后即攻占偪阳。

【译文】

诸侯人马长时间滞留偪阳，荀偃、士匄向荀䓨请求说："雨季快到了，恐怕到时候不能回去,请下令退兵吧。"荀罃发怒,把弩机向他们扔过去,从两人中间穿过,说道:"等你们把两件事办成了再来跟我说话。当初我怕我们之间意见不一致而乱了军令,因此没有违背你们的意愿。你们既已劳动了国君、调动了诸侯的军队,连我这老头子都被拉到这里,既不坚持进攻,又想要回去后归罪于我,说:'实在是荀罃要撤兵,不然早已攻下了。'我已老弱,岂能再次承担罪责?要是七天不能攻克,一定要以你们的脑袋抵罪!"五月初四,荀偃、士匄率步兵攻打偪阳,二人亲冒箭石战斗在第一线。初八,攻占偪阳。《春秋》记载说"遂灭偪阳",指的是从柤地相会之后就开始攻打偪阳。

以与向戌,向戌辞曰:"君若犹辱镇抚宋国,而以偪阳光启寡君①,群臣安矣,其何贶如之②?若专赐臣,是臣兴诸侯以自封也③,其何罪大焉?敢以死请。"乃予宋公。

【注释】

①光启寡君:使我的国境扩大疆土。光启,即广启,扩大疆土。

②何贶(kuàng)如之:所受赏赐没有比这更大的了。贶,赐予。

③兴诸侯以自封:调动诸侯军队为自己夺得封地。

【译文】

晋国要把偪阳封给向戌,向戌辞谢说:"如果承蒙贵国国君镇抚宋国,而以偪阳来扩大敝国君的疆土,群臣们就放心了,还有什么比得上这样的赏赐呢?如果只是专门赐给下臣我,那就成了下臣劳动诸侯的军队而为自己求取封地,有什么罪过比这更大的呢?我谨以一死来相请。"于是把偪阳交给了宋平公。

宋公享晋侯于楚丘①,请以《桑林》②。荀罃辞③。荀偃、士匄曰:"诸侯宋、鲁,于是观礼④。鲁有禘乐⑤,宾祭用之⑥。宋以《桑林》享君,不亦可乎⑦?"舞⑧,师题以旌夏⑨。晋侯惧而退入于房⑩。去旌⑪,卒享而还。及著雍⑫,疾⑬。卜,桑林见⑭。荀偃、士匄欲奔请祷焉⑮。荀罃不可,曰:"我辞礼矣,彼则以之⑯。犹有鬼神⑰,于彼加之。"晋侯有间⑱,以偪阳子归,献于武宫⑲,谓之夷俘⑳。偪阳,妘姓也。使周内史选其族嗣㉑,纳诸霍人㉒,礼也。

【注释】

①楚丘:即宋都商丘,在今山东曹县东南。

②《桑林》:桑林本是桑山之林,商汤曾在此处祷雨,后殷商及宋国奉为圣地,立神以祀之。殷因有《桑林》之乐,乃天子之乐,宋国沿用了。

③荀罃辞:荀罃认为不敢当而辞让。

④诸侯宋、鲁,于是观礼:诸侯之中,宋为殷王之后,鲁为周公之后,都用的是天子礼乐,所以可以观礼。

⑤禘(dì)乐:禘祭时所用之乐。禘,三年大祭。

⑥宾祭用之:大祭与享大宾时都用此乐。

⑦宋以《桑林》享君,不亦可乎:既然宾能享鲁国禘乐,那晋悼公也能享《桑林》之舞。

⑧舞:舞《桑林》。

⑨师题以旌夏:意谓乐队首领举旌夏引乐人以入。师,乐队之帅。题,标志。旌夏,一种旌旗。以雉羽缀于竿首,羽又染以五色。

⑩房:指正屋东、西两旁的屋子。

⑪去旌:撤除旌夏,仍舞《桑林》。

⑫著雍:晋地名。

⑬疾：晋悼公生病。

⑭桑林见：这里指占卜晋悼公的疾病，从卜兆里看到桑林之神。

⑮欲奔请祷：想折回宋国祈祷。

⑯我辞礼矣，彼则以之：我们已经辞去《桑林》之礼，是宋国人还在用它。以，用。

⑰犹：假如。

⑱有间：不经祈祷而病愈。

⑲武宫：晋武公庙，晋国作为太庙，大事必在太庙举行，献俘也在太庙。

⑳夷俘：讳言中国，所以称其为夷。

㉑选其族嗣：不用偪阳子的近亲，而选取其宗族中的后嗣。

㉒霍人：晋邑，在今山西繁峙东郊。

【译文】

宋平公在楚丘设享礼招待晋悼公，请求使用《桑林》乐舞。荀罃谢绝了。荀偃、士匄说：“诸侯中的宋国、鲁国，可以在那里观看礼仪。鲁国有禘乐，宴请重要宾客或重大祭祀使用。宋国用《桑林》乐舞招待国君，不也是可以的吗？”乐舞开始，乐队首领手举旌夏带领乐队进来。晋悼公因害怕而退入厢房。撤去旌夏，晋悼公才参加享礼到结束，然后回国。到达著雍，晋悼公生病。占卜，从卜兆中发现是桑林神在作怪。荀偃、士匄要奔往宋国去祈祷请求。荀罃不同意，说：“我们已经辞谢这一礼仪了，是他们一定要这么做。如果有鬼神的话，应该把灾祸加给他们。”晋悼公病愈，带着偪阳国君回国，奉献于武宫，称之为夷人俘虏。偪阳是妘姓国。晋悼公让周内史选择妘姓宗族中的后人，把他们安顿在霍人，这是合乎礼仪的。

师归，孟献子以秦堇父为右①。生秦丕兹②，事仲尼。

【注释】

①以秦堇父为右：秦堇父有勇力，让他任车右之职。

②秦丕兹：或曰其即为《史记·仲尼弟子列传》之秦商。《孔子家
　语·七十二弟子解》云"秦商，鲁人，字丕兹"。

【译文】

军队回国，孟献子让秦堇父担任车右。秦堇父生下秦丕兹，拜孔子
为师。

【穀梁传】 遂，直遂也①。其曰遂何②？ 不以中国从夷狄也。

【注释】

①直：径直，直接。

②其曰遂何：为什么说诸侯在与吴会面之后径直灭偪阳呢？ 诸侯在
　会吴之后直接灭偪阳是怕落后于吴国。

【译文】

遂，是径直的意思。为什么说径直就去了呢？ 不让中原国家落在夷
狄之国的后面。

【经】公至自会①。

【注释】

①公至自会：案《春秋》之例，公与二国以上出会用兵，得意致会，不
　得意致伐；若取邑与灭国，则得意明矣，不书致会。此处灭了偪阳
　国，得意明矣，不需书"公至自会"，书者，是为鲁襄公避讳，好像
　鲁襄公并未参与灭亡偪阳，而是从祖之会归国的。

【译文】

鲁襄公从祖之会回国。

【穀梁传】会夷狄不致，恶事不致。此其致何也？存中国也①。中国有善事，则并焉②。无善事则异之③，存之也。汲郑伯④，逃归陈侯⑤，致祖之会⑥，存中国也。

【注释】

①存中国：有保全中原国家的体面的意思。存，保全，保存。

②并：合并，一并。

③异：区分，区别。

④汲：引。指前文记载郑伯姬髡（kūn）顽如会。

⑤逃归陈侯：记载陈国国君回国用了"逃归"的说法，以贬低陈国抬高诸侯。

⑥致祖（zhā）之会：指本条经文"至自会"是"致"诸侯在祖地相会。

【译文】

同夷狄之国会面不记载其告祭祖庙，做了坏事也不记载其告祭祖庙。这里为什么记载告祭祖庙呢？是为了保全中原国家的面子。中原诸侯国有好事，就一并地记载。没有好事就有区别地记载，是为了保全其体面。记载郑国国君如会，陈国国君逃归，告祭祖庙在祖地诸侯相会，都是保全中原诸侯的体面。

【经】楚公子贞、郑公孙辄帅师伐宋①。

【注释】

①公子贞：即子囊，楚庄王之子，楚共王之弟。公孙辄：郑国大夫，字子耳，郑穆公之孙。

【译文】

楚国公子贞、郑国公孙辄率领军队攻打宋国。

【左传】六月,楚子囊、郑子耳伐宋①,师于訾毋②。庚午③,围宋,门于桐门④。

【注释】

①楚子囊、郑子耳伐宋:楚、郑联军伐宋,其实是在向晋国挑衅。

②訾(zī)毋:宋地名,在今河南鹿邑南。

③庚午:十四日。

④桐门:宋国北门。

【译文】

六月,楚国子囊、郑国子耳讨伐宋国,驻兵于訾毋。十四日,包围宋国,进攻桐门。

【经】晋师伐秦①。

【注释】

①晋师伐秦:去年秦国曾入侵晋国,当时晋国饥荒,未能还击,此时报复秦国。

【译文】

晋国军队进攻秦国。

【左传】晋荀罃伐秦,报其侵也①。

【注释】

①报其侵:报复去年秦国对晋国的侵犯。

【译文】

晋国荀罃攻打秦国,报复它入侵晋国。

*【左传】卫侯救宋，师于襄牛①。郑子展曰："必伐卫，不然，是不与楚也。得罪于晋，又得罪于楚，国将若之何？"子驷曰："国病矣②！"子展曰："得罪于二大国，必亡。病，不犹愈于亡乎？"诸大夫皆以为然。故郑皇耳帅师侵卫③，楚令也④。

【注释】

①襄牛：卫国东部边境，在今河南范县。

②病：困乏。

③郑皇耳：郑皇戌儿子。

④楚令：侵卫也是奉楚国的命令。

【译文】

卫献公援救宋国，屯兵襄牛。郑国子展说："一定要进攻卫国，不然的话，就是不听从楚国。得罪了晋国，又得罪了楚国，难以想象国家将会怎么样？"子驷说："国家已经很困乏了！"子展说："得罪两个大国，国家必亡。困乏难道不比亡国强吗？"大夫们认为子展的话有道理。所以郑皇耳率领军队进攻卫国，这也是奉了楚国的命令。

孙文子卜追之①，献兆于定姜②。姜氏问繇③。曰："兆如山陵，有夫出征，而丧其雄④。"姜氏曰："征者丧雄，御寇之利也。大夫图之！"卫人追之，孙蒯获郑皇耳于犬丘⑤。

【注释】

①孙文子：即孙林父。时为卫国的执政。卜追之：为追逐郑国军队而占卜。

②定姜：卫定公之妻，卫献公之母。成公十四年曾劝卫定公接纳孙

林父。

③繇（zhòu）：兆辞。兆是烧灼龟壳的裂纹，各有占辞。

④"兆如山陵"三句：为繇辞，意思是兆如山陵，有人出国征伐，将丧其英雄，说明卫军追赶郑军将大吉。

⑤孙蒯（kuǎi）：孙林父之子。

【译文】

　　孙文子用占卜决定是否追赶郑国，把卜兆拿给定姜看。定姜问繇辞怎么说。孙文子说："征兆如同山陵，有人出外征战，将丧其英雄。"定姜说："出征者丧失其雄，这对御敌者是吉利的。大夫请考虑吧！"卫国人追逐郑军，孙蒯在犬丘擒获了郑国的皇耳。

　　*【左传】秋七月，楚子囊、郑子耳伐我西鄙①。还，围萧②。八月丙寅③，克之。九月，子耳侵宋北鄙。孟献子曰："郑其有灾乎！师竞已甚④。周犹不堪竞，况郑乎⑤？有灾，其执政之三士乎⑥！"

【注释】

①楚子囊、郑子耳伐我西鄙：楚、郑伐宋之后侵鲁。

②萧：宋邑，在今安徽萧县北稍西。

③丙寅：十一日。

④竞：相争。已：太。

⑤周犹不堪竞，况郑乎：以周天子之尊尚且不堪屡屡用兵，何况郑国。

⑥有灾，其执政之三士：因为当时郑简公年幼，有灾必定降于三位执政者身上。三士，指子驷、子国、子耳三人，这是在为下面三人被杀埋下伏笔。士，春秋时期卿大夫也称为士，到了战国，高级官吏泛称士大夫。

【译文】

秋七月,楚国子囊、郑国子耳袭击我国西部边境。回兵时包围了萧地。八月十一日,攻占了萧。九月,子耳侵犯宋国北部边境。孟献子说:"郑国恐怕要有灾难了!军队征战太频繁了。周天子尚且经不起一再用兵,更何况郑国呢?要有灾祸的话,恐怕将落在执政的三位大夫头上吧!"

【经】秋,莒人伐我东鄙。

【译文】

秋,莒国军队侵袭我国东部边境。

【左传】莒人间诸侯之有事也①,故伐我东鄙。

【注释】

①间:钻空子,趁机。有事:指当时晋、楚相争,鲁、宋等都卷入。

【译文】

莒国乘诸侯有战事的空子,侵犯我国东部边境。

【经】公会晋侯、宋公、卫侯、曹伯、莒子、邾子、齐世子光、滕子、薛伯、杞伯、小邾子伐郑①。

【注释】

①公会晋侯、宋公、卫侯、曹伯、莒子、邾子、齐世子光、滕子、薛伯、杞伯、小邾子伐郑:案此三驾之一。邾子、小邾子,《公羊传》作"邾娄子""小邾娄子"。

【译文】

鲁襄公会合晋悼公、宋平公、卫献公、曹成公、莒犁比公、邾宣公、齐太子光、滕成公、薛伯、杞孝公、小邾穆公攻打郑国。

【左传】 诸侯伐郑。齐崔杼使大子光先至于师，故长于滕①。己酉②，师于牛首③。

【注释】

①齐崔杼使大子光先至于师，故长于滕：这是解释经文中齐国太子光所以会排在滕国国君的前面，是由于晋悼公要与楚争霸，一定要借助齐国的力量，故以太子光先到为理由把他排在前面。

②己酉：二十五日。

③牛首：郑地名，在今河南通许稍北。

【译文】

诸侯讨伐郑国。齐国崔杼让太子光先到达军队，所以名次排在了滕国国君的前面。七月二十五日，军队驻扎在牛首。

【经】 冬，盗杀郑公子騑、公子发、公孙辄①。

【注释】

①公子騑、公子发、公孙辄：三人均为郑国的卿大夫。公子騑，字子驷；公子发，字子国。此二人为郑穆公之子。公孙辄，字子耳，为郑穆公之孙。当时子驷是郑国执政，子国为司马，子耳为司空。子驷执政时，派人杀了郑僖公，又杀了反对他执政的群公子，后来又与尉止、司氏、堵氏、侯氏、子师氏等结怨，于是五家和群公子的党徒将子驷和与其一党的子国、子耳杀害。案《春秋》之例，大夫相杀称"人"，士杀大夫则称"盗"，详见文公十六年"冬十有一

月，宋人弑其君杵臼"条。此处书"盗"，则是郑国的士，杀了以上三大夫。公子骈，《公羊传》《穀梁传》作"公子斐"。

【译文】

冬，盗贼杀死郑国公子骈、公子发、公孙辄。

【左传】初，子驷与尉止有争^①，将御诸侯之师而黜其车^②。尉止获^③，又与之争。子驷抑尉止曰^④："尔车非礼也^⑤。"遂弗使献^⑥。初，子驷为田洫^⑦，司氏、堵氏、侯氏、子师氏皆丧田焉^⑧，故五族聚群不逞之人^⑨，因公子之徒以作乱^⑩。

【注释】

① 尉止：郑国大夫。

② 御诸侯之师：抵御驻扎在牛首的各国军队。黜其车：减少其所率的兵车。

③ 获：俘获敌人。

④ 抑：压抑，有意限制。

⑤ 尔车非礼：你的战车过多，超过规定。

⑥ 弗使献：不让献俘。

⑦ 田洫（xù）：田间沟洫及田塍。

⑧ 司氏、堵氏、侯氏、子师氏皆丧田焉：子驷修筑水沟田塍侵占了以上四氏之田。

⑨ 五族：指尉止与上述四氏，他们都怨恨子驷。不逞：不快。

⑩ 公子之徒：指襄公八年子驷所杀子狐、子熙、子侯、子丁等的党羽。

【译文】

起初，子驷和尉止有争执，在将要抵御诸侯军队的时候减少了尉止的兵车。尉止俘获敌人，子驷又和他争功。子驷压制尉止说："你的兵车过多不合礼制。"于是不让他献俘。当初,子驷开挖田沟,司氏、堵氏、侯氏、子师氏的田地都受损,因此这五族汇聚一伙对子驷不满的人,依托公子的徒党发动叛乱。

　　于是子驷当国①,子国为司马,子耳为司空,子孔为司徒。冬十月戊辰②,尉止、司臣、侯晋、堵女父、子师仆帅贼以入,晨攻执政于西宫之朝,杀子驷、子国、子耳,劫郑伯以如北宫③。子孔知之,故不死④。书曰"盗",言无大夫焉⑤。

【注释】

　　①于是:当此之时。当国:掌握国政。

　　②戊辰:十四日。

　　③如:往。北宫:诸侯之宫有东宫、西宫、北宫。西宫为君臣治事场所。

　　④子孔知之,故不死:子孔事先知道此乱,但不告,只是自己免于难。

　　　　子孔,公子嘉。

　　⑤书曰"盗",言无大夫焉:尉止等五人都是士,没有卿大夫参与此

　　　　乱,因此经文记载为"盗"。

【译文】

　　这时子驷执掌国政,子国任司马,子耳任司空,子孔任司徒。冬十月十四日,尉止、司臣、侯晋、堵女父、子师仆带领叛贼攻入宫门,清晨在西宫的朝堂攻击执政,杀死子驷、子国、子耳,劫持郑简公进入北宫。子孔事先知道这件事,所以免于一死。《春秋》记载说"盗",是说没有大夫参与这次叛乱。

　　子西闻盗①,不儆而出②,尸而追盗③。盗入于北宫,乃归授甲。臣妾多逃,器用多丧④。子产闻盗⑤,为门者⑥,庀

群司⑦,闭府库,慎闭藏,完守备,成列而后出⑧,兵车十七乘,尸而攻盗于北宫。子蟜帅国人助之⑨,杀尉止、子师仆,盗众尽死⑩。侯晋奔晋,堵女父、司臣、尉翩、司齐奔宋⑪。

【注释】

①子西:公孙夏,子驷之子。

②儆:戒备。

③尸:收殓尸骨。

④臣妾多逃,器用多丧:子西家臣及婢妾大多逃走,器物丧失,所以无法授甲追盗。

⑤子产闻盗:子产之父子国也被杀。

⑥为门者:设置守门人,严禁出入。

⑦庀(pǐ)群司:配齐所有官员。

⑧成列而后出:以私族之兵列队而出。

⑨子蟜(jiǎo):公孙虿。

⑩盗众:指上述"群不逞"之人。

⑪尉翩:尉止之子。司齐:司臣之子。

【译文】

子西听说有叛乱,不加戒备就出来了,收殓好其父尸骨就去追赶叛乱分子。叛贼进入北宫,他回去打算准备好武器再来。结果家臣妾婢多已逃走,器具也大多丢失。子产听说发生叛乱,安排好守门人,设置了所有官员,关闭府库,谨慎收藏,完善守备,把人马布列成队才出门,共有兵车十七辆,收殓尸骨后再去北宫攻打叛贼。子蟜率领其他国人来帮他,杀掉尉止、子师仆,叛乱分子尽数杀死。侯晋出奔晋国,堵女父、司臣、尉翩、司齐出奔宋国。

子孔当国①,为载书,以位序,听政辟②。大夫、诸司、门子弗顺③,将诛之④。子产止之,请为之焚书⑤。子孔不可,曰:"为书以定国,众怒而焚之,是众为政也,国不亦难乎⑥?"子产曰:"众怒难犯,专欲难成⑦,合二难以安国,危之道也。不如焚书以安众,子得所欲⑧,众亦得安,不亦可乎?专欲无成,犯众兴祸,子必从之!"乃焚书于仓门之外⑨,众而后定。

【注释】

①子孔当国:子孔接替子驷执政。

②"为载书"三句:载书,盟书。位序、听政,即盟书的内容,规定官员各守其位,听取执政的法令,实际是子孔想要独专国政。辟(pì),法令。

③大夫:指诸卿。诸司:各主管部门。门子:指卿的嫡子。顺:顺从。

④将诛之:子孔想诛杀不顺从者。

⑤请为之焚书:请求烧掉载书。

⑥是众为政也,国不亦难乎:众人为政,国家难以治理。

⑦专欲:个人的专权、欲望。

⑧所欲:当国政。

⑨仓门:郑国都的东南门。案这里特意在仓门而不在朝内烧载书,是为了让远近的人都能看到。

【译文】

子孔掌握国政,制作了盟书,规定官员要各守其位,听取执政的法令。大夫、官员以及卿的嫡子都不肯顺从,子孔准备加以诛杀。子产阻止他,请他把盟书烧掉。子孔不同意,说:"制作盟书是为了使国家安定,因为众人发怒就烧了它,这岂不成了众人在当政,国家不就难于治理了吗?"子产说:"众人的怒气难以触犯,专权的想法难以实现,把这两件难办的事放在一起来安定国家,是很危险的做法。不如焚毁盟书使大家安定,这样你得到你所想得到的,众人也可以放心,这不很好吗? 专权的愿望行不通,冒犯大伙会发生祸乱,你一定要顺从他们!"便在仓门外烧毁盟书,众人也就安定了下来。

【穀梁传】称盗以杀大夫,弗以上下道,恶上也。

【译文】

说盗贼杀害了大夫,而不是以君臣关系来说,是憎恶国君。

【经】戍郑虎牢①。

【注释】

①戍郑虎牢:诸侯军屯驻在郑国的虎牢。

【译文】

戍守郑国虎牢。

【左传】诸侯之师城虎牢而戍之。晋师城梧及制①,士鲂、魏绛戍之。书曰"戍郑虎牢",非郑地也,言将归焉②。郑及晋平③。

【注释】

①晋师城梧及制:晋在梧与制筑城以逼郑。梧,在虎牢附近。制,即虎牢。

②"书曰'戍郑虎牢'"三句:虎牢本郑国重镇,此时晋占领。晋准

备等郑屈服后归还。经文曰"郑虎牢",表明晋国的用意。

③郑及晋平：严启隆曰："诸侯伐郑而郑不下，于是乎顿兵虎牢为久
驻计。是时晋之计主于扰郑而使自服，故进无逼之之兵，亦主于
肄楚而使自疲，故遇亦无胜之之意。"

【译文】

诸侯的军队修筑虎牢城戍守在那里。晋国军队在梧和制两地筑城，
由士鲂、魏绛戍守。《春秋》上说"戍郑虎牢"，其实这时它被晋国占领，
不是郑国的领土，这样说是表示将要回归郑国了。郑国和晋国媾和。

【公羊传】孰戍之？诸侯戍之。曷为不言诸侯戍之？离
至不可得而序，故言我也①。诸侯已取之矣②，曷为系之郑？
诸侯莫之主有③，故反系之郑。

【注释】

①离至不可得而序，故言我也：参见襄公五年"冬，戍陈"条。

②诸侯已取之矣：诸侯于襄公二年，已夺取了虎牢邑，因避讳伐郑之
丧，故未书"取虎牢"，而云"城虎牢"。

③诸侯莫之主有：诸侯夺取郑国虎牢邑，本为防备楚国，并非是占为
己有。

【译文】

是谁去戍卫？是诸侯戍卫虎牢。为何不言诸侯戍卫虎牢？因为诸
侯先后离散到来，没办法序列，所以姑且按鲁国的书法记录此事。诸侯
已经夺取了虎牢邑，为何系属于郑国？诸侯没有将虎牢占为己有，所以
仍旧系属于郑国。

【穀梁传】其曰郑虎牢，决郑乎虎牢也①。

【注释】

①决郑乎虎牢：襄公二年诸侯城虎牢而不言郑，是因为把郑国看做
与中原诸侯国无异，后来郑国在晋、楚之间不停反复，于是与之断
绝关系，即郑地到虎牢为止。决，断绝。

【译文】

经文说郑国的虎牢，是在虎牢这个地方作为边界与郑国断绝关系。

【经】楚公子贞帅师救郑。

【译文】

楚国公子贞统率军队救援郑国。

【左传】楚子囊救郑。十一月，诸侯之师还郑而南①，至
于阳陵②。楚师不退。知武子欲退，曰："今我逃楚，楚必
骄，骄则可与战矣。"栾黡曰："逃楚，晋之耻也。合诸侯以
益耻，不如死！我将独进。"师遂进。己亥③，与楚师夹颍
而军④。子蟜曰："诸侯既有成行⑤，必不战矣。从之将退，
不从亦退⑥。退，楚必围我。犹将退也⑦，不如从楚，亦以
退之⑧。"宵涉颍，与楚人盟⑨。栾黡欲伐郑师，荀罃不可，
曰："我实不能御楚，又不能庇郑，郑何罪⑩？不如致怨焉而
还⑪。今伐其师，楚必救之。战而不克，为诸侯笑。克不可
命⑫，不如还也！"丁未⑬，诸侯之师还⑭，侵郑北鄙而归。楚
人亦还。

【注释】

①还：环绕而行。

②阳陵：郑地名，在今河南许昌西北。

③己亥：十六日。

④颍：颍水。

⑤成行：完成退兵准备。

⑥从之将退，不从亦退：服晋与否，晋及诸侯军皆退。从，指服晋。

⑦犹：同样。

⑧不如从楚，亦以退之：不如同样用服楚的办法让楚国退兵。

⑨宵涉颍，与楚人盟：怕晋知道，故夜里渡过颍水和楚国结盟。

⑩"我实不能御楚"三句：我们既然不能保护郑国，那么郑国要服楚，就不能责怪郑国。

⑪致怨：郑国服楚，楚国如果诛求无厌，郑国必然怨楚。

⑫克不可命：胜利难以肯定。

⑬丁未：二十四日。

⑭诸侯之师还：晋国不敢与楚争，只好退兵。

【译文】

　　楚国子囊援救郑国。十一月，诸侯的军队绕过郑国往南去，到达阳陵。楚国军队不退。荀䓨准备撤兵，说道："现在我们避让楚军，楚军一定会骄傲起来，他们骄傲就可以和他们交战了。"栾黡说："避让楚军，是晋军的耻辱。会合诸侯反而增添耻辱，还不如一死！我要单独进兵。"军队就向前挺进。十六日，和楚军隔着颍水驻军。子蟜说："诸侯都已经做好撤军的准备，一定不会再和楚国作战了。顺从晋国要退兵，不顺从也要退兵。诸侯退走了，楚国一定会包围住我们。同样是要退兵，不如顺从楚国，以便让楚国也退兵。"于是在夜里渡过颍水，和楚国人结盟。栾黡要攻打郑军，荀䓨不同意，说："我们确实无法抵御楚国，又不能保护郑国，那么郑国又有什么罪呢？不如把郑国人的这份怨恨转到楚国然后回国。现在攻打他们，楚国一定来解救。交战而不能取胜，就会被诸侯笑话。既然胜利没有把握，那还不如回去吧！"二十四日，诸侯军队撤回，侵袭了郑国北部边境而回。楚国军队也退兵了。

△【经】公至自伐郑。

【译文】

鲁襄公从攻打郑国前线回国。

　　*【左传】王叔陈生与伯舆争政①。王右伯舆②，王叔陈生怒而出奔。及河，王复之，杀史狄以说焉③。不入，遂处之④。晋侯使士匄平王室⑤，王叔与伯舆讼焉⑥。王叔之宰与伯舆之大夫瑕禽坐狱于王庭⑦，士匄听之。王叔之宰曰："筚门闺窦之人而皆陵其上⑧，其难为上矣！"瑕禽曰："昔平王东迁，吾七姓从王⑨，牲用备具⑩，王赖之，而赐之骍旄之盟⑪，曰：'世世无失职。'若筚门闺窦，其能来东底乎⑫？且王何赖焉？今自王叔之相也⑬，政以贿成⑭，而刑放于宠⑮。官之师旅⑯，不胜其富，吾能无筚门闺窦乎⑰？唯大国图之⑱！下而无直，则何谓正矣⑲？"范宣子曰："天子所右，寡君亦右之；所左⑳，亦左之。"使王叔氏与伯舆合要㉑，王叔氏不能举其契㉒。王叔奔晋。不书，不告也㉓。单靖公为卿士，以相王室㉔。

【注释】

①王叔陈生与伯舆争政：王叔陈生、伯舆，二人都是周王的卿士。争政，争权。

②右：支持。

③杀史狄以说焉：史狄为陈生所厌恶，陈生准备出奔晋国，周王杀史狄来取悦陈生。说，同"悦"。

④不入，遂处之：王叔陈生不回京师，就住在黄河边。

⑤平：调和。

⑥王叔与伯舆讼：二人在士匄跟前争曲直。

⑦宰：家臣之长。瑕禽：伯舆所属大夫。坐狱：他们作为双方诉讼代理人，当面争论是非。

⑧筚（bì）门闺窦：这里指伯舆乃微贱之家。筚门，柴门。闺窦，小户。陵：凌驾。

⑨昔平王东迁，吾七姓从王：周平王东迁时，伯舆之祖等七姓大臣跟随。

⑩牲用：牺牲。备具：准备齐全。

⑪骍（xīng）旄：赤牛，用为牺牲。杜预注曰："举骍旄者，言得重盟，不以犬鸡。"

⑫来东厎（zhǐ）：来到东方住下。厎，至。案以上是瑕禽驳斥伯舆本是微贱的说法。

⑬王叔之相：王叔辅助朝政。

⑭政以贿成：把持朝政，贿赂公行。

⑮刑放于宠：由宠臣专刑。

⑯师旅：泛指军队及政府部门。

⑰吾能无筚门闺窦乎：意思是由于王叔为政贪污，因此伯舆贫困。

⑱大国：指晋国。

⑲下而无直，则何谓正矣：在下位虽有理而不能直，则不可谓公正。

⑳左：不支持。

㉑合要：对证讼词。

㉒王叔氏不能举其契：王叔拿不出证词。契，讼词的契卷。

㉓不书，不告也：因为此事没告诉鲁国，所以经文没有记载。

㉔单靖公为卿士，以相王室：单靖公，单顷公儿子。顾栋高曰："周
　　室至此非唯不能治诸侯，并不能自治其大夫。自顷王末至此共
　　五十年，争政凡四见矣。每争不胜则怒而出奔，王再三复之犹不
　　止。……臣桀骜而无上，君忍耻而含垢。"

【译文】

　　王叔陈生和伯舆争夺执政权。周灵王支持伯舆，王叔陈生发怒而
出奔。到了黄边河，周灵王请他回国复位，并杀了史狡来讨好他。王叔
陈生不肯回去，就在河边住了下来。晋悼公使士匄来调停王室纠纷，王
叔陈生和伯舆提出诉讼。王叔陈生的家宰和伯舆一边的大夫瑕禽在周
王的朝堂上争辩是非曲直，士匄听取他们的申诉。王叔陈生的家宰说：
"蓬门小户的卑贱人却要凌驾于他上面的人，在上者就很难办了！"瑕禽
说："当日平王东迁，我们七姓大臣跟从平王，牺牲全都备齐，平王信赖他
们，赐给赤牛为牲品的重盟，说：'世世代代不要失去职守。'如果是蓬门
小户人家，能来到东方安居下来吗？况且天子又凭什么信赖他们呢？现
在自从王叔辅佐天子后，政事全凭贿赂才能办成，任用宠臣来专施刑罚。
各有关官员，富到无法形容，我们能不变成蓬门小户吗？请大国好好想
一想吧！在下者有理不能申诉辩白，那么什么叫做公正呢？"士匄说："凡
是天子所支持的，我国国君也支持他；天子所反对的，我国国君也同样反
对他。"让王叔和伯舆相互对证，王叔拿不出令人信服的证词来。于是
王叔逃奔晋国。《春秋》不记载，是因为没告诉我国的缘故。单靖公就做
了卿士，由他辅佐王室。

十一年

【经】 十有一年春王正月①，作三军②。

【注释】

①十有一年：鲁襄公十一年当周灵王十年，前562年。

②作三军：案军制，天子六军，方伯三军，州牧二军。鲁国为州牧，本来无中军，只有上、下二军，皆属于公室。现重新改组编制，增立中军，是为三军。军，一万二千五百人为军。

【译文】

鲁襄公十一年春周历正月，建立三军。

【左传】十一年春，季武子将作三军，告叔孙穆子曰①："请为三军，各征其军②。"穆子曰："政将及子，子必不能③。"武子固请之④，穆子曰："然则盟诸⑤？"乃盟诸僖闳⑥，诅诸五父之衢⑦。

【注释】

①告叔孙穆子：季氏想作三军，不向鲁襄公请示，一则因鲁襄公年尚幼，二因三家强大，叔孙氏世为司马，掌军政，因此先告之叔孙穆子。

②各征其军：三家各有一军。

③政将及子，子必不能：此时季武子尚年少，穆子为政，但季氏世为鲁上卿，穆子因此说不久政权将由你执掌。同时古时诸侯大国有三军，作三军便要按大国等级向霸主纳贡，穆子担心鲁国负担不了。

④武子固请之：季武子有自己的打算，坚持作三军。

⑤然则盟诸：穆子提议盟誓取信。诸，"之乎（于）"的合音。

⑥僖闳（hóng）：鲁僖公庙的大门。

⑦诅诸五父之衢：诅，盟誓时祭神，诅咒不守盟誓者将受祸。五父之衢，道路名，在今曲阜。案既盟又诅，可见三家互有猜疑。

【译文】

　　鲁襄公十一年春,季武子打算组建三军,告诉叔孙穆子说:"请组编为三个军,各家率领一个军。"穆子说:"国政将来要由你来执掌,你肯定承担不了。"季武子执着地请求,穆子说:"那就为此设个盟誓如何?"于是就在僖公庙的门口盟誓,在五父之衢立下咒誓。

　　正月,作三军,三分公室而各有其一①。三子各毁其乘②。季氏使其乘之人,以其役邑人者无征,不入者倍征③。孟氏使半为臣,若子若弟④。叔孙氏使尽为臣,不然不舍⑤。

【注释】

①三分公室而各有其一:即把公室的军队一分为三,各有其一。三家各得一军之指挥权和编制权。有军队,就有兵员,也有了军赋,也就有了政治上的实力,此所谓"三分公室"。

②三子各毁其乘:三家原来各有私家车,现在各自毁除而并入自己管辖的一军中。

③"季氏使其乘之人"三句:季氏释放其属邑奴隶为自由民,服兵役者免税,不服者加倍征税。

④孟氏使半为臣,若子若弟:孟孙氏使其中的一半即少壮者为奴隶兵。若子若弟,或自由民之子,或自由民之弟。若,或。

⑤叔孙氏使尽为臣,不然不舍:叔孙氏仍将私乘全编为奴隶兵,不如此则不改置。案以上说明三家"毁其乘"的做法各自不同。

【译文】

　　正月,编定三个军,把公室的军队一分为三,各家掌握一军。三家各自把自己原有的私家车兵并入。季氏让他私族军队中的成员,凡服兵役的人免除征税,不服兵役的加倍征税。孟氏使自己私族军队中一半的人即少壮者留下当兵,他们或为自由民之子,或是其弟。叔孙氏使其私族兵全部编入军中，不然的话就不改置。

【公羊传】三军者何？三卿也①。作三军何以书？讥。何讥尔？古者上卿、下卿，上士、下士②。

【注释】

①三卿也：何休云："为军置三卿官也。"古代军队由命卿率领，鲁国之二军，由司徒、司空率领。司徒、司空为上卿，底下各有一中卿、一下卿辅佐，故一军有三卿。鲁国之上卿还有司马，因其事省，底下只有一下卿。如今添置中军，由司马率领，故为之添一中卿，形成一军三卿之制。

②古者上卿、下卿，上士、下士：此言古代司马之官制。司马为上卿，又有一下卿辅佐，又有上士相上卿，下士相下卿。如今为设立中军，而在司马之下添一中卿，则违背礼制。何休云："襄公委任强臣，国家内乱，兵革四起，军职不共，不推其原，乃益司马作中卿官，逾王制，故讥之。"

【译文】

三军是什么？是为中军设立三卿之官。为何记录建立三军？是讥刺。讥刺什么？古代司马之官制只有上卿、下卿，上士、下士。

【穀梁传】作，为也①。古者天子六师②，诸侯一军。作三军，非正也。

【注释】

①为：建立。

②师：周朝军事编制，二千五百人为一师。

【译文】

作,是建立的意思。古代天子有六师,诸侯只能有一军。建立三军,不合正道。

【经】夏四月,四卜郊,不从,乃不郊①**。**

【注释】

①乃不郊:案成公十年传文"其言乃不郊何? 不免牲,故言乃不郊也",则此处书"乃不郊",亦未免牲。

【译文】

夏四月,四次为郊祭占卜都不吉利,于是不举行郊祭。

【穀梁传】夏四月,不时也。四卜,非礼也。

【译文】

夏天四月,不是合适的时候。四次占卜,不合礼制。

【经】郑公孙舍之帅师侵宋①**。**

【注释】

①公孙舍之:郑国大夫,字子展,郑穆公之孙。侵宋:郑国夹在晋、楚之间,常年被两大国侵扰,郑国大臣们想依附晋国,但晋国又不愿意为之与楚国决战,于是郑国打算入侵宋国逼晋国出兵,然后与晋结盟,待楚来,又与楚盟,希望以此激怒晋国,让晋国打败楚国,从而使得郑国可以稳定地依附于晋国阵营。

【译文】

郑国公孙舍之率领军队攻打宋国。

【左传】郑人患晋、楚之故①，诸大夫曰："不从晋，国几亡。楚弱于晋，晋不吾疾也②。晋疾，楚将辟之③。何为而使晋师致死于我④，楚弗敢敌，而后可固与也⑤。"子展曰："与宋为恶，诸侯必至，吾从之盟。楚师至，吾又从之，则晋怒甚矣。晋能骤来⑥，楚将不能，吾乃固与晋⑦。"大夫说之，使疆埸之司恶于宋⑧。宋向戌侵郑，大获。子展曰："师而伐宋可矣⑨。若我伐宋，诸侯之伐我必疾，吾乃听命焉，且告于楚。楚师至，吾乃与之盟，而重赂晋师，乃免矣⑩。"夏，郑子展侵宋。

【注释】

①郑人患晋、楚之故：郑国国都在今河南新郑，北临晋国，南接楚地，西经周室可达关西秦地，东边是宋、陈等国。控制郑国，既可北上，又可南下。晋、楚争霸，必争郑国，因此自鲁襄公以来，郑国几乎年年有战事。

②晋不吾疾：晋国不急于控制郑国。疾，急。

③辟（bì）：逃避。

④何为而使晋师致死于我：如何才能使晋国下死力攻打我使我顺服。

⑤楚弗敢敌，而后可固与也：郑国大夫考虑如何使晋国能与楚国决一死战，打败楚国，然后坚定依附晋国。固与，坚决亲附。

⑥骤：屡次，频繁。

⑦楚将不能，吾乃固与晋：子展主张故意激起晋怒而来攻，楚不能抵挡，郑国便可亲附晋国。

⑧使疆埸（yì）之司恶于宋：让边境官员向宋国挑起事端。疆埸，边境。

⑨师：出师。

⑩乃免：免于年年遭兵患而亡国。

【译文】

　　郑国人担心晋国和楚国不断来侵,大夫们说:"不顺从晋国,国家几乎灭亡。楚国比晋国弱,而晋国并不急于要我国顺服。要是晋国态度积极,楚国会避让晋国的。怎样才能让晋国下死力攻打我们,楚国不敢抵敌,然后我们就可以坚决亲附晋国了。"子展说:"和宋国交恶,诸侯的军队一定会来进攻,我们就和诸侯结盟。楚国军队来了,我们再顺从他们,那么晋国一定大怒。晋国能够一再前来,而楚国却办不到,我国就可以坚定地亲附晋国。"大夫们都对这办法很满意,便让守边官员向宋国挑衅。宋国向戌入侵郑国,俘获很多。子展说:"可以出兵攻打宋国了。如果我们出兵打宋国,诸侯的军队一定会拼命来打我们,我们就服从他们,并且向楚国报告。楚兵到来,我们又和他们结盟,同时以重金贿赂晋军,就可以免除祸患了。"夏,郑国子展侵袭宋国。

【经】公会晋侯、宋公、卫侯、曹伯、齐世子光、莒子、邾子、滕子、薛伯、杞伯、小邾子伐郑。

【译文】

　　鲁襄公会同晋悼公、宋平公、卫献公、曹成公、齐国太子光、莒犁比公、邾宣公、滕成公、薛伯、杞孝公、小邾穆公攻打郑国。

【左传】四月,诸侯伐郑。己亥①,齐大子光、宋向戌先至于郑,门于东门。其莫②,晋荀䓨至于西郊③,东侵旧许④。卫孙林父侵其北鄙⑤。六月,诸侯会于北林⑥,师于向⑦。右还,次于琐⑧。围郑,观兵于南门⑨,西济于济隧⑩。郑人惧,乃行成。

【注释】

① 己亥：十九日。

② 莫：同"暮"。

③ 至于西郊：晋在郑的西边，所以先到西郊。

④ 旧许：许国于成公十五年迁于叶，地入于楚，故称"旧许"，在今河南叶县南。

⑤ 北鄙：卫国在郑的北边，所以先侵北部边境。

⑥ 北林：郑地名，在今河南新郑北。

⑦ 向：郑地名，在今河南尉氏西南。

⑧ 琐：郑地名，在今河南新郑北。

⑨ 观兵于南门：诸侯军队北行向西，在郑国南门向郑、楚示威。

⑩ 济隧：水名，在今河南原阳西。

【译文】

四月，诸侯军队攻打郑国。十九日，齐国太子光、宋国向戌先到达郑国，驻扎在东门。当天晚上，晋国荀罃到达西郊，往东侵袭原属许国的地方。卫国孙林父攻打北部边境。六月，诸侯在北林会面，屯兵向地。又向右绕转，在琐驻扎。包围了郑国，在南门炫耀武力，往西渡过济隧。郑国人害怕了，于是求和。

【经】秋七月己未①，同盟于亳城北②。

【注释】

① 己未：初十。

② 同盟于亳（bó）城北：亳城，郑地名，在今河南郑州。案诸侯伐郑，在亳城结盟，此三驾之二。亳城，《公羊传》《穀梁传》作"京城"，惠栋以为，京为郑国之邑，隐公元年，《左传》有"京城大叔"之文。

【译文】

秋七月初十，共同结盟于亳城北。

【左传】秋七月，同盟于亳①。范宣子曰："不慎②，必失诸侯。诸侯道敝而无成③，能无贰乎？"乃盟，载书曰："凡我同盟，毋蕴年④，毋壅利⑤，毋保奸⑥，毋留慝⑦，救灾患⑧，恤祸乱⑨，同好恶⑩，奖王室⑪。或间兹命⑫，司慎、司盟⑬，名山、名川⑭，群神、群祀⑮，先王、先公，七姓十二国之祖⑯，明神殛之⑰，俾失其民，队命亡氏⑱，踣其国家⑲。"

【注释】

①同盟于亳：郑国与诸侯在亳结盟。

②不慎：指盟辞不谨慎。

③道敝：因为多次攻打郑国而困顿于道途之中。无成：没有结果。

④毋蕴年：不要囤积粮食而不救郑。蕴，囤积。年，粮食收成。

⑤毋壅利：不要垄断山川之利。

⑥毋保奸：不要庇护别国的罪人。

⑦毋留慝（tè）：不要收留邪恶的人。

⑧灾患：指自然灾害。

⑨祸乱：指权力斗争。

⑩同：统一。

⑪奖：辅助。

⑫间：违犯。

⑬司慎：察不敬的人。司盟：司盟者。案二司为天神。

⑭名山、名川：大山大川之神。

⑮群神：各种天神。群祀：天神之外受祀祭之神。

⑯七姓十二国：实应为七姓十三国，即：晋、鲁、卫、郑、曹、滕，姬姓；邾、小邾，曹姓；宋，子姓；齐，姜姓；莒，己姓；杞，姒姓；薛，任姓。

⑰殛（jí）：惩罚。

⑱队命亡氏：君丧命，族被灭。队，同"坠"。

⑲踣（bó）：灭亡。

【译文】

秋七月，在亳结盟。范宣子说："如果不谨慎，必然失去诸侯的拥护。诸侯在道途中疲于奔命而没能取得成功，能不背叛吗？"于是举行盟誓，盟书上说："凡是我们同盟国家，不要囤积粮食而不互相支援，不要垄断利益不让人分享，不要庇护奸人，不要收留邪恶的人，救济灾荒，平定祸乱，统一好恶，辅助王室。有人违反这些命令，司慎、司盟，名山、名川之神，群神、群祀，先王、先公，七姓十二国的祖宗，明察的神灵惩罚他，让他失去百姓，死君灭国，亡国亡家。"

【经】公至自伐郑。

【译文】

鲁襄公自讨郑战场回国。

【穀梁传】不以后致①**，盟后复伐郑也。**

【注释】

①以后致：以后面的事情告祭祖庙。指以"同盟于亳（京）城北"告祭祖庙。

【译文】

不以后面的事情告祭祖庙，因为结盟之后又讨伐郑国了。

【经】楚子、郑伯伐宋^①。

【注释】

①楚子：指楚共王熊审。郑伯：指新即位的郑简公姬嘉。

【译文】

楚共王、郑简公进攻宋国。

【左传】楚子囊乞旅于秦^①，秦右大夫詹帅师从楚子，将以伐郑^②。郑伯逆之。丙子^③，伐宋^④。

【注释】

①乞旅：求兵。

②将：率领。

③丙子：二十七日。

④伐宋：攻宋以激怒晋国。

【译文】

楚国子囊向秦国求援兵，秦国右大夫詹率领军队跟从楚共王，由楚共王指挥攻打郑国。郑简公前去迎接。二十七日，进攻宋国。

【经】公会晋侯、宋公、卫侯、曹伯、齐世子光、莒子、邾子、滕子、薛伯、杞伯、小邾子伐郑，会于萧鱼^①。

【注释】

①邾子、小邾子：《公羊传》作"邾娄子""小邾娄子"。会于萧鱼：萧鱼，郑地名，在今河南许昌。案此三驾之三。顾栋高曰："自成十八年至此凡十二年，宋、郑交兵共十三，兵争之数未有甚于此时者也。

萧鱼之后,郑服晋,楚不敢争,宋、郑之兵争息矣。"

【译文】

鲁襄公会合晋悼公、宋平公、卫献公、曹成公、齐国太子光、莒犁比公、邾宣公、滕成公、薛伯、杞孝公、小邾穆公攻打郑国,在萧鱼相会。

【左传】 诸侯之师观兵于郑东门,郑人使王子伯骈行成。甲戌①,晋赵武入盟郑伯。冬十月丁亥②,郑子展出盟晋侯。十二月戊寅③,会于萧鱼。庚辰④,赦郑囚,皆礼而归之。纳斥候⑤,禁侵掠。晋侯使叔肸告于诸侯⑥。公使臧孙纥对曰:"凡我同盟,小国有罪,大国致讨,苟有以藉手,鲜不赦宥。寡君闻命矣⑦。"

【注释】

① 甲戌:二十六日。

② 丁亥:初九。

③ 戊寅:初一。

④ 庚辰:初三。

⑤ 纳:撤回。斥候:巡逻兵与侦察兵。

⑥ 晋侯使叔肸（xī）告于诸侯:叔肸,即羊舌肸,字叔向。胡安国《春秋传》曰:"郑自此不复背晋者二十四年,由悼公能谋于魏绛以息民,听于知武子而不与楚战,故三驾而楚不能与之争,虽城濮之绩不越是矣。"吕大圭曰:"悼公再伯之烈,其最可称道者,莫如萧鱼。"

⑦ "苟有以藉手"三句:意思是晋国讨伐小国之罪,稍有所得便赦免其罪,德义如此,小国不敢不承命。藉手,稍有所得。

【译文】

诸侯军队在郑国东门炫耀武力,郑国派王子伯骈前往求和。二十六日,晋国赵武入郑都和郑简公订立盟约。冬十月初九,郑国子展出城与晋悼公结盟。十二月初一,在萧鱼相会。初三,赦免郑国的俘虏,都以礼相待放回国。撤回巡逻兵,禁止抢掠。晋悼公派叔肸通告诸侯。鲁襄公派臧孙纥答复说:"凡是我们同盟国家,小国有了罪过,大国出兵讨伐,稍有所得便赦免其罪。敝国国君知道您的命令了。"

【公羊传】此伐郑也,其言会于萧鱼何? 盖郑与会尔①。

【注释】

①盖郑与会尔:诸侯伐郑,郑国降服,故而参加了萧鱼之会。此处记录萧鱼之会者,何休云:"中国以郑故,三年之中五起兵,至是乃服,其后无干戈之患二十余年,故喜而详录其会,起得郑为重。"

【译文】

这里是伐击郑国,为何言及在萧鱼相会? 大概是郑国参与会盟了。

*【左传】郑人赂晋侯以师悝、师触、师蠲①,广车、轵车淳十五乘②,甲兵备,凡兵车百乘③,歌钟二肆④,及其镈、磬⑤,女乐二八⑥。

【注释】

①师悝(kuī)、师触、师蠲(juān):三人都是乐师。

②广车:横阵之车,用来攻击。轵(tún)车:屯守之车。淳(chún):成对。指广车与轵车相配为一对,各十五对三十乘。

③甲兵备,凡兵车百乘:广车、轵车与其他兵车共百乘。

④钟:古代乐器。二肆:悬钟十六枚为一肆,二肆为三十二枚。

⑤镈(bó):大钟。磬(qìng):古乐器,以美石或玉雕成,形状如矩,打击发声。二者都用以配歌钟。

⑥女乐二八：奏乐之女十六人。二八，即二佾（yì）。古乐舞八人为
　　一列，称为"佾"。

【译文】

　　郑国献给晋悼公师悝、师触、师蠲三名乐师，成对的广车、轨车各十五辆，并配备了衣甲、兵器，共计送了兵车一百辆，歌钟两架配上相应的镈和磬，女乐二队十六人。

　　晋侯以乐之半赐魏绛，曰："子教寡人和诸戎狄以正诸华。八年之中①，九合诸侯②，如乐之和，无所不谐③。请与子乐之④。"辞曰："夫和戎狄，国之福也；八年之中，九合诸侯，诸侯无慝⑤，君之灵也⑥，二三子之劳也⑦，臣何力之有焉？抑臣愿君安其乐而思其终也⑧！《诗》曰：'乐只君子，殿天子之邦。乐只君子，福禄攸同。便蕃左右，亦是帅从⑨。'夫乐以安德⑩，义以处之，礼以行之，信以守之，仁以厉之⑪，而后可以殿邦国、同福禄、来远人，所谓乐也。《书》曰⑫：'居安思危。'思则有备，有备无患，敢以此规⑬。"公曰："子之教，敢不承命。抑微子，寡人无以待戎⑭，不能济河⑮。夫赏，国之典也，藏在盟府⑯，不可废也。子其受之！"魏绛于是乎始有金石之乐⑰，礼也。

【注释】

①八年之中：和戎在襄公四年，至今已八年。

②九合诸侯：襄公五年会于戚，又会于城棣救陈，七年会于鄬，八年会于邢丘，九年盟于戏，十年会于柤，又戍郑虎牢，十一年同盟于亳城北，又会于萧鱼。

③如乐之和,无所不谐:就像音乐一样和谐。

④请与子乐之:与你共同享受这音乐。

⑤无愿(tè):指都顺从。

⑥灵:威信。

⑦二三子:指中军帅佐以下人等。

⑧抑臣愿君安其乐而思其终也:此时郑已归服,魏绛希望晋悼公居安思危。抑,但是,然而。

⑨"乐只君子"六句:引《诗》见《诗经·小雅·采菽》,但文字小有差异。只,语助词。攸,所。殿,镇抚。便蕃,治理。左右,指附近小国。帅从,即"率从",相率服从。

⑩乐以安德:音乐用来巩固德行。

⑪厉:勉励。

⑫《书》:指的是逸《书》。

⑬规:规劝。

⑭待戎:和戎。

⑮济河:指渡河服郑。

⑯"夫赏"三句:赏勋是国家大典,盟府掌记载之职,应当遵行。盟府,管理盟约、文书档案的官府。

⑰金石之乐:钟磬之乐。

【译文】

晋悼公把乐器与乐队的一半赐给魏绛,说:"你教我与各部戎狄和好以整顿中原诸国。八年里九次会合诸侯,就如音乐一样和谐,没有一处不谐调的。请让我和你共同享用它们。"魏绛辞谢说:"与戎狄和好,是国家的福分;八年里九次会合诸侯,诸侯没有不顺服的,这是君主的威灵,也和各位大夫的辛劳分不开,微臣哪里出过什么力呢?不过臣希望君主既安享这份快乐而能居安思危!《诗》说:'快乐啊君子,镇抚天子的家邦。快乐啊君子,他的福禄和别人共享。治理好附近的小国,使他们相率服从.'音乐是用来巩固德行的,用道义来处置它,用礼仪来推行它,用信用来保持它,用仁爱来勉励它,然后才能做到镇抚邦国,福禄同享,召来远方人,这就是所谓的快乐。《书》说:'在安定的环境中要想到危险.'想到了就有所防备,有了防备就不会有祸患,臣斗胆以此向您提出规劝。"晋悼公说:"您的教诲,我岂敢不遵照去做。要是没有您,我就不能正确对待戎人,也不能渡过黄河。赏赐是国家的典章,藏在盟府中,是不能够废除的。您还是接受吧!"魏绛从此开始有了金石的音乐,这是合乎礼的。

【经】公至自会。

【译文】

鲁襄公从萧之会回国。

【穀梁传】伐而后会,不以伐郑致,得郑伯之辞也^①。

【注释】

①得郑伯:指郑国接受盟约。

【译文】

讨伐之后会盟,不以讨伐郑国告祭祖庙,是表示得到了郑国国君的说法。

【经】楚人执郑行人良霄^①。

【注释】

①楚人执郑行人良霄:郑国派遣使者良霄、太宰石㚟告知楚国自己
　　将要顺从晋国,要楚国要么以玉帛事晋、要么对晋国兵戈相向。

楚国于是将他们抓了起来。良霄,郑国大夫,公孙辄之子,字伯
有。《穀梁传》作"良宵"。

【译文】

楚国擒获郑国使节良霄。

【左传】九月,诸侯悉师以复伐郑。郑人使良霄、大宰
石㚟如楚[1],告将服于晋,曰:"孤以社稷之故,不能怀君[2]。
君若能以玉帛绥晋[3],不然则武震以摄威之[4],孤之愿也。"
楚人执之[5],书曰"行人",言使人也[6]。

【注释】

①石㚟(chuò):良霄的副使。

②怀:亲近。

③绥(suí):安抚。

④震:威胁。摄威:威慑。

⑤楚人执之:楚国怒而囚禁了二人。

⑥书曰"行人",言使人也:经文记作"行人",是指他们是使者,并非
他们的罪过。

【译文】

九月,诸侯全部出兵再次攻打郑国。郑国派良霄、太宰石㚟到楚国
去,报告打算顺服晋国,说:"我因为国家的缘故,不能对君主您效忠。您
如果能够用玉帛结好晋国,不然就用武力对其加以威慑,是寡人的愿
望。"楚国囚禁了这二人,《春秋》记做"行人",是说他们是使者不应该
被拘禁。

【穀梁传】行人者,挈国之辞也[1]。

【注释】

①挈（qiè）国之辞：传达国家的辞令。这是对行人的职责的解释。挈，传达。

【译文】

行人，就是传达国家辞令的人。

【经】冬，秦人伐晋①。

【注释】

①秦人伐晋：秦国用伐晋来救郑国。秦、晋两军在栎（lì）地交战，晋军因为轻敌而大败。

【译文】

冬，秦国人攻打晋国。

【左传】秦庶长鲍、庶长武帅师伐晋以救郑①。鲍先入晋地，士鲂御之②，少秦师而弗设备③。壬午④，武济自辅氏⑤，与鲍交伐晋师⑥。己丑⑦，秦、晋战于栎⑧，晋师败绩，易秦故也⑨。

【注释】

①秦庶长鲍、庶长武帅师伐晋以救郑：庶长，秦国官职名。顾栋高曰：“秦自背令狐之盟，致晋帅八国来伐。秦自知其屈而不敢报，至此已历十七年。兹复因晋悼三驾之绩，欲佐楚以争郑。”认为秦于理不胜。

②士鲂御之：士鲂留守国内，抵御秦兵。

③少秦师：觉得秦军兵力少。

④壬午：初五。

⑤辅氏:在今陕西大荔东。

⑥交伐:夹攻。

⑦己丑:十二日。

⑧栎:晋地名,在今山西永济西。

⑨易秦:轻视秦军。

【译文】

秦国庶长鲍、庶长武带兵攻打晋国来救援郑国。鲍先进入晋国领地,士鲂抵御他们,见秦军人少而不加防备。初五,武从辅氏渡过黄河,和鲍夹击晋军。十二日,秦、晋军队在栎地交锋,晋军大败,这是由于轻视秦军的缘故。

十二年

【经】十有二年春王二月①,莒人伐我东鄙,围台②。

【注释】

①十有二年:鲁襄公十二年当周灵王十一年,前561年。二月,《公羊传》《穀梁传》作"三月"。

②台:在今山东费县东南。《穀梁传》作"邰"。

【译文】

鲁襄公十二年春周历二月,莒国攻打我国东部边境,包围了台。

【左传】十二年春,莒人伐我东鄙,围台。

【译文】

鲁襄公十二年春,莒国侵犯我国东部边境,包围了台地。

【公羊传】邑不言围①,此其言围何? 伐而言围者,取邑之辞也②。伐而不言围者,非取邑之辞也。

【注释】

①邑不言围:《春秋》之例,唯有国都被包围,方书"围",若城邑被围,则仅书"伐某国"。

②伐而言围者,取邑之辞也:此为外国夺取鲁国城邑的书法。内邑被夺,不书"取"字,而是书"伐"又书"围"。

【译文】

包围城邑,《春秋》是不书"围"的,这里书"围"是为何? 书"伐"又书"围",是外国夺取内邑的文辞。书"伐"而不书"围",不是外国夺取内邑的文辞。

【穀梁传】伐国不言围邑,举重也。取邑不书,围安足书也?

【译文】

讨伐国家不记载包围城邑,要说重要的事情。攻取的城邑都不记载,包围城邑哪里值得记载呢?

【经】季孙宿帅师救台,遂入郓①。

【注释】

①郓:鲁地名。鲁有东、西二郓,此为东郓,在今山东沂水东北。因靠近莒国,常叛鲁国。季孙宿"入郓"者,为讨叛也。又案《春秋》之例,书"入"者,得而不居也。此因季孙宿平乱之后,将郓

纳为私邑，鲁襄公未得郓邑，故书"入郓"；若郓归于鲁襄公，当书"取郓"。郓，《公羊传》作"运"。

【译文】

季孙宿带领军队救援台，于是攻入郓地。

【左传】季武子救台，遂入郓，取其钟以为公盘①。

【注释】

①盘：盛食器或浴器。

【译文】

季武子救援台地，于是进入郓地，拿走他们的钟改铸为公室的盘。

【公羊传】大夫无遂事，此其言遂何？公不得为政尔①。

【注释】

①公不得为政尔：何休云："时公微弱，政教不行，故季孙宿遂取运而自益其邑。"

【译文】

大夫不得擅自生事，此处记录季孙宿擅自生事，是为何？表明公不能执掌国政了。

【穀梁传】遂，继事也。受命而救邰，不受命而入郓，恶季孙宿也。

【译文】

遂，是后一件事接着前一件事。接受了命令而救援邰地，没有收到命令而进入了郓地,是在贬低季孙宿。

【经】夏,晋侯使士鲂来聘^①。

【注释】

①士鲂:《公羊传》作"士彭"。

【译文】

夏,晋悼公派士鲂来我国聘问。

【左传】夏,晋士鲂来聘,且拜师^①。

【注释】

①拜师:拜谢前年出兵攻打郑国。

【译文】

夏,晋国士鲂来鲁国聘问,并拜谢鲁国出兵攻打郑国。

【经】秋九月,吴子乘卒^①。

【注释】

①吴子乘卒:乘,吴王寿梦。寿梦死,子诸樊继立。吴子乘是季札之父。《春秋》因季札有贤德(详见襄公二十九年"吴子使札来聘"条传文),缘季札之意,必欲尊荣其父,故书乘之卒。

【译文】

秋九月,吴王乘去世。

【左传】秋,吴子寿梦卒。临于周庙^①,礼也。凡诸侯之

丧,异姓临于外②,同姓于宗庙,同宗于祖庙③,同族于祢
庙④。是故鲁为诸姬,临于周庙。为邢、凡、蒋、茅、胙、祭,
临于周公之庙⑤。

【注释】

①临于周庙:因为吴祖泰伯、鲁祖周公都是姬姓周人,所以鲁襄公临
　于周庙哭吊吴王乘。临,哭吊死者。周庙,也就是下文的宗庙,此
　指周文王庙,因鲁国没有吴泰伯庙。

②异姓临于外:异姓在城外向其国哭吊。

③祖庙:始封君之庙。

④同族:同一高祖谓同族。祢(nǐ)庙:父庙。

⑤为邢、凡、蒋、茅、胙、祭,临于周公之庙:以上六国都是周公支子,
　另封为国,都祖周公。

【译文】

秋,吴王寿梦去世。鲁襄公在周文王庙中哭吊寿梦,这是合乎礼的。
凡是诸侯的丧事,异姓的在城外哭吊,同姓的在宗庙哭吊,同宗的在祖庙
哭吊,同族的在祢庙哭吊。因此,鲁国为姬姓诸国,在周文王庙哭吊。为
邢、凡、蒋、茅、胙、祭六国,在周公庙哭吊。

【经】冬,楚公子贞帅师侵宋①。

【注释】

①楚公子贞帅师侵宋:李廉曰:"著楚之无能为也。"季本曰:"楚兵
　加宋,每无功而还,盖为晋人不战所屈。"

【译文】

冬,楚国公子贞率军袭击宋国。

【左传】冬,楚子囊、秦庶长无地伐宋,师于杨梁^①,以报晋之取郑也。

【注释】

①杨梁:在今河南商丘东南。

【译文】

冬,楚国子囊、秦国庶长无地攻伐宋国,在杨梁驻兵,是报复晋国从楚国手里夺走郑国。

*【左传】灵王求后于齐^①。齐侯问对于晏桓子^②,桓子对曰:"先王之礼辞有之。天子求后于诸侯,诸侯对曰:'夫妇所生若而人^③。妾妇之子若而人。'无女而有姊妹及姑姊妹^④,则曰:'先守某公之遗女若而人^⑤。'"齐侯许婚。王使阴里结之^⑥。

【注释】

①求后:求娶王后。

②问对:询问如何答复。晏桓子:晏弱。

③夫妇所生:指自己的嫡配所生。若而人:若干人。

④姑姊妹:父亲的姊妹。

⑤先守:先君。某公:这里是用谥号称谓。

⑥阴里:周大夫。结:结言,口头约定。

【译文】

周灵王向齐国求婚。齐灵公向晏弱征求应对的意见,晏弱回答说:"先王的礼仪辞令中有这样的话。天子向诸侯求婚,诸侯回答说:'有夫人所生的女儿若干人。妾妇所生的女儿若干人。'没有女儿但有姊妹和姑妈的,就说:'先君某公的遗女若干人。'"齐灵公同意了婚事。周灵王派阴里到齐国做了口头约定。

【经】公如晋。

【译文】
鲁襄公到晋国去。

【左传】公如晋朝,且拜士鲂之辱①,礼也。

【注释】
①公如晋朝,且拜士鲂之辱:士鲂夏天聘问鲁国,鲁襄公此行也是对士鲂聘鲁的报答。辱,谦辞,屈尊。

【译文】
鲁襄公到晋国朝见,同时拜谢士鲂的聘问,这是合乎礼的。

*【左传】秦嬴归于楚①。楚司马子庚聘于秦②,为夫人宁③,礼也。

【注释】
①秦嬴:秦景公妹,楚共王夫人。归于楚:返秦省母后回楚国。
②子庚:名午,楚庄王儿子。
③宁:妇女出嫁后返回母家省亲。

【译文】
秦嬴嫁到楚国。楚国司马子庚到秦国聘问,是为了夫人回娘家的事,这是合乎礼的。

十三年

【经】十有三年春①,公至自晋。

【注释】

①十有三年:鲁襄公十三年当周灵王十二年,前560年。

【译文】

鲁襄公十三年春,襄公从晋国回国。

【左传】十三年春,公至自晋,孟献子书劳于庙①,礼也。

【注释】

①书劳:又叫"策勋",将功劳记录下来。

【译文】

鲁襄公十三年春,鲁襄公从晋国回来,孟献子把功劳记载于宗庙,这是符合礼的。

【经】夏,取邿①。

【注释】

①取邿(shī):邿国发生内乱,鲁派兵救援,趁机夺取其他。邿,妊姓小国名,在今山东济宁南。《公羊传》作"诗"。

【译文】

夏,夺取邿国。

【左传】夏,邿乱,分为三。师救邿,遂取之①。凡书"取",

言易也②,用大师焉曰"灭",弗地曰"入"③。

【注释】

①师救邿,遂取之:鲁国出兵平乱,趁机灭了邿国。

②凡书"取",言易也:轻易可取,不必用大部队,则记作"取"。

③弗地曰"入":得其国,但不占有其地叫"入"。

【译文】

夏,邿国发生动乱,国家分裂为三部分。鲁国出兵救援邿国,于是灭了邿国。凡是《春秋》记载为"取"的,是表示轻易可取,动用大部队的称为"灭",攻破但不占领土地的称为"入"。

【公羊传】诗者何? 邾娄之邑也。曷为不系乎邾娄? 讳亟也①。

【注释】

①讳亟也:襄公十一年,萧鱼之会,鲁国、邾娄国皆与会。时隔两年,鲁国便夺取了邾娄之邑,贪利之心过于急切,故需避讳。

【译文】

诗是什么地方? 是邾娄国的城邑。为何不系属于邾娄国? 是避讳鲁国取邑过于急切。

　　****【左传】**荀罃、士鲂卒。晋侯蒐于绵上以治兵①,使士匄将中军②,辞曰:"伯游长③。昔臣习于知伯④,是以佐之,非能贤也。请从伯游。"荀偃将中军⑤,士匄佐之。使韩起将上军,辞以赵武。又使栾黡,辞曰:"臣不如韩起。韩起愿上赵武,君其听之!"使赵武将上军⑥,韩起佐之。栾黡将

下军,魏绛佐之⑦。新军无帅,晋侯难其人⑧,使其什吏率其卒乘官属⑨,以从于下军,礼也。晋国之民,是以大和,诸侯遂睦⑩。

【注释】

①蒐(sōu):打猎及训练军队。绵上:古地名,在今山西翼城西。治兵:阅兵。

②使士匄将中军:士匄本为中军佐,中军将荀罃死后由他递补。

③伯游:荀偃的字。长:能力更强。

④习于知伯:指与荀罃互相了解,能密切配合。

⑤荀偃将中军:晋悼公听从了士匄的建议,让荀偃当中军将。

⑥使赵武将上军:赵武本是新军帅,现在将上军,位由第七跃升为第三。

⑦魏绛佐之:魏绛代士鲂。

⑧难其人:难有合适的人选。

⑨什吏:每军都有军尉、司马、司空、舆尉和候奄共五吏,五吏又各有副手,因此合称为"十吏"。什,同"十"。

⑩诸侯遂睦:大夫谦让,唯贤是举,因此大为和睦。

【译文】

　　荀罃、士鲂去世。晋悼公在绵上打猎并检阅军队,派士匄统率中军,士匄推辞说:"荀偃比我强。过去因为下臣和知伯相知,所以辅佐他,并不是由于我能干。请任命荀偃。"于是荀偃率领中军,士匄辅佐他。任命韩起统率上军,韩起辞让给赵武。又任命栾黡,他也辞谢说:"下臣不如韩起。韩起希望让赵武在上位,请君主还是听从他吧!"于是任命赵武统领上军,韩起辅佐他。栾黡统率下军,魏绛辅佐他。新军无主帅,晋悼公对这个人选感到为难,便让新军的十个官吏率领徒兵骑兵和所属官员,附属于下军,这是合乎礼的。晋国民众,因此十分和睦团结,诸侯间也由此而和睦。

君子曰："让,礼之主也。范宣子让,其下皆让。栾黡为汰,弗敢违也①。晋国以平②,数世赖之③,刑善也夫④! 一人刑善,百姓休和⑤,可不务乎?《书》曰:'一人有庆,兆民赖之,其宁惟永⑥。'其是之谓乎? 周之兴也,其《诗》曰:'仪刑文王,万邦作孚⑦。'言刑善也。及其衰也,其《诗》曰:'大夫不均,我从事独贤⑧。'言不让也。世之治也,君子尚能而让其下⑨,小人农力以事其上⑩,是以上下有礼,而谗慝黜远,由不争也,谓之懿德⑪。及其乱也,君子称其功以加小人⑫,小人伐其技以冯君子⑬,是以上下无礼,乱虐并生⑭,由争善也⑮,谓之昏德。国家之敝,恒必由之。"

【注释】

①栾黡为汰(tài),弗敢违也:栾黡虽然骄横,也不敢违背而只好谦让。汰,骄横。

②平:团结。

③赖:利。

④刑善:取法于善。刑,法。

⑤百姓:各族各姓。

⑥"一人有庆"三句:引文出自《尚书·吕刑》。意思是在上的一人为善,亿万人都受其利,国家可以长治久安。庆,善。

⑦仪刑文王,万邦作孚:引《诗》见《诗经·大雅·文王》。仪刑,效法。孚,信任。

⑧大夫不均,我从事独贤:引《诗》见《诗经·小雅·北山》。原意是讽刺周幽王役使不均,唯有自己劳役最多,此借指自夸贤能而不相让。独贤,独多,独劳。

⑨尚能:崇尚贤能。

⑩农力：努力。

⑪懿（yì）德：美德。

⑫君子：在位者。称：夸耀。加：凌驾。

⑬伐：夸耀。冯（píng）：凭，凌驾。

⑭乱虐：动乱残暴。

⑮争善：争相自夸以为善。

【译文】

君子说："谦让是礼的主体。范宣子谦让，其下属也就都谦让了。连栾餍那样骄横的人，也不敢违背。晋国因此而和平团结，几世都受益，这是由于取法于善的缘故啊！一个人取法于善，各族各姓都安逸和平，这样的事能不努力去做吗？《书》说：'一个人有善行，亿万人得利，国家就长治久安。'说的就是这种情况吧？周朝兴盛时，《诗》上说：'以文王为榜样，万国诸侯都信任。'说的就是取法于善。到了衰败时，《诗》上说：'大夫派事不平均，唯独派给我的事最多。'这是说不肯谦让。当处在治世时，君子崇尚贤能而对下谦让，小人努力干活以事奉其上司，所以上下有礼，奸邪谗愿被废黜远离，这是由于不争的缘故，称为美德。到了乱世，君子夸耀自己的功劳而凌驾于小人之上，小人夸耀自己的技艺以凌驾君子，所以上下无礼，动乱暴虐一起发生，这是由于争相夸耀自己之故，称为'昏德'。国家的衰败，总是从这里开始。"

【经】秋九月庚辰①，楚子审卒②。

【注释】

①庚辰：十四日。

②楚子审卒：楚共王去世。楚共王，名审，谥共。

【译文】

秋九月十四日，楚共王审去世。

【左传】楚子疾①,告大夫曰:"不穀不德,少主社稷②,生十年而丧先君③,未及习师保之教训而应受多福④,是以不德,而亡师于鄢⑤,以辱社稷,为大夫忧,其弘多矣⑥。若以大夫之灵,获保首领以殁于地⑦,唯是春秋窀穸之事⑧,所以从先君于祢庙者⑨,请为'灵'若'厉'⑩。大夫择焉!"莫对⑪。及五命乃许⑫。秋,楚共王卒。子囊谋谥。大夫曰:"君有命矣。"子囊曰:"君命以共⑬,若之何毁之? 赫赫楚国,而君临之,抚有蛮夷,奄征南海⑭,以属诸夏⑮,而知其过,可不谓共乎? 请谥之'共'。"大夫从之⑯。

【注释】

①楚子疾:楚共王生病。

②少主社稷:楚共王十岁就为楚国君主。

③先君:指楚共王父亲楚庄王。

④师保:古代担任教导贵族子弟职务的官,教导太子的有太师、少师、太傅、少傅、太保、少保等。应:同"膺",受。多福:指君主之位。

⑤亡师于鄢:成公十六年楚在鄢陵之战中战败。

⑥弘多:太多。

⑦获保首领以殁(mò)于地:意思是得以善终。

⑧春秋:指祭祀。窀穸(zhūn xī):安葬。

⑨从先君于祢(nǐ)庙:楚共王死后,先君神主要迁入祖庙,原有祢庙作为新君祭祀楚共王的祢庙,所以说"从先君于祢庙"。祢庙,父庙。君主埋葬以后,春秋在祢庙祭祀,须先加谥号。

⑩"灵"若"厉":"灵"或"厉"都是恶谥。乱而不损曰"灵",戮杀不辜曰"厉"。若,或。

⑪莫对:群臣不同意,所以没人答应。

⑫五命乃许：命令了五次，群臣才同意谥为"灵"或"厉"。

⑬君命以共：意谓楚共王的命令是表示他的谦恭。共，通"恭"。

⑭奄征：大举征伐。

⑮属诸夏：使中原各国附属于楚。

⑯大夫从之：大夫们同意子囊的意见。案以上说明楚共王为何谥为"共"。

【译文】

楚共王生病，告诉大夫们说："我没有德行，幼年时便承担国君重任，出生十年就丧失先君，没能来得及好好学习师保们的教育训导，却承受了过多的福分，因而缺乏德行，在鄢地打了败仗，使国家蒙受耻辱，使大夫们忧虑，罪责够大的了。如果能托大夫们的福，得以善终入土，在诸如春秋祭祀安葬等事情上，能像当年先君那样安置在祢庙中，请谥为'灵'或'厉'。大夫们选定吧！"没人吭声赞同。直到命令了五次才同意。秋，楚共王去世。子囊和大家商议谥号。大夫们说："国君已经有命令了。"子囊说："国君的命令是体现他的谦恭，怎么能因此而诋毁他？我们声威赫赫的楚国，国君在上统治，安抚并统领蛮夷，大举征伐南海，让中原诸国服从于楚，而国君又已自知其过，能说不是'共'？请谥他为'共'。"大夫们采纳了他的意见。

　　*【左传】吴侵楚①，养由基奔命②，子庚以师继之③。养叔曰："吴乘我丧，谓我不能师也④，必易我而不戒⑤。子为三覆以待我⑥，我请诱之⑦。"子庚从之。战于庸浦⑧，大败吴师，获公子党。君子以吴为不吊⑨。《诗》曰："不吊昊天，乱靡有定⑩。"

【注释】

①吴侵楚：吴国乘楚国国丧侵犯楚国。

②养由基：即养叔，楚国大夫。奔命：应急出战。

③子庚：楚国公子午。这时担任司马。

④谓我不能师：因为丧事而不能整军抗敌。

⑤易：轻视。不戒：丧失警惕，不戒备。

⑥三覆：三批伏兵。覆，同"伏"。

⑦我请诱之：养由基做先锋诱敌。

⑧庸浦：楚地名，在今安徽无为南长江北岸。

⑨弔(dì)：善。

⑩不弔昊天，乱靡有定：引《诗》见《诗经·小雅·节南山》。意思是上天认为你不善，动乱就不能平定。这里借以批评吴国乘着楚国国丧而进攻之。昊天，苍天。

【译文】

吴国侵袭楚国，养由基急速奔赴前线迎敌，子庚率军后面跟上。养由基说："吴国乘我国国丧侵犯我国，是认为我们不能出兵，必定会轻视我们而不加戒备。你安排好三支伏兵等着我，我前去诱敌。"子庚同意了。与吴国在庸浦接战，大败吴军，擒获公子党。君子认为吴国不对。《诗》上说："上天觉得你不对，动乱就不会平定。"

【经】冬，城防①。

【注释】

①防：鲁地名，在今山东费县东北。世为臧氏食邑。

【译文】

冬，修筑防地的城墙。

【左传】冬，城防，书事，时也。于是将早城①，臧武仲请俟毕农事，礼也②。

【注释】

①早城:提前筑城。

②臧武仲请俟(sì)毕农事,礼也:农事过后动工,合于时令,即合于礼。

【译文】

　　冬,在防筑城,《春秋》记载这件事,是因为合乎时令。本想早点筑城,臧武仲请求等农事完毕再动工,这是合于礼的。

　　*【左传】郑良霄、大宰石㚟犹在楚①。石㚟言于子囊曰:"先王卜征五年②,而岁习其祥③,祥习则行④。不习,则增修德而改卜⑤。今楚实不竞,行人何罪? 止郑一卿⑥,以除其逼,使睦而疾楚⑦,以固于晋⑧,焉用之? 使归而废其使⑨,怨其君以疾其大夫⑩,而相牵引也,不犹愈乎⑪?"楚人归之。

【注释】

①郑良霄、大宰石㚟(chuò)犹在楚:二人在襄公十一年出使楚国被囚禁。

②卜征五年:为征伐连续占卜五年。征,征伐。

③岁习其祥:五年卜征,每年都吉祥。习,通"袭",重复。

④祥习则行:每年都吉祥就出兵。

⑤改卜:重新起卜。

⑥止:留住。一卿:指良霄。

⑦以除其逼,使睦而疾楚:良霄刚愎自用,威逼郑国君臣,楚国扣留他,实际是在替郑国除去威逼,郑国内部和睦,怨恨楚国。

⑧以固于晋:服晋之心更加坚固。

⑨废其使:未能完成出使的任务。

⑩怨其君以疾其大夫：良霄回国，将会既怨国君又恨各位大夫。以，与。

⑪而相牵引也，不犹愈乎：与其扣留良霄不放，不如放他回国，使郑国内部不和睦而互相牵制。

【译文】

郑国良霄、太宰石㚟仍被扣留在楚国。石㚟对子囊说："先王为了征伐之事而连续占卜了五年，每年都是吉祥，连续吉祥就出兵。要是有一年不吉祥就更加努力修明德行而重新占卜。现在楚国实在不能与晋国争强，使节又有什么罪过呢？扣留郑国一位卿，这就除去了对郑国君臣的威逼，使他们相互和睦而怨恨楚国，更坚定了他们顺服晋国的决心，这样做有什么好处呢？不如放他回国使他完不成使命，从而怨恨其国君、痛恨大夫们，使君臣之间互相牵制，不是更好吗？"楚国放良霄回国。

十四年

【经】十有四年春王正月①，季孙宿、叔老会晋士匄、齐人、宋人、卫人、郑公孙虿、曹人、莒人、邾人、滕人、薛人、杞人、小邾人会吴于向②。

【注释】

①十有四年：鲁襄公十四年当周灵王十三年，前559年。王正月：案时月日例，会例时，此处书月者，何休云："月者，危刺诸侯委任大夫，交会强夷，臣日以强，三年之后，君若赘旒然。"

②叔老：鲁国大夫。公孙婴齐之子。士匄（gài）：晋国大夫。士燮之子，去世后谥文子，又称"范文子""范匄"。公孙虿（chài）：郑国大夫。《公羊传》作"公孙嚐"。会吴于向：向，郑地名，在今安徽怀远西。李廉曰："晋之会吴止此。自此以后，吴不资于晋，晋亦不能致吴，至黄池而两伯并列矣。"据《左传》，去年楚共王去世

时，吴趁机伐楚，结果反为楚败，于是告诉晋国战败，此时诸侯会
盟就是商议对付楚国。

【译文】

鲁襄公十四年春周历正月，季孙宿、叔老会同晋国士匄、齐国人、宋
国人、卫国人、郑国公孙虿、曹国人、莒国人、邾国人、滕国人、薛国人、杞
国人和小邾国人与吴国人相会于向。

【左传】十四年春，吴告败于晋①。会于向，为吴谋楚故
也②。范宣子数吴之不德也③，以退吴人④。

【注释】

①吴告败于晋：晋、吴同盟，因此吴国向晋国报告被楚国打败的事。

②为吴谋楚故：打算伐楚为吴国报仇。

③数（shǔ）：责备。吴之不德：吴国乘楚国丧而伐楚是不道德的。

④以退吴人：顾栋高曰："此时郑已服晋，楚不能与晋争。晋无藉于
吴，而吴伐楚丧为不义，执此为辞以退吴人，盖能用吴而不为吴用
也。晋之用吴亦止此。"

【译文】

鲁襄公十四年春，吴国向晋国通报去年被楚国战败的事。在向地相
会，这是为了要替吴国策划攻打楚国的缘故。范宣子责备吴国人不讲道
德，以此拒绝了吴国人的请求。

执莒公子务娄，以其通楚使也①。

【注释】

①以其通楚使：莒贰于楚，故连年伐鲁。晋因以与楚通使之罪扣留
莒公子务娄。

【译文】

逮捕莒国公子务娄，这是因为他派使者和楚国往来。

　　将执戎子驹支①。范宣子亲数诸朝②，曰："来！姜戎氏③！昔秦人迫逐乃祖吾离于瓜州④，乃祖吾离被苫盖、蒙荆棘以来归我先君⑤。我先君惠公有不腆之田⑥，与女剖分而食之。今诸侯之事我寡君不如昔者，盖言语漏泄，则职女之由⑦。诘朝之事⑧，尔无与焉⑨！与，将执女！"对曰："昔秦人负恃其众，贪于土地，逐我诸戎⑩。惠公蠲其大德⑪，谓我诸戎是四岳之裔胄也⑫，毋是翦弃⑬。赐我南鄙之田，狐狸所居，豺狼所嗥⑭。我诸戎除翦其荆棘，驱其狐狸豺狼，以为先君不侵不叛之臣，至于今不贰⑮。昔文公与秦伐郑，秦人窃与郑盟而舍戍焉⑯，于是乎有殽之师⑰。晋御其上，戎亢其下⑱，秦师不复⑲，我诸戎实然⑳。譬如捕鹿，晋人角之㉑，诸戎掎之㉒，与晋踣之㉓，戎何以不免㉔？自是以来㉕，晋之百役，与我诸戎相继于时㉖，以从执政，犹殽志也㉗。岂敢离逷㉘？今官之师旅无乃实有所阙㉙，以携诸侯㉚，而罪我诸戎！我诸戎饮食衣服不与华同，贽币不通㉛，言语不达，何恶之能为㉜？不与于会，亦无瞢焉㉝！"赋《青蝇》而退㉞。宣子辞焉㉟，使即事于会，成恺悌也㊱。

【注释】

①驹支：戎部落头目之名。

②朝：盟会的地方也设朝位。

③姜戎氏：瓜州之戎有姜姓、允姓二支，这里是姜姓。

④吾离：姜戎祖父名。瓜州：古地名，在今甘肃敦煌。

⑤被苫（shān）盖，蒙荆棘：这里是形容其贫困。被，同"披"。苫盖，编茅草为衣。蒙荆棘，头戴用荆棘所编的冠。

⑥不腆：不多。

⑦职女之由：都是由于你的缘故。职，当。女，通"汝"。

⑧诘朝：明日。

⑨尔无与焉：你不要参加明天的会盟。

⑩"昔秦人负恃其众"三句：指秦穆公称霸西戎。

⑪蠲（juān）：昭明，显示。

⑫四岳：尧时诸侯之长，姜姓。裔胄（zhòu）：后代。

⑬毋是翦弃：不要灭亡他们。翦弃，灭亡。

⑭嗥（háo）：咆哮。

⑮不贰：不改变做法。

⑯昔文公与秦伐郑，秦人窃与郑盟而舍戍焉：指僖公三十年烛之武退秦师，秦国与郑国结盟，并派杞子等三人戍郑。舍，安置。

⑰殽（xiáo）之师：崤之战，在僖公三十三年。

⑱戎亢其下：戎人配合晋军抗秦。亢，同"抗"，抵抗。

⑲不复：战败而回不去。

⑳诸戎实然：所以如此，是诸戎之功。

㉑角之：从正面执其角。

㉒掎（jǐ）之：从后面拖其足。

㉓踣（bó）：向前仆倒。

㉔不免：不能免于罪责。

㉕是：指崤之战。

㉖晋之百役，与我诸戎相继于时：晋国有战事，诸戎都共同从事，从未间断。

㉗从：追随。犹殽志：还是与崤之战时候一样无二心。

㉘逷（tì）：同"逖"，远。

㉙官之师旅：指晋国群臣大夫。有所阙（quē）：有过失。

㉚以携诸侯：使诸侯离心。

㉛贽（zhì）币不通：财礼不相往来。

㉜言语不达，何恶之能为：这是驳范宣子责备戎人使得诸侯离晋、言语漏泄。达，通。

㉝瞢（méng）：惭愧。案以上是驹支历举戎人帮助晋国打败秦国的事实，说明晋国的责难毫无根据。

㉞《青蝇》：《诗经·小雅》中的一篇。这里是取其中"恺悌君子，无信谗言"的意思。

㉟辞：道歉。

㊱成恺悌（kǎi tì）：不信谗。

【译文】

打算拘捕戎部落首领驹支。范宣子亲自在朝堂上责备他，说道："过来，姜戎氏！当初秦国人在瓜州追赶你的祖父吾离，你祖父吾离身穿蓑衣、头戴荆冠来归附我国先君。我们先君惠公只有不多的田地，还和你们共同平分而食用。如今诸侯事奉我国国君不如以前，这是由于话语泄漏了机密，显然是你们传出去的。明天早晨的事，你们就不要参与了！如果参与，就要把你们逮起来！"驹支回答说："从前秦国人倚仗人多，贪图土地，驱赶我们各部戎人。惠公显示了他的大德，认为我们戎人各部都是四岳的后裔，不应把我们丢弃不管。于是赐给我们南部边境的田地。这里都是狐狸出没、豺狼乱嗥的荒野之地。我们戎人砍掉这里的荆棘，赶走狐狸豺狼，成为贵国先君不离弃不背叛的臣下，至今没有二心。当初晋文公与秦国讨伐郑国，秦国人暗地里和郑国结盟而安排了戍守的兵力，于是有崤的战役。晋国在上面抵御，戎人在下面对抗，秦国军队无法撤回，正是我们戎人各部的功劳。譬如捕鹿，晋人抓住了它的角，戎人拖住了它的腿，与晋国一起把它放倒，戎人为何不能免于罪责呢？此后，

晋国的各个战役,我各部戎人一个接一个地随时参与,以追随执事,如同
崤之战一样。岂敢逃避远离?现在群臣官员恐怕有所失误,使得诸侯离
心,反而怪罪我各部戎人!我们各部戎人饮食衣服与中原不同,财礼不
相往来,言语不通,还能做什么坏事呢?不参加会见,我们也没什么好惭
愧的!"赋了《青蝇》这首诗然后退下。范宣子听完之后表示了歉意,让
他参加会见,成就了不信谗言的雅量。

　　于是子叔齐子为季武子介以会①,自是晋人轻鲁币而益
敬其使②。

【注释】
①子叔齐子:叔老。子叔婴齐之子。介:副手。
②晋人轻鲁币而益敬其使:晋国减轻鲁国的财礼而更敬重其使者。
【译文】
　　当时,子叔齐子作为季武子的副手参加了会见,从此晋国减轻鲁国
的财礼而更敬重其使者。

　　*【左传】吴子诸樊既除丧①,将立季札②。季札辞曰:
"曹宣公之卒也③,诸侯与曹人不义曹君④,将立子臧。子臧
去之,遂弗为也,以成曹君⑤。君子曰'能守节'⑥。君,义
嗣也,谁敢奸君⑦?有国,非吾节也。札虽不才,愿附于子
臧,以无失节⑧。"固立之,弃其室而耕,乃舍之。

【注释】
①诸樊既除丧:吴王寿梦死于襄公十二年秋七月,到现在丧期已满
　　三年(实际是十七个月)。诸樊,吴王寿梦长子。除丧,除去丧服。

②季札：诸樊之弟，贤而有才。

③曹宣公之卒：曹宣公死于成公十三年。

④不义曹君：指成公十三年负刍杀太子自立为君。曹君，指曹成公
负刍。

⑤"子臧去之"三句：事见成公十五、十六年传文。去之，子臧离开
曹国。

⑥能守节：当时子臧曾说"圣达节，次守节，下失节。为君非吾节也"。

⑦"君"三句：诸樊是嫡长子，继承君位是合法的。奸，冒犯。

⑧愿附于子臧，以无失节：季札愿意学子臧而不失节。

【译文】

吴王诸樊已经服丧期满，准备立季札为国君。季札推辞说："曹宣公
去世的时候，诸侯与曹国人不赞成立曹成公，要立子臧为国君。子臧离
开了曹国，所以计划没能实行，便成全了曹成公。君子认为子臧'能够
保持节操'。你是合法的继承人，谁敢冒犯你？做国君，这不符合我的节
操。我虽然不才，但愿意追随子臧，以不失节操。"诸樊坚持要拥立他，
季札便抛弃家室而去种地，诸樊才不再勉强他。

△**【经】二月乙未朔，日有食之**①。

【注释】

①二月乙未朔，日有食之：即前559年1月14日之日环食。乙未朔，
初一。

【译文】

二月初一，日食。

**【经】夏四月，叔孙豹会晋荀偃、齐人、宋人、卫北宫括、
郑公孙虿、曹人、莒人、邾人、滕人、薛人、杞人、小邾人伐秦**①。

【注释】

①荀偃:此时为晋国执政大臣。北宫括:卫国大夫,复姓北宫。邾
人、小邾人:《公羊传》作"邾娄人""小邾娄人"。伐秦:此次伐秦
是晋国报复襄公十一年栎之战。案秦、晋交兵,自僖公三十三年崤
之役开始,经历六十八年,此后《春秋》再不书晋、秦交兵。

【译文】

夏四月,叔孙豹会同晋国荀偃、齐国人、宋国人、卫国北宫括、郑国公
孙虿、曹国人、莒国人、邾国人、滕国人、薛国人、杞国人及小邾国人联合
进攻秦国。

【左传】夏,诸侯之大夫从晋侯伐秦,以报栎之役也①。
晋侯待于竟②,使六卿帅诸侯之师以进。及泾,不济③。叔
向见叔孙穆子④,穆子赋《匏有苦叶》,叔向退而具舟⑤。鲁
人、莒人先济。郑子蟜见卫北宫懿子曰⑥:"与人而不固⑦,
取恶莫甚焉! 若社稷何?"懿子说。二子见诸侯之师而劝
之济⑧,济泾而次。秦人毒泾上流,师人多死⑨。郑司马子
蟜帅郑师以进,师皆从之⑩,至于棫林,不获成焉⑪。荀偃令
曰:"鸡鸣而驾,塞井夷灶,唯余马首是瞻⑫!"栾黡曰:"晋国
之命,未是有也。余马首欲东⑬。"乃归,下军从之⑭。左史
谓魏庄子曰⑮:"不待中行伯乎⑯?"庄子曰:"夫子命从帅⑰。
栾伯,吾帅也⑱,吾将从之。从帅,所以待夫子也。"伯游曰:
"吾令实过,悔之何及,多遗秦禽⑲。"乃命大还⑳。晋人谓之
迁延之役㉑。

【注释】

①以报栎之役也：栎之役在襄公十一年。

②竟：通"境"。

③及泾，不济：诸侯之师不肯渡泾。泾，河水名，有南、北二源，会合后经今陕西彬州、泾阳、高陵流入渭河。杨伯峻认为，这里的泾水济渡处当在泾阳南。

④叔向见叔孙穆子：叔向即叔肸（xī），叔孙穆子是鲁国的叔孙豹。

⑤穆子赋《匏（páo）有苦叶》，叔向退而具舟：此诗里有"匏有苦叶，济有深涉。深则厉，浅则揭"等句，叔孙穆子赋此诗，是表示愿意渡泾水，叔向会意，于是回去准备船只。《匏有苦叶》是《诗经·邶风》中的篇名。

⑥北宫懿（yì）子：即北宫括。

⑦与人而不固：亲附别人而不坚定。

⑧二子见诸侯之师而劝之济：鲁、莒已先渡河，于是劝诸侯各国也渡河。诸侯之师，指齐、宋、曹、邾、滕、薛、杞及小邾等国。二子，指郑子蟜和卫北宫括。

⑨秦人毒泾上流，师人多死：秦军在泾水上流放毒，晋兵饮用了毒水，死了很多。

⑩郑司马子蟜（jiǎo）帅郑师以进，师皆从之：案杨伯峻指出，襄公十九年子蟜去世，晋悼公向周王请求赐子蟜以大路行葬之礼，就是因为他的这次行动。

⑪至于棫（yù）林，不获成焉：棫林，秦地名，在泾水西南。不获成，秦不肯屈服求和。

⑫"鸡鸣而驾"三句：荀偃要大家听从自己指挥，准备明早决战。塞井夷灶是为了便于布阵。

⑬余马首欲东：栾黡不服气，想要回师。因为秦军在西，所以"欲东"就是撤兵回国。

⑭下军从之：栾黡是下军帅。

⑮左史：官名。杨伯峻指出，这里的左史是随军记述之官。魏庄子：
即魏绛。

⑯不待中行伯乎：中行伯即荀偃，他作为中军帅还没有下达退兵的
命令。

⑰夫子命从帅：夫子指荀偃。

⑱栾伯，吾帅也：魏绛是下军佐，故云。

⑲多遗秦禽：只会留下人马让秦军来俘获。多，只，适。

⑳大还：全军撤退。

㉑迁延之役：因为拖拉而贻误战机。这里指起初诸侯军队不肯渡泾
水，鲁渡河后才在郑、卫的劝说下渡河，之后郑国军队前进了他们
才跟着进兵，到了棫林，又因将帅不和而大撤退。

【译文】

夏，诸侯各国大夫跟从晋悼公去讨伐秦国，以报复栎地的战役。晋
悼公在边境等候，派六卿率领诸侯军队进军。到达泾水，诸侯军队都不
愿意渡河。叔向进见叔孙穆子，穆子赋《匏有苦叶》一诗，叔向回去就备
办船只。鲁国、莒国人马先行渡河了。郑国子蟜去见卫国的北宫懿子，
说道："亲附别人却三心二意，没有比这更让人讨厌的了！又如何向国家
交代？"北宫懿子赞同他的话。二人去见诸侯的军队，劝他们渡河，于是
都渡过泾水并驻扎下来。秦军在泾水上流放毒，诸侯军队的士兵死了很
多。郑司马子蟜率领郑国军队前进，各国的军队也就都跟上来，便到达
棫林，而秦国仍不肯服输求和。荀偃下令："鸡叫就出兵，填塞水井、铲平
炉灶，只看我的马朝哪个方向就前进！"栾黡说："晋国从来没有过这样
的命令。我可要撤兵回国。"便往回走，下军也都跟随他回去。左史对魏
绛说："不等荀偃了吗？"魏绛说："正是他命令我们要跟从主帅。栾黡是
我的主帅，我要跟从他。跟从主帅就是尊重荀偃他老人家。"荀偃说："我
的命令确实错了，现在悔不当初，多留下军队只会让秦军俘虏。"于是命

令全部撤军。晋国人把这次军事行动称为"迁延之役"。

栾铖曰^①："此役也，报栎之败也。役又无功，晋之耻也。吾有二位于戎路^②，敢不耻乎？"与士鞅驰秦师^③，死焉。士鞅反。栾黡谓士匄曰："余弟不欲往，而子召之。余弟死，而子来，是而子杀余之弟也^④。弗逐，余亦将杀之。"士鞅奔秦^⑤。

【注释】

①栾铖：栾黡的弟弟。这时担任戎右。

②二位：指栾黡、栾铖兄弟俩。戎路：将帅所乘兵车。路，即辂。

③士鞅：士匄的儿子。

④"余弟不欲往"五句：栾黡认为栾铖是受士鞅的怂恿才战死的，所以责怪士鞅。而子，你的儿子。而，你，你的。

⑤士鞅奔秦：案从此栾、范两家结怨。

【译文】

栾铖说："这次战役，是为了报复在栎地的失败。结果却无功而返，这是晋国的耻辱。我们家有两人这次出任将帅，能不感到耻辱吗？"便和士鞅一起冲进秦军，结果战死。士鞅跑了回来。栾黡对士匄说："我弟弟本不想去，都是你儿子叫他去的。结果我弟弟死了，你的儿子却活着回来，是你儿子杀了我的弟弟。你不把他赶走，我就要杀了他。"士鞅就逃往秦国。

于是，齐崔杼、宋华阅、仲江会伐秦^①。不书，惰也^②。向之会亦如之。卫北宫括不书于向，书于伐秦，摄也^③。

【注释】

①仲江:宋国公孙师之子。

②不书,惰也:这是解释齐崔杼、宋华阅、仲江三人都参加讨秦,而经
　文之所以只记作齐人、宋人而不记三人的名字,是因为他们临事
　怠慢。

③"卫北宫括不书于向"三句:这次记下北宫括的名字,是由于他积极
　参与了讨秦战斗。摄,杨伯峻认为,这里作整顿或佐助讲均可通。

【译文】

这时齐国崔杼、宋国华阅、仲江合兵攻秦。《春秋》不记载其名,是由
于他们临事怠慢。向地相会的情形也是这样。卫国北宫括在向之会的
记载中没有留下姓名,可在这次伐秦有记载,是因为他这次积极参与了
战斗。

秦伯问于士鞅曰:"晋大夫其谁先亡?"对曰:"其栾氏
乎?"秦伯曰:"以其汰乎?"对曰:"然。栾黡汰虐已甚,犹
可以免①,其在盈乎②!"秦伯曰:"何故?"对曰:"武子之德
在民,如周人之思召公焉,爱其甘棠,况其子乎③? 栾黡死,
盈之善未能及人,武子所施没矣④,而黡之怨实章,将于是乎
在⑤。"秦伯以为知言⑥,为之请于晋而复之。

【注释】

①犹:如果。

②盈:栾盈,栾黡之子。

③"武子之德在民"四句:因为栾武子有德,人们会像周人作《甘
　棠》怀念召公一样思念他,何况他的儿子呢。武子,即栾书,栾黡
　的父亲。甘棠,传说召公奭在甘棠树下听讼断狱,周人思念他而

作《甘棠》之诗,见《诗经·召南》。

④盈之善未能及人,武子所施没矣:栾盈的善行没有施及别人,栾书的恩泽也消失了。

⑤而厉之怨实章,将于是乎在:人们怨恨栾厉,其亡将在于此。这是为襄公二十三年栾氏被灭伏笔。章,明显。

⑥知言:有见识的话。知,同“智”。

【译文】

秦景公向士鞅打听:“晋国大夫中谁会先灭亡?”回答说:“可能是栾氏吧?”秦景公说:“是因为他骄横吗?”回答说:“是的。栾厉太过骄横暴虐,如果他可以免于灾祸,这灾祸大概要落到栾盈的头上吧!”秦景公问:“这是什么缘故呢?”回答说:“栾武子对人民有恩德,正如周民众思念召公那样,因爱其人而施及甘棠树,更何况他的儿子呢? 但栾厉死后,栾盈的善行未能施及别人,栾武子所施的恩惠人们又已淡忘,而人们对栾厉的怨恨却越来越大,因而将会在栾盈这里爆发。”秦景公认为这是有见地的话,便为他向晋国求情,使他回国复位。

【经】己未①**,卫侯出奔齐**②**。**

【注释】

①己未:二十六日。

②卫侯出奔齐:卫侯衎实为甯殖与孙林父所逐(详见襄公二十七年“卫杀其大夫甯喜。卫侯之弟鱄出奔晋”条),然而以臣逐君,干犯名义,故以国君出奔为文。又案时月日例,大国之君出奔当书月,此处书日者,起此实为以臣逐君。卫侯,《公羊传》作“卫侯衎(kàn)”。

【译文】

二十六日,卫献公出奔齐国。

【左传】卫献公戒孙文子、宁惠子食①,皆服而朝②。日
旰不召③,而射鸿于囿。二子从之④,不释皮冠而与之言⑤。
二子怒。孙文子如戚,孙蒯入使⑥。公饮之酒,使大师歌
《巧言》之卒章⑦。大师辞⑧,师曹请为之⑨。初,公有嬖妾,
使师曹诲之琴,师曹鞭之。公怒,鞭师曹三百。故师曹欲歌
之,以怒孙子,以报公⑩。公使歌之,遂诵之⑪。蒯惧,告文
子。文子曰:“君忌我矣,弗先,必死⑫。”并帑于戚而入⑬,
见蘧伯玉⑭,曰:“君之暴虐,子所知也。大惧社稷之倾覆,
将若之何?”对曰:“君制其国,臣敢奸之⑮? 虽奸之,庸知愈
乎⑯?”遂行,从近关出⑰。

【注释】

①卫献公戒孙文子、宁惠子食:约请孙林父、宁惠子吃饭。戒……
食,约请吃饭。孙文子,即孙林父。宁惠子,即宁殖。

②皆服而朝:都穿朝服在朝堂等着。

③日旰(gàn):天晚。

④二子从之:二人跟到园林里。

⑤不释皮冠而与之言:君见臣,臣穿朝服,君应脱去皮帽。卫献公不
脱,是有意羞辱二人。

⑥孙蒯入使:孙林父恼怒地回到戚不再去上朝,而让儿子代替他。
孙蒯,孙林父之子。

⑦大师:乐官之长。大,同“太”。《巧言》之卒章:《巧言》乃《诗经·小
雅》篇名。其卒章说:“彼何人斯,居河之麋。无拳无勇,职为乱
阶。”卫献公这是借以暗指孙氏跋扈不臣,又无能耐。

⑧大师辞:太师知道这样会更加激怒孙氏,所以不愿歌唱。

⑨师曹:太师所属的乐人。

⑩"故师曹欲歌之"三句：这是插叙师曹"欲歌之"是为报复被鞭打之恨。

⑪公使歌之，遂诵之：怕孙蒯不知其意，又诵读一遍。歌，依谱歌唱。诵，诵读。杨伯峻曰，歌必依乐谱，诵仅有抑扬顿挫。

⑫"君忌我矣"三句：孙林父决定先发制人。

⑬并帑（nú）于戚而入：将家众迁入戚地，然后入都攻卫献公。帑，指妻室儿女及子弟臣仆等家众。杨伯峻指出，孙氏家众本分二处，一在采邑戚，一在卫都帝丘。这时为发动叛乱，将家众聚于戚，而后率众如帝丘。

⑭见蘧（qú）伯玉：杨伯峻认为，这是孙林父如都时偶然遇见蘧伯玉，因蘧伯玉见他率领兵众，孙氏不得不和他说。蘧伯玉，名瑗（yuàn），谥成子，蘧无咎之子。

⑮奸：冒犯。

⑯虽奸之，庸知愈乎：意思是即使废旧君、立新君，哪里能知道新君就胜过旧君呢？庸知，岂知。

⑰遂行，从近关出：蘧伯玉担心遭祸，从最近的关口出国。

【译文】

卫献公约请孙文子、宁惠子吃饭，二人都穿好朝服等在朝堂上。直到太阳快落山了卫献公还不召见，反而在苑囿里射雁。二人跟到园里，卫献公不脱下皮帽就和他们说话。二人心中大怒。孙文子回戚地去，而派孙蒯入朝。卫献公招待他喝酒，让太师歌唱《巧言》的最后一章。太师推辞了，师曹却主动请求替他唱。起初，卫献公有个宠妾，师曹被派去教她弹琴，师曹鞭打过她。卫献公发怒，打了师曹三百鞭子。所以师曹想唱这诗，用以激怒孙蒯，达到报复卫献公的目的。卫献公让他唱，他就唱了又诵读了一遍。孙蒯害怕，回去告诉了孙文子。孙文子说："国君忌恨我了，不先下手就会被他杀死。"于是孙文子把所有家属、家众都集中到戚地，然后入都，途中遇见蘧伯玉，跟他说："国君的暴虐，是你所知道的。我很担心国家会倾覆,你看该怎么办?"蘧伯玉:"君主控制着国家,臣下哪敢冒犯?即使冒犯他而另立新君,又怎么知道就一定比原来的强呢?"蘧伯玉就离开国都,从最近的边关出境。

公使子蟜、子伯、子皮与孙子盟于丘宫①,孙子皆杀之。四月己未②,子展奔齐③。公如鄄④,使子行请于孙子⑤,孙子又杀之。公出奔齐,孙氏追之,败公徒于河泽⑥。鄄人执之⑦。

【注释】

①公使子蟜、子伯、子皮与孙子盟于丘宫:孙氏之兵已迫临公宫,卫献公害怕了,派三人向孙林父求和。子蟜、子伯、子皮,三人是卫国群公子。丘宫,在卫都内。

②己未:二十六日。

③子展奔齐:卫献公打算奔齐,子展为之先行。子展,卫献公弟。

④鄄(juàn):卫地名,在今山东鄄城。

⑤使子行请于孙子:卫献公再次派人去求和。子行,卫国群公子。

⑥河泽:古地名,今山东聊城。

⑦鄄人执之:逮住卫献公的败兵。

【译文】

卫献公派子蟜、子伯、子皮和孙文子在丘宫订立盟约,结果孙文子把三人都杀死。四月二十六日,子展出逃到齐国。卫献公到鄄地,派子行去向孙文子求和,孙文子又把他杀了。卫献公逃往齐国,孙文子追赶他,在河泽将其亲兵打败。鄄地人则把这些败兵都抓了起来。

初,尹公佗学射于庚公差,庚公差学射于公孙丁。二子追公①,公孙丁御公。子鱼曰②:"射为背师,不射为戮,射为礼乎③?"射两軥而还④。尹公佗曰:"子为师,我则远矣⑤。"乃反之⑥。公孙丁授公辔而射之,贯臂⑦。

【注释】

①二子:尹公佗和庾公差。

②子鱼:庾公差的字。

③"射为背师"三句:射是违背师恩,不射又将被杀,而射更合于礼。

④軥(qú):车轭下边夹马颈的曲木。

⑤子为师,我则远矣:你因为公孙丁是师傅而不射中,对于我,他只是我的师祖,关系较疏远。

⑥乃反之:回车再追卫献公。

⑦贯臂:公孙丁一箭射穿尹公佗的手臂,卫献公得以逃脱。

【译文】

当初,尹公佗向庾公差学射箭,庾公差向公孙丁学射箭。尹公佗和庾公差追赶卫献公,而公孙丁为卫献公驾车。庾公差说:"射是背叛师傅,不射又要被杀,以一种礼仪性的方式来射吧。"于是发箭射中车軥而回。尹公佗说:"你为了师傅而故意不射中,我和公孙丁的关系就又远了一层。"于是回车再追。公孙丁把缰绳交给卫献公后便向尹公佗射箭,一箭射穿他的手臂。

子鲜从公①,及竟,公使祝宗告亡,且告无罪②。定姜曰③:"无神,何告?若有,不可诬也④。有罪,若何告无?舍大臣而与小臣谋,一罪也。先君有冢卿以为师保⑤,而蔑之⑥,二罪也。余以巾栉事先君⑦,而暴妾使余⑧,三罪也。告亡而已,无告无罪⑨。"

【注释】

①子鲜：卫献公同母弟。

②公使祝宗告亡，且告无罪：让祝宗将自己出奔之事告于宗庙，且声明自己无罪。祝宗，古代主持祭祀祈祷者。

③定姜：卫定公嫡夫人，卫献公嫡母。

④诬：欺骗。

⑤有冢卿以为师保：为卿佐即为其师保。冢卿，六卿中掌治国政的人。这里指孙林父、甯殖。师保，古代担任教导贵族子弟职务的官。

⑥蔑：轻视，鄙视。

⑦余以巾栉（zhì）事先君：意谓自己是先君的嫡夫人。巾栉，手巾梳子。

⑧暴妾使余：定姜非卫献公生母，卫献公待她暴虐无礼，如同对待婢妾。

⑨无告：不要。

【译文】

子鲜跟从卫献公。到了边境，卫献公派祝宗向祖宗神灵报告逃亡，同时告称自己无罪。定姜说："如果没有神灵，报告什么？如果有，就不能欺骗。明明有罪，为何说没有？抛开大臣而与小臣商议，这是第一宗罪。先君有正卿为你做师保，你却蔑视他们，这是第二宗罪。我是先君的妻子，你对我却像对婢妾一样凶暴，这是第三罪宗。你就报告逃亡罢了，不要说自己无罪。"

公使厚成叔吊于卫①，曰："寡君使瘠，闻君不抚社稷②，而越在他竟③，若之何不吊？以同盟之故，使瘠敢私于执事④，曰：'有君不吊，有臣不敏，君不赦宥，臣亦不帅职⑤，增淫发泄，其若之何⑥？'"卫人使大叔仪对⑦，曰："群臣不佞⑧，得罪于寡君。寡君不以即刑^⑨，而悼弃之^⑩，以为君忧。君不忘先君之好，辱吊群臣^⑪，又重恤之^⑫。敢拜君命之辱，重拜大贶^⑬。"厚孙归，复命，语臧武仲曰："卫君其必归乎^⑭！有大叔仪以守^⑮，有母弟鱄以出^⑯。或抚其内，或营其外，能无归乎！"

【注释】

①厚成叔：鲁国大夫，名瘠。

②不抚社稷：指失去君位。抚，有。

③越：流亡。

④执事：卫国的各位大夫。

⑤"有君不吊"四句：这里厚成叔对卫献公和孙林父都加以批评。不吊，不善。不敏，不明达。

⑥增淫发泄，其若之何：成公十四年卫献公初立，孙氏闻定姜对卫献公的评论即将私家宝器移于戚，卫献公因与孙氏有嫌隙，至此时间积久，终于大发作而驱逐卫献公。增淫，积久。

⑦大叔仪：卫国大夫，谥文子。大，同"太"。

⑧不佞（nìng）：不才。

⑨不以即刑：不处罚群臣。

⑩而悼弃之：卫献公弃臣逃亡。悼，逃。

⑪辱吊群臣：慰问群臣失君。

⑫又重恤之：又哀怜群臣不明达，未尽职。

⑬敢拜君命之辱，重拜大贶（kuàng）：一谢吊失君，又谢哀怜群臣。贶，赠，赐。

⑭卫君其必归乎：预言卫献公将重回卫国。

⑮有大叔仪以守：有大叔仪留守国内。

⑯有母弟鲔（tuán）以出：有子鲜跟从卫献公出亡。鲔，即子鲜。

【译文】

鲁襄公派厚成叔到卫国慰问说："我们国君派我来，是因为听说你们国君失去君位，逃亡到国外去了，怎么能不来慰问呢？由于是同盟的关系，派我私下对各位说：'国君不明智，臣子不敏达，国君不肯宽恕臣子，臣子又不尽职，时间久了而发作，又应该怎么办？'"卫国派太叔仪回应道："群臣不才，得罪了自己的国君。国君不处罚群臣，而是远远地抛弃了臣子，给贵国国君带来了忧患。贵国君主不忘与先君的友好，承蒙您前来慰问敝国群臣，又加怜悯。谨此拜谢贵君主的好意，并拜谢对敝国群臣的哀怜。"厚成叔回国复命，对臧武仲说："卫献公应该能够回国吧！有太叔仪留守国内，又有同母弟子鲜一起出亡。这样，有人安抚国内，有人在国外经营事务，能回不去吗！"

齐人以邽寄卫侯①。及其复也②，以邽粮归③。

【注释】

①邽（lái）：即莱国，襄公七年为齐所灭。寄：寓居。

②及其复也：卫献公回国在十二年以后，这里提前叙述。

③以邽粮归：卫献公临回国时，把邽地的粮食席卷而归，可见其贪婪。

【译文】

齐国安排卫献公住在邽地。到他复位回国的时候，把邽地的粮食载运回国。

右宰毂从而逃归①，卫人将杀之。辞曰："余不说初矣②，余狐裘而羔袖③。"乃赦之。

【注释】

①右宰穀（gǔ）：卫国大夫。

②余不说初矣：意思是当初跟随卫献公出逃并非乐意。说，同"悦"。

③余狐裘而羔袖：意思是我一身皆善，唯有跟从国君出走这点小恶。

狐裘，贵重，比喻善。羔，比喻恶。

【译文】

右宰穀随从卫献公出奔又逃回卫国，卫国人要杀他。右宰穀辩解道："我当初并不是心甘情愿走的，我只是有小过错而已。"卫国便宽赦了他。

卫人立公孙剽①，孙林父、甯殖相之，以听命于诸侯②。

【注释】

①公孙剽（piào）：卫殇公，卫穆公之孙。

②听命于诸侯：孙、甯辅佐卫殇公，听取诸侯的命令。命，杜预注曰："听盟会之命。"

【译文】

卫国立公孙剽为君，孙林父、甯殖辅佐，以听取诸侯的命令。

卫侯在郲，臧纥如齐①，唁卫侯②。卫侯与之言，虐③。退而告其人曰："卫侯其不得入矣④！其言粪土也⑤，亡而不变，何以复国？"子展、子鲜闻之，见臧纥，与之言，道⑥。臧孙说⑦，谓其人曰："卫君必入。夫二子者，或輓之，或推之⑧，欲无入，得乎⑨？"

【注释】

①臧纥:鲁国臧武仲名。

②唁:慰问生者。

③虐:态度粗暴。

④其:大概。

⑤粪土:比喻其"虐"。

⑥道:顺。子展、子鲜说话通情达理。

⑦臧孙:即臧纥。

⑧或辖(wǎn)之,或推之:这里以推车作比喻,指子展、子鲜善于辅佐卫献公。辖,在前拉车。

⑨欲无入,得乎:这里为襄公二十六年卫献公回国伏笔。

【译文】

卫献公在郲地,臧纥到齐国来慰问他。卫献公和他交谈,态度粗暴。臧纥出来以后对手下人说:"卫国国君大概不可能回国了!他的话就如同粪土,逃亡在外却不悔改,怎么能回国复位?"子展、子鲜听说了,进见臧纥,与他交谈,很通情达理。臧纥很高兴,对手下说:"卫国国君一定能回国。这二人一个推一个拉,怎能不回国呢?"

*【左传】师归自伐秦①,晋侯舍新军②,礼也。成国不过半天子之军③。周为六军,诸侯之大者,三军可也④。于是知朔生盈而死⑤,盈生六年而武子卒⑥,嬴裘亦幼⑦,皆未可立也。新军无帅,故舍之⑧。

【注释】

①师归自伐秦:伐秦的诸侯之师回国。

②舍:废除。这里指晋国撤销新军。

③成国:大国。

④诸侯之大者,三军可也:古代诸侯大国三军,次国二军,小国一军。晋为大国,三军合于礼制。

⑤知朔:知罃长子。

⑥武子:知罃。

⑦彘(zhì)裘:士鲂之子。

⑧新军无帅,故舍之:知氏、士氏都是晋国的强宗,无人继承卿位,是撤新军的原因。

【译文】

军队攻打秦国归来,晋悼公裁掉新军,这是合于礼的。大国的军队不超过周王军队的一半。周是六军,诸侯中的大国,三军就可以了。当时知朔生了知盈就去世了,知盈出生六年知罃去世,彘裘也还年幼,都不能做继承人。新军没有主帅,所以把它撤销了。

*【左传】师旷侍于晋侯①。晋侯曰:"卫人出其君,不亦甚乎?"对曰:"或者其君实甚②。良君将赏善而刑淫③,养民如子,盖之如天,容之如地④。民奉其君,爱之如父母,仰之如日月,敬之如神明,畏之如雷霆,其可出乎⑤?夫君,神之主而民之望也⑥。若困民之主⑦,匮神乏祀⑧,百姓绝望,社稷无主,将安用之⑨?弗去何为?天生民而立之君,使司牧之⑩,勿使失性。有君而为之贰⑪,使师保之,勿使过度⑫。是故天子有公,诸侯有卿,卿置侧室,大夫有贰宗,士有朋友⑬,庶人、工、商、皂、隶、牧、圉皆有亲昵⑭,以相辅佐也。善则赏之⑮,过则匡之⑯,患则救之,失则革之⑰。自王以下,各有父兄子弟以补察其政⑱。史为书⑲,瞽为诗⑳,工诵箴谏㉑,大夫规诲㉒,士传言㉓,庶人谤㉔,商旅于市㉕,百工

献艺㉖。故《夏书》曰㉗：'遒人以木铎徇于路㉘，官师相规㉙，工执艺事以谏。'正月孟春，于是乎有之，谏失常也㉚。天之爱民甚矣，岂其使一人肆于民上㉛，以从其淫㉜，而弃天地之性？必不然矣㉝。"

【注释】

①师旷：晋国乐师子野。

②其君实甚：卫献公过分。

③刑淫：责罚邪恶。

④盖之如天，容之如地：覆盖百姓如天之高大，容载百姓如地之宽厚。

⑤其：同"岂"。

⑥夫君，神之主而民之望也：国君主持祭祀，是百姓的希望。

⑦若困民之主：使百姓财货匮乏。主，应为"生"，形近而误。

⑧匮（kuì）神乏祀：鬼神失去祭祀。匮，缺乏。

⑨将安用之：如果国君如此，则不必有君。

⑩司牧：管理牧养，即统治。

⑪贰：卿佐。

⑫使师保之，勿使过度：上天又设立卿佐师保去辅佐国君，使他不超越法度。

⑬"是故天子有公"五句：公、卿、侧室、贰宗、朋友各为天子、诸侯、卿、大夫、士之辅佐。朋友，或指同宗，或指同师门。

⑭皂、隶：官府奴隶。牧：养牛的奴隶。圉（yǔ）：养马的奴隶。亲昵（nì）：亲近之人。

⑮赏：宣扬。

⑯匡：纠正。

⑰革：更改。

⑱补察其政：观察并补救政令得失。

⑲史为书：太史记录国君言行。

⑳瞽（gǔ）为诗：瞽用诗讽谏。古代以瞽者为乐官，因此指乐师。瞽，眼瞎。

㉑工：乐工。箴谏：规劝匡正的话。

㉒规诲：规谏教导。

㉓士传言：士人通过大夫传达他们的意见。

㉔谤：议论，指责。

㉕商旅于市：商旅在市中议论。商、旅，同义词连用。

㉖百工献艺：百工各就其事提出意见。百工，各种工匠。

㉗《夏书》：这是逸书，《古文尚书》羼入今《胤征》篇。

㉘遒（qiú）人以木铎（duó）徇（xùn）于路：遒人摇着木铎在大路上巡行宣令。遒人，地方宣令之官。木铎，木舌的铜铃。

㉙官师相规：官师自相规劝。官师，大夫。

㉚"正月孟春"三句：平常有谏官，待孟春之月才有遒人巡路之事，在下者可趁此机会进谏。谏失常，恐人君失常度而谏。

㉛肆：任意胡为。

㉜从：同"纵"。

㉝必不然矣：案本段中师旷认为"民为邦本"，卫人出君，过分的是君而不是卫人。

【译文】

师旷随待在晋悼公身边。晋悼公说："卫国人赶走了他们国君，不也太过分了吗？"回答说："也许是国君太过分了。好的国君会奖励善良而处罚邪恶，抚育百姓如同对待子女，覆盖他们就像天一样，容纳他们就跟地一样。人民尊奉国君，爱戴他就像爱戴父母，景仰他如同景仰日月，敬重他如同敬重神明，畏惧他就像畏惧雷霆，又怎么会赶走他呢？作为国君，是祭神的主持者，又是民众的希望。要是使百姓财货匮乏，神灵失去祭祀，百姓绝望，国家无人主持，那还要国君何用？为什么不赶走他？

上天化育万民并为他们设立国君,是要他治理民众,不使他们失去天性。上天又设立卿佐师保去辅佐国君,不使他超越法度。因此天子有公,诸侯有卿,卿设置侧室,大夫有贰宗,士有朋友,庶人、工、商、皂、隶、牧、圉都有亲近的人,用来互相帮助。好的就表彰,不对就纠正,灾患则援救,错失就改正。从天子以下各自有父兄子弟审察补救其行事的得失。太史作记录,乐师作歌诗,乐工诵读箴谏,大夫规劝教诲,士传达意见,庶人评议,商人在市场议论,工匠呈献技艺。所以《夏书》说:'遒人摇着木铎在路上巡行,官员规劝,工匠通过技艺进行谏劝。'正月孟春时就有遒人巡行,是为了让人劝谏君主失去常规的行为。上天对民众的关爱实在是够周全了,难道会让一个人在百姓头上胡作非为,放纵其邪恶,而丢弃天地的本性?一定不会这样的。"

△【经】莒人侵我东鄙①。

【注释】

①莒人侵我东鄙:报复襄公十二年季武子进攻郓之战。

【译文】

莒国进犯我国东部边境。

【经】秋,楚公子贞帅师伐吴。

【译文】

秋,楚国公子贞率领军队攻打吴国。

【左传】秋,楚子为庸浦之役故①,子囊师于棠②,以伐吴,吴人不出而还。子囊殿,以吴为不能而弗儆。吴人自皋舟之隘要而击之③,楚人不能相救。吴人败之,获楚公子宜穀。

【注释】

①楚子为庸浦之役故:楚国去年在庸浦打败吴军。

②棠:古地名,在今江苏六合西北。

③皋舟:吴险隘之道。要(yāo):拦腰截击。

【译文】

秋,楚康王为庸浦战役的缘故,派子囊从棠地出师伐吴,吴国不出兵迎战,楚军便撤回。子囊断后,以为吴国不是对手而不加防备。吴国军队从皋舟的险隘拦腰截击楚军,楚军不能彼此相救。吴国打败楚国,俘获了楚国公子宜穀。

*【左传】王使刘定公赐齐侯命①,曰:"昔伯舅大公右我先王②,股肱周室,师保万民,世胙大师③,以表东海④。王室之不坏,繄伯舅是赖⑤。今余命女环⑥,兹率舅氏之典⑦,纂乃祖考⑧,无忝乃旧⑨。敬之哉,无废朕命!"

【注释】

①王使刘定公赐齐侯命:周灵王将娶齐女,所以先赐齐灵公荣宠。赐命,对诸侯赐以荣宠。

②伯舅:对异姓诸侯的称呼。大公:指吕尚,即姜太公。大,同"太"。右:辅佐。

③胙:酬谢。大师:大公。

④以表东海:使之在东海显扬光大。

⑤繄(yī):发语词,无实义。

⑥环:齐灵公名。

⑦兹:借为"孳",努力不懈。率:遵循。典:常法。

⑧纂:继承。祖考:指祖先。

⑨无忝(tiǎn)乃旧:无愧于祖先。忝,玷辱。

【译文】

周灵王派刘定公赐给齐灵公荣宠,说道:"往昔伯舅太公辅佐我先王,成为周室的股肱,百姓的师保,为此世代酬谢太师,让他在东海显扬光大。周王室没有颓败,全仗了伯舅。现在我命令你环,你要孜孜不倦地遵循舅氏的常规,继承你的祖先,不要玷辱他们。你要恭敬啊,不要废弃我的命令!"

【经】冬,季孙宿会晋士匄、宋华阅、卫孙林父、郑公孙虿、莒人、邾人于戚①。

【注释】

①邾人:《公羊传》作"邾娄人"。戚:孙林父的采邑,在今河南濮阳稍东北。

【译文】

冬,季孙宿与晋国士匄、宋国华阅、卫国孙林父、郑国公孙虿、莒国人、邾国人在戚地相会。

【左传】晋侯问卫故于中行献子①,对曰:"不如因而定之。卫有君矣②,伐之,未可以得志,而勤诸侯。史佚有言曰:'因重而抚之③。'仲虺有言曰④:'亡者侮之,乱者取之,推亡⑤,固存⑥,国之道也。'君其定卫以待时乎⑦!"冬,会于戚,谋定卫也⑧。

【注释】

①晋侯问卫故于中行献子：卫人逐其君，晋悼公问是否应当讨伐。故，事。中行献子，即荀偃。

②卫有君矣：已经立了卫殇公。

③重：指卫殇公已定位。

④仲虺（huǐ）：商汤左相。

⑤推亡：推翻灭亡的。

⑥固存：巩固存在的。此荀偃意之所在。

⑦待时：待卫国昏乱之时再讨伐。

⑧会于戚，谋定卫也：案孙林父也参与了此会，即所谓"以听命于诸侯"。

【译文】

晋悼公向荀偃征求对卫国的策略，回答说："不如根据现状而先安定它。卫国已有国君，讨伐它，不见得能够达到目的，反而要劳累诸侯。史佚有句话说：'在它安定的基础上安抚它。'仲虺有句话说：'已经灭亡的可以欺侮，正在动乱的可以攻取，推翻灭亡的，巩固存在的，这才是治国之道。'国君您还是安定卫国以等待时机吧！"冬，在戚地相会，是为了商议安定卫国的办法。

＊**【左传】**范宣子假羽毛于齐而弗归①，齐人始贰。

【注释】

①范宣子假羽毛于齐而弗归：此二物为齐国所有，范宣子借观之后不归还。假，借。羽，鸟羽。毛，旄牛尾。二物皆可用于舞，也可用作旗杆或仪仗装饰。

【译文】

范宣子向齐国借了鸟羽和旄牛尾而不还，于是齐国开始有二心。

*【左传】楚子囊还自伐吴①，卒。将死，遗言谓子庚②：
"必城郢③。"君子谓："子囊忠。君薨，不忘增其名④，将死，
不忘卫社稷，可不谓忠乎？忠，民之望也。《诗》曰：'行归于
周，万民所望⑤。'忠也。"

【注释】

①子囊：公子贞。

②子庚：公子午，继子囊为令尹。

③必城郢（yǐng）：城郢以备吴。

④君薨（hōng），不忘增其名：楚共王死时谥其为"共"。

⑤行归于周，万民所望：引《诗》见《诗经·小雅·都人士》的首章。
意思是德行归于忠信，即为万民所瞻仰。这里用来赞扬子囊。

【译文】

楚国子囊攻讨吴国回来，就去世了。临终时，留遗言给子庚："必须
修筑郢地城墙。"君子认为："子囊忠诚。国君去世，不忘谥他为共，自己
将死，不忘保卫国家，能不说是忠吗？忠诚是人民所希望的。《诗》说：
'德行归于忠信，即为万民所仰望。'就是说忠诚的意思。"

十五年

【经】十有五年春①，宋公使向戌来聘。二月己亥②，及
向戌盟于刘③。

【注释】

①十有五年：鲁襄公十五年当周灵王十四年，前558年。

②己亥：十一日。

③刘:鲁地名,在鲁都曲阜城外。

【译文】

鲁襄公十五年春,宋平公派向戌来我国聘问。二月十一日,和向戌在刘地结盟。

【左传】十五年春,宋向戌来聘,且寻盟①。见孟献子,尤其室②,曰:"子有令闻③,而美其室,非所望也!"对曰:"我在晋,吾兄为之,毁之重劳④,且不敢间⑤。"

【注释】

①宋向戌来聘,且寻盟:回报襄公二年叔孙豹聘问,重温襄公十一年亳之盟。

②尤其室:责备他的房子太漂亮。尤,责备。

③令闻:好名声。

④毁之重劳:要毁掉重建,反而加重劳役。

⑤且不敢间:不敢以兄之所为为非。间,非。

【译文】

鲁襄公十五年春,宋国向戌前来聘问,同时重温旧盟。进见孟献子,对孟献子的房屋不满,说:"你有好名声,但房屋却修得这么漂亮,不是人们所希望的!"孟献子回答说:"是我在晋国的时候,我哥哥造的,毁了它反而加重劳役,而且也不敢以哥哥所做为非。"

【经】刘夏逆王后于齐①。

【注释】

①刘夏:即十四年传文中的刘定公。逆:迎接。

【译文】

刘夏去齐国迎接王后。

【左传】 官师从单靖公逆王后于齐[①]。卿不行，非礼也[②]。

【注释】

①官师从单靖公逆王后于齐：经文称"刘夏逆王后"，经文、传文记载不同。官师，指周大夫刘夏。

②卿不行，非礼也：案此句经、传文有抵牾。案周朝制度，天子娶妻不亲迎，派上卿代为迎娶。据经文，刘夏不是上卿，说"非礼也"成立，而传文里的单靖公是卿，不应说"卿不行"，不存在"非礼"的问题。

【译文】

官师随从单靖公到齐国迎接王后。卿没有去，这是不符合礼的。

【公羊传】 刘夏者何[①]？天子之大夫也。刘者何？邑也[②]。其称刘何？以邑氏也。外逆女不书，此何以书？过我也[③]。

【注释】

①刘夏者何：刘为氏，夏为名。刘夏是外诸侯入为天子大夫者，依名例，当称"刘子"。此处是天子娶齐女为王后，派刘夏前去迎接。案礼制，逆王后当使三公，使大夫逆王后为非礼，故书刘夏之名。

②邑也：诸侯入为天子大夫，在王畿之内有块采邑，以所赐之采邑为氏。何休云："所谓采者，不得有其土地、人民，采取其租税尔。"

③过我也：经过鲁国。何休云："明鲁当共送迎之礼。"

【译文】

刘夏是什么人？是天子的大夫。刘是什么？是王畿之内，天子赐予刘夏的采邑。刘夏称"刘"是为何？是以采邑为氏。鲁国以外的迎接新娘,例所不书,此处为何记录？因为经过我国当有迎送之礼。

【穀梁传】过我,故志之也。

【译文】

路过我鲁国,所以记载了这件事。

*【左传】楚公子午为令尹,公子罢戎为右尹,蒍子冯为大司马①,公子橐师为右司马,公子成为左司马,屈到为莫敖②,公子追舒为箴尹③,屈荡为连尹,养由基为宫厩尹,以靖国人。

【注释】

①蒍(wěi)子冯:孙叔敖之侄。

②屈到:屈荡之子。

③追舒:楚庄王之子子南。箴尹:谏官。

【译文】

楚国公子午任令尹,公子罢戎任右尹,蒍子冯任大司马,公子橐师任右司马,公子成任左司马,屈到任莫敖,公子追舒任箴尹,屈荡任连尹,养由基任宫厩尹,以使国内民众安定。

君子谓:"楚于是乎能官人①。官人,国之急也。能官人,则民无觎心②。《诗》云:'嗟我怀人,置彼周行③。'能官人也。王及公、侯、伯、子、男、甸、采、卫大夫,各居其列,所谓周行也④。"

【注释】

①能官人：恰当地安排官职人选。

②无觎（yú）心：不存非分之想。觎，觊觎，非分之想。

③嗟我怀人，置彼周行：引《诗》见《诗经·周南·卷耳》。本意指
采卷耳的妇女把筐放在大路旁，思念远行的丈夫，这里借喻为想
念君子，任用贤人。怀，思念。周行，大路。

④"王及公、侯、伯、子、男、甸、采、卫大夫"三句：自王以下，各人都
在他应该在的行列里，即所谓"周行"。这是《左传》作者附会诗
意的解释。古代王畿外围的地方，以五百里为标准，按照距离的
远近分为五等，叫"五服"，依次为侯服、甸服、男服、采服、卫服。
这里的甸、采、卫泛指各级大夫。

【译文】

君子认为："楚国在这件事上称得上善于安排官员。任命官员，这是
国家的当务之急。能够合理任命官员，百姓就不会生出非分念头。《诗》
说：'嗟叹我所怀念的贤人，要把他们都安排在恰当的位置上。'就是说
能合理地安排官员。王和公、侯、伯、子、男、甸、采、卫各级大夫，各人都
在自己应该在的位子上，这就是所谓的'周行'了。"

*【左传】郑尉氏、司氏之乱①，其余盗在宋。郑人以子
西、伯有、子产之故②，纳赂于宋，以马四十乘，与师茷、师
慧③。三月，公孙黑为质焉④。司城子罕以堵女父、尉翩、司
齐与之，良司臣而逸之⑤，托诸季武子，武子置诸卞⑥。郑人
醢之三人也⑦。

【注释】

①郑尉氏、司氏之乱：襄公十年，尉止、司臣、侯晋、堵女父、子师仆帅

贼晨攻执政于西宫之朝,杀子驷、子国、子耳。

②郑人以子西、伯有、子产之故:子西之父子驷、伯有之父子耳、子产之父子国都被尉氏、司氏等杀。

③以马四十乘,与师茷、师慧:以此作为换回"余盗"的礼物。乘,四匹为乘,这里一共一百六十匹。师茷、师慧,二人都是乐师。

④公孙黑为质焉:公孙黑为质于宋。公孙黑,字子皙,子驷之子。

⑤司城子罕以堵女父、尉翩、司齐与之,良司臣而逸之:堵女父、尉翩、司齐及司臣都是尉氏、司氏"余盗"。宋国子罕将堵女父、尉翩、司齐交还给郑国,认为司臣有才能而放走了他。

⑥卞:鲁地名,在今山东泗水东。

⑦醢(hǎi):古代酷刑,将人剁成肉酱。之三人:指堵女父等三人。之,这。

【译文】

郑国尉氏、司氏的叛乱,其残余的叛乱者逃在宋国。郑国因为子西、伯有、子产的关系,送礼给宋国,送去一百六十匹马和乐师师茷、师慧二人。三月,公孙黑去宋国当人质。宋国的司城子罕将堵女父、尉翩、司齐三人交给郑国,觉得司臣有才而将他放走,托付给季武子,季武子把他安顿在卞地。郑国将堵女父等三人施以醢刑。

师慧过宋朝①,将私焉②。其相曰③:"朝也。"慧曰:"无人焉。"相曰:"朝也,何故无人?"慧曰:"必无人焉。若犹有人,岂其以千乘之相易淫乐之矇④?必无人焉故也⑤。"子罕闻之,固请而归之⑥。

【注释】

①朝:朝堂。

②私：小便。

③相：古代乐师都是盲人，扶乐师的人叫"相"。

④岂其以千乘之相易淫乐之矇：意思是宋国不为子产等三人杀盗，
　　而要等到给财礼之后才送回，是重淫乐而轻千乘之相。千乘之
　　相，指子产等人。淫乐，旧称"郑声淫"，当时人或称郑乐为淫乐。
　　矇，盲人，指乐师。

⑤必无人焉故也：暗指宋国没有明哲的人。

⑥固请而归之：向宋平公坚请送回师慧等。

【译文】

　　师慧经过宋国朝堂，要小便。扶持他的相说："这是朝堂。"师慧说：
"并没有人啊。"相说："朝堂怎么会没有人啊？"师慧说："肯定没有人。
如果有人，难道会轻千乘之国的国相而重演唱淫乐的盲人？一定没有
人。"子罕听说之后，坚决向宋平公请求把师慧等送回郑国。

【经】夏，齐侯伐我北鄙①，围成②。公救成，至遇③。

【注释】

①齐侯：指齐灵公姜环。

②成：鲁地名，在今山东宁阳。也作"郕"。案《春秋》之例，伐而言
　　"围"，是外国夺取鲁国城邑的文辞。

③遇：鲁地名，在山东曲阜和宁阳之间。

【译文】

　　夏，齐灵公攻打我国北部边境，包围了成地。鲁襄公救援成地，到
达遇。

【公羊传】其言至遇何？不敢进也①。

【注释】

①不敢进也：齐侯夺取成邑，鲁襄公率兵救援，因实力悬殊，故行至
　遇地，不敢进兵。《春秋》以鲁襄公重民命，量力不责，故书"至
　遇"。若是谴责鲁襄公，当书"次于遇"，讥刺救援迟缓。

【译文】

经言"至遇"是为何？因为实力悬殊，公不敢进兵。

【经】季孙宿、叔孙豹帅师城成郛①。

【注释】

①季孙宿、叔孙豹帅师城成郛：郛，郭也，外城。孔广森以为，齐国已经
　夺取了成邑，此处季孙宿、叔孙豹能修筑成邑之郭，则已夺回成邑。

【译文】

季孙宿、叔孙豹率领军队修筑成地外城。

【左传】夏，齐侯围成，贰于晋故也①。于是乎城成郛②。

【注释】

①齐侯围成，贰于晋故也：齐国因上年范宣子借羽旄不还而怨晋，于
　是侵犯同盟的鲁国。李廉曰："自鞌战之后，齐兵不至鲁者三十余
　年，则以畏晋之故也。于是再见晋悼衰矣。"
②于是乎城成郛：因此筑成地的外城。

【译文】

夏，齐灵公包围成地，是因为叛离晋国的缘故。正是在这样的情况
下修筑成的外城。

△**【经】**秋八月丁巳，日有食之①。

【注释】

①八月丁巳,日有食之:此为前558年5月31日之日偏食。八月丁

巳,八月无丁巳,应为七月初一。

【译文】

秋七月初一,发生日食。

【经】邾人伐我南鄙①。

【注释】

①邾人:《公羊传》作"邾娄人"。

【译文】

邾国攻打我国南部边境。

【左传】秋,邾人伐我南鄙①。使告于晋,晋将为会以讨
邾、莒②。晋侯有疾,乃止。

【注释】

①邾人伐我南鄙:邾人也对晋国怀有二心,故伐鲁。

②晋将为会以讨邾、莒:襄公十二、十四年莒人侵鲁,晋都没有加以

讨伐,这次打算一同讨莒。

【译文】

秋,邾国侵犯我国南部边境。我国派人向晋国报告,晋国准备举行
会盟来讨伐邾、莒二国。由于晋悼公生病,事情便搁置下来了。

【经】冬十有一月癸亥①,晋侯周卒②。

【注释】

①癸亥：初九。

②晋侯周卒：晋侯周，晋悼公，姓姬，名周。晋悼公在位十六年，年仅
　三十岁。顾栋高曰："晋悼在位凡十六年，内靖国难，外雄诸侯，
　能不战以屈楚，怀柔以服郑，使仇国之大夫如子囊者，亦曰晋不可
　敌，事之而后可，几于王者之中心悦而诚服。盖功烈如桓、文，而
　德量过之。……至其晚年，容孙林父之奸，反为之合诸侯，以助其
　声势，则为贼臣荀偃所误，悼公不得辞其责矣。"

【译文】

冬十一月初九，晋悼公姬周去世。

【左传】冬，晋悼公卒，遂不克会①。

【注释】

①晋悼公卒，遂不克会：由于晋悼公去世，未能会合诸侯。

【译文】

冬，晋悼公去世，于是没能举行会盟。

***【左传】**郑公孙夏如晋奔丧①，子蟜送葬。

【注释】

①公孙夏：子西。郑卿。

【译文】

郑国公孙夏到晋国吊丧，又派子蟜前往送葬。

***【左传】**宋人或得玉，献诸子罕。子罕弗受。献玉者曰：
"以示玉人①，玉人以为宝也，故敢献之。"子罕曰："我以不贪

为宝,尔以玉为宝,若以与我,皆丧宝也。不若人有其宝^②。"稽首而告曰:"小人怀璧,不可以越乡^③。纳此以请死也^④。"子罕置诸其里^⑤,使玉人为之攻之^⑥,富而后使复其所^⑦。

【注释】

①玉人:治玉的工匠。

②不若人有其宝:不献不纳,二人各有其宝。

③小人怀璧,不可以越乡:越乡必被盗贼所害。意谓地位低下的人藏有宝物一定会遇害。

④请死:请求免于一死。

⑤子罕置诸其里:子罕把献玉者安置在自己居住的里巷。

⑥攻:治理。

⑦富而后使复其所:将玉卖掉,使献玉人富有并让他回归乡里。

【译文】

宋国有人得到一块玉石,把它献给子罕。子罕不接受。献玉的人说:"我把玉拿给玉工看过,玉工认为是块宝玉,所以才敢献给您。"子罕说:"我把不贪婪视为宝,你把玉视为宝,如果把玉给了我,你我就都丧失了宝物。不如各人保有各人的宝物吧。"献玉人叩头禀告说:"小人怀藏玉璧,不可能走出所住乡里。请让我把它献纳给您以免一死。"子罕就把献玉人安置在自己居住的里巷,让玉工加工宝玉,将玉卖出,使献玉人富有以后让他回家去了。

　*【左传】十二月,郑人夺堵狗之妻,而归诸范氏^①。

【注释】

①郑人夺堵狗之妻,而归诸范氏:堵狗是堵女父族人,娶晋国范氏女

为妻。郑国杀了堵女父,怕堵狗依靠范氏作乱,所以先夺走其妻送回给范氏,以绝其援。

【译文】

十二月,郑国人抢堵狗的妻子,让她回到范氏娘家去。

十六年

【经】十有六年春王正月①**,葬晋悼公。**

【注释】

①十有六年:鲁襄公十六年当周灵王十五年,前557年。

【译文】

鲁襄公十六年春周历正月,安葬晋悼公。

【左传】十六年春,葬晋悼公。

【译文】

鲁襄公十六年春天,安葬晋悼公。

【经】三月,公会晋侯、宋公、卫侯、郑伯、曹伯、莒子、邾子、薛伯、杞伯、小邾子于溴梁①**。戊寅**②**,大夫盟。**

【注释】

①公会晋侯、宋公、卫侯、郑伯、曹伯、莒子、邾子、薛伯、杞伯、小邾子于溴(jú)梁:此会齐侯不来,派高厚参加,高厚逃归,所以不记齐国。邾子、小邾子,《公羊传》作"邾娄子""小邾娄子"。溴梁,溴

水的堤梁。溟水在今河南西北部,源出济源,东南流入黄河。溟
梁在济源西。

②戊寅:二十六日。

【译文】

三月,鲁襄公和晋平公、宋平公、卫殇公、郑简公、曹成公、莒犁比公、
邾宣公、薛伯、杞孝公、小邾穆公在溟梁相会。二十六日,诸侯大夫们结盟。

【左传】平公即位①,羊舌肸为傅②,张君臣为中军司马③,
祁奚、韩襄、栾盈、士鞅为公族大夫④,虞丘书为乘马御⑤。改
服、修官⑥,烝于曲沃⑦。警守而下⑧,会于溟梁。命归侵田⑨。

【注释】

①平公:晋悼公之子彪。

②羊舌肸(xī):即叔向。傅:晋平公太傅。《国语·晋语七》叙晋悼
　公以叔向熟悉《春秋》,乃召叔向使傅太子彪。今彪嗣为晋君,故
　以之为太傅。

③张君臣:即成公十八年传文中的张老之子。

④韩襄:韩厥之孙,韩无忌之子。

⑤乘马御:晋国官名。

⑥改服:脱丧服,穿吉服。修官:选贤能。

⑦烝于曲沃:在曲沃晋国祖庙举行冬祭。烝,冬祭。

⑧警守:在国都布置守备。下:沿黄河而下。

⑨命归侵田:命诸侯皆退回侵占的别国田地。

【译文】

晋平公即位,羊舌肸为太傅,张君臣为中军司马,祁奚、韩襄、栾盈、
士鞅为公族大夫,虞丘书为乘马御。换上吉服,选贤任能,在曲沃举行烝
祭。在国都布置守备后就顺黄河而下,在溟梁与诸侯相会。命令诸侯归

还所侵占的别国田地。

晋侯与诸侯宴于温^①，使诸大夫舞，曰："歌诗必类^②！"齐高厚之诗不类。荀偃怒，且曰："诸侯有异志矣^③！"使诸大夫盟高厚，高厚逃归。于是，叔孙豹、晋荀偃、宋向戌、卫甯殖、郑公孙虿、小邾之大夫盟，曰："同讨不庭^④。"

【注释】

①温：在今河南温县西南，溴水边。

②必类：唱的诗要和舞蹈相配，并能表达自己的思想。案古人舞时必唱诗。

③诸侯有异志矣：荀偃怒高厚公然违反晋平公之命，并且从其诗知道齐有二心。

④不庭：指不忠于盟主晋国者。

【译文】

晋平公和诸侯在温地宴饮，让大夫们起舞，说："所唱的诗必须和舞蹈相配！"齐国高厚所唱的诗不相配。荀偃发怒，并说："诸侯有叛离的念头了！"叫大夫们和高厚订立盟约，高厚逃回国去。当时，叔孙豹、晋国荀偃、宋国向戌、卫国甯殖、郑国公孙虿和小邾国的大夫订立盟约，说："共同讨伐不顺从的国家。"

【公羊传】诸侯皆在是，其言大夫盟何？信在大夫也^①。何言乎信在大夫？遍刺天下之大夫也。曷为遍刺天下之大夫？君若赘旒然^②。

【注释】

①信在大夫也：信用在大夫，即盟约之定否，全在大夫。

②赘旒（lú）：赘，系属之辞。旒，旌旗边缘之饰物。赘旒，比喻大夫
　专权，国君如系属于旌旗边缘的饰物一般。

【译文】

诸侯都在，经言"大夫盟"是为何？是否定盟取决于大夫。取决于
大夫是为何？普遍讥刺天下的大夫。为何普遍讥刺天下的大夫？大夫
专政，国君就像赘旒一样。

【穀梁传】溴梁之会，诸侯失正矣。诸侯会，而曰大夫
盟，正在大夫也。诸侯在，而不曰诸侯之大夫，大夫不臣也。

【译文】

溴梁之会，诸侯失去政权了。诸侯会面，却说大夫缔结盟约，表明政
权在大夫手里。诸侯在场，却不说诸侯的大夫，表明大夫不行人臣之道。

【经】晋人执莒子、邾子以归①**。**

【注释】

①晋人执莒子、邾子以归：执，抓捕。因为莒国、邾国过去几年数次
　侵扰鲁国边境，且与齐、楚暗中有交往，于是晋国在会上抓捕了二
　国的国君。案《春秋》之例，称人而执，非伯讨也。则莒子、邾子
　无罪，晋人不当执之。又诸侯不得专治诸侯，当归于京师，由天子
　定罪。此处晋人将莒子、邾子带回国内，则是恶上加恶。

【译文】

晋国逮捕莒犁比公、邾宣公并带回国。

**【左传】以我故，执邾宣公、莒犁比公，且曰："通齐、楚
之使**①**。"**

【注释】

①通齐、楚之使:谴责邾、莒二国使者往来于齐、楚之间。

【译文】

由于我国的缘故,逮捕了邾宣公、莒犁比公,并且说:"你们二国使者往来于齐、楚之间。"

△**【经】齐侯伐我北鄙。**

【译文】

齐灵公攻打我国北部边境。

△**【经】夏,公至自会。**

【译文】

夏,鲁襄公从溴梁之会回国。

△**【经】五月甲子**①**,地震。**

【注释】

①甲子:十三日。

【译文】

五月十三日,发生地震。

【经】叔老会郑伯、晋荀偃、卫甯殖、宋人伐许①**。**

【注释】

①叔老:鲁国大夫。郑伯:郑简公。荀偃:晋国执政大夫。甯殖:卫

国执政大夫。伐许：讨伐许国。成公十五年，为躲避郑国的威胁

而请求跟随楚国，许迁于叶地，成为楚国附庸，此次是许君请晋迁

许回故地，诸侯同意，然许国大夫不同意，于是伐许。

【译文】

叔老会同郑简公、晋国荀偃、卫国宁殖、宋国人进攻许国。

 【左传】许男请迁于晋①。诸侯遂迁许，许大夫不可。晋
人归诸侯②。郑子蟜闻将伐许，遂相郑伯以从诸侯之师③。
穆叔从公。齐子帅师会晋荀偃④。书曰"会郑伯"，为夷故
也⑤。夏六月，次于棫林⑥。庚寅⑦，伐许，次于函氏⑧。

【注释】

①许男请迁于晋：许都本在今河南许昌东，成公十五年，许灵公为逃
 避郑国威胁，请楚将许迁于叶。现在请晋迁许，是要叛楚从晋。

②晋人归诸侯：晋国让诸侯各自回国，准备独立讨伐许国大夫。

③郑子蟜闻将伐许，遂相郑伯以从诸侯之师：郑国与许国有宿怨，因
 此积极参加伐许。

④齐子帅师会晋荀偃：案以上补叙讨伐郑国之前郑、鲁两国的行动。
 齐子，即鲁大夫子叔齐子，叔老。

⑤书曰"会郑伯"，为夷故也：经文记叔老会郑伯，然后再记晋荀偃
 等人，是为了把次序摆平。夷，平。

⑥棫（yù）林：许地名，在今河南叶县东北，与襄公十四年传文中秦
 地棫林不是一个地方。

⑦庚寅：初九。

⑧函氏：许地名，在河南叶县北。

【译文】

许灵公向晋平公请求迁往晋地。诸侯帮助许国迁移,许国大夫们却不同意。晋国让诸侯们回国,打算独立讨伐许国。郑子蟜听说要讨伐许国,就辅佐郑简公随同诸侯军队。穆叔跟从鲁襄公回国。叔老率领军队会合晋国荀偃。《春秋》记载说"会合郑简公",是为了把次序摆平。夏六月,军队驻扎在棫林。初九,攻打许国,驻兵于函氏。

晋荀偃、栾黡帅师伐楚,以报宋杨梁之役①。楚公子格帅师及晋师战于湛阪②,楚师败绩。晋师遂侵方城之外③,复伐许而还。

【注释】

①晋荀偃、栾黡帅师伐楚,以报宋杨梁之役:晋师单独伐楚。案襄公十二年冬,楚子囊、秦庶长无地伐宋,师于杨梁。

②湛阪:在今河南平顶山北。

③方城:山名,今河南叶县南有方城山。本为楚国北境,后来方城之外又有被楚国所占领的。

【译文】

晋国荀偃、栾黡带兵进攻楚国,以报复在宋国杨梁那一仗。楚国公子格领兵与晋军在湛阪交战,楚兵被打败。晋军便侵袭方城的外边,再次进击许国后班师。

【经】秋,齐侯伐我北鄙,围成①。

【注释】

①围成:孔广森以为,成邑已被季孙宿、叔孙豹收复,此处又被齐国

攻取。成,鲁邑,在今山东宁阳。

【译文】

秋,齐灵公攻打我国北部边境,包围了成邑。

【左传】秋,齐侯围成,孟孺子速徼之①。齐侯曰:"是好勇②,去之以为之名③。"速遂塞海陉而还④。

【注释】

①孟孺子速:孟献子之子,名速,谥庄子。徼(yāo)之:拦截齐军。

②是:此人。

③去之以为之名:撤围以成全孟孺子好勇之名。

④海陉:齐、鲁间隘道。

【译文】

秋,齐灵公包围成邑,孟孺子速拦截齐军。齐灵公说:"这个人喜欢逞勇,我们离开这里成就他的名声吧。"孟孺子就堵塞了险道海陉后回去。

△**【经】大雩。**

【译文】

举行盛大的求雨祭祀。

【经】冬,叔孙豹如晋①。

【注释】

①叔孙豹如晋:向晋国报告齐国伐鲁。

【译文】

冬，叔孙豹前往晋国。

【左传】冬，穆叔如晋聘，且言齐故①。晋人曰："以寡君之未禘祀②，与民之未息③。不然，不敢忘。"穆叔曰："以齐人之朝夕释憾于敝邑之地，是以大请！敝邑之急，朝不及夕，引领西望曰：'庶几乎！'比执事之间④，恐无及也！"见中行献子，赋《圻父》⑤。献子曰："偃知罪矣！敢不从执事以同恤社稷⑥，而使鲁及此。"见范宣子，赋《鸿雁》之卒章⑦。宣子曰："匄在此⑧，敢使鲁无鸠乎⑨？"

【注释】

①且言齐故：齐国再次侵鲁。

②禘(dì)祀：指三年丧期之后的吉禘。

③民之未息：刚刚讨伐楚国、许国。

④比执事之间：等到你有空。比，等待。

⑤《圻(qí)父》：《诗经·小雅》篇名，今本作《祈父》。这里穆叔借诗中责备祈父不尽其职，使百姓受困苦之句表达对晋国的不满。祈父，官名，掌封畿兵甲的司马。

⑥恤：忧虑。

⑦赋《鸿雁》之卒章：《鸿雁》，《诗经·小雅》篇名。《鸿雁》末章有"鸿雁于飞，哀鸣嗷嗷。维此哲人，谓我劬(qú)劳"等句，献子借以表明鲁国已忧困不安。

⑧匄：即士匄，范宣子。

⑨鸠：安宁。

【译文】

冬，穆叔到晋国聘问，并报告齐国侵犯之事。晋国说："由于寡君还没有禘祀，百姓也没有休养生息，所以不能救援。不是这样的话，是不敢忘记盟誓的。"穆叔说："由于齐国人时刻在敝国土地上泄愤胡为，所以才郑重其事地来请求！敝国的危急，到了朝不保夕的地步，大家伸长了脖子望着西方说：'大概来了吧！'如果要等到你们有空，恐怕就来不及了！"于是进见荀偃，赋《圻父》一诗。荀偃说："我知道错了！岂敢不跟你们一起忧虑国家大计，而让鲁国陷入这样的境地。"荀偃去见士匄，赋《鸿雁》的末章。士匄说："有我在此，敢让鲁不得安宁？"

十七年

△**【经】**十有七年春王二月庚午①，邾子轻卒②。

【注释】

①十有七年：鲁襄公十七年当周灵王十六年，前556年。庚午：二十三日。

②邾子轻（kēng）：即邾宣公，名轻。他去年被晋国抓走，不久放回国。《公羊传》作"邾娄子瞷（jiàn）"。《穀梁传》作"邾子瞷"。

【译文】

鲁襄公十七年春周历二月二十三日，邾宣公轻去世。

【经】宋人伐陈。

【译文】

宋国攻打陈国。

【左传】十七年春，宋庄朝伐陈，获司徒卬①，卑宋也②。

【注释】

①司徒卬：陈国大夫。

②卑宋：陈因轻视宋而不防备，因此败。

【译文】

鲁襄公十七年春，宋国庄朝讨伐陈国，俘获司徒卬，陈国由于轻视宋国而吃败仗。

【经】夏，卫石买帅师伐曹①。

【注释】

①卫石买帅师伐曹：春天的时候卫国大夫孙蒯跑到曹国的隧地打猎，在重丘饮马，打坏了重丘人打水用的瓶子，重丘人责骂他，于是石买、孙蒯此时率军伐曹。石买，石稷之子。

【译文】

夏，卫国石买带兵进攻曹国。

【左传】卫孙蒯田于曹隧①，饮马于重丘②，毁其瓶③。重丘人闭门而诟之④，曰："亲逐而君，尔父为厉⑤。是之不忧，而何以田为？"夏，卫石买、孙蒯伐曹，取重丘。曹人诉于晋⑥。

【注释】

①卫孙蒯田于曹隧：孙蒯越过国境打猎。曹隧，曹国隧地。

②重丘：古地名，在今山东茌平西南。

③毁其瓶：孙蒯毁坏重丘人的瓶子。瓶，汲水器。

④诟（gòu）：同"诟"，责骂。

⑤为厉：为恶。

⑥曹人诉于晋：案此为明年晋因此逮住石买、孙蒯做伏笔。

【译文】

卫国孙蒯越境到曹国隧地打猎，在重丘饮马，毁坏了汲水瓶。重丘百姓关起门来责骂，说道："亲自赶走了自己的国君，你父亲做了坏事。你不去忧虑这事，来打猎做什么？"夏，卫国石买、孙蒯进攻曹国，攻重丘。曹国向晋国控诉。

【经】秋，齐侯伐我北鄙，围桃①。高厚帅师伐我北鄙②，围防③。

【注释】

①桃：鲁地名，在今山东汶上北稍东。《公羊传》作"洮"。

②高厚：齐国大夫。此时为将军。《公羊传》《穀梁传》上有"齐"字。

③防：鲁地名，在今山东费县东北。

【译文】

秋，齐灵公侵犯我国北部边境，包围桃城。高厚领兵进犯我国北部边境，包围了防。

【左传】齐人以其未得志于我故①，秋，齐侯伐我北鄙，围桃。高厚围臧纥于防②。师自阳关逆臧孙，至于旅松③。郰叔纥、臧畴、臧贾帅甲三百④，宵犯齐师，送之而复⑤。齐师去之⑥。

【注释】

① 齐人以其未得志于我故：去年围成因避孟孺子而未遂。

② "齐侯伐我北鄙"三句：臧纥（hé），亦称"臧叔纥"。防，在今山东费县东北，为臧纥采邑。齐分二军，一军围桃，一军围防。

③ 师自阳关逆臧孙，至于旅松：鲁师畏惧齐师，不敢直接到防地，从阳关出来迎接臧纥，到旅松便停下来。阳关，鲁地名，在今山东泰安东偏南。旅松，鲁地名，距离防不远。

④ 邹（zōu）叔纥：孔丘之父。臧畴（chóu）、臧贾：臧纥兄弟。

⑤ 宵犯齐师，送之而复：三人与臧纥都在防城里，夜里护送臧纥到旅松，又回防城守卫。

⑥ 齐师去之：臧纥已经逃离防城，所以齐国撤兵。

【译文】

齐国因为没能从侵犯我国中满足要求，秋天，齐灵公攻打我国北部边境，包围了桃地。高厚在防邑包围了臧纥。我军从阳关去迎接臧纥，到达旅松。邹叔纥、臧畴、臧贾带领甲士三百名，夜袭齐军，把臧纥送到旅松然后返回防邑。齐兵离开了鲁国。

　　齐人获臧坚①。齐侯使夙沙卫唁之，且曰："无死！"坚稽首曰："拜命之辱！抑君赐不终②，姑又使其刑臣礼于士③。"以杙抉其伤而死④。

【注释】

① 臧坚：臧纥族人。

② 抑，但，然而。赐不终：谓"无死"。

③ 姑又使其刑臣礼于士：虽赐不终，又故意叫贱人夙沙卫来慰问，是有意羞辱我。姑，借为"故"，故意。刑臣，指夙沙卫，是宦官。士，臧坚自称。

④以杙(yì)抉其伤而死：臧坚用小木桩刺进伤口自杀。杙，小木桩。

【译文】

齐国俘获臧坚。齐灵公派夙沙卫去慰问他，并且说："不要死！"臧坚叩头说："谨此拜谢国君的好意！然而国君赐命我不要死，却又故意派个受宫刑的臣子来慰问士。"就用杙刺进伤口而死。

△**【经】九月，大雩。**

【译文】

九月，举行盛大的求雨祭祀。

【经】宋华臣出奔陈①。

【注释】

①宋华臣出奔陈：华臣，宋国司徒，华元之子，华阅之弟。华臣在宋国欺凌宗室，威逼大臣，某日国人逐疯狗入其家，华臣惧死而出奔。

【译文】

宋国华臣奔亡到陈国。

【左传】宋华阅卒，华臣弱皋比之室①，使贼杀其宰华吴。贼六人以铍杀诸卢门合左师之后②。左师惧，曰："老夫无罪。"贼曰："皋比私有讨于吴③。"遂幽其妻④，曰："畀余而大璧⑤！"宋公闻之⑥，曰："臣也不唯其宗室是暴，大乱宋国之政⑦，必逐之！"左师曰："臣也亦卿也⑧。大臣不顺⑨，国之耻也。不如盖之⑩。"乃舍之⑪。左师为己短策⑫，苟过华臣之门，必骋^⑬。十一月甲午^⑭，国人逐瘈狗^⑮，瘈狗入于华臣氏，国人从之。华臣惧，遂奔陈^⑯。

【注释】

①弱：以为弱而加以侵害。皋比：华阅之子。

②贼六人以铍（pī）杀诸卢门合左师之后：铍，两刃的剑。卢门，宋城门。合左师，向戌，"合"是他的采邑，在今山东枣庄与江苏沛县之间。贼人杀华吴于向戌屋后。

③皋比私有讨于吴：谎称皋比私自讨华吴。

④遂幽其妻：囚禁华吴的妻子。幽，囚禁。

⑤畀（bì）：给予。

⑥宋公：宋平公。

⑦臣也不唯其宗室是暴，大乱宋国之政：华臣此举，不仅欺凌宗室，而且大乱宋国政令。

⑧臣也亦卿也：华臣也是卿。向戌惧怕华臣，所以为其开脱。

⑨不顺：不和顺。

⑩盖：掩盖。

⑪乃舍之：不逐华臣。

⑫策：马鞭。

⑬苟过华臣之门，必骋：向戌不敢与华臣打照面，每过华臣家门，就帮助御者赶马，疾驰而过。骋，快跑。

⑭甲午：二十二日。

⑮瘈（zhì）狗：疯狗。

⑯华臣惧，遂奔陈：华臣心虚，国人追赶疯狗，他以为是追逐自己，于是逃往陈国。

【译文】

宋国华阅去世，华臣认为皋比家族力量微弱，派杀手去杀他的家宰华吴。六名杀手用钺把华吴杀死在卢门向戌家屋后。向戌害怕地说："我老头子没罪。"杀手说："是皋比私自讨伐华吴。"把华吴的妻子关起来，说："把你的大玉璧给我！"宋平公听说后，说："华臣不仅对其宗室这么残暴，而且使宋国的国政大乱，一定要把他赶走！"向戌说："华臣也是卿。大臣间不和睦，是国家的耻辱。不如把它掩盖起来。"宋平公便不再追究此事。向戌为自己预备了短马鞭，只要经过华臣家门前，必定驱马快跑。十一月二十二日，国人驱赶疯狗，疯狗跑进华臣家，国人跟着追进去。华臣害怕了，就逃往陈国。

【经】冬，邾人伐我南鄙①。

【注释】

①邾人：《公羊传》作"邾娄人"。

【译文】

冬，邾国攻打我国南部边境。

【左传】冬，邾人伐我南鄙，为齐故也①。

【注释】

①为齐故也：为了帮助齐国。家铉翁曰："自鞌之战，齐屈于晋，而内怀不平，每欲释憾于鲁，以致晋师，故今君臣异道而进。"王葆曰："鲁之四鄙，而莒伐其东，齐伐其北，邾伐其南，鲁之微弱可知矣。"顾栋高曰："文、宣之世，鲁屡伐邾，而邾数朝鲁。自襄四年以后，鲁未尝报怨，而邾屡来伐，此其故何也？前此鲁与齐合，而邾畏齐，今邾与齐比，而鲁所恃者晋，晋远，不若齐之近也，故虽执邾、莒之君而犹未止。"

【译文】

冬，邾国侵犯我国南部边境，这为了帮助齐国。

*【左传】宋皇国父为大宰，为平公筑台，妨于农功①。子罕请俟农功之毕，公弗许。筑者讴曰："泽门之皙②，实兴我役。邑中之黔③，实慰我心。"子罕闻之，亲执扑④，以行筑者⑤，而挟其不勉者⑥，曰："吾侪小人皆有阖庐以辟燥湿寒暑⑦。今君为一台而不速成，何以为役？"讴者乃止。或问其故，子罕曰："宋国区区⑧，而有诅有祝，祸之本也⑨。"

【注释】

①妨于农功：周历十一月就是现在的九月，正是农业收获季节。

②泽门之皙：皇国父住在泽门，面孔白皙，因此被称为"泽门之皙"。

③邑中之黔：子罕住在城内，面黑，所以称作"邑中之黔"。

④扑：竹鞭。

⑤行：巡视。

⑥挟（chì）：鞭打。不勉者：不卖力者。

⑦阖（hé）庐：房屋。辟（bì）：躲避。

⑧区区：形容小。

⑨有诅有祝，祸之本也：子罕认为，国内出现褒贬为官者的歌谣，是不团结、出祸乱的根源。

【译文】

宋国皇国父为太宰，为宋平公建造一座台，影响了农事。子罕请求等到农事结束后再建，宋平公不同意。筑台者唱道："住在泽门的白面人，征发我们来服役。住在城里的黑脸汉，实在让我们欣慰。"子罕听到后，亲自拿了竹鞭，巡查筑台者，并鞭打不好好干活的人，说道："我辈小人都有房屋躲避干湿寒暑。如今国君要造一座台你们却不赶快建，又怎么能做其他事情呢？"歌唱的人才停止不唱。有人问子罕这样做的原因，子罕说："宋国区区小国，却有人被诅咒有人被歌颂，这是祸乱的根源所在。"

　　*【左传】齐晏桓子卒①，晏婴粗缞斩②，苴绖、带、杖，菅屦，食鬻，居倚庐，寝苫，枕草③。其老曰④："非大夫之礼也⑤。"曰："唯卿为大夫⑥。"

【注释】

①晏桓子：即晏弱，晏婴之父。

②粗缞（cuī）斩：粗布的斩衰。斩缞，最重的一种丧服，用最粗的麻布做成，不缝边。

③"苴绖（jū dié）、带、杖"六句：都是晏婴所行的丧礼。苴绖、带、杖，指苴绖、苴带、苴杖。苴绖，戴在头上的麻带。苴带，系在腰间的麻带。苴杖，竹杖。苴，结子的麻。菅屦（jù），丧服中的草鞋。鬻（zhōu），粥。居倚庐，住在草棚里。苫（shān），禾秆编的席子。

④其老：晏婴的家宰。

⑤非大夫之礼也：当时士与大夫丧礼各有不同，家宰认为晏婴是以大夫而行士礼。

⑥唯卿为大夫：古代广义的大夫可包括卿。晏婴的意思是，只有卿才是大夫，我还够不上大夫的身份。

【译文】

　　齐国晏弱去世，晏婴穿粗麻丧服，头系麻带，腰系麻绳，手拄竹杖，脚穿草鞋，喝粥，住草棚子，睡草垫子，用草做枕头。他的家臣说："这不是大夫的丧礼。"晏婴说："只有卿才是大夫。"

十八年

【经】十有八年春①,白狄来②。

【注释】

①十有八年:鲁襄公十八年当周灵王十七年,前555年。

②白狄来:白狄来鲁通好。白狄,亦作"白翟",我国古代少数民族
之一。始见于《左传》僖公二十三年,此前公子重耳(后来的霸
主晋文公)所出奔的狄应该就是白狄,只是当时还没有单独以
"白狄"部名出现。春秋前期白狄主要分布于古雍州北部,即今
陕北一带,此处来鲁访问前后当已东迁至今河北石家庄一带。

【译文】

鲁襄公十八年春,白狄来我国。

【左传】十八年春,白狄始来。

【译文】

鲁襄公十八年春天,白狄第一次来我国。

【公羊传】白狄者何? 夷狄之君也。何以不言朝? 不能
朝也①。

【注释】

①不能朝也:夷狄之君,不能升降揖让,不能行朝礼。

【译文】

白狄是什么? 是夷狄的君王。为何不言"朝"? 因为夷狄不能行朝礼。

【经】夏,晋人执卫行人石买^①。

【注释】

①行人:使者。石买上年伐曹,曹告于晋,所以今年晋国将他逮捕。

【译文】

夏,晋国逮捕卫国使节石买。

【左传】夏,晋人执卫行人石买于长子^①,执孙蒯于纯留^②,为曹故也^③。

【注释】

①长子:古地名,在今山西长子西郊。

②纯留:古地名,在今山西屯留南。

③为曹故也:去年孙蒯与石买一起攻打曹国。

【译文】

夏,晋国在长子逮住卫国使节石买,在纯留逮住孙蒯,是因为曹国被侵之事。

【穀梁传】称行人,怨接于上也^①。

【注释】

①怨:仇恨。接:连接。

【译文】

称"行人",表示晋、卫两国国君间结下了仇恨。

【经】秋，齐师伐我北鄙①。

【注释】

①齐师：《穀梁传》作"齐侯"。

【译文】

秋，齐国军队攻打我北部边境。

　　【左传】秋，齐侯伐我北鄙。中行献子将伐齐，梦与厉公讼，弗胜①。公以戈击之，首队于前②，跪而戴之，奉之以走③，见梗阳之巫皋④。他日，见诸道⑤，与之言，同⑥。巫曰："今兹主必死⑦，若有事于东方，则可以逞⑧。"献子许诺。

【注释】

①"中行献子将伐齐"三句：案成公十七、十八年荀偃杀晋厉公。

②首队于前：梦见头被晋厉公砍掉。队，同"坠"。

③跪而戴之，奉之以走：把头安上，用两手捧着以防再坠落。

④梗阳：古地名，在今山西清徐。皋：巫名。案以上是荀偃的梦境。

⑤见诸道：在路上遇见巫皋。

⑥与之言，同：荀偃告诉巫皋自己所做的梦，巫皋同时也梦见荀偃与晋厉公争讼事。

⑦今兹：今年。主：对荀偃的称呼。

⑧若有事于东方，则可以逞：意思是如果东伐齐国，可以有功。事，指战事。

【译文】

　　秋，齐灵公进犯我国北部边境。荀偃准备讨伐齐国，梦见与晋厉公争讼，没有胜诉。晋厉公用戈击打他，头被砍掉落下来，他跪着把头安好,捧着头跑走,遇见梗阳的巫皋。一天,在路上遇见巫皋,和他交谈起来,发现巫皋和自己做了同样的梦。巫皋说:"今年你一定会死,但要是东边有战事,是可以有功的。"荀偃答应了。

晋侯伐齐,将济河,献子以朱丝系玉二瑴①,而祷曰:"齐环怙恃其险②,负其众庶③,弃好背盟,陵虐神主④。曾臣彪将率诸侯以讨焉⑤,其官臣偃实先后之⑥。苟捷有功,无作神羞⑦,官臣偃无敢复济⑧。唯尔有神裁之⑨!"沉玉而济。

【注释】

①瑴(jué):又作"珏(jué)",玉一双。

②环:齐灵公名。

③负:倚仗。众庶:人多。

④神主:指百姓。

⑤曾臣:陪臣。案天子对神自称臣,诸侯为天子之臣,所以诸侯对于神而言称陪臣。彪:晋平公名。

⑥官臣:负具体职责之臣。先后:辅佐。

⑦无作神羞:不让神灵羞耻。

⑧官臣偃无敢复济:不再渡河而归,表示以死求胜。

⑨有:词头,无实义。

【译文】

晋平公攻打齐国,将要渡过黄河,荀偃用红丝线系着两对玉,祷告道:"齐灵公环倚仗地势险要,人口众多,背弃友好抛弃盟誓,欺凌虐待百姓。陪臣彪将要率领诸侯去讨伐,他的官臣偃在旁边辅佐。如果得胜有功,就不使神明蒙受羞辱,否则官臣偃不敢再渡河回来。请神灵明鉴!"把玉沉入水中后渡过河去。

【经】冬十月，公会晋侯、宋公、卫侯、郑伯、曹伯、莒子、邾子、滕子、薛伯、杞伯、小邾子同围齐①。

【注释】

①公会晋侯、宋公、卫侯、郑伯、曹伯、莒子、邾子、滕子、薛伯、杞伯、小邾子同围齐：齐国多次伐鲁而且对晋二心，所以晋国会合诸侯讨齐。按照一般的书法，仅书"围齐"即可，书"同围齐"，孔广森云："特言同者，深著齐无道，诸侯同心欲之。"又据下文，此处并未真正包围齐国都城，只是诸侯之意愿，详见下文祝柯之盟。邾子、小邾子，《公羊传》作"邾娄子""小邾娄子"。

【译文】

冬十月，鲁襄公会和晋平公、宋平公、卫殇公、郑简公、曹成公、莒犁比公、邾悼公、滕子、薛伯、杞孝公、小邾穆公一起包围齐国。

【左传】冬十月，会于鲁济①，寻溴梁之言②，同伐齐。齐侯御诸平阴③，堑防门而守之④，广里⑤。夙沙卫曰："不能战，莫如守险⑥。"弗听。诸侯之士门焉⑦，齐人多死。范宣子告析文子⑧，曰："吾知子⑨，敢匿情乎？鲁人、莒人皆请以车千乘自其乡入⑩，既许之矣。若入，君必失国⑪。子盍图之⑫？"子家以告公，公恐。晏婴闻之曰："君固无勇，而又闻是，弗能久矣。"

【注释】

①鲁济：济水流经鲁国处。

②寻溴梁之言：襄公十六年溴梁之盟有"同讨不庭"的盟辞。

③平阴：古地名，在今山东平阴东北。

④堑：挖壕沟。防门：在平阴南。

⑤广里：所挖壕沟宽一里。

⑥不能战，莫如守险：夙沙卫认为防门无险可守，不能对抗晋军。

⑦门：攻打城门。

⑧析文子：齐国大夫子家。

⑨知：相知，了解。

⑩鲁人、莒人皆请以车千乘自其乡入：鲁在齐都临淄西南，莒在齐都东南，则莒从东南向西北、鲁从西南向东北，并攻齐都。乡，通"向"。

⑪君必失国：意谓齐国必定灭亡。

⑫子盍（hé）图之：案范宣子以上所说的几句话意在恐吓齐灵公。

【译文】

冬十月，鲁襄公和晋平公等各国国君在鲁国的济水边会合，重温溴梁会盟的誓言，共同讨伐齐国。齐灵公在平阴抵御，在防门挖了壕沟固守，沟宽达一里。夙沙卫说："没法和诸侯交战，不如据守险要。"齐灵公没有采纳。诸侯的甲士攻打防城门，齐军士兵很多战死。士匄告诉子家说："我了解你，怎敢隐匿真情？鲁国、莒国都请求带一千辆战车从各自国家进攻齐国，我们已经同意了。一旦攻入，贵国国君一定会丢掉国家。你何不考虑出路？"子家把这话告诉齐灵公，齐灵公害怕了。晏婴听到后说："国君本来就没有勇气，现在又听到这话，坚持不了多久了。"

齐侯登巫山以望晋师①。晋人使司马斥山泽之险②，虽所不至，必斾而疏陈之③。使乘车者左实右伪④，以斾先⑤，舆曳柴而从之⑥。齐侯见之，畏其众也，乃脱归⑦。丙寅晦⑧，齐师夜遁。师旷告晋侯曰："鸟乌之声乐⑨，齐师其遁。"邢伯告中行伯曰⑩："有班马之声⑪，齐师其遁。"叔向告晋侯曰："城上有乌，齐师其遁^⑫。"

【注释】

①巫山：一名"孝堂山"，在今山东肥城西北。

②斥：侦察。

③虽所不至，必斾（pèi）而疏陈之：即使军队无法达到的险要之地，也插起大旗为军阵。

④左实右伪：车左实有人，车右为假人。这样原来一车三人，现为二人，多出的人可以多排出兵车。

⑤以斾先：用大旗做先导。

⑥舆曳（yè）柴而从之：车后拖着树枝，扬起灰尘，以迷惑对方。

⑦脱归：齐灵公离开齐军，脱身而归。

⑧丙寅晦：二十九日。

⑨鸟乌之声乐：乌鸦叫声欢快，表明敌营已经没人。

⑩邢伯：晋国大夫邢侯。中行伯：即荀偃。

⑪班马：马盘桓不前。

⑫城上有乌，齐师其遁：城，指平阴城。案以上几句写晋军用物候的方法判断敌情。

【译文】

　　齐灵公登上巫山眺望晋军。晋国派司马侦察山林河泽的险阻，即便大部队无法到达的险要地方，也一定插上旗帜布成稀疏的阵地。让战车上左边站着真甲士右边用假人，打着大旗做先导，车辆后面拉拽着树枝跟进。齐灵公见了，害怕晋军人马众多，便逃离前线回到国都。二十九日，齐军连夜逃走。师旷告诉晋平公说："乌鸦的叫声很欢快，齐军可能已经逃跑了。"邢侯告诉荀偃说："有马徘徊不前的声音，齐军可能已经逃跑了。"叔向告诉晋平公说："城墙上有乌鸦，齐军可能已经逃跑了。"

十一月丁卯朔①，入平阴，遂从齐师②。夙沙卫连大车以塞隧而殿③。殖绰、郭最曰："子殿国师，齐之辱也④。子姑先乎！"乃代之殿。卫杀马于隘以塞道⑤。晋州绰及之⑥，射殖绰，中肩，两矢夹脰⑦，曰："止，将为三军获；不止，将取其衷⑧。"顾曰："为私誓⑨。"州绰曰："有如日⑩！"乃弛弓而自后缚之⑪。其右具丙亦舍兵而缚郭最⑫，皆衿甲面缚⑬，坐于中军之鼓下。

【注释】

①丁卯朔：初一。

②从：追赶。

③隧：山中小路。殿：殿后。

④子殿国师，齐之辱也：夙沙卫是宦官，充当殿后的重任，有辱齐国。

⑤卫杀马于隘以塞道：夙沙卫怀恨在心，杀马塞道以挡住殖绰、郭最二人的退路。

⑥及：赶上。

⑦"射殖绰"三句：先射一箭中殖绰的肩，又射两箭，从他颈项的两边飞过去。脰（dòu），颈项。

⑧"止，将为三军获"四句：不逃跑还只是被捕，如果逃跑就一箭射死。衷，中心。

⑨为私誓：殖绰要求两人私下里立誓不加伤害。

⑩有如日：指日为誓。

⑪乃弛弓而自后缚之：解下弓弦从后边反捆殖绰的手。

⑫其右：州绰车右。

⑬衿甲：不解甲。面缚：从后边反捆。

【译文】

十一月初一,晋军进入平阴,随即又去追赶齐军。夙沙卫把大车连接起来堵住山中小道并断后。殖绰、郭最说:"你来为我国军队殿后,是齐国的耻辱。你还是先走吧!"便代替他断后。卫夙沙杀掉战马堵塞住险隘小道。晋国州绰赶上齐军,用箭射殖绰,射中他的肩部,两箭又从其脖子的左右边穿过,说道:"站住不动,被我军抓获;不站住,就要射中你的心窝。"殖绰回头说道:"你私下发个誓。"州绰说:"有太阳在上为证!"州绰便卸下弓弦从背后把殖绰捆了。他的车右具丙也放开手中兵器来绑郭最,二人都穿着铠甲反绑着,坐在中军的鼓下。

晋人欲逐归者[①],鲁、卫请攻险[②]。己卯[③],荀偃、士匄以中军克京兹[④]。乙酉[⑤],魏绛、栾盈以下军克邿[⑥]。赵武、韩起以上军围卢[⑦],弗克。十二月戊戌[⑧],及秦周,伐雍门之萩[⑨]。范鞅门于雍门,其御追喜以戈杀犬于门中[⑩]。孟庄子斩其橁以为公琴[⑪]。己亥[⑫],焚雍门及西郭、南郭。刘难、士弱率诸侯之师焚申池之竹木[⑬]。壬寅[⑭],焚东郭、北郭。范鞅门于扬门[⑮]。州绰门于东闾[⑯],左骖迫[⑰],还于门中[⑱],以枚数阖[⑲]。

【注释】

①晋人欲逐归者:追赶齐国逃兵。

②攻险:攻打据险死守的齐军。

③己卯:十三日。

④京兹:古地名,在山东平阴东南。

⑤乙酉:十九日。

⑥邿(shī):齐地名,在平阴西。

⑦卢：齐地名，在今山东长清西南。

⑧戊戌：初二。

⑨及秦周，伐雍门之萩（qiū）：诸侯军队已经逼近齐都临淄城下。秦周，雍门附近。雍门，齐都西门。萩，梓树。

⑩其御追喜以戈杀犬于门中：追喜杀犬以示悠闲自得。

⑪孟庄子斩其橁（chūn）以为公琴：制琴以作为胜利的纪念品。孟庄子，鲁国大夫孺子速。橁，椿树，木材可做琴。公琴，颂琴。

⑫己亥：初三。

⑬刘难、士弱：都是晋国大夫。申池：在齐城南门外。

⑭壬寅：初六。

⑮扬门：齐城西北门。

⑯东闾：齐东门。案以上表明齐都四门都被包围。

⑰左骖迫：左边骖马由于拥挤不能前进。

⑱还于门中：不能进去，在东门中盘旋。还，旋转，回旋。

⑲以枚数阖：犹云数阖之枚。州绰用马鞭点数门上的乳钉，表示从容不惧。枚，门扇上乳形钉子。阖，门扇。

【译文】

　　晋军准备追赶逃走的齐士兵，鲁、卫二国请求攻打险隘。十三日，荀偃、士匄率中军攻克京兹。十九日，魏绛、栾盈带下军占领邿部。赵武、韩起统率上军包围了卢地，但没攻下。十二月初二，到达秦周，砍伐雍门的萩树。范鞅攻打雍门，他的车夫追喜在门里用戈杀死一条狗。孺子速砍了橁树制作颂琴。初三，焚烧雍门和西面、南面的外城。刘难、士弱率领诸侯军队焚烧申池的竹子树木。初六，焚烧东部、北部的外城。范鞅攻打扬门。州绰攻打东闾门，左骖马因为路窄无法前进，只在城门洞里盘旋，州绰用马鞭点数城门上的乳钉。

　　齐侯驾，将走邮棠①。大子与郭荣扣马②，曰："师速而疾③，略也④。将退矣⑤，君何惧焉！且社稷之主不可以轻⑥，轻则失众。君必待之。"将犯之⑦。大子抽剑断鞅，乃止⑧。甲辰⑨，东侵及潍⑩，南及沂⑪。

【注释】

①邮棠：齐地名，即棠，有说在今山东平度东南。

②大子：太子。郭荣：齐大夫。扣：拉住。

③疾：攻击奋勇。

④略：抢夺财物。

⑤将退矣：诸侯军队没有久战取地的想法。

⑥轻：不持重，即逃走。

⑦将犯之：齐灵公不听，想冲过二人而去。

⑧大子抽剑断鞅，乃止：太子砍断马鞅，则居中的两马与车辕前端的横木分离，不能驾车，齐灵公才停下来。鞅，套在马颈上的皮带。

⑨甲辰：初八。

⑩东侵及潍：晋军往东打到潍水。潍，潍水，发源于山东莒县西北的潍山，经昌邑入海。

⑪南及沂：南抵沂水。沂，沂水，即大沂河，源出山东蒙阴北。许翰曰："四年之中，（齐）六伐（鲁）鄙而四围邑，又纵邾、莒以助其虐，诸侯陵暴未有若是之甚者也。是以动天下之兵，几亡其国。"

【译文】

齐灵公驾车，打算逃往邮棠。太子和郭荣拉住马，说："敌军行动迅速勇猛，只是在掠夺财物。马上就要退兵了，国君有什么可怕的呢！再说作为一国之主，不能轻举妄动，轻举妄动就会失去民众。您一定要留下来。"齐灵公想直冲过去。太子拔剑砍断马鞅，才停了下来。初八，诸侯军队向东一直打到潍水，向南到达沂水。

【穀梁传】非围而曰围齐，有大焉，亦有病焉。非大而足同与？诸侯同罪之也，亦病矣。

【译文】

不是包围而说包围齐国，有表明齐国很大的意思，也有指责的意思。不是大国怎么值得诸侯共同包围呢？诸侯共同怪罪齐国，也就是指责齐国。

【经】曹伯负刍卒于师^①。

【注释】

①曹伯负刍卒于师：曹成公死于伐齐的军中。负刍，曹成公名。

【译文】

曹成公负刍在讨伐齐国的军中去世。

【穀梁传】闵之也^①。

【注释】

①闵（mǐn）：怜悯，哀伤。

【译文】

为他感到哀伤。

【经】楚公子午帅师伐郑^①。

【注释】

①楚公子午帅师伐郑：公子午，楚国令尹，字子庚。郑国的子孔想除掉亲晋的大夫，于是请求楚国出兵，楚国出兵，遭遇恶劣天气，遂退兵。

【译文】

楚国公子午带兵进攻郑国。

【左传】郑子孔欲去诸大夫，将叛晋而起楚师以去之①。使告子庚②，子庚弗许。楚子闻之，使杨豚尹宜告子庚曰③："国人谓不榖主社稷而不出师，死不从礼④。不榖即位，于今五年，师徒不出⑤，人其以不榖为自逸而忘先君之业矣。大夫图之！其若之何⑥？"子庚叹曰："君王其谓午怀安乎⑦！吾以利社稷也。"见使者⑧，稽首而对曰："诸侯方睦于晋，臣请尝之。若可，君而继之。不可，收师而退，可以无害，君亦无辱。"

【注释】

①郑子孔欲去诸大夫，将叛晋而起楚师以去之：郑国从襄公十一年萧鱼之会从晋至今，已经八年。子孔想要专权，襄公十年为载书，遭到子产等人的反对。现在想要叛晋而请楚国出兵除掉各位大夫。

②子庚：楚国令尹公子午。

③杨豚尹宜：豚尹，使者。杨是其氏，宜是其名。

④国人谓不榖主社稷而不出师，死不从礼：指现在不能继承先君的霸业，死后就不能用先君的礼仪祭祀。

⑤师徒不出：自己未尝统率出兵。

⑥大夫图之！其若之何：案楚康王主张出兵。

⑦怀安：贪图安逸。

⑧使者：即杨豚尹宜。

【译文】

郑子孔想把大夫们免掉，准备背叛晋国而利用楚军来达到这一目的。他派人告诉子庚，子庚不同意。楚康王听到消息，派豚尹杨宜告诉子庚说："国人在说寡人主持国家却不出兵打仗，死后就不能用先君的礼仪祭祀。我即位到现在已经五年，军队从未打过仗，人们大概以为我只顾自己安逸，忘记了先君的大业。大夫们考虑一下吧！该怎么办呢？"子庚叹气道："君王可能是认为我在贪图安逸吧！我这样做是为了国家啊。"会见使者，稽首回答说："诸侯目前正与晋国和睦，请让下臣去试探一下。如果可行，君王就接着来。不行的话，收兵退回，可以没有损害，君王也不会蒙受羞辱。"

子庚帅师治兵于汾①。于是子蟜、伯有、子张从郑伯伐齐②，子孔、子展、子西守③。二子知子孔之谋④，完守入保⑤。子孔不敢会楚师⑥。

【注释】

①汾：古地名，在今河南许昌西南，颍水南岸。

②子张：公孙黑肱。

③子孔、子展、子西守：三人留守国内。

④二子：子展、子西。

⑤完守入保：加强守备，入城堡固守。保，同"堡"。

⑥子孔不敢会楚师：子孔的阴谋没能得逞。

【译文】

　　子庚领军在汾地练兵。这时候子蟜、伯有、子张正跟随郑简公攻打齐国，子孔、子展、子西留守国内。子展、子西察觉子孔阴谋，便加强守备入城坚守。子孔不敢和楚军会合。

　　楚师伐郑，次于鱼陵①。右师城上棘，遂涉颍②，次于旃然③。蔿子冯、公子格率锐师侵费滑、胥靡、献于、雍梁④，右回梅山⑤，侵郑东北，至于虫牢而反⑥。子庚门于纯门⑦，信于城下而还⑧，涉于鱼齿之下⑨。甚雨及之⑩，楚师多冻，役徒几尽⑪。

【注释】

①鱼陵：古地名，具体地点不详。

②右师城上棘，遂涉颍：楚右军渡颍水前，在上棘筑小城作防备。上棘，古地名，在今河南禹州颍水边上。

③旃（zhān）然：水名，即索水，源出河南荥阳南。

④蔿子冯：即蓬子冯。费滑：古地名，在今河南偃师南之缑氏镇。胥靡、献于、雍梁：这三处都是郑国的地盘。胥靡，在今河南偃师东。献于，今地不详。雍梁，或曰在今河南禹州东北。

⑤右回梅山：向右绕过梅山。梅山，在今河南郑州西南，与新郑接界。

⑥虫牢：古地名，在今河南封丘北。

⑦纯门：郑都外郭门。

⑧信：住了两夜。

⑨鱼齿：古地名，在今河南平顶山西北。

⑩甚雨：大雨。

⑪楚师多冻，役徒几尽：天寒多雨，军中役徒几乎都冻死，楚军无功

而还。

【译文】

楚军进攻郑国，驻军鱼陵。右翼部队在上棘筑城，又徒步涉水渡过颍水，驻扎在旃然。苃子冯、公子格率领精锐人马侵袭费滑、胥靡、献于、雍梁，往右绕过梅山，攻打郑国东北，到达虫牢后回师。子庚进攻纯门，在城下住了两夜后回师，在鱼齿山下涉水渡河。赶上大雨，楚军中很多人被冻坏，服杂役的人几乎都死光了。

晋人闻有楚师，师旷曰：“不害。吾骤歌北风^①，又歌南风。南风不竞^②，多死声。楚必无功^③。”董叔曰：“天道多在西北，南师不时，必无功^④。”叔向曰：“在其君之德也^⑤。”

【注释】

①骤：屡次。风：指曲调，如《诗经》中的《国风》。

②不竞：不强劲。

③楚必无功：古人常以乐律占卜出兵吉凶。

④“天道多在西北”三句：这里指岁星（木星）在西北，对南方不利，楚军出征不合天时。天道，岁星所行之道。

⑤在其君之德也：意思是不在天时地利，而在人和。

【译文】

晋国听说楚国发兵，师旷说：“不要紧。我屡次歌唱北方的歌曲，又唱南方的歌曲。南曲不强，多为象征死亡的声音。楚国一定不能成功。”董叔说：“今年岁星多在西北，南边军队不合天时，肯定不会成功。”叔向说：“胜败取决于国君的德行。”

全本全注全译丛书

中华
经典
名著

郭丹　程小青　李彬源　黄铭　曾亦　徐正英　邹皓◎译注

春秋三传 四

中华书局

目录

第四册

十九年

【经】十有九年春王正月①**,诸侯盟于祝柯**②**。晋人执邾子**③**。**

【注释】

①十有九年:鲁襄公十九年当周灵王十八年,前554年。

②诸侯:指去年围齐各国。祝柯(kē):古地名,在今山东济南长清区东北。《公羊传》作"祝阿"。

③邾子:这里是去年刚即位的邾悼公曹华,邾宣公曹牼之子。据《左传》,因为襄公十七年的时候邾侵鲁,所以祝柯之盟上"执邾悼公",且"取邾田,自漷(kuò)水归之于我"。《公羊传》作"邾娄子"。

【译文】

鲁襄公十九年春周历正月,诸侯在祝柯结盟。晋国逮捕了邾悼公。

【左传】十九年春,诸侯还自沂上,盟于督扬①**,曰:"大毋侵小**②**。"执邾悼公,以其伐我故**③**。**

【注释】

①督扬:即祝柯。

②大毋侵小:大国不要侵略小国。顾栋高曰:"晋平凡十三次主盟会。而溴梁、祝柯二盟,总览群侯,诛讨强暴,矜恤弱小,犹有悼公之余烈。"

③执邾悼公,以其伐我故:襄公十七年邾国攻打鲁国。

【译文】

鲁襄公十九年春,诸侯从沂水边回来,在督扬结盟,盟誓说:"大国不得侵犯小国。"逮捕邾悼公,因为他进攻我国之故。

【经】公至自伐齐。

【译文】

鲁襄公从讨齐前线归来。

【公羊传】此同围齐也,何以致伐^①? 未围齐也。未围齐,则其言围齐何? 抑齐也^②。曷为抑齐? 为其亟伐也^③。或曰:为其骄蹇,使其世子处乎诸侯之上也^④。

【注释】

①何以致伐:上有"公会晋侯……同围齐"之文,案例当书"公至自围齐"。今书"公至自伐"表明诸侯并未真正围齐。

②抑齐也:未围齐,而经书"围齐",是为了贬抑、惩罚齐国。何休以为,用兵之道,灭最甚,入次之,围又次之;齐国之罪不至于被灭,书"围"则减于"灭"二等,当夺爵削土。

③亟(qì)伐:屡次侵伐他国,上文频频夺取鲁国城邑,即为亟伐。

④使其世子处乎诸侯之上也:世子,即齐世子光。齐侯使世子光出会,世子光又序列在诸侯之上,如襄公十一年,"公会晋侯、宋公、卫侯、曹伯、齐世子光、莒子、邾子、滕子、薛伯、杞伯、小邾子伐击郑国",这是骄蹇的表现。

【译文】

这里是包围齐国都城,为何书公从伐齐之役归国? 事实上并没有包围齐国都城。未围齐,那么经书"围齐"是为何? 是为了贬抑齐国,齐罪当被围。为何贬抑齐国? 因为他屡次伐击他国。有人认为,因为齐国骄蹇,在序列诸侯时,使世子列在诸侯之上。

【穀梁传】《春秋》之义,已伐而盟复伐者,则以伐致①。盟不复伐者,则以会致。祝柯之盟,盟复伐齐与? 曰非也。然则何为以伐致也? 曰与人同事,或执其君,或取其地②。

【注释】

①以伐致:指如经文一样记载为"至自伐"。"以会致"则是指记载为"至自会"。

②"与人同事"三句:指与邾国一同伐齐之后晋执邾子,鲁取邾地。

【译文】

《春秋》记事的义例,已经讨伐过了而盟约之后再次讨伐的,就以伐告祭祖庙。盟约之后不再次讨伐的,就以会告祭祖庙。祝柯之盟,盟约再次讨伐齐国吗? 回答说不是的。既然这样那为什么以伐告祭祖庙呢? 回答说跟别国一起伐齐,有的国家抓了他们的国君,有的国家夺取了他们的土地。

【经】取邾田,自漷水①。

【注释】

①取邾田,自漷(kuò)水:鲁国与邾国以漷水为边境。今漷水改道,移入了邾国境内,鲁国顺势夺取了邾国的领地。案诸侯土地本有度数,不因河水改道而变化,则鲁国当坐取邑之罪。邾,《公羊传》作"邾娄"。漷水,源出今山东峄城西北,经鱼台东北入泗水。

【译文】

取得邾国田地,从漷水起都归我国。

【左传】遂次于泗上①,疆我田②。取邾田,自漷水归之于我③。

【注释】

①泗上：泗水边上。

②疆我田：划定鲁国疆界。

③取邾田，自漷水归之于我：漷水以西的田地，有的是鲁田，被邾占去，有的本来就是邾田。现在以漷水为界，凡漷水以西的田地都归鲁国。

【译文】

诸侯军队又驻扎在泗水边，划定我国与邾国边界。取得被邾国占有的田地，从漷水起都归我国所有。

【公羊传】其言自漷水何？以漷为竟也。何言乎以漷为竟？漷移也。

【译文】

为何说是"自漷水"？因为鲁国与邾娄国以漷水为边境。说以漷水为边境是为何？因为漷水改道了。

【穀梁传】轧辞也①。其不日，恶盟也。

【注释】

①轧（yā）：委曲。范宁注："委曲随漷水。言取邾田之多。"

【译文】

表示沿河委曲的说法。经文不记载日期，因为厌恶这次盟会。

***【左传】**晋侯先归。公享晋六卿于蒲圃①，赐之三命之服；军尉、司马、司空、舆尉、候奄，皆受一命之服。贿荀偃束锦②，加璧，乘马③，先吴寿梦之鼎④。

【注释】

①蒲圃:鲁国场圃名。

②束:五匹为一束。

③乘:四马为乘。

④先吴寿梦之鼎:先送束锦等物,再送吴寿梦之鼎。案因为荀偃是
　中军帅,所以加赐。

【译文】

晋平公先回国。鲁襄公在蒲圃设享礼招待晋国六卿,赐给他们三命的车服;军尉、司马、司空、舆尉、候奄,都得到一命车服。送给荀偃五匹锦,加上玉璧,四匹马,再送吴寿梦铜鼎。

荀偃瘅疽①,生疡于头②。济河,及著雍③,病,目出④。大夫先归者皆反。士匄请见,弗内。请后⑤,曰:"郑甥可⑥。"二月甲寅⑦,卒,而视,不可含⑧。宣子盥而抚之⑨,曰:"事吴敢不如事主⑩!"犹视。栾怀子曰⑪:"其为未卒事于齐故也乎⑫?"乃复抚之曰:"主苟终,所不嗣事于齐者⑬,有如河!"乃瞑,受含。宣子出,曰:"吾浅之为丈夫也⑭。"

【注释】

①瘅(dàn)疽:恶疮。

②疡:疮。

③著雍:晋地名。

④病,目出:荀偃病危,连眼珠都鼓出来。

⑤请后:问谁为继承人。

⑥郑甥:指荀吴,其母为郑女,他是郑国外甥。

⑦甲寅:十九日。

⑧而视，不可含：荀偃死后眼睛睁着，口紧闭，不能含玉。含，古人以珠玉放在死者口中。

⑨宣子盥（guàn）而抚之：士匄为荀偃盥洗并抚尸。

⑩事吴敢不如事主：将像事奉你一样事奉荀吴。

⑪栾怀子：即栾盈。

⑫为未卒事于齐故也乎：恐怕是伐齐之事未完成而死不瞑目。

⑬嗣事：继续从事。

⑭吾浅之为丈夫也：自恨浅薄，不理解荀偃的心志。

【译文】

荀偃生恶疮，头上长了个疮。渡过黄河，到达著雍的时候，病危，眼睛都鼓出来了。大夫先回国的都赶回来。士匄请求见他，不接纳。派人问他谁可以做继承人，回答：“可立郑国女子所生的荀吴。”二月十九日，去世，眼睛睁着，口紧闭无法放入珠玉。士匄替他盥洗后抚摸着遗体，说：“事奉荀吴，怎敢不如事奉您！”还是睁着眼睛。栾盈说：“大概是因为攻打齐国的事还没完成的缘故吧？”便又抚摸着遗体说：“如果您死后我们不继续进攻齐国的话，有河神为证！”荀偃这才合上眼睛，松开嘴巴接受做口含的珠玉。士匄出来后，说道：“作为一个男人，我实在太浅薄了啊。”

【经】季孙宿如晋①。

【注释】

①季孙宿：季孙氏宗主姬宿，鲁国正卿大夫，执政大臣。如晋：到晋国去。据《左传》，季孙宿是到晋国去感谢晋国出兵的。

【译文】

季孙宿到晋国。

【左传】季武子如晋拜师①，晋侯享之。范宣子为政②，赋《黍苗》③。季武子兴④，再拜稽首，曰："小国之仰大国也，如百谷之仰膏雨焉⑤！若常膏之，其天下辑睦，岂唯敝邑？"赋《六月》⑥。

【注释】

①季武子如晋拜师：谢晋国讨伐齐国以及为鲁取邾田。

②范宣子为政：范宣子以中军佐升为中军将。

③《黍苗》：《诗经·小雅》篇名。本是赞美召伯慰劳诸侯，这里借喻为晋国国君关怀鲁国。

④兴：从座位上起来。

⑤小国之仰大国也，如百谷之仰膏雨焉：《黍苗》的开头两句是"芃芃黍苗，阴雨膏之"，季武子就是承这两句而说。膏，润泽。

⑥《六月》：《诗经·小雅》篇名。赞颂尹吉甫辅佐周王出征之事，这里用尹吉甫比晋平公而赞颂之。

【译文】

季孙宿往晋国拜谢出兵，晋平公设享礼款待他。范宣子任执政，赋《黍苗》一诗。季孙宿从座位上起来，再拜叩头说："小国仰望大国，就如百谷仰望润泽的雨水！如果能经常滋润，将会使天下和睦安定，岂止敝国？"他赋了《六月》一诗。

△**【经】**葬曹成公。

【译文】

安葬曹成公。

【经】夏,卫孙林父帅师伐齐。

【译文】

夏,卫国孙林父带兵进攻齐国。

【左传】晋栾鲂帅师从卫孙文子伐齐①。

【注释】

①晋栾鲂帅师从卫孙文子伐齐:上面栾盈说将"嗣事于齐",因此晋、卫再次伐齐。

【译文】

晋国栾鲂率军随从卫国孙文子讨伐齐国。

***【左传】**季武子以所得于齐之兵作林钟而铭鲁功焉①。臧武仲谓季孙曰:"非礼也。夫铭,天子令德②,诸侯言时计功③,大夫称伐④。今称伐,则下等也⑤;计功,则借人也⑥,言时,则妨民多矣,何以为铭? 且夫大伐小,取其所得,以作彝器⑦,铭其功烈⑧,以示子孙,昭明德而惩无礼也。今将借人之力以救其死⑨,若之何铭之? 小国幸于大国⑩,而昭所获焉以怒之,亡之道也⑪。"

【注释】

①季武子以所得于齐之兵作林钟而铭鲁功焉:季武子用所获齐国兵器铸成林钟,并用铭文记载鲁国的武功。林钟,又称"大林"。

②天子令德:天子作铭文记载德行而不记功。令,动词,令德即铭德。

③诸侯言时计功:诸侯举动合于时令且有功劳,才作铭文。

④大夫称伐：大夫则记载征伐之劳。

⑤今称伐，则下等也：称伐就是向下等同于大夫。

⑥计功，则借人也：借晋国之力。

⑦彝器：宗庙常用的礼器，如钟、鼎。

⑧功烈：同义词连用。烈，功。

⑨今将借人之力以救其死：现在鲁国只是借晋国之力挽救自己的危亡。

⑩小国：指鲁国。幸：侥幸战胜。大国：指齐国。

⑪而昭所获焉以怒之，亡之道也：现在侥幸取胜就铸钟铭功，更会激怒齐国，因此臧武仲反对铸钟。

【译文】

季孙宿把在齐国所得到的兵器熔铸成林钟，铭刻上记述鲁国功劳的文字。臧武仲对他说："这是不合于礼的。铭文，天子用来记载德行，诸侯用来记载符合时令的举动和建立的功劳，大夫用来记载征伐。现在记载征伐，那已是降了一等了；如果说是记载功劳，那是凭别人的力量而取胜的，说是记载合乎时令的举动，其实这一伐对民众的妨害太多了，用什么来记入铭文？况且以大国打小国，把缴获他们的东西制成彝器，铭刻上功业告诉子孙后代，是为了宣扬美德而惩戒无礼。现在却是借他人之力来挽救自己的死亡，怎么能铭刻这些呢？小国侥幸胜了大国，反而宣扬所获战利品以激怒对方，这是亡国之道啊。"

*【左传】于四月丁未①，郑公孙虿卒，赴于晋大夫②。范宣子言于晋侯，以其善于伐秦也③。六月，晋侯请于王，王追赐之大路④，使以行⑤，礼也。

【注释】

①丁未：十三日。

②郑公孙虿（chài）卒，赴于晋大夫：这是追述四月公孙虿死的事。

③善于伐秦：指襄公十四年伐秦,公孙虿劝诸侯之师渡泾。

④王追赐之大路：周王赐公孙虿大路以为褒奖。大路,天子所赐车的总称。

⑤使以行：出葬时让赐车跟在柩车后。行,行葬。士以上之葬,柩车在前,道车、槁车序从,大夫以上更有遣车。

【译文】

四月十三日,郑国公孙虿去世,向晋国大夫发去讣告。士匄告知晋平公,因为公孙虿在攻打秦国的战事中表现突出。六月,晋平公向周灵王请求对公孙虿奖赏,周灵王追赐给他大路,让它跟随出葬的车列,这是合于礼的。

【经】秋七月辛卯①**,齐侯环卒**②**。**

【注释】

①辛卯：二十八日。

②齐侯环卒：齐灵公环去世。齐灵公,姓姜名环,谥灵。环,《公羊传》作"瑗"。

【译文】

秋七月二十八日,齐灵公环去世。

【左传】齐侯娶于鲁,曰颜懿姬,无子。其侄鬷声姬①,生光,以为大子。诸子仲子、戎子②。戎子嬖。仲子生牙,属诸戎子。戎子请以为大子,许之。仲子曰："不可。废常③,不祥；间诸侯④,难⑤。光之立也,列于诸侯矣⑥。今无故而废之,是专黜诸侯⑦,而以难犯不祥也。君必悔之。"公曰："在我而已⑧。"遂东大子光⑨。使高厚傅牙,以为大子,夙沙卫为少傅^⑩。

【注释】

①其侄鬷（zōng）声姬：鬷声姬作为侄女陪嫁。

②诸子：诸妾中姓子的。仲子、戎子：都是宋女。

③常：常规。案嫡妻无子，立年长者为常，光最长，应立。

④间：触犯。

⑤难：事难成。

⑥光之立也，列于诸侯矣：从襄公三年以来，太子光多次参加盟会与诸侯征伐，所以说是"列于诸侯"。

⑦今无故而废之，是专黜诸侯：光为太子已为诸侯承认，现在要废掉他，是专横而轻视诸侯。黜，摈弃。

⑧在我而已：废立由我，不在诸侯，齐灵公坚持废太子光。

⑨遂东大子光：废太子光并把他迁到东部边境。

⑩夙沙卫为少傅：案以上是补叙以前的事。

【译文】

齐灵公娶鲁国女子为妻，名颜懿姬，没生儿子。随同她陪嫁来的侄女鬷声姬生下光，被立为太子。姬妾中有仲子、戎子。戎子得到宠爱。仲子生下牙，被托付给戎子抚育。戎子请求把牙立为太子，齐灵公应许了。仲子说："不可以。废除常规，不吉祥；触犯诸侯，难于成事。光立为太子，已经多次参与诸侯盟会的行列。现在无故废掉他，这是专横而蔑视诸侯，用难以成功的事去触犯'废常'这不吉祥的事。国君一定会后悔的。"齐灵公说："一切由我决定。"就把太子光迁移到东部边境。派高厚做牙的太傅，立牙为太子，任命夙沙卫为少傅。

　　齐侯疾，崔杼微逆光^①。疾病而立之^②。光杀戎子，尸诸朝^③，非礼也。妇人无刑^④。虽有刑，不在朝市^⑤。

【注释】

①微:暗中。

②疾病而立之:乘齐灵公病危,复立光为太子。

③尸诸朝:陈尸于朝。

④妇人无刑:没有专为妇女订立的刑罚条目。

⑤虽有刑,不在朝市:即便犯死刑,也不可暴尸于朝。

【译文】

齐灵公生病,崔杼暗地里把光接回来。齐灵公病危时,崔杼立光为太子。光杀了戎子,把尸体陈列在朝堂上,这是不合乎礼的。妇女没有专门的刑罚。即便受刑,也不能陈尸在朝堂。

　　夏五月壬辰晦,齐灵公卒①。庄公即位②,执公子牙于句渎之丘③。以夙沙卫易己④,卫奔高唐以叛⑤。

【注释】

①夏五月壬辰晦,齐灵公卒:经文记载齐灵公七月死,是按齐庄公即位后的报告而记。杨伯峻则认为,经文书"七月",传文书"五月",是因为齐用夏历,经文为鲁史,改从周历。壬辰晦,二十九日。

②庄公:即太子光。

③句渎之丘:即谷丘。在齐国境内。

④以夙沙卫易己:太子光认为是夙沙卫教齐灵公废掉自己。

⑤高唐:古地名,在今山东高唐东。

【译文】

夏五月二十九日,齐灵公去世。齐庄公即位,在句渎之丘逮捕了公子牙。他认定自己被废是夙沙卫出的主意,夙沙卫逃往高唐叛变齐国。

　　【经】晋士匄帅师侵齐①,至穀②,闻齐侯卒,乃还。

【注释】

①士匄（gài）：此时荀偃已死，士匄继任为执政大夫。

②穀：齐地名，在今山东东阿南的东阿镇。

【译文】

晋国士匄领兵侵袭齐国，到达穀地，听到齐灵公的死讯，便撤军回国。

【左传】晋士匄侵齐，及穀，闻丧而还，礼也。

【译文】

晋国士匄进攻齐国，到穀地，听到齐灵公的死讯就撤兵了，这是合乎礼的。

【公羊传】还者何？善辞也。何善尔？大其不伐丧也。此受命乎君而伐齐，则何大乎其不伐丧？大夫以君命出，进退在大夫也①。

【注释】

①大夫以君命出，进退在大夫也：何休云："礼：兵不从中御外，临事制宜，当敌为师，唯义所在。士匄闻齐侯卒，引师而去，恩动孝子之心，义服诸侯之君，是后兵寝数年，故起时善之。言乃者，士匄有难重废君命之心，故见之。"

【译文】

"还"是什么？是善辞。有何善处？褒扬士匄不讨伐有丧事的国家。这里是奉国君之命讨伐齐国，为何褒扬士匄不伐齐国之丧？大夫以君命出使，进退由大夫做主。

【穀梁传】还者,事未毕之辞也。受命而诛^①,生死无所加其怒^②,不伐丧,善之也。善之,则何为未毕也?君不尸小事,臣不专大名,善则称君,过则称己,则民作让矣^③。士匄外专君命^④,故非之也。然则为士匄者宜奈何?宜墠帷而归命乎介^⑤。

【注释】

①诛:讨伐。

②生死无所加其怒:指不因讨伐对象的生死而更加生气,只是执行国君的命令而已。

③"君不尸小事"五句:这里的意思是国君不主持微小之事,臣子不专擅美好的名声,做了好事就称颂君王,犯了过错就归于自己,这样百姓就会相互谦让。尸,主持。

④专君命:即专大名,独占了不伐丧的美名。后文认为应当先请求国君允许退兵,国君允许之后方可退兵,这样,不伐丧的美名就是国君的而不是臣子的,士匄未经请示即退兵,是独占了美名。

⑤墠(shàn):修整平地以供祭祀。帷:张开帐篷。介:副手。

【译文】

还,是事情还没有做完的说法。接受国君的命令而讨伐,活着或者死去都不会更加生气,不讨伐有丧事的国家,是褒扬这种行为。褒扬这种行为,那么为什么说事情没有做完呢?国君不主持微小之事,臣子不专擅美好的名声,做了好事就称颂君王,犯了过错就归咎于自己,这样百姓就会相互谦让。士匄在国外独占了本该属于国君的美名,所以责备他。既然这样,那么作为士匄应该怎么做才好呢?应该平整土地张开帐篷准备祭祀并且派副手回去报告。

△**【经】八月丙辰^①,仲孙蔑卒^②。**

【注释】

①丙辰:二十三日。

②仲孙蔑卒:鲁国孟献子死。

【译文】

八月二十三日,仲孙蔑去世。

【经】齐杀其大夫高厚①。

【注释】

①齐杀其大夫高厚:高厚,齐国大夫。齐灵公宠爱戎子,于是立其子为太子,废原太子光,且命高厚为太子太傅。齐灵公病危时,崔杼暗中迎回光,重新奉为太子,且杀高厚。

【译文】

齐国杀了他们的大夫高厚。

【左传】秋八月,齐崔杼杀高厚于洒蓝①,而兼其室②。书曰"齐杀其大夫",从君于昏也③。

【注释】

①洒蓝:齐地名,在今山东临淄城外。

②室:指财货封邑。

③从君于昏也:这是解释经文的意思。齐灵公废太子光而改立公子牙,实属昏庸,高厚顺从齐灵公昏聩之令,做公子牙的太傅,因而被杀,是咎由自取。

【译文】

秋八月,齐国崔杼在洒蓝杀了高厚,兼并了他的家财采邑。《春秋》记载"齐国杀了他们的大夫",这是由于高厚顺从了国君昏聩的命令。

【经】郑杀其大夫公子嘉①。

【注释】

①郑杀其大夫公子嘉:公子嘉,字子孔,郑穆公之子。此时为郑国执
　　政大夫。《公羊传》作"公子喜"。子孔专权,引起国人不满而被杀。

【译文】

郑国杀了他们的大夫公子嘉。

【左传】郑子孔之为政也专。国人患之,乃讨西宫之
难与纯门之师①。子孔当罪②。以其甲及子革、子良氏之甲
守③。甲辰④,子展、子西率国人伐之,杀子孔,而分其室。
书曰"郑杀其大夫",专也。

【注释】

①西宫之难:事在襄公十年,尉止等作乱,子孔知道而不告发。纯门
　　之师:去年子孔欲去诸大夫布专政,招楚来伐,楚子庚门于纯门。

②子孔当罪:上述两个事件中子孔都有责,应当抵罪。

③以其甲及子革、子良氏之甲守:子孔已听到风声,招集甲士自保。

④甲辰:十一日。

【译文】

郑国子孔执政独断专行。郑国人很担忧,就追究西宫那次祸难和楚
国攻打纯门之战的罪责。子孔应该抵罪。他带领自家甲士和子革、子良
家的甲士保卫自己。十一日,子展、子西率领国人讨伐他,杀死子孔,而
瓜分了他的家财采邑。《春秋》记载"郑国杀了他们的大夫",是因为子
孔专横。

子然、子孔，宋子之子也^①；士子孔，圭妫之子也^②。圭妫之班亚宋子^③，而相亲也；二子孔亦相亲也^④。僖之四年^⑤，子然卒。简之元年^⑥，士子孔卒。司徒孔实相子革、子良之室^⑦，三室如一，故及于难^⑧。子革、子良出奔楚，子革为右尹^⑨。郑人使子展当国，子西听政，立子产为卿^⑩。

【注释】

①子然、子孔，宋子之子也：子然，子革之父。宋子，郑穆公妾。

②士子孔，圭妫（guī）之子也：士子孔，即公子志。圭妫，郑穆公妾。

③班：位置。亚宋子：次于宋子。

④二子孔：指子孔与士子孔，二人为同父异母兄弟。相亲：其母相亲，两人也相亲。

⑤僖之四年：郑僖公四年即鲁襄公六年。

⑥简之元年：郑简公元年即鲁襄公八年。

⑦司徒孔：子孔，襄公十年前子驷执政时为司徒。子革：子孔胞侄。子良：士子孔之子，也是子孔侄子。

⑧三室如一，故及于难：三家相亲，所以子革、子良的甲士为子孔守，两家也卷入事件中。

⑨子革为右尹：子革后来为楚国右尹，又称为"郑丹""然丹"，见昭公十二、十三年传文。

⑩立子产为卿：案子产始登上郑国政治舞台。

【译文】

子然、子孔，是宋子的儿子；士子孔，是圭妫的儿子。圭妫的位次在宋子之下，但二人关系亲密；两个子孔也关系亲近。郑僖公四年，子然去世。郑简公元年，士子孔去世。司徒子孔辅助子革、子良两家，三家亲如一家，所以子革、子良也受牵连而遭难。子革、子良逃往楚国，子革任楚国右尹。郑国让子展主政，子西负责日常政务，立子产为卿。

△【经】冬①,葬齐灵公。

【注释】

①冬:案时月日例,大国之君葬书月。此处书时者,是贬抑齐世子光,因葬为生者之事。齐世子光代父从政,处诸侯之上,不孝,故贬抑之。

【译文】

冬,安葬齐灵公。

*【左传】齐庆封围高唐①,弗克。冬十一月,齐侯围之,见卫在城上,号之②,乃下。问守备焉,以无备告③。揖之,乃登④。闻师将傅⑤,食高唐人⑥。殖绰、工偻会夜缒纳师,醘卫于军⑦。

【注释】

①齐庆封围高唐:案因夙沙卫据高唐而叛。

②见卫在城上,号之:叫夙沙卫。

③问守备焉,以无备告:夙沙卫下城,二人隔着护城河对话。齐庄公问守备情况,夙沙卫告诉他无备。

④揖之,乃登:齐庄公向夙沙卫作揖,夙沙卫还礼后又登上城墙,准备与齐庄公死战。

⑤傅:缘城进攻。

⑥食高唐人:夙沙卫让高唐人饱吃一顿。

⑦殖绰、工偻会夜缒(zhuì)纳师,醘卫于军:殖绰、工偻会二人夜里垂下绳子让齐军入城。齐军攻入高唐,杀夙沙卫。殖绰、工偻会,都是齐国大夫。

【译文】

齐国庆封包围高唐,没攻下。冬十一月,齐庄公包围了高唐,看见凤沙卫在城上,就高声喊他,凤沙卫就下城来见齐庄公。问他高唐守备的情况,凤沙卫告诉说没有防备。齐庄公向他作揖,凤沙卫又返回城上。凤沙卫听说齐军将缘城进攻,就让高唐人马饱吃一顿。殖绰、工偻会夜里垂下绳索让齐军入城,将凤沙卫在军中剁成肉酱。

【经】城西郛^①。

【注释】

①城西郛:鲁国修筑西边外城城墙。

【译文】

修筑都城西边外城。

【左传】城西郛,惧齐也^①。

【注释】

①惧齐也:鲁国去年和晋国一起伐齐,又以齐兵器铸钟,所以怕齐国来攻。

【译文】

修筑都城西边的外城,是因为怕齐国报复。

【经】叔孙豹会晋士匄于柯^①。

【注释】

①柯:古地名,在今河南内黄东北。

【译文】

叔孙豹和晋国士匄在柯会面。

【左传】齐及晋平,盟于大隧①。故穆叔会范宣子于柯。穆叔见叔向,赋《载驰》之四章②。叔向曰:"胥敢不承命③。"

【注释】

①大隧:古地名,在今山东高唐。

②赋《载驰》之四章:《载驰》是《诗经·鄘风》中的篇名。其第四章有"控于大邦,谁因谁极"二句,穆叔借此表示希望晋国能及时救援。

③胥(xī)敢不承命:叔向答应救鲁。可见齐虽然与晋盟,但并没有真正服晋。

【译文】

齐国和晋国讲和,在大隧结盟。因此穆叔和士匄在柯地相会。穆叔进见叔向,赋《载驰》第四章。叔向说:"我岂敢不接受命令。"

【经】城武城①。

【注释】

①武城:古地名,在今山东嘉祥,靠近齐国。

【译文】

修筑武城城墙。

【左传】穆叔归,曰:"齐犹未也①,不可以不惧。"乃城武城②。

【注释】

①齐犹未也:齐国不会停止攻伐。

②城武城:防备齐国。

【译文】

穆叔回国后说:"齐国不会就此罢休,不能不小心。"便在武城筑城。

*【左传】卫石共子卒①,悼子不哀②。孔成子曰③:"是谓蹷其本④,必不有其宗⑤。"

【注释】

①石共子:石买。

②悼子:石买之子石恶。

③孔成子:卫卿孔烝钼,庄叔达之孙。

④蹷(jué):同"蹶",拔掉。

⑤不有其宗:不能保有其宗族。案这里是在为襄公二十八年石恶奔
　晋作伏笔。

【译文】

卫国石买去世,石恶并不悲伤。孔成子说:"这叫做丧失了本性,必
定不能保全他的宗族。"

二十年

【经】二十年春王正月辛亥①,仲孙速会莒人盟于向②。

【注释】

①二十年:鲁襄公二十年当周灵王十九年,前553年。辛亥:二十一日。

②仲孙速:鲁宗族臣,孟庄子,孟孺子速。向:莒邑,在今山东莒县南。

速,《公羊传》作"遫"。

【译文】

鲁襄公二十年春周历正月二十一日,仲孙速和莒国人相会并在向地结盟。

【左传】二十年春,及莒平。孟庄子会莒人盟于向,督扬之盟故也①。

【注释】

①督扬之盟故也:莒多次犯鲁,去年督扬之盟诸侯和解,现在两国再相盟结好。

【译文】

鲁襄公二十年春天,和莒国和好。仲孙速和莒国人相会并在向地结盟,这是由于先有督扬盟会的缘故。

【经】夏六月庚申①,公会晋侯、齐侯、宋公、卫侯、郑伯、曹伯、莒子、邾子、滕子、薛伯、杞伯②,小邾子盟于澶渊③。

【注释】

①庚申:初三。

②晋侯:晋国国君晋平公姬彪,晋悼公之子。齐侯:指新即位的齐国国君齐庄公姜光,齐灵公之子。宋公:宋国国君宋平公子成。卫侯:卫国国君卫殇公姬秋,一作"剽"。郑伯:郑国国君郑简公姬嘉。曹伯:指新即位的曹国国君曹武公姬滕,曹成公之子。莒子:莒国国君莒犁比公密州。邾子:邾国国君邾悼公曹华,邾宣公之子。滕子:滕国国君滕成公姬原。杞伯:杞国国君杞孝公匄丐。

③澶渊:在今河南濮阳西北。原为卫地,现晋已取之。

【译文】

夏六月初三,鲁襄公与晋平公、齐庄公、宋平公、卫殇公、郑简公、曹武公、莒犁比公、邾悼公、滕成公、薛伯、杞孝公,小邾穆公在澶渊会盟。

【左传】夏,盟于澶渊,齐成故也①。

【注释】

①盟于澶渊,齐成故也:齐国去年已经和晋国讲和,为此诸侯再盟于澶渊。顾栋高曰:"齐自成二年鞌之战始会于袁娄,服晋垂二十年,至悼公末而复贰,襄十八年诸侯同围之于平阴犹未服。至此年感士匄不伐丧之义,复会于澶渊事晋。是时楚已不复与晋争,独齐乍叛乍服。盖晋伯之极盛而将衰之候也。"

【译文】

夏,在澶渊结盟,是由于和齐国讲和。

△**【经】**秋,公至自会。

【译文】

秋,鲁襄公从盟会回国。

【经】仲孙速帅师伐邾①。

【注释】

①仲孙速帅师伐邾:对邾国攻打鲁国进行报复。据《左传》,邾国屡次侵扰鲁国,鲁国因为忙于诸侯盟会等事务,至此时才兴兵报复。速,《公羊传》作"遫"。

【译文】

仲孙速领兵进攻邾国。

【左传】邾人骤至^①，以诸侯之事弗能报也^②。秋，孟庄子伐邾以报之^③。

【注释】

①邾人骤至：襄公十五、十七年邾国几次攻打鲁国。骤，屡次。

②以诸侯之事弗能报也：邾国认为鲁国连年随同晋国征伐盟会，不能报复。

③孟庄子伐邾以报之：案上年晋国为鲁国逮捕邾国国君，取得邾国田土，也是对邾伐鲁的报复。

【译文】

邾国人屡次来犯，认为我国因为连年参加诸侯间的盟会征伐，没能报复。秋，孟庄子讨伐邾国作为报复。

【经】蔡杀其大夫公子燮^①。蔡公子履出奔楚^②。

【注释】

①蔡杀其大夫公子燮（xiè）：公子湿想让蔡国背楚从晋而被蔡人所杀。他的同母弟弟公子履于是出奔到楚国。公子燮，蔡国大夫，蔡庄公之子。《穀梁传》作“公子湿”。

②蔡公子履：公子燮的同母弟。

【译文】

蔡国杀了他们的大夫公子燮。蔡国公子履逃往楚国。

【左传】蔡公子燮欲以蔡之晋^①，蔡人杀之。公子履，其母弟也,故出奔楚②。

【注释】

①蔡公子燮欲以蔡之晋:蔡本是楚的盟国,燮想要以蔡服晋。

②"公子履"三句:杨伯峻认为,杜预说公子履与公子燮同谋,如果
　真是这样,就应出奔晋国。也许他并未参与,只是担心因为兄弟
　的关系而受牵连,所以到楚国去以免除嫌疑。

【译文】

蔡国公子燮想让蔡国顺从晋国,蔡国人杀了他。公子履是他的同母
弟,所以出逃到楚国。

【经】陈侯之弟黄出奔楚①。

【注释】

①陈侯之弟黄出奔楚:陈国大夫庆虎、庆寅害怕公子黄与他们夺权,
　于是向楚国进谗言说公子黄和蔡国的公子燮同谋背楚从晋,楚以
　此责陈,公子黄于是出奔至楚解释。黄,陈哀公之弟。《公羊传》
　《穀梁传》作"光"。

【译文】

陈哀公弟弟黄出逃到楚国。

【左传】陈庆虎、庆寅畏公子黄之逼①,诉诸楚曰:"与蔡
司马同谋②。"楚人以为讨。公子黄出奔楚③。初,蔡文侯欲
事晋,曰:"先君与于践土之盟④,晋不可弃,且兄弟也⑤。"畏
楚,不能行而卒⑥。楚人使蔡无常⑦。公子燮求从先君以利
蔡,不能而死。书曰"蔡杀其大夫公子燮",言不与民同欲

也⑧。"陈侯之弟黄出奔楚",言非其罪也⑨。公子黄将出奔,呼于国曰:"庆氏无道,求专陈国,暴蔑其君⑩,而去其亲⑪,五年不灭,是无天也⑫。"

【注释】

①陈庆虎、庆寅畏公子黄之逼:怕公子黄夺其政权。庆虎、庆寅,陈国卿大夫。

②与蔡司马同谋:指与蔡公子燮同谋叛楚服晋。

③公子黄出奔楚:楚国讨伐陈国,公子黄奔楚辩解。

④先君:指蔡文侯之父庄矦,名甲午。践土之盟:在僖公二十八年。

⑤且兄弟也:晋、蔡同为姬姓国。

⑥畏楚,不能行而卒:蔡文侯虽有事晋之心,终因畏楚而不能实现,并在宣公十七年去世。

⑦使:役使。无常:没有一定的准则。

⑧言不与民同欲也:当时蔡国大多数人(主要是士大夫)想要从楚,公子燮则要从晋,所以说"不与民同欲"。

⑨"陈侯之弟黄出奔楚",言非其罪也:经文称"弟"以示公子黄无罪,罪在陈哀公与庆虎、庆寅。

⑩暴蔑:轻慢。

⑪而去其亲:公子黄是陈哀公亲属。

⑫五年不灭,是无天也:五年之内不灭亡,就是没有天理了。案襄公二十三年,二庆被杀。

【译文】

陈国庆虎、庆寅害怕公子黄的威逼,向楚国报告:"公子黄和蔡国司马共同谋划要顺服晋国。"楚国为此发起讨伐。公子黄出逃到楚国。当初,蔡文侯想顺服晋国,说道:"先君参加了践土之盟,晋不应丢弃,况且我们还是兄弟关系呢。"但因为怕楚国,没能施行就去世了。楚国役使蔡国全无常规法度。公子燮要求继承先君遗志以有利于蔡国,没办成就死了。《春秋》记载说"蔡国杀了大夫公子燮",是说公子燮不能与百姓同意愿;"陈哀公弟弟黄出逃到楚国",说的是并非他的罪过。公子黄临出逃前,在国都高声呼喊:"庆氏无道,想要在陈国专权,轻慢国君,铲除国君的亲属,五年之内不灭亡,就是没有天理了。"

【穀梁传】诸侯之尊,弟兄不得以属通。其弟云者,亲之也①。亲而奔之,恶也。

【注释】

①亲:表明是亲人。

【译文】

以诸侯地位的尊贵,兄弟之间也不能以亲属关系来交往。经文称"弟",是表明他是国君的亲人。是亲人却让他出奔,是厌恶这种行为。

【经】叔老如齐①。

【注释】

①叔老如齐:叔老,鲁大夫,公孙婴齐之子。齐国新君齐庄公即位,鲁国叔老聘齐表示希望重修旧好。

【译文】

叔老前往齐国。

【左传】齐子初聘于齐,礼也①。

【注释】

①齐子初聘于齐,礼也:齐子,即经文的叔老。澶渊之盟,齐、鲁和

好,齐庄公又新即位,鲁国派叔老聘齐以示友好。杜预曰:"齐、鲁
有怨,朝聘礼绝,今复继好息民。"王葆曰:"齐屡陵鲁,及是年之
澶渊而始平。今叔老之修聘,欲固齐好也。"

【译文】

叔老第一次到齐国聘问,这是合于礼的。

△**【经】冬十月丙辰朔,日有食之**①。

【注释】

①冬十月丙辰朔,日有食之:此应为前553年8月31日之日环食。
　丙辰朔,初一。

【译文】

冬十月初一,发生日食。

【经】季孙宿如宋①。

【注释】

①季孙宿如宋:季武子聘宋。

【译文】

季孙宿去宋国。

【左传】冬,季武子如宋,报向戌之聘也①。褚师段逆之
以受享②,赋《常棣》之七章以卒③。宋人重贿之。归,复命,
公享之④,赋《鱼丽》之卒章⑤。公赋《南山有台》⑥。武子
去所⑦,曰:"臣不堪也⑧。"

【注释】

①报向戌之聘：向戌聘鲁在襄公十五年。

②褚师：官名。这里是以官为氏。段：宋共公之子子石。受享：武子
　受宋平公的享礼。

③赋《常棣》之七章以卒：七章以卒，第七章与最后一章（即第八
　章）。《常棣》，《诗经·小雅》篇名。武子借《常棣》第七、第八章
　中妻子和兄弟和睦之意，表示鲁、宋两国将和睦相处。

④公享之：鲁襄公设宴招待季武子。

⑤赋《鱼丽》之卒章：《鱼丽》为宴饮宾客之诗，末章称赞食物丰盛，都
　是时鲜。季武子借以说明聘宋适时。《鱼丽》，《诗经·小雅》篇名。

⑥公赋《南山有台》：鲁襄公取本诗中"乐只君子，邦家之基"称赞
　季武子出色完成使命。《南山有台》，《诗经·小雅》篇名。

⑦去所：离席。

⑧臣不堪也：季武子表示谦让。

【译文】

　　冬，季孙宿到宋国，这是回报向戌的聘问。褚师段迎接他并让他接
受宋平公的享礼，季孙宿赋《常棣》的第七、第八章。宋国送他一份厚
礼。他回国复命，鲁襄公设享礼慰劳，季孙宿赋《鱼丽》的末章。鲁襄公
赋《南山有台》一诗。季孙宿离开坐席，说道："下臣不敢当。"

　　*【左传】卫甯惠子疾①，召悼子曰②："吾得罪于君，悔
而无及也③。名藏在诸侯之策，曰：'孙林父、甯殖出其君。'
君入，则掩之④。若能掩之，则吾子也。若不能，犹有鬼神，
吾有馁而已，不来食矣⑤。"悼子许诺⑥，惠子遂卒。

【注释】

①甯惠子：甯殖。

②召：借用为"诏"，告诉。悼子：甯喜，甯殖之子。

③吾得罪于君，悔而无及也：襄公十四年，甯殖与孙林父一起驱逐了卫献公。

④君入，则掩之：卫献公回国，才能掩盖逐君的罪名。

⑤"若不能"四句：甯殖以死后不享受祭祀要挟甯喜，要他迎回卫献公。犹，假如。馁（něi），饿。

⑥悼子许诺：案此为襄公二十六年卫献公回国伏笔。

【译文】

卫国甯殖有病，对甯喜说："我得罪了国君，后悔已经来不及了。我的名字已记在诸侯的简策上，写着：'孙林父、甯殖驱逐国君。'只有国君回国才能掩盖这个恶名。你要是能掩盖我的罪名，你就是我的好儿子。如果不能，假如有鬼神的话，我宁可挨饿，也不来享受你的祭祀。"甯喜答应，甯殖就死了。

二十一年

【经】二十有一年春王正月①**，公如晋**②**。**

【注释】

①二十有一年：鲁襄公二十一年当周灵王二十年，前552年。

②公如晋：鲁襄公如晋是为了感谢十八年晋国出兵相助和取得邿田。

【译文】

鲁襄公二十一年春周历正月，襄公去晋国。

【左传】二十一年春，公如晋，拜师及取邿田也①**。**

【注释】

①拜师及取邿田也：拜谢襄公十八年晋伐齐师及取邿田。

【译文】

鲁襄公二十一年春,鲁襄公到晋国去,拜谢晋国出兵和为鲁国取得邾国田地。

【经】邾庶其以漆、闾丘来奔[①]。

【注释】

①邾庶其以漆、闾丘来奔:邾,《公羊传》作"邾娄"。庶其,邾国大夫。漆,古地名,在今山东邹城。闾丘,古地名,在漆东北。庶其逃奔鲁国,以漆、闾丘二地献给鲁国。

【译文】

邾国庶其带着漆与闾丘二地来投奔我国。

【左传】邾庶其以漆、闾丘来奔。季武子以公姑姊妻之[①],皆有赐于其从者。于是鲁多盗。季孙谓臧武仲曰:"子盍诘盗[②]?"武仲曰:"不可诘也,纥又不能[③]。"季孙曰:"我有四封[④],而诘其盗,何故不可? 子为司寇[⑤],将盗是务去,若之何不能?"武仲曰:"子召外盗而大礼焉[⑥],何以止吾盗?子为正卿,而来外盗[⑦],使纥去之[⑧],将何以能? 庶其窃邑于邾以来,子以姬氏妻之,而与之邑[⑨],其从者皆有赐焉。若大盗,礼焉以君之姑姊与其大邑[⑩],其次皂牧舆马[⑪],其小者衣裳剑带[⑫],是赏盗也。赏而去之,其或难焉[⑬]。纥也闻之,在上位者洒濯其心[⑭],壹以待人[⑮],轨度其信,可明征也[⑯],而后可以治人。夫上之所为,民之归也[⑰]。上所不为,而民或为之,是以加刑罚焉,而莫敢不惩[⑱]。若上之所为,而民亦为之,乃其所也⑲,又可禁乎?《夏书》曰⑳:'念兹在兹,释兹在兹,名言兹在兹,允出兹在兹,惟帝念功㉑。'将谓由己壹也㉒。信由己壹,而后功可念也㉓。"

【注释】

①姑姊:姑母。

②诘:禁止。

③不可诘也,纥又不能:臧纥自称无能力诘盗。

④四封:四方边界。

⑤司寇:主刑官员。

⑥子召外盗而大礼焉:指庶其奔鲁,而季武子妻之以鲁公之姑母并与之邑。

⑦而来外盗:接纳外盗。

⑧之:指国内盗贼。

⑨而与之邑:另外赏给庶其封邑。

⑩焉:同"之",指大盗。

⑪其次皂牧舆马:次一等的给予皂牧舆马。皂,皂役,杂役。牧,牧人。

⑫其小者衣裳剑带:最低等的给予衣裳剑带。

⑬赏而去之,其或难焉:一边赏赐盗贼,一边要除掉盗贼,恐怕很难了。

⑭洒濯其心:洗涤其心,使之知礼仪。

⑮壹以待人:待人以诚。

⑯轨度其信,可明征也:轨度,纳之于轨范。信,诚心。征,征信。

⑰夫上之所为,民之归也:上行下效。

⑱惩:警戒。

⑲"若上之所为"三句:上行下效是势所必然。

⑳《夏书》:逸书,《古文尚书》羼入《大禹谟》篇。

㉑"念兹在兹"五句：意思是所思念而为者在于此，所舍弃而不为者在于此，所号令要说者在于此，诚信所行者也在于此。只有天帝才能记下这成功。兹，此，这个。指当时的规范、标准。释，舍弃。名，号令。允，诚信。念功，记功。

㉒将谓由己壹也：《夏书》所说，大概指要由自身来体现标准的一致。将，殆，大概。

㉓信由己壹，而后功可念也：诚信出于自己的一致，然后才可以记录功劳。案臧武仲在这里意在批评季孙为贪求土地而诚信不一。

【译文】

邾国庶其带着漆、闾丘二地来投奔我国。季孙宿把鲁襄公的姑妈嫁给他，他的随从也都有赏赐。当时鲁国的盗贼很多。季孙宿对臧纥说："你为什么不查禁盗贼？"臧纥说："盗贼无法查禁，我也没有能力查禁。"季孙宿说："我国有四面边境的限制，用来禁治盗贼，为什么做不到呢？你官居司寇，捕盗是你的职责，为什么做不到呢？"臧纥说："你把国外的大盗招来，给予优渥的礼遇，又怎么能禁止国内的盗贼呢？你是正卿，把外国的盗贼引来，却要我去除掉国内的盗贼，我怎么可能办得到？庶其在邾国偷盗城邑而来，你把姬氏嫁给他做妻子，还赏给城邑，他的随从也都有赏赐。对大盗，你给他国君的姑妈和大城邑以表示优待，次一等的给予奴隶车马，最差的也给予衣裳剑带，这是在奖赏盗贼。奖赏盗贼又要除去盗贼，这恐怕有难度。我听说，在上位的要洗涤自己的心，专一待人，诚信待人，使它合于法度，有明确的行动做证明，然后才可以治理人民。在上者的所作所为，是人民的榜样。在上者不做而百姓有人做了，由此对他们施以刑罚，就没有人敢不当心。如果在上者做了而百姓也这样做了，这是势所必然的，又怎么能够禁止住呢？《夏书》说：'想要干的就是这个，想丢弃的就是这个，所要命令的就是这个，诚信所在就是这个，只有天帝才能记下这功劳。'大约说的就是要由自己来体现标准的一致性。诚信出于自己的一致，而后才可以记录功劳。"

庶其非卿也,以地来,虽贱,必书,重地也①。

【注释】

①"庶其非卿也"五句:这是解释经文。案《春秋》例,非卿不记载
　　其名。庶其献了土地,虽不是卿,但因重视土地而特记其名。

【译文】

庶其不是卿,但他带着城邑来,所以虽然地位卑贱,《春秋》也要加
以记载,是因为重视土地。

【公羊传】邾娄庶其者何? 邾娄大夫也。邾娄无大夫①,
此何以书? 重地也②。

【注释】

①邾娄无大夫:案《春秋》之例,大国大夫称名氏,小国大夫略称人,
　　邾娄为小国,故云"邾娄无大夫"。

②重地也:邾娄无大夫,庶其窃邑叛国,性质严重,故书其名,表明庶
　　其之罪重,鲁国受邑之罪亦重。

【译文】

邾娄庶其是什么人? 是邾娄国的大夫。邾娄没有大夫,此处为何书
庶其之名? 是重视封地。

【穀梁传】以者,不以者也。来奔者不言出,举其接我者
也。漆、闾丘不言及,小大敌也。

【译文】

说"以",就是不应该"以"的意思。逃来鲁国的人不说"出奔",突

显出他是来我国的。漆、闾丘之间不用"及"字连接,因为它们的大小差不多。

*【左传】齐侯使庆佐为大夫,复讨公子牙之党①,执公子买于句渎之丘②。公子锄来奔。叔孙还奔燕。

【注释】

①齐侯使庆佐为大夫,复讨公子牙之党:齐庄公即位,清除公子牙同党,崔杼、庆佐的势力日益强大。庆佐,崔杼的同党。

②公子买:与下面的公子锄、叔孙还都是齐国的公族。

【译文】

齐庄公任命庆佐为大夫,再次讨伐公子牙的党羽,在句渎之丘逮捕了公子买。公子锄逃来我国。叔孙还出逃燕国。

*【左传】夏,楚子庚卒,楚子使蒍子冯为令尹。访于申叔豫①,叔豫曰:"国多宠而王弱,国不可为也②。"遂以疾辞。方暑,阙地,下冰而床焉③。重茧,衣裘,鲜食而寝④。楚子使医视之,复曰:"瘠则甚矣,而血气未动⑤。"乃使子南为令尹⑥。

【注释】

①访:与人商议。申叔豫:申叔时之孙。

②国不可为也:国事没法做好,意思是不能去当令尹。

③阙地,下冰而床焉:挖地,放上冰块再安置床,使寒气更重。

④"重茧"三句:蒍子冯用装病来推辞当令尹。重茧,两层棉袍。鲜食,吃得很少。

⑤瘠则甚矣,而血气未动:虽然很瘦,但血气正常。说明没病。

⑥子南：即公子追舒。

【译文】

夏,楚国子庚去世,楚康王任命蒍子冯当令尹。蒍子冯向申叔豫请教,申叔豫说:"国家宠臣众多而君王年轻,国家没办法管好。"于是蒍子冯以疾病为辞不当令尹。正当大暑天,他挖地,埋进冰块后架上床。身穿两层棉衣,又穿上皮袍,吃得很少,躺在床上。楚康王派医生去探视,回来报告说:"虽然很瘦,但血气没亏。"楚康王便任命子南为令尹。

△**【经】**夏,公至自晋。

【译文】

夏,鲁襄公从晋国回来。

【经】秋,晋栾盈出奔楚①。

【注释】

①晋栾盈出奔楚:栾盈,晋国大夫,栾黡(yǎn)之子,其母为士匄(gài)之女栾祁(qí)。祁有淫行,栾盈患之。祁惧而诉于士匄,诬盈有谋反之心,士匄遂逐之,盈奔楚。

【译文】

秋,晋国栾盈出逃楚国。

【左传】栾桓子娶于范宣子,生怀子①。范鞅以其亡也,怨栾氏②,故与栾盈为公族大夫而不相能③。桓子卒,栾祁与其老州宾通④,几亡室矣⑤。怀子患之。祁惧其讨也,诉诸宣子曰:"盈将为乱,以范氏为死桓主而专政矣⑥,曰:'吾父逐鞅也,不怒而以宠报之⑦,又与吾同官而专之⑧,吾父死而益富⑨。死吾父而专于国,有死而已,吾蔑从之矣⑩。'其谋如是,惧害于主⑪,吾不敢不言。"范鞅为之征⑫。怀子好施⑬,士多归之。宣子畏其多士也,信之⑭。怀子为下卿⑮,宣子使城著而遂逐之⑯。

【注释】

①栾桓子娶于范宣子,生怀子:栾桓子娶士匄之女。栾桓子,即栾黡。怀子,即栾盈。

②范鞅以其亡也,怨栾氏:襄公十四年,诸侯伐秦,栾黡之弟栾铖主动要求与范鞅冲击秦师,结果范鞅生还而栾铖战死,栾黡认为栾铖是受范鞅的怂恿才战死的,所以责怪其父范宣子,迫其驱逐范鞅。范鞅出逃秦国,后回国复位。范氏与栾氏结怨。范鞅,士鞅,范宣子士匄之子。

③故与栾盈为公族大夫:襄公十六年,范鞅与栾盈同为公族大夫。不相能:不能共处。

④栾祁:栾黡妻,士匄女,栾盈母。杨伯峻指出,范氏传为尧的后代,本祁姓。周时妇女举姓不氏,所以叫栾祁。其老州宾:老,室老,大夫家臣之长,名州宾。通:通奸。

⑤几亡室矣:栾氏家财几乎全为州宾侵占。

⑥盈将为乱,以范氏为死桓主而专政矣:栾祁诬陷栾盈,说他认为是范氏弄死栾黡。桓主,栾黡。

⑦吾父逐鞅也,不怒而以宠报之:范鞅由秦国回晋后,栾黡不怒,反而让他为公族大夫。

⑧又与吾同官而专之:同为公族大夫而范鞅独断专行。

⑨吾父死而益富:范氏更富。

⑩"死吾父而专于国"三句：栾祁诬陷栾盈将以死作难。蔑，无。

⑪主：指范宣子士匄。

⑫范鞅为之征：替栾祁作证。征，证。

⑬好施：好施舍。

⑭宣子畏其多士也，信之：怕栾盈得人心而势力更大，便相信栾祁的话。

⑮怀子为下卿：栾盈当时任下军佐，位居第六。

⑯宣子使城著而遂逐之：范宣子令栾盈到著地筑城趁机赶走他。
　　著，晋邑，可能即著雍。

【译文】

　　栾黡娶范宣子士匄之女为妻，生下栾盈。范鞅因为曾被迫逃亡一事，怨恨栾氏，所以虽然和栾盈同为公族大夫却不能友好相处。栾黡去世后，其妻栾祁和家宰州宾私通，州宾几乎把栾家家产全都侵吞。栾盈感到很烦恼。栾祁害怕他讨伐，向士匄诉说道："栾盈将要发动叛乱，认为是范氏把栾黡弄死从而把持国政，他说：'我父亲赶走范鞅，待他回国以后不但不愤怒反而报以宠信，又和我同任公族大夫官，而他则大权独揽，我父亲去世后他更富了。弄死我父亲而掌国政，我宁可死，也不愿服从他。'他的阴谋就是这样，我担心会伤害您，所以不敢不告知您。"范鞅也证实她的话是事实。栾盈喜好施舍周济别人，很多士人都归附他。士匄害怕归附栾盈的士人众多，就相信了栾祁的话。栾盈任下卿，士匄派他负责修筑著地城墙遂趁机赶走他。

　　秋，栾盈出奔楚。宣子杀箕遗、黄渊、嘉父、司空靖、邴豫、董叔、邴师、申书、羊舌虎、叔罴①。囚伯华、叔向、籍偃②。人谓叔向曰："子离于罪③，其为不知乎④？"叔向曰："与其死亡若何⑤？《诗》曰：'优哉游哉，聊以卒岁。'知也⑥。"

【注释】

①宣子杀箕遗、黄渊、嘉父、司空靖、邴豫、董叔、邴师、申书、羊舌虎、叔罴（pí）：以上十人都是晋国大夫，栾盈同党。

②叔向：他并非栾盈同党，因其弟羊舌虎与栾盈同党而牵连入狱。

　籍偃：当时任上军司马。

③离：遭遇。

④知：同"智"。

⑤与其死亡若何：虽受囚而胜于死亡。

⑥《诗》曰四句：叔向认为优游于乱世，能避害而终其寿，就是智。

　引诗为逸诗，今《诗经》中有和它相近的诗句。

【译文】

秋，栾盈逃往楚国。士匄杀了箕遗、黄渊、嘉父、司空靖、邴豫、董叔、邴师、申书、羊舌虎、叔罴。囚禁了伯华、叔向、籍偃。有人对叔向说："你被牵连入狱，是不明智的结果吧？"叔向说："比起死与逃亡来说又怎么样？有《诗》说：'优哉游哉，能避害而终寿。'这就是明智啊。"

　　乐王鲋见叔向曰①："吾为子请②！"叔向弗应。出，不拜③。其人皆咎叔向。叔向曰："必祁大夫④。"室老闻之⑤，曰："乐王鲋言于君，无不行，求赦吾子，吾子不许。祁大夫所不能也⑥，而曰必由之，何也？"叔向曰："乐王鲋，从君者也⑦，何能行？祁大夫外举不弃仇，内举不失亲⑧，其独遗我乎？《诗》曰：'有觉德行，四国顺之⑨。'夫子，觉者也⑩。"

【注释】

①乐王鲋（fù）：晋国大夫乐桓子。

②请：请求释放。

③出,不拜:乐王鲋出,叔向不拜。

④必祁大夫:只有祁奚能救我。

⑤室老:羊舌氏家臣之长。

⑥不能:做不到。

⑦从君:只会看国君脸色行事。

⑧祁大夫外举不弃仇,内举不失亲:襄公三年祁奚请老时推荐其仇
解狐、其子祁午和羊舌赤,君子赞曰:"祁奚于是能举善矣。称其
仇,不为谄;立其子,不为比;举其偏,不为党。"

⑨有觉德行,四国顺之:引《诗》见《诗经·大雅·抑》。意思是德
行公正,则天下顺从。觉,通"梏",正直,高大。

⑩夫子,觉者也:祁奚是正直的人。夫子,对第三人的敬称。这里指
祁奚。

【译文】

乐王鲋去见叔向,说:"我可以为你去求情!"叔向没应声。乐王鲋
走的时候,叔向也不拜送。叔向的随从都责备他。叔向说:"一定要祁大
夫才能救我。"他的家宰听说后,对他说:"乐王鲋对国君说的话,没有不
被采纳的,他要去请求赦免你,你不答应。可这是祁大夫所无法办到的,
你却说一定要通过他,这是为什么?"叔向说:"乐王鲋,只是顺从国君的
人,他怎么能行? 祁大夫举荐外族人不丢弃仇家,举拔族内人时不回避
亲人,他难道会单单把我遗漏掉吗?《诗》说:'有正直的德行,四方的人
都会归顺他。'祁大夫正是这样正直的人啊。"

晋侯问叔向之罪于乐王鲋,对曰:"不弃其亲,其有
焉①。"于是祁奚老矣②,闻之,乘驲而见宣子③,曰:"《诗》
曰:'惠我无疆,子孙保之④。'《书》曰:'圣有谟勋,明征定
保⑤。'夫谋而鲜过、惠训不倦者⑥,叔向有焉,社稷之固也⑦。

犹将十世宥之⑧,以劝能者。今壹不免其身⑨,以弃社稷,不亦惑乎? 鲧殛而禹兴⑩;伊尹放大甲而相之,卒无怨色⑪;管、蔡为戮,周公右王⑫。若之何其以虎也弃社稷? 子为善,谁敢不勉⑬? 多杀何为?"宣子说,与之乘⑭,以言诸公而免之⑮。不见叔向而归⑯。叔向亦不告免焉而朝⑰。

【注释】

①不弃其亲,其有焉:乐王鲋怀恨而落井下石,说叔向不弃兄弟,可能同谋。亲,指羊舌虎。

②于是祁奚老矣:祁奚请老在襄公三年,十六年又出为公族大夫,现又已告老退休。

③驲(rì):传车。杨伯峻指出,当时祁奚住处可能离晋都新绛远,所以乘传,取其快速。

④惠我无疆,子孙保之:引《诗》见《诗经·周颂·烈文》。意思是恩赐我们无边际,子子孙孙保持它。

⑤圣有谟勋,明征定保:引《书》为逸书,今纂入《古文尚书·胤征》篇。意思是圣人有谋略功勋,应当明信而保护。谟,谋略。案祁奚在这里引诗、书都是用来称赞叔向。

⑥夫谋而鲜过:此即"圣有谟勋"。惠训不倦:此即"惠我无疆"。

⑦社稷之固:国家柱石。

⑧犹将十世宥之:其十代子孙犯罪都要追念其功业而加以赦宥。

⑨壹:指羊舌虎这件事。身:自身。

⑩鲧殛(jí)而禹兴:鲧治水无功,舜将他流放,而用其子禹。这是不以父罪废其子。

⑪伊尹放大甲而相之,卒无怨色:伊尹,商汤之相。太甲为汤之孙,即位荒淫,伊尹把他放逐到桐宫三年,待他改过后复位,自己为

相,太甲始终没有怨色。这是君臣不相怨。

⑫管、蔡为戮,周公右王:管叔、蔡叔和周公是三兄弟,管、蔡叛周助殷,周公杀了管、蔡而辅佐成王。这是兄弟不同,不能同罪。案以上三例都是意在说明不能搞株连。

⑬勉:尽力。

⑭与之乘:因为祁奚是乘传车,不可以朝,所以士匄"与之乘"。

⑮言诸公而免之:劝说晋平公赦免叔向。

⑯不见叔向而归:叔向已被赦免,祁奚不见他就回去了。

⑰叔向亦不告免焉而朝:叔向也不告谢祁奚,只朝晋平公。案二人都是不讲私情,秉公办事。

【译文】

晋平公向乐王鲋询问叔向的罪责,乐王鲋回答说:"他这人不会背弃自己的亲人,他可能参与了叛乱的策划。"这时祁奚已告老退休,听说此事后,乘坐传车去见士匄,说道:"《诗》说:'赐给我们的恩惠无边无际,子子孙孙永远保有它。'《书》说:'圣贤有谋略功勋,应当对他信任保护。'说到谋划而少有过错,教诲别人不知疲倦,叔向都具备了,这是国家的柱石啊。即便他的子孙十代有罪都要赦免,用来激励有能力的人。可现在因一点罪过却连自身都无法免罪,国家的栋梁弃之不顾,不也太让人疑惑不解吗?鲧被杀而他的儿子禹受重用;伊尹曾放逐太甲而太甲后来用他为相,并且始终没有怨恨的情绪;管叔、蔡叔被杀,而他们的兄长周公却辅佐成王。为什么要因为一个羊舌虎,而损失一个国家栋梁?您如果做此好事,谁敢不努力?何必要多杀人呢?"士匄听了觉得说得对,就和祁奚一起乘车入朝,劝说晋平公赦免了叔向。祁奚没有去见叔向就回家了。叔向出来后也没有去拜谢祁奚,只是朝见晋平公。

初,叔向之母妒叔虎之母美而不使①,其子皆谏其母。其母曰:"深山大泽,实生龙蛇。彼美,余惧其生龙蛇以祸女。女,敝族也^②。国多大宠^③,不仁人间之^④,不亦难乎?余何爱焉^⑤!"使往视寝,生叔虎。美而有勇力,栾怀子嬖之,故羊舌氏之族及于难^⑥。

【注释】

①不使:不让她侍寝。

②敝:衰败。

③国多大宠:六卿专权,都受大宠。

④不仁人间之:不仁人挑拨六卿。间,离间。

⑤余何爱焉:意思是自己是为羊舌氏考虑,不是为个人打算。爱,爱惜。

⑥故羊舌氏之族及于难:以上补叙羊舌虎出生及羊舌氏遭此难的预言。

【译文】

当初,叔向的母亲嫉妒叔虎的母亲漂亮而不让她侍寝,她的儿子们都劝谏她。她说:"深山大泽,是产生龙蛇一类妖异的地方。她这么美,我担心她生下龙蛇似的人来祸害你们。你们是衰败的家族。国家受宠信的大族很多,坏人又从中挑拨,想要太平无事不也很难了吗?我自己又有什么舍不得的呢!"便让她去侍寝,生下叔虎。叔虎长得美而有勇力,栾盈很宠爱他,于是羊舌氏家族遭受祸害。

栾盈过于周,周西鄙掠之^①。辞于行人曰^②:"天子陪臣盈得罪于王之守臣^③,将逃罪。罪重于郊甸^④,无所伏窜,敢布其死^⑤。昔陪臣书能输力于王室^⑥,王施惠焉。其子黡不能保任其父之劳^⑦。大君若不弃书之力^⑧,亡臣犹有所逃^⑨。若弃书之力,而思黡之罪,臣,戮余也^⑩,将归死于尉氏^⑪,不敢还矣。敢布四体⑫,唯大君命焉!"王曰:"尤而效之,其又甚焉⑬!"使司徒禁掠栾氏者,归所取焉。使候出诸辗辕⑭。

【注释】

①周西鄙掠之:西鄙的人劫掠其财物。

②辞于行人:栾盈向周室使者申诉。

③陪臣:诸侯之臣对天子的自称。王之守臣:王室守土之臣。这里指晋平公。

④罪重于郊甸:栾盈被西鄙的人劫掠,委婉地说是重得罪于郊甸。郊、甸,古代城郭外叫"郊",郊外叫"甸"。

⑤敢布其死:冒死进言。

⑥书:栾书。输力:献力,效力。

⑦保任:保、任,同义词,即保持。

⑧大君:指周王。

⑨亡臣犹有所逃:希望周王看在栾书的功劳上庇护自己。

⑩戮余:逃亡之人幸免于被戮杀,故自云"戮余"。

⑪尉氏:古代刑狱之官。

⑫敢布四体:杜预曰,一说表示无所隐藏,一说将受刑戮。

⑬尤而效之,其又甚焉:晋国驱逐栾盈,周王以为非,自己如果再掠夺之,罪将更大。

⑭候:候人,迎送宾客之官。辗辕(huán yuán):山名,在今河南登封西北。

【译文】

栾盈经过周,周西部边境的人劫掠了他的财物。栾盈去向周室使者申诉,说:"天子的陪臣栾盈,得罪了天子的守臣,打算逃避惩罚。却又在天子的郊外得罪,无处逃避藏匿,大胆冒死进言。当初陪臣栾书能为王室效力,天子施与恩惠。他的儿子栾黡,不能保住他父亲的功勋。天王如果不忘却栾书的功劳,逃亡在外的陪臣我还有地方逃匿。如果丢弃栾书的功劳,而计较栾黡的罪过,那么臣本是刑余的人,就将要回国死在狱官手里,不敢再回来了。谨此直诉衷曲,唯天王的命令是听!"周灵王说:"别人有过错而去效仿,那过错就更大了!"命令司徒制止抢掠栾氏财物的人,把抢走的财物归还栾氏。派遣候人把栾盈送过辕辕山。

△【经】九月庚戌朔,日有食之①。

【注释】

①九月庚戌朔,日有食之:这是前522年8月20日之日环食。庚戌朔,初一。

【译文】

九月初一,发生日食。

△【经】冬十月庚辰朔,日有食之①。

【注释】

①冬十月庚辰朔,日有食之:九月已经日环食,十月不应该再有日食,此日食是史官(天文官)误记。庚辰朔,初一。

【译文】

冬十月初一,发生日食。

【经】曹伯来朝①。

【注释】

①曹伯来朝:曹武公姬滕,即位三年始来鲁朝见。

【译文】

曹武公来我国朝见。

【左传】冬,曹武公来朝,始见也①。

【注释】

①始见也:曹武公即位三年,第一次朝见襄公。

【译文】

冬,曹武公前来朝见,这是第一次朝见鲁襄公。

【经】公会晋侯、齐侯、宋公、卫侯、郑伯、曹伯、莒子、邾子于商任①。

【注释】

①商任:古地名,在今河北任县东南。商任之会意在禁锢奔楚的齐大夫栾盈,使诸侯不得任用他。

【译文】

鲁襄公与晋平公、齐庄公、宋平公、卫殇公、郑简公、曹武公、莒犁比公、邾悼公在商任相会。

【左传】会于商任,锢栾氏也①。齐侯、卫侯不敬②。叔向曰:"二君者必不免③。会朝,礼之经也④;礼,政之舆也⑤;政,身之守也⑥。怠礼,失政;失政,不立,是以乱也⑦。"

【注释】

①会于商任,锢栾氏也:晋国在商任会诸侯,要求他们不要收留栾

盈。顾栋高曰："栾盈以无罪见逐,范氏以私怨而合诸侯以锢之,晋平一任其所为,自是政权全移于范氏,伯业其衰矣。"

②齐侯、卫侯:齐庄公、卫殇公。不敬:实际上是齐、卫两国不想遵守不收留栾盈的盟约。

③必不免:将不免于祸。

④礼之经:礼之常,礼仪的规范。

⑤礼,政之舆也:政载礼而行。

⑥政,身之守也:政事是存身之所。

⑦"怠礼"五句:政治有失,难以立身。这是在为襄公二十五年齐庄公被杀、二十六年卫殇公被杀伏笔。

【译文】

诸侯在商任相会,是为了禁锢栾氏。齐庄公、卫殇公不想遵从。叔向说:"这两国国君肯定不能免于祸难。会盟和朝见,这是礼仪中的规范;礼仪,这是政事的载体;政事,这是存身之所。轻慢礼仪,政事便会有错失;政事错失就难以立身,因此就会发生动乱。"

　　***【左传】**知起、中行喜、州绰、邢蒯出奔齐①,皆栾氏之党也。乐王鲋谓范宣子曰:"盍反州绰、邢蒯?勇士也②。"宣子曰:"彼栾氏之勇也,余何获焉③?"王鲋曰:"子为彼栾氏,乃亦子之勇也④。"

【注释】

①知起、中行喜、州绰、邢蒯(kuǎi)出奔齐:四人都是晋国大夫。

②盍反州绰、邢蒯?勇士也:建议让这二人回来。

③彼栾氏之勇也,余何获焉:其勇只为栾氏,不为己用。获,得。

④子为彼栾氏,乃亦子之勇也:如果你待之如栾氏,也将为你所用。案据后文,范宣子没有采纳乐王鲋的意见。

【译文】

知起、中行喜、州绰、邢蒯出逃齐国，他们都是栾氏的党羽。乐王鲋对士匄说："何不让州绰、邢蒯回国？他们都是勇士啊。"士匄说："他们是栾氏的勇士，我又能得到什么？"乐王鲋说："您如果像栾氏那样待他们，他们也就会成为您的勇士。"

齐庄公朝，指殖绰、郭最曰："是寡人之雄也①。"州绰曰："君以为雄，谁敢不雄？然臣不敏②，平阴之役，先二子鸣③。"庄公为勇爵④。殖绰、郭最欲与焉⑤。州绰曰："东闾之役，臣左骖迫，还于门中，识其枚数⑥。其可以与于此乎？"公曰："子为晋君也⑦。"对曰："臣为隶新⑧。然二子者，譬于禽兽，臣食其肉而寝处其皮矣⑨。"

【注释】

①雄：雄鸡。这里用来比喻二人之勇。

②不敏：不才。

③平阴之役，先二子鸣：襄公十八年平阴之役，州绰曾抓获殖绰、郭最二人，因此自比于雄鸡斗胜了先打鸣。这是州绰不服气的话。

④勇爵：勇士的爵位。或曰此为用以觞勇士之饮酒器。

⑤殖绰、郭最欲与焉：二人自以为勇，因此想要有一份。

⑥"东闾之役"四句：见襄公十八年传文。还（xuán），旋。

⑦子为晋君也：指那时是为晋国君而不是为齐国。

⑧臣为隶新：初到齐为臣。

⑨"然二子者"三句：平阴之役州绰曾射中殖绰，因此州绰这话的意思是当时要不是手下留情，早已食其肉、寝其皮了。

【译文】

齐庄公上朝，指着殖绰、郭最说："这是我的雄鸡。"州绰说："国君认为他们是雄鸡,谁敢说他们不是? 不过下臣不才,在平阴之役中,可是比二人先打鸣。"齐庄公设立勇士的爵位。殖绰、郭最想得到这爵位。州绰说:"东闾之役中,下臣的左骖马由于路窄进不去,在城门洞中盘旋,我把城门上的乳钉都数了个遍。是不是在这里可以有一份呢?"齐庄公说:"那时是为晋国国君啊。"回答说:"下臣充当国君仆从的时间不长。但那两个人,用禽兽来打比方的话,下臣早已吃了他们的肉睡在他们的皮上了。"

【经】庚子,孔子生①。

【注释】

①庚子,孔子生:《左传》经文无此条。依历法推算,十月庚子日当为公历前551年九月二十八日,在襄公二十二年而不是此处的襄公二十一年。待定。

【译文】

【经】庚子日,孔子出生。

【公羊传】十有一月,庚子,孔子生①。

【注释】

①"十一月"三句:陆德明《经典释文》云:"'庚子,孔子生',传文。上有'十月,庚辰',此亦十月也。一本作'十一月庚子',又本无此句。"阮校以为,"十一月"当作"十月"。此条为《公羊》经师补记孔子出生之日。

【译文】

十一月,庚子,孔子出生。

二十二年

△【经】二十有二年春王正月,公至自会^①。

【注释】

①二十有二年春王正月,公至自会:二十有二年,鲁襄公二十二年当
　周灵王二十一年,前551年。会,指上年商任之会。案时月日例,
　致例时,此处书月者,先前,漷水改道,鲁襄公强占了邾娄国的领
　地,又受其叛臣之邑,故与邾娄子相会有危。

【译文】

鲁襄公二十二年春周历正月,襄公从商任之会回国。

*【左传】二十二年春,臧武仲如晋^①。雨,过御叔^②。御
叔在其邑,将饮酒,曰:"焉用圣人^③! 我将饮酒,而已雨行,
何以圣为^④?"穆叔闻之,曰:"不可使也,而傲使人^⑤,国之蠹
也。"令倍其赋^⑥。

【注释】

①臧武仲:臧孙纥。

②过:探望。御叔:鲁国御邑大夫。

③焉用圣人:指臧孙纥,他多智,时人称之为圣人。

④"我将饮酒"三句:御叔意思是说,我正打算饮酒,而他自己却冒
　雨出行,聪明何用。

⑤不可使也,而傲使人:意思是御叔自己不配出使,反而傲视使者。
　使人,指臧孙纥。

⑥令倍其赋:将御叔赋税增加一倍以示惩罚。

【译文】

鲁襄公二十二年春天,臧孙纥到晋国去。下着雨,他顺道去看望御叔。御叔在他的封邑里,正准备饮酒,说:"要这个圣人有什么用!我将要饮酒,而他自己却冒雨出行,要这聪明做什么?"穆叔听说了,说道:"这个人自己不堪出使,反而傲视出使的人,是国家的蛀虫。"下令把他的赋税增加一倍。

△**【经】夏四月。**

【译文】

夏四月。

**【左传】*夏,晋人征朝于郑[①]。郑人使少正公孙侨对[②],曰:"在晋先君悼公九年,我寡君于是即位。即位八月,而我先大夫子驷从寡君以朝于执事[③],执事不礼于寡君。寡君惧。因是行也,我二年六月朝于楚[④],晋是以有戏之役[⑤]。楚人犹竞[⑥],而申礼于敝邑[⑦]。敝邑欲从执事,而惧为大尤[⑧],曰:'晋其谓我不共有礼[⑨]。'是以不敢携贰于楚[⑩]。我四年三月,先大夫子蟜又从寡君以观衅于楚[⑪],晋于是乎有萧鱼之役[⑫]。谓我敝邑,迩在晋国,譬诸草木,吾臭味也,而何敢差池[⑬]?楚亦不竞,寡君尽其土实[⑭],重之以宗器[⑮],以受齐盟[⑯]。遂帅群臣随于执事,以会岁终[⑰]。贰于楚者,子侯、石盂[⑱],归而讨之。湨梁之明年[⑲],子蟜老矣,公孙夏从寡君以朝于君,见于尝酎[⑳],与执燔焉[㉑]。间二年,闻君将靖东夏[㉒],四月,又朝以听事期[㉓]。不朝之间,无岁不聘,无役不从[㉔]。

以大国政令之无常,国家罢病,不虞荐至,无日不惕^㉕,岂敢忘职^㉖? 大国若安定之,其朝夕在庭,何辱命焉^㉗? 若不恤其患,而以为口实^㉘,其无乃不堪任命,而翦为仇雠^㉙? 敝邑是惧,其敢忘君命^㉚? 委诸执事^㉛,执事实重图之^㉜。"

【注释】

①晋人征朝于郑:晋国召郑国来朝。

②少正:亚卿。公孙侨:即子产,当时任少正。

③而我先大夫子驷从寡君以朝于执事:襄公八年,郑国朝晋国,并献捷于邢丘,这时郑简公仅仅六岁。执事,这里是对晋国国君的敬称。

④我二年六月朝于楚:意思是晋国不礼郑君,郑国才朝楚国。

⑤晋是以有戏之役:襄公九年,晋率鲁、宋、卫、曹、莒、邾、滕、薛、杞、小邾、齐等诸侯伐郑,之后同盟于戏。

⑥竞:强。

⑦而申礼于敝邑:楚国多次救援郑国,是对郑国有礼仪。

⑧而惧为大尤:怕犯下大错。尤,过错。

⑨晋其谓我不共有礼:对有礼的楚国不恭敬。共,通"恭"。有礼,指楚国。

⑩是以不敢携贰于楚:其时郑国子驷主张从楚,子产这是掩饰之词。

⑪观衅:即朝,这是委婉掩饰的说法。

⑫晋于是乎有萧鱼之役:襄公十一年,晋率鲁、宋、卫、曹、莒、邾、滕、薛、杞、小邾、齐等诸侯伐郑,会于萧鱼。

⑬"谓我敝邑"五句:郑国自认为离晋国近,两国同姓,晋国譬如草木,郑国只是它发出来的气味,事晋不敢有二心。差(cī)池,不一致。

⑭土实:土地所出产之物。

⑮重（chóng）：加上。

⑯齐盟：斋盟。

⑰遂帅群臣随于执事，以会岁终：说明郑国真心服晋。会岁终，朝正，这里指正月朝见霸主。

⑱贰于楚者，子侯、石盂：二人都是郑国大夫，勾结楚国。

⑲溴（jú）梁之明年：溴梁会盟在襄公十六年。

⑳尝酎（zhòu）：用醇酒进行尝祭。尝，尝祭，在夏正七月。《礼记·月令》所谓"孟秋之月，农乃登谷，天子尝新，先荐寝庙"。酎，连酿三次的醇酒。

㉑与执燔（fán）焉：公孙夏和郑简公朝见晋国，参与了尝祭，祭后分得膰肉。执燔，祭祀宗庙后把祭肉分发给有关人员。燔，通"膰"。

㉒间二年，闻君将靖东夏：襄公十八年围攻齐国，二十年盟于澶渊，是往东使齐国服晋。

㉓四月，又朝以听事期：澶渊之盟在六月，郑国国君又提前二月朝见，以听取结盟的日期。

㉔"不朝之间"三句：表明郑国为晋国奔走不暇，事奉晋国不敢有丝毫的怠慢。

㉕不虞荐至，无日不惕：不虞，忧患。荐，屡次。惕，戒惧。

㉖岂敢忘职：虽然国家疲惫，忧患屡至，郑国也不忘朝晋之职。

㉗"大国若安定之"三句：晋国能够安定郑国，郑国自然会去朝见，何须你征召。辱命，召郑国使朝晋国。

㉘口实：借口。

㉙其无乃不堪任命，而翦为仇雠（chóu）：晋国若不体恤郑国的忧患，一味逼迫，郑国将成为晋国的仇敌。翦，弃除。

㉚其：犹"岂"，难道。

㉛委：托付。

㉜执事实重图之：希望晋国认真考虑。

【译文】

夏,晋国征召郑国来朝见。郑国派少正公孙侨应答说:"在晋国先君悼公九年时,我国国君在那时即位。即位八个月,而我国先大夫子驷跟随我国国君朝见晋国,可是贵国对我国国君不尊重。我国国君很是害怕。因为这一次的出行,我国就在二年六月去朝见楚国,晋国由此而发动了戏地战役。这时楚国还很强大,但对我国表现出了应有的礼节。敝国想要顺从贵国,又怕犯下大错,说:'晋国将会认为我们不尊敬有礼仪的国家。'因此不敢背叛楚国。在四年三月,先大夫子蟜又随从我国国君朝见楚国,晋于是有了萧鱼战役。认为敝国,近在晋国边上,以草木作比方,晋国是草木,我们只是它的气味罢了,哪里敢有不一致?楚国这时逐渐衰弱,我国国君拿出土地上的全部出产,再加上宗庙中的礼器,来接受盟约。并带领群臣随同晋国参加年终的朝会。对楚国亲附的,是子侯、石盂,我们回国后就讨伐了他俩。湨梁会盟的第二年,公孙子蟜告老退休,公孙夏随从我国国君来朝见晋国国君,在尝祭的时候拜见,参与了祭祀。过了两年,听说贵国国君准备平定东方,四月,又到贵国朝见,听取结盟的日期。没有朝见的年头,我们没有一年不派使者聘问,也没有一次盟会征伐没参加。由于贵国的政令没有常规,我国疲惫困之,意外的事情屡屡发生,没有一天不警惕,但哪敢忘掉我们的职责?大国如果能使我国安定,我们会不断来朝见,又何劳你们下令呢?要是不体恤我们的忧患,而以不朝见作为借口,难道不会使我们无法忍受贵国的命令,被你们丢弃而成为敌国?敝国对此十分担心,哪敢忘记国君的命令?我们把一切都交你们,请贵国认真考虑一下。"

△**【经】秋七月辛酉①,叔老卒②。**

【注释】

①辛酉:十六日。

②叔老：鲁国大夫子叔齐子。

【译文】

秋七月十六日，鲁国大夫子叔齐子去世。

***【左传】**秋，栾盈自楚适齐。晏平仲言于齐侯曰①："商任之会，受命于晋②。今纳栾氏，将安用之？小所以事大，信也。失信，不立③。君其图之。"弗听。退告陈文子曰④："君人执信，臣人执共⑤，忠、信、笃、敬，上下同之，天之道也。君自弃也，弗能久矣⑥！"

【注释】

①晏平仲：即晏婴。

②商任之会，受命于晋：晋国有禁锢栾氏之命。

③失信，不立：失信将难以立国立身。

④陈文子：名须无，陈完曾孙。

⑤共：通"恭"，恭敬。

⑥君自弃也，弗能久矣：案襄公二十五年齐庄公被杀。

【译文】

秋，栾盈从楚国去往齐国。晏婴对齐庄公说："商任会上，我们接受了晋国的命令。现在接纳栾氏，准备怎么任用他？小国所用以事奉大国的，是信用。失去信用，就无法站住脚。请国君好好考虑一下。"齐庄公不听。晏婴出来后告诉陈须无说："做人君的守住信用，当臣子的保持恭敬，忠诚、信用、笃实、恭敬，上下共同保持它，这是天道。国君自暴自弃，不可能长久了！"

***【左传】**九月，郑公孙黑肱有疾①，归邑于公②。召室老、宗人立段③，而使黜官、薄祭④。祭以特羊⑤，殷以少牢⑥。

足以共祀⑦，尽归其余邑。曰："吾闻之，生于乱世，贵而能贫，民无求焉，可以后亡。敬共事君与二三子⑧。生在敬戒，不在富也。"己巳⑨，伯张卒⑩。君子曰："善戒⑪。《诗》曰：'慎尔侯度，用戒不虞⑫。'郑子张其有焉⑬。"

【注释】

①黑肱：字子张。

②归邑于公：将封邑归还给郑简公。

③召室老、宗人立段：立段为后嗣。宗人，也叫"宗老"，掌管宗室礼仪。段，黑肱之子。

④而使黜官、薄祭：子张要段减省家臣，祭祀从简。

⑤特羊：一只羊。

⑥殷：三年一次的盛祭，通常要用太牢。少牢：只用羊、猪。

⑦足以共祀：只留足以供给祭祀的土地。

⑧敬共事君与二三子：希望段恭敬地事奉国君与诸大臣。

⑨己巳：二十五日。

⑩伯张：即子张。

⑪善戒：子张善于警戒。

⑫慎尔侯度，用戒不虞：引《诗》见《诗经·大雅·抑》。侯度，公侯的法度。用戒，用来警戒。不虞，不测。

⑬郑子张其有焉：子张能做到如《诗经》所说的慎用法度，以警戒意外。

【译文】

九月，郑国公孙黑肱有病，将封邑归还给郑简公。召集家宰、宗人立段为后嗣，并要他减少家臣、降低祭祀规格。普通的祭祀用一只羊，殷祭只用羊和猪。留下足以供祭祀的田地，其余的全部归还给国君。他说："我听说，生在乱世，地位显贵而能清贫，不向民众索求，可以比他人后消亡。你要恭敬地事奉国君和各位大夫。生存在于能警戒,不在于富有。"二十五日,公孙黑肱去世。君子说:"公孙黑肱善于警戒。《诗》说:'谨慎地奉行公侯的法度,用以防备意外的祸患。'公孙黑肱可谓有此德行。"

【经】冬,公会晋侯、齐侯、宋公、卫侯、郑伯、曹伯、莒子、邾子、薛伯、杞伯、小邾子于沙随①。

【注释】

①邾子:《公羊传》《穀梁传》下有"滕子"。邾子、小邾子,《公羊传》作"邾娄子""小邾娄子"。沙随:宋地名,在今河南宁陵西北。这次会盟是为了再次禁锢奔楚的齐大夫栾盈。

【译文】

冬,鲁襄公和晋平公、齐庄公、宋平公、卫殇公、郑简公、曹武公、莒犁比公、邾悼公、薛伯、杞孝公、小邾穆公在沙随相会。

【左传】冬,会于沙随,复锢栾氏也①。栾盈犹在齐。晏子曰:"祸将作矣。齐将伐晋,不可以不惧②。"

【注释】

①会于沙随,复锢栾氏也:晋国知道栾盈在齐,因此再召诸侯,重申各国不得收留栾氏。顾栋高曰:"商任之会九国,沙随之会十二国,动天下大众,而大夫专以报私怨,太阿旁落矣,宜诸侯之不服而解体也。"

②齐将伐晋,不可以不惧:案为明年齐国攻打晋国伏笔。

【译文】

冬,在沙随相会,是晋国为了重申禁锢栾氏。这时栾盈还在齐国。

晏婴说:"祸乱将要降临了! 齐国将会讨伐晋国,不能不使人担忧。"

△【经】公至自会。

【译文】

鲁襄公从沙随之会回国。

【经】楚杀其大夫公子追舒^①。

【注释】

①楚杀其大夫公子追舒:追舒,楚庄王之子子南。去年为令尹。据
　《左传》,"楚观起有宠于令尹子南,未益禄而有马数十乘。楚人患
　之",于是将他和观起都杀了。

【译文】

楚国杀死他们的大夫公子追舒。

【左传】楚观起有宠于令尹子南^①,未益禄而有马数十
乘^②。楚人患之,王将讨焉。子南之子弃疾为王御士^③,王
每见之,必泣。弃疾曰:"君三泣臣矣^④,敢问谁之罪也?"王
曰:"令尹之不能^⑤,尔所知也。国将讨焉,尔其居乎^⑥?"对
曰:"父戮子居,君焉用之? 泄命重刑^⑦,臣亦不为。"王遂杀
子南于朝,轘观起于四竟^⑧。

【注释】

①观起:楚国大夫。

②未益禄而有马数十乘:子南偏宠观起,观起也恃宠招权纳贿。杨

伯峻曰:"《荀子·强国》篇云:'大功已立,士大夫益爵,官人益秩,庶人益禄。'此云未益禄,则观起乃庶人之在官者(语见《孟子·万章下》及《礼记·王制》)。《尚书大传》云:'庶人木车单马。'今观起有马数十乘,子南之势焰可知。"

③御士:侍御的人。

④三:多次。

⑤不能:不善。

⑥国将讨焉,尔其居乎:楚康王意在试探弃疾的态度。居,不逃走。

⑦泄命重刑:泄漏君命,更加重刑罚。

⑧辕(huàn)观起于四竟:将观起车裂并在四方示众。辕,古代酷刑,即车裂。竟,通"境"。

【译文】

楚国观起得到令尹子南的宠信,没增加俸禄,却有能驾几十辆车子的马。楚国人对此深感忧虑,楚康王准备讨伐他。子南的儿子弃疾任楚康王的御士,楚康王每次见到他,必定哭泣。弃疾说:"君王已经多次在下臣跟前哭泣了,请允许我问一下是谁的罪过?"楚康王说:"令尹的不善,你是知道的。国家将要讨伐他,你仍会留下不走吗?"回答说:"父亲被杀儿子不离开,国君还怎么能任用他?泄漏国君的命令而加重刑罚,下臣也不会这么做。"楚康王便在朝堂上杀了子南,把观起车裂并在四方示众。

子南之臣谓弃疾:"请徙子尸于朝①。"曰:"君臣有礼,唯二三子②。"三日,弃疾请尸,王许之。既葬,其徒曰:"行乎③?"曰:"吾与杀吾父④,行将焉入?"曰:"然则臣王乎⑤?"曰:"弃父事仇,吾弗忍也。"遂缢而死。

【注释】

①请徙子尸于朝：古代杀人，陈尸三日。子南之臣要偷盗子南之尸
　　于朝。子，这里指子南。

②君臣有礼，唯二三子：移尸有规定的礼仪，弃疾不愿违命盗尸。二
　　三子，诸大臣。

③行乎：问弃疾是否出走。

④与：与闻，知道而不告。

⑤臣王：仍做楚王之臣。

【译文】

　　子南的家臣对弃疾说："请让我们把主人的遗体从朝堂上搬出来。"弃疾回答说："君臣间有规定的礼仪，看那几位大夫怎么处理吧。"过了三天，弃疾请求收尸，楚康王同意了。安葬后，随从问："出走吗？"弃疾说："我参与了杀我父亲的事，出走又有什么地方可去呢？"随从说："那么还当康王的臣子吗？"回答说："抛弃父亲事奉仇人，我不能忍受这种情况。"就上吊死了。

　　复使薳子冯为令尹，公子齮为司马，屈建为莫敖①。有宠于薳子者八人，皆无禄而多马。他日朝，与申叔豫言，弗应而退②。从之，入于人中③。又从之，遂归。退朝，见之④，曰："子三困我于朝⑤，吾惧，不敢不见。吾过，子姑告我，何疾我也⑥？"对曰："吾不免是惧⑦，何敢告子？"曰："何故？"对曰："昔观起有宠于子南，子南得罪，观起车裂，何故不惧⑧？"自御而归⑨，不能当道⑩。至，谓八人者曰："吾见申叔，夫子所谓生死而肉骨也⑪。知我者，如夫子则可⑫。不然，请止⑬。"辞八人者，而后王安之。

【注释】

①屈建：屈到儿子子木。

②弗应而退：申叔豫躲避不回答。

③入于人中：申叔豫避入人群中。

④退朝，见之：薳子冯退朝之后往申叔豫家里见他。

⑤三困我：三次不见。

⑥疾：厌恶。

⑦吾不免是惧：害怕不免于祸。

⑧"昔观起有宠于子南"四句：申叔豫此言是希望薳子冯以子南、观
　　起为鉴戒。

⑨自御而归：薳子冯亲自驾车。

⑩不能当道：因心中惶恐，车都不能走在正道上。当道，车行正道。

⑪生死而肉骨也：使死者复生，使白骨长肉，比喻能救人。

⑫知我者，如夫子则可：能像申叔那样理解我的请留下。夫子，指申叔。

⑬不然，请止：否则就作罢。

【译文】

　　楚康王再次任命薳子冯当令尹，公子齮任司马，屈建为莫敖。受到
薳子冯宠信的有八个人，都没有禄位而马匹却很多。一天，薳子冯上朝，
想和申叔豫说话，申叔豫不吭声就退走。他又追上去，申叔豫钻进人群
中去。薳子冯再次追过去，申叔豫就回家去了。退朝后，薳子冯到申叔
豫家见他，说道："你在朝廷上三次让我受窘，我心中恐惧，不敢不来见
你。我有过错，你不妨告诉我，为什么要厌恶我呢？"申叔豫回答说："我
担心的是无法免于祸患，又哪里敢告诉你？"薳子冯问道："什么缘故？"
申叔豫回答说："当初观起得到子南的宠信，结果子南获罪，观起被车裂，
怎么能不害怕？"薳子冯亲自驾车而回，车子都无法走在车道上。到家
后，对那八个人说："我刚刚见过申叔，他就是所谓能使死者复生让白骨
长肉的人啊。能够像他那样理解我的，就请留下。不然的话，请就此分

手。"辞退了这八个人，楚康王才对他感到放心。

　　*【左传】十二月，郑游眅将归晋①，未出竟，遭逆妻者，夺之②，以馆于邑③。丁巳④，其夫攻子明，杀之，以其妻行。子展废良而立大叔⑤，曰："国卿，君之贰也，民之主也，不可以苟⑥。请舍子明之类。"求亡妻者，使复其所⑦。使游氏勿怨⑧，曰："无昭恶也⑨。"

【注释】

①游眅（pān）：公孙虿儿子，字子明。

②遭逆妻者，夺之：游眅夺人妻子。遭，遇。

③以馆于邑：在其邑留宿不走。

④丁巳：十二月无丁巳日，此日应为十一月十四日。

⑤子展废良而立大叔：游眅父子皆为恶，因此不立良。良，游眅之子。大叔，游吉，游眅弟。

⑥苟：苟且，不慎重。

⑦求亡妻者，使复其所：杀子明者必逃亡，子展让他仍回乡里。

⑧使游氏勿怨：勿怨杀子明者。

⑨无昭恶也：如果再报复更加使子明罪恶昭彰。

【译文】

　　十二月，郑国游眅准备回晋国去，还没走出国境，碰到迎亲的，他夺走了人家的妻子，就在那里住下了。十一月十四日，那女人的丈夫攻打游眅，杀了他，带着妻子逃走了。子展废黜了游良而立太叔，说道："国卿是国君的副手，民众的主宰，不能不慎重。请舍弃游眅一类的恶人。"寻找妻子被抢的人，让他回到自己乡里生活。告诫游氏不要怨恨报复，说道："不要再显扬游眅的罪恶了。"

二十三年

△【经】二十有三年春王二月癸酉朔^①，日有食之^②。

【注释】

①二十有三年：鲁襄公二十三年当周灵王二十二年，前550年。癸
　酉朔：初一。

②日有食之：此为前550年1月5日之日环食。

【译文】

鲁襄公二十三年春周历二月初一，发生日食。

【经】三月己巳^①，杞伯匄卒^②。

【注释】

①己巳：二十八日。

②杞伯匄卒：杞孝公去世。杞伯匄，为杞孝公，姓姒名匄（gài），一作
　"丐"，古代通用，谥孝。

【译文】

三月二十八日，杞孝公匄去世。

【左传】二十三年春，杞孝公卒，晋悼夫人丧之^①。平公
不彻乐^②，非礼也。礼，为邻国阙^③。

【注释】

①晋悼夫人：晋平公母亲，杞孝公的姊妹。丧之：为杞孝公服丧。

②彻乐：撤除音乐。

③礼,为邻国阙(quē):按照礼仪,邻国有丧,诸侯应不举乐。晋平
　公与杞孝公为甥舅关系,不撤除音乐,竟连邻国关系都不如。

【译文】

　　鲁襄公二十三年春,杞孝公去世,晋悼公夫人为他服丧。晋平公竟然
不撤除音乐,这是不合乎礼仪的。按照礼仪,邻国有丧,应该撤除音乐。

【经】夏,邾畀我来奔①。

【注释】

①邾畀(bì)我来奔:畀我是庶其同党,同样有窃邑叛君之罪,所以
　逃奔鲁国。赵鹏飞曰:"大夫来奔者有矣,而邾独为多。圣人不以
　微而略之者,盖邾本鲁之附庸,自受王命,不服于鲁。鲁盖憾之,
　虐于邾者屡矣。及其末年,邾尝诉于晋,鲁又畏晋而不欲显疾于
　邾,特阴诱其臣而叛之,故来奔者四,窃邑来者二,鲁实利之也。
　堂堂大国,为逋逃主,以登受叛人,其恶著矣。"邾畀我,《公羊传》
　作"邾娄鼻我"。

【译文】

　　夏,邾国畀我投奔我国。

【公羊传】邾娄鼻我者何? 邾娄大夫也。邾娄无大夫,此何以书? 以近书也①。

【注释】

①以近书也:因治近升平而书。《春秋》分十二公为三世,隐、桓、庄、
　闵、僖为传闻世(衰乱世),文、宣、成、襄为所闻世(升平世),昭、
　定、哀为所见世(太平世)。《春秋》以三世之划分,表明王者治理
　天下之次序,由内及外,由大及小。何休云:"所传闻世,见治始

起,外诸夏,录大略小,大国有大夫,小国略称人。所闻之世,内诸夏,治小如大,廪廪近升平,故小国有大夫,治之渐也。"此处书郳娄鼻我之名,是表明所闻世,治近升平,当治小国。值得注意的是,《春秋》三世治乱之序,与现实刚好相反,所闻世实未升平,故仅举郳娄一国,以明升平之法而已。

【译文】

郳娄鼻我是什么人? 是郳娄国的大夫。郳娄国没有大夫,此处为何书鼻我之名? 是因世近升平的缘故。

△【经】葬杞孝公。

【译文】

安葬杞孝公。

【经】陈杀其大夫庆虎及庆寅①。

【注释】

① 陈杀其大夫庆虎及庆寅:庆虎,庆寅,二庆均为陈国大夫,本妫(guī)姓,庆为其氏。陈哀公到楚国,公子黄在楚国控诉二庆,楚国人召见二庆。二庆派庆乐前去,楚人杀了庆乐。二庆以陈叛楚。夏天,屈建跟随陈侯包围陈国。陈国修筑城墙,出现事故,庆氏杀筑城之人。筑城之人于是杀了庆虎、庆寅。

【译文】

陈国杀他们的大夫庆虎和庆寅。

【左传】陈侯如楚①,公子黄诉二庆于楚②,楚人召之③。

使庆乐往,杀之④。庆氏以陈叛。夏,屈建从陈侯围陈。陈人城⑤,板队而杀人⑥。役人相命⑦,各杀其长,遂杀庆虎、庆寅⑧。楚人纳公子黄。君子谓庆氏:"不义,不可肆也⑨。故《书》曰:'惟命不于常⑩。'"

【注释】

①陈侯如楚:朝楚。

②公子黄诉二庆于楚:襄公二十年,陈庆虎、庆寅畏公子黄夺其政,诬其与蔡公子燮同谋叛楚,楚人以讨,公子黄奔楚自诉。

③楚人召之:楚国召二庆前往对质。

④使庆乐往,杀之:二庆不敢去,派庆乐去。楚国相信公子黄的申诉,杀了庆乐。

⑤陈人城:二庆筑城抗拒。

⑥板队而杀人:夹板坠落,二庆杀死筑工。板,古代筑城,两板夹土打夯,叫"板筑"。队,同"坠"。

⑦相命:互相传令,即秘密联络。

⑧各杀其长,遂杀庆虎、庆寅:二庆的暴虐激起役人反抗。

⑨不义,不可肆也:不可以放纵不义之心。肆,放纵。

⑩惟命不于常:引《书》见《尚书·康诰》。意思是有义则存,无义则亡。这里指二庆之罪当杀。

【译文】

陈哀公去楚国朝见,公子黄在楚国控诉庆虎、庆寅,楚国召二庆来对质。二庆派庆乐前往,结果被楚国杀了。庆氏便让陈国背叛楚国。夏,屈建跟从陈哀公包围陈国。陈国人筑城,夹板坠落,庆氏就杀了那个筑城工。民工们互相转告,各自杀死他们的领工者,并乘势杀死庆虎、庆寅。楚国送公子黄回国。君子认为庆氏:"行动不合道义,不能赦免。因此《书》说:'天命不会长在。'"

【榖梁传】称国以杀，罪累上也。及庆寅，庆寅累也。

【译文】

以国家的名义杀害，表明罪行牵涉到国君。说"及庆寅"，表明庆寅是被连累的。

△**【经】**陈侯之弟黄自楚归于陈①。

【注释】

①陈侯之弟黄自楚归于陈：襄公二十年公子黄出奔楚国。案《春秋》之例，书"归"者，表明出入无恶。襄公二十年，陈侯之弟黄被庆虎、庆寅诬陷，出奔楚国，出无恶。此处陈侯杀了庆虎、庆寅，将黄迎回，故入无恶。黄，《公羊传》作"光"。

【译文】

陈哀公的弟弟黄从楚国回到陈国。

【经】晋栾盈复入于晋，入于曲沃①。

【注释】

①曲沃：栾盈封地。曲沃乃当时晋国起家之地，在今山西闻喜，此地不应封于他人为私邑，此或者为曲沃之一部分土地封与栾盈，亦称曲沃。或者栾盈之曲沃如杨伯峻引张琦《战国策释地》云："桃林之塞一名曲沃……在河南陕县西南四十里，今之曲沃镇。"据《左传》，齐国暗中将栾盈送入曲沃，之后栾盈起兵作乱，被打败，逃回曲沃，晋军攻克曲沃，杀栾盈。

【译文】

晋国栾盈又回到晋国，进入曲沃。

【左传】晋将嫁女于吴，齐侯使析归父媵之^①，以藩载栾盈及其士^②，纳诸曲沃^③。栾盈夜见胥午而告之^④。对曰："不可。天之所废，谁能兴之？子必不免^⑤。吾非爱死也^⑥，知不集也^⑦。"盈曰："虽然，因子而死，吾无悔矣。我实不天，子无咎焉^⑧。"许诺。伏之而觞曲沃人^⑨，乐作，午言曰："今也得栾孺子何如^⑩？"对曰："得主而为之死，犹不死也^⑪。"皆叹，有泣者。爵行^⑫，又言^⑬。皆曰："得主，何贰之有！"盈出，遍拜之^⑭。

【注释】

①齐侯使析归父媵（yìng）之：派析归父送媵妾给晋女陪嫁。

②以藩载栾盈及其士：将栾盈及其武士一起藏于藩车中。藩，有篷的车。

③纳诸曲沃：此曲沃为栾盈封邑，可能是桃林塞，在今河南三门峡陕州区西南，并非山西闻喜之曲沃。

④栾盈夜见胥午而告之：栾盈要胥午共同发难。胥午，守曲沃大夫。

⑤子必不免：栾氏为天所弃，必定不能免于死。

⑥爱死：惜死。爱，吝惜。

⑦不集：不能成功。

⑧我实不天，子无咎焉：意思是我虽然不被天所助，你无过错，可因你行事。

⑨伏之而觞曲沃人：胥午藏匿栾盈而宴请众人。

⑩今也得栾孺子何如：胥午想让栾盈和众人见面，先行试探。栾孺子，即栾盈。

⑪得主而为之死，犹不死也：曲沃是栾盈封地，因此说为主而死，虽死犹生。

⑫爵行:互相举杯。

⑬又言:胥午再说此话,看众人是否真心。

⑭盈出,遍拜之:谢众人忠于自己。

【译文】

晋国将要把女儿嫁到吴国,齐庄公派析归父送陪嫁女子到晋国去,他就用篷车载上栾盈及其门下武士,把他们安顿在曲沃。栾盈夜里去见胥午,把自己的打算告诉他。胥午回答:"不能那么做。上天所废弃的人,谁能使他兴起?你肯定免不了一死。我不是怕死,是明知事情不可能成功。"栾盈说:"尽管如此,依靠你而死去,我不后悔。我确实得不到上天的保佑,可是你没有错,也许可以靠你而成事。"胥午答应了。他把栾盈藏好后请曲沃人喝酒,音乐演奏起来,胥午说道:"现在栾盈要在这儿的话,各位会怎么办?"大家回答说:"找到主人而为他死去,虽死犹生。"都在叹息,有的还哭起来。酒过几巡,胥午又提起刚才的话题。大伙儿都说:"要是找到主人,还有什么三心二意的!"栾盈就走出来,对大家一一拜谢。

四月,栾盈帅曲沃之甲,因魏献子,以昼入绛①。初,栾盈佐魏庄子于下军②,献子私焉③,故因之。赵氏以原、屏之难怨栾氏④,韩、赵方睦⑤。中行氏以伐秦之役怨栾氏⑥,而固与范氏和亲⑦。知悼子少,而听于中行氏⑧。程郑嬖于公。唯魏氏及七舆大夫与之⑨。

【注释】

①因魏献子,以昼入绛:栾盈靠着魏舒进入绛。魏献子,魏绛之子魏舒。绛,晋国都城,在今山西侯马。

②魏庄子:即魏绛。

③献子私焉：二人相友善。

④赵氏以原、屏之难怨栾氏：成公八年，赵庄姬谗害原同、屏括，栾氏
　为之作证，二人被杀。

⑤韩、赵方睦：襄公十三年，韩起让赵武将上军，二人因此和睦。

⑥中行氏以伐秦之役怨栾氏：襄公十四年伐秦，栾黡违抗荀偃命令，
　说"余马首欲东"。

⑦而固与范氏和亲：范宣子佐荀偃于中军，二人相亲。

⑧知悼子少，而听于中行氏：知氏与中行氏同祖，因此听从中行氏。
　知悼子，知罃之子荀盈。

⑨唯魏氏及七舆大夫与之：以上介绍两派力量，与栾盈为敌的有赵
　氏、韩氏、中行氏和智（知）氏、范氏及程郑等，支持者仅魏氏与七
　舆大夫。七舆大夫，晋国下军的将官。

【译文】

　　四月，栾盈带领曲沃的甲士，借助魏舒的帮助，白天进入绛城。起初，栾盈在下军辅佐魏庄子，与魏舒私交好，所以依靠他。赵氏由于赵原、赵屏被杀的事而怨恨栾氏，这时候韩、赵两方关系正和睦。中行氏因为讨伐秦国战役的事怨恨栾氏，他们本来就和范氏关系亲密。知悼子还年幼，听从中行氏的话。程郑得到晋平公的宠爱。因此唯有魏氏和七舆大夫亲附栾氏。

　　乐王鲋侍坐于范宣子①。或告曰："栾氏至矣②！"宣子惧。桓子曰③："奉君以走固宫，必无害也④。且栾氏多怨，子为政，栾氏自外，子在位，其利多矣⑤。既有利权，又执民柄⑥，将何惧焉？栾氏所得，其唯魏氏乎，而可强取也⑦。夫克乱在权，子无慑矣。"

【注释】

①侍坐：范宣子坐，乐王鲋也坐侍。

②栾氏至矣：因为他是大白天进入绛地，所以人们得以知道。

③桓子：即乐王鲋。

④奉君以走固宫，必无害也：把国君控制在自己手中就不要紧了。固宫，晋悼公的别宫。

⑤其利多矣：有利条件多。

⑥民柄：赏罚。

⑦而可强取也：可以用武力强迫魏氏为我所用。

【译文】

乐王鲋侍坐在范宣子旁边。有人来报告："栾氏来了！"范宣子很害怕。乐王鲋说："簇拥国君进入固宫，肯定没有危险。况且栾氏怨敌众多，您是执政，栾氏从外边来，您处在掌权的地位，有利的条件很多。既有利有权，又掌握着赏罚百姓的大权，有什么可害怕的呢？栾氏所能得到的支持，应该只有魏氏，而我们可以通过武力强迫他。平定叛乱凭的是权力，您不要懈怠。"

公有姻丧①，王鲋使宣子墨缞冒绖，二妇人辇以如公②，奉公以如固宫。范鞅逆魏舒，则成列既乘，将逆栾氏矣③。趋进④，曰："栾氏帅贼以入，鞅之父与二三子在君所矣⑤，使鞅逆吾子。鞅请骖乘。"持带，遂超乘⑥。右抚剑，左援带，命驱之出⑦。仆请⑧，鞅曰："之公⑨。"宣子逆诸阶，执其手⑩，赂之以曲沃⑪。

【注释】

①姻丧：即上文所说晋悼公夫人服杞孝公之丧。

②王鲋使宣子墨缞（cuī）冒绖（dié），二妇人辇以如公：乐王鲋让范宣子装扮成晋悼公夫人的侍御，与两名妇人乘辇去见晋悼公。缞，粗麻丧服。冒，头巾。绖，腰带。

③成列既乘，将逆栾氏矣：魏舒已列好队，驾好马，做好迎接栾盈的准备。

④趋进：范鞅赶紧跑到魏舒车前。

⑤二三子：诸大夫。

⑥持带，遂超乘：范鞅抓住车上之带跳上魏舒的车。带，挽以上车的带子。

⑦"右抚剑"三句：以武力劫持魏舒离开行列。

⑧仆请：驾车的问去哪里。

⑨之：前往。公：指晋平公。

⑩宣子逆诸阶，执其手：迎接魏舒。

⑪赂之以曲沃：答应将栾盈的封地给魏舒，加以笼络。

【译文】

晋平公有姻亲去世，乐王鲋让范宣子穿着黑色的丧服，戴上麻巾，系上麻带，由两名妇人拉车去晋平公那里，簇拥晋平公到固宫。范鞅前往迎接魏舒，这时魏舒的军队已经排成行列，登上战车，准备去迎接栾氏了。范鞅赶快上前，说道："栾氏率领叛乱分子进了城，我的父亲和各位大夫都在国君那里，派我来迎接您。请让我作为您的骖乘。"说着就拉住挽带，跳上魏舒的车。他右手拿剑，左手抓紧带子，下令驱车离开队列。车夫问到哪儿去，范鞅说："到国君那儿去。"到了固宫，范宣子在台阶前迎接魏舒，拉住他的手，答应把曲沃给他。

初，斐豹，隶也，著于丹书①。栾氏之力臣曰督戎，国人惧之。斐豹谓宣子曰："苟焚丹书，我杀督戎。"宣子喜，曰："而杀之②，所不请于君焚丹书者，有如日！"乃出豹而闭之③。

督戎从之。逾隐而待之④,督戎逾入,豹自后击而杀之⑤。

【注释】

①"斐豹"三句:斐豹犯罪,没为官奴,其罪用红字记载在竹简上。

②而:你。

③乃出豹而闭之:让斐豹出宫后关上宫门。

④逾隐而待之:斐豹跳过短墙,藏在墙下等候督戎。隐,短墙,矮墙。

⑤督戎逾入,豹自后击而杀之:等督戎也跳墙过来,斐豹从后面击杀
　 了他。案劫持了魏舒,又杀死力士督戎,栾盈就孤立无援了。

【译文】

起初,斐豹因犯罪被罚为奴隶,用红字记载在竹简上。栾氏有一个
力士名叫督戎,国内民众都怕他。斐豹对范宣子说:"如果烧掉带红字
的竹简,我就杀死督戎。"范宣子大喜,说:"你要杀了他,我如果不请求
国君焚毁那竹简的话,有当头的太阳作证!"便把斐豹放出宫而后关闭
宫门。督戎跟踪在他后面。斐豹翻越一堵矮墙等待督戎,督戎也翻进墙
来,斐豹从后面猛击他,杀死了督戎。

范氏之徒在台后①,栾氏乘公门②。宣子谓鞅曰:"矢及
君屋,死之③!"鞅用剑以帅卒④,栾氏退,摄车从之⑤。遇栾
乐⑥,曰:"乐免之;死,将讼女于天⑦。"乐射之,不中;又注⑧,
则乘槐本而覆⑨。或以戟钩之,断肘而死⑩。栾鲂伤。栾盈
奔曲沃。晋人围之⑪。

【注释】

①台后:公台之后。

②乘:登。

③矢及君屋,死之:栾氏之箭如果射到国君的房屋,威胁到国君的安全,你就要死。

④鞅用剑以帅卒:用剑率领步兵迎战。

⑤摄车从之:乘车追赶栾氏兵。

⑥栾乐:栾盈族人。

⑦"乐免之"三句:如果栾乐不战,可赦免他;要是栾乐战,范鞅战死,将向上天起诉栾乐,决不赦免其罪。

⑧注:箭上弦。

⑨则乘槐本而覆:栾乐的车轮撞上槐树根而翻车,不能射。

⑩断肘而死:栾乐死。

⑪晋人围之:包围曲沃。

【译文】

　　范氏手下人藏在台后,栾氏登上了宫门。范宣子对范鞅说:"箭要是射到国君的房屋,你就要去死!"范鞅用剑指挥步兵迎战,栾氏败退,范鞅跳上战车追赶。遇到栾乐,范鞅说:"栾乐,别抵抗了;不然,我死了也将向上天控诉你。"栾乐用箭射他,没射中;又搭箭瞄准,结果车轮碰上槐树根而翻车。有人用戟钩他,把他的手臂拉断而死。栾鲂受伤。栾盈逃往曲沃,晋军包围了曲沃。

　　【公羊传】曲沃者何? 晋之邑也。其言入于晋,入于曲沃何? 栾盈将入晋,晋人不纳,由乎曲沃而入也①。

【注释】

①由乎曲沃而入也:何休云:"栾盈本欲入晋,篡大夫位,晋人不纳,更入于曲沃,得其士众,以入晋国。曲沃大夫当坐,故复言入。"

【译文】

　　曲沃是什么地方? 是晋国的城邑。经言"入于晋,入于曲沃"是为何？栾盈将要进入晋国篡大夫之位,晋人不接纳,从曲沃而进入晋国。

【经】秋,齐侯伐卫①,遂伐晋②。

【注释】

①齐侯:指齐国国君齐庄公姜光。

②伐晋:讨伐晋国,这是齐国试图挑战晋国霸权。

【译文】

秋,齐庄公讨伐卫国,接着攻打晋国。

【左传】秋,齐侯伐卫。先驱①,毂荣御王孙挥,召扬为右②。申驱③,成秩御莒恒,申鲜虞之傅挚为右④。曹开御戎,晏父戎为右⑤。贰广⑥,上之登御邢公,卢蒲癸为右⑦。启⑧,牢成御襄罢师,狼蘧疏为右⑨。肱⑩,商子车御侯朝,桓跳为右⑪。大殿⑫,商子游御夏之御寇,崔如为右⑬,烛庸之越驷乘⑭。自卫将遂伐晋⑮。

【注释】

①先驱:前锋军。

②毂荣御王孙挥,召扬为右:毂荣、王孙挥、召扬都是齐国大夫。

③申驱:次于先驱的第二军。

④成秩御莒恒,申鲜虞之傅挚(zhì)为右:成秩、莒恒、申鲜虞也都是齐国大夫。傅挚,申鲜虞之子。

⑤曹开御戎,晏父戎为右:曹开、晏父戎这两名齐国大夫任齐庄公的车御与车右。

⑥贰广:国君的副车。

⑦上之登御邢公，卢蒲癸为右：上之登、邢公、卢蒲癸也是齐国大夫。

⑧启：军的左翼。

⑨牢成御襄罢师，狼蘧（qú）疏为右：牢成、襄罢师、狼蘧疏都是左军将领。

⑩胠（qū）：军的右翼。

⑪商子车御侯朝，桓跳为右：商子车、侯朝、桓跳是右军将领。

⑫大殿：后军。

⑬商子游御夏之御寇，崔如为右：商子游、夏之御寇、崔如是殿军将领。

⑭烛庸之越：也是殿军将领。驷乘：四人同乘一车。案以上是齐国的兵力部署，齐庄公亲征。

⑮自卫将遂伐晋：先伐卫，目的在于伐晋。

【译文】

秋，齐庄公攻打卫国。先锋部队，毂荣为王孙挥驾驭战车，召扬为车右。第二队，成秩为莒恒驾驭战车，申鲜虞的儿子傅挚为车右。曹开为齐庄公驾驭战车，晏父戎为车右。齐庄公的副车，上之登为邢公驾驭战车，卢蒲癸为车右。左翼部队，牢成为襄罢师驾驭战车，狼蘧疏为车右。右翼部队，商子车为侯朝驾驭战车，桓跳为车右。后军，商子游为夏之御寇驾驭战车，崔如为车右，烛庸之越等四人共乘一车殿后。从卫国准备进攻晋国。

晏平仲曰："君恃勇力，以伐盟主，若不济，国之福也。不德而有功，忧必及君①。"崔杼谏曰："不可。臣闻之，小国间大国之败而毁焉，必受其咎②。君其图之！"弗听③。陈文子见崔武子④，曰："将如君何？"武子曰："吾言于君，君弗听也。以为盟主，而利其难⑤。群臣若急，君于何有⑥？子姑止之。"文子退,告其人曰:"崔子将死乎! 谓君甚,而又过之⑦,不得其死⑧。过君以义,犹自抑也,况以恶乎⑨?"

【注释】

①不德而有功,忧必及君:晏婴反对伐卫攻晋。

②小国间大国之败而毁焉,必受其咎:不能乘人之乱而攻之。间,钻空子。大国之败,指晋有栾氏之变。

③弗听:案齐庄公有意与晋国为敌,先是抗命收留栾盈,继又暗送栾盈回晋国为乱,现在是要乘乱进攻晋国,以雪洗平阴大败的耻辱,因此不听晏、崔二人的劝阻。

④崔武子:即崔杼。

⑤以为盟主,而利其难:既以晋为盟主,就不能以其难为有利可图。

⑥群臣若急,君于何有:有急则顾不上国君了,暗中透露出将杀国君以取悦于晋国。

⑦谓君甚,而又过之:既认为齐庄公不应乘乱伐人,自己又将乘此机会弑君,其罪更胜。

⑧不得其死:崔杼有不轨之心,必不得善终。

⑨"过君以义"三句:以义行超过国君,尚且要自己抑制,何况自己将行恶。案这里为襄公二十五年崔杼杀齐庄公伏笔。

【译文】

晏平仲说:"国君凭借勇力去攻打盟主,如果不能成功,那是国家的福气啊。无德行而取得功勋,其忧患必然累及国君。"崔杼进谏说:"不能去攻打晋国。我听说,小国乘大国失利而以武力相加,必定会受到灾祸。还是请国君从长计议!"齐庄公不予采纳。陈文子去见崔杼,说:"打算把国君怎么办?"崔杼说:"我向国君进谏,他不听。我国奉晋国为盟主,却乘其危难谋取利益。群臣要是遇到国家有急难,又哪里还会顾及国君? 您暂时就不要管这事了。"陈文子退出后,告诉他的随从说:"崔杼恐怕快要死了吧！觉得国君太过分，自己反而比他更甚，不会有善终的。推行道义超过了国君，尚且要自我抑制，更何况是做坏事呢？"

　　齐侯遂伐晋，取朝歌^①。为二队，入孟门，登大行^②。张武军于荥庭^③，戍郫邵^④，封少水^⑤，以报平阴之役^⑥，乃还。赵胜帅东阳之师以追之^⑦，获晏氂^⑧。

【注释】

①朝歌：古地名，在今河南淇县。

②"为二队"三句：攻取朝歌后，兵分两路，一入孟门，一登太行陉。孟门，古地名，在今河南辉县西。大行，即太行陉，古地名，在今河南沁阳西北。

③张武军于荥庭：在此筑营垒。或曰，此是收晋尸而建表木。荥庭，古地名，在今山西翼城东南，西距晋都不过百里。

④郫（pí）邵：古地名，在今河南济源西。

⑤封少水：在少水堆积晋军尸体以作京观，炫耀武功。少水，即沁水，源出山西沁源。

⑥以报平阴之役：平阴之役见襄公十八年传文。

⑦赵胜：赵旃之子，谥倾子，食采邑于邯郸，又称"邯郸胜"，邯郸午之父。东阳之师：指晋国太行山以东的军队。

⑧获晏氂（máo）：晋国由于栾盈之乱，未能大举反攻。晏氂，齐国大夫，晏婴之子。顾栋高曰："《左传》齐侯以藩载栾盈及其死士纳诸曲沃，几成大乱，己即以劲兵踵其后，长驱直逼国都，成里应外合之势。使微乐鲂之谋，范鞅之勇，先退栾氏，晋几不国矣。入春秋以来，未有诸侯伐盟主至于此极者也。……盟于澶渊，复事晋。今才四年耳，乃敢猖獗如此，则晋伯之衰，不复能宗诸侯矣。"

【译文】

　　齐庄公于是攻打晋国,占领了朝歌。兵分两路,一路攻入孟门,一路登上太行陉。在荧庭筑起营垒,派人戍守郫邵,在少水集中堆积晋军尸体,用以报复平阴之役的耻辱,然后撤回。赵胜率东阳军队追击,俘获晏氂。

【经】八月,叔孙豹帅师救晋,次于雍榆①。

【注释】

①雍榆:古地名,在今河南浚县西南、滑县西北。《公羊传》《榖梁传》作"雍渝"。

【译文】

八月,叔孙豹领兵救援晋国,驻扎在雍榆。

【左传】八月,叔孙豹帅师救晋,次于雍榆,礼也①。

【注释】

①"叔孙豹帅师救晋"三句:盟主有难,鲁国出师相救,所以称之合于礼。

【译文】

八月,叔孙豹领兵救晋,驻扎在雍榆,这是合于礼的。

【公羊传】曷为先言救,而后言次?先通君命也①。

【注释】

①先通君命也:叔孙豹奉鲁襄公之命,救援晋国,中途擅自止次。《春秋》之义,臣不得壅塞君命,故先书"救晋",再书"止次",以此顺遂国君之命。

【译文】

为何先言"救",而后言"次"? 是先顺递国君之命。

【穀梁传】言救后次,非救也①。

【注释】

①非救也:不是救援。僖公元年传文曰:"救不言次,言次非救也。"

【译文】

说了救援之后说驻扎,这不是真心救援。

【经】己卯①,仲孙速卒②。冬十月乙亥③,臧孙纥出奔邾④。

【注释】

①己卯:初十。

②仲孙速卒:鲁国孟庄子死。仲孙速,鲁国大夫,公子庆父之后,仲孙蔑之子,孟孙氏宗主,称"孟庄子"。《公羊传》作"仲孙遨"。

③乙亥:初七。

④臧孙纥(hé)出奔邾:臧孙纥,鲁国大夫,复姓臧孙,名纥,字武仲。邾,邾国,曹姓,子爵,时为鲁国附属国,故城在今山东邹城。《公羊传》作"邾娄"。臧孙纥受孟氏、季氏排挤,不得已出奔。

【译文】

初十,孟庄子去世。冬十月初七,臧孙纥出逃到邾国。

【左传】季武子无適子①,公弥长,而爱悼子②,欲立之。访于申丰曰③:"弥与纥,吾皆爱之,欲择才焉而立之④。"申丰趋退,归,尽室将行⑤。他日,又访焉,对曰:"其然,将具敝车而行⑥。"乃止⑦。

【注释】

①適子：嫡妻所生之子。適，同"嫡"。

②公弥长，而爱悼子：二人都是姬妾所生。公弥，即公钼。悼子，名纥。

③申丰：季氏家臣。

④"弥与纥"三句：不立长而立少，择才只是借口。

⑤尽室将行：申丰知道季武子的意图，怕生事变，因此不答而退，打
　算全家出走。

⑥其然，将具敝车而行：果真如此，申丰将套车出走。其，如果。

⑦乃止：暂时不立悼子。

【译文】

　　季武子没有嫡子，庶子中公钼年长，但他喜爱悼子，想立他为继承
人。他去征求申丰的看法，说道："公钼和悼子，我都很喜欢，我想从中挑
选有才干的人立为继承人。"申丰听后立即退出，回家后打算全家出走。
过了几天，季武子又去问申丰的意见，申丰回答说："果真如此的话，我将
驾车离去。"季武子才暂停此事。

　　访于臧纥，臧纥曰："饮我酒，吾为子立之。"季氏饮大
夫酒，臧纥为客①。既献②，臧孙命北面重席，新尊絜之③。
召悼子，降，逆之④。大夫皆起⑤。及旅⑥，而召公钼，使与之
齿⑦。季孙失色⑧。

【注释】

①臧纥为客：以臧孙纥为上宾。

②既献：向宾客献酒。

③臧孙命北面重席,新尊絜(jié)之:这一系列做法表明对来者极其尊重。臧孙,即臧孙纥。北面,是尊位。重席,铺两层席子。新尊絜之,用新的酒杯并加以洗涤。絜,通"洁"。

④"召悼子"三句:然后召悼子,臧孙纥下阶迎接。

⑤大夫皆起:上宾既起,众宾也必须起来。臧孙纥特意以此造成悼子是合法继承人的印象。

⑥旅:按次序宾主互相敬酒酬答。

⑦而召公钼,使与之齿:让公钼与众人按年龄次序排列座位,表明只把他当作一般庶子。

⑧季孙失色:臧孙纥此举突然,季孙深感意外。

【译文】

　　季武子又去征求臧孙纥的意见,臧孙纥说:"招待我喝酒,我为你立悼子。"季武子请大夫们都来喝酒,尊臧孙纥为上宾。向宾客敬酒完毕,臧孙纥让在北面铺上两层席子,换上新酒樽并且洗涤洁净。然后召见悼子,他亲自走下台阶迎接他。大夫们见状也都起立迎候。到宾主互相敬酒酬答后,才召见公钼,让他和其他人按年龄大小排列座位。季武子感到很意外,脸色都变了。

　　季氏以公钼为马正①,愠而不出②。闵子马见之③,曰:"子无然④! 祸福无门,唯人所召。为人子者,患不孝,不患无所⑤。敬共父命,何常之有⑥? 若能孝敬,富倍季氏可也⑦。奸回不轨⑧,祸倍下民可也。"公钼然之。敬共朝夕⑨,恪居官次⑩。季孙喜,使饮己酒,而以具往,尽舍旃⑪。故公钼氏富,又出为公左宰⑫。

【注释】

①季氏以公鉏为马正：以此职安抚公鉏。马正，大夫家的司马，主管土地、军赋。

②愠（yùn）而不出：公鉏因恼恨而不出任马正。

③闵子马：闵马父，鲁国大夫。

④无然：不要这样。

⑤不患无所：不怕没地位。

⑥敬共父命，何常之有：敬恭父亲之命，事物不会固定不变，而是会起变化的。

⑦季氏：这里专指悼子。

⑧奸回：奸邪。不轨：不合法度。

⑨敬共朝夕：对其父恭敬，早晚问安。

⑩恪（kè）：谨慎。官次：官职，职位。

⑪"季孙喜"四句：季孙让公鉏招待自己饮酒，并带去酒器，喝过后把酒器全部留给公鉏。具，宴饮的器物。旃（zhān），"之焉"的合音。

⑫故公鉏氏富，又出为公左宰：公鉏后来出任鲁公左宰，果然如闵子马所说的那样。

【译文】

　　季武子让公鉏任马正，公鉏因怨恨而不肯上任。闵子马见了，说道："你不要这样！祸福无门，由人自召。当儿子的，怕的是不孝，而不怕没地位。你能恭敬地按父亲的要求去做，事情怎么可能固定不变呢？如果能够孝顺恭敬，可以远比悼子还富有。如果奸邪而不守规矩，祸患可能要远远大过普通百姓了。"公鉏听从了他的话，早晚恭敬地问候请安，恪守自己的职责。季武子很高兴，让他招待自己喝酒，而带了宴会所用的器具前往，酒后把它们全部留给了公鉏。因此公鉏氏变得很富，又任命他当了鲁公的左宰。

　　孟孙恶臧孙,季孙爱之①。孟氏之御驺丰点好羯也②,曰:"从余言,必为孟孙③。"再三云,羯从之。孟庄子疾,丰点谓公鉏:"苟立羯,请仇臧氏④。"公鉏谓季孙曰:"孺子秩固其所也⑤。若羯立,则季氏信有力于臧氏矣⑥。"弗应⑦。己卯,孟孙卒⑧。公鉏奉羯立于户侧⑨。季孙至,入,哭,而出,曰:"秩焉在?"公鉏曰:"羯在此矣⑩!"季孙曰:"孺子长⑪。"公鉏曰:"何长之有?唯其才也⑫。且夫子之命也⑬。"遂立羯。秩奔邾⑭。

【注释】

①孟孙恶臧孙,季孙爱之:因为臧孙纥助其立悼子,故季孙爱之。

②御驺(zōu):养马兼驾车之官。丰点:姓丰名点。羯:孟庄子庶子,孺子秩的弟弟。

③从余言,必为孟孙:将帮助羯立为孟孙氏继承人。

④苟立羯,请仇臧氏:臧孙纥用计使季孙废长立少,现在丰点也使孟孙废长立少,以报复臧氏。仇臧氏,报复臧氏。

⑤孺子秩固其所也:本当为孟氏继承人。

⑥若羯立,则季氏信有力于臧氏矣:季孙当时只是想舍公鉏而立悼子,臧孙纥助其成,现在孺子秩已经定为继承人,季孙能废秩立羯,说明季氏力量比臧孙纥强。

⑦弗应:季孙不应答。

⑧孟孙卒:仲孙速死。

⑨公鉏奉羯立于户侧:古代丧礼,死者尚在室内,丧主立于门边接受宾客吊唁。公鉏以此姿态表示羯是孟孙继承人。

⑩羯在此矣:季孙问秩,说明仍以秩为孟氏后。公鉏答以"羯在此",则说明以羯为孟氏后。

⑪孺子长：意思是孺子秩年长，是继承人，应立于户侧。

⑫何长之有？唯其才也：这是用季孙立悼子时说过的话报复季孙。

⑬且夫子之命也：假称这是孟庄子的命令。

⑭秩奔邾：孺子秩不出逃，则有被杀的危险。

【译文】

　　孟庄子讨厌臧孙纥，但季武子却喜欢他。孟氏的御驺丰点喜欢羯，对羯说："照我的话去做，一定能成为孟氏继承人。"他再三地说，羯听从了。孟庄子有病，丰点对公鉏说："要是立羯为继承人，就让他仇恨臧氏。"公鉏对季武子说："孺子秩本应立为继承人。但要立了羯，那么季氏就确实要比臧氏的实力大多了。"季武子不做回应。八月十日，孟庄子去世。公鉏拥立羯站在门边接受宾客的吊唁。季武子到来，进门，哭吊毕，出门，问："孺子秩在哪里？"公鉏说："羯在这里了！"季武子说："孺子秩年长。"公鉏说："有什么年长不年长的？以才能为标准啊。再说这是他父亲的遗命。"于是立羯为继承人。孺子秩出奔邾国。

　　臧孙入哭，甚哀，多涕。出，其御曰："孟孙之恶子也，而哀如是①。季孙若死，其若之何？"臧孙曰："季孙之爱我，疾疢也②；孟孙之恶我，药石也③。美疢不如恶石④。夫石犹生我⑤，疢之美，其毒滋多⑥。孟孙死，吾亡无日矣⑦。"孟氏闭门，告于季孙曰："臧氏将为乱，不使我葬⑧。"季孙不信。臧孙闻之，戒。冬十月，孟氏将辟⑨，藉除于臧氏⑩。臧孙使正夫助之⑪，除于东门⑫，甲从己而视之⑬。孟氏又告季孙。季孙怒⑭，命攻臧氏。乙亥⑮，臧纥斩鹿门之关以出奔邾⑯。

【注释】

①孟孙之恶子也，而哀如是：孟孙厌恶你，你还如此悲哀。

②季孙之爱我,疾疢(chèn)也:季孙爱我,就如小病害人,没什么痛
　　苦。疢,小病。

③孟孙之恶我,药石也:孟孙恶我如药石可治病。石,古代以石为针
　　砭,用以治病。

④美疢不如恶石:没痛苦的病不如使人痛苦的药石。

⑤夫石犹生我:药石能治病,使我生。

⑥滋多:更多。

⑦孟孙死,吾亡无日矣:臧孙纥认为,孟孙恶我,可使我提高警觉;季
　　孙爱我,将使我放纵。现在孟孙死了,我也将亡。

⑧臧氏将为乱,不使我葬:孟孙恨臧孙纥,以此陷害臧孙纥。

⑨辟:开掘墓道。

⑩藉除:借用开掘墓道的役夫。

⑪正夫:正徒,常备的徒卒。

⑫除于东门:在东门挖墓道。

⑬甲从己而视之:臧孙纥又带上甲士去视察。

⑭季孙怒:季孙得知臧孙纥带有甲士,以为是要攻自己,便相信了孟
　　氏的话。其实臧孙纥只为防备孟氏。

⑮乙亥:初七。

⑯臧纥斩鹿门之关以出奔邾:臧孙纥砍断鹿门门栓出逃。鹿门,鲁
　　国都城南城的东门。

【译文】

　　臧孙纥入门吊唁,哭得很伤心,流了很多眼泪。出门后,他的御者
说:"孟庄子这么讨厌你,你却哭得这么伤心。要是季武子死的话,又该
怎么悲哀呢?"臧孙纥说:"季武子喜欢我,就像是无痛苦而有病;孟庄子
讨厌我,则是治我病的药石啊。没痛苦而有病比不上治病的恶石。药石
虽苦却能使我生存,无痛的疾病毒害更甚。孟庄子死了,我离灭亡的日
子也不远了。"孟氏关起大门,告诉季武子说:"臧孙纥将要叛乱,不让我

们下葬。"季武子不相信。臧孙纥听到风声,暗做防备。冬十月,孟氏准备开挖墓道,向臧氏处借人工。臧孙纥派出正徒相助,在东门开掘,自己则带领甲士前往视察。孟氏又对季武子说了臧孙纥的坏话。季武子发怒,下令攻打臧氏。十月初七,臧孙纥砍断鹿门的门栓出奔邾国。

　　初,臧宣叔娶于铸①,生贾及为而死。继室以其侄②,穆姜之姨子也③。生纥,长于公宫。姜氏爱之,故立之④。臧贾、臧为出在铸⑤。臧武仲自邾使告臧贾,且致大蔡焉⑥,曰:"纥不佞,失守宗祧⑦,敢告不弔⑧。纥之罪不及不祀⑨。子以大蔡纳请,其可⑩。"贾曰:"是家之祸也,非子之过也。贾闻命矣。"再拜受龟。使为以纳请⑪,遂自为也⑫。臧孙如防⑬,使来告曰:"纥非能害也,知不足也⑭。非敢私请⑮! 苟守先祀,无废二勋⑯,敢不辟邑⑰!"乃立臧为。臧纥致防而奔齐⑱。其人曰⑲:"其盟我乎⑳?"臧孙曰:"无辞㉑。"将盟臧氏,季孙召外史掌恶臣,而问盟首焉㉒。对曰:"盟东门氏也,曰:'毋或如东门遂不听公命,杀适立庶㉓。'盟叔孙氏也,曰:'毋或如叔孙侨如欲废国常,荡覆公室㉔。'"季孙曰:"臧孙之罪,皆不及此。"孟椒曰:"盍以其犯门斩关㉕?"季孙用之。乃盟臧氏,曰:"毋或如臧孙纥干国之纪㉖,犯门斩关。"臧孙闻之,曰:"国有人焉㉗,谁居㉘? 其孟椒乎㉙!"

【注释】

①铸:古国名,在今山东肥城南。

②继室以其侄:铸国女死,宣叔又以其妻之侄女为继室。

③穆姜之姨子也:其妻之侄女就是穆姜妹妹的女儿。

④姜氏爱之，故立之：臧孙纥被立为宣叔继承人，也是以庶出得立。案以上是追述前事。姜氏，即穆姜。

⑤臧贾、臧为出在铸：二人住在舅家铸国。

⑥大蔡：大龟。杨伯峻指出，古代以龟为卜，龟越大，便以为越神灵。

⑦纥不佞，失守宗祧（tiāo）：不能祭祀宗庙。

⑧不弔（dì）：不善。

⑨纥之罪不及不祀：是说臧孙氏应该有后嗣。

⑩子以大蔡纳请，其可：臧纥逃亡在邾，因此请臧贾献大龟而请立臧氏后嗣。

⑪使为以纳请：臧贾让臧为为自己请求立嗣。

⑫遂自为也：臧为不为臧贾请，而为自己请。

⑬防：臧孙纥的封邑。

⑭知不足：指自己带甲士巡视，正好给他们以诬告的把柄。知，同"智"。

⑮非敢私请：请立后非为自己，是为氏族。

⑯无废二勋：不废掉文仲、宣叔二人的功劳。

⑰敢不辟邑：如能立臧氏为后，臧孙纥愿意让出封邑他往。

⑱臧纥致防而奔齐：献出防地奔齐。

⑲其人：跟随臧孙纥出奔的人。

⑳其盟我乎：古代对于恶臣，有公布其罪恶、盟于诸大夫以为戒的做法。臧孙纥随从怕季孙也这样做。

㉑无辞：臧孙纥真正的罪过，是助季孙废长立少，但季孙不敢说此事，因此盟辞将不好写。

㉒季孙召外史掌恶臣，而问盟首焉：问盟辞如何写。恶臣，指逃亡在外之臣。盟首，盟辞。

㉓毋或如东门遂不听公命，杀适立庶：东门遂之罪是杀嫡立庶。他杀了嫡子恶而立宣公，事见文公十八年传文。东门遂，即襄仲。

㉔毋或如叔孙侨如欲废国常,荡覆公室:叔孙侨如通于鲁成公母穆姜,欲去季氏、孟氏而取其室,穆姜为其言于鲁成公,且以废鲁成公威胁之。又向晋进谗使之执季文子,后晋人赦免季文子,叔孙侨如奔齐。事见成公十六年传文。

㉕盍以其犯门斩关:宣布臧孙纥之罪是犯门斩关。

㉖干国之纪:触犯国家法纪。干,犯。

㉗国有人焉:国内有人才。

㉘居:同"欤",疑问助词。

㉙其孟椒乎:臧孙纥知道以犯门斩关盟臧氏者一定是孟椒。孟椒,孟献子之孙子服惠伯。

【译文】

当初,臧宣叔娶铸国女子为妻,生下贾和为就死了。臧宣叔又将妻子的侄女娶为继室,她就是穆姜妹妹的女儿。生下纥,从小在鲁国公宫长大。穆姜很喜欢他,所以立他为臧宣叔的继承人。臧贾、臧为离开鲁国住在铸国。臧孙纥从邾国派人告诉臧贾,并且送上一只大龟,说道:"我不才,不能守祭宗庙,谨向您报告我的无能。但我的罪还不到绝祀的程度,您把这只大龟献上,请求立我们家族的继承人,大概能办成。"臧贾说:"这是我们家族的不幸,不是你的过错。我谨遵嘱咐。"二次行拜礼后收下大龟。他让臧为去代他转述请求立自己为臧氏继承人,臧为却请求立他自己。臧孙纥去往防地,派人来报告说:"我不是能伤害他人的人,只是智谋不足。我不敢为一己之私而提出请求!如果能够保住先人的祭祀,不废二位先人的勋劳,我怎敢不让出封邑!"于是鲁国便立了臧为。臧孙纥献出防邑并奔往齐国。他的随从问:"将会为我们设立盟誓吗?"臧孙纥说:"盟会不好措辞。"季武子准备为臧氏写盟辞,召见掌管恶臣的外史,问他该怎么写盟辞。回答说:"照着盟东门氏那样写,说:'不要有人像东门遂那样不听从国君的命令,杀嫡子而立庶子。'或是照着盟叔孙氏那样写,说:'不要有人像叔孙侨如那样,想要废弃国家的常道,颠覆公室。"季武子说:"臧孙纥的罪过都还没到这程度。"孟椒说:"何不归咎于他破坏门禁斩断门栓?"季武子采纳了这说法。于是为臧氏设盟誓,说:"不要像臧孙纥那样触犯国家法纪,破坏门禁斩断门栓。"臧孙纥听到盟辞,说:"国内有人才啊,会是谁呢? 应该是孟椒吧!"

【穀梁传】其日,正臧孙纥之出也①。蘧伯玉曰②:"不以道事其君者,其出乎?"

【注释】

①正:辨证,确定。这里是辨明臧孙纥是有罪的,所以出奔。

②蘧(qú)伯玉:卫国大夫,名瑗,谥成子。贤者,为孔子所敬慕。

【译文】

经文记载日期,是确定臧孙纥外逃了。蘧伯玉说:"不能按照道义来侍奉他的国君的人,大概就只能出逃了吧?"

【经】晋人杀栾盈。

【译文】

晋国杀了栾盈。

【左传】晋人克栾盈于曲沃,尽杀栾氏之族党。栾鲂出奔宋。书曰:"晋人杀栾盈。"不言大夫,言自外也①。

【注释】

①不言大夫,言自外也:栾盈逃亡齐国后又回国作乱,于是不再视其为大夫。

【译文】

晋人在曲沃攻克栾盈，把栾氏族党斩尽杀绝。栾鲂出逃宋国。《春秋》记载说："晋人杀栾盈。"不说他是大夫，是说他从国外回国发动叛乱。

【公羊传】曷为不言杀其大夫？ 非其大夫也①。

【注释】

①非其大夫也：案栾盈于襄公二十一年出奔楚国，则被诛绝，不为大夫。上文入于晋，入于曲沃，遂篡得大夫之位，然未得君命，故云"非其大夫也"。

【译文】

经为何不言"杀其大夫"？ 因为栾盈不是晋国的大夫。

【穀梁传】恶之，弗有也①。

【注释】

①弗有：指不把栾盈当作晋国大夫。通常经文记载杀害大夫会记为"杀其大夫某某"。

【译文】

憎恶他，不把他当作晋国大夫。

【经】齐侯袭莒①。

【注释】

①齐侯袭莒：攻打晋国之后又侵袭莒国。

【译文】

齐庄公袭击莒国。

【左传】齐侯还自晋，不入，遂袭莒。门于且于①，伤股而退。明日，将复战，期于寿舒②。杞殖、华还载甲夜入且于之隧③，宿于莒郊。明日，先遇莒子于蒲侯氏④。莒子重赂之，使无死⑤，曰："请有盟。"华周对曰⑥："贪货弃命，亦君所恶也。昏而受命，日未中而弃之，何以事君⑦？"莒子亲鼓之，从而伐之，获杞梁⑧。莒人行成⑨。

【注释】

①且于：当时是莒邑，在今山东莒县境内。

②寿舒：古地名，在今山东莒县境内。齐庄公与其军队约定在寿舒集中。

③杞殖、华还：都是齐国大夫。隧：隘道。

④蒲侯氏：古地名，靠近莒的城邑。

⑤莒子重赂之，使无死：莒犁比公遇到这二人，以重礼贿赂他们不要死战。案二人率军夜自险道入莒郊邑，遇到莒子所帅的大军，势必拼死作战，莒子想要免战请盟，故使无死战。

⑥华周：即华还。

⑦"昏而受命"三句：华还不同意免战。昏而受命，昨晚才接受的命令。

⑧获杞梁：杞殖战死。获，死获。杞梁，即杞殖。

⑨莒人行成：莒国仍然主动讲和。

【译文】

齐庄公从晋国回来，不入国境，就去袭击莒国。攻打且于城门，大腿受伤而退军。第二天，准备再去进攻，约好军队在寿舒集合。杞殖、华还用战车载着甲士乘夜进入且于的隘道，在莒都郊外宿营。第二天，先在蒲侯氏与莒犁比公相遇。莒犁比公送他俩厚礼，让他们不要死战，说："愿意和你们订立盟誓。"华还回答说："贪财而背弃君命，这也是国君您所憎恶的啊。昨晚刚刚接受命令,现在太阳还没到中天就抛弃了它,还凭什么去事奉国君?"莒犁比公亲自击鼓进攻齐军,并杀死杞殖。莒国主动与齐国媾和。

齐侯归,遇杞梁之妻于郊①,使吊之。辞曰:"殖之有罪,何辱命焉②?若免于罪,犹有先人之敝庐在,下妾不得与郊吊③。"齐侯吊诸其室④。

【注释】

①遇杞梁之妻于郊:杞梁战死,其妻郊迎灵柩。

②殖之有罪,何辱命焉:杞殖如果有罪,则不足以吊唁。

③下妾不得与郊吊:古代贱者才受郊吊,杞殖是齐国大夫,因此其妻不受郊吊。

④齐侯吊诸其室:到死者家里吊唁。案杞梁之妻后来演变为孟姜女的故事。

【译文】

齐庄公回国,在郊外遇到杞殖的妻子,便派人向她吊唁。杞殖妻拒绝了,说:"如果杞殖有罪,岂敢劳驾国君派人吊唁?如果能够免罪,还有先人的破旧房屋在,下妾不能接受在郊外的吊唁。"于是齐庄公就到她家去吊唁。

*【左传】齐侯将为臧纥田。臧孙闻之,见齐侯,与之言伐晋①。对曰:"多则多矣②!抑君似鼠③。夫鼠,昼伏夜动,不穴于寝庙④,畏人故也。今君闻晋之乱而后作焉⑤,宁将事之,非鼠如何⑥?"乃弗与田⑦。

【注释】

①与之言伐晋：齐庄公自夸伐晋之功。

②多：指战功。

③抑：但是。

④寝庙：宗庙。

⑤作：起兵。

⑥宁将事之，非鼠如何：乘人之乱而攻伐，是鼠窃狗盗的行为。

⑦乃弗与田：案臧孙预料齐庄公将有难，有意以鼠讥笑他，激怒齐庄
　公而使他不给自己田地，以此保持与齐庄公的距离。

【译文】

　　齐庄公准备封给臧孙纥田地。臧孙纥听说了，去见齐庄公，齐庄公
向他说起伐晋的事。臧孙纥回答道："您的功劳确实很多！不过您就像
那老鼠。老鼠白天潜伏夜里活动，但不在宗庙里打洞做窝，是因为怕人
的缘故。现在您听说晋国动乱而趁机起兵，那不如去事奉他呢，您不是
老鼠又是什么？"齐庄公就没给他封地。

　　仲尼曰："知之难也。有臧武仲之知①，而不容于鲁国②，
抑有由也③。作不顺而施不恕也④。《夏书》曰：'念兹在兹。'
顺事、恕施也。"

【注释】

①知：同"智"。

②不容于鲁国：臧孙能预知齐庄公将有难而使自己免于祸，但在鲁
　国却被逼逃亡在外。

③由：原由。

④作不顺而施不恕也：臧孙废长立少，这是做事不顺于事理，所为不
　合于恕道。

【译文】

孔子说:"要做个智者确实难啊。像臧武仲这样有智慧,却不容于鲁国,是有原因的。所作所为不顺于事理而且不合恕道。《夏书》说:'想着这个就一心做这个。'这就是说做事要顺乎理合于恕道。"

二十四年

【经】二十有四年春①,叔孙豹如晋②。

【注释】

①二十有四年:鲁襄公二十四年当周灵王二十三年,前549年。

②叔孙豹如晋:赴晋祝贺晋平定栾氏之乱。

【译文】

鲁襄公二十四年春,叔孙豹去晋国。

【左传】二十四年春,穆叔如晋。范宣子逆之,问焉,曰:"古人有言曰,'死而不朽'①,何谓也?"穆叔未对。宣子曰:"昔匄之祖,自虞以上,为陶唐氏,在夏为御龙氏,在商为豕韦氏②,在周为唐杜氏③,晋主夏盟为范氏④,其是之谓乎⑤?"穆叔曰:"以豹所闻,此之谓世禄,非不朽也。鲁有先大夫曰臧文仲,既没,其言立⑥,其是之谓乎!豹闻之:'大上有立德,其次有立功,其次有立言。'虽久不废,此之谓不朽⑦。若夫保姓受氏⑧,以守宗祊⑨,世不绝祀,无国无之。禄之大者,不可谓不朽⑩。"

【注释】

①死而不朽：指身死而名不朽灭。

②"昔匄之祖"五句：据昭公二十九年传文，陶唐氏之后裔刘累学驯龙于豢龙氏，夏以事孔甲，孔甲赐氏曰御龙氏，以更豕韦之后。其所驯之龙一雌死，潜醢以食孔甲。孔甲为久又欲食此味，刘累不能得，惧而迁于鲁县，范氏即其后。陶唐氏，尧之后。豕韦氏，祝融之后。杜预注云："以刘累代彭姓之豕韦。累寻迁鲁县，豕韦复国，至商而灭。累之后世复承其国为豕韦氏。"相传河南旧滑县治东南五十里有韦乡，即古豕韦国。

③唐杜：国名。杨伯峻认为，今陕西西安东南、长安东北有杜陵，应该就是唐杜故国。

④晋主夏盟：指晋国为中原各国盟主。

⑤其是之谓乎：意思是范氏能保持贵族姓氏，保有世卿世禄，是不朽的业绩。

⑥其言立：其言世代不废弃。

⑦虽久不废，此之谓不朽：穆叔认为，所谓的不朽，在于对后世所作的不可磨灭的贡献中。

⑧保姓：世代保持贵族地位。受氏：官世代有功则受氏。

⑨宗祊（bēng）：宗庙。

⑩禄之大者，不可谓不朽：如范氏，虽然禄及子孙，也不能说是不朽。

【译文】

鲁襄公二十四年春，穆叔到晋国去。范宣子迎接他，问他说："古人这么说，'死而不朽'，是什么意思呢？"穆叔没有作答。范宣子说："当初我范匄的祖上，虞舜以上是陶唐氏，在夏朝是御龙氏，在商朝是豕韦氏，在周朝是唐杜氏，晋国主持中原诸侯盟会的是我范氏，'不朽'大概指的就是这种情况吧？"穆叔说："以我所知，这叫做世禄，不是不朽。鲁国有已故大夫叫臧文仲，他死以后，所说的话世代流传，这才称得上不朽！我听说：'最高的是树立德行，其次是建功立业，再其次是留下言论。'即便逝去久远也不会废弃，这才是不朽。至于保持贵族地位、世代有功，以此来守护宗庙，世代祭祀不断，没有哪一个国家没有这种情况。这只是禄位的显赫，不能称为不朽。"

*【左传】范宣子为政，诸侯之币重①。郑人病之。二月，郑伯如晋。子产寓书于子西，以告宣子②，曰："子为晋国③，四邻诸侯不闻令德，而闻重币④，侨也惑之。侨闻君子长国家者，非无贿之患，而无令名之难⑤。夫诸侯之贿聚于公室，则诸侯贰⑥。若吾子赖之，则晋国贰⑦。诸侯贰则晋国坏⑧；晋国贰，则子之家坏⑨，何没没也⑩！将焉用贿？夫令名，德之舆也⑪；德，国家之基也。有基无坏，无亦是务乎⑫！有德则乐，乐则能久。《诗》云：'乐只君子，邦家之基⑬。'有令德也夫！'上帝临女，无贰尔心⑭。'有令名也夫！恕思以明德⑮，则令名载而行之，是以远至迩安。毋宁使人谓子'子实生我'，而谓'子浚我以生'乎⑯？象有齿以焚其身，贿也⑰。"宣子说，乃轻币。

【注释】

①诸侯之币重：晋国对诸侯所定的贡赋数量很大。

②子产寓书于子西，以告宣子：子西陪伴郑简公去晋国，子产让他带信给范宣子。子西，郑国大夫公孙夏，公子骓之子。

③为：治理。

④重币：很重的贡赋。

⑤非无贿之患，而无令名之难：不患无钱财，只患无好名声。贿，财

货。难,患。

⑥夫诸侯之贿聚于公室,则诸侯贰:国君聚敛钱财,内部将分裂。
　　贰,离心。

⑦若吾子赖之,则晋国贰:如果您也如此,则晋国将分裂。

⑧诸侯贰则晋国坏:晋国是盟主,诸侯乱,晋国也将受害。

⑨晋国贰,则子之家坏:晋国内部分裂,则当道之臣受祸。

⑩没没:糊涂,不明白。

⑪夫令名,德之舆也:德靠美名而远传。

⑫有基无坏,无亦是务乎:有德,国家才不会崩溃,治国应致力于此。

⑬乐只君子,邦家之基:引《诗》见《诗经·小雅·南山有台》。意
　　思是君子之乐在于有美德,这是国家的基石。

⑭上帝临女,无贰尔心:引《诗》见《诗经·大雅·大明》。意思是
　　天帝在上,武王不怀二心。

⑮恕思以明德:心存忠厚,对人谅解,就会显出美德。

⑯毋宁使人谓子"子实生我",而谓"子浚(jùn)我以生"乎:晋国
　　应该宁可减轻贡赋而使人感激,也不要因掠夺剥削而使人怨恨。
　　浚,剥削,掠夺。

⑰象有齿以焚其身,贿也:象因牙齿值钱而毙命。晋国应该考虑到
　　积聚财富的危险。

【译文】

　　范宣子执政,诸侯的贡赋很重。郑国感到难以承受。二月,郑简公
前往晋国。子产托子西给范宣子捎去一封信,信上说:"您治理晋国,四
邻各诸侯国没有听到您有什么美德,却知道要交很重的贡赋,敝人感到
困惑。敝人听说君子掌管国家大政,并不担心缺少财货,而害怕难有好
名声。如果诸侯的财货都被集中到国君手里,那么诸侯就会生出二心。
如果您把这些据为己有,那么晋国的内部就会生出二心。诸侯有二心,
晋国就难以保存;晋国内部有二心,您的家族就会遭劫,您怎么会这么糊

涂呢！要这些财货又有什么意义呢？好的名声，是美德的载体；德行，是国家和家族的基石。有好基石，国家就不至于毁坏，难道不应该致力于此吗！有德行就快乐，快乐就能长久。《诗》说：'君子之乐在于有美德，这是国家的基石。'这就是有美德吧！'天帝在上，武王不怀二心。'这就是有好名声吧！心存忠厚，对人体谅，就会显出美德，美德并能远扬，远方的人就归服，邻近的人也安心。宁可减轻贡赋而使人感激地说'你让我得以生活'，也不要因掠夺剥削而使人怨恨地说'你靠掠夺我为生'。象因牙齿值钱而毙命，这是因为人们贪财的缘故啊。"范宣子听后很高兴，便减轻了各国的贡赋。

　　是行也，郑伯朝晋，为重币故，且请伐陈也。郑伯稽首，宣子辞①。子西相，曰："以陈国之介恃大国②，而陵虐于敝邑，寡君是以请罪焉③，敢不稽首？"

【注释】

①郑伯稽首，宣子辞：不敢接受此重礼。

②介恃：倚仗。大国：指楚国。

③请罪焉：请得罪于陈，意思是请求伐陈。

【译文】

　　这次郑简公去晋国朝见，是为了贡赋太重的缘故，同时请求讨伐陈国。郑简公叩头，范宣子辞谢不敢接受这大礼。子西相礼，说道："由于陈国倚仗楚国而欺凌敝国，我们国君所以请求向陈国兴师问罪，岂敢不叩头？"

　　【经】仲孙羯帅师侵齐①。

【注释】

①仲孙羯（jié）帅师侵齐：仲孙羯，鲁大夫仲孙速之子，孟孙氏宗主。这里鲁侵齐是因为晋国的原因。

【译文】

仲孙羯率领军队侵袭齐国。

【左传】孟孝伯侵齐，晋故也①。

【注释】

①孟孝伯侵齐，晋故也：去年齐伐晋，鲁国为晋国报复齐国。孟孝伯，即仲孙羯。

【译文】

孟孝伯侵犯齐国，是为了晋国的缘故。

【经】夏，楚子伐吴①。

【注释】

①楚子：指楚国国君楚康王熊昭。

【译文】

夏，楚康王攻打吴国。

【左传】夏，楚子为舟师以伐吴①，不为军政②，无功而还。

【注释】

①楚子为舟师以伐吴：舟师，水军。高阅曰："自襄十一年楚失郑，十四年伐吴，自是舍郑不争，又十年而一再伐吴，急吴而缓中国也。观此而悼公之通吴，其有功于中国大矣。"

②不为军政：不对军队进行训练。军政，军中政教，如赏罚、训诫等。

【译文】

夏，楚康王率领水军攻打吴国，因为不对军队进行训导，结果没有取得成功而撤兵。

△【经】秋七月甲子朔，日有食之，既①。

【注释】

①秋七月甲子朔，日有食之，既：此为前549年6月19日之日全食。甲子朔，初一。既，尽。

【译文】

秋七月初一，发生日食，是日全食。

【经】齐崔杼帅师伐莒①。

【注释】

①齐崔杼（zhù）帅师伐莒：崔杼，齐国执政大夫。齐国希望联合楚国共同对抗晋国，楚王派使者来协商会面事宜，此时齐国听闻晋国将兴兵来犯，于是派陈无宇随楚使至楚，请求楚国出兵，同时派崔杼率军护送，顺道伐莒。

【译文】

齐国崔杼率领军队讨伐莒国。

【左传】齐侯既伐晋而惧，将欲见楚子。楚子使薳启彊如齐聘，且请期①。齐社②，蒐军实，使客观之③。陈文子曰："齐将有寇④。吾闻之，兵不戢，必取其族⑤。"

【注释】

①请期：问会见的日期。

②社：祭社神。

③蒐（sōu）军实，使客观之：向楚国显示军力。蒐军实，大检阅。军
　实，指车徒以及军器。客，指蓬启彊。

④齐将有寇：齐国将受到侵犯。

⑤兵不戢（jí），必取其族：夸耀武力，必以武力害己。不戢，不藏。
　族，类。

【译文】

　　齐庄公侵犯了晋国，随后又感到害怕，想要和楚康王见面。楚康王
派蓬启彊到齐国聘问，同时商量会见的时间。齐国在军中祭祀社神，举
行大阅兵，让蓬启彊参观。陈文子说："齐国将会受到侵犯。我听说，不
收藏武力，必然要伤害到自己的族类。"

　　秋，齐侯闻将有晋师①，使陈无宇从蓬启彊如楚，辞②，且
乞师。崔杼帅师送之，遂伐莒，侵介根③。

【注释】

①晋师：指夷仪之师。

②辞：因为有晋国军队，不能与楚王相见，故辞。

③遂伐莒，侵介根：去年齐国与莒国讲和，现在又侵莒，是不守信义。
　介根，莒地名，在今山东高密东南。

【译文】

　　秋，齐庄公听说晋军将要侵袭齐国，便派陈无宇跟随蓬启彊到楚国
去，提出取消会见，并且请求楚国派兵救援。崔杼带领军队送他，趁机进
攻莒国，侵袭了介根。

△【经】大水。

【译文】

发大水。

△【经】八月癸巳朔，日有食之①。

【注释】

①八月癸巳朔，日有食之：七月朔日全食，八月朔不会再日食，当为
　史官误记。

【译文】

八月癸巳朔日，发生日食。

【经】公会晋侯、宋公、卫侯、郑伯、曹伯、莒子、邾子、滕
子、薛伯、杞伯、小邾子于夷仪①。

【注释】

①杞伯：指新即位的杞国国君杞文公姒益姑，伯爵，杞孝公之子。夷
　仪：本为邢地，僖公二十五年，卫灭邢，遂为卫邑，在今山东聊城西
　南。《公羊传》作“陈仪”。夷仪之会是商议伐齐，因大水作罢。

【译文】

鲁襄公与晋平公、宋平公、卫殇公、郑简公、曹武公、莒犁比公、邾悼
公、滕成公、薛伯、杞文公、小邾穆公在夷仪相会。

【左传】会于夷仪，将以伐齐，水，不克①。

【注释】

①水，不克：指夷仪之师。汪克宽曰："晋大合诸侯而无所事，盖进
　　则惮齐之强，退又忧楚之伐郑，是以一会而徒返，晋之不能亦可
　　知矣。"

【译文】

晋国和诸侯在夷仪相会，准备攻打齐国，赶上发大水，没能行动。

【经】冬，楚子、蔡侯、陈侯、许男伐郑①。

【注释】

①楚子、蔡侯、陈侯、许男伐郑：楚伐郑是为了救齐。季本曰："楚既
　　制吴，于是率三国伐郑，瞰晋伯之衰而诸侯之贰也。"

【译文】

冬，楚康王、蔡景公、陈哀公、许灵公攻打郑国。

【左传】冬，楚子伐郑以救齐①，门于东门，次于棘泽②。
诸侯还救郑。晋侯使张骼、辅跞致楚师③，求御于郑④。郑人
卜宛射犬⑤，吉。子大叔戒之曰⑥："大国之人，不可与也⑦。"
对曰："无有众寡，其上一也⑧。"大叔曰："不然，部娄无松
柏⑨。"二子在幄⑩，坐射犬于外，既食而后食之。使御广车
而行，己皆乘乘车⑪。将及楚师，而后从之乘，皆踞转而鼓
琴⑫。近，不告而驰之⑬。皆取胄于橐而胄⑭，入垒，皆下，搏
人以投⑮，收禽挟囚⑯。弗待而出⑰。皆超乘⑱，抽弓而射⑲。
既免⑳，复踞转而鼓琴，曰："公孙！同乘，兄弟也，胡再不
谋㉑？"对曰："曩者志入而已，今则怵也㉒。"皆笑，曰："公孙
之亟也㉓。"

【注释】

①楚子伐郑以救齐：因陈无宇请求出兵的缘故。

②次于棘泽：楚军攻打郑国都城东门，大军驻扎在棘泽。棘泽，在今河南新郑东南。

③张骼、辅跞：晋国大夫。致楚师：向楚军挑战。

④求御于郑：因郑人熟悉地形，故请郑国派御者。

⑤宛射犬：郑公族。食邑于宛，故曰"宛射犬"。

⑥子大叔：郑国大夫游吉。

⑦大国之人，不可与也：告诫宛射犬，对晋国的人不能平行抗礼，而应谦卑有礼。与，对当。

⑧无有众寡，其上一也：无论兵众多寡，御者都在车右、车左之上，哪国都是这样。

⑨部（pǒu）娄无松柏：小土山不生大树，小国不能与大国平行。部娄，小山丘。

⑩二子：指张骼、辅跞。

⑪使御广车而行，己皆乘乘车：让宛射犬驾广车，自己乘乘车前进。广车，攻敌的兵车。乘车，平时所乘的战车。

⑫转：轸，车后横木。

⑬近，不告而驰之：宛射犬心中有怨气，车近楚营，不告诉二人，疾驰而入。

⑭胄（zhòu）：头盔。櫜（gāo）：装甲胄的袋子。

⑮搏人以投：抓起敌兵投向其他敌人。

⑯收禽挟囚：将抓获的俘虏捆好，夹在腋下。禽，同"擒"。这里指擒获的楚兵。

⑰弗待而出：宛射犬仍然不等待二人，独自驰车出敌垒。

⑱皆超乘：二人急忙跳上车。

⑲抽弓而射：杨伯峻指出，弓本插于兵车两旁，二人既上车，为抗击

　　追赶的敌兵，所以抽弓射击。

⑳既免：已脱离险境。

㉑胡再不谋：何故两次都不商量。

㉒曩（nǎng）者志入而已，今则怵也："不告而驰"是因专注于入敌营，"弗待而出"是由于心中畏惧，所以两次都未商量。这是宛射犬的解释，其实是掩饰之词。曩，以前，先前。

㉓公孙之亟也：二人知其心中怨恨，以性急笑其不能受屈。亟，急。

【译文】

　　冬，楚康王讨伐郑国以救援齐国，攻打东门，驻扎在棘泽。诸侯回师救郑国。晋平公派张骼、辅跞向楚军挑战，并向郑国提出派给驾车者。郑国占卜派宛射犬，吉利。子太叔告诫宛射犬："对大国的人，你不能和他们分庭抗礼。"宛射犬回答："对驾车者来说，不论兵多兵少，御者都在车右、车左之上，哪里都是这样。"太叔说："不对，小土丘上是长不出松柏来的。"张骼、辅跞在帐篷中休息，让宛射犬坐在外面；自己吃了饭才招呼宛射犬吃饭。让宛射犬驾着攻敌的广车前进，自己则都坐普通的战车。将要到达楚营时，才坐到宛射犬的车上，还都是蹲在后部的横木上弹琴。车子逼近楚营时，宛射犬不告知二人就急速前进。二人都赶紧从袋子里取出头盔戴好，进入敌营，二人都跳下车，把楚兵抓起来抛出去，把俘虏捆好夹在腋下。宛射犬不等这二人就自己驱车而出。二人只得跳上车，抽弓射击追赶的楚军。脱险后，又蹲在车后的横木上弹琴，说："公孙！同坐一辆车，就是兄弟，为什么两次都不和我们商量一下？"宛射犬回答说："头一次是由于我一心想着冲进去，后一次则是因为害怕了。"二人都笑了，说道："公孙的性子真急啊。"

　　楚子自棘泽还①，使薳启彊帅师送陈无宇。

【注释】

①楚子自棘泽还：楚伐郑，目的在转移诸侯之师以救齐，因舒鸠人叛，于是撤兵。

【译文】

楚康王从棘泽回来，就派蒍启彊率兵送陈无宇回国。

　　*【左传】吴人为楚舟师之役故，召舒鸠人①。舒鸠人叛楚。楚子师于荒浦②，使沈尹寿与师祁犁让之③。舒鸠子敬逆二子，而告无之，且请受盟。二子复命，王欲伐之。蒍子曰④："不可。彼告不叛，且请受盟，而又伐之，伐无罪也。姑归息民，以待其卒⑤。卒而不贰，吾又何求？若犹叛我，无辞⑥，有庸⑦。"乃还。

【注释】

①舒鸠：楚的属国，故址在今安徽舒城。

②荒浦：舒鸠之地。

③沈尹寿、师祁犁：楚国大夫。让：责备。

④蒍子：即蒍子冯。

⑤卒：终了，结果。

⑥若犹叛我，无辞：舒鸠如果再背叛，讨伐他就无话可说。

⑦有庸：有功。

【译文】

　　吴国因为楚国水军侵犯自己的缘故，召唤舒鸠人。舒鸠人便背叛了楚国。楚康王陈兵荒浦，派沈尹寿和师祁犁前往责备舒鸠人。舒鸠国国君恭敬地迎接二人，告诉他们并无背叛之事，并请求接受盟约。二人回见楚康王复命，楚康王想讨伐舒鸠国。蒍启冯说："不合适。他们告说没有背叛我国,并请求接受盟约,我们去攻打,这是讨伐无罪者。不如暂且回国,让百姓休养生息,静待结果。要是最终没有背叛,我们又有什么别的要求呢? 如果还是背叛我国,他们就无话可说了,我们也能成功了。"于是退兵回国。

△【经】公至自会。

【译文】

鲁襄公从夷仪之会回来。

【经】陈铖宜咎出奔楚①。

【注释】

①铖(qián)宜咎:陈铖子八世孙,陈国二庆同党。据《左传》,"陈人复讨庆氏之党",所以出奔。

【译文】

陈铖宜咎出逃到楚国。

【左传】陈人复讨庆氏之党,铖宜咎出奔楚。

【译文】

陈国又讨伐庆氏的余党,铖宜咎出逃到楚国。

【经】叔孙豹如京师①。

【注释】

①叔孙豹如京师:鲁穆叔聘问周天子。

【译文】

叔孙豹前往京师。

【左传】齐人城郏①。穆叔如周聘,且贺城。王嘉其有礼也,赐之大路②。

【注释】

①齐人城郏:齐国叛晋,于是城郏以讨好天子。郏,郏鄏,王城。

②大路:即大辂,天子所赐之车的总名。

【译文】

齐国在郏地筑城。穆叔到周朝聘,同时祝贺筑城竣工。周灵王赞赏穆叔有礼,赐给他大辂车。

【经】大饥①。

【注释】

①大饥:《穀梁传》以为五谷都无收成为大饥。何休云:"有死伤曰大饥,无死伤曰饥。"

【译文】

发生大饥荒。

【穀梁传】五谷不升为大饥①。一谷不升谓之嗛②,二谷不升谓之饥,三谷不升谓之馑,四谷不升谓之康,五谷不升谓之大侵③。大侵之礼,君食不兼味④,台榭不涂⑤。弛侯⑥,廷道不除⑦。百官布而不制⑧。鬼神祷而不祀⑨。此大侵之礼也。

【注释】

①升：收获。

②嗛（qiàn）：用同"歉"，收成不好。

③大侵：严重饥荒。

④兼味：两种以上的菜肴。

⑤涂：粉饰。

⑥弛：废除。侯：箭靶，代指射礼。这里指废除宴乐之射。

⑦除：修整，清除。

⑧布：设置。指百官修列，不因饥饿而废除官职。制：作，造作。指不再设置新的官职。

⑨祷：祈祷，向鬼神求福。祀：祭祀。祭祀需要消耗祭品。

【译文】

　　五种谷物都没有收获是大饥。一种谷物没有收获称作"歉"，两种谷物没有收获称作"饥"，三种谷物没有收获称作"馑"，四种谷物没有收获称作"康"，五种谷物没有收获称作"大侵"。大侵时候应当遵守的礼仪，国君吃饭不应有两种菜，楼台亭榭不应粉饰。废止宴乐，朝廷里的道路也不修整。不废除也不新设置官职。对鬼神只是祷告而不祭祀。这是大侵时候的礼仪。

　　*【左传】*晋侯嬖程郑，使佐下军①。郑行人公孙挥如晋聘②。程郑问焉，曰："敢问降阶何由③？"子羽不能对，归以语然明④。然明曰："是将死矣。不然，将亡⑤。贵而知惧，惧而思降，乃得其阶⑥。下人而已⑦，又何问焉？且夫既登而求降阶者，知人也⑧，不在程郑⑨。其有亡衅乎⑩？不然，其有惑疾⑪，将死而忧也⑫。"

【注释】

①晋侯嬖程郑,使佐下军:案以代替栾盈。

②公孙挥:即子羽。

③降阶:降级。

④然明:郑国大夫鬷蔑。

⑤亡:逃亡。

⑥得其阶:得到适合其才德的地位。

⑦下人:以位让人,在人下。

⑧且夫既登而求降阶者,知人也:既登高位,自感难保而求降位,是明智之人。

⑨不在程郑:程郑以佞媚得宠而升上卿位,不是明智者。

⑩亡衅:逃亡的迹象。

⑪惑疾:疑心病,指程郑本小人。

⑫将死而忧也:案此为明年程郑死伏笔。

【译文】

晋平公宠爱程郑,让他做下军佐。郑国行人公孙挥到晋国聘问。程郑向他请教,说:"请问怎样才能降级?"公孙挥无法回答,回国后把此事告诉了然明。然明说:"这人将要死了。不然的话,就是将要逃亡。地位尊贵而知道戒惧,害怕了而想要降级,从而得到合适的地位。这只要甘居人下就可以了,又问什么呢?再说既已登上高位而要求降级的,是聪明人,但程郑不属于这种人。他大概已经有了要逃亡的想法了吧?不然的话,就是他有疑心病,将要死了而为自己担心。"

二十五年

【经】二十有五年春①,齐崔杼帅师伐我北鄙。

【注释】

①二十有五年：鲁襄公二十五年当周灵王二十四年，前548年。

【译文】

鲁襄公二十五年春，齐国崔杼领兵攻打我国北部边境。

【左传】二十五年春，齐崔杼帅师伐我北鄙，以报孝伯之师也①。公患之，使告于晋。孟公绰曰②："崔子将有大志，不在病我③，必速归，何患焉？其来也不寇④，使民不严⑤，异于他日。"齐师徒归⑥。

【注释】

①以报孝伯之师也：报复去年孟孝伯侵齐。

②孟公绰：鲁国大夫。

③崔子将有大志，不在病我：崔杼志在弑君，不在侵鲁。

④不寇：不劫掠。

⑤使民不严：役使百姓不严，意在收买人心。

⑥徒归：空手而归，无所获。

【译文】

鲁襄公二十五年春，齐国崔杼领兵攻打我国北部边境，以报复孟孝伯对他们的进攻。鲁襄公感到担忧，派人向晋国报告。孟公绰说："崔杼将有大动作，目的不在损害我们，肯定很快回国，有什么可担心的呢？他到我国不行掳掠，役使百姓不严厉，和往常不一样。"齐军一无所获地撤兵回去。

【经】夏五月乙亥①，齐崔杼弑其君光②。

【注释】

①乙亥：十七日。

②齐崔杼弑其君光：崔杼杀死齐庄公。据《左传》，齐庄公多次与崔
　　杼之妻棠姜私通，且将崔杼的帽子赐给别人，且有不当言语，崔杼
　　心生不满，加之害怕晋国报复齐国，欲杀齐庄公以讨好晋国，于是
　　寻找机会杀害了齐庄公。

【译文】

夏五月十七日，齐国崔杼杀了他的国君庄公光。

　　【左传】齐棠公之妻①，东郭偃之姊也。东郭偃臣崔武
子②。棠公死，偃御武子以吊焉。见棠姜而美之，使偃取
之③。偃曰："男女辨姓④，今君出自丁，臣出自桓，不可⑤。"
武子筮之，遇《困》䷮之《大过》䷛⑥。史皆曰"吉"⑦。示陈
文子，文子曰："夫从风，风陨妻⑧，不可娶也。且其《繇》曰：
'困于石，据于蒺藜，入于其宫，不见其妻，凶⑨。'困于石，往
不济也⑩；据于蒺藜，所恃伤也⑪；入于其宫，不见其妻，凶，无
所归也⑫。"崔子曰："嫠也⑬，何害？先夫当之矣⑭。"遂取之。

【注释】

①棠公：齐国棠邑大夫。

②崔武子：崔杼。

③使偃取之：崔杼让东郭偃为自己娶棠姜为妻。

④男女辨姓：指同姓不通婚。

⑤"今君出自丁"三句：丁，指齐丁公。桓，指齐桓公，同为姜姓，故
　　不能通婚。

⑥遇《困》䷮之《大过》䷛：《困》卦为《坎》下《兑》上，《大过》卦为

《巽》下《兑》上，《困》卦变为《大过》卦，即第三爻由阴爻变为阳爻。

⑦史皆曰"吉"：史仅就《困》卦言之，《兑》为少女，《坎》为中男，以少女配中男，故吉。这是太史为了逢迎崔杼。

⑧夫从风，风陨妻：上面的变卦，是《困》卦的《坎》变为《巽》，《坎》为中男，故曰夫，《巽》为风，是夫变为风。《大过》卦是风吹掉其妻。陈文子根据卦象断言不可娶。

⑨"困于石"五句：这是《困》卦"六三"的爻辞，下面是陈文子的解释。

⑩困于石，往不济也：人走路竟被石头绊倒，前进也没有用。

⑪据于蒺梨，所恃伤也：绊倒而两手抓在蒺藜上，是受到所依靠者的伤害。

⑫"入于其宫"四句：回到家中，将看不到妻子，家破人亡，无可归宿。

⑬嫠（lí）：寡妇。

⑭先夫当之矣：意思是棠公已受棠姜之凶而死。先夫，指棠公。

【译文】

齐国棠公的妻子，是东郭偃的姐姐。东郭偃是崔杼的家臣。棠公死后，东郭偃驾车送崔杼前往吊唁。崔杼见到棠姜而觉得她很美，让东郭偃把她嫁给自己。东郭偃说："男女结婚前要辨明姓氏，您是丁公的后代，下臣出自桓公，同姓不能结婚。"崔杼让人卜筮，得到《困》卦变成《大过》卦。史官都说"吉利"。崔杼把卦象拿给陈文子看，陈文子说："丈夫变为风，风把妻子吹落，不能娶她。而且这卦的《繇》辞说：'被石头所困，以蒺藜为依靠，回到家里，不见他的妻子，凶。'为石头所困，意味着做了不会成功；以蒺藜为依靠，意味着所依靠的对象会使人受伤；回到家中，不见他的妻子，凶，意味着无家可归。"崔杼说："她是个寡妇，有什么妨碍？即便有，他的前夫已经承担了这凶险。"于是娶了她。

庄公通焉①，骤如崔氏②。以崔子之冠赐人，侍者曰："不可。"公曰："不为崔子，其无冠乎③？"崔子因是④，又以其间伐晋也⑤，曰："晋必将报。"欲弑公以说于晋，而不获间⑥。公鞭侍人贾举，而又近之⑦，乃为崔子间公⑧。

【注释】

①庄公通焉：齐庄公私通棠姜。

②骤：屡次。

③不为崔子，其无冠乎：意思是不用崔杼之冠，岂无他冠可用。这是齐庄公目无崔杼，有意侮辱他。不为，不是。其，犹"岂"，难道。

④崔子因是：崔杼因此怨恨齐庄公。

⑤间伐晋：乘晋国有难而攻打它。

⑥不获间：没有找到机会。间，机会。

⑦公鞭侍人贾举，而又近之：齐庄公鞭打贾举，过后又亲宠他。

⑧乃为崔子间公：贾举为崔杼寻找机会杀齐庄公。

【译文】

齐庄公与棠姜私通，多次到崔宅。把崔杼的帽子赐给别人，侍者说："不能这样。"齐庄公说："不用崔杼的帽子，难道就没有别人的帽子可用了吗？"崔杼因此怨恨齐庄公，又因为齐庄公曾乘晋国的内乱而进攻晋国，崔杼说："晋国必然要报复。"他想要杀死齐庄公以取悦晋国，只是没有找到机会。齐庄公鞭打侍人贾举而又亲宠他，贾举便为崔杼窥察机会。

夏五月，莒为且于之役故①，莒子朝于齐。甲戌②，飨诸北郭，崔子称疾，不视事③。乙亥，公问崔子④，遂从姜氏。姜入于室⑤，与崔子自侧户出。公拊楹而歌⑥。侍人贾举止众从者而入，闭门⑦。甲兴⑧，公登台而请⑨，弗许；请盟，弗许；请自刃于庙，弗许。皆曰："君之臣杼疾病，不能听命⑩。近于公宫，陪臣干掫有淫者⑪，不知二命⑫。"公逾墙，又射

之,中股,反队^⑬,遂弑之。贾举、州绰、邴师、公孙敖、封具、
铎父、襄伊、偻堙皆死^⑭。祝佗父祭于高唐^⑮,至,复命,不说
弁而死于崔氏^⑯。申蒯,侍渔者^⑰,退,谓其宰曰:"尔以帑
免^⑱,我将死。"其宰曰:"免,是反子之义也^⑲。"与之皆死^⑳。
崔氏杀鬷蔑于平阴^㉑。

【注释】

①且于之役:发生在去年。

②甲戌:十六日。

③崔子称疾,不视事:崔杼称病不上朝,意在诱使齐庄公来崔家。

④公问崔子:齐庄公果然来问候。

⑤姜入于室:棠姜进入内室,意在将齐庄公引入彀中。

⑥公拊楹而歌:齐庄公以此暗示棠姜。拊,拍打。楹,柱子。

⑦侍人贾举止众从者而入,闭门:贾举将齐庄公的随从关在门外。

⑧甲兴:崔杼预先埋伏的甲士一拥而上。

⑨请:请求免死。

⑩君之臣杼疾病,不能听命:崔杼自己不露面,下人称他病重而不能
听取齐庄公的命令,实际是不准许齐庄公的请求。

⑪近于公宫,陪臣干掫(zōu)有淫者:由于地近公宫,所以要严防奸
盗。近于公宫,指崔宅靠近国君宫室。陪臣,家臣自称。干掫,巡
夜捕击不法的人。

⑫不知二命:只知奉崔杼之命捕杀淫者,不知其他。这里是不把齐
庄公视为国君,只当作淫者。

⑬中股,反队:齐庄公中箭,仍跌到墙里。队,同"坠"。

⑭贾举、州绰、邴(bǐng)师、公孙敖、封具、铎(duó)父、襄伊、偻堙
(yīn)皆死:以上八人都是齐庄公的宠臣,不过其中的贾举不是那

个侍人贾举。

⑮高唐：齐国别庙所在，在今山东高唐东。

⑯不说弁而死于崔氏：祭服还没脱就被杀。说，通"脱"。弁，祭服。

⑰侍渔者：主管渔业之官。

⑱尔以帑（nú）免：申蒯托他保护自己的家室。帑，用以指妻子、儿女。
　　此指申蒯的妻子。

⑲免，是反子之义也：我如果逃走，是违背了死君之义。

⑳皆：偕，一同。

㉑崔氏杀鬷（zōng）蔑于平阴：鬷蔑，平阴大夫。平阴，在今山东平
　　阴东北。齐庄公之母曰鬷声姬，鬷蔑或其母党，又守平阴，平阴为
　　临淄外围险邑，故崔子杀之。以上包括鬷蔑这些被杀者都是齐庄
　　公的党羽。

【译文】

夏五月，莒国由于去年进攻且于的缘故，莒犁比公去齐国朝见齐庄
公。十六日，齐庄公在北城设享礼招待莒犁比公，崔杼推说有病，不理政
事。十七日，齐庄公来探望崔杼，趁机和姜氏见面。姜氏进入内室，又和
崔杼一起从侧门避出去。齐庄公拍着柱子唱歌。侍人贾举拦住齐庄公
的随从不让进，自己进去后又把门关上。埋伏的甲士一拥而出，齐庄公
登上高台请求免死，不被允许；请求结盟，也不答应；请求在太庙自杀，
还是不同意。都说："国君的下臣崔杼病得厉害，不能来听取命令。这里
离公宫很近，我们只知道巡夜搜捕淫乱者，不知有其他的命令。"齐庄公
爬墙逃跑，甲士们向他射箭，射中大腿，坠落在墙里，便被杀了。贾举、州
绰、邴师、公孙敖、封具、铎父、襄伊、偻堙也都被杀死。祝佗父在高唐祭
祀，回到都城，复命，还没脱掉祭服便被杀。申蒯是主管渔业之官，退出
来，对自己的家宰说："你带着我的妻儿逃命去，我准备一死。"家宰说：
"如果我逃命，这是违背了您所持的道义之义了。"便和申蒯一起自杀。
崔杼又在平阴杀了鬷蔑。

晏子立于崔氏之门外①,其人曰②:"死乎③?"曰:"独吾君也乎哉,吾死也④?"曰:"行乎?"曰:"吾罪也乎哉,吾亡也⑤?"曰:"归乎⑥?"曰:"君死,安归?君民者,岂以陵民?社稷是主⑦。臣君者,岂为其口实,社稷是养⑧。故君为社稷死,则死之;为社稷亡,则亡之。若为己死,而为己亡,非其私昵,谁敢任之⑨?且人有君而弑之⑩,吾焉得死之?而焉得亡之?将庸何归⑪?"门启而入,枕尸股而哭⑫。兴,三踊而出⑬。人谓崔子:"必杀之⑭!"崔子曰:"民之望也⑮!舍之,得民⑯。"卢蒲癸奔晋,王何奔莒⑰。

【注释】

①晏子立于崔氏之门外:晏婴得知崔氏之乱而来到崔宅。晏子,即晏婴。

②其人:指晏婴的随从。

③死乎:是否为国君而死。

④独吾君也乎哉,吾死也:岂独是我一人的国君吗?为什么要为其死。

⑤吾罪也乎哉,吾亡也:我有什么罪要逃亡。

⑥归:回去。

⑦"君民者"三句:民之君不可凌驾于民之上,应好好主持国政。

⑧"臣君者"三句:为臣的,不能只为俸禄,应保养国家。口实,俸禄。

⑨"若为己死"四句:晏婴认为,国君不是为国家而是为个人的私欲而死,不必为其死或逃亡。私昵,私下亲昵宠爱的人。谁敢任之,谁能承担此祸。

⑩人:指崔杼。有君:得到国君的信任。

⑪"吾焉得死之"三句:崔杼弑君不对,但也不必为国君而死,应该分辨公义和私情。焉得,怎么能。庸,何。

⑫枕尸股而哭：头枕在尸体的大腿上号哭。

⑬兴，三踊而出：当时哭君之礼，三次顿足表示哀痛。兴，哭完起来。

⑭必杀之：杀晏婴。

⑮民之望也：晏婴是民心所向的人。

⑯舍之，得民：不杀晏婴能得民心。

⑰卢蒲癸奔晋，王何奔莒：卢蒲癸、王何都是庄公党羽。

【译文】

　　晏婴站在崔杼门外，他的随从问他："准备去死吗？"回答说："难道他只是我一个人的国君吗，为什么要死？"又问："那么逃亡吗？"说："他的死是我的罪过吗，为什么要逃亡？""那么回去吗？"说："国君死了，回到哪里去？作为百姓的君主，难道可用来凌驾在民众之上吗？是让他来主持国政的。当臣子的，岂能只为俸禄，应保养国家。所以国君是为了国家而死，那么臣子就要为他而死；国君是为了国家而逃亡，那么臣子就要随他逃亡。要是国君是因为自己个人而死，为自己逃亡，不是他所亲昵宠爱的人，谁敢承担这责任？况且别人得到国君信任而把他杀死，我哪能为他而死？哪能为他而逃亡？不过我又能回到哪里去呢？"崔家把门打开，晏婴进入，头枕在齐庄公尸体的大腿上号哭。然后站起来，顿足三次而后出去。有人对崔杼说："一定要杀了他！"崔杼说："他是民心所仰望的人！放过他，可以得民心。"卢蒲癸逃往晋国，王何出奔莒国。

　　叔孙宣伯之在齐也①，叔孙还纳其女于灵公②，嬖，生景公③。丁丑④，崔杼立而相之，庆封为左相，盟国人于大宫⑤，曰："所不与崔、庆者……⑥"晏子仰天叹曰："婴所不唯忠于君、利社稷者是与，有如上帝⑦。"乃歃⑧。辛巳⑨，公与大夫及莒子盟⑩。

【注释】

①叔孙宣伯之在齐也：鲁国大夫叔孙侨如在成公十六年出奔齐国。
　叔孙宣伯，即叔孙侨如。

②叔孙还纳其女于灵公：将叔孙侨如女儿送给齐灵公。

③景公：名杵臼，齐庄公同父异母弟。

④丁丑：十九日。

⑤大官：齐太公庙。

⑥所不与崔、庆者……：崔、庆二人宣读盟辞，要与盟的人都和自己
　结党，但没读完，晏婴插话改变了它。

⑦婴所不唯忠于君、利社稷者是与，有如上帝：言外之意指崔、庆二
　人不忠于君，不利于社稷，不可与盟。

⑧乃歃（shà）：晏婴先歃血定盟。

⑨辛巳：二十三日。

⑩公与大夫及莒子盟：莒犁比公朝齐，因崔氏之乱而未能结盟，现在
　和齐景公结盟。

【译文】

　　叔孙侨如在齐国的时候，还把他的女儿嫁给齐灵公，受到宠爱，生下
齐景公。十九日，崔杼立齐景公为国君，自己为相辅佐他，庆封任左相，
与国人在太公庙中结盟，说："有不亲附崔氏、庆氏的……"晏婴仰天叹
息道："我如果不亲附忠君利国的人，有上帝作证。"于是率先歃血定盟。
二十三日，齐景公与大夫和莒犁比公结盟。

　　大史书曰："崔杼弑其君。"崔子杀之。其弟嗣书，而死
者二人①。其弟又书，乃舍之②。南史氏闻大史尽死，执简以
往③。闻既书矣，乃还④。

【注释】

①其弟嗣书，而死者二人：太史弟弟仍然秉笔直书，接连二人被杀。

②其弟又书，乃舍之：崔杼不敢再杀。

③南史氏闻大史尽死，执简以往：南史氏也欲直书其罪，准备前往。
　简，竹简。

④闻既书矣，乃还：案此段记齐国史官都是不畏权势，秉笔直书。

【译文】

太史记载说："崔杼杀了他的国君。"崔杼杀了太史。太史弟弟接着这样写，因而又连接有两人被杀。太史另一个弟弟又这样记载，崔杼只得放过他。南史氏听说太史都被杀死了，带着同样写好的竹简前去。听到已经如实记载了，这才回去。

　　闾丘婴以帷缚其妻而载之，与申鲜虞乘而出①。鲜虞推而下之②，曰："君昏不能匡，危不能救，死不能死，而知匿其昵③，其谁纳之？"行及弇中④，将舍⑤。婴曰："崔、庆其追我！"鲜虞曰："一与一，谁能惧我⑥？"遂舍，枕辔而寝⑦，食马而食⑧，驾而行。出弇中，谓婴曰："速驱之！崔、庆之众，不可当也⑨。"遂来奔⑩。

【注释】

①闾丘婴以帷缚其妻而载之，与申鲜虞乘而出：仓促逃难，闾丘婴用
　车帷包捆其妻，放在车上逃跑。闾丘婴、申鲜虞都是齐庄公近臣。

②鲜虞推而下之：推闾丘婴妻子于车下。

③匿：藏。昵：亲爱。指其妻。

④弇（yǎn）中：峪名，狭道。

⑤舍：住宿。

⑥一与一，谁能惧我：道狭窄，车不能并行，一对一，不足为惧。
与，敌。

⑦枕辔（pèi）而寝：怕失去马匹。

⑧食马而食：先喂马然后自己才吃饭。

⑨"速驱之"三句：出舁中，路变宽敞，人多便抵挡不住。

⑩遂来奔：二人出奔鲁国。

【译文】

间丘婴用车上的帷布捆好妻子放到车上，和申鲜虞乘坐一辆车出逃。申鲜虞将间丘婴妻子推到车下，说道："国君昏聩而不能匡正，危难不能解救，死了不能殉死，只知道藏匿自己亲昵的人，会有谁接纳我们？"走到狭道中，准备住宿。间丘婴说："崔、庆他们恐怕要追上我们！"申鲜虞说："一对一，谁能让我们害怕？"就停下住宿，枕着马缰而睡，喂好马才用餐，然后驾车上路。走出狭道后，对间丘婴说："赶紧走！崔、庆的人多，无法抵挡他们。"于是逃来我国。

崔氏侧庄公于北郭①。丁亥②，葬诸士孙之里③。四翣④，不跸⑤，下车七乘⑥，不以兵甲⑦。

【注释】

①侧庄公于北郭：不殡于祖庙。侧，用砖把棺材围砌住。

②丁亥：二十九日。

③葬诸士孙之里：士孙是人名，用来作里名。案依礼诸侯应五月而葬，现在只有十三天便把齐庄公葬了。

④四翣（shà）：案礼，诸侯应该六翣，大夫四翣，葬齐庄公也只用四翣，是有意贬低他。翣，为一种长柄扇形物，古代本以羽毛为之，葬时随柩车持之两旁而行，葬则置立于墓坑中。

⑤不跸（bì）：不戒严清除道路。

⑥下车七乘：齐旧依上公礼，送葬的车本应九辆，今减为七辆；本应
　用好车，今用粗恶之车，故云"下车"。

⑦不以兵甲：案礼，古代大出殡有甲兵，国君还应列军阵，现在都没
　用。案本段都意在说明崔氏不以国君之礼而只草草埋葬齐庄公。

【译文】

崔杼在城北用砖把齐庄公的棺材草草围砌住。二十九日，埋葬在士
孙里。只用四把长柄羽扇，也不戒严清除道路，送葬只用下车七辆，也没
用甲士列出军阵。

【穀梁传】庄公失言，淫于崔氏。

【译文】

齐庄公言语失当，与崔氏之妻通奸。

【经】公会晋侯、宋公、卫侯、郑伯、曹伯、莒子、邾子、滕
子、薛伯、杞伯、小邾子于夷仪①。

【注释】

①公会晋侯、宋公、卫侯、郑伯、曹伯、莒子、邾子、滕子、薛伯、杞伯、
　小邾子于夷仪：晋国召集诸侯攻打齐国。邾子、小邾子，《公羊传》
　作"邾娄子""小邾娄子"。夷仪，卫邑名，在今山东聊城西南。
　《公羊传》作"陈仪"。

【译文】

鲁襄公与晋平公、宋平公、卫殇公、郑简公、曹武公、莒犁比公、邾悼
公、滕成公、薛伯、杞文公、小邾穆公在夷仪相会。

【左传】晋侯济自泮①，会于夷仪，伐齐，以报朝歌之役②。齐人以庄公说③，使隰钼请成④，庆封如师。男女以班⑤。赂晋侯以宗器、乐器⑥。自六正、五吏、三十帅、三军之大夫、百官之正长、师旅及处守者皆有赂⑦。晋侯许之。使叔向告于诸侯⑧。公使子服惠伯对曰："君舍有罪⑨，以靖小国，君之惠也。寡君闻命矣！"

【注释】

①晋侯济自泮：晋平公渡过泮水。泮，泮水，源出于泰山分水岭。

②朝歌之役：襄公二十三年，齐趁晋有栾盈之乱伐晋，取朝歌。

③齐人以庄公说：以杀齐庄公向晋国解释。说，解释。

④隰钼（xí chú）：齐桓公时大夫隰朋曾孙。

⑤男女以班：男女奴隶分开排列、捆绑，以送晋国。

⑥宗器：祭祀的器具。乐器：钟磬一类。

⑦自六正、五吏、三十帅、三军之大夫、百官之正长、师旅及处守者皆有赂：晋国军政大小官吏都得到财礼。六正，六卿。五吏、三十帅、三军之大夫，都是军中官职。百官之正长、师旅，晋国各部门长官及其属官。

⑧使叔向告于诸侯：告知齐国服晋。

⑨有罪：指齐国。

【译文】

晋平公渡过泮水，与诸侯在夷仪会合，攻打齐国，以报复朝歌战役。齐国以杀齐庄公来向晋国解释，派隰钼来请求媾和，庆封来到军中。男女奴隶分列并捆绑好送给晋国。送给晋平公宗庙的祭器、乐器。从晋国的六卿、五吏、三十帅、三军的大夫，到各部门的长官、属官，以及留守国内的人，都得到礼物。晋平公同意讲和。派叔向告知诸侯。鲁襄公派子服惠伯回复说："晋君赦免有罪的齐国,以安定小国,这是晋君的恩惠。敝国君遵命了!"

*【左传】晋侯使魏舒、宛没逆卫侯①,将使卫与之夷仪②。崔子止其帑,以求五鹿③。

【注释】

①卫侯:指卫献公,襄公十四年逃到齐国。

②将使卫与之夷仪:晋国强迫卫国分出夷仪的一部分给卫献公居住。

③崔子止其帑,以求五鹿:崔杼想得到卫国的五鹿,便扣留卫献公的妻室为质。

【译文】

晋平公派魏舒、宛没去齐国迎接卫献公,准备让卫国把夷仪给卫献公居住。崔杼扣留卫献公的家小,要求得到五鹿。

【经】六月壬子①,郑公孙舍之帅师入陈②。

【注释】

①壬子:二十四日。案时月日例,入例时,杀害多则书月。此处书日者,何休云:"陈、郑俱楚之与国,今郑背楚入陈,明中国当忧助郑,以离楚弱陈,故为中国忧录之。"

②郑公孙舍之帅师入陈:公孙舍之,郑国大夫,字子展,郑穆公之孙。郑国为了报复去年陈、楚二国侵袭郑国而讨伐陈国。

【译文】

六月二十四日,郑国公孙舍之率领军队进入陈国。

【左传】初,陈侯会楚子伐郑^①,当陈隧者,井堙木刊^②。郑人怨之。六月,郑子展、子产帅车七百乘伐陈,宵突陈城^③,遂入之。陈侯扶其大子偃师奔墓^④,遇司马桓子,曰:"载余!"曰:"将巡城^⑤。"遇贾获^⑥,载其母妻,下之,而授公车^⑦。公曰:"舍而母^⑧!"辞曰:"不祥^⑨。"与其妻扶其母以奔墓,亦免。

【注释】

①陈侯会楚子伐郑:事在去年冬天。

②当陈隧者,井堙(yīn)木刊:陈军经过之处,井被塞,树被砍。隧,道路。堙,堵塞。刊,砍除。

③突:突然进攻。

④奔墓:逃到墓地。

⑤将巡城:司马回答正要巡城,不载二人。

⑥贾获:陈国大夫。

⑦"载其母妻"三句:贾获让其母、妻下车,将车交给陈哀公。

⑧舍而母:让贾获母亲同载。舍,安置。

⑨不祥:男女同车不祥。

【译文】

起初,陈哀公会同楚康王进攻郑国,凡是陈军经过之处,水井被填树木被砍。郑国人对此怨气很大。六月,郑国子展、子产率领战车七百辆讨伐陈国,夜里对陈国都城发起突击,便攻进城。陈哀公扶着太子偃师逃往墓地,路遇司马桓子,说:"让我们上车吧!"司马桓子回答:"我要去巡城。"又遇到贾获,正载着母亲、妻子,贾获让母亲、妻子下车,把车给陈哀公坐。陈哀公说:"也让你母亲坐车上吧!"贾获推辞说:"男女同车不吉利。"便和他的妻子扶着母亲逃往墓地,也得免于难。

　　子展命师无入公宫,与子产亲御诸门①。陈侯使司马桓子赂以宗器。陈侯免②,拥社③,使其众男女别而累,以待于朝④。子展执絷而见,再拜稽首,承饮而进献⑤。子美入,数俘而出⑥。祝袚社⑦,司徒致民,司马致节,司空致地,乃还⑧。

【注释】

①子展命师无入公宫,与子产亲御诸门:只为服陈,所以不让军队入公宫掳掠。

②免(wèn):穿上丧服。

③拥社:怀抱土地神神主。

④使其众男女别而累,以待于朝:百官及众将佐男女等人分别自捆绑以待命,表示顺服。

⑤"子展执絷(zhí)而见"三句:此外臣于战胜时见敌国君之礼。承饮,捧着酒杯。

⑥子美入,数俘而出:清点俘获数目,并不准备带回。子美,即子产。

⑦祝袚(fú)社:郑军入陈,怕触怒陈国鬼神,因此祝告社神,袚除不祥。袚,除去。

⑧"司徒致民"四句:陈国自以为已亡国,郑则收其人民、兵马,并驻其土地而又归还。与陈军入郑的"井堙木刊"不同,郑入陈国,秋毫无犯,示其有礼。司徒、司马、司空都是郑国官员。致,送还。节,兵符。指军权。

【译文】

　　子展命令军队不得进入陈哀公的宫室,他和子产亲自守在门口。陈哀公派司马桓子向郑国献上宗庙的祭器。陈哀公穿上丧服,捧着土地神的木主,让手下众男女分别排列并自捆绑,在朝堂等待处置。子展手持绊马索入见陈哀公,再拜叩头,捧杯向陈哀公敬酒。子产进来,清点完俘虏的人数就退出去了。郑国人向土地神祝告除灾祛邪,司徒归还百姓,司马交还符节,司空归还土地,便返回郑国。

【经】秋八月己巳①,诸侯同盟于重丘②。

【注释】

①八月己巳:应为七月十二日,不是八月。

②诸侯:指在夷仪相会的诸侯。重丘:齐地名,在今山东聊城东南。此次会盟是因为与齐国讲和。案《春秋》之例,盟重于会,若既会且盟,则仅书盟。此处会、盟并举者,何休以为,诸侯会盟,是为诛讨齐国的弑君贼崔杼,故详录之。

【译文】

秋七月十二日,诸侯一起在重丘结盟。

【左传】秋七月己巳,同盟于重丘,齐成故也①。

【注释】

①同盟于重丘,齐成故也:张洽曰:"重丘之盟,合诸侯将以讨齐,乃受赂而释之,且列弑君之齐于盟,天下之恶,孰大于是!"

【译文】

秋七月十二日,诸侯一起在重丘结盟,这是因为与齐国讲和的缘故。

*****【左传】**赵文子为政①,令薄诸侯之币,而重其礼②。穆叔见之,谓穆叔曰:"自今以往,兵其少弭矣③。齐崔、庆新得政,将求善于诸侯。武也知楚令尹④。若敬行其礼⑤,道之以文辞⑥,以靖诸侯,兵可以弭⑦。"

【注释】

①赵文子为政:范宣子士匄已死,赵武代为执政。

②令薄诸侯之币,而重其礼:减轻诸侯的贡赋,以重礼待诸侯。

③少:稍,略。弭(mǐ):消除。

④武也知楚令尹:武和楚令尹关系亲近。楚令尹,指楚国的屈建。

⑤若敬行其礼:晋国依礼而行。

⑥道之以文辞:外交辞令有礼。道,辞令。

⑦以靖诸侯,兵可以弭:晋国有弭兵的愿望,为后面襄公二十七年
　　晋、楚二国弭兵伏笔。

【译文】

　　赵文子执政,下令减轻诸侯的贡赋,以重礼相待。穆叔进见,赵文子
对穆叔说:"从今以后,战争应该可以稍稍平息了。齐国崔氏、庆氏新近
掌握国政,将会力求与诸侯改善关系。我和楚令尹交好。要是恭敬地依
礼而行,施以有礼的外交辞令,以此安定诸侯,战争就可以止息。"

　　△**【经】公至自会。**

【译文】

　　鲁襄公从重丘之会回国。

【经】卫侯入于夷仪①。

【注释】

①卫侯入于夷仪:夷仪本来是邢地,卫国灭亡邢国后成了卫地。卫
　　侯,即出逃在外的卫献公。此处未书其名,孔广森以为,卫侯衎出
　　奔书名,复归书名,故此书省文。案襄公十四年,卫侯衎被孙氏、
　　甯氏所逐,出奔齐国,而卫侯剽篡位。此时卫侯衎诈称愿回归卫

国,居夷仪邑,做剽之臣子,伺机谋夺君位,至襄公二十六年,弑杀

了卫侯剽。夷仪,《公羊传》作"陈仪"。

【译文】

卫献公进入夷仪。

【左传】卫献公入于夷仪①。

【注释】

①卫献公入于夷仪:案此句为下面从夷仪与甯喜说事做铺垫。

【译文】

卫献公进入夷仪。

【公羊传】陈仪者何?卫之邑也。曷为不言入于卫①?谖君以弑也②。

【注释】

①曷为不言入于卫:案《春秋》之例,从外归国篡位,当书入于国。

卫侯衎有篡位之行,依例当书"卫侯入于卫",此处却书"入于陈

仪",故而发问。

②谖(xuān)君以弑也:谖,诈也。卫侯衎先称愿居陈仪,后伺机弑

君,属于使诈之行为。《春秋》耻其所为,而书"入于陈仪",表明

使诈篡位自此始。

【译文】

陈仪是什么地方?是卫国的城邑。为何不言"入于卫"?因为卫侯

衎行诈弑君自此开始。

【经】楚屈建帅师灭舒鸠①。

【注释】

①屈建：楚国令尹，字子木。舒鸠：国名，偃姓，舒人的一支。故地在
　今安徽舒城附近。

【译文】

楚国屈建领兵灭掉舒鸠国。

【左传】楚蒍子冯卒，屈建为令尹①，屈荡为莫敖②。舒
鸠人卒叛楚，令尹子木伐之，及离城③，吴人救之。子木遽
以右师先④，子彊、息桓、子捷、子骈、子盂帅左师以退。吴
人居其间七日⑤。子彊曰："久将垫隘，隘乃禽也⑥，不如速
战！请以其私卒诱之⑦，简师，陈以待我⑧。我克则进，奔则
亦视之⑨，乃可以免。不然，必为吴禽。"从之。五人以其私
卒先击吴师，吴师奔，登山以望，见楚师不继，复逐之⑩，傅
诸其军⑪，简师会之⑫。吴师大败。遂围舒鸠，舒鸠溃。八
月，楚灭舒鸠⑬。

【注释】

①楚蒍子冯卒，屈建为令尹：此事在重丘之盟以前。屈建，即下文的
　子木。

②屈荡：此屈荡不是宣公十二年提到的屈建祖父屈荡。

③离城：舒鸠城西。

④子木遽（jù）以右师先：右师先出动。遽，急。

⑤吴人居其间七日：在楚军左、右师之间七天。

⑥久将垫隘，隘乃禽也：时间长了，将士疲弱，势必被擒。垫隘，疲

弱。禽,擒拿。

⑦以其私卒诱之:以私卒诱敌。私卒,各将领的家兵。

⑧简师,陈以待我:正规部队选择精兵,摆开阵势等待。

⑨我克则进,奔则亦视之:根据情况而救助。

⑩见楚师不继,复逐之:吴军回头追赶楚方的私卒。

⑪傅诸其军:迫近楚军。傅,迫近。

⑫简师会之:正规军和私卒会合攻打吴军。

⑬楚灭舒鸠:子彊等五人打败吴师后,又和屈建一起围灭舒鸠国。

【译文】

楚国蒍子冯去世,屈建任令尹,屈荡任莫敖。舒鸠国最终还是背叛了楚国,令尹屈建率兵讨伐,到达离城,吴国出兵救援舒鸠人。屈建急忙让右翼军先出动,子彊、息桓、子捷、子骈、子盂率领左翼人马撤退。吴国军队在楚国左、右翼军队之间待了七天。子彊说:"时间久了兵士将会疲弱,疲弱就将束手就擒,不如速战! 我请求带领家兵去引诱他们,你们挑选精兵,摆开阵势等我的消息。如果我打胜了就前进,要是败逃也看情况采取行动,才能免于被俘。不然的话,肯定要被吴国俘虏。"屈建采纳了他的建议。子彊等五人带着家兵先去袭击吴军,吴军败逃,后来登山眺望,看见楚兵没有后援,就又来追赶楚军,当快要靠近时,楚国精兵和子彊等人的家兵会合起来,吴军大败。于是包围了舒鸠,舒鸠溃败。八月,楚国灭亡舒鸠。

【经】冬,郑公孙夏帅师伐陈①。

【注释】

①郑公孙夏帅师伐陈:子西再次进伐陈国。公孙夏,郑国大夫,字子西,郑穆公之孙。《公羊传》作"公孙嘎"。

【译文】

冬，郑国公孙夏带兵攻打陈国。

【左传】郑子产献捷于晋①，戎服将事②。晋人问陈之罪③。对曰："昔虞阏父为周陶正，以服事我先王④。我先王赖其利器用也，与其神明之后也⑤，庸以元女大姬配胡公⑥，而封诸陈，以备三恪⑦。则我周之自出，至于今是赖⑧。桓公之乱，蔡人欲立其出⑨，我先君庄公奉五父而立之⑩，蔡人杀之⑪，我又与蔡人奉戴厉公⑫。至于庄、宣，皆我之自立⑬。夏氏之乱，成公播荡，又我之自入，君所知也⑭。今陈忘周之大德，蔑我大惠⑮，弃我姻亲，介恃楚众，以凭陵我敝邑，不可亿逞⑯，我是以有往年之告⑰。未获成命⑱，则有我东门之役⑲。当陈隧者，井堙木刊。敝邑大惧不竞，而耻大姬，天诱其衷，启敝邑之心⑳。陈知其罪，授手于我㉑。用敢献功㉒！"晋人曰："何故侵小㉓？"对曰："先王之命，唯罪所在，各致其辟㉔。且昔天子之地一圻㉕，列国一同㉖，自是以衰㉗。今大国多数圻矣，若无侵小，何以至焉㉘？"晋人曰："何故戎服？"对曰："我先君武、庄为平、桓卿士㉙。城濮之役㉚，文公布命㉛，曰：'各复旧职㉜！'命我文公戎服辅王，以授楚捷㉝。不敢废王命故也㉞。"士庄伯不能诘㉟。复于赵文子。文子曰："其辞顺。犯顺，不祥。"乃受之。

【注释】

①郑子产献捷于晋：献伐陈之功，请求认可。

②戎服将事：穿着军服处理事情。

③晋人问陈之罪:责问以何罪伐陈。去年郑曾请伐陈,晋人未许。

④昔虞阏(è)父为周陶正,以服事我先王:虞阏父,人名。虞舜后人。陶正,主管陶业的官职。先王,指周武王。

⑤我先王赖其利器用也,与其神明之后也:武王嘉奖他能作器物,又是虞舜的后人。赖,善,嘉奖。神明,指虞舜。

⑥庸以元女大姬配胡公:把长女太姬嫁给他儿子。庸,乃。元女大姬,武王长女。胡公,虞阏父的儿子。

⑦三恪:周封黄帝、尧、舜的后人,以表示诚敬。

⑧则我周之自出,至于今是赖:陈是周的外甥,至今依赖周朝。

⑨桓公之乱,蔡人欲立其出:事见桓公五年。陈桓公死后,子弟争位,于是乱。其出,指陈桓公之子陈厉公,是蔡女所生。

⑩五父:陈桓公弟五父佗,由郑庄公所立。

⑪蔡人杀之:桓公六年,蔡人杀陈佗。

⑫奉戴:奉事拥戴。

⑬至于庄、宣,皆我之自立:陈庄公、宣公也都是依靠郑国帮助而继位。

⑭“夏氏之乱”四句:宣公十年,夏徵舒杀陈灵公,陈成公午流亡晋国,得到郑国的帮助才返国即位。播荡,流离失所。案以上说明郑国对陈国一向有恩。

⑮蔑:抛弃。

⑯亿逞:满足。

⑰我是以有往年之告:去年郑简公告晋请求伐陈。

⑱未获成命:去年晋国没答应。

⑲则有我东门之役:不讨伐陈国,于是去年陈与楚国一起攻打郑国东门。

⑳天诱其衷,启敝邑之心:陈国如此无道,才开启郑国伐陈之心。

㉑授手:即“授首”,有罪得到惩罚。

㉒用致献功:以上子产历数陈国背恩侵郑之罪,说明伐陈原因。

㉓何故侵小：郑大陈小，盟辞常称"大无侵小"，所以晋国以此责问。

㉔唯罪所在，各致其辟：有罪就应该给予惩罚。辟，刑罚。

㉕一圻（qí）：方圆千里。

㉖一同：方圆百里。

㉗自是以衰（cuī）：以此递减。衰，差降。

㉘"今大国多数圻矣"三句：晋国也是大国，如果不侵小也不成其大。

㉙我先君武、庄为平、桓卿士：郑武公、庄公为周平王、桓王的卿士。

㉚城濮之役：在僖公二十八年。

㉛文公：指晋文公。

㉜各复旧职：这样的话，郑国国君仍然是周王的卿士。

㉝命我文公戎服辅王，以授楚捷：郑文公戎服帮助周王接受晋国所献的楚国俘虏。

㉞不敢废王命故也：意谓穿着戎服是天子所命。

㉟士庄伯：士弱。诘：责问。

【译文】

　　郑国子产向晋国奉献从陈国缴获的战利品，他穿着军服处理事务。晋国质问陈国有何罪过。子产回答说："往昔虞阏父任周朝的陶正，为周先王效力。周先王嘉奖他能制作器物于人有用，而且是虞舜的后裔，就把长女太姬许配给虞阏父的儿子胡公，封在陈地，以示诚敬。所以陈国是我周朝的外甥，至今还依赖着周朝。桓公死后陈国动乱，蔡国想要扶立蔡女所生的人，我国先君庄公拥立五父佗，蔡国又杀了他，我国又和蔡国拥戴厉公登位。直到庄公、宣公，都是我国所拥立的。夏徵舒动乱，成公流亡，又是我们帮助他回国，这是您所知道的。现在陈国忘记周朝大德，丢弃我国的大恩，抛掉我们这姻亲，倚仗楚国人多，欺凌我国，欲望没有止境，所以我国有去年请求攻打陈国的报告。但是没有得到贵国的同意，于是有陈国进攻我国东门的战役。凡是陈国军队所过之处，水井被填，树木被砍。我们实在担心被削弱，而让太姬蒙羞，幸亏上天厌恶他们，开启我们攻打陈国的念头。陈国自知罪过，得到应有的惩罚。所以我们大胆地献上俘获！"晋国说："为什么进攻小国？"回答说："周先王有命令，只要有罪，就要给予惩处。再说从前天子的土地只有方圆千里，诸侯各国的土地不过方圆百里，并依此递降。现在大国多达方圆数千里，要是没侵犯小国，怎么能到这地步呢？"晋国说："为何穿着军服？"回答说："我国先君武公、庄公是平王、桓王的卿士。城濮战役时，贵国文公发布命令，说：'你们各自恢复原来的职务！'命令我国文公穿着军装辅佐周王，以接受楚国俘虏。所以我们不敢废弃周王的命令。"士庄伯无法反驳。向赵文子汇报。赵文子说："他的言辞合乎情理，违背情理不吉利。"于是接受了郑国献上的战利品。

　　冬十月，子展相郑伯如晋，拜陈之功。子西复伐陈，陈及郑平。

【译文】

　　冬十月，子展担任郑简公的相礼随同去晋国，拜谢晋国接受郑国所献陈国的战利品。子西又讨伐陈国，陈国与郑讲和。

　　仲尼曰："《志》有之[①]：'言以足志，文以足言[②]。'不言，谁知其志？言之无文，行而不远。晋为伯，郑入陈，非文辞不为功。慎辞哉[③]！"

【注释】

① 《志》：古书。

② 言以足志，文以足言：言语用来表达心志，文采用来修饰语言。足，完成。

③"晋为伯"四句：晋国成为霸王，郑国进入陈国，非善言就不能成功。孔子称赞子产言辞谨慎得体。

【译文】

孔子说："《志》上有这样的话：'言语用来表达心志，文采用来修饰语言。'不说话，谁能知道他的心志？言辞没有文采，就不能传到远处。晋国成为盟主，郑国进入陈国，不是子产善于辞令也不会成功。要慎重地使用言辞啊！"

*【左传】楚蒍掩为司马①，子木使庀赋②，数甲兵。甲午③，蒍掩书土田④，度山林⑤，鸠薮泽⑥，辨京陵⑦，表淳卤⑧，数疆潦⑨，规偃猪⑩，町原防⑪，牧隰皋⑫，井衍沃⑬，量入修赋⑭，赋车籍马⑮，赋车兵、徒卒、甲楯之数。既成，以授子木⑯，礼也。

【注释】

①蒍（wěi）掩：蒍（蒍）子冯之子。又作"蒍奄"。

②庀（pǐ）赋：治理军赋。

③甲午：初八。

④书土田：记载土地、田泽的情况。

⑤度山林：度量山林之材。

⑥鸠薮（sǒu）泽：聚集水泽的出产。鸠，聚集。薮，水少的泽地。

⑦辨京陵：区别、测量各种高地。

⑧表淳卤：标出盐碱地。淳卤，盐碱地。

⑨数疆潦：计算水淹地。案盐碱地和水淹地可以减轻赋税。疆潦，疆，当作"强（彊）"，疆潦即土性刚硬，受水则潦。

⑩规偃猪：规划蓄水池塘。偃猪，陂池。偃，同"堰"。猪，同"潴"。

⑪町（tǐng）原防：划分小块田地。町，作动词。原防，堤防间的狭小耕地。

⑫牧隰皋：在低下沼泽地放牧牛羊。隰皋，低下沼泽地。

⑬井衍沃：在肥沃平整土地上划定井田。衍沃，肥沃平整的土地。

⑭量入修赋：计量全国收入，制定赋税制度。

⑮赋车籍马：用所收赋税来准备战车和马匹。赋、籍，作动词，都指税收。

⑯既成，以授子木：子木为令尹，所以交付给子木。案令尹屈建这次所进行的赋税制度的整顿改革，重在量入为用，一律按土地占有征取军赋。这样一来，楚国仍保持了强大的国力。

【译文】

楚国蒍掩任司马，屈建让他征收赋税，清点盔甲兵器。十月初八，蒍掩记载土泽地田的情况，度量山林的木材，聚集水泽的产品，区别高地山陵的情况，标明盐碱地，计算水淹地，规划蓄水池的建立，划分小块地，在沼泽地放牧，在平坦肥沃的田地划定井田，根据收入制订赋税多少，规定百姓缴纳的战车、马匹数，以及战车、步卒所用武器、盔甲和盾牌数。办妥以后，把它们移交给屈建，这是合乎礼的。

【经】十有二月，吴子遏伐楚①，门于巢②，卒③。

【注释】

①吴子遏伐楚：吴子遏，吴国国君。姬姓后裔，子爵，名遏，又名"诸樊"，吴王寿梦之子。攻打楚国附国巢国城门时中箭战死。遏，《公羊传》《穀梁传》作"谒"。

②门：进入城门。巢：小国名，群舒之国之一，偃姓，故城在安徽巢湖东北。巢为楚国边境小国，与楚互为表里，故吴欲伐楚，要先经过巢国。吴子遏欲讨伐楚国，途经巢国，却不行假途之礼，强行进入

巢国城门,守门者射杀了吴子遏。经文未书巢人杀吴子谒者,何
休云:"君子不怨所不知,故与巢得杀之,使若吴为自死文,所以强
守御也。"

③卒:诸樊受伤而死。

【译文】

十二月,吴王诸樊进攻楚国,攻打巢邑城门,受伤而死。

【左传】十二月,吴子诸樊伐楚,以报舟师之役①。门
于巢。巢牛臣曰:"吴王勇而轻,若启之,将亲门②。我获射
之,必殪③。是君也死,疆其少安④。"从之。吴子门焉,牛臣
隐于短墙以射之,卒。

【注释】

①舟师之役:在去年夏天。

②若启之,将亲门:意即打开城门引诱他进入。

③殪(yì):死。

④是君也死,疆其少安:诸樊一死,楚国边境可得安宁。少,稍。

【译文】

十二月,吴王诸樊攻打楚国,以报复舟师之役。吴兵攻打巢邑城门。
巢牛臣说:"吴王勇敢但轻率,如果打开城门,他将会亲自冲入。我们趁
机用箭射他,一定能射杀。这个人一死,我国边疆就可以稍稍安定了。"
听从了他的意见。吴王真的冲进来,巢牛臣藏在短墙后面用箭射他,他
被射死了。

【公羊传】门于巢卒者何? 入门乎巢而卒也。入门乎巢
而卒者何? 入巢之门而卒也。吴子谒何以名①? 伤而反,未

至乎舍而卒也^②。

【注释】

①吴子谒何以名：案礼制，诸侯不生名。

②伤而反，未至乎舍而卒也：舍，昨日舍止之地。吴子谒受伤折返，
未到达昨日舍止之地，便去世。

【译文】

进入巢国之门去世了，是什么意思？是因为进入巢国之门而去世
的。因为进入巢国之门而去世，是什么意思？是强行进入巢国之门，而
被射杀的。为何书吴子谒之名？因为吴子谒受伤折返，未到达昨日舍止
之地，便去世了。

【穀梁传】以伐楚之事，门于巢，卒也。于巢者，外乎楚
也。门于巢，乃伐楚也。诸侯不生名，取卒之名加之伐楚
之上者，见以伐楚卒也。其见以伐楚卒何也？古者大国过
小邑，小邑必饰城而请罪^①，礼也。吴子谒伐楚，至巢，入其
门，门人射吴子，有矢创，反舍而卒。古者虽有文事，必有武
备，非巢之不饰城而请罪，非吴子之自轻也。

【注释】

①饰：指修治整备，加强防备。请罪：指询问自己的过错，以致大国
兴兵。

【译文】

因为讨伐楚国的事，攻打巢国的城门，去世了。说"于巢"，表示是
在楚国之外。攻打巢的城门，是为了讨伐楚国。诸侯活着的时候不称他
们的名字，把去世之后才能称的名放在伐楚的前面说，表明是因为讨伐

楚国而去世的。经文为什么要表明是因为讨伐楚国而去世的呢？古时大国经过小城，小城一定要整治守备而询问过错，这是符合礼制的。吴国国君谋讨伐楚国，到了巢国，进入他们的城门，守门的人以箭射吴国国君，有箭伤，返回军营而去世。古代虽然有不动用武力就能解决的事，但是一定会有武力上的准备，这是责备巢国不修守备而询问过错，也责备吴国国君不重视自己的生命。

*【左传】楚子以灭舒鸠赏子木。辞曰："先大夫蒍子之功也①。"以与蒍掩。

【注释】

①先大夫蒍子之功也：去年楚国打算讨伐舒鸠，蒍（芳）子冯请退兵，等舒鸠背叛楚国再攻打。现在攻灭舒鸠，是蒍子冯出谋的成功。

【译文】

楚康王因为屈建攻灭舒鸠有功而奖赏他。屈建辞谢道："这是已去世的大夫蒍子冯的功劳。"就把赏赐给了蒍掩。

*【左传】晋程郑卒，子产始知然明①，问为政焉。对曰："视民如子。见不仁者诛之，如鹰鹯之逐鸟雀也②。"子产喜，以语子大叔，且曰："他日吾见蔑之面而已，今吾见其心矣③。"

【注释】

①晋程郑卒，子产始知然明：去年然明曾预言程郑将死。

②鹰鹯（zhān）：老鹰。

③他日吾见蔑之面而已，今吾见其心矣：子产意即以前只见然明面

貌丑陋,如今才了解他才智出众。薎,戫薎,即然明,其相貌丑陋。

【译文】

晋国程郑死了,子产于是开始了解然明,向他询问治国方略。然明告诉他:"看待人民有如自己的儿子。见到不仁的人就诛灭他,犹如老鹰追赶鸟雀一样。"子产很高兴,把这些话告诉了子太叔,并且说:"以前我见到的只是然明的外貌,如今我看清他的心地了。"

子大叔问政于子产。子产曰:"政如农功,日夜思之,思其始而成其终,朝夕而行之①。行无越思②,如农之有畔③,其过鲜矣。"

【注释】

①"政如农功"四句:治政如农活,应该朝夕考虑它。

②行无越思:先思后行。

③畔:田埂,借指界限。

【译文】

子太叔向子产询问政事。子产说:"国政就像农事,日夜想着它,开始深思熟虑接着又想法去取得成功,早晚都照想的做。先思后行,就如农田有田埂那样,这样,过错就会少了。"

*【左传】卫献公自夷仪使与甯喜言①,甯喜许之。大叔文子闻之②,曰:"乌呼!《诗》所谓'我躬不说,遑恤我后'者,甯子可谓不恤其后矣③。将可乎哉?殆必不可。君子之行,思其终也④,思其复也⑤。《书》曰:'慎始而敬终,终以不困⑥。'《诗》曰:'夙夜匪解,以事一人⑦。'今甯子视君不如弈棋,其何以免乎?弈者举棋不定,不胜其耦⑧,而况置君而

弗定乎？必不免矣⑨。九世之卿族⑩，一举而灭之，可哀也
哉！"

【注释】

①卫献公自夷仪使与宁喜言：请求返国复位。

②大叔文子：即大叔仪。

③《诗》所谓"我躬不说，遑恤我后"者，宁子可谓不恤其后矣：引
《诗》见《诗经·邶风·谷风》。意思是我自身还不能被容，何暇
顾念后人。意思是宁喜自身尚不能被容，何暇顾及后人。躬，自
身。说，通"阅"，容。遑，暇。恤，顾念。

④思其终也：应想到结果。

⑤思其复也：应想到下次能够再做。

⑥慎始而敬终，终以不困：这里所引《书》为逸书，意思是开始慎重，
最终也不怠慢，结果便不会困顿。

⑦夙夜匪解，以事一人：引《诗》见《诗经·大雅·烝民》。意思是
专诚事君。解，通"懈"。一人，借指国君。

⑧耦：下棋的对方。

⑨必不免矣：襄公二十年宁殖死时，说自己得罪卫献公，让宁喜为他
补救，宁喜因为个人打算答应复卫献公位，大叔仪预言宁喜必将
有祸。

⑩九世之卿族：宁氏出自卫武公，到宁喜已经九代。

【译文】

卫献公从夷仪派人和宁喜商谈复位的事，宁喜答应了。太叔文子听
说了，说道："啊呀！《诗》所说的'我自身还不被人容纳，怎能顾及我的
后人'，宁喜可称得上不考虑自己的后代了。这怎么可以呢？恐怕肯定
不行的。君子行事，要想到结果，要考虑下次能再做。《书》说：'慎重地
开始而不怠慢于结果，最终就不会窘迫。'《诗》说：'早晚都不懈怠，全心

全意奉事一人。'现在宥喜看待国君不如下棋那样慎重,他怎么能免于灾祸呢?棋手举棋不定,就无法战胜对手,何况在安置国君时犹豫不决呢?他肯定免除不了灾难。传承了九世的卿族,就此一下子被消灭,真是可悲呀!"

*【左传】会于夷仪之岁①,齐人城郏②。其五月,秦、晋为成③。晋韩起如秦莅盟,秦伯车如晋莅盟④,成而不结⑤。

【注释】

①会于夷仪之岁:指去年会于夷仪。

②齐人城郏(jiá):也在去年。

③秦、晋为成:二国讲和。

④伯车:秦公弟弟针。

⑤不结:不巩固。案此本与下年"二十六年春,秦伯之弟针如晋修成"一段为一体,被割裂置此。

【译文】

在夷仪相会那一年,齐国在郏地修筑城墙。当年五月,秦、晋二国讲和。晋国的韩起到秦国参加盟会,秦伯车到晋国参加盟会,虽然讲和却不牢固。

二十六年

*【左传】二十六年春①,秦伯之弟针如晋修成,叔向命召行人子员。行人子朱曰:"朱也当御②。"三云,叔向不应。子朱怒,曰:"班爵同③,何以黜朱于朝④?"抚剑从之⑤。叔向曰:"秦、晋不和久矣!今日之事,幸而集⑥,晋国赖之;不

集,三军暴骨⑦。子员道二国之言无私,子常易之⑧。奸以事君者,吾所能御也⑨。"拂衣从之⑩。人救之⑪。平公曰:"晋其庶乎⑫! 吾臣之所争者大⑬。"师旷曰:"公室惧卑。臣不心竞而力争⑭,不务德而争善⑮,私欲已侈,能无卑乎⑯?"

【注释】

①二十六年:鲁襄公二十六年当周灵王二十五年,前547年。此文应同上年传文末章连读。

②当御:当值。

③班爵同:职位级别相同。

④黜:退,不用。

⑤抚剑从之:以武力威胁叔向。抚,持。

⑥集:成功。

⑦三军暴骨:指发生战争。

⑧子员道二国之言无私,子常易之:子员无私心,子朱则不是这样。易,违反。

⑨奸以事君者,吾所能御也:叔向认为子朱有私心是为国不忠,所以道义在自己这边,凭此就可以抵御他。御,抗御。

⑩拂衣从之:准备和他搏斗。拂衣,振衣,撩衣。

⑪救:劝止。

⑫晋其庶乎:大约可以大治。

⑬吾臣之所争者大:臣下能为大问题而争。

⑭臣不心竞而力争:不竞争于心而竞争于力。

⑮不务德而争善:都以己为善。

⑯私欲已侈,能无卑乎:师旷认为,臣下竟为私欲而以武力争,只怕公室地位要降低了。

【译文】

鲁襄公二十六年春,秦景公的弟弟铖到晋国议和,叔向命人召唤行人子员来接待。行人子朱说:"是我在当班。"连说三次,叔向都没理他。子朱发怒,说:"我的职务、地位都和子员相同,为何在朝廷上黜退我?"便持剑跟了上去。叔向说:"秦、晋两国不和已经很久!今日的事情,如果幸而成功,晋国赖以安定;不成功的话,就会发生战争。子员沟通二国的话没有私心,你却常常不是这样。以邪恶事奉国君的人,我是能够抗御的。"就撩起衣服迎了上去。大家把他们劝解开了。晋平公说:"晋国该要大治了吧!我的臣下所争执的是大事。"师旷说:"公室的地位怕要降低。臣下不以心智竞争而诉诸武力,不致力于德行而争执是非,私欲已经膨胀,公室的地位能不降低吗?"

【经】二十有六年春王二月辛卯①**,卫甯喜弑其君剽**②**。**

【注释】

①辛卯:初七。

②卫甯喜弑其君剽:甯喜杀卫殇公。甯喜是为卫侯衎而弑杀了剽,详见襄公二十七年"卫杀其大夫甯喜。卫侯之弟鱄出奔晋"条。据《左传》,甯殖在去世前后悔驱逐卫献公,希望甯喜能够为自己改过。卫献公入夷仪后派自己的母弟鱄和甯喜谈复位的事,甯喜答应。剽,卫殇公名。

【译文】

鲁襄公二十六年春周历二月初七,卫国甯喜杀其国君剽。

【左传】卫献公使子鲜为复①**,辞。敬姒强命之**②**。对曰:"君无信,臣惧不免**③**。"敬姒曰:"虽然,以吾故也。"许诺。初,献公使与甯喜言**④**,甯喜曰:"必子鲜在,不然,必**

败⑤。"故公使子鲜⑥。子鲜不获命于敬姒⑦，以公命与甯喜言，曰："苟反⑧，政由甯氏，祭则寡人⑨。"甯喜告蘧伯玉。伯玉曰："瑗不得闻君之出⑩，敢闻其入⑪？"遂行，从近关出⑫。告右宰穀⑬。右宰穀曰："不可。获罪于两君⑭，天下谁畜之？"悼子曰⑮："吾受命于先人⑯，不可以贰。"穀曰："我请使焉而观之⑰。"遂见公于夷仪。反，曰："君淹恤在外十二年矣⑱，而无忧色，亦无宽言⑲，犹夫人也⑳。若不已，死无日矣㉑。"悼子曰："子鲜在。"右宰穀曰："子鲜在，何益？多而能亡，于我何为㉒？"悼子曰："虽然，不可以已。"

【注释】

①子鲜：卫献公同母弟弟鱄（zhuān）。为复：为自己求复君位。

②敬姒（sì）：卫献公与子鲜的母亲。

③君无信，臣惧不免：卫献公不讲信用，所以子鲜不愿为他求复位。

④献公使与甯喜言：即上年传文所谓"卫献公自夷仪使与甯喜言"。

⑤"必子鲜在"三句：子鲜贤明，得国人信任，所以要子鲜在场。

⑥故公使子鲜：案以上补叙为何让子鲜为复。

⑦子鲜不获命于敬姒：敬姒强令子鲜为卫献公复位活动，又没有具体的指示。

⑧反：回国。

⑨政由甯氏，祭则寡人：卫献公只求恢复君位，政事仍由甯喜主持。祭，祭祖先宗庙，由国君主祭。

⑩瑗（yuàn）不得闻君之出：襄公十四年孙氏逐卫献公，蘧伯玉"从近关出"。瑗，蘧伯玉名瑗。

⑪敢闻其入：蘧伯玉反对让卫献公复位。

⑫遂行，从近关出：案《论语·卫灵公》载孔子之言曰："君子哉蘧伯

玉！邦有道,则仕;邦无道,则可卷(捲)而怀之。"蘧瑗两次从近
　　关出国,或即孔子所谓"卷而怀之"之事。

⑬右宰穀:卫国大夫。

⑭获罪于两君:前逐卫献公,今又杀卫殇公。

⑮悼子:即甯喜。

⑯吾受命于先人:指襄公二十年甯殖吩咐甯喜一定要复卫献公之位。

⑰我请使焉而观之:先去观察卫献公的态度,再决定可否让他复位。

⑱淹恤:避难。

⑲亦无宽言:没有宽容的言语。

⑳犹夫人也:卫献公还是老样子,没有改悔之心。夫人,那人。

㉑若不已,死无日矣:预言卫献公回国必将进行报复。已,停止。指
　　停止让卫献公复位。

㉒多而能亡,于我何为:子鲜在,至多不过自己逃亡,于我无益。

【译文】

　　卫献公指使子鲜操办复位的事,子鲜拒绝了。敬姒一定要他答应。
子鲜回答道:"国君不讲信用,下臣担心不免于祸难。"敬姒说:"即便这
样,你也看在我的份上去办吧。"子鲜答应了。当初,卫献公派人和甯喜
商量这事,甯喜说:"一定要由子鲜在场,不然必定办不成。"因此卫献公
指使子鲜操办。子鲜没从敬姒那儿得到具体指示,就将卫献公的命令告
诉甯喜,说:"如果回国,国政由甯氏主持,祭祀则由我本人主持。"甯喜
告诉了蘧伯玉。蘧伯玉说:"我不知道国君出走之事,哪敢与闻他的回
国?"于是出走,从最近的边境出国。甯喜把这事告诉了右宰穀。右宰穀
说:"不能这样做。得罪了两个国君,天下谁会接纳你?"甯喜说:"我接
受了先人的遗命,不能够违背。"右宰穀说:"我请求出使去观察一下。"
就在夷仪进见卫献公。回来说:"国君在外避难已经十二年了,却没有忧
愁的神色,也没有宽容的话语,而是依然故我。如不终止计划,我们将离
死不远了。"甯喜说:"有子鲜在。"右宰穀说:"子鲜在又有什么用? 他至

多不过自己逃亡，又能为我们做什么事？"甯喜说："尽管如此，但不能停下来了。"

孙文子在戚，孙嘉聘于齐，孙襄居守①。二月庚寅②，甯喜、右宰穀伐孙氏③，不克。伯国伤④。甯子出，舍于郊⑤。伯国死，孙氏夜哭。国人召甯子，甯子复攻孙氏，克之⑥。辛卯，杀子叔及大子角⑦。书曰"甯喜弑其君剽"，言罪之在甯氏也。

【注释】

① "孙文子在戚"三句：戚地是孙氏封邑，所以孙林父在戚。孙嘉、孙襄，孙林父的两个儿子。居守，留守在卫国都城家中。

② 庚寅：初六。

③ 甯喜、右宰穀伐孙氏：孙林父、孙嘉都不在，只有孙襄一人在，甯喜与右宰穀趁机攻打。

④ 伯国：即孙襄。

⑤ 甯子出，舍于郊：因攻孙氏不胜，准备逃亡。

⑥ "国人召甯子"三句：乘孙襄死，孙氏哀丧之时再进攻。

⑦ 子叔：卫殇公剽。其父为子叔黑背，此或以其父之号称之为子叔。

【译文】

孙林父在戚地，孙嘉去齐国聘问，孙襄在都城家中留守。二月初六，甯喜、右宰穀攻打孙氏，没能攻克。孙襄受了伤，甯喜退走郊外。孙襄死了，孙家人在夜里号哭。都城的人召唤甯喜，甯喜再次进攻孙氏，这次成功了。初七，杀了卫殇公和太子角。《春秋》记载说"甯喜杀了他的国君剽"，这是说罪过在于甯氏。

【穀梁传】此不正^①，其日何也？殖也立之，喜也君之，正也^②。

【注释】

①不正：指公孙剽的即位不合正道，剽非嫡长子，所以《穀梁传》认为他不是合法国君。

②正：符合正道。指甯喜将父亲拥立的人视为国君是符合正道的。

【译文】

公孙剽的即位不合正道，经文记载他去世的日期是为什么呢？甯殖拥立了他，甯喜应该把他当作国君，符合正道。

【经】卫孙林父入于戚以叛^①。

【注释】

①卫孙林父入于戚以叛：戚，卫地名，在今河南濮阳市区北，为孙林父的封邑。孙林父于襄公十四年驱逐卫侯衎，而立剽。此时甯喜为衎弑剽，故孙林父据邑反叛。据《左传》，甯喜先率兵进攻孙氏，杀孙林父之子于卫都，然后杀害了卫殇公和卫殇公的太子。孙林父当时在戚地，于是率戚以归晋。经文中出现"叛"字，从此处始。此处卫侯衎虽是篡夺君位，然孙林父仍属于叛国，因为按照礼制，大夫之邑为国君所封，若不能事君，则当奉身而退，不得据邑周旋。

【译文】

卫国孙林父进入戚发动叛乱。

【左传】孙林父以戚如晋。书曰"入于戚以叛"，罪孙氏也^①。臣之禄，君实有之^②。义则进，否则奉身而退。专禄以周旋，戮也^③。

【注释】

①书曰"入于戚以叛"，罪孙氏也：孙林父以戚邑投奔晋国，也是有罪，经文特称其为"叛"。

②臣之禄，君实有之：臣下的俸禄，是国君所给予的。禄包括封邑。

③专禄以周旋，戮也：专禄，指孙林父带着戚邑投晋。孙林父以封邑作为私有而事奉大国，其罪应当受到诛戮。案这是作者对孙氏叛卫的议论。

【译文】

孙林父带着戚地投奔晋国。《春秋》记载说"入于戚以叛"，是归罪于孙氏。臣下的俸禄，是国君所给予的。合于义则进，不合于义则全身引退。以封邑作为私有而事奉大国，其罪应当受到诛戮。

【经】甲午^①，卫侯衎复归于卫^②。

【注释】

①甲午：二月初十。

②卫侯衎（kàn）复归于卫：卫献卫襄公十四年被逐，流亡十二年，至此返国复位。

【译文】

二月初十，卫献公衎又回到卫国为国君。

【左传】甲午，卫侯入。书曰"复归"，国纳之也^①。大夫逆于竟者，执其手而与之言。道逆者，自车揖之。逆于门者,颔之而已^②。公至,使让大叔文子曰:"寡人淹恤在外,二三子皆使寡人朝夕闻卫国之言^③,吾子独不在寡人^④。古人有言曰:'非所怨,勿怨。'寡人怨矣^⑤。"对曰:"臣知罪矣。臣不佞,不能负羁绁以从扞牧圉^⑥,臣之罪一也。有出者,有居者^⑦。臣不能贰^⑧,通外内之言以事君,臣之罪二也。有二罪,敢忘其死?"乃行,从近关出。公使止之^⑨。

【注释】

①书曰"复归",国纳之也:复归,复其位。国纳之,国人让他回来。

②"大夫逆于竟者"六句:写卫献公对迎接者的三种不同态度,显出卫献公心胸狭窄。颔,点头。

③二三子皆使寡人朝夕闻卫国之言:诸位大夫都向我报告卫国的消息。二三子,诸位大夫。

④在:关心,问候。

⑤"古人有言曰"四句:卫献公引古人的话,说明不抱怨不应抱怨的人,那么自己现在所怨恨的,就是该怨恨的人。去年太叔文子曾反对甯喜接纳卫献公,卫献公因此怨恨。

⑥不能负羁绁(jī xiè)以从扞(hàn)牧圉(yǔ):不能跟从国君避难以保护财物。

⑦有出者,有居者:出者,指卫献公。居者,指卫殇公。

⑧臣不能贰:不能事二君。

⑨"乃行"三句:之,指太叔文子。案卫献公回国后责怨旧臣,报复异己,是"无信"而不改其本性。

【译文】

二月初十,卫献公返国。《春秋》说"复其位",是国人让他回来的。到边境迎接的大夫,卫献公拉着他们的手跟他们说话。对于在大路上迎接的大夫,卫献公仅仅站在车上向他们作揖。在城门迎接的,卫献公点点头而已。卫献公回城后,派人责备太叔文子说:"寡人流亡在外,诸位大夫都使寡人早晚了解卫国的情况,唯独你不关心寡人。古人说:'不抱怨不应抱怨的人。'那么我现在所怨恨的,就是该怨恨的人。"太叔文子回答说:"下臣知罪了。下臣不才,不能跟从国君避难以保护财物,这是下臣的头条罪状。有在国外的,有在国内的。下臣不能事奉两个国君,传递内外消息来事奉您,这是下臣第二桩罪状。有两条罪状,岂敢忘记一死?"于是出走,从近处城门出关。卫献公派人阻止了他。

【公羊传】此谖君以弑也①,其言复归何②?恶剽也。曷为恶剽?剽之立于是,未有说也③。然则曷为不言剽之立?不言剽之立者,以恶卫侯也④。

【注释】

①谖(xuān):欺诈。

②其言复归何:案《春秋》之例,书"复归"者,出有恶,入无恶。此处卫侯衎之"入",实为篡位,非是无恶,故而发问。

③剽之立于是,未有说也:襄公十四年,卫侯衎出奔,剽即位。然剽的身份为公孙,依礼制之次序,不当即位,又无贤德,故卫人不悦剽。此处卫侯衎篡位,《春秋》书"复归",不是说卫侯衎无恶(经书卫侯衎之名,即表明篡位当绝),而是以此方式说明剽无资格继承君位。说,同"悦"。

④不言剽之立者,以恶卫侯也:案《春秋》之例,"立"为篡辞。卫侯衎出奔,剽无即位的资格,那么当书剽之"立"。然而《春秋》未书者,不是说剽非篡位,而是以此说明,卫侯衎失众,被臣下所逐,当被诛绝。值得注意的是,《春秋》对于衎、剽,各打五十大板。衎之恶,在于失众出奔。剽之恶,在于次不当立,又无贤德。孔广森

云："明于恶剽之说，则为臣者儆；明于恶衍之说，则为君者惧。"

【译文】

这里是使诈弑君，为何言"复归"？是因为厌恶剽。为何厌恶剽？剽立为国君，直到此时都没有人喜悦。然则为何没有言及剽立为国君这件事？不言及剽立为国君，是为了表现厌恶卫侯衍。

【穀梁传】日归，见知弑也。

【译文】

记载回国的日期，表明知道卫殇公被杀的事。

***【左传】**卫人侵戚东鄙①，孙氏诉于晋，晋戍茅氏②。殖绰伐茅氏③，杀晋戍三百人。孙蒯追之，弗敢击。文子曰："厉之不如④！"遂从卫师，败之圉⑤。雍钼获殖绰⑥。复诉于晋⑦。

【注释】

①卫人侵戚东鄙：卫献公派兵攻打戚邑东境。案戚在卫都帝丘东约八十里。

②茅氏：古地名，在戚邑东境。

③殖绰：齐国勇士。齐庄公被杀后逃到卫国。

④文子曰："厉之不如"：孙文子斥责孙蒯还不如那三百个被杀的厉鬼。文子，孙林父，孙蒯之父。厉，恶鬼。

⑤遂从卫师，败之圉：孙蒯为父亲的言语所刺激，于是追逐殖绰。圉，古地名，在今河南濮阳东。

⑥雍钼（chú）：孙氏家臣。

⑦复诉于晋：孙氏再次向晋国控诉，于是晋国讨伐卫国。

【译文】

卫人侵袭戚邑东部边境,孙林父向晋国控诉,晋国派兵戍守茅氏。殖绰攻打茅氏,杀死晋国守军三百人。孙蒯追赶殖绰,却不敢攻击。孙林父说:"你真是连厉鬼都不如!"孙蒯终于追上卫军,并在圉地打败了对方。雍钼俘获了殖绰。孙林父再次向晋国控诉。

*【左传】郑伯赏入陈之功,三月甲寅朔①,享子展,赐之先路三命之服,先八邑②;赐子产次路再命之服,先六邑。子产辞邑,曰:"自上以下,降杀以两③,礼也。臣之位在四④,且子展之功也,臣不敢及赏礼,请辞邑。"公固予之,乃受三邑。公孙挥曰:"子产其将知政矣,让不失礼⑤。"

【注释】

①甲寅朔:初一。

②赐之先路三命之服,先八邑:先赐先路,再赐八邑。古礼,轻礼先赏。先路,天子、诸侯乘车叫"路",卿大夫接受天子、诸侯所赐之车也叫"路"。三命之服,卿大夫所受的最高等级的礼服。

③自上以下,降杀以两:从上而下,礼数以"二"的数目递降。

④臣之位在四:子产之上还有子展、伯有、子西,子产位在第四,依次序子产不敢得六邑。

⑤子产其将知政矣,让不失礼:子产谦让而不失礼。预言子产将要执政。

【译文】

郑简公赏赐攻入陈国的功劳,三月初一,设享礼宴请子展,赐给他先路、三命的车服,又赐给八座城邑;赐给子产次路、再命的车服,赐给他六座城邑。子产推辞城邑,说:"从上到下,按礼依次以'二'数递减。下臣排位第四,况且这是子展的功劳,下臣不敢接受这种赏赐和礼仪,请求辞去城邑。"郑简公坚持要给他,于是接受三座城邑。公孙挥说:"子产大约将要执政了,他谦让而不失礼。"

【经】夏,晋侯使荀吴来聘①。

【注释】

①荀吴:荀偃之子,谥穆,称"中行穆子"。奉命聘鲁。

【译文】

夏,晋平公派荀吴来鲁国聘问。

【左传】晋人为孙氏故,召诸侯,将以讨卫也。夏,中行穆子来聘①,召公也②。

【注释】

①中行穆子:即经文中的荀吴。

②召公也:来聘的目的是召鲁襄公参加澶渊盟会。

【译文】

晋国因为孙林父的缘故,召集诸侯,打算攻打卫国。夏,荀吴来我国聘问,是为了召请鲁襄公赴会。

*　**【左传】**楚子、秦人侵吴,及雩娄①,闻吴有备而还。遂侵郑。五月,至于城麇②。郑皇颉戍之,出,与楚师战,败。穿封戌囚皇颉③,公子围与之争之④,正于伯州犁。伯州犁曰:"请问于囚⑤。"乃立囚。伯州犁曰:"所争,君子也,其何不知⑥?"上其手,曰:"夫子为王子围,寡君之贵介弟也⑦。"

下其手,曰:"此子为穿封戌,方城外之县尹也。谁获子?"
囚曰:"颉遇王子,弱焉⑧。"戌怒,抽戈逐王子围,弗及。楚
人以皇颉归。

【注释】

①雩娄:古地名,在今河南商城东、安徽金寨北。

②城麇（jūn）:古地名,今址不详。

③穿封戌:楚国大夫。

④公子围:即后来的楚灵王,此时为王子。

⑤囚:指俘虏皇颉。

⑥君子也,其何不知:君子指皇颉。称其为君子,说他什么都清楚,
　　是在暗示皇颉。

⑦贵介:地位高贵。介,大。

⑧弱:抵挡不住。意思是被王子俘获。

【译文】

　　楚康王、秦国人侵袭吴国,到达雩娄,听说吴国已有防备而退兵。顺
道攻打郑国。五月,到达城麇。郑国皇颉在城麇戍守,出城与楚兵交战,
被打败。穿封戌逮住皇颉,公子围和他争功,要伯州犁做评判。伯州犁
说:"那就问一下俘虏吧。"便让俘虏站在前面。伯州犁说:"他们所争夺
的是你,你是个君子,会有什么不明白的呢?"举起手,说:"那一位是王
子围,国君尊贵的弟弟。"手向下指,说:"这人是穿封戌,是方城外的县
尹。究竟是谁俘获你的?"俘虏说:"我碰上王子,战他不过被擒。"穿封
戌大怒,抽出戈追打王子围,没能追上。楚国人带着皇颉归国了。

　　印堇父与皇颉戍城麇①,楚人囚之,以献于秦。郑人
取货于印氏以请之②,子大叔为令正③,以为请④。子产曰:

"不获⑤。受楚之功,而取货于郑,不可谓国,秦不其然⑥。若曰:'拜君之勤郑国。微君之惠,楚师其犹在敝邑之城下⑦。'其可。"弗从,遂行。秦人不予。更币,从子产,而后获之⑧。

【注释】

①印堇父:郑国大夫。

②郑人取货于印氏以请之:从印氏那里取财物向秦赎印堇父。

③令正:起草文件的官。

④以为请:拟定请赎的辞令。

⑤不获:肯定不能赎回印堇父。

⑥"受楚之功"四句:出卖楚国所献俘虏而贪求郑国财物,有失国家体统,秦国不会这样干。案这是说明"不获"的原因。

⑦"拜君之勤郑国"三句:秦国虽然出兵,但并未和郑军交战,所以子产欲把请词改写成"若不是秦国助郑,楚军恐怕仍兵临郑国城下",这样秦国必释放印堇父。

⑧"更币"三句:改派使者持币前往,按子产的话说,秦国才放回印堇父,说明子产辞令的严谨。

【译文】

印堇父与皇颉一起戍守城麇,楚国人抓住他,献给秦国。郑国向印堇父家要了一份财物向秦国请求赎回印堇父,子太叔是令正,照这意思拟定文书。子产说:"这样是不可能赎回印堇父的。秦国接受楚国奉献的俘虏,却接受郑国的财物,不能说合乎国家体统,秦国不会这样做的。而如果说:'感谢国君帮助郑国。如果不是国君施恩,楚军恐怕还在我国城下。'这才可以。"子太叔没接受这建议,就去了。秦国没同意释放。再派使者带着礼品,按照子产的话去说,果然接回了印堇父。

【经】公会晋人、郑良霄、宋人、曹人于澶渊①。

【注释】

①公会晋人、郑良霄、宋人、曹人于澶渊：晋国会合诸侯以讨伐卫国。

　澶渊，在今河南濮阳西北。原为卫地，现晋已取之。

【译文】

鲁襄公与晋国人、郑国良霄、宋国人、曹国人在澶渊相会。

【左传】六月，公会晋赵武、宋向戌、郑良霄、曹人于澶渊，以讨卫，疆戚田①。取卫西鄙懿氏六十以与孙氏②。赵武不书，尊公也③。向戌不书，后也④。郑先宋，不失所也⑤。

【注释】

①疆戚田：划定戚地的疆界。

②取卫西鄙懿氏六十以与孙氏：懿氏，古地名，在今河南濮阳西北，

　戚邑西北。六十，指六十邑。名为划定戚地疆界，实为扩大戚地。

　家铉翁曰："晋自悼公奖大夫以伉其君，而下陵上替之祸自此始。

　今平公复受孙氏之谮而止献公，囚甯喜，取卫田，以益林父，由晋

　之诸臣各为私计，羽翼诸侯之大夫，使交起为乱。魏、赵、韩三分

　晋国，悼、平实有以启之矣。"

③赵武不书，尊公也：经文写"晋人"，不写"赵武"，是因为将晋国大

　夫与鲁襄公并列，有辱鲁襄公身份。

④向戌不书，后也：经文不记向戌的名字，是因为他迟到。

⑤郑先宋，不失所也：因向戌迟到，郑国如期到达，所以列郑于宋国

　之上。

【译文】

六月，鲁襄公和晋国赵武、宋国向戌、郑国良霄、曹国人在澶渊相会，

以讨伐卫国，划定戚邑的疆界。划取卫国西部边境懿氏的六十座城邑给孙林父。《春秋》不记载赵武的名字，是由于尊重鲁襄公。不记载向戌的名字，是因为他迟到了。把郑国排在宋国前面，是因为郑国准时到会。

于是卫侯会之[①]。晋人执甯喜、北宫遗[②]，使女齐以先归[③]。卫侯如晋，晋人执而囚之于士弱氏[④]。

【注释】

①于是卫侯会之：这时卫献公参加澶渊盟会。

②北宫遗：北宫括之子。

③使女齐以先归：让女齐带着甯喜、北宫括先回晋国。女齐是晋国大夫司马侯。案甯氏、北宫括二人杀卫殇公又攻孙氏，因此抓走他们。

④士弱：晋国主管刑狱的大夫。　·

【译文】

这时卫献公也到会。晋国人逮捕了甯喜、北宫遗，派女齐把他们先押回去。卫献公到晋国，晋国将他拘禁并关在士弱那里。

秋七月，齐侯、郑伯为卫侯故如晋[①]，晋侯兼享之。晋侯赋《嘉乐》[②]。国景子相齐侯[③]，赋《蓼萧》[④]。子展相郑伯，赋《缁衣》[⑤]。叔向命晋侯拜二君[⑥]，曰："寡君敢拜齐君之安我先君之宗祧也，敢拜郑君之不贰也[⑦]。"国子使晏平仲私于叔向，曰："晋君宣其明德于诸侯，恤其患而补其阙[⑧]，正其违而治其烦[⑨]，所以为盟主也。今为臣执君[⑩]，若之何？"叔向告赵文子，文子以告晋侯。晋侯言卫侯之罪[⑪]，使叔向告二君。国子赋《辔之柔矣》[⑫]，子展赋《将仲子

兮》^⑬，晋侯乃许归卫侯。叔向曰："郑七穆^⑭，罕氏其后亡者
也。子展俭而壹^⑮。"

【注释】

①齐侯、郑伯为卫侯故如晋：齐、郑二国为卫献公说情。

②《嘉乐》：《诗经·大雅》篇名，又作《假乐》。晋平公取诗中"假乐
　君子，显显令德，宜民宜人，受禄于天"等诗句，赞美齐、郑二君。

③国景子：齐国大夫国弱。

④《蓼（lù）萧》：《诗经·小雅》篇名。国弱取诗中"孔燕岂弟，宜兄
　宜弟"诗句，指出晋、卫为兄弟之国，晋国应该宽大为怀。

⑤《缁（zī）衣》：《诗经·郑风》篇名。子展借诗中"适子之馆兮，
　还，予授子之粲兮"诗句，希望晋平公能因齐景公、郑简公亲自到
　来，释放卫献公。

⑥命：告诉。

⑦寡君敢拜齐君之安我先君之宗祧（tiāo）也，敢拜郑君之不贰也：
　齐、郑二国君赋诗，意在请求释放卫献公，叔向知道晋平公不愿意
　释放，故意曲解齐、郑二国君赋诗之意。宗祧，宗庙。

⑧恤其患而补其阙（quē）：忧诸侯之患而补诸侯之缺。恤，忧。

⑨正其违而治其烦：纠正诸侯违礼之行并治其乱。违，违礼。烦，乱。

⑩今为臣执君：指为孙林父而抓卫献公。为臣执君，增加其乱，非盟
　主所为。

⑪晋侯言卫侯之罪：晋平公以卫国杀晋国戍卒三百人作为辩解。

⑫《辔之柔矣》：逸诗。《逸周书·大子晋》篇引《诗》云："马之刚矣，
　辔之柔矣。马亦不刚，辔亦不柔。志气麃麃，取予不疑。"当即此
　诗。这里是以柔辔御烈马比喻晋国应该宽政安定诸侯。

⑬《将仲子兮》：《诗经·郑风》篇名。子展取诗中"畏人之多言"告
　诫晋平公：卫献公虽然有罪，但大家仍会认为晋国是"为臣执君"。

⑭七穆：指郑穆公后代七个家族。案郑穆公有十一子，子然、子孔、士子孔三族已亡，子羽不在卿位，所存当政者只剩七族，称为"七穆"。七穆中子展公孙舍之为罕氏，子西公孙夏为驷氏，子产公孙侨为国氏，伯有良霄为良氏，子太叔游吉为游氏，子石公孙段为丰氏，伯石印段为印氏。

⑮子展俭而壹：子展节俭而专一，所以罕氏能后亡。子展，子罕之子。

【译文】

秋七月，齐景公、郑简公为卫献公的事到晋国去，晋平公设享礼一起招待他们。晋平公赋《嘉乐》。国景子任齐景公相礼，赋《蓼萧》。子展任郑简公相礼，赋《缁衣》。叔向让晋平公拜谢两国国君，说："我们国君谨此拜谢齐国国君安定我先君的宗庙，拜谢郑国国君对我国忠心不贰。"国景子让晏婴私下去对叔向说："晋国国君在诸侯中宣扬其美德，同情他们的忧患而补正其缺失，纠正他们的错误而治理他们的动乱，因此才为盟主。可如今他为了臣下而抓捕国君，该怎么办呢？"叔向把这些话告诉赵文子，赵文子又告诉给晋平公。晋平公列举卫献公杀晋国戍卒的罪状，让叔向告知齐、郑二国国君。国景子赋《辔之柔矣》，子展赋《将仲子兮》，晋平公于是答应释放卫献公。叔向说："郑穆公的七支后代，罕氏大概是最后灭亡的。子展俭朴而专一。"

【经】秋，宋公杀其世子痤①。

【注释】

①宋公杀其世子痤（cuó）：宋国太子痤被逼自杀。案《春秋》之例，君杀无罪大夫，或枉杀世子，则去国君之葬。此处世子痤有罪，故《春秋》于昭公十一年，书宋平公之葬。痤，《穀梁传》作"座"。

【译文】

秋，宋平公杀太子痤。

【左传】初，宋芮司徒生女子①，赤而毛，弃诸堤下，共姬之妾取以入②，名之曰弃。长而美。平公入夕③，共姬与之食。公见弃也，而视之，尤④。姬纳诸御⑤，嬖，生佐⑥。恶而婉⑦。大子痤美而很⑧，合左师畏而恶之⑨。寺人惠墙伊戾为大子内师而无宠⑩。

【注释】

①芮司徒：宋国大夫。

②共姬：宋共公夫人伯姬。

③平公：共姬之子。入夕：傍晚问候请安。

④尤：绝美。

⑤姬纳诸御：共姬将弃送给平公做侍妾。

⑥佐：宋元公。

⑦恶而婉：面貌丑恶，但性情温顺。

⑧大子痤美而很：太子痤貌美而心地狠毒。

⑨合左师畏而恶之：向戌讨厌太子痤。合左师，即向戌。

⑩惠墙伊戾：内师的名字。"惠墙"是氏，"伊戾"是名。内师：太子宫内宦官之长。

【译文】

当初，宋国芮司徒生了个女儿，皮肤发红并长着毛，芮司徒把她抛弃在大堤之下，共姬的侍妾捡了回来，取名为弃。长大后容貌美丽。宋平公一天晚上入宫给共姬请安，共姬留他吃饭。宋平公看到弃，发现她非常漂亮。共姬就把她给了宋平公当侍妾，受到宠爱，生下佐。佐长相很丑但性格温顺。太子痤相貌英俊但性情狠毒，向戌对他又怕又恨。宦官惠墙伊戾是太子的内师，但不受宠。

秋,楚客聘于晋,过宋。大子知之①,请野享之,公使往。伊戾请从之。公曰:"夫不恶女乎②?"对曰:"小人之事君子也,恶之不敢远,好之不敢近,敬以待命,敢有贰心乎③?纵有共其外,莫共其内④,臣请往也。"遣之。至,则欿,用牲,加书,征之⑤,而骋告公⑥,曰:"大子将为乱,既与楚客盟矣。"公曰:"为我子⑦,又何求?"对曰:"欲速⑧。"公使视之,则信有焉⑨。问诸夫人与左师⑩,则皆曰:"固闻之。"公囚大子。大子曰:"唯佐也能免我⑪。"召而使请⑫,曰:"日中不来,吾知死矣。"左师闻之,聒而与之语⑬。过期⑭,乃缢而死。佐为大子。公徐闻其无罪也,乃亨伊戾⑮。

【注释】

①大子知之:太子痤与楚客相识。知,相识。

②夫:代词,那人,指太子痤。女:通"汝",你。

③"小人之事君子也"五句:意思是不论主人喜欢还是不喜欢,我都不敢有二心。

④纵有共其外,莫共其内:伊戾是宦官,因此以太子虽然有人在外侍候,但恐没人在内侍候为理由请求前往。共,通"供"。

⑤"至,则欿(kǎn)"五句:这是伊戾伪造太子与楚客结盟的证据,并加以验证,以陷害太子。欿,用牲,加书。指挖坑于地,加盟书于牺牲之上。欿,通"坎"。

⑥骋:驰马。

⑦为我子:已是太子。子,嗣子,太子。

⑧欲速:想快点即位。

⑨则信有焉:确有结盟的证据。信,确实。

⑩夫人:佐的母亲弃。左师:即向戌。

⑪唯佐也能免我：佐性情温和诚实，能为他作证。

⑫召而使请：召佐为之请免。

⑬左师闻之，聒（guō）而与之语：向戌惧恨太子痤，故意和佐长谈以拖延时间。聒，说话絮絮不休。

⑭过期：过约定的时间而佐没来。

⑮亨：同"烹"。

【译文】

　　秋，楚国使者去晋国聘问，途经宋国。太子因与其是老相识，便请求在野外设宴招待他，宋平公同意让他前往。伊戾请求跟随前去。宋平公说："太子不是不喜欢你吗？"伊戾回答道："小人事奉君子的规矩是，他讨厌你，你不应该离得太远；他喜欢你，你不应该过分亲近，恭敬地等候指令，岂敢有三心二意呢？即便有人在外边侍候太子，却没人在里面侍候，下臣请求前往。"宋平公便派他去。到了郊外，伊戾挖了个坑，杀了只牲口做牺牲，又放了份盟书在上面，检查好后，驰马回来告诉宋平公说："太子将要作乱，已经和楚国使者结盟了。"宋平公说："他已是我的继承人了，还想要什么？"伊戾说："想尽快即位。"宋平公派人查看，果真有此事。宋平公问夫人和左师向戌，他们都说："的确听说过。"宋平公把太子囚禁了起来。太子说："只有佐能帮我免于灾祸。"让人去请佐向宋平公求情，并说："如果他中午不来，我就只有一死了。"向戌听说了，就去和佐絮语闲聊。过了中午，太子就上吊死了。佐被立为太子。宋平公慢慢得知痤其实无罪，就把伊戾煮杀。

　　左师见夫人之步马者①，问之，对曰："君夫人氏也。"左师曰："谁为君夫人？余胡弗知②？"圉人归③，以告夫人。夫人使馈之锦与马，先之以玉，曰："君之妾弃使某献④。"左师改命曰"君夫人"⑤，而后再拜稽首受之。

【注释】

①步马：遛马。

②谁为君夫人？余胡弗知：弃本出身低微，现在为君夫人，向戌假装
　　不知道，是提醒她不得无视自己。

③围人：即步马者。

④君之妾弃使某献：称"君之妾"、直称自己的名字"弃"，是表示自
　　知地位卑下而尊左师。可见弃很知趣。

⑤左师改命曰"君夫人"：向戌得到贿赂，便向使者改称"君夫人"。

【译文】

　　向戌遇见夫人弃的遛马人，问他是谁，回答说："是君夫人家的。"向
戌问："谁是君夫人？我怎么不知道？"遛马人回去后，把这话告诉夫人。
夫人派人给向戌先送上玉，又送去锦缎与马匹，说："国君的侍妾弃派我把
这些送给您。"向戌便改口称弃为"君夫人"，而后再拜叩头接受了礼物。

【经】晋人执卫甯喜。

【译文】

　　晋国拘禁卫国甯喜。

【公羊传】此执有罪，何以不得为伯讨①？不以其罪执
之也。

【注释】

①何以不得为伯讨：案《春秋》之例，称爵而执者，伯讨也；称人而执
　　者，非伯讨也。卫甯喜为弑君贼，晋侯执之，当为伯讨，此处却书
　　"晋人"，故而发问。

【译文】

这里是拘捕有罪之人,为何不作伯讨之辞？因为此处并非因弑君之罪而拘捕他。

*　**【左传】**郑伯归自晋,使子西如晋聘[①],辞曰:"寡君来烦执事,惧不免于戾[②],使夏谢不敏[③]。"君子曰:"善事大国。"

【注释】

①使子西如晋聘:回聘答谢。

②寡君来烦执事,惧不免于戾:担心失敬于大国而得罪。戾,罪过。

③夏:子西的名字。

【译文】

郑简公从晋国回来,派子西去晋国聘问,致辞说:"寡君来麻烦执事,害怕失敬而不免于罪过,他派下臣夏来表示歉意。"君子说:"郑国善于事奉大国。"

*　**【左传】**初,楚伍参与蔡太师子朝友[①],其子伍举与声子相善也[②]。伍举娶于王子牟[③],王子牟为申公而亡[④],楚人曰:"伍举实送之[⑤]。"伍举奔郑,将遂奔晋。声子将如晋,遇之于郑郊[⑥],班荆相与食[⑦],而言复故[⑧]。声子曰:"子行也！吾必复子[⑨]。"

【注释】

①子朝:蔡公子朝。

②伍举:伍子胥祖父椒举。声子:子朝之子,即公孙归生。

③王子牟:即申公子牟。

④王子牟为申公而亡：担任申公时获罪逃亡。

⑤伍举实送之：认为伍举与此事有牵连。送，护送。

⑥遇之于郑郊：遇伍举。

⑦班荆：拔草而铺于地以代席，坐在上面。班，布，铺。荆，草名。

⑧而言复故：谈论重返楚国的事。故，事。

⑨吾必复子：必能使伍举回楚国。案以上是追述前事。

【译文】

当初，楚国伍参与蔡太师子朝是好朋友，他的儿子伍举和声子关系融洽。伍举娶王子牟女儿为妻，王子牟任申公时获罪逃亡，楚国人说："是伍举护送他逃走的。"伍举便出奔郑国，并准备逃往晋国。声子赴晋途中，与伍举相遇于郑国郊外，坐在草地上共同进食，并谈到重返楚国的事。声子说："你走吧！我一定想办法让你回来。"

及宋向戌将平晋、楚，声子通使于晋，还如楚①。令尹子木与之语，问晋故焉②，且曰："晋大夫与楚孰贤？"对曰："晋卿不如楚，其大夫则贤，皆卿材也③。如杞、梓、皮革④，自楚往也。虽楚有材，晋实用之。"子木曰："夫独无族姻乎⑤？"对曰："虽有，而用楚材实多。归生闻之：'善为国者，赏不僭而刑不滥⑥。'赏僭，则惧及淫人；刑滥，则惧及善人⑦。若不幸而过，宁僭，无滥。与其失善，宁其利淫⑧。无善人，则国从之⑨。《诗》曰：'人之云亡，邦国殄瘁⑩。'无善人之谓也。故《夏书》曰：'与其杀不辜，宁失不经⑪。'惧失善也。《商颂》有之曰：'不僭不滥，不敢怠皇，命于下国，封建厥福⑫。'此汤所以获天福也。古之治民者，劝赏而畏刑⑬，恤民不倦⑭。赏以春夏，刑以秋冬⑮。是以将赏，为之加膳,加膳则饫赐^⑯,此以知其劝赏也^⑰。将刑,为之不举,不举则彻乐^⑱,此以知其畏刑也。夙兴夜寐,朝夕临政,此以知其恤民也。三者^⑲,礼之大节也。有礼,无败。

【注释】

①声子通使于晋,还如楚:晋、楚弭兵在明年,这里先做疏通工作,声子也参加。

②故:事,情况。

③皆卿材也:晋国大夫都是当卿的人才。

④杞、梓:都是树木名。

⑤夫:彼,指代晋国。族姻:国君的宗族和亲戚。指晋国的贵族。

⑥善为国者,赏不僭(jiàn)而刑不滥:赏不僭越,刑不泛滥,赏罚都应该恰当。

⑦"赏僭"四句:赏赐过分,邪恶的人也可能得到;刑罚过滥,好人恐怕也因此被罚。

⑧与其失善,宁其利淫:与其失去好人,不如利于坏人。

⑨无善人,则国从之:国无善人,则国家也将从此灭亡。

⑩人之云亡,邦国殄(tiǎn)瘁:引《诗》见《诗经·大雅·瞻卬》。意思是说国无能人,国家就会遭受灾害。殄瘁,困苦。

⑪与其杀不辜,宁失不经:所引《夏书》为逸书,《古文尚书·大禹谟》袭用此文,意思是与其杀无辜,不如对罪人不用刑罚。不经,不用常法。

⑫"不僭不滥"四句:引《诗》见《诗经·商颂·殷武》。意思是说商汤赏不过分,刑不滥用,所以天命统治下国,大建其福,安享其禄。怠,懈怠。皇,通"遑",闲暇。指不敢偷闲。封,大。

⑬劝赏而畏刑:尽量多用赏而少用刑。

⑭恤民:忧民,为百姓操心。

⑮赏以春夏，刑以秋冬：赏刑各有季节。

⑯"是以将赏"三句：古时治者将行赏，便加膳，加膳之后可把剩余菜肴赐给下边。饫（yù），饱足。

⑰此以知其劝赏也：以此表示乐于行赏。

⑱为之不举，不举则彻乐：不杀牲，不用盛馔，食时不奏乐，都是表示哀伤。举，丰富饮食，兼以乐助食。

⑲三者：指劝赏、畏刑、恤民。

【译文】

　　当宋国向戌准备调解晋、楚两国关系的时候，声子出使晋国，从晋国回来时去楚国。令尹子木和他交谈，问起晋国的情况，并说："晋国大夫和楚国比谁更贤明？"声子回答说："晋国的卿不如楚国，他们的大夫却是贤能的，都是任卿的材料。就如杞、梓、皮革，是从楚国运去的。虽然楚国有良材，却被晋国所用。"子木说："他们难道就没有国君的宗族和亲戚吗？"声子回答说："虽然有，但是更多的是使用楚国人才。我听说：'善于治理国家的人，赏赐不过分而刑罚不滥用。'赏赐过分，就怕会奖励了坏人；刑罚滥用，担心会牵连好人。如果不幸而出现过分，那就宁可多赏而不滥罚。与其对好人处理不当，宁可让奸人沾光。没有好人，国家将跟着受害。《诗》说：'良臣贤士都跑光了，国家就会受到伤害。'说的就是国家没有好人的情况。所以《夏书》说：'与其杀无罪者，还不如放过有罪的，让他逃过刑罚。'这是因为怕失去好人。《商颂》有这样的话：'不过分不滥用，不敢懈怠与偷懒，向下国发布命令，大力培植其福。'这是汤所以获得上天赐福的原因。古时治理人民者乐于赏赐而慎用刑罚，操心民情不知疲倦。在春夏进行赏赐，到秋冬才施以刑法。因此将要行赏时，就加膳，加膳之后可以把剩余的食品赏赐给下边，从而让人明白他是乐于赏赐的。将要动刑，为此而减膳，减膳就要撤去音乐，由此而知道他是怕用刑罚。早起晚睡，早晚亲自临朝办理国事，由此而知他在为百姓操心。这三件事，是礼仪的大关键。有礼仪就不会失败。

"今楚多淫刑，其大夫逃死于四方，而为之谋主①，以害楚国，不可救疗，所谓不能也②。子仪之乱，析公奔晋③。晋人置诸戎车之殿，以为谋主④。绕角之役⑤，晋将遁矣，析公曰：'楚师轻窕，易震荡也⑥。若多鼓钧声⑦，以夜军之⑧，楚师必遁。'晋人从之，楚师宵溃。晋遂侵蔡，袭沈，获其君，败申、息之师于桑隧，获申丽而还⑨。郑于是不敢南面⑩。楚失华夏，则析公之为也。

【注释】

①谋主：主要策划者。

②所谓不能也：楚国不能用其才。

③子仪之乱，析公奔晋：文公十四年，公子燮与子仪作乱，城郢，而使贼杀子孔，不克而还。八月，二人挟持楚庄王离开郢都去商密，被庐戢梨及叔麇诱杀。

④晋人置诸戎车之殿，以为谋主：置析公于国君戎车后边，作为谋主。

⑤绕角之役：成公六年，晋栾书救郑，与楚师遇于绕角。楚师还。

⑥楚师轻窕（tiāo），易震荡也：楚军轻佻，容易动摇军心。轻窕，即轻佻（tiāo）。

⑦若多鼓钧声：故做大举进攻的声势以恐吓楚军。钧声，同时发出声音。

⑧军之：全军同时进攻。

⑨"晋遂侵蔡"五句：成公六年，楚师还后，晋遂侵蔡，侵楚，获申丽；八年，又侵沈，获沈子揖初。

⑩郑于是不敢南面：郑国服于晋国，不再南面事楚。

【译文】

"现在楚国滥用刑罚，大夫们四处逃命，而成为所去国家的谋士，为之出谋划策，来危害楚国，到了无法制止挽救的地步，这就是楚国不能用其才的情况。子仪之乱，析公逃往晋国。晋国人把他安置在国君戎车的后面，让他当谋士出谋献策。绕角之役时，晋军快要逃跑了，析公说：'楚军轻佻，容易被威慑震住。如果增加鼓一起敲击同时发声，趁夜晚全军出击，楚军必定溃逃。'晋国人采纳了他的意见，楚军果然当夜溃败。晋国于是侵袭蔡国，攻打沈国，并俘获其国君，在桑隧打败申邑、息邑军队，擒获申丽而班师。郑国这时再不敢服从他南面的楚国。楚国失去中原诸侯，都是析公造成的。

　　"雍子之父兄谮雍子①，君与大夫不善是也②，雍子奔晋，晋人与之鄐③，以为谋主。彭城之役，晋、楚遇于靡角之谷④。晋将遁矣，雍子发命于军曰：'归老幼，反孤疾，二人役，归一人⑤，简兵蒐乘⑥，秣马蓐食⑦，师陈焚次⑧，明日将战。'行归者⑨，而逸楚囚⑩。楚师宵溃，晋降彭城而归诸宋，以鱼石归⑪。楚失东夷，子辛死之，则雍子之为也⑫。

【注释】

①谮（zèn）：诬陷。

②善是：正确判断是非。

③鄐（chù）：古地名，在今河南温县附近。

④彭城之役，晋、楚遇于靡角之谷：成公十八年，楚纳宋国叛臣鱼石等于彭城，宋告急于晋，晋、楚遇于靡角之谷，楚师还。

⑤"归老幼"四句：老、幼者及孤儿、病人，都可回家。兄弟二人在军中，可回一人。反，返回。

⑥简兵蒐（sōu）乘：精选徒兵，检阅车兵。

⑦秣（mò）马蓐（rù）食：喂饱马，让士兵吃饱。

⑧师陈焚次：摆好阵势，烧掉帐篷，表示决一死战。陈，同"阵"。

　　次，行军至某处留驻三宿以上。此指住宿的帐篷。

⑨归者：即老幼孤疾等。

⑩而逸楚囚：放松看守，故意让楚囚逃跑以通风报信。

⑪"楚师宵溃"三句：襄公元年，楚师还后，彭城降晋，晋人将鱼石等

　　五位宋国叛臣带回晋国，安置在瓠丘。鱼石，宋国叛臣。

⑫"楚失东夷"三句：楚国不能救彭城，陈国及东夷各国都叛楚。东

　　夷，楚国东边各个小国。子辛死之，子辛并非死于是役，襄公五

　　年，楚国讨伐陈国之叛，杀令尹子辛。

【译文】

　　"雍子父兄诬陷雍子，国君与大夫不能正确辨明是非曲直，雍子只好逃往晋国，晋国把鄐地给他住，并以他为自己的谋士。彭城之役时，晋、楚两军在靡角之谷相遇。晋国军队打算逃走，雍子对军队发布命令说：'把年老年幼的都打发回家，独生子和病人也离开，一家有二人服役的，也遣返一人，精选步兵检阅车兵，喂饱马，让士兵都吃饱，排好军阵，烧掉军帐，明日将要决一死战。'于是让该回去的都回去了，又故意放松看守，将楚国俘虏放跑。楚师当夜溃败，晋军收复彭城并将它归还宋国，押解着鱼石回国。楚国失去东夷，子辛战死，都是雍子所起的作用。

　　"子反与子灵争夏姬①，而雍害其事②，子灵奔晋，晋人与之邢③，以为谋主。扞御北狄，通吴于晋，教吴叛楚，教之乘车、射御、驱侵，使其子狐庸为吴行人焉④。吴于是伐巢、取驾、克棘、入州来⑤，楚罢于奔命⑥，至今为患，则子灵之为也。

【注释】

①子反与子灵争夏姬：宣公十一年，楚讨陈夏徵舒，杀之。当时子反

　　欲纳夏徵舒之母夏姬,申公巫臣劝止,而己与夏姬相约嫁娶。成公二年,巫臣借聘齐之机至郑会夏姬,遂奔晋。子灵,申公巫臣。

②而雍害其事:子反怨巫臣,成公七年,子重、子反杀巫臣之族子阎、子荡及清尹弗忌及襄老之子黑要,而分其室。子重取子阎之室,使沈尹与王子罢分子荡之室,子反取黑要与清尹之室。雍害,破坏,加害。雍,通"壅"。

③邢:即今河南温县平皋故城。

④"扞御北狄"五句:成公七年,申公巫臣得知族人被害,家产被分,于是报复楚国。

⑤驾:古地名,在今安徽无为。棘:古地名,在今河南永城南。州来:古地名,在今安徽凤台。

⑥罢(pí):疲惫。

【译文】

　　"子反与子灵争夺夏姬而破坏子灵的婚事,子灵逃往晋国,晋人给他邢地,让其为谋士。子灵献计抵御北狄,与吴国通好,动员吴国背叛楚国,教他们乘车、射箭、车战,派他的儿子狐庸担任吴国外交官。吴国这时便攻打巢地,夺取驾地,攻克棘地,进入州来,楚军疲于奔命,直到今天还是楚国的祸患,这一切都是子灵所做的。

　　"若敖之乱,伯贲之子贲皇奔晋①,晋人与之苗②,以为谋主。鄢陵之役,楚晨压晋军而陈。晋将遁矣。苗贲皇曰:'楚师之良在其中军王族而已,若塞井夷灶,成陈以当之,栾、范易行以诱之③,中行、二郤必克二穆④。吾乃四萃于其王族⑤,必大败之。'晋人从之,楚师大败,王夷师熸⑥,子反死之⑦。郑叛,吴兴,楚失诸侯,则苗贲皇之为也⑧。"

【注释】

①若敖之乱，伯贲之子贲皇奔晋：宣公四年，伯贲以若敖氏之族攻楚庄王，被打败，遂灭若敖氏。伯贲，宣公四年作"伯棼"，又称"斗越椒""子越"，为若敖氏之族长，时为楚司马。

②苗：晋地名，在今河南济垣。

③栾：栾书，当时统率中军。范：士燮，当时任中军佐。易行：交换位置。

④中行：即荀偃，当时任上军佐。二郤（xì）：郤锜、郤至，当时郤锜将上军，郤至佐新军。二穆：指子重、子辛，都是楚穆王后人。子重为左军帅，子辛为右军帅。

⑤四萃：四面集中攻击。

⑥夷：受伤。当时晋国吕锜射中楚共王眼睛。熸（jiān）：火熄灭，比喻士气不振。

⑦子反死之：以上鄢陵之战，见成公十六年传文。

⑧"郑叛"四句：案声子以上所举四人四事，都是楚才晋用，反害楚国的例子。

【译文】

"若敖之乱，伯贲的儿子贲皇逃往晋国，晋国封给他苗地，让他做谋士出谋划策。鄢陵之役，楚军清晨直逼晋军，摆设阵势。晋军准备逃走。苗贲皇说：'楚军的精良，在于中军的王族，如果填塞水井填平炉灶，摆开阵势抵挡他们的进攻，栾书、士燮改用家兵去诱敌，中行和郤锜、郤至一定能战胜对方的子重、子辛。我们再把军队从四面集中起来攻击楚国的中军王族，一定能够大败他们。'晋国听从他的意见，楚军果然大败，楚共王受伤，军队士气低落，子反战死。郑国叛楚，吴国兴起，楚国失去诸侯，这都是苗贲皇所起的作用。"

子木曰："是皆然矣。"声子曰："今又有甚于此者。椒举娶于申公子牟,子牟得戾而亡^①,君大夫谓椒举:'女实遣之。'惧而奔郑,引领南望,曰:'庶几赦余。'亦弗图也。今在晋矣。晋人将与之县,以比叔向^②。彼若谋害楚国,岂不为患?"子木惧,言诸王,益其禄爵而复之。声子使椒鸣逆之^③。

【注释】

①得戾:得罪。

②以比叔向:爵禄可和叔向相比。

③椒鸣:伍举儿子,伍奢弟弟。

【译文】

　　子木说:"的确是这样的。"声子说:"现在还有更甚于此的。椒举娶了申公子牟的女儿,子牟得罪逃亡,国君和大夫对椒举说:'是你送他逃跑的。'椒举害怕而出奔郑国,伸长脖子望着南方,说道:'希望能赦免我。'可楚国并没放在心上。现在椒举已到晋国。晋人准备给他封邑,而且和叔向的待遇一样。他要是出谋危害楚国,岂不是祸患?"子木害怕,报告给楚康王,增加了椒举的禄爵,让他回国官复原职。声子派椒鸣到晋国接他回来。

　　【经】八月壬午^①,许男甯卒于楚^②。冬,楚子、蔡侯、陈侯伐郑^③。葬许灵公。

【注释】

①壬午:初一。

②许男甯卒于楚:许灵公去世。据《左传》,许灵公到楚国是请求楚国出兵伐郑。许男甯,为许灵公,姓姜名甯,谥灵。

③楚子、蔡侯、陈侯伐郑:为许国攻打郑国。

【译文】

八月初一,许灵公宵在楚国去世。冬,楚康王、蔡景侯、陈哀公攻打郑国。安葬许灵公。

【左传】许灵公如楚,请伐郑①,曰:"师不兴,孤不归矣。"八月,卒于楚。楚子曰:"不伐郑,何以求诸侯②?"冬十月,楚子伐郑。郑人将御之,子产曰:"晋、楚将平,诸侯将和,楚王是故昧于一来③。不如使逞而归④,乃易成也⑤。夫小人之性,衅于勇,啬于祸,以足其性,而求名焉者,非国家之利也⑥,若何从之⑦?"子展说⑧,不御寇。十二月乙酉⑨,入南里⑩,堕其城。涉于乐氏⑪,门于师之梁⑫。县门发⑬,获九人焉⑭。涉于汜而归⑮,而后葬许灵公。

【注释】

① 许灵公如楚,请伐郑:郑、许二国有宿怨,襄公十六年郑简公又亲自出马带兵随同晋国攻许,许国因此怨恨。

② 不伐郑,何以求诸侯:不讨伐郑国,将失去诸侯的拥护。汪克宽曰:"此年诸侯不救,楚是以知晋之不在诸侯而复为陵驾之举也。郑虽未服于楚,明年,晋、楚为成,而北方诸侯皆朝楚矣。"

③ 昧于一来:冒昧而来。

④ 使逞而归:让楚国满足快意。

⑤ 乃易成也:楚国满足,易于讲和。

⑥ "夫小人之性"六句:子产认为,主张御楚者不过是见有机会就表现血气之勇,贪求在祸乱中得利,以此满足其本性罢了。以此追求虚名的人,并非为国家利益考虑。衅于勇,借机表现其勇。衅,动。啬于祸,以祸贪利。啬,贪。小人,指想要抵御楚国的郑人。

⑦若何从之：为何听从他。子产反对御楚。

⑧说：同"悦"。

⑨乙酉：初五。

⑩入南里：郑国不抵抗，楚国进入南里。南里，郑地名，在今河南新郑。

⑪乐氏：古地名，在今河南新郑。

⑫师之梁：郑国城门。

⑬县门发：楚军攻门，郑军放下内城门的闸板坚守。县门，古时守城之闸板，安装于内城门，无事则悬起，寇至则下之。

⑭获九人焉：楚兵在城外俘获九名郑国人。

⑮涉于氾而归：楚军从氾城下涉汝水南归。氾，指南氾，在今河南襄城南，汝水流经氾城下。

【译文】

许灵公去楚国，请求楚国出兵伐郑，说："如果不派军队，我就不回去了。"八月，在楚国去世。楚康王说："不讨伐郑国，怎么能得到诸侯的拥护？"冬十月，楚康王攻郑。郑国准备抵抗，子产说："晋、楚准备讲和，诸侯即将和好，楚王实是冒昧来犯。不如让他快意而归，和议就容易达成了。小人的本性是喜欢表现血气之勇，贪求在祸乱中获得好处，以满足其本性并求取虚名，这不符合国家的利益，怎么能听他的呢？"子展同意他的意见，就不派兵御寇。十二月初五，楚军进入南里，拆毁了城墙。从乐氏渡过洧水，攻打师之梁城门。内城的悬门放下，楚军抓获没能进城的九名郑国人。楚军又从氾城下涉汝水南归，然后安葬许灵公。

*　**【左传】**卫人归卫姬于晋，乃释卫侯①。君子是以知平公之失政也②。

【注释】

①卫人归卫姬于晋，乃释卫侯：数月前齐侯、郑伯亲为卫献公向晋平

公求情,晋平公答应放而一直未放,直到卫国嫁女才放了卫献公。

②平公之失政也:晋平公此举有失常道。

【译文】

卫国嫁卫姬到晋国,晋国才把卫献公释放回国。君子由此看出晋平公失去治国常道。

*【左传】晋韩宣子聘于周。王使请事①。对曰:"晋士起将归时事于宰旅②,无他事矣。"王闻之,曰:"韩氏其昌阜于晋乎③! 辞不失旧④。"

【注释】

①请事:问事,问何事来聘。

②晋士起将归时事于宰旅:前来向天子奉献贡品。士,诸侯大夫入天子之国自称"士"。起,韩宣子名字。宰旅,冢宰所属之官,这里代指天子。

③昌阜:昌盛。

④辞不失旧:周朝衰微,韩起仍然不失旧礼,天子因此嘉许他必能昌盛。

【译文】

晋国韩起到宗周聘问。周灵王派人询问来意。韩起回答说:"晋国的士韩起前来向宰旅献上贡品,此外并无他事。"周灵王听了,说:"韩氏恐怕将会在晋国昌盛发达吧! 他依然保持着以往的辞令。"

*【左传】齐人城郏之岁①,其夏,齐乌馀以廪丘奔晋②,袭卫羊角③,取之。遂袭我高鱼④。有大雨,自其窦入⑤,介于其库⑥,以登其城,克而取之。又取邑于宋。于是范宣子卒⑦,诸侯弗能治也⑧。及赵文子为政,乃卒治之。文子言

于晋侯曰："晋为盟主。诸侯或相侵也,则讨而使归其地⑨。今乌馀之邑,皆讨类也⑩,而贪之,是无以为盟主也⑪。请归之。"公曰："诺。孰可使也?"对曰："胥梁带能无用师⑫。"晋侯使往⑬。

【注释】

①齐人城郏之岁:襄公二十四年。

②乌馀:齐国大夫。廪丘:古地名,在今河南范县东南。廪丘本卫邑,或齐取之以与乌馀,故乌馀得以之奔晋。

③羊角:古地名,在今山东郓城西北与范县交接处。

④高鱼:古地名,在今山东郓城北,羊角城东,鄄城东北。

⑤有大雨,自其窦入:下雨开窦,乌馀趁机率众由窦入城。窦,城里排水道。

⑥介于其库:进入高鱼兵库,取出甲胄装备士兵。

⑦范宣子卒:范宣子即士匄,死于襄公二十五年。

⑧诸侯弗能治也:不能惩治乌馀。

⑨诸侯或相侵也,则讨而使归其地:诸侯相侵,盟主应出面讨伐,并归还侵夺之地。

⑩今乌馀之邑,皆讨类也:乌馀之邑都是侵夺而来,应加以讨伐。

⑪而贪之,是无以为盟主也:作为盟主,不可贪乌馀之地。

⑫胥梁带:晋国大夫。无用师:不用兵就可完成任务。

⑬晋侯使往:案本段本与下年传文之首章为一体,被割裂置此。

【译文】

齐国修筑郏城那一年,夏,齐国乌馀带着廪丘叛逃到晋国,并且侵袭卫国的羊角,占领了它。随后又攻打鲁国高鱼。碰上大雨天,乌馀人马从城墙的水洞钻进去,打开城里的武库装备自己,登上城墙,攻下了高鱼。又攻取宋国的城邑。这时范宣子已经去世,诸侯没能制裁乌馀。等到赵文子执政,才惩治。赵文子对晋平公说:"晋国是盟主。诸侯如有互相侵犯,就应征讨他并归还他所侵占之地。现在乌馀所有的城邑,都在讨伐之列,而我国却贪图它,这就不是盟主所应有的做法了。请把它归还给诸侯吧。"晋平公说:"好的。谁能担当这一使命?"赵文子说:"胥梁带能不用军队而完成任务。"晋平公便派胥梁带前去办理。

二十七年

*【左传】二十七年春①,胥梁带使诸丧邑者具车徒以受地,必周②。使乌馀具车徒以受封③。乌馀以其众出,使诸侯伪效乌馀之封者,而遂执之④,尽获之⑤。皆取其邑,而归诸侯⑥。诸侯是以睦于晋。

【注释】

①二十七年:鲁襄公二十七年当周灵王二十六年,前546年。

②胥梁带使诸丧邑者具车徒以受地,必周:胥梁带想智取乌馀,所以让各失地的诸侯准备好车兵、徒兵,来接受土地,行动必须秘密。案此段应与上年传文末章连读。丧邑者,失地的诸侯国。周,行动秘密。

③使乌馀具车徒以受封:诈请乌馀来受地。

④使诸侯伪效乌馀之封者,而遂执之:让齐、鲁等国假装把土地送给乌馀,趁机逮住乌馀。效,献。

⑤尽获之:乌馀随从也都被抓。

⑥皆取其邑,而归诸侯:将乌馀所夺诸侯之地归还给诸侯。以廪丘归齐,以羊角归卫,以高鱼归鲁。

【译文】

　　鲁襄公二十七年春,胥梁带让失去城邑的各诸侯国准备好车兵、步兵前来接受城邑,要求行动须秘密。让乌馀也备好车兵步卒来受封。乌馀带领部众出来,胥梁带要诸侯装作向乌馀献上封地,趁机逮捕了乌馀,他身边的人也无一漏网。把他侵占的城邑,统统归还给诸侯。因此诸侯都顺服晋国。

【经】二十有七年春,齐侯使庆封来聘①。

【注释】

　　①齐侯使庆封聘:庆封,齐国大夫。崔杼杀齐庄公后立齐景公,崔杼
　　　为右相,庆封为左相。齐景公新即位,派庆封聘鲁通好。

【译文】

鲁襄公二十七年春,齐景公派庆封来鲁国聘问。

【左传】齐庆封来聘,其车美。孟孙谓叔孙曰:“庆季之车①,不亦美乎!”叔孙曰:“豹闻之:‘服美不称,必以恶终②。’美车何为?”叔孙与庆封食③,不敬。为赋《相鼠》④,亦不知也。

【注释】

　　①庆季:即庆封。
　　②服美不称,必以恶终:古人衣着、车马、装饰都有严格的等级规定,
　　　因此当时人认为超越等级,必有恶果。
　　③叔孙与庆封食:设便宴招待庆封。
　　④《相鼠》:《诗经·鄘风》篇名。其中有“相鼠有皮,人而无仪。人

而无仪,不死何为"句,叔孙赋此以讥刺庆封,庆封也不明白,可
见他愚昧无知。此事为明年庆封逃亡做铺垫。

【译文】

齐国庆封来鲁国聘问,他的车子十分华美。孟孙对叔孙说:"庆封的
车,不显得太漂亮了吗!"叔孙说:"我听说:'车马服饰的漂亮和人不相
称,必将得到恶果。'华美的车子又有什么用?"叔孙招待庆封宴饮,庆封
表现得很不恭敬。叔孙为此赋《相鼠》,庆封也不知道是在讽刺自己。

【经】夏,叔孙豹会晋赵武、楚屈建、蔡公孙归生、卫石
恶、陈孔奂、郑良霄、许人、曹人于宋①。

【注释】

①夏,叔孙豹会晋赵武、楚屈建、蔡公孙归生、卫石恶、陈孔奂、郑良
　霄、许人、曹人于宋:诸侯会于宋,召开弭兵大会。孔奂,《公羊
　传》作"孔瑗"。

【译文】

夏,叔孙豹和晋国赵武、楚国屈建、蔡国公孙归生、卫国石恶、陈国孔
奂、郑国良霄及许国人、曹国人在宋国会盟。

【左传】宋向戌善于赵文子,又善于令尹子木,欲弭诸
侯之兵以为名①。如晋,告赵孟。赵孟谋于诸大夫,韩宣子
曰:"兵,民之残也,财用之蠹②,小国之大灾也。将或弭之,
虽曰不可,必将许之③。弗许,楚将许之,以召诸侯,则我失
为盟主矣。"晋人许之。如楚,楚亦许之。如齐,齐人难之。
陈文子曰:"晋、楚许之,我焉得已? 且人曰'弭兵',而我弗
许,则固携吾民矣④,将焉用之?"齐人许之。告于秦,秦亦

许之。皆告于小国,为会于宋⑤。

【注释】

①"宋向戌善于赵文子"三句:宋国向戌和赵文子、子木相友善,并想为自己取得名誉,因此力促弭兵大会的召开。弭兵,停止战争。以为名,取得名声。案弭兵之意,各诸侯国早已有之。襄公二十五年晋国赵文子就说过"自今以往,兵其少弭矣"。此时晋、齐等国因内部斗争消耗了国力,无法大规模对外用兵,楚国受吴国牵制,也无力和晋国争雄,区此具备弭兵的条件。

②"兵"三句:战争残害民众,又耗费财用。蠹(dù),蛀虫。

③"将或弭之"三句:战争未必能长久停止,但不可不答应。

④携吾民矣:百姓将对执政者有怨言离心。

⑤皆告于小国,为会于宋:汪克宽曰:"两伯之势遂成于此。"顾栋高曰:"赵武听向戌弭兵之说,天下诸侯俱朝楚,楚日肆而晋曾不敢发兵以问,晋、楚之交兵息而伯业终矣。"

【译文】

宋国向戌与晋国赵文子友好,又和楚国令尹子木有交情,想以消除诸侯之间的争战博得名声。他来到晋国,把这想法告诉了赵文子。赵文子和各位大夫商议,韩起说:"战争是对民众的残害,又是消耗国家财力的蠹虫,是小国的大灾难。有人想制止战争,即便办不成,也要答应他。要是不答应,楚国就将应许他,以此号召诸侯,那么我们将失去盟主的地位。"晋国答应了向戌。向戌来到楚国,楚国也答应了。到齐,齐国感到为难。陈文子说:"晋、楚都答应了,我们怎么能阻止这事?而且人家说'停止战争',我们不同意,那就会使我国民众生出二心,将怎么使用他们?"齐国也答应了。又告知秦国,秦国也赞成。于是遍告各小国,在宋国举行盟会。

五月甲辰^①，晋赵武至于宋。丙午^②，郑良霄至。六月丁未朔^③，宋人享赵文子，叔向为介^④。司马置折俎，礼也^⑤。仲尼使举是礼也，以为多文辞^⑥。戊申^⑦，叔孙豹、齐庆封、陈须无、卫石恶至。甲寅^⑧，晋荀盈从赵武至^⑨。丙辰^⑩，邾悼公至。壬戌^⑪，楚公子黑肱先至，成言于晋^⑫。丁卯^⑬，宋向戌如陈，从子木成言于楚^⑭。戊辰^⑮，滕成公至。子木谓向戌："请晋、楚之从交相见也^⑯。"庚午^⑰，向戌复于赵孟。赵孟曰："晋、楚、齐、秦，匹也^⑱，晋之不能于齐，犹楚之不能于秦也^⑲。楚君若能使秦君辱于敝邑，寡君敢不固请于齐^⑳？"壬申^㉑，左师复言于子木^㉒，子木使驲谒诸王^㉓。王曰："释齐、秦，他国请相见也^㉔。"

【注释】

①甲辰：二十七日。

②丙午：二十九日。

③丁未朔：初一。

④为介：做副手，陪客。

⑤司马置折俎（zǔ），礼也：把熟牲切成小块盛于俎上，这合乎诸侯享卿之礼。

⑥仲尼使举是礼也，以为多文辞：向戌很得意于自己的弭兵之举，宴享赵武时辞藻甚美，后来孔子见到这次礼仪的记载，认为辞藻修饰太多。举，记录。

⑦戊申：初二。

⑧甲寅：初八。

⑨晋荀盈从赵武至：晋国以赵武为主，荀偃十天后到。

⑩丙辰：初十。

⑪壬戌:十六日。

⑫成言:征询和约条件。

⑬丁卯:二十一日。

⑭宋向戌如陈,从子木成言于楚:当时楚国令尹屈建在陈国。

⑮戊辰:二十二日。

⑯请晋、楚之从交相见也:请晋、楚二国的附属国属晋的朝楚,属楚
   的朝晋。

⑰庚午:二十四日。

⑱晋、楚、齐、秦,匹也:四大国地位对等。

⑲晋之不能于齐,犹楚之不能于秦也:晋不能指挥齐,楚也不能指挥秦。

⑳楚君若能使秦君辱于敝邑,寡君敢不固请于齐:楚能让秦朝于晋,
   则晋必能让齐朝于楚。赵武有意以此为难楚国。

㉑壬申:二十六日。

㉒左师:即向戌。

㉓驲(rì):传车。谒诸王:报告楚王。

㉔释齐、秦,他国请相见也:楚国提出"晋、楚之从交相见也"的要
   求,即要原先分别从属于晋、楚的中小国家现在同时负担向晋、楚
   二国朝贡的义务。原来从属晋的侯国占多数,这样对晋不利。由
   于晋国的反对,楚国同意免去齐、秦,其他各国仍"交相见"。

【译文】

   五月二十七日,晋国赵文子到达宋国。二十九日,郑国良霄到了。六
月初一,宋国设享礼招待赵文子,叔向为副主宾。司马把煮好的熟肉切
好放在俎上,这是合于礼的。后来孔子看到这次礼仪的记载,认为宾主
间文辞修饰过多。初二,叔孙豹、齐国庆封、陈国须无、卫国石恶也到了。
初八,晋国荀盈随赵文子之后到达。初十,邾悼公到。十六日,楚国公子
黑肱先来,与晋国商议和约条款。二十一日,宋国向戌到陈国,与子木商
谈有关楚国的条件。二十二日,滕成公到。子木对向戌说:"请晋、楚二

国的服从国互相交换朝见。"二十四日,向戌把子木的意见回复给赵文子。赵文子说:"晋、楚、齐、秦四国地位对等,晋国不能指挥齐国,就如楚国不能指使秦国一样。楚国国君要能让秦国国君屈尊到敝国,我们国君岂敢不坚持向齐国提出这种请求?"二十六日,向戌又向子木转告此话,子木派人坐传车请示楚康王。楚康王说:"除去齐、秦二国,其他国家要互相朝见。"

【经】卫杀其大夫甯喜①。

【注释】

①卫杀其大夫甯喜:卫献公归国复位之后,甯喜专权,卫献公忧虑,公孙免馀替卫献公杀之。

【译文】

卫国杀死他们的大夫甯喜。

【左传】卫甯喜专①,公患之,公孙免馀请杀之②。公曰:"微甯子,不及此③。吾与之言矣④。事未可知⑤,只成恶名,止也。"对曰:"臣杀之,君勿与知。"乃与公孙无地、公孙臣谋,使攻甯氏⑥。弗克,皆死⑦。公曰:"臣也无罪,父子死余矣⑧!"夏,免馀复攻甯氏,杀甯喜及右宰穀,尸诸朝。石恶将会宋之盟,受命而出⑨。衣其尸,枕之股而哭之⑩。欲敛以亡⑪,惧不免,且曰:"受命矣。"乃行⑫。

【注释】

①卫甯喜专:甯喜把持朝政。

②公孙免馀:卫国大夫。

③微甯子,不及此:靠甯喜之力才得以返国。

④吾与之言矣:当初有"政由甯氏,祭则寡人"的约言,见上年传文。

⑤事未可知:指杀甯喜未必能成功。

⑥乃与公孙无地、公孙臣谋,使攻甯氏:卫献公终究容不得"政由甯氏",默许公孙免馀杀掉甯氏。

⑦弗克,皆死:公孙无地和公孙臣都死了。

⑧臣也无罪,父子死余矣:卫献公出亡时,公孙臣之父为孙氏所杀。死余,为我而死。

⑨石恶将会宋之盟,受命而出:石恶受命赴宋国参加弭兵大会。

⑩衣其尸,枕之股而哭之:石恶也是甯氏一党,于是给甯喜尸体穿好衣服,枕尸体而哭。

⑪欲敛以亡:准备大殓甯喜后逃亡。

⑫"惧不免"四句:石恶想逃亡,又怕受祸,只好先受命赴宋。

【译文】

卫国甯喜专权,卫献公心有忌惮,公孙免馀请求杀掉甯喜。卫献公说:"没有甯喜我就不会有今天。我和他曾有约定。事情成功与否没把握,只会得到坏名声,不能做。"公孙免馀说:"下臣去杀他,国君您不要参与。"于是和公孙无地、公孙臣商量,让他们去攻讨甯氏。没能成功,二人都战死。卫献公说:"公孙臣没罪,他们父子都是为我而死!"夏,公孙免馀又攻甯氏,杀甯喜和右宰谷。把他们的尸体陈列在朝堂。石恶将要参加宋国的盟会,受命出使。给甯喜尸体穿上衣服,头枕在尸体的大腿上号哭。想把甯喜入殓后逃亡,又担心无法免祸,便说:"我已受命要走了。"就动身去宋国。

【穀梁传】称国以杀,罪累上也。甯喜弑君,其以累上之辞言之,何也?尝为大夫①,与之涉公事矣②。甯喜由君弑君,而不以弑君之罪罪之者,恶献公也。

【注释】

①尝：曾经。指甯喜被杀前为大夫。

②与之涉公事：同意他参与国家事务。据《左传》，卫献公派弟弟鱄与甯喜商议复位之事时，鱄以公命与甯喜言，曰："政由甯氏，祭则寡人"。此时卫献公杀甯喜，是违背了自己的诺言。

【译文】

以国家的名义杀害，表明罪行牵涉到国君。甯喜杀害过国君，经文用牵涉到国君的说法来说，为什么呢？曾经是大夫，同意他参与国家的事务。甯喜因为新君而杀了旧君，但是不用杀害国君的罪名来指责他，是为了表示对卫献公的厌恶。

【经】卫侯之弟鱄出奔晋①。

【注释】

①卫侯之弟鱄（zhuān）出奔晋：鱄，即子鲜，卫献公同母弟。在卫献公谋求复位的时候曾代为与甯喜谈判，曾作出"政由甯氏"的承诺。《穀梁传》作"专"。甯喜被杀，子鲜逃亡晋国。

【译文】

卫献公弟弟鱄出奔晋国。

【左传】子鲜曰："逐我者出，纳我者死①。赏罚无章，何以沮劝②？君失其信，而国无刑，不亦难乎③？且鱄实使之④。"遂出奔晋。公使止之，不可。及河，又使止之。止使者而盟于河⑤。托于木门⑥，不乡卫国而坐⑦。木门大夫劝之仕，不可，曰："仕而废其事⑧，罪也，从之，昭吾所以出也⑨。将谁诉乎？吾不可以立于人之朝矣。"终身不仕。公丧之如税服终身⑩。

【注释】

①逐我者出,纳我者死:孙林父逐卫献公,逃亡晋国;宁喜纳卫献公,被杀。

②沮:止,止恶。劝:勉,勉励为善。

③"君失其信"三句:卫献公失信无刑,难以治国。

④鲭实使之:当初子鲜劝宁喜接纳卫献公。

⑤止使者而盟于河:子鲜拒绝使者的挽留,并指河为誓,表示决不返回。

⑥托于木门:子鲜寓居木门,发誓终身不仕。托,寄寓而不仕。木门,晋邑,在今河北河间西北。

⑦不乡卫国而坐:子鲜不肯面对卫国而坐,表示深恶痛绝。乡:通"向"。

⑧仕而废其事:指废弃自己的职责。

⑨昭吾所以出也:再出仕,等于宣扬了自己逃亡的原因。

⑩公丧之如税服终身:子鲜死后,卫献公为他服丧一直到死。税服,即缌服,一种稀疏细布所制的丧服。

【译文】

　　子鲜说:"驱逐我们的出逃在外,接纳我们的又已死去。赏罚没有章法,用什么来止恶劝善? 国君失其信用,国家没有正确的刑罚,要维持下去不是太难了吗? 何况这事其实是我让宁喜做的。"便出奔晋国。卫献公派人劝止他,不听。到黄河边,卫献公又派人挽留。他不让使者再前来,面对黄河发誓。他寓居在木门,不肯面对卫国的方向坐。木门大夫劝他出来做官,他不同意,说:"做官而不努力做事,这是罪过,尽力去做,则把我出亡之事彰明于世。我的苦衷又能向谁诉说呢? 我不能够立于别人的朝廷上了。"于是终身不再做官。他去世后,卫献公为他服丧到死。

公与免馀邑六十，辞曰："唯卿备百邑，臣六十矣。下有上禄，乱也[1]，臣弗敢闻[2]。且甯子唯多邑，故死，臣惧死之速及也[3]。"公固与之，受其半。以为少师。公使为卿，辞曰："大叔仪不贰，能赞大事，君其命之[4]。"乃使文子为卿[5]。

【注释】

①下有上禄，乱也：免馀为大夫，不能有上卿的爵禄，否则将有祸乱。

②臣弗敢闻：谢绝不受。

③"且甯子唯多邑"三句：甯喜多邑而死，免馀引以为戒。

④"大叔仪不贰"三句：上年传文太叔仪曾说"臣不能贰"，因此建议任命太叔仪。

⑤文子：太叔仪。

【译文】

卫献公赐给公孙免馀六十座城，公孙免馀辞谢道："只有卿才能有百座城邑，下臣已六十了。官居下位而有上位的禄封，将有祸乱，下臣不敢接受。而且甯喜正是因为城邑过多，所以被杀，下臣也怕死期会很快到来。"卫献公坚持要给他，只接受一半。卫献公任命他为少师。又要他任卿职，他辞谢说："太叔仪忠心耿耿，能主持大事，请国君任命他吧。"于是任命太叔仪为卿。

【公羊传】卫杀其大夫甯喜，则卫侯之弟鱄曷为出奔晋？为杀甯喜出奔也。曷为为杀甯喜出奔？卫甯殖与孙林父逐卫侯[1]，而立公孙剽。甯殖病将死，谓喜曰："黜公者，非吾意也，孙氏为之。我即死，女能固纳公乎？"喜曰："诺。"甯殖死，喜立为大夫，使人谓献公曰："黜公者，非甯氏也，孙氏为之。吾欲纳公，何如？"献公曰："子苟欲纳我，吾请与子盟。"喜曰："无所用盟^②，请使公子鲆约之。"献公谓公子鲆曰："甯氏将纳我，吾欲与之盟，其言曰：'无所用盟，请使公子鲆约之。'子固为我与之约矣。"公子鲆辞曰："夫负羁絷^③，执铁锧^④，从君东西南北，则是臣仆庶孽之事也^⑤。若夫约言为信，则非臣仆庶孽之所敢与也。"献公怒曰："黜我者，非甯氏与孙氏，凡在尔！"公子鲆不得已而与之约。已约，归至杀甯喜。公子鲆挈其妻子而去之。将济于河，携其妻子，而与之盟^⑥，曰："苟有履卫地，食卫粟者，昧雉彼视^⑦。"

【注释】

①甯殖：甯喜之父。卫侯：卫荩衎，即卫献公。

②无所用盟：何休云："时喜见献公多诈，欲使公子鲆保之，故辞不肯盟，曰：臣纳君，义也，无用为盟矣。"

③羁：马络头。絷（zhí）：马绊足。

④铁锧（fǔ zhì）：为古代的刑具。铁，斧。锧，铁椹。

⑤臣仆庶孽：何休云："仆，从者。庶孽，众贱子，犹树之有孽生。"

⑥而与之盟：此时公子鲆恐渡河时发生意外，自己的意愿不能达成，故与家人盟誓。

⑦昧雉彼视：昧，割也。雉，野鸡。当时割雉盟誓，说若有违此盟，视同此割雉。《公羊传》记录此事者，一见卫侯衎之无信，一见公子鲆之有罪。何休以为，鲆之罪有三：第一，卫侯衎被孙、甯所逐，见鲆不能为兄维系君臣；第二，衎出奔后，移心事剽，及衎复入，又与甯喜相约弑剽；第三，甯喜被衎所杀，鲆持其硁硁之信而出奔，暴扬兄之恶行。

【译文】

卫国杀了他的大夫甯喜，那么卫侯的母弟鲆为何要出奔到晋国？是为杀甯喜而出奔的。为何是为杀甯喜而出奔？卫甯殖与孙林父驱逐了卫侯衎而拥立公孙剽为国君。甯殖病重将死，对甯喜说："罢黜公，不是我的意思，实际是孙氏所为。我快死了，你必定能迎回公吗？"甯喜说："允诺。"甯殖去世，甯喜被立为大夫，派人告知卫献公，说："罢黜公的，不是甯氏，是孙氏所为。我想迎回公，您看怎样？"卫献公说："你如真能迎回我，我请与你结盟。"甯喜说："君臣之间不用结盟，请与公子鱄约誓即可。"卫献公对公子鱄说："甯氏将要迎回我，我想要与他结盟，他说：'不用结盟，请与公子鱄约誓即可。'你为了我一定要与他约誓。"公子鱄说："背负羁绁，手执铁锁，随从国君到东西南北，是臣仆庶子的事情。像约誓为信，就不是臣仆庶子所敢参与的。"卫献公发怒道："罢黜我的，不是甯氏和孙氏，都在你！"公子鱄不得已，而与甯喜约誓。已经约誓了，卫献公归国，杀了甯喜。公子鱄带着妻子儿女离开卫国。即将渡黄河的时候，与家人盟誓道："以后若再踏上卫国的土地，吃卫国的粮食，就视同割雉！"

【穀梁传】专，喜之徒也。专之为喜之徒，何也？己虽急纳其兄，与人之臣谋弑其君，是亦弑君者也。专其曰弟，何也？专有是信者。君赂不入乎喜而杀喜①，是君不直乎喜也②，故出奔晋。织绚邯郸③，终身不言卫。专之去，合乎《春秋》。

【注释】

①赂：赠送的财物。

②直：守信。

③绚（qú）：古时鞋头上的饰物，有孔，可以穿系鞋带。邯郸：时为晋地，在今河北邯郸附近。

【译文】

姬专,是宵喜的同党。姬专为宵喜的同党,为什么呢?自己虽然急于让自己的兄长回国,和人臣谋划杀害他的国君,这也算是杀害国君的人。用"弟"来称呼姬专,为什么呢?因为姬专和宵喜有约定。国君答应赠送的财物没有给宵喜反而杀了宵喜,这是国君没有对宵喜守信,所以姬专出逃投奔晋国。在邯郸编织约,终身没有谈论过卫国。姬专的离开,合于《春秋》大义。

【经】秋七月辛巳^①,豹及诸侯之大夫盟于宋^②。

【注释】

①辛巳:初五。

②豹及诸侯之大夫盟于宋:弭兵大会完成,十三个诸侯国结盟。豹,即叔孙豹,不书氏者,上文宋之会,已详列叔孙豹及诸侯大夫之名氏,依《春秋》之例,一事而再见者,竟书其名。

【译文】

秋七月初五,叔孙豹和各国诸侯大夫在宋订盟。

【左传】秋七月戊寅^①,左师至^②。是夜也,赵孟及子皙盟^③,以齐言^④。庚辰^⑤,子木至自陈。陈孔奂、蔡公孙归生至。曹、许之大夫皆至。以藩为军^⑥。晋、楚各处其偏^⑦。伯夙谓赵孟曰^⑧:"楚氛甚恶,惧难^⑨。"赵孟曰:"吾左还^⑩,入于宋,若我何^⑪?"辛巳^⑫,将盟于宋西门之外,楚人衷甲^⑬。伯州犁曰:"合诸侯之师,以为不信,无乃不可乎?夫诸侯望信于楚,是以来服。若不信,是弃其所以服诸侯也。"固请释甲^⑭。子木曰:"晋、楚无信久矣,事利而已^⑮。苟得志焉,焉用有信?"大宰退^⑯,告人曰:"令尹将死矣,不及三年。求逞志而弃信,志将逞乎^⑰? 志以发言^⑱,言以出信^⑲,信以立志^⑳,参以定之^㉑。信亡^㉒,何以及三^㉓?"赵孟患楚衷甲,以告叔向。叔向曰:"何害也? 匹夫一为不信,犹不可,单毙其死^㉔。若合诸侯之卿,以为不信,必不捷矣^㉕。食言者不病^㉖,非子之患也。夫以信召人,而以僭济之^㉗,必莫之与也,安能害我? 且吾因宋以守病^㉘,则夫能致死^㉙。与宋致死^㉚,虽倍楚可也^㉛。子何惧焉? 又不及是^㉜。曰弭兵以召诸侯,而称兵以害我^㉝,吾庸多矣^㉞,非所患也。"

【注释】

①戊寅:初二。

②左师至:向戌从陈国回来。

③子晳:楚国公子黑肱。

④以齐言:商定同意盟辞,到时不能再反悔争讼。

⑤庚辰:初四。

⑥以藩为军:虽是盟会,诸侯仍各带有军队,只是不互相表示敬意。藩,藩篱,不筑营垒,仅以篱笆为营墙。

⑦晋、楚各处其偏:晋在北,楚在南,各在两头。

⑧伯夙:即荀盈。

⑨楚氛甚恶,惧难(nàn):伯夙发觉楚国心怀不轨,气氛不对,担心楚国发难攻晋。难,祸难。

⑩左还:向左而行。还,旋转,回旋。

⑪入于宋,若我何:赵孟认为,有事就跑进宋国都城,不怕楚人发难。

⑫辛巳:初五。

⑬楚人衷甲:楚国心怀不轨,暗中穿甲做好战斗准备。衷甲,在外衣

　　里穿上铠甲。

⑭固请释甲：伯州犁主张以信用服诸侯。释甲，脱去铠甲。

⑮事利而已：事情有利于我则可，不必讲信义。

⑯大宰：即伯州犁。

⑰求逞志而弃信，志将逞乎：意谓弃信必不能得志。

⑱志以发言：有意志于是发之于语言。志，指意志、思想。

⑲言以出信：有语言则必须有相应的行动，才产生信用。

⑳信以立志：言行相符，其志才得以树立。

㉑参以定之：志、言、信三者俱备才能安定。参，通"三"。

㉒信亡：楚与向戌本来有约言，现在要动武，是无信。

㉓何以及三：案此为明年子木死伏笔。

㉔单毙其死：无信的人必定没有善终。单，通"殚"，尽。毙，踣，仆倒。

㉕捷：成功。

㉖不病：不能害人。

㉗僭：诈伪。济：利用。

㉘且吾因宋以守病：我们为楚所困，则进入宋国都城。病，指为楚所困。

㉙则夫能致死：这样晋军人人能拼死命。夫，指晋军。

㉚与宋致死：宋军也能拼命。

㉛虽倍楚可也：楚军再增一倍也不怕。案以上是从楚军进攻考虑。

㉜又不及是：此句是叔向估计楚国不敢贸然进攻。

㉝称兵：举兵。

㉞庸：用，好处。

【译文】

　　秋七月初二，向戌到达。当晚，赵文子和公子黑肱谈妥盟书的条款，统一了口径。初四，子木从陈国到达。陈国孔奂、蔡国公孙归生也来到。曹、许二国的大夫都来了。各国军队以藩篱为分界。晋、楚人马各自驻扎在两头。伯夙对赵文子说："楚军的气氛很不好，怕会发动袭击。"赵文子说:"我们从左边绕过去,进入宋都,他能把我们怎么样?"初五,将在宋国西门外会盟,楚人贴身穿着铠甲。伯州犁说:"会合诸侯的军队,却对他们不讲信用,恐怕不合适吧? 诸侯希望得到楚国的信任,所以前来表示顺服。如果不守信,就是丢弃让诸侯顺服的东西了。"坚持请求脱去铠甲。子木说:"晋、楚之间相互无信用已经很久了,只做对我们有利的事就行了。如果获得成功,又要什么信用?"伯州犁退了出来,告诉别人说:"子木快死了,用不了三年。为了满足自己的意愿而背信弃义,目的能实现吗? 有意愿便发而为言语,说出话就形成信用,有了信用便可以实现意愿,这三者是互相关联着的。没了信用,又怎么能活三年呢?"赵文子对楚国人身穿甲衣感到不放心,把此事告诉叔向。叔向说:"这有什么可担心的? 普通人一旦做出不守信用的事,尚且不行,一概不得好死。如果会合诸侯的卿做出不守信的事情,必定不会成功的。说话不算数的人不可能对人产生危害,这不会是你的祸患。以信用召集他人,却用虚伪待人,必然没人听他的,怎么能危害我们? 而且我们依凭宋国来防御他们制造的威胁,那么人人都会拼命。我们和宋国拼死抗争,即使楚军增加一倍也抵挡得了。你又担心什么呢? 何况事情未必就会到这个地步。说是要消除战争而把诸侯召来,却发动战事来危害我们,我们将得到的好处可就多了,你不要担心。"

季武子使谓叔孙以公命,曰:"视邾、滕①。"既而齐人请邾,宋人请滕②,皆不与盟③。叔孙曰:"邾、滕,人之私也④;我,列国也,何故视之? 宋、卫,吾匹也。"乃盟⑤。故不书其族,言违命也。

【注释】

①视邾、滕:由于"交相见",中小国家要负担双重贡赋,因此季武子以

鲁襄公之命告诉叔孙豹,将鲁国等同于邾、滕小国,以求减轻贡赋。

②既而齐人请邾,宋人请滕:齐、宋请求以邾、滕作为自己的属国,不再向晋、楚朝贡。

③皆不与盟:邾、滕因此失去独立国地位,不参与盟会。

④私:私属之国。

⑤乃盟:鲁国和宋、卫相等,于是参加盟会。

【译文】

季武子派人以鲁襄公的名义告诉叔孙豹,说:"把我国的地位等同于邾、滕二国。"不久齐国提出把邾国作为其属国的要求,宋国则提出滕国为属国,都不参加结盟。叔孙豹说:"邾、滕是人家的私属;我们是诸侯国,为什么要和他们等同起来? 宋、卫二国才是和我们对等的。"于是参加结盟。《春秋》因此不记载其族名,是说叔孙豹违背了命令的缘故。

晋、楚争先①。晋人曰:"晋固为诸侯盟主,未有先晋者也。"楚人曰:"子言晋、楚匹也,若晋常先,是楚弱也。且晋、楚狎主诸侯之盟也久矣②,岂专在晋?"叔向谓赵孟曰:"诸侯归晋之德只③,非归其尸盟也④。子务德,无争先。且诸侯盟,小国固必有尸盟者⑤,楚为晋细,不亦可乎⑥?"乃先楚人。书先晋,晋有信也。

【注释】

①晋、楚争先:二国争先歃血,实际是争当盟主。

②且晋、楚狎主诸侯之盟也久矣:许多诸侯国时而服楚,时而服晋,因此楚国也有主持盟会的时候。狎,更替。

③只:语尾助词,无意义。

④尸盟:主盟。

⑤小国固必有尸盟者：小国主持会盟的琐细事务。固必，当然。

⑥楚为晋细，不亦可乎：叔向用这话宽慰赵孟，实际上准备做出让步。细，指歃血为盟琐细的具体事务。

【译文】

晋、楚二国争着要先歃血。晋国人说："晋国本来就是诸侯盟主，从来没有先于晋国歃血的国家。"楚国人说："你说过晋、楚是对等的国家，如果总是晋国在先，这是意味着楚国弱于晋国。再说晋、楚轮流主持诸侯盟会已经很久了，怎么能总由晋国当盟主？"叔向对赵文子说："诸侯归服的是晋国的德行，不是归服它是否主持盟会。您致力于修明德行，不要去争歃血的先后。而且诸侯结盟，小国本来就要为主盟做具体事务，让楚国为晋国做具体琐细的事务，不就行了吗？"于是让楚国先歃血。《春秋》记载把晋国放在前面，这是由于晋国有信用。

　　壬午①，宋公兼享晋、楚之大夫，赵孟为客②，子木与之言，弗能对。使叔向侍言焉③，子木亦不能对也④。

【注释】

①壬午：初六。

②客：上宾。

③使叔向侍言焉：叔向在旁边帮着答对。

④子木亦不能对也：晋、楚相争激烈，互不相让。

【译文】

初六，宋平公同时设享礼招待晋、楚两国大夫，赵文子为主宾，子木和他交谈，赵文子无法应对。让叔向在一旁帮着回应，结果子木也不能应对。

　　乙酉①，宋公及诸侯之大夫盟于蒙门之外②。子木问于赵孟曰:"范武子之德何如③?"对曰:"夫子之家事治,言于晋国无隐情。其祝史陈信于鬼神无愧辞④。"子木归,以语王⑤。王曰:"尚矣哉⑥!能歆神、人⑦,宜其光辅五君以为盟主也⑧。"子木又语王曰:"宜晋之伯也⑨,有叔向以佐其卿,楚无以当之,不可与争⑩。"

【注释】

①乙酉:初九。

②蒙门:宋国都东北门。

③范武子之德何如:士会以贤闻名诸侯,所以屈建问赵孟。范武子,士会。

④其祝史陈信于鬼神无愧辞:士会以诚事鬼神。无愧辞,没有言不由衷的话。

⑤王:指楚康王。

⑥尚:高尚。

⑦能歆(xīn)神、人:使神享其祭,人怀其德。歆,享。

⑧五君:指晋文公、襄公、灵公、成公和景公五位国君。

⑨宜晋之伯也:晋国该为盟主。

⑩楚无以当之,不可与争:晋国多贤臣,楚国自愧不如。

【译文】

初九,宋平公和诸侯国大夫们在蒙门外结盟。子木问赵文子:"范武子的德行怎么样?"赵文子回答:"此人治理家事井井有条,对晋国来说没有需要隐瞒的事情。他的祝史祭祀时对鬼神很真诚,没有言不由衷的话。"子木回国后,把这话告诉了楚康王。楚康王说:"范武子真是位高尚的人!能够让神、人都高兴,难怪他能辅佐五世国君成为盟主。"子木对楚康王说:"晋国的确够格当诸侯的领袖,有叔向辅佐正卿,楚国没人能和他匹敌,不能和他们相争。"

晋荀盈遂如楚莅盟^①。

【注释】

①晋荀盈遂如楚莅盟:晋、楚重新结好。弭兵之盟,前后花了两个月时间,终于在晋、楚等国中达成协议。案据杨伯峻统计,弭兵后,晋、楚怠于大规模出兵侵伐,不被侵伐者:宋凡六十五年,鲁凡四十五年,卫凡四十七年,曹凡五十九年;然小战仍有。

【译文】

晋国荀盈便到楚国参加结盟。

【公羊传】曷为再言豹？殆诸侯也^①。曷为殆诸侯？为卫石恶在是也,曰恶人之徒在是矣^②。

【注释】

①殆(dài):危也。

②恶人之徒在是:恶人,指卫侯衎。恶人之徒,指石恶。何休云:"卫侯衎不信,而使恶臣石恶来,故深为诸侯危惧,其将负约为祸原。"

【译文】

为何再言豹？是危殆诸侯。为何危殆诸侯？因为卫国的石恶在里面,就是说,恶人的同党在里面。

【穀梁传】溴梁之会^①,诸侯在而不曰诸侯之大夫,大夫不臣也,晋赵武耻之。豹云者,恭也。诸侯不在而曰诸侯之大夫,大夫臣也,其臣恭也,晋赵武为之会也。

【注释】

①淏（jú）梁：古代筑在淏水旁的大堤。淏，水名，源出河南济源，东
　　南流入黄河。

【译文】

　　淏梁之会，诸侯在当地却不说诸侯的大夫，大夫们不尽臣道，晋国的
赵武认为那是羞耻。说"豹"，是表示恭敬。诸侯不在当地却说诸侯的
大夫，表明大夫尽了臣子之道，他们的臣子很恭敬，因为是晋国的赵武发
起的这次会盟。

　　*【左传】郑伯享赵孟于垂陇①，子展、伯有、子西、子产、
子大叔、二子石从②。赵孟曰："七子从君，以宠武也。请皆
赋，以卒君贶③，武亦以观七子之志④。"子展赋《草虫》⑤，
赵孟曰："善哉，民之主也！抑武也，不足以当之⑥。"伯有赋
《鹑之贲贲》⑦，赵孟曰："床第之言不逾阈⑧，况在野乎⑨？非
使人之所得闻也⑩。"子西赋《黍苗》之四章⑪，赵孟曰："寡
君在，武何能焉⑫？"子产赋《隰桑》⑬，赵孟曰："武请受其卒
章⑭。"子大叔赋《野有蔓草》⑮，赵孟曰："吾子之惠也⑯。"
印段赋《蟋蟀》⑰，赵孟曰："善哉，保家之主也！吾有望矣。"
公孙段赋《桑扈》⑱，赵孟曰："'匪交匪敖'，福将焉往⑲？若
保是言也，欲辞福禄，得乎⑳？"

【注释】

①郑伯享赵孟于垂陇：晋国赵武一行从宋返国，经过郑国国境，受到
　　郑简公的宴享招待。垂陇，古地名，在今河南郑州。

②二子石：指印段、公孙段，二人的字都是子石。

③"七子从君"四句：七大夫跟随郑简公宴享赵武，是特别尊重赵武，

因此赵武请各人赋诗,以完成郑简公的恩赐。贶(kuàng),赐。

④武亦以观七子之志:古人有赋诗言志的习惯,通过赋诗表达各人
之志。

⑤《草虫》:《诗经·召南》篇名。诗中有"未见君子,忧心忡忡。亦既
见止,亦既觏止,我心则降"句,子展借此称赞赵武为君子。

⑥抑武也,不足以当之:赵武自认为不足以当君子。抑,但。

⑦《鹑之贲贲》:《诗经·鄘风》篇名。《诗序》认为此诗为讥刺卫宣
姜淫乱而作,所以赵武说是"床笫之言"。伯有取其中"人之无
良,我以为君"句以讥刺郑简公。

⑧床笫(zǐ)之言:指男女枕边的情话。阈(yù):门坎。

⑨况在野乎:垂陇之宴在野外。

⑩非使人之所得闻也:赵武含蓄批评伯有赋诗不得体。使人,赵武
自指。

⑪《黍苗》之四章:《黍苗》是《诗经·小雅》篇名。其中第四章歌
颂召伯营治谢邑之功,子西以赵武比召伯。

⑫寡君在,武何能焉:赵武归功于晋平公。

⑬《隰桑》:《诗经·小雅》篇名。诗中有思见君子尽心以事之的意
思,其中有"既见君子,其乐如何"句,子产借以表示尽心事晋与
仰慕赵武。

⑭武请受其卒章:《隰桑》末章写心中不忘所喜爱的人,赵武以此表
示对子产的感谢与称赞。

⑮《野有蔓草》:《诗经·郑风》篇名。其中有"邂逅相遇,适我愿兮"
句,子太叔借以表示与赵武相见的喜悦。

⑯吾子之惠也:赵武表示感谢子太叔。

⑰《蟋蟀》:《诗经·唐风》篇名。以诗中"无以大康,职思其居。好
乐无荒,良士瞿瞿"句,来表示应能戒惧而不荒唐,眼光四顾,讲
礼仪。

⑱《桑扈》:《诗经·小雅》篇名。取其君子有礼有文采,因此能受天之福的含义。

⑲ "匪交匪敖",福将焉往:《桑扈》末章说"彼交匪敖,万福来求",意思是不骄不傲,福禄能跑到哪儿去?

⑳ "若保是言也"三句:能以诗中所说行事,必能保住福禄。案郑国诸臣除伯有外,都是志在称美赵孟,以联络晋、郑二国的友谊,因此赵孟或是谦虚不受,或是回敬几句好话。

【译文】

郑简公在垂陇设享礼宴请赵文子,子展、伯有、子西、子产、子太叔、两位子石随从郑简公。赵文子说:"七位跟从国君,这是给我的莫大宠荣。请各位都赋诗以完成国君的恩赏,我也借此了解七位的心志。"子展赋《草虫》,赵文子说:"真好啊,这位是人民的主人! 不过我没有资格承受这褒美。"伯有赋《鹑之贲贲》,赵文子说:"床笫之间的话语不应传出门外,更何况是在野外呢? 这不是应该让人听到的。"子西赋《黍苗》的第四章,赵文子说:"是因为我们国君在,我又有什么能力呢?"子产赋《隰桑》,赵文子说:"我只敢接受那最后一章。"子太叔赋《野有蔓草》,赵文子说:"这是您赐予的恩惠。"印段赋《蟋蟀》,赵文子说:"真好啊,这位是保住家族的大夫! 我有希望了。"公孙段赋《桑扈》,赵文子说:"'不求侥幸不骄傲',福禄还能跑到哪里去? 如果能按照这话去做,即便想拒绝福禄,又哪儿能行呢?"

卒享,文子告叔向曰:"伯有将为戮矣①。诗以言志,志诬其上,而公怨之,以为宾荣②,其能久乎? 幸而后亡③。"叔向曰:"然,已侈④,所谓不及五稔者,夫子之谓矣⑤。"文子曰:"其余皆数世之主也。子展其后亡者也,在上不忘降⑥。印氏其次也,乐而不荒⑦。乐以安民,不淫以使之⑧,后亡,不亦可乎！”

【注释】

①伯有将为戮矣：案赵孟预料伯有将有难。

②“志诬其上”三句：伯有赋诗取“人之无良，我以为君”句，其诗有诬蔑怨恨其君的意思，又是在宾客面前炫耀。

③幸而后亡：即使侥幸不被杀，也一定逃亡。

④已侈：太骄奢。已，太，甚。

⑤所谓不及五稔（rěn）者，夫子之谓矣：叔向预言伯有不及五年必被杀。五稔，五年。

⑥在上不忘降：子展所赋之诗有“我心则降”，说明他虽处在上位而不忘记降抑自己。

⑦印氏其次也，乐而不荒：印氏赋诗有“好乐无荒”句，说明他也能谨慎检束。

⑧不淫以使之：不过分役使百姓。淫，过分。

【译文】

宴会结束后，赵文子告诉叔向说：“伯有将要受诛戮之祸了。诗是用来表达心志的，他心里在诬蔑国君，而又公开抱怨，并以此作为对宾客的荣宠，他能长久吗？能够侥幸多活些日子，将来也是一定要流亡的。”叔向说：“不错，他太骄奢了，所谓不到五年这句话，指的就是他这种人。”赵文子说：“其他大夫都是可以传承数世的人。子展或许是最后灭亡的，他在上位而不忘降抑自己。印氏也许仅次于他，欢乐而不放纵。欢乐用来安定民众，又不过分地役使百姓，他较迟衰亡，不也是正常的吗！”

*【左传】宋左师请赏①，曰：“请免死之邑②。”公与之邑六十。以示子罕③。子罕曰：“凡诸侯小国，晋、楚所以兵威之，畏而后上下慈和，慈和而后能安靖其国家，以事大国，所

以存也④。无威则骄,骄则乱生,乱生必灭,所以亡也⑤。天生五材⑥,民并用之,废一不可,谁能去兵⑦? 兵之设久矣,所以威不轨而昭文德也⑧。圣人以兴,乱人以废⑨。废兴、存亡、昏明之术,皆兵之由也,而子求去之,不亦诬乎⑩! 以诬道蔽诸侯,罪莫大焉⑪。纵无大讨,而又求赏,无厌之甚也⑫。"削而投之⑬。左师辞邑⑭。

【注释】

①宋左师请赏:向戌有奔走发起弭兵之功,于是请赏。

②请免死之邑:弭兵盟会,晋、楚相争激烈,如不成功,向戌不免于死,因此他说臣下免于一死,请赐给城邑,其实也是表功的意思。

③以示子罕:向戌将所得赏邑的文书向子罕炫耀。

④"凡诸侯小国"六句:小国所以生存,是大国以武力相威胁,才使它们上下慈爱和睦,安定团结。慈和,慈爱和睦。

⑤"无威则骄"四句:没有外来威胁,必定骄傲而生内乱,从而导致亡国。

⑥五材:指金、木、水、火、土。

⑦废一不可,谁能去兵:兵器材料用金、木,铸造用水、火,又取于土地,是五材皆用。

⑧所以威不轨而昭文德也:战争是威胁不法行为、伸张正义的工具。

⑨圣人以兴,乱人以废:圣人因战争而兴起,作乱者因战争而被废弃。

⑩而子求去之,不亦诬乎:子罕认为战争不可能真正清除。

⑪以诬道蔽诸侯,罪莫大焉:子罕认为兵不可弭,所以向戌奔走弭兵,是欺骗之道,不但无功,反而有罪。诬道,欺诈术。蔽,蒙蔽。

⑫"纵无大讨"三句:向戌没受到惩罚,已属便宜,又求赏赐,可见心不知足。

⑬削而投之：古代文书写在竹简上，子罕削其字而投于地，表示反对。

⑭左师辞邑：向戌原自诩有功，不料受到子罕一顿批评，只好辞去赏邑。

【译文】

向戌向宋平公请赏，说道："我有幸做成此事免于一死，请赐给城邑。"宋平公给他六十座城邑。向戌把赏赐的简册给子罕看。子罕说："凡是诸侯中的小国，晋、楚就用武力来威慑，小国害怕了就能上下慈爱和睦，上下慈爱和睦了便能使国家安定，以事奉大国，小国才因此得以生存。不受到威慑就会骄傲，骄傲便要发生动乱，动乱就必然被消灭，因此而灭亡。上天生育五种材料，人民都要用到，缺一不可，谁又能够去除武器？战争的设置已经很久远了，是用来威慑不法行为和昭明文德的。圣人依靠它而兴起，作乱者因为它而遭废弃。兴起和废弃、生存和灭亡、昏愦与贤明的办法，都由战争而来，而你却想去除它，这不是在骗人吗！以欺骗的手段蒙蔽诸侯，没有比这更大的罪过了。不受到大的讨伐已是幸运，现在又去求赏，真是太贪得无厌了。"就把简册上的文字删削后扔到地上。向戌于是推辞不接受赐给的城邑。

向氏欲攻司城①。左师曰："我将亡，夫子存我，德莫大焉。又可攻乎②？"君子曰："'彼己之子，邦之司直③。'乐喜之谓乎④！'何以恤我，我其收之⑤。'向戌之谓乎⑥！"

【注释】

①向氏欲攻司城：子罕任司城，向氏族人要攻子罕以为向戌出气。

②"我将亡"四句：向戌认为子罕指出过失，于己有大德，故阻止族人攻子罕。

③彼己之子，邦之司直：引《诗》见《诗经·郑风·羔裘》。意思是那个人是邦国中主持正义的人。司，主。

④乐喜之谓乎:称赞子罕正直不阿。乐喜,即子罕。

⑤何以恤我,我其收之:引《诗》为逸诗,意思是用什么赐我,我都将接受。

⑥向戌之谓乎:赞扬向戌能知过,又乐于接受批评。

【译文】

向戌族人要去攻打子罕。向戌说:"我将要灭亡,是他保存了我,再没有比这更大的恩德了。又怎么可以去攻打他呢?"君子说:"'那个人,他是国家主持正义的人。'说的就是子罕这样的人吧!'你拿什么赐给我,我都打算收下它。'说的就是向戌这样的人吧!"

*【左传】齐崔杼生成及彊而寡①,娶东郭姜②,生明。东郭姜以孤入,曰棠无咎③,与东郭偃相崔氏。崔成有疾而废之,而立明。成请老于崔④,崔子许之,偃与无咎弗予,曰:"崔,宗邑也,必在宗主⑤。"成与彊怒,将杀之,告庆封曰:"夫子之身⑥,亦子所知也,唯无咎与偃是从,父兄莫得进矣。大恐害夫子,敢以告⑦。"庆封曰:"子姑退,吾图之。"告卢蒲嫳⑧。卢蒲嫳曰:"彼,君之仇也⑨。天或者将弃彼矣。彼实家乱,子何病焉?崔之薄,庆之厚也⑩。"他日又告⑪。庆封曰:"苟利夫子,必去之。难,吾助女⑫。"

【注释】

①齐崔杼生成及彊而寡:崔杼妻子在生下成和彊后就死了。寡,古代无夫无妻通称"寡"。

②娶东郭姜:襄公二十五年,崔杼不顾占卜结果不吉而娶东郭偃的寡姐。东郭氏为姜姓,故曰"东郭姜"。

③东郭姜以孤入,曰棠无咎:东郭姜带了前夫棠公的儿子棠无咎进

门。孤，指东郭姜前夫之子。因其生父已死，故云。

④成请老于崔：崔成准备居住在崔邑终老。崔，古地名，在今山东济阳东稍北。

⑤"崔"三句：宗邑是宗庙所在，应归宗主。宗主，这里是崔明。案东郭偃是崔明的舅舅，棠无咎是崔明的同母异父兄长。

⑥夫子：指崔杼。

⑦大恐害夫子，敢以告：二人向庆封求援。

⑧告卢蒲嫳（piè）：庆封将成、彊的话告诉自己的下属大夫卢蒲嫳。

⑨彼，君之仇也：崔杼杀齐庄公。彼，指崔杼。

⑩崔之薄，庆之厚也：暗示崔杼家乱，正可利用，崔败，则庆封专权。家乱，家族内出乱子。

⑪他日又告：成、彊又告诉庆封。

⑫"苟利夫子"四句：庆封假意告诉二人，愿意帮助他们除掉棠无咎与东郭偃，若有危难，将去救助。

【译文】

　　齐国崔杼生下崔成和崔彊后妻子去世，又娶东郭姜，生崔明。东郭姜带着前夫的儿子棠无咎一起辅佐崔氏。崔成有病被废，立崔明为继承人。崔成请求在崔邑生活到老，崔杼答应了，东郭偃与棠无咎不肯给，说："崔是宗庙所在地，理应归宗主居住。"崔成与崔彊大怒，准备要杀他们，告诉庆封说："我父亲的情况，您是知道的，他只听从棠无咎与东郭偃的话，父老兄长都说不上话。我们很担心对他老人家产生危害，特地向您报告。"庆封说："你们先回去，待我慢慢想办法解决。"庆封把这事告诉了卢蒲嫳。卢蒲嫳说："他是国君的对头。上天大概要抛弃崔氏了。这其实是其家族的内乱，你伤什么脑筋？崔家没落，正是庆家强盛之时。"过了不久崔成他们又来诉说。庆封说："只要对你父亲有利，一定要把他们除掉。有什么困难，有我帮助你们。"

　　九月庚辰①，崔成、崔彊杀东郭偃、棠无咎于崔氏之朝②。崔子怒而出，其众皆逃，求人使驾，不得。使圉人驾，寺人御而出③，且曰："崔氏有福，止余犹可④。"遂见庆封。庆封曰："崔、庆一也⑤。是何敢然？请为子讨之。"使卢蒲嫳帅甲以攻崔氏。崔氏塺其宫而守之⑥。弗克，使国人助之，遂灭崔氏，杀成与彊，而尽俘其家，其妻缢⑦。嫳复命于崔子，且御而归之。至，则无归矣。乃缢⑧。崔明夜辟诸大墓⑨。辛巳⑩，崔明来奔，庆封当国。

【注释】

①庚辰：初五。

②朝：指大夫之朝。这里指崔氏之朝。

③使圉人驾，寺人御而出：圉人只管养马，现在只好让他套车，由宦官驾车。

④崔氏有福，止余犹可：这是崔杼的话，意思是希望祸只及于己身，不要再延续下去以致灭族。

⑤崔、庆一也：崔、庆亲如一家。

⑥崔氏塺其宫而守之：崔氏家众加固短墙以抵抗。塺，短墙。

⑦"遂灭崔氏"四句：庆封趁机消灭崔氏，东郭姜上吊自杀。

⑧"至"三句：崔杼已无家可归，猛然醒悟中了庆封的圈套，便上吊自杀。案襄公二十五年崔杼娶东郭姜的繇辞曰"入于其宫，不见其妻，凶"，应验于此。

⑨崔明夜辟诸大墓：崔明避于墓，所以没死。

⑩辛巳：初六。

【译文】

九月初五，崔成、崔彊在崔氏朝堂上杀死了东郭偃、棠无咎。崔杼怒气冲冲地出走,他的手下人都已四散逃命,崔杼找人驾车都找不到。只好让养马人套车,由宦官驾车而出,并留下话:"崔氏如果有福的话,灾祸就到我本身为止吧。"便去见庆封。庆封说:"崔、庆本是一家。他们怎么敢这么做?请允许我为您去讨伐他们。"就派卢蒲嫳带领甲士去攻打崔氏。崔家加固了围墙上的短墙坚守。卢蒲嫳攻不下来,庆封让国人来助攻,就灭了崔氏,杀死崔成与崔彊,掠取崔家所有的人口和财物,崔杼妻子上吊自杀。卢蒲嫳向崔杼复命,并驾车送他回家。崔杼到家一看,已经无家可归了。便上吊死了。崔明连夜避难到墓地。初六,崔明逃奔鲁国,庆封执掌了齐国大权。

　　*【左传】楚蒍罢如晋莅盟,晋将享之。将出,赋《既醉》①。叔向曰:"蒍氏之有后于楚国也,宜哉②!承君命,不忘敏③。子荡将知政矣④。敏以事君,必能养民,政其焉往?"

【注释】

①《既醉》:《诗经·大雅》篇名。诗中有"既醉以酒,既饱以德。君子万年,介尔景福"等句,这里借以赞美晋平公为太平君主。

②蒍氏之有后于楚国也,宜哉:称赞蒍罢,预言蒍氏以后将长享禄位。

③承君命,不忘敏:蒍罢赋《既醉》,既谢享礼,又赞美晋平公,将出而赋,甚得其时,更体现其聪敏。

④子荡将知政矣:预见蒍罢很快将在楚国执政。子荡,即蒍罢。

【译文】

　　楚国蒍罢到晋国参加盟会,晋平公设享礼招待他。将要退席时,蒍罢赋《既醉》。叔向说:"蒍氏后代在楚国长盛不衰,是理所当然的啊!秉承国君的命令,能够不忘敏捷应对。蒍罢将要执国政了。能敏捷地奉事国君,就必定能教养民众,国政还能落到哪里去呢?"

*【左传】崔氏之乱^①，申鲜虞来奔^②，仆赁于野，以丧庄公^③。冬，楚人召之，遂如楚，为右尹。

【注释】

①崔氏之乱：指襄公二十五年崔杼弑齐庄公。

②申鲜虞来奔：襄公二十五年，申鲜虞有勇有谋，甩掉追兵，与闾丘婴一起奔鲁。

③仆赁于野，以丧庄公：申鲜虞出逃鲁国，在郊外雇佣了仆人，为齐庄公服丧。

【译文】

崔氏叛乱时，申鲜虞逃来鲁国，在郊外雇人为仆，为齐庄公服丧。冬，楚国召他前往，申鲜虞便到楚国，当了右尹。

【经】冬十有二月乙亥朔，日有食之^①。

【注释】

①冬十有二月乙亥朔，日有食之：即前546年10月13日之日全食。

【译文】

冬十二月初一，发生日食。

【左传】十一月乙亥朔，日有食之。辰在申，司历过也，再失闰矣^①。

【注释】

①"辰在申"三句：辰即斗柄。斗柄指申，于周正当为九月，经文记作"十二月"，《左传》作者认为经文有误，这是由于主持历法官员

的过错,两次应置闰而未置,所以产生差错。

【译文】

十一月初一,发生日食。这时斗柄指着申,是主管历法者的失误,应该两次置闰月却都没有置闰。

二十八年

【经】二十有八年春①**,无冰**②**。**

【注释】

①二十有八年:鲁襄公二十八年当周灵王二十七年,前545年。

②无冰:周历春正月应是夏历冬十一月,无冰反常,所以加以记载。

【译文】

鲁襄公二十八年春,没有结冰。

【左传】二十八年春,无冰。梓慎曰①**:"今兹宋、郑其饥乎! 岁在星纪,而淫于玄枵**②**,以有时灾**③**,阴不堪阳**④**。蛇乘龙**⑤**,龙,宋、郑之星也**⑥**。宋、郑必饥**⑦**。玄枵,虚中也**⑧**。枵,耗名也**⑨**。土虚而民耗,不饥何为**⑩**?"**

【注释】

①梓慎:鲁国大夫。

②岁在星纪,而淫于玄枵(xiāo):据梓慎推算,这年的岁星应在星纪,而观察所得,实在玄枵,所以说过头到了玄枵。岁,岁星,即木星。淫,过。星纪、玄枵,古人为了量度日、月、行星的位置和运动,把黄道带按照由西到东的次序分为星纪、玄枵等十二等分,叫

"十二次"，每次都有二十八宿中的某些星宿作为标志。十二次主要用于记木星位置。

③以有时灾：有天时不正常之灾。

④阴不堪阳：古人认为寒冷为阴，温暖为阳。时节应有冰而无冰，即应寒而暖，所以是阴不胜阳。

⑤蛇乘龙：古人以岁星为木，木为青龙，龙指岁星。玄枵有女、虚、危三宿。虚、危古以为蛇。岁星次于玄枵，是龙行疾而失位，出于虚、危宿下，是龙在下而蛇在上，所以说蛇乘龙。

⑥龙，宋、郑之星也：岁星是宋、郑二国的星宿。古人根据地上的区域来划分天上的星宿，把天上的星宿分别指配于地上的州国，使它们互相对应，说某星是某国的分野，某某星宿是某某州国的分野。古人因此将在该天区发生的天象作为各对应地方的吉凶预兆。

⑦宋、郑必饥：以上由天象应地气来推断宋、郑二国必有饥荒。实际上冬暖无冰，土中害虫不能消灭，土壤干燥，必然影响耕种，与天上星宿之象无关。

⑧玄枵，虚中也：玄枵有女、虚、危三宿，虚宿在中。

⑨枵，耗名也：凡物虚耗叫"枵"，肚饥叫"枵腹"，因此，枵是消耗的别称。

⑩土虚而民耗，不饥何为：案以上又由玄枵之名说明宋、郑必饥。

【译文】

鲁襄公二十八年春，没有结冰。梓慎说："今年宋、郑二国大概要发生饥荒吧！岁星当在星纪，却走过了头到达玄枵，这是因为有天时不正的灾难，所以阴气不敌阳气。蛇位在龙的上面，龙是宋、郑二国的星宿。所以宋、郑必定会发生饥荒。玄枵的中间是虚宿。枵是消耗的名称。土地空虚而百姓消耗，怎么会不发生饥荒呢？"

＊【左传】夏，齐侯、陈侯、蔡侯、北燕伯、杞伯、胡子、沈

子、白狄朝于晋，宋之盟故也①。

【注释】

①齐侯、陈侯、蔡侯、北燕伯、杞伯、胡子、沈子、白狄朝于晋，宋之盟故也：陈、蔡等国原属楚国，依照上年在宋会盟时的约定朝晋。北燕，姬姓燕国，都城在蓟，即今北京市。胡，有姬姓胡与归姓胡二国，这是归姓胡，故城在今安徽阜阳。

【译文】

夏，齐景公、陈哀公、蔡景侯、北燕懿公、杞文公、胡子、沈子、白狄去晋国朝见，这是为了遵从在宋国所订盟约。

齐侯将行，庆封曰：“我不与盟，何为于晋①？”陈文子曰：“先事后贿，礼也②。小事大，未获事焉③，从之如志，礼也④。虽不与盟，敢叛晋乎？重丘之盟⑤，未可忘也。子其劝行⑥！”

【注释】

①我不与盟，何为于晋：去年弭兵大会，齐、秦没参加，所以庆封反对朝晋。

②先事后贿，礼也：朝晋必送贡礼，庆封反对朝晋，是出于惜财，因此陈文子认为应先事奉大国，然后才考虑财礼的事。

③未获事焉：指齐国没参加宋国之盟。

④从之如志，礼也：晋为大国，还是顺从大国的意图行事为好。

⑤重丘之盟：襄公二十五年，晋攻齐，齐赂晋国，盟于重丘。

⑥劝行：劝国君出行。

【译文】

齐景公将要上路，庆封说：“我们没有参加结盟，为什么要去晋国朝见?"陈文子说:"先考虑大事再考虑财货,这是合于礼的。小国事奉大国,即便没有参与盟誓,但顺从大国的意愿,也是合乎礼的。我国虽然没有参加盟会,岂敢背叛晋国呢? 重丘的盟会,不能忘记。您还是劝国君去吧!"

【经】夏,卫石恶出奔晋[①]。

【注释】

①卫石恶出奔晋:石恶,卫国大夫。石恶为甯喜同党,逃亡晋国。

【译文】

夏,卫国石恶出逃到晋国。

【左传】卫人讨甯氏之党,故石恶出奔晋。卫人立其从子圃[①],以守石氏之祀,礼也[②]。

【注释】

①从子:兄弟的儿子。圃:从子名。

②以守石氏之祀,礼也:石恶的先人石碏对卫国有大功,于是立圃以继承石氏之祀。

【译文】

卫国人讨伐甯氏同党,因此石恶出逃到晋国。卫国立其侄子圃,以保存石氏的祭祀,这是合于礼的。

【经】邾子来朝[①]。

【注释】

①邾子:邾国国君邾悼公曹华。《公羊传》作"邾娄子"。

【译文】

邾悼公来鲁国朝见。

【左传】邾悼公来朝,时事也①。

【注释】

①时事也:邾悼公朝鲁,属于四时朝聘,与宋之盟无关。

【译文】

邾悼公来鲁国朝见,这只是按时令而行的礼节。

【经】秋八月,大雩。

【译文】

秋八月,举行盛大的求雨雩祭。

【左传】秋八月,大雩,旱也。

【译文】

秋八月,举行盛大的求雨雩祭,是由于旱情严重。

*****【左传】**蔡侯归自晋,入于郑。郑伯享之,不敬。子产曰:"蔡侯其不免乎! 日其过此也①,君使子展迋劳于东门之外②,而傲。吾曰犹将更之③。今还,受享而惰,乃其心也④。君小国,事大国⑤,而惰傲以为己心,将得死乎⑥? 若不免,必由其子⑦。其为君也,淫而不父⑧。侨闻之,如是者,恒有子祸⑨。"

【注释】

①日：往日。指前往晋国时。

②迁（wàng）：前往。劳：慰劳。

③更：改。指改变傲慢无礼的态度。

④乃其心也：本性难改。

⑤君小国，事大国：小国，指蔡国。大国，指郑国。郑国大于蔡国。

⑥将得死乎：意思是岂将得死乎，也就是不得善终。得死，指善终。

⑦若不免，必由其子：若不免于祸难，一定由儿子起。

⑧淫而不父：蔡景侯与太子班之妻通奸，不是当父亲者应有的。

⑨如是者，恒有子祸：为襄公三十年蔡太子般杀蔡景侯伏笔。子祸，由儿子发动的祸乱。

【译文】

蔡景侯从晋国回国，进入郑都。郑简公设享礼宴请，他却表现得不恭敬。子产说："蔡侯恐怕要不免于祸难吧！前几天他路过这里，国君派子展在东门外犒劳他，他就态度傲慢。我还以为他会改正的，现在回程，接受享礼仍然这么不恭敬，这就是他的本性了。作为小国的国君事奉大国，反而以不恭敬和傲慢为本性，能有好死吗？如果不能免于祸难，那一定是由儿子引起。他作为国君，淫荡而不像父亲的样子。我听说过，像这样的人，必然会有来自儿子的祸乱。"

【经】仲孙羯如晋①。

【注释】

①仲孙羯：即鲁国孟孝伯，仲孙蔑之孙，仲孙速之子。此时为孟氏宗主。

【译文】

仲孙羯前往晋国。

【左传】孟孝伯如晋，告将为宋之盟故如楚也。

【译文】

孟孝伯去晋国，报告将为履行在宋国所订盟约而去楚国朝见。

*【左传】蔡侯之如晋也，郑伯使游吉如楚。及汉，楚人还之①，曰："宋之盟，君实亲辱②。今吾子来，寡君谓吾子姑还！吾将使驲奔问诸晋而以告③。"子大叔曰："宋之盟，君命将利小国，而亦使安定其社稷，镇抚其民人，以礼承天之休④，此君之宪令，而小国之望也⑤。寡君是故使吉奉其皮币⑥，以岁之不易，聘于下执事⑦。今执事有命曰：'女何与政令之有⑧？必使而君弃而封守⑨，跋涉山川，蒙犯霜露，以逞君心⑩。'小国将君是望，敢不唯命是听⑪？无乃非盟载之言，以阙君德，而执事有不利焉，小国是惧。不然，其何劳之敢惮⑫？"

【注释】

①及汉，楚人还之：游吉到汉水，楚国让他转回去。

②宋之盟，君实亲辱：指郑简公亲自参加弭兵大会。

③吾将使驲（rì）奔问诸晋而以告：楚国对郑简公没有亲自前来表示不满，因此托词问晋国郑国君是否应该来朝。

④"宋之盟"五句：意即弭兵之盟，本应让小国得到安定。休，福禄。

⑤此君之宪令，而小国之望也：弭兵大会双方以晋、楚为主，所以子太叔这样说。

⑥皮币：指聘礼所用礼物。皮，狐貉之皮。币，缯帛之类。

⑦以岁之不易，聘于下执事：因为国内有饥荒，所以郑简公无法亲自

朝楚。下执事，不直接称说楚国君，而谦称"下执事"。

⑧女何与政令之有：游吉不足以参与郑国的政令。女，通"汝"，你，你的。

⑨而：你。这里指郑国。封守：疆土守备。

⑩以逞君心：让楚国君快意。

⑪小国将君是望，敢不唯命是听：如果一定要郑国君亲自朝楚，楚国才能快意，那么郑国一定唯命是听。

⑫"无乃非盟载之言"六句：一定要郑国君前来，只怕违犯盟书的规定，使楚国失德。否则，郑国君必不畏任何劳苦，前来朝楚。这里，子太叔委婉地批评楚王贪而傲，恃强凌弱。

【译文】

蔡景侯去晋国时，郑简公派游吉到楚国。到达汉水时，楚国让游吉回去，说："宋国的盟会，贵国国君亲自到会。如今却派你来，我们国君说你先回去吧！我国将派人乘传车到晋国问清楚再告知你们。"游吉说道："宋国的盟会上，贵国国君命说将会有利于小国，使小国国家安定，安抚人民，按礼仪承接上天的赐福，这是贵国君颁布的法令，也是我们小国所希望的。由于今年饥荒，我们国君派我带了礼物，前来贵国朝聘。现在贵国却说：'你怎么能参与郑国的政令？一定要让你的国君扔下国土，跋山涉水，蒙霜冒露前来，以使我国国君快意。'我们小国对贵国国君充满了希望，哪敢不唯命是从呢？不过这并不符合盟约的规定，会使贵国国君由此而失德，也对你们有所不利，我们对此有顾虑。否则，岂敢害怕劳苦呢？"

子大叔归，复命。告子展曰："楚子将死矣。不修其政德，而贪昧于诸侯①，以逞其愿，欲久，得乎？《周易》有之，在《复》䷗之《颐》䷚②，曰：'迷复，凶③。'其楚子之谓乎！欲复其愿，而弃其本④，复归无所，是谓迷复，能无凶乎⑤？

君其往也,送葬而归,以快楚心⑥。楚不几十年,未能恤诸侯也⑦,吾乃休吾民矣⑧。"裨灶曰⑨:"今兹周王及楚子皆将死。岁弃其次,而旅于明年之次⑩,以害鸟帑,周、楚恶之⑪。"

【注释】

①贪昧于诸侯:贪图诸侯的进奉。

②在《复》䷗之《颐》䷚:《复》卦是《震》下《坤》上,《颐》卦则《震》下《艮》上。

③迷复,凶:《复》卦变《颐》卦,即上爻由阴爻变为阳爻。这里用《复》卦上的六爻辞,意思是迷路往回走,不吉利。

④欲复其愿,而弃其本:复,实践。弃其本,指不修德。

⑤"复归无所"三句:这里用爻辞来评论楚康王,意思是他不修德而忘本,因此不能免祸。复归无所,是谓迷复,迷了路才想回来,希望回到自己所喜爱的地方,然而忘掉了原来的路径,结果是无处可归。

⑥"君其往也"三句:预言楚康王必死,郑君前往,必定是去给他送葬。

⑦楚不几十年,未能恤诸侯也:指楚国失道已远,没有近十年时间,不能争霸。几,近。

⑧吾乃休吾民矣:楚国不能再为害,不必惧怕。

⑨裨(pí)灶:郑国大夫。

⑩岁弃其次,而旅于明年之次:即今年传文首段岁星不在星纪而在玄枵。旅,行,运行。

⑪以害鸟帑,周、楚恶之:二十八宿中,南方为朱雀七宿。以十二次为纲,周、楚是十二次中鹑火、鹑尾的分野,岁星运行到玄枵,将危害鸟尾,周、楚要有灾祸。因此裨灶预言周灵王和楚康王将死。鸟,即朱雀。帑,鸟尾。

【译文】

游吉回国，向郑简公复命。他告诉子展说："楚康王快要死了。他不修明政事德行，却一味贪图诸侯的进奉，以满足自己的私欲，想活得长久，怎么可能呢？《周易》有这样的情况，在《复》☷☷变成《颐》☶☷，说：'迷入歧途不能回复，有凶险。'说的就是楚康王吧！想实现他的愿望，却丢弃了自己的根本，想回来却找不着地方，这就叫'迷复'，能够没有凶险吗？国君尽管前往吧，去为楚康王送葬，让楚国人痛快一下。楚国没有近十年，无法称霸诸侯，我们可以让民众好好休养生息了。"禅灶说："今年周灵王和楚康王都将死去。岁星失去它应有的位置，却运行到明年的地方，会危及鸟尾，周朝、楚国都将有灾。"

　　九月，郑游吉如晋，告将朝于楚，以从宋之盟。子产相郑伯以如楚。舍不为坛①。外仆言曰②："昔先大夫相先君适四国③，未尝不为坛。自是至今亦皆循之。今子草舍④，无乃不可乎？"子产曰："大适小，则为坛；小适大，苟舍而已⑤，焉用坛？侨闻之，大适小有五美：宥其罪戾⑥，赦其过失，救其灾患，赏其德刑⑦，教其不及⑧。小国不困，怀服如归。是故作坛以昭其功，宣告后人，无怠于德⑨。小适大有五恶：说其罪戾⑩，请其不足，行其政事⑪，共其职贡⑫，从其时命⑬。不然，则重其币帛⑭，以贺其福而吊其凶⑮，皆小国之祸也，焉用作坛以昭其祸？所以告子孙，无昭祸焉可也⑯。"

【注释】

①舍不为坛：古代国君到他国朝聘，应除草筑坛以受郊劳，现在只搭帐篷而不筑坛。

②外仆：官名，主管设坛和为舍。

③昔先大夫相先君：泛指郑国以前的君臣。 四国：四方之国。

④今子草舍：不除草而为舍。

⑤苟舍：草草地设置帐篷。

⑥宥：宽宥，赦免。

⑦德刑：德行与典范。刑，法。

⑧教其不及：教育它所未想到的。

⑨宣告后人，无怠于德：大国去到小国，于是筑坛以宣扬它的功德，并昭示后人应努力进德修业。案这是筑坛的目的。

⑩说：解释，解说。 其：指大国。

⑪请其不足，行其政事：请求得到所缺乏的东西并奉行它的命令。

⑫共其职贡：小国要对大国缴纳贡品。共，通“供”，供给贡品。

⑬从其时命：服从大国不时之命。

⑭币帛：指一切贡赋。

⑮以贺其福而吊其凶：大国有喜有祸，都将向小国追加额外贡赋。

⑯“皆小国之祸也”四句：小国去朝大国，对小国来说，都是祸患，无须筑坛以宣扬，只让子孙知道就可以了。案郑国是被迫朝楚，所以子产这样说。

【译文】

九月，郑国游吉去晋国，报告郑简公将到楚国朝见，以履行在宋国订立的盟约。子产相礼郑简公前往楚国。搭建帐篷而不设坛。外仆进言说：“从前先大夫辅相先君前往四方各国，未曾不设坛。从那以后都是照此办理的。现在您不除草就搭建帐篷，恐怕不可以吧？”子产说：“大国到小国去，就要筑坛；小国前往大国，只要草草搭建帐篷就行了，哪里用得着筑坛？我听说，大国去小国有五样好处：原谅其罪过，赦免其过失，救助其灾难，奖励其德行与典范，教导其不完善之处。小国因此而不困乏，感念和顺服大国犹如回到家一样。因此要筑坛以显扬其功劳，昭示后人，不要在修明德行上懈怠。小国去大国有五样坏处：向大国解释自己的罪过,索要自己缺少的东西,奉行大国的命令,奉献贡品,听从大国下达的不时之命。不然,就是将加重小国进贡的财物,用来祝贺其喜事和吊唁其凶祸,这些都是小国的祸患,哪里用得着筑坛来显扬自己的灾祸? 把这些告诉子孙,不要显扬祸患就行了。"

【经】冬,齐庆封来奔①。

【注释】

①齐庆封来奔:齐人攻庆氏,庆封逃亡鲁国。庆封与崔杼有隙,襄公二十七年庆封因崔家内部矛盾,尽灭崔氏,崔杼自杀,庆封专权,后诸大夫共攻庆封,庆封奔鲁,又奔吴。庆封,齐国大夫。

【译文】

冬,齐国庆封逃来鲁国。

【左传】齐庆封好田而耆酒,与庆舍政①,则以其内实迁于卢蒲嫳氏②,易内而饮酒③。数日,国迁朝焉④。使诸亡人得贼者,以告而反之⑤,故反卢蒲癸⑥。癸臣子之⑦,有宠,妻之⑧。庆舍之士谓卢蒲癸曰⑨:"男女辨姓。子不辟宗⑩,何也?"曰:"宗不余辟,余独焉辟之⑪? 赋诗断章,余取所求焉,恶识宗⑫?"癸言王何而反之,二人皆嬖⑬。使执寝戈而先后之⑭。

【注释】

①齐庆封好田而耆酒,与庆舍政:庆封虽然专朝政,却不理事,一概交与庆舍。田,打猎。耆,同"嗜"。庆舍,庆封之子。

②则以其内实迁于卢蒲嫳氏:将妻室宝物尽数搬移到卢蒲嫳家。内

实,妻室宝物。

③易:交换。内:妻妾。

④国迁朝焉:庆封虽然不理政,但仍然专权,因为居住在卢蒲氏处,诸大夫只好到卢蒲氏家朝见他。

⑤使诸亡人得贼者,以告而反之:亡人,避崔杼之难者。贼,崔氏之党。告,告于庆氏。反,返回。令告发者返国。

⑥故反卢蒲癸:卢蒲癸曾为齐庄公的车右,襄公二十五年崔杼弑齐庄公,卢蒲癸奔晋。现在让卢蒲癸返回。

⑦癸臣子之:卢蒲癸做了子之的家臣。子之,庆舍的字。

⑧有宠,妻之:庆舍将女儿嫁给卢蒲癸。

⑨士:也指家臣。

⑩子不辟宗:古代同姓不婚。庆氏和卢蒲氏都姓姜。不辟宗,不回避同宗。辟,回避。

⑪宗不余辟,余独焉辟之:指庆舍要将女儿嫁给我,我何必避开。焉,疑问助词。

⑫“赋诗断章”三句:春秋时赋诗言志,各取所需,不顾本义断章取义。这里用赋诗作比喻,如果有求于庆氏,不顾辨姓与否。

⑬癸言王何而反之,二人皆嬖:卢蒲癸与王何都是齐庄公党羽,襄公二十五年崔杼之乱时王何奔莒。此时卢蒲癸说通庆舍,让王何回来,并且都受到宠信,准备为齐庄公报仇。

⑭使执寝戈而先后之:二人都为庆舍的近卫,或在其先,或在其后。寝戈,一种护卫用的武器。

【译文】

齐国庆封喜好田猎并且贪杯嗜酒,把政务都交给庆舍去处置,自己带着妻妾财宝搬到卢蒲嫳家去住,互换妻妾喝酒。几天后,官员们都改到卢蒲嫳家去朝见庆封。他还让逃亡在外而知道崔氏余党的人,如果前来告发就允许他回来,于是就让卢蒲癸回来了。卢蒲癸还做了庆舍的家臣,受到宠信,庆舍把女儿嫁给他。庆舍的家臣对卢蒲癸说:"男女婚姻时应该辨别是否同姓。你却不避同宗,这是为什么?"卢蒲癸说:"同宗的人不避我,我怎么能独独去避开呢? 就如同赋诗时断章取义一样,我得到我所要的就行了,哪里顾得上是不是同宗?"卢蒲癸又说通庆舍,让王何回国,二人都得到宠信。庆舍让他们持寝戈在前后护卫自己。

　　公膳日双鸡^①,饔人窃更之以鹜^②。御者知之^③,则去其肉而以其洎馈^④。子雅、子尾怒^⑤。庆封告卢蒲嫳^⑥。卢蒲嫳曰:"譬之如禽兽,吾寝处之矣^⑦。"使析归父告晏平仲^⑧。平仲曰:"婴之众不足用也,知无能谋也。言弗敢出,有盟可也^⑨。"子家曰^⑩:"子之言云^⑪,又焉用盟?"告北郭子车^⑫。子车曰:"人各有以事君,非佐之所能也^⑬。"陈文子谓桓子曰^⑭:"祸将作矣,吾其何得?"对曰:"得庆氏之木百车于庄^⑮。"文子曰:"可慎守也已。"

【注释】

①公膳:卿大夫在朝办事用餐,公家供给卿大夫伙食。

②饔(yōng)人:主烹饪之事者。更之以鹜(wù):将鸡换成鸭。鹜,家鸭。

③御者:送饭的人。

④则去其肉而以其洎(jì)馈:饔人、御者有意挑拨诸大夫和庆氏的关系,于是偷换伙食。洎,肉汁。案这可能是卢蒲癸、王何的主意。

⑤子雅、子尾:二人都是齐惠公的孙子。

⑥庆封告卢蒲嫳:公膳之事,当国者有责任。所以子雅、子尾怒,庆封知道后告诉卢蒲嫳。

⑦譬之如禽兽,吾寝处之矣:古时杀兽,食其肉而寝其皮。这里意思

是杀掉二人。

⑧使析归父告晏平仲：庆封想拉晏婴一起攻子雅、子尾。

⑨"婴之众不足用也"四句：案这是晏婴不愿参与庆封之谋，托词拒绝，但答应不泄密。

⑩子家：即庆封。

⑪云：如此。

⑫子车：齐国大夫。

⑬人各有以事君，非佐之所能也：人各有以事君，各人用不同方式事君。佐，子车名。案子车也拒绝与庆封同谋。

⑭桓子：陈文子之子陈无宇。

⑮得庆氏之木百车于庄：陈桓子预言庆氏必败，唯陈氏可以得利。庄，临淄城大街名。

【译文】

朝廷供应卿大夫的伙食标准是每天两只鸡，管伙食的偷偷换成了鸭子。上菜的知道了，就把肉拿走而只留下肉汤。子雅、子尾大怒。庆封告诉了卢蒲嫳。卢蒲嫳说："这两人就好比是禽兽，我要睡在他们的皮上了。"庆封派析归父告知晏婴。晏婴说："我的手下不堪使用，我的智慧也无法出谋划策。但我决不会泄漏此事，可以设盟发誓。"庆封说："你已经这样表态了，还要盟誓做什么？"庆封又告知北郭子车。子车说："每个人都用自己的方式事奉国君，这事不是我所能做到的。"陈文子对儿子陈无宇说："祸乱即将发作，我们能得到什么呢？"陈无宇回答："可以在庄街上得到庆氏的木头一百车。"陈文子曰："你要谨慎地保住它。"

卢蒲癸、王何卜攻庆氏，示子之兆①，曰："或卜攻仇，敢献其兆②。"子之曰："克，见血③。"冬十月，庆封田于莱④，陈无宇从。丙辰⑤，文子使召之，请曰："无宇之母疾病，请归⑥。"庆季卜之⑦，示之兆，曰："死。"奉龟而泣，乃使归⑧。庆嗣闻之⑨，曰："祸将作矣。"谓子家："速归，祸作必于尝，归犹可及也⑩。"子家弗听，亦无悛志⑪。子息曰⑫："亡矣！幸而获在吴越⑬。"陈无宇济水，而戕舟发梁⑭。

【注释】

①兆：龟甲的裂纹，由此判断吉凶。

②或卜攻仇，敢献其兆：二人准备攻庆氏，故意托言别人要攻打仇家让庆舍断吉凶。

③克，见血：庆舍预言不但可成功，而且能得到仇人的血。

④莱：古地名，在今山东昌邑东南。

⑤丙辰：十七日。

⑥无宇之母疾病，请归：陈文子知道要出事，以妻子病重为名，将儿子召回。

⑦庆季：庆封。

⑧"示之兆"几句：庆封占卜之后给陈无宇看，陈无宇故意说是死兆，言其母必死，又捧着龟甲哭泣，庆封只好让他回去。这是陈无宇担心庆封不放他回去有意做戏。

⑨庆嗣：庆封族人。

⑩"速归"三句：庆嗣由陈无宇之行知道必有祸事发生，因此劝庆封赶紧回朝。尝，秋祭。

⑪悛（quān）志：悔改之意。

⑫子息：庆嗣字。

⑬亡矣！幸而获在吴越：庆封必逃亡，能逃到吴越算是侥幸。

⑭陈无宇济水，而戕（qiāng）舟发梁：陈无宇由莱地回临淄，渡潍河后便破坏了船和桥梁，以断绝庆封的归路和对他的救援。戕，破坏。发，即拆毁。梁，桥梁。

【译文】

卢蒲癸、王何为进攻庆氏而占卜,把卦象给庆舍看,说:"有人为攻打仇人而占卜,请你看看征兆如何。"庆舍说:"能成功,见到了血。"冬十月,庆封在莱地打猎,陈无宇随从。十七日,陈文子派人把陈无宇叫回来,陈无宇向庆封请求说:"我母亲病重,请允许我回去。"庆封为陈无宇占卜,把卦兆给他看,陈无宇说:"这是死的卦象。"捧着龟甲大哭,庆封就让他回去了。庆嗣听说了,说道:"祸乱将要发生了。"对庆封说:"赶紧回去,祸乱必将发生在尝祭的时节,回去还来得及制止。"庆封不听,也没有悔改之意。庆嗣说:"他将要逃亡了! 幸运的话能逃到吴国或是越国。"陈无宇渡过河后,把船凿沉桥梁拆毁。

卢蒲姜谓癸曰①:"有事而不告我,必不捷矣。"癸告之。姜曰:"夫子愎,莫之止,将不出。我请止之②。"癸曰:"诺。"十一月乙亥③,尝于大公之庙,庆舍莅事④。卢蒲姜告之,且止之,弗听,曰:"谁敢者⑤?"遂如公⑥。麻婴为尸⑦,庆奂为上献⑧。卢蒲癸、王何执寝戈。庆氏以其甲环公宫⑨。陈氏、鲍氏之圉人为优⑩。庆氏之马善惊,士皆释甲束马,而饮酒,且观优,至于鱼里⑪。栾、高、陈、鲍之徒介庆氏之甲⑫。子尾抽桷,击扉三⑬,卢蒲癸自后刺子之,王何以戈击之,解其左肩⑭。犹援庙桷,动于甍⑮。以俎、壶投,杀人而后死⑯。遂杀庆绳、麻婴⑰。公惧⑱,鲍国曰:"群臣为君故也⑲。"陈须无以公归,税服而如内宫⑳。

【注释】

①卢蒲姜:卢蒲癸的妻子,庆舍的女儿。
②"夫子愎(bì)"四句:卢蒲姜支持丈夫,又知道庆舍性情刚愎,献

计由自己故意劝阻庆舍不要去参加尝祭,庆舍必不听从,由此给
卢蒲癸制造机会。夫子,指庆舍。愎,刚愎自用。

③乙亥:初七。

④尝于大公之庙,庆舍莅事:庆舍准备亲临祭事。

⑤谁敢者:庆舍果然不听,认为无人敢胡作非为。

⑥遂如公:至公所,即到太公庙。

⑦麻婴:齐国大夫。尸:古时祭祀以活人代替受祭者,这个人称为
"尸"。

⑧庆奊(xié):齐国大夫。上献:即上宾,在属吏中遴选。《仪礼·有
司彻》"上宾洗爵以升"。亦曰"宾长"。

⑨庆氏以其甲环公宫:庙在宫内,庆氏派甲士围住公宫。

⑩围人:养马者。优:俳优,以乐舞戏谑为业的艺人。

⑪"庆氏之马善惊"五句:庆氏士兵都释甲束马,饮酒观优,因此毫
无准备。善,喜欢,容易。束马,系住马不让奔跑。鱼里,里名。
这里指优在鱼里表演,众人都前往观看。

⑫栾、高、陈、鲍之徒介庆氏之甲:庆氏之兵都解甲,四族之兵于是取
而穿上。栾,子雅。高,子尾。陈,陈须无,即陈文子。鲍,鲍国。

⑬子尾抽桷(jué),击扉(fēi)三:抽桷击扉是动手的暗号。桷,这里
指槌子。扉,门扇。

⑭"卢蒲癸自后刺子之"三句:王何砍掉庆舍的左肩。

⑮犹援庙桷,动于甍(méng):庆舍虽受伤,还抽房椽,把房屋都拉动
了。桷,方形椽子。甍,栋梁。

⑯以俎、壶投,杀人而后死:庆舍力大勇猛,重伤之下仍搏斗而死。
俎,盛肉祭器。壶,盛酒器。

⑰遂杀庆绳、麻婴:二人都是庆氏同党。庆绳,即庆奊。

⑱公:指齐景公。

⑲群臣为君故也:意思是为公室利益而除庆氏,不是作乱。

⑳税服而如内宫：脱了祭服送齐景公回内宫。税，通"脱"。

【译文】

卢蒲姜对卢蒲癸说："有事情而不告诉我，必然不能成功。"卢蒲癸把情况告诉了她。卢蒲姜说："我父亲为人刚愎，没人劝阻他，他将不出来。就让我去劝阻他。"卢蒲癸说："好吧。"十一月初七，在太公庙举行尝祭，庆舍将到场主持。卢蒲姜把情况告诉了他，并且阻止他前往，庆舍不听，说："谁敢作乱？"便到太公庙去了。麻婴充当祭尸，庆奊任上献。卢蒲癸、王何手持寝戈侍卫。庆氏带着甲士包围住公宫。陈氏、鲍氏的养马人演戏。庆氏家的马容易受惊，甲士们都解下身上的甲衣拴好马，在那儿喝酒，又到鱼里看戏。栾、高、陈、鲍家的人都把庆氏家人解下的甲衣穿上。子尾抽出槌子，敲击门板三下，卢蒲癸从后面刺击庆舍，王何用戈朝庆舍砍去，砍下他的左肩。庆舍仍能拽着庙宇的橑子，连屋梁都被扯动了。又用俎、壶掷人，把人打死后自己才死去。众人便杀了庆绳、麻婴。齐景公很害怕，鲍国说："群臣是为了国君而杀死这些人的。"陈文子护着齐景公回到宫中，脱去祭服后进入内宫。

　　庆封归，遇告乱者①。丁亥②，伐西门，弗克。还伐北门，克之。入，伐内宫③，弗克。反，陈于岳④，请战，弗许，遂来奔。献车于季武子，美泽可以鉴⑤。展庄叔见之⑥，曰："车甚泽，人必瘁，宜其亡也⑦。"叔孙穆子食庆封⑧，庆封泛祭⑨。穆子不说，使工为之诵《茅鸱》，亦不知⑩。既而齐人来让，奔吴。吴句馀予之朱方⑪，聚其族焉而居之，富于其旧⑫。子服惠伯谓叔孙曰："天殆富淫人⑬，庆封又富矣。"穆子曰："善人富谓之赏，淫人富谓之殃⑭。天其殃之也，其将聚而歼旃⑮。"

【注释】

①庆封归,遇告乱者:庆封原先在莱地打猎,从莱回齐都。

②丁亥:十九日。

③伐内宫:陈、鲍及齐景公都在内宫。

④岳:杨伯峻指出,《山东通志》称岳里在临淄南街,未必可信。里巷狭小,不足以列阵,岳应该也是大街。

⑤献车于季武子,美泽可以鉴:庆封的车子很华丽,光彩照人。

⑥展庄叔:鲁国大夫。

⑦"车甚泽"三句:庆封车美,必定是大肆聚敛搜刮,人受其害,憔悴不堪,这样,庆封必亡。

⑧食:设便宴招待。

⑨泛祭:古人饮食前必先祭,"泛祭"是遍祭诸神,非礼所宜,表明庆封不知礼。

⑩"穆子不说"三句:穆子让乐工诵《茅鸱》讥刺庆封,他也听不出来,可见其愚蠢。工,乐师。《茅鸱(chī)》,逸诗,内容是讥刺不敬者。

⑪句馀:吴王馀祭。朱方:古地名,在今江苏镇江东丹徒南。

⑫富于其旧:庆封居朱方,比在齐国时更富。

⑬淫人:淫恶的人。

⑭淫人富谓之殃:淫人得富必有祸殃。

⑮天其殃之也,其将聚而歼旃(zhān):这里为昭公四年杀庆封伏笔。旃,"之焉"的合音。

【译文】

　　庆封在回来的路上,遇到前来报告动乱的人。十九日,庆封攻打西门,没能攻下。又去攻北门,攻克了。进入城里,攻打内宫,没攻下。回兵在岳布阵,提出决战,没有得到回应,于是逃来鲁国。庆封献给季武子一辆车,十分华美,光彩照人。展庄叔见了,说:"车这么漂亮,人民必定憔悴,他出亡在外是必然的。"叔孙穆子宴请庆封,庆封在宴会上先遍祭群神。叔孙穆子很不高兴,让乐工为他诵读《茅鸱》,庆封也听不懂。不久齐国人来责备鲁国收留庆封,庆封便逃到吴国。吴王句馀把朱方给了他,庆封召集其族众住在那里,比原先还要富有。子服惠伯对叔孙穆子说:"上天大概是专门要让坏人富起来,你看庆封又富了。"叔孙穆子说:"善人富有是奖赏,坏人富有则是灾殃。上天大概要降灾给他,所以让他们聚拢一起全部歼灭掉吧。"

*【左传】癸巳^①,天王崩^②。未来赴,亦未书,礼也^③。

【注释】

①癸巳:十一月二十五日。

②天王崩:周灵王死,子景王贵立。

③"未来赴"三句:周灵王死于十一月,因当月未来讣告,经文于十一月未加记载,这是合于礼的。案这里是在解释经文。

【译文】

十一月二十五日,周天子驾崩。没有发来讣告,《春秋》也没有记载,这是合于礼的。

*【左传】崔氏之乱,丧群公子,故钼在鲁,叔孙还在燕,贾在句渎之丘^①。及庆氏亡,皆召之,具其器用,而反其邑焉^②。与晏子邶殿其鄙六十^③,弗受。子尾曰:"富,人之所欲也,何独弗欲?"对曰:"庆氏之邑足欲,故亡^④。吾邑不足欲也,益之以邶殿,乃足欲。足欲,亡无日矣^⑤。在外,不得宰吾一邑^⑥。不受邶殿,非恶富也,恐失富也。且夫富,如布帛之有幅焉,为之制度,使无迁也^⑦。夫民,生厚而用利,于是乎正德以幅之^⑧,使无黜嫚^⑨,谓之幅利^⑩。利过则为败。

吾不敢贪多,所谓幅也。"与北郭佐邑六十,受之。与子雅邑,辞多受少。与子尾邑,受而稍致之⑪。公以为忠,故有宠。释卢蒲嫳于北竟⑫。

【注释】

①"崔氏之乱"五句:这是襄公二十一年齐庄公复讨伐公子牙同党的事。齐庄公为崔杼所立,故溯其源曰"崔氏之乱"。贾在句渎之丘,襄公二十一年传文作"执公子买于句渎之丘",应是"买"与"贾"形近而误。

②"及庆氏亡"四句:公子钽、叔孙还、公子贾等都返回,并归还他们的器物封邑。

③邶(bèi)殿其鄙:即邶殿之郊鄙,很广阔。邶殿,齐国大邑,在今山东昌邑。"其"在这里作"之"用。

④庆氏之邑足欲,故亡:庆氏贪得封邑的欲望满足了,结果却是逃亡。

⑤足欲,亡无日矣:晏子意谓不义所得,必有灾祸。

⑥在外,不得宰吾一邑:如果逃亡在外,就连一邑也保不住。

⑦"且夫富"四句:布帛的幅度有定制,不可改变,一个人的富有也是如此。"富""幅"谐音,晏婴用来作比。

⑧"夫民"三句:民众都喜欢生厚用利,却必须端正道德加以限制。生厚,生活享受丰厚。用利,器物财货富饶。幅,引申为限制。

⑨使无黜嫚:不可不足,也不可过分。黜,不足。嫚,过分。

⑩谓之幅利:限制其利,不可纵欲奢侈。

⑪受而稍致之:接受后又全部送还。稍,尽。

⑫释卢蒲嫳于北竟:卢蒲嫳为庆封同党,所以放逐于北部边境。释,放逐。竟,通"境"。

【译文】

崔氏动乱,公子们四丧逃亡,所以公子钽在鲁国,叔孙还在燕国,公子贾在句渎之丘。到庆氏灭亡后,把他们全都召回,归还他们的日常器物,把封邑也归还他们。赐给晏婴邶殿边境六十座城邑,晏婴辞谢不接受。子尾说:"富裕是人人都想得到的,为何唯独你不要?"晏婴回答说:"庆氏的封邑满足了他的欲望,所以逃亡。我的城邑的确还没有满足欲望,但加上邶殿六十邑,就可满足欲望了。欲望满足,离逃亡的日子也就不远了。如果逃亡在外,连一座城邑也不能保住。不接受邶殿城邑,并非讨厌富裕,正是怕失去富裕。何况富有就如布帛有一定的尺寸,给它设定一定的幅度,让它不能改变。民众总是想生活富足,器用丰富,所以要端正道德观念来加以限制,使它既不缺乏也不过分,这就是所谓限制欲望。欲望过分了就会败坏。我不敢贪多,就是所谓限制。"于是赐给他北郭佐邑六十座,他接受了。也赐给子雅城邑,他辞掉大多数,只接受少量地盘。赐给子尾城邑,他接受而后又全部还给齐景公。齐景公觉得子尾忠诚,所以宠信他。把卢蒲嫳流放到北部边境。

　　求崔杼之尸,将戮之,不得。叔孙穆子曰:"必得之,武王有乱臣十人[1],崔杼其有乎?不十人,不足以葬[2]。"既,崔氏之臣曰:"与我其拱璧,吾献其枢[3]。"于是得之。十二月乙亥朔[4],齐人迁庄公[5],殡于大寝[6]。以其棺尸崔杼于市[7],国人犹知之[8],皆曰:"崔子也。"

【注释】

①武王有乱臣十人:相传周武王有十个治世之臣。乱,治。

②不十人,不足以葬:意思是崔杼不得人心。周武王有治臣十人而得天下,崔杼连十个和他同心的人都没有,因此尸体必定能找到。

③与我其拱璧,吾献其枢:崔杼有大璧,其家臣以得璧为条件,愿献出崔杼尸体。拱璧,大璧。

④乙亥:应为己亥,初一。

⑤齐人迁庄公:迁葬齐庄公。

⑥殡于大寝:齐庄公葬前先殡于路寝。

⑦以其棺尸崔杼于市:崔杼杀齐庄公,又不以礼葬齐庄公,于是用崔杼的棺材装上崔杼的尸体暴露在街市,以显示他的罪恶。其,指崔杼。

⑧知:认识。

【译文】

　　寻求崔杼的尸体,打算戮尸,但找不到。叔孙穆子说:"一定能找到,周武王有十个治世臣子,崔杼有吗?他没有十个这样的人,就一定不能安葬。"不久,崔氏家臣说:"如果把崔氏的大璧给我,我就献出他的棺材。"于是得到了崔杼的尸体。十二月初一,齐国迁葬齐庄公,停棺在大寝。把崔杼的棺材装上其尸体暴露在街市,国人还能认识,都说:"这是崔杼。"

【经】十有一月,公如楚①。

【注释】

①十有一月,公如楚:案时月日例,朝例时,公朝楚国则皆书月,何休云:"危公朝夷狄也。"

【译文】

　　十一月,鲁襄公去楚国。

　　【左传】为宋之盟故,公及宋公、陈侯、郑伯、许男如楚①。公过郑,郑伯不在②,伯有迋劳于黄崖③,不敬。穆叔曰:"伯有无戾于郑,郑必有大咎④。敬,民之主也,而弃之,何以承守⑤？郑人不讨，必受其辜⑥。济泽之阿，行潦之蘋藻，置诸宗室，季兰尸之，敬也⑦。敬可弃乎⑧？”

【注释】

①为宋之盟故，公及宋公、陈侯、郑伯、许男如楚：诸侯朝楚。陈傅良曰：“列国之君旅见于楚始于此。”汪克宽曰：“列国之诸侯旅朝于楚，以事天子之礼事之矣。至昭九年，而列国之大夫亦旅见于楚。迄哀之四年，而晋亦京师楚。”

②公过郑，郑伯不在：郑简公已在楚国。

③伯有迋（wàng）劳于黄崖：异国之君过境，不入国都，东道国大夫应到郊外慰劳。黄崖，古地名，在今河南新郑北。

④伯有无戾于郑，郑必有大咎：伯有不被治罪，必成为郑国的祸害。戾，罪。

⑤“敬”四句：不敬就不能保持祖宗的家业。

⑥郑人不讨，必受其辜：不讨伯有，必有祸乱。辜，祸殃。

⑦“济泽之阿”五句：水边的薄土，阿泽中的蘋藻，虽然菲薄，仍可作为祭品；由少女做祭尸，神能享用，就在于恭敬。济，渡口。泽，水草相交的地方。阿，水崖。这里指水边薄土。行，道路。潦，积水。蘋藻，蘋草水藻。置诸宗室，将蘋藻作为祭品，献于宗庙。季兰，季女，少女。

⑧敬可弃乎：伯有不敬，必不免祸。这为襄公三十年郑国杀伯有伏笔。

【译文】

　　为践行在宋国订立的盟约，鲁襄公和宋平公、陈哀公、郑简公、许悼公去朝见楚国。鲁襄公路过郑国，郑简公不在国内，由伯有到黄崖慰劳鲁襄公，举止不恭敬。穆叔说：“伯有如果不在郑国获罪，郑国必有大灾祸。恭敬是民众的主心骨，他却丢弃了，怎么继承先人保守家业？郑国人不讨伐他，必定会受到他的连累。渡口水泽边的薄土、道路积水中所生的浮蘋水藻，放在宗庙中当祭品，少女作为祭尸而被接受，是由于恭敬。恭敬岂是可以丢弃的？"

【经】乙未^①，楚子昭卒^②。

【注释】

①乙未：十二月无乙未，记日有误。

②楚子昭卒：楚康王去世。楚子，楚康王，芈姓，熊氏，名昭，谥康。

【译文】

乙未，楚康王昭去世。

【左传】及汉，楚康王卒。公欲反。叔仲昭伯曰^①："我楚国之为，岂为一人？行也^②！"子服惠伯曰："君子有远虑，小人从迩^③。饥寒之不恤，谁遑其后^④？不如姑归也。"叔孙穆子曰："叔仲子专之矣，子服子，始学者也^⑤。"荣成伯曰^⑥："远图者，忠也。"公遂行^⑦。宋向戌曰："我一人之为，非为楚也。饥寒之不恤，谁能恤楚^⑧？姑归而息民，待其立君而为之备^⑨。"宋公遂反。

【注释】

①叔仲昭伯：鲁国大夫叔仲带。

②"我楚国之为"三句：此行为楚国，不是为康王一人。

③小人从迩：小人只看眼前。迩，近。

④饥寒之不恤，谁遑其后：饥寒都顾不上，更无暇顾及以后。惠伯主张回去。遑，暇。

⑤"叔仲子专之矣"三句：叔仲带之言可听从，子服惠伯却如刚学习

的人，没远见。穆子赞同叔仲带的意见。

⑥荣成伯：荣驾鹅，鲁宣公弟叔肸曾孙。

⑦公遂行：群臣争论结果，为长远考虑，鲁襄公仍去楚国。

⑧"我一人之为"四句：楚康王既死，楚国一时必不能为害他国，所以向戌认为可以暂不朝楚。

⑨姑归而息民，待其立君而为之备：让国内百姓休息整顿，以防备楚人。

【译文】

鲁襄公达到汉水时，楚康王去世。鲁襄公打算回国。叔仲昭伯说："我们是为了楚国而来的，岂是为康王一人？还是去吧！"子服惠伯说："君子有远虑，小人只考虑眼前。饥寒都顾不上了，谁还能顾及以后？不如先回去吧。"叔孙穆子说："叔仲昭伯可以被专门任用了，子服惠伯只是初学者。"荣成伯说："考虑长远的人，是忠诚者。"鲁襄公于是继续前进。宋国向戌说："我们是为了一个人而来，不是为楚国而来。饥寒都顾不上，谁能顾及楚国？姑且回去，让民众休养生息，等立了新国君后再戒备他们。"宋平公就回国了。

*【左传】楚屈建卒①，赵文子丧之如同盟，礼也②。

【注释】

①屈建卒：令尹子木死。

②赵文子丧之如同盟，礼也：襄公二十七年弭兵大会，晋国以赵武为主，楚国以屈建为主，楚国虽有衷甲之举，晋国不计前嫌，吊丧时如同对待同盟国一样。

【译文】

楚国屈建去世，赵文子去吊丧就如对待同盟国一样，这是合乎礼的。

【经】十有二月甲寅①,天王崩②。

【注释】

①甲寅:十六日。

②天王崩:周灵王去世。天王,周灵王姬泄心(一作"大心")。

【译文】

十二月十六日,周灵王去世。

【左传】王人来告丧,问崩日,以甲寅告①,故书之,以征过也②。

【注释】

①"王人来告丧"三句:周灵王实死于癸巳,使者误以甲寅告。

②故书之,以征(chéng)过也:经文记以"甲寅",以惩戒使者之过。

　　征,通"惩",罚。

【译文】

　　周朝使者来告知周灵王去世的事,问其死期,回答说是十二月十六日,所以《春秋》就这样记载,用以惩戒其过错。

二十九年

【经】二十有九年春王正月①,公在楚②。

【注释】

①二十有九年:鲁襄公二十九年当周景王元年,前544年。

②公在楚:鲁襄公上年十一月朝楚未归。楚康王去世时鲁襄公刚好在楚国。《左传》认为这是"释不朝正于庙也"。诸侯每年正月应

到祖庙行告朔之礼，此时鲁襄公在楚，无法行礼。

【译文】

鲁襄公二十九年春周历正月，襄公在楚国。

【左传】二十九年春王正月，公在楚，释不朝正于庙也①。

【注释】

①释不朝正于庙也：鲁国国君每年正月有朝庙告朔之礼。现在鲁襄公不在，国内仍行此礼。经文记"公在楚"，是解释鲁襄公不在祖庙听政的原因。

【译文】

鲁襄公二十九年春周历正月，襄公在楚国，这是解释为什么不去太庙朝正的原因。

楚人使公亲襚①，公患之。穆叔曰："被殡而襚，则布币也②。"乃使巫以桃茢先祓殡③。楚人弗禁，既而悔之④。

【注释】

①楚人使公亲襚（suì）：襚是外国使臣吊邻国国君丧所行之礼，楚国让鲁襄公行此礼，是将他当作使臣，有意羞辱他。襚，为死者穿衣。

②被（fú）殡而襚，则布币也：被殡而后行襚礼，与朝而布币无异。被殡，被除不祥之祭。布币，陈列朝聘的皮币。

③乃使巫以桃茢（liè）先祓殡：据《礼记·檀弓下》"君临臣丧，以巫祝桃茢执戈，恶之也"，则桃茢祓殡，乃君临臣丧之礼。桃茢，以桃枝作帚，扫除凶邪。茢，苕帚。

④楚人弗禁，既而悔之：楚人起初不知其意，未加制止，后来发现受愚弄，后悔莫及。本来是要羞辱鲁国，反而被鲁国所羞辱。

【译文】

楚国让鲁襄公亲自为楚康王的尸体穿衣，鲁襄公对此很不高兴。穆叔说："先举行为殡葬而祓除不祥的祭祀然后再给死者穿衣，这就等于朝聘时送礼物了。"于是让巫者用桃枝做笤帚先祓除不祥。楚国人没加制止，后来又为此而后悔。

【公羊传】何言乎公在楚？正月以存君也①。

【注释】

①正月以存君：何休云："正月，岁终而复始，臣子喜其君父与岁终而复始，执贽存之。"若公在国内，则书正月以存君；今公在楚国，有危，故书"正月，公在楚"以存君。

【译文】

为何言公在楚国？正月是臣子喜其君父与岁终始的日子，而此时公在楚有危。

【穀梁传】闵公也①。

【注释】

①闵：担忧，怜悯。据《左传》，在楚王葬礼上楚人予以为难，叔孙豹机智化解。

【译文】

为鲁襄公感到担忧。

*【左传】二月癸卯①，齐人葬庄公于北郭②。

【注释】

①癸卯：初六。

②齐人葬庄公于北郭：上年十二月，齐人将齐庄公之棺殡于正寝，现在出葬。因为不是善终，所以葬于外城北边。

【译文】

二月初六，齐国人在北面的外城安葬齐庄公。

*** 【左传】** 夏四月，葬楚康王，公及陈侯、郑伯、许男送葬，至于西门之外，诸侯之大夫皆至于墓。楚郏敖即位①。王子围为令尹②。郑行人子羽曰："是谓不宜，必代之昌③。松柏之下，其草不殖④。"

【注释】

①郏敖：楚康王之子熊麇。

②王子围：楚康王的弟弟。

③是谓不宜，必代之昌：预言王子围必将取代郏敖。

④松柏之下，其草不殖：王子围强霸如松柏，郏敖幼弱如小草，必不长久。此为昭公元年王子围杀郏敖预设伏笔。

【译文】

夏四月，安葬楚康王，鲁襄公和陈哀公、郑简公、许悼公送葬，送到西门外，诸侯国大夫都送到墓地。楚国郏敖即位。王子围任令尹。郑国行人子羽说："这就叫做不恰当，令尹必定会取代楚王而昌盛。松柏的下面，草是长不好的。"

【经】夏五月，公至自楚。

【译文】

夏五月，鲁襄公从楚国回国。

【左传】公还，及方城。季武子取卞[1]，使公冶问[2]。玺书追而与之[3]，曰："闻守卞者将叛，臣帅徒以讨之，既得之矣。敢告[4]。"公冶致使而退[5]，及舍，而后闻取卞[6]。公曰："欲之而言叛，只见疏也[7]。"公谓公冶曰："吾可以入乎[8]？"对曰："君实有国，谁敢违君[9]？"公与公冶冕服[10]。固辞，强之而后受[11]。公欲无入，荣成伯赋《式微》[12]，乃归。五月，公至自楚。公冶致其邑于季氏[13]，而终不入焉[14]。曰："欺其君，何必使余[15]？"季孙见之，则言季氏如他日；不见，则终不言季氏[16]。及疾，聚其臣[17]，曰："我死，必无以冕服敛，非德赏也[18]。且无使季氏葬我。"

【注释】

①卞：原是鲁国公室之邑，在今山东泗水东。

②公冶：季氏家臣。问：问候鲁襄公。

③玺（xǐ）书追而与之：公冶已走，追送玺书给他，让带去给鲁襄公。玺，印章。案秦朝以前尊卑印章都可称为玺。

④"闻守卞者将叛"四句：这是玺书的内容。季武子想要占卞邑，就乘鲁襄公不在国内之机占取，所谓"守卞者将叛"是季武子强占卞邑的借口。

⑤致使：表达使命，既问安，又交信。

⑥及舍，而后闻取卞：公冶本不知信中内容，回到休息处才得知，应是鲁襄公看信后传到他的耳里。

⑦欲之而言叛，只见疏也：意思是季氏想要卞邑，却不明说，而找借

口，是对国君表示疏远。这是鲁襄公愤怒的话语。而季氏专权逼
君，鲁襄公也无可奈何。

⑧吾可以入乎：怕季氏有不轨行为，因此发问。

⑨君实有国，谁敢违君：公冶认为国内无人敢拒绝鲁襄公。

⑩公与公冶冕服：赏给公冶卿服玄冕。

⑪固辞，强之而后受：公冶坚决辞谢，鲁襄公强迫他，他才接受。可
见他洁身奉公。

⑫《式微》：《诗经·邶风》篇名。其中有"式微式微，胡不归"句，荣
成伯以此劝鲁襄公回国。

⑬公冶致其邑于季氏：退还季氏所送之邑，表示不再为其家臣。

⑭而终不入焉：不入季孙家，不做季氏家臣。

⑮欺其君，何必使余：公冶明白季孙问候鲁襄公起居是假，致书告取
卞邑是真，而取卞邑是欺君，自己受使也被欺骗。

⑯"季孙见之"四句：案公冶以此表示对季氏的不满。

⑰臣：这里指为公冶服务的人。

⑱"我死"三句：公冶自认为替季孙送信是为季孙欺骗国君，鲁襄公
赏给自己冕服，并非因为自己有德，而是惧怕季氏，因此拒绝以冕
服入殓。

【译文】

　　鲁襄公回国，到达方城。季武子攻占了卞邑，派公冶去问候鲁襄公。
公冶走后，又以印封好书信派人追上公冶，让他交给鲁襄公，信中说："听
到守卞人要叛变，下臣率领部下讨伐，已经占领了卞邑。谨此报告。"公
冶拜见鲁襄公后退出，到了住处以后才知道攻取卞邑之事。鲁襄公说：
"想要得到它却借口说它叛变，只能说对我表示疏远。"鲁襄公问公冶
道："我可以入境吗？"公冶回答说："国君拥有国家，谁敢违背国君？"鲁
襄公奖励公冶冕服。公冶坚决推辞，鲁襄公坚持要给才接受了。鲁襄公
想不进入国境，荣成伯赋《式微》一诗，鲁襄公才回国。五月，鲁襄公从

楚国回来。公冶把自己的封邑还给季武子,就再也不进季氏的家门。他说:"他要欺骗国君,何必派我去?"季孙去见他,公冶则和季孙氏像往日一样交往;不见面的时候,便始终不提到季氏。到病危时,公冶召集身边人,说道:"我死后,一定不要用冕服入殓,因为这不是靠德行得来的奖赏。同时不要让季氏来安葬我。"

【穀梁传】喜之也。致君者,殆其往①,而喜其反,此致君之意义也。

【注释】

①殆(dài):担忧。

【译文】

为此感到高兴。记载国君回国告祭祖庙,是为他的出访担心,为他的归来高兴,这就是记载国君回国告祭祖庙的意义所在。

△【经】庚午①,卫侯衎卒②。

【注释】

①庚午:初五。

②卫侯衎卒:卫献公死。卫献公,名衎,谥献。前576年即位,但前558—前547年之间,由卫殇公执政。扣除这十二年,卫献公共在位二十一年。

【译文】

六月初五,卫献公衎去世。

*【左传】葬灵王①,郑上卿有事,子展使印段往②。伯有

曰："弱③，不可。"子展曰："与其莫往，弱不犹愈乎④?《诗》
云：'王事靡盬，不遑启处⑤。'东西南北，谁敢宁处？坚事晋、
楚，以蕃王室也。王事无旷，何常之有⑥?"遂使印段如周。

【注释】

①葬灵王：鲁襄公没参加会葬，所以经文未记载。

②郑上卿有事，子展使印段往：郑简公正在楚国，上卿子展留守国
　内，于是派印段参加。

③弱：年少。

④与其莫往，弱不犹愈乎：年少总比没人去好。莫，没人。

⑤王事靡盬(gǔ)，不遑启处：引《诗》见《诗经·小雅·四牡》。意
　思是王事应当细致，没有工夫安居。这里借用来表示坚定地事奉
　晋、楚二国，也就是捍卫王室。靡，无。盬，不细致。启处，安居。

⑥"坚事晋、楚"四句：子展认为，坚事晋、楚也是维护王室，派印段
　前往也不能算是违反常例。蕃，通"藩"，捍卫。无旷，没有缺失。

【译文】

　　安葬周灵王，郑国上卿子展因国事在身不能去，派了印段前往。伯
有说："他太年轻，不行。"子展说："与其没人去，派个年轻的不是比无人
去好吗?《诗》说：'王家差事做不完，哪有时间去休息。'东西南北，谁敢
安居？坚定地事奉晋国、楚国，用以捍卫王室。王事没有缺失，管他什么
常例?"就派印段到宗周去。

【经】阍弑吴子馀祭①。

【注释】

①阍(hūn)弑吴子馀祭：阍，守门人。此处指楚国俘虏做了守门人。
　吴子馀祭，吴国国君，名馀祭，吴王诸樊之弟，公子季札之兄。据

《左传》，吴王馀祭被守门人杀死。吴国抓获了楚国俘虏，让他们看守船只，后来馀祭观看船只时被他们杀死。

【译文】

看门人杀死吴王馀祭。

【左传】 吴人伐越，获俘焉，以为阍，使守舟。吴子馀祭观舟，阍以刀弑之。

【译文】

吴国人讨伐越国，抓回了俘虏，让他做看门人，去看守船只。吴王馀祭来观看船只，看门人用刀杀死馀祭。

【公羊传】 阍者何？门人也[1]，刑人也。刑人，则曷为谓之阍？刑人，非其人也[2]。君子不近刑人[3]，近刑人，则轻死之道也。

【注释】

①门人：守门之人。古代有以刑余之人充当门人的制度。

②刑人，非其人也：《春秋》以为，以刑人充当门人，是所任非人。案《春秋》之例，大夫弑君称名氏，士弑君则称人，士以下弑君则称盗。此处本应书"盗弑吴子馀祭"，为了表示刑人不宜用作阍人，故变"盗"言"阍"。

③君子不近刑人：何休云："（刑人）公家不畜，士庶不友，放之远地，欲去听所之。"

【译文】

阍是什么人？是守门之人，以刑余之人为之。刑余之人弑君，为何称之为"阍"？以刑余之人充当门人，是所任非人。君子不接近刑余之人，接近刑人，是轻死之道。

【穀梁传】阍，门者也，寺人也①。不称名姓，阍不得齐于人②。不称其君③，阍不得君其君也。礼：君不使无耻，不近刑人，不狎敌，不迩怨。贱人非所贵也，贵人非所刑也，刑人非所近也。举至贱而加之吴子④，吴子近刑人也。阍弑吴子馀祭，仇之也。

【注释】

①寺人：宫中供使令的小臣，多以阉人充任。

②齐于人：等同于普通人。这里是说守门人多是刑余之人，古人认为他们不再是与普通人一样完整之人。

③不称其君：不说"其君"，指不说"阍弑其君某某"，即剥夺了他们把吴国国君当做国君的权利。

④举至贱而加之吴子：指将"阍"放在"吴子"之前。

【译文】

阍，是守门人，是供使令的小臣。不说他的名和姓，因为守门人不能等同于普通人。不说"其君"，因为守门人没有资格把吴子当作国君。按照礼制：国君不任用不知羞耻的人，不应亲近受刑阉割的人，不应戏弄敌人，不应接近怨恨自己的人。身份卑贱的人不是可以轻易让他显贵的，身份尊贵的人不是可以轻易施以刑罚的，遭受刑罚的人不是可以轻易去亲近的。把最卑贱的称呼放在吴子之前，因为吴国国君接近受过刑罚之人。守门人杀了吴国国君馀祭，是因为仇恨他。

*【左传】郑子展卒，子皮即位①。于是郑饥，而未及麦，民病②。子皮以子展之命，饩国人粟，户一钟③，是以得郑国之民，故罕氏常掌国政④，以为上卿。宋司城子罕闻之，曰："邻于善⑤，民之望也。"宋亦饥，请于平公，出公粟以贷；使大夫皆贷⑥。司城氏贷而不书⑦，为大夫之无者贷⑧。宋无饥人。叔向闻之，曰："郑之罕⑨，宋之乐⑩，其后亡者也，二者其皆得国乎⑪！民之归也。施而不德，乐氏加焉⑫，其以宋升降乎⑬！"

【注释】

①郑子展卒，子皮即位：子皮代父为上卿。

②"于是郑饥"三句：没到麦收闹饥荒，百姓陷入困境。

③"子皮以子展之命"三句：还在子展丧期，因此子皮以子展之命分粮。饩（xì），赠送粮食。一钟，合今天的一又十分之三石。

④罕氏：子展、子皮为罕氏。

⑤邻于善：接近于善。指输粟于民的善行。

⑥"请于平公"三句：因子罕之请，宋平公和大夫都借粮给百姓。

⑦不书：不写契约，表示不求归还。

⑧为大夫之无者贷：子罕又为缺少粮食的大夫借粮给百姓。

⑨郑之罕：子展、子皮为罕氏。

⑩宋之乐：宋子罕为乐氏。

⑪其后亡者也，二者其皆得国乎：指二氏都能长掌二国之政。

⑫施而不德，乐氏加焉：乐氏施舍于民，而不求百姓感激，是更胜一筹。

⑬其以宋升降乎：乐氏将长盛不衰，与宋国同命运。

【译文】

郑国子展去世，子皮继承他的职位。当时郑国饥荒，还没到麦收时节，百姓困乏。子皮用子展的遗命，送给国人粮食，每户一钟，由此得到郑国民众的拥护,所以罕氏一直执掌国政,担任上卿。宋国的司城子罕听说了,说道:"与善为邻,这是百姓的期望。"宋国也饥荒,司城子罕向宋平公请求,拿出公室的粮食借给人民;让大夫都借粮给百姓。司城子罕借粮给百姓而不立借条,并替没粮可借的大夫代为放粮。于是宋国没有挨饿的人。叔向听说后,说:"郑国的罕氏,宋国的乐氏,大概会是最后消亡的,两家都将会长久执掌国政吧! 因为百姓归服于他们。施恩而不求感激,乐氏显得更胜一筹,他家大概会与宋国同盛衰吧!"

【经】仲孙羯会晋荀盈、齐高止、宋华定、卫世叔仪、郑公孙段、曹人、莒人、滕人、薛人、小邾人城杞①。

【注释】

①仲孙羯会晋荀盈、齐高止、宋华定、卫世叔仪、郑公孙段、曹人、莒人、滕人、薛人、小邾人城杞:城杞,修筑杞国国都的城墙。据《左传》,晋平公的生母是杞国女子,所以晋国率领诸侯国帮杞国修筑城墙。《汇纂》曰:"晋平以母家之私烦诸侯以城杞,伯业所由隳也。故经书城杞以示贬。"卫世叔仪,《公羊传》作"卫世叔齐"。《公羊传》有"邾娄人"。小邾人,《公羊传》作"小邾娄人"。

【译文】

仲孙羯会同晋国荀盈、齐国高止、宋国华定、卫国世叔仪、郑国公孙段、曹国人、莒国人、滕国人、薛国人和小邾国人修筑杞国都城的城墙。

【左传】晋平公,杞出也,故治杞①。六月,知悼子合诸侯之大夫以城杞②,孟孝伯会之。郑子大叔与伯石往。子大叔见大叔文子③,与之语。文子曰:"甚乎,其城杞也④!"子大叔曰:"若之何哉! 晋国不恤周宗之阙,而夏肄是屏⑤,其弃诸姬,亦可知也已⑥。诸姬是弃,其谁归之? 吉也闻之,弃同即异⑦,是谓离德。《诗》曰:'协比其邻,昏姻孔云⑧。'晋不邻矣,其谁云之⑨?"

【注释】

①"晋平公"三句:晋平公母亲为杞国女,晋平公是杞国外甥,所以杞国迁都淳于,即今山东安丘,晋平公为之修城。

②知悼子合诸侯之大夫城杞:知悼子,荀盈。陈傅良曰:"晋为盟主,而区区于杞,其细已甚。晋之已细而后有执齐庆封,放陈招,杀蔡侯般,假讨贼之义以争伯,如楚灵王者矣。"

③大叔文子:卫大夫大叔仪。

④甚乎,其城杞也:太叔文子认为,晋平公召集诸侯为舅家修城太过分。

⑤晋国不恤周宗之阙,而夏肆是屏:这里指责晋国不考虑周室之衰而只想保护夏朝的残余。周宗,指周室,它已衰微。夏肆,杞为夏之后。肆,余。屏,蕃屏,保护。

⑥其弃诸姬,亦可知也已:周室为姬姓之本,晋国不恤周宗,其他姬姓诸国也必将被弃。

⑦弃同即异:晋国的行为,是弃同姓之国而亲近异姓之国。即,就,亲近。

⑧协比其邻,昏姻孔云:引《诗》见《诗经·小雅·正月》。这里指晋国应该先亲近近亲之国,婚姻之国才会和它友好。协比,亲附。孔,甚。

⑨晋不邻矣,其谁云之:晋国既不以近亲为亲,谁还能和它友好? 这是诸侯对晋国表示不满。

【译文】

晋平公是杞国女子所生,所以整修杞国的城墙。六月,知悼子会合各诸侯国大夫修筑杞城,孟孝伯前往参加。郑国子太叔和伯石也去了。子太叔见到太叔文子,与他交谈。太叔文子说:"为杞国修城的事做得太过分了!"子太叔说:"拿他怎么办呢!晋国不顾念周朝宗室的衰微,却保护夏朝的残余,他将抛弃各姬姓国,也是可以预料到的了。各姬姓国被抛弃,又会有谁归服于他?我听说过,抛弃同姓接近异姓,这叫做'离德'。《诗》说:'亲附近亲与同姓,姻亲往来周旋忙。'晋国不亲近同姓近亲,还有谁来和他友好交往?"

【穀梁传】古者天子封诸侯,其地足以容其民,其民足以满城以自守也。杞危而不能自守,故诸侯之大夫相帅以城之,此变之正也。

【译文】

古代的天子分封诸侯,他的土地足够容纳他的百姓,他的百姓足够填满城邑来保护自己。杞国有危难不能保护自己,所以诸侯的大夫率领军队来给它修筑城墙,这是变通常规来符合正道。

*【左传】齐高子容与宋司徒见知伯,女齐相礼①。宾出,司马侯言于知伯曰:"二子皆将不免。子容专②,司徒侈③,皆亡家之主也。"知伯曰:"何如?"对曰:"专则速及,侈将以其力毙,专则人实毙之,将及矣④。"

【注释】

①齐高子容与宋司徒见知伯,女齐相礼:高子容,高止。宋司徒,华定。知伯,晋国荀盈。女齐,晋国大夫司马侯。

②专:独断专权。

③侈：奢侈。

④"专则速及"四句：为今年秋天高止逃亡燕国和昭公二十年华定
　出奔陈国伏笔。及，及于祸。侈将以其力毙，奢侈将由于力尽而
　自毙。

【译文】

　　齐国高子容与宋国司徒来见知伯，女齐做相礼。宾客出门后，司马
侯对知伯说："这二人都将难以避免祸难。子容专横，司徒骄纵，都是败
亡家族的罪魁祸首。"知伯说："何以见得？"女齐回答说："专横会很快遭
殃，骄纵则因自己力量强大而致死，专横则人们将消灭他，他们遭难的日
子快要到了。"

【经】晋侯使士鞅来聘①。

【注释】

　　①士鞅来聘：士鞅来访是为了感谢鲁国城杞。士鞅，晋国大夫，士匄
　　（gài）之子，又称"范献子"。

【译文】

晋平公派士鞅来鲁国聘问。

【左传】范献子来聘，拜城杞也①。公享之，展庄叔执币②。射者三耦③。公臣不足，取于家臣④。家臣，展瑕、展王父为一耦；公臣，公巫召伯、仲颜庄叔为一耦，鄅鼓父、党叔为一耦。

【注释】

　　①范献子来聘，拜城杞也：拜谢鲁国为杞国筑城。

②展庄叔执币：主人劝宾客饮酒，宾送上束帛，名叫"酬币"。展庄
　　叔，鲁国大夫。币，束帛。

③射：这里指宴饮之中的射礼，叫"燕射"。三耦：三对人。二人为
　　耦。古代天子与诸侯射六耦，诸侯与诸侯射四耦，此诸侯与卿大
　　夫射，则三耦。依古礼，三耦先射，每耦四箭；然后主人与宾射。

④公臣不足，取于家臣：三耦要六人，并要习于礼仪又善射的。公室
　　已经找不到六个这样的人，只好在家臣中选取，表明鲁国公室衰
　　微，私家势力之盛。

【译文】

　　范献子来鲁国聘问，拜谢帮助修筑杞国城墙。鲁襄公设享礼款待，
由展庄叔捧着礼物。参加射礼的要三对人。公臣不够数，就从家臣中选
取。家臣中展瑕、展王父为一对；公臣中公巫召伯、仲颜庄叔为一对，鄐
鼓父、党叔为一对。

　　*【左传】晋侯使司马女叔侯来治杞田①，弗尽归也②。
晋悼夫人愠曰③："齐也取货。先君若有知也，不尚取之④。"
公告叔侯。叔侯曰："虞、虢、焦、滑、霍、杨、韩、魏⑤，皆姬姓
也，晋是以大⑥。若非侵小，将何所取？武、献以下，兼国多
矣⑦，谁得治之？杞，夏余也，而即东夷⑧。鲁，周公之后也，
而睦于晋。以杞封鲁犹可，而何有焉⑨？鲁之于晋也，职贡
不乏⑩，玩好时至⑪，公卿大夫相继于朝，史不绝书，府无虚
月⑫。如是可矣，何必瘠鲁以肥杞⑬？且先君而有知也，毋宁
夫人，而焉用老臣⑭？"

【注释】

　　①司马女叔侯：即女齐，官司马。上文称司马侯，下文又称叔侯。治

杞田：让鲁国归还以前所侵占的杞国田地。

②弗尽归也：鲁国没有全部归还。

③晋悼夫人：即晋平公的母亲，杞国女。愠（yùn）：怒，怨。

④"齐也取货"三句：晋悼夫人以为女齐一定是受了鲁国之贿，鲁国
才不全部归还杞田。尚，《尔雅·释诂》："右也。"佑助。

⑤虞、虢、焦、滑、霍、杨、韩、魏：这八个国家都先后被晋国灭。焦，古
地名，在今河南三门峡东。杨，古地名，在今山西洪洞东南。

⑥晋是以大：晋国灭此八国，才成为大国。

⑦武、献以下，兼国多矣：晋国到武公、献公大量兼并小国，开始强盛。

⑧"杞"三句：杞国接近东夷，行夷礼。

⑨以杞封鲁犹可，而何有焉：即使将杞国封给鲁国，也不必可惜。女
齐认为，不应该心目中只有杞国。

⑩职贡：贡物。

⑪玩好：各种玩物。

⑫"公卿大夫相继于朝"三句：鲁国公卿大夫不断朝晋，晋国府库没
有哪一个月不接受鲁国贡品。

⑬瘠（jí）：瘦弱。这里引申为削弱。

⑭"且先君而有知也"三句：意即先君如果有知，只会责怪夫人，不
会责怪我。女齐认为自己做的事并没错。

【译文】

晋平公派司马女齐前来鲁国办理退还鲁国所占杞国土地的事，女
齐没让鲁国将土地尽数归还杞国。晋悼夫人发火说："女齐一定得了鲁
国的好处。如果先君有知，绝对不会同意他这样做。"晋平公告诉了女
齐。女齐说："虞、虢、焦、滑、霍、杨、韩、魏，都是姬姓国，晋国由此而得发
展壮大。如果不是掠取小国，将从哪里取得土地？武公、献公以来，兼并
的国家很多，谁能够退还？杞国是夏朝的残余，而靠近东夷。鲁国是周
公的后代，而与晋国和睦。把杞国封给鲁国都是可以的，为何心中只有

杞国？鲁国对我们晋国，朝贡不断，玩物时时送来，公卿大夫络绎来朝，史书记载不绝，国库没有一月没收到他们的财物。这就可以了，何必要削弱鲁国来养肥杞国呢？再说先君如果有知的话，就宁可让夫人自己去办，哪里用得着老臣我？"

【经】杞子来盟①。

【注释】

①杞子来盟：《春秋》罢黜了杞国二王后的地位，将其降为伯爵，此处称"子"，是因其微弱，不能自己修筑都城，使得宗庙社稷有危，故而贬抑之。

【译文】

杞文公来鲁国结盟。

【左传】杞文公来盟①。书曰"子"，贱之也②。

【注释】

①杞文公来盟：鲁国归还所侵之田，所以来结盟拜谢。

②书曰"子"，贱之也：杞文公用夷礼，因此经文称为"子"，以示鄙贱。

【译文】

杞文公来鲁国结盟。《春秋》称他为"子"，是鄙视他。

【经】吴子使札来聘①。

【注释】

①吴子：这里当是指吴王馀祭，即季札出使之后馀祭才去世。札：吴公子季札。吴王寿梦有四子：诸樊（或称"谒"）、馀祭、馀昧（一

作"夷昧")、季札。季札贤,寿梦欲废长立少。季札让不可。寿
梦卒,诸樊立,与馀祭、馀昧相约,传弟而不传子,弟兄相继为君,
欲终致国于季札。季札离开赴自己封邑延陵,终身不入吴都,世
称"延陵季子""延州来季子"。

【译文】

吴王馀祭派季札来鲁国聘问。

【左传】吴公子札来聘,见叔孙穆子,说之①。谓穆子
曰:"子其不得死乎! 好善而不能择人。吾闻君子务在择
人。吾子为鲁宗卿②,而任其大政,不慎举,何以堪之? 祸必
及子③!"

【注释】

①说:同"悦"。

②宗卿:与国君同宗的世卿。

③祸必及子:昭公四年,叔孙穆子为其儿子竖牛所害。

【译文】

吴国公子季札来鲁国聘问,会见叔孙穆子,很喜欢他。他对叔孙穆
子说:"您怕要不得好死吧! 喜欢行善却不懂得选择善人。我听说君子
应当致力于选择善人。您任鲁国宗卿,掌管国家大政,举拔人不慎重,怎
么能维持得下去? 祸患必然要降到您的身上!"

请观于周乐①。使工为之歌《周南》《召南》②,曰:"美
哉! 始基之矣,犹未也,然勤而不怨矣③。"为之歌《邶》
《鄘》《卫》④,曰:"美哉,渊乎! 忧而不困者也⑤。吾闻卫
康叔、武公之德如是,是其《卫风》乎⑥!"为之歌《王》⑦,

曰："美哉！思而不惧，其周之东乎⑧？"为之歌《郑》⑨，曰："美哉！其细已甚，民弗堪也⑩。是其先亡乎⑪！"为之歌《齐》⑫，曰："美哉，泱泱乎！大风也哉⑬！表东海者，其大公乎！国未可量也⑭。"为之歌《豳》⑮，曰："美哉，荡乎⑯！乐而不淫，其周公之东乎⑰！"为之歌《秦》⑱，曰："此之谓夏声⑲。夫能夏则大⑳，大之至也，其周之旧乎㉑！"为之歌《魏》㉒，曰："美哉，沨沨乎㉓！大而婉㉔，险而易行㉕，以德辅此，则明主也㉖。"为之歌《唐》㉗，曰："思深哉㉘！其有陶唐氏之遗民乎！不然，何其忧之远也㉙？非令德之后㉚，谁能若是？"为之歌《陈》㉛，曰："国无主，其能久乎㉜！"自《郐》以下，无讥焉㉝。为之歌《小雅》㉞，曰："美哉！思而不贰㉟，怨而不言㊱，其周德之衰乎？犹有先王之遗民焉㊲。"为之歌《大雅》㊳，曰："广哉！熙熙乎㊴。曲而有直体㊵，其文王之德乎！"为之歌《颂》㊶，曰："至矣哉㊷！直而不倨㊸，曲而不屈㊹，迩而不逼㊺，远而不携㊻，迁而不淫㊼，复而不厌㊽，哀而不愁，乐而不荒㊾，用而不匮㊿，广而不宣(51)，施而不费(52)，取而不贪(53)，处而不底(54)，行而不流(55)。五声和(56)，八风平(57)。节有度(58)，守有序(59)，盛德之所同也(60)。"

【注释】

①请观于周乐：鲁为国公之后，所以有天子之乐，季札请求聆听观看周朝的音乐和舞蹈。

②工：乐工。歌：弦歌，用各国的乐曲伴奏。《周南》《召南》：《诗经·国风》的前两篇。南，乐名。一说周公旦、召公奭之风化自北而南，从岐周被于江、汉，南方之国亦可谓南。

③"美哉"四句：美哉，是赞美其音乐。始基之矣，"二南"产生的时代较早，所以季札认为从"二南"中可以听出周的教化已经奠基了。未，指尚未尽善。勤而不怨，指民虽劳而不怨。案季札观乐，是把音乐看成政治的象征，从各国的"风"（民歌）的乐调，判断它们的政治情况，从四代乐舞的姿态，体察出舜、禹、汤、武四位帝王的政教业绩，以下所论，都是由此而发。

④《邶（bèi）》《鄘（yōng）》《卫》：分别指《诗经·国风》中的《邶风》《鄘风》和《卫风》。邶，周代诸侯国名，在今河南淇县东北到河北南部一带。鄘，也是周代诸侯国名，今河南新乡的鄘城即古鄘国。卫，同样是周代诸侯国名，在今河南淇县。案这三地本是三国，周武王灭纣，分其地为三监，三监叛周，周公平叛后将邶、鄘并入卫国，所以季札后面的评论单指卫。

⑤"美哉"三句：渊乎，这时候赞叹其声音的深远。忧而不困，指民虽有忧思，但还没到困穷的地步。

⑥吾闻卫康叔、武公之德如是，是其《卫风》乎：季札由音乐的优美深远联想到康叔、武公二君的贤能。康叔，周公弟弟。武公，康叔九世孙，二人都是卫国的贤君。

⑦《王》：指《诗经》中的《王风》，是东周洛邑王城的乐曲。

⑧"美哉"三句：《王风》是忧伤宗周陨灭的诗歌。季札认为它虽有忧思，但无恐惧之意，或许是周室东迁以后的诗。

⑨《郑》：指《诗经》中的《郑风》。

⑩"美哉"三句：季札认为由此可知郑国风化日衰，政情可见，因此百姓不能忍受。细，指民歌反映男女恋情过于琐碎。已，太。弗堪，受不了。

⑪是其先亡乎：由此预言郑国将先灭亡。郑亡于前376年，即周安王二十六年，韩哀侯灭郑，韩徙都于郑，故战国韩亦称郑。

⑫《齐》：指《诗经》中的《齐风》。

⑬ "美哉"三句：齐是大国，季札论其音乐有大国之风。泱泱（yāng），宏大的声音。大风，绰绰宏大的大国之风。

⑭ "表东海者"三句：齐为姜姓国，姜太公是其远祖。季札认为这种声音象征着齐国可以做东海一带诸侯的表率，齐国大有希望。大公，太公。

⑮ 《豳（bīn）》：指《诗经》中的《豳风》。案今本《诗经》中的《豳风》是十五国风中最后一国。豳为周的旧国，在今陕西彬州、旬邑一带。

⑯ 荡乎：博大的样子。

⑰ 乐而不淫，其周公之东乎：周公遭管、蔡之变，东征三年，为周成王陈述后稷、先公不敢荒淫，以成王业。季札认为，此音乐欢乐而有节制，不是荒淫无度之音，或许为周公东征后的诗。淫，过度，没有节制。

⑱ 《秦》：指《诗经》中的《秦风》。

⑲ 夏声：也就是指西周王畿的声调。案秦地在今陕、甘一带，本是西周旧都。

⑳ 夫能夏则大：这里指《秦风》既为京声，自然声音宏大。夏，即大。

㉑ 其周之旧乎：秦国处在西周旧地域。

㉒ 《魏》：指《诗经》中的《魏风》。案魏指古魏国，在今山西芮城，闵公元年为晋献公所灭。

㉓ 沨沨（féng）乎：音节轻飘浮泛貌。

㉔ 大而婉：声音虽大而委婉曲折。

㉕ 险：狭隘、迫促。这里指乐歌的节拍急促。易行：指乐调易于使转，并不艰涩难歌。

㉖ 以德辅此，则明主也：季札观乐时，魏国早已为晋国所灭，所以此乐乃是晋乐的风格。此句仍然以音乐为政治教化的象征，指音乐如此，正如政治方面德教不足；如果有人用德教来辅助，一定是一

位贤君。

㉗《唐》:指《诗经》中的《唐风》。唐为唐叔虞始封之地,在今山西
　太原。

㉘思:忧思。

㉙"其有陶唐氏之遗民乎"三句:尧本封陶,后迁徙于唐,古唐为尧
　旧都。季札认为,其乐反映了唐尧时代的旧风俗,所以忧思深远。

㉚令德:美德。后:指尧的后裔。

㉛《陈》:指《诗经》中的《陈风》。陈国之地在今河南开封以东、安
　徽亳州以北。

㉜国无主,其能久乎:陈乐淫靡放荡,说明国无贤君,将不能长久。
　哀公十七年,楚国灭陈,距此仅六十五年。

㉝自《郐(kuài)》以下,无讥焉:因为国家微小,季札不再加以分析
　评论。《郐》,指《诗经》中的《郐风》,下面还有《曹风》。郐,古
　国,在今河南新密。讥,评论。

㉞《小雅》:指《诗经·小雅》。《小雅》多是周室衰微到平王东迁后
　的作品。雅,王畿的音乐。

㉟美哉!思而不贰:思文、武之德,无背叛之心。

㊱怨而不言:虽有怨恨而不敢尽情倾吐。

㊲先王:指周代文、武、成、康诸王。

㊳《大雅》:指《诗经·大雅》,大部分是周初的作品。

㊴熙熙:和美,融洽。

㊵曲而有直体:乐曲音节表面曲折柔缓而内容刚劲有力。

㊶《颂》:指《诗经》中的《周颂》《鲁颂》和《商颂》三部分,是祭祀
　的乐歌。

㊷至矣哉:尽善尽美。

㊸直:正直无私。倨:倨傲不逊。

㊹曲而不屈:婉顺而不屈挠。

㊺迩而不逼：亲近而不冒犯。

㊻远而不携：疏远而不离异。

㊼迁而不淫：虽有变异而不淫乱。淫，乱。

㊽复而不厌：多反复重叠而不使人厌倦。

㊾哀而不愁，乐而不荒：哀伤而不忧愁，欢乐而不过分。荒，过度。

㊿用而不匮（kuì）：乐调表现出道德宏大，可用之无穷。匮，穷困。

(51)广而不宣：宽广而又不夸张炫耀。

(52)施而不费：如施惠于人而不损耗。

(53)取而不贪：如有征收而不贪婪。

(54)处而不底：声音好似静止了，实则并未停滞。处，不动。底，停滞。

(55)行而不流：此句意思正与上句相对。流，放荡。案从“直而不倨”以下都是形容《颂》的乐调之美。

(56)五声：指宫、商、角、徵（zhǐ）、羽。和：和谐。

(57)八风：八方之气。这里指乐曲协调。

(58)节有度：八音和谐。八音指金、石、丝、竹、匏、土、革、木八类乐器。

(59)守有序：乐器交相鸣奏，有一定次序，不互相干扰。

(60)盛德之所同也：这里仍以音乐作为政治的象征，意思是文、武、周公同有如此的盛德。

【译文】

公子札请求观赏周朝乐舞。于是让乐工为他歌唱《周南》《召南》，公子札说：“真美妙啊！周朝的教化已经开始奠定基础了，不过还没到尽善，但民众已经勤劳而不埋怨了。”为他歌唱《邶风》《鄘风》《卫风》，公子札说：“真美妙啊，这样地深厚！虽有忧思但不至于困穷。我听说卫康叔、武公的德行就是这样，它应该是《卫风》吧！”为他歌唱《王风》，公子札说：“真美妙啊！虽有忧思但不至于恐惧，它该是周室东迁以后的诗吧？”为他歌唱《郑风》，公子札说：“真美妙啊！它的音节过于琐细，人民受不了啦。它恐怕要先灭亡吧！”为他歌唱《齐风》，公子札说：“真美妙啊，这样深广宏大！这是大国的音乐吧！做东海诸侯表率的，该是太公的国家吧！国家的前程不可限量。"为他歌唱《豳风》，公子札说："真美妙啊，如此坦荡博大！欢乐而有节制，它是周公东征的歌吧！"为他歌唱《秦风》，公子札说："这就叫做西方的夏声。能发出夏声，自然声音洪亮，而且洪亮到极点了，它应是周朝的旧乐吧！"为他歌唱《魏风》，公子札说："真美妙啊，多么轻飘浮泛！声音虽大而委婉曲折，节拍局促却容易歌唱，如果再用道德加以辅佐，就是贤明的君主了。"为他歌唱《唐风》，公子札说："思虑很深啊！也许是陶唐氏的遗民吧！不然怎么会忧思这么深远呢？不是美德者的后代，谁能这样？"为他唱歌《陈风》，公子札说："国家没有主人，怎么能长久呢！"从《郐风》以下公子札不再加以评论。为他歌唱《小雅》，公子札说："真美妙啊！虽有忧思却无背叛之心，虽有怨恨而不形于言语，莫不是周德衰落时的音乐吧？还有先王的遗民在啊。"为他歌唱《大雅》，公子札说："真宽广啊，多和美啊！柔婉曲折而本体则刚劲有力，那该是表现文王的美德吧！"为他歌唱《颂》，公子札说："美极了！正直而不倨傲，柔婉曲折而不卑下靡弱，亲近而不冒犯，疏远而不离心，变化多端而不淫乱，反复重叠而不使人厌倦，哀伤而不忧愁，欢乐而不放浪过度，使用而不会匮乏，宽广而不夸张炫耀，施予而不耗损，收取而不贪婪，静止而不停滞，流动而不放荡。五声和谐，八风协调。节拍有一定的尺度，乐器鸣奏有一定的顺序，这都是盛德之人所共同具有的。"

　　见舞《象箾》《南籥》者①，曰："美哉！犹有憾②。"见舞《大武》者③，曰："美哉！周之盛也，其若此乎④！"见舞《韶濩》者⑤，曰："圣人之弘也，而犹有惭德，圣人之难也⑥。"见舞《大夏》者⑦，曰："美哉！勤而不德，非禹，其谁能修之⑧？"见舞《韶箾》者⑨，曰："德至矣哉，大矣！如天之无不

帱也,如地之无不载也。虽甚盛德,其蔑以加于此矣^⑩。观
止矣^⑪! 若有他乐,吾不敢请已^⑫。”

【注释】

①《象箾(xiāo)》《南籥(yuè)》:两种舞蹈名。“象箾”是执竿而舞。
　象,武舞。箾,舞者所持的竿子。“南籥”是持籥而舞。南,文舞。
　籥,似笛的乐器。二者都是歌颂周文王的乐舞。

②憾:有遗憾,感到美中不足。

③《大武》:周武王的乐舞。

④“美哉”三句:周文王未致太平,所以季札见《象箾》《南籥》而说
　“犹有憾”。周武王时周室开始兴盛,因此见《大武》而称颂“周
　之盛”。

⑤《韶濩(hù)》:商汤的乐舞。

⑥“圣人之弘也”三句:季札认为,汤虽伟大,但汤伐桀,未免有失君
　臣之义。弘,伟大。惭德,缺点。

⑦《大夏》:夏禹的乐舞。

⑧“美哉”四句:禹勤劳于民事,不自以为功,非禹不能成此大业。
　不德,不自以为德。

⑨《韶箾》:虞舜的乐舞。

⑩“德至矣哉”六句:季札认为,从《韶箾》可知舜之德崇高到极点,
　如天之覆盖一切,地之周载万物。舜之德无以复加了。帱(dào),
　覆盖。蔑,没有。

⑪观止矣:观乐至此,实在是达到顶点了。

⑫若有他乐,吾不敢请已:尽善尽美已到最大限度,再有别的音乐,
　也不想再欣赏了。案杨伯峻引姜宸英《湛园札记》云:“季札观
　乐,使工歌之,初不知其所歌者何国之诗也。闻声而后别之,故皆
　为想像之辞,曰:‘此其《卫风》乎!’‘其周之东乎!’至于见舞,

则便知其为何代之乐,直据所见以赞之而已,不复有所拟议也。"

【译文】

公子札见到跳《象箾》《南籥》舞,说:"真美妙啊! 不过还有遗憾。"见到跳《大武》舞,说:"真美妙啊! 周朝兴盛时大约就是这样的吧!"见到跳《韶濩》舞,说:"圣人这么伟大,尚且有所惭愧,当圣人真难啊。"见到跳《大夏》舞,说:"真美妙啊! 勤劳于民事而不自以为功,不是大禹,谁能做得到?"见到跳《韶箾》舞,说:"德性到达顶点了,真伟大啊! 就好像天无所不覆盖,地无所不承载。即使是再高的德性,也没办法在此之上增加什么了。观乐到此,已达到顶点了! 如果还有其他乐舞,我也不敢再欣赏了。"

其出聘也,通嗣君也①。故遂聘于齐,说晏平仲②,谓之曰:"子速纳邑与政③。无邑无政,乃免于难。齐国之政将有所归,未获所归,难未歇也。"故晏子因陈桓子以纳政与邑,是以免于栾、高之难④。

【注释】

①其出聘也,通嗣君也:季札为馀祭与鲁通好。嗣君,指夷昧(馀昧)。

②说:同"悦"。

③子速纳邑与政:建议晏婴将封邑和政权归还给国君。

④栾、高之难:发生在昭公八年。

【译文】

公子札出国聘问,是因为新君嗣立而与各国通好。于是就到齐国聘问,与晏婴很谈得来,对晏婴说:"您赶快把封邑与政权交还给国君。没有封邑和政权,才能免于灾祸。齐国的政权将会有所归属,不得到归属,祸难就不会停止。"因此晏婴通过陈桓子交出了政权与封邑,在栾、高发起的动乱中幸免于难。

聘于郑，见子产，如旧相识。与之缟带，子产献纻衣焉①。谓子产曰："郑之执政侈，难将至矣②。政必及子。子为政，慎之以礼。不然，郑国将败。"

【注释】

①与之缟（gǎo）带，子产献纻（zhù）衣焉：二人互赠礼物。缟带，白绢大带。缟，白色生绢。纻衣，麻织衣服。

②郑之执政侈，难将至矣：伯有放肆刚愎，明年为驷氏所杀。执政，指伯有。

【译文】

公子札到郑国聘问，见到子产，如同旧相识那样。送给子产白绢大带，子产回送他麻布衣服。公子札对子产说："郑国的执政者放肆刚愎，祸难将要降临了。国政必然会落到您的手中。您执政，要用礼仪谨慎从事。不然的话，郑国将衰败。"

适卫，说蘧瑗、史狗、史鰌、公子荆、公叔发、公子朝①，曰："卫多君子，未有患也。"自卫如晋，将宿于戚②。闻钟声焉，曰："异哉！吾闻之也，辩而不德，必加于戮③。夫子获罪于君以在此④，惧犹不足，而又何乐？夫子之在此也，犹燕之巢于幕上⑤。君又在殡⑥，而可以乐乎？"遂去之⑦。文子闻之，终身不听琴瑟⑧。

【注释】

①蘧瑗（yuàn）：即蘧伯玉。史狗：史朝之子文子。史鰌（qiū）：即史

鱼。公叔发：即公叔文子。公子朝：杨伯峻指出，此人不是昭公
二十年传文中的那个公子朝，梁玉绳《史记志疑》疑乃"公孙朝"
之误。

②戚：古地名，在今河南濮阳，是孙文子的封邑。

③辩而不德，必加于戮：孙林父驱逐卫献公，现在又奏钟作乐，所以
说发动变乱而没有德行，必然遭到诛戮。辩，通"变"。

④夫子获罪于君以在此：指孙林父据戚而叛。

⑤燕之巢于幕上：帐幕随时可撤，燕筑巢其上，非常危险。幕，帐幕。

⑥君又在殡：这时卫献公死而未葬。

⑦遂去之：不在戚留宿。

⑧文子闻之，终身不听琴瑟：孙文子知过能改，不再作乐。

【译文】

公子札到卫国，喜欢蘧瑗、史狗、史鳅、公子荆、公叔发、公子朝，公
子札说："卫国的君子很多，不会有祸患。"从卫国前往晋国，将在戚邑住
宿。听到敲钟声，他说："奇怪啊！我听说，发动变乱而没有德行，必定会
受到诛戮。这个人得罪国君因而呆在这里，害怕还来不及，又有什么可
高兴的呢？他住在这里，就如同燕子在帐幕上筑巢。国君还没有安葬，
怎么可以作乐呢？"便离开了戚邑。孙林父听到了，终身不再作乐。

适晋，说赵文子、韩宣子、魏献子①，曰："晋国其萃于三
族乎②！"说叔向。将行，谓叔向曰："吾子勉之！君侈而多
良③，大夫皆富，政将在家④。吾子好直，必思自免于难⑤。"

【注释】

①赵文子：赵武。韩宣子：韩起。魏献子：魏舒。

②晋国其萃（cuì）于三族乎：预言晋国政权将集于韩、赵、魏三家。
萃，聚集。

③良：良臣。

④大夫皆富，政将在家：大夫富，必然厚施于民，政权将由公室落入大夫手中。

⑤吾子好直，必思自免于难：叔向耿直，恐不免于难，季札劝他戒备。案季札出使各国，作者借此分析各国政治形势的发展趋势。

【译文】

　　公子札到了晋国，很喜欢赵文子、韩宣子、魏献子，说："晋国的国政将会集中在三族了！"喜欢叔向。将离开时，对叔向说："您好好努力吧！国君过分放纵而良臣很多，大夫都很富有，国政将归于大夫。你喜欢直言不讳，一定要设法让自己免于祸难。"

【公羊传】吴无君无大夫①，此何以有君有大夫？贤季子也。何贤乎季子？让国也②。其让国奈何？谒也，馀祭也，夷昧也，与季子同母者四。季子弱而才，兄弟皆爱之，同欲立之以为君。谒曰："今若是迮而与季子国③，季子犹不受也。请无与子而与弟，弟兄迭为君，而致国乎季子。"皆曰诺。故诸为君者，皆轻死为勇，饮食必祝，曰："天苟有吴国，尚速有悔于予身④。"故谒也死，馀祭也立；馀祭也死，夷昧也立；夷昧也死，则国宜之季子者也。季子使而亡焉。僚者，长庶也，即之。季子使而反，至而君之尔。阖庐曰⑤："先君之所以不与子国，而与弟者，凡为季子故也。将从先君之命与，则国宜之季子者也。如不从先君之命与，则我宜立者也。僚恶得为君乎？"于是使专诸刺僚，而致国乎季子。季子不受，曰："尔弑吾君，吾受尔国，是吾与尔为篡也。尔杀吾兄，吾又杀尔，是父子兄弟相杀，终身无已也⑥。"去之延陵⑦,终身不入吴国。故君子以其不受为义,以其不杀为仁。贤季子,则吴何以有君有大夫? 以季子为臣,则宜有君者也。札者何? 吴季子之名也。《春秋》贤者不名,此何以名? 许夷狄者,不壹而足也。季子者,所贤也,曷为不足乎季子? 许人臣者必使臣,许人子者必使子也⑧。

【注释】

①吴无君无大夫:无君,即不称吴国国君夷昧(馀昧)为"吴子"。无大夫,即吴国大夫略称人。无君无大夫,因吴为夷狄。此处却书"吴子",又书吴季子之名"札",是有君有大夫之辞,故下文发问。

②让国也:此指昭公二十七年,阖闾弒杀吴王僚,而致国乎季子,季子不受,而阖闾即位,详下传。

③迮(zé):仓促,一下子。

④尚:犹努力。速:疾也。悔:咎。予:我也。

⑤阖(hé)庐:吴子谒长子,即公子光。

⑥终身无已也:王引之《经义述闻》以为"身"为衍文。

⑦去之延陵:阖闾是弒君贼,依臣子之义,则季子不得不讨贼;阖闾又是兄长之子,依亲亲之恩,季子又不忍杀害;季子若要恩义两全,就不得不离开吴国,终身不仕。又按礼制,公子无去国之义,季子为公子,不能离开吴国,故居延陵,终身不入都城。延陵,吴国之邑。

⑧许人臣者必使臣,许人子者必使子也:案臣子之道,欲与君父共享尊荣,故《春秋》在赞许臣子时,连同其君父一起赞许,使其不失臣子之道。此处因襄扬季子让国之功,而称吴国国君为"吴子",即是一例。

【译文】

吴国没有国君,不书吴君之爵,没有大夫而略称人,此处为何作有君有大夫之辞? 因为季子有贤德。季子有何贤德? 让国。季子让国是怎么回事? 谒、馀祭、夷昧,与季子是四个同母兄弟。季子年少而有贤才,兄弟都喜爱他,一同想要立季子为君。谒说:"现在如果一下子就将吴国交给季子,季子好像不会接受。请大家不要将君位传给儿子,而是兄弟更迭为君,最终把君位传给季子。"都说"允诺"。所以即位的国君,都轻死为勇,饮食前都祷告道:"上天如果保有吴国,愿尽快降临灾祸到我身上。"所以谒去世,馀祭立为国君;馀祭去世,夷昧立为国君;夷昧去世,那么君位理应轮到季子。当时季子出使,没在国内。僚,是庶长兄,按照兄终弟及之义继承了君位。季子出使回来,一到国内便君事僚。阖庐说:"先君之所以不将君位传给儿子,而传给弟弟,都是因为要传位给季子的缘故。假使遵从先君之命,那么君位当传给季子。如果不遵从先君之命,那么我应当即位。僚怎么能即位呢?"于是派专诸刺杀了僚,而将吴国交给季子。季子不接受,说:"你弑杀了我的国君,我如果在你手里接受吴国,是我与你一起篡位。你杀了我的兄长,我又杀你,是父子兄弟之间互相残杀,终究没有尽头。"季子离开去了延陵邑,终身不入国都。所以君子以季子不接受吴国为义,以季子不杀阖庐为仁。称许季子有贤德,为何使吴国有君有大夫? 以季子作为臣下,那么吴国宜有国君。"札"是什么? 是吴季子的名。《春秋》不称贤者之名,此处为何称名? 赞许夷狄,不一下子到位。季子是大贤,为何不一下子许足而称字? 赞许人臣,一定要全其人臣之道;赞许人子,一定要全其人子之道。

【穀梁传】吴其称子何也[①]? 善使延陵季子,故进之也。身贤,贤也。使贤,亦贤也。延陵季子之贤,尊君也。其名,成尊于上也。

【注释】

①吴其称子：楚、吴都被视作夷狄之国，没有周天子册封的大夫，故庄公二十三年称"荆人来聘"，则此当作"吴人来聘"，称"某子使某某来聘"则意味着"某子"是周天子分封的诸侯，而作为使者的"某某"是周天子册封的大夫。这里称"吴"作"吴子"，称季札的名"札"是为了褒扬季札。

【译文】

把吴称作"吴子"是为什么呢？是赞许他任用延陵季子，所以提高他的地位。自身贤能，是贤能。任用贤能的人，也是贤能。延陵季子的贤能，在于他尊重国君。经文记载他的名，是成全他对国君的尊重。

△**【经】秋九月，葬卫献公。**

【译文】

秋九月，安葬卫献公。

【经】齐高止出奔北燕①。

【注释】

①齐高止出奔北燕：齐国驱逐高止。高止，齐国大夫，专权，且喜欢居功，遂被放逐。北燕，春秋有二燕国，一为南燕，姞姓，伯爵，在今河南延津东北，即桓公十二年之燕。一为北燕，即今之通常所谓燕国，姬姓，伯爵，西周召公奭（shì）之后，建都蓟，其地在今河北北部和辽宁西端北京附近。

【译文】

齐国高止出逃到北燕。

【左传】秋九月,齐公孙虿、公孙灶放其大夫高止于北燕^①。乙未,出^②。书曰"出奔",罪高止也^③。高止好以事自为功^④,且专,故难及之。

【注释】

①齐公孙虿(chài):子尾。公孙灶:子雅。

②乙未,出:九月初二被逐。乙未,初二。

③书曰"出奔",罪高止也:经文记载为出奔而不写被逐,是认为罪在高止。

④高止好以事自为功:高止喜欢生事且自以为功。

【译文】

秋九月,齐国公孙虿、公孙灶把该国大夫高止放逐到北燕。初二,高止出境。《春秋》记载说他"出逃",是归罪于高止。高止喜欢生事而且居功,又专横,所以招来祸难。

【穀梁传】其曰北燕,从史文也^①。

【注释】

①史文:即鲁国史书原始的记载,《穀梁传》认为孔子修春秋并未修改此处。

【译文】

经文说"北燕",是沿用了史书的写法。

【经】冬,仲孙羯如晋^①。

【注释】

①仲孙羯如晋：鲁国为回报士鞅聘鲁，派孟孝伯到晋国去。

【译文】

冬，仲孙羯去晋国。

【左传】冬，孟孝伯如晋，报范叔也①。

【注释】

①范叔：即士鞅。

【译文】

冬，孟孝伯去晋国，这是为了回报范叔的聘问。

＊**【左传】**为高氏之难故，高竖以卢叛①。十月庚寅②，闾丘婴帅师围卢。高竖曰："苟使高氏有后，请致邑。"齐人立敬仲之曾孙酀，良敬仲也③。十一月乙卯④，高竖致卢而出奔晋，晋人城绵而置旃⑤。

【注释】

①为高氏之难故，高竖以卢叛：高止被逐，其子高竖据卢而叛。卢，古地名，在今山东长清西南、平阴东北。

②庚寅：二十七日。

③齐人立敬仲之曾孙酀（yàn），良敬仲也：因敬仲贤良，因此立酀。敬仲，高傒。酀，高偃。良，贤。

④乙卯：二十三日。

⑤晋人城绵而置旃（zhān）：晋国让高竖在绵居住。绵，即绵上，也称"介上"，在今山西介休东南。旃，"之焉"的合音。

【译文】

由于高氏受到惩罚的缘故，高竖占据卢邑发动叛乱。十月二十七日，闾丘婴率军包围卢邑。高竖说："如果让高氏在齐国有后代，我就交出卢邑。"齐国人立敬仲曾孙酀为高氏继承人，这是因为钦佩敬仲。十一月二十三日，高竖交出卢邑而出逃到晋国，晋国在绵地筑城安置他。

　　*【左传】郑伯有使公孙黑如楚①，辞曰："楚、郑方恶，而使余往，是杀余也。"伯有曰："世行也②。"子晳曰："可则往，难则已，何世之有③？"伯有将强使之。子晳怒，将伐伯有氏，大夫和之④。十二月己巳⑤，郑大夫盟于伯有氏⑥。裨谌曰⑦："是盟也，其与几何⑧？《诗》曰：'君子屡盟，乱是用长⑨。'今是长乱之道也。祸未歇也，必三年而后能纾⑩。"然明曰："政将焉往？"裨谌曰："善之代不善，天命也，其焉辟子产⑪？举不逾等，则位班也⑫。择善而举，则世隆也⑬。天又除之⑭，夺伯有魄⑮，子西即世，将焉辟之⑯？天祸郑久矣，其必使子产息之，乃犹可以戾⑰。不然，将亡矣⑱。"

【注释】

①公孙黑：即子晳。

②世行也：伯有认为，既然世代为行人，就应使楚。世行，世代为行人，即外交使者。

③"可则往"三句：子晳认为，无危难则去，有危难则止，无所谓世代为使者。

④和：和解。

⑤己巳：初七。

⑥郑大夫盟于伯有氏：为调解而在伯有家结盟。

⑦裨谌（pí chén）：郑国大夫。

⑧其与几何：即"其几何与"，指此盟不能长久。

⑨君子屡盟，乱是用长：引《诗》见《诗经·小雅·巧言》。意思是君子多次结盟，动乱反而因此增添。

⑩必三年而后能纾（shū）：三年后子产平定郑国大族之乱。纾，解除。

⑪焉辟子产：指政必归子产。辟，避开。

⑫举不逾等，则位班也：只要不越级，按次序应由子产执政。班，次序。

⑬择善而举，则世隆也：选择善人选用，子产是为世人所尊重者。隆，尊重。

⑭除之：为子产清除道路。

⑮夺伯有魄：伯有将不得善终。为人作恶，称为"天夺魄"。

⑯子西即世，将焉辟之：按班次，伯有之后应为子西，而他已死，所以子产必执政。

⑰戾（lì）：安定。

⑱不然，将亡矣：案子产明年执政，这里为之渲染铺垫。

【译文】

郑国伯有派公孙黑去楚国，公孙黑推辞说："楚、郑二国正交恶，却让我前往，这等于杀我。"伯有说："你家世代都是外交使者。"公孙黑说："可以去就去，有危难就不去，与世代办外交有什么关系？"伯有想强迫他去。公孙黑大怒，打算讨伐伯有氏，大夫们为二人劝和。十二月初七，郑国大夫们在伯有家里结盟。裨谌说："这次结盟，能维持多久呢？《诗》说：'君子频繁结盟，动乱反而滋长。'现在这样正是滋长动乱的做法。祸乱不会停止，一定要到三年后才能解除。"然明说："国政又将落到谁的手中？"裨谌说："善人代替坏人，这是天命，国政怎能避开子产？如果举拔人才不超越等级，按班次就应该是子产。如果选择善人并加以举荐，那么子产正是为世人所尊重的人。上天又替子产扫除了障碍，夺去伯有的魂魄，子西又去世，执政的人哪里能避开他呢？上天降祸郑国很久了，一定是要子产来平息祸难，这样郑国才可以得到安宁。不然的话，郑国就要灭亡了。"

三十年

【经】三十年春王正月①，楚子使薳罢来聘②。

【注释】

①三十年：鲁襄公三十年当周景王二年，前543年。

②楚子：楚国国君郏敖，楚康王之子，名熊员。薳罢（wěi pí）：楚国大夫，字子荡。《公羊传》作"薳颇"。

【译文】

鲁襄公三十年春周历正月，楚国郏敖派薳罢来鲁国聘问。

【左传】三十年春王正月，楚子使薳罢来聘，通嗣君也①。穆叔问王子围之为政何如②，对曰："吾侪小人，食而听事③，犹惧不给命，而不免于戾，焉与知政④？"固问焉，不告。穆叔告大夫曰："楚令尹将有大事⑤，子荡将与焉助之，匿其情矣⑥。"

【注释】

①楚子使薳罢来聘，通嗣君也：楚国郏敖即位，薳罢为新君通好。

②王子围：即后来的楚灵王，此时为令尹。

③食而听事：吃饭听使唤。

④"犹惧不给命"三句：薳罢推脱，不愿谈王子围之为政。不给命，不足以完成使命。戾，罪过。

⑤大事：指杀王夺位。

⑥子荡将与焉助之，匿其情矣：由蘧罢隐匿不告，可知他一定参与了王子围之谋。昭公元年，王子围杀郏敖自立，这里为伏笔。子荡，即蘧罢。

【译文】

鲁襄公三十年春周历正月，郏敖派蘧罢来鲁国聘问，是为新立的国君通好。穆叔问他王子围为政怎么样，蘧罢回答说："我辈小人物吃饭听使唤，还担心难以完成使命，而不免于获罪，哪里还能参与政事？"再三问他，蘧罢始终不说。穆叔对大夫说："楚国令尹将要有大举动，蘧罢将参与其间，所以帮着隐匿实情。"

　　*【左传】子产相郑伯以如晋，叔向问郑国之政焉。对曰："吾得见与否，在此岁也①。驷、良方争，未知所成②。若有所成，吾得见，乃可知也③。"叔向曰："不既和矣乎？"对曰："伯有侈而愎④，子晳好在人上，莫能相下也。虽其和也，犹相积恶也，恶至无日矣⑤。"

【注释】

①吾得见与否，在此岁也：意思是今年可见分晓。

②驷、良方争，未知所成：驷、良相争，未能调停平息。驷，驷氏，即子晳。良，良氏，即伯有。成，和，调解。

③"若有所成"三句：郑国内大族争斗是个严重问题，因此子产认为，只有驷、良等大族争斗平息，才能预知政事的前景。

④伯有侈而愎（bì）：伯有放肆而刚愎。

⑤恶至无日矣：虽已结盟，但怨仇未解，总有一天爆发。这为今年秋伯有逃亡伏笔。

【译文】

子产相礼郑简公去晋国，叔向向他问起郑国的政务。子产回答说："就在今年我便可以将形势判断清楚了。子晳、伯有正在争斗，不知道能否调解。如果能和解，我能由此做出判断，那就可以知道了。"叔向说："不是已经讲和了吗？"子产回答说："伯有放肆而刚愎，子晳喜欢凌驾于别人之上，两人互不相让。虽说讲和，其实仍然在累积恶感，爆发的日子不远了。"

*【左传】二月癸未①，晋悼夫人食舆人之城杞者②，绛县人或年长矣③，无子而往，与于食④。有与疑年，使之年⑤。曰："臣，小人也，不知纪年。臣生之岁，正月甲子朔⑥，四百有四十五甲子矣。其季于今三之一也⑦。"吏走问诸朝⑧。师旷曰："鲁叔仲惠伯会郤成子于承匡之岁也⑨。是岁也，狄伐鲁，叔孙庄叔于是乎败狄于咸，获长狄侨如及虺也、豹也，而皆以名其子⑩。七十三年矣⑪。"史赵曰："亥有二首六身，下二如身，是其日数也⑫。"士文伯曰："然则二万六千六百有六旬也⑬。"赵孟问其县大夫，则其属也⑭。召之，而谢过焉⑮，曰："武不才，任君之大事，以晋国之多虞⑯，不能由吾子，使吾子辱在泥涂久矣，武之罪也⑰。敢谢不才。"遂仕之，使助为政。辞以老。与之田，使为君复陶，以为绛县师⑱，而废其舆尉⑲。

【注释】

①癸未：二十二日。

②舆人：众人。指筑杞的晋国人。案筑杞城在去年。

③或：有人。

④无子而往，与于食：无儿子代服劳役者，虽年老也只好亲自去筑杞城。夫人赏役卒饭吃，他也在场。

⑤有与疑年，使之年：有人怀疑其年龄太大，于是问他年纪。

⑥臣生之岁，正月甲子朔：老人生于正月初一甲子日。

⑦四百有四十五甲子矣。其季于今三之一也：老人活了四百四十五个甲子，在最近这一个甲子中，又到了癸未，共二十天，是一个甲子的三分之一。案古代用干支记日，六十天为一周期，称为一个甲子。其季，其余。

⑧吏走问诸朝：小吏不知是多少岁，因此问于朝廷。

⑨鲁叔仲惠伯会郤成子于承匡之岁也：在文公十一年。

⑩"是岁也"五句：文公十一年传文记叙叔孙得臣，即庄叔，俘获长狄侨如，以侨如命名儿子宣伯。宣伯弟弟叔孙豹、叔孙虺也是以敌俘名字命名。

⑪七十三年矣：绛老人生于文公十一年，即前616年，到此年虚岁七十四，实岁七十三。

⑫"亥有二首六身"三句：亥字篆文作"$\overline{\overline{}}$"，上半为"二"，下半的"凵5"，均像数码的"六"字。古人筹算，"六"或摆作"$\perp$"，或摆作"T"，总之，一横为五，一竖为一，五加一为六。"凵5"都是六之数字所构成。所以说是二首六身。下二如身，是其日数，把二移下成"5T"，是数码的二万六千六百六十。

⑬有六旬：又六十日。

⑭赵孟问其县大夫，则其属也：问老人谁是其县大夫，原来是赵武下属。

⑮召之，而谢过焉：之，指老人。谢过，道歉。

⑯虞：忧患。

⑰"不能由吾子"三句：以不能及早发现老人，择才而使为歉。由，

任用。泥涂，田间野处。

⑱使为君复陶，以为绛（jiàng）县师：老人为君复陶，同时也为绛县师。复陶，管理衣服的官。杨伯峻认为是办理免役之事。县师，掌管地域的官。

⑲废其舆尉：舆尉征发老人，因此罢免其职。

【译文】

二月二十二日，晋悼夫人赐给修筑杞国城墙的役夫酒饭，绛县人中有个老人，没有儿子，自己前往修城，也参加了酒席。有人怀疑他的年龄，让他报出年纪。他说："下臣是小人，不知道记住年龄。只知道下臣出生那年，是正月初一甲子，如今已经过去四百四十五个甲子了。最末一个甲子到今天刚好过了三分之一。"官吏到朝廷去请教那老人的岁数。师旷说："是鲁国叔仲惠伯在承匡会见郤成子那一年。这一年，狄人进攻鲁国，叔孙庄叔那时在咸地打败狄人，俘获了长狄侨如和虺、豹，用俘虏的名字来给儿子取名。到现在已经七十三年啦。"史赵说："亥字是'二'字头'六'字身，把'二'下移到身上，就是他在世的天数了。"士文伯说："那么就是二万六千六百六十旬了。"赵孟问绛县的大夫，原来正是他的下属。赵孟把老人召来，向他道歉，说："我没有才能，却担负国君委任的重职，由于晋国忧患重重，没能任用你，使你埋没在田间野处，这是我的过错。谨致歉意。"于是让他为官，使他辅助自己执政。老人以年老为由谢绝了。便给他田地，让他为国君管理衣服，担任绛县师，而罢免了绛县的舆尉。

于是鲁使者在晋，归以语诸大夫。季武子曰："晋未可媮也①。有赵孟以为大夫②，有伯瑕以为佐③，有史赵、师旷而咨度焉④，有叔向、女齐以师保其君⑤。其朝多君子，其庸可媮乎？勉事之而后可⑥。"

【注释】

①媮（tōu）：这里指轻视。

②有赵孟以为大夫：赵武为上卿，主晋国大政。

③伯瑕：即士匄，士文伯。

④咨度：咨询、做顾问。

⑤师保：太子的师傅，这里作动词。

⑥"其朝多君子"三句：季武子认为，晋国多良臣，因此能长久保住盟主地位，只有尽力事奉晋国才好。

【译文】

这时鲁国使者正在晋国，回国后把此事告诉了大夫们。季武子说："晋国不可轻视啊。有赵孟执政，有伯瑕辅佐，有史赵、师旷供咨询，有叔向、女齐以为国君的师保。他们的朝廷上君子很多，怎么能轻视晋国呢？要尽力事奉他们才行。"

*【左传】夏四月己亥①，郑伯及其大夫盟②。君子是以知郑难之不已也。

【注释】

①四月己亥：四月不当有己亥日，当是史官记载有误。

②郑伯及其大夫盟：因驷氏与良氏相争，郑简公与大夫结盟。

【译文】

夏四月己亥，郑简公和大夫们订立盟约。君子由此知道郑国的祸难不断。

【经】夏四月①，蔡世子般弑其君固②。

【注释】

①四月:案时月日例,弑君例日,此处书月者,何休云:"深为中国隐
　　痛有子弑父之祸,故不忍言其日。"

②蔡世子般弑其君固:据《左传》,蔡景侯为太子般从楚国娶妻,又
　　与此楚女私通,于是太子般弑君。世子般,蔡国太子,姓姬,名般。
　　固,为蔡景侯,名固,谥景。

【译文】

夏四月,蔡国太子般杀死国君固。

【左传】蔡景侯为大子般娶于楚,通焉①。大子弑景侯。

【注释】

①通焉:蔡景侯与儿媳通奸。

【译文】

蔡景侯替太子般娶楚国女,却和楚女私通。太子杀了蔡景侯。

【穀梁传】其不日,子夺父政,是谓夷之。

【译文】

经文没有记载日期,因为儿子夺取了父亲的政权,这样说是把他当
做夷人来看待。

【经】五月甲午①,宋灾,宋伯姬卒②。

【注释】

①甲午:初五。

②宋灾,宋伯姬卒:宋国发生火灾,宋伯姬被烧死。宋伯姬,宋共公

夫人。《公羊传》《穀梁传》"伯姬"上无"宋"字。

【译文】

五月初五,宋国发生火灾,宋伯姬被烧死。

【左传】 或叫于宋大庙^①,曰:"嘻嘻,出出^②!"鸟鸣于亳社^③,如曰"嘻嘻"^④。甲午,宋大灾。宋伯姬卒,待姆也^⑤。君子谓宋共姬"女而不妇。女待人,妇义事也"^⑥。

【注释】

①叫:呼喊。大庙:宋国始封君微子之庙。

②嘻嘻,出出:象声词,皆为鸟叫声。

③亳(bó)社:殷社。

④如曰"嘻嘻":案以上是宋国发生火灾之前的两件怪异之事。

⑤宋伯姬卒,待姆也:火起,宋伯姬必等保姆来后才走,结果被烧死。姆,指保姆,女师傅。

⑥女而不妇。女待人,妇义事也:未婚女应待保姆而后行动;已婚之妇则可便宜行事。宋共公死于成公十五年,宋伯姬守寡已三十四年,年纪已大。君子之意是讥伯姬不知权变。女子未嫁叫"女",已嫁叫"妇"。

【译文】

宋国太庙中有大声呼喊的声音,说:"嘻嘻,出出!"鸟在亳社鸣叫,叫声如同"嘻嘻"。五月初五,宋国发生大火灾。宋共姬被烧死,她是为了等保姆。君子认为宋共姬"奉行的是当闺女而不是当媳妇的原则。闺女要等待保姆,已出嫁的媳妇就可以随机应变了"。

【穀梁传】 取卒之日,加之灾上者,见以灾卒也。其见以灾卒奈何？伯姬之舍失火，左右曰："夫人少辟火乎！"伯姬曰："妇人之义，傅母不在①，宵不下堂。"左右又曰："夫人少辟火乎！"伯姬曰："妇人之义，保母不在②，宵不下堂。"遂逮乎火而死③。妇人以贞为行者也，伯姬之妇道尽矣。详其事，贤伯姬也。

【注释】

①傅母：保育、辅导贵族子女的老年妇人。

②保母：宫廷内负责抚养贵族子女的女妾。

③遂：最终。逮：被，及。

【译文】

把去世的日期，写在发生火灾的前面，表明是因为火灾去世的。经文表明了是因为火灾去世，是怎样的呢？伯姬的房屋失火了，侍奉的人说："夫人稍微躲避一下火灾吧！"伯姬说："妇人应遵守的道义，傅母不在，晚上不能走下厅堂。"侍奉的人又说："夫人稍微躲避一下火灾吧！"伯姬说："妇人应遵守的道义，保母不在，晚上不能走下厅堂。"最终被火烧死。妇人以贞节作为自己行为的准则，伯姬尽到了妇道。详细地记载这件事，是认为伯姬有贤德。

【经】天王杀其弟佞夫①。王子瑕奔晋②。

①天王杀其弟佞夫：天王，周景王姬贵。佞夫，周灵王之子，周景王之同母弟。《公羊传》作"年夫"。周灵王的侄子儋（dān）括欲立佞夫，而佞夫不知。五月，五大夫杀佞夫。括、瑕奔晋。案礼制，天子有专杀之权，故平日之杀大夫、杀同母弟，《春秋》皆不书之。此处周景王之父周灵王于襄公二十八年十二月驾崩，此时周景王

尚在丧中,却忍心杀害同母弟,毫无思慕父亲之心,故书之。

②王子瑕:周王室大夫,儋括同盟,因佞夫被杀而出逃。经文不说"出奔"而只说"奔"是因为"不言出,周无外"。

【译文】

周景王杀其弟弟佞夫。王子瑕逃往晋国。

【左传】初,王儋季卒[1],其子括将见王[2],而叹。单公子愆期为灵王御士[3],过诸廷,闻其叹,而言曰:"乌乎!必有此夫[4]!"入以告王,且曰:"必杀之!不戚而愿大,视躁而足高,心在他矣[5]。不杀,必害。"王曰:"童子何知[6]!"及灵王崩,儋括欲立王子佞夫[7]。佞夫弗知。戊子[8],儋括围芳[9],逐成愆[10]。成愆奔平畤[11]。五月癸巳[12],尹言多、刘毅、单蔑、甘过、巩成杀佞夫[13]。括、瑕、廖奔晋[14]。书曰:"天王杀其弟佞夫。"罪在王也[15]。

【注释】

①儋季:周灵王的弟弟。

②括:儋季之子。

③御士:侍御之士。

④必有此夫:指儋括有野心,想占有朝廷大权。

⑤"不戚而愿大"三句:其父刚死,无悲哀而有大愿望,目光不定,四处张望,趾高气扬,必有他心。戚,哀伤。视躁,四处张望。

⑥童子何知:周灵王未理会单愆期的话。童子,指单愆期,大概当时尚年少。案以上是周灵王未死之事。

⑦王子佞(nìng)夫:周灵王之子,周景王之弟。

⑧戊子:二十八日。

⑨苌：在今河南孟津东北。

⑩成愆（qiān）：苌邑大夫。

⑪平畤（zhì）：周邑，在今洛阳附近。案儋括想立王子佞夫，因此围苌作乱。

⑫癸巳：初四。

⑬尹言多、刘毅、单蔑、甘过、巩成：五人都是周大夫。

⑭括、瑕、廖奔晋：王子瑕与廖为儋括同党。

⑮"书曰"三句：此次周王室之乱，罪魁是儋括，王子佞夫本人并不知情，杀佞夫实为冤枉。经文如此记载，意在归罪周王。

【译文】

起初，周灵王的弟弟儋季去世，儋季儿子儋括将要进见周灵王，却叹气。单国的公子愆期担任周灵王的侍御，经过朝廷，听见儋括的叹气，说："啊！他一定是想占据这里吧！"就进去告诉周灵王，并说："一定要把他杀掉！父亲死了，他不哀伤，却野心勃勃，四处张望，趾高气扬，他的心思在别的地方了。不杀他必然造成危害。"周灵王说："小孩子知道什么！"到周灵王去世，儋括想立王子佞夫。佞夫自己并不知道。二十八日，儋括包围苌地，赶走成愆。成愆逃到平畤。五月初四，尹言多、刘毅、单蔑、甘过、巩成杀了佞夫。儋括、瑕、廖逃往晋国。《春秋》记载："周景王杀死弟弟佞夫。"这是说罪责在周王。

【穀梁传】传曰：诸侯且不首恶①，况于天子乎？君无忍亲之义②，天子、诸侯所亲者，唯长子、母弟耳。天王杀其弟佞夫，甚之也。

【注释】

①首恶：罪魁祸首。

②忍：残忍。

【译文】

《传》说:诸侯尚且不能作为罪魁祸首,何况天子呢? 国君没有残酷对待亲人的道理,天子、诸侯亲近的人,只有长子、同母的弟弟罢了。周景王杀害了他的弟弟佞夫,太过分了。

*　**【左传】**六月,郑子产如陈莅盟。归,复命。告大夫曰:"陈,亡国也,不可与也。聚禾粟,缮城郭,恃此二者,而不抚其民。其君弱植①,公子侈②,大子卑③,大夫敖④,政多门⑤,以介于大国⑥,能无亡乎? 不过十年矣⑦。"

【注释】

①弱植:根基不牢。

②公子:指公子留。

③大子卑:太子偃师卑弱,不受宠。

④敖:傲慢。

⑤政多门:政事不由一人,而是各行其是。

⑥介:间,处于。

⑦不过十年矣:案此为昭公八年楚灭陈伏笔。

【译文】

六月,郑国子产到陈国参加盟会。回国复命后,告诉大夫们说:"陈国是将要灭亡的国家,不可与它亲近。他们积聚粮食,修缮城墙,倚仗这二者,却不安抚民众。国君根底浅薄,公子过分放纵,太子卑微,大夫傲慢,政出多门,又处于大国之间,能不灭亡吗? 要不了十年了。"

【经】秋七月,叔弓如宋①,葬宋共姬②。

【注释】

①叔弓：叔老之子，鲁宣公弟叔肸之曾孙。

②宋共姬：《穀梁传》作"共姬"，"共姬"上无"宋"字。

【译文】

秋七月，叔弓到宋国，参加宋共姬的葬礼。

【左传】秋七月，叔弓如宋，葬共姬也①。

【注释】

①"秋七月"三句：案礼，鲁国不必派卿参加宋共姬葬礼，因哀怜宋伯姬被火烧死，特派叔弓参加。

【译文】

秋七月，叔弓到宋国去，是去参加宋共姬的葬礼。

【公羊传】外夫人不书葬①，此何以书？隐之也。何隐尔？宋灾，伯姬卒焉。其称谥何？贤也。何贤尔？宋灾，伯姬存焉，有司复曰："火至矣，请出。"伯姬曰："不可。吾闻之也，妇人夜出，不见傅、母②，不下堂。傅至矣，母未至也。"逮乎火而死。

【注释】

①外夫人不书葬：《春秋》之例，内女嫁为诸侯夫人者，书其卒，不书其葬。

②傅、母：何休云："礼：后、夫人必有傅、母，所以辅正其行，卫其身也。选老大夫为傅，选老大夫妻为母。"

【译文】

内女嫁为诸侯夫人，例不书葬，此处为何记录宋伯姬之葬？是伤痛她。为何伤痛她。因为宋灾，伯姬死了。经称宋伯姬的谥号"共"是为何？因为宋伯姬有贤德。有何贤德？宋国有大火灾，宋伯姬在里面，有司禀告道："大火烧过来了，请离去。"宋伯姬说："不可以。我听闻，妇人如果夜间出门，没有见到傅、母则不下堂。傅已经到了，母还没到。"大火烧过来，宋伯姬死了。

【穀梁传】外夫人不书葬，此其言葬，何也？吾女也。卒灾，故隐而葬之也①。

【注释】

①隐：伤痛，隐痛。

【译文】

外国夫人不记载安葬日期，这里记载说"安葬共姬"，为什么？她死于火灾，所以伤痛地安葬她。

【经】郑良霄出奔许①，自许入于郑，郑人杀良霄。

【注释】

①良霄：即伯有。

【译文】

郑国良霄出奔许国，又由许国回到郑国，郑国人杀了良霄。

【左传】郑伯有耆酒，为窟室①，而夜饮酒，击钟焉②。朝至，未已③。朝者曰："公焉在④？"其人曰："吾公在壑谷⑤。"

皆自朝布路而罢⑥。既而朝⑦,则又将使子皙如楚⑧,归而饮酒。庚子⑨,子皙以驷氏之甲伐而焚之。伯有奔雍梁,醒而后知之⑩,遂奔许。

【注释】

①窟室:地下室。

②击钟焉:击钟奏乐。

③朝至,未已:伯有通宵达旦饮酒作乐,众大夫来朝伯有,伯有饮酒尚未停止。

④公:指伯有。伯有之家臣尊称伯有为公,朝者亦因其称以问。

⑤壑谷:指窟室,含有讽刺的意思。

⑥皆自朝布路而罢:朝者只好分散回去。布路,分散。

⑦既而朝:伯有与群臣朝国君。

⑧则又将使子皙如楚:上年伯有曾强使子皙使楚,子皙不去。

⑨庚子:十一日。

⑩伯有奔雍梁,醒而后知之:伯有逃到雍梁时酒醒,才知道发生了事变。雍梁,古地名,在今河南新郑西南、长葛西北。

【译文】

郑国伯有嗜好喝酒,造了间地下室,整夜饮酒,还敲钟奏乐。众大夫来朝见他,他还不肯停杯。朝见的人问:"主人在哪里?"伯有手下人说:"我们主人在沟壑里呢。"大夫们都四散回去了。不久朝见郑简公,又提出派子皙出使楚国,回家后又饮酒。七月十一日,子皙率领驷氏家族的甲士攻打伯有家,并放火烧了他家。伯有逃到雍梁,酒醒后才明白发生了什么事,于是出奔许国。

大夫聚谋,子皮曰:"《仲虺之志》云①:'乱者取之,亡者侮之②。'推亡固存,国之利也③。罕、驷、丰同生④。伯有汰侈,故不免⑤。"人谓子产就直助强⑥。子产曰:"岂为我徒⑦? 国之祸难,谁知所敝⑧? 或主强直,难乃不生⑨。姑成吾所⑩。"辛丑⑪,子产敛伯有氏之死者而殡之,不及谋而遂行⑫。印段从之⑬。子皮止之⑭。众曰:"人不我顺,何止焉⑮?"子皮曰:"夫子礼于死者,况生者乎⑯?"遂自止之。壬寅⑰,子产入。癸卯⑱,子石入⑲。皆受盟于子晳氏。乙巳⑳,郑伯及其大夫盟于大宫㉑,盟国人于师之梁之外㉒。

【注释】

①仲虺(huǐ):商汤左相。

②乱者取之,亡者侮之:意思是攻取动乱的,欺负灭亡的。

③推亡固存,国之利也:子皮的意思是应消灭伯有。推,借为"摧",摧毁。固,巩固。

④罕、驷、丰同生:三家本是同母兄弟。罕,罕氏子皮。驷,驷氏子晳。丰,丰氏公孙段。

⑤伯有汰侈,故不免:三家同生,伯有孤立,又汰侈,所以必亡。汰,骄傲自大。

⑥人谓子产就直助强:时人认为子晳直,三家强,于是建议子产支持这一边。

⑦岂为我徒:子产既不与驷氏同党,又不与良氏同党。徒,同党。

⑧敝:同"弊",停止。指祸难平息。

⑨或主强直,难乃不生:主持国政的人强大而正直,就不会有祸难。现在三家与伯有都不能如此,因此子产对双方都不支持。

⑩成:定,保住。所:指不偏袒任何一方的地位。

⑪辛丑:十二日。

⑫不及谋而遂行：子产怕有变，未及和大夫们商量就出走了。

⑬印段从之：印段认为子产贤良，所以一同出走。

⑭子皮止之：子皮挽留子产。

⑮人不我顺，何止焉：因为子产收伯有氏的死者，三家之众反对挽留子产。

⑯夫子礼于死者，况生者乎：子产此举是有礼，不是偏袒伯有氏。

⑰壬寅：十三日。

⑱癸卯：十四日。

⑲子石：即印段。

⑳乙巳：十六日。

㉑大官：太庙，始封君桓叔之庙。

㉒盟国人于师之梁之外：郑简公与众结盟，反对伯有。师之梁，郑国城门。

【译文】

大夫们聚集在一起商议怎么办，子皮说："《仲虺之志》说：'动乱的就攻取它，灭亡的就欺侮它。'摧毁灭亡的巩固存在的，是对国家有利。罕氏、驷氏、丰氏本是同胞兄弟。伯有骄傲又放肆，所以不免于祸难。"有人劝子产靠近正直的帮助强盛的。子产说："他们莫非是我的同伙？国家的祸难，谁能知道该怎么平息它？要是主持国政的人强大而正直，祸难就不会发生。先保持自己的立场再说吧。"十二日，子产收殓伯有家族死者的尸体葬埋了，没和大夫们打招呼就离开都城。印段跟随着他。子皮阻止子产。大家说："他既然不肯顺服我们，劝阻他做什么？"子皮说："他对死去的人尚且有礼，更何况对生者呢？"便亲自劝止子产。十三日，子产进入国都。十四日，印段也进入国都。两人都在子晳家和大夫们订立盟约。十六日，郑简公和大夫们在太庙订立盟约，在师之梁门外和国人订立盟约。

伯有闻郑人之盟己也①，怒。闻子皮之甲不与攻己也，喜，曰："子皮与我矣②。"癸丑③，晨，自墓门之渎入④，因马师颉介于襄库⑤，以伐旧北门。驷带率国人以伐之⑥。皆召子产⑦。子产曰："兄弟而及此，吾从天所与⑧。"伯有死于羊肆⑨，子产襚之⑩，枕之股而哭之，敛而殡诸伯有之臣在市侧者⑪，既而葬诸斗城⑫。子驷氏欲攻子产，子皮怒之曰："礼，国之干也⑬。杀有礼，祸莫大焉⑭。"乃止。

【注释】

①盟己：因己而盟。伯有以为郑人是想共同抵抗自己。

②子皮与我矣：伯有知道子皮没有派兵攻自己，误以为是支持自己。

③癸丑：二十四日。

④墓门：郑国城门。渎：排水洞。

⑤因马师颉介于襄库：通过马师颉用襄库的皮甲来装备士兵。马师颉，子羽之孙。

⑥驷带：子西之子，子皙同宗。

⑦皆召子产：驷氏、伯有都召子产。

⑧兄弟而及此，吾从天所与：子产反对同室操戈，哪一方都不卷入。伯有、驷带都是穆公曾孙，则兄弟辈；子产、子皙、伯石都是穆公孙，亦兄弟辈。

⑨羊肆：即羊市，卖羊的街市。

⑩襚（suì）之：为伯有尸体穿衣。

⑪敛：大殓，将尸体装入棺材。

⑫既而葬诸斗城：子产安葬伯有。斗城，地名，在今河南通许东北。

⑬国之干也：国家的支柱。

⑭杀有礼，祸莫大焉：子产殓伯有有礼，不可攻。

【译文】

伯有听说郑国人盟誓共同对付自己，大怒。又听说子皮的甲士没参与攻打自己，很高兴，说："子皮站在我一边。"二十四日清晨，伯有等人从墓门的出水洞潜入，通过马师颉从襄库取得衣甲装备，带人攻打旧北门。驷带率领国人讨伐伯有。双方都召请子产。子产说："兄弟却到了这个地步，我顺从上天所护佑的一方。"伯有死在羊市，子产给他的尸体穿衣，枕着他的大腿号哭，收殓入棺，停放在街市伯有部下的家中，接着又安葬在斗城。驷氏想攻打子产，子皮怒斥道："礼是国家的主干。攻杀有礼的人，没有比这更大的祸患了。"驷氏才停止行动。

于是游吉如晋还，闻难，不入，复命于介^①。八月甲子^②，奔晋。驷带追之，及酸枣^③。与子上盟，用两珪质于河^④。使公孙肸入盟大夫。己巳^⑤，复归^⑥。

【注释】

①复命于介：使副手入都代为复命。介，游吉的副手。

②甲子：初六。

③酸枣：古地名，在今河南延津西南。

④与子上盟，用两珪（guī）质于河：结盟时沉玉珪于河表示信用。
子上，即驷带。

⑤己巳：十一日。

⑥复归：游吉回国。

【译文】

当时游吉出使晋国归来，听说国内发生祸难，就不入境，让副手回来复命。八月初六，游吉逃往晋国。驷带追赶他，在酸枣赶上。游吉和驷带立盟，把两件玉珪沉入黄河表示诚意。游吉派公孙肸入都与大夫们订立盟约。十一日，游吉回到国内。

书曰："郑人杀良霄。"不称大夫，言自外入也①。

【注释】

①不称大夫，言自外入也：伯有是逃亡于外后再回来的，已失去大夫
　之位，所以不称其为大夫。案这是解释经文。

【译文】

《春秋》记载说："郑国人杀了良霄。"不称良霄为大夫，是说他从国
外回来，已经不具有大夫身份。

　　于子蟜之卒也①，将葬，公孙挥与裨灶晨会事焉。过伯
有氏，其门上生莠②。子羽曰③："其莠犹在乎④?"于是岁在降
娄⑤，降娄中而旦⑥。裨灶指之⑦，曰："犹可以终岁⑧，岁不及
此次也已⑨。"及其亡也，岁在娵訾之口⑩，其明年乃及降娄⑪。

【注释】

①子蟜（jiǎo）：即公孙虿。死于襄公十九年。

②莠（yǒu）：狗尾草。

③子羽：即公孙挥。

④其莠犹在乎：以莠比喻伯有，指其不能长久。

⑤于是岁在降娄：当时岁星正运行到降娄。岁，岁星。降娄，也叫奎
　类，十二星次之一。

⑥降娄中而旦：公孙虿死于襄公十九年周历四月，葬时当在七月，此
　时降娄在中天而天亮。

⑦之：指降娄。

⑧终岁：指岁星绕日一周，约需十二年。

⑨岁不及此次也已：指伯有活的时间不会再等到岁星回到降娄了，

即不会超过十二年。

⑩及其亡也,岁在娵訾(jū zǐ)之口:岁星此时正过娵訾,尚未到降
娄。娵訾,十二星次之一。

⑪其明年乃及降娄:以上由天象说明裨灶预言正确。

【译文】

　　子蟜去世后,将要安葬,公孙挥与裨灶清晨去子蟜家会商办理丧事。路过伯有家,看到门上已经长草。公孙挥说:"这棵草还能存在多久呢?"这时岁星在降娄,降娄在天空中顶时天亮了。裨灶指着说:"还可以让岁星绕行一周,不过它到不了岁星再到这里就会枯萎了。"到伯有被杀时,岁星正好处在娵訾口上,第二年才到达降娄。

　　仆展从伯有①,与之皆死。羽颉出奔晋,为任大夫②。
鸡泽之会③,郑乐成奔楚,遂适晋。羽颉因之,与之比而事赵
文子④,言伐郑之说焉。以宋之盟故⑤,不可。子皮以公孙鉏
为马师⑥。

【注释】

①仆展:郑国大夫,伯有同党。

②羽颉(xié)出奔晋,为任大夫:逃到晋国后为任大夫。羽颉,即马
师颉,助伯有伐北门。任,晋邑,在今河北任县东南。

③鸡泽之会:在襄公三年。

④比:勾结。

⑤宋之盟:弭兵大会之盟。

⑥公孙鉏:子罕之子,代替羽颉。

【译文】

　　仆展跟从伯有,和伯有一起战死。羽颉逃往晋国,担任任地大夫。

鸡泽之会时,郑国的乐成出逃楚国,又前往晋国。羽颉接近他,和他相勾结一起事奉赵文子,提议攻打郑国。因为有宋国盟约的制约,赵文子没有采纳。子皮让公孙钮担任马师。

【穀梁传】不言大夫,恶之也。

【译文】
不说他是大夫,是厌恶他。

【经】冬十月,葬蔡景公。

【译文】
冬十月,安葬蔡景公。

【公羊传】贼未讨,何以书葬? 君子辞也^①。

【注释】
①君子辞:君子避讳之辞。上文蔡世子般弑杀蔡侯固,《春秋》为中国避讳,不书日。此处则继续为中国讳,好像蔡世子并非真的弑杀了君父,而是像许世子一般,是加弑(详参昭公十九年“冬,葬许悼公”条),故而书蔡景公之葬。
【译文】
弑君贼未被诛讨,为何书蔡景公之葬? 是君子避讳之辞。

【穀梁传】不日卒而月葬,不葬者也。卒而葬之,不忍使父失民于子也。

【译文】

不记载去世的日期而记载下葬的月份，表明是本不应该记载下葬的。记载了去世又记载了下葬，是不忍心让父亲失去百姓给儿子。

*【左传】楚公子围杀大司马蒍掩而取其室①。申无宇曰："王子必不免。善人，国之主也。王子相楚国，将善是封殖②，而虐之③，是祸国也。且司马，令尹之偏④，而王之四体也⑤。绝民之主，去身之偏，艾王之体⑥，以祸其国，无不祥大焉⑦。何以得免⑧？"

【注释】

①蒍掩：蒍子冯之子。为楚贤臣，参见襄公二十五年传文。

②封殖：扶植，培养。

③虐：残害。

④偏：佐，辅佐。

⑤而王之四体也：司马也是王的股肱之臣。

⑥艾（yì）：斩除。

⑦无：发语词，无义。

⑧何以得免：公子围弑郏敖为楚灵王，昭公十三年，被杀。

【译文】

楚国公子围杀了大司马蒍掩而占有他的家财。申无宇说："公子围肯定不免于祸难。善人是国家的栋梁。公子围执掌楚国大权，应该培植善人，反而加以残害，这是祸害国家。再说司马就如令尹的半边身子，有如国君的四肢。杀死国家的栋梁之材，去掉身子的半边，砍掉国君的手脚，如此祸害国家，真是极大的不祥。他又怎么能免于祸难呢？"

【经】 晋人、齐人、宋人、卫人、郑人、曹人、莒人、邾人、滕人、薛人、杞人、小邾人会于澶渊，宋灾故①。

【注释】

① 晋人、齐人、宋人、卫人、郑人、曹人、莒人、邾人、滕人、薛人、杞人、小邾人会于澶（chán）渊，宋灾故：宋国遭火灾，诸侯会于澶渊商量援助宋国。邾人、小邾人，《公羊传》作"邾娄人""小邾娄人"。澶渊，古地名，在今河南濮阳西北。原为卫地，后晋取之。

【译文】

晋国人、齐国人、宋国人、卫国人、郑国人、曹国人、莒国人、邾国人、滕国人、薛国人、杞国人、小邾国人在澶渊会面，这是为了宋国火灾的缘故。

【左传】 为宋灾故，诸侯之大夫会，以谋归宋财①。冬十月，叔孙豹会晋赵武、齐公孙虿、宋向戌、卫北宫佗、郑罕虎及小邾之大夫②，会于澶渊③。既而无归于宋，故不书其人④。君子曰："信其不可不慎乎！澶渊之会，卿不书，不信也。夫诸侯之上卿，会而不信，宠名皆弃⑤，不信之不可也如是。《诗》曰：'文王陟降，在帝左右⑥。'信之谓也。又曰：'淑慎尔止，无载尔伪⑦。'不信之谓也。"书曰"某人某人会于澶渊，宋灾故"，尤之也⑧。不书鲁大夫，讳之也⑨。

【注释】

① "为宋灾故"三句：商量支援宋国财物以救灾。归，同"馈"。

② 北宫佗：北宫括之子。

③ 会于澶渊：胡安国《春秋传》曰："是时蔡世子般弑其君，天下之大

变,人理所必不容也。宋国有灾,小事耳,乃合十二国之大夫,更宋之所丧而归其财,可谓知务乎!"黄仲炎曰:"自晋人废讨贼之义而后,楚虔得窃是义以行之,以讨陈乱为名而灭陈,以讨蔡为名而灭蔡,盖澶渊之会为之也。"

④既而无归于宋,故不书其人:此次会后却没馈送宋国什么财物,因此经文不记与会卿大夫姓名,以示批评。

⑤宠:尊荣。名:指氏族与名字。

⑥文王陟(zhì)降,在帝左右:引《诗》见《诗经·大雅·文王》。意思是文王有信,或升或降,都在天帝左右。陟,升。

⑦淑慎尔止,无载尔伪:这是逸诗,意思是要谨慎你的行动,不要表现你的虚伪。淑,善。止,举止。

⑧尤之:责备诸侯之卿大夫。

⑨不书鲁大夫,讳之也:鲁国叔孙豹其实参加了澶渊之会,经文不加记载,是为之隐讳。案以上是解释经文的意思。

【译文】

为了宋国火灾之故,诸侯国大夫们相会,商量资助宋国财物。冬十月,叔孙豹会同晋国赵武、齐国公孙虿、宋国向戌、卫国北宫佗、郑国罕虎以及小邦国的大夫,在澶渊相会。因为结果并没给宋国财物,所以《春秋》没有记载参加会议的人。君子说:"信用能不谨慎对待吗!澶渊之会连上卿的名字都不记载,就是因为不守信用。诸侯上卿,相会而不守信,尊贵与姓名全都丢掉了,不能不守信用就是这样啊。《诗》说:'文王或升或降,都是在天帝的左右。'说的是讲信用。又说:'好好地谨慎你的举止,不要做出虚伪事。'说的是不守信用。"《春秋》记载说"某人某人会于澶渊,是因为宋国火灾的缘故",这是表示责备。不记载鲁国大夫,是在为之隐讳。

【公羊传】宋灾故者何？诸侯会于澶渊,凡为宋灾故也。

会未有言其所为者,此言所为何? 录伯姬也。诸侯相聚,而更宋之所丧[①],曰:死者不可复生尔,财复矣。此大事也,曷为使微者? 卿也。卿则其称人何[②]? 贬。曷为贬? 卿不得忧诸侯也[③]。

【注释】

①更:复也。

②卿则其称人何:案名例,大夫称名氏。

③卿不得忧诸侯也:卿大夫之义,当担忧国内之事。担忧国外之事,为国君之职。大夫担忧国外之事,则是擅自作福,僭越国君。

【译文】

"宋灾故"是什么意思? 诸侯在澶渊相会,都是因为宋国遭遇火灾的缘故。相会没有说明所为何事的,此处说明所为何事,是为何? 是重录宋伯姬之贤。诸侯聚敛财物,而补偿宋国的损失,说:死去的人不能复生了,只能补偿你们财物了。这里是大事,为何派遣微者? 与会的实际是卿大夫。是卿大夫,为何称人? 是贬抑他们。为何贬抑? 卿大夫不得担忧外诸侯。

【穀梁传】会不言其所为,其曰宋灾故,何也? 不言灾故,则无以见其善也。其曰人,何也? 救灾以众。何救焉? 更宋之所丧财也[①]。澶渊之会,中国不侵伐夷狄,夷狄不入中国,无侵伐八年,善之也。晋赵武、楚屈建之力也。

【注释】

①更:补偿。

【译文】

对于会面是不说原因的,经文说了是因为宋国的火灾,为什么呢?不说因为火灾,那就不能体现这次会面的善行。经文说"人",为什么呢?因为救援灾害要靠众人。怎么救呢?补偿宋国所损失的财物。到澶渊之会为止,中原国家不入侵讨伐夷狄之国,夷狄之国不进入中原国家,没有战争八年了,褒扬这次会面。这次会面是靠晋国大夫赵武、楚国大夫屈建的力量促成的。

*【左传】郑子皮授子产政①。辞曰:"国小而逼②,族大宠多③,不可为也④。"子皮曰:"虎帅以听,谁敢犯子⑤? 子善相之。国无小,小能事大,国乃宽⑥。"

【注释】

①郑子皮授子产政:伯有死后,子皮执政,因子产贤能,让与子产。

②逼:逼进大国。

③族大宠多:郑国公族盛大,而恃宠专横的人甚多。

④不可为:不可治。案子产辞谢。

⑤虎帅以听,谁敢犯子:子皮愿意率公族以听命于子产。虎,罕虎,即子皮。

⑥"国无小"三句:国不在于小,只要善治,可以宽舒缓和。这是子皮打消子产的顾虑。

【译文】

郑国子皮把国政交给子产。子产推辞说:"国家小而逼近大国,公族庞大,受宠者多,没法治理。"子皮说:"我带领众人听你的命令,谁敢冒犯你? 你好好地辅佐国政吧。国家不在于小,小国能事奉大国,国家就能宽舒缓和。"

　　子产为政,有事伯石①,赂与之邑②。子大叔曰:"国皆其国也,奚独赂焉③?"子产曰:"无欲实难。皆得其欲,以从其事,而要其成④。非我有成,其在人乎⑤?何爱于邑,邑将焉往⑥?"子大叔曰:"若四国何⑦?"子产曰:"非相违也,而相从也,四国何尤焉⑧?《郑书》有之曰⑨:'安定国家,必大焉先⑩。'姑先安大,以待其所归⑪。"既,伯石惧而归邑,卒与之。伯有既死,使大史命伯石为卿,辞。大史退,则请命焉⑫。复命之,又辞。如是三,乃受策入拜⑬。子产是以恶其为人也,使次己位⑭。

【注释】

①有事伯石:有政事让伯石去办。伯石,即公孙段,字子石。

②赂与之邑:给伯石田邑作为报偿。

③国皆其国也,奚独赂焉:大家为国出力,伯石为何特别奖赏?

④要(yāo):求。

⑤非我有成,其在人乎:只要事情成功,就达到目的,赏邑只是一种手段。其,难道。

⑥何爱于邑,邑将焉往:虽赏之田邑,田邑却不会跑掉,仍在郑国。爱,爱惜。

⑦若四国何:子太叔担心这样做将被邻国所笑。

⑧"非相违也"三句:赏之田邑,是使大夫相顺从,团结一致,邻国没理由责怪。

⑨《郑书》:指郑国的史籍。

⑩必大焉先:即"必先大"。大,大族。

⑪姑先安大,以待其所归:先安定大族,再观其后果。

⑫请命:请求重新发布命令,愿就任卿位。

⑬如是三,乃受策入拜:可见伯石虚伪矫情。

⑭子产是以恶其为人也,使次己位:子产恶其虚伪,又怕他作乱,因此加以笼络。案以上都是子产安抚大族的政策。

【译文】

　　子产执政,有事要伯石去办,就送给他城邑。子太叔说:“国家是大家的国家,为何唯独送他城邑?”子产说:“人没欲望其实很难。我使他们的欲望得到满足,好让他们为国办事,并以此要求他们把事办好。这不是我的成功,难道还是他人的成功? 为什么要舍不得城邑,城邑还能跑到哪里去?”子太叔说:“要是周边邻国议论怎么办?”子产说:“我这样做不是分裂国家,而是使大家和睦,各国又有什么可非议的呢?《郑书》有这样的话:‘安定国家,一定要优先考虑大族。’先安定大族,以观察其结果。”不久,伯石因害怕而交出了城邑,但子产最终还是给了他。伯有死后,子产让太史命令伯石为卿,伯石推辞。太史走后,伯石却又请求重新发布任命。再次下命令,伯石又推辞。这样往返了三次,伯石才接受任命入朝拜谢。子产由此厌恶伯石的为人,但还是让他居于仅次于自己的职位。

　　子产使都鄙有章①,上下有服②,田有封洫③,庐井有伍④。大人之忠俭者⑤,从而与之⑥;泰侈者因而毙之⑦。

【注释】

①都鄙有章:国都与乡间一切事情都有一定的规章。都,国都。鄙,乡野。

②上下有服:各有职责。服,职责。

③田有封洫(xù):子产作封洫,是清理田亩,划定田界,将侵占他人的土地归还原主的一项经济政策。封,田界。洫,灌田水沟。

④庐井有伍:将居民按照户口有一定的安排,使房舍和耕地互相适

　　应。庐,房舍。

⑤大人:指卿大夫。

⑥与之:亲近他,举拔他。

⑦泰侈者因而毙之:骄傲放肆者依法惩办,赏罚分明。泰侈,汰侈。

【译文】

　　子产使国都与乡间的一切事物都有章法,上下各司其责,田地有疆界和沟渠,耕地房舍合理配套。大夫中忠诚俭朴的,就听从他亲近他;骄横放肆的就惩罚他。

　　丰卷将祭①,请田焉②。弗许,曰:“唯君用鲜,众给而已③。”子张怒,退而征役④。子产奔晋,子皮止之,而逐丰卷。丰卷奔晋。子产请其田、里⑤,三年而复之⑥,反其田、里及其入焉⑦。

【注释】

①丰卷:郑穆公后裔,字子张。

②田:田猎。

③唯君用鲜,众给而已:国君祭祀时才用“鲜”,群臣只要一般祭品齐备就可以了。鲜,指新杀的动物。给,指一般的供应。

④子张怒,退而征役:子张招聚兵众,准备攻打子产。子张,丰卷。

⑤子产请其田、里:子产请求国君不没收丰卷的田、里。里,住宅。

⑥三年而复之:三年后让丰卷回国。

⑦入:指三年的收入。

【译文】

　　丰卷将要祭祀,请求让他打猎获得祭品。子产不批准,说:“唯有国君祭祀才用新杀的动物,其他人只要普通的祭品齐备就行了。”丰卷大怒,退出后就召集兵卒。子产要逃往晋国,子皮拦住了他,而驱逐丰卷。丰卷出逃晋国。子产请求不要没收丰卷的田产、房舍,三年后便把丰卷召回,并把田地、房舍和三年来的收入都归还给他。

从政一年,舆人诵之,曰:"取我衣冠而褚之^①,取我田畴而伍之^②。孰杀子产,吾其与之^③!"及三年,又诵之,曰:"我有子弟,子产诲之^④;我有田畴,子产殖之^⑤。子产而死,谁其嗣之^⑥?"

【注释】

①取我衣冠而褚之:指骄奢逾制的衣冠不敢用。褚,即"贮",储藏。

②取我田畴而伍之:指把田亩进行重新划分、安排。畴,耕地。

③与之:助之,帮助杀子产。案以上舆人之诵,表明部分贵族对子产改革政策的反对。

④诲:教诲。

⑤殖:繁殖,增产。

⑥子产而死,谁其嗣之:子产如果死了,谁能继承他? 这里指子产的政治措施取得成就,受到众人歌颂。而,如果。嗣,继承。

【译文】

子产从政一年,人们评议他,说:"将我的衣冠藏起来,把我的田地重安排。谁要杀子产,我一定跟从他!"三年后,又有人评议,说:"我有子弟,子产教导他;我有田地,子产使它增产。子产如果死了,谁能继承他?"

三十一年

△**【经】**三十有一年春王正月^①。

【注释】

①三十有一年：鲁襄公三十一年当周景王三年，前542年。

【译文】

鲁襄公三十一年春周历正月。

*【左传】三十一年春王正月，穆叔至自会①。见孟孝伯，语之曰："赵孟将死矣。其语偷，不似民主②。且年未盈五十③，而谆谆焉如八九十者④，弗能久矣。若赵孟死，为政者其韩子乎⑤！吾子盍与季孙言之，可以树善⑥，君子也⑦。晋君将失政矣⑧，若不树焉⑨，使早备鲁⑩，既而政在大夫，韩子懦弱，大夫多贪，求欲无厌，齐、楚未足与也，鲁其惧哉⑪！"孝伯曰："人生几何？谁能无偷？朝不及夕，将安用树？"穆叔出，而告人曰："孟孙将死矣。吾语诸赵孟之偷也，而又甚焉。"又与季孙语晋故，季孙不从。及赵文子卒⑫，晋公室卑，政在侈家⑬，韩宣子为政，不能图诸侯⑭。鲁不堪晋求⑮，谗慝弘多⑯，是以有平丘之会⑰。

【注释】

①穆叔至自会：从澶渊之会返鲁。

②其语偷，不似民主：赵孟本为晋国执政，但听他说话毫无远虑，不像个掌权的人。偷，说话毫无远虑。

③且年未盈五十：赵孟约生于成公二年，至此才四十七八岁。

④谆谆：说话唠叨絮絮不休的样子。

⑤韩子：韩起。

⑥树善：结好。

⑦君子也：韩起有君子之德，必不会忘记鲁国的结好。

⑧晋君将失政矣：晋国大夫日益强大，国君将渐渐失去治国权力。

⑨树：树善。

⑩使早备鲁：让韩起早点为鲁国着想。

⑪齐、楚未足与也，鲁其惧哉：齐、楚两国不足以让鲁国依附，一旦晋国大权落入大夫手里，鲁国将陷入困境。

⑫及赵文子卒：赵文子死于明年。

⑬侈家：即上面说的"多贪，求欲无厌"的大夫。

⑭韩宣子为政，不能图诸侯：晋国政局正如穆叔所料。图诸侯，继续为诸侯霸主。

⑮鲁不堪晋求：鲁国难以负担晋国的贡赋要求。

⑯谗慝（tè）：奸邪小人。弘多：很多，同义词连用。

⑰是以有平丘之会：平丘之会在昭公十三年，晋国执季孙意如。

【译文】

鲁襄公三十一年春周历正月，穆叔从澶渊盟会回国。见到孟孝伯，告诉他说："赵孟快要死了。他说话毫无远虑，不像个主持国政的人。而且他年龄还不满五十，却唠唠叨叨像八九十的人，活不久了。要是赵孟死了，掌权的恐怕是韩起吧！您何不跟季孙去说，这个人可以早日和他搞好关系，他是个君子。晋国国君将失去政权，如不早日搞好关系，让他早些为鲁国着想，到时候大权落到大夫手里，韩起性格软弱，大夫又大多贪婪，要求和欲望没有满足的时候，齐、楚两国又靠不住，鲁国恐怕就危险了！"孟孝伯说："人的一生能有多长？谁能不得过且过？早晨好好的也许就活不到晚上，哪里用得着早做准备？"穆叔出来，告诉别人说："孟孙将要死了。我告诉他赵孟在得过且过，他可比赵孟更甚。"穆叔又和季孙说起晋国的情况，季孙也没有听从他的意见。到赵孟死后，晋国公室地位卑下，国政掌握在骄纵的大夫手里，韩起执政，不能使诸侯拥护晋国。鲁国无法负担晋国的要求，奸邪小人又多，于是就有平丘之会。

＊【左传】齐子尾害闾丘婴①，欲杀之，使帅师以伐阳州②。我问师故。夏五月，子尾杀闾丘婴，以说于我师③。工偻洒、渻灶、孔虺、贾寅出奔莒④。出群公子。

【注释】

①害：恐其为害。闾丘婴：齐大夫。襄公二十年崔杼之乱，闾丘婴奔鲁，庆封灭崔氏后返齐。

②阳州：此时为鲁地，在今山东东平。

③说：解释。

④工偻洒、渻（shěng）灶、孔虺、贾寅：四人都是闾丘婴同党。

【译文】

齐国子尾担心闾丘婴为害，想杀了他，便让闾丘婴领兵去攻打阳州。我国质问出兵的理由。夏五月，子尾杀死闾丘婴，以此来向我国做出交代。工偻洒、渻灶、孔虺、贾寅逃往莒国。把公子们都放逐了。

【经】夏六月辛巳①，公薨于楚宫②。

【注释】

①辛巳：二十八日。

②公薨于楚宫：鲁襄公去世。

【译文】

夏六月二十八日，鲁襄公在楚宫去世。

【左传】公作楚宫①。穆叔曰："《大誓》云：'民之所欲，天必从之②。'君欲楚也夫③，故作其宫。若不复适楚，必死是宫也。"六月辛巳，公薨于楚宫。

【注释】

①楚宫：鲁襄公到楚国去，喜欢其宫室，回来效仿而建的宫室。

②民之所欲，天必从之：天必听从百姓的要求；国君的私欲，天则不
　　一定听从。这里穆叔引用《大誓》的话，有批评鲁襄公的意思。
　　《大誓》，已逸。

③欲楚：喜欢楚国。

【译文】

　　鲁襄公建造楚国式宫殿。穆叔说："《大誓》说：'民众所希望的，上
天一定满足他。'国君是喜欢楚国吧，所以建造这样的宫殿。如果不再
去楚国，一定会死在这座宫殿里。"六月二十八日，鲁襄公在楚宫去世。

　　叔仲带窃其拱璧①，以与御人，纳诸其怀，而从取之②，
由是得罪③。

【注释】

①拱璧：鲁襄公的大玉璧。

②"以与御人"三句：叔仲带将大玉璧送给御者，放到他怀里，后来
　　又取了回去。

③由是得罪：鲁国因此鄙视叔仲带，所以其子孙不得志于鲁国。

【译文】

　　叔仲带偷走鲁襄公的大璧，给了御者，就放在他的怀里，出宫后又从
御者怀里取走，由此而被鲁国人鄙视。

　　【穀梁传】楚宫，非正也。

【译文】

　　楚宫，不是正寝。

【经】秋九月癸巳^①,子野卒^②。

【注释】

①癸巳:十一日。

②子野:鲁国公子,鲁襄公之子。本应继承君位,然居丧过哀毁性,
　不幸去世。

【译文】

秋九月十一日,子野去世。

【左传】立胡女敬归之子子野^①,次于季氏^②。秋九月癸巳,卒,毁也^③。

【注释】

①胡:归姓国。敬归:鲁襄公妾。

②次于季氏:子野住在季氏家里。

③卒,毁也:子野哀痛过度而死。

【译文】

立胡国女子敬归的儿子子野为国君,暂时住在季氏家里。秋九月十一日去世,是由于哀伤过度。

立敬归之娣齐归之子公子裯^①。穆叔不欲,曰:"大子死,有母弟,则立之;无,则立长^②。年钧择贤^③,义钧则卜^④,古之道也。非适嗣,何必娣之子^⑤?且是人也,居丧而不哀,在戚而有嘉容^⑥,是谓不度^⑦。不度之人,鲜不为患。若果立之,必为季氏忧。"武子不听,卒立之。比及葬,三易衰,衰衽如故衰^⑧。于是昭公十九年矣,犹有童心,君子是以知其

不能终也⑨。

【注释】

①娣：妹妹。公子裯（chóu）：即鲁昭公。

②"大子死"五句：都是庶子，就立年长者。

③年钧择贤：年纪相当则选贤者。钧，通"均"。

④义钧则卜：同样贤能就以占卜选择。义，贤能。

⑤非适（dí）嗣，何必娣之子：子野不是嫡子，也未必一定要立其母亲妹妹的儿子。适，同"嫡"。娣之子，公子裯。

⑥在戚：父母死。嘉容：面有喜色。

⑦不度：不孝。《礼记·祭统》孔疏引《孝经援神契》云"天子之孝曰就，诸侯曰度"。

⑧三易衰（cuī），衰衽如故衰：到鲁襄公下葬已换三次孝服，孝服的衣襟还是蹭蹋得像破旧衣服一样，说明他嬉戏无度如儿童。三易衰，到鲁襄公下葬已换三次孝服，这是不合礼节的。衰，孝服。衽，衣襟。

⑨君子是以知其不能终也：预言鲁昭公不得善终。案昭公二十五年逃亡齐国。

【译文】

　　立敬归的妹妹齐归的儿子公子裯为君。穆叔不同意，说："太子死了，有同母弟就立同母弟；没有的话，就在庶子中立年长的。年龄相当就选择贤能的，同样贤能就通过占卜决定，这是古代传下来的规矩。死去的并非嫡子，何必要立其母亲妹妹的儿子？再说这个人居丧而不哀伤，服孝期间面有喜色，这叫做不孝。不孝之人很少有不造成祸患的。要是立了他，必定给季氏带来忧患。"季武子不听，最终还是立了裯。到安葬鲁襄公的时候，三次给裯换丧服，他还是把丧服的衣襟蹭蹋得跟旧衣服一样。这时鲁昭公已经十九岁了，还像小孩子一样贪玩，君子由此而知他不会有什么好结果。

【穀梁传】子卒日，正也。

【译文】

国君的儿子去世记载日期，符合正道。

【经】己亥①，仲孙羯卒②。

【注释】

①己亥：十七日。

②仲孙羯：即孟孝伯。

【译文】

十七日，仲孙羯去世。

【左传】己亥，孟孝伯卒。

【译文】

九月十七日，孟孝伯去世。

【经】冬十月，滕子来会葬①。

【注释】

①滕子来会葬：滕成公来参加鲁襄公葬礼。案诸侯会葬，属于常事
不书的范围，此处书者，鲁襄公不肖，诸侯莫肯来会葬，只有滕子前
来，故录滕子之厚，见诸侯之薄。

【译文】

冬十月,滕成公来鲁国参加襄公葬礼。

【左传】冬十月,滕成公来会葬,惰而多涕[①]。子服惠伯曰:"滕君将死矣。怠于其位[②],而哀已甚[③],兆于死所矣[④]。能无从乎[⑤]?"

【注释】

①惰:不恭敬。

②怠于其位:滕成公"惰",这是在临吊之位上表现懈怠。

③而哀已甚:多涕是哀伤太过分的表现。

④兆于死所矣:滕成公有将死的先兆。死所,指会葬。

⑤能无从乎:为昭公三年滕成公死伏笔。从,从死。

【译文】

冬十月,滕成公前来参加葬礼,表现得不恭敬却流了很多眼泪。子服惠伯说:"滕成公将要死了。他在临吊的位子上表现懈怠,却过分的悲哀,他的死兆已经在葬礼中表现出来了。他能不跟着死吗?"

【经】癸酉[①],葬我君襄公。

【注释】

①癸酉:二十一日。

【译文】

二十一日,安葬我国国君鲁襄公。

【左传】癸酉,葬襄公。

【译文】

十月二十一日,安葬鲁襄公。

　　*【左传】公薨之月,子产相郑伯以如晋,晋侯以我丧故,未之见也。子产使尽坏其馆之垣而纳车马焉①。士文伯让之②,曰:"敝邑以政刑之不修,寇盗充斥,无若诸侯之属辱在寡君者何③,是以令吏人完客所馆④,高其闬闳⑤,厚其墙垣,以无忧客使⑥。今吾子坏之,虽从者能戒⑦,其若异客何?以敝邑之为盟主,缮完葺墙⑧,以待宾客,若皆毁之,其何以共命⑨?寡君使匄请命⑩。"

【注释】

①子产使尽坏其馆之垣而纳车马焉:拆毁客馆的围墙,将车马赶进去。

②士文伯:即士匄。《广韵》引《世本》:"司功氏,士匄弟佗为晋司功,因官为氏。"则士匄此时或亦为司功,诸侯宾馆是其所职掌。让:责问。

③寇盗充斥,无若诸侯之属辱在寡君者何:因盗贼很多,若客馆破旧,将无法保证诸侯宾客的安全。

④是以令吏人完客所馆:特意修好宾馆。

⑤闬(hàn)、闳(hóng):都指门。

⑥以无忧客使:外宾可不用担心寇盗为患。

⑦从者:指郑国的随从。戒:戒备,防备寇盗。

⑧完:借用为"院",也指墙。葺(qì):修补。

⑨共命:供给所求。

⑩寡君使匄请命:请问毁垣的理由。匄,士文伯名匄。

【译文】

　　鲁襄公去世那个月,子产相礼郑简公到晋国去,晋平公因为鲁国有丧事,没有会见。子产派人把招待外宾的宾馆围墙全部拆毁,把车马都赶进馆舍。士文伯责备他,说:"我国由于政事刑罚没搞好,以致寇盗很多,这对于屈尊来存问的诸侯臣属没有什么好办法,所以派官吏把宾馆修缮好,大门造得高高的,墙垣筑得厚厚的,以使来宾无忧。现在您拆毁了它,虽然您的随从能做好警戒,别国的宾客又怎么住呢? 由于敝国忝为盟主,所以修缮馆舍,筑好围墙,以接待宾客,您把它们都毁掉,又如何满足宾客的需要呢? 我们国君派我来向你请教。"

　　对曰:"以敝邑褊小,介于大国,诛求无时^①,是以不敢宁居,悉索敝赋,以来会时事^②。逢执事之不闲^③,而未得见,又不获闻命,未知见时^④。不敢输币^⑤,亦不敢暴露^⑥。其输之,则君之府实也^⑦,非荐陈之,不敢输也^⑧。其暴露之,则恐燥湿之不时而朽蠹,以重敝邑之罪^⑨。

【注释】

①"以敝邑褊(biǎn)小"三句:晋国随时要小国贡纳物品。诛求,
　　责求。

②"是以不敢宁居"三句:郑国不敢安生,搜尽国内财富以作朝聘之礼。

③不闲:无暇。

④又不获闻命,未知见时:晋国又不通知何时接见。

⑤不敢输币:因晋国君未接见,不能献纳贡品。

⑥暴露:指礼品日晒夜露。

⑦府实:府库中的物品。

⑧非荐陈之,不敢输也:不经一定的仪式,又不敢进献。荐陈,将贡

品陈列于庭，此时要举行一定的仪式。

⑨"其暴露之"三句：贡品日晒雨淋，虫咬朽坏，将加重郑国之罪。
朽，腐烂。蠹，虫咬坏。

【译文】

子产回答说："由于敝国狭小，又夹在大国之间，大国随时要敝国进贡财物，所以我们不敢安居，搜尽敝国的财物，前来朝见。恰逢你们不得空，没能得见，又没有得到明示，不知什么时候能接见。既不敢献纳财物，又不敢把它们放在露天。如果献纳，这些财物是国君府库里的物品，不经过一定的仪式，我们不敢献纳。如果放在露天，又怕时而干燥时而潮湿，或被虫咬，使东西朽坏，从而加重敝国的罪责。

"侨闻文公之为盟主也①，宫室卑庳②，无观台榭③，以崇大诸侯之馆，馆如公寝④；库厩缮修，司空以时平易道路⑤，圬人以时塓馆宫室⑥；诸侯宾至，甸设庭燎⑦，仆人巡宫⑧，车马有所⑨，宾从有代⑩，巾车脂辖⑪，隶人、牧、圉，各瞻其事⑫；百官之属，各展其物⑬；公不留宾，而亦无废事⑭；忧乐同之，事则巡之⑮；教其不知，而恤其不足⑯。宾至如归，无宁灾患⑰；不畏寇盗，而亦不患燥湿。

【注释】

①侨：子产名。文公：晋文公。

②卑庳（bì）：同义词连用，指低矮。

③无观台榭：没有供游观的台榭。

④以崇大诸侯之馆，馆如公寝：晋文公把客馆修得又高又大，如同自己的路寝。寝，路寝，古代天子、诸侯的正厅。

⑤司空以时平易道路：道路按时修整。司空，周为六卿之一，即冬官

大司空,掌管工程。

⑥圬(wū)人以时塓(mì)馆宫室:房间按时涂饰。圬人,泥工。塓, 涂墙。

⑦甸:即甸人,管理柴薪者。庭燎:古代庭中照明的火炬。

⑧巡宫:巡视客馆。

⑨车马有所:马厩已修好,车马有地方安置。

⑩宾从有代:外宾的仆从有人代为服役。

⑪巾车:管理车辆的官。脂辖:用油脂涂轮轴。

⑫隶人、牧、圉,各瞻其事:各人负责各自的差事。隶人,洒扫房舍、 清除厕所的人。牧,看守牛羊的人。圉,看马的人。瞻,照管。

⑬百官之属,各展其物:百官陈列各种物品招待外宾。

⑭而亦无废事:虽接见迅速,外交仪式仍然齐备,并不废除。

⑮事则巡之:有意外情况,格外注意警卫巡行。事,指意外事件。

⑯教其不知,而恤其不足:对外宾热心指教,尽量照顾。

⑰宾至如归,无宁灾患:晋文公如此礼遇外宾,何来灾患。宁,语助词。

【译文】

"我听说晋文公当盟主的时候,宫室低小,没有可供观览的台榭,却把接待诸侯的宾馆建得高大宽敞,宾馆就如同国君的路寝正厅;修缮馆舍的仓库、马厩,司空按时平整道路,泥水匠按时粉刷馆舍宫室墙壁;诸侯的宾客来了,甸人在庭院中点起火把,仆人巡视客馆,车马有安置的场所,宾客的仆从有专人替代,管车官员给车轴加好油,管洒扫的隶人和养牛羊、看马的,各司其责;百官各人陈列其礼品;文公不让宾客耽搁,也没有失礼的事情;与宾客忧乐与共,有意外情况就加以安抚;对宾客热情教导,所缺乏的给予周济照顾。宾至如归,不但没有灾患;不怕盗贼,也不怕干湿。

"今铜鞮之宫数里①,而诸侯舍于隶人②,门不容车,而不可逾越③；盗贼公行，而天厉不戒④。宾见无时，命不可知⑤。若又勿坏⑥，是无所藏币以重罪也。敢请执事将何以命之⑦？虽君之有鲁丧，亦敝邑之忧也⑧。若获荐币，修垣而行，君之惠也，敢惮勤劳⑨！"

【注释】

①铜鞮（dī）之宫：晋国君离宫，在今山西沁县南。

②而诸侯舍于隶人：诸侯外宾住在隶人的房舍。

③门不容车，而不可逾越：门小，车又不能越墙而入。

④天厉：瘟疫。不戒：不能预防。

⑤命：指晋国君接见之命。

⑥若又勿坏：不坏馆垣。

⑦敢请执事将何以命之：子产反诘士匄有何指教。

⑧虽君之有鲁丧，亦敝邑之忧也：鲁国有丧，郑国同哀。意思是晋国不应该以鲁丧为借口不接见。案晋、郑同鲁都是姬姓，故鲁君去世，郑、晋都要表示忧戚。

⑨敢惮勤劳：案子产这番话是批评晋国内政不修，以致"盗则公行"；对小国掠夺和压榨，又骄横奢侈，对诸侯无礼。

【译文】

"如今贵国的铜鞮宫绵延数里，而把诸侯安顿在像给下人住的地方，大门进不去车，又无法越墙进入；盗贼公然横行，而天灾又无法防止。宾客进见没有一定的时间，国君的命令也不知道什么时候发出。如果不拆毁围墙，就没有地方藏贡品而加重罪责。谨此请问贵执事对我们有什么指教？虽然贵国国君遭到鲁国丧事，可这同样也是敝国感到忧戚的事。如果能让献纳财礼，我们愿把围墙修好再离开，这就是国君的恩惠了，岂敢害怕辛劳！"

　　文伯复命①。赵文子曰："信②。我实不德，而以隶人之垣以赢诸侯③，是吾罪也。"使士文伯谢不敏焉④。晋侯见郑伯，有加礼⑤，厚其宴好而归之⑥。乃筑诸侯之馆。叔向曰："辞之不可以已也如是夫⑦！子产有辞，诸侯赖之⑧，若之何其释辞也⑨？《诗》曰：'辞之辑矣，民之协矣；辞之绎矣，民之莫矣⑩。'其知之矣。"

【注释】

①复命：向国君复命。

②信：子产的话有道理。

③赢：受。指接待。

④使士文伯谢不敏焉：晋国表示歉意。

⑤晋侯见郑伯，有加礼：礼节特别隆重。

⑥厚其宴好而归之：宴会更加隆重，回赠更加丰厚。宴，宴礼。好，好货。

⑦辞之不可以已也如是夫：外交辞令不可忽视。辞，辞令。

⑧子产有辞，诸侯赖之：子产善辞令，诸侯得其利。

⑨释辞：废弃辞令。

⑩"辞之辑矣"四句：引《诗》见《诗经·大雅·板》。意思是辞令和谐，人民团结；辞令愉快，人民安定。叔向引这段诗句称赞子产善辞令，而且知道辞令的重要。辑，和谐。协，今作"洽"，融洽。绎，喜悦。莫，安定。

【译文】

　　士文伯回去复命。赵文子说："他说的是实情。是我们德行有亏，用下人住的房屋接待诸侯，这是我们的过错。"派士文伯去赔礼道歉。晋平公接见郑简公，礼仪有加，厚加款待，赠送了丰厚的礼物，然后让他们回去了。于是新建了接待诸侯的宾馆。叔向说："辞令不能废弃就如这个例子！子产善于辞令，诸侯因此获益，为何要放弃辞令呢？《诗》说：'辞令和谐，民众团结；辞令动听，百姓安定。'子产懂得这道理。"

*【左传】郑子皮使印段如楚，以适晋告，礼也①。

【注释】

①"郑子皮使印段如楚"三句：弭兵大会规定诸侯"交相见"，因此印段使楚，行前先向晋国报告此事。

【译文】

郑子皮派印段前往楚国，行前去晋国报告此事，这是合于礼的。

【经】十有一月，莒人弑其君密州①。

【注释】

①莒人弑其君密州：密州，莒国国君，名密州（一作"密州人"），号犁比公（一作"黎比公"）。生去疾与展舆。立展舆为太子，又废之，生性暴虐，国人患之。展舆借国人以攻，乃弑之，而自立，去疾奔齐。

【译文】

十一月，莒国人杀死他们的国君密州。

【左传】莒犁比公生去疾及展舆①。既立展舆，又废之。犁比公虐，国人患之。十一月，展舆因国人以攻莒子，弑之，乃立②。去疾奔齐，齐出也。展舆，吴出也③。书曰"莒人弑其君买朱钮"，言罪之在也④。

【注释】

①犁比：莒国君密州之号。

②"展舆因国人以攻莒子"三句：展舆自立为君。因，依靠。

③展舆，吴出也：展舆之母为吴女。此为展舆明年奔吴伏笔。

④书曰"莒人弑其君买朱鉏"，言罪之在也：解释经文的意思，认为

　　罪在莒君。买朱鉏，莒犁比公。

【译文】

　　莒犁比公生去疾和展舆。已经立展舆为太子，又把他废除了。犁比公残暴，国人忧闷发愁。十一月，展舆依靠国人攻打莒犁比公，杀了他，自立为君。去疾逃往齐国，因为他是齐女所生。展舆是吴女所生。《春秋》记载"莒国人杀死他们的国君买朱鉏"，是说罪责在于莒犁比公。

　　*【左传】吴子使屈狐庸聘于晋①，通路也②。赵文子问焉，曰："延州来季子其果立乎③？ 巢陨诸樊④，阍戕戴吴⑤，天似启之，何如？"对曰："不立。是二王之命也⑥，非启季子也。若天所启，其在今嗣君乎⑦！ 甚德而度⑧。德不失民，度不失事。民亲而事有序，其天所启也⑨。有吴国者，必此君之子孙实终之⑩。季子，守节者也。虽有国，不立⑪。"

【注释】

①屈狐庸：申公巫臣儿子。成公七年至吴为行人。

②通路也：沟通两国往来之路。

③延州来季子其果立乎：问季札是否立为国君。延州来季子，即季札。

④巢陨诸樊：襄公二十五年，吴王诸樊死于攻巢之役。

⑤阍戕戴吴：襄公二十九年馀祭被守门人所杀。戴吴，即馀祭。

⑥是二王之命也：诸樊、馀祭二王之死，是命运所定。

⑦今嗣君：指吴王夷末（《公羊传》作"夷昧"）。

⑧甚德而度：甚有品德，行有法度。

⑨"德不失民"四句：吴王夷末有德有度，得民拥护。

⑩有吴国者，必此君之子孙实终之：指夷末及其子孙能长久保有吴国。据《史记·吴太伯世家》，吴王僚为馀眛之子，公子光，即吴王阖庐，为诸樊之子，公子光杀王僚而自立，传太子夫差而灭于越。而据《世本》，公子光是夷末之子。《公羊传·襄公二十九年》曰夷末生光而废之，像是夷末的庶兄。

⑪"季子"四句：案相传季札曾多次让国，为后人所称道。

【译文】

　　吴王派屈狐庸到晋国聘问，是为了沟通两国的友好关系。赵文子问他说："延州来季子是否一定会被立为国君呢？巢地战役死了诸樊，守门人杀死戴吴，上天似乎为季子打开了做国君的大门，结果怎么样？"屈狐庸回答说："季子不会立为国君。你所说的只是二位君王的命运不佳，并非打开季子当国君的大门。如果上天打开大门，应该是在现在继立国君的身上吧！他很有德行而且合乎法度。有德行的人不会失去人民的拥护，有法度就不会办错事。人民亲附而事情有次序，他才是上天所为之打开大门的人。享有吴国的，一定是这位国君的子孙。季子是讲究节操的人。即便把国家交给他，他也不会当国君。"

　　＊**【左传】**十二月，北宫文子相卫襄公以如楚①，宋之盟故也②。过郑，印段迋劳于棐林③，如聘礼而以劳辞④。文子入聘⑤。子羽为行人，冯简子与子大叔逆客。事毕而出，言于卫侯曰："郑有礼，其数世之福也，其无大国之讨乎⑥！《诗》曰：'谁能执热，逝不以濯⑦。'礼之于政，如热之有濯也。濯以救热，何患之有⑧？"

【注释】

①北宫文子：北宫佗。卫襄公：卫献公之子。

②宋之盟故也：指弭兵大会规定的"交相见"。

③迋（wàng）劳：前往慰劳。棐林：即北林，古地名，在今河南新郑。

④如聘礼而以劳辞：仪节如聘问之礼，而用郊劳之辞。

⑤文子入聘：北宫文子入郑回报印段之劳。

⑥"郑有礼"三句：郑国此时正值子产执政，实是称赞子产贤能，必将安定郑国。其，恐怕。

⑦谁能执热，逝不以濯（zhuó）：引《诗》见《诗经·大雅·桑柔》。本意为天气闷热，谁能不去洗澡。这里以此比喻礼对于政的重要。

⑧"礼之于政"四句：礼仪对于政事，如天热必须洗澡。以礼治国，国可长久。

【译文】

十二月，北宫文子相礼卫襄公前往楚国，是为了履行在宋国订立的盟约。路过郑国，印段在棐林慰劳他们，行聘问之礼，用郊劳的辞令。文子进入郑国国都聘问。郑国子羽为行人，冯简子与子太叔出来迎宾。聘礼结束后，北宫文子出来，对卫襄公说："郑国有礼仪，他们几代都将有福，大概不会被大国讨伐了！《诗》说：'谁能忍受炎热，谁能不去洗澡。'礼对于政事，就如天热要洗澡一样。通过洗澡以消除酷热，还会有什么祸患？"

子产之从政也，择能而使之。冯简子能断大事；子大叔美秀而文①；公孙挥能知四国之为②，而辨于其大夫之族姓、班位、贵贱、能否③，而又善为辞令；裨谌能谋，谋于野则获，谋于邑则否④。郑国将有诸侯之事，子产乃问四国之为于子羽，且使多为辞令⑤；与裨谌乘以适野，使谋可否；而告冯简子使断之⑥；事成，乃授子大叔使行之，以应对宾客，是以鲜有败事⑦。北宫文子所谓有礼也。

【注释】

①子大叔美秀而文：子太叔貌美举止文雅，谈吐又有文采。文，谓习典章制度诗乐。

②公孙挥能知四国之为：子羽是个出色的外交官。公孙挥，即子羽。为，指政令。

③辨：明察。族姓：家族姓氏。班位：禄秩爵位。贵贱：指身份。能否：才能高低。

④"裨谌能谋"三句：裨谌喜静不喜闹，考虑问题要到野外去，才能有收获。野，郊外。邑，城里。

⑤多为辞令：多拟几份外交辞令稿。

⑥而告冯简子使断之：谋划之后，让冯简子判断，再做最后决定。

⑦"事成"四句：以上综述子产执政有方，量才使用，择能而使，以证实北宫文子的话。

【译文】

子产从政，选择贤能者加以使用。冯简子能决断大事；子太叔美秀而有文采；子羽能了解四方诸侯的政令，明辨各国大夫的家族姓氏、爵禄职位、身份贵贱、能干与否，又善于辞令；裨谌能够出谋划策，他在野外思考便能有正确的判断，在城里就不行。郑国一旦有和诸侯交往的事情，子产就向子羽询问四方诸侯的情况，并让他多准备几份外交辞令；和裨谌乘车到野外，让他思考良策；然后告诉冯简子让他做出决断；计划完成，就交给子太叔去办理，与来宾交往应对，所以很少有办错事的。这就是北宫文子所说的"有礼"。

*【左传】郑人游于乡校①，以论执政。然明谓子产曰：

"毁乡校何如②?"子产曰:"何为? 夫人朝夕退而游焉,以议执政之善否。其所善者,吾则行之;其所恶者,吾则改之;是吾师也。若之何毁之? 我闻忠善以损怨,不闻作威以防怨③。岂不遽止④? 然犹防川。大决所犯,伤人必多⑤,吾不克救也。不如小决使道⑥,不如吾闻而药之也⑦。"然明曰:"蔑也今而后知吾子之信可事也⑧。小人实不才,若果行此,其郑国实赖之,岂唯二三臣⑨?"仲尼闻是语也,曰:"以是观之,人谓子产不仁,吾不信也⑩。"

【注释】

①乡校:乡间的公共场所,既是学校,又是乡人聚会议事场所。

②毁乡校何如:众人在乡校议论行政得失,然明建议毁掉乡校。

③我闻忠善以损怨,不闻作威以防怨:只有多行忠善以减少怨恨,不可用威势来防止怨恨。

④岂不遽止:作威防怨,怨可以马上止住。遽,马上。

⑤大决所犯,伤人必多:子产以防水打比方,河水大决口,伤人一定多。大决,河水大决口。

⑥不如小决使道(dǎo):开小口使水流通。即发扬舆论,让意见随时说出来。道,引导。

⑦不如吾闻而药之也:舆论既出,取之以作药。这是子产所主张的实行贵族内部的民主政治。

⑧蔑也今而后知吾子之信可事也:然明称赞子产。蔑,名鬷蔑,即然明,这里是他自指。信可事,实在可以成事。

⑨"小人实不才"四句:按照子产主张行事,郑国就有希望了。

⑩"以是观之"三句:孔子生于襄公二十二年,这时才十一岁,这话应是后来称赞子产时才说的。

【译文】

郑国人休闲时就到乡校相聚,在那里议论执政得失。然明对子产说:"毁掉乡校怎么样?"子产说:"为什么呢?人们早晚休息时到那里走走,评议执政的好坏。他们认为好的,我就照办;他们不赞成的,我就改正;他们实际上是我的老师。为什么要毁掉?我听说凭借忠善可以减少怨言,没听说用威势可以防止怨恨。用强硬办法难道不能立刻把人们的口堵住?但就如预防河水决口一样。如果大决口,伤害人必定很多,我没办法解救。不如开小口加以引导,不如让我听到批评后作为药石来改正。"然明说:"我从今以后知道您的确能成大事。我实在没能力,如果真按您的想法去做,郑国就有了可靠的保障,岂止我们几个大臣得到好处?"孔子后来听说了子产那番话,说道:"由此看来,人们说子产不仁,我不相信。"

*【左传】子皮欲使尹何为邑①。子产曰:"少②,未知可否。"子皮曰:"愿③,吾爱之,不吾叛也。使夫往而学焉,夫亦愈知治矣④。"子产曰:"不可。人之爱人,求利之也⑤。今吾子爱人则以政,犹未能操刀而使割也,其伤实多⑥。子之爱人,伤之而已,其谁敢求爱于子⑦?子于郑国,栋也,栋折榱崩,侨将厌焉,敢不尽言⑧?子有美锦,不使人学制焉⑨。大官、大邑,身之所庇也,而使学者制焉⑩,其为美锦不亦多乎⑪?侨闻学而后入政,未闻以政学者也⑫。若果行此,必有所害。譬如田猎,射御贯,则能获禽⑬,若未尝登车射御,则败绩厌覆是惧,何暇思获⑭?"子皮曰:"善哉!虎不敏。吾闻君子务知大者、远者,小人务知小者、近者⑮。我,小人也。衣服附在吾身,我知而慎之,大官、大邑所以庇身也,我

远而慢之⑯。微子之言，吾不知也。他日我曰⑰：子为郑国，我为吾家，以庇焉，其可也⑱。今而后知不足。自今请，虽吾家，听子而行⑲。"子产曰："人心之不同如其面焉，吾岂敢谓子面如吾面乎⑳？抑心所谓危，亦以告也㉑。"子皮以为忠，故委政焉，子产是以能为郑国㉒。

【注释】

①尹何：子皮家臣。为邑：治理私邑。

②少：尹何年少。

③愿：为人老实。

④使夫往而学焉，夫亦愈知治矣：子皮认为，若派尹何学为邑宰，会更增进他行政的能力。

⑤人之爱人，求利之也：爱其人，总要对他有利。

⑥"今吾子爱人则以政"三句：年少而授予政事，就像让不会拿刀的人割东西，必将自伤。

⑦"子之爱人"三句：爱人反而伤人，人必疏远你。

⑧"子于郑国"五句：子产由子皮举荐为政，子皮犹如国家栋梁，栋梁一断，屋椽也会崩塌，自己也将受到影响。榱（cuī），屋椽。厌，压。

⑨子有美锦，不使人学制焉：既是美锦，是不会让人用它练习做衣服的。锦，有彩色花纹的绸缎。学制，学裁缝。

⑩"大官、大邑"三句：大官和封邑是自身的庇护，更不能让人来练习治理。庇，庇护，依赖。

⑪其为美锦不亦多乎：让毫无经验的人去学做大官，比让不会裁缝的人去剪裁美锦还要糟糕。

⑫侨闻学而后入政，未闻以政学者也：先经训练再为政，而不是借做官的机会来学习为政。

⑬射御贯，则能获禽：御，指驾车。贯，通"惯"，娴熟。禽，走兽的总称。

⑭"若未尝登车射御"三句：不会驾车的人去射猎，恐怕一心只考虑是否翻车被压，无暇顾及猎获了。案子产的话多比喻，这里仍然是用比喻说理。

⑮吾闻君子务知大者、远者，小人务知小者、近者：君子有远虑，其了解的一定是大的远的；小人只是看见眼前的小的。

⑯"衣服附在吾身"四句：衣服在身，我知爱惜，官职、采邑，反而疏远轻视了。

⑰他日：往日。

⑱"子为郑国"四句：原来认为你治理国事，我治理家事，有所托庇就可以了。为，治理。

⑲虽吾家，听子而行：今后连家事都听你的。

⑳人心之不同如其面焉，吾岂敢谓子面如吾面乎：意思是人心各有打算，我不能干预你的家事。

㉑抑心所谓危，亦以告也：意思是只是心里认为不妥，因此以实相告。抑，表转折，不过。

㉒"子皮以为忠"三句：子产知无不言，忠于国事；子皮虚心改过，支持子产。

【译文】

子皮想让尹何管理封邑。子产说："尹何太年轻，不知道行不行。"子皮说："这个人忠厚老实，我喜欢他，他不会背叛我的。让他去学习一下，他就更知道该怎么治理了。"子产说："可不行。喜欢一个人，是希望对他有利。现在您爱一个人，就把政事交给他去办理，就像还不会拿刀却让他去割东西，会对他造成很大伤害的。您这样爱人，只会伤害他，那么谁还敢求得您的喜爱呢？您对于郑国，是栋梁，如果栋梁折断椽子也就崩塌，我将被压在下面，怎敢不把话全部说出来呢？您有漂亮的缎锦，是不会让人用它来学裁剪的。大官、大邑，是您身家性命的庇护，反而让人去学着治理,岂不是比让不会裁缝的人去剪裁美锦更糟糕吗？我听说要学习以后再做官,没听说过把做官作为学习手段的。如果这样做去,一定有所伤害。譬如打猎,熟悉了射箭驾车,就能获得猎物,如果不曾驾车射箭,那他一心害怕车翻被压,哪有时间顾及猎获呢？"子皮说:"说得太好了！我实在考虑不周。我听说君子致力于重大、长远的事务,小人只知道小的、眼前的。我是一个目光短浅的人。衣服穿在我身上,我知道爱惜它,大官、大邑恰恰是用以护身的,我却疏远轻视它。没有你这番话,我还不明白。以前我说过:你治理郑国,我管理我的家,让我有所依托庇护,这就可以了。现在看来还不行。请从现在起,即便是我的家事,也听你的。"子产说:"人心不相同,就像人的面目各不相同一样,我哪敢说您的面目就跟我的一样呢？不过我是觉得这有危险,所以就实言相告。"子皮觉得子产是个忠诚的人,就把郑国的国政托付给他,子产因此能够致力于郑国的管理。

　　*【左传】卫侯在楚,北宫文子见令尹围之威仪[①],言于卫侯曰:"令尹似君矣[②],将有他志[③]。虽获其志,不能终也[④]。《诗》云:'靡不有初,鲜克有终[⑤]。'终之实难,令尹其将不免。"公曰:"子何以知之？"对曰:"《诗》云:'敬慎威仪,惟民之则[⑥]。'令尹无威仪,民无则焉。民所不则,以在民上,不可以终[⑦]。"

【注释】

①令尹围:王子围,后来的楚灵王。此时为令尹。

②令尹似君矣:令尹围已有国君的威仪。

③将有他志:必将杀王自立。

④虽获其志,不能终也:指令尹围的野心虽然能实现,但不能善终。

⑤靡不有初，鲜克有终：引《诗》见《诗经·大雅·荡》。意思是虽
　有好的开头，却很少能有好的结果。

⑥敬慎威仪，惟民之则：引《诗》见《诗经·大雅·抑》。意思是不
　要滥用威仪，它是百姓的准则。

⑦"民所不则"三句：百姓所不效法的人，位居于百姓之上，必不能
　善终。不则，不效法的人。

【译文】

　　卫襄公在楚国，北宫文子见到令尹围的举止仪表，对卫襄公说："令
尹像国君一样了，他将要有其他的打算。不过他虽然能满足愿望，却不
能善终。《诗》说：'都可以有开头，却很少有好的结果。'好的结果实在
太难，令尹他将不免于祸难。"卫襄公说："你是从哪里看出来的？"北宫
文子回答说："《诗》说：'举止行为要谨慎，因为人民以此为标准。'令尹
举没有威仪，人民就不仿效。人民所不效法的人，却居民上，是不会有好
结果的。"

　　公曰："善哉！何谓威仪？"对曰："有威而可畏谓之威，
有仪而可象谓之仪①。君有君之威仪，其臣畏而爱之，则而
象之②，故能有其国家，令闻长世③。臣有臣之威仪，其下畏
而爱之，故能守其官职，保族宜家④。顺是以下皆如是，是以
上下能相固也⑤。《卫诗》曰：'威仪棣棣，不可选也⑥。'言君
臣、上下、父子、兄弟、内外、大小皆有威仪也。《周诗》曰：
'朋友攸摄，摄以威仪⑦。'言朋友之道必相教训以威仪也。
《周书》数文王之德，曰：'大国畏其力，小国怀其德。'言畏
而爱之也⑧。《诗》云：'不识不知，顺帝之则⑨。'言则而象之
也。纣囚文王七年⑩，诸侯皆从之囚，纣于是乎惧而归之，可

谓爱之⑪。文王伐崇,再驾而降为臣⑫,蛮夷帅服⑬,可谓畏之。文王之功,天下诵而歌舞之,可谓则之⑭。文王之行,至今为法,可谓象之⑮。有威仪也。故君子在位可畏,施舍可爱⑯,进退可度⑰,周旋可则⑱,容止可观⑲,作事可法,德行可象,声气可乐⑳,动作有文㉑,言语有章㉒,以临其下,谓之有威仪也㉓。"

【注释】

①仪:仪容、举止、言语等。象:仿效。

②则而象之:作为准则并仿效。

③令闻:好名声。

④保族宜家:保护家族,家庭和睦。

⑤顺是以下皆如是,是以上下能相固也:上下都如此,因此国家巩固。

⑥威仪棣棣,不可选也:引《诗》见《诗经·邶风·柏舟》。意思是人各有威仪,不可随便退让。棣棣,雍容娴雅的样子。选,屈挠退让。案《邶》《鄘》《卫》都是卫诗。

⑦朋友攸摄,摄以威仪:引《诗》见《诗经·大雅·既醉》。意思是朋友之间互相辅助,所用的就是威仪。

⑧"《周书》数文王之德"五句:周文王有威仪,因此大国惧怕他的力量,小国怀念他的恩德。案这里的《周书》指逸《书》。

⑨不识不知,顺帝之则:引《诗》见《诗经·大雅·皇矣》。意思是周文王行事,唯顺着天帝的准则并加以仿效。

⑩纣囚文王七年:相传商纣囚周文王于羑里,七年后才释放。

⑪可谓爱之:诸侯都爱周文王。

⑫文王伐崇,再驾而降为臣:周文王两次伐崇,崇国降服。

⑬蛮夷帅服:蛮夷相继归服。

⑭"文王之功"三句:天下赞颂周文王,并以之为准则。

⑮"文王之行"三句:周文王之法,成为规范,大家都仿效。

⑯施舍可爱:施舍可使人爱他。

⑰进退可度:进退可作为法度。度,法度,准则。

⑱周旋:行礼时进退揖让的动作。

⑲容止可观:行为举止值得观看。

⑳声气可乐:声音气度可使人高兴。

㉑有文:有修养。

㉒有章:有条理。

㉓以临其下,谓之有威仪也:所谓威仪,归为一点,即应有德。周文王有德,故有威仪。如楚令尹围,非真有威仪。

【译文】

　　卫襄公说:"说得好! 那么什么是威仪呢?"北宫文子回答说:"有威严使人敬畏叫做'威',有仪表可让人效仿叫做'仪'。国君有国君的威仪,臣下就会敬畏并拥护他,以他为榜样而效仿他,所以能保有他的国家,美名流芳百世。臣子有臣子的威仪,他的下属就敬畏并拥护他,所以能保住他的官职,保护家族使家庭和睦。依此类推都是如此,所以上上下下能相互巩固。《卫诗》说:'威仪安祥,不可随便。'是说君臣、上下、父子、兄弟、内外、大小都有各自的威仪。《周诗》说:'朋友之间相互辅助,所用的就是威仪。'是说朋友之道一定要用威仪来教导。《周书》列举文王的美德,说:'大国怕他的力量,小国感他的恩德。'是说怕他并拥护他。《诗》说:'无识无知,顺着天帝的准则。'是说以他为榜样而效仿他。纣囚禁文王七年,诸侯都跟他一起去坐牢,纣于是害怕而释放了文王,可称得上诸侯爱戴文王了。文王攻打崇国,两次出兵,崇国降服,蛮夷也相继归服,也称得上诸侯爱戴文王了。文王的功绩,天下赞诵歌舞,可称得上以他为榜样。文王的举措,至今仍然被奉为法则,可称得上被人仿效。这就是因为他有威仪啊。因此君子在位使人敬畏,赏赐给人让人拥戴,进退可以作为法度,行礼揖让可以作为准则,仪容举止值得观摩,做事可以让人效法,德行可以视为典范,声音气度可以使人高兴,举止文明优雅,言语有条有理,这样对待下人,就叫做有威仪了。"

昭公

【题解】

昭公（？—前510），鲁国第二十三任国君，名裯，一作"稠""袑"，襄公之子，齐归所生。前541年即位，时年十九岁。在位共三十二年，其中有八年寄居于齐、晋。前510年死于乾侯（晋地，在今河北成安）。弟宋立，是为定公。

昭公元年（前541），即楚郏敖四年冬，令尹围杀王自立，是为楚灵王。昭公二十年（前522），子产去世。孔子闻之，流泪赞之为"古之遗爱"。

昭公时期，鲁国公室进一步衰弱，鲁国的实际当政者为季孙氏。昭公五年（前537），季孙氏废除中军，四分公室，季氏得其二，叔孙、孟孙各得其一，公室彻底丧失兵权。昭公为人无情无能，有贤臣子家羁而不能用，对内不能整顿国政，对外失信于诸侯。昭公二十五年（前517），昭公伐季氏，叔孙、孟孙救季氏，昭公败，被迫奔齐。二十八年（前514），昭公赴晋，企求返回鲁国，晋不支持，使居于晋地乾侯，最后死于乾侯。

这一时期，周王室在周景王去世后陷入诸子争立的混乱局面，各诸侯国也都基本进入了"政在大夫"的时期。晋国此时国势大不如前，国政被六卿掌控，内耗十分严重。楚国在鲁昭公四年（前538）会诸侯于申，占据一时上风，但很快便陷入与吴国的争斗，无暇争霸中原，此时诸侯形势基本是晋国勉强维持着最后的霸业，楚国后方起火无暇北上，秦国、齐国不似之前活跃，却在暗中积蓄着力量。

　　昭公篇主要的义理有：元年"秦伯之弟铖出奔晋"条，见《春秋》笃母弟之义。十一年"楚子虔诱蔡侯般，杀之于申"条，见"怀恶而讨不义，君子不予也"。十一年"楚师灭蔡，执蔡世子有以归，用之"条，见"诛君之子不立"之旨。十三年"楚公子比自晋归于楚，弑其君虔于乾溪""楚公子弃疾杀公子比"条，见受胁迫而立为国君者，当"效死不立"。十九年"许世子止弑其君买""葬许悼公"条，见《春秋》"原心定罪"之旨。二十年"曹公孙会自鄸出奔宋"条，见公子喜时让国之贤。二十三年"鸡父之战"，明"中国亦新夷狄也"。二十五年"齐侯唁公于野井"条，见鲁昭公之失国。三十一年"黑肱以滥来奔"条，见叔术让国之贤。

元年

【经】元年春王正月①**，公即位**②**。**

【注释】

①元年：鲁昭公元年当周景王四年，前541年。

②公即位：公，指鲁昭公。为鲁襄公与嫡夫人齐归所生。上年子野居丧过哀去世，非被弑杀，故鲁昭公仍书"公即位"。

【译文】

鲁昭公元年春周历正月，昭公即位。

【穀梁传】继正即位，正也。

【译文】

继承正常死亡的国君登上君位，符合正道。

【经】叔孙豹会晋赵武、楚公子围、齐国弱、宋向戌、卫齐恶、陈公子招、蔡公孙归生、郑罕虎、许人、曹人于虢[1]。

【注释】

①国弱:《公羊传》作"国酌"。齐恶:《公羊传》作"石恶"。罕虎:《公羊传》作"轩虎"。虢(guó):指东虢,周文王弟虢叔所封。后为郑国所灭,周平王即以其地与郑国。在今河南郑州。《公羊传》作"漷",《穀梁传》作"郭"。

【译文】

叔孙豹和晋国赵武、楚国公子围、齐国国弱、宋国向戌、卫国齐恶、陈国公子招、蔡国公孙归生、郑国罕虎、许国人、曹国人在虢会见。

【左传】元年春,楚公子围聘于郑,且娶于公孙段氏[1]。伍举为介[2]。将入馆[3],郑人恶之[4],使行人子羽与之言,乃馆于外[5]。既聘,将以众逆[6]。子产患之,使子羽辞[7],曰:"以敝邑褊小,不足以容从者,请墠听命[8]!"令尹命大宰伯州犁对曰[9]:"君辱贶寡大夫围[10],谓围将使丰氏抚有而室[11]。围布几筵,告于庄、共之庙而来[12]。若野赐之,是委君贶于草莽也[13]。是寡大夫不得列于诸卿也[14]。不宁唯是[15],又使围蒙其先君[16],将不得为寡君老[17],其蔑以复矣[18]。唯大夫图之。"子羽曰:"小国无罪,恃实其罪[19]。将恃大国之安靖己,而无乃包藏祸心以图之[20]。小国失恃,而惩诸侯[21],使莫不憾者[22],距违君命,而有所壅塞不行是惧[23]。不然,敝邑,馆人之属也[24],其敢爱丰氏之祧[25]?"伍举知其有备也,请垂櫜而入[26]。许之。

【注释】

①且娶于公孙段氏：公子围将娶公孙段家女儿。

②伍举：楚国大夫椒举。介：副使。

③将入馆：入城住于客馆。

④郑人恶之：知道楚人不怀好意。

⑤乃馆于外：只让楚人住在城外。

⑥既聘，将以众逆：聘问之礼毕，楚人准备率兵众进城迎亲。众，兵众。

⑦子产患之，使子羽辞：子产担心楚人趁机侵郑，因此拒绝其进城。

⑧"以敝邑褊（biǎn）小"三句：古人迎亲，须在祖庙迎娶，子产拒绝楚人进城，因此在城外除地为埠，代替公孙段氏祖庙以行婚礼。埠（shàn），为供祭祀之用而清除的地面。

⑨令尹：即公子围。

⑩君辱贶（kuàng）寡大夫围：虽是娶丰氏女，但言及郑国君，表示有礼。贶，赐。寡大夫围，谦称公子围。

⑪将使丰氏抚有而室：丰氏已答应将女儿嫁给公子围。丰氏，公孙段。抚，有。室，妻子。

⑫围布几（jī）筵，告于庄、共之庙而来：为表诚意，公子围祭告父祖之庙而来娶妇。布，陈列。几筵，这里代指祭神之物。几，凭靠的小桌。筵，竹席。庄，楚庄王，公子围祖父。共，楚共王，公子围之父。

⑬若野赐之，是委君贶于草莽也：如果野外迎娶，等于弃郑国君之赐于草野。君，指郑国君。莽，草深。

⑭是寡大夫不得列于诸卿也：公子围也不能享受上卿之礼。

⑮不宁唯是：不仅如此。宁，语助词。

⑯又使围蒙其先君：来前已告于祖庙，现在不得迎娶于女家之庙，是欺骗祖先。蒙，欺骗。

⑰将不得为寡君老：意思是这样一来我将不能再做国君的上卿了。

老,天子诸侯大夫之臣之长皆曰"老"。

⑱其蔑以复矣:将无法返国。

⑲小国无罪,恃实其罪:倚恃大国而不设防备,即小国之罪。

⑳将恃大国之安靖己,而无乃包藏祸心以图之:与楚国结亲,是想仰仗大国安定自己,不希望楚国借以侵郑。案子羽明言楚人包藏祸心。

㉑而惩诸侯:使诸侯因此戒惧楚国。惩,戒惧。

㉒憾:怨恨。

㉓壅塞不行:楚君的命令不能通行。

㉔敝邑,馆人之属也:郑国就等于楚国的客馆。馆人,守客馆者。

㉕其:难道。祧(tiāo):祖庙。

㉖请垂橐(gāo)而入:楚国打消侵郑念头。垂橐,口袋向下,表示内无兵器。橐,装兵器的口袋。

【译文】

鲁昭公元年春,楚国公子围到郑国聘问,并娶公孙段家女子为妻。伍举做副使。楚国人将要进入宾馆,郑国人厌恶他们,派行人子羽婉言拒绝他们,于是就住在了城外。聘问完毕,公子围准备带众多人马入城迎亲。子产为此感到担心,派子羽辞谢,说:"由于敝国狭小,不足以容纳您的随从,请求在郊外建埠听取您的命令!"公子围派太宰伯州犁回复说:"承蒙贵君赐给敝国大夫围恩惠,对围说要将丰氏女儿嫁给他做妻子。围陈列祭品,在庄王、共王的庙中祭告后才前来。如果在野外将她赐给他,这是把贵君的赏赐扔在草丛里了。这样将使敝国大夫无法享受上卿之礼。不仅仅如此,又使围欺骗了他的先君,将不能再担任我们国君的卿了,恐怕还无法回去复命。请大夫好好考虑一下。"子羽说:"小国没有罪过,但如倚靠大国而不加防范就是罪过。我们打算倚靠大国使自己安定,无奈大国可能包藏祸心来图谋我国。小国失去倚靠,而使诸侯引起警戒,全都怨恨大国,对贵君的命令采取抗拒的态度,使它行不通，这是我们所担心的。否则，敝国就等于是贵国的宾馆，哪敢舍不得丰氏的宗庙？"伍举知道对方已有防备，就请求倒垂弓袋入城。郑国人答应了。

正月乙未①，入，逆而出②。遂会于虢，寻宋之盟也③。祁午谓赵文子曰④："宋之盟，楚人得志于晋⑤。今令尹之不信，诸侯之所闻也。子弗戒，惧又如宋。子木之信称于诸侯，犹诈晋而驾焉⑥，况不信之尤者乎⑦？楚重得志于晋⑧，晋之耻也。子相晋国，以为盟主，于今七年矣⑨。再合诸侯⑩，三合大夫⑪，服齐、狄，宁东夏⑫，平秦乱⑬，城淳于⑭，师徒不顿⑮，国家不罢⑯，民无谤讟⑰，诸侯无怨，天无大灾，子之力也。有令名矣，而终之以耻，午也是惧。吾子其不可以不戒⑱。"文子曰："武受赐矣⑲。然宋之盟，子木有祸人之心，武有仁人之心，是楚所以驾于晋也。今武犹是心也，楚又行僭，非所害也⑳。武将信以为本，循而行之。譬如农夫，是穮是蓘，虽有饥馑，必有丰年㉑。且吾闻之，能信不为人下，吾未能也㉒。《诗》曰：'不僭不贼，鲜不为则㉓。'信也。能为人则者，不为人下矣。吾不能是难㉔，楚不为患㉕。"楚令尹围请用牲，读旧书加于牲上而已㉖，晋人许之。

【注释】

①乙未：十五日。

②入，逆而出：公子围入城，在祖庙迎娶新妇。入，入城入庙。逆，迎妇。

③遂会于虢，寻宋之盟也：公子围与诸侯国的大夫会见，重温襄公二十七年宋国盟会的友情。

④祁午：祁奚儿子。

⑤宋之盟，楚人得志于晋：宋弭兵之会，楚人先歃。

⑥诈晋：指宋之盟时楚人衷甲。驾：凌驾。

⑦不信之尤者：指公子围。

⑧重：再次。

⑨"子相晋国"三句：赵武于襄公二十五年执政。

⑩再合诸侯：指襄公二十五年会诸侯于夷仪，二十六年会于澶渊。再，两次。

⑪三合大夫：指襄公二十七年会于宋，三十年会于澶渊，这次又会于虢。

⑫服齐、狄，宁东夏：襄公二十八年齐景公、白狄曾朝晋国。东夏，华夏东方的国家，指齐国。

⑬平秦乱：指崤之战后秦、晋不和，襄公二十六年两国和解。

⑭城淳于：襄公二十九年修杞之淳于城。淳于，古地名，在今山东安丘东北。

⑮顿：疲惫。

⑯罢（pí）：疲惫。

⑰讟（dú）：怨言。

⑱吾子其不可以不戒：案祁午历数赵武政绩，希望此次会见不能让楚人得志。

⑲武受赐矣：接受祁午的意见。

⑳"今武犹是心也"三句：晋国坚持守信，楚国肯定不能伤害晋国。僭（jiàn），不守信，超越本分。

㉑"武将信以为本"六句：以农夫为喻，只要辛勤耕作，必有丰收；晋国坚持仁信，必受诸侯拥护。穮（biāo），耘田除草。蓘（gǔn），给苗培土。

㉒能信不为人下，吾未能也：守信必不会居于人下，只怕自己还不能做到这样。

㉓不僭不贼，鲜（xiǎn）不为则：引《诗》见《诗经·大雅·抑》。意思是说，没有过错，不伤害人，没有不成为典范的。贼，戕害。鲜，少。则，准则，典范。

㉔吾不能是难：难在不能做到这一点。

㉕楚不为患：案赵武坚持以信得诸侯。

㉖楚令尹围请用牲，读旧书加于牲上而已：楚国怕晋国先歃血，于是请求用牺牲，不歃血，仅仅宣读一下旧盟约后将盟书放在牺牲上。旧书，指襄公二十七年宋之盟约。顾栋高曰："凡楚所请许于前日者，今日不得不许，此明入楚之彀中而不悟也。"

【译文】

正月十五日，公子围进入郑国都城，迎亲后出城。就在虢会见，重温在宋国的盟约。祁午对赵文子说："在宋国的盟会，楚国占了晋国的先。现在楚国令尹不守信用，是诸侯们所知道的。你要是不加戒备，怕又会像在宋国那样。子木的信用著称于诸侯，尚且欺骗晋国而凌驾在晋国之上，又何况眼前这个尤其不守信用的人呢？楚国如果再次压在晋国之上，是晋国的耻辱。您辅相晋国作为盟主，到现在已经七年了。其间两次会合诸侯，三次会合大夫，使齐国、狄人归服，东方诸侯安定，平定秦国造成的动乱，修筑淳于城，军队不劳顿，国家不疲弱，人民不抱怨，诸侯无怨言，上天无大灾，这都是您的功绩。已经有了好名声，而以耻辱结束，我担心您。您实在不能不加以戒备。"赵文子说："我接受您的教诲了。不过在宋国的盟会，子木有害人之心，我有爱人之心，这是楚国所以凌驾在晋国之上的原因。如今我还是抱定爱人之心，要是楚国又做出不守信用的事，就不是他所能伤害的了。我将以信为本，并照此行事。就好比农夫，只要勤于除草培土，即便出现饥荒，也一定丰收。而且我听说，能守信用的人不会处在别人的下风，只怕我还是不能做到守信用啊。《诗》说：'不弄虚作假不害人，很少不被当做典范。'这是由于守信用的缘故。能成为他人准则的人，不会处于人下。我难在不能做到这一点，楚国不可能成为祸患。"楚国令尹围请求用牺牲,仅仅宣读旧的盟书,然后放在牺牲上面,晋国同意了。

　　三月甲辰^①,盟。楚公子围设服离卫^②。叔孙穆子曰:"楚公子美矣,君哉^③!"郑子皮曰:"二执戈者前矣^④!"蔡子家曰:"蒲宫有前,不亦可乎^⑤?"楚伯州犁曰:"此行也,辞而假之寡君^⑥。"郑行人挥曰^⑦:"假不反矣^⑧!"伯州犁曰:"子姑忧子皙之欲背诞也^⑨。"子羽曰:"当璧犹在,假而不反,子其无忧乎^⑩?"齐国子曰^⑪:"吾代二子愍矣^⑫!"陈公子招曰:"不忧何成,二子乐矣^⑬。"卫齐子曰^⑭:"苟或知之,虽忧何害^⑮?"宋合左师曰:"大国令,小国共。吾知共而已^⑯。"晋乐王鲋曰:"《小旻》之卒章善矣,吾从之^⑰。"

【注释】

①甲辰:二十五日。

②楚公子围设服离卫:陈设国君的仪仗服饰,两个卫兵拿着戈并排侍立。离,并排。案公子围只是令尹,这里用国君礼仪是僭越。

③君哉:如同国君。

④二执戈者前矣:案礼,国君前行,有执戈卫士二人前导。这里指公子围已用国君的礼仪。

⑤蒲宫有前,不亦可乎:指公子围既造王宫而居,有二执戈卫士在前并不奇怪。案这是讥讽的话。蒲宫,用蒲苇屏蔽成王宫。

⑥辞而假之寡君:指公子围那些仪仗,是临行前向国君请求而借来的。案以上这些诸侯大夫的议论,已经暗示公子围有篡位野心,所以伯州犁出来为他掩饰。

⑦郑行人挥:即子羽。

⑧假不反矣：这是承接伯州犁的话。假，借。反，归还。

⑨子姑忧子晳之欲背诞也：指襄公三十年郑国子晳杀伯有作乱。背诞，违命作乱。伯州犁反唇相讥，要子羽只为郑国考虑，不必为公子围担心。

⑩"当璧犹在"三句：楚国公子弃疾还在，公子围即便当上国君，也不能没有忧虑。当璧，指楚国公子弃疾。昭公十三年传文载，楚共王无嫡子，乃埋璧于大室之庭，祈于神，当璧而拜者为神所立。命五宠子拜，公子弃疾当璧。

⑪齐国子：即国弱。

⑫吾代二子愍（mǐn）矣：伯州犁后来被楚灵王（即公子围）所杀，楚灵王也不得善终，所以国弱说替他俩担心。愍，忧虑。

⑬不忧何成，二子乐矣：这里公子招承接国弱的话，认为二人不忧而乐，其事必不成。

⑭卫齐子：即齐恶。

⑮苟或知之，虽忧何害：能事先知道，虽有忧难，也无损害。

⑯"大国令"三句：宋国左师向戌不愿正面评论公子围，只是说，大国发令，小国恭敬，我只知道恭敬罢了。共，通"恭"。

⑰《小旻（mín）》之卒章善矣，吾从之：《小旻》，《诗经·小雅》篇名。《小旻》最后一章以暴虎冯河、临渊履冰为喻，说不敬则有危险。案作者假借诸大夫的议论，预示公子围的野心及其结局，而乐王鲋的话是不赞成诸大夫公开讥评公子围。

【译文】

三月二十五日结盟。楚国公子围用国君的仪仗服饰，两名卫兵持戈侍立。叔孙穆子说："楚国公子围的仪仗服饰真华美，已经与国君一样了！"郑国子皮说："他用两名侍卫持戈前导了！"蔡国子家说："他住在蒲宫，有两名侍卫前导不也是可以的吗？"楚国伯州犁说："这是这次出行时求得我们国君的允许借来的。"郑国行人子羽说："借了就不会再还了！"伯州犁说："你还是去担忧你们国家的子皙想要违命作乱吧。"子羽说："公子弃疾还在，借了不归还，你难道没有忧虑吗？"齐国国弱说："我在替二位担心啊！"陈国公子招说："不忧愁又怎么能办成事，不过这二位可高兴了。"卫国齐恶说："如果事先知道了，即便有忧患又有什么危害？"宋国向戌说："大国发布命令，小国恭敬地听命。我只知道恭敬地听命。"晋国乐王鲋说："《小旻》最后一章说得好，我就照着它来做。"

退会，子羽谓子皮曰："叔孙绞而婉①，宋左师简而礼②，乐王鲋字而敬③，子与子家持之④，皆保世之主也⑤。齐、卫、陈大夫其不免乎！国子代人忧⑥，子招乐忧⑦，齐子虽忧弗害⑧。夫弗及而忧⑨，与可忧而乐⑩，与忧而弗害⑪，皆取忧之道也，忧必及之⑫。《大誓》曰：'民之所欲，天必从之。'三大夫兆忧⑬，能无至乎？言以知物，其是之谓矣⑭。"

【注释】

①叔孙绞而婉：叔孙穆子的话恰切而婉转。

②宋左师简而礼：向戌说恭事大国的话无所臧否，是为有礼。简，无所臧否。

③乐王鲋（fù）字而敬：乐王鲋知道自爱，不冲撞别人，是恭敬。字，爱。

④子与子家持之：子皮和蔡国公子归生说话得体。子，指子皮。子家，蔡国公子归生。持，指说话无可无不可。

⑤皆保世之主也：上述各人将可保持几代的爵位。

⑥国子代人忧：国弱说"代二子愍"，是替他人忧虑。

⑦子招乐忧：公子招以忧为乐。

⑧齐子虽忧弗害：齐恶虽然知道忧虑却不当作危害。

⑨夫弗及而忧：忧不及己而代人忧。

⑩可忧而乐：应忧而乐。

⑪忧而弗害：有忧而不以为害。

⑫皆取忧之道也，忧必及之：以上三种情况，是真正取忧之道，所以必招忧惹祸。案以上是子羽评论各位大夫的话。

⑬兆忧：有了忧虑的征兆。

⑭言以知物，其是之谓矣：察言而知祸福之类，就是说的这种情况。物，类。案后来在昭公八年陈招杀太子，昭公二十年齐恶之子齐豹被灭，哀公六年国弱之子国夏奔鲁，都应验了子羽的预言。

【译文】

散会后，子羽对子皮说："叔孙穆子言辞恰当而委婉，宋国向戌简明而合乎礼，乐王鲋自爱而尊重别人，您和子家说话得体，都是可以保全爵禄世代不衰的人。齐、卫、陈三国大夫大概却要不免于祸患了吧？国弱替别人担忧，公子招以高兴代替忧虑，齐恶虽然有忧虑却没意识到危害。与自己无关却忧虑，该忧愁反而高兴，以及有忧虑却没意识到危害，都是导致忧虑的根由，忧患必定会到来。《大誓》说：'人民所愿望的，上天一定听从。'三位大夫有了忧虑的预兆，忧虑能不到来吗？通过话语预知事物的结局，说的就是这种情况。"

【公羊传】此陈侯之弟招也，何以不称弟①？贬。曷为贬？为杀世子偃师贬。曰"陈侯之弟招杀陈世子偃师"②，大夫相杀称人，此其称名氏以杀何？言将自是弑君也③。今将尔，词曷为与亲弑者同④？君亲无将，将而必诛焉。然则曷为不于其弑焉贬⑤？以亲者弑，然后其罪恶甚⑥。《春秋》不待贬绝而罪恶见者，不贬绝以见罪恶也。贬绝然后罪恶见者，贬绝以见罪恶也⑦。今招之罪已重矣，曷为复贬乎此？著招之有罪也。何著乎招之有罪？言楚之托乎讨招以灭陈也⑧。

【注释】

① 何以不称弟：案名例，母弟称弟，母兄称兄。经文中的"陈公子招"，为陈侯同母弟，却不书"陈侯之弟招"，故而发问。

② 陈侯之弟招杀陈世子偃师：事在昭公八年，彼处经文即是"陈侯之弟招杀陈世子偃师"。下文是针对昭公八年之经文发问。

③ 言将自是弑君也：世子为君之副贰，杀世子，则表明有弑君之心，故云"将自是弑君也"。又案昭公八年经、传之文，弑陈侯者为孔瑗，而招为主谋。

④ 今将尔，词曷为与亲弑者同：将，将要弑君，即只有弑君之动机。词，指昭公八年之经文"陈侯之弟招弑陈世子偃师"。亲弑者，此处指弑君自立者，《春秋》之例，称名氏弑君，为弑君自立之文辞。招弑世子，经书招之名氏，与弑君自立者之文辞相同。以此表明招弑世子，就有弑君之动机，一旦有动机，就与弑君之罪相同。

⑤ 然则曷为不于其弑焉贬：昭公八年招弑世子偃师，未有贬招之文，故而发问。

⑥ 以亲者弑，然后其罪恶甚：亲，亲亲之人。陈侯之弟招，既是先君之子，又是今君同母弟，属于亲者，却忍心弑杀世子偃师，又欲弑君，则罪恶更甚，不需贬绝，即可见其罪，故"不于其弑焉贬"。

⑦ 贬绝然后罪恶见者，贬绝以见罪恶也：即罪责不明显，需要《春秋》贬绝，方能见其罪。如宣公十一年，"楚人杀陈夏徵舒"。楚庄王为贤君，夏徵舒为弑君之贼，以贤君讨重罪，大快人心，然楚庄王却有"专讨"之罪，若不贬之为"楚人"，则专讨之罪不见。

⑧ 楚之托乎讨招以灭陈：昭公八年，楚人假托为陈哀公讨贼而灭陈。而招是弑君之主谋，应归咎于招。如此则招之罪有二：第一，弑杀

世子，图谋弑君，这是不待贬绝而罪见者；第二，招致楚人灭陈之罪，此罪不显，故于此处预先贬绝之。

【译文】

这里的公子招是陈侯的同母弟招，为何不称弟？是贬抑他。为何贬抑？是为弑杀世子偃师之事而贬抑他。经文书"陈侯之弟招杀陈世子偃师"，大夫相杀称人，杀世子为何称招之名氏？表明招由此将要弑杀国君。现在招只是将要弑君，文辞为何与亲手弑君而自立者相同？对于国君与至亲，不能有将要弑杀的动机，一旦有将要弑杀的动机，就必定要诛杀。然则为何不在弑杀世子时贬抑招？以至亲之人，行弑杀之事，那么他的罪恶更甚。《春秋》对于不需要通过贬绝就能看见的罪恶，就通过不贬绝来彰显罪恶。对于贬绝之后才能看见的罪恶，就通过贬绝来彰显罪恶。如今招的罪恶已经很重了，为何又在此处贬抑他？是昭著招的罪恶。为何昭著招的罪恶？就是说楚国假托讨伐招而灭亡了陈国。

【经】三月，取郓①。

【注释】

①郓：地名，在今山东沂水东北。《公羊传》作"运"。

【译文】

三月，占领郓邑。

【左传】季武子伐莒，取郓。莒人告于会。楚告于晋曰："寻盟未退①，而鲁伐莒，渎齐盟，请戮其使②。"乐桓子相赵文子③，欲求货于叔孙，而为之请④。使请带焉⑤，弗与。梁其踁曰⑥："货以藩身⑦，子何爱焉？"叔孙曰："诸侯之会，卫社稷也。我以货免，鲁必受师⑧。是祸之也，何卫之为？人之有墙，以蔽恶也⑨。墙之隙坏⑩，谁之咎也？卫而恶之，吾又甚焉⑪。虽怨季孙，鲁国何罪⑫？叔出季处，有自来矣，吾又谁怨⑬？然鲋也贿，弗与，不已。"召使者，裂裳帛而与之⑭，曰："带其褊矣⑮。"

【注释】

①寻盟未退：重温宋国弭兵之盟尚未结束。

②"而鲁伐莒"三句：此时鲁国叔孙豹参加虢之会，因此楚国请求诛杀鲁国使者。渎，亵渎。齐盟，即斋盟，盟前必先斋戒，故名。

③乐桓子：即乐王鲋。相：相礼。顾栋高曰："正月会虢，而三月书取郓，中无异事，季孙之危国事而轧同列，欲致叔孙于死，皆可概见。"

④欲求货于叔孙，而为之请：乐王鲋想向叔孙豹索取贿赂，因此替他向赵武请求免戮。

⑤使请带焉：乐王鲋不好明言，以要叔孙豹的腰带做暗示。

⑥梁其踁（jìng）：叔孙家臣。

⑦藩：保卫。

⑧我以货免，鲁必受师：个人行贿免戮，国家将被伐。

⑨人之有墙，以蔽恶也：喻意自己卫国，就如墙可挡住坏人。

⑩隙：裂缝。

⑪卫而恶之，吾又甚焉：我本来为保卫社稷，现在反而使它受伐，罪过更重。

⑫虽怨季孙，鲁国何罪：季孙伐莒，应怨季孙，鲁国无罪。

⑬"叔出季处"三句：叔孙氏出使，季孙氏守国，有多年的历史了，职有所分，即使受戮，无所怨恨。自襄公二十一年后，盟会聘问，皆书叔孙，仲孙偶然参与，经文未尝书季孙，已十余年。

⑭裳帛：裙帛。裳，下身穿的衣裙，古代男女皆着。

⑮带其褊（biǎn）矣：腰带太狭小，只好撕下做裙子的帛相赠。褊，
　　狭小。案叔孙豹既不肯贿赂免戮，又能权变。

【译文】

　　季武子攻打莒国，夺取郓邑。莒国人向盟会报告。楚国告诉晋国
说："重温旧盟还没结束，鲁国却攻讨莒国，亵渎盟约，请把使者杀掉。"
乐桓子相礼赵文子，想向叔孙豹索取财物，然后为他说情。派人向叔孙
豹索要他的腰带，叔孙豹不给。梁其跎说："财物是用来护卫身体的，你
何必舍不得呢？"叔孙豹说："诸侯相会，是为了保卫国家。如果我通过
贿赂免除自身灾难，鲁国一定会被进攻。这是为鲁国带来祸患，谈得上
什么卫国？人所以要有围墙，是为了阻挡坏人的入侵。墙有了缝隙或损
坏，这是谁的过错呢？为保卫国家反而使它受到攻击，我的罪过就更大
了。虽然季孙应该怨恨，但鲁国有什么罪？叔孙出使季孙守国，很长时
间以来都是这样，我又能去抱怨谁呢？不过乐王鲋贪财，我不给，他一定
不会罢休。"于是召见来使，从下裙上扯裂一块丝帛给他，说："身上的腰
带恐怕太狭窄了。"

　　赵孟闻之，曰："临患不忘国，忠也；思难不越官，信
也①；图国忘死，贞也②；谋主三者，义也③。有是四者，又可
戮乎？"乃请诸楚曰："鲁虽有罪，其执事不辟难④，畏威而
敬命矣⑤。子若免之，以劝左右可也⑥。若子之群吏，处不
辟污，出不逃难⑦，其何患之有？患之所生，污而不治，难而
不守⑧，所由来也。能是二者，又何患焉？不靖其能，其谁从
之？鲁叔孙豹可谓能矣，请免之，以靖能者。子会而赦有
罪，又赏其贤⑨，诸侯其谁不欣焉望楚而归之，视远如迩⑩？
疆埸之邑⑪，一彼一此，何常之有？王、伯之令也⑫，引其封
疆⑬，而树之官，举之表旗⑭，而著之制令，过则有刑⑮，犹不

可壹⑯。于是乎虞有三苗⑰，夏有观、扈⑱，商有姺、邳⑲，周有徐、奄⑳。自无令王，诸侯逐进㉑，狎主齐盟㉒，其又可壹乎？恤大舍小㉓，足以为盟主，又焉用之？封疆之削，何国蔑有？主齐盟者，谁能辩焉㉔？吴、濮有衅，楚之执事岂其顾盟㉕？莒之疆事，楚勿与知㉖。诸侯无烦㉗，不亦可乎？莒、鲁争郓，为日久矣㉘。苟无大害于其社稷，可无亢也㉙。去烦宥善㉚，莫不竞劝㉛。子其图之！"固请诸楚，楚人许之，乃免叔孙㉜。

【注释】

①思难不越官，信也：临难不忘职守，甘受灾祸，是有诚意。信，诚。

②图国忘死，贞也：为国而不惜一死，是贞。贞，坚定。

③谋主三者，义也：考虑问题从忠、信、贞出发，是义。

④执事：指叔孙豹。

⑤畏威而敬命矣：畏楚威，敬楚命。

⑥子若免之，以劝左右可也：宽宥叔孙豹，可以勉励他人。左右，指楚国群臣。

⑦处不辟污，出不逃难：处，指在国内。出，指在国外。辟，躲避。污，指困难之事。

⑧难而不守：遇困难而不能坚守。

⑨又赏其贤：指赦免叔孙豹。

⑩诸侯其谁不欣焉望楚而归之，视远如迩（ěr）：这样一来，楚国虽然远离中原，诸侯却觉得亲近。

⑪疆场（yì）：边境。

⑫王：指三王，即夏禹、商汤、周文王。伯：指五霸，即夏昆吾、商大彭、豕韦、周齐桓公、晋文公。令：政令。

⑬引：正，划定。

⑭而树之官,举之表旗:为划定疆界设置官员,树立标志。表旗,界碑之类。

⑮而著之制令,过则有刑:制定章程法令,不得相侵犯,越境则受罚。制令,边界章程。过,越境。

⑯犹不可壹:如此尚不能固定列国境界而一成不变。

⑰三苗:国名,相传舜征伐三苗而道死于苍梧。

⑱观、扈:二古国名。观国在今河南范县境内,扈国在今陕西西安鄠邑区北。

⑲姺(shēn):即有莘氏,在今山东曹县境北。邳(pī):古国名,在今江苏邳州。

⑳徐、奄:二古国名。古徐国在今江苏泗洪南,古奄国在今山东曲阜东。案三王以下诸国,为历代反抗当时王朝的诸侯,意指三王五霸强盛时,尚有诸侯相争。

㉑诸侯逐进:诸侯争相扩张。逐,追逐,竞争。

㉒狎主齐盟:交替主盟。狎,更替。

㉓恤大舍小:慎重考虑大事,不过问小事。大,大事。指篡弑灭亡之祸。小,小事。指边境纠纷。

㉔辩:治理。

㉕吴、濮有衅,楚之执事岂其顾盟:意思是楚之邻国有机可乘,楚国也不会为顾念弭兵之盟而不攻打它们。吴、濮,楚的邻国。有衅,有隙可乘。

㉖勿与知:不必过问。

㉗无烦:不因伐鲁而劳烦。

㉘莒、鲁争郓,为日久矣:文公十二年季孙行父城郓,可知郓属鲁;成公九年楚伐莒入郓,则郓又已属莒,可见两国争郓日久。

㉙芘:庇护。

㉚去烦宥(yòu)善:不劳诸侯,赦免善人叔孙豹。

㉛莫不竞劝：如此则人人努力为善。

㉜"固请诸楚"三句：此次盟会，已是完全由楚国主持，莒人告于会，
　　实则告于楚。晋国赵文子坚持向楚请求，才赦免了叔孙豹。

【译文】

赵文子听说了，说："身临祸患而不忘国家，这是忠；临难而不放弃职
守，这是信；为国考虑而忘死，这是贞；考虑问题从这三样出发，这是义。
一个人有了这四种优点，又怎么可以被杀戮呢？"便向楚国请求说："鲁
国虽然有罪，但他的使者不避祸难，畏惧贵国的威势而恭敬地遵命。您
如果赦免了他，可以用来劝勉您的左右。如果您的官员在国内不躲避困
难以处理的事情，在国外不逃避祸难，还有什么可忧虑的呢？忧患的产
生，在于遇到麻烦而不去解决，碰到祸难而不能坚守，祸患就是由此而来
的。能够做到以上这两点，又有什么可担忧的呢？不安抚贤能的人，又
有谁会听从您？鲁国叔孙豹可以算得贤能了，请赦免他，以安抚贤能者。
您召集诸侯聚会而赦免有罪的，又奖励那贤能的，诸侯有谁会不高兴地
向着楚国而归顺，视远方的楚国如同近邻？边境上的城邑，时而归这国，
时而归那国，哪有固定不变的？尽管三王五霸有政令，划定了疆界，并且
设置官员防守，建立标志，明白地记载在法令上，越境就有刑罚，还依然
不能一成不变。在这种情况下，虞时有三苗，夏时有观氏、扈氏，商时有
姺氏、邳氏，周时有徐国、奄国。自从没有了英明的天子，诸侯争相扩张，
交替主持盟会，哪里又能划一不变呢？关注大事忽略小事，这就足可以
为盟主，哪用得着去计较那些小事？边境被侵削，哪一个国家没有？主
持盟会的，有谁能处理？吴、濮之间要是有机可乘，楚国的大夫们岂会顾
及盟约？莒国疆界之事，楚国不要去过问。让诸侯们不必劳烦出兵，不
也是好事吗？莒、鲁争夺郓邑，已经很长时间了。如果对他们的国家没
有大的危害，大可不必去庇护。免除烦劳，赦免善人，其他人就没有不争
相努力的。请您好好考虑一下吧！"坚决请求楚国，楚国答应了，于是赦
免叔孙豹。

令尹享赵孟，赋《大明》之首章①。赵孟赋《小宛》之二章②。事毕，赵孟谓叔向曰："令尹自以为王矣，何如？"对曰："王弱，令尹强，其可哉③！虽可，不终④。"赵孟曰："何故？"对曰："强以克弱而安之，强不义也⑤。不义而强，其毙必速。《诗》曰：'赫赫宗周，褒姒灭之⑥。'强不义也⑦。令尹为王，必求诸侯。晋少懦矣，诸侯将往⑧。若获诸侯，其虐滋甚⑨。民弗堪也，将何以终？夫以强取，不义而克，必以为道⑩。道以淫虐，弗可久已矣⑪！"

【注释】

①令尹享赵孟，赋《大明》之首章：《大明》首章歌颂周文王明德显扬天下，公子围借以比附炫耀自己。《大明》，《诗经·大雅》篇名。

②赵孟赋《小宛》之二章：《小宛》第二章暗指君臣如果纵欲骄奢，失仪败德，将致灭亡。赵孟借以告诫令尹。《小宛》，《诗经·小雅》篇名。

③其可哉：令尹野心也可能成功。其，或许。

④不终：不得善终。

⑤强以克弱而安之，强不义也：以强凌弱而心安理得，不义。

⑥赫赫宗周，褒姒（sì）灭之：引《诗》见《诗经·小雅·正月》。写周幽王宠爱褒姒，最终被犬戎所杀。宗周，西周镐京。这里指西周王朝。褒姒，周幽王后。

⑦强不义也：西周虽赫赫强盛，不义却足以使它灭亡。

⑧晋少懦矣，诸侯将往：此次虢之会由楚国出面主持，莒也向楚求救，可见晋国霸业已逐渐衰弱，叔向已经意识到这一点。少懦，渐渐衰弱。

⑨若获诸侯，其虐滋甚：楚得诸侯，暴虐将更甚。

⑩"夫以强取"三句：以不义强取君位，必以不义作为常道。

⑪道以淫虐，弗可久已矣：楚国令尹以荒淫暴虐为常道，多行不义，必不能长久。案此为昭公十三年楚灵王被杀伏笔。

【译文】

楚国令尹设享礼宴请赵文子，赋《大明》第一章。赵文子赋《小宛》第二章。宴会结束后，赵文子对叔向说："令尹自以为是国君了，你认为怎么样？"叔向回答说："楚王弱，令尹强，大约是会成功的吧！不过虽然成功，不会善终。"赵文子说："为什么？"叔向回答说："强大的战胜弱小的而心安理得，强大者就不合道义。不合道义而强大，一定很快灭亡。《诗》说：'赫赫宗周多兴旺，褒姒一笑就灭掉。'这是因为虽强但不义的缘故。令尹当了楚王，必然要谋求诸侯拥护。晋国比以前虚弱了，诸侯将会去投靠楚国。楚国获得诸侯的拥护，势必更加暴虐。人民无法承受，怎么能够善终？用强力取得君位，以不义而获胜，也一定会以此作为治国之道。把荒淫暴虐作为常道，是不可能长久的！"

【公羊传】运者何？内之邑也。其言取之何？不听也①。

【注释】

①不听也：何休云："不听者，叛也。不言叛者，为内讳，故书取以起之。不先以文德来之，而便以兵取之，当与外取邑同罪，故书取。"

【译文】

运是什么地方？是鲁国的城邑。经言"取"是为何？因为运邑反叛，讳叛言取。

***【左传】**夏四月，赵孟、叔孙豹、曹大夫入于郑，郑伯兼享之①。子皮戒赵孟②，礼终，赵孟赋《瓠叶》③。子皮遂戒穆叔，且告之④。穆叔曰："赵孟欲一献⑤，子其从之！"子皮曰："敢乎？"穆叔曰："夫人之所欲也，又何不敢？"及享，具五献之笾豆于幕下⑥。赵孟辞⑦，私于子产曰："武请于冢宰矣⑧。"乃用一献。赵孟为客，礼终乃宴⑨。穆叔赋《鹊巢》⑩。赵孟曰："武不堪也⑪。"又赋《采蘩》⑫，曰："小国为蘩，大国省穑而用之，其何实非命⑬？"子皮赋《野有死麇》之卒章⑭。赵孟赋《常棣》⑮，且曰："吾兄弟比以安⑯，尨也可使无吠⑰。"穆叔、子皮及曹大夫兴，拜⑱，举兕爵⑲，曰："小国赖子，知免于戾矣。"饮酒乐。赵孟出，曰："吾不复此矣⑳。"

【注释】

①赵孟、叔孙豹、曹大夫入于郑，郑伯兼享之：虢之会后三人经过郑国，郑简公同时宴请他们。

②戒：通知享礼日期，通知时也有礼节。

③《瓠（hù）叶》：《诗经·小雅》篇名。杨宽《古史新探》以为"叙述低级贵族举行饮酒礼的情况"。案赵孟借此诗告诉子皮享宴饮食可从简。

④子皮遂戒穆叔，且告之：子皮通知穆叔享礼时间，同时告诉穆叔赵孟赋诗的情况。

⑤一献：为士饮酒之礼。古代享礼，先由主人敬酒，叫"献"；次由宾回敬，叫"酢"；再由主人先酌酒自饮，随即劝客同饮，叫"酬"。献、酢、酬合称"一献"。只要一献，其他食品仪节可以相应减少从简。

⑥具五献之笾（biān）豆于幕下：子皮仍然准备得非常丰盛。笾，古代祭祀和宴会时盛果脯的竹器。豆，木制的盛肉类礼器，形似高脚盘。幕下，东房。《仪礼·特牲馈食礼》："设洗于阼阶东南，壶禁在西序，豆笾铏在东房。"

⑦赵孟辞:赵孟提出只用一献,现在用五献,过于丰盛,所以推辞不受。

⑧冢(zhǒng)宰:指子皮。

⑨礼终乃宴:古人享宴,先用享礼,享后再宴。如果享礼隆重,如九献、七献,则宾客向主人还敬次数相应增多,作乐与酬币亦繁重,为时长,宴礼将隔日举行;此次享礼只用一献,时间不长,因此享礼完毕即行宴礼。

⑩《鹊巢》:《诗经·召南》篇名。诗中有"维鹊有巢,维鸠居之"等句,穆叔借以称赞赵孟能治理晋国。杨伯峻以为:"穆叔意或比赵孟为鹊,以己为鸠。大国主盟,己得安居,免于楚之请杀之也。"

⑪武不堪也:赵孟表示自己不敢当。

⑫《采蘩(fán)》:《诗经·召南》篇名。穆叔又赋此诗表示蘩菜虽然菲薄,借以敬献公侯。蘩,白蒿。

⑬"小国为蘩"三句:意思是小国献蘩,贡品菲薄,大国并不嫌弃,爱惜而用之,又岂敢不服从大国的命令?这是穆叔自己解释赋诗的意思。穑,通"啬",爱惜。

⑭《野有死麇(jūn)》:《诗经·召南》篇名。其卒章云:"舒而脱脱兮,无感我帨兮,无使尨也吠。"子皮以此喻指赵孟能以义安抚诸侯,而不以无礼相欺凌。麇,獐子。

⑮《常棣(dì)》:《诗经·小雅》篇名。赵孟赋此诗借以答谢,意思是兄弟之国本应相亲团结。

⑯吾兄弟比以安:兄弟亲密又安好。比,亲密。

⑰尨(máng)也可使无吠:《野有死麕》中有"无使尨也吠"的诗句,赵孟借指兄弟相安,便不会有惊扰。尨,多毛的狗。

⑱兴、拜:宴礼时坐席上,先起而后拜。兴,起来。

⑲兕(sì)爵:以兕牛角做的酒杯。兕,雌犀牛。爵,古代酒杯,形似雀。

⑳吾不复此矣:赵孟很满意,但认为不再会见到这样的欢乐了。

【译文】

夏四月，赵文子、叔孙豹、曹国大夫进入郑国，郑简公设享礼一起款待他们。子皮正式通知了赵文子，通知礼仪结束，赵文子赋《瓠叶》。子皮又去通知叔孙豹，同时告诉他赵文子赋诗事。叔孙豹说："赵文子只想要一献，你们就依从他吧！"子皮说："我们哪敢呢？"叔孙豹说："这是他自己所希望的，又有什么不敢？"到举行享礼时，郑国在东房准备了五献的器物用具。赵文子推辞了，私下对子产说："我已经向执政请求过了呀。"于是只用一献。赵文子为主宾，享礼结束后就宴饮。叔孙豹赋《鹊巢》。赵文子说："我可不敢当。"叔孙豹又赋《采蘩》，说："小国献上蘩，大国爱惜而加以使用，岂敢不服从大国的命令？"子皮赋《野有死麕》最后一章。赵文子赋《常棣》，并说："我们像兄弟一样安好，就可以让狗不叫唤了。"叔孙豹、子皮和曹国大夫从座位上起来，下拜，举起兕角酒杯，说："小国仰赖着您，知道可以免于罪过了。"大家酒喝得很高兴。赵文子出来后，说："我不会再看到像今天这样的欢乐了。"

*　**【左传】**天王使刘定公劳赵孟于颍①，馆于雒汭②。刘子曰："美哉禹功！明德远矣。微禹，吾其鱼乎③？吾与子弁冕端委④，以治民、临诸侯，禹之力也。子盍亦远绩禹功，而大庇民乎⑤？"对曰："老夫罪戾是惧，焉能恤远？吾侪偷食，朝不谋夕，何其长也⑥？"刘子归，以语王曰："谚所谓老将知而耄及之者，其赵孟之谓乎⑦！为晋正卿，以主诸侯，而侪于隶人，朝不谋夕，弃神人矣⑧。神怒民叛，何以能久？赵孟不复年矣⑨。神怒，不歆其祀⑩；民叛，不即其事⑪。祀、事不从，又何以年⑫？"

【注释】

① 天王：周景王。刘定公：刘夏，周朝臣子。颍：本属周邑，后属郑国，在今河南登封东。

② 雒汭（luò ruì）：雒水曲流处，在今河南巩义西。

③ "美哉禹功"四句：洛水流经洛阳，北入黄河，刘定公因见洛水、黄河而赞美大禹治水之功，意思是禹的功德深远，没有他，我们早成鱼鳖了。

④ 弁（biàn）冕：卿大夫的礼帽。端委：礼服。

⑤ 子盍（hé）亦远绩禹功，而大庇民乎：刘定公劝赵孟继承大禹之功，造福安抚百姓。绩，继承。庇，庇护。

⑥ "老夫罪戾是惧"五句：我苟且度日，朝不虑夕，唯恐犯下罪过，哪能考虑到长远之事？这是赵孟自谦之辞。侪（chái），同辈分的人。偷，苟且。

⑦ 谚所谓老将知而耄（mào）及之者，其赵孟之谓乎：俗话说老了会聪明些，可老态昏聩也跟着来了。赵孟这时年未满五十，而似八九十岁的人，正是如此。耄，八十、九十曰耄，同时也有昏乱之意。

⑧ "为晋正卿"五句：赵孟为晋国正卿，主盟诸侯，却将自己等同于隶人。民为神之主，不恤抚百姓，是抛弃了神灵和百姓。

⑨ 不复年：见不到明年。指将死。

⑩ 不歆：不享受祭品。

⑪ 不即其事：不干事情。不即，不就。

⑫ 祀、事不从，又何以年：案本年冬，赵孟死，这里为他预言。

【译文】

周景王派刘定公到颍地慰劳赵文子，让他住在雒水边。刘定公说："大禹的功绩真辉煌啊！他伟大的德行流传千古。没有大禹，我们都要变成鱼了吧？我和您戴着礼帽穿着礼服，治理人民、面对诸侯，都是大禹的力量。您何不也远承大禹的功德，大力庇护人民呢？"赵文子回答说：

"老夫唯恐犯下罪过,哪里能想得那么长远?我辈苟且度日,早晨顾不上晚上,哪里能够做长远考虑呢?"刘定公回去后,告诉周景王说:"谚语所谓老年人富有智慧可糊涂也降临了,说的就是赵文子这样的人吧!他担任晋国正卿,领导诸侯,却把自己等同于那些下贱的人,早晨不考虑晚上的事,抛弃了神明和人民。神明生气人民背叛,怎么能够长久?赵文子过不了今年了。神怒,不会享用他的祭祀;人民背叛,不肯为他做事。祭祀和事功都不能办理,又怎么能过得了年?"

*【左传】叔孙归,曾夭御季孙以劳之①。旦及日中不出②。曾夭谓曾阜,曰③:"旦及日中,吾知罪矣④。鲁以相忍为国也。忍其外,不忍其内,焉用之⑤?"阜曰:"数月于外,一旦于是,庸何伤⑥? 贾而欲赢,而恶嚣乎⑦?"阜谓叔孙曰:"可以出矣!"叔孙指楹,曰⑧:"虽恶是,其可去乎?"乃出见之。

【注释】

①曾夭:季孙家臣。

②旦及日中不出:叔孙豹怨恨季孙伐莒,使自己在虢之会上几乎被戮,所以季孙从早晨等到中午,叔孙豹都不出来见他。

③曾阜:叔孙家臣。

④旦及日中,吾知罪矣:季孙久候不见,既不发怒,又不离开,是知罪的表示了。

⑤"忍其外"三句:对外能忍让,对内又何必不忍让呢? 外,指虢之会。内,指对内,现在。

⑥"数月于外"三句:叔孙出使在外数月,季孙在此一个早晨,又算得了什么。庸,何。

⑦贾(gǔ)而欲赢,而恶嚣乎:譬如商贾欲求赢利,还厌恶市场的喧

嚣之声吗？贾，商人。嚣，喧嚣。

⑧楹（yíng）：厅堂大柱，赖以支持房屋。这里喻指季孙。

【译文】

叔孙豹回国，曾夭为季孙驾车来慰劳他。叔孙豹从早上直到中午都不出来。曾夭对曾阜，说："从早上直到中午了，我们已经知道自己的过错了。鲁国是靠互相忍让来治理国家的。在国外能忍让，在国内却不能忍让，那又何必呢？"曾阜说："他在外劳累了几个月，你们在这里等一个早上，又算得了什么？商人要想赢利，还害怕市场的喧嚣吗？"曾阜对叔孙豹说："可以出去了！"叔孙豹指着堂上的柱子，说："虽然厌恶它，但能把它去掉吗？"便出来见季孙。

***【左传】**郑徐吾犯之妹美①，公孙楚聘之矣，公孙黑又使强委禽焉②。犯惧，告子产。子产曰："是国无政，非子之患也。唯所欲与③。"犯请于二子，请使女择焉。皆许之④。子晳盛饰入，布币而出⑤。子南戎服入，左右射，超乘而出⑥。女自房观之，曰："子晳信美矣，抑子南，夫也⑦。夫夫妇妇⑧，所谓顺也。"适子南氏⑨。子晳怒，既而囊甲以见子南⑩，欲杀之而取其妻。子南知之，执戈逐之。及冲⑪，击之以戈。子晳伤而归，告大夫曰："我好见之，不知其有异志也，故伤⑫。"

【注释】

①徐吾犯：郑国大夫，复姓徐吾。

②公孙楚聘之矣，公孙黑又使强委禽焉：二人争娶徐吾犯的妹妹。公孙楚，即子南，郑穆公孙。聘，定婚。公孙黑，即子晳。委禽，送聘礼。案上古聘礼用雁。

③唯所欲与：应该由女子自己选择丈夫。

④皆许之：二人同意由女选择。

⑤子皙盛饰入，布币而出：盛饰，装扮华丽。布币，陈设彩礼。币，即赘币，初见时礼品，男用玉帛或禽鸟，陈于堂上。案是以此取悦于女。

⑥"子南戎服入"三句：子南表演左右开弓射箭，然后一跃上车出去。案子南已聘，所以不再纳币。

⑦抑子南，夫也：但子南威武，才是个大丈夫。抑，然而。夫，是大丈夫。

⑧夫夫妇妇：丈夫要像个丈夫，妻子要像个妻子。前一"夫""妇"都是名词，指其身，下一"夫""妇"是述语。

⑨适：嫁给。

⑩櫜（gāo）甲：这里是把皮甲穿在外衣里面，即衷甲。

⑪冲：十字路口。

⑫"我好见之"三句：子皙櫜甲见子南，本蓄意动武，不得逞而受伤，反而说子南有异志以自我掩饰。

【译文】

　　郑国徐吾犯的妹妹长得很美，公孙楚已经聘她为妻，公孙黑又派人强行送去聘礼。徐吾犯害怕了，告给子产。子产说："这是国家政事混乱，不是你的忧患。你妹妹愿意嫁谁就嫁谁。"徐吾犯向公孙楚、公孙黑二人提出，让妹妹自己来择婿。二人都答应了。公孙黑打扮得漂漂亮亮到徐吾犯家，在堂上放好礼物就退出。公孙楚穿着戎服到来，左右开弓射了箭，就跳上车走了。徐吾犯妹妹从屋里观察他们，说："公孙黑确实很漂亮，而公孙楚才是真正的大丈夫。丈夫要像丈夫，妻子要像妻子，才是所谓顺。"于是嫁给公孙楚。公孙黑大怒，不久在衣服里边穿着皮甲去见公孙楚，想要杀死公孙楚而娶其妻。公孙楚知道后，持戈追赶公孙黑。到了交叉路口，用戈击打公孙黑。公孙黑受伤逃回，告诉大夫们说："我好心好意去见公孙楚，没想到他有不良的念头，所以打伤了我。"

大夫皆谋之。子产曰:"直钧,幼贱有罪,罪在楚也^①。"乃执子南而数之,曰:"国之大节有五,女皆奸之^②。畏君之威,听其政,尊其贵,事其长,养其亲,五者所以为国也^③。今君在国,女用兵焉^④,不畏威也;奸国之纪,不听政也^⑤;子晳,上大夫,女,嬖大夫^⑥,而弗下之,不尊贵也。幼而不忌^⑦,不事长也;兵其从兄^⑧,不养亲也。君曰:'余不女忍杀,宥女以远^⑨。'勉^⑩,速行乎,无重而罪!"

【注释】

①"直钧"三句:直钧,各有理由。幼贱,乃少且位低。楚,即子南,公孙楚。案子晳欲夺子南已聘之妻,不得,又欲杀子南,子南不过自卫而伤之。子晳分明无理,但子产以子晳大族,故以子南伤之为无理。

②奸:触犯。

③所以为国:国之大节,治国之道。

④用兵:子南以戈击子晳,是用兵。

⑤奸国之纪,不听政也:用兵伤人,是触犯法纪。纪,法纪。

⑥嬖(bì)大夫:下大夫。

⑦忌:敬畏。

⑧兵:用兵。从兄:堂兄。

⑨宥女以远:宽宥其罪,逐于远方。

⑩勉:尽力。是劝勉之辞。

【译文】

大夫们一起商量如何处理这件事。子产说:"双方都有理,年幼地位低的有罪,所以罪在公孙楚。"于是逮捕公孙楚宣布他的罪状,说:"国家大节有五项,你都违犯了。要畏惧国君的威严,听从他的政令,尊重显贵者,事奉年长者,奉养亲眷,这五条是治理国家的基本条件。现在国君在国都里,你却动用武器,这是不畏惧国君的威严;干犯国纪,这是不听从政令;公孙黑是上大夫,你只是下大夫,却不甘居于其下,这是不尊重显贵者。年幼而不恭敬,是不事奉年长者;用武器对付堂兄,这是不奉养亲属。国君说:'我不忍心杀你,赦免你让你到远方去。'你还是勉力吧,赶快上路,不要再加重自己的罪责了!"

五月庚辰①,郑放游楚于吴②。将行子南,子产咨于大叔③。大叔曰:"吉不能亢身④,焉能亢宗⑤? 彼,国政也,非私难也⑥。子图郑国,利则行之,又何疑焉? 周公杀管叔而蔡蔡叔⑦,夫岂不爱? 王室故也。吉若获戾,子将行之⑧,何有于诸游⑨?"

【注释】

①庚辰:初二。

②游楚:即子南。

③子产咨于大叔:子产征求太叔游吉的意见。咨,咨询,征求意见。大叔,即游吉,子南兄长的儿子,游氏宗主。古代一族之人皆须听宗主之命,所以太叔虽为子南的侄子,子南也须听命。所以子产征求其意见。

④亢:保护。身:自身。

⑤宗:家族。

⑥"彼"三句:子南、子晳之事,是国家政事,不是私人之难。

⑦周公杀管叔而蔡蔡叔:周成王年少,管叔、蔡叔挟殷纣之子武庚以作乱,周公伐武庚,杀管叔,流放蔡叔。蔡,《说文》作"𥻝",流放。

⑧行之:执行刑罚。

⑨何有于诸游：不必顾虑游氏诸人。案明年子产终于杀了公孙黑。

【译文】

五月初二，郑国放逐公孙楚到吴国。准备让他动身前，子产向太叔征询意见。太叔说："我连自身都无法保护，哪里能护佑宗族？他的事情属于国政，并非私家危难。你为郑国着想，有利的就去办，何必有什么疑虑呢？当初周公杀了管叔而流放蔡叔，难道不爱他们？是为了王室的缘故啊。我要是获罪，你也将照办，何必顾及游家其他人呢？"

【经】夏，秦伯之弟铖出奔晋①**。**

【注释】

①秦伯之弟铖（qián）出奔晋：嬴铖受秦桓公宠爱，秦景公即位后，他与秦景公如同二君，其母劝其出奔。秦伯，秦景公。铖，秦景公母弟，姓嬴名铖。

【译文】

夏，秦景公弟弟铖出逃到晋国。

【左传】秦后子有宠于桓，如二君于景①**。其母曰："弗去，惧选**②**。"癸卯**③**，铖适晋，其车千乘**④**。书曰："秦伯之弟铖出奔晋。"罪秦伯也**⑤**。**

【注释】

①秦后子有宠于桓，如二君于景：后子因受到秦桓公的疼爱，在秦景公时与秦景公如两君并列。后子，秦桓公之子，秦景公同母弟弟铖。

②弗去，惧选：其母怕秦景公加害于铖。选，遣。这里指放逐。

③癸卯：二十五日。

④铖适晋，其车千乘：铖的随车千乘，可见其权宠豪富。

⑤罪秦伯也：经文这样记载，是责怪秦景公不能容纳其弟的意思。

【译文】

秦国后子得到秦桓公的宠爱，在秦景公时就如同二君并列。他的母亲说："你要是不离开，恐怕会放逐你。"五月二十五日，后子到晋国去，随行车辆有千辆。《春秋》记载说："秦景公弟弟铖逃往晋国。"这是把罪责归于秦景公。

后子享晋侯，造舟于河①，十里舍车，自雍及绛②。归取酬币，终事八反③。司马侯问焉④，曰："子之车，尽于此而已乎？"对曰："此之谓多矣！若能少此，吾何以得见？"女叔齐以告公，且曰："秦公子必归。臣闻君子能知其过，必有令图。令图，天所赞也⑤。"

【注释】

①造舟：列船作浮桥。

②十里舍车，自雍及绛：从雍到绛，每隔十里停车若干。雍，秦国国都，在今陕西凤翔。绛，晋国国都，在今山西侯马。

③归取酬币，终事八反：后子享晋平公用最隆重的九献之礼。九献要用酬币九次，起初已经带来一次，后来又回去取币八次。酬币，主人劝酒时奉献的礼物。酬，参见前文"一献"解。

④司马侯：即下文的女叔齐，晋国大夫。

⑤"秦公子必归"五句：司马侯认为，后子能知其过，必能返回秦国。昭公五年，秦景公死，后子终于归返秦国。令图，好的打算。赞，赞助。

【译文】

后子设享礼款待晋平公，在黄河上用船搭成桥，每十里停放一批车辉，从雍都直到绛都。又回去取奉献的礼物，到享礼结束一共往返了八趟。司马侯问他，说："你的车辆全都在这里了吗?"后子回答说："这已经太多了! 如果比这要少，我哪里会见到你呢?"司马侯把这话告给晋平公，并且说："秦国公子𬱟肯定能回国。下臣听说君子能够意识到自己的过错，必定有好的打算。有了好的打算，上天就会帮助他。"

后子见赵孟。赵孟曰："吾子其曷归①?"对曰："𬱟惧选于寡君，是以在此，将待嗣君②。"赵孟曰："秦君何如?"对曰："无道。"赵孟曰："亡乎③?"对曰："何为④? 一世无道，国未艾也⑤。国于天地，有与立焉⑥。不数世淫，弗能毙也⑦。"赵孟曰："天乎⑧?"对曰："有焉。"赵孟曰："其几何⑨?"对曰："𬱟闻之，国无道而年谷和熟⑩，天赞之也⑪。鲜不五稔⑫。"赵孟视荫⑬，曰："朝夕不相及，谁能待五?"后子出而告人曰："赵孟将死矣。主民，玩岁而愒日⑭，其与几何?"

【注释】

①曷 (hé)：何时。

②将待嗣君：待新君继位再回国。

③亡乎：国君既无道，秦国是否会灭亡。

④何为：为何会灭亡。

⑤艾：绝。

⑥国于天地，有与立焉：立国于天地，必有辅助者。与立，辅助的人。

⑦不数世淫，弗能毙也：没有连续几代国君放纵乱政，国家不会灭亡。

⑧天乎：指国君短命。

⑨其几何：何时而死。

⑩年谷和熟：指粮食丰收。

⑪赞：辅佐。

⑫鲜（xiǎn）：少。五稔（rěn）：五年。

⑬荫：日影。

⑭玩岁而愒（kài）日：得过且过又荒废时日。

【译文】

后子去见赵文子。赵文子说："你估计什么时候回国？"后子回答说："我担心遭到我们国君的放逐，所以留在这里，等待着继位的国君登基。"赵文子说："秦国国君怎么样？"后子回答说："无道。"赵文子问："那么国家会灭亡吗？"后子回答说："为什么会灭亡呢？一代国君无道，国家还不至于陷入绝境。国家立于天地间，就一定有辅助的人。不是几代国君都荒淫无道，国家是不会灭亡的。"赵文子问："秦公会短命吗？"后子回答说："会的。"赵文子问："那要到什么时候？"后子回答说："我听说过，国无道但年成丰收，是上天在帮他。少则不过五年。"赵文子看了看太阳的影子，说道："早晨在晚上未必能在，谁能等到五年？"后子出来后告诉别人说："赵文子快要死了。作为人民的主宰，既混日子又荒废时日，他还能活多久？"

【公羊传】秦无大夫，此何以书？仕诸晋也。曷为仕诸晋？有千乘之国，而不能容其母弟，故君子谓之出奔也①。

【注释】

①出奔：何休云："弟贤当任用之，不肖当安处之，乃仕之他国，与逐之无异，故云尔。"

【译文】

秦国没有大夫，此处为何书鍼之名？因为鍼出仕晋国。为何出仕晋国？秦伯有千乘之国，却容不下同母弟，所以君子称鍼之出仕晋国，与出奔没有区别。

【穀梁传】诸侯之尊,弟兄不得以属通。其弟云者,亲之也。亲而奔之,恶也。

【译文】

以诸侯地位的尊贵,兄弟之间也不能以亲属关系来交往。经文称"弟",是表明他是国君的亲人。是亲人却让他出奔,是厌恶这种行为。

△【经】六月丁巳①,邾子华卒②。

【注释】

①丁巳:初九。

②邾子华卒:邾悼公死。邾子,即邾悼公,名华,谥悼。《公羊传》作"邾娄子"。

【译文】

六月初九,邾悼公华去世。

*【左传】郑为游楚乱故①,六月丁巳②,郑伯及其大夫盟于公孙段氏,罕虎、公孙侨、公孙段、印段、游吉、驷带私盟于闺门之外③,实薰隧④。公孙黑强与于盟,使大史书其名,且曰七子。子产弗讨⑤。

【注释】

①游楚:即子南。

②丁巳:初九。

③罕虎、公孙侨、公孙段、印段、游吉、驷带私盟于闺门之外:六位卿大夫在闺门结盟。闺门,郑国城门。

④薰隧：门外道路名。

⑤子产弗讨：案这时子皙仍然强大，时机未到，所以子产未加讨伐。

【译文】

　　郑国因为公孙楚作乱的缘故，六月初九，郑简公和大夫们在公孙段家设立盟誓，罕虎、公孙侨、公孙段、印段、游吉、驷带私下在闺门外结盟，地点在薰隧。公孙黑强行加入盟约，让太史记下他的名字，并称为"七子"。子产没有讨伐他。

【经】晋荀吴帅师败狄于大卤①。

【注释】

①荀吴：晋国大夫，荀偃之子。大（tài）卤：古地名，在今山西太原西南。《左传》《公羊传》《穀梁传》作"大原"。

【译文】

晋国荀吴带兵在大卤打败狄人。

【左传】晋中行穆子败无终及群狄于大原，崇卒也①。将战，魏舒曰："彼徒我车②，所遇又厄③，以什共车④，必克。困诸厄，又克。请皆卒，自我始⑤。"乃毁车以为行⑥，五乘为三伍⑦。荀吴之嬖人不肯即卒⑧，斩以徇。为五陈以相离⑨，两于前，伍于后，专为右角，参为左角，偏为前拒⑩，以诱之。翟人笑之⑪。未陈而薄之，大败之⑫。

【注释】

①晋中行穆子败无终及群狄于大原，崇卒也：中行穆子重用步兵，打败了敌人。中行穆子，即荀吴。无终，国名，在今山西太原一带。

大原,大卤,在今山西太原西南。崇,尚,重视。卒,步兵。

②徒:步兵。

③厄:险要之地。

④以什共车:以十个精锐之兵当一车。

⑤"困诸厄"四句:如果我们以十兵当一车,又困敌于险隘之地,必能一胜而再胜,因此魏舒请求全部改为步兵。诸,"之于"的合音。

⑥毁车:弃车不用。行:步兵的行列。

⑦五乘为三伍:每乘三人,五乘十五人,改编为三个伍。伍,战斗的最小单位,五人为伍。

⑧即卒:参加步兵行列。

⑨五陈:五种阵法。相离:互相呼应。离,通"丽",附丽。

⑩"两于前"五句:两、伍、专、参、偏,都是步兵阵法名,可能是临时设置的。前拒,做前锋。杨伯峻曰:"两者,两个伍,十人也;伍者,或一伍,或伍为五之讹,五人或二十五人也;专,独也,一也,即一伍,五人也;参,通三,三伍十五人也;偏,《司马法》及《周礼·小司徒》,百人为卒,宣十二年《传》谓卒为二偏,则偏五十人,杜《注》亦如此。则五阵不过百许人耳。"

⑪翟人笑之:五阵人数不多,不合常规,所以狄人笑之。翟,同"狄"。

⑫未陈而薄之,大败之:狄人未及布阵,晋军迫近攻击,大败狄军。案以上追记败狄原因。

【译文】

晋国中行穆子在大原打败无终国和各部狄人,这是由于重视了步兵的作用。将要交战时,魏舒说:"他们是步兵我们是车兵,两军相遇的地方又地形狭隘,用十个人当一辆战车,必然会取胜。如果我们以十兵当一车,又困敌于险隘处,步兵能一胜再胜。请全部将车兵改为步兵,从我的部队开始。"便毁坏战车改为步兵行列,五辆战车的人改编为三个伍。荀吴的宠臣不肯编入步兵,于是杀了他示众。设立五种阵法互相配合,两在前面,伍在后面,专作为右翼,参作为左翼,偏作为前锋,用来诱敌。狄人讥笑他们。晋军乘对方还没布阵就迫近了他们,结果大败狄人。

【公羊传】此大卤也,曷为谓之大原? 地、物从中国①,邑、人名从主人②。原者何? 上平曰原,下平曰隰。

【注释】

①地、物从中国:地形、诸物之名,随从中国的称谓,使人易晓。

②邑、人名从主人:邑名、人名无形名可正,故随从主人的命名。

【译文】

这是大卤,为何称之为大原? 地形、器物之名,遵从中国的称谓;邑名、人名,遵从主人的称谓。原是什么? 地势高而平坦者,称为"原";地势低而平坦者,称为"隰"。

【穀梁传】传曰:中国曰大原,夷狄曰大卤。号从中国,名从主人。

【译文】

传文说:中原国家将那里称作"大原",夷狄将那里称作"大卤"。凡属称号的按中原地区的称谓记载,凡属名称的按所属地区或民族的方言记载。

【经】秋,莒去疾自齐入于莒①。莒展舆出奔吴②。

【注释】

①莒去疾自齐入于莒:莒去疾,即莒子密州之子,公子去疾。密州生

公子展舆、公子去疾,本立公子展舆为嗣,后欲立去疾,而废展舆。密州为君暴虐,展舆因民众之不满,而弑杀密州,去疾出奔齐国。事见襄公三十一年。如此则展舆与去疾皆无即位之资格。据《左传》,展舆自立为君之后取消了诸公子的俸禄,诸公子于是到齐国去请求去疾回国,齐将去疾送回莒国为君,展舆出奔吴。故此处去疾得齐人之力夺得君位,《春秋》书"莒去疾",以当国之辞言之,见其篡位。下文书"莒展",亦用当国之辞,见其与去疾争篡。

②莒展舆:《公羊传》《穀梁传》无"舆"字。

【译文】

秋,莒国去疾从齐国进入莒国。莒国展舆逃往吴国。

【左传】莒展舆立,而夺群公子秩①。公子召去疾于齐②。秋,齐公子钼纳去疾,展舆奔吴③。

【注释】

①秩:俸禄。案古代秩禄,或以田,或以谷。

②公子召去疾于齐:群公子召唤去年奔齐的去疾。

③展舆奔吴:展舆母亲是吴女,所以他投奔吴国。

【译文】

莒国展舆即位,削减了公子们的俸禄。公子们把去疾从齐国召回来。秋,齐国公子钼迎去疾回国,展舆逃往吴国。

【经】叔弓帅师疆郓田①。

【注释】

①叔弓帅师疆郓田:鲁国今春占据郓,接着为郓田划定疆界。案此后郓一直为鲁所有,后昭公二十五年奔齐,齐侯取郓,让鲁昭公住

在这里。叔弓,鲁国宗室子叔敬叔,叔老之子。疆,划定疆界。郓田,《公羊传》作"运田"。

【译文】

叔弓领兵划定郓地田地的疆界。

【左传】叔弓帅师疆郓田,因莒乱也[①]。于是莒务娄、瞀胡及公子灭明以大厖与常仪靡奔齐[②]。君子曰:"莒展之不立[③],弃人也夫[④]! 人可弃乎?《诗》曰:'无竞维人[⑤]。'善矣。"

【注释】

①叔弓帅师疆郓田,因莒乱也:顾栋高曰:"文十二年,季孙行父帅师城郓,后复为莒所取。成九年,楚子重围莒入郓,此时郓盖属莒也。至此年疆郓田,则与莒人分明疆界,莒甘心让与鲁矣。由是郓长为鲁有。昭二十五年,齐侯取郓以居公,即此。"

②于是莒务娄、瞀(mào)胡及公子灭明以大厖(páng)与常仪靡奔齐:莒务娄、瞀胡、公子灭明,三人都是展舆的党羽。大厖、常仪靡,莒国二邑。

③莒展:指展舆。

④弃人:指夺群公子秩禄,从而失去他们的支持。

⑤无竞维人:引《诗》见《诗经·周颂·烈文》。意思是要强大只有靠人拥护。无,发语词,无义。竞,强。

【译文】

叔弓领兵划定郓地田土的疆界,是由于莒国内乱的缘故。这时莒国的务娄、瞀胡及公子灭明带着大厖与常仪靡二地投奔了齐国。君子说:"莒国展舆不能立为国君,是因为丢弃民众! 民众哪里可以丢弃呢?《诗》说:'要强大唯有靠民众。'说得太对了。"

【公羊传】疆运田者何？与莒为竟也^①。与莒为竟，则曷为帅师而往？畏莒也^②。

【注释】

①竟：同"境"，国境，边界，划定边界。

②畏莒也：莒国有公子去疾之乱，恐莒国转侵鲁国，故兴兵与莒国划定疆界。然而贼乱之人，自顾不暇，不需畏惧，故《春秋》书之，刺鲁国之微弱。

【译文】

为何划定运田的疆界？是与莒国划定疆界。与莒国划定疆界，为何帅师而往？是畏惧莒国。

【穀梁传】疆之为言，犹竟也。

【译文】

"疆"的意思，就相当于"境"的意思。

△【经】葬邾悼公。

【译文】

安葬邾悼公。

*【左传】晋侯有疾，郑伯使公孙侨如晋聘，且问疾。叔向问焉，曰："寡君之疾病^①，卜人曰：'实沈、台骀为祟^②。'史莫之知。敢问此何神也？"子产曰："昔高辛氏有二子^③，伯曰阏伯，季曰实沈^④，居于旷林^⑤，不相能也，日寻干戈^⑥，以

相征讨。后帝不臧⑦，迁阏伯于商丘⑧，主辰⑨，商人是因⑩，故辰为商星。迁实沈于大夏⑪，主参⑫，唐人是因，以服事夏、商。其季世曰唐叔虞⑬。当武王邑姜方震大叔⑭，梦帝谓己⑮：'余命而子曰虞，将与之唐，属诸参⑯，而蕃育其子孙。'及生，有文在其手曰'虞'，遂以命之⑰。及成王灭唐而封大叔焉，故参为晋星⑱。由是观之，则实沈，参神也。昔金天氏有裔子曰昧⑲，为玄冥师⑳，生允格、台骀。台骀能业其官㉑，宣汾、洮㉒，障大泽㉓，以处大原。帝用嘉之㉔，封诸汾川㉕，沈、姒、蓐、黄㉖，实守其祀。今晋主汾而灭之矣㉗。由是观之，则台骀，汾神也。

【注释】

①疾病：病重。

②实沈、台骀（tái）：二神名。

③高辛氏：即帝喾（kù）。

④伯曰阏（è）伯，季曰实沈：伯，季，都是排行。最长曰"伯"，最少曰"季"。

⑤旷林：古地名。或曰即旷野。

⑥日寻干戈：意即经常打仗。寻，用。

⑦后帝：即尧。臧：善。

⑧商丘：宋地名。

⑨主辰：主祀商星。辰，大火星。又名"商星"。

⑩因：沿袭下来。

⑪大夏：地名，今山西太原。

⑫参（shēn）：参宿。案参、商二星此出彼没，两不相见。

⑬季世：末世。

⑭邑姜:周武王后,齐太公女儿。震:通"娠",怀孕。大叔:周成王
　弟弟唐叔虞,晋国始祖。

⑮己:指邑姜。

⑯属诸参:唐属于参星的分野。

⑰有文在其手曰"虞",遂以命之:手掌上有纹似"虞"的字形,就起
　名为"虞"。文,同"纹"。案这一段是承上文追叙唐叔虞出生时
　的灵异。

⑱及成王灭唐而封大叔焉,故参为晋星:叔虞封唐侯,子燮父改为晋
　侯,晋也是参星的分野。

⑲金天氏:即少皞(hào)帝。裔子:后代。

⑳玄冥师:水官之长。

㉑业其官:继承水官的世业。

㉒宣:疏导。汾、洮:汾水、洮水。

㉓障:筑堤防。

㉔帝:指颛顼(zhuān xū)。用:因此。

㉕汾川:汾水流域。

㉖沈、姒、蓐、黄:台骀后裔建立的四个小国,都在晋国境内。

㉗今晋主汾而灭之矣:晋国为汾水流域之主,并灭了那四国。

【译文】

　　晋平公有病,郑简公派子产到晋国去聘问,并问候病情。叔向询问
子产,说道:"我们国君病重,卜人说:'是实沈、台骀在作怪。'太史不知
道是何方神灵。请问这是什么神呀?"子产说:"从前高辛氏有两个儿子,
大的叫阏伯,小的叫实沈,他们住在旷林,互相不服气,整天拿起武器,互
相攻打。帝尧看不过去,把阏伯迁移到商丘,用大火星来定时节,商朝人
于是沿用这办法,因此大火星就成了商星。把实沈迁移到大夏,以参星
定时节,唐国人于是沿用这办法,服了夏朝、商朝。唐国末代国君叫唐
叔虞。当武王夫人邑姜怀着太叔时,梦见天帝对她说:'我给你的儿子命

名为虞，将把唐国给他，属于参星，繁衍养育他的子孙。'到太叔出生，他的手掌有文字'虞'，就取名为'虞'。到成王灭掉唐国后就封太叔在唐地，所以参是晋国的星宿。由此看来，实沈是参星之神。往昔金天氏有个后裔叫昧，担任水官长，生下允格、台骀。台骀能继承父亲的官职，疏导汾水、洮水，筑堤防堵住大泽，让人民居住在广阔的高原上。颛顼帝因此嘉奖他，把他封在汾水流域，沈、姒、蓐、黄四国，世代守着他的祭祀。现今晋国有了汾水流域而灭掉沈、姒等国。由此看来，台骀是汾水之神。

　　"抑此二者，不及君身①。山川之神，则水旱疠疫之灾，于是乎禜之②。日月星辰之神，则雪霜风雨之不时，于是乎禜之③。若君身，则亦出入、饮食、哀乐之事也，山川星辰之神又何为焉？侨闻之，君子有四时：朝以听政，昼以访问，夕以修令，夜以安身④。于是乎节宣其气，勿使有所壅闭湫底以露其体，兹心不爽，而昏乱百度⑤。今无乃壹之⑥，则生疾矣。侨又闻之，内官不及同姓⑦，其生不殖⑧。美先尽矣，则相生疾⑨，君子是以恶之。故《志》曰：'买妾不知其姓，则卜之。'违此二者⑩，古之所慎也。男女辨姓，礼之大司也⑪。今君内实有四姬焉⑫，其无乃是也乎？若由是二者，弗可为也已⑬。四姬有省犹可，无则必生疾矣。"叔向曰："善哉！肸未之闻也。此皆然矣。"

【注释】

①抑此二者，不及君身：但二者与晋平公的疾病无关。二者，指参神实沈和汾神台骀。

②"山川之神"三句：有水旱瘟疫，就祭台骀这样的山川之神。疠

疫，传染病。禜（yǒng），古代禳灾之祭。为禳风雨、雪霜、水旱、
疠疫而祭日月星辰、山川之神。

③"日月星辰之神"三句：遇到气候不合时令，就祭实沈这样的星辰之
神。杨伯峻指出，祭日月星辰与山川之神其实都是因为水旱疠疫，
都是禜。子产分别说，是因为台骀为山川之神，实沈为星辰之神。

④"朝以听政"四句：一天的时间分为四段，应按时工作和休息。修
令，确定政令。

⑤"于是乎节宣其气"四句：四时有劳有逸，以调节、通畅人体精神、
血气的运行，不至于使它闭塞而使身体衰弱，否则，将心里糊涂，
百事昏乱。节宣，有节制地散发。壅闭湫（qiū）底，壅塞。露，羸
弱。兹，如此。百度，各事的节度。

⑥壹之：混同四时，作息无度。

⑦内官：妃嫔姬妾。

⑧不殖：不昌繁。

⑨美先尽矣，则相生疾：同姓通婚，必选甚美者，美集于一人之身，就
会得病。

⑩二者：一指四时混乱，一指同姓通婚。

⑪大司：大事。

⑫今君内实有四姬焉：晋平公的姬妾中有同是姬姓的女子四个。内
实，宫内姬妾。

⑬弗可为：病不可治。

【译文】

"不过这两位神不会降祸到贵国国君身上。山川的神灵，遇到水旱
瘟疫这些灾祸，就向他们祭祀禳灾。日月星辰的神灵，遇到雪霜风雨不
正常，也向他们祭祀禳灾。至于贵国国君的身体，不过是由于劳逸、饮
食、哀乐这些问题的缘故，山川星辰的神明，又怎么能够降祸于他呢？我
听说，君子有四段时间：早晨用来听政，白天用来访问调查，晚上用来修

订政令,夜里用来安歇身子。这样就能有节制地宣泄气血,不让他有所堵塞而损伤身体,使心里不爽快,而使百事昏乱。现在莫非是贵国国君把精力全部用在一个地方,结果就生出疾病来。我又听说,国君的姬妾不能有同姓的,不然子孙不能昌盛。美貌者集中到一个人那儿,那样就要产生疾病,君子所以厌恶这一点。因此《志》说:'买妾不知道她的姓,就用占卜来决定。'违背这两点,古人是非常注意避免的。男女婚姻要辨别姓氏,这是礼仪的大事。如今国君的宫内有四名姬姓女子,大约他的病就是源于此吧? 如果是由于这两点,病可就没治了。去掉这四名姬姓女子还可挽回,不然一定会加重病情。"叔向说:"说得真好啊! 我闻所未闻。这些话都说得很对。"

叔向出,行人挥送之[①]。叔向问郑故焉[②],且问子皙。对曰:"其与几何[③]? 无礼而好陵人,怙富而卑其上[④],弗能久矣[⑤]。"

【注释】

①行人挥:子羽。

②郑故:郑国政事。故,事。

③其与几何:即"其几何欤",指子皙不能长久。

④怙(hù)富:仗恃其富有。

⑤弗能久矣:明年子皙被杀。

【译文】

叔向退出,行人子羽送他。叔向问郑国的政事,并问起公孙黑的情况。子羽回答说:"他还能活多久呢? 无礼而好凌驾于人,仗着富有而瞧不起地位比他高的人,他活不久了。"

　　晋侯闻子产之言，曰："博物君子也^①。"重贿之^②。

【注释】

①博物：知识渊博。

②重贿：赠以厚礼。

【译文】

　　晋平公听了子产一席话，说："真是博学多闻的君子啊。"送给子产一份厚礼。

　　晋侯求医于秦，秦伯使医和视之^①，曰："疾不可为也。是谓近女室，疾如蛊^②。非鬼非食，惑以丧志^③。良臣将死，天命不佑。"公曰："女不可近乎？"对曰："节之^④。先王之乐，所以节百事也，故有五节^⑤。迟速本末以相及，中声以降^⑥。五降之后，不容弹矣^⑦。于是有烦手淫声^⑧，慆堙心耳^⑨，乃忘平和^⑩，君子弗听也。物亦如之。至于烦^⑪，乃舍也已，无以生疾。君子之近琴瑟^⑫，以仪节也，非以慆心也^⑬。天有六气^⑭，降生五味^⑮，发为五色^⑯，征为五声^⑰。淫生六疾^⑱。六气曰阴、阳、风、雨、晦、明也，分为四时^⑲，序为五节^⑳，过则为灾^㉑：阴淫寒疾，阳淫热疾，风淫末疾^㉒，雨淫腹疾，晦淫惑疾^㉓，明淫心疾^㉔。女，阳物而晦时^㉕，淫则生内热惑蛊之疾。今君不节、不时，能无及此乎^㉖？"

【注释】

①和：秦医之名。

②是谓近女室，疾如蛊：亲近女人，蛊惑得病。蛊，蛊惑。

③非鬼非食，惑以丧志：疾病不是由于鬼神、饮食而起，是沉溺于女色，丧失心志。

④节之：并非不可近女色，但应有节制。

⑤五节：指先王之乐有五声的节制。

⑥迟速本末以相及，中声以降：五声有迟有速，有本有末，互相调节，使音调中和，然后降于无声。

⑦五降之后，不容弹矣：五声降而无声，不可再弹。

⑧烦手：繁复的手法。淫声：过度之音，靡靡之音。

⑨慆（tāo）：淫，指怠惰。堙（yīn）：堵塞。

⑩平和：平和之声，即中声。

⑪烦：过度。

⑫琴瑟：比喻女色。

⑬慆心：烦荡心志。

⑭六气：即下文阴、阳、风、雨、晦、明。

⑮五味：辛、酸、咸、苦、甘。

⑯五色：白、青、黑、赤、黄。

⑰五声：宫、商、角、徵、羽。

⑱淫生六疾：滋味、声色过度，则发生六种疾病。

⑲四时：一说为春夏秋冬，一说为一日有朝昼夕夜。

⑳五节：五声之节。

㉑过则为灾：六气也有时分与顺序，过头便成灾。

㉒末：四肢。

㉓晦淫惑疾：夜里没有节制则惑乱。惑，心志惑乱。

㉔明淫心疾：白天没有节制则成心病。心疾，思虑烦多，心劳成疾。

㉕女，阳物而晦时：女阴男阳，女子随男子而成家室，生育子孙，所以是阳之物。男女同寝在夜里，所以说晦时。

㉖今君不节、不时，能无及此乎：医和最后指出，晋平公的病是沉溺

于女色,荒淫过度。不节,贪色过度。不时,近女色不分晦明。

【译文】

　　晋平公向秦国请求派医生来,秦景公派了医和来为晋平公看病,医和说:"您的病已经无可救药了。这就是亲近女色,病同蛊惑。既不是因为鬼神也不是饮食所致,而是被迷惑丧失心志。国家的良臣将要死去,天命不能保佑。"晋平公说:"女色不可接近吗?"医和回答说:"要有节制。先王的音乐,就是用来节制百事的,所以有五声作为节制。有快慢本末来互相调节,从中和之声逐渐下降。五声都下降而停止之后,就不能再弹了。这时再弹就会有复杂的手法和靡靡之音,使人听了心急耳烦,忘了中和之声,所以君子不听这种音乐。其他事物也是这样。一到过度,就要停止,不要因此而得病。君子亲近妻室,也应有礼仪节度,不可使自己心志佚荡。天有六种气象,因而产生五味,表现为五色,应验为五音。过了头就产生六种疾病。六气是阴、阳、风、雨、晦、明,分为四时,以五声的节奏为顺序,过分了就成为灾祸:阴过了头就生寒疾,阳过了头就生热病,风过了头就使手脚出毛病,雨过了头就生腹疾,晦过了头就生迷乱疾病,明过了头就生心病。女色属于阳物而表现在晚上,女色过度就生内热蛊惑之疾。现在国君既不节制、又不分昼夜,能够不病吗?"

　　出,告赵孟。赵孟曰:"谁当良臣[①]?"对曰:"主是谓矣[②]!主相晋国,于今八年,晋国无乱,诸侯无阙[③],可谓良矣。和闻之,国之大臣,荣其宠禄,任其大节,有灾祸兴,而无改焉,必受其咎[④]。今君至于淫以生疾,将不能图恤社稷,祸孰大焉?主不能御[⑤],吾是以云也。"赵孟曰:"何谓蛊?"对曰:"淫溺惑乱之所生也。于文,皿虫为蛊[⑥]。谷之飞亦为蛊[⑦]。在《周易》,女惑男、风落山,谓之《蛊》䷑[⑧]。皆同物也[⑨]。"赵孟曰:"良医也。"厚其礼,归之。

【注释】

①谁当良臣：医和前面说"良臣将死"，所以赵孟问"谁是良臣"。

②主是谓矣：指的是您。主，指赵孟。医和自称为宾，称赵孟为主。

③阙（quē）：缺失。

④"有灾祸兴"三句：有灾祸而不改变其做法，必受其灾祸。灾祸，此指晋平公好色。

⑤御：禁止。

⑥于文，皿虫为蛊：从字形上解释，器皿里生虫子叫"蛊"。文，字。

⑦谷之飞亦为蛊：谷积久所生飞虫也叫"蛊"。

⑧"在《周易》"三句：《周易》的《蛊》卦，上艮下巽，艮为山，巽为风，是风吹落山木之象。艮又为少男，巽又为长女，又是女人迷惑男人之象。案这是引用《蛊》卦来解释蛊疾。

⑨同物：同类事物。

【译文】

退出后，医和把情况告诉了赵文子。赵文子说："谁是良臣？"医和回答说："说的就是您了！您辅相晋国，到现在已经八年了，晋国没有内乱，诸侯没有缺失，可以算得上是良臣了。我听说，国家大臣光荣地受到国家的信任和爵禄，承担国家重任，有灾祸兴起，却不能改变它，就一定会受到连累。现在国君女色过度以至于生病，将不再能为国家图谋操心，难道还有比这更大的祸难吗？您无法制止，我所以这样说。"赵文子问："什么叫做'蛊'？"医和回答说："沉迷惑乱于某事。在文字上，器皿生虫为蛊。谷子生出的飞虫也叫'蛊'。在《周易》中，女人迷惑男人、大风吹落山木，都叫做《蛊》。它们是同类事物。"赵文子说："真是好医生啊。"赠给他丰厚礼物，送他回国了。

【经】 冬十有一月己酉①，楚子麇卒②。

【注释】

①己酉：初四。

②楚子麇（jūn）卒：楚令尹公子围要到郑国访问，未出国境而听闻楚子有疾，于是返回探视，弑之，自立为王。楚子麇，即郏（jiá）敖，芈（mǐ）姓熊氏，名麇，一作"卷""员"。敖，或以为即"獒"，今之酋长；或以为丘陵，某敖即某陵。《左传》以为楚王葬于郏，故称"郏敖"。孔广森以为，此处实为公子围（后改名为虔，即楚灵王）弑君自立，经不书弑者，是为鲁国避讳。下七年，鲁昭公如楚，朝见楚灵王，有大恶，故此处避讳弑君之事。麇，《公羊传》《穀梁传》作"卷"。

【译文】

冬十一月初四，楚国君郏敖麇去世。

【左传】楚公子围使公子黑肱、伯州犁城犨、栎、郏①。郑人惧。子产曰："不害。令尹将行大事②，而先除二子也。祸不及郑，何患焉？"

【注释】

①公子黑肱：公子围的弟弟子皙。犨（chōu）、栎、郏：三地本是郑国城邑，这时已经属于楚国。分别在今河南叶县西、新蔡北、三门峡西北。

②行大事：弑君自立。

【译文】

楚国公子围派公子黑肱、伯州犁在犨、栎、郏三地筑城。郑国害怕了。子产说："不要紧。令尹将要做出大事，因而要先除掉这二人。祸害不会到达郑国，担心什么呢？"

冬,楚公子围将聘于郑,伍举为介。未出竟,闻王有疾而还。伍举遂聘。十一月己酉,公子围至,入问王疾,缢而弑之①,遂杀其二子幕及平夏②。右尹子干出奔晋③,宫厩尹子晳出奔郑④。杀大宰伯州犁于郏。葬王于郏,谓之郏敖。使赴于郑,伍举问应为后之辞焉⑤,对曰:"寡大夫围。"伍举更之曰:"共王之子围为长⑥。"

【注释】

①入问王疾,缢而弑之:公子围借探望楚王之机绞杀楚王。

②幕及平夏:楚王二子。

③右尹子干:即王子比。

④宫厩尹子晳出奔郑:子晳在外筑城,于是逃郑。

⑤应为后之辞:发讣告时关于继承人的措辞。

⑥共王之子围为长:伍举更改讣辞,称公子围为楚共王长子,应该继位,以掩饰篡弑之事。

【译文】

冬,楚国公子围将到郑国聘问,伍举担任副使。还没出国境,听说楚王有病就返回了。伍举就往郑国聘问。十一月初四,公子围回到国都,进宫探视楚王的病,趁机把楚王勒死了,并且杀了楚王的两个儿子幕与平夏。右尹子干逃往晋国,宫厩尹子晳出逃到郑国。公子围又把太宰伯州犁杀死在郏地。把楚王安葬在郏地,称为"郏敖"。派人到郑国发讣告,伍举问使者关于继承人的措辞,使者回答说:"寡大夫围。"伍举更正说:"共王的儿子围是老大。"

【经】楚公子比出奔晋①。

【注释】

①公子比出奔晋：公子围杀楚王郏敖，公子比逃晋避难。

【译文】

楚国公子比出逃晋国。

【左传】 子干奔晋，从车五乘，叔向使与秦公子同食①，皆百人之饩②。赵文子曰："秦公子富。"叔向曰："底禄以德，德钧以年，年同以尊③。公子以国④，不闻以富。且夫以千乘去其国，强御已甚⑤。《诗》曰：'不侮鳏寡，不畏强御⑥。'秦、楚，匹也⑦。"使后子与子干齿⑧，辞曰："铖惧选，楚公子不获⑨，是以皆来，亦唯命。且臣与羁齿，无乃不可乎⑩？史佚有言曰：'非羁，何忌⑪？'"

【注释】

①同食：食禄相同。

②百人之饩（xì）：一百人口粮的数目，大约是田百亩。

③"底（zhǐ）禄以德"三句：对来奔者授食禄，以德行为依据，德相同则以年龄为依据，年龄相同以地位为依据。底禄，得禄。底，致。钧，通"均"。

④公子以国：同为公子来奔，以其国之大小为据。

⑤强御：指秦公子铖强横。

⑥不侮鳏（guān）寡，不畏强御：引《诗》见《诗经·大雅·烝民》。

⑦匹：对等。

⑧齿：并列。

⑨不获：得不到信任。

⑩且臣与羁齿，无乃不可乎：后子铖先来，已仕晋为臣，因此以主人

自居。子干刚来,犹如羁旅之客。

⑪非羁,何忌:后子借史佚的话,说明自己不是客人,不必受到如此恭敬的对待,于是辞谢和子干同列。

【译文】

　　子干逃到晋国,随从的车子有五辆,叔向让他和秦国公子后子食禄相同,都是供应一百个人的口粮。赵文子说:"秦国公子富有。"叔向说:"颁发俸禄是根据德行,德行相同则根据年龄,年龄相同就根据地位。对公子要根据他的国家,没听说根据富有程度的。况且后子带着一千辆车离开他的国家,太过强横了。《诗》说:'不欺侮鳏寡,不害怕强暴。'秦、楚是相等的国家。"便让后子和子干等同,后子谢绝说:"我因为怕被放逐,楚国公子是得不到信任,所以都来投奔晋国,也就唯命是听。而且下臣与宾客并列,恐怕不行吧? 史佚有句话说:'不是宾客,为什么如此恭敬?'"

　　*【左传】楚灵王即位①,蘧罢为令尹,蘧启彊为大宰。郑游吉如楚,葬郏敖,且聘立君。归,谓子产曰:"具行器矣②。楚王汰侈③,而自说其事④,必合诸侯⑤。吾往无日矣⑥。"子产曰:"不数年未能也⑦。"

【注释】

　　①楚灵王:即公子围,即位后改名为熊虔。

　　②具行器矣:准备为盟会所用的行装器具。

　　③汰(tài)侈:骄傲放纵。

　　④自说:自我得意。说,同"悦"。

　　⑤必合诸侯:游吉由楚灵王行状预言他必将会合诸侯。

　　⑥吾往无日矣:指不必多久便将参加楚国的盟会。

　　⑦不数年未能也:子产预言还得几年。昭公四年,楚灵王会诸侯于申。

【译文】

楚灵王即位,蓬罢担任令尹,蓬启彊任太宰。郑国游吉去楚国,参加郑敖的葬礼,并且聘问新国君。回国后,对子产说:"快准备行装吧。楚王骄横放纵,而且沾沾自喜,必定要会合诸侯。我过不了多久就又要去楚国了。"子产说:"没有几年的时间他办不到。"

　　*【左传】十二月,晋既烝①,赵孟适南阳,将会孟子馀②。甲辰朔③,烝于温④。庚戌⑤,卒。郑伯如晋吊,及雍乃复⑥。

【注释】

①烝:冬祭。

②会:同"祮(guì)",祈求消灾除病的祭祀。孟子馀:即赵衰,赵武的曾祖。

③甲辰朔:初一。

④温:古地名,在今河南温县西南。

⑤庚戌:初七。

⑥郑伯如晋吊,及雍乃复:郑简公吊唁赵氏,因赵氏辞谢,仅到雍地便返回了。

【译文】

十二月,晋国举行了烝祭,赵文子到南阳去,准备会祭孟子馀。初一,在温地举行烝祭。初七,赵文子去世。郑简公到晋国吊唁,到达雍地就返回了。

二年

【经】二年春①,晋侯使韩起来聘②。

【注释】

①二年：鲁昭公二年当周景王五年，前540年。

②韩起：晋国大夫。此时继赵武为晋国执政大夫。

【译文】

鲁昭公二年春，晋平公派韩起来鲁国聘问。

【左传】二年春，晋侯使韩宣子来聘，且告为政而来见，礼也①。观书于大史氏②，见《易》《象》与《鲁春秋》③，曰："周礼尽在鲁矣，吾乃今知周公之德与周之所以王也④。"公享之，季武子赋《绵》之卒章⑤。韩子赋《角弓》⑥。季武子拜，曰："敢拜子之弥缝敝邑，寡君有望矣⑦。"武子赋《节》之卒章⑧。既享，宴于季氏。有嘉树焉，宣子誉之。武子曰："宿敢不封殖此树⑨，以无忘《角弓》。"遂赋《甘棠》⑩。宣子曰："起不堪也，无以及召公。"

【注释】

①"晋侯使韩宣子来聘"三句：鲁昭公即位，韩起奉命前来聘问祝贺，同时报告自己代赵武子将中军，执掌国政，礼貌周到，合于礼。

②大史：即太史，掌管文献、档案、国史、册书等。

③《易》：指《周易》。杨伯峻指出，此书的六十四卦与《卦辞》《爻辞》作于西周初，十翼则是战国至西汉的作品，韩起不及见。《象》：即哀公三年传文"命藏《象魏》"之《象魏》，因其悬挂于象魏，故以名之，也省称《象》。象魏，也名"魏阙"，又曰"观"，为宫门外悬挂法令俾众周知的地方。这里指鲁国历代的政令。《鲁春秋》：指鲁国史书。

④周礼尽在鲁矣，吾乃今知周公之德与周之所以王也：韩起所见

《鲁春秋》,可能从周公旦与伯禽开始叙起,由于遵周公之典以序事,所以说周礼尽在鲁国。又加以当时礼崩乐坏,只有鲁国备周礼,所以韩起由此称赞周公之德与周之成就王业。

⑤《绵》之卒章:《绵》是《诗经·大雅》篇名,是称颂周文王的诗歌。末章称文王有四贤臣,因此能兴盛不衰。季武子赋此诗,以晋平公比周文王,以韩起比四贤臣,加以赞颂。

⑥《角弓》:《诗经·小雅》篇名。韩起取其中"兄弟昏姻,无胥远矣"的诗句,意指兄弟之国本应相亲相善。

⑦敢拜子之弥缝敝邑,寡君有望矣:季武子表示客气的话,感谢韩起以兄弟之义弥合两国的关系。

⑧《节》之卒章:《节》,指《诗经·小雅·节南山》。季武子以此诗的末章称赞晋国之德可以蓄养万邦。

⑨封殖:培植。

⑩《甘棠》:《诗经·国风·召南》篇名。召公曾息于甘棠树下,人们于是作诗赞美他。

【译文】

鲁昭公二年春,晋平公派韩起来鲁国聘问,并且通告他因执掌国政而来相见,这是合于礼的。韩起到太史氏那里参观藏书,见到《易》《象》和《鲁春秋》,说道:"周礼都在鲁国了,我今天才知道周公的德行,与周朝所以能成就王业的缘故了。"鲁昭公设享礼款待他,季武子赋《绵》的最后一章。韩起赋《角弓》。季武子下拜,说:"谨此拜谢您为敝国弥合关系,我们国君有希望了。"季武子赋《节》的最后一章。享礼结束后,在季氏家宴请韩起。季氏家有棵美树,韩起称赞它。季武子说:"我怎敢不好好培植这棵树,以不忘《角弓》。"就赋了《甘棠》一诗。韩起说:"我可不敢当,我哪里比得上召公。"

宣子遂如齐纳币①。见子雅②。子雅召子旗③,使见宣

子。宣子曰："非保家之主也,不臣④。"见子尾⑤。子尾见
彊⑥,宣子谓之如子旗。大夫多笑之,唯晏子信之,曰:"夫
子⑦,君子也。君子有信,其有以知之矣⑧。"

【注释】

①宣子遂如齐纳币:聘鲁之后,韩起为晋平公聘娶少姜而使齐送聘礼。

②子雅:齐国大夫公孙灶。

③子旗:子雅之子栾施。

④非保家之主也,不臣:韩起预言子旗将败家。不臣,不像个臣子。

⑤子尾:齐国大夫公孙虿。

⑥见彊:让彊拜见韩起。彊,子尾之子高彊。

⑦夫子:指韩起。

⑧有以知之:说话是有根据的。昭公十年,齐国陈、鲍二氏攻栾、高,
　栾施、高彊奔鲁,这里预为伏笔。

【译文】

韩起就到齐国为晋平公聘娶少姜纳聘礼。他拜见子雅。子雅叫来
儿子子旗,让他拜见韩起。韩起说:"这不是能保住家业的人,他不像个
臣子。"韩起又进见子尾。子尾让儿子彊拜见他,韩起像评价子旗一样
评价彊。齐国的大夫大多嘲笑韩起,只有晏婴相信他的话,说:"那人是
个君子。君子有信用,他说话是有根据的。"

自齐聘于卫,卫侯享之。北宫文子赋《淇澳》①,宣子赋
《木瓜》②。

【注释】

①《淇澳(yù)》:《诗经·卫风》篇名。赞美卫武公,北宫文子借以

称韩起有卫武公之德。

②《木瓜》：《诗经·卫风》篇名。韩起借此诗表示将要厚报以结两
国关系之好。

【译文】

韩起又从齐国到卫国聘问，卫襄公设享礼招待。北宫文子赋《淇
澳》，宣子赋《木瓜》。

*【左传】夏四月，韩须如齐逆女①。齐陈无宇送女②，
致少姜③。少姜有宠于晋侯，晋侯谓之少齐④。谓陈无宇非
卿，执诸中都⑤。少姜为之请，曰："送从逆班⑥，畏大国也，
犹有所易，是以乱作⑦。"

【注释】

①韩须如齐逆女：为晋平公迎娶少姜。韩须，韩起之子。逆，迎接。

②陈无宇：即陈桓子。

③致：护送到达目的地。

④晋侯谓之少齐：姜为母家姓，晋平公改以齐国名称她，以示宠异。

⑤谓陈无宇非卿，执诸中都：案当时礼，齐国应该派卿送女。陈无宇
只是上大夫，晋平公认为陈无宇非卿，因此在中都扣押了他。中
都，晋地名。

⑥送从逆班：少姜为之辩解，意思是晋国来迎接的非卿，齐国也不派
卿护送。

⑦"畏大国也"三句：韩须只是公族大夫，而齐国因为敬畏大国，特
派上大夫护送，才有此混乱。这里少姜仍然委婉地请求释放陈
无宇。

【译文】

夏四月，韩须去齐国迎亲。齐国陈无宇送亲，护送少姜到晋国。少

姜得到晋平公的宠爱，晋平公称她为"少齐"。晋平公认为陈无宇不是卿，在中都把他逮了起来。少姜为他求情，说："送亲的地位应和迎亲的相当，齐国敬畏大国，还有所改易，所以发生了误会。"

【经】夏，叔弓如晋。

【译文】
夏，叔弓到晋国去。

【左传】叔弓聘于晋，报宣子也①。晋侯使郊劳②。辞曰："寡君使弓来继旧好，固曰：'女无敢为宾③！'彻命于执事④，敝邑弘矣⑤，敢辱郊使？请辞。"致馆⑥，辞曰："寡君命下臣来继旧好，好合使成⑦，臣之禄也。敢辱大馆！"叔向曰："子叔子知礼哉！吾闻之曰：'忠信，礼之器也⑧；卑让，礼之宗也⑨。'辞不忘国⑩，忠信也；先国后己⑪，卑让也。《诗》曰：'敬慎威仪，以近有德⑫。'夫子近德矣。"

【注释】
①叔弓聘于晋，报宣子也：为报答韩起聘问，叔弓回访晋国。
②郊劳：使者到别国聘问，受聘之国派卿士到郊外迎接、慰劳。
③女无敢为宾：你不能接受迎宾之礼。
④彻命：传达命令。
⑤弘：受惠很大。
⑥致馆：让叔弓住客馆。
⑦使成：使命完成。
⑧忠信，礼之器也：忠信为载礼之器。

⑨卑让，礼之宗也：卑让为礼之根本。

⑩辞不忘国：口称为国继旧好，是不忘国。

⑪先国后己：先称敝邑之弘，后言臣之禄，是先国后己。

⑫敬慎威仪，以近有德：引《诗》见《诗经·大雅·民劳》。意思是谨慎保持威仪，以亲近有德之人。叔向以此称赞叔弓为近德之人。

【译文】

　　叔弓到晋国聘问，是回报韩起的聘问。晋平公派人到郊外迎接犒劳。叔弓辞谢说："我们国君派下臣来是为了继续以往的友好，强调说：'你可不敢以宾客自居！'只要把我们国君的意思上达给您，敝国就受恩多了。岂敢有劳使者郊劳？请允许辞谢。"请叔弓住进宾馆，他又辞谢说："我们国君派下臣来继续过去的友好关系，友好能保持，就是下臣的福气了。怎敢住在高大的宾馆里！"叔向说："叔弓真是个懂礼的人！我听说：'忠诚信用，是礼的载体；谦卑逊让，是礼的根本。'他言辞不忘国家，是忠诚信用；先国家后自己，是谦卑逊让。《诗》说：'不要滥用威仪，以亲近有德的人。'叔弓已经接近贤德了。"

【经】秋，郑杀其大夫公孙黑。

【译文】

　　秋，郑国杀了他们的大夫公孙黑。

　　【左传】秋，郑公孙黑将作乱，欲去游氏而代其位①，伤疾作而不果②。驷氏与诸大夫欲杀之③。子产在鄙④，闻之，惧弗及，乘遽而至⑤。使吏数之⑥，曰："伯有之乱以大国之事⑦，而未尔讨也。尔有乱心，无厌，国不女堪。专伐伯有，而罪一也；昆弟争室⑧，而罪二也；薰隧之盟，女矫君位⑨，而罪三也。有死罪三,何以堪之? 不速死,大刑将至⑩。"再拜稽首,辞曰:"死在朝夕,无助天为虐⑪。"子产曰:"人谁不死? 凶人不终,命也。作凶事,为凶人。不助天,其助凶人乎!"请以印为褚师⑫。子产曰:"印也若才,君将任之;不才,将朝夕从女⑬。女罪之不恤⑭,而又何请焉? 不速死,司寇将至⑮。"七月壬寅,缢⑯。尸诸周氏之衢,加木焉⑰。

【注释】

①欲去游氏而代其位:想除掉游吉而代其职位。游氏,指游吉,游氏宗主。欲去游氏,必伐其宗主。

②伤疾作而不果:去年被公孙楚击伤,伤痛发作,未能作乱。

③驷氏与诸大夫欲杀之:驷氏与诸大夫都要杀公孙黑。驷氏,公孙黑的氏族。驷氏亦欲杀公孙黑,因诸大夫皆恶之,恐其祸族。

④鄙:边境。

⑤遽(jù):传车,驿车,速度很快。

⑥数(shǔ)之:列举公孙黑的罪状。

⑦伯有之乱:见襄公三十年传文,当时公孙黑率族兵进攻伯有。

⑧昆弟争室:和公孙楚争夺徐吾犯妹妹。

⑨矫:假称。指让太史书曰"七子"一事,见上年传文。

⑩不速死,大刑将至:子产以三罪逼公孙黑自杀。大刑,死刑。

⑪死在朝夕,无助天为虐:公孙黑因创伤复发,自认不久将死,无须逼己自杀以助天虐待自己。

⑫请以印为褚师:公孙黑请求任命印为褚师。印,公孙黑之子。褚师,古代管理市场的官吏。

⑬将朝夕从女:不久也将受刑。

⑭恤:忧虑。

⑮司寇：行刑官。

⑯七月壬寅，缢：七月初一，公孙黑上吊自杀。

⑰尸诸周氏之衢，加木焉：暴公孙黑之尸于周氏之衢，将其罪状写在木头上放在尸体上。

【译文】

秋，郑国公孙黑打算发动叛乱，想要除掉游氏而代替他的职位，因伤病发作而未能作乱。驷氏与大夫们想杀了他。子产在边境，听到这消息，怕赶不及制止内乱，就乘坐驿车回都。派官吏历数公孙黑的罪状，说："伯有那次动乱，因为要应付大国的事，没有讨伐你。你有作乱之心，不能满足，国家无法容忍你。你擅自讨伐伯有，是你的第一条罪状；兄弟争抢妻室，是你的第二条罪状；薰隧盟会，你假托君位，是你的第三条罪状。有这三条死罪，怎么能容忍你？不快些去死，就要对你执行死刑。"公孙黑再拜叩头，推托说："我早晚要死，没必要帮着上天来虐待我。"子产说："人谁不死？凶恶的人不得好死，这是天命。做了凶事，就是凶恶的人。不帮助上天，难道反而帮助凶恶的人不成！"公孙黑请求让儿子印担任褚师。子产说："印如果是个人才，国君将任用他；如果不成器，将会很快跟从你去死。你不考虑自己的罪过，又提什么请求？不赶快去死，司寇马上就到。"七月初一，公孙黑上吊自杀。郑国人把他的尸体陈放在周氏之衢，把写着罪状的木牌放他的尸体上。

【经】冬，公如晋，至河乃复①。季孙宿如晋②。

【注释】

①公如晋，至河乃复：晋国少姜死，鲁昭公前往吊唁。晋国辞谢，鲁昭公中途返回。

②季孙宿如晋：鲁昭公中途返回后，由季孙宿前往晋国送丧服。此处鲁昭公不得入晋，而季孙宿得入。孔广森云："昭公之篇，屡言

至河乃复,盖皆季氏为之,使公不得志于晋。"

【译文】

冬,鲁昭公去晋国,到达黄河边便返回了。季孙宿到晋国去。

【左传】晋少姜卒,公如晋,及河,晋侯使士文伯来辞,曰:"非伉俪也,请君无辱①!"公还。季孙宿遂致服焉②。

【注释】

①非伉俪(kàng lì)也,请君无辱:少姜不是晋平公正妻,不敢劳驾鲁昭公亲临吊丧,于是派士文伯来辞谢。伉俪,妻子,配偶。案依当时之礼,纵诸侯嫡配之丧,诸侯亦无亲吊者。

②致服:送下葬的丧服。方苞曰:"鲁君初立,而朝伯主,自是故事,传亦未载,公如晋吊,胡乃以少姜为辞哉!穀梁子曰:'公如晋而不得入,季孙如晋而得入,恶季孙也。'得其实矣。"

【译文】

晋国少姜去世,鲁昭公去晋国吊唁,到了黄河,晋平公派士文伯来辞谢,说:"少姜不是正妻,请您不必光临!"鲁昭公回国。便派季孙宿到晋国送去下葬的衣服。

叔向言陈无宇于晋侯曰:"彼何罪?君使公族逆之①,齐使上大夫送之,犹曰不共②,君求以贪③。国则不共④,而执其使。君刑已颇⑤,何以为盟主?且少姜有辞⑥。"冬十月,陈无宇归。

【注释】

①君使公族逆之:派公族大夫韩须迎少姜。

②不共：不恭敬。

③以贪：太过分。以，通"已"，太。

④国则不共：晋国派韩须迎娶已是不恭。

⑤君刑已颇：君主的刑罚太偏。颇，偏。

⑥且少姜有辞：少姜生前曾请求释放陈无宇，所以更应放人。

【译文】

叔向向晋平公为陈无宇求情："他有什么罪？国君派了公族大夫去迎亲，齐国派出上大夫送亲，还说不恭敬，国君的要求也太过分了。自己的国家不恭敬，反而逮捕别国的使者。国君的刑罚太偏颇，又怎么当盟主？而且少姜也替他求过情。"冬十月，陈无宇回国。

十一月，郑印段如晋吊。

【译文】

十一月，郑国印段到晋国吊唁。

【公羊传】其言至河乃复何？不敢进也①。

【注释】

①不敢进也：鲁昭公前往晋国朝见，行至黄河边上，听闻晋侯要拘捕他，故畏惧折返。经书"至河乃复"，"乃"是难辞，好像是河水有难，不得渡河，故未去晋国，以此为昭公杀耻。

【译文】

经言"至河乃复"是为何？是畏惧晋国，不敢继续前行。

【穀梁传】耻如晋，故著有疾也①。公如晋而不得入，季孙宿如晋而得入，恶季孙宿也。

【注释】

①著：称说。

【译文】

以能进入晋国为耻辱，所以称说生病了。鲁昭公到晋国去却不能进入，季孙宿到晋国去就进入了，是在贬斥季孙宿。

三年

*【左传】三年春王正月①，郑游吉如晋，送少姜之葬。梁丙与张趯见之②。梁丙曰：“甚矣哉！子之为此来也③。”子大叔曰：“将得已乎！昔文、襄之霸也，其务不烦诸侯。令诸侯三岁而聘，五岁而朝，有事而会，不协而盟④。君薨，大夫吊，卿共葬事；夫人，士吊，大夫送葬。足以昭礼、命事、谋阙而已，无加命矣⑤。今嬖宠之丧，不敢择位，而数于守適⑥，唯惧获戾，岂敢惮烦？少姜有宠而死，齐必继室⑦。今兹吾又将来贺，不唯此行也。”张趯曰：“善哉！吾得闻此数也⑧。然自今子其无事矣。譬如火焉，火中，寒暑乃退⑨。此其极也，能无退乎⑩？晋将失诸侯，诸侯求烦不获。”二大夫退。子大叔告人曰：“张趯有知，其犹在君子之后乎⑪！”

【注释】

①三年：鲁昭公三年当周景王六年，前539年。

②梁丙、张趯（tì）：皆晋国大夫。

③甚矣哉！子之为此来也：卿来为妾送葬，太过分了。

④“令诸侯三岁而聘”四句：意谓诸侯朝会无定期。昭公十三年传

文，叔向曰："是故明王之制，使诸侯岁聘以志业（每年相聘），间朝以讲礼（三年一朝），再朝而会以示威（六年一会），再会而盟以显昭明（十二年一盟），……自古以来，未之或失也。"

⑤足以昭礼、命事、谋阙（quē）而已，无加命矣：朝聘时以昭明礼义，发布命令，盟会时以商量补救缺失。此外不再有额外的命令。

⑥"今婢（bì）宠之丧"三句：按照文、襄之制，夫人之丧仅士吊大夫送葬，现在不敢如旧礼制选择适位之人来，而派卿来吊送妾葬，是礼数超过正夫人了。婢宠，指少姜，得到晋平公的宠幸。守適（dí），指正夫人。適，同"嫡"。数，礼数。

⑦齐必继室：齐国必须继续嫁女给晋国。

⑧数：朝会吊丧的礼数。

⑨"譬如火焉"三句：大火星夏末黄昏出现于天空，暑气将退；冬末早晨出现于天空，寒气渐消。火，大火星。

⑩此其极也，能无退乎：如大火星出现寒暑将消一样，盛极必衰。晋国霸权现在已经极盛，也必将衰退。

⑪君子之后：君子之列。

【译文】

鲁昭公三年春周历正月，郑国游吉去晋国，为少姜送葬。梁丙与张趯见游吉。梁丙说："您竟然为这事来晋国，实在太过分了！"游吉说："我能不这么做吗！当初文公、襄公领袖诸侯的时候，以不麻烦诸侯为宗旨。命令诸侯三年聘问一次，五年朝见一次，有事就会面，有冲突就结盟。国君去世，大夫吊唁，卿参加葬礼；夫人去世，士去吊唁，大夫去送葬。只要能够足以昭明礼仪、发布命令、商议补救缺失就足够了，没有额外的命令。现在连宠妾的丧事，诸侯国都不敢选派地位相当的人来，而且礼数超过正妻，我们唯恐获罪，哪敢怕麻烦？少姜得到国君的宠爱而死了，齐国必定会继续把女子嫁过来。今年我又要来祝贺了，并非仅仅来这一次。"张趯说："说得好，让我知道这样的礼数！不过您从今以后大概会没事了。就好比大火星吧，它运行到天空正中，寒暑就将消退。现在就是国君的顶点了，能不消退吗？晋国将会失去诸侯的拥戴，以后诸侯就是想求得麻烦都得不到了。"二位大夫退出。游吉告诉身边人说："张趯明白事理，他应当排在君子的行列里吧！"

　　*【左传】齐侯使晏婴请继室于晋①，曰："寡君使婴曰：'寡人愿事君，朝夕不倦，将奉质币以无失时②，则国家多难，是以不获③。不腆先君之適以备内官④，焜耀寡人之望⑤，则又无禄，早世陨命⑥，寡人失望。君若不忘先君之好，惠顾齐国，辱收寡人⑦，徼福于大公、丁公⑧，照临敝邑，镇抚其社稷，则犹有先君之適及遗姑姊妹若而人⑨。君若不弃敝邑，而辱使董振择之⑩，以备嫔嫱，寡人之望也⑪。'"韩宣子使叔向对曰："寡君之愿也。寡君不能独任其社稷之事，未有伉俪，在缞绖之中，是以未敢请⑫。君有辱命，惠莫大焉。若惠顾敝邑，抚有晋国，赐之内主⑬，岂唯寡君，举群臣实受其贶，其自唐叔以下，实宠嘉之⑭。"

【注释】

①齐侯使晏婴请继室于晋：即前文所说"齐必继室"。

②将奉质币以无失时：将按时朝聘贡奉财礼。质币，财礼。

③则国家多难，是以不获：国君不能亲自前来。

④不腆：当时常用的谦辞，不厚富。先君之適：指少姜，可能为齐庄公嫡夫人所生。备内官：谦虚之辞，指少姜聊充内官之数。

⑤焜（kūn）耀：照亮。

⑥则又无禄，早世殒命：不意少姜过早死去。

⑦收：安抚。

⑧徼（yāo）福：求福。大公、丁公：齐国先君。

⑨遗姑姊妹：指齐景公的大姑小姑。非齐灵公嫡妻所生。遗，余。
　　若而人：若干人。

⑩董振：慎重。

⑪寡人之望也：齐国希望晋平公再娶齐女。案这是全用委婉的外交
　　辞令来申述。

⑫在缞绖（cuī dié）之中，是以未敢请：服丧期间，未敢请求再娶齐
　　女。缞绖之中，服丧期间。

⑬内主：指正夫人，为内官之主。

⑭其自唐叔以下，实宠嘉之：齐君称受大公、丁公之福，因此叔向也自
　　称晋国自唐叔以下都会因受宠惠而称赞齐国。唐叔，晋国之祖。

【译文】

齐景公派晏婴请求再次把女子嫁到晋国去，说："我们国君派下臣婴说：'寡人愿意事奉贵国国君，从早到晚，不知疲倦，按时奉献财礼，但由于国家多难，不能亲自前来。将区区先君的嫡亲女儿备充国君的内宫，使寡人感到荣耀，可她没有福分，早早去世，寡人很失望。国君如果不忘先君的友好关系，惠顾齐国，安抚寡人，求福于太公、丁公，光辉照耀敝国，镇定安抚敝国，那么还有先君的亲生女儿及遗姑姐妹若干人。国君如果不嫌弃敝国，而派使者从中慎重选择，以充姬妾，这是寡人所希望的。'"韩起派叔向答复说："这正是我们国君的愿望啊。我们国君不能独立担任国家大事，没有正妻，但还在服丧期间，所以不敢提出这种请求。贵国国君有赐命，没有比这更大的恩惠了。如果能加恩顾念敝国，安抚晋国，赐给晋国正宫夫人，岂止我们国君，所有臣子都受到恩赐，从唐叔以下列祖列宗，都会因受宠惠而赞美。"

既成昏^①，晏子受礼^②，叔向从之宴，相与语。叔向曰："齐其何如？"晏子曰："此季世也^③，吾弗知齐其为陈氏矣^④。

公弃其民,而归于陈氏。齐旧四量⑤,豆、区、釜、钟。四升为豆,各自其四,以登于釜⑥。釜十则钟⑦。陈氏三量皆登一焉,钟乃大矣⑧。以家量贷,而以公量收之⑨。山木如市,弗加于山;鱼、盐、蜃、蛤,弗加于海⑩。民参其力,二入于公,而衣食其一⑪。公聚朽蠹,而三老冻馁⑫。国之诸市,屦贱踊贵⑬。民人痛疾,而或燠休之⑭。其爱之如父母,而归之如流水,欲无获民,将焉辟之?箕伯、直柄、虞遂、伯戏,其相胡公、大姬已在齐矣⑮。"

【注释】

①成昏:订婚。

②受礼:接受享礼。

③季世:末世,衰微之世。

④吾弗知齐其为陈氏矣:预言齐国将被陈氏所取代。

⑤四量:四种量器名,即豆、区(ōu)、釜、钟。

⑥"四升为豆"三句:四豆为区,一区,一斗六升。四区为釜,一釜六斗四升。这是由小量升至大量,从升至釜,各用四进制。自,用。登,成为。

⑦釜十则钟:十釜为一钟,十进制,一钟为六斛四斗。

⑧陈氏三量皆登一焉,钟乃大矣:这三量都加一,即以五升为豆,五豆为区,五区为釜。这样一来钟也加大,一钟为八斛。三量,指豆、区、釜。登,增加。

⑨以家量贷,而以公量收之:以陈氏之量器出借,用公家之量器回收,这样借出的多,收回的少,以此收买人心。

⑩"山木如市"四句:山上木料运往市面卖,价格与在山上相同;海产在市面卖,和海上一样,都不加价。这同样是陈氏收买人心的

做法。如，前往。蜃（shèn）、蛤（gé），海产。

⑪"民参其力"三句：公室重赋敛，人民劳动所得，二分纳于公室，一分作为自己衣食之用。

⑫三老：上寿、中寿、下寿，指八十以上的老人。或曰指致仕的老臣。冻馁（něi）：受冻挨饿。

⑬屦（jù）贱踊（yǒng）贵：刑罚苛刻，受刖足之刑的人多。屦，麻、葛等制成的鞋子。踊，古代受刖刑的人所穿的一种特制鞋子。

⑭燠（yù）休：优恤，抚慰。此指陈氏对痛疾之民厚加赏赐。

⑮箕伯、直柄、虞遂、伯戏，其相胡公、大姬已在齐矣：指陈氏即将获得齐国政权，其祖先神灵已同来受享。箕伯、直柄、虞遂、伯戏，四人都是陈氏先祖。相，随。胡公、大姬，陈氏始受封立国的国君和夫人。

【译文】

　　订婚以后，晏婴接受晋国的享礼，叔向和他饮宴，互相交谈。叔向问："齐国怎么样啊？"晏婴说："已经到了末世了，我不知道齐国什么时候将属于陈氏了。国君抛弃人民，使人民归附于陈氏。齐国向来有四种量器，就是豆、区、釜、钟。四升为一豆，依四进位，直到成一釜。十釜就成一钟。陈氏的前三种量器都是加大四分之一，钟就变大了。他们用自家的量器放贷，而用国家的量器收回。山上的木材运到市上，卖价和在山上一样；鱼、盐、蜃、蛤，价格也不高于海边。人民的劳力分为三份，二份所得交给国家，只有一份供应自己的衣食。国库里堆聚的财物朽烂长虫，而老人们却在挨饿受冻。国内市场上，鞋子便宜而踊昂贵。民众有苦痛，陈氏就给予慰问资助。百姓爱戴陈氏如同自己的父母，犹如流水一样归附陈氏，想不得到人民的拥护，又怎么可能？箕伯、直柄、虞遂、伯戏，这几人跟随着胡公、大姬，已经在齐国了。"

　　叔向曰："然。虽吾公室，今亦季世也。戎马不驾，卿无军行,公乘无人,卒列无长①。庶民罢敝,而宫室滋侈②。道殣相望③,而女富溢尤④。民闻公命,如逃寇仇。栾、郤、胥、原、狐、续、庆、伯⑤,降在皂隶。政在家门⑥,民无所依。君日不悛⑦,以乐慆忧⑧。公室之卑,其何日之有⑨?《谗鼎之铭》曰⑩:‘昧旦丕显,后世犹怠⑪。’况日不悛,其能久乎?"晏子曰:"子将若何⑫?"叔向曰:"晋之公族尽矣。肸闻之,公室将卑,其宗族枝叶先落,则公室从之。肸之宗十一族,唯羊舌氏在而已⑬。肸又无子⑭,公室无度⑮,幸而得死,岂其获祀⑯?"

【注释】

① "戎马不驾"四句:晋国衰弱,不能征讨诸侯,兵车组织瘫痪;各大族离散,卿大夫不过问军事,不在军伍之中;公室的戎车上没有甲士,步卒的队伍中也没有官长。军纪废弛,已不能使诸侯畏服。

② 滋侈:更加奢侈。

③ 殣(jìn):饿死的人。

④ 女富溢尤:宠妾家里却豪富得太过分。女,国君的嬖宠。尤,过。

⑤ 栾、郤、胥、原、狐、续、庆、伯:这八氏都是晋国旧贵族,本皆姬姓。其中栾枝、郤缺、胥臣、先轸、狐偃五氏皆卿,续简伯、庆郑、伯宗皆大夫。

⑥ 政在家门:晋国政权此时已掌握在韩、赵诸家手中。

⑦ 悛(quān):悔改。

⑧ 以乐慆(tāo)忧:以娱乐度过忧患。慆,过,度过。

⑨ 公室之卑,其何日之有:公室的卑微必将到来。其,肯定的假设词。

⑩ 谗鼎:古代大鼎名。

⑪ 昧旦丕显,后世犹怠:意思是人君每日早起,从事光明大业,可以

大显赫，但后世之君犹有懈怠政事的。昧旦，天将明未明时，黎明。丕显，大显赫。

⑫子将若何：指叔向你自己将怎样避开这个危难。

⑬肸之宗十一族，唯羊舌氏在而已：与叔向同祖者共十一族，现在只有羊舌氏还在。羊舌氏，叔向本族。

⑭无子：没有贤能子孙。

⑮无度：无法度。

⑯岂其获祀：言己必不得享祀。其，将。

【译文】

叔向说："不错。即便是晋国的公室，现在也到了末世了。战马不驾战车，卿不率领军队，公室的战车没有御者和车右，军队里没有军官。百姓疲惫不堪，宫室却更加奢侈。道路上饿殍相望，国君宠姬娘家却富得流油。人民听到国君的命令，如同躲避寇仇一样。栾、郤、胥、原、狐、续、庆、伯八家，已经沦为低贱的隶役。国政掌握在私家手里，人民无所依靠。国君没有一天想到要悔改，而是用欢乐来度过忧患。公室卑弱到了如此地步，还能有多少时光？《谗鼎之铭》说：'黎明即起致力于声名显赫，子孙后代还会懈怠。'何况从不思悔改，能维持长久吗？"晏婴说："那您打算怎么办？"叔向说："晋国的公族完了。我听说，公室将要卑弱，它的宗族像树的枝叶一样先落，然后公室随着完结。我这一宗总共十一族，现在只剩下羊舌氏还在了。我又没有好儿子，公室没有法度，我有幸得到善终就不错了，难道还会得到祭祀？"

初，景公欲更晏子之宅，曰："子之宅近市，湫隘嚣尘①，不可以居，请更诸爽垲者②。"辞曰："君之先臣容焉③，臣不足以嗣之，于臣侈矣④。且小人近市，朝夕得所求⑤，小人之利也，敢烦里旅⑥？"公笑曰："子近市，识贵贱乎？"对曰："既利之,敢不识乎?"公曰:"何贵何贱?"于是景公繁于刑⑦,有鬻踊者⑧。故对曰:"踊贵屦贱。"既已告于君,故与叔向语而称之⑨。景公为是省于刑。君子曰:"仁人之言,其利博哉! 晏子一言,而齐侯省刑。《诗》曰:'君子如祉,乱庶遄已⑩。'其是之谓乎!"

【注释】

①湫(jiǎo)隘:低湿狭小。嚣:喧嚣嘈杂。尘:尘土飞扬。

②更:更换。爽垲(kǎi):明亮干燥。

③君之先臣容焉:先人已居于此。先臣,指晏婴先人。

④臣不足以嗣之,于臣侈矣:吾德不足以继承先世,居先人之宅已太奢侈。

⑤得所求:因为近市,买东西方便。

⑥敢烦里旅:不敢烦劳众人为自己筑新居。里旅,众人。

⑦于是:当时。繁于刑:用刑过多。

⑧鬻(yù):卖。

⑨既已告于君,故与叔向语而称之:见前文关于"踊贵屦贱"的谈话。

⑩君子如祉(zhǐ),乱庶遄(chuán)已:引《诗》见《诗经·小雅·巧言》。意思是说君子行福,则祸乱庶几可以速止。如,行。祉,福。遄,速。已,止。

【译文】

起初,齐景公想让晏婴换一所住宅,说道:"你的住宅靠近闹市,低湿狭小,喧闹嘈杂,尘土飞扬,无法居住,请让我为你换个高爽的房子。"晏婴辞谢说:"国君的先臣就住在这里,下臣不足以继承祖业,住在这里已经是奢侈了。况且小人住得靠近市场,早晚可以随时得到所需要的,这是小人的好处,哪里敢烦劳众人为我建造新房?"齐景公笑着说:"你靠近市场，了解物品的贵贱吗？"晏婴回答说："既然感到便利，怎么会不知道呢？"齐景公问："什么东西贵什么东西贱？"当时齐景公滥用刑罚，街市上有卖踊的。所以回答说："踊贵鞋贱。"此前晏婴已经告诉了齐景公，所以和叔向交谈时提起这件事。齐景公为此而减省了刑罚。君子说："仁德之人所说的话，产生的好处真大呀！晏婴一句话，使得齐景公减省了刑罚。《诗》说：'君子降下福祉，祸乱将很快被制止。'说的就是这种情况吧！"

及晏子如晋，公更其宅，反，则成矣①。既拜，乃毁之，而为里室，皆如其旧，则使宅人反之②，曰："谚曰：'非宅是卜，唯邻是卜③。'二三子先卜邻矣，违卜不祥④。君子不犯非礼，小人不犯不祥，古之制也。吾敢违诸乎⑤？"卒复其旧宅，公弗许，因陈桓子以请，乃许之。

【注释】

①反，则成矣：晏婴从晋国回来，新居已建成。

②"既拜"五句：因齐景公拆掉里中邻家扩大晏婴的住宅，现在晏婴毁新居，恢复邻家旧屋，让旧宅的居民仍回原屋居住。拜，向齐景公拜谢新宅。毁之，毁去新宅。里室，里中的邻家。

③非宅是卜，唯邻是卜：选择居宅，不是卜其吉凶，而是要选择邻居。

④二三子先卜邻矣，违卜不祥：邻人居住于此，已先卜邻，不可违背。二三子，指邻人。

⑤"君子不犯非礼"四句：去俭就奢是非礼，违卜迁居是不祥，既不可有非礼之举，也不可做不祥之事。

【译文】

等到晏婴去晋国，齐景公改建了晏婴的住宅，晏婴回国时，房子已经建成了。晏婴拜谢过齐景公，又把新居拆毁，建好邻居的房屋，一切都跟原来的一样，然后让邻居们搬回来，并说："谚语说：'不是建住宅要占卜，唯有选择邻里才要占卜。'各位已经都为选择邻居占卜过了，违背占卜的结果是不吉祥的。君子不去干不合礼仪的事，小人不违犯不吉祥的事，这是古往今来的制度。我难道敢违背吗？"最终还是恢复了自己的旧宅，齐景公不允许，晏婴通过陈桓子向齐景公请求，才被准许。

【经】三年春王正月丁未①，滕子原卒②。

【注释】

①丁未：初九。

②滕子原：滕成公，姓姬，名原，谥成。原，《公羊传》作"泉"。

【译文】

鲁昭公三年春周历正月初九，滕成公原去世。

【左传】丁未，滕子原卒。同盟，故书名①。

【注释】

①同盟，故书名：滕成公自襄公五年于戚、九年于戏、十一年于亳城北、十九年于祝柯、二十年于澶渊、二十五年于重丘，凡与盟者六次，为同盟国；鲁襄公卒，原来会葬；其葬，鲁卿亦往会，相亲好如此。所以经文记下他的名字。

【译文】

正月初九，滕成公原去世。因为是同盟国，所以《春秋》记下他的名字。

*【左传】夏四月，郑伯如晋，公孙段相①，甚敬而卑，礼

无违者。晋侯嘉焉，授之以策②，曰："子丰有劳于晋国，余闻而弗忘③。赐女州田④，以胙乃旧勋⑤。"伯石再拜稽首，受策以出。君子曰："礼，其人之急也乎⑥！伯石之汏也⑦，一为礼于晋，犹荷其禄⑧，况以礼终始乎？《诗》曰：'人而无礼，胡不遄死⑨？'其是之谓乎！"

【注释】

①公孙段：郑国大夫伯石。

②策：赐命之书。

③子丰有劳于晋国，余闻而弗忘：郑僖公即位那年，子丰曾和他一起前往晋国，见襄公七年传文。子丰，公孙段的父亲。

④州：古地名，在今河南温县。隐公十一年周桓王将州赐予郑国，后被晋国所得。

⑤胙（zuò）：酬报。

⑥礼，其人之急也乎：礼仪是人所急需的。

⑦伯石之汏也：伯石欲为卿而伪让者三，子产恶之，见襄公三十年传文。汏，骄傲。

⑧荷其禄：得到了福禄。指得到州田。

⑨人而无礼，胡不遄死：引《诗》见《诗经·鄘风·相鼠》。

【译文】

　　夏四月，郑简公去晋国，公孙段为相礼，很恭敬而且卑躬屈节，没有违背礼仪之处。晋平公很赞赏他，授给他策书，说："子丰对晋国有过功劳，我听说后一直没忘。赐给你州地的田地，以酬报你家过去的勋劳。"公孙段再拜叩头，接受策书后退出。君子说："礼仪应该是人所急需的吧！像公孙段这样骄奢的人，偶然在晋国有礼，尚且得到了福禄，何况始终奉行礼仪的人呢？《诗》说：'人如果没有礼，为什么不赶快死去？'说的就是这种情况吧！"

　　初,州县,栾豹之邑也①。及栾氏亡②,范宣子、赵文子、韩宣子皆欲之。文子曰:"温,吾县也③。"二宣子曰:"自郫称以别,三传矣④。晋之别县不唯州,谁获治之⑤?"文子病之⑥,乃舍之。二宣子曰:"吾不可以正议而自与也⑦。"皆舍之。及文子为政,赵获曰⑧:"可以取州矣。"文子曰:"退!二子之言,义也。违义,祸也。余不能治余县,又焉用州?其以徼祸也⑨。君子曰:'弗知实难⑩。'知而弗从,祸莫大焉。有言州必死!"丰氏故主韩氏⑪,伯石之获州也,韩宣子为之请之,为其复取之之故⑫。

【注释】

①栾豹:栾盈族人。

②栾氏亡:栾氏灭亡见襄公二十三年传文。

③温,吾县也:温县是赵氏之邑,州本属于温,所以赵文子认为州县应属赵氏。

④自郫称以别,三传矣:州从郫称到赵氏,再到栾豹,已传三家。郫称,晋国大夫。其时划分温与州为二地,郫称得州。

⑤晋之别县不唯州,谁获治之:晋国一分为二的县很多,谁也不可能按划分前的情况去治理它。别县,将一县一分为二。

⑥病之:自感惭愧。

⑦正议而自与:说得公正其实自己想要。案这样一来,三人都不取州了。

⑧赵获:赵文子之子。

⑨其以徼祸也:如再取州县,是自找祸患。

⑩弗知实难:担心的是不知祸患发生的原因。

⑪丰氏故主韩氏:子丰到晋国,曾住在韩起私宅。丰氏,公孙段的氏

族。主,住于其家。

⑫"伯石之获州也"三句:韩起想取州田,故意为伯石请求州田,为以后重得州田做准备。昭公七年,丰氏将州归还韩起。

【译文】

当初,州县是栾豹的封邑。到栾氏灭亡后,范宣子、赵文子、韩宣子都想得到州地。赵文子说:"温县是我的封邑。"范宣子、韩宣子都说:"自从郤称把州县从温县划出至今,已经传了三家了。晋国将一县划分为二,并不只有州县,谁能够收回划出的地盘?"赵文子感到惭愧,就放弃了这种念头。范、韩二人说:"我们不能口头上说要公正而把好处留给自己。"于是都放弃州县。到赵文子执政以后,赵获说:"可以取州县了。"赵文子说"住口!范、韩二人的话,合乎道义。违背道义,会导致祸难。我不能治理好自己的封县,又哪里用得着要州县?要了是自找灾祸啊。君子说:'不知祸从何处来就很难防止。'知道了而不加以防止,祸害没有比这更大的了。今后有再说起州县的一定处死!"丰氏来晋国都是住在韩氏那里,公孙段得到州县,就是韩宣子为他请求的,其实这是为自己再次取得州县而做的准备。

【经】夏,叔弓如滕①。五月②,葬滕成公。

【注释】

①叔弓如滕:为滕成公送葬。

②五月:案时月日例,小国之君卒月葬时,此处书月者,因之前鲁襄公薨没,唯独滕子前来会葬,此处滕子去世,鲁昭公应亲自会葬,却派遣叔弓前往,失礼尤重,故书月责之。

【译文】

夏,叔弓到滕国去。五月,安葬滕成公。

【左传】五月，叔弓如滕，葬滕成公，子服椒为介①。及郊，遇懿伯之忌，敬子不入②。惠伯曰③："公事有公利，无私忌，椒请先入④。"乃先受馆。敬子从之⑤。

【注释】

①介：副使。

②"及郊"三句：因为刚好碰上懿伯忌日，叔弓便不进入滕国。懿伯，子服椒之父。忌，忌日。敬子，即叔弓。案古人于父母逝世纪念日，不做他事，不举音乐，谓之不用。此时两人已至滕、鲁两国相接之郊，入滕境，则子服椒必受滕之郊劳、授馆等礼仪，故敬子因之不入滕境，为子服椒稽缓一日。

③惠伯：即子服椒。

④"公事有公利"三句：不要因为私家的忌讳而妨碍公家之利。

⑤乃先受馆。敬子从之：惠伯先入滕国住进客馆，叔弓也一同入滕国。

【译文】

五月，叔弓去滕国，参加滕成公的葬礼，子服椒担任副使。到了滕国郊外，正好遇上懿伯的忌日，叔弓便停下不进入国都。子服椒说："执行公务只考虑国家的利益，没有私家的忌讳，请让我先进入。"于是先进城住进宾馆。叔弓听从了他的意见。

*【左传】晋韩起如齐逆女。公孙虿为少姜之有宠也，以其子更公女，而嫁公子①。人谓宣子："子尾欺晋②，晋胡受之？"宣子曰："我欲得齐，而远其宠，宠将来乎③？"

【注释】

①"公孙虿（chài）为少姜之有宠也"三句：公孙虿将自己的女儿

嫁给晋平公,而将齐景公女儿嫁与他人。子,古代男女都可称
"子"。

②子尾欺晋:以己女换齐景公女,是欺骗晋国的行为。子尾,公孙虿。

③"我欲得齐"三句:不接受公孙虿女儿,是疏远了他,便不可能得
齐。宠,宠信的人。指公孙虿。

【译文】

晋国韩起到齐国迎亲。公孙虿因为少姜得到晋平公的宠爱,便将自
己的女儿换下国君的女儿嫁到晋国,而把国君的女儿嫁给别人。有人对
韩起说:"公孙虿欺骗晋国,晋国为什么要接受他的女儿?"韩起说:"我
们想得到齐国的拥护,反而疏远它的宠臣,宠臣会拥护我们吗?"

　　*【左传】秋七月,郑罕虎如晋,贺夫人①,且告曰:"楚人
日征敝邑以不朝立王之故②。敝邑之往,则畏执事其谓寡君
而固有外心③;其不往,则宋之盟云④。进退,罪也。寡君使
虎布之⑤。"宣子使叔向对曰:"君若辱有寡君⑥,在楚何害?
修宋盟也。君苟思盟,寡君乃知免于戾矣⑦。君若不有寡
君,虽朝夕辱于敝邑,寡君猜焉⑧。君实有心,何辱命焉。君
其往也⑨! 苟有寡君,在楚犹在晋也。"

【注释】

①郑罕虎如晋,贺夫人:祝贺晋平公新娶齐女。

②楚人日征敝邑以不朝立王之故:楚灵王新立,郑国还没有去朝聘,
楚国于是每日来责问。征,问。

③敝邑之往,则畏执事其谓寡君而固有外心:假如郑国去朝楚,又怕
晋国责怪郑国有二心。

④其不往,则宋之盟云:盟约在先,不敢不朝。宋之盟,指襄公二十

七年的弭兵之盟，当时楚国提出"晋、楚之从交相见"的盟约。

⑤进退罪也。寡君使虎布之：朝与不朝，两边得罪，因此向晋告白。布，陈述。

⑥君若辱有寡君：如果对晋国有真心。

⑦君苟思盟，寡君乃知免于戾矣：如此朝楚，也是修宋盟之好，晋国也不必承受罪过了。

⑧"君若不有寡君"三句：对晋无真心，天天朝晋也不能被信任。猜，猜疑。

⑨"君实有心"三句：真心事晋，朝楚可不需来告。

【译文】

秋七月，郑国罕虎到晋国去，祝贺晋平公娶夫人，并且报告说："楚国不断来质问敝国不去朝见他们新君的原因。敝国如果前往，又担心贵国认为我们国君原来就有外心；要是不去，可又有宋国的盟约在。去与不去，都是罪过。我们国君派下臣来陈述苦衷。"韩起让叔向回复他说："贵国国君如果心里有我们国君，去楚国又有什么妨害？不过是重修在宋国盟会的友好。贵国国君如果是考虑到盟约，我们国君就知道可以免除罪过了。贵国国君如果心中没有我们国君，即使早晚不断光临敝国，我们国君还是会有猜疑的。贵国国君真有我们国君在心中，何必要来告诉我们呢。你们还是去吧！如果心中有我们国君，在楚国就如同来晋国一样。"

张趯使谓大叔曰："自子之归也，小人粪除先人之敝庐①，曰：'子其将来。'今子皮实来，小人失望②。"大叔曰："吉贱，不获来，畏大国，尊夫人也③。且孟曰'而将无事'，吉庶几焉④。"

【注释】

①粪除：扫除。

②今子皮实来，小人失望：因为游吉吊少姜时说过"又将来贺"，结果是子皮来而游吉不来，所以张趯失望。子皮，即罕虎。

③"吉贱"四句：游吉地位较低，郑国畏惧大国，尊敬夫人，所以派了上卿罕虎来。

④且孟曰"而将无事"，吉庶几焉：当时张趯曾说"然自今子其无事"，游吉也许是应验了此话。孟，即张趯。

【译文】

张趯派人对游吉说："自从您回国后，小人打扫干净先人的居室，说：'您大约要来了。'可如今却是子皮前来，小人感到很失望。"游吉回复说："我地位低下，没资格前来，这是由于害怕大国，尊重夫人的缘故。况且当初您曾说过'你将会没事了'，我也许是被你说中了。"

【经】秋，小邾子来朝①。

【注释】

①小邾子来朝：小邾穆公朝鲁。小邾子，《公羊传》作"小邾娄子"。

【译文】

秋，小邾穆公来鲁国朝聘。

【左传】小邾穆公来朝，季武子欲卑之①。穆叔曰："不可。曹、滕、二邾，实不忘我好，敬以逆之，犹惧其贰，又卑一睦②，焉逆群好也？其如旧而加敬焉。《志》曰：'能敬无灾。'又曰：'敬逆来者，天所福也。'"季孙从之③。

【注释】

①季武子欲卑之：季武子想不以诸侯之礼接待小邾穆公。

②一睦：指小邾，睦邻友好之国。

③季孙从之：季武子仍然以诸侯之礼接待小邾穆公。案小邾分别朝
　　鲁庄公、僖公和襄公各一次，现在又来朝。

【译文】

　　小邾国穆公前来鲁国朝见，季武子想要降格接待。穆叔说："不能
这样做。曹国、滕国和两个邾国，确实都没忘记和我国的友好，我们恭敬
地迎接他们，还担心他们有二心，如果再降低一个友好国家的地位，又
怎能迎接其他的友好国家呢？还是同往常一样地接待而且要更加恭敬。
《志》说：'能恭敬就没灾祸。'又说：'恭敬地迎接来宾，上天就会赐福。'"
季武子听从了。

【经】八月，大雩。

【译文】

八月，举行求雨的雩祭。

【左传】八月，大雩，旱也①。

【注释】

①大雩，旱也：鲁国大旱，祭祀求雨。杨伯峻指出，《春秋》记载鲁国
　　雩祭有二十一次，仅昭公时就占其七。昭公二十五年旱甚而大
　　雩，足见当时气象之变化。

【译文】

八月，举行盛大的求雨雩祭，是因为大旱。

*【左传】齐侯田于莒①,卢蒲嫳见,泣,且请曰:"余发如此种种,余奚能为②?"公曰:"诺,吾告二子③。"归而告之。子尾欲复之④,子雅不可,曰:"彼其发短而心甚长,其或寝处我矣⑤。"九月,子雅放卢蒲嫳于北燕⑥。

【注释】

①莒:在齐国东境。

②余发如此种种,余奚能为:卢蒲嫳是庆封余党,襄公二十八年被放逐于境,这时见齐景公,自言已经衰老,不能再为害。种种,头发短的样子。

③二子:指子雅、子尾。

④子尾欲复之:复卢蒲嫳官位。

⑤彼其发短而心甚长,其或寝处我矣:子雅认为,卢蒲嫳工于心计,贼心不死,如果复其官位,必将报复。

⑥子雅放卢蒲嫳于北燕:担心卢蒲嫳再作乱,所以再放逐于北燕。

【译文】

齐景公在莒地打猎,卢蒲嫳求见,哭着请求说:"我的头发都这么短了,还能做什么坏事?"齐景公说:"好的,我会说给那两人。"回去后就告诉了子尾和子雅。子尾想让卢蒲嫳回来,子雅不同意,说:"他头发虽短但心计很多,他也许又想要睡在我的皮上了。"九月,子雅把卢蒲嫳流放到北燕。

△**【经】**冬,大雨雹。

【译文】

冬,下大冰雹。

【经】北燕伯款出奔齐^①。

【注释】

①北燕伯款出奔齐：燕简公欲去诸大夫而立其宠臣，诸大夫杀其宠臣，燕简公惧，奔齐。北燕伯款，燕简公，姓姬名款。

【译文】

北燕简公款出逃到齐国。

【左传】燕简公多嬖宠，欲去诸大夫而立其宠人。冬，燕大夫比以杀公之外嬖^①。公惧，奔齐。书曰："北燕伯款出奔齐。"罪之也^②。

【注释】

①比：勾结。外嬖：宠臣。

②罪之也：燕简公失为君之道，所以逃亡，经文这样记载，认为罪在燕简公自己。

【译文】

燕简公有很多宠幸的人，他想把大夫们除掉而立他宠幸的人。冬，燕国大夫们联合起来杀了燕简公宠幸的人。燕简公害怕了，逃往齐国。《春秋》记载："北燕国君款出逃到齐国。"是归罪于他。

【穀梁传】其曰北燕，从史文也。

【译文】

经文说"北燕"，是沿用了史书的写法。

*【左传】十月,郑伯如楚,子产相。楚子享之,赋《吉日》①。既享,子产乃具田备②,王以田江南之梦③。

【注释】

①《吉日》:《诗经·小雅》篇名。是周宣王田猎宴宾之诗,楚灵王准备和郑简公一起打猎,于是赋此诗。

②田备:田猎用具。

③以:与,和郑简公。江南之梦:古代云梦泽跨长江南北,这里指长江以南的云梦泽。

【译文】

十月,郑简公到楚国去,子产任相礼。楚灵王设享礼招待,赋《吉日》。享礼结束后,子产便备下打猎的工具,楚灵王和郑简公在江南的云梦泽打猎。

*【左传】齐公孙灶卒①。司马灶见晏子②,曰:"又丧子雅矣。"晏子曰:"惜也! 子旗不免,殆哉③! 姜族弱矣④,而妫将始昌⑤。二惠竞爽⑥,犹可,又弱一个焉,姜其危哉!"

【注释】

①公孙灶:即子雅。

②司马灶:齐国大夫。

③子旗不免,殆哉:去年韩起曾预言子旗与高彊不是保家之主,现在子雅一死,子旗必不免于祸患。殆,危险。

④姜族:指齐国公室。

⑤妫(guī):指陈氏。

⑥二惠:指子雅、子尾,二人都是齐惠公孙。竞爽:刚强明白。

【译文】

齐国公孙灶去世。司马灶见晏婴,说:"又丧失了一位子雅。"晏婴说:"可惜啊!子旗将不免于难,危险了!姜族衰弱了,而妫姓将开始昌盛了。惠公的两个孙子刚强明理,还可以维持姜姓,现在又少了一个,姜姓危险了!"

四年

【经】四年春王正月^①,大雨雹^②。

【注释】

①四年:鲁昭公四年当周景王七年,前538年。

②大雨雹:鲁国发生大雹灾。雹,《公羊传》《穀梁传》作"雪"。

【译文】

鲁昭公四年春周历正月,下大冰雹。

【左传】大雨雹。季武子问于申丰曰^①:"雹可御乎^②?"对曰:"圣人在上,无雹。虽有,不为灾。古者日在北陆而藏冰^③,西陆朝觌而出之^④。其藏冰也,深山穷谷,固阴冱寒,于是乎取之^⑤。其出之也,朝之禄位^⑥,宾、食、丧、祭^⑦,于是乎用之。其藏之也,黑牡、秬黍,以享司寒^⑧。其出之也,桃弧、棘矢,以除其灾^⑨。其出入也时。食肉之禄^⑩,冰皆与焉。大夫命妇丧浴用冰^⑪。祭寒而藏之,献羔而启之^⑫,公始用之^⑬,火出而毕赋^⑭。自命夫命妇至于老疾,无不受冰。山人取之^⑮,县人传之^⑯,舆人纳之,隶人藏之^⑰。夫冰以风壮,而以风出^⑱。其藏之也周,其用之也遍,则冬无愆阳^⑲,夏无伏阴，春无凄风，秋无苦雨，雷出不震，无灾霜雹^⑳，疠疾不降^㉑，民不夭札^㉒。今藏川池之冰弃而不用^㉓，风不越而杀^㉔，雷不发而震^㉕。雹之为灾，谁能御之？《七月》之卒章，藏冰之道也^㉖。”

【注释】

①申丰：季氏家臣。

②御：防止。

③古者日在北陆而藏冰：太阳行至虚宿和危宿，是夏历十二月，在小寒和大寒时节，古人在这时取冰而藏。北陆，指虚宿与危宿二星宿。

④西陆朝觌（dí）而出之：昴宿和毕宿在早晨出现，正是夏历四月，应是清明、谷雨时节，这时取冰而出。西陆，指昴宿与毕宿。觌，显示，显现。

⑤“其藏冰也”四句：前言藏冰用冰之时，这里说藏冰取冰之地。固阴冱（hù）寒，寒气凝固。

⑥朝之禄位：指卿大夫等。

⑦宾：迎宾。食：君之膳食。丧：丧礼。祭：祭祀。

⑧“其藏之也”三句：藏冰时先祭司寒。黑牡，黑色公羊。秬（jù），黑黍。司寒，冬神玄冥。冬在北陆，故用黑色。

⑨“其出之也”三句：取冰时，以桃弓棘箭置于储冰室的门上以消灾。

⑩食肉之禄：即肉食者，有禄位的官。

⑪命妇：大夫之妻。丧浴：死后擦身。

⑫祭寒而藏之，献羔而启之：藏、取冰都要祭祀。寒，指司寒。献羔，献羔羊祭祖。

⑬公始用之：国君先用。

⑭火出而毕赋：大火星出现为夏历三月，这时分冰完毕。火，大火星。

⑮山人：主管山林的小官。

⑯县人：县正，遂的属官。案五县为遂。

⑰舆人纳之，隶人藏之：取冰、运输、交付、收藏都由下级官员承担。舆人、隶人，都是低级小官。

⑱夫冰以风壮，而以风出：冰由于寒风而更坚固，由于春风而取出使用。

⑲愆阳：阳气过盛。愆，过度。

⑳雷出不震，无灾霜雹：有雷鸣而不伤人，有霜雹而不成灾。

㉑疠疾：传染病、流行病。

㉒夭：短命而死。札：因流行病而死。

㉓藏川池之冰弃而不用：既不藏山谷之冰，又不遍用藏冰。

㉔风不越而杀：风不散而草木凋零。越，飘散。杀，指草木枯萎。

㉕雷不发而震：雷不鸣而击物伤人，阴阳失序，风雷为灾。

㉖《七月》之卒章，藏冰之道也：《七月》，《诗经·豳风》篇名。此诗的末章有"二之日凿冰冲冲，三之日纳于凌阴，四之日其蚤献羔祭韭"等句，吟咏取冰藏冰用冰之事。

【译文】

下大冰雹。季武子向申丰询问说："冰雹可以防止吗？"申丰回答说："圣人在上，就没有冰雹。即便有，也不会成为灾害。古时候，太阳行走在虚宿和危宿的位置上就藏冰，昴宿和毕宿出现在清晨时就把冰取出来。当藏冰的时候，在深山穷谷，凝聚着阴寒之气的地方，在这儿取冰。在取出冰的时候，凡是朝廷上有禄位的，在迎宾、膳食、丧事、祭祀时就取用。当藏冰时，用黑公羊和黑黍来祭祀司寒之神。取出来的时候，用桃木弓、荆棘箭来祓除灾祸。取冰藏冰都有一定的时令。凡是有禄位吃祭肉的官吏，都能用到冰。大夫和妻子死后洗擦身子也要用冰。祭祀司寒之神而藏冰，奉献羔羊而后取用，国君首先使用，大火星出现时分配完毕。从大夫、命妇直到退休有病的，无不分到冰。山人凿冰，县人运送，舆人交纳，隶人收藏。冰由于寒风而坚固，又由于春风而取出。它收藏周密,使用普遍,那么冬天不会过于暖和,夏天不会过于阴寒,春天没有寒冷的风,秋天没有连绵的雨,雷鸣不伤害人畜,霜雹不会造成灾害,瘟疫不会流行,人民不会夭折死亡。现在收藏着河川水池中的冰而放弃不用,风就不发散而使草木凋零,雷不作声而震伤人畜。冰雹所造成的灾害,谁能防止?《七月》最后一章,说的就是藏冰的道理。"

　　*【左传】四年春王正月,许男如楚,楚子止之,遂止郑伯,复田江南,许男与焉。使椒举如晋求诸侯,二君待之①。椒举致命曰②:"寡君使举曰:日君有惠,赐盟于宋③,曰:'晋、楚之从交相见也。'以岁之不易,寡人愿结欢于二三君,使举请间④。君若苟无四方之虞,则愿假宠以请于诸侯⑤。"晋侯欲勿许。司马侯曰:"不可。楚王方侈,天或者欲逞其心⑥,以厚其毒,而降之罚,未可知也。其使能终⑦,亦未可知也。晋、楚唯天所相⑧,不可与争。君其许之,而修德以待其归⑨。若归于德,吾犹将事之,况诸侯乎?若适淫虐,楚将弃之,吾又谁与争⑩?"

【注释】

①使椒举如晋求诸侯,二君待之:晋国本为盟主,但楚灵王想取得霸业,于是派伍举到晋国,请求诸侯朝楚。椒举,楚国大夫伍举。二君,许、郑二国国君。

②致命:传达命令。

③日君有惠,赐盟于宋:楚国受晋国之惠,得以参加宋之盟。日,昔日。宋之盟,襄公二十七年向戌弭兵。

④"以岁之不易"三句:这是客套话。不易,多难。二三君,指众诸侯。请间,请求在您空闲时向您禀报这件事。间,闲暇。

⑤君若苟无四方之虞，则愿假宠以请于诸侯：晋国若无边境之患，楚国
愿意借晋君之宠威以会诸侯。这是外交辞令，意在照会晋国同意。

⑥天或者欲逞其心：上天或许要纵楚灵王为非。

⑦能终：能得善终。

⑧晋、楚唯天所相：晋、楚都得到上天扶助。相，扶助。

⑨而修德以待其归：晋国可自修其德，看看楚灵王归宿如何。归，归宿。

⑩"若适淫虐"三句：楚灵王如果荒淫暴虐，楚国自将抛弃他，晋国
不用争而霸主地位可保。

【译文】

鲁昭公四年春周历正月，许悼公到楚国去，楚灵王留下他，又挽留了郑简公，再到江南打猎，许悼公参加了。楚灵王派椒举到晋国去要求会合诸侯，让郑简公、许悼公留下等候消息。椒举传达楚灵王的话说："我们国君派下臣来说：往日国君施恩，赐敝国在宋国参与结盟，说：'晋国、楚国的附属国互相朝见。'由于年来多事，寡人愿与各位国君交好，派下臣来在您空闲时向您禀报这件事。国君如果没有四方边境的忧患，那么愿借国君的威宠请诸侯们到会。"晋平公想不予同意。司马侯说："不行。楚王正狂妄，上天或许是想满足他的心愿，从而增加他的罪恶，然后再降给惩罚，这是未可知的事。他或许能够善终，也是说不定的事。晋、楚两国都依靠上天的帮助，不能彼此相争。请国君同意他的要求，而修明德行等待其最后的结果。如果楚王最终有德行，我国都将要事奉他，更何况诸侯呢？如果走向荒淫暴虐，楚国自己会抛弃他，又有谁来和我国相争呢？"

公曰："晋有三不殆①，其何敌之有？ 国险而多马，齐、楚多难②，有是三者，何乡而不济③？"对曰："恃险与马，而虞邻国之难④，是三殆也。 四岳、三涂、阳城、大室、荆山、中南，九州之险也，是不一姓⑤。 冀之北土，马之所生，无兴国焉⑥。

恃险与马，不可以为固也，从古以然。是以先王务修德音以亨神人⑦，不闻其务险与马也。邻国之难，不可虞也。或多难以固其国，启其疆土⑧；或无难以丧其国，失其守宇⑨。若何虞难？齐有仲孙之难，而获桓公，至今赖之⑩。晋有里、丕之难，而获文公，是以为盟主⑪。卫、邢无难，敌亦丧之⑫。故人之难，不可虞也。恃此三者，而不修政德，亡于不暇⑬，又何能济？君其许之！纣作淫虐，文王惠和⑭，殷是以陨，周是以兴，夫岂争诸侯⑮？"乃许楚使。使叔向对曰："寡君有社稷之事，是以不获春秋时见⑯。诸侯，君实有之，何辱命焉⑰？"椒举遂请昏，晋侯许之⑱。

【注释】

①晋有三不殆：晋国有三个有利条件可以免除危险。殆，危险。

②多难：指国内多篡弑之难。

③何乡而不济：无往不成。乡，通"向"。

④虞：指望。

⑤"四岳、三涂、阳城、大室、荆山、中南"三句：说明地形险要不足恃。四岳，指东岳泰山、西岳华山、南岳衡山（一说南岳指安徽霍山，衡山作南岳是以后的事）、北岳恒山。三涂，指今河南嵩县西南的三涂山。阳城，阳城山，俗名"城山岭"，在今河南登封东南。大室，即太室，河南的嵩山。荆山，在今湖北南漳西。中南，即今陕西西安南的终南山。是不一姓，非一姓所有，统治者屡次更换。

⑥"冀之北土"三句：此言多马也不足恃。冀之北土，指燕、代诸国。兴，强盛。

⑦亨：同"享"。神人：神灵与祖先。人，祖先。

⑧或多难以固其国，启其疆土：意谓国多难反而兴盛。

⑨或无难以丧其国，失其守宇：意谓国无难也可能丧国失地。守宇，
　疆土。

⑩"齐有仲孙之难"三句：庄公八年、九年，齐国因公孙无知弑齐襄
　公，齐桓公得以即位，齐国至今仍得齐桓公余荫。仲孙，即公孙
　无知。

⑪"晋有里、丕之难"三句：僖公九年，晋国里克、丕郑在晋献公死后
　连弑奚齐、卓子，晋国乱。僖公二十四年，重耳回国，是为文公。
　僖公二十八年，晋文公指挥城濮之战，晋成为盟主。

⑫卫、邢无难，敌亦丧之：闵公二年，狄灭卫国；僖公二十五年，卫灭
　邢国。

⑬亡于不暇：救亡都来不及。

⑭惠和：仁慈和蔼。

⑮夫岂争诸侯：在于修德，不在于争夺诸侯。

⑯寡君有社稷之事，是以不获春秋时见：这里谦言不能亲自前往。

⑰"诸侯"三句：意思是楚国不必来征求意见。

⑱椒举遂请昏，晋侯许之：伍举同时为楚灵王向晋国求婚，晋平公答
　应了。

【译文】

晋平公说："晋国有三个条件可以免于危险，有谁能和我国匹敌？ 国
家地势险要而且多出产马匹，齐、楚二国正在祸难频发，有这三条，何往
而不胜？"司马侯回答说："倚仗险要与多马，并把希望寄托在邻国的祸
难上，恰恰是三个危险。四岳、三涂、阳城、太室、荆山、中南，都是九州
中的险要之地，它们并不归一姓所有。冀州北面的地区，是马蕃育之地，
并无一个强盛的国家。倚仗险要与多马，并不能作为巩固自己的条件，
自古以来都是这样的。所以先王致力于修明德行，使神明和人民高兴，
没听说致力于地势险要与多马。至于邻国的祸难，是不可以寄以希望
的。有的多难反而使国家巩固，开疆辟土；有的无祸难反倒丧失国家，失

掉疆土。怎么能把希望寄托在别国的祸难上？齐国有仲孙的祸难，却得到了桓公，齐国至今还靠着他的余荫。晋国有里克、丕郑的祸难，却获得文公，并由此而成为盟主。卫国、邢国并无祸难，故国却灭亡了它们。所以他人的祸难，是不可以寄予希望的。倚仗上述三条，却不修明政德，挽救灭亡还顾不上，又如何能够得到成功？所以国君还是同意楚国的要求吧！纣王淫佚暴虐，文王贤惠和顺，殷因此灭亡，周因此兴起，难道在于争夺诸侯吗？"晋平公便同意了楚国使者的要求。派叔向答复说："我们国君有国家大事要处理，因此不能在春秋两季按时相见。至于诸侯，贵国国君本来就拥有他们，何必再征求意见呢？"椒举于是为楚灵王求婚，晋平公答应了。

　　楚子问于子产曰："晋其许我诸侯乎？"对曰："许君。晋君少安，不在诸侯①。其大夫多求②，莫匡其君③。在宋之盟，又曰如一④。若不许君，将焉用之⑤？"王曰："诸侯其来乎？"对曰："必来。从宋之盟，承君之欢，不畏大国⑥，何故不来？不来者，其鲁、卫、曹、邾乎！曹畏宋，邾畏鲁，鲁、卫逼于齐而亲于晋⑦，唯是不来⑧。其余，君之所及也，谁敢不至⑨？"王曰："然则吾所求者，无不可乎？"对曰："求逞于人，不可⑩；与人同欲，尽济⑪。"

【注释】

①晋君少安，不在诸侯：晋平公贪图小处安逸，不以诸侯叛服为意。

②多求：贪求私利。

③匡：帮助。

④如一：晋、楚同等，应同样朝贡，即"交相见"。

⑤若不许君，将焉用之：晋国要是不答应，宋之盟还有什么用？

⑥不畏大国：晋国已经同意，不必怕晋国责难。大国，指晋国。

⑦鲁、卫逼于齐而亲于晋：鲁、卫逼于齐，不得不亲近晋国。

⑧唯是：因此。唯，因。

⑨君之所及也，谁敢不至：楚国威力所及，诸侯不敢不来。

⑩求逞于人，不可：求快己意于人，不可。

⑪与人同欲，尽济：自己所为，应该和大多数人同欲，如此则无不成功。

【译文】

楚灵王询问子产说："晋国会同意我召集诸侯吗？"子产回答说："会答应您的。晋国国君贪图小处安逸，志向不在于诸侯。该国大夫又多贪求，没有谁能匡扶国君。在宋国的盟约又规定了诸侯对待楚国、晋国要同样朝贡。如果不答应您，宋国的盟约又有什么用呢？"楚灵王问："诸侯们会来吗？"子产回答说："一定会来。服从在宋国的盟约，得到您的欢心，不用害怕晋国，为何不来？不来的，大概只有鲁国、卫国、曹国和邾国吧！曹国畏惧宋国，邾国害怕鲁国，鲁、卫二国为齐国所威逼而亲近晋国，因此不会来。其余各国，是您的威力所能达到的，谁敢不到会？"楚灵王说："那么我所要求的，就没有办不到的了？"子产回答说："让别人服从自己的愿望，不行；与大多数人愿望相同，就能成功。"

【经】 夏，楚子、蔡侯、陈侯、郑伯、许男、徐子、滕子、顿子、胡子、沈子、小邾子、宋世子佐、淮夷会于申①。楚人执徐子。

【注释】

①楚子、蔡侯、陈侯、郑伯、许男、徐子、滕子、顿子、胡子、沈子、小邾子、宋世子佐、淮夷会于申：这是楚灵王第一次大会诸侯。申，古地名，在今河南南阳。范宁曰："楚灵王始会诸侯也。"顾栋高曰：

"自襄二十七年向戌为宋之盟，至是凡九年矣。始犹为二伯，而楚争先，赵武偷安，靡然从之。至楚虔新立，逞其狂悖，乃遂独伯，合十有三国而为此会，此春秋之一大变也。"小邾子，《公羊传》作"小邾娄子"。

【译文】

夏，楚灵王、蔡灵公、陈哀公、郑简公、许悼公、徐子、滕悼公、顿子、胡子、沈子、小邾穆公、宋国太子佐、淮夷在申地相会。楚灵王逮捕了徐子。

【左传】夏，诸侯如楚，鲁、卫、曹、邾不会。曹、邾辞以难，公辞以时祭，卫侯辞以疾①。郑伯先待于申。六月丙午②，楚子合诸侯于申。椒举言于楚子曰："臣闻诸侯无归，礼以为归③。今君始得诸侯，其慎礼矣。霸之济否，在此会也。夏启有钧台之享④，商汤有景亳之命⑤，周武有孟津之誓⑥，成有岐阳之蒐⑦，康有酆宫之朝⑧，穆有涂山之会⑨，齐桓有召陵之师⑩，晋文有践土之盟⑪。君其何用？宋向戌、郑公孙侨在，诸侯之良也⑫，君其选焉。"王曰："吾用齐桓。"王使问礼于左师与子产⑬。左师曰："小国习之，大国用之，敢不荐闻⑭？"献公合诸侯之礼六⑮。子产曰："小国共职⑯，敢不荐守⑰？"献伯子男会公之礼六⑱。君子谓合左师善守先代⑲，子产善相小国⑳。

【注释】

①"曹、邾辞以难"三句：四国都找借口拒绝朝楚，正与子产预料相合。难，指国家不安定。公，指鲁昭公。时祭，祭祖。

②丙午：十六日。

③臣闻诸侯无归，礼以为归：诸侯只归服于有礼者。

④夏启有钧台之享：夏启曾在钧台宴享诸侯。钧台，古地名，在今河南禹州。

⑤商汤有景亳（bó）之命：商汤曾在景亳发布命令。景亳，古地名，在今河南商丘北。

⑥周武有孟津之誓：周武王两次在孟津会合诸侯，誓师伐纣。孟津，即盟津，古地名，在今河南孟州南。

⑦成有岐（qí）阳之蒐（sōu）：周成王从奄归来，在岐阳田猎。岐阳，即岐山之阳，古地名，在今陕西岐山。

⑧康有酆（fēng）宫之朝：周康王曾在酆宫朝诸侯。酆宫，周文王庙，在今陕西西安鄠邑区东。

⑨穆有涂山之会：周穆王曾在涂山会诸侯。涂山，古地名，据传在今安徽怀远东南。案以上六王之会，除周武王外，都不知其事件本末。

⑩齐桓有召（shào）陵之师：僖公四年，齐桓公率鲁、宋、陈、卫、郑、许、曹等国军队在召陵与楚结盟。

⑪晋文有践土之盟：僖公二十八年城濮之战后，晋文公与鲁、齐、宋、蔡、郑、卫、莒等诸侯盟于践土。

⑫良：能。此谓向戌与子产习于礼，闻见广。

⑬左师：即向戌。

⑭荐闻：献其所闻，以备采择。

⑮献公合诸侯之礼六：宋国为公爵，所以献公会合诸侯之礼仪六种。

⑯共职：指事奉大国。共，通“供”。

⑰守：所遵守的典礼。

⑱献伯子男会公之礼六：郑国是伯爵，所以献伯子男会盟主之礼仪六种。

⑲合左师善守先代：宋国为公爵，向戌所献礼，符合宋国传统的大国地位，是善守先代传统。

⑳子产善相小国：郑国是伯爵，服于大国，子产所献礼，符合敬事大
　　国之道，是善于辅佐小国。

【译文】

　　夏，诸侯们前往楚国，鲁国、卫国、曹国、邾国果然没到会。曹国、邾
国借口国内不安定，鲁昭公以举行祭祀来推辞，卫襄公推托有病。郑简
公先在申地等待。六月十六日，楚灵王和诸侯在申地相会。椒举对楚灵
王说："下臣听说诸侯不归服别的，只归服有礼者。现今国君刚刚得到诸
侯的拥护，对礼仪要慎重。霸业成功与否，就在这次相会。夏启有钧台
的宴享，商汤有景亳的命令，周武王有孟津的誓师，周成王有岐阳的田
猎，周康王有酆宫的朝会，周穆王有涂山的会见，齐桓公有召陵的会师，
晋文公有践土的盟会。国君打算用哪一种形式？宋国向戌、郑国公孙侨
在此，他们是诸侯大夫中的佼佼者，国君您就在他们中选用吧。"楚灵王
说："我采用齐桓公的方式。"楚灵王派人到向戌和子产那儿询问礼仪。
向戌说："小国学习礼仪，大国使用礼仪，我怎敢不进献自己所知道的？"
他献上了公会见诸侯的礼仪六种。子产说："小国的职责就是事奉大国，
哪里敢不进献所遵守的典礼？"献上了伯子男会见公的礼仪六种。君子
认为向戌善于保持先世的礼仪，子产善于辅佐小国。

　　　王使椒举侍于后以规过①，卒事不规。王问其故，对曰：
"礼，吾所未见者有六焉，又何以规②？"

【注释】

①规过：纠正过失。

②"礼"三句：向戌、子产二人所献六礼，楚国都未曾实行过，甚是齐
　　备，椒举无从纠正。

【译文】

　　楚灵王让椒举侍立在自己身后以纠正过失，直到仪式结束椒举也没

有纠正过一次。楚灵王问他是何缘故，椒举回复说："这些礼中有六种我从来没有见过，我又怎么能纠正呢？"

宋大子佐后至，王田于武城^①，久而弗见^②。椒举请辞焉。王使往，曰："属有宗祧之事于武城^③，寡君将堕币焉，敢谢后见^④。"

【注释】

①武城：古地名，在今河南南阳北。

②久而弗见：楚灵王恨宋太子迟到。

③属：适逢。宗祧（tiāo）之事：指为宗庙祭祀田猎的事。

④寡君将堕币焉，敢谢后见：不满于宋太子晚到，所以说须等到会诸侯献宗庙礼时才接见。案这是追记会诸侯前的话。堕币，布币，向宗庙献礼。

【译文】

宋国太子佐迟到了，楚灵王正在武城打猎，很久都不接见他。椒举请楚灵王辞谢他。楚灵王派人前去，说："不凑巧在武城有宗庙祭祀的事，我们国君将把礼物献于宗庙，谨为不能及时接见而致歉意。"

徐子^①，吴出也，以为贰焉，故执诸申。

【注释】

①徐：国名，在今安徽泗县。

【译文】

徐国国君是吴国女子所生，楚灵王认为他有二心，所以在申地抓了他。

楚子示诸侯侈①，椒举曰："夫六王、二公之事②，皆所以示诸侯礼也，诸侯所由用命也③。夏桀为仍之会④，有缗叛之⑤。商纣为黎之蒐⑥，东夷叛之。周幽为大室之盟，戎狄叛之。皆所以示诸侯汰也，诸侯所由弃命也⑦。今君以汰，无乃不济乎？"王弗听。子产见左师曰："吾不患楚矣。汰而愎谏，不过十年⑧。"左师曰："然。不十年侈，其恶不远，远恶而后弃。善亦如之，德远而后兴⑨。"

【注释】

①侈：骄纵。

②六王：夏启、商汤、周武王、周成王、周康王、周穆王六人。二公：齐桓公、晋文公。

③用命：听命。

④仍：国名，在今山东金乡。

⑤有缗（mǐn）：即缗国，也是国名，舜之后，姚姓，也在今山东金乡。

⑥黎：小国名，原在山西长治西南，后迁于黎城。

⑦皆所以示诸侯汰也，诸侯所由弃命也：上举都是暴君，骄侈过甚，诸侯因此都违命不从。

⑧汰而愎（bì）谏，不过十年：子产预言楚灵王霸业必不能长久，郑国不必担心。愎谏，固执己见，不接受别人忠言。

⑨"不十年侈"五句：为恶及远，必为人所弃；行善及远，必能兴盛。昭公十三年，楚灵王自缢而死，这里为之预言。远，这里既指时间，也指地域。

【译文】

楚灵王在诸侯面前表现得很骄纵，椒举说："六王、二公会合诸侯时，都是向诸侯显示礼仪，诸侯所以服从命令。夏桀在仍地的会见，有缗背叛他。商纣在黎地打猎，东夷背叛他。周幽王在太室举行盟会，戎狄背叛他。这都是由于对诸侯表现出骄纵，诸侯所以背弃他们的命令。现在国君过于骄侈，恐怕不会成功吧？”楚灵王不听从椒举的话。子产见到向戌说：“我不担心楚国了。楚灵王骄横而不听从劝谏，用不了十年就会完蛋。”向戌说：“是的。没有十年的骄奢，他的恶名不能远播，臭名远扬后就会被抛弃。善也是，德行远播后才能兴盛。”

【经】秋七月，楚子、蔡侯、陈侯、许男、顿子、胡子、沈子、淮夷伐吴，执齐庆封，杀之①。

【注释】

①楚子、蔡侯、陈侯、许男、顿子、胡子、沈子、淮夷伐吴，执齐庆封，杀之：楚灵王会于申之后伐吴，庆封于襄公二十八年逃亡到吴国，此时被杀。

【译文】

秋七月，楚灵王、蔡灵侯、陈哀公、许悼公、顿子、胡子、沈子、淮夷讨伐吴国，抓住齐国庆封，杀了他。

【左传】秋七月，楚子以诸侯伐吴。宋大子、郑伯先归。宋华费遂、郑大夫从。使屈申围朱方①，八月甲申②，克之，执齐庆封而尽灭其族。将戮庆封③，椒举曰：“臣闻无瑕者可以戮人。庆封唯逆命④，是以在此，其肯从于戮乎？播于诸侯，焉用之⑤？”王弗听，负之斧钺，以徇于诸侯⑥，使言曰：“无或如齐庆封弑其君，弱其孤，以盟其大夫⑦。”庆封曰：“无或如楚共王之庶子围弑其君——兄之子麇——而代之，以盟诸侯⑧！”王使速杀之⑨。

【注释】

①屈申:屈荡之子。朱方:吴邑。襄公二十八年,齐庆封逃吴,吴王赐封朱方。

②八月甲申:八月不当有甲申日,当为史官误记。

③将戮庆封:据下文,此当指在诛杀之前先羞辱他。戮,羞辱。

④逆命:违逆君命。

⑤播于诸侯,焉用之:楚灵王想公布庆封之罪,杀于诸侯之前,以示其为诸侯讨贼之举。椒举则担心楚灵王本身有瑕,万一庆封宣扬出去,楚灵王反自取其辱。

⑥负之斧钺(yuè),以徇于诸侯:让庆封背着大斧示众于诸侯中。此即前所谓"戮"。

⑦"无或如齐庆封弑其君"三句:齐国崔杼弑君,庆封为其同党,因此以弑君罪加于庆封。孤,指齐景公。庆封欺其幼弱。襄公二十五年传文载盟国人于大宫,其初辞曰"所不与崔、庆者",国人即大夫,即盟其大夫。无,不要。

⑧无或如楚共王之庶子围弑其君——兄之子麇——而代之,以盟诸侯:昭公二年,楚灵王杀郏敖自立。兄之子麇,即楚君郏敖。

⑨王使速杀之:庆封果然播楚灵王之恶,楚灵王果自取其辱。

【译文】

秋七月,楚灵王率领诸侯攻打吴国。宋国太子、郑简公先回国了。宋国华费遂、郑国大夫随从楚灵王。楚灵王派屈申包围了朱方,八月甲申,攻克朱方,抓住齐国庆封并把他家灭族。楚灵王准备诛戮庆封,椒举说:"下臣听说没有缺点的人才可以诛戮人。庆封就因为违逆君命,所以逃亡到这里,他怎肯乖乖地受戮? 如果他在诸侯中散播您的丑闻,那时该怎么办?"楚灵王不听,让庆封背上斧钺,在诸侯军中游行示众,让他说:"不要像齐国庆封那样杀死国君,削弱国君的孤儿,来和他的大夫们会盟。"庆封说:"不要像楚共王的庶子围那样杀死国君——兄长的儿子麇——而取代他当国君，来和诸侯会盟！"楚灵王赶紧让人把庆封杀掉了。

【公羊传】此伐吴也，其言执齐庆封何？为齐诛也。其为齐诛奈何？庆封走之吴①，吴封之于防。然则曷为不言伐防②？不与诸侯专封也③。庆封之罪何？胁齐君而乱齐国也④。

【注释】

①庆封走之吴：庆封为齐国的乱臣。襄公二十八年，出奔至鲁国，之后去了吴国。去吴国不书者，因为庆封从齐国出奔，则绝于齐国，又未在鲁国当大夫，属于绝贱之人，故略之。

②然则曷为不言伐防：吴国封庆封于防，则事实上等同于一个国家，此番楚子等讨伐的是防，并未真正伐击吴国，故云"曷为不言伐防"。

③不与诸侯专封也：不赞同诸侯有封国之权。案礼制，只有天子才能封国。此处吴国封庆封于防，虽然事实上等同于一国，但因诸侯无封国之权，故不言"伐防"，而言"伐吴"。

④胁齐君而乱齐国也：案《春秋》之例，称爵而讨，为伯讨之辞。庆封"胁齐君而乱齐国"，故楚子为伯讨。值得注意的是，楚庄王讨陈夏徵舒，《春秋》贬之为"楚人"，不与专讨也。此处楚灵王也是专讨，却称"楚子"。董仲舒认为，诸侯不得专讨，已于楚庄王处说明白了，此处可以省略，而庆封罪大恶极，未有显现，故以伯讨之辞彰显庆封之罪。

【译文】

这里是伐击吴国，经言拘捕齐庆封是为何？是为齐国诛讨。为齐国诛讨是怎么回事？庆封出走到吴国，吴国将他分封在防邑。然则为何不言"伐防"？不赞许诸侯有专封之权。庆封有什么罪过？胁持齐君而扰乱齐国政事。

【穀梁传】此入而杀，其不言入，何也？庆封封乎吴锺离[1]，其不言伐锺离，何也？不与吴封也。庆封其以齐氏，何也？为齐讨也。灵王使人以庆封令于军中曰："有若齐庆封弑其君者乎？"庆封曰："子一息，我亦且一言。曰：有若楚公子围弑其兄之子而代之为君者乎[2]？"军人粲然皆笑。庆封弑其君而不以弑君之罪罪之者，庆封不为灵王服也，不与楚讨也。《春秋》之义，用贵治贱，用贤治不肖[3]，不以乱治乱也。孔子曰："怀恶而讨，虽死不服，其斯之谓与！"

【注释】

①锺离：吴邑，处吴、楚边界，在今安徽凤阳东北。

②公子围：即楚灵王，其即位前名围，即位后改称虔。

③不肖：不才之人。

【译文】

这是进入吴国杀的，经文不说"入"，为什么呢？庆封被封在吴国的锺离，经文不说讨伐锺离，为什么呢？因为不赞同吴国的分封。庆封的姓氏前加上"齐"，为什么呢？是为齐国讨伐他。楚灵王派人带着庆封在军中号令说："有像齐国庆封杀害他的国君的吗？"庆封说："您暂且停一下，我也来说一句话。说：有像楚国的公子围杀害了他兄长的儿子而代替他做国君的吗？"军人都轰然大笑。庆封杀了他的国君却不用弑君的罪名来治其罪，因为庆封不服楚灵王，经文不赞同楚国讨伐他。《春秋》的大义，用高贵者治理卑贱者，用贤者治理不肖者，不用作乱者治理作乱者。孔子说："自身怀有恶行而讨伐他人，他人即使死去也不会屈服，说的就是这样的事吧。"

【经】遂灭赖①。

【注释】

①赖：赖国，在今湖北随州东北。《公羊传》《穀梁传》作"厉"。

【译文】

接着消灭了赖国。

【左传】遂以诸侯灭赖①。赖子面缚衔璧，士袒，舆櫬从之，造于中军②。王问诸椒举，对曰："成王克许，许僖公如是，王亲释其缚，受其璧，焚其櫬。"王从之。迁赖于鄢③。楚子欲迁许于赖，使斗韦龟与公子弃疾城之而还④。申无宇曰："楚祸之首将在此矣⑤。召诸侯而来，伐国而克，城竟莫校⑥。王心不违，民其居乎⑦？民之不处⑧，其谁堪之？不堪王命，乃祸乱也。"

【注释】

①遂以诸侯灭赖：克朱方与灭赖是以两支军同时进行，楚灵王派屈申克朱方，自己率军灭赖。

②中军：指楚灵王所率中军。

③鄢（yān）：古地名，在今湖北宜城南。

④使斗韦龟与公子弃疾城之而还：楚灵王派二人为许国筑城。斗韦龟，楚国令尹子文的玄孙。

⑤楚祸之首将在此矣：楚灵王会诸侯，克朱方，灭赖迁许，野心得逞，但申无宇认为楚国之祸也由此开始。

⑥城竟莫校：筑城于外境，而诸侯无一争论异议。校，抗争，抵抗。

⑦王心不违,民其居乎:楚王逞其私欲,百姓何能安居?

⑧不处:不能安居。

【译文】

于是又率领诸侯灭掉赖国。赖国国君反绑双手口含玉璧,士袒露肩背,抬着棺木跟着,来到中军。楚灵王询问椒举如何处理,椒举回答说:"当初成王攻下许国时,许僖公就是这样的,成王亲自解开他的捆缚,接受他的玉璧,焚毁棺木。"楚灵王按他所说做了。把赖国迁到鄢地。楚灵王想把许国迁到赖地,派斗韦龟和公子弃疾为许国筑城完毕而回。申无宇说:"楚国的祸乱开端将在这里了。召集诸侯诸侯就前来,攻打别国就能攻下,在边境筑城也没人敢有异议。君王的愿望全都得到满足,人民能够安居吗?人民无法安居乐业,谁能忍受得了?不能忍受君王的命令,就是祸乱。"

【穀梁传】遂,继事也。

【译文】

遂,表示后一件事接着前一件事。

【经】九月,取鄫①。

【注释】

①鄫(zēng):姒姓国,禹之后裔,在今山东枣庄东。襄公六年被莒所灭,成为莒邑。此时莒国内乱,据《左传》,莒国新君去疾"立而不抚鄫,鄫叛而来"。《穀梁传》作"缯(zēng)"。

【译文】

九月,取得鄫地。

【左传】九月，取鄫，言易也。莒乱，著丘公立而不抚鄫，鄫叛而来，故曰取。凡克邑，不用师徒曰取。

【译文】

九月，取得鄫地，是说来得容易。莒国动乱，著丘公立为国君而不安抚鄫地，鄫叛离莒国而来投奔鲁国，所以说"取"。凡是取得城邑而不动用军队就叫"取"。

【公羊传】其言取之何①？灭之也。灭之，则其言取之何？内大恶讳也②。

【注释】

①其言取之何：案《春秋》之例，邑言取，国言灭。此处鄫是一国，却用取邑之辞，故而发问。

②内大恶讳也：案灭国为大恶，《春秋》内大恶讳，故为鲁国避讳灭鄫之恶。案襄公六年，鄫子立外孙为嗣，经书"莒人灭鄫"，从字面上看，好像鄫国被莒国灭掉，而成了莒国的一个城邑，故此处书"取鄫"，好像鲁国仅是夺取了一个城邑，是小恶而已。

【译文】

经言"取"字是为何？实际上是灭亡了鄫国。灭亡了鄫国，那么经言"取鄫"是为何？因为鲁国的大恶，需要避讳。

*【左传】郑子产作丘赋①，国人谤之②，曰："其父死于路③，己为虿尾④，以令于国，国将若之何⑤？"子宽以告⑥。子产曰："何害？苟利社稷，死生以之⑦。且吾闻为善者不改

其度⑧,故能有济也。民不可逞⑨,度不可改。《诗》曰:'礼义不愆,何恤于人言⑩。'吾不迁矣⑪。"浑罕曰⑫:"国氏其先亡乎⑬! 君子作法于凉,其敝犹贪⑭。作法于贪,敝将若之何⑮? 姬在列者⑯,蔡及曹、滕其先亡乎,逼而无礼⑰。郑先卫亡,逼而无法⑱。政不率法,而制于心⑲。民各有心,何上之有⑳?"

【注释】

①郑子产作丘赋:丘,原为乡鄙奴隶所居,隶属于采邑主,不服兵役,现在由公室令其出军赋、服兵役。

②国人谤之:咒骂子产。

③其父死于路:襄公十年,子产父亲子国被尉止杀死。

④虿:蝎子,尾有毒刺。

⑤以令于国,国将若之何:国人咒骂子产以重赋"毒害"国人。

⑥子宽:郑国大夫。

⑦苟利社稷,死生以之:于国有利,愿以身许国。以,用。

⑧度:制度。

⑨逞:快意。指尽得其欲。

⑩礼义不愆(qiān),何恤于人言:这是逸诗,意思是于国有利,于礼义无过失,不必担心别人的闲言。愆,过失。

⑪不迁:不变更。

⑫浑罕:即子宽。

⑬国氏:子产父亲子国,以国为氏。

⑭君子作法于凉,其敝犹贪:君子之法以薄取为原则,其流弊尚有厚敛贪财的。凉,薄。

⑮作法于贪,敝将若之何:作法于贪,后果更不堪设想。

⑯姬在列者：姬姓诸国。

⑰蔡及曹、滕其先亡乎，逼而无礼：蔡邻近楚，曹、滕临近于宋。逼，
　邻近大国。

⑱郑先卫亡，逼而无法：郑邻近晋、楚二国。邻近大国，且又无礼仪
　无法度，必先亡。案以上都是子宽的预言。

⑲政不率法，而制于心：子宽认为子产作丘赋，不循旧法，只以己意
　制定。

⑳民各有心，何上之有：子宽责备子产以己心制定政令，则民心不
　同，将无上矣。上，指统治者。

【译文】

　　郑国子产制定丘赋，国人咒骂他，说："他的父亲死在路上，他自己
毒如蝎子的尾巴，他在国内发布命令，国家将要怎么办？"子宽把这些话
告诉了子产。子产说："这有什么妨害？如果有利于国家，我死生都不在
乎。何况我听说做好事的人不改变他的法度，所以能有所成。百姓不可
尽得其欲，法度不可改变。《诗》说：'在礼义上没有过错，何必担心闲言
碎语。'我不会改变了。"子宽说："国氏恐怕要先灭亡了！君子在薄取的
基础上制定法度，还会产生贪婪的后果。在贪婪的基础上制定法度，后
果又将怎么样？姬姓列国，蔡国及曹国、滕国大概先灭亡，因为它们邻近
大国而且没有礼仪。郑国比卫国先灭亡，是由于逼近大国而无法度。政
令不遵循法度，而是由自己的意志来决定。人民各有其志，怎么会尊崇
在上面的人？"

　　*【左传】冬，吴伐楚，入棘、栎、麻①，以报朱方之役。楚
沈尹射奔命于夏汭②，咸尹宜咎城锺离③，薳启彊城巢④，然
丹城州来⑤。东国水，不可以城⑥。彭生罢赖之师⑦。

【注释】

①棘、栎、麻：三地都是楚国东部边境之邑。棘，在今河南永城南。栎，在今河南新蔡北。麻，在今安徽砀山东北。

②楚沈尹射奔命于夏汭（ruì）：楚国沈尹射奔赴夏汭应命。沈，县名，在今安徽临泉。尹，楚国县长叫"尹"。射，人名。夏汭，西淝河下游入淮水处，在今安徽凤台西南。

③宜咎：本是陈国大夫，襄公二十四年奔楚。锺离：古地名，在今安徽凤阳东北。

④巢：古地名，在今安徽寿县南。

⑤然丹：郑国穆公孙，子然之子，襄公十九年奔楚。州来：古地名，在今安徽凤台。

⑥东国水，不可以城：东部地区水灾，不能筑城。

⑦彭生罢赖之师：彭生停止了赖地军队的筑城。彭生，楚国大夫。罢，结束，停止。

【译文】

冬，吴国讨伐楚国，进入棘、栎、麻三地，以报复楚国攻打朱方的战役。楚国沈尹射受命奔赴夏汭，咸尹宜咎修筑锺离城，薳启彊修筑巢城，然丹修筑州来城。东部发大水，无法筑城。彭生停止了赖地军队的筑城。

【经】冬十有二月乙卯①，叔孙豹卒。

【注释】

①乙卯：二十八日。

【译文】

冬十二月二十八日，鲁大夫叔孙豹去世。

【左传】初,穆子去叔孙氏①,及庚宗②,遇妇人,使私为食而宿焉③。问其行,告之故,哭而送之④。适齐,娶于国氏,生孟丙、仲壬。梦天压己,弗胜,顾而见人,黑而上偻⑤,深目而豭喙⑥,号之曰:"牛!助余!"乃胜之。旦而皆召其徒⑦,无之。且曰:"志之⑧。"及宣伯奔齐⑨,馈之⑩。宣伯曰:"鲁以先子之故,将存吾宗,必召女⑪。召女,何如?"对曰:"愿之久矣。"

【注释】

①穆子去叔孙氏:这是追述成公十六年穆叔避其兄宣伯侨如之难而逃奔齐国时事。叔孙侨如嗣立为鲁卿,而与成公母穆姜私通,谋去季孙行父与仲孙蔑。鲁人驱逐了叔孙侨如。穆子,即穆叔,鲁国叔孙豹。

②庚宗:鲁地名,在今山东泗水东。

③遇妇人,使私为食而宿焉:穆叔与这个妇人私通。

④"问其行"三句:妇人问穆叔,得知避难之事,哭送穆叔。

⑤上偻(lǚ):上身弯曲。

⑥深目:眼睛凹进。豭喙(jiā huì):嘴巴像猪。

⑦徒:随从。

⑧志之:嘱咐随从记下"牛"的面貌。

⑨宣伯:即叔孙侨如,也在成公十六年逃奔齐国。

⑩馈:赠食。

⑪"鲁以先子之故"三句:因先人之故,鲁国将保存叔孙氏的宗族,并立为卿。先子,宣伯先人。

【译文】

当初穆子离开叔孙氏出走,到达庚宗,遇见一个女人,让她替自己偷偷弄点吃的,并在她那里留宿。女人问他的去向,告诉她原因,女人哭着送他上路。穆子到了齐国,娶国氏女为妻,生下孟丙、仲壬。穆子梦见天塌下来压着自己,快要顶不住了,回头见到一个人,皮肤很黑而且上身伛偻,眼眶深陷嘴巴像猪,穆子大声呼叫说:"牛!快来帮助我!"这才顶住了。早上穆子把手下人全都召来,没有梦中见到的人。穆子吩咐:"把那人的模样记下来。"等到宣伯也逃来齐国,穆子送了食物给他。宣伯说:"鲁国因为我们先人的缘故,将要保存我们的宗族,必定召你回国。要是召你,你打算怎么办?"穆子回答说:"我已经盼望很久了。"

　　鲁人召之,不告而归^①。既立^②,所宿庚宗之妇人献以雉^③。问其姓^④,对曰:"余子长矣,能奉雉而从我矣^⑤。"召而见之,则所梦也。未问其名,号之曰"牛",曰:"唯^⑥。"皆召其徒,使视之,遂使为竖^⑦。有宠,长使为政^⑧。公孙明知叔孙于齐^⑨,归,未逆国姜^⑩,子明取之,故怒,其子长而后使逆之^⑪。

【注释】

①鲁人召之,不告而归:穆叔不告诉宣伯便回鲁国。

②既立:穆叔被立为卿。

③所宿庚宗之妇人献以雉:古礼,妇人献雉是表示已有儿子。

④问其姓:问她儿子的情况。姓,子。

⑤余子长矣,能奉雉而从我矣:到穆叔回鲁为卿,其儿子已经长大。
　　杨伯峻曰:"叔孙豹为鲁卿,当在成公十七年后,襄公二年前,《经》《传》无明文,其召庚宗妇人,又在为鲁卿之后。杜云'襄二年竖牛五六岁',盖以叔孙豹见《经》之年即为卿之年,未必然也。此等处不必深究。"

⑥唯:恭敬的应答声。《礼记·曲礼上》:"父召无诺,唯而起。"

⑦竖：小臣。

⑧为政：主管叔孙家政。

⑨公孙明知叔孙于齐：在齐国时公孙明和穆叔就有交情。公孙明，齐大夫子明。

⑩国姜：即穆叔所娶齐国国氏妻子。

⑪故怒，其子长而后使逆之：穆叔怒其妻改嫁子明，所以到孟丙、仲壬长大后才接回鲁国。

【译文】

　　鲁国召穆子回国，穆子没告诉宣伯就回国了。穆子立为卿之后，在庚宗留宿过的女人向他献上雉鸡。穆子询问儿子的情况，妇人回答说："我的儿子已经长大了，能够拿着雉鸡跟从我了。"穆子召见那孩子，就是梦中所见的人。他没问孩子的名字，大声叫他"牛"，孩子回答说："哎。"于是把手下人都召来，让大家看这孩子，便让他当了小臣。竖牛得到穆子的宠爱，长大后让他主管家政。公孙明和穆子在齐国时交情很好，穆子回国后，没把妻子国姜接来，公孙明娶了国姜为妻，穆子因此发怒，待到两个儿子长大了才把他们接回来。

　　田于丘莸①，遂遇疾焉。竖牛欲乱其室而有之，强与孟盟，不可②。叔孙为孟钟③，曰："尔未际，飨大夫以落之④。"既具，使竖牛请日⑤。入，弗谒；出，命之日⑥。及宾至，闻钟声⑦。牛曰："孟有北妇人之客⑧。"怒，将往，牛止之。宾出，使拘而杀诸外⑨。牛又强与仲盟⑩，不可。仲与公御莱书观于公⑪，公与之环。使牛入示之⑫。入，不示；出，命佩之⑬。牛谓叔孙："见仲而何⑭？"叔孙曰："何为？"曰："不见，既自见矣，公与之环而佩之矣⑮。"遂逐之，奔齐⑯。疾急，命召仲，牛许而不召。杜洩见，告之饥渴，授之戈⑰。对曰："求之而至，又何去焉[18]？"竖牛曰："夫子疾病，不欲见人。"使置馈于个而退[19]。牛弗进，则置虚命彻[20]。十二月癸丑[21]，叔孙不食。乙卯，卒[22]。牛立昭子而相之[23]。

【注释】

①丘莸（yóu）：古地名，今地不详。

②强与孟盟，不可：竖牛强要孟丙盟誓顺从自己，孟丙不肯。

③叔孙为孟钟：穆叔为孟丙铸了一口钟。

④尔未际，飨（xiǎng）大夫以落之：穆叔想借此机会使孟丙得到诸大夫的支持。未际，未和诸大夫交际。落，以公猪血衅钟时举行的享宴。

⑤既具，使竖牛请日：享礼准备就绪，由竖牛请穆叔择定日子。

⑥入，弗谒；出，命之日：竖牛入，不报告请日之事，出来后又假传穆叔之命定一日期。

⑦及宾至，闻钟声：落成享宾客，穆叔不知享日，听到钟声而奇怪。

⑧孟有北妇人之客：竖牛有意以公孙明激怒穆叔。北妇人，指国姜。客，指公孙明。

⑨使拘而杀诸外：穆叔不知真情，拘禁孟丙并杀掉。

⑩仲：即仲壬。

⑪公御莱书：鲁昭公御者，名莱书。观于公：在公官游玩。

⑫使牛入示之：让竖牛将玉环给穆叔看。

⑬入，不示；出，命佩之：假传穆叔之命让仲壬佩戴玉环。

⑭见仲而何：让仲壬见鲁昭公以确立其承嗣地位怎么样？而何，如何。

⑮既自见矣，公与之环而佩之矣：仲壬已自己去见鲁昭公了，有佩环为证。

⑯遂逐之，奔齐：穆叔怒逐仲壬，仲壬奔齐。

⑰"杜洩见"三句：穆叔被竖牛断了吃喝，于是让杜洩杀了竖牛。

⑱求之而至，又何去焉：当初既找回竖牛，现在又因何要除掉他。

⑲使置馈于个而退：食物并没有送到穆叔房中。个，东西厢房。

⑳置虚命彻：倒掉食物，食具空虚，表示穆叔已吃，然后撤去食具。

㉑癸丑：二十六日。

㉒乙卯，卒：二十八日穆叔饿死。

㉓昭子：穆叔的庶子叔孙婼（chuò）。

【译文】

穆子在丘莸打猎，在这里生了病。竖牛想搅乱家室后占有它，就强行要和孟丙结盟，孟丙不肯。穆子为孟丙铸了一口钟，说："你还没正式与人交往，我为你设享礼宴请大夫的时候举行钟的落成典礼。"孟丙完成了享礼的准备，就让竖牛向穆子请示日期。竖牛进去后，并没请示穆子；出来后假传穆子的命令订定日期。到那天宾客来了，穆子听到钟声。竖牛说："孟丙那里有北边女人的客人。"穆子大怒，准备前去，竖牛阻止了他。宾客走后穆子派人拘捕了孟丙，并把他杀死在郊外。竖牛又强行要和仲壬盟誓，仲壬也不肯。仲壬和鲁昭公的御者莱书在公宫玩耍，鲁昭公赐给他玉环。仲壬让竖牛把玉环拿进去给穆子看。竖牛进去后，并没出示玉环；出来后，假传穆子的话让仲壬佩带。竖牛对穆子说："让仲壬进见国君吧？"穆子说："为什么要引见？"竖牛说："你不引见，他已经自己去见国君了，国君赐给他玉环佩戴在身上了。"穆子于是把仲壬放逐，仲壬逃往齐国。穆子病重的时候，命令召仲壬，竖牛表面答应了其实没召。杜洩进见穆子，穆子告诉他自己又饿又渴，授给他戈。杜洩回答说："把他找来了，又为何要去掉他？"竖牛说："他老人家病重，不想见人。"杜洩让人把食物放到厢房就退出了。竖牛并不把食物送进去，而是把它们倒掉，命人撤走食具。十二月二十六日，穆子开始没吃东西。二十八日死去。竖牛立昭子并辅佐他。

公使杜洩葬叔孙。竖牛赂叔仲昭子与南遗，使恶杜洩于季孙而去之①。杜洩将以路葬②,且尽卿礼。南遗谓季孙曰:"叔孙未乘路,葬焉用之? 且冢卿无路,介卿以葬,不亦左乎③?"季孙曰:"然。"使杜洩舍路。不可,曰:"夫子受命于朝而聘于王,王思旧勋而赐之路④,复命而致之君。君不敢逆王命而复赐之,使三官书之。吾子为司徒,实书名⑤。夫子为司马,与工正书服⑥。孟孙为司空,以书勋⑦。今死而弗以⑧,是弃君命也。书在公府而弗以,是废三官也。若命服⑨,生弗敢服,死又不以,将焉用之?"乃使以葬⑩。

【注释】

①竖牛赂叔仲昭子与南遗,使恶杜洩于季孙而去之:杜洩已经不是同党,竖牛想要通过叔仲昭子与南遗谗害杜洩而让季孙除掉他。叔仲昭子,即叔仲带。南遗,季氏家臣,他们素有勾结,见襄公七年传文。

②路:即"辂"。这里指周王赐穆叔的车。

③"且冢卿无路"三句:次卿比正卿待遇高,不合适。冢卿,卿中居首位者。这里指季孙。介卿,次卿。这里指穆叔。左,不正,不正当。

④夫子受命于朝而聘于王,王思旧勋而赐之路:襄公二十四年,齐人城郏。穆叔如周聘,且贺城。王嘉其有礼也,赐之大路。夫子,指穆叔。

⑤吾子为司徒,实书名:季孙为司徒,记载姓名。

⑥夫子为司马,与工正书服:穆叔为司马,让工正记载所受车服之器。

⑦孟孙为司空,以书勋:孟孙记载功勋。

⑧今死而弗以:不用路葬。以,用。

⑨命服:国君赐命使用的车服。

⑩乃使以葬:杜洩力争,才以大路葬穆叔。

【译文】

　　鲁昭公派杜洩安葬穆子。竖牛贿赂叔仲昭子和南遗,让他们在季孙面前说杜洩的坏话从而除掉他。杜洩打算用路车葬穆子,并且全都按照卿的礼仪安葬。南遗对季孙说:"穆子没有乘坐过路车,安葬时怎么能用它? 而且正卿没有路车,副卿用路车安葬,这不合适吧?"季孙说:"是这样。"就让杜洩放弃路车。杜洩不肯,说:"他老人家受命于朝廷去聘问周天子,周天子念及他往日的功勋而赐给路车,他回国复命时把路车交给国君。国君不敢违背周王的命令又把路车赐给他,并让三名官员把它记载下来。您是司徒,记载姓名。他老人家为司马,让工正记下车服。孟孙为司空,记录功勋。现在他死了,却不能用路车,这是背弃国君的命令。记载藏在公府而不能用路车,这是废弃了三名记载的官员。如果国君命令使用的车服,生前不敢服用,死后又不让用以陪葬,将何时用它?"季孙这才同意用路车安葬叔孙。

　　季孙谋去中军[①],竖牛曰:"夫子固欲去之[②]。"

【注释】

　　①季孙谋去中军:季孙想要削弱公室,扩充势力,图谋废除中军。

　　②夫子固欲去之:竖牛为讨好季孙,造舆论说穆叔生前曾要撤除中军。

【译文】

　　季孙打算撤除中军,竖牛说:"我家老人早就想撤掉它了。"

五年

【经】五年春王正月[①],舍中军[②]。

【注释】

①五年：鲁昭公五年当周景王八年，前537年。

②舍中军：鲁国废除中军。鲁于襄公十一年立中军，今年舍之，前后
　　共二十四年。

【译文】

鲁昭公五年春周历正月，废除中军。

【左传】 五年春王正月，舍中军，卑公室也①。毁中军于施氏，成诸臧氏②。初，作中军，三分公室，而各有其一。季氏尽征之，叔孙氏臣其子弟，孟氏取其半焉③。及其舍之也，四分公室④，季氏择二，二子各一，皆尽征之⑤，而贡于公⑥。

【注释】

①舍中军，卑公室也：季孙氏废除中军，公室更微弱了。

②毁中军于施氏，成诸臧氏：在施氏家中讨论撤中军之事，在臧氏家
　　立约。施氏，指公子施父之族。臧氏，指公子子臧之族。臧氏当
　　时任司寇，古时兵狱同制，而二家本来就是秉承季孙的意旨行事。

③"初，作中军"几句：见襄公十一年传文。

④四分公室：把公室的军队一分为四。

⑤皆尽征之：全都改为征兵或征税。

⑥贡于公：三家各以所入的一小部分贡于公室。汪克宽曰："襄二十
　　九年，享范献子，公臣不能具三耦，则公室已无民矣。今季孙复以
　　国民四分之，而己取其半，非独欲弱公室，亦欲乘叔孙婼之未定其
　　位，弱二家而强己也。"

【译文】

鲁昭公五年春周历正月，废除中军，这是为了削弱公室。讨论废除

中军是在施氏家里进行,而立约则是在臧氏家。当初设置中军,是把公室的军队一分为三,各家掌握一军。季孙氏掌握的部队全都采用征兵或征税的办法;叔孙氏让壮丁做奴隶兵,老弱者作为自由民;孟孙氏以一半作为奴隶,一半作为自由民。废除中军以后,把公室军队一分为四,季氏得四分之二,其他两家各得四分之一,全都改为征兵或征税,然后把其中的一小部分交给公室。

　　以书使杜洩告于殡^①,曰:"子固欲毁中军,既毁之矣,故告^②。"杜洩曰:"夫子唯不欲毁也,故盟诸僖闳,诅诸五父之衢^③。"受其书而投之,帅士而哭之^④。

【注释】

①以书使杜洩告于殡:季孙让杜洩将此事告之于穆叔灵柩前。

②"子固欲毁中军"三句:季孙先是让施、臧二家谋废中军,现在又让杜洩告之于穆叔之殡,意在逃避祸首之责。子固欲毁中军,这是用上年传文中竖牛的话。

③"夫子唯不欲毁也"三句:穆叔本意并不愿毁中军,故襄公十一年在三分公室前在僖公庙的门口盟誓,在五父之衢立下咒誓。

④帅士而哭之:杜洩痛心穆叔被诬枉而带领手下士民大哭。

【译文】

　　季孙用策书派杜洩在叔孙的灵柩前告知,说:"您本来就要废除中军,现在已经实现了,特来向您报告。"杜洩说:"他老人家并不打算废除中军,所以在僖公庙门口盟誓,在五父之衢诅咒发誓。"杜洩接过策书把它扔在地上,带领手下大哭。

　　叔仲子谓季孙曰:"带受命于子叔孙曰:'葬鲜者自西

门^①。'"季孙命杜洩。杜洩曰:"卿丧自朝,鲁礼也^②。吾子为国政,未改礼而又迁之^③。群臣惧死,不敢自也^④。"既葬而行^⑤。

【注释】

①葬鲜者自西门:要灵柩出西门,意在卑弱穆叔。鲜,不以寿终。穆叔饥渴三日而死,所以也称为"鲜"。西门,非朝廷正门。

②卿丧自朝,鲁礼也:卿之丧礼应从朝门出。周代之礼,葬前必移柩于宗庙,从朝出正门,由朝之路,出国都之南门。

③未改礼:改变礼仪必有一定程序,季氏无此程序,故云"未改礼"。而又迁之:季孙只是凭己意随便改变。

④自:服从。

⑤既葬而行:葬穆叔后,杜洩逃走了。据《唐书·宰相世系表》,"杜洩避季子之难奔于楚"。

【译文】

叔仲子对季孙说:"我曾在叔孙穆子那里接受命令,说:'安葬不是善终的人要从西门出殡。'"季孙让杜洩从西门出殡。杜洩说:"卿的丧礼从朝门出殡,这是鲁国的礼仪。您执掌国政,礼仪并未改变却不遵从它。臣下害怕被诛戮,不敢服从。"他安葬完叔孙穆子就出走了。

仲至自齐^①,季孙欲立之。南遗曰:"叔孙氏厚,则季氏薄。彼实家乱,子勿与知,不亦可乎^②?"南遗使国人助竖牛以攻诸大库之庭^③,司宫射之,中目而死^④。竖牛取东鄙三十邑以与南遗。

【注释】

①仲至自齐：仲壬上年奔齐，得知穆叔之丧而回鲁国。

②"叔孙氏厚"五句：上年竖牛曾贿赂南遗，因此南遗要季孙假装不
　　知道，以阻止立仲壬。

③南遗使国人助竖牛以攻诸大库之庭：南遗帮助竖牛进攻仲壬。大
　　库之庭，杜预以为即鲁都城内"有大庭氏之虚，于其上作库"。或
　　云大库即长府，藏财货武器的府库。

④司宫射之，中目而死：仲壬被司宫射死。司宫，季孙氏或叔孙氏的
　　内臣。

【译文】

　　仲壬从齐国回来，季孙打算立他继承叔孙氏。南遗说："叔孙氏强大
了，季孙氏就弱。他们家发生内乱，您不要去管，不也是可以的吗？"南
遗让国人帮助竖牛在大库的庭院里攻打仲壬，司宫射仲壬，仲壬眼睛被
射中后死去。竖牛把东边三十座城邑送给南遗。

　　昭子即位，朝其家众，曰："竖牛祸叔孙氏，使乱大从①，
杀適立庶，又披其邑②，将以赦罪③，罪莫大焉。必速杀之！"
竖牛惧，奔齐。孟、仲之子杀诸塞关之外④。投其首于宁风
之棘上⑤。仲尼曰："叔孙昭子之不劳，不可能也⑥。周任有
言曰：'为政者不赏私劳，不罚私怨⑦。'《诗》云：'有觉德行，
四国顺之⑧。'"

【注释】

①使乱大从：搅乱了重要的秩序。从，顺。

②又披其邑：竖牛赠南遗三十邑。披，析，分裂。

③赦罪：逃避罪责。赦，宽免罪过。

④塞关：齐、鲁边界上的关口。

⑤投其首于宁风之棘上：使竖牛身首异处。宁风，齐地名，处边境。

⑥叔孙昭子之不劳，不可能也：昭子为竖牛所立，他不报竖牛立己之功，反而杀之，实属难能可贵。劳，酬劳。

⑦为政者不赏私劳，不罚私怨：不因个人恩怨而行赏罚。

⑧有觉德行，四国顺之：引《诗》见《诗经·大雅·抑》。意思是品德正直，各国都会归顺。孔子用它来称赞昭子。觉，正直。

【译文】

昭子即位后，召集家族上下人等朝见，说："竖牛祸害叔孙氏，搅乱重大的秩序，杀死嫡子立了庶子，又把封邑分割给别人，想用它来逃避罪责，没有比这更大的罪行了。一定要赶快杀掉他！"竖牛害怕了，逃往齐国。孟丙、仲壬的儿子把他杀死在齐、鲁边界的关口之外。又把他的头扔在宁风的荆棘上。孔子说："叔孙昭子不酬劳竖牛立己之功，真是难能可贵。周任有句话说：'执政者不赏赐他个人的私劳，不处罚他个人的私怨。'《诗》说：'如有正直的德行，四方诸侯都会来归顺。'"

初，穆子之生也，庄叔以《周易》筮之①，遇《明夷》☷之《谦》☷，以示卜楚丘。楚丘曰："是将行，而归为子祀②。以谗人入，其名曰牛，卒以馁死。《明夷》，日也③。日之数十，故有十时，亦当十位④。自王已下，其二为公，其三为卿⑤。日上其中，食日为二，旦日为三⑥。《明夷》之《谦》，明而未融，其当旦乎，故曰'为子祀'⑦。日之《谦》，当鸟，故曰'明夷于飞'⑧。明而未融，故曰'垂其翼'⑨。象日之动，故曰'君子于行'⑩。当三在旦，故曰'三日不食'⑪。《离》，火也；《艮》，山也。《离》为火，火焚山，山败⑫。于人为言，败言为谗，故曰'有攸往，主人有言'。言必谗也⑬。纯《离》为牛，世乱谗胜,胜将适《离》,故曰'其名曰牛'⑭。谦不足,飞不翔⑮,垂不峻,翼不广⑯,故曰'其为子后乎'⑰。吾子,亚卿也,抑少不终⑱。"

【注释】

①庄叔:穆叔的父亲叔孙得臣。

②是将行,而归为子祀:将会有出奔,但仍能归国事奉祭祀。穆叔于成公十六年曾逃奔齐国,既而回国代侨如袭叔孙氏爵禄。行,出奔。

③《明夷》,日也:《明夷》,卦名,离下坤上,《离》为火为日,坤为地,即日在地下,有日将出于地上之象。

④"日之数十"三句:古代记日,十日为一旬。一日又分为十时。人又分为十个等级。楚丘把人的十等和日的十时相配,所以说十时"亦当十位"。

⑤"自王已下"三句:人分十等,王为最高等级,公是第二等级,卿是第三等级。

⑥"日上其中"三句:日中是太阳最高时,以配王;食日(早饭时)稍低,以配第二位的公;旦日(日初出)更低,以配第三位卿。日中、食日和旦日是十时中的三个时名。上、二、三指太阳上升高度级别。

⑦"《明夷》之《谦》"四句:《明夷》卦变为《谦》卦,下卦离日变为艮山,上卦坤地未变,象征太阳初被大地遮住,旋被大山遮住,还没大放光明,是旦日之象。旦日和卿相配,所以说穆叔将继承爵位,为卿,奉叔孙氏的祭祀。

⑧"日之《谦》"三句:离日变为艮山,离又为雉,又是雉向山间飞之象。

⑨明而未融,故曰"垂其翼":《明夷》的日是未大放光明,所以雉将垂下翅膀,未能大展翅羽。

⑩象日之动,故曰"君子于行":日比君子,日的运行可比君子行路。

⑪当三在旦,故曰"三日不食":《明夷》之日为旦日,居第三位,未到

食日,又象征三日不食。

⑫ "《离》,火也"几句:离变为艮,有火焚山之象,山将毁坏。

⑬ "于人为言"四句:在人的方面,火似谗言,火焚山似谗言败坏家国。

⑭ "纯《离》为牛"四句:《明夷》是离下坤上,以坤配离。坤又为牛,离为火为谗言,则进谗言的人应叫做"牛"。且当此乱世,谗人胜利,所以胜利将归于谗人。纯,相配。

⑮ 谦不足,飞不翔:谦,就是不满足,所以能飞却不能远翔。

⑯ 垂不峻,翼不广:翅膀下垂,所以不能广远。峻,高。

⑰ 故曰"其为子后乎":不广远,不能远行,不会远离,所以会是你的继承人。

⑱ "吾子"三句:穆叔虽长寿,但有点不得善终。抑,但。亚卿,庄叔父子世为亚卿。少,小。案以上是楚丘根据卦象结合《明夷》初九的爻辞来预言穆叔的一生。

【译文】

当初,叔孙穆子出生的时候,庄叔用《周易》为他占筮,得到《明夷》变成《谦》,拿给卜楚丘看。楚丘说:"他将出逃,然后又回来为您祭祀。他领着奸邪的人回来,名字叫'牛',他最终将饿死。《明夷》是日。日的数目为十,所以有十个时辰,也和十个位次相配。从王以下,第二是公,第三是卿。太阳在中天是第一,食时之日是第二,刚升起是第三。《明夷》变成《谦》,是已经明亮但升不高,大约相当于刚升起,所以说'为您祭祀'。日变为《谦》,和鸟相配,所以说'雉向山间飞翔'。明亮而不高,所以说'垂下翅膀'。象征太阳的运行,所以说'君子远走他方'。第三的位子是太阳刚升起,还没到食时,所以说'三天吃不到食物'。《离》是火,《艮》是山。《离》是火,火烧山,山被毁坏。在人是言语,毁坏的言语是谗言,所以说'有人离开,主人有话'。是说一定会受谗言。与《离》相配的是牛,时世动乱,进谗言的人将得到胜利,胜利了将归向《离》,所以说'他的名字叫牛'。谦就是不足,所以虽然能飞但不能高翔；翼垂就是不高，所以虽有翅膀但飞不远；所以说‘应该会是你的继承人’。您是亚卿，但继承人虽长寿却有点不得善终。”

【公羊传】舍中军者何？复古也①。然则曷为不言三卿②？五亦有中，三亦有中③。

【注释】

①复古也：案古制，鲁国只有二军，襄公十一年“作三军”，添加中军，僭越王制，此处舍弃中军，是恢复古制，故《春秋》善之。值得注意的是，据《左氏》所载，先前的“作三军”，实为孟孙、叔孙、季孙三分公室，具体来说，季孙氏分得三分之一的军队及兵赋，孟孙氏分得六分之一，叔孙氏分得十二分之一。鲁国公室尚有十二分之五的兵赋。此书舍中军，实为四分公室，季孙氏占有二分之一，孟孙、叔孙各占四分之一，而公室全无兵赋。《公羊传》未提及三分公室、四分公室之事，或许是借事明义，以为恢复古制本身，是值得赞许的。

②然则曷为不言三卿：襄公十一年“作三军”，是为司马添置中卿官，使得中军备足上、中、下三卿，故《公羊传》云：“三军者何？三卿也。”此处则书“舍中军”，未提及三卿官，故而发问。

③五亦有中，三亦有中：这是连带回答为何襄公十一年书“作三军”，而不书“作中军”。因为五军有中军，三军也有中军。此处因为之前有“作三军”之文，故言“舍中军”，不会有歧义。

【译文】

舍弃中军是为何？是恢复古制。然则为何不像“作三军”时那样，言及三卿？因为五军也有中军，三军也有中军。

【穀梁传】贵复正也。

【译文】

赞赏恢复了正道。

【经】楚杀其大夫屈申^①。

【注释】

①楚杀其大夫屈申：屈申，楚国大夫。楚灵王以为屈申通吴，杀之。

【译文】

楚国杀了他们的大夫屈申。

【左传】楚子以屈申为贰于吴，乃杀之。以屈生为莫敖^①，使与令尹子荡如晋逆女。过郑，郑伯劳子荡于氾，劳屈生于菟氏^②。晋侯送女于邢丘^③。子产相郑伯会晋侯于邢丘。

【注释】

①屈生：屈建之子。

②"过郑"三句：郑简公亲自慰劳二人，以示对楚国特别恭敬。氾（fán）、菟（tù）氏都是郑地。氾，在今河南襄城南。菟氏，在今河南尉氏西北。

③晋侯送女于邢丘：据《仪礼·士昏礼》，父母送女不下堂。晋平公亲自送女，也是敬畏楚国。邢丘，古地名，在今河南温县东北。

【译文】

楚灵王因为屈申私通吴国，于是杀了他。任命屈生担任莫敖，让他和令尹子荡到晋国迎亲。路过郑国，郑简公在氾地慰劳子荡，在菟氏慰劳屈生。晋平公亲自把女儿送到邢丘。子产相礼郑简公与晋平公在邢丘相会。

【经】公如晋。

【译文】

鲁昭公到晋国去朝见。

【左传】公如晋，自郊劳至于赠贿，无失礼①。晋侯谓女叔齐曰："鲁侯不亦善于礼乎？"对曰："鲁侯焉知礼？"公曰："何为？自郊劳至于赠贿，礼无违者，何故不知？"对曰："是仪也，不可谓礼②。礼，所以守其国，行其政令，无失其民者也。今政令在家③，不能取也。有子家羁④，弗能用也。奸大国之盟，陵虐小国⑤，利人之难⑥，不知其私⑦。公室四分，民食于他⑧。思莫在公，不图其终⑨。为国君，难将及身，不恤其所⑩。礼之本末将于此乎在，而屑屑焉习仪以亟⑪。言善于礼，不亦远乎？"君子谓叔侯于是乎知礼⑫。

【注释】

①"公如晋"三句：鲁昭公自始至终揖让周旋，都合乎礼仪。"自郊劳至于赠贿"，为聘问之礼的全过程。郊劳，使者到别国聘问，受聘之国派卿士到郊外迎接、慰劳。赠贿，聘问结束，使者要走，赠以礼物。

②是仪也，不可谓礼：仪、礼有别。

③今政令在家：此时鲁国公室衰弱，大权已在三家。家，卿大夫。

④子家羁：鲁庄公玄孙懿伯。

⑤奸大国之盟，陵虐小国：这里指伐莒取郓违反宋之盟。奸，犯。

⑥利人之难：指去年利用莒乱取郓。

⑦不知其私：凌虐弱小，却不知自己有私难。

⑧公室四分，民食于他：三家四分公室，百姓只好依赖三家为生。他，指三家。

⑨思莫在公，不图其终：无人思念国君，鲁昭公也不考虑后果。

⑩不恤其所：不忧虑自己地位岌岌可危。

⑪礼之本末将于此乎在，而屑屑焉习仪以亟（jí）：礼之本在守国、在行政令、在无失民，礼是治国之本；仪是仪式，是枝节。鲁昭公不重本，却急于追求琐碎的仪节。亟，急。

⑫叔侯：即女叔齐。

【译文】

鲁昭公到晋国去，从郊劳到赠贿，没有失礼的地方。晋平公对女叔齐说："鲁侯不是很善于礼吗？"女叔齐回答说："鲁侯哪里懂得礼？"晋平公说："为什么这么说？他从郊劳到赠贿，在礼仪上都没有过失，怎么说是不知礼？"女叔齐回答说："这是仪，不能叫做礼。礼是用来保有国家，推行政令，不失去人民的。现在政令出于私家，不能取回。有子家羁这样的人才，却不能任用。违反大国的盟约，欺凌虐待小国，利用别人的祸难，却不知道自己将有私难。公室一分为四，人民靠三家大夫养活。无人思念国君，昭公也不考虑后果。身为国君，祸难即将降临，却不忧虑自己地位岌岌可危。礼的根本与枝节就在于此，反而急着学习仪式。说他精通礼，不是差得太远了吗？"君子认为，从女叔齐的看法说明他是懂得礼的。

*【左传】晋韩宣子如楚送女，叔向为介。郑子皮、子大叔劳诸索氏①。大叔谓叔向曰："楚王汏侈已甚，子其戒之。"叔向曰："汏侈已甚，身之灾也，焉能及人？若奉吾币帛，慎吾威仪，守之以信，行之以礼，敬始而思终，终无不复②。从而不失仪③，敬而不失威④，道之以训辞⑤，奉之以旧

法⑥,考之以先王⑦,度之以二国⑧,虽汏侈,若我何?"

【注释】

①索氏:郑地名,在今河南荥阳。

②终无不复:太叔怕叔向在楚国有不测,所以叔向回答说将安然返
　国。复,返归晋国。

③从而不失仪:顺从主人而不失仪度。

④敬而不失威:恭敬主人而不失晋国尊严。

⑤道(dǎo):引导。训辞:先贤的语言。

⑥旧法:传统的法度。

⑦考之以先王:以先王之事为准则加以分析考核。

⑧度之以二国:斟酌晋、楚二国的形势而后行事。

【译文】

　　晋国韩起到楚国送亲,叔向担任副使。郑国子皮、子太叔在索氏慰
劳他们。太叔对叔向说:"楚王太过骄横,您要小心谨慎。"叔向说:"太
过骄横,只是他自身的灾祸,哪里能祸害到别人? 如果奉献我们的礼物,
谨慎地维护自己的威仪,守信用,行礼仪,慎始慎终,不可能不安然回国。
顺从而不失礼仪,恭敬而不失威仪,以古圣前贤的语言为前导,奉行以往
的法度,参考先王的做法,把握权衡晋、楚二国的利益,即便他骄横,又能
奈我何?"

　　及楚,楚子朝其大夫,曰:"晋,吾仇敌也。苟得志焉①,
无恤其他。今其来者,上卿、上大夫也②。若吾以韩起为
阍③,以羊舌肸为司宫④,足以辱晋,吾亦得志矣。可乎?"大
夫莫对。薳启彊曰:"可。苟有其备,何故不可? 耻匹夫不
可以无备,况耻国乎? 是以圣王务行礼,不求耻人。朝聘有

珪,享颊有璋⑤。小有述职,大有巡功⑥。设机而不倚,爵盈而不饮⑦;宴有好货,飧有陪鼎⑧,入有郊劳,出有赠贿⑨,礼之至也。国家之败,失之道也⑩,则祸乱兴。城濮之役,晋无楚备,以败于邲⑪。邲之役,楚无晋备,以败于鄢⑫。自鄢以来,晋不失备,而加之以礼,重之以睦,是以楚弗能报,而求亲焉⑬。既获姻亲,又欲耻之,以召寇仇,备之若何? 谁其重此⑭? 若有其人,耻之可也;若其未有,君亦图之。

【注释】

①得志:满足羞辱晋国的愿望。

②今其来者,上卿、上大夫也:韩起为上卿,叔向为上大夫。

③以韩起为阍(hūn):让韩起看门。阍,守门人。

④以羊舌肸(xī)为司宫:派叔向当阍官。羊舌肸,即叔向。司宫,宫内阍官,须加宫刑。

⑤朝聘有珪(guī),享颊有璋(zhāng):聘问、朝见时都有相应的礼器。颊,谒见。珪、璋,朝享之礼所执的玉制礼器。

⑥小有述职,大有巡功:小国有述职的规定,大国有巡功的制度。小、大,指小国、大国。述职,诸侯朝天子陈述职事。巡功,天子巡视诸侯的治绩。

⑦设机而不倚,爵盈而不饮:不倚不饮以示有礼。机,通“几”,古人跪坐时用以靠着休息。爵,酒器。盈,满。

⑧宴有好货,飧(sūn)有陪鼎:宴会时赠送礼品,陪鼎以示极殷勤。飧,熟食。陪鼎,另加的菜肴。

⑨入有郊劳,出有赠贿:迎送各以其礼。

⑩失之道也:失朝聘宴享之礼仪。

⑪“城濮之役”三句:僖公二十八年的城濮之役,晋胜楚而轻敌,结

果在宣公十二年邲之战败于楚。

⑫"邲之役"三句：邲之战后，楚胜晋后不做防备，在成公十六年的鄢陵之战中败于晋。

⑬是以楚弗能报，而求亲焉：楚国不能报鄢陵战败之耻，提出婚姻的请求。

⑭重此：负此重责。重，任。

【译文】

到了楚国，楚灵王召集大夫们朝见，说："晋国是我们的仇敌。如果我们能达到目的，不要顾忌其他。现在到我国来的人，是晋国的上卿、上大夫。如果我们让韩起看门，派叔向做宫内阉官的工作，就足可羞辱晋国，我也就满足了愿望。这么办可以吗？"大夫们都不应答。蓬启彊说："可以。如果我们做好防备，为什么不可以？羞辱普通人都不能没防备，何况羞辱一个国家呢？所以明圣君主致力于推行礼仪，而不想去羞辱别人。朝聘时有珪，宴享进见有璋。小国对大国有朝见，大国对小国有巡察。设置了几而不靠，酒杯倒满酒而不喝；宴会时有好的礼品，吃饭时添加菜肴，宾客入境在郊外慰劳，宾客离境有礼物赠送，这是礼仪的最高要求。国家的败亡，都是因为失去这些礼仪的常规，结果祸乱发生。城濮战役，晋军胜利后对楚国不加戒备，因此在邲地打了败仗。邲地战役，楚军胜利后也没防备晋军，结果在鄢地被打败。自鄢之战以来，晋国没有疏于防备，并且对楚国很注重礼节，又格外重视两国间的和睦，所以楚国无法报复雪耻，而向晋国求亲。现在已经成为姻亲，又想要羞辱他们，自找仇家，请问我国准备得怎么样了？谁来承担这个责任？如果有人来担责，就可以羞辱他们；如果没有人敢担责，君王还是要好好考虑一下。

"晋之事君，臣曰可矣：求诸侯而麇至①；求昏而荐女，君亲送之，上卿及上大夫致之。犹欲耻之，君其亦有备矣。不然，奈何？韩起之下，赵成、中行吴、魏舒、范鞅、知盈②；

羊舌肸之下,祁午、张趯、籍谈、女齐、梁丙、张骼、辅跞、苗贲皇③,皆诸侯之选也④。韩襄为公族大夫,韩须受命而使矣⑤。箕襄、邢带、叔禽、叔椒、子羽,皆大家也⑥。韩赋七邑,皆成县也⑦。羊舌四族⑧,皆强家也。晋人若丧韩起、杨肸⑨,五卿八大夫辅韩须、杨石⑩,因其十家九县⑪,长毂九百⑫,其余四十县,遗守四千⑬,奋其武怒,以报其大耻。伯华谋之⑭,中行伯、魏舒帅之,其蔑不济矣⑮。君将以亲易怨,实无礼以速寇,而未有其备,使群臣往遗之禽⑯,以逞君心,何不可之有?”王曰:“不穀之过也,大夫无辱。”厚为韩子礼。王欲敖叔向以其所不知⑰,而不能,亦厚其礼⑱。

【注释】

①求诸侯而麇(qún)至:去年楚国照会晋国而求诸侯,诸侯会于申。麇至,群至。麇,成群。

②韩起之下,赵成、中行吴、魏舒、范鞅、知盈:五人位在韩起之下,都是晋国三军将佐。赵成,赵武之子。中行吴,荀偃之子。

③羊舌肸之下,祁午、张趯(tì)、籍谈、女齐、梁丙、张骼、辅跞、苗贲皇:八人都是晋国贤大夫。

④诸侯之选也:诸侯所应选拔之良臣。

⑤韩襄为公族大夫,韩须受命而使矣:韩襄现任公族大夫,韩须虽年幼,已出任使臣。韩襄,韩起族人,韩无忌之子。韩须,韩起嫡子。

⑥箕襄、邢带、叔禽、叔椒、子羽,皆大家也:箕襄、邢带同为韩起同族,叔禽、叔椒、子羽都是韩起庶子,这几家都是大家族。

⑦韩赋七邑,皆成县也:韩氏收七大县之赋,实力雄厚。成县,大县,可供兵车百乘。

⑧羊舌四族:指铜鞮伯华、叔向、叔鱼、叔虎兄弟。

⑨杨肸：羊舌肸采邑为杨，因此称为"杨肸"。

⑩杨石：叔向儿子杨食我。

⑪因其十家九县：韩赋七邑，羊舌四族，两族共十一家，封邑共九县。十家，还是十一家，对这个问题，前人有说羊舌氏本应是三族，因古文"三"和"四"形近，在传写中误成"四"了。也有说确实是十一家，后文说"十家"是举其成数。

⑫长毂（gǔ）：兵车。

⑬遗守四千：留守的兵车还有四千乘。

⑭伯华：叔向兄。

⑮中行伯、魏舒帅之，其蔑不济矣：中行伯，即荀吴。蔑不济，没有不成功的。辱其二人，必怒其两族，楚国无法对付。

⑯往遗之禽：送群臣去做晋国俘虏。禽，同"擒"。

⑰敖：同"傲"。

⑱亦厚其礼：楚灵王不能加辱于二人，只好厚礼送他们回国。

【译文】

"晋国事奉君王，下臣以为够可以了：要求诸侯朝见，诸侯就成群结队到来；请求婚姻就进奉女子，国君亲自送亲，上卿和上大夫护送前来。还想要羞辱他们，君王大概已经做好了准备。不然的话，到时候该怎么办？韩起以下，有赵成、中行吴、魏舒、范鞅、知盈；羊舌肸以下，有祁午、张趯、籍谈、女齐、梁丙、张骼、辅跞、苗贲皇，这些人都是诸侯国中的佼佼者。韩襄任公族大夫，韩须已能奉命出使。箕襄、邢带、叔禽、叔椒、子羽都是大家族。韩氏食邑七县，而且都是大县。羊舌氏四族，都是强盛的家族。晋国人如果丧失韩起、叔向，五卿八大夫辅佐韩须、杨石，凭借他们十一个家族九个采邑的实力，战车九百辆，其余四十个县留守的兵车四千辆，发扬其武勇，来报复奇耻大辱。伯华为他们出谋划策，中行伯、魏舒统领军队，那就没有不成功的了。君王将会把亲善换成仇怨，实在是以无礼的行为招致敌对，却没应有的防备，让群臣送上门去当俘虏，以满足君王的心愿，又有什么事不可以做的呢?"楚灵王说:"是寡人的过错，大夫不用再说了。"于是对韩起厚加礼遇。楚灵王企图用叔向所不知道的事物来傲视他，却没能办到，于是也对他厚加礼遇。

　　韩起反，郑伯劳诸圉①。辞不敢见，礼也②。

【注释】

①圉（yǔ）：古地名，在今河南杞县南。

②辞不敢见，礼也：韩起不敢让国君亲来慰劳，因此辞谢不见。

【译文】

　　韩起返回晋国，郑简公在圉地慰问。韩起不敢劳烦国君亲来慰劳，因此辞谢不见，这是合于礼的。

　　*【左传】郑罕虎如齐，娶于子尾氏。晏子骤见之①，陈桓子问其故，对曰："能用善人，民之主也②。"

【注释】

①骤：屡次。

②能用善人，民之主也：襄公三十一年，罕虎授子产政，晏婴称赞他能选贤任能。

【译文】

　　郑国罕虎到齐国，在子尾氏家娶亲。晏婴多次会见，陈桓子询问这样做的原因，晏婴回答说："他能任用善人，是人民的好主宰。"

　　【经】夏，莒牟夷以牟娄及防、兹来奔①。

【注释】

①牟夷：莒国大夫。牟娄：古地名，在今山东诸城西。防：古地名，在今山东安丘西南。兹：古地名，在今山东诸城北、安丘西南。

【译文】

夏，莒国牟夷带着牟娄和防、兹三地来投奔鲁国。

【左传】 夏，莒牟夷以牟娄及防、兹来奔。牟夷非卿而书，尊地也。

【译文】

夏，莒国牟夷带着牟娄和防、兹三地投奔鲁国。牟夷不是卿而在《春秋》中加以记载，是因为看重这些地方。

【公羊传】 莒牟夷者何？莒大夫也。莒无大夫，此何以书？重地也①。其言及防、兹来奔何？不以私邑累公邑也②。

【注释】

①重地也：参见襄公二十一年"邾庶其以漆、闾丘来奔"条。

②不以私邑累公邑也：刘敞云："私邑者，所受于君而食之者也。公邑者，非食之者也。"《春秋》之例，以"及"字区别尊卑，如公与夫人言"及"，上下大夫言"及"。此处私邑与公邑有尊卑之差，不得并列，故以"及"字区别之。累，累次，并列。

【译文】

莒牟夷是什么人？是莒国的大夫。莒国没有大夫，此处为何书牟夷之名？是重视土地。经言"及防、兹来奔"是为何？是不让私邑与公邑并列。

【穀梁传】以者,不以者也。来奔者不言出。及防、兹,以大及小也。莒无大夫,其曰牟夷,何也? 以其地来也。以地来则何以书也? 重地也。

【译文】

"以",就是不应当带着的意思。逃来鲁国的不说"出"。说"及防、兹",是按照地方从大到小的顺序。莒国没有天子册封的大夫,经文说牟夷,为什么呢? 因为他带来了土地。带来了土地就为什么要记载呢? 表示对土地的重视。

【经】秋七月,公至自晋。

【译文】

秋七月,昭公从晋国回来。

【左传】莒人诉于晋,晋侯欲止公①。范献子曰:"不可。人朝而执之,诱也。讨不以师,而诱以成之,惰也②。为盟主而犯此二者,无乃不可乎? 请归之,间而以师讨焉③。"乃归公。秋七月,公至自晋。

【注释】

①晋侯欲止公:当时鲁昭公正朝晋,晋平公想扣留他。
②"讨不以师"三句:以引诱取得成功,是怠惰,不光彩。
③间:闲暇,有时间。

【译文】

莒国向晋国控诉鲁国,晋平公想扣留鲁昭公。范献子说:"不能这样做。人家来朝见反而抓他,这是诱骗。讨伐不用军队,而是靠引诱来达到目的,这是怠惰。身为盟主而犯下这两个过错,难道可以这样吗?请让他回国,等有时间再派军队去讨伐。"于是放鲁昭公回去。秋七月,鲁昭公从晋国回国。

【经】戊辰①,叔弓帅师败莒师于蚡泉②。

【注释】

①戊辰:十四日。

②蚡(fén)泉:莒、鲁两国交界地。《公羊传》作"渍(fén)泉"。《穀梁传》作"贲泉"。

【译文】

十四日,叔弓带兵在蚡泉打败莒国军队。

【左传】莒人来讨①,不设备②。戊辰,叔弓败诸蚡泉,莒未陈也。

【注释】

①莒人来讨:莒国攻鲁,讨伐鲁国接受牟夷。

②不设备:莒不设防。

【译文】

莒国派兵攻打鲁国,自己却不加防备。十四日,叔弓在蚡泉打败他们,是趁莒军还没布阵就发起攻击。

【公羊传】渍泉者何?直泉也。直泉者何?涌泉也。

【译文】

溃泉是什么？是直泉。直泉是什么？是向上喷涌之泉。

【穀梁传】狄人谓贲泉失台，号从中国，名从主人。

【译文】

狄人把贲泉称作"失台"，凡属称号的按中原地区的称谓记载，凡属名称的按所属地区或民族的方言记载。

【经】秦伯卒[①]。

【注释】

①秦伯卒：秦景公去世。秦伯，秦景公，姓嬴，名后伯车。

【译文】

秦景公去世。

【公羊传】何以不名？秦者，夷也，匿嫡之名也[①]。其名何[②]？嫡得之也[③]。

【注释】

①匿嫡之名也：何休云："嫡子生，不以名令于四竟，择勇猛者而立之。"

②其名何：《春秋》之中，亦有记录秦伯之名的，如文公十八年书"秦伯罃卒"，宣公四年书"秦伯稻卒"。

③嫡得之也：何休以为，秦伯罃、秦伯稻刚好是嫡子，故书其名。

【译文】

为何不书秦伯之名？秦国是夷狄，隐匿嫡子之名，以便择立勇猛者。

《春秋》中有记录秦伯之名的,是怎么回事? 因为所立者刚好是嫡子。

【经】冬,楚子、蔡侯、陈侯、许男、顿子、沈子、徐人、越人伐吴①。

【注释】

①冬,楚子、蔡侯、陈侯、许男、顿子、沈子、徐人、越人伐吴:是年越始见经文,为楚通越制吴之始。

【译文】

冬,楚灵王、蔡灵侯、陈哀公、许悼公、顿子、沈子、徐国人、越国人攻打吴国。

【左传】冬十月,楚子以诸侯及东夷伐吴,以报棘、栎、麻之役①。薳射以繁扬之师会于夏汭②。越大夫常寿过帅师会楚子于琐③。闻吴师出,薳启彊帅师从之④,遽不设备⑤,吴人败诸鹊岸⑥。楚子以驲至于罗汭⑦。

【注释】

①棘、栎、麻之役:昭公四年冬,吴伐楚,入棘、栎、麻。

②薳射以繁扬之师会于夏汭:薳射率军队与楚灵王会师。繁扬,古地名,在今河南新蔡。

③常寿过:复姓常寿名过,吴仲雍之后。琐:楚地名,在今安徽霍邱东。

④薳启彊帅师从之:薳启彊带兵迎战吴军。

⑤遽(jù)不设备:匆忙中没设防。

⑥鹊岸:古地名,在今安徽无为南至铜陵沿长江北岸一带。

⑦驲(rì):驿车。罗汭:汨罗江,在今湖南省境。

【译文】

　　冬十月，楚灵王统率诸侯和东夷各国进攻吴国，以报复吴国入侵棘、栎、麻地的战役。荡射率领繁扬的军队和楚灵王在夏汭会师。越国大夫常寿过率领军队和楚灵王在琐地会合。听到吴军出动，荡启彊率领军队迎击，匆忙中来不及设防，吴国军队把他挫败在鹊岸。楚灵王乘驿车赶到罗汭。

　　吴子使其弟蹶由犒师①，楚人执之，将以衅鼓②。王使问焉，曰："女卜来吉乎？"对曰："吉。寡君闻君将治兵于敝邑，卜之以守龟③，曰：'余亟使人犒师④，请行以观王怒之疾徐，而为之备，尚克知之⑤。'龟兆告吉，曰：'克可知也。'君若欢焉，好逆使臣，滋敝邑休怠⑥，而忘其死，亡无日矣。今君奋焉，震电冯怒⑦，虐执使臣，将以衅鼓，则吴知所备矣。敝邑虽羸，若早修完⑧，其可以息师。难易有备⑨，可谓吉矣。且吴社稷是卜，岂为一人？使臣获衅军鼓，而敝邑知备，以御不虞⑩，其为吉，孰大焉？国之守龟，其何事不卜？一臧一否，其谁能常之⑪？城濮之兆，其报在邲⑫。今此行也，其庸有报志⑬？"乃弗杀。

【注释】

①吴子使其弟蹶由犒师：派蹶由犒劳楚师。

②衅鼓：古代战争时，杀人或杀牲以血涂鼓行祭。

③守龟：天子诸侯占卜用的龟甲。

④亟（jí）：急，赶紧。犒（kào）师：犒劳军队。

⑤尚克知之：或许能预知吉凶。尚，庶几，犹言也许可以。

⑥滋敝邑休怠（dài）：则吴国将更加松懈斗志。滋，更加。休怠，

懈怠。

⑦冯怒：盛怒。

⑧修完：城郭武器修缮完备。

⑨难易有备：祸难或平安均有所准备。易，平安。

⑩不虞：意外之事，指楚师入侵。

⑪一臧一否（pǐ），其谁能常之：事之吉凶，并不能定于一。臧否，
　吉、凶。

⑫城濮之兆，其报在邲（bì）：城濮之役，楚卜吉，结果败；邲之役，楚
　胜，吉兆应验在邲之役。

⑬其庸有报志：蹶由来时卜吉，今若被杀，必有吉报，即吴国将战胜
　楚国。其庸，岂。

【译文】

　　吴王派他弟弟蹶由犒劳军队，楚国捉住他，准备杀了他取血祭鼓。
楚灵王派人问他，说："你来的时候占卜过是否吉利吗？"蹶由回答说：
"占卜吉利。我们国君听说贵国国君将要在敝国用兵，用守龟占卜，说：
'我打算立刻派人犒劳军队，请以此行来观察楚王怒气的大小，从而加
以防备，如果能获胜请赐知。'龟兆显示的是吉利，说：'获胜是可以预知
的。'楚王要是高兴，友好地迎接使臣，将使敝国更加懈怠，忘记危险，那
么国亡就没多久了。现在贵国国君勃然大怒，如疾雷闪电，暴虐地逮捕
使臣，将要用其血祭鼓，那么吴国就知道要好好戒备了。敝国虽然羸弱，
但如果早早把城墙、武器修缮好，大概可以挡住楚军的进攻。不论祸难
与平安，只要事先有了准备，可以说就是吉了。况且吴国是为国家占卜
吉凶，哪里是为了我一个人？使臣得以血涂军鼓，从而使敝国知道戒备，
以提防意外事件的发生，还有比这更大的吉利吗？国家的守龟，有什么
事不能占卜出来？再说了，一吉一凶，谁能够就肯定应验在哪一件事情
上？城濮战役的征兆贵国应是吉兆，结果却应验在邲地战役上。我此次
前来的占卜结果，也许会应验吧？"楚灵王于是没杀蹶由。

楚师济于罗汭，沈尹赤会楚子，次于莱山[1]。薳射帅繁扬之师先入南怀，楚师从之，及汝清[2]。吴不可入。楚子遂观兵于坻箕之山[3]。是行也，吴早设备，楚无功而还，以蹶由归。楚子惧吴，使沈尹射待命于巢，薳启彊待命于雩娄[4]，礼也。

【注释】

[1]莱山：古地名，今河南光山南之天台山或曰"莱山"。

[2]"薳射帅繁扬之师先入南怀"三句：薳射带领繁扬军队首先进入南怀，楚军随后跟从，到达汝清。南怀、汝清都是楚地，当在今江、淮间。

[3]坻（chí）箕之山：在今安徽巢湖南，即跐蹯山。

[4]雩（yú）娄：古地名，在今安徽金寨北。

【译文】

楚军渡过罗汭，沈尹赤与楚灵王会合，驻扎在莱山。薳射率领繁扬的军队首先进入南怀，楚军随后跟从，到达汝清。楚国无法攻进吴国。楚灵王于是在坻箕山检阅军队。这次出兵，由于吴国早已做好防备，楚军无功而返，押着蹶由归国了。楚灵王怕吴国进犯，派沈尹射在巢地驻军，薳启彊在雩娄待命，这是合乎礼的。

*【左传】秦后子复归于秦，景公卒故也[1]。

【注释】

[1]秦后子复归于秦，景公卒故也：秦后子于昭公元年奔晋，现在因秦景公死而返回秦国。

【译文】

秦国后子又回到秦国，是由于秦景公去世的缘故。

六年

【经】六年春王正月[①]，杞伯益姑卒[②]。

【注释】

①六年：鲁昭公六年当周景王九年，前536年。

②杞伯益姑卒：杞文公益姑去世。杞伯益姑，即杞文公，姓姒名益姑，谥文。

【译文】

鲁昭公六年春周历正月，杞文公益姑去世。

【左传】六年春王正月，杞文公卒。吊如同盟，礼也[①]。

【注释】

①吊如同盟，礼也：吊唁如同对盟国一样。杜预注曰："鲁怨杞因晋取其田，而今不废丧纪，故礼之。"

【译文】

鲁昭公六年春周历正月，杞文公去世。鲁国吊唁如同对待同盟国，这是合于礼的。

【经】葬秦景公。

【译文】

安葬秦景公。

【左传】大夫如秦，葬景公，礼也[①]。

【注释】

①"大夫如秦"三句：古代制度，诸侯之丧，士吊，大夫送葬，所以称合于礼。

【译文】

鲁国派大夫到秦国去，参加秦景公葬礼，是合于礼的。

*　**【左传】** 三月，郑人铸刑书①。叔向使诒子产书②，曰："始吾有虞于子③，今则已矣。昔先王议事以制④，不为刑辟，惧民之有争心也⑤。犹不可禁御，是故闲之以义⑥，纠之以政⑦，行之以礼，守之以信，奉之以仁，制为禄位，以劝其从⑧，严断刑罚，以威其淫。惧其未也，故诲之以忠，耸之以行⑨，教之以务⑩，使之以和⑪，临之以敬，莅之以强，断之以刚⑫，犹求圣哲之上、明察之官、忠信之长、慈惠之师⑬，民于是乎可任使也，而不生祸乱。民知有辟，则不忌于上⑭。并有争心，以征于书⑮，而徼幸以成之⑯，弗可为矣。夏有乱政⑰，而作《禹刑》⑱；商有乱政，而作《汤刑》⑲；周有乱政，而作《九刑》⑳。三辟之兴㉑，皆叔世也㉒。今吾子相郑国，作封洫㉓，立谤政㉔，制参辟㉕，铸刑书，将以靖民㉖，不亦难乎？《诗》曰：'仪式刑文王之德，日靖四方㉗。'又曰：'仪刑文王，万邦作孚㉘。'如是，何辟之有㉙？民知争端矣，将弃礼而征于书，锥刀之末，将尽争之㉚。乱狱滋丰，贿赂并行。终子之世，郑其败乎？肸闻之：'国将亡，必多制㉛。'其此之谓乎！"

【注释】

①郑人铸刑书：将法令条文铸在鼎上，公布于众，使用刑有准则。

②诒（yí）：送。

③虞：期望。

④议事以制：衡量事情轻重以断刑。议，通"仪"，拟想，推测，忖度。
　　制，断。

⑤不为刑辟，惧民之有争心也：不预定条文，若有预定条文，民将依
　　据条文争执不已。辟，法。

⑥闲之以义：用道义来防范。闲，防范。

⑦纠之以政：用政令来约束。纠，约束。

⑧劝其从：勉励顺从者。从，顺从教诲者。

⑨耸之以行：用模范行为来加以奖励。耸，相劝。行，模范行为。

⑩教之以务：教给他们专业知识。务，专业知识。

⑪使之以和：和悦慈爱地使用他们。和，和悦慈爱。

⑫"临之以敬"三句：面对百姓严肃而有威严，断罪判刑坚决。临、
　　莅，面对。强，威严。

⑬犹求圣哲之上、明察之官、忠信之长、慈惠之师：让这些人以德、义
　　教民。上，执政的上卿。官，主事官员。长，乡长，一乡之贤。师，
　　乡校掌教导之师。

⑭不忌于上：对上不恭敬。忌，敬。

⑮征于书：征引法律条文。

⑯而徼（jiǎo）幸以成之：以求侥幸逃避刑罚。

⑰乱政：犯政令者。

⑱《禹刑》：杨伯峻指出，相传夏有《赎刑》，也作《禹刑》，但未必是
　　禹所作。

⑲《汤刑》：杨伯峻引《墨子·非乐》篇、《吕氏春秋·孝行览》《韩非
　　子·内储说（上）》等书证实确有商汤有刑之说。

⑳《九刑》：杨伯峻引文公十八年传文中史克的话和《周书·尝麦
　　解》的记载，证明"周初本有刑书，名曰《九刑》"。

㉑三辟（pì）：即上文所说夏、商、周的三刑法。

㉒叔世：衰世。

㉓作封洫：襄公三十年，子产作封洫，清理田亩，划定田界，将侵占他人的土地归还原主。

㉔立谤政：指昭公四年作丘赋，郑人谤之。

㉕制参辟：指子产刑书取法于上述三法。参，通"三"。

㉖靖：安定。

㉗仪式刑文王之德，日靖四方：引《诗》见《诗经·周颂·我将》。意思是效法文王典章，每天安定四方。仪式刑，三字同义连用，即法。

㉘仪刑文王，万邦作孚：引《诗》见《诗经·大雅·文王》。意思是效法周文王，万邦信赖。孚，信。

㉙如是，何辟之有：这样一来，就不必有法律，不必铸刑书。

㉚锥刀之末，将尽争之：有了刑书，字句都要争个明白。锥刀之末，比喻每字每句。

㉛多制：多制定法律。

【译文】

三月，郑国把刑法铸在鼎上。叔向派人给子产送去一封信，说："原先我对你寄托了期望，现在则不这么想了。以往先王衡量犯罪的轻重来判定刑罚，而不制定刑法，是害怕人民有争竞之心。这样还不能禁止，所以就用道义来防范，用政令来约束，用礼仪来奉行，用信用来保持，用仁爱来奉养，制定禄位来勉励顺从的人，用严格的刑罚来威慑放纵的人。担心不能奏效，所以用忠教诲他们，用模范行为来加以奖励，用专业知识教育他们，和蔼慈爱地使用他们，敬重地面对他们，威严地管理他们，坚决地判定他们的罪行，还要访求聪慧睿智的卿相、明察事理的官吏、忠诚守信的乡长、慈爱和惠的教师，人民在这种情况下才可以任凭使唤，而不会生出祸乱。人民知道有法律，便对在上者不恭敬。并且怀有争竞之心，征引法律条文作为依据，以求侥幸逃避刑法，那么就没法治理了。夏

朝有违犯政令的人，于是制定《禹刑》；商朝有违犯政令的人，于是制定
《汤刑》；周朝有违犯政令的人，于是制定《九刑》。三种刑法的制定，都
是在各朝的衰世。现在你辅佐郑国后，划定田界水沟，实施备受批评的
政事，仿效上述三种刑法制定法律，并把它铸在鼎上，想用这种办法来
安定人民，不也是十分困难的吗？《诗》说：‘效法文王典章，每天安定四
方。’又说：‘效法文王，万邦信赖。’像这样何必还要有法律？人民知道
了争端的依据，将会抛弃礼仪而征引法律条文，一字一句都要争辩明白。
那么，触犯法律的案件就会更多，贿赂到处流行。这样一来，至多到你
去世，郑国就将衰败了吧？我听说：‘国家将要灭亡，必然会定立更多法
律。’说的就是这种情况吧！”

　　复书曰：“若吾子之言①，侨不才，不能及子孙，吾以救
世也②。既不承命，敢忘大惠③！”

【注释】

①若吾子之言：这句话没说完，意思是如果按照你的说法，我不能。
若，顺。

②吾以救世也：挽救当世要紧。

③既不承命，敢忘大惠：子产表示，虽不能接受叔向的话，但不会忘
记箴诫之言。

【译文】

　　子产复信说：“若按照您所说的那样，我才干不足，不能考虑到子孙，
我只是考虑如何救世。虽然不能接受您的教导，但哪里敢忘您的大恩大
德！”

　　士文伯曰：“火见①，郑其火乎？火未出，而作火以铸刑
器，藏争辟焉②。火如象之，不火何为③？”

【注释】

①火：大火星。

②"火未出"三句：大火星应在周历五月出现，这时才三月，大火星未出现，却用火铸刑鼎，铸有引起争端的法律文字。刑器，指刑鼎。

③火如象之，不火何为：火未出现而用火，其征兆必有火灾。案晋国大夫士文伯也反对铸刑书。

【译文】

士文伯说："大火星出现，郑国该发生火灾吧？大火星还没有出来，就用火来铸刑鼎，铸上包含引发争议的法律条文。大火星要是象征这个，怎么可能不发生火灾呢？"

【经】夏，季孙宿如晋。

【译文】

夏，季孙宿去晋国。

【左传】夏，季孙宿如晋，拜莒田也①。晋侯享之，有加笾②。武子退，使行人告曰："小国之事大国也，苟免于讨，不敢求贶③。得贶不过三献④。今豆有加⑤，下臣弗堪，无乃戾也⑥。"韩宣子曰："寡君以为欢也。"对曰："寡君犹未敢，况下臣，君之隶也，敢闻加贶？"固请彻加，而后卒事。晋人以为知礼，重其好货。

【注释】

①季孙宿如晋，拜莒田也：去年夏，莒国牟夷逃奔鲁国，鲁得防、兹二地，莒人诉于晋，晋国并未讨伐鲁国，因此季孙宿来晋国拜谢。

②有加笾：宴请季孙，比常礼增加菜肴。笾，宴会、祭祀时用于盛干
　食品的竹器。

③"小国之事大国也"三句：晋国不讨伐鲁国，已经满足，不敢奢求
　赏赐。季孙宿表示谦让。贶，赏赐。

④得贶不过三献：小国朝大国，得赏赐不超过三献。

⑤今豆有加：依例，有加笾必有加豆。豆盛湿物，笾盛干食。豆，高
　足盘。

⑥下臣弗堪，无乃戾也：不敢当此厚赐，恐怕由此获罪。

【译文】

　　夏，季孙宿到晋国去，拜谢晋国不追究鲁国接受莒田之事。晋平公
设享礼款待，有额外的加菜。季孙宿退席，让行人报告说："小国事奉大
国，如果免于被讨伐已经很满足了，不敢奢求赏赐。即便接受，也不能超
过三献。现在菜肴有增加，下臣不敢当，这样岂不是罪过。"韩起说："我
们国君是以此表达相见的欢悦。"季孙宿回答说："我们国君尚且不敢
接受这样的赏赐，何况下臣只是贵国国君的奴仆，怎敢听闻额外赏赐的
事？"坚决请求撤去加菜，然后完成享宴。晋国人认为他懂礼，送给他厚
重的礼物。

　　△**【经】葬杞文公。**

【译文】

安葬杞文公。

【经】宋华合比出奔卫①**。**

【注释】

①宋华合比出奔卫：华合比，宋国大夫。华合比被寺人柳和华亥陷

害而出奔。

【译文】

宋国华合比出逃卫国。

　　【左传】宋寺人柳有宠①，大子佐恶之。华合比曰："我杀之②。"柳闻之，乃坎、用牲、埋书③，而告公曰："合比将纳亡人之族④，既盟于北郭矣。"公使视之，有焉，遂逐华合比。合比奔卫。于是华亥欲代右师⑤，乃与寺人柳比⑥，从为之征⑦，曰"闻之久矣。"公使代之。见于左师⑧，左师曰："女夫也⑨，必亡。女丧而宗室⑩，于人何有？人亦于女何有⑪？《诗》曰：'宗子维城，毋俾城坏，毋独斯畏⑫。'女其畏哉⑬！"

【注释】

①宋寺人柳有宠：寺人柳有宠于宋平公。寺人，宦官。

②我杀之：华合比时为右师，欲杀寺人柳以取悦于太子。

③乃坎、用牲、埋书：杀牲、挖坑、置盟书于牲之上，以此伪造结盟现场。

④亡人之族：指襄公十七年出奔陈的华臣。

⑤于是华亥欲代右师：华亥是华合比弟，华合比出逃前他就想要取华合比而代之任右师。

⑥比：勾结。

⑦征：证明。

⑧左师：即向戌。

⑨女夫：蔑视人的称呼，指华亥。女，通"汝"，你。

⑩宗室：犹言宗子、宗主。

⑪于人何有？人亦于女何有：华亥的行为，于别人无益，别人也必轻

贱之。

⑫"宗子维城"三句：引《诗》见《诗经·大雅·板》。意思是宗族如城垣，不要使城垣毁坏，使自己孤独而害怕。这里把华合比比作华氏的宗子，即华族的城垣。宗子，群宗之子。这里指宗族。俾（bǐ），使。

⑬女其畏哉：案此为昭公二十年华亥出奔做伏笔。华亥陷害族兄，日后必有惩罚。

【译文】

宋国宦官柳受到宋平公的宠爱，太子佐厌恶他。华合比说："我来杀掉他。"柳听说了，便去挖了个坑、杀了牺牲、埋进盟书，而后来报告宋平公说："华合比准备接纳逃亡在外的人，已经在北城外结盟了。"宋平公派人去查看，果然有这回事，便放逐了华合比。华合比出逃卫国。当时华亥想代华合比任右师，便和寺人柳勾结，跟随柳去为他作证，说："听说这事已经很久了。"宋平公就让他取代华合比的职务。华亥去见左师向戌，向戌说："你这么个人，必定不免于逃亡的下场。你毁坏自己的宗室，对别人又有什么好处？人家又给了你什么？《诗》说：'宗族就像是城墙，不要让城墙毁坏，不要使自己孤独而害怕。'你会害怕的！"

*【左传】六月丙戌①，郑灾。

【注释】

①丙戌：初七。

【译文】

六月初七，郑国发生火灾。

*【左传】楚公子弃疾如晋，报韩子也①。过郑，郑罕虎、公孙侨、游吉从郑伯以劳诸柤②，辞不敢见。固请，见之。见

如见王③。以其乘马八匹私面④。见子皮如上卿⑤，以马六匹；见子产以马四匹；见子大叔以马二匹。禁刍牧采樵⑥，不入田，不樵树，不采蓺⑦，不抽屋⑧，不强丐⑨。誓曰："有犯命者，君子废，小人降⑩！"舍不为暴，主不恩宾⑪。往来如是，郑三卿皆知其将为王也。

【注释】

①楚公子弃疾如晋，报韩子也：回报去年韩起送亲来楚国之事。

②柤（zhā）：郑地名，近郑都。

③见如见王：弃疾表示恭敬，见郑简公如见楚王。

④私面：外国使臣以私人身份见国君。

⑤见子皮如上卿：见子皮如见楚国上卿。子皮，罕虎。

⑥刍（chú）：割草。

⑦不采蓺（yì）：不采所种菜果。蓺，种植。

⑧不抽屋：不拆房屋。

⑨不强丐：不强行讨取。

⑩"有犯命者"三句：有犯命者，有官职撤职的，有皂、舆、隶的降级的。君子，指有官职者。小人，指皂、舆、隶等杂役。降，降级。小人亦有等级，如昭公七年传文称"皂臣舆，舆臣隶，隶臣僚，僚臣仆，仆臣台"。案以上是弃疾过郑国时所制定的纪律，有违犯者，将受处分。

⑪舍不为暴，主不恩（hùn）宾：寄住于东道国没有暴行，也不使东道主担心。恩，患。

【译文】

楚国公子弃疾到晋国，是回报韩起送亲来楚国。路过郑国，郑国子皮、子产、子太叔随从郑简公在柤地慰劳他，弃疾辞谢不敢劳动国君接见。再三要求,才见。见郑简公如见楚王。把自己驾车的八匹马作为私人进见的礼物。见子皮如同见楚国上卿,送马六匹做礼物;见子产时送了四匹马;见子太叔时送了两匹马。禁止手下割草放牧采摘砍柴,不准进入农田,不准砍树,不准采摘果蔬,不准拆毁民居,不准强行索要。发誓说:"有触犯命令的,有职务的撤职,奴仆降级!"寄宿宾馆不做暴行,主人不受宾客打扰。他往来都是如此,郑国三位卿都看出弃疾将当楚王。

韩宣子之适楚也,楚人弗逆①。公子弃疾及晋竟,晋侯将亦弗逆。叔向曰:"楚辟,我衷②,若何效辟?《诗》曰:'尔之教矣,民胥效矣③。'从我而已④,焉用效人之辟?《书》曰:'圣作则⑤。'无宁以善人为则,而则人之辟乎?匹夫为善,民犹则之,况国君乎?"晋侯说,乃逆之。

【注释】

①楚人弗逆:不郊迎韩起。

②楚辟,我衷:楚国邪恶我们正派。辟,邪,不正派。衷,正派。

③尔之教矣,民胥效矣:引《诗》见《诗经·小雅·角弓》。意思是上以所行教民,民都仿效。胥,都。

④从我而已:根据自己的准则。

⑤圣作则:所引书为逸书,《古文尚书》取入《说命》。意思是圣人做出准则。

【译文】

韩起到楚国去,楚国没有派人郊迎。公子弃疾到晋国边境,晋平公也想不派人郊迎。叔向说:"楚国邪恶我国正派,为什么要去效仿邪恶?《诗》说:'你的教导,人民都会仿效。'只按照我们的老规矩办就是了,哪里用得着去效仿别人的邪恶?《书》说:'圣人做出榜样。'宁可以善人为学习的榜样,怎能去学别人的邪恶呢? 普通人做了善事,人民还以他作为榜样,何况国君呢?"晋平公听了很高兴,便郊迎弃疾。

【经】秋九月,大雩。

【译文】
秋九月,举行盛大的求雨雩祭。

【左传】秋九月,大雩,旱也。

【译文】
秋九月,举行盛大的求雨雩祭,因为发生了旱灾。

【经】楚薳罢帅师伐吴①。

【注释】
①薳(wěi)罢:楚国大夫,字子荡。此时为楚国令尹。《公羊传》作"薳颇"。

【译文】
楚国薳罢领兵讨伐吴国。

【左传】徐仪楚聘于楚①,楚子执之,逃归。惧其叛也,使薳洩伐徐②。吴人救之。令尹子荡帅师伐吴,师于豫章③,而次于乾溪④。吴人败其师于房钟⑤,获宫厩尹弃疾⑥。子荡归罪于薳洩而杀之。

【注释】

①仪楚:徐国太子。徐国本在今江苏泗洪南,昭公三十年被吴所灭,
　楚迁之于城父,在今安徽亳州东南。

②蘧洩:楚国大夫。

③豫章:古地名,指从今安徽霍邱至河南光山一带地域。

④乾溪:古地名,在今安徽亳州东南。

⑤房钟:古地名,在今安徽蒙城西南。

⑥弃疾:斗韦龟之父。

【译文】

徐仪楚到楚国聘问,楚灵王逮捕了他,他逃了回去。楚灵王怕他背
叛楚国,派蘧洩进攻徐国。吴国出兵救援。令尹子荡领兵讨伐吴国,军
队从豫章出发,驻扎在乾溪。吴国人在房钟击败楚军,擒获宫厩尹弃疾。
子荡归罪于蘧洩,把他杀了。

【经】冬,叔弓如楚。

【译文】

冬,叔弓前往楚国。

【左传】冬,叔弓如楚,聘,且吊败也①。

【注释】

①吊败:慰问被吴国打败。

【译文】

冬,叔弓到楚国,聘问,同时对楚国战败表示慰问。

【经】齐侯伐北燕①。

【注释】

①齐侯伐北燕：齐侯，齐景公姜杵臼（chǔ jiù）。齐伐燕是为了送燕
　简公回国。

【译文】

齐景公进攻北燕。

【左传】十一月，齐侯如晋，请伐北燕也①。士匄相士鞅
逆诸河②，礼也。晋侯许之。十二月，齐侯遂伐北燕，将纳简
公③。晏子曰："不入④。燕有君矣，民不贰。吾君贿，左右
谄谀，作大事不以信，未尝可也。"

【注释】

①齐侯如晋，请伐北燕也：晋国是盟主，齐国请求同意伐燕。

②士匄：晋国大夫士文伯。

③简公：指北燕伯，昭公三年逃奔到齐国。

④不入：燕简公送不回去。

【译文】

十一月，齐景公去晋国，请求讨伐北燕。士匄辅佐士鞅，到黄河边迎
接，这是合于礼的。晋平公同意了齐国的请求。十二月，齐景公便出兵
攻北燕，想要把燕简公送回国。晏婴说："他不可能回去。北燕已经有国
君了，人民不会背叛他。我国国君贪财，身边臣子谄媚阿谀，做大事不讲
信用，办不成这事。"

七年

【经】七年春王正月①，暨齐平②。

【注释】

①七年：鲁昭公七年当周景王十年，前535年。

②暨齐平：《左传》认为是北燕与齐国讲和。《穀梁传》认为齐、鲁讲和。案《春秋》之例，书"及"表示主动，书"暨"表示被动。此处鲁国不汲汲于齐国和解者，何休云："时鲁方结婚于吴，外慕强楚，故不汲汲于齐。"《春秋》书而讥刺之。平，和解。

【译文】

鲁昭公七年春周历正月，齐国和北燕（鲁）讲和。

【左传】七年春王正月，暨齐平，齐求之也①。癸巳②，齐侯次于虢③。燕人行成，曰："敝邑知罪，敢不听命？先君之敝器请以谢罪④。"公孙晳曰⑤："受服而退，俟衅而动，可也⑥。"二月戊午⑦，盟于濡上⑧。燕人归燕姬⑨，赂以瑶瓮、玉椟、斝耳，不克而还⑩。

【注释】

①暨齐平，齐求之也：这里应和上年传文末章连读，即齐伐燕，燕人贿赂齐国，齐反而求和。

②癸巳：十八日。

③齐侯次于虢（guó）：虢在燕境内，在今河北任丘西北。

④先君之敝器请以谢罪：以先君之敝器谢罪。敝器，谦辞，指下文所说的瑶瓮、玉椟、斝耳等物。

⑤公孙晳：齐国大夫。

⑥"受服而退"三句：先接受燕的归服，有机会时再动兵。俟（sì），等待。衅，缝隙。这里指机会。

⑦戊午：十四日。

⑧濡上:古地名,在今河北任丘西北。当离齐军驻扎处不远。

⑨燕人归燕姬:嫁燕姬给齐国君。

⑩赂以瑶瓮、玉椟、斝(jiǎ)耳,不克而还:燕国送瑶瓮、玉椟、斝耳给齐国,齐国没能送回燕简公。瑶,玉。椟,柜。斝耳,酒器。

【译文】

鲁昭公七年春周历正月,北燕与齐国讲和,是齐国要求讲和。十八日,齐景公住在虢地。燕国人前来讲和,说:"敝国知道罪过,岂敢不听从命令?谨用先君的陈旧器物来谢罪。"公孙晳说:"接受了他们的顺服而退兵,等有机会时再出兵,这是可行的。"二月十四日,在濡水边结盟。燕国把燕姬嫁给齐景公,并送上瑶瓮、玉椟、斝耳,齐国没有送回燕简公,就这么回兵了。

【穀梁传】平者成也。暨犹暨暨也①。暨者不得已也。以外及内曰暨。

【注释】

①暨暨:不得已的样子。

【译文】

"平"是讲和的意思。"暨"相当于"暨暨"的意思。"暨"表明是不得已的意思。由外国向鲁国提出称作"暨"。

***【左传】**楚子之为令尹也,为王旌以田①。芋尹无宇断之②,曰:"一国两君,其谁堪之?"及即位,为章华之宫③,纳亡人以实之④。无宇之阍入焉⑤。无宇执之,有司弗与⑥,曰:"执人于王宫,其罪大矣。"执而谒诸王⑦。王将饮酒,无宇辞曰⑧:"天子经略,诸侯正封⑨,古之制也。封略之内,何非君土？食土之毛⑩，谁非君臣？故《诗》曰：'普天之下，莫非王土；率土之滨，莫非王臣⑪。'天有十日，人有十等⑫，下所以事上，上所以共神也⑬。故王臣公，公臣大夫，大夫臣士，士臣皂，皂臣舆，舆臣隶，隶臣僚，僚臣仆，仆臣台⑭。马有圉，牛有牧⑮，以待百事。今有司曰：'女胡执人于王宫？'将焉执之？周文王之法曰'有亡，荒阅'⑯，所以得天下也。吾先君文王⑰，作仆区之法⑱，曰'盗所隐器⑲，与盗同罪'，所以封汝也⑳。若从有司，是无所执逃臣也。逃而舍之，是无陪台也㉑。王事无乃阙乎？昔武王数纣之罪，以告诸侯曰：'纣为天下逋逃主，萃渊薮㉒。'故夫致死焉㉓。君王始求诸侯而则纣，无乃不可乎？若以二文之法取之㉔，盗有所在矣㉕。"王曰："取而臣以往㉖。盗有宠，未可得也㉗。"遂赦之。

【注释】

①楚子之为令尹也，为王旌以田：当楚灵王还是令尹时，便用国君的旌旗，早有夺位野心。旌，旗的一种，上有飘带，称为"旒（liú）"。《周礼·夏官·节服氏·疏》引《礼纬·含文嘉》，天子之旗，十二旒，长九仞，诸侯旌九旒七仞，卿大夫旌七旒五仞。

②芊尹：楚国官名。断之：斩断其旌旒。

③章华之宫：在今湖北监利西北离湖上。

④亡人：逃亡者。

⑤无宇之阍入焉：无宇的守门人有罪逃入章华宫。

⑥有司：章华宫的管理人员。与（yù）：同意，允许。

⑦执而谒诸王：把无宇抓去见楚王。

⑧辞：陈述。

⑨天子经略,诸侯正封:周王治理天下,诸侯管理自己的国土。经、正,同义词,治理。略、封,同义词,指国土。

⑩毛:草。这里指生于地上的物产。

⑪"普天之下"四句:引《诗》见《诗经·小雅·北山》。普,遍。率,沿着。

⑫天有十日,人有十等:即昭公五年传文所谓"日之数十,故有十时,亦当十位",古代记日,十日为一旬。一日又分为十时,人分为十个等级。

⑬共:通"供"。

⑭"故王臣公"几句:自王至台共为十个等级,皂以下为各级奴隶。臣,统治。或曰,士为卫士长,皂为无爵之卫士,相当于皂役,舆为众人,隶为罪人,僚为苦刑犯,仆为三代奴戮,台指罪人为奴者。

⑮马有圉,牛有牧:圉、牧比台更下贱。圉,养马者。牧,养牛者。

⑯荒阅:大搜查。

⑰吾先君文王:指楚文王。

⑱作仆区(ōu)之法:指处理逃亡窝藏的规定。仆区,窝藏。

⑲盗所隐器:收藏赃物。

⑳封汝:因执法严,使楚国边界直达汝水一带。

㉑陪台:奴隶。

㉒纣为天下逋(bū)逃主,萃渊薮(sǒu):纣是天下逃亡者的窝主。逋逃主,逃亡者投奔的主人。萃,集聚。渊薮,鱼与兽类聚居地。

㉓故夫致死焉:人人卖命地讨纣。夫,人。

㉔二文:指周文王和楚文王。

㉕盗有所在矣:暗指楚灵王也是窝主。

㉖而:你。臣:指逃亡之阍。往:去。

㉗盗有宠,未可得也:楚灵王戏称自己这个盗还居于尊位,未能抓到。盗,楚灵王自称。

【译文】

楚灵王当令尹的时候，举着楚王用的旌旗去打猎。芋尹无宇斩断旌旗的流苏，说："一国有两个国君，谁能受得了？"等到即位为楚王，建造章华宫，接纳逃亡的人住在宫内。无宇的守门人也逃到里面。无宇去抓捕，管理宫殿的官员不允许，说："在王宫里抓人，是很大的罪过了。"就把无宇抓去见楚灵王。楚灵王正要喝酒，无宇解释说："周王治理天下，诸侯管理自己的国土，这是自古以来的制度。疆界以内，什么地方不是国君的土地？吃着地上出产之物的人，谁不是国君的臣子？所以《诗》说：'普天下无论哪里，没有不是君王的领土；四海之内，没有谁不是君王的臣子。'天上有十个太阳，人分为十个等级，在下者事奉在上者，在上者供奉神明。所以王统治公，公统治大夫，大夫统治士，士统治皂，皂统治舆，舆统治隶，隶统治僚，僚统治仆，仆统治台。养马有圉，放牛有牧，各有专司以管理各种事务。现在管宫殿的却说：'你怎么在王宫抓人？'请问我该在哪里抓他？周文王的法令说'有逃亡者，就进行大搜捕'，所以能得到天下。我国先君文王制定了惩罚窝藏的法令，说'收藏了盗贼的赃物，和盗贼同罪'，所以得到了直达汝水的封地。要是按宫殿管理人的做法，这就无从去抓逃亡的奴隶了。逃亡而放弃搜捕，就会没有陪台了。这样一来国家的工作不就有欠缺了吗？往昔周武王声讨纣的罪行，通告天下诸侯说：'纣是普天下逃亡者的窝主，逃亡者聚集的渊薮。'所以众人下死力攻打他。君王现在希望求得诸侯的拥护却效仿纣，不是行不通吗？如果依照两位文王的法令来捕捉盗贼，盗贼是有地方捕获的。"楚灵王说："把你的守门人带走吧。至于我这个盗贼现在正受上天宠爱，你还不能抓他。"于是赦免了无宇。

【经】三月，公如楚①。

【注释】

①公如楚：鲁昭公赴楚贺章华台落成。据《左传》，楚灵王修建了章
　　华之台，邀诸侯参与落成宴飨，大宰蒍（wěi）启彊至鲁邀请鲁君，
　　蒍启彊以出兵攻鲁为威胁，鲁昭公迫不得已前往楚国。如，到，去。

【译文】

三月，鲁昭公赴楚国。

【左传】楚子成章华之台，愿与诸侯落之①。大宰蒍启
彊曰："臣能得鲁侯。"蒍启彊来召公，辞曰："昔先君成公命
我先大夫婴齐曰：'吾不忘先君之好，将使衡父照临楚国，镇
抚其社稷，以辑宁尔民。'婴齐受命于蜀②。奉承以来，弗敢
失陨，而致诸宗祧③。日我先君共王引领北望④，日月以冀。
传序相授，于今四王矣⑤。嘉惠未至，唯襄公之辱临我丧⑥。
孤与其二三臣悼心失图⑦，社稷之不皇⑧，况能怀思君德⑨？
今君若步玉趾，辱见寡君，宠灵楚国⑩，以信蜀之役⑪，致君
之嘉惠，是寡君既受贶矣，何蜀之敢望⑫？其先君鬼神实嘉
赖之，岂唯寡君？君若不来，使臣请问行期⑬，寡君将承质币
而见于蜀，以请先君之贶⑭。"

【注释】

①落之：举行落成典礼。

②"昔先君成公命我先大夫婴齐曰"六句：以上事见成公二年经文、
　　传文。此年楚公子婴齐侵卫，同时侵鲁于蜀。鲁国求和，以衡父
　　（公衡）为质于楚，后来衡父逃回。辑宁，安宁。

③致诸宗祧（tiāo）：婴齐回楚后，以鲁成公之语祭告于宗庙。

④日我先君共王引领北望：盼望鲁国朝楚。

⑤四王：指楚共王、康王、郏敖及灵王。

⑥唯襄公之辱临我丧：襄公于二十八年赴楚国参加楚康王丧礼。杨伯峻指出，鲁襄公临楚康王之丧，实际上是在郏敖即位之初，而后楚灵王杀郏敖自立，薳启彊故意诡言不能怀鲁襄公到楚之德，以应上文"于今四王矣"。

⑦孤：即郏敖，楚康王之子。悼心失图：心中摇摆不定，没了主意。悼，通"掉"。

⑧不皇：不暇。

⑨怀思君德：怀思鲁襄公的恩德。

⑩宠灵：赐宠赐福。灵，福。

⑪以信蜀之役：继续蜀之盟的友好。信，通"伸"。

⑫何蜀之敢望：不敢希望如蜀之盟那样再有人质。

⑬问行期：问鲁国被伐之期，这是以兵相威胁。

⑭寡君将承质币而见于蜀，以请先君之贶（kuàng）：蜀之盟实为楚侵鲁，因鲁送财礼求和而结盟。薳启彊的意思是，鲁昭公如果不来，就只有被伐或送礼求和一条路了。质币，财礼。请，问。

【译文】

　　楚灵王建成章华台，想和诸侯一起举行落成典礼。太宰薳启彊说："下臣能让鲁国国君来。"薳启彊来鲁国召唤鲁昭公，致辞说："往日贵国的先君成公命令我国先大夫婴齐说：'我没忘记先君的友好关系，将让衡父前往楚国，以使国家安定，百姓安宁。'婴齐在蜀地接受命令。从奉命以来，不敢有所怠慢失礼，而祭告于宗庙。往日我先君共王伸长脖子向北眺望，天天盼望贵国国君前来。世代相传，到现在已经历四位君王了。但给我国的恩惠始终没有到来，唯有襄公曾经屈尊光临我国康王的丧礼。孤儿郏敖和身边臣子当时因为丧事正心绪不宁，国家都无暇顾及，又哪有可能去感怀贵国国君的恩德呢？现在国君如果能移步前来，屈尊和我们国君见面，就会使楚国得到恩宠福泽，来重申蜀地的盟约，送来国君的恩惠,我们国君就受到恩宠了,又岂敢想有蜀地盟会那样的做法?先君的鬼神也会嘉许和依赖它,岂止我们国君得到恩惠? 国君如果不来,使臣请问出兵的日期,我们国君将带着进见的礼物在蜀地与国君相见,以要求得到当年成公许诺的恩赐。"

公将往,梦襄公祖①。梓慎曰:"君不果行②。襄公之适楚也,梦周公祖而行。今襄公实祖,君其不行③。"子服惠伯曰:"行! 先君未尝适楚,故周公祖以道之④;襄公适楚矣,而祖以道君。不行,何之⑤?"

【注释】

①梦襄公祖:鲁昭公梦见鲁襄公为他祭路神。祖,祭路神。

②君不果行:梓慎认为鲁昭公终究去不了。梓慎,鲁国大夫。

③君其不行:梓慎反对鲁昭公赴楚。

④周公祖以道(dǎo)之:《逸周书·作雒》篇谓"武王崩,周公立,相成王,二年作师旅,凡所征熊、盈族十有七国",盈为淮夷之姓,熊为楚人之氏,则周公或曾适楚。道,引导。

⑤不行,何之:惠伯主张鲁昭公应赴楚。

【译文】

鲁昭公准备前往楚国,梦见鲁襄公为自己祭路神。梓慎说:"国君最终去不了。当初襄公去楚国的时候,梦见周公为自己祭路神而前往。现在襄公祭路神,国君还是不要去。"子服惠伯说:"要去! 先君没有去过楚国,所以周公祭路神为他引路;襄公到过楚国,又祭路神来引导国君。不去的话,又去哪里?"

三月,公如楚,郑伯劳于师之梁①。孟僖子为介,不能相仪^②。及楚,不能答郊劳^③。

【注释】

①师之梁:郑城门。

②孟僖子为介,不能相仪:孟僖子担任副手,却不能相礼。孟僖子,
　鲁国大夫仲孙貜。

③及楚,不能答郊劳:到楚国,孟僖子不能对楚国之郊劳进行答礼。
　据下文所知,孟僖子不通礼仪。

【译文】

　　三月,鲁昭公前往楚国,郑简公在师之梁慰劳鲁昭公。孟僖子是副
手,不能相礼。到了楚国,不能在对方行郊劳之礼时答礼。

【经】叔孙婼如齐莅盟^①。

【注释】

①叔孙婼(chuò)如齐莅(lì)盟:鲁昭公将赴楚,所以叔孙婼赴齐结
　盟。顾栋高曰:"是时鲁所事者四国,婚于吴,恐楚怒,则不得不朝
　楚。朝楚,恐晋怒,则不得不与杞成。又恐齐怒,则不得不如齐寻
　旧好。谋国如此,亦可哀已。"叔孙婼,鲁国大夫,叔孙氏宗主,叔
　孙豹庶子。《公羊传》作"叔孙舍"。

【译文】

叔孙婼到齐国参加盟会。

【穀梁传】莅,位也。内之前定之辞谓之莅,外之前定
之辞谓之来。

【译文】

莅，就是到……去的意思。鲁国提前定好的事的说法叫做"莅"，外国提前定好的事的说法叫做"来"。

【经】夏四月甲辰朔，日有食之①。

【注释】

①夏四月甲辰朔，日有食之：此即前535年3月18日的日全食。甲辰朔，初一。

【译文】

夏四月初一，发生日食。

【左传】夏四月甲辰朔，日有食之。晋侯问于士文伯曰："谁将当日食①？"对曰："鲁、卫恶之。卫大，鲁小。"公曰："何故？"对曰："去卫地，如鲁地。于是有灾，鲁实受之②。其大咎其卫君乎？鲁将上卿③。"公曰："《诗》所谓'彼日而食，于何不臧'者④，何也？"对曰："不善政之谓也。国无政，不用善，则自取谪于日月之灾。故政不可不慎也。务三而已：一曰择人⑤，二曰因民⑥，三曰从时⑦。"

【注释】

①谁将当日食：古人认为，天上日食，地上必有人受其祸，因此问谁将承受此祸。

②"去卫地"四句：士文伯认为，此次日食开始于卫之分野，至鲁国分野才复圆，所以灾大发于卫国，而鲁受其余祸。

③其大咎其卫君乎？鲁将上卿：卫丧其君，鲁丧上卿。据经文，八

月,卫襄公死。十一月,季孙宿死。

④彼日而食,于何不臧:引《诗》见《诗经·小雅·十月之交》。意思是天上日食,地上必有不善。

⑤择人:择贤人。

⑥因民:依靠百姓。

⑦从时:顺从时令。案士文伯是在以天象劝诫人事。

【译文】

夏四月初一,发生日食。晋平公向士文伯询问说:"谁将应验日食降示的灾祸?"士文伯回答说:"鲁、卫两国将受祸。不过卫国祸大,鲁国祸小。"晋平公问:"为什么?"士文伯回答说:"日食离开卫国分野,达到鲁国分野。这种情况下发生灾祸,鲁国会承受部分灾祸。而大灾难将会落到卫国国君的头上吧?鲁国将会应在上卿身上。"晋平公说:"《诗》所说的'那个太阳发生日食,什么地方做得不对了',是什么意思?"士文伯回答说:"这说的是不行善政。国家没有善政,不用善人,便会在日月之灾中自取其咎。所以政事是不能不谨慎的。只要致力于做好下面三件事就可以了:一是选拔贤人,二是依靠人民,三是顺从天时。"

    ***【左传】**晋人来治杞田,季孙将以成与之①。谢息为孟孙守②,不可。曰:"人有言曰:'虽有挈瓶之知,守不假器③,礼也。'夫子从君④,而守臣丧邑⑤,虽吾子亦有猜焉⑥。"季孙曰:"君之在楚,于晋罪也。又不听晋,鲁罪重矣。晋师必至,吾无以待之⑦,不如与之,间晋而取诸杞⑧。吾与子桃⑨,成反,谁敢有之?是得二成也⑩。鲁无忧,而孟孙益邑,子何病焉⑪?"辞以无山,与之莱、柞⑫,乃迁于桃⑬。晋人为杞取成⑭。

【注释】

① 晋人来治杞田，季孙将以成与之：鲁昭公赴楚，晋国不满，于是以划定杞之田界，为杞取成地，威压鲁国。成，即郕，本是杞田，后为孟孙氏邑。

② 谢息：成地宰。

③ 虽有挈（qiè）瓶之知，守不假器：即使只有小智慧的人，也守着器物不借与人。挈瓶之知，指小智小慧。挈瓶，汲水瓶器。知，同"智"。

④ 夫子：指孟僖子，随同鲁昭公赴楚。

⑤ 守臣：谢息自指。

⑥ 虽吾子亦有猜焉：即便季孙也将猜疑我。猜，猜疑。

⑦ 待：抵御。

⑧ 间晋而取诸杞：等晋国有机可乘时再伐杞取田。

⑨ 桃：古地名，在今山东汶上东北。

⑩ "成反"三句：成地一旦夺回，别人不敢占有，孟氏等于是得到两个成地。

⑪ "鲁无忧"三句：晋军不来讨伐，鲁国无忧，孟氏得邑，两全其美，你有什么可担忧的呢？病，担心，忧心。

⑫ 辞以无山，与之莱、柞：谢息以桃地无山为由推辞，季孙又给予莱、柞二山。莱、柞，在今山东莱芜的两座山。

⑬ 乃迁于桃：谢息迁于桃地。

⑭ 晋人为杞取成：成地归杞。

【译文】

　　晋国来划定杞国的田界，季孙准备把成地还给杞国。谢息是孟孙管理成邑的守臣，表示不同意，说："人们有话说：'即使只有小智慧，也知道守着器物不出借，这是合于礼的。'我家主人跟随国君外出，我作为守臣却丢失了他的封邑，即便是您也会猜疑的。"季孙说："国君在楚国，对晋国来说已是罪过。又不听从晋国，鲁国的罪过更重了。晋国军队一定会到来，我们无法抵御他们，不如给了他们，等晋国有机可乘时再从杞国夺回。我给你桃地，成地一旦再夺回，谁敢占有它？这是等于得到两个成地了。鲁国无忧，而孟孙增加城邑，你又担心什么呢？"谢息以桃地无山为由推辞，季孙又给他莱、柞二山，谢息才迁到桃地。晋国为杞国取得成地。

*【左传】楚子享公于新台①，使长鬣者相②。好以大屈③。既而悔之。薳启彊闻之，见公。公语之，拜贺。公曰："何贺？"对曰："齐与晋、越欲此久矣。寡君无适与也，而传诸君，君其备御三邻④，慎守宝矣，敢不贺乎？"公惧，乃反之。

【注释】

①新台：章华台。

②长鬣（liè）者：这里指高大健壮的人。

③好以大屈：赠鲁昭公大屈弓。大屈，弓名。

④君其备御三邻：指齐、晋、越将为夺弓而伐鲁。

【译文】

楚灵王在章华台设享礼款待鲁昭公，选派长须大汉任相礼。并把名弓大屈送给鲁昭公。过后又后悔了。薳启彊知道了，就来见鲁昭公。鲁昭公和他谈起这事，薳启彊下拜庆贺。鲁昭公说："为什么拜贺？"薳启彊回答说："齐国和晋国、越国都想得到这张弓很久了。我们国君都没有给别人而给了国君您，您要做好抵御三个邻国进兵的防备，谨慎地守卫这件宝物，下臣岂敢不拜贺？"鲁昭公害怕了，就把大屈弓归还楚灵王。

*【左传】郑子产聘于晋。晋侯有疾，韩宣子逆客，私焉，曰："寡君寝疾，于今三月矣，并走群望①，有加而无瘳②。今

梦黄熊入于寝门,其何厉鬼也?"对曰:"以君之明,子为大政③,其何厉之有④? 昔尧殛鲧于羽山⑤,其神化为黄熊,以入于羽渊⑥,实为夏郊⑦,三代祀之⑧。晋为盟主,其或者未之祀也乎⑨?"韩子祀夏郊,晋侯有间,赐子产莒之二方鼎。

【注释】

①并走群望:遍祭本国名山大川。并,遍。望,祭祀名。

②有加而无瘳(chōu):病情不见好,反而加重。瘳,病愈。

③大政:指正卿。

④厉:也是鬼,厉鬼即恶鬼。

⑤昔尧殛(jí)鲧(gǔn)于羽山:传说鲧窃帝之息壤以堙洪水,被杀于羽山。殛,诛杀。

⑥羽渊:羽山水流汇合处。

⑦夏郊:孔疏云:"《祭法》云'夏后氏禘黄帝而郊鲧',言郊祭天而以鲧配,是夏家郊祭之也。"郊,郊祭。

⑧三代祀之:夏、商、周三代都郊祭鲧。

⑨晋为盟主,其或者未之祀也乎:晋国既为盟主,应辅佐天子祭群神。

【译文】

郑国子产到晋国聘问。晋平公有病,韩起迎接客人,私下对子产说:"我们国君卧病,至今已经三个月了,把名山大川都祭祀过了,病却有增无减。如今梦见黄熊进入寝宫大门,这究竟是什么恶鬼呢?"子产回答说:"凭着贵国国君的贤明,您又主持国政,哪能有什么恶鬼? 昔日尧将鲧诛杀在羽山,他的神灵变成黄熊,进入羽渊,成为受夏朝郊祭的神,夏、商、周三代都祭祀他。晋国是盟主,也许是没有祭祀他吧?"韩起便祭祀鲧,晋平公病逐渐痊愈,赐给子产莒国进贡的两只方鼎。

*【左传】子产为丰施归州田于韩宣子①,曰:"日君以夫公孙段为能任其事,而赐之州田,今无禄早世②,不获久享君德。其子弗敢有,不敢以闻于君,私致诸子③。"宣子辞。子产曰:"古人有言曰:'其父析薪,其子弗克负荷④。'施将惧不能任其先人之禄⑤,其况能任大国之赐? 纵吾子为政而可,后之人若属有疆埸之言⑥,敝邑获戾,而丰氏受其大讨。吾子取州,是免敝邑于戾,而建置丰氏也⑦。敢以为请。"宣子受之,以告晋侯。晋侯以与宣子。宣子为初言,病有之⑧,以易原县于乐大心⑨。

【注释】

①子产为丰施归州田于韩宣子:昭公三年晋国将州田赐予公孙段。丰施,郑国公孙段之子。

②今无禄早世:不幸早死。公孙段死于这年正月。

③私致诸子:私下通过韩起送还州田。

④其父析薪,其子弗克负荷:比喻父亲勤劳创立家业,其子不能继承。析薪,劈柴。

⑤任:承受。

⑥属:副词,会适,碰巧。疆埸(yì)之言:指对晋国送州田给郑国有闲话。

⑦建置:扶持。

⑧宣子为初言,病有之:回想当初不取州田之言,今若取之,自感惭愧。初言,指当初与赵文子争州田时的话。

⑨以易原县于乐大心:韩起以州田向乐大心换原县。乐大心,宋国大夫。原县本是晋邑,赐给了乐大心。

【译文】

子产替丰施把州田归还给韩起，说："往日贵国国君因为公孙段能够承担事务，从而赐给他州田，现在他不幸早死，不能够长久享受贵国国君的恩德。公孙段的儿子不敢拥有，又不敢向贵国国君说，所以私下送给您。"韩起辞谢。子产说："古人有话说：'他的父亲砍柴，儿子无法把柴背走。'丰施害怕不能承继其先人的禄位，更何况接受大国的恩赐？即便您执政时没人敢说什么，后来的人要是有关于边界的闲话，敝国获罪，丰氏则将获重罪。您取得州田，这是使敝国免除罪过，而扶持了丰氏啊。冒昧地谨以此向您请求。"韩起便接受了州田，并把这事报告了晋平公。晋平公把它赐给韩起。韩起因为当初说过的话，占有州田感到惭愧，就用它换了乐大心的原县。

***【左传】**郑人相惊以伯有，曰："伯有至矣！"则皆走，不知所往①。铸刑书之岁二月②，或梦伯有介而行③，曰："壬子④，余将杀带也⑤。明年壬寅⑥，余又将杀段也⑦。"及壬子，驷带卒，国人益惧。齐、燕平之月⑧，壬寅⑨，公孙段卒，国人愈惧。其明月⑩，子产立公孙洩及良止以抚之⑪，乃止。子大叔问其故，子产曰："鬼有所归，乃不为厉，吾为之归也⑫。"大叔曰："公孙洩何为⑬？"子产曰："说也⑭。为身无义而图说⑮，从政有所反之，以取媚也⑯。不媚，不信⑰。不信，民不从也。"

【注释】

①"郑人相惊以伯有"五句：伯有于襄公三十年作乱被杀，现在有人传言伯有化为厉鬼而来，众人都逃散。

②铸刑书之岁二月：去年二月。

③介：披甲。

④壬子：去年三月初二。

⑤带：即驷带，伯有仇家，曾助子皙杀伯有，见襄公三十年传文。

⑥明年壬寅：今年壬寅日。

⑦段：即公孙段，也曾攻打伯有。

⑧齐、燕平之月：今年正月。

⑨壬寅：二十七日。

⑩其明月：今年二月。

⑪子产立公孙洩及良止以抚之：立二人为大夫，以安抚伯有鬼魂。公孙洩，子孔之子。良止，伯有之子。

⑫"鬼有所归"三句：鬼、归同韵，声近。此指鬼魂有所归宿，才不变为厉鬼。

⑬公孙洩何为：子孔于襄公十九年被杀，死后并未为厉鬼，太叔问何以也要立公孙洩。

⑭说：向百姓解释。

⑮为身无义而图说：意思是伯有无义，本不应立后，因并立二人，可以认为是从继绝世出发，使之有人祭祀，并非惧怕伯有为厉。为身无义，指伯有。

⑯从政有所反之，以取媚也：既为执政，应依当时礼义而行。伯有、子孔为恶被杀，本应无祀，今立二人儿子，是逆当时礼义而行，但又是为了取悦百姓。

⑰不媚，不信：不得百姓欢心，就不能使之信服。

【译文】

郑国人因为伯有鬼魂而受惊扰，说："伯有来了！"都逃跑，慌不择路。铸刑鼎的那年二月，有人梦见伯有身披铠甲走路，说："三月初二，我将杀死驷带。明年正月二十七日，我又要杀公孙段。"到去年三月初二，驷带死去，国人更加害怕。齐、燕两国媾和那一月二十七日，公孙段去世,国人更加害怕。到第二个月,子产立了公孙洩和良止来安抚伯有的鬼魂,国人才安定下来。子太叔问起子产这样做的原因,子产说:"鬼魂有了依归,才不会再当恶鬼,我是在为他找归宿。"太叔说:"那为什么要立公孙洩呢?"子产说:"是为了向民众解释。立身没有道义而希图高兴,执政官对礼仪有所违背,是要取悦于鬼魂从而取悦于百姓。不取得民众的欢心,民众就不信服。不信服,民众就不会顺从。"

　　及子产适晋,赵景子问焉①,曰:"伯有犹能为鬼乎?"子产曰:"能。人生始化曰魄②,既生魄,阳曰魂③。用物精多④,则魂魄强,是以有精爽至于神明⑤。匹夫匹妇强死⑥,其魂魄犹能冯依于人,以为淫厉⑦。况良霄⑧,我先君穆公之胄⑨,子良之孙⑩,子耳之子⑪,敝邑之卿,从政三世矣。郑虽无腆⑫,抑谚曰'蕞尔国'⑬,而三世执其政柄,其用物也弘矣⑭,其取精也多矣。其族又大,所冯厚矣⑮。而强死,能为鬼,不亦宜乎!"

【注释】

①赵景子:赵成,晋国中军佐。

②始化:刚死。化,死。

③阳曰魂:阳气叫做"魂"。

④物:养生之物。精多:精美丰富。

⑤是以有精爽至于神明:魂魄强有力,其现形的能力一直达到神化。

⑥强死:无病横死,不得善终。

⑦淫厉:惑乱肆虐。

⑧良霄:即伯有。

⑨胄:后代。

⑩子良:公子去疾。

⑪子耳:公孙辄。

⑫无腆:不厚。这里意为小国。

⑬蕞(zuì)尔:很小的样子。

⑭弘:多,丰富。

⑮其族又大,所冯厚矣:良氏为大族,势力雄厚。冯,同"凭"。

【译文】

　　子产去晋国时,赵景子问起这事,说:"伯有还能变成鬼吗?"子产说:"能。人刚死叫做'魄',产生了魄,阳气是魂。生时衣食精美丰富,魂魄就强健,所以有现形的能力,一直达到神化。普通男女不得好死,他的魂魄还能依附在人的身上,成为肆虐的厉鬼。何况伯有是我国先君穆公的后裔,子良的孙子,子耳的儿子,敝国的卿,执政已经三代了。郑国虽说不富有,或者正如谚语所说的'蕞尔小国',但伯有家族三代执掌国政,享用的物品很多,从其中汲取的精粹也很多。他的家族又大,所凭依的势力雄厚。可又不得善终,他能变成鬼,不也是很自然的吗!"

　　*【左传】子皮之族饮酒无度,故马师氏与子皮氏有恶①。齐师还自燕之月②,罕朔杀罕魋③。罕朔奔晋。韩宣子问其位于子产④。子产曰:"君之羁臣⑤,苟得容以逃死,何位之敢择? 卿违,从大夫之位⑥;罪人以其罪降⑦,古之制也。朔于敝邑,亚大夫也,其官,马师也,获戾而逃,唯执政所置之。得免其死,为惠大矣,又敢求位?"宣子为子产之敏也⑧,使从嬖大夫⑨。

【注释】

①马师氏:公孙钼之子罕朔,与子皮本为同族。襄公三十年马师颉

出奔,公孙钽代为马师。

②齐师还自燕之月:今年二月。

③罕朔杀罕魋(tuí):罕朔与罕魋为堂兄弟。

④韩宣子问其位于子产:此时子产正在晋国,因此问他可安排什么
官位。

⑤羁臣:寄居之臣。

⑥卿违,从大夫之位:依礼应降位一等。违,离开本国。

⑦罪人以其罪降:有罪逃离本国,收容国应依其罪降其位。

⑧子产之敏:子产言语恰当。敏,审,恰当。

⑨使从嬖大夫:让罕朔只降一等,随下大夫之位次,而不以罪降级。

【译文】

子皮的族人饮酒无度,因此马师氏与子皮氏关系紧张。齐军从燕国撤回的那月,罕朔杀了罕魋。罕朔逃到晋国。韩宣子向子产咨询该给罕朔什么官位。子产说:"他是贵国国君的寄居之臣,能够免死就很好了,哪里敢挑选什么官位? 卿离开他的国家,就随从大夫的班位;有罪的人根据他的罪行降级,这是古来的制度。罕朔在敝国是亚大夫,他的官职是马师,获罪而逃亡,就听凭您的安排。能够免他一死,恩德就很大了,哪里敢要求官位?"韩起认为子产的应答很恰当,便让罕朔随下大夫的班次。

【经】秋八月戊辰①,卫侯恶卒②。

【注释】

①戊辰:二十六日。

②卫侯恶卒:卫襄公恶去世。卫侯,卫襄公,姓姬名恶,谥襄。

【译文】

秋八月二十六日,卫襄公恶去世。

【左传】秋八月，卫襄公卒。晋大夫言于范献子曰："卫事晋为睦，晋不礼焉，庇其贼人而取其地，故诸侯贰①。《诗》曰：'鹡鸰在原，兄弟急难②。'又曰：'死丧之威，兄弟孔怀③。'兄弟之不睦，于是乎不弔④，况远人，谁敢归之？今又不礼于卫之嗣⑤，卫必叛我，是绝诸侯也。"献子以告韩宣子。宣子说，使献子如卫弔，且反戚田。

【注释】

①庇其贼人而取其地，故诸侯贰：襄公二十六年，卫国甯喜杀其君剽，孙林父奔晋献戚邑。卫献公复位，晋又疆戚田，并取卫西境懿氏六十邑送给孙林父，诸侯对此颇有不满。贼人，指孙林父。

②鹡鸰（jí líng）在原，兄弟急难：引《诗》见《诗经·小雅·常棣》。鹡鸰原为水鸟，今落在平原，比喻遇难兄弟应互相救援。鹡鸰，又作"鹡（jí）鸰"，水鸟。

③死丧之威，兄弟孔怀：引《诗》也见《诗经·小雅·常棣》。是说死丧是可怕的，兄弟应互相关怀。案两处引诗都是意在说明兄弟之国应友爱关怀。

④不弔（dì）：不相亲善。

⑤今又不礼于卫之嗣：又对嗣君不礼貌。晋不往弔，是不礼于嗣君。

【译文】

秋八月，卫襄公去世。晋国大夫对范献子说："卫国事奉晋国恭敬亲近，晋国却不加礼遇，包庇卫国叛贼而占取他们的土地，所以诸侯有二心。《诗》说：'鹡鸰落在原野，遇到急难兄弟互相救援。'又说：'死亡那么可怕，兄弟要互相关怀。'兄弟不和睦，就不相亲善，何况远方的人，谁敢来归顺？现在又对卫国的嗣君不给予礼遇，卫国必然背叛我国，这是断绝诸侯与我国的关系。"范献子把这话告诉韩起。韩起认为说得很对，就派范献子到卫国吊唁,并归还戚地给卫国。

卫齐恶告丧于周,且请命①。王使郕简公如卫吊,且追命襄公曰:"叔父陟恪②,在我先王之左右,以佐事上帝,余敢忘高圉、亚圉③?"

【注释】

①请命:诸侯死后请求赐命。

②陟(zhì)恪:升天。

③"在我先王之左右"三句:周的先王曾受商王追命,故不敢忘恩而不追命卫襄公。高圉(yǔ)、亚圉,二人都是周的先代,殷时贤诸侯,曾受殷王追命。亚圉,高圉儿子。

【译文】

卫国齐恶向周王报告丧事,并请求赐予恩命。周景王派郕简公到卫国吊唁,并且追命卫襄公说:"叔父升天,在我先王的左右,以辅佐事奉上帝,我哪敢忘了高圉、亚圉?"

【穀梁传】乡曰卫齐恶①,今曰卫侯恶,此何为君臣同名也?君子不夺人名,不夺人亲之所名,重其所以来也,王父名子也②。

【注释】

①乡(xiàng)曰卫齐恶:指昭公元年提到了齐恶。乡,从前,之前。卫齐恶,卫国大夫齐恶。齐恶与卫襄公同名,本应避讳不能同名,此处同名,大约是齐恶生在卫襄公之前,先取名为恶,故与卫襄公同名也不需要改名了。

②王父:祖父。

【译文】

之前说了"卫齐恶",现在说"卫侯恶",这里为什么国君和臣子同名呢?因为有才德的人不夺取别人的名,不夺取别人的亲人所起的名,是尊重给他取名的人。齐恶是他祖父给取的名。

【经】九月,公至自楚。

【译文】

九月,鲁昭公由楚国回来。

【左传】九月,公至自楚。孟僖子病不能相礼①,乃讲学之,苟能礼者从之。及其将死也②,召其大夫曰:"礼,人之干也。无礼,无以立。吾闻将有达者曰孔丘,圣人之后也③,而灭于宋④。其祖弗父何以有宋而授厉公⑤。及正考父,佐戴、武、宣,三命兹益共⑥,故其鼎铭云⑦:'一命而偻,再命而伛,三命而俯⑧。循墙而走,亦莫余敢侮⑨。饘于是,鬻于是,以糊余口⑩。'其共也如是。臧孙纥有言曰⑪:'圣人有明德者,若不当世,其后必有达人⑫。'今其将在孔丘乎?我若获没,必属说与何忌于夫子⑬,使事之,而学礼焉,以定其位⑭。"故孟懿子与南宫敬叔师事仲尼⑮。仲尼曰:"能补过者,君子也。《诗》曰:'君子是则是效⑯。'孟僖子可则效已矣。"

【注释】

①病不能相礼:因不能相礼而惭愧。

②及其将死也：孟僖子死于昭公二十四年。这里是预叙。

③吾闻将有达者曰孔丘，圣人之后也：孟僖子死时，孔子三十四岁。
　　圣人，指弗父何与正考父。

④而灭于宋：孔子六代祖孔父嘉为宋国华督所杀，其子奔鲁。事在
　　桓公二年。

⑤弗父何：孔父嘉高祖，宋湣公太子，宋厉公兄，让位于宋厉公。

⑥及正考父，佐戴、武、宣，三命兹益共：正考父辅佐戴公、武公、宣公，
　　做了上卿后益加恭敬。正考父，弗父何曾孙，孔父嘉之父。三命，
　　受三命为上卿。兹益，同义词连用。兹，同"滋"。共，通"恭"。

⑦鼎：指考父庙之鼎。

⑧"一命而偻（lǚ）"三句：一次比一次恭敬。偻、伛（yǔ）、俯，都是
　　弯腰恭敬的样子。

⑨循墙而走，亦莫余敢侮：沿着墙快步走，不敢昂首阔步，以示地位
　　愈高愈谦恭。虽如此，人也不敢欺侮。

⑩"馆（zhān）于是"三句：用此鼎煮馆粥，表示俭朴。馆，米糊，厚
　　粥。鬻（zhōu），粥。厚曰馆，稀曰粥。

⑪臧孙纥（hé）：即武仲。

⑫"圣人有明德者"三句：圣人在世不能居大位，其后代必有显贵的。

⑬我若获没，必属说与何忌于夫子：我如果能够善终，一定把说和何
　　忌嘱托给孔子。没，指善终。说，南宫敬叔。何忌，孟懿子。二人
　　都是孟僖子儿子。夫子，指孔子。

⑭"使事之"三句：学礼知礼，才能安定其地位。案这是孟僖子临终
　　遗命。

⑮故孟懿子与南宫敬叔师事仲尼：二人师事孔子应在昭公二十四年
　　以后。

⑯君子是则是效：引《诗》见《诗经·小雅·鹿鸣》。则，效法。效，
　　仿效。

【译文】

九月,鲁昭公从楚国回来。孟僖子因自己不精通礼仪而感到羞愧,于是学习礼仪,如果有精通礼仪的就跟他学。到他快要死的时候,召唤属下大夫说:"礼是人的主干。无礼就无法立身。我听说将要闻名于世的人名叫孔丘,是圣人的后代,家族在宋国灭亡了。他的先祖弗父何可以当宋国国君而把君位让给了厉公。到正考父,辅佐戴公、武公、宣公,三命后当了上卿而更加恭敬,所以他的鼎上铭文说:'一命低头,二命躬身,三命深深弯腰。沿着墙快步走,也没人敢把我欺侮。稠粥在这鼎里煮,稀粥也在这鼎里煮,用来糊口填饱肚子。'他是这样地恭敬。臧孙纥有话说:'圣人里有贤明德行的人,如果不当国君,后代必有闻名于世的人。'现在将要应在孔丘身上了吧?我如果能够善终,一定要把说与何忌托付给孔丘,让他们师事孔丘,向他学礼,以稳定他们的地位。"因此孟懿子与南宫敬叔师事孔丘。孔子说:"能弥补过错的,就是君子。《诗》说:'学习仿效君子。'孟僖子可以学习仿效了。"

*【左传】单献公弃亲用羁^①。冬十月辛酉^②,襄、顷之族杀献公而立成公^③。

【注释】

①单献公:周王卿士,单靖公儿子。

②辛酉:二十日。

③襄:即单襄公,单顷公父亲。成公:献公弟弟。

【译文】

单献公不用亲族而用外来的逃臣。冬十月二十日,襄公、顷公的族人杀死献公立了成公。

【经】冬十有一月癸未^①,季孙宿卒。

【注释】

①癸未：十三日。

【译文】

冬十一月十三日,季孙宿去世。

【左传】十一月,季武子卒①。晋侯谓伯瑕曰②:"吾所问日食,从矣,可常乎③?"对曰:"不可。六物不同④,民心不壹,事序不类⑤,官职不则⑥,同始异终,胡可常也?《诗》曰:'或燕燕居息,或憔悴事国⑦。'其异终也如是。"公曰:"何谓六物?"对曰:"岁、时、日、月、星、辰,是谓也⑧。"公曰:"多语寡人辰而莫同,何谓辰⑨?"对曰:"日月之会是谓辰,故以配日⑩。"

【注释】

①季武子卒：季孙宿去世。家铉翁曰："宿乘主幼,盗兵权,伐国取地以自私,襄公几为所逐。自后世言,司马懿其人也。至师、昭,遂移宗社矣。意如逐君,其殆宿所命欤。"

②伯瑕：即士文伯。

③"吾所问日食"三句：季孙宿死,晋平公认为所问日食之言应验,于是又问可否经常如此占验。案问日食事见上文。

④六物不同：六物各异时。

⑤事序：事之轻重。

⑥不则：不等。

⑦或燕燕居息,或憔悴事国：引《诗》见《诗经·小雅·北山》。意思是有人安然地休息,有人筋疲力尽地为国操劳。燕燕,安居的样子。

⑧岁：一曰木星,一曰即年。时：四时,四季。日：一曰即十天干,自

甲至癸。月,一曰为十二月。星:当时天空能见到的星星。

⑨何谓辰:当时对辰有多种概念,所以问辰。概括来说主要有北辰—北极说,大辰—心宿说,三辰—日、月、星说,泆辰—从子至亥十二辰说,以及下文日月之会说等。

⑩日月之会是谓辰,故以配日:这是士文伯对辰的解释,指以天干配地支组成六十干支来记日。

【译文】

十一月,季孙宿去世。晋平公对伯瑕说:"我所询问的日食一事,应验了,可以经常这样占验吗?"伯瑕回答说:"不能。六种事物各异于时。民心不一致,事物的轻重不相类,官员的好坏不一样,开始相同结果却不同,怎么可以经常这么看待?《诗》说:'有人悠闲地在家安居休息,有人筋疲力尽地为国事操劳奔命。'他们的结果是这样地不同。"晋平公说:"什么是六物?"伯瑕回答说:"是说岁、时、日、月、星、辰六种。"晋平公说:"很多人跟我说辰而没有一致的解释,那么什么叫做'辰'?"伯瑕回答说:"日月交会叫做'辰',所以用来和日相配。"

【经】十有二月癸亥①**,葬卫襄公。**

【注释】

①癸亥:二十三日。案《春秋》之例,诸侯五月而葬,大国国君葬书月。此处卫襄公卒于八月,此时刚好满五月,又书日,是当时而日,危不得葬也。之所以有危,何休云:"世子辄有恶疾,不早废之,临死乃命臣下废之,自下废上,鲜不为乱,故危录之。"

【译文】

十二月二十三日,安葬卫襄公。

【左传】卫襄公夫人姜氏无子①**,嬖人婤姶生孟絷**②**。孔**

成子梦康叔谓己③："立元④，余使羁之孙圉与史苟相之⑤。"史朝亦梦康叔谓己："余将命而子苟与孔烝钼之曾孙圉相元。"史朝见成子，告之梦，梦协⑥。晋韩宣子为政聘于诸侯之岁⑦，姻始生子，名之曰元。孟絷之足不良能行⑧。孔成子以《周易》筮之，曰："元尚享卫国，主其社稷⑨。"遇《屯》䷂⑩。又曰："余尚立絷⑪，尚克嘉之⑫。"遇《屯》䷂之《比》䷇⑬。以示史朝。史朝曰："'元亨'，又何疑焉⑭？"成子曰："非长之谓乎⑮？"对曰："康叔名之，可谓长矣⑯。孟非人也，将不列于宗，不可谓长⑰。且其繇曰：'利建侯。'嗣吉，何建？建非嗣也⑱。二卦皆云⑲，子其建之！康叔命之，二卦告之，筮袭于梦⑳，武王所用也㉑，弗从何为？弱足者居㉒。侯主社稷，临祭祀，奉民人，事鬼神，从会朝，又焉得居？各以所利，不亦可乎㉓？"故孔成子立灵公㉔。十二月癸亥，葬卫襄公。

【注释】

①姜氏：即宣姜。

②姻始（zhōu è）：卫襄公宠姬。

③孔成子：名烝钼，孔达之孙，卫国卿。康叔：卫国始祖。

④元：孟絷之弟，孔成子梦时还没出生。

⑤羁：孔成子之子。圉：又叫仲叔圉、孔文子。史苟：亦作"史狗"，史朝之子。

⑥梦协：二人梦相合。

⑦晋韩宣子为政聘于诸侯之岁：昭公二年。

⑧孟絷（zhí）之足不良能行：孟絷跛足。良，善。

⑨元尚享卫国，主其社稷：卫襄公死，是立元还是立絷，孔成子不能决定，于是占筮，这是命筮之辞，是说元希望享有卫国，主持国政。尚，希望。

⑩遇《屯》䷂：卦名，震下坎上。

⑪尚：还要。

⑫尚克嘉之：希望得吉兆。尚，希望。嘉，善。案这是筮立孟絷之辞。

⑬《屯》䷂之《比》䷇：《比》，卦名，坤下坎上。《屯》初九爻由阳变阴，即由《屯》变为《比》。

⑭"元亨"，又何疑焉：《屯》卦卦辞有"元亨"二字，史朝将元联系到人名，解"亨"为"享"，所以说元应享有卫国，立为卫君。

⑮非长之谓乎：孔成子认为"元亨"之"元"指年长，应立长子孟絷。

⑯康叔名之，可谓长矣：康叔为他命名，就是为长。

⑰"孟非人也"三句：孟絷跛足，不是全人，不能列为宗主，不可为长。非人，非其人。

⑱"且其繇曰"三句：《屯》卦卦辞有"利建侯"句，意思是建国封侯吉利。若立孟絷，只是嗣立，不是建侯，这样，"利建侯"则无所指了。这是利用爻辞说明应立元。

⑲二卦皆云：指两次占卜结果皆云"元亨"。

⑳筮袭于梦：占筮和梦境相合。

㉑武王所用也：《国语·周语下》引《大誓》曰："朕梦协朕卜，袭于休祥，戎商必克。"则周武王曾有卜与梦相协之事，周武王从之。

㉒弱足者居：跛足者只有待在家里。此用《屯·初九·爻辞》"盘桓利居"，盘桓即蹒跚，跛行的样子。

㉓各以所利，不亦可乎：跛者利于居家，元则利于建侯，各有其长。史朝再次强调应立元。

㉔故孔成子立灵公：案以上记述立卫灵公的经过。灵公，即卫灵公姬元。

【译文】

　　卫襄公夫人姜氏没生儿子，宠姬婤姶生了孟絷。孔成子梦见康叔对自己说："立元，我让羁的孙子圉与史苟辅佐他。"史朝也梦见康叔对自己说："我将命令你的儿子苟与孔烝鉏曾孙圉辅佐元。"史朝见孔成子，告诉他梦里的事，两梦相合。晋国韩起执政往诸侯国聘问那一年，婤姶又生下一子，名叫元。孟絷脚跛行走不便。孔成子用《周易》来占筮，说："元希望享有卫国，主持国政。"得到《屯》卦。又说："我也想立絷，希望得到允许。"得到《屯》卦变成《比》卦。把卦象给史朝看。史朝说：'元享有'，还有什么可怀疑的呢？"孔成子说："那卦象难道不是'长'的意思吗？"史朝回答说："康叔为他取名，就可以说是'长'了。孟絷不是完人，不能列在宗主里，不能叫做'长'。而且那繇辞说：'利建侯。'如果嗣位吉利，还建什么侯？建不是指嗣位。二卦卦象都那么说，您还是立他吧！康叔命名，二卦又告诉了我们，占筮和梦境相合，这是武王采用过的，为什么不依从？腿脚有毛病者适宜居家。国君要主持国家，亲临祭祀，奉养人民，事奉鬼神，参与会见朝聘，又怎么能够待在家中？他们各做有利于自己的事，不是很好吗？"因此孔成子立了卫灵公。十二月二十三日，安葬卫襄公。

八年

　　*【左传】八年春①，石言于晋魏榆②。晋侯问于师旷曰："石何故言？"对曰："石不能言，或冯焉③。不然，民听滥也④。抑臣又闻之曰：'作事不时，怨讟动于民⑤，则有非言之物而言。'今宫室崇侈，民力凋尽⑥，怨讟并作，莫保其性⑦，石言，不亦宜乎⑧？"于是晋侯方筑虒祁之宫⑨。叔向曰："子野之言君子哉⑩！君子之言，信而有征，故怨远于其

身⑪。小人之言，僭而无征⑫，故怨咎及之。《诗》曰：'哀哉
不能言，匪舌是出，唯躬是瘁。哿矣能言，巧言如流，俾躬处
休⑬。'其是之谓乎⑭！是宫也成，诸侯必叛，君必有咎，夫子
知之矣⑮。"

【注释】

①八年：鲁昭公八年当周景王十一年，前534年。

②石言：石头说话。魏榆：古地名，在今山西榆次西北。

③冯（píng）：依凭。

④滥：失实。

⑤怨讟（dú）：诽谤，怨言。

⑥凋：凋敝。尽：财力竭尽。

⑦莫保其性：不能确保自己的基本生活。性，生命，生活。

⑧石言，不亦宜乎：案以上师旷借石言，对晋平公大兴宫室提出了
批评。

⑨虒（sī）祁之宫：宫名，在今山西侯马附近。

⑩子野：师旷的字。

⑪信而有征，故怨远于其身：诚实而有证验，怨恨远离其身，不至于
招祸。征，证验。

⑫僭：不信。

⑬"哀哉不能言"六句：引《诗》见《诗经·小雅·雨无正》。意思
是不会说话使人伤心，话从舌上出来，只能劳累他自己。会说话
者可真好，漂亮的话如流水，又会使他安居休息。哿（gě），可，
嘉，表称许的意思。俾，使。

⑭其是之谓乎：师旷由论石言而归于谏国君，好似巧言如流，叔向引
诗称赞他。

⑮君必有咎,夫子知之矣:案此为昭公十年晋平公死伏笔。夫子,指
　　师旷。

【译文】

　　鲁昭公八年春,晋地魏榆石头开口说话。晋平公向师旷询问说:"石
头为什么开口说话?"师旷回答说:"石头并不能开口说话,可能是其他
东西凭附在上面了。不然的话,就是百姓听错了。不过下臣又听说:'做
事不合时宜,激起民众的怨恨诽谤,便有不会说话的物体开口说话。'现
在宫殿高大奢侈,人民财力耗尽,怨声载道,不能确保自己的基本生活,
石头开口说话,不也是很自然的吗?"当时晋平公正在兴建虒祁宫。叔向
说:"师旷的话真是君子之言啊!君子的话,诚实而有根据,所以怨言远
离其身。小人的话,虚假而没有根据,所以怨言灾祸降临其身。《诗》说:
'不会说话多可悲。话从舌上出来,只能劳累他自己。会说话可真好,漂
亮的话如流水,又会使他安居休息。'说的就是这种情况吧!这座宫殿
建成,诸侯必定背叛我国,国君一定会有灾祸,师旷已经预见到了。"

【经】八年春,陈侯之弟招杀陈世子偃师①。

【注释】

①陈侯之弟招杀陈世子偃师:招,陈国大夫,陈哀公之弟,时任陈国
　　司徒。参见昭公元年"叔孙豹会晋赵武、楚公子围、齐国弱、宋向
　　戌、卫齐恶、陈公子招、蔡公孙归生、郑罕虎、许人、曹人于虢"条
　　传文。据《左传》,陈哀公夫人生世子偃师,二妃生公子留,下妃
　　生公子胜。二妃受宠爱,公子留也受到宠爱,托付与公子招与公
　　子过。三月,公子招与公子过杀世子偃师,立公子留。四月,陈哀
　　公去世。陈遣干徵师使楚报丧,且告已立新君(即公子留),公子
　　胜到楚国控诉公子招和公子过,楚国杀了干徵师,公子留出奔。
　　公子招杀公子过。楚兴兵伐陈,陈国灭亡。

【译文】

鲁昭公八年春,陈哀公的弟弟招杀了陈国太子偃师。

【左传】陈哀公元妃郑姬生悼大子偃师^①,二妃生公子留,下妃生公子胜。二妃嬖,留有宠,属诸司徒招与公子过^②。哀公有废疾^③。三月甲申^④,公子招、公子过杀悼大子偃师而立公子留。

【注释】

①元妃:嫡夫人。悼:太子偃师的谥号。

②司徒招、公子过:二人都是陈哀公的弟弟。

③废疾:不治之症。谓有残疾而不能做事。

④甲申:十六日。

【译文】

陈哀公夫人郑姬生了悼太子偃师,次妃生了公子留,下妃生了公子胜。次妃得宠,公子留也受宠爱,陈哀公把他托付给司徒公子招与公子过。陈哀公患有不治之症。三月十六日,公子招、公子过杀了悼大子偃师而立公子留。

【穀梁传】乡曰陈公子招^①,今曰陈侯之弟招,何也?曰:尽其亲^②,所以恶招也。两下相杀,不志乎《春秋》,此其志何也?世子云者,唯君之贰也^③,云可以重之,存焉,志之也。诸侯之尊,弟兄不得以属通。其弟云者,亲之也。亲而杀之,恶也。

【注释】

①乡曰陈公子招:指昭公元年提到招时称的是公子招。

②尽其亲:详尽地记述他的亲属关系。指昭公元年称"公子招"表明是先君之子,这里称"陈侯之弟"表明是今上之弟。

③唯:表示强调、肯定。贰:继承者。

【译文】

前面称的是"公子招",现在称的是"陈侯之弟招",为什么呢? 回答说:详尽地记述他的亲属关系,是为了表明对招的厌恶。两位大夫互相杀害,是不记载在《春秋》上的,这里经文为什么记载了呢? 称作"世子"的,就是国君的继承人,可以因此而重视这件事,表明有他,就要记载。以诸侯地位的尊贵,兄弟之间也不能以亲属关系来交往。经文称"弟",是表明他是国君的亲人。是国君的亲人还杀害世子,太罪恶了。

△**【经】夏四月辛丑①,陈侯溺卒②。**

【注释】

①辛丑:初三。

②陈侯溺卒:陈哀公去世。陈侯,陈哀公,姓妫,名溺,一名弱,谥哀。

【译文】

夏四月初三,陈哀公溺去世。

【左传】夏四月辛亥①,哀公缢②。

【注释】

①辛亥:十三日。经文记作"辛丑",传文纠正了。

②哀公缢:陈哀公忧愤自杀。

【译文】

夏四月十三日,陈哀公上吊自杀。

【经】叔弓如晋①。

【注释】

①叔弓如晋:叔弓赴晋贺虒(sī)祁宫落成。

【译文】

叔弓到晋国去。

【左传】叔弓如晋,贺虒祁也。游吉相郑伯以如晋,亦贺虒祁也。史赵见子大叔①,曰:"甚哉! 其相蒙也②。可吊也,而又贺之③。"子大叔曰:"若何吊也? 其非唯我贺,将天下实贺。"

【注释】

①子大叔:即游吉。

②相蒙:相欺骗。

③可吊也,而又贺之:上文师旷论石言,叔向预言"是宫也成,诸侯必叛,君必有咎",这本是可吊之事,现在都来祝贺。

【译文】

叔弓到晋国去,是祝贺虒祁宫建成。游吉相礼郑简公去晋国,也是祝贺虒祁宫建成。史赵去见子太叔,说:"太过分了! 你们这样互相欺骗! 本来是可堪哀悼的事情,你们反而来祝贺。"子太叔说:"为什么要哀悼? 不仅仅我国前来祝贺,各国也都会来祝贺。"

【经】楚人执陈行人干徵师杀之^①。陈公子留出奔郑。

【注释】

①干徵师：陈国大夫。

【译文】

楚国抓了陈国行人干徵师并杀害。陈国公子留逃往郑国。

【左传】干徵师赴于楚，且告有立君^①。公子胜诉之于楚，楚人执而杀之^②。公子留奔郑。书曰“陈侯之弟招杀陈世子偃师”，罪在招也^③；“楚人执陈行人干徵师杀之”，罪不在行人也^④。

【注释】

①且告有立君：告知又立公子留。

②公子胜诉之于楚，楚人执而杀之：以公子招、公子过杀偃师向楚国起诉，楚人杀掉干徵师。

③书曰“陈侯之弟招杀陈世子偃师”，罪在招也：经文如此记载，意在归罪于公子招。

④“楚人执陈行人干徵师杀之”，罪不在行人也：经文的意思是干徵师乃无辜被杀。

【译文】

干徵师到楚国，并告知立公子留为国君。公子胜向楚国控诉，楚国抓了干徵师并杀掉。公子留逃往郑国。《春秋》记载“陈哀公的弟弟招杀死陈国太子偃师”，是把罪责归于招；“楚国抓了陈国行人干徵师并杀掉”，是说罪不在行人干徵师。

　　【穀梁传】称人以执大夫，执有罪也。称行人，怨接于上也。

　　【译文】

　　称"人"抓捕了大夫，是抓了有罪的人。称"行人"，表示两国国君间结下了仇恨。

　　【经】秋，蒐于红①。

　　【注释】

　　①蒐（sōu）于红：鲁国在此检阅军队。红，古地名，在今山东泰安。

　　【译文】

　　秋，鲁国在红地举行阅兵。

　　【左传】秋，大蒐于红，自根牟至于商、卫①，革车千乘。

　　【注释】

　　①大蒐于红，自根牟至于商、卫：鲁国此次阅兵，自东而西，规模很
　　　大。根牟，鲁国东境，在今山东莒县西南。至于商、卫，到达宋国、
　　　卫国边境。商，宋。案鲁国西南与宋国毗邻，西北与卫国接壤。

　　【译文】

　　秋，在红地举行盛大阅兵，从根牟直到宋、卫两国边境，共出动了革车千辆。

　　【公羊传】蒐者何？简车徒也①。何以书？盖以罕书也。

【注释】

①简车徒也：王引之认为，"车"字为衍文。

【译文】

"蒐"是什么？是检阅士兵。为什么记录？以为罕见而记录。

【穀梁传】正也。因蒐狩以习用武事①，礼之大者也。艾兰以为防②，置旃以为辕门③，以葛覆质以为槷④，流旁握⑤，御轚者不得入⑥。车轨尘⑦，马侯蹄⑧，掩禽旅⑨，御者不失其驰⑩，然后射者能中。过防弗逐，不从奔之道也。面伤不献，不成禽不献。禽虽多，天子取三十焉，其余与士众，以习射于射宫⑪，射而中，田不得禽，则得禽。田得禽而射不中，则不得禽。是以知古之贵仁义而贱勇力也⑫。

【注释】

①蒐狩：春猎称"蒐"，冬猎为"狩"。泛指打猎。

②艾：同"刈（yì）"，割断。兰：香草名。防：界限。

③旃（zhān）：赤色曲柄的旗。辕门：天子、诸侯巡猎时，下榻之处以兵车围住，入口处仰起两车，车辕相向以表示门，称为"辕门"。

④葛：同"褐"，粗毛麻织物。质：木椹（zhēn），泛指捶或砸东西时用的垫板。这里指垫在辕门之下的木板。槷（niè）：门中央立起的短木，这里应指门槛。

⑤流：同"旒（liú）"，指旗上悬垂的饰物。握：一拳的宽度。

⑥轚（jí）：车轴端相碰撞。

⑦轨：遵循，依照。尘：踪迹。

⑧侯：用同"候"，等候，照应。指马儿快慢一致。

⑨掩：捕取。旅：众多。

⑩驰：指驰骋的节度。

⑪射宫：天子行大射礼的地方，举行大射是为了挑选可以同天子一起参与祭祀的臣子。据郑玄："大射者，为祭祀射。王将有郊庙之事，以射择诸侯及群臣与邦国所贡之士可以与祭者，……而中多者得与于祭。"

⑫仁义：据范甯注："射以不争为仁，揖让为义。"

【译文】

符合正道。凭借春季打猎来练兵习武，是礼制中的大事。割取兰草来标记狩猎的边界，立起旌旗来表明辕门所在，把粗麻布盖在木樜上作为门槛。战车旗上垂下的流苏距门两旁有一拳的距离，车轴碰到两旁不能进入。打猎时后车跟着前车的轨迹，驾车的马徐疾相应，捕获了很多猎物，驾车的人不失去驾车的节度，这样之后射箭的人就能射中。猎物越过边界就不追逐了，是不追逐逃兵的道义。面部受伤的猎物不能用于祭祀，没有成年的猎物不能用于祭祀。猎物虽然很多，天子只取其中三十只，剩下的都给将士们，用来在射宫练习射箭用。射中的，打猎时没有捕获猎物，那这时就可以得到猎物。打猎时捕获了猎物但现在却射不中，那就不能得到猎物。因此知道古代的时候看重仁义而轻视武力了。

*【左传】七月甲戌①，齐子尾卒。子旗欲治其室②。丁丑③，杀梁婴④。八月庚戌⑤，逐子成、子工、子车，皆来奔⑥，而立子良氏之宰⑦。其臣曰："孺子长矣，而相吾室，欲兼我也⑧。"授甲，将攻之⑨。陈桓子善于子尾，亦授甲，将助之⑩。或告子旗，子旗不信。则数人告。将往⑪，又数人告于道，遂如陈氏⑫。桓子将出矣，闻之而还，游服而逆之⑬。请命⑭。对曰："闻彊氏授甲将攻子⑮，子闻诸？"曰："弗闻。""子盍亦授甲？无宇请从⑯。"子旗曰："子胡然⑰？彼孺子也，

吾诲之，犹惧其不济，吾又宠秩之⑱，其若先人何⑲？子盍谓之⑳？《周书》曰：'惠不惠，茂不茂㉑。'康叔所以服弘大也㉒。"桓子稽颡㉓，曰："顷、灵福子㉔，吾犹有望㉕。"遂和之如初㉖。

【注释】

①甲戌：初八。

②子旗欲治其室：子旗想要控制兼并子尾家政。子旗，栾施。

③丁丑：十一日。

④梁婴：子尾家宰。

⑤庚戌：十四日。

⑥逐子成、子工、子车，皆来奔：三人都是齐国大夫，子尾同党，被逐，都逃奔鲁国。

⑦而立子良氏之宰：子旗为子良氏立家宰。子良，子尾儿子高彊。

⑧"孺子长矣"三句：孩子已经长大了，子旗要治我家政，是想兼并我们。孺子，小孩子。指子良。

⑨授甲，将攻之：准备先下手攻子旗。

⑩"陈桓子善于子尾"三句：陈桓子准备助子良家臣攻打子旗。

⑪将往：子旗准备去子良家。

⑫遂如陈氏：子旗始信，不敢去子良家，改去陈氏家。

⑬游服而逆之：脱去戎服，改穿便服见子旗。游服，闲居时的便服。

⑭请命：子旗问陈桓子有何想法。

⑮彊氏：高彊，即子良。

⑯子盍（hé）亦授甲？无宇请从：案这是陈桓子（无宇）试探子旗的话。

⑰胡然：何故如此。

⑱宠秩：给予高官厚禄，实指为之立宰。

⑲其若先人何：若再出兵攻打，如何面对先人？案此句上面有省略的话。

⑳子旗谓之：请陈桓子告诉子良不要攻自己。

㉑惠不惠，茂不茂：出自《尚书·康诰》。意思是施惠于不惠者，劝勉不受劝勉的人。茂，劝勉。

㉒康叔所以服弘大也：正因为如此，所以康叔做事宽宏大量。言外之意是自己不与子良计较。

㉓桓子稽颡（qǐ sǎng）：稽颡，磕响头，本是凶礼中最重的礼节，陈桓子用此表示于心有愧。

㉔顷、灵福子：齐灵公是齐顷公之子，齐灵公和子雅、子尾是堂兄弟，都是齐惠公的孙子。那么，子雅之子栾施（子旗）和子尾之子高彊（子良）也是堂兄弟。子旗既提到先人，所以说顷、灵二公将会保佑你。

㉕吾犹有望：希望子旗施惠于己。

㉖遂和之如初：使栾、高两家和好如初。

【译文】

　　七月初八，齐国子尾去世。子旗想控制子尾的家政。十一日，子旗杀了梁婴。八月十四日，放逐子成、子工、子车，三人都逃来鲁国，子旗立了子良氏的家宰。子良家臣说："子良已经成年了，他却要帮助管理我们的家政，是想要兼并我们。"于是发放武器衣甲，准备攻打子旗。陈桓子和子尾交好，也发放武器衣甲，准备帮助子良家。有人告诉了子旗，子旗不相信。接连有几个人来报告。子旗准备去子良家，又有几个人在途中告诉了他，子旗便到陈氏家去。陈桓子正要领着人马出发，听说子旗来了，就转身回内室，换上家居便服出来迎接子旗。子旗问陈桓子有何用意。陈桓子回答说："听说子良家发放武器衣甲，准备攻打你，你听说了吗？"子旗说："没听说。""你何不也发放武器衣甲？请让我跟你去。"子旗说："你为什么要这样说？他只是个孩子，我教导他，还担心他不能成功，所以我又为他立了家宰，再出兵攻打又如何向先人交代？你何不去跟他说说？《周书》说：'施惠给不感恩的人，勉励不受勉励的人。'这正是康叔做事宽宏大量的缘故。"陈桓子磕着响头，说："顷公、灵公会赐福给你，我还希望得到你的恩赐。"于是使两家和好如初。

【经】陈人杀其大夫公子过。

【译文】

陈国杀了本国大夫公子过。

【左传】陈公子招归罪于公子过而杀之。

【译文】

陈国公子招把一切归罪于公子过而杀掉他。

△**【经】大雩。**

【译文】

举行求雨大祭。

【经】冬十月壬午[①]，楚师灭陈。执陈公子招，放之于越。杀陈孔奂[②]。

【注释】

①壬午：十七日。案时月日例，灭国例月，此处书日者，见楚国假托

讨贼而灭陈国。

②"执陈公子招"三句：孔奂，公子招同党。案《春秋》之例，灭国为重，不应再书流放公子招，杀孔奂，及下文葬陈哀公三事，今书者，是楚国假托行此三事而灭陈国。孔奂弑杀了陈哀公，故杀之。公子招虽是弑君之主谋，然归罪于孔奂，仅因杀世子偃师之罪，而流放至越国。孔奂，《公羊传》作"孔爱"。

【译文】

冬十月十七日，楚军灭亡陈国。逮捕陈国公子招，把他放逐到越国。杀掉陈国孔奂。

【左传】九月，楚公子弃疾帅师奉孙吴围陈[①]，宋戴恶会之[②]。冬十一月壬午[③]，灭陈。舆嬖袁克杀马毁玉以葬[④]。楚人将杀之，请置之[⑤]。既又请私[⑥]，私于幄，加绖于颡而逃[⑦]。

【注释】

①吴：陈惠公，偃师之子。杨伯峻指出，孙吴犹言太孙吴。

②宋戴恶会之：戴恶领兵与楚师会合。戴恶，宋国大夫。

③十一月壬午：经文为"十月壬午"，传文误记。

④舆嬖袁克杀马毁玉以葬：袁克以马、玉殉葬陈哀公。舆嬖，为国君掌乘之宠臣。

⑤请置之：袁克请楚人赦免自己。置，赦免。

⑥私：小便。

⑦加绖（dié）于颡而逃：借小便而逃脱。加绖于颡，为哀公服丧。绖，麻带。颡，额。

【译文】

九月，楚国公子弃疾率兵打着陈国悼太子的儿子吴的旗号包围陈国，宋国戴恶带兵和他会合。冬十一月十七日，灭亡陈国。为国君掌乘的宠臣袁克杀了马匹弄坏玉器给陈哀公殉葬。楚国人要杀他,他请求放了自己。接着又要求小便,在帐篷里小便时,把麻带缠在头上逃跑了。

使穿封戌为陈公^①,曰:"城麇之役,不谄^②。"侍饮酒于王,王曰:"城麇之役,女知寡人之及此,女其辟寡人乎^③?"对曰:"若知君之及此,臣必致死礼以息楚^④。"

【注释】

①使穿封戌为陈公:穿封戌,楚国大夫。楚灭陈国后改为楚县,让穿封戌为陈县之长。

②城麇之役,不谄:指襄公二十六年楚、郑战于城麇,穿封戌囚郑皇颉,还是公子的楚灵王与穿封戌争俘一事。

③女其辟(bì)寡人乎:你会避让我吗? 辟,避让。

④若知君之及此,臣必致死礼以息楚:穿封戌说,如果知道你会弑君自立,当初必定会冒死杀死你,以安定楚国。

【译文】

楚灵王让穿封戌当陈公,说:"你在城麇战役时不讨好我。"穿封戌侍候楚灵王饮酒,楚灵王说:"城麇战役时,你要是想到寡人会有今天的话,你大概会对寡人避让的吧?"穿封戌回答说:"如果想到您会有今天,下臣一定拼死杀了您来安定楚国。"

晋侯问于史赵曰:"陈其遂亡乎?"对曰:"未也。"公曰:"何故?"对曰:"陈,颛顼之族也^①。岁在鹑火,是以卒灭^②。陈将如之^③。今在析木之津,犹将复由^④。且陈氏得政于齐而后陈卒亡^⑤。自幕至于瞽瞍无违命^⑥,舜重之以明德,置德于遂^⑦。遂世守之。及胡公不淫,故周赐之姓,使祀虞帝^⑧。

臣闻盛德必百世祀。虞之世数未也。继守将在齐,其兆既存矣⑨。"

【注释】

①陈,颛顼(zhuān xū)之族也:陈之祖为舜,舜出于颛顼帝,所以陈也是颛顼的后代。

②岁在鹑火,是以卒灭:颛顼灭时,岁星在鹑火。鹑火,十二星次之一。

③陈将如之:陈为颛顼之后,也将是岁在鹑火时被灭。

④今在析木之津,犹将复由:岁星只运行于银河间,陈国还不会灭绝。析木之津,在箕宿、斗宿之间的银河。复由,复生。

⑤且陈氏得政于齐而后陈卒亡:预言只有陈氏代齐之后,陈国才会灭亡。

⑥自幕至于瞽瞍(gǔ sǒu)无违命:这一族从幕到瞽瞍,没有因违背天命而被灭绝的。幕,舜的祖先。瞽瞍,舜的父亲。

⑦舜重之以明德,置德于遂:舜有明德,其德一直流传到遂。遂,舜的后代。

⑧"及胡公不淫"三句:胡公不淫,即胡公满,陈开国君主。舜姓姚氏,胡公满曾事奉周武王,被封于陈,赐姓妫,祭祀虞舜。

⑨继守将在齐,其兆既存矣:指出陈氏代齐,早已有预兆。庄公二十二年传文述懿氏卜妻敬仲,言"八世之后,莫之与京";昭公三年传文又述晏婴言"齐其为陈氏矣",都是预兆。

【译文】

晋平公询问史赵说:"陈国这就灭亡了吗?"史赵回答说:"没有。"晋平公问:"什么缘故?"史赵回答说:"陈是颛顼氏的后代。岁星处在鹑火时,颛顼氏由此而最终灭亡。陈也将是这样。岁星现在还在银河之间,所以还会复兴。而且要到陈氏在齐国执掌国政以后陈国才会最终灭亡。从幕到瞽瞍都没有违背天命,舜又增加了美德,并且德行一直落到遂的身上。遂的后人世代保持它。到胡公不淫,所以周朝赐给他姓,让他祭祀虞帝。下臣听说有盛德者享有百代的祭祀。虞的世代还没到这数目。继续保持对虞祭祀的将在齐国,它的预兆已经在那里了。"

【穀梁传】恶楚子也。

【译文】

这是憎恶楚灵王。

【经】葬陈哀公。

【译文】

安葬陈哀公。

【穀梁传】不与楚灭,闵之也①。

【注释】

①与:赞同。

【译文】

不赞同楚灭陈,也是怜悯陈国。

九年

【经】九年春①,叔弓会楚子于陈。

【注释】

①九年:鲁昭公九年当周景王十二年,前533年。

【译文】

鲁昭公九年春,叔弓和楚灵王在陈地相会。

【左传】九年春,叔弓、宋华亥、郑游吉、卫赵黡会楚子于陈①。

【注释】

①叔弓、宋华亥、郑游吉、卫赵黡(yǎn)会楚子于陈:楚改陈为县,四国畏楚,于是各派大夫前往会见楚灵王。

【译文】

鲁昭公九年春,叔弓、宋国华亥、郑国游吉、卫国赵黡和楚灵王在陈地相会。

【经】许迁于夷①。

【注释】

①许迁于夷:成公十五年许曾迁于叶,现在又由叶迁于夷。夷,古地名,在今安徽亳州东南的城父。

【译文】

许国迁移到夷地。

【左传】二月庚申①,楚公子弃疾迁许于夷,实城父,取州来、淮北之田以益之②,伍举授许男田。然丹迁城父人于陈,以夷濮西田益之③。迁方城外人于许④。

【注释】

①庚申：二月无庚申，当是记日有误。

②取州来、淮北之田以益之：用州来、淮北两地之田补给许国。州来，古地名，在今安徽凤台淮水以北。

③以夷濮西田益之：将濮水西边的夷田补给城父人。

④迁方城外人于许：许由叶迁于夷，迁后叶地空虚，又迁方城外的人来充实。案楚灭陈后，许表示对楚国亲附，自请迁于夷。楚国派人主持其事，但一举而动三地百姓，使百姓不得安宁。

【译文】

二月庚申，楚国公子弃疾把许迁到夷地，其实就是城父，取了州来、淮北的田地增补给许，伍举举行仪式授给许悼公田地。然丹把城父人迁到陈地，把夷濮以西的田地增补给城父人。又把方城外人迁到原许国。

*　**【左传】**周甘人与晋阎嘉争阎田①。晋梁丙、张趯率阴戎伐颍②。王使詹桓伯辞于晋，曰③："我自夏以后稷，魏、骀、芮、岐、毕，吾西土也④。及武王克商，蒲姑、商奄，吾东土也⑤；巴、濮、楚、邓⑥，吾南土也；肃慎、燕、亳，吾北土也⑦。吾何迩封之有⑧？文、武、成、康之建母弟，以蕃屏周，亦其废队是为⑨，岂如弁髦⑩，而因以敝之？先王居梼杌于四裔，以御螭魅⑪，故允姓之奸居于瓜州⑫。伯父惠公归自秦，而诱以来⑬，使逼我诸姬，入我郊甸，则戎焉取之⑭。戎有中国，谁之咎也⑮？后稷封殖天下⑯，今戎制之，不亦难乎！伯父图之⑰！我在伯父，犹衣服之有冠冕，木水之有本原，民人之有谋主也⑱。伯父若裂冠毁冕，拔本塞原，专弃谋主，虽戎狄，其何有余一人⑲？"叔向谓宣子曰："文之伯也，岂能改物⑳？

翼戴天子㉑，而加之以共。自文以来，世有衰德，而暴灭宗周㉒，以宣示其侈㉓，诸侯之贰，不亦宜乎！且王辞直㉔，子其图之。"宣子说。王有姻丧㉕，使赵成如周吊，且致阎田与襚㉖，反颍俘㉖。王亦使宾滑执甘大夫襄以说于晋㉗，晋人礼而归之㉘。

【注释】

①甘人：指甘大夫襄。阎嘉：晋国阎县大夫。阎田：周、晋边界地。

②阴戎：即陆浑之戎。颍：周邑，在今河南登封。

③詹桓伯：周大夫。辞：责备。

④"我自夏以后稷"三句：周在夏代因后稷之功受封，魏、骀（tái）、芮（ruì）、岐、毕五国是其西部领土。骀，即邰。案魏、骀等五国在今山西、陕西一带。

⑤蒲姑：在今山东博兴。商奄：在今山东曲阜。

⑥巴：在今重庆。濮：在今湖北石首一带。楚：在今湖北江陵。邓：在今河南邓州。

⑦肃慎、燕、亳，吾北土也：北部达于今河北、辽宁、黑龙江。肃慎，或说在今黑龙江。案以上是说周领土的四至。

⑧吾何迩封之有：周领土甚广，没有近的界线，诸侯怎么能与周争地？

⑨"文、武、成、康之建母弟"三句：封同母兄弟以土建国，这是为了护卫周室，以防止它废坏坠落。蕃屏，护卫。队，同"坠"。

⑩弁髦（biàn máo）：少年时初戴的帽子，成年行冠礼后就抛弃不再用。

⑪先王居梼杌（táo wù）于四裔，以御螭魅（chī mèi）：先王把梼杌迁移到四方边远地方，以抗御山林中的精怪。梼杌，传说是尧时四凶之一。四裔，四方边远地区。螭魅，即魑魅，鬼怪。

⑫允姓之奸：指阴戎的祖先。阴戎本为四凶的后裔。瓜州：古地名，在今甘肃敦煌等边远地区。

⑬伯父惠公归自秦，而诱以来：晋惠公于僖公十五年自秦归晋，僖公二十二年春，晋国始迁陆浑之戎。伯父惠公，对晋惠公的尊称。伯父，天子对于同姓诸侯，无论生死，都称伯父、叔父。

⑭"使逼我诸姬"三句：自此以后，戎人入侵，取周郊甸之地。郊甸，邑外为"郊"，郊外为"甸"。焉，于是。

⑮戎有中国，谁之咎也：言外之意是罪在晋国。

⑯封殖：缔造。

⑰伯父：这里指晋平公。

⑱民人之有谋主：周王为天下之共主。

⑲虽戎狄，其何有余一人：晋国本应保护周室，如果连晋都不尊重周王，阴戎更目无周王了。余一人，周王自称。

⑳文之伯也，岂能改物：晋文公称霸尚且不能改正朔，易服色。文，指晋文公。伯，霸。改物，改变服色、正朔等。

㉑翼戴：辅佐拥戴。

㉒暴灭：损害和轻视。宗周：指周天子。

㉓侈：骄横。

㉔直：有理。

㉕王有姻丧：周王有外戚之丧。

㉖且致阎田与襚（suì），反颍俘：归还阎田送去襚服，遣返伐颍时俘获的周人。襚，殉葬衣服。

㉗宾滑：周大夫。

㉘晋人礼而归之：晋国放回裴，纠纷和解。

【译文】

　　周朝甘邑大夫和晋国阎嘉争夺阎地的田地。晋国梁丙、张趯率领阴戎攻打颍地。周景王派詹桓伯责备晋国，说："我们在夏朝因为后稷的功劳,封地直到魏、骀、芮、岐、毕,都是我们的西部领土。到武王战胜商朝,蒲姑、商奄,都是我们的东部领土;巴、濮、楚、邓,这是我们的南部领土;肃慎、燕、亳,这是我们的北部领土。我们在近处哪里有与别人交界的领土? 文王、武王、成王、康王分封同母弟建国,是用来护卫周朝,也是为了防止周室的毁坏坠落,哪里会像缁布冠那样用过就丢掉? 先王让梼杌居住在四方边远地区,用以抵御山林精怪,所以允姓中的坏人住在瓜州。伯父惠公从秦国归来,就引诱他们前来,让他们威逼我们姬姓国家,侵入我们的郊甸,戎人借此占据了这里。戎人占有中原地区,这是谁的过错? 后稷缔造了天下,现在却被戎人控制,不是让人难以接受吗! 伯父好好想一想吧! 我对于伯父,就像衣服有冠冕,木水有根源,人民有谋主。伯父如果撕裂毁坏冠冕,拔掉树根堵塞泉源,专断并抛弃谋主,即便是戎狄,他们心里又哪里会有我这样一个人?”叔向对韩起说:“文公即使领袖诸侯,也哪里能改易礼制? 他辅佐拥戴周天子,而且十分恭敬。从文公以来,晋国一代代德行衰减,损害轻视周室,来表现自己的骄奢,诸侯背叛我们,不就是很自然的吗! 而且周王说得有理,你好好想想。”韩起认为他说得对。正好周景王有姻亲之丧,韩起便派赵成到京师吊唁,并归还阎田,送去襚服,遣返伐颍时的俘虏。周景王也派宾滑逮捕甘邑大夫襄以取悦于晋国,晋国对襄给予礼遇并放他回去。

【经】夏四月,陈灾①。

【注释】

①灾:《公羊传》《穀梁传》作“火”。

【译文】

夏四月,陈国火灾。

【左传】夏四月,陈灾。郑裨灶曰:“五年陈将复封,封

五十二年而遂亡^①。"子产问其故。对曰："陈，水属也^②，火，
水妃也^③，而楚所相也^④。今火出而火陈，逐楚而建陈也^⑤。
妃以五成，故曰五年^⑥。岁五及鹑火，而后陈卒亡，楚克有
之，天之道也，故曰五十二年^⑦。"

【注释】

①五年陈将复封，封五十二年而遂亡：预言陈将重新受封复国。

②陈，水属也：颛顼水德，陈为颛顼之后，所以隶属于水。

③火，水妃（pèi）也：水火相辅相成。妃，匹配。

④而楚所相也：楚之祖先祝融，为高辛氏火正，专治火事。相，治理。

⑤今火出而火陈，逐楚而建陈也：今大火星出现而陈国发生火灾，预
　兆将逐楚复陈。火出，大火星出现。

⑥妃以五成，故曰五年：以五行来说，阴阳五行与五相配，所以说五
　年将复陈。

⑦"岁五及鹑火"五句：此年岁星在星纪，五年运行到大梁，此时陈
　复国。自大梁始，岁星第五次到鹑火，正好历五十二年。岁五及
　鹑火，岁星五次经过鹑火。案陈复国于鲁昭公十三年，到鲁哀公
　十七年灭亡，共五十二年。

【译文】

　　夏四月，陈国发生火灾。郑国禆灶说："五年后陈将恢复封邑，封五
十二年后被灭亡。"子产问其中的缘故。禆灶回答说："陈国隶属于水，
火是水的配偶，楚国是主治火的。现在大火星出现而陈国发生了火灾，
这是驱逐楚国而建陈国的预兆。阴阳五行以五相配，所以说要五年。岁
星五次经过鹑火，然后陈国才灭亡，楚国战胜并占有它，这是天道，所以
说五十二年。"

【公羊传】陈已灭矣,其言陈火何①? 存陈也②。曰:存陈,恫矣③。曷为存陈? 灭人之国,执人之罪人,杀人之贼,葬人之君,若是,则陈存恫矣。

【注释】

①陈已灭矣,其言陈火何:灾异为有国者戒,此处陈国已灭,不应再书陈国之火灾,故而发问。

②存陈也:何休云:"陈已灭复火者,死灰复燃之象也,此天意欲存之,故从有国记灾。"

③恫:悲悯。即楚人假托讨贼而灭陈,上天悲悯陈国之灭,故降火灾以存之。

【译文】

陈国已经灭亡了,经言"陈火"是为何? 是为了留存陈国。说,这是上天留存陈国,是悲悯他。为何留存陈国? 楚人灭亡了人家的国家,拘捕了人家的罪人公子招,杀了人家的弑君贼孔瑗,安葬了人家的国君陈哀公。像这样,上天留存陈国,是悲悯他。

【穀梁传】国曰灾,邑曰火。火不志,此何以志? 闵陈而存之也。

【译文】

国都发生火灾称"灾",一般的城邑发生火灾称"火"。对于称"火"的是不予记载的,这里为什么记载了呢? 是怜悯陈国而让它貌似依然存在。

*【左传】晋荀盈如齐逆女,还,六月,卒于戏阳①。殡于

绛，未葬。晋侯饮酒，乐②。膳宰屠蒯趋入③，请佐公使尊④，许之。而遂酌以饮工⑤，曰："女为君耳，将司聪也⑥。辰在子卯，谓之疾日⑦，君彻宴乐，学人舍业，为疾故也⑧。君之卿佐，是谓股肱。股肱或亏，何痛如之⑨？女弗闻而乐⑩，是不聪也。"又饮外嬖嬖叔⑪，曰："女为君目，将司明也。服以旌礼⑫，礼以行事，事有其物，物有其容⑬。今君之容，非其物也⑭，而女不见，是不明也。"亦自饮也，曰："味以行气⑮，气以实志⑯，志以定言，言以出令⑰。臣实司味⑱，二御失官⑲，而君弗命⑳，臣之罪也㉑。"公说，彻酒。初，公欲废知氏而立其外嬖㉒，为是悛而止㉓。秋八月，使荀跞佐下军以说焉㉔。

【注释】

① 戏阳：古地名，在今河南内黄北。

② 晋侯饮酒，乐：荀盈死，晋平公照样饮酒作乐，毫无悲哀的神态。乐，奏乐。

③ 屠蒯（kuǎi）：膳宰名。

④ 请佐公使尊：请求帮着为晋平公斟酒。尊，酒杯。

⑤ 而遂酌以饮工：让乐工喝酒。工，乐工。

⑥ 女为君耳，将司聪也：古人认为音乐可以聪耳，所以乐工等于君的耳朵。

⑦ 辰在子卯，谓之疾日：甲子为商纣灭亡之日，乙卯为夏桀灭亡之日，当时人以甲子、乙卯为忌日。辰，日。疾日，忌日。

⑧ "君彻宴乐"三句：忌日，国君罢宴乐，学乐者停止学音乐。

⑨ 股肱或亏，何痛如之：股肱之臣死去，应比忌日更痛心。股肱或亏，指荀盈死。

⑩ 女弗闻而乐：不闻此理而奏乐。

⑪嬖叔：宠臣。

⑫服以旌礼：服饰用来表示礼仪。旌，显示。

⑬事有其物，物有其容：事情各有类别，每一类别各有其外貌。物，类。容，容貌。

⑭今君之容，非其物也：卿大夫死亡，应有哀戚之容，现在国君仍然宴饮作乐，所以说非其类。

⑮味以行气：口味使气血流通。

⑯气以实志：气血可充实意志。

⑰志以定言，言以出令：意志充实则言语确定，便可发布命令。

⑱臣实司味：屠蒯为厨工之长，负责调和口味。

⑲二御失官：乐工和嬖叔都失职了。

⑳弗命：不下令治罪。

㉑臣之罪也：屠蒯用责乐工、嬖叔及自己失职来谏劝晋平公。

㉒知氏：即荀氏，荀盈即知盈。

㉓悛（quān）：悔改，停止。

㉔使荀跞佐下军以说焉：晋平公让荀跞代父为下军佐，以表明自己不废知氏之意。荀跞，荀盈之子知文子。

【译文】

晋国荀盈到齐国迎亲，回国途中，六月，在戏阳去世。停棺在绛地，还没下葬。晋平公喝酒，奏乐。膳宰屠蒯快步入宫，请求帮助晋平公斟酒，晋平公同意了。屠蒯就斟了酒给乐工喝，说："你是国君的耳朵，是要使它听力灵敏。在子或卯的日子，称为忌日，国君要撤除宴乐，学乐的人停止演习，这是为了避忌的缘故。国君的卿佐，这是股肱。股肱如果有折损，还有比这更痛心的吗？你不闻此理而奏乐，这是你耳朵不聪。"又让宠臣嬖叔喝酒，说："你是国君的眼睛，是要使国君眼睛明亮。服饰用来表示礼仪，礼仪用来指导行为，凡事都有类别，各类事物通过外貌表达。现在国君的外貌，不是他应有的那种，而你却看不到，这是眼睛不明。"自己也喝了酒,说:"滋味是用来使气血流通,气血用来使意志充实,意志用来确定言语,言语用来发布命令。下臣的职责是调和滋味,两个侍御国君的人失职,而国君没下令治罪,是下臣的罪责。"晋平公觉得他说得对,就撤掉酒席。起初,晋平公打算废掉荀盈家族而立他的宠臣,由于屠蒯这番劝谏而改变想法。秋八月,任命荀跞辅佐下军,以表明自己的态度。

【经】秋,仲孙貜如齐①。

【注释】

①仲孙貜(jué):即孟僖子。

【译文】

秋,孟僖子前往齐国。

【左传】孟僖子如齐殷聘①,礼也。

【注释】

①殷聘:盛大的聘问。鲁自叔老聘齐,至此二十年,两国之间聘问停止已久,故此聘特为盛大。

【译文】

孟僖子到齐国进行盛大的聘问,这是合于礼的。

【经】冬,筑郎囿①。

【注释】

①郎:古地名,在今山东鱼台东北。囿:园林。

【译文】

冬,修建郎囿。

【左传】冬,筑郎囿,书,时也①。季平子欲其速成也②,叔孙昭子曰:"《诗》曰:'经始勿亟,庶民子来③。'焉用速成,其以剿民也④? 无囿犹可,无民,其可乎⑤?"

【注释】

①时也:不误农时。

②季平子:即季孙意如,季武子之孙。季武子死后,季平子嗣位。

③经始勿亟(jí),庶民子来:引《诗》见《诗经·大雅·灵台》。本指周文王造灵台,下令不必急成,结果百姓如同儿子,踊跃而来。叔孙昭子借此劝季平子不必急于求成。亟,急。

④剿(jiǎo):劳。

⑤"无囿犹可"三句:劝季平子应以民为上。

【译文】

冬,修筑郎囿,《春秋》加以记载,是因为合乎时令。季平子想让它快点建成,叔孙昭子说:"《诗》说:'开始建造不着急,百姓如同儿子自动来。'哪里用得着速成,以使百姓受累呢? 没有园林关系不大,没有人民行吗?"

十年

△**【经】**十年春王正月①。

【注释】

①十年:鲁昭公十年当周景王十三年,前532年。

【译文】

鲁昭公十年春周历正月。

*【左传】十年春王正月，有星出于婺女①。郑裨灶言于子产曰："七月戊子，晋君将死。今兹岁在颛顼之虚②，姜氏、任氏实守其地③，居其维首④，而有妖星焉，告邑姜也⑤。邑姜，晋之妣也。天以七纪⑥，戊子，逢公以登，星斯于是乎出⑦，吾是以讥之⑧。"

【注释】

①有星出于婺（wù）女：有客星出现在婺女宿。婺女，二十八宿中的女宿。

②今兹：今年。岁：岁星。颛顼（zhuān xū）之虚：指十二星次中的玄枵（xiāo）。

③姜氏、任氏实守其地：姜，指齐姜。任，指薛姓。齐、薛二国为玄枵的分野。

④居其维首：玄枵包括二十八宿中的女、虚、危三宿，女宿（婺女）为玄枵三宿之首。维，星次。

⑤而有妖星焉，告邑姜也：客星出现，这是预告灾祸将归于邑姜。妖星，指客星。邑姜，齐太公女儿，晋始祖唐叔母亲。

⑥天以七纪：二十八宿分布四方，每方七宿，故以"七"记数。

⑦"戊子"三句：当年逢公是戊子日死去，其时客星出现于婺女宿。逢公，殷商时诸侯，居于齐地。登，登天，死去。

⑧吾是以讥之：由逢公之死而占卜得知晋平公死的日期，这是预言晋平公将死。讥，同"乩"，占卜。

【译文】

鲁昭公十年春周历正月,有客星出现在婺女宿。郑国裨灶对子产说:"七月初三,晋国国君将死。今年岁星在玄枵,姜氏、任氏据有玄枵的分野,婺女星是玄枵三宿的首位,而有客星出现,这是预告灾祸将归于邑姜。邑姜是晋国始封君的母亲。上天用'七'来记数,七月初三逢公去世,客星在那时候出现,我所以根据它而预知。"

【经】夏,齐栾施来奔①。

【注释】

①齐栾施来奔:栾施,齐国大夫。齐有栾、高、鲍、陈四大贵族争权,栾、高为齐惠公之后,公族;鲍、陈非公族。栾氏宗主为栾施,高氏宗主为高彊,二人嗜酒,听信妻室,众人怨恨颇多,鲍、陈二氏趁机攻打他们,瓜分其财产。栾施、高彊逃去鲁国。齐,《公羊传》误作"晋"。

【译文】

夏,齐国子旗逃来鲁国。

【左传】齐惠栾、高氏皆耆酒①,信内多怨②,强于陈、鲍氏而恶之③。夏,有告陈桓子曰:"子旗、子良将攻陈、鲍。"亦告鲍氏。桓子授甲而如鲍氏④,遭子良醉而骋,遂见文子⑤,则亦授甲矣⑥。使视二子⑦,则皆从饮酒。桓子曰:"彼虽不信⑧,闻我授甲,则必逐我⑨。及其饮酒也,先伐诸⑩?"陈、鲍方睦,遂伐栾、高氏。子良曰:"先得公,陈、鲍焉往⑪?"遂伐虎门⑫。

【注释】

①齐惠栾、高氏皆耆酒：栾、高氏即栾施、高彊，二人都是齐惠公曾孙。耆，同"嗜"。

②信内多怨：听信女人之言，积怨甚多。

③强于陈、鲍氏而恶之：栾、高氏势强于陈、鲍且厌恶陈、鲍。

④桓子授甲而如鲍氏：陈桓子一面准备迎战，一面亲往鲍氏处。

⑤遭子良醉而骋，遂见文子：途中遇见子良喝醉酒驾车狂奔，陈桓子于是往见鲍文子。

⑥则亦授甲矣：鲍氏也已准备作战。

⑦二子：指栾施、高彊。

⑧彼虽不信：因见二子仍在饮酒作乐，毫无作战准备，陈桓子以为传言可能失实。不信，不确实。

⑨闻我授甲，则必逐我：事已至此，栾、高必将驱逐陈、鲍。

⑩及其饮酒也，先伐诸：陈桓子建议先发制人。

⑪先得公，陈、鲍焉往：先控制国君，以制服陈、鲍。

⑫遂伐虎门：齐景公路寝南门。

【译文】

　　齐国惠公的孙子栾施、高彊都嗜酒，听信女人之言，积怨甚多，势力强过陈氏、鲍氏并厌恶陈氏、鲍氏。夏，有人报告陈桓子说："栾施、高彊将攻打陈氏、鲍氏。"也报告了鲍氏。陈桓子发放武器衣甲给手下然后去鲍氏处，正赶上子良醉酒驾车狂奔，就去见鲍文子，鲍氏也发放武器衣甲给手下了。派人去窥探栾施、高彊，则正准备喝酒。陈桓子说："传言虽不确实，但听说我们发放了武器衣甲，必定要放逐我们。乘他们在喝酒，先去攻他们吧？"陈氏、鲍氏这时正和睦，就去攻打栾氏、高氏。高彊说："先控制国君，陈、鲍两家还能跑到哪里去？"于是攻打虎门。

　　晏平仲端委立于虎门之外①，四族召之，无所往②。其徒曰："助陈、鲍乎？"曰："何善焉③？""助栾、高乎？"曰："庸愈乎④？""然则归乎？"曰："君伐⑤，焉归？"公召之，而后入。公卜使王黑以灵姑铚率，吉⑥，请断三尺焉而用之⑦。五月庚辰⑧，战于稷⑨，栾、高败，又败诸庄⑩。国人追之，又败诸鹿门⑪。栾施、高彊来奔。陈、鲍分其室。

【注释】

①端委：朝服，这里做动词。

②四族召之，无所往：四族都召晏婴，晏婴不介入任何一族。四族，栾、高、陈、鲍。

③何善焉：陈、鲍没有值得帮助的。

④庸愈乎：栾、高不比陈、鲍好。庸，岂。愈，胜过。

⑤君伐：国君被围攻。

⑥公卜使王黑以灵姑铚（pī）率，吉：要让王黑举着齐景公的旗帜率兵反击，占卜吉利。王黑，齐国大夫。灵姑铚，齐景公的旗帜。铚，古代旗名用字。

⑦请断三尺焉而用之：诸侯之旗比大夫之旗要长，王黑为表恭敬，将旗截断三尺。

⑧五月庚辰：五月无庚辰，当是记日有误。

⑨稷：齐城门，在今山东淄博临淄西。

⑩栾、高败，又败诸庄：栾、高一败再败。庄，临淄城内大街。

⑪鹿门：齐都城门，或曰是东南门。

【译文】

晏婴穿着朝服站在虎门外面，四族都召请他，他哪一边也不去。手下人说："帮助陈氏、鲍氏吗？"晏婴说："他们有什么值得帮助的？""那么帮助栾氏、高氏吗？"晏婴说："他们难道比陈氏、鲍氏好吗？""那么回去吧?"晏婴说:"国君遭到进攻,回哪里去?"齐景公召见他,晏婴才进宫。
齐景公为派王黑用自己的旗帜领兵而占卜,吉利,王黑请求将旗截断三
尺后再使用。五月庚辰,在稷门交战,栾、高被打败,又在庄街被打败。
国人追击他们,又在鹿门打败他们。栾施、高彊逃到鲁国。陈、鲍瓜分了
两家的资产。

　　晏子谓桓子:"必致诸公^①! 让,德之主也。让之谓懿
德^②。凡有血气,皆有争心,故利不可强,思义为愈^③。义,
利之本也。蕴利生孽^④。姑使无蕴乎! 可以滋长。"桓子尽
致诸公,而请老于莒^⑤。

【注释】

①必致诸公:将所取栾、高的财产交齐景公。

②让之谓懿德:能谦让是美德。

③故利不可强,思义为愈:利益不可强取,应多想到道义。愈,胜。

④蕴利生孽:聚积利益就会生出妖孽。蕴,积聚。

⑤请老于莒:陈桓子告老退休住到莒邑。莒,齐邑。

【译文】

　　晏婴对陈桓子说:"一定要把所取两家财产交给国君! 谦让是德行
的主干。谦让称为美德。凡有血气的人,都有争竞之心,所以利益不可
强取,想到道义才是更胜一筹。道义是利益的根本。蓄积利益会生妖
孽。姑且不要让它积聚吧! 可以让它慢慢地增长。"陈桓子把从两家得
来的财产尽数上交给齐景公,并请求退休到莒地养老。

　　桓子召子山^①,私具幄幕、器用、从者之衣屦,而反棘
焉^②。子商亦如之,而反其邑。子周亦如之,而与之夫于^③。

反子城、子公、公孙捷④，而皆益其禄。凡公子、公孙之无禄者，私分之邑⑤。国之贫约孤寡者，私与之粟⑥。曰："《诗》云：'陈锡载周⑦。'能施也。桓公是以霸⑧。"公与桓子莒之旁邑，辞。穆孟姬为之请高唐⑨，陈氏始大⑩。

【注释】

①子山：与下文的子商、子周都是齐公子，襄公三十一年被子尾所逐。

②私具幄（wò）幕、器用、从者之衣屦（jù），而反棘焉：陈桓子私自送子山器物及其随从者衣服鞋子，将棘邑归还子山。棘，子山原来的采邑。

③夫于：古地名，今山东长山。

④子城、子公、公孙捷：即昭公八年子旗所逐之子成、子工、子车三人。

⑤私分之邑：将私邑分给他们。

⑥国之贫约孤寡者，私与之粟：将自家的粮食分给贫困孤寡之人。

⑦陈锡载周：引《诗》见《诗经·大雅·文王》。意思是周文王将得到的赏赐拿出来分给人，于是创建了周朝。

⑧桓公是以霸：齐桓公因善施而称霸。案陈桓子这些行为，是为了收买人心。

⑨穆孟姬：齐景公母亲。高唐：古地名，今山东高唐东。

⑩陈氏始大：栾、高外逃，陈氏收买人心，又得高唐之地，自此力量更加强大。

【译文】

陈桓子召见子山，私下准备了帐幕、器物、随从的衣服鞋子，并归还棘地。对子商也是如此处理，归还原先的封邑。对子周也是如此处理，并给他夫于。召回子城、子公、公孙捷，都增加了他们的俸禄。凡是公子、公孙中没有俸禄的，私下将自己的封邑分给他们。国内贫困孤寡者，都私下周济粮食。他说："《诗》说：'文王将得到的赏赐拿出来分给人，于是创建了周朝。'这就是能施舍的缘故。桓公因为这样而成为霸主。"
齐景公赐给陈桓子莒的近邑,陈桓子辞谢了。穆孟姬为他请封高唐,陈
氏开始强大。

【经】秋七月,季孙意如、叔弓、仲孙貜帅师伐莒①。

【注释】

①季孙意如:鲁国大夫,季氏宗主,季孙宿之孙。《公羊传》作"季孙
　隐如"。

【译文】

秋七月,季孙意如、叔弓、仲孙貜率领军队攻打莒国。

【左传】秋七月,平子伐莒,取郠①。献俘,始用人于亳
社②。臧武仲在齐,闻之,曰:"周公其不飨鲁祭乎! 周公飨
义,鲁无义③。《诗》曰:'德音孔昭,视民不佻④。'佻之谓甚
矣⑤,而壹用之⑥,将谁福哉?"

【注释】

①郠(gěng):莒邑,在今山东沂水。

②始用人于亳社:献俘于殷社时用人做牺牲。亳社,殷社。

③鲁无义:杀人以祭,无义。

④德音孔昭,视民不佻(tiāo):引《诗》见《诗经·小雅·鹿鸣》。意
　思是先王德教分明,使百姓不轻薄于礼义。孔,很。昭,明。佻,
　浇薄,不厚道。

⑤佻之谓甚矣:以人为牺牲,将人比于牛羊,可谓轻薄随便得太过分了。

⑥壹:专门。

【译文】

秋七月,季平子进攻莒国,占领郠地。献上俘虏,开始在亳社用人做牺牲。臧武仲在齐国,听说了,说:"周公将会不再享用鲁国的祭祀了吧!周公享用合乎道义的祭祀,鲁国不讲道义。《诗》说:'先王德教分明,使百姓不轻薄于礼义。'鲁国的做法太轻薄了,而又专门这样做,上天将会降福给谁呢?"

【经】戊子①,晋侯彪卒②。九月,叔孙婼如晋,葬晋平公③。

【注释】

①戊子:初三。

②晋侯彪卒:晋平公去世。晋侯,晋平公,姓姬,名彪,谥平。

③叔孙婼如晋,葬晋平公:叔孙婼赴晋送葬。叔孙婼,《公羊传》作"叔孙舍"。

【译文】

七月初三,晋平公彪去世。九月,叔孙婼到晋国,参加晋平公的葬礼。

【左传】戊子,晋平公卒。郑伯如晋,及河,晋人辞之①。游吉遂如晋。九月,叔孙婼、齐国弱、宋华定、卫北宫喜、郑罕虎、许人、曹人、莒人、邾人、滕人、薛人、杞人、小邾人如晋,葬平公也②。

【注释】

①"郑伯如晋"三句:诸侯死,不必别国诸侯亲吊,所以晋国辞谢。

②叔孙婼、齐国弱、宋华定、卫北宫喜、郑罕虎、许人、曹人、莒人、邾人、滕人、薛人、杞人、小邾人如晋,葬平公也:盟主死,诸侯派大

夫会葬。

【译文】

七月初三,晋平公去世。郑简公去晋国,到黄河边,晋国辞谢。游吉便到晋国去。九月,叔孙婼、齐国国弱、宋国华定、卫国北宫喜、郑国罕虎、许国人、曹国人、莒国人、邾国人、滕国人、薛国人、杞国人、小邾国人去晋国,参加晋平公的葬礼。

郑子皮将以币行①,子产曰:"丧焉用币?用币必百两②,百两必千人,千人至,将不行③。不行,必尽用之。几千人而国不亡?"子皮固请以行。

【注释】

①币:指见新君的礼物。

②用币必百两:用一百辆车载物。两,通"辆"。

③千人至,将不行:千人随行,一时不会返回。不行,不还。

【译文】

郑国罕虎要带上礼品前往,子产说:"丧事哪里要用礼品?而且带礼品必定要用一百辆车,一百辆车就要动用千人,千人前往,一时将无法返回。回不来,就会把财物都用光。几次派千人送礼,国家有不灭亡的吗?"罕虎坚持请求这样做了。

既葬,诸侯之大夫欲因见新君①。叔孙昭子曰:"非礼也。"弗听②。叔向辞之③,曰:"大夫之事毕矣④,而又命孤⑤,孤斩焉在衰绖之中⑥,其以嘉服见⑦,则丧礼未毕;其以丧服见,是重受吊也。大夫将若之何⑧?"皆无辞以见。

【注释】

①新君：晋平公死，子晋昭公夷立。

②弗听：众大夫不听。

③辞：婉言谢绝。

④事：指送葬之事。

⑤命孤：使我与诸国大夫相见。孤，新君昭公自称。这是叔向代晋昭公说话。

⑥孤斩焉在衰绖（cuī dié）之中：晋昭公正在丧期中。斩焉，哀痛的样子。斩，悲痛。

⑦嘉服：喜庆的服饰。

⑧大夫将若之何：案此言无论以嘉服或以丧服见，均不合适。

【译文】

安葬完毕，诸侯国大夫们希望借此拜见新国君。叔孙昭子说："这是不合礼的。"大家不听。叔向婉言谢绝，说："大夫们吊丧的事务已经完成了，又命令要见国君的孤儿，孤儿正哀痛地处在服丧期间，用吉服见各位，却又是丧礼未完；用丧服见，便是重新接受大家的吊唁。大夫们打算怎么办？"众人都没理由再请见了。

子皮尽用其币，归，谓子羽曰："非知之实难，将在行之①。夫子知之矣，我则不足②。《书》曰：'欲败度，纵败礼③。'我之谓矣。夫子知度与礼矣，我实纵欲，而不能自克也④。"

【注释】

①非知之实难，将在行之：知理不难，难在实行。

②夫子知之矣，我则不足：因币用尽，后悔当初不听子产的告诫。夫子，指子产。

③欲败度，纵败礼：此为逸《书》，《古文尚书》取入《太甲·中》。意

思是逞私欲将败坏法度,纵欲则败坏礼义。度,法度。纵,随心所
欲而行。

④我实纵欲,而不能自克也:子皮善做自我批评。克,克制。

【译文】

罕虎把财礼全部用完,回到国内,对子羽说:"不是知道困难,而是实
行很难。子产懂得这一点,我却懂得不够。《书》说:'欲望败坏法度,纵
欲败坏礼法。'这说的是我了。子产知道法度和礼仪,我实在是纵容自
己的欲望而不能自我克制。"

　　昭子至自晋,大夫皆见。高彊见而退①。昭子语诸大夫
曰:"为人子不可不慎也哉!昔庆封亡,子尾多受邑,而稍致
诸君②,君以为忠,而甚宠之。将死,疾于公宫,辇而归,君
亲推之③。其子不能任④,是以在此。忠为令德,其子弗能
任,罪犹及之,难不慎也⑤?丧夫人之力⑥,弃德、旷宗⑦,以
及其身,不亦害乎?《诗》曰:'不自我先,不自我后⑧。'其是
之谓乎!"

【注释】

①高彊见而退:子良不敢见昭子。高彊,即齐国子良。

②"昔庆封亡"三句:襄公二十八年,庆封逃亡后,赐给子尾很多城
邑,他接受后又把城邑全部送还国君。稍,尽。

③"疾于公宫"三句:子尾死前在公宫得病,国君亲自推车送他。

④任:谓继承其父之志。

⑤难不慎也:怎么能不谨慎呢?难,"奈何"的合音。

⑥夫人:指子尾。力:功劳。

⑦旷宗:使宗庙空废无人祭祀。

⑧不自我先，不自我后：引《诗》见《诗经·小雅·正月》。意思是祸乱不在他人，而在己身。这里指高彊是自取其祸。

【译文】

叔孙昭子从晋国回来，大夫们都来进见。高彊进见后就退出去了。叔孙昭子对大夫们说："作为人子不能不谨慎啊！从前庆封逃亡，子尾得到很多城邑，他接受后又把城邑全部送还国君，国君以为他忠诚，很宠爱他。快死的时候，在国君宫中得病，用车送他回去，国君还亲自推送。其子不能继承，才在这里。忠是美德，其子不能继承，罪过尚且降临，怎么能不谨慎呢？丧失了先人的功劳，丢弃德行，宗庙空置而得不到祭祀，罪过延及自身，不也是祸害吗？《诗》说：'祸乱不在他人，而在己身。'说的就是这个吧！"

【经】十有二月甲子①**，宋公成卒**②**。**

【注释】

①十有二月：案《春秋》之例，此处当书"冬，十二月"，不书"冬"者，何休以为，此年鲁昭公娶吴孟子，违反了同姓不婚的礼制，有大恶，故去天时（冬）以贬之。甲子：初二。

②宋公成卒：宋平公去世。宋公成，即宋平公，姓子，名成，谥平。成，《公羊传》作"戌"。

【译文】

十二月初二，宋平公成去世。

【左传】冬十二月，宋平公卒。初，元公恶寺人柳①**，欲杀之。及丧，柳炽炭于位**②**，将至，则去之。比葬，又有宠**③**。**

【注释】

①元公：宋平公太子佐。

②及丧，柳炽炭于位：天气寒冷，寺人柳用炭将丧位烧暖，以便于宋
　元公坐。位，指太子佐丧位。

③比葬，又有宠：葬后，寺人柳又得到宋元公的宠信。案寺人柳善于
　逢迎，宋元公好恶无常。

【译文】

　　冬十二月，宋平公去世。当初，宋元公厌恶寺人柳，想杀了他。到宋
平公丧事时，柳在佐的丧位烧炭烤暖，宋元公将要来了，就撤去炭炉。到
安葬宋平公后，寺人柳又受到宋元公的宠爱。

十一年

【经】十有一年春王二月①，叔弓如宋。葬宋平公。

【注释】

①十有一年：鲁昭公十一年当周景王十四年，前531年。二月：《公
　羊传》作"正月"。

【译文】

鲁昭公十一年春周历二月，叔弓去宋国。安葬宋平公。

【左传】十一年春王二月，叔弓如宋，葬平公也。

【译文】

鲁昭公十一年春周历二月，叔弓去宋国，是去参加宋平公的葬礼。

【经】夏四月丁巳①，楚子虔诱蔡侯般②，杀之于申③。楚

公子弃疾帅师围蔡。

【注释】

①丁巳：初七。

②楚子虔：即楚灵王，姓芈，熊氏，原名围，即位后改名虔。蔡侯般：蔡灵侯，姓姬，名般，谥灵。于襄公三十一年弑其父自立。

③申：楚地名，在今河南南阳北。

【译文】

夏四月初七，楚灵王虔诱骗蔡灵侯般前来并在申地把他杀死。楚国公子弃疾领兵包围蔡国。

【左传】景王问于苌弘曰①："今兹诸侯何实吉？何实凶？"对曰："蔡凶。此蔡侯般弑其君之岁也，岁在豕韦②，弗过此矣③。楚将有之，然壅也④。岁及大梁，蔡复，楚凶，天之道也⑤。"

【注释】

①苌（cháng）弘：周大夫。

②此蔡侯般弑其君之岁也，岁在豕（shǐ）韦：襄公三十年即岁星行至豕韦那年，般弑君自立，现在岁星又到豕韦，正好一周期。豕韦，星宿名，二十八宿之室宿的别名。

③弗过此矣：蔡凶过不了此年。

④楚将有之，然壅也：预言楚将灭蔡，但楚也将因此聚积其恶行。壅，聚积。

⑤"岁及大梁"四句：楚灵王弑君之年，岁星行至大梁，苌弘预言到岁星再行至大梁时，蔡复国，楚将有凶。大梁，十二星次之一。案

昭公十三年,岁星再行至大梁,楚灵王亡。

【译文】

周景王问苌弘说:"现今诸侯中哪个吉利?哪个不吉利?"苌弘回答说:"蔡国不吉利。今年是蔡灵侯般杀死其国君之岁,岁星在豕韦,他过不去今年了。楚国将占有蔡国,但楚是在积聚自己的罪恶。岁星到大梁时,蔡将复国,楚国不吉利,这是天道。"

　　楚子在申,召蔡灵侯。灵侯将往,蔡大夫曰:"王贪而无信,唯蔡于感^①,今币重而言甘,诱我也,不如无往。"蔡侯不可。三月丙申^②,楚子伏甲而飨蔡侯于申,醉而执之。夏四月丁巳,杀之。刑其士七十人。公子弃疾帅师围蔡。

【注释】

①唯蔡于感:蔡为近楚之国,楚常恨蔡不顺服。感,通"憾",恨。

②丙申:十五日。

【译文】

楚灵王在申地,召见蔡灵侯。蔡灵侯准备前往,蔡国大夫说:"楚王贪婪而不讲信用,对蔡国只有怨恨,现在送的财物多话语甜蜜,这是诱骗我们,不如不要去。"蔡灵侯不肯。三月十五日,楚灵王在申地先埋伏甲兵后设享礼款待蔡灵侯,乘他酒醉抓了他。夏四月初七,杀死蔡灵侯。同时杀死他的士七十人。公子弃疾带兵包围了蔡国。

　　韩宣子问于叔向曰:"楚其克乎?"对曰:"克哉!蔡侯获罪于其君^①,而不能其民^②,天将假手于楚以毙之,何故不克?然肸闻之,不信以幸,不可再也^③。楚王奉孙吴以讨于陈,曰:'将定而国。'陈人听命,而遂县之^④。今又诱蔡而杀其君,以围其国,虽幸而克,必受其咎,弗能久矣。桀克有缗,以丧其国⑤。纣克东夷,而陨其身。楚小位下,而亟暴于二王,能无咎乎⑥?天之假助不善,非祚之也,厚其凶恶而降之罚也⑦。且譬之如天其有五材而将用之,力尽而敝之⑧,是以无拯,不可没振⑨。"

【注释】

①蔡侯获罪于其君:指弑父自立。

②不能:得不到。

③不信以幸,不可再也:意思是楚国不讲信用,虽侥幸而得利,也只有一而不可再了。

④陈人听命,而遂县之:事见昭公八年。这是楚王无信之一。

⑤桀克有缗,以丧其国:案昭公四年传文曰"夏桀为仍之会,有缗叛之",其亡因宠有施国女妹喜。叔向此言不知何据。

⑥"楚小位下"三句:楚灵王比之于桀、纣,国更小,位更卑,但暴虐超过了桀、纣,所以灾祸必将不免。亟,屡次。

⑦"天之假助不善"三句:天借不善的楚君之手伐蔡,不是赐福于楚,而是积楚恶而罚之。假,借。祚,赐福。

⑧且譬之如天其有五材而将用之,力尽而敝之:人用五材,材力尽则丢弃。五材,指金、木、水、火、土。敝,丢弃。

⑨不可没振:如五材尽其用而弃之,楚国不能复兴。没,最终。振,兴。

【译文】

韩宣子向叔向询问说:"楚国能成功吗?"叔向回答说:"一定能!蔡侯得罪了他的国君,又得不到人民的拥护,上天将借楚国之手处死他,为什么不能成功?不过我听说,不讲信用而得利,可一不可二。楚王打着陈国太孙吴的旗号讨伐陈国,说:'将要安定你们的国家。'陈国人听从了他的命令,结果却是废国为县。现在又诱骗蔡国而杀了他们的国君,包围蔡国,虽然侥幸成功,必将受到它的祸害,不会很久了。桀战胜有缗而丢掉了他的国家。纣战胜东夷而丧失了自身的生命。楚国国小位卑,但他的屡次残暴超过桀、纣二王,能没有灾祸吗?上天借助坏人,不是赐福给他,是要增加他的凶恶后降罚给他。而且譬如上天有金、木、水、火、土五种材料而人加以使用,材力用尽就丢弃了,所以楚国已经无法拯救,最终不可能兴盛。”

【公羊传】楚子虔何以名①?绝。曷为绝之?为其诱讨也②。此讨贼也③,虽诱之,则曷为绝之?怀恶而讨不义,君子不予也④。

【注释】

①楚子虔何以名:楚子虔,即楚灵王,虔为名。案礼制,诸侯不生名,若生时书名,表明已被《春秋》诛绝。

②为其诱讨也:楚灵王欲灭蔡国,诈称愿与蔡侯般相会,将其诱至申地,杀之,继而讨伐蔡国,至十一月,灭蔡。讨,阮本误作“封”,今据余仁仲本《春秋公羊解诂》改正。

③此讨贼也:蔡侯般本弑君而立,参襄公三十年“蔡世子般弑其君固”条。

④怀恶而讨不义,君子不予也:怀恶,指楚灵王本怀灭蔡之心。不义,不义之人。指蔡侯般。予,赞同。

【译文】

《春秋》为何书楚子虔之名?是诛绝他。为何诛绝他?因为他用诱骗的手段行诛讨之事。这里是诛讨弑君之贼,尽管用了诱骗的手段,为何要诛绝楚子虔?楚子虔心怀灭蔡之心而诛讨不义之人,君子不赞同这种行径。

【穀梁传】何为名之也？夷狄之君，诱中国之君而杀之，故谨而名之也。称时、称月、称日、称地，谨之也。

【译文】

为什么称名呢？夷狄之国的国君，诱骗中原国家的国君来杀害了他，所以慎重地记载名字。记载季节、记载月份、记载日期、记载地点，都是慎重地对待这件事。

【经】五月甲申①，夫人归氏薨②。

【注释】

①甲申：初四。

②夫人归氏：鲁昭公母亲，胡女，归姓，鲁襄公嫡夫人敬归之妹齐归。

【译文】

五月初四，夫人齐归去世。

【左传】五月，齐归薨。

【译文】

五月，齐归去世。

【经】大蒐于比蒲①。

【注释】

①大蒐于比蒲：鲁在比蒲举行盛大阅兵。比蒲，古地名。具体地点不详。

【译文】

在比蒲举行盛大阅兵。

【左传】大蒐于比蒲,非礼也[1]。

【注释】

[1]非礼也:蒐一般在春季举行,今已入夏,有碍农时,又在齐归丧期,
　　所以说非礼。

【译文】

在比蒲举行盛大阅兵,这是非礼的行为。

【公羊传】大蒐者何? 简车徒也。何以书? 盖以罕书也。

【译文】

大蒐礼是什么? 是检阅兵车与士兵。为何记录此事? 以为罕见而
记录。

【经】仲孙貜会邾子,盟于袆祥[1]。

【注释】

[1]仲孙貜会邾子,盟于袆(jìn)羊:案《春秋》之例,此条蒙上文之
　　"五月"。又据时月日例,盟例日,小信月,大信时。此处不书日
　　者,因鲁国有小君之丧,却在丧中结盟,故襄为小信之辞,使若议
　　结善事,以此为鲁国避讳。邾子,据《左传》,这里是邾庄公曹穿,
　　邾悼公之子。《公羊传》作"邾娄子"。袆祥,古地名,或说在今山
　　东曲阜。《公羊传》作"侵羊"。

【译文】

孟僖子与邾庄公相会,在祲祥结盟。

【左传】孟僖子会邾庄公,盟于祲祥,修好,礼也。

【译文】

孟僖子和邾庄公相会,在祲祥结盟,修复友好,这是合于礼的。

泉丘人有女①,梦以其帷幕孟氏之庙②,遂奔僖子,其僚从之③。盟于清丘之社④,曰:"有子,无相弃也。"僖子使助薳氏之簉⑤。反自祲祥,宿于薳氏,生懿子及南宫敬叔于泉丘人⑥。其僚无子,使字敬叔⑦。

【注释】

①泉丘:鲁邑,在今山东宁阳、泗水间。

②梦以其帷幕孟氏之庙:梦以帷幕覆盖孟氏祖庙。

③其僚从之:她的同伴和她一起私奔孟僖子。

④盟于清丘之社:二女与孟僖子盟誓。清丘,离泉丘不远。社,土地庙。

⑤僖子使助薳氏之簉(zào):以二女为妾,住在薳氏。薳氏,孟僖子别邑。簉,妾。

⑥生懿子及南宫敬叔于泉丘人:孟僖子和泉丘女生了懿子和南宫敬叔。

⑦字:抚养。

【译文】

泉丘人有个女儿,梦见用自己的帷幕覆盖孟氏宗庙,于是私奔到孟僖子处,她的女伴跟着她。她们和孟僖子在清丘的土地庙盟誓,说:"如果有了儿子,不要抛弃我。"孟僖子让她们住在蓬氏为妾。孟僖子从褚祥回来,住在蓬氏,与泉丘女生了懿子和南宫敬叔两个儿子。女伴没生儿子,让她抚养敬叔。

【经】秋,季孙意如会晋韩起、齐国弱、宋华亥、卫北宫佗、郑罕虎、曹人、杞人于厥慭①。

【注释】

①季孙意如:《公羊传》作"隐如"。齐国弱:《公羊传》作"齐国酌"。郑罕虎:《公羊传》作"郑轩虎"。厥慭(yín):古地名,或说在今河南新乡。《公羊传》作"屈银"。据《左传》,此次会盟是"谋救蔡也"。

【译文】

秋,季孙意如与晋国韩起、齐国国弱、宋国华亥、卫国北宫佗、郑国罕虎、曹国人、杞国人在厥慭会面。

【左传】楚师在蔡,晋荀吴谓韩宣子曰:"不能救陈,又不能救蔡,物以无亲①。晋之不能,亦可知也已! 为盟主而不恤亡国,将焉用之②?"秋,会于厥慭,谋救蔡也。郑子皮将行,子产曰:"行不远。不能救蔡也③。蔡小而不顺,楚大而不德,天将弃蔡以壅楚,盈而罚之④。蔡必亡矣。且丧君而能守者鲜矣⑤。三年,王其有咎乎! 美恶周必复,王恶周矣⑥。"晋人使狐父请蔡于楚,弗许⑦。

【注释】

①物以无亲：别人不会来亲附晋国。物，别人。

②为盟主而不恤亡国，将焉用之：案这时晋霸日衰，畏惧楚国，面对陈、蔡被楚所灭，晋已无可奈何了。

③行不远。不能救蔡也：救蔡无希望，子皮行而不远。

④天将弃蔡以壅楚，盈而罚之：让楚恶贯满盈，再加以惩罚。

⑤且丧君而能守者鲜（xiǎn）矣：丧失国君而能守住国家的很少。鲜，少。

⑥美恶周必复，王恶周矣：或美或恶，或吉或凶，岁星运行一周后必有报应，楚灵王也是如此。复，报应。参见前文苌弘答周景王问注解。

⑦晋人使狐父请蔡于楚，弗许：案救蔡果不成功。狐父，晋国大夫。许翰曰："厥愁合天下之兵，畏不敢救，遣使请命，示之不能，使楚益骄，有以量诸侯之力而卒取之，此韩起之罪也。"严启隆曰："晋之不能，始于赵孟，而极于韩宣。天下虽安，忘战则危，弭兵之祸盖至此。"顾栋高曰："复合八国之大夫，不能讨楚以庇蔡，反卑辞以求楚，伯业全丧矣。"

【译文】

楚国军队在蔡国，晋国荀吴对韩起说："不能救陈国，又不能救蔡国，别人不会来亲附晋国了。晋国的无能，也由此可见了！作为盟主而不为灭亡的国家忧虑，那还用得着这个盟主吗？"秋，诸侯在厥愁相会，讨论援救蔡国的办法。郑国子皮准备参加，子产说："你走不远。不可能挽救蔡国。蔡国小而不顺服，楚国大而不行德，上天将抛弃蔡国来让楚国蓄积罪恶，满盈时就惩罚它。蔡国一定会亡国了。况且丧失国君而能守住国家的事很少。过三年，楚王就将有灾祸了吧！美和恶在岁星运行一周后必然会有报应，楚王作恶马上要到岁星一周的时间了。"晋国派狐父到楚国为蔡国求情，楚国没有答应。

*【左传】单子会韩宣子于戚①,视下,言徐②。叔向曰:
"单子其将死乎! 朝有著定③,会有表④,衣有袷,带有结⑤。
会朝之言必闻于表著之位,所以昭事序也⑥;视不过结袷之
中,所以道容貌也⑦。言以命之,容貌以明之,失则有阙⑧。
今单子为王官伯⑨,而命事于会⑩,视不登带,言不过步⑪,
貌不道容,而言不昭矣⑫。不道,不共⑬;不昭,不从⑭。无守
气矣⑮。"

【注释】

①单子:单成公。

②视下言徐:目光向下,说话迟缓。

③朝有著定:朝见有固定的位置。

④会有表:会见时诸侯大夫依次设位,作为标记。表,标志。

⑤衣有袷(guì),带有结:服饰穿戴有一定的礼制。袷,衣衿交结处。
　带有结,衣带系于腰间。

⑥会朝之言必闻于表著之位,所以昭事序也:说话应使在座者都能
　听见,有条不紊。事序,事理。

⑦视不过结袷之中,所以道容貌也:目光不低于结袷之间,使仪容
　端正。

⑧"言以命之"三句:言语发布命令,仪容表明态度,否则便是有
　缺失。

⑨王官伯:王官之长。

⑩而命事于会:单子此次来,是要在厥愁之会上宣布王命。

⑪视不登带,言不过步:即上面所说"视下言徐"。言不过步,声音
　细小,走过一步就听不到。

⑫貌不道容,而言不昭矣:视下言徐是单成公的失职。貌,外貌。

容，威仪。昭，明白。

⑬不道，不共：仪容不端正，是不恭敬。

⑭不昭，不从：言语不明白，别人就不顺从。

⑮无守气矣：不能保住身体之气，即将死的意思。案单成公死于本年十二月。这里是预言。

【译文】

单成公和韩起在戚地相会，目光向下，说话迟缓。叔向说："单子快要死了吧！朝见有规定的位置，会见有标志，衣服有交结，带子有结。会见朝见时说的话一定要让在位的人都听到，用它来表明事情有条不紊；目光不低于结袷之中，用它来端正仪容外貌。言语用来发布命令，仪容外貌用来表明态度，没做到就是有缺失。现在单子身为百官之长，要在会议上宣布周王的命令，却目光低于衣带，声音超过一步远的地方就听不见，仪容不端正，言语就不能让人明白了。不端正，就不恭敬；言语不明白，别人就不顺从。他已经没有养生之气了。"

【经】九月己亥①，葬我小君齐归②。

【注释】

①己亥：二十一日。

②齐归：胡女，归为氏，齐为谥号，鲁襄公嫡夫人，鲁昭公之母。

【译文】

九月二十一日，安葬我国夫人齐归。

【左传】九月，葬齐归，公不戚①。晋士之送葬者，归以语史赵②。史赵曰："必为鲁郊③。"侍者曰："何故？"曰："归姓也，不思亲，祖不归也④。"

【注释】

①葬齐归，公不戚：鲁昭公母葬而不哀痛。

②晋士之送葬者：据昭公三年传文记载"夫人丧，士吊，大夫送葬"，

　这次晋国也派士参加送葬。

③必为鲁郊：意思是鲁昭公必出奔于国外。

④"归姓也"三句：鲁昭公为归氏之子，母死不悲哀，其祖必不会保

　佑他。归，依附。

【译文】

　　九月，安葬齐归，鲁昭公不悲伤。晋国来参加送葬的士，回国后把这

事告给了史赵。史赵说："鲁公必将寄居鲁国郊外。"侍者说："为什么？"

史赵说："他是归氏所生，不思念亲人，祖先不会保佑他的。"

　　叔向曰："鲁公室其卑乎？君有大丧，国不废蒐①；有三

年之丧，而无一日之戚。国不恤丧，不忌君也②。君无戚容，

不顾亲也③。国不忌君，君不顾亲，能无卑乎？殆其失国④。"

【注释】

①君有大丧，国不废蒐：五月大蒐于比蒲。

②国不恤丧，不忌君也：国有丧事而不悲哀，人们将不怕国君。恤，

　悲哀。忌，敬畏。

③君无戚容，不顾亲也：不思亲不顾亲，是抛弃亲人。

④殆其失国：此为二十五年鲁昭公被逐伏笔。

【译文】

　　叔向说："鲁国公室将要没落了吧？国君有重大丧事，国家却不废止

阅兵；有三年的服丧期，却一天也没表现出哀戚。国家没有因丧事而悲

伤，人民将不敬畏国君。国君没有哀戚之容，是不顾念亲人。国家不敬

畏国君，国君不顾念亲人，能够不没落吗？他大概要失去他的国家。"

【公羊传】齐归者何？昭公之母也。

【译文】

齐归是什么人？是鲁昭公的母亲。

【经】冬十有一月丁酉①，楚师灭蔡，执蔡世子有以归，用之②。

【注释】

①丁酉：二十日。

②执蔡世子有以归，用之：杀蔡太子有，作为牺牲。蔡灵公被诱杀之后，由世子率领蔡国抵抗，楚灭蔡之后抓获了世子姬有，将其杀害用以祭祀冈山。世子有，《穀梁传》作"世子友"。

【译文】

冬十一月二十日，楚国军队灭亡蔡国，抓了蔡国太子有回国，用他做牺牲。

【左传】冬十一月，楚子灭蔡，用隐大子于冈山①。申无宇曰："不祥。五牲不相为用②，况用诸侯乎③？王必悔之。"

【注释】

①用隐大子于冈山：杀太子以祭冈山。隐，太子谥号。

②五牲不相为用：五种牺牲不能替代使用。五牲，指牛、羊、豕、犬、鸡。不相为用，如祭牛之祖不可用牛。

③况用诸侯乎：何况用诸侯呢。诸侯，指蔡太子。杨伯峻曰："隐太子虽未即蔡君之位，以太子帅国人以抗楚，可以诸侯待之也。"

【译文】

冬十一月，楚灵王灭亡蔡国，用隐太子做牺牲祭祀冈山。申无宇说："这不吉祥。五种牺牲不能相互替代，何况用诸侯呢？楚王一定要后悔的。"

【公羊传】此未逾年之君也，其称世子何^①？不君灵公，不成其子也^②。不君灵公，则曷为不成其子？诛君之子不立^③，非怒也^④，无继也。恶乎用之？用之防也。其用之防奈何？盖以筑防也^⑤。

【注释】

①其称世子何：案嗣君名例，君存称"世子"，未逾年则称"子"。此处蔡世子有是蔡侯般之子，今年四月，般被楚子虔诱杀，有即位未逾年，当称"蔡子"，此处却书"蔡世子有"，故而发问。

②不君灵公，不成其子也：灵公，即蔡侯般。般弑杀蔡侯固，已被《春秋》诛绝，故云"不君灵公"。未逾年君称"子"者，有"以子继父"之义，此处蔡灵公被诛绝，意味着蔡灵公后人都没有继承君位的资格，故云"不成其子"。

③诛君之子不立：先君被诛绝，其子不能即位为君，此为《春秋》通例。值得注意的是，"诛君之子不立"，于此处张义，其余可从此例。

④怒：迁怒。

⑤盖以筑防也：何休云："持其足，以头筑防，恶不以道。"防，堤防。

【译文】

这是未逾年的国君，为何称之为"世子"？因为蔡灵公不得为君，所以有不得继承君位。蔡灵公不得为君，为什么有不得继承君位？被诛绝的国君之子，是不能立为国君的，这不是迁怒于子，而是被诛绝的国君本不应有继嗣。用在哪里？用在堤防上。用在堤防上是怎么回事？大概是把他筑在了堤防里。

【穀梁传】此子也①,其曰世子,何也? 不与楚杀也。一事注乎志②,所以恶楚子也。

【注释】

①子:诸侯在丧,称已受命君位的继承者为子。

②注:接连,连续。

【译文】

这里已经是国君了,经文称"世子",为什么呢? 不赞同楚国杀了他。一件事情连续地记载,是以此来表示对楚国国君的厌恶。

*【左传】十二月,单成公卒。

【译文】

十二月,单成公去世。

*【左传】楚子城陈、蔡、不羹①。使弃疾为蔡公。王问于申无宇曰:"弃疾在蔡,何如②?"对曰:"择子莫如父,择臣莫如君。郑庄公城栎而置子元焉,使昭公不立③。齐桓公城穀而置管仲焉④,至于今赖之。臣闻五大不在边⑤,五细不在庭⑥。亲不在外⑦,羁不在内⑧。今弃疾在外,郑丹在内,君其少戒⑨!"王曰:"国有大城,何如⑩?"对曰:"郑京、栎实杀曼伯⑪,宋萧、亳实杀子游⑫,齐渠丘实杀无知⑬,卫蒲、戚实出献公⑭。若由是观之,则害于国⑮。末大必折,尾大不掉⑯,君所知也⑰。"

【注释】

① 不羹:有二城,东城在今河南舞阳北,西城在今河南襄城东南。

② 弃疾在蔡,何如:就让弃疾为蔡公一事征询申无宇。

③ 郑庄公城栎而置子元焉,使昭公不立:郑庄公将子元安置于栎,后来子元与郑昭公争位,便以栎为根据地而取得君位。栎,古地名,今河南禹县。子元,郑厉公,郑庄公儿子。

④ 穀:古地名,在今山东东阿。

⑤ 臣闻五大不在边:五大不宜任封疆大臣。五大,太子、母弟、贵庞公子、公孙、累世上卿。

⑥ 五细不在庭:五小不宜在朝廷任职。五小,贱者、年少者、疏远者、新人、弱小者。

⑦ 亲不在外:亲贵大臣不宜出任地方官。

⑧ 羁不在内:寄居之臣不宜在朝内任要职。羁,寄居之臣。案以上四句为申无宇所述任官的原则,否则将危及君位。

⑨ "今弃疾在外"三句:弃疾为楚灵王幼弟,是"大"是"亲";郑丹是郑国亡臣子革,是"羁",任楚国右尹。

⑩ 国有大城,何如:国内有超大的城邑,怎么样。

⑪ 郑京、栎实杀曼伯:指"郑伯因栎人杀檀伯(曼伯)",见桓公十五年传文。

⑫ 宋萧、亳实杀子游:庄公十二年,宋南宫长万弑宋闵公而立子游,冬,萧叔大心及戴、武、宣、穆、庄之族以曹师伐之。杀南宫牛于师,杀子游于宋,立宋桓公。

⑬ 齐渠丘实杀无知:齐公孙无知弑齐襄公自立,而虐葵丘大夫雍廪,庄公九年被雍廪杀。渠丘,即葵丘。

⑭ 卫蒲、戚实出献公:襄公十四年甯殖、孙林父出卫献公。蒲,甯殖采邑。戚,孙林父采邑。

⑮ 若由是观之,则害于国:以上诸事,都是据大城叛乱的例子。

⑯末大必折,尾大不掉:本细而末大,本将折断;尾大则不能摇摆,比喻臣属势力膨胀,将无法控制。

⑰君所知也:案昭公十三年,弃疾等凭借陈、蔡叛乱,这里为之伏笔。

【译文】

楚灵王修筑陈、蔡、不羹的城墙。任命弃疾为蔡公。楚灵王向申无宇询问说:"让弃疾在蔡地,怎么样?"申无宇回答说:"选择儿子没有人比得上父亲,选择臣子没有人比得上国君。郑庄公修筑栎城安置子元,使得昭公不能立为国君。齐桓公修筑穀城安置管仲,齐国至今受其好处。下臣听说五种大人物不安置在边境,五种小人物不安排在朝廷。亲近的人不任外职,寄居的人不任内官。现在弃疾在外,郑丹在内,君王恐怕要稍加戒备了!"楚灵王说:"国内有超大的城邑,怎么样?"申无宇回答说:"郑国的京地、栎地导致杀死曼伯,宋国的萧地、亳地导致杀死子游,齐国的渠丘导致杀死无知,卫国的蒲地、戚地导致放逐献公。由此来看的话,那是有害于国家的。本细而末大,本将折断,尾大则不能摇摆,是君王所清楚的。"

十二年

【经】十有二年春①,齐高偃帅师纳北燕伯于阳②。

【注释】

①十有二年:鲁昭公十二年当周景王十五年,前530年。

②高偃:即襄公二十九年之高虿,齐国大夫,敬仲玄孙。阳:即唐,古地名,在今河北顺平西。

【译文】

鲁昭公十二年春,齐国高偃领兵把北燕伯款护送到阳地。

【左传】十二年春,齐高偃纳北燕伯款于唐,因其众也①。

【注释】

①齐高偃纳北燕伯款于唐,因其众也:北燕伯在昭公三年逃到齐国,
　昭公六年,齐国讨伐北燕,想将北燕伯款送回,未成。这次因唐地
　民众欢迎北燕伯款,高偃率军把他送到唐地,没有进入燕都。

【译文】

鲁昭公十二年春,齐国高偃把北燕伯款护送到唐地,这是因为唐地
民众愿意接纳他。

【公羊传】伯于阳者何? 公子阳生也①。子曰②:“我乃知
之矣③。”在侧者曰:“子苟知之,何以不革?”曰:“如尔所不
知何?《春秋》之信史也。其序则齐桓、晋文④,其会则主会
者为之也⑤,其词则丘有罪焉尔⑥。”

【注释】

①公子阳生:北燕国之公子。此处经文当作“公子阳生”,而讹作
　“伯于阳”,即“伯”当为“公”字,“于”当为“子”字,“阳”字之
　后脱一“生”字。

②子:指孔子。

③我乃知之矣:何休云:“乃,乃是岁也。时孔子年二十三,具知其
　事,后作《春秋》。”

④其序则齐桓、晋文:序,会盟中诸侯的序列。齐桓公、晋文公能依
　照德之优劣、国之大小序列诸侯,孔子作《春秋》时,不改其序。

⑤其会则主会者为之也:主会者,即非齐桓、晋文充当主会者。那么
　会盟的序列,不一定依照德之优劣、国之大小,孔子亦不改其序。

⑥其词则丘有罪焉尔：词，《春秋》贬绝讥刺之文辞。孔子作《春
　秋》，通过文辞的褒贬，彰显王道，供后世取法。然《春秋》所行
　的，乃是天子之事，孔子有德无位，故云"有罪焉尔"。

【译文】

经文"伯于阳"是什么意思？其实当作"公子阳生"。孔子说："我
那个时候知道此事。"旁边的人说："您既然知道，为何不更改？"孔子说：
"对于你们不知道的事情，又将如何呢？《春秋》是可信的史书。诸侯会
盟，按照齐桓公、晋文公的排序；不是齐桓公、晋文公主持的会盟，则按照
主会者所定的序列；而其中寓有贬绝讥刺的文辞，则是丘的罪过。"

【穀梁传】纳者，内不受也。燕伯之不名，何也？不以高
偃挈燕伯也。

【译文】

纳，表明当地人不接受。对燕国国君不记载其名，为什么呢？是为
了不让高偃带领燕国国君。

【经】三月壬申①，郑伯嘉卒②。

【注释】

①壬申：二十七日。
②郑伯嘉卒：郑简公去世。郑伯嘉，郑简公，名嘉，谥简。

【译文】

三月二十七日，郑简公嘉去世。

【左传】三月，郑简公卒，将为葬除①。及游氏之庙，将

毁焉②。子大叔使其除徒执用以立，而无庸毁③，曰："子产过女，而问何故不毁，乃曰：'不忍庙也！诺，将毁矣④！'"既如是，子产乃使辟之⑤。司墓之室有当道者⑥，毁之，则朝而堋⑦；弗毁，则日中而堋⑧。子大叔请毁之，曰："无若诸侯之宾何？"子产曰："诸侯之宾，能来会吾丧，岂惮日中？无损于宾，而民不害，何故不为？"遂弗毁，日中而葬。君子谓："子产于是乎知礼。礼，无毁人以自成也⑨。"

【注释】

①为葬除：为安葬而清除道路。

②及游氏之庙，将毁焉：想拆除游氏祖庙以通丧车。游氏，子太叔族。

③子大叔使其除徒执用以立，而无庸毁：案子太叔让清除道路的人做出样子好像准备拆庙，其实并不想拆。除徒，清除道路的人。用，拆庙工具。

④"不忍庙也"三句：这是子太叔教大家的回答。不忍庙也，因是祖庙，不忍心拆。诺，答应声。将毁矣，既然要拆，也只好拆了。

⑤子产乃使辟之：另择其他路径，避开游氏祖庙。辟，避开。

⑥司墓：管理坟墓的官。

⑦堋（bèng）：下葬。

⑧弗毁，则日中而堋：不拆，丧车要绕道，只好到中午下葬。日中，正午。

⑨礼，无毁人以自成也：礼应以不毁坏别人来成全自己为原则。

【译文】

三月，郑简公去世，准备为下葬而清道。到达游氏祖庙，准备拆毁它。子太叔让手下清道的役夫手持工具站在那儿，而不动手拆庙，说："子产经过你们这儿，问为何不拆掉，就告诉他：'不忍心拆祖庙啊！好吧，就要拆了！'"这样一来，子产就让大家避开游氏的祖庙。司墓的房屋有挡道的,要是拆毁了,早上就可以下葬;不拆毁,就要到正午才能下葬。子太叔提出拆了它,说:"不这样对各诸侯国来宾怎么办?"子产说:"诸侯来宾能来参加我国的丧礼,哪里会害怕等到中午? 不拆,既对来宾没损害,人民又不受害,为什么不去做呢?"就不拆毁房屋,绕道而行,到中午才下葬。君子说:"子产在这件事上是知礼的。礼要求不去毁坏别人来成全自己。"

【经】夏,宋公使华定来聘①。

【注释】

①宋公使华定来聘:宋公,指新即位的宋国国君宋元公子佐,宋平公之子。华定,华椒之孙。华定来访是通报新君即位的。

【译文】

夏,宋元公派华定来鲁国聘问。

【左传】夏,宋华定来聘,通嗣君也①。享之,为赋《蓼萧》②,弗知,又不答赋③。昭子曰:"必亡④。宴语之不怀⑤,宠光之不宣⑥,令德之不知⑦,同福之不受⑧,将何以在⑨?"

【注释】

①宋华定来聘,通嗣君也:宋元公新即位,华定来为新君通好。

②《蓼(lù)萧》:《诗经·小雅》篇名。是歌咏宴饮诸侯之诗。

③弗知,又不答赋:春秋时期,外交场合常赋诗答对。华定不懂得这首诗,又不赋诗作答,是无知和失礼的表现。

④必亡:预言将逃亡。

⑤宴语之不怀:对诗中所诵的宴会中笑语,不知思念。宴语,《蓼萧》

有句云："燕笑语兮,是以有誉处兮。"怀,思念。

⑥宠光之不宣:对主人谦称又受宠爱又增光,他不知宣扬。《蓼萧》
　有句云:"为龙为光。"龙即宠。

⑦令德之不知:对称颂兄弟美德,他全然不知。《蓼萧》有句云:"宜
　兄宜弟,令德寿凯(恺)。"

⑧同福之不受:对诗中所诵的同享万福,他也不知酬答。《蓼萧》有
　句云:"万福攸同。"华定不答赋,是不受也。

⑨将何以在:案昭公二十年,华定出逃。

【译文】

　　夏,宋国华定来鲁国聘问,是为新君通好。设享礼款待他,为他赋
《蓼萧》,华定不知诗意,又不赋诗回答。昭子说:"他必将逃亡。对诗中
所述宴会的笑语不知怀念,对主人谦称受宠和增光不知宣扬,赞诵兄弟
的美德全然不知,对诗中所说同享万福也不知道酬答,怎么能在这职位
呆得长久?"

【经】公如晋,至河乃复①。

【注释】

①公如晋,至河乃复:晋国拒绝鲁昭公朝晋,鲁昭公到黄河返回。晋
　国新君即位,各国诸侯均前往朝拜。据《左传》,晋国因为昭公十
　年鲁伐莒而拒绝鲁君入境。《穀梁传》则认为是季氏从中作梗。

【译文】

鲁昭公去晋国,到黄河边便返回。

　　【左传】齐侯、卫侯、郑伯如晋,朝嗣君也①。公如晋,至
河,乃复。取郠之役②,莒人诉于晋,晋有平公之丧,未之治
也,故辞公③。公子慭遂如晋④。

【注释】

①朝嗣君也：晋昭公新即位。

②取郠（gěng）之役：昭公十年，鲁国攻打莒国，夺取郠地。

③故辞公：《穀梁传》曰："季孙氏不使遂乎晋也。"家铉翁曰："鲁受
莒之叛臣、叛邑，败其师，伐其国，又取其地，皆季氏所为。明年，
晋人执意如，亦知罪之所在。而公每至晋辄为所却，岂晋之诸臣
曲为季氏之地，公有辞而不能以自伸欤？"

④公子慭（yìn）遂如晋：改派公子慭到晋国。

【译文】

齐景公、卫灵公、郑定公去晋国，是朝见新即位的晋昭公。鲁昭公去
晋国，到黄河边便返回。占领郠地的战役后，莒国向晋国控诉，晋国因
为有平公的丧事，没有追究，所以这次拒绝鲁昭公。便改派公子慭到晋
国去。

【穀梁传】季孙氏不使遂乎晋也①。

【注释】

①季孙氏：这里是指季孙意如。遂：成就。

【译文】

鲁执政大夫季孙意如不让鲁昭公成功到晋国去。

***【左传】**晋侯享诸侯，子产相郑伯，辞于享，请免丧而
后听命①。晋人许之，礼也。

【注释】

①请免丧而后听命：郑简公刚死，还在丧期中，因此子产请求不参加
享礼，待丧期满后再听吩咐。

【译文】

晋昭公设享礼招待各国诸侯,子产相礼郑定公,没有参加享礼,请求待丧期满后再听取命令。晋国同意了,这是合于礼的。

晋侯以齐侯宴①,中行穆子相②。投壶,晋侯先③。穆子曰:"有酒如淮,有肉如坻④。寡君中此,为诸侯师⑤。"中之。齐侯举矢,曰:"有酒如渑⑥,有肉如陵。寡人中此,与君代兴⑦。"亦中之。伯瑕谓穆子曰⑧:"子失辞⑨。吾固师诸侯矣,壶何为焉,其以中俊也⑩? 齐君弱吾君,归弗来矣⑪!"穆子曰:"吾军帅强御⑫,卒乘竞劝⑬,今犹古也,齐将何事?"公孙傁趋进⑭,曰:"日旰君勤⑮,可以出矣!"以齐侯出⑯。

【注释】

① 晋侯以齐侯宴:与齐景公宴饮。以,同"与"。

② 中行穆子:即荀吴。

③ 投壶,晋侯先:晋昭公先投壶。投壶,宴会中的礼制,用来娱乐。它以盛酒的壶口作为目标,用箭投入,中多者胜,负者饮酒。

④ 有酒如淮,有肉如坻(chí):以称赞酒肉之多兴起。坻,水中高地。

⑤ 寡君中此,为诸侯师:如果射中,将为诸侯之长。案杨伯峻指出,淮、坻、师三字古韵部相同,押韵。

⑥ 渑(shéng):渑水,出今山东淄博西北古齐城外,西北流,经博兴入时水。

⑦ 与君代兴:齐将代晋而强盛。

⑧ 伯瑕:即士文伯。

⑨ 子失辞:认为穆子言辞不当。

⑩ "吾固师诸侯矣"三句:晋国本来就是诸侯之长,穆子却以投壶卜

算晋将统率诸侯,投中有什么稀奇?投壶胜又有什么用?

⑪齐君弱吾君,归弗来矣:齐景公说"与君代兴",是以为晋君弱,回去以后不会再来晋国了。

⑫强御:强有力。

⑬竞劝:作战时争相勉励。

⑭公孙傁(sǒu):齐国大夫。趋进:快步前进。

⑮日旰(gàn):日晚。勤:疲劳。

⑯以齐侯出:齐国君臣的话,暴露了齐国争霸的野心,引起了晋国的不满。公孙傁听到这里,怕发生事变,急忙引齐景公退席。

【译文】

晋昭公和齐景公宴饮,荀吴相礼。席中投壶,晋昭公先投。穆子说:"有酒似淮水,有肉如高丘。我们国君投中了,将为诸侯长。"果然投中了。齐景公举起箭,说:"有酒似渑水,有肉如山陵。寡人投中了,代君而兴盛。"也投中了。士文伯对穆子说:"你说错话了。我国本来就是诸侯长了,还投壶做什么,投中又有什么用?齐景公看不起我们国君,他回去就不会再来了!"穆子说:"我们军队的统帅坚强有力,士卒争相勉励,现在还跟以前一样,齐国能做什么事?"公孙傁快步进前,说:"天晚了,国君已累,可以出去了!"就和齐景公退了出来。

【经】五月,葬郑简公。

【译文】

五月,安葬郑简公。

【左传】六月,葬郑简公①。

【注释】

①六月，葬郑简公：经文记为"五月"，传文加以纠正。

【译文】

六月，安葬郑简公。

【经】楚杀其大夫成熊①。

【注释】

①楚杀其大夫成熊：成熊，楚国大夫，前令尹子玉之孙。有人向楚灵
　　王诋毁成虎，成虎知之而不出逃，于是被杀。成熊，《公羊传》作
　　"成然"，《左传》、《穀梁传》作"成虎"。

【译文】

楚国杀了本国大夫成熊。

【左传】楚子谓成虎，若敖之余也，遂杀之①。或谮成虎
于楚子，成虎知之，而不能行。书曰："楚杀其大夫成虎。"
怀宠也。

【注释】

①"楚子谓成虎"三句：成虎与斗氏同为若敖氏后裔。宣公四年，斗
　　椒作乱，秋七月，楚庄王和若敖氏战于皋浒，灭若敖氏，现在又以
　　若敖氏余党杀成虎。成虎，即成熊，令尹子玉之孙。

【译文】

楚灵王认为成虎是若敖氏的余孽，就把他杀了。有人在楚灵王那里
诬陷成虎，成虎知道了，却不能下决心出逃。《春秋》说："楚国杀了本国
大夫成虎。"是说成虎留恋优宠的生活，以至被杀。

　　*【左传】晋荀吴伪会齐师者,假道于鲜虞,遂入昔阳①。秋八月壬午②,灭肥③,以肥子绵皋归④。

【注释】

①昔阳:古地名,在今河北晋州西。或曰昔阳即鼓国都城。此云"入",是入而未灭之。

②壬午:初十。

③肥:鲜虞属国。

④绵皋(gāo):肥国国君名。

【译文】

　　晋国荀吴假装要去和齐军相会,向鲜虞借路经过,趁机占领了昔阳。秋八月初十,灭亡肥国,把肥国国君绵皋抓回晋国。

　　*【左传】周原伯绞虐,其舆臣使曹逃①。冬十月壬申朔②,原舆人逐绞,而立公子跪寻③。绞奔郊④。

【注释】

①周原伯绞虐,其舆臣使曹逃:原公暴虐,众臣成群逃亡。原伯,周大夫原公。舆,众。曹,成群。

②壬申朔:初一。

③跪寻:伯绞弟弟。

④郊:周地名。

【译文】

　　周原伯绞暴虐,他的臣子们成群逃跑。冬十月初一,原地民众赶走伯绞,而立公子跪寻。伯绞逃到郊地。

　　*【左传】甘简公无子①，立其弟过。过将去成、景之族②，成、景之族赂刘献公③，丙申④，杀甘悼公⑤，而立成公之孙鳅⑥。丁酉⑦，杀献大子之傅庚皮之子过⑧，杀瑕辛于市，及宫嬖绰、王孙没、刘州鸠、阴忌、老阳子⑨。

【注释】

①甘简公：周卿士。

②成、景：过的先君。

③刘献公：周卿士，刘定公之子。

④丙申：二十五日。

⑤甘悼公：即过。

⑥鳅（qiū）：甘成公。

⑦丁酉：二十六日。

⑧庚皮之子过：庚皮的儿子庚过。

⑨杀瑕辛于市，及宫嬖绰、王孙没、刘州鸠、阴忌、老阳子：瑕辛等六　人都是周大夫，和庚过都是甘悼公党羽。

【译文】

　　甘简公没有儿子，立他弟弟过做国君。过准备除掉成、景两族的人，成、景两族人贿赂刘献公，二十五日，杀了甘悼公，而立成公的孙子鳅。二十六日，杀献太子师傅庚皮的儿子庚过，并在市上杀死瑕辛，又杀了宫嬖绰、王孙没、刘州鸠、阴忌、老阳子。

　　△**【经】秋七月。**

【译文】

　　秋七月。

【经】冬十月,公子慭出奔齐①。

【注释】

①公子慭出奔齐:公子慭,鲁国公子。季孙意如不礼其家臣南蒯,南蒯遂与公子慭合谋除掉季氏,且拉拢了叔仲穆子。公子慭随鲁昭公前往晋国欲请求晋国相助,然晋国不许鲁昭公入境,南蒯听到此消息担心不能扳倒季氏,于是带着封邑叛逃归齐,公子慭归国途中知道此事后也出奔。慭,《公羊传》作"整"。

【译文】

冬十月,公子慭出逃到齐国。

【左传】季平子立,而不礼于南蒯①。南蒯谓子仲②:"吾出季氏,而归其室于公,子更其位③。我以费为公臣④。"子仲许之。南蒯语叔仲穆子⑤,且告之故⑥。

【注释】

①南蒯(kuǎi):季氏家臣南遗儿子,季氏费邑宰。

②子仲:公子慭。

③子更其位:让子仲取代季氏为卿。更,取代。

④我以费为公臣:变家臣为公臣。

⑤叔仲穆子:叔仲带之子叔仲小。

⑥且告之故:告知赶走季氏的原因。即季平子不礼。

【译文】

季平子立,对南蒯不加礼遇。南蒯对公子慭说:"我赶走季氏,把他的家产归公,您取代他的职位。我带着费邑做国君的臣子。"公子慭答应了。南蒯告诉了叔仲穆子,并且告知这样做的原因。

　　季悼子之卒也，叔孙昭子以再命为卿①。及平子伐莒克之，更受三命②。叔仲子欲构二家③，谓平子曰："三命逾父兄，非礼也④。"平子曰："然。"故使昭子⑤。昭子曰："叔孙氏有家祸⑥，杀适立庶，故婼也及此。若因祸以毙之，则闻命矣⑦。若不废君命，则固有著矣⑧。"昭子朝，而命吏曰："婼将与季氏讼，书辞无颇⑨。"季孙惧，而归罪于叔仲子。故叔仲小、南蒯、公子慭谋季氏。慭告公，而遂从公如晋。南蒯惧不克，以费叛如齐⑩。子仲还，及卫，闻乱，逃介而先⑪。及郊，闻费叛，遂奔齐。

【注释】

①季悼子之卒也，叔孙昭子以再命为卿：季悼子，季武子之子，季平子之父。悼子之卒，经文未书，《论语·季氏》"自大夫出，五世希不失矣"，注家俱指季友、文子、武子、平子、桓子，而不数悼子，疑未嗣位为卿。季武子死于七年冬，疑平子以孙继祖。叔孙昭子，叔孙婼。

②及平子伐莒克之，更受三命：据昭公十年经文，鲁之季孙意如、叔弓、仲孙貜皆率师伐莒，不过季平子为主帅而已。昭子虽未与师，其四分公室所得之师必出，或由叔弓率之，故亦以功受三命。

③叔仲子：即叔仲小。构：挑拨离间。

④三命逾父兄，非礼也：卿以三命为最高等级，叔仲子认为昭子并未参加伐莒，而受三命，超过了父兄辈，这是无功受禄，以此离间季氏和叔孙昭子。父兄，父辈兄辈。

⑤故使昭子：要让昭子自行降职一级。

⑥叔孙氏有家祸：指昭公四年、五年竖牛之乱。

⑦若因祸以毙之，则闻命矣：叔孙昭子为竖牛所立，如果因此来讨

伐,昭子表示俯首听命。

⑧若不废君命,则固有著矣:如果承认君命,则所得位次是应当的。著,位次。

⑨婼将与季氏讼,书辞无颇:叔孙昭子要和季氏争个是非曲直,令官吏写讼词不要偏袒。

⑩南蒯惧不克,以费叛如齐:公子慭赴晋,有求晋国支援除掉季氏的意图。因晋国拒绝鲁昭公入晋,南蒯担心难以成事,于是先发制人,以费邑叛乱,并投奔齐国。

⑪逃介而先:公子慭丢下副使先逃回国。介,副手。

【译文】

季悼子去世时,叔孙昭子受了再命而当了卿。到季平子攻打莒国并且取得胜利,叔孙昭子又改受三命。叔仲子想挑拨离间二家,就对季平子说:"叔孙昭子受三命,超过他的父兄辈了,是不合于礼的。"季平子说:"不错。"于是让叔孙昭子自行降级。昭子说:"叔孙氏发生过家难,杀死嫡子而立了庶子,所以我才到这位置。如果因家祸而来讨伐我,那就遵命。如果不废除国君的命令,那么本来我就应该有这样的位置。"昭子朝见,命令官吏说:"我要和季氏争讼曲直,你记录讼辞时不要偏袒。"季平子害怕了,就把罪责推到叔仲小身上。所以叔仲小、南蒯和公子慭合谋要赶走季平子。公子慭告诉鲁昭公,于是跟随鲁昭公到晋国去。南蒯怕事情不能成功,就带着费邑叛逃到齐国。公子慭回国,到达卫国,听说叛乱发生,就丢下副手先逃回国。到了郊外,听到费邑叛变,就逃往齐国。

南蒯之将叛也,其乡人或知之,过之而叹,且言曰:"恤恤乎,湫乎攸乎①!深思而浅谋②,迩身而远志③,家臣而君图④,有人矣哉⑤!"南蒯枚筮之⑥,遇《坤》☷之《比》☵⑦,曰:"黄裳元吉⑧。"以为大吉也,示子服惠伯,曰:"即欲有事,何如⑨?"惠伯曰:"吾尝学此矣⑩,忠信之事则可,不然,必败⑪。外强内温,忠也⑫;和以率贞,信也⑬。故曰'黄裳元吉'⑭。黄,中之色也⑮;裳,下之饰也⑯;元,善之长也。中不忠,不得其色⑰;下不共,不得其饰⑱;事不善,不得其极⑲。外内倡和为忠⑳,率事以信为共㉑,供养三德为善㉒,非此三者弗当。且夫《易》,不可以占险,将何事也㉓?且可饰乎㉔?中美能黄,上美为元,下美则裳,参成可筮㉕。犹有阙也,筮虽吉,未也㉖。"

【注释】

①恤恤乎,湫乎攸乎:此句是反复咏叹忧愁。恤,忧愁。湫,借为"愁"。攸,借为"悠",忧思。

②深思而浅谋:想除去强大的季氏是深思,但想借晋的力量则是浅谋。

③迩身而远志:身为季氏家臣,却想除去季氏,是身近志远。

④家臣而君图:南蒯说"以费为公臣",是身为家臣却图谋君事。

⑤有人矣哉:意思是如果要这样,须大有为之人,但南蒯不是这样的人。人,人才。

⑥枚筮:不先说所筮的事情进行的占筮。

⑦遇《坤》☷之《比》☵:由《坤》卦变为《比》卦,即六五爻由阴变阳。《坤》,卦名,坤下坤上。《比》,卦名,坤下坎上。

⑧黄裳元吉:这是《坤》卦六五爻爻辞。黄裳,染成黄色的下裳。元吉,大吉。

⑨即欲有事,何如:南蒯不明说自己的意思,而是请惠伯解释。即,假如。

⑩吾尝学此矣:曾学《易》。

⑪"忠信之事则可"三句：筮得此爻，做忠信恭善的事就吉利，否则不吉。案这是针对南蒯"即欲有事，何如"而回答的话。

⑫外强内温，忠也：以卦来说，《比》外卦为坎，坎，险的意思，所以说强。内卦为坤，完，顺的意思，所以温。强于外而温于内，是忠。

⑬和以率贞，信也：以和顺来占卜，是信。和，和顺。率，实行。贞，占卜。

⑭故曰"黄裳元吉"：言外之意是只有忠信之人得此爻辞才能大吉。

⑮黄，中之色也：黄是内衣的颜色。中，同"衷"，内衣。

⑯裳，下之饰也：古代男子着裳，裳就是今天的裙子。

⑰中不忠，不得其色：占卜者内心不忠，就当不起黄的美色。中，指心中。

⑱下不共，不得其饰：在下者不恭敬，就受不起黄裳的衣饰。下，在下位者。共，通"恭"。

⑲事不善，不得其极：做事不善，就不合准则，也不符合元的含义、准则。案以上用黄、裳、元三字来论断吉凶。

⑳倡和：和谐一致，不想背离。

㉑率事：行事。

㉒三德：指忠、信、极。

㉓"且夫《易》"三句：前面南蒯只说"有事"，惠伯明知故问，你有什么事？《易》是不可以用来占验冒险之事的。

㉔且可饰乎：恭敬者得其饰，就看你是否恭敬了。

㉕参成可筮：只有三美具备，才可以合于卦辞的预测。参，通"三"，指三美，即中美（忠）、上美（善）、下美（恭）。

㉖"犹有阙也"三句：三美不齐备，虽得吉卦，事也不成。这是惠伯借此反对南蒯反叛季氏。犹，假如。有阙，三美不齐备。

【译文】

南蒯将要背叛季氏的时候，他的同乡有人知道了，经过南蒯家门而叹气，并且说道："忧愁啊，愁啊忧啊！想做大事却智谋浅薄，身为近臣却又志向远大，作为家臣却要为国君谋划，他是这样的人吗！"南蒯不说明何事而占筮，得到《坤》卦变成《比》卦，爻辞说："黄裳元吉。"他认为是大吉，把它拿给子服惠伯看，说："如果要做事，是否吉利？"惠伯说："我曾经学过《易》，如果是占卜忠信的事就可以，不然的话必败。这卦象外面强盛内里温和，是忠诚；用和顺来占卜，这是信。所以说'黄裳元吉'。黄是内衣的颜色，裳是下部的服装，元是善的首位。心中不忠诚，就和颜色不相配；在下而不恭敬，就与服装不相配；做事不善，就和准则不相配。外面和内部和谐就是忠，办事讲信用就是恭，做到上述三种德行就是善，不是这三种德行就当不起爻辞。况且《易》不能够用来占卜冒险之事，你到底要做什么事？并且能否在下位而做到了恭敬？内心美就能配黄，做事善就能配元，在下而恭敬就能配裳，这三者齐全了才可以合于卦辞的预测。如果有欠缺，卦辞虽然吉利，还是不行的。"

　　将适费，饮乡人酒①。乡人或歌之曰："我有圃，生之杞乎②！从我者子乎③，去我者鄙乎④，倍其邻者耻乎⑤！已乎已乎⑥，非吾党之士乎⑦！"

【注释】

①将适费，饮乡人酒：南蒯将去费地，请乡人喝酒。

②我有圃，生之杞乎：杞柳本应生于水旁，现在却生在菜地里，圃不长蔬菜而生杞柳，比喻事所不宜。

③从我者子乎：顺从我的人不失为男子汉。子，男子的美称。

④去我者鄙乎：违背我的人是鄙陋之人。鄙，鄙陋的人。

⑤倍其邻者耻乎：背弃亲人可耻。倍，通"背"。邻，亲人。

⑥已乎：罢了。

⑦非吾党之士乎：不是我们的同伙人。案乡人用歌谣反对南蒯举事。

【译文】

南蒯准备到费邑去,请乡里的人喝酒。有乡人歌唱说:"我有菜园子,却长满了杞柳！跟随我的是男子汉啊,离开我的是鄙陋者,背弃亲人的人可耻啊！罢了罢了,他不是我们的同伙人啊！"

平子欲使昭子逐叔仲小。小闻之,不敢朝。昭子命吏谓小待政于朝①,曰:"吾不为怨府②。"

【注释】

①待政于朝:仍然上朝等待办公。

②吾不为怨府:昭子不愿为季氏逐叔仲小而结怨于人。怨府,怨恨所聚集之人。

【译文】

季平子想让叔孙昭子驱逐叔仲小。叔仲小听说了,不敢入朝。叔孙昭子派官吏告诉叔仲小到朝廷来准备办公,说:"我不想做怨恨积聚的人。"

【经】楚子伐徐①。

【注释】

①楚子伐徐:楚灵王在州来打猎,派人带兵包围徐国国都以威胁吴国。

【译文】

楚灵王讨伐徐国。

【左传】楚子狩于州来①,次于颍尾②,使荡侯、潘子、司马督、嚣尹午、陵尹喜帅师围徐以惧吴③。楚子次于乾溪④,

以为之援。雨雪，王皮冠，秦复陶⑤，翠被⑥，豹舄⑦，执鞭以出，仆析父从⑧。右尹子革夕⑨，王见之，去冠、被，舍鞭⑩，与之语曰："昔我先王熊绎与吕伋、王孙牟、燮父、禽父并事康王⑪，四国皆有分⑫，我独无有。今吾使人于周，求鼎以为分，王其与我乎⑬？"对曰⑭："与君王哉！昔我先王熊绎，辟在荆山⑮，筚路蓝缕，以处草莽⑯，跋涉山林，以事天子，唯是桃弧、棘矢以共御王事⑰。齐，王舅也⑱；晋及鲁、卫，王母弟也⑲。楚是以无分，而彼皆有。今周与四国服事君王，将唯命是从，岂其爱鼎⑳？"王曰："昔我皇祖伯父昆吾，旧许是宅㉑。今郑人贪赖其田，而不我与㉒。我若求之，其与我乎？"对曰："与君王哉！周不爱鼎，郑敢爱田？"王曰："昔诸侯远我而畏晋，今我大城陈、蔡、不羹，赋皆千乘，子与有劳焉㉓。诸侯其畏我乎？"对曰："畏君王哉！是四国者，专足畏也㉔。又加之以楚，敢不畏君王哉！"工尹路请曰㉕："君王命剥圭以为鏚秘，敢请命㉖。"王入视之。

【注释】

①狩：冬猎。州来：今安徽凤台。

②颍尾：古地名，颍水下游入淮河处，即今安徽颍上的西正阳镇。

③使荡侯、潘子、司马督、嚣尹午、陵尹喜帅师围徐以惧吴：徐国为吴的盟国，所以围徐以威胁吴国。荡侯等五人都是楚国大夫。

④乾溪：古地名，在今安徽亳州东南。

⑤秦复陶：秦国所送羽衣。

⑥翠被（pī）：翠羽披肩。

⑦豹舄（xì）：豹皮鞋子。

⑧仆：太仆。析父：人名。

⑨右尹子革:子革,即郑丹,又称"然丹",郑国大夫子然儿子,襄公十九年逃往楚国。夕:晚上朝见楚王。

⑩"王见之"三句:表示对子革的尊重。

⑪熊绎:楚国始封君。吕伋(jí):齐太公姜尚之子。王孙牟:卫国始封君康叔之子,又称"康伯"。燮(xiè)父:晋国唐叔之儿。禽父:即伯禽,周公旦之子,鲁国始封君。康王:即周康王。

⑫四国皆有分(fèn):五国同事康王,四国都得到周王的宝器。四国,指齐国、晋国、鲁国、卫国。分,珍宝之器。

⑬求鼎以为分,王其与我乎:九鼎为王权的象征,楚灵王问周鼎,显示出他的野心。鼎,九鼎,周室的国宝。

⑭对曰:这是子革答对。

⑮昔我先王熊绎,辟在荆山:楚国熊绎都于丹阳,即今湖北秭归,荆山在其北。荆山,楚国的发祥地,在今湖北南漳,熊绎分封在这里。

⑯筚(bì)路蓝缕,以处草莽:即宣公十二年传文所谓"筚路蓝缕以启山林"。筚路,用竹木编成的车。筚,以荆柴编物。路,大车。蓝缕,同"褴褛",破旧的衣服。

⑰唯是桃弧、棘矢以共御王事:楚地贫瘠,只能进贡桃弧、棘矢给周王,以祛除不祥。共,通"供",供御,贡献。

⑱齐,王舅也:周成王母亲为姜太公女儿,所以齐国国君是周王舅舅。

⑲晋及鲁、卫,王母弟也:周公旦、卫康叔为周武王母弟,唐叔为周成王母弟。

⑳"今周与四国服事君王"三句:意思是楚国已经强大,周与四周诸侯都来事奉楚王,为什么舍不得九鼎?案子革的话实际含有讽喻。

㉑昔我皇祖伯父昆吾,旧许是宅:我的皇祖伯父原来居住在旧许。昆吾是楚国远祖的哥哥,所以称"皇祖伯父"。旧许,在今河南许昌,后因迁于叶、夷,原国土为郑所得,所以称"旧许"。旧许是宅,即"宅旧许",旧许是从前昆吾所居之地。

㉒今郑人贪赖其田,而不我与:郑国仍占着旧许。

㉓子与有劳焉:修筑城墙,子革也有功劳。

㉔是四国者,专足畏也:仅此四国的兵力,已足使诸侯畏惧。四国,
指陈、蔡、二不羹四城。

㉕工尹:官名。路:工尹名。

㉖君王命剥圭以为铖(qī)柲(bí),敢请命:要剖开圭玉来装饰斧
柄,工尹路请楚灵王指示样式。剥圭,剖开玉。铖,斧。柲,柄。

【译文】

　　楚灵王在州来打猎,驻扎在颍尾,派荡侯、潘子、司马督、嚣尹午、陵
尹喜率领军队包围徐国以威胁吴国。楚灵王驻扎在乾溪,作为后援。下
着雪,楚灵王戴着皮帽,穿上秦国的复陶羽衣,披着翠羽披风,脚着豹皮
靴,手持鞭子出去,仆从析父跟着他。右尹子革晚上朝见,楚灵王看见
他,去掉帽子、披风,放下鞭子,对他说:"往昔我们先王熊绎和吕伋、王
孙牟、燮父、禽父一起事奉康王,四国都得到了宝器,唯独我国没有。现
在我要是派人出使到宗周,请求赐给九鼎作为宝器,周王会给我吗?"子
革回答说:"会给君王的!当年我们先王熊绎居住在偏僻的荆山,荜路蓝
缕以开辟荒野,跋涉山林以事奉天子,只能把桃弧、棘矢作为给天子的贡
品。齐国是周王的舅舅,晋和鲁、卫是周王的同母弟弟。楚国所以无宝
器,而他们都有。现在周和四国都服事君王,将会唯命是从,怎么会舍不
得鼎呢?"楚灵王说:"往昔我皇祖伯父昆吾居住在旧许地。现在郑国贪
图那里的田地,不肯还给我们。我如果要求他们归还,会给我吗?"子革
回答说:"会给君王的!周王不吝惜鼎,郑国敢舍不得田地?"楚灵王说:
"当年诸侯疏远我国而畏惧晋国,现在我们在陈、蔡、不羹这些大城,兵车
都有千辆,你是有功劳的。诸侯会畏惧我吗?"子革回答说:"会畏惧君
王的!单是这四座城,就足够他们害怕的了。再加上楚国全国的力量,
怎敢不畏惧君王呢!"工尹路请示说:"君王命令剖玉来装饰斧柄,谨请
下令怎么做。"楚灵王进去察看。

析父谓子革:"吾子,楚国之望也。今与王言如响,国其若之何①?"子革曰:"摩厉以须②,王出,吾刃将斩矣③。"王出,复语。左史倚相趋过④。王曰:"是良史也,子善视之。是能读《三坟》《五典》《八索》《九丘》⑤。"对曰:"臣尝问焉。昔穆王欲肆其心⑥,周行天下,将皆必有车辙马迹焉⑦。祭公谋父作《祈招》之诗以止王心⑧,王是以获没于祗宫⑨。臣问其诗而不知也。若问远焉,其焉能知之⑩?"王曰:"子能乎?"对曰:"能。其诗曰:'祈招之愔愔,式昭德音⑪。思我王度,式如玉,式如金⑫。形民之力,而无醉饱之心⑬。'"王揖而入,馈不食,寝不寐⑭,数日,不能自克,以及于难⑮。仲尼曰:"古也有志⑯:'克己复礼,仁也。'信善哉⑰!楚灵王若能如是,岂其辱于乾溪?"

【注释】

①今与王言如响,国其若之何:析父认为,子革回答楚灵王之问一味随声附和,顺王之心,是纵容他的野心。响,回声。

②摩厉以须:子革将自己的话比作刀刃,意思是刀已磨利,只等机会。厉,同"砺"。须,等待。

③王出,吾刃将斩矣:待楚王出来,我的刀刃将要对准要害砍去。言外之意是要劝阻楚灵王不要好大喜功,害民生事。

④左史倚相:左史,楚国官名,名倚相。趋过:小跑经过王前,表示恭敬。

⑤《三坟》《五典》《八索》《九丘》:四部书都是古书,已失传,内容不详。

⑥穆王:周穆王。肆其心:放纵其野心。

⑦将皆必有车辙马迹焉:想使自己的车辙马迹无处不有。

⑧祭（zhài）公谋父：周公之孙，武公之子，名谋父，是周王卿士。

⑨王是以获没于祗（zhī）宫：谋父作诗以谏周穆王，打消了周穆王的意图，周穆王筑祗宫，并善终于祗宫。祗宫，周穆王的别宫，在今陕西华县。

⑩"臣问其诗而不知也"三句：问倚相，他连《祈招》的诗都不知道，更不必说久远之事了。

⑪祈招之愔愔（yīn），式昭德音：祈招性情平和，不滥用武力，因此显示了周天子的好名声。愔愔，安和的样子。式，语首助词，无义。

⑫"思我王度"三句：周王的举止，如金似玉一般坚重而完美。度，仪度，举止。

⑬形民之力，而无醉饱之心：使用民力财力，适度而已，不可放纵无度。案子革用此诗劝楚灵王应量力而行，适可而止，如放纵其野心，后果将不堪设想。形，衡量。醉饱之心，比喻放纵过度。

⑭"王揖而入"三句：楚灵王已经领悟了子革讽谏的意思，因此吃不下、睡不着。

⑮"数日"三句：思量好几天，楚灵王仍不能克制自己的野心，终于有明年的乾溪之难。克，克制。

⑯志：记载。

⑰"克己复礼"三句：克制自己，使自己遵循先王的礼法，才是真王的仁人。信，确实。

【译文】

析父对子革说："您是楚国有名望的人，如今和君王说话却随声附和，国家将会怎么样？"子革说："我已磨好刀等着，君王出来，我的刀就要砍下去了。"楚灵王出来，又和子革说话。左史倚相快步经过。楚灵王说："这是个好史官，你要好好对待他。他能读《三坟》《五典》《八索》《九丘》。"子革回答说："下臣曾经问过他事情。当初周穆王想要放纵自己的欲望，周游天下，打算到处留下自己的车辙和马迹。祭公谋父作

《祈招》一诗来劝阻周穆王的欲望，周穆王因此得以善终于祗宫。下臣问他这首诗他却不知道。如果问起更久远的事，他哪里能知道？"楚灵王说："你能知道吗？"子革回答说："能。那诗说：'祈招和悦安闲，德音宏大深远。想起我们君王的风度，如玉如金般温润坚强。他谋求保存人民的力量，而没有醉饱之心。'"楚灵王向子革作个揖就进去了，吃饭吃不下，睡觉睡不着，过了好几天，还是不能自我克制，所以遭到祸难。孔子说："古时候有句话：'克制自己回到礼，就是仁。'这话说得真好啊！楚灵王如果能做到这一点，哪里会在乾溪受辱？"

【经】晋伐鲜虞①。

【注释】

①晋伐鲜虞：据《左传》，夏秋之际，晋国假道于鲜虞以讨伐肥国，灭肥国之后回国路上讨伐鲜虞。同晋献公假道伐虢一样。案《春秋》之例，诸夏之国称爵号，若单称国名，则是夷狄之。此处将晋国视为夷狄，因为鲜虞与晋同姓，在楚国灭亡了陈、蔡，诸夏岌岌可危的情况下，晋国不思安定诸侯，却讨伐同姓之国，有大恶，故夷狄之。鲜虞，白狄之一族，在今河北正定以北一带，战国时为中山国。

【译文】

晋国攻打鲜虞国。

【左传】晋伐鲜虞，因肥之役也①。

【注释】

①晋伐鲜虞，因肥之役也：六月晋军假道鲜虞灭肥，回师趁机伐鲜虞。

【译文】

晋国假道鲜虞灭亡肥国,回师时趁机攻占鲜虞。

【穀梁传】其曰晋,狄之也,其狄之何也? 不正其与夷狄交伐中国①,故狄称之也。

【注释】

①夷狄:这里指楚国。交:交替,轮流。

【译文】

经文称"晋",是把它当狄国看待,经文把它当狄国看待是为什么呢? 认为它与夷狄之国交替讨伐中原国家不合正道,所以把它称作狄国。

十三年

【经】十有三年春①,叔弓帅师围费②。

【注释】

①十有三年:鲁昭公十三年当周景王十六年,前529年。

②费(bì):鲁地名,在今山东鱼台东南。昭公十二年,季氏家臣南蒯(kuǎi)以费归齐。

【译文】

鲁昭公十三年春,叔弓带兵包围了费地。

【左传】十三年春,叔弓围费,弗克,败焉。平子怒,令见费人执之①,以为囚俘。冶区夫曰②:"非也。 若见费人,寒者衣之,饥者食之,为之令主③,而共其乏困④。 费来如归,南氏亡矣⑤。民将叛之,谁与居邑⑥? 若惮之以威,惧之以怒,民疾而叛,为之聚也⑦。若诸侯皆然,费人无归,不亲南氏,将焉入矣?"平子从之,费人叛南氏⑧。

【注释】

①令见费人执之:季平子下令见到费人就抓。

②冶区夫:鲁国大夫。

③令主:好主人。

④共:通"供"。

⑤费来如归,南氏亡矣:费邑人来投奔季氏,如同回家一样,南氏就只能灭亡。案冶区夫建议争取费邑民众,孤立南蒯。

⑥谁与居邑:谁会与他住在围城中。案费人如果叛南蒯,费邑将不攻自破。

⑦"若惮之以威"四句:如果威吓暴虐费人,他们必然嫉恨季氏,背叛季氏,反而为南蒯赢得百姓。

⑧费人叛南氏:季平子采纳冶区夫的建议,果然争取了费人,明年,费人叛南蒯。

【译文】

鲁昭公十三年春,叔弓包围费地,没有攻下,反被打败。季平子大怒,下令见到费地人就抓,作为因犯。冶区夫说:"不能这样做。要是见到费地人,寒冷的给他衣服穿,饥饿的给他食物吃,当他们的好主人,供给他们缺乏的东西。费地的人就会像回到家一样归顺,那么南氏也就完了。人民如果背叛了他,还有谁和他住在一起? 如果以威势来使他们害怕,用愤怒让他们畏惧,人民因憎恨而背叛你,恰恰是为南氏积聚势力。要是诸侯也都这样做了,费地人没有地方可去,不亲近南氏的话,还能到哪儿去呢?"季平子听从了,结果费地人背叛了南氏。

【经】夏四月，楚公子比自晋归于楚[1]，弑其君虔于乾溪[2]。

【注释】

①楚公子比自晋归于楚：公子比，楚大夫，字子干，楚灵王之弟，昭公元年出奔晋。据《左传》，楚灵王多行不义，对诸多大夫不以礼遇。陈、蔡之人意欲复国，于是联合各家对楚灵王不满的势力，与公子比、公子弃疾、公子黑肱等结盟，奉公子比为新君，公子弃疾为司马，杀楚灵王太子禄及公子罢敌，夺取楚宫。时楚灵王在乾溪，反楚灵王势力设计瓦解了跟随楚灵王的军队，楚灵王后来在申亥家中自缢。后来公子弃疾又设计逼迫公子比与公子黑肱自杀，自立为君，为楚平王。

②其君虔：即楚灵王。乾溪：楚地名，在今安徽亳州东南。楚灵王在此筑台。案《春秋》之例，不书弑君的地点，此处书地者，见楚灵王遭遇篡弑之祸，由乾溪筑台之故。

【译文】

夏四月，楚国公子比从晋国回到楚国，在乾溪杀死国君虔。

【左传】楚子之为令尹也，杀大司马蒍掩，而取其室[1]。及即位，夺蒍居田[2]；迁许而质许围[3]。蔡洧有宠于王，王之灭蔡也，其父死焉[4]，王使与于守而行[5]。申之会，越大夫戮焉[6]。王夺斗韦龟中犨[7]，又夺成然邑[8]，而使为郊尹[9]。蔓成然故事蔡公[10]，故蒍氏之族及蒍居、许围、蔡洧、蔓成然，皆王所不礼也[11]。因群丧职之族[12]，启越大夫常寿过作乱[13]，围固城，克息舟，城而居之[14]。

【注释】

①杀大司马薳（wěi）掩，而取其室：襄公三十年，楚灵王杀薳掩。

②薳居：薳掩族人。

③迁许而质许围：扣留许围为人质。迁许事在昭公九年。许围，许
大夫。

④"蔡洧（wěi）有宠于王"三句：蔡洧，蔡国人，楚灭蔡后，洧在楚国
为官。楚灭蔡时，蔡洧父亲被楚灵王所杀。

⑤王使与于守而行：让蔡洧留守国内，楚灵王自己前往乾溪。

⑥越大夫戮焉：昭公四年申之会，越国大夫常寿过被楚灵王侮辱。
戮，羞辱。

⑦斗韦龟：令尹子文玄孙。中犨（chōu）：邑名，今地不详。

⑧成然：斗韦龟之子，食邑于蔓，又称"蔓成然"。

⑨郊尹：治理郊区的官。

⑩故：从前。事：事奉。蔡公：指公子弃疾，楚灵王在昭公十一年灭
蔡后封他为蔡公。

⑪故薳氏之族及薳居、许围、蔡洧、蔓成然，皆王所不礼也：案楚灵王
多行不义，树敌颇多。

⑫因：凭借。群丧职之族：楚灵王时许多丧失职位的亲族。

⑬启越大夫常寿过作乱：启，诱导。案上述诸人都怨恨楚灵王，于是
内外勾结作乱。

⑭"围固城"三句：作乱者包围固城，攻克息舟，并筑息舟之城而据
守。固城、息舟，楚国二邑。

【译文】

　　楚灵王当令尹的时候，杀死大司马薳掩，并夺取了他的家产。即位
以后，又夺取薳居的田地；把许国迁走而扣留许围为人质。蔡洧得到楚
灵王的宠爱，楚灵王灭蔡国时，蔡洧父亲死于这次战争，楚灵王派蔡洧
留守都城自己离城出征。申地会盟时，越国大夫常寿过遭到楚灵王的羞

辱。楚灵王夺走斗韦龟的中犨邑，又夺去成然的封邑，而让他担任郊尹。蔓成然原来事奉蔡公弃疾，所以蓬氏家族及蓬居、许围、蔡洧、蔓成然，都是楚灵王不加礼遇的人。他们借助那些丧失职位的家族，诱使越国大夫常寿过作乱，包围固城，攻克息舟，并在这里修筑城墙据守。

　　观起之死也①，其子从在蔡，事朝吴②，曰："今不封蔡，蔡不封矣③。我请试之④。"以蔡公之命召子干、子皙⑤，及郊，而告之情⑥，强与之盟，入袭蔡。蔡公将食，见之而逃⑦。观从使子干食⑧，坎，用牲，加书，而速行⑨。已徇于蔡⑩，曰："蔡公召二子，将纳之，与之盟而遣之矣，将师而从之⑪。"蔡人聚，将执之⑫。辞曰："失贼成军，而杀余，何益⑬？"乃释之。朝吴曰："二三子若能死亡，则如违之，以待所济⑭。若求安定，则如与之，以济所欲⑮。且违上，何适而可⑯？"众曰："与之。"乃奉蔡公，召二子而盟于邓⑰，依陈、蔡人以国⑱。楚公子比、公子黑肱、公子弃疾、蔓成然、蔡朝吴帅陈、蔡、不羹、许、叶之师，因四族之徒⑲，以入楚。及郊，陈、蔡欲为名，故请为武军⑳。蔡公知之，曰："欲速。且役病矣㉑，请藩而已㉒。"乃藩为军。蔡公使须务牟与史猈先入㉓，因正仆人杀大子禄及公子罢敌㉔。公子比为王，公子黑肱为令尹，次于鱼陂㉕。公子弃疾为司马，先除王宫㉖。使观从从师于乾溪，而遂告之㉗，且曰："先归复所，后者劓㉘。"师及訾梁而溃㉙。

【注释】

①观起之死：襄公二十二年，楚杀观起。

②朝吴：蔡国大夫声子之子，楚灭蔡后，依附楚国公子弃疾。

③今不封蔡，蔡不封矣：现在如果不恢复蔡国，蔡国就没希望了。

④我请试之：观从准备响应作乱以图谋恢复蔡国。

⑤以蔡公之命召子干、子皙：观从假托公子弃疾的名义召二人返回
　　楚国。子干，公子比。子皙，公子黑肱。案二人都是楚灵王弟弟，
　　昭公元年，子干奔晋，子皙奔郑。

⑥及郊，而告之情：二人到达蔡郊，观从告诉他们真情。

⑦蔡公将食，见之而逃：弃疾起先不知何故，所以吓跑了。

⑧观从使子干食：让子干吃弃疾没吃的食物。

⑨"坎"四句：观从挖坑杀牲，置盟书于牲之上，伪造公子弃疾和子
　　干结盟的迹象，并迅速公布于众。

⑩己：观从自己。徇：公开宣布。

⑪与之盟而遣之矣，将师而从之：观从假说弃疾与二公子结盟，并将
　　率军援助二人入楚。

⑫蔡人聚，将执之：蔡人不信观从的话，准备逮捕他。

⑬"失贼成军"三句：贼人已走，蔡公军队已组成，杀我无益。贼，指
　　子干、子皙。

⑭"二三子若能死亡"三句：如果效忠楚灵王，能为他而死，就应违
　　背蔡公，以观事情的成败，再做决断。如，应当。之，指蔡公。

⑮"若求安定"三句：求安定就应当襄助蔡公，以求复国。与之，助
　　蔡公。所欲，恢复祖国。

⑯且违上，何适而可：如果违背蔡公，将会无所适从。上，指蔡公弃疾。

⑰邓：古地名，在蔡旧都上蔡，即今河南漯河东南。

⑱依陈、蔡人以国：陈、蔡人都有复国的愿望，所以用复国的许诺来
　　发动陈、蔡人。依，依赖。

⑲四族：蓬氏、许围、蔡洧、蔓成然。

⑳陈、蔡欲为名，故请为武军：陈、蔡为了宣扬诛除无道和复国的名

声,想大筑营垒,树起陈、蔡军旗。武军,显示军功的军垒。

㉑役病:修营垒,士卒将疲弊。

㉒藩:藩篱,暂时用篱笆编成工事以驻军。

㉓须务牟、史猈(pí):楚国大夫,蔡公同党。

㉔正仆人:仆人之长。大子禄、公子罢(pí)敌:都是楚灵王之子。

㉕鱼陂(pí):古地名,在今湖北天门西北。

㉖公子弃疾为司马,先除王官:除王官,清理王官,驱除楚灵王亲信。案弃疾一入国都,先清理王官,可见其野心。

㉗使观从从师于乾溪,而遂告之:楚灵王在乾溪,为伐徐之师做后援。观从赴乾溪,告知子干等起兵叛王。

㉘先归复所,后者劓(yì):观从号召众人背叛楚灵王。复所,恢复其禄位、居室和田产。劓,割鼻刑罚。

㉙师及訾(zī)梁而溃:楚灵王回师,到訾梁全军溃散。訾梁,訾水上的桥梁,在今河南信阳。

【译文】

观起死的时候,其子观从在蔡地,事奉朝吴,说:"现在不重建蔡国,蔡国就没有机会复国了。让我来试试看吧。"他假传蔡公弃疾的命令召回子干、子皙,二人到达城郊,观从才告知真情,强行和他们结盟,进兵攻蔡邑。蔡公正要吃饭,见到他们进来便逃走了。观从让子干吃了那些食物,挖了坑,杀了牺牲,把盟书放在上面,而后要他们快走。自己则在蔡地宣布,说:"蔡公召回二人,准备送回楚国,已经和他们结盟并送他们走了,即将率军队跟随出发。"蔡地人聚集而来,要抓观从。观从辩解说:"已经放走了贼人,组成了军队,把我杀了又有什么用?"蔡地人便放了他。朝吴说:"各位如果能为楚王而死,那就违背蔡公,以等待最后的结果。如果希望得到安定,那就应该支持蔡公,以实现共同的愿望。况且违抗在上者,那么又何所适从呢?"大家都说:"支持蔡公。"便事奉蔡公,召见子干、子皙二人在邓地盟誓,用复国的许诺利用陈、蔡两地人的力量。楚国公子比、公子黑肱、公子弃疾、蔓成然、蔡国朝吴带领陈、蔡、不羹、许、叶等地的军队,依靠蔿氏等四族的族人,进入楚国。到达国都郊外,陈、蔡二地的人想宣扬自己的名声,便请求修筑城堡。蔡公知道了,说:"这次行动要快。而且役夫已经很疲惫了,用篱笆隔离就行了。"于是编篱笆作为军营。蔡公派须务牟和史猈先进入都城,通过正仆人杀死太子禄和公子罢敌。公子比立为楚王,公子黑肱为令尹,驻扎在鱼陂。公子弃疾任司马,先去清除王宫。派观从前往乾溪军中,把情况告诉他们,并且说:"先回去的保留所有待遇,后回去的将受割鼻刑罚。"楚军到达訾梁便溃散了。

王闻群公子之死也,自投于车下①,曰:"人之爱其子也,亦如余乎?"侍者曰:"甚焉②。小人老而无子,知挤于沟壑矣③。"王曰:"余杀人子多矣,能无及此乎④?"右尹子革曰:"请待于郊,以听国人⑤。"王曰:"众怒不可犯也。"曰:"若入于大都,而乞师于诸侯⑥。"王曰:"皆叛矣。"曰:"若亡于诸侯,以听大国之图君也⑦。"王曰:"大福不再,只取辱焉⑧。"然丹乃归于楚⑨。王沿夏⑩,将欲入鄢⑪。芋尹无宇之子申亥曰⑫:"吾父再奸王命⑬,王弗诛,惠孰大焉?君不可忍⑭,惠不可弃,吾其从王。"乃求王,遇诸棘闱以归⑮。夏五月癸亥,王缢于芋尹申亥氏⑯。申亥以其二女殉而葬之。

【注释】

①自投于车下:摔到车下。

②甚焉:爱子之心更甚于楚灵王。

③小人老而无子,知挤于沟壑矣:小人老而无子,一旦身死,就必被抛弃于沟壑之中。暗讽楚灵王自己也将死于非命,何必还眷恋儿

子被杀。小人，侍者自称。

④余杀人子多矣，能无及此乎：杀别人之子太多，才有今日的报应。

⑤请待于郊，以听国人：劝楚灵王至郢郊听凭国人的处置。

⑥若入于大都，而乞师于诸侯：建议先入大的都邑，再请求诸侯出
　　兵。若，或者。

⑦若亡于诸侯，以听大国之图君也：由大国出面为楚灵王进行干预。

⑧大福不再，只取辱焉：楚灵王知道大国也不会支持。大福，指当国
　　君的好运。

⑨然丹乃归于楚：子革也离开楚灵王归楚。然丹，子革。

⑩夏：汉水的别名。

⑪鄢（yān）：楚国别都，在今湖北宜城。

⑫芋尹无宇：即申无宇。

⑬吾父再奸王命：指昭公七年申无宇斩断王旌及入章华宫追捕逃犯
　　二事。奸，触犯。

⑭君不可忍：楚灵王有难，我不可狠心不救。忍，狠心。

⑮乃求王，遇诸棘闱以归：申亥遇楚灵王，和他一起回来。棘闱，楚
　　国棘邑之门。

⑯夏五月癸亥，王缢（yì）于芋尹申亥氏：癸亥，二十五日。自昭公
　　四年的申之会至此，凡历十年，楚灵王三伐吴，灭赖，灭陈，灭蔡，
　　伐徐，可谓吞噬四出。对此，顾栋高认为晋君臣"嗫不发声，不敢
　　南向加一矢。虽有厥愁之会，反卑辞以请蔡于楚，卒不见听。虐
　　用蔡世子如刲羊豕"，皆因晋君臣拘于宋向戌弭兵之盟约，不敢背
　　盟，遂使楚猖獗如此。

【译文】

　　楚灵王听到儿子们的死讯，不由自主地摔到了车下，说："别人疼爱
儿子，也像我一样吗？"侍者说："还有过之。小人年老而没有儿子，自己
知道将来会落得掉进沟壑而死的下场。"楚灵王说："我杀死别人的儿子

太多了,怎能不落到这一地步呢?"右尹子革说:"请您等在郊外,由国人来处置。"楚灵王说:"众怒不可犯啊。"子革说:"或者进入大都城,再向诸侯求救兵。"楚灵王说:"诸侯都背叛了。"子革说:"要不逃亡到诸侯国去,听凭大国为君王做主。"楚灵王说:"大的福分不可能再有,只会自取羞辱。"子革便自己回到楚国。楚灵王沿汉水而下,打算进入鄀都。芊尹无宇的儿子申亥说:"我父亲两次触犯王命,灵王没杀他,还有比这更大的恩惠吗?对国君不能忍心不救,恩惠不能背弃,我要跟从灵王。"便去寻找楚灵王,在棘门相遇,便一起回来了。夏五月二十五日,楚灵王在芊尹申亥家上吊自杀。申亥用他两个女儿殉死安葬了楚灵王。

【公羊传】此弑其君,其言归何①?归无恶于弑立也②。归无恶于弑立者何?灵王为无道,作乾溪之台,三年不成。楚公子弃疾胁比而立之,然后令于乾溪之役曰:"比已立矣,后归者不得复其田里。"众罢而去之,灵王经而死③。

【注释】

①其言归何:案《春秋》之例,书"归",表明出入无恶。昭公元年,公子比为避内难而出奔,是出无恶;此处归国,有弑君之文,入非无恶,故而发问。

②归无恶于弑立也:弑立,指公子弃疾立公子比为君,因而弑君之事。依何休之意,公子弃疾诈告公子比,得晋人之力可以归国,公子比到了楚国,被弃疾胁迫立为国君。可见公子比本无弑君之心,故云"归无恶于弑立"。另一方面,《春秋》又将"弑君"之文加到公子比身上,认为公子比应"效死不立",以此杜绝乱臣贼子坐享他人弑君之利。

③经:自缢。

【译文】

这里是弑杀了国君,经文为何言"归"? 因为公子比归国,在弑立之事上没有恶的动机。公子比归国,在弑立之事上没有恶的动机,是怎么回事? 楚灵王所行无道,筑作乾溪之台,三年没有建成。楚公子弃疾胁迫公子比,将其立为国君,然后命令乾溪的役夫们:"公子比已经立为国君了,后回去的不能恢复他的田地家园。"大家都停罢离去,楚灵王自缢而死。

【穀梁传】 自晋,晋有奉焉尔①。归而弑,不言归,言归非弑也。归一事也,弑一事也,而遂言之,以比之归弑,比不弑也。弑君者日,不日,比不弑也。

【注释】

①奉:给予,帮助。

【译文】

说从晋国,表明晋国对此有帮助。回来之后才杀害国君,就不说"归"了,说了"归"就表明不是他杀害的国君。回国是一件事,杀害国君是一件事,但是把他们相连着说,因为刚好是在公子比回国的时候楚灵王被杀害了,比没有杀害国君。杀害了国君是要记载日期的,这里没有记载日期,表明不是公子比杀害的楚灵王。

【经】 楚公子弃疾杀公子比①。

【注释】

①杀:《公羊传》作"弑"。

【译文】

楚国公子弃疾杀了公子比。

【左传】观从谓子干曰："不杀弃疾,虽得国,犹受祸也①。"子干曰："余不忍也。"子玉曰②:"人将忍子③,吾不忍俟也。"乃行。国每夜骇曰:"王入矣④!"乙卯夜⑤,弃疾使周走而呼曰⑥:"王至矣!"国人大惊。使蔓成然走告子干、子皙曰:"王至矣,国人杀君司马⑦,将来矣!君若早自图也⑧,可以无辱。众怒如水火焉,不可为谋⑨。"又有呼而走至者,曰:"众至矣!"二子皆自杀。丙辰⑩,弃疾即位,名曰熊居⑪。葬子干于訾,实訾敖⑫。杀囚,衣之王服,而流诸汉,乃取而葬之,以靖国人。使子旗为令尹⑬。

【注释】

①"不杀弃疾"三句:案观从看出弃疾有夺位的野心。

②子玉:即观从。

③人将忍子:别人将忍心伤害你。

④王入矣:当时不知道楚灵王的生死,所以国都里的人常常夜里以楚灵王回国而相互惊扰。

⑤乙卯:十七日。

⑥使周走:让人走遍各处。

⑦国人杀君司马:杀司马弃疾。

⑧早自图:为自己打算。

⑨众怒如水火焉,不可为谋:蔓成然逼二人下台。

⑩丙辰:十八日。

⑪弃疾即位,名曰熊居:弃疾为国君,即楚平王。案楚国国君之名多用"熊"字,弃疾即位后也更名熊居。

⑫葬子干于訾,实訾敖:楚国君死后无谥号,多以葬地冠"敖"字,如前面的郏敖和这里的訾敖。实,就是。

⑬子旗：即蔓成然。

【译文】

观从对子干说："不杀掉弃疾，即便得到国家，还是要受到祸难。"子干说："我不忍心。"观从说："人家将会狠心地对待您，我不忍心这样的结果出现。"便出走了。国内民众经常在夜里大呼："灵王进城了！"十七日夜，弃疾派人四处奔走大喊说："灵王来了！"国人十分惊恐。又派蔓成然跑去告诉子干、子皙说："灵王来了，国人杀了司马弃疾，马上就要过来了！君王如果及早拿定主意，可以免于受辱。众人的怒火就像水火一样厉害，已无计可施了。"又有人高叫着跑来，说："大伙儿来了！"子干、子皙都自杀了。十八日，弃疾即位为楚王，改名为熊居。安葬子干在訾地，就是訾敖。又杀了个囚犯，穿上楚灵王的服装，让尸体在汉水漂流，然后捞上来下葬，用来安定人心。任命蔓成然为令尹。

楚师还自徐①，吴人败诸豫章②，获其五帅③。

【注释】

①楚师还自徐：去年围徐的部队返回。

②豫章：古地名，指从今安徽霍邱至河南光山一带地域。

③五帅：指领兵伐徐的荡侯等五人。

【译文】

楚国军队从徐国回来，吴国在豫章击败楚军，俘获了楚军五名将领。

平王封陈、蔡①，复迁邑②，致群赂③，施舍、宽民④，宥罪、举职⑤。召观从，王曰："唯尔所欲⑥。"对曰："臣之先佐开卜⑦。"乃使为卜尹⑧。使枝如子躬聘于郑⑨，且致犨、栎之田⑩。事毕弗致⑪。郑人请曰："闻诸道路⑫，将命寡君以犨、栎,敢请命⑬。"对曰:"臣未闻命⑭。"既复,王问犫、栎,降服而对⑮,曰:"臣过失命⑯,未之致也。"王执其手,曰:"子毋勤⑰。姑归,不榖有事,其告子也⑱。"

【注释】

①平王封陈、蔡:复陈、蔡二国,立陈惠公(吴)于陈,立蔡平侯(庐)于蔡(今河南新蔡)。

②复迁邑:楚灵王时被迁徙的都返回原来的居处。

③致群赂:初起事时答应的赏赐,现在都兑现。

④施舍、宽民:布施恩惠,与民休息。

⑤宥罪、举职:赦免罪臣,举拔贤才。

⑥唯尔所欲:虽然观从曾劝子干杀自己,但楚平王不计前嫌,答应他所有的要求。

⑦佐开卜:担任卜人的助手。

⑧卜尹:卜师。

⑨枝如子躬:楚国大夫。枝如为复姓。

⑩且致犫、栎之田:犫、栎本是郑国之邑,被楚国夺去。楚平王即位,准备将它们归还郑国,以敦睦邦交。

⑪弗致:子躬并没有把二邑归还郑国。

⑫闻诸道路:道听途说。

⑬将命寡君以犫、栎,敢请命:郑国得知楚平王的意思,要向子躬讨还二邑。

⑭臣未闻命:枝如子躬诡称没得到楚平王此令。

⑮降服:脱去上衣,表示请罪。

⑯过:罪过。一说,过,犹故,故意。

⑰子毋勤:楚平王用好话劝慰子躬,不要这样自苦。勤,劳苦。一说,勤,犹辱,指降服。

⑱"姑归"三句：劝慰子躬，以后有事，仍要用他。姑，姑且，暂且。

【译文】

楚平王重新恢复陈国、蔡国，使被迁徙的人返回迁出的城邑，赏赐有功者，布施恩惠、宽政待民，赦免罪人、举荐贤才。召回观从，楚平王说："你要求什么都可以满足。"观从回答说："下臣先人是卜尹的助手。"楚平王便让他担任卜尹。派枝如子躬到郑国聘问，并且归还犨、栎的田地。但聘问完毕枝如子躬并没把犨、栎二邑交还郑国。郑国人请示说："道路传言说将命我们国君治理犨、栎二地，谨此请命。"枝如子躬回答说："我没听说有这命令。"回到楚国后，楚平王问起犨、栎二地的事，枝如子躬脱去上衣回复说："下臣有罪，没有遵命归还二地给郑国。"楚平王拉着他的手，说："你不要这样自苦。先回去吧，以后寡人有事还会告诉你。"

他年，芊尹申亥以王枢告，乃改葬之。

【译文】

过了几年，芊尹申亥把楚灵王的灵柩所在告诉楚平王，于是将他改葬。

初，灵王卜曰："余尚得天下①！"不吉。投龟，诟天而呼曰②："是区区者而不余畀③，余必自取之。"民患王之无厌也④，故从乱如归⑤。

【注释】

①尚：或许，可能。

②诟：责骂。

③区区：指小小的楚国。畀（bì）：给予。

④王之无厌：楚灵王野心很大，贪得无厌。

⑤故从乱如归：案此段补叙楚灵王失败的原因。

【译文】

起初，楚灵王占卜说：“我也许得到天下！”结果并不吉利。他把龟扔到地下，责骂上天并呼喊道：“不过区区小国都不给我，我一定要自己夺取。”楚国民众对楚灵王贪得无厌很不满，所以跟随作乱如同百川归海。

初，共王无冢适①，有宠子五人，无适立焉②。乃大有事于群望③，而祈曰：“请神择于五人者，使主社稷。”乃遍以璧见于群望，曰：“当璧而拜者④，神所立也，谁敢违之？”既⑤，乃与巴姬密埋璧于大室之庭⑥，使五人齐⑦，而长入拜⑧。康王跨之⑨，灵王肘加焉⑩，子干、子皙皆远之⑪。平王弱，抱而入，再拜，皆厌纽⑫。斗韦龟属成然焉⑬，且曰：“弃礼违命，楚其危哉⑭！”

【注释】

①冢适（zhǒng dí）：嫡长子。适，同“嫡”。

②有宠子五人，无适立焉：五人都是宠妾所生，不知立谁为太子合适。五人，指康王、灵王、子干、子皙和平王。

③大有事：遍祭。群望：名山大川之神。

④当璧：面对玉璧。

⑤既：望祭完毕。

⑥巴姬：楚共王宠妾。大室：祖庙。

⑦齐：同“斋”，斋戒。

⑧长入拜：按长幼次序而入拜神。

⑨康王跨之：两脚各跨璧的一边。

⑩灵王肘加焉：肘放于璧上。

⑪子干、子晳皆远之：子干、子晳更远离玉璧。

⑫"平王弱"四句：楚平王年幼，被人抱进来，两次下拜，都压在玉璧的璧纽上。楚平王位置正好当璧。弱，幼小。厌，压。纽，璧上穿绳子的鼻子。

⑬斗韦龟属成然焉：斗韦龟知道楚平王必将为楚国国君，所以将成然托付给楚平王。

⑭弃礼违命，楚其危哉：楚康王、楚灵王都曾为王，楚共王违背立长之礼，又违背"当璧"之命，是弃礼违命，所以楚国必定危险。

【译文】

　　当初，楚共王没有嫡子，但宠爱的儿子有五个，拿不定主意该立谁。就遍祭山川，祝祷说："请神明在这五人中选择，让他主持国政。"就将玉璧向所有的山川神灵展示，说："正对玉璧下拜的，就是神所立的人，谁敢违背？"事后和巴姬秘密地将玉璧埋在祖庙的庭院里，让五个儿子斋戒，然后按长幼次序入拜。楚康王两脚跨在玉璧上，楚灵王的胳膊压在玉璧上，子干、子晳都离玉璧很远。楚平王年幼，被人抱进来，两次下拜，都压在玉璧的璧纽上。斗韦龟把成然托付给楚平王，并说："抛弃礼仪违背神灵的命令，楚国恐怕危险了！"

　　子干归①，韩宣子问于叔向曰："子干其济乎！"对曰："难。"宣子曰："同恶相求，如市贾焉，何难②？"对曰："无与同好，谁与同恶③？取国有五难：有宠而无人④，一也；有人而无主⑤，二也；有主而无谋⑥，三也；有谋而无民⑦，四也；有民而无德⑧，五也。子干在晋，十三年矣⑨。晋、楚之从，不闻达者⑩，可谓无人。族尽亲叛⑪，可谓无主。无衅而动⑫，可谓无谋。为羁终世，可谓无民⑬。亡无爱征⑭，可谓无德。王虐而不忌⑮，楚君子干，涉五难以弑旧君，谁能济之⑯？

有楚国者,其弃疾乎! 君陈、蔡,城外属焉⑰。苟慝不作⑱,盗贼伏隐⑲,私欲不违⑳,民无怨心㉑。先神命之㉒,国民信之。芈姓有乱,必季实立,楚之常也㉓。获神㉔,一也;有民,二也;令德,三也;宠贵,四也;居常㉕,五也。有五利以去五难,谁能害之㉖? 子干之官,则右尹也㉗。数其贵宠,则庶子也㉘。以神所命,则又远之。其贵亡矣,其宠弃矣,民无怀焉,国无与焉㉙,将何以立?"

【注释】

①子干归:子干由晋国回到楚国。

②"同恶相求"三句:都憎恶楚灵王,那么起事当如商贾那样各求所欲,容易成功。同恶,共同憎恶楚灵王无道。

③无与同好,谁与同恶:他人并不和子干一条心,所以也不可能同恶。

④有宠而无人:地位显贵,但没贤人辅佐。

⑤有人而无主:即便有贤人,但缺乏有实力的人为他撑腰做主,做他的支援或内应。主,指有势力的人。

⑥谋:谋略。

⑦无民:没有百姓支持。

⑧无德:不修德,不修仁政。

⑨子干在晋,十三年矣:子干在昭公元年逃亡晋国,至今十三年。

⑩晋、楚之从,不闻达者:晋、楚两国中追随子干的人都不是贤人。

⑪族尽亲叛:子干已无亲族在楚国。

⑫无衅而动:无可乘之机,即仓促起事。

⑬为羁终世,可谓无民:子干长年流亡于晋国,缺乏国内百姓的支持。

⑭亡无爱征:子干长年逃亡在外,国内却没有人怀念他。

⑮王虐而不忌:楚灵王虽然暴虐,但不忌刻,也有宽容的时候。

⑯"楚君子干"三句：子干夺位，存在上述五难，没人能使他成功。君子干，以子干为国君。

⑰君陈、蔡，城外属焉：弃疾据有陈、蔡，方城以外的地方也归属他。城，指方城。

⑱苛：苛刻的政令。慝（tè）：邪恶的行为。

⑲盗贼伏隐：弃疾统治的区域里盗贼销声匿迹。

⑳私欲不违：弃疾不以私欲违背礼法。

㉑民无怨心：弃疾政治清明，得到百姓拥护。

㉒先神命之：指"再拜，皆厌纽"。

㉓"芈（mǐ）姓有乱"三句：楚国有乱，常立小儿子为国君，这是叔向认为弃疾将被立为王时所做的分析。芈，楚王族之姓。季，少子。常，常例。

㉔获神：即上文的"当璧而拜"。

㉕居常：弃疾最幼小，立少合于常例。

㉖有五利以去五难，谁能害之：弃疾有五利，必被立为国君。

㉗子干之官，则右尹也：子干官不过右尹，地位不如弃疾。

㉘数其贵宠，则庶子也：贵宠不如弃疾。

㉙民无怀焉，国无与焉：百姓不怀念子干，国内也没有同情他的人。

【译文】

　　子干回到楚国，韩起向叔向询问说："子干应该能成功吧！"叔向回答说："很难。"韩起说："他们有共同的憎恨者而互相需要，犹如市场上的商贾，有什么难的？"叔向回答说："没人和子干有相同的喜好，谁又和他有共同的憎恶？夺取国家有五难：得到宠爱而无贤人相助，这是第一；有贤人而缺乏有力者的支持，这是第二；有人做主而缺少谋略，这是第三；有谋略而没有人民的支持，这是第四；有人民拥护而自己没有德行，这是第五。子干在晋国已经十三年了。晋、楚两国中追随他的人，没听说有贤达者，可说是没贤人。族人被灭尽，亲戚也都背叛了他，可说是缺乏有力者。楚国内部没有空子可钻却轻举妄动，可说是缺少谋略。终生在外流亡，可说是没有人民的拥护。逃亡在外而没人怀念，可称得上没有德行。楚王暴虐但不忌刻，楚国要拥立子干为国君，有这五难而且要杀死旧国君，谁能办得到？能得到楚国的，恐怕是弃疾吧！他统治着陈、蔡二地，方城外也属他管辖。没有烦苛的政令和邪恶的事情，盗贼潜伏不敢胡来，有私欲但不违背礼法，人民没有怨恨情绪。原先已得到神灵的命令，国民信任他。而且芈姓有乱，总是立小的为国君，这是楚国的常规。他得到神灵保佑，这是第一；有人民的拥护，这是第二；有好的德行，这是第三；受到爱宠、地位尊贵，这是第四；合乎立为国君的常规，这是第五。他有五利而远离五难，谁又能够危害他？子干的官职，不过是右尹。论起他的尊贵与受宠程度，则只是庶子。说到神灵的敕命，他可是远离玉璧。他的显贵已经丧失，爱宠已经没有，人民并不怀念，国内没有亲附他的，凭什么可以立为国君？"

宣子曰："齐桓、晋文，不亦是乎①？"对曰："齐桓，卫姬之子也，有宠于僖②。有鲍叔牙、宾须无、隰朋以为辅佐③，有莒、卫以为外主④，有国、高以为内主⑤。从善如流，下善齐肃⑥，不藏贿⑦，不从欲⑧，施舍不倦，求善不厌⑨。是以有国，不亦宜乎？我先君文公，狐季姬之子也，有宠于献⑩；好学而不贰⑪，生十七年，有士五人⑫。有先大夫子馀、子犯以为腹心⑬，有魏犨、贾佗以为股肱，有齐、宋、秦、楚以为外主⑭，有栾、郤、狐、先以为内主⑮。亡十九年，守志弥笃⑯。惠、怀弃民，民从而与之⑰。献无异亲⑱，民无异望⑲，天方相晋，将何以代文⑳？此二君者，异于子干。共有宠子㉑，国有奥主㉒。无施于民，无援于外；去晋而不送㉓，归楚而不逆㉔，何以冀国㉕？"

【注释】

①齐桓、晋文，不亦是乎：二人也是庶出，也逃亡在外。

②"齐桓"三句：齐桓公得到齐僖公的宠爱。卫姬，齐僖公妾。僖，齐僖公。

③有鲍叔牙、宾须无、隰（xí）朋以为辅佐：齐桓公有贤人辅佐。

④有莒、卫以为外主：齐桓公流亡到莒国，卫国是他的舅家，有两国为外援。

⑤有国、高以为内主：国氏、高氏可以为内应。

⑥下善：见人有善，就以身下之。齐肃：有斋戒之事，律己甚严。齐，同"斋"。

⑦不藏贿：不贪财货。

⑧从：同"纵"。

⑨施舍不倦，求善不厌：这就是有德、有民。

⑩献：指晋献公。

⑪不贰：专心致志。

⑫有士五人：指狐偃、赵衰、颠颉、魏武子、司空季子，他们都是贤人。

⑬子馀：即赵衰。子犯：即狐偃。

⑭有齐、宋、秦、楚以为外主：杜预注曰："齐妻以女，宋赠以马，楚王享之，秦伯纳之。"四国支持晋文公，见僖公二十三年传文。

⑮有栾、郤、狐、先以为内主：栾枝、郤縠、狐突、先轸都支持晋文公返国。

⑯志：返国之志。

⑰惠、怀弃民，民从而与之：二君都弃民，民归附晋文公。惠、怀，晋惠公、晋怀公。

⑱献无异亲：晋献公有九个儿子，只存晋文公。

⑲民无异望：百姓再没有可寄托希望的人。

⑳天方相晋，将何以代文：晋文公获神、有民、令德、宠贵诸利皆备，

所以能立为国君。

㉑共有宠子：楚共王有宠子弃疾，子干无宠。共，即楚共王。

㉒国有奥主：子干回国时楚灵王尚在王位。奥主，指国君。

㉓去晋而不送：子干离开晋国时没人送行。

㉔归楚而不逆：回来时楚国也没有人迎接他。

㉕何以冀国：子干宠贵、令德、有主、有民无一具备，所以没希望享有楚国。

【译文】

韩起说："齐桓公、晋文公不也是庶子吗？"叔向回答说："齐桓公是卫姬儿子，得到齐僖公的宠爱。有鲍叔牙、宾须无、隰朋作为辅佐，有莒国、卫国作为外援，有国氏、高氏作为内应。他从善如流，日常行为严肃庄重，不贪财，不纵欲，施舍财物不知疲倦，追求善行从不满足。所以他享有国家，不也是很自然的吗？我国先君文公，是狐季姬之子，得到献公的宠爱；好学而专心一致，才十七岁，就有贤士五人辅佐他。有先大夫子馀、子犯作为心腹，有魏犨、贾佗作为左膀右臂，有齐国、宋国、秦国、楚国作为外援，有栾枝、郤縠、狐突、先轸作为内应。流亡十九年，坚守回国志向愈加坚定。惠公、怀公抛弃人民，人民因而追随文公并支持他。献公没有其他的亲人，人民没有别的希望，上天正保佑晋国，又将有谁能代替文公？这两位国君，和子干不相同。楚共王有宠爱的儿子，国内还有国君在。子干又没有施惠给人民，而且外部没有援助；他离开晋国时没人送行，回到楚国也没人迎接，他凭什么希望享有楚国？"

【公羊传】比已立矣，其称公子何①？其意不当也。其意不当，则曷为加弑焉尔②？比之义，宜乎效死不立③。大夫相杀称人，此其称名氏以弑何④？言将自是为君也⑤。

【注释】

①比已立矣,其称公子何:上文公子弃疾立公子比为君,此处又弑杀之,与齐公子商人先立公子舍为君,再弑杀之相似。彼处书"弑其君舍",此处书"公子",两者不同,故而发问。

②曷为加弑焉尔:此处讨论上文"楚公子比自晋归于楚,弑其君虔于乾溪"的书法。既然公子比本意不想当国君,《春秋》为何要加弑君之文。

③比之义,宜乎效死不立:公子比在受胁迫时,应誓死不立。公子比未能如此,导致了楚子虔被弑,《春秋》为了防止后世乱臣贼子坐享他人弑君之利,故将弑文加在公子比身上。

④大夫相杀称人,此其称名氏以弑何:经文书"杀公子比",不书"弑其君",表明公子比没有当国君之心。那么这里就是大夫相杀,依《春秋》之例,大夫相杀称人,本应书"楚人杀其公子比",此处却书公子弃疾之名氏,故而发问。

⑤言将自是为君也:案《春秋》之例,弑君自立者,书名氏以弑,如"齐公子商人弑其君舍"。今公子弃疾弑比自立,故与弑君自立者同文,不同于一般的大夫相杀。

【译文】

公子比已经被立为国君了,此处为何称其为"公子"? 因为公子比本意不想当国君。公子比本意不想当国君,为何将弑君之文加到他身上? 公子比的道义,应该宁死也不立为国君。大夫相杀称人,此处书公子弃疾的名氏,又书弑,是为何? 表明公子弃疾从此成为了国君。

【穀梁传】当上之辞也①。当上之辞者,谓不称人以杀②,乃以君杀之也。讨贼以当上之辞,杀非弑也,比之不弑有四。取国者称国以弑③,楚公子弃疾杀公子比,比不嫌也。《春秋》不以嫌代嫌,弃疾主其事,故嫌也。

【注释】

①当:用作,当作。

②称人以杀:即说"楚人杀公子比"。

③称国以弑(shì):指前一条经文应记为"楚比弑其君"而不是"楚公子"。

【译文】

这是将公子弃疾当作国君的说法。当作国君的说法,就是说不以国人的名义杀他,而以国君的名义杀他。讨伐贼臣用将公子弃疾当作国君的说法,表明杀害的臣子不是弑君之人,公子比不是杀害国君的人的理由有四条了。对于想夺取国家的人都是在他前面冠以国名来说他杀害国君,但经文说的是"楚公子弃疾杀公子比",表明公子比没有杀害国君的嫌疑。《春秋》记事不用有嫌疑的人来取代另一个有嫌疑的人,弃疾是主谋逼楚灵王自杀的,所以他有弑君的嫌疑。

【经】秋,公会刘子、晋侯、齐侯、宋公、卫侯、郑伯、曹伯、莒子、邾子、滕子、薛伯、杞伯、小邾子于平丘①。

【注释】

①刘子:指新即位的刘国国君刘献公姬挚。其故城在今河南偃师侯氏镇西南。晋侯:指新即位的晋国国君晋昭公姬夷。齐侯:齐景公姜杵臼(chǔ jiù)。宋公:指新即位的宋国国君宋元公子佐。卫侯:指卫国国君卫灵公姬元,卫襄公姬恶之子。郑伯:指新即位的郑国国君郑定公姬宁,郑简公之子。曹伯:指曹国国君曹武公姬滕,一名胜。莒(jǔ)子:指莒国国君莒著丘公己去疾。邾子:指邾国国君邾庄公曹穿。滕子:指滕国国君滕悼公姬宁。杞伯:指杞国国君杞平公姒郁,一名姒郁釐。平丘:卫地名,在今河南封丘东四十里,长垣南五十里。邾子、小邾子,《公羊传》作"邾娄

子""小邾娄子"。

【译文】

　　秋,鲁昭公同刘献公、晋昭公、齐景公、宋元公、卫灵公、郑定公、曹武公、莒著丘公、邾庄公、滕悼公、薛伯、杞平公、小邾穆公在平丘相会。

　　【左传】晋成虒祁①,诸侯朝而归者皆有贰心。为取郠故②,晋将以诸侯来讨。叔向曰:"诸侯不可以不示威③。"乃并征会④,告于吴。秋,晋侯会吴子于良⑤,水道不可,吴子辞,乃还⑥。

【注释】

①晋成虒(sī)祁:虒祁宫落成在昭公八年。

②为取郠故:鲁国占取莒之郠地在昭公十年。

③诸侯不可以不示威:楚灵王与晋争霸,晋不敢与之竞争;楚灭陈灭蔡,晋也不能救;子产谓"晋政多门,贰偷之不暇",所以晋国想以此向诸侯显示一下威力。

④乃并征会:召集全体诸侯。征,召。

⑤晋侯会吴子于良:晋昭公准备会见吴王。良,古地名,在今江苏邳州。

⑥"水道不可"三句:吴都在今江苏苏州,因水道不通,吴王辞谢不来,晋昭公返回国内。

【译文】

　　晋国虒祁宫落成,诸侯前往朝见归来后都产生了二心。因为夺取郠地的缘故,晋国准备率领诸侯军队前来讨伐鲁国。叔向说:"诸侯有离心倾向不能不显示一下我们的威力。"便召集诸侯来会见,并告知吴国。秋,晋昭公要和吴王夷末在良地见面,因为水路不通,吴王推辞不来,晋昭公便回国了。

　　七月丙寅①，治兵于邾南②，甲车四千乘③，羊舌鲋摄司
马④，遂合诸侯于平丘。子产、子大叔相郑伯以会，子产以
幄、幕九张行⑤，子大叔以四十⑥，既而悔之，每舍，损焉⑦。
及会，亦如之⑧。

【注释】

①丙寅：二十九日。

②邾南：邾国南境。

③甲车四千乘：案晋国大规模阅兵，即所谓"示威于诸侯"。

④羊舌鲋：叔向弟弟。摄：代理。

⑤子产以幄、幕九张行：子产带幄、幕各九张供住宿。幄、幕，军队的
　营帐。

⑥子大叔以四十：幄、幕各四十张。

⑦每舍，损焉：每住宿一次，就减少幄、幕一次。

⑧及会，亦如之：到达平丘，子太叔也只剩幄、幕各九张。

【译文】

　　七月二十九日，在邾国南境阅兵，有甲车四千辆，羊舌鲋代理司马职
务，于是在平丘会合诸侯。子产、子太叔辅佐郑定公赴会，子产带了幄、
幕各九张，子太叔带了幄、幕各四十张，随即后悔了，每次宿营，就减少一
些幄、幕。到达盟会地，也就跟子产的数量一样了。

　　次于卫地，叔鲋求货于卫，淫刍荛者①。卫人使屠伯馈
叔向羹与一箧锦②，曰："诸侯事晋，未敢携贰③，况卫在君之
宇下④，而敢有异志？刍荛者异于他日⑤，敢请之。"叔向受羹
反锦⑥，曰："晋有羊舌鲋者，渎货无厌⑦，亦将及矣⑧。为此
役也，子若以君命赐之，其已⑨。"客从之⑩，未退而禁之⑪。

【注释】

①淫刍荛者：放纵砍柴草的晋人胡作非为。淫，纵。

②箧（qiè）：小箱子。

③携贰：怀有二心，指叛离。

④宇下：屋檐下。比喻卫国和晋国相隔很近，受到晋国的庇护。

⑤刍荛（chú ráo）者异于他日：对刍荛者胡作非为的委婉说法。

⑥叔向受羹反锦：羹汤非财礼，叔向接受，以示领情；退回锦，以示不受贿。

⑦渎货：贪求财物。渎，通"黩"。

⑧亦将及矣：将有灾祸。

⑨子若以君命赐之，其已：以卫国国君之命赐叔鲋箧锦，事情就可了结。

⑩客：指屠伯。

⑪未退而禁之：屠伯还没走，叔鲋已下令禁止刍荛者。

【译文】

叔鲋在卫地驻扎，向卫国索取财物，放纵打草砍柴的人。卫国人派屠伯送给叔向羹汤和一箱锦，说："诸侯事奉晋国，不敢有二心，何况卫国就在国君的屋宇下，哪敢有别的想法？这次打草砍柴者的表现和往日不一样，敢请您过问一下。"叔向接受羹汤而退回了锦，说："晋国有个叫羊舌鲋的人，他贪得无厌，祸难也就要降临了。对于这次的事情，你如果以国君的名义赐给他财物，事情应该就会了结了。"屠伯听从了他的话，还没走，禁止乱砍柴草的命令就下达了。

【经】八月甲戌①，同盟于平丘。

【注释】

①甲戌：初七。

【译文】

八月初七,诸侯在平丘结盟。

【左传】晋人将寻盟,齐人不可①。晋侯使叔向告刘献公曰:"抑齐人不盟②,若之何?"对曰:"盟以厎信③。君苟有信,诸侯不贰,何患焉? 告之以文辞,董之以武师,虽齐不许,君庸多矣④。天子之老请帅王赋⑤,'元戎十乘,以先启行'⑥,迟速唯君⑦。"

【注释】

①晋人将寻盟,齐人不可:案齐国已有二心。

②抑:语首助词,无义。

③厎(zhǐ)信:取得信用。厎,招致。

④"告之以文辞"四句:齐国既不同意寻盟,那么先礼后兵,加以讨伐,晋国可以成功。董,监督。庸,利功。

⑤天子之老:天子之卿,是刘献公自称。王赋:周王的军队。

⑥元戎十乘,以先启行:引《诗》见《诗经·小雅·六月》。意思是愿率兵先导。

⑦迟速唯君:表示愿佐晋国讨伐齐国。

【译文】

晋国打算重修旧盟,齐国不同意。晋昭公派叔向禀告刘献公说:"要是齐国不肯结盟,怎么办?"刘献公回答说:"结盟是用来取得信用的。国君如果有信用,诸侯不三心二意,有什么好忧虑的呢? 可以对齐国用文辞告知,用武力督促,即便齐国不同意,国君的功劳就很多了。我作为天子的卿士请求率领天子军队,'大型战车十辆,在前面为您开路',时间迟早一凭国君决定。"

叔向告于齐,曰:"诸侯求盟,已在此矣①。今君弗利②,寡君以为请③。"对曰:"诸侯讨贰,则有寻盟④。若皆用命,何盟之寻⑤?"叔向曰:"国家之败,有事而无业,事则不经⑥。有业而无礼,经则不序⑦;有礼而无威,序则不共⑧;有威而不昭,共则不明⑨。不明弃共,百事不终,所由倾覆也⑩。是故明王之制,使诸侯岁聘以志业⑪,间朝以讲礼⑫,再朝而会以示威⑬,再会而盟以显昭明⑭。志业于好⑮,讲礼于等⑯,示威于众⑰,昭明于神⑱。自古以来,未之或失也⑲。存亡之道,恒由是兴。晋礼主盟⑳,惧有不治㉑。奉承齐牺,而布诸君,求终事也㉒。君曰:'余必废之',何齐之有㉓?唯君图之,寡君闻命矣㉔!"齐人惧,对曰:"小国言之㉕,大国制之㉖,敢不听从?既闻命矣,敬共以往,迟速唯君㉗。"

【注释】

①诸侯求盟,已在此矣:已会诸侯于平丘。

②弗利:不以会盟为利,即不参加盟会。

③寡君以为请:案叔向再次请齐国参加盟会。

④诸侯讨贰,则有寻盟:诸侯有二心,才需要重温盟约以巩固友好关系。

⑤若皆用命,何盟之寻:齐国以诸侯并无二心为由拒绝寻盟。用命,效命。

⑥有事而无业,事则不经:有事情而没有贡赋,事情就不能正常办理。业,贡赋。

⑦有业而无礼,经则不序:虽有贡赋,而无礼节,则失高下之序。

⑧有礼而无威,序则不共:虽有礼节,而无威严,能分别高下之序而没有恭敬。

⑨有威而不昭,共则不明:有威严而不昭告神灵,有恭敬也没有明显的信义。

⑩"不明弃共"三句:信义不明则弃威严,无威严则弃礼仪,无礼无经,无经无业,所以百事不成,国家倾覆。而盟以取信,会盟乃理所当然。不终,无结果。倾覆,指国家败亡。

⑪使诸侯岁聘以志业:诸侯每年朝聘,以记住自己的职责。业,职责。

⑫间朝:每隔两年朝觐一次。

⑬再朝而会:六年诸侯会见一次。

⑭再会而盟以显昭明:十二年一盟,以显示信义。

⑮志业于好:在聘问的友好关系中记住自己的职责。

⑯讲礼于等:在朝觐中以等级次序来演习礼仪。

⑰示威于众:在会见时向众人显示威严。

⑱昭明于神:结盟时向神灵显示信义。

⑲自古以来,未之或失也:聘、朝、会、盟,古制如此,从未缺失。

⑳晋礼主盟:案旧礼,晋国本应主盟诸侯。

㉑惧有不治:担心事情办不好。

㉒"奉承齐牺"三句:晋国主盟,谨奉斋牲以布陈于各位诸侯面前,以求好于诸侯,使事情完满结束。齐牺,盟会时的牺牲。齐,同"斋"。布,陈列。

㉓何齐之有:何盟之有。齐,同"斋"。"盟会"也称"斋会"。

㉔唯君图之,寡君闻命矣:这就是叔向先"告之以文辞"。闻命,晋国国君听着,等待齐国的答复。

㉕言之:指上面"何盟之有"的话。

㉖制:裁夺。

㉗"既闻命矣"三句:案齐国害怕,表示愿前往会盟。

【译文】

叔向告知齐国,说:"诸侯请求结盟,已经等在这里了。现在贵国国君不以会盟为利,我们国君请您明示理由。"齐国回复说:"诸侯讨伐叛离者,才有重修旧盟的举动。要是全都服从命令,何必再修旧盟呢?"叔向说:"国家的败亡,在于有了事情而无贡赋,事情就不能正常进行。有了贡赋而没有礼仪,规矩就没有秩序;有礼仪而没有威严,虽有秩序也显不出恭敬;有威严而不显扬,有恭敬也不能昭告神灵。不明白显示又抛弃恭敬,所有的事情都不会有结果,这是国家倾覆的根源。因此贤明君主订立制度,让诸侯每年聘问一次以记住自己的职责,每隔二年朝见一次以讲习礼仪,六年会见一次以昭示威仪,十二年盟会一次以显示信义。在友好中记住职责,用等级次序讲习礼仪,向百姓显示威严,向神灵昭明信义。自古以来都没有缺失。存亡之道总由此而发生。晋国按照礼仪而主持盟会,唯恐不能办好。谨奉结盟的牺牲展布在诸位国君之前,以求得事情的圆满结果。国君则说:'我一定要废除它',那还用得着什么结盟呢? 请贵国国君好好考虑,我们国君听凭您的命令!"齐国害怕了,回答说:"小国说出想法,由大国来裁定,怎敢不听从? 我们已经听到命令了,会恭敬地前往,时间迟早听凭国君的吩咐。"

　　叔向曰:"诸侯有间矣①,不可以不示众②。"八月辛未③,治兵④,建而不旆⑤。壬申⑥,复旆之⑦。诸侯畏之⑧。

【注释】

　　①诸侯有间矣:从齐国之举看出诸侯与晋国有离心。间,嫌隙。

　　②不可以不示众:需炫耀兵力以巩固盟主的地位。

　　③辛未:初四。

　　④治兵:军事演习。

　　⑤建:建立旌旗。不旆(pèi):将飘带缠起来。旆,旌旗的飘带。

　　⑥壬申:初五。

　　⑦复旆之:又将飘带放开。案古代兵法,将战则飘带飘扬。

⑧诸侯畏之：诸侯见此，以为晋国将用兵，都畏惧晋国。

【译文】

叔向说："诸侯对晋国有嫌隙了，不能不向他们展示一下实力。"八月初四，检阅军队，树起旌旗但不舒展旆带。初五，才放开旆带。诸侯害怕了。

　　邾人、莒人诉于晋曰："鲁朝夕伐我，几亡矣。我之不共，鲁故之以①。"晋侯不见公，使叔向来辞曰："诸侯将以甲戌盟，寡君知不得事君矣②，请君无勤③。"子服惠伯对曰："君信蛮夷之诉④，以绝兄弟之国，弃周公之后，亦唯君。寡君闻命矣⑤。"叔向曰："寡君有甲车四千乘在，虽以无道行之⑥，必可畏也，况其率道⑦，其何敌之有⑧？牛虽瘠，偾于豚上，其畏不死⑨？南蒯、子仲之忧⑩，其庸可弃乎⑪？若奉晋之众，用诸侯之师，因邾、莒、杞、鄫之怒⑫，以讨鲁罪，间其二忧⑬，何求而弗克⑭？"鲁人惧，听命⑮。

【注释】

①我之不共，鲁故之以：二国诉苦，说不能向盟主进贡财物，是因鲁国经常侵犯。共，通"供"。

②不得事君：不能事奉您。这是拒绝鲁君的委婉的外交辞令。

③无勤：不必劳驾。

④蛮夷：指邾、莒二国。

⑤寡君闻命矣：表示对于晋国的告诫并不服气。

⑥无道：不以常道办事。

⑦率道：遵循常道。

⑧其何敌之有：案以上用兵力威胁。

⑨ "牛虽瘠"三句：牛虽瘦，仆倒压在小猪的身上，猪必死无疑。这是比喻晋霸虽衰，但加兵于鲁，不由鲁国不服。偾（fèn），仆倒。豚（tún），小猪。

⑩ 南蒯、子仲之忧：昭公十二年，南蒯、子仲欲出季平子，不克，南蒯以费叛如齐，子仲亦奔齐。

⑪ 其庸：岂。弃：忘记。

⑫ 因邾、莒、杞、鄫之怒：四小国靠近鲁国，常受鲁国欺凌。因，依靠。

⑬ 间：动词，利用这间隙。二忧：即南蒯、子仲之忧。

⑭ 何求而弗克：案叔向用鲁国外有晋与诸侯之兵，内有南蒯、子仲之乱恐吓鲁国。

⑮ 鲁人惧，听命：鲁昭公终于不敢前往结盟。胡安国《春秋传》曰："鲁已与邾通好，亦不朝夕伐莒，而郓、鄪之乱，又非昭公意，徒信邾、莒之愬，曰'我之不共，鲁故之以'，遂辞鲁君而执意如，则是意货财，而不责其无君臣之义也，何得为伯讨乎！"

【译文】

邾国、莒国向晋国控诉说："鲁国不断攻打我们，我们快要被灭亡了。我们不能贡献财物，都是鲁国造成的。"晋昭公不见鲁昭公，派叔向来辞谢说："诸侯将在初七结盟，我们国君知道不能够事奉国君了，请国君不必劳动大驾了。"子服惠伯回答说："贵君听信蛮夷的话，断绝兄弟国家，丢弃周公的后代，也只好听凭贵君了。我们国君听到命令了。"叔向说："我们国君有甲车四千辆在这里，即便不按常规行事，也肯定是可畏的了，何况是遵循常规办理，还有谁能抵敌？牛虽瘦，压到小猪身上，还怕压不死它？南蒯、子仲的忧患，难道可以忘却吗？如果以晋国的众多人马，动用诸侯的军队，依靠邾国、莒国、杞国、鄫国的愤怒，来讨伐鲁国的罪行，利用贵国南蒯、子仲的忧患，要什么而得不到？"鲁国害怕了，听从了晋国的命令。

甲戌,同盟于平丘,齐服也①。令诸侯日中造于除②。癸酉③,退朝④。子产命外仆速张于除⑤,子大叔止之,使待明日。及夕,子产闻其未张也,使速往,乃无所张矣⑥。

【注释】

①"甲戌"三句:齐国顺服,于是结盟。

②造:到达。除:除去杂草筑土为坛,即盟会之处。

③癸酉:初六。

④退朝:初七结盟,初六诸侯先朝晋,朝见后退出。

⑤外仆:主管营舍的官。张:搭帐篷。

⑥"子产闻其未张也"三句:让外仆赶快前去,会盟处已经无处可搭帐篷了。案由此可见子产办事干练,有预见。

【译文】

初七,诸侯在平丘结盟,因为齐国已经顺服了。命令诸侯中午到达盟会地。初六,朝见晋国完毕。子产命外仆赶快去盟会地搭帐篷,子太叔拦住了,让等到明天再搭。晚上,子产听说还没去搭,让赶紧去,已经没有可搭的地方了。

及盟,子产争承①,曰:"昔天子班贡②,轻重以列③,列尊贡重,周之制也。卑而贡重者,甸服也④。郑伯,男也,而使从公侯之贡⑤,惧弗给也⑥,敢以为请。诸侯靖兵⑦,好以为事⑧。行理之命无月不至⑨,贡之无艺⑩,小国有阙,所以得罪也。诸侯修盟,存小国也。贡献无极,亡可待也⑪。存亡之制,将在今矣。"自日中以争,至于昏,晋人许之。既盟,子大叔咎之曰⑫:"诸侯若讨,其可渎乎⑬?"子产曰:"晋政多门,贰偷之不暇,何暇讨⑭?国不竞亦陵,何国之为⑮?"

【注释】

①承：贡赋轻重等级。

②班贡：定贡赋的等级次序。班，次序。

③轻重以列：贡赋多少依爵位高低而定。

④甸服：古代王畿外围的地方，以五百里为标准，按照距离的远近分为五等，叫"五服"，依次为侯服、甸服、男服、采服、卫服。

⑤"郑伯"三句：郑国在甸服之外，为男服，不应出公侯的贡赋。

⑥弗给（jǐ）：不能如数供给。给，足够。

⑦靖兵：息兵。

⑧好以为事：以友好为事。

⑨行理：行旅、使者。这里是催问贡赋的使者。

⑩无艺：无极，无限度。

⑪贡献无极，亡可待也：大国对小国勒索无度，小国危亡将至。

⑫咎：责怪。

⑬诸侯若讨，其可渎乎：意思是现在得罪于晋国，如果晋国来讨伐，无法轻易对付。渎，轻易。

⑭"晋政多门"三句：晋国大夫大多各自为政，自身不能同心同德，苟安都还来不及，哪有可能来讨伐。贰，分歧。偷，苟安。

⑮国不竞亦陵，何国之为：不竞亦陵，不竞争则遭受欺凌。案晋国不断增加诸侯贡赋，子产为反对强权，捍卫郑国的利益而斗争，并取得胜利。

【译文】

结盟时，子产争论进贡物品的轻重等级，说："往昔天子确定贡献的等级次序，轻重是根据地位来决定的，地位尊贵贡赋就重，这是周朝的制度。位置低下而贡赋重的，是甸服。郑伯是男爵，让我国按公侯的标准纳贡，恐怕无法如数交纳，冒昧地请求酌减。诸侯间没有战事，以友好为事。使者传达的命令没有一月没有，贡赋没有限度，小国无法满足，因此而多有得罪。诸侯重温旧盟,是为了保存小国。贡献礼物没有限度,灭亡的日子就指日可待了。决定存亡的制度,就在今天了。"从中午一直争论到傍晚,晋国终于同意了。缔结盟约后,子太叔责备子产说:"诸侯如果来讨伐郑国,我们可以轻易地应付吗?"子产说:"晋国政出多门,他们苟且偷安还来不及,哪有闲暇来讨伐? 不和他们争竞国家也将被欺凌,那还成个什么国家?"

【经】公不与盟①。晋人执季孙意如以归。

【注释】

①公不与盟:晋国拒绝鲁昭公参加盟会。顾栋高曰:"是年夏四月,楚虔弑于乾溪,弃疾新立,晋乘楚乱而为此会,此中兴伯业千载一时也。而叔向徒以兵力威诸侯,专治鲁之亲暱,是以内外离心,诸侯益贰,伯业不复能兴矣。"

【译文】

鲁昭公没参加结盟。晋国抓了季平子回国。

【左传】公不与盟。晋人执季孙意如①,以幕蒙之②,使狄人守之。司铎射怀锦,奉壶饮冰,以蒲伏焉③。守者御之④,乃与之锦而入。晋人以平子归,子服湫从⑤。

【注释】

①晋人执季孙意如:鲁国攻打邾、莒时,季孙意如执掌鲁国之政,晋国于是拘捕季孙意如,以示惩罚。

②以幕蒙之:用幕布把季平子遮盖起来。姚鼐《左传补注》云:"盖晋以在行无牢狱,故以幕蒙闭之以为狱,不必裹之也。"

③"司铎射怀锦"三句:司铎射怀里藏锦,以壶盛冰水,爬进去送给季

平子。司铎射，鲁国大夫。蒲伏，匍匐，爬行。怕被人看见受阻止。

④御：阻止。

⑤子服湫：子服惠伯，曾跟随季平子去晋国。陈傅良曰："齐人不可，郑人争承，鲁不预盟，晋之合诸侯遂由是止。邲陵之役，参盟复见，晋非盟主矣。"

【译文】

鲁昭公不参加盟会。晋国抓了季平子，用幕布蒙罩着，派狄人看守。司铎射怀里藏了锦，捧着装冰的壶，偷爬了进去。看守人挡住他，司铎射把锦送给看守，才得以进入。晋人押着季平子回国，子服惠伯跟去晋国。

　　子产归，未至，闻子皮卒，哭，且曰："吾已①！无为为善矣②。唯夫子知我。"

【注释】

①已：完了。

②无为为善矣：无人助我为善。

【译文】

　　子产回国，还没到，听说子皮去世，哭了起来，并说："我完了！再也没有人帮助我做好事了。只有他老人家了解我。"

　　仲尼谓："子产于是行也，足以为国基矣①。《诗》曰：'乐只君子，邦家之基②。'子产，君子之求乐者也。"且曰："合诸侯，艺贡事③，礼也。"

【注释】

①子产于是行也，足以为国基矣：意思是子产在平丘盟会上对晋国

所做的斗争,足见他是郑国的柱石。基,基石。

②乐只君子,邦家之基:引《诗》见《诗经·小雅·南山有台》。意思是君子所以乐,因其能成为国家的基石。只,语助词,无义。

③艺贡事:制定贡赋的极限。

【译文】

孔子说:"子产在这次盟会中的表现,足以为国家的基石了。《诗》说:'君子多快乐,因为他是国家和家族的基石。'子产是君子中追求快乐的人。"又说:"会合诸侯,确定贡赋的限度,这就是礼啊。"

【公羊传】公不与盟者何?公不见与盟也①。公不见与盟,大夫执,何以致会②?不耻也。曷为不耻?诸侯遂乱,反陈、蔡③,君子不耻不与焉。

【注释】

①公不见与盟也:何休云:"时晋主会,疑公如楚,不肯与公盟,故讳,使若公自不肯与盟。"

②"公不见与盟"三句:案《春秋》之例,公与二国以上出会盟,得意致会,不得意不致。此处公不见与盟,大夫被执,是不得意,却致会,故而发问。

③诸侯遂乱,反陈、蔡:诸侯相会,本为诛讨楚公子弃疾,弃疾恐惧,使陈、蔡复国,诸侯不复讨楚,成就了楚国之乱。顺遂楚乱,为不道义之事,故公虽不见盟,亦无耻辱。

【译文】

公未参加结盟是为何?实际公欲结盟而不被接纳。公结盟不被接纳,大夫被拘捕,为何致会?因为没有耻辱。为何没有耻辱?诸侯成就了楚国公子弃疾弑君之乱,弃疾使陈、蔡复国,君子未参与其中,是没有耻辱的。

【穀梁传】同者,有同也,同外楚也。公不与盟者,可以与而不与,讥在公也。其日,善是盟也。

【译文】

"同",表示有共同之处,共同排斥楚国。说"公不与盟",表明可以参与而没有参与,是在讥刺鲁昭公。经文记载日期,是褒扬这次结盟。

△【经】公至自会。

【译文】

鲁昭公从平丘之会回国。

*【左传】鲜虞人闻晋师之悉起也①,而不警边,且不修备②。晋荀吴自著雍以上军侵鲜虞③,及中人④,驱冲竞⑤,大获而归。

【注释】

①悉起:全部出动,指参加平丘之盟前的演习。

②而不警边,且不修备:鲜虞人麻痹,不警戒边境,也不加强武备。

③著雍:晋地名。

④中人:古地名,在今河北唐县西北。

⑤驱冲竞:驱动冲车与鲜虞人争逐。冲,冲车,用以冲锋陷阵的车。竞,和鲜虞人争逐。

【译文】

鲜虞人听说晋军全部出动,就没有警戒边境,而且不整治武备。晋国荀吴从著雍率领上军侵袭鲜虞,到达中人,驱动冲车和鲜虞人作战,得到许多战利品归去。

【经】蔡侯庐归于蔡。陈侯吴归于陈①**。**

【注释】

①蔡侯庐归于蔡。陈侯吴归于陈：蔡侯庐，蔡平侯，蔡国新君，姓姬名庐，已故蔡世子姬有之子。蔡、陈二国复国。据《左传》，楚国诸公子反楚灵王时为了借助陈、蔡之力，曾许诺恢复他们的国家。此时楚平王已坐稳王位，故恢复陈、蔡。

【译文】

蔡平侯庐回到蔡国。陈惠公吴回到陈国。

【左传】楚之灭蔡也，灵王迁许、胡、沈、道、房、申于荆焉①。平王即位，既封陈、蔡，而皆复之②，礼也。隐大子之子庐归于蔡③，礼也。悼大子之子吴归于陈④，礼也。

【注释】

①许、胡、沈：都是小国。许，昭公九年迁于夷。胡，妫姓，在今安徽阜阳市和阜阳县境。沈，姬姓，在今安徽阜阳西北。道、房、申：诸侯国，楚国将它们灭亡后改为邑。道，在今河南确山北。房，在今河南遂平。申，姜姓，在今河南南阳。荆：楚。

②"平王即位"三句：让六国全部迁回原地。案楚平王一反楚灵王所为，恢复被迁的小国，以收揽人心。

③隐大子：太子有。庐：蔡平侯。

④悼大子：即偃师。吴：即陈惠公。

【译文】

楚国灭亡蔡国以后，楚灵王把许、胡、沈、道、房、申各国人都迁到楚国境内。楚平王即位后,分封陈、蔡二国,又将各国迁回原处,这是合于礼的。让隐太子的儿子庐回到蔡国,这也是合于礼的。悼太子的儿子吴回到陈国,同样是合于礼的。

【公羊传】 此皆灭国也,其言归何①? 不与诸侯专封也②。

【注释】

①其言归何:案《春秋》书"归",是有国之辞。此处陈、蔡被灭,已无国可言,经书"归于蔡""归于陈",故而发问。

②不与诸侯专封也:诸侯,指楚子弃疾。案礼制,唯天子方有封国之权。此处陈、蔡已灭,弃疾使其复国,则是擅自封国。《春秋》不赞同楚之专封,故书"蔡侯庐归于蔡""陈侯吴归于陈",好像陈、蔡二国尚存,二君只是归国而已。同时陈、蔡二君接受专封,亦有罪,故书名以绝之。

【译文】

这都是被灭亡的国家,经言"归"是为何? 是不赞成诸侯擅自封国。

【穀梁传】 善其成之①,会而归之,故谨而日之。此未尝有国也,使如失国辞然者,不与楚灭也。

【注释】

①成:成全,促成,成就。《穀梁传》认为这是受平丘之会的影响。

【译文】

是褒扬成全了这两件事,会盟之后让他们回国,所以慎重地记载了日期。他们未曾拥有过国家,却说得他们像是失去过国家的样子,是不赞同楚国灭亡过陈国、蔡国。

【经】冬十月,葬蔡灵公①。

【注释】

①葬蔡灵公:蔡灵公,即蔡侯般。般弑父而立,后被楚人诱杀。案《春秋》之例,君弑贼不讨,则不书国君之葬,以为无臣子也。此处蔡侯般被杀,却书葬者,因般弑父而立,被《春秋》诛绝,已无臣子可言,故不责臣子讨贼。

【译文】

冬十月,安葬蔡灵公。

【左传】冬十月,葬蔡灵公①**,礼也。**

【注释】

①葬蔡灵公:蔡复国,安葬蔡灵公。

【译文】

冬十月,安葬蔡灵公,这是合于礼的。

【穀梁传】变之不葬有三①**:失德不葬,弑君不葬,灭国不葬。然且葬之**②**,不与楚灭,且成诸侯之事也。**

【注释】

①变:变例。指改变记载诸侯葬礼的常例。

②且:表示依然不变,还是。

【译文】

对于国君不记载安葬有三种变例:国君失君道不记载葬礼,被杀的国君不记载葬礼,被灭国家的国君不记载葬礼。但还是记载了蔡灵公的葬礼,是不赞同楚国灭亡蔡国,也是为了成全诸侯平丘之会的美事。

【经】公如晋①,至河乃复。

【注释】

①公如晋:鲁昭公朝晋,真正目的是请求放回季孙。

【译文】

鲁昭公到晋国去,到达黄河便返回。

【左传】公如晋。荀吴谓韩宣子曰:"诸侯相朝,讲旧好也①。执其卿而朝其君,有不好焉②,不如辞之。"乃使士景伯辞公于河③。

【注释】

①讲旧好:重温过去的友好。

②执其卿而朝其君,有不好焉:拘捕季孙又让鲁昭公来朝,不是友好的表示。

③士景伯:士文伯儿子弥牟。

【译文】

鲁昭公去晋国。荀吴对韩起说:"诸侯互相朝见,是为了重修旧好。现在拘捕了他们的卿而让国君来朝见,这是不友好的,不如辞谢不见。"于是派士景伯在黄河边谢绝鲁昭公前来。

【经】吴灭州来①。

【注释】

①吴灭州来:州来本是楚邑,现在被吴国攻占。

【译文】

吴国灭了州来。

【左传】吴灭州来。令尹子期请伐吴，王弗许，曰："吾未抚民人，未事鬼神，未修守备，未定国家，而用民力，败不可悔。州来在吴，犹在楚也。子姑待之①。"

【注释】

①子姑待之：案鉴于楚灵王滥用民力，频繁对外用兵，终致失国杀身，楚平王先从休养人民、安定国家做起，不肯轻易出兵。顾栋高曰："此平王初年欲恤民以待时也。使终守其说，何至一动亡二姓之帅哉！"家铉翁曰："州来是吴、楚中间要害处，成七年吴入当抚而有之，又五十载复以兵入而残毁之。十九年传'楚城州来'，可见此时吴尚不能有。"

【译文】

吴国灭亡州来。令尹子期请求讨伐吴国，楚平王没同意，说："我还没有安抚人民，没有祭祀鬼神，没有修治防守设备，没有安定国家，却使用民力，失败了后悔莫及。州来在吴国，就像在楚国一样。你暂且忍耐一下吧。"

＊【左传】季孙犹在晋，子服惠伯私于中行穆子曰："鲁事晋，何以不如夷之小国①？鲁，兄弟也，土地犹大，所命能具②。若为夷弃之，使事齐、楚，其何瘳于晋③？亲亲、与大④，赏共、罚否⑤，所以为盟主也。子其图之。谚曰：'臣一主二⑥。'吾岂无大国⑦？"穆子告韩宣子，且曰："楚灭陈、蔡，不能救⑧，而为夷执亲，将焉用之？"乃归季孙。惠伯曰："寡君未知其罪，合诸侯而执其老⑨。若犹有罪，死命可也⑩。若曰无罪而惠免之，诸侯不闻，是逃命也，何免之为⑪？请从君惠于会⑫。"宣子患之⑬，谓叔向曰："子能归季孙乎⑭？"对

曰：“不能。鮒也能。”乃使叔鱼^⑮。叔鱼见季孙，曰：“昔鮒也得罪于晋君，自归于鲁君^⑯，微武子之赐^⑰，不至于今。虽获归骨于晋，犹子则肉之，敢不尽情^⑱？归子而不归^⑲，鮒也闻诸吏，将为子除馆于西河^⑳，其若之何^㉑？”且泣^㉒。平子惧，先归^㉓。惠伯待礼^㉔。

【注释】

①夷之小国：指邾、莒二国。

②所命能具：晋国所命贡赋都能具备。

③使事齐、楚，其何瘳（chōu）于晋：晋国如果丢弃鲁国，鲁国就事齐、楚，对晋国无益。

④亲亲、与大：亲善兄弟的国家，赞助地大的国家。

⑤共：通“供”。否：不供。

⑥臣一主二：道不相合，将去事奉他国，所以一臣必有二主。

⑦吾岂无大国：晋国如果不讲情面，鲁国将去事奉他国。

⑧楚灭陈、蔡，不能救：当时晋国怕楚国，不敢救陈、蔡二国。

⑨老：诸侯之卿。这里指季孙。

⑩死命可也：可奉命而死。

⑪“若曰无罪而惠免之”四句：意谓不在诸侯中公开赦免，不算是赦免。

⑫请从君惠于会：意思是要和晋国公开结盟后才离开。

⑬宣子患之：如果和鲁国结盟之后放回季孙，等于承认当初拘捕季孙是错的，所以韩起感到为难。

⑭归季孙：想个妥善的办法让季孙归鲁。

⑮叔鱼：即叔鮒。

⑯昔鮒也得罪于晋君，自归于鲁君：指襄公二十一年叔虎与栾氏同

党而得罪。

⑰微：如果没有。武子：季平子祖父季武子。

⑱"虽获归骨于晋"三句：虽是季武子使自己归晋，由祖恩感及子孙，就如同季平子使自己再生一样。

⑲归子而不归：指季平子不返回鲁国。

⑳除：修筑。西河：在今陕西大荔、华阴一带，在黄河以西，离鲁国甚远。

㉑其若之何：暗示晋国将长期监禁季平子。

㉒且泣：叔鱼哭泣，季平子信以为真。

㉓平子惧，先归：不要求结盟便返回鲁国。

㉔惠伯待礼：惠伯不走，等待晋国以礼相送。

【译文】

季平子还在晋国，子服惠伯私下对中行穆子说："鲁国事奉晋国，怎么就不如夷人小国？鲁国是晋国的兄弟之国，土地也广大，你们所规定的贡赋都能交纳。要是为了夷人而抛弃鲁国，让它去事奉齐、楚二国，对晋国又有什么好处呢？亲近关系亲密的国家，支持大国，奖赏能贡献财物的国家，惩罚不贡献物品的国家，这才是作为盟主应该做的。您好好想想吧。谚语说：'一个臣子可以选择两个主人。'我们难道没有大国可以投靠？"中行穆子告诉了韩起，并说："楚国灭亡陈国、蔡国，我国不能救援，却为了夷人拘捕亲近国家的人，这又有什么用？"便决定放季平子回国。子服惠伯说："我们国君不知有什么罪，会合诸侯却抓走我们的卿。要是有罪，就请下达处死的命令吧。如果没罪而加恩赦免，可诸侯并不知晓，这是逃避命令，怎么能算赦免呢？谨请国君赐恩公开结盟。"韩起感到为难，对叔向说："你能让季平子回去吗？"叔向回答说："我不能。但叔鲋能做到。"于是派叔鲋前去。叔鲋进见季平子，说："以前我得罪了晋君，自己前往归顺鲁君，要是没有季武子的恩赐，我到不了今天。虽然让我这把老骨头回到晋国，但就如同是你使我获得新生，怎敢不为你尽力？让你回国你却不回去，我从官吏那儿听说，将为你在西河修筑馆舍,那时该怎么办?"说着就哭起来。季平子害怕了,就先回国去。子服惠伯在晋国等待以礼遣送。

十四年

【经】十有四年春①**,意如至自晋**②**。**

【注释】

①十有四年春:鲁昭公十四年当周景王十七年,前528年。

②意如至自晋:季平子由晋回国。隐如,即季孙隐如,此处不书其氏者。上年平丘之会,被晋国所执,现在归国,属于一事而再见者,竟书其名。

【译文】

鲁昭公十四年春,季平子由晋回国。

【左传】十四年春,意如至自晋,尊晋、罪己也①**。尊晋、罪己,礼也。**

【注释】

①意如至自晋,尊晋、罪己也:季平子获赦免回国,经文不称族氏季孙只称意如,是尊重晋国而归罪自己。

【译文】

鲁昭公十四年春天,意如从晋国回来,《春秋》只称他意如,是尊重晋国而归罪自己。尊重晋国,归罪自己,这是合于礼的。

【穀梁传】大夫执则致,致则名。意如恶,然而致,见君臣之礼也。

【译文】

　　大夫被抓了回来就要告祭祖庙,告祭祖庙就要记载名字。意如的行为恶劣,虽然如此却还是记载了告祭祖庙,以表现国君与臣子间的礼仪。

　　*【左传】南蒯之将叛也,盟费人①。司徒老祁、虑癸伪废疾②,使请于南蒯曰:"臣愿受盟而疾兴,若以君灵不死,请待间而盟③。"许之。二子因民之欲叛也,请朝众而盟④。遂劫南蒯曰:"群臣不忘其君⑤,畏子以及今,三年听命矣。子若弗图⑥,费人不忍其君⑦,将不能畏子矣⑧。子何所不逞欲⑨? 请送子⑩。"请期五日⑪。遂奔齐⑫。侍饮酒于景公。公曰:"叛夫⑬!"对曰:"臣欲张公室也⑭。"子韩皙曰⑮:"家臣而欲张公室,罪莫大焉。"司徒老祁、虑癸来归费⑯,齐侯使鲍文子致之⑰。

【注释】

①南蒯之将叛也,盟费人:与费人盟誓,同心反季氏。南蒯以费叛在昭公十二年。

②司徒老祁、虑癸:季氏家臣。伪废疾:假装发病。废,通"发"。

③请待间而盟:二人装病推迟盟期。间,指病稍稍痊愈。

④二子因民之欲叛也,请朝众而盟:二人依靠百姓想要背叛南蒯的愿望,要求集合他们一起结盟。因,依靠。案此当是今年之事。

⑤君:指季氏。

⑥子若弗图:不考虑百姓对你的怨恨。

⑦费人不忍其君:不能对季氏忍心。忍,狠心。

⑧将不能畏子矣:不再怕你。指将叛南蒯。

⑨子何所不逞欲:何处不能快意,不一定在费。

⑩请送子：指将驱逐南蒯。

⑪请期五日：南蒯请求等待五天。

⑫遂奔齐：案昭公十二年南蒯以费叛如齐，大约是去了齐国后又回到费邑，此年离开费邑只身逃奔齐国。

⑬叛夫：叛徒。这是齐景公对南蒯的戏称。

⑭臣欲张公室也：自己本意是要削弱季氏，强大鲁国公室。这是南蒯自我掩饰的话。

⑮子韩皙：齐国大夫。

⑯司徒老祁、虑癸来归费：二人将费地收回鲁国。

⑰齐侯使鲍文子致之：当初南蒯叛，带着费地到齐国，所以齐景公为了讨好鲁国，派鲍文子送还费地。鲍文子，齐国大夫。

【译文】

南蒯将要叛变时，和费邑官吏结盟。司徒老祁、虑癸假装得病，派人向南蒯请求说："臣愿意接受盟约但疾病发作，如果托您的福而不死，请允许病稍好些再结盟。"南蒯答应了。二人依靠百姓想要背叛南蒯的愿望，就集聚众人一起结盟。于是劫持南蒯说："臣子们不能忘记自己的君主，因为害怕你而一直拖到今天，已经服从你的命令三年了。你如果不另想办法，费地人不忍心对君主这样，将不再害怕你了。你去什么地方不能满足自己的欲望呢？请让我们送走你。"南蒯请求等待五天。于是出逃到齐国。南蒯一次陪侍齐景公饮酒。齐景公说："叛徒！"南蒯回答说："臣是想使公室强大。"子韩皙说："作为家臣而想使公室强大，没有比这更大的罪行了。"司徒老祁、虑癸前来要求归还费地，齐景公派鲍文子去交还费邑。

△**【经】三月，曹伯滕卒**①。

【注释】

①曹伯滕卒：曹武公去世。曹伯滕，曹武公，姓姬，名滕，谥武。

【译文】

三月，曹武公滕去世。

△**【经】**夏四月。

【译文】

夏四月。

***【左传】**夏，楚子使然丹简上国之兵于宗丘①，且抚其民。分贫②，振穷③；长孤幼④，养老疾；收介特⑤，救灾患；宥孤寡⑥，赦罪戾；诘奸慝，举淹滞⑦；礼新，叙旧⑧，禄勋，合亲⑨；任良，物官⑩。使屈罢简东国之兵于召陵⑪，亦如之⑫。好于边疆⑬，息民五年，而后用师，礼也⑭。

【注释】

①简：选拔，检阅。上国：楚国西部。西方居上流，故谓之"上国"。

　兵：包括一切武备与卒乘。宗丘：古地名，在今湖北秭归。

②分：给予，施舍。

③振：救济。

④长：抚育。

⑤收介特：收容单身汉。介特，单身汉。

⑥宥：宽免。这里指宽免赋税。

⑦诘奸慝，举淹滞：禁治奸邪，举拔沉滞在下的人才。

⑧礼新，叙旧：外人新来，以礼待之；旧有之人，有才者任用之。

⑨禄勋，合亲：奖赏有功者，使宗族和睦。

⑩任良，物官：任用贤良，量才授官。

⑪东国：东部地区。召（shào）陵：古地名，在今河南郾城。

⑫亦如之：做法跟然丹简上国之兵一样。

⑬好于边疆：与四方邻国结好。

⑭"息民五年"三句：杨伯峻曰："十七年长岸之役，非平王本意。至十九年，楚始主动出兵伐濮，城州来，则息民五年矣。"案楚平王整顿国政，休养生息，结好邻国，以巩固自己的君位和楚国的地位。

【译文】

夏，楚平王派然丹在宗丘选拔检阅西部的军队和装备，并安抚当地民众。令他施舍贫苦，赈济穷人；抚育年幼的孤儿，赡养年老有病的人；收容单身流民，救济受灾的人；宽免孤儿寡妇的赋税，赦免有罪的人；究治奸邪，举拔被埋没的人才；礼遇新来者，抚慰旧有的居民；赏赐有功的人，和睦亲族；任用贤良，物色官吏。又派屈罢在召陵选拔检阅东部的军队和装备，也像然丹的做法一样。和四方邻国交好，让百姓休养生息五年，然后才用兵，这是合于礼的。

△**【经】秋，葬曹武公。**

【译文】

秋，安葬曹武公。

【经】八月，莒子去疾卒①**。**

【注释】

①莒子去疾卒：莒著丘公死。莒子去疾，姓己，名去疾，称"莒著丘公"。他在位十四年，儿子郊公继位。

【译文】

八月，莒著丘公去疾去世。

【左传】秋八月，莒著丘公卒，郊公不戚①。国人弗顺②，欲立著丘公之弟庚舆③。蒲馀侯恶公子意恢④，而善于庚舆，郊公恶公子铎，而善于意恢。公子铎因蒲馀侯而与之谋⑤，曰："尔杀意恢，我出君而纳庚舆⑥。"许之。

【注释】

①郊公不戚：父亲死儿子却不哀痛。郊公，著丘公之子。

②弗顺：不服从郊公。

③庚舆：即莒共公。

④蒲馀侯：莒国大夫兹夫。意恢：莒国公子。

⑤因：依靠。之：指蒲馀侯。

⑥出君：驱逐郊公。

【译文】

秋八月，莒著丘公去世，郊公一点儿也不哀戚。国人都不服从郊公，想立著丘公弟弟庚舆。蒲馀侯厌恶公子意恢，和庚舆友好，郊公厌恶公子铎，和意恢友善。公子铎依靠蒲馀侯而和他商议，说："你杀了意恢，我赶走国君接纳庚舆。"蒲馀侯答应了。

*【左传】楚令尹子旗有德于王①，不知度②。与养氏比③，而求无厌。王患之。九月甲午④，楚子杀斗成然，而灭养氏之族。使斗辛居郧⑤，以无忘旧勋⑥。

【注释】

①楚令尹子旗有德于王：子旗有佐楚平王夺位之功。见去年传文。子旗，即下文之斗成然，也称"蔓成然"。

②不知度：恃功而不知节制。

③养氏：养由基后代。比：勾结。

④甲午：初三。

⑤斗辛：子旗儿子郧公辛。郧（yún）：诸侯国名，在今湖北安陆。此时已为楚邑。

⑥旧勋：不仅指子旗佐立之功，也包括思令尹子文斗穀於菟之功。

【译文】

　　楚国令尹子旗对楚平王有恩德，却不知节制。他和养氏相勾结，并且贪得无厌。楚平王感到不安。九月初三，楚平王杀死斗成然，灭掉养氏家族。让斗辛住在郧地，表示不忘记过去的功勋。

【经】冬，莒杀其公子意恢①。

【注释】

①莒杀其公子意恢：公子意恢，去疾之庶兄弟。著丘公去世，其子莒郊公没有太悲伤，国人不满，欲立著丘公之弟庚舆，而莒国大夫"蒲馀侯恶公子意恢，而善于庚舆，郊公恶公子铎，而善于意恢"，于是公子铎与蒲馀侯谋划让蒲馀侯杀公子意恢而自己放逐郊公，立庚舆为君。公子意恢，莒国公子。案《春秋》之例，莒国无大夫，略称人，此处书"公子意恢"之名氏，是表明意恢公子之身份，又见莒国嗣君尚未逾年，便杀父亲之庶兄弟，不孝尤甚。又据《公羊义疏》之意，嗣君不孝，故不书去疾之葬。

【译文】

　　冬，莒国杀死本国公子意恢。

【左传】冬十二月,蒲馀侯兹夫杀莒公子意恢,郊公奔齐。公子铎逆庚舆于齐,齐隰党、公子钼送之,有赂田^①。

【注释】

①"公子铎逆庚舆于齐"三句:莒国以田贿赂齐国,齐国便支持庚舆返回莒国。

【译文】

冬十二月,蒲馀侯兹夫杀死莒公子意恢,郊公逃往齐国。公子铎从齐国迎接庚舆,齐国隰党、公子钼送行,莒国送给他们田地。

【穀梁传】言公子而不言大夫,莒无大夫也。莒无大夫而曰公子意恢,意恢贤也。曹、莒皆无大夫,其所以无大夫者,其义异也^①。

【注释】

①其义异也:指曹国、莒国如今都是弱小国家,没有天子命封的大夫的原因是不同的。曹国始封的国君叔振铎是周武王同母弟,是姬姓国,地位很高,后来逐渐被削弱了。莒国是己姓国,本来就是小国。

【译文】

说"公子"而不说"大夫",是因为莒国没有周天子命封的大夫。莒国没有大夫却说"公子意恢",是因为意恢贤能。曹国、莒国都没有周天子命封的大夫,但他们没有命封的大夫,其原因是不一样的。

*【左传】晋邢侯与雍子争鄐田^①,久而无成^②。士景伯如楚,叔鱼摄理^③,韩宣子命断旧狱,罪在雍子。雍子纳其女于叔鱼,叔鱼蔽罪邢侯^④。邢侯怒,杀叔鱼与雍子于朝。宣

子问其罪于叔向,叔向曰:"三人同罪,施生戮死可也⑤。雍子自知其罪而赂以买直⑥,鲋也鬻狱⑦,邢侯专杀⑧,其罪一也。己恶而掠美为昏⑨,贪以败官为墨⑩,杀人不忌为贼⑪。《夏书》曰:'昏、墨、贼,杀⑫。'皋陶之刑也⑬。请从之。"乃施邢侯而尸雍子与叔鱼于市⑭。

【注释】

①晋邢侯与雍子争鄐(chù)田:襄公二十六年传文,声子曰雍子奔晋,晋人与之鄐。《说文》曰:"鄐,晋邢侯邑。"则雍子、邢侯共有鄐田,故二人争田界。邢侯,楚申公巫臣儿子。雍子,也是逃奔到晋的楚国人。

②久而无成:争持很久,调解不成功。

③士景伯如楚,叔鱼摄理:士景伯是晋国的狱官,他赴楚后职务由叔鱼代理。

④蔽:判决。

⑤施生:杀死活着的人。戮死:已死者暴尸。

⑥买直:指以女嫁叔鱼而取得胜诉。

⑦鲋:叔鱼。鬻(yù)狱:受贿而枉断狱讼,出卖法律。鬻,卖。

⑧专杀:擅自杀人。

⑨己恶而掠美为昏:自己有罪而掠取别人的美名,是昏乱。这里指雍子。

⑩贪以败官为墨:指叔鱼败坏职责,不廉洁。败官,败坏职责。墨,不廉洁。

⑪不忌:无所顾忌,指邢侯。

⑫昏、墨、贼,杀:昏、墨、贼都是死罪。

⑬皋陶(gāo yáo)之刑也:指犯三罪者处死刑,古已有之。

⑭施：先杀后陈尸。尸：陈尸，暴尸。

【译文】

晋国邢侯和雍子争夺鄐地的田地，很久没有定论。士景伯到楚国去，叔鱼代理他的狱官职务，韩起命令叔鱼审理旧案件，罪在雍子。雍子把女儿嫁给叔鱼，叔鱼便枉断邢侯有罪。邢侯大怒，在朝廷上杀死了叔鱼和雍子。韩起向叔向询问如何定罪，叔向说："三人同罪，处死活的人并对已死的暴尸。雍子知道自己的罪过而通过贿赂来胜诉，叔鱼出卖法律，邢侯擅自杀人，他们的罪行是一样的。自己有罪恶却掠取别人的美名就是'昏'，贪婪而败坏职责就是'墨'，杀人毫无顾忌就是'贼'。《夏书》说：'犯昏、墨、贼三种罪行的，处死。'这是皋陶的刑法。请照此办理。"于是杀死邢侯而陈尸，把雍子和叔鱼的尸首陈列在集市上。

仲尼曰："叔向，古之遗直也①。治国制刑，不隐于亲②。三数叔鱼之恶，不为末减③。曰义也夫④。可谓直矣！平丘之会，数其贿也⑤，以宽卫国，晋不为暴⑥。归鲁季孙，称其诈也，以宽鲁国，晋不为虐⑦。邢侯之狱，言其贪也，以正刑书，晋不为颇⑧。三言而除三恶，加三利⑨。杀亲益荣⑩，犹义也夫⑪！"

【注释】

①叔向，古之遗直也：叔向的正直，有古代的遗风。

②治国制刑，不隐于亲：判定罪刑，不因为是亲属而包庇隐藏。

③末减：减轻。

④曰义也夫：由义行义。曰，应作"由"。

⑤平丘之会，数其贿也：指上年叔鱼求货于卫国，叔向批评他"渎货无厌"。

⑥以宽卫国，晋不为暴：因叔向批评，叔鱼收敛，才未侵暴卫国。

⑦"归鲁季孙"四句：指上年叔鱼诈称将囚禁季平子，使季平子返回鲁国。

⑧"邢侯之狱"四句：以上就是三数叔鱼之罪。刑书，刑法。颇，偏斜。

⑨三言而除三恶，加三利：除掉三恶，等于得三利。三恶，指暴、虐、颇。

⑩杀亲：指叔鱼是叔向弟弟。益荣：名声更加显著。

⑪犹义：行义。犹，通"由"。

【译文】

孔子说："叔向有古人正直的遗风。治理国家制定刑法，不包庇自己的亲人。三次责备叔鱼的罪恶，不为他减轻开脱。这是符合道义的，他可以称得上正直了！平丘盟会，责备叔鱼贪财，从而宽免卫国，使晋国不侵暴。让鲁国季平子回国，述说他的奸诈，以此宽免鲁国，使晋国避免暴虐。邢侯之案，数说叔鱼贪婪，维护法律的正义，使晋国不产生偏差。三次数说叔鱼并除掉三种罪恶，从而增加了三利。杀了亲族使名声更加彰显，这是合乎道义的啊！"

十五年

△**【经】十有五年春王正月**①，**吴子夷末卒**②。

【注释】

①十有五年：鲁昭公十五年当周景王十八年，前527年。

②吴子夷末卒：吴王夷末去世。夷末，《公羊传》作"夷昧"。

【译文】

鲁昭公十五年春周历正月，吴王夷末去世。

【经】二月癸酉①，**有事于武宫**②。**籥入，叔弓卒**③。**去**

乐,卒事④。

【注释】

①癸酉:十五日。

②有事:指祭祀。武宫:鲁武公(伯禽玄孙)之庙。《礼记·明堂位》:"鲁公之庙,文世室也;武公之庙,武世室也。"郑玄注曰:"此二庙象周有文王、武王之庙也。世室者,不毁之名。鲁公,伯禽也;武公,伯禽之玄孙也,名敖。"

③籥(yuè)入,叔弓卒:当奏籥的人进入时,叔弓暴卒。籥,古代管乐器,如笛,三孔。国君在祭祀时听闻大夫之丧,去乐卒事,表明国君恩痛不忍举兵。案祭祀时必有乐物,其中文舞执羽籥。

④去乐,卒事:撤去音乐,继续祭祀完毕。

【译文】

二月十五日,在武宫举行祭祀。舞籥的乐队进来,叔弓去世。于是撤去音乐,继续完成祭祀。

【左传】十五年春,将禘于武公①,戒百官②。梓慎曰:"禘之日其有咎乎!吾见赤黑之祲③,非祭祥也,丧氛也④。其在莅事乎⑤?"二月癸酉,禘,叔弓莅事,籥入而卒。去乐,卒事,礼也⑥。

【注释】

①禘(dì):大祭祀。

②戒:斋戒。

③吾见赤黑之祲(jìn):赤黑色的妖气出现于宗庙之上。祲,妖恶之气。

④丧氛也：妖气出现是丧事的迷雾。

⑤莅事：主持祭礼的人。

⑥"去乐"三句：大臣死，撤去音乐以示哀悼。

【译文】

　　鲁昭公十五年春，将对武公进行禘祭，让百官斋戒。梓慎说："禘祭那天，将会有灾祸发生吧！我望见有赤黑色的妖气，这可不是祭祀的祥瑞，而是丧事的凶气。或许要应验在主祭官身上吧？"二月十五日，举行禘祭，叔弓主祭，舞籥的乐队进来，他却突然去世。于是撤除音乐，继续完成祭祀，这是合乎礼的。

　　【公羊传】其言去乐卒事何？礼也。君有事于庙，闻大夫之丧，去乐，卒事。大夫闻君之丧，摄主而往①；大夫闻大夫之丧，尸事毕而往②。

【注释】

　　①摄主而往：摄，代理。主，主祭者。何休云："臣闻君之丧，义不可以不即行，故使兄弟若宗人摄行主事而往。不废祭者，古礼也。"

　　②尸事：尸，替代死者受祭之人，尸事，指傧尸之事。在宗庙正祭中，尸代替死者受祭。正祭完毕，念及尸之辛劳，故以宾礼待之，此为傧尸之礼。大夫之祭，正祭与傧尸在同一天，故闻大夫之丧，待傧尸之礼卒竟，方才前往。

【译文】

　　经言"去乐卒事"是为何？这是合礼的。君有宗庙祭祀之事，听闻大夫去世，撤去乐舞，卒竟祭祀之事。大夫听闻国君去世，使人代为祭祀，自己前往奔丧；大夫听闻大夫去世，待傧尸之礼完成，前往奔丧。

　　【穀梁传】君在祭乐之中，闻大夫之丧，则去乐卒事，礼也。君在祭乐之中,大夫有变,以闻,可乎? 大夫,国体也^①,古之人重死,君命无所不通。

【注释】

①国体:国家的主体。

【译文】

国君在祭祀奏乐的时候,听到了大夫去世的消息,就停止奏乐卒竟祭祀,符合礼制。国君在祭祀奏乐的时候,大夫去世,告诉国君,可以吗? 大夫,是国家的栋梁,古人看重死,向国君通报是没有什么可以阻挡的。

【经】夏,蔡朝吴出奔郑^①。

【注释】

①蔡朝吴奔郑:朝吴,蔡国大夫。由于楚国大夫费无极的挑拨,蔡人逐朝吴。《公羊传》无"出"字,注者以为依《春秋》之例,此处当书"出奔"二字,今不书"出"字,因有国方能言"出",蔡受楚之专封而复国,未有天子之命,故夺其有国之辞。朝吴,《公羊传》作"昭吴"。

【译文】

夏,蔡国朝吴逃往郑国。

【左传】楚费无极害朝吴之在蔡也,欲去之^①。乃谓之曰:"王唯信子,故处子于蔡。子亦长矣^②,而在下位,辱。必求之,吾助子请^③。"又谓其上之人曰^④:"王唯信吴,故处诸蔡,二三子莫之如也^⑤。而在其上,不亦难乎? 弗图,必及于难^⑥。"夏,蔡人逐朝吴。朝吴出奔郑。王怒,曰:"余唯信

吴,故置诸蔡。且微吴,吾不及此⑦。女何故去之⑧?"无极
对曰:"臣岂不欲吴?然而前知其为人之异也⑨。吴在蔡,蔡
必速飞。去吴,所以翦其翼也⑩。"

【注释】

①楚费无极害朝吴之在蔡也,欲去之:朝吴本是蔡国大夫,又有功于
　楚平王,费无极怕他有宠,嫉妒并要除掉他。

②长:年纪已大。

③必求之,吾助子请:为朝吴请求上位。

④其上之人:位在朝吴之上的蔡人。

⑤莫之如:没有能和他比的。

⑥弗图,必及于难:挑唆蔡人对朝吴采取措施。

⑦且微吴,吾不及此:楚平王夺位,朝吴有功。案昭公十三年,朝吴
　先是说服蔡人叛楚灵王而拥戴楚平王,又亲率军入楚。

⑧女何故去之:楚平王得知朝吴逃亡郑国,责难无极。

⑨前:早。异:有异心。

⑩"吴在蔡"四句:以鸟作比喻,驱逐朝吴,就像剪除鸟的翅膀,使蔡
　无法离开楚国而去。

【译文】

楚国费无极嫉妒朝吴在蔡国,想要除去他。便对朝吴说:"楚王只信
任你,所以把你安排在蔡国。你年纪也已经不小了,却处在下位,这是耻
辱。一定要求得提升,我会帮你提出请求。"又对位处朝吴之上的人说:
"君王只信任朝吴,所以把他安排在蔡国,你们都不如他。位在他之上,
不也很难长久吗?不做打算,必将蒙受祸难。"夏,蔡国人驱逐朝吴。朝
吴逃到郑国。楚平王发怒,说:"我只信任朝吴,所以把他安置在蔡国。
而且要是没有朝吴,我不会有今天。你为什么要赶走他?"无极回复说:
"下臣哪里不想要朝吴?但是我早就知道他已经有异心了。朝吴在蔡

国,蔡国必然会很快飞走。赶走朝吴,就是为了剪去蔡国的羽翼啊。"

△【经】六月丁巳朔,日有食之①。

【注释】

①六月丁巳朔,日有食之:这是前527年4月18日的日环食。

【译文】

六月丁巳朔,发生日食。

*【左传】六月乙丑①,王大子寿卒②。

【注释】

①乙丑:初九。

②大子寿:周景王太子。

【译文】

六月初九,周景王太子寿去世。

*【左传】秋八月戊寅①,王穆后崩②。

【注释】

①戊寅:二十二日。

②穆后:太子寿母亲。

【译文】

秋八月二十二日,周景王穆后去世。

【经】秋,晋荀吴帅师伐鲜虞。

【译文】

秋,晋国荀吴率领军队进攻鲜虞。

【左传】晋荀吴帅师伐鲜虞,围鼓①。鼓人或请以城叛②,穆子弗许。左右曰:"师徒不勤,而可以获城③,何故不为?"穆子曰:"吾闻诸叔向曰:'好恶不愆④,民知所适⑤,事无不济。'或以吾城叛,吾所甚恶也⑥。人以城来,吾独何好焉?赏所甚恶,若所好何?若其弗赏,是失信也,何以庇民⑦?力能则进,否则退,量力而行⑧。吾不可以欲城而迩奸,所丧滋多⑨。"使鼓人杀叛人而缮守备⑩。围鼓三月,鼓人或请降,使其民见,曰:"犹有食色⑪,姑修而城⑫。"军吏曰:"获城而弗取,勤民而顿兵⑬,何以事君?"穆子曰:"吾以事君也⑭。获一邑而教民怠,将焉用邑?邑以贾怠,不如完旧⑮,贾怠无卒⑯,弃旧不祥。鼓人能事其君,我亦能事吾君。率义不爽⑰,好恶不愆,城可获而民知义所⑱,有死命而无二心⑲,不亦可乎!"鼓人告食竭力尽,而后取之。克鼓而反,不戮一人,以鼓子戴鞮归⑳。

【注释】

①鼓:嫉姓国,白狄一族,当时附属鲜虞,其地在今河北晋州。

②鼓人或请以城叛:鼓人请求带城里人献城投降。

③师徒不勤,而可以获城:不劳军队而得城。

④不愆:不过分。

⑤适:归向。

⑥或以吾城叛,吾所甚恶也:意谓如果有人带着我的城邑背叛,我一

定很厌恶他。

⑦"若其弗赏"三句：人既以城来，不赏又不行，否则是失信。

⑧"力能则进"三句：围鼓地应衡量自己的力量而行。

⑨吾不可以欲城而迩奸，所丧滋多：为得城邑而接近奸邪，是得不偿失。奸，指"赏所恶"和"弗赏，失信"，二者都是奸邪行为。

⑩缮守备：准备应战。

⑪犹有食色：从脸上看出鼓人能吃饱，没有饥荒。

⑫姑修而城：可以修城再战。

⑬勤民：劳民。顿兵：损毁武器。

⑭吾以事君也：以此事君。

⑮邑以贾怠，不如完旧：得邑而买个斗志懈怠，宁可不得邑而保持斗志。旧，指不息的斗志。

⑯无卒：不会有好结果。

⑰率义：遵循道义行事。不爽：不差。

⑱城可获而民知义所：城可不战而取却不取，是为使民众知道道义的所在。

⑲有死命而无二心：这样一来就能拼命而没二心。

⑳鼓子载（yuān）鞮（dī）：鼓国国君。载，同"鸢"。

【译文】

晋国荀吴率领军队进攻鲜虞，包围了鼓城。鼓地有人来请求叛变交出鼓城，荀吴没有答应。左右的人说："军队不劳累，又可以得到鼓城，为什么不肯呢？"荀吴说："我从叔向那儿听说：'喜爱、厌恶都不过分，人民知道该怎么做，事情就没有办不成的。'有人带着我们的城邑叛变，是我们十分憎恶的。别人带着城邑来，我们为什么偏偏喜欢呢？奖赏自己所憎恶的，对所喜爱的又该怎么办？如果不奖赏，又是失信，那么凭什么来庇护人民？有力量就前进，否则就后退，要量力而行。我们不可以因为想得到城邑而接近奸邪，那样所丧失的会更多。"让鼓城人杀掉想叛变者而修缮防御设备。包围鼓城三个月,鼓城有人请求投降,荀吴让鼓城人来见自己,说道:"从脸色上看还吃得饱饭,还是去修缮你们的城墙吧。"军吏说:"可以得到城邑而不取,劳累人民并损毁兵器,用什么来事奉国君?"荀吴说:"我就用这办法来事奉国君。获得一座城邑而使人民懈怠,要城邑何用?得到城邑而换来懈怠,还不如保持原先的状态,换来懈怠不会有好结果,抛弃原先所有不吉祥。鼓城人能事奉他的国君,我也能事奉我的国君。遵循道义而不偏离,喜爱、厌恶不过分,城邑可以获得而人民知道道义的所在,有拼命精神而没有背叛的念头,不也是可以的吗!"鼓城人报告粮食吃完力量用尽,然后占领了它。攻克鼓城而班师,不杀一人,带着鼓国国君载鞮回国。

【经】冬,公如晋①。

【注释】

①公如晋:鲁昭公如晋是因为平丘之会的缘故。此去是感谢晋国释放季孙意如。

【译文】

冬,鲁昭公到晋国去。

【左传】冬,公如晋,平丘之会故也①。

【注释】

①公如晋,平丘之会故也:平丘之会后,季平子被赦放回鲁国,于是鲁昭公赴晋答谢。

【译文】

冬,鲁昭公到晋国去,是由于平丘盟会的缘故。

＊【左传】十二月，晋荀跞如周，葬穆后，籍谈为介①。既葬，除丧②，以文伯宴③，樽以鲁壶④。王曰："伯氏⑤，诸侯皆有以镇抚王室⑥，晋独无有，何也？"文伯揖籍谈⑦。对曰："诸侯之封也，皆受明器于王室⑧，以镇抚其社稷，故能荐彝器于王⑨。晋居深山，戎狄之与邻，而远于王室，王灵不及⑩，拜戎不暇⑪，其何以献器？"王曰："叔氏，而忘诸乎⑫？叔父唐叔⑬，成王之母弟也，其反无分乎⑭？密须之鼓与其大路，文所以大蒐也⑮。阙巩之甲，武所以克商也⑯。唐叔受之⑰，以处参虚⑱，匡有戎狄⑲。其后襄之二路⑳，镟钺、秬鬯㉑，彤弓、虎贲，文公受之㉒，以有南阳之田，抚征东夏㉓，非分而何？夫有勋而不废㉔，有绩而载㉕，奉之以土田㉖，抚之以彝器，旌之以车服㉗，明之以文章㉘，子孙不忘，所谓福也㉙。福祚之不登，叔父焉在㉚？且昔而高祖孙伯黡司晋之典籍㉛，以为大政㉜，故曰籍氏㉝。及辛有之二子董之晋㉞，于是乎有董史㉟。女，司典之后也㊱，何故忘之？"籍谈不能对。宾出㊲，王曰："籍父其无后乎！数典而忘其祖㊳。"

【注释】

①"晋荀跞如周"三句：晋国派荀跞参加穆后葬礼，籍谈为副使。

②除丧：减换丧服。

③以文伯宴：周景王与荀跞宴饮。以，与。文伯，荀跞。

④樽以鲁壶：用鲁国所献的酒杯。

⑤伯氏：伯父。这里是对荀跞的尊称。下文叔氏即叔父，是对籍谈的尊称，因为荀跞、籍谈和周王都是姬姓后代。

⑥镇抚王室：指贡献财物给周王室。

⑦摄籍谈：摄让籍谈，让他来回答。

⑧明器：重器宝物。

⑨荐：进献。彝器：礼器和食用之器的总称。

⑩王灵：周王的福佑。

⑪拜戎：对付戎狄入侵。

⑫而：你。

⑬叔父唐叔：周王对同姓诸侯，无论行辈，都称伯父、叔父。

⑭其：岂。分：封赐的器物。

⑮密须之鼓与其大路，文所以大蒐也：周文王讨伐密须，获得鼓和大
　路，就用来检阅军队。密须，姞姓国，在今甘肃灵台西。

⑯阙巩之甲，武所以克商也：阙巩国出产的铠甲，周武王曾经用来战
　胜商朝。阙巩，周初小国。周武王灭之，为周族卿之采邑。

⑰唐叔受之：上述宝物，都赐给唐叔，唐叔带回了晋国。

⑱参虚：指晋国，因为晋国为参星分野。

⑲匡：正，统治。

⑳其后襄之二路：周襄王赐给晋文公大路、戎路。

㉑铖（qī）钺（yuè）：斧钺。秬（jù）鬯（chàng）：黑黍酿造的酒。秬，
　黑黍。鬯，香酒。

㉒文公受之：晋文公所收之赐，参见僖公二十八年传文。

㉓东夏：晋文公称霸，征服齐、鲁、郑、宋等国，它们都在晋国东边，所
　以称"东夏"。

㉔不废：加以重赏。

㉕载：记载于史册。

㉖奉之以土田：指南阳的田地。

㉗旌：表彰。车服：指周襄王赐的二路。

㉘明之以文章：赐给旌旗使之显耀。文章，指旌旗。

㉙子孙不忘，所谓福也：意思是晋国不但得到周王之"分"，也得周

王之"福"。

㉚福祚之不登，叔父焉在：杨伯峻引顾炎武《日知录》记载，意思是说忘记了彝器，是"福祚之不登"，哪里配称为叔父？

㉛孙伯黡（yǎn）：籍谈远祖。

㉜大政：孙伯黡任晋国正卿，而正卿主持国家大政。

㉝籍氏：因世代管理典籍，所以以官为氏。

㉞辛有：周朝大夫。二子：次子。董：人名。

㉟于是乎有董史：董入晋，和籍氏共同主管晋国典籍。

㊱司典：指孙伯黡。

㊲宾：指荀跞、籍谈等人。

㊳数典而忘其祖：籍谈既要列举典故，却忘了自己的祖宗。

【译文】

十二月，晋国荀跞去周朝，参加穆后的葬礼，籍谈任副使。安葬后，减换丧服，周景王与荀跞宴饮，用鲁国进献的壶做酒杯。周景王说："伯父，诸侯都有器具进贡以镇抚王室，唯独晋国没有，是什么缘故呢？"荀跞揖让给籍谈来答复。籍谈回答说："诸侯受封的时候，都从王室这里得到宝器，用以镇抚自己的国家，所以能把彝器贡献给周王。晋国居处深山之中，戎狄和我国为邻，又远离王室，天子的威福不能得到，对付戎人都还来不及，怎么能进献宝器？"周景王说："叔父，你难道忘记了吗？叔父唐叔是成王的同母弟弟，难道反而没有得到赏赐的宝器吗？密须国的鼓和它的大路，文王得到后因此而举行盛大的阅兵。阙巩国的皮甲，武王得到了因而战胜商朝。唐叔接受了这些，而居住在参星的分野，统治着戎狄人。以后襄王赐给晋文公二路，铖钺、黑黍酒、红色弓、勇士，晋文公都接受了，保有南阳的田地，安抚征伐东部诸侯，不是宝器又是什么呢？有了功勋而不废弃，有了功绩而记载在册，用田地来奉养，用彝器来镇抚，用车服来表彰，用旌旗来显耀，子孙不忘记，这就是福啊。这种福祚都没记住，叔父的心思在哪儿呢？而且往昔你的远祖孙伯黡，管理晋国的典籍,以主持国家大政,所以称为籍氏。到了辛有的次子董到晋国,在这时就有了董姓的史官。你是管理典籍者的后代,为何忘记了这些?"籍谈无法回答。宾客退出后,周景王说:"籍父的后代恐怕不能再享有禄位了吧!他历数典故却忘了自己的祖宗。"

籍谈归,以告叔向。叔向曰:"王其不终乎①!吾闻之:'所乐必卒焉②。'今王乐忧③,若卒以忧,不可谓终④。王一岁而有三年之丧二焉⑤,于是乎以丧宾宴,又求彝器,乐忧甚矣,且非礼也⑥。彝器之来,嘉功之由,非由丧也⑦。三年之丧,虽贵遂服,礼也⑧。王虽弗遂,宴乐以早⑨,亦非礼也。礼,王之大经也⑩。一动而失二礼⑪,无大经矣。言以考典⑫,典以志经⑬。忘经而多言⑭,举典,将焉用之⑮?"

【注释】

①王其不终乎:周景王将不得善终。

②所乐必卒焉:所乐何事,必以何事死。

③乐忧:以忧为乐。周景王有丧事,是忧。

④终:寿终,善终。

⑤王一岁而有三年之丧二焉:本年有太子寿和穆后两件丧事,周景王都该服丧三年。

⑥"于是乎以丧宾宴"四句:在丧期中又宴宾客又求彝器,以忧为乐,太过分了。以,与。丧宾,吊丧的客人。

⑦"彝器之来"三句:嘉奖功勋才求彝器,因丧事而求彝器,不合适。

⑧"三年之丧"三句:虽贵为天子,也应守丧满期。遂服,守丧礼满期。

⑨以早:太早。

⑩大经：根本准则。

⑪失二礼：指求彝器和太早宴乐。

⑫考典：说话要稽考可以为法之典。

⑬志：记载。

⑭忘经：失二礼就是忘经，即忘记准则、规范。多言：即下文的举典，多举典籍。

⑮举典，将焉用之：这是驳周景王，认为他是"举典而忘经"。

【译文】

籍谈回国后，把情况告诉了叔向。叔向说："周景王将不得善终吧！我听说：'对什么事感到喜乐就将因此而死。'现在周景王以忧为乐，如果因为忧愁而死，就不能称为善终。周景王一年内有二次服丧三年的丧事，在这种情况下还因为丧事而和来宾宴饮，又要求取彝器，把忧愁当欢乐也太过分了，再说这也不合于礼。诸侯贡献彝器，是由于嘉奖功劳，不是由于丧事。要服丧三年的丧事，即便贵为天子，也是要服满丧期，这是合于礼的。周王即使不能服满丧期，但宴乐过早，也不合于礼。礼是天子的根本规范。做一件事而违反了两项礼仪，他就没了根本准则了。言语用来稽考典故，典籍用来记载规范。忘了规范却说了许多话，列举典故，又有什么用？"

十六年

*【左传】十六年春王正月①，公在晋，晋人止公②。不书，讳之也。

【注释】

①十六年：鲁昭公十六年当周景王十九年，前526年。

②晋人止公：仍然因为鲁国攻打莒国夺取郓地事，晋国扣留鲁昭公。

【译文】

　　鲁昭公十六年春周历正月,鲁昭公在晋国,晋国扣留鲁昭公。《春秋》没有记载,是为了隐讳这件事。

　　【经】十有六年春,齐侯伐徐^①。楚子诱戎蛮子杀之^②。

【注释】

①齐侯伐徐:齐景公攻打徐国。

②楚子诱戎蛮子杀之:楚平王听到戎蛮发生动乱、蛮君没有信用,派然丹引诱戎蛮子而杀了他,不久以后又立了他的儿子,这是合乎礼的。戎蛮子,蛮氏部落首领嘉。《公羊传》作"戎曼子"。戎蛮,在今河南汝南。

【译文】

　　鲁昭公十六年春,齐景公攻打徐国。楚平王诱使戎蛮国君嘉前来,并把他杀了。

　　【左传】齐侯伐徐^①。

【注释】

①齐侯伐徐:此条当置于"二月丙申"下。

【译文】

　　齐景公攻打徐国。

　　楚子闻蛮氏之乱也与蛮子之无质也^①,使然丹诱戎蛮子嘉杀之,遂取蛮氏。既而复立其子焉,礼也^②。

【注释】

①蛮氏：即戎蛮，居住于今河南一带的少数民族部落。无质：无信，
　不讲信用。

②既而复立其子焉，礼也：又立蛮子嘉儿子，复蛮氏。案杨伯峻指
　出，楚平王杀戎蛮子嘉及复立其子事，应另是一传文，当置于下段
　"其是之谓乎"后，但错简已久，所以不复移订。

【译文】

楚平王听说蛮氏发生动乱，而且蛮国国君没有信用，就派然丹诱骗
戎蛮国君嘉前来并杀了他，于是占领了蛮氏。不久又立嘉的儿子为戎蛮
国君，这是合于礼的。

二月丙申①，齐师至于蒲隧②。徐人行成③。徐子及郯
人、莒人会齐侯，盟于蒲隧，赂以甲父之鼎④。叔孙昭子曰：
"诸侯之无伯，害哉⑤！齐君之无道也，兴师而伐远方，会
之，有成而还，莫之亢也⑥，无伯也夫⑦！《诗》曰：'宗周既
灭，靡所止戾。正大夫离居，莫知我肆⑧。'其是之谓乎⑨！"

【注释】

①丙申：十四日。

②蒲隧：古地名，在今江苏睢宁西南。

③行成：求和。案此段本应与"齐侯伐徐"相衔接。

④甲父：古国名，在今山东金乡。

⑤诸侯之无伯，害哉：诸侯没有盟主，是小国的祸害。伯，盟主，霸
　主。害，成为小国之害。

⑥"齐君之无道也"五句：晋霸衰落，齐国侵犯小国，和三国相会，并
　盟于蒲隧，没有谁敢于抗御。会之，和三国相会。有成而还，盟于

蒲隧。亢,同"抗",抵抗,抗御。

⑦无伯也夫:这是由于没有霸主的缘故。

⑧"宗周既灭"四句:引《诗》见《诗经·小雅·雨无正》。意思是周朝已趋向衰亡,纷乱不止,没有可以栖身处。执政大夫都逃散,有谁知我(百姓)辛劳。宗周,今本作"周宗"。戾,安。肆,劳。

⑨其是之谓乎:意思是晋霸衰落,诸侯无霸,就如宗周被灭的时候一样。

【译文】

二月十四日,齐国军队到达蒲隧。徐国请求讲和。徐国国君和郑国人、莒国人一起和齐景公相会,在蒲隧结盟,送上甲父之鼎作为礼物。叔孙昭子说:"诸侯没有盟主,危害太大了!齐君无道,兴师攻打远方国家,相会并订立盟约后回国,没有谁能和他抗御的,这都是由于没有盟主的缘故啊!《诗》说:'周朝已趋向衰亡,没有可以栖身处。执政大夫都逃散,有谁知我百姓辛劳。'说的就是这种情况啊!"

【公羊传】楚子何以不名①?夷狄相诱,君子不疾也。曷为不疾? 若不疾,乃疾之也②。

【注释】

①楚子何以不名:此据昭公十一年夏"楚子虔诱蔡侯般,杀之于申",书楚子之名。

②若不疾,乃疾之也:诱杀是使诈之行为,故为人所憎。此处夷狄相诱,不憎恨之者,非真的不憎恨,而是以为夷狄无知,不用中国之礼义责之。疾,憎恨。

【译文】

为何不书楚子之名? 夷狄互相诱骗,君子不憎恨。为何不憎恨? 说是不憎恨,实际是憎恨的,只是因其无知而薄责之。

*【左传】三月，晋韩起聘于郑，郑伯享之。子产戒曰："苟有位于朝，无有不共恪①。"孔张后至②，立于客间③，执政御之④；适客后，又御之；适县间⑤。客从而笑之。事毕，富子谏曰⑥："夫大国之人，不可不慎也，几为之笑⑦，而不陵我⑧？我皆有礼，夫犹鄙我⑨。国而无礼，何以求荣？孔张失位，吾子之耻也。"子产怒曰："发命之不衷⑩，出令之不信，刑之颇类⑪，狱之放纷⑫，会朝之不敬，使命之不听⑬，取陵于大国，罢民而无功⑭，罪及而弗知，侨之耻也⑮。孔张，君之昆孙子孔之后也⑯，执政之嗣也⑰。为嗣大夫，承命以使，周于诸侯，国人所尊，诸侯所知。立于朝而祀于家⑱，有禄于国，有赋于军⑲，丧、祭有职⑳，受脤、归脤㉑，其祭在庙，已有著位㉒，在位数世，世守其业，而忘其所㉓，侨焉得耻之㉔？辟邪之人而皆及执政，是先王无刑罚也㉕。子宁以他规我㉖。"

【注释】

①苟有位于朝，无有不共恪（kè）：凡参加享礼者，不要发生不恭敬之事。共恪，恭敬。

②孔张后至：主宾都到齐后，孔张才到。孔张，即公孙申，字子张，子孔孙子。

③立于客间：此以晋韩起为主客，其随从为一般宾客。子张为郑臣，应就其原有之位。

④执政：主持享宴典礼者。御：阻止。

⑤县：钟磬等悬乐器。

⑥富子：郑国大夫。

⑦几：同"岂"。

⑧而不陵我：怎么会不被欺凌。陵，欺凌。

⑨夫：代词，指韩起等晋人。鄙我：贱视我。

⑩衷：恰当。

⑪颇类：偏颇不顺。

⑫放纷：放纵纷乱。

⑬使命之不听：下不服从上命。

⑭罢（pí）：使疲惫。

⑮侨之耻也：如有上述事情发生，是我子产的责任。

⑯昆：兄。案孔张的祖父子孔是郑襄公的哥哥。

⑰执政之嗣也：子孔曾为郑国执政。

⑱立于朝：在朝中有官爵。祀于家：家有祖庙，所以说"祀于家"。

⑲有禄于国，有赋于军：得到国家的爵禄封邑，战争时负担国家的军赋。赋，指大夫采邑所应出的军赋，即战士、军器等。

⑳有职：有自己的职责。

㉑受脤（shèn）：国君祭祀，将祭肉赐予大夫。脤，祭肉。归脤：大夫家祭，献祭肉给国君。

㉒其祭在庙，已有著位：辅佐国君在宗庙里祭祀，已有规定的位置。

㉓忘其所：忘记自己应处的位子。

㉔侨焉得耻之：子产认为孔张失位，是自取其辱，不是自己的责任。

㉕辟邪之人而皆及执政，是先王无刑罚也：子产意谓辟邪之人自应用刑罚，不应都由执政负责。

㉖宁：宁可。他：其他的事。规：纠正。

【译文】

三月，晋国韩起到郑国聘问，郑定公设享宴招待他。子产告诫说："只要在朝廷上有位子的官员，都不要做出不恭敬的事来。"孔张后到，站立在宾客中间，主持典礼者加以制止；又站到宾客后面，又阻止他；他便站到悬挂的钟磬间。宾客由此而嘲笑他。享礼完毕后，富子劝谏子产说："对大国的人，不可不谨慎，哪有被他们嘲笑而不欺凌我们的？我们都对他们有礼，尚且鄙视我们。国家如果无礼，凭什么求得光荣？孔张没站到他应站的位置，是您的耻辱啊。"子产发怒道："发出命令不适当，命令发出而不能执行，刑罚偏颇不顺，案件放纵纷乱，会朝不恭敬，使命没人听从，从而被大国所欺凌，让人民疲惫而无功，罪过上身而不知道，这才是我的耻辱。孔张是国君兄长的孙子，子孔的后代，执政大夫的继承人。他接任为大夫，奉命出使，遍历诸侯各国，也受到国人的尊敬，是诸侯们所熟知的。他在朝中有职务，在家中主持祭祀，得到国家的俸禄封邑，分担国家的军赋，丧事与祭祀中有一定的职务，接受祭肉也奉献祭肉，辅佐国君在宗庙祭祀，已有规定的位子，在这位子上已经几代，世代保守着他们的家业，现在却忘了自己的位子，我为什么要为他感到耻辱？别人行为不规范都归罪于执政，这样先王没有刑罚了。你还是用别的事来规劝我吧。"

宣子有环①，其一在郑商②。宣子谒诸郑伯③，子产弗与，曰："非官府之守器也，寡君不知④。"子大叔、子羽谓子产曰："韩子亦无几求⑤，晋国亦未可以贰⑥。晋国、韩子，不可偷也⑦。若属有谗人交斗其间⑧，鬼神而助之，以兴其凶怒，悔之何及？吾子何爱于一环，其以取憎于大国也，盍求而与之⑨？"子产曰："吾非偷晋而有二心，将终事之，是以弗与，忠信故也⑩。侨闻君子非无贿之难，立而无令名之患⑪。侨闻为国非不能事大字小之难，无礼以定其位之患⑫。夫大国之人令于小国，而皆获其求，将何以给之⑬？一共一否，为罪滋大⑭。大国之求，无礼以斥之⑮，何餍之有⑯？吾且为鄙邑，则失位矣⑰。若韩子奉命以使，而求玉焉，贪淫甚矣⑱，独非罪乎⑲？出一玉以起二罪，吾又失位，韩子成贪，将焉用之？且吾以玉贾罪，不亦锐乎⑳？"

【注释】

①环：玉环。

②其一在郑商：玉环一双两只，一只在韩起手里，另外一只在郑国商人手里。案王国维《观堂集林·说环玦》云："余读《春秋左氏传》'宣子有环，其一在郑商'，知环非一玉所成。岁在己未，见上虞罗氏所藏古玉一，共三片，每片上侈下敛，合三而成规。片之两边各有一孔，古盖以物系之，余谓此即古之环也。环者，完也；对玦而言，阙其一则为玦。玦者，缺也。以此读《左氏》，乃得其解。后世日趋简易，环与玦皆以一玉为之，遂失其制。"则所谓"其一在郑商"指组右玉环的三片玉中的一片在郑商手中。

③谒（yè）：请。这里指请求玉环。

④非官府之守器也，寡君不知：子产以玉环不是宫中之物、郑定公不知道为由，拒绝了韩起。

⑤几求：所求不多。

⑥晋国亦未可以贰：不可以二心待晋国。

⑦偷：简慢。

⑧属：恰巧。交斗：挑拨离间。

⑨盍求而与之：子太叔和子羽二人认为，不要为一玉环而得罪晋国。盍，何不。

⑩"吾非偷晋而有二心"四句：子产正因为要始终事晋，才不给，这也是为了忠实与守信用。

⑪侨闻君子非无贿之难，立而无令名之患：君子立于朝，不患无财物，只患为官没有好名声。贿，财富。难，患。

⑫侨闻为国非不能事大字小之难，无礼以定其位之患：治国不患不

能服事大国,抚养小国,只患无礼仪以安定其位。字,抚养。

⑬"夫大国之人令于小国"三句:对大国有求必应,拿什么不断满足他们。给,满足。

⑭一共一否,为罪滋大:大国欲壑难填,求而不止。今天给了,明天不给,得罪更大。共,通"供"。

⑮无礼以斥之:如不依礼驳斥。

⑯餍(yàn):满足。

⑰吾且为鄙邑,则失位矣:不能大国要什么就给什么,否则郑国将沦为晋国的边地,丧失了独立国的地位。且,将。为鄙邑,成为晋国边鄙之地。

⑱贪淫甚矣:贪婪邪恶太过分了。

⑲独:岂。

⑳锐:细小。

【译文】

韩起有只玉环,配对的另一只在郑国的商人手里。韩起请求郑定公帮助,子产不肯给,说:"这不是公家所有的器物,我们国君不知道。"子太叔、子羽对子产说:"韩起也并没有别的要求,对晋国也不能有二心。晋国和韩起都不能怠慢。要是恰巧有奸邪小人从中挑拨离间,再有鬼神助力,惹得晋国和韩起都生气,那时候悔之何及? 您何必舍不得一只玉环,让大国憎恨呢,何不设法找到那只玉环给他?"子产说:"我并非怠慢晋国而有三心二意,相反是要始终事奉晋国,不给玉环,正是我对他们忠心诚信的缘故啊。我听说君子不怕没有财富,是怕立身却没有好名声。我听说治理国家并不难于事奉大国扶持小国,难的是不能按礼仪来安定职位。如果大国的人对小国发号施令,都能满足要求,小国如何供给? 一次给了一次不能供给,罪过就更大了。大国的要求,如不依礼加以驳回,他们何厌之有? 我国将变成他们边境的一座城邑,可就失去地位了。如果韩起奉命出使,却索求玉环,那就是过分贪婪了,难道不是罪过吗?

给一只玉环而造成二项罪责,我国又将失去地位,也使韩起成为贪婪的人,哪能这样做呢? 而且我们因为玉环而获罪,不是太不值吗?"

　　韩子买诸贾人,既成贾矣①,商人曰:"必告君大夫②。"韩子请诸子产曰:"日起请夫环③,执政弗义④,弗敢复也⑤。今买诸商人,商人曰,必以闻,敢以为请。"子产对曰:"昔我先君桓公与商人皆出自周⑥,庸次比耦以艾杀此地⑦,斩之蓬蒿藜藋⑧,而共处之。世有盟誓,以相信也,曰:'尔无我叛,我无强贾,毋或匄夺⑨。尔有利市宝贿,我勿与知⑩。'恃此质誓⑪,故能相保以至于今。今吾子以好来辱⑫,而谓敝邑强夺商人⑬,是教敝邑背盟誓也,毋乃不可乎! 吾子得玉,而失诸侯,必不为也。若大国令,而共无艺⑭,郑,鄙邑也⑮,亦弗为也。侨若献玉,不知所成⑯。敢私布之⑰。"韩子辞玉⑱,曰:"起不敏,敢求玉以徼二罪⑲? 敢辞之。"

【注释】

①既成贾矣:已经成交。

②君大夫:国君和大夫。

③日:往日。起:韩起自称。夫(fú):那个,指玉环。

④弗义:以为不合宜。

⑤弗敢复也:不敢再请求。

⑥昔我先君桓公与商人皆出自周:郑封邑本在西周王畿之内(即在今陕西渭南华州区),郑桓公时始东迁立国。东迁时,商人一同前往。桓公,郑国始封君,周厉王少子。

⑦庸次比耦:共同合作。艾(yì)杀:清除开发。艾,通"刈"。

⑧之:其。蓬蒿藜藋(diào):各种野草。藜藋,草名。

⑨"尔无我叛"三句：商人不背叛官府，官府不强买东西，不乞求，不掠夺。

⑩尔有利市宝贿，我勿与知：政府不干涉商人的交易。利市，好买卖。宝贿，珍贵财宝。

⑪质誓：守信的盟誓。

⑫今吾子以好来辱：以聘问修好光临郑国。

⑬而谓敝邑强夺商人：要我强迫商人卖给你。

⑭共无艺：供给无度。无艺，无度。

⑮郑，鄙邑也：是将郑国等同于晋国的边邑。

⑯不知所成：不知有何道理和好处。

⑰布：告诉。

⑱辞玉：退回玉环。

⑲徼（yāo）：求取。

【译文】

韩起从商人那里买到玉环，已经成交了，商人说："一定要告知国君和大夫。"韩起向子产请求说："前些日子我请求得到那只玉环，执政认为不合道义，我就不敢再提起。现在从商人那里买到，商人说一定要让您知道，谨此请求您允许。"子产回答说："往昔敝国先君桓公和商人都是从周迁徙出来，一起并肩整治这块土地，砍去所有杂草，在这里和睦相处。我们世代设有盟誓，以此互相信赖，说：'你不背叛我，我不强买你的货物，不乞求，不掠夺。你有丰厚的利润和珍贵财宝，我也不过问。'倚仗这种盟誓，所以能互相保全，直到今天。现在承蒙您带着友好情谊辱临敝国，却要敝国强夺商人，是教弊国背弃盟誓，不是不可以的吗！您得到玉环却失去诸侯，您一定不肯这么做。如果大国下达命令，却无限制地要我们供应，那就是把郑国当成晋国的边境城邑了，我们也不会同意的。我要是献上玉环，不知道会有什么好处，谨此私下向您陈述。"韩起退回玉环，说："是我考虑不周，怎敢因求玉环而获得两项罪过？谨请把玉环退还。"

　　夏四月，郑六卿饯宣子于郊①。宣子曰："二三君子请皆赋②，起亦以知郑志③。"子齹赋《野有蔓草》④。宣子曰："孺子善哉⑤！吾有望矣。"子产赋郑之《羔裘》⑥。宣子曰："起不堪也⑦！"子大叔赋《褰裳》⑧。宣子曰："起在此，敢勤子至于他人乎⑨？"子大叔拜。宣子曰："善哉，子之言是⑩！不有是事，其能终乎⑪？"子游赋《风雨》⑫，子旗赋《有女同车》⑬，子柳赋《萚兮》⑭。宣子喜曰："郑其庶乎⑮！二三君子以君命贶起，赋不出郑志⑯，皆昵燕好也⑰。二三君子，数世之主也⑱，可以无惧矣⑲。"宣子皆献马焉，而赋《我将》⑳。子产拜，使五卿皆拜，曰："吾子靖乱，敢不拜德！"

【注释】

①六卿：即子齹、子产、子太叔、子游、子旗、子柳。饯：送行饮酒。

②二三君子：诸位大臣。赋：赋诗，即指定诗篇，命乐工奏乐。

③起亦以知郑志：诗以言志，韩起希望以此见郑国之志。

④子齹（cuó）：子皮儿子婴齐。《野有蔓草》：《诗经·郑风》篇名。子齹赋此诗，取其"邂逅相遇，适我愿兮"表示和韩起相见很高兴。

⑤孺子：指子齹，因为子皮死于昭公十三年，子齹服丧未满三年，故称"孺子"。

⑥郑之《羔裘》：《诗经·郑风》篇名。诗中有"彼其之子，舍命不渝""彼其之子，邦之司直""彼其之子，邦之彦兮"等句，子产以此赞美韩起。

⑦不堪：不敢当。

⑧《褰（qiān）裳》：《诗经·郑风》篇名。诗中有"子惠思我，褰裳涉

溱。子不我思,岂无他人"之句,本是表现男女爱情的诗歌,这里借以喻指郑、晋两国关系,意思是晋国如果亲近郑国,郑国也必定亲近晋国;晋国不亲近郑国,郑国将亲近他国。

⑨起在此,敢勤子至于他人乎:有我韩起在此,不敢有劳你去亲近他人。

⑩是:此。指《褰裳》一诗。

⑪不有是事,其能终乎:感谢子太叔以此诗告诫,使两国能善始善终友好下去。

⑫子游:驷带儿子驷偃。《风雨》:《诗经·郑风》篇名。这里取其"既见君子,云胡不夷"之句,言风雨之中,既见所爱之人,获得安慰的意思。

⑬子旗:公孙段儿子丰施。《有女同车》:《诗经·郑风》篇名。这里取其"洵美且都"句,以美好且有风度称赞韩起。

⑭子柳:印段儿子印癸。《萚(tuò)兮》:《诗经·郑风》篇名。这里取其"倡予和女"句以表示韩起倡,我将和之,比喻晋、郑两国关系和洽。

⑮庶:差不多要强盛了。

⑯赋不出郑志:六人所赋诗都出自《诗经·郑风》。郑志,指郑国诗歌。

⑰皆昵(nì)燕好也:是友好的表示。昵,亲近。燕好,快乐友好。

⑱数世之主:可以传位几代。

⑲可以无惧矣:郑国将无所畏惧。

⑳《我将》:《诗经·周颂》篇名。这里取其"日靖四方,我其夙夜,畏天之威"几句,表示晋国将敬畏天威,志在靖乱,保护小国。

【译文】

夏四月,郑国六卿在郊外给韩起饯行。韩起说:"请各位都赋一首诗,让我也可以借此知道郑国的志向。"子齹赋《野有蔓草》。韩起说:

"孺子说得好啊！我看到了希望。"子产赋郑风中的《羔裘》。韩起说：
"我可不敢当啊！"子太叔赋《褰裳》。韩起说："有我在这里，岂敢劳动
你去事奉他人呢？"子太叔拜谢。韩起说："好啊，你说到了这一点！如
果没有这回事，也许不能始终保持友好关系吧？"子游赋《风雨》，子旗赋
《有女同车》，子柳赋《萚兮》。韩起高兴地说："郑国应该要强盛了吧！
各位以国君的名义赏赐我，赋的诗又不出郑诗之外，都是表示亲热友好
的。各位都是可传数世的人，郑国可以无忧了。"韩起向各人献上马匹，
并赋《我将》一诗。子产拜谢，让其他五卿也都拜谢，说："有您安定动
乱，我们岂敢不拜谢大德！"

　　宣子私觌于子产以玉与马①，曰："子命起舍夫玉，是赐
我玉而免吾死也，敢不藉手以拜②？"

【注释】

①私觌：私下见面。以玉与马：以二物作为进见的礼物。

②"子命起舍夫玉"三句：案，子产用不给韩起玉环，借以规劝韩起
　不要假公济私，贪求无度，损害郑国的独立地位，韩起表示感激。
　藉手，借玉和马拜谢。

【译文】

韩起私下拜会子产并送给玉和马匹，说："您让我放弃那玉环，这是
赐我玉环并免除我的死罪，怎敢不借此薄礼以拜谢？"

【经】夏，公至自晋①。

【注释】

①公至自晋：鲁昭公从晋国回来。

【译文】

夏,鲁昭公从晋国回来。

【左传】公至自晋①。子服昭伯语季平子曰②:"晋之公室其将遂卑矣。君幼弱,六卿强而奢傲,将因是以习,习实为常,能无卑乎?"平子曰:"尔幼,恶识国?"

【注释】

①公至自晋:晋国释放鲁昭公回国。

②子服昭伯:子服惠伯儿子子服回。

【译文】

鲁昭公从晋国回来。子服昭伯对季平子说:"晋国的公室将要卑弱了。国君年幼势弱,六卿强大而奢侈骄傲,将由此而习以为常,习惯成了自然,能不卑弱吗?"季平子说:"你还年幼,哪里懂得治国之事?"

【经】秋八月己亥①,晋侯夷卒②。

【注释】

①己亥:二十日。

②晋侯夷卒:晋昭公夷去世。晋侯夷,即晋昭公,姓姬,名夷,谥昭。前532年即位,共在位7年。晋昭公时期,晋只有厥慭、平丘二次诸侯盟会,"而厥慭不能救蔡,平丘不能服诸侯,徒盛兵邾南,而齐敢拒令,郑敢争承,卫病乌尧之扰,鲁困蛮夷之诉,诸侯并贰"(顾栋高语),晋之霸主之位岌岌可危,几不复存。

【译文】

秋八月二十日,晋昭公夷去世。

【左传】秋八月，晋昭公卒①。

【注释】

①晋昭公卒：晋昭公去世。

【译文】

秋八月，晋昭公去世。

【经】九月，大雩。

【译文】

九月，举行盛大的求雨雩祭。

【左传】九月，大雩，旱也。

【译文】

九月，举行盛大的求雨雩祭，是因为天旱。

郑大旱，使屠击、祝款、竖柎有事于桑山①。斩其木②，不雨。子产曰："有事于山，蓺山林也③，而斩其木，其罪大矣④。"夺之官邑⑤。

【注释】

①屠击、祝款、竖柎（fù）：三人都是郑国大夫。有事：祭祀。

②斩其木：砍去山上的树木。

③蓺（yì）：培育，繁殖。

④而斩其木，其罪大矣：向山求雨，本应保护山林，现在反而破坏山

林,所以罪更大。

⑤夺之官邑:夺三人的官爵和封邑。

【译文】

郑国大旱,派屠击、祝款、竖柎去桑山祭祀。三人砍伐山上的树木,仍然不下雨。子产说:"祭祀山神,应该养护山林,却去砍伐树木,那罪过就更大了。"于是免去他们的官职,收回采邑。

【经】季孙意如如晋①**。冬十月,葬晋昭公。**

【注释】

①季孙意如如晋:季平子到晋国参加晋昭公的葬礼。

【译文】

季平子到晋国去。冬十月,安葬晋昭公。

【左传】冬十月,季平子如晋葬昭公。平子曰:"子服回之言犹信①**,子服氏有子哉**②**!"**

【注释】

①子服回之言犹信:因为亲自前往晋国,季平子才相信子服回"晋之公室其将遂卑矣"的话。

②子服氏有子哉:称赞子服回,认为子服氏有贤子。

【译文】

冬十月,季平子到晋国参加晋昭公的葬礼。季平子说:"子服昭伯的话可信,子服氏可有了个好儿子!"

十七年

【经】十有七年春①**,小邾子来朝**②**。**

【注释】

①十有七年:鲁昭公十七年当周景王二十年,前525年。

②小邾子来朝:小邾国穆公朝鲁。小邾子,《公羊传》作"小邾娄子"。

【译文】

鲁昭公十七年春,小邾穆公来鲁国朝见。

【左传】十七年春,小邾穆公来朝,公与之燕。季平子赋《采叔》①**,穆公赋《菁菁者莪》**②**。昭子曰:"不有以国,其能久乎**③**?"**

【注释】

①《采叔》:现在作《采菽》,《诗经·小雅》篇名。季平子赋此诗取其"君子来朝,何锡与之",是以小邾穆公比君子,表示欢迎。

②《菁菁者莪(é)》:也是《诗经·小雅》篇名。小邾穆公以此诗作答,取其"既见君子,乐且有仪"表示朝见鲁国国君,心里高兴。

③不有以国,其能久乎:不有,如果没有。以国,治国。这里指治国人才。案季平子赞小邾穆公贤能,能答赋,能久有国。

【译文】

鲁昭公十七年春,小邾穆公来朝见,鲁昭公与他宴饮。季平子赋《采菽》,小邾穆公赋《菁菁者莪》。昭子说:"要是没有这种治理国家的人才,国家能长久吗?"

【经】夏六月甲戌朔^①,日有食之。

【注释】

①甲戌朔:初一。

【译文】

夏六月初一,发生日食。

【左传】夏六月甲戌朔,日有食之。祝史请所用币^①。昭子曰:"日有食之,天子不举^②,伐鼓于社^③;诸侯用币于社^④,伐鼓于朝,礼也^⑤。"平子御之^⑥,曰:"止也。唯正月朔,慝未作,日有食之,于是乎有伐鼓用币,礼也^⑦。其余则否。"大史曰:"在此月也^⑧。日过分而未至^⑨,三辰有灾^⑩,于是乎百官降物^⑪,君不举,辟移时^⑫,乐奏鼓^⑬,祝用币,史用辞^⑭。故《夏书》曰:'辰不集于房^⑮,瞽奏鼓^⑯,啬夫驰^⑰,庶人走。'此月朔之谓也^⑱。当夏四月,是谓孟夏^⑲。"平子弗从。昭子退,曰:"夫子将有异志,不君君矣^⑳。"

【注释】

①祝史请所用币:依礼,日食应祈祷于社,所以祝史请求祈祷所用的祭品。币,指祭品。

②不举:不用丰盛的菜肴。

③伐鼓于社:在土地庙里击鼓。

④用币于社:祭于社。

⑤伐鼓于朝,礼也:古人以为日食是君主有难的征兆,所以要击鼓祈祷祭祀,以示援救,祛除灾难。

⑥御:禁止。

⑦"唯正月朔"五句：季平子认为只有在正（zhēng）月时有日食，才用币。慝，阴气。

⑧在此月也：正月是指正阳之月，即周历六月、夏历四月。季平子错以正（zhèng）月为年初正（zhēng）月，所以太史纠正他。

⑨日过分而未至：太阳过了春分而没到夏至。

⑩三辰：日、月、星。

⑪降物：穿上素服。

⑫君不举，辟（bì）移时：避开正寝躲过日食。辟，避开。

⑬乐奏鼓：乐工击鼓。

⑭用辞：宣读文辞。案古人认为日食是上天所显示的谴责，因此用文辞自责。

⑮辰不集于房：指日食时日月交会不在正常的位置上。案古人不知日食的原因，以为是日月不安其舍。辰，日月交会。集，安居。房，房舍。

⑯瞽（gǔ）：乐师。

⑰啬夫：乡邑之官。

⑱此月朔之谓也：据《夏书》，月初一日食，乐师应击鼓，啬夫应驾车奔驰，百姓应奔跑，以此消灾。

⑲当夏四月，是谓孟夏：孟夏时，阴气消尽，是正阳之月，即正月。

⑳夫子将有异志，不君君矣：季平子不同意发币祭社，是乐于见到国君受灾的表现，所以说他有异志。不君君，不以国君为国君。

【译文】

夏六月初一，发生日食。祝史请示祭祀所用的祭品。昭子说："发生日食，天子不进丰盛的饮食，在土地庙击鼓；诸侯用祭品在土地庙祭祀，在朝廷击鼓，这是礼制。"季平子加以阻止，说："不能这样做。只有正月初一，阴气还没有发作，发生日食，才击鼓用祭品，这是合于礼的。其他时候则不这样。"太史说："就是在这一月。太阳过了春分而没到夏至，日、月、星有了灾殃,这时百官穿上素服,国君减少膳食,离开正寝躲过日食的时辰,乐工击鼓,祝史用玉帛祭祀,太史用辞令祝祷。所以《夏书》说:'日月交会不在正常的位置上,瞽师击鼓,啬夫驾车,百姓奔跑。'就是说的这个月初一的情景。正当夏正的四月,所以称为'孟夏'。"季平子不采纳。昭子退出,说:"他有不正当的念头,将不把国君当国君了。"

【经】秋,郯子来朝①。

【注释】

① 郯(tán)子:己姓,世系不详,不知此为哪一君。郯国为少皞(hào)后裔,故城在今山东郯城西南。

【译文】

秋,郯国国君前来朝见。

【左传】秋,郯子来朝,公与之宴。昭子问焉,曰:"少皞氏鸟名官,何故也①?"郯子曰:"吾祖也②,我知之。昔者黄帝氏以云纪,故为云师而云名③;炎帝氏以火纪,故为火师而火名④;共工氏以水纪⑤,故为水师而水名;大皞氏以龙纪⑥,故为龙师而龙名。我高祖少皞挚之立也,凤鸟适至⑦,故纪于鸟,为鸟师而鸟名:凤鸟氏,历正也⑧;玄鸟氏,司分者也⑨;伯赵氏,司至者也⑩;青鸟氏,司启者也⑪;丹鸟氏,司闭者也⑫。祝鸠氏,司徒也⑬;鴡鸠氏,司马也⑭;鸤鸠氏,司空也⑮;爽鸠氏,司寇也⑯;鹘鸠氏,司事也⑰。五鸠,鸠民者也⑱。五雉为五工正⑲,利器用、正度量,夷民者也⑳。九扈为九农正㉑,扈民无淫者也㉒。自颛顼以来,不能纪远,乃纪于近㉓，为民师而命以民事，则不能故也㉔。"仲尼闻之，见于郯子而学之。既而告人曰："吾闻之，'天子失官，学在四夷'㉕，犹信。"

【注释】

①少皞（hào）氏鸟名官，何故也：据定公四年传文，鲁封于少皞之墟，郯子又为少皞之后，所以昭子问少皞氏何以用鸟名作为官名。少皞氏，传说中的古代帝王，己姓的祖先。

②祖：这里指高祖。

③昔者黄帝氏以云纪，故为云师而云名：黄帝为姬姓之祖，用"云"纪事，所以设置长官都用"云"命名。《史记·五帝本纪·集解》引应劭曰："黄帝受命有云瑞，故以云纪事也。春官为青云，夏官为缙云，秋官为白云，冬官为黑云，中官为黄云。"这大概是传说。师，长。

④炎帝氏以火纪，故为火师而火名：炎帝氏，即神农氏，为姜姓之祖。火师而火名，孔疏引服虔云："炎帝以火名官，春官为大火，夏官为鹑火，秋官为西火，冬官为北火，中官为中火。"此说并无实据，仅备一说。

⑤共工氏：传说为古代诸侯的霸主。

⑥大皞氏：即伏牺氏，为风姓之祖。

⑦我高祖少皞挚（zhì）之立也，凤鸟适至：挚即位时凤鸟正好来到。挚，少皞氏之名。

⑧凤鸟氏，历正也：凤鸟氏是主历法的官。

⑨玄鸟氏，司分者也：玄鸟氏掌管春分、秋分。玄鸟，燕子。分，指春分、秋分。

⑩伯赵氏，司至者也：伯赵氏掌管夏至、冬至。伯赵，伯劳。至，夏至、冬至。

⑪青鸟氏，司启者也：青鸟氏掌管立春、立夏。青鸟，或曰即仓庚鸟，俗称"黄莺"。启，立春、立夏。

⑫丹鸟氏，司闭者也：丹鸟氏掌管立秋、立冬。丹鸟，今名"锦鸡"。闭，立秋、立冬。案以上四鸟是凤鸟氏的属官。

⑬祝鸠氏，司徒也：祝鸠氏是主教民之官。祝鸠，鹁（bó）鸠鸟。司徒，官名，主教民。

⑭鴡（jū）鸠氏，司马也：鴡鸠氏是主法制之官。鴡鸠，王鴡。司马，官名，主法制。

⑮鳲（shī）鸠氏，司空也：鳲鸠氏是主管水土治理之官。鳲鸠，即布谷鸟。司空，官名，主管水土治理之事。

⑯爽鸠氏，司寇也：爽鸠氏是主捕捉盗贼之官。爽鸠，鹰鸷。司寇，官名，主管捕捉盗贼之事。

⑰鹘（gǔ）鸠氏，司事也：鹘鸠氏是主管农事之官。鹘鸠，鶌（jué）鸠。司事，官名，主管农事。

⑱鸠民：聚合百姓。鸠，聚集，集合。

⑲五工正：五工之长。五工，指木工、陶工、金工、皮工和染工。

⑳利器用、正度量，夷民者也：五工正的职责是改善器物用具，统一度量衡，使百姓得到均平。

㉑扈（hù）：或作"鳸""屌"，也是鸟名。九农：指九种农事，如耕耘、收获等。

㉒扈民无淫者也：防止百姓放纵。扈，防止。

㉓不能纪远，乃纪于近：不能记述远古之事，就从近古开始记述。远，指民事以外的云、鸟等。近，指民事。

㉔为民师而命以民事，则不能故也：颛顼继少皞为帝，不再用龙、鸟为官名，以就近之民事为官名了。不能故，不能照过去办理。

㉕天子失官，学在四夷：意思是周、鲁衰弱，典章缺失，而远方小国仍知前古官名之沿革，保存古代官学，保存先代典制。

【译文】

秋,郯国国君前来朝见,鲁昭公和他宴饮。昭子向他请教,说:"少皞氏用鸟名做官名,这是什么缘故呢?"郯国国君说:"他是我的祖先,所以我知道。往昔黄帝氏以'云'记事,所以各部门官长都用'云'来命名;炎帝氏以'火'记事,所以各部门官长都用'火'来命名;共工氏以'水'记事,所以各部门官长都用'水'来命名;大皞氏以'龙'记事,所以各部门官长都用'龙'来命名。我高祖少皞氏挚即位的时候,凤鸟刚好飞来,所以用'鸟'记事,各部门官长都用'鸟'来命名:凤鸟氏就是历正,玄鸟氏掌管春分、秋分;伯赵氏掌管夏至、冬至,青鸟氏掌管立春、立夏,丹鸟氏掌管立秋、立冬。祝鸠氏是司徒,鴡鸠氏是司马,鸤鸠氏是司空,爽鸠氏是司寇,鹘鸠氏是司事。这五鸠是聚集百姓的官。五雉是管五种工艺的官,负责改善生活用具,统一度量,让百姓得到均平。九扈是管九项农事的官,制约百姓不让放纵。自从颛顼以来,不能记述久远的事,便从近代开始记述,做百姓的官长而用百姓的事来命名,那就不能按过去的情况来办理了。"孔子听说了,就去拜见郯国国君并向他问学。后来告诉别人说:"我听说:'天子的百官失职,学问就保存在四方边远的小国。'这还是可以相信的。"

【经】八月,晋荀吴帅师灭陆浑之戎①。

【注释】

①晋荀吴帅师灭陆浑之戎:韩起梦见晋文公拉着荀吴而把陆浑交付给他,所以就派荀吴领兵灭陆浑之戎。陆浑之戎,僖公二十二年,秦、晋迁陆浑之戎于伊川。《公羊传》作"贲浑戎"。《穀梁传》作"陆浑戎"。

【译文】

八月,晋国荀吴带兵灭了陆浑的戎人。

【左传】晋侯使屠蒯如周①,请有事于雒与三涂②。苌弘谓刘子曰③:"客容猛,非祭也,其伐戎乎④! 陆浑氏甚睦于楚,必是故也⑤。君其备之!"乃警戎备⑥。九月丁卯⑦,晋荀吴帅师涉自棘津⑧,使祭史先用牲于雒⑨。陆浑人弗知,师从之⑩。庚午⑪,遂灭陆浑,数之以其贰于楚也⑫。陆浑子奔楚,其众奔甘鹿⑬。周大获⑭。宣子梦文公携荀吴而授之陆浑,故使穆子帅师⑮,献俘于文宫⑯。

【注释】

①晋侯:晋顷公。屠蒯:晋国膳宰。见昭公九年传文。

②请有事于雒与三涂:请求在洛水和三涂山祭祀。雒,同"洛",即洛水。三涂,三涂山,山名,在今河南嵩县西南,伊水之北。雒与三涂皆在周,故请于周。

③苌弘:刘子的属官。

④"客容猛"三句:屠蒯脸色凶猛,大概不是为祭祀,而是要讨伐戎人。容,脸色。

⑤陆浑氏甚睦于楚,必是故也:陆浑之戎和楚国友好,晋国一定要攻讨。

⑥乃警戎备:加强对戎人的防备。

⑦丁卯:二十四日。

⑧棘津:即孟津。

⑨使祭史先用牲于雒:先用牺牲祭洛水。

⑩陆浑人弗知,师从之:戎人毫无防备,晋军趁机攻过去。

⑪庚午:二十七日。

⑫数之以其贰于楚也:宣布陆浑氏之罪,乃是与楚国有勾结。

⑬甘鹿:古地名,在今河南嵩县西北。

⑭周大获：刘子因先有戒备，所以俘获大批陆浑人。

⑮宣子梦文公携荀吴而授之陆浑，故使穆子帅师：出师前韩起梦见晋文公拉着荀吴将陆浑交给他，以为大吉，所以让荀吴率军出征。

⑯献俘于文宫：为答谢吉梦，在晋文公庙里奉献俘虏。

【译文】

晋顷公派屠蒯前往宗周，请求祭祀洛水和三涂山。苌弘对刘子说："来客容貌凶猛，不是为了祭祀，该是要攻打戎人吧！陆浑氏和楚国关系密切，一定是为了攻打他们。您还是做好防备吧！"于是对戎人加强戒备。九月二十四日，晋国荀吴率领军队从棘津涉水而过，事先派祭史用牺牲祭祀雒水。陆浑人不知道，晋军就趁机攻过去。二十七日，就灭了陆浑，责备他们和楚国相勾结。陆浑国君逃往楚国，部众出逃甘鹿。周朝俘获了大批陆浑人。韩起梦见晋文公拉着荀吴把陆浑交给他，所以派荀吴带兵出征，而后在文公庙献俘。

【经】冬，有星孛于大辰①。

【注释】

①有星孛于大辰：彗星出现于大火星旁。孛，彗星。大辰，大火星。

【译文】

冬，有彗星在大辰星边出现。

【左传】冬，有星孛于大辰①，西及汉②。申须曰③："彗所以除旧布新也④。天事恒象⑤，今除于火⑥，火出必布焉，诸侯其有火灾乎⑦！"梓慎曰："往年吾见之，是其征也⑧。火出而见，今兹火出而章⑨，必火入而伏⑩。其居火也久矣，其与不然乎⑪？火出，于夏为三月，于商为四月，于周为五月⑫。夏数得天⑬,若火作,其四国当之⑭,在宋、卫、陈、郑乎?宋,大辰之虚也⑮;陈,大皞之虚也⑯;郑,祝融之虚也⑰;皆火房也⑱。星孛及汉,汉,水祥也⑲。卫,颛顼之虚也,故为帝丘⑳,其星为大水㉑,水,火之牡也㉒。其以丙子若壬午作乎!水火所以合也㉓。若火入而伏,必以壬午,不过其见之月㉔。"

【注释】

①孛:彗星,俗称"扫帚星"。

②西及汉:扫帚星尾巴的光芒向西射到银河。汉,银河。

③申须:鲁国大夫。

④彗所以除旧布新也:扫帚是除旧布新的工具。

⑤天事恒象:天上发生的事常象征吉凶。案古人常以天象论人事,又以人事命天象。恒,常。

⑥今除于火:现在大火星不见。火,大火星。

⑦火出必布焉,诸侯其有火灾乎:现在彗星过大辰而及银河,是扫帚将大火星扫出了它的位置,而火星被扫出,必散布开来,它重新出现时,这些星宿的分野之国必然发生火灾。

⑧往年吾见之,是其征也:去年也见彗星,是其征兆。

⑨火出而见,今兹火出而章:去年大火星出现时已见彗星,今年彗星更加明亮。章,明亮。

⑩必火入而伏:大火星秋季始没,彗星必随之潜伏。

⑪其居火也久矣,其与不然乎:彗星与大火星相处已久,必然发生火灾。其,岂。与,句中语气词,无义。

⑫"火出"四句:夏历三月即商历四月、周历五月,此时黄昏可见大火星。

⑬夏数得天：夏历以立春之月为正月，所以夏历和自然气象适应。

⑭若火作，其四国当之：四国将有火灾。

⑮宋，大辰之虚也：宋国为大火星的分野。

⑯陈，大皞之虚也：太皞氏旧居于陈。

⑰郑，祝融之虚也：祝融为高辛氏火正，旧居于郑。

⑱皆火房也：三国都属于大火星的分野。房，舍。

⑲"星孛及汉"三句：彗星扫到天河，天河是水。

⑳"卫"三句：卫国原都帝丘，因过去颛顼帝曾居住，所以称为"帝丘"。

㉑其星为大水：卫国的分野星是大水。

㉒水，火之牡也：水火相配。牡，雄性。这里以火比作雌，以水为雄。

㉓其以丙子若壬午作乎！水火所以合也：丙子日或壬午日水火相合，这时必有火灾。若，或者。作，有火灾。

㉔见之月：即火见之月，周历五月。案申须、梓慎以天象人事互解。

【译文】

冬，有彗星在大辰星边出现，往西直到银河。申须说："扫帚星是用来除旧布新的。天上发生的事常常显示吉凶，现在扫除大火星，它再次出现时必定布散灾祸，诸侯中也许将有火灾吧！"梓慎说："去年我也见到彗星，这就是它的征兆了。大火星出现时见到它，现在大火星出现时它更加明亮，一定在大火星消失时隐伏。它在大火星的位置已经很久了，难道不是这样的吗？大火星出现，在夏历是三月，在商历是四月，在周历是五月。夏历的气数与天象相应，如果发生火灾，应该是四个国家承受，会是在宋、卫、陈、郑四国吧？宋国是大辰星的分野，陈国是太皞氏居住的地方，郑国是祝融氏居住的地方；都是大火星所居之处。彗星到达银河，银河是水。卫国是颛顼氏居住的地方，所以称为'帝丘'，他的星是大水，水是火的配偶。可能将在丙子或者壬午日发作吧！那是水火相配合的日子。如果大火星消失而彗星隐伏，就一定在壬午日，不会超过它出现的那个月。"

郑裨灶言于子产曰："宋、卫、陈、郑将同日火。若我用瓘斝玉瓒，郑必不火^①。"子产弗与^②。

【注释】

①若我用瓘（guàn）斝（jiǎ）玉瓒（zàn），郑必不火：裨灶请求以玉器祭神，禳除火灾。瓘斝，玉酒樽。玉瓒，玉勺子。

②子产弗与：子产不同意这样做。

【译文】

郑国裨灶对子产说："宋、卫、陈、郑四国将同日发生火灾。要是我们用瓘斝、玉瓒祭祀，郑国一定不会有火灾。"子产不同意。

【公羊传】孛者何？彗星也。其言于大辰何？在大辰也。大辰者何？大火也^①。大火为大辰，伐为大辰^②，北辰亦为大辰^③。何以书？记异也。

【注释】

①大火：二十八宿中的心宿。

②伐：参宿中一字斜排的三颗小星。

③北辰：北极星。古人以大火、伐星定季节，又以北极星定方向，故均称之为"大辰"。

【译文】

孛是什么？是彗星。经言"入于大辰"是什么意思？是出现在大辰中。大辰是什么？是大火。大火是大辰，伐星是大辰，北极星也是大辰。为何记录此事？是记录异象。

【穀梁传】一有一亡曰有。于大辰者,滥于大辰也^①。

【注释】

①滥:漫延。

【译文】

时有时无就叫做"有"。"于大辰",就是彗星尾巴扫过大辰的意思。

【经】楚人及吴战于长岸^①。

【注释】

①楚人及吴战于长岸:吴伐楚,楚先败吴于长岸,后吴公子姬光又率众败楚,双方互有胜负。陈傅良《春秋后传》云:"于是始书'战',则以吴、楚敌言之也。"长岸,楚地名,在今长江裕溪口一带,对岸即吴地,为吴、楚交界处。

【译文】

楚国和吴国在长岸交战。

【左传】吴伐楚。阳匄为令尹^①,卜战,不吉。司马子鱼曰^②:"我得上流^③,何故不吉?且楚故^④,司马令龟^⑤,我请改卜。"令曰:"鲂也以其属死之,楚师继之,尚大克之^⑥!"吉。战于长岸。子鱼先死,楚师继之,大败吴师,获其乘舟馀皇^⑦。使随人与后至者守之^⑧,环而堑之,及泉^⑨,盈其隧炭,陈以待命^⑩。吴公子光请于其众^⑪,曰:"丧先王之乘舟,岂唯光之罪,众亦有焉。请藉取之以救死^⑫。"众许之。使长鬣者三人潜伏于舟侧^⑬,曰:"我呼馀皇,则对^⑭。"师夜从之,三呼,皆迭对^⑮。楚人从而杀之^⑯,楚师乱,吴人大败之,取馀皇以归。

【注释】

①阳匄（gài）：楚国令尹子瑕，楚穆王曾孙。

②司马子鱼：公子鲂。

③我得上流：楚国占据上游，顺江而下，易于取胜。

④故：传统。

⑤令龟：命龟，占卜前先告以所卜之事。

⑥"鲂也以其属死之"三句：这是子鱼命龟之辞。其属，指公子鲂的
    部属。尚，希望。

⑦馀皇：舟名。据后文，知为吴先王之乘舟。

⑧随人：当时随国是楚的盟国。

⑨环而堑之，及泉：楚军守着馀皇船，并环船挖深沟，直到见泉水。

⑩盈其隧炭，陈以待命：道上布满炭，并布好阵势，以防吴军劫船。

⑪吴公子光：吴王夷末儿子阖庐。

⑫藉取之：借众人之力夺回馀皇。救死：免除失去馀皇的死罪。

⑬长鬣（liè）者：强壮的人。

⑭我呼馀皇，则对：案此是公子光与潜伏在舟侧的长鬣者约定以暗
    号对答。

⑮迭对：交替回答。

⑯楚人从而杀之：楚军杀死潜伏的吴兵。

【译文】

    吴国攻打楚国。阳匄任令尹，为迎战而占卜，显示不吉利。司马子
鱼说："我们地处上游，为什么不吉利？况且按照楚国惯例，由司马祝告，
我请求重新占卜。"子鱼祝告说："我率领私卒死战，楚军跟上，希望大胜
敌军。"显示吉利。在长岸交战。子鱼先战死，楚军跟上，大败吴兵，缴
获吴军所乘坐的馀皇船。派随国人和后到的看守它，拖到岸上环绕船四

周挖了深沟,直到泉水涌出,在道上填满炭,排好阵势等待命令。吴国公子光与手下人商量,说:"丢失先王的乘船,岂止仅是我的罪过,大家也都难逃罪责。希望能依靠大家的力量夺回来,用以救赎死罪。"众人答应了。公子光派了三个强壮的人,潜伏在船旁,说:"我呼叫馀皇,你们就回应。"军队夜间迫近船边叫了三次,潜伏的人交替回应。楚军把三人杀了,结果楚军大乱,吴军大败楚军,夺取馀皇船回国而去。

【公羊传】诈战不言战①,此其言战何? 敌也②。

【注释】

①诈战不言战:案《春秋》之例,诈战则书"某败某师于某地",书"败"不书"战"。

②敌也:未分胜负,故不可书"败"字,只能书"战"。

【译文】

诈战不书"战"字,此处为何书"战"? 因为没有分出胜负。

【榖梁传】两夷狄曰败,中国与夷狄亦曰败。楚人及吴战于长岸,进楚子①,故曰战。

【注释】

①进:提升,提高。

【译文】

双方都是夷狄之国要说"败",中原国家与夷狄也说"败"。楚国人和吴国在长岸交战,为了提高楚国国君的地位,所以说"战"。

全本全注全译丛书

中华经典名著

郭丹　程小青　李彬源　黄铭　曾亦　徐正英　邹皓◎译注

春秋三传 五

中华书局

目录

第五册

十八年

*【左传】十八年春王二月乙卯①,周毛得杀毛伯过而代之②。苌弘曰:"毛得必亡,是昆吾稔之日也③,侈故之以④。而毛得以济侈于王都⑤,不亡,何待⑥!"

【注释】

①十八年:鲁昭公十八年当周景王二十一年,前524年。乙卯:十五日。

②毛得:毛伯过族人。毛伯过:周大夫。

③是昆吾稔(rěn)之日也:乙卯是昆吾恶贯满盈的日子。昆吾,人名,祝融之孙。初封于帝丘,后其国、国君亦称昆吾。稔,指恶贯满盈。

④侈故之以:即"以侈之故"。侈,骄横。

⑤以济侈:即"以侈济",以骄横成事。

⑥不亡,何待:案昭公二十六年,毛得逃往楚国,这里为之伏笔。

【译文】

鲁昭公十八年春周历二月十五日,周毛得杀毛伯过而取代他的职位。苌弘说:"毛得必定要逃亡,这天正好是昆吾恶贯满盈的日子,这是由于骄横的缘故。毛得在天子的都城以骄横成事,不逃亡又怎么可能!"

【经】十有八年春王三月,曹伯须卒①。

【注释】

①曹伯须卒:曹平公去世。曹伯须,曹平公,姓姬,名须,曹武公姬滕之子,谥平。在位仅三年。

【译文】

鲁昭公十八年春周历三月，曹平公须去世。

【左传】三月，曹平公卒。

【译文】

三月，曹平公去世。

【经】夏五月壬午①，宋、卫、陈、郑灾②。

【注释】

①壬午：十三日。

②宋、卫、陈、郑灾：这四国发生火灾。

【译文】

夏五月十三日，宋、卫、陈、郑四国发生火灾。

【左传】夏五月，火始昏见①。丙子②，风③。梓慎曰："是谓融风④，火之始也⑤。七日⑥，其火作乎！"戊寅⑦，风甚⑧。壬午⑨，大甚⑩。宋、卫、陈、郑皆火。梓慎登大庭氏之库以望之⑪，曰："宋、卫、陈、郑也。"数日，皆来告火。

【注释】

①火始昏见：大火星开始在黄昏出现。见，同"现"，出现。

②丙子：初七。

③风：刮风。

④融风：东北风。《淮南子·地形训》曰："东北曰炎风。"高诱曰："艮

气所生也,一曰融风。"张晏曰:"融风,立春木风也,火之母也,火
所始生也。"

⑤火之始也:火灾将开始。

⑥七日:七天以后。

⑦戊寅:初九。

⑧风甚:风很猛烈。

⑨壬午:十三日。

⑩大甚:风更猛。

⑪大庭氏:古国名,在鲁国都城内,其上有库房,地势较高。梓慎登
上以观天象。

【译文】

夏五月,大火星开始在黄昏时出现。初七,刮风。梓慎说:"这就是
所谓的融风,是火灾的开始。七天以后,火灾恐怕就要发作了吧!"初九,
风刮得很厉害。十三日,风更大了。宋、卫、陈、郑四国都发生火灾。梓
慎登上大庭氏的库房眺望,说:"是宋、卫、陈、郑四国起火。"几天以后都
来告知火灾。

裨灶曰:"不用吾言①,郑又将火。"郑人请用之,子产不
可。子大叔曰:"宝以保民也②,若有火,国几亡。可以救亡,
子何爱焉③?"子产曰:"天道远,人道迩,非所及也,何以知
之④?灶焉知天道?是亦多言矣⑤,岂不或信⑥?"遂不与,亦
不复火。

【注释】

①不用吾言:去年裨灶请求用玉器祭神禳除火灾,子产不同意。

②宝:即裨灶所请用的瓘斝、玉瓒。

③可以救亡,子何爱焉:子太叔以为子产是因为舍不得这些宝器而不同意裨灶的请求。

④"天道远"四句:天道幽远,人道切近,怎么能由天道而知人道?

⑤是:此人。指裨灶。

⑥岂不或信:意思是裨灶话说多了,只是偶尔说中罢了。

【译文】

裨灶说:"不听我的话,郑国将要再次发生火灾。"郑国人请求按裨灶的话去做,子产不同意。子太叔说:"宝物是用来保护人民的,如果再有火灾,国家差不多要灭亡。可以挽救危亡,您又何必吝惜呢?"子产说:"天道远,人道近,两者并不相关,怎么能由天道而知人道?裨灶怎能知晓天道?这人话说多了,难道就没有偶尔说中的?"于是不举行祭祀,也没再发生火灾。

郑之未灾也,里析告子产曰①:"将有大祥②,民震动,国几亡。吾身泯焉,弗良及也③。国迁,其可乎④?"子产曰:"虽可,吾不足以定迁矣⑤。"及火,里析死矣,未葬,子产使舆三十人迁其柩⑥。

【注释】

①里析:郑国大夫。

②祥:变异。

③吾身泯焉,弗良及也:我将死,来不及了。泯,灭,死。良,能。

④国迁,其可乎:里析建议迁都,或可免于火灾。

⑤虽可,吾不足以定迁矣:迁都乃大事,一个人不足以决定。案子产不信灾异,以此为托辞。

⑥子产使舆三十人迁其柩:因里析预见有火灾,建议迁都,所以死后迁走其灵柩。

【译文】

郑国还没发生火灾的时候,里析告诉子产说:"将要发生大的变异,百姓震动,国家几乎要灭亡。那时我已经死了,看不到了。把国都迁到别的地方去,可以吗?"子产说:"虽然可以,但我一个人无法决定迁都的事。"到火灾发生时,里析已经死了,还没下葬,子产派了三十个役夫把他的灵柩迁走。

火作,子产辞晋公子、公孙于东门①。使司寇出新客②,禁旧客勿出于宫③。使子宽、子上巡群屏摄,至于大宫④。使公孙登徙大龟⑤。使祝史徙主祏于周庙,告于先君⑥。使府人、库人各儆其事⑦。商成公儆司宫⑧,出旧宫人⑨,置诸火所不及。司马、司寇列居火道,行火所焮⑩。城下之人伍列登城⑪。明日,使野司寇各保其征⑫,郊人助祝史⑬,除于国北⑭,禳火于玄冥、回禄,祈于四鄘⑮。书焚室而宽其征,与之材⑯。三日哭,国不市⑰。使行人告于诸侯⑱。宋、卫皆如是。陈不救火,许不吊灾,君子是以知陈、许之先亡也⑲。

【注释】

①子产辞晋公子、公孙于东门:晋人刚来,子产派人辞谢,不让他们入城。杨伯峻指出,晋国在郑国西边,这里却是"辞晋公子、公孙于东门",是因为东门是郑国的繁华市区。

②出新客:把新来的晋人送出去。

③禁旧客勿出于宫:防止火灾混乱,旧客不得离开客馆。旧客,已来的诸侯大夫。

④使子宽、子上巡群屏摄,至于大宫:巡行宗庙,不让火烧近。子宽、子上,都是郑国大夫。子宽是游吉之子游速。屏摄,诸庙牌位。

大宫,郑国祖庙。

⑤使公孙登徙大龟:案用以占卜的大龟,古人视为国宝,所以搬走不让烧着。

⑥使祝史徙主祏(shí)于周庙,告于先君:将主祏搬走并集中于周厉王庙,以便抢救,并将此事祭告祖先。主祏,神主石函。

⑦使府人、库人各儆其事:让各府、库管理人员警惕,随时准备救火。儆,戒备。

⑧商成公:郑国大夫。司宫:管理宫殿之官。

⑨旧宫人:先公的宫女。

⑩司马、司寇列居火道,行火所焮(xìn):司马、司寇巡行于火道,一边救火,一边防盗贼趁火打劫。行,巡视。火所焮,火所烧着之处。

⑪伍列登城:列队登城,以防奸人作乱。

⑫野司寇:掌管乡邑刑狱之官。保其征:管好所征发服役的人。

⑬郊人:乡人。

⑭除于国北:在都城北面整地筑祭坛。

⑮禳(ráng)火于玄冥、回禄,祈于四鄘(yōng):向火神、水神祈祷消除火灾,又在四城祈祷,以求消灭余火。玄冥,水神。回禄,火神。鄘,城。

⑯书焚室而宽其征,与之材:登记被烧的房舍,减免其赋税,发给建筑材料。

⑰国不市:市场停止交易,以示悲戚。

⑱使行人告于诸侯:派使者向诸侯各国报告。行人,使者。案以上是记叙子产救火及灾后优抚工作井井有条。

⑲“陈不救火”三句:意思是陈、许二国不行义,不抚民,所以先亡。案哀公十年,楚灭陈;定公六年,郑灭许。

【译文】

火灾发生后,子产在东门送走了晋国的公子、公孙。又派司寇把新来的宾客送走,阻止在郑国的旧客不要离开宾馆。派子宽、子上巡视所有祭祀的宗庙,直到祖庙。派公孙登搬走大龟。派祝史把宗庙中的神主石函迁入周庙,并向先君报告。令府人、库人各自戒备自己的管辖区域。商成公督促司宫戒备,转移先公的宫女,安顿到火烧不到的地方。司马、司寇都到火道上,一边救火,一边防盗贼趁火打劫。城下的人排列队伍登城。第二天,命令野司寇各自管好自己所征发的役夫,郊人帮助祝史在都城北面清理地面建祭坛,向玄冥、回禄祭祷请求灭火,又在四城祈祷。登记被烧毁的人家,宽免其赋税,发给建筑材料。号哭三日,国内市场停业不开。派行人向诸侯通报。宋国、卫国也都是这样做。陈国不救火,许国不慰问灾情,君子由此知道陈、许二国将先灭亡。

【公羊传】何以书?记异也。何异尔?异其同日而俱灾也。外异不书,此何以书?为天下记异也。

【译文】

为何记录此事?是记录异象。有何怪异之处?怪其同一天一起发生灾害。鲁国之外的灾害,例所不书,此处为何记录?是为天下记录异象。

【穀梁传】其志,以同日也。其日,亦以同日也。或曰,人有谓郑子产曰:"某日有灾。"子产曰:"天者神,子恶知之?"是人也,同日为四国灾也。

【译文】

经文记载这件事,因为是同一天发生的。经文记载日期,也因为是同一天发生的。有种说法,有人对郑国的子产说:"某一天会有火灾。"子产说:"上天是神秘莫测的,你怎么会知道?"这是人为的,同一天在四个国家的国都纵火。

【经】六月,邾人入鄅①。

【注释】

①邾人:《公羊传》作"邾娄人"。鄅(yǔ):妘(yún)姓国,在今山东临沂北。

【译文】

六月,邾国人进入鄅国。

【左传】六月,鄅人藉稻①。邾人袭鄅,鄅人将闭门,邾人羊罗摄其首焉②,遂入之,尽俘以归③。鄅子曰:"余无归矣。"从帑于邾④。邾庄公反鄅夫人⑤,而舍其女⑥。

【注释】

①鄅人:这里指鄅国国君。藉稻:巡行踏勘农田。

②邾人羊罗摄其首焉:羊罗砍下鄅守门者脑袋,手持其头冲入。摄,持。

③尽俘以归:把鄅人全部抓走。鄅国小、人少,故能尽俘。

④从帑(nú)于邾:鄅国国君虽没被抓,但百姓与其妻室已全部被抓,无家国可归,便也到邾国去。

⑤鄅夫人:据明年传文,鄅夫人是宋国向戌的女儿。

⑥舍其女:留下鄅国国君的女儿。

【译文】

六月,鄅国国君出城巡察踏勘农田。邾国偷袭鄅国,鄅国人将要关闭城门,邾国人羊罗砍下看门人的脑袋,于是进城,把鄅国人全部俘获回去。鄅国国君说:"我已无处可去了。"就随同妻小到邾国。邾庄公遣返鄅夫人,而留下他的女儿。

【经】秋,葬曹平公。

【译文】

秋,安葬曹平公。

【左传】秋,葬曹平公。往者见周原伯鲁焉①,与之语,不说学②。归以语闵子马。闵子马曰:"周其乱乎?夫必多有是说,而后及其大人③。大人患失而惑④。又曰:'可以无学,无学不害。'不害而不学,则苟而可⑤。于是乎下陵上替⑥,能无乱乎?夫学,殖也⑦。不学将落⑧,原氏其亡乎⑨!"

【注释】

①往者:鲁国前往参加曹平公葬礼的人。原伯鲁:周大夫。

②不说学:不爱学习。这里指学礼。说,同"悦"。

③夫必多有是说,而后及其大人:不好学之说多了,必影响其执政者。是说,不好学之说。大人,执政者。

④大人患失而惑:执政者患失其位,不好学,则不明事理。

⑤不害而不学,则苟而可:不学将无知,又认为无害,于是得过且过,苟且因循,不求真理。

⑥于是乎下陵上替:在下者凌驾于上,在上者政务废弛。陵,凌驾。替,废,弛。

⑦夫学,殖也:学习如同种植。殖,种植。

⑧不学将落:不学则才智日退,如同草木衰落。

⑨原氏其亡乎:原伯鲁不好学,必因此而亡。

【译文】

秋,安葬曹平公。去参加葬礼的鲁国使者见到周原伯鲁,和他交谈,发现他不爱学习。回国后告诉了闵子马。闵子马说:"周朝恐怕要发生动乱吧?一定是先流行了这种观念,然后影响到在位的大夫们。大夫们害怕丢失官位而不明事理。又说:'可以不用学习,不学习没有坏处。'

认为没坏处而不学习,就会得过且过。因此在下者欺凌在上者,在上的政务废弛,能不发生动乱吗? 学习就如同种植。不学习就要堕落,原氏恐怕要被灭亡了吧!"

*【左传】七月,郑子产为火故,大为社①,被禳于四方②,振除火灾③,礼也。乃简兵大蒐④,将为蒐除⑤。子大叔之庙在道南,其寝在道北⑥,其庭小,过期三日⑦,使除徒陈于道南庙北⑧,曰:"子产过女,而命速除,乃毁于而乡⑨。"子产朝,过而怒之⑩。除者南毁⑪。子产及冲⑫,使从者止之,曰:"毁于北方⑬。"

【注释】

①大为社:大筑社庙。

②被禳(fú ráng)于四方:祭四方之神以解除灾患。

③振除:救治。

④简兵大蒐:精选兵卒,准备大阅兵。

⑤将为蒐除:为阅兵清理场地。

⑥寝:指子太叔的住家。

⑦其庭小,过期三日:子太叔庙、寝之庭小,必须拆除庙或寝,三日期限已过,还没拆除。

⑧除徒:子太叔所派清理场地的士卒。

⑨乃毁于而乡:指拆毁子太叔之庙。乡,通"向"。

⑩过而怒之:怒其不清理场地。

⑪除者南毁:拆庙。

⑫冲:交叉路口。

⑬毁于北方:不让其毁庙而拆其寝室。

【译文】

七月，郑国子产因为火灾的缘故，大规模建造社庙，祭祀祈祷四方神灵，救治火灾，这是合于礼的。于是精选兵卒准备大检阅，将要为此而清理场地。子太叔的家庙在道南，他的家在道北，那儿庭院狭小。清理场地的限期已经超过三天，子太叔让他手下清除场地的徒卒排列在路南庙北，说：“子产经过要是命令你们快些清理，你们就朝对面的方向动手。”子产上朝经过这里，发现没清场而发怒，役卒就往南边拆除。子产走到路口，派随从去制止他们，说：“拆毁北边的。”

火之作也，子产授兵登陴①。子大叔曰：“晋无乃讨乎②？”子产曰：“吾闻之，小国忘守则危，况有灾乎③？国之不可小④，有备故也。”既⑤，晋之边吏让郑，曰：“郑国有灾，晋君、大夫不敢宁居，卜筮走望⑥，不爱牲玉⑦。郑之有灾，寡君之忧也。今执事捴然授兵登陴⑧，将以谁罪？边人恐惧，不敢不告。”子产对曰：“若吾子之言，敝邑之灾，君之忧也。敝邑失政，天降之灾，又惧谗慝之间谋之⑨，以启贪人，荐为敝邑不利⑩，以重君之忧。幸而不亡，犹可说也⑪；不幸而亡，君虽忧之，亦无及也。郑有他竟，望走在晋⑫。既事晋矣，其敢有二心？”

【注释】

①子产授兵登陴（pí）：分发武器，派人登上城墙，加强警戒。陴，城上矮墙。

②晋无乃讨乎：先前辞晋公子、公孙，现在又授兵，怕晋国误会为叛晋，会前来责问。

③小国忘守则危，况有灾乎：小国忘记防备就有危险，要是有灾患，

更容易受到大国的入侵。

④国之不可小：国家不可被人轻视。

⑤既：事后。

⑥卜筮走望：占卜占筮，四处祭祀名山大川，为郑国祈求消灾。

⑦不爱牲玉：晋国并不吝惜祭品。牲玉，祭祀所用祭品。

⑧捆（jiǎn）然：忿忿然。

⑨间谋：指谗奸者趁机进行阴谋活动，打郑国的主意。

⑩荐：再次。

⑪幸而不亡，犹可说也：郑国不被灭亡，还可将事情解释清楚。说，解释。

⑫郑有他竟，望走在晋：郑国虽然和其他国家接壤为邻，但所指望奔走的仍然是晋国。

【译文】

火灾发生的时候，子产给兵卒发武器让他们登上城墙守卫。子太叔说："晋国怕要来讨伐吧？"子产说："我听说，小国忘了守备就很危险，何况有火灾呢？国家不被轻视，就是因为有防备的缘故。"事后，晋国边境官员责备郑国说："郑国发生火灾，晋国国君、大夫都不敢安居，占卜占筮，四处祭祀名山大川，不吝惜牺牲玉帛。郑国有灾难，也是我们国君所忧虑的。现在你们忿忿然分发兵器登上城墙，是要向谁问罪？边境的人心存恐惧，不敢不报告。"子产回答说："正如您所说，敝国的灾难，就是贵国国君的忧患。敝国政事失修，上天降下灾难，又怕奸邪小人趁机算计我们，并引诱贪婪恶人，再次对敝国不利，加重国君的忧虑。有幸而不灭亡，还可以解释清楚；不幸而被灭亡了，国君即便担忧，也来不及了。郑国虽然有其他接壤的邻国，但有难时只希望投奔晋国。已经奉事晋国了，岂敢有二心？"

【经】冬，许迁于白羽①。

【注释】

①许迁于白羽：成公十五年，许迁于叶，此后便以叶为都。昭公九
　年，自叶迁于夷，十一年迁于楚国境内，十三年楚平王复许，仍都
　于叶，到这时又由叶迁于白羽。据《左传》，楚国迁许是为了自身
　的战略安全，将许迁到白羽后把白羽更名为析。白羽，古地名，在
　今河南西峡。

【译文】

冬，许国迁移到白羽。

　　【左传】 楚左尹王子胜言于楚子曰："许于郑，仇敌也，
而居楚地，以不礼于郑①。晋、郑方睦，郑若伐许，而晋助之，
楚丧地矣②。君盍迁许？许不专于楚③，郑方有令政④，许曰：
'余旧国也⑤。'郑曰：'余俘邑也⑥。'叶在楚国，方城外之蔽
也⑦。土不可易，国不可小⑧，许不可俘，仇不可启，君其图
之⑨！"楚子说。冬，楚子使王子胜迁许于析，实白羽⑩。

【注释】

①"许于郑"四句：楚平王复许，许国居于叶地。许国与郑国本有宿
　怨，现在更因恃楚而不事郑国。

②楚丧地矣：叶本为楚地。

③许不专于楚：许国如果迁出楚境，则不为楚国所专有。

④令政：善政。

⑤旧国：许国旧都许昌，后来被郑国占有。

⑥余俘邑也：隐公十一年郑庄公灭许而复存之，许迁之后，仍占有其
　地。俘邑，战胜而得的城邑。

⑦叶在楚国，方城外之蔽也：对楚国来说，叶是方城外的屏障。蔽，

屏障。

⑧国不可小：意谓郑国不可轻视。

⑨君其图之：案叶是方城外的屏障，许、郑有怨，此时郑、晋结好，如果郑、晋伐许，将会引起楚国的战祸，所以王子胜建议将许迁离叶地。

⑩实白羽：析即白羽。

【译文】

楚左尹王子胜对楚平王说："许国对于郑国而言，是仇敌，却居住在楚国境内，并恃楚而对郑国无礼。晋、郑二国关系正当和睦之际，郑国要是攻打许国，而晋国帮助郑国，楚国就要丢失国土了。君王何不把许国迁走？许国不为楚国专有，郑国正行善政，许国说：'那儿是我们的旧国都。'郑国说：'那是我国攻下的城邑。'叶对于楚国是方城外的屏障。土地不能轻易给人，国家不能小觑，许国不能作为俘虏，仇隙不能重新挑起，君王还是考虑一下吧！"楚平王很高兴。冬，楚平王派王子胜把许迁到析，就是白羽。

十九年

*　**【左传】**十九年春①，楚工尹赤迁阴于下阴②，令尹子瑕城郏③。叔孙昭子曰："楚不在诸侯矣，其仅自完也，以持其世而已④。"

【注释】

①十九年：鲁昭公十九年当周景王二十二年，前523年。

②阴：这里指阴地的戎人。下阴：古地名，在今湖北光化西，汉水北岸。

③郏：古地名，在今河南三门峡。本是郑国之地，后来属楚国。

④"楚不在诸侯矣"三句：楚国虽迁阴城郏，其意不在欺凌诸侯，仅是防御性地保护自己。言外之意是楚平王之政已衰。自完，保护

自己。持,维持。

【译文】

鲁昭公十九年春,楚国工尹赤把阴地的戎人迁移到下阴,令尹子瑕在郏地筑城。叔孙昭子说:"楚国的意图不在于诸侯了,它仅仅是求自保,以维持它的世代传承罢了。"

*【左传】楚子之在蔡也①,郧阳封人之女奔之②,生大子建。及即位,使伍奢为之师③,费无极为少师④,无宠焉⑤,欲谮诸王⑥,曰:"建可室矣⑦。"王为之聘于秦,无极与逆⑧,劝王取之⑨。正月,楚夫人嬴氏至自秦⑩。

【注释】

①楚子之在蔡也:指楚平王任大夫时曾往蔡聘问。

②郧(jú)阳:蔡国邑名,在今河南新蔡。封人:管理土地边界之官。

　　奔之:与之姘居。

③伍奢:伍举之子,伍员之父。

④少师:也是太子的师傅,位次于太师。

⑤无宠焉:太子建不喜欢费无极。

⑥欲谮诸王:费无极准备陷害太子建。

⑦可室:可以娶妻。

⑧无极与逆:费无极同往迎亲。

⑨劝王取之:本为太子建娶妻,费无极却劝楚平王自己娶此女。案这是费无极陷害太子建所设的圈套之一。

⑩楚夫人嬴氏至自秦:即本为太子建所娶的秦女,成了楚平王的夫人。

【译文】

楚平王在蔡国时,郧阳封人的女儿私奔到他那里,生下太子建。到楚平王即位,派伍奢担任太子建的师傅,费无极任少师,但不得太子建的宠信,费无极想要在楚平王面前陷害他,说:"太子建应该娶妻了。"楚平王为他聘秦国女,派费无极同往迎亲,费无极劝楚平王自己娶秦女。正月,楚平王夫人嬴氏从秦国来到楚国。

【经】十有九年春,宋公伐邾[①]**。**

【注释】

①宋公伐邾:由于邾国侵入鄅国,因此伐邾。据《左传》,鄅国夫人是宋国向戌之女,邾伐鄅之后向宁(向戌之子)请求宋君发兵,于是"宋公伐邾,围虫。三月,取之。乃尽归鄅俘"。宋公,宋元公子佐。

【译文】

鲁昭公十九年春,宋元公攻打邾国。

【左传】鄅夫人,宋向戌之女也,故向宁请师[①]**。二月,宋公伐邾,围虫**[②]**。三月,取之,乃尽归鄅俘**[③]**。**

【注释】

①故向宁请师:向宁请宋元公出兵伐邾,为鄅国报仇。向宁,向戌之子。
②虫:邾国邑名,在今山东济宁。
③乃尽归鄅俘:被邾国所俘虏的鄅人全部放回。

【译文】

鄅夫人是宋国向戌的女儿,所以向宁请求出兵攻打邾国。二月,宋元公讨伐邾国,包围了虫邑。三月,占领虫邑,于是全部遣返鄅国被俘者。

【经】夏五月戊辰[①]**,许世子止弑其君买**[②]**。**

【注释】

①戊辰:初五。案《春秋》之例,弑君例日,若诸夏之国有世子弑君
之事,则不忍书日。此处许世子并非真的弑君,"弑"文是《春秋》
所加(详见下文),故书日。

②许世子止弑其君买:许悼公生病,世子止送去药,许悼公喝了之
后死亡,止出逃于晋。世子止,许国世子,姓姜,名止。买,许悼
公名。

【译文】

夏五月初五,许国太子止杀死许悼公买。

【左传】夏,许悼公疟①。五月戊辰,饮大子止之药卒。
大子奔晋。书曰:"弑其君。"君子曰:"尽心力以事君,舍药
物可也②。"

【注释】

①疟:患疟疾。

②尽心力以事君,舍药物可也:这是解释经文的意思。太子止虽然
不是有意毒杀许悼公,但私自进药,同样是未尽心尽力事君,所以
仍然说他"弑其君"。

【译文】

夏,许悼公患疟疾。五月初五,喝下太子止的药而去世。太子止逃
往晋国。《春秋》记载说:"止杀死他的国君。"君子说:"尽心尽力地事奉
国君,不必进药物也是可以的。"

【穀梁传】日弑,正卒也①。正卒,则止不弑也。不弑而
曰弑,责止也。止曰:"我与夫弑者,不立乎其位。"以与其

弟傀②。哭泣③，歠饘粥④，嗌不容粒⑤，未逾年而死，故君子即止自责而责之也。

【注释】

①正卒：正常死亡。

②傀（huǐ）：姜止之弟。

③哭泣：有声曰"哭"，无声曰"泣"。

④歠（chuò）：饮，喝。饘（zhān）：稠粥。饘，同"馆"。粥：稀饭。

⑤嗌（yì）不容粒：这里是指哭泣过度而致咽喉伤痛，不能咽米。嗌，咽喉。粒，米粒，谷粒。

【译文】

记载被杀害的日期，表明是正常死亡的。正常死亡的，那么世子止没有弑君。没有弑君而说弑君，是责备世子止。世子止说："我和那杀害国君的人一样，不能继承君位。"把君位让给了他的弟弟傀。终日哭泣，只喝粥，咽喉里却容不下一粒米，不到一年就去世了，所以君子根据世子止的自责而责备他。

　　*【左传】邾人、郳人、徐人会宋公。乙亥①，同盟于虫②。

【注释】

①乙亥：十二日。

②同盟于虫：邾国被伐之后，四国结盟。

【译文】

邾国人、郳国人、徐国人和宋元公见面。五月十二日，在虫邑结成同盟。

　　△【经】己卯①，地震。

【注释】

①己卯：十六日。

【译文】

十六日，发生地震。

*　**【左传】**楚子为舟师以伐濮①。费无极言于楚子曰："晋之伯也②，迩于诸夏③，而楚辟陋，故弗能与争。若大城城父，而置大子焉，以通北方，王收南方，是得天下也④。"王说，从之。故大子建居于城父。

【注释】

①舟师：水师。濮：即南夷。

②伯：通"霸"。

③诸夏：指中原地区诸国。

④"若大城城父"五句：案费无极其意在将太子建调离楚都。城父，有两处，这里指楚国城邑，在今河南宝丰东。

【译文】

楚平王用水军攻打濮。费无极对楚平王说："晋国之称霸诸侯，是由于与中原诸国接近，而楚国处在偏僻之地，所以不能和它相争。要是大规模修筑城父城墙，派太子驻守那里，用来和北方通好，君王收服南方，就可以获得天下。"楚平王认为他说得对，就听从了。所以太子建就住到城父。

令尹子瑕聘于秦，拜夫人也。

【译文】

令尹子瑕到秦国聘问，是为了拜谢秦夫人嫁到楚国。

【经】秋,齐高发帅师伐莒^①。

【注释】

①高发:齐国大夫。

【译文】

秋,齐国高发带兵攻打莒国。

【左传】秋,齐高发帅师伐莒^①,莒子奔纪鄣^②。使孙书伐之^③。初,莒有妇人,莒子杀其夫,已为嫠妇^④。及老,托于纪鄣^⑤,纺焉以度而去之^⑥。及师至,则投诸外。或献诸子占,子占使师夜缒而登。登者六十人,缒绝^⑦。师鼓噪^⑧,城上之人亦噪。莒共公惧,启西门而出。七月丙子^⑨,齐师入纪^⑩。

【注释】

①齐高发帅师伐莒:莒国不事奉齐国,所以讨伐。

②纪鄣:在今江苏赣榆北,或在今柘汪与海头之间。

③使孙书伐之:孙书再伐纪鄣。孙书,陈无宇之子,即下文的子占。

④嫠(lí)妇:寡妇。

⑤托:寄居。

⑥纺焉以度而去之:老妇纺线搓绳子,绳子之长足与城墙比高,然后藏起来,以待有人外攻时用,为自己报仇。去,藏。

⑦缒(zhuì):指所垂之绳。

⑧噪:呐喊。

⑨丙子:十四日。

⑩纪:即纪鄣。

【译文】

秋,齐国高发带兵攻打莒国,莒国国君逃往纪鄣。再派孙书攻纪鄣。起初,莒国有个妇女,国君杀了她的丈夫而守寡。到年老后,寄居在纪鄣,纺线编绳达到城墙的高度后收藏起来。待齐国兵到,便把它垂到城外。有人把绳子献给孙书,孙书就派兵在夜里攀绳登城。六十人登城后,绳子便断了。齐军击鼓呐喊,城上齐兵也大喊。莒子庚舆害怕了,打开西门出逃。七月十四日,齐军进入纪鄣。

【经】冬,葬许悼公。

【译文】

冬,安葬许悼公。

【公羊传】贼未讨,何以书葬?不成于弑也。曷为不成于弑?止进药而药杀也。止进药而药杀,则曷为加弑焉尔①?讥子道之不尽也。其讥子道之不尽奈何?曰:乐正子春之视疾也②,复加一饭则脱然愈③,复损一饭则脱然愈,复加一衣则脱然愈,复损一衣则脱然愈。止进药而药杀,是以君子加弑焉尔。曰"许世子止弑其君买",是君子之听止也④;"葬许悼公",是君子之赦止也⑤。赦止者,免止之罪辞也⑥。

【注释】

①加弑:许世子实未弑君,故上文书"许世子止弑其君买",是《春秋》所加。

②乐正子春:曾子弟子,以孝闻。

③脱然:何休云:"疾除貌也。言消息得其节。"

④听止：治止之罪。

⑤赦止：宽恕止。案《春秋》之例，君弑贼不讨不书葬，此处书许悼
公之葬，则表明许世子止并非真的弑君，而被《春秋》宽恕。

⑥免止之罪辞也：宽恕许世子止，仅是免除了他的弑君之罪，止不能
再继承君位。按照《穀梁传》的记载，许世子止非但没有继位，而
且伤痛自责而死。反过来说，许世子止不继承君位，才能证实他
无弑君之心。

【译文】

弑君贼未被诛讨，为何书葬？因为许世子止不是真的弑君。为何不
是真的弑君？世子止进奉药，而药杀了许悼公。世子止进奉药，药杀了
许悼公，那么为何《春秋》将弑君之文加到世子止身上？是讥刺世子止
没有尽到人子之道。讥刺没有尽到人子之道是怎么回事？说：乐正子春
探视父母的疾病，再加一些饭就马上痊愈，再减少一些饭就马上痊愈，再
添些衣服就马上痊愈，再减少些衣服就马上痊愈。世子止进奉药，而药
杀了许悼公，所以君子将弑君之文加到了他身上。经文说"许世子止弑
其君买"，是君子治他的罪；经文书"葬许悼公"，是君子赦免了世子止。
赦免世子止，是免去他弑君之罪的文辞。

【穀梁传】曰卒时葬，不使止为弑父也。曰，子既生，不
免乎水火①，母之罪也。羁贯成童②，不就师傅③，父之罪也。
就师学问无方，心志不通，身之罪也。心志既通，而名誉不
闻，友之罪也。名誉既闻，有司不举，有司之罪也。有司举
之，王者不用，王者之过也。许世子不知尝药，累及许君也。

【注释】

①水火：泛指各种意外伤害。

②羁贯：儿童的发髻。

③就：依从，拜。

【译文】

记载许悼公去世的日期和安葬的季节，是不让世子姜止成为杀害父亲的人。说，儿子已经出生，没有避免各种意外伤害，是母亲的罪过。留有发髻的儿童，不拜老师受教育，那是父亲的过错。从师学习求教不得方法要领，心意闭塞不通，那是自身的罪过。志向已能贯通大道，但名声却不显扬于世，这是朋友的罪过。好名声已经传扬出去，官吏不给举荐，是官吏的罪过。官吏举荐了，国君却不任用他，是国君的过错。许世子不知道事先要为国君尝药，连累到了许国国君。

*【左传】是岁也，郑驷偃卒①。子游娶于晋大夫，生丝，弱②，其父兄立子瑕③。子产憎其为人也，且以为不顺④，弗许，亦弗止⑤。驷氏耸⑥。他日，丝以告其舅⑦。冬，晋人使以币如郑，问驷乞之立故。驷氏惧，驷乞欲逃，子产弗遣⑧。请龟以卜，亦弗予⑨。大夫谋对⑩，子产不待而对客曰⑪："郑国不天⑫，寡君之二三臣札瘥夭昏⑬，今又丧我先大夫偃。其子幼弱，其一二父兄惧队宗主⑭，私族于谋，而立长亲⑮。寡君与其二三老曰⑯：'抑天实剥乱是，吾何知焉⑰？'谚曰：'无过乱门⑱。'民有乱兵，犹惮过之，而况敢知天之所乱？今大夫将问其故，抑寡君实不敢知，其谁实知之⑲？平丘之会⑳，君寻旧盟曰㉑：'无或失职。'若寡君之二三臣，其即世者，晋大夫而专制其位，是晋之县鄙也，何国之为㉒？"辞客币而报其使㉓，晋人舍之㉔。

【注释】

① 驷偃：子游。

② 弱：年幼。

③ 其父兄立子瑕：众人立子瑕为驷氏继承人。子瑕，驷乞。案子游、
    子瑕是兄弟，子瑕是丝的叔叔。

④ 子产憎其为人也，且以为不顺：子产厌恶子瑕的为人，并且认为不
    立子而立弟，不合常理。

⑤ 弗许，亦弗止：子产不表态，保持中立。表示不干预大夫家政。

⑥ 耸：恐惧。

⑦ 其舅：即晋国大夫。

⑧ 弗遣：不让驷乞走。

⑨ 请龟以卜，亦弗予：驷氏请求以龟甲占卜，子产也不给。

⑩ 大夫谋对：商量如何答复晋人。

⑪ 子产不待而对客：不等大夫商量好就回答晋使。

⑫ 不天：不被天所保佑。

⑬ 札：得瘟疫而死。瘥（cuó）：病死。夭：短命而死。昏：通"泯"，泯没。

⑭ 队：同"坠"。宗主：大夫继承者，为一宗之主。

⑮ 私族于谋，而立长亲：指立驷乞是族人私自商议，立成年亲属。

⑯ 二三老：诸位大夫。老，卿大夫。

⑰ 抑天实剥乱是，吾何知焉：意思是天要搅乱此继承法，立驷乞，我
    也无可奈何。抑，转折连词，而。剥，乱。

⑱ 无过乱门：不经过动乱人家的门口，意思是不参与其乱。

⑲ "今大夫将问其故"三句：郑君不敢与知，他人更不敢过问。意即
    晋人不应过问。抑，转折词，而。

⑳ 平丘之会：事在昭公十三年。

㉑ 寻：重申。

㉒ "若寡君之二三臣"五句：如果郑国大臣去世，其继承人还要晋国

来干涉,那么郑国还算什么国家? 这样郑国就只是晋国的边境城邑。案子产虽然厌恶驷乞,但坚决反对晋国干涉内政。即世,去世。专制,专断。其位,指继承人。

㉓辞客币:退回礼物,以示拒绝晋人的责问。报其使:回报使者,以示不失礼。

㉔晋人舍之:不敢再追究此事。

【译文】

这一年,郑国驷偃去世。他娶晋国大夫女儿为妻,生下儿子丝,丝还年幼,族人便立了子瑕为继承人。子产憎恶子瑕的为人,并且认为这样做不符合继承顺序,不表态,也不制止。驷氏感到害怕。过了些日子,丝把情况告知他的舅舅。冬,晋国派人带着礼物来郑国,责问立驷乞的理由。驷氏害怕了,驷乞想出逃,子产不让走。请求用龟占卜,也不给。大夫们商量对策,子产不等商量结果就答复来人说:“郑国不得上天保佑,我们国君的几个臣子不幸患病早死,现在又失去我国先大夫驷偃。他的儿子还年幼,家族中有父兄辈担心断绝宗主,便私下和族人商议,立了嫡系中年长的人。我们国君和几位卿大夫说:‘或者是上天有意搅乱继承顺序,我能过问什么?’谚语说:‘不经过动乱者的家门。’百姓动武作乱,人们还害怕经过那里,何况敢过问上天所降的动乱? 如今大夫要问它的缘故,连我们国君也确实不敢过问,还会有谁过问? 平丘盟会时,国君重温过去的盟约说:‘不要有人失职。’如果我们国君的臣下中有人去世,晋国大夫要专权擅定他们的继承人,就是把郑国视为晋国的边境城邑了,那还成什么国家?”辞退了带来的礼物而回报他的使者,晋国人也没敢再过问。

＊【左传】楚人城州来。沈尹戌曰①:“楚人必败。昔吴灭州来②,子旗请伐之。王曰:‘吾未抚吾民。’今亦如之③,而城州来以挑吴,能无败乎?”侍者曰:“王施舍不倦,息民

五年,可谓抚之矣。"戌曰:"吾闻抚民者,节用于内,而树德于外,民乐其性,而无寇仇④。今宫室无量,民人日骇,劳罢死转,忘寝与食,非抚之也⑤。"

【注释】

①沈尹戌:楚庄王曾孙,叶公诸梁之父。

②昔吴灭州来:事在昭公十三年。

③今亦如之:指如今仍未抚民。

④民乐其性,而无寇仇:百姓安居乐业,没有战争,没有外来干涉侵略。性,生命。

⑤"今宫室无量"五句:沈尹戌认为,楚平王之政衰败,王室奢侈无度,百姓疲劳转死,寝食不安,而向吴国挑衅,必然失败。日骇,每天惊惧不安。罢,疲惫。转,死后尸体被抛弃。

【译文】

　　楚国在州来筑城。沈尹戌说:"楚国必败。往昔吴国灭亡州来,子旗请求攻打吴国。楚王说:'我还没有安抚我的人民。'现在仍然如此,却在州来筑城来挑动吴国,能不失败吗?"侍者说:"君王施舍不知疲倦,让百姓休养生息五年,可以说是安抚他们了。"沈尹戌说:"我听说安抚人民的人,在国内节约开支费用,在国外树立德行,人民对生活感到安乐,而没有仇敌。现今宫室的规模无限量增加,人民整天担惊受怕,劳苦疲倦到死还没人收葬,愁苦得连睡觉、饮食都忘记了,这不是安抚他们。"

　　*【左传】郑大水,龙斗于时门之外洧渊①,国人请为禜焉②,子产弗许,曰:"我斗,龙不我觌也③;龙斗,我独何觌焉?禳之,则彼其室也④。吾无求于龙,龙亦无求于我。"乃止也。

【注释】

①时门：郑城南门。洧渊：洧水发源于今河南登封，经过新郑，有潭，就是洧渊。

②禜（yǒng）：禳灾之祭。

③觌（dí）：看，见。

④禳之，则彼其室也：洧渊本是龙所居之室，即使设祭请它离开，也不可能。

【译文】

郑国发生大水灾，龙在时门外的洧渊争斗，国人请求举行禜祭，子产不同意，说："我们人争斗，龙不看我们；龙争斗，我们为何要去管它们？祭祷祓除它们，可那里本来就是龙的住所啊。我们无求于龙，龙也无求于我们。"于是没有祭祀。

***【左传】**令尹子瑕言蹶由于楚子①，曰："彼何罪？谚所谓'室于怒市于色'者，楚之谓矣②。舍前之忿可也③。"乃归蹶由。

【注释】

①令尹子瑕言蹶由于楚子：为蹶由向楚平王进言。蹶由，吴王弟弟，昭公五年楚伐吴，蹶由犒师，被楚灵王扣留。

②谚所谓"室于怒市于色"者，楚之谓矣：这就是所谓"生家里人的气却到街上给别人脸色看"。指楚灵王生吴王的气，却迁怒于其弟。

③前之忿：过去楚灵王对吴的忿恨。

【译文】

令尹子瑕为蹶由向楚平王进言，说："他有什么罪？谚语所谓的'在家发怒却到街上给人脸色'，说的就是楚国了。该抛弃前嫌了。"楚国于是放蹶由回国。

二十年

△【经】二十年春王正月①。

【注释】

①二十年：鲁昭公二十年当周景王二十三年，前522年。

【译文】

鲁昭公二十年春周历正月。

*【左传】二十年春王二月己丑①，日南至②。梓慎望氛③，曰："今兹宋有乱，国几亡，三年而后弭④。蔡有大丧⑤。"叔孙昭子曰："然则戴、桓也⑥。汏侈，无礼已甚，乱所在也⑦。"

【注释】

①己丑：初一。

②日南至：即冬至。案本应记为周历正月己丑朔日冬至，因为去年十二月后应置闰，史官失记，所以变为周历二月初一冬至。

③梓慎：鲁国日官。望氛：望气以觇吉凶。

④弭：平定。

⑤蔡有大丧：预言蔡平侯死。

⑥然则戴、桓也：预言华、向二氏将为乱。戴，戴族，宋戴公后裔，华氏。桓，桓族，宋桓公后裔，向氏。

⑦"汏侈"三句：二氏骄纵奢侈，无礼至极，必为乱。

【译文】

鲁昭公二十年春周历二月初一，冬至。梓慎望气后说："今年宋国将有动乱，国家几乎灭亡，三年后才会安定。蔡国有大丧事。"叔孙昭子说：

“那么就会落到戴、桓两族头上了。他们骄纵奢侈，无礼到极点，动乱就发生在他们那儿。”

*【左传】费无极言于楚子曰：“建与伍奢将以方城之外叛①，自以为犹宋、郑也②，齐、晋又交辅之③，将以害楚，其事集矣④。”王信之，问伍奢。伍奢对曰：“君一过多矣⑤，何信于谗？”王执伍奢。使城父司马奋扬杀大子⑥。未至，而使遣之⑦。三月，大子建奔宋。王召奋扬，奋扬使城父人执己以至⑧。王曰：“言出于余口，入于尔耳，谁告建也？”对曰：“臣告之。君王命臣曰：‘事建如事余。’臣不佞⑨，不能苟贰⑩。奉初以还，不忍后命⑪，故遣之。既而悔之，亦无及已。”王曰：“而敢来⑫，何也？”对曰：“使而失命⑬，召而不来，是再奸也⑭。逃无所入⑮。”王曰：“归，从政如他日⑯。”

【注释】

①建与伍奢将以方城之外叛：去年费无极建议令太子建居于城父，现在费无极诬蔑他将据守以叛。

②自以为犹宋、郑也：将割据自成一国，像宋、郑那样。

③交：俱，一同。

④集：成功。

⑤一过：指楚平王夺太子建之妻。多：严重。

⑥奋扬：奋是氏，扬是名。

⑦未至，而使遣之：奋扬知道太子建被陷害，自己还没到城父，先派人通知太子建逃走。

⑧城父人：城父大夫。执己以至：把自己逮捕押回郢都，以示服罪。

⑨不佞（nìng）：不才。

⑩苟贰：苟且而怀二心。

⑪奉初以还，不忍后命：既奉王之初命必须好生事奉太子，就不忍再执行后来杀太子的命令。

⑫而：你。

⑬失命：没完成使命。

⑭再奸：二次违犯命令。

⑮逃无所入：无处可逃。

⑯归，从政如他日：楚平王不惩治奋扬，让他回城父，仍为城父司马。

【译文】

　　费无极对楚平王说："太子建将和伍奢领着方城以外地区的人叛乱，自认为如同宋国、郑国一样，齐国、晋国又一起辅助他们，将会危害楚国，这事要成功了。"楚平王相信了，就质问伍奢。伍奢回答说："君王有了一次过错已经很严重了，为何要听信谗言？"楚平王逮捕了伍奢，派城父司马奋扬去杀太子建。奋扬还没到达，先派人通知太子逃走。三月，太子建逃往宋国。楚平王召回奋扬，奋扬让城父大夫把自己押到郢都。楚平王说："话出自我的口，进入你的耳，是谁告给太子建的？"奋扬回答说："是下臣告诉的。君王命令下臣说：'事奉太子建要如同事奉我一样。'下臣不才，不能苟且违背。奉了起初的命令，就不忍心执行后来的命令，所以让他逃走了。事后又感到后悔，但也来不及了。"楚平王说："你敢回来，究竟因为什么？"奋扬回答说："接受使命而没有完成，召我再不回来，是再次违背命令，而且也无处可逃。"楚平王说："你回去吧，还跟以往那样履行政务。"

　　无极曰："奢之子材①，若在吴，必忧楚国，盍以免其父召之②。彼仁，必来；不然，将为患。"王使召之，曰："来，吾免而父。"棠君尚谓其弟员曰③："尔适吴，我将归死。吾知不逮④，我能死，尔能报⑤。闻免父之命，不可以莫之奔也⑥；

亲戚为戮,不可以莫之报也⑦。奔死免父,孝也;度功而行,仁也⑧;择任而往,知也⑨;知死不辟⑩,勇也。父不可弃,名不可废⑪,尔其勉之! 相从为愈⑫。"伍尚归。奢闻员不来,曰:"楚君、大夫其旰食乎⑬!"楚人皆杀之⑭。

【注释】

①奢之子材:伍奢儿子有才能。材,有才能。

②盍以免其父召之:何不以免伍奢死罪来召其子。

③棠君尚谓其弟员(yún):伍尚时为棠邑大夫,所以称为"棠君"。员,字子胥。二人都是伍奢儿子。棠地在今河南遂平西北。

④吾知不逮:我的才智不及你。

⑤我能死,尔能报:我归郢都,与父同死;你逃吴,报仇雪恨。

⑥闻免父之命,不可以莫之奔也:楚王既以免父死之命来召,不可无人前往。

⑦亲戚为戮,不可以莫之报也:父兄被杀,仇不可不报。

⑧度功而行,仁也:估计能成功而去做,是仁。

⑨择任而往,知也:知道伍员才干比自己强,让他逃吴,是明智之举。知,同"智"。

⑩知死不辟:回去必死,但不躲避。

⑪父不可弃,名不可废:兄弟都出逃是弃父,兄弟都死,无人报仇,是废名。

⑫相从为愈:希望伍员听自己的话。

⑬楚君、大夫其旰食乎:伍奢知道伍员必来报仇,楚国君臣连吃饭都不得安稳了。旰食,晚食。

⑭楚人皆杀之:杀伍奢、伍尚父子。

【译文】

费无极说:"伍奢的儿子都有才能,要是到吴国,必定成为楚国的忧患,何不用赦免其父的名义召回他们。他们仁爱,一定会来;不然的话,将成为祸患。"楚平王派人召他们,说:"回来吧,我赦免你们的父亲。"棠邑大夫伍尚对弟弟伍员说:"你去吴国吧,我打算回去受死。我的才智不如你,我能受死,你能报仇。听到赦免父亲的命令,不能没人回去;亲人被杀戮,不能没人报仇。奔向死亡而使父亲免死,是孝;估计功效而后行动,是仁;选择合适的任务而前往,是明智;明知死而不逃避,是勇敢。父亲不可抛弃,名誉不可废弃,你好好努力吧! 希望你听从我的话。"伍尚回去了。伍奢听说伍员不回来,说:"楚国的国君、大夫将要吃不好饭了!"楚国把伍奢父子都杀了。

　　员如吴,言伐楚之利于州于①。公子光曰:"是宗为戮,而欲反其仇,不可从也②。"员曰:"彼将有他志③。余姑为之求士,而鄙以待之④。"乃见鱄设诸焉⑤,而耕于鄙⑥。

【注释】

①州于:吴王僚。

②"是宗为戮"三句:认为伍员只为报私仇而利用吴国,不可依从。
　　反其仇,报仇。

③彼:公子光。他志:别有用心,指夺位之心。

④余姑为之求士,而鄙以待之:伍员知道公子光不用自己,于是准备
　　为之物色勇士以助成其事,自己退居郊外等待时机。

⑤见:引见。鱄(zhuān)设诸:即鱄诸。

⑥耕于鄙:伍员自己耕于边鄙之处。案昭公二十七年,公子光杀吴
　　王僚。

【译文】

　　伍员逃到吴国,向州于陈说攻打楚国的好处。公子光说:"这个人的家族被杀戮,他是想报仇,不能听从他。"伍员说:"公子光将有异志。我

姑且替他寻求勇士,住在郊外等待机会。"于是向他推荐了鳝设诸,自己
则在郊外耕地,等待时机。

【经】夏,曹公孙会自鄸出奔宋①。

【注释】

①曹公孙会自鄸(méng)出奔宋:公孙会叛曹,从鄸逃往宋国。此
　　处实为公孙会以鄸邑投奔宋国。公孙会,曹宣公之孙,子威之子。
　　鄸,曹邑,在今山东菏泽西北。《穀梁传》作"梦"。

【译文】

夏,曹国公孙会从鄸地出逃到宋国。

【公羊传】奔未有言自者,此其言自何?畔也。畔则曷
为不言其畔①?为公子喜时之后讳也。《春秋》为贤者讳,何
贤乎公子喜时?让国也。其让国奈何?曹伯庐卒于师②,则
未知公子喜时从与③?公子负刍从与?或为主于国,或为主
于师④。公子喜时见公子负刍之当主也⑤,逡巡而退。贤公
子喜时,则曷为为会讳?君子之善善也长,恶恶也短。恶恶
止其身,善善及子孙⑥。贤者子孙,故君子为之讳也。

【注释】

①畔则曷为不言其畔:案《春秋》之例,据邑投敌,当书"曹公孙会
　　以鄸出奔宋",今书"自鄸",好像公孙会仅是从鄸邑出奔,无据邑
　　投敌之事。

②曹伯庐卒于师:事在成公十三年。

③公子喜时:曹伯庐母弟,庐无子嗣,喜时当继君位。下句"公子负

　　“刍”为喜时之庶兄,即后来的曹成公。

④或为主于国,或为主于师:主于国,即守国。主于师,即随从国君
　　出征。案礼制,国君出征,使世子守国,其次宜为君者随从出征。
　　此处本应由喜时守国,负刍随从,可能负刍有疾病,两者互换,故
　　云“或为主于国,或为主于师”。

⑤当主:即担当丧主。案礼制,国君去世,世子担当丧主,表明宜即
　　君位。今曹伯庐去世,本应由喜时担当丧主,负刍欲即位,故自为
　　丧主。

⑥恶恶止其身,善善及子孙:《春秋》对待恶人,仅处罚本人,不迁怒
　　于子孙;对于善人,则可恩及子孙。此处以公子喜时让国之功,抵
　　消公孙会出奔之恶,即是一例。

【译文】

　　出奔没有说“自”何地的,此处言“自鄸出奔宋”是为何? 实际是
以鄸邑反叛曹国。是反叛,为何不言“叛”? 是为公子喜时的后人避讳。
《春秋》为贤者避讳,公子喜时有何贤德? 有让国之贤。公子喜时让国是
怎么回事? 当年曹伯庐死于师旅之中,不知是公子喜时随从? 还是公子
负刍随从? 其中一人守国,一人随从出征。公子喜时见到公子负刍当了
丧主,便恭顺退让。认为公子喜时有贤德,那么为何要为公孙会避讳?
君子褒扬善行,褒扬得长远;憎恶恶行,憎恶得短暂。憎恶恶行,仅限于
本人;褒扬善行,恩泽延及子孙。公孙会是贤者的子孙,所以君子为他
避讳。

　　【穀梁传】自梦者,专乎梦也①。曹无大夫,其曰公孙,何
也? 言其以贵取之,而不以叛也。

【注释】

①专:独占。

【译文】

说从梦地，表明是他独占了梦地。曹国没有周天子命封的大夫，经文说公孙，为什么呢？就是说他是因为身份尊贵而得到的梦地，不是因为叛乱。

*【左传】宋元公无信多私①，而恶华、向。华定、华亥与向宁谋曰："亡愈于死，先诸②？"华亥伪有疾，以诱群公子。公子问之③，则执之。夏六月丙申④，杀公子寅、公子御戎、公子朱、公子固、公孙援、公孙丁，拘向胜、向行于其廪⑤。公如华氏请焉，弗许，遂劫之⑥。癸卯⑦，取大子栾与母弟辰、公子地以为质⑧。公亦取华亥之子无戚、向宁之子罗、华定之子启，与华氏盟，以为质⑨。

【注释】

① 多私：多私心。

② 亡愈于死，先诸：亡，逃亡。先，先下手。案三人怕宋元公杀自己，准备先作乱。

③ 问之：探视疾病。

④ 丙申：初九。

⑤ 杀公子寅、公子御戎、公子朱、公子固、公孙援、公孙丁，拘向胜、向行于其廪：案以上八人都是宋元公同党。廪，谷仓。

⑥ "公如华氏请焉"三句：宋元公前往请求放人，自己反而被华氏劫持。

⑦ 癸卯：十六日。

⑧ 大子栾：即后来的宋景公。辰、公子地：都是宋元公之子。

⑨ 与华氏盟，以为质：案双方互换人质，矛盾暂时缓和。

【译文】

宋元公没有信用而且私心重,还讨厌华氏、向氏。华定、华亥和向宁商量说:"逃亡强过死,先下手吗?"华亥假装有病,以诱骗公子们来探视。公子们来探问,被抓了起来。夏六月初九,杀了公子寅、公子御戎、公子朱、公子固、公孙援、公孙丁,在谷仓逮住向胜、向行。宋元公到华氏那里求情,不答应,反而趁机劫持了宋元公。十六日,得到太子栾和同母弟辰、公子地作为人质。宋元公也将华亥之子无戚、向宁之子罗、华定之子启扣下,和华氏订盟,双方互换人质。

【经】秋,盗杀卫侯之兄絷①。

【注释】

①盗杀卫侯之兄絷:盗,指齐豹,卫国司寇,齐恶之子。昭公三十一年传文曰:"齐豹为卫司寇,守嗣大夫,作而不义,其书为'盗'。"卫侯之兄絷,卫灵公兄,字公孟,名絷。据《左传》,公孟轻慢卫国司寇齐豹,又厌恶北宫喜和褚师圃,意欲除掉他俩。另有公子朝与其母通奸,因为害怕而欲作乱。于是齐豹、北宫喜、褚师圃、公子朝作乱。公孟被杀,卫灵公逃出国都。絷,《公羊传》《穀梁传》作"辄"。

【译文】

秋,盗贼齐豹杀死卫灵公的哥哥絷。

【左传】卫公孟絷狎齐豹①,夺之司寇与鄄②。有役则反之,无则取之③。公孟恶北宫喜、褚师圃,欲去之。公子朝通于襄夫人宣姜④,惧,而欲以作乱。故齐豹、北宫喜、褚师圃、公子朝作乱。

【注释】

①狎（xiá）：轻慢。

②夺之司寇与鄄（juàn）：夺齐豹的官爵和采邑。鄄，齐豹之邑，在今山东鄄城西北。

③有役则反之，无则取之：公孟縶跛足，所以有劳役之事，就将官、邑还给齐豹，让他服役，没有劳役便又夺之。

④通：私通。襄夫人宣姜：卫灵公生母。

【译文】

　　卫国公孟縶轻慢齐豹，夺去他的司寇官职与采邑鄄。有劳役就把它们归还齐豹，没有劳役便又夺走。公孟縶讨厌北宫喜、褚师圃，想把他们赶走。公子朝和襄公夫人宣姜私通，心中害怕，便想发动叛乱。所以齐豹、北宫喜、褚师圃、公子朝发动了叛乱。

　　初，齐豹见宗鲁于公孟，为骖乘焉①。将作乱，而谓之曰："公孟之不善，子所知也，勿与乘②，吾将杀之。"对曰："吾由子事公孟，子假吾名焉③，故不吾远也④。虽其不善，吾亦知之。抑以利故，不能去，是吾过也⑤。今闻难而逃，是僭子也⑥。子行事乎，吾将死之，以周事子⑦，而归死于公孟，其可也⑧。"

【注释】

①齐豹见（xiàn）宗鲁于公孟，为骖乘焉：宗鲁是卫国武士，齐豹将他推荐给公孟縶当骖乘。见，推荐。

②勿与乘：不要和公孟縶同车。

③假吾名：借我以善名，即替我吹嘘，使公孟縶用我。

④不吾远：即"不远吾"，亲近我。

⑤"抑以利故"三句：如果自己为图私利而不愿离开公孟絷，这是不对的。抑，但是。

⑥今闻难而逃，是僭（jiàn）子也：僭，失信，使齐豹之言失信。案宗鲁不愿临难而逃。

⑦"子行事乎"三句：请齐豹照旧行事，自己将以死助其成功。周，最终。

⑧而归死于公孟，其可也：既然临危逃命是不守信用，宗鲁表示将为公孟絷而死。

【译文】

　　起初，齐豹把宗鲁推荐给公孟絷，做了骖乘。将要叛乱时，告诉宗鲁说："公孟絷不是好人，这是你所清楚的，不要和他同乘一车，我准备杀他。"宗鲁回答说："我因您而得事奉公孟絷，是您替我吹嘘，所以公孟絷亲近我。虽然他不好，这我也知道。但是我因为对自己有好处，不能离开他，这是我的过错。现在听说有祸难而逃离，这却是让您失去信用了。您就做您的事吧，我准备为此而死，以完成对您的事奉，并最终为公孟絷殉身，也许这样做好。"

　　丙辰①，卫侯在平寿②，公孟有事于盖获之门外③，齐子氏帷于门外，而伏甲焉④。使祝鼃置戈于车薪以当门⑤，使一乘从公孟以出⑥。使华齐御公孟，宗鲁骖乘。及闳中⑦，齐氏用戈击公孟，宗鲁以背蔽之，断肱⑧，以中公孟之肩。皆杀之⑨。

【注释】

①丙辰：二十九日。

②卫侯在平寿：卫灵公不在都城。平寿，卫邑。

③有事：祭祀。盖获之门：卫国城门。

④齐子氏帷于门外，而伏甲焉：齐子氏，齐豹家人。帷，设帷帐。案
　准备伏击公孟絷。

⑤祝鼃（wā）：人名。当门：挡住城门。

⑥使一乘从公孟以出：派一部车跟在公孟絷后面，以断其后。

⑦闳（hóng）中：曲门中。案祝蛙以薪车挡门，公孟絷从曲门出。

⑧断肱（gōng）：折断胳膊。

⑨皆杀之：杀宗鲁和公孟絷。

【译文】

六月二十九日，卫灵公在平寿，公孟絷到盖获门外祭祀，齐子氏在门外张起帷帐，里边埋伏了甲兵。派祝鼃把戈藏在车上柴薪里挡住城门，派一辆车跟在公孟絷后面出来。派华齐驾着公孟絷的车，宗鲁为骖乘。到达曲门中，齐氏用戈袭击公孟絷，宗鲁用背部遮挡，被打断胳膊，也击中公孟絷的肩膀。齐氏把他们都杀了。

　　公闻乱，乘，驱自阅门入①。庆比御公，公南楚骖乘，使华寅乘贰车②。及公宫，鸿骊駂驷乘于公③，公载宝以出④。褚师子申遇公于马路之衢，遂从⑤。过齐氏，使华寅肉袒⑥，执盖以当其阙⑦。齐氏射公，中南楚之背，公遂出。寅闭郭门，逾而从公⑧。公如死鸟⑨，析朱鉏宵从窦出，徒行从公⑩。

【注释】

①"公闻乱"三句：卫灵公闻乱急返都城。

②贰车：卫灵公的副车。

③鸿骊駂（liú tuí）驷乘于公：鸿骊駂加入卫灵公的车，一车四人。

④公载宝以出：卫灵公运载宝物出逃。

⑤褚师子申遇公于马路之衢，遂从：褚师子申随卫灵公出逃。

⑥肉袒：光着上身，表示不与齐氏争。

⑦执盖以当其阙：华寅以车盖遮蔽空当，掩护卫灵公。盖，车·盖。

⑧寅闭郭门，逾而从公：华寅关闭城门，使追兵无法出城，自己跳墙
而出，跟上卫灵公。

⑨死鸟：卫地名。

⑩析朱钼（chú）宵从窦出，徒行从公：析朱钼夜里从下水洞逃出，徒
步跟随卫灵公。

【译文】

　　卫灵公听说发生叛乱，坐上车子，从阅门进入国都。庆比驾车，公
南楚为骖乘，派华寅乘坐副车。到达公宫，鸿骃魋也坐上卫灵公的车，卫
灵公载运宝物出城。褚师子申在十字路口遇见卫灵公，便跟从卫灵公出
走。经过齐氏处，让华寅光着上身，手持车盖遮挡空当。齐氏用箭射卫
灵公，射中南楚的后背，卫灵公得以逃出国都。华寅关闭城门，跳出城墙
跟从卫灵公。卫灵公来到死鸟，析朱钼夜里从城墙的下水洞逃出，徒步
跟随卫灵公。

　　齐侯使公孙青聘于卫①。既出②，闻卫乱，使请所聘③。
公曰："犹在竟内，则卫君也④。"乃将事焉⑤，遂从诸死鸟。
请将事。辞曰⑥："亡人不佞，失守社稷，越在草莽，吾子无
所辱君命⑦。"宾曰："寡君命下臣于朝曰：'阿下执事⑧。'臣
不敢贰⑨。"主人曰："君若惠顾先君之好，昭临敝邑，镇抚其
社稷，则有宗祧在⑩。"乃止⑪。卫侯固请见之⑫，不获命⑬，以
其良马见⑭，为未致使故也⑮。卫侯以为乘马⑯。宾将掫⑰，
主人辞曰："亡人之忧，不可以及吾子；草莽之中，不足以辱
从者⑱。敢辞。"宾曰："寡君之下臣，君之牧圉也⑲。若不获
扞外役，是不有寡君也⑳。臣惧不免于戾，请以除死㉑。"亲

执铎，终夕与于燎^㉒。

【注释】

①公孙青：齐顷公之孙，字子石。

②既出：已走出齐境。

③使请所聘：因得知卫乱，所以派人请示是否仍然前往聘问。

④犹在竟内，则卫君也：卫灵公未离国境，仍是国君，意思是继续聘问。

⑤乃将事焉：仍行聘问。

⑥辞曰：卫灵公辞谢。

⑦"亡人不佞"四句：卫灵公的意思是逃亡在外，不敢接受齐国聘问。

⑧阿下执事：命令自己等同于卫灵公臣下。阿，比，等同。

⑨贰：违命。

⑩则有宗祧在：受聘应在宗庙，而这是郊野，不合适。宗祧，宗庙。

⑪乃止：公孙青停止聘问。

⑫卫侯固请见之：要见公孙青。

⑬不获命：本要辞谢，不被同意。

⑭以其良马见：不得已，以良马作为礼物见卫灵公。

⑮未致使：未完成行聘礼之使命。

⑯卫侯以为乘马：以公孙青所赠之马为驾车之马。

⑰掫（zōu）：夜里警戒巡逻。

⑱草莽之中，不足以辱从者：不敢劳齐国使者巡夜警卫。从者，指公孙青。

⑲寡君之下臣，君之牧圉也：公孙青自谦之辞，意思是自己是齐侯的下臣，也是您卫君所使唤的人。牧圉，养马牛者。

⑳若不获捍外役，是不有寡君也：不让巡守，是心目中无齐君。

㉑臣惧不免于戾，请以除死：请答应请求，以免除死罪。

㉒亲执铎（duó），终夕与于燎（liáo）：公孙青亲自拿着大铃，和卫国

人一起巡夜。铎,大铃。燎,火把,火炬。

【译文】

齐景公派公孙青到卫国聘问。走出国境,听到卫国动乱,派人请示关于聘问的事。齐景公说:"卫公还在国内,仍是卫国国君。"于是奉命行事,跟到了死鸟。请求按照命令行聘礼。卫灵公辞谢说:"逃亡的人无能,失守了国家,流落在草莽,无法让您完成国君的命令。"公孙青说:"我们国君在朝廷命令下臣说:'等同于卫君臣下。'下臣不敢违命。"卫灵公说:"国君如果惠顾先君的友好关系,光照敝国,镇抚我们的国家,那么有宗庙在那里。"公孙青于是停止了聘问。卫灵公坚决要求见公孙青,公孙青不得已,用好马作为进见礼物,这是因为还没有执行使命的缘故。卫灵公把送来的马用以驾车。公孙青准备在夜里警戒巡逻,卫灵公辞谢说:"逃亡者的忧虑,不能落到您的肩上;处在草莽之中,不敢劳动您。谨此辞谢。"公孙青说:"作为我们国君的下臣,就是国君的牧牛放马人。如果不能担任在外警戒的差使,这就是心目中没有我们国君了。下臣惧怕不能免罪,请求以此免死。"公孙青亲自拿着大铃,整夜和卫国的巡夜人一起守夜。

齐氏之宰渠子召北宫子①。北宫氏之宰不与闻②,谋杀渠子,遂伐齐氏,灭之③。丁巳晦④,公入,与北宫喜盟于彭水之上⑤。秋七月戊午朔⑥,遂盟国人。八月辛亥⑦,公子朝、褚师圃、子玉霄、子高鲂出奔晋⑧。闰月戊辰⑨,杀宣姜⑩。卫侯赐北宫喜谥曰贞子⑪,赐析朱鉏谥曰成子⑫,而以齐氏之墓予之⑬。

【注释】

①齐氏之宰渠子召北宫子:北宫子,北宫喜。案齐氏想和北宫喜

结党。

②北宫氏之宰不与闻：不让北宫喜知道。

③"谋杀渠子"三句：案北宫氏反而先灭齐氏。

④丁巳晦：三十日。

⑤公入，与北宫喜盟于彭水之上：北宫氏本与齐氏同盟，现在反灭齐氏，所以卫灵公返国后先和北宫氏盟誓。

⑥戊午朔：初一。

⑦辛亥：二十五日。

⑧公子朝、褚师圃、子玉霄、子高鲂出奔晋：这些人都是齐氏同党。

⑨闰月戊辰：闰八月十二日。

⑩杀宣姜：因为宣姜和公子朝私通。

⑪卫侯赐北宫喜谥曰贞子：北宫喜最后反而灭齐氏，所以死后谥为贞子。

⑫赐析朱鉏谥曰成子：析朱鉏徒步随卫灵公出逃，所以死后谥为成子。

⑬而以齐氏之墓予之：把齐氏的墓地赐二人。

【译文】

齐氏家宰渠子召见北宫喜。北宫喜家宰不让北宫喜知道，密谋杀死了渠子，并攻打齐氏，灭掉他们。六月三十日，卫灵公进入国都，和北宫喜在彭水边上结盟。秋七月初一，又和国内人结盟。八月二十五日，公子朝、褚师圃、子玉霄、子高鲂逃往晋国。闰八月十二日，杀死宣姜。卫灵公赐北宫喜谥号叫贞子，赐析朱鉏谥号叫成子，而且把齐氏的墓地赐给他们。

卫侯告宁于齐①，且言子石②。齐侯将饮酒，遍赐大夫曰："二三子之教也③。"苑何忌辞④，曰："与于青之赏，必及于其罚⑤。在《康诰》曰：'父子兄弟，罪不相及⑥。'况在群臣？臣敢贪君赐以干先王⑦？"

【注释】

①告宁：报告平定齐豹之乱。

②且言子石：言子石有礼。子石，公孙青。

③二三子之教也：意思是子石有礼，乃是诸位的教导。

④苑何忌：齐国大夫。辞：不受赐酒。

⑤与于青之赏，必及于其罚：今日因公孙青受赏，他日如果公孙青有罪，也必然一起受罚。

⑥父子兄弟，罪不相及：意思是虽然是父子兄弟，有罪互不牵连。

⑦臣敢贪君赐以干先王：贪君赏赐，日后必与公孙青共同受罚，这是违反了先王"不相及"的训诫。苑何忌以此作为不受赐酒的理由。先王，指周成王。成王时封康叔为卫始封君，《康诰》是为训诫康叔所作。

【译文】

卫灵公向齐国报告国内安定，同时赞扬公孙青有礼。齐景公将要饮酒，就遍赐大夫们，说："这都是诸位教导的啊。"苑何忌辞谢不喝，说："既然因公孙青而受赏，也必将与他一起受罚。《康诰》上说：'父子兄弟的罪过互不相干。'何况在群臣之间？下臣岂敢贪图国君的赏赐而冒犯先王？"

　　琴张闻宗鲁死①，将往吊之。仲尼曰："齐豹之盗，而孟絷之贼，女何吊焉②？君子不食奸③，不受乱④，不为利疚于回⑤，不以回待人⑥，不盖不义⑦，不犯非礼⑧。"

【注释】

①琴张：此琴张是孔子同时代人。孔子有学生亦名琴张，二人有别。

②"齐豹之盗"三句：孔子反对琴张吊宗鲁，认为齐豹之所以成为坏人，公孟絷之所以被杀，都由于宗鲁。女，通"汝"。

③不食奸：不食奸人之禄。既然公孟絷不善，宗鲁受其禄，便是食奸。

④不受乱：宗鲁知道齐豹要作乱却加以默许，就是受乱。

⑤不为利疚于回：不因为贪利委身于奸邪之人而痛苦。疚，心中痛苦。回，奸邪。

⑥不以回待人：宗鲁既事齐豹，又为公孟絷而死，对于双方，都是以奸邪待人。

⑦不盖不义：齐豹杀公孟絷，宗鲁知道而不告发，并说"以周事子"，是掩盖不义。盖，掩盖。

⑧不犯非礼：不做非礼之事。宗鲁以二心事奉公孟絷，是非礼。案孔子认为宗鲁在齐豹和公孟絷之间都不是忠臣，不值得吊唁。

【译文】

琴张听到宗鲁的死讯，想前去吊唁。孔子说："齐豹所以成为盗贼，公孟絷所以被杀，都是由于他，你有什么可吊唁的呢？君子不吃坏人的俸禄，不牵入动乱，不为了私利而受到邪恶的侵蚀，不以邪恶待人，不掩盖不义的事情，不做非礼的事。"

【公羊传】母兄称兄，兄何以不立①？有疾也。何疾尔？恶疾也②。

【注释】

①兄何以不立：案礼制，立嫡以长。

②恶疾也：何休云："恶疾谓瘖、聋、盲、疬、秃、跛、偻，不逮人伦之属也。书者，恶卫侯兄有疾，不怜伤厚遇，营卫不固，至令见杀，失亲亲也。"

【译文】

同母兄称为"兄"，有兄长，为何不立为国君？因为辄有疾病。有何疾病？是恶性的疾病，不能侍奉宗庙。

【穀梁传】盗,贱也。其曰兄,母兄也。目卫侯,卫侯累也^①。然则何为不为君也^②? 曰,有天疾者^③,不得入乎宗庙。辄者何也? 曰,两足不能相过^④,齐谓之綦,楚谓之踂^⑤,卫谓之辄。

【注释】

①累:牵涉。指卫侯未能保护其兄,故对卫侯也有指责之意。

②然则:如此那么,表示连贯关系。这里是问既然姬辄是卫灵公母兄,为何没有继承君位。

③天疾:先天性的疾病。

④两足不能相过:两脚相互超过即是迈步走路。公孟之疾在于两足相并,不能跨步。过,超过,超越。

⑤楚谓之踂(niè):楚国的称呼是"踂"。

【译文】

盗,就是作乱的人。经文说"兄",表明是同母的哥哥。提到了"卫侯",表明卫国国君卫灵公与此有牵涉。既然如此那么姬辄为什么不做国君呢? 说,有先天疾病的人,不能进入宗庙。"辄"是什么意思? 说,是两只脚不能相互超过,这在齐国叫做"綦",楚国叫做"踂",卫国叫做"辄"。

【经】冬十月^①,宋华亥、向宁、华定出奔陈^②。

【注释】

①十月:案时月日例,外大夫出奔例时,此处书月者,何休云:"危三大夫同时出奔,将为国家患,明当防之。"

②宋华亥、向宁、华定出奔陈:宋元公与华氏、向氏有隙,华、向欲作

乱,华亥诈病扣押来探望的群公子为人质,宋元公亦扣押华、向子弟为质。后来宋元公杀了人质,拉拢大司马华费遂,攻打华、向,华、向出奔。宁,《公羊传》作"甯"。

【译文】

冬十月,宋国华亥、向宁、华定逃往陈国。

【左传】宋华、向之乱,公子城、公孙忌、乐舍、司马彊、向宜、向郑、楚建、郳甲出奔郑①。其徒与华氏战于鬼阎②,败子城。子城适晋。

【注释】

①公子城、公孙忌、乐舍、司马彊、向宜、向郑、楚建、郳(ní)甲:这八人都是宋元公同党,避华、向之乱而外逃。楚建,楚平王太子建,当时逃亡在宋国。郳甲,小邾穆公之子。

②其徒:八人的党羽。鬼阎:宋地名,在今河南西华东北。

【译文】

因为宋国华、向的动乱,公子城、公孙忌、乐舍、司马彊、向宜、向郑、楚建、郳甲逃往郑国。他们的党羽和华氏在鬼阎交战,公子城被打败。公子城逃往晋国。

华亥与其妻,必盟而食所质公子者而后食①。公与夫人每日必适华氏,食公子而后归②。华亥患之,欲归公子③。向宁曰:"唯不信④,故质其子。若又归之,死无日矣。"公请于华费遂⑤,将攻华氏。对曰:"臣不敢爱死,无乃求去忧而滋长乎⑥! 臣是以惧,敢不听命?"公曰:"子死亡有命⑦,余不忍其询⑧。"冬十月,公杀华、向之质而攻之。戊辰⑨,华、向奔陈,华登奔吴^⑩。向宁欲杀大子,华亥曰:"干君而出^⑪,又杀其子,其谁纳我?且归之有庸^⑫。"使少司寇牼以归^⑬,曰:"子之齿长矣,不能事人^⑭,以三公子为质,必免^⑮。"公子既入,华牼将自门行^⑯。公遽见之,执其手,曰:"余知而无罪也,入,复而所^⑰。"

【注释】

① 华亥与其妻,必盥(guàn)而食所质公子者而后食:由于太子栾等群公子在华氏处当人质,华亥与其妻每天必侍候群公子食后自己才得食。

② 公与夫人每日必适华氏,食公子而后归:宋元公和夫人也每天要到华氏家中照应群公子,等他们食后才回去。

③ 华亥患之,欲归公子:华亥以此为苦,想送回群公子。

④ 不信:宋元公不守信。

⑤ 华费遂:宋国大司马。

⑥ 无乃求去忧而滋长乎:如攻华氏,华氏将杀太子,忧虑更重。

⑦ 子死亡有命:认为人质或死或亡,命中注定了。子,太子栾等人质。

⑧ 诟(gòu):耻辱。

⑨ 戊辰:十三日。

⑩ 华登奔吴:因其父华费遂不听从宋元公攻华氏之命,于是逃往吴国。

⑪ 干:触犯。

⑫ 且归之有庸:放回太子,日后或许有功劳。庸,功劳。

⑬ 使少司寇牼(kēng)以归:由华牼送回群公子。牼,华亥庶兄。

⑭ 子之齿长矣,不能事人:指华牼已年长,无法逃到其他国家。

⑮ 以三公子为质,必免:送群公子回去可证明其不叛。质,信。

⑯华轻将自门行：准备从公门出去。

⑰复而所：恢复华轻官职。

【译文】

华亥和妻子一定要盥洗干净、伺候作为人质的公子们吃完饭自己才吃饭。宋元公和夫人每天必定要到华氏那里，照应公子们吃完饭才回去。华亥以此为苦，想要把公子们送回去。向宁说："正因为国君不讲信用，才把他的儿子抓来当人质。如果又把他们送回，死期就不远了。"宋元公向华费遂求助，准备攻打华氏。华费遂回答说："下臣不敢爱惜一死，但这样做恐怕是想去掉忧虑却反而使忧虑滋长吧！下臣因此担心，但岂敢不听从命令？"宋元公说："儿子们或死或亡，命中注定了，我不能忍受华氏的耻辱。"冬十月，宋元公杀华、向的人质并进攻他们。十三日，华氏、向氏逃往陈国，华登逃往吴国。向宁想杀太子，华亥说："触犯国君而出逃，又杀他儿子，还会有谁接纳我们？还是把他们送回日后或许有功劳。"便让少司寇华轻送他们回去，说："你的年纪大了，不能再事奉别人，有三位公子作为见证，一定可以免罪。"公子们进入公宫后，华轻准备从公门出去。宋元公急忙召见，拉着华轻的手，说："我知道你没罪，进来吧，恢复你的官职。"

△**【经】**十有一月辛卯①，蔡侯庐卒②。

【注释】

①辛卯：初七。

②蔡侯庐卒：蔡平庐去世。蔡侯庐，蔡平侯，姓姬，名庐，谥平。

【译文】

十一月初七，蔡平公庐去世。

***【左传】**齐侯疥，遂痁①，期而不瘳②。诸侯之宾问疾者多在③。梁丘据与裔款言于公曰④："吾事鬼神丰,于先君有加矣。今君疾病,为诸侯忧,是祝、史之罪也。诸侯不知,其谓我不敬⑤。君盍诛于祝固、史嚚以辞宾⑥?"公说⑦,告晏子。晏子曰:"日宋之盟⑧,屈建问范会之德于赵武⑨。赵武曰:'夫子之家事治⑩;言于晋国,竭情无私⑪。其祝、史祭祀,陈信不愧⑫;其家事无猜⑬,其祝、史不祈⑭。'建以语康王⑮。康王曰:'神人无怨,宜夫子之光辅五君以为诸侯主也⑯。'"

【注释】

①齐侯疥(jiè),遂痁(shān):齐景公一身二病。疥,生疥癣。痁,疟疾。

②期:一年。瘳(chōu):痊愈。

③诸侯之宾问疾者多在:在齐国有很多诸侯派来探病的客人。

④梁丘据与裔款:二人都是齐景公的宠臣。

⑤不敬:不敬鬼神。

⑥君盍诛于祝固、史嚚(yín)以辞宾:归罪于祝固、史嚚二人,准备杀他们以向诸侯宾客解释。

⑦公说:准备采纳二人的意见。说,同"悦"。

⑧日:往日。宋之盟:襄公二十七年弭兵之会。

⑨屈建:楚国大夫。范会:晋国士会。

⑩夫子之家事治:家事治理得好。

⑪言于晋国,竭情无私:对于国事,敢于讲话,竭尽心力而不求私利。

⑫陈信不愧:陈说实情,心不惭愧。

⑬无猜:无可猜疑。

⑭不祈:无求于鬼神。

⑮建以语康王:告诉楚康王。

⑯五君：士会曾辅佐晋国文、襄、灵、成、景五公。

【译文】

　　齐景公得了疥疮和疟疾，过了一年还没痊愈。诸侯派宾客来问候的很多。梁丘据和裔款对齐景公说："我们事奉鬼神很丰厚，比先君时还有增多。现在国君病重，成为诸侯的忧虑，这是祝、史的罪过。诸侯不知道，还认为是我们对鬼神不敬。国君何不杀掉祝固、史嚚来向诸侯的来宾做解释？"齐景公认为他们说得对，就告诉晏婴。晏婴说："往日在宋国的盟会，屈建向赵武了解范会的德行。赵武说：'他老人家的家事治理得很好，在晋国说话坦诚而没有私心。他的祝、史祭祀时陈说实情，并无愧疚；他的家族中没有让人猜疑之事，所以他的祝、史不用向鬼神祈祷。'屈建把这话告给楚康王。楚康王说：'神和人都没有怨言，难怪他老人家能辅佐五位国君而成为诸侯的领袖。'"

　　公曰："据与款谓寡人能事鬼神，故欲诛于祝、史，子称是语，何故①？"对曰："若有德之君，外内不废②，上下无怨，动无违事③，其祝、史荐信，无愧心矣④。是以鬼神用飨⑤，国受其福，祝、史与焉⑥。其所以蕃祉老寿者⑦，为信君使也⑧，其言忠信于鬼神。其适遇淫君，外内颇邪⑨，上下怨疾⑩，动作辟违⑪，从欲厌私⑫。高台深池，撞钟舞女⑬，斩刈民力⑭，输掠其聚⑮，以成其违，不恤后人⑯。暴虐淫从⑰，肆行非度，无所还忌⑱，不思谤讟⑲，不惮鬼神。神怒民痛，无悛于心⑳。其祝、史荐信，是言罪也㉑。其盖失数美，是矫诬也㉒。进退无辞，则虚以求媚㉓。是以鬼神不飨其国以祸之，祝、史与焉㉔。所以夭昏孤疾者，为暴君使也，其言僭嫚于鬼神㉕。"

【注释】

①"据与款谓寡人能事鬼神"四句：晏婴提赵武、楚康王之事，是希望齐景公正直，不要听信妄言，一味迷信，枉杀祝、史。齐景公不解其意，以为晏婴答非所问，所以再问。

②外：国事。内：宫中之事。不废：不荒废。

③违事：违礼之事。

④其祝、史荐信，无愧心矣：君有功德，祝、史陈述实情无诬妄，也就无愧于心了。

⑤是以鬼神用飨：因此享其祭品。用，因。

⑥国受其福，祝、史与焉：得鬼神之福，祝、史也有一份。

⑦蕃祉（zhǐ）：多福。

⑧信君：诚信之君。

⑨颇邪：偏颇歪曲。

⑩怨疾：怨恨。

⑪辟违：邪僻背礼。

⑫从欲厌私：放纵侈心，满足私欲。从，同"纵"。

⑬高台深池，撞钟舞女：筑高台，挖深池，奏乐歌舞。指生活奢侈腐化。

⑭斩刈（yì）：暴虐。

⑮输：掠。其聚：百姓的积蓄。

⑯以成其违，不恤后人：淫君多行不义，连后代也不顾恤了。

⑰从：同"纵"，放纵。

⑱还忌：顾忌。

⑲谤讟（dú）：怨恨。

⑳悛（quān）：悔改。

㉑其祝、史荐信，是言罪也：祝、史以实告神，是报告国君的罪过。

㉒其盖失数美，是矫诬也：掩饰过失，数说美德，是虚诈欺骗。

㉓进退无辞，则虚以求媚：不陈述实情，只好作虚词以欺骗鬼神。

㉔是以鬼神不飨（xiǎng）其国以祸之，祝、史与焉：鬼神祸其国，
　祝、史也有一份。

㉕"所以夭昏孤疾者"三句：祝、史欺诈鬼神，成为暴君之使者，必然
　夭折患病，为鬼神所惩罚。僭嫚，欺诈轻侮。

【译文】

　　齐景公说："梁丘据和裔款认为寡人能够事奉鬼神，所以想杀死祝、
史，您说这些话，是什么意思？"晏婴回答说："如果是有德的国君，国家
和宫里都没有荒废，上下没有怨言，行动没有违礼之事，他的祝、史就会
向鬼神陈说实情，心中也无愧了。所以鬼神享用祭品，国家受到鬼神的
福佑，祝、史都有份。他们所以繁衍有福，健康长寿，是因为他们乃诚信
国君的使者，他的话对鬼神忠信。他们要是不巧遇上放纵淫佚的国君，
国家和宫内的事情偏颇邪恶，上下怨声载道，行动邪僻背礼，放纵欲望私
心。构筑高台深池，奏乐歌舞，任意耗用民力，掠夺人民的财产，以铸成
过错，不能为后人着想。暴虐放纵，胡作非为，没有顾忌，不顾人民的诅
咒，不怕鬼神。神怒民恨，而无悔改之心。他的祝、史说实话，就只是报
告国君的罪过。掩盖过错虚夸好事，这是虚伪欺诈。真假都没法说，就
只能说些空话来讨好鬼神。所以鬼神不享用国家的祭品反而降祸给他
们，祝、史也跟着倒霉。他们所以会夭折患病，是因为他们是暴虐国君的
使者，他们的话是对鬼神的欺诈轻侮。"

　　公曰："然则若之何①？"对曰："不可为也：山林之木，衡
鹿守之②；泽之萑蒲③，舟鲛守之④；薮之薪蒸⑤，虞候守之⑥；
海之盐蜃，祈望守之⑦。县鄙之人，入从其政，逼介之关，暴
征其私⑧。承嗣大夫，强易其贿⑨。布常无艺⑩，征敛无度；
宫室日更，淫乐不违⑪。内宠之妾，肆夺于市⑫；外宠之臣，
僭令于鄙⑬。私欲养求⑭，不给则应⑮。民人苦病，夫妇皆

诅^⑯。祝有益也,诅亦有损。聊、摄以东^⑰,姑、尤以西^⑱,其为人也多矣^⑲。虽其善祝,岂能胜亿兆人之诅^⑳? 君若欲诛于祝、史,修德而后可^㉑。"公说,使有司宽政,毁关,去禁,薄敛,已责^㉒。

【注释】

①然则若之何:案晏婴的话,已经使齐景公稍微悟到自己政治上的过失,因此征询晏婴有何办法。

②衡鹿:管山林的官。

③萑(huán)蒲:芦苇,可葺屋编席。

④舟鲛(jiāo):管水泽的官。

⑤薪蒸:木柴。

⑥虞候:管柴薪的官。

⑦海之盐蜃(shèn),祈望守之:国君垄断山川海泽之利,百姓无法取用。蜃,大蛤。祈望,管海产的官。

⑧"县鄙之人"四句:县鄙之人入都服劳役,一些关卡还对他们横征暴敛。逼介之关,迫近国都的关卡。

⑨承嗣大夫,强易其贿:世袭大夫强买货物。贿,财物。

⑩布常:公布政令。无艺:无准则。

⑪不违:不离开。

⑫肆夺:肆意掠夺。

⑬外宠之臣,僭令于鄙:宠臣在边邑上假传君令。

⑭养求:食物玩好。

⑮应:以判罪作为报复。

⑯民人苦病,夫妇皆诅:百姓痛苦,怨声载道。

⑰聊、摄:齐国西界,在今山东聊城一带。

⑱姑、尤：齐国东界。姑，大姑河。尤，小姑河。

⑲其为人也多矣：这一地带人口众多。

⑳虽其善祝，岂能胜亿兆人之诅：虽有一些人善于祝祷，也敌不过千万张嘴的诅咒。

㉑君若欲诛于祝、史，修德而后可：诛祝、史并不管用，国君修德才是根本。

㉒"公说"六句：齐景公纳谏，采取宽民政策。去禁，撤销对山海物产的禁令。已责，豁免未偿清的赋税。责，同"债"。

【译文】

齐景公说："那该怎么办呢？"晏婴回答说："没办法了：山林的树木，都由衡鹿守着；洼地的芦苇蒲草，都被舟鲛守住；草野的柴火，都被虞候管着；海中的盐蛤，都被祈望看守。偏僻地方的人，都要来服劳役，靠近国都的地方还设关卡，横征暴敛。世袭大夫，强买财货。任意发布命令，征收赋税没有节制；宫室经常更新，沉湎淫乐不肯离开。宫内宠妾，任意掠夺；在外的宠臣，在边远地区假传旨令。私人欲望、衣食玩好，不能满足供给就治罪。人民痛苦困乏，夫妇都在诅咒。祝祷有好处，但诅咒也有损害。聊、摄以东以及姑、尤以西地区咒骂的人极多。即便祝、史善于祝祷，又哪能超过这么多人的诅咒？国君如果要杀祝、史，只有修明德行以后才可以。"齐景公听了很高兴，便让官府放宽政令，拆掉关卡，废除禁令，减轻赋税，豁免拖欠的租税。

***【左传】**十二月，齐侯田于沛①，招虞人以弓，不进②。公使执之。辞曰："昔我先君之田也，旃以招大夫，弓以招士，皮冠以招虞人。臣不见皮冠，故不敢进③。"乃舍之④。仲尼曰："守道不如守官⑤。"君子韪之⑥。

【注释】

①齐侯田于沛：齐景公病愈，外出打猎。沛，大泽名。

②招虞人以弓，不进：齐景公以弓招虞人，虞人不理睬。

③臣不见皮冠，故不敢进：意思是齐景公不以等级招他。

④乃舍之：释放虞人。

⑤守道不如守官：国君召唤，本应前往，现在虞人不进，是恪守官道而弃常道。

⑥君子韪（wěi）之：君子肯定了此话。

【译文】

　　十二月，齐景公到沛打猎，用弓召唤虞人前来，虞人不肯上前。齐景公派人把他抓来。虞人辩解说：“当初我们先君打猎的时候，是用红旗召唤大夫，用弓召唤士，用皮冠召唤虞人。下臣没看到皮冠，所以不敢前进。”齐景公便放了他。孔子说：“坚守道义不如坚守官职。”君子肯定了这话。

　　*【左传】齐侯至自田，晏子侍于遄台①，子犹驰而造焉②。公曰：“唯据与我和夫③！”晏子对曰：“据亦同也，焉得为和④？”公曰：“和与同异乎？”对曰：“异。和如羹焉，水、火、醯、醢、盐、梅⑤，以烹鱼肉，燀之以薪⑥，宰夫和之⑦，齐之以味，济其不及，以泄其过⑧，君子食之，以平其心⑨。君臣亦然⑩。君所谓可而有否焉⑪，臣献其否以成其可⑫；君所谓否而有可焉，臣献其可以去其否⑬。是以政平而不干⑭，民无争心。故《诗》曰：‘亦有和羹，既戒既平。鬷嘏无言，时靡有争⑮。’先王之济五味、和五声也⑯，以平其心，成其政也。声亦如味，一气⑰，二体⑱，三类⑲，四物⑳，五声，六律㉑，七音㉒，八风㉓，九歌㉔，以相成也；清浊、小大、短长、疾徐、哀乐、刚柔、迟速、

高下，出入、周疏，以相济也^㉕。君子听之，以平其心。心平，德和。故《诗》曰：'德音不瑕^㉖。'今据不然。君所谓可，据亦曰可；君所谓否，据亦曰否^㉗。若以水济水，谁能食之？若琴瑟之专壹，谁能听之^㉘？同之不可也如是^㉙。"

【注释】

①遄（chuán）台：古地名，在今山东临淄附近。

②子犹：梁丘据。造：来到。

③和：和谐。

④据亦同也，焉得为和：梁丘据和你，只能称为相同，不能称为和谐。同，相同。

⑤醯（xī）：醋。醢（hǎi）：肉酱。梅：味酸，调味也用梅汁。

⑥燀（chǎn）：炊煮。

⑦宰夫和之：厨师调和其味。宰夫，厨师。

⑧"齐之以味"三句：味道太重或太淡，都由厨师加以调和。齐，同"剂"，调剂。济，增加。泄，减少。

⑨君子食之，以平其心：五味和谐，君子食之，可使内心平静。君子，指有德行的人。

⑩君臣亦然：君臣关系要达到和谐，也应如此。

⑪君所谓可而有否焉：可行之中有不正确的。可，可行，正确的。否，不可行，不正确的。

⑫臣献其否以成其可：臣下应指出其不正确的而使可行的更完善。

⑬君所谓否而有可焉，臣献其可以去其否：国君认为不可行而其中却不乏正确之处，臣下应肯定其正确之处而去其不可行处。案以上意谓臣下对于国君所认为的可行与不可行，不应苟同。

⑭不干：不违礼制。

⑮"亦有和羹"四句:引《诗》见《诗经·商颂·烈祖》。意思是调和的羹汤已准备完毕,神灵来享用而无所指责,上下都没有争竞心。和羹,五味调和的羹汤。戒,备。平,成。鬷嘏,同"奏假(gé)",招请神灵到来。

⑯五味:辛、酸、咸、苦、甘。五声:宫、商、角、徵、羽。

⑰气:声音由气来发动。

⑱体:奏乐有刚柔阴阳之体。

⑲三类:有《风》《雅》《颂》三类。

⑳四物:用四方之物以制成乐器。

㉑六律:审定音乐高低清浊的六种标准,即黄钟、大蔟、姑洗、蕤(ruí)宾、夷则、无射(yì)。

㉒七音:五音再加上变宫、变徵。

㉓八风:八方之风。

㉔九歌:歌九功之德。九功,古谓六府三事为"九功"。水、火、金、木、土、谷,谓之"六府"。正德、利用、厚生,谓之"三事"。

㉕"清浊、小大"几句:音乐以气、体等组成,由清浊、小大等调剂。

㉖德音不瑕:引《诗》见《诗经·豳风·狼跋》。意思是有德之声没有瑕疵。

㉗"今据不然"五句:梁丘据对国君只会随声附和。

㉘"若以水济水"四句:梁丘据如此,如同以水调水,索然无味;如琴瑟只弹一音,无人爱听。

㉙同之不可也如是:所以不应该仅是相同。案晏婴以此劝齐景公政治上应允许发表不同意见,不求绝对的统一。

【译文】

齐景公从打猎的地方回来,晏婴在遄台随侍,梁丘据驱车前来。齐景公说:"只有梁丘据和我和谐啊!"晏婴回答说:"梁丘据也只是同罢了,怎么能算是和?"齐景公说:"和与同有不同吗?"晏婴回答说:"不相同。和就像羹汤，用水、火、醋、醢、盐、梅来烹调鱼肉，用柴火来煮，厨师加以调和，使味道适中，太淡就加调料，太咸就冲淡，君子吃后，内心平和。君臣之间也是这样。国君认为可行其实也有不可行之处，臣子就指出不可行之处而使之更加完善；国君认为不可行其实也有可行之处，臣子就肯定其可行的而去掉不可行的部分。因此政事平和而不违背礼制，人民就没有争竞之心。所以《诗》说：'调和的羹汤已准备完毕。神灵来享用而无所指责，上下都没有争心。'先王调匀五味、和谐五声，是用来平静内心，助成政事的。声音也跟味道一样，是由一气、二体、三类、四物、五声、六律、七音、八风、九歌相互组成的；是用清浊、小大，短长、疾徐，哀乐、刚柔，迟速、高下，出入、疏密相互调剂的。君子听后，内心宁静。心平就会德和。所以《诗》说：'德音没有瑕疵。'现在梁丘据却不是这样。国君认为行的，他也说行；国君认为不行的，梁丘据也说不行。如果用水去调剂水，谁能吃得下去？如果琴瑟只有一个音调，谁能听得下去？不应该相同的道理也如同这样。"

饮酒乐①。公曰："古而无死②，其乐若何？"晏子对曰："古而无死，则古之乐也，君何得焉③？昔爽鸠氏始居此地④，季荝因之⑤，有逢伯陵因之⑥，蒲姑氏因之⑦，而后大公因之⑧。古若无死，爽鸠氏之乐，非君所愿也⑨。"

【注释】

①饮酒乐：齐景公饮酒很高兴。

②而：如果。

③"古而无死"三句：自古以来如果没有死，则现在的欢乐就仍是古人的欢乐，国君您能得到什么呢？

④爽鸠氏：传说为少皞氏司寇，最早在齐地居住。

⑤季蒍（cè）：传说为虞、夏时诸侯。因之：继承下来。

⑥有逢伯陵：殷时诸侯。姜姓。

⑦蒲姑氏：商、周之际诸侯。

⑧大公：姜太公。

⑨"古者无死"三句：如果自古以来人都不死，那么始居齐地的爽鸠氏当长享安乐至今，齐地不归你齐景公所有了。案齐景公向往神仙方士之说，晏婴稽古以驳之。

【译文】

　　齐景公饮酒很快乐。齐景公说："从古以来要都没有死，那该有多么快乐啊？"晏婴回答说："从古以来要都没有人死，那么就只有古人的快乐了，国君哪能得到快乐？往昔爽鸠氏最初居住在这地方，季蒍沿袭下来，又有逢伯陵沿袭，再由蒲姑氏沿袭，然后太公沿袭居住。古人若没死去，就只有爽鸠氏的快乐，这并不是国君所希望的。"

　　***【左传】**郑子产有疾，谓子大叔曰："我死，子必为政。唯有德者能以宽服民①，其次莫如猛②。夫火烈，民望而畏之，故鲜死焉；水懦弱，民狎而玩之③，则多死焉。故宽难④。"疾数月而卒⑤。大叔为政，不忍猛而宽。郑国多盗，取人于萑苻之泽⑥。大叔悔之，曰："吾早从夫子，不及此。"兴徒兵以攻萑苻之盗，尽杀之，盗少止⑦。

【注释】

①宽：宽大的政策。

②猛：严厉的政策。

③狎：轻视。

④故宽难：案这里以水、火比宽、猛之政，说明实行宽政更难。

⑤疾数月而卒:子产自襄公三十年执政,至此已二十一年有余。

⑥取:同"聚"。萑苻(huán pú)之泽:又叫"圃田泽",在今河南中牟。

⑦尽杀之,盗少止:太叔实行猛政,盗贼稍稍收敛。

【译文】

郑国子产有病,对子太叔说:"我死了,你必定执政。只有有德的人能够用宽大来使百姓服从,其次就不如用严厉的政策。火猛烈,人民望而生畏,所以少有死于火的;水柔弱,人民轻慢而玩弄它,却有很多死于它。因此实行宽政很难。"子产病了几月就死了。太叔执政,不忍行严厉之政而行宽政。郑国盗贼很多,聚集在萑苻泽里。太叔很后悔,说:"我早听从子产的话,就不会到今天这地步。"派步兵攻打萑苻泽的盗贼,全部杀掉,盗贼才稍有收敛。

仲尼曰:"善哉! 政宽则民慢①,慢则纠之以猛。猛则民残②,残则施之以宽。宽以济猛,猛以济宽,政是以和。《诗》曰:'民亦劳止,汔可小康;惠此中国,以绥四方③。'施之以宽也。'毋从诡随,以谨无良;式遏寇虐,惨不畏明④。'纠之以猛也。'柔远能迩,以定我王⑤。'平之以和也。又曰:'不竞不绿,不刚不柔,布政优优,百禄是遒⑥。'和之至也⑦。"及子产卒,仲尼闻之,出涕曰:"古之遗爱也⑧。"

【注释】

①慢:怠慢,无视法纪。

②残:伤残。

③"民亦劳止"四句:引《诗》见《诗经·大雅·民劳》。意思是实行宽政,以抚慰百姓,可使天下安定。止,语尾助词,无义。汔(qì),庶几。

④"毋从诡随"四句：引《诗》见《诗经·大雅·民劳》。意思是不
　要放纵小恶，以警戒不善，镇压暴乱者，因为他们不明法律。诡
　随，小恶。式，助词。遏，止。憯，乃，曾。

⑤柔远能迩，以定我王：引《诗》见《诗经·大雅·民劳》。意思是
　政事正常，才能怀柔远方，亲如一家，安定王室。能，同"如"。
　迩，近。

⑥"不竞不絿（qiú）"四句：引《诗》见《诗经·商颂·长发》。意思
　是政治不急不缓，不刚不柔，从容不迫，一切福禄都能得到。竞，
　争。絿，急。遒（qiú），聚集。

⑦和之至也：宽猛结合，政事和谐，可达于顶点。

⑧古之遗爱也：称赞子产如古代圣贤，子产之仁爱，有古人之遗风。

【译文】

　　孔子说："子产的话讲得真好啊！政策宽和了人民就会怠慢，怠慢
了就用严厉来纠正。政策严厉会使人民受残害，受到残害又要用宽政来
对待。用宽大调剂严厉，用严厉调剂宽大，政事因此调和。《诗》说：'人
民已很辛劳，大概应该稍让安康；赐惠中原各国，用以安定四方。'这是
说施行宽和的政策。'不要放纵小恶，以约束不良的人；应当制止侵夺暴
虐，他们从来不怕法度。'这是说用严厉来纠正。'安抚边远柔服近处，来
安定我王。'这是说用和来使国家安定。又说：'不急不缓，不刚不柔，施
行政令多宽和，各种福禄就到来。'这时候和谐达到了顶峰。"子产去世
后，孔子听说了，流泪说道："他具有古人仁爱的遗风啊。"

二十一年

　　*【左传】二十一年春①，天王将铸无射②。泠州鸠曰③：
"王其以心疾死乎④！夫乐，天子之职也⑤。夫音，乐之舆
也⑥；而钟，音之器也⑦。天子省风以作乐⑧，器以钟之⑨，

與以行之⑩。小者不窕，大者不槬⑪，则和于物⑫，物和则嘉成⑬。故和声入于耳而藏于心，心亿则乐⑭。窕则不咸，槬则不容⑮，心是以感⑯，感实生疾。今钟槬矣⑰，王心弗堪，其能久乎⑱？"

【注释】

①二十一年：鲁昭公二十一年当周景王二十四年，前521年。

②天王：指周景王。无射：大钟名，以律中无射而得名。

③泠（líng）：乐官。州鸠：乐官名。

④王其以心疾死乎：预言周景王将死于心病。

⑤夫乐，天子之职也：音乐为天子所主管。

⑥夫音，乐之舆也：这是以车为比喻，声音是音乐的车子，音乐靠声音而行。

⑦而钟，音之器也：音由乐器发出。

⑧天子省风以作乐：天子考察风俗以作乐曲。省，考察。

⑨器以钟之：各种乐器发声，具备各种乐音。钟，汇聚。

⑩舆以行之：乐音具备，音乐因此而成。

⑪小者不窕（tiǎo），大者不槬（huà）：乐器小而音不一定细小，乐器大而音不一定洪大粗犷。窕，音细小。槬，宽大。案泠州鸠不赞成天子铸大钟，认为钟过大而音不一定能和，只有适中，才能和谐。

⑫物：泛指人物、事物、器物。

⑬嘉成：美好的音乐产生。

⑭亿：安定。乐：快乐。

⑮窕则不咸，槬则不容：音纤细则不能四处听到，音太响则难以入耳。咸，遍。

⑯感：通"憾"，不安。

⑰今钟槬矣：钟声洪大。

⑱王心弗堪,其能久乎:案明年,周景王死。

【译文】

　　鲁昭公二十一年春,周景王打算铸造无射大钟。泠州鸠说:"天子也许要由于心病而死吧! 音乐是天子主管的。声音是音乐的车子,而钟是声音的器具。天子考察风俗而制作音乐,各种乐器具备各种乐音,用声音来表达。乐器小而音不一定细小,乐器大而音不一定洪大粗犷,能使万物和谐,万物和谐就产生美妙的音乐。所以和谐的声音进入耳朵而藏在心中,心中安宁就快乐。声音细小就不能传遍四方,过分洪亮又不能忍受,内心因此不安,不安就会生病。现在的钟声过于洪亮,天子内心难以承受,他还能活长久吗?"

【经】二十有一年春王三月,葬蔡平公。

【译文】

　　鲁昭公二十一年春周历三月,安葬蔡平公。

　　【左传】三月,葬蔡平公。蔡大子朱失位①,位在卑②。大夫送葬者归③,见昭子④。昭子问蔡故⑤,以告。昭子叹曰:"蔡其亡乎! 若不亡,是君也必不终⑥。《诗》曰:'不解于位,民之攸墍⑦。'今蔡侯始即位,而适卑,身将从之⑧。"

【注释】

①蔡大子朱失位:葬礼中太子朱没有站在嫡子应站的位置上。

②位在卑:太子朱按长幼排列,处于下位。

③大夫:指鲁国大夫。

④昭子:鲁国叔孙婼。

⑤故：事情，情况。

⑥是君也必不终：其为君必不得善终。

⑦不解于位，民之攸墍(jì)：引《诗》见《诗经·大雅·假乐》。意思是不懈怠于职守，百姓才得休息。解，通"懈"。墍，休息。

⑧"今蔡侯始即位"三句：蔡悼公（即原太子朱）刚刚即位，即处于下位，是不祥之兆，其君位也不能长久。案本年冬，蔡悼公出奔楚国，这里是预言。

【译文】

三月，安葬蔡平公。蔡国太子朱没有站在应站的位置，他的位次在下位。鲁国大夫送葬完毕回国，进见昭子。昭子询问蔡国的情况，他就以实情相告。昭子叹息说："蔡国要灭亡了吧！如果不灭亡，这位国君也一定不得善终。《诗》说：'在位不懈怠，百姓就能得休息。'现在蔡侯刚即位，就站在下位，他自身也将失去位子。"

【经】夏，晋侯使士鞅来聘①。

【注释】

①晋侯使士鞅来聘：晋侯，指新即位的晋国国君晋顷公姬弃疾，晋昭公姬夷之子。晋顷公即位后，遣使赴鲁国通好。

【译文】

夏，晋顷公派士鞅来鲁国聘问。

【左传】夏，晋士鞅来聘，叔孙为政①。季孙欲恶诸晋②，使有司以齐鲍国归费之礼为士鞅③。士鞅怒，曰："鲍国之位下，其国小，而使鞅从其牢礼④，是卑敝邑也。将复诸寡君。"鲁人恐，加四牢焉，为十一牢⑤。

【注释】

①为政：主持接待士鞅。

②恶诸晋：存心得罪晋国，以难为叔孙。

③使有司以齐鲍国归费之礼为士鞅：昭公十四年，齐鲍国来鲁国归还
　　费地，鲁国待之以卑礼，现在仍然用这礼节接待士鞅，有意激怒他。

④从其牢礼：当时接待鲍国是七牢的礼节。

⑤"鲁人恐"三句：士鞅发怒以后改用十一牢。

【译文】

　　夏，晋国士鞅来鲁国聘问，叔孙昭子负责接待。季孙存心要得罪晋
国，让官吏用接待齐国鲍国归还费地的礼节接待士鞅。士鞅发怒，说：
"鲍国的地位卑下，他的国家小，你们让我跟从他所用的七牢礼节，这是
轻视敝国。我将向我们国君报告。"鲁国人害怕了，又加上四牢，使用了
十一牢。

【经】宋华亥、向宁、华定自陈入于宋南里以叛①。

【注释】

①宋华亥、向宁、华定自陈入于宋南里以叛：大司马华费遂有三子
　　华豹（chū）、华多僚、华登。华登在去年的动乱中奔吴，华豹与华
　　多僚互相厌恶，华多僚屡次在宋元公面前说华豹的坏话，于是宋
　　元公打算驱逐华豹。此事为华豹的下属张匄（gài）识破，于是华
　　豹、张匄等杀华多僚，劫持华费遂，召回逃亡的华氏、向氏之人，
　　占据南里发动叛乱。南里，宋国都城内某里弄之名，在今河南商
　　丘市区内。以，凭借。这里是指占据了南里，以南里为据点反叛。
　　叛，背叛，反叛。《公羊传》作"畔"。

【译文】

宋国华亥、向宁、华定由陈国进入宋国南里发动叛乱。

【左传】宋华费遂生华㹞、华多僚、华登①。㹞为少司马,多僚为御士②,与㹞相恶,乃谮诸公曰:"㹞将纳亡人③。"亟言之④。公曰:"司马以吾故⑤,亡其良子⑥。死亡有命,吾不可以再亡之⑦。"对曰:"君若爱司马,则如亡。死如可逃,何远之有⑧?"公惧,使侍人召司马之侍人宜僚,饮之酒,而使告司马⑨。司马叹曰:"必多僚也⑩。吾有谗子,而弗能杀⑪,吾又不死。抑君有命,可若何⑫?"乃与公谋逐华㹞,将使田孟诸而遣之⑬。公饮之酒,厚酬之⑭,赐及从者⑮。司马亦如之⑯。张匄尤之⑰,曰:"必有故。"使子皮承宜僚以剑而讯之⑱。宜僚尽以告⑲。张匄欲杀多僚。子皮曰:"司马老矣,登之谓甚⑳,吾又重之,不如亡也㉑。"五月丙申㉒,子皮将见司马而行,则遇多僚御司马而朝。张匄不胜其怒,遂与子皮、臼任、郑翩杀多僚㉓,劫司马以叛,而召亡人。壬寅㉔,华、向入。乐大心、丰愆、华轻御诸横㉕。华氏居卢门㉖,以南里叛。六月庚午㉗,宋城旧鄘及桑林之门而守之㉘。

【注释】

①㹞:音chū。

②御士:为宋元公御士。

③亡人:指逃亡的华亥等。

④亟(qì):多次。

⑤司马:指华费遂。时任大司马。

⑥良子:指上年逃往吴国的华登。

⑦死亡有命,吾不可以再亡之:宋元公听信华多僚的谗言,但又不愿再伤华费遂的心而驱逐华㹞。

⑧"君若爱司马"四句：您如果爱大司马，就应该让华豻逃亡。华豻不逃将死，逃亡可以免死，再远也无妨。案华多僚仍然唆使宋元公驱逐华豻。

⑨"使侍人召司马之侍人宜僚"三句：让宜僚告诉华费遂将驱逐华豻。

⑩必多僚也：必是华多僚为祟。

⑪吾有谗子，而弗能杀：因为宋元公正宠信华多僚。

⑫"吾又不死"三句：自己已年老，无可奈何，只有执行君命。

⑬将使田孟诸而遣之：准备在孟诸打猎时让华豻走。

⑭公饮之酒，厚酬之：宋元公请华豻饮酒，并送给厚礼。酬之，饮酒时送劝酒客人礼物。

⑮赐及从者：手下人也得到赏赐。

⑯司马亦如之：因要驱逐华豻，华费遂也赏赐他们。

⑰张匄：华豻家臣。尤：感到奇怪。

⑱子皮：即华豻。承宜僚以剑：把剑架在宜僚的脖子上。讯：问。

⑲宜僚尽以告：全部坦白。把从华多僚之谮至公与华费遂谋逐华豻全部说出。

⑳登之谓甚：华登逃亡，伤大司马之心已甚。

㉑吾又重之，不如亡也：杀华多僚将再伤大司马的心，不如自己逃亡。

㉒丙申：十四日。

㉓臼任、郑翩：都是华豻的家臣。

㉔壬寅：二十日。

㉕横：古地名，在今河南商丘横城。

㉖卢门：宋国东城南门。

㉗庚午：十九日。

㉘宋城旧鄘及桑林之门而守之：修缮旧城及桑林之门据守，以抵御华氏。旧鄘，旧城。桑林之门，城门名。

【译文】

　　宋国华费遂生下华貙、华多僚、华登。华貙任少司马,华多僚当御士,他和华貙关系紧张,便在宋元公面前说坏话:"华貙打算接纳逃亡的人。"说了多次。宋元公说:"司马因为我的缘故,已经失去他的好儿子。死或逃亡是命中注定,我不能再让他的儿子逃亡。"华多僚回答道:"国君要是爱司马,那就应当让华貙逃亡。如果能够逃避一死,还计较什么远不远的呢?"宋元公害怕了,派侍者召来司马的侍者宜僚,给他酒喝,让他告知司马要驱逐华貙。司马叹气说:"一定是多僚干的。我有一个进谗言的儿子,却不能杀他,我又不死。国君又有命令,该怎么办?"便和宋元公商议驱逐华貙,打算让他到孟诸打猎而打发他走。宋元公让华貙喝酒,送他厚礼,并且赏赐到跟从的人。司马也这样做。张匄感到奇怪,说:"一定有什么缘故。"让华貙把剑架在宜僚脖子上讯问他。宜僚把内情全部告知。张匄想杀华多僚。华貙说:"司马老了,华登的逃亡已经很伤他的心了,我再加重,还不如逃亡吧。"五月十四日,华貙想进见司马以后就出走,刚好遇见华多僚驾车载着司马上朝。张匄控制不住愤怒,就和华貙、臼任、郑翩杀了华多僚,劫持司马发动叛乱,并召集逃亡的人。二十日,华氏、向氏回国。乐大心、丰愆、华牼在横地抵御他们。华氏住在卢门,带领南里的人反叛。六月十九日,宋国修缮旧城和桑林之门来防守。

【公羊传】宋南里者何? 若曰因诸者然[①]。

【注释】

①因诸:齐国关押犯人之地。此处宋国的南里,亦是关押犯人之地。依《春秋》之例,若是一般的据邑以叛,书"南里"即可,此处是三人劫狱散囚以抗君,于国家尤危,故书"宋南里"。

【译文】

宋国的南里是什么地方？与齐国的因诸一样，是关押囚犯之地。

【穀梁传】自陈，陈有奉焉尔①。入者，内弗受也。其曰宋南里，宋之南鄙也。以者，不以者也。叛，直叛也。

【注释】

①奉：帮助。

【译文】

"自陈"，表明陈国对他们有帮助。"入"，表示当地人不接受。经文说"宋南里"，表明在宋都的南部边缘。"以"，表明不是应该"以"。"叛"，就是背叛的意思。

【经】秋七月壬午朔，日有食之①。八月乙亥②，叔辄卒③。

【注释】

①秋七月壬午朔，日有食之：这是前521年6月10日之日全食。

②乙亥：二十五日。

③叔辄：叔弓之子伯张。《公羊传》作"叔痤"。

【译文】

秋七月初一，日全食。八月二十五日，叔辄去世。

【左传】秋七月壬午朔，日有食之。公问于梓慎曰："是何物也①？祸福何为②？"对曰："二至、二分③，日有食之，不为灾。日月之行也，分，同道也④；至，相过也⑤。其他月则为灾⑥，阳不克也，故常为水⑦。"于是叔辄哭日食⑧。昭子曰:"子叔将死,非所哭也⑨。"八月,叔辄卒。

【注释】

①何物:怎么回事。

②祸福何为:日食的祸福如何。

③二至:冬至、夏至。二分:春分、秋分。

④"日月之行也"三句:日月运行,春分、秋分时,黄道和赤道相交点同。

⑤至,相过也:夏至、冬至时,相交点远。

⑥其他月:除二至、二分之外。

⑦阳不克也,故常为水:梓慎认为日食是阴侵阳,阳不胜阴,所以常为水灾。

⑧于是叔辄哭日食:因忧虑灾祸而哭。

⑨非所哭也:不应该哭而哭。

【译文】

秋七月初一,发生日食。鲁昭公问梓慎道:"这是怎么回事?是什么样的祸福?"梓慎回答说:"冬至、夏至、春分、秋分时发生日食,不会成为灾殃。日月的运行,在春分、秋分时,黄道和赤道交点相同;夏至、冬至时,交点相远。其他月份则要发生灾害,是由于阳不胜阴,所以常常发生水灾。"这时叔辄为日食而号哭。叔孙昭子说:"叔辄将要死了,不应该哭而哭。"八月,叔辄去世。

*【左传】冬十月,华登以吴师救华氏。齐乌枝鸣戍宋①。厨人濮曰②:"《军志》有之:'先人有夺人之心③,后人有待其衰④。'盍及其劳且未定也伐诸⑤。若入而固,则华氏众矣,悔无及也⑥。"从之。丙寅⑦,齐师、宋师败吴师于鸿口,获其二帅公子苦雒、偃州员⑧。华登帅其余以败宋师。公欲出⑨,

厨人濮曰："吾小人，可藉死，而不能送亡[⑩]，君请待之[⑪]。"乃徇曰："扬徽者[⑫]，公徒也。"众从之[⑬]。公自扬门见之，下而巡之[⑭]，曰："国亡君死，二三子之耻也，岂专孤之罪也？"齐乌枝鸣曰："用少莫如齐致死[⑮]，齐致死莫如去备[⑯]。彼多兵矣，请皆用剑[⑰]。"从之。华氏北[⑱]，复即之[⑲]。厨人濮以裳裹首而荷以走，曰："得华登矣[⑳]！"遂败华氏于新里[㉑]。翟偻新居于新里，既战，说甲于公而归[㉒]。华妵居于公里，亦如之[㉓]。

【注释】

①乌枝鸣：齐国大夫。

②厨人濮：宋国厨邑大夫，名濮。

③先人：先发制人。

④后人有待其衰：后发制人，则待敌衰再攻。

⑤盍及其劳且未定也伐诸：华登与吴师远道而来，疲劳而未安定，应趁早攻之。

⑥"若入而固"三句：如果华登率军进入南里，军心已定，阵势已列，且与华氏会合，就难以攻破。

⑦丙寅：十七日。

⑧齐师、宋师败吴师于鸿口，获其二帅公子苦雂（qín）、偃州员：齐国支持宋元公，派乌枝鸣联合宋军打败吴军，抓获吴军二帅。鸿口，古地名，在今河南虞城西北。

⑨公欲出：宋元公要出逃。

⑩可藉死而不能送亡：可为国君死难而不能护送国君逃亡。

⑪君请待之：待决一胜负。

⑫徽：标志。这里指旌旗。

⑬众从之：众人挥动旌旗，表示支持宋元公。

⑭公自扬门见之,下而巡之:宋元公见众人扬徽,下城巡视。扬门,旧注认为是睢阳(今河南商丘)正东门。

⑮少:少量兵力。致死:拼死。

⑯去备:撤去长兵器。

⑰彼多兵矣,请皆用剑:以短兵相接。案用短兵于战阵始见于此。

⑱北:败。

⑲即:就,追击。

⑳"厨人濮以裳裹首而荷以走"三句:用裳裙包裹着砍下的头,扛于肩上,伪称华登被杀,以乱华氏军心。

㉑新里:华氏所占之邑。

㉒"翟偻新居于新里"三句:翟偻新不助华氏,脱下盔甲归附宋元公。说,通"脱"。

㉓华妵(tǒu)居于公里,亦如之:华妵本是华氏,也不战而归附宋元公。

【译文】

冬十月,华登率领着吴国军队来救华氏。齐国乌枝鸣在宋国戍守。厨邑大夫濮说:"《军志》有这样的话:'先发制人能够摧毁敌人士气,后发制人则要等待敌人士气衰弱。'何不在他们疲劳而且还没安定的时机进攻。如果让他们进来而且稳住以后,那么华氏人马众多,将悔之不及了。"他的话被接受了。十七日,齐军、宋军在鸿口打败吴军,俘获吴军两名将领公子苦雒、偃州员。华登带领其余人马打败宋军。宋元公想出逃,厨邑大夫濮说:"我是小人,可为国君死,却不能送国君逃亡,国君请再等一下。"于是巡行全军说:"挥舞旗帜的,是国君的战士。"众人按他的话挥舞旗帜。宋元公从扬门上看到,就下来巡视,说:"国家灭亡国君死难,是诸位的耻辱啊,哪里仅仅是我一人的罪过呢?"齐国乌枝鸣说:"使用少量的兵力不如一起拼命,一起拼命就不如撤去防备。对方兵器很多,请都用剑吧。"他的建议被采纳。华氏被打败,宋军、齐军又追上去。厨邑大夫濮用裳裙包裹着一个人头扛在肩上说:"已经杀掉华登了!"于是在新里击败华氏。翟偻新住在新里,开战后,脱下盔甲归附宋元公。华妊住在公里,也像翟偻新那样做了。

　　十一月癸未①,公子城以晋师至②。曹翰胡会晋荀吴、齐苑何忌、卫公子朝救宋③。丙戌④,与华氏战于赭丘⑤。郑翩愿为鹳,其御愿为鹅⑥。子禄御公子城⑦,庄堇为右。干犨御吕封人华豹⑧,张匄为右。相遇,城还。华豹曰:"城也!"城怒而反之⑨。将注,豹则关矣⑩。曰:"平公之灵,尚辅相余⑪。"豹射,出其间⑫。将注,则又关矣⑬。曰:"不狃,鄙⑭!"抽矢⑮,城射之,殪⑯。张匄抽殳而下⑰,射之,折股⑱。扶伏而击之,折轸⑲。又射之,死⑳。干犨请一矢㉑,城曰:"余言汝于君㉒。"对曰:"不死伍乘,军之大刑也㉓。干刑而从子,君焉用之?子速诸!"乃射之,殪㉔。大败华氏,围诸南里。华亥搏膺而呼㉕,见华貙,曰:"吾为栾氏矣㉖!"貙曰:"子无我迂,不幸而后亡㉗。"使华登如楚乞师,华貙以车十五乘、徒七十人,犯师而出㉘,食于睢上㉙,哭而送之,乃复入㉚。楚薳越帅师将逆华氏,大宰犯谏曰㉛:"诸侯唯宋事其君㉜。今又争国,释君而臣是助㉝,无乃不可乎!"王曰:"而告我也后,既许之矣㉞。"

【注释】

①癸未:初四。

②公子城以晋师至:公子城去年逃往晋国,今回来救宋。

③曹翰胡会晋荀吴、齐苑何忌、卫公子朝救宋:晋、齐、曹、卫四国都支持宋元公。卫公子朝去年奔晋,此时已回卫国。

④丙戌:初七。

⑤赭(zhě)丘:宋地名,有说在河南西华,不确。

⑥郑翩愿为鹳(guàn),其御愿为鹅:郑翩,华氏同党。鹳、鹅都是战阵名。

⑦子禄:向宣。

⑧吕封人华豹:也是华氏同党。吕,宋城邑,在今江苏徐州北。封人,地方长官。

⑨"华豹曰"三句:华豹直呼公子城的名字,公子城怒其直呼己名,返身交战。

⑩将注,豹则关矣:注,箭上弦。关,引满弓将射。案华豹的射箭动作比公子城快。

⑪平公之灵,尚辅相余:临战前公子城祈祷平公之灵保佑。平公,公子城父亲。

⑫豹射,出其间:华豹的箭从公子城和子禄之间穿过。

⑬将注,则又关矣:华豹又将射。

⑭不狷,鄙:公子城说华豹不让自己还手,卑鄙。狷,更换。

⑮抽矢:华豹取下箭,让公子城射。

⑯城射之,殪:一箭射死华豹。

⑰殳(shū):兵器,长丈二。

⑱射之,折股:公子城射断张匄腿。

⑲扶伏而击之,折轸(zhěn):张匄击公子城,断其车轸。扶伏,同"匍匐"。轸,车厢底的横木。

⑳又射之,死:张匄被射死。

㉑干犫请一矢:干犫求死。

㉒余言汝于君:公子城想救干犫,使他免死。

㉓不死伍乘,军之大刑也:不能战死,是犯军中大法。

㉔乃射之,殪:干犫被射死。

㉕搏膺（yīng）：捶胸。

㉖吾为栾氏矣：襄公二十三年，晋国栾盈作乱而死，华亥说华氏也将败亡。

㉗子无我迋（kuāng），不幸而后亡：意思是今日之事，是否败亡还说不定。迋，通"恇"，恐吓。

㉘华㹟以车十五乘、徒七十人，犯师而出：突围而出，送华登。

㉙睢（suī）上：睢水岸边，在今河南商丘。

㉚复入：再次冲进南里。

㉛犯：大宰名。

㉜唯宋事其君：当时诸侯多数政权下移，唯有宋国臣民仍然事奉其国君。

㉝今又争国，释君而臣是助：华氏争夺国政，楚国不助宋国国君而助其臣下。

㉞既许之矣：已答应接纳华氏了。

【译文】

十一月初四，公子城带领晋军到来。曹国翰胡会合晋国荀吴、齐国苑何忌、卫国公子朝救援宋国。初七，与华氏在赭丘交战。郑翩希望摆成鹤阵，他的御者希望摆成鹅阵。子禄为公子城驾车，庄堇为车右。干犨为吕地封人华豹驾车，张匄为车右。两车相遇，公子城退了回去。华豹叫："城啊！"公子城发怒而返身。他刚搭上箭，华豹却已经拉开弓了。公子城说："愿平公的威灵保佑我。"华豹射出箭，从公子城和子禄之间穿过。公子城刚搭箭，华豹又拉开弓了。公子城说："不让我还手，真卑鄙！"华豹便从弓上抽下箭，公子城一箭射去，华豹被射死。张匄抽出殳下车来，公子城又射一箭，射断张匄的腿。张匄爬过来，用殳击折公子城的车轸。公子城又向他射箭，张匄也被射死。干犨请求给他一箭，公子城说："我替你向国君求情。"干犨回答说："不和战友同死，是犯军中大法的。犯了法而跟随你，国君怎么用得着我？你快射吧！"公子城便射出箭,干犨也死了。各国联军大败华氏,包围住南里。华亥捶打着胸脯大喊大叫,见到华貙,说:"我们成了晋国的栾氏了!"华貙说:"你别吓我,是否失败还说不定。"让华登到楚国求援兵,华貙用十五辆战车、七十名步兵突围而出,在睢水岸边吃饭,哭着送走华登,又冲入南里。楚国薳越率军要接华氏,太宰犯谏劝说:"诸侯中唯有宋国的臣子事奉其国君。现在又争夺国政,不管国君而帮助臣子,恐怕不行吧!"楚平王说:"你对我说得迟了,我已经答应他们了。"

【经】冬,蔡侯朱出奔楚①。

【注释】

①冬,蔡侯朱出奔楚:蔡平公去世,姬东国贿赂楚国权臣费无极,费无极于是助东国继承蔡国君位。蔡侯朱,《穀梁传》作"蔡侯东"。蔡侯东,姓姬名东国,蔡灵公之孙,蔡世子有之子,蔡平公之弟。朱是蔡平公之子,蔡世子有之孙。此处蔡侯朱是被东国篡位,故而出奔。又案时月日例,大国之君出奔例月,此书时者,因其投奔楚国,故略之。

【译文】

冬,蔡侯朱出逃楚国。

【左传】蔡侯朱出奔楚。费无极取货于东国①,而谓蔡人曰:"朱不用命于楚,君王将立东国②。若不先从王欲,楚必围蔡③。"蔡人惧,出朱而立东国。朱诉于楚,楚子将讨蔡。无极曰:"平侯与楚有盟,故封④。其子有二心⑤,故废之。灵王杀隐大子,其子与君同恶,德君必甚⑥。又使立之,不亦可乎!且废置在君,蔡无他矣⑦。"

【注释】

①取货:求取货物。东国:蔡国隐太子之子,蔡平侯庐之弟,蔡侯朱叔父。

②朱不用命于楚,君王将立东国:朱不听命于楚国,楚国将废朱立东国。

③若不先从王欲,楚必围蔡:这是费无极恐吓蔡人的话。

④平侯与楚有盟,故封:昭公十三年,复蔡时蔡平侯和楚国盟于邓。

⑤其子:指蔡侯朱。

⑥"灵王杀隐大子"三句:楚灵王杀东国之父隐太子,楚平王又杀楚灵王,东国必与楚平王同恶楚灵王而十分感谢楚平王。

⑦且废置在君,蔡无他矣:废立之权操纵在楚王手里,蔡不敢有他心。案这是费无极诡言阻止楚平王讨蔡。

【译文】

蔡侯朱出逃到楚国。费无极得到东国的财物,对蔡国人说:"朱不听从楚国的话,君王将要立东国为君。如果不先顺从楚王的意愿,楚国必定包围蔡国。"蔡国人怕了,驱逐朱而立了东国。朱向楚国控诉,楚平王准备讨伐蔡国。费无极说:"蔡平侯和楚国有盟约,所以封他。他的儿子有二心,所以废掉他。灵王杀了隐太子,隐太子的儿子和君王有共同的仇人,一定非常感激君王。现在又立他为国君,不也是很好吗!况且废立大权在君王手里,蔡国不敢有他心了。"

【穀梁传】东者,东国也。何为谓之东也?王父诱而杀焉①,父执而用焉②,奔,而又奔之。曰东,恶之而贬之也。

【注释】

①王父:祖父,即蔡灵侯。这里是指昭公十一年"楚子虔诱蔡侯般,杀之于申"之事。

②父执而用焉：这里是指昭公十一年"楚师灭蔡,执蔡世子有以归,用之"之事。父,父亲,即世子姬有。

【译文】

东,是东国。为什么把他叫做"东"呢？祖父被诱骗来杀害了,父亲被抓了用于祭祀,出逃,还出逃到仇国。称"东",是厌恶他而贬低他。

【经】公如晋,至河乃复。

【译文】

鲁昭公去晋国,到黄河边便返回。

【左传】公如晋,及河,鼓叛晋①。晋将伐鲜虞,故辞公。

【注释】

①鼓叛晋：鼓地叛晋,归附鲜虞。

【译文】

鲁昭公去晋国,刚到黄河边,鼓国背叛晋国。晋国准备攻打鲜虞,所以辞谢了鲁昭公。

二十二年

【经】二十有二年春①,齐侯伐莒。

【注释】

①二十有二年：鲁昭公二十二年当周景王二十五年,前520年。

【译文】

鲁昭公二十二年春,齐景公攻打莒国。

【左传】二十二年春王二月甲子①,齐北郭启帅师伐莒②。莒子将战,苑羊牧之谏曰③:"齐帅贱,其求不多,不如下之④。大国不可怒也。"弗听,败齐师于寿馀⑤。齐侯伐莒⑥,莒子行成。司马灶如莒莅盟⑦,莒子如齐莅盟,盟于稷门之外⑧。莒于是乎大恶其君⑨。

【注释】

①甲子:十六日。

②北郭启:齐国大夫。

③苑羊牧之:莒国大夫。苑氏,名牧之,字羊。

④"齐帅贱"三句:齐帅级别低,虽然伐莒,但要求不高,不如妥协以满足他们。

⑤寿馀:古地名,在今山东安丘。

⑥齐侯伐莒:齐景公发怒,率军亲征。

⑦司马灶:齐国大夫。

⑧盟于稷门之外:齐使莅盟,不于城内,而于城外,是有意辱之。稷门,齐国城门。

⑨莒于是乎大恶其君:莒国国君好战,结果辱国求和,莒国人于是讨厌他。

【译文】

鲁昭公二十二年春周历二月十六日,齐国北郭启领兵攻打莒国。莒君庚舆准备迎战,苑羊牧之谏阻说:"齐国统帅级别低,他的要求不多,不如对他表示顺服。大国不要去触怒。"莒君庚舆不听,在寿馀击败齐军。齐景公讨伐莒国,莒君庚舆求和。司马灶到莒国参加结盟,莒君庚舆到齐国参加结盟,在稷门外盟誓。莒国人由此对其国君大为不满。

【经】宋华亥、向宁、华定自宋南里出奔楚。

【注释】

①宋华亥、向宁、华定自宋南里出奔楚：华、向以南里为据点叛乱之后，华登率吴师支援华氏，然而不敌宋军，被围困于南里，华登突围向楚国求援，楚师前来救援，坚决要求宋国放逐华、向，宋人从之，于是华、向奔楚。

【译文】

宋国华亥、向宁、华定从宋国南里出逃到楚国。

【左传】楚薳越使告于宋曰："寡君闻君有不令之臣为君忧，无宁以为宗羞①？寡君请受而戮之②。"对曰："孤不佞，不能媚于父兄③，以为君忧，拜命之辱。抑君臣日战，君曰'余必臣是助'，亦唯命④。人有言曰：'唯乱门之无过⑤。'君若惠保敝邑，无亢不衷，以奖乱人⑥，孤之望也。唯君图之⑦！"楚人患之。诸侯之戍谋曰⑧："若华氏知困而致死，楚耻无功而疾战⑨，非吾利也。不如出之，以为楚功⑩，其亦无能为也已⑪。救宋而除其害，又何求⑫？"乃固请出之，宋人从之⑬。己巳⑭，宋华亥、向宁、华定、华貙、华登、皇奄伤、省臧、士平出奔楚。宋公使公孙忌为大司马⑮，边卬为大司徒⑯，乐祁为司城⑰，仲几为左师⑱，乐大心为右师⑲，乐輓为大司寇⑳，以靖国人。

【注释】

①无宁以为宗羞：华氏作乱，是宋国宗庙之羞。无宁，无乃，恐怕。

②寡君请受而戮之：意谓楚国愿意接纳华氏，请宋国放走华氏。

③媚：取悦。父兄：指华氏、向氏。二氏皆是公族。

④君曰"余必臣是助"，亦唯命：楚国如果帮助华、向作战，宋国只好
听命。

⑤唯乱门之无过：即昭公十九年传文所曰"无过乱门"。

⑥无亢不衷，以奖乱人：不保护不善之臣，不奖励作乱者。亢，保护。
不衷，不善。

⑦唯君图之：案宋国不同意楚国之请，以委婉外交辞令拒绝。

⑧诸侯之戍：戍守宋国的诸侯。

⑨若华氏知困而致死，楚耻无功而疾战：华氏将做困兽之斗，拼死一
战，楚国耻于不能救华氏，必急派兵作战。

⑩不如出之，以为楚功：不如放华氏、向氏去楚国，满足楚国的请求。

⑪其亦无能为也已：认为华氏再也不能成为宋患。其，指华氏。

⑫救宋而除其害，又何求：戍宋本为救宋，华氏如能离开宋国，那么
目的就已达到。

⑬宋人从之：让华、向离开宋国。

⑭己巳：二十一日。

⑮宋公使公孙忌为大司马：代替华费遂。

⑯边卬为大司徒：代替华定。边卬，宋平公曾孙。

⑰乐祁：即乐祁犁，子罕之孙。

⑱仲几为左师：代替向宁。仲几，仲江之孙。

⑲乐大心为右师：代替华亥。

⑳乐挽（wǎn）：子罕之孙。

【译文】

楚国蒍越派人告知宋国说："我们国君听说贵国国君有不肯臣服的
臣子造成国君的忧虑，这岂不成为宗庙的羞耻？我们国君请求接走他们
而加以诛戮。"宋元公答复说："寡人不才，不能取悦于父兄，给君王带来

了忧虑，劳动君王下达命令。但君臣之间每天作战，如果君王说'我一定要帮助臣子'，也只能唯命是听。前人有句话说：'不要经过动乱的门前。'君王要是赐恩保护敝国，不以庇护不善之人来奖励叛乱者，这是我的愿望。请君王好好考虑一下！"楚国感到忧虑。诸侯派在宋国戍守的大夫商议说："如果华氏明白没有退路而拼死作战，楚国因无法成就此事感到耻辱而迅速出兵参战，这对我们不利。不如让他们出去，以成全楚国的功绩，华氏他们对宋国已经无能为力了。挽救宋国而除掉他们的祸害，还求什么呢？"于是坚持请求放走华氏，宋国人同意了。二月二十一日，宋国华亥、向宁、华定、华貙、华登、皇奄伤、省臧、士平逃往楚国。宋元公任命公孙忌为大司马，边卬任大司徒，乐祁任司城，仲几任左师，乐大心任右师，乐輓任大司寇，以安定国人。

【穀梁传】自宋南里者，专也。

【译文】

"自宋南里"，表明独占了南里。

【经】大蒐于昌间①。

【注释】

①大蒐于昌间：鲁国在昌间举行春猎。昌间，或曰在今山东泗水附近。间，《公羊传》作"奸"。

【译文】

在昌间举行大规模阅兵式。

【穀梁传】秋而曰蒐，此春也，其曰蒐何也？以蒐事也①。

【注释】

①以蒐事：以打猎来练习武事。

【译文】

秋天打猎叫作"蒐"，这是春天，经文说"蒐"是为什么呢？用打猎来练习武事。

【经】夏四月乙丑①，天王崩②。

【注释】

①乙丑：十八日。

②天王崩：周景王去世。

【译文】

夏四月十八日，周景王去世。

【左传】王子朝、宾起有宠于景王①，王与宾孟说之，欲立之②。刘献公之庶子伯蚠事单穆公③，恶宾孟之为人也，愿杀之。又恶王子朝之言，以为乱，愿去之④。宾孟适郊，见雄鸡自断其尾，问之，侍者曰："自惮其牺也⑤。"遽归告王，且曰："鸡其惮为人用乎⑥！人异于是⑦。牺者实用人⑧，人牺实难，己牺何害⑨？"王弗应⑩。夏四月，王田北山，使公卿皆从，将杀单子、刘子⑪。王有心疾，乙丑，崩于荣锜氏⑫。戊辰⑬，刘子挚卒，无子，单子立刘蚠⑭。五月庚辰⑮，见王⑯，遂攻宾起，杀之，盟群王子于单氏⑰。

【注释】

①王子朝：周景王庶长子。宾起：即宾孟，王子朝师傅。

②欲立之：想立王子朝为太子。

③刘献公：周卿士。伯蚠（fén）：即刘狄。单穆公：也是周卿士。

④"又恶王子朝之言"三句：王子朝有要继位的话语，伯蚠讨厌他，准备除掉他。乱，不合礼制。

⑤自惮其牺也：牺牲要用毛羽完美的牲畜，所以侍者回答说，雄鸡怕被用作牺牲，所以自断其尾。

⑥用：用为祭品。

⑦人异于是：鸡毛完美为人所宠爱，但必被作为牺牲而杀掉，人则不同，被宠者必贵盛。

⑧实用人：实用于人。

⑨人牺实难，己牺何害：宾孟有感于鸡自断其尾，以鸡为喻，牺牲只是为人使用而已，你既宠爱王子朝，就应早立之，有何妨害？人牺，为人宠爱而被任用。己牺，为己宠爱而任用之。

⑩王弗应：昭公十五年太子寿死后，曾要立王子猛，现在宾孟提议立王子朝，周景王心里同意，但因王子猛的缘故而不置可否。

⑪"王田北山"三句：周景王知道单、刘二人拥护王子猛，想借打猎机会杀单、刘二人。北山，今河南洛阳北邙山。

⑫崩于荣锜氏：还没下手，周景王因心脏病发作而死。荣锜，周大夫。氏，家。

⑬戊辰：二十二日。

⑭"刘子挚卒"三句：刘献公挚也死，立刘蚠，即伯蚠。

⑮庚辰：初四。

⑯王：指王子猛。周景王死后，在刘、单的支持下，王子猛继位。

⑰盟群王子于单氏：怕诸王子有异议，所以在单穆公家结盟。

【译文】

　　王子朝、宾起得到周景王的宠信，周景王和宾起都喜欢王子朝，想立他为太子。刘献公的庶子伯蚠事奉单穆公，讨厌宾起的为人，想去杀了他。又讨厌王子朝的话，认为违背了礼制，想除掉他。宾起到郊外，看见一只公鸡自己弄断尾部羽毛，就问为什么，侍者说："它这是害怕成为牺牲。"宾起立即回去报告周景王，并且说："鸡大概是怕被人用作牺牲吧！人则和它不一样。牺牲是被人利用的，为人宠爱而被用作牺牲很难，但被自己用作牺牲有什么不好？"周景王没应答。夏四月，周景王到北山打猎，让公卿们都跟去，准备杀掉单穆公、刘献公。周景王有心脏病，十八日，死在荣锜家。二十二日，刘献公挚去世，没有嫡子，单穆公立了刘蚠。五月初四，进见周天子，于是进攻宾起，杀了他，与王子们在单氏家结盟。

*【左传】晋之取鼓也①，既献而反鼓子焉②。又叛于鲜虞③。六月，荀吴略东阳④，使师伪籴者⑤，负甲以息于昔阳之门外⑥，遂袭鼓，灭之⑦，以鼓子鸢鞮归，使涉佗守之⑧。

【注释】

①晋之取鼓也：事在昭公十五年。

②既献而反鼓子焉：在宗庙献俘之后，又让鼓子归国为君。

③又叛于鲜虞：鼓国本属鲜虞，鼓子归国，又叛晋而归于鲜虞。

④略：巡视。东阳：太行山以东，河南北部、河北南部属于晋国的地方。

⑤籴（dí）：买粮。

⑥昔阳：古地名，在今河北晋州西。

⑦遂袭鼓，灭之：晋国设计袭击并灭掉鼓国。

⑧涉佗：晋国大夫。守之：镇守鼓地。

【译文】

晋国占领鼓国，向宗庙献捷后又让鼓国国君回去。鼓又背叛晋国而归属鲜虞。六月，荀吴巡视东阳，派军队装作买粮的，背着铠甲在昔阳城门外休息，趁机袭击鼓国，灭了鼓，逮住鼓国国君鸢鞮回国，派涉佗镇守鼓地。

【经】六月，叔鞅如京师^①，葬景王。王室乱^②。

【注释】

①叔鞅：鲁国大夫，叔弓之子。

②王室乱：此指周景王死后，刘子、单子拥立王子猛作乱之事。据《左传》，周景王欲立庶长子王子朝，刘献公和单穆公则拥护王子猛，周景王去世后不久刘献公去世，单穆公立其庶子为刘子，刘、单立王子猛为周王，王子朝则利用旧吏和百工中失去官职俸禄的人以及灵王、景王的族人作乱，欲争夺王位。双方交战，单子杀灵、景之族之八位王子，王子朝逃出王城到京地，王子猛党占据王城，两次讨伐京地均兵败而归，于是单子向晋国求援，带着王子猛离开王城，驻扎于皇地以示紧迫，晋出兵护送王子猛进入王城，又协助王师攻破京地。然王子猛去世，谥悼，为周悼王，刘、单又立其母弟王子匄（gài）为王，是为周敬王。乱，发生动乱。

【译文】

六月，叔鞅到京师，参加周景王的葬礼。周王室内乱。

【左传】丁巳^①，葬景王。王子朝因旧官、百工之丧职秩者与灵、景之族以作乱^②。帅郊、要、饯之甲^③，以逐刘子^④。壬戌^⑤，刘子奔扬^⑥。单子逆悼王于庄宫以归^⑦。王子还夜取王以如庄宫^⑧。癸亥^⑨，单子出^⑩。王子还与召庄公谋^⑪，曰：“不杀单旗，不捷^⑫。与之重盟^⑬，必来。背盟而克者多矣^⑭。”从之。樊顷子曰^⑮：“非言也^⑯，必不克。”遂奉王以追单子^⑰。及领^⑱，大盟而复，杀挚荒以说^⑲。刘子如刘^⑳，单子亡，乙丑^㉑，奔于平畤^㉒。群王子追之，单子杀还、姑、发、弱、鬷、延、定、稠，子朝奔京^㉓。丙寅^㉔，伐之^㉕。京人奔山^㉖。刘子入

于王城。辛未㉗,巩简公败绩于京。乙亥㉘,甘平公亦败焉㉙。

【注释】

①丁巳:十一日。

②百工:百官。灵、景之族:周灵王、周景王子孙。

③郊、要、饯:都是周城邑。

④刘子:伯蚠。

⑤壬戌:十六日。

⑥扬:本为戎人城邑,当距今河南偃师不远。

⑦单子逆悼王于庄宫以归:单子将周悼王接回自己的家。单子,单
　穆公单旗。悼王,王子猛。庄宫,周庄王庙,在王城中。

⑧王子还夜取王以如庄宫:王子还又将周悼王劫回庄宫。王子还,
　王子朝同党。

⑨癸亥:十七日。

⑩单子出:单子因为失去周悼王,所以出逃。

⑪召庄公:召伯奂,王子朝同党。

⑫不捷:事情不会成功。

⑬重盟:再次结盟,因前已盟群王子。

⑭背盟:现在以再盟召单子,是要趁机杀死他,所以说背盟。

⑮樊顷子:樊齐,单、刘同党。

⑯非言:指王子还的话非善言。

⑰遂奉王以追单子:王子还奉周悼王令追单子。

⑱领:嵩岭,一名"辗辕山"。

⑲杀挚荒以说:王子还与单子盟,并将劫周悼王一事归罪于挚荒,杀
　挚荒以做解释。

⑳刘子如刘:刘蚠自扬回到自己的采邑。刘,古地名,在今河南偃师
　西南。

㉑乙丑：十九日。

㉒奔于平畤（zhì）：单子知道王子还之谋，又奔平畤。平畤，古地名，
　　在今河南洛阳不远处。

㉓单子杀还、姑、发、弱、鬷（zōng）、延、定、稠，子朝奔京：八人皆王
　　子朝党羽，被杀，王子朝奔京。案还等八人都是王子，即灵、景之
　　族。京，古地名，在今河南洛阳西南、伊水南。

㉔丙寅：二十日。

㉕伐之：单子伐京。

㉖山：邙山。

㉗辛未：二十五日。

㉘乙亥：二十九日。

㉙甘平公：巩、甘都是周王卿士，都为王子朝所败。

【译文】

六月十一日，安葬周景王。王子朝凭借旧官和百工中被免职的人，与周灵王、周景王的族人一起发动叛乱。率领郊、要、饯的甲士，驱逐刘蚠。十六日，刘蚠逃往扬地。单穆公到庄宫迎接周悼王到自己家。王子还夜里又将周悼王接回庄宫。十七日，单穆公出逃。王子还和召庄公商量，说："不杀掉单旗，不能算胜利。再和他结盟，他一定会来。违背盟约而取得胜利的事情是很多的。"召庄公同意了。樊顷子说："这不像话，必定不能成功。"王子还便奉周悼王令去追赶单穆公。到达领地，举行盛大的结盟仪式后返回，杀死挚荒以向单穆公解释。刘蚠由扬到刘，单穆公逃亡，十九日，逃到平畤。王子们去追赶他，单穆公杀了公子还、姑、发、弱、鬷、延、定、稠，王子朝逃到京地。二十日，单穆公伐京。京地人逃往山中。刘蚠进入王城。二十五日，巩简公在京地大败。二十九日，甘平公也战败。

　　　叔鞅至自京师①，言王室之乱也。闵马父曰②："子朝必

不克。其所与者，天所废也③。"

①叔鞅至自京师：安葬周景王之后返回鲁国。

②闵马父：即闵子马，鲁国大夫。

③天所废：指"百工之丧职秩者"，本为上天所弃，王子朝依靠他们，
　必败。

【译文】

叔鞅从京师回国，说起王室的动乱。闵马父说："王子朝肯定不会成功。他所依靠的人，都是上天所抛弃的。"

【公羊传】何言乎王室乱①？言不及外也②。

【注释】

①何言乎王室乱：案《春秋》之例，天子之居当称"京师"。

②言不及外也：案"京师"之称，京者，大也；师者，众也；天子之居，
　必以众大之辞言之。此处王子猛作乱，无诸侯之救，如一家之乱，
　故变"京师"而言"王室"。

【译文】

经言"王室乱"是为何？是说天子衰微，如一家之乱，影响不及家外。

【穀梁传】乱之为言，事未有所成也。

【译文】

"乱"的意思，就是事情没有成功。

【经】刘子、单子以王猛居于皇^①。秋,刘子、单子以王猛入于王城^②。

【注释】

①刘子、单子以王猛居于皇:避乱居于皇。王猛,王子猛。皇,地名,在今河南洛阳东、巩义西南。

②王城:东周都城,在今河南洛阳。

【译文】

刘鸷、单穆公奉悼王猛居住在皇地。秋,刘鸷、单穆公奉悼王猛进入王城。

【左传】单子欲告急于晋。秋七月戊寅^①,以王如平畤,遂如圃车,次于皇^②。刘子如刘。单子使王子处守于王城^③。盟百工于平宫^④。辛卯^⑤,鄩肸伐皇^⑥。大败,获鄩肸。壬辰^⑦,焚诸王城之市^⑧。八月辛酉^⑨,司徒丑以王师败绩于前城^⑩。百工叛。己巳^⑪,伐单氏之宫,败焉^⑫。庚午^⑬,反伐之。辛未^⑭,伐东圉^⑮。冬十月丁巳^⑯,晋籍谈、荀跞帅九州之戎及焦、瑕、温、原之师,以纳王于王城^⑰。庚申^⑱,单子、刘鸷以王师败绩于郊^⑲,前城人败陆浑于社^⑳。

【注释】

①戊寅:初三。

②"以王如平畤"三句:让周悼王离开王城,以示危急。圃车,周地名,离皇不远。

③单子使王子处守于王城:守王城以抵御王子朝。王子处,周悼王同党。

④平宫：平王庙。

⑤辛卯：十六日。

⑥鄩肸（xún xī）：王子朝同党。

⑦壬辰：十七日。

⑧焚诸王城之市：在王城之市烧死鄩肸。

⑨辛酉：十六日。

⑩丑：周悼王的司徒。前城：古地名，王子朝所得之邑，在今河南洛
　　阳东南，伊水东岸。

⑪己巳：二十四日。

⑫伐单氏之宫，败焉：因为司徒丑败，百工叛，攻单氏，反为单氏所败。

⑬庚午：二十五日。

⑭辛未：二十六日。

⑮东圉：古地名，在今河南偃师西南。

⑯丁巳：十三日。

⑰晋籍谈、荀跞帅九州之戎及焦、瑕、温、原之师，以纳王于王城：
　　单、刘向晋国告急，晋国出兵，护送周悼王回王城。九州之戎，陆
　　浑之戎。

⑱庚申：十六日。

⑲单子、刘蚠以王师败绩于郊：为王子朝同党所败。

⑳前城人败陆浑于社：陆浑戎也被王子朝之众所败。前城人，王子
　　朝之众。社，周邑。

【译文】

单穆公想向晋国告急。秋七月初三，他带着周悼王到平畤，又去往
圉车，住在皇地。刘蚠去刘邑。单穆公派王子处守在王城。与百工在平
王庙中结盟。十六日，鄩肸攻打皇地。大败，鄩肸被俘虏。十七日，把鄩
肸烧死在王城的市上。八月十六日，司徒丑率领周悼王的军队在前城大
败。百工叛变。二十四日，攻打单穆公的住宅，被打败。二十五日，单穆

公反来进攻。二十六日,单穆公进攻东圉。冬十月十三日,晋国籍谈、荀跞率领九州的戎人和焦、瑕、温、原等地的军队,把周悼王送回王城。十六日,单穆公、刘蚠所带周悼王的军队在郊地被打败,前城人在社地打败陆浑。

【公羊传】其称王猛何? 当国也①。王城者何? 西周也②。其言入何? 篡辞也③。

【注释】

①当国也:把持国政,谋夺篡位。王猛即王子猛,因其欲当国,故以当国之辞言之,去掉"王子"之氏,冠以国氏,称为"王猛"。时王猛年幼,篡位之谋发自刘子、单子,故经书"刘子、单子以王猛居于皇"。

②西周也:案《公羊传》及何休之意,王城与成周为两地,王猛进入王城,自号为西周主,后人因此称王城为西周,成周为东周。

③篡辞也:何休云:"时虽不入成周,已得京师地半,称王置官,自号西周,故从篡辞言入,起其事也。"

【译文】

此为王子猛,经文称"王猛"是为何? 表示他想要把持国政。王城是什么地方? 是西周。经言"入"是为何? 是篡位的文辞。

【穀梁传】以者,不以者也①。王猛②,嫌也③。以者,不以者也。入者,内弗受也。

【注释】

①不以者:这里是指不应该说臣下带着君王怎样怎样,显得地位高的受制于地位低的,不符合君臣地位的高下。

②王猛：即"王子猛"。

③嫌：篡位的嫌疑。《穀梁传》认为称"王猛"是表明猛有篡位之嫌，
　　恐非，据傅隶朴《春秋三传比义》，不称"王"或"天王"而称"名"
　　者，是因为即位不逾年。

【译文】

"以"，表示不应该"以"的意思。称"王猛"，表明有篡位的嫌疑。
"以"，就是不应"以"的意思。"入"，表明当地人不愿接受。

【经】冬十月，王子猛卒①。

【注释】

①王子猛卒：王子猛死，周人谥为悼王。

【译文】

冬十月，悼王猛去世。

【左传】十一月乙酉①，王子猛卒②，不成丧也③。己丑④，
敬王即位⑤，馆于子旅氏⑥。十二月庚戌⑦，晋籍谈、荀跞、贾
辛、司马督帅师军于阴，于侯氏，于溪泉，次于社⑧。王师军
于氾，于解，次于任人⑨。闰月，晋箕遗、乐徵、右行诡济师
取前城⑩，军其东南。王师军于京楚⑪。辛丑⑫，伐京，毁其
西南⑬。

【注释】

①乙酉：十二日。

②王子猛卒：王子猛死，周人谥为悼王。经文记作"冬十月"，传文
　　纠正为"十一月"。

③不成丧也：经文不称王"崩"，因为王子猛没有正式即位，所以未行天子丧葬之礼。

④己丑：十六日。

⑤敬王：王子猛母弟王子丐。

⑥子旅氏：周大夫。

⑦庚戌：初七。

⑧"晋籍谈、荀跞、贾辛、司马督帅师军于阴"四句：籍谈驻军于阴，荀跞驻军于侯氏，贾辛驻军于溪泉，司马督驻军于社。阴，即平阴，古地名，在今河南孟津北、黄河南岸。侯氏，古地名，即今缑氏镇。溪泉，古地名，在今河南洛阳。

⑨"王师军于氾"三句：王师分驻三地。氾、解、任人，都在今河南洛阳附近。

⑩箕遗、乐徵、右行诡：都是晋国大夫。济师：部队渡洛水、伊水。

⑪京楚：古地名，在今河南洛阳附近。

⑫辛丑：二十九日。

⑬伐京，毁其西南：王子朝在京，所以伐京，毁京之西南部。

【译文】

十一月十二日，王子猛去世，没有举行天子的丧葬仪式。十六日，周敬王即位，住在子旅氏家。十二月初七，晋国籍谈、荀跞、贾辛、司马督分别率军队驻扎在阴、侯氏、溪泉和社地。周王军队驻扎在氾地、解地和任人。闰十二月，晋国箕遗、乐徵、右行诡统领军队渡过雒水、伊水占领前城，驻扎在前城东南。周王军队驻扎在京楚。二十九日，攻打京地，破坏了它的西南部。

【公羊传】此未逾年之君也，其称王子猛卒何①？不与当也。不与当者，不与当父死子继，兄死弟及之辞也②。

【注释】

①此未逾年之君也，其称王子猛卒何：案嗣君名例"君存称'世子'，君薨称'子某'，未逾年称'子'"，篡位成功者，亦适用此名例。此处王猛若篡成，则当书"王子卒"。又案《春秋》之例，外未逾年君卒不书。此处称之为"王子猛"，又书其卒，异于常例，故而发问。

②不与当父死子继，兄死弟及之辞也：案《春秋》之例，若篡位成功，则以嗣君之名例称之，此为"父死子继、兄死弟及之辞"。若依此例，当书"王子卒"。而王猛仅入于王城，未入于成周，篡位未成，故不以"父死子继、兄死弟及之辞"称之。

【译文】

这是未逾年之君，为何称其为"王子猛"？是不赞成他当未逾年之君。不赞成他当未逾年之君，是不用父死子继，兄死弟及的文辞书其卒。

【穀梁传】此不卒者也。其曰卒，失嫌也。

【译文】

这是不应记载去世的。经文称"卒"，表明他没有篡位的嫌疑了。

△**【经】十有二月癸酉朔，日有食之**①。

【注释】

①十有二月癸酉朔，日有食之：此为前520年11月23日的日全食。

【译文】

十二月初一，发生日食。

二十三年

【经】二十有三年春王正月^①，叔孙婼如晋^②。癸丑^③，叔鞅卒。晋人执我行人叔孙婼^④。

【注释】

①二十有三年：鲁昭公二十三年当周敬王元年，前519年。

②叔孙婼（chuò）如晋：鲁国武城人伏击邾军，晋国问罪，叔孙婼赴晋解说。叔孙婼，《公羊传》作"叔孙舍"。如晋，到晋国去。

③癸丑：十二日。

④晋人执我行人叔孙婼：晋国扣留叔孙婼。

【译文】

鲁昭公二十三年春周历正月，叔孙婼到晋国去。十二日，叔鞅去世。晋国扣留鲁国使者叔孙婼。

【左传】邾人城翼^①，还，将自离姑^②。公孙鉏曰^③："鲁将御我^④。"欲自武城还，循山而南^⑤。徐鉏、丘弱、茅地曰^⑥："道下，遇雨，将不出^⑦，是不归也。"遂自离姑^⑧。武城人塞其前，断其后之木而弗殊，邾师过之，乃推而蹶之^⑨，遂取邾师，获鉏、弱、地。邾人诉于晋，晋人来讨。叔孙婼如晋，晋人执之。书曰："晋人执我行人叔孙婼。"言使人也^⑩。晋人使与邾大夫坐^⑪。叔孙曰："列国之卿，当小国之君，固周制也。邾又夷也。寡君之命介子服回在^⑫，请使当之，不敢废周制故也。"乃不果坐。

【注释】

①翼:邾地名,在今山东费县西南。

②还,将自离姑:从翼经离姑回国。案从此路回国,必经过鲁国武城。离姑,邾地名,在翼北。

③公孙钮:邾国大夫。

④鲁将御我:经过邻国之境必须借道,现在不借道而经过武城,武城人必然抗御。

⑤欲自武城还,循山而南:公孙钮提议不经过武城,依沂蒙山南行。

⑥徐钮、丘弱、茅地:三人都是邾国大夫。

⑦"道下"三句:山道低下,遇雨将走不出去。

⑧遂自离姑:仍然取道武城,经离姑回国。

⑨"武城人塞其前"四句:武城人前面以兵挡路,后面砍树而不砍断,等邾国军队经过,推断树以伏击之。殊,断。蹶,倒。

⑩"书曰"三句:即使诸侯有罪,盟主也不宜逮捕使臣。经文称"行人叔孙婼",就是批评晋国随便逮捕使臣。

⑪坐:古代诉讼双方互相辩论曰"坐"。

⑫介:副使。子服回:鲁国大夫。当时是叔孙婼副使。

【译文】

邾国在翼地筑城,返程准备取道离姑。公孙钮说:"鲁国将会抗击我们。"想从武城折返,沿山往南走。徐钮、丘弱、茅地说:"山道低下,遇上雨将出不去,这就不能回去了。"于是还是从离姑走。武城人把前面的道路堵住了,砍后面路旁的树木而不让它断倒,邾国军队经过时,武城人推倒树木断其后路,便消灭了邾军,俘获徐钮、丘弱、茅地。邾国向晋国控诉,晋国前来问罪。叔孙婼到晋国,晋国把他逮捕。《春秋》记载说:"晋国扣留我国使者叔孙婼。"是说他们逮捕使臣是违法的。晋国让叔孙婼和邾国大夫辩论。叔孙婼说:"各国的卿,相当于小国的国君,本是周朝的制度。邾国还是夷人。我们国君所任命的副使子服回在,请让他和邾国大夫辩论，我这是由于不敢废弃周朝的制度。"叔孙婼终于没和邾国大夫辩论。

韩宣子使邾人聚其众，将以叔孙与之①。叔孙闻之，去众与兵而朝②。士弥牟谓韩宣子曰③："子弗良图④，而以叔孙与其仇，叔孙必死之。鲁亡叔孙，必亡邾。邾君亡国，将焉归⑤？子虽悔之，何及⑥？所谓盟主，讨违命也⑦。若皆相执⑧，焉用盟主？"乃弗与⑨。使各居一馆⑩。士伯听其辞，而诉诸宣子，乃皆执之⑪。士伯御叔孙，从者四人，过邾馆以如吏⑫。先归邾子。士伯曰："以匄菑之难，从者之病，将馆子于都⑬。"叔孙旦而立，期焉⑭。乃馆诸箕⑮。舍子服昭伯于他邑⑯。

【注释】

①将以叔孙与之：准备把叔孙婼交给邾国众人。

②叔孙闻之，去众与兵而朝：案叔孙婼不带随从武器只身朝见晋国国君，以示赴死。

③士弥牟：即士景伯。

④子弗良图：计谋不善。

⑤邾君亡国，将焉归：当时邾君在晋国，要是鲁国灭亡邾国，邾君无所归，反而增加晋国麻烦。

⑥子虽悔之，何及：到时将后悔不及。

⑦所谓盟主，讨违命也：盟主的职责，乃是讨伐违命之国。

⑧若皆相执：鲁国抓了邾国三位大夫，晋国又使邾人抓叔孙婼。

⑨乃弗与：不将叔孙婼交给邾国人。

⑩使各居一馆：让叔孙婼和子服回各住一客馆。

⑪"士伯听其辞"三句：叔孙婼二人极力辩解，士景伯听后，报告韩起，将叔孙婼和子服回都抓了起来。

⑫"士伯御叔孙"三句：士伯故意载着叔孙婼经过邾人居住之馆，以羞辱叔孙婼。

⑬"以刍荛之难"三句：晋国以柴草不足，随从人员劳苦为借口，准备将叔孙婼囚禁于别处。都，别邑。

⑭叔孙旦而立，期焉：叔孙婼立以待命。期，待。

⑮箕：古地名，在今山西蒲县东北。

⑯舍子服昭伯于他邑：子服回被软禁于别的地方。

【译文】

韩起让邾国聚集手下人，准备把叔孙婼交给他们。叔孙婼闻讯，屏去随从没带武器前往朝见晋顷公。士弥牟对韩起说："您的计谋不周全，要把叔孙婼交给他的仇敌，叔孙婼必然因此而死。鲁国失去叔孙婼，必定灭亡邾国。邾国国君没了国家，将会到哪里去？到那时您即便懊悔，又哪里来得及？所谓盟主，职责是讨伐违背命令的诸侯。如果都互相抓人，又哪里用得着盟主？"韩起便没把叔孙婼交给邾国人，让他和子服回各住一所宾馆。士弥牟听取他们的辩解后，把情况告诉了韩起，于是把他们都抓起来。士弥牟驾车载着叔孙婼，随从的有四个人，经过邾国人的宾馆而到官吏那里去。先让邾国国君回国。士弥牟说："因为柴草匮乏，随从人员太辛苦，准备把你安排到别的城邑。"叔孙婼一早就站在那里等待动身。于是让他住到箕邑。把子服回安排到另外的城邑。

　　范献子求货于叔孙，使请冠焉①。取其冠法，而与之两冠②，曰："尽矣。"为叔孙故，申丰以货如晋③。叔孙曰："见我，吾告女所行货④。"见而不出⑤。吏人之与叔孙居于箕者⑥，请其吠狗，弗与⑦。及将归，杀而与之食之⑧。叔孙所馆者,虽一日,必葺其墙屋⑨,去之如始至。

【注释】

①范献子求货于叔孙,使请冠焉:范献子以求冠为借口,向叔孙婼索取贿赂。

②取其冠法,而与之两冠:叔孙婼明知范献子之意,故意让人取范献子的冠做样子,然后送回两顶相同的冠,以塞范献子的口。

③为叔孙故,申丰以货如晋:鲁国想用财物求得晋国赦免叔孙婼。

④所行货:财物送到哪里。

⑤见而不出:叔孙婼让申丰来见自己,即留住他不让出去,拒绝以贿赂求赦免。

⑥吏人:看守叔孙婼的人。

⑦请其吠狗,弗与:叔孙婼不给吠狗,表示连小吏也不贿赂。吠狗,叔孙婼所养善吠之狗。

⑧及将归,杀而与之食之:叔孙婼杀吠狗与吏人吃,表示先前并非吝惜不给。

⑨“叔孙所馆者”三句:所居之处,即便仅仅一天,叔孙婼也必修缮一新。葺(qì),修缮。

【译文】

　　范献子向叔孙婼索求财货,派人向他讨要帽子。叔孙婼弄来范献子帽子的样子,照着做了两顶送给他,说:“都在这里了。”因为叔孙婼被扣留的缘故,申丰带着财物到晋国来。叔孙婼说:“来见我,我告诉你要把财物送到哪里。”申丰入见后叔孙婼不让他出来。在箕地和叔孙婼住在一起的吏人向叔孙婼讨要一只善吠的狗,叔孙婼不给。到将回国时,叔孙婼把狗杀了和吏人一起吃。叔孙婼所住的地方,即便只住一天,也一定要修整墙屋,离开的时候就跟刚来时一样。

【经】晋人围郊①。

【注释】

①晋人围郊：围郊讨伐王子朝。郊，周邑，在今河南巩义附近。

【译文】

晋国包围郊邑。

【左传】二十三年春王正月壬寅朔，二师围郊①。癸卯②，郊、郧溃③。丁未④，晋师在平阴⑤，王师在泽邑⑥。王使告间⑦，庚戌⑧，还⑨。

【注释】

①二师围郊：由于王子朝据于郊，所以王师和晋师联合讨伐。二师，指周王军队和晋国军队。案此传文应与上年传文"伐京，毁其西南"连读。

②癸卯：初二。

③郊、郧溃：郊、郧二邑都被王子朝占据。郧，也是周邑，在今河南巩县。

④丁未：初六。

⑤平阴：即上年传文中的阴。

⑥王师在泽邑：周敬王随军在泽邑。泽邑，即狄泉。

⑦王使告间：王师自己可以抵御，晋军可以回师。间，本指病好转，这里指王子朝之乱稍平。

⑧庚戌：初九。

⑨还：晋军回国。

【译文】

鲁昭公二十三年春周历正月初一，周天子军队和晋国军队包围郊邑。初二,郊、郛溃败。初六,晋军在平阴,周天子的军队在泽邑。周天子派人向晋军告知局势好转,初九,晋军回国。

【公羊传】郊者何? 天子之邑也。曷为不系于周[①]? 不与伐天子也[②]。

【注释】

①曷为不系于周:案《春秋》之例,邑皆系属于国。此处郊为天子之邑,本当系属于周。

②不与伐天子也:天子是君,晋国是臣,地位不对等,故不赞同讨伐天子。案《春秋》之例,"围"的对象是国都,此处郊不系属于周,好像把郊当成一个诸侯国,如此则像两国相伐,非是伐天子,以此为周天子避讳。

【译文】

郊是什么地方? 是天子的城邑。为何不系属于周? 是不赞同晋人讨伐天子。

△**【经】**夏六月[①],蔡侯东国卒于楚。

【注释】

①六月:案时月日例,大国诸侯卒书日,此处书月者,因蔡侯东国背叛中国,附从楚国,故略之。又蔡侯东国是篡蔡侯朱之君位(事在昭公二十一年),而无篡辞,故此处不书其葬,明其篡位。蔡侯,蔡悼侯,在位共三年。

【译文】

夏六月,蔡悼侯东国在楚国去世。

【经】秋七月,莒子庚舆来奔①。

【注释】

①莒子庚舆来奔:莒共公被逐,逃奔鲁国。据《左传》,庚舆好铸剑,
　每铸新剑便以人试,国人以为患,且庚舆又打算叛齐,莒大夫乌存
　率国人将其驱逐,庚舆出奔鲁,齐人送莒郊公归莒。莒子庚舆,莒
　共公,姓己,名庚舆,莒著丘公之弟。案自此以后,莒、鲁交争之事
　不见于经、传。

【译文】

秋七月,莒国国君庚舆逃来鲁国。

　　【左传】莒子庚舆虐而好剑①,**苟铸剑,必试诸人**②。**国
人患之。又将叛齐**③。**乌存帅国人以逐之**④。**庚舆将出,闻
乌存执殳而立于道左,惧将止死**⑤。**苑羊牧之曰**⑥:**"君过
之**⑦!**乌存以力闻可矣,何必以弑君成名**⑧?"**遂来奔。齐人
纳郊公**⑨。

【注释】

①莒子庚舆:犁比公之子,著丘公之弟。

②苟铸剑,必试诸人:用杀人来试剑的利钝。

③又将叛齐:去年与齐结盟,现在想叛齐。

④乌存:莒国大夫。

⑤"庚舆将出"三句:莒子庚舆怕被乌存拦住杀死。

⑥苑羊牧之:莒国大夫。

⑦君过之:要莒子庚舆尽管过去。

⑧乌存以力闻可矣,何必以弑君成名:苑羊牧之估计乌存不至于杀

国君。以力闻,以勇力闻名。

⑨齐人纳郊公:齐国送郊公回莒国去即位。郊公,著丘公之子,昭公
十四年奔齐。

【译文】

莒子庚舆暴虐而爱剑,要是铸了剑,必定用人来试剑。国人都怨恨。
他又打算背叛齐国。乌存率领国人赶走他。庚舆将出逃,听说乌存持戈
站立道左,害怕会把自己截住杀死。苑羊牧之说:"国君尽管过去!乌存
以勇力闻名就行了,何必靠杀死国君来成名?"莒子就逃来鲁国。齐国
把郊公送回莒国即位。

【经】戊辰①,吴败顿、胡、沈、蔡、陈、许之师于鸡父②,胡子髡、沈子逞灭③,获陈夏啮④。

【注释】

①戊辰:二十九日。

②吴败顿、胡、沈、蔡、陈、许之师于鸡父:吴攻州来,楚出兵救援,吴
公子光认为楚军联盟并不稳固,于是建议先击溃胡、沈、陈等小国
军队。鸡父之战依公子姬光之计作战,击溃了楚军。鸡父,楚地
名,在今河南固始东南。《穀梁传》作"鸡甫"。胡,妫姓国,在今安
徽阜阳。

③胡子髡(kūn)、沈子逞灭:胡、沈二国国君被杀。沈子逞,《公羊
传》作"沈子楹",《穀梁传》作"沈子盈"。

④获:杀死。夏啮(niè):夏徵舒曾孙。

【译文】

二十九日,吴国在鸡父打败顿、胡、沈、蔡、陈、许六国军队,胡子髡、
沈子逞被杀,杀死陈国夏啮。

【左传】吴人伐州来①,楚薳越帅师及诸侯之师奔命救州来②。吴人御诸锺离③。子瑕卒,楚师熸④。吴公子光曰:"诸侯从于楚者众,而皆小国也,畏楚而不获已⑤,是以来。吾闻之曰:'作事威克其爱,虽小,必济⑥。'胡、沈之君幼而狂⑦,陈大夫啮壮而顽⑧,顿与许、蔡疾楚政⑨。楚令尹死,其师熸。帅贱、多宠,政令不壹。七国同役而不同心⑩,帅贱而不能整,无大威命⑪,楚可败也。若分师先以犯胡、沈与陈,必先奔。三国败,诸侯之师乃摇心矣⑫。诸侯乖乱⑬,楚必大奔。请先者去备薄威⑭,后者敦陈整旅⑮。"吴子从之。戊辰晦⑯,战于鸡父⑰。吴子以罪人三千先犯胡、沈与陈⑱,三国争之⑲。吴为三军以系于后:中军从王⑳,光帅右,掩馀帅左㉑。吴之罪人或奔或止,三国乱㉒。吴师击之,三国败,获胡、沈之君及陈大夫。舍胡、沈之囚使奔许与蔡、顿㉓,曰:"吾君死矣!"师噪而从之㉔,三国奔㉕,楚师大奔。书曰:"胡子髡、沈子逞灭,获陈夏啮。"君臣之辞也㉖。不言战,楚未陈也㉗。

【注释】

①吴人伐州来:昭公十三年,州来属吴,昭公十九年,楚国曾城州来,大概后来又取之。

②楚薳越帅师及诸侯之师奔命救州来:此时令尹子瑕有病,虽在军中,但由司马薳越代行其事。奔命,奉楚王之命带兵参战。

③锺离:古地名,在今安徽凤阳稍北。

④熸(jiān):火熄灭。这里比喻士气低落。

⑤不获已:不得已。

⑥"作事威克其爱"三句:带兵其威严若胜过感情,兵虽少,也必胜。克,胜过。

⑦狂:浮躁。

⑧顽:顽钝不化。

⑨疾:憎恨。

⑩七国:楚、顿、胡、沈、蔡、陈、许。

⑪帅贱而不能整,无大威命:薳越地位较低,不能整齐号令,没有高的威信。

⑫摇心:军心动摇。

⑬乖乱:混乱。

⑭请先者去备薄威:先头部队放松警戒,减少军威以诱敌。

⑮后者敦陈整旅:后面的部队巩固军阵,整顿师旅以应战。

⑯戊辰晦:七月二十九日。案晦日忌战,吴军则出其不意攻击楚军。

⑰鸡父:楚地名,在今河南固始东南。

⑱吴子以罪人三千先犯胡、沈与陈:罪犯囚徒不习作战,用此就是"去备薄威"以诱敌。

⑲三国争之:三国不知是计,争抓俘虏。

⑳中军从王:吴王率中军。

㉑掩馀:吴王寿梦之子。

㉒吴之罪人或奔或止,三国乱:为捉俘虏,军阵不整。

㉓舍胡、沈之囚使奔许与蔡、顿:让胡、沈俘虏逃回,以动摇许、蔡、顿军心。

㉔师噪而从之:吴军趁机攻击许、蔡、顿三国军队。噪,鼓噪。

㉕三国奔:许、蔡、顿三国兵士败逃。

㉖"书曰"四句:胡子、沈子都是国君,君亡等于国灭,所以书二君灭;夏啮为大夫,臣位轻,虽被杀,只称获。

㉗不言战,楚未陈也:楚军未摆开阵势,所以经文不说"战"。

【译文】

　　吴国攻打州来,楚国蓬越率军和诸侯军队奉楚平王之命援救州来。吴国在钟离抵御他们。子瑕去世,楚军士气低落。吴国公子光说:"诸侯跟从楚国的很多,但都是小国,是畏惧楚国而不得已,所以前来。我听说:'做事要是威严胜过感情,虽然弱小,也一定能成。'胡、沈二国国君年轻而浮躁,陈国大夫齧年富力强但顽钝,顿与许、蔡三国憎恨楚国政令。楚国令尹死了,军队的士气低落。统帅地位低下军内多宠臣,政令不专一。七国同时出兵而不同心,统帅地位低而不能整肃号令,没有高的威信,楚国是可以打败的。如果分兵先攻胡、沈与陈三国军队,他们必然率先逃走。三国被打败,诸侯就军心动摇了。诸侯混乱,楚国军队必然大败。请让先头部队放松戒备收敛威势,后续部队加强军阵整顿军旅。"吴王听从了。七月二十九,在鸡父交战。吴王用三千名罪囚先攻胡、沈与陈国的军队,三国军队争抢着去抓捕他们。吴国组成三军随后出击:中军随从吴王,公子光带领右军,掩馀率领左军。吴国的罪人有的奔逃,有的停步,三国军队乱了阵脚。吴军进攻,三国军队失败,俘获胡、沈国君和陈国大夫。吴国释放胡、沈二国的俘虏,让他们逃往许和蔡、顿三国,说:"我们的国君死了!"吴军擂鼓呐喊着跟在后面,许和蔡、顿三国军队奔逃,楚军大败。《春秋》记载说:"胡子髡、沈子逞灭,获陈国夏齧。"这是对国君和臣下所使用的不同文辞。不说"战",是因为楚方还没摆开阵势。

　　【公羊传】此偏战也,曷为以诈战之辞言之[①]? 不与夷狄之主中国也[②]。然则曷为不使中国主之[③]? 中国亦新夷狄也[④]。其言灭获何? 别君臣也。君死于位曰灭,生得曰获;大夫生死皆曰获。不与夷狄之主中国,则其言获陈夏齧何[⑤]? 吴少进也[⑥]。

【注释】

① 此偏战也，曷为以诈战之辞言之：案《春秋》之中，战争分为两类，一为偏战，一为诈战。偏战是两军各据一边，约定时间，堂堂正正厮杀；诈战则是偷袭。《春秋》对此有不同的书法，偏战则书："某日，某及某战于某地，某师败绩"；若诈战则书："某败某师于某地"，不书日期。此处书"戊辰"，表明是偏战，又书"败"字，则是诈战的书法，两者矛盾，故而发问。

② 不与夷狄之主中国也：主，指偏战中的主、客。如书"某日，甲及乙战于某地"，则甲为主，乙为客。《春秋》谴责挑起战争者，故以反抗者为主，表明正义所在。此处顿、胡等六国师众，实为楚国伐击吴国，若案偏战之例，当以吴国为主，书"戊辰，吴及顿、胡、沈、蔡、陈、许之师战于鸡父"。然《春秋》又重夷夏之辨，吴是夷狄，不可以主中国，故不以偏战之辞书之。

③ 然则曷为不使中国主之：若使中国主之，当书"戊辰，顿、胡、沈、蔡、陈、许之师及吴战于鸡父"。

④ 中国亦新夷狄也：何休云："中国所以异乎夷狄者，以其能尊尊也。王室乱，莫肯救，君臣上下坏败，亦新有夷狄之行，故不使主之。"

⑤ 则其言获陈夏啮（niè）何：案《春秋》又有"不与夷狄之获中国"之文，参见庄公十年"秋，九月，荆败蔡师于莘，以蔡侯献舞归"条注。此处却书"获陈夏啮"，故而发问。

⑥ 吴少进也：何休云："能结日偏战，行少进，故从中国辞治之。"少，稍微。

【译文】

这里是结日偏战，为何用诈战的文辞言之？不赞成夷狄与中国打仗，以夷狄为主。然则为何不使中国主战？中国也是新的夷狄。经言"灭""获"是什么意思？是区别君臣。国君死在位上称"灭"，被生擒称"获"；大夫生擒战死皆称"获"。不赞成夷狄与中国打仗，以夷狄为主，为何经书"获陈夏齧"？因为吴国稍有进步，能结日偏战，故能用中国之文辞言之。

【穀梁传】中国不言败，此其言败，何也？中国不败，胡子髡、沈子盈其灭乎？其言败，释其灭也。获者①，非与之辞也，上下之称也②。

【注释】

①获：得到。对于大夫，不论是生擒还是得到其尸体，都称"获"。

②上下之称：对国君和臣子用不同的说法。

【译文】

对中原国家不说"败"，这里经文说了"败"，为什么呢？中原国家不被打败，胡国国君髡、沈国国君盈会被杀吗？经文说"败"，是为了解释他们的被杀。"获"，是表示不赞同的说法，是对国君和臣子用不同的说法。

【经】天王居于狄泉①。尹氏立王子朝②。

【注释】

①天王居于狄泉：天王，指周敬王。周景王驾崩，周敬王当即位，而尹氏拥立王子朝为君，故周敬王为避王子朝出奔至狄泉。狄泉，即传文中的泽邑，在今河南洛阳城内大仓西南池水。

②尹氏立王子朝：尹氏，周世卿之族。王子朝，时王子朝年幼，罪在尹氏，故经不书当国之辞"王朝"，而书"王子朝"。案书尹氏立子朝，明非周人所欲立。

【译文】

周敬王居住在狄泉。尹氏立王子朝为王。

【左传】夏四月乙酉①，单子取訾，刘子取墙人、直人②。六月壬午③，王子朝入于尹④。癸未⑤，尹圉诱刘佗杀之⑥。丙戌⑦，单子从阪道⑧，刘子从尹道伐尹⑨。单子先至而败，刘子还⑩。己丑⑪，召伯奂、南宫极以成周人戍尹⑫。庚寅⑬，单子、刘子、樊齐以王如刘⑭。甲午⑮，王子朝入于王城，次于左巷⑯。秋七月戊申⑰，鄩罗纳诸庄宫⑱。尹辛败刘师于唐⑲。丙辰⑳，又败诸鄩。甲子㉑，尹辛取西闱㉒。丙寅㉓，攻蒯，蒯溃㉔。

【注释】

①乙酉：十四日。

②单子取訾，刘子取墙人、直人：三邑本为王子朝所占据。訾，有东訾、西訾之分，都在今河南巩县西南。墙、直，二邑名，在今河南新安。

③壬午：十二日。

④王子朝入于尹：自京入尹氏之邑。尹，在今河南洛宁。

⑤癸未：十三日。

⑥尹圉（yǔ）：尹文公。刘佗：刘蚠族人，周敬王同党。

⑦丙戌：十六日。

⑧阪道：偏僻山道。

⑨尹道：入尹之道。

⑩单子先至而败，刘子还：因单子败，刘子返回。

⑪己丑：十九日。

⑫召伯奂、南宫极以成周人戍尹：召、南二人为周卿士，戍尹以支持王子朝。

⑬庚寅：二十日。

⑭单子、刘子、樊齐以王如刘：为避王子朝，奉周敬王出居于刘子之邑。

⑮甲午:二十四日。

⑯左巷:近东城之地。

⑰戊申:初九。

⑱郘罗:周大夫,郘肸之子。

⑲尹辛:尹氏族人。唐:周地名,在今河南洛阳东。

⑳丙辰:十七日。

㉑甲子:二十五日。

㉒西闱:周地名,在今河南洛阳西南。

㉓丙寅:二十七日。

㉔攻蒯,蒯溃:尹氏攻蒯,刘师又败。蒯,古地名,在今河南洛阳。案此时周敬王居刘,王子朝入王城,二王并存。

【译文】

　　夏四月十四日,单子占取訾地,刘子占取墙人、直人。六月十二日,王子朝进入尹邑。十三日,尹围诱骗刘佗并杀死他。十六日,单子从偏僻山道、刘子从入尹之道讨伐尹邑。单子先到而被打败,刘子便回兵。十九日,召伯奂、南宫极带领成周军队戍守尹邑。二十日,单子、刘子、樊齐奉周敬王到刘邑。二十四日,王子朝进入王城,住在左巷。秋七月初九,郘罗把王子朝送到庄宫。尹辛在唐邑打败刘军。十七日,又在郘地打败他。二十五日,尹辛占领西闱。二十七日,进攻蒯地,蒯地人溃败。

　　【公羊传】此未三年,其称天王何①? 著有天子也②。

【注释】

①此未三年,其称天王何:案礼制,天子三年然后称"天王"。周景王于昭公二十二年四月崩,至此未满三年,则周敬王尚在丧中,不应称其为"天王",故而发问。

②著有天子也:何休云:"时庶孽并篡(指王子猛、王子朝),天王失

位徙居,微弱甚,故急著正其号,明天下当救其难而事之。”

【译文】

此处未服满三年丧,经称其为“天王”是为何? 是为了强调有天子。

【穀梁传】始王也。其曰天王,因其居而王之也^①。立者,不宜立者也。朝之不名^②,何也? 别嫌乎尹氏之朝也。

【注释】

①因:凭借,依据。这里表示称王的地点。王:称王。指举行正式的即位仪式。

②不名:指不直称姬朝的名,而称“王子朝”。

【译文】

开始称“王”。经文称“天王”,就在他所处的地方称王的。“立”,表示不应该“立”。不直称姬朝的名,为什么呢? 是为了避免将姬朝误解为尹氏子孙的嫌疑。

【经】八月乙未^①,地震。

【注释】

①乙未:二十六日。

【译文】

八月二十六日,发生地震。

【左传】八月丁酉^①,南宫极震^②。苌弘谓刘文公曰^③:“君其勉之! 先君之力可济也^④。周之亡也,其三川震^⑤。今西王之大臣亦震^⑥,天弃之矣! 东王必大克^⑦。”

【注释】

①丁酉:二十七日。

②南宫极震:周地地震,南宫极被压死。

③刘文公:刘蚠。

④先君之力可济也:地震而南宫极死,预兆你父亲刘献公想立王子
　猛的意愿可以成功。

⑤周之亡也,其三川震:周幽王时,有泾、渭、洛三川都震的预兆。

⑥西王:指王子朝,因在王城。大臣:指南宫极。

⑦东王必大克:周敬王居刘邑,在王城之东,所以称"东王"。案苌
　弘以地震预言王子朝和周敬王的成败。

【译文】

八月二十七日,南宫极死于地震。苌弘对刘文公说:"您请努力吧!
先君所致力的事可以成功了。周室灭亡的时候,三川发生地震。现在西
王的大臣也遇地震而死,是上天抛弃他! 东王必将大获全胜。"

　　*【左传】楚大子建之母在郧,召吴人而启之①。冬十月
甲申②,吴大子诸樊入郧③,取楚夫人与其宝器以归。楚司马
薳越追之,不及。将死④,众曰:"请遂伐吴以徼之⑤。"薳越
曰:"再败君师⑥,死且有罪。亡君夫人,不可以莫之死也⑦。"
乃缢于薳澨⑧。

【注释】

①楚大子建之母在郧(jú),召吴人而启之:楚平王娶秦女,废太子
　建,建之母归家住于郧,现在其母开启郧城门以招纳吴人。

②甲申:十六日。

③吴大子诸樊:杜预认为诸樊是吴王僚的儿子。

④将死:蓬越准备自杀。

⑤请遂伐吴以徼之:趁机攻打吴国以侥幸取胜。徼,同"侥",侥幸。

⑥再败:救州来已是一败,这次如果再败,是两次失败。

⑦亡君夫人,不可以莫之死也:已失国君夫人,不可不为之而死。

⑧蓬澨(shì):古地名,在今湖北京山西,汉水东岸。

【译文】

楚国太子建的母亲住在郧地,召来吴国人为他们打开城门。冬十月十六日,吴国太子诸樊进入郧地,带着楚夫人和她的宝器回国了。楚国司马蓬越追赶吴军,但没追上。他准备自杀,大家说:"请就此攻打吴国,也许侥幸能取胜。"蓬越说:"再次使国君的军队吃败仗,死有余辜。丢了国君的夫人,不能不为此而死。"便在蓬澨上吊自杀。

【经】冬,公如晋,至河,有疾①,乃复。

【注释】

①有疾:《公羊传》《穀梁传》前有"公"字。

【译文】

冬,鲁昭公去晋国,到黄河,因生病,便回了国。

【左传】公为叔孙故如晋①,及河,有疾,而复。

【注释】

①公为叔孙故如晋:求晋国释放叔孙婼。

【译文】

鲁昭公因为叔孙婼的事前往晋国,到达黄河,生病,便返回国去。

【公羊传】何言乎公有疾乃复? 杀耻也①。

【注释】

①杀耻也：此处鲁昭公实为畏惧晋国，故不敢前往，有大恶。经托言"公有疾"，以杀畏晋之耻。

【译文】

为何说"公有疾乃折返"？是以此减杀畏惧晋国之耻。

【穀梁传】 疾不志，此其志，何也？释不得入乎晋也。

【译文】

生病是不予记载的，这里记载了，为什么呢？是为了解释不能进入晋国的原因。

*　**【左传】** 楚囊瓦为令尹①，城郢②。沈尹戌曰："子常必亡郢。苟不能卫，城无益也。古者，天子守在四夷③；天子卑，守在诸侯④。诸侯守在四邻⑤。诸侯卑，守在四竟⑥。慎其四竟，结其四援⑦，民狎其野⑧，三务成功⑨，民无内忧，而又无外惧，国焉用城⑩？今吴是惧⑪，而城于郢，守已小矣⑫。卑之不获⑬，能无亡乎？昔梁伯沟其公宫而民溃⑭，民弃其上，不亡，何待？夫正其疆埸，修其土田，险其走集⑮，亲其民人，明其伍候⑯，信其邻国，慎其官守，守其交礼⑰，不僭不贪⑱，不懦不耆⑲，完其守备，以待不虞⑳，又何畏矣㉑？《诗》曰：'无念尔祖，聿修厥德㉒。'无亦监乎若敖、蚡冒至于武、文㉓？土不过同㉔，慎其四竟，犹不城郢。今土数圻，而郢是城，不亦难乎㉕？"

【注释】

①囊瓦：子常，楚国子囊之孙，代子瑕为令尹。

②城郢：因惧怕吴国，故再增修都城郢。

③天子守在四夷：天子有德，德及于远方，四夷之国都为王朝守卫。

④天子卑，守在诸侯：天子地位降低，此时以诸侯抵御四夷之侵。卑，指地位降低。

⑤诸侯守在四邻：诸侯亲善邻国，四邻安静，如同为之守卫。

⑥诸侯卑，守在四竟：诸侯地位下降，此时仅守四境以自保全。竟，通"境"。

⑦结其四援：结好四邻，以为援助。

⑧狃其野：安习农事。

⑨三务：春、夏、秋三季耕作之事。

⑩"民无内忧"三句：国无内忧外患，则不必修城以增强武备。

⑪今吴是惧：现在惧怕吴国。

⑫而城于郢，守已小矣：城于郢，说明守卫范围连四境都没达到，所以说小。

⑬卑之不获：诸侯卑时守在四境，现在则连四境也不能守了。

⑭昔梁伯沟其公宫而民溃：僖公十九年，梁伯好土功，沟公宫，或曰秦来袭，民惧而溃，秦遂取梁。

⑮险：巩固。走集：边境的堡垒。

⑯明其伍候：民有部伍，轮流瞭望侦察。

⑰交礼：交邻的礼节。

⑱不僭不贪：外交上无差失，不贪婪。

⑲不懦不耆（qí）：不显得懦弱，也不强横欺人。耆，强。

⑳不虞：意外事件。

㉑又何畏矣：案沈尹戌认为，城郢无益，修明政治，安抚百姓，结好邻国才是上策。

㉒无念尔祖，聿（yù）修厥德：引《诗》见《诗经·大雅·文王》。意
　　思是思念祖先，发扬祖德。无、聿，发语词，无义。

㉓监：通"鉴"。若敖、蚡冒、武、文：四人都是楚国先代贤君。

㉔同：方百里。

㉕"今土数圻（qí）"三句：现在国土虽大，如果不修德，即便城郢也
　　没用。圻，方千里。

【译文】

　　楚国囊瓦担任令尹，在郢都增修城墙。沈尹戌说："囊瓦肯定要丢
掉郢都。如果不能守卫，修城是没有好处的。古时候，天子的守卫在四
夷；天子地位降低，守卫在诸侯。诸侯的守卫在四方邻国。诸侯的地位
降低，守卫在四方边境。谨守四方边境，结交四方援兵，人民就可以安心
在野外耕作，春、夏、秋三时的农事得到收获，人民既无内忧，又无外患，
国都哪里用得着增修城墙？现在害怕吴国，而在郢都增修城墙，守卫的
地方已经很小了。地位降低以后的那种守卫都办不到，能够不灭亡吗？
往昔梁伯在公宫边挖沟而百姓溃散，人民抛弃在上位者，不灭亡还等什
么？如果划定疆界，整修田地，巩固边境堡垒，亲近人民，加强瞭望，取信
邻国，慎守官吏职责，保持外交礼节，不差失不贪婪，不懦弱不强横，修整
防卫设施，以应付意外事件，又有什么可害怕的呢？《诗》说：'思念你的
祖先，发扬他们的美德。'难道没看到若敖、蚡冒到武王、文王的先例？
他们国土不超过百里见方，警惕四方边境，尚且不在郢都筑城。现在国
土超过几千里见方，反而在郢都增修城墙，不也是很成问题吗？"

二十四年

　　*【左传】二十四年春王正月辛丑①，召简公、南宫嚚以
甘桓公见王子朝②。刘子谓苌弘曰："甘氏又往矣③。"对曰：
"何害？同德度义④。《大誓》曰：'纣有亿兆夷人，亦有离德；

余有乱臣十人,同心同德⑤。'此周所以兴也。君其务德,无患无人。"戊午⑥,王子朝入于邬⑦。

【注释】

①二十四年:鲁昭公二十四年当周敬王二年,前518年。辛丑:初五。

②召简公:即召伯盈,召庄公之子。南宫嚚(yín):南宫极之子。以:带着。甘桓公:甘平公之子。

③甘氏又往矣:忧虑甘氏又归附王子朝。

④同德度义:同心同德在于合乎道义。度,在。

⑤"纣有亿兆夷人"四句:意谓不在于人多,而在于有德。夷,语中助词,无义。余,我,指周武王。乱臣,治臣。

⑥戊午:二十二日。

⑦邬:古地名,在今河南偃师南。

【译文】

二十四年春周历正月初五,召简公、南宫嚚带着甘桓公进见王子朝。刘子对苌弘说:"甘氏又去了。"苌弘回答说:"这有什么妨害?同德在于合乎正义。《太誓》说:'纣有亿兆人,但离心离德;我有治世之臣十人,却能同心同德。'这是周所以兴起的原因。君王还是致力于德行,不要担心没有人。"二十二日,王子朝进入邬地。

△**【经】二十有四年春王二月丙戌**①**,仲孙貜卒**②**。**

【注释】

①丙戌:二十五日。

②仲孙貜卒:鲁国孟僖子死。仲孙貜,即孟僖子,仲孙氏宗主,谥僖。

【译文】

二十四年春周历二月二十五日,鲁国孟僖子去世。

【经】婼至自晋①。

【注释】

①婼（chuò）至自晋：叔孙婼被晋国释放，返回鲁国。顾栋高曰：“昭元年，叔孙豹在会，而（季孙）宿以取郓陷叔孙致留于会者三月。前年，叔孙婼如晋，而（季孙）意如以取邿师陷叔孙致留于晋者逾年。乐王鲋欲取货于豹，不与；范鞅欲取货于婼，亦不与，父子可谓执持有守。而意如父子之积恶，陷其君，并陷同列，罪不容于天矣。”此句《公羊传》作“叔孙舍至自晋”。案王引之《经义述闻》以为，“叔孙”二字为衍文，因为按照《春秋》之例，一事而再见者卒名。

【译文】

叔孙婼从晋国回来。

【左传】晋士弥牟逆叔孙于箕。叔孙使梁其踁待于门内①，曰：“余左顾而欬，乃杀之②。右顾而笑，乃止。”叔孙见士伯，士伯曰：“寡君以为盟主之故，是以久子③。不腆敝邑之礼，将致诸从者④。使弥牟逆吾子。”叔孙受礼而归。二月，“婼至自晋”，尊晋也⑤。

【注释】

①梁其踁：叔孙婼家臣。

②余左顾而欬（kài），乃杀之：叔孙婼以为士弥牟是来杀自己，所以让梁其踁先杀士弥牟。欬，同“咳”，咳嗽。

③久子：久留叔孙婼。

④不腆敝邑之礼，将致诸从者：意谓要释放叔孙婼，临行赠礼饯行。

⑤"二月"三句:经文如此记载,表示尊重晋国。

【译文】

晋国士弥牟到箕地迎接叔孙婼。叔孙婼让梁其踁埋伏在门内,说:"我向左看并咳嗽,你就把他杀了。向右看而发笑,就不要动手。"叔孙婼接见士弥牟,士弥牟说:"我们国君因为是盟主的缘故,所以让您长久留在敝国。备了菲薄的敝国礼物,将要送给您的随从。派我来接您。"叔孙婼接受礼物回国了。二月,《春秋》记载"婼从晋国回国",是尊重晋国。

【穀梁传】大夫执则致,致则挈①,由上致之也。

【注释】

①挈(qiè):提。

【译文】

大夫被抓了之后回国就要告祭祖庙,告祭祖庙就要提他的名,由国君来告祭祖庙。

***【左传】**三月庚戌①,晋侯使士景伯莅问周故②。士伯立于乾祭③,而问于介众④。晋人乃辞王子朝,不纳其使⑤。

【注释】

①庚戌:十五日。

②晋侯使士景伯莅问周故:晋侯派士景伯到王城了解王室之乱。

③乾祭:王城北面。

④介众:大众。

⑤晋人乃辞王子朝,不纳其使:众人都说王子朝之非,所以晋国辞谢王子朝的使者。

【译文】

三月十五日,晋顷公派士弥牟到王城了解周王室之乱。士弥牟站在乾祭门,向众人询问。晋国于是辞谢王子朝,不接纳他的使者。

【经】夏五月乙未朔,日有食之①。

【注释】

①夏五月乙未朔,日有食之:此即前518年4月9日的日环食。乙未朔,初一。

【译文】

夏五月初一,发生日环食。

【左传】夏五月乙未朔,日有食之。梓慎曰:"将水①。"昭子曰:"旱也。日过分而阳犹不克,克必甚,能无旱乎②?阳不克莫③,将积聚也④。"

【注释】

①将水:梓慎认为日食是阴胜阳,所以将有水灾。

②"日过分而阳犹不克"三句:昭子认为,日已过春分,而阳气还不能胜阴气,此时阳气积聚,一待日食复圆,阳气迸发,必为旱。

③阳不克莫:即日已过春分而阳不胜阴。莫,同"暮",即已过其时。

④将积聚也:阳气必然积聚。

【译文】

夏五月初一,日食。梓慎说:"将有水灾。"昭子说:"是旱灾。太阳过了春分而阳气依然不胜阴气,一旦胜过阴气,阳气一定猛烈,能不旱吗?阳气不胜阴气,这是正在积聚阳气。"

*【左传】六月壬申①,王子朝之师攻瑕及杏②,皆溃。

【注释】

①壬申:初八。

②瑕及杏:二地都是周敬王之邑。瑕,今地不详。杏,在今河南禹州北。

【译文】

六月初八,王子朝的军队进攻瑕和杏二邑,两地军队都被打败。

*【左传】郑伯如晋,子大叔相①,见范献子。献子曰:"若王室何②?"对曰:"老夫其国家不能恤,敢及王室③?抑人亦有言曰:'嫠不恤其纬,而忧宗周之陨,为将及焉④。'今王室实蠢蠢焉⑤,吾小国惧矣。然大国之忧也,吾侪何知焉?吾子其早图之⑥!《诗》曰:'瓶之罄矣,惟罍之耻⑦。'王室之不宁,晋之耻也⑧。"献子惧,而与宣子图之。乃征会于诸侯,期以明年⑨。

【注释】

①子大叔:即游吉,子太叔。

②若王室何:问对王室之乱的看法。

③老夫其国家不能恤,敢及王室:子太叔表示自顾不暇,不敢过问王室之事。老夫,子太叔自称。

④"嫠(lí)不恤其纬"三句:寡妇不操心织事,而忧虑宗周陨落,是因为祸患也将及己。这里用比喻表达郑国之忧。嫠,寡妇。纬,织布时的纬线。

⑤蠢蠢:动乱的样子。

⑥吾子其早图之:言外之意是晋国作为盟主,对王室之乱不应袖手

旁观。

⑦瓶之罄（qìng）矣，惟罍（léi）之耻：引《诗》见《诗经·小雅·蓼莪》。意思是瓶中空空无酒，是酒坛子的耻辱。瓶，小酒瓶。罍，大酒坛子。瓶中酒空，表示罍中酒不注入瓶，故曰耻。

⑧王室之不宁，晋之耻也：子太叔引《诗》以瓶子喻王室，以酒坛喻晋国，王室之乱，也是晋国的耻辱。

⑨乃征会于诸侯，期以明年：晋召集诸侯，定于明年商量如何安定王室。案明年诸侯会于黄父。

【译文】

郑定公去晋国，子太叔相礼，进见范献子。范献子说："对王室该怎么办？"子太叔回答说："老夫对自己的国家和家族都不能照顾好，哪敢关心王室之事？况且人们有句话说：'寡妇不操心纺织，却担心宗周的削弱，是害怕灾祸会降临到自己。'现在王室的确动乱不安，我们小国害怕了。但是，这是大国的忧虑，我辈又哪里知道呢？您还是早做打算吧！《诗》说：'酒瓶空空，是酒坛子的耻辱。'王室的不安宁，是晋国的耻辱。"范献子害怕了，与韩起商量。于是召集诸侯举行会议，时间定在明年。

【经】秋八月，大雩。

【译文】

秋八月，举行盛大的求雨雩祭。

【左传】秋八月，大雩，旱也①。

【注释】

①"秋八月"三句：秋八月即夏历六月，正是农作物需雨时节，却大旱，所以举行雩祭求雨。

【译文】

秋八月,举行盛大的求雨雩祭,是因为天旱。

【经】丁酉^①,杞伯郁釐卒^②。

【注释】

①丁酉:初五。

②杞伯郁釐(xī)卒:杞平公死。杞伯郁釐,即杞平公,姒姓。

【译文】

九月初五,杞平公郁釐去世。

***【左传】**冬十月癸酉^①,王子朝用成周之宝珪沉于河^②。甲戌^③,津人得诸河上^④。阴不佞以温人南侵^⑤,拘得玉者,取其玉,将卖之,则为石。王定而献之,与之东訾^⑥。

【注释】

①癸酉:十一日。

②王子朝用成周之宝珪沉于河:案王子朝以此向河神祈求福佑。

③甲戌:十二日。

④津人得诸河上:船工拾得此宝珪。案以津人得之,则宝珪当沉于成周东北之盟津。

⑤阴不佞以温人南侵:晋国以温地之兵助周敬王,袭击王子朝。阴不佞,周敬王大夫。

⑥王定而献之,与之东訾:王室安定以后,阴不佞即将此石献与周敬王,周敬王给他东訾之地。东訾,今河南巩义东。

【译文】

冬十月十一日,王子朝用成周的宝珪沉入黄河以祈福。十二日,渡口的船工在河边拾到。阴不佞领着温地人往南进击王子朝,拘捕了得到珪玉的人,夺走他的玉,准备卖掉,玉变成了石头。王室安定以后,阴不佞把珪玉献给周天子,周天子把东訾赏赐给他。

【经】冬,吴灭巢①。

【注释】

①巢:国名,偃姓,今安徽巢湖东北有居巢古城址,即古巢国。

【译文】

冬,吴国灭亡了巢国。

【左传】楚子为舟师以略吴疆①。沈尹戌曰:"此行也,楚必亡邑。不抚民而劳之,吴不动而速之②,吴踵楚③,而疆埸无备,邑,能无亡乎④?"越大夫胥犴劳王于豫章之汭⑤,越公子仓归王乘舟⑥。仓及寿梦帅师从王⑦,王及圉阳而还⑧。吴人踵楚,而边人不备,遂灭巢及锺离而还⑨。沈尹戌曰:"亡郢之始,于此在矣。王一动而亡二姓之帅⑩,几如是而不及郢⑪?《诗》曰:'谁生厉阶,至今为梗⑫?'其王之谓乎?"

【注释】

①楚子为舟师以略吴疆:楚平王派水师巡于吴国边界,准备偷袭。略,巡行。

②吴不动而速之:楚平王此举,是使吴国加速出兵。

③踵:追逐。

④"而疆埸无备"三句:楚平王挑衅吴国,而边境没有防备,只能是劳民失邑。

⑤胥犴（àn）：越大夫之名。豫章：古地名，指从今安徽霍邱至河南光山一带地域。汭（ruì）：水的弯曲处。

⑥越公子仓归（kuì）王乘舟：将座船送给楚平王。归，赠送。

⑦寿梦：越国大夫。

⑧围（yǔ）阳：楚地名，在今安徽巢湖。

⑨遂灭巢及锺离：锺离，古地名，在今安徽凤阳东稍北。顾栋高曰："楚从北道出师，故吴胜楚，所筑三城俱为吴有，……得以凭高而瞰郢城矣。"

⑩二姓之帅：指守巢与锺离的大夫。

⑪几如是而不及郢：楚平王轻举妄动，如此几次，必然兵临郢都城下。

⑫谁生厉阶，至今为梗：引《诗》见《诗经·大雅·桑柔》。这里引用来指楚平王开了这个祸端，为害无穷，郢都将不保。厉阶，恶之根源。梗，害人。

【译文】

楚平王组织水军巡行吴国边疆。沈尹戌说："这次行动，楚国必将丢失城邑。不安抚百姓反而使他们疲惫，吴国没有动静却去招惹它，吴国如果紧追楚国，而边境又没有防备，城邑能不丢失吗？"越国大夫胥犴在豫章水边慰劳楚平王，越国公子仓送给楚平王座船。公子仓和寿梦带兵随从楚平王，楚平王到达围阳就回去了。吴军紧追楚军，而边境守军没有防备，吴军灭掉巢和锺离后回去。沈尹戌说："丢掉郢都的开端就在这里了。君王一动而失去两地的统帅，照这样来几次，怎么会不使兵临郢都城下？《诗》说：'谁生出了祸端，至今还在祸害？'恐怕说的就是君王吧？"

△【经】葬杞平公。

【译文】

安葬杞平公。

二十五年

【经】二十有五年春^①,叔孙婼如宋^②。

【注释】

①二十有五年:鲁昭公二十五年当周敬王三年,前517年。

②叔孙婼:《公羊传》作"叔孙舍"。

【译文】

二十五年春,叔孙婼去宋国。

【左传】二十五年春,叔孙婼聘于宋,桐门右师见之^①。语,卑宋大夫而贱司城氏^②。昭子告其人曰:"右师其亡乎!君子贵其身,而后能及人^③,是以有礼。今夫子卑其大夫而贱其宗,是贱其身也^④,能有礼乎?无礼,必亡。"

【注释】

①桐门右师:即乐大心,官为右师,居桐门。桐门即宋北门。

②卑宋大夫而贱司城氏:交谈中,乐大心对宋国大夫及司城氏不尊重。卑、贱,鄙视,不尊重。

③君子贵其身,而后能及人:自身尊贵,然后能尊重他人,而不是"卑贱"他人。

④今夫子卑其大夫而贱其宗,是贱其身也:在他国人面前不尊重本国大夫和自己的宗族,也是不尊重自己。贱其宗,司城氏是乐氏大宗,乐大心贱之即贱其宗。

【译文】

鲁昭公二十五年春,叔孙婼到宋国聘问,乐大心去拜访他。交谈中,乐大心看不起宋国大夫,也不尊重司城氏。叔孙婼对随从说:"乐大心怕要逃亡了吧! 君子尊重自己,然后才能尊重他人,这就是有礼。现在他鄙视本国大夫而又不尊重自己的宗族,这是不尊重自己,能算有礼吗? 无礼,必然逃亡。"

　　宋公享昭子,赋《新宫》①。昭子赋《车辖》②。明日宴,饮酒,乐。宋公使昭子右坐③,语相泣也④。乐祁佐⑤,退而告人曰:"今兹君与叔孙其皆死乎? 吾闻之:'哀乐而乐哀⑥,皆丧心也。'心之精爽⑦,是谓魂魄。魂魄去之,何以能久⑧?"

【注释】

①《新宫》:这是逸诗。

②《车辖》:今作《车舝(xiá)》,《诗经·小雅》篇名,是新婚燕饮之诗,歌颂得贤女以配君子。昭子将为季孙迎娶宋元公女,所以赋此诗。

③宋公使昭子右坐:古代宴礼设座,主人坐于堂前东阶,面向西;宾客坐于西阶,面向南。现在为了交谈,让昭子移坐于东阶,坐在宋元公右边。

④语相泣也:交谈中二人都掉泪。

⑤佐:辅佐主持宴会。

⑥哀乐而乐哀:可乐而哀,应哀而乐。

⑦心之精爽:心的精华神明。

⑧何以能久:本年冬,叔孙婼、宋元公都死了。

【译文】

　　宋元公设享礼招待叔孙婼,赋了《新宫》一诗。叔孙婼赋《车辖》。第二天举行宴会,一起喝酒,很快乐。宋元公让叔孙婼坐在自己的右边,两人说着都哭了。乐祁辅佐主持宴会,宴席散后告诉别人说:"近期国君和叔孙婼怕都要死了吧？我听说：'该高兴时却悲哀，应悲哀时却高兴，都是丧失心志。'心的精华神明，就叫魂魄。魂魄散失了，怎么可能活得久？"

　　季公若之姊为小邾夫人①，生宋元夫人，生子②，以妻季平子。昭子如宋聘，且逆之③。公若从④，谓曹氏勿与，鲁将逐之⑤。曹氏告公，公告乐祁。乐祁曰："与之。如是⑥，鲁君必出。政在季氏三世矣⑦。鲁君丧政四公矣⑧。无民而能逞其志者，未之有也⑨，国君是以镇抚其民。《诗》曰：'人之云亡，心之忧矣⑩。'鲁君失民矣，焉得逞其志⑪？靖以待命犹可⑫，动必忧。"

【注释】

①季公若之姊为小邾夫人：小邾夫人为季平子庶姑，和季公若同母，所以称为公若姊。季公若，鲁国宗室。

②生子：宋元公夫人生了女儿。子，指女儿。

③昭子如宋聘，且逆之：季平子不亲往迎娶，让叔孙婼代替。

④公若从：季公若随同叔孙婼聘娶。

⑤谓曹氏勿与，鲁将逐之：告诉曹氏，鲁国将驱逐季平子，不要答应这门亲事。曹氏，即宋元公夫人，因小邾国君为曹姓。宋元公夫人称季公若为舅。

⑥如是：如果鲁国驱逐季平子。

⑦政在季氏三世矣：季文子、季武子、季平子三世专权。

⑧鲁君丧政四公矣：鲁国宣公、成公、襄公、昭公都没有实权。

⑨无民而能逞其志者，未之有也：没有人民做基础而能行使君权，从来是不可能的。

⑩人之云亡,心之忧矣:引《诗》见《诗经·大雅·瞻卬》。意思是丧
　失了百姓,是心头的忧虑。人,这里指百姓。云,语中助词,无义。

⑪鲁君失民矣,焉得逞其志:季氏势力强大,要驱逐季平子是不可
　能的。

⑫靖:安静不动。待命:等待天命。

【译文】

　　季公若的姐姐是小邾国国君夫人,生下宋元公夫人,宋元公夫人生
了女儿,要嫁给季平子。叔孙婼到宋国聘问,并且代为迎亲。季公若随
从叔孙婼前往,劝宋元公夫人不要将女儿嫁给季平子,告诉她鲁国正要
驱逐季平子。夫人把这话告诉了宋元公,宋元公告诉乐祁。乐祁说:"嫁
给他吧。要真是这样,鲁国国君必将出亡。国政在季氏手里已经三代
了。鲁国国君丧失权力已经历四公。没有民众拥护而能实现志向的,还
从来没有过,国君因此才镇抚人民。《诗》说:'丧失了百姓,是心头的忧
虑。'鲁君失掉了人民,怎么可能实现自己的愿望? 安心等待上天的安
排还好,有所举动必将自找麻烦。"

【经】夏,叔诣会晋赵鞅、宋乐大心、卫北宫喜、郑游吉、
曹人、邾人、滕人、薛人、小邾人于黄父①。

【注释】

①叔诣:鲁国大夫。《公羊传》《穀梁传》作"叔倪"。其他几人则分
　别是各自所在诸侯国的大夫。乐大心:《公羊传》作"乐世心"。
　邾人:《公羊传》作"邾娄人"。小邾人:《公羊传》作"小邾娄
　人"。黄父:古地名,在今山西沁水西北、翼城东北。

【译文】

　　夏,叔诣在黄父与晋国赵鞅、宋国乐大心、卫国北宫喜、郑国游吉、曹
国人、邾国人、滕国人、薛国人、小邾国人相会。

【左传】夏,会于黄父,谋王室也①。赵简子令诸侯之大夫输王粟、具戍人②,曰:"明年将纳王③。"

【注释】

①谋王室也:商量平定王子朝之乱。

②赵简子:晋国赵鞅。输王粟:送粮食给周天子。具戍人:准备好戍守周敬王王朝的将士。

③明年将纳王:送周敬王回王城。高闶曰:"自二十二年景王崩,王室乱,天王播越。四年之后,晋始为此会,而诸侯不至,仅合大夫以谋之,曰明年将纳王。夫王室之急如此,岂可坐待明年哉!"

【译文】

夏,诸侯国在黄父相会,是要商量如何平定王子朝之乱。赵简子下令各诸侯大夫向周王室输送粮食、准备戍守的将士,说:"明年要送周王回王都。"

子大叔见赵简子,简子问揖让、周旋之礼焉①。对曰:"是仪也,非礼也。"简子曰:"敢问何谓礼?"对曰:"吉也闻诸先大夫子产曰:'夫礼,天之经也,地之义也,民之行也②。'天地之经,而民实则之③。则天之明④,因地之性⑤,生其六气⑥,用其五行⑦。气为五味,发为五色,章为五声⑧。淫则昏乱,民失其性⑨。是故为礼以奉之⑩:为六畜、五牲、三牺⑪,以奉五味;为九文、六采、五章⑫,以奉五色;为九歌、八风、七音、六律,以奉五声⑬;为君臣上下,以则地义⑭;为夫妇外内,以经二物⑮;为父子、兄弟、姑姊、甥舅、昏媾、姻亚,以象天明⑯;为政事、庸力、行务,以从四时⑰;为刑罚威狱,使民畏忌,以类其震曜杀戮^⑱；为温慈惠和，以效天之生殖长育。民有好恶、喜怒、哀乐，生于六气。是故审则宜类，以制六志^⑲。哀有哭泣，乐有歌舞，喜有施舍，怒有战斗；喜生于好，怒生于恶^⑳。是故审行信令^㉑，祸福赏罚，以制死生。生，好物也；死，恶物也^㉒；好物，乐也；恶物，哀也。哀乐不失^㉓，乃能协于天地之性，是以长久^㉔。"简子曰："甚哉！礼之大也。"对曰："礼，上下之纪，天地之经纬也^㉕，民之所以生也，是以先王尚之^㉖。故人之能自曲直以赴礼者，谓之成人^㉗。大，不亦宜乎^㉘？"简子曰："鞅也请终身守此言也。"

【注释】

①周旋：应对。

②"夫礼"四句：礼为上天的规范，大地的规则，百姓行动的依据。经，规范。

③则：效法。

④天之明：指日、月、星辰，其运行与排列都有规则。

⑤因地之性：地有高下刚柔，是它的本性。因，依循。

⑥六气：阴、阳、风、雨、晦、明。

⑦五行：金、木、水、火、土。

⑧"气为五味"三句：气形成五种味道，表现出五种颜色，显示为五种声音。

⑨淫则昏乱，民失其性：百姓要是纵情声色气味，便失去本性。

⑩是故为礼以奉之：制定礼来保持本性。

⑪六畜：马、牛、羊、鸡、犬、豕。五牲：牛、羊、豕、犬、鸡。三牺：用以祭天地、宗庙的牛、羊、豕。

⑫九文：九种纹饰。龙、山、华（花）虫、火、宗彝五者皆绣于衣；藻

（水草）、粉米（白米）、黼、黻四者绣于裳。六采：青与白、赤与黑、玄与黄。五章：杜预注曰："青与赤谓之文，赤与白谓之章，白与黑谓之黼，黑与青谓之黻，五色备谓之绣。"

⑬九歌：歌九功之德。九功，古谓六府三事为"九功"。水、火、金、木、土、谷，谓之"六府"。正德、利用、厚生，谓之"三事"。八风：八方之风。七音：五音再加上变宫、变徵。六律：审定音乐高低清浊的六种标准，即黄钟、大蔟、姑洗、蕤（ruí）宾、夷则、无射（yì）。

⑭为君臣上下，以则地义：地有高下，因此效法地以制定君臣上下关系。

⑮为夫妇外内，以经二物：物有阴阳之分，也用它分夫妇。外内，夫妇。二物，指阴阳。

⑯为父子、兄弟、姑姊、甥舅、昏媾、姻亚，以象天明：上天星月绕日，因此效法它以制定父子亲属关系。昏媾，婚姻关系。姻亚，翁婿、连襟关系。亚，同"娅"。

⑰为政事、庸力、行务，以从四时：由天地四时之变而制定各种政策措施。庸力，指农工管理。行，指日常工作。务，一时的措施。

⑱"为刑罚威狱"三句：古人认为，天以震曜杀伤万物，因此制定刑狱以惩罚百姓。震，雷震。曜（yào），电闪。

⑲是故审则宜类，以制六志：六志秉承六气而生，所以要制礼以制约六志，不使过度。审则宜类，审慎地效法，适当地模仿。六志，好、恶、喜、怒、哀、乐。

⑳喜生于好，怒生于恶：高兴由爱好而生，愤怒因厌恶而来。

㉑审行信令：行动审慎，出令有信。

㉒"生"四句：生为人所好，死为人所厌恶。

㉓哀乐不失：或哀或乐，都应不失于礼。

㉔乃能协于天地之性，是以长久：案子大叔论礼，认为礼不应只是一套盲目遵循的外在仪节、形式，而应有其自身本质的特点和作用。

㉕"礼"三句：礼为维系上下的纲纪，天地的准则。

㉖是以先王尚之：先王以礼为第一等大事。

㉗故人之能自曲直以赴礼者，谓之成人：人或本其情性以达到礼，或改变其情性以达到礼，能如此的，就叫"成人"。

㉘大，不亦宜乎：礼的作用如此，所以宏大无比。

【译文】

　　子太叔拜见赵简子，赵简子向他请教揖让、周旋之礼。子太叔回答说："这是仪式，不是礼。"赵简子说："请问什么是礼？"子太叔回答说："我听先大夫子产说：'所谓礼，是上天的规范，大地的准则，人民行动的依据。'天地的规范，民众就加以效法。效法天上明亮的星体，依凭大地本性，生出六气，使用地的五行。气是五种味道，表现为五种颜色，显示为五种声音。过头了就昏乱，民众会失去本性。因此要通过礼来奉行：制定六畜、五牲、三牺，来使五味有所遵循；制定九文、六采、五章，来使五色有所遵循；制定九歌、八风、七音、六律，来使五声有所遵循；制定君臣上下的规范，以效法大地的准则；制定夫妇内外的规矩，以规范阴阳二物；制定父子、兄弟、姑姊、甥舅、婚姻、翁婿的关系，以象征天象星辰；制定国家政令、农工管理、行为规范，以随顺四时；制定刑罚、威狱，让人民害怕，来模仿雷电的杀戮；制定温和慈祥的举措，以效法上天的生长繁育。百姓有好恶、喜怒、哀乐，它们从六气生出。所以要审慎地效法、恰当地模仿，以制约六志。哀伤便有哭泣，欢乐便有歌舞，高兴便有施舍，愤怒便有战斗；高兴从喜好生出，愤怒从厌恶生出。所以要使行动审慎，政令有信用，用祸福赏罚来制约死生。生是人们喜好的，死是人们厌恶的；喜好的给人带来欢乐，厌恶的使人产生哀伤。哀伤欢乐不失于礼，才能够和天地本性协和，所以能长久。"赵简子说："礼的宏大真是到了极点！"子太叔回答说："礼是上下的纲纪，天地准则，人民据以生存，所以先王尊崇它。因此人们能够委屈自己或率由本性以到达礼，就称为'成人'。它的宏大不就是当然的了吗？"赵简子说："我将终身谨守这些话。"

宋乐大心曰:"我不输粟①。我于周为客②,若之何使客③?"晋士伯曰:"自践土以来④,宋何役之不会,而何盟之不同? 曰'同恤王室',子焉得辟之? 子奉君命,以会大事⑤,而宋背盟,无乃不可乎?"右师不敢对⑥,受牒而退⑦。士伯告简子曰:"宋右师必亡。奉君命以使,而欲背盟以干盟主,无不祥大焉⑧。"

【注释】

①我不输粟:上文黄父之会,令诸侯输王粟。

②为客:指周王以宾客之礼待之。宋为商后,周待之如宾客。

③使:指使,分派。

④践土:指僖公二十八年践土之盟。

⑤大事:指救周王室。

⑥右师不敢对:案乐大心自知理亏。

⑦牒:写明输粟具戍任务的文书。

⑧无不祥大焉:再没有比这更大的不吉利。

【译文】

宋国乐大心说:"我们不给天子供给粮食。我国对周来说是宾客,怎么可以役使宾客呢?"晋国士伯说:"自从践土会盟以来,宋国有哪一次战事没参加,哪一次盟会没结盟? 盟誓说'共同为王室操心',你们怎么能推辞? 你奉了国君的命令,前来会商大事,而宋国要背弃盟约,岂不是不可以的吗?"乐大心不敢回答,接受了文书就退出。士伯告诉赵简子说:"宋国乐大心必将逃亡。奉了国君命令出使,却想背弃盟约以触犯盟主,没有比这更大的不祥了。"

【经】有鸲鹆来巢①。

【注释】

①有鸲鹆（qú yù）来巢：八哥鸟来鲁国筑巢，时以为怪异。《春秋》记此，以为鲁昭公出走之先兆，盖古代迷信。鸲鹆，八哥鸟。《公羊传》作"鹳（guàn）鹆"。

【译文】

有鸲鹆来鲁国筑巢。

【左传】"有鸲鹆来巢"，书所无也①。师己曰②："异哉！吾闻文、成之世③，童谣有之，曰：'鸲之鹆之④，公出辱之⑤。鸲鹆之羽，公在外野，往馈之马⑥。鸲鹆跦跦⑦，公在乾侯⑧，征褰与襦⑨。鸲鹆之巢，远哉遥遥，稠父丧劳，宋父以骄⑩。鸲鹆鸲鹆，往歌来哭⑪。'童谣有是，今鸲鹆来巢，其将及乎⑫！"

【注释】

①书所无也：鲁国没有这种鸟，现在此鸟来筑巢，以为异事，所以经文加以记载。

②师己：鲁国大夫。

③文、成之世：指鲁文公至成公之世。

④鸲之鹆之：以鸲鹆起兴。

⑤公出辱之：国君出国，受到羞辱。案"鹆""辱"古音押韵。

⑥"鸲鹆之羽"三句：君在外野，有臣下为之送马。外野，远郊。案"羽""野""马"古音押韵。

⑦跦跦（chú）：蹦蹦跳跳。

⑧乾侯：古地名，在今河北成安东南。

⑨征：求取。褰（qiān）：裤子。襦（rú）：短袄。案"跦""侯""襦"古音押韵。

⑩稠父丧劳,宋父以骄:鲁昭公将死于外,所以说丧于辛劳;宋父
　代鲁昭公即位,所以说以此骄傲。稠父,昭公。宋父,定公。案
　"巢""遥""劳"古音押韵。

⑪鸲鹆鸲鹆,往歌来哭:鲁昭公生时歌唱,死后号哭。案"鹆""哭"
　押韵。

⑫今鸲鹆来巢,其将及乎:古人迷信,以鸲鹆来巢为鲁昭公出走之先
　兆。又童谣所唱馈马、征褰与襦及公在乾侯,以后皆有其事。

【译文】

《春秋》记载"有鸲鹆来鲁国筑巢",是记下以前所没有的事。师己
说:"怪事啊!我听说文公、成公的时候,童谣这么唱道:'鸲鹆啊鸲鹆,国
君出国受羞辱。鸲鹆的羽毛,国君在郊野,臣下送马到。鸲鹆蹦蹦跳跳,
国君在乾侯,讨要裤子和短袄。鸲鹆的老巢,迢迢而路远,稠父死于劳,
宋父为此骄。鸲鹆啊鸲鹆,去时歌唱归来哭。'童谣这么唱,现在鸲鹆来
筑巢,祸难就要降临了吧!"

【公羊传】何以书?记异也。何异尔?非中国之禽也,
宜穴又巢也①。

【注释】

①非中国之禽也,宜穴又巢也:鹳鹆,非中国之鸟,宜穴居,今却来作
　巢。何休以为,鹳鹆之读音与"权欲"相同,本该穴居,却来作巢,
　象权臣欲国,自下居上之征,其后鲁昭公被季氏驱逐。

【译文】

为何记录此事?是记录异象。有何奇异之处?不是中国的禽鸟,本
宜穴居,却来作巢。

【穀梁传】一有一亡曰有。来者,来中国也。鹳鹆穴者

而曰巢,或曰,增之也。

【译文】

时有时无叫做"有"。"来",就是来鲁国的意思。鹳鹆是穴居的却说它筑巢,有人说,这是妄加的。

【经】秋七月上辛①,大雩;季辛②,又雩。

【注释】

①上辛:上旬的辛日,即辛卯,七月初三。

②季辛:下旬的辛日,即辛亥,七月二十三日。

【译文】

秋七月初三,举行盛大的雩祭;二十三日,再次举行雩祭。

【左传】秋,书再雩,旱甚也①。

【注释】

①"秋"三句:经文记两次雩祭,因为极旱。案周历七月为夏历五月,正值芒种节气,农事急需雨水。

【译文】

秋,《春秋》记载两次举行雩祭,是因为旱得厉害。

【公羊传】又雩者何? 又雩者,非雩也①,聚众以逐季氏也②。

【注释】

①又雩者,非雩也:又雩,指季辛日之雩祭。案雩为求雨之祭,《春秋》之例,一个季度不雨,方举行雩祭。此处上辛日已行雩祭,故

知季辛日非行雩祭，而另有其事。

②聚众以逐季氏也：鲁昭公欲驱逐季氏，故依托上辛日之雩祭，聚集师众，至季辛日，行驱逐之事，事败，出奔齐国。故《春秋》为昭公避讳，不书"逐季氏"，而书"又雩"。

【译文】

又举行雩祭是为何？又行雩祭，不是真的行雩祭，而是鲁昭公聚众驱逐季氏。

【穀梁传】 季者，有中之辞也。又，有继之辞也。

【译文】

"季"，就是表示有中辛日的说法。"又"，就是表示又发生了的说法。

【经】 九月己亥①，公孙于齐，次于阳州②。齐侯唁公于野井③。

【注释】

①己亥：十二日。《穀梁传》作"乙亥"，当月无"乙亥"，误。

②公孙于齐，次于阳州：鲁昭公被逐逃往齐国。据《左传》，鲁国大夫有怨恨季孙意如者鼓动鲁昭公攻打季氏，鲁昭公听信，攻打季氏，叔孙氏和孟氏都救援季氏，鲁昭公不敌，被迫流亡。孙，通"逊"，逃亡。阳州，本是鲁邑，后为齐国所有，在今山东东平。《公羊传》作"杨州"。

③唁：慰问。野井：古地名，在今山东齐河东南。

【译文】

九月十二日，鲁昭公逃亡到齐国，住在阳州。齐景公到野井慰问鲁昭公。

【左传】初,季公鸟娶妻于齐鲍文子①,生甲②。公鸟死,季公亥与公思展与公鸟之臣申夜姑相其室③。及季姒与饔人檀通④,而惧,乃使其妾抶己⑤,以示秦遄之妻⑥,曰:"公若欲使余⑦,余不可而抶余。"又诉于公甫⑧,曰:"展与夜姑将要余⑨。"秦姬以告公之⑩,公之与公甫告平子,平子拘展于卞⑪,而执夜姑,将杀之。公若泣而哀之,曰:"杀是,是杀余也⑫。"将为之请⑬,平子使竖勿内⑭,日中不得请。有司逆命⑮,公之使速杀之。故公若怨平子⑯。

【注释】

①季公鸟:季公若的哥哥,季平子庶叔父。

②甲:某甲,其名已佚。

③季公亥:即季公若。公思展:季氏族人。相其室:管理季公鸟的家政。

④季姒(sì):即鲍文子之女,季公鸟妻子。饔人檀:季氏家臣。饔人,管饮食的官。

⑤抶(chì):鞭打。

⑥以示秦遄之妻:秦遄,鲁国大夫,其妻秦姬为公鸟的妹妹。

⑦使余:让我侍寝。

⑧公甫:季孙纥之子,季平子的弟弟。

⑨展与夜姑将要(yāo)余:同样为诬陷公思展与申夜姑之辞。要余,要挟胁迫我与公若通奸。

⑩公之:名鞅。亦季孙纥之子,季平子的弟弟。

⑪卞:古地名,在今山东泗水东。

⑫杀是,是杀余也:如杀申夜姑,是承认季姒的诬告为事实,不仅申夜姑被冤枉,自己也被冤枉。

⑬之:指申夜姑。

⑭竖：左右小臣。勿内：不让季公若入内，不见他。

⑮逆命：已接受杀申夜姑之命。

⑯故公若怨平子：季公若因此和季平子结怨。

【译文】

　　起初，季公鸟娶齐国鲍文子女儿为妻，生下甲。季公鸟死后，季公若和公思展、公鸟家臣申夜姑共同管理季公鸟的家政。后来季姒和饔人檀通奸，怕人知道，便让自己的侍妾打伤自己，跑去让秦遄妻子看伤痕，说："公若想让我侍寝，我没答应便打我。"又告诉公甫，说道："公思展和申夜姑要挟我。"秦遄妻子告给了公之，公之和公甫告诉了季平子，季平子把公思展拘禁在卞，并逮住申夜姑，准备杀死他。季公若哭着哀求，说："杀他就是杀我。"想为申夜姑求情，季平子吩咐小吏不放他进来，直到中午都没能请求。执行官去领受命令，公之让他快杀了申夜姑。因此季公若怨恨季平子。

　　季、郈之鸡斗①。季氏介其鸡②，郈氏为之金距③。平子怒④，益宫于郈氏⑤，且让之。故郈昭伯亦怨平子。

【注释】

①郈（hòu）：鲁国大夫氏。

②介：给鸡头戴上铠甲。

③金距：鸡爪子装上金属套子。距，雄鸡脚后面突出像脚趾的部分。

④平子怒：因斗鸡败而怒。

⑤益宫于郈氏：侵犯郈氏的房屋来扩大自己的宫室。

【译文】

　　季氏、郈氏玩斗鸡。季氏给鸡套上铠甲，郈氏给鸡爪子安上金属套。季平子因斗鸡失败而发怒，在郈氏住处扩建房屋，并且责备他们。所以郈昭伯也怨恨季平子。

臧昭伯之从弟会为谗于臧氏①，而逃于季氏。臧氏执
旃②。平子怒，拘臧氏老③。将禘于襄公，万者二人，其众万
于季氏④。臧孙曰："此之谓不能庸先君之庙⑤。"大夫遂怨
平子⑥。

【注释】

①臧昭伯：臧孙赐。会：臧会。为谗：诬陷别人。

②旃（zhān）："之焉"的合音字。

③老：家臣。

④"将禘（dì）于襄公"三句：公室要禘祭襄公，举行万舞本应三十
六人，结果只来了二人，其余都被季氏要去举行万舞了。

⑤此之谓不能庸先君之庙：不能使昭公祭祀其父襄公以酬谢先君。
庸，功。

⑥大夫遂怨平子：礼，君祭孟月，臣祭仲月。季氏与君同日祭，又矫
用乐舞，以私废公，所以大夫怨恨他。案季氏四处树敌，成了众矢
之的。

【译文】

臧昭伯的堂弟臧会在臧昭伯那里诬陷别人，事发后逃到季氏处。臧
昭伯从他那儿抓回臧会。季平子发怒，抓了臧氏家臣。将要在襄公庙举
行禘祭，跳万舞的只有二人，其余的人都到季氏那里跳万舞了。臧昭伯
说："这叫做使国君不能在先君庙中祭祀以酬谢先君。"大夫们便都怨恨
季平子。

公若献弓于公为①，且与之出射于外，而谋去季氏。公
为告公果、公贲②。公果、公贲使侍人僚柤告公③。公寝④，
将以戈击之，乃走⑤。公曰："执之。"亦无命也⑥。惧而不

出,数月不见⑦,公不怒。又使言,公执戈以惧之⑧,乃走。又使言,公曰:"非小人之所及也⑨。"公果自言,公以告臧孙,臧孙以难⑩。告郈孙,郈孙以可,劝⑪。告子家懿伯⑫,懿伯曰:"谗人以君徼幸⑬,事若不克,君受其名⑭,不可为也。舍民数世⑮,以求克事,不可必也⑯。且政在焉⑰,其难图也。"公退之⑱。辞曰:"臣与闻命矣,言若泄,臣不获死⑲。"乃馆于公宫⑳。

【注释】

①公为:昭公之子务人。

②公果、公贲:都是公为的弟弟。

③公果、公贲使侍人僚柤告公:告诉鲁昭公公若将除掉季氏。僚柤,鲁昭公侍者。

④公寝:僚柤怕泄密,待鲁昭公就寝时报告此事。

⑤将以戈击之,乃走:鲁昭公以戈击僚柤,僚柤跑走。戈,寝戈,就寝时用之以防万一。

⑥亦无命也:鲁昭公口说抓住僚柤,却没正式下命令。

⑦惧而不出,数月不见:僚柤害怕,数月不出见鲁昭公。

⑧公执戈以惧之:鲁昭公仅仅是吓唬一下僚柤,不是真的要杀他。

⑨非小人之所及也:鲁昭公认为,谋去季氏乃大事,不是僚柤这样的小人所管得着的。案鲁国公室与三家势不两立,由来已久,鲁昭公同意去季氏,但认为僚柤不能有所作为,几次发怒,只是佯怒而已。

⑩公以告臧孙,臧孙以难:臧孙与季氏有矛盾,但认为难以成功。

⑪郈孙以可,劝:郈孙以为可行,怂恿鲁昭公行事。

⑫子家懿伯:即子家羁,鲁国贤臣,鲁庄公玄孙。

⑬谗人以君徼（jiǎo）幸：想让鲁昭公侥幸行事以求成功。谗人，指季公若、郈孙等人。

⑭君受其名：鲁昭公担当恶名。

⑮舍民数世：上文乐祁说"鲁君丧政四公矣"，表明鲁几代以来国政在三家，公室失政，百姓几乎忘记了有个国君。

⑯不可必也：难以成功。

⑰且政在焉：政在季氏。

⑱公退之：鲁昭公不同意子家羁的意见，让他辞出。

⑲不获死：不得好死。

⑳乃馆于公宫：子家羁说既已得知此事，愿意留在公宫以证明自己没有泄密。

【译文】

公若把弓献给公为，并和他一起出外射箭，商议除去季氏之事。公为告知公果、公贲。公果、公贲派侍人僚柤禀告鲁昭公。鲁昭公已睡下，要用戈去刺僚柤，僚柤便跑走了。鲁昭公喊："抓住他。"但也不下达命令。僚柤害怕不敢露面，几月不去见鲁昭公，鲁昭公也不发怒。又派僚柤去说，鲁昭公拿起戈恐吓，僚柤又跑了。再让僚柤去说，鲁昭公说："这不是你小人物所过问的事。"公果自己去说，鲁昭公告诉了臧孙，臧孙感到为难。告诉郈孙，郈孙认为可行，怂恿鲁昭公行事。鲁昭公告诉子家羁，子家羁说："谗邪小人让国君做侥幸的事，要是办不成，国君要蒙受坏名声，这是不能做的。鲁国国君已经几代失去人民的拥戴了，想要成功，没有保证。况且大权在季氏手里，恐怕难以做到。"鲁昭公让他退出。子家羁回答说："下臣已经知道了这事，消息如果泄漏出去，下臣会不得好死。"于是就住在公宫。

　　叔孙昭子如阚①，公居于长府②。九月戊戌③，伐季氏，杀公之于门④，遂入之⑤。平子登台而请曰："君不察臣之罪，使有司讨臣以干戈,臣请待于沂上以察罪⑥。"弗许。请囚于费⑦,弗许。请以五乘亡⑧,弗许。子家子曰:"君其许之⑨!政自之出久矣,隐民多取食焉⑩,为之徒者众矣⑪,日入慝作,弗可知也⑫。众怒不可蓄也,蓄而弗治,将蕴⑬。蕴畜,民将生心⑭。生心,同求将合⑮。君必悔之!"弗听⑯。郈孙曰:"必杀之⑰。"

【注释】

①阚(kàn):鲁地名,在山东汶上西。

②长府:藏财货的府库。

③戊戌:十一日。

④公之:季平子的弟弟。

⑤遂入之:进入季平子住宅。

⑥"君不察臣之罪"三句:希望鲁昭公调查清楚再做处理。沂,沂水,源出山东邹城,往西流经曲阜。

⑦费:季氏采邑。

⑧请以五乘亡:只带五辆车子出逃国外。

⑨君其许之:允许季氏流亡。季氏亡,其余党可以逐渐收拾,这是子家羁的策略。

⑩隐民多取食焉:贫困百姓多取食于季氏。隐民,贫困百姓。

⑪为之徒者众矣:许多人得了季氏的好处,成了他的徒众。

⑫日入慝(tè)作,弗可知也:一旦奸人叛乱助季氏,后果难以预料。日入慝作,日暮奸人将起。慝,奸恶之人。

⑬"众怒不可蓄也"三句:众怒不平息,会聚积得越来越厉害。蕴(yùn),聚积。

⑭生心:生叛乱之心。

⑮生心，同求将合：生叛心之民与季氏之叛君者必定纠合在一起。

⑯弗听：鲁昭公不听。

⑰必杀之：郈昭伯一定要杀掉季平子。

【译文】

　　叔孙婼到阚邑，鲁昭公住在长府。九月十一日，攻打季氏，在大门口杀死公之，就进入季氏家。季平子登上高台请求道："国君不察勘下臣的罪过，便派官员用武力讨伐下臣，下臣请求待在沂水边上等候国君调查下臣的罪过。"鲁昭公不答应。季平子请求把自己囚禁于费地，也不答应。请求带上五辆车逃亡，还是不答应。子家羁说："国君还是答应了吧！政令已经很久都由他发布了，贫民大多靠他生存，做他同伙的很多，太阳落山后奸人会不会发动进攻，还难以预料。众怒不能蓄积，蓄积了而不加以疏导，将会越来越严重。怨怒蓄积，民众将生出反叛之心。一旦生出叛心，将会合一起。国君必将后悔的！"鲁昭公不听。郈孙说："一定要杀了季平子。"

　　公使郈孙逆孟懿子①。叔孙氏之司马鬷戾言于其众曰②："若之何？"莫对。又曰："我，家臣也，不敢知国③。凡有季氏与无④，于我孰利？"皆曰："无季氏，是无叔孙氏也。"鬷戾曰："然则救诸！"帅徒以往，陷西北隅以入。公徒释甲执冰而踞⑤，遂逐之⑥。孟氏使登西北隅，以望季氏⑦。见叔孙氏之旌，以告⑧。孟氏执郈昭伯，杀之于南门之西，遂伐公徒⑨。子家子曰："诸臣伪劫君者，而负罪以出，君止⑩。意如之事君也，不敢不改⑪。"公曰："余不忍也⑫。"与臧孙如墓谋，遂行⑬。

【注释】

① 公使邮孙逆孟懿（yì）子：鲁昭公还想联络孟孙、叔孙二家。孟懿子，仲孙何忌。

② 言：问。

③ 不敢知国：不敢考虑国家大事。

④ 凡：大概。

⑤ 公徒释甲执冰而踞：鲁昭公亲兵毫无斗志，都解甲蹲着饮水休息。冰，箭筒的盖子，临时用以取水。

⑥ 遂逐之：鬷戾之兵驱逐公徒。

⑦ 孟氏使登西北隅，以望季氏：孟氏派人登上自家西北角，观望季氏形势。

⑧ 见叔孙氏之旌，以告：知道叔孙已援救季氏。

⑨ "孟氏执郈昭伯"三句：孟孙氏也捕杀郈氏，进攻鲁昭公。案孟懿子此时年仅十四，或许是其家臣所为。

⑩ "诸臣伪劫君者"三句：子家羁建议，让臣下假装是劫持鲁昭公不成出逃，这样可以显示鲁昭公是被人所迫，仍留下来。负罪，背负罪名。

⑪ 意如之事君也，不敢不改：意如，季平子。案子家是主张与三家和解，争取季氏改变态度。

⑫ 余不忍也：不能忍受三家如此欺君。

⑬ 遂行：鲁昭公逃亡。

【译文】

鲁昭公派郈孙去迎接孟懿子。叔孙氏司马鬷戾问身边众人："怎么办？"没人能答得上。他又说："我只是家臣，不敢参与国家大事。有季氏和没有季氏，哪一种对我们有利？"大家都说："没有了季氏，也就没有了叔孙氏。"鬷戾说："那么就去救季氏吧！"便率领徒众前往，攻破西北角进入季氏家。鲁昭公的军队正脱了衣甲，手拿箭筒盖喝水，于是把他们赶走。孟氏派人登上西北角,瞭望季氏家的情况。望见叔孙氏的旌旗,便报告了孟氏。孟氏逮住郈昭伯,在南门的西边杀死他,并攻打鲁昭公的人马。子家羁说:"臣下们装做劫持国君的样子,蒙受罪名出逃,国君留下。季平子对国君就不敢不改变态度。"鲁昭公说:"我无法忍受。"鲁昭公和臧孙到墓地商量后,就离开了都城。

己亥,公孙于齐,次于阳州。齐侯将唁公于平阴①,公先至于野井②。齐侯曰:"寡人之罪也。使有司待于平阴,为近故也③。"书曰:"公孙于齐,次于阳州,齐侯唁公于野井。"礼也。将求于人,则先下之,礼之善物也④。齐侯曰:"自莒疆以西,请致千社,以待君命⑤。寡人将帅敝赋以从执事⑥,唯命是听。君之忧,寡人之忧也。"公喜。子家子曰:"天禄不再⑦。天若胙君,不过周公。以鲁足矣⑧。失鲁而以千社为臣,谁与之立⑨?且齐君无信,不如早之晋。"弗从⑩。

【注释】

①平阴:古地名,在今山东平阴东北。

②公先至于野井:鲁昭公越过平阴到野井迎齐景公。

③使有司待于平阴,为近故也:因为平阴距阳州近。案这是齐景公致歉之辞。

④"将求于人"三句:鲁昭公有求于人,先迎齐景公,是有礼的表现。物,事。

⑤"自莒疆以西"三句:齐景公以千社赠鲁昭公,以待鲁昭公讨伐季氏之命。社,二十五家为一社。

⑥敝赋:指齐国军队。

⑦天禄不再:天之禄命不会有两次。意谓既得千社,就不能再回

鲁国。

⑧"天若胙（zuò）君"三句：意思是不能安于得千社，应积极准备返鲁。胙，福佑。周公，指鲁国。

⑨失鲁而以千社为臣，谁与之立：得齐国千社，等于是人家的臣子，谁还为鲁昭公复位？

⑩弗从：鲁昭公不同意。

【译文】

十一月十三日，鲁昭公逃往齐国，在阳州停留。齐景公准备在平阴慰问鲁昭公，鲁昭公便先到达野井。齐景公说："是寡人的过错。让官员在平阴等待，是为了就近的缘故。"《春秋》记载说："昭公逃亡到齐国，住在阳州，齐景公在野井慰问昭公。"这是合于礼的。将要有求于人，就先自我谦卑，这是合乎礼的好事。齐景公说："从莒国疆界以西，请送上一千社，等待国君的命令。寡人将率领敝国军队跟随执事，唯命是听。国君的忧患就是寡人的忧患啊。"鲁昭公很高兴。子家羁说："上天不会两次赐给禄福。上天要保佑国君，那也不能超过周公。给鲁国就足够了。失去鲁国而得千社成为别人的臣子，谁会再扶立国君？而且齐国国君没信用，不如早点到晋国去。"鲁昭公没听从。

臧昭伯率从者将盟①，载书曰："戮力壹心，好恶同之。信罪之有无②，缱绻从公，无通外内③！"以公命示子家子。子家子曰："如此，吾不可以盟。羁也不佞，不能与二三子同心，而以为皆有罪④。或欲通外内，且欲去君⑤。二三子好亡而恶定，焉可同也⑥？陷君于难，罪孰大焉⑦？通外内而去君，君将速入⑧，弗通何为？而何守焉⑨？"乃不与盟⑩。

【注释】

①臧昭伯率从者将盟：与跟随鲁昭公的人盟誓，表示坚决跟随鲁昭公。

②信罪之有无：从公者无罪，居留者有罪。信，明确。

③缱绻（qiǎn quǎn）从公，无通外内：臧昭伯的意思是，凡是随鲁昭公出亡的人都要坚决追随鲁昭公，不能和留居国内的人来往沟通。缱绻，坚决。

④而以为皆有罪：子家认为从者、留者都有罪。

⑤或欲通外内，且欲去君：指自己将与国内外联系，取得支持，争取鲁昭公回国，因此要离开鲁昭公奔走。或，或者。

⑥二三子好亡而恶定，焉可同也：臧氏一帮人好逃亡而恶安定君位，我则相反，所以不可能同好恶。

⑦陷君于难，罪孰大焉：好逃亡是陷国君于危难，其罪更大。

⑧君将速入：赶快回国。

⑨弗通何为？ 而何守焉：死守此地，有何作为？

⑩乃不与盟：子家羁和臧昭伯等人意见分歧，故不参加结盟。

【译文】

臧昭伯率领随从鲁昭公的人准备结盟，盟书说："合力齐心，好恶相同。明确有罪无罪，坚决跟从国君，不与内外交通！"用鲁昭公的名义把盟书给子家羁看。子家羁说："这样的话，我不能结盟。我不才，不能和诸位同心，而认为从者留者都有罪。我想交通内外，并且想离开国君。各位愿意流亡而不喜欢安定君位，我怎么能和各位同行呢？让国君陷于危难，罪过还有比这更大的吗？要是交通内外而离开国君，使国君能快些返国，为什么不去交流沟通呢？为什么要死守这里呢？"子家羁便没有参加盟誓。

【公羊传】唁公者何？ 昭公将弑季氏①，告子家驹曰："季氏为无道,僭于公室久矣。吾欲弑之,何如?"子家驹曰:"诸侯僭于天子,大夫僭于诸侯久矣。"昭公曰:"吾何僭矣哉?"子家驹曰:"设两观,乘大路,朱干、玉戚以舞《大夏》,八佾以舞《大武》,此皆天子之礼也②。且夫牛马,维娄委己者也而柔焉③,季氏得民众久矣,君无多辱焉。"昭公不从其言,终弑而败焉,走之齐。齐侯唁公于野井,曰:"奈何君去鲁国之社稷。"昭公曰:"丧人不佞④,失守鲁国之社稷,执事以羞⑤。"再拜颡⑥。庆子家驹曰⑦:"庆子免君于大难矣。"子家驹曰:"臣不佞,陷君于大难,君不忍加之以钑锧⑧,赐之以死。"再拜颡。高子执箪食,与四脡脯,国子执壶浆⑨,曰:"吾寡君闻君在外,馂饔未就⑩,敢致糒于从者⑪。"昭公曰:"君不忘吾先君,延及丧人,锡之以大礼。"再拜稽首,以衽受⑫。高子曰:"有夫不祥⑬,君无所辱大礼。"昭公盖祭而不尝⑭。景公曰:"寡人有不腆先君之服,未之敢服;有不腆先君之器,未之敢用⑮,敢以请。"昭公曰:"丧人不佞,失守鲁国之社稷,执事以羞,敢辱大礼,敢辞。"景公曰:"寡人有不腆先君之服,未之敢服;有不腆先君之器,未之敢用,敢固以请。"昭公曰:"以吾宗庙之在鲁也,有先君之服,未之能以服;有先君之器,未之能以出,敢固辞。"景公曰:"寡人有不腆先君之服,未之敢服;有不腆先君之器,未之敢用,请以飨乎从者。"昭公曰:"丧人其何称⑯?"景公曰:"孰君而无称?"昭公于是噭然而哭,诸大夫皆哭。既哭,以人为菑⑰,以帷为席⑱,以鞍为几,以遇礼相见。孔子曰:"其礼与其辞足观矣⑲。"

【注释】

①昭公将弑季氏：弑，杀，有姑且试之的含义，其语上下通用，故此处云"昭公将弑季氏"。

②此皆天子之礼也：指上文之"设两观，乘大路，朱干、玉戚以舞《大夏》，八佾以舞《大武》"，揭示鲁国僭越天子之礼。观，指宫门口的高台望楼，亦称为"象魏""阙"。案礼制，天子外阙两观，诸侯内阙一观。大路，路，车也。案礼制，天子乘大路，诸侯乘路车。朱干，红色的盾牌。玉戚，玉制斧头。《大夏》，乐舞名，为夏代之乐。八佾，佾，乐舞之行列，八佾，即八八六十四人。案礼制，天子八佾，诸侯四佾。《大武》，乐舞名，为周武王之乐。案周公有大德，故鲁国祭祀周公能用天子之礼，然而后世国君将其用于群公之庙，僭越天子而不自知。

③且夫牛马，维娄委己者也而柔焉：案王引之《经义述闻》的解释，维，通"惟"，仅仅之意。娄，同"屡"，屡次之意。委，通"喂"，喂食之意。柔，顺。即牛马仅对屡次喂食给它的人柔顺，比喻季氏得民众久矣。

④丧人：丧国之人，此为鲁昭公自称。佞：善也。

⑤执事以羞：依徐彦之意，鲁昭公以自己尊卑比于齐国的执事，举措不善，而失守鲁国社稷，由之之故，耻辱累及齐侯。

⑥再拜颡：颡，叩头，即顿首、稽颡，为凶礼之拜。此处鲁昭公失国，故以丧礼自处。

⑦庆：庆贺。

⑧铁（fǔ）锧（zhì）：为古代的刑具。铁，斧。锧，铁砧。

⑨"高子执箪（dān）食"三句：国子、高子，皆为齐国尊贵的大夫。箪，竹制的圆形器皿。食，指下文的"糗"，是稻黍制成的糕。脡脯，直的干肉。此处为招待鲁昭公进食。

⑩馂（jùn）：熟食。饔（yōng）：熟肉。

⑪敢致糗（qiǔ）于从者：此处不敢直指鲁昭公本人，故言"致糗于从者"。糗，稻黍制成的糕。从者，鲁昭公随从之人。

⑫以衽受：当时鲁昭公谦不敢求索器物，故用衽接受饭食。衽，在衣下两旁，掩裳际，形如燕尾者。

⑬有夫不祥：何休云："犹曰人皆有夫不善。"

⑭祭而不尝：古人饮食时，前取一点食物置于笾豆之间，以祭典先人，示不忘本。此处鲁昭公先祭典先人，而不尝饭食，因为饮食之礼，尚有礼让之节。

⑮"寡人有不腆先君之服"四句：何休云："腆，厚也。服谓齐侯所着衣服也。言未敢服者，见鲁侯乃敢服之，谦辞也。"器，指上文的箪、壶等器。亦谓此等器皿，见鲁侯乃敢用之，以此劝鲁昭公饮食。

⑯丧人其何称：何休云："行礼，宾主当各有所称。时齐侯以诸侯遇礼接昭公，昭公自谦失国，不敢以故称自称，故执谦问之。"

⑰以人为菑（zì）：以人充当矮墙，以便行遇礼时分别内外。菑，矮墙。

⑱以幭（mì）为席：幭，覆于车轼上的皮革。遇礼中以此为席。

⑲其礼与其辞足观矣：孔子赞许鲁昭公此处全然守礼，文辞得体。何休云："言昭公素能若此，祸不至是。"

【译文】

为何要慰问鲁昭公？因为鲁昭公将要弑杀季氏，告诉子家驹说："季氏为臣无道，僭越公室很久了。我想要除掉他，怎么样？"子家驹说："诸侯僭越天子，大夫僭越诸侯已经很久了。"鲁昭公说："我有何僭越之处？"子家驹说："设立两观，乘坐大路，用朱干、玉戚舞《大夏》，用八佾舞《大武》，这些都是天子的礼制。况且牛马仅对经常给它喂食的人柔顺，季氏得民心已经很久了，国君请不要自取其辱。"鲁昭公不听从他的谏言，终究去弑杀季氏，后失败而出走齐国。齐侯在野井慰问鲁昭公，说："您怎么离开了鲁国的社稷？"鲁昭公说："我这个丧国之人不善，失守了鲁国的社稷，让您蒙羞了。"再拜稽颡。齐侯庆贺子家驹道："庆贺您使国君幸免大难。"子家驹说："微臣不善，使国君陷于大难，是国君不忍心加我刑罚，赐我一死。"再拜稽颡。高子手执盛有饭食的箪器，四条干肉，国子手执酒壶，说："我们国君听闻您在外，还没有饮食，敢致糗于您的随从。"鲁昭公说："您不忘却我国先君，恩惠延及到我，赐以大礼。"再拜稽首，用袪接受。高子说："人都有不善之时，您不要行此折辱的大礼。"鲁昭公一概先祭祀，却不尝食物。齐侯说："我有不丰厚的先君之服，平时不敢穿，见到鲁侯您才敢穿；我有不丰厚的先君的器皿，平时不敢用，见到鲁侯您才敢用，敢请您用膳。"鲁昭公说："我这丧国之人不善，失守鲁国的社稷，使您蒙羞，不敢当此大礼，敢推辞。"齐侯说："我有不丰厚的先君之服，平时不敢穿，见到鲁侯您才敢穿；我有不丰厚的先君的器皿，平时不敢用，见到鲁侯您才敢用，再次敢请您用膳。"鲁昭公说："因为我的祖庙在鲁国，有先君的衣服，却不能穿，有先君的器皿，却不能拿出来用，敢再次推辞。"齐侯说："我有不丰厚的先君之服，平时不敢穿，见到鲁侯您才敢穿；我有不丰厚的先君的器皿，平时不敢用，见到鲁侯您才敢用，敢请招待您的随从。"鲁昭公答应以遇礼相接，问道："我这丧国之人，当用何种称呼？"齐侯说："哪个国君没有称呼呢？"鲁昭公于是嚎啕大哭，诸大夫都跟着大哭。哭罢，以人作为矮墙，以幦作为席子，以马鞍作为几案，以遇礼相见。孔子说："昭公此处的礼节与文辞可观。"

【穀梁传】孙之为言犹孙也，讳奔也。次，止也。吊失国曰唁，唁公不得入于鲁也。

【译文】

"孙"就相当于流亡，是避讳说出逃。"次"，就是临时停留的意思。慰问失去政权叫"唁"，是慰问鲁昭公不能进入鲁国。

【经】冬十月戊辰①,叔孙婼卒②。

【注释】

①戊辰:十一日。

②叔孙婼:鲁国大夫,叔孙氏宗主,叔孙豹之庶子,谥昭。《公羊传》作"叔孙舍"。

【译文】

冬十月十一日,叔孙婼去世。

【左传】昭子自阚归,见平子。平子稽颡①,曰:"子若我何②?"昭子曰:"人谁不死?子以逐君成名,子孙不忘,不亦伤乎③?将若子何?"平子曰:"苟使意如得改事君④,所谓生死而肉骨也⑤。"昭子从公于齐,与公言⑥。子家子命适公馆者执之⑦。公与昭子言于幄内,曰:"将安众而纳公⑧。"公徒将杀昭子,伏诸道⑨。左师展告公⑩。公使昭子自铸归⑪。平子有异志⑫。冬十月辛酉⑬,昭子齐于其寝,使祝宗祈死⑭。戊辰⑮,卒。左师展将以公乘马而归,公徒执之⑯。

【注释】

①稽颡(qǐ sǎng):磕头到地,是凶拜,季平子以此表示对逐鲁昭公的自责。

②子若我何:要我怎么办?

③"子以逐君成名"三句:以逐君成名,是为可悲。

④苟使意如得改事君:改变态度以事奉鲁昭公。

⑤所谓生死而肉骨也:季平子表示改悔,愿请鲁昭公回国;叔孙婼如能帮助自己,是使自己再生。生死,使死者复生。肉骨,使枯骨

长肉。

⑥昭子从公于齐，与公言：转达季平子的意思。

⑦子家子命适公馆者执之：不让他人进入公馆，以防泄密。

⑧将安众而纳公：昭子表示先归鲁，安定大众再接鲁昭公回国。

⑨公徒将杀昭子，伏诸道：公徒不想让鲁昭公回国，伏兵于道旁，将杀叔孙婼。公徒，鲁昭公的随从。

⑩左师展：鲁国大夫。

⑪公使昭子自铸归：让昭子绕道回鲁国。铸，古地名，在今山东肥城南。

⑫平子有异志：季平子改变主意，不想接纳鲁昭公。

⑬辛酉：初四。

⑭昭子齐于其寝，使祝宗祈死：叔孙婼知道季平子并非真心接纳鲁昭公，只是假装悔过罢了，因耻为季平子所骗，所以自杀。齐，同"斋"，斋戒。祈死，求死。

⑮戊辰：十一日。

⑯左师展将以公乘马而归，公徒执之：左师展想以一乘马车与鲁昭公返回鲁国，被鲁昭公随从逮住，未能如愿。

【译文】

　　叔孙婼从阚地回来，进见季平子。季平子下拜叩头到地，说："你要我怎么办？"叔孙婼说："人谁不死？你由于驱逐国君成名，子子孙孙无法忘怀，不是太可悲了吗？我能把你怎么样？"季平子说："如果能让我改过重新去事奉国君，就是让死人复生白骨长肉的大恩啊。"叔孙婼跟随鲁昭公到齐国，向鲁昭公说了季平子的话。子家羁命令把凡是到鲁昭公公馆的人都逮起来。鲁昭公和叔孙婼在帐幕里说话，叔孙婼说："将安定众人而接纳国君。"鲁昭公身边的人准备杀死叔孙婼，埋伏在半道。左师展报告了鲁昭公。鲁昭公让叔孙婼取道铸地回国。季平子改变了原来的主意。冬十月初四，叔孙婼在寝室斋戒，让祝宗为自己祈祷求死。

十一日,叔孙婼去世。左师展打算带着鲁昭公同坐一辆马车回去,鲁昭公的随从逮住了他。

　　*【左传】壬申①,尹文公涉于巩,焚东訾,弗克②。

【注释】

①壬申:十五日。

②"尹文公涉于巩"三句:尹文公由巩渡洛水而焚东訾。尹文公,王子朝同党。东訾,周敬王的城邑。

【译文】

十月十五日,尹文公从巩邑渡过洛水,放火焚烧东訾,但没能攻克。

　　【经】十有一月己亥①,宋公佐卒于曲棘②。

【注释】

①己亥:十三日。

②宋公佐:即宋元公,姓子,名佐,谥元。曲棘:古地名,在今河南兰考东南、民权西北。

【译文】

十一月十三日,宋元公佐在曲棘去世。

　　【左传】十一月,宋元公将为公故如晋①,梦大子栾即位于庙,己与平公服而相之②。旦,召六卿③。公曰:"寡人不佞,不能事父兄④,以为二三子忧,寡人之罪也。若以群子之灵⑤,获保首领以没,唯是楄柎所以藉干者,请无及先君⑥。"仲几对曰⑦:"君若以社稷之故,私降昵宴,群臣弗敢知⑧。

若夫宋国之法,死生之度^⑨,先君有命矣^⑩。群臣以死守之,弗敢失队^⑪。臣之失职,常刑不赦。臣不忍其死^⑫,君命只辱^⑬。"宋公遂行。己亥,卒于曲棘。

【注释】

①宋元公将为公故如晋:到晋国商量接纳鲁昭公之事。

②平公:宋元公父亲。服而相之:穿着朝服辅佐太子栾。

③召六卿:临行前召六卿交代后事。

④寡人不佞,不能事父兄:指华、向作乱。父兄,指华、向。

⑤群子:诸位。

⑥唯是楄柎(pián fù)所以藉干者,请无及先君:楄柎,棺中垫尸体的木板。藉,身卧其上。干,身体。案宋元公要求一切葬具从简,不超过先君体制。

⑦仲几:宋国左师。

⑧"君若以社稷之故"三句:宋元公如果自己减损饮宴声色的供奉,群臣不敢过问。昵宴,指亲近声色饮食之事。昵,亲近。

⑨度:制度。

⑩有命:已有成文规定。

⑪弗敢失队:不敢违背。队,同"坠"。

⑫臣不忍其死:不能因失职而受刑。

⑬君命只辱:表示不能执行宋元公之命。

【译文】

十一月,宋元公准备为鲁昭公之事到晋国去,梦见太子栾在宗庙中即位,自己和宋平公穿着朝服辅佐他。早上,召见六卿。宋元公说:"寡人不才,不能事奉好父兄辈,给各位带来忧患,是寡人的罪过。如果得到各位的庇佑,能够善终,那些用来装盛我骸骨的葬具,请不要和先君的一样。"仲几回答说:"国君如果由于国家的缘故,自己降低饮宴声色的供奉,下臣们不敢与闻。至于宋国的法度,关于死与生的规定,先君已有成命。下臣们用生命来守护,不敢失职。下臣失职,法律是不能赦免的。下臣不愿这样死去,只好不奉行国君的命令了。"宋元公就出发了。十三日,死在曲棘。

【公羊传】曲棘者何? 宋之邑也。诸侯卒其封内不地,此何以地? 忧内也[1]。

【注释】

①忧内也:即担忧鲁国。何休云:"时宋公闻昭公见逐,欲忧纳之,至曲棘而卒,故恩录之。"

【译文】

曲棘是什么地方? 是宋国的城邑。诸侯在其封内去世,依例不记录地点,此处为何记录? 因为宋国担忧鲁国,故详录之。

【穀梁传】邡公也[1]。

【注释】

①邡(fǎng)公:据《左传》,宋元公因为鲁昭公出逃的事而欲往晋国为之谋划,途中卒于曲棘。邡,谋划。

【译文】

宋元公是为了替鲁昭公谋划。

【经】十有二月,齐侯取郓[1]。

【注释】

①齐侯取郓:郓为鲁国之城邑。据《左传》,今年围郓,明年正月取

郓。案外国夺取内邑之例,当书"伐",又书"围运"。此处未有伐文,是齐侯以言语取于季氏,使鲁昭公居之。郓,《公羊传》作"运"。

【译文】

十二月,齐景公占领郓邑。

【左传】十二月庚辰①,齐侯围郓②。

【注释】

①庚辰:二十四日。

②齐侯围郓:齐景公想要夺取郓邑以安置鲁昭公。

【译文】

十二月二十四日,齐景公包围郓邑。

【公羊传】外取邑不书,此何以书? 为公取之也。

【译文】

外诸侯夺取城邑,例所不书,此处为何记录? 因为是为鲁昭公夺取的。

【穀梁传】取,易辞也。 内不言取,以其为公取之,故易言之也。

【译文】

"取",表示容易的说法。 取得鲁国的地方不说"取",因为他是为鲁昭公攻取的,所以说他很容易就攻取了。

　　*【左传】初,臧昭伯如晋,臧会窃其宝龟偻句^①,以卜为信与僭^②,僭吉。臧氏老将如晋问^③,会请往^④。昭伯问家故,尽对^⑤。及内子与母弟叔孙,则不对^⑥。再三问,不对。归,及郊^⑦,会逆。问,又如初。至,次于外而察之,皆无之^⑧。执而戮之^⑨,逸,奔郈^⑩。郈鲂假使为贾正焉^⑪。计于季氏^⑫。臧氏使五人以戈楯伏诸桐汝之间^⑬。会出,逐之^⑭,反奔^⑮,执诸季氏中门之外。平子怒,曰:"何故以兵入吾门?"拘臧氏老。季、臧有恶^⑯。及昭伯从公,平子立臧会^⑰。会曰:"偻句不余欺也^⑱。"

【注释】

①臧会窃其宝龟偻句:窃宝龟占卜。偻句,宝龟名。

②信:诚实。僭:不信,不诚实。

③臧氏老将如晋问:将赴晋问候昭伯。

④会请往:臧会请代家臣而行。

⑤昭伯问家故,尽对:问家事,臧会据实回答。故,事。

⑥及内子与母弟叔孙,则不对:昭伯问妻子和母弟,臧会故意吞吞吐吐不答,似有难言之隐。内子,妻子。

⑦及郊:昭伯返鲁到达郊外。

⑧次于外而察之,皆无之:昭伯有疑心,居于城外查访妻子与母弟,都没有可疑之处。

⑨执而戮之:抓住臧会准备杀掉。

⑩逸,奔郈:臧会逃往郈。逸,逃走。郈,地名,在今山东东平东南。

⑪郈鲂假:郈邑大夫。贾正:掌管物价的官员。

⑫计于季氏:贾正为司徒属官,据昭公四年传文,季武子为司徒,季氏当世袭此职,故臧会送其账本于季氏。计,动词,送账簿。臧会

为贾正,这是他的职务。

⑬桐汝:里名。闬:里门。

⑭会出,逐之:待臧会从季氏家出来,追之。

⑮反奔:臧会想逃回季氏家去。

⑯季、臧有恶:案以上详细补叙季、臧结怨的缘由。

⑰平子立臧会:立臧会为臧氏继承人。

⑱偻句不余欺也:臧会自喜以僭得立。

【译文】

　　当初,臧昭伯去晋国,臧会偷了他的宝龟偻句,用来占卜应该诚实还是不诚实,结果不诚实吉利。臧氏家臣将到晋国问候臧昭伯,臧会请求派他前往。臧昭伯问起家里的情况,臧会全都一一回答。及问到妻子和同母弟叔孙时,就不回答。再三询问,依然不回答。臧昭伯归来,到郊外,臧会去迎接他。又问起家里的事,还是原先的态度。臧昭伯到了国都,住在外面查访,妻子、弟弟都没有什么不端。臧昭伯抓了臧会要杀他,臧会逃出,跑到郈地。郈鲂假让他做了贾正。一次臧会到季氏家送账本。臧昭伯派了五个人带着戈楯埋伏在桐汝的门里。臧会出来,就上前去追,臧会转身奔逃,在季氏家中门外被抓住。季平子发怒,说:"凭什么带着兵器进入我的家门?"就拘禁了臧昭伯的家臣。于是季、臧二家交恶。到臧昭伯随从鲁昭公出逃,季平子就立臧会为臧氏的继承人。臧会说:"偻句没有欺骗我啊。"

　　*【左传】楚子使薳射城州屈,复茄人焉①。城丘皇,迁訾人焉②。使熊相禖郭巢③,季然郭卷④。子大叔闻之,曰:"楚王将死矣。使民不安其土,民必忧。忧将及王⑤,弗能久矣⑥。"

【注释】

①楚子使薳射城州屈,复茄(jiā)人焉:让茄人回州屈居住。州屈,

古地名,在今安徽凤阳西。茹,古地名,近淮水的小邑。

②城丘皇,迁訾人焉:迁訾人于丘皇。丘皇,古地名,在今河南信阳南。

③熊相禖(méi):楚国大夫。郭:外城。这里做动词,筑外城。

④季然:也是楚国大夫。卷(quān):在今河南叶县西南。

⑤忧将及王:民忧则君亦忧。

⑥弗能久矣:案明年,楚平王死。

【译文】

楚平王派蒍射修筑州屈城,让茄人回去居住。在丘皇筑城,把訾人迁去住。派熊相禖在巢筑城,季然在卷筑城。子太叔听说了,说:"楚平王将要死了。让人民不能在原来的地方安居,人民必定忧患。这忧患将会波及君王,他不会活很久了。"

二十六年

【经】二十有六年春王正月①,葬宋元公。

【注释】

①二十有六年:鲁昭公二十六年当周敬王四年,前516年。

【译文】

鲁昭公二十六年春周历正月,安葬宋元公。

【左传】葬宋元公,如先君,礼也①。

【注释】

①"葬宋元公"三句:上年传文,宋元公曾立遗嘱丧礼从简,低于先君,现在仍用先君之礼安葬。

【译文】

安葬宋元公,规格跟先君一样,这是合于礼的。

*【左传】二十六年春王正月庚申①,齐侯取郓。

【注释】

①庚申:初五。

【译文】

鲁昭公二十六年春周历正月初五,齐景公占领郓邑。

【经】三月,公至自齐,居于郓①。

【注释】

①郓:《公羊传》作"运"。

【译文】

三月,鲁昭公从齐国回来,居住在郓地。

【左传】三月,公至自齐,处于郓,言鲁地也①。

【注释】

①"公至自齐"三句:这是解释经文的意思。说"至自""处",是因
　　为郓本是鲁地,鲁昭公虽未入国都,但已返鲁境,所以用此措辞。

【译文】

三月,鲁昭公从齐国回来,住在郓邑,这是在强调郓是鲁地。

**【穀梁传】公次于阳州,其曰至自齐①,何也? 以齐侯之
见公,可以言至自齐也。居于郓者,公在外也。至自齐,道**

义不外公也②。

【注释】

①至自齐：从齐地回来。这里的意思是说应该说"公至自阳州"。

②不外公：指从道德礼仪上仍旧像鲁昭公尚未流亡时那样待他，并不疏远之。

【译文】

鲁昭公驻扎在阳州，经文说从齐国回来，为什么呢？因为齐国国君会见了鲁昭公，可以据此说从齐国回来。说"居于郓"，是表明鲁昭公在国都之外。说"至自齐"，表明从道德礼仪上不能排斥鲁昭公。

【经】夏，公围成①。

【注释】

①公围成：鲁昭公居于郓邑，意图复国，故率军包围了成邑。《春秋》书"公围成"，是谴责鲁昭公不修文德，烦扰民众。成，鲁地名，在今山东宁阳东北，为蒙氏封邑。

【译文】

夏，鲁昭公围攻成邑。

【左传】夏，齐侯将纳公，命无受鲁货①。申丰从女贾②，以币锦二两③，缚一如瑱④，适齐师。谓子犹之人高龁⑤："能货子犹，为高氏后，粟五千庾⑥。"高龁以锦示子犹，子犹欲之⑦。龁曰："鲁人买之，百两一布⑧，以道之不通，先入币财⑨。"子犹受之，言于齐侯曰："群臣不尽力于鲁君者，非不能事君也⑩，然据有异焉⑪。宋元公为鲁君如晋，卒于曲棘；

叔孙昭子求纳其君，无疾而死。不知天之弃鲁邪，抑鲁君有罪于鬼神，故及此也[12]？君若待于曲棘，使群臣从鲁君以卜焉[13]。若可，师有济也[14]，君而继之[15]，兹无敌矣[16]。若其无成，君无辱焉[17]。"齐侯从之，使公子𬮣帅师从公[18]。

【注释】

①命无受鲁货：齐国打算以兵送鲁昭公回国，命令不得接受鲁国礼物。

②申丰、女贾：二人都是季氏家臣。

③两：量词。古代布帛以二丈为一端，二端为一两，二两类似今之二匹。

④缚一如瑱（zhèn）：二人以织锦为币（礼物），为便于藏带，将织锦捆成如瑱圭形状。瑱，也作"镇"，镇圭，长方形玉。

⑤子犹：梁丘据。高龁（yǐ）：梁丘据家臣。

⑥"能货子犹"三句：申丰、女贾二人想通过高龁贿赂齐景公宠臣梁丘据，使不纳鲁昭公，并答应事后立高龁为高氏继承人，赠送粮食五千庾。庾，古时二斗四升为一庾。

⑦子犹欲之：梁丘据贪财，想要织锦。

⑧百两一布：百两一堆，意指织锦还多。布，列，堆。

⑨以道之不通，先入币财：古代送礼，先送轻礼，后送重礼。这里暗示鲁国还有重礼相赠。

⑩群臣不尽力于鲁君者，非不能事君也：齐国群臣并非不想尽力送鲁昭公归鲁。

⑪异：感到奇怪。

⑫"不知天之弃鲁耶"三句：意思是宋元公及叔孙婼为鲁昭公奔走，都暴卒，所以纳鲁昭公恐怕违背天意，不可为。

⑬使群臣从鲁君以卜焉：让群臣先随从鲁昭公去伐鲁，以验吉凶。

⑭师有济也：战斗胜利。

⑮而：乃。

⑯兹：因此。敌：抵抗。

⑰若其无成，君无辱焉：如果出师不利，齐景公就不必亲往。梁丘据
　　以此阻拦送鲁昭公回国。

⑱使公子钽帅师从公：派公子钽率兵随鲁昭公先伐鲁。公子钽，齐
　　国大夫。

【译文】

　　夏，齐景公准备送鲁昭公回国，命令不要接受鲁国的礼物。申丰跟
着女贾，用两匹锦做礼品，把它捆扎成填的样子，到齐军来。对梁丘据家
臣高龁说："如果你能买通梁丘据，就立你为高氏继承人，并送你五千庾
粮食。"高龁把锦拿给梁丘据看，梁丘据想要。高龁说："这是鲁国人买
的，一百匹一堆，由于道路不通，先把这作为礼物的样品。"梁丘据收下
它，对齐景公说："臣下们对鲁国国君不愿尽力，并非不能奉行君命，只是
感到不解。宋元公为鲁君事前往晋国，死在曲棘；叔孙婼谋求让其国君
回国，也无疾而死。不知道是上天要抛弃鲁国呢，还是鲁君得罪了鬼神，
所以到这地步？国君要是待在曲棘，就派臣下们跟随鲁君向鲁国开战以
作试探。如果行，军队获胜，国君便继续前进，就不会有人抵抗了。如果
不成功，就不用劳动国君了。"齐景公听从了，派公子钽领兵随从鲁昭公。

　　成大夫公孙朝谓平子曰①："有都，以卫国也②，请我受
师③。"许之。请纳质④，弗许，曰："信女，足矣⑤。"告于齐师
曰："孟氏，鲁之敝室也⑥。用成已甚，弗能忍也⑦，请息肩于
齐⑧。"齐师围成。成人伐齐师之饮马于淄者⑨，曰："将以厌
众⑩。"鲁成备而后告曰："不胜众⑪。"

【注释】

①谓平子：此役以季氏为主，且孟懿子年幼，故公孙朝与季平子商议。

②有都，以卫国也：都城用来保卫国家。

③请我受师：请以成邑抵御齐军。

④请纳质：公孙朝为孟氏家臣，怕季氏疑心，提出送上人质以取信。

⑤信女，足矣：季平子表示相信公孙朝，不必纳人质。

⑥敝室：破败宗族。

⑦用成已甚，弗能忍也：孟氏奴役成邑太过分，成邑人无法忍受。

⑧请息肩于齐：诈称成邑不堪忍受孟氏奴役，愿降齐，请齐军攻成。息肩，免除劳役负担。

⑨淄：小汶河，源于山东新泰，至泰安入大汶河。

⑩将以厌众：公孙朝骗齐军，为了不使季氏知道自己已降，故意攻打饮马者以做样子。厌众，满足众人心理。

⑪不胜众：待鲁国准备充分后，公孙朝又告诉齐国说，众人不想投降，拧不过大家，于是不降齐。

【译文】

成邑大夫公孙朝对季平子说："设立都邑，是用来保卫国家的，请让我们抵御敌军。"季平子答应了。公孙朝请求奉上人质，季平子不同意，说："信任你就足够了。"公孙朝告诉齐军说："孟氏是鲁国的破败宗族。使用成邑的人力物力太多了，我们无法忍受，请求归降齐国以得到休息。"齐兵包围了成。成邑人攻讨在淄水饮马的齐军，说："这是做给众人看的。"鲁国准备充分以后，他又告诉齐军说："我们无法说服众人。"

师及齐师战于炊鼻①。齐子渊捷从洩声子②，射之，中楯瓦③，繇胸汏辀，匕入者三寸④。声子射其马，斩鞅，殪⑤。改驾⑥，人以为鬷戾也，而助之⑦。子车曰："齐人也⑧。"将击子车，子车射之，殪。其御曰："又之⑨。"子车曰："众可惧也，而不可怒也⑩。"子囊带从野洩⑪，叱之。洩曰："军无私怒,报乃私也,将亢子^⑫。"又叱之^⑬,亦叱之^⑭。冉竖射陈武子^⑮,中手,失弓而骂^⑯。以告平子,曰:"有君子白皙^⑰,鬒须眉^⑱,甚口^⑲。"平子曰:"必子彊也,无乃亢诸?"对曰:"谓之君子,何敢亢之?"林雍羞为颜鸣右,下^⑳。苑何忌取其耳^㉑,颜鸣去之^㉒。苑子之御曰:"视下!"顾^㉓。苑子刜林雍^㉔,断其足。鏖而乘于他车以归^㉕。颜鸣三入齐师,呼曰:"林雍乘^㉖!"

【注释】

①炊鼻:古地名,在今山东宁阳。

②子渊捷:字子车,齐顷公孙子。从:追逐。泄声子:鲁国大夫。

③楯瓦:盾中脊背。

④繇胸(qú)汰辀(zhōu),匕(bǐ)入者三寸:子渊捷弓强力猛,射泄声子,箭由辀而上,穿过车辕,射入泄声子的盾脊三寸。繇,同"由"。胸,通"軥",车轭下面夹马颈的部分。汰,箭激起而过。辀,车辕。匕,箭镞。

⑤斩鞅,殪(yì):泄声子射断子渊捷的马鞅,马也死了。鞅,马颈皮带。

⑥改驾:子渊捷改乘别的车而战。

⑦人以为鬷(zōng)戾也,而助之:鲁国人误将子渊捷当成鲁国的鬷戾,便来助战。鬷戾,叔孙氏司马。

⑧齐人也:子渊捷声明自己是齐国人。

⑨又之:御者叫子渊捷再射。

⑩众可惧也,而不可怒也:吓走鲁人就行了,不可激怒他们。子渊捷因此不再射。案齐国人并不力战。

⑪子囊带:齐国大夫。野泄:泄声子。

⑫"军无私怒"三句:泄声子不为报私怨而回骂子囊带,准备与之交

战。亢,同"抗",抵挡。

⑬又叱之:子囊带又叱骂洩声子。

⑭亦叱之:洩声子也叱骂子囊带。案双方都无心交战,只是相骂。

⑮冉竖:季氏家臣。陈武子:齐国陈无宇之子,字子彊。

⑯失弓:陈武子手中箭受伤,弓掉落地上。

⑰白皙:皮肤白皙。

⑱鬒(zhěn)须眉:胡子眉毛黑且密。鬒,黑发,一说是稠发。

⑲甚口:善骂。

⑳林雍羞为颜鸣右,下:林雍羞为车右,下车。林雍、颜鸣都是鲁国
　　大夫。

㉑苑何忌取其耳:割下林雍耳朵以羞辱他。苑何忌,齐国大夫。

㉒颜鸣去之:颜鸣离开。

㉓"苑子之御曰"三句:御者告诉苑何忌注意下边,又看着林雍的脚。

㉔刜(fú):砍。

㉕鬠(qīng):一只脚走路。

㉖林雍乘:颜鸣入齐师,高呼以救林雍。杜预注:"言鲁人皆致力于
　　季氏,不以私怨而相弃。"

【译文】

　　鲁军和齐军在炊鼻交战。齐国子渊捷碰上了洩声子,就发箭射他,射中楯脊,箭镞从横木穿过车辕,箭头嵌入盾牌三寸。洩声子射对方的马,射断马颈的皮带,把马射死。子渊捷改乘别的车,鲁国人误认成是韅庾,就去帮他。子渊捷说:"我是齐国人。"鲁兵准备攻击子渊捷,子渊捷射他,射死了。子渊捷的御者说:"再射。"子渊捷说:"众人只可恐吓一下,但不可激怒他们。"子囊带碰到洩声子,叱骂他。洩声子说:"战斗中没有个人间的愤怒,我要回骂就是为我个人了,我将和你对抗。"子囊带又叱骂洩声子,洩声子也回骂他。冉竖箭射陈武子,陈武子被射中手,弓掉地上而大骂。冉竖告诉季平子,说:"有一个君子皮肤白皙,须眉黑而

密，很会骂人。”季平子说：“一定是子彊，莫非你和他对抗？”冉竖回答说：“称他为君子，哪敢与他交战？”林雍耻于当颜鸣的车右，下车了。苑何忌割了他的耳朵，颜鸣驾车跑了。苑何忌的御者说：“看着下面！”眼睛盯着林雍的脚。苑何忌去砍林雍，砍断一只脚。林雍用一只脚跳着，搭上别人的战车跑回来。颜鸣三次冲进齐军，大喊道：“林雍来坐车！”

【穀梁传】非国不言围，所以言围者，以大公也。

【译文】

不是国家不说“围”，之所以说“围”，是尊崇鲁昭公。

*【左传】四月，单子如晋告急。五月戊午[①]，刘人败王城之师于尸氏[②]。戊辰[③]，王城人、刘人战于施谷[④]，刘师败绩。

【注释】

①戊午：初五。

②王城之师：指王子朝的军队。尸氏：古地名，在今河南偃师西。

③戊辰：十五日。

④施谷：周地名，在今河南洛阳东。杨伯峻引高士奇《地名考略》曰，一谓施谷、萑谷皆大谷之支径。大谷在洛阳东，连亘至于今颍阳废县，长九十里。

【译文】

四月，单子到晋国告急。五月初五，刘地军队在尸氏打败王城的军队。十五日，王城人、刘地人在施谷交战，刘地军队被打败。

【经】秋，公会齐侯、莒子、邾子、杞伯，盟于鄟陵[①]。

【注释】

①公会齐侯、莒子、邾子、杞伯,盟于邾(zhuān)陵:莒子,指新即位的莒国国君莒郊公己狂,子爵。杞伯,指新即位的杞国国君杞悼公姒成,杞平公之子,伯爵。邾子,《公羊传》作"邾娄子"。邾陵,今地不详。王锡爵曰:"此举盖景公假纳公之大义,以为纠合之谋者也。而卒不能纳公,则争伯之业止于如此矣。"

【译文】

秋,鲁昭公与齐景公、莒郊公、邾庄公、杞悼公相会,在邾陵结盟。

【左传】秋,盟于邾陵,谋纳公也①。

【注释】

①盟于邾陵,谋纳公也:由齐景公发起,商量送回鲁昭公。

【译文】

秋,在邾陵结盟,商议送昭公回国之事。

【经】公至自会,居于郓①。

【注释】

①公至自会,居于郓:何休云:"致会者,责臣子,明公已得意于诸侯,不忧助纳之,而使居于运(郓)。"郓,《公羊传》作"运"。

【译文】

鲁昭公从邾陵之会回来,住在郓邑。

【穀梁传】公在外也。至自会,道义不外公也。

【译文】

鲁昭公在国都之外。说"至自会",表明从道德礼仪上不能排斥鲁昭公。

*****【左传】**七月己巳①,刘子以王出②。庚午③,次于渠④。王城人焚刘。丙子⑤,王宿于褚氏⑥。丁丑⑦,王次于萑谷⑧。庚辰⑨,王入于胥靡⑩。辛巳⑪,王次于滑⑫。晋知跞、赵鞅帅师纳王,使女宽守阙塞⑬。

【注释】

①己巳:十七日。

②刘子以王出:因刘军败于施谷,于是奉周敬王由刘邑出逃。

③庚午:十八日。

④渠:古地名,在今河南洛阳。

⑤丙子:二十四日。

⑥褚氏:古地名,也在今河南洛阳东。

⑦丁丑:二十五日。

⑧萑(huán)谷:古地名,在今河南洛阳东。

⑨庚辰:二十八日。

⑩胥靡:古地名,在今河南偃师东。

⑪辛巳:二十九日。

⑫滑:古地名,在今河南偃师南之缑氏镇。

⑬女宽:又称"叔宽",女齐之子。阙塞:即伊阙,今河南洛阳龙门。

【译文】

七月十七日,刘文公奉周敬王逃离刘邑。十八日,驻扎在渠地。王城军队焚毁刘邑。二十四日,周敬王住在褚氏。二十五日,周敬王住在崔谷。二十八日,周敬王进入胥靡。二十九日,周敬王住在滑地。晋国知跞、赵鞅领兵接纳周敬王,派女宽镇守阙塞。

【经】九月庚申①,楚子居卒②。

【注释】

①庚申:初九。

②楚子居卒:楚平王去世。楚子居,熊居,楚平王。

【译文】

九月初九,楚平王居去世。

【左传】九月,楚平王卒。令尹子常欲立子西①,曰:"大子壬弱②,其母非適也③,王子建实聘之④。子西长而好善。立长则顺,建善则治。王顺、国治,可不务乎⑤?"子西怒曰:"是乱国而恶君王也⑥。国有外援⑦,不可渎也⑧。王有適嗣,不可乱也⑨。败亲、速仇、乱嗣⑩,不祥,我受其名。赂吾以天下,吾滋不从也,楚国何为⑪?必杀令尹!"令尹惧,乃立昭王⑫。

【注释】

①子西:楚平王庶长子宜申。

②大子壬弱:太子壬当时不过七八岁。

③適:同"嫡"。

④王子建实聘之:太子之母秦女本子建所聘,楚平王听费无极之言而自娶之。事见昭公十九年传。

⑤务:必如此行事。

⑥是乱国而恶君王也：太子壬是楚平王夺媳所生，如果立子西不立壬，是乱国家而暴露君王之丑。

⑦国有外援：指秦国，因为太子壬母亲是秦女。

⑧渎：轻慢。

⑨王有適嗣，不可乱也：太子壬是嫡子，废嫡而立庶，是乱。

⑩败亲：恶君王。速仇：指秦国可能来讨伐。

⑪"赂吾以天下"三句：子西坚决不受王位。

⑫昭王：即太子壬。

【译文】

九月，楚平王去世。令尹子常想立子西，说："太子壬年幼，其母不是嫡夫人，本是太子建所聘的。子西年长而好善。立年长的顺于情理，立善良的人国家就太平。君王顺理、国家太平，能不这么办吗？"子西发怒道："这是使国家混乱而张扬君王的恶行。国家有外援，不能轻慢。君王有嫡出的继承人，不能混乱。败坏亲情、招致仇敌、扰乱继承人，这不吉利，我会蒙受恶名。即使用天下来收买我，我也不会去做的，区区楚国又算得了什么？我一定要杀了令尹！"令尹害怕，就立了楚昭王。

【经】冬十月，天王入于成周①**。**

【注释】

①天王入于成周：晋国出兵送周敬王入王城。

【译文】

冬十月，周敬王进入成周。

【公羊传】成周者何？东周也①**。其言入何**②**？不嫌也**③**。**

【注释】

①东周也：昭公二十二年，王子猛图谋篡位，进入王城，自号为西周主，后人因此称王城为西周，成周为东周。

②其言入何：案《春秋》之例，"入"为篡位之辞。

③不嫌也：没有篡位的嫌疑。案《春秋》之中，"入"字有二义，重难言"入"（如庄公二十四年"夫人姜氏入"）；篡位亦言"入"。昭公二十三年，周敬王因王子朝之乱，出奔郑国，《春秋》书"天王出居郑"，著明有天子。此处祸乱平定，周敬王返回成周，书"入"表明返国不易，不嫌篡位。

【译文】

成周是什么？是东周。经言"入"是为何？天王没有篡位的嫌疑，故可言"入"。

【穀梁传】周，有入无出也①。

【注释】

①有入无出：周可以言"入"，不可以言"出"。由于"溥天之下，莫非王土"，"王者无外"，所以不言"出"。

【译文】

对于周，只能说"入"，不能说"出"。

【经】尹氏、召伯、毛伯以王子朝奔楚①。

【注释】

①尹氏、召伯、毛伯以王子朝奔楚：王子朝及其党羽出逃楚国。

【译文】

尹氏、召伯、毛伯奉王子朝逃往楚国。

【左传】冬十月丙申①，王起师于滑②。辛丑③，在郊④，遂次于尸⑤。十一月辛酉⑥，晋师克巩。召伯盈逐王子朝⑦。王子朝及召氏之族、毛伯得、尹氏固、南宫嚣奉周之典籍以奔楚。阴忌奔莒以叛⑧。召伯逆王于尸，及刘子、单子盟。遂军围泽⑨，次于堤上⑩。癸酉⑪，王入于成周。甲戌⑫，盟于襄宫⑬。晋师使成公般戍周而还⑭。十二月癸未⑮，王入于庄宫⑯。

【注释】

①丙申：十六日。

②王起师于滑：周敬王起兵。

③辛丑：二十一日。

④郊：王子朝之邑。

⑤尸：即上文的尸氏。

⑥辛酉：十一日。

⑦召伯盈逐王子朝：召伯盈本是王子朝同党，因见晋国军队攻占巩地，于是倒戈迎周敬王。召伯盈，召简公。

⑧阴忌：也是王子朝同党。莒：周邑。叛：反对周敬王。

⑨围（yǔ）泽：周地名，在今河南洛阳。

⑩堤上：也是周地名，在今河南洛阳。

⑪癸酉：二十三日。

⑫甲戌：二十四日。

⑬盟于襄宫：在襄王庙盟誓。

⑭晋师使成公般戍周而还：留成公般戍守成周，其余的军队回晋国。成公般，晋国大夫。

⑮癸未：初四。

⑯庄宫：在王城中。案王子朝之乱凡五年，而后出奔。

【译文】

冬十月十六日，周敬王在滑地起兵。二十一日，在郊地，就驻扎在尸地。十一月十一日，晋军攻克巩地。召伯盈驱逐王子朝。王子朝与召氏家族、毛伯得、尹氏固、南宫嚚带着周朝典籍出奔楚国。阴忌逃到莒地叛变。召伯到尸地迎接周敬王，与刘子、单子结盟。就驻扎在圉泽，住在堤上。二十三日，周敬王进入成周。二十四日，在襄王庙盟誓。晋军派成公般戍守成周，然后班师。十二月初四，周敬王进入庄宫。

　　王子朝使告于诸侯曰："昔武王克殷，成王靖四方①，康王息民，并建母弟，以蕃屏周②，亦曰：'吾无专享文、武之功，且为后人之迷败倾覆而溺入于难，则振救之③。'至于夷王④，王愆于厥身⑤，诸侯莫不并走其望，以祈王身⑥。至于厉王，王心戾虐，万民弗忍，居王于彘⑦。诸侯释位，以间王政⑧。宣王有志，而后效官⑨。至于幽王，天不弔周，王昏不若，用愆厥位⑩。携王奸命，诸侯替之，而建王嗣⑪，用迁郏鄏⑫。则是兄弟之能用力于王室也⑬。至于惠王，天不靖周，生颓祸心，施于叔带，惠、襄辟难，越去王都⑭。则有晋、郑咸黜不端，以绥定王家⑮。则是兄弟之能率先王之命也。在定王六年⑯，秦人降妖⑰，曰：'周其有髭王，亦克能修其职，诸侯服享，二世共职⑱。王室其有间王位，诸侯不图，而受其乱灾⑲。'至于灵王⑳，生而有髭。王甚神圣，无恶于诸侯。灵王、景王克终其世㉑。

【注释】

①昔武王克殷,成王靖四方:指平定武庚、管叔、蔡叔的叛乱。

②"康王息民"三句:周成王、周康王分封同母兄弟,以保卫周室。

③"吾无专享文、武之功"三句:不敢专有文、武之功劳,于是分封母
　弟,且后代一旦荒淫败坏,陷于危难,则可拯救。案成王、康王之
　际,天下安宁,号称"成康之治"。

④夷王:周厉王父亲。

⑤王愆于厥身:身染恶疾。愆,恶疾。

⑥诸侯莫不并走其望,以祈王身:诸侯各祭其名山大川,为周夷王
　祈福。

⑦"至于厉王"四句:周厉王暴虐,人民不堪忍受,将周厉王流放于
　彘。彘(zhì),古地名,在今山西霍州。

⑧诸侯释位,以间王政:指周厉王被逐之后,共伯和受诸侯拥戴,代
　行王政。周厉王死后,始归政于周宣王。释位,离开国内的职位。
　间,参与。

⑨效官:归政于周宣王。

⑩"至于幽王"四句:周幽王昏乱,为犬戎所杀,西周灭亡。幽王,宣
　王之子。不弔(dì),不保佑。不若,不顺。用,因此。愆,失去。

⑪"携王奸命"三句:周幽王死后,虢公翰拥立王子馀臣为王,至周
　平王二十一年被晋文侯杀死。王嗣,指周平王,本为太子,周幽王
　死后,为鲁、郑等国拥立,东迁洛阳。携王,王子馀臣。

⑫郏鄏(jiá rù):古地名,今河南洛阳。

⑬兄弟:指分封的诸侯。

⑭"至于惠王"几句:周惠王时发生王子颓之乱,见庄公十六年、十
　九年传。周襄王时发生王子带之乱,见僖公二十四年传。二王子
　作乱时,惠王、襄王出奔。惠王,周平王六世孙。颓,王子颓,周惠
　王叔叔。施(yì),延及。叔带,王子带,周襄王弟。

⑮则有晋、郑咸黜不端,以绥定王家:郑国支持周惠王回国,攻灭王子颓;晋国支持周襄王回国,攻灭王子带。咸,都。

⑯在定王六年:定王六年为鲁宣公八年。

⑰秦人降妖:秦国出现妖言。

⑱"周其有髭(zī)王"四句:意思是周朝有一长胡子的天子,能尽其职分,使诸侯顺服,其后两代天子都能谨守自己的职分。髭,嘴上的胡须。

⑲"王室其有间王位"三句:这是王子朝借妖言为自己造舆论,说有人觊觎王位,诸侯却不起来铲除。间王位,乘隙干求王位,指王子猛与周敬王。

⑳灵王:周定王孙。

㉑灵王、景王克终其世:二王能善始善终。景王,周灵王子。

【译文】

　　王子朝遣使报告诸侯说:"昔日武王战胜殷商,成王安定四方,康王与民休养生息,一起分封同母兄弟,以作为周朝的屏障,还说:'我不能单独安享文王、武王的功业,同时还为了后代一旦荒淫败乱,陷入危难时,可以得到救援。'到了夷王,他恶疾缠身,诸侯无不奔走遍祭境内名山大川,为他的健康祈祷。到厉王时,他的内心乖张暴虐,百姓无法忍受,就让他住到彘地。诸侯离开其君位,来参与王朝的政事。宣王富有智慧,诸侯就把王位奉还给他。到了幽王,上天不保佑周朝,天子昏聩不贤,因此失去王位。携王违背天命,诸侯废黜了他,另立王位继承人,并由此迁都郏鄏。这就是由于兄弟们能为王室效力的缘故啊。到了惠王,上天不让周朝安定,使颓生出祸心,延及于叔带,惠王、襄王出逃避难,离开了国都。这时候便有晋国、郑国来消灭那些作乱者,以平定王室。这是因为兄弟们能奉行先王的命令。定王六年时,秦国流传妖言,说:'周朝会有个长胡子的天子,也还能够修明自己的职责,诸侯顺服而享有国家,两代都恭敬地谨守本职。王室中有人觊觎王位,诸侯不为王室出谋出力,结果蒙受动乱和灾祸。'到了灵王，生下就有胡子。灵王十分神敏圣明，对诸侯没有做什么错事。灵王、景王都能善终。

"今王室乱，单旗、刘狄剥乱天下^①，壹行不若^②，谓：'先王何常之有？唯余心所命，其谁敢讨之^③？'帅群不弔之人^④，以行乱于王室。侵欲无厌，规求无度^⑤，贯渎鬼神^⑥，慢弃刑法^⑦，倍奸齐盟^⑧，傲很威仪^⑨，矫诬先王^⑩。晋为不道，是摄是赞^⑪，思肆其罔极^⑫。兹不榖震荡播越，窜在荆蛮，未有攸底^⑬。若我一二兄弟甥舅奖顺天法^⑭，无助狡猾^⑮，以从先王之命，毋速天罚，赦图不榖，则所愿也^⑯。敢尽布其腹心及先王之经^⑰，而诸侯实深图之。

【注释】

①剥：乱。

②壹行不若：专门倒行逆施。壹，专。

③唯余心所命，其谁敢讨之：意思是立谁为王，本无成法，唯我所立，谁敢干涉。这是王子朝转述单、刘的意思。

④不弔（dì）：不善。

⑤侵欲无厌，规求无度：侵吞无厌，贪求无度。

⑥贯：通"惯"，惯于。

⑦慢：轻慢，无视。

⑧倍：通"背"。齐盟：斋盟。

⑨傲很威仪：蔑视威仪。

⑩矫诬先王：意思是先王本要立自己，立周敬王是违背周景王本意。先王，指周景王。

⑪摄、赞：都是赞助之意。

⑫思肆其罔极：指晋国支持、放纵单、刘的无道无厌。肆，放肆。罔

　　极，无限度。

⑬"兹不榖震荡播越"三句：说自己动荡流离，逃窜在外，无所归宿。

　　不榖，王子朝自称。未有攸底（dǐ），未有所至。攸，所。底，至。

⑭兄弟：指同姓诸侯。甥舅：指异姓诸侯。

⑮狡猾：指单、刘及周敬王等人。

⑯"毋速天罚"三句：赦，为自己除去忧愁。图，为自己解难。案王

　　子朝希望诸侯弃周敬王而拥戴自己。

⑰先王之经：先王之命。

【译文】

　　"现在王室动乱，单旗、刘狄搅乱天下，专门倒行逆施，认为：'先王即位有什么常规？我想立谁就立谁，有谁敢来声讨？'带领一群不轨之徒，在王室中制造混乱。他们贪心不足，贪求无度，一贯亵渎鬼神，轻慢蔑弃刑法，违背盟约，蔑视礼仪，违背先王。晋国无道，对他们支持赞助，想要放纵其永不满足的欲望。现在我动荡流离，逃窜在荆蛮，没有归宿。如果我的一二兄弟甥舅能顺从上天的法度，不帮助不轨之徒，而听从先王的命令，不招致上天的惩罚，除去我的忧患，那正是我所希望的。谨此尽情披露内心所想和先王的命令，希望诸侯们深思熟虑。

　　"昔先王之命曰：'王后无適①，则择立长。年钧以德，德钧以卜②。'王不立爱③，公卿无私，古之制也。穆后及大子寿早夭即世④，单、刘赞私立少⑤，以间先王⑥，亦唯伯仲叔季图之⑦！"

【注释】

①適：同"嫡"。

②年钧以德，德钧以卜：年龄相同则立有德者，德相当则由占卜而定。

③不立爱:不因偏爱而立之。

④穆后及大子寿早夭即世:昭公十五年穆后与太子寿同年去世。

⑤赞私立少:己意偏私而立周敬王。

⑥间:违背。

⑦亦唯伯仲叔季图之:王子朝以天子自居,指责周敬王篡位,希望诸
　　侯拥立自己。伯仲叔季,泛指诸侯。

【译文】

"往昔先王的命令说:'王后没有嫡子,就选择立长子。年纪相当就
根据其德行,德行相当就由占卜确定。'天子不立偏爱的人,公卿没有私
心,这是古代的制度。穆后和太子寿早年去世,单、刘二人偏私立了年幼
者,违反了先王的命令,也请诸侯们好好思虑一番!"

闵马父闻子朝之辞,曰:"文辞以行礼也。子朝干景之
命①,远晋之大②,以专其志③,无礼甚矣,文辞何为?"

【注释】

①干景之命:违反景王遗命。景王虽爱王子朝,但前已立王子猛为
　　太子。

②远晋之大:疏远晋国这样的大国。

③专其志:指其一心想做天子。

【译文】

闵马父听到王子朝这番说辞,说道:"文辞是用来实行礼的。王子
朝违背景王的命令,疏远晋国这个大国,一心想做天子,真是无礼到了极
点,文辞又会有什么用?"

【穀梁传】远矣,非也。奔,直奔也①。

【注释】

①直：径直，直接。

【译文】

逃得太远了，是在指责他们。"奔"，表示是径直逃跑了。

*【左传】齐有彗星，齐侯使禳之①。晏子曰："无益也，只取诬焉②。天道不谄，不贰其命③，若之何禳之？且天之有彗也，以除秽也④。君无秽德，又何禳焉⑤？若德之秽，禳之何损⑥？《诗》曰：'惟此文王，小心翼翼。昭事上帝，聿怀多福。厥德不回，以受方国⑦。'君无违德，方国将至，何患于彗？《诗》曰：'我无所监，夏后及商。用乱之故，民卒流亡⑧。'若德回乱，民将流亡，祝史之为，无能补也⑨。"公说，乃止。

【注释】

①齐有彗星，齐侯使禳（ráng）之：齐侯以为彗星出现有灾，派人祭祷消灾。

②取诬：禳灾只是骗人的做法。诬，欺骗。

③天道不谄，不贰其命：天道不可怀疑，不能使它有所差错。谄，同"慆（tāo）"，疑。贰，当作"忒（tè）"，差。

④且天之有彗也，以除秽也：彗星俗称"扫帚星"，用扫帚来消除天上的污秽。彗，彗星。

⑤君无秽德，又何禳焉：德无污秽，不必怕扫帚。

⑥若德之秽，禳之何损：祭祷也不能减少秽德。

⑦"惟此文王"几句：引《诗》见《诗经·大雅·大明》。意思是文王恭事天帝，以求百福。文王之德，不违天意，因此四方之国归

之。翼翼,恭敬的样子。聿,语首助词,无义。不回,不违天意。

⑧"我无所监"四句:此为逸诗,意思是借鉴夏商,都因乱而亡。监,
通"鉴",借鉴。

⑨"若德回乱"四句:德若不善,祭祷也没用。案晏婴不信天示,而
重人德。

【译文】

　　齐国出现彗星,齐景公派人祭祷消灾。晏婴说:"没用处,只能招来
欺罔。天道不可怀疑,不能使它改变运行,为什么要禳祭? 况且天上出
现彗星,是用来扫除污秽的。国君没有污秽的德行,又何必禳祭呢? 要
是德行污秽,禳祭又能减轻什么?《诗》说:'就是这位周文王,小心翼翼
真善良。光明正大事上帝,求取福禄无限量。他的德行顺天命,各国归
附民所望。'国君没有违背上天的恶德,四方国家将会前来归顺,对彗星
又有什么可害怕的呢? 有《诗》说:'我没什么可作借鉴,要有就是夏后
和商。因为政事混乱,百姓终致流亡。'如果德行违背天命而混乱,人民
将要流亡,祝史的作为也无法补救。"齐景公认为他说得对,就停止祭祷。

　　*【左传】齐侯与晏子坐于路寝①。公叹曰:"美哉室!
其谁有此乎②?"晏子曰:"敢问,何谓也?"公曰:"吾以为在
德③。"对曰:"如君之言,其陈氏乎④! 陈氏虽无大德,而有
施于民。豆、区、釜、钟之数⑤,其取之公也薄⑥,其施之民也
厚⑦。公厚敛焉,陈氏厚施焉,民归之矣。《诗》曰:'虽无德
与女,式歌且舞⑧。'陈氏之施,民歌舞之矣。后世若少惰⑨,
陈氏而不亡⑩,则国其国也已⑪。"公曰:"善哉! 是可若何?"
对曰:"唯礼可以已之⑫。在礼,家施不及国⑬,民不迁,农不
移,工贾不变,士不滥,官不滔,大夫不收公利⑭。"公曰:"善
哉! 我不能矣。吾今而后知礼之可以为国也。"对曰:"礼

之可以为国也久矣，与天地并⑮。君令臣共⑯，父慈子孝，兄爱弟敬，夫和妻柔，姑慈妇听⑰，礼也。君令而不违，臣共而不贰；父慈而教，子孝而箴⑱；兄爱而友⑲，弟敬而顺；夫和而义⑳，妻柔而正㉑；姑慈而从㉒，妇听而婉㉓：礼之善物也。"公曰："善哉！寡人今而后闻此礼之上也㉔。"对曰："先王所禀于天地，以为其民也，是以先王上之㉕。"

【注释】

①路寝：齐景公正厅。

②美哉室！其谁有此乎：齐景公直到晚年未立太子，因此叹惜宫室虽美，不知死后为谁所有。

③吾以为在德：有德者将据有此宫室。

④如君之言，其陈氏乎：陈氏将代为齐君。

⑤豆、区（ōu）、釜、钟：都是古代量器。

⑥取之公：在采邑中收取赋税。采邑为公所赐，谦言"取之公"。薄：谓以公量收税。

⑦其施之民也厚：指陈氏以公量收，以私量贷。陈氏私量比公量大，参见昭公三年传文。

⑧虽无德与女，式歌且舞：引《诗》见《诗经·小雅·车辖》。意思是虽无大德与人，也当博得人们的歌颂。式，当。

⑨后世：指齐君的后代。

⑩而：如果。

⑪国其国：即齐国将为陈氏所有。

⑫已之：阻止陈氏代齐。

⑬在礼，家施不及国：家族的施舍不能扩大到国内。这是针对陈氏的遍施于民而言。

⑭"民不迁"几句：百姓安居乐业，臣子慎守其职，不贪财作福。不变，不变其业。不滥，不失职。不滔，不怠慢。公利，公家之利。

⑮礼之可以为国也久矣，与天地并：礼存在长久，有天地则有礼。

⑯共：通"恭"。

⑰姑：婆婆。妇：媳妇。

⑱箴（zhēn）：谏诫。

⑲友：友善。

⑳义：通"宜"，合理。

㉑正：正直。

㉒从：听从规劝。

㉓婉：委婉陈词。

㉔上：崇尚。

㉕"先王所禀于天地"三句：礼可以治理国家，与天地并，所以先王崇尚它，从天地那里继承了礼，以治理百姓。禀，承受。

【译文】

　　齐景公和晏婴坐在正厅中。齐景公感叹道："多美丽的宫室啊！谁将会拥有它呢？"晏婴说："敢问国君的意思是什么？"齐景公说："我认为它将转入有德者的手里。"晏婴回答说："要按国君所说的，恐怕是陈氏吧！陈氏虽然没有大的德行，但对百姓有所施予。豆、区、釜、钟的容量，陈氏从公田中征税时用小的，施予民众时用大的。公室征税多，陈氏施予多，人民都归向他了。《诗》说：'虽然没有美德给予你，也应唱歌又跳舞。'陈氏的施予，人民已经为之载歌载舞了。您的后代如果稍有怠惰，陈氏又不灭亡，那么国家就变为他的国家了。"齐景公说："说得好啊！那该怎么办？"晏婴回答说："唯有礼可以制止这事发生。要是合于礼，家族的施予就不能扩大到国内，民众不迁移，农夫不搬迁，商贾不改行，士人不失职，官员不怠慢，大夫不占取公家的利益。"齐景公说："说得对！但我不能做到了。我现在知道礼可以用来治理国家了。"晏婴回答说："礼可以用来治理国家已经很久了,它和天地同样长久。国君发令臣下恭从,父亲慈爱儿子孝顺,哥哥仁爱弟弟恭敬,丈夫和顺妻子温柔,婆婆仁慈媳妇听话,这是礼。国君发令而没有违背,臣下恭敬而无二心;父亲慈爱而能教诲,儿子孝顺而能箴劝;哥哥仁爱而友善,弟弟恭敬而顺服;丈夫和蔼而合理,妻子温柔而正派;婆婆仁慈而听从规劝,媳妇听话而委婉陈辞:这是礼中的上乘。"齐景公说:"好啊! 寡人现在知道礼应该加以崇尚了。"晏婴回答说:"先王从天地那里继承了礼,以治理百姓,所以先王崇尚它。"

二十七年

【经】二十有七年春①,公如齐②。

【注释】

①二十有七年:鲁昭公二十七年当周敬王五年,前515年。

②公如齐:鲁昭公自郓前往齐国。

【译文】

鲁昭公二十七年春,鲁昭公到齐国去。

【左传】二十七年春,公如齐。

【译文】

鲁昭公二十七年春,昭公去齐国。

【经】公至自齐,居于郓①。

【注释】

①郓:《公羊传》作"运"。

【译文】

鲁昭公从齐国回来,住在郓地。

【左传】公至自齐,处于郓,言在外也^①。

【注释】

①言在外也:这是解释经文的意思。郓地去年为齐所占,昭公虽然
　住在这里,但已属齐地,"言在外"即指昭公住在国都以外。

【译文】

鲁昭公从齐国回来,住在郓地,是说他住在国都以外。

【穀梁传】公在外也。

【译文】

鲁昭公在国都之外。

【经】夏四月,吴弑其君僚^①。

【注释】

①吴弑其君僚:僚,吴王僚。吴王僚打算趁楚有丧进攻楚国,公子光
　认为吴军在外,是刺杀吴王僚的机会,于是宴请吴王僚,派专诸
　(一作"鱄设诸")行刺,专诸以剑藏鱼腹中,刺杀了吴王僚。公
　子光自立为吴王,是为中兴之主吴王阖庐(一作"阖闾")。案公
　子光派专诸刺杀了吴王僚(详见襄公二十九年"吴子使札来聘"
　条),依例当书"吴光弑其君僚",此处未言阖庐弑君者,是为吴季

子避讳。季子不忍父子兄弟相杀,而让国于阖庐,欲使阖庐享国。

【译文】

夏四月,吴国杀死本国国君僚。

【左传】吴子欲因楚丧而伐之^①,使公子掩馀、公子烛庸帅师围潜^②。使延州来季子聘于上国^③,遂聘于晋,以观诸侯^④。楚莠尹然、王尹麇帅师救潜^⑤,左司马沈尹戌帅都君子与王马之属以济师^⑥,与吴师遇于穷^⑦。令尹子常以舟师及沙汭而还^⑧。左尹郤宛、工尹寿帅师至于潜,吴师不能退^⑨。

【注释】

①吴子欲因楚丧而伐之:去年楚平王死。

②掩馀、烛庸:都是吴王僚同母弟弟。潜:古地名,在今安徽霍山东北。

③延州来季子:即季札,本封延陵,后又封州来,故称"延州来"。上国:吴对中原各国的尊称。

④遂聘于晋,以观诸侯:与晋国结好,以为援助,并观察诸侯的强弱与态度。

⑤莠尹、王尹:楚国官名。然、麇:二人名。

⑥都君子:居于下边都邑的贵族子弟。王马之属:楚王养马官属。案二者本不服兵役,因事急而征发他们。济师:增援。

⑦穷:古地名,在今安徽霍邱西南。

⑧沙汭:沙水入淮口,在今安徽怀远东北。

⑨吴师不能退:楚国穷之师在前阻挡,到达潜邑的军队断了吴军的后路,前后夹攻,吴军进退维谷。

【译文】

吴王想借楚国丧事的机会讨伐它,派公子掩馀、公子烛庸领兵包围潜邑。派延州来季子到中原各国聘问,先去晋国聘问,借此观察诸侯的情况。楚国莠尹然、王尹麇率兵救援潜邑,左司马沈尹戌带领都邑的贵族子弟组成的亲兵和王马的部属去增援,与吴军在穷地相遇。令尹子常带着水军到沙汭后就回师。左尹郤宛、工尹寿带兵到达潜,吴军被阻不能退却。

　　吴公子光曰:"此时也①,弗可失也。"告鱄设诸曰:"上国有言曰'不索,何获'②。我,王嗣也,吾欲求之③。事若克,季子虽至,不吾废也④。"鱄设诸曰:"王可弑也。母老、子弱,是无若我何⑤?"光曰:"我,尔身也⑥。"

【注释】

①时:夺取王位的时机。此时吴国大军在外,国内空虚。

②不索,何获:现在不求取,更待何时?

③"我"三句:吴王寿梦生四个儿子:诸樊、馀祭、夷末(《公羊传》作"夷昧")、季札,兄弟相约兄终弟继,轮到季札时,季札不受,夷末庶兄僚继父而立。公子光为夷末之子,认为季札不受,当由自己嗣立。

④季子虽至,不吾废也:即便季札聘晋归来,也无妨害。

⑤母老、子弱,是无若我何:母老子弱,无法处理,就把他们托付给公子光。

⑥我,尔身也:我身即你身。公子光表示接受托付。

【译文】

　　吴国公子光说:"现在是机会,不能失去。"告诉鱄设诸说:"中原国家有句话说'不去寻求,怎能得到'。我是王位的继承者,我想得到它。事情要是成功,季札即便回来,也不可能废掉我。"鱄设诸说:"吴王可以杀掉。但我母亲年老儿子幼小,要是我死了他们怎么办?"公子光说:"我就是你。"

夏四月,光伏甲于堀室而享王①。王使甲坐于道及其门②。门、阶、户、席,皆王亲也③,夹之以铍④。羞者献体改服于门外⑤。执羞者坐行而入⑥,执铍者夹承之,及体,以相授也⑦。光伪足疾,入于堀室⑧。鱄设诸置剑于鱼中以进⑨,抽剑刺王,铍交于胸⑩,遂弑王。阖庐以其子为卿⑪。

【注释】

①甲:武士。堀(kū)室:地下室。

②王使甲坐于道及其门:吴王僚布置甲士待在道路两旁一直到公子光门口,以此备非常之变。坐,待。

③门、阶、户、席,皆王亲也:由门至阶,由阶至户内之席,都是吴王僚的亲兵。

④夹之以铍(pī):以剑夹着。吴王僚防备森严。铍,剑。

⑤羞者献体改服于门外:进食者在门外解衣检查,更换衣服,才能入内。羞者,进食的人。献体,露体更衣。

⑥执羞者:进食者。坐行:膝行。

⑦“执铍者夹承之”三句:吴王僚亲兵用剑夹着进食者,剑刃几乎碰到进食者的身体,然后才将菜递给吴王僚身旁侍者,由侍者献上。

⑧光伪足疾,入于堀室:公子光怕事发被吴王僚亲兵所杀,先避入地下室。

⑨置剑于鱼中:藏剑于全鱼腹中。

⑩铍交于胸:鱄设诸刺王,同时自己也被杀。

⑪阖庐以其子为卿:阖庐任命鱄设诸的儿子为卿。这是公子光继位后的事。阖庐,即公子光。公子光即位后改名“阖庐”。

【译文】

夏四月,公子光在地下室埋伏甲士而设享礼宴请吴王。吴王派甲士遍布道路两边直到公子光家门口。大门、台阶、内室门、酒席边,都是吴王的亲兵，都持剑而立。上菜的人要在门外脱光衣服改换另外的衣服。端菜的人膝行而入，持剑甲士夹着他，剑尖都快要顶到身体，然后递上菜给侍者。公子光假装脚疾，躲进地下室。鲟设诸把剑藏在鱼腹中端进去，抽出剑猛刺吴王，自己也被两旁的剑交叉刺入胸部，结果还是刺死吴王。阖庐任命鲟设诸的儿子为卿。

　　季子至，曰："苟先君无废祀①，民人无废主②，社稷有奉，国家无倾，乃吾君也，吾谁敢怨③？ 哀死事生④，以待天命。非我生乱，立者从之⑤，先人之道也。"复命哭墓⑥，复位而待⑦。吴公子掩馀奔徐，公子烛庸奔锺吾⑧。楚师闻吴乱而还⑨。

【注释】

①先君无废祀：不废弃先君的祭祀。

②民人无废主：百姓不废弃国君。

③"社稷有奉"四句：阖庐杀君自立，既成事实，季札只有承认。

④死：指吴王僚。生：指阖庐。

⑤立者从之：谁立为君，就服从谁。

⑥复命哭墓：聘晋为吴王僚所遣，所以到吴王僚墓前报告使命。

⑦复位而待：回到原来的位子，等待阖庐之命。

⑧吴公子掩馀奔徐，公子烛庸奔锺吾：徐、锺吾都是小国。锺吾，古地名，在今江苏宿迁东北。昭公三十年，因接纳吴公子，二国为吴国所灭。

⑨楚师闻吴乱而还：吴乱，楚国径自撤兵。

【译文】

　　季札回到国内，说："如果先君的祭祀不被废除，民众不废弃君主，社稷之神有人供奉，国家不会倾覆，那么他就是我的国君，我又敢怨恨谁呢？我将哀悼死者事奉生者，以待天命。不是我发起动乱，谁做国君我就服从谁，这是祖先的常规。"于是到吴王僚墓前复命哭泣，回到自己的职位等待命令。吴国公子掩馀逃往徐国，公子烛庸出逃锺吾国。楚军得知吴国内乱便撤军。

【经】楚杀其大夫郤宛①。

【注释】

①楚杀其大夫郤（xì）宛：郤宛，楚国大夫。郤宛为人直而和，为国人所悦，遭费无极与鄢将师陷害，自杀，其族尽灭。

【译文】

楚国杀死本国大夫郤宛。

【左传】郤宛直而和①，国人说之②。鄢将师为右领③，与费无极比而恶之④。令尹子常赇而信谗，无极谮郤宛焉⑤，谓子常曰："子恶欲饮子酒⑥。"又谓子恶："令尹欲饮酒于子氏。"子恶曰："我，贱人也，不足以辱令尹⑦。令尹将必来辱，为惠已甚⑧。吾无以酬之⑨，若何？"无极曰："令尹好甲兵，子出之，吾择焉⑩。"取五甲五兵⑪，曰："置诸门，令尹至，必观之，而从以酬之⑫。"及飨日，帷诸门左⑬。无极谓令尹曰："吾几祸子。子恶将为子不利，甲在门矣，子必无往⑭！且此役也⑮，吴可以得志⑯，子恶取赂焉而还，又误群帅，使退其师，曰：'乘乱不祥⑰。'吴乘我丧，我乘其乱，不亦可乎？"令尹使视郤氏，则有甲焉⑱。不往，召鄢将师而告之⑲。

将师退，遂令攻郤氏，且蒸之^⑳。子恶闻之，遂自杀也。国人弗蒸^㉑，令曰："不蒸郤氏，与之同罪。"或取一编菅焉，或取一秉秆焉^㉒，国人投之，遂弗蒸也^㉓。令尹炮之^㉔，尽灭郤氏之族党，杀阳令终与其弟完及佗，与晋陈及其子弟^㉕。晋陈之族呼于国曰："鄢氏、费氏自以为王^㉖，专祸楚国，弱寡王室，蒙王与令尹以自利也^㉗。令尹尽信之矣，国将如何？"令尹病之^㉘。

【注释】

①直而和：正直而温和。

②说：同"悦"。

③右领：楚国官名。

④比（bǐ）：勾结。

⑤令尹子常贿而信谗，无极谮郤宛焉：费无极勾结鄢将师，设圈套挑拨子常与郤宛的关系。贿，贪求贿赂。

⑥子恶欲饮子酒：说郤宛打算请子常喝酒。子恶，即郤宛，也即子氏。

⑦辱：让令尹屈尊前来。

⑧令尹将必来辱，为惠已甚：令尹光临，恩惠极大。

⑨酬：奉献礼物以为报答。

⑩"令尹好甲兵"三句：为郤宛挑选好的甲兵，以备献给子常。

⑪五兵：五种兵器。

⑫"置诸门"四句：这是费无极告诉郤宛如何做。

⑬帷诸门左：郤宛按费无极所教的办，将五甲五兵放在门边帷帐里。

⑭子必无往：暗示郤宛将谋杀子常。

⑮且此役也：指前文楚国救潜抗吴之役。

⑯吴可以得志：楚国本可战胜吴国。

⑰"子恶取赂焉而还"四句：意思是指郤宛退兵，是受了吴人的贿赂，而假意说是吴有内乱，不要乘人之危。

⑱令尹使视郤氏，则有甲焉：子常信谗，相信了费无极的话。

⑲召鄢将师而告之：告诉鄢将师郤宛要害自己。

⑳爇（ruò）：焚烧。

㉑国人弗爇：郤宛得到国人的拥护，国人不焚烧其家。

㉒或取一编菅（jiān）焉，或取一秉秆焉：编菅和秆都是用来烧郤宛的。编菅，盖屋的茅草。菅，茅草。一秉，一把。秆，禾茎。

㉓国人投之，遂弗爇也：国人夺走编菅和秆，不让烧郤宛家。

㉔炮之：焚烧郤宛家。

㉕杀阳令终与其弟完及佗，与晋陈及其弟：以上诸人都是郤宛的同党。阳令终，令尹子瑕阳匄的儿子。晋陈，楚国大夫。

㉖鄢氏、费氏自以为王：当时楚昭王年幼，二人横行无忌，以君王自居。

㉗蒙：欺骗，蒙蔽。

㉘令尹病之：费无极的倒行逆施已引起众怒，令尹子常感到担心。

【译文】

　　郤宛为人正直而温和，国人很喜欢他。鄢将师任右领，与费无极朋比为奸而憎恨郤宛。令尹子常贪财而听信谗言，费无极就进谗诬陷郤宛，对子常说："郤宛打算请您喝酒。"又对郤宛说："令尹想到你家喝酒。"郤宛说："我是地位低贱的人，不配令尹屈尊前来。令尹一定要屈尊光临，对我的恩惠实在太大。我没什么可以回报，怎么办？"费无极说："令尹喜好皮甲兵器，你拿出来，我帮你挑选。"郤宛取出五副皮甲、五件兵器，费无极说："把它们放在门口，令尹来了，一定会观看，就趁机送给他。"到了请客的日子，郤宛把甲兵放在门左边的帷幕里。无极对令尹说："我差一点儿害了您。郤宛准备对您下毒手，皮甲都安放在门边了，您千万不要去！况且这次潜地的战役，我国本来可以得胜，但因郤宛接受了贿赂而撤军，又误导各位将领，让他们退兵，说：'乘别人有动乱而进击是不吉祥的。'其实吴国乘我们有丧事,我们乘其动乱,不也是可行的吗?"令尹派人去郤宛家察看,果然有皮甲在。就不去,并召来鄢将师告知情况。鄢将师退出后,就下令进攻郤宛,并且放火烧房。郤宛得知消息,就自杀了。民众不肯放火烧房,鄢将师下令说:"不烧郤宛家的,和郤宛一同治罪。"有的人拿来一张盖屋的茅草,有的人拿来一把稻草,民众都把它扔掉了,因此没有烧起来。令尹派人烧了郤宛家,把郤氏族人全都杀掉,还杀了阳令终与他的弟弟完、佗,以及晋陈和他的子弟。晋陈的族人在国都大喊:"鄢氏、费氏以君王自居,专权而祸乱楚国,削弱孤立王室,蒙骗楚王和令尹来为自己谋利。令尹已完全相信他们了,国家将要怎么办?"令尹听了很担心。

【经】秋,晋士鞅、宋乐祁犁、卫北宫喜、曹人、邾人、滕人会于扈①。

【注释】

①晋士鞅、宋乐祁犁、卫北宫喜、曹人、邾人、滕人会于扈:诸侯商量戍守成周与纳鲁昭公之事。晋大夫士鞅收受了季氏的贿赂,不主张送鲁昭公回国。邾人,《公羊传》作"邾娄人"。扈,郑地名,在今河南原阳西。

【译文】

秋,晋国士鞅、宋国乐祁犁、卫国北宫喜、曹国人、邾国人、滕国人在扈地相会。

【左传】秋,会于扈,令戍周,且谋纳公也。宋、卫皆利纳公,固请之。范献子取货于季孙,谓司城子梁与北宫贞子曰①:"季孙未知其罪,而君伐之②。请囚、请亡,于是乎不获,君又弗克,而自出也。夫岂无备而能出君乎③? 季氏之复④,天救之也。休公徒之怒,而启叔孙氏之心⑤。不然,岂其伐人而说甲执冰以游⑥? 叔孙氏惧祸之滥⑦,而自同于季氏,天之道也⑧。鲁君守齐,三年而无成。季氏甚得其民,淮夷与之,有十年之备⑨,有齐、楚之援⑩,有天之赞,有民之助,有坚守之心,有列国之权⑪,而弗敢宣也,事君如在国⑫。故鞅以为难⑬。二子皆图国者也⑭,而欲纳鲁君,鞅之愿也,请从二子以围鲁。无成,死之⑮。"二子惧,皆辞。乃辞小国,而以难复⑯。

【注释】

①司城子梁:宋国乐祁犁。北官贞子:卫国北官喜。

②季孙未知其罪,而君伐之:言外之意是无罪被伐。

③夫岂无备而能出君乎:如果鲁昭公是季氏赶走,季氏必然是早有准备,现在季氏无备,说明不是季氏逐君,是鲁昭公自己出走。

④季氏之复:季氏被伐、请囚、请亡,都没有失去权势和地位。

⑤休公徒之怒,而启叔孙氏之心:止住了鲁昭公亲兵之怒,却启发了叔孙氏之心。休,平息。

⑥岂其伐人而说甲执冰以游:指叔孙氏救季氏时,昭公之兵毫无斗志。

⑦祸之滥:指祸延及自己。

⑧而自同于季氏,天之道也:以上事见昭公二十五年传文。

⑨淮夷与之,有十年之备:淮夷支持季氏,可打十年。淮夷,鲁国东部夷人。

⑩有齐、楚之援:鲁昭公虽在齐国,但齐国并不真心支持鲁昭公,季氏反而得齐、楚之援。

⑪有列国之权:季氏的权势有如列国诸侯。

⑫而弗敢宣也，事君如在国：鲁昭公虽出逃，但季氏不敢另立国君，仍然事奉鲁昭公。宣，用。

⑬鞅：范鞅，范献子。

⑭图国者：能为国打算的人。

⑮无成，死之：围鲁失败，就得死难。案晋国正值卿大夫专权，也正在取代公室，形势与鲁国相似，执政的范献子又得了季氏的贿赂，所以用危言恐吓宋、卫二国，阻拦护送鲁昭公回国。

⑯乃辞小国，而以难复：以事情难办报告晋顷公。家铉翁曰："齐景为邺陵之盟，而梁丘据入季孙之锦，晋顷为扈之会，而士鞅纳季氏之货，二君懵然无知，以为鲁之休戚无与于己。孰知已兆陈氏、六卿之祸，厝火积薪而不悟。"顾栋高曰："齐、晋皆欲纳公，而季氏皆以货沮，固由列国之无伯，亦由三军作舍以后，兵皆季氏之兵，赋皆季氏之赋，故季得操纵自如，而公坐为其所困也。"

【译文】

秋，诸侯在扈地相会，下令戍守成周，并且商议送回鲁昭公。宋国、卫国都认为送回鲁昭公对自己有利，坚决请求这样做。范献子从季孙那里得到财礼，对司城子梁和北宫贞子说："季孙并不知道有什么罪，国君却攻打他。季孙自请囚禁、逃亡，当时都没有获准，国君又没能战胜他，而是自己出走了。难道没有防备而能赶走国君吗？季氏恢复原位，是上天救了他。平息了昭公亲兵的愤怒，而启发叔孙氏的心意。不然的话，为什么那些人攻打别人反而脱下皮甲、手拿箭筒在那里游荡？叔孙氏害怕祸难波及自己，因而自愿站在季氏一边，是上天的意志。鲁国国君请求齐国帮助，三年没有成功。季氏很受民众拥护，淮夷亲附他，已做好十年的准备，有齐国、楚国的后援，有上天的帮助，有民众的支持，有坚守的决心，有列国一般的权势，而不敢专权，事奉国君就如同国君还在国都那样，所以我认为这事很难办。二位都是为国家着想的人，把鲁国国君送回国也是我的愿望，请求随从二位去包围鲁国。要是不成功，就死在那儿。"二人害怕了，都辞谢了。于是辞退小国，而以事情难办回复晋顷公。

△【经】冬十月，曹伯午卒①。

【注释】

①曹伯午：即曹悼公，姓姬，名午，伯爵，谥悼。

【译文】

冬十月，曹悼公午去世。

【经】郑快来奔①。

【注释】

①郑快：郑国大夫，名快。《公羊传》作"郑娄快"。

【译文】

郑快逃来鲁国。

【公羊传】郑娄快者何？郑娄之大夫也。郑娄无大夫，此何以书？以近书也①。

【注释】

①以近书也：因为治近太平而书。参见襄公二十三年，"夏，郑畀我来奔"条，彼处是因治近升平而书，此处则是表明太平世之法。

【译文】

郑娄快是什么人？是郑娄国的大夫。郑娄国没有大夫，此处为何书快之名？是因治近太平而书。

*【左传】孟懿子、阳虎伐郓①。郓人将战，子家子曰："天命不慆久矣②，使君亡者，必此众也③。天既祸之，而自福也，不亦难乎④！犹有鬼神，此必败也。呜呼！为无望也夫！其死于此乎！"公使子家子如晋，公徒败于且知⑤。

【注释】

①孟懿子、阳虎伐郓：鲁昭公居郓，二人伐郓，准备抢夺鲁昭公。阳虎，即阳货，季氏家臣。杨伯峻曰："据昭十一年《传》，孟懿子生，则此年尚不足十六岁，盖阳虎为主，孟懿子以卿位为名耳。疑季氏闻扈之会，谋纳昭公，而昭公居郓，故先伐之。"

②不慆：无可怀疑，指天助季氏。"慆""谣"二字通用，疑。

③使君亡者，必此众也：料定迎战必败，鲁昭公连郓也保不住。此众，指将迎战的一伙人。

④"天既祸之"三句：天不助鲁昭公，而想迎战侥幸求福，实不可能。案杨伯峻指出，子家羁以鲁昭公之出归于天命，实则当时的形势是，鲁昭公其人实处劣势，其人又不足以有为，看他十九岁仍有童心，并且屡次不采纳子家羁的建议，就可以知道了。

⑤公徒败于且知：鲁昭公属下不听子家羁的劝告，迎战阳虎，果然失败。且知，古地名，在郓地附近。

【译文】

孟懿子、阳虎攻打郓邑。郓邑人准备出战，子家羁说："天命无可怀疑已经很久了，让国君逃亡的，一定是这些人。上天已经降祸给国君，而要自求其福，不也很难吗！要是有鬼神，这一战必然失败。天哪！没有希望了吧！也许要死在这里了！"鲁昭公派子家羁去晋国，鲁昭公的亲兵在且知被打败。

*【左传】楚郤宛之难,国言未已①,进胙者莫不谤令尹②。沈尹戌言于子常曰:"夫左尹与中厩尹③,莫知其罪,而子杀之④,以兴谤讟⑤,至于今不已。戌也惑之:仁者杀人以掩谤⑥,犹弗为也。今吾子杀人以兴谤而弗图,不亦异乎⑦? 夫无极,楚之谗人也,民莫不知。去朝吴⑧,出蔡侯朱⑨,丧大子建,杀连尹奢⑩,屏王之耳目⑪,使不聪明⑫。不然,平王之温惠共俭,有过成、庄,无不及焉⑬,所以不获诸侯,迩无极也⑭。今又杀三不辜⑮,以兴大谤,几及子矣。子而不图,将焉用之⑯? 夫鄢将师矫子之命⑰,以灭三族。三族,国之良也,而不愆位⑱。吴新有君,疆场日骇⑲,楚国若有大事⑳,子其危哉! 知者除谗以自安也,今子爱谗以自危也,甚矣,其惑也㉑!"子常曰:"是瓦之罪㉒,敢不良图㉓!"九月己未㉔,子常杀费无极与鄢将师,尽灭其族,以说于国,谤言乃止。

【注释】

①国言未已:国内怨言不息。

②进胙(zuò)者莫不谤令尹:有资格分得胙肉者都指责令尹子常。胙,祭肉。诸侯祭祀,祭后必分祭肉给卿大夫。

③左尹:郤宛。中厩尹:阳令终。

④莫知其罪,而子杀之:指二人无辜被杀。莫,无人。

⑤谤讟(dú):怨言。

⑥掩谤:掩盖谤怨。

⑦今吾子杀人以兴谤而弗图,不亦异乎:杀人兴谤,却不考虑补救办法,实在奇怪。

⑧去朝吴:朝吴本是蔡国大夫,又有功于楚平王,费无极怕他有宠,昭公十五年设计使蔡人逐朝吴。

⑨出蔡侯朱:昭公二十一年,费无极收受蔡侯朱的叔父东国的贿赂,恐吓蔡人,使之出朱而立东国。

⑩杀连尹奢:昭公二十年,费无极诬陷伍奢与太子建将以方城之外叛而杀伍奢与其子伍尚。连尹奢,即伍奢。

⑪屏:遮挡。

⑫聪明:耳听得清为"聪",眼看得清为"明"。

⑬"平王之温惠共俭"三句:楚平王温和仁慈恭敬节俭超过楚成王、楚庄王。

⑭所以不获诸侯,迩无极也:不能称霸,因为亲近费无极。迩,接近。

⑮三不辜:指郤氏、阳氏、晋陈氏。

⑯焉用之:何必用令尹。

⑰矫:假传。

⑱不愆(qiān)位:在位没过错。

⑲疆埸日骇:楚、吴二国边境日益紧张。骇,惊惧。

⑳大事:指战争。

㉑"今子爱谗以自危也"三句:案沈尹戌历数费无极的罪状,请杀掉费无极和鄢将师。

㉓瓦:囊瓦,字子常。

㉓良图:好好考虑。

㉔己未:十四日。

【译文】

楚国郤宛的祸难,国内怨言不断,凡有资格分胙肉的人没有不指责令尹的。沈尹戌对令尹子常说:"左尹和中厩尹无人知晓其罪,而你却杀了他们,招致怨言,直到现在还没止息。我感到很困惑:仁爱者用杀人来掩盖指责,尚且不可这样做。现在您杀了人而招致指责,却不考虑补救,这不奇怪吗?况且费无极是楚国的谗佞小人,民众无人不知。他除掉朝吴,赶走蔡侯朱,丧失太子建,杀了连尹奢,蒙蔽君王的耳目,让他耳不聪眼不明。不然的话，平王的温和恭俭，超过了成王、庄王，而没有不及之处，他所以得不到诸侯的拥护，就是因为亲近费无极。现在又杀了三个无辜者，引起极大不满，几乎要拖累您了。您如果不考虑解决，还用您这位令尹干什么？鄢将师假传您的命令，灭了三族。这三族是国家的良材，在位并没有过错。吴国刚刚立了新君，边境日益紧张，楚国如果发生战事，您可就危险了！聪明人去除谗佞者以使自己安全，现在您却喜爱进谗者而使自己危险，您也太过昏聩糊涂了！"子常说："的确是我的罪过，怎敢不好好考虑！"九月十四日，子常杀了费无极和鄢将师，灭绝其宗族，以取悦于国人，指责的言论才平息下来。

【经】公如齐。

【译文】

鲁昭公再去齐国。

【左传】冬，公如齐，齐侯请飨之①。子家子曰："朝夕立于其朝，又何飨焉？其饮酒也②。"乃饮酒，使宰献③，而请安④。子仲之子曰重⑤，为齐侯夫人，曰："请使重见。"子家子乃以君出⑥。

【注释】

①公如齐，齐侯请飨（xiǎng）之：鲁昭公属下败于且知，鲁昭公又回到齐国。

②"朝夕立于其朝"三句：古代飨礼最隆重，只在诸侯聘问时使用，现在鲁昭公在齐，如同寓公，常在齐国朝廷，所以子家羁认为不必用飨礼，改用宴礼饮酒为好。

③使宰献：诸侯相饮，应该互相酬酒饮客，现在让宰臣向鲁昭公敬

酒,是将鲁昭公当臣子看待。

④请安:齐景公请求退席离开,也是对鲁昭公不尊重。

⑤子仲:鲁国公子慭,昭公十二年谋逐季氏失败而逃亡齐国。重,子
　　仲女儿。

⑥子家子乃以君出:齐景公想让夫人见鲁昭公,也是不恭敬,所以子
　　家羁带着鲁昭公出去,避而不见。

【译文】

冬,鲁昭公前往齐国,齐景公准备设飨礼招待他。子家羁说:“每天
早晚都在齐国的朝廷上,又设飨礼做什么? 还是喝酒吧。”于是喝酒,齐
景公让宰臣给鲁昭公献酒,自己则请求退席。子仲的女儿名重,是齐景
公夫人,说:“请允许重出来见您。”子家羁就带着鲁昭公退席了。

△**【经】公至自齐,居于郓**①。

【注释】

①郓:《公羊传》作“运”。

【译文】

鲁昭公从齐国回来,还住在郓。

***【左传】十二月,晋籍秦致诸侯之戍于周,鲁人辞以难**①。

【注释】

①晋籍秦致诸侯之戍于周,鲁人辞以难:晋国送戍卒到成周,鲁国以
　　国难为由拒绝派戍卒。籍秦,晋国大夫籍谈之子。

【译文】

十二月,晋国籍秦命令诸侯把戍卒送往成周,鲁国托言有祸难而推
辞派兵。

二十八年

△【经】二十有八年春王三月①，葬曹悼公。

【注释】

①二十有八年：鲁昭公二十八年当周敬王六年，前514年。王三月：案《春秋》之例，一月有二事，则月份记在第一件事上，又比较二事之轻重，上事重，则上事蒙月；下事重，则上事不蒙月，下事蒙月。此处"王三月"即为下文"公如晋"而出。葬曹悼公，实为书时，正合小国之君卒月葬时之例。

【译文】

鲁昭公二十八年春周历三月，安葬曹悼公。

【经】公如晋，次于乾侯①。

【注释】

①公如晋，次于乾（gān）侯：鲁昭公到晋国，请求回到鲁国，晋国让他住在乾侯。又案时月日例，朝聘例时，此处"公如晋"实书月，何休云："月者，闵公内为强臣所逐，外如晋不见答，次于乾侯。"乾侯，古地名，在今河北成安东南。

【译文】

鲁昭公到晋国去，在乾侯停留。

【左传】二十八年春，公如晋，将如乾侯①。子家子曰："有求于人，而即其安②，人孰矜之③？其造于竟④。"弗听，使请逆于晋⑤。晋人曰："天祸鲁国，君淹恤在外。君亦不使一个辱在寡人⑥,而即安于甥舅,其亦使逆君⑦?"使公复于竟,而后逆之⑧。

【注释】

①将如乾侯:鲁昭公在齐国受辱,所以赴晋国,准备先往乾侯。

②即其安:安养于齐国。

③人孰矜之:既有求于晋,又安居于齐,不会得到人家的同情。矜,怜惜,同情。

④其造于竟:子家羁建议先到边境上等着。造,往。竟,通"境"。

⑤使请逆于晋:鲁昭公要晋国派人迎接自己到晋都。

⑥一个:指使者。在:问候。

⑦而即安于甥舅,其亦使逆君:晋国责怪鲁昭公,既然安于齐,应当让齐人相迎,何必让晋人迎接?甥舅,这里指齐国。因为齐、鲁常为婚姻,所以互为甥舅。

⑧使公复于竟,而后逆之:晋国让鲁昭公回到鲁境,然后派人迎至乾侯,并未至晋都。

【译文】

鲁昭公二十八年春,鲁昭公前往晋国,将要到达乾侯。子家羁说:"有求于人,却心安理得地住在其他国家,有谁会来同情你?还是在边境等待为好。"鲁昭公不听,派人请求晋国来迎接。晋国人说:"上天祸降鲁国,国君淹留在外。国君也不派一个使者屈尊来问候寡人,而是安稳地住在有甥舅之亲的齐国,难道还要派人去齐国迎接国君吗?"让鲁昭公回到鲁国边境上,再派人迎接。

【榖梁传】公在外也。

【译文】

鲁昭公在国都之外。

△【经】夏四月丙戌①,郑伯宁卒②。

【注释】

①丙戌:十四日。

②郑伯宁:即郑定公,姓姬,名宁,伯爵,谥定。《公羊传》作"郑伯甯"。

【译文】

夏四月十四日,郑定公宁去世。

△【经】六月,葬郑定公。

【译文】

六月,安葬郑定公。

*【左传】晋祁胜与邬臧通室①。祁盈将执之,访于司马叔游②。叔游曰:"《郑书》有之:'恶直丑正,实蕃有徒③。'无道立矣,子惧不免④。《诗》曰:'民之多辟,无自立辟⑤。'姑已,若何⑥?"盈曰:"祁氏私有讨,国何有焉⑦?"遂执之⑧。祁胜赂荀跞,荀跞为之言于晋侯。晋侯执祁盈。祁盈之臣曰:"钧将皆死⑨,愁使吾君闻胜与臧之死也以为快⑩。"乃杀之。夏六月,晋杀祁盈及杨食我⑪。食我,祁盈之党也,而助乱,故杀之。遂灭祁氏、羊舌氏⑫。

【注释】

①晋祁胜与邬臧通室：祁胜和邬臧互相与对方妻子通奸。祁胜、邬臧，都是祁盈家臣。

②访：征求意见。司马叔游：女叔齐之子。

③恶直丑正，实蕃有徒：意思是嫉恶正直的人多得很。恶、丑，同义词。蕃，众多。徒，同类。

④无道立矣，子惧不免：世道衰乱，谗人得势，只怕不免于祸。

⑤民之多辟，无自立辟：引《诗》见《诗经·大雅·板》。意思是民众已多邪恶，不要自己再陷于邪恶。辟，邪恶。

⑥姑已，若何：叔游劝祁盈不要干涉此事。

⑦祁氏私有讨，国何有焉：讨伐自己的家臣，与国事无关。

⑧遂执之：逮捕祁胜、邬臧。

⑨钧将皆死：指杀祁胜与否，都将被杀。钧，同样。

⑩慭（yìn）使吾君闻胜与臧之死也以为快：祁盈手下人认为晋顷公处理此事不公，将杀祁胜、邬臧。慭，宁肯。吾君，指祁盈。

⑪杨食我：叔向儿子伯石。杨，叔向的采邑。

⑫羊舌氏：杨氏。

【译文】

晋国祁胜和邬臧互相和对方妻子通奸。祁盈准备把他们抓起来，向司马叔游征询意见。叔游说："《郑书》有这样的话：'厌恶刚直丑化正派，这类人实在多得很。'如今无道者在位，你恐怕不免于祸患。《诗》说：'民众之中多邪恶，当心自己别陷入。'姑且缓一缓，怎么样？"祁盈说："祁氏以私家的名义讨伐，这与国家有什么关系？"便把他们抓了起来。祁胜买通荀跞，荀跞为他在晋顷公跟前说好话。晋顷公抓了祁盈。祁盈家臣说："同样是一死，宁可让我们的主人听到祁胜和邬臧的死讯快意一下。"就杀了二人。夏六月，晋国杀祁盈和杨食我。杨食我是祁盈同党，帮助祁盈为乱，所以杀了他。于是灭掉祁氏、羊舌氏。

初，叔向欲娶于申公巫臣氏①，其母欲娶其党②。叔向曰："吾母多而庶鲜，吾惩舅氏矣③。"其母曰："子灵之妻杀三夫、一君、一子④，而亡一国、两卿矣⑤，可无惩乎⑥？吾闻之，'甚美必有甚恶'⑦，是郑穆少妃姚子之子，子貉之妹也⑧。子貉早死，无后，而天钟美于是⑨，将必以是大有败也⑩。昔有仍氏生女⑪，黰黑而甚美，光可以鉴，名曰玄妻⑫。乐正后夔取之，生伯封，实有豕心⑬，贪惏无餍，忿颣无期⑭，谓之封豕⑮。有穷后羿灭之，夔是以不祀⑯。且三代之亡、共子之废，皆是物也⑰。女何以为哉⑱？夫有尤物⑲，足以移人⑳。苟非德义，则必有祸㉑。"叔向惧，不敢取。平公强使取之，生伯石㉒。伯石始生，子容之母走谒诸姑㉓，曰："长叔姒生男㉔。"姑视之，及堂，闻其声而还㉕，曰："是豺狼之声也。狼子野心，非是，莫丧羊舌氏矣。"遂弗视㉖。

【注释】

①叔向欲娶于申公巫臣氏：娶申公巫臣与夏姬所生的女儿。

②娶其党：娶其娘家女儿。案羊舌氏本是晋国公族，叔向母亲也是姬姓女，所以叔向父亲是与同姓通婚。

③吾母多而庶鲜，吾惩舅氏矣：叔向父亲妻妾多而庶子少，娶舅家女儿不易生子，所以叔向反对。惩，以为鉴戒。

④子灵之妻：夏姬。子灵，申公巫臣。杀三夫：子蛮、夏徵舒之父御叔、连尹襄老。一君：陈灵公。一子：夏徵舒。

⑤一国：指陈国。两卿：孔宁、仪行父。

⑥可无惩乎：夏姬之恶，足以鉴戒。

⑦甚美必有甚恶：貌甚美，其行必甚恶。

⑧子貉：郑灵公。郑灵公于宣公四年立，即为公子归生所杀。

⑨钟：汇集。是：指夏姬。

⑩将必以是大有败也：即"甚美必有甚恶"。

⑪有仍氏：古代诸侯。

⑫"鬒（zhěn）黑而甚美"三句：因为头发黑亮，光可照人，所以称之为"玄妻"。鬒黑，头发密而黑。鬒，即"鬒（zhěn）"，黑发。

⑬实有豕心：心地如猪。

⑭忿颣（lì）：暴躁乖戾。颣，通"戾"。无期：无极。

⑮封豕：大猪。

⑯夔（kuí）是以不祀：夔因为娶了有仍氏女儿而灭亡。

⑰且三代之亡、共子之废，皆是物也：夏桀、殷纣、周幽王都因美色而亡，太子申生也因骊姬而废。共子，晋国太子申生，谥恭。共，通"恭"。是物，指美色。

⑱何以为：为何再娶夏姬女儿。

⑲尤物：极美的女人。

⑳移人：改变人的心志。

㉑苟非德义，则必有祸：若非有德之人，娶尤物必有祸殃。案叔向母亲认为女色为害，反对叔向娶夏姬女儿。

㉒伯石：杨食我。

㉓子容之母：伯华之妻，叔向的嫂子。谒（yè）：告诉。姑：叔向母亲。

㉔长叔：指叔向。因为叔向为伯华长弟，嫂子称他为长叔。姒（sì）：指叔向的妻子，即夏姬女。案兄弟之妻，年长者称为"姒"，年幼者称为"娣"。长叔姒，即大弟媳妇。

㉕及堂，闻其声而还：未见婴儿，只闻其声。

㉖遂弗视：案以上补叙杨食我出生的情况。

【译文】

起初，叔向想娶申公巫臣的女儿为妻，他母亲想让他娶自己的族亲。

叔向说:"我母亲很多而庶兄弟少,娶舅家女儿不易生子,我引以为戒。"他母亲说:"巫臣的妻子杀死了三个丈夫、一个国君、一个儿子,使一个国家灭亡、两名卿逃亡,能不作为鉴戒吗?我听说,'特别漂亮者必然有特别丑恶的行径',夏姬这个女人是郑穆公少妃姚子的女儿,子貉的妹妹。子貉早死,没有后嗣,而上天把美丽汇集在她身上,必然是要用她来狠狠地败坏别人。往昔有仍氏生下一女,头发稠密乌黑,非常美丽,光彩照人,名为玄妻。乐正后夔娶了她,生下伯封,心地和猪一样,贪婪无餍,暴躁乖戾无比,被称为大猪。有穷后羿灭亡了他,夔因此不能得到祭祀。而且三代的灭亡、恭子的被废,都是由于美色。你为什么要娶那个女人呢?具有特别姿色的女人,足以使人改变心性。如果不是极有道德正义的人,娶了这样的女人必然有祸患。"叔向怕了,不敢娶那个女人。晋平公强行让他娶了,生下杨食我。杨食我刚生下时,子容的母亲跑去报告婆婆,说:"大弟媳生了个男孩子。"婆婆前往探视,走到堂前,听到孩子的哭声就转身而去,说:"这是豺狼的声音。豺狼般的孩子必然有野心,不是这个人,没有谁能毁掉羊舌氏。"就不去看视。

△【经】秋七月癸巳①,滕子宁卒②。

【注释】

①癸巳:二十三日。

②滕子宁:即滕悼公,姓姬,名宁,子爵,谥悼。《公羊传》作"滕子甯"。

【译文】

秋七月二十三日,滕悼公宁去世。

*【左传】秋,晋韩宣子卒,魏献子为政①。分祁氏之田以为七县②,分羊舌氏之田以为三县③。司马弥牟为邬

大夫④，贾辛为祁大夫，司马乌为平陵大夫，魏戊为梗阳大夫⑤，知徐吾为涂水大夫，韩固为马首大夫⑥，孟丙为盂大夫，乐霄为铜鞮大夫，赵朝为平阳大夫，僚安为杨氏大夫⑦。谓贾辛、司马乌为有力于王室⑧，故举之；谓知徐吾、赵朝、韩固、魏戊，余子之不失职能守业者也⑨；其四人者，皆受县而后见于魏子，以贤举也⑩。

【注释】

①晋韩宣子卒，魏献子为政：韩起死，魏舒执政。

②七县：邬（在今山西介休东北）、祁（在今山西祁县东南）、平陵（在今山西文水东北）、梗阳（在今山西清徐）、涂水（在今山西榆次）、马首（在今山西平定东南）、盂（在今山西盂县）。

③三县：铜鞮（在今山西沁县南）、平阳（在今山西临汾）、杨氏（在今山西洪洞东南）。

④大夫：县邑长官。

⑤魏戊：魏舒庶子。

⑥韩固：韩起之孙。

⑦僚安为杨氏大夫：案以上，魏舒将祁氏、杨氏土地分为十个县，由国家直接派官吏管理，把贵族的采邑变成了国家行政区域，实际上是废除分封制，建立郡县制。

⑧谓贾辛、司马乌为有力于王室：昭公二十二年，二人率师助周敬王。司马乌，司马督。

⑨谓知徐吾、赵朝、韩固、魏戊，余子之不失职能守业者也：以上四人都是庶子。余子，卿的庶子。

⑩"其四人者"三句：魏舒任用县大夫，选贤任能，不徇私情。四人，司马弥牟、孟丙、乐霄、僚安。

【译文】

秋,晋国韩宣子去世,魏献子执政。他把祁氏封地分为七个县,把羊舌氏封地分为三个县。任命司马弥牟为邬大夫,贾辛为祁大夫,司马乌为平陵大夫,魏戊为梗阳大夫,知徐吾为涂水大夫,韩固为马首大夫,孟丙为盂大夫,乐霄为铜鞮大夫,赵朝为平阳大夫,僚安为杨氏大夫。认为贾辛、司马乌曾为周王室效力,所以举拔他们;认为知徐吾、赵朝、韩固、魏戊是庶子中能不失职、可保守家业的人;其余四人,都先接受职务而后拜见魏献子,因为他们是由于贤能而被举荐的。

魏子谓成鱄①:"吾与戊也县,人其以我为党乎②?"对曰:"何也!戊之为人也,远不忘君,近不逼同③,居利思义,在约思纯④,有守心而无淫行⑤。虽与之县,不亦可乎!昔武王克商,光有天下⑥,其兄弟之国者十有五人,姬姓之国者四十人,皆举亲也⑦。夫举无他,唯善所在,亲疏一也⑧。《诗》曰:'唯此文王,帝度其心⑨。莫其德音,其德克明⑩。克明克类⑪,克长克君⑫。王此大国,克顺克比⑬。比于文王,其德靡悔⑭。既受帝祉,施于孙子⑮。'心能制义曰度⑯,德正应和曰莫⑰,照临四方曰明⑱,勤施无私曰类⑲,教诲不倦曰长,赏庆刑威曰君⑳,慈和遍服曰顺㉑,择善而从之曰比,经纬天地曰文㉒。九德不愆㉓,作事无悔,故袭天禄㉔,子孙赖之。主之举也,近文德矣,所及其远哉㉕!"

【注释】

①成鱄(zhuān):晋国大夫。

②吾与戊也县,人其以我为党乎:让魏戊任梗阳大夫,怕有人批评自

己"任人唯亲"。

③近不逼同：不以势威逼同事。

④在约思纯：在困穷之中思想纯正，保持操守。约，穷困。

⑤守：指保持礼义。淫行：犯礼行为。

⑥光：通"广"。

⑦"其兄弟之国者十有五人"三句：周武王分封诸侯，不避亲属。

⑧"夫举无他"三句：举荐人才，唯善是举，不分亲疏。

⑨帝度其心：上帝能知其心。

⑩莫其德音，其德克明：意思是政令清静，便能宣扬其德行。莫，今
　　作"貊"，静。克明，能区分是非。

⑪克类：能区分同类。

⑫克长：能教诲不倦。克君：赏罚严明，人人敬畏。

⑬克顺克比：周文王为君，能使四方顺从归附。比，顺从。

⑭比于文王，其德靡悔：归顺周文王，其德行无悔恨。

⑮既受帝祉，施于孙子：周文王承受上天之福，延及子孙。案从"唯
　　此文王"至"施于孙子"十二句出自《诗经·大雅·皇矣》，是赞
　　美周文王德行纯正，能王大国，赐福子孙。祉，福。

⑯心能制义：内心能制约于道义。

⑰德正应和：德行端正，反应和谐。

⑱照临四方：德能光照四方。

⑲勤施无私：勤于施舍而无私心。

⑳赏庆刑威：赏不僭，故人以为庆；刑不滥，故人以为威。

㉑慈和遍服：慈祥和顺，别人归服。

㉒经纬天地曰文：经纬相错，织成文彩。

㉓九德：即上文"度""莫"等九种德行。不愆：无过失。

㉔袭：承受。

㉕"主之举也"三句：所举拔魏戊等人，量才选用无私心；司马弥牟

等四人，择善而从。魏舒用人，已接近文德，影响深远，成鲟因此请魏舒不必担心"任人唯亲"之讥。

【译文】

魏献子问成鲟说："我任命魏戊为县大夫，人们会认为我有偏心吗？"成鲟回答说："哪里会！魏戊的为人，远不忘记国君，近不逼迫同事，处在有利的地位能想到道义，处在困境时保持操守，有守业的心志而没有放荡的行为。让他管理一个县，不也是可以的吗！昔日武王战胜商朝，广有天下，他的兄弟中得到封国的有十五人，姬姓中得到封国的有四十人，都是举拔的亲属。举拔没有别的要求，只要是善的所在，亲疏都是一样的。《诗》说：'正是这一位文王，上天使他内心合于道义。道德高尚政清静，四方宣扬其德行。光明公正施政佳，堪称师长好国君。在此大国当君王，能使四方亲顺服。亲附爱戴周文王，德行高尚不悔怨。接受上天赐福祉，恩惠延及子孙长。'内心能受道义的制约叫'度'，德行端正反应和谐叫'莫'，光照四方叫'明'，勤于施舍而无私心叫'类'，诲人不倦叫'长'，赏罚严明叫'君'，慈祥和顺使人一致归服叫'顺'，选择善人而跟从叫'比'，经纬天地叫'文'。这九种德行不出差错，做事情就没有悔恨，所以承袭上天的福禄，子孙得到荫庇。现在您的举荐，已经接近文德了，影响会很深远的啊！"

贾辛将适其县，见于魏子。魏子曰："辛，来！昔叔向适郑，鬷蔑恶[①]。欲观叔向，从使之收器者，而往[②]，立于堂下，一言而善[③]。叔向将饮酒，闻之，曰：'必鬷明也[④]。'下，执其手以上，曰：'昔贾大夫恶[⑤]，娶妻而美，三年不言不笑。御以如皋[⑥]，射雉，获之，其妻始笑而言[⑦]。贾大夫曰："才之不可以已[⑧]。我不能射，女遂不言不笑夫！"今子少不扬，子若无言，吾几失子矣[⑨]。言之不可以已也如是[⑩]！'遂如故知[⑪]。今女有力于王室,吾是以举女⑫。行乎!敬之哉!毋堕乃力⑬!"

【注释】

①靆(zōng)蔑:即下文的"靆明",又叫然明。恶:面貌丑。

②从使之收器者,而往:靆蔑随着收拾器具的人前去,想看看叔向。收器者,收拾器具的人。

③立于堂下,一言而善:靆蔑只说了一句话,却说得很好。

④必靆明也:叔向早已闻知靆蔑之贤,现在闻声而知其人。

⑤贾大夫:贾国大夫。恶:貌丑。

⑥御以如皋(gāo):贾大夫为妻子驾车前往皋。皋,沼泽地。

⑦"射雉"三句:虽然貌丑,但有才,其妻因此开口笑而说话。

⑧才之不可以已:不可无才。

⑨"今子少不扬"三句:靆蔑其貌不扬,如果再不说话,我二人将失之交臂了。

⑩言不可以已也如是:以上都是叔向的话。

⑪遂如故知:叔向、靆蔑二人如旧交。

⑫今女有力于王室,吾是以举女:因其有功,才举荐他,意思是人不可无能无才。

⑬"行乎"三句:勉励贾辛恭敬执行职守,不要出差错,毁了自己的功劳。

【译文】

贾辛将要到祁县上任,拜见魏献子。魏献子说:"贾辛,你过来!以前叔向到郑国去,靆蔑长得丑。他想观察叔向,便跟随收拾器皿的人前往,站在堂下,他说了一句话,说得很好。叔向正要喝酒,听到他的话,说:'这一定是靆蔑。'就走下堂来,拉着靆蔑的手让他上堂,说:'当年贾大夫长得丑,娶的妻却很美丽,三年不说不笑。贾大夫为她驾车去沼泽地,射野雉,射中了,他的妻子才开始笑着说话。贾大夫说:"才能真是不能缺少的。我要是不善射,你就不说不笑了!"现在你相貌不扬,你要是不说话,我差一点儿就错过你了。话语就像这样不能缺少!'于是二人一见如故。现在你为王室出了力,我所以举拔你。去吧!善保恭敬吧!不要毁掉你的功劳!"

仲尼闻魏子之举也,以为义①,曰:"近不失亲②,远不失举③,可谓义矣。"又闻其命贾辛也,以为忠:"《诗》曰'永言配命,自求多福',忠也④。魏子之举也义,其命也忠,其长有后于晋国乎⑤!"

【注释】

①以为义:合于道义。

②近不失亲:魏戊是魏舒的儿子,是亲。

③远不失举:贤者当举而举,是不失举。

④《诗》曰"永言配命,自求多福",忠也:引《诗》见《诗经·大雅·文王》。意思是永远合于天命,以求取各种福禄,只有忠诚之人才能做到。言,语助词,无义。配命,合于天命。

⑤其长有后于晋国乎:魏舒后代在晋国将长享禄位。

【译文】

孔子听说魏献子举拔贤才的事,认为合乎道义,说:"近的不失去亲属,远的不失去应当举拔的人,可以算得上合乎道义了。"又听到他命令贾辛的话,认为体现了忠诚:"《诗》说'永远合乎天命,自己求取多种福禄',只有忠诚之人才能做到。魏献子的举拔合乎道义,他对贾辛的命令体现忠诚,大概他的后代在晋国将会长享禄位的吧!"

△【经】冬,葬滕悼公。

【译文】

冬,安葬滕悼公。

*【左传】冬,梗阳人有狱①,魏戊不能断,以狱上②。其大宗赂以女乐③,魏子将受之。魏戊谓阎没、女宽曰④:"主以不贿闻于诸侯⑤,若受梗阳人,贿莫甚焉。吾子必谏⑥!"皆许诺。退朝,待于庭⑦。馈入,召之⑧。比置⑨,三叹。既食,使坐。魏子曰:"吾闻诸伯叔,谚曰:'唯食忘忧。'吾子置食之间三叹,何也?"同辞而对⑩,曰:"或赐二小人酒,不夕食⑪。馈之始至,恐其不足,是以叹⑫。中置⑬,自咎曰:'岂将军食之而有不足⑭?'是以再叹。及馈之毕,愿以小人之腹为君子之心,属厌而已⑮。"献子辞梗阳人⑯。

【注释】

①狱:诉讼。

②魏戊不能断,以狱上:诉讼一方是强宗大族,魏戊不能审理,上报魏舒。

③其大宗赂以女乐:以女乐贿赂魏舒。大宗,即诉讼一方。

④阎没、女宽:二人都是晋国大夫。

⑤不贿:不受贿赂,不贪财。

⑥吾子必谏:魏戊请二人谏其父。

⑦退朝,待于庭:魏舒退朝,二人待于魏舒庭中。

⑧馈入,召之:饭菜送来,魏舒请二人吃饭。

⑨比置:饭菜摆上时。比,及。

⑩同辞而对:二人异口同声。

⑪或赐二小人酒，不夕食：有人赐我们二人酒，因酒醉，昨天未吃晚饭，现正饿着。

⑫"馈之始至"三句：怕饭菜不够吃而叹。

⑬中置：菜上到一半。

⑭岂将军食之而有不足：岂有将军请吃饭而不让吃饱之理？将军，指魏舒，其时将中军。杨伯峻曰："疑'将军'于春秋虽非一定武职之官名，然独将一军者，俗称为'将军'。"

⑮愿以小人之腹为君子之心，属厌而已：指愿君子之心也能像小人之腹，知道满足而不贪贿。君子，暗指魏舒。属厌而已，只需饱足就够了。属，只需。厌，饱足。

⑯献子辞梗阳人：魏舒知道二人在批评自己，于是不受贿赂。

【译文】

冬，梗阳人有诉讼，魏戊不能断案，就把案件上报给魏献子。诉讼一方的大宗送女乐给魏献子，他准备接受。魏戊对阎没、女宽说："主君以不受贿赂闻名于诸侯，要是接受了梗阳人的礼物，就没有比这更大的贿赂了。您二位一定要加以劝谏！"二人都答应了。退朝以后，他们等在魏献子的庭院中。饭菜送来，魏献子招呼他们一起吃。饭菜摆上时，二人三次叹气。吃完后，让他们坐下。魏献子说："我从我长辈那儿听说，谚语称：'吃饭的时候要忘掉忧愁。'二位在摆上饭菜时三次叹气，这是为什么？"二人异口同声地回答，说："有人赐酒给我们两个人，因而昨天没吃晚饭。饭菜刚送到时，我们担心不够吃，所以叹息。吃到一半，就自责说：'难道将军让我们吃饭会不够吃？'所以再次叹息。吃完以后，希望以我辈小人的肚腹作为君子的内心，刚好满足就行了。"魏献子便辞退了梗阳人的礼物。

二十九年

【经】二十有九年春①,公至自乾侯,居于郓②。齐侯使高张来唁公③。公如晋,次于乾侯④。

【注释】

①二十有九年:鲁昭公二十九年当周敬王七年,前513年。

②公至自乾侯,居于郓:晋国不欢迎鲁昭公,他只好重回郓邑。郓,《公羊传》作"运"。

③齐侯使高张来唁公:鲁昭公在晋国碰壁,齐景公派人慰问。高张,齐国高偃的儿子。

④公如晋,次于乾侯:在齐国又受辱,鲁昭公再返回乾侯。

【译文】

鲁昭公二十九年春,鲁昭公从乾侯回来,住在郓邑。齐景公派高张来慰问鲁昭公。鲁昭公前往晋国,在乾侯停留。

【左传】二十九年春,公至自乾侯,处于郓。齐侯使高张来唁公,称主君①。子家子曰:"齐卑君矣②,君只辱焉③。"公如乾侯④。

【注释】

①齐侯使高张来唁公,称主君:齐景公派高张来慰问,有讥讽鲁昭公不受晋国欢迎的意思,现在又称鲁昭公为主君,是将鲁昭公比为大夫,有意羞辱他。主君,卿大夫家臣对卿大夫的称呼。

②齐卑君矣:轻视鲁昭公。

③君只辱焉:鲁昭公自取其辱。

④公如乾侯：为齐国所辱，再返回晋国。

【译文】

鲁昭公二十九年春，鲁昭公从乾侯回来，住在郓邑。齐景公派高张来慰问，称鲁昭公为主君。子家羁说："齐国轻视国君了，国君只是在自取其辱。"鲁昭公前往乾侯。

【穀梁传】唁公不得入于鲁也。

【译文】

慰问鲁昭公不能够进入鲁国。

【左传】三月己卯①，京师杀召伯盈、尹氏固及原伯鲁之子②。尹固之复也③，有妇人遇之周郊④，尤之⑤，曰："处则劝人为祸，行则数日而反⑥，是夫也，其过三岁乎⑦？"

【注释】

①己卯：十三日。

②京师杀召伯盈、尹氏固及原伯鲁之子：三人都是王子朝同党。

③尹固之复也：昭公二十六年，尹氏固与王子朝奔楚，后来返回。

④周郊：京师郊外。

⑤尤之：责备尹氏固。

⑥行则数日而反：既逃亡，只几天就返回。

⑦是夫也，其过三岁乎：妇人预言不会超过三年。三年后的今天，果然被杀。其，难道。

【译文】

三月十三日，京城人杀了召伯盈、尹氏固和原伯鲁的儿子。尹氏固回国时,有妇人在周郊外与他相遇,责备他,说:"在国内时怂恿别人发动祸乱,出逃没几天又返回,这样的人难道能活过三年吗?"

夏五月庚寅①,王子赵车入于鄩以叛②,阴不佞败之。

【注释】

①庚寅:二十五日。

②王子赵车:王子朝余党,见召伯盈等被杀而叛乱。鄩(niǎn):周邑。

【译文】

夏五月二十五日,王子赵车进入鄩地发动叛乱,阴不佞打败了他。

*【左传】平子每岁贾马,具从者之衣屦,而归之于乾侯①。公执归马者,卖之②。乃不归马。

【注释】

①具从者之衣屦(jù),而归(kuì)之于乾侯:季平子送马及衣屦,以示不忘鲁昭公。具,准备。屦,鞋子。归,通"馈"。

②公执归马者,卖之:鲁昭公抓了送马的,将马卖掉。

【译文】

季平子每年买马,准备好随从的衣服鞋子,送到乾侯去。鲁昭公抓了送马的人,卖掉了马。于是季平子不再送马去。

卫侯来献其乘马,曰启服①,堑而死②。公将为之椟③。子家子曰:"从者病矣,请以食之。"乃以帷裹之④。

【注释】

①启服：马名。

②堑而死：掉进坑里而死。

③公将为之椟：为马作棺而葬。

④乃以帷裹之：子家羁请将马肉给随从吃，鲁昭公用帷幕裹马埋葬。《礼记·檀弓下》云："敝帷不弃，为埋马也。"盖古礼以敝帷裹马。

【译文】

卫灵公派人把自己名叫启服的拉车马送给鲁昭公，马掉到坑中死了。鲁昭公打算给马备棺埋葬。子家羁说："跟随您的人正难过，请让他们吃马肉吧。"鲁昭公还是用帷幕包裹着马埋了。

公赐公衍羔裘，使献龙辅于齐侯①，遂入羔裘②。齐侯喜，与之阳穀③。公衍、公为之生也，其母偕出④。公衍先生，公为之母曰："相与偕出，请相与偕告⑤。"三日，公为生，其母先以告，公为为兄⑥。公私喜于阳穀⑦，而思于鲁⑧，曰："务人为此祸也⑨。且后生而为兄，其诬也久矣⑩。"乃黜之⑪，而以公衍为大子。

【注释】

①龙辅：饰有龙纹的美玉。

②遂入羔裘：公衍献龙辅，连羔裘也一起献上。

③阳穀：齐邑。

④公衍、公为之生也，其母偕出：古代妇女临产前，出居于另外的房屋。公衍、公为的母亲一同出居于外待产。

⑤偕告：生子时一同向鲁昭公报告。

⑥公为为兄：公为母亲言行不一，目的在争长。

⑦公私喜于阳榖：喜欢阳榖，也偏私于公衍。

⑧思于鲁：回忆在鲁这段往事。

⑨务人：指公为。为此祸：指当初公为与公若谋逐季氏，酿成鲁昭公出奔之祸。

⑩诬也久：欺骗我这么久。

⑪乃黜之：废黜公为。

【译文】

鲁昭公赐给公衍羔裘，派他把饰有龙纹的美玉献给齐景公，公衍把羔裘也献了。齐景公很高兴，就赐给他阳榖。公衍、公为出生的时候，二人的母亲一起出居产房。公衍先出生，公为的母亲说："我们一起出来，请一起去报告生子吧。"过了三天，公为出生，他母亲先去报告，公为就做了兄长。鲁昭公私下里喜欢阳榖，又想起在鲁国发生的事，就说："是公为惹出了这场祸。而且后出生反而当兄长，欺骗的时间也太久了。"便废黜了公为，而把公衍立为太子。

【经】夏四月庚子①**，叔诣卒**②**。**

【注释】

①庚子：初五。

②叔诣：鲁国大夫。《公羊传》《榖梁传》作"叔倪"。

【译文】

夏四月初五，叔诣去世。

【榖梁传】季孙意如曰："叔倪无病而死，此皆无公也，是天命也，非我罪也。"

【译文】

季孙意如说："叔倪没有生病而去世了,这都是因为没有昭公,这是上天的旨意,不是我的罪过。"

△**【经】秋七月。**

【译文】

秋七月。

****【左传】**秋,龙见于绛郊①。魏献子问于蔡墨曰②:"吾闻之,虫莫知于龙③,以其不生得也④。谓之知,信乎?"对曰:"人实不知,非龙实知。古者畜龙,故国有豢龙氏,有御龙氏⑤。"献子曰:"是二氏者,吾亦闻之,而不知其故,是何谓也⑥?"对曰:"昔有飂叔安⑦,有裔子曰董父⑧,实甚好龙,能求其耆欲以饮食之⑨,龙多归之。乃扰畜龙⑩,以服事帝舜。帝赐之姓曰董,氏曰豢龙⑪,封诸鬷川,鬷夷氏其后也。故帝舜氏世有畜龙。及有夏孔甲⑫,扰于有帝⑬,帝赐之乘龙⑭,河、汉各二⑮,各有雌雄。孔甲不能食,而未获豢龙氏⑯。有陶唐氏既衰⑰,其后有刘累,学扰龙于豢龙氏,以事孔甲,能饮食之。夏后嘉之⑱,赐氏曰御龙,以更豕韦之后⑲。龙一雌死,潜醢以食夏后⑳。夏后飨之,既而使求之㉑。惧而迁于鲁县㉒,范氏其后也。"

【注释】

①见(xiàn):出现。绛:晋国国都,在今山西侯马。

②蔡墨：蔡史墨，晋国太史。

③虫：泛指动物。知：同"智"。

④以其不生得也：不能活捉。

⑤"古者畜龙"三句：古人能畜龙，今人不能活捉龙，是今人不聪明，不是龙聪明。

⑥是何谓也：问二氏的来历。

⑦飂（liù）：即"蓼"，诸侯国名，在今河南唐河南。叔安：国君名。

⑧裔子：远子，玄孙以下的子孙。

⑨能求其耆（shì）欲以饮食之：董父能了解龙的嗜好来喂养它。耆，同"嗜"。

⑩扰畜：驯养。

⑪帝赐之姓曰董，氏曰豢（huàn）龙：以豢龙为其官名，后来就以官名为氏。

⑫孔甲：夏少康之后九世君。传说其德顺应天地。

⑬扰于有帝：顺于上帝。

⑭乘龙：驾车之龙。

⑮河、汉各二：驾车之龙为四，黄河之龙二，汉水之龙二。

⑯孔甲不能食（sì），而未获豢龙氏：孔甲自己不能饲养龙，又未找到豢龙氏。食，饲养。

⑰陶唐：尧所治理的地方。这里即指尧。

⑱夏后：孔甲。

⑲以更豕韦之后：以刘累代替豕韦之后。豕韦，祝融之后。以上参见襄公二十四年传文。

⑳龙一雌死，潜醢（hǎi）以食夏后：刘累悄悄将龙制成肉酱给夏后吃。潜，悄悄。醢，制成肉酱。

㉑夏后飨之，既而使求之：夏后不知是龙，以为味美，想再要。

㉒惧而迁于鲁县：刘累不能再献龙肉，惧而逃走。鲁县，古地名，在

今河南鲁山东北。

【译文】

秋，龙出现在绛都郊外。魏献子向蔡墨询问说："我听说，虫类中没有比龙更聪明的了，因为人不能生擒活捉它。说它聪明，确实如此吗？"蔡墨回答说："其实是人不聪明，而不是因为龙聪明。古时候畜养龙，所以国内有豢龙氏，有御龙氏。"魏献子说："这二氏，我也听说过，但不知道其来历，这是说的什么呢？"蔡墨回答说："当日飂国有个叔安，他有个后裔叫董父，实在很喜欢龙，能够了解龙的嗜好来给龙喂食，龙大都到他那儿去了。于是就驯服畜养龙，以服事帝舜。帝舜赐他姓为董，赐氏为豢龙，封他在鬷川，鬷夷氏就是他的后代。所以帝舜氏世代有养龙的。到了有夏孔甲，顺服天帝，天帝赐给驾车的龙，黄河、汉水的龙各有二条，各有一雌一雄。孔甲不能饲养，又没有找到豢龙氏。陶唐氏衰落了，其后代有刘累，向豢龙氏学习养龙，以事奉孔甲，能够饲养这些龙。夏后嘉奖他，赐氏叫御龙，以代替豕韦的后代。有一条雌龙死了，刘累悄悄地把它做成肉酱给夏后吃。夏后吃后，又派人向刘累要。刘累害怕了就迁居到鲁县，范氏就是他的后代。"

献子曰："今何故无之？"对曰："夫物，物有其官，官修其方，朝夕思之①。一日失职，则死及之②。失官不食③。官宿其业，其物乃至④。若泯弃之，物乃坻伏，郁湮不育⑤。故有五行之官，是谓五官，实列受氏姓⑥，封为上公⑦，祀为贵神⑧。社稷五祀，是尊是奉⑨。木正曰句芒⑩，火正曰祝融，金正曰蓐收，水正曰玄冥，土正曰后土。龙，水物也⑪。水官弃矣，故龙不生得⑫。不然，《周易》有之：在《乾》䷀之《姤》䷫⑬，曰：'潜龙勿用⑭。'其《同人》䷌曰⑮：'见龙在田⑯。'其《大有》䷍曰⑰：'飞龙在天⑱。'其《夬》䷪曰⑲：'亢龙有悔^⑳。'其《坤》☷曰^㉑：'见群龙无首，吉^㉒。'《坤》之《剥》☶曰^㉓：'龙战于野^㉔。'若不朝夕见，谁能物之^㉕？"

【注释】

① "夫物"四句：凡事物都有专门的官吏管理，官吏不断完善管理方法，时时为此考虑，形成专门职务。方，方法。

② 一日失职，则死及之：失职便有死罪。

③ 失官不食：失去官职也失去俸禄。

④ 官宿其业，其物乃至：官吏长久从事这一职业，所管的生物才会到来。宿，安。

⑤ "若泯弃之"三句：如果泯灭丢弃其官职，生物自己就会潜伏不出。泯，灭。坻（chí）伏，潜藏不出。郁湮，抑郁不伸展。案以上以物有其官论畜养龙。豢龙、御龙，世不失职，龙就会来到；一旦失职，龙则潜藏。

⑥ 实列受氏姓：一代一代继承姓氏。

⑦ 封为上公：封爵为上公。

⑧ 祀为贵神：祭祀时奉为贵神。

⑨ 社稷五祀，是尊是奉：五官能世修其业，死后配食五行之神，为后人所尊奉。社，地神。稷，谷神。五祀，木、火、金、水、土五官之神。

⑩ 正：官长。句：音 gōu。

⑪ 龙，水物也：龙是生活在水中的生物。

⑫ 水官弃矣，故龙不生得：水官废弃，所以龙不能活捉。

⑬ 在《乾》☰之《姤（gòu）》☴：《乾》卦变为《姤》卦，其初爻由阳变阴。

⑭ 潜龙勿用：引文为《乾》卦初九爻辞，意思是潜伏的龙不被使用。

⑮ 《同人》☲曰：《乾》卦变为《同人》卦，由《乾》卦九二变出。

⑯ 见龙在田：爻辞的意思是，活着的龙在田地里。

⑰ 《大有》☲曰：变为《大有》卦，由《乾》卦九五变出。

⑱飞龙在天:爻辞的意思是,飞舞的龙在天上。

⑲《夬(guài)》䷪曰:变为《夬》卦,由《乾》卦上九变出。

⑳亢龙有悔:爻辞的意思是,伸直身子的龙有所悔恨。

㉑《坤》䷁曰:《乾》卦变为《坤》卦,六爻全由阳变阴。

㉒见群龙无首,吉:爻辞的意思是,群龙出现无首领,吉利。

㉓《坤》之《剥》䷖曰:《坤》卦变为《剥》卦,上爻由阴变阳。

㉔龙战于野:爻辞的意思是,龙在野外战斗。

㉕物之:描述其形。案蔡墨引用《周易》,由《周易》的记载说明有
各种各样的龙,证明龙自古已有,且经常可见,否则不可能如此细
致描述其形。

【译文】

魏献子说:"现在为何没有龙了?"蔡墨回答说:"凡事物,都有管理
的官,官创造出管理的方法,从早到晚都在思考。一旦失职,就要丢掉性
命。丢了官就不能享有俸禄。官员专心从事他的职守,所管之物就会到
来。要是废弃它们,这些生物就会隐伏,抑郁不能生长。所以有管理五
行的官,称为'五官'。他们一代一代继承姓氏,封爵是上公,祭祀时作
为贵神。在社神、稷神和五行之神的祭祀中,对它们尊敬崇奉。木官之
长叫句芒,火官之长叫祝融,金官之长叫蓐收,水官之长叫玄冥,土官之
长叫后土。龙是水中生物。水官废弃了,所以龙不能生擒。如果不是这
样,《周易》就记载:在《乾》卦䷀变为《姤》卦䷫初九爻辞说:'潜伏的龙
不能施展才用。'在《同人》卦䷌九二爻辞说:'巨龙出现在田间。'在《大
有》卦䷍九五爻辞说:'飞舞的龙在天上。'在《夬》卦䷪上九爻辞说:'伸
直身子的龙有所悔恨。'在《坤》卦䷁用九爻辞说:'出现群龙而没首领,
吉利。'《坤》卦变为《剥》卦䷖上六爻辞说:'龙在原野上交战。'不是经
常见到,谁能描摹它们?"

献子曰:"社稷五祀,谁氏之五官也①?"对曰:"少皞氏

有四叔^②，曰重、曰该、曰修、曰熙，实能金、木及水^③。使重为句芒^④，该为蓐收^⑤，修及熙为玄冥^⑥，世不失职，遂济穷桑，此其三祀也^⑦。颛顼氏有子曰犁，为祝融^⑧；共工氏有子曰句龙，为后土^⑨，此其二祀也。后土为社；稷，田正也^⑩。有烈山氏之子曰柱为稷^⑪，自夏以上祀之^⑫。周弃亦为稷，自商以来祀之^⑬。"

【注释】

①社稷五祀，谁氏之五官也：社稷五祀是哪一代帝王的五官？

②四叔：后世子孙四人。

③实能金、木及水：四人管理金、木、水。

④使重为句芒：为木官之长。

⑤该为蓐收：为金官之长。

⑥修及熙为玄冥：为水官之长。

⑦"世不失职"三句：四人帮助穷桑氏成功，所以人们祭祀他们。穷桑，少皞氏的号。

⑧为祝融：为火官之长。

⑨为后土：为土官之长。

⑩田正：田官之长。

⑪烈山氏：传说为神农氏时诸侯，其子叫柱，为五谷神，能种植百谷。

⑫自夏以上祀之：夏朝以前祭祀柱。

⑬弃：后稷，周人始祖。商汤代夏，废柱而以弃代替。

【译文】

魏献子说："社神、稷神的五祀，是哪一代帝王的五官呢？"蔡墨回答说："少皞氏后世子孙有四人，名叫重、该、修、熙，能够掌管金、木和水。派重当句芒，该当蓐收，修和熙当玄冥，世代不失职，于是帮助穷桑登位，这是其中的三种祭祀。颛顼氏有儿子叫犁,做祝融;共工氏有儿子叫句龙,做后土,这是其中的两种祭祀。后土就是社神,稷是管田地的官。有烈山氏的儿子叫柱为稷神,从夏朝以上都祭祀他。周朝的弃也是稷神,从商朝以来都祭祀他。"

【经】冬十月,郓溃^①。

【注释】

①郓溃:鲁昭公使民筑郓邑外城而溃。郓,《公羊传》作"运"。

【译文】

冬十月,郓邑民众反叛鲁昭公。

【公羊传】邑不言溃^①,此其言溃何?郓之也^②。曷为郓之?君存焉尔。

【注释】

①邑不言溃:案《春秋》之例,国言溃,邑言叛。

②郓(fú)之也:郓,外城,古代城郭外围的大城。郓之,即国之。因鲁昭公居于运,故将运邑视为一国。又案《春秋》之例,国溃,则国君当绝,此处书"运溃",表明鲁昭公当被诛绝。

【译文】

城邑不言溃散,此处说运邑溃散是为何?是将运邑视为一国。为何将其视为一国?因为国君在里面。

【穀梁传】溃之为言上下不相得也。上下不相得则恶矣,亦讥公也。昭公出奔,民如释重负。

【译文】

"溃"的意思是说国君和百姓心意不相投合。国君和百姓心意不相投合就令人厌恶,也是在讽刺鲁昭公。鲁昭公出逃,百姓好像放下了沉重的负担。

*【左传】冬,晋赵鞅、荀寅帅师城汝滨①,遂赋晋国一鼓铁,以铸刑鼎②,著范宣子所为刑书焉③。仲尼曰:"晋其亡乎④!失其度矣⑤。夫晋国将守唐叔之所受法度,以经纬其民⑥,卿大夫以序守之⑦,民是以能尊其贵,贵是以能守其业⑧。贵贱不愆⑨,所谓度也。文公是以作执秩之官,为被庐之法,以为盟主⑩。今弃是度也,而为刑鼎,民在鼎矣,何以尊贵⑪?贵何业之守⑫?贵贱无序,何以为国?且夫宣子之刑,夷之蒐也,晋国之乱制也,若之何以为法⑬?"蔡史墨曰:"范氏、中行氏其亡乎!中行寅为下卿,而干上令⑭,擅作刑器,以为国法,是法奸也⑮。又加范氏焉,易之,亡也⑯。其及赵氏,赵孟与焉⑰。然不得已,若德,可以免⑱。"

【注释】

①赵鞅:赵武之孙。荀寅:荀吴之子。汝滨:汝水之滨,晋国所占取的陆浑之地。

②遂赋晋国一鼓铁,以铸刑鼎:征收铁器用以铸造刑鼎。赋,征收。鼓,容量单位与器皿,一鼓十二斛四百八十斤。

③著范宣子所为刑书焉:铸刑鼎,将范宣子在晋平公时制定的刑书铸在鼎上,公之于世。范宣子,士匄(gài),仕于晋悼公、平公时期,晋平公时任中军将执政。

④晋其亡乎:孔子认为铸刑鼎是晋国将亡的征兆。

⑤失其度矣：如此是丧失了法度。

⑥夫晋国将守唐叔之所受法度，以经纬其民：晋国始封君唐叔受封时遵行西周的制度。经纬，纳入常法，作为准则。

⑦序：位次，等级。

⑧民是以能尊其贵，贵是以能守其业：人民因此能尊重贵族，贵族因此能守住家业。

⑨贵贱不愆：贵贱不错乱。

⑩"文公是以作执秩之官"三句：晋文公坚持唐叔传统，才成为盟主。作执秩之官，设立管理爵禄位次的官。为被庐之法，僖公二十七年晋文公蒐被庐，修唐叔之法。

⑪民在鼎矣，何以尊贵：民察鼎而知刑法，大家只关心鼎上的法律条文，便不会再尊重贵族。在，审察。

⑫贵何业之守：贵族便不能守其家业。

⑬"且夫宣子之刑"四句：文公六年，赵盾执政，在夷地阅兵而制定成文法律，孔子认为它不合旧制。夷之蒐，事在文公六年。乱制，乱法。

⑭干：违反。

⑮法奸：法律的罪人。

⑯"又加范氏焉"三句：范宣子刑书本已废弃，现在改变传统法律而恢复范宣子刑书，必亡。

⑰其及赵氏，赵孟与焉：赵孟参与其事，必受牵连。赵孟，赵鞅。

⑱"然不得已"三句：指赵孟参加铸刑鼎为不得已，如能修养德行，可免于祸。案蔡史墨同样抨击铸刑鼎。

【译文】

冬，晋国赵鞅、荀寅领兵在汝水边筑城，就向晋国征收了四百八十斤铁，用来铸造刑鼎，铸上范宣子所制定的刑法。孔子说："晋国将要灭亡的吧！它失掉了自己的法度了。晋国应该遵守唐叔所传下来的法度，作为治理百姓的准则,卿大夫按照他们的位次来维护它,人民因此能尊重贵人,贵人因此能保守他们的家业。贵贱不错乱,就是所谓法度。文公因此设立执掌官职位次的官,在被庐制定法规,成为盟主。现在废弃这个法度,而铸造刑鼎,百姓都能知道鼎上的条文,还用得着尊重贵人吗?贵人还有什么家业可以保守?贵贱没有了次序,还怎么治理国家?并且范宣子的刑法,是在夷地阅兵时制定的,是晋国的乱法,怎么能把它奉为法规呢?"蔡史墨说:"范氏、中行氏大概要灭亡了吧!中行寅是下卿,却违反上峰的命令,擅自铸造刑鼎,作为国家的法律,这是法令的罪人。又加上本已废弃的范宣子的刑书,改变传统的法律,这就要灭亡了。恐怕还要牵连到赵氏,因为赵孟参与了。不过他是不得已的,要是修养德行,还可以免于祸患。"

三十年

【经】三十年春王正月,公在乾侯①。

【注释】

①三十年春王正月,公在乾侯:三十年,鲁昭公三十年当周敬王八年,前512年。案礼制,正月是一年周而复始之月,臣子喜其君父与岁月相终始,故执贽见之,此为"正月存君"之礼。此处鲁昭公失国,臣子不能执贽见之,故书"公在乾侯"以存之,表明当"忧纳公"。

【译文】

鲁昭公三十年春周历正月,昭公在乾侯。

【左传】三十年春王正月,公在乾侯。不先书郓与乾侯,非公,且征过也①。

【注释】

①"不先书郓与乾侯"三句:经文记载鲁昭公在外,以前都是写"公
　　如""至自""次于"。经文作者认为,郓人叛鲁昭公,齐、晋不接
　　纳鲁昭公,鲁昭公流亡国外,毫无立锥之地,又不能听取子家羁的
　　忠言,这些都是鲁昭公的过错。记载"公在乾侯",是为了表明鲁
　　昭公错误之所在。征,表明。

【译文】

鲁昭公三十年春周历正月,昭公在乾侯。《春秋》以往不记载昭公在
郓或在乾侯,而现在记载,是认为昭公不对,而且指出他的错误。

【穀梁传】中国不存公①,存公②,故也。

【注释】

①中国:国中,指鲁国。

②存公:指记载鲁昭公所在,亦有怜悯鲁昭公之意。如果鲁昭公在
　　国内,则不会这样记载,这样记载了,表明有变故。

【译文】

鲁国容不下鲁昭公,记载鲁昭公的所在,表明是有变故。

【经】夏六月庚辰①,晋侯去疾卒②。秋八月,葬晋顷公。

【注释】

①庚辰:二十二日。

②晋侯去疾:即晋顷公,姓姬,名去疾,侯爵,谥顷。

【译文】

夏六月二十二日,晋顷公去疾去世。秋八月,安葬晋顷公。

　　【左传】夏六月,晋顷公卒。秋八月,葬。郑游吉吊,且送葬。魏献子使士景伯诘之①,曰:"悼公之丧,子西吊,子蟜送葬②。今吾子无贰,何故③?"对曰:"诸侯所以归晋君,礼也④。礼也者,小事大,大字小之谓⑤。事大在共其时命⑥,字小在恤其所无⑦。以敝邑居大国之间,共其职贡⑧,与其备御不虞之患⑨,岂忘共命⑩? 先王之制:诸侯之丧,士吊,大夫送葬;唯嘉好、聘享、三军之事⑪,于是乎使卿。晋之丧事,敝邑之间,先君有所助执绋矣⑫。若其不间,虽士、大夫有所不获数矣⑬。大国之惠,亦庆其加⑭,而不讨其乏⑮,明底其情,取备而已⑯,以为礼也。灵王之丧,我先君简公在楚,我先大夫印段实往——敝邑之少卿也⑰。王吏不讨,恤所无也⑱。今大夫曰:'女盍从旧⑲?'旧有丰有省⑳,不知所从。从其丰,则寡君幼弱㉑,是以不共;从其省,则吉在此矣。唯大夫图之㉒!"晋人不能诘。

【注释】

①诘:质问。

②"悼公之丧"三句:襄公十五年晋悼公去世,郑卿子西吊丧,子蟜送葬。

③今吾子无贰,何故:当时之礼,送葬应重于吊丧,送葬者职位应高于吊丧者,现在游吉一人而兼二职,晋国于是不满。无贰,仅有一人。

④诸侯所以归晋君,礼也:晋国有礼,诸侯才归服。

⑤小事大,大字小之谓:小、大,指各诸侯国。字,抚爱。

⑥事大在共其时命:小国事奉大国,随时供其所求。

⑦字小在恤其所无:大国抚爱小国,体恤小国的困乏。

⑧共其职贡：按时向盟主交纳贡赋。共，通"供"。

⑨与其备御不虞之患：参与其攻伐守备。与，参与。御，抵御。不虞之患，指被攻伐。

⑩共命：共时命，指按时贡献，又应其要求，共同攻战，不致忘吊丧送葬之礼。

⑪嘉好：朝会。聘享：聘问之后一定有享宴，故聘享连文。三军：指战争。

⑫"晋之丧事"三句：这里指郑国在以往安定时，晋君去世，郑国先君曾亲自前往送葬。间，指国家安定无事。助执绋，送葬。绋（fú），挽柩车的大绳。送葬者应执绋而行。

⑬若其不间，虽士、大夫有所不获数矣：如果国内不安定，恐怕连士、大夫也难以派出。

⑭庆其加：庆，善，表扬。加，加礼。指郑国先君曾亲自送葬这种超乎常礼的礼节。

⑮不讨其乏：国内困难礼数不足时不加以责备。

⑯明厎（zhǐ）其情，取备而已：明察小国的忠诚，礼仪只求大体具备。厎，表达。情，忠诚。备，具备。

⑰我先大夫印段实往：周灵王之丧，郑国派印段送葬，见襄公二十九年传。少卿：印段职位在公孙段之下。少卿，下卿。

⑱王吏不讨，恤所无也：周朝并不以印段爵位较低而怪罪。

⑲盍：何不。从旧：依旧制派使者。

⑳丰：指礼数隆重。省：指礼数简约。

㉑则寡君幼弱：郑献公当时年尚幼，即位不足二年，不能亲来。

㉒唯大夫图之：案游吉继子产之后执政，位为上卿，亲来送葬，于礼并不简薄。晋国的责备，是要郑献公亲自前来送葬，游吉对此苛求依理辩驳。

【译文】

夏六月,晋顷公去世。秋八月,下葬。郑国游吉到晋国吊唁,并且送葬。魏献子派士景伯去质问游吉,说:"悼公的丧事,子西来吊唁,子蟜送葬。现在仅有您一人身兼二职,是什么缘故?"游吉回答说:"诸侯所以归服晋国国君,是因为晋国有礼。所谓礼,是说小国事奉大国,大国爱抚小国。事奉大国在于恭敬地按时执行命令,爱抚小国在于体恤小国的困乏。因为敝国处在大国之间,供应该进献的贡品,参加为了应付意外而设的守备,难道会忘记恭敬地执行吊丧送葬的礼节?先王的制度:诸侯的丧事,由士吊唁,大夫送葬;只有朝会、聘问享礼、军事行动,才派卿参加。晋国的丧事,在敝国太平时期,先君曾经亲自来送葬。要是国内不安定,即使是士、大夫也难于派出。大国的恩惠,对超越常礼的礼节进行嘉赏,礼数不周时也不责备敝国,明察敝国的忠诚,只要求大体具备,就认为合于礼了。周灵王的丧事,我国先君简公在楚国,只是我国先大夫印段前往——他是敝国的下卿。天子的官吏并没有加以责备,是因为体恤敝国的困乏。现在大夫却说:'你们为什么不按旧章办?'旧章有隆重有俭省,不知道应该按照哪一种。如果按照隆重的,那么我们国君年纪幼小,因此不能前来;按照俭省的,那么我就在这里了。请大夫考虑吧!"晋国人没法再责问。

【经】冬十有二月,吴灭徐①,徐子章羽奔楚②。

【注释】

①吴灭徐:阖庐弑君自立之后,公子掩馀奔徐,公子烛庸奔锺吾,阖庐命徐执掩馀、锺吾执烛庸,然而二公子逃到了楚国,楚国厚待二公子以与吴为敌,阖庐一怒之下执锺吾国君,灭徐。

②徐子章羽奔楚:徐君章羽逃亡楚国。章羽,《左传》、《公羊传》作"章禹"。

【译文】

冬十二月,吴国灭亡徐国,徐子章羽逃往楚国。

【左传】吴子使徐人执掩馀,使锺吾人执烛庸①,二公子奔楚。楚子大封②,而定其徙③。使监马尹大心逆吴公子④,使居养⑤。莠尹然、左司马沈尹戌城之,取于城父与胡田以与之⑥,将以害吴也⑦。子西谏曰⑧:"吴光新得国,而亲其民,视民如子,辛苦同之,将用之也⑨。若好吴边疆⑩,使柔服焉,犹惧其至⑪。吾又强其仇,以重怒之⑫,无乃不可乎!吴,周之胄裔也,而弃在海滨,不与姬通⑬。今而始大⑭,比于诸华⑮。光又甚文,将自同于先王⑯。不知天将以为虐乎,使翦丧吴国而封大异姓乎⑰?其抑亦将卒以祚吴乎⑱?其终不远矣⑲。我盍姑亿吾鬼神,而宁吾族姓,以待其归⑳,将焉用自播扬焉㉑?"王弗听。

【注释】

①吴子使徐人执掩馀,使锺吾人执烛庸:昭公二十七年,吴国公子光杀吴王僚,掩馀、烛庸逃亡徐、锺吾。

②大封:封给大量田地。

③定其徙:确定其徙居之地。

④监马尹:楚国官名。大心:人名。

⑤养:古地名,在今河南沈丘东。

⑥城父:古地名,即下文的夷,在养城东北。胡:古地名,在今安徽阜阳,在养城东南。

⑦将以害吴也:楚国收留吴国二公子,大封给土地,是想利用二人以抗吴。

⑧子西：楚国公子申。

⑨用之：使用吴国百姓。

⑩若好吴边疆：吴、楚边界结好。

⑪其：指吴国军队。

⑫吾又强其仇，以重怒之：大封吴国二公子，加重吴国的愤恨。

⑬"吴"四句：吴国始祖是周太王之子太伯、仲雍，同为姬姓，多年不
　　与中原姬姓诸侯往来。

⑭而：乃，才。

⑮比：相等同。

⑯光又甚文，将自同于先王：阖庐志向远大。甚文，有知识。先王，
　　指太王、王季。

⑰不知天将以为虐乎，使蕑丧吴国而封大异姓乎：天将助阖庐暴虐，
　　使吴国灭亡而强大邻国。封，大。

⑱其抑亦将卒以祚吴乎：或者天终究要保佑吴国。

⑲其终不远矣：天意如何，不久可知。

⑳"我盍姑亿吾鬼神"三句：意即不要触怒吴国，挑起事端，而应安
　　定自己，静待其变。亿，安。归，归宿。

㉑将焉用自播扬焉：不必自己发动，疲劳自己。播扬，发动，劳动。

【译文】

　　吴王让徐国人逮捕掩馀，让钟吾人逮捕烛庸，二位公子逃到楚国。楚昭王赐给他们大片田地，帮助他们迁移安居。派监马尹大心迎接吴国公子，让他们住在养。派莠尹然、左司马沈尹戌在那里筑城，把城父和胡地的田地给他们，想用来危害吴国。子西劝谏说："吴王光刚刚即位为君，而亲近他的人民，视民如子，与百姓同辛共苦，是打算利用他们。要是和吴国边境交好，让他们温柔顺服，还担心吴军会来侵犯。我们如果再使他们的仇家强大，而加重其愤怒，恐怕不可以吧！吴国是周人的后裔，被摒弃在海滨，不与中原姬姓各国通好。现在才开始壮大，可以和中

原各国相比。吴王光又很有知识,准备使自己和先王等同。不知道是上天将要使他暴虐,让吴国灭亡而使异姓国家扩大疆土呢? 还是终究要保佑吴国? 它的结果不会太远了。我们何不姑且安定我们的鬼神,抚育我们的百姓,等待结果的到来,哪里用得着劳累自己呢?"楚昭王不肯听从。

吴子怒。冬十二月,吴子执锺吾子,遂伐徐,防山以水之[1]。己卯[2],灭徐。徐子章禹断其发[3],携其夫人,以逆吴子。吴子唁而送之,使其迩臣从之[4],遂奔楚。楚沈尹戌帅师救徐,弗及。遂城夷[5],使徐子处之。

【注释】

①防山以水之:堵住山上的水来淹徐国。防,堤岸,这里用作动词。案这是利用堤岸以水攻城的最早记录。

②己卯:二十三日。

③章禹:即经文的章羽。断其发:据传吴国人断发文身。徐君断其发,表示从其俗为吴民,即向吴国投降。

④迩臣:近臣。

⑤夷:即城父。

【译文】

吴王发怒。冬十二月,吴王逮捕锺吾国君,并讨伐徐国,筑堤堵住山上的水灌进城里。二十三日,灭亡徐国。徐子章禹截断头发,带着夫人,迎接吴王。吴王加以慰问后送走了他,让他的近臣跟从他,徐子于是逃往楚国。楚国沈尹戌率兵救援徐国,没有来得及。于是在夷地筑城,让徐子住在那里。

*【左传】吴子问于伍员曰:"初而言伐楚[1],余知其可

也,而恐其使余往也,又恶人之有余之功也^②。今余将自有之矣^③,伐楚何如?”对曰:“楚执政众而乖,莫适任患^④。若为三师以肄焉^⑤,一师至,彼必皆出^⑥。彼出则归,彼归则出,楚必道敝^⑦。亟肄以罢之,多方以误之^⑧。既罢而后以三军继之,必大克之^⑨。”阖庐从之,楚于是乎始病^⑩。

【注释】

①初而言伐楚:昭公二十年,楚杀伍员之父兄,伍员逃至吴时曾建言伐楚。而,你。

②又恶人之有余之功:又厌恶功劳为他人所有。人,指吴王僚。

③今余将自有之矣:现在伐楚功劳为自己所有。

④楚执政众而乖,莫适(dí)任患:楚昭王尚年幼,执政者众多而不和,无人敢承担责任。乖,互相违离。适,做主。

⑤肄(sì):突袭。这里指突然袭击而又退却,使楚军劳苦疲惫。

⑥彼必皆出:楚军必全都出来迎战。

⑦道敝:因奔走于道路而疲惫。

⑧亟(qì)肄以罢之,多方以误之:多次出兵骚扰使楚疲敝,用多种方法使楚军失误。亟,屡次。罢,疲惫。

⑨既罢而后以三军继之,必大克之:待楚军疲惫再集中力量打歼灭战。这是伍员教阖庐败楚的长期战略方针。

⑩楚于是乎始病:楚国从此疲惫不堪。

【译文】

吴王阖庐向伍员询问道:“起初你进言攻打楚国,我知道是可行的,但怕派我前去,又不愿意他人占了我的功劳。现在我将自己享有这份功劳了,攻打楚国怎么样?”伍员回答说:“楚国执政的人很多而互相不和,没人肯承担责任。如果组织三支军队去骚扰他们,一支军队前去,他们必然全军出动。他们出兵我们就退回,他们收兵我们再出动,楚军必然疲于奔命。多次骚扰使他们疲劳,用各种办法使他们失误。他们疲乏以后再派三军一起进攻,一定能大获全胜。"吴王阖庐听从了,楚国从此开始陷于困顿疲乏。

三十一年

【经】三十有一年春王正月①,公在乾侯。

【注释】

①三十有一年:鲁昭公三十一年当周敬王九年,前511年。

【译文】

鲁昭公三十一年春周历正月,昭公在乾侯。

【左传】三十一年春王正月,公在乾侯,言不能外内也①。

【注释】

①不能外内也:鲁昭公内不容于臣子,外不容于齐国、晋国。

【译文】

鲁昭公三十一年春周历正月,鲁昭公在乾侯,这是说他既不见容于国外,又不见容于国内。

【经】季孙意如会晋荀跞于適历①。

【注释】

①季孙意如会晋荀跞于適历:晋国新君即位,欲出兵送昭公回鲁,晋大夫士鞅献策说可先召季孙意如来晋,若意如不来,则有出兵的

借口了。又私下告诉意如不要拒绝召见。实际是阻碍了出兵。
于是季孙意如到晋国去商议迎回鲁昭公之事。季孙意如,《公羊
传》作"季孙隐如"。荀跞,晋国大夫。《公羊传》《穀梁传》作"荀
栎"。適历:晋地名,今地不详。何休云:"时晋侯使荀栎责季氏
不纳昭公,为此会也。季氏负捶谢过,欲纳昭公。昭公创恶季氏,
不敢入。"

【译文】

季孙意如与晋国荀跞在適历相会。

【左传】晋侯将以师纳公①。范献子曰:"若召季孙而不
来,则信不臣矣②,然后伐之,若何③?"晋人召季孙,献子使
私焉④,曰:"子必来,我受其无咎⑤。"季孙意如会晋荀跞于
適历。荀跞曰:"寡君使跞谓吾子:'何故出君? 有君不事,
周有常刑⑥。子其图之!'"季孙练冠、麻衣、跣行⑦,伏而对
曰:"事君,臣之所不得也,敢逃刑命⑧? 君若以臣为有罪,
请囚于费,以待君之察也,亦唯君⑨。若以先臣之故,不绝季
氏,而赐之死⑩。若弗杀弗亡,君之惠也,死且不朽。若得从
君而归,则固臣之愿也,敢有异心⑪?"

【注释】

①晋侯将以师纳公:晋定公新即位,打算用武力送鲁昭公回国。

②信不臣:确实不守为臣之道。

③然后伐之,若何:范献子曾受季孙贿赂,所以建议先召季孙,不来
　再动武力。

④献子使私焉:范献子私下给季孙先报信。

⑤我受其无咎:保季孙无事。

⑥有君不事,周有常刑:意思是将以周朝刑法处置季孙。

⑦季孙练冠、麻衣、跣(xiǎn)行:季平子如此打扮,表示自己服罪。
练冠,服丧时所戴白布帽子。麻衣,麻布衣。跣行,赤脚而行。

⑧"事君"三句:自己一心事君,不敢逃脱罪责。

⑨"君若以臣为有罪"四句:请囚禁于费地,留待鲁昭公查问。

⑩"若以先臣之故"三句:希望不绝季氏之后,请允许立继承人之后
再被处死。

⑪"若得从君而归"三句:意思是鲁昭公如果愿意返国,自己愿跟随
同归,不敢有二心。季平子这一番话仍然声明自己本无逐君的
意图。

【译文】

晋定公打算派军队送鲁昭公回国。范献子说:"如果召见季平子而
他不来,那就可以证实他不守臣道了,然后讨伐他,怎么样?"晋国召见
季孙,范献子私下派人见季平子,说:"你一定要来,我担保你没事。"季
孙意如与晋国荀跞在适历相会。荀跞说:"我们国君派我对您说:'为何
赶走国君?有国君却不事奉,周朝有明确的刑罚。您好好想想吧!'"季
平子戴练冠、穿麻衣、赤脚走路,俯伏在地回答说:"事奉国君,是臣下求
之不得的,哪敢逃避刑罚?国君要是认为下臣有罪,请求把臣囚禁在费,
等待国君的调查,也唯君命是从。如果因为先臣的缘故,不灭绝季氏,而
赐臣一死。如果不杀也不放逐臣,是国君的恩惠,臣死也将不朽。要是
能跟从国君回国,那么这本来就是下臣的心愿,哪敢有别的念头?"

【经】夏四月丁巳①,薛伯穀卒②。

【注释】

①丁巳:初三。

②薛伯穀:即薛献公,姓任,名穀,伯爵,谥献。

【译文】

夏四月初三,薛献公毂去世。

【左传】薛伯毂卒,同盟,故书。

【译文】

薛献公毂去世,因为是同盟国,所以载入《春秋》。

【经】晋侯使荀跞唁公于乾侯^①。

【注释】

①晋侯使荀跞唁公于乾侯:晋侯,晋定公姬午。唁公,慰问鲁昭公。荀跞是去劝说鲁昭公回国的。鲁昭公意欲回国,却要求晋国先驱逐季孙意如,遂未成行。后来子家子又为鲁昭公献回国之计,却又为随从鲁昭公之众人阻挠,亦未能回国。荀跞,《公羊传》《穀梁传》作"荀栎"。

【译文】

晋定公派荀跞到乾侯慰问昭公。

【左传】夏四月,季孙从知伯如乾侯^①。子家子曰:"君与之归。一惭之不忍,而终身惭乎^②?"公曰:"诺。"众曰:"在一言矣,君必逐之^③!"荀跞以晋侯之命唁公,且曰:"寡君使跞以君命讨于意如,意如不敢逃死,君其入也^④!"公曰:"君惠顾先君之好,施及亡人^⑤,将使归粪除宗祧以事君^⑥,则不能见夫人^⑦。己所能见夫人者,有如河^⑧!"荀跞掩耳而走^⑨,曰:"寡君其罪之恐,敢与知鲁国之难^⑩!臣请复于寡君^⑪。"退而谓季孙:"君怒未息^⑫,子姑归祭^⑬。"子家子曰:"君以一乘入于鲁师^⑭,季孙必与君归。"公欲从之。众从者胁公,不得归^⑮。

【注释】

①季孙从知伯如乾侯:准备迎接鲁昭公返回鲁国。知伯,荀跞。

②一惭之不忍,而终身惭乎:子家羁劝鲁昭公返回鲁国,忍此一惭,可免终身不归之惭。惭,耻辱。

③在一言矣,君必逐之:鲁昭公随从不同意回去,并且认为只要鲁昭公说一句话,就可使晋国驱逐季孙。

④"寡君使跞以君命讨于意如"三句:指晋君已责备季孙,季孙不敢有异议,鲁昭公可返鲁。

⑤施(yì)及:延续。亡人:鲁昭公自称。

⑥粪除宗祧:扫除宗庙。

⑦则不能见夫人:不愿见到季平子。夫人,指季平子。

⑧己所能见夫人者,有如河:指河为誓决不见季平子。所,如果。

⑨荀跞掩耳而走:掩耳表示不听鲁昭公所说的话。

⑩寡君其罪之恐,敢与知鲁国之难:意思是晋君只怕负不送鲁昭公回国的责任,现在你们内部有矛盾,就不敢过问了。

⑪臣请复于寡君:荀跞本来就袒护季平子,劝鲁昭公归鲁本来就不是真心,现在鲁昭公如此态度,便要以鲁昭公不肯归鲁报告晋君。

⑫未息:未平息。

⑬归祭:国君主祭祀,这就是让季平子回去,仍代行君事。

⑭君以一乘入于鲁师:自己单车进入季平子军队,以摆脱随从的阻拦。

⑮众从者胁公,不得归:众随从威胁鲁昭公,鲁昭公最终不能归鲁。

【译文】

夏四月,季平子随从荀跞前往乾侯。子家羁说:"国君和他一起回国吧。一时的羞耻不能忍受，难道将忍受终身的羞耻吗？"鲁昭公说："好吧。"众随从说："就在国君的一句话了，国君一定要驱逐季孙！"荀跞以晋定公的名义慰问鲁昭公，并且说："我们国君派下臣以国君的名义声讨季孙意如，季孙意如不敢逃避死罪，请国君还是回国吧！"鲁昭公说："国君施恩顾及先君的友好关系，并延续到我这流亡之人，准备让我回国扫除宗庙以奉事国君，那就不能让我看见那个人。我要是还见那个人，有河神为我作证！"荀跞捂住耳朵跑开，说："我们国君唯恐获罪，岂敢与闻鲁国的祸难！臣请求去回复我们国君。"退出后对季平子说："国君的怒气还没有消解，您暂且回国去主持国政吧。"子家羁说："国君驾一辆车进入鲁军，季平子一定会和国君一起回去。"鲁昭公想要听从。众随从胁迫鲁昭公，结果没能回去。

【穀梁传】唁公不得入于鲁也，曰："既为君言之矣，不可者意如也。"

【译文】

慰问鲁昭公不能够进入鲁国，说："已经为您说过话了，不同意让您回国的是季孙意如。"

△【经】秋，葬薛献公。

【译文】

秋，安葬薛献公。

*【左传】秋，吴人侵楚，伐夷①，侵潜、六②。楚沈尹戌帅师救潜，吴师还③。楚师迁潜于南冈而还④。吴师围弦⑤。

左司马戌、右司马稽帅师救弦,及豫章,吴师还。始用子胥之谋也⑥。

【注释】

①夷:上年楚将徐子安置在夷。

②潜:古地名,在今安徽霍山南。六:古地名,在今安徽六安。

③楚沈尹戌帅师救潜,吴师还:即用伍员"彼出则归"之计。

④南冈:在今安徽霍山北,距沈较近。

⑤弦:古地名,在今河南息县南。

⑥始用子胥之谋也:吴军采用伍员"三师以肄"之计,使楚国军队疲于奔命。子胥,即伍员。

【译文】

秋,吴国入侵楚国,攻打夷地,侵袭潜地、六地。楚国沈尹戌领兵救援潜地,吴军退回。楚军把潜地人迁移到南冈后回师。吴军包围弦地。楚左司马戌、右司马稽带领军队救援弦地,到达豫章,吴军又退了回去。这是开始使用伍员的计谋。

【经】冬,黑肱以滥来奔①。

【注释】

①黑肱以滥来奔:黑肱逃奔鲁国,献滥地。黑肱,邾国大夫。《公羊传》作"黑弓"。滥,邾国之地,在今山东滕州东南。

【译文】

冬,黑肱带着滥地来投奔鲁国。

【左传】冬,邾黑肱以滥来奔。贱而书名,重地故也①。

君子曰:"名之不可不慎也如是:夫有所有名而不如其已②。以地叛,虽贱,必书地,以名其人,终为不义,弗可灭已③。是故君子动则思礼,行则思义④;不为利回⑤,不为义疚⑥。或求名而不得,或欲盖而名章,惩不义也⑦。齐豹为卫司寇,守嗣大夫⑧,作而不义,其书为'盗'⑨。邾庶其、莒牟夷、邾黑肱以土地出⑩,求食而已,不求其名。贱而必书⑪。此二物者,所以惩肆而去贪也⑫。若艰难其身,以险危大人,而有名章彻,攻难之士将奔走之⑬。若窃邑叛君以徼大利而无名⑭,贪冒之民将置力焉⑮。是以《春秋》书齐豹曰'盗',三叛人名,以惩不义,数恶无礼⑯,其善志也。故曰:《春秋》之称微而显⑰,婉而辨⑱。上之人能使昭明⑲,善人劝焉,淫人惧焉,是以君子贵之⑳。"

【注释】

①贱而书名,重地故也:黑肱带着滥地逃亡来鲁国,由于重视土地的缘故,虽然黑肱地位低贱,但经文也记载其人名地名,使他永远难脱叛国的罪名。

②夫有所有名而不如其已:有时有名还不如无名。

③"以地叛"几句:带着土地叛逃,必记其地名人名,使其不义之举永远被记载,无法消除。名,书写其名。

④是故君子动则思礼,行则思义:意谓君子行动都应合乎礼义。

⑤不为利回:不为求利而违背礼义。回,违背。

⑥不为义疚:不因为违义而内疚。

⑦"或求名而不得"三句:有的人贪求名,有的人想掩盖其名,都是不义的行为。贪求名者却不能留名,掩盖其名者却被记载下来,

这就是对他们的惩罚。

⑧守嗣大夫：世袭卿大夫。

⑨作而不义，其书为"盗"：昭公二十年，齐豹杀卫君兄絷，经文书之为"盗"。

⑩庶其：襄公二十一年，邾庶其以漆、闾丘奔鲁。牟夷：昭公五年，莒牟夷以牟娄、防、兹奔鲁。

⑪"求食而已"三句：以上三人是小国大夫，地位低贱。三人只求利而不愿有名，经文却特书其名，使人们警惕。

⑫此二物者，所以惩肆而去贪也：卫国齐豹是放肆，庶其等三人是贪。二物，二事。指记齐豹与记庶其等三人这两件事。肆，放肆。

⑬"若艰难其身"四句：对于那些经历艰难困苦而危害上级的人，如果让其名声显扬，则有意作难的人将更加肆无忌惮。险，危。大人，指在上位者。章、彻，同义词，显扬。攻难，作难。

⑭徼（yāo）：追求。无名：不记载其名。

⑮贪冒之民将置力焉：像庶其、牟夷、黑肱那样的人，如果不记下他的名字，则窃地叛国以求利的人便会争相仿效，拼命去干。贪冒，贪婪。置，同"致"。

⑯数：斥责。

⑰称：叙述史事。

⑱婉而辨：婉转而含义有别。

⑲上之人：指在位者。昭明：使《春秋》之义明显。

⑳是以君子贵之：案以上君子之言，在于阐述经文的微言大义。

【译文】

冬，邾国黑肱带着滥地来投奔鲁国。他地位低下却记下名字，是由于看重土地的缘故。君子说："名不可以不慎重就如这样：有时有名还不如无名。带上土地叛变，即便地位低下，也一定记载地名，以此来记下带地来的那个人的名，到底是不义，无法消除。因此君子凡有行动就想到礼，办事就想到义；不因为利而背礼，不做不合于义而使自己内疚的事。有人想求名而得不到，有人想掩盖却使名字更章显，这是对不义的惩罚。齐豹任卫国司寇，是世袭大夫，做事不义，被记载为'盗'。邾国庶其、莒国牟夷、邾国黑肱带着土地出逃，不过是要谋求生存罢了，并不想求名，结果虽然地位低贱却被记下名字。这两件事，就是用来惩罚放肆而去除贪婪的。对于那些处心积虑不惜身历艰难而危害上级的人，如果让其名声显扬，则有意作难的人将会趋之若鹜。要是窃取城邑背叛国君以追求大利却没被记下名字，贪婪的人就会卖力去做。所以《春秋》记载齐豹为'盗'，记下那三个背叛者的名字，用以惩罚不义，斥责无礼，这真是善于记述啊。所以说：《春秋》的记载隐微但意义显著，委婉却区别明晰。在上者能使《春秋》大义得到发扬，就使善人得到鼓励，恶人产生畏惧，因此君子重视《春秋》。"

【公羊传】文何以无邾娄①？通滥也②。曷为通滥？贤者子孙，宜有地也。贤者孰谓？谓叔术也。何贤乎叔术？让国也。其让国奈何？当邾娄颜之时，邾娄女有为鲁夫人者，则未知其为武公与，懿公与③？孝公幼④，颜淫九公子于宫中，因以纳贼⑤。则未知其为鲁公子与，邾娄公子与？臧氏之母，养公者也⑥。君幼，则宜有养者；大夫之妾、士之妻，则未知臧氏之母者，曷为者也。养公者，必以其子入养⑦。臧氏之母闻有贼，以其子易公，抱公以逃。贼至，凑公寝而弑之。臣有鲍广父与梁买子者，闻有贼，趋而至。臧氏之母曰："公不死也，在是。吾以吾子易公矣。"于是负孝公之周，诉天子，天子为之诛颜，而立叔术，反孝公于鲁。颜夫人者，妪盈女也，国色也，其言曰："有能为我杀杀颜者，吾为其妻。"叔术为之杀杀颜者,而以为妻,有子焉,谓之盱。夏父者⑧,其所为有于颜者也。盱幼而皆爱之,食必坐二子于其侧而食之,有珍怪之食,盱必先取足焉。夏父曰:"以来,人未足,而盱有余⑨。"叔术觉焉⑩,曰:"嘻。此诚尔国也。"夫起而致国于夏父。夏父受而中分之,叔术曰:"不可。"三分之,叔术曰:"不可。"四分之,叔术曰:"不可。"五分之,然后受之。公扈子者,邾娄之父兄也⑪,习乎邾娄之故,其言曰:"恶有言人之国贤若此者乎⑫?诛颜之时天子死,叔术起而致国于夏父。当此之时,邾娄人常被兵于周,曰:何故死吾天子⑬?"通滥,则文何以无邾娄?天下未有滥也⑭。天下未有滥,则其言以滥来奔何?叔术者,贤大夫也,绝之,则为叔术不欲绝;不绝,则世大夫也⑮。大夫之义不得世,故于是推而通之也⑯。

【注释】

①文何以无邾娄:文,指《春秋》之文辞。《公羊传》由历代经师口耳相授,在口传中,此条经文为"黑弓以滥来奔",然文辞中无"邾娄"二字,故而发问。

②通滥也:通滥为国,即将滥视为一个国家,不系属于邾娄国,故文辞中无"邾娄"二字。

③则未知其为武公与,懿公与:武公,鲁武公,名敖。懿公,鲁懿公,名戏,为武公之子。邾娄颜公有女,嫁于鲁国,不知嫁于鲁武公,还是鲁懿公。

④孝公:鲁孝公,名称,为鲁懿公之弟。

⑤因以纳贼:贼,欲弑杀鲁孝公之贼。据《史记·鲁世家》记载,鲁

懿公兄子伯御,图谋篡位,弑杀了鲁懿公。《列女传》记载,伯御又欲杀公子称(鲁孝公),则此处之贼人,或是伯御。然《公羊传》下文云:"则未知其为鲁公子与?邾娄公子与?"则未能确定贼人是鲁国公子,还是邾娄公子。因此处《公羊传》主要是强调邾娄颜公之罪行,故略于鲁国之事。

⑥公:指鲁孝公。

⑦必以其子入养:何休云:"不离人母子,因以娱公也。"

⑧夏父:妪盈女与邾娄颜公之子。上文之盱为妪盈女与叔术之子。

⑨"以来"三句:何休云:"以来,犹曰以彼物来置我前。人,夏父自
　谓也。"

⑩叔术觉焉:叔术觉察到,小时争食,大必争国,故有让国于夏父之事。

⑪公扈子者,邾娄之父兄也:公扈子,孔子作《春秋》时邾娄国君父
　兄辈的人,熟悉邾娄国的掌故。

⑫恶有言人之国贤若此者乎:贤,指贤者叔术。若此,指上文所言妻
　嫂感儿争食而让国之事。公扈子认为,贤者哪有妻嫂之事,上文
　纯属无稽之谈。

⑬何故死吾天子:即违背天子生时之命,是"死蓄吾天子"。邾娄国
　之史实,是天子杀了邾娄颜公,而立叔术为君。叔术本欲让国于
　夏父,奈何杀颜公的天子(周宣王)还在,等到周宣王驾崩,方让
　国于夏父。然此举违背了周宣王生时之命,故邾娄国经常被周讨
　伐。值得注意的是,颜公被诛绝,"诛君之子不立",而夏父不能享
　国,之所以贤叔术者,刘逢禄云:"致国夏父,虽以家事干王事,而
　意合于让,夫子追进之,以救末世不让之祸。"

⑭天下未有滥也:《春秋》通滥邑为国,天下实无滥国。

⑮"绝之"四句:此是解释经文书"黑弓以滥来奔"且口系"邾娄"
　的原因。绝之,即不口系"邾娄"而书"滥黑弓来奔",则使滥邑真
　的成为一个国家,而与邾娄国决绝,这是叔术不愿看到的。不绝,

即口系"邾娄"而书"滥黑弓来奔"，则"（邾娄）滥黑弓"这种表达方式，表示黑弓是邾娄国世袭的大夫，故以封邑为氏，这与《春秋》"讥世卿"的精神违背，亦不可。

⑯推而通之：即推大夫以邑来奔之文，而通滥为国，以此为叔术避讳。案此处史实，是黑弓窃邑叛国，本当书"邾娄黑弓以滥来奔"，《春秋》为叔术避讳，在书法上，通滥为国，书"黑弓以滥来奔"，又考虑到天下实无滥国，叔术又不欲绝于邾娄国，故口系"邾娄"。

【译文】

文辞中为何没有"邾娄"二字而口传中有？是将滥邑通为一个国家。为何通滥为国？因为贤者的子孙，宜有封地。贤者指的是谁？指的是叔术。叔术有何贤德？有让国之贤。他让国是怎么回事？在邾娄颜公的时代，邾娄女有嫁为鲁国夫人的，不知是嫁于鲁武公？还是嫁于鲁懿公？鲁孝公年幼，颜公在鲁国宫内与九位公主淫乱，因而招致了弑君的贼人。不知贼人是鲁国的公子？还是邾娄国的公子？臧氏之母，是抚养鲁孝公之人。案礼制国君年幼，宜有抚养之人，选用大夫的妾，或是士的妻子，那么不知道臧氏之母，是什么身份。抚养国君之人，一定要携带自己的儿子进宫一起抚养。臧氏之母听闻有贼人，用自己的儿子替换了鲁孝公，抱着鲁孝公逃走。贼人到了，凑近鲁孝公的寝室，弑杀了那孩子。鲁国大臣中有鲍广父与梁买子二人，听闻有贼，疾走而至。臧氏之母说："公没有死，在这里。我用我的儿子替代了公。"于是二人背负着鲁孝公去周天子处控诉。天子为他们诛杀了邾娄颜公，另立叔术为国君，又将鲁孝公送回鲁国。邾娄颜公的夫人，是妪盈的女儿，有国色，她声称："有能为我杀掉害死颜公的鲍广父、梁买子，我就嫁给他。"叔术为她杀了害死颜公的这二人，从而以她为妻，生了个儿子，名叫盱。夏父，是妪盈女与颜公所生的儿子。盱年幼，叔术与妪盈女都很疼爱他，吃饭时必定让两个孩子坐在身旁，照顾他们的饮食。有什么珍贵新奇的食物，盱必定先取足吃够。夏父说："把食物拿过来，人家没有吃饱，盱却多有剩余。"叔术有所警觉,说:"哎。这诚然是你的国家。"起来将国家交给夏父。夏父接受后,将国家分出一半,交与叔术,叔术说:"不可以。"分出三分之一,叔术说:"不可以。"分出四分之一,叔术说:"不可以。"分出五分之一,然后叔术接受了。公扈子,是邾娄国君父兄辈的人,熟悉邾娄国的掌故,他说:"哪有这么说一个国家的贤者的?当诛杀颜公的天子去世后,叔术才起来将国家交给夏父。在那时,邾娄国经常遭受周朝军队的攻击,他们问罪道:'为何死蓄我们天子!'"通滥为国,文辞中为何没有"邾娄"二字?因为天下实无滥国。天下实无滥国,那么经言"以滥来奔"是为何?因为叔术是贤大夫,若不口系"邾娄"二字,是将滥邑与邾娄国断绝,那么叔术是不欲如此的;若口系"邾娄"二字,不将滥邑与邾娄国分开,就表明黑弓是滥邑世袭的大夫。大夫的道义,不能世袭,所以推演大夫窃邑出奔之文,而通滥为国。

【穀梁传】其不言邾黑肱,何也?别乎邾也①。其不言滥子②,何也?非天子所封也。来奔,内不言叛也。

【注释】

①别:区别。《穀梁传》认为黑肱封于滥,就相当于邾国之外另立一国了。

②滥子:滥国国君。子为爵位。

【译文】

经文不说邾国的黑肱,为什么呢?为了与邾国区别开来。经文不说"滥子",为什么呢?不是周天子命封的。说"来奔",是对叛逃来鲁国的人不说"叛"。

【经】十有二月辛亥朔,日有食之①。

【注释】

①十有二月辛亥朔,日有食之:这是前511年11月14日之日全食。

【译文】

十二月初一,发生日全食。

【左传】十二月辛亥朔,日有食之①。是夜也,赵简子梦童子裸而转以歌②。旦占诸史墨,曰:"吾梦如是,今而日食,何也③?"对曰:"六年及此月也,吴其入郢乎!终亦弗克④。入郢必以庚辰⑤,日月在辰尾⑥。庚午之日,日始有谪⑦。火胜金,故弗克⑧。"

【注释】

①十二月辛亥朔,日有食之:十二月初一日食。

②裸:赤身露体。转以歌:按歌声节拍跳舞。

③"吾梦如是"三句:怕日食与梦有什么关系,所以问。

④"六年及此月也"三句:六年之后的这个月,吴军进入郢都,但并不能取得最后的胜利。案定公四年十一月(该年闰十月,算上闰月为十二月),吴军入郢。史墨认为日食所示征兆与梦无关,所以只解日食而不解梦。

⑤入郢必以庚辰:必在庚辰日。

⑥日月在辰尾:此时日月行至东方苍龙七宿之尾。

⑦庚午之日,日始有谪(zhé):定公四年庚午,吴败楚于柏举。谪,异常情况。

⑧火胜金,故弗克:庚午之日,太阳有异变,所以楚国有灾。但是火胜金,所以吴国最终不能胜过楚国。案史墨的解释,完全以天象附会人事,《左传》作者只是借以作为后事的伏笔。

【译文】

十二月初一,发生日食。这夜,赵简子梦见小孩子光着身子按歌声的节拍跳舞。天亮后请史墨占梦,说:"我的梦是这样,今天又发生日食,是什么意思?"史墨回答说:"六年以后到这个月,吴国将要进入郢都吧!但最终也没能取胜。攻入郢都一定在庚辰那天,日月在苍龙宿之尾。庚午那一天,太阳开始有灾。不过火胜过金,所以不能取胜。"

三十二年

【经】 三十有二年春王正月①,公在乾侯。

【注释】

①三十有二年:鲁昭公三十二年当周敬王十年,前510年。

【译文】

鲁昭公三十二年春周历正月,昭公在乾侯。

【左传】 三十二年春王正月,公在乾侯,言不能外内,又不能用其人也①。

【注释】

①不能用其人:鲁昭公不能听取子家羁的忠言,不能用其人。其人,指子家羁。

【译文】

鲁昭公三十二年春周历正月,鲁昭公在乾侯,这是说他既不见容于国外,也不见容于国内,又不能用手下的贤人。

【经】取阚①。

【注释】

①取阚（kàn）：鲁昭公派徒众夺取鲁国之阚邑。李廉曰："公旅寄乾侯已久，非有兵力可以得邑。盖季孙以阚与公，而公取之也。"顾栋高曰："阚为鲁先君坟墓所在，季氏逐君而以阚居公，如今日屏远大臣令之守陵相似。盖度昭公年老，又忧瘆将死，使之居阚，以为日后葬埋稍便。"阚，鲁地名，在今山东汶上西南。

【译文】

占领阚地。

【公羊传】阚者何？邾娄之邑也。曷为不系乎邾娄？讳亟也①。

【注释】

①讳亟（jí）也：亟，疾。上文鲁国刚接受了邾娄国的滥邑，此处又夺取阚邑，贪利之心过于急切，故为之避讳。

【译文】

阚邑是什么地方？是邾娄国的城邑。为何不系属于邾娄国？是为鲁国避讳取邑之心过于急切。

【经】夏，吴伐越。

【译文】

夏，吴国进攻越国。

【左传】夏,吴伐越,始用师于越也^①。史墨曰:"不及四十年,越其有吴乎^②!越得岁而吴伐之,必受其凶^③。"

【注释】

①吴伐越,始用师于越也:越,越国。吴国此时正式兴兵伐越,时越王允常在位。家铉翁曰:"吴方抗楚,越议其后,自是吴、楚、越不相为下。"

②不及四十年,越其有吴乎:哀公二十二年,越灭吴,距今三十八年,不足四十年。

③越得岁而吴伐之,必受其凶:这里仍为《左传》作者借史墨附会天象的话以作预言。岁,指岁星。越得岁,指这年岁星行至十二星次中的星纪,星纪为越国的分野。古人认为,岁星所在,其国有福。而吴国先用兵,必受其灾祸,所以越国反而灭吴。

【译文】

夏,吴国进攻越国,这是对越国用兵的开始。史墨说:"不超过四十年,越国将要占有吴国吧!越国正处在岁星所在的方位,而吴国进攻它,必然蒙受岁星所降的灾祸。"

△**【经】**秋七月。

【译文】

秋七月。

【经】冬,仲孙何忌会晋韩不信、齐高张、宋仲几、卫世叔申、郑国参、曹人、莒人、薛人、杞人、小邾人城成周^①。

【注释】

①仲孙何忌会晋韩不信、齐高张、宋仲几、卫世叔申、郑国参、曹人、莒人、薛人、杞人、小邾人城成周：周敬王请筑成周城，晋国会合诸侯修筑成周城墙。仲孙何忌，鲁国大夫，孟氏宗主，称"孟懿子"。世叔申，卫国太叔仪之孙。《穀梁传》作"大叔申"。国参，郑国子产之子。莒人、薛人，《穀梁传》作"莒人、邾人、薛人"，《公羊传》作"莒人、邾娄人、薛人"。杞人，《穀梁传》"杞人"后还有"小邾人"，《公羊传》作"小邾娄人"。湛若水曰："书城成周，著尊王之心犹未忘也。"案《春秋》之例，天子之居称京师，此处称成周者，是将周天子降为列国。

【译文】

冬，仲孙何忌会同晋国韩不信、齐国高张、宋国仲几、卫国世叔申、郑国国参、曹国人、莒国人、薛国人、杞国人、小邾国人筑成周城。

【左传】秋八月，王使富辛与石张如晋①，请城成周②。天子曰："天降祸于周，俾我兄弟并有乱心③，以为伯父忧④。我一二亲昵甥舅不遑启处，于今十年⑤。勤戍五年⑥。余一人无日忘之，闵闵焉如农夫之望岁，惧以待时⑦。伯父若肆大惠⑧，复二文之业⑨，弛周室之忧，徽文、武之福⑩，以固盟主，宣昭令名，则余一人有大愿矣⑪。昔成王合诸侯城成周，以为东都，崇文德焉⑫。今我欲徽福假灵于成王⑬，修成周之城，俾戍人无勤，诸侯用宁，蛮贼远屏⑭，晋之力也。其委诸伯父，使伯父实重图之。俾我一人无征怨于百姓⑮。而伯父有荣施，先王庸之⑯。"

【注释】

①富辛与石张：二人都是周大夫。

②请城成周：王子朝之乱，其余党在王城的仍不少，周敬王为了安全，预防余党再作乱，由王城迁于成周，请晋召集诸侯修筑成周城，使更坚固。王城在今河南洛阳王城公园一带，成周在今河南洛阳东郊外白马寺东。

③我兄弟：指王子朝之党。

④伯父：指晋定公。

⑤我一二亲昵甥舅不遑启处，于今十年：王子朝之乱至今已近十年。甥舅，指甥舅之国。不遑启处，不安居。遑，闲暇，空闲。

⑥勤戍五年：昭公二十七年，晋国召集诸侯戍周，至今也已五年。

⑦"余一人无日忘之"三句：自己不敢忘记诸侯勤王之劳，并且一直提心吊胆过日子。闵闵，忧愁的样子。岁，丰收。时，收割之时。

⑧肆：布施。

⑨二文之业：指晋文侯曾助周平王、晋文公曾助周襄王。

⑩徼（yāo）文、武之福：求文王、武王之福。

⑪宣昭令名，则余一人有大愿矣：希望晋国仍能为保卫周室出力。宣昭，宣扬。

⑫"昔成王合诸侯城成周"三句：周成王时周公筑成周城，尊崇文治之德。

⑬徼福、假灵：二词同义，求福。

⑭"俾（bǐ）戍人无勤"三句：使诸侯之戍可以撤回，坏人远逐，修治文德，周室得以安宁。俾，使。无勤，不再辛劳。蟊（máo）贼，本指吃禾苗的害虫，这里喻指坏人。屏，放逐。

⑮征怨：招怨。

⑯而伯父有荣施，先王庸之：先王将因功而酬谢晋国的功绩。施，功绩。庸，功，这里用作动词。

【译文】

秋八月,周敬王派富辛与石张去晋国,请求修筑成周的城墙。天子说:"上天给周降下祸殃,使我的兄弟都生出乱心,以此成为伯父的忧虑。我几个亲昵的甥舅之国也无暇安居,至今已经十年。诸侯派兵戍守也已五年。我本人没有一天忘掉这事,忧心忡忡如农夫盼望好收成,提心吊胆地等待收割。伯父如能布施大恩,重建文侯、文公的大业,舒缓周室的忧患,向文王、武王求取福佑,以稳固盟主的地位,宣扬美名,这就是我本人最大的愿望了。昔日成王会合诸侯修筑成周城,以作为东都,尊崇文德。现在我想向成王求取福佑威灵,修筑成周城,使戍守的人免于辛劳,诸侯得到安宁,把坏人远远地屏逐,这都是晋国的功劳。谨以此事委托给伯父,请伯父三思。使我本人不致招致怨恨。伯父能建立光荣的功绩,先王会酬谢伯父的。"

　　范献子谓魏献子曰:"与其戍周,不如城之。天子实云①,虽有后事,晋勿与知可也。从王命以纾诸侯②,晋国无忧。是之不务,而又焉从事③?"魏献子曰:"善!"使伯音对曰④:"天子有命,敢不奉承以奔告于诸侯,迟速衰序,于是焉在⑤。"

【注释】

①实云:指已说了城成周而罢戍守。

②从王命以纾(shū)诸侯:遵从王命不戍周,诸侯负担得以缓解。纾,缓解。

③是之不务,而又焉从事:城成周、罢戍守,于晋于诸侯都更有利。焉,何。

④伯音:韩不信。韩起之孙,谥为简子。

⑤迟速衰序,于是焉在:时间进度及工程任务听从周王调遣。衰序,
指工作量的等级次序。衰,差。序,次。

【译文】

范献子对魏献子说:"与其戍守成周,不如增筑城墙。天子已经发
话,即使以后有事,晋国可以不参与。服从天子的命令而让诸侯松一
口气,晋国也没有忧患。这样的事不致力去做,还做什么?"魏献子说:
"好!"派伯音回复说:"天子有命令,岂敢不遵命而奔走告知诸侯,工程
进度和工程量的分配,都听从天子的安排。"

冬十一月,晋魏舒、韩不信如京师,合诸侯之大夫于狄
泉①,寻盟②,且令城成周③。魏子南面④,卫彪傒曰⑤:"魏子必
有大咎。干位以令大事⑥,非其任也⑦。《诗》曰:'敬天之怒,
不敢戏豫。敬天之渝,不敢驰驱⑧。'况敢干位以作大事乎⑨?"

【注释】

①狄泉:即翟泉,在今河南洛阳市内。

②寻盟:重温平丘之盟。

③令城成周:家铉翁曰:"此诸侯之大夫奉王命而城成周,伯政之仅
克举者也。"高攀龙曰:"敬王既入成周,即于此定都,不复返王
城,远恶党也。成周既城后,遂谓之京师。"

④魏子南面:魏舒自居于君位。

⑤彪傒:卫国大夫。

⑥干位:魏舒是卿而居君位,是逾越了本位。大事:指天子筑成周之事。

⑦非其任:担当不了。

⑧"敬天之怒"四句:引《诗》见《诗经·大雅·板》。意思是对于
上天的发怒降灾,不敢玩忽放纵。戏豫,游戏,指玩忽轻慢。渝,

变,指天发怒降灾难。驰驱,放纵自恣。

⑨况敢干位以作大事乎:意思是对于上天之怒,不敢掉以轻心,而要完成天子所交的大事,却越位以颁布命令,必不免有灾祸。案明年,魏舒未返晋而死。

【译文】

冬十一月,晋国魏舒、韩不信到京师,在狄泉会合诸侯国大夫,重温过去的盟约,并命令筑成周城。魏献子面南而坐,卫国彪傒说:"魏子必有大灾难。僭越本位颁布重大命令,这不是他所能承担的。《诗》说:'恭敬地对待上天的发怒,不敢嬉戏玩忽。恭敬地对待上天的变异,不敢放纵随意。'更何况敢越位去做大事呢?"

己丑①,士弥牟营成周②,计丈数③,揣高卑④,度厚薄,仞沟洫⑤,物土方,议远迩⑥,量事期⑦,计徒庸⑧,虑材用⑨,书餱粮⑩,以令役于诸侯,属役赋丈⑪,书以授帅,而效诸刘子⑫。韩简子临之⑬,以为成命⑭。

【注释】

①己丑:十四日。

②士弥牟营成周:确定工程方案。

③计丈数:计算应增筑的长度。

④揣:估计。高卑:城墙高低。

⑤仞沟洫:估计沟渠深浅。

⑥物土方,议远迩:考察取土的方向和远近。物,相,察看。

⑦量事期:预算完工日期。

⑧计徒庸:计算所用人工。

⑨虑材用:考虑所用器材费用。

⑩书馈粮：记下所需粮食。

⑪以令役于诸侯，属役赋丈：分配给各国工程劳役和长度。

⑫书以授帅，而效诸刘子：将以上情况记下来分送各诸侯首领，并汇总到刘文公那里。帅，诸侯大夫。效，送到。刘子，刘文公。

⑬韩简子：即韩不信、伯音。临之：监工。

⑭成命：将以上工程计划作为既定方案，下达给各个参加筑城的诸侯国。

【译文】

十四日，士弥牟规划成周的工程，计算城墙的长度，估计其高低，估量其厚薄，约算沟渠的深度，考察取土的地方和远近，预算完工日期，计算人工，考虑器材费用，记录所需粮食，向诸侯公布，分配各国工役和长度，记下来交给各国大夫，而汇总到刘文公那里。韩简子监工，贯彻执行这项命令。

【穀梁传】天子微，诸侯不享觐①。天子之在者，惟祭与号。故诸侯之大夫相帅以城之②，此变之正也。

【注释】

①享：进献。觐（jìn）：朝见。

②相帅：相继，一个接一个。

【译文】

天子势微，诸侯不进献和朝见了。天子仅剩的，只有祭祀宗庙的权力和名号了。所以诸侯的大夫们相继来修筑城墙，这是符合礼制的变通。

【经】十有二月己未①，公薨于乾侯②。

【注释】

①己未：十四日。

②公薨于乾侯：鲁昭公去世。据《左传》，鲁昭公是病逝的。

【译文】

十二月十四日，鲁昭公在乾侯去世。

【左传】十二月，公疾，遍赐大夫①，大夫不受。赐子家子双琥、一环、一璧、轻服②，受之。大夫皆受其赐。己未，公薨③。子家子反赐于府人④，曰："吾不敢逆君命也⑤。"大夫皆反其赐。书曰："公薨于乾侯。"言失其所也⑥。

【注释】

①大夫：鲁昭公随从。

②琥：祭神玉器。虎形。轻服：细软的上等衣服。

③己未，公薨：十二月十四日，鲁昭公死于乾侯。

④子家子反赐于府人：子家羁归还所得赏赐。府人，管仓库的人。

⑤吾不敢逆君命也：当初接受是为了不违背鲁昭公的好意。

⑥"书曰"三句：鲁昭公死于流亡之地，不是死于宫中，是"失其所"。案经文特记下死在乾侯，表示他没有在正寝去世。

【译文】

十二月，鲁昭公生病，赏赐所有随从大夫宝物，大夫们不接受。赐给子家羁双琥、一只环、一块璧、轻软的衣服，子家羁接受了。大夫也都接受了鲁昭公的赏赐。十四日，鲁昭公去世。子家羁把赏赐给自己的物品又送回给库房管理人，说："我之所以接受是不敢违背国君的命令。"大夫们也都把赏赐送回府库。《春秋》记载说："昭公在乾侯去世。"是说他没有在正寝去世。

　　赵简子问于史墨曰:"季氏出其君,而民服焉,诸侯与之,君死于外而莫之或罪也,何也①?"对曰:"物生有两、有三、有五、有陪贰②。故天有三辰③,地有五行④,体有左右⑤,各有妃耦⑥。王有公,诸侯有卿,皆有贰也⑦。天生季氏,以贰鲁侯,为日久矣⑧。民之服焉,不亦宜乎! 鲁君世从其失⑨,季氏世修其勤,民忘君矣。虽死于外,其谁矜之⑩? 社稷无常奉,君臣无常位,自古以然⑪。故《诗》曰:'高岸为谷,深谷为陵⑫。'三后之姓,于今为庶⑬,主所知也。在《易》卦,雷乘乾曰《大壮》䷡,天之道也⑭。昔成季友,桓之季也⑮,文姜之爱子也。始震而卜⑯,卜人谒之⑰,曰:'生有嘉闻⑱,其名曰友,为公室辅。'及生,如卜人之言,有文在其手曰'友',遂以名之⑲。既而有大功于鲁⑳,受费以为上卿㉑。至于文子、武子㉑,世增其业,不废旧绩㉒。鲁文公薨,而东门遂杀适立庶,鲁君于是乎失国㉓,政在季氏,于此君也四公矣㉔。民不知君,何以得国㉕? 是以为君慎器与名,不可以假人㉖。"

【注释】

①"季氏出其君"五句:季氏逐鲁昭公,百姓都顺从季氏,诸侯国也都默认而没有人去问罪惩罚,因此赵简子问史墨,这是为什么。

②物生有两、有三、有五、有陪贰:世间事物的存在,有的成双,有的成三,有的成五,有的有辅佐之物,并非单一。陪贰,辅佐,匹配。

③三辰:日、月、星。

④五行:金、木、水、火、土。

⑤体有左右:身体有左右。

⑥妃耦:配偶。

⑦贰：辅助的人。

⑧"天生季氏"三句：昭公二十五年传文中乐祁说："政在季氏三世矣，鲁君丧政四公矣。"

⑨世从其失：世代放纵，贪图安逸。从，同"纵"。失，通"佚"，逸。

⑩"民忘君矣"三句：鲁君失政，季氏勤政，百姓都只知季氏，而忘了还有国君。现在鲁昭公死于外，当然不会有人怜惜他。矜，怜惜。

⑪"社稷无常奉"三句：社稷没有固定不变的祭祀者，君臣没有固定不变的地位，贵族与庶人不断地转化，古来如此。

⑫高岸为谷，深谷为陵：引《诗》见《诗经·小雅·十月之交》。意思是高山深谷也常发生变化。史墨认为，社会也跟自然界一样，这种变化是必然的规律。案当时诸侯政权下移，如宋国移于华氏，齐国移于陈田氏，晋国移于六卿，鲁国移于三家，已是无法挽回的了。

⑬三后之姓，于今为庶：虞、夏、商三王的子孙，今天成了平民。

⑭"在《易》卦"三句：《大壮》卦，乾下震上，乾是天，震是雷，雷应在天之上，所以说"雷乘乾"。这又象征臣在君上，臣的权势大，欺凌其君。

⑮昔成季友，桓之季也：季友是鲁桓公的小儿子。季氏从季友起开始强大。

⑯震：通"娠"，怀孕。

⑰谒：告，报告鲁桓公。

⑱嘉闻：好名声闻于世。

⑲遂以名之：名为季友。

⑳既而有大功于鲁：闵公二年，季友平庆父之乱立公子申为君，是为鲁僖公。

㉑受费以为上卿：封于费地。

㉑文子：字行父，季友之孙。武子：名宿，文子之子。

㉒世增其业，不废旧绩：文子、武子都是鲁国执政。

㉓"鲁文公薨"三句：文公十八年，东门遂杀嫡立庶，此后鲁国公族
　　衰微，三桓更加强大。

㉔政在季氏，于此君也四公矣：三桓中季氏势力最大，季氏执政历时
　　已久。

㉕民不知君，何以得国：百姓都忘了国君，国君不可能得到政权。

㉖是以为君慎器与名，不可以假人：史墨从历史的发展趋势说明季
　　氏执政已久，鲁国公室早已衰弱，如今要限制和削弱季氏，已不可
　　能。器，车服礼器。名，名位。器与名指代政权。

【译文】

赵简子问史墨道："季氏赶走了他的国君，而人民顺服于他，诸侯亲
附他，国君死在外边，却没有人去向他问罪，这是什么原因呢？"史墨回
答说："事物的存在有的成双、有的成三、有的成五、有的具有辅佐之物。
所以天有三辰，地有五行，身体有左右，各有配偶。王有公，诸侯有卿，
都有辅佐。上天降生季氏，让他辅佐鲁国国君，已经很久了。人民顺服
他，不也是很正常的吗！鲁国国君世代放纵淫佚，季氏世代勤劳勤勉，人
民已经忘记了国君。即便死在国外，又有谁去怜惜他？社稷没有固定不
变的祭祀人，君臣没有固定不变的位子，自古以来就是这样。所以《诗》
说：'高高的堤岸变为河谷，深深的河谷变为山陵。'三代帝王的后代如
今成为平民，这是您所知道的。在《易》的卦象上，代表雷的震卦在乾卦
上，叫《大壮》䷡，这是上天的常道。往昔成季友是鲁桓公的小儿子，文
姜的爱子。刚怀孕时占卜，卜人报告说：'生下来有好名声，他的名字叫
友，成为公室的辅佐。'等到出生，就如卜人所说的那样，手上有'友'字，
就取名为友。后来在鲁国立下大功，得到费地并成为上卿。直到文子、
武子，世代增添家业，不废弃祖先的功绩。鲁文公去世，东门遂杀死嫡子
立了庶子，鲁国国君从此失去国政，大权掌握在季氏手中，到这代国君已
经是第四代了。人民不知道国君，国君又怎么能得到国政？所以当国君
的应慎重地对待宝器和名位，不能假借给别人。"

定公

【题解】

定公(? —前495),鲁国第二十四任国君,名宋,襄公之子,昭公之弟。前509年六月即位,前495年去世,子哀公蒋立。

定公四年(前506),晋以周室的名义,会诸侯于召陵,谋攻楚。同年,吴王阖庐与蔡、唐攻楚,发生柏举之战,楚师败绩。楚申包胥求救于秦,哭于秦庭七日,秦哀公乃许出兵。定公十年(前500),孔子相定公与齐景公会于夹谷,挫败了齐国压制鲁国的意图。

定公前期,季孙氏专权。定公五年(前505)季孙意如死,季孙斯嗣立,季氏家臣阳虎擅权,犯上作乱,操纵鲁国朝政,孔子不仕。定公八年(前502)阳虎叛乱,九年(前501)阳虎逃奔晋国。定公十年(前500),孔子为鲁司寇。定公十二年(前498),孔子弟子仲由为季氏宰,将堕三都(毁掉"三桓"私邑城墙),遭到家臣反抗。孔子命申句须等败费宰公山不狃,并堕费(拆毁费邑城墙)。定公在位期间,还曾多次向孔子问政。

鲁国自僖公以来,世代归服晋国。但此时晋国国内大夫专权,政出多门,内讧激烈,晋国霸业衰落,诸侯多叛。定公十一年(前499),鲁国与郑国媾和,从此背叛晋国。齐、郑、卫、鲁各国之好逐渐形成。

楚国令尹子常(囊瓦)贪鄙,诸侯离心。自楚昭王即位以来,无岁不有吴师。吴国在伍子胥的策划下,于定公四年(前506)大败楚军,攻入郢都。定公五年（前505），在吴国攻占楚国之际，越国趁机侵入吴国。定公十四年（前497），吴攻越，败之于檇李，吴王阖庐受伤，不久死去，子夫差立。数年之间，吴越两国争锋不断。在诸侯纷争、群龙无首的形势下，秦国与齐国显示了他们的优势。秦国支持了楚国，齐国则团结了鲁、郑、卫等诸侯国。

　　定公篇主要的义理有："元年春王"条、"（六月）戊辰，公即位"条，见定公受国于季氏，当被诛绝，又见《春秋》"定、哀多微辞"之旨。元年"晋人执宋仲几于京师"条，见"大夫不得专执"之义。四年"蔡侯以吴子及楚人战于柏举，楚师败绩"条，见"父不受诛，子复仇可也"之义。六年"季孙斯、仲孙忌帅师围郓"条，见《春秋》"讥二名"之旨。八年"盗窃宝玉、大弓"条，见陪臣之执国政。十二年"叔孙州仇帅师堕郈""季孙斯、仲孙何忌帅师堕费"条，见孔子之"堕三都"。

元年

【经】元年春王①。

【注释】

①元年：鲁定公元年当周敬王十一年，前509年。

【译文】

鲁定公元年春周历。

【公羊传】定何以无正月①？正月者，正即位也②。定无正月者，即位后也③。即位何以后？昭公在外④，得入不得入，未可知也。曷为未可知？在季氏也。定、哀多微辞⑤，主人习其读而问其传，则未知己之有罪焉尔⑥。

【注释】

①定何以无正月：定，鲁定公，昭公之子。无正月，即定公元年未书"正月"二字。

②正月者，正即位也：此处据"大一统"言"正月"之意义。案"大一统"之义，"正月"是王者政教的开端，《春秋》书"王正月，公即位"，是以王之"正月"正诸侯之"即位"。故元年之"正月"，是表示诸侯即位的合法性，与是否真的在正月行即位之礼无关。

③定无正月者，即位后也：即位后，指定公即位在六月。这是为定公避讳之辞。案《春秋》之义，"诛君之子不立"，鲁昭公失众出奔，则当诛绝，其子定公无即位之资格，故从《春秋》从"大一统"的角度，不书"正月"。此处为定公避讳，好像不书"正月"表面的意思，是因定公即位的时间在正月之后。

④昭公在外：鲁昭公薨于晋国的乾侯，灵柩尚在国外。季氏若不将昭公之丧迎回，则不以国君之礼葬昭公，而定公亦无即位之资格。

⑤微辞：孔广森云："微辞者，意有所托，而辞不显，唯察其微者，乃能知之。"如此处不书"正月"，表面意思是即位时间在后，实际意思是诛君之子不立，惟有细察"正月"的含义，才能知道实际的意思。

⑥主人习其读而问其传，则未知己之有罪焉尔：主人，微辞所指的对象，此处为定公。即假设主人看到微辞而询问，也仅知道表面的意思，不知道自己有罪。之所以如此，因为定、哀时期，是孔子自己生活的年代，多有微辞者，"上以讳尊隆恩，下以避祸容身"。

【译文】

鲁定公为何没有"正月"？正月在"大一统"的意义上，是用来正即位的。鲁定公没有正月，字面的意思是即位之礼在正月之后。为何在正月之后即位？鲁昭公的灵柩尚在国外，能不能迎回国内，还不得而知。为何不得而知？因为决定权在季氏。鲁定公、鲁哀公之篇，多有微辞，假设主人阅读记录他们的经文，而询问解释，也不知道自己在其中有罪。

【穀梁传】不言正月，定无正也①。定之无正，何也？昭公之终，非正终也②。定之始，非正始也③。昭无正终，故定无正始。不言即位，丧在外也。

【注释】

①定无正：指定公没有正式即位。旧君去世，新君通常在第二年的正月举行即位仪式，正式即位，改元。然此时鲁昭公灵柩尚未运回，鲁定公也还没有举行正式的即位仪式。

②正终：合乎礼义的正常死亡，指死于正寝中，死在外谓非正终。

③正始：合乎礼义的即位。

【译文】

不说正月，是因为鲁定公没有正式即位。鲁定公没有正式即位，为什么呢？因为鲁昭公的去世，不是正常的去世。鲁定公的即位，不是合乎礼义的即位。鲁昭公没有正常的去世，所以鲁定公没有合乎礼义的开始。不说鲁定公即位，是因为先君的灵柩尚在国外。

【经】三月，晋人执宋仲几于京师①。

【注释】

①晋人执宋仲几于京师：诸侯城成周，宋仲几不接受分配给宋国的任务，且对晋国大夫士弥牟不敬，遂为晋国所执。仲几，宋国大夫，鲁昭公三十二年任宋国左师。京师，东周王都，在今河南洛阳。

【译文】

三月，晋国在京师拘禁宋国仲几。

【左传】元年春王正月辛巳①，晋魏舒合诸侯之大夫于

狄泉,将以城成周。魏子莅政^②。卫彪傒曰:"将建天子^③,而易位以令^④,非义也。大事奸义^⑤,必有大咎。晋不失诸侯,魏子其不免乎^⑥!"是行也,魏献子属役于韩简子及原寿过^⑦,而田于大陆^⑧,焚焉^⑨,还,卒于甯^⑩。范献子去其柏椁,以其未复命而田也^⑪。

【注释】

①辛巳:初七。

②魏子莅政:魏舒主持政事。莅政,掌管政事。莅,临。

③建天子:为天子筑城使居之。

④易位:指魏舒以大臣身份居君位以命令诸侯大夫。

⑤奸义:违反道义。

⑥晋不失诸侯,魏子其不免乎:彪傒预言晋国如果不失去诸侯,魏舒　必将受惩罚,不免于祸患。

⑦韩简子:韩不信,晋国韩起之孙。原寿过:周大夫。

⑧大陆:古地名,在今河南获嘉西北,旧名吴泽陂。

⑨焚焉:为了打猎而焚烧草木。

⑩甯:古地名,在今河南获嘉西。

⑪范献子去其柏椁,以其未复命而田也:魏舒死,范献子代为执政。　范献子撤去魏舒的柏木外棺,以批评他未复命便去打猎。

【译文】

　　鲁定公元年春周历正月初七,晋国魏舒在狄泉会合诸侯的大夫,准备修筑成周城墙。魏舒主持修城事宜。卫国彪傒说:"打算为周天子筑城,却逾越本位发号施令,这不合道义。做重大的事情却违背道义,必有大灾祸。晋国要是不失去诸侯,魏舒恐怕不能免于祸患!"这次行动,魏舒把差事交付给韩简子和原寿过,自己跑到大陆打猎,放火赶逐猎物,返程死在宵地。范献子撤除了魏舒的柏木外棺,因为他还没有复命就去打猎。

　　孟懿子会城成周,庚寅①,栽②。宋仲几不受功③,曰:"滕、薛、郳,吾役也④。"薛宰曰:"宋为无道,绝我小国于周,以我适楚,故我常从宋⑤。晋文公为践土之盟,曰:'凡我同盟,各复旧职。'若从践土,若从宋,亦唯命⑥。"仲几曰:"践土固然⑦。"薛宰曰:"薛之皇祖奚仲居薛⑧,以为夏车正⑨。奚仲迁于邳⑩,仲虺居薛⑪,以为汤左相。若复旧职,将承王官,何故以役诸侯⑫?"仲几曰:"三代各异物,薛焉得有旧⑬? 为宋役,亦其职也⑭。"士弥牟曰:"晋之从政者新⑮,子姑受功。归,吾视诸故府⑯。"仲几曰:"纵子忘之,山川鬼神其忘诸乎⑰?"士伯怒,谓韩简子曰:"薛征于人,宋征于鬼⑱,宋罪大矣。且己无辞,而抑我以神⑲,诬我也。'启宠纳侮'⑳,其此之谓矣。必以仲几为戮㉑。"乃执仲几以归。三月,归诸京师㉒。

【注释】

① 庚寅:十六日。

② 栽:为筑墙而立板。

③ 宋仲几不受功:宋国仲几不接受任务。

④ 滕、薛、郳(ní),吾役也:仲几想让这三个小国代为服役。

⑤ "宋为无道"四句:案成公二年,宋、薛等国与楚国结盟,襄公二十七年以后,宋、薛或属晋,或属楚,或两属。

⑥ "若从践土"三句:是依践土之盟恢复旧职,还是服从宋国,薛宰

表示惟晋国之命是听，实际上是反对为宋国服役。

⑦践土固然：即使依践土之盟复旧职，薛国仍应为宋国服役。

⑧皇祖：远祖。

⑨车正：掌管车服的大夫。

⑩邳（pī）：古地名，在今江苏邳州。

⑪仲虺（huǐ）：奚仲之后。

⑫“若复旧职”三句：薛宰以薛之历史力争，认为若复旧职，薛将接受天子的官位，不必为宋国服役。

⑬三代各异物，薛焉得有旧：薛宰所说是夏商时事，现在是周代，不以夏商为旧职。异物，异事，是说时代不同，事情也不同。

⑭为宋役，亦其职也：如果以夏商时事为旧职，那么宋国是商之后，为宋国服役也是复旧职。

⑮晋之从政者新：范献子新任执政。

⑯视诸故府：查考旧档案。故府，收藏档案所。

⑰纵子忘之，山川鬼神其忘诸乎：结盟必祭告山川鬼神，所以说山川鬼神不会忘记。这是顶撞士弥牟的话。其，难道。

⑱薛征于人，宋征于鬼：薛国以人为证，宋国以鬼为证。征，同“证”。

⑲抑我以神：以神压制我。

⑳启宠纳侮：指本要宠宋，反招来侮辱。

㉑戮：辱。

㉒“乃执仲几以归”三句：先将仲几抓走带回晋国，后来觉得不妥，于是送往京师囚禁。

【译文】

孟懿子参加增筑成周城的工程，十六日，开始夯土。宋国仲几不肯接受任务，说：“滕国、薛国、郳国，是代我国服役的。”薛国宰臣说：“宋国所为无道，使我们小国和周断绝关系，带着我们改事楚国，所以我国常常服从宋国。晋文公在践土结盟，说：‘凡是我们同盟国家，各自恢复原来的职位。'是服从践土之盟，还是依从宋国，我们唯命是听。"仲几说：
"即便按践土盟约，你们还是应为宋国服役。"薛国宰臣说："薛的远祖奚
仲居住薛地，担任夏朝车正。奚仲迁移到邳地，仲虺住在薛地，任汤的左
相。如果恢复旧职，应该是任天子官职，为什么要为诸侯国服役？"仲几
说："三代的事各不相同，薛国怎么能有原先的职位？为宋国服役，也是
你们的职责。"士弥牟说："晋国执政者刚上任，你先接下任务。我回去
后查一下故府所存档案。"仲几说："即使您忘记了，山川鬼神难道也忘
了吗？"士弥牟怒，对韩简子说："薛国用人作证，宋国用鬼作证，宋国的
罪过大了。而且他已经无话可说，却用鬼神来压制我们，这是欺骗我们。
'给予宠信却招来侮辱'，说的就是这种情况。一定要让仲几受到羞辱。"
便抓了仲几带回国。三月，又把仲几送到京师。

　　城三旬而毕，乃归诸侯之戍①。齐高张后，不从诸侯②。
晋女叔宽曰："周苌弘、齐高张皆将不免。苌叔违天③，高子
违人④。天之所坏，不可支也。众之所为，不可奸也⑤。"

【注释】

①乃归诸侯之戍：顾栋高曰："子朝出奔后，又八年而后城成周，王室
　于是乎定。"

②齐高张后，不从诸侯：齐国高张迟到，没有赶上各国诸侯城成周
　之期。

③苌叔违天：天意将弃周，苌弘想迁都以延长周的帝祚，是违天。

④高子违人：高张迟到，是违人。

⑤众之所为，不可奸也：奸，犯。案此为哀公三年周杀苌弘、六年高
　张逃亡伏笔。

【译文】

筑城持续了三旬完工，便遣返诸侯的戍卒。齐国高张晚到，没有赶

上诸侯筑城。晋国女叔宽说："周朝苌弘、齐国高张都将不免于祸患。苌叔违背上天，高张违背众人。上天要毁坏谁，没人能保他。众人要怎么做，谁也不能违背。"

【公羊传】仲几之罪何？不蓑城也①。其言于京师何？伯讨也②。伯讨则其称人何③？贬。曷为贬？不与大夫专执也。曷为不与？实与，而文不与。文曷为不与？大夫之义，不得专执也④。

【注释】

①不蓑城也："蓑"，当作"衰"，依次递减之意。此处指按国力大小，依次承担修筑城池的任务。昭公三十二年"冬，仲孙何忌会晋韩不信、齐高张、宋仲几、卫世叔申、郑国参、曹人、莒人、薛人、杞人、小邾人城成周"，是为天子修筑之事。宋仲几不愿承担任务，故被晋国大夫韩不信拘捕。

②伯讨也：案《春秋》之例，诸侯有罪，方伯讨之，归于京师，使天子治其罪。故书"于京师"，得伯讨之义。伯，方伯，诸侯之长。这里是以方伯的身份的意思。

③伯讨则其称人何：案《春秋》之例，诸侯行伯讨之事，称爵以执，如"晋侯执曹伯，归之于京师"；若非伯讨，则称人以执，如"晋人执莒子、邾娄子以归"。《公羊传》参照诸侯之例，嫌大夫执人，亦当区分伯讨、非伯讨，伯讨则书名氏，非伯讨则书人，故而发问。

④大夫之义，不得专执也：专执，指大夫行伯讨之事。案伯讨是诸侯之事，若大夫以王事执人，则是僭越诸侯之职，颠倒尊卑。此处韩不信虽因王事而执宋仲几，并由天子治罪，事件本身符合伯讨之义，然韩不信非行伯讨之人，因而《春秋》实际上赞许（书"于京

师"),而在文辞上不赞许(将韩不信贬称人)。

【译文】

　　仲几有什么罪行? 没有完成应该承担的修筑成周城墙的任务。经言"于京师"是为何? 表明得伯讨之义。是伯讨那么为何称晋韩不信为晋人? 是贬抑他。为何贬抑? 是因为不赞同大夫专执。为何不赞许大夫专执? 实际上赞许,而文辞上不赞许。文辞上为何不赞许? 因为按大夫的道义,不能专执。

　　【榖梁传】此其大夫,其曰人,何也? 微之也。何为微之? 不正其执人于尊者之所也①,不与大夫之伯讨也。

【注释】

①不正其执人于尊者之所:《榖梁传》认为晋国不应在周天子的地方擅自抓捕别国大夫。尊者之所,尊贵的人的居所,指成周。

【译文】

　　这是晋国的大夫抓的,经文说"人",为什么呢? 是轻视他。为什么轻视他? 认为在尊贵者的处所抓人是不合正道的,不赞同大夫以方伯的身份来声讨别人。

　　【经】夏六月癸亥①,公之丧至自乾侯②。

【注释】

①癸亥:二十一日。

②公之丧至自乾侯:鲁昭公去年十二月死于乾侯,现在将灵柩迎回鲁国。

【译文】

　　夏六月二十一日,昭公的灵柩从乾侯运回国。

【左传】夏，叔孙成子逆公之丧于乾侯①。季孙曰："子家子亟言于我，未尝不中吾志也②。吾欲与之从政，子必止之，且听命焉③。"子家子不见叔孙，易几而哭④。叔孙请见子家子，子家子辞，曰："羁未得见，而从君以出⑤。君不命而薨，羁不敢见⑥。"叔孙使告之曰："公衍、公为实使群臣不得事君。若公子宋主社稷，则群臣之愿也⑦。凡从君出而可以入者，将唯子是听⑧。子家氏未有后，季孙愿与子从政⑨。此皆季孙之愿也，使不敢以告⑩。"对曰："若立君，则有卿士、大夫与守龟在⑪，羁弗敢知。若从君者，则貌而出者⑫，入可也；寇而出者⑬，行可也。若羁也，则君知其出也，而未知其入也⑭，羁将逃也。"丧及坏隤⑮，公子宋先入，从公者皆自坏隤反⑯。

【注释】

①叔孙成子：叔孙婼之子。

②中吾志：合于我心。

③"吾欲与之从政"三句：季平子让叔孙成子劝诱子家羁回国共理政事，不要逃往他国。之，指子家羁。止之，留住子家羁，不让他到别国去。听命，凡事都听取子家羁的意见。

④子家子不见叔孙，易几而哭：子家羁不想与叔孙成子见面，所以改变哭丧时间。易几，改变哭丧时间。古代丧礼，初丧应朝夕哭于中庭北面。几，期。

⑤羁未得见，而从君以出：子家羁跟随昭公出国时，叔孙成子还没当卿，所以说"未得见"。

⑥君不命而薨，羁不敢见：昭公没有命令，所以不敢见叔孙成子。这

是子家羁不见的托词。

⑦若公子宋主社稷，则群臣之愿也：意思是昭公之子公衍、公为造成昭公出奔，现在群臣愿奉公子宋为君。公子宋，昭公弟弟定公。

⑧凡从君出而可以入者，将唯子是听：随昭公出奔的人，谁可以返国，全部由子家羁来定。

⑨子家氏未有后，季孙愿与子从政：子家羁之父归父在宣公十八年被季氏所逐，无后于鲁，现在季氏愿意为子家氏立后，并请子家羁共襄鲁国政事。

⑩不敢：叔孙成子名。

⑪守龟：占卜用的龟甲。

⑫貌而出：指表面上随君而出，实际却未必忠于君。

⑬寇而出：与季氏结仇而出。

⑭则君知其出也，而未知其入也：随昭公出逃，是得到昭公许可；现在不得昭公许可，怎么能返国？

⑮坏隤（tuí）：古地名，在今山东曲阜。

⑯从公者皆自坏隤反：子家羁与随从昭公之人全部逃亡。反，意谓不入国都而往回走。

【译文】

夏，叔孙成子到乾侯迎接鲁昭公的灵柩。季平子说："子家羁屡次与我交谈，没有不合我心意的。我希望与他一起执政，你一定要留住他，而且听取他的看法。"子家羁不肯见叔孙成子，便改变了哭丧时间。叔孙成子请求见子家羁，子家羁辞谢，说："我没有见过您，就跟从国君出走了。国君没有下命令就去世，我不敢见您。"叔孙成子派人告诉他说："实在是公衍、公为让群臣没能事奉国君。如果公子宋主持国家，这是群臣的心愿啊。凡是随从国君出走而可以回国的，全部听凭您的意见。子家氏还没有立继承人，季孙愿意和您共同执掌国政。这都是季孙的愿望，派我来奉告。"子家羁回答说："要是立国君，有卿士、大夫和守龟在那里,我不敢过问。要是说跟从国君出走的,那么表面上跟随出走的,可以回国;与季氏结仇而出去的,可以让他出逃。至于我,是国君同意我出去,却没得到同意回去,我将逃亡。"灵柩到达坏隤,公子宋先入都,跟随鲁昭公的人都从坏隤往回走了。

六月癸亥,公之丧至自乾侯。

【译文】

六月二十一日,鲁昭公的灵柩从乾侯运回。

【经】戊辰^①,公即位^②。

【注释】

①戊辰:二十六日。

②公即位:六月二十六日,鲁定公即位。

【译文】

二十六日,鲁定公即位。

【左传】戊辰,公即位^①。季孙使役如阚公氏^②,将沟焉^③。荣驾鹅曰^④:"生不能事,死又离之,以自旌也^⑤?纵子忍之,后必或耻之^⑥。"乃止。季孙问于荣驾鹅曰:"吾欲为君谥^⑦,使子孙知之。"对曰:"生弗能事,死又恶之,以自信也^⑧?将焉用之?"乃止。

【注释】

①公即位:鲁定公即位。

②阚（kàn）公氏：鲁国群公墓地名。

③将沟焉：季氏恨昭公，准备在墓地挖一条沟，把昭公的墓与祖墓分开，以示昭公不得进祖墓。

④荣驾鹅：鲁国大夫荣成伯。

⑤自旌：自己彰明其恶。

⑥纵子忍之，后必或耻之：即使现在忍心为之，日后也必为此羞耻。

⑦欲为君谥：想加昭公一个恶谥。

⑧自信：自己表白自己厌恨昭公。信，同"伸"。

【译文】

二十六日，鲁定公即位。季孙派劳役到阚公氏那儿，打算挖条沟。荣驾鹅说："国君在世时不能奉事，死后又将他隔离，莫非是要宣扬自己的过错吗？即便您忍心这样做，日后也必定以此为耻。"于是不挖沟。季孙向荣驾鹅询问说："我打算为国君制定谥号，让子孙后代都知道。"荣驾鹅回答说："生时不能奉事，死后又赠予恶谥，难道是要自我表白对他的厌恶吗？为什么要这样做？"于是也终止了。

【公羊传】癸亥，公之丧至自乾侯，则曷为以戊辰之日，然后即位？正棺于两楹之间，然后即位①。子沈子曰："定君乎国②，然后即位。"即位不日，此何以日？录乎内也③。

【注释】

①正棺于两楹之间，然后即位：案丧礼，小殓时，将尸体穿好衣服，移到堂上的床第上，床第位于两根楹柱之间。此处"正棺于两楹之间"，是象小殓之后夷于堂之礼，此为癸亥日（六月二十一日）所行之事。之所以要"正棺于两楹间"，是因鲁昭公之丧自外而至，臣子未行始死居丧之礼，故以"正棺于两楹间"，代替始死之时。"然后即位"，指戊辰日（六月二十六日）定公行即位之礼。案礼

制,诸侯死后五日大殓,大殓之后成服(即穿上完整的丧服),嗣
君方能即位。定公以"正棺于两楹间",象始死之时,又过五日即
位,象大殓后嗣君即位,得礼之变。

②定君乎国:何休云:"定昭公之丧礼于国。"

③录乎内也:何休云:"内事详录,善得五日变礼。或说:危不得以逾
年正月即位,故曰。"

【译文】

二十一日,鲁昭公的灵柩从乾侯送回,那么为何鲁定公在二十六日
即君位? 先将鲁昭公灵柩移到堂上两根楹柱之间,然后鲁定公即君位。
子沈子说:"在国中安定好了鲁昭公的丧礼,然后即君位。"即位不记录
日期,此处为何记录日期? 是详录鲁国之事。

【穀梁传】 殡然后即位也①。定无正,见无以正也。逾年
不言即位,是有故公也②。言即位,是无故公也。即位,授受
之道也。先君无正终,则后君无正始也。先君有正终,则后
君有正始也。戊辰,公即位,谨之也。定之即位,不可不察
也。公即位何以日也? 戊辰之日,然后即位也③。癸亥,公
之丧至自乾侯,何为戊辰之日然后即位也? 正君乎国,然后
即位也。沈子曰:"正棺乎两楹之间,然后即位也。"内之大
事,日。即位,君之大事也,其不日何也? 以年决者,不以日
决也④。此则其日,何也? 著之也。何著焉? 逾年即位,厉
也⑤。于厉之中,又有义焉。未殡,虽有天子之命犹不敢⑥,
况临诸臣乎? 周人有丧,鲁人有丧。周人吊,鲁人不吊。周
人曰:"固吾臣也,使人可也。"鲁人曰:"吾君也,亲之者也,
使大夫则不可也。"故周人吊,鲁人不吊,以其下成、康为未

久也⑦。君,至尊也,去父之殡而往吊犹不敢,况未殡而临诸臣乎?

【注释】

①殡:入棺待葬。

②故公:原来的国君。这里指鲁昭公之丧在外。

③戊辰之日,然后即位:这里的意思是先写"戊辰"再写"即位",表明是在戊辰日之后才正式即位的。

④以年决者,不以日决:指新君正式的即位仪式通常是在先君去世的第二年正月初一举行。这是依照"逾年"这个标准来实施的,而不是依照某日来决定的。

⑤厉:危险。指新一年的正月没有正式即位。

⑥虽有天子之命犹不敢:范宁注:"虽为天子所召,犹不敢背殡而往,况君丧未殡,而行即位之礼,以临诸臣乎?"

⑦成、康:指周成王姬诵和周康王姬钊,分别为周武王姬发之子和孙。成康时期是周朝最为强盛的阶段。这里的意思是说古礼还未变。

【译文】

是在鲁昭公入殓之后鲁定公才正式登上君位的。鲁定公没有正式即位,这显示了没有正式即位的原因。先君去世过了一年而没有说"即位",这表明还有旧的国君。说"即位",这表明没有旧的国君了。登上君位,是先君传授、后君接受的仪式。先君是非正常死亡,那么后君就不是合于礼义的即位。先君是正常去世,那么后君就是合于礼义的即位。说"戊辰,公即位",是慎重地对待这件事。鲁定公的即位,不可以不认真地考察。国君即位为什么要记载日期呢?记载了"戊辰"这天,这之后才写"即位"。二十一日,鲁昭公的灵柩就从乾侯运回了,为什么要在二十六日才正式即位呢?要在国中确定君位,然后再正式即位。沈子说："在正厅的两根楹柱之间放好灵柩,这之后才能正式即位。"鲁国的大事,要记载日期。国君即位,是国君的大事,为什么经文通常却不记载日期呢? 因为国君即位是依照年份来决定的,不是依照日期来决定的。那么这里经文记载了日期,为什么呢? 是为了将其突显出来。为什么要突显出来呢? 因为超过了一年才正式即位,危险。在危险之中,又有礼义。先君未入殓,即使有周天子的命令也不敢前往,况且是即位而面对大臣呢? 周王室有丧事,鲁国也有丧事。周王室派人来吊唁,鲁国没有派人去吊唁。周人说:"鲁本来是我的臣子,派个人去就可以了。"鲁国人说:"周是我们的天子,是亲人,派大夫去就不可以。"所以周人来吊唁,鲁国人没有去吊唁,因为距离成王、康王的时代没有太久远。天子,是最尊贵的,鲁定公离开父亲的灵柩而到京师去吊唁尚且不敢,更何况是父亲尚未出殡安葬而行即位之礼君临各位臣下呢?

【经】秋七月癸巳^①,葬我君昭公。

【注释】

①癸巳:二十二日。

【译文】

秋七月二十二日,安葬我国国君昭公。

【左传】秋七月癸巳,葬昭公于墓道南^①。孔子之为司寇也,沟而合诸墓^②。

【注释】

①葬昭公于墓道南:诸墓在墓道北,季平子葬昭公于墓道之南,以与祖墓隔离。

②孔子之为司寇也,沟而合诸墓:后来孔子任司寇时,在昭公墓之外

挖沟,以扩大祖墓范围,使昭公墓合入祖墓。

【译文】

秋七月二十二日,把鲁昭公安葬在墓道的南边。孔子当司寇的时候,在鲁昭公墓外挖沟,使鲁昭公墓与其他国君的墓都连在一起。

【经】九月,大雩。

【译文】

九月,举行盛大的求雨雩祭。

【穀梁传】雩月,雩之正也。秋,大雩,非正也。冬,大雩,非正也。秋,大雩,雩之为非正,何也? 毛泽未尽①,人力未竭②,未可以雩也。雩月,雩之正也。月之为雩之正,何也? 其时穷、人力尽③,然后雩,雩之正也。何谓其时穷、人力尽? 是月不雨则无及矣,是年不艾则无食矣。是谓其时穷、人力尽也。雩之必待其时穷、人力尽何也? 雩者,为旱求者也。求者,请也,古之人重请。何重乎请? 人之所以为人者,让也。请道去让也,则是舍其所以为人也,是以重之。焉请哉? 请乎应上公。古之神人有应上公者,通乎阴阳,君亲帅诸大夫,道之而以请焉。夫请者,非可诒托而往也④,必亲之者也,是以重之。

【注释】

①毛泽未尽:毛指草木、五谷。这里是指庄稼尚有水分。

②人力未竭:人力没有枯竭。指大家尚在劳动,耕耘的工作还没有

完成。

③人力尽：人力已经用完。指人能够做的事情都已经做完。

④诒（dài）托：假托。

【译文】

雩祭记载月份，表明雩祭是合于正道的。秋天，举行大雩之祭，不合正道。冬天，举行大雩之祭，不合正道。秋天，举行大雩之祭，举行雩祭不合正道，为什么呢？因为庄稼的水分没有散尽，人力没有用完，不可以举行雩祭。雩祭记载月份，表明雩祭是合于正道的。记载月份表明雩祭合于正道，为什么呢？因为合适的季节到了尽头、人力已经用完，这之后举行雩祭，合于举行雩祭的正道。什么叫做合适的季节到了尽头、人力已经用完呢？这个月不下雨就来不及了，这年不收获就没有食物了。这就叫做合适的季节到了尽头、人力已经用完了。举行雩祭为什么一定要等到合适的季节到了尽头、人力已经用完的时候呢？雩祭，是因为干旱而祈求。"求"，就是请求，古时候的人重视请求。为什么重视请求呢？人之所以为人，是因为谦让。请求就是背离谦让之道，这是舍弃其所以为人之道了，所以非常重视请求，不轻易向上天请求。雩祭是向谁请求呢？向应上公请求。古时候的神仙有叫应上公的，通晓天地阴阳，国君亲自率领诸大夫，引导着大家向应上公请求。请求，不可以委托别人去，必须国君亲自去，因此非常重视请求。

【经】立炀宫①。

【注释】

①立炀宫：季平子重建鲁炀公庙。炀宫，鲁炀公之庙。鲁炀公名熙，是鲁国的第三任国君，为鲁始祖伯禽之子，鲁考公酉之弟。炀公为春秋前的鲁国国君，属于毁庙之主，不宜复为之立庙。故《公羊传》云"立者不宜立也，立炀宫，非礼也。"值得注意的是，案时月

日例,失礼宗庙例日,此处立炀宫不书日者,因此处是所见世,世愈近而讳愈深。

【译文】

重建鲁炀公庙。

【左传】昭公出故,季平子祷于炀公①。九月,立炀宫②。

【注释】

①昭公出故,季平子祷于炀公:昭公出奔,季平子祈祷于炀公,希望不要让昭公返回鲁国。一说,季氏亦欲废公衍而立昭公之弟,效炀公嗣位故事,故祷之。

②立炀宫:现在昭公死在外面,季平子认为祈祷有效,因此重建炀公庙。一说,定公已即位,故别新立炀宫,以表示兄终弟及,鲁有先例,非己私意。

【译文】

因为鲁昭公出走的缘故,季平子向鲁炀公祈祷。九月,重建鲁炀公庙。

【公羊传】炀宫者何? 炀公之宫也。立者何? 立者不宜立也,立炀宫,非礼也。

【译文】

炀宫是什么? 是炀公之庙。"立"是什么意思? 书"立"表明不宜立。立炀宫,是非礼的。

【穀梁传】立者,不宜立者也。

【译文】

说"立",标明是不应该"立"的。

＊【左传】周巩简公弃其子弟而好用远人^①。

【注释】

①巩简公：周卿士。远人：异族人。案此本与下年传"二年夏四月
辛酉,巩氏之群子弟贼简公"相连,被割裂置此。

【译文】

周巩简公疏远自己的子弟而喜欢用异族人。

【经】冬十月,陨霜杀菽^①。

【注释】

①冬十月,陨霜杀菽：降霜而损害豆苗。陨,《公羊传》作"霣"。菽,
大豆,豆类作物。案周历十月是今农历八月,没到霜降节气而降
霜,而且毁害庄稼,是异常现象,所以记载。

【译文】

冬十月,降霜损害豆类。

【公羊传】何以书？记异也^①。此灾菽也,曷为以异书？
异大乎灾也^②。

【注释】

①记异也：降霜独唯独杀菽,未杀他物,故为异象。何休云："周十
月,夏八月,微霜用事,未可杀菽。菽者,少类,为稼强,季氏象

也。是时定公喜于得位,而不念父黜逐之耻,反为淫祀立炀宫,故
天示以当早诛季氏。"

②异大乎灾也:何休云:"灾者,有害于人物,随事而至者。异者,非
常可怪,先事而至者。"异大乎灾,有两方面的原因:第一,国家有
失,则天先降灾以谴告之;谴告而不变,则降怪异之象以惊骇之。
第二,灾有伤于物,异无伤于物,《春秋》重异不重灾,是贵教化,
而贱刑罚。

【译文】

为何记录此事? 是记录异象。此处只冻死了大豆,为何用异象记
录? 因为异象比灾害更严重。

【榖梁传】未可以杀而杀,举重。可杀而不杀,举轻。其
曰菽,举重也。

【译文】

不该伤农作物而伤了,就列举重要的作物。可以伤而没有伤,就举
出不重要的作物。经文说大豆,是列举重要的。

二年

△**【经】二年春王正月**①。

【注释】

①二年:鲁定公二年当周敬王十二年,前508年。

【译文】

鲁定公二年春周历正月。

*【左传】二年夏四月辛酉^①，巩氏之群子弟贼简公^②。

【注释】

①辛酉：二十四日。

②巩氏之群子弟贼简公：此句应与上年传文的末句连读。贼，刺杀。

【译文】

鲁定公二年夏四月二十四日，巩氏的子弟们刺杀了周巩简公。

【经】夏五月壬辰^①，雉门及两观灾^②。

【注释】

①壬辰：二十五日。

②雉门及两观灾：雉门失火，延烧到两观。雉门，鲁公宫的南门。案礼制，诸侯都城有三门，从外至内，分别是雉门、库门、路门；在雉门边上设有瞭望台，这就是观；诸侯只有一座观。此处鲁国雉门立两观，是僭越了天子的制度，未言设两观者，"僭天子不可言也"。

【译文】

夏五月二十五日，雉门失火，延烧到两观才熄灭。

【公羊传】其言雉门及两观灾何？两观微也^①。然则曷为不言雉门灾及两观？主灾者，两观也^②。主灾者两观，则曷为后言之？不以微及大也^③。何以书？记灾也^④。

【注释】

①两观微也：观是门旁的装饰，故云"两观微也"。案《春秋》之例，书"及"字区别尊卑，故经云"雉门及两观"。

②主灾者，两观也：何休云："时灾从两观起。"若言"雉门灾及两观"，则是雉门先起火，再波及两观，与事实不符。

③不以微及大也：微，指两观。大，指雉门。"不以微及大也"，即不书"两观灾及雉门"。

④记灾也：案雉门设立两观，是僭越天子的制度。昭公二十五年，子家驹劝谏昭公，已提及此事，认为昭公当先自正，然后正人。昭公不听，反被季氏所逐，身死他国。定公作为昭公之子，当据前车之鉴，除去僭制，故上天降灾警示之。

【译文】

经言"雉门及两观灾"是为何？因为两观比雉门低微。那么为何不言"雉门灾及两观"？因为是火灾起自两观。火灾起自两观，那么为何后言两观？因为不以微者居"及"字之前，大者居"及"字之后。为何记录此事？是记录灾害。

【穀梁传】其不曰雉门灾及两观，何也？灾自两观始也，不以尊者亲灾也①。先言雉门，尊尊也。

【注释】

①亲：靠近。

【译文】

经文不说"雉门灾及两观"，为什么呢？因为火灾是从两观开始的，不让尊贵的事物靠近灾祸。先说到的雉门，是尊奉尊贵的事物。

【经】秋，楚人伐吴。

【译文】

秋，楚国进攻吴国。

【左传】桐叛楚①。吴子使舒鸠氏诱楚人②,曰:"以师临我,我伐桐,为我使之无忌③。"

【注释】

①桐叛楚:桐世代属于楚国,现在背叛。桐,古国名,在今安徽桐城北。

②舒鸠氏:舒鸠于襄公二十四年叛楚,二十五年被楚所灭。其地在今安徽舒城,在桐北。

③"以师临我"三句:吴王让舒鸠人引诱楚国攻打吴国,吴国为取悦于楚,假装为楚国伐桐,使楚对吴国没有疑忌。案此即伍员所谓"多方以误之"。

【译文】

桐国背叛楚国。吴王派舒鸠氏诱骗楚国人,说:"让楚国派军队逼近我国,我国去攻打桐国,从而让楚国对我国出兵不产生怀疑。"

秋,楚囊瓦伐吴①,师于豫章。吴人见舟于豫章,而潜师于巢②。冬十月,吴军楚师于豫章,败之③。遂围巢,克之,获楚公子繁④。

【注释】

①楚囊瓦伐吴:楚国听从舒鸠人的话,出兵伐吴。

②吴人见舟于豫章,而潜师于巢:吴国假装伐桐,故意让战船出现在豫章,而暗地里出兵巢地。案吴实际上准备袭击楚国。

③吴军楚师于豫章,败之:吴兵乘楚军不备,击败楚军。军,动词,攻击。

④"遂围巢"三句:公子繁,守巢大夫。案此役伍员"多方以误之"的策略使楚国不知虚实,防不胜防。

【译文】

秋,楚国的囊瓦进攻吴国,军队驻扎在豫章。吴国让战船在豫章出现,却暗地里出兵巢地。冬十月,吴军在豫章攻打楚军,击败了楚军。于是包围巢地,并攻占它,俘虏了楚国的公子繁。

***【左传】**邾庄公与夷射姑饮酒①,私出②。阍乞肉焉③,夺之杖以敲之④。

【注释】

①夷射姑:邾国大夫。

②私:小便。

③阍乞肉焉:守门人向夷射姑讨肉。阍,守门人。《仪礼·燕礼》:"宾醉,北面坐,取其荐脯以降,奏《陔》。宾所执脯以赐钟人于门内雷。"夷射姑为小便而出,守门人以为其为取脯,故向其乞肉。

④夺之杖以敲之:夷射姑夺过守门人手里的棍子打他。夷射姑无脯,且脯以赐钟人,非与阍,故敲之。案此本与下年传文"三年春二月辛卯,邾子在门台"云云相连,被割裂置此。

【译文】

邾庄公与夷射姑一起喝酒,夷射姑出外小便。看门人向他讨肉吃,夷射姑夺过对方的棍子并打他。

【经】冬十月,新作雉门及两观。

【译文】

冬十月,新建雉门和两观。

【公羊传】其言新作之何？修大也①。修旧不书，此何以书？讥。何讥尔？不务乎公室也②。

【注释】

①修大也：上文天降灾害，以为当恢复诸侯之制，雉门一观，此处仍按天子之制，修复雉门及两观，故言"修大"。

②不务乎公室也：务，勉。公室，指鲁国国君。雉门之内，为鲁国外朝所在，五月遭火灾，至十月才修葺，故"不务公室"字面意思，是讥刺久不修。实际上，也可指三家专政，许久未行朝见公室之礼。此为微辞之实例。

【译文】

经言"新作雉门及两观"是为何？重修仍超出了诸侯之制。修葺旧有建筑，例所不书，此处为何记录？是讥刺。讥刺什么？讥刺不勤勉于公室。

【穀梁传】言新，有旧也。作，为也，有加其度也。此不正，其以尊者亲之①，何也？虽不正也，于美犹可也②。

【注释】

①以尊者亲之：《穀梁传》认为"作"是一个含有贬义的词，不应把尊贵的雉门与之放在一起说。

②于美犹可：对于美好的事物还是可以的。指就礼制而言，新修不应扩大规模，但是就美观而言，也可以扩大其规模。

【译文】

说"新"，是因为有旧的。"作"，就是修筑，增加了它的规模。这不合礼制，却把"雉门"与"新作"放在一起叙述，为什么呢？因为虽然不合礼制，但是对于美好的事物还是可以的。

三年

△【经】三年春王正月^①,公如晋,至河,乃复。

【注释】

①三年:鲁定公三年当周敬王十三年,前507年。

【译文】

鲁定公三年春周历正月,鲁定公去晋国,到黄河边,就返回了。

【经】二月辛卯^①,邾子穿卒^②。

【注释】

①二月:《公羊传》《穀梁传》作“三月”。当年三月无辛卯,疑误。
　辛卯:二月二十九日。

②邾子穿:即邾庄公,姓姬,名穿,谥庄。邾子,《公羊传》作“邾娄
　子”。

【译文】

二月二十九日,邾庄公穿去世。

【左传】三年春二月辛卯,邾子在门台,临廷^①。阍以瓶水沃廷^②。邾子望见之,怒。阍曰:“夷射姑旋焉^③。”命执之^④,弗得,滋怒,自投于床^⑤,废于炉炭^⑥,烂,遂卒。先葬以车五乘,殉五人。庄公卞急而好洁,故及是^⑦。

【注释】

①邾子在门台,临廷:邾庄公站在门楼上,下临庭院。门台,门楼。

②阍以瓶水沃廷：守门人用瓶子装水洒在庭院里。

③夷射姑旋焉：诬告夷射姑在这里小便。旋，小便。

④命执之：邾庄公命令把夷射姑抓起来。

⑤自投于床：邾庄公发怒，从坐具上跳下来。床，坐具。

⑥废于炉炭：跌在炉炭上。废，坠，跌。

⑦庄公卞急而好洁，故及是：邾庄公急躁又有洁癖，自酿其祸而死。
　　卞急，急躁。

【译文】

　　鲁定公三年春二月二十九日，邾庄公在门楼上，下临庭院。看门人用瓶子盛水洒在庭院里。邾庄公望见了，大怒。看门人说："夷射姑在这里小便了。"邾庄公下令去抓夷射姑，没抓到，更加生气，自己从床上跳下来，跌倒在炉子的炭火上，皮肉溃烂而死。先用五辆车子、五个人殉葬。邾庄公性急而爱洁净，所以发生了这种事。

△**【经】**夏四月。

【译文】

夏四月。

△**【经】**秋，葬邾庄公①。

【注释】

①邾庄公：《公羊传》作"邾娄庄公"。

【译文】

秋，安葬邾庄公。

*****【左传】**秋九月，鲜虞人败晋师于平中①，获晋观虎，恃

其勇也。

【注释】

①平中：晋地名，或曰在今河北唐县附近。

【译文】

秋九月，鲜虞人在平中打败晋军，抓获晋国的观虎，这是观虎自恃其勇的结果。

【经】冬，仲孙何忌及邾子盟于拔①**。**

【注释】

①邾子：指新即位的邾国国君邾隐公曹益，邾庄公之子。《公羊传》作"邾娄子"。拔：古地名，今地不详。《左传》作"郯（tán）"，《公羊传》作"枝"。案时月日例，盟立日，小信月，大信时。此处邾子尚在丧中，未逾年，而鲁国强会之，是薄于父子之恩；又派遣大夫，尊卑不等。如此则鲁国有大恶，故《春秋》为之避讳，书时，好像拔之盟是"义结善事"，如此鲁国之恶就减轻了。

【译文】

冬，仲孙何忌与邾隐公在拔地结盟。

【左传】冬，盟于郯，修邾好也①**。**

【注释】

①盟于郯，修邾好也：鲁、邾两国都是新君，因此结盟修好。郯，即经文的"拔"。

【译文】

冬，在郯地结盟，是要重修与邾国的友好关系。

　　*【左传】蔡昭侯为两佩与两裘以如楚①,献一佩一裘于昭王。昭王服之②,以享蔡侯。蔡侯亦服其一。子常欲之,弗与,三年止之③。唐成公如楚④,有两肃爽马⑤,子常欲之,弗与,亦三年止之。唐人或相与谋,请代先从者⑥,许之。饮先从者酒,醉之,窃马而献之子常。子常归唐侯。自拘于司败⑦,曰:“君以弄马之故,隐君身,弃国家⑧。群臣请相夫人以偿马,必如之⑨。”唐侯曰:“寡人之过也,二三子无辱⑩。”皆赏之。蔡人闻之,固请,而献佩于子常。子常朝,见蔡侯之徒⑪,命有司曰:“蔡君之久也,官不共也⑫。明日礼不毕,将死。”蔡侯归,及汉,执玉而沉,曰:“余所有济汉而南者,有若大川⑬。”蔡侯如晋,以其子元与其大夫之子为质焉,而请伐楚。

【注释】

①佩:佩玉。

②服:穿戴。

③三年止之:子常将蔡侯扣留了三年。

④唐:楚附庸小国,昭王时灭之,故国在今湖北随州西北。

⑤肃爽:骏马名。

⑥请代先从者:唐国人向楚国请求,派人代替先前去的随从。

⑦自拘:窃马者自己囚禁自己,以示请罪。司败:唐国司寇。

⑧“君以弄马之故”三句:指唐国国君因玩马而被拘禁。弄,玩。马为供人玩弄之物,所以称为弄马。隐,被拘的委婉说法。

⑨群臣请相夫人以偿马,必如之:有如像肃爽那样的好马,一定让养马人送来偿还唐侯。相,帮助。夫人,指养马者。

⑩寡人之过也,二三子无辱:唐国国君自责。辱,指自拘。

⑪蔡侯之徒：蔡昭侯的随从。

⑫蔡君之久也，官不共也：子常委过于有司，意思是蔡昭侯长留楚国，是有司饯别礼物没准备好。共，通"供"。

⑬余所有济汉而南者，有若大川：蔡昭侯因佩玉而受辱，因此沉玉发誓与楚国绝交。汉，汉水。济汉而南，指朝楚。

【译文】

蔡昭侯准备了两件玉佩和两件裘衣前往楚国，把一件玉佩、一件裘衣献给楚昭王。楚昭王穿上裘衣戴上玉佩，设享礼招待蔡昭侯。蔡昭侯也穿戴了另外的一件裘衣和玉佩。子常想要玉佩、裘衣，蔡昭侯不给，被扣留在楚国三年。唐成公到楚国去，有两匹肃爽马，子常想得到，唐成公也不给，同样被扣留在楚国三年。唐国人商议，请求代替原先跟从唐成公的人，楚人允许了。他们让先去的人喝酒，把他们灌醉，盗取肃爽马献给子常。子常便遣返唐成公。盗马人自行捆绑了到唐国司寇那里，说："国君因为玩马的缘故，自身失去自由，抛弃了国家。群臣们请求帮助养马人来赔马，而且一定跟那两匹肃爽马一样。"唐成公说："这是寡人的过错，群臣们不要自我羞辱。"对他们全都给予赏赐。蔡国人听说了，也向蔡昭侯提出坚决的请求，把玉佩献给了子常。子常上朝，见到蔡昭侯的手下，命令有关官员道："蔡国国君所以滞留这么久，是由于你们这些人没有备齐送行的礼品。到明天礼物还备不齐，就要处死你们。"蔡昭侯返国，途经汉水，拿起玉沉到水中，说："我要是再渡过汉水往南去，有这大江作证。"蔡昭侯前往晋国，以他的儿子元与大夫的儿子作人质，请求晋国出兵攻打楚国。

四年

△**【经】四年春王二月癸巳**①**，陈侯吴卒**②**。**

【注释】

①四年:鲁定公四年当周敬王十四年,前506年。癸巳:当为该年的
　正月初六日,此处书"二月",疑误。

②陈侯吴:即陈惠公,姓妫,名吴,谥惠。陈惠公在位二十四年。

【译文】

鲁定公四年春周历二月初六,陈惠公吴去世。

【经】三月,公会刘子、晋侯、宋公、蔡侯、卫侯、陈子、郑伯、许男、曹伯、莒子、邾子、顿子、胡子、滕子、薛伯、杞伯、小邾子、齐国夏于召陵①**,侵楚**②**。**

【注释】

①刘子:刘文公姬狄,一名卷,又作"伯蚠(fén)",此次会盟后去世。
　其采邑刘在周王畿之内,为周王室的卿士,故排在诸侯之前。晋
　侯:晋定公姬午。宋公:宋景公子栾。蔡侯:蔡昭公姬申,蔡悼侯
　之弟。卫侯:卫灵公姬元。陈子:陈怀公妫柳,惠公妫吴之子。因
　陈国尚在惠公之丧中,新君要到第二年才能正式举行即位大典,
　故此时称"陈子"而不称"陈侯"。郑伯:郑献公姬虿(chài),一
　作"姬趸(dǔn)",定公之子。曹伯:曹隐公姬通,曹武公之子,平
　公之弟,平公子声公之叔,弑侄声公自立,此次会盟后去世。莒
　子:莒郊公己狂。邾子:邾隐公曹益。《公羊传》作"邾娄子"。滕
　子:滕顷公姬结,一名姬耆。杞伯:杞悼公姒成,在这次会盟中去
　世。小邾子:《公羊传》作"小邾娄子"。召陵:古地名,在今河南
　郾城东。先前蔡昭公去楚国,楚国大夫囊瓦向他索要一美裘,昭
　公不与。楚国为此将蔡昭公拘执了数年,然后才放他回国。此处
　诸侯会于召陵,即为此事侵责楚国。

②侵楚:案晋、楚交兵止于此。

【译文】

三月,鲁定公与刘文公、晋定公、宋景公、蔡昭公、卫灵公、陈怀公、郑献公、许男、曹隐公、莒郊公、邾隐公、顿子、胡子、滕顷公、薛襄公、杞悼公、小邾穆公、齐国夏在召陵相会,侵袭楚国。

【左传】四年春三月,刘文公合诸侯于召陵,谋伐楚也。晋荀寅求货于蔡侯,弗得。言于范献子曰:"国家方危,诸侯方贰,将以袭敌,不亦难乎!水潦方降①,疾疟方起,中山不服②,弃盟取怨,无损于楚③,而失中山,不如辞蔡侯。吾自方城以来,楚未可以得志,只取勤焉④。"乃辞蔡侯⑤。

【注释】

①水潦(lào):雨水成灾。

②中山:即鲜虞。

③弃盟取怨,无损于楚:晋、楚两国已结盟,伐楚只会使晋国弃盟取怨。

④"吾自方城以来"三句:襄公十六年,晋国打败楚国,侵方城,自此以后,晋对楚用兵,都徒劳无功。勤,劳。案去年蔡昭侯用自己及大夫的儿子为质于晋国,坚请伐楚,荀寅因索求贿赂不得,劝范献子拒绝出兵。

⑤乃辞蔡侯:高闶曰:"蔡不胜楚之陵虐,告于诸侯,而请伐楚。晋为盟主,大合诸侯十八国之众,天子使大夫临之,可谓极盛。乃不能攘楚,而吴以一国之师败之,晋是以失伯。吴子主黄池之会,自此始也。"顾栋高曰:"齐桓召陵之师,会者八国,晋文城濮之师,凡四大国,而厉公鄢陵之战,乞师鲁、卫,鲁、卫未至而独胜楚。今乃合十八国之诸侯,凡陈、蔡、郑、许、顿、胡之旧属楚者,悉转而从晋,又临以王人,此时可以灭楚而有余。乃荀寅以求货弗得,卒辞蔡

侯,以入郢之大功让之强吴,天下震动。此时晋、楚俱弱而吴兴矣。"

【译文】

鲁定公四年春三月,刘文公和诸侯在召陵会合,商议攻打楚国。晋国荀寅向蔡昭公索要财物,没得到。他对范献子说:"国家正处在危急中,诸侯正离心离德,想去袭击敌人,不是很难吗! 大雨正下个不停,疟疾流行,中山国不肯臣服,如果背弃盟约而招致怨恨,对楚国没有损害,却会失去中山,不如拒绝蔡侯。我国自从方城战役以来,都没能在对楚国的战事中获胜,只不过白忙乎一场。"于是拒绝了蔡昭公。

晋人假羽旄于郑^①,郑人与之。明日,或旆以会^②。晋于是乎失诸侯^③。

【注释】

①假:借。羽旄:羽毛,可作旗杆或仪仗的装饰。

②或旆以会:让下级人员将羽毛装饰在旗尾去参会。

③晋于是乎失诸侯:晋国"或旆以会"是轻视和侮辱郑国,诸侯见晋国如此,都怨恨晋国。

【译文】

晋国向郑国借用羽旄,郑国借给了他们。第二天,晋国用羽旄装饰旌旗参会。晋国由此而失去诸侯的拥护。

【经】夏四月庚辰^①,蔡公孙姓帅师灭沈^②,以沈子嘉归,杀之。

【注释】

①庚辰:二十四日。

②公孙姓：《公羊传》作"公孙归姓"。灭沈：沈国因未参加召陵之
　会，故而被灭。

【译文】

夏四月二十四日，蔡国公孙姓带兵灭了沈国，把沈子嘉押回国，杀了。

【左传】沈人不会于召陵①，晋人使蔡伐之。夏，蔡灭沈。

【注释】

①沈：楚国盟国，在今安徽阜阳。

【译文】

沈国不肯参加召陵盟会，晋国派蔡国讨伐它。夏，蔡国灭亡沈国。

【经】五月，公及诸侯盟于皋鼬①。

【注释】

①皋鼬（yòu）：古地名，在今河南临颍南。《公羊传》作"浩油"。

【译文】

五月，鲁定公和诸侯在皋鼬结盟。

【左传】将会，卫子行敬子言于灵公曰①："会同难②，啧有
烦言③，莫之治也。其使祝佗从④！"公曰："善。"乃使子鱼。
子鱼辞，曰："臣展四体⑤，以率旧职⑥，犹惧不给而烦刑书⑦，
若又共二⑧，徼大罪也⑨。且夫祝，社稷之常隶也⑩。社稷
不动，祝不出竟⑪，官之制也。君以军行，祓社衅鼓，祝奉以
从，于是乎出竟⑫。若嘉好之事⑬，君行师从⑭，卿行旅从⑮，
臣无事焉。"公曰："行也。"

【注释】

①子行敬子：卫国大夫。

②会同难：朝会难于恰如其分，让各方满意。

③啧（zé）有烦言：议论纷纷，抱怨责备。啧，大声纷争的样子。烦言，气愤或不满的话。

④其使祝佗从：子鱼口才好，因此子行敬子建议让子鱼随行。祝佗，子鱼。

⑤展四体：手脚并用。四体，四肢。

⑥率旧职：继承先人的职位。

⑦烦刑书：指获罪。

⑧共二：从事第二种职务。

⑨徼：求取。

⑩且夫祝，社稷之常隶也：太祝掌祭祀宗庙之鬼神，所以自称为社稷神的小臣。隶，贱臣。

⑪社稷不动，祝不出竟：社稷不动，祝不出国境。社稷动即国家迁移。竟，通"境"。

⑫"君以军行"四句：国君率军出行，要祭社杀牲衅鼓，太祝才跟随出境。祓（fú）社，祭祀社神。

⑬嘉好之事：指朝会。

⑭师：二千五百人为师。

⑮旅：五百人为旅。

【译文】

　　将要举行盟会，卫国子行敬子对卫灵公说："朝会很难有意见一致的，要是议论纷纷，就不好办了。希望让祝佗跟随！"灵公说："好的。"于是让子鱼跟随。子鱼推辞，说："臣勤劳忙碌，以承继先人的职务，还担心完不成任务而被处罚，如果又兼任第二种职务，就要获大罪了。况且太祝是为社稷神而设立的贱职，社稷不动，太祝就不出国境，这是官制所规定的。国君率军出征,祭祀社神,用牺牲的血衅鼓,太祝奉社主跟从,这才走出国境。至于朝会之类的事,国君出行自有一师人马随从,卿出行有一旅人马随从,下臣没有什么事可做。"卫灵公说:"还是去吧。"

　　及皋鼬,将长蔡于卫①。卫侯使祝佗私于苌弘曰:"闻诸道路,不知信否。若闻蔡将先卫,信乎?"苌弘曰:"信。蔡叔,康叔之兄也,先卫,不亦可乎②?"

【注释】

①将长蔡于卫:晋国打算盟会时让蔡国在卫国之前歃盟。

②"蔡叔"四句:苌弘认为,以始祖长幼为次序是合理的。蔡叔,蔡国始封君,是卫国始封君康叔的哥哥。

【译文】

　　到达皋鼬,主持者准备把蔡国位置排在卫国之前。卫灵公派祝佗私下对苌弘说:"道路传言不知是否确实,听说要把蔡国排在卫国的前面,是真的吗?"苌弘说:"是真的。蔡叔是康叔的哥哥,排在卫国前面,不也是可以的吗?"

　　子鱼曰:"以先王观之,则尚德也①。昔武王克商,成王定之,选建明德②,以藩屏周。故周公相王室,以尹天下③,于周为睦④。分鲁公以大路、大旂⑤,夏后氏之璜⑥,封父之繁弱⑦,殷民六族,条氏、徐氏、萧氏、索氏、长勺氏、尾勺氏,使帅其宗氏⑧,辑其分族⑨,将其类丑,以法则周公⑩,用即命于周⑪。是使之职事于鲁⑫,以昭周公之明德。分之土田陪敦、祝、宗、卜、史⑬,备物、典策⑭,官司、彝器⑮;因商奄之民,命以《伯禽》而封于少皞之虚⑯。分康叔以大路、少帛、綪莜、旃旌、大吕^⑰，殷民七族：陶氏、施氏、繁氏、锜氏、樊氏、饥氏、终葵氏，封畛土略^⑱，自武父以南及圃田之北竟^⑲，取于有阎之土以共王职，取于相土之东都以会王之东蒐^⑳。聃季授土^㉑，陶叔授民^㉒，命以《康诰》而封于殷虚^㉓。皆启以商政，疆以周索^㉔。分唐叔以大路、密须之鼓、阙巩、沽洗^㉕，怀姓九宗^㉖，职官五正^㉗。命以《唐诰》而封于夏虚^㉘，启以夏政，疆以戎索^㉙。

【注释】

①尚德：贵德而不贵长幼。

②选建明德：选择明德的人而分封建国。

③尹天下：治理天下。尹，治理。

④于周为睦：诸侯与周室和睦相处。

⑤鲁公：伯禽。大路：即金路，装有铜饰的车，王子母弟出封国以赐之。大旂（qí）：画有交龙之旗，建于金路。

⑥璜：玉器。

⑦封父：古诸侯国。在今河南封丘。繁弱：良弓名。

⑧宗氏：指大宗。

⑨辑：集合。分族：指小宗。

⑩将其类丑，以法则周公：让六族依附周室，服从周公法令。类丑，指附属六族的奴隶。丑，众。

⑪用：因此。即命于周：归附周王朝，听取命令。

⑫使之职事于鲁：让他们在鲁国供职。

⑬之：指鲁国。陪敦：附庸、附属小国。祝：太祝。宗：宗人。卜：太卜，为卜筮之长。史：太史，记史事及掌典籍、星历。

⑭备物：服物，指衣服、织品及器物。典策：周朝的典籍简册。案所

以说周礼尽在鲁国。

⑮官司：卿大夫百官。这里指赐给鲁国应该有的若干卿、大夫、士。
彝器：常用器具。

⑯因商奄之民，命以《伯禽》而封于少皞之虚：用《伯禽》来训诫伯
禽并封在少皞故城，安抚商奄的百姓。商奄，古国名，在今山东曲
阜。《伯禽》，即《伯禽之命》，《周书》中的一篇，已佚。

⑰少帛：即小白，旗名。绮茷（qiàn pèi）：即绮旆，深赤色的旗子。旃
（zhān）旌：旗帜。用帛制而无装饰者为旃，用析羽为饰者为旌。
大吕：钟名。

⑱封畛（zhěn）：封疆界。土略：也指疆界。

⑲武父、圃田：都是地名。

⑳取于有阎之土以共王职，取于相土之东都以会王之东蒐：取有阎
作为卫国国君朝周王的宿邑，取相土之东都作为天子东巡的休息
之地。有阎，古地名，在今河南洛阳附近。相土之东都，古地名，
在今河南商丘，一说在今河南濮阳。相土，殷商之祖。

㉑聃（dān）季：周公之弟，周王司空。

㉒陶叔：司徒。杨伯峻曰："陶叔疑即曹叔振铎，雷学淇《竹书纪年义
证》'曹伯夷蒐'下云'叔之封近定陶，故《左传》又谓之陶叔'。"

㉓命以《康诰》：作《康诰》以告诫康叔。《康诰》，也是《周书》中的
一篇。诰，训诫之辞。殷虚：即朝歌，古地名，在今河南淇县。

㉔皆启以商政，疆以周索：鲁、卫二国都沿用殷商政事，用周朝制度
区划土地。皆，指鲁公、康叔二人。启，沿用。疆，作动词，划分疆
界。索，法度。

㉕密须：国名，在今甘肃灵台西。阙巩：铠甲名。沽洗：钟名。

㉖怀姓九宗：晋西北怀姓狄人。

㉗职官五正：五官之长。

㉘《唐诰》：诰命篇名，告诫唐叔之辞。夏虚：夏朝故城，在今山西太

原。太原西南晋祠即祭祀唐叔的地方。

㉙启以夏政，疆以戎索：晋国周围都是戎狄，因此晋国用夏朝政事，
而按戎人制度区划土地。

【译文】

子鱼说："用先王的标准来看，崇尚的是德行。昔日武王打败商朝，成王平定天下，选择德行修明的人分封，作为周朝的藩篱以捍卫周室。所以周公辅佐王室，以治理天下，诸侯与周朝和睦相处。赐给鲁以大路、大旂，还有夏后氏的璜玉、封父的繁弱名弓，并给予殷朝的六个宗族：条氏、徐氏、萧氏、索氏、长勺氏、尾勺氏，让他们率领其大宗，集合其小宗，统领其奴隶，来服从周公的法令，由此而听从周朝的命令。这是让他们在鲁国供职，以宣扬周公美好的德行。赐给鲁国田地附庸小国、太祝、宗人、太卜、太史，还有服用器物、典籍简册，以及百官、彝器；安抚商奄百姓，用《伯禽》来训诫，并封在少皞的故城。赐给康叔大路、少帛旗、綪茷、旃旌、大吕钟，还有殷朝的七个家族：陶氏、施氏、繁氏、锜氏、樊氏、饥氏、终葵氏，封疆定界，从武父以南到达圃田北境，从有阎氏那里得到土地以执行王室任命的职务；取得相土的东都以协助周王在东边的巡视。授予聃季土地，授予陶叔人民，用《康诰》来训诫，而封在殷朝的故城。鲁公和康叔都沿用商朝的政策，而按周朝的制度来区划土地。赐给唐叔大路、密须之鼓、阙巩之甲、沽洗之钟，还有怀姓的九个宗族、五正的职官。用《唐诰》来训诫，而封在夏朝的故城，沿用夏朝的政策，按戎人的制度来区划土地。

"三者皆叔也①，而有令德，故昭之以分物②。不然，文、武、成、康之伯犹多，而不获是分也，唯不尚年也③。管、蔡启商，惎间王室④。王于是乎杀管叔而蔡蔡叔⑤，以车七乘、徒七十人⑥。其子蔡仲改行帅德，周公举之，以为己卿士，见

诸王而命之以蔡⑦。其命书云:‘王曰:"胡⑧! 无若尔考之违王命也⑨。"’若之何其使蔡先卫也⑩? 武王之母弟八人,周公为大宰,康叔为司寇,聃季为司空,五叔无官⑪,岂尚年哉? 曹,文之昭也⑫;晋,武之穆也⑬。曹为伯甸,非尚年也⑭。今将尚之,是反先王也⑮。

【注释】

①三者皆叔也:周公、康叔是武王的弟弟,唐叔是成王的弟弟。三者,鲁公、康叔、唐叔。

②而有令德,故昭之以分物:以分赐东西来宣扬三人的美德。分物,即上文分之以某物。

③"文、武、成、康之伯犹多"三句:文、武、成、康四王的儿子中年长者很多,却不得分赐,就因为是崇尚德行而不崇尚年龄。伯,指兄长。

④管、蔡启商,惎(jì)间王室:成王年幼,周公旦摄政,管叔、蔡叔引诱商纣儿子武庚叛乱。惎间,毒害,叛乱。

⑤蔡蔡叔:流放蔡叔。

⑥以车七乘、徒七十人:给车七辆、奴隶七十人。

⑦"其子蔡仲改行帅德"四句:蔡仲改恶从善,周公举而用之,被命为蔡侯。帅,同"率",循。

⑧胡:蔡仲名。

⑨尔考:你的父亲,指蔡叔。

⑩若之何其使蔡先卫也:子鱼认为,以德而论,蔡国不应该先于卫国。

⑪五叔无官:管叔鲜、蔡叔度、成叔武、霍叔处、毛叔聃五人都没有官职。

⑫曹,文之昭也:曹国始封君叔振铎是文王之子、武王的弟弟。

⑬晋,武之穆也:晋国始封君唐叔虞是武王之子、成王的弟弟。

⑭曹为伯甸,非尚年也:这里以曹、晋相比,曹叔年长于唐叔,而封地

更远,说明不以年龄为次序。伯甸,以伯爵居甸服。晋为侯服。
《周礼·大行人》:"邦畿千里。其外方五百里谓之侯服,又其外方
五百里谓之甸服。"

⑮今将尚之,是反先王也:现在如果崇尚年龄,是违反先王之制。

【译文】

　　"三个人都是天子的弟弟,都有美好的德行,所以用分赐宝物来彰显
他们的德行。不然的话,文王、武王、成王、康王的哥哥还有很多,却没有
得到这些赐予,就因为不是崇尚年龄的缘故。管叔、蔡叔引诱商人,企图
危害周王室。周王因此杀了管叔而流放蔡叔,给蔡叔七辆车子、七十名
奴隶。蔡叔儿子蔡仲改恶从善,周公举荐了他,让他任自己的卿士,并拜
见周王而封为蔡侯。任命书上说:'天子说:"胡! 你不要像你父亲那样
违背天子的命令。"'凭什么让蔡国排在卫国的前面呢? 武王同母弟八
个,周公为太宰,康叔任司寇,聃季任司空,其余五人没有官职,哪里是崇
尚年龄呢! 曹国是文王的后代,晋国是武王的后代。曹国以伯爵做甸服
的诸侯,不是崇尚年龄。现在要崇尚年龄,这是违背先王意思的。

　　"晋文公为践土之盟,卫成公不在,夷叔,其母弟也,犹
先蔡①。其载书云:'王若曰,晋重、鲁申、卫武、蔡甲午、郑
捷、齐潘、宋王臣、莒期②。'藏在周府,可覆视也③。吾子欲
复文、武之略,而不正其德,将如之何④?"苌弘说,告刘子,
与范献子谋之,乃长卫侯于盟⑤。

【注释】

①"晋文公为践土之盟"五句:践土之盟时,卫成公逃亡在外,由夷
　　叔参加会盟,歃盟时卫国先于蔡国。夷叔,叔武,卫成公同母弟。

②"其载书云"三句:盟书上记载所说歃血之人的次序是:晋文公、

鲁僖公、卫叔武、蔡庄公、郑文公、齐昭公、宋成公、莒兹丕公。则卫在蔡前。

③藏在周府，可覆视也：盟书记载明确，有案可查。

④"吾子欲复文、武之略"三句：意思是苌弘既有意恢复文王、武王的法度，就应按文、武旧制办事，尚德不尚年。略，道。

⑤乃长卫侯于盟：案经子鱼力争，晋国终于让卫国先于蔡国。

【译文】

"晋文公召集践土盟会，卫成公不在场，夷叔是他的同母弟，名位依然排在蔡国的前面。盟书说：'天子说，晋国的重、鲁国的申、卫国的武、蔡国的甲午、郑国的捷、齐国的潘、宋国的王臣、莒国的期。'盟书藏在周朝的府库中，可以查对的。您要想恢复文王、武王的制度，却不崇尚德行，打算怎么办？"苌弘认为他说得对，告诉了刘文公，与范献子商量，结盟时便把卫国排在蔡国前面。

反自召陵，郑子大叔未至而卒①。晋赵简子为之临②，甚哀，曰："黄父之会③，夫子语我九言，曰：'无始乱④，无怙富⑤，无恃宠，无违同⑥，无敖礼⑦，无骄能⑧，无复怒⑨，无谋非德⑩，无犯非义⑪。'"

【注释】

①郑子大叔未至而卒：郑国大夫游吉没回到郑国，就死于途中。

②临（lìn）：哭吊死者。

③黄父之会：在昭公二十五年。

④始乱：发动祸乱。

⑤怙富：凭恃富有。

⑥违同：违背共同的意愿。

⑦敖礼:傲视有礼的人。敖,同"傲"。

⑧骄能:恃才骄傲。

⑨复怒:为一事而再次发怒。

⑩无谋非德:不合道德的事不干。

⑪无犯非义:不触犯不义之事。

【译文】

郑国子太叔从召陵返回,还没到达国内就去世了。晋国赵简子为他吊丧号哭,很悲伤,说:"黄父之会上,您对我说了九句话,说:'不要发动祸乱,不要倚仗富有,不要凭仗受宠,不要违背共同的意愿,不要傲视有礼的人,不要仗着有才干而骄傲,不要为同一件事重复发怒,不要谋划不合道德的事,不要触犯不合道义的事。'"

【穀梁传】一事而再会,公志于后会也①。后,志疑也②。

【注释】

①志:心愿,愿望。这里是指召陵之会说的是"公会",这里说的是"公及",《穀梁传》依照"及者,内为志焉尔"理解,便认为鲁定公更倾心于第二次会盟。

②疑:犹豫,迟疑。指定公于伐楚与否迟疑不决。

【译文】

同一件事举行两次会盟,表明鲁定公是希望有后面这次会盟的。"后",表明心中迟疑了。

△**【经】**杞伯成卒于会①。

【注释】

①杞伯成卒于会:杞悼公死于召陵之会。杞伯,即杞悼公,姓姒,名

成,伯爵,谥悼。《公羊传》作"杞伯戌"。

【译文】

杞悼公成在盟会时去世。

△**【经】六月,葬陈惠公**①。

【注释】

①葬陈惠公:陈惠公,即陈侯吴。昭公十三年,"陈侯吴归于陈",是
　接受楚国的专封,属于篡位。《春秋》之例,篡明则书其葬。

【译文】

六月,安葬陈惠公。

△**【经】许迁于容城**①。

【注释】

①容城:古地名,在今河南鲁山南。

【译文】

许国迁移到容城。

△**【经】秋七月**①**,公至自会。**

【注释】

①七月:案时月日例,公致例时,此处之"七月",是为下文"刘卷卒"
　而出。

【译文】

秋七月,鲁定公从盟会回国。

【经】刘卷卒^①。

【注释】

①刘卷：即刘文公，姓姬，名卷，谥文。

【译文】

刘文公卷去世。

【公羊传】刘卷者何？天子之大夫也。外大夫不卒，此何以卒？我主之也^①。

【注释】

①我主之也：实际应作"主我"，即上文"公会刘子以下于召陵"，刘子是主会者。刘子主会，而言"我主之"者，因《春秋》托鲁国为王者，故变文。刘子主会，则对鲁国有恩礼，故书其卒。值得注意的是，天子大夫对鲁国有恩礼，而书其卒者，有几种情况：天子大夫有主会之恩者，在会后一年内去世，书其卒。鲁君奔丧天子，天子大夫主傧赞诸侯者，在葬后三年内去世，书其卒。鲁君薨没，天子大夫来会葬者，在葬后三年内去世，书其葬。

【译文】

刘卷是什么人？是天子的大夫。鲁国之外的大夫，例不书卒，此处为何书刘卷之卒？因为他对鲁国有主会之恩。

【穀梁传】此不卒而卒者，贤之也。寰内诸侯也^①，非列土诸侯^②，此何以卒也？天王崩，为诸侯主也^③。

【注释】

①寰内诸侯：采邑在王畿之内的周王室卿士称作寰内诸侯。

②列土：分封土地。

③主：主人，主持人。指周景王去世时能以宾主之礼接待诸侯。

【译文】

这是不应记载去世而记载了去世的，是认为他很贤明。他是寰内诸侯，不是分封了土地的诸侯，这里为什么记载他的去世呢？因为周天子去世的时候，他作为主人接待了诸侯。

△**【经】葬杞悼公。**

【译文】

安葬杞悼公。

【经】楚人围蔡①。

【注释】

①楚人围蔡：是因为蔡灭沈。一说，楚人实为楚国大夫囊瓦，此处围蔡者，因蔡昭公被楚国拘禁数年，归去时云："天下诸侯，苟有能伐楚者，寡人请为之前列。"囊瓦而称楚人者，是贬抑他。详参下柏举之战条。

【译文】

楚国包围蔡国。

【左传】秋，楚为沈故，围蔡。伍员为吴行人以谋楚。

【译文】

秋,楚国因为沈国的缘故,包围蔡国。伍员任吴国行人谋划进攻楚国。

△【经】晋士鞅、卫孔圉帅师伐鲜虞①。

【注释】

①卫孔圉:《公羊传》作"卫孔圉"。

【译文】

晋国士鞅、卫国孔圉领兵讨伐鲜虞。

【经】葬刘文公。

【译文】

安葬刘文公。

【公羊传】外大夫不书葬,此何以书? 录我主也。

【译文】

鲁国之外的大夫,例不书葬,此处书刘文公之葬,是为何? 因他对鲁国有主会之恩,故详录之。

【经】冬十有一月庚午①,蔡侯以吴子及楚人战于柏举②,楚师败绩。楚囊瓦出奔郑。

【注释】

①庚午:十八日。

②蔡侯:蔡昭公。吴子:吴国中兴之君吴王阖庐,一作"阖闾"。柏
　　举:古地名,在今湖北麻城东北。《公羊传》作"伯莒"。《穀梁传》
　　作"伯举"。

【译文】

　　冬十一月十八日,蔡昭公与吴王阖庐与楚国人在柏举交战,楚军失
败。楚国囊瓦出逃郑国。

　　【左传】楚之杀郤宛也,伯氏之族出①。伯州犁之孙嚭
为吴大宰以谋楚②。楚自昭王即位,无岁不有吴师③。蔡侯
因之,以其子乾与其大夫之子为质于吴④。

【注释】

　　①楚之杀郤宛也,伯氏之族出:昭公二十七年,由于费无极的陷害,
　　　郤宛被杀,伯氏为郤宛同党,因此逃离楚国。
　　②伯州犁之孙嚭(pǐ)为吴大宰以谋楚:案伍员、伯嚭都为吴国策划
　　　对付楚国。
　　③楚自昭王即位,无岁不有吴师:昭王即位至今十年,年年有吴军骚扰。
　　④蔡侯因之,以其子乾与其大夫之子为质于吴:晋国虽然合诸侯于
　　　召陵,却不讨伐楚国,蔡国于是求助于吴国。因之,依附吴国。

【译文】

　　楚国杀死郤宛时,伯氏的族人出逃国外。伯州犁的孙子伯嚭任吴国
太宰,谋划攻打楚国。楚国自从昭王即位以来,没有一年不受到吴军骚
扰。蔡昭侯依附吴国,把儿子乾和大夫的儿子送到吴国当人质。

　　冬,蔡侯、吴子、唐侯伐楚。舍舟于淮汭①,自豫章与楚
夹汉②。左司马戌谓子常曰③:"子沿汉而与之上下④,我悉方

城外以毁其舟,还塞大隧、直辕、冥厄⑤。子济汉而伐之,我自后击之,必大败之。"既谋而行。武城黑谓子常曰⑥:"吴用木也,我用革也,不可久也⑦,不如速战。"史皇谓子常⑧:"楚人恶子而好司马⑨。若司马毁吴舟于淮,塞城口而入⑩,是独克吴也。子必速战! 不然,不免⑪。"乃济汉而陈,自小别至于大别⑫。三战,子常知不可,欲奔⑬。史皇曰:"安求其事,难而逃之⑭,将何所入? 子必死之,初罪必尽说⑮。"

【注释】

①舍舟于淮汭:吴军到达淮汭,弃船登陆攻击楚国。淮,淮水。汭,河岸凹曲处。

②自豫章与楚夹汉:吴军从豫章进发,与楚军夹汉水对峙。

③左司马戌:沈尹戌。

④沿汉而与之上下:紧守汉水沿岸,上下堵截,不让吴军渡水。

⑤我悉方城外以毁其舟,还塞大隧、直辕、冥厄:沈尹戌将以方城外全部楚军抄袭吴军背后,毁坏吴军船只而断其退路。大隧、直辕、冥厄,在今河南、湖北交界的三个关隘。大隧在东,今名九里关;中为直辕,今名武胜关;冥厄亦曰黾塞,在西,今名平靖关。冥厄有大小石门,凿山通道,极为险隘。

⑥武城黑:楚国武城大夫,名黑。

⑦"吴用木也"三句:革车是用胶把皮革粘饰在车表面,不耐雨湿,不可久战。用木、用革,都指兵车。

⑧史皇:楚国大夫。

⑨司马:即沈尹戌。

⑩城口:指大隧等三关。

⑪"子必速战"三句:史皇怕沈尹戌独占其功,唆使子常不用沈尹戌

的战略。不免,不免于罪。

⑫乃济汉而陈,自小别至于大别:没等沈尹戌做好准备,子常先出击。小别,小别山,在今湖北汉川,汉水以北。大别,大别山,在今湖北汉阳东北。

⑬子常知不可,欲奔:子常知道不能战胜吴军,准备撤军逃走。

⑭安求其事,难而逃之:国安之时就想执掌政事,有危难时就想逃跑。

⑮子必死之,初罪必尽说:只有拼死一战,才可解脱前罪。说,通"脱"。

【译文】

冬,蔡昭公、吴王阖庐、唐成公进攻楚国。他们在淮河边弃舟登岸,从豫章进发,与楚军隔汉水对峙。左司马沈尹戌对子常说:"您沿着汉水与他们上下周旋,我带领方城外的所有人马去毁掉吴军的战船,再回头堵塞大隧、直辕、冥厄。您渡过汉水进击他们,我从后面进攻,必然把他们打得大败。"商量好就出发了。武城黑对子常说:"吴国战车用的是木头,我们的战车蒙着皮革,遇雨不能持久,不如速战。"史皇对子常说:"楚国人讨厌您而喜欢司马。要是司马在淮水毁掉吴国战船,堵塞城口而回兵,那可就是他单独战胜吴国了。您一定要速战,不然将不免于罪责。"子常便渡过汉水摆开阵势,从小别山直到大别山。打了三仗,子常发现不能获胜,想逃走。史皇说:"平安无事时您争要权力,有急难就逃走,您想逃到哪里去?您一定要拼死作战,以前的罪责才能全部免除。"

十一月庚午,二师陈于柏举①。阖庐之弟夫概王晨请于阖庐曰:"楚瓦不仁②,其臣莫有死志③,先伐之,其卒必奔;而后大师继之,必克。"弗许④。夫概王曰:"所谓'臣义而行,不待命'者⑤,其此之谓也。今日我死,楚可入也⑥。"以其属五千先击子常之卒。子常之卒奔,楚师乱,吴师大败之⑦。子常奔郑⑧。史皇以其乘广死⑨。

【注释】

①二师：吴、楚两国的军队。

②瓦：子常的名。

③死志：死战的决心。

④弗许：阖庐不同意夫概王的请求。

⑤臣义而行，不待命：为人臣之道，合于义就做，不必等待命令。

⑥今日我死，楚可入也：案夫概王准备拼死作战，以便吴军攻入郢都。

⑦"子常之卒奔"三句：子常军队本无斗志，一战即溃。

⑧子常奔郑：案楚国对战败之将处罚甚重，如城濮之战子玉自尽，鄢陵之战子反自杀，所以子常不敢回郢都。

⑨史皇以其乘广死：史皇乘子常之车战死。乘广，楚王或楚国主帅所乘坐的兵车。

【译文】

十一月十八日，两军在柏举对阵。阖庐的弟弟夫概王早晨向阖庐请示说："楚国囊瓦不仁，他的手下没有拼死作战的决心，我们抢先进攻，他们的士兵必定奔逃；然后大部队跟进，一定能战胜。"吴王不同意。夫概王说："所谓'臣下看到合道义的就去做，不必等待命令'，说的就是这情形。今天我拼死一战，楚国就能攻入郢都。"便带着下属五千人率先攻击子常的人马。子常的士兵溃逃，楚军大乱，吴军大败楚军。子常逃往郑国。史皇在子常车上战死。

【公羊传】吴何以称子？夷狄也，而忧中国。其忧中国奈何？伍子胥父诛乎楚，挟弓而去楚，以干阖庐①。阖庐曰："士之甚，勇之甚。"将为之兴师，而复仇于楚。伍子胥复曰："诸侯不为匹夫兴师。且臣闻之,事君犹事父也,亏君之义,复父之仇,臣不为也。"于是止。蔡昭公朝乎楚,有美裘焉,囊瓦求之,昭公不与,为是拘昭公于南郢②,数年然后归之。于其归焉,用事乎河③,曰："天下诸侯,苟有能伐楚者,寡人请为之前列。"楚人闻之怒④,为是兴师,使囊瓦将而伐蔡。蔡请救于吴,伍子胥复曰："蔡非有罪也,楚人为无道,君如有忧中国之心,则若时可矣。"于是兴师而救蔡。曰事君犹事父也,此其为可以复仇奈何⑤? 曰:父不受诛,子复仇可也⑥。父受诛,子复仇,推刃之道也⑦。复仇不除害⑧。朋友相卫,而不相迿⑨。古之道也。

【注释】

①以干阖庐:何休云:"不待礼见曰干,欲因阖庐以复仇。"

②南郢:即楚国国都郢,因其地处南方,故又称南郢,在今湖北江陵北的纪南城。

③用事乎河:河,黄河。用事,祭祀。蔡昭公前往晋国请求讨伐楚国,故经过黄河,因祭祀而发誓。上文召陵之会,即是晋侯应蔡昭公之请,侵责楚国。

④楚人闻之怒:诸侯侵责楚国之后,楚国方听闻蔡昭公之誓言,怒而发兵,即上文之"楚人围蔡"。

⑤曰事君犹事父也,此其为可以复仇奈何:以下就伍子胥复仇之事,广论复仇的义理。事君犹事父,古人以事父之敬推及事君,故父为子之至尊,君为臣之至尊。此处问,君、父都是至尊,为何可以向君王报杀父之仇?

⑥父不受诛,子复仇可也:不受诛,罪不当诛。父亲无罪,而被国君诛杀,则君臣之义已绝,故可以向国君复仇。值得注意的是,此处

国君指诸侯，因当时可以出仕他国，故君臣之义可绝；若是天子，
则普天之下，莫非王土，君臣之义不可绝，不可向天子复仇。

⑦推刃之道也：何休云："子复仇非，当复讨其子，一往一来曰推刃。"

⑧复仇不除害：除害，即斩草除根，将仇人的子女等人一并杀害。
《春秋》以为，复仇只能针对本人，否则无道义可言。

⑨朋友相卫，而不相迿（xùn）：何休云："同门曰朋，同志曰友。相
卫，不使为仇所胜。"迿，先。即不得先于朋友出手，所以伸孝子
之恩。

【译文】

　　吴国为何称"子"？吴是夷狄，但有担忧中国之心。吴国担忧中国
是怎么回事？伍子胥的父亲被楚王诛杀，伍子胥带着弓箭离开了楚国，
直接求见阖庐。阖庐说："贤良至极，勇敢至极！"将要兴师为他向楚国
报仇。伍子胥回答说："诸侯不为匹夫兴师。况且微臣听闻，侍奉国君如
同侍奉父亲，亏损国君的道义，以报父亲之仇，微臣不干这种事。"于是
作罢。蔡昭公去楚国朝见，有一件漂亮的皮裘，囊瓦向蔡昭公索求，蔡昭
公不给，为此楚国将蔡昭公拘禁在南郢，几年之后才释放他。蔡昭公回
去向晋请兵，在黄河边祭祀，发誓道："天下诸侯如有能讨伐楚国的，我愿
为先锋。"楚人听闻此语，大怒，为此兴师，使囊瓦为将，而讨伐蔡国。蔡
国向吴国求救，伍子胥说："蔡国没有罪过，楚人为无道之行，国君如果有
担忧中国之心，那么此时可以出兵了。"于是兴师救援蔡国。说侍奉国
君犹如侍奉父亲，此处为何可以向国君复仇？说：父无罪而被诛杀，儿子
可以向国君复仇。父亲有罪被诛杀，儿子复仇，则往来相杀不止。复仇
不能斩草除根。朋友帮忙复仇时，互相护卫，不能率先刺杀仇家。这是
自古以来的道义。

　　【穀梁传】吴其称子，何也？以蔡侯之以之，举其贵者也。
蔡侯之以之，则其举贵者，何也？吴信中国而攘夷狄①，吴

进矣[②]。其信中国而攘夷狄奈何？子胥父诛于楚也，挟弓持矢而干阖庐。阖庐曰："大之甚！勇之甚！"为是欲兴师而伐楚。子胥谏曰："臣闻之，君不为匹夫兴师。且事君犹事父也，亏君之义，复父之仇，臣弗为也。"于是止。蔡昭公朝于楚，有美裘，正是日[③]，囊瓦求之，昭公不与，为是拘昭公于南郢。数年然后得归，归乃用事乎汉[④]，曰："苟诸侯有欲伐楚者，寡人请为前列焉。"楚人闻之而怒，为是兴师而伐蔡。蔡请救于吴。子胥曰："蔡非有罪，楚无道也。君若有忧中国之心，则若此时可矣。"为是兴师而伐楚。何以不言救也？救大也[⑤]。

【注释】

①信：听从，服从。

②进：进步，改善。

③正是日：就在这一天。指蔡昭公朝楚的这一天。

④汉：汉水。这里指汉水之神。

⑤大：夸大，指吴国毕竟是夷狄之国，说夷狄之国救中原之国，就显得过分提高它的地位了。故称"吴子"而不说"救"。

【译文】

对吴国称"子"，为什么呢？因为蔡昭公带领着他，所以要用尊贵的称呼。蔡昭公带着他，那就要用尊贵的称呼，为什么呢？吴国跟从中原国家而排斥夷狄之国，吴国进步了。吴是怎样跟从中原国家而排斥夷狄的呢？伍子胥的父亲被楚王杀死，带着弓拿着箭而求见阖庐。阖庐说："这个人很有孝心！很有勇气！"因此打算出兵讨伐楚国。伍子胥进谏说："下臣听说，国君不应为寻常之人举兵。况且服侍国君就像服侍父亲一样，损害国君的道义，来为自己的父亲报仇，我不能这样做。"因此停止攻楚的事。蔡昭公到楚国访问,他有一件漂亮的皮裘,就在这一天,楚国令尹囊瓦索求皮裘,蔡昭公不给,因此楚国将蔡昭公拘禁在南郢。数年之后才得以回国,回国之后蔡昭公祭祀汉水,说:"如果诸侯有要讨伐楚国的,我请求作为前锋。"楚国人听后大怒,因此出兵讨伐蔡国。蔡国向吴国请求救援。伍子胥说:"蔡国没有过错,是楚国不讲道义。您如果有为中原国家担忧的心,那么此时可以出兵了。"因此吴出兵伐楚。为什么不说"救"呢? 说"救"就夸大了。

【经】庚辰^①,吴入郢^②。

【注释】

①庚辰:二十八日。

②郢:《公羊传》《穀梁传》作"楚"。

【译文】

二十八日,吴军攻入郢都。

【左传】吴从楚师,及清发^①,将击之。夫概王曰:"困兽犹斗,况人乎? 若知不免而致死,必败我^②。若使先济者知免,后者慕之,蔑有斗心矣^③。半济而后可击也。"从之,又败之。楚人为食,吴人及之,奔。食而从之,败诸雍澨^④。五战,及郢。

【注释】

①清发:水名,涢水支流,在今湖北安陆。

②若知不免而致死,必败我:要是发现免不了一死而拼死战斗,可能反败为胜。

③"若使先济者知免"三句：夫概王之意为网开一面，楚兵争相逃命，便会丧失斗志。蔑，同"无"。

④"楚人为食"五句：楚军做好饭未及吃，吴国追兵到，楚人赶紧逃跑。吴兵吃了楚军的饭，继续追赶。为食，做饭吃。雍澨，水名，今湖北京山西南有三澨水，此为其中之一。

【译文】

吴军追赶楚军直到清发，准备发起进攻。夫概王说："困兽犹斗，何况人呢？如果知道免不了一死而拼命，必定会打败我们。要是让先渡过河的楚军以为能逃脱，后面的人就会羡慕他们，这样就没有斗志了。等他们一半过河以后就可以攻击了。"吴王同意了，又打败楚军。楚国人正做饭，吴军赶到，楚军跑了。吴军吃了这些饭食又去追赶，在雍澨又打败楚军。连打五仗，抵达郢都。

己卯①，楚子取其妹季芈畀我以出②，涉雎③。铖尹固与王同舟④，王使执燧象以奔吴师⑤。

【注释】

①己卯：十一月二十七日。

②季芈（mǐ）畀（bì）我：楚昭王妹妹。季为排行。芈，姓。畀我，名。

③涉雎：雎，水名，一名沮水，自今湖北江陵入长江。案杨伯峻认为楚昭王自纪南城西逃，渡沮水，当在今湖北枝江东北。

④铖尹固：楚国大夫。

⑤执燧象以奔吴师：把火炬系在象尾上，让象冲入敌阵，以抵御吴军。

【译文】

十一月二十七日，楚昭王带着妹妹季芈畀我逃出郢都，渡过雎水。铖尹固与昭王同船，昭王命他在大象尾巴上系上火把冲向吴军。

庚辰①，吴入郢，以班处宫②。子山处令尹之宫③，夫概王欲攻之，惧而去之，夫概王入之④。

【注释】

①庚辰：二十八日。

②以班处宫：按爵位等级占有楚人宫室。

③子山：阖庐之子。

④夫概王入之：案《左传》记吴入郢不及伍员，而《淮南子》《吴越春秋》《史记》等书皆记伍员亦与此战，《史记·伍子胥列传》更言伍员掘平王之墓而鞭其尸。

【译文】

二十八日，吴军进入郢都，按照官爵尊卑入住宫室。子山住在令尹的宫里，夫概王要攻击他，子山害怕而搬走，夫概王就住了进去。

左司马戌及息而还①，败吴师于雍澨，伤。初，司马臣阖庐，故耻为禽焉②。谓其臣曰：“谁能免吾首③？”吴句卑曰④：“臣贱，可乎？”司马曰：“我实失子⑤，可哉！”三战皆伤，曰：“吾不可用也已⑥。”句卑布裳，刭而裹之，藏其身而以其首免⑦。

【注释】

①左司马戌及息而还：沈尹戌得知楚军已败，中途折回来。息，古地名，在今河南息县西南。

②“初”三句：沈尹戌曾在吴国为阖庐之臣，所以耻为吴国擒获。

③免吾首：不使吴国得到我的尸首。

④吴句卑：沈尹戌部下小臣。

⑤实失子：以前疏忽，不知道你贤能而重用你。

⑥不可用：不中用，将死。

⑦"句卑布裳"三句：沈尹戌死后，吴句卑把他的尸身藏好，带上他的头逃走。布，铺开。

【译文】

　　左司马沈尹戌到达息地就退兵，在雍澨打败吴军，自己也负了伤。起初，司马做过阖庐的臣下，所以耻于被吴军擒获。对他部下说："谁能让吴军得不到我的尸首？"吴句卑说："下臣地位低贱，不知可以吗？"司马说："我过去竟然没有重用你，可以的！"又与吴军交战，沈尹戌三次都负伤，说："我已经不行了。"他死后，吴句卑铺开衣服，割下沈尹戌的头包裹好，藏好他的尸身，然后带着头逃走了。

　　楚子涉雎，济江，入于云中①。王寝，盗攻之，以戈击王。王孙由于以背受之②，中肩。王奔郧③，锺建负季芈以从④，由于徐苏而从⑤。郧公辛之弟怀将弑王⑥，曰："平王杀吾父，我杀其子，不亦可乎？"辛曰："君讨臣，谁敢仇之⑦？君命，天也。若死天命，将谁仇？《诗》曰：'柔亦不茹，刚亦不吐。不侮矜寡，不畏强御⑧。'唯仁者能之。违强陵弱，非勇也⑨；乘人之约⑩，非仁也；灭宗废祀⑪，非孝也；动无令名⑫，非知也。必犯是，余将杀女。"斗辛与其弟巢以王奔随⑬。吴人从之，谓随人曰："周之子孙在汉川者，楚实尽之⑭。天诱其衷，致罚于楚⑮，而君又窜之，周室何罪⑯？君若顾报周室，施及寡人，以奖天衷⑰，君之惠也。汉阳之田，君实有之⑱。"楚子在公宫之北⑲，吴人在其南。子期似王，逃王，而己为王⑳，曰："以我与之，王必免。"随人卜与之，不吉,乃辞吴曰:"以随之辟小而密迩于楚,楚实存之㉑。世有盟誓,至于今未改。若难而弃之,何以事君㉒?执事之患不唯一人,若鸠楚竟,敢不听命㉓?"吴人乃退。镈金初宦于子期氏㉔,实与随人要言㉕。王使见㉖,辞曰:"不敢以约为利㉗。"王割子期之心以与随人盟㉘。

【注释】

①云中:即云梦泽,在今湖北安陆。

②王孙由于以背受之:王孙由于以背代昭王受戈击。王孙由于,又称吴由于,楚国公族。

③郧:古地名,在今湖北京山、安陆一带。

④锺建:楚国大夫。

⑤徐苏:因被戈击伤,一时昏迷,后来慢慢苏醒。

⑥郧公辛:斗辛,蔓成然之子。昭公十四年楚平王杀蔓成然。

⑦君讨臣,谁敢仇之:国君诛讨其臣,谁敢记仇怀恨?

⑧"柔亦不茹"四句:引《诗》见《诗经·大雅·烝民》。意思是遇到软的不吞下去,遇到硬的不吐出来。不侮辱鳏寡的人,也不畏惧强暴的人。"柔亦不茹,刚亦不吐"二句是比喻。茹,食,吞,与"吐"对文。矜寡,鳏寡。

⑨违强陵弱,非勇也:楚平王杀其父时,王是强者,所以其父不违君命而受之。如今楚昭王逃亡在外,是弱者,要是加以凌辱,不是勇者。

⑩约:穷,指昭王正处于困境。

⑪灭宗废祀:弑君之罪,将遭灭族之祸而使宗祀废绝。

⑫动无令名:弑君的行动无美名。动,行动。

⑬斗辛与其弟巢以王奔随:斗辛阻止其弟杀昭王,并保护昭王逃往随国。

⑭周之子孙在汉川者,楚实尽之:僖公二十八年传云:"汉阳诸姬,楚实尽之。"吴、随等都是姬姓,所以吴国以此诱使随人反楚。

⑮天诱其衷,致罚于楚:天意要降罚于楚国。

⑯而君又窜之,周室何罪:吴国以随同为周之子孙,责备随国不应藏匿共同的仇人。窜,藏匿。

⑰奖:助成。

⑱汉阳之田,君实有之:吴人意谓将汉阳田地全部给随国。

⑲公宫:随君之宫。

⑳"子期似王"三句:公子结长相似昭王,自荐假扮昭王以应付吴国,让昭王逃走。子期,昭王兄公子结。

㉑以随之辟小而密迩于楚,楚实存之:以随国之僻小而得保存,是因有楚国的保护。

㉒若难而弃之,何以事君:楚国有难时则背弃盟约,如此不守信义,又何以事吴国?

㉓"执事之患不唯一人"三句:吴国之患,并不在昭王一人未擒,如能安定楚国民心,随国岂敢不从命?一人,指昭王。鸠,安定。

㉔鬷(lǔ)金:人名,曾是子期家臣。

㉕要言:口头约定,指商定藏匿昭王以及子期代王之事。要,约。

㉖王使见:想召见鬷金并封为王臣。

㉗不敢以约为利:不敢趁昭王困窘时为自己谋利。

㉘王割子期之心以与随人盟:割破子期胸部皮肤,取血与随人结盟,不是剖腹取心。子期本要代王赴难,所以取他的血,表示接受其忠诚。

【译文】

楚昭王徒步渡过雎水,又渡过长江,进入云中。昭王休息时,盗贼攻击他,用戈打昭王。王孙由于用背挡住戈,击中肩膀。昭王逃到郧地,锺建背着季芈跟从,王孙由于慢慢苏醒后也跟了上来,郧公斗辛的弟弟斗怀要杀死昭王，说：“平王杀了我们的父亲，我杀死他的儿子，不也是可以的吗？”斗辛说：“君王诛讨臣子，谁敢仇恨他？君王的命令是上天的意志。如果死于天命，你要仇恨谁？《诗》说：‘不吞吃柔软的，不吐出坚硬的。不欺侮鳏寡，不畏惧强暴。’这只有仁爱者才能做到。躲避强者欺凌弱者，不是勇；乘人之危，不是仁；灭亡宗族，废弃祭祀，不是孝；行动得不到好名声，不是智。你一定要这样做，我将杀了你。”斗辛和弟弟巢陪着昭王逃到随国。吴国人也追到这里，对随国人说：“周在汉川的子孙，都被楚国消灭净尽。上天垂示意愿，降罚于楚国，您却藏匿楚王，请问周室有什么罪？您要是能顾念并报答周室，恩惠延及寡人，以完成上天的心愿，这是您的恩惠。汉水北边的田地，都归您所有。”楚昭王在随国公宫的北面，吴军在公宫南面。子期长相像昭王，就让昭王逃走，自己装扮成昭王，说：“把我交给吴人，君王一定可免于难。”随国人为交出子期而占卜，不吉利，就拒绝吴国说：“随国偏僻弱小，又紧邻楚国，是楚国保存了我们。两国世代有盟誓，直到现在也没改变。如果楚国有危难而抛弃它，又凭什么事奉君王？你们的问题不只是昭王一人，要是能安定楚国，我国岂敢不听从命令？”吴军于是退兵。镳金起初在子期氏那里当家臣，曾与随国人约定不交出楚王。昭王让他进见，他推辞说：“不敢因为君王处在困境而谋取私利。”昭王割破子期的胸口取血与随国人结盟。

初，伍员与申包胥友。其亡也，谓申包胥曰：“我必复楚国[1]。”申包胥曰：“勉之！子能复之，我必能兴之。”及昭王在随，申包胥如秦乞师，曰：“吴为封豕、长蛇[2]，以荐食上国[3]，虐始于楚[4]。寡君失守社稷，越在草莽[5]，使下臣告急，曰：‘夷德无厌，若邻于君，疆埸之患也[6]。逮吴之未定[7]，君其取分焉[8]。若楚之遂亡，君之土也。若以君灵抚之，世以事君[9]。’”秦伯使辞焉，曰：“寡人闻命矣。子姑就馆，将图而告⑩。"对曰:"寡君越在草莽,未获所伏⑪,下臣何敢即安?"立,依于庭墙而哭,日夜不绝声,勺饮不入口七日。秦哀公为之赋《无衣》⑫。九顿首而坐⑬。秦师乃出。

【注释】

①复:颠覆。

②吴为封豕、长蛇:比喻吴国的贪暴。封,大。

③荐食上国:吴国屡次侵害中原诸侯。荐,屡次。上国,指中原地区的诸侯国。

④虐始于楚:首先侵害到楚国。

⑤越:流亡。草莽:草野之间。

⑥"夷德无厌"三句:楚国西界与秦国相接,现在吴国既占有楚国,则成为秦的邻国,这样一来秦国的边境也将不免于祸患。夷,指吴国。

⑦逮:及,乘。

⑧取分:与吴国共分楚国。

⑨"若楚之遂亡"四句:楚国如果被灭亡,将成为秦国之地;如不亡,楚国将世世代代事奉秦国。灵,威灵。抚,存恤。

⑩子姑就馆,将图而告:请申包胥暂且住进客馆,待考虑好后再作答复。

⑪未获所伏:未得安宁居处。

⑫《无衣》:《诗经·秦风》中的一篇。其中有"王于兴师,修我戈矛,与子同仇"及"修我甲兵,与子偕行"的诗句。秦哀公赋此诗,是表示将出兵救楚国。

⑬九顿首而坐:申包胥行大礼拜谢。古无九顿首之礼,申包胥求救心切,秦肯出师,故特别感谢以至九顿首。顿首,叩头。坐,跪坐。

【译文】

起先,伍员与申包胥是好朋友。当伍员逃亡的时候,对申包胥说:

"我一定要灭亡楚国。"申包胥说："努力吧！你能灭亡它，我一定能复兴它。"到了昭王逃亡随国，申包胥到秦国请求出兵，说："吴国如同大猪、长蛇，一再吞食上国，为害从楚国开始。我们国君失守国家，流亡荒野，派下臣来告急，说：'夷人的本性就是贪得无厌，如果成为国君的邻国，就将是秦国边境的祸患。趁吴国现在还没平定楚国，国君可以前来分割。要是楚国就此灭亡，这里就是国君的土地了。如果以国君的威灵镇抚楚国，当世世代代奉事国君。'"秦哀公派人致谢，说："寡人听到命令了。您姑且在馆舍安顿下来，我们商量后告知。"申包胥回答说："我们国君远避荒野，还没得到安身之处，下臣怎敢到安逸的地方休息？"站在那儿，靠着庭院的墙哭，日夜哭声不断，七天没喝过一勺水。秦哀公为他赋《无衣》。申包胥叩了九次头后才坐下。秦军于是出动。

【公羊传】吴何以不称子？反夷狄也。其反夷狄奈何？君舍于君室[①]，大夫舍于大夫室，盖妻楚王之母也。

【注释】

①君舍于君室：何休云："舍其室，因其妇人为妻。"此为吴国集体的一次禽兽之行，故由称子贬至称国。

【译文】

吴为何不称为"子"？因为返回了夷狄。吴国返回夷狄是怎么回事？国君住进楚君之室，大夫住进楚国大夫之室，大概是奸淫了楚王的母亲。

【穀梁传】日入，易无楚也[①]。易无楚者，坏宗庙[②]，徙陈器[③]，挞平王之墓。何以不言灭也？欲存楚也。其欲存楚奈何？昭王之军败而逃，父老送之[④]，曰："寡人不肖，亡先君之邑。父老反矣，何忧无君？寡人且用此入海矣。"父老曰："有君如此，其贤也，以众不如吴，以必死不如楚。"相与击之，一夜而三败吴人，复立。何以谓之吴也？狄之也。何谓狄之也？君居其君之寝而妻其君之妻，大夫居其大夫之寝而妻其大夫之妻。盖有欲妻楚王之母者，不正。乘败人之绩而深为利，居人之国，故反其狄道也。

【注释】

①易：轻视。无楚：没有楚国，指灭楚。

②宗庙：天子、诸侯祭祀祖先的地方。

③陈器：宗庙中悬挂的乐器。

④父老：对老年人的尊称。

【译文】

记载进入的日期，是轻视灭楚。轻视灭楚，因为吴毁坏楚国的宗庙，搬走宗庙里的乐器，鞭打楚平王的尸体。为什么不说"灭"呢？是想要保存楚国。为什么想要保存楚国呢？楚昭王的军队战败逃跑，父老们前去送行，楚昭王说："我不贤能，丢掉了先君的城邑。你们回去吧，哪里用得着担忧没有国君呢？我将从这里流亡到海岛上去。"父老说："有这样的国君，是贤能的，论军队众多楚不如吴，论以必死的决心作战吴不如楚。"一起进攻吴军，一个夜里三次打败吴国人，楚昭王恢复君位。为什么说"吴"呢？是把它当做夷狄之国来看待。为什么把它当做夷狄之国来看待呢？吴君住在楚君的寝室而以楚君的妻子为妻，吴国的大夫住在楚国大夫的寝室而以楚国大夫的妻子为妻。大概还有想要以楚王的母亲为妻的，不合正道。利用打败别人的功绩而极力谋取利益，占据别人的国家，所以是回到了夷狄之国的做法。

五年

△【经】五年春王三月辛亥朔，日有食之^①。

【注释】

①五年春王三月辛亥朔，日有食之：此为前505年2月16日之日环食。五年，鲁定公五年当周敬王十五年，前505年。三月，《公羊传》《穀梁传》作"正月"，当年正月无辛亥，《公羊传》《穀梁传》经文误。

【译文】

鲁定公五年春周历三月初一，发生日食。

*【左传】五年春，王人杀子朝于楚^①。

【注释】

①王人杀子朝于楚：昭公二十二年王子朝作乱，失败后逃往楚国。现在周人乘楚国战乱杀死王子朝。王人，成周人。

【译文】

鲁定公五年春，成周人在楚国杀死王子朝。

【经】夏，归粟于蔡^①。

【注释】

①归粟于蔡：鲁国赠送粮食给蔡国。归，同"馈"，赠送。何休云："时为蔡新被强楚之兵，故归之粟。"

【译文】

夏，送粮食给蔡国。

【左传】夏,归粟于蔡,以周亟^①,矜无资^②。

【注释】

①周:周济。亟:同"急"。

②矜无资:蔡国被楚国包围,饥困,所以鲁国送粮食救急。矜,怜悯。资,粮食。

【译文】

夏,送粮食给蔡国,用来周济急难,哀怜他们缺粮。

【公羊传】孰归之? 诸侯归之。曷为不言诸侯归之? 离至不可得而序,故言我也^①。

【注释】

①离至不可得而序,故言我也:参见襄公五年"冬,戌陈"条。

【译文】

谁赠送的? 是诸侯赠送的。为何不说是诸侯赠送? 因为诸侯先后分散到来,没办法序列,所以姑且按鲁国的书法记录此事。

【穀梁传】诸侯无粟,诸侯相归粟,正也。孰归之? 诸侯也。不言归之者^①,专辞也^②,义迩也^③。

【注释】

①不言归之者:不说送去粮食的人。

②专辞:专门的说法。指《春秋》经文如果是记载鲁国为主的事情,则不列出主语。

③迩:道理是接近的。指对于其他诸侯国而言,也会遵循"归粟"这

样的道理。

【译文】

某一诸侯没有粮食了，其他诸侯送去粮食，符合正道。谁送去的粮食？是诸侯。不说是谁送去的，因为这是对鲁国专门的说法，对其他诸侯而言道理是一样的。

【经】於越入吴①。

【注释】

①於越入吴：越国进攻吴国。於，发声词。於越，即越国。依何休之意，越人自称其国为"於越"，中国称之为"越"。案《春秋》对于夷狄，有七等进退之法，即"州、国、氏、人、名、字、子"。此处越为夷狄，又在吴国新忧中国之时，攻入吴国都城，有大恶，故贬出七等之外，称其为"於越"。

【译文】

越国攻入吴国。

【左传】越入吴，吴在楚也①。

【注释】

①越入吴，吴在楚也：越国乘吴军在楚国，后方空虚，攻入吴国。顾栋高曰："吴以定四年入郢，而越即乘虚入吴。是年申包胥以秦师至。有秦以犄吴之前，而复有越以议吴之后，吴欲不归，得乎？"

【译文】

越国攻入吴国，这是由于吴军正在楚国。

【公羊传】於越者何？越者何？於越者，未能以其名通

也。越者,能以其名通也。

【译文】

於越是什么? 越是什么? 书"於越",表明越国未能以其名通于中国。书"越",表明越国能以其名通于中国。

【经】六月丙申①**,季孙意如卒**②**。**

【注释】

①丙申:十七日。

②季孙意如:鲁国执政大夫,季氏宗主,谥平,称季平子。季孙意如,《公羊传》作"季孙隐如"。

【译文】

六月十七日,季平子去世。

【左传】六月,季平子行东野①,还,未至,丙申,卒于房②。阳虎将以玙璠敛③,仲梁怀弗与④,曰:"改步改玉⑤。"阳虎欲逐之,告公山不狃⑥。不狃曰:"彼为君也,子何怨焉⑦?"既葬,桓子行东野⑧,及费。子洩为费宰,逆劳于郊⑨,桓子敬之。劳仲梁怀,仲梁怀弗敬。子洩怒,谓阳虎:"子行之乎⑩?"

【注释】

①行:巡行视察。东野:季氏封邑。

②房:即防,古地名,在今山东曲阜。

③阳虎:季氏家臣。玙璠:鲁国宝玉名,鲁国国君的佩玉。

④仲梁怀:也是季氏家臣。

⑤改步改玉:古代越是尊贵的人,步行越慢越短。人的职位变了,步履之疾徐长短也应该改变,所佩之玉也要改变。阳虎想用玙璠之玉葬季平子,仲梁怀不同意,认为当初昭公出奔,季平子代行公职,故佩玙璠祭祀,现在定公在位,季平子为臣,不能再佩公玉,而应"改步改玉"。

⑥公山不狃(niǔ):季氏家臣费宰子洩。

⑦彼为君也,子何怨焉:公山不狃告诉阳虎,仲梁怀是为季平子好,不必因此怨恨他。

⑧桓子:季平子之孙季孙斯。

⑨逆劳于郊:在郊外迎接、慰劳。

⑩子行之乎:仲梁怀随同季孙斯巡行,子洩因仲梁怀对自己不敬,便怂恿阳虎说:你现在可以逐仲梁怀了。行,驱逐。

【译文】

六月,季平子巡视东野,回都城,还没到,十七日便在房地去世。阳虎想用玙璠之玉随葬,仲梁怀不给,说:"地位改变了步速佩玉也要跟着改变。"阳虎打算驱逐仲梁怀,告诉了公山不狃。公山不狃说:"他是为着主君,你有什么可怨恨的呢?"安葬季平子后,季桓子巡视东野,到达费地。公山不狃任费宰,到郊外迎接慰劳,季桓子对他很敬重。慰问仲梁怀,仲梁怀却表现出不敬。公山不狃发怒,对阳虎说:"你不是要赶走他吗?"

△**【经】**秋七月壬子①,叔孙不敢卒②。

【注释】

①壬子:初四。

②叔孙不敢:鲁国大夫叔孙氏宗主,谥成,称叔孙成子。

【译文】

秋七月初四，叔孙成子去世。

*【左传】申包胥以秦师至，秦子蒲、子虎帅车五百乘以救楚。子蒲曰："吾未知吴道①。"使楚人先与吴人战，而自稷会之②，大败夫概王于沂③。吴人获薳射于柏举④，其子帅奔徒以从子西⑤，败吴师于军祥⑥。秋七月，子期、子蒲灭唐⑦。

【注释】

①吴道：吴国的战术。

②稷：古地名，在今河南桐柏。

③沂：楚地名，在今河南正阳。

④薳射：楚国大夫。

⑤奔徒：奔跑的散兵。

⑥军祥：古地名，在今湖北随州西南。

⑦子期、子蒲灭唐：唐国跟随吴国伐楚，因此被灭。唐，国名，在今湖北枣阳。

【译文】

申包胥带来了秦军，秦国子蒲、子虎率领战车五百辆来救援楚国。子蒲说："我不了解吴国的战术。"让楚军先和吴军交战，而从稷地领兵接应，在沂地大败夫概王。吴国在柏举俘获薳射，薳射的儿子收拾败兵跟随子西，在军祥打败吴军。秋七月，子期、子蒲灭亡唐国。

九月，夫概王归，自立也①。以与王战而败，奔楚，为堂谿氏②。吴师败楚师于雍澨，秦师又败吴师。吴师居麇③，子期将焚之④，子西曰："父兄亲暴骨焉，不能收，又焚之，不可。"子期曰:"国亡矣! 死者若有知也,可以歆旧祀,岂惮焚之⑤?"焚之,而又战,吴师败,又战于公婿之溪⑥。吴师大败,吴子乃归。囚闉舆罢,闉舆罢请先,遂逃归⑦。叶公诸梁之弟后臧从其母于吴,不待而归⑧。叶公终不正视⑨。

【注释】

①夫概王归,自立也:夫概王想自立为吴王。杜预注:"自立为吴王,称夫概王。"因此前文称之为夫概王。

②"以与王战而败"三句:夫概王被阖庐打败,逃奔楚国,后被封为堂谿氏。堂谿,或作"棠谿",在今河南遂平西北。

③麇(jūn):楚地名,在雍澨附近。

④子期将焚之:焚麇地。一说所焚乃楚师阵亡将士的尸骨。案去年吴与楚军主力及沈尹戌所率偏师均在雍澨发生战斗,今年又战于此,麇在雍澨附近,故多楚军尸骨。

⑤"国亡矣"四句:焚邑是为了战胜敌人。楚国不亡,那时可按旧规矩来祭祀。父兄死而有知,一定不会反对焚邑。歆,享。旧祀,往日的祭祀。

⑥公婿之溪:即《战国策·楚策一》中所说的浊水,在今湖北襄樊东。

⑦"囚闉(yīn)舆罢"三句:囚禁闉舆罢,因为他请求先走,趁机逃回楚国。闉舆罢,楚国大夫。

⑧叶公诸梁之弟后臧从其母于吴,不待而归:吴军入楚后,后臧母亲被俘虏入吴,后臧跟随入吴。战后后臧丢弃母亲只身逃回楚国。诸梁,叶公子高,沈尹戌儿子。

⑨叶公终不正视:叶公嫌后臧弃母不义,终生不正眼看他。

【译文】

九月,夫概王回国,自立为吴王。领兵和吴王阖庐交战被打败,出逃楚国,后来封为堂谿氏。吴军在雍澨打败楚军,秦军又打败吴军。吴军驻扎在麇地,子期打算放火烧麇地,子西说:"父兄亲人的骸骨暴露在野,不能收殓,又要焚烧掉,这不行。"子期说:"国家要灭亡了! 死者如果有灵,以后还可以按旧规矩享受祭祀,哪里会怕焚烧?"最终放火焚烧,又交战,吴军被打败,又在公婿之溪交战。吴军大败,吴王便撤兵回国。囚禁了阍舆罢,阍舆罢请求让自己先走,趁机逃回楚国。叶公诸梁的弟弟后臧跟随母亲到吴国,后来丢弃母亲自己逃回楚国。叶公始终不拿正眼看他。

*【左传】乙亥①,阳虎囚季桓子及公父文伯②,而逐仲梁怀。冬十月丁亥③,杀公何藐④。己丑⑤,盟桓子于稷门之内⑥。庚寅⑦,大诅⑧。逐公父歜及秦遄,皆奔齐⑨。

【注释】

①乙亥:二十八日。

②阳虎囚季桓子及公父文伯:公父文伯,季桓子堂兄弟。案阳虎准备作乱,怕二人不从,所以先囚禁二人。

③丁亥:初十。

④公何藐:季氏族人。

⑤己丑:十二日。

⑥盟桓子于稷门之内:阳虎强迫季桓子与自己在稷门盟誓。稷门,鲁国南城门。

⑦庚寅:十三日。

⑧大诅:举行大诅仪式,祭神以加祸于反对阳虎的人。大诅谓参与诅的人很多。

⑨逐公父歜及秦遄,皆奔齐:阳虎作乱。公父歜,公父文伯。秦遄,季平子姑婿。季本曰:"季平子、叔孙成子俱卒,其嗣桓子、武叔皆稚弱,国命为阳虎所执矣。"

【译文】

二十八日,阳虎囚禁季桓子和公父文伯,驱逐了仲梁怀。冬十月初十,杀了公何藐。十二日,与季桓子在稷门里边结盟。十三日,举行大诅咒。驱逐公父歜和秦遄,二人都逃往齐国。

*【左传】楚子入于郢。初,斗辛闻吴人之争宫也①,曰:"吾闻之:'不让,则不和;不和,不可以远征。'吴争于楚,必有乱;有乱,则必归,焉能定楚②?"

【注释】

①争宫:指夫概王与子山争处令尹之宫事。

②"吴争于楚"五句:吴国人内争,必生内乱,自然撤兵,吴国的失败势在必然。案这是补叙斗辛的预言。

【译文】

楚昭王进入郢都。起初,斗辛听到吴国人争宫之事,说:"我听说:'不谦让,就不和睦;不和睦,就不能远征。'吴国人在楚国相争,必定发生动乱;有动乱就必然要撤回,哪里能平定楚国?"

王之奔随也,将涉于成臼①。蓝尹亹涉其帑②,不与王舟。及宁③,王欲杀之。子西曰:"子常唯思旧怨以败,君何效焉④?"王曰:"善。使复其所,吾以志前恶⑤。"王赏斗辛、王孙由于、王孙圉、锺建、斗巢、申包胥、王孙贾、宋木、斗怀⑥。子西曰:"请舍怀也⑦。"王曰:"大德灭小怨⑧,道也。"申包胥曰:"吾为君也,非为身也。君既定矣,又何求?且吾尤子旗,其又为诸⑨?"遂逃赏⑩。王将嫁季芈,季芈辞曰:"所以为女子,远丈夫也。锺建负我矣⑪。"以妻锺建,以为乐尹⑫。

【注释】

①成臼:水名,大约在今湖北天门。

②蓝尹亹(wěi):楚国大夫。帑:同"孥",妻子。

③宁:安定。

④子常唯思旧怨以败,君何效焉:当初令尹子常就是因为不弃旧怨才遭到失败,君王不可蹈子常覆辙。

⑤使复其所,吾以志前恶:不杀蓝尹亹,并且官复原职,以记住先前的教训。

⑥王赏斗辛、王孙由于、王孙围、锺建、斗巢、申包胥、王孙贾、宋木、斗怀:九人都随从楚昭王逃难,有功,因此受赏。

⑦请舍怀也:斗怀曾想杀楚昭王,所以子西请求免赏斗怀。

⑧大德灭小怨:斗怀最终听从其兄劝告,使楚昭王免于难,是大德。

⑨且吾尤子旗,其又为诸:昭公十四年,子旗因拥立楚平王,自以为有大功,贪得无厌,终为平王所杀。所以申包胥不满意子旗,并说难道我又要做子旗吗? 尤,怨恨。子旗,蔓成然。

⑩遂逃赏:申包胥不受赏。

⑪"所以为女子"三句:作为女子,本应远离男子。锺建已背过我,所以非嫁他不可。丈夫,指男子。

⑫乐尹:掌管音乐的大夫。

【译文】

楚昭王逃往随国的时候,准备渡过成臼河。蓝尹亹让自己的妻子儿女渡河,而不把船给昭王。等到战事平定以后,昭王想杀蓝尹亹。子西说:"子常就因为老记着过去的仇怨而失败,君王为什么要学他呢?"昭王说:"你说得对。让蓝尹亹官复原职吧,我用这个来记住以往的过错。"昭王赏赐斗辛、王孙由于、王孙围、锺建、斗巢、申包胥、王孙贾、宋木和斗怀。子西说："请不要赏斗怀。"昭王说："大德可以盖过小怨,这是合于道义的。"申包胥说："我是为了国君,不是为了自身。现在国君已经安定了,我又有什么追求呢?况且我认为子旗做法不对,难道又要学他吗?"便躲开不接受赏赐。昭王打算嫁季芈,季芈告诉说:"作为女人,就是要远离男子。锺建背过我了。"便把季芈嫁给锺建,并让锺建担任乐尹。

王之在随也,子西为王舆服以保路,国于脾洩①。闻王所在,而后从王。王使由于城麇②。复命。子西问高厚焉,弗知③。子西曰:"不能,如辞④。城不知高厚,小大何知?"对曰:"固辞不能,子使余也⑤。人各有能有不能。王遇盗于云中,余受其戈,其所犹在⑥。"袒而示之背,曰:"此余所能也。脾洩之事,余亦弗能也⑦。"

【注释】

①"王之在随也"三句:楚昭王在随的时候,子西陈设了楚王的车马衣饰,并在脾洩建立了国都,以安定、保护各路军民。脾洩,楚地名,在今湖北江陵附近,离当时的郢都当不太远。

②王使由于城麇:派王孙由于修麇城。

③子西问高厚焉,弗知:子西问城墙的高厚,王孙由于不知道。

④不能,如辞:不能胜任,就应辞掉这差事。

⑤子使余:是你一定要我去的。

⑥所:处所。这里指伤痕。

⑦脾洩之事,余亦弗能也:王孙由于意为以背受戈,使王脱险,是我所能;而在脾洩建立国都之事,则非我所能了。言外之意是表白自己忠心无二。

【译文】

昭王在随国的时候,子西制作了楚王的车子、服饰,以安定、保护各路军民,把脾洩作为国都。后来得知昭王所在,就去随从昭王。昭王让由于修筑麋城,然后回来复命。子西问起城墙的高度和厚度,由于不知道。子西说:"你不能胜任,就应该辞掉。筑城却不知道它的高度、厚度,又怎能知道工程的范围大小?"由于答复说:"我坚决推辞干不了,是您要我去的。本来每人各有干得了、干不了的事。昭王在云中遇到盗贼时,是我用身子挡住了戈,伤疤现在还在。"便脱下衣服露出背让子西看,说:"这是我所能办到的。至于您在脾洩所做的事,我也不能做到。"

【经】冬,晋士鞅帅师围鲜虞①。

【注释】

①士鞅:晋执政大臣,祁姓,范氏,名范鞅,一名士鞅,士匄(gài)之子,谥献,故史称范献子。鲜虞:国名,白狄的一支,分布在今河北境内,以石家庄为中心,国都在今石家庄正定,春秋末期在此建中山国。

【译文】

冬,晋国士鞅带兵包围鲜虞。

【左传】晋士鞅围鲜虞,报观虎之役也①。

【注释】

①观虎之役:定公三年,鲜虞击败晋军,擒获晋国大夫观虎。

【译文】

晋国士鞅包围鲜虞,是报复那次观虎的失败。

六年

【经】六年春王正月癸亥^①,郑游速帅师灭许^②,以许男斯归^③。

【注释】

①六年:鲁定公六年当周敬王十六年,前504年。癸亥:十八日。

②游速:郑国大夫。《公羊传》作"游遫"。

③许男斯:许国国君,男爵,名斯。

【译文】

鲁定公六年春周历正月十八日,郑国游速带兵灭了许国,抓住许国国君斯回国。

【左传】六年春,郑灭许,因楚败也^①。

【注释】

①郑灭许,因楚败也:许国处于楚、郑之间,服属于楚国,楚国被吴国打败,许国失去保护,因此郑国灭亡许国。定公四年,许迁于容城,在河南鲁山南,距许昌不足四百里,故郑能灭之。

【译文】

鲁定公六年春,郑国灭亡许国,是乘楚国失败的机会。

【经】二月^①,公侵郑。

【注释】

①二月:案时月日例,侵例时,此处书月者,何休云:"月者,内有强臣之仇不能讨,而外结怨,故危之。"

【译文】

二月,鲁定公进攻郑国。

【左传】二月,公侵郑,取匡①,为晋讨郑之伐胥靡也②。往不假道于卫③;及还,阳虎使季、孟自南门入,出自东门,舍于豚泽④。卫侯怒,使弥子瑕追之⑤。公叔文子老矣⑥,辇而如公⑦,曰:"尤人而效之,非礼也⑧。昭公之难⑨,君将以文之舒鼎,成之昭兆,定之鞶鉴,苟可以纳之,择用一焉⑩。公子与二三臣之子,诸侯苟忧之,将以为之质⑪。此群臣之所闻也。今将以小忿蒙旧德⑫,无乃不可乎? 大姒之子⑬,唯周公、康叔为相睦也⑭,而效小人以弃之,不亦诬乎⑮? 天将多阳虎之罪以毙之,君姑待之,若何⑯?"乃止。

【注释】

①匡:郑地名,即今河南长垣之恼里。

②郑之伐胥靡:即下文"周儋翩率王子朝之徒因郑人将以作乱于周,郑于是乎伐冯、滑、胥靡、负黍、狐人、阙外"。胥靡,周地名,在今河南偃师东。

③往:前去伐郑的时候。

④"阳虎使季、孟自南门入"三句:此时阳虎控制了鲁国大权,有意不向卫国借道,并强迫季、孟二人从卫国都城南门进,东门出,以触怒卫国,使之与三桓结仇。季,季桓子。孟,孟懿子。豚泽,卫国东门外小地名。

⑤弥子瑕:卫灵公宠臣。

⑥公叔文子:卫国大夫公叔发。

⑦辇:人拉的车,这里用作动词,乘车。

⑧尤人而效之，非礼也：责备他人的过错，又去效法他，这是不合乎礼法的。

⑨昭公之难：指鲁昭公为季氏所逐，流亡在外。

⑩"君将以文之舒鼎"五句：鲁昭公流亡时，您曾拿出三件宝物作为礼物，只要哪位诸侯能护送鲁昭公回国，就可以任选其中一种。文，卫文公。成，卫成公。定，卫定公。舒鼎，宝鼎名。昭兆，宝龟名。鬓鉴，镶有镜子的束衣大带。

⑪"公子与二三臣之子"三句：诸侯如果还不放心，可以将公子和大臣之子作为人质送往该诸侯国。

⑫小忿：小小的怨恨，指鲁人入南门，出东门。蒙旧德：掩盖了过去的恩德。指卫公为纳鲁昭公做的努力。蒙，掩盖。

⑬大姒：太妃，文王妃子。

⑭周公、康叔：鲁、卫两国的始祖。

⑮而效小人以弃之，不亦诬乎：如果学那些小人之行，背弃两国间的传统友谊，实在是大错特错了。小人，暗指阳虎。

⑯"天将多阳虎之罪以毙之"三句：老天有意增加阳虎的罪恶，并将严惩他，贤君姑且忍耐一下。

【译文】

二月，鲁定公进攻郑国，占领匡地，是替晋国讨伐郑国进攻胥靡。去时不向卫国借道；到回师时，阳虎让季桓子、孟懿子从卫都城南门进，东门出，住在豚泽。卫灵公发怒，派弥子瑕追击鲁军。公叔文子已告老退休，坐辇车去见卫灵公，说："怨恨别人却效仿他，不合于礼。鲁昭公有危难的时候，国君打算拿文公的舒鼎、成公的宝龟、定公的鬓鉴作为礼物，如果有谁能送鲁昭公回国，随便他挑走其中的一件。便是国君的公子和几位重臣的儿子，诸侯要是还不放心，也愿意将他们作为人质。这是群臣都听到的。现在却因为小愤怒而掩盖过去的恩德，不也是不应该的吗？太姒的儿子，只有周公、康叔关系和睦，却学小人而丢弃良好关系，不也是上当受骗了吗？上天将增添阳虎的罪责而使他灭亡,国君姑且等等,怎么样?"卫灵公便停止追击。

△【经】公至自侵郑。

【译文】

定公从攻郑前线回来。

【经】夏,季孙斯、仲孙何忌如晋①。.

【注释】

①季孙斯、仲孙何忌如晋:鲁国派二人到晋国聘问。杨伯峻曰:"鲁卿聘晋,始见于僖三十年之公子遂,终于此,共二十四次。此后无闻。"季孙斯,季孙意如之子,季氏宗主。仲孙何忌,仲孙氏宗主。

【译文】

夏,季孙斯、仲孙何忌去晋国。

【左传】夏,季桓子如晋,献郑俘也①。阳虎强使孟懿子往报夫人之币②。晋人兼享之③。孟孙立于房外,谓范献子曰:"阳虎若不能居鲁④,而息肩于晋,所不以为中军司马者,有如先君⑤!"献子曰:"寡君有官,将使其人,鞅何知焉⑥?"献子谓简子曰⑦:"鲁人患阳虎矣⑧,孟孙知其蜂,以为必适晋,故强为之请,以取入焉⑨。"

【注释】

①季桓子如晋,献郑俘也:向晋国献上二月取匡时的俘虏。

②阳虎强使孟懿子往报夫人之币：季桓子去晋国献俘，兼有聘问晋
君与送晋君及夫人财礼之职，鲁国本不必再派人专报夫人之币，
阳虎强迫孟懿子作为正卿单独去报晋君夫人之币。孟懿子，仲孙
何忌。往报夫人之币，向晋君夫人回送礼物。

③晋人兼享之：晋国设享宴同时招待季、孟二人，而没有分别宴请，
是对鲁国二卿的轻视。

④不能居鲁：不能在鲁国立足。

⑤“而息肩于晋”三句：孟懿子向晋国暗示，阳虎将在鲁国作乱，不
容于鲁，逃到晋国，晋可利用他。

⑥“寡君有官”三句：晋君任用官吏，择才而使，我怎么知道将用
谁？鞅，士鞅，范献子。

⑦简子：赵鞅。

⑧鲁人患阳虎矣：阳虎必将作乱，鲁国人以之为祸害了。

⑨“孟孙知其衅”四句：孟懿子预知阳虎将为乱，并且认为他必然逃
往晋国，所以极力向晋国请求，以驱使阳虎逃往晋国。

【译文】

夏，季桓子去晋国，是去奉献郑国的俘虏。阳虎硬要派孟懿子前去
向晋国国君夫人奉献礼物。晋国设享宴一起招待他们二人。孟懿子站
在房外，对范献子说：“阳虎如果无法在鲁国站住脚，而到晋国来歇歇脚，
晋国若不让他任中军司马的话，有先君作证！”范献子说：“我们国君设
立官职，要选择合适者担任，我怎么能做主？”范献子对赵简子说：“鲁国
人厌恶阳虎了，孟懿子看出了预兆，认为阳虎必定来晋国，所以强行为他
请求禄位，以便他能到晋国来。”

*【左传】四月己丑①，吴大子终累败楚舟师②，获潘子
臣、小惟子及大夫七人③。楚国大惕，惧亡④。子期又以陵师
败于繁扬⑤。令尹子西喜曰：“乃今可为矣⑥。”于是乎迁郢

于郜⑦,而改纪其政,以定楚国⑧。

【注释】

①己丑:十五日。

②终累:阖庐之子,夫差之兄。舟师:水军。

③潘子臣、小惟子:楚国舟师之帅。

④楚国大惕,惧亡:朝野惊心,担心再遭亡国之祸。

⑤子期又以陵师败于繁扬:子期所率陆军为吴军所败。陵师,陆军。
　繁扬,古地名,在今河南新蔡北。

⑥乃今可为矣:连遭两次大败,国人警惧,楚国便能治好了。

⑦于是乎迁郢于郜:楚国从郢迁都郜。郜,古地名,在今湖北宜城东
　南,又名北郢。

⑧而改纪其政,以定楚国:改革政治,因而楚国得以安定。纪,治理。

【译文】

　　四月十五日,吴国太子终累打败楚国水军,俘获潘子臣、小惟子和
大夫七名。楚国大为震惊,担心灭亡。子期率领的陆军在繁扬又打了败
仗。令尹子西高兴地说:“现在可以做些事了。”于是把国都由郢迁到郜,
改革政事,以安定楚国。

　　*【左传】周儋翩率王子朝之徒因郑人将以作乱于周①,
郑于是乎伐冯、滑、胥靡、负黍、狐人、阙外②。六月,晋阎没
戍周,且城胥靡③。

【注释】

①儋翩:王子朝余党。

②郑于是乎伐冯、滑、胥靡、负黍、狐人、阙外:儋翩要利用郑国在周

　　境内发动叛乱，郑国于是攻打周室冯、滑六邑，鲁国奉霸主之命，
　　伐郑取匡。
③晋阎没戍成周，且城胥靡：为保卫周王室，修筑胥靡城。阎没，晋国
　　大夫。

【译文】

　　成周儋翩率领王子朝旧部，利用郑国人在成周作乱，郑国这时便攻打冯、滑、胥靡、负黍、狐人与阙外。六月，晋国阎没戍守成周，并且筑胥靡城。

【经】秋，晋人执宋行人乐祁犁①。

【注释】

①晋人执宋行人乐祁犁：据《左传》，乐祁犁出使晋国，与赵氏交好，范氏不满，于是范献子在晋定公面前说其坏话，遂将其扣押。乐祁犁，宋国大夫。

【译文】

　　秋，晋国逮捕宋国行人乐祁犁。

　　【左传】秋八月，宋乐祁言于景公曰①："诸侯唯我事晋，今使不往，晋其憾矣②。"乐祁告其宰陈寅③。陈寅曰："必使子往④。"他日，公谓乐祁曰："唯寡人说子之言⑤，子必往。"陈寅曰："子立后而行，吾室亦不亡⑥。唯君亦以我为知难而行也⑦。"见溷而行⑧。赵简子逆，而饮之酒于绵上⑨，献杨楯六十于简子⑩。陈寅曰："昔吾主范氏，今子主赵氏，又有纳焉，以杨楯贾祸，弗可为也已⑪。然子死晋国，子孙必得志于宋⑫。"范献子言于晋侯曰："以君命越疆而使⑬，未致使而私

饮酒^⑭,不敬二君^⑮,不可不讨也。"乃执乐祁^⑯。

【注释】

①乐祁:即经文中的乐祁犁。

②憾:怨恨。

③乐祁告其宰陈寅:乐祁把上面的话告诉了陈寅。陈寅,乐祁家宰。

④必使子往:陈寅预料,必派乐祁出使晋国。

⑤说:同"悦"。

⑥子立后而行,吾室亦不亡:陈寅知道晋国政出多门,乐祁到晋国,
　　恐怕有难,先立后,以免家族灭亡。立后,立继承人。

⑦知难而行:冒险赴命。

⑧见溷而行:乐祁让乐溷晋见宋景公,立为后,然后出发。溷,乐祁
　　之子。

⑨绵上:古地名,即今山西翼城西之小绵山。

⑩杨楯:黄杨木做的盾,质地坚硬致密。

⑪"昔吾主范氏"五句:晋国此时大夫专权,"政在家门",乐祁过去
　　事奉范氏,现在却事奉赵氏,并献杨盾,必定惹祸。贾祸,惹祸。

⑫得志于宋:乐祁如果死于晋国,是为国而死,子孙必能在宋国得志。

⑬越疆:越过疆界。

⑭未致使:未完成使命。

⑮二君:晋、宋两国国君。

⑯乃执乐祁:案范献子嫉恨乐祁事奉赵氏,便以乐祁失礼,不敬二君
　　为由,逮捕乐祁。

【译文】

　　秋八月,宋国乐祁对景公说:"诸侯中只有我国奉事晋国,现在要是
不派使节前去,晋国将会怨恨我国。"乐祁告知家宰陈寅。陈寅说:"肯
定会让您前往。"过些日子,景公对乐祁说:"寡人愿意听你的话,你一定

要前往晋国。"陈寅说:"您立下继承人再去,我们的宗室才不会消亡。就是国君也明白我们是知难而行。"乐祁把儿子乐溷引见给景公以后就出使了。赵简子迎接他,在绵上请他喝酒,乐祁献给赵简子六十面杨木盾牌。陈寅说:"往日我们事奉范氏,现在您事奉赵氏,又送给礼物,将因杨盾而招致祸患,没法挽回了。不过您死在晋国,子孙一定会在宋国发达。"范献子对晋定公说:"接受国君的命令出使,没有完成使命却私下喝酒,对两国的国君不尊敬,不能不声讨。"于是逮捕了乐祁。

【经】冬,城中城①。

【注释】

①城中城:鲁国侵郑,怕郑国报复,于是修筑内城。中城,内城。指鲁都,曲阜的内城。

【译文】

冬,筑内城城墙。

【穀梁传】城中城者,三家张也①。或曰:非外民也。

【注释】

①三家:指孟孙氏、叔孙氏、季孙氏三家,三家始祖分别是庆父、公子叔牙、公子季友,因为此三公子均是鲁桓公之子,故称此三家为"三桓","三桓"早已把持鲁政多年。

【译文】

记载修筑内城的城墙,是因为三家势力太大。也有一种说法说:是指责排斥民众。

【经】季孙斯、仲孙忌帅师围郓①。

【注释】

①季孙斯、仲孙忌帅师围郓：郓地靠近齐国，昭公逃亡后，齐取郓以居昭公，所以派二人围攻郓地。仲孙忌，即上文之仲孙何忌。郓，鲁国城邑。《公羊传》作"运"。

【译文】

季孙斯、仲孙何忌领兵包围郓邑。

【公羊传】此仲孙何忌也，曷为谓之仲孙忌？讥二名①。二名，非礼也。

【注释】

①讥二名：二名，二字为名。仲孙何忌，即是二字为名。古代臣子需要避讳君父之名，若君父一字为名，则容易避讳，若二字为名，则不易避讳。讥二名是《春秋》独有的制度，依照三世理论，至太平世，已经没有大的罪恶，故只能讥刺二字为名这种小恶。值得注意的是，此处仅是"文致太平"，实则未能太平，《春秋》讥二名，是为太平世张法而已。

【译文】

这里是仲孙何忌，为何称之为仲孙忌？是讥刺二字为名。二字为名，是非礼的。

＊【左传】阳虎又盟公及三桓于周社①，盟国人于亳社②，诅于五父之衢③。

【注释】

①三桓：孟孙、季孙、叔孙三家。周社：鲁为周公之后，故周社为鲁国的国社。

②亳社：也是鲁国的国社。鲁因商奄之地，并因其遗民，故立亳社。

③诅于五父之衢：五父之衢，在曲阜东南五里。案阳虎又强迫定公、
　三家及国人盟誓，使鲁国君臣上下都服从他，从而进一步控制鲁
　国政权。

【译文】

阳虎又和定公及三桓在周社盟誓，与国人在亳社盟誓，在五父之衢诅咒。

*【左传】冬十二月，天王处于姑莸，辟儋翩之乱也。

【译文】

冬十二月，周敬王住在姑莸，是逃避儋翩的叛乱。

七年

△【经】七年春王正月①。

【注释】

①七年：鲁定公七年当周敬王十七年，前503年。

【译文】

鲁定公七年春周历正月。

*【左传】七年春二月，周儋翩入于仪栗以叛①。

【注释】

①仪栗：周邑。今地不详。

【译文】

鲁定公七年春二月，周儋翩进入仪栗发动叛乱。

***【左传】**齐人归郓、阳关，阳虎居之以为政[①]。

【注释】

①齐人归郓、阳关，阳虎居之以为政：郓、阳关都是鲁国城邑，曾贰于
　齐，现在齐归还鲁国，阳虎入居二地并执掌军政大权。

【译文】

齐国归还郓、阳关，阳虎居住在那儿执掌国政。

△**【经】**夏四月。

【译文】

夏四月。

***【左传】**夏四月，单武公、刘桓公败尹氏于穷谷[①]。

【注释】

①单武公、刘桓公、尹氏：三人都是周王室大夫。尹氏为儋翩同党。
　穷谷：周地名，在今河南洛阳南。

【译文】

夏四月，单武公、刘桓公在穷谷打败尹氏。

【经】秋，齐侯、郑伯盟于咸[①]。

【注释】

①齐侯、郑伯盟于咸：咸，卫地名，在今河南濮阳东南。许翰曰："齐、郑之盟，叛晋也。伯道赝，诸侯散，离盟始，复志此，盖自是中国无殷会矣。"

【译文】

秋，齐景公、郑献公在咸地结盟。

【左传】秋，齐侯、郑伯盟于咸①，征会于卫②。

【注释】

①齐侯、郑伯盟于咸：李廉曰："此为齐景图复伯之始，而郑实左右之。自是以后有盟沙、盟曲濮、会安甫、盟黄、会牟、会洮，皆齐、郑纠合之事。可与隐公初年对看。"

②征会：召集诸侯会见。

【译文】

秋，齐景公、郑献公在咸地结盟，邀请卫国参会。

【经】齐人执卫行人北宫结以侵卫。

【译文】

齐国拘禁卫国行人北宫结并侵袭卫国。

【穀梁传】以，重辞也。卫人重北宫结。

【译文】

"以"，是分量很重的说法。卫国人很看重北宫结。

【经】齐侯、卫侯盟于沙①。

【注释】

①齐侯、卫侯盟于沙：沙，古地名，在今河北大名东。《公羊传》作"沙泽"。家铉翁曰："于咸、于沙，齐景图伯之始事也。"李廉曰："是时晋、楚皆衰弱，而吴、越之祸又未至于北方，使景公果能抚伯国之余业，尊事王室，辑宁诸侯，则桓公之功可复。奈何包藏祸心，日以图晋为事乎！"

【译文】

齐景公、卫灵公在沙地结盟。

【左传】卫侯欲叛晋，诸大夫不可。使北宫结如齐，而私于齐侯曰："执结以侵我①。"齐侯从之，乃盟于琐②。

【注释】

①执结以侵我：卫灵公派北宫结到齐国，暗中请齐景公逮捕北宫结而发兵攻打卫国，可以借此为由与齐结盟。

②乃盟于琐：齐、卫两国结盟。

【译文】

卫灵公想背叛晋国，大夫们反对。卫灵公派北宫结到齐国，私下派人对齐景公说："请把北宫结抓起来并侵袭我国。"齐景公听从了，于是在琐地结盟。

△**【经】**大雩。

【译文】

大规模举行求雨的雩祭。

【经】齐国夏帅师伐我西鄙①。

【注释】

①齐国夏帅师伐我西鄙：国夏，齐国大夫，国佐之孙。许翰曰："东夏诸侯，惟鲁事晋，故齐伐之。"家铉翁曰："昭公流离颠沛，惟齐景是依，如是五六年，卒不能为之出偏师问意如之罪。今乃兴无名之师而加鲁，失方伯之道矣。"李廉曰："自襄二十五年崔杼伐我之后，四十余年兵不至鲁。至是再见，则以晋伯之不复振也。国夏两伐，晋救无功，于是而及齐平矣。"

【译文】

齐国国夏领兵攻打我国西部边境。

【左传】齐国夏伐我。阳虎御季桓子，公敛处父御孟懿子①，将宵军齐师②。齐师闻之，堕，伏而待之③。处父曰："虎不图祸，而必死④。"苫夷曰⑤："虎陷二子于难⑥，不待有司⑦，余必杀女。"虎惧，乃还，不败⑧。

【注释】

①公敛处父：孟氏家臣。

②宵军齐师：乘夜侵袭齐军。

③"齐师闻之"三句：齐军听说鲁军的计划，故意做出松懈、毫无防备的样子，设下埋伏，引诱鲁军。堕，毁坏军容。

④不图祸，而必死：不考虑会引起祸患。而，你，指阳虎。

⑤苫（shān）夷：季氏家臣。

⑥二子：指季氏、孟氏。

⑦有司：执法官。

⑧"虎惧"三句:阳虎被公敛处父和苫夷吓住,罢兵回国。

【译文】

齐国国夏攻打我国。阳虎为季桓子驾车,公敛处父为孟懿子驾车,准备夜袭齐军。齐军得知后故作松懈,设下埋伏等待。处父说:"阳虎你不考虑这样做的危害,你必死无疑。"苫夷说:"阳虎你把他们二人陷于祸难,不等军法官判决,我就一定杀了你。"阳虎害怕了,便撤兵,鲁军才得以不败。

△**【经】九月,大雩。**

【译文】

九月,再次举行大规模的雩祭。

△**【经】冬十月。**

【译文】

冬十月。

***【左传】**冬十一月戊午①,单子、刘子逆王于庆氏②。晋籍秦送王。己巳③,王入于王城,馆于公族党氏④,而后朝于庄宫⑤。

【注释】

①戊午:二十三日。

②庆氏:驻守姑莸的大夫。

③己巳:十二月初五。

④党氏:周王室大夫。

⑤而后朝于庄宫:周敬王返回周都。庄宫,周庄王庙。

【译文】

　　冬十一月二十三日,单武公、刘桓公在庆氏那里迎接周敬王。晋国籍秦护送周敬王。十二月初五,周敬王进入王城,住在公族党氏家,然后朝觐庄宫。

八年

【经】八年春王正月①,公侵齐②。

【注释】

①八年:鲁定公八年当周敬王十八年,前502年。

②公侵齐:鲁国攻打齐国,报复去年齐国侵犯鲁国西境。

【译文】

　　鲁定公八年春周历正月,鲁定公进攻齐国。

　　【左传】八年春王正月,公侵齐,门于阳州①。士皆坐列,曰:"颜高之弓六钧②。"皆取而传观之③。阳州人出,颜高夺人弱弓④,籍丘子鉏击之⑤,与一人俱毙⑥。偃且射子鉏,中颊,殪⑦。颜息射人中眉⑧,退曰:"我无勇,吾志其目也⑨。"师退,冉猛伪伤足而先⑩。其兄会乃呼曰:"猛也殿⑪!"

【注释】

①门:攻打城门。阳州:古地名,在今山东东平。

②颜高:鲁国将领。钧:此指拉力。当时三十斤为一钧,六钧为一百

八十斤,合今六十斤。

③取而传观之:传看颜高的强弓。

④颜高夺人弱弓:颜高来不及收回自己的强弓,随便夺了把弱弓应战。

⑤籍丘子鉏:齐国将领。

⑥与一人俱毙:颜高和另一人都倒地。毙,倒地。

⑦"偃且射子鉏"三句:颜高虽然倒地,但卧射子鉏,中其脸颊,子鉏毙命。

⑧颜息:鲁国将领。

⑨我无勇,吾志其目也:意在射眼,却射中其眉。无勇,不善射。案这是他自夸之辞。

⑩冉猛伪伤足而先:冉猛装伤想先撤。冉猛,鲁国将领。

⑪殿:殿后。

【译文】

　　鲁定公八年春周历正月,鲁定公侵袭齐国,攻打阳州城门。军士们排列坐在那儿,说:"颜高的弓有六钧力。"都拿了传看。阳州人出城,颜高夺过别人的弱弓迎战,籍丘子鉏击打他,把他和另外一人打倒在地。颜高倒在地上向子鉏射出一箭,射中他的脸颊,籍丘子鉏毙命。颜息射中一个人的眉,退下来说:"我没本事,本来是要射他眼睛的。"军队撤退,冉猛假装伤了脚走在前面。他哥哥冉会便大声喊:"冉猛,到后边断后!"

△**【经】公至自侵齐。**

【译文】

　　定公从侵袭齐国前线回国。

*【左传】二月己丑①,单子伐穀城,刘子伐仪栗②。辛卯③,单子伐简城,刘子伐盂,以定王室④。

【注释】

①二月己丑：实为三月二十六日，"二"疑为"三"之误。

②单子伐毂城，刘子伐仪栗：单武公、刘桓公讨伐儋翩余党。毂城，古地名，在今河南洛阳西北。

③辛卯：三月二十八日。

④"单子伐简城"三句：平定周王室之乱。简城、盂，都是周地名。盂即邘，在今河南沁阳西北。

【译文】

三月二十六日，单武公攻打毂城，刘桓公攻打仪栗。二十八日，单武公进攻简城，刘桓公进攻盂地，以安定王室。

＊**【左传】**赵鞅言于晋侯曰："诸侯唯宋事晋，好逆其使，犹惧不至。今又执之，是绝诸侯也。"将归乐祁，士鞅曰："三年止之①，无故而归之，宋必叛晋。"献子私谓子梁曰②："寡君惧不得事宋君，是以止子③。子姑使溷代子④。"子梁以告陈寅。陈寅曰："宋将叛晋，是弃溷也，不如待之⑤。"乐祁归，卒于大行⑥。士鞅曰："宋必叛，不如止其尸以求成焉⑦。"乃止诸州⑧。

【注释】

①三年止之：定公六年，晋国扣留宋国乐祁，至今三年。

②献子：士鞅。子梁：乐祁。

③寡君惧不得事宋君，是以止子：晋君怕不能事奉宋君，所以留下了您。

④溷：乐祁儿子。

⑤"宋将叛晋"三句：宋国如果背叛晋国，乐溷将不能返国，不如静

待时局的转变。

⑥大行：太行山。

⑦宋必叛，不如止其尸以求成焉：扣留乐祁尸体作为谈判条件。

⑧州：古地名，在今河南沁阳东南。

【译文】

赵鞅告诉晋定公说：“诸侯中只有宋国奉事晋国，好好地迎接他们的使节，还担心他不来。现在又拘禁使者，这是弃绝诸侯。”打算把乐祁放回去，士鞅说：“扣留了三年，又无故放回去，宋国必定背叛晋国。”士鞅私下对乐祁说：“我们国君是担心不能奉事宋君，所以留下了您。您姑且让乐溷来代替您。”乐祁把这话告诉了陈寅。陈寅说：“宋国将会背叛晋国，这样做是抛弃了乐溷，不如静待时局的转变。”乐祁返回，死于太行山。士鞅说：“宋国一定背叛，不如扣留乐祁的尸体来与宋国讲和。”于是把乐祁尸体扣押在州地。

【经】二月，公侵齐[①]。

【注释】

①二月，公侵齐：鲁国再次攻打齐国。

【译文】

二月，定公侵袭齐国。

【左传】公侵齐，攻廪丘之郛[①]**。主人焚冲，或濡马褐以救之，遂毁之**[②]**。主人出，师奔**[③]**。阳虎伪不见冉猛者，曰：“猛在此，必败。”猛逐之**[④]**，顾而无继，伪颠**[⑤]**。虎曰：“尽客气也**[⑥]**。”

【注释】

①廪丘:古地名,在今山东郓城西北。郭:外城。

②"主人焚冲"三句:廪丘人焚毁攻城车,鲁军以湿麻衣救火,攻破外城。主人,廪丘守将。冲,攻城的战车。濡,沾湿。马褐,麻布短衣。

③主人出,师奔:廪丘人出战,鲁国增援部队奔向前去助战。

④猛逐之:阳州之役,冉猛先退,现在被阳虎一激,奋而追击廪丘人。

⑤顾而无继,伪颠:冉猛看后面没有人跟上来,就假装从车上摔下。

⑥客气:假装勇敢。

【译文】

　　鲁定公侵袭齐国,攻打廪丘的外城。廪丘守军焚毁鲁军的攻城车,有鲁军兵士把麻布短衣弄湿灭火,于是攻破外城。廪丘人出战,鲁国增援部队奔向前去助战。阳虎假装没看见冉猛,说:"如果冉猛在这里,一定能打败他们。"冉猛便去追赶廪丘人,回头发现没人跟上来,装作从车上摔下来。阳虎说:"全是假勇敢。"

　　苦越生子①,将待事而名之②。阳州之役获焉,名之曰"阳州"③。

【注释】

①苦越:季氏家臣苦夷。

②待事而名:等有大事时给儿子命名。

③阳州之役获焉,名之曰"阳州":阳州之役鲁国获胜,所以给儿子取名"阳州"。

【译文】

　　苦越生了个儿子,打算等有了大事以后再取名。阳州战役俘获了敌军,就把儿子取名为"阳州"。

【经】三月,公至自侵齐。

【译文】

三月,定公从进攻齐国前线回国。

【穀梁传】公如,往时致月,危致也。往月致时,危往也。往月致月,恶之也。

【译文】

国君出行,记载去时的季节和归来时的月份,是为他的归来感到担忧。记载去时的月份和归来时的季节,是为他的出行感到担忧。记载去时的月份和归来的月份,是厌恶他。

△**【经】曹伯露卒**①。

【注释】

①曹伯露:即曹靖公,姓姬,名露,谥靖,曹声公之弟,曹隐公之侄。在位四年。

【译文】

曹靖公露去世。

【经】夏,齐国夏帅师伐我西鄙①。

【注释】

①齐国夏帅师伐我西鄙:齐国由鲁国西境进攻鲁国。

【译文】

夏,齐国国夏带兵攻打我国西部边境。

【左传】夏,齐国夏、高张伐我西鄙^①。

【注释】

①齐国夏、高张伐我西鄙:案为报复阳州、廪丘两次战役。

【译文】

夏,齐国国夏、高张攻打我国西部边境。

【经】公会晋师于瓦^①。

【注释】

①公会晋师于瓦:齐伐鲁,晋师来救。瓦,卫地名,在今河南滑县南。

【译文】

定公在瓦地与晋军会合。

【左传】晋士鞅、赵鞅、荀寅救我。公会晋师于瓦^①。范献子执羔,赵简子、中行文子皆执雁^②。鲁于是始尚羔^③。

【注释】

①公会晋师于瓦:晋军救鲁,鲁定公为表示感谢,亲自迎至瓦地。

②范献子执羔,赵简子、中行文子皆执雁:执羔,手提羔羊作为相见礼物。中行文子,荀寅。雁,大雁,也是相见礼物。

③鲁于是始尚羔:范献子是晋国上卿,鲁定公见上卿以执羔为相见之礼,从此鲁国以羔羊为贵,唯上卿执之为相见之礼。

【译文】

晋国士鞅、赵鞅、荀寅救援我国。鲁定公和晋军在瓦地会合。范献子手提羔羊,赵简子、中行文子手持大雁,作为礼物。鲁国从此开始以羔羊为贵。

△【经】公至自瓦。

【译文】

定公从瓦地回国。

△【经】秋七月戊辰①,陈侯柳卒②。

【注释】

①戊辰:初七。

②陈侯柳卒:陈怀公柳死。陈怀公,姓妫,名柳,谥怀,前505年即
　位,在位四年。

【译文】

秋七月初七,陈怀公柳去世。

【经】晋士鞅帅师侵郑①,遂侵卫。

【注释】

①士鞅:《公羊传》作"赵鞅"。

【译文】

晋国士鞅领兵侵袭郑国,顺便进攻卫国。

【左传】晋师将盟卫侯于鄟泽①。赵简子曰:"群臣谁
敢盟卫君者②?"涉佗、成何曰③:"我能盟之。"卫人请执牛
耳④。成何曰:"卫,吾温、原也,焉得视诸侯⑤?"将歃,涉佗
捘卫侯之手⑥,及捥⑦。卫侯怒,王孙贾趋进⑧,曰:"盟以信
礼也⑨,有如卫君,其敢不唯礼是事而受此盟也⑩?"卫侯欲

叛晋,而患诸大夫⑪。王孙贾使次于郊⑫。大夫问故,公以晋诟语之⑬,且曰:"寡人辱社稷,其改卜嗣⑭,寡人从焉。"大夫曰:"是卫之祸,岂君之过也⑮?"公曰:"又有患焉,谓寡人'必以而子与大夫之子为质'⑯。"大夫曰:"苟有益也⑰,公子则往⑱,群臣之子敢不皆负羁绁以从⑲?"将行,王孙贾曰:"苟卫国有难,工商未尝不为患,使皆行而后可⑳。"公以告大夫,乃皆将行之。行有日㉑,公朝国人,使贾问焉,曰:"若卫叛晋,晋五伐我,病何如矣㉒?"皆曰:"五伐我,犹可以能战。"贾曰:"然则如叛之㉓,病而后质焉,何迟之有㉔?"乃叛晋㉕。晋人请改盟,弗许㉖。

【注释】

①晋师将盟卫侯于邨泽:晋军在瓦地与鲁定公相会之后,又与卫国结盟。

②群臣谁敢盟卫君者:去年卫国背叛晋国依附齐国,所以赵简子拟派大夫前往结盟,以羞辱卫国。

③涉佗、成何:晋国大夫。

④执牛耳:诸侯歃血为盟,割牛耳取血,盛牛耳于盘,由主盟者持盘,因称主盟者为"执牛耳"。案会盟之礼,卑者执牛耳,尊者监临,先歃血。晋国虽是大国,但卫灵公是君,涉佗、成何是大夫,所以卫灵公请成何执牛耳。

⑤"卫"三句:卫国不过等于晋国温、原二邑的地位,怎么能跟诸侯相比?

⑥捘(zùn):推。

⑦及捥(wàn):血淌到手腕上。捥,同"腕"。

⑧王孙贾:卫国大夫。

⑨信礼:伸张礼仪。

⑩有如卫君,其敢不唯礼是事而受此盟也:结盟是为了敦睦邦交,伸张礼仪,卫国国君怎能不依礼而接受此盟? 言外之意是晋国如此无礼,卫国将不接受此盟。其,岂能。

⑪卫侯欲叛晋,而患诸大夫:案卫国诸大夫反对背叛晋国。

⑫王孙贾使次于郊:让卫国国君住在郊外。

⑬晋诟:受晋国侮辱。诟,耻辱。

⑭改卜嗣:占卜改立新君。

⑮是卫之祸,岂君之过也:大夫以为不能委过于卫灵公一人。

⑯必以而子与大夫之子为质:晋国告诉卫灵公,要用其子与大夫之子作人质。而,同"尔",你。

⑰苟有益:对卫国有利。

⑱则:假如。

⑲负羁绁:背负马笼头、马缰绳。

⑳工商未尝不为患,使皆行而后可:工商匠人也是祸患,应一同前往。

㉑行有日:已定了行期。

㉒病何如:会危险到什么程度。

㉓然则如叛之:应当先叛晋国。如,应当。

㉔病而后质焉,何迟之有:有危险后再送人质不迟。

㉕乃叛晋:王孙贾与卫灵公设计激励众大夫及国人,终于使卫国叛晋。

㉖晋人请改盟,弗许:晋国请求重新结盟,卫国不接受。

【译文】

晋军准备与卫灵公在邨泽会盟。赵简子说:"群臣中谁敢去和卫灵公订立盟约?"涉佗、成何说:"我们能够订盟。"卫国人请晋国人执牛耳。成何说:"卫国就如同我国的温邑、原邑,哪能视同诸侯?"将要歃血时,涉佗推了卫灵公的手,血流到手腕上。卫灵公发怒,王孙贾快步上前,说:"结盟是为了伸张礼仪,卫国国君岂能不依礼而接受这盟约?"卫灵公打算背叛晋国，又担心大夫们不同意。王孙贾让卫灵公住在郊外。大夫们询问原因，卫灵公将晋国人侮辱的话告诉大家，并说："寡人使国家遭受羞辱，不如占卜另外奉立国君，寡人愿意服从。"大夫们说："这是卫国的祸患，哪里是国君的过错？"卫灵公说："还有难堪的事，晋国人对寡人说'一定要把你的儿子和大夫的儿子作为人质'。"大夫们说："要是对国家有好处，公子如果去，群臣的儿子哪敢不背负马笼头、缰绳跟随前去？"人质将要动身时，王孙贾说："要是卫国有祸难，工匠商人未尝不成为祸患，让他们一同前往才行。"卫灵公把这话告诉大夫们，便要这些人都随行。动身的日子将到，卫灵公让国人朝见，派王孙贾询问，说："如果卫国背叛晋国，晋国五次进攻我国，会危险到什么程度？"大家都说："五次进攻我国，还有能力迎战。"王孙贾说："那么应当背叛晋国，等到危急时再派人质，怎么能算晚呢？"于是背叛晋国。晋国提出重新结盟，卫国不答应。

秋，晋士鞅会成桓公侵郑[1]，围虫牢，报伊阙也[2]。遂侵卫[3]。

【注释】

①成桓公：周卿士。

②围虫牢，报伊阙也：定公六年，郑国攻打周阙外等六邑，现在晋国为周王室予以报复。虫牢，古地名，在今河南封丘北。伊阙，周地山名，在今河南洛阳，阙外附近。

③遂侵卫：卫国背叛晋国，一并加以讨伐。

【译文】

秋，晋国士鞅会合成桓公，然后侵袭郑国，包围了虫牢，是要报复伊阙之役。于是趁机进攻卫国。

△【经】葬曹靖公。

【译文】

安葬曹靖公。

△【经】九月,葬陈怀公。

【译文】

九月,安葬陈怀公。

【经】季孙斯、仲孙何忌帅师侵卫。

【译文】

季孙斯、仲孙何忌带兵攻打卫国。

【左传】九月,师侵卫,晋故也[①]。

【注释】

①师侵卫,晋故也:鲁国奉晋国之命攻打卫国。

【译文】

九月,鲁军攻打卫国,这是由于晋国的缘故。

△【经】冬,卫侯、郑伯盟于曲濮[①]。

【注释】

①卫侯、郑伯盟于曲濮:郑、卫两国结盟叛晋。曲濮,卫地名,约在今

河南滑县与延津一带。

【译文】

冬,卫灵公、郑献公在曲濮结盟。

【经】从祀先公①。

【注释】

①从祀:顺祀,按即位先后的次序祭祀。先公:指鲁闵公、鲁僖公。
　　文公二年,鲁把僖公的神主升到闵公之上,现将二公位次摆顺。

【译文】

按即位顺序祭祀先公闵公、僖公。

【左传】季寤、公钽极、公山不狃皆不得志于季氏①,叔
孙辄无宠于叔孙氏②,叔仲志不得志于鲁③。故五人因阳
虎④。阳虎欲去三桓,以季寤更季氏,以叔孙辄更叔孙氏,已
更孟氏。冬十月,顺祀先公而祈焉⑤。辛卯⑥,禘于僖公⑦。

【注释】

①季寤:季桓子之弟。字子言。公钽极:季氏族人。公山不狃:季氏
　　费地宰。

②叔孙辄:叔孙氏庶子。

③叔仲志不得志于鲁:叔仲志不被鲁国重用。叔仲志,叔仲带的孙子。

④因:依靠,投靠。

⑤顺祀先公而祈焉:顺祀,即经文中的"从祀"。将闵公的位置调整
　　到僖公之前。案阳虎将作乱,因此祭先公祈福。

⑥辛卯:初二。

⑦禘于僖公：在僖公庙举行大祭。禘，合祭众先公之礼。案禘应当在太庙举行，这次在僖公庙，杜预注以为顺祀将僖公的位次后移，阳虎怕得罪僖公神灵，所以在僖公庙举行。或曰这与闵公二年之"吉禘于庄公"一样，禘礼还是在太庙举行，主要是为僖公而举行。

【译文】

季寤、公钼极、公山不狃都不被季氏重用，叔孙辄不被叔孙氏宠信，叔仲志在鲁国不得志。所以这五个人投靠阳虎。阳虎想除掉三桓，用季寤取代季氏，叔孙辄取代叔孙氏，自己取代孟氏。冬十月，按照即位顺序祭祀先公。初二，在僖公庙举行禘祭。

【公羊传】从祀者何？顺祀也。文公逆祀，去者三人[①]。定公顺祀，叛者五人[②]。

【注释】

①去者三人：何休云："谏不从而去之。"

②叛者五人：何休云："谏不以礼而去，曰叛。"根据《左传》所载，此处实为阳虎借着从祀先公，想要除去三家。孔广森云："季氏专鲁国，然后舍中军，阳虎专季氏，然后从祀先公，而《春秋》书之，壹若国之典制者，称其美不称其恶，臣子之义；重其礼不重其事，制作之意也。察于此，可以治《公羊》之学矣。"

【译文】

从祀是什么意思？是在祭祀中将顺先公的次序。文公在祭祀中颠倒闵公、僖公的次序，以礼劝谏而离去的有三人。定公在祭祀中将顺闵公、僖公的次序，不以礼劝谏而离去的有五人。

【穀梁传】贵复正也。

【译文】

是赞许恢复正道。

【经】盗窃宝玉、大弓^①。

【注释】

①盗窃宝玉，大弓：这里"盗"是指季孙氏家臣阳虎。季平子去世之后，"三桓"新主年幼势弱，阳虎遂把持季孙氏家政进而把持鲁国国政，今欲作乱，不成，窃宝玉、大弓而进入讙地、阳关叛变，后来战败，逃亡齐国，齐国不予收留，又逃亡晋国，归顺赵鞅，为赵氏家臣。宝玉、大弓，都是鲁国国宝。

【译文】

阳虎窃取宝玉、大弓。

【左传】壬辰^①，将享季氏于蒲圃而杀之^②，戒都车曰^③："癸巳至^④。"成宰公敛处父告孟孙曰："季氏戒都车，何故？"孟孙曰："吾弗闻。"处父曰："然则乱也，必及于子^⑤，先备诸^⑥？"与孟孙以壬辰为期^⑦。

【注释】

①壬辰：初三。

②蒲圃：鲁都城东门外的地方。

③戒：敕令。都车：都邑里的战车。

④癸巳至：癸巳，初四。阳虎准备在初三夜里杀死季桓子，命令战车做好准备，初四起兵攻打季、孟二家。

⑤然则乱也，必及于子：阳虎将作乱，必定殃及孟氏。

⑥先备诸：先做好防备。诸，之乎。

⑦与孟孙以壬辰为期：孟氏比阳虎提前一天（初三）发兵，准备救援
　季氏。

【译文】

　　初三，准备在蒲圃设享礼招待季氏而杀他，命令都邑的战车说："初四都要到。"成地宰臣公敛处父告诉孟孙说："季氏命令都邑的战车，是什么缘故？"孟孙说："我没听说。"处父说："那就是要发生动乱了，必然会牵连到您，是不是先做准备？"与孟孙约定初三为会合日期。

　　阳虎前驱，林楚御桓子，虞人以铍、盾夹之①，阳越殿②，将如蒲圃。桓子咋谓林楚曰③："而先皆季氏之良也④，尔以是继之⑤。"对曰："臣闻命后⑥。阳虎为政，鲁国服焉，违之征死⑦，死无益于主。"桓子曰："何后之有？而能以我适孟氏乎⑧？"对曰："不敢爱死，惧不免主⑨。"桓子曰："往也！"孟氏选圉人之壮者三百人以为公期筑室于门外⑩。林楚怒马⑪，及衢而骋。阳越射之，不中。筑者阖门⑫。有自门间射阳越，杀之。阳虎劫公与武叔，以伐孟氏⑬。公敛处父帅成人自上东门入⑭，与阳氏战于南门之内，弗胜；又战于棘下⑮，阳氏败。阳虎说甲如公宫⑯，取宝玉、大弓以出，舍于五父之衢，寝而为食⑰。其徒曰："追其将至⑱。"虎曰："鲁人闻余出，喜于征死⑲，何暇追余？"从者曰："嘻！速驾！公敛阳在⑳。"公敛阳请追之，孟孙弗许㉑。阳欲杀桓子，孟孙惧而归之㉒。子言辨舍爵于季氏之庙而出㉓。阳虎入于谨、阳关以叛㉔。

【注释】

①虞人：掌管田猎的官。铍：长矛。

②阳越：阳虎弟弟。

③咋（zhà）：突然。

④良：忠良之臣。

⑤尔以是继之：季桓子发觉有异，暗示林楚帮助自己脱险。继之，继承其传统。

⑥臣闻命后：听到此话已太晚。

⑦违之征死：违命者死。征，招致。

⑧而：同"尔"，你。适：去，前往。

⑨不免主：使主不免于难。

⑩孟氏选围人之壮者三百人以为公期筑室于门外：孟氏假装为公期筑房子，以防备事变。围人，家奴。公期，孟氏之子。

⑪怒马：奋马，策马。

⑫筑者阖门：林楚、季桓子乘车冲进孟氏宅邸，筑房子的人退回去关上大门。

⑬阳虎劫公与武叔，以伐孟氏：阳虎阴谋败露，劫持鲁定公与武叔。武叔，叔孙不敢之子。

⑭上东门：鲁国东城的北门。

⑮棘下：城内地名。

⑯说：同"脱"。

⑰寝而为食：自己睡下，命人做饭。

⑱追：指追兵。

⑲鲁人闻余出，喜于征（yín）死：鲁国人知道阳虎已逃走，庆幸自己可以晚点死了。征死，缓死。案可见阳虎荼毒害民之甚。

⑳速驾！公敛阳在：意谓公敛阳必来追赶。公敛阳，公敛处父。

㉑公敛阳请追之，孟孙弗许：案孟孙害怕阳虎，不敢追击。

㉒归之：孟孙不敢继续收留季桓子，送他回家。

㉓子言辨舍爵于季氏之庙而出：季寤拿酒——在季氏庙里祭献，然后逃走。子言，季寤。辨，同"遍"。舍爵，置爵。案在祖庙里向祖宗——斟酒祭告，这是古人将出奔告别的礼仪。

㉔阳虎入于谨、阳关以叛：阳虎窃据二地与三家对抗。谨，古地名，在今山东宁阳北。阳关，古地名，在今山东泰安东南。

【译文】

阳虎为前驱，林楚为季桓子驾车，虞人用钺、盾在两边护卫，阳越断后，准备前往蒲圃。季桓子突然对林楚说："你的先人都是季氏家忠良之臣，你也要继承下去。"林楚回答说："下臣听到这话已晚。阳虎执掌政事，鲁国人都服从他，违背他就是找死，死了对主人并没好处。"季桓子说："有什么晚的？你能带着我往孟氏那儿去吗？"林楚回答说："不敢吝惜一死，而是怕不能使主人免于祸难。"季桓子说："去吧！"孟氏选了三百名强壮的男仆，在门外替公期建造房屋。林楚鞭马，冲上大路快速奔驰。阳越射他，没射中。季桓子乘车冲进孟氏宅邸，建房人关上大门。有人从门缝射阳越，射死了他。阳虎劫持鲁定公和武叔，去攻打孟氏。公敛处父带领成邑人从上东门进城，与阳虎在南门内交战，不能取胜；又在棘下交战，阳虎失败。阳虎脱下皮甲前去公宫，拿了宝玉、大弓出来，屯扎在五父之衢，睡下并下令做饭。他的手下说："追兵恐怕要到了。"阳虎说："鲁国人听说我出逃，正庆幸能缓死，哪里有时间来追我？"随从们说："嘿！快套车吧！公敛处父在那里。"公敛处父请求追赶阳虎，孟孙不允许。公敛处父想杀了季桓子，孟孙害怕了，把季桓子送回家去。季寤在季氏祖庙向神主——斟酒祭告后出逃。阳虎进入谨地、阳关而叛乱。

【公羊传】盗者孰谓？谓阳虎也。阳虎者，曷为者也？季氏之宰也①。季氏之宰，则微者也，恶乎得国宝而窃之？

阳虎专季氏，季氏专鲁国。阳虎拘季孙②，孟氏与叔孙氏迭而食之。睨而锓其板③，曰："某月某日，将杀我于蒲圃。力能救我，则于是。"至乎日，若时而出。临南者，阳虎之出也④，御之。于其乘焉，季孙谓临南曰："以季氏之世世有子⑤，子可以不免我死乎？"临南曰："有力不足，臣何敢不勉。"阳越者，阳虎之从弟也，为右⑥。诸阳之从者，车数十乘。至于孟衢⑦，临南投策而坠之⑧，阳越下取策，临南骋马⑨，而由乎孟氏。阳虎从而射之，矢著于庄门⑩。然而甲起于琴如⑪。弒不成，却反舍于郊，皆说然息⑫。或曰："弒千乘之主而不克，舍此可乎？"阳虎曰："夫孺子得国而已，如丈夫何？"睨而曰："彼哉！彼哉！趣驾⑬！"既驾，公敛处父师师而至，慬然后得免⑭，自是走之晋。宝者何？璋判白⑮。弓绣质⑯。龟青纯⑰。

【注释】

①季氏之宰也：阳虎为季氏的家宰。

②阳虎拘季孙：何休云："季氏逐昭公之后，取其宝玉，藏于其家。阳虎拘季孙，夺其宝玉。"

③睨（é）：阮校以为当作"俄"。俄，须臾之间。锓（qīn）其板：用指甲在食器板上刻字。

④阳虎之出也：姊妹之子曰出。临南为阳虎姊妹之子。

⑤以季氏之世世有子：何休云："言我季氏累世有女以为臣。"

⑥为右：车右。此处阳虎的堂弟阳越作为车右，实为看管季孙。

⑦孟衢：孟孙氏庄园前四通八达的大道。

⑧策：马鞭。

⑨骣（sǒng）马：掣动马嚼子使马快跑。

⑩矢著于庄门：庄门，孟氏所入门名。即刚闭门，箭就射到门上，几乎射中了季氏。

⑪甲：甲士。此指下文公敛处父率领的军队，即孟孙氏、叔孙氏之救兵。琴如：地名。

⑫说然：犹"脱然"，舒迟之意。

⑬趣驾：趣，促。即赶紧驾驭马车速行。

⑭懂（jǐn）：同"仅"，仅仅，只是。

⑮璋判白：判，半。璋为玉器，半珪曰璋。案礼制，将珪分为两半，白色的部分藏于天子，青色的部分藏于诸侯。璋判白，即指白色的半珪。鲁国得用白璋者，因鲁国得用王礼，可以郊天，故天子赐以白璋。阳虎实窃取五玉（珪、璧、琮、璜、璋），此处独举璋者，因璋是郊天所用，最为尊贵。

⑯弓绣质：绣，五彩绘画。质，弓弣，即中央握手处。

⑰龟青纯：纯，边缘。龟青纯，即裙边是青色的龟，古人认为千岁之龟，裙边是青色的，明于吉凶。

【译文】

　　盗指的是谁？是阳虎。阳虎是什么人？是季氏的家宰。季氏的家宰，则是地位卑贱的人，为何能够偷窃国宝？阳虎专季氏之政，季氏专鲁国之政。阳虎拘禁了季孙，孟孙、叔孙两家轮流给季孙送饭。不久，季孙用指甲在食器的板上刻道："某月某日，将在蒲圃杀我。如有能力救我，当在那时。"到了那天那个时辰，他们出来了。临南，是阳虎姊妹之子，为季孙驾车。在上车的时候，季孙对临南说："看在我季氏累世以你为家臣的恩情上，你难道不能免我于死吗？"临南说："力量虽然不足，臣怎敢不勉力为之？"阳越，是阳虎的堂弟，作为季氏的车右。诸多阳氏的随从们，车有十乘。行至孟衢，临南故意将马鞭掉在地上，阳越下车取马鞭，临南掣动马嚼子，马飞驰而走，向孟孙家奔去。阳虎从后面追着射他，庄门刚关闭,箭便射到了门上。然而孟孙、叔孙的救兵,正从琴如杀来。阳虎弑杀季孙未成,退却停留在郊外,军队都休息下来。有人说:"弑杀千乘之主而未能成功,在此地停留无所依傍,这样可以吗?"阳虎说:"季孙小儿仅能把持国政,能把大丈夫怎样?"不一会儿,说:"那边!那边!赶快驾车!"刚刚驾好车,公敛处父率军赶到,阳虎仅仅身免于难,自此逃亡晋国。国宝是什么?是白色的璋玉,附上绘有五色花纹的大弓,青色裙边的龟。

【榖梁传】宝玉者,封圭也①。大弓者,武王之戎弓也,周公受赐,藏之鲁。非其所以与人而与人,谓之亡。非其所取而取之,谓之盗。

【注释】

①封圭:鲁祖伯禽受封时周天子赐予的玉圭。

【译文】

宝玉,是先祖伯禽受封时周天子赐予的玉圭。大弓,是周武王征伐时所用的弓,赐给周公,收藏在鲁国。不是可以给别人的东西而给别人了,叫做"亡"。不是可以取得的东西而取得了,叫做"盗"。

＊【左传】郑驷歂嗣子大叔为政①。

【注释】

①郑驷歂嗣子大叔为政:驷歂接替子太叔（游吉）执政。驷歂,子然,驷乞之子。

【译文】

郑国驷歂接替子太叔执掌国政。

九年

△【经】九年春王正月^①。

【注释】

①九年：鲁定公九年当周敬王十九年，前501年。

【译文】

鲁定公九年春周历正月。

*【左传】九年春，宋公使乐大心盟于晋，且逆乐祁之尸^①。辞，伪有疾^②。乃使向巢如晋盟^③，且逆子梁之尸。子明谓桐门右师出^④，曰："吾犹衰绖，而子击钟，何也^⑤？"右师曰："丧不在此故也^⑥。"既而告人曰："己衰绖而生子，余何故舍钟^⑦？"子明闻之，怒，言于公曰："右师将不利戴氏^⑧。不肯适晋，将作乱也。不然，无疾^⑨。"乃逐桐门右师^⑩。

【注释】

①宋公使乐大心盟于晋，且逆乐祁之尸：案去年，乐祁死于晋国太行
　　山地区。

②辞，伪有疾：乐大心假装有病，推辞赴晋国。

③向巢：向戌曾孙。

④子明谓桐门右师出：乐大心来到子明家，子明将他赶出。或曰，出
　　谓出国迎尸。子明，乐祁之子溷。桐门右师，乐大心。

⑤"吾犹衰绖"三句：子明知道乐大心称病推辞，特以"我还在丧期
　　之中，你却击钟作乐，何故不出国"的话激他。衰绖，丧服。

⑥丧不在此故也：乐祁死于晋，所以说"丧不在此"。

⑦己衰绖而生子，余何故舍钟：子明父丧在身，却照样生孩子，我作
　　为兄弟，为何不能奏乐？

⑧戴氏：指宋国。

⑨不然，无疾：否则，不会称病推辞。

⑩乃逐桐门右师：驱逐乐大心在明年，这里先交代结果。

【译文】

　　鲁定公九年春，宋景公派乐大心去晋国结盟，并迎接乐祁的灵柩。
乐大心推辞，假装有病。景公便派向巢到晋国结盟，并接回乐祁的灵柩。
乐大心来到子明家，子明将他赶出去，说：“我还穿着丧服，而你敲钟作
乐，是为了什么？”乐大心说：“是因为灵柩不在这里啊。”然后乐大心告
诉别人说：“自己在服丧期间生下儿子，我为什么要放弃敲钟作乐？”子
明听说了，大怒，对宋景公说：“乐大心将要不利于宋国。他不肯去晋国，
是准备作乱。不然的话，不会装病推辞。”于是驱逐乐大心。

　　*【左传】郑驷歂杀邓析，而用其《竹刑》①。君子谓：
“子然于是不忠②。苟有可以加于国家者，弃其邪可也③。
《静女》之三章，取彤管焉④。《竿旄》‘何以告之’，取其忠
也⑤。故用其道，不弃其人。《诗》云：‘蔽芾甘棠，勿翦勿
伐，召伯所茇⑥。’思其人，犹爱其树，况用其道而不恤其人
乎⑦！子然无以劝能矣⑧。”

【注释】

①郑驷歂杀邓析，而用其《竹刑》：驷歂虽然杀了邓析，却采用他的
　　《竹刑》。邓析，郑国大夫。昭公六年，子产曾铸刑书于鼎，邓析
　　改所铸旧刑书，其刑书后出，写在竹简之上，称《竹刑》。邓析的
　　《竹刑》可能更适用，故驷歂用之。

②子然:驷歂的字。

③苟有可以加于国家者,弃其邪可也:邓析制《竹刑》,对国家有利,就不必计较他无关宏旨的罪过。加,益。

④《静女》之三章,取彤管焉:《静女》三章虽写美女,但其目的在赞美彤管。《静女》,《诗经·邶风》篇名。诗中的"彤管",本是红色管状的草,古人也解释为赤管笔,用来记事,彰善恶。

⑤《竿旄》"何以告之",取其忠也:《竿旄》是《诗经·鄘风》中的篇名,篇末有"彼姝者子,何以告之"二句。君子取作诗者之忠心。

⑥"蔽芾甘棠"三句:引《诗》见《诗经·召南·甘棠》,意思是很茂盛的甘棠树,不剪不砍莫动它,召伯曾经停留在树下。取意思念其人而兼及其物。

⑦不恤:不顾。

⑧子然无以劝能矣:作者批评子然用其人之道而弃其人之身。无以劝能,不能勉励贤能。

【译文】

郑国驷歂杀了邓析,却用他所作的《竹刑》。君子认为:"驷歂在这件事上表现不忠。如果有人对国家有利,就可以不责罚他无关宏旨的罪过。《静女》的第三章诗,就是赞赏其中的彤管。《竿旄》'用什么劝告他',是赞赏他的忠诚。所以,用了他的主张,就不惩罚这人。《诗》说:'甘棠的树荫茂密高大,不要剪它别砍伐,召伯曾经停留在树下。'思念这个人,尚且爱护这棵树,何况用了他的主张怎能不顾惜他的生命呢!驷歂无法劝勉有才能的人了。"

△【经】夏四月戊申①,郑伯虿卒②。

【注释】

①戊申:二十二日。

②郑伯虿（chài）卒：郑献公虿去世。郑伯虿，姓姬，名虿，一作"趸
（dǔn）"，谥献。在位十三年。虿，《公羊传》作"嚸"。

【译文】

夏四月二十二日，郑献公虿去世。

【经】得宝玉、大弓^①。

【注释】

①得宝玉、大弓：阳虎归还宝玉、大弓。

【译文】

得到宝玉、大弓。

【左传】夏，阳虎归宝玉、大弓。书曰"得"，器用也^①。
凡获器用曰得，得用焉曰获^②。

【注释】

①器用：器物用具。

②凡获器用曰得，得用焉曰获：得到器物用具叫"得"，得到生物叫
"获"。案以上解释经文用"得""获"的区别。

【译文】

夏，阳虎归还宝玉、大弓。《春秋》记载说"得"，是由于它们是器物
用具。凡是得到器物用具叫"得"，得到生物叫"获"。

六月，伐阳关^①。阳虎使焚莱门^②。师惊，犯之而出^③，
奔齐，请师以伐鲁，曰："三加^④，必取之。"齐侯将许之。鲍
文子谏曰^⑤："臣尝为隶于施氏矣^⑥，鲁未可取也。上下犹

和,众庶犹睦,能事大国⑦,而无天灾,若之何取之？阳虎欲勤齐师也,齐师罢,大臣必多死亡,己于是乎奋其诈谋⑧。夫阳虎有宠于季氏,而将杀季孙,以不利鲁国,而求容焉⑨。亲富不亲仁,君焉用之⑩？君富于季氏,而大于鲁国,兹阳虎所欲倾覆也⑪。鲁免其疾,而君又收之,无乃害乎⑫?"齐侯执阳虎,将东之⑬。阳虎愿东,乃因诸西鄙⑭。尽借邑人之车,锲其轴,麻约而归之⑮。载葱灵,寝于其中而逃⑯。追而得之,因于齐。又以葱灵逃,奔宋,遂奔晋,适赵氏。仲尼曰:"赵氏其世有乱乎⑰!"

【注释】

①伐阳关:讨伐阳虎。

②莱门:阳关城门。

③师惊,犯之而出:鲁军惊恐,阳虎趁机突围而出。

④三加:三次出兵攻打。

⑤鲍文子:鲍国,曾为鲁国施氏家臣,后被齐国召回,时已九十余岁。

⑥施氏:鲁国大夫。

⑦能事大国:谨事晋国。大国,指晋国。

⑧奋其诈谋:施展阴谋诡计。意谓阳虎怂恿齐国出兵,好从中渔利。

⑨求容:讨好齐国以求得庇护。

⑩亲富不亲仁,君焉用之:阳虎只喜欢财富而不讲究道义,不可用。

⑪"君富于季氏"三句:意谓阳虎之心本在于颠覆、图谋齐国。

⑫"鲁免其疾"三句:鲁国除掉阳虎这个祸患,齐国却收留他,无异于引狼入室。

⑬东之:囚禁于齐国东部。

⑭阳虎愿东,乃因诸西鄙:阳虎本意想西逃晋国,知道齐国必定反其

意而行，因此故意说愿东，使齐国西囚之。

⑮"尽借邑人之车"三句：阳虎知道自己逃跑时，齐国人必用车追赶，所以遍借城中人的车，将车轴截断，又用麻缠绕伪装起来，再将车归还。锲（qiè），截断。

⑯载葱灵，寝于其中而逃：阳虎在葱灵车上装上衣物，自己躲在衣物之中逃跑。葱灵，一种装载衣物的车。

⑰赵氏其世有乱乎：阳虎好作乱，所以孔子预言赵氏将不得安宁。

【译文】

六月，攻打阳关。阳虎派人焚烧莱门。鲁军被惊扰，阳虎突围而出，逃往齐国，请求派兵进攻鲁国，说："攻打三次，一定能攻占。"齐景公准备答应。鲍文子进谏说："下臣曾经当过施氏的家臣，知道鲁国不能攻取。他们上下仍然和谐，百姓和睦，能够事奉大国，而且没有天灾，怎么可能攻取？阳虎是想劳动齐军，齐军疲劳，大臣必定有很多死亡，他自己就能趁机施展阴谋。阳虎在季氏那里得到宠信，反而要杀季孙，以不利于鲁国，来讨好我们求得庇护。亲近富有而不亲近仁爱，国君哪里用得着他？国君比季氏富有，齐国比鲁国大，这正是阳虎所想要倾覆的啊。鲁国免除了他的祸害，国君却又收留他，不是祸害吗？"齐景公拘捕阳虎，打算把他送往东部囚禁。阳虎表示愿意住在东部，齐景公便又把他囚禁在西部边境。阳虎把当地人的车都借来，截断车轴，用麻缠上后还给车主。他在葱灵车上装满衣物，躲在里边逃走。齐国人追上抓获，囚禁在齐国都城。他又躲在葱灵车里逃脱，逃往宋国，又转逃晋国，投靠赵氏。孔子说："赵氏恐怕将世世代代有动乱了吧！"

【公羊传】何以书？国宝也。丧之书，得之书①。

【注释】

①丧之书，得之书：此处是微辞，表面意思是，因为贵重的缘故，所以

丧失国宝要记录,得到国宝要记录。实际意思是,国宝是周公初
封时天子赏赐之物,子孙当永保,遗失国宝是失信于天子,为大
罪,当被诛绝;而得到国宝,则罪行可免。

【译文】

为何记录此事? 因为这些是国宝。丧失国宝要记录,得到国宝要记录。

【穀梁传】其不地何也? 宝玉、大弓在家则羞^①,不目羞
也。恶得之? 得之堤下。或曰:阳虎以解众也^②。

【注释】

①家:指卿大夫。这里的意思是宝玉、大弓是国之宝器,在卿大夫手
　里都是国家的耻辱,何况阳虎只是卿大夫的家臣,被他拿到更是
　国家的耻辱。

②解:缓解。

【译文】

经文为什么不记载在哪里找到的呢? 因为宝玉、大弓在卿大夫手里
那就是国家的耻辱了,不提耻辱的事。在哪里找到的呢? 在堤岸之下找
到的。有一种说法说:是阳虎用来缓解追兵的。

△**【经】**六月,葬郑献公。

【译文】

六月,安葬郑献公。

【经】秋,齐侯、卫侯次于五氏^①。

【注释】

①齐侯、卫侯次于五氏：两国攻打晋国。五氏，晋地名，在今河北邯郸西。一说，五氏为鲁国之地。齐侯、卫侯欲伐击鲁国，驻扎在五氏，未能真正伐击鲁国，便被击退。《春秋》善鲁国能早退强敌，故书齐侯、卫侯之止次。可参庄公十年"夏六月，齐师、宋师次于郎。公败宋师于乘丘"条。

【译文】

秋，齐景公、卫灵公驻扎在五氏。

【左传】秋，齐侯伐晋夷仪①。敝无存之父将室之②，辞，以与其弟，曰："此役也不死，反，必娶于高、国③。"先登，求自门出，死于霤下④。东郭书让登⑤，犁弥从之，曰："子让而左，我让而右，使登者绝而后下⑥。"书左，弥先下。书与王猛息⑦。猛曰："我先登。"书敛甲⑧，曰："曩者之难，今又难焉⑨！"猛笑曰："吾从子如骖之靳⑩。"

【注释】

①齐侯伐晋夷仪：齐国为卫国攻打夷仪。夷仪，古地名，在今河北邢台西。

②敝无存：齐国大夫。室之：为之娶妻。之，指敝无存。

③"此役也不死"三句：敝无存自认为定可立功，凯旋后将娶卿相之女。此役，指夷仪之役。高、国，高氏、国氏。

④死于霤（liù）下：敝无存率先登城，跳进城内，企图从里面打开城门出来，结果战死在城楼屋檐下。

⑤让登：抢登。让，通"攘"。

⑥"子让而左"三句：犁弥怕被东郭书占了先，建议等登上城的人齐

了以后再下去。让，让登。绝，尽。

⑦王猛：犁弥。息：战后休息。

⑧敛甲：收拾盔甲，准备与王猛较量。

⑨曩者之难，今又难焉：东郭书对王猛的话不服气。难，为难，过不去。

⑩吾从子如骖之靳：王猛不敢与东郭书争，表示自己只不过如骖马随着服马一样。靳，驾辕的服马。

【译文】

秋，齐景公攻打晋国夷仪。敝无存的父亲打算为他娶亲，被他推辞，让给弟弟，说："这次战役如果不战死，回来后一定要娶高氏、国氏的女子。"攻城时他率先登上城墙，又想从城门冲出去，战死在城楼檐下。东郭书抢先登城，犁弥跟在后面，说："你登上去后往左，我上去后往右，等大家都上来后再下去。"东郭书登城后往左去，犁弥却先下城去。战斗结束，东郭书和犁弥在一起休息。犁弥说："是我先登城的。"东郭书收拾盔甲，说："上一次你让我难堪，现在又要让我难堪！"犁弥笑着说："我跟着您就如同骖马跟从服马一样。"

晋车千乘在中牟①。卫侯将如五氏②，卜过之③，龟焦④。卫侯曰："可也！卫车当其半，寡人当其半，敌矣⑤。"乃过中牟。中牟人欲伐之。卫褚师圃亡在中牟，曰："卫虽小，其君在焉⑥，未可胜也。齐师克城而骄⑦，其帅又贱⑧，遇，必败之，不如从齐。"乃伐齐师，败之⑨。齐侯致禚、媚、杏于卫⑩。

【注释】

①晋车千乘在中牟：晋国派兵准备反击。中牟，古地名，在今河南鹤壁西。

②卫侯将如五氏：卫灵公发兵助齐国。

③卜过之：占卜经过中牟的吉凶。

④龟焦：灼龟而卜，结果龟板烧焦，占卜不成。

⑤"卫车当其半"三句：卫国有战车五百辆，可抵晋国的一半；又自夸自己可抵晋国的战车五百辆。

⑥卫虽小，其君在焉：卫灵公亲自出马。

⑦城：指夷仪。

⑧其帅又贱：杜预注以为统帅是东郭书，地位不高。案从上下文看，齐军统帅不一定是东郭书。

⑨乃伐齐师，败之：晋国与齐国战。据哀公十五年传，齐国丧车五百辆。

⑩齐侯致禚（zhuó）、媚、杏于卫：齐国将三地送给卫国，答谢其出兵相救。禚、媚、杏，齐国西部之地，分别在今山东长清、茌平和禹城。

【译文】

晋国战车千辆驻在中牟。卫灵公准备到五氏去，为经过中牟而占卜，卜龟烧焦了。卫灵公说："可以！卫国的战车相当于他们的一半，寡人也相当一半，对等了。"于是经过中牟。中牟人想攻打卫军。卫国褚师圃逃亡在中牟，说："卫国虽然小，但国君在军中，不可能战胜他们。齐军攻克城邑而骄傲，统帅级别又低下，两军相遇，必定能打败齐军，不如迎战齐军。"于是攻打齐军，打败了他们。齐景公把禚、媚、杏三地送给卫国。

　　齐侯赏犁弥，犁弥辞曰："有先登者，臣从之，皙帻而衣狸制①。"公使视东郭书，曰："乃夫子也——吾贶子②。"公赏东郭书，辞，曰："彼，宾旅也③。"乃赏犁弥④。

【注释】

①"有先登者"三句：犁弥不知道东郭书之名，只记住他的打扮。皙帻，白色头巾。帻，古代包扎发髻的巾。狸制，狸皮斗篷。

②乃夫子也——吾贶子:是这个人——我把赏赐让给您。前句是
　　对别人说的,后句是对东郭书说的。犁弥认出先登者是东郭书。
　　贶,赐。

③彼:指犁弥。宾旅:客卿。犁弥大概由别国初仕于齐国。

④乃赏犁弥:二人谦让,最后赏犁弥。

【译文】

　　齐景公赏赐犁弥,犁弥辞谢说:"有先登城的人,下臣是跟着他,那人
头包白色头巾,身披狸皮斗篷。"景公让他去看是不是东郭书,他看了说:
"正是这一位——我把赏赐让给您。"景公赏赐东郭书,东郭书辞谢了,
说:"犁弥是客卿。"于是赏给了犁弥。

　　齐师之在夷仪也,齐侯谓夷仪人曰:"得敝无存者,以五
家免①。"乃得其尸。公三襚之②,与之犀轩与直盖③,而先归
之④。坐引者⑤,以师哭之⑥,亲推之三⑦。

【注释】

①得敝无存者,以五家免:能找回敝无存尸体的,赏赐五家的财富,
　　并免除赋役。

②三襚:三次给尸体穿衣。三襚,迁尸于袭上而衣之,为一襚;小敛
　　又衣之,二襚;大敛又衣之,三襚。

③与之犀轩与直盖:二物以作殉葬。犀轩,以犀牛皮装饰的车。直
　　盖,高盖,即长柄伞。

④先归之:先送尸体回去。

⑤坐引者:让拉灵车的人跪着。

⑥以师哭之:全军为之吊哭。

⑦亲推之三:齐景公以亲自推车三次的重礼为敝无存送葬。

【译文】

齐军在夷仪的时候,齐景公对夷仪人说:"得到敝无存尸体的,赏赐五户,免除赋役。"于是得到敝无存的尸体。景公三次为尸体穿衣服,给他犀皮蒙盖的轩车和直柄车盖殉葬,并先把灵柩送回国内。让拉灵车的人跪着拉车,带领全军哭吊,亲自推车三次。

△**【经】秦伯卒**①。

【注释】

①秦伯卒:秦哀公去世。秦哀公,姓嬴名籍,伯爵,谥哀。前536年即位,在位三十六年。

【译文】

秦哀公去世。

△**【经】冬,葬秦哀公。**

【译文】

冬,安葬秦哀公。

十年

【经】十年春王三月①**,及齐平**②**。**

【注释】

①十年:鲁定公十年当周敬王二十年,前500年。
②及齐平:前年鲁国两次侵齐,现在两国讲和。顾栋高曰:"定公之世,齐、鲁交兵凡四,则以齐景争伯一案。"

【译文】

鲁定公十年春周历三月,鲁国与齐国讲和。

【左传】十年春,及齐平。

【译文】

鲁定公十年春,鲁国与齐国讲和。

【经】夏,公会齐侯于夹谷①。

【注释】

①夹谷:古地名,在今山东莱芜。《公羊传》《穀梁传》作"颊谷"。

【译文】

夏,鲁定公与齐景公在夹谷相会。

【左传】夏,公会齐侯于祝其,实夹谷①。孔丘相②。犁弥言于齐侯曰:"孔丘知礼而无勇,若使莱人以兵劫鲁侯,必得志焉③。"齐侯从之。孔丘以公退④,曰:"士兵之⑤!两君合好,而裔夷之俘以兵乱之⑥,非齐君所以命诸侯也⑦。裔不谋夏⑧,夷不乱华⑨,俘不干盟⑩,兵不逼好⑪——于神为不祥⑫,于德为愆义⑬,于人为失礼,君必不然。"齐侯闻之,遽辟之⑭。

【注释】

①祝其,实夹谷:祝其就是夹谷。

②孔丘相:孔子时为鲁国司寇,位至卿,为鲁定公相礼。

③若使莱人以兵劫鲁侯，必得志焉：犁弥建议用莱人武装劫持鲁定
　公。莱，姜姓国，在今山东黄岛，襄公六年被齐国所灭，成为齐地。

④以公退：保护鲁定公退出。

⑤士兵之：武士抵御莱人。案诸侯会盟，双方有军队随从保护。

⑥裔夷之俘：莱为齐国所灭，故称之为俘。裔，边远。

⑦非齐君所以命诸侯也：以兵乱盟，不是齐国与诸侯敦睦邦交之道。

⑧裔：指华夏以外的地区。

⑨夷：指华夏族以外的人。

⑩干：犯。

⑪兵：指兵戎之事。好：盟会和好。

⑫于神为不祥：会盟必祭告神明，侵犯则为不祥。

⑬愆义：违反道义。

⑭遽辟之：急令莱夷退出。

【译文】

　　夏，鲁定公与齐景公在祝其相会，就是夹谷。孔丘任相礼。犁弥对齐景公说："孔丘知礼却缺乏勇，如果让莱人武装劫持鲁定公，一定可以达到我们的目的。"齐景公同意了。孔丘带着定公退会，喊道："将士们上！两国国君合好，而边远夷人俘虏却用武力捣乱，这不是齐国国君用来命令诸侯的办法。边远地区人不可能图谋中原，夷人不可能扰乱华人，俘虏不可能干犯盟会，武力不可能逼迫友好——这样对待神灵不吉祥，对于德行是丧失道义，对于人是失礼，齐君必定不会这样做的。"齐景公听说了，赶紧让莱人撤下。

　　将盟，齐人加于载书曰："齐师出竟①，而不以甲车三百乘从我者，有如此盟②！"孔丘使兹无还揖对③，曰："而不反我汶阳之田，吾以共命者，亦如之④！"

【注释】

①齐师出竟：齐军发兵远征。竟，通"境"。

②有如此盟：按盟书条款加以严惩。

③兹无还：鲁国大夫。

④"而不反我汶阳之田"三句：孔子提出须归还汶阳之田，并写入盟书。共命，指以甲兵三百乘相从。

【译文】

将要盟誓，齐国在盟书上加了一句话说："齐军出境，鲁国要是不派出三百辆战车跟随我们，有盟誓为证！"孔丘让兹无还作揖回答说："如果你们不归还我国汶阳的田地，让我们用来供给需要，也有盟誓为证！"

齐侯将享公，孔丘谓梁丘据曰："齐、鲁之故①，吾子何不闻焉？事既成矣②，而又享之，是勤执事也③。且牺、象不出门④，嘉乐不野合⑤。飨而既具⑥，是弃礼也。若其不具，用秕稗也⑦。用秕稗，君辱⑧；弃礼，名恶⑨。子盍图之⑩！夫享，所以昭德也。不昭，不如其已也⑪。"乃不果享。

【注释】

①故：旧典，传统礼节。

②事既成矣：会盟已完成。

③勤：烦劳。

④牺、象：牛形、象形的酒器，盛大宴会所用。

⑤嘉乐不野合：享礼当在朝庙，不宜在野外。嘉乐，钟磬，指雅乐。

⑥飨：享礼。既具：牺、象、钟、磬尽备。

⑦若其不具，用秕稗也：飨而礼不全，就如不用五谷而用秕稗一样轻率。

⑧君辱：有辱齐君。

⑨名恶：名声不好。案辱君和名恶都不好。

⑩盍：何不。

⑪不昭，不如其已也：享礼是用来宣扬君德的，否则不如不用。已，停止。

【译文】

齐景公准备设享礼款待鲁定公，孔丘对梁丘据说："齐、鲁两国过去的惯例，您怎么没听说呢？盟会已经结束，却又设享礼，这是给执事增加劳累。而且牺尊、象尊不出国门，雅乐不在野外合奏。设享礼如果全部具备这些，就是抛弃礼法。要是不具备，又像用秕谷稗草那样轻率。用秕谷稗草，是君主的耻辱；抛弃礼法，名声不好。您何不考虑一下！所谓享礼，是用来宣扬德行的。不能昭明德行，就不如不举行。"最终没有设享礼。

【穀梁传】离会不致①，何为致也？危之也。危之则以地致何也？为危之也。其危奈何？曰：颊谷之会，孔子相焉②。两君就坛③，两相相揖④。齐人鼓噪而起⑤，欲以执鲁君。孔子历阶而上，不尽一等而视归乎齐侯⑥，曰："两君合好⑦，夷狄之民何为来为⑧？"命司马止之⑨。齐侯逡巡而谢曰⑩："寡人之过也。"退而属其二三大夫曰⑪："夫人率其君与之行古人之道⑫，二三子独率我而入夷狄之俗⑬，何为？"罢会，齐人使优施舞于鲁君之幕下⑭。孔子曰："笑君者罪当死。"使司马行法焉，首足异门而出。齐人来归郓、谨、龟阴之田者⑮，盖为此也。因是以见虽有文事，必有武备，孔子于颊谷之会见之矣。

【注释】

①离会：两国意见不合的会面。

②相：赞礼者，主持礼节仪式的人。

③坛：土筑的高台，用于盟会。

④揖：拱手行礼。

⑤鼓噪：击鼓喧闹。起：发动。

⑥一等：一级台阶。这里是指最后一级台阶。归：归向，向着。

⑦合：和同，融洽。

⑧夷狄之民：据《左传》，这是莱人，故称夷狄。齐灭莱见襄公六年。

⑨司马：官名，掌管军政、军赋。

⑩逡巡：犹豫。谢：道歉。

⑪退：离去。

⑫夫（fú）人：那人，指孔子。夫，那。

⑬独：反而，却。

⑭优施：表演杂耍的人称作"优"，"施"是此优的名。幕：帐幕。

⑮郓：鲁地名，在今山东郓城东。讙：鲁地名，在今山东宁阳西北。
龟阴：鲁地名，在今山东新泰西南。此三地即"汶阳之田"，常年
为齐、鲁所争夺。

【译文】

意见不合的会面不记载告祭祖庙，为什么记载告祭祖庙了呢？因
为为鲁定公担忧。为什么为鲁定公担忧就要通过记载地点来告祭祖庙
呢？因为在这个地方遭遇危险。是什么样的危险呢？说：頰谷之会，孔
子作为鲁国的相。两国的国君登上祭坛，两国的相相互拱手行礼。齐国
人开始击鼓喧闹起来，想要抓住鲁国的国君。孔子快步冲上台阶，还没
有冲完最后一级台阶就瞪着齐景公，说："两国国君融洽友好，夷狄的人
为什么来呢，来做什么呢？"命令司马制止了他们。齐景公犹豫之后道歉
说："是我的过错。"离开之后对他的几个大夫说："那个人带着国君和他

一起履行古人的道义，你们几个却带着我陷入夷狄的习俗，为什么呢？"会后，齐国人派艺人施到鲁定公的帐幕前跳舞。孔子说："嘲笑国君的人应当死。"派司马执行法令，将他的头和脚从不同的门带出去。齐国人送回郓、讙、龟阴的土地，就是因为这个。因此可以看出虽有文治之事，也必须有武力准备，孔子在颊谷之会就表现出来了。

△【经】公至自夹谷①。

【注释】

① 夹谷：《公羊传》《穀梁传》作"颊谷"。何休云："颊谷之会，齐侯作侏儒之乐，欲以执定公。孔子曰：'匹夫而荧惑于诸侯者，诛。'于是诛侏儒，侏儒首足异处。齐侯大惧，曲节从教。得意，故致也。"

【译文】

定公从夹谷回国。

【经】晋赵鞅帅师围卫。

【译文】

晋国赵鞅带兵包围卫国。

【左传】晋赵鞅围卫，报夷仪也①。初，卫侯伐邯郸午于寒氏②，城其西北而守之③。宵熸④。及晋围卫，午以徒七十人门于卫西门，杀人于门中，曰："请报寒氏之役⑤。"涉佗曰："夫子则勇矣⑥，然我往，必不敢启门⑦。"亦以徒七十人且门焉⑧。步左右，皆至而立，如植⑨。日中不启门⑩，乃退。反役⑪，晋人讨卫之叛故⑫，曰："由涉佗、成何⑬。"于是执涉佗以求成于卫。卫人不许^⑭。晋人遂杀涉佗。成何奔燕。君子曰："此之谓弃礼，必不钧^⑮。《诗》曰：'人而无礼，胡不遄死^⑯。'涉佗亦遄矣哉！"

【注释】

①晋赵鞅围卫，报夷仪也：去年齐国为卫国攻打晋国的夷仪，现在对卫国进行报复。

②卫侯伐邯郸午于寒氏：去年卫灵公帮助齐国进攻五氏。邯郸午，晋国邯郸大夫，名午。寒氏，即去年经文的五氏。

③城：筑城。

④宵熸（jiān）：夜间，邯郸午守军全部溃散。熸，消遁，消失。

⑤请报寒氏之役：为报寒氏之战的前仇。

⑥夫子：指邯郸午。

⑦然我往，必不敢启门：卫国人不怕邯郸午，开门与他交战。涉佗认为自己前往攻打，卫国人必惧怕不敢开门。

⑧旦门：黎明攻门。

⑨"步左右"三句：到城门下，分左右两边站定，如树木一样，纹丝不动。

⑩日中不启门：直到中午，卫国人不敢开门。

⑪反役：退兵。

⑫晋人讨卫之叛故：晋国围卫无功，只好退兵，恼羞之间，便追查卫国叛晋的原因。

⑬由涉佗、成何：定公八年，晋国与卫国结盟，二人任使者，羞辱卫灵公。

⑭卫人不许：卫国不愿意再与晋国和好。

⑮此之谓弃礼，必不钧：当初侮辱卫君，本是赵鞅的意思，成何说卫国不过如晋国的县邑，涉佗则推卫君手，都是无礼行为。不钧，不

一样。

⑯人而无礼,胡不遄死:引《诗》见《诗经·鄘风·相鼠》。胡,何。遄,速。

【译文】

晋国赵鞅包围卫国,是报复夷仪战役。起初,卫灵公在寒氏讨伐邯郸午,在其西北部筑城并派兵把守。城中守军夜里溃散。到晋军包围卫国,邯郸午带七十个人攻打卫国西门,在城门中杀人,说:"请让我以此报复寒氏之战。"涉佗说:"你算得上勇敢了,但要是我前去,他们肯定不敢开门。"也带着七十个人在黎明去攻城门。走到城门下,左右排列,全部站定,如同树木一样不动。到中午城门还不开,于是退回。退兵后,晋国追究卫国背叛的原因,说:"是由涉佗、成何引起的。"于是抓了涉佗向卫国要求媾和。卫国不同意。晋国便杀了涉佗。成何逃往燕国。君子说:"这叫做丢掉礼,所以处理肯定不公平。《诗》说:'人要是没有礼,何不早点死。'涉佗算是死得快了!"

【经】齐人来归郓、讙、龟阴田①。

【注释】

①郓:《公羊传》作"运"。龟阴田:《穀梁传》作"龟阴之田"。

【译文】

齐国送还郓、讙、龟阴田地给鲁国。

【左传】齐人来归郓、讙、龟阴之田①。

【注释】

①齐人来归郓、讙、龟阴之田:阳虎去年逃往齐国,将三邑之田划归齐国,现在齐国才按盟约归还鲁国。

【译文】

齐国派人到鲁国归还郓、讙、龟阴三处田地。

【公羊传】齐人曷为来归运、讙、龟、阴田？孔子行乎季孙，三月不违[①]，齐人为是来归之[②]。

【注释】

①孔子行乎季孙，三月不违：何休云："孔子仕鲁，政事行乎季孙，三月之中，不见违，过是违之也。"此处鲁国失守先祖之封地，此四邑已与鲁国断绝，孔子不欲受，而定公贪利受之。此即三月之外有违之事。刘逢禄云："反侵地者，正齐人欲沮挠鲁政，即归女乐之几，受女乐为大恶，不可言也。"

②齐人为是来归之：何休云："齐侯自颊谷会归，谓晏子曰：'寡人获过于鲁侯，如之何？'晏子曰：'君子谢过以质，小人谢过以文。齐尝侵鲁四邑，请皆还之。'"

【译文】

齐人为何来归还运田、讙田、龟阴田？孔子在季孙政权下任职，三个月没有违背孔子的政见，因此齐人来归还田地。

【经】叔孙州仇、仲孙何忌帅师围郈[①]。

【注释】

①叔孙州仇：武叔。叔孙氏宗主，叔孙不敢之子。仲孙何忌：孟懿子。郈：叔孙氏私邑，在今山东东平。据《左传》，叔孙氏家臣以郈作乱，于是围之，没有攻下。

【译文】

叔孙州仇、仲孙何忌领兵包围郈地。

【左传】初，叔孙成子欲立武叔，公若藐固谏，曰："不可。"成子立之而卒。公南使贼射之，不能杀①。公南为马正，使公若为郈宰。武叔既定，使郈马正侯犯杀公若，不能。其圉人曰②："吾以剑过朝，公若必曰：'谁之剑也？'吾称子以告③，必观之。吾伪固而授之末，则可杀也④。"使如之。公若曰："尔欲吴王我乎⑤？"遂杀公若。侯犯以郈叛⑥，武叔、懿子围郈，弗克⑦。

【注释】

①公南使贼射之，不能杀：因怨恨公若藐，想暗杀他。公南，叔孙家臣，武叔同党。

②其圉人：武叔的马官。

③称子以告：告诉他是您的剑。

④吾伪固而授之末，则可杀也：拿剑给人，应以剑柄向着对方，圉人准备把剑锋对着公若藐，趁机刺杀他。伪固，伪装固陋不知礼节。

⑤吴王我：以我为吴王。案公若藐见剑锋向着自己，斥责说，你想像鲟诸刺吴王僚那样刺杀我吗？

⑥侯犯以郈叛：侯犯杀公若未得手，怕叔孙氏加罪，于是据守郈地发动叛乱。

⑦武叔、懿子围郈，弗克：叔孙氏、孟孙氏联合围郈，没攻下。懿子，孟懿子，仲孙何忌。

【译文】

起初，叔孙成子想立武叔为继承人，公若藐坚持劝谏，说："不可以。"叔孙成子立了武叔后就死了。公南派贼人射公若藐，没能杀死他。公南任马正，派公若藐任郈地宰。武叔地位稳定后，派郈邑马正侯犯杀公若藐，还是没能杀死他。武叔的马官说："我持剑经过朝廷，公若藐一定会问:'谁的剑啊?'我告诉他是您的,他一定会观看。我假装不懂礼仪而把剑尖对着他递过去,就可以杀他了。"让他照办。公若藐说:"你想把我当吴王吗?"马官杀死公若藐。侯犯占据郈邑叛乱,武叔、懿子包围郈邑,没能攻下。

【经】秋,叔孙州仇、仲孙何忌帅师围郈^①。

【注释】

①秋,叔孙州仇、仲孙何忌帅师围郈:再次围郈。郈,《公羊传》作"费"。费为季孙氏私邑。此处围郈、围费者,因叔孙、季孙的家臣,据邑反叛。

【译文】

秋,叔孙州仇、仲孙何忌带兵包围郈地。

【左传】秋,二子及齐师复围郈^①,弗克。叔孙谓郈工师驷赤曰^②:"郈非唯叔孙氏之忧,社稷之患也^③。将若之何?"对曰:"臣之业在《扬水》卒章之四言矣^④。"叔孙稽首^⑤。驷赤谓侯犯曰:"居齐、鲁之际而无事^⑥,必不可矣。子盍求事于齐以临民^⑦?不然,将叛^⑧。"侯犯从之。齐使至,驷赤与郈人为之宣言于郈中曰^⑨:"侯犯将以郈易于齐^⑩,齐人将迁郈民。"众凶惧^⑪。驷赤谓侯犯曰:"众言异矣^⑫。子不如易于齐,与其死也,犹是郈也^⑬,而得纾焉,何必此^⑭?齐人欲以此逼鲁,必倍与子地^⑮。且盍多舍甲于子之门,以备不虞^⑯?"侯犯曰:"诺。"乃多舍甲焉。侯犯请易于齐^⑰,齐有司观郈^⑱。将至,驷赤使周走呼曰:"齐师至矣!"郈人大骇,介侯犯之门甲^⑲，以围侯犯。驷赤将射之^⑳，侯犯止之曰：
"谋免我^㉑。"侯犯请行，许之^㉒。驷赤先如宿^㉓，侯犯殿。每
出一门，郈人闭之^㉔。及郭门，止之曰："子以叔孙氏之甲
出，有司若诛之^㉕，群臣惧死。"驷赤曰："叔孙氏之甲有物，
吾未敢以出^㉖。"犯谓驷赤曰："子止而与之数^㉗。"驷赤止，
而纳鲁人^㉘。侯犯奔齐。齐人乃致郈^㉙。

【注释】

①二子及齐师复围郈：武叔、懿子借助齐军一起进攻郈。

②工师：掌管工匠的官。

③郈非唯叔孙氏之忧，社稷之患也：侯犯作乱，不仅仅是叔孙家祸，
　也是鲁国之患。

④臣之业在《扬水》卒章之四言矣：《扬水》即《扬之水》，《诗经·唐
　风》篇名，末章有"我闻有命"四字，表示愿意听命。业，事情。

⑤叔孙稽首：谢其愿受命。

⑥无事：不事奉任何一国。

⑦子盍求事于齐以临民：驷赤劝诱侯犯依附齐国。

⑧不然，将叛：否则郈人将叛。

⑨驷赤与郈人为之宣言于郈中曰：故意散布传言。

⑩易于齐：将郈地换给齐国。

⑪众凶惧：郈人惊恐。

⑫异：态度改变。

⑬"子不如易于齐"三句：与其守着郈地，为郈人所杀，不如与齐国
　交换，所得仍等于这块郈地。

⑭而得纾焉，何必此：如此可缓和祸患，何必死守郈地？纾，祸患
　缓和。

⑮齐人欲以此逼鲁,必倍与子地:齐国得到郈地,可以胁迫鲁国,所以将加倍赏给土地。

⑯且盍多舍甲于子之门,以备不虞:在门边多设置甲胄,以防不测。

⑰侯犯请易于齐:请求与齐国交换郈地。

⑱齐有司观郈:齐国派人考察郈地。

⑲介:披甲。

⑳驷赤将射之:假装要为侯犯射杀郈人。

㉑谋免我:设法使我免于祸难,即助其逃跑。

㉒侯犯请行,许之:郈人同意让侯犯出逃。

㉓宿:齐地名,在今山东东平,离郈西十余里。

㉔每出一门,郈人闭之:关门以防侯犯回来。

㉕诛之:治罪。指让侯犯带走盔甲将被怪罪。

㉖叔孙氏之甲有物,吾未敢以出:驷赤已从宿地返回郈。物,标记。未敢以出,不敢带走。

㉗子止而与之数:让驷赤留下向郈人点交盔甲。

㉘驷赤止,而纳鲁人:驷赤用计使自己留下,接应孟、叔两家军队。

㉙齐人乃致郈:齐将郈地归还鲁国。

【译文】

秋,武叔、懿子与齐军再次包围郈邑,还是没能攻占。叔孙对郈邑工师驷赤说:"郈邑并非只是叔孙氏的忧患,也是国家的祸患。打算怎么办?"驷赤回答说:"我所要做的事,在《扬水》最后一章的四个字里了。"叔孙向他行礼致谢。驷赤对侯犯说:"处在齐、鲁两国之间而不事奉任何一国,肯定无法生存。您何不请求事奉齐国以统治百姓?不然的话,百姓将会反叛。"侯犯听从了。齐国使者到来,驷赤和郈邑人趁机在郈邑散布传言说:"侯犯打算用郈邑和齐国交换,齐国将把郈邑民众迁走。"众人惊恐。驷赤对侯犯说:"民众的意见跟您有分歧了。您与其死,不如将郈邑和齐国交换,就仍然等于得到郈邑,而能使祸患得以纾缓,何必一定要在这里？齐国想得到郈邑来逼迫鲁国，一定会加倍给您土地。另外您何不多安放些皮甲在门口，以防意外？"侯犯说："好的。"便在门口放置了许多皮甲。侯犯请求用郈邑和齐国交换，齐国官员来巡视郈邑。快要到达时，驷赤派人四处奔走呼喊："齐军来了！"郈邑人大为惊骇，都披上侯犯家门口的皮甲，包围侯犯家。驷赤假装要射他们，侯犯制止说："想办法让我免于祸难。"侯犯请求出逃，大家同意了。驷赤先到宿地，侯犯跟在后面。每走出一道门，郈邑人就关闭这道门。到了外城门，众人拦住侯犯说："你带了叔孙氏的皮甲出去，官员要是怪罪下来，群臣们怕被杀死。"驷赤说："叔孙氏的皮甲有标记，我们没敢带走。"侯犯对驷赤说："您留下帮他们清点皮甲。"驷赤留下，并接纳鲁国人进城。侯犯逃往齐国。齐国于是把郈邑归还鲁国。

△【经】宋乐大心出奔曹[①]。

【注释】

①宋乐大心出奔曹：定公九年，宋景公派乐大心到晋国结盟，并且迎接乐祁的灵柩，乐大心假装有病而推辞，于是今年被逐。乐大心，宋国大夫。《公羊传》作"乐世心"。

【译文】

宋国乐大心出逃曹国。

【经】宋公子地出奔陈[①]。

【注释】

①公子地：宋元公之子，宋景公之庶母弟。《公羊传》作"公子池"。

【译文】

宋国公子地逃往陈国。

　　【左传】宋公子地嬖蘧富猎①，十一分其室，而以其五与之②。公子地有白马四。公嬖向魋③，魋欲之。公取而朱其尾、鬣以与之。地怒，使其徒抶魋而夺之④。魋惧，将走⑤。公闭门而泣之，目尽肿⑥。母弟辰曰⑦："子分室以与猎也，而独卑魋，亦有颇焉⑧。子为君礼，不过出竟，君必止子⑨。"公子地出奔陈，公弗止。

【注释】

①宋公子地：宋景公庶母弟。蘧富猎：宋国大夫。

②十一分其室，而以其五与之：公子地将自己的家财分为十一份，赏赐给蘧富猎五份。

③向魋（tuí）：司马桓魋，向戌的曾孙，景公宠臣。

④抶（chì）：鞭打。

⑤将走：将出走。

⑥公闭门而泣之，目尽肿：景公哭而挽留向魋。

⑦母弟辰：景公同母弟。

⑧颇：偏，不公平，指重蘧富猎轻向魋。

⑨"子为君礼"三句：辰劝公子地依礼出奔以避君，这样景公必然挽留他。

【译文】

　　宋国公子地宠爱蘧富猎，把家财分成十一份，将五份给了蘧富猎。公子地有四匹白马。宋景公宠爱向魋，向魋看中公子地的白马。景公把马要过来，把马尾、鬣毛染成红色后给了向魋。公子地发怒，派手下人打了向魋一顿并把马夺回来。向魋害怕了，打算逃走。景公关起门来对着向魋哭泣，眼睛都哭肿了。景公同母弟公子辰对公子地说："您把家财分给蘧富猎，却看不起向魋，也有偏颇。您应该依礼避让国君，最多不过出国,国君一定会挽留您。"于是公子地出逃陈国,景公并不挽留。

△【经】冬,齐侯、卫侯、郑游速会于安甫①。

【注释】

①游速:《公羊传》作"游邀"。安甫:《公羊传》作"鞍"。

【译文】

冬,齐景公、卫灵公、郑国游速在安甫会面。

【经】叔孙州仇如齐①。

【注释】

①叔孙州仇如齐:武叔聘问于齐国。

【译文】

叔孙州仇去齐国。

【左传】武叔聘于齐①。齐侯享之,曰:"子叔孙！若使郈在君之他竟,寡人何知焉②? 属与敝邑际③,故敢助君忧之④。"对曰:"非寡君之望也⑤。所以事君,封疆社稷是以⑥,敢以家隶勤君之执事⑦? 夫不令之臣,天下之所恶也,君岂以为寡君赐⑧?"

【注释】

①武叔聘于齐:答谢齐国归还郈地。

②若使郈在君之他竟,寡人何知焉:意思是郈地如果在鲁国其他国境上,为他国所取,恐怕就不会归还鲁国了。

③际：交界。

④故敢助君忧之：案齐侯言外之意是此举有德于鲁国国君。君，指
　鲁国国君。

⑤非寡君之望也：鲁国国君不敢以此为德。

⑥所以事君，封疆社稷是以：为了国家疆土的安全，才事奉齐国。

⑦敢以家隶勤君之执事：不敢以敝国家臣之乱惊扰贵国君臣。言外
　之意是侯犯之乱，齐国也推波助澜。家隶，家臣，指侯犯。

⑧君岂以为寡君赐：您难道以此作为对我们国君的恩赐吗？武叔意
　谓此举义在讨恶，并非为了得到齐国的赐予。

【译文】

　　武叔去齐国聘问。齐景公设享礼招待他，说："子叔孙！如果郓地在
鲁君的其他国境，寡人又能知道什么呢？这里刚好和敝国交界，所以敢
大胆帮助贵国国君分忧。"武叔回答说："这不是我们国君所希望的。我
们所以奉事国君，是为了国土社稷，岂敢以家臣的事劳驾国君的执事？
不好的臣子，是天下人所讨厌的，您难道以此作为对我们国君的恩赐？"

【经】宋公之弟辰暨仲佗、石彄出奔陈①。

【注释】

①宋公之弟辰暨仲佗、石彄（kōu）出奔陈：宋公，宋景公，姓子，名
　栾，公爵。宋公之弟辰，为宋公的同母弟。仲佗、石彄，都是宋国
　卿。仲佗，《公羊传》《穀梁传》作"宋仲佗"。此处仲佗欲帅国人
　离去，而上文之乐大心、公子地及此处的石彄皆从之，危及国家，
　故言"宋仲佗"。又案《春秋》之例，书"暨"表示被动，则此处是
　仲佗胁迫辰出奔。

【译文】

宋景公弟弟辰和仲佗、石彄出逃陈国。

【左传】辰为之请，弗听。辰曰："是我迁吾兄也①。吾以国人出，君谁与处②？"冬，母弟辰暨仲佗、石彄出奔陈③。

【注释】

①迁（guàng）：通"诳"，欺骗。

②吾以国人出，君谁与处：辰责备景公，大臣们如果都逃亡，您将和谁治理国家？

③母弟辰暨仲佗、石彄出奔陈：众人离心，逃往陈国。仲佗，仲几之子。石彄，褚师段之子。案几人都是宋国有威望的大臣。

【译文】

公子辰为他求情，景公不听。公子辰说："这是我欺骗了我哥哥啊。我带着国人出走，您又和谁在一起？"冬，宋景公同母弟公子辰和仲佗、石彄出逃陈国。

十一年

【经】十有一年春①，宋公之弟辰及仲佗、石彄、公子地自陈入于萧以叛②。

【注释】

①十有一年：鲁定公十一年当周敬王二十一年，前499年。

②宋公之弟辰及仲佗、石彄、公子地自陈入于萧以叛：辰等人去年由宋国逃奔陈国。公子地，《公羊传》作"公子池"。萧，宋地名，在今安徽萧县。案本条经文，《穀梁传》只作"十有一年春，宋公之弟辰"，有脱误。

【译文】

鲁定公十一年春，宋景公的弟弟辰以及仲佗、石彄、公子地从陈国进入萧地发动叛乱。

【左传】十一年春,宋公母弟辰暨仲佗、石疆、公子地入于萧以叛。

【译文】

鲁定公十一年春,宋景公同母弟弟辰与仲佗、石疆、公子地进入萧地发动叛乱。

【穀梁传】未失其弟也。及仲佗、石疆、公子地,以尊及卑也。自陈,陈有奉焉尔。入于萧以叛,入者,内弗受也。以者,不以也。叛,直叛也。

【译文】

还没有失去他的弟弟。说"及仲佗、石疆、公子地",是按照由尊到卑的顺序的。"自陈",表明陈国对他们有帮助。"入于萧以叛",入,表示当地人不接受。以,表示不应该"以"。叛,表示径直就反叛了。

△【经】夏四月。

【译文】

夏四月。

【经】秋,宋乐大心自曹入于萧^①。

【注释】

①宋乐大心自曹入于萧：乐大心去年由宋国逃奔曹国。乐大心，《公
　　羊传》作"乐世心"。

【译文】

秋，宋国乐大心从曹国进入萧地。

【左传】 秋，乐大心从之，大为宋患①。宠向魋故也。

【注释】

①乐大心从之，大为宋患：辰等人与乐大心一起据守萧地叛乱，成为
　　宋国的大患。

【译文】

秋，乐大心随同宋景公同母弟辰等叛乱，给宋国带来极大祸患。这
是由于宋景公宠信向魋的缘故。

【经】 冬，及郑平①。叔还如郑莅盟②。

【注释】

①及郑平：鲁定公六年，鲁国侵郑取匡。现在鲁、郑两国讲和，消弭
　　旧怨。
②叔还：叔弓之曾孙。

【译文】

冬，鲁国与郑国讲和。叔还到郑国参加盟会。

【左传】 冬，及郑平，始叛晋也①。

【注释】

①及郑平,始叛晋也:案鲁国自僖公以来,世代归服晋国。但此时晋
　国国内大夫专权,内讧激烈,晋国霸业衰落,诸侯多叛。鲁国与郑
　国媾和,从此背叛晋国。齐、郑、卫、鲁各国之好逐渐形成。

【译文】

冬,与郑国讲和,开始背叛晋国了。

十二年

△**【经】十有二年春**①**,薛伯定卒**②**。**

【注释】

①十有二年:鲁定公十二年当周敬王二十二年,前498年。

②薛伯定:即薛襄公,姓任,名定,谥襄。

【译文】

鲁定公十二年春,薛襄公定去世。

△**【经】夏,葬薛襄公。**

【译文】

夏,安葬薛襄公。

【经】叔孙州仇帅师堕郈①**。**

【注释】

①堕(huī):用同"隳",败坏,毁掉。鲁国三桓各自的采邑,季孙氏
　的费(bì)、叔孙氏的郈(hòu)、孟孙氏的成,三家采邑俱在家臣手

中,三桓苦之,于是意图毁坏三都的城墙。

【译文】

叔孙州仇带兵拆毁郈邑城墙。

【穀梁传】堕,犹取也[1]。

【注释】

[1]取:取得。通常对外用兵获得土地用"取",这里叔孙氏毁坏自家封邑也用"取",是因为三桓封邑实际为家臣所控制,此时夺回,犹如新取。

【译文】

堕,相当于"取"。

【经】卫公孟彄帅师伐曹[1]。

【注释】

[1]公孟彄:卫国大夫,孟絷之子。

【译文】

卫国公孟彄领兵攻打曹国。

【左传】十二年夏,卫公孟彄伐曹,克郊[1]。还,滑罗殿[2]。未出[3],不退于列[4]。其御曰:"殿而在列,其为无勇乎[5]?"罗曰:"与其素厉,宁为无勇[6]。"

【注释】

[1]郊:曹邑,在今山东菏泽。

②滑罗：卫国大夫。殿：殿后。

③未出：未出曹国国境。

④不退于列：殿后之军应在全军最后，但滑罗不这样。

⑤殿而在列，其为无勇乎：殿后之军却走在全军之中，将被认为无勇怕死。

⑥与其素厉，宁为无勇：滑罗料定曹国不敢追来，不必殿后，并认为与其空得勇猛之名，宁可被无勇之名。素厉，空有勇猛之名。

【译文】

鲁定公十二年夏，卫国公孟彄进攻曹国，攻克郊地。回军时滑罗殿后。还没出曹国国境，滑罗就不领兵走在后面。他的御者说：“殿后却走在队列里，那是缺乏勇气吧？”滑罗说：“与其空有勇猛之名，宁可被人认为缺乏勇气。”

【经】季孙斯、仲孙何忌帅师堕费。

【译文】

季孙斯、仲孙何忌率兵拆毁费邑城墙。

【左传】仲由为季氏宰①，将堕三都②。于是叔孙氏堕郈③。季氏将堕费，公山不狃、叔孙辄帅费人以袭鲁④。公与三子入于季氏之宫⑤，登武子之台⑥。费人攻之，弗克。入及公侧⑦，仲尼命申句须、乐顷下，伐之，费人北⑧。国人追之，败诸姑蔑⑨。二子奔齐⑩，遂堕费⑪。

【注释】

①仲由：字子路，孔子弟子。

②将堕三都：三桓的私邑，季孙氏有费，叔孙氏有郈，孟孙氏有成。三家各以家臣为私邑之宰，于是先后发生了家臣据邑以叛三家之事，如南蒯、阳虎之叛季孙氏，侯犯之叛叔孙氏，所以三都成了三家本身的祸患。仲由因此建议毁掉三家私邑城墙，既可防后患，又能以此强公室。三都，指费、郈、成三地。

③于是叔孙氏堕郈：由武叔率人拆毁郈城。

④公山不狃、叔孙辄帅费人以袭鲁：叔孙辄不得志于叔孙氏，与公山不狃同为阳虎同党，抵制堕费，率武装进攻鲁国都城。公山不狃，费地宰。

⑤三子：指季孙、叔孙、孟孙三人。

⑥武子之台：在曲阜城东北五里。武子，季孙宿。

⑦入及公侧：或曰"入"乃"矢"字之误。费人攻台不克，但箭矢已射至公侧。

⑧"仲尼命申句须、乐颀下"三句：孔子这时为鲁国司寇，命令申句须、乐颀二人下台出击，费人失败。申句须、乐颀，鲁国大夫。

⑨姑蔑：蔑地名，在山东泗水东。

⑩二子：公山不狃、叔孙辄。

⑪遂堕费：金履祥曰："季氏，权臣也。桓子舍己权，以听孔子，而一旦堕其名都，以强公室，其中岂无介介。顾以衰败之余，藉之振起，为是降心相从。今外侮既却，内难既定，桓子岂甘于终绌。故其信任之意，渐渐就衰，特未敢骤舍孔子。"

【译文】

仲由任季氏家宰，打算拆毁三都城墙。于是叔孙氏拆毁郈邑。季氏准备拆毁费邑，公山不狃、叔孙辄带领费人袭击鲁国都城。定公和季孙、叔孙、孟孙三人进入季氏家，登上武子高台。费人攻打，没有攻克。兵士进入季氏家来到定公身边，孔子命令申句须、乐颀下台，攻击费人，费人战败。国人追赶，在姑蔑打败他们。公山不狃、叔孙辄二人出逃齐国，于是拆毁费邑城墙。

【公羊传】曷为帅师堕郈,帅师堕费?孔子行乎季孙,三月不违,曰:"家不藏甲,邑无百雉之城①。"于是帅师堕郈,帅师堕费。雉者何? 五板而堵,五堵而雉,百雉而城。

【注释】

①家不藏甲,邑无百雉之城:家,指大夫之家。甲,兵甲。邑,指大夫私邑。雉,计算城墙规模的单位,案下文,八尺曰板,五板曰堵,五堵曰雉,百雉之城,则有两万尺。何休云:"礼,天子千雉,盖受百雉之城十,伯七十雉,子、男五十雉。"此处叔孙、季孙两家的私邑却有百雉,又藏有兵甲,故郈、费两邑经常出现邑宰反叛的情况,如定公十年"叔孙州仇、仲孙何忌帅师围郈。叔孙州仇、仲孙何忌帅师围费"。孔子因势利导,提出恢复古制的主张,说服叔孙、季孙两家堕郈、费。

【译文】

为何率师毁坏郈邑城墙? 为何率师毁坏费邑城墙? 孔子在季孙政权下任职,三个月没有违背孔子的政见,孔子说:"大夫之家不藏兵甲,不能有百雉规模的私邑。"于是率师毁坏了郈邑城墙,率师毁坏了费邑城墙。雉是什么? 五板为一堵,五堵为一雉,百雉筑就一城。

△【经】秋,大雩。

【译文】

秋,举行盛大的求雨雩祭。

△【经】冬十月癸亥^①，公会齐侯盟于黄^②。

【注释】

①癸亥：二十七日。

②公会齐侯盟于黄：齐、鲁两国结盟背叛晋国。齐侯，《公羊传》作
"晋侯"。黄：齐地名，在今山东淄博东北。

【译文】

冬十月二十七日，定公与齐景公在黄地结盟。

△【经】十有一月丙寅朔，日有食之^①。

【注释】

①十有一月丙寅朔，日有食之：此为前498年9月22日的日环食。一
说依历法推算，该年十月丙寅朔有日食，经文"十一月"或有误。

【译文】

十一月初一，发生日食。

△【经】公至自黄。

【译文】

定公从黄地回来。

【经】十有二月，公围成^①。

【注释】

①成：孟孙氏私邑，在今山东宁阳东北，靠近齐国。

【译文】

十二月,定公包围成邑。

【左传】将堕成①,公敛处父谓孟孙②:"堕成,齐人必至于北门。且成,孟氏之保障也。无成,是无孟氏也③。子伪不知④,我将不堕。"

【注释】

①成:邑在鲁国北境,今山东宁阳东北。

②公敛处父:成邑宰。

③无成,是无孟氏也:案公敛处父不肯堕成,防备齐人入侵只是借口,目的是要保住这个私邑。

④子伪不知:叫孟孙氏假装不知道。

【译文】

准备拆毁成邑城墙,公敛处父对孟孙说:"拆毁成邑城墙,齐国人必定直抵我国北门。而且成是孟氏的保障。没有了成邑,就是没有孟氏。您就假装不知道,我打算不拆毁成邑城墙。"

冬十二月,公围成,弗克①。

【注释】

①公围成,弗克:公敛处父抗命不肯堕成,定公亲自领兵围成,仍然没有成功。顾栋高曰:"盖(季氏)始之欲用孔子堕费、郈者,愤陪臣也。至孟氏不肯堕成,二家亦渐渐生悔,而急于是冬借女乐以退孔子。盖惟恐孔子抑陪臣,并抑三家,以强公室,连己亦无地步。故后来季孙终不用孔子。"

【译文】

冬十二月,定公包围成邑,没能攻下。

【穀梁传】非国不言围,围成,大公也。

【译文】

不是国都不说围,说包围成邑,是尊崇鲁定公。

【经】公至自围成^①。

【注释】

①公至自围成:案公致之例,用于公出国会盟或用兵,言公从某地归国。包围成邑,是在境内用兵,本不应有致文。何休云:"天子不亲征下士,诸侯不亲征叛邑,公亲围成,不能服,不能以一国为家,甚危,若从他国来,故危录之。"

【译文】

定公从成邑前线归来。

【穀梁传】何以致? 危之也。何危尔? 边乎齐也^①。

【注释】

①边:接壤,靠近。

【译文】

为什么记载告祭祖庙呢? 为鲁定公担忧。为什么担忧呢? 因为成邑与齐国靠近。

十三年

【经】十有三年春^①,齐侯、卫侯次于垂葭^②。

【注释】

①十有三年:鲁定公十三年当周敬王二十三年,前497年。

②齐侯、卫侯次于垂葭:齐、卫二国国君率兵驻扎垂葭,准备进攻晋国。《穀梁传》无"卫侯"。垂葭,古地名,在今山东巨野。《公羊传》作"垂瑕"。

【译文】

鲁定公十三年春,齐景公、卫灵公驻扎在垂葭。

【左传】十三年春,齐侯、卫侯次于垂葭,实郹氏^①。使师伐晋,将济河,诸大夫皆曰不可^②,邴意兹曰^③:"可。锐师伐河内^④,传必数日而后及绛^⑤。绛不三月不能出河,则我既济水矣^⑥。"乃伐河内。齐侯皆敛诸大夫之轩,唯邴意兹乘轩^⑦。齐侯欲与卫侯乘^⑧,与之宴而驾乘广^⑨,载甲焉^⑩。使告曰:"晋师至矣!"齐侯曰:"比君之驾也,寡人请摄^⑪。"乃介而与之乘,驱之^⑫。或告曰:"无晋师。"乃止^⑬。

【注释】

①实郹(jú)氏:垂葭实际就是郹氏。

②诸大夫皆曰不可:诸大夫皆认为晋国仍然强大,不可贸然攻打晋国。

③邴意兹:齐国大夫。

④河内:古地名,在今河南汲县,本是卫地,这时属晋国。

⑤传必数日而后及绛:传车到晋都绛报信要数日。传,传车,驿传。

⑥绛不三月不能出河,则我既济水矣:绛得讯组织军队,行军缓慢,至少三个月才能赶到河内,则我已返回河东。案杨伯峻曰:"此时之黄河,经河南原阳、延津诸县西北而东北流,又经濮阳西而北,齐、卫皆在河东。"

⑦唯邴意兹乘轩:邴意兹的话得当,齐景公只允许他一个人乘车,以示褒奖。

⑧齐侯欲与卫侯乘:同乘一辆战车。

⑨驾:套好车。乘广:战车名。

⑩载甲:装上甲兵。

⑪比君之驾也,寡人请摄:在饮宴中,卫灵公的战车已卸下,所以齐景公说,等到您的车子套好,我代您的御者驾车。这是齐景公故作镇定的话。比,及,等到。摄,代。

⑫乃介而与之乘,驱之:披甲与卫灵公一起登车前进。

⑬乃止:军吏报告晋军没来,齐景公停车。

【译文】

鲁定公十三年春,齐景公、卫灵公驻扎在垂葭,就是郹氏。派兵攻打晋国,准备过黄河,大夫们都说不行,邴意兹说:"可以的。选精兵进攻河内,驿传要好几天才到达绛都。绛都军队没有三个月不能到达黄河,那时我军已经渡过黄河回兵了。"于是攻打河内。齐景公把大夫们车子都收了,只有邴意兹可以坐车。齐景公想和卫灵公同坐一辆车,和他一起宴饮,命人套好乘广,载上甲兵。使者报告说:"晋兵到来了!"齐景公对卫灵公说:"等到您的车子套好,寡人请求替您驾车。"于是披上甲和卫灵公一起上车,驱车向前。有人报告说:"没有晋军。"这才停车。

△**【经】夏,筑蛇渊囿**①**。**

【注释】

①蛇渊囿:地在今山东肥城南汶河北岸一带。囿,园林。

【译文】

夏,修建蛇渊囿。

△**【经】大蒐于比蒲**①。

【注释】

①大蒐于比蒲:鲁国在比蒲举行大阅兵。比蒲,鲁地名,今在何处
　　不详。

【译文】

在比蒲举行大阅兵。

△**【经】卫公孟彄帅师伐曹。**

【译文】

卫国公孟彄带兵攻打曹国。

【经】秋,晋赵鞅入于晋阳以叛①。

【注释】

①晋阳:晋地名,赵鞅的私邑,在今山西太原西南。

【译文】

秋,晋国赵鞅进入晋阳发动叛乱。

【左传】晋赵鞅谓邯郸午曰①:"归我卫贡五百家,吾舍

诸晋阳②。"午许诺。归告其父兄,父兄皆曰:"不可。卫是以为邯郸③,而置诸晋阳,绝卫之道也④。不如侵齐而谋之⑤。"乃如之,而归之于晋阳⑥。赵孟怒,召午,而囚诸晋阳⑦。使其从者说剑而入,涉宾不可⑧。乃使告邯郸人曰:"吾私有讨于午也,二三子唯所欲立⑨。"遂杀午。赵稷、涉宾以邯郸叛⑩。夏六月,上军司马籍秦围邯郸。邯郸午,荀寅之甥也⑪;荀寅,范吉射之姻也⑫,而相与睦,故不与围邯郸,将作乱⑬。董安于闻之⑭,告赵孟曰:"先备诸?"赵孟曰:"晋国有命,始祸者死⑮,为后可也⑯。"安于曰:"与其害于民,宁我独死⑰。请以我说⑱。"赵孟不可⑲。秋七月,范氏、中行氏伐赵氏之宫,赵鞅奔晋阳,晋人围之⑳。

【注释】

①邯郸午:赵穿的后代,赵鞅同族,封于邯郸。

②归我卫贡五百家,吾舍诸晋阳:鲁定公十年,赵鞅包围卫国,卫国人恐惧,献民户五百家给赵鞅,赵鞅安置在邯郸,现在打算把他们迁到晋阳。晋阳,赵鞅封邑。

③卫是以为邯郸:五百家在邯郸,卫国因此与邯郸亲善。

④而置诸晋阳,绝卫之道也:迁于晋阳,卫国必然与邯郸关系破裂。

⑤不如侵齐而谋之:先侵齐,引起齐国来报复,这样迁五百家到晋阳,顺理成章。

⑥而归之于晋阳:邯郸午按父兄意见行事。

⑦"赵孟怒"三句:赵鞅误会邯郸午违命不从,便将他囚禁在晋阳。赵孟,赵鞅。

⑧使其从者说剑而入,涉宾不可:赵鞅命令邯郸午的随从不得带剑,涉宾坚持带剑。说,通"脱"。涉宾,邯郸午家臣。

⑨吾私有讨于午也，二三子唯所欲立：赵鞅准备杀邯郸午，同意邯郸人另立继承人。私有讨于午，邯郸午本是赵鞅同族，讨邯郸午如同处理家中私事。

⑩赵稷：邯郸午之子。

⑪荀寅：中行寅。

⑫荀寅，范吉射之姻也：邯郸午是荀寅外甥，荀寅与范吉射有姻亲关系，杀邯郸午便牵涉到中行氏、范氏二家。

⑬故不与围邯郸，将作乱：范、中行二家不围邯郸，准备进攻赵鞅。

⑭董安于：赵鞅家臣。

⑮始祸者死：引发祸端的必须处死。

⑯为后可也：宁可后发制人。

⑰与其害于民，宁我独死：与其危害百姓，安于宁愿受先发难之罪而被处死。

⑱请以我说：晋定公追究，可杀我以谢罪。

⑲赵孟不可：仍然不同意先发难。

⑳晋人围之：范氏、中行氏包围晋阳。晋人，指范氏、中行氏。

【译文】

晋国赵鞅对邯郸午说："归还我卫国进贡的五百家，我把他们安置在晋阳。"邯郸午答应了。他回到邯郸告诉了父兄，父兄都说："不行。卫国因为这些人而与邯郸亲善，要是安置在晋阳，是断绝和卫国友好往来之路。不如侵袭齐国来达到目的。"于是照办，然后把五百家送到晋阳。赵鞅发怒，召见邯郸午，把他囚禁在晋阳。让他的随从解下佩剑进入，涉宾不答应。赵鞅派人告诉邯郸人说："这是我私自对邯郸午的惩罚，你们可以按你们的意愿立继承人。"便杀了邯郸午。赵稷、涉宾带领邯郸人叛乱。夏六月，上军司马籍秦围邯郸。邯郸午是荀寅的外甥；荀寅是范吉射的姻亲，关系和睦，所以不参与包围邯郸，准备发动叛乱。董安于听说了，告诉赵鞅说："先做准备吧？"赵鞅说："晋国有规定，首先挑起祸乱的处死,我们后发制人就行了。"董安于说:"与其危害人民,宁可我一个人死。请用我来做解释。"赵鞅不同意。秋七月,范氏、中行氏攻打赵鞅家,赵鞅逃往晋阳,晋国包围了晋阳。

【穀梁传】以者,不以者也。叛,直叛也。

【译文】

"以",就是不应当"以"的意思。"叛",就是径直叛乱了。

【经】冬,晋荀寅、士吉射入于朝歌以叛^①。

【注释】

①荀寅、士吉射:《公羊传》作"荀寅及士吉射"。荀寅,晋国大夫,中行氏宗主。士吉射,晋国大夫,范氏宗主。朝歌:卫邑名,在今河南淇县。荀寅、士吉射的私邑。

【译文】

冬,晋国荀寅、士吉射进入朝歌发动叛乱。

【左传】范皋夷无宠于范吉射^①,而欲为乱于范氏。梁婴父嬖于知文子,文子欲以为卿^②。韩简子与中行文子相恶^③,魏襄子亦与范昭子相恶^④。故五子谋^⑤,将逐荀寅,而以梁婴父代之;逐范吉射,而以范皋夷代之。荀跞言于晋侯曰:"君命大臣,始祸者死,载书在河^⑥。今三臣始祸,而独逐鞅,刑已不钧矣^⑦。请皆逐之。"冬十一月,荀跞、韩不信、魏曼多奉公以伐范氏、中行氏,弗克。

【注释】

①范皋夷:范氏庶子。

②梁婴父嬖于知文子,文子欲以为卿:知文子宠信梁婴父,想让他为卿以取代荀寅。梁婴父,晋国大夫。知文子,荀跞。

③韩简子:韩起之孙韩不信。中行文子:荀寅。

④魏襄子:魏舒之子魏曼多。范昭子:范吉射。

⑤五子:指范皋夷、梁婴父、知文子、韩简子、魏襄子。

⑥在河:沉于黄河,昭告河神为誓。

⑦"今三臣始祸"三句:三家同时发难,单独驱逐赵鞅,刑罚不均。三臣,范、中行、赵氏。钧,通"均"。

【译文】

　　范皋夷不被范吉射宠爱,想在范氏族中发动叛乱。梁婴父得到荀跞的宠信,荀跞想让他为卿。韩简子与中行文子交恶,魏襄子也和范昭子关系紧张。所以五个人合谋,要驱逐荀寅,而让梁婴父替代他;驱逐范吉射,而让范皋夷替代。荀跞对晋定公说:"国君命令大臣,首先挑起祸乱的处死,盟书沉在黄河里。如今三位臣子首先挑起祸乱,却单独驱逐赵鞅,刑罚已经不公平了。请把他们都赶走。"冬十一月,荀跞、韩不信、魏曼多事奉晋定公攻打范氏、中行氏,没能取胜。

　　二子将伐公①,齐高彊曰②:"三折肱知为良医③。唯伐君为不可,民弗与也。我以伐君在此矣④。三家未睦,可尽克也⑤。克之,君将谁与⑥?若先伐君,是使睦也⑦。"弗听,遂伐公。国人助公,二子败,从而伐之⑧。丁未⑨,荀寅、士吉射奔朝歌。

【注释】

①二子将伐公：准备攻打晋定公而叛乱。二子，范氏、中行氏。

②高彊：齐国大夫子尾之子，鲁昭公十年逃往鲁国，后又投奔晋国。

③三折肱知为良医：多次折断胳膊，久病成良医。

④我以伐君在此矣：案昭公十年，齐陈氏、鲍氏攻栾氏、高氏，高彊攻
　齐景公于虎门，败而奔鲁，后奔晋。

⑤三家未睦，可尽克也：三家不和，可各个击破。三家，知、韩、魏。

⑥克之，君将谁与：意思是三家一破，国君自然要依靠范氏、中行氏。

⑦若先伐君，是使睦也：促使对方团结起来。

⑧“国人助公”三句：知、韩、魏随国人攻打范氏、中行氏。

⑨丁未：十一月十八日。

【译文】

　　范氏、中行氏打算进攻定公，齐国高彊说："臂膀折断几次便成了良
医。唯独攻打国君不行，因为民众不会支持。我就是因为攻打国君而
到了这里。三家不相和睦，可以各个击破。战胜他们，国君还会去亲附
谁？要是先去攻打国君，这是促使他们和睦。"二人不听，于是进攻晋定
公。国人帮助定公，二人失败，三家随着讨伐二人。十一月十八日，荀
寅、士吉射逃往朝歌。

【经】晋赵鞅归于晋①。

【注释】

①晋赵鞅归于晋：赵鞅返回晋都。

【译文】

晋国赵鞅回到晋国都城。

【左传】韩、魏以赵氏为请①。十二月辛未②，赵鞅入于

绛,盟于公宫。

【注释】

①韩、魏以赵氏为请:韩、魏联名向晋定公提出请求,让赵鞅回到国都。

②辛未:十二日。

【译文】

韩、魏为赵鞅求情。十二月十二日,赵鞅进入绛都,在公宫订立盟约。

【公羊传】此叛也,其言归何①? 以地正国也②。其以地正国奈何? 晋赵鞅取晋阳之甲,以逐荀寅与士吉射。荀寅与士吉射者,曷为者也? 君侧之恶人也。此逐君侧之恶人,曷为以叛言之? 无君命也③。

【注释】

①此叛也,其言归何:案《春秋》之例,书"归"表明出入无恶。而上文言赵鞅叛国,则出入皆恶。两者矛盾,故而发问。

②以地正国:地,指赵鞅的封地。国,晋国都城。此处指赵鞅用封地井田之兵,诛讨君侧的恶人。

③无君命也:何休云:"无君命者,操兵乡国,故初谓之叛;后知其意,欲逐君侧之恶人,故录其释兵,书归赦之,君子诛意不诛事。"之所以先书叛,是正君臣之大防。

【译文】

上文言赵鞅叛国,此处书"归"是为何? 因为赵鞅是以地正国。赵鞅以地正国是怎么回事? 晋赵鞅调集晋阳邑的甲士,来驱逐荀寅、士吉射。荀寅与士吉射是什么人? 是国君身边的恶人。这里是驱逐国君身边的恶人,为何先用叛国之辞言之? 因为赵鞅未得君命。

【穀梁传】此叛也,其以归言之何也? 贵其以地反也。贵其以地反,则是大利也? 非大利也,许悔过也。许悔过,则何以言叛也? 以地正国也。以地正国,则何以言叛? 其入无君命也。

【译文】

这是反叛,经文用"归"来说他是为什么呢? 是推崇他带着土地回来。推崇他带着土地回来,那这是看重利益吗? 不是看重利益,是准许悔恨过错。准许悔恨过错,那为什么说"叛"呢? 因为他是以地正国。以地正国,那为什么说"叛"呢? 因为他进入晋阳没有国君的命令。

△【经】薛弑其君比。

【译文】

薛人杀死国君比。

*【左传】初,卫公叔文子朝而请享灵公①。退,见史鰌而告之②。史鰌曰:"子必祸矣! 子富而君贪,其及子乎③!"文子曰:"然。吾不先告子,是吾罪也④。君既许我矣,其若之何?"史鰌曰:"无害。子臣⑤,可以免。富而能臣,必免于难,上下同之⑥。戌也骄⑦,其亡乎。富而不骄者鲜,吾唯子之见⑧。骄而不亡者,未之有也。戌必与焉⑨。"及文子卒,卫侯始恶于公叔戌,以其富也⑩。公叔戌又将去夫人之党⑪,夫人诉之曰:"戌将为乱⑫。"

【注释】

①卫公叔文子朝而请享灵公:想在家中设宴请卫灵公。公叔文子,
　公叔发。

②史鳝(qiū):卫国大夫史鱼。

③及子:将要祸患加身。

④吾不先告子,是吾罪也:未能事先听取您的意见,是我的过错。

⑤臣:动词,善尽为臣之礼。

⑥上下同之:无论尊卑都是如此。

⑦戌:公叔文子之子。

⑧富而不骄者鲜,吾唯子之见:唯见你富而不骄。

⑨戌必与焉:史鳝预言公叔戌必有灾难。

⑩卫侯始恶于公叔戌,以其富也:卫灵公贪,而公叔戌富,故恶之。

⑪夫人:卫灵公夫人南子,以淫荡出名。

⑫戌将为乱:南子向卫灵公进谗言。案此本与下年"十四年春,卫
　侯逐公叔戌与其党"云云为一段,被割裂。

【译文】

　　起初,卫国公叔文子朝见而请求设享礼款待卫灵公。退朝后,见到
史鳝,告诉他。史鳝说:"您一定会招致祸患了! 您富有而国君贪婪,祸
患将要到你身上了吧!"公叔文子说:"是这样。我没有先告诉你,是我
的过错。但国君已经答应我了,该怎么办?"史鳝说:"没关系。您谨守
臣礼,就可以免于祸。富有而能守臣礼,必能免于难,无论尊卑都一样。
您的儿子公叔戌骄傲,大概要逃亡的吧。富有而不骄横的很少,我只见
到您一个。骄横而不灭亡的,从来没有。公叔戌必定要蒙受祸难。"到
公叔文子死后,卫灵公开始厌恶公叔戌,是因为他富有。公叔戌又打算
除掉灵公夫人的党羽,夫人向卫灵公诉说:"公叔戌将要发动叛乱。"

十四年

【经】十有四年春^①，卫公叔戍来奔^②。卫赵阳出奔宋^③。

【注释】

①十有四年：鲁定公十四年当周敬王二十四年，前496年。

②公叔戍：卫国大夫。

③卫：《公羊传》《穀梁传》作"晋"。赵阳：卫国大夫赵黡之孙，公叔戍同党。

【译文】

鲁定公十四年春，卫国公叔戍逃到鲁国。卫国赵阳出逃宋国。

【左传】十四年春，卫侯逐公叔戍与其党，故赵阳奔宋，戍来奔^①。

【注释】

①"卫侯逐公叔戍与其党"三句：此文与上年传末段本是一传，应连读。

【译文】

鲁定公十四年春，卫灵公驱逐公叔戍与其同党，所以赵阳逃往宋国，公叔戍逃来鲁国。

*＊**【左传】**梁婴父恶董安于，谓知文子曰："不杀安于，使终为政于赵氏，赵氏必得晋国^①。盍以其先发难也，讨于赵氏？"文子使告于赵孟曰："范、中行氏虽信为乱，安于则发之^②，是安于与谋乱也^③。晋国有命，始祸者死。二子既伏其

罪矣,敢以告④。"赵孟患之⑤。安于曰:"我死而晋国宁,赵氏定,将焉用生? 人谁不死,吾死莫矣⑥。"乃缢而死。赵孟尸诸市⑦,而告于知氏曰:"主命戮罪人,安于既伏其罪矣,敢以告。"知伯从赵孟盟⑧。而后赵氏定,祀安于于庙⑨。

【注释】

①"不杀安于"三句:让董安于辅佐赵氏,主持赵氏政事,赵氏必得晋国。

②安于则发之:意谓范、中行之乱是董安于挑起的。

③与谋乱:参与叛乱。

④二子既伏其罪矣,敢以告:意谓请赵鞅将董安于处死。

⑤赵孟患之:赵鞅不愿杀死董安于。

⑥人谁不死,吾死莫矣:死莫,死得迟了。莫,同"暮"。案董安于愿以一死保护赵氏。

⑦赵孟尸诸市:赵鞅将董安于暴尸市街。

⑧知伯:知文子荀跞。

⑨祀安于于庙:将董安于祔祭于赵氏祖庙。

【译文】

梁婴父厌恶董安于,对知文子说:"不杀董安于,让他一直在赵氏那里执掌政事,赵氏必将得到晋国。何不以他首先发难为由,去责问赵氏?"知文子派人告诉赵鞅说:"范氏、中行氏虽然的确发动了叛乱,但这是董安于挑起的,这样董安于就是通同策划叛乱的人。晋国有命令,首先发动祸难的人处死。范氏、中行氏已经服罪,谨敢以此奉告。"赵鞅感到为难。董安于说:"要是我死而晋国得以安宁,赵氏能安定,我哪里还用活着? 人谁不死,我已经死得晚了。"就上吊而死。赵鞅把他的尸首陈列在街市上示众,并告诉知文子说:"您命我杀死罪人,董安于已经服罪了,谨敢奉告。"知文子与赵鞅结盟。而后赵氏得以安定,在赵氏宗庙中祭祀董安于。

【经】二月辛巳^①，楚公子结、陈公孙佗人帅师灭顿^②，以顿子牂归^③。

【注释】

①二月：《公羊传》作“三月”。辛巳：二十三日。

②公孙佗人：《公羊传》作“公子佗人”。

③顿：国名，在今河南项城。牂（zāng）：顿国国君名。此处未明言带回楚国还是陈国。之所以如此，是以灭国为重，以责顿子不死位为重。若言归楚，不足以轻陈国灭人之罪；若言归陈，亦不足以轻楚国之罪。牂，《公羊传》作“牄”。

【译文】

二月二十三日，楚国公子结、陈国公孙佗人带兵灭亡顿国，把顿子牂带回国。

【左传】顿子牂欲事晋，背楚而绝陈好。二月，楚灭顿^①。

【注释】

①楚灭顿：顿本属楚国的盟国，现在背楚事晋，又与属于楚国的陈国断交，因此被灭。

【译文】

顿子牂想事奉晋国，背叛楚国而断绝与陈国的友好关系。二月，楚国灭亡顿国。

【经】夏，卫北宫结来奔。

【译文】

夏,卫国北宫结逃来鲁国。

【左传】夏,卫北宫结来奔,公叔戍之故也①。

【注释】

①公叔戍之故也:北宫结是公叔戍同党。

【译文】

夏,卫国北宫结逃来鲁国,是因为公叔戍的缘故。

【经】五月①,於越败吴于檇李②。吴子光卒③。

【注释】

①五月:何休云:"月者,为下(吴子光)卒出。"

②於越:即越国。檇(zuì)李:古地名,在今浙江嘉兴南。《公羊传》
　作"醉李"。

③吴子光卒:吴王阖庐去世。吴王阖庐,前514年即位,在位十九年。

【译文】

五月,越国在檇李打败吴国。吴王光去世。

【左传】吴伐越①。越子句践御之,陈于檇李。句践患
吴之整也②,使死士再禽焉,不动③。使罪人三行,属剑于
颈④,而辞曰:"二君有治⑤,臣奸旗鼓⑥,不敏于君之行前⑦,
不敢逃刑,敢归死⑧。"遂自刭也。师属之目⑨,越子因而
伐之,大败之。灵姑浮以戈击阖庐⑩,阖庐伤将指,取其一
屦⑪。还,卒于陉⑫,去檇李七里。夫差使人立于庭⑬,苟出

入,必谓己曰⑭:"夫差! 而忘越王之杀而父乎?"则对曰:"唯,不敢忘!"三年,乃报越⑮。

【注释】

①吴伐越:此时越王允常死,句践即位,吴国乘丧进攻越国,并报复定公五年越侵吴之役。

②句践患吴之整也:担心吴军严整,不易突破。

③使死士再禽焉,不动:越王派敢死队两次冲击吴阵,擒捉吴军,但吴军阵脚不动。

④属剑于颈:将剑架在脖子上。

⑤二君有治:两国交战。治,治军交战。

⑥奸旗鼓:犯军令。

⑦不敏于君之行前:在君王的阵前显示出无能。

⑧不敢逃刑,敢归死:不敢逃避刑罚,应死于阵前。

⑨师属之目:吴军看得目瞪口呆。

⑩灵姑浮:越国大夫。

⑪阖庐伤将指,取其一屦:阖庐伤大脚趾,灵姑浮夺走阖庐的一只鞋。将指,大脚趾。

⑫卒于陉:阖庐死于陉地。

⑬夫差:阖庐死,其子夫差继位。

⑭苟出入,必谓己:夫差让臣子时时提醒自己。

⑮三年,乃报越:三年后,即鲁哀公元年,夫差败越于夫椒。

【译文】

吴国进攻越国。越王句践率兵抵御,在樵李摆开阵势。句践担心吴军军阵严整,派敢死队两次冲击吴军,吴军阵脚不动。又让罪犯排成三行,把剑架在脖子上,致辞说:"两国国君用兵,臣子触犯军令,在国君阵前无能,不敢逃避刑罚,谨此自求一死。"便自杀了。吴军将士都注目观看,越王趁机进攻,大败吴军。灵姑浮用戈击打吴王阖庐,阖庐脚拇指受伤,灵姑浮得到他一只鞋。退兵途中,吴王阖庐在陉地死去,距离槜李七里地。夫差派人站在庭院里,只要夫差出入,这些人一定对他说:"夫差! 你忘记越王杀死你父亲了吗?"夫差就回答说:"是,不敢忘记!"过了三年,就向越国报了仇。

【经】公会齐侯、卫侯于牵①。

【注释】

①牵:卫地名,在今河南浚县北。《公羊传》作"坚"。

【译文】

定公与齐景公、卫灵公在牵地相会。

【左传】晋人围朝歌①,公会齐侯、卫侯于脾、上梁之间②,谋救范、中行氏。析成鲋、小王桃甲率狄师以袭晋③,战于绛中,不克而还。士鲋奔周④,小王桃甲入于朝歌。

【注释】

①晋人围朝歌:包围朝歌,讨伐范氏、中行氏。

②脾、上梁之间:此处即牵地。

③析成鲋(fù)、小王桃甲:二人都是晋大夫,范氏、中行氏同党。

④士鲋奔周:析成鲋逃入成周。士鲋,析成鲋。

【译文】

晋国包围朝歌,鲁定公与齐景公、卫灵公在脾、上梁之间的牵地相会,商量救援范氏、中行氏。析成鲋、小王桃甲率领狄军袭击晋国,在绛中交战,不胜而退兵。析成鲋逃往成周,小王桃甲进入朝歌。

△【经】公至自会。

【译文】

定公从会见地回国。

【经】秋，齐侯、宋公会于洮①。

【注释】

①洮：曹地名，在今山东鄄城西南。

【译文】

秋，齐景公、宋景公在洮地相会。

【左传】秋，齐侯、宋公会于洮，范氏故也①。

【注释】

①齐侯、宋公会于洮，范氏故也：家铉翁曰："自齐景图伯，卫、郑、鲁
　既与之同盟，宋犹未忍绝晋。至是及齐为此会，盖始从于齐也。
　传谓二会皆谋救范、中行，四国相率而预于乱。世道至是一变，春
　秋降为战国，景公亦有责焉。"洮，曹地名，在今山东鄄城西。

【译文】

秋，齐景公、宋景公在洮地相会，是为了救援范氏。

【经】天王使石尚来归脤①。

【注释】

①天王使石尚来归脤（shèn）：周敬王派石尚给鲁国送来祭肉。石
　尚，周大夫。脤，祭社的肉。

【译文】

周敬王派石尚来鲁国送祭肉。

【公羊传】石尚者何？天子之士也[①]。脤者何？俎实也[②]。腥曰脤，熟曰燔。

【注释】

①天子之士也：案名例，天子上士称名氏，故知石尚是天子之士。

②俎实也：俎，载牲体之器，形似几。实，俎肉。生肉称脤，熟肉称燔。案礼制，诸侯朝见天子，在天子宗庙中助祭，然后天子馈赠俎实。此处鲁定公并未助祭，天子却遣石尚馈赠俎实，失礼，故书而讥之。

【译文】

石尚是什么人？是天子的士。脤是什么？是用俎承载的祭肉。生肉称为脤，熟肉称为燔。

【穀梁传】脤者，何也？俎实也[①]，祭肉也。生曰脤，熟曰膰[②]。其辞石尚，士也。何以知其士也？天子之大夫不名。石尚欲书《春秋》，谏曰："久矣，周之不行礼于鲁也。请行脤。"贵复正也。

【注释】

①实：满。

②膰（fán）：用于宗庙祭祀的肉。

【译文】

脤，是什么呢？是装满俎的，是祭祀用的肉。生的叫做脤，熟的叫做膰。经文提到的石尚，是士。怎么知道他是士的呢？天子的大夫是不记载名字的，石尚想在《春秋》上留下名字，就进谏说："周王室不对鲁国施行礼节已经很久了啊。请送给他们祭肉。"于是经文赞赏他恢复正道。

【经】卫世子蒯聩出奔宋^①。卫公孟彄出奔郑^②。

【注释】

①卫世子蒯聩出奔宋：蒯聩疑灵公夫人南子与宋国人子朝私通，欲杀南子，灵公怒，蒯聩出奔宋，灵公尽逐其党。蒯聩，卫国太子。此处卫太子蒯聩因小小无道之事，被卫灵公驱逐，出奔宋国。何休以为："子虽见逐，无去父之义。"徐彦以为，此处卫灵公与蒯聩都不对。卫灵公逐子，是无恩；蒯聩去国，失为子之义。

②公孟彄：蒯聩同党。

【译文】

卫国太子蒯聩出逃到宋国。卫国公孟彄逃往郑国。

【左传】卫侯为夫人南子召宋朝^①。会于洮^②，大子蒯聩献盂于齐^③，过宋野。野人歌之曰："既定尔娄猪，盍归吾艾豭^④？"大子羞之，谓戏阳速曰^⑤："从我而朝少君^⑥，少君见我，我顾，乃杀之^⑦。"速曰："诺。"乃朝夫人。夫人见大子，大子三顾，速不进^⑧。夫人见其色，啼而走^⑨，曰："蒯聩将杀余。"公执其手以登台^⑩。大子奔宋。尽逐其党。故公孟彄出奔郑，自郑奔齐。

【注释】

①卫侯为夫人南子召宋朝：南子本是宋国之女，与宋朝通奸。嫁到

卫国后，仍然思念宋朝，卫灵公于是召宋朝来卫。宋朝，宋国公
子，貌美。

②会于洮：齐、宋会于洮。

③盂：卫地名，在今河南濮阳东南。

④既定尔娄猪，盍归吾艾豭（jiā）：歌词的意思是母猪已经有了家
室，为何还不放过我们漂亮的公猪？歌以嘲弄卫国。娄猪，母猪，
喻指南子。艾，美貌。豭，公猪，喻指宋朝。

⑤戏阳速：太子家臣。

⑥少君：小君，指南子。

⑦我顾，乃杀之：顾，回头看，以此为暗号。案蒯聩受宋国乡人的羞
辱，决计杀掉南子。

⑧速不进：戏阳速不动手。

⑨夫人见其色，啼而走：南子发现太子神情不对，知道太子要杀她，
边哭边跑。

⑩公执其手以登台：卫灵公牵着南子的手登台避祸。

【译文】

卫灵公为了夫人南子召见宋朝。齐、宋在洮地相会时，太子蒯聩向
齐国奉献盂邑，路过宋国郊外。乡野人唱歌说："母猪已经有了家室，为
何还不放过我们漂亮的公猪？"太子感到羞耻，对戏阳速说："跟随我去
朝见夫人，夫人见我时，我回头看，你就杀了她。"戏阳速说："好的。"便
去朝见夫人。夫人见太子，太子三次回头，戏阳速不上前动手。夫人见
太子脸色不对，哭着逃走，说："蒯聩要杀我。"卫灵公拉着她的手登上高
台。太子逃往宋国。卫灵公把太子同党全部赶走。所以公孟驱出逃郑
国，又从郑国逃到齐国。

大子告人曰："戏阳速祸余①。"戏阳速告人曰："大子则
祸余。大子无道，使余杀其母。余不许，将戕于余②；若杀夫

人，将以余说③。余是故许而弗为，以纾余死④。谚曰：'民保于信⑤。' 吾以信义也⑥。"

【注释】

①祸余：害我。

②戕：残杀。

③以余说：归罪于我而解脱自己。说，通"脱"。

④余是故许而弗为，以纾余死：只答应，不动手，以求暂免一死。

⑤民保于信：做人必须有信用。

⑥吾以信义也：以行为合于道义，不必死守诺言。

【译文】

太子告诉别人说："戏阳速害我。"戏阳速告诉别人说："是太子加祸于我。太子无道，让我杀他母亲。我不答应，他就要杀我；要是杀了夫人，将会把罪推到我身上来解脱自己。所以我假装答应而没动手，从而暂免一死。谚语说：'做人必须有信用。'我用道义作为信用。"

　　△**【经】宋公之弟辰自萧来奔**①。

【注释】

①宋公之弟辰自萧来奔：定公十一年，宋公同母弟辰入萧叛乱，现在从萧地逃来鲁国。

【译文】

宋景公的弟弟辰从萧地逃来。

　　△**【经】大蒐于比蒲**①。

【注释】

①大蒐于比蒲：案礼制，大蒐礼五年举行一次，上次行大蒐礼在定公十一年，至此未满五年，过于频繁，故《春秋》书而讥之。

【译文】

在比蒲举行盛大阅兵。

△**【经】邾子来会公**①。

【注释】

①邾子来会公：邾国国君与鲁定公会于比蒲。这是失礼的行为。案礼制，会礼是两国国君将要朝见天子，先在间隙之地相会。若在都城相见，当行朝礼，朝礼当受于庙。邾子，《公羊传》作"邾娄子"。

【译文】

邾隐公前来与定公相会。

△**【经】城莒父及霄**①。

【注释】

①城莒父及霄：鲁国背叛晋国，支持范氏、中行氏，惧怕晋国报复，因此修筑二城。莒父、霄，二地都在今山东莒县。案《春秋》编年，四时具然后为年，若一时无事，当书首时。此年未书"冬"。何休以为，是年冬，齐国见鲁国任用孔子，政化大行，故以女乐馈赠鲁国。鲁定公听从季桓子之言，接受了女乐，三日不朝，孔子便离开了鲁国。此处去"冬"，是为鲁国避讳受女乐之事。

【译文】

修筑莒父与霄地城墙。

*【左传】冬十二月,晋人败范、中行氏之师于潞①,获籍秦、高彊。又败郑师及范氏之师于百泉②。

【注释】

①潞:古地名,在今山西潞城东北。

②又败郑师及范氏之师于百泉:郑国帮助范氏,一同被晋军打败。

百泉,古地名,在今河南辉县西北。

【译文】

冬十二月,晋国在潞地打败范氏、中行氏的人马,俘获籍秦、高彊。又在百泉打败郑国军队和范氏人马。

十五年

【经】十有五年春王正月①,邾子来朝。

【注释】

①十有五年:鲁定公十五年当周敬王二十五年,前495年。邾子:

《公羊传》作"邾娄子"。

【译文】

鲁定公十五年春周历正月,邾隐公来鲁国朝见。

【左传】十五年春,邾隐公来朝①。子贡观焉②。邾子执玉高,其容仰③。公受玉卑,其容俯④。子贡曰:"以礼观之,二君者,皆有死亡焉⑤。夫礼,死生存亡之体也⑥。将左右周旋,进退俯仰,于是乎取之⑦;朝祀丧戎,于是乎观之⑧。今正月相朝,而皆不度⑨,心已亡矣⑩。嘉事不体⑪,何以能久？高、仰，骄也；卑、俯，替也⑫。骄近乱，替近疾⑬。君为主，其先亡乎⑭！"

【注释】

①邾隐公：邾国国君益。

②子贡：卫国人，端木赐，孔子弟子。观焉：观二君相见之礼。

③邾子执玉高，其容仰：朝见时邾隐公拿玉姿势过高，脸向上仰着。玉，朝见时拿的玉璧。

④公受玉卑，其容俯：鲁定公接受玉璧时姿势过低，脸向下。二人都不合礼仪。

⑤二君者，皆有死亡焉：二君都有死亡之兆。

⑥夫礼，死生存亡之体也：礼是死生存亡的体现。

⑦"将左右周旋"三句：人的一举一动，进退俯仰等动作，都应由礼仪来定。

⑧朝祀丧戎，于是乎观之：朝会、祭祀、服丧、征战，也可以依礼来观察它。

⑨不度：不合礼仪法度。

⑩心已亡矣：心已不在礼上。

⑪嘉事：指朝会。不体：不合于礼。

⑫替：衰废。

⑬骄近乱，替近疾：骄傲引发动乱，衰废预示疾病。

⑭君为主，其先亡乎：子贡预言鲁定公将先死。

【译文】

鲁定公十五年春，邾隐公来鲁国朝见。子贡观礼。邾隐公把玉拿得很高，脸向上仰。鲁定公接受玉时拿得很低，脸下俯。子贡说："从礼的角度来看，二位国君都有死亡的预兆。礼是生死存亡的体现。左右周旋、进退俯仰，都应该取之于礼；朝会、祭祀、丧事、战争，也从这里观察。

现在是正月里互相朝见,却都不合法度,说明二位国君的心中已没有礼了。朝会不讲礼,怎么能长久?高和仰是骄傲的表现,低与俯是衰废的表现。骄傲引发动乱,衰废预示疾病。我国国君是主人,恐怕要先死吧!"

【经】蟨鼠食郊牛,牛死,改卜牛①。

【注释】

①"蟨(xī)鼠食郊牛"三句:准备郊祭的牛被蟨鼠咬死,改用其他牛卜其吉凶。蟨鼠,一种小鼠,食人及牛马等皮肤成疮致死。郊牛、卜牛,参见宣公"三年春王正月,郊牛之口伤,改卜牛。牛死,乃不郊,犹三望"条注释。

【译文】

蟨鼠咬食郊祀用的牛,牛死了,于是另行选牛占卜。

【公羊传】曷为不言其所食? 漫也①。

【注释】

①漫也:漫,遍食其身。讥刺鲁国养牲不谨敬。

【译文】

为何不说蟨鼠咬了哪个部位? 因为郊牛被咬得遍体鳞伤。

【穀梁传】不敬莫大焉。

【译文】

对神灵不敬没有比这更大的了。

【经】二月辛丑①,楚子灭胡②,以胡子豹归③。

【注释】

①辛丑:十九日。

②楚子:指楚昭王熊轸(zhěn),子爵。胡:国名,在今安徽阜阳。

③胡子豹:胡国国君姬豹,子爵。

【译文】

二月十九日,楚昭王灭亡胡国,把胡子豹押回国。

【左传】吴之入楚也①,胡子尽俘楚邑之近胡者②。楚既定,胡子豹又不事楚,曰:"存亡有命,事楚何为? 多取费焉③。"二月,楚灭胡。

【注释】

①吴之入楚也:定公四年吴楚柏举之战,吴入郢。

②尽俘楚邑之近胡者:抓走所有靠近胡国的楚国臣民。

③多取费焉:事楚不过多费贡礼罢了。

【译文】

吴军攻入楚国时,胡子把靠近胡国的楚国城邑掳掠一空。楚国安定后,胡子豹又不事奉楚国,说:"国家存亡自有天命,为什么要事奉楚国? 只不过多花费财礼罢了。"二月,楚国灭亡胡国。

【经】夏五月辛亥①,郊②。

【注释】

①辛亥:初一。

②郊：因改卜牛，到五月才举行郊祭。

【译文】

夏五月初一，举行郊祀。

【公羊传】 曷为以夏五月郊^①？三卜之运也^②。

【注释】

①曷为以夏五月郊：案礼制，鲁国之郊祭当占卜周历的一月、二月、三月，此处在五月行郊祭，不合礼制，故而发问。

②三卜之运也：三卜，即案礼制占卜一、二、三月，是否可行郊祭。运，转。即春季三个月份，占卜均不吉，转而占卜夏季三个月份。《春秋》书之者，因屡次占卜，是对神灵的亵渎。

【译文】

为何在五月行郊祭？是因春三月占卜不吉，转而占卜夏三月。

【经】 壬申^①，公薨于高寝^②。

【注释】

①壬申：二十二日。

②公薨于高寝：鲁定公去世。高寝，诸侯寝宫之一，不属于正寝。

【译文】

二十二日，鲁定公在高寝去世。

【左传】 夏五月壬申，公薨。仲尼曰："赐不幸言而中^①，是使赐多言者也^②。"

【注释】

①赐：即子贡。

②多言者：多嘴的人。

【译文】

夏五月二十二日，鲁定公去世。孔子说："赐不幸而说中了，这事使他成为多嘴的人。"

【穀梁传】高寝，非正也。

【译文】

在高寝去世，不合正道。

【经】郑罕达帅师伐宋①。

【注释】

①罕达：《公羊传》作"轩达"。

【译文】

郑国罕达领兵进攻宋国。

【左传】郑罕达败宋师于老丘①。

【注释】

①郑罕达败宋师于老丘：宋国公子地逃奔郑国，郑国为他讨伐宋国。罕达，郑国大夫。老丘，宋地名，在今河南开封东南。顾栋高曰："自襄十一年萧鱼之会至此凡六十八年，（晋）悼公之世至平公初年，宋、郑俱列在盟会，至向戌弭兵，宋、郑俱仆仆于晋、楚之廷，行役繁而兵争息矣。至此乃复以隙地启衅，如春秋初年时。"

【译文】

郑国罕达在老丘打败宋军。

【经】齐侯、卫侯次于渠蒢①。

【注释】

①渠蒢(chú)：古地名，为鲁国之地，今地不详。《公羊传》作"籧
蒢"。齐侯、卫侯欲伐击鲁国，驻扎在渠蒢，未能真正伐击鲁国，
便被击退。《春秋》善鲁国能早退强敌，故书齐侯、卫侯之止次。
可参庄公十年"夏，齐师、宋师次于郎。公败宋师于乘丘"条。

【译文】

齐景公、卫灵公驻扎在渠蒢。

【左传】齐侯、卫侯次于蘧挐①**，谋救宋也**②**。**

【注释】

①蘧挐：即渠蒢。
②谋救宋也：郑国伐宋，齐、卫两国商量救宋。

【译文】

齐景公、卫灵公在蘧挐驻扎，商量救援宋国。

【经】邾子来奔丧①**。**

【注释】

①邾子来奔丧：奔鲁定公丧。赵鹏飞曰："邾自昭公之世为鲁所虐，
定公(三年)为拔之盟，终其世不犯于邾，邾人德之，故来会来朝。
今又忘其卑屈而奔丧，于礼虽非，而其情则恻矣。"邾子，《公羊

传》作"邾娄子"。

【译文】

邾隐公前来鲁国吊丧。

【公羊传】其言来奔丧何？奔丧，非礼也①。

【注释】

①奔丧，非礼也：何休云："礼：天子崩，诸侯奔丧会葬；诸侯薨，有服者奔丧，无服者会葬。邾娄与鲁无服，故以非礼书。"

【译文】

经言"来奔丧"是为何？邾娄子于鲁无服而来奔丧，是非礼的。

【穀梁传】丧急，故以奔言之。

【译文】

丧事紧急，所以说"奔"。

【经】秋七月壬申①，姒氏卒②。

【注释】

①壬申：二十三日。

②姒氏：鲁定公夫人，鲁哀公母亲。即下文定姒。《穀梁传》作"弋（yì）氏"，认为她是定公之妾。

【译文】

秋七月二十三日，定姒去世。

【左传】秋七月壬申,姒氏卒。不称夫人,不赴,且不祔也^①。

【注释】

①"不称夫人"三句:这是解释经文不称姒氏为夫人的原因——未
向同盟诸侯发讣告,也没将灵位供在祖姑庙中。

【译文】

秋七月二十三日,定姒去世。《春秋》不称她为夫人,是因为没发布
讣告,并且没有陪祀祖姑。

【公羊传】姒氏者何? 哀公之母也。何以不称夫人? 哀
未君也^①。

【注释】

①哀未君也:案"一年不二君"之义,嗣君逾年即位。哀公未君,则
姒氏不得援引"母以子贵"之例,卒不得书"夫人姒氏卒",葬不
得书"葬我小君定姒"。

【译文】

姒氏是什么人? 是鲁哀公的母亲。为何不称之为"夫人"? 因为鲁
哀公此时未即君位。

【穀梁传】妾辞也。哀公之母也。

【译文】

这是对妾的说法。她是鲁哀公的母亲。

△【经】八月庚辰朔，日有食之①。

【注释】

①八月庚辰朔，日有食之：此为公元前495年7月22日的日全食。

【译文】

八月初一，发生日食。

△【经】九月，滕子来会葬①。

【注释】

①滕子来会葬：滕国国君来鲁国为定公送葬。

【译文】

九月，滕顷公前来参加葬礼。

【经】丁巳①，葬我君定公，雨，不克葬。戊午②，日下昃，乃克葬③。

【注释】

①丁巳：初九。

②戊午：初十。

③日下昃（zè），乃克葬：因下雨，第二天傍晚才下葬。日下昃，日西斜。
　　《榖梁传》作"日下稷"。稷，通"昃"。

【译文】

初九，安葬我国国君定公，下雨，没能下葬。初十，太阳偏西时，才完成葬礼。

【左传】葬定公,雨,不克襄事①,礼也。

【注释】

①襄事:成事。

【译文】

安葬定公,下雨,没有完成葬事,这是合于礼的。

【穀梁传】葬既有日,不为雨止,礼也。雨不克葬,丧不以制也。乃,急辞也,不足乎日之辞也。

【译文】

葬礼已经定了日期,不能因下雨停止,是礼制。下雨而没有能够下葬,是葬礼不按照制度。乃,是表示急促的说法,葬礼没有用够一整天的说法。

【经】辛巳①,葬定姒②。

【注释】

①辛巳:十月初三。

②定姒:定公夫人姒氏,以定公之谥"定"加于其氏"姒"之前。《穀梁传》作"定弋"。

【译文】

十月初三,安葬定姒。

【左传】葬定姒,不称小君,不成丧也①。

【注释】

①不称小君,不成丧也:不称小君,不称夫人。不成丧,定公死而未
　葬,定弋死,不发讣告,不供入祖姑庙,因此也不算国葬。

【译文】

安葬定弋,不称她为小君,是因为没有按国君夫人的葬礼来安葬。

【公羊传】定弋何以书葬? 未逾年之君也,有子则庙,庙
则书葬①。

【注释】

①"未逾年之君也"三句:参见庄公三十二年"冬十月乙未,子般
　卒"条。此处定弋之书葬,比照未逾年君书葬之例。因鲁哀公逾
　年便即位为君,能以子恩录之,故此时定弋虽未为夫人,仍旧书其
　葬,只是不用"小君"之称号。

【译文】

定弋为何书葬? 比照未逾年之君,有子则立庙,立庙则书葬。

【经】冬,城漆①。

【注释】

①漆:古地名,在今山东邹城北,本为邾地,襄公二十一年邾庶其逃
　到鲁国,献漆、闾丘等地。

【译文】

冬,修筑漆邑城墙。

【左传】冬,城漆,书,不时告也①。

【注释】

①"冬"四句：修筑城邑，一般应在农闲时。城漆本在秋季，因有碍农时，到冬天才祭告祖庙，《春秋》因此记载。顾栋高曰："夏奔丧而冬即谋伐邾，其死先君亦亟矣。定公在位十五年，诸大夫绝不敢伐邾，身死甫六月，而旋即城邾邑，则定公犹能整饬其下，不至如昭、哀之屏懦矣。"

【译文】

冬，修筑漆邑城墙，《春秋》记载，是因为没及时祭告祖庙。

哀公

【题解】

　　哀公（？—前467），鲁国第二十五任国君，名蒋，一作"将"，定公之子，夫人定姒所生，前494年即位，在位二十八年。二十七年，哀公为"三桓"所迫，奔越，第二年回国，死于有山氏家，子悼公宁立。哀公六年，齐国田氏专齐政。

　　孔子修订《春秋》经文，相传绝笔于哀公十四年"西狩获麟"句，《春秋公羊传》与《春秋穀梁传》解释经文也止于该年。从隐公元年起，至此共二百四十二年。哀公十六年（前479）孔子去世，《左传》所载十四年到十六年《春秋》经文或为孔门弟子编订增添，因《左传》所载哀公十六年《春秋》经文有"夏四月乙丑，孔子卒"，显然不可能是孔子本人编订，《左传》在哀公十六年后虽无经文，但仍记事至哀公二十七年，并附哀公之子鲁悼公四年至十四年事。后世儒者多认同《春秋公羊传》《春秋穀梁传》确为解释经文而作，对《左传》是否为解释《春秋》之作则多存疑，在此纪年差异处可得到部分佐证，由此引发的义理考据与"经史"关系争论，也成为中国思想史上的重大命题。

　　哀公时期，鲁国外交还能勉强维护尊严，但是，有孔子这样的国老、子贡这样的外交家，却都不被重用。鲁国于哀公七年侵略邾国，随后招致吴国的讨伐。哀公以个人喜好行事，国人失望，同时，"三桓"专横跋扈,最终导致君臣矛盾激化,哀公逃亡。

这一时期,晋、楚势力衰落,已经无力称霸,东南的吴、越两国形成争霸局面。哀公元年,吴国为报槜李战败之仇,攻入越国,大败句践。越国求和,吴王夫差不听伍子胥告诫,与越国讲和。夫差以为越国从此不足为患,于是挥师北上,争霸中原。在此期间,越王句践忍辱负重,励精图治,"十年生聚,十年教训",哀公十三年,当吴王夫差在黄池之会上与晋国争霸时,句践攻入吴国都城,大败吴师。吴王夫差求和,句践欲许之,范蠡极谏;哀公二十二年,越灭吴,夫差自缢。此后,越国号称一时霸主。

哀公篇主要的义理有:二年"晋赵鞅帅师纳卫世子蒯聩"、三年"齐国夏、卫石曼姑帅师围戚"条,见父子君臣之间的义理纠葛。六年"齐阳生入于齐""齐陈乞弑其君荼"条,见公子阳生、陈乞以谖弑君。十二年"孟子卒"条,见鲁昭公娶同姓之恶。十三年"公会晋侯及吴子于黄池"条,见"不与夷狄之主中国"之义。十四年"西狩获麟",见孔子作《春秋》之旨。

元年

△【经】元年春王正月[①],公即位。

【注释】

①元年:鲁哀公元年当周敬王二十六年,前494年。

【译文】

鲁哀公元年春周历正月,鲁哀公即位。

【经】楚子、陈侯、随侯、许男围蔡[①]。

【注释】

①陈侯：陈闵公妈越，陈怀公之子。许男：许元公姜成，许悼公之子。一说，此处"许男"是指许男戌，许男斯之子。案定公六年"春王正月癸亥，郑游速帅师灭许，以许男斯归"，则许国已灭，此处围蔡有许男者，是许男戌自复其国。案《春秋》之例，诛君之子不立，许男斯不能死位，被《春秋》诛绝，其子不得立为国君。而许男戌复国无恶文，因为定公六年书"灭许，以许男斯归"，能推出这一点，不需再言。围蔡：楚围蔡是为了报复柏举之役。

【译文】

楚昭王、陈闵公、随侯、许元公包围蔡国。

　　【左传】元年春，楚子围蔡，报柏举也①。里而栽②，广丈，高倍③。夫屯昼夜九日，如子西之素④。蔡人男女以辨⑤，使疆于江、汝之间而还⑥。蔡于是乎请迁于吴⑦。

【注释】

①楚子围蔡，报柏举也：昭公四年，柏举之战，蔡国和吴国一起攻打楚国，几乎使楚国灭亡。

②里而栽（zài）：距离蔡都一里处修筑工事。栽，立板筑墙。

③广丈，高倍：堡垒厚一丈，高二丈。

④夫屯昼夜九日，如子西之素：筑垒的士卒屯驻于工地，经九日九夜完成。工程的完工与子西的预定计划一样。夫，士卒。素，预定计划。

⑤男女以辨：男女分别列队出降。辨，别。

⑥使疆于江、汝之间而还：楚国命令蔡国迁到长江以北、汝水以南，蔡人听命，楚军于是撤回。江，长江。汝，汝水。

⑦蔡于是乎请迁于吴：楚军一撤，蔡国叛楚附吴，要求迁到吴国去。

【译文】

鲁哀公元年春,楚昭王包围蔡国,是报复柏举那次战役。靠近蔡都一里构筑堡垒,宽一丈,高二丈。筑垒的士卒屯驻工地,经九日九夜完成,与子西的预定计划相符。蔡国人男女分别排队出降,楚昭王让他们迁移到长江、汝水之间就班师回去了。蔡国因此向吴国请求迁移到吴国去。

*【左传】吴王夫差败越于夫椒①,报槜李也②。遂入越。越子以甲楯五千③,保于会稽④,使大夫种因吴大宰嚭以行成⑤。吴子将许之。伍员曰:"不可。臣闻之:'树德莫如滋,去疾莫如尽⑥。'昔有过浇杀斟灌以伐斟鄩⑦,灭夏后相⑧。后缗方娠⑨,逃出自窦⑩,归于有仍,生少康焉,为仍牧正⑪。惎浇⑫,能戒之⑬。浇使椒求之⑭,逃奔有虞⑮,为之庖正⑯,以除其害⑰。虞思于是妻之以二姚⑱,而邑诸纶,有田一成,有众一旅⑲。能布其德,而兆其谋⑳,以收夏众,抚其官职㉑。使女艾谍浇,使季杼诱豷㉒。遂灭过、戈㉓,复禹之绩,祀夏配天,不失旧物㉔。今吴不如过,而越大于少康,或将丰之㉕,不亦难乎㉖!句践能亲而务施㉗,施不失人,亲不弃劳㉘。与我同壤㉙,而世为仇雠。于是乎克而弗取,将又存之,违天而长寇仇㉚,后虽悔之,不可食已㉛。姬之衰也㉜,日可俟也。介在蛮夷㉝,而长寇仇,以是求伯,必不行矣㉞。"弗听。退而告人曰:"越十年生聚,而十年教训㉟,二十年之外,吴其为沼乎㊱!"三月,越及吴平。吴入越,不书,吴不告庆,越不告败也㊲。

【注释】

①夫椒：古地名，在今江苏太湖西洞庭山。

②报槜李也：槜李之战在定公十四年，吴王阖庐死于此役。

③甲楯：披甲持盾的士兵。

④会稽：古地名，在今浙江绍兴。

⑤使大夫种因吴大宰嚭以行成：句践退守会稽山，派文种通过太宰嚭向吴国求和。种，越国大夫文种。大宰嚭，吴国太宰伯嚭。

⑥树德莫如滋，去疾莫如尽：树德要不断增长，去害要扫除干净。滋，滋长，增长。

⑦有过浇：寒浞杀羿，因其室而生浇，处浇于过，故称。斟灌、斟鄩：夏朝同姓诸侯。

⑧夏后相：夏启之孙。

⑨后缗：夏后相之妻，有仍氏的女儿。娠：怀孕。

⑩窦：墙洞。

⑪为仍牧正：少康任有仍氏牧正。牧正，牧官之长。

⑫惎（jī）：嫉恨。

⑬戒：警戒。

⑭椒：浇的臣子。求之：追捕少康。

⑮有虞：古部落名，相传为虞舜之后，在今河南商丘虞城西南。

⑯庖正：主管膳食的官长。

⑰除其害：逃避自己的祸患。其，己。

⑱虞思：有虞之君，姚姓。妻之以二姚：将两个女儿嫁给少康。

⑲"而邑诸纶"三句：虞思将纶封给少康，并给他田和奴隶。诸，之于。纶，古地名，在今河南虞城。一成，方十里。案其时已存在公社所有制的井田制度，一井为一里，方十里为一成。旅，五百人。

⑳能布其德，而兆其谋：相传少康为夏朝中兴之主，自此开始广施恩德，实施复国计划。兆，开始。

㉑以收夏众,抚其官职:收拾遗民,安抚官员。

㉒使女艾谍浇,使季杼诱殪(yì):女艾,少康臣子。谍,侦察,刺探。季杼,少康之子。殪,浇之弟。案此言少康为灭浇做准备。

㉓过:浇的封国。戈:殪的封国。

㉔"复禹之绩"三句:少康中兴,恢复夏朝统治及典章制度。旧物,旧事。

㉕或将丰之:如果使越兴盛。

㉖不亦难乎:如果与越国讲和,吴国将难以制服它。

㉗亲而务施:亲民善施。

㉘施不失人,亲不弃劳:善施则得民心,亲民则百姓愿为之效劳。

㉙与我同壤:越与吴同在今江苏、浙江三江五湖之地。

㉚违天而长寇仇:违背天意,保存仇敌。

㉛不可食已:做什么也没用了。食,作为,有为。

㉜姬:指吴国,姬姓。

㉝介在蛮夷:吴居二国之间。蛮夷,指越、楚二国。

㉞"而长寇仇"三句:使仇敌壮大,而求当霸主,一定是行不通的。求伯,求当霸主。案伍员认为与越国讲和是养虎遗患,因此竭力反对。

㉟越十年生聚,而十年教训:越国十年生民聚财,十年教育训练。

㊱二十年之外,吴其为沼乎:伍员预言二十年后吴国将被灭。为沼,宫室废坏成为池沼。

㊲"不书"三句:吴、越二国都未向鲁国报告胜败,所以经文不加记载。

【译文】

　　吴王夫差在夫椒打败越国,报了槜李之仇。于是进入越地。越王带着披甲持盾士兵五千人,坚守会稽山,派大夫文种通过吴国太宰伯嚭向吴国求和。吴王准备同意。伍员说:"不行。下臣听说:'建树德行莫如不断培植,去除毒害莫如铲除净尽。'昔日有过的浇杀死斟灌而攻打斟郡,灭亡了夏后相。后缗正怀孕,从城墙小洞逃了出去,回到有仍,生下少康,少康后来当了有仍的牧正。少康怨恨浇,能警惕戒备。浇派椒寻找他,少康逃到有虞,做了庖正,以避免受到伤害。虞思把两个女儿嫁他为妻,并封在纶邑,拥有方圆十里的田地,部众五百人。少康能广施恩德,开始实施复国计划,收留夏朝的遗民,安抚其官员。派出女艾到浇那儿当间谍,派季杼引诱豷。从而灭亡了过、戈,恢复了禹的功绩,奉祀夏朝的祖先并祭祀上天,恢复夏朝的典章制度。如今吴国不如过国,而越国比少康强大,要是与越国讲和而使它壮大,吴国就将难以制服它!句践能够亲近百姓而致力于施舍,善施则得民心,亲民则百姓愿为之效劳。它和我国同处一块土地,却世代为仇敌。在这种情况下攻克而不占有,打算让它继续存在下去,是违背天意而滋长仇敌,以后即便后悔,也无法消除祸患了。姬姓的衰亡,已经指日可待了。我国处在蛮夷之间,而使仇敌壮大,用这样的办法来求取霸业,肯定是办不到的。"吴王不听。伍员退出后告诉别人说:"越国十年生殖聚积,又用十年教育训练,二十年之后,吴国也许要成为池沼了!"三月,越国和吴国讲和。吴国进入越国,《春秋》不加记载,是因为吴国没有报告胜利,越国也没有报告失败的缘故。

【经】鼷鼠食郊牛①,改卜牛。夏四月辛巳②,郊③。

【注释】

①牛:《穀梁传》作"牛角"。

②辛巳:初六。

③郊:郊祭。《春秋》记载鲁国举行郊祭之事,至此为止。

【译文】

鼷鼠咬食郊祀用的牛,就另外占卜选牛。夏四月初六,举行郊祀。

【穀梁传】此该郊之变而道之也①，于变之中，又有言焉。鼷鼠食郊牛角，改卜牛，志不敬也。郊牛日展觓角而知伤②，展道尽矣。郊，自正月至于三月，郊之时也。夏四月郊，不时也。五月郊，不时也。夏之始可以承春，以秋之末承春之始，盖不可矣。九月用郊，用者，不宜用者也。郊三卜，礼也。四卜，非礼也。五卜，强也。卜免牲者，吉则免之，不吉则否。牛伤，不言伤之者，伤自牛作也，故其辞缓。全曰牲，伤曰牛，未牲曰牛③，其牛一也，其所以为牛者异。有变而不郊，故卜免牛也。已牛矣，其尚卜免之④，何也？礼，与其亡也宁有⑤，尝置之上帝矣⑥，故卜而后免之，不敢专也。卜之不吉，则如之何？不免。安置之？系而待，六月上甲⑦，始庀牲⑧，然后左右之⑨。子之所言者，牲之变也，而曰"我一该郊之变而道之"，何也？我以六月上甲始庀牲，十月上甲始系牲，十一月、十二月牲虽有变，不道也。待正月，然后言牲之变，此乃所以该郊。郊，享道也。贵其时，大其礼。其养牲，虽小不备可也。子不志三月卜郊，何也？郊自正月至于三月，郊之时也。我以十二月下辛卜正月上辛。如不从，则以正月下辛卜二月上辛。如不从，则以二月下辛卜三月上辛。如不从，则不郊矣。

【注释】

①该：概括，总括。

②展：查看，审视。觓（qiú）角：弯曲的牛角。觓，角曲貌。

③牲：用于祭祀的牛。这里是指占卜之后定为用于祭祀的牛，称作"牲"。

④尚:还。

⑤与其亡也宁有:与其没有,宁愿有。意思是说与其占卜而做决定,
　宁愿先有占卜再做决定。

⑥尝:曾经。

⑦上甲:指每月的第一个含有"甲"字的日子。

⑧庀(pǐ):备办。这里是指准备来年郊祭用的牛。新的牛备好了,
　就可以处置旧的牛了。

⑨左右:处置。

【译文】

　　这里概括郊祭的各种变礼以解说,在各种变礼之中,也有可以解释
的地方。说"鼷鼠食郊牛角,改卜牛",是记载对神灵不敬。对于郊牛
要每天查看它的弯牛角因而知道受伤了,检查的职责是尽到了。郊祭,
从正月到三月,是举行郊祭的时节。夏天四月举行郊祭,不是合适的时
节。五月举行郊祭,是不合时节的。夏季的开始可以承接着春天,用秋
天的末尾承接着春天的开始,大概不可以。"九月用郊","用",就是不适
合"用"的意思。郊祭之前要举行三次占卜,是礼制。四次占卜,不合礼
制。五次占卜,是勉强了。占卜是否免除牺牲,结果吉利就免除,不吉利
就不免除。牛受伤了,不说是谁弄伤了牛,表明是牛自身导致的受伤,所
以言辞舒缓。完整的叫做"牲",受伤了叫做"牛",没有定为牺牲的叫
做"牛",他们都一样叫做"牛",但是他们被叫做"牛"的原因是不同的。
有变故就不举行郊祭,所以占卜是否免除祭祀用的牛。已经因伤而称
作"牛"了,还要占卜是否免除,为什么呢? 按照礼制,与其没有占卜宁
愿有占卜,曾经决定把它给上天了,所以要占卜之后再免除它,不敢擅自
决定。占卜的结果不吉利,那又怎么办呢? 不免除它。如何处置它呢?
将它拴起来等待,六月的上甲日,开始准备祭祀用牛,这之后再处置旧的
牛。经文所说的,是关于祭祀用牛的变化,却说"全面概括郊祭的变礼
予以解说",为什么呢? 鲁从六月上甲日开始准备祭祀用的牛,十月的上

甲日开始将牛拴起来养，十一月、十二月牲即使有变故，也不说。等到正月，这之后说牲的变故，这才是全面概括郊祭。郊祭，是献上祭品让鬼神享用。看重它的时节，重视它的礼仪。喂养祭祀用的牛，即使有一点点不完备也是可以的。经文不记载三月占卜郊祭，为什么呢？郊祭可以从正月到三月，是适合郊祭的时节。鲁在十二月的下辛日占卜正月的上辛日是否适合举行郊祭。如果不合适，那就在正月的下辛日占卜二月的上辛日。如果不合适，那就在二月的下辛日占卜三月的上辛日。如果不合适，那就不举行郊祭。

*【左传】夏四月，齐侯、卫侯救邯郸，围五鹿①。

【注释】

①齐侯、卫侯救邯郸，围五鹿：定公十三年，赵稷以邯郸叛，齐、卫二国为救援邯郸，派兵包围五鹿。五鹿，晋邑名，在今河北大名东。

【译文】

夏四月，齐景公、卫灵公救援邯郸，包围五鹿。

*【左传】吴之入楚也，使召陈怀公①。怀公朝国人而问焉，曰：“欲与楚者右，欲与吴者左。陈人从田，无田从党②。”逢滑当公而进③，曰：“臣闻国之兴也以福，其亡也以祸。今吴未有福，楚未有祸。楚未可弃，吴未可从④。而晋，盟主也，若以晋辞吴，若何⑤？”公曰：“国胜君亡，非祸而何⑥？”对曰：“国之有是多矣⑦，何必不复？小国犹复，况大国乎？臣闻国之兴也，视民如伤⑧，是其福也。其亡也，以民为土芥⑨，是其祸也。楚虽无德，亦不艾杀其民⑩。吴日敝于兵，暴骨如莽，而未见德焉⑪。天其或者正训楚也，祸之适吴，其

何日之有^⑫？"陈侯从之。及夫差克越，乃修先君之怨^⑬。秋八月，吴侵陈，修旧怨也。

【注释】

①吴之入楚也，使召陈怀公：定公四年，吴攻入楚郢都，召陈怀公，让其归附吴国。

②"欲与楚者右"四句：陈怀公根据国人的意愿决定从吴或从楚。陈怀公南面，右为楚，左为吴。从田，有田地的根据田地所在分立左右。从党，以宗族分立左右。

③当公：不左不右，正对着陈怀公。

④楚未可弃，吴未可从：陈国本是楚的盟国，逢滑认为不可弃楚从吴。

⑤"而晋"四句：陈国是中原诸侯，晋国是诸侯盟主，以晋国为借口推辞吴国的胁迫，或许可行。

⑥国胜君亡，非祸而何：楚国为吴国所胜，国君逃亡。案陈怀公有从吴之意，所以以此驳逢滑的"楚未有祸"。

⑦有是：有这种情况，即"国胜君亡"。

⑧视民如伤：不惊动百姓，爱护百姓生命。

⑨土芥：粪土草芥，形容极其轻贱。

⑩艾杀：斩杀。

⑪"吴日敝于兵"三句：吴国穷兵黩武，使国家日益凋敝，人民死亡极多，又从未推行过德政。如莽，如草莽，极言其多。

⑫祸之适吴，其何日之有：灾祸很快将降临吴国。何日之有，有何日，没多久。案逢滑再论楚国不会灭亡，吴不可从。

⑬及夫差克越，乃修先君之怨：召陈的是阖庐，夫差侵陈是为父报仇。修怨，报仇。

【译文】

吴国攻入楚国的时候，派人召见陈怀公。陈怀公召集国人征求意见，说：“想要依附楚国的站到右边，想要依附吴国的站到左边。陈国人中有田地的按田地所在分立，没有田地的和亲族站在一起。”逢滑面对陈怀公走上前去，说：“下臣听说国家的兴起是由于福分，而灭亡是因为祸难。现在吴国没有福分，楚国没有祸难。楚国不可抛弃，吴国不可相从。晋国是盟主，如果用晋国作为借口来拒绝吴国，怎么样？”陈怀公说：“国家被别国战胜而且国君逃亡，不是祸难又是什么？”逢滑回答说：“国家有这种情况的很多，为什么一定不能恢复？小国尚且能恢复，何况大国呢？下臣听说国家的兴起，国君不惊动百姓，爱护百姓生命，这就是它的福分。它的灭亡，国君把人民视同粪土草芥，这就是它的祸难。楚国虽然没有德行，但也不斩杀其人民。吴国因战事频繁而使国家日益凋敝，尸骨暴露多如杂草，又从未推行过德政。上天或许正是在给楚国垂训，而祸难降临吴国，还会有多久呢？”陈怀公听从了他的话。到夫差攻占越国，便重新清算先君的仇怨。秋八月，吴国入侵陈国，这便是重新清算以前的仇怨。

【经】秋，齐侯、卫侯伐晋[①]。

【注释】

①齐侯、卫侯伐晋：齐、卫为救援范氏而攻打晋国。

【译文】

秋，齐景公、卫灵公攻打晋国。

【左传】齐侯、卫侯会于乾侯[①]，救范氏也。师及齐师、卫孔圉、鲜虞人伐晋[②]，取棘蒲[③]。

【注释】

①乾侯：晋地名，在今河北成安东南。

②师及齐师、卫孔圉、鲜虞人伐晋：孔圉，卫国大夫孔烝钽曾孙。案
　鲁军参与伐晋。

③棘蒲：古地名，在今河北赵县。

【译文】

　齐景公、卫灵公在乾侯相会，是要援救范氏。我军和齐军、卫国孔
圉、鲜虞人攻打晋国，占领棘蒲。

　　*【左传】吴师在陈，楚大夫皆惧①，曰：“阖庐惟能用其
民，以败我于柏举。今闻其嗣又甚焉②，将若之何？”子西
曰：“二三子恤不相睦③，无患吴矣。昔阖庐食不二味，居不
重席④，室不崇坛⑤，器不彤镂⑥，宫室不观⑦，舟车不饰，衣
服财用，择不取费⑧。在国，天有灾疠⑨，亲巡其孤寡而共其
乏困⑩。在军，熟食者分而后敢食⑪，其所尝者，卒乘与焉⑫。
勤恤其民，而与之劳逸⑬，是以民不罢劳，死知不旷⑭。吾
先大夫子常易之⑮，所以败我也。今闻夫差，次有台榭陂池
焉⑯，宿有妃嫱嫔御焉⑰。一日之行，所欲必成⑱，玩好必从。
珍异是聚，观乐是务⑲，视民如仇，而用之日新⑳。夫先自败
也已㉑，安能败我㉒？”

【注释】

　①吴师在陈，楚大夫皆惧：楚大夫害怕吴军侵楚。

　②其嗣：指夫差。

　③恤不相睦：可虑的是内部不团结。恤，忧虑，担心。

　④重席：古人席地而坐，地面有席，重席指用两层席子。

　⑤崇坛：起土为高台，用作室基。

　⑥彤镂：涂上红漆，雕刻花纹。

⑦不观:不建楼台亭阁。

⑧择不取费:财用不靡费奢侈。案以上六句是说阖庐生活俭朴。

⑨灾疠:天灾疾病。

⑩共:通"供",供给。

⑪熟食者分而后敢食:士兵吃遍,自己才吃。熟食,指食品。分,遍,
人人有份。

⑫其所尝者,卒乘与焉:他所吃的美食,与战士共享。所尝,指美味。

⑬勤恤其民,而与之劳逸:体恤百姓,与百姓同甘共苦。

⑭死知不旷:知道为国而死,不是白死,国家会有优恤。旷,徒然,白
白的。

⑮子常:楚国前任令尹。易:反,反其道而行之。

⑯次:留宿三夜以上。陂池:池沼。

⑰宿有妃嫱嫔御焉:睡有美女陪伴。

⑱所欲必成:想要的一定到手。

⑲珍异是聚,观乐是务:唯知搜聚奇珍,一心追求玩乐。

⑳用之日新:役使百姓没完没了。

㉑夫先自败也已:夫差豪奢无度,荒淫误国,必先自败。

㉒安能败我:案子西论阖庐、夫差的优劣,预言吴国不会进攻楚国,
且将自败。哀公二十二年,越灭吴。

【译文】

吴军在陈国,楚国的大夫都感到害怕,说:"正因为阖庐能使用他的
人民,才在柏举把我们打败。现在听说他的继任者比他还厉害,我们该
怎么办呢?"子西说:"各位只需担心互相不和睦,不用担忧吴国。昔日
阖庐吃饭不吃两道菜,居处不坐两层席子,居室不建造在高台上,器用不
加涂色雕镂,宫室之中不建楼台亭阁,车船不加装饰,衣服用具取其实用
而不讲究华丽。在国内,天降灾祸疫病,就亲自巡视安抚孤寡而救济他
们。在军队,等士兵们都有了吃的才敢进食,他吃的一些珍肴美味,兵士

们也都有份。他勤恳地体恤人民，并和他们同甘共苦，所以人民不感到疲劳，为国效死知道不会白死。我国先大夫子常反其道而行之，所以他打败了我们。现在听说夫差住宿有楼台水榭、水陂池沼，陪睡有嫔妃宫女。即使出行一天，也一定要把想要的东西弄到手，玩赏喜好的东西一定要随身带走。他积聚珍异，一心只在玩乐，把人民看成寇仇，而役使他们却又没完没了。这是他自己先使自己失败了，怎么能打败我们呢？"

△【经】冬，仲孙何忌帅师伐邾①。

【注释】

①仲孙何忌帅师伐邾：鲁国孟懿子进攻邾国。邾，《公羊传》作"邾娄"。

【译文】

冬，仲孙何忌率领军队进攻邾国。

*【左传】冬十一月，晋赵鞅伐朝歌①。

【注释】

①晋赵鞅伐朝歌：讨伐范氏、中行氏。

【译文】

冬十一月，晋国赵鞅攻打朝歌。

二年

【经】二年春王二月①，季孙斯、叔孙州仇、仲孙何忌帅师伐邾②，取漷东田及沂西田③。癸巳④，叔孙州仇、仲孙何忌及邾子盟于句绎^⑤。

【注释】

①二年:鲁哀公二年当周敬王二十七年,前493年。

②邾:《公羊传》作"邾娄"。

③潹(kuò)东田:襄公十九年,鲁国取潹水西部之田,今取潹水东部之田。潹,潹水,源出今山东峄城西北,经鱼台东北入泗水。沂西田:指邾国在沂水上游的田地。沂,沂水。此指流经曲阜南之沂水上游。

④癸巳:二十三日。

⑤邾子:《公羊传》作"邾娄子"。句绎:地名,在今山东邹城东南。

【译文】

鲁哀公二年春周历二月,季孙斯、叔孙州仇、仲孙何忌率兵攻打邾国,夺取潹东以及沂西的田地。二十三日,叔孙州仇、仲孙何忌和邾隐公在句绎结盟。

【左传】二年春,伐邾,将伐绞^①。邾人爱其土,故赂以潹、沂之田而受盟^②。

【注释】

①绞:邾国邑名,在今山东滕州北。

②邾人爱其土,故赂以潹、沂之田而受盟:邾国怕失去绞,因此割让潹、沂之田与鲁国订立城下之盟。

【译文】

鲁哀公二年春,鲁国攻打邾国,打算先攻绞地。邾国人爱惜绞地,所以用潹东、沂西的田地作为贿赂而接受盟约。

【穀梁传】漷东,未尽也。沂西,未尽也。三人伐而二人盟,何也? 各盟其得也①。

【注释】

①各盟其得:各自为自己得到的盟誓。这次伐邾,季氏并未分到田地。

【译文】

说"漷东",表明没有得到全部的土地。说"沂西",表明没有得到全部的土地。三个人参加讨伐但是只有两个人结盟,为什么呢? 因为各自为自己得到的利益订立盟誓。

【经】夏四月丙子①,卫侯元卒②。

【注释】

①丙子:初七。

②卫侯元卒:卫灵公元去世。卫灵公,姓姬,名元,谥灵。前534年即位,在位四十二年。

【译文】

夏四月初七,卫灵公元去世。

【左传】初,卫侯游于郊,子南仆①。公曰:"余无子②,将立女③。"不对④。他日,又谓之,对曰:"郢不足以辱社稷,君其改图⑤。君夫人在堂,三揖在下⑥,君命只辱⑦。"夏,卫灵公卒。夫人曰:"命公子郢为大子,君命也⑧。"对曰:"郢异于他子⑨。且君没于吾手,若有之,郢必闻之⑩。且亡人之子辄在⑪。"乃立辄⑫。

【注释】

①子南：卫灵公之子郢。仆：驾车。

②无子：指太子蒯聩逃亡在外，没有其他嫡子。

③将立女：拟立子南为太子。

④不对：子南不贪君位，所以不回答。

⑤郢不足以辱社稷，君其改图：子南请求改立他人。

⑥三揖：指卿、大夫、士。

⑦君命只辱：子南意谓不与夫人即卿大夫等商量，而私下命太子，将有辱君命。案子南坚决辞为太子。

⑧命公子郢为大子，君命也：以郢为太子，是先君遗命。

⑨郢异于他子：指自己因母贱而不敢同于卫灵公其他儿子。

⑩"且君没于吾手"三句：子南意谓自己服侍卫灵公至死，没听说有这遗命。

⑪亡人之子辄：指蒯聩的儿子辄。亡人，指太子蒯聩。

⑫乃立辄：辄为卫灵公嫡孙，继位，是为卫出公。

【译文】

起初，卫灵公到郊外游玩，子南驾车。卫灵公说："我没有嫡子，想立你做继承人。"子南不回答。过些日子，卫灵公又对他说起这件事，子南回答说："我不足以承担国家重任，请您还是改变主意。您的夫人在堂上，卿、大夫、士在下边，这样任命将有辱君命。"夏，卫灵公去世。夫人说："命公子郢为太子，这是国君的命令。"子南回复说："我和其他公子不同。而且我随侍国君直到他去世，要是有这命令，我一定听到。况且还有逃亡太子的儿子辄在。"于是立了辄。

△**【经】滕子来朝**①。

【注释】

①滕子来朝：滕国国君朝鲁。

【译文】

滕顷公来我国朝见。

【经】晋赵鞅帅师纳卫世子蒯聩于戚①。

【注释】

①晋赵鞅帅师纳卫世子蒯聩于戚：赵鞅以武力护送蒯聩回卫国。据
《左传》，卫国世子蒯聩出逃之后，卫国并无合适的君位继承人，卫
灵公去世前欲传位于公子姬郢，公子郢推辞，在卫灵公去世之后再
次推辞，并且建议立太子蒯聩之子姬辄为君，于是卫国立姬辄为卫
国新君。案何休之意，此处史实是晋国将蒯聩纳入卫国为君，卫出
公辄出奔。戚，卫国靠近都城之邑，在今河南濮阳北。此处蒯聩事
实上进入了卫都，经不书"于卫"，而书"于戚"者，详下文。

【译文】

晋国赵鞅领兵把卫国太子蒯聩送到戚地。

【左传】六月乙酉①，晋赵鞅纳卫大子于戚②。宵迷③，阳
虎曰④："右河而南，必至焉⑤。"使大子绖⑥，八人衰绖⑦，伪
自卫逆者⑧。告于门，哭而入，遂居之⑨。

【注释】

①乙酉：十七日。

②晋赵鞅纳卫大子于戚：定公十四年，蒯聩因谋杀南子不成，逃亡宋
国，赵鞅因齐、卫二国救范氏、中行氏，与之为敌，因此乘卫灵公之

丧，以武力护送蒯聩回卫国。

③宵迷：夜间迷失道路。

④阳虎：定公九年，阳虎逃亡晋国，事赵鞅。

⑤右河而南，必至焉：右渡黄河往南，可到卫国。杨伯峻曰："当时黄河流径自河南滑县东北流经浚县、内黄、馆陶之东。是时晋军尚未渡河，其军当自晋境直东行至今内黄县南，其右为河，渡河而南行即戚，再南行即铁与帝丘。"

⑥绖（wèn）：免冠，用布包裹发髻，为丧礼之一。

⑦衰绖（cuī dié）：丧服。这里用为动词，穿着丧服。

⑧伪自卫逆者：一行人假装从卫国来迎接太子。

⑨"告于门"三句：蒯聩等人入居戚城，与卫出公对峙。这里是用阳虎之计。

【译文】

六月十七，晋国赵鞅送卫太子蒯聩到戚地。晚上迷了路，阳虎说："往右渡过黄河再往南，一定能到达。"让太子脱帽，用布包发，八个人穿上丧服，伪装成从卫国前来迎接的样子。告诉守门人开了城门，号哭着进入，于是就住在戚地。

【公羊传】戚者何？卫之邑也。曷为不言入于卫^①？父有子，子不得有父也^②。

【注释】

①曷为不言入于卫：案《春秋》书"纳"之例，若纳成，当书"纳某人于某国"，如僖公二十五年"楚子围陈，纳顿子于顿"；若纳而未成，则不书"于某国"，如庄公九年"公伐齐，纳子纠"。此处晋人成功纳蒯聩，应书"晋赵鞅帅师纳卫世子蒯聩于卫"，今却书"于戚"，故而发问。

②父有子,子不得有父也:父,指卫灵公。子,指蒯聩。父有子,子不
得有父,何休云:"明父得有子而废之,子不得有父之所有。"即卫
灵公可以将蒯聩逐出,然而蒯聩被逐,则丧失了即位的资格,不得
享有父亲的国家。故《春秋》不书"于卫",而书"于戚",夺其国
文。另一方面,案嗣君名例,君存称世子,君公称子某,此处卫灵
公新卒,蒯聩不称"子蒯聩",而称"世子蒯聩",也表明他没有继
嗣的资格。

【译文】

戚是什么地方? 是卫国的城邑。此处成功拥纳蒯聩为君,为何不言
入于卫? 父得有子而废之,子不得有父之所有。

【穀梁传】纳者,内弗受也。帅师而后纳者,有伐也,何
用弗受也? 以辄不受也①,以辄不受父之命,受之王父也。
信父而辞王父②,则是不尊王父也。其弗受,以尊王父也。

【注释】

①辄:姬辄,世子蒯聩之子。

②信:听从,服从。

【译文】

"纳",表示当地人不接受的意思。在"帅师"之后说"纳",表明有
征伐,为什么不接受呢? 因为姬辄不接受,因为姬辄不是从父亲那儿继
承的君位,是从祖父那儿继承的。服从父亲而拒绝祖父,那这就是不尊
重祖父。他不接纳世子蒯聩,是因为尊重祖父。

【经】秋八月甲戌①,晋赵鞅帅师及郑罕达帅师战于铁②。
郑师败绩。

【注释】

① 甲戌：初七。

② 罕达：《公羊传》作"轩达"。战于铁：齐国人送粮食给范氏，郑罕
达率军护送，与护送蒯聩回国的赵鞅军在戚相遇，两军在铁交战，
赵鞅以少胜多，击溃郑师。铁，古地名，在今河南濮阳西北。《公
羊传》作"栗"。

【译文】

秋八月初七，晋国赵鞅与郑国罕达率兵在铁地交战。郑军被打败。

【左传】秋八月，齐人输范氏粟，郑子姚、子般送之①。
士吉射逆之，赵鞅御之，遇于戚②。阳虎曰："吾车少，以兵
车之旆与罕、驷兵车先陈③。罕、驷自后随而从之，彼见吾
貌，必有惧心④。于是乎会之⑤，必大败之。"从之。卜战，龟
焦⑥。乐丁曰⑦："《诗》曰：'爰始爰谋，爰契我龟⑧。'谋协，
以故兆询可也⑨。"简子誓曰⑩："范氏、中行氏反易天明⑪，
斩艾百姓，欲擅晋国而灭其君。寡君恃郑而保焉⑫。今郑
为不道，弃君助臣⑬，二三子顺天明，从君命，经德义⑭，除诟
耻，在此行也。克敌者，上大夫受县⑮，下大夫受郡⑯，士田
十万⑰，庶人工商遂⑱，人臣隶圉免⑲。志父无罪⑳，君实图
之㉑。若其有罪，绞缢以戮㉒，桐棺三寸㉓，不设属辟㉔，素车、
朴马㉕，无入于兆㉖，下卿之罚也㉗。"

【注释】

① 齐人输范氏粟，郑子姚、子般送之：齐国送粮食支援范氏，郑国派
兵护送。子姚，罕达。子般，驷弘。

②"士吉射逆之"三句：郑、范接送粮食时，与赵鞅送蒯聩的军队相遇，赵军阻截。士吉射，范吉射。

③以兵车之旆与罕、驷兵车先陈：插上大将旗帜先列好阵，使郑军前锋摸不清底细。旆，旗帜。

④彼见吾貌，必有惧心：不知虚实，心有疑虑。

⑤会：交战。

⑥卜战，龟焦：龟板烧焦，不成兆纹。

⑦乐丁：晋国大夫。

⑧爰始爰谋，爰契我龟：引《诗》见《诗经·大雅·绵》。意思是先开始谋划，然后再占卜。这里借诗意说明卜不成不要紧，先在人谋。

⑨谋协，以故兆询可也：人谋一致，相信故兆也可以。故兆，护送卫国太子时卜得的吉兆。询，信。

⑩誓：临战誓师。

⑪反易天明：违反天命。

⑫寡君恃郑而保焉：晋君本想仰赖郑国平乱。

⑬弃君助臣：背弃晋君而帮助范氏。

⑭经：治，推行。

⑮受县：受封县邑。

⑯受郡：受封郡邑。案当时县大郡小。

⑰田十万：十万亩田地。

⑱遂：做官。

⑲人臣隶圉：都指奴隶。免：获得自由。

⑳志父：赵鞅。无罪：有功的谦辞。

㉑实图之：意思是当赏其功。

㉒若其有罪，绞缢以戮：要是战败，请用绞刑加以诛戮。

㉓桐棺三寸：三寸桐棺为罪人所用。

㉔属：大棺内的小棺。辟：同"椑"，贴身棺。

㉕素车、朴马：用没有装饰的车马运载棺木。

㉖兆：宗族墓地。

㉗下卿之罚也：如果战败，愿以罪人处死，以薄葬作为惩罚。

【译文】

秋八月，齐国人给范氏运送粮食，郑国子姚、子般押送。士吉射前往迎接，赵鞅抵御他们，在戚地相遇。阳虎说："我们的战车少，把主将的旗帜插在车子上，和子姚、子般的兵车先行对阵。子姚、子般从后面跟上来，他们看到我们的阵势，一定会产生疑惧。这时和他们交战，肯定能大败他们。"赵鞅采纳了他的意见。为作战而占卜，结果龟甲烤焦。乐丁说："《诗》说：'开始计划商量，于是占卜刻龟。'谋划一致，服从以往的占卜结果就了。"赵鞅誓师说："范氏、中行氏违反天意，斩杀百姓，想在晋国专权擅政而灭亡国君。我们国君倚仗郑国保护自己。现在郑国无道，抛弃国君帮助臣子，各位顺从天命，服从国君命令，施行德义，消除耻辱，就在这一次行动了。克敌制胜的，上大夫得到县，下大夫得到郡，士获得十万亩田地，庶人工商可获官职，奴仆隶役获得自由。我要是有功，请国君考虑封赏。如果战败获罪，就处以绞刑，用三寸薄的桐木棺材殓尸，不用属棺和椑棺，用没有装饰的车马运载棺木，不得葬入族墓，这是按照下卿地位所做的处罚。"

甲戌，将战，邮无恤御简子①，卫大子为右②。登铁上③，望见郑师众，大子惧，自投于车下④。子良授大子绥而乘之⑤，曰："妇人也⑥。"简子巡列⑦，曰："毕万，匹夫也⑧。七战皆获⑨，有马百乘⑩，死于牖下⑪。群子勉之⑫！死不在寇⑬。"繁羽御赵罗，宋勇为右⑭。罗无勇，麇之⑮。吏诘之，御对曰："痁作而伏⑯。"卫大子祷曰："曾孙蒯聩敢昭告皇祖文王、烈祖康叔、文祖襄公⑰：郑胜乱从⑱，晋午在难⑲，不能治乱，使鞅讨之。蒯聩不敢自佚^⑳，备持矛焉^㉑。敢告无绝筋，无折骨，无面伤，以集大事^㉒，无作三祖羞^㉓。大命不敢请^㉔，佩玉不敢爱^㉕。"

【注释】

①邮无恤：王良，子良。御简子：为赵鞅驾车。

②卫大子为右：蒯聩任车右。

③铁：又称"铁丘"，见经注。

④大子惧，自投于车下：蒯聩恐惧过度，跌到车下。

⑤绥（suí）：挽着上车的绳子。

⑥妇人也：讥刺蒯聩怯懦。

⑦巡列：视察队伍。

⑧匹夫：普通人。

⑨七战皆获：七战都俘获敌人。

⑩有马百乘：因功得赏。

⑪死于牖（yǒu）下：指得以善终。牖，窗。

⑫群子勉之：毕万为晋献公车右，这里以毕万事迹勉励众人。

⑬死不在寇：奋勇作战，未必就死于敌手。

⑭繁羽、赵罗、宋勇：三人都是晋国大夫。

⑮麇（kǔn）：用绳子绑在车上。

⑯痁（shān）作而伏：疟疾发作所以趴伏在下。痁，疟疾。案繁羽为赵罗的胆小掩饰。

⑰曾孙蒯聩敢昭告皇祖文王、烈祖康叔、文祖襄公：卫国出自周文王，康叔为始封君，卫襄公为蒯聩祖父。皇祖，君主的远祖。烈祖，开创基业的祖先。文祖，继业守文之祖。

⑱胜：郑声公名。乱从：扰乱常道。

⑲午：晋定公名。

⑳自佚：自求安逸。佚，安逸，安乐。

㉑备持矛：持矛忝居于队列。

㉒集：成就。

㉓无作三祖羞：不给祖先带来羞辱。作，为。

㉔大命不敢请：死生命运不敢强求。大命，指生死。

㉕佩玉：祈祷时以佩玉献神，所以不敢吝惜。

【译文】

八月初七，将要交战，邮无恤为赵鞅驾车，卫太子蒯聩任车右。登上铁丘，望见郑国军队人马众多，蒯聩害怕了，从车上掉下来。子良把绥带递给蒯聩让他拉着上车，说："你像个女人。"赵鞅巡视队伍，说："毕万不过是个普通人，七战都有俘获，后来有了四百匹马，在家中善终。大家努力吧！未必就会死在敌人的手上。"繁羽为赵罗驾车，宋勇任车右。赵罗胆怯，用绳子把他绑在车上。军吏询问原因，繁羽回答说："他疟疾发作所以趴下了。"卫太子祷告说："曾孙蒯聩谨敢求告皇祖文王、烈祖康叔、文祖襄公：郑国的胜作乱，晋国的午处在危难中，不能平定祸乱，派赵鞅来讨伐。蒯聩不敢自我放佚，持矛忝居于队列。谨敢求告不要使我绝筋，不要折骨，不要伤到脸部，以取得胜利，不给三位祖先带来羞辱。死生命运不敢请求，佩玉不敢吝惜。"

郑人击简子中肩，毙于车中①，获其蜂旗②。大子救之以戈。郑师北，获温大夫赵罗③。大子复伐之，郑师大败，获齐粟千车。赵孟喜曰："可矣④。"傅傁曰⑤："虽克郑，犹有知在，忧未艾也⑥。"

【注释】

①毙：仆倒。

②蜂旗:旗名。

③郑师北,获温大夫赵罗:赵罗胆小,被郑军俘虏。

④可矣:称赞蒯聩先前怯懦,现在勇敢。

⑤傅傁(sǒu):赵鞅下属。

⑥犹有知在,忧未艾也:傅傁预言这一仗虽胜,但知氏在,仍为赵氏
　之患。知,指知氏。艾,绝,根除。

【译文】

　　郑国人击打赵鞅击中肩膀,赵鞅倒在车中,郑国人缴获了他的蜂旗。太子用戈救援赵鞅。郑军败北,俘获温大夫赵罗。太子再次进攻,郑军大败,缴获齐国所送的一千车粮食。赵鞅高兴地说:"你变得勇敢了。"傅傁说:"虽然打败了郑国,但还有知氏在,忧患还不能消除呢。"

　　初,周人与范氏田,公孙龙税焉①。赵氏得而献之②。吏请杀之。赵孟曰:"为其主也,何罪?"止而与之田③。及铁之战,以徒五百人宵攻郑师,取蜂旗于子姚之幕下,献曰:"请报主德④。"追郑师,姚、般、公孙林殿而射,前列多死⑤。赵孟曰:"国无小⑥。"既战,简子曰:"吾伏弢呕血,鼓音不衰⑦,今日我上也⑧。"大子曰:"吾救主于车,退敌于下,我,右之上也⑨。"邮良曰:"我两靷将绝,吾能止之⑩,我,御之上也。"驾而乘材,两靷皆绝⑪。

【注释】

①公孙龙(páng):范氏家臣。税:征收田税。

②赵氏得而献之:抓住公孙龙献给赵鞅。

③止而与之田:不杀公孙龙,并且归还其周田。

④请报主德:公孙龙夺回蜂旗,献给赵鞅,以报当时不杀之恩。

⑤姚、般、公孙林殿而射，前列多死：子姚、子般、公孙林担任郑军殿后，赵军前锋多被射死。

⑥国无小：不可轻视小国。

⑦吾伏弢（tāo）呕血，鼓音不衰：指赵鞅被击中肩膀，倒在车中，虽然口吐鲜血，但击鼓不止。弢，弓袋。

⑧今日我上也：我功为上。

⑨我，右之上也：车右中功最大。

⑩我两靷（yǐn）将绝，吾能止之：王良说自己作为驭手，马肚带将断，还能控制住马。靷，马肚带。

⑪驾而乘材，两靷皆绝：王良恐人不信，在地上横一细木，车过一颠，两靷一齐断绝。一说，王良复驾车，装上细小的木头，两靷皆断。

【译文】

起初，周朝人给范氏田地，公孙尨为范氏收税。赵氏族人将他逮住献给赵鞅。军吏请求杀了他。赵鞅说："他是为了自己的主人，又有什么罪？"制止了军吏并归还其周田。到了铁之战，公孙尨率领步兵五百人夜间攻击郑军，在子姚的帐幕下夺取蜂旗，献给赵鞅说："请用它来报答主公的恩德。"晋军追击郑军，子姚、子般、公孙林断后射箭，晋军前锋大多被射死。赵鞅说："对小国也不能小看。"战斗结束，赵鞅说："我尽管伏在箭袋上吐血，但鼓声不衰减，今天我的功劳最大。"太子蒯聩说："我在车上救了主公，在车下击退敌兵，我是车右中功劳最大的。"邮无恤说："我骖马的两边肚带快要断绝，我还能控制它，我是御者中功劳最大的。"他便驾车驶过小木头，结果两条革带都断了。

△**【经】**冬十月，葬卫灵公。

【译文】

冬十月，安葬卫灵公。

【经】十有一月，蔡迁于州来^①。蔡杀其大夫公子驷。

【注释】

①蔡迁于州来：州来本为国名，昭公十三年，被吴所灭，而成了吴国的城邑。公子驷反对迁国，遂被杀。州来，在今安徽凤台。

【译文】

十一月，蔡国迁移到州来。蔡国杀死大夫公子驷。

【左传】吴洩庸如蔡纳聘，而稍纳师^①。师毕入，众知之^②。蔡侯告大夫，杀公子驷以说^③。哭而迁墓^④。冬，蔡迁于州来^⑤。

【注释】

①吴洩庸如蔡纳聘，而稍纳师：洩庸到蔡国送聘礼，趁机将军队带入蔡都。稍，逐渐。

②师毕入，众知之：吴军尽入，蔡国才发觉。

③蔡侯告大夫，杀公子驷以说：上年蔡国请求迁于吴，中途公子驷等反悔，因此吴国以兵相迫。蔡国于是杀了公子驷来向吴国表示道歉。

④哭而迁墓：号哭着迁移祖坟。

⑤蔡迁于州来：案蔡国本都上蔡，后迁都新蔡，现在迁于州来。

【译文】

吴国洩庸到蔡国送聘礼，趁机将军队带进蔡国。军队全部进入后，蔡国人才发觉。蔡昭侯告诉大夫们，杀死了公子驷来塞责。哭着把先君的坟墓迁走。冬，蔡国迁移到州来。

三年

【经】三年春①，齐国夏、卫石曼姑帅师围戚②。

【注释】

①三年：鲁哀公三年当周敬王二十八年，前492年。

②齐国夏、卫石曼姑帅师围戚：蒯聩住在戚地，齐国帮助卫国围戚，反对蒯聩。据何休之意，上文蒯聩已经进入了卫国都城，因"父有子，子不得有父"之义，故不书入于卫，而书入于戚。此处书"围戚"，是顺着上文讲的，实际上包围的是卫国都城。

【译文】

鲁哀公三年春，齐国国夏、卫国石曼姑领兵包围戚地。

【左传】三年春，齐、卫围戚，求援于中山①。

【注释】

①中山：古国名，鲜虞人所建。

【译文】

鲁哀公三年春，齐、卫二国军队包围戚地，戚向中山国求援。

【公羊传】齐国夏曷为与卫石曼姑帅师围戚？伯讨也①。此其为伯讨奈何？曼姑受命乎灵公，而立辄，以曼姑之义，为固可以距之也。辄者，曷为者也？蒯聩之子也。然则曷为不立蒯聩，而立辄？蒯聩为无道，灵公逐蒯聩，而立辄。然则辄之义，可以立乎？曰：可。其可奈何？不以父命辞王父命②，以王父命辞父命，是父之行乎子也。不以家事辞王事，以王事辞家事③，是上之行乎下也。

【注释】

①伯讨也：即蒯聩当被王法所讨。经书"齐国夏"，是托齐国行伯讨
之事。此处蒯聩与辄父子争国之事，涉及尊尊与亲亲两条义理。
从尊尊之义讲，卫灵公驱逐蒯聩，立辄为君，那么石曼姑依卫灵
公之命，可以拒蒯聩。从亲亲之恩讲，蒯聩是辄的父亲，子不得
拒父，故辄不能命令石曼姑拒蒯聩。石曼姑只可以托于齐国之伯
讨，方可拒之，故使齐国夏首兵。

②不以父命辞王父命：父，指蒯聩。王父，即祖父，指卫灵公。不以
父命辞王父命，即不以蒯聩之命辞卫灵公之命，即辄不可让国
于父。

③以王事辞家事：王事，指辄听从卫灵公之命，即位为君。家事，指
辄念及蒯聩被废，不从卫灵公之命。从王法的角度讲，辄当即君
位。值得注意的是，以王事辞家事，仅针对辄是否得立，以及石曼
姑依卫灵公之命拒蒯聩二事。至于辄拒蒯聩，则另当别论。刘逢
禄以为，辄依王法，当即君位，但不可传位于父；依父子之恩，则不
当拒父；辄应该另立嗣君，再将蒯聩迎回奉养，如此则恩义两全。

【译文】

齐国国夏为何与卫国石曼姑率师包围戚邑？这是伯讨。此处是伯
讨，是怎么回事？石曼姑受卫灵公之命，拥立辄为君，以石曼姑的道义，
固然可以拒绝蒯聩。辄是什么人？是蒯聩的儿子。然则为何不立蒯聩，
而立辄为君？蒯聩所行无道，卫灵公驱逐蒯聩而立辄。然则按照道义，
辄能够立为国君吗？回答说，可以。为何可以？不可因父命而推辞祖父
之命，以祖父之命而推辞父命，是父命行乎子。不可以家事推辞王事，以
王事推辞家事，是上命行乎下。

【穀梁传】此卫事也,其先国夏何也? 子不围父也①。不系戚于卫者,子不有父也。

【注释】

①子不围父:儿子不能围攻父亲。此时卫国国君是姬辄,在戚地的是姬蒯聩,辄是蒯聩之子,故有此言。

【译文】

这是卫国的事情,经文先说国夏是为什么呢? 因为儿子不能围攻父亲。不把戚地依附于卫国,是因为儿子不要父亲。

△【经】夏四月甲午①,地震。

【注释】

①甲午:初一。

【译文】

夏四月初一,发生地震。

【经】五月辛卯①,桓宫、僖宫灾②。

【注释】

①辛卯:二十八日。

②灾:天火,即自然发生的火灾。

【译文】

五月二十八日,桓公庙、僖公庙发生火灾。

【左传】夏五月辛卯,司铎火①。火逾公宫,桓、僖灾②。

救火者皆曰："顾府③。"南宫敬叔至④,命周人出御书⑤,俟于宫⑥,曰："庀女而不在,死⑦。"子服景伯至⑧,命宰人出礼书⑨,以待命。命不共,有常刑⑩。校人乘马,巾车脂辖⑪。百官官备,府库慎守⑫,官人肃给⑬。济濡帷幕,郁攸从之⑭。蒙葺公屋⑮,自大庙始,外内以俊⑯。助所不给⑰。有不用命⑱,则有常刑,无赦。公父文伯至,命校人驾乘车⑲。季桓子至,御公立于象魏之外⑳,命救火者伤人则止,财可为也㉑。命藏《象魏》㉒,曰："旧章不可亡也㉓。"富父槐至㉔,曰："无备而官办者,犹拾沈也㉕。"于是乎去表之槁㉖,道还公宫㉗。孔子在陈,闻火,曰;"其桓、僖乎㉘!"

【注释】

①司铎:官名。

②火逾公宫,桓、僖灾:大火从鲁国都司铎宫烧起,越过公宫蔓延到桓公、僖公二庙。

③顾府:众人先注意到财物,因此高呼照顾好府库。府,府库。

④南宫敬叔:孔子弟子南宫阅。

⑤周人:掌管周书典籍之官。御书:送给鲁国国君看的书。

⑥俟于宫:让周人在宫里守候。

⑦庀(pǐ)女而不在,死:交给你保护,如又损失,受死罪。南宫阅首先关心周代典籍。庀,借为"庇",庀女即庇于女(汝)。

⑧子服景伯:子服何,子服昭伯之子。

⑨宰人:主管礼仪之官。

⑩命不共,有常刑:不遵守命令,按规定处罚。子服景伯命令抢救礼仪之书。

⑪校人乘马,巾车脂辖:校人驾上马,巾车往车轴两头加油,都在整

装待命。校人,管马的人。巾车,管车的人。

⑫百官官备,府库慎守:百官各守其职,府库加强戒备。

⑬官人肃给:管食宿的做好各种供应准备。官,同"馆"。

⑭济濡帷幕,郁攸从之:把帷帐用水浇湿,然后顺着火势往前,把附近的房子用湿帷帐盖上。郁攸,火气。

⑮蒙葺公屋:公屋也用湿帷帐盖起来。

⑯自大庙始,外内以悛:从太庙开始,由外到内按次序蒙盖公屋。

⑰助所不给(jǐ):人力物力不足,有人支援。不给,不足。

⑱不用命:不服从命令。

⑲乘车:公车。

⑳季桓子至,御公立于象魏之外:怕被火烧到,季桓子为鲁哀公驾车站在象魏外。象魏,宫门外的楼观。

㉑命救火者伤人则止,财可为也:人受伤就停止,因为财物是可以再造的。季桓子重人轻物。

㉒《象魏》:象魏是悬挂法令的地方,因此又指法令。

㉓旧章:指既定的法令文献。

㉔富父槐:鲁国大夫。

㉕无备而官办者,犹拾沈也:平时没准备,临时让百官仓促办事,有如要拾起地上的汤水一样不可能。沈,汁水。

㉖表:火势所向之处。槁:干枯易燃物。

㉗道还公宫:开辟火巷环绕公宫,断绝火势蔓延。道,隔火的火巷。还,同"环"。案古代火灾不易扑灭,鲁国人在大火面前各司其职,井然有序。

㉘其桓、僖乎:古制五代以上的祖庙应拆毁。鲁桓公于鲁哀公为十世祖,鲁僖公为七世祖。所以孔子听到火灾,猜测是桓、僖二庙,其不拆毁而被大火所焚,也是可能的。案桓、僖之庙不毁,杨伯峻认为季孙、叔孙、孟孙三家皆鲁桓公之后,三家用事,尊其始祖;且

三家用事始于鲁僖公，故不毁僖庙以报德。

【译文】

　　夏五月二十八日，司铎宫发生火灾。火势越过公宫，烧到桓公庙、僖公庙。救火的人都说：“要照看好府库。”南宫敬叔到来，命令周人搬出送给鲁国国君看的书，让他在宫中守候，说：“就交给你了，要是书受损，将处死你。”子服景伯到来，命令宰人运出礼书，等待命令。要是不遵守命令，按规定处罚。校人套上马，巾车给车轴涂上油脂。百官坚守自己的岗位，府库加强看守，官人认真保障供应。用沾湿的帷幕，覆盖火场附近的房屋。公屋也用湿帷帐盖起来，自太庙开始，由外到内按次序蒙盖公屋。随时增援人力物力的不足。有不服从命令，按照规定处罚，决不赦免。公父文伯到来，命令校人套上鲁哀公所乘车。季桓子到来，驾车把鲁哀公送到象魏外面，命令救火的人要是伤了人就停止救火，因为财物是可以再创造的。命令把《象魏》收藏好，说：“旧的典章不能丢失。”富父槐前来，说：“没有准备而要百官仓促备办，就如同要收拾起地上的汤水。”于是清除火势蔓延方向的易燃物品，环绕公宫开辟防火道。孔子在陈国，听说火灾，说：“恐怕是桓公庙、僖公庙吧！”

　　【公羊传】此皆毁庙也[①]，其言灾何？复立也。曷为不言其复立？《春秋》见者不复见也[②]。何以不言及？敌也[③]。何以书？记灾也[④]。

【注释】

　　①此皆毁庙也：何休云：“据礼：亲过高祖，则毁其庙。”

　　②《春秋》见者不复见也：此指桓公庙、僖公庙，是鲁哀公复立的，又在鲁哀公时受灾，则善恶独在鲁哀公，故不需记录复立之事，即可见鲁哀公之失礼。

　　③敌也：相等。何休云：“亲过高祖，亲疏适等。”

④记灾也：桓宫、僖宫不宜复立，故天降火灾。

【译文】

这都是当毁之庙，经言有灾，是为何？因为复立了。为何不提及复立之事？《春秋》此处可见鲁哀公失礼宗庙之罪，故不用提及复立之事。为何不言"及"字？因为鲁桓公、鲁僖公亲疏相等。为何记录此事？是记录灾害。

【穀梁传】言及，则祖有尊卑，由我言之，则一也。

【译文】

如果说了"及"，那祖先就有了尊卑，但是从鲁哀公的角度，那祖先的地位都是一样的。

△**【经】季孙斯、叔孙州仇帅师城启阳**①。

【注释】

①季孙斯、叔孙州仇帅师城启阳：鲁国支持范氏，怕晋国来报复，于是修筑启阳城。启阳，古地名，在今山东临沂北。《公羊传》作"开阳"。

【译文】

季孙斯、叔孙州仇带兵修筑启阳城。

△**【经】宋乐髡帅师伐曹**①。

【注释】

①乐髡（kūn）：宋国大夫、将领。

【译文】

宋国乐髡率军攻打曹国。

*　**【左传】** 刘氏、范氏世为婚姻[1]，苌弘事刘文公[2]，故周与范氏[3]。赵鞅以为讨[4]。六月癸卯[5]，周人杀苌弘[6]。

【注释】

①刘氏：周王卿士。

②苌弘：刘文公臣子。

③故周与范氏：周王支持范氏。与，支持。

④赵鞅以为讨：赵鞅责难周王。

⑤癸卯：十一日。

⑥周人杀苌弘：杀苌弘以平息赵鞅之讨。顾栋高曰："天王撄列国陪臣之怒，至不能保其政卿，王室之声灵尽矣。"

【译文】

刘氏、范氏世代结为姻亲关系，苌弘事奉刘文公，所以周支持范氏。赵鞅因此而讨伐。六月十一日，周人杀了苌弘。

【经】 秋七月丙子[1]，季孙斯卒[2]。

【注释】

①丙子：十四日。

②季孙斯卒：季桓子去世。季孙斯，季孙氏姬斯，季孙氏宗主，鲁国执政大臣，实际掌权人，谥桓，称"季桓子"。

【译文】

秋七月十四日，季孙斯去世。

【左传】秋，季孙有疾，命正常曰^①："无死^②！南孺子之子^③，男也，则以告而立之^④，女也，则肥也可^⑤。"季孙卒，康子即位。既葬，康子在朝^⑥。南氏生男，正常载以如朝，告曰："夫子有遗言^⑦，命其圉臣曰^⑧：'南氏生男，则以告于君与大夫而立之。'今生矣，男也，敢告。"遂奔卫^⑨。康子请退^⑩。公使共刘视之，则或杀之矣^⑪。乃讨之^⑫。召正常，正常不反^⑬。

【注释】

①正常：季桓子宠臣。

②无死：不要为我而死。

③南孺子：季桓子之妻。

④男也，则以告而立之：要是生男孩，就报告国君立为继承人。

⑤肥：季桓子之子。即下文之康子。

⑥在朝：在鲁国朝堂上。

⑦夫子：指季桓子。

⑧圉臣：正常自称，犹如说贱臣。

⑨遂奔卫：正常报告完后，怕被杀害，随即逃亡到卫国。

⑩康子请退：请求退位。

⑪公使共刘视之，则或杀之矣：鲁哀公派共刘探视婴儿，婴儿已被杀死。共刘，鲁国大夫。

⑫乃讨之：缉拿凶手。

⑬正常不反：正常仍然惧怕季康子而不肯回国。

【译文】

秋，季孙斯有病，命令正常说："你不要为我而死！南孺子生下的孩子，要是男的，就报告国君立为继承人，要是女的，就可以立肥。"季孙斯死后,季康子即位。安葬后,季康子在朝堂上。南氏生下男孩,正常把小孩用车载上到朝堂去,报告说:"老人家留有遗言,命令他的贱臣我说:'南氏要是生的是男孩,就把消息报告国君和大夫而立他为继承人。'现在已经生了,是男孩,谨敢报告。"正常随后逃往卫国。季康子请求退位。鲁哀公派共刘探视婴儿,则已被杀死。于是追捕凶手。召正常来见,正常不肯回国。

△【经】蔡人放其大夫公孙猎于吴[①]。

【注释】

①蔡人放其大夫公孙猎于吴:公孙猎,公子驷同党。案《春秋》之例,国君流放大夫称国,此处称"蔡人",则是大夫相放。案名例,大夫称名氏,此处称人者,何休云:"恶大夫骄蹇作威相放,当诛,故贬。"

【译文】

蔡国人流放本国大夫公孙猎到吴国去。

△【经】冬十月癸卯[①],秦伯卒[②]。

【注释】

①癸卯:十三日。

②秦伯:秦惠公,姓嬴,名不详,伯爵。前500年即位,在位九年。

【译文】

冬十月十三日,秦惠公去世。

△【经】叔孙州仇、仲孙何忌帅师围郕[①]。

【注释】

①邾：《公羊传》作"邾娄"。

【译文】

叔孙州仇、仲孙何忌带兵包围邾国。

*【左传】冬十月，晋赵鞅围朝歌，师于其南①。荀寅伐其郛②，使其徒自北门入，己犯师而出③。癸丑④，奔邯郸。十一月，赵鞅杀士皋夷，恶范氏也⑤。

【注释】

①晋赵鞅围朝歌，师于其南：赵鞅重兵布置在朝歌南，再伐范氏、中行氏。

②荀寅伐其郛：荀寅自城内攻朝歌南门外城。荀寅，中行寅。郛，外城。

③使其徒自北门入，己犯师而出：让部下从北门声东击西，然后自己突围而出。

④癸丑：二十三日。

⑤赵鞅杀士皋夷，恶范氏也：士皋夷，范皋夷。案此时范氏大势已去，皋夷虽然曾助赵鞅，但终是范氏，所以赵鞅杀之以防后患。

【译文】

冬十月，晋国赵鞅包围朝歌，军队驻扎在城南。荀寅攻打朝歌外城，派他的部下从北门进城，自己则突围而出。二十三日，逃往邯郸。十一月，赵鞅杀了士皋夷，是因为憎恶范氏的缘故。

四年

【经】四年春王二月庚戌①，盗杀蔡侯申②。蔡公孙辰出奔吴③。

【注释】

①四年：鲁哀公四年当周敬王二十九年，前491年。二月：《公羊传》作"三月"。当年三月无庚戌，疑误。庚戌：二十一日。

②盗杀蔡侯申：蔡昭侯要到吴国去，蔡诸大夫担心他又要迁国，于是跟着公孙翩以箭射蔡昭侯，蔡昭侯中箭逃入民宅而死。蔡国大夫文之锴赶到之后杀公孙翩于民宅门口，且在之后驱逐公孙辰，杀公孙姓、公孙霍。杀，《穀梁传》作"弑"。蔡侯申，蔡昭侯，姓姬，名申，谥昭。前518年即位，在位二十八年。

③蔡公孙辰出奔吴：公孙辰是杀蔡昭侯凶手的同党。

【译文】

鲁哀公四年春周历二月二十一日，盗贼杀死蔡昭侯申。蔡国公孙辰出逃到吴国。

【左传】 四年春，蔡昭侯将如吴。诸大夫恐其又迁也，承①。公孙翩逐而射之，入于家人而卒②。以两矢门之③，众莫敢进。文之锴后至④，曰："如墙而进，多而杀二人⑤。"锴执弓而先，翩射之，中肘。锴遂杀之⑥。故逐公孙辰而杀公孙姓、公孙盱⑦。

【注释】

①承：止。想阻止蔡昭侯前往吴国。

②公孙翩逐而射之，入于家人而卒：公孙翩逐射蔡昭侯，蔡昭侯避入民家而死。公孙翩，蔡国大夫。家人，普通人家。

③以两矢门之：公孙翩持两矢守门，抵御蔡昭侯随从。

④文之锴：蔡国大夫。

⑤如墙而进，多而杀二人：命众人排成人墙前进，公孙翩只有两箭，最多只能杀两人。

⑥锴遂杀之：杀公孙翩。

⑦公孙盱（xū）：公孙霍。

【译文】

鲁哀公四年春，蔡昭侯准备到吴国去。大夫们担心他又要迁都，想阻止他。公孙翩追赶并用箭射中蔡昭侯，他进入百姓家中就死了。公孙翩手持两支箭守在门口，大家不敢接近。文之锴后到，说："排成人墙前进，公孙翩最多只能杀两个人。"文之锴拿着弓先行，公孙翩射他，射中肘部。文之锴便杀了公孙翩。因此驱逐公孙辰而杀死公孙姓、公孙盱。

【公羊传】弑君贱者穷诸人①，此其称盗以弑何？贱乎贱者也②。贱乎贱者孰谓？谓罪人也。

【注释】

①弑君贱者穷诸人：参见文公十六年"冬十有一月，宋人弑其君杵臼"条。

②贱乎贱者也：贱者指士，贱乎贱者，即比士地位更低的人。此处指罪人。何休云："罪人者，未加刑也。蔡侯近罪人，卒逢其祸，故以为人君深戒。"

【译文】

弑杀君王，低贱的人称人，这里称盗以弑，是为何？是比贱者还要低贱的人。比贱者还要低贱的人指谁？指罪人。

【穀梁传】称盗以弑君，不以上下道道也。内其君而外弑者，不以弑道道也。《春秋》有三盗：微杀大夫谓之盗，非所取而取之谓之盗,辟中国之正道以袭利谓之盗。

【译文】

称"盗"杀害了国君,是不以君臣的文辞来说这件事。亲近国君而排斥杀害国君的人,是不用臣杀君这样的言辞来说这件事。《春秋》有三种称作"盗"的:身份低微的人杀害大夫称作"盗",不该取得而取得了的称作"盗",背弃中原国家的正道而窃取利益称作"道"。

△**【经】葬秦惠公**[①]。

【注释】

①葬秦惠公:秦惠公死于上年冬十月。

【译文】

安葬秦惠公。

△**【经】宋人执小邾子**[①]。

【注释】

①小邾子:小邾国君。《公羊传》作"小邾娄子"。

【译文】

宋国人拘捕小邾国君。

△**【经】夏,蔡杀其大夫公孙姓、公孙霍**[①]。

【注释】

①公孙姓、公孙霍:二人都是杀蔡昭侯凶手的同党。公孙姓,《公羊

传》作"公孙归姓"。

【译文】

夏,蔡国杀了本国大夫公孙姓、公孙霍。

【经】晋人执戎蛮子赤归于楚^①。

【注释】

①戎蛮子赤:戎蛮部落首领,名赤。《公羊传》作"戎曼子赤"。戎
蛮,国名,故地在今河南汝阳东南、临汝西南。昭公十六年,楚平
王使然丹诱戎蛮子嘉杀之,既而复立其子。

【译文】

晋国人拘捕戎蛮子赤并送往楚国。

【左传】夏,楚人既克夷虎^①,乃谋北方。左司马眅、申
公寿馀、叶公诸梁致蔡于负函^②,致方城之外于缯关^③,曰:
"吴将溯江入郢^④,将奔命焉^⑤。"为一昔之期,袭梁及霍^⑥。
单浮馀围蛮氏^⑦,蛮氏溃。蛮子赤奔晋阴地^⑧。司马起丰、
析与狄戎,以临上雒^⑨。左师军于菟和,右师军于仓野^⑩,使
谓阴地之命大夫士蔑曰^⑪:"晋、楚有盟,好恶同之。若将不
废^⑫,寡君之愿也。不然,将通于少习以听命^⑬。"士蔑请诸
赵孟。赵孟曰:"晋国未宁^⑭,安能恶于楚?必速与之!"士
蔑乃致九州之戎^⑮,将裂田以与蛮子而城之,且将为之卜^⑯。
蛮子听卜,遂执之与其五大夫^⑰,以畀楚师于三户^⑱。司马致
邑立宗焉,以诱其遗民,而尽俘以归^⑲。

【注释】

①夷虎：背叛楚国的夷族。

②左司马眅（pān）、申公寿馀、叶公诸梁：都是楚国大夫。致蔡：召集蔡国人。致，召集。负函：地名，在今河南信阳。

③致方城之外于缯关：方城之外，方城之外的人。缯关，古地名，在今河南方城。案楚国集结军队，准备进攻北方。

④溯：逆流而上。

⑤奔命：奔走应命。

⑥为一昔之期，袭梁及霍：楚国假称要防备吴国入侵，暗中却在当晚下达命令，决定第二天袭击戎夷。昔，通"夕"。梁、霍，二地属于戎夷，梁在今河南临汝西。霍，在梁西南。

⑦单浮馀：楚国大夫。蛮氏：戎蛮，居于今河南临汝一带，其地在霍西。

⑧阴地：古地名，在今河南卢氏。

⑨司马起丰、析与狄戎，以临上雒：楚国司马眅征召丰、析及狄戎之人，进逼上雒。起，征召。丰、析，楚邑名。丰，在今河南淅川西南，与湖北十堰接界。析，在今河南淅川、内乡。上雒，在今陕西商州。

⑩左师军于菟和，右师军于仓野：楚军分左、右翼威胁阴地。菟和、仓野，古地名。菟和在今陕西商州东，仓野在今商州东南。

⑪命大夫：经周王或晋侯特命的大夫，与一般守县邑的大夫不同。案阴地是晋南要道，如有失则晋都新绛（今山西侯马）将失门户之守，故特命士蔑以命大夫守之。

⑫不废：不废弃两国的盟誓。

⑬将通于少习以听命：楚国逼晋国交出戎蛮子赤，不然将打通少习山进攻晋都。打通少习山，即可与秦联军，东取阴地，威胁晋都。少习，山名，在今陕西商州东，山下有武关。

⑭晋国未宁：指有范氏、中行氏之难。

⑮九州之戎：在晋国阴地、陆浑一带的戎蛮。

⑯将裂田以与蛮子而城之，且将为之卜：裂田以卜，是设计诱使戎蛮前来。裂田，分给戎蛮土地。卜，筑城前先占卜。

⑰五大夫：杨伯峻认为，这里应该是只有一人，爵为五大夫。

⑱畀（bì）：交给。三户：古地名，在今河南淅川西南。

⑲"司马致邑立宗焉"三句：假装为蛮子筑城，建立宗主，以引诱蛮氏遗民，然后全部俘虏。

【译文】

夏，楚国人攻克夷虎后，就谋划进攻北方。左司马眅、申公寿馀、叶公诸梁在负函集合蔡国人，在缯关集合方城外的人，说："吴国将沿江上溯进入郢都，大家都要奔走听命。"规定以一个夜晚为期限，袭击梁地和霍地。单浮馀包围蛮氏，蛮氏溃败。戎蛮子赤出奔晋国阴地。司马征集丰、析及狄戎之人，兵临上雒。左翼部队驻军菟和，右翼部队驻军仓野，派人对守阴地的命大夫士蔑说："晋、楚两国有盟约，好恶彼此相同。不废除盟约是我们国君的愿望。不然的话，我们将打通少习山后再来听取你们的命令。"士蔑向赵鞅请示。赵鞅说："晋国还不安宁，怎么能和楚国交恶？一定要赶紧把人交给他们！"士蔑于是召集九州戎人，说打算把田地分割给蛮子并为他筑城，还要为此而占卜。蛮子前来听取占卜结果，士蔑便把他和五大夫都逮住，在三户把他们交给楚军。司马假意要给他们城邑建立宗主，引诱流散的遗民，然后把他们全都俘虏回楚国。

【公羊传】赤者何？戎曼子之名也。其言归于楚何？子北宫子曰："辟伯晋而京师楚也[①]。"

【注释】

①辟（bì）伯晋而京师楚也：伯晋，即以晋国为伯讨。京师楚，即以楚国为京师。案《春秋》之例，诸侯有罪，则方伯讨之，将其带至

京师,由天子定罪,如成公十五年"晋侯执曹伯归于京师",不书
诸侯之名。此处晋侯拘捕了戎曼(蛮)子,交与楚国问罪,若书
"晋侯执戎曼(蛮)子归于楚",则与伯讨归于京师之文相似,是明
言楚国背叛天子,附从夷狄,不可为训。故《春秋》书"晋人执戎
蛮(曼)子赤归于楚",好像是分成了两段:第一是"晋人执戎蛮
(曼)子",第二是"赤归于楚",好像是晋人拘捕了戎蛮(曼)子,
非伯执,又有个名叫赤的微者,回到了楚国,以此避免"伯晋而京
师楚"的文辞。另一方面,讳文不没实,得知赤为戎蛮(曼)子之
名,又有"归于楚"之文,还是能够看出晋国背叛天子,当被诛绝。

【译文】

赤是什么人?是戎曼子的名。经言赤归于楚是为何?子北宫子说:
"是为了避免以晋国为伯讨,以楚国为京师的文辞。"

△【经】城西郛^①。

【注释】

①城西郛:鲁国修筑西边外城,防备晋国入侵。

【译文】

修筑西边外城。

【经】六月辛丑^①,亳社灾^②。

【注释】

①辛丑:十四日。

②亳社灾:鲁国亳社发生火灾。社为祭祀土地神的庙。《穀梁传》与
　《公羊传》认为亳社是被灭亡的国家即殷商的社,各国皆有以起
　警示作用。而据杨伯峻,鲁有二社:一为周社,因鲁为周公之后,

此为鲁之国社。一为亳社,鲁国所在原为商奄国,其国都奄在鲁国国都曲阜附近,且曾为商朝国都。周初周公东征灭商奄,封伯禽于商奄故地,建立鲁国。因鲁沿袭了商奄故地,且继承了商奄遗民,故为商奄遗民立亳社。亳社,《公羊传》作"蒲社"。

【译文】

六月十四,亳社发生火灾。

【公羊传】蒲社者何?亡国之社也①。社者,封也②。其言灾何?亡国之社盖揜之,掩其上而柴其下③。蒲社灾,何以书?记灾也④。

【注释】

①亡国之社也:据何休与徐彦之意,蒲为古国名,在鲁国境内。天子灭蒲国,将其土地封给鲁国。蒲社即蒲国之社,故云"亡国之社"。

②社者,封也:即封土为社,象征土地神。

③掩其上而柴其下:遮盖封土的上部,在下部铺设柴木,使得蒲社不得与天地交通。

④记灾也:案礼制,天子以亡国之社赐予诸侯,是起警戒的作用,意在诸侯若不从王命,则会被灭。此处蒲社灾,表明诸侯背叛天子,王教灭绝了。

【译文】

蒲社是什么?是亡国之社。社,是封土以象土地神。经言蒲社发生火灾,是为何?亡国之社,大概是被遮掩的,掩盖封土的上部,在下部铺设木柴,所以会发生火灾。蒲社发生火灾,为何记录?是记录灾害。

【穀梁传】亳社者,亳之社也①。亳,亡国也。亡国之社以为庙屏[2],戒也。其屋亡国之社,不得上达也[3]。

【注释】

①亳:地名,商汤时期的国都,在今河南商丘北。这里代指商朝。

②庙屏:宗庙的屏蔽,即修在宗庙之前。

③上达:上通于天。通常社坛露天,以与天相通,这里因为是亡国之社,所以在其上修屋,使其不受天之阳气。

【译文】

亳社,就是亳的社坛。亳,是灭亡了的国家。把灭亡了的国家的社坛修在宗庙之前,是警戒自身。在灭亡了的国家的社坛上修筑屋子,是为了让它不能上通于天。

△**【经】秋八月甲寅**[1],**滕子结卒**[2]。

【注释】

①甲寅:二十八日。

②滕子结:即滕顷公,姓姬,名结,谥顷。

【译文】

秋八月二十八日,滕顷公结去世。

△**【经】冬十有二月,葬蔡昭公**[1]。

【注释】

①葬蔡昭公:蔡昭公即蔡侯申。蔡侯申被罪人所杀,贼人得讨,故此处书葬。何休云:"不书讨贼者,明诸侯得专讨士以下也。"

【译文】

冬十二月,安葬蔡昭公。

△【经】葬滕顷公。

【译文】

安葬滕顷公。

*【左传】秋七月,齐陈乞、弦施、卫甯跪救范氏。庚午^①,围五鹿。九月,赵鞅围邯郸^②。冬十一月,邯郸降。荀寅奔鲜虞,赵稷奔临^③。十二月,弦施逆之,遂堕临^④。国夏伐晋^⑤,取邢、任、栾、鄗、逆畤、阴人、盂、壶口^⑥。会鲜虞,纳荀寅于柏人^⑦。

【注释】

①庚午:十四日。

②赵鞅围邯郸:上年荀寅逃至邯郸。

③临:古地名,在今河北临城西南。

④弦施逆之,遂堕临:弦施将赵稷迎进临城,赵鞅攻临,拆毁临邑城墙。

⑤国夏:齐国大夫。

⑥邢、任、栾、鄗(hào)、逆畤、阴人、盂、壶口:八邑都是晋地名。邢,在今河北邢台。任,在今河北任泽东南。栾,在今河北栾城及赵县北。鄗,在今河北高邑及柏乡。逆畤,在今河北顺平东南。阴人,在今山西某地。盂,在今山西黎城东北太行山口吾儿峪。壶口,在今山西长治东南之壶关。

⑦纳荀寅于柏人:国夏与鲜虞人一起将荀寅送回晋地。柏人,晋地名,在今河北隆尧西南。

【译文】

秋七月,齐国陈乞、弦施、卫国甯跪救援范氏。十四日,包围五鹿。

九月，赵鞅包围邯郸。冬十一月，邯郸投降。荀寅逃往鲜虞，赵稷逃往临地。十二月，弦施接入赵稷，赵鞅拆毁临地城墙。国夏进攻晋国，夺取邢、任、栾、鄗、逆畤、阴人、盂、壶口。会合鲜虞，把荀寅送到柏人。

<h1 style="text-align:center">五年</h1>

△【经】**五年春**①**，城毗**②**。**

【注释】

①五年：鲁哀公五年当周敬王三十年，前490年。

②毗（pí）：鲁地名，今地不详。《公羊传》作"比"。

【译文】

鲁哀公五年春，修筑毗城。

△【经】**夏，齐侯伐宋。**

【译文】

夏，齐景公攻打宋国。

【经】**晋赵鞅帅师伐卫**①**。**

【注释】

①晋赵鞅帅师伐卫：因为卫国支援范氏、中行氏。

【译文】

晋国赵鞅带兵攻打卫国。

【左传】**五年春，晋围柏人，荀寅、士吉射奔齐。初，范**

氏之臣王生恶张柳朔，言诸昭子，使为柏人①。昭子曰："夫非而仇乎？"对曰："私仇不及公，好不废过，恶不去善②，义之经也。臣敢违之？"及范氏出③，张柳朔谓其子："尔从主④，勉之！我将止死⑤，王生授我矣⑥，吾不可以僭之⑦。"遂死于柏人⑧。

【注释】

①"范氏之臣王生恶张柳朔"三句：王生讨厌张柳朔，但又向范氏推荐他为柏人邑宰。昭子，范吉射。

②好不废过，恶不去善：喜欢他但不掩盖他的过错，厌恶他而不抹杀他的优点。

③及范氏出：范氏从柏人逃往齐国。

④从主：跟随主人，指掩护范氏出逃。

⑤我将止死：张柳朔将据城死战，以谢王生知遇之恩。

⑥授我：教我死节的大义。

⑦僭：失去信用。

⑧遂死于柏人：张柳朔拒晋战死，范氏得以逃奔齐国。赵鞅最终战胜范氏、中行氏。

【译文】

鲁哀公五年春，晋国包围柏人，荀寅、士吉射逃往齐国。起初，范氏家臣王生讨厌张柳朔，但向范昭子建议，派张柳朔任柏人宰。范昭子说："他不是你的仇人吗？"王生回答说："私仇不涉及公事，喜欢他但不掩盖他的过错，厌恶他而不抹杀他的优点，这是道义的标准。下臣怎敢违背？"到范氏出逃，张柳朔对他儿子说："你跟从主人，努力吧！我准备留下死战到底，王生教我死节大义，我不能对他不讲信用。"就战死在柏人。

夏,赵鞅伐卫,范氏之故也,遂围中牟①。

【注释】

①中牟:古地名,在今河南鹤壁西。

【译文】

夏,赵鞅进攻卫国,这是由于范氏的缘故,于是包围了中牟。

【经】秋九月癸酉①,齐侯杵臼卒②。

【注释】

①癸酉:二十四日。

②齐侯杵臼:即齐景公,姓姜,名杵臼,侯爵,谥景。前547年即位,
　在位五十八年。《公羊传》作“处臼”。

【译文】

秋九月二十四日,齐景公杵臼去世。

【左传】齐燕姬生子①,不成而死②,诸子鬻姒之子荼
嬖③。诸大夫恐其为大子也,言于公曰:“君之齿长矣④,未
有大子,若之何?”公曰:“二三子间于忧虞,则有疾疢⑤。亦
姑谋乐,何忧于无君⑥?”公疾,使国惠子、高昭子立荼⑦,置
群公子于莱⑧。秋,齐景公卒。冬十月,公子嘉、公子驹、公
子黔奔卫,公子钼、公子阳生来奔⑨。莱人歌之曰:“景公死
乎不与埋,三军之事乎不与谋。师乎师乎,何党之乎⑩?”

【注释】

①齐燕姬:齐景公嫡夫人。

②不成：未成年。

③诸子：诸侯之妾。荼：鬻姒所生之子，为齐景公所宠爱。

④君之齿长矣：年纪大。案齐景公在位已五十八年。

⑤二三子间于忧虞，则有疾疢（chèn）：过多的忧虑则易生病。间，参与。疢，疾病。

⑥亦姑谋乐，何忧于无君：案齐景公有意立荼，所以用这话搪塞诸大夫。

⑦使国惠子、高昭子立荼：国惠子，国夏。高昭子，高张。案国、高世代为齐国上卿，所以托孤国、高。

⑧莱：齐国东部边境地名，在今山东黄岛东南。

⑨公子嘉、公子驹、公子黔奔卫，公子锄、公子阳生来奔：在莱诸公子都逃亡。

⑩"景公死乎不与埋"四句：师，众，指众公子。党，所，哪里。之，往。案莱人之歌哀众公子流离失所。

【译文】

　　齐景公夫人燕姬生了儿子，没成年就死了，嫔妃鬻姒的儿子荼受到宠爱。大夫们担心他被立为太子，就对齐景公说："国君的年龄大了，还没有太子，怎么办？"齐景公说："各位沉浸在忧虑中，就会生病。莫如姑且寻欢作乐，何必担心没有国君？"齐景公生病，派国惠子、高昭子立荼为太子，把公子们安顿到莱地。秋，齐景公去世。冬十月，公子嘉、公子驹、公子黔逃往卫国，公子锄、公子阳生逃来鲁国。莱地人歌唱道："景公死了不参加埋葬，三军大事不参与谋划。公子们啊公子们，你们又能去何方？"

　　△**【经】**冬，叔还如齐①。

【注释】

①叔还：鲁国大夫。

【译文】

冬，叔还到齐国去。

【经】闰月①，葬齐景公。

【注释】

①闰月：农历一年较太阳年相差十一又四分之一日，故须置闰月以
　调整两者的配合关系，即十九年闰七个月，每逢闰年所加的一个
　月叫闰月。此为闰十二月。

【译文】

闰月，安葬齐景公。

【公羊传】闰不书①，此何以书？ 丧以闰数也②。丧曷为
以闰数③？ 丧数略也④。

【注释】

①闰不书：《春秋》以闰月非常月，故例不书"闰月"，参见文公六年
　"闰月不告月，犹朝于庙"条。

②丧以闰数也：丧事中计算月份，将闰月算在其中。案礼制，诸侯五
　月而葬，齐景公卒于九月，至此闰十二月，刚好满五个月，故而书
　"闰月"。然而这是非礼的。据何休之意，丧事用月份计算的（指
　大功九月以下之丧），可以数闰月；以年计算的（期年、三年之丧），
　不可以数闰月。此处齐国臣子，当为景公服斩衰三年，故不可以
　将闰月算在里面，充五月而葬之数。此处《公羊传》云"丧以闰
　数"者，是借齐国非礼之事，说明大功以下之丧，是可以数闰的。

③丧朅为以闰数：此处指大功以下之丧。

④丧数略也：略，犹杀。即大功以下之丧，较期年、三年之丧，恩情减杀，故数闰月。

【译文】

《春秋》常例，不书闰月，此处为何书？因为居丧是用月份计算的，将闰月计算在内。为何要将闰月计算在内？因为居丧是以月份计算的，恩情减杀。

【穀梁传】不正其闰也①。

【注释】

①闰：这里是指在闰月下葬。诸侯去世，通常灵柩停放三个月而下葬，闰月是不计算在这三个月当中的，这里将闰月计算在内，故称"不正"。

【译文】

在闰月安葬不合正道。

***【左传】**郑驷秦富而侈，嬖大夫也①，而常陈卿之车服于其庭②。郑人恶而杀之。子思曰③："《诗》曰：'不解于位，民之攸墍④。'不守其位而能久者鲜矣⑤。《商颂》曰：'不僭不滥，不敢怠皇，命以多福⑥。'"

【注释】

①嬖（bì）大夫：下大夫。

②而常陈卿之车服于其庭：其位为下大夫，却摆设卿大夫的车服。

③子思：子产之子国参。

④不解于位,民之攸塈(jì):引《诗》见《诗经·大雅·假乐》。意思是不懈怠于自己的职务,百姓就能安居乐业。解,通"懈"。攸,所。塈,安宁。

⑤不守其位:僭越失度。

⑥"不僭不滥"三句:引《诗》见《诗经·商颂·殷武》。意思是不出错不自满,不懈怠不偷闲,上天才能赋予各种福禄。僭,差错。滥,自满。怠皇,懈怠偷闲。皇,同"遑",闲暇。子思意谓驷秦违背这个道理,因此受祸。

【译文】

郑国驷秦富有而又狂妄,是一个下大夫,却经常在庭院中陈设卿大夫的车子和服饰。郑国人厌恶并杀了他。子思说:"《诗》说:'在职位上努力不懈,百姓所以得安宁。'不安于自己的职位而能长久的太少了。《商颂》说:'不敢出错不自满,不敢懈怠和偷懒,上天就能赐予各种福禄。'"

六年

△**【经】六年春**①**,城邾瑕**②**。**

【注释】

①六年:鲁哀公六年当周敬王三十一年,前489年。

②邾瑕:古地名,在今山东济宁南。《公羊传》作"邾娄葭"。瑕为邾国之邑。此处书"城邾瑕",并非是为邾国修筑瑕邑,而是夺取了瑕邑。何休云:"不言取者,鲁数围取邾娄邑,邾娄未曾加非于鲁,而侮夺之不知足,有夷狄之行,故讳之,明恶甚。"

【译文】

鲁哀公六年春,修筑邾瑕的城墙。

【经】晋赵鞅帅师伐鲜虞^①。

【注释】

①晋赵鞅帅师伐鲜虞：鲜虞，国名，白狄的一支，国都在今河北正定新城铺。鲜虞与齐国、卫国同救范氏，前年又护送荀寅入柏人，因此赵鞅讨伐鲜虞以示报复。

【译文】

晋国赵鞅率兵进攻鲜虞。

【左传】六年春，晋伐鲜虞，治范氏之乱也。

【译文】

鲁哀公六年春，晋国进攻鲜虞，是为了惩治范氏之乱的事。

【经】吴伐陈。

【译文】

吴国攻打陈国。

【左传】吴伐陈，复修旧怨也^①。楚子曰："吾先君与陈有盟^②，不可以不救。"乃救陈，师于城父^③。

【注释】

①吴伐陈，复修旧怨也：哀公元年，陈国与楚国围蔡国，以报复吴、蔡入郢之师。现在吴国进攻陈国，以报复旧怨。

②吾先君与陈有盟：楚、陈之盟在昭公十三年，楚平王礼送陈侯吴归

于陈时。

③城父：古地名，在今河南宝丰东。

【译文】

吴国进攻陈国，是再次清算以往的宿怨。楚昭王说："我们先君与陈国有盟约，不可以不去救援。"于是前往救援陈国，驻扎在城父。

【经】夏，齐国夏及高张来奔①**。**

①国夏及高张来奔：国、高二氏权高位重，陈乞挑拨国、高和诸大夫的关系，致使国、高出逃。

【译文】

夏，齐国的国夏和高张逃来鲁国。

【左传】齐陈乞伪事高、国者①，每朝，必骖乘焉②。所从，必言诸大夫曰③："彼皆偃蹇④，将弃子之命。皆曰：'高、国得君⑤，必逼我，盍去诸⑥？'固将谋子，子早图之！图之，莫如尽灭之。需，事之下也⑦。"及朝，则曰："彼虎狼也⑧。见我在子之侧，杀我无日矣。请就之位⑨。"又谓诸大夫曰："二子者祸矣⑩！恃得君而欲谋二三子，曰：'国之多难，贵宠之由⑪，尽去之而后君定⑫。'既成谋矣，盍及其未作也，先诸⑬？作而后，悔亦无及也⑭。"大夫从之。

【注释】

①齐陈乞伪事高、国者：高张、国夏受命立荼，陈乞想除去二人，所以装出恭顺事奉的样子。陈乞，陈僖子。

②骖乘：同车而做车右，如同二人的卫士。

③必言诸大夫：陈乞向高、国说诸大夫的坏话。

④偃蹇（jiǎn）：骄傲。

⑤高、国得君：荼是高、国二人所立，所以得到国君信任。

⑥必逼我，盍去诸：诬陷诸大夫要除去高、国。

⑦需，事之下也：犹豫不决乃是下策。需，犹疑。

⑧彼虎狼也：说诸大夫是虎狼。

⑨就之位：回到诸大夫行列。案陈乞要求回到大夫之位，以便向诸大夫挑拨。

⑩二子：指高、国。祸：将作乱。

⑪国之多难，贵宠之由：诸大夫中有被齐景公贵宠者，因此国家多难。贵宠之由，由于贵宠。

⑫尽去之而后君定：案这是陈乞伪造高、国的话。

⑬“既成谋矣”三句：案陈乞挑唆诸大夫先发难。

⑭作而后，悔亦无及：意思是让高、国先动手，诸大夫将后悔莫及。作，指高、国作难。

【译文】

　　齐国陈乞假装事奉高氏、国氏的样子，每逢上朝，必定和他们同乘一辆车，站在车右的位置。每次跟从，一定要谈起大夫们的事，说：“那些人都很骄傲，将会抛弃你们的命令。他们都说：‘高氏、国氏得到国君的宠信，必然要逼迫我们，何不除去他们？’肯定要谋算你们，你们要及早考虑对策！考虑对策，不如全部除灭他们。犹豫不决是处事的下策。”到朝廷上，就说：“他们都是虎狼。他们看见我在你们的身边，很快就要杀死我了。请允许我站到大夫们的队列去。”又对大夫们说：“这两人要作乱了！他们倚仗得到国君的宠信而要谋害你们，说：‘国家所以多难，是由于大夫受到贵宠而造成的，全部除去后国君地位才能安定。’已经谋划好了，何不趁着他们还没动手而抢先发难？等到他们行动了可就后悔不及了。”大夫们听从了他的意见。

　　夏六月戊辰①,陈乞、鲍牧及诸大夫以甲入于公宫②。昭子闻之,与惠子乘如公③。战于庄,败④。国人追之,国夏奔莒,遂及高张、晏圉、弦施来奔⑤。

【注释】

①戊辰:二十三日。

②鲍牧:鲍圉之孙。

③昭子闻之,与惠子乘如公:高张、国夏赶往齐侯处。

④战于庄,败:中途与诸大夫相遇并交战,高、国败。庄,齐都临淄城
　　内大街。

⑤遂及高张、晏圉、弦施来奔:晏圉,晏婴之子。案陈乞终于赶走高、
　　国二氏。

【译文】

　　夏六月二十三日,陈乞、鲍牧与大夫们率领甲士进入公宫。高张得知消息,与国夏坐车前往齐侯那儿。在庄街交战,被打败。国人追击他们,国夏逃往莒国,于是和高张、晏圉、弦施逃来鲁国。

　　△**【经】**叔还会吴于柤①。

【注释】

①叔还会吴于柤(zhā):许翰曰:“叔还以吴在柤,故往会之,始结吴
　　好也。”李廉曰:“春秋之末臣与吴会者二,然后有黄池之两伯,鲁
　　不得不任其责也。”顾栋高曰:“自向之会范宣子退吴人之后,吴屏
　　处蛮夷,不与中国之盟会,至此已七十年矣。哀公懦弱,乃乘晋、
　　楚俱衰,齐景复死,中国无伯,复诣事吴国。”柤,古地名,在今江
　　苏邳州北。

【译文】

叔还和吴国人在柤地相会。

【经】秋七月庚寅^①，楚子轸卒^②。

【注释】

①庚寅：十六日。

②楚子轸卒：楚昭王去世。楚昭王，初名壬，后改名轸，谥昭。前
　515年即位，在位二十七年。

【译文】

秋七月十六日，楚昭王轸去世。

【左传】秋七月，楚子在城父，将救陈。卜战，不吉；卜
退，不吉。王曰："然则死也。再败楚师^①，不如死。弃盟，
逃仇^②，亦不如死。死一也，其死仇乎^③！"命公子申为王^④，
不可；则命公子结^⑤，亦不可；则命公子启^⑥，五辞而后许。
将战，王有疾。庚寅，昭王攻大冥^⑦，卒于城父。子闾退，
曰："君王舍其子而让群臣^⑧，敢忘君乎？从君之命，顺也；
立君之子，亦顺也。二顺不可失也。"与子西、子期谋，潜师
闭涂^⑨，逆越女之子章立之^⑩，而后还。

【注释】

①再败楚师：定公四年，楚国败于柏举；现在战、退都不吉利，是战也
　败退也败，所以说再败。

②弃盟，逃仇：不救陈是弃盟，不与吴战是逃仇。

③死一也，其死仇乎：同样是死，不如战而死于仇敌。

④公子申：子西。

⑤公子结：子期。

⑥公子启：子闾。

⑦大冥：陈地名，在今河南项城。

⑧君王舍其子而让群臣：不传位于儿子而让位于三公子。

⑨潜师：秘密转移军队。闭涂：封锁通道，不走漏消息。

⑩越女：楚昭王妾，越王句践之女。章：楚惠王。

【译文】

秋七月，楚昭王在城父，打算援救陈国。为出战而占卜，不吉利；为退兵而占卜，也不吉利。楚昭王说："那么只有死了。再次让楚军失败，还不如死。抛弃盟约，逃避仇敌，也不如死。同是一死，还是与仇敌战死吧！"命令公子申继位为王，公子申不同意；又命令公子结继位为王，公子结也不同意；于是命令公子启继位为王，公子启推辞了五次才答应。将要交战，楚昭王生病。十六日，楚昭王攻打大冥，死在城父。子闾退兵，说："君王舍弃他的儿子而让位于三名公子，怎敢忘记君王呢？服从君王的命令，是顺合情理的；拥立君王的儿子，也是顺合情理的。二重顺服都不能丢掉。"与子西、子期商量，秘密转移军队、封闭有关通路，迎接越国女子所生儿子章，立他为国君，然后撤兵回国。

是岁也，有云如众赤鸟①，夹日以飞三日。楚子使问诸周大史②。周大史曰："其当王身乎③！若禜之④，可移于令尹、司马。"王曰："除腹心之疾⑤，而置诸股肱⑥，何益？不穀不有大过，天其夭诸⑦？有罪受罚，又焉移之？"遂弗禜⑧。

【注释】

①有云如众赤鸟：云彩如一群赤鸟。

②楚子使问诸周大史：楚昭王派人问周太史是何征兆。

③其当王身乎：意思是凶兆将应验在楚昭王身上。古人以日比人君。

④禜（yǒng）：禳灾之祭。

⑤腹心：楚昭王自比。

⑥股肱：指令尹、司马。

⑦不穀不有大过，天其夭诸：我没有大过错，天不会使我夭折。案楚
　昭王即位时才七八岁，即位二十七年，不过三十余岁，故曰"夭"。

⑧遂弗禜：楚昭王不愿移灾于他人。

【译文】

这一年，有云彩如同一群赤鸟，夹着太阳飘飞了三天。楚昭王派人询问周的太史。周太史说："那是应当应验在君王的身上吧！要是禜祭，就可以转移到令尹、司马身上。"楚昭王说："去除腹心的疾病，却把它放到大腿、胳膊上，有什么好处？我没有大过错，上天能让我夭折吗？有罪受惩罚，又能转移到哪里？"于是便不禜祭。

初，昭王有疾。卜曰："河为祟①。"王弗祭。大夫请祭诸郊②。王曰："三代命祀，祭不越望③。江、汉、雎、章，楚之望也④。祸福之至，不是过也⑤。不穀虽不德，河非所获罪也⑥。"遂弗祭。

【注释】

①河为祟：黄河神作祟。

②大夫请祭诸郊：请在郊野祭黄河神。

③三代命祀，祭不越望：三代时规定，祭祀不超过境内山川之神。
　望，本国山川之祭。

④江、汉、雎、章，楚之望也：这四条河在楚国境内，黄河则不在楚国

境内。章,同"漳",漳水。

⑤祸福之至,不是过也:祸福的降临,不超过境内山川。

⑥河非所获罪也:不是得罪黄河神而得病。

【译文】

起初,楚昭王有病。占卜说:"是黄河神在作祟。"楚昭王不禳祭。大夫请求在郊外祭祀河神。楚昭王说:"三代时的祭祀制度,规定祭祀不超出本国的山川。长江、汉水、雎水、漳水才是楚国的河川。祸福的到来,不会超出这些神。我虽然没有德行,但黄河神不是我所能得罪的。"就不去祭祀黄河神。

孔子曰:"楚昭王知大道矣①! 其不失国也,宜哉!《夏书》曰:'惟彼陶唐,帅彼天常,有此冀方。今失其行,乱其纪纲,乃灭而亡②。'又曰:'允出兹在兹③。'由己率常,可矣④。"

【注释】

①知大道:深明大义。

②"惟彼陶唐"几句:出自《逸书》,《古文尚书》辑入《五子之歌》。意思是唐尧能遵循上天之常道,才拥有中原之国。夏桀丧失了常道,扰乱了立国的纲纪,终于灭亡。陶唐,尧。帅,同"率",遵循。冀方,中国。灭而亡,指夏桀。

③允出兹在兹:也是出自《逸书》,《古文尚书》收入《大禹谟》中。意思是信由己出,那么祸福也在自己。允,信。

④由己率常,可矣:自己遵循天道,必可得天之福。

【译文】

孔子说:"楚昭王明白大道理了! 他没有失掉国家,就是应该的!《夏书》说:'唐尧能遵循上天之常道,才拥有中原之国。夏桀丧失了常道,扰乱了立国的纲纪,终于灭亡。'又说:'信由己出,那么祸福也在自己。'由自己来遵从天道,这就可以了。"

＊【左传】八月,齐邴意兹来奔①。

【注释】

①邴意兹:高、国同党,所以逃亡鲁国。

【译文】

八月,齐国邴意兹逃来鲁国。

【经】齐阳生入于齐①。齐陈乞弑其君荼②。

【注释】

①齐阳生:齐景公庶子,后立为悼公。去年逃来鲁国。据《左传》,
　　齐景公宠爱庶子荼(tú),齐景公去世后,荼已立为国君,但是陈
　　乞暗中迎回阳生,立之为君,为齐悼公。阳生即位后,派朱毛杀死
　　了荼。此处阳生进入齐国,篡夺了君位,故以当国之辞"齐阳生"
　　称之。

②齐陈乞弑其君荼:陈乞,齐国田氏宗主。杀荼本是朱毛所为,因陈
　　乞迎立阳生,经文作者认为祸由陈乞始,故称"陈乞弑其君荼"。
　　荼,《公羊传》作"舍"。

【译文】

齐阳生进入齐国。齐国陈乞杀死国君荼。

【左传】陈僖子使召公子阳生①。阳生驾而见南郭且
于②,曰:"尝献马于季孙,不入于上乘③,故又献此,请与子
乘之④。"出莱门而告之故⑤。阚止知之,先待诸外⑥。公子

曰："事未可知，反，与壬也处⑦。"戒之⑧，遂行。逮夜，至于齐，国人知之⑨。僖子使子士之母养之⑩，与馈者皆入⑪。

【注释】

①陈僖子使召公子阳生：公子阳生去年逃到鲁国，现在陈乞召他，准备立为齐君。陈僖子，陈乞。

②南郭且于：齐公子钼，逃鲁后住在鲁城南郭。

③不入于上乘：意即所献非良马。

④故又献此，请与子乘之：乘之，乘车试马。案阳生以再献马邀公子钼，避开家人商量陈乞召回之事。

⑤莱门：鲁都郭门。

⑥阚止知之，先待诸外：阚止，阳生家臣子我。案阚止想和阳生一起回去。

⑦"事未可知"三句：不知陈乞何意，所以让阚止返回鲁国，让他侍奉壬。壬，阳生儿子齐简公。

⑧戒之：告诫阚止不使泄密。

⑨国人知之：阳生夜返齐国，本想不让国人知道，但国人还是知道了。

⑩僖子使子士之母养之：陈乞让阳生藏在自己家中。子士之母，陈乞妾。

⑪与馈者皆入：陈乞让阳生和送食物的人一同混入宫中。

【译文】

陈僖子派人召公子阳生回国。阳生驾着马车去见南郭且于，说："曾经献马给季孙，但没能列入他的上等行列，所以又来献这马，请和您一起坐上试试。"出了莱门后才告诉他缘故。阚止知道了，先等候在城外。阳生说："事情还没有明朗，你先返回，和壬在一起。"告诫了阚止，就动身了。到夜里，来到齐国，国内人知道他回来了。陈僖子让子士的母亲服侍他，又让阳生和送食物的人一起进入宫中。

　　冬十月丁卯①，立之②。将盟③，鲍子醉而往。其臣差车鲍点曰④："此谁之命也⑤？"陈子曰："受命于鲍子。"遂诬鲍子曰："子之命也⑥！"鲍子曰："女忘君之为孺子牛而折其齿乎⑦，而背之也⑧？"悼公稽首⑨，曰："吾子奉义而行者也。若我可，不必亡一大夫⑩；若我不可，不必亡一公子⑪。义则进，否则退，敢不唯子是从？废兴无以乱，则所愿也⑫。"鲍子曰："谁非君之子⑬？"乃受盟。使胡姬以安孺子如赖⑭。去鬻姒⑮，杀王甲，拘江说，囚王豹于句窦之丘⑯。

【注释】

①丁卯：二十四日。

②立之：立阳生为国君。

③将盟：与诸大夫盟誓。

④差车鲍点：管车的官员名叫鲍点。

⑤此谁之命也：谁命立阳生。

⑥子之命也：鲍牧醉，陈乞于是诬赖鲍牧。

⑦女忘君之为孺子牛而折其齿乎：齐景公宠爱荼，曾经自己衔绳装牛，让荼牵着走。齐景公摔倒头触地，牙齿折断。君，指齐景公。孺子，指荼。

⑧而背之也：废荼是违背齐景公遗志。背，违背。

⑨悼公：阳生。

⑩若我可，不必亡一大夫：如果我可立为君，则不必责怪鲍牧并杀他。

⑪若我不可，不必亡一公子：如果我不可立为君，则不必杀我。

⑫废兴无以乱，则所愿也：无论废荼与立己，都不要发生动乱。

⑬谁非君之子：意思是都是齐景公儿子，不一定非立荼不可。

⑭胡姬：齐景公妾。安孺子：荼。赖：古地名，在今山东章丘西北。

⑮去鬻姒:把鬻姒遣送他处。鬻姒,荼的生母。

⑯"杀王甲"三句:王甲、江说、王豹都是荼的党羽。

【译文】

冬十月二十四日,立阳生为国君。将与诸大夫盟誓,鲍牧喝醉酒前往。他的家臣管车的鲍点说:"这是谁的命令啊?"陈乞说:"是受命于鲍子。"就硬赖鲍牧说:"是您的命令!"鲍牧说:"你忘记了国君为孺子当牛而折断自己牙齿的事了吗,现在却要违背先君的意愿吗?"阳生叩头,说:"您是秉持道义而行事的人。要是我可以当国君,不必失去一名大夫;如果我不可立为君,则不必杀我。合乎道义就进前,否则就退后,岂敢不唯您命是从?无论废立都不要引起祸乱,就是我的愿望了。"鲍牧说:"哪一位不是国君的儿子?"于是接受盟誓。派胡姬带着安孺子到赖地。把鬻姒迁往别处,杀了王甲,拘禁江说,把王豹拘押在句窦之丘。

公使朱毛告于陈子①,曰:"微子,则不及此。然君异于器,不可以二②。器二不匮,君二多难,敢布诸大夫③。"僖子不对而泣,曰:"君举不信群臣乎④?以齐国之困,困又有忧⑤,少君不可以访⑥,是以求长君,庶亦能容群臣乎⑦!不然,夫孺子何罪⑧?"毛复命,公悔之⑨。毛曰:"君大访于陈子,而图其小可也⑩。"使毛迁孺子于骀⑪,不至,杀诸野幕之下⑫,葬诸殳冒淳⑬。

【注释】

①公:悼公阳生。朱毛:齐国大夫。

②然君异于器,不可以二:君位不同于器物,国不可有二君。

③"器二不匮"三句:阳生怕诸大夫再立荼废己,暗示必须杀荼。匮,缺乏。

④君举不信群臣乎：陈乞以为齐悼公怀疑自己，所以这样问。举，
　　全部。

⑤以齐国之困，困又有忧：齐国本有饥荒之困，又有兵革之忧。

⑥少君：指荼，其时年幼。访：请示，征求意见。

⑦庶亦能容群臣乎：希望齐悼公能容群臣。

⑧不然，夫孺子何罪：案陈乞暗示废齐悼公重立荼并非不可能。

⑨毛复命，公悔之：齐悼公后悔自己失言。

⑩君大访于陈子，而图其小可也：意思是杀荼可自作主张，不必问陈
　　乞。大，指国政。小，指杀荼。

⑪骀（tāi）：齐地名，在今山东潍坊。

⑫不至，杀诸野幕之下：中途秘密杀荼于野外帐篷中。

⑬殳冒淳：古地名，今地不详。

【译文】

　　齐悼公派朱毛告诉陈僖子，说："没有您，我不会有今天。但国君与
器具不同，不能有两个。器具有两个就不会匮乏，国君有两个就会多祸
难，我谨敢向您陈述。"陈僖子不回答而哭泣，说："国君难道对群臣都不
信任吗？因为齐国有饥荒的困境，而且饥荒后又有兵革之忧，年幼的国
君无法请示，所以才访求年长者为国君，大概能对群臣加以容忍吧！不
然的话，孺子又有什么罪过？"朱毛向齐悼公复命，齐悼公后悔。朱毛说：
"国君遇到大事向陈子征询，小事自己决定就是了。"齐悼公派朱毛把安
孺子迁往骀地，还没到，就把他杀死在野外的帐篷里，安葬在殳冒淳。

　　【公羊传】 弑而立者，不以当国之辞言之①，此其以当国
之辞言之何？为讳也②。此其为讳奈何？景公谓陈乞曰：
"吾欲立舍，何如？"陈乞曰："所乐乎为君者，欲立之则立
之，不欲立则不立。君如欲立之，则臣请立之③。"阳生谓陈

乞曰："吾闻子盖将不欲立我也。"陈乞曰："夫千乘之主,将废正而立不正,必杀正者。吾不立子者,所以生子者也。走矣。"与之玉节而走之④。景公死而舍立,陈乞使人迎阳生于诸其家⑤。除景公之丧,诸大夫皆在朝,陈乞曰："常之母有鱼、菽之祭⑥,愿诸大夫之化我也⑦。"诸大夫皆曰："诺。"于是皆之陈乞之家。坐,陈乞曰："吾有所为甲,请以示焉。"诸大夫皆曰："诺。"于是使力士举巨囊而至于中霤⑧。诸大夫见之,皆色然而骇。开之,则闯然公子阳生也⑨。陈乞曰:"此君也已。"诸大夫不得已,皆逡巡,北面再拜稽首,而君之尔。自是往弑舍。

【注释】

①弑而立者,不以当国之辞言之:弑而立,即弑君自立。当国之辞,即"齐阳生"之文。依《春秋》之例,弑君自立者,称名氏以弑,如文公十四年"齐公子商人弑其君舍"。此处本应书"公子阳生",却书"齐阳生",故而下文发问。

②谖(xuān):诈。

③臣请立之:何休云:"陈乞欲拒言不可,恐景公杀阳生。"

④与之玉节而走之:何休云:"析玉与阳生,留其半,为后当迎之,合以为信,防称矫也。"玉节,信物。

⑤于诸:置,齐人语。

⑥常之母有鱼、菽之祭:常,陈乞之子。常之母,即陈乞的妻子,齐地以妇人主持祭祀,不好意思说自己的妻子,而说常之母。菽,大豆。案礼制,鱼、菽为庶人之祭品。陈乞言鱼、菽之祭,是谦逊,表示薄陋无所有。

⑦化我:行不以宾主之礼曰"化"。陈乞言"化我",亦是谦逊,表示

"欲以薄陋余福共宴饮"。

⑧中霤（liù）：屋室正中处。远古穴居，在穴顶开洞取明，雨水从洞口滴下，故称"中霤"。

⑨阗然：出头貌。

【译文】

　　弑君自立者，《春秋》不以当国之辞称之，此处为何以当国之辞称阳生？因为阳生使诈。此处阳生使诈是怎么回事？齐景公对陈乞说："我想立舍为君，怎么样？"陈乞说："做君王快乐的地方，就是想立谁为国君就立谁，不想立谁就不立。您如果想立舍，请允许臣拥立他。"阳生对陈乞说："听说你大概是不想拥立我当国君了。"陈乞说："千乘之主，将要废正立不正，必先杀死正嗣。我不拥立你，是为了保全你的性命。快逃吧。"把玉节交给了阳生，让他逃离。齐景公去世，舍立为国君，陈乞派人找回阳生，安置在家中。除去齐景公之丧，诸大夫都在朝堂之上，陈乞说："常的母亲有鱼、菽之祭，愿诸大夫赏光至我家宴饮。"诸大夫都说："允诺。"于是都到了陈乞家里。坐下后，陈乞说："我打制了一副铠甲，请展示给大家。"诸大夫都说："允诺。"于是派力士扛了一个巨囊到中霤。诸大夫见了，都面有惊骇之色。打开，则公子阳生钻了出来。陈乞说："这才是国君。"诸大夫不得已，都向后退却，朝北再拜稽首，而以阳生为君。于是前去弑杀舍。

　　【穀梁传】阳生入而弑其君，以陈乞主之，何也？不以阳生君荼也，其不以阳生君荼，何也？阳生正，荼不正①，不正则其曰君，何也？荼虽不正，已受命矣。入者，内弗受也。荼不正，何用弗受？以其受命，可以言弗受也。阳生其以国氏，何也？取国于荼也。

【注释】

①阳生正,荼不正:阳生年长,荼年少,应当立长。意即阳生为正嗣。

【译文】

　　阳生进入齐国杀害了他的国君,把陈乞当做主谋,为什么呢? 因为不能让阳生把荼当做国君,经文不让阳生把荼当做国君,为什么呢? 因为阳生应继位,荼不应继位,不应继位那经文把他称作国君,为什么呢? 荼虽然不应继位,但却已经继承君位了。说"入",表明荼不接受。荼本不应继位,为什么不接受呢? 因为他已经继位,是可以说不接受的。阳生前面加上了国家称号,为什么呢? 因为从荼的手里得到了国家。

　　△**【经】**冬,仲孙何忌帅师伐邾①。

【注释】

①仲孙何忌:鲁国孟懿子。帅师伐邾:赵汸曰:"隐、桓之世,其曲在鲁,以众暴寡也。襄之初年,其曲在邾,邾恃齐也。其后邾日削,而其臣多叛,齐亦日衰,邾虽自卑以事鲁,而三家伐邾不已,则咎在鲁臣,非君之故,而鲁亦非昔日之鲁矣。"李廉曰:"春秋内兵之伐国仅二十,而书公伐邾者六,书大夫伐邾者八,止书伐邾者一。邾在鲁之宇下,而陵弱侵小之兵史不绝书如此。"邾,《公羊传》作"邾娄"。

【译文】

　　冬,仲孙何忌领兵攻打邾国。

　　△**【经】**宋向巢帅师伐曹①。

【注释】

①向巢:宋国大夫。

【译文】

宋国向巢带兵进攻曹国。

七年

【经】七年春①,宋皇瑗帅师侵郑②。

【注释】

①七年:鲁哀公七年当周敬王三十二年,前488年。

②侵郑:宋侵郑是因为郑国背叛晋国。

【译文】

鲁哀公七年春,宋国皇瑗率军进攻郑国。

【左传】七年春,宋师侵郑,郑叛晋故也。

【译文】

鲁哀公七年春,宋军侵袭郑国,是由于郑国背叛晋国的缘故。

【经】晋魏曼多帅师侵卫①。

【注释】

①魏曼多:晋国大夫。

【译文】

晋国魏曼多带兵侵袭卫国。

【左传】晋师侵卫,卫不服也①。

【注释】

①晋师侵卫，卫不服也：卫国支持范氏、中行氏，哀公五年曾因此进
　　攻卫国。现在卫国仍然不顺服，所以再次讨伐。

【译文】

晋军攻打卫国，是因为卫国不肯顺服。

【经】夏，公会吴于鄫①。

【注释】

①鄫：古地名，在今山东枣庄东。《穀梁传》作"缯"。

【译文】

夏，鲁哀公与吴国人在鄫地相会。

【左传】夏，公会吴于鄫①。吴来征百牢②，子服景伯对曰："先王未之有也③。"吴人曰："宋百牢我④，鲁不可以后宋。且鲁牢晋大夫过十⑤，吴王百牢，不亦可乎？"景伯曰："晋范鞅贪而弃礼，以大国惧敝邑⑥，故敝邑十一牢之。君若以礼命于诸侯，则有数矣⑦。若亦弃礼，则有淫者矣⑧。周之王也，制礼，上物不过十二，以为天之大数也⑨。今弃周礼，而曰必百牢，亦唯执事。"吴人弗听。景伯曰："吴将亡矣，弃天而背本⑩。不与，必弃疾于我⑪。"乃与之⑫。

【注释】

①公会吴于鄫：去年，鲁国派叔还会吴于柤，现在鲁哀公亲自和吴人
　　相见。高闶曰："吴欲伯诸侯，鲁先往会之。"
②吴来征百牢：吴国向鲁国征取百牢的献礼。牢，牲品，牛、羊、豕各

一为一牢。

③先王未之有也:先王无此先例。

④宋百牢我:宋国赠送吴国百牢。

⑤鲁牢晋大夫过十:昭公二十一年,鲁国曾赠送晋国士鞅十一牢。牢,作动词,馈送牢。

⑥以大国惧敝邑:倚仗大国的势力来恐吓敝国。

⑦有数:有常数。依礼,上公九牢,侯伯七牢,子男五牢。

⑧有:又。淫:过分。

⑨上物不过十二,以为天之大数也:古代以天空为十二次,故以十二为极数。上物,天子享礼之物品。郑玄注:"享诸侯而用王礼之数。"

⑩弃天而背本:百牢超过十二,是弃天;违背周礼,是背本。

⑪弃疾:加害。

⑫乃与之:顾栋高曰:"(鲁哀公)使臣会之,亲往会之,致吴责百牢,征师伐齐,如同县鄙。……晋之通吴以制楚,此以毒攻毒,且楚患去而仍能退吴之毒,所谓无病安用药,元气一毫无损也。鲁之通吴以求媚,可已而不已,此如服毒自毙耳。"

【译文】

夏,鲁哀公和吴国人在鄫地相会。吴国前来要求进献百牢,子服景伯回答说:"先王没有过这种先例。"吴国人说:"宋国给了我们百牢,鲁国不能比宋国差。况且鲁国献给晋国大夫超过十牢,献给吴王百牢,不也是应该的吗?"子服景伯说:"晋国范鞅贪婪而抛弃礼仪,用大国来恐吓敝国,所以敝国给了他十一牢。国君要是用礼来命令诸侯,那么就有规定的数量。如果也抛弃礼,那么就又过分了。周朝统一天下,制定礼仪,上等享礼物品不超过十二,因为这是上天的大数。现在抛弃周礼,而说一定要百牢,那也只能唯执事之命是听了。"吴国人不予理会。子服景伯说:"吴国将要灭亡了,抛弃上天而背弃根本。要是不给,必定会加害于我们。"便给了他们。

　　大宰嚭召季康子①,康子使子贡辞②。大宰嚭曰:"国君道长③,而大夫不出门,此何礼也?"对曰:"岂以为礼,畏大国也④。大国不以礼命于诸侯,苟不以礼,岂可量也⑤? 寡君既共命焉,其老岂敢弃其国⑥? 大伯端委以治周礼⑦,仲雍嗣之⑧,断发文身,裸以为饰⑨,岂礼也哉? 有由然也⑩。"反自鄟,以吴为无能为也⑪。

【注释】

①大宰嚭:伯嚭,吴国太宰。

②康子使子贡辞:季康子不见太宰嚭。

③道长:长途跋涉到此地。

④岂以为礼,畏大国也:害怕大国,因此不敢来见。

⑤苟不以礼,岂可量也:大国不依礼行事,则什么事都能做出来,不是小国所能预料。量,估量。

⑥寡君既共命焉,其老岂敢弃其国:鲁哀公既已亲往,季康子不敢再弃国前来。共命,奉命前来会吴王。老,指季康子。

⑦大伯端委以治周礼:太伯穿着礼服、戴着礼帽来推行周礼。大伯,周太王长子,吴国始祖。周太王想立幼子季历,太伯、仲雍同避于江南。端委,周代礼服,这里用作动词。端,玄端之衣,礼服。委,委貌之冠,礼帽。太伯刚到吴地,穿着周的礼服、戴着周的礼帽,即所谓"治周礼"。

⑧仲雍嗣之:太伯成为当地君长,死后仲雍嗣立。仲雍,周太王次子,太伯之弟。

⑨断发文身,裸以为饰:改从当地风俗,剪断头发,赤身裸体。身上刺画鱼龙,作为装饰。

⑩岂礼也哉? 有由然也:仲雍断发文身不合周礼,是有原因不得已

而为之。这里借以表示季康子不来见也是不得已。

⑪以吴为无能为也：因为吴国无礼，故认为其不能成就霸业。

【译文】

吴国太宰嚭召见季康子，季康子派子贡去辞谢。太宰嚭说："国君跋涉了那么远的路途，而大夫却不肯出门，这是什么礼仪？"子贡回答说："哪里敢把它当礼，只是因为害怕大国。大国不用礼来命令诸侯，而要是不用礼，其后果又怎么能估量？我们国君既然已经奉命前来，他的卿岂敢丢下国家而前来？太伯穿着礼服、戴着礼帽来推行周礼，仲雍继承了他，剪掉头发身上刺花纹，赤裸身体作为装饰，哪里是礼呢？是因为有它的原因啊。"从鄫地回来，认为吴国是不会有所作为的。

【经】秋，公伐邾①。八月己酉②，入邾，以邾子益来③。

【注释】

①邾：《公羊传》作"邾娄"。下文"邾""邾子"，《公羊传》亦作"邾娄""邾娄子"。

②己酉：十一日。

③入邾，以邾子益来：鲁国俘虏邾隐公益返回鲁国。邾子益，邾隐公，名益。

【译文】

秋，鲁哀公攻打邾国。八月十一日，进入邾国，把邾隐公益押回国。

【左传】季康子欲伐邾，乃飨大夫以谋之①。子服景伯曰："小所以事大，信也②；大所以保小，仁也③。背大国④，不信；伐小国⑤，不仁。民保于城，城保于德⑥，失二德者，危，将焉保⑦？"孟孙曰："二三子以为何如？恶贤而逆之⑧？"对曰："禹合诸侯于涂山，执玉帛者万国⑨。今其存者，无数十焉。唯大不字小，小不事大也⑩。知必危，何故不言⑪？鲁德如邾，而以众加之，可乎⑫？"不乐而出⑬。

【注释】

①乃飨大夫以谋之：设享礼征求大夫意见。

②小所以事大，信也：小国以诚信事奉大国。

③大所以保小，仁也：大国以仁义保护小国。

④背大国：大国指吴国。据下文"夏盟于鄫衍"，则鄫之会约以邾属吴。

⑤小国：指邾国。

⑥民保于城，城保于德：城保民，德保城。

⑦"失二德者"三句：失去诚信与仁义，如何救亡图存？案子服景伯反对伐邾。

⑧恶（wù）贤而逆之：谁意见正确就支持谁。恶，何。逆，迎合。

⑨禹合诸侯于涂山，执玉帛者万国：相传禹在涂山会合诸侯，携玉执帛而来的有上万个国家。涂山，其地究在何处，说法很多，古注多以为在会稽，即今浙江绍兴；杨伯峻据《水经注》，以为可能是三涂山，在今河南嵩县西南。

⑩"今其存者"四句：意谓诸侯相攻伐，自古已然。字，养育。

⑪知必危，何故不言：知道伐邾必危为何不说？案诸大夫不肯附和季康子。

⑫"鲁德如邾"三句：鲁国德行没有超过邾国，而以武力征服，不可。案诸大夫赞成子服景伯意见，不同意季孙伐邾。

⑬不乐而出：众人不欢而散。

【译文】

季康子想要进攻邾国，于是设享宴请大夫们来商量。子服景伯说："小国所用来事奉大国的，是信；大国所用来保护小国的，是仁。背弃大国,就是不信;进攻小国,就是不仁。人民靠城邑来保护,城邑靠德行来保护,失去了信和仁这两项德行,就危险了,又怎么能保护呢?"孟孙说:"各位大夫认为怎么样?何不支持贤明的人?"大夫们回答说:"禹在涂山会合诸侯,手持玉帛的有上万个国家。留存至今的,不过数十个了。这是因为大国不抚恤小国,小国不事奉大国的缘故。知道必定有危险,为什么不说?鲁国的德行和邾国一样,却用大兵来威逼他们,行吗?"宴会不欢而散。

秋,伐邾,及范门①,犹闻钟声②。大夫谏,不听③。茅成子请告于吴④,不许,曰:"鲁击柝闻于邾⑤,吴二千里,不三月不至,何及于我⑥?且国内岂不足⑦?"成子以茅叛⑧,师遂入邾,处其公宫。众师昼掠⑨,邾众保于绎⑩。师宵掠,以邾子益来,献于亳社⑪,囚诸负瑕,负瑕故有绎⑫。

【注释】

①范门:邾国都外城门。

②犹闻钟声:说明邾国毫无防范。

③大夫谏,不听:大夫谏劝,主张抵抗,邾隐公不听。

④茅成子:邾国大夫茅夷鸿。

⑤鲁击柝(tuò)闻于邾:鲁军击柝声可以听见,说明距离很近。柝,巡夜敲击以报更的木棒。

⑥"吴二千里"三句:意谓求救于吴国,远水救不了近火。

⑦且国内岂不足:邾隐公认为国内力量足以抗拒鲁国。

⑧茅:古地名,在今山东金乡西北。

⑨众师昼掠:鲁军大肆掳掠,夺取财物。

⑩邾众保于绎:邾人退守峄山。绎,古地名,即今山东邹城峄山。

⑪以邾子益来,献于亳社:将邾隐公俘虏回国,在亳社举行献俘仪
　　式。顾栋高曰:"是时邾竟灭矣,使非齐、吴之故,邾将遂为季氏私
　　邑。"
⑫囚诸负瑕,负瑕故有绎:邾隐公囚在负瑕,负瑕因此有绎人。负
　　瑕,古地名,在今山东兖州西。

【译文】

　　秋,攻打邾国,到达范门,还听见邾国的钟声。大夫们劝谏,邾隐公
不听。茅成子请求向吴国告急,邾隐公还是不答应,说:"鲁国敲打梆子
的声音都能在邾国听到,吴国远离二千里,没有三个月无法赶到,哪能顾
及我们?况且我们国内的力量难道不足够抗御?"成子带着茅地背叛,
鲁军于是进入邾国,住在公宫。各路军队白昼抢掠,邾国民众在绎地防
守。鲁军又在晚上抢掠,逮住邾隐公益回国,在亳社举行献俘仪式,把他
囚禁在负瑕,负瑕因此有绎人。

　　邾茅夷鸿以束帛乘韦自请救于吴①,曰:"鲁弱晋而远
吴②,冯恃其众③,而背君之盟,辟君之执事④,以陵我小国。
邾非敢自爱也,惧君威之不立。君威之不立,小国之忧也⑤。
若夏盟于鄪衍⑥,秋而背之,成求而不违,四方诸侯其何以
事君⑦?且鲁赋八百乘,君之贰也⑧。邾赋六百乘,君之私
也⑨。以私奉贰,唯君图之!"吴子从之。

【注释】

①邾茅夷鸿以束帛乘韦自请救于吴:茅夷鸿送礼向吴国求救。束
　　帛,五匹帛。乘韦,四张熟牛皮。顾栋高曰:"茅夷鸿之功当不在
　　申包胥下。"
②鲁弱晋而远吴:鲁国以为晋国弱而吴国遥远。

③冯恃：依恃。

④辟（pì）君：以吴君为鄙陋。辟，鄙陋。执事：实际是指吴君。

⑤君威之不立，小国之忧也：鲁国侵犯邾国，也是对吴国威严的挑衅。此意在激怒吴国。

⑥若夏盟于鄫衍：夏天鲁、吴两国有鄫之会。鄫衍，即鄫。

⑦成求而不违，四方诸侯其何以事君：鲁国背盟伐邾，吴国要是不加干涉，使鲁国实现其所求而不受阻挠，诸侯将对吴国离心。成求而不违，成其所求，实现其所求。

⑧且鲁赋八百乘，君之贰也：意谓鲁兵力有战车八百辆，而吴国兵力大于鲁国，鲁是吴的副手。赋，军赋。贰，副手。

⑨私：私属，部属。

【译文】

邾国的茅夷鸿用五匹帛、四张熟牛皮亲自向吴国求救，说："鲁国认为晋国衰弱而吴国遥远，倚仗他们人马众多，违背与国君订立的盟约，瞧不起国君的执事，来欺凌我们小国。邾国不敢爱惜自己，怕的是国君的威信不能树立。君威不立，这是小国所担忧的。如果夏天在鄫衍订盟，秋天就背弃了它，鲁国得到了想要的却没人干预，四方诸侯又用什么来事奉国君？况且鲁国有战车八百辆，是国君的副手罢了。邾国有战车六百辆，是国君的部属。把自己的部属送给副手，还是请国君考虑吧！"吴王听从了。

　　【公羊传】入不言伐①，此其言伐何？内辞也，若使他人然②。邾娄子益何以名？绝③。曷为绝之？获也。曷为不言其获？内大恶讳也。

【注释】

①入不言伐：案《春秋》之例，书"入"，表明攻入国都但不占有；书

　　"伐",表明进入国境伐击之。用兵之意,"入"深于"伐",《春秋》常例,举重者言之,故云"入不言伐"。依此例,则可竟书"秋八月己酉,公入邾娄,以邾娄子益来",不需言"公伐邾娄"。

②若使他人然:案擅获诸侯是大恶,故《春秋》为鲁哀公避讳。经书"伐"又书"入",好像鲁哀公仅是伐击邾娄国,而"入邾娄,以邾娄子益来"非鲁哀公所为,而是另有他人。然则《春秋》讳文不没实,若真是他人所为,当书"以邾娄子益归",今书"以来",则实为鲁哀公所为。

③绝:诛绝。案礼制,国君当死社稷,被生擒,则当诛绝。

【译文】

　　《春秋》之例,言"入"则不言"伐",此处言"伐"是为何?是为鲁国避讳的文辞,好像"入邾娄,以邾娄子益来"是他人所为。邾娄子益为何称名?是诛绝他。为何诛绝他?因为他被生擒。为何不书俘获邾娄子?是为鲁国避讳擅获诸侯之恶。

　　【穀梁传】以者,不以者也。益之名,恶也。《春秋》有临天下之言焉[①],有临一国之言焉,有临一家之言焉。其言来者,有外鲁之辞焉。

【注释】

①临:面对。

【译文】

　　说"以",就是不应当"以"的意思。说了"益"的名,是厌恶他。《春秋》有周天子君临天下的言辞,有诸侯拥有一国的言辞,有大夫拥有一家的言辞。经文说"来",是疏远鲁国的说法。

　　【经】宋人围曹。冬,郑驷弘帅师救曹。

【译文】

宋国人包围曹国。冬,郑国驷弘领兵救援曹国。

【左传】宋人围曹,郑桓子思曰①:"宋人有曹,郑之患也。不可以不救。"冬,郑师救曹,侵宋。

【注释】

①郑桓子思:郑国大夫国参,子产之子。桓为谥号。

【译文】

宋国人包围曹国,郑国的桓子思说:"宋国人占有曹国,是郑国的忧患。不能不救援曹国。"冬,郑军为救援曹国而进攻宋国。

初,曹人或梦众君子立于社宫①,而谋亡曹。曹叔振铎请待公孙彊,许之②。旦而求之曹,无之③。戒其子曰:"我死,尔闻公孙彊为政,必去之④。"及曹伯阳即位⑤,好田弋⑥,曹鄙人公孙彊好弋,获白雁,献之⑦,且言田弋之说⑧。说之⑨。因访政事,大说之。有宠,使为司城以听政⑩。梦者之子乃行。彊言霸说于曹伯⑪,曹伯从之,乃背晋而奸宋⑫。宋人伐之,晋人不救,筑五邑于其郊,曰黍丘、揖丘、大城、锺、邘⑬。

【注释】

①社宫:社,曹之国社。宫,社之围墙。

②曹叔振铎请待公孙彊,许之:叔振铎请大家等一个叫公孙彊的人,众君子同意。以上是梦境。叔振铎,曹国始祖。

③求之曹,无之:在曹国找不到公孙彊这个人。

④去之:离开曹国。

⑤曹伯阳：曹国国君。

⑥好田弋：喜欢打猎射鸟。

⑦获白雁，献之：白雁是罕见之鸟，因此献给国君。

⑧且言田弋之说：田弋之说，有关田弋的技巧理论等。案公孙彊乃
　投曹伯之所好。

⑨说：同"悦"。

⑩有宠，使为司城以听政：公孙彊得国君宠信，任司城以执掌曹国之
　政。司城，司空。

⑪彊言霸说于曹伯：公孙彊怂恿曹君称霸。

⑫奸：干犯，侵犯。

⑬筑五邑于其郊，曰黍丘、揖丘、大城、锺、邗：公孙彊在曹都附近修
　筑黍丘等五个城邑，以抵御宋军。黍丘，当时曹都在今山东定陶，
　黍丘当在附近。揖丘，在今山东曹县。大城，在今山东菏泽。锺，
　在今山东定陶。邗，在今山东定陶。案此本与下年传文"八年
　春，宋公伐曹"云云为一段，被割裂。

【译文】

　　起初，曹国有人梦见一群君子站在曹国国社墙外，商议灭亡曹国。
曹叔振铎请求等公孙彊来，大家答应了。天亮后他在曹国内访求，并无
公孙彊其人。他告诫儿子说："我死以后，你听到公孙彊执政，一定要离
开曹国。"到曹伯阳即位，喜欢打猎射鸟，曹国边境的公孙彊也喜好射鸟，
得到一只白雁，献给了曹伯阳，并讲述打猎射鸟技艺。曹伯阳很喜欢他。
于是和他探讨国家大事，大为欣赏。公孙彊得到宠信，被任命为司城来
执政。做梦人的儿子便离开曹国。公孙彊向曹伯阳讲说称霸之术，曹伯
阳听从了，于是背叛晋国而侵犯宋国。宋国人攻打曹国，晋国人不来救
援，公孙彊在郊外修筑五座城邑，名叫黍丘、揖丘、大城、锺、邗。

八年

【经】八年春王正月①,宋公入曹,以曹伯阳归②。

【注释】

①八年:鲁哀公八年当周敬王三十三年,前487年。

②宋公入曹,以曹伯阳归:宋国灭亡曹国。曹伯阳,曹国末代君姬阳,曹靖公姬露之子,伯爵。此次被俘后遇害,曹国亡。

【译文】

鲁哀公八年春周历正月,宋景公进入曹国,俘虏曹伯阳而回。

【左传】八年春,宋公伐曹,将还,褚师子肥殿①。曹人诟之,不行②。师待之③。公闻之,怒,命反之,遂灭曹,执曹伯阳及司城彊以归,杀之④。

【注释】

①褚师子肥:宋国大夫。

②曹人诟之,不行:曹国人辱骂殿军,殿军停下不走。

③师待之:宋军大部队在等待殿军。

④执曹伯阳及司城彊以归,杀之:曹国灭国绝祀。

【译文】

鲁哀公八年春,宋景公讨伐曹国,准备撤兵时,让褚师子肥断后。曹国人辱骂褚师子肥,他的军队便停下不走。宋军大部队在等褚师子肥。宋景公听说了,大怒,命令返回,就灭亡了曹国,逮住曹伯阳和司城公孙彊回国,并杀了他们。

【公羊传】曹伯阳何以名？绝。曷为绝之？灭也[1]。曷为不言其灭？讳同姓之灭也[2]。何讳乎同姓之灭？力能救之而不救也[3]。

【注释】

[1] 灭也：案《春秋》之义，国灭君死之，正也。此处曹国被灭，曹伯不能死位，故诛绝之，书其名。

[2] 讳同姓之灭也：曹与鲁，皆为姬姓之国。同姓之国，皆为先祖支体，见死不救，则有大恶，故《春秋》为鲁国避讳。

[3] 力能救之而不救也：何休云："力能获邾娄，而不救曹，故责之。"

【译文】

为何书曹伯阳之名？是诛绝他。为何诛绝他？因为曹国被灭了。为何不言曹国被灭？是避讳同姓之国被灭。为何避讳同姓之国被灭？鲁国有力量救援曹国，却不救援。

【经】吴伐我[1]。

【注释】

[1] 吴伐我：吴国为邾国而进攻鲁国。案《春秋》之例，外国伐击鲁国，当言所伐之鄙疆，如文公十七年"齐侯伐我西鄙"。此处未言鄙疆，实际是包围了鲁国都城。

【译文】

吴国进攻鲁国。

【左传】吴为邾故，将伐鲁[1]，问于叔孙辄[2]。叔孙辄对曰："鲁有名而无情[3]，伐之，必得志焉。"退而告公山不狃。

公山不狃曰："非礼也。君子违④，不适仇国。未臣而有伐之，奔命焉，死之可也⑤。所托也则隐⑥。且夫人之行也，不以所恶废乡⑦。今子以小恶而欲覆宗国⑧，不亦难乎？若使子率⑨，子必辞，王将使我。"子张疾之⑩。王问于子洩⑪。对曰："鲁虽无与立，必有与毙⑫；诸侯将救之，未可以得志焉⑬。晋与齐、楚辅之，是四仇也⑭。夫鲁，齐、晋之唇。唇亡齿寒，君所知也，不救何为⑮？"

【注释】

①吴为邾故，将伐鲁：即应上年邾国茅夷鸿的请求。

②问于叔孙辄：问可伐与否。叔孙辄，本是鲁臣，定公十二年与公山不狃逃奔齐国，后又逃往吴国。

③鲁有名而无情：有大国之名，而无大国之实。情，实。

④违：逃亡。

⑤"未臣而有伐之"三句：未尽臣节而又劝吴伐鲁，为吴国效力，则不如去死。未臣，对鲁国未尽臣节。

⑥所托也则隐：吴国如果委以伐鲁之任，应避开。隐，避开。

⑦且夫人之行也，不以所恶废乡：人虽离开祖国，不应有所怨恨而祸害祖国。乡，家乡，祖国。

⑧宗国：祖国。

⑨率：在军前做向导。

⑩子张：叔孙辄。疾之：自悔失言。

⑪子洩：公山不狃。

⑫鲁虽无与立，必有与毙：平时虽无亲近盟国，但危急时必有愿共同死战的援国。

⑬诸侯将救之，未可以得志焉：吴国如果进攻鲁国，诸侯将救鲁国，

吴国不一定能获胜。

⑭晋与齐、楚辅之，是四仇也：三国与鲁国成为吴的四个敌国。

⑮"夫鲁"五句：是说吴国进攻鲁国，诸侯将群起而攻吴。

【译文】

吴国因为邾国的缘故，准备攻打鲁国，向叔孙辄咨询。叔孙辄回答说："鲁国有名而无实，进攻他们，一定可以取胜。"叔孙辄退出后告诉了公山不狃。公山不狃说："这是不合乎礼的。君子离开自己的国家，不去敌国。在本国没尽臣礼却去进攻祖国，为敌国奔命，不如去死算了。他们要是有这样的委托，你应该回避。况且一个人流亡在外，不应该因为怀恨而危害乡国。现在您因为小怨恨而要颠覆祖国，不也很难吗？要是派您领兵前导，您一定要推辞掉，吴王将会派我去。"叔孙辄后悔自己错了。吴王向公山不狃询问。公山不狃回答说："鲁国虽然没有亲近的国家，但肯定有与他共存亡的援国；诸侯会救援它，吴国不会如愿以偿的。晋国和齐、楚两国辅助鲁国，这就是四个敌国了。而且鲁国是齐、晋两国的嘴唇。唇亡齿寒，这道理是国君明白的，他们为什么不去救援？"

三月，吴伐我，子洩率，故道险，从武城①。初，武城人或有因于吴竟田焉②，拘鄫人之沤菅者③，曰："何故使吾水滋④？"及吴师至，拘者道之以伐武城，克之⑤。王犯尝为之宰⑥，澹台子羽之父好焉⑦，国人惧⑧。懿子谓景伯⑨："若之何？"对曰："吴师来，斯与之战⑩，何患焉？且召之而至，又何求焉⑪？"吴师克东阳而进⑫，舍于五梧⑬，明日，舍于蚕室⑭。公宾庚、公甲叔子与战于夷⑮，获叔子与析朱钼，献于王⑯。王曰："此同车，必使能，国未可望也⑰。"明日，舍于庚宗⑱，遂次于泗上⑲。微虎欲宵攻王舍⑳，私属徒七百人三踊于幕庭㉑，卒三百人，有若与焉㉒。及稷门之内㉓，或谓季孙曰："不足以害吴，而多杀国士^㉔，不如已也。"乃止之。吴子闻之，一夕三迁^㉕。

【注释】

①"子洩率"三句：公山不狃故意引吴军走险道，从武城经过。道，引导。武城，古地名，在今山东费县西南，属沂蒙山区。

②武城人或有因于吴竟田焉：武城人在吴国边境内种田。

③菅（jiān）：植物名，浸泡其茎，可剥以为绳索。

④何故使吾水滋：种田的武城人拘捕鄫人，责怪他将水弄脏。滋，污黑，污浊。

⑤拘者道之以伐武城，克之：被拘的鄫人引导吴军攻武城，以泄愤报复。

⑥王犯：吴国大夫，后逃亡鲁国，为武城宰。

⑦澹（tán）台子羽之父好焉：澹台子羽之父与王犯友好。澹台子羽，孔子弟子。

⑧国人惧：国内人不知是鄫人引导吴军攻克武城，惧怕王犯为吴军内应，引吴军攻鲁都。

⑨懿子：孟懿子。

⑩斯：承接连词，乃，就。

⑪且召之而至，又何求焉：鲁国因为进攻邾国而招来吴军。子服景伯本反对伐邾，因此话中带有气愤揶揄之意。

⑫东阳：鲁地名，在今山东费县西北。

⑬五梧：鲁地名，在东阳西北，在今山东平邑西。

⑭蚕室：古地名，在今山东平邑。案吴军逐步向曲阜逼近。

⑮夷：鲁地名，距庚宗不远。

⑯获叔子与析朱鉏，献于王：公宾庚、公甲叔子、析朱鉏，都是鲁国大夫，三人同车，公甲叔子、析朱鉏二人战死，吴军得其尸体，献给吴王。

⑰"此同车"三句：三人能共存亡，说明鲁国善用能人，还不可征服。

⑱庚宗：古地名，在今山东泗水东。

⑲泗上：古地名，也在今山东泗水。

⑳微虎：鲁国大夫。

㉑私属徒七百人三踊于幕庭：私下令其部属七百人在帐幕外高跳三次，以挑选精兵。

㉒卒三百人，有若与焉：终于选出三百人，有若在其中。卒，最终。有若，孔子弟子。

㉓及稷门之内：三百人行至稷门内。

㉔不足以害吴，而多杀国士：三百人不能击败吴军，徒然牺牲这许多壮士。

㉕吴子闻之，一夕三迁：吴国怕微虎偷袭，一夜之间迁移三次。

【译文】

三月，吴国进攻我国，公山不狃前导，有意从险道行军，取道武城。起初，武城有人在吴国边境种田，拘捕了浸泡菅草的鄫国人，问他：“为什么把我的水弄脏？”到吴军到来，被拘捕的那人为吴军带路去进攻武城，攻下了。王犯曾任武城宰，澹台子羽的父亲与他交好，国人都感到惧怕。孟懿子对子服景伯说：“怎么办？”子服景伯回答说：“吴军前来，就和他们交战，有什么可怕的呢？而且是我们把他们招来的，还有什么要求呢？”吴军攻下东阳继续前进，驻扎在五梧，第二天，驻扎在蚕室。公宾庚、公甲叔子和他们在夷地交战，吴军斩获公甲叔子和析朱钼，献给吴王。吴王说：“他们同乘一辆车，说明鲁国善用能人，国家不可能被征服。”第二天，住在庚宗，接着就在泗水边驻军。微虎想在晚上去攻打吴王的住所，让他所属部众七百人在庭院里跳跃三次，从中选出三百人，有若也在其中。行至稷门内，有人对季孙说：“这些人不足以对吴国造成伤害，反而多死许多国士，不如停止行动。”于是制止了此次行动。吴王听说了，一个晚上住所搬迁了三次。

吴人行成^①,将盟,景伯曰:"楚人围宋,易子而食,析骸而爨,犹无城下之盟^②。我未及亏^③,而有城下之盟,是弃国也。吴轻而远^④,不能久,将归矣,请少待之。"弗从。景伯负载,造于莱门^⑤。乃请释子服何于吴,吴人许之^⑥。以王子姑曹当之,而后止^⑦。吴人盟而还。

【注释】

①吴人行成:吴国提议讲和。

②"楚人围宋"四句:宣公十四年至十五年,楚围宋九月,宋华元谓楚将子反曰:"敝邑易子而食,析骸以爨。虽然,城下之盟,有以国毙,不能从也。去我三十里,唯命是听。"

③我未及亏:未到宋国那种惨状。

④轻:轻举妄动。远:远征。

⑤景伯负载,造于莱门:见季孙不纳忠言,子服景伯背着盟书跑到莱门,准备离开鲁都。

⑥乃请释子服何于吴,吴人许之:鲁国本想派子服景伯到吴国当人质,吴国已同意。子服何,子服景伯。

⑦以王子姑曹当之,而后止:鲁国又提出要以吴王之子姑曹互换人质,吴王不愿姑曹留在鲁国,双方于是取消互换人质。

【译文】

吴国提出讲和,将要结盟时,子服景伯说:"楚国包围宋国,宋国人交换儿子充饥,劈了骨骸烧饭,尚且没有订立城下之盟。我们还没有大败亏损,反而有城下之盟,这是抛弃国家。吴军轻率远征,不能持久,将要撤兵回去了,请稍等几天。"季孙不听。子服景伯背着盟书,到莱门。鲁国请求把子服景伯留在吴国为质,吴国答应了。鲁国要求让王子姑曹当人质,最后两国都取消互换人质。吴国订盟后回国了。

【经】夏,齐人取谨及阐^①。

【注释】

①齐人取谨及阐:齐悼公出奔到鲁国的时候,季康子将妹妹嫁给了
　他。后来其妹与季鲂侯通奸,季康子不敢将妹妹送到齐国,齐悼
　公发怒,于是发兵伐鲁。谨、阐,鲁国二邑名。谨,在今山东宁阳
　东北。阐,在谨北。《公羊传》作"僤"。

【译文】

夏,齐国人占领谨、阐二地。

【左传】齐悼公之来也^①,季康子以其妹妻之,即位而逆
之^②。季鲂侯通焉,女言其情,弗敢与也^③。齐侯怒。夏五
月,齐鲍牧帅师伐我,取谨及阐^④。

【注释】

①齐悼公之来也:哀公五年,齐景公死,公子阳生逃亡到鲁国。公子
　阳生回齐国即位后为齐悼公。

②季康子以其妹妻之,即位而逆之:齐悼公即位,前来迎接。

③"季鲂侯通焉"三句:季康子妹妹与季鲂侯私通,以情告知季康
　子,季康子因此不敢让她去齐国。季鲂侯,季康子的叔叔。

④取谨及阐:顾栋高曰,自定公十年孔子相定公与齐景公会夹谷,"齐
　人服义而归鲁田,兵争息矣。至哀八年,而季康子以伐邾启衅,致
　齐来伐取谨及阐,兵端复起。计自定十年至此凡历十有四年"。

【译文】

齐悼公当年逃亡鲁国时,季康子把妹妹许配给他,齐悼公即位后要
接她回去。季鲂侯和她私通,她向季康子说出内情,季康子不敢把她交
给齐悼公。齐悼公发怒。夏五月,齐国鲍牧领兵攻打鲁国,占取谨和阐

二地。

【公羊传】外取邑不书①，此何以书？所以赂齐也。曷为赂齐？为以邾娄子益来也②。

【注释】

①外取邑不书：案《春秋》之例，外国夺取鲁国城邑，不书"取"字，而是书"伐"又书"围"，如襄公十七年"齐侯伐我北鄙，围桃"。

②为以邾娄子益来也：即上文俘获邾娄子益。案邾娄为齐之与国，鲁国恐齐国震怒，故贿赂齐国。若直书其事，则鲁国有畏齐之耻，故避讳而言齐国夺取二邑。

【译文】

外国夺取鲁国城邑，例不书"取"，此处为何书？谨及僤是用来贿赂齐国的。为何贿赂齐国？是因为之前鲁国俘获了邾娄子益，并将其带回国内。

【穀梁传】恶内也。

【译文】

是在贬低鲁国。

*【左传】或譖胡姬于齐侯曰①："安孺子之党也②。"六月，齐侯杀胡姬。

【注释】

①胡姬：齐景公妾。

②安孺子：即荼。

【译文】

有人对齐悼公说胡姬的坏话："她是安孺子的同党。"六月，齐悼公杀了胡姬。

【经】归邾子益于邾①。

【注释】

①归邾子益于邾：齐、吴为邾伐鲁，鲁国释放邾隐公益。何休云："获归不书，此书者，善鲁能悔过归之。嫌解邾娄子益无罪，书故复名之。""邾子""邾"《公羊传》作"邾娄子""邾娄"。

【译文】

把邾隐公益送回邾国。

【左传】齐侯使如吴请师，将以伐我①。乃归邾子②。邾子又无道，吴子使大宰子馀讨之③，囚诸楼台，栫之以棘④。使诸大夫奉大子革以为政⑤。

【注释】

①齐侯使如吴请师，将以伐我：齐国虽然获得二邑，但仍未得季康子的妹妹，因此打算与吴国一起进攻鲁国。

②乃归邾子：齐、吴讨伐的名义是为邾隐公，所以鲁国送回邾隐公。

③大宰子馀：即太宰伯嚭。

④囚诸楼台，栫（jiàn）之以棘：用荆棘做篱笆围住楼台，以防邾隐公逃跑。栫，用柴木围塞。

⑤大子革：邾国太子，即邾桓公。

【译文】

齐悼公派人去吴国请求出兵，打算攻打鲁国。于是鲁国送回了邾隐公。邾隐公回国后仍然无道，吴王夫差派太宰伯嚭去讨伐，把邾隐公囚禁在楼台，用荆棘把四周围住。派大夫们奉立太子革执政。

【穀梁传】益之名，失国也。

【译文】

称了"益"的名，因为他失去了自己的国家。

△**【经】秋七月。**

【译文】

秋七月。

***【左传】**秋，及齐平①。九月，臧宾如如齐莅盟②。齐闾丘明来莅盟，且逆季姬以归③，嬖④。

【注释】

①及齐平：齐、鲁两国讲和。

②臧宾如：鲁国大夫臧会之子。

③季姬：季康子的妹妹。

④嬖：季姬得到齐悼公宠爱。

【译文】

秋，与齐国讲和。九月，臧宾如到齐国参加盟会。齐国闾丘明前来参加盟会，并接季姬回国，季姬得到齐悼公的宠爱。

鲍牧又谓群公子曰:"使女有马千乘乎①?"公子诉之②。公谓鲍子:"或谮子,子姑居于潞以察之③。若有之,则分室以行④;若无之,则反子之所⑤。"出门,使以三分之一行⑥。半道,使以二乘⑦。及潞,麇之以入⑧,遂杀之。

【注释】

①使女有马千乘乎:鲍牧本不支持立齐悼公(公子阳生),因此煽动公子们取代阳生。马千乘,暗指做国君。

②公子诉之:公子们密报齐悼公。

③或谮子,子姑居于潞以察之:齐悼公得到密报,告诉鲍牧,有人说你坏话,请你暂时住到潞地,以待调查了解。潞,齐地名。或曰,在齐郊外。

④若有之,则分室以行:有其事,可带走一半家产离开齐国。

⑤若无之,则反子之所:无其事,恢复原位。

⑥出门,使以三分之一行:初出门,让鲍牧带三分之一的家产。

⑦半道,使以二乘:到半路,只让他带走两辆车。

⑧麇(kǔn):捆绑。

【译文】

鲍牧又对公子们说:"让你们中有人得到四千匹马好吗?"公子们告诉了齐悼公。齐悼公对鲍牧说:"有人说你的坏话,你暂且到潞地等待调查。要是真有其事,就让你带着一半家产出国;要是并无其事,就让你恢复原位。"到鲍牧出门上路时,则只让他带了三分之一的财产。走到半路,又只让他带两辆车。到潞地,就把他捆绑进城,随后便杀掉了。

△**【经】**冬十有二月癸亥①,杞伯过卒②。

【注释】

①癸亥：初三。

②杞伯过：即杞僖公，姓姒，名过，谥僖。前505年即位，在位十
　九年。

【译文】

冬十二月初三，杞僖公过去世。

【经】齐人归讙及阐①。

【注释】

①齐人归讙及阐：齐、鲁讲和，齐国派人迎回季康子之妹季姬，季姬
　受齐悼公宠爱，于是齐归还鲁国土地。归，归还。阐，《公羊传》
　作"僤"。

【译文】

齐国人归还讙、阐两地。

【左传】冬十二月，齐人归讙及阐，季姬嬖故也。

【译文】

冬十二月，齐国归还讙和阐二地，是因为季姬得宠的缘故。

九年

*【左传】九年春①，齐侯使公孟绰辞师于吴②。吴子曰：
"昔岁寡人闻命③，今又革之④，不知所从，将进受命于君⑤。"

【注释】

①九年：鲁哀公九年当周敬王三十四年，前486年。

②齐侯使公孟绰辞师于吴：齐、鲁讲和，因此辞谢吴军。

③昔岁寡人闻命：齐国请求吴国派兵事在去年。

④革：更改，改变主意。

⑤不知所从，将进受命于君：吴王不满，表示仍将派兵赴齐。明年，
　　吴国讨伐齐国。

【译文】

　　鲁哀公九年春，齐悼公派公孟绰到吴国辞谢出兵。吴王说："去年寡
人遵从你们的命令，现在又要取消，使我不知该怎么办，我将去贵国听取
贵君的命令。"

　　△**【经】九年春王二月，葬杞僖公。**

【译文】

　　鲁哀公九年周历二月，安葬杞僖公。

【经】宋皇瑷帅师取郑师于雍丘①。

【注释】

①宋皇瑷帅师取郑师于雍丘：郑国罕达的宠臣许瑕求取封邑，郑国
　　已经没有地方可以给他了，于是许瑕请求从外国获得，罕达答应
　　了，许瑕包围了宋国的雍丘，但是被皇瑷率军打败。雍丘，古地
　　名，在今河南杞县。

【译文】

　　宋国皇瑷带兵在雍丘消灭郑军。

【左传】郑武子剩之嬖许瑕求邑^①，无以与之。请外取^②，许之，故围宋雍丘^③。宋皇瑗围郑师^④，每日迁舍^⑤，垒合^⑥，郑师哭^⑦。子姚救之，大败。二月甲戌^⑧，宋取郑师于雍丘^⑨，使有能者无死^⑩，以郏张与郑罗归^⑪。

【注释】

①武子剩：郑国大夫罕达，又叫子姚，"武"为谥号。许瑕：子姚宠臣。

②请外取：许瑕请求取于国外。

③故围宋雍丘：许瑕率军包围雍丘。

④宋皇瑗围郑师：反围许瑕的军队。

⑤每日迁舍：宋军每天换一个地方建筑堡垒。

⑥垒合：堡垒合围郑军。

⑦郑师哭：因被围不得出。

⑧甲戌：十四日。

⑨宋取郑师于雍丘：宋全歼郑军。

⑩使有能者无死：有才能的免死。

⑪以郏张与郑罗归：郏张、郑罗，人名，即有才能的二人。李廉曰："观左氏所载，'使有能者无死'，而止以二人归，则杀人多矣。《春秋》之未特书取师者二，盖志春秋之将为战国，而长平之坑所由来也。"

【译文】

郑国武子剩的宠臣许瑕请求得到城邑，但没有地方可以给他。许瑕请求到国外去占取，武子剩同意了，所以包围宋国的雍丘。宋国皇瑗包围郑军，每天换一个地方构筑壁垒，使壁垒合围，郑国军士都哭了。武子剩前往救援，大败。二月十四日，宋军在雍丘歼灭郑军，让有才能的人免死，带着郏张和郑罗回国。

【公羊传】其言取之何？易也。其易奈何？诈之也^①。

【注释】

①诈之也：何休云："诈谓陷阱奇伏之类。兵者，为征不义，不为苟胜而已。"

【译文】

经言"取郑师"是为何？表明容易。容易是为何？是使诈得胜。

【穀梁传】取，易辞也。以师而易取，郑病矣^①。

【注释】

①病：耻辱。

【译文】

"取"，是表示很轻松的说法。带着军队却很容易就被打败，是郑国的耻辱。

【经】夏，楚人伐陈。

【译文】

夏，楚国攻打陈国。

【左传】夏，楚人伐陈，陈即吴故也。

【译文】

夏，楚国进攻陈国，是因为陈国亲近吴国的缘故。

【经】秋,宋公伐郑。

【译文】

秋,宋景公攻打郑国。

【左传】宋公伐郑①。

【注释】

①宋公伐郑:郑军已败,宋国再攻郑国。

【译文】

宋景公攻打郑国。

*【左传】秋,吴城邗,沟通江、淮①。

【注释】

①吴城邗(hán),沟通江、淮:吴国在邗筑城,开凿长江、淮河间运河,这就是邗沟。杨伯峻谓其“连通长江与淮水,大致自今扬州市南长江北岸起,至今清江市淮水南岸止,今之运河即古邗沟水”。邗,在今江苏扬州。

【译文】

秋,吴国修筑邗城,沟通了长江、淮河。

*【左传】晋赵鞅卜救郑,遇水适火①,占诸史赵、史墨、史龟②。史龟曰:“是谓沉阳③,可以兴兵。利以伐姜④,不利子商⑤。伐齐则可,敌宋不吉。”史墨曰:“盈,水名也;子,水位也。名位敌,不可干也⑥。炎帝为火师⑦,姜姓其后也。水胜火,伐姜则可⑧。"史赵曰:"是谓如川之满,不可游也⑨。郑方有罪,不可救也⑩。救郑则不吉,不知其他⑪。"阳虎以《周易》筮之,遇《泰》䷊之《需》䷄⑫,曰:"宋方吉⑬,不可与也⑭。微子启⑮,帝乙之元子也⑯。宋、郑,甥舅也⑰。祉,禄也。若帝乙之元子归妹,而有吉禄,我安得吉焉⑱?"乃止。

【注释】

①晋赵鞅卜救郑,遇水适火:卦象显示之兆为水流向火。

②占诸史赵、史墨、史龟:请三位解释卦象。史赵、史墨、史龟,都是晋国史官。

③沉阳:阳火下沉。

④利以伐姜:利于攻打姜姓之国。案齐国为姜姓。

⑤子商:指宋国,宋为殷商之后,子姓。

⑥"盈,水名也"六句:盈是水的名字,子是水的位置,二者势均力敌,不可相犯。盈,即嬴,赵鞅之姓。子,宋国之姓。敌,相当。干,犯。

⑦炎帝为火师:传说炎帝是火神。

⑧水胜火,伐姜则可:可伐齐。

⑨是谓如川之满,不可游也:盈如江河的满潮,不能游水渡过。

⑩郑方有罪,不可救也:郑国因为宠臣求邑伐人,是有罪。

⑪其他:指伐齐。

⑫阳虎以《周易》筮之,遇《泰》䷊之《需》䷄:阳虎用《周易》占筮可否伐宋救郑,得到《泰》卦变为《需》卦,第五爻由阴变阳。

⑬方吉:正是吉利之时。

⑭不可与:不可为敌。

⑮微子启:商纣庶兄,宋国始祖。

⑯帝乙：商纣父亲。元子：长子。

⑰宋、郑，甥舅也：宋嫁女于郑，是姑舅姻亲。

⑱"若帝乙之元子归妹"三句：《泰》卦六五爻辞说："帝乙归妹，以祉元吉。"阳虎据此爻辞论定伐宋不吉。

【译文】

晋国赵鞅为救援郑国而占卜，得到水流向火的卦象，向史赵、史墨、史龟询问吉凶。史龟说："这叫做阳气下沉，可以起兵。有利于攻打姜氏，而不利于攻打子商。进攻齐国可以，与宋国为敌则不吉利。"史墨说："盈是水名，子是水位。名和位相当，不能干犯。炎帝是火师，姜姓是他的后代。水战胜火，攻打姜姓则可行。"史赵说："这就如同河中涨满水，不能游。郑国正有罪，不能救。救郑国不吉利，其他的我不知道。"阳虎用《周易》占筮，得到《泰》卦☰☷变成《需》卦☵☰，说："宋国正吉利，不能与它为敌。微子启是帝乙的长子。宋、郑两国是甥舅关系。福祉是禄命。要是帝乙的长子嫁女儿，同时又有吉利的禄命，我们怎么能得到吉利呢？"于是停止出兵。

△**【经】**冬十月。

【译文】

冬十月。

***【左传】**冬，吴子使来徵师伐齐①。

【注释】

①吴子使来徵师伐齐：上年齐国请吴国一起攻打鲁国，后来又独自与鲁国讲和，吴国因此怀恨，反而与鲁国合谋进攻齐国。徵师，通告出兵日期。

【译文】

冬,吴王派人通报出兵攻打齐国的事。

十年

【经】十年春王二月[①]**,郑子益来奔**[②]**。**

【注释】

①十年:鲁哀公十年当周敬王三十五年,前485年。

②郑子益:《公羊传》作"郑娄子益"。

【译文】

鲁哀公十年春周历二月,郑隐公益逃来鲁国。

【左传】十年春,郑隐公来奔。齐甥也,故遂奔齐。

【译文】

鲁哀公十年春,郑隐公逃来鲁国。他是齐国的外甥,所以接着逃往齐国。

【经】公会吴伐齐[①]**。**

【注释】

①公会吴伐齐:以吴国为首的诸侯伐齐,齐人杀齐悼公以取悦吴国,后来吴国退兵。顾栋高曰:"鲁以陵郑之故,交受齐、吴两大国之伐,乃归郑子,而受齐盟。逾一年,即会吴伐齐。欺凌弱小,反覆两大,真小人哉!

【译文】

鲁哀公会合吴国进攻齐国。

【左传】公会吴子、邾子、郯子伐齐南鄙,师于鄎^①。

【注释】

①鄎(xī):齐国南部边境地名。

【译文】

鲁哀公会合吴王夫差、邾子、郯子攻打齐国南部边境,驻军于鄎地。

【经】三月戊戌^①,齐侯阳生卒^②。

【注释】

①戊戌:十四日。

②齐侯阳生:即齐悼公,姓姜,名阳生,谥悼。前488年即位,在位
　四年。

【译文】

三月十四日,齐悼公阳生去世。

【左传】齐人弑悼公,赴于师^①。吴子三日哭于军门之
外^②。徐承帅舟师将自海入齐^③,齐人败之,吴师乃还。

【注释】

①齐人弑悼公,赴于师:齐国人杀死齐悼公,向联军发讣告。案以取
　悦于吴国。顾栋高曰:"齐以不背盟之故,辞师于吴,吴为是伐齐,
　征师于鲁,鲁宜感齐之德而婉以谢吴可也。邾受齐恩更深,为鲁
　伐几亡,赖齐连吴伐鲁,鲁乃归邾子。今乃邾、鲁连结伐齐,致齐

弑君以说。以怨报德，真狗彘之不若矣。"又曰："鲁不能拒吴之请而居然反噬，惟强是从，致齐弑君以说，此何理乎！皆由季康子之狂悖，而公坐受不义之名耳。"

②吴子三日哭于军门之外：尽诸侯哭吊之礼。

③徐承：吴国大夫。

【译文】

齐国人杀死齐悼公，向联军发讣告。吴王夫差在军门外哭吊了三天。徐承率领水军想从海道进入齐国，齐国打败了他们，吴军便撤回。

△**【经】夏，宋人伐郑。**

【译文】

夏，宋国攻打郑国。

【经】晋赵鞅帅师侵齐。

【译文】

晋国赵鞅领兵进攻齐国。

【左传】夏，赵鞅帅师伐齐，大夫请卜之。赵孟曰："吾卜于此起兵①，事不再令，卜不袭吉②。行也。"于是乎取犁及辕③，毁高唐之郭④，侵及赖而还⑤。

【注释】

①吾卜于此起兵：去年曾占卜伐宋不吉，伐齐吉，至今才起兵。

②事不再令，卜不袭吉：一件事情不能两次占卜，占卜也不一定再次

吉利。

③犁、辕：齐地名。犁，即犁丘，在今山东临邑西。辕，在今山东禹城
  附近。

④高唐：古地名，在今山东禹城西南。

⑤赖：古地名，在今山东章丘西北。

【译文】

夏，赵鞅带兵攻打齐国，大夫请求占卜。赵鞅说："我就是因为占卜
过而出兵，一件事不能占卜两次，占卜也不一定再次吉利。出发吧。"于
是占领了犁和辕两地，拆毁高唐外城，侵袭到赖地而回兵。

△**【经】五月，公至自伐齐。**

【译文】

五月，鲁哀公从攻齐前线回来。

△**【经】葬齐悼公。**

【译文】

安葬齐悼公。

△**【经】卫公孟驱自齐归于卫**①。

【注释】

①卫公孟驱（kōu）自齐归于卫：定公十四年，公孟驱逃往齐国，现在
  从齐国返回卫国。公孟驱，蒯聩之党。

【译文】

卫国公孟驱从齐国回到卫国。

△【经】薛伯夷卒[①]。

【注释】

①薛伯夷：即薛惠公，姓任，名夷，谥惠。《公羊传》作"薛伯寅"。

【译文】

薛惠公夷去世。

△【经】秋，葬薛惠公。

【译文】

秋，安葬薛惠公。

*【左传】秋，吴子使来复儆师[①]。

【注释】

①吴子使来复儆师：伐齐未能得志，吴国派人再次通知出兵日期。

【译文】

秋，吴王夫差派人前来鲁国再次通报出兵日期。

【经】冬，楚公子结帅师伐陈[①]。吴救陈。

【注释】

①公子结：子期。

【译文】

冬，楚国公子结带兵进攻陈国。吴国救援陈国。

【左传】冬,楚子期伐陈①。吴延州来季子救陈②,谓子期曰:"二君不务德,而力争诸侯③,民何罪焉? 我请退,以为子名④,务德而安民。"乃还⑤。

【注释】

①楚子期伐陈:陈国亲吴,所以讨伐。

②延州来季子:杜预注以为即季札。并曰:"季子,吴王寿梦少子也。寿梦以襄十二年卒,至今七十七岁。寿梦卒,季子已能让国,年当十五六,至今盖九十余。"杨伯峻认为:"此延州来季子未必即季札本人,以近百岁老翁帅师,恐情理所难,或其子孙,仍受延、州来之封,故仍其称乎?"

③二君不务德,而力争诸侯:不致力于德政而以武力争夺诸侯,必使生灵涂炭。二君,指吴、楚两国国君。

④我请退,以为子名:延州来季子愿自动退兵,让子期获得战胜的好名声。

⑤乃还:吴军退兵回国。

【译文】

冬,楚国子期攻打陈国。吴国延州来季子救援陈国,对子期说:"两国国君不致力于修明德行,反而以武力争夺诸侯,百姓有什么罪过? 我请求退兵,以成全您的名声,请您致力于修德而安定百姓。"于是吴军撤回。

十一年

【经】十有一年春①,齐国书帅师伐我②。

【注释】

①十有一年：鲁哀公十一年当周敬王三十六年，前484年。

②齐国书帅师伐我：齐伐鲁是因为去年鲁曾伐齐。伐我，讨伐鲁国。

【译文】

鲁哀公十一年春，齐国国书领兵攻打鲁国。

【左传】十一年春，齐为郎故①，国书、高无丕帅师伐我②，及清③。季孙谓其宰冉求曰④："齐师在清，必鲁故也⑤，若之何？"求曰："一子守，二子从公御诸竟⑥。"季孙曰："不能⑦。"求曰："居封疆之间⑧。"季孙告二子，二子不可⑨。求曰："若不可，则君无出⑩。一子帅师，背城而战，不属者，非鲁人也⑪。鲁之群室⑫，众于齐之兵车。一室敌车，优矣⑬。子何患焉？二子之不欲战也宜，政在季氏⑭。当子之身，齐人伐鲁而不能战，子之耻也，大不列于诸侯矣⑮。"季孙使从于朝，俟于党氏之沟⑯。武叔呼而问战焉⑰，对曰："君子有远虑⑱，小人何知⑲？"懿子强问之⑳，对曰："小人虑材而言，量力而共者也㉑。"武叔曰："是谓我不成丈夫也㉒。"退而蒐乘㉓。孟孺子洩帅右师㉔，颜羽御㉕，邴洩为右㉖。冉求帅左师，管周父御，樊迟为右㉗。季孙曰："须也弱㉘。"有子曰㉙："就用命焉㉚。"季氏之甲七千，冉有以武城人三百为己徒卒。老幼守宫，次于雩门之外㉛。五日，右师从之㉜。公叔务人见保者而泣㉝，曰："事充政重㉞，上不能谋，士不能死，何以治民？吾既言之矣，敢不勉乎㉟！"

【注释】

①齐为鄎故：去年鲁、吴、邾、郯伐齐，驻军于鄎地。

②国书、高无丕帅师伐我：国书、高无丕，齐国大夫。王樵曰：“是时政在季氏，生事起衅，故二家不肯同力，前之吴师，后之齐师，召之使来，直至傅国都而止。两书伐我，见鲁之益衰也。”

③清：齐地名，在今山东东阿，大清河西。

④冉求：孔子弟子，又称冉有。

⑤齐师在清，必鲁故也：齐军集结清地，必为攻打鲁国。

⑥一子守，二子从公御诸竟：季孙留守国内，孟孙、叔孙随鲁哀公到边境抵御齐军。一子，指季孙。二子，指孟孙、叔孙。

⑦不能：季孙自料无法调动孟孙、叔孙二人。

⑧居封疆之间：让孟孙、叔孙随鲁哀公守于境内近郊之地。封疆，境内近郊之地。

⑨季孙告二子，二子不可：孟孙、叔孙不肯听命。

⑩若不可，则君无出：二人不干，那么鲁哀公也不必出战。

⑪不属者，非鲁人也：不参战，简直就不是鲁国人。不属者，不参战的。

⑫群室：住在都邑中的卿大夫之家。

⑬一室敌车，优矣：以一家抵御齐国兵车，足有富余。一室，指季氏，四分公室而有其二，故季孙之兵车独多。

⑭二子之不欲战也宜，政在季氏：孟孙、叔孙恨季孙专政，所以不肯尽力打仗。

⑮“当子之身”四句：大不列于诸侯矣，使鲁国完全不配列在诸侯中。案冉求主张与齐国战，所以用话激季孙。

⑯季孙使从于朝，俟于党氏之沟：季孙入朝，叫冉求跟随前去，冉求在党氏之沟等待季孙。党氏之沟，鲁国宫中地名。

⑰武叔：叔孙州仇。

⑱君子：指武叔。

⑲小人：冉求自称。

⑳懿子：孟懿子，即孟孙何忌。

㉑小人虑材而言，量力而共者也：意思是自知才力不足，不配发言，所以不答。虑材而言，考虑了自己的才干才发言。量力而共，估量了力量才出力。共，通"供"。

㉒是谓我不成丈夫也：武叔醒悟冉求是责其不参战，讥讽他不是个大丈夫，故意不答以激二人。

㉓蒐乘：阅兵。

㉔孟孺子洩：孟懿子之子，字洩。

㉕颜羽：孟孙家臣。

㉖邴洩：也是孟孙家臣。

㉗樊迟：孔子弟子樊须。

㉘弱：年少。

㉙有子：冉求。

㉚就用命焉：樊须虽然年少，但能遵守命令。

㉛雩门：鲁都南城西门。

㉜五日，右师从之：孟孙不愿战，五天之后右军才前来。

㉝公叔务人：名公为，鲁昭公之子。保者：守城人。

㉞事充政重：徭役繁多，赋税苛重。

㉟吾既言之矣，敢不勉乎：既批评了别人，自己就应尽力为国，虽死无怨。

【译文】

　　鲁哀公十一年春天，齐国因为郎地战役的缘故，国书、高无㔻领兵进攻鲁国，到达清地。季孙对家宰冉求说："齐军在清地，必定是为鲁国而来，怎么办？"冉求说："一家防守国都，两家跟从国君到边境抵御。"季孙说："办不到。"冉求说："那就在境内近郊抵抗。"季孙告诉叔孙、孟孙二人，他们不同意。冉求说："要是不行，那么国君不要出去。您一人率领军队,背城而战,不肯服从命令的,就不能算是鲁国人。鲁国卿大夫各家的总数,比齐国的战车要多。就是您一家的战车,也多过齐军。您担心什么呢? 那两家不想出战是正常的,因为大政握在季氏手中。您在世的时候,齐国进攻鲁国而不能出战,这是您的耻辱,将再也不能自立于诸侯之间了。"季孙让冉求跟他一起上朝,在党氏之沟等候。叔孙喊过冉求问他对出战的看法,冉求回答说:"君子有深远的考虑,小人能知道什么?"孟孙坚持问他,冉求回答说:"小人考虑了才干才说话,衡量了力量才出力的。"叔孙说:"这是说我成不了大丈夫啊。"回去就检阅军队。孟孺子泄率领右军,颜羽驾车,邴泄为车右。冉求率领左军,管周父驾车,樊迟为车右。季孙说:"樊迟太年轻。"冉求说:"他能遵守命令。"季氏的甲士七千人,冉求带领三百名武城人为自己的亲兵。派年老、年幼的守卫宫室,驻扎在雩门外。五天后,右军才前来会合。公叔务人见到守城人就流下了眼泪,说:"徭役繁重,赋税又多,在上的人不能谋划,士卒不能忘死,用什么来治理民众? 我已经这么说了,怎敢不努力呢!"

师及齐师战于郊[①]。齐师自稷曲,师不逾沟[②]。樊迟曰:"非不能也,不信子也。请三刻而逾之[③]。"如之,众从之[④]。师入齐军[⑤]。右师奔,齐人从之[⑥]。陈瓘、陈庄涉泗[⑦]。孟之侧后入以为殿[⑧],抽矢策其马,曰:"马不进也[⑨]。"林不狃之伍曰[⑩]:"走乎[⑪]?"不狃曰:"谁不如[⑫]?"曰:"然则止乎[⑬]?"不狃曰:"恶贤[⑭]?"徐步而死[⑮]。

【注释】

①师:指冉求所率左师。

②齐师自稷曲,师不逾沟:齐军攻左师,左师不肯越沟迎战。

③"非不能也"三句:请冉求再三申明号令,必能过沟。子,指冉求。

刻,戒约。

④如之,众从之:依照樊迟的话,众人都越沟而战。

⑤师入齐军:左师攻入齐军。

⑥右师奔,齐人从之:孟氏所率右师本无意作战,全军败逃,齐军紧追不舍。

⑦陈瓘、陈庄:齐国大夫。泗:泗水,流经山东曲阜城北、城西。

⑧孟之侧后入以为殿:最后入城。孟之侧,孟氏族人。

⑨马不进也:不矜夸自己勇敢而殿后,谦称是由于马走不快。

⑩林不狃:右师里的军士,为伍长。伍:五人为伍,指林不狃的部下兵卒。

⑪走:逃跑。

⑫谁不如:谁不能逃跑。案林不狃不愿意逃跑。

⑬止:指留下抗敌。

⑭恶贤:留下也无益。恶,何。贤,益处。

⑮徐步而死:徐步,慢慢撤退。案右师虽有孟之侧、林不狃等勇猛之士,但孟氏不战,终于失败。

【译文】

鲁军左师和齐军在郊外交战。齐军从稷曲发起进攻,鲁军不肯越沟接战。樊迟说:"这并非做不到,而是不信任您啊。请再三申明号令然后冲过沟去。"冉求按他的话做了,大家都跟着过沟。左师攻入齐军。鲁军右军奔逃,齐军追赶。陈瓘、陈庄渡过泗水。孟之侧在全军最后殿后,抽箭鞭打他的马,说:"是马跑不快啊。"林不狃的部下说:"逃走吗?"林不狃说:"我们不如谁了?"兵士又说:"那么停下来抵御吗?"林不狃说:"我们留下有什么作用?"慢慢撤退,结果被杀死。

师获甲首八十①,齐人不能师②。宵,谍曰:"齐人遁。"冉有请从之三③,季孙弗许。

【注释】

①师获甲首八十：冉求左师获胜。

②不能师：溃不成军。

③冉有请从之三：多次请追齐军。

【译文】

鲁军左师斩获齐军甲士的首级八十颗，齐军溃不成军。夜里，军探报告说："齐军逃跑了。"冉求多次请求追击，季孙都没允许。

孟孺子语人曰："我不如颜羽①，而贤于邴洩②。子羽锐敏，我不欲战而能默。洩曰：'驱之。'③"公为与其嬖僮汪锜乘，皆死，皆殡④。孔子曰："能执干戈以卫社稷，可无殇也⑤。"冉有用矛于齐师，故能入其军⑥。孔子曰："义也。"

【注释】

①我不如颜羽：颜羽为驭手。

②而贤于邴洩：邴洩是车右。

③"子羽锐敏"四句：颜羽勇敢敏锐善战，邴洩胆小，只喊着"逃吧"。驱之，驱马逃跑。案孟孺子不想作战，但没喊逃走，所以说自己不如颜羽，而贤于邴洩。

④"公为与其嬖僮汪锜乘"三句：公为与汪锜一起战死，都加以殡殓。

⑤殇：葬童子的仪式。

⑥冉有用矛于齐师，故能入其军：用矛刺杀齐军，使鲁军冲进齐军阵地。

【译文】

孟孺子对人说："我不如颜羽，却比邴洩贤明。颜羽敏锐，我不想作战但能保持沉默。邴洩说：'逃吧。'"公为和他的爱童汪锜同乘一辆车，都战死，一起加以殡殓。孔子说："能拿着武器保卫国家，可以不用未成年人礼来安葬他。"冉有用矛对付齐军,所以能够冲入齐军。孔子说:"这是合于道义的。"

【经】夏,陈辕颇出奔郑^①。

【注释】

①辕颇:陈国大夫。《公羊传》作"袁颇"。

【译文】

夏,陈国辕颇出逃郑国。

【左传】夏,陈辕颇出奔郑。初,辕颇为司徒,赋封田以嫁公女^①。有余,以为己大器^②。国人逐之,故出^③。道渴,其族辕咺进稻醴、粱糗、腶脯焉^④。喜曰:"何其给也^⑤?"对曰:"器成而具^⑥。"曰:"何不吾谏^⑦?"对曰:"惧先行^⑧。"

【注释】

①赋封田以嫁公女:在封邑横征暴敛以奉献给陈哀公嫁女儿。

②大器:钟鼎类大型彝器。

③国人逐之,故出:辕颇贪暴,被逐,因此逃亡郑国。

④稻醴:稻米甜酒。粱糗(qiǔ):小米干饭。腶(duàn)脯:腌肉干。

⑤给(jǐ):丰富。

⑥器成而具:意思是早知辕颇将被逐,因此大器铸成时,也备好了这些食品。

⑦不吾谏:不谏吾,不早劝阻我。

⑧惧先行:意谓辕咺怕辕颇不听劝,反而先赶走自己。

【译文】

夏,陈国辕颇出逃郑国。起初,辕颇任司徒,征收封邑内田地的赋税来陪嫁陈哀公的女儿。有剩余,就为自己铸造钟鼎等大器具。国人驱逐了他,所以他出逃。路上口渴,他的族人辕咺献上米酒、小米干饭和干肉。辕颇高兴地说:"怎么这么丰富?"辕咺回答说:"您的大器铸成时就准备好了。"辕颇说:"那为什么不劝谏我?"辕咺答复说:"我怕会先被赶走。"

【经】五月,公会吴伐齐。甲戌①,齐国书帅师及吴战于艾陵②,齐师败绩,获齐国书。

【注释】

①甲戌:二十七日。

②齐国书帅师及吴战于艾陵:顾栋高曰:"哀公之世,齐、鲁交兵凡四,则以伐邾一案,而齐、鲁交兵亦止于此。"艾陵,齐地名,在今山东莱芜。

【译文】

五月,鲁哀公会合吴国进攻齐国。二十七日,齐国国书领兵与吴军在艾陵交战,齐军被打败,俘获国书。

【左传】为郊战故,公会吴子伐齐①。五月,克博②。壬申③,至于嬴④。中军从王⑤,胥门巢将上军⑥,王子姑曹将下军,展如将右军。齐国书将中军,高无㔻将上军,宗楼将下军。陈僖子谓其弟书⑦:"尔死,我必得志⑧。"宗子阳与闾丘明相厉也⑨。桑掩胥御国子⑩,公孙夏曰:"二子必死⑪。"将战,公孙夏命其徒歌《虞殡》⑫。陈子行命其徒具含玉⑬。公孙挥命其徒曰:"人寻约,吴发短⑭。"东郭书曰:"三战必死,于此三矣⑮。"使问弦多以琴⑯,曰:"吾不复见子矣。"陈书曰:"此行也,吾闻鼓而已,不闻金矣⑰。"

【注释】

①公会吴子伐齐：鲁国联合吴国进攻齐国报仇。

②博：古地名，在今山东泰安东南。

③壬申：二十五日。

④嬴：古地名，在今山东莱芜西北。

⑤中军从王：吴王亲率中军。

⑥胥门巢：吴国大夫。下文姑曹、展如也是吴国大夫。

⑦陈僖子：陈乞。书：陈书，字子占。

⑧尔死，我必得志：如果陈书战死，陈氏在齐国将更得志。

⑨宗子阳：宗楼。相厉：互相勉励努力战死。

⑩国子：国书。

⑪二子：指桑掩胥与国书。

⑫公孙夏命其徒歌《虞殡》：唱此歌表示必死。《虞殡》，送葬的挽歌。

⑬陈子行：陈逆。具含玉：准备好含玉，表示必死。含玉，古人死后口中含玉。

⑭人寻约，吴发短：俘虏斩首后，以头发联结，计数以论功。吴人头发短，所以要准备绳子来捆绑首级。寻，八尺。约，绳子。案公孙挥想多杀敌立功。

⑮三战必死，于此三矣：时人认为三战必死，东郭书说自己这已经是参加的第三次战役了，所以必死。

⑯问：带礼品问候人。弦多：齐国人。

⑰吾闻鼓而已，不闻金矣：击鼓进军，鸣金收兵。不闻金，指将战死。案吴军强大，齐人都预料将战败而死。

【译文】

为了在鲁国郊外作战的缘故，鲁哀公会合吴王进攻齐国。五月，攻克博地。二十五日，到达嬴地。中军跟随吴王，胥门巢率领上军，王子姑曹率领下军，展如率领右军。齐国国书率领中军，高无丕率领上军，宗楼率领下军。陈僖子对他的弟弟陈书说:"你要是战死,我一定能得志。"宗子阳和闾丘明也互相勉励。桑掩胥为国书驾车,公孙夏说:"这两个人一定战死。"将要交战,公孙夏命令他的部下唱《虞殡》。陈子行命令他的部下准备好含玉。公孙挥命令他的部下说:"每人准备好八尺绳子,吴国人头发短。"东郭书说:"参加三次战斗必定战死,我加这次已经是三战了。"派人送琴问候弦多,说:"我不能再见您了。"陈书说:"这次我听到的只有鼓声,不会听见收兵的锣声了。"

甲戌,战于艾陵。展如败高子①,国子败胥门巢②。王卒助之③,大败齐师,获国书、公孙夏、闾丘明、陈书、东郭书,革车八百乘,甲首三千,以献于公④。

【注释】

①展如败高子:鲁、吴联军的右军打败齐国上军。

②国子败胥门巢:齐国中军打败联军上军。

③王卒助之:吴王中军帮助胥门巢。

④"革车八百乘"三句:鲁哀公率兵参战,所以将战利品慰劳鲁哀公。

　　顾栋高曰:"鲁曾不自反,助吴之焰,覆齐之全师,蹶齐之上将,借强邻以矜武功,受蛮夷之命而结怨甥舅之邦,鲁可谓知耻也哉?"

【译文】

五月二十七日,两军在艾陵交战。展如打败高无丕,国书打败胥门巢。吴王的军队帮助胥门巢,大败齐军,杀死国书、公孙夏、闾丘明、陈书、东郭书,缴获革车八百辆、士兵首级三千颗,献给鲁哀公。

将战,吴子呼叔孙①,曰:"而事何也②?"对曰:"从司马③。"王赐之甲、剑铍④,曰:"奉尔君事,敬无废命。"叔孙未能对⑤，卫赐进，曰："州仇奉甲从君。"而拜⑥。

【注释】

①叔孙：武叔州仇。

②而事何也：问他担任何职。

③从司马：任司马。从，谦辞。

④剑铍（pī）：带剑鞘的佩剑。

⑤叔孙未能对：一时不知如何应答。案杨伯峻曰："君赐臣剑，是欲其死，疑古无受剑铍之礼，故叔孙不知所对。下文子贡代对，亦只言受甲。"

⑥"卫赐进"四句：子贡代武叔受甲，拜谢吴王。卫赐，子贡，卫国人，孔子弟子。

【译文】

将要交战时，吴王召唤叔孙，说："你担任什么职务？"叔孙回答说："司马。"吴王赐给他皮甲、剑铍，说："认真奉行你国君交代的事，恭敬不要废弃命令。"叔孙没能回答，卫赐上前，说："叔孙州仇敬受皮甲跟从国君。"代叔孙拜谢吴王。

公使大史固归国子之元①，置之新箧②，裹之以玄纁③，加组带焉④。置书于其上曰："天若不识不衷，何以使下国⑤？"

【注释】

①公使大史固归国子之元：鲁哀公派太史固将国书头颅送回齐国。元，头颅。

②箧（qiè）：箱子。

③裹（wèi）之以玄纁（xūn）：以玄纁垫国书的头。裹，垫在下面。玄纁，黑色和浅绛色的帛。古代以玄纁为象征天地之色。纁，浅绛色。

④组带：丝绸带。

⑤天若不识不衷，何以使下国：上天知道齐国不善，才使吴国得胜，国书被杀。不衷，不善。下国，指吴国。

【译文】

　　鲁哀公派太史固送回国书的首级，放置在新盒子里，下面垫着黑和浅红的丝绸，加上绸带。把书信放在盒子上，写道："上天要是不明白你们的行为不正，怎么能让下国得胜？"

　　*【左传】吴将伐齐，越子率其众以朝焉①，王及列士皆有馈赂②。吴人皆喜，惟子胥惧，曰："是豢吴也夫③！"谏曰："越在我，心腹之疾也。壤地同而有欲于我④。夫其柔服，求济其欲也⑤，不如早从事焉⑥。得志于齐，犹获石田也⑦，无所用之。越不为沼，吴其泯矣⑧。使医除疾，而曰'必遗类焉'者⑨，未之有也。《盘庚之诰》曰：'其有颠越不共，则劓殄无遗育，无俾易种于兹邑⑩。'是商所以兴也。今君易之⑪，将以求大⑫，不亦难乎？"弗听。使于齐⑬，属其子于鲍氏，为王孙氏⑭。反役，王闻之，使赐之属镂以死⑮。将死，曰："树吾墓槚⑯，槚可材也。吴其亡乎！三年⑰，其始弱矣。盈必毁，天之道也⑱。"

【注释】

①越子：越王句践。

②王及列士皆有馈赂：越王向吴国君臣送礼庆贺。

③是豢（huàn）吴也夫：越国贿赂吴国，如同人豢养牲畜，到时一定杀掉。豢，喂养。

④壤地同而有欲于我：越国与吴国土地相连，始终怀有灭吴之心。

⑤夫其柔服，求济其欲也：越国卑屈驯服，乃是为了实现其野心。

⑥早从事焉：早日解决越国。

⑦石田：不可耕种的田地。

⑧越不为沼，吴其泯矣：吴国不灭亡越国，越国必灭亡吴国。为沼，被灭而成为池沼。泯，灭。

⑨使医除疾，而曰"必遗类焉"者：派医生治病而要留病根的。类，同类，指疾病。

⑩"其有颠越不共"三句：参见《尚书·盘庚中》，意思是狂暴不听命令的，就要剿灭干净，不让他在这里繁殖后代。颠，颠仆。越，逾越。不共，即"不恭"。剿（yì），割除。殄（tiǎn），灭绝。无遗育，无遗种。易种，转生种类。

⑪易之：改变常法。

⑫求大：求得强大。

⑬使于齐：伍子胥为吴王出使齐国。

⑭属其子于鲍氏，为王孙氏：伍子胥将儿子托付给鲍氏，后来成为王孙氏。

⑮"反役"三句：从艾陵之役回国，夫差认为伍子胥私通敌国，怀有二心，因此赐属镂剑令其自杀。

⑯槚（jiǎ）：树名，古人常用作棺木。

⑰三年：三年之后。

⑱盈必毁，天之道也：骄傲自满到极点，必然崩毁。盈，满。案哀公十三年，越国进攻吴国，哀公二十二年，越国灭亡吴国。

【译文】

吴国准备进攻齐国，越王句践率领他的臣子去朝见，吴王和他的大夫们都得到馈赠。吴国人皆大欢喜，只有伍子胥害怕，说："这是在蓄养吴国啊！"他劝谏吴王说："越国对于我国，是心腹之患。与我们同在一块土地上而又对我们有欲望。他们的柔弱顺服，是为了达到其目的，我们不如早些下手。在齐国满足心愿，就像获得一块石头田地，没有什么用。越国如果不变成池沼，吴国可就要灭亡了。让医生去治病，却说'一定要留下病根'，这是从来没有的事。《盘庚之诰》说：'如果有狂暴不听命令的，就要剿灭干净，不让他在这里繁殖后代。'这是商朝兴盛的原因。如今君王背道而驰，将要由此达到强盛，不也是很困难的吗？"吴王不听。伍子胥出使齐国，把儿子托付在鲍氏处，后来成了王孙氏。从艾陵战役归来，吴王听说了此事，便派人赐给伍子胥属镂剑要他自杀。伍子胥将死的时候，说："在我的墓前栽上檟木，檟树可以做棺材。吴国大概就要亡国了！三年后它就开始衰弱了。盈满之后必然毁坏，这是上天的常道。"

　　△【经】秋七月辛酉①，滕子虞母卒②。

【注释】
①辛酉：十五日。
②滕子虞母：即滕隐公，姓姬，名虞母，谥隐。

【译文】
秋七月十五日，滕隐公虞母去世。

　　*【左传】秋，季孙命修守备，曰："小胜大①，祸也。齐至无日矣②。"

【注释】
①小胜大：鲁国小，齐国大，指鲁国战胜齐国。
②齐至无日矣：预料齐国必将报复，因此整顿防备。

【译文】
秋，季孙命令整修防卫工事，说："小国战胜大国，是祸害。齐国不久就会来攻了。"

△【经】冬十有一月,葬滕隐公。

【译文】

冬十一月,安葬滕隐公。

【经】卫世叔齐出奔宋①。

【注释】

①卫世叔齐出奔宋:世叔齐初娶宋女,既而出宋女,复娶孔文子之
　女。但又诱其前妻之妹,别宫居之。孔文子怒,夺回其女。世叔
　齐羞而奔宋,死于宋。世叔齐,太叔疾,卫国大夫。

【译文】

卫国世叔齐出逃宋国。

【左传】冬,卫大叔疾出奔宋①。初,疾娶于宋子朝②,其
娣嬖③。子朝出④,孔文子使疾出其妻而妻之⑤。疾使侍人
诱其初妻之娣置于犁⑥,而为之一宫,如二妻⑦。文子怒,欲
攻之,仲尼止之⑧。遂夺其妻⑨。或淫于外州⑩,外州人夺之
轩以献⑪。耻是二者⑫,故出。卫人立遗⑬,使室孔姞⑭。疾
臣向魋⑮。纳美珠焉,与之城鉏⑯。宋公求珠,魋不与,由是
得罪。及桓氏出⑰,城鉏人攻大叔疾,卫庄公复之⑱。使处
巢,死焉⑲。殡于郧⑳,葬于少禘㉑。

【注释】

①大叔疾：世叔齐。

②疾娶于宋子朝：世叔齐娶宋子朝女儿。

③其娣嬖：从嫁的姊妹很受世叔齐的宠爱。

④子朝出：子朝逃亡国外。

⑤孔文子使疾出其妻而妻之：孔文子让世叔齐休弃妻子，而把自己的女儿嫁给他。孔文子，卫国执政大臣孔圉。

⑥初妻之娣：即受世叔齐宠爱的从嫁姊妹。犁：卫地名，在今河南范县。

⑦而为之一宫，如二妻：世叔齐休弃前妻，也包括其姊妹。现在他又引诱前妻姊妹，并在犁地建房，金屋藏娇，和孔文子之女一样，如同有两个妻子。

⑧"文子怒"三句：孔文子想攻打世叔齐，孔子从旁劝阻。

⑨遂夺其妻：孔文子接回自己女儿。

⑩淫于外州：世叔齐又在外州与其他女子私通。外州，卫地名，今地不详。

⑪外州人夺之轩以献：外州人夺了世叔齐的轩车献给国君。轩，车。

⑫耻是二者：世叔齐以为耻。二者，妻被夺，轩车又被夺。

⑬遗：世叔齐弟弟。

⑭室：妻室，这里用作动词，为妻室。孔姞：孔文子女儿，世叔齐前妻。

⑮疾臣向魋：世叔齐做了向魋的家臣。向魋，宋国司马。

⑯纳美珠焉，与之城鉏：世叔齐送珍珠给向魋，向魋赏给他城鉏。

⑰及桓氏出：向魋在哀公十四年逃亡到卫国。桓氏，向魋。

⑱卫庄公复之：卫庄公让世叔齐回到卫国。

⑲使处巢，死焉：世叔齐死于巢。巢，卫地名。

⑳郹：卫地名，在今山东莒县南。

㉑少禘：卫地名。

【译文】

　　冬,卫国太叔疾出逃宋国。起初,太叔疾娶宋子朝之女为妻,她的妹妹很得宠。子朝出逃后,孔文子要太叔疾休掉他的妻子而把女儿嫁给他。太叔疾派随从引诱了他前妻的妹妹并把她安顿在犁地,还为她建造了一座宫室,就像有两个妻子一样。孔文子发怒,打算攻打太叔疾,孔子劝止了他。于是孔文子就把嫁为太叔疾妻子的女儿夺了回来。太叔疾又与外州女子通奸,外州人夺了他的轩车献上来。太叔疾对这两件事感到耻辱,所以出逃。卫国人立了太叔遗,让他娶嫂子孔姞为妻。太叔疾做了向魋的家臣。他送给向魋名贵的珍珠,向魋给了他城鉬邑。宋公索取这珍珠,向魋不给,于是得罪了国君。等到桓氏出逃,城鉬人攻打太叔疾,卫庄公又让他回了国。让他住在巢地,就死在那里。棺材停放在郠地,安葬在少禘。

　　初,晋悼公子慭亡在卫,使其女仆而田①。大叔懿子止而饮之酒②,遂聘之③,生悼子④。悼子即位,故夏戊为大夫⑤。悼子亡,卫人翦夏戊⑥。

【注释】

　　①仆:驾车。田:打猎。
　　②懿子:卫国太叔仪之孙。
　　③聘之:聘娶晋悼公慭的女儿为妻。
　　④悼子:太叔疾。
　　⑤夏戊:太叔疾的外甥。
　　⑥翦:削夺其封邑。

【译文】

　　起初,晋悼公的儿子慭流亡在卫国,让自己的女儿驾车去打猎。太叔懿子留他喝酒,便聘他女儿为妻,生下太叔疾。太叔疾即位,所以夏戊做了大夫。太叔疾流亡,卫国人削夺了夏戊的官爵封邑。

孔文子之将攻大叔也,访于仲尼。仲尼曰:"胡簋之事①,则尝学之矣。甲兵之事,未之闻也②。"退,命驾而行③,曰:"鸟则择木,木岂能择鸟④?"文子遽止之⑤,曰:"圉岂敢度其私⑥,访卫国之难也。"将止⑦,鲁人以币召之,乃归⑧。

【注释】

①胡簋(guǐ)之事:指祭祀之事。胡簋,古代祭祀时盛粮食的器皿。

②甲兵之事,未之闻也:孔子反对孔文子攻打太叔疾。

③驾:准备车马。

④鸟则择木,木岂能择鸟:孔子不愿再留居卫国。

⑤文子遽(jù)止之:挽留孔子。

⑥圉岂敢度其私:不敢谋自己的私利。

⑦将止:孔子打算留下。

⑧鲁人以币召之,乃归:孔子从卫国返回鲁国。

【译文】

孔文子准备进攻太叔疾时,向孔子讨教。孔子说:"祭祀的事,我曾经学过。打仗的事,我没听说过。"孔子退出后,命准备车马上路,说:"鸟选择树木,树木怎么能选择鸟?"孔文子急忙阻止他,说:"我怎敢为自己个人谋划,我访求的是防范卫国的祸难啊。"孔子准备留下,鲁国用礼物召请他,于是回国了。

*【左传】季孙欲以田赋①,使冉有访诸仲尼。仲尼曰:"丘不识也②。"三发③,卒曰:"子为国老④,待子而行,若之何子之不言也?"仲尼不对⑤。而私于冉有曰:"君子之行也,

度于礼⑥；施取其厚，事举其中，敛从其薄⑦。如是，则以丘亦足矣⑧。若不度于礼，而贪冒无厌⑨，则虽以田赋，将又不足。且子季孙若欲行而法⑩，则周公之典在；若欲苟而行⑪，又何访焉？"弗听⑫。

【注释】

①以田赋：季孙实行的征收田亩税及征召军役、军备的改革政策。

②丘不识也：不识，不懂这些。案孔子意在反对此法。

③三发：问了三次。

④国老：国之元老，对孔子的尊称。

⑤仲尼不对：不做正式答复。

⑥君子之行也，度于礼：君子行事应依礼来考虑。

⑦"施取其厚"三句：施舍要厚，举事适中，赋敛要少。

⑧如是，则以丘亦足矣：丘赋比田赋轻，孔子反对横征暴敛。丘，丘赋。

⑨贪冒：贪婪。

⑩子季孙：对季孙的尊称。行而法：行事符合法度。

⑪苟而行：随便办事，为所欲为。

⑫弗听：季孙不接受孔子的意见。案此当与下年传"用田赋"连读。

【译文】

季孙想按田亩征税，派冉求去征求孔子的意见。孔子说："我不懂这事。"问了三次，最后说："您是国家的元老，就等着按您的意见去办，为何您不发表意见？"孔子不正式回答。而在私下对冉求说："君子办事，要根据礼来考虑；施舍时尽量丰厚，办事时选择适中，征税尽量微薄。这样的话，那么按丘征税也就足够了。要是不根据礼来衡量，而是贪得无厌，那么即便按田亩征收赋税，还是得不到满足。再说季孙如果想合乎法制，那么有周公制定的典章在；要是想随意行事，又何必来征求意见呢？"季孙不听。

十二年

【经】十有二年春^①,用田赋^②。

【注释】

①十有二年:鲁哀公十二年当周敬王三十七年,前483年。

②田赋:指按照田亩征收赋税。

【译文】

鲁哀公十二年春,推行依田亩征税制度。

【左传】十二年春王正月,用田赋。

【译文】

鲁哀公十二年春周历正月,推行依田亩征税制度。

【公羊传】何以书? 讥。何讥尔? 讥始用田赋也^①。

【注释】

①讥始用田赋也:案古制,民众所负担的,有田税与军赋。共耕公田,以公田所出为田税。若有武事,则另行收取军赋。此处用田赋,是在没有武事时,照样收取军赋,使之成为常制,加重了民众的负担,故为《春秋》所讥。

【译文】

为何记录此事? 是讥刺。讥刺什么? 讥刺开始收取田赋作为常制。

【穀梁传】古者公田什一,用田赋,非正也。

【译文】

古代,公田占田地的十分之一,现在实行田赋制度,不合正道。

【经】夏五月甲辰①,孟子卒②。

【注释】

①甲辰:初三。

②孟子:鲁昭公夫人。娶于吴,吴也是姬姓国,所以犯了同姓不婚之礼,所以经文为她隐讳,称"孟子"不称"夫人"。

【译文】

夏五月初三,孟子去世。

【左传】夏五月,昭夫人孟子卒。昭公娶于吴,故不书姓①。死不赴,故不称夫人②。不反哭,故不言葬小君③。孔子与吊④,适季氏。季氏不绖⑤,放绖而拜⑥。

【注释】

①昭公娶于吴,故不书姓:鲁昭公夫人是吴国女子,鲁、吴同为姬姓国,古礼"同姓不婚",所以不系以母家姓称"吴姬"或"孟姬",而称孟子。

②死不赴,故不称夫人:死后不发讣告,所以不称夫人。

③不反哭,故不言葬小君:反哭,葬后回祖庙号哭。小君,诸侯妻子。案以上解释经文为何不称夫人,不书葬。

④与吊:参加吊唁。

⑤季氏不绖(wèn):季氏仇恨鲁昭公,所以不为孟子行丧礼。绖,脱帽,用布把头发包起来。

⑥放绖(dié)而拜:孔子往季氏家做私人之吊,季氏不行丧礼,孔子

于是除去丧服下拜。放绖，脱掉丧服。

【译文】

夏五月，鲁昭公夫人孟子去世。鲁昭公娶的是吴国女子，所以《春秋》不记载她的姓。孟子死后没有发布讣告，所以不称她为夫人。安葬后没有回到祖庙哭吊，所以不说安葬小君。孔子参加吊唁，到了季氏家。季氏不脱帽服丧，孔子便除掉丧服下拜。

【公羊传】孟子者何？昭公之夫人也。其称孟子何[①]？讳娶同姓[②]，盖吴女也。

【注释】

①其称孟子何：案《春秋》之例，夫人去世，当书"夫人某氏卒"，此处却书"孟子卒"，故而发问。

②讳娶同姓：案礼制，同姓不婚，同姓为婚，是乱人伦，与禽兽无别，是为大恶。孟子为吴女，吴为姬姓之国。若案夫人之例书卒，当书"夫人姬氏卒"，如此则显言鲁昭公之大恶，故《春秋》避讳而书"孟子卒"。何休云："不称夫人，不言薨，不书葬者，深讳之。"

【译文】

孟子是什么人？是鲁昭公的夫人。称她为孟子，是为何？是避讳娶同姓之女为夫人，孟子是吴女。

【穀梁传】孟子者何也？昭公夫人也。其不言夫人，何也？讳取同姓也。

【译文】

孟子是谁？是鲁昭公的夫人。经文不说"夫人"，为什么呢？是为鲁昭公娶了同姓的夫人隐讳。

【经】公会吴于橐皋^①。

【注释】

①橐（tuó）皋：吴地名，在今安徽巢湖西北。

【译文】

鲁哀公和吴国人在橐皋相会。

　　【左传】公会吴于橐皋，吴子使大宰嚭请寻盟^①。公不欲^②，使子贡对曰："盟，所以周信也^③，故心以制之，玉帛以奉之^④，言以结之，明神以要之^⑤。寡君以为苟有盟焉，弗可改也已。若犹可改，日盟何益^⑥？今吾子曰'必寻盟'，若可寻也，亦可寒也^⑦。"乃不寻盟^⑧。

【注释】

①吴子使大宰嚭请寻盟：重温哀公七年吴、鲁会于鄫的盟约。

②公不欲：鲁哀公不愿重修盟约。

③周信：巩固信用。周，巩固。

④故心以制之，玉帛以奉之：从内心来约束它，用玉帛来供奉它。

⑤言以结之，明神以要之：用言辞来结盟，在神明前盟誓，使大家信
　　守盟约。

⑥若犹可改，日盟何益：已有盟约而不信守，每天订盟也没用。

⑦若可寻也，亦可寒也：寻，温暖之义。寒，寒凉之义。寻盟是重温
　　旧好，寒盟则是废弃盟约。案这是巧妙地利用字义为辞令。

⑧乃不寻盟：哀公七年吴、鲁二国有鄫之盟，八年吴国便进攻鲁国，
　　鲁国有怨恨，因此不愿重温旧好。

【译文】

鲁哀公与吴国人在橐皋相会,吴王派太宰嚭请求重温旧盟。鲁哀公不愿意,派子贡答复说:"盟誓是用来巩固信义的,所以要用内心来制约它,用玉帛来奉献给它,用言语来完成它,在神灵前盟誓约束它。我们国君认为只要有了盟约,就不能更改了。要是还可以更改,即便每天结盟又有什么用处?现在您说'一定要重温旧盟',如果可以重温,那也可以冷落它。"于是没有重温旧盟。

【经】 秋,公会卫侯、宋皇瑗于郧①。

【注释】

①公会卫侯、宋皇瑗于郧:卫侯,卫出公姬辄,侯爵,卫灵公之孙。郧,古地名,在今山东莒县南。一说在今江苏如皋东。《公羊传》作"运"。顾栋高曰:"夫差争伯,其威灵已及鲁、宋、卫三国矣。且其先已得陈、蔡,几几如楚灵之比。而晋之君臣付若不闻,与聋哑无异。黄池争长,实晋之痿弱有以致之也。"

【译文】

秋,鲁哀公和卫出公、宋国皇瑗在郧地相会。

【左传】 吴征会于卫①。初,卫人杀吴行人且姚而惧,谋于行人子羽②。子羽曰:"吴方无道,无乃辱吾君,不如止也③。"子木曰:"吴方无道,国无道,必弃疾于人④。吴虽无道,犹足以患卫⑤。往也!长木之毙,无不摽也⑥;国狗之瘈,无不噬也⑦。而况大国乎?"

【注释】

①吴征会于卫：召卫国参加会盟。

②卫人杀吴行人且姚而惧，谋于行人子羽：因为杀了且姚，卫出公不
　愿参加会盟，怕有危险。且姚，吴国外交官名。子羽，卫国大夫。

③"吴方无道"三句：案子羽建议不去参加会盟。

④弃疾：加害。

⑤犹足以患卫：足以祸害卫国。

⑥长木之毙，无不摽（biào）也：大树倒下时，必定击毁周围草木。
　长木，大树。摽，击。

⑦国狗之瘈（zhì），无不噬也：国狗发狂，见人必咬。国狗，名狗。瘈，
　发狂。

【译文】

　　吴国召集卫国参加诸侯的会见。起初，卫国人因杀了吴国行人且
姚而害怕，与行人子羽商讨对策。子羽说："吴国正无道，恐怕会侮辱我
们的国君，不如不去。"子木说："吴国正无道，国家无道，一定加害于人。
吴国虽然无道，仍然足以祸害卫国。还是去吧！高大的树木倒下，必定
击毁周围草木；名狗发疯，必定见什么咬什么，何况大国呢？"

　　秋，卫侯会吴于郧。公及卫侯、宋皇瑗盟，而卒辞吴
盟①。吴人藩卫侯之舍②。子服景伯谓子贡曰："夫诸侯之
会，事既毕矣，侯伯致礼，地主归饩③，以相辞也。今吴不行
礼于卫，而藩其君舍以难之④，子盍见大宰⑤？"乃请束锦以
行⑥。语及卫故⑦，大宰嚭曰："寡君愿事卫君，卫君之来也
缓，寡君惧，故将止之。"子贡曰："卫君之来，必谋于其众，
其众或欲或否⑧，是以缓来。其欲来者，子之党也；其不欲来
者，子之仇也。若执卫君，是堕党而崇仇也⑨。夫堕子者得

其志矣⑩。且合诸侯而执卫君，谁敢不惧？堕党崇仇，而惧诸侯，或者难以霸乎！”大宰嚭说，乃舍卫侯⑪。卫侯归，效夷言⑫。子之尚幼⑬，曰：“君必不免，其死于夷乎⑭！执焉而又说其言，从之固矣⑮。”

【注释】

①公及卫侯、宋皇瑗盟，而卒辞吴盟：鲁、卫、宋三国结盟，而拒绝和吴国结盟。

②藩：包围。

③“事既毕矣”三句：会盟结束，盟主应向各会盟国致礼，东道国应馈送食物。侯伯，盟主。地主，盟会所在地的东道国。

④难之：为难卫国国君。

⑤大宰：指吴国太宰伯嚭。

⑥乃请束锦以行：以束锦为见面礼。束锦，五匹锦。

⑦语及卫故：子贡为避嫌专为卫国而来，先谈其他，后来才涉及卫国的事。故，事。

⑧其众或欲或否：卫国众大夫有的赞成来，有的不赞成来。

⑨堕党而崇仇：毁弃朋友，抬举仇人。堕，毁。

⑩夫堕子者得其志矣：扣留了卫国国君，不赞成国君来的人意见应验，必然更加得意。

⑪舍：释放。

⑫效夷言：学吴语以示亲吴。夷言，吴语。

⑬子之：卫国公孙弥牟。

⑭君必不免，其死于夷乎：案子之预言卫出公将会死于夷人之手。

⑮执焉而又说其言，从之固矣：执焉，被吴国人逮住。说，同“悦”。从之，随同吴人而去。固，必然。案卫出公最终死于越国。越国与吴国语言相类。

【译文】

秋，卫出公与吴国人在郧地相会。鲁哀公和卫出公、宋国皇瑗结盟，最终拒绝和吴国结盟。吴国人包围了卫出公的住处。子服景伯对子贡说："诸侯相会，仪式已经完成，盟主向会盟国致礼，东道国送食物，以此互相辞别。现在吴国不向卫国致礼，反而包围其国君的住处来使他难堪，您何不去见太宰？"子贡就请求给五匹锦为礼物而前往。谈到卫国的事情，太宰嚭说："我们国君愿意事奉卫君，卫君来得晚了，我们国君害怕，所以准备留下他。"子贡说："卫君来时一定和他的大夫商量过，他们有的赞成有的反对，所以来迟了。那些赞成来的人，是你们的支持者；不愿意他来的人，是你们的仇敌。如果抓了卫君，这是毁弃支持者而抬高了仇敌。这样一来想毁掉你们的人可就得意了。而且会合诸侯却逮捕卫君，谁敢不害怕？毁弃支持者而抬高仇敌，并让诸侯害怕，恐怕难以称霸吧！"太宰嚭同意他的话，就释放了卫出公。卫出公回国后，模仿夷人的语言。这时子之还幼小，说："国君必定不能免于祸难，他大概要死于夷地的吧！被夷人抓了却喜欢对方的话语，一定会跟他们在一起了。"

【经】宋向巢帅师伐郑。

【译文】

宋国向巢率军攻打郑国。

【左传】宋、郑之间有隙地焉①，曰弥作、顷丘、玉畅、嵒、戈、锡②。子产与宋人为成，曰："勿有是③。"及宋平、元之族自萧奔郑④，郑人为之城嵒、戈、锡。九月，宋向巢伐郑，取锡，杀元公之孙，遂围嵒。十二月，郑罕达救嵒。丙申⑤，围宋师。

【注释】

①隙地：闲田。

②弥作、顷丘、玉畅、嵒（yì）、戈、钖（yáng）：六地均在今河南杞县一带。

③勿有是：郑、宋两国都不可占有这六地。

④及宋平、元之族自萧奔郑：宋平公、宋元公的族人公子地、公子辰等自萧逃往郑国事在定公十五年。平、元，指平公、宋元公。

⑤丙申：二十八日。案此当与下年传文"十三年春，宋向魋救其师"云云连读。

【译文】

宋、郑两国之间有几块空地，名叫弥作、顷丘、玉畅、嵒、戈、钖。子产和宋国人讲和，说："不要去开发这些土地。"到了宋平公、宋元公的族人从萧地逃往郑国，郑国人为他们在嵒、戈、钖三地筑城。九月，宋国向巢进攻郑国，夺取钖地，杀死宋元公的孙子，便包围了嵒地。十二月，郑国罕达救援嵒地。二十八日，包围了宋军。

【经】冬十有二月，螽①**。**

【注释】

①螽：蝗灾。《公羊传》作"蝝"。

【译文】

冬十二月，发生蝗灾。

【左传】冬十二月，螽。季孙问诸仲尼①**。仲尼曰："丘闻之，火伏而后蛰者毕**②**。今火犹西流，司历过也**③**。"**

【注释】

①"冬十二月"三句：周历十二月即夏历十月，昆虫本应蛰伏地下，

　　此时出现蝗灾,实属罕见,所以季孙问孔子。

②火伏而后蛰者毕:大火星一般夏历十月即不见于天空,大火星下
　　去后,昆虫也全都蛰伏地下。火,星名,即心宿二,又名大火星。

③今火犹西流,司历过也:现在大火星还在西方,没有全下去,所以
　　蝗虫未尽,历法失闰,是司历之官的过错。案以历法说,此年当闰
　　九月,当时应是周历十一月即夏历九月。

【译文】

　　冬十二月,发生蝗灾。季孙向孔子询问。孔子说:"我听说,大火星
隐没不见后昆虫也全都蛰伏。现在大火星还在经过西边,这是司历把日
子算错了。"

【公羊传】何以书? 记异也。何异尔? 不时也。

【译文】

　　为何记录此事? 是记录异象。有何奇异之处? 不合时令。

十三年

【经】十有三年春①,郑罕达帅师取宋师于嵒②。

【注释】

①十有三年:鲁哀公十三年当周敬王三十八年,前482年。

②郑罕达帅师取宋师于嵒(yán):顾栋高曰:"左氏例,悉虏而俘之
　　曰取。……桓、文既兴以后,未有书取师者,则列国犹有所惮而不
　　敢肆。至春秋之末,而书取师二,志二国之与《春秋》相终始。"
　　罕达,《公羊传》作"轩达"。

【译文】

鲁哀公十三年春,郑国罕达领兵在嵒地歼灭宋军。

【左传】十三年春,宋向魋救其师①。郑子剩使徇曰②:"得桓魋者有赏。"魋也逃归③。遂取宋师于嵒,获成讙、郜延④。以六邑为虚⑤。

【注释】

①宋向魋(tuí)救其师:案这里应与上年传文末句连读。

②子剩:罕达。徇:告示全军。

③魋也逃归:向魋得知郑国的告示,吓得弃军逃回国。

④成讙、郜延:宋国将领。

⑤以六邑为虚:将六地毁为废墟,仍然作为两国都不属的空地。

【译文】

鲁哀公十三年春,宋国向魋救援本国军队。郑国罕达派人通告全军:"抓到桓魋的有赏。"桓魋便逃回国。于是在嵒地歼灭宋军,俘获成讙、郜延。把六座城邑毁为废墟。

【公羊传】其言取之何?易也。其易奈何?诈反也①。

【注释】

①诈反也:反,犹报复。哀公九年"宋皇瑗帅师取郑师于雍丘",是行诈取胜。此处郑轩(罕)达亦行诈胜宋师,故云"诈反也"。

【译文】

经言取宋师是为何?表明容易。容易是为何?是行诈报复。

【穀梁传】取,易辞也。以师而易取,宋病矣。

【译文】

"取",是表示很容易的说法。带着军队却很容易就被打败了,是宋国的耻辱。

△【经】夏[①],许男成卒[②]。

【注释】

①夏:案时月日例,小国国君卒书月,此处书时者,因许男成私自复国（参见哀公元年"楚子、陈侯、随侯、许男围蔡"条注）,故略之。

②许男成:即许元公,姓姜,名成,男爵,谥元。《公羊传》作"许男戍"。

【译文】

夏,许元公成去世。

【经】公会晋侯及吴子于黄池[①]。

【注释】

①晋侯:晋定公姬午。吴子:吴王夫差。黄池:古地名,在今河南封丘南。据《左传》,与会者还有周卿士单平公。顾栋高曰:"今黄池之会,吴子为主,晋定以奕世之伯,鲁哀以周公之后,皆俯伏听命于坛坫之上。且天子使单平公俨然临之,曾不改正,是为蛮夷加一敕印,若今之新班宪纲宜然者。是天下大变,自晋、楚争盟以来未之有也。故圣人特书晋侯及吴子,微示两伯,以志世变之极。讳单平公不书,仍复先晋,以存夷、夏之防。"

【译文】

鲁哀公在黄池会见晋定公、吴王。

【左传】夏，公会单平公、晋定公、吴夫差于黄池①。

【注释】

①单平公：周朝卿士。

【译文】

夏，鲁哀公在黄池与单平公、晋定公、吴王夫差相会。

【公羊传】吴何以称子？吴主会也①。吴主会，则曷为先言晋侯？不与夷狄之主中国也②。其言及吴子何？会两伯之辞也③。不与夷狄之主中国，则曷为以会两伯之辞言之？重吴也。曷为重吴？吴在是，则天下诸侯莫敢不至也④。

【注释】

①吴主会也：案《春秋》之例，书"及"有汲汲之意。经书"公会晋侯及吴子"，表明鲁哀公、晋侯汲汲与吴子相会，则吴子为实际主会之人。何休云："时吴强而无道，败齐临淄，乘胜大会中国。齐、晋前驱，鲁、卫骖乘，滕、薛侠毂，而趋以诸夏之众冠带之国，反背天子而事夷狄，耻甚不可忍言，故深为讳辞，使若吴大以礼义会天下诸侯，以尊事天子，故进称子。"

②不与夷狄之主中国也：不赞许夷狄作为中国的会主。案《春秋》托鲁国为王者，故凡是鲁君参加的会盟，均以鲁君居首，而居第二者为主会之人，此为《春秋》通例。此处经文书"公会晋侯及吴子"，从文辞上看，晋侯是会主，实际上吴子是会主，而使晋侯居上者，是不赞成夷狄强会诸侯，明夷夏之辨。

③会两伯（bà）之辞也：即表明此会好像是由两个霸主主持。具体来说，晋侯居上，表明他是会主；吴子在"及"字之后，表明诸侯汲

汲与吴子相会,则吴子亦为会主。故云经书"公会晋侯及吴子于黄池",是公与两个霸主相会之辞。之所以有"两伯",因《春秋》讳文不没实,晋侯居首,是不与夷狄主中国,而吴子是实际的主会者,也不能抹去。伯,通"霸"。

④吴在是,则天下诸侯莫敢不至也:何休云:"以晋大国,尚犹汲汲于吴,则知诸侯莫敢不至也。不书诸侯者,为微辞,使若天下尽会之,而鲁侯蒙俗会之者,恶愈。"

【译文】

吴为何称子?因为吴国主会。吴国主会,那么为何先言晋侯?不赞许夷狄主中国之会。经言"及吴子"是为何?这是与两个霸主相会的文辞。不赞许夷狄主中国之会,为何用与两个霸主相会的文辞言之?是重视吴国。为何重视吴国?吴国在这里,那么天下诸侯没有敢不来的。

【穀梁传】黄池之会,吴子进乎哉!遂子矣。吴,夷狄之国也,祝发文身①。欲因鲁之礼②,因晋之权,而请冠端而袭③,其藉于成周④,以尊天王,吴进矣。吴,东方之大国也,累累致小国以会诸侯⑤,以合乎中国。吴能为之,则不臣乎?吴进矣。王,尊称也;子,卑称也。辞尊称而居卑称,以会乎诸侯,以尊天王。吴王夫差曰:"好冠来!"孔子曰:"大矣哉!夫差未能言冠而欲冠也。"

【注释】

①祝发文身:剪断头发,刻画其身。

②因:凭借。

③冠端:指中原诸侯国的礼帽、礼服。冠,帽子。端,礼服。袭:穿衣。

④藉(jiè):进贡。

⑤累累：多次。

【译文】

黄池之会，吴王夫差地位提升了！于是称作"子"。吴国，是夷狄之国，有断发文身的习俗。想要凭借鲁国的礼仪，凭借晋国的权势，请求穿戴礼帽和礼服，他们向成周进贡，以示尊重周天子，吴国改进了。吴国，是东方的大国，多次召集小国家和诸侯会见，来向中原国家靠拢。吴国能够做到这些，就不能做周天子的臣子吗？吴国改进了。"王"，是尊贵的称号；"子"，是卑下的称号。推辞了尊贵的称号而以卑下的称号自居，来和诸侯会面，来表示对周天子的尊重。吴王夫差说："请得到美好的帽子！"孔子说："太过分了！夫差还不能说清楚帽子的差别却想戴帽子了。"

△**【经】楚公子申帅师伐陈。**

【译文】

楚国公子申带兵攻打陈国。

【经】於越入吴①。

【注释】

①於越入吴：吴王夫差北上参加黄池之会，越王句践率军乘虚而入，夫差赶回，两国讲和。

【译文】

越国攻入吴国。

【左传】六月丙子①，越子伐吴②，为二隧③。畴无馀、讴阳自南方，先及郊④。吴大子友、王子地、王孙弥庸、寿於姚自泓上观之⑤。弥庸见姑蔑之旗⑥，曰："吾父之旗也⑦。不可以见仇而弗杀也⑧。"大子曰："战而不克，将亡国。请待之⑨。"弥庸不可，属徒五千⑩，王子地助之。乙酉⑪，战，弥庸获畴无馀，地获讴阳。越子至⑫，王子地守。丙戌⑬，复战，大败吴师，获大子友、王孙弥庸、寿於姚⑭。丁亥⑮，入吴。吴人告败于王，王恶其闻也，自刭七人于幕下⑯。

【注释】

①丙子：十一日。

②越子伐吴：越王句践乘吴王不在国内进攻吴国。

③二隧：兵分两路。隧，道。

④畴无馀、讴阳自南方，先及郊：二人队伍先到达吴都郊外。畴无馀、讴阳，皆越国大夫。

⑤吴大子友、王子地、王孙弥庸、寿於姚自泓上观之：三人在泓水观望越军。杨伯峻曰："沈钦韩《地名补注》谓胥门西五里有越来溪，越兵自此溪入吴。泓上即今之横山。横、泓声近。横山在今江苏吴县（今江苏苏州）西南。"

⑥姑蔑：越地名，在今浙江衢州。

⑦吾父之旗也：弥庸父亲被越国俘虏，现在姑蔑人举着其父的军旗，但已改署姑蔑。

⑧不可以见仇而弗杀也：弥庸欲报仇，主张出战。

⑨请待之：太子友劝弥庸坚守。

⑩属：集合。

⑪乙酉：二十日。

⑫越子至：越王句践亲率中军赶到。

⑬丙戌：二十一日。

⑭获大子友、王孙弥庸、寿於姚：案王子地坚守不出，所以没失败。

⑮丁亥：二十二日。

⑯王恶其闻也，自到七人于幕下：夫差想要封锁消息，亲自将身边知
　道败报的七人杀死。到，用刀割颈。

【译文】

　　六月十一日，越王进攻吴国，兵分两路。畴无馀、讴阳从南方进军，先到吴都郊外。吴国太子友、王子地、王孙弥庸、寿於姚在泓水边观察越军。弥庸望见姑蔑人的旗帜，说："这是我父亲的旗帜。不能见到仇人而不杀。"太子友说："出战而不能战胜，将会亡国。请等一等。"弥庸不听，率领部属五千人出战，王子地帮助他。二十日，两军交战，弥庸俘获畴无馀，王子地抓获讴阳。越王到来，王子地防守。二十一日，再次交战，越军大败吴军，杀死太子友、王孙弥庸、寿於姚。二十二日，进入吴国。吴国人向吴王夫差报告战败的消息，吴王担心诸侯听到这消息，亲手把七个身边知道失败消息的人杀死在帐幕中。

　　【左传】秋七月辛丑①，盟，吴、晋争先②。吴人曰："于周室，我为长③。"晋人曰："于姬姓，我为伯④。"赵鞅呼司马寅曰⑤："日旰矣⑥，大事未成⑦，二臣之罪也⑧。建鼓整列，二臣死之，长幼必可知也⑨。"对曰："请姑视之⑩。"反，曰："肉食者无墨⑪。今吴王有墨，国胜乎⑫？大子死乎？且夷德轻⑬，不忍久，请少待之⑭。"乃先晋人⑮。

【注释】

①辛丑：初六。

②盟，吴、晋争先：争歃血先后，先歃血者为盟主。

③于周室，我为长：吴为太伯之后，故云。

④于姬姓，我为伯：晋国从文公开始历代称霸。伯，通"霸"。

⑤司马寅：晋国大夫。

⑥旰（gàn）：晚。

⑦大事：指会盟。

⑧二臣：指赵鞅与司马寅，二人是谈判代表。

⑨"建鼓整列"三句：准备以战来决一高低。长幼，高低。

⑩请姑视之：先观察吴军动静。

⑪肉食者：指当权者。墨：晦暗之色。指脸色。

⑫今吴王有墨，国胜乎：吴王脸色晦暗，说明吴国国内必有灾祸。国胜，国家被敌人战胜。

⑬夷：对吴国的蔑称。

⑭请少待之：忍耐一下，稍等片刻。少，稍。

⑮乃先晋人：最后让晋国领先歃血为盟。

【译文】

　　秋七月初六，举行盟会，吴、晋两国争着要先歃血。吴国人说："在周王室中，我们是最年长的。"晋国人说："在姬姓中，我们是霸主。"赵鞅召唤司马寅说："天晚了，盟事还没成功，是我们两个臣子的罪过。敲起战鼓整顿行列，我们两个臣子战死，就一定能知道长幼的顺序了。"司马寅回答说："请暂且让我去吴王那里观察一下。"去后回来，说："当权者没有气色晦暗的。现在吴王气色晦暗，国家被战胜了吗？还是太子死了呢？而且夷人秉性轻率，不能长期忍受，请稍忍耐一下。"于是吴国让晋国先歃血。

　　吴人将以公见晋侯①，子服景伯对使者曰："王合诸侯，则伯帅侯牧以见于王②。伯合诸侯，则侯帅子、男以见于伯。自王以下，朝聘玉帛不同③。故敝邑之职贡于吴，有丰于晋，无不及焉，以为伯也④。今诸侯会，而君将以寡君见晋君，则晋成为伯矣⑤，敝邑将改职贡：鲁赋于吴八百乘⑥，若为子、男，则将半邾以属于吴⑦，而如邾以事晋⑧。且执事以伯召诸侯⑨，而以侯终之，何利之有焉？”吴人乃止。既而悔之，将囚景伯⑩。景伯曰：“何也立后于鲁矣⑪，将以二乘与六人从，迟速唯命。”遂囚以还⑫。及户牖⑬，谓大宰曰：“鲁将以十月上辛有事于上帝、先王⑭，季辛而毕⑮，何世有职焉⑯，自襄以来⑰，未之改也。若不会⑱，祝宗将曰⑲：‘吴实然⑳。’且谓鲁不共，而执其贱者七人，何损焉㉑？”大宰嚭言于王曰：“无损于鲁，而只为名㉒，不如归之。”乃归景伯㉓。

【注释】

①吴人将以公见晋侯：吴人准备带鲁哀公去见晋定公。

②伯：诸侯之长。侯牧：一方诸侯之长。

③自王以下，朝聘玉帛不同：级别不同，朝见聘问的礼物也不同。

④“故敝邑之职贡于吴”四句：鲁国尊吴国为霸主，所以贡礼超过晋国。职贡，贡献。

⑤“今诸侯会”三句：鲁哀公如果去见晋定公，那么晋国就俨然如霸主了。

⑥鲁赋于吴八百乘：以军赋八百乘确定贡品数。

⑦若为子、男，则将半邾以属于吴：让鲁哀公去见晋定公，是吴国将自己当成侯，而将鲁国当成子、男，则只能从邾国军赋一半的标准确定贡品数。半邾，邾国军赋为六百乘，半邾为三百乘。

⑧而如邾以事晋：以六百乘来事奉晋国。

⑨执事：指吴王。

⑩既而悔之，将囚景伯：吴国认为被子服景伯欺骗，所以准备拘禁子服景伯。

⑪何:子服景伯的名。立后:立继承人。表示准备一去不返。

⑫遂囚以还:吴拘捕子服景伯带回吴国。

⑬户牖:古地名,在今河南兰考东北。

⑭鲁将以十月上辛有事于上帝、先王:上辛,第一个辛日。有事,指
　　祭祀。案杨伯峻曰:"鲁固无祭先王之礼,然景伯纯作谎言,云祭
　　'先王',则吴之祖亦受祭,可以恐吴。"

⑮季辛而毕:季辛,最后一个辛日。孔疏云:"祭礼终朝而毕,无上辛
　　尽于季辛之事,景伯以吴信鬼,皆虚言以恐吴耳。"

⑯世有职:世代担任祭祀职务。

⑰襄:鲁襄公。

⑱不会:不参加祭祀。

⑲祝宗:祭祀之官。

⑳吴实然:是吴国使他不能参加祭祀。

㉑"且谓鲁不共"三句:吴国既责怪鲁国不恭敬,仅抓走下臣七人,
　　于鲁无损。贱者,子服景伯与六从者都不是卿,故云。

㉒而只为名:只使吴国留下恶名。

㉓乃归景伯:案子服景伯略施小计,得以被释返鲁。

【译文】

　　吴国人打算带着鲁哀公去见晋定公,子服景伯对使者说:"周王会合诸侯,就让盟主率领侯牧进见周王。盟主会合诸侯,就让侯率领子、男进见盟主。从周王以下,朝聘时所献的玉帛也各不相同。所以敝国进贡给吴国的,只会比给晋国更丰厚,而不会不如的,这是因为把吴国作为盟主。现在诸侯相会,君王打算带着我们国君进见晋君,那么晋国就成了盟主了,敝国将改变进贡的数量:鲁国按八百辆战车的军赋进贡贵国财礼,要是被当成子、男,就要按邾国战车的半数即三百辆进贡给吴国,而用如同邾国战车的数字去事奉晋国。况且执事以盟主身份召集诸侯,却以侯的身份结束盟会,这有什么好处呢?"吴国便作罢。过后又后悔了,

打算囚禁子服景伯。子服景伯说:"我已经在鲁国立了继承人,准备带着两辆车和六个人跟你们走,时间早晚则唯命是听。"吴国便囚禁了子服景伯押回国。到达户牖时,子服景伯对太宰嚭说:"鲁国打算在十月的第一个辛日祭祀上帝、先王,最后一个辛日结束,我家世代在祭祀中都有职事,从襄公以来未曾改变过。如果我不参加,祝宗将要祝告说:'这是吴国造成的。'而且贵国认为鲁国不恭敬,却只抓了它七名地位低下的人,这对鲁国又有什么损害呢?"太宰嚭对吴王说:"捉了子服景伯对鲁国没有损害,而只是给自己带来坏名声,不如放了他们。"于是放子服景伯回国。

吴申叔仪乞粮于公孙有山氏①,曰:"佩玉繠兮,余无所系之②。旨酒一盛兮,余与褐之父睨之③。"对曰:"梁则无矣④,粗则有之⑤。若登首山以呼曰:'庚癸乎!'则诺⑥。"

【注释】

①吴申叔仪乞粮于公孙有山氏:申叔仪,吴国大夫。公孙有山氏,鲁国大夫。二人为旧时相识。案可见吴王不恤士兵,军中缺粮。

②佩玉繠(ruǐ)兮,余无所系之:吴王服饰华丽,我却没有可佩饰的。繠,下垂的样子。

③旨酒一盛兮,余与褐之父睨(nì)之:吴王有美酒满杯,我们只能干瞪眼。一盛,满杯。褐之父,穿粗布衣的老翁,指贱者。睨,斜视。案这是用暗语向鲁国讨粮。

④梁:细粮。

⑤粗:粗粮。

⑥若登首山以呼曰:"庚癸乎!"则诺:这是用暗语相约,公孙有山答应送粮。庚癸,下等货。《越绝书·计倪内经》将货分为十等,甲乙为高等,庚为下等,癸更下。

【译文】

吴国申叔仪向公孙有山氏讨粮食,说:"佩玉下垂啊,我却没有什么佩饰。美酒一杯啊,我和贱老人干瞅着。"公孙有山答复说:"细粮已经没有了,粗粮还有。如果你登上首山呼喊:'庚癸啊!'就答应你。"

王欲伐宋,杀其丈夫而囚其妇人①。大宰嚭曰:"可胜也,而弗能居也。"乃归。

【注释】

①杀其丈夫而囚其妇人:杀死那里的男人而拘禁女人。案宋国不参加黄池之会,吴王欲以此处罚。

【译文】

吴王想攻打宋国,杀死那里的男人而拘禁其女人。太宰嚭说:"可以战胜,但无法在那里久居。"于是撤兵回国。

△**【经】**秋,公至自会①。

【注释】

①公至自会:鲁哀公从黄池之会返国。案《春秋》之例,公出与二国以上会盟,得意致会,不得意不致。上黄池之会,是吴国强会诸侯,鲁君与会,则有耻辱,不得意可知。此处致会者,因上文以天下诸侯尽被吴子所会,来减轻鲁哀公的罪恶,故此处顺遂讳文,作得意之辞。

【译文】

秋,鲁哀公从盟会地回国。

【经】晋魏曼多帅师侵卫①。

【注释】

①魏曼多:《公羊传》作"魏多"。

【译文】

晋国魏曼多率兵侵犯卫国。

【公羊传】此晋魏曼多也,曷为谓之晋魏多? 讥二名①,二名,非礼也。

【注释】

①讥二名:参见定公六年冬"仲孙忌帅师围郓"条。彼处是讥鲁国之二名,此处是讥外诸侯之二名,何休云:"复就晋见者,明先自正,而后正人,正人当先正大,以帅小。"

【译文】

这里是晋魏曼多,为何称之为魏多? 是讥刺二字为名。二字为名,是非礼的。

△**【经】**葬许元公。

【译文】

安葬许元公。

△**【经】**九月,螽①。

【注释】

①螽:《公羊传》作"蝝"。

【译文】

九月,发生蝗灾。

【经】冬十有一月,有星孛于东方①。

【注释】

①有星孛(bèi)于东方:彗星出现在东方。孛,彗星的别称。

【译文】

冬十一月,有彗星出现在东方。

【公羊传】孛者何? 彗星也。其言于东方何? 见于旦也①。何以书? 记异也。

【注释】

①见于旦也:何休云:"旦者,日方出时,宿不复见,故言东方,知为旦。"

【译文】

孛是什么? 是彗星。经言"于东方"是为何? 表明彗星在日出时出现。为何记录此事? 是记录异象。

△【经】盗杀陈夏区夫①。

【注释】

①夏区夫:陈国大夫。《公羊传》作"夏驱(kōu)夫"。

【译文】

盗贼杀死陈国夏区夫。

△【经】十有二月,螽①。

【注释】

①蠽:《公羊传》作"蝝"。

【译文】

十二月,发生蝗灾。

*【左传】冬,吴及越平。

【译文】

冬,吴国与越国讲和。

十四年

【经】十有四年春①**,西狩获麟**②**。**

【注释】

①十有四年:鲁哀公十四年当周敬王三十九年,前481年。《穀梁传》和《公羊传》之《春秋》经文记事止于此,《左传》之《春秋》经文记事延续到哀公十六年,传文至哀公二十七年。

②西狩获麟:在西部猎获麒麟。麟,麒麟。案旧注《春秋》经文终止于"西狩获麟",因麒麟是传说中的仁兽,有圣王时才出现,而时无明主,出而被获,孔子伤周道之不兴,故于此绝笔。此句以下至十六年之经文,都是鲁国史记之文,孔子弟子为保留到孔子去世之事,录之以继《春秋》。但旧注并非确论,仅供参考。据《左传》,叔孙氏的仆从钼(chú)商猎获一只麒麟,认为不吉利,赏赐给管山林的官吏,孔子细看后说是麒麟,叔孙氏将之取回。据《公羊传》,麒麟为砍柴人所抓获。

【译文】

鲁哀公十四年春,在西部打猎捉获一只麒麟。

【左传】十四年春,西狩于大野①,叔孙氏之车子鉏商获麟②,以为不祥,以赐虞人③。仲尼观之,曰:"麟也。"然后取之。

【注释】

①大野:大野泽,在今山东巨野北。

②车子鉏商:御者子鉏商。子氏,名鉏商。

③以为不祥,以赐虞人:麟为大家没见过的动物,以为怪,于是赏给虞人。虞人,管理山泽之官。

【译文】

鲁哀公十四年春,在西部大野打猎,叔孙氏的御者子鉏商捉获一只麒麟,认为不吉祥,把它赐给虞人。孔子看后,说:"是麒麟。"然后收下了它。

【公羊传】何以书?记异也。何异尔?非中国之兽也。然则孰狩之?薪采者也①。薪采者,则微者也,曷为以狩言之②?大之也。曷为大之?为获麟大之也。曷为为获麟大之?麟者,仁兽也③,有王者则至,无王者则不至。有以告者曰:"有麕而角者。"孔子曰:"孰为来哉!孰为来哉④!"反袂拭面,涕沾袍⑤。颜渊死,子曰:"噫,天丧予!"子路死,子曰:"噫,天祝予⑥!"西狩获麟,孔子曰:"吾道穷矣⑦!"《春秋》何以始乎隐⑧?祖之所逮闻也⑨。所见异辞,所闻异辞,所传闻异辞⑩。何以终乎哀十四年⑪?曰:备矣⑫。君子曷为为《春秋》?拨乱世⑬,反诸正,莫近诸《春秋》。则未知其为是与？其诸君子乐道尧舜之道与^⑭？末不亦乐乎尧舜之知君子也^⑮？制《春秋》之义，以俟后圣。以君子之为，亦有乐乎此也。

【注释】

①薪采者也：打柴者。

②曷为以狩言之：案礼制，天子、诸侯方能言"狩"。

③仁兽也：何休云："（麟）状如麕，一角而戴肉，设武备而不为害，所以为仁也。"

④孰为来哉：麟本当在太平盛世出现，而春秋时代，天下散乱，麟不当至，故孔子云："孰为来哉！"

⑤反袂（mèi）拭面，涕沾袍：袂，袖子。袍，衣前襟。

⑥天祝予：何休云："天生颜渊、子路，为夫子辅佐，皆死者，天将亡夫子之证。"祝，断。

⑦吾道穷矣：何休云："麟者，太平之符，圣人之类。时得麟而死，此亦天告夫子将没之征，故云尔。"

⑧《春秋》何以始乎隐：西狩获麟，孔子知"吾道穷矣"，故作《春秋》，寄托王道理想，供后王取法。此处问《春秋》为何以鲁隐公作为开端。

⑨祖之所逮闻也：鲁隐公当孔子祖父之时代，期间的事情，孔子祖父能听闻到，孔子能听祖父转述其事，故以鲁隐公作为开端。

⑩"所见异辞"三句：参见隐公元年"公子益师卒"条及注。

⑪何以终乎哀十四年：鲁哀公在位不止十四年，故问为何《春秋》止于哀公十四年。

⑫备矣：王法已备。何休云："人道浃，王道备。必止于麟者，欲见拨乱功成于麟，犹尧、舜之隆，凤皇来仪。"

⑬拨：治。

⑭则未知其为是与？其诸君子乐道尧舜之道与：此处是猜测孔子
作《春秋》的本意，是为了拨乱世、反诸正，还是乐述尧舜之道。
为，作。

⑮末不亦乐乎尧舜之知君子也：末不亦乐乎后世有德如尧舜之圣
王，知孔子制作之意。末，徐彦疏以为指孔子。

【译文】

为何记录此事？是记录异象。有何奇异之处？麒麟不是中国的兽
类。那么是谁猎获了麒麟？是打柴的人。打柴的人，是卑微之人，为何
用"狩"字？是张大此事。为何张大此事？因为捕获了麒麟，所以张大
此事。为何因获麟而张大此事？麒麟是仁德之兽，有王者才出现，没有
王者就不出现。有人告诉孔子："猎获了像麇而有角的动物。"孔子说：
"为何要来啊！为何要来！"举起衣袖拭面，泪水沾湿了衣襟。颜渊死的
时候，孔子说："哎！上天丧灭我啊！"子路死的时候，孔子说："哎！上天
断绝我啊！"西边狩猎，猎获麒麟，孔子说："我的道穷尽了！"《春秋》为
何从鲁隐公开始？因为这是孔子的祖父能够听闻的时代。孔子作《春
秋》，对于自己亲身经历的时代、听闻的时代、辗转听闻的时代，用的文辞
是不一样的。《春秋》为何终止于鲁哀公十四年？说：因为完备了。君子
为何要作《春秋》？治理乱世，使之回归正道，没有比作《春秋》更近便
的了。不知孔子编修《春秋》是为了治理乱世，回归正道？还是因为乐
意申述尧舜之道？莫非夫子也乐意看到后世有尧舜之德的王者，知孔子
编修之意？孔子制作《春秋》之大义，等待后世之圣王用之。孔子所以
编修《春秋》，亦乐此《春秋》之道，可以永远被后世取法。

【穀梁传】引取之也①。狩地不地，不狩也。非狩而曰狩，
大获麟，故大其适也②。其不言来，不外麟于中国也。其不
言有，不使麟不恒于中国也③。

【注释】

①引：找来，招引。指麒麟是被圣人引来的。

②适：指所往之地，特指狩猎之地。

③恒：长久。

【译文】

是被圣人引来而获得的。没有记载狩猎的地点，表明不是狩猎得到的。不是狩猎得到的却说是狩猎得到的，是重视获得麒麟这件事，所以就扩大了所往之地。经文不说"来"，是不把麒麟排斥在中原国家以外。经文不说"有"，是让麒麟长久存在于中原国家。

【经】小邾射以句绎来奔①。

【注释】

①射：小邾国大夫。句绎：古地名，在今山东邹城东南。

【译文】

小邾射带着句绎逃来鲁国。

【左传】小邾射以句绎来奔①，曰："使季路要我，吾无盟矣②。"使子路，子路辞。季康子使冉有谓之曰："千乘之国，不信其盟，而信子之言，子何辱焉③？"对曰："鲁有事于小邾，不敢问故，死其城下可也④。彼不臣，而济其言，是义之也，由弗能⑤。"

【注释】

①以句绎来奔：逃亡到鲁国，献句绎之地。

②使季路要我，吾无盟矣：只要子路与我盟约，无须与鲁国盟誓。季

路,子路,孔子学生,以诚信著称。要,约,盟约。

③"千乘之国"四句:射竟不相信鲁国的盟誓,而只相信与子路的君
　子协定,这对于子路并无屈辱。其,指千乘之国,即鲁国。

④"鲁有事于小邾"三句:鲁国如果要与小邾国打仗,不管原因如
　何,我愿为国献身。有事,指战争。故,原因曲直。

⑤"彼不臣"四句:济其言,让他的约言得以落实。济,成。义之,以
　不臣为义。由,子路之名。案子路不愿与不臣之人盟约。

【译文】

　　小邾射带着句绎逃来鲁国,说:"要是派子路和我口头约定,我就不
需盟誓。"派子路去,子路推辞。季康子派冉有对他说:"对千乘之国不
相信其盟誓,却相信您的话,这对您有什么屈辱呢?"子路回答说:"如果
鲁国对小邾国发动战事,我不敢询问缘故,可以战死在其城下。现在他
不守臣道,我却让他的约言得以落实,这就是认为他的行为合乎义了,我
办不到。"

【经】 夏四月,齐陈恒执其君,置于舒州①。

【注释】

①齐陈恒执其君,置于舒州:陈恒(陈常)拘禁齐简公于舒州。舒
　州,齐国北部边境,在今山东滕州。一说"舒州"当作"徐州",即
　今江苏徐州。

【译文】

夏四月,齐国陈恒拘禁国君,把他安置在舒州。

　　【左传】 齐简公之在鲁也,阚止有宠焉①。及即位,使为
政②。陈成子惮之,骤顾诸朝③。诸御鞅言于公曰④:"陈、阚
不可并也,君其择焉⑤。"弗听。

【注释】

①齐简公之在鲁也，阚止有宠焉：哀公五年，公子阳生逃往鲁国，其子壬与阚止也一起出奔，陈氏召阳生回国，阳生不知事之成败，留下阚止事壬。阳生后即位为齐悼公。事见哀公五年、六年传文。齐悼公被杀后，立壬为齐简公。阚止，齐国大夫，字子我。

②及即位，使为政：齐简公即位，阚止被任命为执政。

③陈成子惮之，骤顾诸朝：陈常忌惮阚止，上朝时总是回头看他。陈成子，陈常。骤，屡次。顾，回头看。

④诸御鞅：齐国大夫。

⑤陈、阚不可并也，君其择焉：劝齐简公二者择用一人。

【译文】

齐简公在鲁国的时候，阚止得到宠爱。到齐简公即位后，让阚止执政。陈成子怕他，在朝廷上屡屡回头看他。诸御鞅对齐简公说："陈氏、阚氏不能并列，国君还是选用其一吧。"齐简公不听。

　　子我夕①，陈逆杀人，逢之，遂执以入②。陈氏方睦③，使疾而遗之潘沐，备酒肉焉④，飨守囚者，醉而杀之，而逃⑤。子我盟诸陈于陈宗⑥。

【注释】

①子我夕：阚止晚上去见齐简公。

②"陈逆杀人"三句：阚止道逢陈逆杀人，便捉住他，送进宫中。陈逆，陈氏族人，字子行。

③陈氏方睦：陈氏家族很和睦。

④使疾而遗之潘沐，备酒肉焉：让陈逆装病，给他送去洗头的淘米水，并准备了酒肉。潘，淘米水。

⑤"飨守囚者"三句：把酒肉给看守吃，乘其醉杀死了他，陈逆逃走。

⑥子我盟诸陈于陈宗：陈逆逃走，阚止怕陈氏来要人，主动与陈氏盟誓修好。陈宗，陈氏宗主之家。

【译文】

　　阚止晚上去朝见齐简公，陈逆杀人，被阚止遇见，就抓住他带入公宫。陈氏家族正和睦，就让陈逆装病，而送去洗头的淘米水，并备了酒肉，招待看守的人，喝醉后把他们杀死，陈逆逃走。阚止与陈氏族人在陈氏宗主家结盟。

　　初，陈豹欲为子我臣①，使公孙言己②，已有丧而止③。既④，而言之，曰：“有陈豹者，长而上偻⑤，望视⑥，事君子必得志⑦，欲为子臣。吾惮其为人也⑧，故缓以告。”子我曰：“何害？是其在我也⑨。”使为臣。他日，与之言政，说，遂有宠⑩。谓之曰：“我尽逐陈氏而立女⑪，若何？”对曰：“我远于陈氏矣⑫。且其违者不过数人⑬，何尽逐焉？”遂告陈氏⑭。子行曰：“彼得君⑮，弗先，必祸子⑯。”子行舍于公宫⑰。

【注释】

①陈豹：陈氏族人。

②使公孙言己：请公孙推荐自己。公孙，齐国大夫。

③已有丧而止：不久因有丧事，搁下此事。已，同“以”。

④既：丧事结束。

⑤长而上偻：高个略有驼背。

⑥望视：仰视。

⑦事君子必得志：善解人意。

⑧吾惮其为人也：怕他为人狡诈。

⑨是其在我也：关键在如何使用。

⑩ "与之言政" 三句：阚止与陈豹谈论政事，二人很投机，陈豹因此得宠。

⑪ 女：通 "汝"，你，指陈豹。

⑫ 我远于陈氏矣：陈豹自谓乃陈氏远支。

⑬ 违者：指与阚止作对的人。

⑭ 遂告陈氏：向陈氏告密。

⑮ 彼得君：阚止得到国君信任。

⑯ 子：指陈成子。

⑰ 子行舍于公宫：陈逆先隐藏于齐简公宫中。

【译文】

起初，陈豹想做阚止的家臣，让公孙推荐自己，不久因为有丧事而中止。丧事过后，公孙对阚止提起此事，说："有一个叫陈豹的，身材魁梧而有些驼背，眼睛总是朝上看，他事奉君子一定能使人满意，想当您的家臣。我担心他的为人不好，所以没有马上告诉您。"阚止说："这有什么要紧？这全都取决于我。"让陈豹做了家臣。过些日子，阚止与陈豹讲论政事，很满意，于是陈豹受到宠信。阚止对他说："我把陈氏全部赶走而立你为继承人，怎么样？"陈豹回答说："我是陈氏的远支。而且对您不满的不过几个人，为何要全部赶走他们呢？"随即把此事报告了陈氏。陈逆对陈成子说："他得到国君的宠信，不先下手，必将加害于您。"陈逆就住进了公宫。

　　夏五月壬申①，成子兄弟四乘如公②。子我在幄，出逆之③。遂入，闭门④。侍人御之，子行杀侍人⑤。公与妇人饮酒于檀台⑥，成子迁诸寝⑦。公执戈，将击之。大史子馀曰⑧："非不利也，将除害也⑨。"成子出舍于库⑩，闻公犹怒，将出，曰："何所无君⑪？"子行抽剑曰："需，事之贼也⑫。谁非陈宗[13]? 所不杀子者,有如陈宗[14]!"乃止。

【注释】

①壬申:十三日。

②成子兄弟四乘如公:陈成子兄弟八人分乘四辆车去见齐简公。四乘,四辆车。

③子我在幄,出逆之:子我出来迎接陈成子等人。幄,帐幕,朝中处理政事的地方。

④遂入,闭门:陈成子入,反将子我挡在门外。

⑤侍人御之,子行杀侍人:齐简公侍从见陈成子等来意不善,抵抗被杀。

⑥檀台:官内之地。

⑦成子迁诸寝:陈成子想将齐简公押往寝宫。

⑧大史子馀:当为陈氏一党。

⑨非不利也,将除害也:意谓陈成子不是要加害于齐简公,而是为之除奸。

⑩成子出舍于库:陈成子见齐简公发怒而出避于库。

⑪何所无君:什么地方没有国君? 案陈成子害怕,准备逃离齐国。

⑫需,事之贼也:软弱迟疑,只会坏事。

⑬谁非陈宗:陈氏族人众多,谁不能做陈氏的宗主。

⑭有如陈宗:向陈氏祖先发誓的话。案子行对祖先发誓,陈成子若出奔,一定要杀死他。

【译文】

夏五月十三日,陈成子兄弟八人乘坐四辆车去见齐简公。阚止正在帐幕里,便出来迎接他们。陈成子等于是进入,而把阚止关在了门外。侍者抵抗他们,陈逆杀死侍者。齐简公正与妇人在檀台饮酒,陈成子把他迁往寝宫。齐简公拿起戈,准备攻击。太史子馀说:"他不是要对国君不利,而是要消除祸害。"陈成子出外住到仓库,听说齐简公还在发怒,便准备出走,说:"什么地方没有国君?"陈逆拔出剑说道:"迟疑懦弱只会坏事。谁不能做陈氏的宗主? 你走我要不杀死你,有陈氏历代宗主作证!"陈成子才留下来。

子我归,属徒①,攻闱与大门②,皆不胜,乃出③。陈氏追之,失道于弇中,适丰丘④。丰丘人执之以告⑤,杀诸郭关⑥。成子将杀大陆子方⑦,陈逆请而免之。以公命取车于道⑧,及耏⑨,众知而东之⑩。出雍门⑪,陈豹与之车,弗受,曰:"逆为余请⑫,豹与余车,余有私焉⑬。事子我而有私于其仇,何以见鲁、卫之士?"东郭贾奔卫。庚辰⑭,陈恒执公于舒州。公曰:"吾早从鞅之言,不及此⑮。"

【注释】

①属徒:集合部下。

②闱:宫中小门。

③乃出:子我出逃。

④"陈氏追之"三句:子我迷路,反入陈氏封邑。弇(yǎn)中,古地名,在齐都临淄西南。丰丘,陈氏封邑。

⑤丰丘人执之以告:丰丘人抓住阻止报告陈常。

⑥诸:之于。郭关:齐郭门。

⑦大陆子方:子我家臣,即下文之东郭贾。

⑧以公命取车于道:大陆子方假说奉齐简公之命在路上拦到一辆车子。

⑨耏(ér):古地名,在齐、鲁交界处。

⑩众知而东之:众人知道大陆子方乃假借齐简公之命夺车西逃,便

扣其车,逼他东返。众,陈氏族人。

⑪雍门:齐国城门。

⑫逆为余请:陈逆请求免我一死。

⑬余有私焉:我与陈氏有私交。

⑭庚辰:二十一日。

⑮吾早从鞅之言,不及此:齐简公懊悔不听诸御鞅之劝,先杀陈氏。

【译文】

阚止回到家,集合起部下,攻打公宫的小门和大门,都没能取胜,便出逃了。陈氏追击他,阚止在弇中迷了路,进入丰丘。丰丘人抓住他并报告了陈氏,把他杀死在郭关。陈成子准备杀死大陆子方,陈逆为他求情而赦免了他。大陆子方假托齐简公的命令在路上得到一辆车,到达疄地,众人知道了逼他往东去。他出了雍门,陈豹给他车子,他不接受,说:"陈逆为我求情,陈豹给我车子,我和他们有私交。事奉阚止而与他的仇人有私情,怎么去见鲁、卫两国的士?"大陆子方出逃到卫国。二十一日,陈成子在舒州拘禁了齐简公。齐简公说:"我早听从诸御鞅的话,就不至于到这地步。"

△**【经】**庚戌①,叔还卒②。

【注释】

①庚戌:四月二十日。

②叔还:鲁国大夫。

【译文】

四月二十日,叔还去世。

△**【经】**五月庚申朔,日有食之①。

【注释】

①五月庚申朔,日有食之:这是前481年4月19日的日全食。

【译文】

五月初一,发生日食。

△**【经】陈宗竖出奔楚。**

【译文】

陈国宗竖出逃楚国。

【经】宋向魋入于曹以叛①。

【注释】

①宋向魋入于曹以叛:向魋占据曹地叛乱。哀公八年,曹被宋所灭。

【译文】

宋国向魋进入曹邑发起叛乱。

【左传】宋桓魋之宠,害于公①。公使夫人骤请享焉,而将讨之②。未及,魋先谋公,请以鞌易薄③。公曰:“不可。薄,宗邑也④。”乃益鞌七邑⑤。而请享公焉⑥,以日中为期,家备尽往⑦。公知之,告皇野曰⑧:“余长魋也⑨,今将祸余,请即救。”司马子仲曰:“有臣不顺,神之所恶也,而况人乎? 敢不承命。不得左师不可⑩,请以君命召之。”左师每食击钟。闻钟声,公曰:“夫子将食⑪。”既食,又奏。公曰:“可矣。”以乘车往⑫,曰:“迹人来告曰⑬:‘逢泽有介麋焉⑭。’公曰:‘虽魋未来,得左师,吾与之田,若何?’君惮告子,野曰：'尝私焉㊂。'君欲速，故以乘车逆子。"与之乘，至㊃，公告之故㊄，拜，不能起㊅。司马曰："君与之言㊆。"公曰："所难子者㊇，上有天，下有先君㊈。"对曰："魋之不共，宋之祸也，敢不唯命是听。"司马请瑞焉㊄，以命其徒攻桓氏㊄。其父兄故臣曰："不可㊄。"其新臣曰："从吾君之命。"遂攻之。子颀骋而告桓司马㊄。司马欲入㊄，子车止之㊄，曰："不能事君，而又伐国㊄，民不与也，只取死焉。"向魋遂入于曹以叛㊄。六月，使左师巢伐之㊄。欲质大夫以入焉㊄。不能㊄，亦入于曹，取质㊄。魋曰："不可。既不能事君，又得罪于民㊄，将若之何？"乃舍之㊄。民遂叛之㊄。向魋奔卫。向巢来奔㊄，宋公使止之，曰："寡人与子有言矣，不可以绝向氏之祀㊄。"辞曰："臣之罪大，尽灭桓氏可也。若以先臣之故，而使有后，君之惠也㊄。若臣，则不可以入矣㊄。"

【注释】

①宋桓魋之宠，害于公：桓魋恃宠骄狂，势力已大，危害公室。桓魋，即向魋。

②公使夫人骤请享焉，而将讨之：夫人，宋景公母亲。骤，屡次。案哀公十一年，宋景公曾向桓魋索要太叔疾之珠，未得逞，已怀怨恨，现在又想乘享宴之机铲除桓魋。

③请以鞍易薄：鞍，宋邑，桓魋封邑，在今山东定陶南，在薄附近。薄，即亳，宋公室之地，在今河南商丘北。案桓魋想趁因易邑享宴宋景公时作乱。

④宗邑：宗庙所在之地。商汤曾建都于此，故为宗邑。

⑤乃益鞷七邑：加封桓魋七邑扩大鞷的领地。

⑥而请享公焉：桓魋宴请宋景公以示感谢，准备抢先发难。

⑦家备尽往：桓魋将甲兵预先埋伏在筵席周围。

⑧皇野：宋国司马子仲。

⑨余长魋也：从小把桓魋抚育大。

⑩不得左师不可：皇野建议争取向巢，反击桓魋。左师，桓魋哥哥向巢。

⑪夫子：指向巢。

⑫以乘车往：皇野乘车去见向巢。

⑬迹人：猎场中能辨别兽迹的人。

⑭逢泽：沼泽名，在今河南商丘南。介麇：失群的獐子。

⑮尝私焉：打猎为游戏之事，国君不好意思直接说，皇野愿意私下与
　　向巢说。

⑯与之乘，至：皇野假言打猎，诱向巢到宋景公处。

⑰公告之故：宋景公告知真相。

⑱拜，不能起：向巢得知真相后，恐惧跪地，向宋景公磕头不能起立。

⑲君与之言：皇野让宋景公与向巢盟誓。

⑳难子：让你为难。

㉑上有天，下有先君：这是誓词。只为诛讨桓魋，决不为难向巢，有
　　天地鬼神为证。

㉒瑞：发兵的符节。

㉓其徒：皇野的部属。桓氏：桓魋。

㉔不可：意即先前与桓魋并无仇怨，不可攻打。

㉕子颀：桓魋弟弟。桓司马：桓魋。

㉖司马欲入：桓魋想入宫攻打宋景公。

㉗子车：也是桓魋弟弟。

㉘伐国：攻打公室。

㉙向魋遂入于曹以叛：哀公八年，曹国被宋国灭亡，成为宋邑。桓魋
　　不敢伐国，进入曹地叛乱。

㉚使左师巢伐之：向巢攻曹。

㉛欲质大夫以入焉：向巢不能打败桓魋，怕宋景公发怒，因此要国内大夫做人质，然后回国。

㉜不能：未能实现。

㉝亦入于曹，取质：向巢又进入曹地，取曹人为质。

㉞又得罪于民：以曹人为质，是得罪于民。

㉟乃舍之：释放曹地人质。

㊱民遂叛之：曹人还是背叛向氏。

㊲向巢来奔：向巢怕宋景公怪罪，逃奔鲁国。

㊳寡人与子有言矣，不可以绝向氏之祀：宋景公与向巢有过盟誓，因此挽留他。

㊴"若以先臣之故"三句：如念及先臣的功业，为桓氏留下后人，是国君的大恩大德。

㊵若臣，则不可以入矣：向巢不愿回国。

【译文】

宋国桓魋受宠，进而威胁到宋景公。宋景公让夫人几次请桓魋来参加享礼，准备趁机讨伐他。还没来得及实施，桓魋已先对宋景公下手，请求用薄地来换薄地。宋景公说："这可不行。薄地是宋国的宗邑。"便给薄地增加七座城邑。桓魋请求设享礼宴请宋景公，时间约定在中午，桓魋自家的甲士都去埋伏了。宋景公知道内情，告诉司马子仲说："我把桓魋养大了，现在他要祸害我，请赶快救我。"司马子仲说："有臣子不顺服，这是神灵所厌恶的，何况是人呢？怎敢不接受命令。但不能得到左师是不行的，请用国君的命令召见他。"左师每顿饭都敲钟。听见钟声，宋景公说："他要吃饭了。"吃完后又敲钟。宋景公说："可以去了。"司马子仲乘车前往，说："迹人前来报告说：'逢泽有失群的獐子。'国君说：'即便桓魋没来，但要是左师在，我就和他一起去打猎，怎么样？'国君难以向您开口，是我说：'我试着私下跟左师说说。'国君想快点，所以派了车来接您。"左师就和司马子仲乘坐一辆车前往，到了宫里，宋景公告诉他召见的缘故，左师拜伏在地，许久不能站起来。司马子仲说："您可以和他盟誓。"宋景公说："如果加祸于你，上有天，下有先君作证。"左师回答说："桓魋不恭敬，是宋国的祸患，岂敢不唯命是听。"司马子仲请求符节，用来命令部属攻打桓魋。他的父兄旧臣说："不行。"他的新臣说："听从我们国君的命令。"于是就去攻打桓魋。子颀快马跑去告诉桓魋。桓魋想攻击宋景公，子车制止了，说："不能事奉国君，反而攻打公室，人民不会支持，只是自己找死。"桓魋便进入曹地反叛。六月，派左师向巢讨伐桓魋。左师要国内大夫做人质，然后回国。没能办到，也进入曹地，取曹地人为人质。桓魋说："不行。既不能事奉国君，又得罪了人民，将要怎么办？"于是释放了曹地人质。曹地人民便背叛了桓氏。桓魋逃往卫国。向巢逃来鲁国，宋景公派人制止他，说："寡人和你有盟誓，不能断绝向氏的祭祀。"向巢辞谢说："下臣的罪过太大，全部灭掉桓氏都是应该的。如果因为先臣的缘故而让桓氏有继承人，是国君的恩惠。至于下臣，是不能回国的了。"

　　司马牛致其邑与珪焉而适齐①。向魋出于卫地，公文氏攻之，求夏后氏之璜焉②。与之他玉，而奔齐。陈成子使为次卿③。司马牛又致其邑焉，而适吴④。吴人恶之，而反⑤。赵简子召之，陈成子亦召之，卒于鲁郭门之外，阬氏葬诸丘舆⑥。

【注释】

①司马牛致其邑与珪焉而适齐：司马牛交出封邑及符信，亡命齐国。
　　司马牛，向魋弟弟。珪，封邑的符信。

②"向魋出于卫地"三句：公文氏攻击向魋，目的是为了夺取夏后氏

之璜。璜,宝玉。

③陈成子使为次卿:任命向魋为副卿。

④司马牛又致其邑焉,而适吴:司马牛比向魋先到齐国,并得到齐国
　的封邑。现在向魋入齐,司马牛不愿意与向魋共处,又逃往吴国。

⑤吴人恶之,而反:司马牛返回宋国。

⑥卒于鲁郭门之外,阬氏葬诸丘舆:司马牛最终客死鲁国。阬氏,鲁
　国人。丘舆,古地名,在今山东费县西。

【译文】

　　司马牛交出封邑及符信,逃往齐国。桓魋在卫地,公文氏攻打他,向
他讨要夏后氏的璜玉。桓魋给他别的玉,然后出逃到齐国。陈成子让桓
魋担任副卿。司马牛又交还齐国给的封邑,而迁往吴国。吴国讨厌他,
司马牛又回到宋国。赵简子召他去晋国,陈成子也召他,司马牛死在鲁
国都城外城门以外,阬氏把他安葬在丘舆。

　　△**【经】莒子狂卒。**

【译文】

莒国君狂去世。

　　△**【经】六月,宋向魋自曹出奔卫。**

【译文】

六月,宋国向魋从曹邑出逃卫国。

　　△**【经】宋向巢来奔。**

【译文】

宋国向巢逃来鲁国。

【经】齐人弑其君壬于舒州①。

【注释】

①壬：齐简公。齐简公，前484年即位，在位四年。

【译文】

齐国人在舒州杀死国君壬。

【左传】甲午①，齐陈恒弑其君壬于舒州②。孔丘三日齐③，而请伐齐三④。公曰："鲁为齐弱久矣，子之伐之，将若之何⑤？"对曰："陈恒弑其君，民之不与者半⑥。以鲁之众加齐之半，可克也。"公曰："子告季孙⑦。"孔子辞，退而告人曰："吾以从大夫之后也，故不敢不言⑧。"

【注释】

①甲午：六月初五。

②齐陈恒弑其君壬于舒州：陈成子杀齐简公，拥立齐平公，从此齐国由陈氏专权。

③齐：同"斋"，斋戒。

④而请伐齐三：三次请求讨伐齐国声讨陈成子。

⑤"鲁为齐弱久矣"三句：鲁国因齐国之侵久已虚弱，如何去攻打齐国？

⑥民之不与者半：齐国有一半的人反对陈成子。

⑦子告季孙：权在季孙，须由季孙决定。

⑧吾以从大夫之后也，故不敢不言：孔子知道季孙一定不肯发兵，所以不去找季孙，只能以自己有责任，不敢不说，来自我解嘲。

【译文】

六月初五，齐国陈成子在舒州杀死其国君壬。孔丘斋戒了三天，然后三次提出攻打齐国的请求。鲁哀公说："鲁国被齐国削弱的时间已经很久了，您要攻打齐国，打算怎么办？"孔子回答说："陈恒杀死其国君，人民有一半不支持他。以鲁国的民众加上齐国不支持他的那一半，可以战胜他。"鲁哀公说："您去告诉季孙吧。"孔子辞谢，退出来后告诉别人说："我由于曾经位列大夫之末，所以不敢不说。"

　△**【经】**秋，晋赵鞅帅师伐卫。

【译文】

秋，晋国赵鞅领兵攻打卫国。

【经】八月辛丑①，仲孙何忌卒②。

【注释】

①辛丑：十三日。

②仲孙何忌：孟懿子。

【译文】

八月十三日，仲孙何忌去世。

　【左传】初，孟孺子洩将圉马于成①。成宰公孙宿不受，曰："孟孙为成之病②，不圉马焉。"孺子怒，袭成，从者不得入，乃反③。成有司使，孺子鞭之④。秋八月辛丑，孟懿子

卒,成人奔丧,弗内。袒,免⑤,哭于衢⑥。听共⑦,弗许。惧,
不归⑧。

【注释】

①洩:孟懿子之子孟武伯。围马:养马。成:孟氏封邑。

②为成之病:因为成地贫困。

③从者不得入,乃反:攻不进成地。

④成有司使,孺子鞭之:成地官员来见孟孺子,孟孺子余恨未消,迁
　怒于成地官员,鞭打来使。

⑤袒,免:脱去上衣和帽子。

⑥哭于衢:在大街上哭吊。

⑦听共:愿意听命供驱使。

⑧惧,不归:成地宰恐惧,不敢回成邑。案此当与下年传文"十五年
　春,成叛于齐"段连读。

【译文】

　　起初,孟孺子洩将要在成地养马。成宰公孙宿不同意,说:"孟孙因
为成邑人贫困,不在这里养马。"孟孺子发怒,攻打成邑,跟从的人不能
攻入,就返回了。后来成地官员前来,孟孺子鞭打了他。秋八月十三日,
孟懿子去世,成地宰臣来奔丧,孟孺子不接纳。成地宰臣脱去上衣和帽
子,在大街上哭吊。表示愿意听命供驱使,孟孺子还是不答应。成地宰
臣害怕了,不敢回成邑。

　　△**【经】**冬,陈宗竖自楚复入于陈,陈人杀之。

【译文】

　　冬,陈国宗竖从楚国又进入陈国,陈国人杀了他。

△【经】陈辕买出奔楚。

【译文】

陈国辕买出逃楚国。

△【经】有星孛^①。

【注释】

①有星孛：出现彗星。

【译文】

有彗星出现。

△【经】饥^①。

【注释】

①饥：鲁国发生饥荒。

【译文】

发生饥荒。

十五年

【经】十有五年春王正月^①，成叛。

【注释】

①十有五年：鲁哀公十五年当周敬王四十年，前480年。

【译文】

鲁哀公十五年春周历正月，成地反叛。

【左传】十五年春，成叛于齐①。武伯伐成②，不克，遂城输③。

【注释】

①成叛于齐：成地背叛孟氏而投靠齐国。案这应和上年传文末句连读。

②武伯：孟孺子。

③城输：在输地筑城，以威胁成地。输，古地名，在成地附近。

【译文】

鲁哀公十五年春，成地背叛并投靠齐国。孟孺子攻打成地，没能攻克，便在输地筑城。

△【经】夏五月，齐高无丕出奔北燕。

【译文】

夏五月，齐国高无丕出逃北燕。

*【左传】夏，楚子西、子期伐吴，及桐汭①。陈侯使公孙贞子吊焉②，及良而卒③，将以尸入④。吴子使大宰嚭劳⑤，且辞曰："以水潦之不时，无乃廪然陨大夫之尸⑥，以重寡君之忧⑦。寡君敢辞⑧。"上介芋尹盖对曰⑨："寡君闻楚为不道，荐伐吴国⑩，灭厥民人⑪。寡君使盖备使⑫，吊君之下吏⑬。无禄，使人逢天之戚，大命陨队，绝世于良⑭。废日共积，一日迁次⑮。今君命逆使人曰：'无以尸造于门⑯。'是我寡君之命委于草莽也⑰。且臣闻之曰：'事死如事生，礼也⑱。'于是乎有朝聘而终，以尸将事之礼⑲，又有朝聘而遭丧之礼⑳。

若不以尸将命,是遭丧而还也,无乃不可乎^㉑!以礼防民,犹或逾之^㉒,今大夫曰'死而弃之'^㉓,是弃礼也。其何以为诸侯主^㉔?先民有言曰:'无秽虐士^㉕。'备使奉尸将命,苟我寡君之命达于君所^㉖,虽陨于深渊,则天命也,非君与涉人之过也^㉗。"吴人内之^㉘。

【注释】

①桐汭:桐水边。桐水发源于今安徽广德,注入丹阳湖。

②陈侯使公孙贞子吊焉:派大夫公孙贞子慰问吴国。

③及良而卒:公孙贞子死于途中。良,吴地名,距吴都不远。

④将以尸入:依据聘礼,使者死于出使国之境而未完成使命,副使应代行使命,并将灵柩运进城内。

⑤吴子使大宰嚭劳:吴王派太宰嚭前往吊唁。

⑥以水潦之不时,无乃廪然陨大夫之尸:怕发大水损坏灵柩。水潦之不时,不时发大水。廪然,大水泛滥的样子。

⑦重:加重。

⑧寡君敢辞:婉谢灵柩入城。

⑨上介:首席副使。芊尹:官名。盖:人名。

⑩荐:屡次。

⑪厥:其。

⑫备使:充当使者。自谦之辞。

⑬君之下吏:代指吴王。

⑭"使人逢天之戚"三句:公孙贞子不幸,遭逢上天之忧,死于良地。使人,使臣。戚,忧愁。队(zhuì),同"坠"。绝世,弃世。

⑮废日共积,一日迁次:由于公孙贞子之死,筹集殡殓的财物耗费了时间,只好一日搬迁几次,加紧赶路,以免误期。

⑯无以尸造于门：指吴国派太宰嚭谢绝以尸入城。

⑰是我寡君之命委于草莽也：陈国国君的使命无法完成。

⑱事死如事生，礼也：事奉死者与事奉生者应该一样，这是礼的规定。

⑲于是乎有朝聘而终，以尸将事之礼：朝聘中途使臣死去，应奉其灵柩完成使命，这是礼的规定。

⑳又有朝聘而遭丧之礼：受朝聘国发生丧事，也有一定的礼节。

㉑“若不以尸将命”三句：依礼，受朝聘国有丧事，则不让朝聘国奉灵柩完成使命。现在吴国不让芋尹盖“以尸将命”，倒像是吴国发生丧事。

㉒以礼防民，犹或逾之：用礼来教化百姓，仍不免有越礼的。

㉓今大夫曰“死而弃之”：指不接纳公孙贞子的灵柩。

㉔主：盟主。

㉕无秽虐士：不要将死者看成污秽之物。虐士，死者。

㉖达于君所：指完成使命。

㉗“虽陨于深渊”三句：能完成使命，即使坠入深渊而死，也不怪罪他人。涉人，摆渡人。

㉘吴人内之：经过芋尹盖力争，吴国同意他将灵柩运进吴国城内。

【译文】

夏，楚国子西、子期攻打吴国，到达桐水边。陈闵公派公孙贞子到吴国慰问，到达良地而死，副使准备带着他的尸体进入吴国都城。吴王派太宰伯嚭慰劳陈国使者，并且辞谢说：“因为大雨下得不是时候，恐怕大水会泛滥而损坏大夫的尸体，从而加重我们国君的忧虑。我们国君谨敢辞谢。”首席副使芋尹盖回答说：“我们国君听说楚国无道，屡次进攻吴国，杀灭贵国的人民。我们国君派我充当副使，慰问国君的属下官吏。不幸使臣碰上上天不高兴，生命陨灭，在良地去世。我们为筹集殡殓而花费时日积聚财物，为赶路只好一天搬迁几次。现在君王派来迎接使臣的人说：‘不要让尸体进入城门。’这是将我国国君的命令丢弃在杂草丛林中了。况且下臣听说：'事奉死人就如同事奉活人那样，这是礼。'因此朝聘中途而有使臣死去，应奉其灵柩完成使命，已经成为礼的规定，受朝聘国发生丧事，也有一定的礼节。如果不带着尸体完成使命，就成了受聘国遭受丧事而回国了，这恐怕不合适吧！用礼来防范百姓，尚且有人违背，现在贵国大夫说'死了就丢弃掉'，这是抛弃礼。这还怎么成为诸侯的盟主呢？先民有句话说：'不要把死者看成污秽。'小使奉公孙贞子的尸体完成使命，只要我们国君的命令上达君王那儿，即使是坠入深渊，那也是天命，不是君王和摆渡人的过错。"吴国人接纳了他们。

△【经】郑伯伐宋。

【译文】

郑声公攻打宋国。

△【经】秋八月，大雩。

【译文】

秋八月，举行盛大的求雨雩祭。

*【左传】秋，齐陈瓘如楚①。过卫，仲由见之②，曰："天或者以陈氏为斧斤，既斫丧公室③，而他人有之，不可知也；其使终飨之，亦不可知也④。若善鲁以待时，不亦可乎⑤？何必恶焉⑥？"子玉曰："然，吾受命矣，子使告我弟⑦。"

【注释】

①陈瓘：陈恒之兄，字子玉。

②仲由：子路。

③斫丧：摧残。

④"而他人有之"四句：陈氏即便能摧垮齐国公室，但结局或是被他人渔利，或是陈氏永享国祚，今天还难以预料。飨，享有。

⑤若善鲁以待时，不亦可乎：不如与鲁国结好，等待时机。

⑥何必恶焉：何必与鲁国交恶。

⑦子使告我弟：请子路派人告诉陈恒。

【译文】

秋，齐国陈瓘前往楚国。经过卫国，仲由拜见他，说："上天也许是把陈氏当做斧头，砍伐公室，然后别人得到它，现在还不能知道；或是陈氏最终享有，现在也不能知道。要是善待鲁国来等待时机，不也是可行的吗？何必与鲁国交恶呢？"陈瓘说："是这样，我接受您的命令了，您派人去告诉我弟弟。"

△**【经】晋赵鞅帅师伐卫。**

【译文】

晋国赵鞅领兵进攻卫国。

△**【经】冬，晋侯伐郑。**

【译文】

冬，晋定公攻打郑国。

【经】及齐平①。

【注释】

①及齐平:鲁、齐两国讲和。

【译文】

鲁国与齐国讲和。

【左传】 冬,及齐平①。子服景伯如齐,子赣为介②,见公孙成③,曰:"人皆臣人④,而有背人之心。况齐人虽为子役,其有不贰乎⑤? 子,周公之孙也,多飨大利,犹思不义⑥。利不可得,而丧宗国,将焉用之⑦?"成曰:"善哉! 吾不早闻命⑧。"

【注释】

①及齐平:鲁、齐两国达成和议。

②子赣:子贡。介:副使。

③公孙成:成宰公孙宿。

④臣人:臣于人,做别人的臣子。

⑤况齐人虽为子役,其有不贰乎:齐国虽然重视你,但你能背叛鲁国,齐国也可能背弃你。为子役,为您服役。其,岂能。

⑥多飨大利,犹思不义:享有浩荡君恩,却思不义之举。

⑦"利不可得"三句:齐国不可信赖,公孙宿不应贪求私利而忘记祖国。宗国,祖国。

⑧吾不早闻命:可惜没早听到子赣这番话。

【译文】

冬,鲁国与齐国讲和。子服景伯到齐国去,子赣为副使,见公孙成,说:"人们都是他人的臣下,而有背叛他人的念头。何况齐国虽然为您服役,难道会不三心二意的吗? 您是周公的后代,享受到很多巨大的利益,仍然想做不义的事。利益得不到,反而丧失了祖国,那还有什么用?"公孙成说:"说得好啊! 可惜我没能及早听到这番话。"

　　陈成子馆客①,曰:"寡君使恒告曰,寡君愿事君如事卫君②。"景伯揖子赣而进之③。对曰:"寡君之愿也。昔晋人伐卫④,齐为卫故,伐晋冠氏⑤,丧车五百⑥,因与卫地,自济以西,禚、媚、杏以南,书社五百⑦。吴人加敝邑以乱⑧,齐因其病⑨,取谨与阐⑩。寡君是以寒心⑪。若得视卫君之事君也,则固所愿也⑫。"成子病之⑬,乃归成。公孙宿以其兵甲入于嬴⑭。

【注释】

①陈成子馆客:让子服景伯、子赣住进宾馆。

②寡君愿事君如事卫君:卫国已和齐国结好,希望鲁国也能和卫国一样。

③景伯揖子赣而进之:拜请子赣前去对答。

④昔晋人伐卫:定公八年,赵鞅伐卫。

⑤冠氏:古地名,在今河北馆陶和山东冠县一带。

⑥丧车五百:定公九年,齐与晋战,败。

⑦"因与卫地"四句:齐国送给卫国济西等地,约有五百社之多。济,济水。禚、媚、杏,都是地名。社,二十五家为社。书,指记录造成户籍。

⑧吴人加敝邑以乱:哀公八年,吴为邾伐鲁。

⑨齐因其病:趁火打劫。

⑩取谨与阐:也在哀公八年。

⑪寡君是以寒心:齐国对鲁、卫两国没有一视同仁。

⑫若得视卫君之事君也,则固所愿也:希望齐国能公平对待鲁国,归还侵地。

⑬成子病之:感到愧疚。

⑭公孙宿以其兵甲入于嬴：公孙宿仍有戒心，将自己的武装置于嬴地。嬴，古地名，在今山东莱芜西北。

【译文】

陈成子让客人住进馆，说："我们国君派我来报告说，我们国君愿意事奉鲁君如同事奉卫君一样。"子服景伯作揖示意子赣上前答复。子赣回答说："这正是我们国君的愿望啊。往昔晋国攻打卫国，齐国因为卫国的缘故，进攻晋国的冠氏，丧失了战车五百辆，因此给予卫国土地，从济水往西，禚、媚、杏以南，一共送上五百社的户籍。吴国把动乱加在敝邑，齐国趁我国的困难，占取了谨与阐二地。我们国君所以寒心。如果能够像卫君那样事奉齐君，那本来就是我们所希望的。"陈成子感到愧疚，便把成邑归还给鲁国。公孙宿带着兵器皮甲进入嬴地。

△**【经】卫公孟彄出奔齐。**

【译文】

卫国公孟彄出逃齐国。

***【左传】**卫孔圉取大子蒯聩之姊①，生悝。孔氏之竖浑良夫长而美②，孔文子卒，通于内③。大子在戚，孔姬使之焉④。大子与之言曰："苟使我入获国⑤，服冕、乘轩，三死无与⑥。"与之盟，为请于伯姬⑦。

【注释】

①孔圉：孔文子。

②竖：家奴。

③通于内：浑良夫与孔姬私通。内，指孔文子妻子，蒯聩之姊孔姬。

④大子在戚，孔姬使之焉：哀公二年，卫国立蒯聩之子辄为国君，蒯
　聩在晋国的支持下住在戚地。现在孔姬派浑良夫去见蒯聩。

⑤入获国：回国夺取君位。

⑥服冕、乘轩，三死无与：服冕、乘轩，指封其为大夫。冕，大夫之冠。
　轩，大夫之车。三死无与，赦免三次死罪。案蒯聩答应事成之后
　报答浑良夫。

⑦为请于伯姬：浑良夫为蒯聩向孔姬请求支持。

【译文】

　　卫国孔圉娶了太子蒯聩的姐姐，生下孔悝。孔氏的仆人浑良夫身材
魁梧且美貌，孔圉去世后，他和主母私通。太子在戚地，孔姬派浑良夫去
见蒯聩。太子对他说道："如果能设法让我回去得到国家，我会让你服冕
服、乘轩车，并赦免三次死罪。"浑良夫与他盟誓，为他向伯姬请求支持。

　　闰月①，良夫与大子入，舍于孔氏之外圃②。昏，二人蒙
衣而乘③，寺人罗御，如孔氏④。孔氏之老栾宁问之⑤，称姻
妾以告⑥，遂入，适伯姬氏⑦。既食，孔伯姬杖戈而先⑧，大子
与五人介⑨，舆豭从之⑩。迫孔悝于厕，强盟之⑪，遂劫以登
台⑫。栾宁将饮酒，炙未熟⑬，闻乱，使告季子⑭。召获驾乘
车⑮，行爵食炙⑯，奉卫侯辄来奔⑰。

【注释】

①闰月：闰十二月。

②外圃：家外的菜园。

③二人蒙衣而乘：浑良夫与蒯聩化装成妇人，以巾蒙头乘车而出。

④如孔氏：前往孔家。

⑤老：家臣之长。

⑥姻妾：亲家的婢妾。

⑦遂入，适伯姬氏：潜入孔家，到孔姬住处。

⑧杖戈：持戈。

⑨介：披上甲胄。

⑩舆豭（jiā）从之：想强迫孔悝盟誓，用车拉上猪跟在后头。豭，公猪。案盟誓要用牛耳的血，临时没牛，用猪代替。

⑪迫孔悝（kuī）于厕，强盟之：孔氏执政，因此盟誓强迫孔悝驱逐卫出公。厕，墙角。

⑫遂劫以登台：登上孔氏高台，准备起事。

⑬炙：烤肉。

⑭季子：子路。子路是孔悝邑宰。

⑮召获：卫国大夫。乘车：四马拉的坐车，不是兵车，说明不准备抵抗。

⑯行爵食炙：一边行路一边喝酒吃肉。示以无惧。

⑰奉卫侯辄来奔：卫出公逃往鲁国。

【译文】

闰十二月，浑良夫与太子入都，住在孔氏的宅外菜园子里。天黑以后，二人用衣巾蒙住脸坐上车，寺人罗为他们驾车，到孔家去。孔氏家宰栾宁盘问他们，假称是姻亲家的侍妾，便进去了，到了伯姬住处。吃过饭后，孔伯姬拿着戈先行，太子和五个人穿上皮甲，用车拉着公猪跟着。把孔悝逼到墙角，强迫他盟誓，然后把他劫持登上高台。栾宁正要饮酒，烤肉还没熟，听说了变乱，派人告诉子路。召获驾着乘车，边走边喝酒吃肉，奉事卫出公辄逃来鲁国。

　　季子将入①，遇子羔将出②，曰："门已闭矣③。"季子曰："吾姑至焉④。"子羔曰："弗及，不践其难⑤。"季子曰："食焉，不辟其难⑥。"子羔遂出。子路入⑦。及门⑧，公孙敢门焉⑨，曰："无入为也⑩。"季子曰："是公孙，求利焉而逃其难⑪。由不然,利其禄⑫,必救其患。"有使者出,乃入⑬,曰:"大子焉用孔悝?虽杀之,必或继之⑭。"且曰:"大子无勇,若燔台,半,必舍孔叔⑮。"大子闻之,惧,下石乞、盂黡敌子路,以戈击之,断缨⑯。子路曰:"君子死,冠不免⑰。"结缨而死⑱。孔子闻卫乱,曰:"柴也其来⑲,由也死矣⑳。"

【注释】

①季子将入:子路准备进入国都。

②遇子羔将出:子羔将出逃。子羔,卫国大夫高柴,孔子弟子。

③门:指城门。

④吾姑至焉:想进去救孔悝。

⑤弗及,不践其难:劝子路不要参与其事。弗及,权力不在自己手里。不践其难,不要自找祸难。

⑥食焉,不辟其难:食人之禄,不避其难。

⑦子路入:入城。

⑧及门:到孔氏家门。

⑨公孙敢:孔悝家臣。门焉:守门。

⑩无入为也:意谓孔悝已经与蒯聩盟誓,进入无用。

⑪求利焉而逃其难:求私利而逃避国家之难。责备他为蒯聩守门。

⑫利其禄:食人俸禄。

⑬有使者出,乃入:子路因门开而趁机入内。

⑭虽杀之,必或继之:杀了孔悝,还有他人与太子作战。

⑮"大子无勇"四句:子路鼓动众人纵火焚台,以救孔悝。孔叔,孔悝。

⑯断缨:砍断子路冠带。

⑰君子死,冠不免:虽死而冠不可脱。

⑱结缨而死:子路系好冠带,从容殉难。

⑲柴也其来：高柴是卫国大夫，所以不必为孔悝而战，因此会出逃到
　　鲁国来。柴，子羔。

⑳由也死矣：子路是孔悝家臣，所以一定会为他而死。

【译文】

　　子路将要入城，遇见子羔正要出来，说："城门已经关闭了。"子路说："我姑且前往。"子羔说："权力不在自己手里，不要去遭受祸难。"子路说："吃了他的俸禄，不能躲避祸难。"子羔便出城去。子路进入。到孔氏家门，公孙敢在看门，说："不要进去做什么了。"子路说："这是公孙敢吧，谋求利益却逃避祸难。我不会这样，食人俸禄，就一定要救援他的祸患。"有使者从里边出来，子路便进了门，说："太子哪里用得着扣住孔悝？即便杀了他，还一定会有人接续他。"并且说："太子没有勇气，要是放火烧台，烧到一半，他一定会放掉孔悝。"太子听说，害怕了，让石乞、盂黡下台与子路搏斗，用戈击打子路，把子路的帽带截断。子路说："君子死了帽子也不能脱掉。"把帽带系好而死。孔子听说卫国动乱，说："子羔会逃到鲁国来，子路将死去。"

　　孔悝立庄公①。庄公害故政②，欲尽去之，先谓司徒瞒成曰："寡人离病于外久矣③，子请亦尝之④。"归告褚师比，欲与之伐公，不果⑤。

【注释】

①庄公：即太子蒯聩，卫出公之父。

②庄公害故政：认为旧臣不可靠。故政，卫出公旧臣。

③离病：遭难。离，同"罹"。

④子请亦尝之：也尝尝"离病"之苦。想先驱逐瞒成。

⑤"归告褚师比"三句：两人准备联合攻打卫庄公，未能如愿。褚师
　　比，褚师声子，卫国大夫。案此当与下年传文"瞒成、褚师比出奔

宋"连读。

【译文】

　　孔悝立了卫庄公。卫庄公认为原来的旧臣不可靠，想全部换掉，先对司徒瞒成说："寡人在外边遭遇患难很久了，请你也尝一尝。"司徒瞒成回去告诉褚师比，想和他一起攻打卫庄公，但没能如愿。

十六年

　　△**【经】**十有六年春王正月己卯①，卫世子蒯聩自戚入于卫，卫侯辄来奔。

【注释】

　　①十有六年：鲁哀公十六年当周敬王四十一年，前479年。己卯：二十九日。

【译文】

　　鲁哀公十六年春周历正月二十九日，卫国太子蒯聩从戚地进入卫国，卫出公辄逃来鲁国。

　　【经】二月，卫子还成出奔宋①。

【注释】

　　①卫子还成：卫国司徒瞒成。

【译文】

　　二月，卫国子还成出逃宋国。

　　【左传】十六年春，瞒成、褚师比出奔宋①。

【注释】

①瞒成、褚师比出奔宋：本段应该与上年传文末句连读，事连去年。

【译文】

鲁哀公十六年春，瞒成、褚师比出逃宋国。

　　*【左传】卫侯使鄢武子告于周曰①："蒯聩得罪于君父君母，逋窜于晋②。晋以王室之故，不弃兄弟，置诸河上③。天诱其衷，获嗣守封焉④。使下臣胖敢告执事⑤。"王使单平公对曰："胖以嘉命来告余一人⑥，往谓叔父⑦：余嘉乃成世⑧，复尔禄次⑨。敬之哉！方天之休，弗敬弗休，悔其可追⑩？"

【注释】

①卫侯：卫庄公蒯聩。鄢武子：卫国大夫胖。

②蒯聩得罪于君父君母，逋（bū）窜于晋：指哀公二年奔晋。逋窜，逃窜。

③河上：即戚地。

④获嗣守封焉：回国获得君位。

⑤使下臣胖（xī）敢告执事：蒯聩向周室请求册命，承认其君位。

⑥嘉命：好消息。余一人：周敬王自称。

⑦叔父：指蒯聩。

⑧余嘉乃成世：赞许你继承先世。

⑨复尔禄次：复，恢复。禄次，禄位。案周王承认其君位。

⑩"方天之休"三句：得天之福，则应恭敬，不敬则天不赐福，将后悔莫及。方，有，得到。休，赏赐。

【译文】

卫庄公派鄢武子向周朝报告说："蒯聩得罪了君父君母，逃窜到晋国。晋国因为王室的缘故，不抛弃兄弟，把我安置在黄河边。上天体谅我心，得以继承保有封地。派下臣肸谨向执事报告。"周敬王派单平公回复说："肸把好消息报告我，回去以后告诉叔父：我赞赏你继承先世，恢复你的禄位。你要恭敬啊！这样才能得到上天的赐福，不恭敬就不能得到上天的赏赐，那时后悔哪里来得及？"

【经】夏四月己丑①，孔丘卒②。

【注释】

①己丑：十一日。

②孔丘卒：孔子死。《公羊传》和《穀梁传》说孔子生于襄公二十一年，终年七十三岁；《史记·孔子世家》说孔子生于襄公二十二年，终年七十二岁。案《春秋》经文结束于此年，本年之后不再有经文。

【译文】

夏四月十一日，孔丘去世。

【左传】夏四月己丑，孔丘卒。公诔之曰①："旻天不弔②，不憖遗一老，俾屏余一人以在位③，茕茕余在疚④。呜呼哀哉！尼父，无自律⑤。"子赣曰："君其不没于鲁乎⑥！夫子之言曰：'礼失则昏⑦，名失则愆⑧。'失志为昏，失所为愆⑨。生不能用⑩，死而诔之，非礼也；称一人，非名也⑪。君两失之⑫。"

【注释】

①公：鲁哀公。诔（lěi）：作诔文悼念。

②旻（mín）天：仁悯的上天。不弔（dì）：不善。

③不憖（yìn）遗一老，俾（bǐ）屏余一人以在位：上天竟不愿留下国老，使他保护我执政。憖，愿。一老，指孔子，鲁谓孔子为国老。俾，使。屏，保护。余一人，鲁哀公自称。

④茕茕（qióng）：孤独的样子。在疚：忧愁成病。疚，病。

⑤尼父，无自律：失去了孔子，使我失去了所效法的榜样。律，法则。

⑥君其不没于鲁乎：预言鲁哀公将不能在鲁国善终。

⑦昏：昏暗，昏昧。

⑧愆：过错。

⑨失志为昏，失所为愆：丧失了意志就会昏乱，失去了本位就是过错。

⑩生不能用：不能重用孔子。

⑪称一人，非名也：天子自称"余一人"，诸侯不可如此自称。鲁哀公自称"余一人"，不合名分。

⑫两失之：失礼又失名。

【译文】

夏四月十一日，孔丘去世。鲁哀公作诔文悼念说："上天不发慈悲，不肯留下这位国老，让他保护我牢居君位，使我孤苦忧愁成病。呜呼哀哉！尼父啊，我失去了所效法的榜样。"子赣说："国君将不能在鲁国善终吧！夫子的话这样说：'礼失去了就要昏昧，名分丧失就是过错。'丧失了意志就会昏乱，失去了本位就是过错。生时不能任用，死了作诔文哀悼他，这是不合于礼的；自称'余一人'，这是不合于名分的。国君两样都丧失了。"

*【左传】六月，卫侯饮孔悝酒于平阳，重酬之①。大夫皆有纳焉②。醉而送之，夜半而遣之③。载伯姬于平阳而行④，及西门⑤，使贰车反祏于西圃⑥。子伯季子初为孔氏臣，新登于公⑦，请追之，遇载祏者，杀而乘其车。许公为反

祏⑧,遇之,曰:"与不仁人争明⑨,无不胜。"必使先射⑩,射三发,皆远许为⑪。许为射之,殪⑫。或以其车从⑬,得祏于橐中⑭。孔悝出奔宋。

【注释】

①卫侯饮孔悝酒于平阳,重酬之:蒯聩设宴招待孔悝,重谢他。平阳,古地名,在今河南滑县东南。

②大夫皆有纳焉:又馈赠众大夫。

③醉而送之,夜半而遣之:待孔悝醉后,半夜把他送走。

④载伯姬于平阳而行:孔悝将伯姬载至平阳,一起走。

⑤西门:平阳西门。

⑥使贰车反祏(shí)于西圃:到了西门,孔氏母子派人回去取孔氏宗庙神主。贰车,副车。祏,藏宗庙神主的石匣。西圃,孔氏宗庙所在地。

⑦新登于公:新近升为卫庄公的大夫。

⑧许公为反祏:孔悝久等不见载祏者来,派许公为回去迎接。

⑨不仁人:指子伯季子,背叛孔氏而依附卫庄公。争明:争强。

⑩必使先射:让子伯季子先射。

⑪许为:即许公为。

⑫许为射之,殪(yì):许公为一箭射死子伯季子。殪,杀死。

⑬或以其车从:有人驾上子伯季子的车子跟许公为走。

⑭橐(tuó):袋子。

【译文】

六月,卫庄公在平阳请孔悝饮酒,重重地酬谢他。大夫们也都有馈赠。等孔悝喝醉后送走他,半夜里就让他上路。孔悝用车载上伯姬从平阳动身,到达西门,派贰车回西圃去取宗庙神主。子伯季子原先是孔氏的家臣,新近成为国君的臣子,请求追赶孔悝,遇到载运宗庙神主的人,杀死他并坐上他的车。许公为去迎接运神主的车,与子伯季子相遇,说:"与不仁的人争高下,没有不胜利的。"一定要子伯季子先射,子伯季子射了三箭,都离许公为很远。许公为射了一箭,就把子伯季子射死了。有人乘上子伯季子的车子,在袋子里找到神主。孔悝出逃宋国。

　　*【左传】楚大子建之遇谗也,自城父奔宋①。又辟华氏之乱于郑②。郑人甚善之。又适晋,与晋人谋袭郑,乃求复焉③。郑人复之如初④。晋人使谍于子木⑤,请行而期焉⑥。子木暴虐于其私邑⑦,邑人诉之,郑人省之⑧,得晋谍焉,遂杀子木⑨。其子曰胜,在吴,子西欲召之⑩。叶公曰⑪:"吾闻胜也诈而乱⑫,无乃害乎⑬?"子西曰:"吾闻胜也信而勇,不为不利。舍诸边竟,使卫藩焉⑭。"叶公曰:"周仁之谓信⑮,率义之谓勇⑯。吾闻胜也好复言⑰,而求死士,殆有私乎⑱!复言,非信也;期死,非勇也⑲。子必悔之。"弗从。召之,使处吴竟⑳,为白公。请伐郑,子西曰:"楚未节也㉑。不然,吾不忘也。"他日,又请,许之。未起师,晋人伐郑,楚救之,与之盟㉒。胜怒,曰:"郑人在此,仇不远矣㉓。"

【注释】

①楚大子建之遇谗也,自城父奔宋:昭公十九年,楚平王信费无极之谗使城父司马杀太子建,城父司马告太子建,遂自城父奔宋。

②又辟华氏之乱于郑:太子建恰逢宋国华氏之乱,又逃亡郑国。事在昭公二十年。

③乃求复焉:太子建请求回郑国。案做晋人内应。

④郑人复之如初:郑国人不知内情,待太子建如初。

⑤使谍：晋人派间谍与太子建联系。子木：太子建。

⑥请行而期焉：辞行时与太子建约定袭击郑国的日期。

⑦子木暴虐于其私邑：太子建在郑国自己的私邑中胡作非为。

⑧省之：考察、调查太子建。

⑨遂杀子木：郑杀太子建。案以上追述前事。

⑩子西欲召之：召胜回楚国。

⑪叶公：子高，沈诸梁。

⑫诈而乱：狡诈且好作乱。

⑬害：成为祸害。

⑭舍诸边竟，使卫藩焉：安置在边境，让胜保卫边境。

⑮周仁之谓信：靠近仁才叫"信"。周，亲。

⑯率义之谓勇：遵循道义才叫"勇"。率，遵循。

⑰复言：一言既出，必实行之，不管是否合理。

⑱而求死士，殆有私乎：胜好复言，又求死士，怕有私心。死士，敢于拼死的人。

⑲"复言"四句：这是驳子西所谓胜"信而勇"。期死，不管义与不义，必拼一死。

⑳吴竟：楚国邻近吴国的边境，不在吴国境内，即指白地，在今河南息县东。

㉑未节：未上轨道，未强盛起来。

㉒楚救之，与之盟：为了与晋国抗衡，楚国反而救郑国。

㉓郑人在此，仇不远矣：胜与郑国有杀父之仇，子西却救郑国并与之盟，所以胜指为敌人。仇，指郑国，也指子西。

【译文】

楚国太子建遭到诬陷的时候，从城父出逃宋国。又避宋国华氏之乱逃往郑国。郑国人对他很好。又到晋国，与晋国人商量攻打郑国，为此要求再回到郑国去。郑国人像当初一样对待他。晋国人派间谍和太子建联系,临回晋国时商定袭击郑国的日期。太子建在他的封邑中暴虐胡为,封邑里的人告发他,郑国人来查问,抓获晋国间谍,于是杀了太子建。太子建儿子名胜,在吴国,子西想召他回国。叶公说:"我听说胜狡诈而且好作乱,恐怕会成为祸害的吧?"子西说:"我听说胜讲求信用而且勇敢,不做不利的事情。把他放在边境,让他保卫国境。"叶公说:"亲近仁叫做'信',遵循义叫做'勇'。我听说胜讲求实践诺言,而寻求不怕死的勇士,恐怕存有私心吧!只是实践诺言,不算信;不怕死,不是勇。您一定会后悔的。"子西不听他的话,召胜回国,让他住在与吴国交界的地方,号为白公。胜请求攻打郑国,子西说:"楚国还没强盛起来。不是这样的话,我是不会忘记的。"过些日子,胜又提出请求,子西同意了。还没发兵,晋国进攻郑国,楚国救援,与郑国结盟。胜发怒,说:"郑国人就在这里,仇敌离我不远了。"

胜自厉剑①,子期之子平见之,曰:"王孙何自厉也②?"曰:"胜以直闻③,不告女,庸为直乎④? 将以杀尔父⑤。"平以告子西。子西曰:"胜如卵,余翼而长之⑥。楚国,第我死⑦,令尹、司马,非胜而谁⑧?"胜闻之,曰:"令尹之狂也⑨! 得死,乃非我⑩。"子西不悛⑪。胜谓石乞曰⑫:"王与二卿士⑬,皆五百人当之⑭,则可矣。"乞曰:"不可得也⑮。"曰:"市南有熊宜僚者⑯,若得之,可以当五百人矣⑰。"乃从白公而见之。与之言,说⑱。告之故⑲,辞⑳。承之以剑㉑,不动㉒。胜曰:"不为利谄㉓,不为威惕㉔,不泄人言以求媚者㉕,去之㉖。"

【注释】

①厉:磨。

②王孙:指胜,他本是楚平王孙子。

③胜以直闻：以爽直著称。

④庸：岂，难道。

⑤将以杀尔父：胜恨楚国的执政者子西、子期，因此这样说。尔父，
　指子期。

⑥胜如卵，余翼而长之：像鸟用翅膀把卵孵化养大一样养育胜。

⑦第：如果，只要。

⑧令尹、司马，非胜而谁：子西不知道胜的本意在为父报仇，误以为
　他是要夺权，所以说我死后胜即将执政，何必作乱。

⑨令尹：子西。

⑩得死，乃非我：得死，得善终。此指如果子西得善终。乃非我，我
　乃非人。白公胜立誓必杀子西。

⑪不悛（quān）：不悔悟。

⑫石乞：胜的同党。

⑬王：指楚惠王。二卿士：指子西、子期。

⑭皆五百人当之：一共要五百人才对付得了。皆，共。

⑮不可得也：凑不够五百人。

⑯熊宜僚：勇士。

⑰可以当五百人矣：一个人可抵得上五百人。

⑱说：同“悦”。

⑲告之故：告诉他杀二卿之事。

⑳辞：熊宜僚拒绝。

㉑承之以剑：以剑逼熊宜僚。

㉒不动：仍不答应。

㉓不为利谄：不为利所动。

㉔不为威惕：不为威胁所惧。惕，戒惧。

㉕求媚：讨好他人。

㉖去之：白公胜称赞熊宜僚，知道他虽然拒绝，但一定不会泄密，作

罢而归。

【译文】

　　胜亲自磨剑，子期的儿子平见到了，说："王孙为何亲自磨剑呢?"胜说："我以直爽闻名，不告诉你，怎么能算得上直爽? 我想用这剑来杀你的父亲。"平把这话告诉了子西。子西说："胜就像蛋，我用翅膀翼护他使他长大。在楚国只要我死了，令尹、司马不是胜还会是谁?"胜听到了，说："令尹太狂妄了! 他要能善终，我就不是人。"子西依然不悔悟。胜对石乞说："君王和两位卿士共用五百人来对付，就行了。"石乞说："没法找到这五百人。"胜说："市南有个熊宜僚，要是得到他，就可以相当于五百人。"石乞于是跟从白公胜去见熊宜僚。和他交谈，很投机。把找他的目的告诉他，熊宜僚拒绝了。石乞把剑架在他的脖子上，仍然不为所动。胜说："不被利所诱，不被威胁所屈服，不会泄漏别人的话去讨好人，我们走吧。"

　　吴人伐慎^①，白公败之。请以战备献^②，许之。遂作乱。秋七月，杀子西、子期于朝，而劫惠王。子西以袂掩面而死^③。子期曰："昔者吾以力事君，不可以弗终^④。"抉豫章以杀人而后死^⑤。石乞曰："焚库、弑王。不然，不济。"白公曰："不可。弑王，不祥；焚库，无聚^⑥，将何以守矣?"乞曰："有楚国而治其民，以敬事神，可以得祥；且有聚矣，何患?"弗从。叶公在蔡^⑦，方城之外皆曰："可以入矣^⑧。"子高曰："吾闻之，以险侥幸者，其求无餍^⑨，偏重必离^⑩。"闻其杀齐管脩也，而后入^⑪。

【注释】

　　①慎：古地名，在今安徽颍上。

②请以战备献：白公胜请求进献战利品，趁机作乱。

③子西以袂（mèi）掩面而死：悔不听叶公之劝。袂，衣袖。

④昔者吾以力事君，不可以弗终：以勇力事君，也应以勇力而死。

⑤抎：拔取。豫章：樟木。

⑥无聚：无储备。

⑦叶公在蔡：案蔡国已迁州来，其地被楚国占有，故叶公在蔡。

⑧可以入矣：可以入郢都平乱。

⑨以险侥幸者，其求无餍：冒险以求侥幸成功者，贪婪无厌。

⑩偏重必离：求取无厌则办事不公，不公则众叛亲离。叶公意谓待有机可乘时再进入郢都。偏重，不公平。

⑪闻其杀齐管脩也，而后入：知道白公杀贤臣，起兵讨伐。管脩，齐国管仲之后，后来成为楚国贤臣。

【译文】

　　吴国攻打慎地，白公胜打败了他们。白公胜请求进献战利品，获得许可。白公胜趁机作乱。秋七月，在朝廷上杀死子西、子期，并劫持了楚惠王。子西用衣袖遮住脸死去。子期说："当初我凭勇力事奉君王，不可以有始无终。"拔起一棵樟木杀死人后自己也死了。石乞说："烧掉库房、杀死楚王。不这样的话没法成功。"白公胜说："不行。杀死楚王不吉利，焚烧库房就没了积蓄，凭什么来守国？"石乞说："有了楚国而治理人民，恭敬地事奉神明，就可以得到吉利；并且也会有财物，还担心什么？"白公胜不听。叶公在蔡地，方城以外的人都说："可以进都平乱了。"叶公子高说："我听说，通过冒险侥幸成功的人，他的贪欲没有满足的时候，办事不公民众必定会叛离他。"听说他杀了齐国的管脩，于是进兵都城。

　　白公欲以子闾为王①，子闾不可，遂劫以兵。子闾曰："王孙若安靖楚国，匡正王室，而后庇焉②，启之愿也，敢不听从？若将专利以倾王室③，不顾楚国，有死不能。"遂杀之,而以王如高府④,石乞尹门⑤。圉公阳穴宫⑥,负王以如昭夫人之宫⑦。

【注释】

①子间:楚平王儿子启,哀公六年楚昭王死时曾五次推辞王位。

②而后庇焉:之后庇护我。

③专利:专谋私利。

④而以王如高府:把楚惠王挟持到高府。高府,楚国离宫。

⑤尹门:镇守高府之门。

⑥圉公阳:楚国大夫。穴宫:在墙上挖洞。

⑦负王以如昭夫人之宫:圉公阳背着楚惠王逃到昭夫人的宫中。昭夫人,楚惠王的母亲。

【译文】

白公胜想立子间当楚王,子间不答应,白公胜就用武力胁迫他。子间说:"王孙如果安定楚国,整顿王室,然后对我加以庇护,那么这正是我所希望的,怎敢不听从呢?要是打算专谋私利来倾覆王室,不顾及楚国,我宁死不从。"白公胜便杀了子间,而带着楚惠王到高府,石乞把守宫门。圉公阳在宫墙上挖了个洞,背着楚惠王来到昭夫人的宫中。

叶公亦至,及北门,或遇之,曰:"君胡不胄①?国人望君如望慈父母焉。盗贼之矢若伤君,是绝民望也,若之何不胄?"乃胄而进。又遇一人曰:"君胡胄?国人望君如望岁焉②,日日以几③。若见君面,是得艾也④。民知不死,其亦夫有奋心⑤,犹将旌君以徇于国⑥,而又掩面以绝民望⑦,不亦甚乎!"乃免胄而进。遇箴尹固帅其属,将与白公⑧。子高曰:"微二子者,楚不国矣⑨。弃德从贼,其可保乎?"乃从叶公。使与国人以攻白公,白公奔山而缢。其徒微之^⑩。生拘石乞而问白公之死焉^⑪。对曰:"余知其死所,而长者使余勿言^⑫。"曰:"不言将烹。"乞曰:"此事克则为卿,不克则烹,固其所也,何害?"乃烹石乞。王孙燕奔颍黄氏^⑬。诸梁兼二事^⑭,国宁,乃使宁为令尹^⑮,使宽为司马^⑯,而老于叶^⑰。

【注释】

① 不胄:不戴头盔。

② 望岁:盼望好收成。

③ 几(jì):同"冀",期望。

④ 艾:安心。

⑤ 其亦夫有奋心:人人有奋战之心。

⑥ 犹将旌君以徇于国:将打着叶公的旗号,遍告国人。

⑦ 掩面:古代的头盔两旁长以护面颊,看不清面容。

⑧ 与:帮助。

⑨ 微二子者,楚不国矣:楚国在柏举之败后,二人复楚有大功。二子,子西、子期。

⑩ 微之:藏匿其尸。

⑪ 死:通"尸"。

⑫ 长者:指白公胜。

⑬ 王孙燕:白公胜的弟弟。颍(kuí)黄氏:吴地名,在今安徽宣城。

⑭ 诸梁兼二事:叶公身兼令尹、司马二职。

⑮ 宁:子西之子子国。

⑯ 宽:子期之子。

⑰ 而老于叶:国家安定之后,将二职让给宁、宽二人,叶公自己退休于叶地。案此是后话,预先交代于此。

【译文】

叶公也赶到了，到达北门，有人遇见他，说："您怎么不戴头盔？国人盼望您就像盼望慈祥的父母一样。盗贼的箭矢要是伤害了您，就是断绝了民众的希望，为何不戴头盔？"叶公于是戴了头盔继续前行。又遇到一个人说："您怎么戴头盔？国人盼望您就像盼望好年成一样，天天等待着。要是望见您的脸，就能安心了。民众知道不会有生命危险，就有奋进之心，还想打着您的旗号在国内巡行，您却把脸遮起来使民众断绝希望，不也太过分了吗！"叶公于是又脱下头盔行进。遇到箴尹固带领部属，打算去帮助白公胜。叶公说："如果没有子西、子期这二人，楚国就不存在了。你放弃德行而跟从乱贼，难道能有保障吗？"箴尹固于是随从叶公。叶公派他和国人一起进攻白公胜，白公胜逃到山上自缢而死。手下人把他的尸体藏了起来。活捉了石乞而追问白公胜的尸体下落。石乞说："我知道它在哪里，但是白公胜不让我说。"叶公说："不说的话就煮了你。"石乞说："这样的事成功了就是卿，不成功就要煮死，本来就是这样的结局，有什么妨害？"于是煮死了石乞。王孙燕出逃到頯黄氏。叶公便自己兼任令尹、司马二职，国家安定后，任命宁为令尹，任命宽为司马，自己退休到叶地养老。

*【左传】卫侯占梦，嬖人求酒于大叔僖子①，不得，与卜人比②，而告公曰："君有大臣在西南隅③。弗去，惧害④。"乃逐大叔遗。遗奔晋。

【注释】

①嬖人：卫庄公宠臣。大叔僖子：太叔遗。

②比：相勾结。

③君有大臣在西南隅：暗指太叔遗。

④弗去，惧害：利用占卜梦而进谗言，指出不除去太叔遗，怕会危害

　国君。

【译文】

　　卫庄公占梦，宠臣向太叔遗讨酒，没有得到，就和卜人勾结，告诉卫庄公说："国君有大臣住在西南角。您不除掉他，恐怕有危害。"于是驱逐了太叔遗。太叔遗逃往晋国。

　　卫侯谓浑良夫曰："吾继先君而不得其器，若之何①？"良夫代执火者而言曰②："疾与亡君③，皆君之子也。召之而择材焉可也④。若不材，器可得也⑤。"竖告大子⑥。大子使五人舆猳从己，劫公而强盟之，且请杀良夫⑦。公曰："其盟免三死⑧。"曰："请三之后有罪杀之。"公曰："诺哉⑨！"

【注释】

①吾继先君而不得其器，若之何：宝器尽被辄带走，蒯聩虽然继承君位，却无传国宝器。

②良夫代执火者而言曰：浑良夫与卫庄公密谋，所以屏退举火把的左右之人。执火者，举火把的侍者。

③疾：太子疾。亡君：出公辄。

④召之而择材焉可也：召他们回来，量才择用。

⑤若不材，器可得也：辄不才，废掉他，宝器可得。

⑥竖告大子：小臣密告太子疾。竖，小臣。

⑦请杀良夫：因浑良夫言召卫出公辄，所以太子疾要杀他。

⑧其盟免三死：曾答应免浑良夫三次死罪。

⑨诺哉：答应杀浑良夫。案此与下年传文当连读。

【译文】

　卫庄公对浑良夫说："我继承了先君君位却没有得到他的宝器，怎么办?"浑良夫取代在一旁拿火烛的人后说道:"太子疾和逃亡的国君,都是您的儿子。召回他们然后再择才确定继承人,这就行了。如果他没有才干,废掉他,宝器就可以得到了。"小臣密告了太子。太子派五个人抬着公猪跟从自己,劫持了卫庄公并强行和他结盟,还要求杀死浑良夫。卫庄公说:"和他订的盟誓上免他三次死罪。"太子说:"请在三次免死以后有罪再杀他。"卫庄公说:"好吧!"

十七年

*【左传】十七年春①,卫侯为虎幄于藉圃②,成,求令名者而与之始食焉③。大子请使良夫。良夫乘衷甸两牡④,紫衣狐裘⑤。至,袒裘,不释剑而食⑥。大子使牵以退,数之以三罪而杀之⑦。

【注释】

①十七年:鲁哀公十七年当周敬王四十二年,前478年。

②虎幄:刻有虎纹的木屋。藉圃:卫国园圃名。

③求令名者而与之始食焉:找一个名声好的人一起在木屋中吃第一顿饭。令名者,有好名声的人。

④良夫乘衷甸两牡:浑良夫乘卿车。衷甸,大夫之车。两牡,用两匹公马为服马。牡,公马。案卫庄公曾许良夫乘大夫之车。

⑤紫衣狐裘:紫衣,君王的服色。案浑良夫居功,车服等都有僭越。

⑥袒裘,不释剑而食:袒裘、不释剑表现出在君前不敬。袒裘,敞开身上皮袍。按古礼,中衣外加裘,裘外加裼衣,裼衣外加朝衣,浑良夫只能袒朝衣露裼衣,如今他竟自袒至裘衣,露中衣,是大不敬。不释剑,不解下佩剑。古礼非特别恩准,臣见君必须解下佩剑。

⑦大子使牵以退，数之以三罪而杀之：本段应和上年传文末句连读。

    三罪，指紫衣、袒裘、不释剑。

【译文】

    鲁哀公十七年春，卫庄公在藉圃建造虎幄，落成后，寻求有好名声的人与他在这里吃第一顿饭。太子请让浑良夫来。浑良夫乘坐由两匹公马拉着的衷甸车，穿着紫衣狐裘。到达后，敞开狐裘，没解下佩剑就吃起来。太子派人把他拉下去，数说了他的三项罪名就杀了他。

    *【左传】三月，越子伐吴，吴子御之笠泽①，夹水而陈。越子为左右句卒②，使夜或左或右，鼓噪而进③。吴师分以御之。越子以三军潜涉④，当吴中军而鼓之⑤，吴师大乱，遂败之⑥。

【注释】

①笠泽：江水名，今江苏、浙江南面和吴淞江平行的一条江。

②越子为左右句（gōu）卒：摆开左右翼进攻。句卒，句曲迂回的军阵。

③鼓噪：击鼓呐喊。

④潜涉：偷渡过河。

⑤当吴中军而鼓之：越王率领的三军向吴国中军正面进攻。

⑥吴师大乱，遂败之：左右句卒分散吴军力量，然后越以三军攻吴中军，吴军败。

【译文】

    三月，越王攻打吴国，吴王在笠泽抵抗，两军夹水布阵。越王分兵设左右队，让夜间左右队轮番出击，击鼓呐喊进攻。吴军分兵抵御。越王带三军偷偷渡河，对着吴国中军正面击鼓而攻，吴军大乱，越军便打败了吴军。

*【左传】晋赵鞅使告于卫，曰："君之在晋也^①，志父为主^②。请君若大子来^③，以免志父^④。不然，寡君其曰'志父之为也'^⑤。"卫侯辞以难^⑥，大子又使椓之^⑦。夏六月，赵鞅围卫。齐国观、陈瓘救卫^⑧，得晋人之致师者^⑨。子玉使服而见之^⑩，曰："国子实执齐柄，而命瓘曰：'无辟晋师^⑪。'岂敢废命？子又何辱^⑫？"简子曰^⑬："我卜伐卫，未卜与齐战。"乃还^⑭。

【注释】

①君：即蒯聩。

②志父：即赵鞅。

③请君若大子来：卫庄公新即位，晋国强使卫国来朝见。若，或者。

④免志父：免除国君责备赵鞅办事不周的罪过。

⑤不然，寡君其曰"志父之为也"：卫庄公如果不来，晋国国君会以为是赵鞅阻挡不让前来。其，将，恐怕。

⑥卫侯辞以难：以国内未安定加以推辞。

⑦大子又使椓（zhuó）之：太子疾在晋国使者面前诽谤卫庄公。椓，毁谤，告发。

⑧国观：国书之子。陈瓘（guàn）：字子玉。

⑨得晋人之致师者：擒获晋军挑战者。

⑩子玉使服而见之：让俘虏脱去囚服，穿上原来的衣服再接见他。

⑪无辟（bì）晋师：意即齐国决心与晋国对抗到底。辟，避开，躲避。

⑫子又何辱：案陈瓘有意放回俘虏，让他们传话，使赵鞅退兵。

⑬简子：赵鞅。

⑭乃还：陈瓘虚声恫吓，赵鞅畏惧，晋军退兵。

【译文】

　　晋国赵鞅派人告诉卫庄公,说:"国君您在晋国的时候,我是主人。请您或是太子来我国,以免除我的罪责。不然的话,我们国君将会说'是赵鞅让卫国这样做'。"卫庄公以国内不安定为理由推辞了,太子疾又在使者那儿说卫庄公的坏话。夏六月,赵鞅包围卫国。齐国国观、陈瓘救援卫国,俘虏了晋国来挑战的人。陈瓘让被俘者穿上原来的衣服后接见他,说:"国氏掌握着齐国的实权,命令我说:'不要避让晋军。'我岂敢废弃命令? 哪里又用得着劳动您前来赐教呢?"赵鞅说:"我为攻打卫国占卜过,但没有为和齐国作战占卜过。"于是撤兵回国。

　　*****【左传】**楚白公之乱,陈人恃其聚而侵楚①。楚既宁,将取陈麦。楚子问帅于大师子穀与叶公诸梁②,子穀曰:"右领差车与左史老,皆相令尹、司马以伐陈③,其可使也。"子高曰:"率贱,民慢之,惧不用命焉④。"子穀曰:"观丁父,鄀俘也,武王以为军率⑤,是以克州、蓼,服随、唐,大启群蛮⑥。彭仲爽,申俘也,文王以为令尹⑦,实县申、息⑧,朝陈、蔡⑨,封畛于汝⑩。唯其任也,何贱之有⑪?"子高曰:"天命不谄⑫。令尹有憾于陈⑬,天若亡之,其必令尹之子是与⑭。君盍舍焉⑮? 臣惧右领与左史有二俘之贱而无其令德也⑯。"王卜之,武城尹吉⑰。使帅师取陈麦。陈人御之,败。遂围陈。秋七月己卯⑱,楚公孙朝帅师灭陈⑲。

【注释】

①恃其聚:倚仗着粮草充足。
②问帅:询问统帅的人选。
③右领差车与左史老,皆相令尹、司马以伐陈:右领差车与左史老曾

　　辅佐子西、子期伐陈。差车,右领名。老,左史名。

④"率贱"三句:统帅出身微贱,则将士轻视他而不服从命令。案二人都是战俘,故曰"贱"。

⑤"观丁父"三句:观丁父是都国俘虏,楚武王起用了他。

⑥大启群蛮:征服蛮人各部。

⑦"彭仲爽"三句:彭仲爽是申国俘虏,楚文王重用他为令尹。

⑧实县申、息:灭亡申、息,使它们成为楚国的县。

⑨朝陈、蔡:使陈、蔡二国来朝楚国。

⑩封畛(zhěn)于汝:使楚国的疆域直达汝水。

⑪唯其任也,何贱之有:用人唯才,不分贵贱。任,胜任。

⑫不谄(tāo):不容怀疑。谄,疑。

⑬令尹有憾于陈:哀公十五年,令尹子西伐吴,陈国却去慰问吴国,因此遗恨未消。

⑭天若亡之,其必令尹之子是与:上天有意灭亡陈国,必让子西之子继承父志。

⑮君盍舍焉:何不舍弃右领与左史。

⑯臣惧右领与左史有二俘之贱而无其令德也:右领、左史出身与观丁父、彭仲爽相同,但无二人那样的才德,不宜统率军队。

⑰武城尹:子西之子公孙朝。

⑱己卯:初八。

⑲楚公孙朝帅师灭陈:楚国灭亡陈国。

【译文】

　　楚国白公胜的动乱,陈国人倚仗自己粮草充足而侵犯楚国。楚国安定后,打算夺取陈国的麦子。楚惠王向太师子毂与叶公诸梁咨询将领的人选,子毂说:"右领差车和左史老都曾辅佐令尹、司马攻打陈国,应该可以任用。"叶公说:"这两人出身微贱,民众轻慢他们,恐怕不会听从他们的命令。"子毂说:"观丁父是都国的俘虏,武王让他当军帅,结果攻克州、蓼二国，使随、唐二国顺服，领土大大扩张到蛮人各部。彭仲爽是申国俘虏，文王让他当令尹，使申、息二国成为我国的县，让陈、蔡二国前来朝见，疆土拓展到汝水。只要能胜任，微贱又有什么关系？"子高说："天命不容怀疑。令尹对陈国有遗恨，上天要是灭亡陈国，那必定保佑令尹的儿子去实现。君王何不舍弃右领和左史呢？下臣担心右领和左史有观丁父、彭仲爽这两位俘虏的低贱而没有他们的才德。"楚惠王为此占卜，武城尹公孙朝吉利。于是派他带兵夺取陈国的麦子。陈国人加以抵御，被打败。便包围了陈国。秋七月初八，楚国公孙朝领军灭亡陈国。

王与叶公枚卜子良①，以为令尹。沈尹朱曰："吉，过于其志②。"叶公曰："王子而相国，过将何为③？"他日，改卜子国而使为令尹④。

【注释】

①枚卜：不告诉所卜何事，直接占卜。子良：楚惠王的弟弟。

②过于其志：占卜所示超过了让他当令尹的预定期望。志，期望。

③王子而相国，过将何为：令尹相当于宰相，超过了便将为王。

④子国：子西之子子宁。

【译文】

楚惠王和叶公为选任子良为令尹而占卜。沈尹朱说："吉利，超过了对他的期望。"叶公说："作为王子而辅助国君，超过了又会当什么？"过些日子，改为占卜子国让他当了令尹。

＊**【左传】**卫侯梦于北宫①，见人登昆吾之观②，被发北面而噪曰："登此昆吾之虚，绵绵生之瓜③。余为浑良夫，叫天无辜④。"公亲筮之，胥弥赦占之⑤，曰："不害。"与之邑，置

之而逃，奔宋⑥。卫侯贞卜⑦，其繇曰：“如鱼窥尾，衡流而方羊⑧。裔焉大国，灭之，将亡⑨。阖门塞窦⑩，乃自后逾⑪。”

【注释】

①北宫：卫庄公的寝宫。

②昆吾之观：宫内的观，在北宫的南面。

③登此昆吾之虚，绵绵生之瓜：浑良夫以瓜的初生由小到大为比喻，说自己帮助卫庄公夺取君位。绵绵，不断的样子。

④余为浑良夫，叫天无辜：卫庄公本来与浑良夫盟誓，免除他的三次死罪，春天却以一时之事而杀了浑良夫，浑良夫因此对天鸣冤。案这是卫庄公杀浑良夫以后心虚而做的噩梦。

⑤胥弥赦：卫国筮史。

⑥“与之邑”三句：卫庄公给胥弥赦封邑，胥弥赦不接受，逃到了宋国。卫庄公无道，胥弥赦不敢说实话，于是不接受封邑而逃亡。置，舍弃。

⑦贞卜：用龟占卜。

⑧如鱼窥（chēng）尾，衡流而方羊：说卫庄公像一条尾巴发红的鱼，横在水中彷徨。窥，通“赪（chēng）”，浅赤色。衡，横。方羊，即“彷徉”，游移不定。

⑨“裔焉大国”三句：紧靠大国，将被灭亡。裔，边，靠。

⑩阖门塞窦：关门塞洞。

⑪乃自后逾：从后墙逃出。案以上是贞卜爻辞，预示卫庄公不吉，将败亡。

【译文】

卫庄公在北宫做梦，见到有人登上昆吾之观，披头散发脸朝北边大喊道：“登上这昆吾的废墟，有绵绵不断生长的大瓜小瓜。我是浑良夫，向上天控诉我无辜遭殃。”卫庄公亲自卜筮，胥弥赦分析说：“没有妨

害。"卫庄公赐给胥弥赦封邑，他没接受，而逃往宋国。卫庄公又占卜，
繇辞说："像鱼尾巴发红，穿过急流而犹豫彷徨。紧靠大国，兴兵来击，就
将灭亡。关门塞洞，于是越过后墙。"

　　冬十月，晋复伐卫①，入其郛②。将入城，简子曰："止。
叔向有言曰：'怙乱灭国者无后③。'"卫人出庄公而与晋
平④。晋立襄公之孙般师而还⑤。

【注释】

①晋复伐卫：六月围卫没有成功，晋复伐之。

②郛（fú）：外城。

③怙（hù）乱：乘人之乱。后：后嗣。

④卫人出庄公而与晋平：卫国人赶走卫庄公，与晋国讲和。

⑤晋立襄公之孙般师而还：赵鞅立般师为卫国国君。

【译文】

　　冬十月，晋国又来攻打卫国，进入外城。将要进入内城，赵鞅说："停
下来。叔向有句话说：'趁着别人内乱灭亡该国的人没后代。'"卫国人
驱逐卫庄公而与晋国讲和。晋国立卫襄公的孙子般师后回国。

　　十一月，卫侯自郚入①，般师出②。初，公登城以望，见
戎州③。问之，以告。公曰："我姬姓也，何戎之有焉④？"翦
之⑤。公使匠久⑥。公欲逐石圃⑦，未及而难作。辛巳⑧，
石圃因匠氏攻公。公阖门而请⑨，弗许。逾于北方而队，
折股⑩。戎州人攻之⑪，大子疾、公子青逾从公⑫，戎州人杀
之⑬。公入于戎州己氏⑭。初，公自城上见己氏之妻发美，使
髡之⑮，以为吕姜髢⑯。既入焉，而示之璧，曰："活我，吾与

女璧。"己氏曰："杀女,璧其焉往^⑰?"遂杀之而取其璧。卫人复公孙般师而立之。十二月,齐人伐卫^⑱,卫人请平,立公子起^⑲,执般师以归,舍诸潞^⑳。

【注释】

①卫侯自鄄(juàn)入:卫庄公被赶走,逃入齐国的鄄地。晋军一撤,又从鄄地返回国都。鄄,齐地名,在今山东鄄城,距卫都帝丘不远。

②般师出:般师因回避卫庄公而出走。

③戎州:戎人所住的小乡村。

④我姬姓也,何戎之有焉:姬姓国何故有戎人?

⑤翦之:摧毁戎州村落并掠夺他们的财物。

⑥匠:木匠。一说即百工,工匠的统称。久:长期不休息。

⑦石圃:卫国卿士,石恶的侄子。

⑧辛巳:十二日。

⑨阖门而请:闭门请求议和。

⑩逾于北方而队,折股:爬越北墙,摔下来,摔断了大腿。队,同"坠"。

⑪戎州人攻之:戎人复仇。

⑫公子青:太子疾的弟弟。

⑬戎州人杀之:杀死太子疾、公子青。

⑭己氏:己姓戎人。

⑮髡(kūn):剃去头发。

⑯以为吕姜髢(tì):用己氏妻子的美发做夫人的假发。吕姜,卫庄公夫人,齐国女。髢,假发。

⑰杀女,璧其焉往:杀卫庄公,璧一样可以得到。

⑱齐人伐卫:卫庄公娶齐女,且般师是晋人所立,故伐卫。

⑲公子起:卫灵公之子。

⑳执般师以归,舍诸潞:齐国人带走般师,安置在潞邑。潞,齐国邑
　　名,在齐都郊外。

【译文】

十一月,卫庄公从鄞地进入国都,般师出走。起初,卫庄公登城远
望,看见戎州。询问情况,左右告诉了他。卫庄公说:"我是姬姓,何故有
戎人?"就毁了戎州。卫庄公长久使唤木匠不让休息。他又想驱逐石圃,
还没来得及就发生了祸难。十二日,石圃借助匠人的力量进攻卫庄公。
卫庄公关门请求讲和,石圃不答应。卫庄公爬北墙摔下来,跌断了腿。
戎州人攻打他,太子疾、公子青越墙跟从卫庄公,戎州人杀了他们。卫庄
公进入戎州己氏家。起初,卫庄公从城上看见己氏妻子的头发很美,就
把她头发剃下来,给吕姜做假发。这时他进入己氏家,拿出玉璧,说:"救
我活命,我给你玉璧。"己氏说:"杀了你,玉璧又能跑到哪去?"便杀了卫
庄公拿走玉璧。卫国人接公孙般师回来立为国君。十二月,齐国攻打卫
国,卫国请求讲和,齐国立公子起为卫君,抓了般师回国,安顿在潞地。

　　*【左传】公会齐侯盟于蒙①,孟武伯相。齐侯稽首,公
拜②。齐人怒③。武伯曰:"非天子,寡君无所稽首。"武伯问
于高柴曰④:"诸侯盟,谁执牛耳⑤?"季羔曰⑥:"鄫衍之役,吴
公子姑曹⑦;发阳之役⑧,卫石魋⑨。"武伯曰:"然则彘也⑩。"

【注释】

①齐侯:齐简公的弟弟齐平公。蒙:地名,在今山东蒙阴东。

②齐侯稽首,公拜:齐平公磕头,鲁哀公仅是弯腰作揖。

③齐人怒:以为鲁哀公无礼。

④高柴:孔子弟子,熟知礼仪。

⑤执牛耳：指主持盟会的人。

⑥季羔：高柴。

⑦鄫衍之役，吴公子姑曹：哀公七年，吴、鲁会于鄫衍。

⑧发阳之役：此役在哀公十二年。发阳，郧地名。

⑨卫石魋：卫国大夫石曼姑之子，时为卫卿。

⑩然则巀（zhì）也：听了高柴的话，武伯自以为这次该他执牛耳。巀，武伯名。

【译文】

鲁哀公和齐平公在蒙地会盟，孟武伯相礼。齐平公叩头，鲁哀公弯腰作揖。齐国人发怒。孟武伯说："不是天子，我们国君没有叩头的。"孟武伯询问高柴："诸侯会盟，谁执牛耳？"高柴说："鄫衍那次会盟，是吴国公子姑曹；发阳那次会盟，是卫国的石魋。"孟武伯说："那么这次就是我了。"

*【左传】宋皇瑗之子麇有友曰田丙①，而夺其兄鄬般邑以与之②。鄬般愠而行③，告桓司马之臣子仪克④。子仪克适宋，告夫人曰⑤："麇将纳桓氏⑥。"公问诸子仲⑦。初，子仲将以杞姒之子非我为子⑧。麇曰："必立伯也⑨，是良材。"子仲怒，弗从⑩。故对曰："右师则老矣，不识麇也⑪。"公执之⑫。皇瑗奔晋⑬，召之⑭。

【注释】

①皇瑗：宋国右师。

②而夺其兄鄬（chán）般邑以与之：麇夺其兄鄬般之邑送给田丙。

③鄬般愠（yùn）而行：怒而出走。

④桓司马：桓魋。哀公十四年作乱后逃走。子仪克：桓魋家臣。

⑤夫人：宋景公母亲。

⑥麇将纳桓氏：这是子仪克诬陷皇麇的话。

⑦子仲：皇野，皇麇族人。

⑧子仲将以杞姒之子非我为子：子仲拟将非我立为嫡子。杞姒，子仲妻子。

⑨伯：非我之兄。

⑩子仲怒，弗从：因立子之事，皇野与皇麇结下私怨。

⑪右师则老矣，不识麇也：右师年老，不会作乱，皇麇就难说了。案这是有意陷害皇麇的话。右师，指皇瑗。

⑫公执之：拘捕皇麇。

⑬皇瑗奔晋：皇瑗怕受牵连，逃亡晋国。

⑭召之：宋景公召皇瑗回国。案此当与下年传文"宋杀皇瑗"一段连读。

【译文】

宋国皇瑗儿子麇有朋友名田丙，麇夺其兄鄭般的封邑给了田丙。鄭般怒而出走，告诉桓司马的家臣子仪克。子仪克到宋都，告诉夫人说："麇打算接纳桓氏。"宋景公向子仲征询。起初，子仲准备立杞姒的儿子非我为嫡子。麇说："一定要立哥哥，他是个好人才。"子仲发怒，没有听从。所以这时回答说："右师已经年老，至于麇就难以逆料了。"宋景公拘捕了麇。皇瑗逃往晋国，宋景公召他回国。

十八年

*【左传】十八年春①，宋杀皇瑗②。公闻其情③，复皇氏之族，使皇缓为右师④。

【注释】

①十八年：鲁哀公十八年当周敬王四十三年，前477年。

②宋杀皇瑗：此段应与上年传文末句连读。

③公闻其情：过后发现皇瑗父子乃受诬陷。

④复皇氏之族，使皇缓为右师：恢复皇氏宗族，让皇缓继其职。皇
　缓，皇瑗的侄子。

【译文】

鲁哀公十八年春，宋国杀死皇瑗。宋景公了解到他的冤情后，恢复
了皇氏的家族，任命皇缓为右师。

*** 【左传】**巴人伐楚，围鄾①。初，右司马子国之卜也，观
瞻曰②："如志③。"故命之④。及巴师至，将卜帅。王曰："宁
如志，何卜焉⑤？"使帅师而行。请承⑥，王曰："寝尹、工尹勤
先君者也⑦。"三月，楚公孙宁、吴由于、蓮固败巴师于鄾，故
封子国于析⑧。君子曰："惠王知志⑨。《夏书》曰：'官占唯
能蔽志，昆命于元龟⑩。'其是之谓乎！《志》曰：'圣人不烦
卜筮⑪。'惠王其有焉⑫。"

【注释】

①鄾（yōu）：楚地名，在今湖北襄阳东北。

②观瞻：楚开卜大夫，观从之后。

③如志：符合预先的愿望。杜预注："子国未为令尹时，卜为右司马，
　得吉兆，如其志。"

④故命之：任命子国为右司马。

⑤宁如志，何卜焉：卜子国为司马已得吉兆，不必再卜。宁，子国。

⑥请承：请楚王任命副将。承，助手，副将。

⑦寝尹、工尹勤先君者也：定公四年柏举之战，寝尹吴由于以背受盗戈，尹固为王执燧象，可为副手。寝尹，吴由于。工尹，薳固，又称箴尹固。

⑧析：古地名，在今河南内乡、淅川西北。

⑨惠王知志：楚惠王了解人的心愿。

⑩官占唯能蔽志，昆命于元龟：所引《夏书》为《逸书》，今收入伪古文《尚书·大禹谟》中，意思是占筮之官只有先善断人意，再用龟甲。官占，占卜之官。蔽，断。昆，后。

⑪不烦卜筮：不常卜筮，指不专靠卜筮决断事情。

⑫惠王其有焉：称赞楚惠王善用人。

【译文】

巴国军队进攻楚国，包围鄾地。起初，要任命子国为右司马而占卜，观瞻说："符合意愿。"所以就任命了他。到巴军到达，将要占卜主帅。楚惠王说："子国符合意愿，何必再占卜呢？"就命令他领兵出发。子国请求任命副手，楚惠王说："寝尹、工尹都是为先君出过力的人。"三月，楚国子国、寝尹、工尹在鄾地打败巴军，所以把析地作为子国的封邑。君子说："惠王知人善任。《夏书》说：'占筮之官只有先善断人意，再用龟甲。'说的就是这种情形吧！《志》说：'圣人不常卜筮。'惠王就是这样的啊。"

　　*【左传】夏，卫石圃逐其君起，起奔齐①。卫侯辄自齐复归②，逐石圃而复石魋与大叔遗③。

【注释】

①起奔齐：起为齐国所立。

②卫侯辄自齐复归：哀公十五年辄出逃。

③逐石圃而复石魋与大叔遗：石魋、太叔遗本为蒯聩所逐，现在辄将

他们召回。

【译文】

夏,卫国石圃驱逐国君起,起逃往齐国。卫出公辄从齐国重新回国,驱逐石圃而恢复石魋和太叔遗原来的官职。

十九年

*【左传】十九年春①,越人侵楚,以误吴也②。夏,楚公子庆、公孙宽追越师,至冥③,不及,乃还④。

【注释】

①十九年:鲁哀公十九年当周敬王四十四年,前476年。

②越人侵楚,以误吴也:用进攻楚国来迷惑吴国,使吴国放松戒备。

③冥:越地名,在今安徽广德、浙江长兴之间。

④不及,乃还:越国本为误吴,故迅速撤军,楚军追不上。

【译文】

鲁哀公十九年春,越国侵犯楚国,是为了误导吴国。夏,楚国公子庆、公孙宽追赶越军,到达冥地,没赶上,便回国了。

*【左传】秋,楚沈诸梁伐东夷①,三夷男女及楚师盟于敖②。

【注释】

①楚沈诸梁伐东夷:楚国攻打东夷,以向越国报仇。东夷,越国东部的夷人,附属于越国。

②三夷:古地名,在今浙江宁波、台州、温州之间。敖:东夷之地,在

浙江滨海处。

【译文】

秋,楚国沈诸梁进攻东夷,三夷男女和楚军在敖地结盟。

＊【左传】冬,叔青如京师①,敬王崩故也②。

【注释】

①叔青:鲁国大夫叔还之子。

②敬王崩:周敬王去世。周敬王,前519年即位,在位四十四年。

【译文】

冬,叔青前往京师,是因为周敬王去世了。

二十年

＊【左传】二十年春①,齐人来征会②。夏,会于廪丘③。为郑故,谋伐晋④。郑人辞诸侯⑤。秋,师还。

【注释】

①二十年:鲁哀公二十年当周元王元年,前475年。

②齐人来征会:征集会盟。杨伯峻曰:"此时晋公室已卑,四卿分权,且争权,早已失霸;楚又患吴、越。齐之陈恒欲因此主盟诸侯以树己声势。"

③廪丘:齐地名,在今山东郓城西北。

④为郑故,谋伐晋:哀公十五年,晋国进攻郑国,现在齐、鲁二国准备为郑国报仇。

⑤郑人辞诸侯:郑国不想攻打晋国。

【译文】

鲁哀公二十年春,齐国前来召集会盟。夏,在廪丘相会。因为郑国的缘故,商议讨伐晋国。郑国辞谢了诸侯各国。秋,撤军回国。

*【左传】吴公子庆忌骤谏吴子①,曰:"不改②,必亡。"弗听。出居于艾③,遂适楚。闻越将伐吴。冬,请归平越④,遂归。欲除不忠者以说于越⑤,吴人杀之⑥。

【注释】

①骤:多次。

②不改:不改弦更张,刷新政治。

③艾:吴地名,在今江西修水西。

④请归平越:愿意出面与越国和谈。

⑤欲除不忠者以说于越:铲除奸臣,以讨越国喜欢。

⑥吴人杀之:认为庆忌不自量力,杀了他。

【译文】

吴国公子庆忌屡次谏劝吴王,说:"不改的话,吴国必将灭亡。"吴王不听。庆忌出居到艾地,又去楚国。他听说了越国准备攻打吴国的事。冬,请求回国去与越国讲和,于是回国了。他想要除掉不忠者来取悦于越国,被吴国人杀了。

*【左传】十一月,越围吴,赵孟降于丧食①。楚隆曰②:"三年之丧,亲昵之极也③,主又降之,无乃有故乎?"赵孟曰:"黄池之役④,先主与吴王有质⑤,曰:'好恶同之。'今越围吴,嗣子不废旧业而敌之,非晋之所能及也⑥,吾是以为降。"楚隆曰:"若使吴王知之⑦,若何?"赵孟曰:"可乎?"

隆曰:"请尝之。"乃往。先造于越军^⑧,曰:"吴犯间上国多矣,闻君亲讨焉,诸夏之人莫不欣喜,唯恐君志之不从^⑨。请入视之。"许之。告于吴王曰:"寡君之老无恤^⑩,使陪臣隆敢展谢其不共^⑪。黄池之役,君之先臣志父得承齐盟^⑫,曰:'好恶同之。'今君在难,无恤不敢惮劳,非晋国之所能及也^⑬,使陪臣敢展布之。"王拜稽首曰:"寡人不佞,不能事越,以为大夫忧^⑭,拜命之辱^⑮。"与之一箪珠^⑯,使问赵孟^⑰,曰:"句践将生忧寡人,寡人死之不得矣^⑱。"王曰:"溺人必笑^⑲,吾将有问也,史黯何以得为君子^⑳?"对曰:"黯也进不见恶,退无谤言^㉑。"王曰:"宜哉。"

【注释】

①赵孟降于丧食:当时赵鞅死去,无恤正服父丧,服丧期间饮食应简化,又因晋国无力救吴国,所以他的饮食比居丧时还要降等,以示悲悼与自责。赵孟,赵襄子无恤。

②楚隆:赵襄子家臣。

③三年之丧,亲昵之极:服三年丧,已是亲属关系的顶点。

④黄池之役:黄池之盟在哀公十三年。

⑤先主:指赵鞅。质:誓约。

⑥嗣子不废旧业而敌之,非晋之所能及也:是说想帮助吴国对抗越国,但晋国自己已衰弱,爱莫能助了。嗣子,赵襄子自称。

⑦使吴王知之:让吴王知道赵襄子的心意。

⑧先造于越军:吴国已被越军包围,楚隆进入吴国必先经过越军营垒。

⑨君志之不从:意愿不能实现。

⑩老:国老。赵襄子是晋国正卿。

⑪陪臣:楚隆自称。展:陈述。谢:谢罪,道歉。共:通"恭"。

⑫齐盟：盟会必斋戒，故称"斋盟"。齐，同"斋"。

⑬无恤不敢惮劳，非晋国之所能及也：赵无恤非害怕辛劳，而是力所不及，无法救援吴国。

⑭大夫：指赵襄子。

⑮拜命之辱：拜谢赵襄子之意。

⑯箪（dān）：竹制的盒子。

⑰问：赠送。

⑱句践将生忧寡人，寡人死之不得矣：这是夫差答楚隆的话，意思是越国句践将活活折磨死夫差，夫差已是求死不得了。

⑲溺人必笑：当时谚语：快被淹死的人反而会笑。

⑳史黯何以得为君子：昭公三十二年，史黯曾预言不及四十年，吴国将被越国灭亡，夫差因此有感而问。史黯，史墨。

㉑黯也进不见恶，退无谤言：在朝时无人讨厌他，不仕时无人诽谤他，是贤明君子。

【译文】

十一月，越国包围吴国，赵孟正在服丧，把饮食标准比规定又降低了一等。楚隆说："三年的丧期，是表示亲人间亲密关系的极点，现在您又降等，莫非另有原因吗？"赵孟说："黄池会盟时，先主与吴王有盟誓，说：'好恶共同承受。'现在越国包围吴国，作为继承人的我想不废弃过去的誓言而帮助吴国，但又不是晋国所能办得到的，所以饮食降等。"楚隆说："要是让吴王知道您的心意，怎么样？"赵孟说："可行吗？"楚隆说："请试一试看。"于是前往。先到越军中，说："吴国冒犯上国已经多次，听说君王亲自前来讨伐，中原的人们没有不高兴的，唯恐君王的愿望不能实现。请让我进入吴国看看。"越方同意了。楚隆告诉吴王说："我们国君的国老无恤，派陪臣我楚隆前来，谨敢为他的不恭而陈告谢罪。黄池盟会，主君的先臣志父得以参加盟誓，说：'好恶相同。'现在君王处在危难中，无恤不敢害怕劳累，只是因为晋国力所不能及，所以谨派陪臣我前来禀告。”吴王下拜叩头说:“寡人不才,不能事奉越国,因而成为大夫的忧患,谨此拜谢他的好意。”给了楚隆一盒珍珠,让他送给赵孟,说:“句践想让寡人生活在忧患中,寡人是不得善终了。”吴王又说:“快淹死的人必然强作笑容。我还要问你呢,史黯为什么能成为君子?”楚隆答复说:“史黯在朝廷没人厌恶,不做官也没人说他坏话。”吴王说:“真是恰当啊!”

二十一年

*【左传】二十一年夏五月^①,越人始来^②。

【注释】

①二十一年:鲁哀公二十一年当周元王二年,前474年。

②越人始来:越国已经战胜吴国,想称霸,第一次遣使来鲁国朝聘。

【译文】

鲁哀公二十一年夏五月,越国首次来鲁国朝聘。

　　*【左传】秋八月,公及齐侯、邾子盟于顾^①。齐人责稽首^②,因歌之曰:“鲁人之皋,数年不觉,使我高蹈^③。唯其儒书,以为二国忧^④。”是行也,公先至于阳穀^⑤。齐闾丘息曰^⑥:“君辱举玉趾,以在寡君之军^⑦。群臣将传遽以告寡君^⑧,比其复也^⑨,君无乃勤^⑩。为仆人之未次^⑪,请除馆于舟道^⑫。”辞曰:“敢勤仆人^⑬?”

【注释】

①邾子:邾桓公,即太子革。顾:齐地名,在今山东鄄城东北。

②齐人责稽首：哀公十七年，齐平公向鲁哀公稽首，鲁哀公仅作揖为
　答，齐国仍耿耿于怀。

③"鲁人之皋"三句：鲁国无礼，几年也不觉悟，使齐平公长途跋涉
　来赴会。皋，迟缓。高蹈，远行。

④唯其儒书，以为二国忧：责怪鲁国只知道拘泥于周礼"非天子，寡
　君无所稽首"，而不答齐平公稽首之礼，使齐、邾二国远来。二国，
　指齐国、邾国。

⑤阳穀：在今山东阳谷北。

⑥闾丘息：齐国大夫闾丘明后人。

⑦君辱举玉趾，以在寡君之军：鲁哀公先到阳穀，闾丘息说，有劳鲁
　君尊驾，先期慰问齐军。在，慰问。寡君之军，指齐军。

⑧传遽：驿站车马。

⑨比：及，等到。其：指传遽。

⑩勤：劳累。

⑪次：客馆。这里指准备客馆。

⑫请除馆于舟道：闾丘息请鲁哀公先在舟道下榻。除馆，设置客馆。
　舟道，齐地名。

⑬敢勤仆人：不敢烦劳齐国侍臣。

【译文】

　　秋八月，鲁哀公和齐平公、邾桓公在顾地结盟。齐国人责备上次鲁
哀公不回拜叩头一事，因而唱歌道："鲁国无礼，几年也不觉悟，使我长
途跋涉来赴会。只因为他们过于相信儒家的书，造成了齐、邾二国忧患
和苦恼。"这次盟会，鲁哀公先到达阳穀。齐国闾丘息说："劳驾国君亲
自光临，慰劳我们国君的军队。群臣们将乘坐驿车报告我们国君，等到
他们返回，国君未免太劳累。因为仆人还没安排好馆舍，请先在舟道安
歇。"鲁哀公辞谢说："怎敢劳动贵国的仆人？"

二十二年

*【左传】二十二年夏四月^①，邾隐公自齐奔越，曰："吴为无道，执父立子^②。"越人归之，大子革奔越^③。

【注释】

①二十二年：鲁哀公二十二年当周元王三年，前473年。

②吴为无道，执父立子：哀公八年，邾隐公被吴国所囚，吴国立太子革为君。十年，邾隐公奔往鲁国，后来又出奔齐国。

③大子革奔越：越国送邾隐公回国，太子革逃往越国。

【译文】

鲁哀公二十二年夏四月，邾隐公从齐国逃往越国，说："吴国所为无道，拘押父亲而立儿子为君。"越国把邾隐公送回国，太子革逃往越国。

*【左传】冬十一月丁卯^①，越灭吴^②，请使吴王居甬东^③，辞曰："孤老矣，焉能事君？"乃缢^④。越人以归^⑤。

【注释】

①丁卯：二十七日。

②越灭吴：哀公二十年，越围吴，至此已三年，越国终于攻进吴国都城。据《左传》，哀公元年夫差败越于夫椒，至此越灭吴，共历二十二年，与哀公元年伍员所谓"二十年之外，吴其为沼乎"正相应。

③请使吴王居甬东：想将夫差流放甬东。甬东，古地名，今浙江舟山群岛。

④乃缢：夫差自缢而死。

⑤越人以归：越国将夫差尸体带回国。案越国灭亡吴国后，吴地尽

为越国占有。《孟子·离娄下》"曾子居武城,有越寇",则越已与
鲁接境。

【译文】

冬十一月二十七日,越国灭亡吴国,想让吴王住到甬东去,吴王辞谢
说:"我老了,怎么能事奉君王?"便上吊自杀。越国把他的尸体带回国。

二十三年

*【左传】二十三年春①,宋景曹卒②。季康子使冉有吊,
且送葬,曰:"敝邑有社稷之事,使肥与有职竞焉③,是以不
得助执绋,使求从舆人④,曰:'以肥之得备弥甥也⑤,有不腆
先人之产马,使求荐诸夫人之宰⑥,其可以称旌繁乎⑦?'"

【注释】

①二十三年春:鲁哀公二十三年当周元王四年,前472年。

②宋景曹:宋元公夫人,宋景公之母,小邾国之女,鲁国季桓子外祖
　母。景,谥。曹,姓。

③肥:季康子名。与有职竞:忙于政事。

④求:冉有。从舆人:也指送葬。舆人,送柩车的贱役。

⑤弥:远。肥是季桓子庶子,所以自称为远甥。

⑥有不腆先人之产马,使求荐诸夫人之宰:愿以先人的马匹,让冉求
　献于夫人的家宰之前。不腆,不丰厚,谦虚语。荐,进献。

⑦其可以称旌繁乎:意思是说所献的马不知是否能与夫人华美的马
　饰相配。称,相称,配得上。繁,马缨。

【译文】

鲁哀公二十三年春,宋国景曹去世。季康子派冉求去吊唁,并送葬,

说:"敝邑有祭祀社稷之事,使季康子忙于政事,所以不能前来执绋送葬,派我来随从仆役送葬,说:'由于肥忝居远房外甥,愿以先人不多的马匹,让冉求献于夫人的家宰之前,不知是否能与夫人华美的马饰相配?'"

　　*【左传】夏六月,晋荀瑶伐齐①。高无丕帅师御之。知伯视齐师②,马骇,遂驱之③,曰:"齐人知余旗,其谓余畏而反也④。"及垒而还⑤。将战,长武子请卜⑥。知伯曰:"君告于天子,而卜之以守龟于宗祧,吉矣⑦,吾又何卜焉?且齐人取我英丘⑧,君命瑶,非敢耀武也,治英丘也⑨。以辞伐罪足矣,何必卜⑩?"壬辰⑪,战于犁丘⑫,齐师败绩。知伯亲禽颜庚⑬。

【注释】

①荀瑶:荀跞之孙知襄子。

②知伯视齐师:察看齐军虚实。

③马骇,遂驱之:知伯马惊,就势驱马往前冲。

④齐人知余旗,其谓余畏而反也:不往前冲,齐国人将笑我胆小害怕。反,同"返"。

⑤及垒而还:冲到齐军营垒而还。

⑥长武子请卜:请卜战之吉凶。长武子,晋国大夫。

⑦而卜之以守龟于宗祧,吉矣:出征前在宗庙用龟甲占卜过,得吉兆。

⑧英丘:晋地名,今地不详。

⑨非敢耀武也,治英丘也:不是为炫耀武力,只为收复英丘。

⑩以辞伐罪足矣,何必卜:为英丘而攻打齐国,理由充足,不必占卜。

⑪壬辰:二十六日。

⑫犁丘:即隰(xí),在今山东临邑西。

⑬知伯亲禽颜庚:活捉颜庚。颜庚,齐国大夫涿聚。

【译文】

夏六月，晋国荀瑶攻打齐国。高无丕领兵抗御。知伯察看齐军情况，马受惊，便驱马向前，说："齐国人认识我的旗帜，不向前会认为我害怕而回转。"到达齐军营垒而回。将要开战了，长武子请求占卜。知伯说："国君报告了天子，而用龟甲在宗庙占卜过，得吉兆，我又何必再卜呢？况且齐国占取我们的英丘，国君命令我来，不是胆敢炫耀武力，而是要收复英丘。用正当的理由讨伐有罪者就完全可以了，何必占卜？"二十六日，在犁丘交战，齐军吃了败仗。知伯亲自擒获颜庚。

*【左传】秋八月，叔青如越，始使越也。越诸鞅来聘，报叔青也。

【译文】

秋八月，叔青去越国，这是鲁国首次出使越国。越国诸鞅前来聘问，是回报叔青的出使。

二十四年

*【左传】二十四年夏四月①，晋侯将伐齐，使来乞师②，曰："昔臧文仲以楚师伐齐，取穀③；宣叔以晋师伐齐，取汶阳④。寡君欲徼福于周公⑤，愿乞灵于臧氏⑥。"臧石帅师会之⑦，取廪丘。军吏令缮，将进⑧。莱章曰⑨："君卑政暴⑩，往岁克敌⑪，今又胜都⑫，天奉多矣⑬，又焉能进？是勤言也⑭。役将班矣⑮。"晋师乃还⑯。饩臧石牛⑰，大史谢之⑱，曰："以寡君之在行⑲，牢礼不度⑳，敢展谢之。"

【注释】

①二十四年:鲁哀公二十四年当周元王五年,前471年。

②晋侯将伐齐,使来乞师:请鲁国出兵助战。

③昔臧文仲以楚师伐齐,取穀:僖公二十六年,鲁国臧文仲求得楚军攻打齐国,夺取穀地。

④宣叔以晋师伐齐,取汶阳:成公二年鞌之战后,齐军失败,鲁国夺得汶阳田地。宣叔,臧孙许。

⑤寡君欲徼福于周公:周公为鲁国的始祖。

⑥愿乞灵于臧氏:臧氏多次战胜齐国,所以希望臧氏领兵。

⑦臧石:臧宾如之子。

⑧军吏令缮,将进:下令做好作战准备,即将进军。

⑨莱章:齐国大夫。

⑩君卑政暴:晋国公室卑弱,政在三家。

⑪往岁克敌:指去年晋国知伯擒获齐国颜庚。

⑫胜都:指取廪丘。

⑬天奉多矣:上天赐予已很多。

⑭甗(wèi)言:虚夸不足信的话,大话。

⑮役将班矣:预言晋军不会进军,将班师回国。

⑯晋师乃还:果然撤退。

⑰饩臧石牛:晋国以活牛慰劳臧石。

⑱大史谢之:礼物不多,晋国太史表示歉意。

⑲以寡君之在行:国君在军中。

⑳牢礼不度:礼物不合礼数。

【译文】

　　鲁哀公二十四年夏四月,晋出公准备攻打齐国,派人来鲁国请求出兵,说:"往日臧文仲带领楚军进攻齐国,夺取穀地;宣叔领着晋军攻打齐国,占取汶阳。我们国君想获得周公的赐福,也愿意向臧氏求福。"臧石带兵与晋军会合,夺取了廪丘。军吏命令修缮武器,准备进军。莱章说:"晋国国君卑弱政事暴虐,去年克敌制胜,现在又取得都邑,上天给予的已经很多了,又怎么能前进? 这是在说大话。就要班师回去了。"晋军果真撤回去了。晋国送活牛给臧石,太史道歉,说:"由于我们国君在军中,礼物不合礼数,谨此表示歉意。"

*【左传】邾子又无道①,越人执之以归,而立公子何②。何亦无道。

【注释】

①邾子又无道:案哀公二十二年,越国送邾隐公回国。

②公子何:太子革的弟弟。

【译文】

邾隐公依然无道,越国拘捕了他带回国,而立了公子何。公子何同样无道。

*【左传】公子荆之母嬖①,将以为夫人②,使宗人衅夏献其礼③。对曰:"无之④。"公怒曰:"女为宗司⑤,立夫人,国之大礼也,何故无之?"对曰:"周公及武公娶于薛⑥,孝、惠娶于商⑦,自桓以下娶于齐,此礼也则有。若以妾为夫人,则固无其礼也⑧。"公卒立之,而以荆为大子。国人始恶之⑨。

【注释】

①公子荆:鲁哀公庶子。

②将以为夫人:立为正妻。

③宗人衅夏:司礼官,名叫衅夏。献其礼:提供立夫人的礼节。

④无之:没有这种礼节。

⑤宗司:宗人。

⑥武公:指鲁武公,名敖。

⑦孝:鲁孝公,名称。惠:鲁惠公,名弗皇。商:宋。案以上都是鲁国早期国君。

⑧若以妾为夫人,则固无其礼也:案春秋诸侯盟约中有"无以妾为妻",可见古本无此礼。此处衅夏实际是反对立公子荆之母为夫人。

⑨国人始恶之:对鲁哀公不满。

【译文】

公子荆的母亲得宠,鲁哀公想立她为夫人,令宗人衅夏献上立夫人的礼仪。衅夏回复说:"没有这样的礼仪。"鲁哀公发怒道:"你担任宗人,立夫人是国家的大礼,为什么说没有?"衅夏答复说:"周公和武公娶薛国女,孝公、惠公娶宋国女,从桓公以后都娶齐国女,这种礼仪是有的。至于把妾立为夫人,那么确实没有这种礼仪。"鲁哀公最终还是立了她,而立荆为太子。国人开始讨厌鲁哀公了。

*【左传】闰月①,公如越②,得大子適郢③,将妻公而多与之地。公孙有山使告于季孙,季孙惧④,使因大宰嚭而纳赂焉,乃止⑤。

【注释】

①闰月:闰十月。

②公如越:鲁哀公访越。

③得大子適郢:鲁哀公与適郢相亲善。適郢,越王太子名。

④公孙有山使告于季孙,季孙惧:季孙怕鲁哀公依靠越国来讨伐自己。

⑤使因大宰嚭而纳赂焉,乃止:季孙贿赂太宰嚭,阻止鲁哀公与太子適郢的亲事及友好关系。太宰嚭,本是吴国臣子,吴国灭亡后事

奉越国。顾栋高曰："昭公之孙（逊），齐、晋皆欲纳公，意如纳赂于梁丘据与范鞅，沮齐、晋而不果纳。至此齐、晋衰而越始伯，康子乃复用祖之故智，因吴之亡臣以纳赂。谗慝横行，三纲倒置，世道几如黑夜矣。"

【译文】

闰十月，鲁哀公到越国去，与太子适郢关系密切，适郢准备把女儿嫁给他并给予许多土地。公孙有山派人告诉季孙，季孙害怕了，派人通过太宰嚭而送上贿赂，事情才得以中止。

二十五年

***【左传】**二十五年夏五月庚辰[1]，卫侯出奔宋[2]。

【注释】

①二十五年：鲁哀公二十五年当周元王六年，前470年。庚辰：二十
　　五日。

②卫侯出奔宋：卫出公辄外逃到宋国。

【译文】

鲁哀公二十五年夏五月二十五日，卫出公辄逃往宋国。

卫侯为灵台于藉圃，与诸大夫饮酒焉[1]。褚师声子袜而登席[2]，公怒。辞曰[3]："臣有疾，异于人。若见之，君将殻之[4]，是以不敢。"公愈怒。大夫辞之，不可[5]。褚师出，公戟其手[6]，曰："必断而足！"闻之，褚师与司寇亥乘，曰："今日幸而后亡[7]。"

【注释】

①卫侯为灵台于藉圃，与诸大夫饮酒焉：饮酒庆祝灵台落成。

②褚师声子：褚师比。哀公十六年想进攻蒯聩，不成，逃往宋国，此时已返回卫国。袜：穿着袜子。

③辞：解释。

④觳（hù）：呕吐。

⑤大夫辞之，不可：群臣从旁解说，卫出公仍然不谅解。

⑥戟其手：左手叉腰，右手横指，如戟形。

⑦今日幸而后亡：不被处死，得以逃亡，是为幸运。

【译文】

卫出公在藉圃建造灵台，与大夫们一起饮酒。褚师声子穿着袜子入席，卫出公发怒。褚师声子解释说："臣脚部有病，和别人不一样。您要是见了，将会作呕，所以不敢脱袜。"卫出公更加生气。大夫们为他解释，卫出公仍然不谅解。褚师声子退出，卫出公左手叉腰，右手横指说："一定要砍断你的脚！"褚师声子听见了，他和司寇亥同坐一辆车，说："今天的事情能落个逃亡就是幸运的了。"

    公之入也，夺南氏邑①，而夺司寇亥政②。公使侍人纳公文懿子之车于池③。

【注释】

①南氏：卫子南之子公孙弥牟。

②夺司寇亥政：免了亥的司寇之官。

③公使侍人纳公文懿子之车于池：将公文懿子的车子扔进水池。公文懿子，公文要。

【译文】

卫出公回国的时候，夺走南氏的封邑，也夺了司寇亥的官位。卫出公让侍人把公文懿子的车扔进了水池。

　　初，卫人翦夏丁氏^①，以其帑赐彭封弥子^②。弥子饮公酒，纳夏戊之女^③，嬖，以为夫人。其弟期^④，大叔疾之从孙甥也，少畜于公^⑤，以为司徒。夫人宠衰，期得罪^⑥。公使三匠久^⑦。公使优狡盟拳弥^⑧，而甚近信之^⑨。故褚师比、公孙弥牟、公文要、司寇亥、司徒期因三匠与拳弥以作乱^⑩，皆执利兵，无者执斤^⑪。使拳弥入于公宫，而自大子疾之宫噪以攻公^⑫。鄄子士请御之^⑬，弥援其手，曰："子则勇矣，将若君何^⑭？不见先君乎^⑮？君何所不逞欲^⑯？且君尝在外矣，岂必不反？当今不可^⑰，众怒难犯，休而易间也^⑱。"乃出^⑲。将适蒲^⑳，弥曰："晋无信，不可^㉑。"将适鄄^㉒，弥曰："齐、晋争我，不可。"将适泠^㉓，弥曰："鲁不足与^㉔，请适城锄以钩越^㉕，越有君。"乃适城锄。弥曰："卫盗不可知也，请速，自我始。"乃载宝以归^㉖。

【注释】

①夏丁氏：哀公十一年传文："悼子亡，卫人翦夏戊。"夏丁氏即夏戊氏。

②帑：家财。彭封弥子：弥子瑕。

③纳夏戊之女：将夏戊的女儿进献给卫出公。

④期：夏戊的儿子，太叔疾从外甥。

⑤少畜于公：期从小在卫出公那里长大。

⑥夫人宠衰，期得罪：夫人色衰爱弛，期也失宠得罪。

⑦三匠：三种工匠。

⑧公使优狡盟拳弥：卫出公派伶人与大夫盟，有意羞辱大夫。优狡，

伶人，名狡。拳弥，卫国大夫。

⑨而甚近信之：亲近信任拳弥。

⑩故褚师比、公孙弥牟、公文要、司寇亥、司徒期因三匠与拳弥以作乱：这些人都对卫出公有怨仇。

⑪斤：斧子。

⑫大子疾之宫：案太子疾已死于哀公十七年，其宫尚在。

⑬鄄子士：卫国大夫。

⑭子则勇矣，将若君何：虽勇，但无法救国君。

⑮先君：指蒯聩，乱起时不能马上逃走，为戎州己氏所杀，见哀公十七年传文。

⑯君何所不逞欲：何处不能满足愿望。案这是劝卫出公赶快逃亡，不必固守不出。

⑰当今不可：现在要抵御作乱者已不可能。

⑱众怒难犯，休而易间也：意谓叛乱高潮一过，就易于离间他们，再图谋返国。休，安定。

⑲乃出：卫出公辄出逃。案拳弥不让抵抗，借口众怒难犯，先出逃，之后寻机回国，哄卫出公出逃。

⑳蒲：靠近晋国的地方，在今河南长垣。

㉑晋无信，不可：拳弥怕卫出公得到晋国的援助，以晋国无信阻止卫出公逃往蒲。

㉒鄄：卫地名，在齐、晋交界处，在今山东鄄城西北。

㉓泠：靠近鲁国的地方。

㉔鲁不足与：鲁国国小力弱。

㉕请适城𬴊以钩越：城𬴊靠近宋国，宋国南边靠近越国，越君正强，可以结援。城𬴊，在今河南滑县东，靠近宋国。钩，勾连，联系。

㉖"卫盗不可知也"四句：拳弥告诫卫出公带着财宝外逃很容易招来强盗袭击，应迅速离开，拳弥愿意为之先导。骗过卫出公，拳弥

便装上财宝回到卫国。

【译文】

起初，卫国翦灭夏丁氏，把他家的财产赐给了彭封弥子。彭封弥子请卫出公饮酒，献上夏戊的女儿，得到卫出公的宠爱，立她为夫人。她的弟弟期，是太叔疾的从外甥，从小在卫出公处长大，被任为司徒。夫人的宠爱衰减，期也得罪了卫出公。卫出公役使三种匠人长时间不让休息。卫出公让优狡和拳弥盟誓，但又对拳弥很是亲近信任。所以褚师比、公孙弥牟、公文要、司寇亥、司徒期依靠三种匠人和拳弥发动叛乱，都手持锐利兵器，没武器的拿着斧头。让拳弥进入公宫，而从太子疾的宫中鼓噪呐喊着攻打卫出公。鄄子士请求抵御，拳弥拉着他的手，说："你固然勇敢，但将怎么保护国君呢？没看见先君的情景吗？国君到哪里不能满足他的意愿？况且国君也曾经在外面待过，怎么知道一定不能再回来？现在不能硬来，众怒难犯，等安定下来就容易离间他们了。"卫出公于是出走。打算到蒲地去，拳弥说："晋国没有信用，不能去。"打算到鄄地，拳弥说："齐、晋两国在争夺我们，也不能去。"打算到泠地去，拳弥说："鲁国不足以亲附，请到城钼以联系越国，越国有能干的国君。"于是逃往城钼。拳弥说："卫国盗贼的举动不可预料，请赶快走，我走在前面。"于是拳弥载运了宝物回到卫国。

公为支离之卒①，因祝史挥以侵卫②。卫人病之。懿子知之③，见子之④，请逐挥。文子曰："无罪⑤。"懿子曰："彼好专利而妄⑥，夫见君之人也，将先道焉⑦。若逐之，必出于南门而适君所⑧。夫越新得诸侯，将必请师焉⑨。"挥在朝，使吏遣诸其室⑩。挥出⑪，信，弗内⑫。五日，乃馆诸外里⑬，遂有宠，使如越请师⑭。

【注释】

①支离:战阵名,将军队分散而布阵。

②因祝史挥以侵卫:祝史挥在卫国国都,卫出公想以祝史挥为内应攻打卫都。

③懿子知之:知道祝史挥为内应。

④子之:公孙弥牟,即下文的文子。

⑤无罪:是说祝史挥并无罪。

⑥妄:不法,胡作非为。

⑦夫见君之入也,将先道(dǎo)焉:卫出公有回国的希望,祝史挥必然前去引路,为他效劳。道,引导。

⑧若逐之,必出于南门而适君所:要是驱逐祝史挥,他一定去依附卫出公。

⑨夫越新得诸侯,将必请师焉:预言卫出公一定会向越国请求援兵。

⑩挥在朝,使吏遣诸其室:先驱逐祝史挥的家室。

⑪挥出:祝史挥出逃。

⑫信,弗内:祝史挥在外面住了两晚又想返回,卫国人不让他进城。信,住两晚。

⑬外里:卫出公所住地名,在今河南滑县。

⑭遂有宠,使如越请师:卫出公果然宠信祝史挥,派他前往越国请求援兵。

【译文】

卫出公把士兵布成散阵,借助祝史挥做内应进攻卫都。卫国人感到担忧。公文懿子知道了,进见公孙弥牟,请求驱逐祝史挥。公孙弥牟说:"祝史挥并无罪过。"公文懿子说:"他专权好利而又胡作妄为,要是见到国君将进入国都,将会前往引路。如果驱逐了他,他必定从南门出去到国君那里。越国新近得到诸侯拥戴,一定会去请求越国出兵的。"祝史挥还在朝廷上,公孙弥牟就先驱逐他的家室。祝史挥出走,住了二宿,卫

春秋三传

国人不接纳他回城。过了五天,他就住到外里,得到卫出公的宠信,派他到越国请求援兵。

*【左传】六月,公至自越①。季康子、孟武伯逆于五梧②。郭重仆③,见二子④,曰:"恶言多矣,君请尽之⑤。"公宴于五梧,武伯为祝⑥,恶郭重,曰:"何肥也⑦?"季孙曰:"请饮彘也⑧!以鲁国之密迩仇雠⑨,臣是以不获从君⑩,克免于大行⑪,又谓重也肥⑫。"公曰:"是食言多矣,能无肥乎⑬?"饮酒不乐,公与大夫始有恶⑭。

【注释】

①公至自越:鲁哀公去年闰十月访越,现在返回鲁国。

②五梧:鲁国南部边境地名,今地不详。

③仆:为鲁哀公驾车。

④二子:指季康子、孟武伯二人。

⑤恶言多矣,君请尽之:郭重诬告季康子、孟武伯二人,说他们不臣之举很多,请鲁哀公加以追究。

⑥武伯为祝:向鲁哀公敬酒。

⑦肥:指郭重身体肥胖。

⑧请饮彘也:季康子暗示孟武伯失言。饮,罚酒。彘,孟武伯。

⑨鲁国之密迩仇雠:鲁国紧靠着仇敌。指鲁、齐相邻而交恶。

⑩臣是以不获从君:是说季、孟二人因要防备齐国,无法随鲁哀公前往越国。

⑪大行:远行。

⑫又谓重也肥:郭重随国君远行劳累,不宜说他肥胖。

⑬是食言多矣,能无肥乎:案鲁哀公指桑骂槐,责怪三桓经常食言。

⑭公与大夫始有恶：鲁哀公与三家从此互相厌恶。

【译文】

六月，鲁哀公从越国回来。季康子、孟武伯在五梧迎接。郭重为鲁哀公驾车，见了他们二人，回来说道："他们坏话说了很多，国君请加以追究。"鲁哀公在五梧设宴，孟武伯祝酒，厌恶郭重，说："你怎么这么肥胖？"季孙说："请罚武伯喝酒！因为鲁国紧挨着仇敌，下臣所以不能跟从国君，得以免去远行，可他却说辛苦伴随国君的郭重肥胖。"鲁哀公说："这个人食言多了，怎么能不肥胖呢？"大家虽然饮酒但都不高兴，鲁哀公和大夫们开始不和。

二十六年

*【左传】二十六年夏五月①，叔孙舒帅师会越皋如、舌庸、宋乐茷纳卫侯②。文子欲纳之。懿子曰："君愎而虐，少待之，必毒于民，乃睦于子矣③。"师侵外州，大获④。出御之，大败⑤。掘褚师定子之墓，焚之于平庄之上⑥。

【注释】

①二十六年：鲁哀公二十六年当周元王七年，前469年。

②叔孙舒帅师会越皋如、舌庸、宋乐茷纳卫侯：鲁、越、宋三国以武装护送卫出公回国。叔孙舒，鲁国叔孙文子。皋如、舌庸，越国大夫。乐茷，宋国司城子潞。

③"少待之"三句：不用多久，必然荼毒百姓，那时百姓将倾心于文子了。

④师侵外州，大获：诸侯联军入侵外州，肆意劫掠。

⑤出御之，大败：卫军抵御联军，大败。

⑥掘褚师定子之墓，焚之于平庄之上：褚师定子，褚师比父亲。平
　　庄，山陵名。案卫出公掘坟焚棺以泄愤。

【译文】

鲁哀公二十六年夏五月，叔孙舒带兵会合越国的皋如、舌庸、宋国
的乐茷送回卫出公。文子想接纳他。懿子说："国君刚愎而暴虐，过些时
候，他必然荼毒百姓，人民就会倾心于您了。"诸侯军队侵袭外州，大肆
掠夺。卫军出城抵御，大败。卫出公掘开褚师定子的坟墓，把尸骸在平
庄上放火焚烧。

　　文子使王孙齐私于皋如①，曰："子将大灭卫乎？抑纳
君而已乎？"皋如曰："寡君之命无他，纳卫君而已。"文子
致众而问焉②，曰："君以蛮夷伐国③，国几亡矣。请纳之。"
众曰："勿纳④。"曰："弥牟亡而有益，请自北门出⑤。"众曰：
"勿出。"重赂越人⑥，申开守陴而纳公⑦，公不敢入⑧。师
还⑨。立悼公⑩，南氏相之⑪，以城钼与越人⑫。公曰："期则
为此⑬。"令苟有怨于夫人者报之⑭。司徒期聘于越⑮，公攻
而夺之币⑯。期告王，王命取之，期以众取之。公怒，杀期之
甥之为大子者⑰。遂卒于越⑱。

【注释】

①王孙齐：卫国大夫王孙贾之子。私：个人私下会见。

②文子致众而问焉：文子召集众人征询意见。

③蛮夷：指越国。

④勿纳：案卫出公已经失尽人心。

⑤弥牟亡而有益，请自北门出：只要对卫国有好处，文子愿从北门出
　　去逃离卫国。案卫出公当时在南郊，故文子请自北门出，以避卫

出公。

⑥重赂越人：请越国不要干涉。

⑦申开守陴（pí）而纳公：卫国人打开城门，作出欢迎卫出公的样子，但城墙上却戒备森严。申开，将几重城门大开。申，重。守陴，守卫女墙。案越人受赂，故对卫国此举不闻不问。

⑧公不敢入：知道国人并无诚意接纳自己，卫出公不敢进城。

⑨师还：联军退兵。

⑩立悼公：卫国人立悼公。悼公，蒯聩庶弟公子黚。

⑪南氏：公孙弥牟。

⑫以城钼与越人：割地相报。

⑬期则为此：卫出公认为落得如此结局，责任在司徒期。期，司徒期。

⑭令苟有怨于夫人者报之：卫出公没法责罚司徒期，迁怒于夫人，允许对夫人不满的人进行报复。夫人，司徒期的姐姐，卫出公夫人。

⑮司徒期聘于越：为卫悼公聘问越国。

⑯币：送给越国的财礼。

⑰期之甥：卫出公与司徒期姐姐所生的儿子，即司徒期的外甥，此时已立为太子。

⑱遂卒于越：卫出公最终死在越国。

【译文】

　　文子派王孙齐私下和皋如联系，说："您是打算彻底灭亡卫国呢？还是只把国君送回来？"皋如说："我们国君的命令没有别的，只是送回卫君罢了。"文子召集大众征询意见，说："国君领着蛮夷来攻打本国，国家几乎要灭亡了。请接纳他。"大家说："别接纳他。"文子说："如果我逃亡而有益于国家，我请求从北门出去。"大家说："不要出去。"文子重重地贿赂越国人，大开城门守卫城墙而接纳卫出公，卫出公不敢进入。越军撤回。卫国人立了悼公，文子辅佐他，把城钼割给越国。卫出公说："这都是司徒期干的。"下令对夫人有怨气的，可以报复她。司徒期去越国聘问。卫出公攻击他并夺走其所带财礼。司徒期报告越王,越王命令夺回来,司徒期带领众人取回聘礼。卫出公发怒,杀死司徒期的外甥,也就是所立的太子。卫出公最终死在越国。

*【左传】宋景公无子,取公孙周之子得与启畜诸公宫①,未有立焉②。于是皇缓为右师,皇非我为大司马,皇怀为司徒③,灵不缓为左师④,乐茷为司城⑤,乐朱鉏为大司寇⑥。六卿三族降听政⑦,因大尹以达⑧。大尹常不告⑨,而以其欲称君命以令⑩。国人恶之⑪。司城欲去大尹,左师曰:"纵之,使盈其罪⑫。重而无基,能无敝乎⑬?"

【注释】

①公孙周:宋元公之孙子高。得:宋昭公。启:得的弟弟。畜:养。

②未有立焉:未决定立谁为太子。

③皇怀:皇非我的堂兄弟。

④灵不缓:子灵围龟的后裔。

⑤乐茷:乐溷的儿子。

⑥乐朱鉏:乐辂的儿子。

⑦六卿三族降听政:三族分任上述六卿官职,同掌政事。三族,皇、灵、乐三族。

⑧因大尹以达:六卿之政通过大尹上达宋景公。大尹,宋景公身边宠臣。

⑨大尹常不告:不报告宋景公。

⑩而以其欲称君命以令:以自己的意愿假传君令。

⑪国人恶之:大尹蒙上蔽下,专擅国政,国人痛恨。

⑫纵之,使盈其罪:先纵后擒,待大尹恶贯满盈再动手。盈,满。

⑬重而无基,能无敝乎:势重而不以仁、德为基础,必败。敝,败。

【译文】

宋景公没有儿子,收养了公孙周的儿子得和启,养在宫内,还没决定立谁为太子。这时皇缓任右师,皇非我任大司马,皇怀任司徒,灵不缓任左师,乐茷任司城,乐朱鉏任大司寇。六卿三族一起听政,通过大尹上达宋景公。大尹常常不报告宋景公,而按照自己的欲望假称君命发号施令。国人都厌恶他。司城想除去大尹,左师说:"随他去,让他恶贯满盈。权重而没有基础,能够不败吗?"

冬十月,公游于空泽①。辛巳②,卒于连中③。大尹兴空泽之士千甲④,奉公自空桐入,如沃宫⑤。使召六子⑥,曰:"闻下有师,君请六子画⑦。"六子至,以甲劫之曰:"君有疾病,请二三子盟⑧。"乃盟于少寝之庭⑨,曰:"无为公室不利。"大尹立启⑩,奉丧殡于大宫⑪,三日而后国人知之⑫。司城茷使宣言于国曰:"大尹惑蛊其君而专其利⑬,今君无疾而死,死又匿之,是无他矣,大尹之罪也⑭。"

【注释】

①空泽:宋地名,在今河南虞城南。

②辛巳:初四。

③卒于连中:宋景公去世。连中,客馆名。宋景公,前516年即位,在位四十八年。

④大尹兴空泽之士千甲:发动甲士千人。

⑤奉公自空桐入,如沃宫:大尹将宋景公尸体秘密运回宫中,秘不发丧。空桐,古地名,离空泽不远。沃宫,宋国都城内宫名。

⑥六子:即上文的六卿。

⑦闻下有师,君请六子画:大尹假传君命,以地方上有战事请六卿来
　商讨。画,商量。

⑧请二三子盟:强迫六卿盟誓。

⑨少寝:小寝,诸侯休息的地方。

⑩大尹立启:立启为太子。

⑪丧殡:棺材。大宫:宋国祖庙。

⑫三日而后国人知之:知道宋景公已死。

⑬大尹惑蛊其君而专其利:蛊惑国君,专权跋扈。

⑭"今君无疾而死"四句:暗指大尹弑君。

【译文】

　　冬十月,宋景公在空泽游玩。初四,在连中去世。大尹征集了空泽
甲士千名,事奉着宋景公的尸体从空桐入都,进入沃宫。派人召唤六卿,
说:"听说地方上有战事,请六卿来商讨。"六卿到来,用甲士劫持他们,
说:"国君有重病,请大家盟誓。"于是在小寝的庭院盟誓,说:"不要做对
公室不利的事。"大尹立启为国君,将棺枢安顿在祖庙。三天后国人才知
道这事。司城乐茷派人在国内散布说:"大尹蛊惑国君而专权擅利,如今
国君无疾而终,死后他又隐匿丧事,这没有别的可说,就是大尹的罪过。"

　　得梦启北首而寝于卢门之外①,己为鸟而集于其上,咮
加于南门②,尾加于桐门③。曰:"余梦美,必立④。"大尹谋
曰:"我不在盟⑤,无乃逐我,复盟之乎⑥!"使祝为载书⑦。六
子在唐盂⑧,将盟之。祝襄以载书告皇非我⑨,皇非我因子
潞、门尹得、左师谋曰⑩:"民与我,逐之乎?"皆归授甲,使
徇于国曰:"大尹惑蛊其君,以陵虐公室⑪,与我者,救君者
也⑫。"众曰:"与之!"大尹徇曰:"戴氏、皇氏将不利公室⑬,
与我者,无忧不富。"众曰:"无别⑭!"戴氏、皇氏欲伐公⑮,

乐得曰："不可。彼以陵公有罪，我伐公，则甚焉⑯。"使国人施于大尹⑰，大尹奉启以奔楚，乃立得⑱。司城为上卿⑲，盟曰："三族共政⑳，无相害也。"

【注释】

①北首：头向北。卢门：宋国都城南门。

②咮（zhòu）：鸟嘴。

③桐门：北门。案以上为梦境。

④余梦美，必立：得醒后解释梦境，以为自己必将代启为国君。古人认为，生者南向，死者北首，启北首而卧是将死之象。卧于门外是将失国的征兆。得变为大鸟停在启身上，嘴在南门，尾在北门，是代启得国之象。

⑤我不在盟：少寝之盟是以宋景公名义盟六卿，并非与大尹盟誓。

⑥复盟之乎：想再与六卿盟誓。

⑦载书：盟书。

⑧唐盂：古地名，离宋国都城不远。

⑨襄：太祝名。

⑩子潞：乐茷。门尹得：乐得。左师：灵不缓。

⑪陵虐公室：欺凌公室。

⑫与我者，救君者也：支持六卿的就是救君的人。

⑬戴氏：乐氏。

⑭无别：意思是你大尹和那些真要不利于公室的人并无差别。案众人不响应大尹。

⑮公：指启。

⑯"彼以陵公有罪"三句：乐得意谓伐公甚于凌公。

⑰使国人施于大尹：加罪于大尹。

⑱乃立得：立得为君，即昭公。

⑲司城：乐茷。

⑳三族：即皇、灵、乐三族。

【译文】

得梦见启头朝北睡在卢门外，自己变成大鸟停在他身上，嘴巴搁在南门上，尾巴放在桐门上。他醒来后说："我的梦很好，一定可以立为国君。"大尹和人商议说："我没有参加盟誓，恐怕会被赶走，再跟他们盟誓吧！"让太祝准备盟书。六卿正在唐盂，打算和他盟誓。祝襄把盟书内容告诉了皇非我，皇非我和子潞、门尹得、左师商量说："人民倾向我们，赶走大尹吧？"都回家发放皮甲，派人在国内宣扬说："大尹蛊惑国君，欺凌虐待公室，支持我们的，就是救援国君的人。"大家说："支持！"大尹也宣扬说："戴氏、皇氏想对公室不利，支持我的，不用担心不富。"大家说："你和那些人没有区别！"戴氏、皇氏准备攻打国君启，乐得说："不能那样做。大尹因为欺凌国君而有罪，我们进攻国君，罪过就更大了。"派国人加罪于大尹，大尹事奉着启逃往楚国，于是立了得为国君。司城任上卿，盟誓道："三族共同执政，不要彼此危害。"

*****【左传】**卫出公自城锄使以弓问子赣①，且曰："吾其入乎？"子赣稽首受弓，对曰："臣不识也②。"私于使者曰："昔成公孙于陈③，甯武子、孙庄子为宛濮之盟而君入④。献公孙于齐⑤，子鲜、子展为夷仪之盟而君入⑥。今君再在孙矣⑦，内不闻献之亲，外不闻成之卿⑧，则赐不识所由入也⑨。《诗》曰：'无竞惟人，四方其顺之⑩。'若得其人，四方以为主，而国于何有⑪？"

【注释】

①卫出公自城锄使以弓问子赣：问，赠送。子赣，子贡。案卫出公想

请求子贡帮他复国。

②不识:不知道能否回国。

③昔成公孙于陈:僖公二十八年,卫成公奔楚,后来又逃往陈国。孙,通"逊",逃亡。

④甯武子、孙庄子为宛濮之盟而君入:此盟在僖公二十八年。

⑤献公孙于齐:襄公十四年,卫献公被孙林父和甯殖驱逐,奔齐。

⑥子鲜、子展为夷仪之盟而君入:襄公二十五年,甯殖之子甯喜在夷仪见卫献公,商议使其返国,二十六年卫献公回国。

⑦今君再在孙矣:两次逃亡。哀公十五年逃鲁,今又逃宋。

⑧内不闻献之亲,外不闻成之卿:卫献公逃亡,有子鲜、子展跟随在外,助其复国。卫成公逃亡,甯武子、孙庄子在国内愿意接纳他回国。现在卫出公是内无亲信,外无忠臣。

⑨则赐不识所由入也:卫出公内外无亲,失尽人心,所以子贡不知道卫出公如何能回国。赐,子贡,端木赐。

⑩无竞惟人,四方其顺之:引《诗》见《诗经·周颂·烈文》。意思是得到贤人便会强大,四方都会顺服。无,语气词。竞,强。顺,今作"训"。

⑪"若得其人"三句:为君的如能任用贤才,四方臣民都会归顺,复国又有何难?卫出公已失尽人心,难以再回国了。

【译文】

　　卫出公从城鉏派人带着弓赠送给子赣,并且说:"我能回国吗?"子赣叩头接受弓,回答说:"臣不知道。"私下对使者说:"昔日成公避居陈国,甯武子、孙庄子为他在宛濮结盟然后成公回国。献公避居于齐国,子鲜、子展为他在夷仪结盟然后献公回国。现在国君再次避居在外,国内没听说像献公那样有留守的亲信,在外没听说像成公那样有跟随的卿,那么我就不知道根据什么他能回国。《诗》说:'得到贤人便会强大,四方都会顺服。'如果能得到这样的人,四方臣民都会以他为主宰,回国又有何难?"

二十七年

*【左传】二十七年春①，越子使舌庸来聘，且言邾田②，封于骀上③。二月，盟于平阳④，三子皆从⑤。康子病之⑥，言及子赣，曰："若在此，吾不及此夫⑦！"武伯曰："然。何不召？"曰："固将召之。"文子曰："他日请念⑧。"

【注释】

①二十七年：鲁哀公二十七年当周贞定王元年，前468年。

②越子使舌庸来聘，且言邾田：越王派舌庸聘鲁，并且以霸主身份让鲁国归还所占邾国田地。舌庸，越国大夫。

③封于骀上：商定以骀上作为鲁、邾两国的疆界。骀上，即襄公四年传文之狐骀，在今山东滕州。顾栋高曰："邾之国赖吴而得存，邾之封竟赖越而复。以周公之后而肆虐于邾，反使藉蛮夷之力，可哀也哉！"

④盟于平阳：鲁、越两国结盟。平阳，古地名，在今山东邹城。

⑤三子皆从：三人都随鲁哀公参加盟会。三子，季康子、叔孙文子、孟武伯。

⑥康子病之：耻于与蛮夷之邦的越国盟誓；且以公、卿与一个大夫结盟，也是耻辱。

⑦若在此，吾不及此夫：子贡善于外交，要是在这里，鲁国便不会处于这种境地。

⑧他日请念：季孙不能重用子贡，临难时才想起他，因此文子说：以后可要记着他。

【译文】

鲁哀公二十七年春，越王派舌庸聘鲁，并且商谈关于邾国田地的事，商定以驷上作为鲁、邾两国的疆界。二月,在平阳结盟,季康子、叔孙文子、孟武伯三人都随鲁哀公参加盟会。季康子对结盟感到不快,谈到子赣,说:"他要是在这里,我不会到这地步!"孟武伯说:"是的。为什么不召他来?"季康子说:"本来就要召他。"文子说:"以后请记着他。"

*【左传】夏四月己亥①,季康子卒②。公吊焉,降礼③。

【注释】

①己亥:二十五日。

②季康子卒:季孙肥去世。

③公吊焉,降礼:降礼,礼节降等。案鲁哀公对季孙本已怀恨在心,因此吊丧时礼节降等。

【译文】

夏四月二十五日,季康子去世。鲁哀公去吊唁,礼数降等。

*【左传】晋荀瑶帅师伐郑①,次于桐丘②。郑驷弘请救于齐③。齐师将兴,陈成子属孤子三日朝④。设乘车两马,系五邑焉⑤。召颜涿聚之子晋,曰:"隰之役,而父死焉⑥。以国之多难,未女恤也。今君命女以是邑也,服车而朝⑦,毋废前劳⑧!"乃救郑。及留舒⑨,违毂七里,毂人不知⑩。及濮⑪,雨,不涉。子思曰⑫:"大国在敝邑之宇下⑬,是以告急。今师不行,恐无及也⑭。"成子衣制、杖戈⑮,立于阪上,马不出者,助之鞭之⑯。知伯闻之,乃还,曰:"我卜伐郑,不卜敌齐⑰。"使谓成子曰:"大夫陈子,陈之自出⑱。陈之不祀,郑之罪也⑲,故寡君使瑶察陈衷焉⑳,谓大夫其恤陈乎㉑?若利本之颠,瑶何有焉㉒?"成子怒曰:"多陵人者皆不在㉓,知伯

其能久乎^㉔！"中行文子告成子曰^㉕："有自晋师告寅者，将为轻车千乘以厌齐师之门，则可尽也^㉖。"成子曰："寡君命恒曰：'无及寡，无畏众^㉗。'虽过千乘，敢辟之乎^㉘？将以子之命告寡君^㉙。"文子曰："吾乃今知所以亡^㉚。君子之谋也，始、衷、终皆举之，而后入焉^㉛。今我三不知而入之，不亦难乎^㉜！"

【注释】

①荀瑶：知襄子。

②桐丘：古地名，在今河南扶沟西。

③驷弘：郑国大夫驷歂之子，字子般。

④陈成子属孤子三日朝：让遗孤三日内朝见国君。属，集合。孤子，阵亡将领的遗孤。

⑤设乘车两马，系五邑焉：以一乘车两匹马再加城邑五座封赏遗孤，以激励他们作战。乘车，战车一辆。

⑥隰（xí）之役，而父死焉：隰之役在哀公二十三年，颜涿聚，即颜庚战死。

⑦今君命女以是邑也，服车而朝：国君以城邑封赏你，你应驾着车去朝见谢恩。

⑧毋废前劳：不可废弃先父的功劳。

⑨留舒：齐地名，在今山东东阿东北。

⑩违穀七里，穀人不知：齐军行军整肃诡秘，过穀境而穀人毫无知觉。违，距离。穀，古地名，在今山东东阿。

⑪濮：濮水，在今河南滑县与延津。

⑫子思：郑国子产之子国参。他与驷弘一同前往齐国求救兵。

⑬大国在敝邑之宇下：晋国已兵临城下。

⑭今师不行,恐无及也:齐军不肯渡河,只怕救援不及。

⑮制:雨衣。杖戈:拄着戈。

⑯马不出者,助之鞭之:陈成子亲自督促齐军前进,凡是踌躇不前的,亲自用鞭策之使前。

⑰我卜伐郑,不卜敌齐:只伐郑,不与齐国为敌。

⑱大夫陈子,陈之自出:陈氏本是陈国公室贵族,庄公二十二年陈完出逃齐国,这是齐国陈氏之祖。

⑲陈之不祀,郑之罪也:哀公十七年楚国灭亡陈国,不是郑国之罪。这里意在挑拨陈氏与郑国的关系。

⑳察陈衷焉:了解陈国被灭的实情。

㉑其恤陈乎:希望陈成子能体恤陈国的被灭。

㉒若利本之颠,瑶何有焉:如果陈成子不体恤陈国的被灭,与我荀瑶并无关系。利本之颠,以陈国的颠覆为利。本,指陈国。

㉓多陵人:欺人太甚。不在:不会长久。

㉔知伯其能久乎:预言知氏不能长久。其,岂能,难道。

㉕中行文子:晋国荀寅。此时逃亡在齐国。

㉖将为轻车千乘以厌齐师之门,则可尽也:晋军将以轻装战车攻击齐军阵门,可能尽歼齐军。厌,压。

㉗无及寡,无畏众:不攻击零星的士卒,也不畏惧敌军众多。及,攻击。

㉘虽过千乘,敢辟之乎:晋军轻车虽有千乘之众,齐军也不回避、害怕。

㉙将以子之命告寡君:陈成子怀疑荀寅有为晋国而威吓齐国之心,所以这样说。

㉚吾乃今知所以亡:现在才知道自己何以会逃亡。

㉛始、衷、终皆举之,而后入焉:考虑到事情的开始、发展和结局,然后才行动。始、衷、终,开始、中间、结局。

㉜今我三不知而入之,不亦难乎:后悔自己无知,不了解成子之心,贸然进言。

【译文】

晋国荀瑶领兵攻打郑国,驻扎在桐丘。郑国驷弘到齐国求救。齐国军队将要出发,陈成子召集阵亡将士的孩子,分三天朝见。设置了一辆车两匹马,再加城邑五座做封赏。召见颜涿聚的儿子晋,说:"𨻶地战役,你父亲战死。由于国家多难,没有抚恤你。现在国君命令把这座城邑封赏你,你应驾车去朝见,不要废弃你父亲的勋劳!"于是出兵救援郑国。到达留舒,离毂地七里,毂地人还不知道。到达濮水,下雨,军队不愿意渡河。子思说:"晋国的人马就在敝邑的屋檐底下了,所以告急。现在军队不前进,恐怕来不及了。"陈成子穿着雨衣,拄着戈,站在山坡上,马不行的,就拉它或是鞭打它。知伯听说了,便收兵而回,说:"我占卜过攻打郑国,但没占卜和齐国作战。"派人对陈成子说:"大夫陈氏是从陈国分支出来的。陈国被灭,是郑国的罪过,所以我们国君派我来调查陈国被灭亡的原因,请问您体恤陈国的被灭吗?要是您觉得宗国覆亡对您有利,和我又有什么关系呢?"陈成子发怒说:"经常欺凌别人的都不能长久,知伯难道能够长久吗!"中行文子告诉陈成子说:"有人从晋军来告诉我,晋军打算用千辆轻车,迫近攻击齐军的营门,就可全歼齐军了。"陈成子说:"我们国君命令我说:'不要追赶零散的兵士,不要害怕人马众多。'即便超过一千辆车,我岂敢退避?我将把您的话报告我们国君。"中行文子说:"我现在才明白自己所以流亡的原因。君子谋划一件事,对开始、中间、结局都要考虑周详,然后再报告。现在我对这三个环节都不知道就报告了,不也就很难了吗!"

*【左传】公患三桓之侈也①,欲以诸侯去之②。三桓亦患公之妄也③,故君臣多间④。公游于陵阪⑤,遇孟武伯于孟氏之衢,曰:"请有问于子,余及死乎⑥?"对曰:"臣无由知之。"三问,卒辞不对⑦。公欲以越伐鲁而去三桓⑧。秋八月

甲戌⑨,公如公孙有陉氏⑩。因孙于邾⑪,乃遂如越⑫。国人施公孙有山氏⑬。

【注释】

①侈:盛气凌人。《说文》:"侈,掩胁也。"段玉裁注:"掩者,掩盖其上;胁者,胁制其旁。凡自多以陵人曰侈,此侈之本义也。"

②欲以诸侯去之:三桓强大,无视公室,鲁哀公对其意见很大,亦恐被杀或被逐,故想借诸侯军队驱逐三桓。

③妄:狂妄昏乱,胡作非为。

④间:矛盾,嫌隙。

⑤陵阪:古地名,在山东曲阜城东北黄帝陵附近。

⑥及死:好死,寿终正寝。

⑦三问,卒辞不对:孟武伯不回答。

⑧公欲以越伐鲁而去三桓:当时越国强大,俨然为霸主。

⑨甲戌:初一。

⑩公孙有陉氏:公孙有山氏。

⑪因孙于邾:被三桓所迫,鲁哀公先躲进公孙有山氏家,然后逃亡邾国。

⑫遂如越:哀公最后逃亡越国。哀公十六年,子贡曾预言哀公将不没于鲁国,现在果真如此。

⑬国人施公孙:因哀公从有山氏家出走,国人拘捕了公孙有山氏。施,拘捕。顾栋高曰:"公孙有山,季氏之私党也,公胡为遽如其家,此必受季孙意指,百方凌辱,迫公使不得不出奔。后之归罪,聊以掩人耳目尔。如邾,遂如越,而越已中太宰嚭之赂,视之蔑如,无所控诉,如穷人之无归,亦可哀矣哉!"

【译文】

　　鲁哀公忧虑三桓的专横,想借助诸侯的力量除去他们。三桓也担心鲁哀公狂妄昏乱,因此君臣之间有很多隔阂。鲁哀公在陵阪游玩,在孟氏之衢遇到孟武伯，说："我有件事要向你请教，我能得好死吗？"孟武伯回答说："下臣无法知道。"问了三次，孟武伯始终推辞不答。鲁哀公想请越国来进攻鲁国而除去三桓。秋八月初一，鲁哀公到公孙有山氏处。靠公孙有山氏逃到邾国，接着就去了越国。国人拘捕了公孙有山氏。

*【左传】悼之四年①，晋荀瑶帅师围郑，未至，郑驷弘曰："知伯愎而好胜，早下之，则可行也②。"乃先保南里以待之③。知伯入南里，门于桔柣之门④。郑人俘酅魁垒⑤，赂之以知政⑥，闭其口而死⑦。将门⑧，知伯谓赵孟⑨："入之⑩。"对曰："主在此⑪。"知伯曰："恶而无勇，何以为子⑫？"对曰："以能忍耻，庶无害赵宗乎⑬！"知伯不悛，赵襄子由是甚知伯，遂丧之⑭。知伯贪而愎，故韩、魏反而丧之⑮。

【注释】

①悼之四年：悼，鲁悼公，鲁哀公之子，名宁。哀公出国，鲁国人立他为君。案鲁悼公四年为前463年，《左传》编年至鲁哀公二十七年止，这里附悼公四年后事。

②早下之，则可行也：驷弘表示愿意屈服，使晋军退兵。下之，表示妥协。行，撤退。

③乃先保南里以待之：驷弘先据守南里，以等待晋军。保，据守。南里，郑国都城外地方。

④知伯入南里，门于桔柣（xié dié）之门：晋军进入南里，郑军且战且退，晋军逼近桔柣之门。桔柣之门，郑国城门。

⑤酅（xī）魁垒：晋国军士。

⑥赂之以知政：许以卿的地位，让酅魁垒投降。

⑦闭其口而死：酅魁垒不答应，郑军塞其口而杀之。

⑧将门：将攻打郑国城门。

⑨赵孟：赵襄子无恤。

⑩入之：荀瑶叫赵孟先攻门。

⑪主在此：赵孟回答，主将在此，何不自己先入？主，指荀瑶。

⑫恶而无勇，何以为子：赵襄子本是贱妾的儿子，赵简子废嫡子伯鲁而立他，所以荀瑶讥其貌丑而无勇，何以立为嫡子。恶，貌丑。子，指太子。

⑬以能忍耻，庶无害赵宗乎：能为社稷忍辱负重，能使赵氏长久不衰，所以立为嫡子。

⑭"知伯不悛"三句：荀瑶轻侮赵无恤，知、赵两家恶感日甚，知伯于是想灭掉赵氏。不悛，不悔改。愁（jì），憎恨。

⑮知伯贪而愎，故韩、魏反而丧之：悼公十四年（前453），知伯率领晋国的韩、魏二家围赵襄子于晋阳。韩、魏反而与赵氏联合，杀知伯于晋阳，灭知氏。韩、赵、魏三家分晋之势形成。

【译文】

鲁悼公四年，晋国荀瑶带兵包围郑国，还没到，郑国驷弘说："荀瑶刚愎而争强好胜，我们早些向他表示屈服，他就会退兵了。"于是先在南里设防等候晋军。荀瑶进入南里，攻打桔柣之门。郑国俘获了鄾魁垒，用卿的官职来诱降他，鄾魁垒不答应，郑军塞上其口杀死了他。将要攻打城门，荀瑶告诉赵孟："你冲进去。"赵孟回答说："主将您在这里呢。"荀瑶说："你貌丑而缺乏勇气，怎么会立你为继承人？"赵孟回答说："因为我能忍受耻辱，也许对赵氏宗族没有危害吧！"荀瑶不知改悔，赵孟由此而怨恨荀瑶，荀瑶便想灭掉赵孟。荀瑶贪婪而刚愎，所以韩氏、魏氏反倒灭亡了他。

中华经典名著
全本全注全译丛书
（已出书目）

廉吏传	韩非子
徐霞客游记	山海经
读通鉴论	黄帝内经
宋论	素书
文史通义	新书
鹖子·计倪子·於陵子	淮南子
老子	九章算术（附海岛算经）
道德经	新序
帛书老子	说苑
鹖冠子	列仙传
黄帝四经·关尹子·尸子	盐铁论
孙子兵法	法言
墨子	方言
管子	白虎通义
孔子家语	论衡
曾子·子思子·孔丛子	潜夫论
吴子·司马法	政论·昌言
商君书	风俗通义
慎子·太白阴经	申鉴·中论
列子	太平经
鬼谷子	伤寒论
庄子	周易参同契
公孙龙子（外三种）	人物志
荀子	博物志
六韬	抱朴子内篇
吕氏春秋	抱朴子外篇

西京杂记

神仙传

搜神记

拾遗记

世说新语

弘明集

齐民要术

刘子

颜氏家训

中说

群书治要

帝范·臣轨·庭训格言

坛经

大慈恩寺三藏法师传

长短经

蒙求·童蒙须知

茶经·续茶经

玄怪录·续玄怪录

酉阳杂俎

历代名画记

唐摭言

化书·无能子

梦溪笔谈

东坡志林

唐语林

北山酒经(外二种)

折狱龟鉴

容斋随笔

近思录

洗冤集录

传习录

焚书

菜根谭

增广贤文

呻吟语

了凡四训

龙文鞭影

长物志

智囊全集

天工开物

溪山琴况·琴声十六法

温疫论

明夷待访录·破邪论

潜书

陶庵梦忆

西湖梦寻

虞初新志

幼学琼林

笠翁对韵

声律启蒙

老老恒言

随园食单